97 AUTOMOBIL REVUE

Sondernummer, herausgegeben anlässlich des
67. Internationalen Automobilsalons von Genf

92. Jahrgang der «Automobil Revue»
Bern, 6. März 1997

Umschlaggestaltung:
Robert Buchmüller
Das Umschlagbild der vorliegenden Ausgabe zeigt die Studie «Tris» (Patent Fioravanti) mit möglichst vielen identischen Karosserieteilen und dadurch reduzierten Herstellungskosten. Mehr darüber auf Seite 50. Im Hintergrund ein Supercar-Entwurf von Ing. Leonardo Fioravanti, Turin.

Redaktion:
Hans U. Büschi
Max Nötzli
Adriano Cimarosti
Roger Gloor
Martin Wyler
Markus Huber
Fritz Oesch
Dr. Raoul Studer
Dieter Ammann
Hansruedi Ryf
Martin Schatzmann
Bernhard Schwab
Anselm Schwyn
Kuno Brunner
Claude-Georges Mayer
Denis Robert
Pierre Thaulaz

Mitarbeiter und Korrespondenten:
Ilse Behrendt (New York)
Georges Baumgartner (Tokio)
Martin Minich (Detroit)
Dr. F. M. Theus (Rio de Janeiro)
Georg Auer (Wien)
Heribert Lechner (München)
Kiyoshi Takagishi (Tokio)
Helmut Altner (Paris)

Gestaltung:
Monika Bieri-Gasser

Redaktion und Administration:
CH-3001 Bern, Nordring 4
Tel. 031 332 31 31
Fax 031 331 79 71

Verlag, Druck und Reproduktion:
Hallwag AG, Bern

World Copyright © 1997
by Hallwag AG, Berne
ISBN 3-444-10479-0

Jeder teilweise oder gänzliche Abdruck des gesamten redaktionellen Teils mit Einschluss der Spezifikationen, statistischen und anderen Angaben sowie der Illustrationen ist ohne schriftliche Bewilligung der Redaktion untersagt.

---

7 Editorial
Chefredaktor Hans U. Büschi zum Motto des diesjährigen Genfer Automobilsalons «Das Auto: im Einklang mit der Zeit»

8 Die Neuheiten
Dieser Beitrag zeigt die wichtigsten Neuerscheinungen seit dem Genfer Salon 1996 und gibt einen Überblick über die Salonpremieren 1997. Verantwortlich dafür ist Martin Wyler; von ihm stammt auch die Einführung mit einer Analyse der gegenwärtigen Trends.

31 «AR»-Test-Rückblick
Nicht weniger als 75 Fahrzeuge hat die Test-Equipe der wöchentlich erscheinenden «Automobil Revue» unter die Lupe genommen. Wir bringen eine summarische Zusammenfassung der Beurteilungen; darüber hinaus werden die wichtigsten Daten und Messergebnisse in übersichtlicher Tabellenform dargestellt.

42 Concept-cars
Dieser Beitrag spricht Autofans ganz besonders an: Er gilt den jüngsten Show- und Concept-cars, den unbestrittenen Publikumsattraktionen jeder Automobilausstellung.
Von Roger Gloor.

53 Das versenkbare Hardtop
Der Mercedes SLK hat eine alte Idee neu aufgegriffen: das voll versenkbare feste Dach. Roger Gloor hat im Archiv gestöbert und informiert auch über die neuesten Entwicklungen.

58 Variable Gaswechselsysteme
Bei diesem Technik-Beitrag geht es um die Möglichkeiten, den Gaswechsel im Motor zu beeinflussen. Konkret geht es dabei um variable Ventilsteuerzeiten, vorzugsweise realisiert durch Verstellnockenwellen. Die Zahl der zum Einsatz kommenden oder in Prüfung befindlichen Systeme ist gross, wie Olaf von Fersen aufzeigt.

69 Die jüngste Vollgaszunft
Wie wird man Rennfahrer? Pierre Thaulaz zeigt am Beispiel von vier Nachwuchspiloten, welche Wege zum Einstieg in den Automobilrennsport eingeschlagen werden können.

79 Die Entdeckung der Geschwindigkeit
Im Laufe der Jahrzehnte hat sich die Rechtsprechung im Strassenverkehr laufend gewandelt. Raoul Studer dokumentiert dies anhand des Tatbestandes der Geschwindigkeitsübertretung.

89 Ratgeber für den Autokauf
Dieser auf gelbem Papier gedruckte Sonderteil gibt Auskunft über die wichtigsten Fragen im Zusammenhang mit Autokauf und Autobetrieb. Die Themen: Kaufberatung, Autobetriebskosten, Steuern, Versicherungen, Kostenvoranschläge, Preisliste.
Bearbeitung: Markus Huber, Dieter Ammann.

133 Katalogteil
Er ist der unbestrittene Hauptteil des «AR»-Katalogs. Auf rund 400 Seiten sind die technischen Daten und Merkmale von gegen 1500 Modellen aller Marken zusammengefasst; insgesamt sind es über 150 000 Detailangaben. Die Abbildungen sind durchwegs farbig.

135 Markenliste

137 Daten und Merkmale der Personenwagen 1997
Erläuterungen zum nachfolgenden Teil.

141 Technische Angaben der Personenwagen 1997
Bearbeitung: Martin Wyler, Fritz Oesch, Bernhard Schwab.

577 Dokumentation und Statistik
Statistische Angaben über die Produktion aller bedeutenden Hersteller sowie eine Übersicht über den Welt-Autobestand Ende 1996. Bearbeitung: Roger Gloor.

Catalogue Number 1997 of 'Automobil Revue'
Berne, March 6, 1997 (founded 1906)

Special annual issue, published by 'Automobil Revue', Switzerland's first motoring weekly, on the occasion of the 67th International Geneva Motor Show.

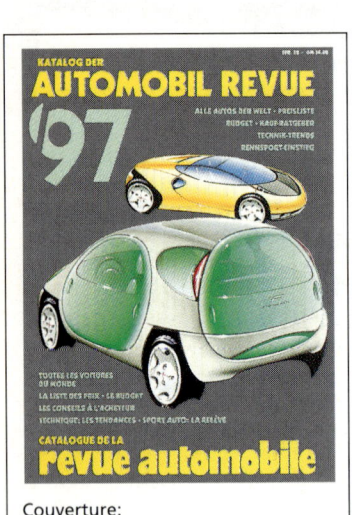

'97 REVUE AUTOMOBILE

Numéro hors série publié à l'occasion
du 67e Salon international de l'automobile de Genève 1997

92e année de la «Revue automobile»
Berne, 6 mars 1997

Couverture:
Robert Buchmüller
En couverture, l'étude «Tris» (brevet Fioravanti), avec pièces de carrosserie répétitives, dans le but de réduire les coûts de production: un thème abordé en page 50. A l'arrière plan, une étude de supervoiture de l'ingénieur Leonardo Fioravanti, à Turin.

Rédaction:
Hans U. Büschi
Max Nötzli
Claude-Georges Mayer
Denis Robert
Pierre Thaulaz
Adriano Cimarosti
Roger Gloor
Martin Wyler
Markus Huber
Fritz Oesch
Dr. Raoul Studer
Dieter Ammann
Hansruedi Ryf
Martin Schatzmann
Bernhard Schwab
Anselm Schwyn
Kuno Brunner

Collaborateurs et correspondants:
Ilse Behrendt (New York)
Georges Baumgartner (Tokyo)
Martin Minich (Detroit)
Dr. F. M. Theus (Rio de Janeiro)
Georg Auer (Vienne)
Heribert Lechner (Munich)
Kiyoshi Takagishi (Tokyo)
Helmut Altner (Paris)

Mise en pages:
Monika Bieri-Gasser

Rédaction et administration:
CH-3001 Berne, Nordring 4
Tél. 031 332 31 31
Fax 031 331 79 71

Edition, impression et reproductions:
Hallwag SA, Berne

World Copyright © 1997
by Hallwag SA, Berne
ISBN 3-444-10479-0

Toute reproduction de la partie rédactionnelle, de textes, de caractéristiques, d'indications statistiques et d'illustrations, intégrale ou partielle, non autorisée par la rédaction, est strictement interdite.

7 Editorial
La réflexion de Hans U. Büschi, rédacteur en chef, sur le thème du slogan du Salon de Genève: «La voiture: en harmonie avec son temps».

8 Les nouveautés
Un rappel des nouveautés sorties sur le marché depuis le dernier Salon de Genève et un aperçu des grandes premières du Salon de cette année, par Martin Wyler, qui analyse dans son introduction les tendances actuelles.

31 La revue des essais «RA»
L'équipe d'essai de la hebdomadaire a ausculté pas moins de 75 véhicules durant les douze mois écoulés depuis le dernier Salon de Genève. Un résumé de ses impressions et des tableaux fournissant, avec les caractéristiques techniques essentielles, les principaux résultats des mesures effectuées.

42 Les concept cars
Une analyse des études de voitures qui ont pimenté les plus récents salons. Par Roger Gloor.

53 Le toit en dur escamotable
La Mercedes SLK a redonné vie à une idée déjà ancienne: un toit en dur que l'on peut faire disparaître à volonté. Roger Gloor a fouillé dans les archives et examiné aussi les réalisations les plus récentes.

58 La distribution variable
Un tour d'horizon des différents moyens d'agir sur la respiration d'un moteur. Ou comment fonctionnent les systèmes de distribution variable par décalage des arbres à cames. Olaf von Fersen montre que les solutions appliquées sont nombreuses.

69 Ceux qui ont le pied lourd
Comment devenir pilote? Comment faire carrière dans le sport automobile? Pierre Thaulaz présente quatre jeunes candidats à la victoire, qui pourront servir d'exemple.

79 La découverte de la vitesse
La juridiction qui règle la circulation a considérablement changé avec le temps. Raoul Studer aborde la question sous l'angle des excès de vitesse.

89 Guide pour l'achat d'une voiture
Les pages jaunes contiennent des informations pratiques qui seront utiles au moment de l'achat d'une voiture: frais d'exploitation, impôts, assurances, budget, liste des prix des voitures offertes sur le marché suisse. Réalisation Markus Huber et Dieter Ammann.

133 Partie catalogue
Elément principal du catalogue «RA», elle s'étend sur 400 pages et fournit la fiche technique et les caractéristiques d'environ 1500 modèles de toutes marques. Plus de 150 000 données y sont enregistrées. Les illustrations sont toutes en couleur.

135 Liste des marques

138 Données et caractéristiques des voitures 1997
Explications sur la partie spécifications.

141 Données techniques du millésime automobile 1997
Réalisation Martin Wyler, Fritz Oesch et Bernhard Schwab.

577 Documentation et statistiques
Informations statistiques sur la production de tous les constructeurs automobiles importants et vue d'ensemble du parc mondial des véhicules 1996, réunies par Roger Gloor.

Catalogo 1997 della «Revue automobile»
Berna, 6 marzo 1997

Pubblicazione annuale fuori serie della «Revue automobile», il primo giornale automobilistico svizzero (anno 1906) all'occasione del 67° Salone internazionale dell'automobile di Ginevra.

Shop and go

BP. We keep you moving.

Am neuen Picnic haber

Toyota baut seit 60 Jahren Autos. Und sie werden immer besser, wie auch unsere jüngste Entwicklu
der so viel Platz und Komfort bietet wie eine Grossraumlimousine. Mit 6 Einzelsitzen, A.B.S., 2 Airba

wir 60 Jahre gearbeitet.

eist: Der neue Toyota Picnic, der erste Mittelklassewagen,
er-Motor, 16-Ventil-Technik und 128 PS für nur Fr. 33 700.–.

TOYOTA

Das beste Auto der Welt, sagt auch die Statistik.

ALFA GTV.
MIT STOLZ VON ALFA ROMEO.

Automobile Harmonie

«Das Auto: im Einklang mit der Zeit.» Mit diesem Ausspruch, der zugleich Anspruch ist, tritt der diesjährige 67. Internationale Automobilsalon in Genf an die Öffentlichkeit. Zweifellos hat diese affirmative Aussage heutzutage einen ungleich höheren Wahrheitsgehalt als noch vor wenigen Jahren. Damals wollte gar mancher Hersteller die berühmten Zeichen der Zeit nicht sehen – oder vermochte sie nicht wahrzunehmen.

Seither haben es Konstrukteure und Produzenten in Ost und West mit Erfolg verstanden, ihre Angebote immer besser auf die Ansprüche der von politischen, gesellschaftlichen, ökonomischen und ökologischen Parametern bestimmten Märkte abzustimmen. Wohl wurde dabei nicht selten mehr der Not, denn dem eigenen Trieb gehorcht, im Wissen darum, dass das Unvermögen eines Mitbewerbers, zwischen Produkt und Markt Harmonie herzustellen, unweigerlich dessen Aus bedeutet hätte. Dies ist allerdings nebensächlich. Was zählt, sind die real existierenden Angebote, die vor einer immer kritischeren, anspruchsvolleren und qualitätsbewussteren Konsumentenschaft bestehen wollen.

Die vorliegende 51. Ausgabe des von der «Automobil Revue» herausgegebenen Katalogs – sozusagen im Einklang mit der multimedialen Zeit erstmals auch als CD-ROM erhältlich – gibt einen umfassenden Überblick über diese Angebote. Darüber hinaus zeigt diese Jahrespublikation Trends auf und skizziert kommende Entwicklungen. Die Zeit bleibt ja nicht stehen: Auch morgen wird sich die Automobilindustrie vor der Aufgabe sehen, den Einklang mit ihr zu suchen und immer wieder neu herzustellen.

Dieses Streben nach Harmonie mit der Um- und Mitwelt stellt den eigentlichen Challenge dar, in welchem Forschung, Entwicklung und Produktion heute wie morgen bestehen müssen. Die Permanenz dieser Herausforderung ist aber auch Keimzelle jeden weiteren Fort-Schritts.

Hans Ulrich Büschi

Harmonie automobile

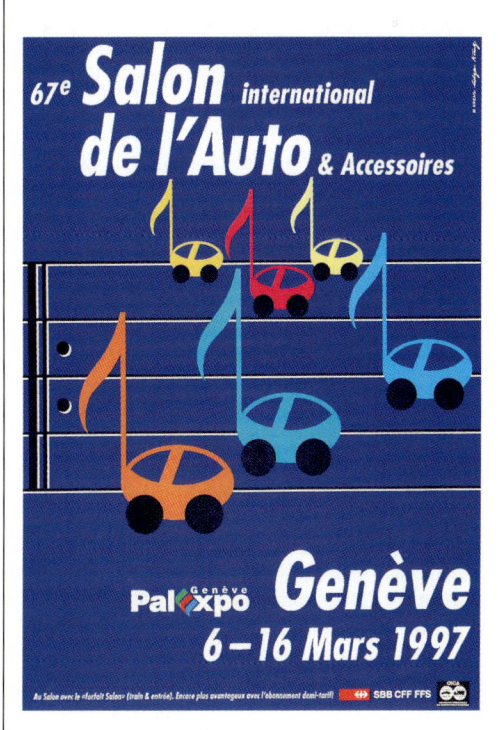

«La voiture: en harmonie avec son temps», tel est le thème – c'est en même temps une affirmation – adopté cette année par le 67e Salon international de l'automobile de Genève. Il ne fait aucun doute que cette formule contient aujourd'hui une plus grande part de vérité, dans la diversité de ses éléments, qu'il y a quelques années. Certains constructeurs, alors, refusaient encore de voir les signes évidents de l'époque, ou n'étaient pas en mesure de les prendre en considération.

Depuis, constructeurs et fabricants de l'Est comme de l'Ouest ont su adapter à leurs offres, avec un succès grandissant, les paramètres politiques, économiques, sociaux et écologiques des marchés visés. Une adaptation bien souvent due, non à leur propre initiative, mais à la pression exercée par cet environnement, avec cependant la conscience aiguë que la nécessité d'harmoniser produit et marché constituait le seul moyen d'éviter l'échec. Mais ceci, de toute façon, n'est que secondaire. Ce qui compte, ce sont les offres réelles, bien concrètes, dont il faut pouvoir prouver le bien-fondé auprès d'une clientèle toujours plus critique, exigeante et soucieuse de qualité.

Cette 51e édition du Catalogue de la «revue automobile», produit pour la première fois – et pour ainsi dire aussi en signe d'harmonie avec notre époque de multimédias – sous la forme d'un CD-ROM, présente une vue d'ensemble de ces offres, dans toute leur diversité. Cette publication annuelle révèle en outre les tendances et résume les développements à venir. Car le temps ignore l'immobilité: demain, l'industrie automobile se verra confrontée, tout autant, à la nécessité de remettre ses pendules à l'heure, dans une perpétuelle recherche de symbiose au fil des ans.

Cette aspiration à l'harmonie avec l'environnement et la société constitue le véritable défi que doivent relever, aujourd'hui et demain, la recherche, le développement et la production. La pérennité de cette exigence est également la clé de toute évolution.

Hans Ulrich Büschi

Bottom-up and Top-down

Wer kennt es nicht, das subtile Spiel der Automobilhersteller mit den Fahrzeuggrössen? Oft bleibt das schleichende, sich über Jahre hinziehende Wachstum unbemerkt. In der Regel werden nämlich bei jedem anstehenden Modellwechsel etliche Millimeter oder Zentimeter hinzugefügt, in erster Linie natürlich zur Verbesserung der Sicherheit oder Raumausnutzung.

Dieses an und für sich ganz normale Prozedere wurde aber auch schon umgekehrt, nämlich letztmals im Gefolge der beiden Erdölkrisen der siebziger Jahre. Unter Schockeinwirkung propagierten die Amerikaner lauthals das «downsizing», das zunächst mit einer erstaunlichen Konsequenz von den drei Grossen in Detroit umgesetzt wurde. Kaum ein Fahrzeug blieb verschont, überall wurden Überhänge gekappt, und nach mehreren Etappen zeigte sich das US-Automobil schlank und rank und fit für den Kampf gegen die aufstrebende Konkurrenz. Die Rückbesinnung währte aber nicht allzu lange, in der Zwischenzeit hat das «upsizing» wieder das Szepter übernommen, von «downsizing» redet heute kaum jemand mehr. Grösser, bequemer und sicherer, so heisst die Devise, nach der rund um den Erdball neue Autos auf die Räder gestellt werden.

Nur einige wenige scheren aus, nämlich diejenigen, die das Ende der Fahnenstange punkto Wachstum klar erkannt zu haben glauben. Sogar renommierte Firmen mussten zur Kenntnis nehmen, dass die äussere Grösse eines Automobils nicht mehr zwangsläufig proportional zum Prestige gesetzt werden kann. Teilweise recht achtlos wendet sich nämlich die betuchte Kundschaft vom herkömmlichen Renommiervehikel ab und wählt in der darunter angesiedelten Klasse einen praktischen Kombiwagen oder aber eine antrittsstarke Limousine aus, dies meist zu deutlich günstigeren Konditionen. Es muss demnach nicht mehr unbedingt das grösste und beste Auto sein, sondern das praxisgerechte Fahrzeug steht im Vordergrund.

Nach den hoch im Kurs stehenden Minivans und Geländewagen scheint die automobile Industrie neuerdings ein ganz besonderes Flair für sehr kompakte und dennoch praktische Stadt- und Landflitzer zu entwickeln. Unter 4 m kurz, dafür stattliche 1,7 m breit sowie recht hoch aufgeschossen sind diese Raumwunder, die künftig der Truppe um Astra, Golf & Co. kräftig einheizen sollen.

Mercedes-Benz wagt sich – nicht ganz offiziell zwar – noch einen zünftigen Schritt weiter. 2,5 m Länge sollen ausreichen, so will es das Pflichtenheft des Heckmotor-Microcars Smart. Dadurch passt der Winzling nicht nur zu zweit in eine herkömmliche Parklücke, sondern kann bei Bedarf auch platzsparend quer auf einem Lastwagen oder Eisenbahnwagen transportiert werden; ausserdem lassen sich als Clou zwei dieser Dinger hintereinander in der gleichen Normgarage unterbringen, die der S-Klasse, dem grössten Typ der Marke, verwehrt bleibt.

Ob ein derart rigoroses «downsizing» beim autokaufenden Publikum tatsächlich ankommt, wird sich noch zeigen müssen. Eines steht fest: Nicht nur die Entwicklungsingenieure werden voll gefordert, auch die Marketing- und Werbestrategen haben noch viel Überzeugungsarbeit zu leisten.

Martin Wyler

Mercedes-Benz A-Klasse

Qui n'a pas remarqué le jeu subtil auquel se livrent les constructeurs, s'agissant des dimensions des voitures? C'est une progression discrète, qui peut ne pas se remarquer pendant plusieurs années; on ajoute quelques centimètres par-ci par-là, dans le but d'améliorer la sécurité ou l'habitabilité.

Il est arrivé que ce processus se renverse, comme ce fut le cas à la suite des deux crises pétrolières des années septante. Sous le choc, les Américains s'adonnèrent au «downsizing», que les «Trois Grands» de Detroit ont mis en application pendant un temps avec un esprit de suite qui a surpris. Rares ont été les modèles épargnés; partout on tranchait les porte-à-faux; en quelques étapes, l'automobile américaine avait perdu son embonpoint et avait trouvé la forme qui lui permettait d'affronter une concurrence ambitieuse. Ce reflux n'a pas duré trop longtemps, et maintenant plus personne ne parle du «downsizing». Au contraire, c'est à nouveau l'«upsizing» qui mène le bal. Plus grand, plus confortable, plus sûr, telle est en tous lieux la devise de ceux qui construisent de nouvelles voitures.

Seuls quelques-uns font exception, ceux qui croient avoir reconnu les limites de la croissance. Même parmi les constructeurs les plus renommés, on a été bien forcé d'admettre que le prestige n'est pas nécessairement proportionnel au gabarit. Toute une part de la clientèle nantie se détourne de ces mastodontes et donne la préférence peut-être à un break choisi dans la catégorie au-dessous, ou à une voiture plus sportive, et dans presque tous les cas, elle réduit considérablement la dépense. On ne veut plus nécessairement le plus gros et le meilleur, on se contente d'un véhicule adapté à ses besoins.

Après le monospace et le 4×4 de loisirs, qui ont toujours la cote, l'industrie automobile s'efforce maintenant de développer des voitures très compactes pour la ville et ses environs. Avec moins de quatre mètres de long, mais une bonne largeur de 1,7 m quand même, en général assez hautes, ce sont des merveilles d'habitabilité qui vont assurément piétiner les plates-bandes des compactes traditionnelles du genre Astra ou Golf.

Mercedes-Benz fait même un pas de plus, quoique d'une manière qui ne l'engage pas officiellement. Deux mètres et demi devraient suffire, tel est du moins la donnée de base de la Smart, microvoiture à moteur arrière. On peut en mettre deux sur une même place de parc, les charger en travers sur un camion ou un wagon de chemin de fer. Le plus joli, c'est que, dans un garage aux mêmes normes que celui qui abrite un modèle de classe S, le plus gros de la marque, on peut enfiler deux de ces puces l'une derrière l'autre. La suite dira si un aussi radical «downsizing» peut rencontrer l'approbation des acheteurs. Une chose est sûre: si les constructeurs font déjà tout ce qu'ils peuvent pour être convaincants, les stratèges du marketing et de la publicité vont avoir du fil à retordre.

Martin Wyler

▲ Audi A6

▲ Rinspeed Mono Ego ▼ Saab 9-5

Sportwagen

Etliche renommierte europäische Automobilhersteller haben in jüngster Zeit ihr Engagement im prestigeträchtigen Segment der echten Sportzweisitzer verstärkt. Die Auswahl an interessanten, spurtstarken und überaus attraktiv karossierten Sportwagen ist recht gross, die Wahl fällt dementsprechend schwer.

▲ Chevrolet Corvette
◄ Porsche Boxster
▼ BMW M Roadster

Voitures de sport

Ces derniers temps, divers constructeurs automobiles européens ont renforcé leur engagement dans le segment prestigieux des authentiques voitures de sport à deux places. La palette des voitures intéressantes, puissantes et belles est maintenant très large, et l'on n'a que l'embarras du choix.

▲ Ferrari 550 Maranello
▶ Chrysler/Dodge Viper GTS
▼ Mercedes-Benz SLK

Extravagant

Nach dem Cabriolet erfährt nun auch das sportlich-luxuriöse Coupé eine Renaissance, nachdem es während Jahren ein Schattendasein gefristet hat. Bei praktisch allen Neuschöpfungen fallen die harmonisch fliessenden Linien und ein ansprechendes Platzangebot positiv auf.

▲ Volvo C70 Coupé
◀ Ford Puma
▼ Hyundai Coupé

Sortir du lot

Après la renaissance du cabriolet, nous assistons à celle du coupé, qui a connu de longues années d'hibernation. Presque toutes les nouvelles créations présentent, sous des lignes superbes, une habitabilité engageante.

▲ Peugeot 406 Coupé
▶ Mercedes-Benz CLK
▼ Jaguar XK8 Convertible

Kombiwagen

Während in den Vereinigten Staaten die Minivan-Welle den herkömmlichen Station Wagon den Rang abläuft, erfreuen sich die praktischen, elegant und sportlich karossierten Kombis kompakten Zuschnitts in «Old Europe» eines regen Zuspruchs.

▲ Lancia Kappa Station Wagon
◀ Peugeot 406 Break
▼ Volkswagen Passat Variant

Le break

Alors qu'aux Etats-Unis, le minivan a relégué la fameuse «station wagon» au second rang, en Europe, les breaks à la fois pratiques, élégants et sportifs suscitent un vif intérêt.

▲ BMW 540i Touring
▶ Subaru Forester
▼ Mitsubishi Legnum

Preisgünstiger Einstieg

In der unteren und mittleren Fahrzeugklasse wird in der Regel sehr viel gebrauchstüchtiges Automobil fürs Geld geboten. Der aus dem Frontantrieb-Quermotorprinzip plus Heckklappe vorgezeichnete Look lässt sich mit etwas Phantasie durchaus auflockern.

▲ Skoda Octavia
◄ Seat Arosa
▼ Daewoo Nubiza

Le bas de gamme bon marché

Dans les classes inférieure et moyenne, le rapport entre qualités d'utilisation et prix demandé est extrêmement avantageux. Avec un peu d'imagination, on est parvenu à introduire une certaine variété dans le look imposé par l'architecture moteur transversal/traction avant et le hayon arrière.

▲ Nissan Primera
▶ Mazda 323
▼ Ford Ka

ITALDESIGN

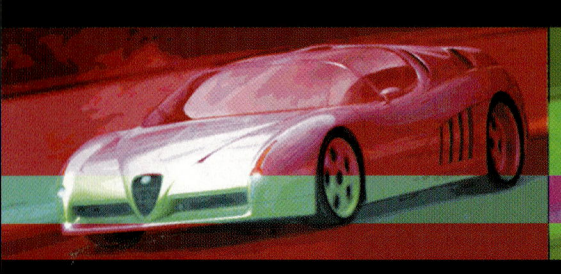

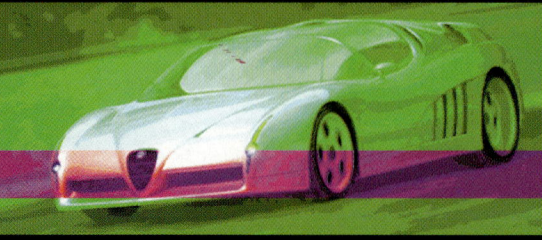

CAR STYLING ENGINEERING AND PROTOTYPE MANUFACTURING

Moncalieri (Torino) - ITALY . Phone +39/11/689 16 11 . Fax +39/11/647 08 58

US-Cars

Mit wenigen Ausnahmen haben die drei grossen Hersteller in Detroit ihre Personenwagen auf Frontantrieb umgestellt. Auf der Strecke blieben die «Standard-size»-Limousinen mit Hinterradantrieb.

Les trois grands constructeurs de Detroit ont passé à la traction avant, à quelques rares voitures près. Les «standard-size» à traction arrière restent sur le carreau.

▲ Chrysler Concorde
▶ Ford Contour/Mondeo
▼ Oldsmobile Intrigue

FIORAVANTI

nuovi concetti per l'automobile

FIORAVANTI srl   PIAZZA VITTORIO EMANUELE, 4   10024 MONCALIERI   telefono 011 - 640 80 60   telefax 011 - 640 85 00

Minivan-Boom

Hochaufgeschossen und daher sehr praktisch, das sind die herausragenden Eigenschaften der neumodischen Grossraumfahrzeuge, die weltweit als Minivan bezeichnet werden.

Qu'on les appelle minivans, monospaces ou breaks gros volume, ils sont maintenant à la mode et surgissent à tous les étages. Hauts de forme, ils offrent l'avantage de leurs qualités pratiques.

▲ **Chevrolet Trans Sport**
▶ **Renault «Monospace»**
▼ **Toyota Picnic**

Jeep-like

Auch die Gattung der leichten Geländewagen, Offroader oder SUV (Sport Utility Vehicle), steht zurzeit hoch im Kurs. Immer grösser und schwerer, so lautet momentan die Devise.

Les tout terrain légers ont la cote, qu'il s'agisse de véhicules rappelant leurs lointaines origines utilitaires ou des nouveaux SUV (sport utility vehicle) à orientation plus ouvertement loisirs. Tendance actuelle: toujours plus grand, toujours plus lourd.

▲ **Dodge Durango**
◄ **Jeep Wrangler**
▼ **Lincoln Navigator**

Einfühlung und Vernunft.

Leidenschaft des Designs.

Mehr als sechzig Jahre Autos Pininfarina. Autos, die Epoche machten, Geschichte schufen, einen Stil bestimmten.

Rationalität der Produktion.

Pininfarina stellt jährlich mehr als dreissigtausend Autos her. Ein Produktionsprozess von totaler Qualität.

pininfarina

Ideenschöpfer. Automacher.

SOUND *pur!*

Möchten Sie sich unterwegs ruhig und entspannt zurücklehnen und geniessen? Oder muss Ihnen bei full power der heisse Sound so richtig um die Ohren fetzen? Spitzenmarken bringen es.

JBL
harman/kardon
Infinity

tonStudio R

Tonstudio R' AG
Thunstrasse 20
3000 Bern 6
Tel. 031 351 14 44
Fax 031 351 14 48

DER ULTIMATIVE CARSOUND!

Ein Schadenfall?

Wir verkaufen günstig die passenden Occasions-Ersatzteile.

Fachgerecht ausgebaute Teile aus Unfallwagen machen sich nochmals tausende von Kilometern in anderen Autos nützlich. Geprüft, gereinigt, einbaufertig verlassen sie unser Riesenlager in Top-Qualität und helfen mit, das Autofahren günstiger und umweltfreundlicher zu machen.

Profis wie Private schätzen unsere Professionalität, mit der wir Occasions-Ersatzteile als echte Alternative populär machen.

Oder wir kaufen den Unfallwagen zu einem fairen Preis.

Versicherungen, Garagen und Private schätzen unsere schnelle Bewertung der Fahrzeuge und die unkomplizierte und professionelle Abwicklung des Handwechsels.

In unseren Spezialwerkstätten werden die Wagen entweder für den Wiederverkauf aufbereitet oder liefern wertvolle Occasions-Ersatzteile für den Wiedereinbau in andere Autos.

Noch gibt es keine sinnvollere Form von Auto-Recycling.

Professionalität.
Ist ein Auto nicht mehr zu retten, werden die noch neuwertigen Teile sorgfältig ausgebaut, auf ihre Funktionstüchtigkeit getestet, gereinigt und einbaufertig inventarisiert, damit wir Ihnen schon am Telefon sagen können, ob das gewünschte Teil am Lager ist.
Reden Sie mit uns, bevor Sie teurer einkaufen.

Riesenauswahl.
Unsere Stärke ist die Sortimentsbreite an Occasionsteilen für alle Marken und selbst neuste Modelle. Dank modernsten Hochregallagern sind unsere Autoteile in Minuten abhol- oder versandbereit. Die Angaben im Fahrzeugausweis helfen uns bei der raschen Identifikation des gewünschten Teiles. Unsere Liebe zum Auto zeigt sich an unserem Interesse, Sie gut zu beraten.

Aktualität.
Da wir Unfallwagen jüngster Jahrgänge kaufen, ist unser Occasions-Ersatzteil-Center immer auf dem neusten Stand. Kundenorientierung ist unser Credo. Sowohl bei der speditiven Abwicklung beim Ankauf von Unfallautos, als auch bei der schnellen und preisgünstigen Lösung von fast allen Ersatzteilproblemen.

Schnelligkeit.
Zeit ist Geld. Deshalb haben wir die Vermittlung von Occasions-Autoteilen perfektioniert und immer einfacher gemacht. Unser hauseigener Lieferdienst beliefert Sie im Grossraum Zürich innert 24 Stunden. Für andere Gebiete hat sich der Express-Versand bewährt. Reden Sie mit uns. Gemeinsam finden wir die geeignete Lösung, je nach Lieferumfang und Auslieferungsstandort.

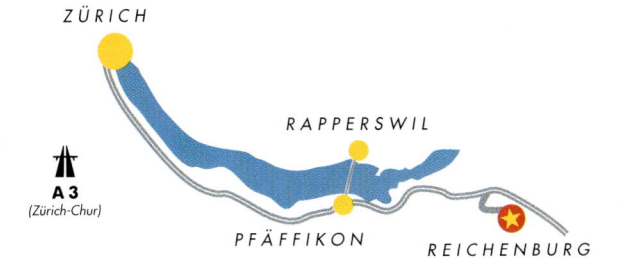

ZÜRICH
A3 (Zürich-Chur)
RAPPERSWIL
PFÄFFIKON
REICHENBURG

Folgende Karten sind willkommen:
EC / POSTCARD / Diners Club International / VISA / EUROCARD Master / AMERICAN EXPRESS Cards Welcome

Öffnungszeiten:
Mo-Fr: 07.45–12.00 Uhr 13.15–18.00 Uhr, Samstag: 07.45–16.00 durchgehend

Kessler
AUTO-RECYCLING
CH-8864 REICHENBURG/SZ
TEL 055/464 11 11, FAX 055/464 11 19

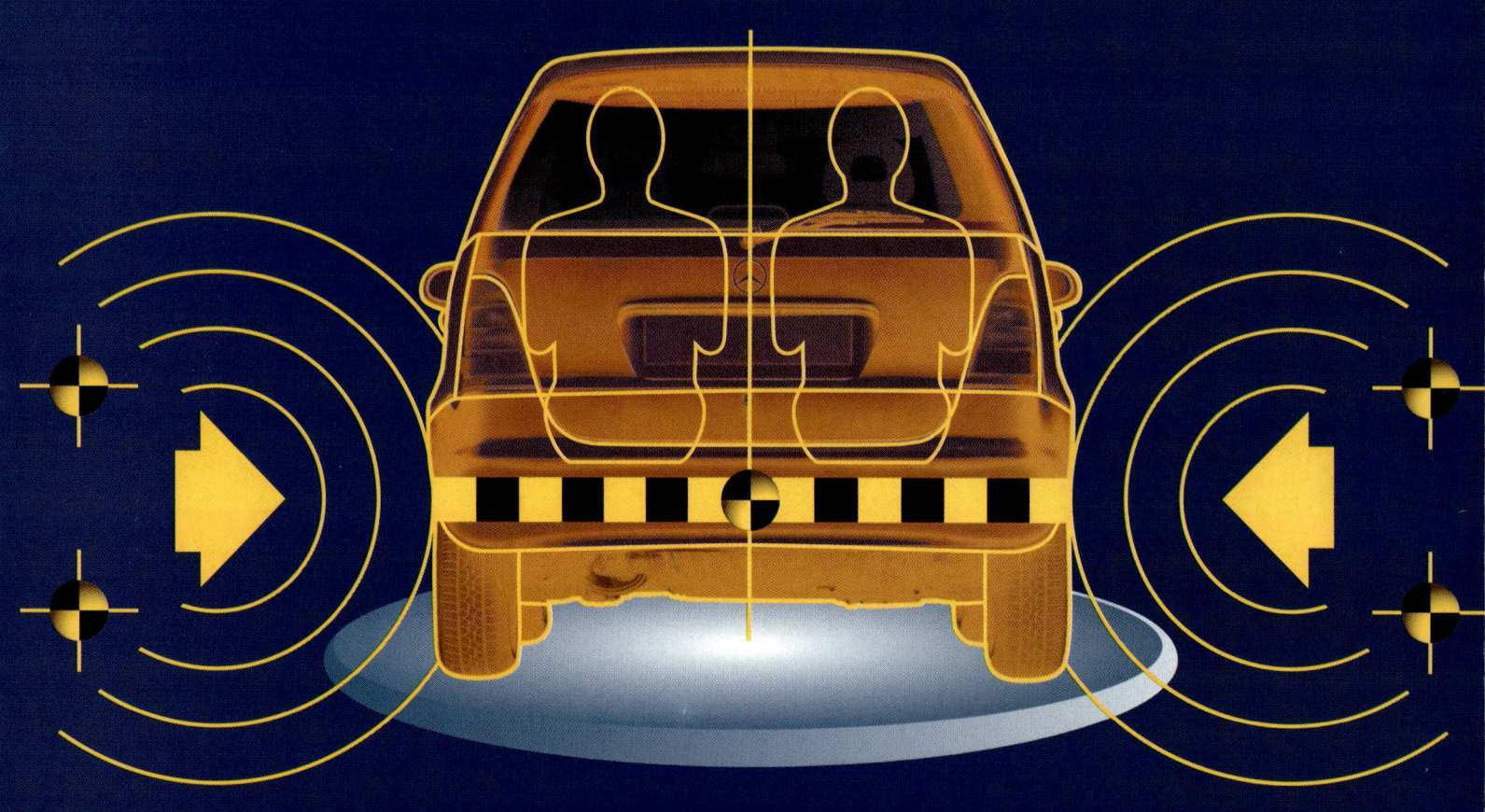

▶ A-Klasse Interessenten beweisen Geschmack. Denn das Sandwichkonzept (ein doppelter ▷
Boden mit eingebautem Maschinenraum) schafft erfrischend neue Ansichten von aussen und eine erhöhte
Aussicht von innen. Und gesund ist es auch. Falls Ihnen jemand dumm von der Seite kommt.

Internet: http://www.mercedes-benz.ch

Ab Herbst 1997. Die A-Klasse. Ein starkes Stück Zukunft.

Das Sandwichkonzept der A-Klasse:

Sieht lecker aus und ist gesund.

Appetit auf weitere Informationen?

☏ 1 5 5 5 1 5 5

Mercedes-Benz

Perfekte Autopflege

Pour un entretien parfait de la voiture

RIWAX®

RIWAX-CHEMIE AG　　　Made in Switzerland
Industrie West
CH-3052 Zollikofen BE
Tel. 031 911 70 71

KIA – die einzige Automarke mit Rücknahme-Garantie

(wenn's uns keiner nachmacht!)

Wertabsicherung:
Rückgaberecht nach 30 Monaten und max. 60 000 km nach Eurotax-Blau-Tarif, abzüglich Kosten für Instandstellung, ohne Neuwagen-Kaufzwang

Fabrikgarantie:
3 Jahre oder 100 000 km Vollgarantie

Mobilitätsgarantie:
3 Jahre KIA-Schutzbrief für ganz Europa

Antikorrosionsgarantie:
5 Jahre gegen Durchrostung

KIA Pride ab Fr. 11'975.– Netto
Und Sie machen vom Start weg das bessere Geschäft. Kaum zu glauben, aber wunderbar, wieviel Auto Sie mit diesem wendigen Kompaktwagen bekommen: 1,3 Liter Motor, 64 PS, 5-Gang-Getriebe. Sicherheitspaket z.B. mit Fahrer-Airbag und Seitenaufprallschutz. Limousinen-Komfortausstattung z.B. mit 5 Türen, Servolenkung, 4 Lautsprecher und Radio-Vorbereitung, elektr. Fensterhebern vorn. Exkl. Mobilitätsgarantie. *Auf Wunsch gegen Aufpreis.
KIA Pride Automat Fr. 12'950.–

KIA Leo ab Fr. 16'780.–
Und Sie haben vom modernen Auto eine neue Vorstellung.
Zeitgemäss: Die aerodynamische Linienführung mit Happy-End (5 Türen). Kraftvoll: der 1,5-Liter-Motor mit 81 PS/59 kW (5-Gang-Getriebe oder 4-Stufen-Automat*). Effektiv: Das Sicherheitspaket mit ABS*, Seiten-aufprallschutz und Doppel-Airbag*. Makellos: Die komplette Komfort-Ausstattung. Konkurrenzlos: Der Preis.
*Auf Wunsch gegen Aufpreis.

Preise inkl. 6,5% MWST

KIA Sephia ab Fr. 16'780.–
Und Sie rechnen in der Mittelklasse mit neuen Werten. Mehr Kraft fürs Geld: 1,6 Liter-Motor mit 81 PS/60 kW (5-Gang-Getriebe oder 4-Stufen-Automat*). Mehr Sicherheit fürs Geld: ABS*, Seitenaufprallschutz, Doppel-Airbag*. Mehr Ausstattung fürs Geld: Servolenkung, Klimaanlage*, höhenverstellbares Lenkrad, elektr. Fensterheber vorn und hinten, variable Rücksitzbank und und und. *Auf Wunsch gegen Aufpreis.

KIA Clarus für Fr. 25'950.–
Und Sie sehen die höhere Klasse mit anderen Augen. Viel Kraft für wenig Saft: 2-Liter-16V-Motor, 133 PS, 5-Gang-Getriebe oder elektronisch gesteuerter 4-Stufen-Automat*. Vorbildliches Sicherheits-Konzept: 4-Kanal-ABS, Doppel-Airbag, Seitenaufprallschutz. Komplett luxuriöse Ausstattung serienmässig, für die Sie sogar bei teuren Autos noch extra bezahlen.
*Auf Wunsch gegen Aufpreis.

KIA Sportage ab Fr. 28'950.–
Und Sie entdecken neue Wege zum Fahren und Sparen. Trendig und wendig: Der Familien-Geschäfts-Geländewagen mit 2-Liter-16V-Motor, 128 PS und zuschaltbarem Vierradantrieb (10 Vorwärtsgänge oder Automat*). Komplett komfortabel: Mit Servolenkung, ABS*, höhenverstellbarem Lenkrad, elektr. Fensterhebern vorn und hinten, Zentralverriegelung, variablem Kofferraum, Radio-/Kassettengerät und und und. *Auf Wunsch gegen Aufpreis.

KIA MOTORS

Und Sie fahren besser.

Import und Vertrieb:
KIA Motors AG • Industriestrasse • 5745 Safenwil
Tel. 062/788 88 99 • Fax 062/788 84 50

Auf dem größten Prüfstand der Welt gnadenlos geprüft und für gut befunden: MAHLE-Kolben.

Spitzentechnik im Motor. Weltweit.

Kolben
Kolbenbolzen
Kolbenringe
Leichtmetall-Zylinder
Leichtmetall-Motorblöcke

MAHLE

MAHLE GMBH, D-70369 Stuttgart

«AR»-Tests 1996

Essais «RA» 1996

Der Rückblick auf die in den Wochenausgaben der «Automobil Revue» publizierten Testberichte ergibt eine Übersicht von neuen oder doch in vielen Punkten verbesserten Fahrzeugmodellen des Jahrgangs 1996. Das Spektrum der geprüften Wagen reicht vom knapp 15 000 Franken kostenden Kompaktwagen bis hin zum superteuren Prestige-Coupé, dessen Preisetikette auf unglaubliche 400 000 Franken lautet.

Keiner zu klein

Mit dem am vergangenen Genfer Salon lancierten Saxo haben die Citroën-Strategen einen etwas geräumigeren Klein- bzw. Kompaktwagen dem weiterhin lieferbaren AX zur Seite gestellt.

Citroën Saxo

La revue des essais publiés tout au long de l'année par l'hebdomadaire «revue automobile» fournit une vue d'ensemble des modèles 1996, les nouveaux et ceux qui ont été fortement remaniés. Le spectre des voitures essayées va des compactes coûtant tout juste 15 000 francs aux coupés prestigieux dont l'étiquette porte le chiffre incroyable de 400 000 francs.

Aucune n'est trop petite

Lors du dernier Salon de Genève, les stratèges de Citroën lançaient la Saxo, une petite compacte – un peu plus spacieuse que l'AX – qui poursuit son chemin en 1997. Sa vivacité et sa sobriété exceptionnelle

Bentley Continental T

Volkswagen Polo 16V

Nissan Almera GTI

Das lebhafte Temperament und die vorbildliche Genügsamkeit ermöglichen ein komfortbetontes Reisen zu günstigen Konditionen. Die Topmotorisierung mit dem 120 PS abgebenden 1.6/16V-Vierzylinder prüften wir im ebenfalls erneuerten, mit dem Saxo eng verwandten Peugeot 106 GTI. Das sportive Flair (8,1 s für 0 bis 100 km/h), gepaart mit exzellenten Fahreigenschaften, vermochte rundum zu begeistern.

Auch Lancia mischt in der unteren Kompaktklasse mit dem gründlich erneuerten und vergrösserten Y mit, dessen aussergewöhnliches Styling und Design mitunter kontroverse Diskussionen auslöste. Das war weder beim Fiesta mit dem neuen, leistungsfreudigen 1.2-Zetec-16V-Motor noch bei den beiden geprüften Volkswagen Polo der Fall, an die sachliche Formgebung der beiden Kontrahenten hat man sich rasch gewöhnt. Sparsamer Umgang mit dem Treibstoff kann dem erstarkten Polo 1.4/60 PS attestiert werden, während der gleich grosse Vierzylinder in 16V-Ausführung (100 PS) bereits zu den Sportlern seiner Klasse zu zählen ist.

Einen anderen Weg, wenn es sein muss abseits befestigter permettent de voyager confortablement à des conditions très abordables. Nous avons essayé la motorisation haut de gamme, un quatre-cylindres 1.6/16V délivrant 120 ch, sur la Peugeot 106 GTI, une proche parente elle aussi remise à jour. Son pep (8,1 s au 0–100 km/h) et ses excellentes qualités de route ont suscité un enthousiasme sans réserve.

De son côté Lancia apporte son grain de sel dans la classe compacte inférieure avec une Y entièrement remodelée, beaucoup plus grande qu'avant, et dont l'esthétique a été parfois controversée. Ce qui n'a été le cas ni de la Fiesta, pourvue du nouveau et puissant 1.2 Zetec 16V, ni des deux versions Polo examinées: on s'est très vite habitué à la forme fonctionnelle de ces modèles-là. Nous avons reconnu à la Polo 1.4/60 ch renforcée d'excellentes qualités d'économie, tandis que la version quatre soupapes du quatre-cylindres de même volume (100 ch) compte déjà parmi les sportives de sa catégorie.

La «nouvelle» Subaru Justy suit un autre chemin, n'hésitant à partir sur le terrain si l'occasion se présente. Elle est à nouveau pourvue d'une traction intégrale, mais à la regarder de plus près, on découvre en elle une Suzuki Swift, légèrement modifiée, et de production hongroise.

Rover 214 Si

Un degré intermédiaire

Dans la classe âprement disputée des compactes de 4 mètres, on assiste à une levée de boucliers. Magistralement enlevée, avec un intérieur à l'anglaise et un design original, la Rover 200 compte parmi les représentantes les plus brillantes de la catégorie. Le nouveau doublé de Turin s'appelle Bravo et Brava; ces deux Fiat ont des lignes élancées, mais la Bravo trois portes est plus courte, tandis que la Brava cinq portes, plus longue, offre davantage de place pour la famille et les loisirs. Renault suit la même tendance avec la nouvelle série Mégane. Sur le coupé, on est allé jusqu'à renoncer au hayon. Et pour ceux qui recher-

Pfade, geht der «neue», wiederum allradgetriebene Subaru Justy, der sich beim näheren Hinsehen als leicht gewandelter Suzuki Swift aus ungarischer Fertigung entpuppt.

Mittleres Mass

In der dicht besetzten 4-Meter-Kompaktklasse gab es einen Grossaufmarsch neuer Modelle. Der putzige Rover 200 mit eigenständigem Design und britischer Wohnkultur gehört zu den lebhaften Vertretern dieser Kategorie. Bravo bzw. Brava heisst das neue Fiat-Doppel aus Turin; schwungvolle Linien kennzeichnen den kurz gehaltenen, dreitürigen Bravo, der längere Brava mit insgesamt fünf Türen bietet viel Platz für Familie und Freizeit. Ein ähnliches Konzept hat Renault mit der neuen Mégane-Serie auf die Räder gestellt. Beim Coupé wurde zwar auf eine praktische Heckklappe verzichtet, doch wer partout ein grosses Transportvolumen wünscht, dürfte vom sehr geräumigen und praktischen Scénic-Minivan angetan sein.

Aus japanischer Produktion stammen der vor allem stylistisch erneuerte Mitsubishi Colt und der recht gross geratene Nissan Almera, der auch als sportlicher Gti mit leistungsfähigem 2.0/16V-Motor hergestellt wird. Den oberen Abschluss dieses Segments markiert der neue Audi A3, punkto Machart und Preis wird ein anspruchsvolles Publikum anvisiert.

BMW Z3

Fiat Brava

Populäre Mittelklasse

In Europa stellt der Kombiwagen (noch) eine feste Grösse im mittleren Fahrzeugsegment dar. Ein gutes Beispiel gibt der erneuerte Lantra von Hyundai ab, und der ebenfalls brandneue Volvo S40 bzw. V40 gefiel vor allem als Station Wagon. Die technische Verwandtschaft zwischen dem Volvo S40/V40 und dem Mitsubishi Carisma tritt prima vista kaum in Erscheinung, der preisgünstigere Carisma peilt eine andere Käuferschaft an als

chent avant tout une grande capacité de transport, le Scénic devrait faire l'affaire.

De la production japonaise sont issus la Mitsubishi Colt, renouvelée surtout du point de vue esthétique, et la Nissan Almera, presque une grande, que l'on propose aussi en version Gti avec un 2.0/16V très puissant. La nouvelle Audi A3 occupe le sommet de ce segment; sa qualité et son prix s'adressent à un public exigeant.

Les moyennes populaires

En Europe, le break est (encore) une quantité non négligeable dans le segment moyen. La Lantra renouvelée de Hyundai en fournit un bon exemple et c'est en version beak que la Volvo S40 et V40, toute neuve elle aussi, présente le plus d'attrait. La parenté technique entre cette Volvo et la Mitsubishi Carisma est presque invisible. Meilleur marché, la Carisma vise une autre clientèle que la Volvo, beaucoup plus luxueusement aménagée.

Avec sa Marea livrable sous forme de berline et de break, Fiat remplace à la fois la Tempra et la Croma. Le nouveau cinq-cylindres de 20 soupapes ne manque pas de vigueur. En attendant le nouveau V6, c'est le quatre-cylindres 2.0 Turbo, avec presque 150 ch, qui tient le premier rôle. Le V6 ne s'impose pas forcément sur la nouvelle Opel Vectra. Le 2.0/16V dégonflé à 136 ch ne manque ni de tempérament ni d'avantages en termes d'économie. A la fois élégante et moderne, sa carrosserie ne manque pas de séduction. A l'intérieur, c'est la fonctionnalité qui triomphe.

Pour les plus exigeants

Dans la classe moyenne supérieure, Mercedes-Benz et BMW proposent toujours plus de nouvelles variantes de manière à répondre aux vœux les plus divers. Exemples: le sprinter qu'est la C 230 Kompressor et les relativement sobres turbodiesel (C 250 TD et E 290 TD). Mais il n'y a pas que les deux marques allemandes. Si la Toyota Camry passe inaperçue, elle ne manque pas de séduction pour autant, avec sa nouvelle carrosserie et son puissant V6 3.0. Saab rejoint également la «ligue V6 supérieure» avec sa superluxueuse 9000 Griffin équipée du V6 3.0 Opel. On peut s'en sortir aussi avec moins de cylindres, pour autant qu'on se passe de transmission automatique. Pour preuve, le break Lancia Kappa, avec son cinq-cylindres 2.0 quatre soupapes développant 155 ch.

La transition vers la classe supérieure se fait sans accroc avec la nouvelle BMW 5 V8 (540i) ou avec la «7» six cylindres (728i). La

Jaguar XK8

der mehr auf Luxus getrimmte Volvo.

Mit dem als Limousine und Kombi lieferbaren Marea hat Fiat gleich den Tempra und den Croma ersetzt, punkto Motorisierung setzt sich besonders der neue 2.0-Fünfzylinder mit total 20 Ventilen mit Vehemenz in Szene. Bei Peugeot spielt im komfortbetonten 406 bis zum Eintreffen des neuen V6-Motors der vierzylindrige 2.0-Turbo mit knapp 150 PS die erste Geige. Nicht unbedingt mit V6 muss der neue Opel Vectra geordert werden, der auf 136 PS gedrosselte 2.0/16V bietet nicht nur viel Temperament, sondern geht mit dem Benzin vorbildlich haushälterisch um. Das elegant-moderne Karosseriekleid ist nicht ohne Reiz, im Interieur dominiert eher die Funktionalität.

Für gehobene Ansprüche

In der oberen Mittelklasse sahnen Mercedes-Benz und BMW kräftig ab. Mit immer neuen Varianten werden unterschiedlichste Käuferwünsche berücksichtigt. Beispiele wie der spurtstarke Mercedes-Benz C 230 Kompressor oder die vergleichsweise genügsamen Turbodiesel (C 250 TD und E 290 TD) zeigen dies deutlich. Es gibt aber nach wie vor zahlreiche Alternativen; eine unauffällige, aber nicht minder attraktive stellt der neu karossierte Toyota Camry mit antrittstarkem 3.0-V6 dar. Auch Saab hat sich in die obere V6-Liga vorgewagt, und zwar mit dem topluxuriösen 9000 Griffin mit Opel-3.0-V6. Dass es auch mit weniger Zylindern und Hubraum geht, sofern auf eine Automatik verzichtet wird, demonstrierte der Lancia Kappa Station mit dem 155 PS abgebenden 2.0-Fünfzylinder-20V.

Den fliessenden Übergang zur Topklasse lässt sich beispielsweise mit dem neuen Fünfer-BMW V8 (540i) oder aber mit einem sechszylindrigen Siebner (728i) darstellen. Auf der einen Seite viel Power kompakt verpackt, auf der anderen hingegen einen seidenweich laufenden Reihensechser im «grossen Anzug» mit entsprechend hohem Komfortniveau. Als Kompromiss bietet sich einmal mehr der rundum gelungene 528i an. Im leichtmetallenen Audi A8 macht der von 4,2 auf 3,7 Liter Hubraum verkleinerte V8-Motor eine ausgezeichnete Figur, während Honda für den neuen Legend auf einen drehmomentoptimierten 3.5-V6 setzt. Dasselbe Mass an Hubraum und Zylindern findet sich im für europäische Verhältnisse riesengrossen Chrysler New Yorker, beim Lincoln Continental ist sogar ein ausgewachsener 4.6-V8 mit total 32 Ventilen und 2×2 obenliegenden Nockenwellen am Werk. Beide frontgetriebenen Amerikaner bieten viel Auto und Luxus zu interessanten Konditionen.

première offre beaucoup de puissance sous un emballage compact, la seconde la douceur du six-cylindres dans une robe du soir et dans le grand confort. Dans ce paysage, la 528i représente un compromis réussi à tous points de vue.

Dans l'Audi A8 en aluminium, le V8 réduit de 4,2 à 3,7 litres fait excellente figure, alors que Honda mise – pour sa nouvelle Legend – sur un V6 3.5 optimalisé au point de vue couple. On trouve le même nombre de cylindres et le même volume moteur sur la Chrysler New Yorker, une voiture immense pour les critères européens, tandis que, dans la Lincoln Continental, c'est même un V8 4.6 avec 32 soupapes au total et 2×2 arbres à cames en tête qui fournit le travail. Ces deux «traction avant» américaines offrent beaucoup d'automobile et de luxe à des conditions intéressantes.

Du sport et de l'action

Le nouveau roadster Z3 de BMW arrive lui aussi d'Amérique du Nord, mais on ne le dirait pas. Il paraît être aussi bien fini qu'une voiture fabriquée en Allemagne. Question tempérament, la version quatre cylindres ne répond pas tout à fait à ce que promettent ses dehors aguichants. Son prix est certes très compétitif. Les six-cylindres 2.8/193 ch et 3.2/321 ch sont annoncés pour le printemps, mais la différence de prix ne sera pas mince.

Nous assistons d'autre part à la résurrection de la «Morris Ga-

MGF

Porsche Boxster

Sportflitzer in Aktion

Dass der neue Z3-Roadster von BMW ebenfalls aus Nordamerika stammt, sieht man ihm nicht an. Er scheint gleichgut gefertigt zu sein, wie man dies von einem Auto aus deutscher Produktion gewohnt ist. Die Vierzylinderausführung entspricht punkto Temperament nicht ganz den Erwartungen, die der optische Eindruck hinterlässt, dafür sind die Preise kompetitiv. Auf Frühjahr 1997 sind die Sechszylinder (2.8/193 PS und 3.2/321 PS) angesagt, begleitet mit einem happigen Aufpreis.

Auch die «Morris Garage» (bzw. MG) ist wieder zu neuem Leben erwacht; der quirlige Mittelmotor-Zweisitzer MGF gehört mit dem 145 PS starken 1.8/16V zu den spurtstarken Vertretern seiner Klasse. Noch mehr Power, natürlich zu einem höheren Preis, offerieren die in Stuttgart-Untertürkheim bzw. -Zuffenhausen ansässigen Renommierunternehmen: Der SLK von Mercedes-Benz mit im Kofferraum elektromotorisch versenkbarem «Hardtop» spielt den komfortbetonten Part in der neuen Sportwagengilde, der Boxster von Porsche verströmt mit seiner anspruchsvollen Mittelmotor-Bauweise ein reinrassiges Sportwagen-Feeling.

Dass der europäische Sportwagen nach langen Jahren des Dornröschenschlafs wieder auferstanden ist, kann nur begrüsst werden. Wer mehr Platz wünscht, wird zu denselben finanziellen Bedingungen von Chrysler mit dem neuen Stratus Convertible bestens bedient.

Obwohl im Trend, macht das Offenfahren noch längst nicht jedem Automobilisten Spass. Nach wie vor gibt es einen lukrativen Markt für topmotorisierte Limousinen und Coupés. Den auf 321 PS erstarkten M3 bietet BMW gleich als Limousine, Coupé und Cabrio an; das geprüfte Coupé legte sagenhafte Fahrleistungen (5,5 s für 0 bis 100 km/h, Spitze 260 km/h) in die Bahn. Weder ein auf fast 400 PS getunter BMW Alpina B12 (7-Reihe) noch ein Mercedes-Benz E50 AMG können – nicht zuletzt wegen der bequemen, sanft schaltenden Getriebeautomatik – mithalten. Der E50 AMG ist mit 6 s am schnellsten auf Tempo 100, er verweist die ebenfalls mit Automatik dotierten Porsche 911 Targa, Bentley Continental R & T und den brandneuen Jaguar XK8 auf die Plätze. Während Rolls-Royce/Bentley noch die bewährte, hubraumstarke V8-Technik mit sanfter Turboaufladung verwenden, pocht unter der attraktiven Robe des Jaguar XK8 ein nigelnagelneuer High-tech-4.0-V8, dessen brillante Allroundeigenschaften die jahrzehntelang hochgehaltene Sechs- und Zwölfzylinder-Tradition vergessen lässt.

«AR»-Test-Team

rage» plus connue sous le sigle MG; deux places à moteur central remuante, la MGF figure, avec son 1.8/16V de 145 ch, parmi les plus alertes de sa catégorie. Les fameuses entreprises de Stuttgart Untertürkheim et Zuffenhausen ont davantage de puissance à offrir, mais naturellement à un prix plus élevé. La Mercedes SLK – avec son toit en dur qu'un système électrique fait disparaître dans le coffre – apporte une touche de confort dans la confrérie des sportives. De son côté, la Porsche Boxster, avec son moteur central de construction sophistiquée, se veut un vrai pur-sang.

Après avoir dormi pendant de longues années, la voiture de sport sort du bois et l'on s'en félicite! Ceux qui souhaiteront davantage de place seront servis au mieux, et aux mêmes conditions financières, par la nouvelle Stratus Convertible de Chrysler. Bien que sa cote soit très élevée, la décapotable n'est pas encore l'affaire de tout le monde, et de loin. Il existe toujours un marché lucratif pour les berlines et les coupés supérieurement motorisés. BMW offre sa M3 poussée à 321 ch simultanément sous forme de berline, de coupé et de cabriolet; le coupé que nous avons essayé a réalisé des performances sensationnelles (5,5 s au 0 à 100 km/h, une vitesse de pointe de 260 km/h). Ni la BMW Alpina B12 (série 7) portée à presque 400 ch, ni la Mercedes E50 AMG ne peuvent lui résister – notamment parce qu'elles sont pourvues d'une boîte automatique confortable aux passages de vitesses imperceptibles. L'E50 AMG pointe la première à 100 km/h, en 6 secondes. Elle passe devant les Porsche 911 Targa, Bentley Continental R & T ainsi que la nouvelle Jaguar XK8, toutes également munies d'une transmission automatique.

Alors que les Rolls Royce/Bentley utilisent encore la bonne vieille technique de la grosse cylindrée avec légère suralimentation, c'est un V8 4.0 high-tech flambant neuf qui tourne sous la robe séduisante de la Jaguar XK8; ses brillantes qualités font oublier la longue tradition des six et douze cylindres.

Equipe d'essais «RA»

Mercedes-Benz SLK

Spezifikationen der Prüffahrzeuge/Messergebnisse 1996
Spécifications des voitures essayées/Résultats des essais 1996

«AR»-Prüfungen / Les essais de la «RA»

Deutschland – Allemagne
- Audi A3 1.8 (40)
- Audi A8 3.7 (9)
- BMW Z3 1.8/1.9 (23)
- BMW M3 Coupé (30)
- BMW 528i/540i (33)
- BMW 728i (7)
- BMW Alpina B12 (38)
- Ford Fiesta 1.2/16V (14)
- Ford Mondeo 4×4 (3)
- Mercedes-Benz SLK 230 (44)
- Mercedes-Benz C 230 K (11)
- Mercedes-Benz C 250 TD (13)
- Mercedes-Benz E 290 TD (28)
- Mercedes-Benz E 50 AMG und E 420 (52)
- Opel Vectra 2.0/16V und 2.5-V6 (26)
- Opel Omega MV6
- Porsche Boxster (47)
- Porsche 911 Targa Tiptronic (15)
- Volkswagen Polo 1.4/60 (8)
- Volkswagen Polo 100/16V (41)

Frankreich – France
- Citroën Saxo 1.1/1.4/1.6 (34)
- Peugeot 106 GTI (32)
- Peugeot 406 SV Turbo (48)
- Renault Mégane 1.6 und Coupé 2.0/16V (17)
- Renault Mégane Scénic 1.9 TD (42)

Italien – Italie
- Fiat Bravo 1.6 und Brava 1.8 (12)
- Fiat Marea 2.0 (39)
- Lancia Y 1.2/1.4 (29)
- Lancia Kappa 2.0/20V Station Wagon (46)

Grossbritannien – Grande-Bretagne
- Bentley Continental R und T (5/18)
- MGF (21)
- Jaguar XK8 (49)
- Rover 214/216 (51)
- Rover 416 (4)

Schweden – Suède
- Saab 9000 V6 Griffin (2)
- Volvo 850 R Wagon (25)
- Volvo S40 (35)

Spanien – Espagne
- Seat Toledo Tdi (19)

USA – Etats-Unis
- Chrysler Stratus Cabrio (31)
- Chrysler Voyager 2.4/3.3 (16)
- Chrysler New Yorker (1)
- Lincoln Continental (24)

Japan – Japon
- Honda Legend 3.5-V6 (20)
- Mitsubishi Colt 1.3/1.6 (37)
- Mitsubishi Carisma 1.8 (10)
- Nissan Almera 1.4/1.6 und GTI (22 und 45)
- Nissan Primera 1.6 (36)
- Subaru Justy 4WD (6)
- Toyota Camry 3.0-V6 (50)
- Toyota Land Cruiser TD/V6 (43)

Südkorea – Corée du Sud
- Hyundai Lantra 1.8 (27)

Nr. No.	Marke/Modell Marque/Modèle	Erscheinungs- datum Date de publication	Hubraum Cylindrée (cm³)	Maximale Leistung Puissance maximale (PS/ch)	Norm der Leistungs- messung Norme de mesure de puissance	Leer- gewicht (DIN) Poids à vide (DIN) (kg)	Leistungs- gewicht (leer) Rapport poids/ puissance (vide) (kg/PS kg/ch)	Achsunter- setzung Rapport du pont	Preis des Prüffahrzeugs bei Veröffentlichung Prix de la voiture à l'époque de la publication (Fr.)
1	Chrysler New Yorker	4. 1. 96	3523	211	ECE	1655	7,8	3,66	66 000.–
2	Saab 9000 V6 Griffin	11. 1. 96	2962	211	ECE	1480	7,0	3,89	69 900.–
3	Ford Mondeo 4×4	18. 1. 96	1988	136	ECE	1460	10,7	3,84	33 750.–
4	Rover 416 Si	25. 1. 96	1589	111	ECE	1160	10,5	3,94	25 900.–
5	Bentley Continental R	1. 2. 96	6750	389	ECE	2415	6,2	2,69	370 800.–
6	Subaru Justy 4WD	8. 2. 96	1289	68	DIN	930	13,7	4,24	19 500.–
7	BMW 728i Aut.	15. 2. 96	2793	193	ECE	1780	9,2	3,23	73 300.–
8	Volkswagen Polo 1.4/60	22. 2. 96	1390	60	ECE	950	15,8	3,59	17 140.–
9	Audi A8 3.7	29. 2. 96	3697	230	ECE	1690	7,3	3.09	86 000.–
10	Mitsubishi Carisma 1.8	21. 3. 96	1834	115	ECE	1200	10,3	4,07	26 990.–
11	Mitsubishi Carisma 1.8 Aut.	21. 3. 96	1834	115	ECE	1200	10,3	4,04	28 790.–
11	Mercedes-Benz C 230 K	28. 3. 96	2295	193	ECE	1400	7,3	3,46	49 250.–
12	Fiat Bravo 1.6	4. 4. 96	1581	103	ECE	1150	11,2	3,35	20 500.–
12	Fiat Brava 1.8	4. 4. 96	1747	113	ECE	1220	10,8	3,35	23 400.–
13	Mercedes-Benz C 250 TD	11. 4. 96	2497	150	ECE	1450	9,7	2,65	43 650.–
14	Ford Fiesta 1.2/16V	18. 4. 96	1242	75	ECE	990	13,2	4,27	17 300.–
14	Ford Fiesta CTX	18. 4. 96	1242	75	ECE	1030	13,7	3,84	18 950.–
15	Porsche 911 Targa Tiptronic	25. 4. 96	3600	286	ECE	1455	5,1	3,67	124 350.–
16	Chrysler Voyager 2.4	2. 5. 96	2429	151	DIN	1755	11,6	3,88	36 990.–
16	Chrysler Voyager 3.3-V6	2. 5. 96	3301	158	DIN	1830	11,6	3,62	50 300.–
17	Renault Mégane 1.6	9. 5. 96	1598	90	ECE	1080	12,0	3,87	21 100.–
17	Renault Mégane Coupé 2.0/16V	9. 5. 96	1998	150	ECE	1150	7,7	4,06	31 400.–
18	Bentley Continental T	16. 5. 96	6750	404	ECE	2490	6,2	2,69	421 200.–
19	Seat Toledo TDi	23. 5. 96	1896	90	ECE	1190	13,2	3,16	27 900.–
20	Honda Legend 3.5-V6	23. 5. 96	3473	205	ECE	1660	8,1	4,18	64 000.–
21	MGF 1.8i	30. 5. 96	1795	120	ECE	1115	9,3	3,94	33 000.–
21	MGF 1.8i VVC	30. 5. 96	1795	145	ECE	1130	7,8	4,20	37 500.–
22	Nissan Almera 1.4	6. 6. 96	1392	87	ECE	1060	12,2	4,17	18 750.–
22	Nissan Almera 1.6	6. 6. 96	1597	100	ECE	1070	10,7	4,17	21 300.–
22	Nissan Almera 1.6 Aut.	6. 6. 96	1597	100	ECE	1120	11,2	4,07	22 650.–
23	BMW Z3 1.8	13. 6. 96	1796	116	ECE	1180	10,2	3,45	36 500.–
23	BMW Z3 1.9	13. 6. 96	1895	140	ECE	1240	8,6	3,45	40 400.–
24	Lincoln Continental	20. 6. 96	4601	264	SAE	1880	7,1	3,56	77 000.–
25	Volvo 850 R Wagon	27. 6. 96	2319	249	ECE	1530	6,1	4,10	78 500.–
26	Opel Vectra 2.0/16V	4. 7. 96	1998	136	ECE	1320	9,7	3,94	29 750.–
	Opel Vectra 2.0/16V Aut.	4. 7. 96	1998	136	ECE	1350	9,9	2,81	31 350.–
	Opel Vectra 2.5-V6 Aut.	4. 7. 96	2498	170	ECE	1440	8,5	2,81	35 600.–
27	Hyundai Lantra 1.8 Wagon	11. 7. 96	1796	128	DIN	1235	9,6	3,65	27 990.–
	Hyundai Lantra 1.8 Aut.	11. 7. 96	1796	128	DIN	1255	9,8	3,66	27 490.–
28	Mercedes-Benz E 290 TD	18. 7. 96	2874	129	ECE	1530	11,9	3,67	52 150.–
29	Lancia Y 1.2	25. 7. 96	1242	60	ECE	970	16,0	3,87	14 900.–
	Lancia Y 1.4	25. 7. 96	1371	80	ECE	1000	12,5	4,07	16 800.–
30	BMW M3 Coupé	1. 8. 96	3201	321	ECE	1495	4,7	3,23	77 600.–
31	Chrysler Stratus Cabrio	8. 8. 96	2497	163	ECE	1565	9,6	3,75	47 590.–
32	Peugeot 106 GTI	15. 8. 96	1587	120	DIN	950	7,9	3,94	21 700.–
33	BMW 528i Aut.	22. 8. 96	2793	193	ECE	1580	8,2	2,93	57 000.–
	BMW 540i Aut.	22. 8. 96	4398	286	ECE	1740	6,1	2,81	76 900.–
34	Citroën Saxo 1.1i	29. 8. 96	1124	55	DIN	840	15,3	4,29	14 620.–
	Citroën Saxo 1.4i	29. 8. 96	1361	75	DIN	870	11,6	3,76	16 900.–
	Citroën Saxo 1.6i	29. 8. 96	1587	90	DIN	920	10,2	3,76	19 100.–
35	Volvo S 40	5. 9. 96	1948	137	ECE	1270	9,3	4,07	32 000.–
36	Nissan Primera 1.6	5. 9. 96	1597	100	ECE	1230	12,3	4,06	24 550.–
37	Mitsubishi Colt 1.3	12. 9. 96	1299	75	DIN	1020	13,6	4,06	14 990.–
	Mitsubishi Colt 1.6	12. 9. 96	1597	90	DIN	1050	11,7	3,71	21 490.–
	Mitsubishi Colt 1.6 Aut.	12. 9. 96	1597	90	DIN	1075	11,9	3,61	23 990.–
38	BMW Alpina B 12	19. 9. 96	5646	387	ECE	2055	5,3	3,15	178 000.–
39	Fiat Marea 2.0	19. 9. 96	1998	147	ECE	1310	8,9	3,56	30 000.–
40	Audi A3 1.8	26. 9. 96	1781	125	ECE	1185	9,5	4,24	28 000.–
41	Volkswagen Polo 100/16V	3. 10. 96	1390	101	ECE	1020	9,9	3,88	21 700.–
42	Renault Mégane Scénic 1.9 TD	10. 10. 96	1870	95	ECE	1370	14,4	3,60	26 450.–
43	Toyota Land Cruiser 300 TD	17. 10. 96	2982	125	ECE	1870	15,0	4,30	37 490.–
	Toyota Land Cruiser V6	17. 10. 96	3378	178	ECE	1900	10,6	4,30	57 500.–
44	Mercedes-Benz SLK 230	24. 10. 96	2295	193	ECE	1320	6,8	3,46	50 500.–
45	Nissan Almera GTI	31. 10. 96	1998	143	ECE	1195	8,4	4,18	29 950.–
46	Lancia Kappa 2.0/20V Station	7. 11. 96	1998	155	ECE	1580	10,2	3,94	46 600.–
47	Porsche Boxster	14. 11. 96	2480	204	ECE	1300	6,4	3,89	59 950.–
48	Peugeot 406 SV Turbo	21. 11. 96	1998	147	ECE	1425	9,7	4,31	36 600.–
49	Jaguar XK8	28. 11. 96	3996	294	DIN	1650	5,6	3,06	105 000.–
50	Toyota Camry 3.0-V6	5. 12. 96	2995	190	ECE	1480	7,8	3,93	48 500.–
51	Rover 214 Si	12. 12. 96	1588	103	ECE	1015	9,9	3,94	19 990.–
	Rover 216 Si	12. 12. 96	1588	111	ECE	1040	9,4	3,94	24 750.–
	Rover 216 Si CVT	12. 12. 96	1588	111	ECE	1060	9,5	4,06	26 450.–
52	Mercedes-Benz E 50 AMG	19. 12. 96	4973	347	ECE	1720	4,9	3,06	124 500.–
	Mercedes-Benz E 420	19. 12. 96	4196	279	ECE	1650	5,9	2,82	85 100.–
	Opel Omega MV6	19. 12. 96	2961	211	ECE	1680	8,0	3,90	57 900.–

Beilage zum Katalog 1997 der «Automobil Revue» Bern (Schweiz)

Verkaufspreise der Personenwagen in der Bundesrepublik Deutschland

Die Preisangaben erscheinen ohne Gewähr und ohne Verbindlichkeit für die interessierten Stellen oder die Redaktion.

Die empfohlenen Preise (einschliesslich Mehrwertsteuer) gelten ab Werk und beziehen sich auf den Stand 25. Februar 1997; spätere Preisänderungen vorbehalten.
Zeichenerklärung: + Modellprogramm, Lieferbeginn und/oder Verkaufspreise bei Redaktionsschluss noch nicht festgelegt. Bei Fliessheck-limousinen, Coupés und Kombis werden Heckklappen als Türen gezählt.

Marke/Modell	Karosserie	Sitze	Türen	Preis in DM
Alfa Romeo				
145 1.4 T.Spark	Limousine	5	3	25 200.–
145 1.4 T.Spark L	Limousine	5	3	27 950.–
145 1.6 T.Spark	Limousine	5	3	29 700.–
145 1.8 T.Spark	Limousine	5	3	32 900.–
145 Quadrifoglio	Limousine	5	3	35 900.–
145 2.0 TD	Limousine	5	3	28 900.–
146 1.4 T.Spark	Limousine	5	5	26 200.–
146 1.4 T.Spark L	Limousine	5	5	28 950.–
146 1.6 T.Spark	Limousine	5	5	30 700.–
146 1.8 T.Spark	Limousine	5	5	33 750.–
146 ti	Limousine	5	3	36 300.–
146 2.0 TD	Limousine	5	5	29 900.–
155 1.6 T.Spark 16V	Limousine	5	4	34 950.–
155 1.8 T.Spark 16V	Limousine	5	4	36 950.–
155 2.0 T.Spark 16V	Limousine	5	4	40 500.–
155 2.0 T.Spark 16V Super	Limousine	5	4	41 100.–
155 2.5 TD	Limousine	5	4	41 350.–
164 Super T.Spark	Limousine	5	4	48 400.–
164 Super V6	Limousine	5	4	59 800.–[1]
164 Super V6/24V	Limousine	5	4	64 400.–[2]
164 Q4 4 x 4	Limousine	5	4	77 900.–
164 Super TD	Limousine	5	4	53 700.–
GTV 2.0 Spark T. 16V	Coupé	2 + 2	2	45 450.–
GTV 2.0 Spark T. 16V L	Coupé	2 + 2	2	50 650.–
GTV 3.0 V6 TB	Coupé	2 + 2	2	54 950.–
GTV 3.0 V6 24V	Coupé	2 + 2	2	57 500.–
GTV 3.0 V6 24V L	Coupé	2 + 2	2	62 500.–
Spider 2.0 T.Spark 16 V	Cabriolet	2	2	47 700.–
Spider 2.0 T.Spark 16 V L	Cabriolet	2	2	52 900.–
Spider 3.0 V 6	Cabriolet	2	2	56 500.–
Spider 3.0 V 6 L	Cabriolet	2	2	61 500.–

Automatik: [1] + DM 2 600.–, [2] + DM 3 500.–

Aston Martin				
DB 7	Coupé	2 + 2	2	199 900.–
DB 7 Volante	Cabriolet	2 + 2	2	218 000.–
V8 Coupé	Coupé	2 + 2	2	319 500.–
V8 Volante	Cabriolet	2 + 2	2	357 725.–
V8 Vantage	Coupé	2 + 2	2	429 475.–
Audi				
A3 Attraction 1.6	Limousine	4	3	31 600.–[1 2 3]
A3 Attraction 1.8	Limousine	4	3	34 200.–[1 2 3]
A3 Attraction 1.8 T	Limousine	4	3	36 800.–[1 2]
A3 Attraction 1.9 TDI	Limousine	4	3	33 900.–[1 2 3]
A4 1.6	Limousine	5	4	38 900.–[4]
A4 1.8	Limousine	5	4	42 700.–[4]
A4 1.8 quattro	Limousine	5	4	48 100.–[4]
A4 1.8 T	Limousine	5	4	46 700.–[8]
A4 1.8 T quattro	Limousine	5	4	52 100.–[8]
A4 2.6	Limousine	5	4	49 250.–[8]
A4 2.6 quattro	Limousine	5	4	54 250.–[8]
A4 2.8	Limousine	5	4	54 750.–[8]
A4 2.8 quattro	Limousine	5	4	59 750.–[7]
A4 1.9 TDI 66 kW	Limousine	5	4	42 800.–[4]
A4 1.9 TDI 81 kW	Limousine	5	4	45 100.–[4]
A4 1.9 TDI quattro 81 kW	Limousine	5	4	50 500.–
A4 Avant 1.6	Kombi	5	5	41 200.–
A4 Avant 1.8	Kombi	5	5	45 000.–[4]
A4 Avant 1.8 quattro	Kombi	5	5	50 400.–
A4 Avant 1.8 T	Kombi	5	5	49 000.–[8]
A4 Avant 1.8 T quattro	Kombi	5	5	54 400.–
A4 Avant 2.6	Kombi	5	5	51 550.–[8]
A4 Avant 2.6 quattro	Kombi	5	5	56 550.–
A4 Avant 2.8	Kombi	5	5	57 050.–[8]
A4 Avant 2.8 quattro	Kombi	5	5	62 050.–[7]
A4 Avant 1.9. TDI 66 kW	Kombi	5	5	45 100.–[4]
A4 Avant 1.9. TDI 81 kW	Kombi	5	5	47 400.–[4]
A4 Avant 1.9. quattro TDI 81 kW	Kombi	5	5	52 800.–
A6 1.8	Limousine	5	4	48 000.–[5]
A6 1.8 quattro	Limousine	5	4	53 850.–[5]
A6 2.6	Limousine	5	4	52 300.–[5]
A6 2.6 quattro	Limousine	5	4	57 750.–[5]
A6 2.8 128 kW	Limousine	5	4	56 800.–[5]
A6 2.8 quattro 128 kW	Limousine	5	4	62 250.–[6]
A6 2.8 142 kW	Limousine	5	4	61 250.–[5]
A6 2.8 quattro 142 kW	Limousine	5	4	66 450.–[6]
A6 1.9 TDI	Limousine	5	4	48 700.–[5]
A6 2.5 TDI 85 kW	Limousine	5	4	51 850.–[5]
A6 2.5 TDI 85 kW 6-Gang	Limousine	5	4	52 950.–[5]
A6 2.5 TDI 85 kW Automatik	Limousine	5	4	55 050.–[5]
A6 2.5 TDI 103 kW 6-Gang	Limousine	5	4	55 650.–[5]
A6 2.5 TDI 103 kW Automatik	Limousine	5	4	57 800.–[5]
A6 2.5 TDI 103 kW quattro	Limousine	5	4	61 500.–[5]
A6 Avant 1.8	Kombi	5	5	52 200.–[5]
A6 Avant 1.8 quattro	Kombi	5	5	58 050.–[5]
A6 Avant 2.6	Kombi	5	5	56 500.–[5]
A6 Avant 2.6 quattro	Kombi	5	5	61 950.–[6]
A6 Avant 2.8 128 kW	Kombi	5	5	61 000.–[5]
A6 Avant 2.8 128 kW quattro	Kombi	5	5	66 450.–[6]
A6 Avant 2.8 142 kW	Kombi	5	5	65 450.–[5]
A6 Avant 2.8 142 kW quattro	Kombi	6	5	70 650.–[6]
A6 Avant 1.9 TDI	Kombi	5	5	52 900.–[5]
A6 Avant 2.5 TDI 85 kW	Kombi	5	5	56 050.–
A6 Avant 2.5 TDI 85 kW 6-Gang	Kombi	5	5	57 100.–
A6 Avant 2.5 TDI 85 kW Automatik	Kombi	5	5	59 250.–
A6 Avant 2.5 TDI 103 kW 6-Gang	Kombi	5	5	59 850.–
A6 Avant 2.5 TDI 103 kW Automatik	Kombi	5	5	62 000.–
A6 Avant 2.5 TDI 103 kW quattro 6-Gang	Kombi	5	5	65 700.–
S6 2.2	Limousine	5	4	84 250.–
S6 2.2 6-Gang	Limousine	5	4	85 300.–
S6 2.2 Automatik	Limousine	5	4	87 850.–
S6 4.2 6-Gang	Limousine	5	4	100 400.–
S6 4.2 Automatik	Limousine	5	4	102 950.–
S6 Avant 2.2	Kombi	5	5	88 450.–
S6 Avant 2.2 6-Gang	Kombi	5	5	89 500.–
S6 Avant 2.2 Automatik	Kombi	5	5	92 050.–
S6 Avant 4.2 6-Gang	Kombi	5	5	104 600.–
S6 Avant 4.2 Automatik	Kombi	5	5	107 150.–
A8 2.8	Limousine	5	4	85 000.–[9]
A8 2.8 quattro	Limousine	5	4	91 000.–[9]
A8 3.7	Limousine	5	4	99 700.–
A8 3.7 quattro	Limousine	5	4	105 700.–
A8 4.2 quattro	Limousine	5	4	115 700.–
S8 4.2	Limousine	5	4	133 500.–
Cabriolet 1.8	Cabriolet	4	2	49 500.–[4]
Cabriolet 2.0	Cabriolet	4	2	48 500.–
Cabriolet 2.6	Cabriolet	4	2	56 900.–[4]
Cabriolet 2.8	Cabriolet	4	2	63 500.–[4]
Cabriolet 1.9 TDI	Cabriolet	4	2	51 100.–

Ausstattungsvariante: Ambition [1] + DM 2 000.–, Ambiente [2] + DM 2 200.–, Automatik: [3] + DM 2 250.–, [4] + DM 2 750.–, [5] + DM 3 200.–, [6] + DM 3 600.–, tiptronic [7] + DM 2 650.–, [8] + DM 3 800.–, [9] + DM 4 000.–

Bentley				
Brooklands	Limousine	5	4	299 575.–
Brooklands LWB	Limousine	5	4	345 345.–
Turbo R	Limousine	5	4	387 665.–
Turbo R Sport	Limousine	5	4	414 000.–
Continental R	Coupé	4	2	522 100.–
Continental T	Coupé	4	2	572 930.–
Azure	Cabriolet	4	2	578 680.–
BMW				
316 i compact	Limousine	5	3	34 700.–[2]
318 ti compact	Limousine	5	3	39 500.–[2]
318 tds compact	Limousine	5	3	37 700.–[2]
316 g compact	Limousine	5	3	41 700.–[6]
316 i	Limousine	5	4	38 600.–[2]
318 i	Limousine	5	4	42 100.–[4]
320 i	Limousine	5	4	48 600.–[4]
323 i	Limousine	5	4	52 200.–[4]
328 i	Limousine	5	4	57 200.–[4]
M 3	Limousine	5	4	88 500.–
318 tds	Limousine	5	4	41 500.–
325 td	Limousine	5	4	48 000.–
325 tds	Limousine	5	4	51 000.–[3]
318 i touring	Kombi	5	5	44 600.–[4]
320 i touring	Kombi	5	5	51 100.–[4]
323 i touring	Kombi	5	5	54 700.–[4]
328 i touring	Kombi	5	5	59 700.–[4]
318 tds touring	Kombi	5	5	44 000.–
325 tds touring	Kombi	5	5	53 500.–[3]
316 i Coupé	Coupé	5	2	41 000.–[2]
318 is Coupé	Coupé	5	2	48 200.–[2]
320 i Coupé	Coupé	5	2	52 200.–[4]
323 i Coupé	Coupé	5	2	55 700.–[4]
328 i Coupé	Coupé	5	2	58 800.–[4]
M 3 Coupé	Coupé	5	2	88 500.–
318 i Cabrio	Cabriolet	4	2	54 800.–[4]
320 i Cabrio	Cabriolet	4	2	60 900.–[4]
328 i Cabrio	Cabriolet	4	2	67 400.–[4]
M 3 Cabrio	Cabriolet	4	2	97 500.–
Z 3 Roadster 1.8	Cabriolet	2	2	44 500.–[2]
Z 3 Roadster 1.9	Cabriolet	2	2	49 800.–[2]
520 i	Limousine	5	4	55 750.–[5]
523 i	Limousine	5	4	59 850.–[5]
528 i	Limousine	5	4	66 650.–[5]
535 i	Limousine	5	4	77 900.–
535 i Automatic	Limousine	5	4	82 100.–
540 i	Limousine	5	4	90 300.–
540 i Automatic	Limousine	5	4	95 000.–
525 tds	Limousine	5	4	58 300.–
525 tds Automatic	Limousine	5	4	62 100.–
520 i touring	Kombi	5	5	60 200.–[5]
523 i touring	Kombi	5	5	64 300.–[5]

Marke/Modell	Karosserie	Sitze	Türen	Preis in DM
528 i touring	Kombi	5	5	71 900.–[5]
540 i touring	Kombi	5	5	95 300.–
540 i touring Automatic	Kombi	5	5	100 000.–
525 tds touring	Kombi	5	5	62 800.–
525 tds touring Automatic	Kombi	5	5	66 600.–
728 i	Limousine	5	4	85 000.–[5]
735 i	Limousine	5	4	96 500.–
735 i Automatic	Limousine	5	4	100 700.–
740 i	Limousine	5	4	111 000.–
740 i Automatic	Limousine	5	4	115 700.–
750 i Automatic	Limousine	5	4	153 000.–
725 tds	Limousine	5	4	81 000.–
725 tds Automatic	Limousine	5	4	84 700.–
728 iL Automatic	Limousine	5	4	95 200.–
735 iL Automatic	Limousine	5	4	107 000.–
740 iL Automatic	Limousine	5	4	125 700.–
750 iL Automatic	Limousine	5	4	173 000.–
840 Ci	Coupé	4	2	133 500.–
840 Ci Automatic	Coupé	4	2	138 200.–
850 Ci Automatic	Coupé	4	2	163 500.–

Automatik: 4-Gang [1] + DM 2 750.–, [2] + DM 3 150.–, 5-Gang [3] + DM 3 350.–, [4] + DM 3 750.–, [5] + DM 3 900.–, Erdgas/Benzin [6]

BMW-Alpina

Marke/Modell	Karosserie	Sitze	Türen	Preis in DM
B3 3,2	Limousine	5	4	79 400.–[1]
B3 3,2 Coupé	Coupé	5	2	81 200.–[1]
B3 3,2 Cabrio	Cabriolet	4	2	90 800.–[1]
B3 3,2 touring	Kombi	5	5	83 900.–[1]
B8 4,6	Limousine	5	4	122 000.–
B8 4,6 Coupé	Coupé	5	2	125 000.–
B8 4,6 Cabrio	Cabriolet	4	2	139 500.–
B8 4,6 touring	Kombi	5	5	129 000.–
B10 V8	Limousine	5	4	119 980.–
B12 5,7	Limousine	5	4	199 800.–
B12 5,7 Lang	Limousine	5	4	220 000.–

Automatik: Switchtronic [1] + DM 5 950.–

Cadillac

Marke/Modell	Karosserie	Sitze	Türen	Preis in DM
Seville SLS	Limousine	5	4	95 000.–
Seville STS	Limousine	5	4	112 250.–
Eldorado TC	Coupé	5	2	109 800.–

Caterham

Marke/Modell	Karosserie	Sitze	Türen	Preis in DM
Super 7 1.6 16 V	Roadster	2	2	49 000.–
Super 7 2.0 16 V	Roadster	2	2	61 000.–

Chevrolet

Marke/Modell	Karosserie	Sitze	Türen	Preis in DM
Corvette 5.7 V8 Automatik	Coupé	2	2	+
Corvette 5.7 V8 6-Gang	Coupé	2	2	+
Corvette 5.7 V8 Automatik	Cabriolet	2	2	+
Corvette 5.7 V8 Grand Sport 6-Gang	Cabriolet	2	2	+
Blazer 4.3 V6 4 x 4	Kombi	5	4	59 950.–
Astro Van CL 4.3 V6	Van	8	5	65 050.–
Astro Van CL 4.3 V6 4 x 4	Van	8	5	68 200.–
Astro Van LT 4.3 V6	Van	8	5	69 200.–
Astro Van LT 4.3 V6 4 x 4	Van	8	5	72 950.–
Tahoe LS 5.7 V8 4 x 4	Kombi	5	3	73 820.–
Tahoe LS 5.7 V8 4 x 4	Kombi	5	5	76 840.–
Tahoe LT 5.7 V8 4 x 4	Kombi	5	3	76 160.–
Tahoe LT 5.7 V8 4 x 4	Kombi	5	5	79 180.–
Trans Sport 3.4 V6	Van	7	5	56 975.–

Chrysler

Marke/Modell	Karosserie	Sitze	Türen	Preis in DM
Neon 2.0	Limousine	5	4	31 490.–
Stratus LE 2.0	Limousine	5	4	39 995.–
Stratus LX 2.0	Limousine	5	4	45 595.–
Stratus LX 2.5	Limousine	5	4	52 995.–
Stratus Cabriolet LE 2.0	Cabriolet	4	2	47 700.–
Stratus Cabriolet LX 2.0	Cabriolet	4	2	52 760.–
Stratus Cabriolet LX 2.5	Cabriolet	4	2	57 340.–
Vision	Limousine	5	4	66 230.–
New Yorker	Limousine	5	4	82 500.–
Viper RT/10c	Roadster	2	2	145 000.–
Viper RT/10c Coupé	Coupé	2	2	165 000.–
Voyager 2.4	Van	5/7	5	43 930.–
Voyager SE 2.4	Van	5/7	5	47 695.–
Voyager LE 2.4	Van	5/7	5	57 790.–
Voyager LE 3.3	Van	5/7	5	65 705.–
Voyager LE 3.8 4 x 4	Van	5/7	5	71 475.–
Voyager 2.5 TD	Van	5/7	5	46 930.–
Voyager SE 2.5 TD	Van	5/7	5	50 695.–
Voyager LE 2.5 TD	Van	5/7	5	60 790.–
Grand Voyager SE 2.4	Van	5/7	5	50 295.–
Grand Voyager LE 3.3	Van	5/7	5	69 620.–
Grand Voyager LE 3.8 4 x 4	Van	5/7	5	75 390.–
Grand Voyager SE 2.5 TD	Van	5/7	5	53 295.–
Grand Voyager LE 2.5 TD	Van	5/7	5	63 390.–

Citroën

Marke/Modell	Karosserie	Sitze	Türen	Preis in DM
AX Top	Limousine	5	3	15 990.–[2]
AX Top D	Limousine	5	3	18 290.–[1]
AX 1.1i Fashion	Limousine	5	3	19 290.–[1]
Saxo 1.0 X	Limousine	5	3	17 600.–[1]
Saxo 1.1 X	Limousine	5	3	18 300.–[1]
Saxo 1.5 D X	Limousine	5	3	19 600.–[1]
Saxo 1.1 SX	Limousine	5	3	19 100.–[1]
Saxo 1.4 SX	Limousine	5	3	20 900.–
Saxo 1.6 SX	Limousine	5	3	23 900.–[1]
Saxo 1.5 D SX	Limousine	5	3	21 300.–[1]
Saxo 1.4 VTL	Limousine	5	3	22 900.–
Saxo 1.4 VSX	Limousine	5	3	23 500.–
Saxo 1.6 VTL	Limousine	5	3	24 400.–
Saxo 1.6 VTR	Limousine	5	3	25 500.–
Saxo 1.6 VTS	Limousine	5	3	31 000.–
ZX 1.4i X	Limousine	5	3	23 000.–[1]
ZX 1.9 D X	Limousine	5	3	25 000.–[1]
ZX 1.4i SX	Limousine	5	3	24 500.–[1]
ZX 1.6i SX	Limousine	5	3	25 500.–[1]
ZX 1.9 TD SX	Limousine	5	3	28 500.–[1]
ZX 1.8i SX	Limousine	5	3	28 000.–[1]
ZX 2.0i 16V	Limousine	5	3	36 000.–
ZX 1.4i X Kombi	Kombi	5	5	24 000.–
ZX 1.4i SX Kombi	Kombi	5	5	25 500.–
ZX 1.6i SX Kombi	Kombi	5	5	26 500.–
ZX 1.9 D X Kombi	Kombi	5	5	26 000.–
ZX 1.9 TD SX Kombi	Kombi	5	5	29 500.–
ZX 1.8i SX Kombi	Kombi	5	5	29 000.–
Xantia 1.6 X	Limousine	5	5	30 700.–
Xantia 1.8 X	Limousine	5	5	34 000.–
Xantia 1.9 SD X	Limousine	5	5	34 450.–
Xantia 1.9 TD X	Limousine	5	5	35 500.–
Xantia 1.6 SX	Limousine	5	5	32 150.–
Xantia 1.8 SX	Limousine	5	5	35 450.–[3]
Xantia 2.0 SX	Limousine	5	5	37 850.–[3]
Xantia 1.9 TD SX	Limousine	5	5	36 700.–
Xantia TD 12 SX	Limousine	5	5	39 400.–
Xantia 2.0 VSX	Limousine	5	5	43 990.–[3]
Xantia TD12 VSX	Limousine	5	5	43 900.–
Xantia 2.0 Activa	Limousine	5	5	46 000.–
Xantia Turbo C.T. Activa	Limousine	5	5	46 500.–
Xantia V6 Activa	Limousine	5	5	51 990.–
Xantia TD 12 Activa	Limousine	5	5	45 910.–
Xantia Kombi 1.8 X	Kombi	5	5	34 000.–
Xantia Kombi 1.9 TD X	Kombi	5	5	35 500.–
Xantia Kombi 1.8 SX	Kombi	5	5	35 450.–
Xantia Kombi 1.9 TD SX	Kombi	5	5	36 700.–
Xantia Kombi TD 12 SX	Kombi	5	5	39 400.–
Xantia Kombi 2.0 SX	Kombi	5	5	37 850.–[3]
Xantia Kombi 2.0 VSX	Kombi	5	5	43 990.–[3]
Xantia Kombi Turbo C.T. VSX	Kombi	5	5	45 300.–
Xantia Kombi TD 12 VSX	Kombi	5	5	43 900.–
XM 2.0 SX	Limousine	5	5	45 900.–[4]
XM TD 12 SX	Limousine	5	5	49 500.–[4]
XM Turbo C.T. VSX	Limousine	5	5	49 900.–[4]
XM V6 VSX	Limousine	5	5	58 500.–[4]
XM TD 12 VSX	Limousine	5	5	50 700.–[4]
XM 2.5 TD VSX	Limousine	5	5	56 000.–
XM V6 Exclusive	Limousine	5	5	66 900.–[4]
XM 2.5 TD Exclusive	Limousine	5	5	63 900.–
XM 2.0 SX Kombi	Kombi	5	5	45 900.–[4]
XM TD 12 SX Kombi	Kombi	5	5	49 500.–[4]
XM Turbo C.T. VSX Kombi	Kombi	5	5	49 900.–[4]
XM V6 VSX Kombi	Kombi	5	5	58 500.–[4]
XM TD 12 VSX Kombi	Kombi	5	5	50 700.–[4]
XM 2.5 TD VSX Kombi	Kombi	5	5	56 000.–
Evasion 2.0 X	Van	5/8	5	39 545.–
Evasion 1.9 TD X	Van	5/8	5	41 195.–
Evasion 2.0 SX	Van	5/8	5	46 545.–
Evasion 1.9 TD SX	Van	5/8	5	48 195.–
Evasion TD 12 SX	Van	5/8	5	50 395.–
Evasion Turbo C.T. SX	Van	5/8	5	50 355.–
Evasion Turbo C.T. VSX	Van	5/8	5	51 515.–
Evasion Turbo C.T. VSX Pallas	Van	5/8	5	52 840.–
Evasion TD 12 VSX	Van	5/8	5	51 745.–
Evasion TD 12 VSX Pallas	Van	5/8	5	53 070.–

5türig: [1] + DM 1 000.–, [2] + DM 1 100.–, Automatik: [3] + DM 2 450.– [4] + DM 2 970.–

Daewoo

Marke/Modell	Karosserie	Sitze	Türen	Preis in DM
Nexia GL	Limousine	5	3	19 950.–[2]
Nexia GL	Limousine	5	4	23 500.–[2]
Nexia GL	Limousine	5	5	22 500.–[2]
Nexia GTX	Limousine	5	3	23 100.–[1]
Nexia GLX	Limousine	5	4	25 100.–[1]
Nexia GTX	Limousine	5	5	24 100.–[1]
Espero CD 1.8	Limousine	5	4	28 900.–[3]
Espero CD 2.0	Limousine	5	4	30 400.–[3]

Automatik: [1] + DM 1 900.– [2] + DM 1 950.– [3] + DM 2 150.–

Daihatsu

Marke/Modell	Karosserie	Sitze	Türen	Preis in DM
Cuore GL	Limousine	4	3	12 990.–
Cuore GLX	Limousine	4	3	14 750.–[1 2]
Cuore SGX	Limousine	4	3	15 990.–
Move	Limousine	4	5	ca. 16 000.–
Gran Move	Van	5	5	ca. 26 000.–
Charade TS	Limousine	5	3	16 990.–
Charade TX	Limousine	5	3	19 990.–
Charade TXL	Limousine	5	3	21 290.–[4]
Charade CX	Limousine	5	5	20 890.–
Charade CXL	Limousine	5	5	22 190.–[4]
Charade Shortback SX 55 kW	Limousine	5	4	22 290.–
Charade Shortback SX 66 kW	Limousine	5	4	22 690.–
Charade Shortback SXL 55 kW	Limousine	5	4	23 590.–[4]
Charade Shortback SXL 66 kW	Limousine	5	4	23 990.–[4]
Applause Li	Limousine	5	5	23 450.–
Applause Xi	Limousine	5	5	25 950.–[3]
Applause Limited	Limousine	5	5	25 950.–[3]
Applause Comfort	Limousine	5	5	28 450.–[3]
Feroza DX 4 x 4	Kombi	4	3	27 950.–
Feroza SE 4 x 4	Kombi	4	3	29 950.–
Feroza SX 4 x 4	Kombi	4	3	33 450.–
Rocky Wagon 4 x 4	Kombi	5	3	39 650.–
Rocky Station 4 x 4	Kombi	5	3	46 950.–

5-türig: [1] + DM 500.–, Automatik: [2] + DM 1 400.–, [3] + DM 2 000.–, [4] + DM 2 100.–

Daimler

Marke/Modell	Karosserie	Sitze	Türen	Preis in DM
Six	Limousine	5	4	149 500.–
Double Six	Limousine	5	4	170 900.–

Ferrari

Marke/Modell	Karosserie	Sitze	Türen	Preis in DM
F 355 Berlinetta	Coupé	2	2	206 100.–
F 355 GTS	Coupé	2	2	211 000.–
F 355 Spider	Cabriolet	2	2	221 000.–
F 550 Maranello	Coupé	2	2	324 700.–
456 GT	Coupé	2 + 2	2	366 500.–
456 GTA	Coupé	2 + 2	2	378 600.–

Fiat

Marke/Modell	Karosserie	Sitze	Türen	Preis in DM
Cinquecento 0.9 i.e. S	Limousine	5	3	14 420.–
Cinquecento 0.9 i.e. SX	Limousine	5	3	14 880.–
Cinquecento 0.9 i.e. Suite	Limousine	5	3	16 570.–
Cinquecento Soleil	Limousine	5	3	15 910.–
Cinquecento Sporting	Limousine	5	3	16 040.–
Punto S 55	Limousine	5	3	18 205.–[1]
Punto S TD 70	Limousine	5	3	22 150.–
Punto SX 55 6 Speed	Limousine	5	3	20 705.–
Punto SX 60	Limousine	5	3	20 635.–[1]
Punto SX 60 Selecta	Limousine	5	3	23 105.–[1]
Punto SX 75	Limousine	5	3	21 525.–[1]
Punto SX TD 70	Limousine	5	3	23 685.–[1]
Punto SXL HSD	Limousine	5	3	23 915.–[1]
Punto ELX 75	Limousine	5	3	23 260.–[1]
Punto ELX 90	Limousine	5	3	24 140.–[1]
Punto ELX TD 70	Limousine	5	3	25 850.–
Punto Sporting 90	Limousine	5	3	24 545.–
Punto GT	Limousine	5	3	30 970.–
Punto S Cabrio	Cabriolet	4	2	30 515.–
Punto ELX	Cabriolet	4	2	33 550.–
Bravo S 1.4 12V	Limousine	5	3	22 640.–
Bravo SX 1.4 12V	Limousine	5	3	25 140.–
Bravo SX 1.6 16V	Limousine	5	3	26 540.–[2]

Marke/Modell	Karosserie	Sitze	Türen	Preis in DM
CL 500	Coupé	4	2	173 822.—
CL 600	Coupé	4	2	226 435.—
SL 280	Cabriolet	2	2	122 475.—[11]
SL 320	Cabriolet	2	2	133 917.—
SL 500	Cabriolet	2	2	167 670.—
SL 600	Cabriolet	2	2	223 330.—
SL 60 AMG	Cabriolet	2	2	217 465.—
V 230	Van	6	4	54 050.—[1,7,10]
V 230 TD	Van	6	4	53 130.—[1,7,10]
G 320 4 x 4	Kombi	5	2	100 682.—
G 300 TD 4 x 4	Kombi	5	2	101 487.—
G 320 kurz 4 x 4	Kombi	5	3	99 107.—
G 300 TD kurz 4 x 4	Kombi	5	3	99 912.—
G 320 lang 4 x 4	Kombi	5	5	107 007.—
G 300 TD lang 4 x 4	Kombi	5	5	107 812.—

Ausstattungsvariante: Fashion: [1] + DM 1 150.–, Elegance: [2] + DM 2 461.–, [3] + DM 3 450.–, Sport: [4] + DM 3 737.–, Avantgarde: [5] + DM 4761.–, [6] + DM 5 750.–, Ambiente: [7] + DM 8 970.–, 4-Gang-Automatik: [8] + DM 2 852.–, [9] + DM 3 202.–, [10] + DM 3 392.–, 5-Gang-Automatik: [11] + DM 3 438.–

Mitsubishi

Marke/Modell	Karosserie	Sitze	Türen	Preis in DM
Colt 1300 GL	Limousine	5	3	21 490.—
Colt 1300 GLX	Limousine	5	3	23 490.—[1]
Colt 1600 GLX	Limousine	5	3	24 990.—[1]
Lancer 1300 GL	Limousine	5	4	25 690.—
Lancer 1300 GLX	Limousine	5	4	27 390.—[1]
Lancer Life	Kombi	5	5	27 690.—
Lancer Motion	Kombi	5	5	31 290.—[1]
Carisma 1600 GL	Limousine	5	5	31 190.—[2]
Carisma 1600 GLX	Limousine	5	5	32 490.—[2]
Carisma 1800 GLX	Limousine	5	5	34 690.—[2]
Carisma 1800 GLS	Limousine	5	5	37 690.—[2]
Carisma 1900 GL TD	Limousine	5	5	33 190.—
Carisma 1900 GLX TD	Limousine	5	5	36 220.—
Carisma 1600 GL	Limousine	5	4	30 590.—[2]
Carisma 1600 GLX	Limousine	5	4	31 890.—[2]
Carisma 1800 GLX	Limousine	5	4	34 090.—[2]
Carisma 1800 GLS	Limousine	5	4	37 090.—[2]
Carisma 1900 GL TD	Limousine	5	4	32 590.—
Carisma 1900 GLX TD	Limousine	5	4	35 620.—
Galant 2000 GLS	Limousine	5	4	39 990.—[4]
Galant 2500 V6 24V	Limousine	5	4	45 990.—[3]
Galant 2000 GLS	Kombi	5	5	41 990.—[4]
Galant 2500 V6 24V	Kombi	5	5	47 990.—[3]
Eclipse 2000 GS-16V	Coupé	2 + 2	3	42 590.—
3000 GT	Coupé	2 + 2	3	109 000.—
Space Runner City	Limousine	5	4	31 590.—
Space Runner Colours	Limousine	5	4	35 890.—[1]
Space Wagon 2000 GLXi	Van	7	5	39 990.—[1]
Space Gear 2000 GLX	Van	8	5	39 990.—
Pajero 2500 TD GL 4 x 4	Kombi	5	3	44 800.—
Pajero 2800 TD GLS 4 x 4	Kombi	5	3	56 000.—
Pajero 3500 V6 24V 4 x 4	Kombi	5	3	60 800.—[3]
Pajero 2800 TD GLX 4 x 4	Kombi	5	5	60 000.—
Pajero 2800 TD GLS 4 x 4	Kombi	5	5	64 900.—[3]
Pajero 3500 V6 24V 4 x 4	Kombi	5	5	70 300.—[3]

Automatik: [1] + DM 2 200.–, [2] + DM 2 500.–, [3] + DM 2 600.–, [4] + DM 3 250.–

Morgan

Marke/Modell	Karosserie	Sitze	Türen	Preis in DM
4/4 Competition	Cabriolet	2	2	60 500.—
4/4	Cabriolet	2	2	65 300.—
Plus 4 2.0	Cabriolet	2	2	67 800.—
Plus 4 2.0	Cabriolet	4	2	71 600.—
Plus 8 3.9	Cabriolet	2	2	84 800.—

Nissan

Marke/Modell	Karosserie	Sitze	Türen	Preis in DM
Micra L	Limousine	5	3	17 295.—
Micra L Plus	Limousine	5	3	18 345.—
Micra GX	Limousine	5	3	19 545.—[1]
Micra S	Limousine	5	3	19 745.—
Micra GX	Limousine	5	5	20 345.—[1]
Micra SLX	Limousine	5	5	22 995.—
Almera LX	Limousine	5	3	21 395.—
Almera S	Limousine	5	3	23 745.—
Almera SR	Limousine	5	3	27 995.—
Almera GTI	Limousine	5	3	35 695.—
Almera GX D	Limousine	5	3	24 395.—
Almera LX	Limousine	5	4	25 195.—
Almera GX	Limousine	5	4	26 245.—
Almera SLX	Limousine	5	4	28 695.—[2]
Almera GX D	Limousine	5	4	26 795.—
Almera GX	Limousine	5	5	24 995.—
Almera SLX	Limousine	5	5	27 295.—[2]
Almera SR	Limousine	5	5	28 995.—
Almera GX D	Limousine	5	5	25 595.—
Sunny LX Traveller	Kombi	5	5	26 595.—
Sunny SLX Traveller	Kombi	5	5	28 895.—
Sunny LX D Traveller	Kombi	5	5	26 595.—
Primera GX 1.6	Limousine	5	4	30 445.—
Primera Si 1.6	Limousine	5	4	31 495.—
Primera SLX 1.6	Limousine	5	4	32 495.—
Primera SRi 2.0	Limousine	5	4	33 695.—
Primera SLX 2.0	Limousine	5	4	34 995.—[3]
Primera SE 2.0	Limousine	5	4	38 495.—[3]
Primera SLX TD 2.0	Limousine	5	4	34 995.—
Primera GT 2.0	Limousine	5	4	39 995.—
Primera Si 1.6	Limousine	5	5	32 395.—
Primera SLX 1.6	Limousine	5	5	33 395.—
Primera SRi 2.0	Limousine	5	5	34 595.—
Primera SLX 2.0	Limousine	5	5	35 895.—[3]
Primera SLX TD 2.0	Limousine	5	5	35 895.—
Primera GX 1.6 Traveller	Kombi	5	5	31 445.—
Primera SLX 1.6 Traveller	Kombi	5	5	33 195.—
Primera SLX 2.0 Traveller	Kombi	5	5	35 695.—[3]
Maxima QX 2.0 SLX V6 24V	Limousine	5	4	39 995.—
Maxima QX 2.0 SE V6 24V	Limousine	5	4	46 335.—[4]
Maxima QX 3.0 SE V6 24V	Limousine	5	4	52 735.—[4]
200 SX Turbo 16V	Coupé	4	3	51 490.—
200 SX Turbo 16V Automatik	Coupé	4	3	54 190.—
Serena LX1.6	Van	8	4	33 395.—
Serena LX D 2.3	Van	8	4	33 945.—
Serena SLX 1.6	Van	8	4	35 895.—
Serena SLX D 2.3	Van	8	4	36 445.—
Serena SE 2.0	Van	7	4	41 345.—
Terrano II 2.4 4 x 4	Kombi	5	3	38 995.—
Terrano II 2.4 4 x 4	Kombi	7	5	44 995.—
Terrano II 2.7 TD 4 x 4	Kombi	5	3	41 995.—
Terrano II 2.7 TD 4 x 4	Kombi	7	5	47 995.—
Patrol 2.8 TD GR 4 x 4	Kombi	5	3	47 745.—
Patrol Station 2.8 TD GR 4 x 4	Kombi	7	5	53 645.—

Automatik: [1] + DM 1 770.–, [2] + DM 1 980.–, [3] + DM 2 190.–, [4] + DM 2 800.–

Opel

Marke/Modell	Karosserie	Sitze	Türen	Preis in DM
Corsa City 1.2	Limousine	5	3	17 990.—
Corsa City 1.7 D	Limousine	5	3	20 670.—
Corsa Eco 1.2	Limousine	5	3	18 875.—[1]
Corsa Eco 1.4	Limousine	5	3	20 135.—[1]
Corsa Eco 1.7 D	Limousine	5	3	21 555.—[1]
Corsa Eco 1.5 TD	Limousine	5	3	22 100.—[1]
Corsa Swing 1.2	Limousine	5	3	19 850.—[1]
Corsa Swing 1.4	Limousine	5	3	21 110.—[1]
Corsa Swing 1.4 16V	Limousine	5	3	22 815.—[1]
Corsa Swing 1.7 D	Limousine	5	3	22 530.—[1]
Corsa Swing 1.5 TD	Limousine	5	3	23 075.—[1]
Corsa Joy 1.2	Limousine	5	3	20 785.—[1]
Corsa Joy 1.4	Limousine	5	3	22 045.—[1]
Corsa Joy 1.4 16V	Limousine	5	3	23 750.—[1]
Corsa Joy 1.5 TD	Limousine	5	3	24 010.—[1]
Corsa CDX 1.4	Limousine	5	3	24 970.—[1,4]
Corsa CDX 1.4 16V	Limousine	5	3	26 675.—[1,4]
Corsa CDX 1.5 TD	Limousine	5	3	26 715.—[1,4]
Corsa Sport 1.4	Limousine	5	3	23 085.—
Corsa Sport 1.4 16V	Limousine	5	3	24 790.—
Corsa Sport 1.5 TD	Limousine	5	3	24 830.—
Corsa GSi 1.6 16V	Limousine	5	3	28 730.—
Tigra 1.4 16V	Coupé	2 + 2	2	26 485.—[4]
Tigra 1.6 16V	Coupé	2 + 2	2	30 530.—
Astra 1.4	Limousine	5	3	23 710.—[2]
Astra 1.6	Limousine	5	3	25 335.—[2,5]
Astra 1.7 TD	Limousine	5	3	25 395.—[2]
Astra 1.7 TDS	Limousine	5	3	27 240.—[2]
Astra 1.4	Limousine	5	4	26 270.—
Astra 1.6	Limousine	5	4	27 190.—[5]
Astra 1.7 TD	Limousine	5	4	27 250.—
Astra 1.7 TDS	Limousine	5	4	29 095.—
Astra Dream 1.4	Limousine	5	3	26 175.—[3]
Astra Dream 1.6	Limousine	5	3	27 330.—[3,5]
Astra Dream 1.6 16V	Limousine	5	3	29 330.—[3,5]
Astra Dream 1.8 16V	Limousine	5	3	31 095.—[3,5]
Astra Dream 1.7 TD	Limousine	5	3	27 390.—[3]
Astra Dream 1.7 TDS	Limousine	5	3	29 015.—[3]
Astra Dream 1.4	Limousine	5	4	28 620.—
Astra Dream 1.6	Limousine	5	4	29 540.—[5]
Astra Dream 1.6 16V	Limousine	5	4	31 540.—[5]
Astra Dream 1.8 16V	Limousine	5	4	33 305.—[5]
Astra Dream 1.7 TD	Limousine	5	4	29 600.—
Astra Dream 1.7 TDS	Limousine	5	4	31 225.—
Astra Motion 1.6	Limousine	5	3	28 250.—[2]
Astra Motion 1.6 16V	Limousine	5	3	30 250.—[2]
Astra Motion 1.8 16V	Limousine	5	3	32 015.—[2]
Astra Motion 2.0 16V	Limousine	5	3	33 325.—[2]
Astra Motion 1.7 TDS	Limousine	5	3	29 935.—[2]
Astra Style 1.6	Limousine	5	5	29 985.—[5]
Astra Style 1.6 16V	Limousine	5	5	31 985.—[5]
Astra Style 1.8 16V	Limousine	5	5	33 750.—[5]
Astra Style 2.0 16V	Limousine	5	5	35 075.—[5]
Astra Style 1.6	Limousine	5	4	30 800.—[5]
Astra Style 1.6 16V	Limousine	5	4	33 800.—[5]
Astra Style 1.8 16V	Limousine	5	4	34 565.—[5]
Astra Style 2.0 16V	Limousine	5	4	35 890.—[5]
Astra Caravan 1.4	Kombi	5	5	26 415.—
Astra Caravan 1.6	Kombi	5	5	28 040.—[5]
Astra Caravan 1.7 TD	Kombi	5	5	28 100.—
Astra Caravan 1.7 TDS	Kombi	5	5	29 945.—
Astra Caravan Dream 1.4	Kombi	5	5	28 960.—
Astra Caravan Dream 1.6	Kombi	5	5	30 115.—[5]
Astra Caravan Dream 1.6 16V	Kombi	5	5	32 115.—[5]
Astra Caravan Dream 1.8 16V	Kombi	5	5	33 880.—[5]
Astra Caravan Dream 1.7 TD	Kombi	5	5	30 175.—
Astra Caravan Dream 1.7 TDS	Kombi	5	5	31 800.—
Astra Caravan Motion 1.6	Kombi	5	5	31 100.—
Astra Caravan Motion 1.6 16V	Kombi	5	5	33 100.—
Astra Caravan Motion 1.8 16V	Kombi	5	5	34 865.—
Astra Caravan Motion 2.0 16V	Kombi	5	5	36 175.—
Astra Caravan Motion 1.7 TDS	Kombi	5	5	32 785.—
Astra Caravan Style 1.6	Kombi	5	5	31 280.—[5]
Astra Caravan Style 1.6 16V	Kombi	5	5	33 280.—[5]
Astra Caravan Style 1.8 16V	Kombi	5	5	35 045.—[5]
Astra Caravan Style 2.0 16V	Kombi	5	5	36 370.—[5]
Astra Cabrio 1.6	Cabriolet	4	2	36 850.—
Astra Cabrio Ambiente 1.6	Cabriolet	4	2	38 455.—[5]
Astra Cabrio Bertone 1.6	Cabriolet	4	2	40 900.—[5]
Astra Cabrio Bertone 1.8 16V	Cabriolet	4	2	44 665.—[5]
Vectra 1.6	Limousine	5	4	31 290.—
Vectra 1.6 16V	Limousine	5	4	33 000.—[6]
Vectra 1.8 16V	Limousine	5	4	35 030.—[6]
Vectra 2.0 16V	Limousine	5	4	36 800.—[6]
Vectra DI 16V	Limousine	5	4	34 630.—
Vectra 1.6	Limousine	5	5	31 920.—
Vectra 1.6 16V	Limousine	5	5	33 630.—[6]
Vectra 1.8 16V	Limousine	5	5	35 660.—[6]
Vectra 2.0 16V	Limousine	5	5	37 430.—[6]
Vectra DI 16V	Limousine	5	5	35 260.—
Vectra Komfort 1.6	Limousine	5	4	32 700.—
Vectra Komfort 1.6 16V	Limousine	5	4	34 410.—[6]
Vectra Komfort 1.8 16V	Limousine	5	4	36 440.—[6]
Vectra Komfort 2.0 16V	Limousine	5	4	38 210.—[6]
Vectra Komfort DI 16V	Limousine	5	4	35 820.—
Vectra Komfort 1.6	Limousine	5	5	33 330.—
Vectra Komfort 1.6 16V	Limousine	5	5	35 040.—[6]
Vectra Komfort 1.8 16V	Limousine	5	5	37 070.—[6]
Vectra Komfort 2.0 16V	Limousine	5	5	38 840.—[6]
Vectra Komfort DI 16V	Limousine	5	5	36 450.—
Vectra CD 1.6 16V	Limousine	5	4	36 090.—[6]
Vectra CD 1.8 16V	Limousine	5	4	38 120.—[6]
Vectra CD 2.0 16V	Limousine	5	4	39 890.—[6]
Vectra CD 2.5 V6	Limousine	5	4	44 535.—[6]
Vectra CD DI 16V	Limousine	5	4	37 500.—
Vectra CD 1.6 16V	Limousine	5	5	36 720.—[6]
Vectra CD 1.8 16V	Limousine	5	5	38 750.—[6]
Vectra CD 2.0 16V	Limousine	5	5	40 520.—[6]
Vectra CD 2.5 V6	Limousine	5	5	45 165.—[6]
Vectra CD DI 16V	Limousine	5	5	38 130.—
Vectra Sport 1.8 16V	Limousine	5	4	42 600.—
Vectra Sport 2.0 16V	Limousine	5	4	43 785.—
Vectra Sport 2.5 V6	Limousine	5	4	48 430.—
Vectra Sport 1.8 16V	Limousine	5	5	43 200.—
Vectra Sport 2.0 16V	Limousine	5	5	44 385.—
Vectra Sport 2.5 V6	Limousine	5	5	49 030.—
Vectra CD Exklusiv 1.8 16V	Limousine	5	4	42 250.—[6]
Vectra CD Exklusiv 2.0 16V	Limousine	5	4	43 435.—[6]
Vectra CD Exklusiv 2.5 V6	Limousine	5	4	48 080.—[6]
Vectra CD Exklusiv DI 16V	Limousine	5	4	41 630.—
Vectra CD Exklusiv 1.8 16V	Limousine	5	5	42 880.—[6]
Vectra CD Exklusiv 2.0 16V	Limousine	5	5	44 065.—[6]
Vectra CD Exklusiv 2.5 V6	Limousine	5	5	48 710.—[6]
Vectra CD Exklusiv DI 16V	Limousine	5	5	42 260.—
Vectra Caravan 1.6 16V	Kombi	5	5	34 720.—[6]
Vectra Caravan 1.8 16V	Kombi	5	5	36 750.—[6]
Vectra Caravan 2.0 16V	Kombi	5	5	38 740.—[6]
Vectra Caravan DI 16V	Kombi	5	5	36 350.—
Vectra Caravan Komfort 1.6 16V	Kombi	5	5	36 130.—[6]
Vectra Caravan Komfort 1.8 16V	Kombi	5	5	38 160.—[6]

Marke/Modell	Karosserie	Sitze	Türen	Preis in DM
Vectra Caravan Komfort 2.0 16V	Kombi	5	5	**39 930.–**[6]
Vectra Caravan Komfort DI 16V	Kombi	5	5	**37 540.–**
Vectra Caravan CD 1.6 16V	Kombi	5	5	**37 810.–**[6]
Vectra Caravan CD 1.8 16V	Kombi	5	5	**39 840.–**[6]
Vectra Caravan CD 2.0 16V	Kombi	5	5	**41 610.–**[6]
Vectra Caravan CD 2.5 V6	Kombi	5	5	**46 255.–**[6]
Vectra Caravan CD DI 16V	Kombi	5	5	**39 220.–**
Vectra Caravan Sport 1.8 16V	Kombi	5	5	**44 320.–**
Vectra Caravan Sport 2.0 16V	Kombi	5	5	**45 505.–**
Vectra Caravan Sport 2.5 V6	Kombi	5	5	**50 150.–**
Vectra Caravan CD Exklusiv 1.8 16V	Kombi	5	5	**43 970.–**[6]
Vectra Caravan CD Exklusiv 2.0 16V	Kombi	5	5	**45 155.–**[6]
Vectra Caravan CD Exklusiv 2.5 V6	Kombi	5	5	**49 800.–**[6]
Vectra Caravan CD Exklusiv DI 16V	Kombi	5	5	**43 350.–**
Calibra Young 2.0 16V	Coupé	4	3	**41 415.–**[6]
Calibra Young 2,5 V6	Coupé	4	3	**49 215.–**[6]
Calibra Classic 2.0 16V	Coupé	4	3	**49 045.–**[6]
Calibra Classic 2.5 V6	Coupé	4	3	**56 780.–**[6]
Calibra Cliff 2.0 16V	Coupé	4	3	**47 125.–**[6]
Calibra Cliff 2.5 V6	Coupé	4	3	**55 530.–**[6]
Omega 2.0	Limousine	5	4	**41 260.–**[7]
Omega 2.0 16V	Limousine	5	4	**42 460.–**[7]
Omega 2.5 V6	Limousine	5	4	**47 795.–**[7]
Omega 2.5 TD	Limousine	5	4	**47 550.–**[7]
Omega CD 2.0	Limousine	5	4	**45 175.–**[7]
Omega CD 2.0 16V	Limousine	5	4	**46 375.–**[7]
Omega CD 2.5 V6	Limousine	5	4	**51 710.–**[7]
Omega CD 2.5 TD	Limousine	5	4	**51 465.–**[7]
Omega Caravan 2.0	Kombi	5	5	**42 715.–**[7]
Omega Caravan 2.0 16V	Kombi	5	5	**43 915.–**[7]
Omega Caravan 2.5 V6	Kombi	5	5	**49 250.–**[7]
Omega Caravan 2.5 TD	Kombi	5	5	**49 005.–**[7]
Omega Caravan CD 2.0	Kombi	5	5	**47 225.–**[7]
Omega Caravan CD 2.0 16V	Kombi	5	5	**48 425.–**[7]
Omega Caravan CD 2.5 V6	Kombi	5	5	**53 760.–**[7]
Omega Caravan CD 2.5 TD	Kombi	5	5	**53 515.–**[7]
Sintra GLS 2.2 16V	Van	5/7	5	**46 000.–**
Sintra CD 3.0 V6	Van	5/7	5	**59 500.–**
Frontera Sport 2.0 4 x 4	Kombi	4	2	**38 900.–**
Frontera Sport 2.5 TDS 4 x 4	Kombi	4	2	**42 400.–**
Frontera Sport Soft Top 2.0 4 x 4	Kombi	4	2	**38 900.–**
Frontera Sport Soft Top 2.5 TDS 4 x 4	Kombi	4	2	**42 400.–**
Frontera 2.2 16V 4 x 4	Kombi	5	4	**46 600.–**
Frontera 2.5 TDS 4 x 4	Kombi	5	4	**48 950.–**
Monterey RS 3.2 V6 24V 4 x 4	Kombi	5	3	**61 130.–**[7]
Monterey RS 3.1 TD 4 x 4	Kombi	5	3	**59 180.–**
Monterey 3.2 V6 24V 4 x 4	Kombi	5	5	**59 190.–**
Monterey 3.1 TD 4 x 4	Kombi	5	5	**57 900.–**
Monterey LTD 3.2 V6 24V 4 x 4	Kombi	5	5	**67 830.–**[7]
Monterey LTD 3.1 TD 4 x 4	Kombi	5	5	**65 630.–**

5türig: [1] + DM 865.–, [2] + DM 1 040.–, [3] + DM 1 395.–, Automatik: [4] + DM 2 055.–, [5] + DM 2 100.– [6] + DM 2 200.–, [7] + DM 3 145.–

Peugeot

Marke/Modell	Karosserie	Sitze	Türen	Preis in DM
106 Sketch 1.0	Limousine	5	3	**17 100.–**[1]
106 Sketch D	Limousine	5	3	**19 000.–**[1]
106 Long Beach K 1.0	Limousine	5	3	**18 500.–**[1]
106 Long Beach K 1.1	Limousine	5	3	**19 400.–**[1]
106 Long Beach S 1.1	Limousine	5	3	**19 400.–**[1]
106 Long Beach K Automatik	Limousine	5	3	**23 700.–**[1]
106 Long Beach K D	Limousine	5	3	**21 300.–**[1]
106 Long Beach S D	Limousine	5	3	**21 300.–**[1]
106 XR 1.1	Limousine	5	3	**20 500.–**[1]
106 XR 1.4	Limousine	5	3	**22 300.–**[1]
106 XR D	Limousine	5	3	**22 400.–**[1]
106 XS 1.4	Limousine	5	3	**22 300.–**
106 XS 1.6	Limousine	5	3	**23 500.–**
106 S 16	Limousine	5	3	**28 800.–**
306 Open 1.1	Limousine	5	3	**22 230.–**[2]
306 Open 1.4	Limousine	5	3	**22 940.–**[2]
306 Open D	Limousine	5	3	**24 640.–**[2]
306 Profil 1.4	Limousine	5	3	**25 280.–**[2]
306 Profil 1.6	Limousine	5	3	**26 480.–**[2]
306 Profil D	Limousine	5	3	**25 940.–**[2]
306 Profil TD	Limousine	5	3	**27 790.–**[2]
306 XS	Limousine	5	3	**27 880.–**[2]
306 D turbo	Limousine	5	3	**29 190.–**[2]
306 Style 1.8	Limousine	5	3	**29 780.–**[2,3]
306 Style TD	Limousine	5	3	**29 790.–**[2]
306 XSi	Limousine	5	3	**33 440.–**[2]
306 S 16	Limousine	5	3	**38 790.–**
306 SL 1.4	Limousine	5	4	**25 580.–**
306 SL D	Limousine	5	4	**26 240.–**
306 Profil 1.4	Limousine	5	4	**26 830.–**
306 Profil 1.6	Limousine	5	4	**28 030.–**
306 Profil D	Limousine	5	4	**27 490.–**
306 Profil TD	Limousine	5	4	**29 340.–**
306 Style 1.8	Limousine	5	4	**31 330.–**[3]
306 Style TD	Limousine	5	4	**31 340.–**
306 Cabriolet 1.6	Cabriolet	4	2	**35 690.–**
306 Cabriolet 1.8	Cabriolet	4	2	**37 690.–**[3]
306 Cabriolet 2.0	Cabriolet	4	2	**44 300.–**
406 SR 1.8	Limousine	5	4	**33 750.–**
406 SR DT 1.9	Limousine	5	4	**34 950.–**
406 ST 1.8	Limousine	5	4	**35 700.–**
406 ST 2.0	Limousine	5	4	**37 600.–**[4]
406 ST DT 1.9	Limousine	5	4	**36 900.–**
406 ST DT 2.1	Limousine	5	4	**38 900.–**
406 SV 2.0	Limousine	5	4	**42 400.–**[4]
406 SV Turbo	Limousine	5	4	**44 500.–**
406 SV 3.0 V 6	Limousine	5	4	**49 900.–**
406 SVE 3.0 V 6	Limousine	5	4	**57 500.–**
406 SV DT 2.1	Limousine	5	4	**43 700.–**
406 Break SR 1.8	Kombi	5	5	**34 750.–**
406 Break SR DT 1.9	Kombi	5	5	**35 950.–**
406 Break ST 1.8	Kombi	5	5	**36 700.–**
406 Break ST 2.0	Kombi	5	5	**38 600.–**[4]
406 Break ST DT 1.9	Kombi	5	5	**37 900.–**
406 Break ST DT 2.1	Kombi	5	5	**39 900.–**
406 Break SV 2.0	Kombi	5	5	**43 400.–**[4]
406 Break SV Turbo	Kombi	5	5	**45 500.–**
406 Break SV 3.0 V 6	Kombi	5	5	**50 900.–**
406 Break SVE 3.0 V 6	Kombi	5	5	**58 500.–**
406 Break SV DT	Kombi	5	5	**44 700.–**
605 SL	Limousine	5	4	**42 590.–**
605 SL DT 2.1	Limousine	5	4	**43 990.–**
605 ST	Limousine	5	4	**47 890.–**
605 ST Automatik	Limousine	5	4	**50 490.–**
605 ST Turbo	Limousine	5	4	**49 990.–**
605 ST DT 2.5	Limousine	5	4	**51 990.–**
605 ST DT 2.1 Automatik	Limousine	5	4	**50 990.–**
605 SV 3.0	Limousine	5	4	**64 090.–**
605 SV 3.0 Automatik	Limousine	5	4	**67 740.–**
605 SV DT 2.5	Limousine	5	4	**60 740.–**
605 SV DT 2.1 Automatik	Limousine	5	4	**61 540.–**
806 SR	Van	5/8	5	**39 545.–**
806 SR DT 1.9	Van	5/8	5	**41 195.–**
806 SR DT 2.1	Van	5/8	5	**43 395.–**
806 ST	Van	5/8	5	**46 390.–**
806 ST Turbo	Van	5/8	5	**50 200.–**
806 ST DT 1.9	Van	5/8	5	**48 040.–**
806 ST DT 2.1	Van	5/8	5	**50 240.–**
806 Pullman	Van	6	5	**53 000.–**
806 DT 2.1 Pullman	Van	6	5	**53 210.–**

5türig: [1] + DM 900.–, [2] + DM 1 050.–, Automatik: [3] + DM 2 150.–, [4] + DM 2 450.–

Pontiac

Marke/Modell	Karosserie	Sitze	Türen	Preis in DM
Firebird 3.8 V6	Coupé	2 + 2	2	**48 000.–**[1]
Firebird 3.8 V6	Cabriolet	2 + 2	2	**59 800.–**[1]
Firebird Trans Am 5.7 V8	Coupé	2 + 2	2	**62 900.–**
Firebird Trans Am 5.7 V8 Automatik	Coupé	2 + 2	2	**66 400.–**

Automatik: [1] + DM 3 500.–

Porsche

Marke/Modell	Karosserie	Sitze	Türen	Preis in DM
911 Carrera Coupé	Coupé	2 + 2	2	**132 950.–**
911 Carrera Coupé Tiptronic S	Coupé	2 + 2	2	**139 610.–**
911 Carrera S Coupé	Coupé	2 + 2	2	**137 500.–**
911 Carrera S Coupé Tiptronic S	Coupé	2 + 2	2	**144 160.–**
911 Carrera Cabrio	Cabriolet	2 + 2	2	**150 800.–**
911 Carrera Tiptronic S Cabrio	Cabriolet	2 + 2	2	**157 460.–**
911 Targa	Coupé	2 + 2	2	**146 500.–**
911 Targa Tiptronic S	Coupé	2 + 2	2	**153 160.–**
911 Carrera 4	Coupé	2 + 2	2	**143 500.–**
911 Carrera 4S	Coupé	2 + 2	2	**159 800.–**
911 Carrera 4	Cabriolet	2 + 2	2	**161 500.–**
911 GT 1	Coupé	2	2	**ca. 1 500 000.–**
Boxster	Cabriolet	2	2	**76 500.–**
Boxster Tiptronic S	Cabriolet	2	2	**81 400.–**

Proton

Marke/Modell	Karosserie	Sitze	Türen	Preis in DM
Proton 313 i	Limousine	5	3	**17 990.–**
Proton 313 GLi	Limousine	5	3	**19 990.–**
Proton 315 GLSi	Limousine	5	3	**21 990.–**[1]
Proton 413 GLSi	Limousine	5	5	**21 990.–**
Proton 415 GLSi	Limousine	5	4	**23 990.–**[1]
Proton 415 GLSi	Limousine	5	5	**23 990.–**[1]
Proton 416 GLXi	Limousine	5	4	**26 490.–**[2]
Proton 416 GLXi	Limousine	5	5	**26 490.–**[2]
Proton 418 GLXi	Limousine	5	5	**28 990.–**[2]
Proton 420 GLS TD	Limousine	5	4	**26 990.–**
Proton 420 GLS TD	Limousine	5	5	**26 990.–**

Automatik: [1] + DM 1 500.–, [2] + DM 2 100.–

Renault

Marke/Modell	Karosserie	Sitze	Türen	Preis in DM
Twingo 1.2	Limousine	4	3	**16 800.–**
Twingo Easy 1.2	Limousine	4	3	**18 900.–**
Twingo Matic 1.2	Limousine	4	3	**20 500.–**
Clio Campus 1.2	Limousine	5	3	**17 700.–**[1]
Clio RN 1.2	Limousine	5	3	**19 900.–**[1]
Clio RT 1.4	Limousine	5	3	**23 000.–**[1,2]
Clio RTI 1.4	Limousine	5	3	**22 700.–**
Clio RSI 1.8	Limousine	5	3	**27 850.–**
Clio Initiale Paris 1.8	Limousine	5	3	**33 900.–**[1]
Clio Campus 1.9 D	Limousine	5	3	**19 400.–**
Clio RN 1.9 D	Limousine	5	3	**21 680.–**[1]
Mégane Eco 1.4	Limousine	5	5	**22 500.–**
Mégane RN 1.6	Limousine	5	5	**25 250.–**
Mégane RT 1.6	Limousine	5	5	**26 850.–**
Mégane RT 1.6 e	Limousine	5	5	**27 900.–**[3]
Mégane RT 2.0	Limousine	5	5	**30 600.–**[3]
Mégane RN 1.9 D	Limousine	5	5	**25 500.–**
Mégane RT 1.9 dT	Limousine	5	5	**29 700.–**
Mégane Scenic RN 1.6	Limousine	5	5	**29 180.–**
Mégane Scenic RT 1.6 e	Limousine	5	5	**32 130.–**[3]
Mégane Scenic RT 2.0	Limousine	5	5	**36 500.–**[3]
Mégane Scenic RT 1.9 dT	Limousine	5	5	**33 930.–**
Mégane Coach 1.6 e	Coupé	5	2	**26 500.–**[3]
Mégane Coach 2.0	Coupé	5	2	**30 600.–**[3]
Mégane Coach 2.0 16V	Coupé	5	2	**36 400.–**
Laguna RN 1.8	Limousine	5	5	**31 750.–**
Laguna RT 1.8	Limousine	5	5	**33 550.–**
Laguna RT 2.0	Limousine	5	5	**36 700.–**[4]
Laguna RTI 2.0 16V	Limousine	5	5	**40 500.–**
Laguna RXE 2.0	Limousine	5	5	**39 900.–**[4]
Laguna RXE 2.0 16V	Limousine	5	5	**43 000.–**
Laguna V6 3.0	Limousine	5	5	**51 400.–**[4]
Laguna RN 2.2 D	Limousine	5	5	**34 250.–**
Laguna RT 2.2 D	Limousine	5	5	**36 050.–**
Laguna RT 2.2 dT	Limousine	5	5	**39 950.–**
Laguna RXE 2.2 dT	Limousine	5	5	**43 150.–**
Laguna Grandtour RN 1.8	Kombi	5	5	**31 750.–**
Laguna Grandtour RT 1.8	Kombi	5	5	**33 550.–**
Laguna Grandtour RT 2.0	Kombi	5	5	**36 700.–**[4]
Laguna Grandtour RXE 2.0	Kombi	5	5	**39 900.–**
Laguna Grandtour RXE 2.0 16V	Kombi	5	5	**43 000.–**
Laguna Grandtour V6 3.0	Kombi	5	5	**53 900.–**[4]
Laguna Grandtour RN 2.2 D	Kombi	5	5	**34 250.–**
Laguna Grandtour RT 2.2 D	Kombi	5	5	**36 050.–**
Laguna Grandtour RT 2.2 dT	Kombi	5	5	**39 950.–**
Safrane 2.0 16 V	Limousine	5	5	**49 900.–**[6]
Safrane 2.5 20 V	Limousine	5	5	**56 700.–**[6]
Safrane Initiale Paris	Limousine	5	5	**93 100.–**
Safrane 2.2 dT	Limousine	5	5	**52 800.–**[6]
Sport Spider	Cabriolet	2	2	**55 300.–**
Espace RT 2.0	Van	5/7	5	**42 900.–**[5]
Espace RXE 2.0	Van	5/7	5	**46 800.–**[5]
Espace RXE 3.0 V6	Van	5/7	5	**56 900.–**[5]
Espace Elysée 3.0 V6	Van	5/7	5	**62 100.–**
Espace RT 2.2 dT	Van	5/7	5	**47 800.–**
Espace RXE 2.2 dT	Van	5	5	**51 700.–**

5-türig: [1] + DM 920.–, Automatik: [2] + DM 1 600.–, [3] + DM 1 900.–, [4] + DM 2 500.–, [5] + DM 2 900.–, [6] + DM 2 950.–

Rolls-Royce

Marke/Modell	Karosserie	Sitze	Türen	Preis in DM
Silver Dawn	Limousine	5	4	**320 735.–**
Silver Spur	Limousine	5	4	**365 815.–**
Park Ward	Limousine	5	4	**570 400.–**
Touring	Limousine	6/7	4	**617 090.–**

Rover

Marke/Modell	Karosserie	Sitze	Türen	Preis in DM
Mini	Limousine	4	2	**19 950.–**
Mini Cooper	Limousine	4	2	**19 950.–**
MG F 1.8 i	Cabriolet	2	2	**39 990.–**
MG F 1.8 i VVC	Cabriolet	2	2	**44 990.–**
214 i	Limousine	5	3	**23 600.–**
214 i	Limousine	5	5	**24 530.–**
214 Si	Limousine	5	5	**27 200.–**

Marke/Modell	Karosserie	Sitze	Türen	Preis in DM
216 Si Lux	Limousine	5	5	**32 250.–**
216 SLi Automatik	Limousine	5	5	**34 400.–**
220 SD	Limousine	5	5	**28 200.–**
416 Si	Limousine	5	4	**32 600.–**
416 Si	Limousine	5	5	**31 200.–**
416 Si Automatik	Limousine	5	4	**37 100.–**
416 Si Automatik	Limousine	5	5	**35 700.–**
416 Si Lux	Limousine	5	4	**37 800.–**
416 Si Lux	Limousine	5	5	**36 400.–**
416 Si Lux Automatik	Limousine	5	4	**40 250.–**
416 Si Lux Automatik	Limousine	5	5	**38 850.–**
420 Si Lux	Limousine	5	4	**42 000.–**
420 Si Lux	Limousine	5	5	**40 600.–**
420 D	Limousine	5	5	**31 200.–**
420 Di	Limousine	5	4	**33 600.–**
618 i	Limousine	5	4	**37 250.–**
618 Si Automatik	Limousine	5	4	**43 300.–**
620 Si Lux	Limousine	5	4	**47 600.–**
620 Si Lux Automatik	Limousine	5	4	**50 200.–**
620 SDi	Limousine	5	4	**40 700.–**
620 SDi Lux	Limousine	5	4	**47 600.–**
825 Si Lux	Limousine	5	4	**69 700.–**
825 Coupé	Coupé	5	3	**76 800.–**

Saab

Marke/Modell	Karosserie	Sitze	Türen	Preis in DM
900 2.0i	Limousine	5	5	**36 950.–**[1]
900 S 2.0i	Limousine	5	5	**40 950.–**[1]
900 S 2.3	Limousine	5	5	**44 950.–**[1]
900 SE 2.3i	Limousine	5	5	**50 550.–**[1]
900 SE 2.5 V6	Limousine	5	5	**54 550.–**
900 S 2.0 Turbo	Limousine	5	5	**50 950.–**[1]
900 SE 2.0 Turbo	Limousine	5	5	**56 550.–**[1]
900 2.0i	Coupé	5	3	**35 950.–**[1]
900 S 2.0i	Coupé	5	3	**39 950.–**[1]
900 S 2.3i	Coupé	5	3	**43 950.–**[1]
900 SE 2.3i	Coupé	5	3	**49 550.–**[1]
900 S 2.0 Turbo	Coupé	5	3	**49 950.–**[1]
900 SE 2.5 V6	Coupé	5	3	**53 550.–**
900 SE 2.0 Turbo	Coupé	5	3	**55 550.–**[1]
900 S 2.0i	Cabriolet	5	2	**56 950.–**[1]
900 SE 2.3i	Cabriolet	5	2	**58 950.–**[1]
900 SE 2.5 V6	Cabriolet	5	2	**64 950.–**
900 SE 2.0 Turbo	Cabriolet	5	2	**66 950.–**[1]
9000 CS 2.0i	Limousine	5	5	**46 450.–**
9000 CS 2.0 Turbo	Limousine	5	5	**50 450.–**[2]
9000 CS 2.3 Turbo 125 kW	Limousine	5	5	**54 450.–**[2]
9000 CS 2.3 Turbo 147 kW	Limousine	5	5	**60 450.–**[2]
9000 CSE 2.0 Turbo	Limousine	5	5	**58 950.–**[2]
9000 CSE 2.3 Turbo 125 kW	Limousine	5	5	**62 950.–**[2]
9000 CSE 2.3 Turbo 147 kW	Limousine	5	5	**68 950.–**[2]
9000 CD 2.0 Turbo	Limousine	5	4	**50 450.–**[2]
9000 CD 2.3 Turbo 125 kW	Limousine	5	4	**54 450.–**[2]
9000 CD 2.3 Turbo 147 kW	Limousine	5	4	**60 450.–**[2]
9000 CDE 2.0 Turbo	Limousine	5	4	**58 950.–**[2]
9000 CDE 2.3 Turbo 125 kW	Limousine	5	4	**62 950.–**[2]
9000 CDE 2.3 Turbo 147 kW	Limousine	5	4	**68 950.–**[2]
9000 Aero 2.3 Turbo 147 kW	Limousine	5	5	**83 950.–**
9000 Aero 2.3 Turbo 165 kW	Limousine	5	5	**83 950.–**
9000 Griffin 2.3. Turbo 147 kW	Limousine	5	4	**80 950.–**

Automatik: [1] + DM 2 900.–, [2] + DM 3 195.–

Seat

Marke/Modell	Karosserie	Sitze	Türen	Preis in DM
Arosa 1.0	Limousine	4	3	+
Arosa 1.4	Limousine	4	3	+
Marbella	Limousine	5	3	**10 990.–**
Ibiza 1.0i	Limousine	5	3	**18 910.–**
Ibiza 1.4 MPi	Limousine	5	3	**20 710.–**[1]
Ibiza 1.4 MPi SE	Limousine	5	3	**21 420.–**[1]
Ibiza 1.4 MPi SXE	Limousine	5	3	**23 420.–**[1]
Ibiza 1.6i SXE	Limousine	5	3	**24 920.–**[1]
Ibiza 1.6 MPi GT	Limousine	5	3	**27 920.–**
Ibiza 1.8i SXE Automatik	Limousine	5	3	**28 265.–**[1]
Ibiza Cupra 2.0i 16 V	Limousine	5	3	**33 295.–**
Ibiza 1.9 SDi SE	Limousine	5	3	**24 270.–**[1]
Ibiza 1.9 TDi SXE	Limousine	5	3	**27 320.–**[1]
Ibiza 1.9 TDi GT	Limousine	5	3	**28 820.–**
Cordoba 1.4 MPi SE	Limousine	5	4	**22 990.–**
Cordoba 1.4 MPi SXE	Limousine	5	4	**25 345.–**
Cordoba 1.6i SE	Limousine	5	4	**24 490.–**
Cordoba 1.6 SXE	Limousine	5	4	**26 870.–**
Cordoba 1.6 MPi SX	Limousine	5	2	**29 295.–**
Cordoba 1.6 MPi SXE	Limousine	5	4	**28 370.–**
Cordoba 1.8i SXE Automatik	Limousine	5	4	**30 215.–**
Cordoba 1.9 SDi SE	Limousine	5	4	**26 195.–**
Cordoba 1.9 TDi SXE	Limousine	5	4	**29 270.–**
Toledo 1.6i	Limousine	5	5	**25 135.–**
Toledo 1.6 MPi	Limousine	5	5	**27 490.–**
Toledo 1.6 MPi SE	Limousine	5	5	**28 770.–**
Toledo 1.6 MPi SXE	Limousine	5	5	**30 095.–**
Toledo 2.0 i 16 V	Limousine	5	5	**37 100.–**
Toledo 2.0i SXE Automatik	Limousine	5	5	**34 420.–**
Toledo 1.9 TDi SE	Limousine	5	5	**31 095.–**
Toledo 1.9 TDI SXE	Limousine	5	4	**32 495.–**
Alhambra 2.0i	Van	5/7	5	**40 640.–**
Alhambra 2.0i SE	Van	5/7	5	**43 505.–**
Alhambra 2.0i SXE	Van	5/7	5	**47 095.–**
Alhambra 2.0i SXE Automatik	Van	5/7	5	**49 495.–**
Alhambra 1.9 TDi	Van	5/7	5	**42 290.–**
Alhambra 1.9 TDi SE	Van	5/7	5	**45 155.–**
Alhambra 1.9 TDi SXE	Van	5/7	5	**48 745.–**

5türig: [1] + DM 895.–

Skoda

Marke/Modell	Karosserie	Sitze	Türen	Preis in DM
Felicia X 1.3	Limousine	5	5	**15 990.–**
Felicia LX 1.3	Limousine	5	5	**16 290.–**
Felicia GLXi 1.3	Limousine	5	5	**17 590.–**
Felicia LX 1.6	Limousine	5	5	**18 490.–**
Felicia GLX 1.6	Limousine	5	5	**18 990.–**
Felicia LX 1.9 D	Limousine	5	5	**19 190.–**
Felicia GLX 1.9 D	Limousine	5	5	**19 990.–**
Felicia Combi X 1.3	Kombi	5	5	**18 390.–**
Felicia Combi LXi 1.3	Kombi	5	5	**18 990.–**
Felicia Combi GLXi 1.3	Kombi	5	5	**20 240.–**
Felicia Combi LX 1.6	Kombi	5	5	**20 890.–**
Felicia Combi GLX 1.6	Kombi	5	5	**21 640.–**
Felicia Combi LX 1.9 D	Kombi	5	5	**21 390.–**
Felicia Combi GLX 1.9 D	Kombi	5	5	**22 640.–**
Oktavia LX 1.6	Limousine	5	4	**22 950.–**
Oktavia GLX 1.6	Limousine	5	4	**25 950.–**
Oktavia SLX 1.8	Limousine	5	4	**30 550.–**
Oktavia GLX 1.9 TDI	Limousine	5	4	**29 750.–**
Oktavia SLX 1.9 TDI	Limousine	5	4	**31 150.–**

SsangYong

Marke/Modell	Karosserie	Sitze	Türen	Preis in DM
Musso E 23 4 x 4	Kombi	5	5	**55 500.–**[1]
Musso E 32 4 x 4	Kombi	5	5	**63 800.–**
Musso 2.9 D 4 x 4	Kombi	5	5	**43 950.–**
Musso 2.9 D EL 4 x 4	Kombi	5	5	**49 600.–**[1]
Musso 2.9 D ELX 4 x 4	Kombi	5	5	**54 250.–**[1]

Automatik: [1] + DM 3 500.–

Subaru

Marke/Modell	Karosserie	Sitze	Türen	Preis in DM
Justy 1.3 GX 4 x 4	Limousine	5	3	**20 990.–**[1]
Libero 1.2 SDX 4 x 4	Kombi	6	5	**24 490.–**
Impreza 1.6 GL 4 x 4	Limousine	5	4	**29 890.–**
Impreza 2.0 GL 4 x 4	Limousine	5	4	**31 890.–**[2]
Impreza 2.0 RX 4 x 4	Limousine	5	4	**32 990.–**
Impreza Kombi 1.6 GL 4 x 4	Kombi	5	5	**30 890.–**
Impreza Kombi 2.0 GL 4 x 4	Kombi	5	5	**32 890.–**[2]
Impreza Kombi 2.0 RX 4 x 4	Kombi	5	5	**33 990.–**
Legacy 2.0 GL 4 x 4	Limousine	5	4	**39 990.–**[2]
Legacy 2.2 GX 4 x 4	Limousine	5	4	**44 990.–**[3]
Legacy 2.5 GX 4 x 4	Limousine	5	4	**52 990.–**
Legacy Kombi 2.0 LX 4 x 4	Kombi	5	5	**36 490.–**
Legacy Kombi 2.0 GL 4 x 4	Kombi	5	5	**41 390.–**[2]
Legacy Kombi 2.2 GX 4 x 4	Kombi	5	5	**48 690.–**[4]
Legacy Kombi 2.5 GX 4 x 4	Kombi	5	5	**57 990.–**[4]
Legacy Kombi 2.5 Outback 4 x 4	Kombi	5	5	**52 990.–**[4]
SVX 4 x 4	Coupé	2 + 2	2	**83 950.–**

5-türig: [1] + DM 1 000.–, Automatik: [2] + DM 1 800.–, [3] + DM 2 000.–, [4] + DM 3 300.–

Suzuki

Marke/Modell	Karosserie	Sitze	Türen	Preis in DM
Alto GL	Limousine	4	3	**14 290.–**[1,2]
Swift 1.0 GLS	Limousine	5	3	**15 985.–**[3]
Swift 1.0 GLX	Limousine	5	5	**15 985.–**
Swift 1.3 GLS	Limousine	5	3	**17 665.–**
Baleno 1.3 GL	Limousine	5	3	**19 980.–**[2]
Baleno 1.3 GL	Limousine	5	4	**21 980.–**[2]
Baleno 1.6 GS	Limousine	5	3	**23 750.–**[4]
Baleno 1.6 GLX	Limousine	5	4	**25 350.–**[4]
Baleno 1.8 GTX	Limousine	5	4	**29 950.–**
Baleno Kombi 1.6 GLX	Kombi	5	5	**26 330.–**[4]
Baleno Kombi 1.8 GLX	Kombi	5	5	**30 930.–**[4]
SJ Samurai Limousine 4 x 4	Kombi	4	2	**22 500.–**
SJ Samurai Cabriolet 4 x 4	Kombi	4	2	**22 500.–**
Vitara Limousine de Luxe 4 x 4	Kombi	5	3	**32 630.–**[5]
Vitara Long 4 x 4	Kombi	5	5	**34 900.–**[6]
Vitara Cabrio de Luxe 4 x 4	Kombi	4	2	**31 790.–**[5]
Vitara 2.0 V6 4 x 4	Kombi	5	5	**39 990.–**[7]
Vitara X-90 4 x 4	Kombi	2	2	**29 950.–**[5]

5-türig: [1] + DM 500.–, 3-Gang-Automatik: [2] + DM 1 475.–, [3] + DM 1 680.–, 4-Gang-Automatik: [4] + DM 1 975.–, [5] + DM 2 215.–, [6] + DM 2 760.–, [7] + DM 2 890.–

Toyota

Marke/Modell	Karosserie	Sitze	Türen	Preis in DM
Starlet j	Limousine	5	3	**17 980.–**
Starlet	Limousine	5	3	**19 980.–**[1,2]
Corolla Compact 1.4 XLi	Limousine	5	3	**24 030.–**[3]
Corolla Compact 1.4 XLi	Limousine	5	5	**25 350.–**[3]
Corolla 1.4 XLi	Limousine	5	4	**27 940.–**[3]
Corolla Compact 1.6 Si	Limousine	5	3	**30 510.–**
Corolla Compact 2.0 D XL	Limousine	5	3	**25 810.–**
Corolla Compact 2.0 D XL	Limousine	5	5	**26 900.–**
Corolla Combi 1.4 XLi	Kombi	5	5	**29 590.–**
Corolla Combi 2.0 D	Kombi	5	5	**29 760.–**
Carina 1.6	Limousine	5	4	**30 480.–**
Carina 1.8	Limousine	5	4	**33 900.–**[4]
Carina Liftback 1.6	Limousine	5	5	**31 420.–**
Carina Liftback 1.8	Limousine	5	5	**34 840.–**[4]
Carina Liftback 2.0	Limousine	5	5	**38 160.–**
Carina Liftback 2.0 TD	Limousine	5	5	**35 330.–**
Carina Combi 1.6	Kombi	5	5	**32 160.–**
Carina Combi 1.8	Kombi	5	5	**35 580.–**[4]
Carina Combi 2.0 TD	Kombi	5	5	**36 070.–**
Camry 2.2	Limousine	5	4	**44 900.–**[6]
Camry 3.0 V6	Limousine	5	4	**54 960.–**
Paseo 1.5 Coupé	Coupé	2 + 2	2	**29 450.–**
Paseo 1.5 Cabrio	Cabriolet	2 + 2	2	**37 490.–**
Celica	Coupé	4	3	**41 470.–**
Celica GT	Coupé	4	3	**53 150.–**
MR2	Coupé	2	2	**56 770.–**
Picnic f	Van	6	5	**36 800.–**
Picnic	Van	6	5	**39 600.–**[5]
Previa	Van	8	5	**43 650.–**
Previa GL	Van	7/8	5	**52 970.–**[8]
RAV 4 FunCruiser 4 x 4	Kombi	4	3	**35 500.–**[6]
RAV 4 FunCruiser 4 x 4	Kombi	5	5	**38 450.–**[6]
LandCruiser 3.0 TD 4 x 4	Kombi	5	3	**48 750.–**[7]
LandCruiser 3.0 TD 4 x 4	Kombi	5	5	**53 980.–**[7]
LandCruiser V6 Special 4 x 4	Kombi	5	3	**60 300.–**[7]
LandCruiser V6 Special 4 x 4	Kombi	5	5	**67 300.–**[7]
LandCruiser Station 24V 4 x 4	Kombi	5	5	**78 380.–**
LandCruiser Station 24V 4 x 4 Diesel	Kombi	5	5	**79 380.–**

5-türig: [1] + DM 900.–, 3-Gang-Automatik: [2] + DM 1 300.–, [3] + DM 1 500.–, 4-Gang-Automatik: [4] + DM 2 770.–, [5] + DM 2 800.–, [6] + DM 2 850.–, [7] + DM 3 000.–, [8] + DM 3 300.–

Venturi

Marke/Modell	Karosserie	Sitze	Türen	Preis in DM
Atlantique 300	Coupé	2	2	**158 000.–**
400 GT	Coupé	2	2	**244 700.–**[1]

Carbonbremsen: [1] + DM **13 800.–**

Volkswagen

Marke/Modell	Karosserie	Sitze	Türen	Preis in DM
Polo (ohne Servo)	Limousine	5	3	**19 490.–**[1]
Polo 37 kW	Limousine	5	3	**20 440.–**[1]
Polo 44 kW	Limousine	5	3	**21 665.–**[1,3]
Polo 55 kW	Limousine	5	3	**22 765.–**[1,3]
Polo Sportline 37 kW	Limousine	5	3	**21 290.–**[1]
Polo Sportline 44 kW	Limousine	5	3	**22 765.–**[1,3]
Polo Sportline 55 kW	Limousine	5	3	**23 865.–**[1,3]
Polo Comfortline 37 kW (o. Servol.)	Limousine	5	3	**21 090.–**[1]
Polo Comfortline 37 kW	Limousine	5	3	**22 040.–**[1]
Polo Comfortline 44 kW	Limousine	5	3	**23 265.–**[1,3]
Polo Comfortline 55 kW	Limousine	5	3	**24 365.–**[1,3]
Polo XXL 37 kW	Limousine	5	3	**22 515.–**[1]
Polo XXL 44 kW	Limousine	5	3	**23 990.–**[1,3]
Polo XXL 55 kW	Limousine	5	3	**25 090.–**[1,3]
Polo Colour Concept 44 kW	Limousine	5	3	**28 480.–**[1,3]
Polo Colour Concept 55 kW	Limousine	5	3	**29 580.–**[1,3]
Polo 16 V	Limousine	5	3	**26 500.–**[1]
Polo D	Limousine	5	3	**23 370.–**[1]
Polo Sportline D	Limousine	5	3	**24 470.–**[1]
Polo Comfortline D	Limousine	5	3	**24 970.–**[1]
Polo XXL D	Limousine	5	3	**25 695.–**[1]

Marke/Modell	Karosserie	Sitze	Türen	Preis in DM

Jaguar

Marke/Modell	Karosserie	Sitze	Türen	Preis in DM
XJ Business 3.2	Limousine	5	4	83 000.—[1]
XJ Executive 3.2	Limousine	5	4	95 500.—
XJ Executive 4.0	Limousine	5	4	107 500.—
Sovereign 4.0	Limousine	5	4	117 900.—
Sovereign 4.0 Lang	Limousine	5	4	126 500.—
XJR 4.0 Kompressor	Limousine	5	4	135 900.—
XK 8	Coupé	2 + 2	2	112 500.—
XK 8	Cabriolet	2 + 2	2	128 900.—

Automatik: [1] + DM 3 260.-

Jeep

Marke/Modell	Karosserie	Sitze	Türen	Preis in DM
Wrangler Sport 2.5 4 x 4	Kombi	4	2	34 800.—
Wrangler Sport 4.0 4 x 4	Kombi	4	2	38 900.—
Wrangler Sahara 4.0 4 x 4	Kombi	4	2	44 750.—[1]
Cherokee LX 2.5 TD 4 x 4	Kombi	5	5	52 990.—
Cherokee Limited 2.5 TD 4 x 4	Kombi	5	5	61 925.—
Cherokee Limited 4.0 4 x 4	Kombi	5	5	64 200.—
Grand Cherokee Laredo 2.5 TD 4 x 4	Kombi	5	5	65 265.—
Grand Cherokee Limited 2.5 TD 4 x 4	Kombi	5	5	74 105.—
Grand Cherokee Limited 4.0 4 x 4	Kombi	5	5	78 405.—
Grand Cherokee Limited 5.2 4 x 4	Kombi	5	5	84 155.—

Automatik: [1] + DM 1 615.-

Kia

Marke/Modell	Karosserie	Sitze	Türen	Preis in DM
Pride 44 kW	Limousine	5	3	14 990.—[1 2]
Pride 53 kW	Limousine	5	3	14 990.—[1 2]
Sephia SLX	Limousine	5	4	20 990.—
Sephia GTX	Limousine	5	4	24 490.—[3]
Clarus 1.8 SLX	Limousine	5	4	28 490.—[4]
Clarus 2.0 GLX	Limousine	5	4	32 990.—[4]
Sportage SOHC 4 x 4	Kombi	4	5	34 990.—
Sportage DOHC 16V 4 x 4	Kombi	4	5	36 740.—[5]

5-türig: [1] + DM 1 000.- Automatik: [2] + DM 1 490.-, [3] + DM 1 750, [4] + DM 2 380.-, [5] + DM 2 590.-

Lada

Marke/Modell	Karosserie	Sitze	Türen	Preis in DM
Samara 1.3 i	Limousine	5	3	13 990.—[1]
Samara 1.5 i	Limousine	5	3	14 290.—[1]
Samara 1.5 i Baltic	Limousine	5	5	16 540.—
Samara Forma 1.5 i	Limousine	5	4	15 990.—
Samara Forma 1.5 ix	Limousine	5	4	16 390.—
Niva 1.7 i 4 x 4	Kombi	4	3	21 990.—
Niva D 4 x 4	Kombi	4	3	25 590.—

5türig: [1] + DM 700.-

Lamborghini

Marke/Modell	Karosserie	Sitze	Türen	Preis in DM
Diablo SV	Coupé	2	2	299 000.—
Diablo 2Wd	Coupé	2	2	340 000.—
Diablo VT 4 x 4	Coupé	2	2	380 000.—
Diablo Roadster	Roadster	2	2	395 000.—

Lancia

Marke/Modell	Karosserie	Sitze	Türen	Preis in DM
Y 1.2 LE	Limousine	5	3	19 650.—
Y 1.2 LS	Limousine	5	3	20 750.—
Y 1.2 LS automatic	Limousine	5	3	22 750.—
Y 1.4 LS	Limousine	5	3	21 650.—
Y 1.4 LX	Limousine	5	3	23 750.—
Delta 1.6 LE	Limousine	5	5	26 540.—
Delta 1.6 LX	Limousine	5	5	30 240.—
Delta 1.8 LE	Limousine	5	5	30 240.—
Delta 1.8 LX	Limousine	5	5	32 440.—
Delta 1.8 GT	Limousine	5	5	32 840.—
Delta 1.9 TDS LE	Limousine	5	5	30 840.—
Delta HPE 1.6	Limousine	5	3	26 040.—
Delta HPE 1.8	Limousine	5	3	32 340.—
Delta HPE 2.0 HF	Limousine	5	3	40 240.—
Delta HPE 1.9 TDS	Limousine	5	3	30 740.—
Dedra 1.6 LE	Limousine	5	4	31 300.—
Dedra 1.6 LS	Limousine	5	4	34 150.—
Dedra 1.8 LE	Limousine	5	4	33 600.—
Dedra 1.8 LS	Limousine	5	4	36 450.—
Dedra 1.8 LX	Limousine	5	4	41 890.—
Dedra 1.9 TDS LE	Limousine	5	4	34 650.—
Dedra 1.9 TDS LS	Limousine	5	4	37 500.—
Dedra 1.6 LE Kombi	Kombi	5	5	31 300.—
Dedra 1.6 LS Kombi	Kombi	5	5	34 150.—
Dedra 1.8 LE Kombi	Kombi	5	5	33 600.—
Dedra 1.8 LS Kombi	Kombi	5	5	36 450.—
Dedra 1.8 LX Kombi	Kombi	5	5	41 890.—
Dedra 1.9 TDS LE Kombi	Kombi	5	5	34 650.—
Dedra 1.9 TDS LS Kombi	Kombi	5	5	37 500.—
Kappa 2.0 LE	Limousine	5	4	47 300.—
Kappa 2.0 LE automatic	Limousine	5	4	50 300.—
Kappa 2.0 LS	Limousine	5	4	51 100.—
Kappa 2.4 LS	Limousine	5	4	55 100.—
Kappa 2.4 LX	Limousine	5	4	59 400.—
Kappa 3.0 LS	Limousine	5	4	63 900.—
Kappa 3.0 LS automatic	Limousine	5	4	66 900.—
Kappa 3.0 LX	Limousine	5	4	67 600.—
Kappa 2.4 TDS LE	Limousine	5	4	49 800.—
Kappa 2.4 TDS LS	Limousine	5	4	53 600.—
Kappa 2.0 LE Kombi	Kombi	5	5	51 400.—
Kappa 2.0 turbo Kombi	Kombi	5	5	69 200.—
Kappa 2.4 LS Kombi	Kombi	5	5	58 900.—
Kappa 3.0 LS automatic Kombi	Kombi	5	5	70 700.—
Kappa 2.4 TDS LS Kombi	Kombi	5	5	57 400.—
Z 2.0 turbo LX	Van	5	5	56 400.—
Z 2.0 turbo LX	Van	6	5	57 900.—
Z 2.1 TD LS	Van	5	5	49 390.—
Z 2.1 TD LX	Van	5	5	55 840.—
Z 2.1 TD LX	Van	6	5	57 440.—

Land Rover

Marke/Modell	Karosserie	Sitze	Türen	Preis in DM
Defender 90 Tdi	Kombi	7	3	44 350.—
Defender 110 Tdi	Kombi	9	5	48 650.—
Discovery V8i S	Kombi	5	5	59 900.—[1]
Discovery V8i ES	Kombi	5	5	70 750.—
Discovery Tdi	Kombi	5	3	46 650.—[2]
Discovery Tdi	Kombi	5	5	53 450.—[2]
Discovery Tdi ES	Kombi	7	5	69 750.—
Range Rover 4.0 SE	Kombi	5	5	96 450.—[3]
Range Rover 4.6 HSE	Kombi	5	5	115 100.—
Range Rover 2.5 DT	Kombi	5	5	87 350.—[3]
Range Rover 2,5 DSE	Kombi	5	5	96 450.—[3]

Automatik: [1] + DM 2 950.-, [2] + DM 3 700.-, [3] + DM 4 030.-

Lexus

Marke/Modell	Karosserie	Sitze	Türen	Preis in DM
GS 300	Limousine	5	4	79 610.—
LS 400	Limousine	5	4	119 650.—

Lotus

Marke/Modell	Karosserie	Sitze	Türen	Preis in DM
Elise	Cabriolet	2	2	49 900.—
Esprit GT3	Coupé	2	2	94 750.—
Esprit V8	Coupé	2	2	139 900.—

Maserati

Marke/Modell	Karosserie	Sitze	Türen	Preis in DM
Ghibli	Coupé	5	2	109 800.—
Ghibli Cup	Coupé	5	2	110 975.—
Ghibli Automatik	Coupé	5	2	112 900.—
Quattroporte 2.0 V6	Limousine	5	4	125 350.—
Quattroporte 2.8 V6 Automatik	Limousine	5	4	130 525.—
Quattroporte 3.2 V8	Limousine	5	4	135 700.—
Quattroporte 3.2 V8 Automatik	Limousine	5	4	139 500.—

Mazda

Marke/Modell	Karosserie	Sitze	Türen	Preis in DM
121 LX	Limousine	5	3	19 490.—
121 LX Comfort	Limousine	5	3	20 660.—[1]
121 LX D	Limousine	5	3	23 020.—
121 GLX	Limousine	5	3	23 820.—[5]
121 GLX	Limousine	5	3	25 420.—[5]
323 P 1.4	Limousine	5	3	23 390.—
323 P 1.4 Comfort	Limousine	5	3	24 290.—
323 P 1.5 Comfort	Limousine	5	3	25 800.—[2]
323 P 1.5 Luxury	Limousine	5	3	26 680.—[2]
323 C 1.5 Comfort	Limousine	5	3	26 670.—[2]
323 C 1.5 Luxury	Limousine	5	3	27 550.—[2]
323 S 1.4	Limousine	5	4	27 200.—
323 S 1.5 Comfort	Limousine	5	4	28 990.—[2]
323 S 1.5 Luxury	Limousine	5	4	30 220.—[2]
323 F 1.5 Comfort	Limousine	5	5	27 990.—
323 F 1.5 Luxury	Limousine	5	5	28 750.—
323 F 1.9 Luxury	Limousine	5	5	31 980.—[2]
323 F 2.0 V6 GT	Limousine	5	5	40 750.—
626 LX	Limousine	5	4	30 940.—
626 LX	Limousine	5	4	31 690.—
626 GLX	Limousine	5	4	33 540.—
626 GLX	Limousine	5	4	34 290.—
626 GLE	Limousine	5	4	36 840.—[3]
626 GLE	Limousine	5	4	37 590.—[3]
626 Special	Limousine	5	4	36 450.—
626 2.5i V6	Limousine	5	4	44 740.—[3]
626 GLX D	Limousine	5	4	35 450.—
626 GLX D	Limousine	5	4	36 200.—
626 LX	Kombi	5	5	33 700.—
626 GLX	Kombi	5	5	35 200.—
MX-3 1.6i Youngster	Coupé	4	2	30 500.—
MX-3 1.6i 16V	Coupé	4	2	35 290.—[7]
MX-3 1.9i V6	Coupé	4	2	39 990.—
MX-5 1.6i 16V	Cabriolet	2	2	36 950.—
MX-5 1.9i 16V	Cabriolet	2	2	42 950.—
MX-6 2.0i 16V	Coupé	4	2	41 950.—
MX-6 2.5i V6	Coupé	4	2	50 600.—[3]
Xedos 6 1.6i 16V	Limousine	5	4	37 950.—
Xedos 6 1.6i 16V Business	Limousine	5	4	41 950.—[4]
Xedos 6 2.0i V6	Limousine	5	4	45 650.—[4]
Xedos 6 2.0i V6 Business	Limousine	5	4	49 650.—[4]
Xedos 6 2.0i V6 Exclusiv	Limousine	5	4	52 950.—[4]
Xedos 9 2.0i V6	Limousine	5	4	51 200.—
Xedos 9 2.0i V6 Business	Limousine	5	4	56 150.—
Xedos 9 2.5i V6	Limousine	5	4	58 100.—[9]
Xedos 9 2.5i V6 Business	Limousine	5	4	63 050.—[9]
Xedos 9 2.5i V6 Exclusiv	Limousine	5	4	68 600.—[6]
Xedos 9 2.3i V6 Miller Cycle Business	Limousine	5	4	72 850.—
Xedos 9 2.3i V6 Miller Cycle Exclusiv	Limousine	5	4	76 700.—
MPV 3.0i V6	Van	7	5	50 350.—
MPV CS 3.0i V6	Van	7	5	55 150.—
MPV 2.5 TD	Van	7	5	46 300.—
MPV CS 2.5 TD	Van	7	5	51 100.—

5-türig: [1] + DM 1 000.-, Automatik: [2] + DM 2 200.-, [3] + DM 2 250.-, [4] + DM 2 450.-, [5] + DM 2 540.-, [6] + DM 2 650.-, [7] + DM 3 600.-, [8] + DM 3 700.-, [9] + DM 4 350.-

Mercedes-Benz

Marke/Modell	Karosserie	Sitze	Türen	Preis in DM
C 180	Limousine	5	4	44 620.—[3 4 11]
C 200	Limousine	5	4	49 105.—[3 4 11]
C 230	Limousine	5	4	53 130.—[3 4 11]
C 230 Kompressor	Limousine	5	4	56 580.—[3 4 11]
C 280	Limousine	5	4	59 570.—[3 4 11]
C 36 AMG	Limousine	5	4	98 440.—
C 220 D	Limousine	5	4	46 460.—[3 4 11]
C 250 TD	Limousine	5	4	53 475.—[3 4 11]
C 180 T	Kombi	5	5	47 840.—[3,4 11]
C 200 T	Kombi	5	5	52 325.—[3 4 11]
C 230 T	Kombi	5	5	56 350.—[3 4 11]
C 220 T D	Kombi	5	5	49 680.—[3 4 11]
C 250 T TD	Kombi	5	5	56 695.—[3 4 11]
E 200	Limousine	5	4	56 235.—[3 6 11]
E 230	Limousine	5	4	59 915.—[3 6 11]
E 280	Limousine	5	4	67 390.—[3 6 11]
E 280 4-Matic	Limousine	5	4	76 245.—[3 6]
E 320	Limousine	5	4	77 855.—[3 6]
E 420	Limousine	5	4	99 820.—[2 5]
E 50 AMG	Limousine	5	4	148 350.—
E 220 D	Limousine	5	4	53 245.—[3 6 11]
E 290 TD	Limousine	5	4	59 915.—[3 6 11]
E 300 D	Limousine	5	4	62 387.—[3 6 9]
E 200 T	Kombi	5	5	61 410.—[3 6 11]
E 230 T	Kombi	5	5	65 090.—[3 6 11]
E 280 T 4-Matic	Kombi	5	5	81 420.—[3 6]
E 420 T	Kombi	5	5	104 995.—[2 5]
E 290 T TD	Kombi	5	5	65 090.—[3 6 11]
E 200	Cabriolet	4	2	72 737.—[8]
E 220	Cabriolet	4	2	83 087.—[8]
E 320	Cabriolet	4	2	111 320.—
S 280	Limousine	5	4	88 550.—[11]
S 320	Limousine	5	4	105 800.—
S 320 lang	Limousine	5	4	109 940.—
S 420	Limousine	5	4	127 362.—
S 420 lang	Limousine	5	4	131 502.—
S 500	Limousine	5	4	137 827.—
S 500 lang	Limousine	5	4	145 015.—
S 600	Limousine	5	4	206 022.—
S 600 lang	Limousine	5	4	210 220.—
S 300 TD	Limousine	5	4	93 150.—
SLK 200	Cabriolet	2	2	52 900.—[11]
SLK 230 Kompressor	Cabriolet	2	2	60 950.—[11]
CL 420	Coupé	4	2	155 365.—

Marke/Modell	Karosserie	Sitze	Türen	Preis in DM
Bravo GT 1.8 16V	Limousine	5	3	30 290.–
Bravo HGT 2.0 16V	Limousine	5	3	35 600.–
Bravo S TD 75	Limousine	5	3	24 670.–
Bravo SX TD 75	Limousine	5	3	27 170.–
Bravo S TD 100	Limousine	5	3	25 920.–
Bravo SX TD 100	Limousine	5	3	28 420.–
Bravo GT TD 100	Limousine	5	3	29 270.–
Brava S 1.4 12V	Limousine	5	5	23 140.–
Brava S 1.6 16V	Limousine	5	5	24 540.–
Brava SX 1.4 12V	Limousine	5	5	25 640.–
Brava SX 1.6 16V	Limousine	5	5	27 040.–[2]
Brava EL 1.6 16V	Limousine	5	5	27 540.–[2]
Brava ELX 1.6 16V	Limousine	5	5	28 890.–[2]
Brava ELX 1.8 16V	Limousine	5	5	31 790.–
Brava S TD 75	Limousine	5	5	25 170.–
Brava SX TD 75	Limousine	5	5	27 670.–
Brava S TD 100	Limousine	5	5	26 420.–
Brava SX TD 100	Limousine	5	5	28 920.–
Brava EL TD 100	Limousine	5	5	29 420.–
Brava ELX TD 100	Limousine	5	5	30 770.–
Marea SX 1.6 16V	Limousine	5	4	29 800.–
Marea SX TD 75	Limousine	5	4	31 900.–
Marea SX TD 100	Limousine	5	4	33 300.–
Marea ELX 1.6 16V	Limousine	5	4	31 200.–[2]
Marea ELX 1.8 16V	Limousine	5	4	32 600.–
Marea ELX TD 100	Limousine	5	4	34 700.–
Marea ELX TD 125	Limousine	5	4	37 200.–
Marea HLX 1.8 16V	Limousine	5	4	37 200.–
Marea HLX 2.0 20V	Limousine	5	4	39 300.–
Marea HLX TD 125	Limousine	5	4	40 800.–
Marea Weekend SX 1.6 16V	Kombi	5	5	31 100.–
Marea Weekend SX TD 75	Kombi	5	5	33 200.–
Marea Weekend SX TD 100	Kombi	5	5	34 600.–
Marea Weekend ELX 1.6 16V	Kombi	5	5	32 500.–[2]
Marea Weekend ELX 1.8 16V	Kombi	5	5	33 900.–
Marea Weekend ELX TD 100	Kombi	5	5	36 000.–
Marea Weekend ELX TD 125	Kombi	5	5	38 500.–
Marea Weekend HLX 1.8 16V	Kombi	5	5	38 500.–
Marea Weekend HLX 2.0 20V	Kombi	5	5	40 600.–
Marea Weekend HLX TD 125	Kombi	5	5	42 100.–
Coupé 1.8 16V	Coupé	2 + 2	2	38 350.–
Coupé 2.0 20V	Coupé	2 + 2	2	45 050.–
Coupé 2.0 20V Turbo	Coupé	2 + 2	2	49 600.–
Barchetta 1.8 16V	Cabriolet	2	2	37 650.–
Ulysse 1.8	Van	5	5	37 900.–
Ulysse S 2.0	Van	5	5	39 545.–
Ulysse S 1.9 TD	Van	5	5	41 195.–
Ulysse S 2.1 TD	Van	5	5	43 395.–
Ulysse EL 2.0	Van	5	5	46 000.–
Ulysse EL 2.0	Van	6	5	47 530.–
Ulysse EL 2.1 TD	Van	5	5	50 390.–
Ulysse EL 2.1 TD	Van	6	5	51 920.–
Ulysse HL 2.0 Turbo	Van	5	5	54 320.–
Ulysse HL 2.0 Turbo	Van	6	5	55 850.–
Ulysse HL 2.1 TD	Van	5	5	53 760.–
Ulysse HL 2.1 TD	Van	6	5	55 290.–

5-türig: [1] + DM 880.– [2] Automatik + DM 2 200.–

Ford

Marke/Modell	Karosserie	Sitze	Türen	Preis in DM
Ka 1.3 37 kW	Limousine	4	3	16 750.–
Ka 1.3 44 kW	Limousine	4	3	18 150.–
Fiesta Focus 1.3 37 kW	Limousine	5	3	18 990.–
Fiesta Focus 1.3 44 kW	Limousine	5	5	19 990.–
Fiesta Focus 1.8 D	Limousine	5	3	21 640.–
Fiesta Flair 1.3 37 kW	Limousine	5	3	20 190.–
Fiesta Flair 1.3 37 kW	Limousine	5	5	20 190.–
Fiesta Flair 1.3 44 kW	Limousine	5	3	21 190.–
Fiesta Flair 1.3 44 kW	Limousine	5	5	21 190.–
Fiesta Flair 1.8 D	Limousine	5	3	22 240.–
Fiesta Flair 1.8 D	Limousine	5	5	22 240.–
Fiesta Fun 1.3 44kW	Limousine	5	3	21 690.–
Fiesta Fun 1.25	Limousine	5	3	22 790.–
Fiesta Fun 1.4	Limousine	5	3	25 190.–
Fiesta Ghia 1.25	Limousine	5	3	23 990.–[3]
Fiesta Ghia 1.25	Limousine	5	5	23 990.–[3]
Escort Flair 1.4	Limousine	5	3	24 400.–
Escort Flair 1.4	Limousine	5	4	27 250.–
Escort Flair 1.4	Limousine	5	5	27 250.–
Escort Flair Turnier 1.4	Kombi	5	5	27 250.–
Escort Flair 1.6	Limousine	5	3	25 400.–[3]
Escort Flair 1.6	Limousine	5	4	28 250.–[3]
Escort Flair 1.6	Limousine	5	5	28 250.–[3]
Escort Flair 1.6 Turnier	Kombi	5	5	28 250.–[3]
Escort Flair 1.8	Limousine	5	4	29 250.–
Escort Flair 1.8	Limousine	5	5	29 250.–
Escort Flair 1.8 Turnier	Kombi	5	5	29 250.–
Escort Flair 1.8 TD 51 kW	Limousine	5	3	24 400.–
Escort Flair 1.8 TD 51 kW	Limousine	5	4	27 250.–
Escort Flair 1.8 TD 51 kW	Limousine	5	5	27 250.–
Escort Flair 1.8 TD 51 kW Turnier	Kombi	5	5	27 250.–
Escort Flair 1.8 TD 66 kW	Limousine	5	4	28 250.–
Escort Flair 1.8 TD 66 kW	Limousine	5	5	28 250.–
Escort Flair 1.8 TD 66 kW Turnier	Kombi	5	5	28 250.–
Escort Fun 1.6	Limousine	5	3	28 990.–
Escort Fun 1.6 Turnier	Kombi	5	5	30 990.–
Escort Fun 1.8	Limousine	5	3	29 990.–
Escort Fun 1.8 Turnier	Kombi	5	5	31 990.–
Escort Ghia 1.6	Limousine	5	4	30 990.–[3]
Escort Ghia 1.6	Limousine	5	5	30 990.–[3]
Escort Ghia 1.6 Turnier	Kombi	5	5	30 990.–[3]
Escort Ghia 1.8	Limousine	5	4	31 990.–
Escort Ghia 1.8	Limousine	5	5	31 990.–
Escort Ghia 1.8 Turnier	Kombi	5	5	31 990.–
Escort Ghia 1.8 TD 66 kW	Limousine	5	4	30 990.–
Escort Ghia 1.8 TD 66 kW	Limousine	5	5	30 990.–
Escort Ghia 1.8 TD 66 kW Turnier	Kombi	5	5	30 990.–
Escort Cabrio Flair 1.6	Cabriolet	4	2	33 990.–[3]
Escort Cabrio Flair 1.8 TD 66 kW	Cabriolet	4	2	34 590.–
Escort Cabrio XR3i 1.6	Cabriolet	4	2	37 990.–
Escort Cabrio XR3i 1.8	Cabriolet	4	2	39 540.–
Mondeo CLX 1.6	Limousine	5	4	33 300.–
Mondeo CLX 1.6	Limousine	5	5	33 300.–
Mondeo CLX 1.6 Turnier	Kombi	5	5	33 300.–
Mondeo CLX 1.8	Limousine	5	4	35 530.–[2]
Mondeo CLX 1.8	Limousine	5	5	35 530.–[2]
Mondeo CLX 1.8 Turnier	Kombi	5	5	35 530.–[2]
Mondeo CLX 2.0	Limousine	5	4	36 790.–[2]
Mondeo CLX 2.0	Limousine	5	5	36 790.–[2]
Mondeo CLX 2.0	Kombi	5	5	36 790.–[2]
Mondeo CLX 1.8 TD	Limousine	5	4	35 500.–
Mondeo CLX 1.8 TD	Limousine	5	5	35 500.–
Mondeo CLX 1.8 TD Turnier	Kombi	5	5	35 500.–
Mondeo GLX 1.6	Limousine	5	4	34 920.–
Mondeo GLX 1.6	Limousine	5	5	34 920.–
Mondeo GLX 1.6	Kombi	5	5	34 920.–
Mondeo GLX 1.8	Limousine	5	4	37 150.–[2]
Mondeo GLX 1.8	Limousine	5	5	37 150.–[2]
Mondeo GLX 1.8	Kombi	5	5	37 150.–[2]
Mondeo GLX 2.0	Limousine	5	4	38 410.–[2]
Mondeo GLX 2.0	Limousine	5	5	38 410.–[2]
Mondeo GLX 2.0	Kombi	5	5	38 410.–[2]
Mondeo GLX 1.8 TD	Limousine	5	4	37 120.–
Mondeo GLX 1.8 TD	Limousine	5	5	37 120.–
Mondeo GLX 1.8 TD Turnier	Kombi	5	5	37 120.–
Mondeo Ghia 1.8	Limousine	5	4	40 690.–[2]
Mondeo Ghia 1.8	Limousine	5	5	40 690.–[2]
Mondeo Ghia 1.8 Turnier	Kombi	5	5	40 690.–[2]
Mondeo Ghia 2.0	Limousine	5	4	41 950.–[2]
Mondeo Ghia 2.0	Limousine	5	5	41 950.–[2]
Mondeo Ghia 2.0 Turnier	Kombi	5	5	41 950.–[2]
Mondeo Ghia 2.5 V6	Limousine	5	4	45 950.–[2]
Mondeo Ghia 2.5 V6	Limousine	5	5	45 950.–[2]
Mondeo Ghia 2.5 V6 Turnier	Kombi	5	5	45 950.–[2]
Mondeo Ghia 1.8 TD	Limousine	5	4	40 690.–
Mondeo Ghia 1.8 TD	Limousine	5	5	40 690.–
Mondeo Ghia 1.8 TD Turnier	Kombi	5	5	40 690.–
Mondeo GT 1.8	Limousine	5	4	36 700.–
Mondeo GT 1.8	Limousine	5	5	36 700.–
Mondeo GT 1.8 Turnier	Kombi	5	5	36 700.–
Mondeo GT 2.0	Limousine	5	4	37 960.–[2]
Mondeo GT 2.0	Limousine	5	5	37 960.–[2]
Mondeo GT 2.0 Turnier	Kombi	5	5	37 960.–[2]
Mondeo GT 2.5 V6	Limousine	5	4	41 960.–[2]
Mondeo GT 2.5 V6	Limousine	5	5	41 960.–[2]
Mondeo GT 2.5 V6 Turnier	Kombi	5	5	41 960.–[2]
Scorpio 2.0	Limousine	5	4	41 260.–
Scorpio 2.0 Turnier	Kombi	5	5	41 260.–
Scorpio 2.3	Limousine	5	4	42 460.–[4]
Scorpio 2.3 Turnier	Kombi	5	5	42 460.–[4]
Scorpio 2.5 TD	Limousine	5	4	45 690.–
Scorpio 2.5 TD Turnier	Kombi	5	5	45 690.–
Scorpio Ghia 2.0	Limousine	5	4	48 000.–
Scorpio Ghia 2.0 Turnier	Kombi	5	5	48 000.–
Scorpio Ghia 2.3	Limousine	5	4	49 200.–[4]
Scorpio Ghia 2.3 Turnier	Kombi	5	5	49 200.–[4]
Scorpio Ghia 2.5 TD	Limousine	5	4	52 430.–
Scorpio Ghia 2.5 TD Turnier	Kombi	5	5	52 430.–
Scorpio Ghia 2.9 V6	Limousine	5	4	62 730.–
Scorpio Ghia 2.9 V6 Turnier	Kombi	5	5	62 730.–
Galaxy CLX 2.0	Van	5	5	39 990.–
Galaxy CLX 2.3	Van	5	5	40 640.–
Galaxy CLX 1.9 TDI	Van	5	5	41 640.–
Galaxy GLX 2.0	Van	5	5	43 450.–
Galaxy GLX 2.8 V6	Van	5	5	49 500.–[1]
Galaxy GLX 1.9 TDI	Van	5	5	45 100.–
Galaxy GLX 4 x 4	Van	5	5	56 300.–
Galaxy Ghia 2.3	Van	6	5	49 990.–
Galaxy Ghia 2.8 V6	Van	6	5	56 140.–[1]
Galaxy Ghia 2.8 V6	Van	7	5	56 440.–[1]
Galaxy Ghia 1.9 TDI	Van	6	5	51 040.–
Galaxy Ghia 1.9 TDI	Van	7	5	51 340.–
Galaxy Ghia 4 x 4	Van	6	5	62 940.–
Galaxy Ghia 4 x 4	Van	7	5	63 240.–
Maverick GL 2.4 4 x 4	Kombi	5	3	38 430.–
Maverick GL 2.7 TD 4 x 4	Kombi	5	3	41 430.–
Maverick GL 2.7 TD 4 x 4	Kombi	7	5	47 220.–
Maverick GLS 2.4 4 x 4	Kombi	5	3	41 760.–
Maverick GLS 2.4 4 x 4	Kombi	7	5	47 550.–
Maverick GLS 2.7 TD 4 x 4	Kombi	5	3	44 760.–
Maverick GLS 2.7 TD 4 x 4	Kombi	7	5	50 550.–

Automatik: [1] + DM 2 400.–, [2] + DM 2 430.–, [3] + DM 2 500.–, [4] + DM 2 850.–

Ford USA

Marke/Modell	Karosserie	Sitze	Türen	Preis in DM
Probe 2.0 16V	Coupé	4	3	39 900.–
Probe 2.5 V6 24V	Coupé	4	3	48 850.–
Explorer 4.0 V6 115 kW 4 x 4	Offroad	5	5	61 400.–
Explorer 4.0 V6 152 kW 4 x 4	Offroad	5	5	63 400.–
Explorer Highclass 4.0 V6 115 kW 4 x 4	Offroad	5	5	64 900.–
Explorer Highclass 4.0 V6 152 kW 4 x 4	Offroad	5	5	66 900.–
Windstar 3.0 V6	Van	5/7	4	53 560.–

Honda

Marke/Modell	Karosserie	Sitze	Türen	Preis in DM
Civic 1.4 i	Limousine	5	3	23 490.–
Civic 1.4 i S	Limousine	5	3	26 690.–[1]
Civic 1.5 i LS	Limousine	5	3	30 590.–[1]
Civic 1.6 i ES	Limousine	5	3	35 390.–
Civic 1.6 VTi	Limousine	5	3	39 790.–
Civic 1.4 i S	Limousine	5	4	28 590.–[1]
Civic 1.5 i LS	Limousine	5	4	32 190.–[1]
Civic 1.4 i	Limousine	5	5	26 180.–
Civic 1.4 i S	Limousine	5	5	28 680.–[1]
Civic 1.5 i VTEC-E	Limousine	5	5	30 180.–
Civic 1.6 i LS	Limousine	5	5	34 480.–[1]
Civic 1.6 i SR VTEC	Limousine	5	5	36 480.–
Civic Coupé 1.6 i LS	Coupé	5	2	30 980.–[1]
Civic Coupé 1.6 i SR	Coupé	5	2	36 980.–[1]
CRX del Sol 1.6 ESi	Coupé	2	2	36 980.–[1]
CRX del Sol 1.6 VTi	Coupé	2	2	43 980.–
Accord 1.8 i	Limousine	5	4	34 980.–
Accord 1.8 i LS	Limousine	5	4	37 980.–[1]
Accord 2.0 i LS	Limousine	5	4	39 980.–[1]
Accord 2.0 i ES	Limousine	5	4	44 480.–[1]
Accord 2.2 i VTEC	Limousine	5	4	49 480.–[1]
Accord 2.0 TDI	Limousine	5	4	42 080.–
Accord Aerodeck 2.0 i LS	Kombi	5	5	40 780.–
Accord Aerodeck 2.0 i ES	Kombi	5	5	44 980.–[1]
Accord Coupé 2.2 i ES	Coupé	5	2	48 980.–[1]
Prelude 2.0 i	Coupé	4	2	39 980.–[2]
Prelude 2.2 i VTEC	Coupé	4	2	49 580.–[2]
Legend 3.5 i V6	Limousine	5	4	89 000.–
NSX	Coupé	2	2	164 000.–[3]
NSX-T	Cabriolet	2	2	175 000.–[3]
Shuttle 2.2 i LS	Van	7	5	45 980.–
Shuttle 2.2 i ES	Van	6/7	5	51 480.–

Automatik: [1] + DM 1 800.–, [2] + DM 2 000.–, [3] + DM 6 000.–

Hyundai

Marke/Modell	Karosserie	Sitze	Türen	Preis in DM
Accent 1.3 LS	Limousine	5	3	18 990.–
Accent 1.3 GS	Limousine	5	3	21 990.–
Accent 1.3 GS Automatik	Limousine	5	3	23 690.–
Accent 1.3 GLS	Limousine	5	4/5	22 990.–
Accent 1.3 GLS Automatik	Limousine	5	5	24 690.–
Accent 1.5 GT	Limousine	5	3	24 990.–
Lantra GL 1.6 i	Limousine	5	4	25 990.–
Lantra GLS 1.6 i	Limousine	5	4	27 990.–[1]
Lantra GT 1.8 i	Limousine	5	4	30 990.–
Lantra GL 1.6 i Combi	Kombi	5	5	26 990.–
Lantra GLS 1.6 i Combi	Kombi	5	5	28 490.–[1]
Sonata GLS 2.0 i 16V	Limousine	5	4	35 990.–[1]
Sonata GLS 3.0 i V6	Limousine	5	4	43 990.–
S-Coupé 2.0 FX	Coupé	4	2	33 990.–[1]

Automatik: [1] + DM 1 950.–

Marke/Modell	Karosserie	Sitze	Türen	Preis in DM
Polo Classic 44 kW	Limousine	5	4	**22 950.–**
Polo Classic 55 kW	Limousine	5	4	**24 450.–**
Polo Classic Sportline 44 kW	Limousine	5	4	**24 550.–**
Polo Classic Sportline 55 kW	Limousine	5	4	**26 050.–**
Polo Classic Sportline 74 kW	Limousine	5	4	**27 600.–**
Polo Classic Comfortline 44 kW	Limousine	5	4	**24 550.–**
Polo Classic Comfortline 55 kW	Limousine	5	4	**26 050.–**
Polo Classic Comfortline 74 kW	Limousine	5	4	**27 600.–**
Polo Classic D	Limousine	5	4	**26 025.–**
Polo Classic Sportline D	Limousine	5	4	**27 625.–**
Polo Classic Comfortline D	Limousine	5	4	**27 625.–**
Golf 44 kW	Limousine	5	3	**23 750.–**[2]
Golf 55 kW	Limousine	5	3	**25 510.–**[2,4]
Golf 66 kW	Limousine	5	3	**27 060.–**[2,4]
Golf 74 kW	Limousine	5	3	**27 060.–**[2,4]
Golf Trendline 44 kW	Limousine	5	3	**25 250.–**[2]
Golf Trendline 55 kW	Limousine	5	3	**27 010.–**[2,4]
Golf Trendline 66 kW	Limousine	5	3	**28 560.–**[2,4]
Golf Trendline 74 kW	Limousine	5	3	**28 560.–**[2,4]
Golf Comfortline 44 kW	Limousine	5	3	**26 000.–**[2]
Golf Comfortline 55 kW	Limousine	5	3	**27 760.–**[2,4]
Golf Comfortline 66 kW	Limousine	5	3	**29 310.–**[2,4]
Golf Comfortline 74 kW	Limousine	5	3	**29 310.–**[2,4]
Golf Europe 44 kW	Limousine	5	5	**27 650.–**
Golf Europe 55 kW	Limousine	5	5	**29 410.–**[4]
Golf Europe 66 kW	Limousine	5	5	**30 960.–**[4]
Golf Europe 74 kW	Limousine	5	5	**30 960.–**[4]
Golf GT Special	Limousine	5	3	**33 410.–**[2]
Golf GT Colour Concept	Limousine	5	3	**35 060.–**[2]
Golf GTI	Limousine	5	3	**34 500.–**
Golf GTI Colour Concept	Limousine	5	3	**37 600.–**
Golf VR 6	Limousine	5	3	**40 400.–**[2,4]
Golf VR 6 Colour Concept	Limousine	5	3	**43 800.–**[2,4]
Golf VR 6 Highline	Limousine	5	5	**45 900.–**[2,4]
Golf D	Limousine	5	3	**26 170.–**[2]
Golf SDI	Limousine	5	3	**27 070.–**[2]
Golf TD	Limousine	5	3	**27 670.–**[2]
Golf TDI 66 kW	Limousine	5	3	**29 720.–**[2,4]
Golf TDI 81 kW	Limousine	5	3	**31 270.–**[2,4]
Golf Trendline D	Limousine	5	3	**27 670.–**[2]
Golf Trendline SDI	Limousine	5	3	**28 570.–**[2]
Golf Trendline TD	Limousine	5	3	**29 170.–**[2]
Golf Trendline TDI 66 kW	Limousine	5	3	**31 220.–**[2,4]
Golf Trendline TDI 81 kW	Limousine	5	3	**32 770.–**[2,4]
Golf Comfortline D	Limousine	5	3	**28 420.–**[2]
Golf Comfortline SDI	Limousine	5	3	**29 320.–**[2]
Golf Comfortline TD	Limousine	5	3	**29 920.–**[2]
Golf Comfortline TDI 66 kW	Limousine	5	3	**31 970.–**[2,4]
Golf Comfortline TDI 81 kW	Limousine	5	3	**33 520.–**[2,4]
Golf Europe D	Limousine	5	5	**30 070.–**
Golf Europe SDI	Limousine	5	5	**30 970.–**
Golf Europe TD	Limousine	5	5	**31 570.–**
Golf Europe TDI 66 kW	Limousine	5	5	**33 620.–**[4]
Golf Europe TDI 81 kW	Limousine	5	5	**35 170.–**[4]
Golf GT Special TDI 66 kW	Limousine	5	3	**36 070.–**[2]
Golf GT Special TDI 81 kW	Limousine	5	3	**37 620.–**[2]
Golf GT Colour Concept TDI 66 kW	Limousine	5	3	**37 720.–**[2]
Golf GT Colour Concept TDI 81kW	Limousine	5	3	**39 270.–**[2]
Golf syncro 66 kW	Limousine	5	3	**28 760.–**
Golf syncro 85 kW	Limousine	5	3	**31 260.–**
Golf VR 6 syncro	Limousine	5	3	**43 800.–**[2]
Golf VR 6 syncro Colour Concept	Limousine	5	3	**47 200.–**[2]
Golf VR 6 syncro Highline	Limousine	5	3	**49 300.–**[2]
Golf syncro TDI	Limousine	5	3	**31 420.–**
Golf Variant 44 kW	Kombi	5	5	**26 450.–**
Golf Variant 55 kW	Kombi	5	5	**28 410.–**[4]
Golf Variant 66 kW	Kombi	5	5	**29 860.–**[4]
Golf Variant 74 kW	Kombi	5	5	**29 860.–**[4]
Golf Variant Trendline 44 kW	Kombi	5	5	**27 950.–**
Golf Variant Trendline 55 kW	Kombi	5	5	**29 910.–**[4]
Golf Variant Trendline 66 kW	Kombi	5	5	**31 360.–**[4]
Golf Variant Trendline 74 kW	Kombi	5	5	**31 360.–**[4]
Golf Variant Comfortline 44 kW	Kombi	5	5	**28 700.–**
Golf Variant Comfortline 55 kW	Kombi	5	5	**30 660.–**[4]
Golf Variant Comfortline 66 kW	Kombi	5	5	**32 110.–**[4]
Golf Variant Comfortline 74 kW	Kombi	5	5	**32 110.–**[4]
Golf Variant Europe 44 kW	Kombi	5	5	**29 965.–**
Golf Variant Europe 55 kW	Kombi	5	5	**31 925.–**[4]
Golf Variant Europe 66 kW	Kombi	5	5	**33 375.–**[4]
Golf Variant Europe 74 kW	Kombi	5	5	**33 375.–**[4]
Golf Variant GT Special 74 kW	Kombi	5	5	**36 210.–**
Golf Variant GT Special 85 kW	Kombi	5	5	**38 510.–**
Golf Variant GT Colour Concept 74 kW	Kombi	5	5	**37 710.–**
Golf Variant GT Colour Concept 85 kW	Kombi	5	5	**40 010.–**
Golf Variant D	Kombi	5	5	**28 970.–**
Golf Variant SDI	Kombi	5	5	**29 890.–**
Golf Variant TD	Kombi	5	5	**30 470.–**
Golf Variant TDI 66 kW	Kombi	5	5	**32 520.–**[4]
Golf Variant TDI 81 kW	Kombi	5	5	**34 070.–**[4]
Golf Variant Trendline D	Kombi	5	5	**30 470.–**
Golf Variant Trendline SDI	Kombi	5	5	**31 390.–**
Golf Variant Trendline TD	Kombi	5	5	**31 970.–**
Golf Variant Trendline TDI 66 kW	Kombi	5	5	**34 020.–**[4]
Golf Variant Trendline TDI 81 kW	Kombi	5	5	**35 570.–**[4]
Golf Variant Comfortline D	Kombi	5	5	**31 220.–**
Golf Variant Comfortline SDI	Kombi	5	5	**32 140.–**
Golf Variant Comfortline TD	Kombi	5	5	**32 720.–**
Golf Variant Comfortline TDI 66 kW	Kombi	5	5	**34 770.–**[4]
Golf Variant Comfortline TDI 81 kW	Kombi	5	5	**36 320.–**[4]
Golf Variant Europe D	Kombi	5	5	**32 485.–**
Golf Variant Europe SDI	Kombi	5	5	**33 405.–**
Golf Variant Europe TD	Kombi	5	5	**33 985.–**
Golf Variant Europe TDI 66 kW	Kombi	5	5	**36 035.–**[4]
Golf Variant Europe TDI 81 kW	Kombi	5	5	**37 585.–**[4]
Golf Variant GT Special TDI 66 kW	Kombi	5	5	**38 870.–**
Golf Variant GT Special TDI 81 kW	Kombi	5	5	**40 420.–**
Golf Variant GT Colour Concept TDI 66 kW	Kombi	5	5	**40 370.–**
Golf Variant GT Colour Concept TDI 81kW	Kombi	5	5	**41 920.–**
Golf Variant syncro 66 kW	Kombi	5	5	**31 660.–**
Golf Variant syncro 85 kW	Kombi	5	5	**33 960.–**
Golf Variant VR 6 syncro	Kombi	5	5	**46 800.–**
Golf Variant VR 6 syncro Colour Concept	Kombi	5	5	**50 200.–**
Golf Variant syncro TDI	Kombi	5	5	**34 320.–**
Golf Cabriolet 55 kW	Cabriolet	4	2	**34 950.–**
Golf Cabriolet 66 kW	Cabriolet	4	2	**36 500.–**[4]
Golf Cabriolet 74 kW	Cabriolet	4	2	**36 500.–**[4]
Golf Cabriolet 85 kW	Cabriolet	4	2	**38 550.–**[4]
Golf Cabriolet Avantgarde 55 kW	Cabriolet	4	2	**38 450.–**
Golf Cabriolet Avantgarde 66 kW	Cabriolet	4	2	**40 000.–**[4]
Golf Cabriolet Avantgarde 74 kW	Cabriolet	4	2	**40 000.–**[4]
Golf Cabriolet Avantgarde 85 kW	Cabriolet	4	2	**42 050.–**[4]
Golf Cabriolet Colour Concept 55 kW	Cabriolet	4	2	**43 000.–**
Golf Cabriolet Colour Concept 66 kW	Cabriolet	4	2	**44 550.–**[4]
Golf Cabriolet Colour Concept 74 kW	Cabriolet	4	2	**44 550.–**[4]
Golf Cabriolet Colour Concept 85 kW	Cabriolet	4	2	**46 600.–**[4]
Golf Cabriolet TDI	Cabriolet	4	2	**38 600.–**
Golf Cabriolet Avantgarde TDI	Cabriolet	4	2	**42 100.–**
Golf Cabriolet Colour Concept TDI	Cabriolet	4	2	**46 650.–**

Marke/Modell	Karosserie	Sitze	Türen	Preis in DM
Vento CL 55 kW	Limousine	5	4	**29 370.–**[5]
Vento CL 66 kW	Limousine	5	4	**30 920.–**[5]
Vento CL 74 kW	Limousine	5	4	**30 920.–**[5]
Vento CLX 55 kW	Limousine	5	4	**30 500.–**[5]
Vento CLX 66 kW	Limousine	5	4	**32 050.–**[5]
Vento CLX 74 kW	Limousine	5	4	**32 050.–**[5]
Vento GLX 55 kW	Limousine	5	4	**32 100.–**[5]
Vento GLX 66 kW	Limousine	5	4	**33 650.–**[5]
Vento GLX 74 kW	Limousine	5	4	**33 650.–**[5]
Vento GLX 85 kW	Limousine	5	4	**35 950.–**[5]
Vento GT 66 kW	Limousine	5	4	**34 240.–**
Vento GT 74 kW	Limousine	5	4	**34 240.–**
Vento GT 85 kW	Limousine	5	4	**37 450.–**
Vento VR 6	Limousine	5	4	**42 700.–**[5]
Vento CL D	Limousine	5	4	**29 420.–**
Vento CL SDI	Limousine	5	4	**30 340.–**
Vento CL TD	Limousine	5	4	**30 920.–**
Vento CL TDI 66 kW	Limousine	5	4	**32 970.–**[5]
Vento CL TDI 81 kW	Limousine	5	4	**34 520.–**[5]
Vento CLX D	Limousine	5	4	**30 550.–**
Vento CLX SDI	Limousine	5	4	**31 470.–**
Vento CLX TD	Limousine	5	4	**32 050.–**
Vento CLX TDI 66 kW	Limousine	5	4	**34 100.–**[5]
Vento CLX TDI 81 kW	Limousine	5	4	**35 650.–**[5]
Vento GLX SDI	Limousine	5	4	**33 070.–**
Vento GLX TD	Limousine	5	4	**33 650.–**
Vento GLX TDI 66 kW	Limousine	5	4	**35 700.–**[5]
Vento GLX TDI 81 kW	Limousine	5	4	**37 250.–**[5]
Vento GT TDI 66 kW	Limousine	5	4	**36 290.–**
Vento GT TDI 81 kW	Limousine	5	4	**37 840.–**
Passat	Limousine	5	4	**34 950.–**[6]
Passat 5V	Limousine	5	4	**37 850.–**
Passat 5V turbo	Limousine	5	4	**41 100.–**
Passat VR 5	Limousine	5	4	**40 600.–**
Passat Comfortline	Limousine	5	4	**35 900.–**[6]
Passat Comfortline 5V	Limousine	5	4	**38 800.–**
Passat Comfortline 5V turbo	Limousine	5	4	**42 050.–**
Passat Comfortline VR 5	Limousine	5	4	**41 550.–**
Passat Trendline	Limousine	5	4	**36 400.–**[6]
Passat Trendline 5V	Limousine	5	4	**39 300.–**
Passat Trendline 5V turbo	Limousine	5	4	**42 550.–**
Passat Trendline VR 5	Limousine	5	4	**42 050.–**
Passat Highline 5V	Limousine	5	4	**41 150.–**
Passat Highline 5V turbo	Limousine	5	4	**44 400.–**
Passat Highline VR 5	Limousine	5	4	**43 900.–**
Passat TDI 66 kW	Limousine	5	4	**38 550.–**[6]
Passat TDI 81 kW	Limousine	5	4	**40 450.–**[6]
Passat Comfortline TDI 66 kW	Limousine	5	4	**39 500.–**[6]
Passat Comfortline TDI 81 kW	Limousine	5	4	**41 400.–**[6]
Passat Trendline TDI 66 kW	Limousine	5	4	**40 000.–**[6]
Passat Trendline TDI 81 kW	Limousine	5	4	**41 900.–**[6]
Passat Highline TDI 66 kW	Limousine	5	4	**41 850.–**[6]
Passat Highline TDI 81 kW	Limousine	5	4	**43 750.–**[6]
Passat Comfortline V6 syncro	Limousine	5	4	**49 950.–**
Passat Trendline V6 syncro	Limousine	5	4	**50 450.–**
Passat Highline V6 syncro	Limousine	5	4	**52 300.–**
Passat Variant CL 66 kW	Kombi	5	5	**35 550.–**[6]
Passat Variant CL 74 kW	Kombi	5	5	**35 550.–**
Passat Variant CL 85 kW	Kombi	5	5	**38 150.–**[6]
Passat Variant GL 66 kW	Kombi	5	5	**38 150.–**[6]
Passat Variant GL 74 kW	Kombi	5	5	**38 150.–**
Passat Variant GL 85 kW	Kombi	5	5	**40 750.–**[6]
Passat Variant GL 16V	Kombi	5	5	**45 000.–**
Passat Variant GL VR6	Kombi	5	5	**47 400.–**[6]
Passat Variant GT 66 kW	Kombi	5	5	**40 850.–**[6]
Passat Variant GT 74 kW	Kombi	5	5	**40 850.–**
Passat Variant GT 85 kW	Kombi	5	5	**43 450.–**[6]
Passat Variant GT 16V	Kombi	5	5	**47 200.–**
Passat Variant VR6 Exclusiv	Kombi	5	5	**52 350.–**[6]
Passat Variant CL TD	Kombi	5	5	**37 000.–**
Passat Variant CL TDI 66 kW	Kombi	5	5	**39 200.–**[6]
Passat Variant CL TDI 81 kW	Kombi	5	5	**40 550.–**[6]
Passat Variant GL TD	Kombi	5	5	**39 600.–**
Passat Variant GL TDI 66 kW	Kombi	5	5	**41 800.–**[6]
Passat Variant GL TDI 81 kW	Kombi	5	5	**43 150.–**[6]
Passat Variant GT TDI 66 kW	Kombi	5	5	**44 500.–**[6]
Passat Variant GT TDI 81 kW	Kombi	5	5	**45 850.–**[6]
Passat Variant CL syncro	Kombi	5	5	**40 700.–**
Passat Variant GL syncro	Kombi	5	5	**43 300.–**
Passat Variant GT syncro	Kombi	5	5	**46 000.–**
Passat Variant VR6 Exclusiv syncro	Kombi	5	5	**56 950.–**
Sharan CL	Van	5/7	5	**42 850.–**[6]
Sharan GL 85 kW	Van	5/7	5	**46 850.–**[6]
Sharan GL 128 kW	Van	5/7	5	**52 900.–**[6]
Sharan GL syncro Automatik	Van	5/7	5	**59 900.–**
Sharan Carat 85 kW	Van	5/7	5	**53 100.–**[6]
Sharan Carat 128 kW	Van	5/7	5	**58 850.–**[6]
Sharan Carat syncro Automatik	Van	5/7	5	**65 850.–**
Sharan CL TDI 66 kW	Van	5/7	5	**44 500.–**
Sharan GL TDI 66 kW	Van	5/7	5	**48 500.–**
Sharan Carat TDI 66 kW	Van	5/7	5	**54 750.–**
Sharan TDI 81 kW	Van	5/7	5	**46 400.–**
Sharan VR6 syncro	Van	5/7	5	**59 900.–**

5-türig: [1] + DM 925.–, [2] + DM 1 080.–, Automatik: [3] + DM 1 850.–, [4] + DM 2 200.–, [5] + DM 2 300.–, [6] + DM 2 400.–

Volvo

Marke/Modell	Karosserie	Sitze	Türen	Preis in DM
S 40 1.8	Limousine	5	4	**36 300.–**[1]
S 40 2.0	Limousine	5	4	**39 300.–**[1]
S 40 TD	Limousine	5	4	**36 900.–**[1]
V 40 1.8	Kombi	5	5	**37 500.–**[1]
V 40 2.0	Kombi	5	5	**40 500.–**[1]
V 40 TD	Kombi	5	5	**38 100.–**[1]
S 70 2.0	Limousine	5	4	**47 800.–**[3]
S 70 2.5 106 kW	Limousine	5	4	**50 200.–**[3]
S 70 2.5 125 kW	Limousine	5	4	**53 300.–**[3]
S 70 2.5 T	Limousine	5	4	**58 300.–**[3]
S 70 T-5	Limousine	5	4	**65 300.–**[3]
S 70 TDI	Limousine	5	4	**54 000.–**[3]
V 70 2.0	Kombi	5	5	**49 300.–**[3]
V 70 2.5 106 kW	Kombi	5	5	**51 700.–**[3]
V 70 2.5 125 kW	Kombi	5	5	**54 800.–**[3]
V 70 2.5 T	Kombi	5	5	**59 800.–**[3]
V 70 2.5 T 4 x 4	Kombi	5	5	**66 200.–**[3]
V 70 T-5	Kombi	5	5	**66 800.–**[3]
V 70 TDI	Kombi	5	5	**55 500.–**[3]
C 70 Coupé 2.5 T	Coupé	4	2	**62 800.–**[3]
C 70 Coupé 2.3 T	Coupé	4	2	**69 800.–**[3]
940 2.3 ti	Kombi	5	5	**45 900.–**[2]
940 2.3 T	Kombi	5	5	**45 900.–**[2]
S 90 3.0 132 kW	Limousine	5	4	**55 500.–**[3]
S 90 3.0 150 kW	Limousine	5	4	**62 400.–**[3]
V 90 3.0 132 kW	Kombi	5	5	**57 000.–**[3]
V 90 3.0 150 kW	Kombi	5	5	**63 900.–**[3]
S 90 Executive	Limousine	5	4	**76 800.–**
S 90 Executive Plus	Limousine	5	4	**99 800.–**

Automatik: [1] + DM 2 700.–, [2] + DM 3 200.–, [3] + DM 3 250.–

Katalog 1997 der Automobil Revue

Catalogue 1997 de la Revue Automobile

Katalogteil

Die letzten Neuheiten

Partie catalogue

Les dernières nouveautés

Angaben über neue Modelle und Detailänderungen, die nach Drucklegung des Katalogteils eingetroffen sind

Caractéristiques techniques de nouveaux modèles et changements de détails reçus après la mise sous presse de la partie catalogue

Daewoo   ROK

Daewoo J100/Nubira

Neues Modell. Limousine und Wagon mit Frontantrieb, ersetzen den Espero.

Nouveau modèle. Berline et station-wagon, remplacent l'Espero.

1.6 16V – 111 PS
Benzineinspritzung

1.6 16V – 111 ch
Injection d'essence

Karosserie, Gewicht: Limousine, 4 Türen, leer ab 1145 kg.
Station Wagon, 5 Türen, 5 Sitze.

Motor: (JIS), 4 Zyl. in Linie (76.5×86.9 mm), 1598 cm³; Kompr. 9.5:1; 82 kW (111 PS) bei 6000/min, 51.3 kW/L (69.7 PS/L); 147 Nm (15 mkp) bei 4000/min; 95 ROZ.

Motorkonstruktion: 4 Ventile in V; 2 obenl. Nockenwellen (Zahnriemen); Leichtmetall-Zylinderkopf; 5fach gelagerte Kurbelwelle; Öl 4 L; elektron. Einspritzung.
Batterie 55 Ah, Alternator 75 A; Wasserkühlung, Inh. 8 L.

Carrosserie, poids: Berline, 4 portes, vide dès 1145 kg.
Station-wagon, 5 portes, 5 places.

Moteur: (JIS), 4 cyl. en ligne (76.5×86.9 mm), 1598 cm³; compr. 9.5:1; 82 kW (111 ch) à 6000/min, 51.3 kW/L (69.7 ch/L); 147 Nm (15 mkp) à 4000/min; 95 (R).

Moteur (constr.): 4 soupapes en V; 2 arbres à cames en tête (courroie crantée); culasse en alliage léger; vilebrequin à 5 paliers; huile 4 L; injection électronique.
Batterie 55 Ah, alternateur 75 A; refroidissement à eau, capac. 8 L.

Daewoo J100/Nubira

Kraftübertragung: (auf Vorderräder).
5-Gang-Getriebe: I. 3.55; II. 1.95; III. 1.28; IV. 0.89; V. 0.71; R 3.33; Achse 3.72.
4-Stufen-Automat: I. 3.61; II. 2.06; III. 1.37; IV. 0.98; R 3.95; Achse 2.86.

Transmission: (sur roues AV).
Boîte à 5 vit.: I. 3.55; II. 1.95; III. 1.28; IV. 0.89; V. 0.71; AR 3.33; pont 3.72.
Boîte aut. à 4 vit.: I. 3.61; II. 2.06; III. 1.37; IV. 0.98; AR 3.95; pont 2.86.

Fahrgestell: Selbsttragende Karosserie; vorn Dreieckquerlenker, Federbeine; hinten Verbundlenkerachse, Längslenker; v/h Kurvenstabilisator, Schraubenfedern, Teleskopdämpfer.

Fahrwerk: Bremse, vorne Scheiben (belüftet), hinten Trommeln, a.W. ABS, Handbremse auf Hinterräder; Zahnstangenlenkung mit Servo, Treibstofftank 62 L; Reifen 185/65 R 14, Felgen 5.5 J.

Dimensionen: Radstand 257 cm, Spur 147/145 cm, Bodenfreih. 14 cm, Kofferraum 340 dm³, Länge 447 cm, Breite 170 cm, Höhe 143 cm. 5 Türen: Länge 425 cm.
Kofferraum 550 dm³, Länge 451 cm.

Fahrleistungen: Vmax (Werk) 180 km/h, V bei 1000/min im 5. Gang 41.3 km/h; 0–100 km/h 11 s; Leistungsgew. 13.9 kg/kW (10.3 kg/PS); Verbrauch EPA 5/8.3 L/100 km.
Aut.: Vmax 175 km/h, 0–100 km/h 13 s; Verbrauch EPA 5.6/9.5 L/100 km.

Châssis: carrosserie autoporteuse; AV leviers triang. transv., jambes élastiques; AR essieu semi-rigide, bras longitud.; AV/AR barre anti-dévers, ressorts hélic, amortiss. télesc.

Train roulant: frein, AV à disques (ventilés), AR à tambours, ABS s. d., frein à main sur roues AR; servodirection à crémaillère, réservoir carb. 62 L; pneus 185/65 R 14, jantes 5.5 J.

Dimensions: empattement 257 cm, voie 147/145 cm, garde au sol 14 cm, coffre 340 dm³, longueur 447 cm, largeur 170 cm, haut. 143 cm. 5 portes: longueur 425 cm.
Coffre 550 dm³, longueur 451 cm.

Performances: Vmax (usine) 180 km/h, V à 1000/min en 5. vit. 41.3 km/h; 0–100 km/h 11 s; rapp. poids/puiss. 13.9 kg/kW (10.3 kg/ch); consomm. EPA 5/8.3 L/100 km.
Aut.: Vmax 175 km/h, 0–100 km/h 13 s; consomm. EPA 5.6/9.5 L/100 km.

2.0 16V – 136 PS
Benzineinspritzung

2.0 16V – 136 ch
Injection d'essence

Wie 1.6 – 111 PS, ausgenommen:

Karosserie, Gewicht: Limousine, 4 Türen, leer ab 1200 kg.
Station Wagon, 5 Türen, 5 Sitze.

Motor: (JIS), 4 Zyl. in Linie (86×86 mm), 1998 cm³; Kompr. 9.5:1; 100 kW (136 PS) bei 5600/min, 50.1 kW/L (68 PS/L); 184 Nm (18.8 mkp) bei 4000/min; 95 ROZ.

Motorkonstruktion: 4 Ventile in V; 2 obenl. Nockenwellen (Zahnriemen); Leichtmetall-Zylinderkopf; 5fach gelagerte Kurbelwelle; Öl 4 L; elektron. Einspritzung.
Batterie 55 Ah, Alternator 75 A; Wasserkühlung, Inh. 8 L.

Kraftübertragung: (auf Vorderräder).
5-Gang-Getriebe: I. 3.55; II. 1.95; III. 1.28; IV. 0.89; V. 0.71; R 3.33; Achse 3.72.
4-Stufen-Automat: I. 3.61; II. 2.06; III. 1.37; IV. 0.98; R 3.95; Achse 2.86.

Fahrleistungen: Vmax (Werk) 190 km/h, V bei 1000/min im 5. Gang 41.3 km/h; 0–100 km/h 9 s; Leistungsgew. 12 kg/kW (8.8 kg/PS); Verbrauch EPA 5.3/8.7 L/100 km.
Aut.: Vmax 185 km/h, 5.9/10 L/100 km.

Comme 1.6 – 111 ch, sauf:

Carrosserie, poids: Berline, 4 portes, vide dès 1200 kg.
Station-wagon, 5 portes, 5 places.

Moteur: (JIS), 4 cyl. en ligne (86×86 mm), 1998 cm³; compr. 9.5:1; 100 kW (136 ch) à 5600/min, 50.1 kW/L (68 ch/L); 184 Nm (18.8 mkp) à 4000/min; 95 (R).

Moteur (constr.): 4 soupapes en V; 2 arbres à cames en tête (courroie crantée); culasse en alliage léger; vilebrequin à 5 paliers; huile 4 L; injection électronique.
Batterie 55 Ah, alternateur 75 A; refroidissement à eau, capac. 8 L.

Transmission: (sur roues AV).
Boîte à 5 vit.: I. 3.55; II. 1.95; III. 1.28; IV. 0.89; V. 0.71; AR 3.33; pont 3.72.
Boîte aut. à 4 vit.: I. 3.61; II. 2.06; III. 1.37; IV. 0.98; AR 3.95; pont 2.86.

Performances: Vmax (usine) 190 km/h, V à 1000/min en 5. vit. 41.3 km/h; 0–100 km/h 9 s; rapp. poids/puiss. 12 kg/kW (8.8 kg/ch); consomm. EPA 5.3/8.7 L/100 km.
Aut.: Vmax 185 km/h, 5.9/10 L/100 km.

... Schlaufüchse haben ihre Fährte schon längstens aufgenommen

MILZ RING KETTE

Informationen/Händlernachweis: Milz Produkte AG, 8637 Laupen ZH, Tel. 055 - 246 25 35, Fax 246 25 44

Daewoo V100

Neues Modell. Limousine mit Frontantrieb, anstelle des Prince.

Nouveau modèle. Berline avec traction AV, au lieu du modèle Prince.

2.0 – 116 PS
Benzineinspritzung

2.0 – 116 ch
Injection d'essence

Karosserie, Gewicht: Limousine, 4 Türen, 5 Sitze; leer ab 1245 kg.

Motor: (SAE), 4 Zyl. in Linie (86×86 mm), 1998 cm³; Kompr. 9.5:1; 85 kW (116 PS) bei 5800/min, 42.5 kW/L (57.8 PS/L); 170 Nm (17.3 mkp) bei 3400/min; 95 ROZ.

Motorkonstruktion: 1 obenl. Nockenwelle (Zahnriemen); Leichtmetall-Zylinderkopf; 5fach gelagerte Kurbelwelle; Öl 4.3 L; elektron. Einspritzung.

Batterie 55 Ah, Alternator 55 A; Wasserkühlung, Inh. 8 L.

Carrosserie, poids: Berline, 4 portes, 5 places; vide dès 1245 kg.

Moteur: (SAE), 4 cyl. en ligne (86×86 mm), 1998 cm³; compr. 9.5:1; 85 kW (116 ch) à 5800/min, 42.5 kW/L (57.8 ch/L); 170 Nm (17.3 mkp) à 3400/min; 95 (R).

Moteur (constr.): 1 arbre à cames en tête (courroie crantée); culasse en alliage léger; vilebrequin à 5 paliers; huile 4.3 L; injection électronique.

Batterie 55 Ah, alternateur 55 A; refroidissement à eau, capac. 8 L.

Daewoo V100

Kraftübertragung: (auf Vorderräder).
5-Gang-Getriebe: I. 3.95; II. 2.19; III. 1.39; IV. 1; V. 0.85; R 3.53; Achse 3.73.
4-Stufen-Automat: I. 2.45; II. 1.45; III. 1; IV. 0.69; R 2.21; Achse 3.73.

Fahrgestell: Selbsttragende Karosserie; vorn Längs- und Querlenker, Federbeine; hinten Verbundlenkerachse, Längslenker; v/h Kurvenstabilisator, Schraubenfedern, Teleskopdämpfer.

Fahrwerk: Vierrad-Scheibenbremse (vorn belüftet), ABS, Handbremse auf Hinterräder; Zahnstangenl mit Servo, Treibstofftank 70 L; Reifen 195/70 R 14, Felgen 6 J.

Dimensionen: Radstand 267 cm, Spur 152/151 cm, Bodenfreih. 15 cm, Wendekreis 11 m, Kofferraum 460 dm³, Länge 467 cm, Breite 174 cm, Höhe 144 cm.

Fahrleistungen: Vmax (Werk) 180 km/h, V bei 1000/min im 5. Gang 36.5 km/h; 0–100 km/h 12.2 s; Leistungsgew. 14.7 kg/kW (10.7 kg/PS); Verbr. EPA 5.6/8.3 L/100 km.
Aut.: Vmax 175 km/h, 0–100 km/h 13 s; 6.3/9.1 L/100 km.

Transmission: (sur roues AV).
Boîte à 5 vit.: I. 3.95; II. 2.19; III. 1.39; IV. 1; V. 0.85; AR 3.53; pont 3.73.
Boîte aut. à 4 vit.: I. 2.45; II. 1.45; III. 1; IV. 0.69; AR 2.21; pont 3.73.

Châssis: carrosserie autoporteuse; AV bras longitud. et transv., jambes élastiques; AR essieu semi-rigide, bras longitud.; AV/AR barre anti-dévers, ressorts hélic, amortiss. télesc.

Train roulant: quatre freins à disques (AV ventilés), ABS, frein à main sur roues AR; servodirection à crémaillère, réservoir carb. 70 L; pneus 195/70 R 14, jantes 6 J.

Dimensions: empattement 267 cm, voie 152/151 cm, garde au sol 15 cm, diam. de braq. 11 m, coffre 460 dm³, longueur 467 cm, largeur 174 cm, hauteur 144 cm.

Performances: Vmax (usine) 180 km/h, V à 1000/min en 5. vit. 36.5 km/h; 0–100 km/h 12.2 s; rapp. poids/puiss. 14.7 kg/kW (10.7 kg/ch); consomm. EPA 5.6/8.3 L/100 km.
Aut.: Vmax 175 km/h, 0–100 km/h 13 s; 6.3/9.1 L/100 km.

2.0 16V – 136 PS
Benzineinspritzung

2.0 16V – 136 ch
Injection d'essence

Wie 2.0 – 116 PS, ausgenommen:

Karosserie, Gewicht: Limousine, 4 Türen, 5 Sitze; leer ab 1345 kg.

Motor: (JIS), 4 Zyl. in Linie (86×86 mm), 1998 cm³; Kompr. 9.5:1; 100 kW (136 PS) bei 5600/min, 50.1 kW/L (68 PS/L); 184 Nm (18.8 mkp) bei 4000/min; 95 ROZ.

Motorkonstruktion: 4 Ventile in V; 2 obenl. Nockenwellen (Zahnriemen); Leichtmetall-Zylinderkopf; 5fach gelagerte Kurbelwelle; Öl 4 L; elektron. Einspritzung.
Batterie 55 Ah, Alternator 75 A; Wasserkühlung, Inh. 8 L.

Comme 2.0 – 116 ch, sauf:

Carrosserie, poids: Berline, 4 portes, 5 places; vide dès 1345 kg.

Moteur: (JIS), 4 cyl. en ligne (86×86 mm), 1998 cm³; compr. 9.5:1; 100 kW (136 ch) à 5600/min, 50.1 kW/L (68 ch/L); 184 Nm (18.8 mkp) à 4000/min; 95 (R).

Moteur (constr.): 4 soupapes en V; 2 arbres à cames en tête (courroie crantée); culasse en alliage léger; vilebrequin à 5 paliers; huile 4 L; injection électronique.
Batterie 55 Ah, alternateur 75 A; refroidissement à eau, capac. 8 L.

Kraftübertragung: (auf Vorderräder).
5-Gang-Getriebe: I. 3.95; II. 2.19; III. 1.39; IV. 1; V. 0.85; R 3.53; Achse 3.73.
4-Stufen-Automat: I. 2.45; II. 1.45; III. 1; IV. 0.69; R 2.21; Achse 3.73.

Fahrwerk: Reifen 205/60 R 15.

Fahrleistungen: Vmax (Werk) 190 km/h, V bei 1000/min im 5. Gang 36.1 km/h; 0–100 km/h 10.2 s; Leistungsgew. 13.5 kg/kW (9.9 kg/PS); Verbrauch EPA 5.6/8.3 L/100 km.
Aut.: 0–100 km/h 12.5 s; 6.3/9.1 L/100 km.

Transmission: (sur roues AV).
Boîte à 5 vit.: I. 3.95; II. 2.19; III. 1.39; IV. 1; V. 0.85; AR 3.53; pont 3.73.
Boîte aut. à 4 vit.: I. 2.45; II. 1.45; III. 1; IV. 0.69; AR 2.21; pont 3.73.

Train roulant: pneus 205/60 R 15.

Performances: Vmax (usine) 190 km/h, V à 1000/min en 5. vit. 36.1 km/h; 0–100 km/h 10.2 s; rapp. poids/puiss. 13.5 kg/kW (9.9 kg/ch); consomm. EPA 5.6/8.3 L/100 km.
Aut.: 0–100 km/h 12.5 s; 6.3/9.1 L/100 km.

Honda J

Honda Civic

Kompaktwagen mit Quermotor und Front- oder permanentem Allradantrieb. Salon Frankfurt 1991: Neuauflage. VTEC-E-System nun auch für nicht leistungsorientierte Triebwerke. 1994 auch 5türig. 1995: Neuauflage mit teilweise neuen Motoren. Ab Genf 1997 neu als 5türiger Fastback-Sedan, zusätzlich 1.8 VTi sowie direkt eingespritzter 2.0i D von Rover.

Voiture compacte à moteur transversal et traction AV ou 4x4. Salon de Francfort 1991: Nouvelle génération. Système VTEC-E maintenant aussi pour moteurs moins poussés. 1994 comme 5 portes. 1995: Nouvelle generation avec partiellement nouveaux moteurs. Dès Genève 1997 nouveau comme Fastback-Sedan 5 portes, en plus avec 1.8 VTi et 2.0i D avec injection directe de Rover.

1.8 16V – 169 PS
Benzineinspritzung

1.8 16V – 169 ch
Injection d'essence

Wie 1.4 – 75 PS, ausgenommen:

Karosserie, Gewicht: Limousine, 5 Türen, 5 Sitze; leer ab 1190 kg, max. zul. 1660 kg.

Motor: (ECE), 4 Zyl. in Linie (81×87.2 mm), 1797 cm³; Kompr. 10:1; 124 kW (169 PS) bei 7600/min, 69 kW/L (93.8 PS/L); 166 Nm (16.9 mkp) bei 6300/min; 95 ROZ.

Motorkonstruktion: Bezeichnung VTEC; 4 Ventile in V; 2 obenl. Nockenwellen (Zahnriemen); Leichtmetall-Zylinderkopf und -block; 5fach gelagerte Kurbelwelle; Öl 4.3 L; elektron. Einspritzung.
Batterie 64 Ah, Alternator 80/90 A; Wasserkühlung, Inh. 6.7 L.

Kraftübertragung: (auf Vorderräder).
5-Gang-Getriebe: I. 3.23; II. 1.9; III. 1.36; IV. 1.03; V. 0.85; R 3; Achse 4.27.

Fahrwerk: Vierrad-Scheibenbremse (vorn belüftet), Reifen 195/55 R 15, Felgen 6 J.

Dimensionen: 147 cm, Bodenfreih. 10 cm, Wendekreis 11.6 m, Länge 433 cm, Breite 170 cm, Höhe 139 cm.

Fahrleistungen: Vmax (Werk) 223 km/h, V bei 1000/min im 5. Gang 30 km/h; 0–100 km/h 8.3 s; Leistungsgew. 9.6 kg/kW (7 kg/PS); Verbrauch EU 7.4/11.3 L/100 km.

Comme 1.4 – 75 ch, sauf:

Carrosserie, poids: Berline, 5 portes, 5 pl.; vide dès 1190 kg, tot. adm. 1660 kg.

Moteur: (ECE), 4 cyl. en ligne (81×87.2 mm), 1797 cm³; compr. 10:1; 124 kW (169 ch) à 7600/min, 69 kW/L (93.8 ch/L); 166 Nm (16.9 mkp) à 6300/min; 95 (R).

Moteur (constr.): désignation VTEC; 4 soupapes en V; 2 arbres à cames en tête (courroie crantée); culasse et bloc-cyl. en alliage léger; vilebrequin à 5 paliers; huile 4.3 L; injection électronique.
Batterie 64 Ah, alternateur 80/90 A; refroidissement à eau, capac. 6.7 L.

Transmission: (sur roues AV).
Boîte à 5 vit.: I. 3.23; II. 1.9; III. 1.36; IV. 1.03; V. 0.85; AR 3; pont 4.27.

Train roulant: quatre freins à disques (AV ventilés), pneus 195/55 R 15, jantes 6 J.

Dimensions: 147 cm, garde au sol 10 cm, diam. de braq. 11.6 m, longueur 433 cm, largeur 170 cm, hauteur 139 cm.

Performances: Vmax (usine) 223 km/h, V à 1000/min en 5. vit. 30 km/h; 0–100 km/h 8.3 s; rapp. poids/puiss. 9.6 kg/kW (7 kg/ch); consomm. EU 7.4/11.3 L/100 km.

Honda Civic 5 Door

2.0 – 86 PS
Turbodiesel direkt

2.0 – 86 ch
Turbodiesel direct

Wie 1.4 – 75 PS, ausgenommen:

Karosserie, Gewicht: Limousine, 5 Türen, 5 Sitze; leer ab 1180 kg, max. zul. 1720 kg.

Comme 1.4 – 75 ch, sauf:

Carrosserie, poids: Berline, 5 portes, 5 pl.; vide dès 1180 kg, tot. adm. 1720 kg.

Motor: (ECE), 4 Zyl. in Linie (84.5×88.9 mm), 1994 cm³; Kompr. 19.5:1; 63 kW (86 PS) bei 4500/min, 31.6 kW/L (42.9 PS/L); 170 Nm (17.3 mkp) bei 2000/min; Dieselöl.

Motorkonstruktion: direkt eingespritzter Diesel; 2 Ventile in V; 1 obenl. Nockenwelle (Zahnriemen); 5fach gelagerte Kurbelwelle; Öl 4.9 L; Einspritzpumpe, 1 Turbolader, max. Ladedruck 1 bar.
Batterie 64 Ah, Alternator 80/90 A; Wasserkühlung, Inh. 8.4 L.

Kraftübertragung: (auf Vorderräder).
5-Gang-Getriebe: I. 3.25; II. 1.9; III. 1.22; IV. 0.85; V. 0.65; R 3; Achse 3.94.

Fahrwerk: a.W. ABS (mit Scheiben h.), Reifen 185/60 R 14.

Dimensionen: 147 cm, Bodenfreih. 10 cm, Wendekreis 11.6 m, Länge 433 cm, Breite 170 cm, Höhe 139 cm.

Fahrleistungen: Vmax (Werk) 170 km/h, V bei 1000/min im 5. Gang 41.4 km/h; 0–100 km/h 14.4 s; Leistungsgew. 18.7 kg/kW (13.7 kg/PS); Verbr. EU 4.4/7.8 L/100 km.

Moteur: (ECE), 4 cyl. en ligne (84.5×88.9 mm), 1994 cm³; compr. 19.5:1; 63 kW (86 ch) à 4500/min, 31.6 kW/L (42.9 ch/L); 170 Nm (17.3 mkp) à 2000/min; gazole.

Moteur (constr.): diesel à injection directe; 2 soupapes en V; 1 arbre à cames en tête (courroie crantée); vilebrequin à 5 paliers; huile 4.9 L; pompe à injection, 1 turbocompr., pression max. 1 bar.
Batterie 64 Ah, alternateur 80/90 A; refroidissement à eau, capac. 8.4 L.

Transmission: (sur roues AV).
Boîte à 5 vit.: I. 3.25; II. 1.9; III. 1.22; IV. 0.85; V. 0.65; AR 3; pont 3.94.

Train roulant: s.d. ABS (avec disque AR), pneus 185/60 R 14.

Dimensions: 147 cm, garde au sol 10 cm, diam. de braq. 11.6 m, longueur 433 cm, largeur 170 cm, hauteur 139 cm.

Performances: Vmax (usine) 170 km/h, V à 1000/min en 5. vit. 41.4 km/h; 0–100 km/h 14.4 s; rapp. poids/puiss. 18.7 kg/kW (13.7 kg/ch); consomm. EU 4.4/7.8 L/100 km.

Honda Orthia

Neues Modell. Station Wagon mit Vorderradantrieb oder 4 WD, Motor 1.8 oder 2.0, auf Basis des Civic.

Nouveau modèle. Station-wagon avec traction AV ou intégrale, moteur 1.8 ou 2.0, sur base de la Civic.

1.8 16V – 140 PS Benzineinspritzung

Karosserie, Gewicht: Station Wagon, 5 Türen, 5 Sitze; leer ab 1170 kg.

Motor: (JIS), 4 Zyl. in Linie (81×89 mm), 1834 cm³; Kompr. 9.2:1; 103 kW (140 PS) bei 6300/min, 56.1 kW/L (76.3 PS/L); 171 Nm (17.4 mkp) bei 5000/min; 91 ROZ.

Motorkonstruktion: Bezeichnung B18B; 4 Ventile in V; 2 obenl. Nockenwellen (Zahnriemen); Leichtmetall-Zylinderkopf und -block; 5fach gelagerte Kurbelwelle; Öl 3.8 L; elektron. Einspritzung.
Batterie 55 Ah, Alternator 70 A; Wasserkühlung.

Kraftübertragung: (auf Vorderräder).
5-Gang-Getriebe: I. 3.23; II. 1.9; III. 1.27; IV. 0.97; V. 0.74; R 3; Achse 4.27.
4-Stufen-Automat: I. 2.72; II. 1.47; III. 0.98; IV. 0.64; R 1.95; Achse 4.36.

Fahrgestell: Selbsttragende Karosserie; vorn doppelte Dreieckquerlenker, hinten Längslenker, untere und obere Querlenker; v/h Schraubenfedern und koaxiale Dämpfer.

Fahrwerk: Bremse, vorne Scheiben (belüftet), hinten Trommeln, ABS, Handbremse auf Hinterräder; Zahnstangenlenkung mit Servo, Treibstofftank 52 L; Reifen 185/65 R 14, Felgen 5 J.

Dimensionen: Radstand 262 cm, Spur 148/146 cm, Bodenfreih. 16 cm, Wendekreis 10.8 m, Länge 457 cm, Breite 170 cm, Höhe 149 cm.

1.8 16V – 140 ch Injection d'essence

Carrosserie, poids: Station-wagon, 5 portes, 5 places; vide dès 1170 kg.

Moteur: (JIS), 4 cyl. en ligne (81×89 mm), 1834 cm³; compr. 9.2:1; 103 kW (140 ch) à 6300/min, 56.1 kW/L (76.3 ch/L); 171 Nm (17.4 mkp) à 5000/min; 91 (R).

Moteur (constr.): désignation B18B; 4 soupapes en V; 2 arbres à cames en tête (courroie crantée); culasse et bloc-cyl. en alliage léger; vilebrequin à 5 paliers; huile 3.8 L; injection électronique.
Batterie 55 Ah, alternateur 70 A; refroidissement à eau.

Transmission: (sur roues AV).
Boîte à 5 vit.: I. 3.23; II. 1.9; III. 1.27; IV. 0.97; V. 0.74; AR 3; pont 4.27.
Boîte aut. à 4 vit.: I. 2.72; II. 1.47; III. 0.98; IV. 0.64; AR 1.95; pont 4.36.

Châssis: carrosserie autoporteuse; AV leviers triang. transv. doubles, AR bras longitud., leviers transversaux inf. et sup.; AV/AR ressorts hélicoïdaux et amortisseurs coaxiaux.

Train roulant: frein, AV à disques (ventilés), AR à tambours, ABS, frein à main sur roues AR; servodirection à crémaillère, réservoir carb. 52 L; pneus 185/65 R 14, jantes 5 J.

Dimensions: empattement 262 cm, voie 148/146 cm, garde au sol 16 cm, diam. de braq. 10.8 m, longueur 457 cm, largeur 170 cm, hauteur 149 cm.

Honda Orthia

2.0 16V – 145 PS Benzineinspritzung

Wie 1.8 – 140 PS, ausgenommen:

Karosserie, Gewicht: Station Wagon, 5 Türen, 5 Sitze; leer ab 1190 kg.
4WD: leer ab 1250 kg.

Motor: (JIS), 4 Zyl. in Linie (84×89 mm), 1973 cm³; Kompr. 9.2:1; 107 kW (145 PS) bei 6200/min, 54.2 kW/L (73.7 PS/L); 179 Nm (18.2 mkp) bei 5200/min; 95 ROZ.

Motorkonstruktion: Bezeichnung B20B; 4 Ventile in V; 2 obenl. Nockenwellen (Zahnriemen); Leichtmetall-Zylinderkopf; 5fach gelagerte Kurbelwelle; Öl 4 L; elektron. Einspritzung.
Batterie 60 Ah, Alternator 70 A; Wasserkühlung, Inh. 6 L.

Kraftübertragung: (auf Vorderräder).
4WD: (4WD permanent).
4-Stufen-Automat: I. 2.72; II. 1.52; III. 1.08; IV. 0.71; R 1.95; Achse 4.07.
4WD: 4-Stufen-Automat: Achse 4.36.

Fahrwerk: Reifen 185/65 R 14, Felgen 5 J; 195/60 VR 14, 5.5 J.

Fahrleistungen: Vmax (Red.) 195 km/h, V bei 1000/min im 4. Gang 38.3 km/h; Leistungsgew. 11.1 kg/kW (8.2 kg/PS); Verbrauch (Red.) 8/12 L/100 km.

2.0 16V – 145 ch Injection d'essence

Comme 1.8 – 140 ch, sauf:

Carrosserie, poids: Station-wagon, 5 portes, 5 places; vide dès 1190 kg.
4WD: vide dès 1250 kg.

Moteur: (JIS), 4 cyl. en ligne (84×89 mm), 1973 cm³; compr. 9.2:1; 107 kW (145 ch) à 6200/min, 54.2 kW/L (73.7 ch/L); 179 Nm (18.2 mkp) à 5200/min; 95 (R).

Moteur (constr.): désignation B20B; 4 soupapes en V; 2 arbres à cames en tête (courroie crantée); culasse en alliage léger; vilebrequin à 5 paliers; huile 4 L; injection électronique.
Batterie 60 Ah, alternateur 70 A; refroidissement à eau, capac. 6 L.

Transmission: (sur roues AV).
4WD: (4WD permanent).
Boîte aut. à 4 vit.: I. 2.72; II. 1.52; III. 1.08; IV. 0.71; AR 1.95; pont 4.07.
4WD: boîte aut. à 4 vit.: pont 4.36.

Train roulant: pneus 185/65 R 14, jantes 5 J; 195/60 VR 14, 5.5 J.

Performances: Vmax (réd.) 195 km/h, V à 1000/min en 4. vit. 38.3 km/h; rapp. poids/puiss. 11.1 kg/kW (8.2 kg/ch); consomm. (réd.) 8/12 L/100 km.

Hyundai ROK

Hyundai H1

Hyundai H1

Neues Modell. Maxivan mit 281 oder 308 cm Radstand, Länge 470/504 cm, Breite 182 cm, Höhe 187–196 cm. Motor 2.4 Benzin oder 2.5 Turbodiesel, ab 1998 auch mit 4WD.

Nouveau modèle. Maxivan avec un empattement de 281 ou 308 cm, longueur 470/504 cm, largeur 182 cm, hauteur 187 à 196 cm. Moteur 2.4 à essence ou 2.5 turbodiesel, 1998 aussi comme 4WD.

Subaru J

Subaru Forester

Neues Modell. SUV (Sport Utility Van) mit permanentem Allradantrieb und 2.5-Liter-Boxer mit 250 PS. Wird in Japan gebaut, Produktion Ende Sommer 1997.

Nouveau modèle. SUV (Sport Utility Van) avec traction intégrale permanente et moteur 2.5 Boxer avec 250 ch. Est construit au Japon, production dès fin d'été 1997.

2.0 Boxer 16V – 250 PS
Benzineinspritzung/Turbo

Karosserie, Gewicht: Station Wagon, 5 Türen, 5 Sitze; leer ab 1340 kg.

Motor: (JIS), 4 Zyl. Boxer (92×75 mm), 1994 cm^3; Kompr. 8:1; 184 kW (250 PS) bei 6500/min, 92.3 kW/L (125.5 PS/L); 309 Nm (31.5 mkp) bei 5000/min; 95 ROZ.

Motorkonstruktion: Bezeichnung EJ 20 T; 4 Ventile in V 52°; 2×2 obenl. Nockenwellen (Zahnriemen) Leichtmetall-Zylinderköpfe und -block; 5fach gelagerte Kurbelwelle; Ölkühler; Öl 4.5 L; elektron. Einspritzung, 2 Turbolader, Intercooler.
Batterie 48 Ah, Alternator 70 A; Wasserkühlung, Inh. 7.2 L.

Kraftübertragung: (4WD permanent), zentrales Diff. mit Viskokupplung; a.W. Viskokupplung hinten, Drehmomentverteilung v/h 50/50 %.
5-Gang-Getriebe: I. 3.45; II. 1.95; III. 1.37; IV. 0.97; V. 0.74; R 3.42; Achse 4.44.
4-Stufen-Automat: I. 2.79; II. 1.55; III. 1; IV. 0.69; R 2.27; Achse 4.44.

Fahrgestell: Selbsttragende Karosserie; vorn Federbeine, Dreieckquerlenker; hinten Längslenker, doppelte Querlenker; v/h Kurvenstabilisator, Schraubenfedern, Teleskopdämpfer.

Fahrwerk: Vierrad-Scheibenbremse (vorn belüftet), ABS, Handbremse auf Hinterräder; Zahnstangenlenkung mit Servo, Treibstofftank 60 L; Reifen 205/70 R 15, 215/60 R 16, Felgen 6 J.

Dimensionen: Radstand 253 cm, Spur 148/146 cm, Bodenfreih. 20 cm, Wendekreis 10.8 m, Länge 445 cm, Breite 174 cm, Höhe 158 cm.

Fahrleistungen: Vmax (Red.) über 230 km/h, V bei 1000/min im 5. Gang 37.3 km/h; Leistungsgew. 7.3 kg/kW (5.4 kg/PS); Verbrauch (Red.) 8/16 L/100 km.

Subaru Forester

2.0 Boxer 16V – 250 ch
Injection d'essence/turbo

Carrosserie, poids: Station-wagon, 5 portes, 5 places; vide dès 1340 kg.

Moteur: (JIS), 4 cyl. boxer (92×75 mm), 1994 cm^3; compr. 8:1; 184 kW (250 ch) à 6500/min, 92.3 kW/L (125.5 ch/L); 309 Nm (31.5 mkp) à 5000/min; 95 (R).

Moteur (constr.): désignation EJ 20 T; 4 soupapes en V 52°; 2×2 arbres à cames en tête (courroie crantée); culasses et bloc-cyl. en alliage léger; vilebrequin à 5 paliers; radiat. d'huile; huile 4.5 L; injection électronique, 2 turbocompresseurs, Intercooler.
Batterie 48 Ah, alternateur 70 A; refroidissement à eau, capac. 7.2 L.

Transmission: (4WD permanent), diff. central avec visco-coupleur; s.d. visco-coupleur AR, répartition du couple AV/AR 50/50 %.
Boîte à 5 vit.: I. 3.45; II. 1.95; III. 1.37; IV. 0.97; V. 0.74; AR 3.42; pont 4.44.
Boîte aut. à 4 vit.: I. 2.79; II. 1.55; III. 1; IV. 0.69; AR 2.27; pont 4.44.

Châssis: carrosserie autoporteuse; AV jambes élast., leviers triang. transv.; AR bras longitud., leviers transv. doubles; AV/AR barre anti-dévers, ressorts hélic, amortiss. télesc.

Train roulant: quatre freins à disques (AV ventilés), ABS, frein à main sur roues AR; servodirection à crémaillère, réservoir carb. 60 L; pneus 205/70 R 15, 215/60 R 16, jantes 6 J.

Dimensions: empattement 253 cm, voie 148/146 cm, garde au sol 20 cm, diam. de braq. 10.8 m, longueur 445 cm, largeur 174 cm, hauteur 158 cm.

Performances: Vmax (réd.) plus de 230 km/h, V à 1000/min en 5. vit. 37.3 km/h; rapp. poids/puiss. 7.3 kg/kW (5.4 kg/ch); consomm. (réd.) 8/16 L/100 km.

TVR   GB

TVR Chimaera

Roadster mit Kunststoffkarosserie und Rover-V8-Motor. Debüt Birmingham 1992. Februar 1997: Auch mit 4.5-V8.

Motor: (DIN), 8 Zyl. in V 75° (88×86 mm), 4185 cm^3; Kompr. 9.5:1; 257 kW (349 PS) bei 6500/min, 61.4 kW/L (83.5 PS/L); 435 Nm (44.3 mkp) bei 4500/min; 98 ROZ.
4.5 GT: V8 (91×86 mm), 4475 cm^3; 324 kW (440 PS) bei 6800/min; 515 Nm (52,5 mkp) bei 5000/min.

TVR Chimaera

Motorkonstruktion: Bezeichnung AJP8; 2×1 obenl. Nockenwelle (Kette); Leichtmetall-Zylinderköpfe und -block; 5fach gelagerte Kurbelwelle; Trockensumpfschmierung; elektron. Einspritzung.
Wasserkühlung.

Kraftübertragung: (auf Hinterräder), Differentialbremse.
5-Gang-Getriebe: I. 2.95; II. 1.94; III. 1.34; IV. 1; V. 0.73; R 2.76; Achse 3.45.

Fahrgestell: Stahlrohrrahmen; vorn doppelte Dreieckquerlenker, Kurvenstabilisator; hinten doppelte Dreieckquerlenker, Kurvenstabilisator; v/h Schraubenfedern, Teleskopdämpfer.

Fahrwerk: Vierrad-Scheibenbremse (v/h belüftet), Scheiben-Ø v. 29.4 cm, h. 29.4 cm, Handbremse auf Hinterräder; Zahnstangenlenkung, a.W. mit Servo, Treibstofftank 65 L; Reifen v. 225/45 ZR 16, h. 235/50 ZR 16, Felgen 7.5 J.

Dimensionen: Radstand 256.5 cm, Spur 146.5/147 cm, Bodenfreih. 13 cm, Länge 428 cm, Breite 186.5 cm, Höhe 122 cm.

Fahrleistungen: Vmax (Werk) 257 km/h, V bei 1000/min im 5. Gang 46.7 km/h; 0–100 km/h 4.7 s; 0–97 km/h 4.2 s; Leistungsgew. 4.4 kg/kW (3.2 kg/PS); Verbrauch (Red.) 12/20 L/100 km.
4.5 GT: Vmax (Red.) über 270 km/h, 0-97/100 km/h ca. 4 s.

Moteur (constr.): désignation AJP8; 2×1 arbre à cames en tête (chaîne); culasses et bloc-cyl. en alliage léger; vilebrequin à 5 paliers; lubrification par carter sec; injection électronique.
Refroidissement à eau.

Transmission: (sur roues AR), différentiel autobloquant.
Boîte à 5 vit.: I. 2.95; II. 1.94; III. 1.34; IV. 1; V. 0.73; AR 2.76; pont 3.45.

Châssis: cadre tubulaire; AV leviers triang. transv. doubles, barre anti-dévers; AR leviers triang. transv. doubles, barre anti-dévers; AV/AR ressorts hélicoïdaux, amortiss. télesc.

Train roulant: quatre freins à disques (AV/AR ventilés), Ø disques AV 29.4 cm, AR 29.4 cm, frein à main sur roues AR; direction à crémaillère, s.d. avec servo, réservoir carb. 65 L; pneus AV 225/45 ZR 16, AR 235/50 ZR 16, jantes 7.5 J.

Dimensions: empattement 256.5 cm, voie 146.5/147 cm, garde au sol 13 cm, long. 428 cm, larg. 186.5 cm, haut. 122 cm.

Performances: Vmax (usine) 257 km/h, V à 1000/min en 5. vit. 46.7 km/h; 0–100 km/h 4.7 s; 0–97 km/h 4.2 s; rapp. poids/puiss. 4.4 kg/kW (3.2 kg/ch); consomm. (réd.) 12/20 L/100 km.
4.5 GT: Vmax (réd.) plus de 270 km/h, 0-97/100 km/h env. 4 s.

Beschleunigung Accélération						Höchstgeschwindigkeit (Mittelwert) Vitesse maximale (moyenne)	Testverbrauch Consommation d'essai		Wendekreis (Mittelwert) Diamètre de braquage (moyenne)	Nr. No.	Marke/Modell Marque/Modèle
0–80 km/h	0–100 km/h	0–120 km/h	0–140 km/h	0–160 km/h	Stehender km Le km départ arrêté		bei 100 km/h à 100 km/h	gemessene Werte valeurs mesurées			
s	s	s	s	s	s	km/h	L/100 km	L/100 km	m		
6,6	9,5	12,9	17,8	24,9	30,4	205	8,6	10–14	12,1	1	Chrysler New Yorker
6,1	8,6	11,2	15,7	20,4	29,2	228	–	10–13	–	2	Saab 9000 V6 Griffin
6,6	9,7	13,8	19,9	28,9	31,2	195	–	8–12	–	3	Ford Mondeo 4x4
7,1	10,5	15,1	22,2	32,6	32,2	185	5,6	8–10	10,3	4	Rover 416 Si
4,5	6,5	8,6	11,3	14,9	26,3	240	–	15–22	–	5	Bentley Continental R
8,6	13,7	22,2	39,2	–	35,7	155	6,9	7–9	–	6	Subaru Justy 4WD
6,8	9,3	13,1	17,3	23,2	30,2	222	–	8–13	–	7	BMW 728i Aut.
9,1	13,8	21,3	34,0	85,0	35,4	166	5,3	5–8	–	8	Volkswagen Polo 1.4/60
6,3	8,8	11,9	15,9	20,4	29,3	245	7,5	11–16	–	9	Audi A8 3.7
6,9	10,1	14,4	20,9	29,8	31,6	196	5,8	6–10	10,5	10	Mitsubishi Carisma 1.8
7,6	11,0	16,0	21,9	31,3	32,5	191	6,1	6–10	–		Mitsubishi Carisma 1.8 Aut.
5,4	7,9	10,5	14,1	18,6	28,0	233	6,5	8–13	–	11	Mercedes-Benz C 230 K
7,1	10,4	14,9	21,9	32,0	32,1	188	6,1	7–10	11,4	12	Fiat Bravo 1.6
6,4	9,6	13,5	19,4	28,0	31,1	192	6,3	6–9	–		Fiat Brava 1.8
6,6	9,7	13,9	19,3	27,7	31,1	203	6,0	6–9	–	13	Mercedes-Benz C 250 TD
8,3	12,2	19,0	31,7	65,0	34,0	170	5,4	6–9	–	14	Ford Fiesta 1.2/16V
10,6	15,5	22,4	35,5	75,0	37,0	162	5,5	5–9	–		Ford Fiesta CTX
5,1	7,0	9,0	11,7	14,9	26,5	~265	–	11–19	–	15	Porsche 911 Targa Tiptronic
7,9	11,8	17,7	29,3	47,2	34,0	178	8,3	8–12	12,1	16	Chrysler Voyager 2.4
8,3	12,0	18,2	25,6	43,0	33,8	180	–	10–14	–		Chrysler Voyager 3.3-V6
7,6	11,5	16,8	24,4	39,4	33,1	182	5,6	7–9	11,0	17	Renault Mégane 1.6
5,7	8,0	11,3	15,6	21,4	29,2	215	–	8–10	10,5		Renault Mégane Coupé 2.0/16V
4,6	6,6	8,8	11,6	15,3	26,4	256	–	13–20	–	18	Bentley Continental T
8,3	12,3	18,5	26,7	42,1	34,0	185	4,2	4–7	–	19	Seat Toledo Tdi
6,9	9,4	13,6	18,4	24,9	30,7	214	–	10–16	–	20	Honda Legend 3.5-V6
6,0	9,1	12,8	18,3	26,7	30,5	198	5,6	6–9	10,6	21	MGF 1.8i
5,8	8,3	11,8	16,1	22,6	–	205	5,5	7–9	–	–	MGF 1.8i VVC
7,9	12,0	17,5	27,4	45,0	33,8	172	5,6	6–9	–	22	Nissan Almera 1.4
7,4	11,0	15,9	23,0	36,5	33,0	182	6,0	6–10	–		Nissan Almera 1.6
8,5	12,8	19,9	29,0	50,4	34,6	165	6,2	7–10	–		Nissan Almera 1.6 Aut.
6,5	10,1	14,3	21,1	30,7	31,5	195	6,3	6–9	10,0	23	BMW Z3 1.8
6,1	9,0	12,7	18,1	25,8	30,3	205	6,4	6–11	–		BMW Z3 1.9
6,0	8,7	11,4	15,6	20,6	29,2	194	–	10–16	–	24	Lincoln Continental
5,4	7,0	9,6	12,3	16,4	27,1	240	–	10–13	–	25	Volvo 850 R Wagon
6,4	9,1	13,4	18,2	25,3	30,2	213	6,2	7–10	11,2	26	Opel Vectra 2.0/16V
7,5	10,8	15,3	21,7	30,3	32,2	205	–	7–11	–		Opel Vectra 2.0/16V Aut.
6,4	9,1	12,3	16,9	22,2	29,9	~225	–	8–13	–		Opel Vectra 2.5-V6 Aut.
7,1	9,9	14,3	19,6	28,3	31,5	195	6,0	6–9	10,7	27	Hyundai Lantra 1.8 Wagon
8,3	12,1	17,2	26,0	37,7	33,7	193	–	7–10	–		Hyundai Lantra 1.8 Aut.
7,6	11,3	15,8	23,0	31,0	32,7	203	–	6–8	–	28	Mercedes-Benz E 290 TD
9,2	14,5	21,9	35,9	80,0	36,1	162	5,5	6–8	–	29	Lancia Y 1.2
8,1	12,8	18,6	28,2	50,8	34,6	171	5,7	6–9	–		Lancia Y 1.4
4,0	5,5	7,5	9,6	12,3	24,5	260	–	7–13	–	30	BMW M3 Coupé
7,9	11,4	16,0	23,4	32,4	32,8	193	–	9–13	–	31	Chrysler Stratus Cabrio
5,7	8,1	11,2	15,3	21,9	29,2	207	5,8	6–10	–	32	Peugeot 106 GTI
6,2	8,6	11,6	15,5	20,6	29,1	230	–	8–13	–	33	BMW 528i Aut.
5,4	7,2	9,7	12,7	16,2	21,1	248	7,9	9–17	–		BMW 540i Aut.
8,9	13,8	20,4	33,5	–	35,4	162	5,4	5–8	–	34	Citroën Saxo 1.1i
7,7	11,6	17,0	26,2	40,5	33,3	175	5,5	6–8	–		Citroën Saxo 1.4i
7,3	10,6	15,1	22,4	33,3	32,3	189	5,6	6–8	–		Citroën Saxo 1.6i
6,7	9,8	13,8	19,6	27,5	31,3	205	6,7	7–10	10,8	35	Volvo S 40
7,9	11,8	17,4	26,3	39,5	33,6	182	–	7–10	–	36	Nissan Primera 1.6
8,3	12,8	19,3	31,9	57,8	34,8	168	5,5	5–9	10,8	37	Mitsubishi Colt 1.3
7,0	10,4	15,0	22,4	33,2	32,3	183	–	5–8	–		Mitsubishi Colt 1.6
9,1	13,5	20,2	29,5	47,1	35,1	175	–	5–11	–		Mitsubishi Colt 1.6 Aut.
4,8	6,3	8,4	10,8	13,8	25,7	280	–	12–21	–	38	BMW Alpina B 12
6,3	9,0	12,7	18,0	24,5	30,4	205	–	8–11	–	39	Fiat Marea 2.0
7,2	10,4	15,1	20,6	29,2	31,9	~200	6,4	7–10	10,5	40	Audi A3 1.8
6,7	10,0	14,4	20,9	31,9	31,9	187	–	5–8	–	41	Volkswagen Polo 100/16V
9,1	13,4	20,3	31,3	52,2	35,9	175	5,5	5–8	–	42	Renault Mégane Scénic 1.9 TD
8,7	13,4	20,3	31,4	74,7	35,1	162	10,3	8–11	11,3	43	Toyota Land Cruiser 300 TD
8,0	11,2	16,4	23,6	38,2	33,2	175	–	10–15	–		Toyota Land Cruiser V6
5,1	7,7	10,6	14,2	19,1	28,0	232	6,6	8–13	–	44	Mercedes-Benz SLK 230
6,1	8,7	12,2	16,8	23,0	29,9	209	–	7–9	–	45	Nissan Almera GTI
7,1	10,3	14,4	19,7	28,3	31,6	202	–	8–12	–	46	Lancia Kappa 2.0/20V Station
4,8	6,8	9,4	12,5	16,9	26,9	241	6,8	9–13	–	47	Porsche Boxster
6,3	9,3	13,0	18,3	25,4	30,5	212	–	6–12	–	48	Peugeot 406 SV Turbo
5,1	7,0	9,4	12,5	16,1	27,1	250	10,0	11–17	–	49	Jaguar XK8
6,3	8,8	12,1	16,5	22,5	29,7	220	7,5	9–13	–	50	Toyota Camry 3.0-V6
7,1	10,5	15,0	21,3	32,8	32,2	182	5,5	6–8	–	51	Rover 214 Si
6,8	9,9	14,4	20,1	31,4	31,6	186	5,6	7–9	–		Rover 216 Si
7,8	11,2	15,9	22,8	35,0	32,9	180	5,7	7–9	–		Rover 216 Si CVT
4,6	6,0	8,1	10,4	13,1	25,2	250	9,2	10–17	–	52	Mercedes-Benz E 50 AMG
5,4	7,3	9,7	12,1	16,2	27,1	250	8,7	9–16	–		Mercedes-Benz E 420
6,5	9,2	12,2	16,3	21,7	29,6	240	7,6	8–13	–		Opel Omega MV 6

Nr. No.	Marke/Modell Marque/Modèle	Liter pro 100 km bei: Litres par 100 km à:								Gemessene Werte Valeurs mesurées	Test- verbrauch Consomm. d'essai
		60 km/h	80 km/h	100 km/h	120 km/h	130 km/h	140 km/h	160 km/h	180 km/h	(L/100 km)	(L/100 km)
1	Chrysler New Yorker	7,3	7,6	8,6	10,1	11,1	12,2	–	–	9,8–13,8	10,5
2	Saab 9000 V6 Griffin	–	–	–	–	–	–	–	–	9,9–12,8	11,1
3	Ford Mondeo 4×4									8,2–11,5	9,6
4	Rover 416 Si	4,7	5,0	5,6	6,6	7,4	8,2	–	–	7,6–9,7	8,2
5	Bentley Continental R	–	–	–	–	–	–	–	–	15,1–21,8	18,0
6	Subaru Justy 4WD	4,9	5,8	6,9	8,5	9,5	10,6	–	–	7,5–9,3	8,4
7	BMW 728i Aut.									8,4–12,7	11,4
8	Volkswagen Polo 1.4/60	3,7	4,3	5,3	6,6	7,4	8,2	–	–	4,5–7,5	6,5
9	Audi A8 3.7	6,6	6,8	7,5	8,6	9,4	10,2	12,5	–	11,5–16,2	12,9
10	Mitsubishi Carisma 1.8	4,8	5,1	5,8	6,7	7,4	8,1	–	–	6,0–9,5	8,5
	Mitsubishi Carisma 1.8 Aut.	5,1	5,4	6,1	7,1	7,8	8,5	–	–	6,0–9,8	8,6
11	Mercedes-Benz C 230 K	5,0	5,6	6,5	7,7	8,5	9,3	11,2	–	8,0–12,8	9,5
12	Fiat Bravo 1.6	4,8	5,2	6,1	7,5	8,4	9,4	–	–	7,1–10,5	8,4
	Fiat Brava 1.8	5,0	5,4	6,3	7,6	8,5	9,5	–	–	5,9–9,4	8,5
13	Mercedes-Benz C 250 TD	4,6	5,1	6,0	6,6	7,3	9,1	–	–	6,2–8,9	8,2
14	Ford Fiesta 1.2/16V	4,1	4,5	5,4	6,8	7,7	8,7	–	–	5,9–8,5	7,5
	Ford Fiesta CTX	4,3	4,7	5,5	6,8	7,8	8,8	–	–	4,6–9,1	7,6
15	Porsche 911 Targa Tiptronic	–	–	–	–	–	–	–	–	10,7–18,9	14,1
16	Chrysler Voyager 2.4	6,7	7,2	8,3	10,0	11,3	12,6	–	–	8,2–12,2	11,2
	Chrysler Voyager 3.3-V6	–	–	–	–	–	–	–	–	10,2–14,2	12,7
17	Renault Mégane 1.6	4,5	4,9	5,6	6,9	7,8	8,7	–	–	7,1–8,5	7,8
	Renault Mégane Coupé 2.0/16V	–	–	–	–	–	–	–	–	7,5–9,5	8,4
18	Bentley Continental	–	–	–	–	–	–	–	–	13,0–19,8	17,6
19	Seat Toledo TDI	2,9	3,4	4,2	5,3	6,3	7,3	–	–	4,0–7,0	5,9
20	Honda Legend 3.5-V6	–	–	–	–	–	–	–	–	10,4–15,9	13,0
21	MGF 1.8i	4,5	4,8	5,6	6,7	7,6	8,5	–	–	5,8–9,4	8,0
	MGF 1.8i VVC	4,5	4,8	5,5	6,4	7,3	8,2	–	–	6,7–9,4	7,9
22	Nissan Almera 1.4	4,7	4,9	5,6	6,7	7,7	8,8	–	–	5,9–9,2	7,6
	Nissan Almera 1.6	4,9	5,2	6,0	7,2	8,2	9,3	–	–	6,2–9,5	7,9
	Nissan Almera 1.6 Aut.	5,2	5,4	6,2	7,4	8,4	9,5	–	–	7,5–10,2	8,8
23	BMW Z3 1.8	5,2	5,5	6,3	7,7	8,8	10,0	–	–	5,7–9,3	8,1
	BMW Z3 1.9	5,4	5,7	6,4	7,7	8,9	10,1	–	–	6,2–11,0	8,8
24	Lincoln Continental	–	–	–	–	–	–	–	–	10,0–16,2	13,2
25	Volvo 850 R Wagon	–	–	–	–	–	–	–	–	9,7–12,9	11,1
26	Opel Vectra 2.0/16V	4,9	5,5	6,2	7,1	7,7	8,3	–	–	6,7–9,9	7,8
	Opel Vectra 2.0/16V Aut.	–	–	–	–	–	–	–	–	7,5–11,0	8,5
	Opel Vectra 2.5–V6 Aut.	–	–	–	–	–	–	–	–	8,3–12,8	9,5
27	Hyundai Lantra 1.8 Wagon	4,9	5,2	6,0	7,1	7,7	8,5	–	–	5,9–9,0	8,0
	Hyundai Lantra 1.8 Wagon	–	–	–	–	–	–	–	–	7,1–10,4	9,8
28	Mercedes-Benz E 290 TD	–	–	–	–	–	–	–	–	6,1–7,5	6,9
29	Lancia Y 1.2	4,3	4,7	5,5	6,7	7,5	8,3	–	–	5,8–7,8	6,9
	Lancia Y 1.4	4,5	4,9	5,7	7,0	7,8	8,6	—	–	6,0–8,7	7,5
30	BMW M3 Coupé	–	–	–	–	–	–	–	–	7,3–12,6	11,0
31	Chrysler Stratus Cabrio	–	–	–	–	–	–	–	–	9,0–13,4	11,1
32	Peugeot 106 GTI	4,7	5,1	5,8	7,0	7,8	8,7	–	–	6,4–9,8	7,6
33	BMW 528i Aut.	–	–	–	–	–	–	–	–	8,1–12,5	10,5
	BMW 540i Aut.	7,3	7,3	7,9	8,9	9,7	10,5	–	–	9,1–16,1	12,9
34	Citroën Saxo 1.1i	4,1	4,6	5,4	6,5	7,3	8,2	–	–	5,3–7,6	6,4
	Citroën Saxo 1.4i	4,2	4,7	5,5	6,6	7,4	8,3	–	–	5,5–7,8	6,4
	Citroën Saxo 1.6i	4,4	4,9	5,6	6,7	7,5	8,4	–	–	6,2–8,3	7,0
35	Volvo S40	5,3	5,8	6,7	8,2	9,0	9,9	–	–	7,3–9,5	8,8
36	Nissan Primera 1.6	–	–	–	–	–	–	–	–	7,4–9,6	7,8
37	Mitsubishi Colt 1.3	4,3	4,8	5,5	6,5	7,3	8,2	–	–	4,7–9,1	7,4
	Mitsubishi Colt 1.6	–	–	–	–	–	–	–	–	5,3–8,4	6,8
	Mitsubishi Colt 1.6 Aut.	–	–	–	–	–	–	–	–	5,4–11,0	8,2
38	BMW Alpina B12	–	–	–	–	–	–	–	–	12,4–20,6	16,2
39	Fiat Marea 2.0	–	–	–	–	–	–	–	–	8,0–10,6	9,2
40	Audi A3 1.8	5,1	5,6	6,4	7,7	8,5	9,3	–	–	6,6–9,6	8,7
41	Volkswagen Polo 100/16V	–	–	–	–	–	–	–	–	4,9–8,2	6,9
42	Renault Mégane Scénic 1.9 TD	4,0	4,5	5,5	6,9	7,8	8,8	–	–	5,2–7,5	6,5
43	Toyota Land Cruiser 300 TD	6,1	7,8	10,3	13,2	–	–	–	–	7,8–11,2	10,5
	Toyota Land Cruiser V6	–	–	–	–	–	–	–	–	10,1–15,3	13,3
44	Mercedes-Benz SLK 230	5,1	5,7	6,6	7,8	8,6	9,5	–	–	7,6–13,0	9,7
45	Nissan Almera GTI	–	–	–	–	–	–	–	–	7,1–9,2	8,3
46	Lancia Kappa 2.0/20V Station	–	–	–	–	–	–	–	–	8,4–11,7	10,3
47	Porsche Boxster	5,6	6,0	6,8	8,1	9,0	9,9	–	–	8,6–13,2	11,5
48	Peugeot 406 SV Turbo	–	–	–	–	–	–	–	–	6,3–12,4	9,7
49	Jaguar XK8	8,9	9,2	10,0	11,4	12,1	12,9	–	–	10,8–16,8	12,9
50	Toyota Camry 3.0-V6	6,5	6,7	7,5	8,9	9,8	10,8	–	–	8,5–12,6	10,7
51	Rover 214 Si	4,5	4,8	5,5	6,5	7,4	8,3	–	–	6,1–8,2	6,8
52	Rover 216 Si	4,7	4,9	5,6	6,5	7,4	8,3	–	–	6,5–9,0	7,5
	Rover 216 Si CVT	4,8	5,0	5,7	6,7	7,6	8,6	–	–	6,9–9,1	7,5
	Mercedes-Benz E50 AMG	7,9	8,4	9,2	10,3	11,1	12,0	14,2	–	9,6–16,5	13,4
	Mercedes-Benz E420	7,5	7,9	8,7	9,7	10,5	11,4	13,5	–	9,1–15,6	11,9
	Opel Omega MV6	6,9	6,7	7,6	8,8	9,4	10,1	11,7	–	8,0–12,9	10,0

McCANN-ERICKSON

FORMEL 1-TECHNOLOGIE FÜR DEN ALLTAG. DER GOODYEAR EAGLE.

Wer den Eagle von Goodyear fährt, darf sich getrost als Champion fühlen. Schliesslich hat Goodyear mit diesem sportlichen Hochleistungsreifen in der Formel 1 insgesamt über 300 Siege errungen. Dank diesen Erfahrungen und dem so erworbenen Know-how befinden Sie sich auch auf den normalen Strassen in der Pole-Position: der Eagle ist punkto Brems- und Lenkverhalten schlicht konkurrenzlos, seine Fahreigenschaften auf nasser wie trockener Fahrbahn sind exzellent, und seine extreme Haftung macht ihn zu einem der sichersten Reifen überhaupt. Weshalb er bei verschiedensten Fachzeitschriften auch auf dem Siegertreppchen stand: Diese verliehen ihm nämlich das Prädikat «sehr empfehlenswert». Und sollte Ihrem Eagle wider Erwarten etwas zustossen, dann gibt's die einzigartige Zusatzgarantie von Goodyear: den Gratisersatz bei Vandalismus, Nagel- und Bordsteinschäden. Machen Sie den nächsten Boxenstopp bei Ihrem Goodyear-Händler oder Garagisten.

GOODYEAR

Ein Hauch von Luxus für jedes Budget!

AEZ — NFD Wheels — 1000 MIGLIA

*Rad in verschiedenen Raddeckelvarianten lieferbar

Das komplette Programm, das keine Wünsche offen lässt. Erhältlich im Fachhandel. Bezugsquellennachweis durch:

WILLY ERNY AG
Fahrzeugteile
8542 Wiesendangen
Telefon 052-337 21 21
Telefax 052-337 35 30

Feuerverzinktes Chassis
Modulare Bauweise
Zuschaltbarer 4 x 4
... ab Fr. 19'900.–

MEGA

MEGA Automobile Schweiz
Telefon 031 701 38 28 · Telefax 031 701 06 13
Ein Unternehmen der Steck Automobile AG Bigenthal

Kleininserate in der
AUTOMOBIL REVUE/
revue automobile

Gratis: monatliche Occasionen- liste.

Der zusätzliche Eintrag in die monatliche Occasionenliste ist **für Sie kostenlos.**

Innovation mit System

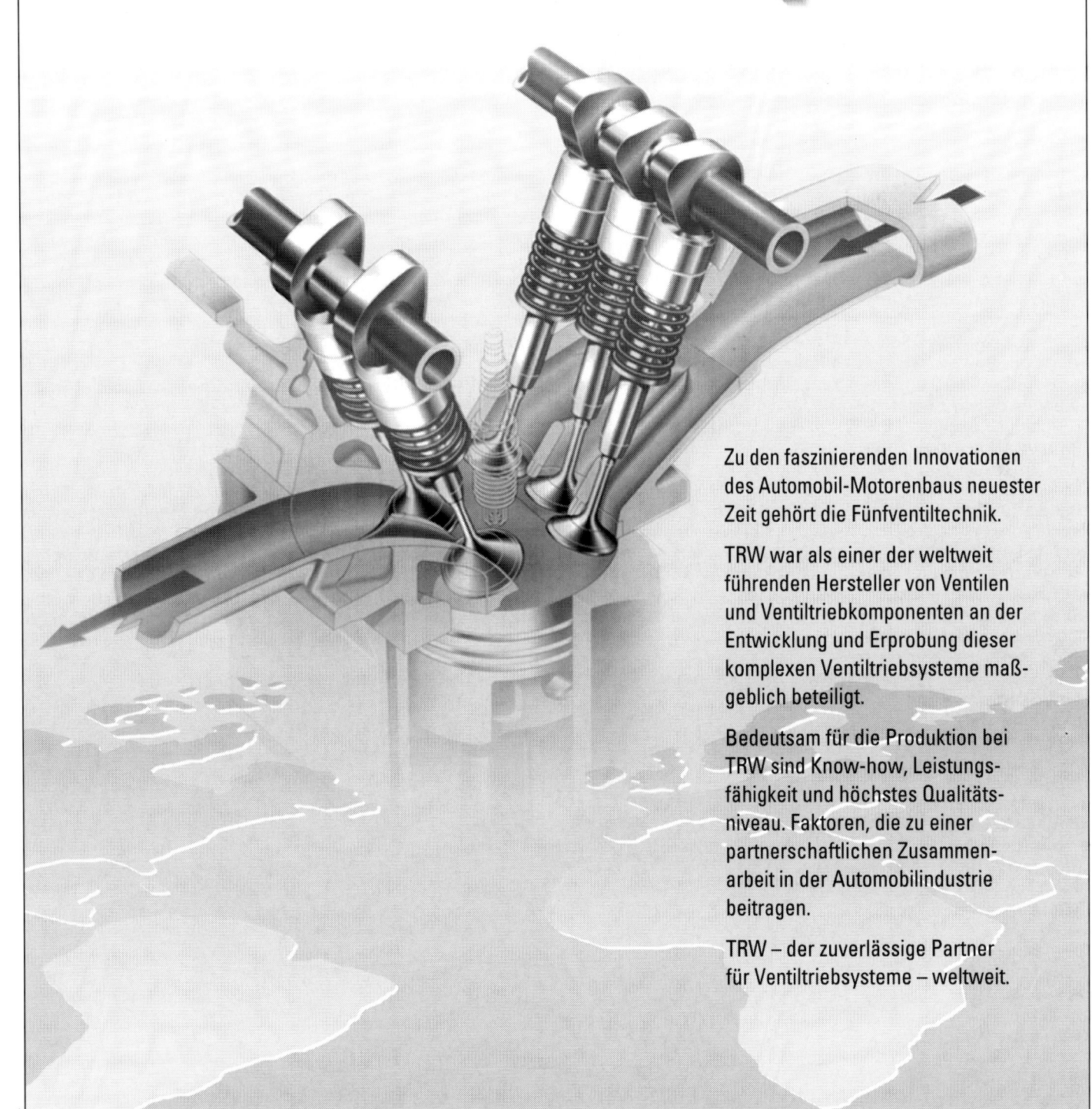

Zu den faszinierenden Innovationen des Automobil-Motorenbaus neuester Zeit gehört die Fünfventiltechnik.

TRW war als einer der weltweit führenden Hersteller von Ventilen und Ventiltriebkomponenten an der Entwicklung und Erprobung dieser komplexen Ventiltriebsysteme maßgeblich beteiligt.

Bedeutsam für die Produktion bei TRW sind Know-how, Leistungsfähigkeit und höchstes Qualitätsniveau. Faktoren, die zu einer partnerschaftlichen Zusammenarbeit in der Automobilindustrie beitragen.

TRW – der zuverlässige Partner für Ventiltriebsysteme – weltweit.

TRW Automotive
Engine Components

TRW

TRW Deutschland GmbH
Motorkomponenten
Postfach 1111
D-30881 Barsinghausen
Telefon 0 51 05 / 5 18-1

Concept-cars 1996:

Vom Schaustück bis zum Forschungsprototyp

Concept cars 1996

Du prototype d'exposition à la voiture-laboratoire

Der erste in der laufenden Berichterstattung der «Automobil Revue» vorgestellte Concept-car des Jahrs 1996 war ein noch Ende Dezember des Vorjahrs von Renault präsentiertes Hybridfahrzeug mit dem sinnigen Namen Next. Er zeigte drastisch auf, wie weit das Spektrum der Concept-cars reichen kann, nämlich vom blossen «Schaumobil» bis hin zum technisch wohldurchdachten Zukunftsprojekt. Der Next zählte eindeutig zu dieser Kategorie, hinter der ein vielschichtiger konstruktiver Aufwand steckt, an dem die Forscher zahlreicher Fachgebiete beteiligt sind.

Rein äusserlich zeigte sich der Renault Next als unspektakulär geformte, aber dennoch überaus modern ausgelegte fünftürige Limousine. Im Hybridkonzept, das bei allen Grosskonzernen in Entwicklung steht, liegt ein wesentliches Zukunftspotential. Denn der kombinierte Antriebsmodus mit Elektro- und Verbrennungsmotor gestattet es, im Agglomerationsbereich abgasfrei und geräuscharm zu zirkulieren, ohne auf das für den Langstreckenverkehr benötigte höhere Leistungspotential verzichten zu müssen.

Einen ersten bunten Strauss von Conceptcars brachte auch 1996 die North American International Auto Show von Detroit, mit welcher der Reigen der Autosalons alljährlich seinen Anfang nimmt. Den nächsten Höhepunkt brachte selbstverständlich der Genfer Salon. Doch wie in allen geraden Jahren gab es 1996 auch wieder einen Salon von Turin, und verschiedene italienische Designfirmen hatten ihre Neuheiten für diesen, eineinhalb Monate später in Szene gegangenen Anlass aufgehoben. Im offiziellen Salonkalender 1996 waren für den Herbst die Mondial de l'Automobile von Paris und die Motor Show von Birmingham verzeichnet, doch war an diesen Ausstellungen die Neuheitenernte im Bereich der Concept-cars nicht mehr ganz so gross. 1997 dürfte die Tokyo Motor Show wieder den abschliessenden Höhepunkt bringen. Die nachfolgenden Beispiele 1996 zeigen auf, wie seriennah oder auch zukunftsfern oder gar wirklichkeitsfremd Concept-cars sein können.

Roger Gloor

Le premier concept car du millésime 1996 présenté dans la «revue automobile» a été un véhicule hybride, dévoilé par Renault avant même la fin de décembre 1995, portant le nom évocateur Next. Il illustrait de manière spectaculaire jusqu'où peut aller un concept car, à savoir du simple prototype d'exposition à un projet d'avenir pensé jusque dans les moindres détails techniques. Le Next appartient incontestablement à cette dernière catégorie, dans laquelle les constructeurs investissent d'énormes efforts auxquels participent les chercheurs de nombreux domaines.

Esthétiquement, le Renault Next n'avait absolument rien de spectaculaire. Ce n'en était pas moins une berline cinq portes aux lignes très modernes. Le concept hybride – tous les grands constructeurs en ont dans leurs cartons – renferme un potentiel considérable pour l'avenir. En effet, le mode de propulsion par moteur électrique ou moteur à combustion permet, dans les agglomérations, de circuler sans bruits et sans polluer, mais sans devoir renoncer pour autant au niveau de performances auquel on est habitué.

En 1996 aussi, le North American International Auto Show de Detroit qui, traditionnellement, inaugure chaque année la litanie des salons automobiles, a fourni une première moisson riche en couleurs de concept cars. Le point d'orgue suivant fut bien évidemment le Salon de Genève. Mais il y a aussi eu, en 1996, un salon à Turin. De nombreux studios de style italiens ont donc réservé leurs dernières nouveautés pour leur salon national, mis en scène six semaines plus tard.

Le calendrier officiel des salons pour 1996 comportait aussi, pour l'automne, le Mondial de l'automobile de Paris et le Motor Show de Birmingham. Mais, dans ces deux villes, la moisson de nouveautés dans le domaine des concept cars n'a pas été tout à fait aussi prolifique. En 1997, le Tokyo Motor Show sera sans aucun doute le bouquet final. Les exemples pris ici pour 1996 montrent que les concept cars peuvent être très proches de la série ou à des années-lumière de celle-ci, voire totalement utopiques.

Roger Gloor

Renault Next
(Dezember/décembre 1995)

Eine fünftürige Limousine im 408 cm langen Kompaktformat, vorne mit drei, hinten mit zwei Sitzen. Antrieb beim Start bis 40 km/h durch elektrische Radnabenmotoren in den Hinterrädern. Ab 40 km/h Antrieb durch 750-cm³-Verbrennungsmotor (48 PS, lädt gleichzeitig die Batterien nach) über die Vorderräder; bei höherem Leistungsbedarf stehen alle Motoren im Einsatz; vollautomatische Regulierung durch elektronischen «Superviseur».

Berline compacte cinq portes de 408 cm de long avec trois places à l'avant et deux à l'arrière. De 0 à 40 km/h, elle est propulsée par deux moteurs électriques dans les moyeux de roues entraînant chacun une roue arrière. Le moteur à combustion de 750 cm³ (48 ch, qui recharge simultanément les accumulateurs) prend le relais à partir de 40 km/h et entraîne les roues avant. En cas de besoin, les deux moteurs peuvent être utilisés simultanément, une régulation complètement automatique étant assurée par un «superviseur» électronique.

FÜR EINEN NORMALEN REIFEN IST DAS EINE BANANENSCHALE.

Auf einem Waldweg sind verwelkte Herbstblätter ein romantischer Anblick. Auf der Strasse hingegen bilden sie eine ernste Gefahr. Es sei denn, Sie fahren den neuen Michelin Energy. Dieser Reifen haftet auf glitschigen Strassen (feuchtes Laub, Regen...) spürbar besser. Sein Geheimnis? Eine spezielle Gummimischung mit Silika. Hinzu kommt sein asymmetrisches Profil: Beide Seiten des Reifens besitzen einzeln exakt abgestimmte Lamellen. Fazit: Der neue Michelin Energy ist Ihr zuverlässiger Garant für sicheres und benzinsparendes Fahren, auch auf glitschigen Strassen.

DER NEUE MICHELIN ENERGY

Ford Synergy 2010
(North American International Auto Show Detroit)

Er wurde ebenfalls als Hybridfahrzeug konzipiert, und wenn ihre Form Fords New Edge Design mitverkörpert, so wirkt diese sechssitzige, 1000 kg leichte Stromlinienlimousine doch reichlich futuristisch. Als Antriebsquelle wurde ein 1-L-Dieselmotor mit Direkteinspritzung im Heck vorgesehen, der einen Stromgenerator antreibt; dieser liefert Strom an Elektromotoren in jedem Rad; zahlreiche High-Tech-Details.

Il s'agit également d'un concept hybride et, si ses lignes incarnent aussi le New Edge Design de Ford, cette berline aérodynamique à six places pesant 1 tonne est néanmoins réellement futuriste. Elle est propulsée par un moteur diesel de 1 litre à injection directe monté à l'arrière et entraînant un groupe électrogène qui alimente un moteur électrique situé dans chaque roue; diverses applications de techniques avancées.

NedCar PD&E Access
(Salon de Genève)

Die unabhängig arbeitende PD&E (Product Design and Engineering Group) von NedCar (niederländischer Hersteller der Volvo-Baureihe 40 und des Mitsubishi Carisma) überraschte mit einem 425 cm langen Kombi in einvolumennahem Grossraumdesign. Er war in Zusammenarbeit mit 24 System- und Materiallieferanten aus neun europäischen Ländern entstanden: Space-Frame-Prinzip mit Alu-Rahmen und Kunststoffaufbau, niedrige Teilezahl durch integrierte Funktionen, neuartiger Vierzylinder-Benzinsparmotor.

Le bureau d'étude indépendant PD&E (Product Design and Engineering Group), de NedCar, le constructeur néerlandais de la gamme Volvo 40 et de la Mitsubishi Carisma, a créé la surprise avec un break pratiquement monocorps de 425 cm de long. Ce projet a été réalisé avec le concours de 24 équipementiers de neuf pays d'Europe: squelette Space Frame à cadre en aluminium et carrosserie en matière plastique, petit nombre de pièces grâce à des fonctions intégrées, moteur quatre cylindres à essence inédit, axé sur l'économie.

Italdesign Formula 4
(Salon de Genève)

Diesem Konzept liegt die Idee zugrunde, dank einer klassischen Chassisstruktur ein Fahrzeug mit austauschbarer Karosserie zu schaffen. In Genf wurde eine Barchetta mit Trittstufen ausgestellt, bei der die drei Mitfahrercockpits einzeln abdeckbar waren. Auf dem Turiner Salon sollte dann unter der Bezeichnung Formula Hammer eine ebenfalls viersitzige Karosserie mit türlosen offenen Seiten folgen. Die technische Basis des Formula-Konzepts lieferte der Fiat Bravo HGT.

Ce concept procède de l'idée de carrosseries interchangeables grâce à une structure de châssis classique. A Genève, on a pu admirer une barquette à marchepieds où chacun des trois cockpits des passagers comportait un carénage escamotable. Au Salon de Turin, elle a alors été suivie par un concept car baptisé Formula Hammer, également avec une carrosserie à quatre places et sans portières. La Fiat Bravo HGT a fourni la plate-forme mécanique du concept Formula.

Bertone Slalom
(Salon de Genève)

Mit diesem 2+2-Kombicoupé realisierte die Turiner Carrozzeria Bertone SpA ein gänzlich neues Design, das in der Fachwelt wie unter Liebhabern grossenteils auf Begeisterung stiess. Als Basis diente der Opel Calibra Turbo 4×4. Ungewöhnlich wirken die längs der Motorhaube nach hinten weitergezogenen durchsichtigen Scheinwerferabdeckungen ebenso wie die passenden Seitenfensterkonturen und die Dachverglasung. Die hintere Sitzlehne lässt sich um 60 cm nach vorne verschieben.

Avec ce coupé break 2+2, la Carrozzeria Bertone SpA, de Turin, a créé un design absolument inédit qui a recueilli l'enthousiasme aussi bien dans les milieux spécialisés que parmi les amateurs. La base est une Opel Calibra Turbo 4×4. Les carénages de phares transparents tout en longueur découpant le capot ainsi que les contours des fenêtres latérales et le toit vitré, à la forme harmonisée, sortent vraiment de l'ordinaire. Le dossier arrière coulisse sur 60 cm.

Sbarro Issima
(Salon de Genève)

In der Autobauschule Espace Sbarro in Grandson (es gibt inzwischen auch Sbarro-Schulen in Marokko und Pontarlier) hatten angehende Autokonstrukteure des Lehrjahrgangs 1995 unter der Anleitung von Franco Sbarro und unter Mitwirkung der Alfa-Romeo-Designabteilung einen Superboliden entwickelt. Antrieb auf die Hinterräder durch zwei hintereinandergeschaltete 3-L-V6 (= V12, 48 Ventile, 500 PS), Getriebe in Transaxle-Bauweise mit dem Differential verblockt, Aufhängungen vom Alfa 155 DTM.

A l'école de design et de construction automobile de l'Espace Sbarro, à Grandson (des écoles Sbarro se sont aussi implantées au Maroc et à Pontarlier), de futurs constructeurs automobiles de la promotion 1995 ont, sous la direction de Franco Sbarro et avec le concours du studio de style d'Alfa Romeo, réalisé un engin assez exceptionnel. Propulsion aux roues arrière par deux V6 de 3 l placés l'un derrière l'autre (= V12, 48 soupapes, 500 ch), transmission transaxle avec différentiel monté en bloc, suspensions d'Alfa 155 tourisme classe 1.

Zagato (SZ Design) Raptor
(Salon de Genève)

Zwar wird von ihm eine Serienherstellung in Erwägung gezogen, doch kann er ebenso gut wie andere Zagato-Schöpfungen jüngerer Zeit ein Einzelstück bleiben. Der von SZ Design, der Zagato-Nachfolgefirma, geschaffene Raptor ist ein Zweisitzer höchster Leistungsstufe, denn er basiert auf der Plattform des Lamborghini Diablo VT mit V12-Mittelmotor. Der Aufbau entstand in Modulbauweise, und das Zagato-typische «Double-bubble»-Dach lässt sich entfernen, woraus eine offene Barchetta entsteht.

Bien que son créateur envisage de la fabriquer en petite série, elle peut tout aussi bien rester un spécimen unique comme d'autres créations récentes de Zagato. La Raptor de SZ Design, la firme qui a succédé à Zagato, est une biplace ultrapuissante puisqu'elle reprend une plateforme de Lamborghini Diablo VT à moteur central V12. La carrosserie est modulaire et le toit typique de Zagato à double bossage est amovible, ce qui en fait alors un cabriolet.

Gesagt, getan.

ZF-Systeme und System-Module direkt ans Band – Jetzt!

In enger Zusammenarbeit mit der Fahrzeugindustrie entwickelt und fertigt die ZF einbaugerechte System-Module für Pkw, Nkw und Arbeitsmaschinen. – Beispielsweise die kompletten Vorder- und Hinterachsmodule, Automatgetriebe- und Lenksysteme für Pkw jeder Klasse.

Wie kein anderer Hersteller kann ZF dabei auf Synergien in Know-how und Fertigung innerhalb der eigenen Unternehmensgruppe bauen.

ZF Systemtechnik für Pkw liefern die Geschäftsbereiche:

Pkw-Antriebstechnik:
ZF Getriebe GmbH · Postfach 103 361 · D-66033 Saarbrücken
Telefon (06 81) 50 07-0 · Fax (06 81) 50 07-3 77

Lenkungstechnik:
ZF Friedrichshafen AG · D-73522 Schwäbisch Gmünd
Telefon (0 71 71) 31-0 · Fax (0 71 71) 31-32 22

Arbeitsmaschinen-Antriebe und Achssysteme:
Zahnradfabrik Passau GmbH · D-94030 Passau
Telefon (08 51) 4 94-0 · Fax (08 51) 4 43 94

Fahrwerktechnik:
Lemförder Metallwaren AG · Postfach 1220 · D-49441 Lemförde
Telefon (0 54 74) 60-0 · Fax (0 54 74) 60-3 74

ZF

Der Systempartner

Getriebe · Lenkungen · Achsen

Renault Fifties
(Salon de Genève)

Im Herbst 1946 hatte Renault den 4 CV lanciert und damit die Nachkriegszeit und Frankreichs Volksmotorisierung eingeläutet. Der auch in der Schweiz sehr beliebte viertürige «Renault Heck» hatte einen 760-cm³-Heckmotor. Nach einem halben Jahrhundert schufen die Renault-Designer als Hommage an diesen erfolgreichen Kleinwagen eine allerdings nur zweisitzige und breitformatige Extrapolation des 4 CV auf der Basis des Sport Spider: mit dem neuen 1149-cm³-Aggregat als Mittelmotor.

A l'automne 1946, Renault a lancé la 4 CV et, ainsi, inauguré l'après-guerre et la démocratisation de l'automobile en France. La 4 CV Renault, une quatre-portes très populaire en Suisse aussi, était propulsée par un moteur arrière de 760 cm³. Un demi-siècle plus tard, en hommage à cette petite voiture populaire dans tous les sens du terme, les stylistes de Renault ont créé une extrapolation de la 4 CV – mais à deux places seulement et beaucoup plus large – avec le châssis alu du Sport Spider et un nouveau moteur de 1149 cm³ en position centrale.

Ghia Saetta
(Salone di Torino)

Das Ford gehörende Turiner Designstudio Ghia zeigte auf dem internationalen Automobilsalon von Turin gleich zwei Concept-cars, nämlich den als Speedster bezeichneten Saetta und den Freizeit-Geländekombi Alpe. Der Saetta wurde konstruktiv so ausgelegt, «dass er sich mit geringen Investitionskosten auf einer bestehenden Kleinwagenplattform» (gedacht war wohl der Fiesta) in die Serie überführen liesse. Eine Besonderheit ist der T-roof-ähnliche Längsüberrollschutzbügel.

Le studio de design turinois Ghia, qui appartient à Ford, a présenté simultanément, au Salon international de l'automobile de Turin, deux concept cars: la Saetta, qualifiée de speedster, et l'Alpe, un break tout terrain de loisirs. La Saetta est ainsi conçue qu'elle pourrait être fabriquée en série «sur une plate-forme préexistante de compacte pour un investissement réduit» (Ghia faisait sans aucun doute allusion à la Fiesta). Un particularisme en est l'arceau de sécurité longitudinal en forme de T-roof.

Giannini Windsurf
(Salone di Torino)

Wie bereits zum Turiner Salon von 1992 und 1994 liess Fiat ein neues Serienmodell, diesmal das Duo Bravo/Brava, von unabhängigen Designfirmen zu Spezialkreationen transformieren. Die Auswahl der von den zehn eingeladenen Studios verwirklichten Einzelstücke reichte vom Pick-up und Invalidentaxi bis zum Aerodynamikcoupé. Ein solches schuf die Römer Tuningfirma Giannini mit dem Windsurf. Sensoren und Rechner dirigieren den Luftstrom durch bzw. entlang der Karosserie je nach Tempo automatisch.

Comme aux Salons de Turin de 1992 et 1994, déjà, Fiat a invité des firmes de design indépendantes à réaliser des créations spéciales sur la base d'un nouveau modèle de série, cette fois-ci le duo Bravo/Brava. La gamme des spécimens uniques créés par les dix studios invités allait du pick-up au taxi pour handicapés en passant par le coupé aérodynamique. C'est la solution choisie à Rome par le spécialiste du tuning Giannini avec la Windsurf. Des capteurs et ordinateurs dirigent les filets d'air à travers et le long de la carrosserie en fonction de la vitesse.

Pininfarina Eta Beta
(Salone di Torino)

Der mit neuen Ideen vollgestopfte Einvolumen-Kleinwagen Eta Beta war von Pininfarina in Zusammenarbeit mit Italiens nationalem Forschungsrat CNR entstanden. Er hat einen parallelen Hybridantrieb (Vorderradantrieb mit auf 66 PS getuntem 1108-cm^3-Fiat-Fire-Motor und Hinterradantrieb mit zwei Elektromotoren von je 17 PS Nenn- und 34 PS Höchstleistung), Flügeltüren (mit Zweiphasen-Schwenkbewegung) und «Teleskopkarosserie» (ausfahrbare Heckwand verlängert Eta Beta um 20 auf 332 cm).

Pininfarina a développé, avec le concours du Conseil national italien de la recherche (CNR), le minimonospace Eta Beta truffé d'idées inédites. Il possède un système propulseur parallèle hybride (moteur Fiat Fire de 1108 cm^3 à la puissance majorée à 66 ch et entraînant les roues avant, combiné à une propulsion arrière par deux moteurs électriques de respectivement 17 ch de puissance nominale et 34 ch de puissance maxi), des portières en ailes de mouette (avec mouvement d'ouverture en deux phases) et une «carrosserie télescopique» (le compartiment arrière réfractable permet d'allonger la Beta de 20 cm, à 332 cm).

Peugeot Touareg
(Mondial de l'Automobile Paris)

Gleich zwei ungewöhnliche Concept-cars wurden von Peugeot auf den Salon von Paris gebracht: der 1,6-L-Rennflitzer Asphalte mit 3-Stufen-Automatik sowie enger Hinterradspur und der vollständig auf Elektroantrieb ausgelegte Geländesportwagen Touareg. Dieser fiel durch seine aggressive Formgebung auf. Sein Antrieb erfolgt von einem hinter dem Zweisitzercockpit untergebrachten Elektromotor auf alle vier Räder. Für die Nickel/Metall-Hydrid-Batterien wurde ein Kleingenerator eingebaut.

Au Salon de Paris, Peugeot était l'auteur de pas moins de deux concept cars exceptionnels: l'Asphalte, petit bolide de course de 1,6 l à boîte automatique à trois rapports et voie arrière rétrécie, ainsi que le Touareg, une voiture de sport tout terrain fonctionnant en permanence à l'électricité. Celle-ci se distinguait par ses lignes agressives. Ici, la propulsion est assurée par un moteur électrique entraînant les quatre roues et placé derrière le cockpit biplace. Un microgénérateur a été installé pour les accumulateurs nickel/hydrures métalliques.

Daewoo Mya
(Birmingham International Motor Show)

Dieses 2+2sitzige Coupé mit Schrägflügeltüren wurde im europäischen Forschungs- und Entwicklungszentrum gebaut, das die südkoreanische Marke im englischen Worthing besitzt. Das 428 cm lange Stufenheckcoupé wird von einem 2-L-16V-Motor mit 130 PS Leistung angetrieben und rollt auf 18-Zoll-Reifen. Aufgebaut wurde dieses adrette Einzelstück mit sportlich betontem Cockpit auf «einer Plattform nächster Generation».

Ce coupé 2+2 à portières en élytre a été construit au Centre européen de recherche et de développement que la marque sud-coréenne possède à Worthing, en Angleterre. Coupé trois volumes de 428 cm de long, il est propulsé par un 2-l 16V de 130 ch et roule sur des roues de 18 pouces. Ce joli spécimen unique au cockpit résolument sportif a été créé sur une «plateforme de la prochaine génération».

Chrysler China Concept Vehicle
(Oktober/octobre 1996)

Veröffentlicht wurden die Daten über Chryslers CCV (China Concept Vehicle) im Spätherbst 1996. Bereits zwei Jahre zuvor hatten Porsche und Mercedes-Benz Prototypen vorgestellt, die eigens für die vorgesehenen Grosswerke der volkschinesischen Automobilindustrie entwickelt wurden. Details des CCV erinnern an den Citroën 2 CV: geräumige fünfsitzige Leichtkarosserie (rezyklierbarer Kunststoff) mit Faltdach; luftgekühlter Zweizylindermotor (0,8 L); 4-Gang-Getriebe.

Les données techniques de la CCV (China Concept Vehicle) de Chrysler ont été publiées à la fin de l'automne 1996. Deux ans plus tôt, déjà, Porsche et Mercedes-Benz avaient présenté des prototypes mis au point spécialement pour les futures grandes usines de l'industrie automobile de la Chine populaire. Certains détails de la CCV rappellent immédiatement la 2 CV Citroën: carrosserie spacieuse et légère (en matière plastique recyclable) à cinq places avec toit pliant; moteur bicylindre de 0,8 l refroidi par air; boîte à quatre vitesses.

Fioravanti Nyce
(Salone di Torino + 1997)

Auf dem Salon von Turin im Frühling 1996 hatte Leonardo Fioravanti nebst einem Stromliniencoupé das auf äusserst wirtschaftliche Produktionsmöglichkeiten ausgelegte Freizeitmodell Nyce auf der Plattform des Fiat Bravo HGT propagiert. Nach einem patentierten System besitzt es möglichst viele identische Teile, so einen vorne und hinten symmetrischen Stossschutz und beidseits gleiche Türen. Hier die weiterentwickelte Version, die auch den Umschlag des vorliegenden «AR»-Katalogs ziert!

Au Salon de Turin, au printemps 1996, Leonardo Fioravanti avait, à côté d'un coupé aérodynamique, présenté la Nyce, sur plate-forme de Fiat Bravo HGT, un prototype de voiture de loisirs conçu pour une fabrication extrêmement économique. Selon un système breveté, la Nyce comporte le plus grand nombre possible de pièces identiques, par exemple des pare-chocs symétriques à l'avant et à l'arrière et les mêmes portières des deux côtés. Nous vous présentons ici une extrapolation de ce modèle, qui figure aussi en couverture du présent catalogue «RA»!

Esso Ultron

Schützt sekundenschnell. Ab Start.

Motorschäden treten kurz nach dem Start doppelt so häufig auf wie während der Fahrt. Dank einmaligen Leichtlaufeigenschaften schützt und reinigt ESSO Ultron den Motor bereits Sekunden nach dem Start optimal. Das Resultat ist eine entscheidend längere und zuverlässigere Motorenleistung. ESSO Ultron. Das ultimative Motorenöl.

GKN Automotive

An international business committed to excellence

Als Welt-Marktführer in Antriebsstrang-Systemen wie Gleichlaufgelenkwellen, Längsgelenkwellen, Viscodrive-Sperrdifferentialen ist es unser Know How, die Antriebsleistung zu den Rädern zu bringen. Wir sind sowohl weltweit als auch vor Ort präsent. Überall da, wo unsere Kunden Autos bauen, können sie auf uns zählen.

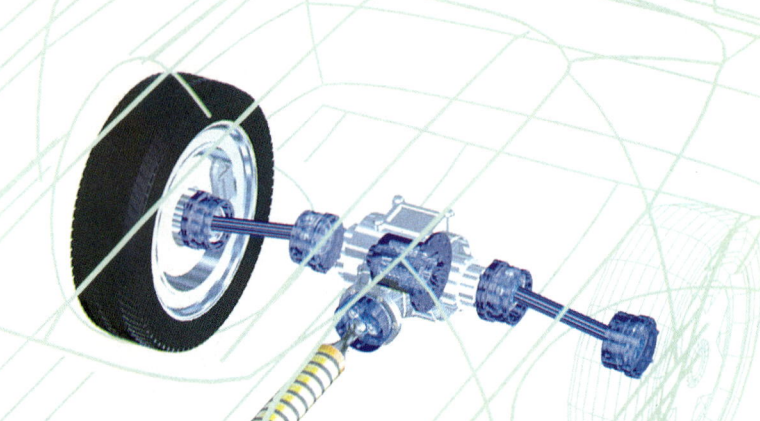

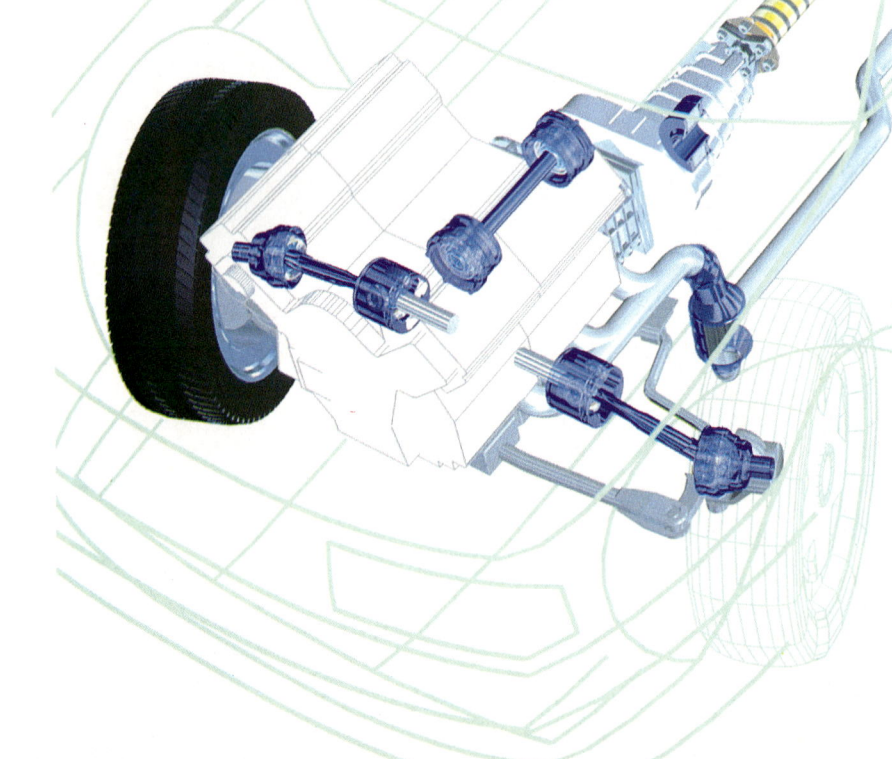

Unseren internationalen Kunden stehen wir zur Seite, von der Entwicklung über die anwendungstechnische Beratung bis zur "Just in Time" Belieferung. Maßstab für die Entwicklung und Konstruktion unserer Produkte sind die Umweltfreundlichkeit und die Sicherheit. Vom recyclinggerechten Design bis zum Leichtbau, von der Optimierung des Crash-Verhaltens bis zur Verbesserung von Traktion und Handling.
Und Emitec, unser Gemeinschaftsunternehmen mit Siemens, ist führend bei Metallträgern für Abgas-Katalysatoren und beim "Superkat", dem elektrisch beheizten Katalysator. Sprechen Sie mit uns, es lohnt sich. Oder fragen Sie Automobilhersteller in aller Welt, sie kennen uns.

GKN Automotive International GmbH
Hauptstraße 150
53797 Lohmar/Germany
Tel.:+49 (0) 2246-12-1
Fax:+49 (0) 2246-12-2293

Das versenkbare Festdach

Le toit escamotable

Mit dem 1996 auf den Markt gekommenen Mercedes-Benz SLK wurde die im Verlaufe der Autogeschichte immer wieder aufgegriffene Idee des versenkbaren festen Dachs – statt eines Stoffverdecks – endlich wieder einmal in die Serie eingeführt. Binnen kurzem dürfte das «Variodach» des SLK die meistgebaute derartige Dachkonstruktion aller Zeiten sein … Ein Coupé, dessen Stahlblech-, Aluminium-, Kunststoff- oder Glasdach auf Knopfdruck – oder auch von Hand bedient – ins oder aufs Heck gleitet, vereinigt sozusagen zwei Seelen in seiner Karosserie: Es bietet bei Regen und Kälte einen von keinerlei Wind- oder gar Flattergeräuschen eingeschränkten sicheren Schutz und hält auch die Langfinger effizient ab; und es kann anderseits ganz nach Wunsch vollen Cabrioletfahrgenuss vermitteln.

Maintes fois reprise au cours de l'histoire de l'automobile, l'idée d'un hardtop escamotable – au lieu d'une capote en textile – est enfin parvenue à la réalisation en grande série avec la Mercedes-Benz SLK. Et l'on peut parier que ce «Variodach» va faire école.
Un coupé dont le toit en acier, en alu, en plastique ou en verre se glisse sur ou dans le coffre – que ce soit automatiquement ou à la main – possède en quelque sorte une double personnalité. Quand il pleut ou qu'il fait froid, il offre un abri sûr et parfait, le vent ne le fait ni siffler ni claquer, et il décourage les voleurs. D'autre part il vous offre à volonté la grande liberté du cabriolet.

Peugeot innove

Qu'il s'agisse de berline ou de coupé transformable en cabrio-

Pionierkonstruktion: Coupé transformable (électrique) auf der Basis des Peugeot 402 L (= lang) von 1937 (oben und unten).

Un pionnier: le Coupé transformable (électrique) basant sur la Peugeot 402 L (pour «longue») de 1937 (en haut et ci-dessous).

Binnen weniger Sekunden glitt das Ganzstahldach des Ford-Fairlane-Coupés Skyliner von 1957 in den Kofferraum und wandelte das Coupé zum Vollcabrio.

Le toit d'acier du coupé Ford Fairlane Skyliner 1957 se rangeait dans le coffre en quelques secondes, transformant la voiture en un vrai cabriolet.

let, on ne sait plus très exactement quelle est la marque qui, la première, a mis cette idée en pratique et l'a produite en série. Mais il est certain que Peugeot a fait acte de pionnier dans ce domaine.

C'est en 1934 que la marque sochalienne a lancé ses 401 D, voiture de classe moyenne avec moteur de 1,7 litre, et 601 D, grande voiture de luxe animée par un six-cylindres de 2,1 litres. Les variantes de carrosserie étaient nombreuses et l'une d'elles possédait en effet un toit escamotable dans le coffre. Ces versions spéciales 401 D CE1 et 601 D CE2 développées par un constructeur de Peugeot, Georges Paulin, portaient le nom d'Eclipse. Actionné par un moteur électrique, le toit s'éclipsait en moins de 15 secondes dans le coffre dont le couvercle articulé près du pare-chocs s'ouvrait en arrière. Il existait aussi des variantes sur lesquelles cette opération se faisait à la main.

En 1935, Peugeot sortait une voiture aux formes modernes, la 402, avec un quatre-cylindres de 2 litres. Elle avait des formes aérodynamiques, avec les phares cachés derrière une calandre arquée vers l'arrière. La forme allongée, doucement descendante de sa partie arrière se prêtait beaucoup mieux que celle de la 401 à la réalisation du toit escamotable. On a pu voir cette construction raffinée sur le coupé 402 E4 – trois à quatre places et une seule fenêtre latérale – et l'E4Y, une cinq-places ayant deux fenêtres. Ces deux voitures n'avaient pas de montant central une fois découvertes. Avec le toit fermé, elles formaient un coupé hardtop. Quelques exemplaires de ces modèles spéciaux appelés «Coupé transformable (électrique)» par l'usine sont encore conservés aujourd'hui.

L'après-guerre apporta une profusion de nouvelles idées et de prototypes. Entre toutes les constructions présentant un toit mobile en matériau dur, il faut mentionner la Gaylord de 1955. C'était un coupé grand luxe aux formes extravagantes avec une mécanique V8 américaine, et Brooks Stevens en avait signé le style. Ici aussi, comme sur la Peugeot d'avant-guerre, le toit s'escamotait dans le coffre, mais Gaylord n'en construisit que trois exemplaires.

La Ford Retractable

La Ford Fairlane 500 Skyliner – dite aussi Retractable – eut davantage de retentissement. Pour la première fois, on produisait en grande série un toit escamotable en dur fonctionnant avec un mécanisme élec-

Peugeot als Pionier

Welche Marke als wirklich erste ein solches Dach realisiert und in die Serie eingeführt hat, lässt sich nicht mehr mit Sicherheit eruieren. Es steht jedoch fest, dass Peugeot Pionier dieser Karosseriebauart war, die Limousine oder Coupé mit einem Cabriolet kombinierte.

Im Jahre 1934 hatte Peugeot die Mittelklasse-Typenreihe 401 D mit 1,7-L-Motor und die grossen Luxusmodelle 601 D mit 2,1-L-Sechszylindermotor lanciert. Es gab sie in zahlreichen Karosserieversionen, darunter auch als Coupé mit im Kofferraum versenkbarem Dach. Diese von Peugeot-Konstrukteur Georges Paulin entwickelten Sonderausführungen 401 D CE1 und 601 D CE2 erhielten den Zunamen Eclipse. Das Dach verschwand, von Elektromotoren betätigt, in weniger als 15 s im langgezogenen

Das Magic Top von BB aus den frühen achtziger Jahren: Die hinteren Dachträger glitten nach unten, und das Dach legte sich auf den Kofferraum.

Le Magic Top de BB date du début des années quatre-vingt; les montants arrière se rétractaient et le toit se déposait sur le coffre.

Heck, dessen unmittelbar bei der Stossstange angelenkte Klappe sich nach hinten öffnete. Daneben gab es auch von Hand zu bedienende Varianten.

1935 brachte Peugeot die modern geformte Baureihe 402 mit 2-L-Vierzylindermotor heraus. Sie bestach durch die aerodynamisch gestaltete Front mit nach hinten gewölbtem Kühlergitter, hinter dem sich die Scheinwerfer verbargen. Jetzt harmonierte das langgestreckte, sanft abfallende Heck der Karosserieversionen mit versenkbarem Dach weit besser mit dem Gesamterscheinungsbild.

Diese raffinierte Dachkonstruktion gab es beim 402 als drei- bis viersitziges Coupé E4 mit einem Seitenfenster und als Fünfsitzer E4Y mit zwei Seitenfenstern. Diese hinterliessen beim Absenken keinen Mittelsteg, formten bei geschlossenem Dach also ein Hardtopcoupé. Einzelne dieser vom Werk als «Coupé transformable (électrique)» bezeichneten Spezialmodelle sind heute noch erhalten.

Die Nachkriegszeit brachte eine reiche Fülle von neuen Autoideen und auch Prototypen. Unter jenen Konstruktionen, die ein mobiles Dach aus festem Material vorsahen, verdient der Gaylord von 1955 Erwähnung. Er war ein extravagant geformtes Luxuscoupé mit amerikanischer V8-Mechanik, dessen Design von Brooks Stevens stammte. Bei ihm liess sich das Dach – wie beim Vorkriegs-Peugeot – im Kofferraum versenken, doch wurden vom Gaylord nur gerade drei Exemplare gebaut.

Fords Retractable

Grosse Bedeutung kam hingegen dem von 1957 bis 1959 gebauten Ford Fairlane 500 Skyliner (auch als Retractable bezeichnet) zu. Mit ihm wurde nun erstmals ein für die Grossserie gedachtes elektrisch versenkbares Hartdach verwirklicht. Hierzu hatte man die Heckpartie des grossen US-Ford umgestalten müssen, und auch in diesem Falle öffnete sich der Kofferdeckel nach hinten. Die an die Windschutzscheibe anschliessenden ersten 15 cm des Dachs waren abklappbar, und für den Öffnungs- und Schliessvorgang sorgten drei Elektromotoren, zehn Relais, acht Solenoidschalter und zehn Anschlagsensoren. Der Skyliner war noch um 15 %

1987 wurde er vorgestellt, doch die Serienherstellung blieb in den Anfängen stecken: Treser T1, ein kleiner Mittelmotor-Zweisitzer, der seiner Zeit voraus war (oben und unten).

La Treser T1 était une petite biplace à moteur central fort en avance sur son temps, mais sa production en série s'éteignit après des débuts difficiles (en haut et ci-dessous).

teurer als das herkömmliche Sunliner-Cabriolet der Ford-Topserie. Es hatte notgedrungen einen reduzierten Gepäckraum, der sich zudem nur über die hohen Seitenflanken beladen liess. Immerhin konnte dieses fünfsitzige Coupé/Cabriolet bis 1959, als Ford seine Herstellung aus Kostengründen aufgab, in

trique. Il avait fallu pour cela modifier la partie arrière de la grande Ford américaine, et dans ce cas aussi, le coffre s'ouvrait vers l'arrière. Les quinze premiers centimètres, à l'extrémité du pare-brise, formaient une partie rabattable, et le mécanisme comprenait trois moteurs électriques, dix relais, huit commutateurs à solénoïde et dix détecteurs de butée.

La Skyliner coûtait 15 % de plus que le cabriolet conventionnel Sunliner de la série Ford haut de gamme. Non seulement la capacité du coffre était réduite, mais il fallait le charger en passant par-dessus les hautes ailes de la voiture. N'empêche que, jusqu'en 1959, année où Ford supprima ce coupé cabriolet cinq places pour des raisons de coûts, il s'en fabriqua 28 000 unités.

Après la Retractable, un silence surprenant s'établit autour de l'idée séduisante d'un coupé transformable en cabriolet et vice versa. Il faut attendre jusqu'aux débuts des années quatre-vingt pour voir le carrossier allemand BB GmbH, de Francfort, lancer une nouvelle proposition très réussie. Il s'agissait d'une Mercedes-Benz SEC dont le toit à commande électrique se posait sur le coffre sans diminuer considérablement la capacité de ce dernier. Montrée à divers salons automobiles, la solution BB échoua finalement pour des raisons financières.

De Treser à ASC

Une nouvelle voiture de sport, la Treser T1, fit beaucoup parler d'elle au Salon de Francfort de l'année 1987. C'était une biplace cunéiforme mue par un moteur 1.8 16V de VW Golf GTI installé devant l'essieu arrière. Elle était pourvue d'un toit en plastique

Beim 1988 lancierten MVS (später Venturi) Transcup mussten die vorderen Dachhälften von Hand abgenommen werden, während der hintere Dachteil auf Knopfdruck zwischen den Sitzen und dem Mittelmotor verschwand.

Sur la MVS/Venturi Transcup lancée en 1988, les deux éléments du toit avant pouvaient être déposés à la main tandis que la partie arrière du pavillon disparaissait entre les sièges et le moteur central grâce à une commande électrique.

knapp 28 000 Exemplaren verkauft werden.
Nach dem Skyliner wurde es um die verlockende Idee des zum Cabriolet verwandelbaren Coupés erstaunlich still. Erst zu Beginn der achtziger Jahre machte eine deutsche Tuningfirma, die BB GmbH & Co. in Frankfurt, mit einer bestechenden neuen Dachlösung auf sich aufmerksam: Es handelte sich um einen Mercedes-Benz SEC, dessen Dach sich elektrisch auf den Kofferdeckel absenken liess; damit ging nur wenig Kofferraumvolumen verloren. Die auf diversen Autosalons vorgestellte BB-Lösung scheiterte aber an finanziellen Fragen.

Von Treser bis ASC

Dann, auf dem Frankfurter Salon des Jahres 1987, machte ein neuer Sportwagen Furore, der Treser T1. Er war ein keilförmiger Zweisitzer mit quer vor der Hinterachse eingebautem 1,8-L-16-V-Motor aus dem VW Golf GTI. Eine seiner Besonderheiten bestand in dem Dach aus festem Kunststoff, das sich auf Knopfdruck elektrisch hinter die Sitze abkippte. Walter Treser hatte eine analoge Dachkonstruktion bereits 1983 mit einem von ihm gebauten Audi quattro Roadster verwirklicht. In Berlin wurde für den Treser eigens eine Fabrik eingerichtet, doch nach etwa zwei Dutzend Exemplaren kam bereits das Aus.

dur qui basculait électriquement derrière les sièges sur simple pression d'un bouton. Treser avait réalisé une construction analogue en 1983 déjà,

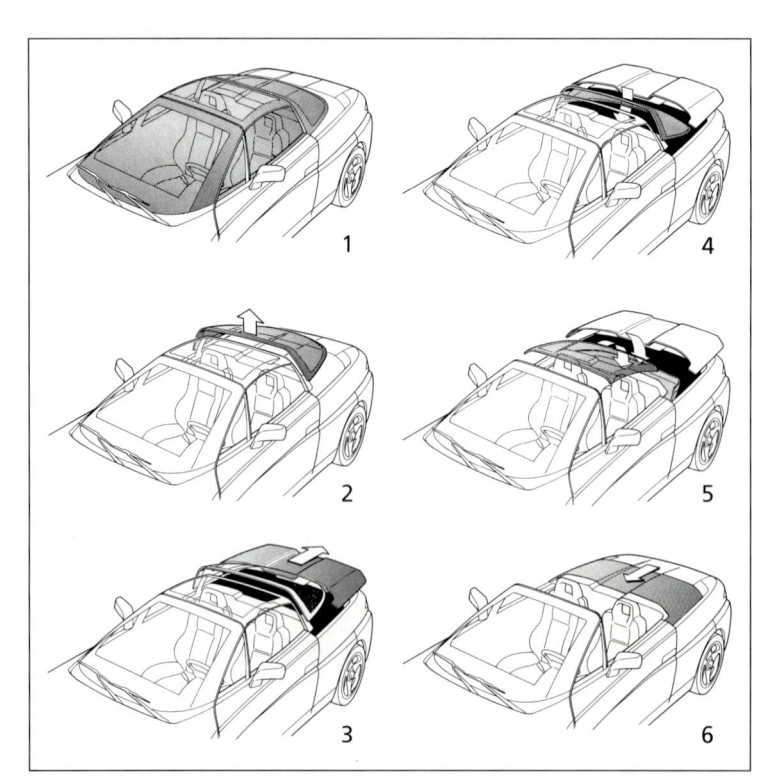

Aufwendig und raffiniert war der Dachmechanismus des 1991 präsentierten Concept-cars Alfa Romeo Protéo.

Le mécanisme du toit de l'Alfa Romeo Protéo présentée en 1991 était ingénieux et raffiné.

avec son roadster Audi quattro. Une fabrique fut installée tout spécialement à Berlin pour la Treser, mais seules deux douzaines d'exemplaires y furent produites.

Au Mondial de Paris de 1988, la Manufacture de voitures de sport MVS (devenue Venturi en 1991) présentait son projet Transcup à pavillon escamotable. Les deux panneaux du toit pouvaient être déposés dans le coffre avant à la manière d'un «T-roof», tandis que la partie arrière du pavillon disparaissait entre les sièges et le moteur central grâce à une commande électrique.

Avec la CRX Hard Top présentée en 1992, Honda avait réalisé un coupé dont le toit en aluminium se retirait à volonté sur la partie arrière; mais ce n'était pas un cabriolet à part entière. De même le roadster Evolution, basant sur la Lamborghini Diablo et exposé à Paris en 1996 par le concessionnaire Lamborghini R. Affolter, de Porrentruy, n'est qu'un modèle targa; dix électromoteurs poussent le toit de plastique ou de verre d'un mouvement raffiné jusqu'au-dessus du moteur, en passant par-dessous l'arceau de sécurité.

Au début des années 90, ce sont des entreprises de design ou de développement qui reprennent le thème du toit mobile en dur. Ainsi, la firme américaine ASC (American Sunroof Corporation) a sorti une Nissan 300 ZX et plus tard, entre autres, une Cadillac Allanté dont le toit en dur s'escamote dans le coffre automatiquement. Ce système a été produit finalement en série à fin 1994 sur une version spéciale de la Mitsubishi 3000 GT destinée au marché américain et qui peut à bon droit prétendre au titre de seule voiture de production pourvue d'un hardtop escamotable. Il s'en construisit plus de 1100 unités.

Diverses études

Durant la décennie en cours, nombre de concept cars intègrent l'idée d'un toit transformable offrant au choix un abri sûr ou les plaisirs du plein air. Notamment l'Alfa Romeo Protéo de 1991, ou la Heuliez Raffica de 1993, la Mitsubishi HSR-V et la Toyota MRJ de 1995. A part la Mercedes SLK, il y a actuellement une autre voiture de sport allemande qui est munie d'un

Von ASC in den USA u. a. für den Nissan 300 ZX (Bild) entwickeltes und beim Mitsubishi 3000 GT für die Serie verwirklichtes «Klappdachsystem».

Développé par ASC, aux Etats-Unis, pour la Nissan 300 ZX (notre photo), ce système de toit «rabattable» fut produit en série sur la Mitsubishi 3000 GT.

toit amovible, mais elle mène une existence marginale; il s'agit de la Keinath GTR, avec mécanique Opel, dont le toit glisse dans le coffre sur des rails...
Et parmi les studios de design qui étudient les possibilités offertes par le toit dur mobile, il faut compter celui de Leonardo Fioravanti, qui a déjà donné à l'univers du concept car nombre de visions futuristes spectaculaires.

Roger Gloor

Auf dem Salon von Paris des Jahres 1988 zeigte die französische Sportwagenmarke MVS (ab 1991 Venturi) eine «Transcup» genannte Ausführung, deren vordere Dachhälften im Kofferraum verstaut werden konnten, während der hintere Dachteil samt Heckscheibe elektrisch zwischen den Sitzen und dem Mittelmotor verschwand. Mit dem 1992 präsentierten Honda CRX Hard Top wurde ein Targacoupé verwirklicht, dessen Dacheinsatz aus Aluminium sich auf Wunsch elektrisch auf das Heck absenken liess; es handelte sich allerdings nicht um ein Vollcabriolet. Auch der 1996 in Paris vorgestellte Lamborghini Diablo Roadster Evolution des Schweizer Lambo-Garagisten R. Affolter aus Porrentruy war ein Targamodell: Zehn Elektromotoren bugsieren dieses Kunststoff- oder Glasdach in einem raffinierten Bewegungsablauf unter dem Überrollbügel hindurch über den Motor.

Zu Beginn der neunziger Jahre waren es vor allem die Design- und Entwicklungsfirmen, die sich des Themas mobile Festdächer annahmen. So präsentierte die amerikanische Firma ASC (American Sunroof Company) einen Nissan 300 ZX und später u. a. auch einen Cadillac Allanté, dessen festes Dach sich auf Knopfdruck in den aufgeklappten Kofferraum absenkte. In die Serie übergeführt wurde dieses System Ende 1994 schliesslich mit einer US-Sonderversion des Mitsubishi 3000 GT, die dann auch zu Recht als der Welt einziges Produktionsauto mit vollversenkbarem Hardtop bezeichnet wurde. Von ihm wurden bis 1996 über 1100 Stück gebaut.

Diverse Concept-cars

Im laufenden Jahrzehnt wurde ein wahlweise optimalen Schutz oder Frischluftgenuss bietendes «Wandeldach» zudem in eine Anzahl Concept-cars integriert. Zu ihnen zählte der Alfa Romeo Protéo von 1991 ebenso wie der Heuliez Raffica von 1993, der Mitsubishi HSR-V oder der Toyota MRJ von 1995. – Neben dem Mercedes-Benz SLK gibt es heute übrigens – sozusagen als eine Randerscheinung – noch einen zweiten deutschen Sportwagen mit «automatisch verräumbarem Dach», den Keinath GTR mit Opel-Mechanik, dessen Dach sich über Schienen in den Kofferraum herunterfahren lässt... Zu jenen Designstudios, die sich mit den Möglichkeiten eines mobilen Festdachs befassen, zählt übrigens jüngstens auch jenes von Leonardo Fioravanti, der in der Welt der Concept-cars bereits etliche spektakuläre Zukunftsvisionen auf die Räder gestellt hat.

Roger Gloor

Das «Variodach», wie es heute zum Mercedes-Benz SLK gehört: Binnen 25 s verwandelt sich das Coupé zum Cabriolet.

Le «Variodach» de la Mercedes-Benz SLK n'exige que 25 secondes pour transformer le coupé en cabriolet.

Gut ventiliert mit variablen Gaswechselsystemen

Les avantages de la distribution variable

Nach dem Viertaktprinzip von Nikolaus August Otto agierende Motoren müssen – so wird allgemein angenommen – je Arbeitszylinder zum Ein- und Ausatmen über je ein Ventil verfügen. Allerdings hat schon 1900 Dr. Frederick Lanchester bewiesen, dass sich auch mit einem Soloventil je Brennraum auskommen lässt. Er setzte dem einsamen Pförtner eine Steuerklappe vor die Nase, um den Gegenverkehr zum Brennraum und aus diesem hinaus zuverlässig zu regeln. Mit dieser Idee vermochte er aber die Kollegen Konstrukteure nicht zu überzeugen. So blieb es denn gut ein Dutzend Jahre bei zwei Ventilen, bis der inzwischen die Völker begeisternde Motorsport zur Erkenntnis führte, durch Verdoppelung der Ventilzahl eine bessere Füllung der Zylinder und damit mehr Leistung und Drehmoment zu gewinnen. Die Umsetzung dieser guten Idee in den automobilen Alltag sollte aber noch Jahrzehnte auf sich warten lassen. Doch es geschah etwas anderes: Die Ventile begannen einen schrittweisen Umzug. Hätten die Macher damals richtig aufgepasst, hätten sie die vielen kleinen Schritte durch einen einzigen Hopser sparen können. Sie hätten sich nur den Motor des Mr. Maudslay anzusehen brauchen. Der startete 1902 als Dreizylinder, dem bald ein Sechszylinder folgte. Beide wiesen zwei Details auf, die noch keinem anderen eingefallen waren: Druckschmierung aller bewegten Teile und eine obenliegende Nockenwelle für die senkrecht hängenden Ventile. Letztere wurden vom Wettbewerb stattdessen seitlich neben die Zylinder gestellt. Dieses Konzept wurde zum Standard bis in die dreissiger Jahre. Es lieferte zwar eine Brennraumform mit ziemlich müdem Wirkungsgrad, aber es war äusserst schlicht und billig in der Herstellung.

Nächster Schritt war der Umzug der Ventile ins Obergeschoss. Man liess sie dort nun hängen und von der unten verbliebenen Nockenwelle über Stängelchen und Hebelchen steuern. Das war entschieden besser, denn im Kopf liess sich ein kompakter Brennraum eingraben. Die gelernten Motorenmacher der Epoche vertraten das Credo, der optimale Brennraum müsse die Form einer auf den Kolbenboden gekippten Halbkugel haben. Um das zu erreichen, mussten die Ventile eine gewinkelte Position einnehmen. Das bedeutete: Auch die Nockenwelle musste nun im Obergeschoss Quartier beziehen. Es durften auch deren zwei sein, wenn man die Kipp- oder Schlepphebel loswerden wollte. Für die Grossserie schien das entschieden zu aufwendig und führte zu einigen eher seltsamen Umwegen. So drehten beispielsweise Rover und Rolls-Royce die Halbkugel

Les moteurs qui tournent au rythme à quatre temps inventé par Nikolaus August Otto ont besoin, pense-t-on généralement, d'une soupape pour inspirer, et d'une autre pour expirer. En fait, en 1900 déjà, un certain Frederick Lanchester avait prouvé qu'une seule soupape par chambre de combustion peut suffire. Il avait affublé le nez de son unique soupape d'une sorte de clapet qui réglait l'inversion du flux gazeux de manière tout à fait fiable. Seulement les collègues constructeurs ne firent aucun cas de sa démonstration, et pendant une bonne douzaine d'années ils s'en tinrent aux deux soupapes. Jusqu'à ce que le sport automobile, qui commençait à réjouir l'âme des peuples, révèle qu'en doublant le nombre des soupapes, le remplissage des cylindres se ferait mieux, et qu'on y gagnerait en puissance et en couple.

Mais cette bonne idée mit encore des dizaines d'années pour parvenir jusqu'à la voiture de tous les jours. Le chemin fit de longs détours. Les soupapes se mirent à déménager par étapes. Si les constructeurs avaient été attentifs, ils se seraient épargné toutes ces pérégrinations, et ils auraient pu sauter directement à la bonne place d'un coup. Il leur aurait suffi de jeter un coup d'œil au moteur qu'un certain Maudslay avait fabriqué en 1902, d'abord à trois, puis à six cylindres. Les deux versions étaient pourvues de deux détails qui n'étaient encore venus à l'esprit de personne: la lubrification sous pression de toutes les pièces mobiles et un arbre à cames en tête pilotant des soupapes verticales en tête. Au lieu de cela, la concurrence les pla-

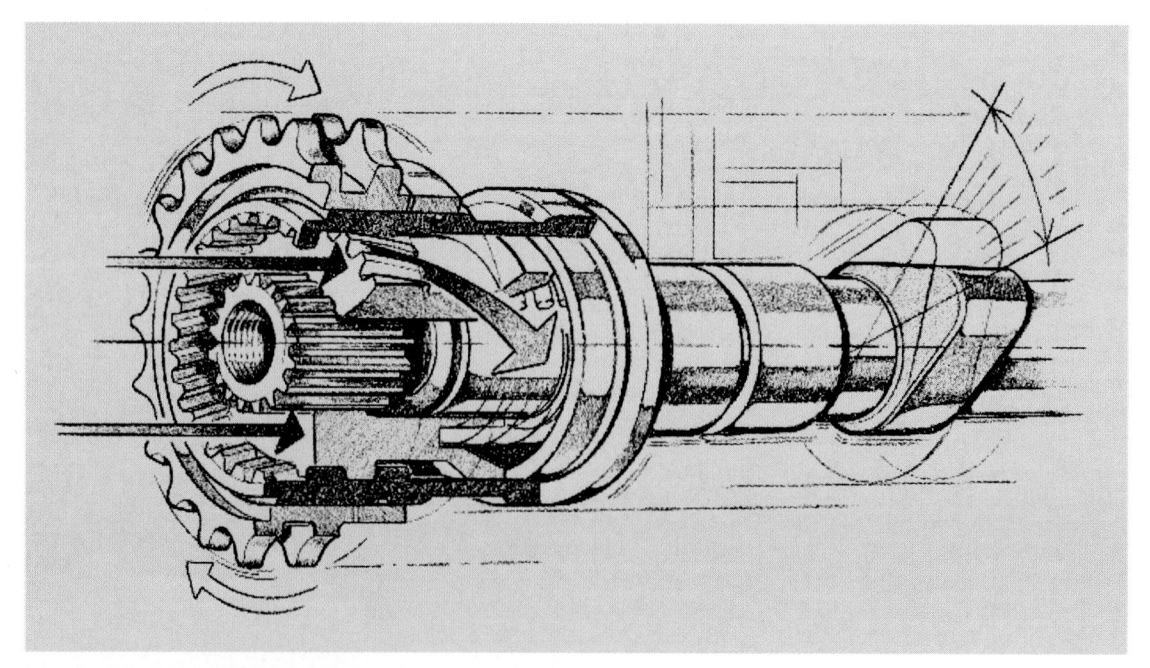

Die als Phasenwandler bezeichnete, hydromechanisch arbeitende Vorrichtung von Alfa Romeo verändert die Öffnungszeiten des Einlassventils. Den Umschaltbefehl erhält der das Öldruckventil schliessende Elektromagnet von der Motronic.

Classé sous l'appellation de variateur de phase, le dispositif hydraulique d'Alfa Romeo modifie les temps d'ouverture des soupapes d'admission. Une commande Electromagnétique qui modifie la pression de l'huile reçoit ses ordres de la gestion Motronic.

Avancer...

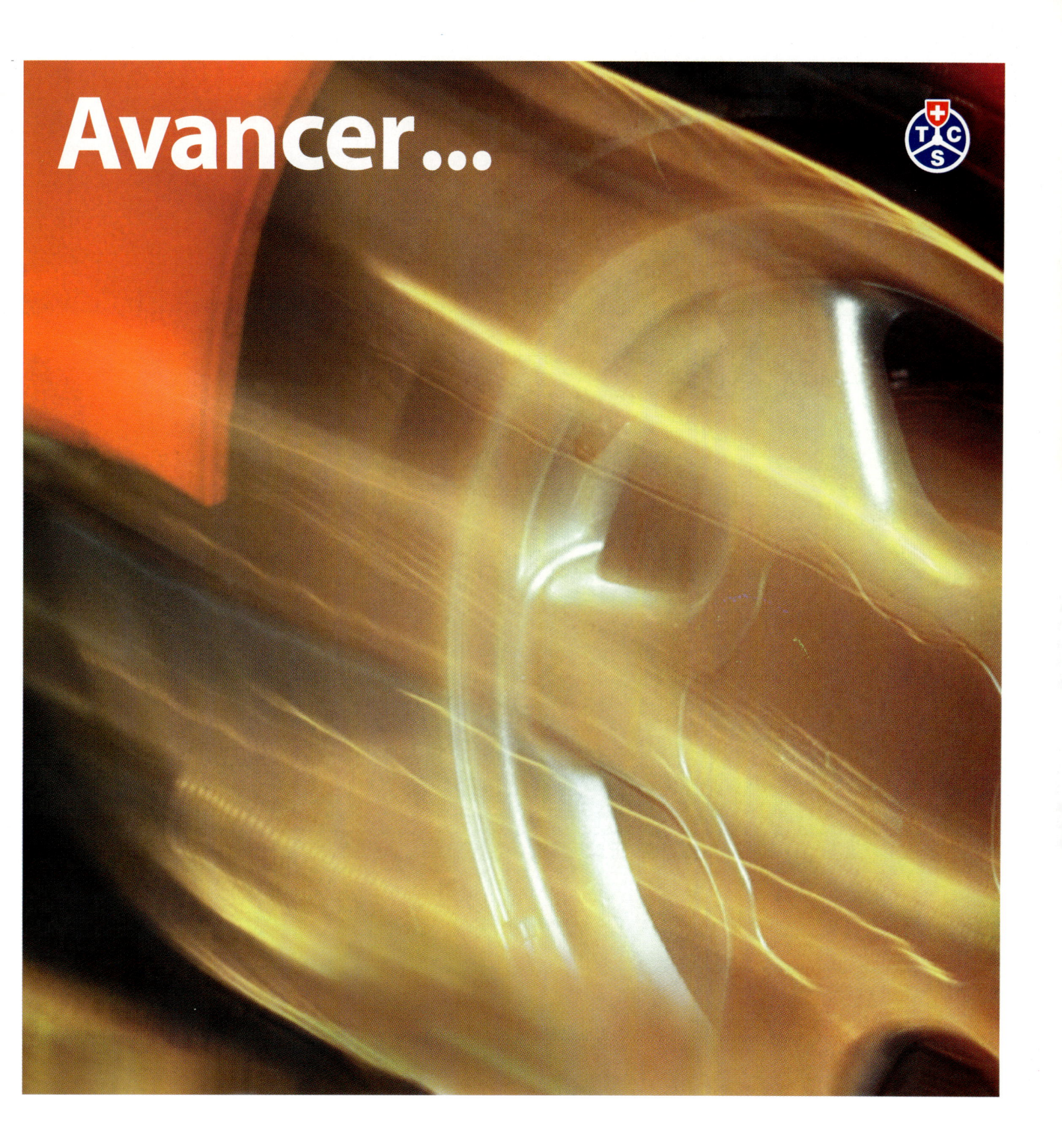

Depuis un siècle, la vocation du Club est restée la même: porter assistance à tous ceux qui se déplacent en leur garantissant mobilité et sécurité.

touring club suisse schweiz svizzero

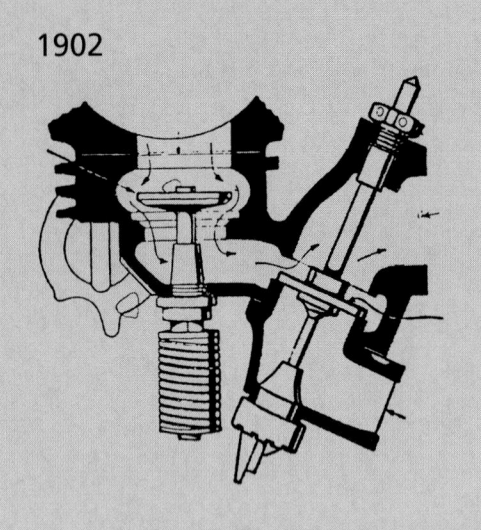

Ventile unterwegs

Hier begleiten wir die Reise der Ventile über die Jahrzehnte: Lanchester genügte ein Ventil vor dem Brennraum. Zwei seitlich stehende für den T-Kopf. Henry Ford liess sie seitlich in Reihe über der Nockenwelle hüpfen. Dann zogen sie nach oben um, die Nockenwelle blieb unten. Versuch, durch «gegengesteuerte» Ventile einen hemisphärischen Brennraum zu schaffen. Nun ist auch die Nockenwelle oben, wenn auch neben den schrägen Ventilen: Der Brennraum hat im Schnitt nun Keilform. Schräggestellte Ventile mit zentraler Nockenwelle. Vier kleine Ventile und ein gut entwickelter Giebeldach-Brennraum mit zentraler Zündkerze.

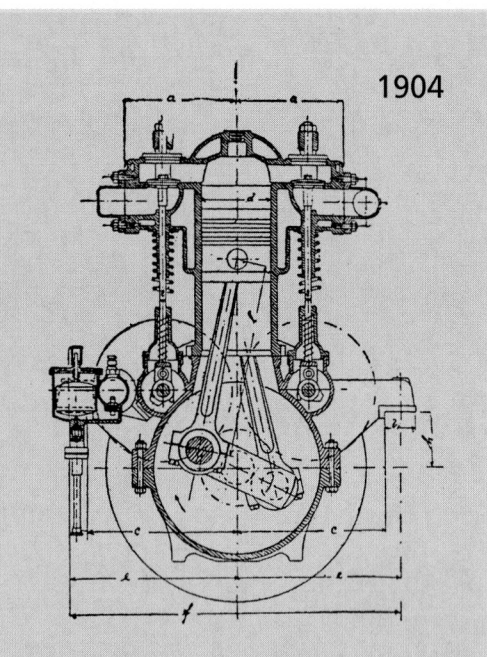

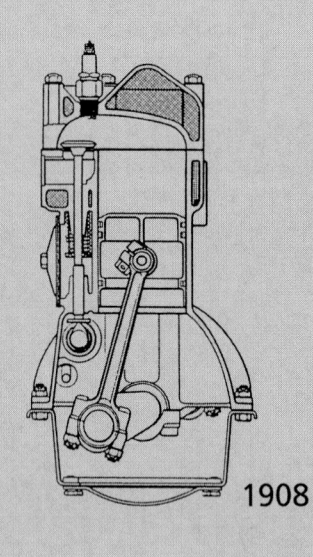

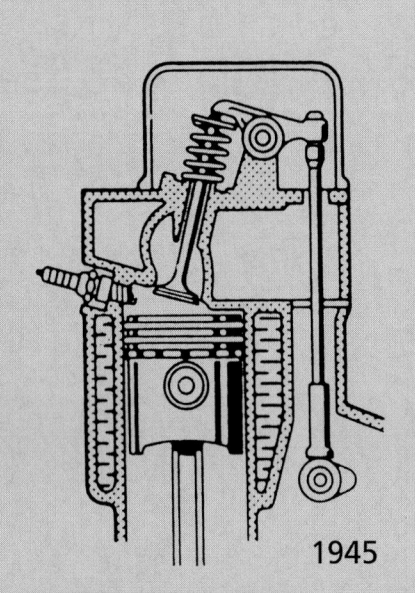

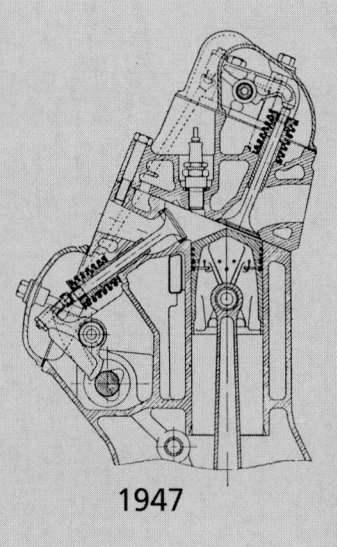

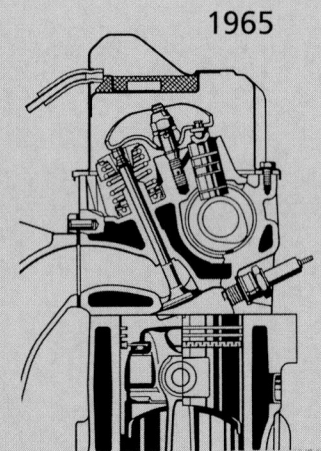

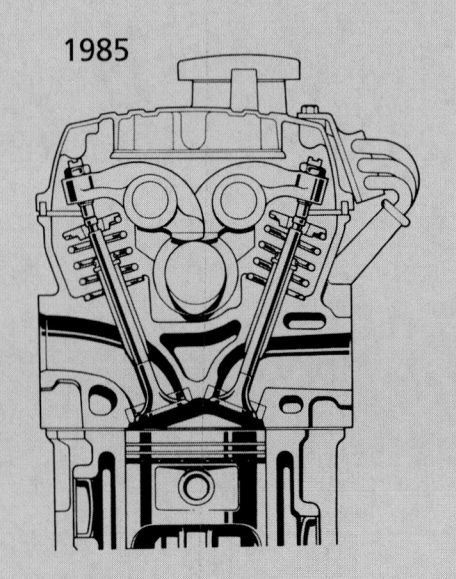

Nomadisme des soupapes

Le chemin parcouru par les soupapes au fil des années. Lanchester se contentait d'une soupape par chambre de combustion. Deux soupapes latérales pour la culasse de la Ford T – Henry Ford les faisait sautiller en ligne, latéralement, au-dessus de l'arbre à cames. Puis les soupapes montent à l'étage, l'arbre à cames reste en bas. – Essai de chambre de combustion hémisphérique avec soupapes à commande opposée. Ici, l'arbre à cames a passé en tête lui aussi, mais à côté des soupapes en V: la chambre de combustion est cunéiforme en coupe. – Soupapes obliques avec arbre à cames au centre. – Quatre petites soupapes et une chambre de combustion avec toit à deux pans, la bougie occupe le centre.

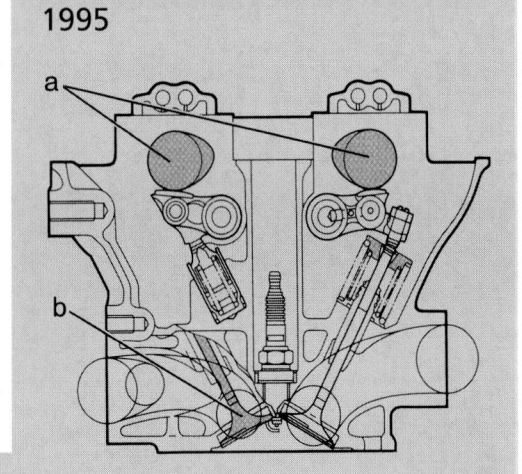

auf den Rücken und regelten den Gaswechsel durch «gegengesteuerte» Ventile: Einlassventil in dem flott schräg aufgesetzten Zylinderkopf, Auslasskollege halbwegs liegend im Zylinderblock. Die Patentlösung war das auch nicht.

Für die Grossserie setzte sich die obenliegende Nockenwelle – meist durch einen Zahnriemen angetrieben – mit in sauberer Reihe hängenden Ventilen schliesslich durch. Erst in den achtziger Jahren fassten Hersteller in rasch wachsender Zahl den Mut zum Vierventiler. Eingehende Untersuchungen der Brennraumformen und der Verbrennungsvorgänge brachten die freudige Botschaft, dass neben der Kugelkalotte auch der gepflegte Giebeldach-Brennraum höchstem Anspruch genügte. Damit hatte der Vierventiler freie Bahn gewonnen.

Neue Möglichkeiten

Für die spezifische Leistung wie für das Drehmomentangebot und letztlich seinen «Charakter» ist der Kopfinhalt des Motors entscheidend. Erstaunlich früh in der Technikgeschichte entdeckten einige kluge Leute die dynamischen Kräfte des Gaswechsels und machten sich Gedanken, wie sich die Ventile neben ihrer Pförtnerrolle auch für andere Aufgaben gewinnen liessen. Man begann mit den Steuerzeiten der Ventile zu spielen und entdeckte Chancen, das Naturell des Motors zu beeinflussen. Der erste, der sich an eine variable Anpassung der Öffnungs- und Schliesszeiten der Ventile an die wechselnden Bedürfnisse des Motors heranwagte, war Louis Renault. Schon 1902 versuchte er durch die Verschiebung der Kontaktebene zwischen dem Nocken und einem Schlepphebel die Steuerzeiten variabel zu machen. Es blieb, wie bei so manchem interessanten Vorschlag aus den Kindertagen des Automobils, bei dem flüchtigen Geistesblitz. Richtig ernst mit den Mühen um die Nutzung der Gaskräfte wurde es erst in den sechziger Jahren. Das begann mit Experimenten, Leistung mit Saugrohrlängen und Fächerkrümmern der Abgasentsorgung zu gewinnen, und ernährte in dieser Aufbruchzeit ein boomendes, junges Gewerbe, das sich dem «Motortuning» hingab. Die Leistungssteigerungen der Kuren waren zwar erfolgreich, doch sie meuchelten in der Regel das Drehmoment im unteren Aktionsbereich. Um die gasdynamischen Kräfte über den gesamten Betriebsbereich nutzbringend einspannen zu können, bedurfte es des Eingriffs in den bisher starren Ablauf der Ventilsteuerung. Möglichst auf den beiden Ebenen des Öffnens und Schliessens der Ventile wie auch in der Dimension des Ventilhubs. Für kaum ein Sachgebiet des Motorenbaus sind in den vergangenen 20 Jahren eine ähnliche Menge von Patentanmeldungen erfolgt wie für die variable Steuerung der Ventile von Viertakt-Automobilmotoren. Aus den Hunderten von Vorschlägen lässt sich zwar die Aktualität des Themas erkennen, doch die Mehrzahl erwies sich als kaum praktikabel.

Wie die Tuningkünstler herausgefunden hatten, spielten die durch den raschen Transport von Luft, Gemisch und Abgas entstehenden Massenkräfte für die Motorleistung eine wichtige Rolle. Strömungsgeschwindig-

Doppel-Vanos – Bei der jüngsten Vanos (variable Nocken-Spreizung) im BMW M3 werden Ein- und Auslassnockenwellen stufenlos verstellt. Resultat: mehr Drehmoment im unteren und im oberen Drehzahlbereich, optimierter Leerlauf dank weniger unverbrannter Restgase, raschere Kat.-Aufheizung bzw. minimierte Rohemissionen und reduzierter Verbrauch.

Double Vanos – Sur le nouveau système Vanos de la BMW M3, la variation des soupapes d'admission et d'échappement se fait en continu. Résultat: davantage de couple sur toute la plage de régimes, amélioration du ralenti grâce à la réduction des quantités d'hydrocarbures imbrûlés, chauffage plus rapide du catalyseur et réduction des émissions brutes, diminution de la consommation.

çait à côté des cylindres, une manière de faire qui demeura standard jusque dans les années trente. Les moteurs étaient mous, mais c'était un procédé simple et bon marché.

Au stade suivant, les soupapes déménagèrent à l'étage supérieur, suspendues maintenant la tête en bas, actionnées par l'arbre à cames resté à l'étage en dessous au moyen d'une tige et d'un petit levier. C'était déjà beaucoup mieux, parce qu'on pouvait ainsi creuser dans la culasse une chambre de combustion compacte. Les motoristes diplômés de cette époque partageaient le credo selon lequel la meilleure forme possible à donner à une chambre de combustion était celle d'une hémisphère plaquée sur la tête du piston. Pour cela, il fallait donner de l'angle aux soupapes. Par conséquent faire monter à son tour l'arbre à cames à l'étage supérieur. Et même, pourquoi pas, en mettre deux, si l'on voulait supprimer le culbuteur ou autre levier oscillant. Pour la grande série, cette manière de faire semblait trop compliquée, ce qui entraîna quelques détours bien étranges. C'est ainsi par exemple que Rover et Rolls-Royce mirent l'hémisphère sur le dos et réglèrent la respiration au moyen de soupapes à commande «opposée»: la soupape d'admission hardiment posée de biais dans la culasse, celle d'échappement presque semi-horizontale dans le bloc-cylindres. Ce n'était pas non plus la formule idéale. Finalement, c'est l'arbre à cames en tête – la plupart du temps entraîné par une courroie crantée – qui s'imposa dans la grande série, avec des soupapes renversées proprement alignées. Il faut attendre les années quatre-vingts pour que des constructeurs, rapidement nombreux, aient l'audace de passer à quatre soupapes. En approfondissant les recherches, on eut le bonheur de se rendre compte que la calotte hémisphérique n'était pas absolument indispensable, que la chambre de combustion en forme de toit pouvait suffire, qu'elle répondait aussi aux plus

Varianten von variablen Ventilsteuerungen

Im Lauf von bald 100 Jahren hat die Ventilsteuerung die Erfinder und Forscher beschäftigt:
Die variable Schwinghebel-Konstruktion von Louis Renault (1) aus dem Jahr 1902. Die Systeme 2 und 3 stammen von Ferrari/Fiat. Die erste setzt auf eine axial verschiebbare Nockenwelle mit Raumnocken, die zweite auf die Kinematik verstellbarer Hebel. Früher «Phasenschieber» von Gibbs (4): Hier wirkt sich das variable Längenverhältnis der Ketten- bzw. Zahnriementrums aus. Wolfsburger Idee: dem Einlassventil vorgelagerter Drehschieber (5). Freischwinger mit elektromagnetischer Steuerung (6). Das alles gab bzw. gibt es schon.

Variantes des commandes variables des soupapes

La commande des soupapes aura beaucoup occupé les inventeurs et les ingénieurs durant tout le siècle:
La construction à levier oscillant variable de Louis Renault en 1902. (1) – Les systèmes 2 et 3 proviennent de Ferrari/Fiat. Le premier utilise un arbre à cames qui se déplace sur son axe et pourvu de cames tridimensionnelles, le second de leviers qui se règlent avec la cinématique. – «Poussoir de phase» précoce de Gibbs (4), ici on joue sur la variation du rapport des longueurs de la chaîne ou de la courroie crantée. – Une idée de Wolfsburg: le poussoir tournant placé devant la soupape d'admission (5). Oscillateur libre avec pilotage électronique (6). Tout cela a existé ou existe encore.

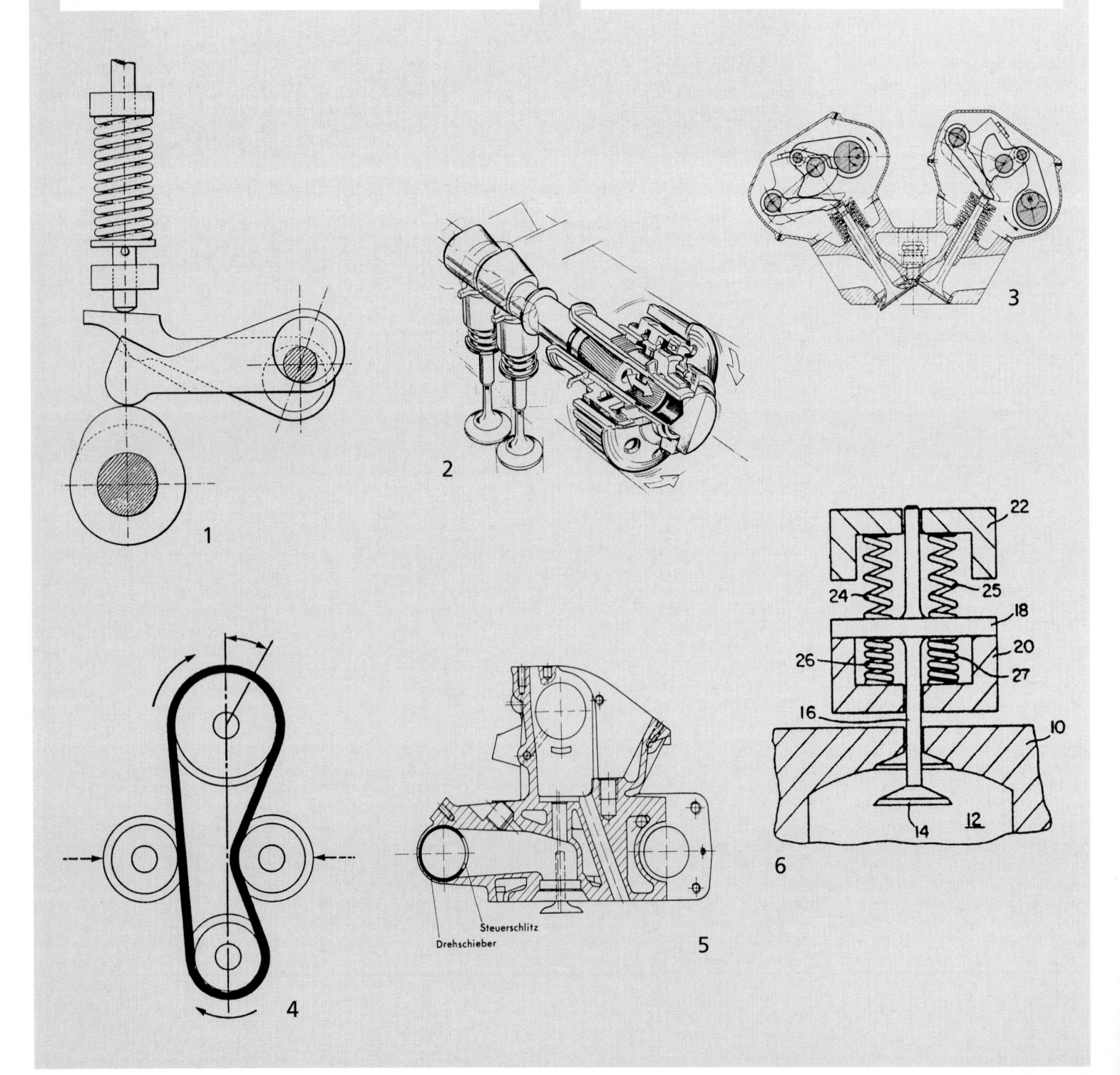

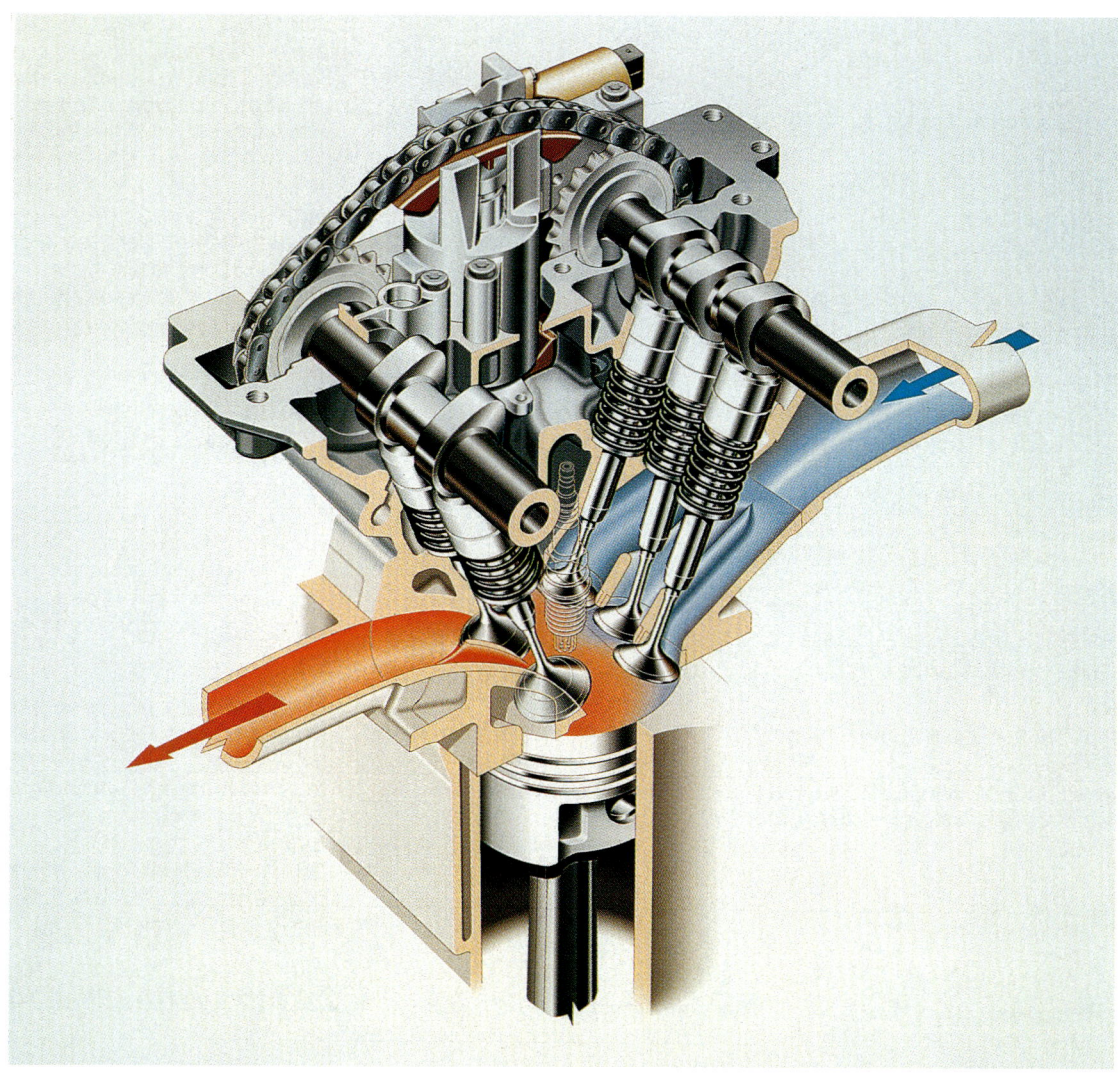

Bei dem von Porsche und Audi (5-Ventil-Motoren) benutzten Prinzip wird die Einlassnockenwelle durch Veränderung des Längenverhältnisses der beiden Kettentrums verstellt.

Sur le principe utilisé par Porsche et Audi (moteurs cinq soupapes), l'arbre à cames d'admission est décalé en agissant sur la longueur respective des deux parties de la chaîne.

keit und Masse liessen sich durch Saugrohrlänge und Innendurchmesser bestimmen. Die neue Regel hiess: Ein langes und schlankes Rohr tat dem Drehmoment gut, ein kurzes und weites erhöhte die Leistung bei hoher Drehzahl. Im ersten Fall nützte bei der langsameren Strömung die grössere Luftmasse im langen und schlanken Rohr der guten Füllung der Brennräume, im zweiten erwies sich das kurze und weite Rohr als vorteilhaft für die schnelle Sequenz der Saugtakte. In beiden Fällen diente die Sache auch einer Minderung der Pumpverluste, weil die Luftschwingung im Rohr im jeweiligen Drehzahlbereich einen Ladeeffekt lieferte. Auf den Gedanken, die Saugrohre längenvariabel zu gestalten, kamen die Tuningexperten damals noch nicht. Dass es bei der Optimierung des Gaswechsels auf das Zusammenspiel der gasdynamischen Kräfte mit den Steuerzeiten der Ventile ankommt, war bald allgemein bekannt.

Steuerprobleme

Es galt also, ausser der besseren Nutzung der Kräfte aus der Gasströmung, die Choreographie des Tanzes der Ventile den von Last und Drehzahl diktierten Voraussetzungen im Betrieb anzupassen. Die theoretisch optimale Lösung wäre zweifellos ein elektronisch gesteuertes, freies Steuerprogramm, mit dem sich ohne die mechanische Fessel die Aktionen der Ventile optimal bestimmen lassen.
1975 schien es, als hätten die Amerikaner Louis Ule und Gunnar Michelson das «Ei des Kolumbus» gefunden. Sie hatten

hautes exigences. La partie du quatre soupapes était gagnée.

Possibilités nouvelles

Le contenu de la culasse d'un moteur est déterminant pour sa puissance spécifique, son couple, et enfin son caractère. Il est étonnant de voir que dans l'enfance de la technique déjà, quelques personnes intelligentes avaient découvert les forces dynamiques du cycle de charge et avaient réfléchi au moyen d'utiliser les soupapes à une autre fonction que celle de simple portier. On avait commencé à jouer avec les temps de distribution et découvert là un moyen d'influencer le naturel du moteur. Le tout premier qui osa faire varier les temps d'ouverture et de fermeture des soupapes en fonction des besoins changeants du moteur fut Louis Renault. En 1902, il essaya de rendre les temps de distribution variables en décalant la surface de contact entre la came et un levier oscillant. Mais comme bien d'autres propositions intéressantes faites à l'époque des découvertes, cet éclair de génie fugitif ne laissa guère de traces. Les forces des gaz ne furent prises réellement au sérieux qu'à partir des années soixante. Cela commença par des essais pragmatiques portant sur la longueur des canaux d'admission et celle du collecteur d'échappement dans le but de gagner quelques chevaux. Ces expériences firent la prospérité de toute une nouvelle petite population, celle des préparateurs. Le gonflage apportait bien de la puissance, mais il était généralement meurtrier pour le couple dans la zone des bas régimes. Pour pouvoir exploiter la dynamique des gaz sur l'intégrité de la plage de fonctionnement, il fallait intervenir sur la distribution, jusqu'ici rigide. En agissant si possible sur l'ouverture et la fermeture des soupapes, et même sur la levée.

Dans aucun autre domaine de la construction de moteurs, les dépôts de brevets n'ont été aussi nombreux, ces vingt dernières années, que dans celui de la distribution variable des moteurs de voitures à quatre temps. Ces centaines de propositions montrent bien l'actualité du sujet, mais la plupart d'entre elles pêchent par manque de faisabilité. Comme les artistes de la préparation l'avaient découvert, les forces produites par la rapidité du transport de l'air, du mélange et des gaz d'échappement jouent un rôle important dans la puissance d'un moteur. La vitesse et les masses sont influençables au moyen de la longueur et du diamètre intérieur des canaux. La nouvelle certitude: un canal long et mince favorise le couple, un canal gros et court donne des chevaux à haut régime. Avec la première formule, le flux ralenti et les masses d'air plus importantes améliorent le remplissage des chambres de combustion, tandis que l'autre est bénéfique lorsque la séquence du temps d'admission est rapide. Dans les deux cas, on obtient une diminution des pertes dues au changement de charge, parce que dans chacun des cas, les oscillations de l'air dans le canal fournissent un ef-

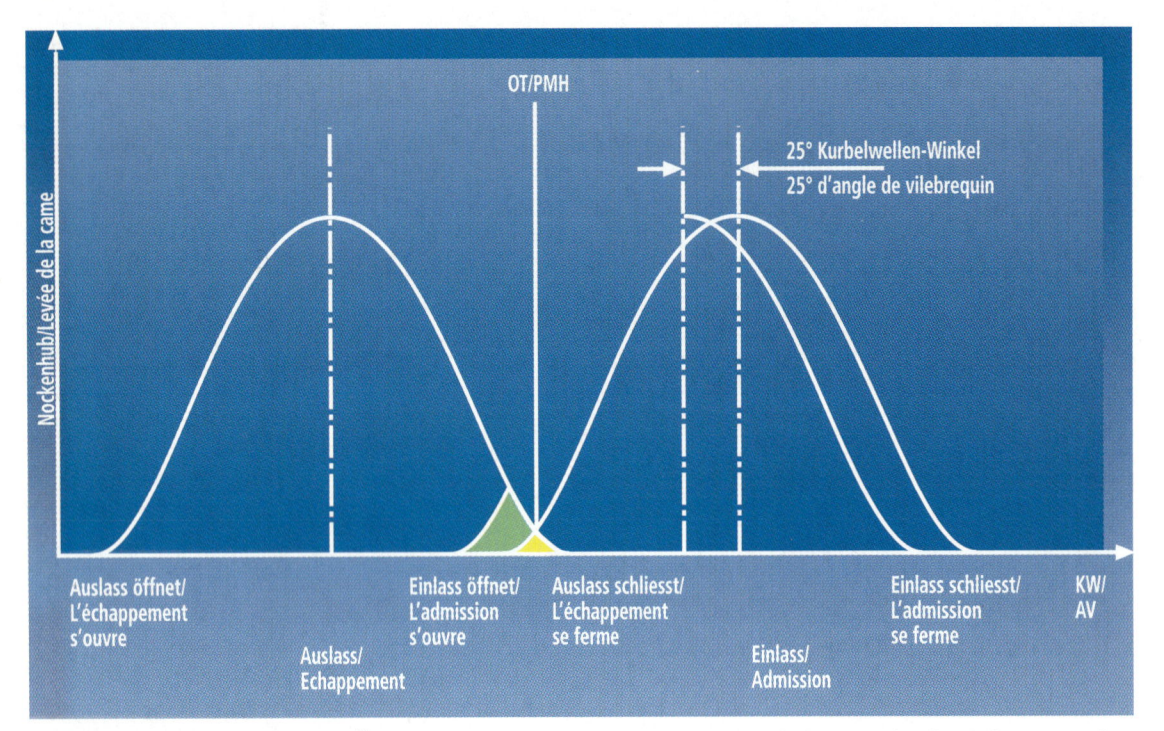

Phasenschieber-Diagramm: Die Öffnungs- und Schliesszeit wird nur verschoben. Dadurch wird unter anderem die Überschneidungsphase verkürzt.

Diagramme du dispositif de décalage de phase: les temps d'ouverture et de fermeture sont seulement décalés, ce qui permet entre autres de raccourcir la phase de chevauchement.

eine rechnergesteuerte elektromagnetische Ventilsteuerung erfunden. Bei den praktischen Versuchen funktionierte das System und erbrachte u. a. deutliche Verbesserungen bei den Emissionen – aber keine Chance auf Serienanwendung. Die Probleme lagen offenbar bei dem zu hohen Energieanspruch und Funktionsschwierigkeiten bei höheren Drehzahlen. Mit ähnlichen Systemen haben sich auch andere befasst – darunter Bendix, Bosch und Siemens. Dass die Grundidee nach den bisherigen Misserfolgen nun tot ist, ist kaum anzunehmen. Dazu ist sie viel zu attraktiv.

Stand der Dinge

Variable Ventilsteuerungen finden sich in unseren Tagen in verschiedener Form an Motoren von Automobilen der Grossserie. Drei Funktionsprinzipien haben sich etabliert:

- Phasenwandler, überwiegend für die Einlassventile
- mechanischer Wechsel zwischen zwei Steuerprogrammen
- Variationen der Öffnungs- und Schliessphase

Phasenwandel

Phasenverschiebung, das heisst eine Vor- oder Zurückstellung der Nockenwelle im Verhältnis zum Kurbeltrieb, wurde zuerst (1985) von Alfa Romeo eingeführt. Sie steht auch heute für bestimmte Motorvarianten zur Verfügung. Die Verstellung der Nockenwelle besorgt hier eine mit inneren Längsnuten und äusserer Bogenverzahnung versehene Schiebemuffe zwischen Nockenwelle und der Nabe des Antriebs-Zahn- bzw. -Kettenrades. Elektronisch gesteuert und hydraulisch gegen Federdruck axial bewegt, verdreht sie die Nockenwelle um ca. 20–30°. Für den Leerlauf und den unteren Teillastbereich bringt das Vorteile hinsichtlich Verbrauch und Emissionen (Absenkung der Leerlaufdrehzahl, Verbesserung von Kaltstart und Beschleunigung).

Diese Art variabler Steuerung wurde im Lauf der Jahre verfeinert; aus der ursprünglichen «Schwarzweissregelung» entwickelte sich eine Lösung, die den Verdrehwinkel stufenlos, elektronisch gesteuert dem Bedarf anpasst. Solche Phasenwandler verwenden heute ausser der Fiat-Tochter auch BMW, Jaguar, Mercedes-Benz, Nissan

fet de charge. A l'époque des préparateurs, on n'était pas encore venu à l'idée de rendre la tubulure variable. Mais tout le monde se convainquit très vite que pour améliorer la respiration du moteur, il fallait combiner une action sur la dynamique des gaz avec le pilotage des temps de distribution.

Les problèmes du pilotage

Donc, outre la meilleure utilisation des forces du flux de gaz, il s'agit encore d'adapter la chorégraphie des soupapes aux conditions de fonctionnement dictées par la charge et le régime. La solution théoriquement optimale serait sans aucun doute un programme libre piloté électroniquement, avec lequel on réglerait l'action des soupapes sans intervention mécanique.

*En 1975, les Américains Louis Ule et Gunner Michelson semblèrent avoir pondu l'œuf de Colomb. Ils avaient inventé une commande de soupapes électromagnétique pilotée par ordinateur. Aux essais, leur système fonctionnait et il apportait de nombreuses améliorations, notamment au niveau des émis-*sions. Mais il n'avait aucune chance d'être appliqué à la production en série. Il entraînait une consommation d'énergie problématique et fonctionnait mal à haut régime. D'autres ont fait des recherches dans la même direction, notamment Bendix, Bosch et Siemens. Mais ces résultats négatifs n'ont pas donné le coup de grâce à l'idée de base. Elle est beaucoup trop intéressante.

La situation actuelle

De nos jours, on rencontre diverses formes de systèmes de distribution variable sur les moteurs de voiture. Trois principes de fonctionnement se sont imposés:

- *le variateur de phase, le plus souvent pour les soupapes d'admission;*
- *la commutation mécanique entre deux programmes de pilotage;*
- *la modification des phases d'ouverture et de fermeture.*

Variateur de phase

Le décalage de la phase, c'est-à-dire l'avance et le retard de l'arbre à cames par rapport au vilebrequin a été introduit d'abord par Alfa Romeo en 1985. Ce système est disponible aujourd'hui encore pour certaines variantes de moteurs. Le décalage de l'arbre à cames est produit ici par un manchon mobile à rainures droites et à denture extérieure hypoïde placé entre l'arbre à cames et l'axe du pignon du système d'entraînement par courroie ou par chaîne. Piloté électroniquement et déplacé axialement contre un ressort par commande hydraulique, il décale l'arbre à cames d'environ 20 à 30°. Au ralenti et dans la plage inférieure des régimes, il apporte des avantages aux points de vue consommation et émissions (réduction du régime de ralenti, amélioration du départ à froid et accélérations). Ce système de pilotage variable s'est affiné au cours des années; à l'origine un réglage du type noir-blanc, il s'est transformé en mécanisme pilotant électroniquement un angle variable en continu et s'adaptant aux nécessités du moment. Outre la filiale Fiat, BMW, Jaguar, Mercedes-Benz, Nissan et

und PSA (letztere für den neuen V6).
Eine noch schlichtere Konstruktion schlug vor etlichen Jahren George Gibbs in Grossbritannien vor: Vor- und Nacheilen der Nockenwelle wird – sofern der Antrieb über eine Kette oder über Zahnriemen erfolgt – durch zwei Spannrollen auf den Aussenseiten der Trums bewirkt, die simultan in gleicher Richtung verschoben werden. Hierbei wird die Ketten- bzw. Zahnriemenlänge zwischen Antriebs- und Abtriebsrad an einem Trum verkürzt, am anderen verlängert. Solche mechanischen Steuerelemente verbinden Einlass- und Auslassnockenwelle, der Haupttrieb verbindet Kurbelwelle und Auslassnockenwelle in dem stabilen 2:1-Verhältnis. Dieses Prinzip wird u. a. von Porsche («Variocam») und Audi benutzt. Schon für dieses recht schlichte Prinzip gibt es eine Anzahl von Patentanmeldungen – u. a. von Bendix, Siemens und Sachs.

Tauschhandel

Aus den Trickkisten japanischer Motormacher stammen die Systeme, die im Betrieb den Wechsel zwischen zwei durch entsprechende Nockenformen fixierten Steuerprogrammen bieten. Honda trat zuerst 1983 mit einem Motorradmotoren konstruierten System an, bei dem für den unteren und mittleren Drehzahlbereich von je vier Ventilen zwei abgeschaltet wurden. Die Ab- oder Zuschaltung besorgte ein hydraulisch aktivierter Schieber, der zwei vom gleichen Nocken gesteuerte Schlepphebel entweder koppelte oder trennte.
Das gleiche Prinzip fand sieben Jahre später für die VTEC (sprich: witek) genannte, variable Ventilsteuerung von Automobilmotoren Anwendung. Allerdings in einer sehr viel aufwendigeren Form für einen Zweinockenwellen-Kopf. Das Honda-Prinzip bietet zwei recht unterschiedliche Steuerprogramme, die dem Motor auch einen «doppelten Charakter» verleihen: sanft und elastisch für Normal- und Stadtbetrieb oder sportlich für Hochleistung. Hier gibt es je Ventilpaar drei Steuernocken und zwischen den zugehörigen zwei Schlepphebeln einen dritten kurzen, auf dem der zentrale Nocken für das Leistungsprogramm aufliegt. Im unteren Drehzahlbereich werden die Ventilbewegungen von den beiden äusseren Nocken bestimmt, für den Leistungsbereich werden alle drei Schlepphebel durch einen hydraulisch eingeschobenen Riegelbolzen zusammengeschlossen, und der ein wenig höhere zentrale Nocken übernimmt das Steuerprogramm. Dieser 1,6-Liter-VTEC-Motor war damals das erste in grösseren Stückzahlen gefertigte Triebwerk mit einer spezifischen Leistung von 100 PS/L.
Inzwischen hat die VTEC-Familie Zuwachs erhalten. Zuerst durch einen Motor, dessen Konzept auf radikale Verbrauchssenkung zielt. Seine Ventilsteuerung benötigt nur eine Nockenwelle und schaltet im unteren Drehzahlbereich von den zwei Einlassventilen je Zylinder eines – bis auf einen minimalen «Lüftungsspalt» – ab. Durch die seitliche Position des aktiven Kollegen entsteht beim Einströmen der Luft in den Brennraum ein energisch kreisender Wirbel, der mit Hilfe einer sehr präzise gesteuerten und fein dosierenden Treibstoffeinspritzung die zuverlässige Zündung und Verbrennung eines Gemischs mit hohem Luftüberschuss ermöglicht. Ausserdem kam noch eine schlichtere Form von VTEC-1 hinzu, die mit einer obenliegenden Nockenwelle die Einlassventile nach zwei Programmen und die Auslassventile mit einem Programm bedient. Das jüngste Kind dieser interessanten Sippe ist nun der «Alleskönner» mit Ventilabschaltung im unteren Drehzahlbereich und zwei Steuerprogrammen mit unterschiedlichen Höhen des Ventilhubs.
Ein im Prinzip ähnliches Steuersystem für einen Vierventilmotor stellte Mitsubishi 1992 unter dem Kürzel-Namen MIVEC vor. Es bietet ebenfalls die Wahl zwischen zwei verschiedenen Steuerprogrammen und ermöglicht ausserdem die zeitweise Abschaltung der Ventiltätigkeit für zwei Zylinder – zum Beispiel im Schiebebetrieb oder im Bereich niedriger Teillast. Die Nockenwellen tragen je Ventilpaar auf der Einlass- und Auslassseite zwei Steuernocken mit den Programmen. Zu jedem Nocken gehört ein kurzer Schwinghebel. Diese werden – je nach Programm – mit einem T-förmigen, zentralen Schwinghebel verriegelt, dessen «Hörner» auf den Ventilschäften aufliegen.
Schon vor rund 20 Jahren wurden u. a. von Fiat/Ferrari/Lancia und von Nissan Versuche mit PSA (sur son nouveau V6) utilisent actuellement ce système.
En Grande-Bretagne, George Gibbs a proposé voici quelques années une solution encore plus simple: à la condition que l'arbre à cames soit entraîné par courroie (ou par chaîne), l'avance et le retard sont produits au moyen de deux galets de tension placés à l'extérieur de la courroie des deux côtés, entre l'entraînement de l'arbre à came et le pignon moteur, et qui se déplacent simultanément dans la même direction. Il s'ensuit un allongement sur un côté et un raccourcissement sur l'autre. Ces dispositifs mécaniques agissent aussi bien sur l'admission que sur l'échappement, les deux arbres à cames étant reliés dans le rapport stable 2:1. Ce principe est appliqué entre autres par Porsche (Variocam) et Audi. Rien que pour ce système relativement simple, il existe déjà bon nombre de brevets déposés, par Bendix, Siemens et Sachs notamment.

Le tour des Japonais

C'est de la boîte à miracles des Japonais que sont sortis les systèmes qui alternent, en cours de fonctionnement, entre deux programmes fixés par la forme des arbres à cames. C'est Honda d'abord, qui, en 1983, a construit un premier système de ce genre, pour un moteur de moto: aux régimes inférieurs et moyens, deux des quatre soupapes étaient découplées à l'aide d'un poussoir hydraulique actif qui mettait en ou hors service deux leviers oscillants pilotés par le même arbre à cames.
Le même principe a été appliqué sept ans plus tard sur le système VTEC (prononcer «vitec»), pilotage variable de la distribution pour moteurs de voitures cette fois. Beaucoup plus complexe, il s'appliquait à une culasse à deux arbres à cames. Le principe Honda présente deux programmes très différents qui confèrent au moteur une double personnalité: doux et souple en utilisation normale et en ville d'une part, performances sportives d'autre part. Ici, il y a trois cames pour chaque paire de soupapes et entre les deux leviers oscillants on en a mis un troisième plus petit sur lequel appuie la came centrale du programme hautes performances. A bas régime, les mouvements des soupapes sont conditionnés par les deux cames extérieures. Dans la zone de hautes performances, les trois leviers oscillants sont rendus solidaires les uns des autres par un verrou hydraulique et c'est la came centrale plus haute qui prend le commandement. Ce groupe de 1,6 litre était, au moment de son lancement, le premier moteur de grande série à disposer d'une puissance spécifique de 100 ch au litre.
Entre-temps, la famille VTEC s'est agrandie. Le suivant fut un moteur conçu dans le but d'abaisser la consommation au maximum. Sa commande de soupape ne nécessite qu'un arbre à cames et découple l'une des deux soupapes d'admission de chaque cylindre à bas régime tout en laissant un très mince espace ouvert pour l'aération. Du fait de la position excentrique de sa compagne en activité, l'arrivée de l'air dans la chambre de combustion produit un tourbillon énergique qui, assisté par une injection pilotée avec une grande précision et capable de dosages très subtils, assure de manière fiable l'allumage et la combustion d'un mélange hyperventilé. Puis vint encore une forme plus simple VTEC-1, qui se suffit d'un arbre à cames pour commander les soupapes d'admission au moyen de deux programmes et les soupapes d'échappement à l'aide d'un seul. Le dernier rejeton de cette intéressante tribu est maintenant le système à tout faire, avec découplage de soupapes à bas régime et deux programmes de pilotage faisant varier la levée des soupapes.
Mitsubishi a présenté en 1992, sous le sigle MIVEC, un système pour moteur à quatre soupapes semblable dans son principe. Il donne aussi le choix entre deux programmes et permet en plus le découplage par paires de l'activité des soupapes de deux cylindres – par exemple en régime de frein moteur ou à faible charge. Les arbres à cames portent pour chaque paire de soupapes, à l'admission et à l'échappement, deux cames de pilotage avec les programmes. A chaque came correspond un court levier oscillant. Suivant le programme, ces leviers oscillants sont verrouillés à un levier oscillant central en forme de T dont les «cornes» appuient sur les tiges de soupapes.
Des essais avec des arbres à cames se déplaçant sur leur axe ont été réalisés il y a déjà vingt ans environ par notamment Fiat/Ferrari/Lancia et Nissan.

axial verschiebbaren Nockenwellen angestellt. Während die Nissan-Konstruktion zwei Steuerprogramme durch Nockenpaare mit einer dazwischenliegenden Gleitrampe vorsah, war das von Andrea Titolo entwickelte Konzept der Italiener erheblich raffinierter. Hier wurden die mit «Raumnocken» versehenen Wellen durch eine listige Mechanik über den Tassenstösseln der Ventile axial verschoben. Dies in Abhängigkeit von der Motordrehzahl. Während die Nockenform ausser Öffnungs- und Schliesszeiten auch den Ventilhub bestimmt, findet kein abrupter Wechsel, sondern eine gleitende Veränderung von Steuerzeiten und Ventilhub statt. Um einen einwandfreien Kontakt zwischen den ebenen Stösselböden und der schrägen Nockenbahn zu gewährleisten, trugen die Stössel obenauf gelenkige Druckstücke. Obwohl die Versuchsergebnisse mit Ferrari- und Lancia-Motoren günstige Ergebnisse brachten, nahm man im Konzern ebenso Abstand von einer ernsthaften Serienentwicklung wie einige Jahre früher von einer durch Ing. G. Torazza vorgeschlagenen Ventilsteuerung, bei der durch eine variable Kinematik verschiedener Elemente eine variable Steuerung der Ventile ermöglicht wurde.

Beim Rover-System VVC (Variable Valve Control) bedienen die Nockenwellen jeweils nur zwei Zylinder. Der Hauptantrieb (Zahnriemen) geht auf die Auslass- und die vordere Einlasswelle. Ein kurzer Zahnriemen am Ende der Auslasswelle verbindet diese mit der zweiten «Hälfte» der Einlasswelle.

Sur le système Rover VVC (variable valve control), les arbres à cames d'admission ne régissent que deux cylindres chacun. L'entraînement principal (courroie crantée) commande l'arbre à cames d'échappement et l'arbre d'admission avant, une petite courroie crantée montée à l'autre extrémité de l'arbre d'échappement le relie avec la seconde moitié de l'arbre d'admission.

Tempowandel

Ebenfalls in den siebziger Jahren präsentierte das britische Zulieferunternehmen Associated Engineering (AE) in seiner Entwicklungsabteilung einen 4-Zylinder-Fiat-Motor mit zwei obenliegenden Nockenwellen, die von der üblichen Bauart dieses Maschinenteils völlig abwichen. Eigentlich konnte hier gar nicht von einer «Welle» gesprochen werden, denn es handelte sich eher um ein System von rotierenden Elementen um eine mit Aussenverzahnung versehene Muffe in Nadellagern, mit Formteilen, Gleitsteinen und Verbindungsstiften im Inneren. Dieser Trieb für jeweils zwei Zylinder liess sich über seine Aussenverzahnung verdrehen.

Das Resultat war eine Veränderbarkeit der Winkelgeschwindigkeit der Einlassnocken. In der Nullstellung rotierten die Nocken im gleichen Tempo mit dem Antrieb, verstellt wirkte sich die interne Steuerung in einer Verlangsamung der Nocken über einen Teil ihres Umlaufkreises aus, dem dann eine Beschleunigung folgte. Ohne die Steuerzeiten im Prinzip zu verändern, liess sich mit dieser elektronisch gesteuerten Mechanik die Einlassphase verlängern oder verkürzen. Nachdem das Patent lange geruht hatte, wurde es bei der Entwicklung des 1,8-Liter-Rover-Aluminiummotors gewissermassen neu entdeckt. Die intern so kompliziert wirkende Welle hatte sich schon bei den Erprobungen bei AE bewährt. Sie überstand Dauerläufe wie 250 Stunden Vollast mit 6700/min, lieferte erstaunlich gute Emissionswerte und glänzte mit bescheidenem Verbrauch. Dennoch zeigte damals weder Fiat noch ein anderer Hersteller Interesse. In ihrer jetzigen Ausführung erbringt die variable Ventilsteuerung, von Rover «VVC» genannt, gegenüber dem gleichen Motor mit

Alors que la construction Nissan prévoyait deux programmes fournis par des paires d'arbres à cames pourvus d'une rampe de glissement intermédiaire, le système mis au point par Andreas Titolo était beaucoup plus sophistiqué. Ici, les arbres munis de «cames spatiales» étaient poussés au-dessus des poussoirs de soupape à coupelle au moyen d'une mécanique astucieuse. Cela indépendamment du régime moteur. En plus des temps d'ouverture et de fermeture, la forme des cames détermine aussi la levée de soupape. Et il n'y a pas de changement de programme abrupt. La modification des temps de distribution et de la levée de soupape se fait progressivement. La partie supérieure des poussoirs était articulée, de manière à assurer un contact parfait entre la base du poussoir et la trajectoire oblique des cames. Bien que les résultats réalisés avec les moteurs Ferrari et Lancia eussent donné des résultats satisfaisants, le groupe s'abstint d'envisager sérieusement une production en série. Comme ç'avait été le cas, quelques années plus tôt, du dispositif inventé par l'ingénieur G. Torazza, sur lequel c'était la cinématique de divers éléments qui faisait varier la commande des soupapes.

Le pas s'accélère

C'est aussi dans les années 70 que la division de développement de l'équipementier britannique Associated Engineering (AE) présentait un quatre-cylindres Fiat pourvu de deux arbres à cames en tête d'un type tout à fait inattendu. En fait, on ne pouvait plus parler d'arbre, car il s'agissait d'un ensemble

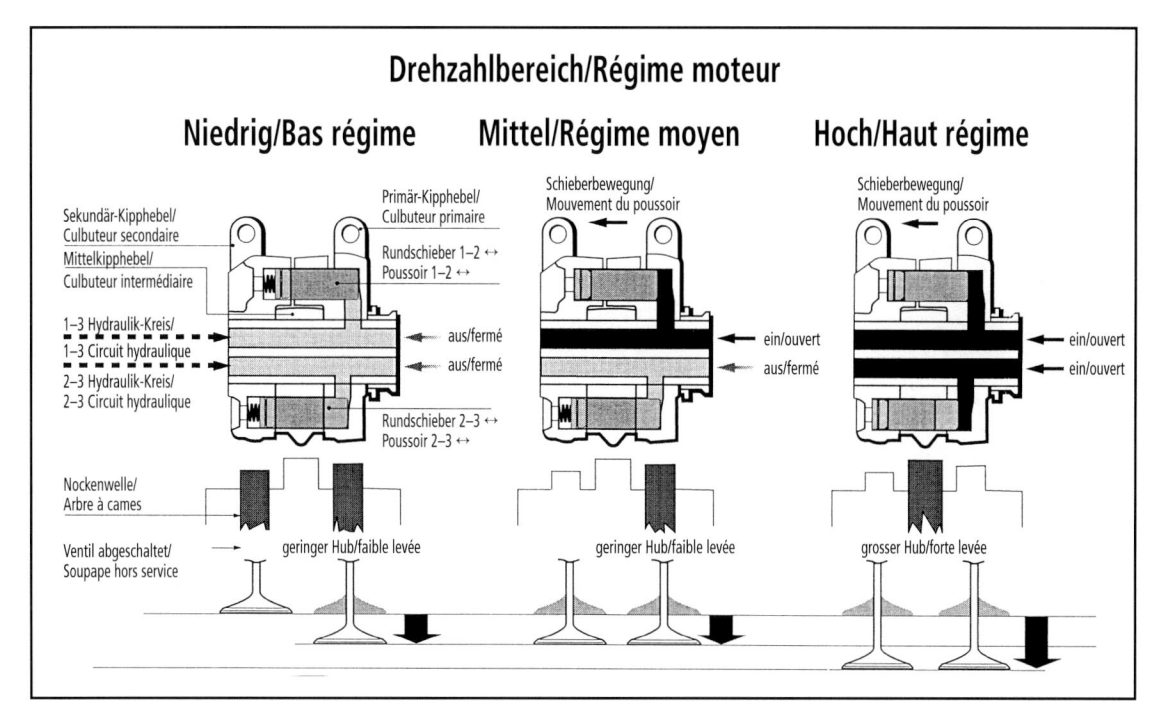

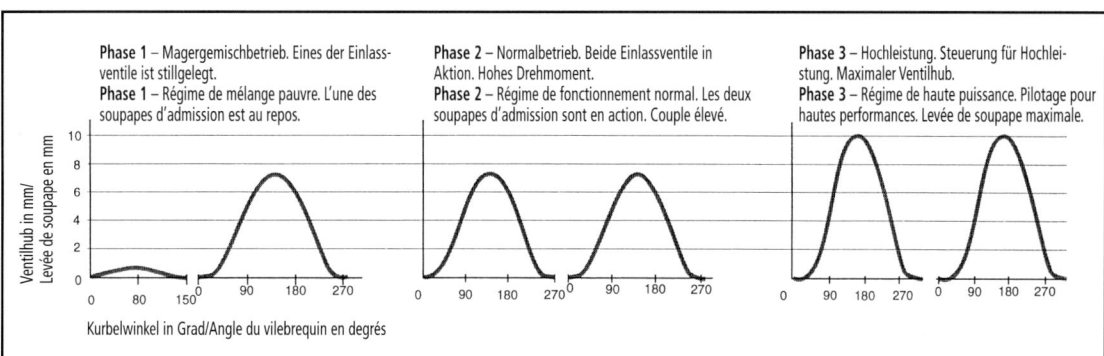

VTEC III von Honda: im unteren Drehzahlbereich Magerkonzept mit Ventilanschaltung und reduziertem Hub. Mittelbereich: «zahme» Steuerzeiten und reduzierter Ventilhub. Leistungsbereich: grosser Ventilhub und «scharfe» Steuerzeiten.

VTEC III de Honda: aux régimes inférieurs, mélange pauvre avec une soupape inactive et levée réduite, aux régimes moyens des temps modérés avec levée de soupape réduite, aux régimes de forte puissance, distribution plus pointue.

nicht variabler Einlasssteuerung ein Leistungsplus von 26 PS und ein um 8 Nm höheres Drehmoment.

Bei VW experimentierte die Forschung eine Weile mit einem System, bei dem den Einlassventilen ein Drehschieber vorgesetzt war. Interessant ist sicherlich die in der «Automobil Revue» («AR» 43/96) beschriebene «delta»-Steuerung, deren Entwicklung an der Technischen Hochschule Karlsruhe betrieben wird. Ähnliche Vorschläge waren in der Patentliteratur schon aufgetaucht, offenbar aber nie ernsthaft vorangetrieben worden. Von der Industrie wie auch von Zulieferern und Forschungsanstalten wird seit geraumer Zeit auch an Systemen gearbeitet, die sich mit einer elektronisch-hydraulischen Steuerung befassen. Das ermöglicht sowohl eine Veränderung der Öffnungs- und der Schliesszeiten der Ventile als auch deren maximaler Hubhöhe.

Variable Ventilsteuerungen an Benzin- und möglicherweise eines Tages auch an Dieselmotoren werden mit Sicherheit in Zukunft zunehmend auftreten. Sie werden nicht nur der Leistungs- und Drehmomentsteigerung dienen, sondern auch seriemässige Magerkonzepte ermöglichen und bei den neuen Ottomotoren mit direkter Treibstoffeinspritzung eine Rolle spielen. Welche Systeme sich im Lauf der Zeit auf breiterer Ebene durchsetzen können, wird neben deren individuellen Vorzügen auch von den Kosten abhängen. Eines ist allerdings sicher: Die Elektronik wird stets ein wichtiger Faktor bleiben.

Olaf von Fersen

---

d'éléments rotatifs tournant autour d'un manchon pourvu d'une denture extérieure, sur des roulements à aiguille, avec pièces de forme, pièce coulissante et goupilles de liaison à l'intérieur. Avec pour résultat la variabilité de la vitesse angulaire des cames d'admission. En position initiale, les cames tournent à la même vitesse que l'entraînement; le pilotage interne se manifeste par un ralentissement des cames sur une partie de leur rotation, suivi d'une accélération. Ce système à pilotage électronique permettait d'allonger ou de raccourcir la phase d'admission sans rien toucher aux temps de distribution de base. Après avoir longtemps dormi dans les tiroirs, ce brevet a été en quelque sorte redécouvert lors du développement du Rover 1.8 en aluminium. Cet arbre dont les entrailles paraissent si compliquées avait déjà donné des résultats concluants aux essais chez AE. Le moteur Fiat avait tenu le coup aux essais de longue durée portant sur 250 heures à pleine charge à 6700 tours, ses qualités en matière d'émissions étaient étonnantes et il consommait avec modération. A l'époque, pourtant, ni Fiat ni aucun autre constructeur n'avait montré d'intérêt. Sous sa forme actuelle, cette commande de soupapes variable appelée VVC par Rover apporte un gain de puissance de 26 ch et augmente le couple de 8 Nm par rapport aux moteurs à distribution fixe.

Chez VW, les ingénieurs ont travaillé pendant un certain temps sur un système où un poussoir tournant était placé devant les soupapes d'admission. Le pilotage «delta» développé par l'Ecole d'ingénieurs de Karlsruhe est sans doute très intéressant lui aussi. Des propositions de ce genre se trouveraient sans doute déjà dans la littérature des bureaux des brevets, mais à l'évidence, elles n'ont pas eu de suites importantes. L'industrie, les fournisseurs et les instituts de recherche s'occupent actuellement aussi de systèmes qui utilisent un pilotage hydro-électronique permettant de faire varier la distribution ainsi que la levée de soupape.

Sur les diesel

Les distributions variables vont certainement se répandre, d'abord parmi les moteurs à essence, mais peut-être un jour aussi sur les moteurs diesel. Elles ne serviront pas seulement à augmenter la puissance et le couple, mais aussi à réaliser des moteurs à mélange pauvre et elles joueront un rôle sur les nouveaux moteurs à essence à injection directe. Lequel de tous ces systèmes est-il appelé à connaître une diffusion de masse? Outre leurs qualités propres, ce sont des circonstances particulières et les aspects financiers qui en décideront. Une chose est sûre, c'est que l'électronique sera toujours un facteur important.

Olaf von Fersen

Sich bewegen...

Seit einem Jahrhundert ist das Ziel des Clubs das gleiche geblieben:
allen Reisenden beistehen, um ihnen Mobilität und Sicherheit zu gewähren.

touring club suisse schweiz svizzero

Die jüngste Vollgaszunft

Sport automobile: la relève

Formel Ford: Kampf von A bis Z.
Formule Ford: une lutte de tous les instants.

(Bild/photo: Bruno Sinzig)

Der lange Aufstieg zum Gipfel des Automobilrennsports, anstrengend und gnadenlos wie er ist, lässt Jahr für Jahr viele Aspiranten aufgeben. In unserer kleinen Schweiz, unter Abwesenheit von grossen Herstellern, Rennstrecken und natürlich von echt grosszügigen Sponsoren, erscheint die nötige Anstrengung fast abschreckend.
Diese Schwierigkeiten waren aber nicht zu gross für die vier Ausnahmetalente, die wir hier vorstellen. Sie haben eine Leidenschaft gemein, kommen aus allen Himmelsrichtungen in unserem Land und heissen Marcel Fässler, Grégoire Hotz, Iradj Alexander-David und Xavier Brun.
Ob sie auf der Rundstrecke oder im Rallyesport antreten, einen Formelwagen oder ein geschlossenes Fahrzeug für ihre sportliche Karriere gewählt haben, allen ist klar, dass ein Aufstieg eines Tages unbedingt das Exil ins Ausland erfordert. Wird dieses Talent einmal in der Formel 1 fahren, oder jenes in der Rallye-WM? Die Protagonisten sind felsenfest davon überzeugt, dass sie es schaffen werden.
Unsere Leser können sich bei den folgenden Porträts ein Bild von den Aussichten dieser vier jungen Ausnahmetalente (Durchschnittsalter unter 22 Jahren) machen. Zudem stellen wir die Markencups des Citroën Saxo, Renault Mégane und Peugeot 106 vor, die für Nachwuchspiloten eine ideale Gelegenheit zum Einstieg in den Motorsport bieten.

Pierre Thaulaz

Epuisante, impitoyable, la longue marche vers les sommets du sport automobile laisse, saison après saison, quantité de victimes au bord de la route. Dans notre petite Suisse privée de grands constructeurs, de circuits et de… sponsors, l'effort apparaît même démesuré.
La difficulté de la tâche n'a pourtant en rien freiné le carré d'as que nous vous présentons ici. Animés de la même passion, ces jeunes pilotes (moins de 22 ans de moyenne d'âge) proviennent des quatre coins de la Suisse et ont pour noms Marcel Fässler, Grégoire Hotz, Iradj Alexander-David et Xavier Brun.
Qu'ils évoluent sur piste ou en rallye, au volant d'une monoplace ou d'une voiture «fermée», tous ont compris qu'une véritable carrière dans leur sport de prédilection les condamnait un jour ou l'autre à l'exil.
Tel espoir accédera-t-il à la formule 1? Tel autre évoluera-t-il en championnat du monde des rallyes? Les principaux intéressés y croient en tous les cas dur comme fer.
Vous aurez le loisir de vous en persuader tout en parcourant la galerie de portraits qui va suivre. Galerie où sont également exposées les Coupes Citroën Saxo, Renault Mégane et Peugeot 106. Un autre bon moyen, pour de jeunes pilotes, de mettre le pied à l'étrier.

Pierre Thaulaz

Marcel Fässler: auf den Spuren Alain Prosts?

Der am 27. Mai 1976 geborene Marcel Fässler hat die Schutzpatrone des Motorsports auf seiner Seite. Der junge Schwyzer hat als Dritter der französischen Formel-Renault-Meisterschaft, in der jeweils rund dreissig «kleine Prost» am Start sind, eine hervorragende Saison 1996 vorzuweisen.

Er konnte sich dank Talent, guten Resultaten, Französischkenntnissen und seiner sprichwörtlichen Freundlichkeit im Team Elf von Henri Pescarolo etablieren. Der «grosse Bärtige» hält übrigens mit Lob für seinen Schützling aus der Schweiz nicht zurück.

Nach schönen Erfolgen im Karting (Debüt in der Schweizer Meisterschaft mit 13 Jahren), richtete Marcel Fässler seine Aufmerksamkeit nach Frankreich aus, mit Gedanken an sein grosses Idol, den vierfachen Formel-1-Champion Alain Prost.

Marcel Fässler (27. 5. 1976)

Marcel Fässler: comme Alain Prost?

Né le 27 mai 1976, Marcel Fässler a vu les fées automobiles se pencher sur son berceau. 3e du très relevé championnat de France de formule Renault – une trentaine de «p'tits pros» au départ de chaque course –, le jeune Schwytzois a réalisé une superbe saison 1996.

Grâce à son talent, ses bons résultats, son apprentissage rapide du français et sa... gentillesse proverbiale, Fässler a su se faire une place de choix au sein de la Filière Elf que parraine Henri Pescarolo. Le «grand barbu» ne tarit d'ailleurs pas d'éloges à l'endroit de son petit protégé.

Après un joli parcours en karting (débuts en championnat suisse à 13 ans), le pilote schwytzois a tourné son regard vers la France. Peut-être parce qu'il a toujours été un grand admirateur du quadruple champion du monde de F1 Alain Prost. A 17 ans, Fäss-

Bei seiner ersten Teilnahme an der französischen Formel-Renault-Meisterschaft schloss er auf dem hervorragenden dritten Gesamtplatz ab.
Pour sa première saison en championnat de France de formule Renault, Fässler a réussi l'exploit de se hisser sur le podium.

(Bilder/photos: Daniel Delien/Bruno Sinzig)

Mit 17 erreichte Fässler den dritten Gesamtplatz des Finals «Volant Elf» der Winfield-Rennfahrerschule. Die gleiche Klassierung gelang ihm in der Formel Renault Campus, bevor er 1996 in der Formel Renault gross herauskam, und zwar wieder als Dritter.

Dem jungen Schweizer Talent bietet sich jetzt die Gelegenheit, von der Infrastruktur der berühmten Equipe Elf zu profitieren, die einst eben jenem Prost seine ersten grossen Erfolge ermöglichte. Kann Fässler in die Fussstapfen des «Professors» treten? Jedenfalls ist der junge Pilot ebenso ernst um seine Fitness besorgt wie sein Vorbild, was ihm, der keine Nervosität zu kennen scheint, einen zusätzlichen Vorteil verschafft.

Für Fässler stellt der vierfache Weltmeister Alain Prost das absolute Vorbild dar.

Pour Fässler, le quadruple champion du monde de F1 Alain Prost est tout simplement l'exemple à suivre.

ler terminait 3e de la finale du Volant Elf de l'école Winfield. C'est encore à cette place qu'il achevait son parcours en formule Renault Campus, avant de réaliser la saison que l'on sait – toujours placée sous le chiffre 3 – en formule Renault.

Le jeune Suisse a la chance de profiter des structures de la célèbre «Filière» qui a permis notamment à Alain Prost, toujours lui, de signer ses premiers exploits. Fässler suivra-t-il la voie de son maître? Une chose est sûre, il accorde comme le «professeur» un soin tout particulier à sa condition physique. Un atout supplémentaire pour ce garçon qui ne perd jamais son calme.

Grégoire Hotz: dritte Generation

Grégoire Hotz wurde am 8. Februar 1974 geboren. Mit zwölf Jahren (!) nahm er bereits an den «100 Runden von Lignières» teil. Dies unter den Fittichen seines Vaters, denn in der Familiengeschichte gibt es seit drei Generationen je einen Rallyefahrer; die Wurzeln sind eher dramatisch, denn Grégoires Grossvater kam beim Rallye Monte Carlo ums Leben.

In der Saison 1996 hat der junge Fahrer aus dem Val-de-Travers bereits in seinem ersten Jahr bei der Schweizer Rallyemeisterschaft gross zugeschlagen. Gleich seinen ersten Wettbewerb, das Rallye d'Ajoie, konnte er im Renault Clio Williams gewinnen. Dies war um so bemerkenswerter, als sich die vereiste Strecke voller Fallen präsentierte.

Auf ziemliche Hindernisse ist der junge Neuenburger während der Saison mehrmals gestossen, er vermochte sie aber zu umschiffen. Im flüssigen, runden Stil seines Vorbildes, des vierfachen Schweizer Rallyemeisters Eric Ferreux, konnte sich Hotz in allen Prüfungen plazieren. Acht Starts, acht Zielankünfte; der Fahrer aus dem Val-de-Travers weiss Tempo und Beständigkeit

Grégoire Hotz (8. 2. 1974) (Bilder/photos: Rally Flash)

Grégoire Hotz: génération biberon

Grégoire Hotz est né le 8 février 1974. A 12 ans (!), il prenait part aux 100 Tours de Lignières, certes encore couvé par son père. Car chez les Hotz, chaque génération accouche d'un pilote de rallye. Avec un drame en toile de fond, la mort du grand-père de Grégoire, dans un «Monte-Carlo» de triste mémoire qui se disputait encore sur route ouverte.

En 1996, pour sa première saison en championnat suisse des rallyes, le pilote du Val-de-Travers a frappé fort. Au volant de sa Renault Clio Williams, il s'imposait même d'entrée de jeu, au Rallye d'Ajoie. Une superbe performance réalisée de surcroît sur un parcours glacé, truffé de pièges.

Des pièges, le jeune Neuchâtelois en a rencontrés de nombreux autres durant sa saison, mais il est toujours parvenu à les éviter. Grand admirateur du pilotage «léché» du quadruple champion suisse Eric Ferreux, Hotz parvenait toujours à bon port. Huit rallyes, huit fois à l'arrivée: le pilote du Val-de-Travers a marié à merveille vitesse et «fiabilité». Comme Ferreux...

5e du championnat suisse, 2e du groupe N, Hotz a remporté la

Hotz/Calame (Renault Clio Williams): Sie brachten eine beachtliche erste Saison im Rahmen der Schweizer Rallyemeisterschaft hinter sich.
Hotz-Calame (Clio Williams): une première saison en championnat suisse des rallyes digne d'éloges.

unter einen Hut zu bringen. Ganz wie Ferreux ...
Als Fünfter der Schweizer Meisterschaft und Zweiter in der Gruppe N wurde Hotz mit der Coupe «AR/RA» 1996 ausgezeichnet, die an vielversprechende Talente vergeben wird. Für die Saison 1997 darf der Neuenburger seine Ziele ruhig noch höher ansetzen. Das passt gut zu den geplanten Starts in der französischen Meisterschaft, die er neben der SM vorsieht, um sich in unserem westlichen Nachbarland auch mit den Hoffnungsträgern von Peugeot und Renault messen zu können.

Coupe «RA» 1996 décernée à l'espoir de l'année.
La saison 1997 devrait être génératrice de nouvelles ambitions pour le Neuchâtelois. A ce titre, il effectuera, en plus du championnat suisse, quelques sorties en championnat de France, histoire de se mesurer au gros bras de chez Peugeot et Renault. Le prix à payer pour gravir une nouvelle marche dans son escalade.

Der Stil des vierfachen Schweizer Meisters Eric Ferreux hat den jungen Hotz stark beeindruckt.
Le style du quadruple champion suisse Eric Ferreux n'est pas sans influencer le «gamin» Hotz.

(Bilder/photos: Rally Flash)

Iradj Alexander-David: die Überraschung

Iradj Alexander-David, geboren am 17. September 1975, stellt in der kleinen Schweizer Sportwelt einen Sonderfall dar. Im Gegensatz zu vielen andern jungen Motorsportlern ist der Sohn einer Tessinerin und eines iranischen Vaters nicht buchstäblich in den Rennsport «hineingeboren» worden. Der Papa ist für einmal nicht Besitzer einer Garage, sondern er arbeitet als Chirurg eher an Herzen als an Motoren.

Wenn von einigen Clubrennen abgesehen wird, besass der junge Fahrer aus Giubiasco keinerlei Kartingerfahrung, aber schon in seiner zweiten Rennsaison gewann er dann die Schweizer Meisterschaft in der Formel Ford. Bis hierher hätte er sein grosses Vorbild, den zweifachen Weltmeister Michael Schumacher, weitgehend imitiert.

Der Tessiner überraschte alle, als er am Steuer seines Swift nicht

Iradj Alexander-David (17. 9. 1975)

Iradj Alexander-David: l'homme surprise

Né le 17 septembre 1975, Iradj Alexander-David est un cas à part dans le petit monde du sport automobile. Contrairement à ses jeunes «collègues», le pilote de Giubiasco (mère tessinoise, père iranien) n'est pas «tombé dedans quand il était petit». Chirurgien de son état, le paternel préférait peut-être se pencher sur les cœurs, plutôt que sur les... moteurs.

Mis à part quelques courses de club, il n'avait aucune véritable expérience en karting à faire valoir, ce «gamin» sacré l'année dernière champion suisse de formule Ford, et ce dès sa deuxième saison en sport automobile. A ce rythme infernal, Alexander-David devrait bientôt dépasser Michael Schumacher, son idole ès pilotage!

Au volant de sa Swift, le Tessinois a donc surpris tout le monde en 1996, où, non content d'éclater sur le plan suisse, il s'est

(Bilder/photos: Bruno Sinzig)

Der Meister der Formel Ford in der Schweiz hat mit seinem Swift 96 auch bei ausländischen Rennen brilliert.
Champion suisse de formule Ford aux commandes de sa Swift 96, Alexander-David a également brillé à l'échelon européen.

nur in der Schweiz dominierte, sondern gleichzeitig im europäischen Formel-Ford-Championat den zweiten Podiumsplatz besetzte.

Auch dank bester Unterstützung durch das Berner Team von Andreas Jenzer hat Alexander-David die Hausaufgaben schnellstens kapiert. Sein Traum ist es, einmal in der Königsklasse zu fahren. Aber Achtung, je höher man aufsteigt, desto gefährlicher und steiler wird der Weg!

offert le luxe de jouer les premiers rôles en championnat d'Europe de formule Ford, se hissant sur la 2e marche du podium.

Bien entouré par l'excellent team bernois d'Andreas Jenzer, Alexander-David a vite appris sa leçon. Il rêve désormais de mettre son pied sur la dernière pierre de la pyramide. Mais attention, plus ça monte et plus l'ascension est périlleuse!

Michael Schumacher ist das grosse Vorbild des jungen Tessiners Iradj Alexander-David.

Michael Schumacher, le maître ès pilotage du jeune Tessinois Alexander-David.

Xavier Brun: «English spoken»

Der junge, am 20. November 1975 geborene Waadtländer fing mit Karting an, bevor er auf Autos umstieg. Das ist der Weg, den sein autobesessener Vater auch schon mal begangen hatte. Als Karting-Schweizer-Juniorenmeister gilt Xavier Brun als ein erwiesenes Talent. Das hat auch schon ein gewisser Marc Surer festgestellt. Der ehemalige Formel-1-Pilot verhalf Brun zu einer Fahrgelegenheit mit einem BMW der Formel Junior in der Deutschen Meisterschaft, aber leider havarierte der junge Waadtländer seinen Renner im Training, so dass das schöne Abenteuer dabei einen frühzeitigen Unterbruch erfuhr.

Glücklicherweise für Brun sind auch andere auf ihn aufmerksam geworden, etwa die Organisation «Swissdream» des Genfer Rennfahrers Jean-Denis De-

Xavier Brun (20. 11. 1975) (Bilder/photos: ARC)

Xavier Brun: «english spoken»!

Ce jeune Vaudois né le 20 novembre 1975 a commencé par être une star du karting avant de devenir pilote automobile, imitant en cela son père, passionné par tout ce qui touche aux quatre-roues.

Champion suisse Junior de karting, Xavier Brun est ce qu'on peut appeler un petit doué, ce dont s'est aperçu, parmi les premiers, un certain Marc Surer. Et l'ancien pilote de formule 1 de lui décrocher un volant en formule Junior BMW, dans le cadre du championnat d'Allemagne. Malheureusement, le jeune Vaudois cassait sa monoplace aux essais, et ce qui devait être une belle aventure avortait.

Pour le bonheur de Brun, d'autres personnes ont eu la bonne idée de prendre le relais de Surer. D'où la création de «Swissdream», association pa-

Und in jeder Sekunde das gute Gefühl, die Kraft total im Griff zu haben. Optimale Traktion in jeder Kurve, echte Reserven: im Fahrwerk, in den Dämpfern. Hochleistungs-Gasdruck von Bilstein. Entscheidend beim 24-Stunden-Klassiker von Le Mans. Gleich, ob Porsche 911 GT1 oder GT2. Die Teams von Porsche und Roock Racing setzten auf die Erfahrung von Bilstein – und somit auf Sieg.

WAS DIE TECHNIK HERGIBT UND DIE PHYSIK ERLAUBT.

Keine andere Stoßdämpfer-Marke hat so viele Rennsport-Siege eingefahren wie Bilstein. Wir haben hart daran gearbeitet. Profitieren Sie von unserem Wissen. Mit professionell abgestimmten Bilstein Gasdruck-Stoßdämpfern und Tieferlegungs-Kits zum Nachrüsten. Fragen Sie nach Bilstein. Im Fachhandel, beim Tuner, in Ihrer Fachwerkstatt.

BILSTEIN

Ihre Bilstein-Werksvertretung: **EDGAR SCHWYN AG**
Zürichstraße 127, CH-8600 Dübendorf
Telefon 00 41-1-823-90 20
Telefax 00 41-1-823-90 30

Pedalare...

Da ormai un secolo lo scopo del Club è sempre lo stesso:
assistere tutti coloro che si spostano per garantire
mobilità e sicurezza.

touring club suisse schweiz svizzero

Sein automobilsportliches Rüstzeug holte sich Brun bei den sehr hart umkämpften Rennen der englischen Formel-Ford-Meisterschaft. Welch eine Herausforderung!

Pour faire ses premières armes en sport automobile, Brun a choisi le très difficile championnat d'Angleterre de formule Renault. Un beau défi!

létraz. Der «Schweizer Traum» ermöglichte es Brun, 1996 in einem «grossen Teich» mitzuschwimmen, auf der anderen Seite des Ärmelkanals. Er bestritt eine volle Saison in der englischen Formel-Renault-Serie. Wenn das nicht Erinnerungen an einen andern berühmten Genfer wachruft... den unbestrittenen Star der Zweiliter-Tourenwagen, Alain Menu.
Die Britischen Inseln stellen sicherlich die Krone dessen dar, was in dieser Klasse anzutreffen ist. Das heisst auch, dass Brun nicht den leichtesten Weg gewählt hat. Aber das ist schon Bedingung, wenn man gross herauskommen will.

P. Th.

tronée par le pilote genevois Jean-Denis Délétraz. Porté par le «rêve suisse», le jeune Vaudois a enfin pu se lancer dans le grand bain. Un grand bain... dans la Manche, puisque Brun a pu effectuer en 1996 une saison complète en championnat d'Angleterre de formule Renault. Pour le compte d'un autre Genevois célèbre, Alain Menu, star incontestée du supertourisme.
L'Angleterre est certainement ce qui se fait de mieux dans le domaine, ce qui signifie également que Brun n'a pas choisi la facilité. Mais ce n'est qu'à ce prix qu'il pourra prétendre trôner auprès des grands.

P. Th.

Den Schweizer Juniorenmeister im Karting, Xavier Brun, kann man als ein echtes Talent bezeichnen.

Champion suisse Junior de karting, Brun est ce que l'on peut appeler un «p'tit doué».

(Bilder/photos: ARC, Kart'Phot)

Die Coupe Citroën Saxo gilt als sehr gutes Betätigungsfeld für junge Talente.
(Bilder/photos: Bruno Sinzig)
La Coupe Citroën Saxo: une bonne école de la compétition pour de jeunes talents.

Markenpokale: die Alternative

Besonders für junge Fahrer stellen Markenpokale eine interessante Alternative zur Ausübung des Automobilsports dar. In den vergangenen zwanzig Jahren haben die Markenpokale, vom «VW Golf» bis hin zum «Renault Mégane», die Rennszene in der Schweiz belebt. Diese Art von Kategorie erlaubt es, sich mit einem Jahresbudget von 20 000 bis 70 000 Franken bei gleichwertigem Material mit andern Fahrern zu messen.

In den siebziger Jahren waren die für den Pokal bestimmten Autos, beispielsweise der Golf GL, sozusagen absolut serienmässig. Die technische Entwicklung ist so sehr vorangeschritten, dass heute der Renault Mégane, der den Clio ersetzt, als technisches Schaustück dienen kann und beispielsweise mit einem sequentiellen Schaltgetriebe ausgerüstet wird. Das wäre noch vor fünf Jahren undenkbar gewesen.

Die Markenpokale stellen einen ausgezeichneten Einstieg in den Rennsport dar. Zwar kommt es immer wieder vor, dass einige Protagonisten jeweils jahrelang eine eindrückliche Dominanz aufweisen, wie die Cousins Edy und Baltz Kamm. Diese Art von Kategorie soll junge Talente fördern, wie das etwa für Eliane Rüegg der Fall ist, die ihren Weg via den Markenpokal auf einem Peugeot 106 gemacht hat.

Viel Potential demonstrierte auch der junge Stéphane Viglino, auch wenn er bei der Coupe Citroën Saxo die seit Jahren dominierenden Markenpokalspezialisten Brändle und Kamm nicht zu schlagen vermochte.

G. V.

Eliane Rüegg: Im Rahmen der Coupe Peugeot 106 zählte sie zu den Entdeckungen des Jahres.
Eliane Rüegg: l'une des révélations de l'année 1996 en Coupe Peugeot 106.

Coupes de marque: l'autre filière

Les coupes de marque représentent une alternative intéressante à la pratique du sport automobile. En particulier pour les jeunes. En 20 ans, de la VW Golf à la Renault Mégane, que de coupes ont animé le paysage du championnat suisse de vitesse. Généralement, pour un budget moindre allant de 20 à 70 000 francs, il est possible de se mesurer à des adversaires disposant d'un véhicule en tous points similaire au sien.

A l'époque de la Golf GL, dans le courant des années 70, la voiture était absolument conforme à la série. Aujourd'hui, l'évolution de la technique est telle que la Renault Mégane, merveille de technologie, qui remplace cette année la Clio, sera équipée d'une boîte de vitesses séquentielle. Un progrès inimaginable il y a moins de 5 ans!

Mais si elle est une bonne entrée en matière, la coupe de marque ne peut, et ne doit pas être considérée comme une fin en soi, malgré la domination régulière de quelques spécialistes tels les cousins Kamm, Edy et Baltz. Révélatrice de talents, tel est son véritable but, la formule monotype a permis à Eliane Rüegg de se faire un nom dans le paysage du monde automobile suisse en multipliant les bons coups avec sa Peugeot 106.

Démontrant également un potentiel certain, Stéphane Viglino, grand animateur de la Coupe Citroën Saxo, n'est pourtant pas parvenu à battre les Alémaniques Brändle et Kamm qui font, depuis des années, une véritable spécialité des coupes de marque.

G. V.

Automobil und Rechtsprechung
Die Entdeckung der Geschwindigkeit

L'auto et le droit
La découverte de la vitesse

In der Entwicklung des Strassenverkehrs ist die Geschwindigkeit eine wichtige Grösse. Sie beeinflusste sowohl die Mobilität als auch die Sicherheit und gab wiederholt Anlass zu Auseinandersetzungen, und zwar bis in die heutige Zeit hinein. Mit anderen Worten: Von den Anfängen bis zur Gegenwart ist Geschwindigkeit ein Thema, über das sich endlos diskutieren lässt. Aber nicht nur das. Die Geschwindigkeit muss auf unerklärliche Weise irgendeinen Reiz auf die Menschen ausüben. Anders ist beispielsweise die Faszination der Autorennen nicht zu erklären, deren Popularität keineswegs im Schwinden begriffen ist, sondern bis auf den heutigen Tag die Zuschauermassen mobilisiert.

Nur für Betuchte

Die Geschwindigkeit dürfte auch eines der auslösenden Momente gewesen sein für die Entwicklung des Automobils. Denn es galt ja, den betuchten Droschkenbesitzern eine schnelle Alternative zur Eisenbahn anzubieten, die in der ersten Hälfte des vergangenen Jahrhunderts die bisherigen Universalverkehrsmittel Pferd und Pferdewagen abgelöst und einen beispiellosen Aufschwung genommen hatte. Ein wesentlicher Grund für die Ablösung war, dass die Eisenbahn viel höhere Geschwindigkeiten ermöglichte. Noch in der zweiten Hälfte des 18. Jahrhunderts, also vor Beginn des Eisenbahnzeitalters, benötigten die Diligences (sogenannte Eilpostwagen) für die Strecke Bern–Genf inklusive des mehrmaligen Pferdewechsels 20 Stunden. So angenehm und schnell im Vergleich dazu das Reisen in der Eisenbahn war, es war ein Massen- und kein Individualtransportmittel. Zudem erwies es sich als hindernd, dass der Betrieb der Eisenbahn an eine festgelegte Organisation sowie an Zeit und Ort gebunden war. Deshalb wurde weiter nach Alternativen zur Eisenbahn gesucht, die schliesslich gegen Ende des vergangenen Jahrhunderts zur Erfindung des Automobils führten. Die Möglichkeit, sich zu einem frei bestimmbaren Zeitpunkt zu verschieben, war Wirklichkeit geworden. Das war eine Qualität der Fortbewegung, welche die Eisenbahn nicht bieten konnte.

Doch so rasch die Verbreitung des Autos in den Industrienationen voranschritt, so gross war die Feindlichkeit diesem neuartigen Fortbewegungsmittel ge-

Welche Geschwindigkeitstafel ist wohl die richtige? Seit den Anfängen des Automobils wird diese Frage diskutiert. (Foto: Roland Koella)

Dès les débuts de l'automobile, on a argumenté autour de la question: quelle doit être l'échelle de vitesses correcte?

La vitesse est une composante importante du développement de la circulation routière. Elle a des incidences sur la mobilité et la sécurité et, jusqu'à nos jours, elle a constamment été l'objet de débats. Autrement dit, depuis les débuts de l'automobile jusqu'à notre époque, la vitesse est un sujet de discussions sans fin. Mais ce n'est pas tout. De manière confuse, la vitesse exerce un certain pouvoir d'attraction sur l'homme. On ne peut expliquer autrement la fascination que suscitent les courses automobiles, dont la popularité ne faiblit pas et qui continuent à mobiliser les foules.

Alternative au chemin de fer

La vitesse allait être, à même enseigne, un élément libérateur pour le développement de l'automobile. En effet, il fallait trouver à l'intention des propriétaires expérimentés de voitures attelées une alternative au chemin de fer, eux qui avaient abandonné la traction hippomobile universelle, dans la première moitié du XIXᵉ siècle, pour prendre une orientation originale. La vitesse de déplacement nettement plus élevée du chemin de fer avait été une raison importante de leur choix. Dans la seconde moitié du XVIIIᵉ siècle, soit avant l'ère du chemin de fer, les diligences (ou malleposte) effectuaient le trajet Berne-Genève en vingt heures, avec plusieurs changements de chevaux. Or, même si le voyage en train était beaucoup plus agréable et rapide en comparaison, il demeurait un moyen de transport de masse, non individuel. Ses inconvénients, c'étaient son infrastructure fixe et ses contraintes d'horaires et d'étapes. D'où la recherche d'alternatives, démarche qui conduisit à l'invention de l'automobile, à la fin du siècle dernier. Elle matérialisait en effet l'aspiration à se déplacer à n'importe quel moment, un atout de mobilité que le chemin de fer ne pouvait apporter.

La rapidité avec laquelle l'automobile allait se diffuser dans les pays industrialisés n'eut d'égale que l'hostilité manifestée, dans les premières années de ce siècle, à l'égard de ce nouveau moyen de locomotion. Les coûts de production élevés à ses débuts la rendaient peu accessible, la réservant donc à une clientèle aisée, ce qui exacerbait sensiblement la jalousie de ceux qui ne pouvaient se l'offrir.

genüber in den ersten Jahren unseres Jahrhunderts. Aufgrund seiner anfänglich hohen Produktionskosten war es teuer und deshalb nur einer wohlhabenden Käuferschicht vorbehalten. Das erregte begreiflicherweise den Neid derer, die es sich nicht leisten konnten.

Zum andern verursachte das Automobil, wo immer es hinkam, auf den damals noch unbefestigten Strassen beträchtlichen Staub, ja es verursachte eine eigentliche Staubplage, je mehr der Automobilbestand anwuchs. Eine starke Gegnerschaft formierte sich aus Fuhrhalterkreisen, die im Auto eine grosse Konkurrenz witterten.

Tatsächlich war der Grundtenor in der Presse gegen das Automobil gerichtet. Stellvertretend für diese Antiautofront möge die nachfolgende Aussage aus dem Jahr 1905 stehen: «Das Automobil bedeutet die Anarchie des Strassenverkehrs. Deshalb wäre es nur recht und billig, wenn von der Schweiz, wo das Volk noch etwas zu sagen hat, eine Bewegung ausginge, welche dieses automatische Fuhrwerk auf den öffentlichen Strassen völlig ausschlösse.» Schon damals wurde der Schnelligkeitswahnsinn als eine Krankheitserscheinung der Zeit betrachtet, gegen die man nicht einmal mit strengsten Gesetzesvorschriften aufkommen konnte.

Bereits zu Beginn des Automobilzeitalters war die richtige Geschwindigkeit also Anlass zu grossen und oft auch polemischen Diskussionen. Das mag heute, nicht ganz 100 Jahre später, einigermassen verwundern, wenn man sich vergegenwärtigt, dass im Jahr 1900 in den 14 grössten Schweizer Städten (in Zürich bestand keine Kontrolle) ganze 176 Fahrzeuge gezählt wurden. Die meisten fuhren in Genf, was damit zusammenhängt, dass es unmittelbar an der Grenze zu Frankreich liegt, das als eine der Geburtsstätten des Automobils gilt. Dort wurde dieses völlig neue Transportvehikel sehr früh in breiten Kreisen populär.

Das Tempo wird begrenzt

So gering auch die Anzahl der zum Verkehr zugelassenen Personenwagen zu Beginn dieses Jahrhunderts noch war, so unbefriedigend war die rechtliche Situation, denn die Verkehrsregelung war Sache der Kantone. Das führte zu einer Rechtsunsicherheit in der Praxis, da Geschwindigkeitsübertretungen je nach Kanton verschieden geahndet wurden. Im Interesse der Verkehrssicherheit drängte sich daher eine Vereinheitlichung der Verkehrsbestimmungen auf Schweizer Strassen auf.

Das geschah im Konkordat über eine einheitliche Verord-

Par ailleurs, l'automobile soulevait partout sur son passage des nuages de poussière, car les routes étaient encore non asphaltées, et ces nuisances ne faisaient qu'augmenter avec le développement du parc. Une forte opposition se manifesta donc dans le milieu des cochers, qui voyaient en l'automobile une concurrente dangereuse.

De fait, on assista dans la presse à une levée de boucliers contre l'automobile. Exemple de ce front autophobe, la déclaration suivante, datant de 1905: «L'automobile, c'est l'anarchie dans la circulation. Il serait donc juste et économique qu'un mouvement se crée en Suisse, où le peuple a encore son mot à dire, pour obtenir l'interdiction de ces calèches automatiques sur la voie publique.» A l'époque, déjà, la folie de la vitesse fut considérée comme une maladie de société que l'on ne pourrait combattre que par les dispositions légales les plus draconiennes.

Dès les débuts de l'automobile, la vitesse appropriée fut l'objet de vastes polémiques, souvent acharnées. Quelque cent ans plus tard, on peut à juste titre s'en étonner, si l'on ramène les choses à la situation actuelle, car en 1900 il n'y avait guère, au total, que 176 voitures automobiles en Suisse (hormis Zurich, qui n'avait pas effectué de recensement). La majeure partie d'entre elles circulaient à Genève, dans l'idée corollaire de faire de la cité de Calvin un des berceaux de l'automobile, conséquence logique de sa proximité de la France où ce moyen de transport inédit allait très rapidement devenir populaire.

Des limitations de vitesse

Aussi peu nombreuses que fussent les voitures individuelles en circulation au début du siècle, leur statut légal était insatisfaisant, car la réglementation de la circulation était de la compétence des cantons. En pratique, cela entraînait un flou juridique, chaque juridiction cantonale traitant différemment les excès de vitesse. Ce sont donc les nécessités d'établir la sécurité routière qui entraînèrent l'unification des règles de la circulation sur les routes suisses.

Cela s'effectua grâce au concordat de vingt cantons autour d'une ordonnance unitaire sur la circulation des voitures à moteur et des bicyclettes, en date du 15 juin 1904. Cet accord stipulait que le conducteur d'un véhicule à moteur devait constamment être maître de la vitesse de son engin. L'accord prescrivait en outre des vitesses maximales autorisées. Le texte en était le suivant: «Dans la traversée de villes, villages ou hameaux, ainsi que sur les routes de montagne ouvertes à la circulation des véhicules à moteur par les autorités cantonales, la vitesse ne devra en aucun cas dépasser 10 km/h, soit la vitesse d'un cheval au trot.» A l'extérieur des localités, la réglementation prescrivait une vitesse maximale de 30 km/h. «Sur les ponts, dans les traversées, sur routes étroites, dans les virages, par fortes intempéries, la vitesse maximale devra être réduite à celle d'un cheval au pas, c'est-à-dire 6 km/h.» Une vitesse maximale de 8 km/h était également prescrite aux cyclistes, qui étaient alors majoritaires par rapport aux automobilistes.

Un arrêt du Tribunal fédéral sur une décision de justice du canton de Soleure, de 1905, montre ce que l'on entendait à l'époque par vitesse élevée. Un automobiliste qui avait percuté à une vitesse de 15 km/h un chariot tiré par deux vaches avait été considéré par les juges comme ayant commis un excès de vitesse. La motivation de cette condamnation est intéressante. Bien que le conducteur n'ait pas commis

Mit den abgebildeten Fahrzeugen, die am zweiten Genfer Automobilsalon im Jahr 1925 zu besichtigen waren, wurden bescheidenere Tempos im Vergleich zu den heutigen erreicht.

Avec ces voitures, présentées en 1925 au 2ᵉ Salon de l'auto de Genève, les limitations de vitesse étaient nettement inférieures à celles d'aujourd'hui.

Schon in der Frühzeit des Automobils kam es zu Verkehrsunfällen, die zahlreiche Schaulustige anlockten.

Les badauds arrêtés pour contempler et commenter un accident de voiture, une habitude qui remonte aux premiers temps de la motorisation.

nung betreffend den Motorwagen- und Fahrradverkehr vom 15. Juni 1904, dem sich 20 Kantone anschlossen. In der Vereinbarung wurde festgehalten, dass der Führer eines Motorwagens seine Fahrgeschwindigkeit beständig beherrschen soll. Ausserdem wurden unter anderem die Höchstgeschwindigkeiten festgelegt. Diese sahen wie folgt aus: «Beim Durchfahren von Städten, Dörfern oder Weilern sowie auf den von den kantonalen Behörden dem Motorwagenverkehr geöffneten Bergstrassen darf die Geschwindigkeit unter keinen Umständen 10 km/h, also die Geschwindigkeit eines Pferdes im Trabe, überschreiten.» Ausserorts sah die Regelung eine Höchstgeschwindigkeit von 30 km/h vor. «Auf Brücken, in Durchfahrten, engen Strassen, Kehren, bei starken Gefällen soll das Höchsttempo auf dasjenige eines Pferdes im Schritt, das heisst auf 6 km/h, herabgesetzt werden.» Für die Velofahrer, die damals gegenüber dem Auto in der Mehrheit waren, galt ein Höchsttempo von 8 km/h.

Ein Urteil des Bundesgerichts über einen Vorfall aus dem Kanton Solothurn aus dem Jahr 1905 zeigt, was man sich damals unter zu hoher Geschwindigkeit vorstellte. Einem Automobilisten, der ein Fuhrwerk, welches von zwei Kühen gezogen wurde, mit einer Geschwindigkeit von 15 km/h anfuhr, war von den Richtern übersetztes Tempo vorgeworfen worden. Interessant an diesem Schuldspruch ist die Begründung. Denn obwohl der Motorfahrzeugführer mit seinem Tempo keine gesetzlich oder reglementarisch zugelassene Fahrgeschwindigkeit verletzt hatte, da es eine solche zur Zeit des Unfalls im Kanton Solothurn noch gar nicht gab (der Unfall ereignete sich im April 1903), hatte er sich widerrechtlich verhalten. Und zwar deshalb, weil er gegen das allgemeine Gebot, durch sein Tun die Sicherheit seiner Mitmenschen nicht schuldhaft zu gefährden, verstossen hatte. Danach äusserte sich das Bundesgericht grundsätzlich zu den Gefahren, die mit dem neuartigen Fortbewegungsmittel verbunden sind.

«Dabei ist davon auszugehen, dass der Automobilfahrer zu ganz besonderer Vorsicht und Sorgfalt verpflichtet ist, da das Automobilfahren an sich schon wegen seiner Schnelligkeit, der Wucht, mit der das Automobil einherfährt, sodann in Anbetracht des Umstandes, dass es sich nicht auf einer besonderen Fahrbahn bewegt, in Verbindung mit der Tatsache, dass die Landstrassen der Schweiz, auf denen sich der Automobilverkehr abspielt, nicht sehr breit, dagegen in der Regel sehr stark begangen und befahren sind und durch relativ dichtbevölkerte Gegenden führen, endlich deswe-

*«En ce domaine, on doit partir du principe que le conducteur d'une voiture automobile est tenu à une prudence et à une vigilance particulières. En raison du facteur vitesse lié à la conduite automobile et à la force d'inertie d'une automobile. Eu égard au fait qu'elle ne se déplace pas sur une voie spécifique. Relativement au fait que les routes suisses sur lesquelles circulent les automo-*biles ne sont pas très larges, mais font par contre l'objet d'une forte circulation, traversant des régions d'une densité de population relativement élevée. Enfin, parce que la circulation automobile est encore un phénomène nouveau et donc inhabituel pour de nombreuses catégories de personnes. Pour les raisons qui précèdent, l'automobile porte en elle le germe de dangers pour la sécurité des individus. L'automobiliste a le devoir de réduire ces dangers dans toute la mesure du possible.» (Arrêt du Tribunal fédéral [ATF] 31 II, p. 416).*

Si une vitesse de 15 km/h pouvait, dans ce cas, être considérée d'infraction à la vitesse légalement ou réglementairement autorisée en circulant ainsi – car il n'existait pas encore de prescriptions à ce sujet dans le canton de Soleure à l'époque de l'accident (avril 1903) –, il avait eu néanmoins un comportement contraire à la loi, parce qu'il avait contrevenu par son action au principe général condamnant la mise en danger de la sécurité d'autrui. En outre, le Tribunal fédéral exprimait sa position fondamentale sur les dangers liés aux nouveaux moyens de locomotion.

comme excessive, cette limite n'était pas universelle mais constituait un cas d'espèce.

Un an plus tard, le Tribunal fédéral ne jugeait pas excessive une vitesse de 30 km/h à laquelle s'était bloquée la direction d'une voiture partie en tonneau (ATF 32 II, p. 572). En revanche, en 1907, le Tribunal fédéral devait condamner un automobiliste pour un accident mortel bien qu'il ait circulé à la vitesse autorisée de 10 km/h (ATF 33 II, p. 80).

Dans l'intervalle, le parc de véhicules avait fortement augmenté. Selon l'Office fédéral de la statistique, il y avait 2276 voitures en circulation en 1910, et ce chiffre s'élevait à 5411 quatre ans plus tard. Bien que la voiture à moteur commençât lentement à s'imposer, les discussions sur ce nouveau trouble-fête roulant ne faiblissaient pas. L'automobile était ressentie comme un réel danger, contre lequel il fallait se battre de toutes ses

gen, weil der Automobilverkehr noch relativ neu und für grosse Kategorien von Menschen noch etwas durchaus Ungewohntes ist, den Keim von Gefährdungen für die Sicherheit von Menschen in sich birgt. Der Automobilfahrer hat die Pflicht, diese Gefährdung auf das möglichst niedrigste Mass zu beschränken» (Bundesgerichtsentscheid [BGE] 31 II S. 416).

Wenn auch in diesem Fall ein Tempo von 15 km/h als übersetzt angesehen wurde, so galt diese Limite nicht überall, sondern es kam auf den Einzelfall an.

So bezeichnete das Bundesgericht ein Jahr später das Tempo eines Autos von 30 km/h, dessen Lenkung bei dieser Geschwindigkeit plötzlich blockierte, weshalb sich der Wagen überschlug, als nicht übersetzt (BGE 32 II S. 572). Dagegen wurde in einem Urteil aus dem Jahr 1907 einem Autofahrer, der mit der erlaubten Höchstgeschwindigkeit von 10 km/h fuhr und einen Unfall mit tödlichem Ausgang verursachte, das gefahrene Tempo vom Bundesgericht angelastet (BGE 33 II S. 80 ff.).

Inzwischen nahm die Zahl der Personenwagen rasch zu. 1910 waren es gemäss Angaben des eidgenössischen statistischen Amts 2276 Personenwagen, und bereits vier Jahre später hatte sich diese Zahl schon auf 5411 erhöht. Obwohl sich also das Motorfahrzeug langsam durchzusetzen begann, verstummten die Diskussionen über diese neuen fahrenden Ungetüme keineswegs. Man empfand sie als wirkliche Bedrohung, gegen die man mit aller Kraft ankämpfen musste. Doch gleichzeitig erkannte man, dass die Verbreitung dieses neuartigen Fahrzeugs nicht aufzuhalten war.

Allgemeiner Grundsatz

Das am 7. April 1914 beschlossene Konkordat ersetzte dasjenige aus dem Jahr 1904, dem wiederum nicht alle Kantone angehörten. Was die Geschwindigkeit angeht, wurde in Artikel 33 zum erstenmal der allgemeine Grundsatz postuliert, dass der Führer eines Motorwagens die Geschwindigkeit seines Fahrzeugs ständig beherrschen soll. Doch schon in den folgenden Artikeln wurden genaue Höchstlimiten festgeschrieben, die im Vergleich zum ersten Konkordat heraufgesetzt wurden. Die Höchstgeschwindigkeit innerorts wurde auf 18 km/h angehoben, während ausserorts

Der Zürcher Bahnhofplatz, wie er 1928 aussah, vermittelte ein idyllisches Bild. Tramzüge und Taxis waren die gängigsten Verkehrsmittel. Private Autos waren an einer Hand abzuzählen.

C'est une image idyllique de la Bahnhofplatz de Zurich que reflète cette photo datant de 1928. Taxis et tramways y sont les moyens de transport usuels et les voitures particulières se comptent sur les doigts de la main.

das Höchsttempo auf 40 km/h limitiert war. Bei Nacht oder Nebel oder beim Kreuzen mit anderen Fuhrwerken wurde es auf 25 km/h festgelegt. Schliesslich sah die Regelung für Bergstrassen oder für andere enge und gefährliche Strassen eine Geschwindigkeitsbegrenzung von 18 km/h vor und eine solche von 6 km/h bei Kurven.
Indes blieb die Haltung der Bevölkerung gegenüber dem Automobil auch im zweiten Jahrzehnt unseres Jahrhunderts noch immer feindlich, und diese Einstellung übertrug sich auch auf die Behörden. Die verschiedenen Sonntags- und Nachtfahrverbote in einzelnen Kantonen, die teilweise noch bis in die zwanziger Jahre unseres Jahrhunderts aufrechterhalten blieben, sind vor diesem Hintergrund zu sehen.

Vereinheitlichung

Das Bundesgesetz, das aufgrund des 1921 von Volk und Ständen angenommenen Verfassungsartikels 37bis den Strassenverkehr regeln sollte, trat allerdings

forces. On admettait pourtant, simultanément, qu'il fût impossible d'arrêter la propagation de ce nouveau type de véhicule.

Un principe fondamental

Le 7 avril 1914, un nouveau concordat remplaçait celui de 1904. Une fois de plus sans l'adhésion de tous les cantons. En matière de vitesse, son article 33 posait pour la première fois le principe fondamental général que le conducteur d'un véhicule à moteur devait en toute circonstance rester maître de sa vitesse. Néanmoins, les articles suivants stipulaient des limitations de vitesse plus élevées par rapport au premier concordat. La vitesse maximale dans les localités était portée à 18 km/h et celle hors des localités à 40 km/h. Elle était également fixée à 25 km/h de nuit, par temps de brouillard ou lors du croisement de chariots attelés. Et enfin, la réglementation fixait une vitesse maximale de 18 km/h sur les routes de montagne ou autres voies

*étroites et dangereuses, et 6 km/h dans les virages.
Néanmoins, la population conserva une attitude hostile vis-à-vis de l'automobile tout au long de la deuxième décennie, une attitude qui ne fut pas sans influence sur les autorités. C'est dans ce contexte qu'il faut comprendre les diverses interdictions de circuler le dimanche ou de nuit décrétées par certains cantons, qui allaient encore rester en vigueur dans les années vingt.*

L'uniformisation

*Instituée par l'article 37bis de la Constitution, voté en 1921 par le peuple et les cantons, la loi fédérale réglementant la circulation routière ne devait entrer en vigueur qu'au-delà de dix ans plus tard, le 1er janvier 1933, après l'échec quelques années plus tôt d'un premier essai d'harmonisation.
Cette loi sur les véhicules à moteurs (LVM) comportait un article 25 disposant que «le conducteur doit être constamment*

Ihr Qualitätspartner vom Konzept bis zur Fertigung

Unser effizienter Fertigungsprozess

bietet Ihnen mehr

Flexibilität nach Nachfrage

Unser Können mit Spezialautomobilen

ermöglicht die Erweiterung

Ihrer Angebotspalette

Unser Qualitätskonzept

sichert Ihre Zufriedenheit

als auch die Ihrer Kunden

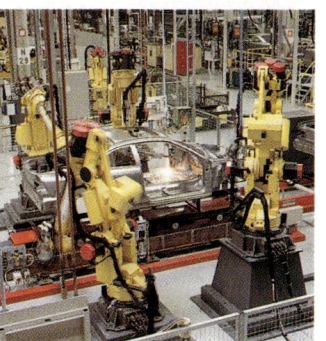

VALMET

P.O. Box 4, FIN-23501, Uusikaupunki, Finnland
Tel. +358-2-845 21, Fax +358-2-8452 2009

über zehn Jahre später, nämlich erst am 1. Januar 1933, in Kraft, nachdem einige Jahre zuvor ein erster Versuch zur Einführung einer einheitlichen Strassenverkehrsregelung gescheitert war. In diesem Motorfahrzeuggesetz (MFG) wurde in Artikel 25 statuiert, «der Führer muss sein Fahrzeug ständig beherrschen und die Geschwindigkeit den gegebenen Strassen- und Verkehrsverhältnissen anpassen. Jedes Motorfahrzeug, dessen Konstruktion eine Geschwindigkeit von mehr als 20 km/h zulässt, muss mit einem Geschwindigkeitsanzeiger versehen sein.»
Man wollte also im Gesetz die Höchstgeschwindigkeit nicht zahlenmässig fixieren, sondern sah statt dessen diese Generalklausel vor. Diese hielt man für die Verkehrssicherheit geeigneter als eine starre Vorschrift. Denn je nach den Umständen, nach denen sich die Geschwindigkeit im gegebenen Augenblick zu richten hat, könnte eine bestimmt umschriebene Geschwindigkeitsgrenze als zu hoch bezeichnet werden. Deshalb herrschte die Meinung vor, die Gerichtspraxis sollte dann die zulässigen Tempi konkretisieren. Seither haben sich die kantonalen Gerichte und das Bundesgericht in zahlreichen Fällen immer wieder mit dem Phänomen der «richtigen» Geschwindigkeit befasst.

So hielt das Bundesgericht schon im Jahr 1934 in einem Entscheid fest, «dass der Lenker niemals mit einer solchen Geschwindigkeit fahren darf, dass er nicht innerhalb des Raums, den er vollständig frei vor sich sieht, anhalten kann» (BGE 60 II S. 284). Es verlangte vom Fahrer aber keineswegs, «dass er jederzeit auf der Stelle anhalten könne, wohl aber, dass er nicht schneller fahre, als dass er jederzeit auf diejenige Strecke anhalten kann, innerhalb welcher er nicht mit einem plötzlich anhaltenden Hindernis rechnen muss» (BGE 64 I S. 357). In einem weiteren Urteil wurde eine Geschwindigkeit von 40 bis 45 km/h im Stadtverkehr für einen guten Fahrer noch an der äussersten Grenze der Zulässigkeit bezeichnet (BGE 60 I S.166).

Immer wieder hat das Bundesgericht Zeugnis abgelegt, dass es sehr wohl imstande ist, die Geschwindigkeitsgeneralklausel differenziert auszulegen.

So sah das Gericht bei einer Geschwindigkeit von 45 bis 50 km/h auf einer Hauptstrasse innerorts, die in einen breiten und übersichtlichen Platz einmündet, keinen besonderen Grund zur Herabsetzung des Tempos (BGE 63 I S. 125). Umgekehrt hielt es ein Tempo von 40 km/h bei nasser Strasse und stürmischer Witterung für übersetzt (BGE 60 I S. 409). Ganz grundsätzlich hielt das Gericht «eine Geschwindigkeit von 100 km/h ausserorts für fast immer übersetzt, wenn es sich nicht um eine breite und auf eine grosse Strecke gerade Strasse auf offenem Feld handelt, wo keine Gefahr besteht, dass jemand aus einer mehr oder weniger verdeckten Seitenstrasse kommt» (BGE 64 II S. 327).

Autokolonnen in der Stadt an neuralgischen Punkten sind nichts Neues, sondern bildeten sich schon vor rund 35 Jahren. Sie sind auch Ausdruck der Attraktivität dieses Verkehrsträgers. (Foto: bfu)

Les files de voitures agglutinées en ville aux points névralgiques, ça ne date pas d'hier mais bien de quelque 35 ans. Elles sont aussi l'expression de l'engouement pour ce mode de transport.

maître de son véhicule et adapter sa vitesse aux conditions de la route et de la circulation. Tout véhicule à moteur dont la construction permet une vitesse supérieure à 20 km/h devra être équipé d'un tachymètre.»
La loi ne voulait donc pas fixer nommément de vitesse maximale, mais prévoyait à cet effet la clause générale ci-dessus, que l'on considérait plus adaptée à la sécurité routière qu'une prescription rigide. C'est en fonction des circonstances, auxquelles on devait l'adapter, qu'une certaine vitesse limite pouvait être considérée comme trop élevée. Et, selon l'opinion la plus répandue, c'est par la pratique développée au sein des cours de justice que devaient se concrétiser les limitations de vitesse.
Depuis lors, les tribunaux cantonaux et le Tribunal fédéral ont eu constamment à se saisir, dans de nombreux cas, du phénomène de «vitesse appropriée».

En 1934, déjà, un arrêt du Tribunal fédéral statuait que «le conducteur ne doit jamais rouler à une vitesse telle qu'il ne puisse arrêter son véhicule sur la distance entièrement dégagée devant lui. (Arrêt du TF [ATF] 60 II, p. 284). Ce qui ne supposait cependant nullement, de la part du conducteur, «qu'il soit à tout moment capable de s'arrêter sur place, mais qu'il n'excède pas la vitesse lui permettant à tout moment de s'arrêter sur une distance inférieure à la matérialisation d'un obstacle subit» (ATF 64 I p. 357). Un autre arrêt qualifiait comme limite admissible une vitesse de 40 à 45 km/h en agglomération... pour un bon conducteur (ATF 60 I p. 166).

Dans sa pratique, le Tribunal fédéral s'est toujours refusé à certifier être en mesure d'apprécier diversement la clause générale de limitation de vitesse.

Ainsi, il ne vit aucune raison pour qu'un conducteur réduise sa vitesse alors qu'il circulait à 45 à 50 km/h, à l'intérieur d'une localité, sur une route principale débouchant sur une vaste place, la visibilité étant bonne (ATF 63 I p. 125). A l'inverse, il jugea excessive une vitesse de 40 km/h sur une chaussée humide par forte intempérie. (ATF 60 I p. 409). Sur le fond, le TF considéra «presque toujours excessive une vitesse de 100 km/h hors d'une localité, si le véhicule ne circule pas sur une route grande et large, en pleine campagne, ne présentant aucun danger de voir surgir quiconque d'une route latérale plus ou moins cachée» (ATF 64 II, p. 327).

Un bond en avant

Les années 1930 ont été caractérisées par une forte progression du parc automobile. En 1935, plus de 70 000 voitures circulaient en Suisse, une croissance qui semblait sans limite. Dans le même temps, paradoxalement, l'attirance pour l'automobile ne faisait que croître. Cela peut aujourd'hui paraître étonnant, si l'on songe que la Suisse com-

In Städten und in solchen Ortschaften (im Bild Münsingen BE) wurde die Geschwindigkeit anno 1959 auf 60 km/h begrenzt und 1985 auf 50 km/h herabgesetzt. (Foto: bfu)

En ville et dans ce type de localité (ici, Münsingen BE), la vitesse en 1959 est limitée à 60 km/h; en 1985, elle sera réduite à 50 km/h.

Sprunghafter Anstieg

Die Zeit der dreissiger Jahre war auch die Zeit, in der der Automobilbestand kräftig anstieg. 1935 waren es schon über 70 000 Personenwagen, die in der Schweiz verkehrten, und ein Ende war nicht in Sicht. Im Gegenteil, die Attraktivität des Motorfahrzeugs nahm ständig zu. Das verwundert nicht, denn die Folgen der Weltwirtschaftskrise bekam auch die Schweiz zu spüren. Einzig während des Zweiten Weltkriegs ging die Zahl der Motorfahrzeuge stark zurück, aber nur um nach dessen Ende um so mehr anzuziehen. Die Zahl der Personenwagen sank im Jahr 1941 auf rund 16 000 Einheiten, stieg dann aber anno 1948 sprunghaft auf fast 106 000 Pw-Einheiten.

Parallel dazu entwickelte sich auch eine umfangreiche Praxis des Bundesgerichts und der kantonalen Gerichte zur Frage der Geschwindigkeit.

In einem Entscheid aus dem Jahr 1956 bezeichnete das oberste Gericht eine Geschwindigkeit von 90 km/h bei der Durchfahrt durch eine Ortschaft auch auf breiter, übersichtlicher Überlandstrasse als übersetzt. Denn nach dem klaren Wortlaut von Artikel 25 MFG hat der Führer im Bereich geschlossener Siedlungen unter allen Umständen mit mässiger Geschwindigkeit zu fahren. «Es besteht eine unwiderlegbare Vermutung, dass er den Verkehr gefährdet, wenn er in voller Fahrt eine Ortschaft durchquert. Diese Vermutung gilt auch dann, wenn der Führer keine Anhaltspunkte für eine drohende konkrete Gefahr hat» (BGE 82 IV S. 168).

In seiner Botschaft zum Strassenverkehrsgesetz (SVG) vom 24. Juni 1955, welches das Motorfahrzeuggesetz auf den 1. Januar 1963 ablöste, befasste sich die Landesregierung auch mit der Einführung von Tempolimiten. Obwohl vielfach eine derartige Massnahme namentlich in Ortschaften gewünscht wurde, hielt der Bundesrat dafür, dass eine solche umstritten sei. Vorab sei schon die Unterscheidung zwischen «innerorts» und «ausserorts» problematisch. Zudem würde eine allgemeine Geschwindigkeitsgrenze vorläufig wegen Fehlens der Kontrolle toter Buchstabe bleiben. Immerhin relativierte er seine Auffassung und meinte, es sei für den Innerortsverkehr eine Geschwindigkeitsgrenze in Aussicht zu nehmen für den Fall, dass nicht mit anderen Mitteln mehr zu erreichen sei. An eine

mençait alors à subir les conséquences de la grande crise. Ce n'est qu'avec la Deuxième Guerre mondiale que le parc automobile se mit à régresser fortement, un recul pour mieux sauter... En 1941, le parc tombait à 16 000 unités environ, et il allait bondir à 106 000 unités en 1948!

Parallèlement à tout cela, les tribunaux cantonaux et le Tribunal fédéral développaient une pratique complète de la vitesse.

Dans un arrêt datant de 1956, la juridiction suprême considère comme excessive une vitesse de 90 km/h sur une route principale, large et offrant une bonne visibilité, mais il s'agit là de la traversée d'une agglomération car, selon le texte de l'article 25 de la loi sur les véhicules à moteur, «le conducteur doit en toutes circonstances conduire à une vitesse modérée dans les agglomérations (...) Il existe une présomption incontestable de danger potentiel pour la circulation dans le fait de traverser une localité à pleine vitesse. Cette présomption vaut également si le conducteur n'a pas prévu de s'arrêter face à un danger imminent» (ATF 82 IV, p. 168).

Dans son message à propos de la nouvelle loi sur la circulation routière, du 24 juin 1955, instituant la loi sur les véhicules à moteur du 1er janvier 1963, le gouvernement fédéral s'est saisi du problème des limitations de vitesse. Bien que de telles mesures aient été souhaitées maintes fois, en particulier pour les agglomérations, le Conseil fédéral a considéré qu'elles demeuraient contestées. Préalablement, la distinction entre localités et hors des localités était déjà difficile. Par ailleurs, une limitation généralisée de la vitesse serait restée lettre morte, faute de contrôles. L'Exécutif relativisait sa position et exprimait l'avis qu'une limitation de vitesse dans les localités devait être prise en considération dans le cas où le but recherché ne pouvait être obtenu par d'autres moyens. Quant à une limitation hors des localités, le Conseil fédéral ne se risquait pas à y penser.

Néanmoins, la limitation de la vitesse à 60 km/h dans les localités arriva plus vite que prévu, à savoir le 1er juin 1959, c'est-à-dire avant l'entrée en vigueur de la nouvelle loi sur la circulation routière. Par contre, la vitesse hors des localités resta libre jusqu'en mars 1974. Cela ne signifiait cependant pas qu'il fût permis de conduire à n'importe quelle allure.

De plusieurs manières, le Tribunal fédéral a réitéré le principe fondamental selon lequel «un conducteur doit adopter une vitesse calculée. Ce calcul doit à tout instant tenir compte de l'arrêt sur la distance de la visibilité» (ATF 91 IV, p. 76). Il a clairement rejeté les opinions divergentes, et ce en 1955, en motivant ainsi un jugement: «le conducteur plaignant se trompe dans son acception selon laquelle la limite de la vitesse autorisée se situe uniquement là où il n'existe plus de garantie que la voiture ne parte en dérapage sous l'action d'un brusque freinage» (ATF 81 IV, p. 132).

Le droit en vigueur

Dans la loi sur la circulation routière en vigueur, les vitesses maximales sont précisées dans l'ordonnance sur les règles de circulation (ORC), tandis que la clause générale est inscrite dans la loi sur la circulation routière (LCR). Pour l'automobiliste, cela signifie qu'il doit adapter sa vitesse aux circonstances dans le cadre des limites maximales.

«La vitesse maximale admise n'est pas la vitesse à laquelle on peut rouler quelles que soient les circonstances», a rappelé en 1956 le Tribu-

Begrenzung ausserorts aber wagte der Bundesrat vorläufig gar nicht zu denken.
Die Geschwindigkeitsbeschränkung auf 60 km/h innerorts kam dann schneller als erwartet, nämlich bereits auf den 1. Juni 1959, also noch vor dem Inkrafttreten des neuen Strassenverkehrsgesetzes. Dagegen blieb die Höchstgeschwindigkeit ausserorts bis im März 1974 unbegrenzt. Das bedeutete aber keineswegs, dass freies Rasen erlaubt war.

Den Grundsatz, wonach «ein Fahrzeugführer dann eine angemessene Geschwindigkeit einhält, wenn er diese jederzeit so bemisst, dass er innerhalb der als frei erkannten Strecke anhalten kann», hat das Bundesgericht verschiedentlich wiederholt (BGE 91 IV S. 76). Gegenteiligen Auffassungen hat es eine klare Absage erteilt. Dies schon im Jahr 1955 mit der Begründung: «Der Beschwerdeführer geht auch fehl mit der Auffassung, die Grenze der zulässigen Geschwindigkeit liege erst dort, wo keine Gewähr mehr bestehe, dass der Wagen bei plötzlichem Bremsen nicht ins Schleudern gerate» (BGE 81 IV S. 132).

Geltendes Recht

Im heute geltenden Strassenverkehrsgesetz sind die Höchstgeschwindigkeiten in der Verkehrsregelverordnung aufgeführt, während sich im Strassenverkehrsgesetz die Generalklausel findet. Für den Automobilisten bedeutet das, dass er seine Geschwindigkeit innerhalb der vorgegebenen Höchstgeschwindigkeiten den äusseren Verhältnissen anpassen muss.

«Die allgemeine Höchstgeschwindigkeit ist nicht die Geschwindigkeit, die unter allen Umständen ausgefahren werden kann», hat das Bundesgericht im Jahr 1995 in Erinnerung gerufen (BGE 121 IV S. 230). In die gleiche Richtung zielt auch die Begründung in einem früheren Entscheid: «(...) wenn die Situation derart konfus und unsicher sei, dass zu vermuten sei, ein anderer Verkehrsteilnehmer werde die Fahrt behindern, müsse der Vortrittsberechtigte seine Geschwindigkeit herabsetzen, auch wenn sie grundsätzlich den Verhältnissen angepasst sei» (BGE 118 IV S. 277).

In jüngster Zeit geht die Tendenz des Bundesgerichts dahin, das Überschreiten der zulässigen Höchstgeschwindigkeiten um deutlich mehr als 30 km/h als grobe Verkehrsregelverletzung zu qualifizieren.

Auch auf Autobahnen (am rechten Bildrand das neueste, im vergangenen Jahr eröffnete Teilstück der A9 vor Siders im Wallis) ist die Höchstgeschwindigkeit limitiert und beträgt 120 km/h. (Foto: Bernard Dubuis)

Sur autoroute également, la vitesse maximale est limitée et abaissée à 120 km/h (sur la droite de la photo, le dernier tronçon, inauguré l'an dernier, de l'A 9 avant Sierre, en Valais).

Gleichzeitig wird die Frage aufgeworfen, «ob künftig danach zu unterscheiden sei, ob die Geschwindigkeitsvorschriften innerorts, ausserorts oder auf Autobahnen missachtet wurden» (122 IV S. 173).

Diese Unterscheidung, die das auf den vergangenen 1. September revidierte Ordnungsbussengesetz bereits vorweggenommen hat, deutet die künftige Marschrichtung an.
Es bleibt zu hoffen, dass das Bundesgericht in seinen künftigen Urteilen zu Geschwindigkeitsverletzungen, ungeachtet der Druckversuche, der Frage der Gefährdung noch vermehrt Beachtung schenkt und in seiner Entscheidfindung berücksichtigt, wo und wann eine Geschwindigkeitsverletzung begangen wurde.

Raoul Studer

nal fédéral (ATF 121 IV, p. 230). La motivation d'un arrêt plus récent va dans la même direction: «(...) lorsque la situation est à ce point confuse et peu sûre que l'on puisse s'attendre à trouver un autre usager de la route comme obstacle, le conducteur prioritaire doit réduire sa vitesse, même si cette dernière est fondamentalement adaptée aux circonstances» (ATF 118 IV, p. 277).

Ces derniers temps, le Tribunal fédéral tend à considérer un dépassement de la vitesse maximale autorisée nettement supérieur à 30 km/h comme une infraction grossière aux règles de la circulation.

Conjointement, la question est lancée de savoir s'il y aura lieu de faire à l'avenir, une différence entre conduite dans les localités, hors des localités ou sur autoroute, pour les infractions aux limitations de vitesse (ATF 122 IV, p. 173).

Déjà prise en compte dans la loi sur les amendes d'ordre révisée le 1er septembre dernier, cette distinction indique l'orientation future.
Il reste à souhaiter que le Tribunal fédéral porte encore davantage d'attention à la notion de mise en danger, dans ses futurs arrêts concernant les infractions aux limitations de vitesse, et ce, indépendamment de toute pression. Dans l'élaboration de ses arrêts, il convient également qu'il prenne en considération le lieu et le moment où l'infraction a été commise.

Raoul Studer

In jeder Beziehung aufregend

Die neuen, zukunftsweisenden Fahrzeugmodelle von Daihatsu: einzigartig im Design, komfortabel in der Ausstattung und sparsam im Energieverbrauch.

GRAN MOVE

MOVE

DAIHATSU

Import und Generalvertretung für die Schweiz und das Fürstentum Liechtenstein:

ASCAR AG
Industriestrasse, CH-5745 Safenwil
Telefon 062 788 85 99, Fax 062 788 85 65
Ein Unternehmen der Emil-Frey-Gruppe.

City Flash – Das neue Stadtplan-Konzept

Kompakt, klar, handlich und strapazierfähig.

Der neue Stadtplan von Zürich – in Leporello-Form – konzentriert sich auf die wichtigsten Angaben, die ein Besucher benötigt:
Stadtplan im Massstab 1:15 500, Umgebungskarte, Innenstadtplan, öffentliche Verkehrsmittel, City-Informationen, nützliche Adressen, Sehenswürdigkeiten mit Suchnetz, Verzeichnis der wichtigsten Strassen. Als besonders willkommene Zusatzleistung zeigt ein Detailplan die zentrale Einkaufsstrasse mit den wesentlichen Geschäften, Restaurants und Cinémas.

DM/sFr. 7.50

Weitere Titel in dieser Serie:

Amsterdam
Barcelona
Berlin
Boston
Budapest
Chicago
Frankfurt
Hong Kong
Las Vegas
Lissabon
London
Mexico City
München
New York City
Orlando/Disney World ®
Paris
Prag
Rom
San Francisco
Stockholm
Venedig
Washington D.C.
Wien
Zürich

NEU LEGACY 4WD OUTBACK

LEGACY OUTBACK: EINER FÜR ALLES.

Legacy 4WD Outback, ab Fr. 38'900.– (inkl. MWST)

Das Nonplusultra an Fahrsicherheit im Gelände und bei allen Strassenverhältnissen heisst: 4WD!

Wollen Sie lieber ein Geländefahrzeug oder eine Limousine? Entscheiden Sie sich für beides. Der neue Legacy Outback ist alles in einem. Die gelungene Synthese zwischen optimaler Geländetauglichkeit und maximalem Fahrkomfort. Mit 2,5 Litern, 150 PS, 4 obenliegenden Nockenwellen, 4-Stufen-Automat, 2 Airbags, permanentem 4WD, grosser Bodenfreiheit, Einzelradaufhängung, usw. Sonder-Ausstattung: Leder-Interieur und Klimaanlage. Wann erleben Sie die neue Freiheit bei einer Probefahrt über Stock und Stein?

SUBARU
DER SCHWEIZER 4x4 CHAMPION

Weitere Informationen beim Importeur: Subaru Switzerland, Streag AG, 5745 Safenwil, 062/788 88 66, http://www.subaru.ch, und den rund 270 Subaru-Vertretern. MultiLease: 01/495 2 495.

Der Schweizer Automarkt

Ratgeber für den Autokauf

SCHWEIZ SPEZIAL 1997 SPÉCIAL SUISSE

Im vorliegenden Katalogteil «Schweiz Spezial 1997» sind alle wirtschaftlichen Entscheidungsgrundlagen für den Autokauf zusammengestellt; die einzelnen Kapitel sind folgenden Themen gewidmet:

Alles über die Betriebskosten 90

Informationen zur Erstellung einer umfassenden Betriebskostenrechnung, die sich aus zwei Kostengruppen zusammensetzt: Zu den festen Jahreskosten gehören Amortisation, Finanzierungsaufwand (Zinsen), kantonale Verkehrssteuern, Haftpflichtversicherung sowie die nicht obligatorischen Aufwendungen für Teil- und Vollkaskoversicherungen, Garagemiete und Parkgebühren. Die wichtigsten Bestandteile der beweglichen Kosten sind die Ausgaben für Treibstoff und Reifen sowie für Wartung und Unterhalt des Fahrzeugs.

Kantonale Verkehrssteuern 92

Die Tarife der nach unterschiedlichen Parametern erhobenen Verkehrssteuern der Kantone in tabellarischer Form.

Autohaftpflichtversicherung 93

Die Prämien für die obligatorische Haftpflichtversicherung.

Betriebskostenvoranschläge 94

Beispiele von Betriebskostenrechnungen für einige (fiktiv!) ausgewählte Autos unterschiedlicher Preis- und Leistungsklassen.

Adressen der Schweizer Autoimporteure 96

Kontaktstellen für allfällige Zusatzinformationen. (Wo finde ich die nächstgelegene Markenvertretung/Garage in meiner Region usw.?)

Preisliste 97

Die Katalogpreise aller in der Schweiz lieferbaren Autos, angereichert durch wertvolle Zusatzinformationen über Karosserieart, Anzahl Türen und Plätze, Motorleistung und Treibstoffverbrauch sowie Ausstattungsmerkmale, wie z. B. Getriebeautomat, ABS, Airbag, Klimaanlage usw.

Le marché suisse de l'automobile

Comment choisir votre voiture

SCHWEIZ SPEZIAL 1997 SPÉCIAL SUISSE

La partie «Spécial Suisse 1997» du catalogue regroupe tous les facteurs économiques intervenant dans le choix d'une voiture; les divers chapitres sont consacrés aux thèmes suivants:

Les frais d'exploitation 90

Informations permettant le calcul des frais d'exploitation répartis en deux catégories. Aux frais fixes, on compte amortissement, financement (intérêts), taxes cantonales, assurance RC, assurances non obligatoires (casco partielle et totale), location d'un garage ou d'une place de parc. Les frais variables se composent principalement des dépenses de carburant, de pneus, des services d'entretien.

Les taxes automobiles cantonales 92

Sous forme de tableau, les tarifs des taxes prélevées par les cantons qui n'utilisent pas tous les mêmes paramètres.

Assurance RC 93

Les primes de l'assurance RC obligatoire pour la couverture légale minimale.

Calcul du budget 94

Exemple de calcul des frais d'exploitation pour quelques modèles théoriques de voitures appartenant à diverses classes de prix et de puissance.

Les importateurs suisses d'automobiles 96

Leurs coordonnées et un point de contact pour d'éventuelles informations. (Où se trouve l'agence ou le garage le plus proche?)

Liste des prix 97

Prix de catalogue de toutes les voitures commercialisées en Suisse, avec quelques précisions sur la carrosserie, le nombre de portes et de places, la puissance du moteur, la consommation de carburant, ainsi que sur l'équipement (boîte automatique, ABS, airbag, climatisation, etc.).

Alles über die Betriebskosten

SCHWEIZ SPEZIAL 1997 SPÉCIAL SUISSE

Die Autokosten setzen sich aus zahlreichen, höchst unterschiedlichen Budgetposten zusammen, von denen einige jährlich (Versicherungsprämien!) oder fast täglich (Treibstoffpreise!) ändern können. – Die bedeutendsten Kostenänderungen gegenüber 1996 resultieren aus der Erhöhung der Treibstoffpreise, zudem wurden in vier Kantonen die Verkehrssteuern neu festgelegt.

Budgetierung und Überwachung der Autokosten verdienen grösste Aufmerksamkeit, summieren sich doch die zahlreichen mit dem Autobesitz verbundenen grösseren und kleineren Ausgaben zu erklecklichen Beträgen. Die bedeutendsten Budgetposten sind: Autokauf und Amortisation (inkl. Zinsverlust auf dem dafür eingesetzten Kapital), Prämien für Haftpflichtversicherung und kantonale Verkehrssteuern, Ausgaben für Treibstoff, Reifen sowie Wartung und Unterhalt. Einige Rechnungsposten sind laufend Preisänderungen unterworfen.

Umfassendes Budget

Das Erstellen eines präzisen Budgets lohnt sich. Zur Erleichterung dieser Aufgabe sind auf der Doppelseite 94/95 einige Beispiele von Betriebskostenrechnungen zusammengestellt. Diese Rechnungsbeispiele beziehen sich nicht auf bestimmte Automodelle, sondern basieren auf fiktiv ausgewählten Fahrzeugen unterschiedlicher Preis- und Leistungsklassen; für den vorliegenden Katalog wurden die Preis- und Leistungsklassen neu geordnet. Im folgenden einige Erläuterungen zu den erwähnten Betriebskostenvoranschlägen, die als Muster zum Erstellen individueller Autobudgets herangezogen werden können. In ein solch persönliches Budget, das sich auf ein konkretes Fahrzeug bezieht, wären dann die jeweils nach Nutzungsdauer (Betriebsjahre), Jahreskilometerleistung, Standortkanton, Prämienstufe der Haftpflichtversicherung (Bonus/Malus) usw. unterschiedlich anfallenden Kosten einzusetzen.

Die gesamten Betriebskosten basieren auf zwei getrennten Rechnungen, nämlich jener für die festen Kosten, die aus dem Autobesitz an sich entstehen, und jener für die beweglichen Kosten, die aus Betrieb und Unterhalt des Fahrzeugs hervorgehen. Ausgangsbasis für die Betriebskostenrechnung bildet der Neuwagenpreis. Eine detaillierte Übersicht über die in der Schweiz lieferbaren Autos und deren Preise beginnt auf Seite 97.

Feste Jahreskosten

Amortisation: Die von uns ermittelten Abschreibungssätze beziehen sich auf den Wertverlust, den ein Neuwagen während seiner Betriebszeit nach Jahren und Kilometerleistung erleidet. Die auf dem Occasionenmarkt gebotenen Eintauschpreise für Personenwagen verschiedenen Alters und Kilometerstandes bilden die Grundlage für die Amortisationstabelle (siehe Kasten).

In unseren Betriebskostenvoranschlägen wurde für die Fahrzeuge eine Nutzungsdauer von drei Jahren und eine Fahrstrecke von total 30 000 km angenommen, das ergibt eine Gesamtamortisation von 51% bzw. von 17% pro Jahr. Dazu ist zu erwähnen, dass die an sich hohen Abschreibungssätze nicht den Gegenwert für den Kauf eines gleichwertigen neuen Fahrzeugs ergeben und die Durchschnittswerte auch nicht den steuerlichen Abzügen entsprechen, die je nach kantonalem Steuerrecht unterschiedlich angesetzt werden.

Tout sur les frais d'exploitation

SCHWEIZ SPEZIAL 1997 SPÉCIAL SUISSE

Les coûts d'une voiture se composent de nombreux et divers postes, dont certains peuvent changer chaque année (primes d'assurance!) ou presque chaque jour (prix de l'essence!). La différence la plus importante par rapport à 1996 provient de l'augmentation du prix des carburants. De plus, quatre cantons ont modifié leur taxe de circulation.

Il vaut la peine de bien planifier et contrôler ses dépenses automobiles. En effet, les nombreux frais, de plus ou moins grande importance, qu'implique la possession d'une voiture finissent par donner une somme non négligeable. Les principaux postes du budget sont l'achat de la voiture et l'amortissement (y compris les intérêts sur le capital investi), les primes d'assurance responsabilité civile (obligatoire) et les taxes cantonales, les dépenses de carburant et de pneumatiques ainsi que l'entretien et les réparations. Quelques postes de facturation sont soumis à des fluctuations de prix permanentes.

Un budget complet

Réaliser un budget précis est lucratif. Pour vous faciliter cette tâche, nous donnons aux pages 94 et 95 quelques exemples de calculs des frais d'exploitation. Ces exemples de calculs ne sont pas basés sur des modèles particuliers, mais sont donnés pour des voitures fictives correspondant à différentes catégories de prix et de puissance; les catégories de prix et de puissance ont été mises à jour dans le catalogue de cette année.

Nous donnons ci-dessous quelques explications sur les exemples mentionnés de calcul des frais d'entretien et d'exploitation, exemples qui peuvent très bien servir aussi de modèles pour l'établissement d'un budget individuel. Dans un tel budget qui se rapporterait à un véhicule concret, il faudrait tenir compte des coûts effectifs qui diffèrent selon la durée d'utilisation (années d'exploitation), le kilométrage annuel, le canton dans lequel la voiture est immatriculée, le niveau des primes de l'assurance responsabilité civile (bonus/malus), etc.

Le budget global des frais d'exploitation est basé sur deux comptes séparés, à savoir celui des frais fixes qui découlent de la propriété d'une voiture et celui des frais variables qui résultent de l'utilisation et de l'entretien du véhicule. La base de départ pour le calcul des frais d'exploitation est constituée par le prix de la voiture neuve. Une vue détaillée des voitures de tourisme disponibles en Suisse est donnée à partir de la page 97.

Frais fixes annuels

Amortissement. Les frais d'amortissement que nous avons déterminés concernent la perte de valeur qu'une voiture neuve subit en fonction des années et du kilométrage pendant sa durée de service. Les prix d'échange proposés sur le marché des occasions pour des voitures d'âge et de kilométrage différents servent de base au tableau des amortissements (voir encadré).

Dans nos calculs des frais d'exploitation, nous nous sommes basés sur une durée d'utilisation de trois ans et un kilométrage total de 30 000 km. Il faut encore mentionner que les montants d'amortissement, en soi élevés, ne correspondent pas à la somme nécessaire à l'acquisition d'une voiture neuve de même valeur et que les valeurs moyennes ne correspondent pas non plus aux déductions fiscales fixées plus ou moins haut selon le droit fiscal cantonal.

Frais de financement. Si les provisions nécessaires sont vraiment régulièrement effectuées selon le ta-

Finanzierungskosten. Wenn die nötigen Rücklagen gemäss Amortisationstabelle auch tatsächlich laufend vorgenommen werden, dann genügt es zur Berechnung des Zinsverlustes auf dem im Auto gebundenen Kapital, das nicht mehr zinstragend angelegt werden kann, wenn man die Hälfte des Neuwerts zum Sparzins von 4 % belastet.

Motorfahrzeugsteuern. In den individuellen Betriebskostenabrechnungen müssen die von Kanton zu Kanton sehr unterschiedlichen Tarife berücksichtigt werden; in unseren Voranschlägen werden die Steueransätze des Kantons Zürich verwendet.

Haftpflichtversicherung. Auf 1. Januar 1996 trat eine Liberalisierung der Motorfahrzeug-Haftpflichtversicherung in Kraft. Die Versicherung für eine Mindestdeckung von 3 Mio Fr. ist zwar nach wie vor obligatorisch, aber die bisher vorgeschriebenen einheitlichen Prämien gibt es nicht mehr. Detailinformationen finden Sie im Kapitel «Autohaftpflichtversicherung 1997» auf Seite 93.

Nicht obligatorische Versicherungen. Ein über die gesetzlich vorgeschriebene Haftpflichtversicherung hinausgehender Versicherungsschutz kann individuell gewählt werden. Üblich und auch unbedingt empfehlenswert ist der Abschluss einer **Teilkaskoversicherung** für Schäden durch Feuer und Fahrzeugdiebstahl, Schneerutsch und Hochwasser sowie (mit Einschränkungen!) für Glasbruch und evtl. böswillige Beschädigung. Die Prämie für diese Zusatzversicherung beträgt etwa 1,5 % des Fahzeugneuwerts. Die wesentlich teurere **Vollkaskoversicherung** (sie kostet, je nach Preisklasse des Autos, rund 4,5 bis 7,5 % des Neuwagenpreises) deckt Unfallschäden, für die kein Haftpflichtiger aufkommt, also z. B. solche, die bei einem Selbstunfall entstehen.

Garagemiete und Parkgebühren. Beides sind individuell sehr unterschiedlich anfallende Rechnungskosten, die jedoch das Budget unter Umständen (z. B. Garagemiete plus reservierter Parkplatz am Arbeitsplatz) relativ stark belasten können.

Bewegliche Kosten

Treibstoffkosten. Die Preise für Benzin und Diesel sind infolge verschiedener Markt- und Währungseinflüsse (z. B. Wechselkurs des US-Dollars) häufigen und nicht unerheblichen Schwankungen unterworfen; zum Teil namhafte Preisunterschiede resultieren zudem auch aus dem Standort der Tankstelle (Zuschläge auf Autobahnen und in Berggebieten) und dem gebotenen Service (billiger mit Selbstbedienung). In unseren Betriebskostenvoranschlägen ist der Benzinpreis kalkulatorisch auf 1.20 Fr./l festgelegt worden.

Reifenersatz. In unseren Betriebskostenbeispielen wurden die Ausgaben für Sommer- und Winterreifen zusammengerechnet und auf deren Lebensdauer bezogen.

Service und Reparatur. Auch diese beiden Rechnungsposten sind in den Betriebskostenbudgets zusammengefasst, zumal die Servicearbeiten mit technischen Kontrollen oft auch mit einem Ersatz verbrauchter und defekter Teile verbunden sind und somit ins Reparaturwesen übergreifen. Die eingesetzten Beträge sind im Hinblick auf unvorhersehbare Reparaturen (finanzielle Reserven!) bewusst hoch angesetzt worden.

---

bleau d'amortissement, il suffit de calculer au taux de 4 % la moitié du capital nécessaire pour l'acquisition d'une voiture neuve. On obtient ainsi la perte d'intérêt sur le capital investi dans la voiture et qui ne peut être placé rentablement.

Impôts sur les véhicules à moteur. *Dans les décomptes individuels des frais d'exploitation, il faut tenir compte des tarifs qui varient beaucoup d'un canton à l'autre. Dans nos exemples, nous avons appliqué les taux d'imposition en vigueur dans le canton de Zurich.*

Assurance responsabilité civile. *La libéralisation de l'assurance responsabilité civile pour véhicules à moteur est entrée en vigueur au 1er janvier 1996. L'assurance prévoyant une couverture minimale de 3 millions de francs reste obligatoire, mais le tarif unique imposé jusqu'à présent a disparu. Vous trouverez un examen approfondi de la question au chapitre «Assurance responsabilité civile pour voitures», en page 93.*

Assurance non obligatoire. *Une protection d'assurance allant au-delà de la responsabilité civile peut être choisie individuellement. La conclusion d'une* ***assurance casco partielle*** *est courante et vivement recommandée. Elle couvre, entre autres, les dégâts dus au feu, au vol, au glissement de plaques de neige, aux inondations ainsi que (avec restrictions) le bris de glace et éventuellement des dégâts dus au vandalisme. Les primes de cette assurance supplémentaire se montent, en règle générale, à 1,5 % de la valeur de la voiture neuve.* ***L'assurance casco complète****, sensiblement plus chère (elle coûte entre 4,5 et 7,5 % du prix de la voiture neuve), couvre les dommages dus aux accidents pour lesquels la responsabilité civile n'intervient pas,* *soit, par exemple, les accidents dans lesquels une seule voiture est impliquée.*

Location d'un garage, taxes de parcage. *Il s'agit là de postes qui varient énormément de cas en cas. Ils peuvent cependant, selon les circonstances (par ex. location d'un garage plus réservation d'une place de parc au lieu de travail), grever relativement lourdement le budget.*

Frais variables

Frais de carburant. *En raison des influences qui s'exercent sur le marché et sur la monnaie (cours du dollar USA!), les prix de l'essence sont soumis à de fréquentes variations. Des différences de prix en partie considérables résultent en outre de l'emplacement des stations-service (majoration sur les autoroutes et dans les régions de montagne) et du service offert (meilleur marché dans les libres-services). Dans nos calculs des frais d'exploitation des véhicules, nous avons compté l'essence à 1 fr. 20 le litre.*

Remplacement des pneus. *Dans nos exemples de calcul des frais d'utilisation, les coûts des pneus d'été et des pneus d'hiver ont été additionnés et calculés en fonction de la durée d'utilisation totale.*

Services et réparations. *Dans les budgets des frais d'exploitation, ces deux postes ont également été réunis. En effet, les travaux de service avec les contrôles techniques s'accompagnent souvent du remplacement de pièces usées ou défectueuses, remplacement qui entre donc dans le domaine des réparations.*

Les montants mentionnés ont été volontairement surestimés en vue d'éventuelles réparations imprévues (réserves financières).

Gesamtamortisation nach Jahren und Kilometerstand

Abschreibung in Prozenten vom Neuwert nach Betriebsjahren und gefahrenen Kilometern. Gesamtabschreibung aufgrund der Preise am Occasionenmarkt.

Kilometerstand am Ende des Betriebsjahres	Betriebsjahre			
	1.	2.	3.	4.
10 000	30 %	39 %	45 %	48 %
20 000	33 %	42 %	48 %	51 %
30 000	36 %	45 %	51 %	54 %
40 000	39 %	48 %	54 %	57 %
50 000	42 %	51 %	57 %	60 %
60 000	44 %	53 %	59 %	62 %

Amortissement total en fonction des années et du kilométrage

Amortissement en pour cent de la valeur à neuf en fonction des années de service et du kilométrage. Amortissement total sur la base des prix pratiqués sur le marché des occasions.

Kilomètres à la fin de l'année de service	Années de service			
	1.	2.	3.	4.
10 000	30 %	39 %	45 %	48 %
20 000	33 %	42 %	48 %	51 %
30 000	36 %	45 %	51 %	54 %
40 000	39 %	48 %	54 %	57 %
50 000	42 %	51 %	57 %	60 %
60 000	44 %	53 %	59 %	62 %

Die kantonalen Verkehrssteuern 1997
Taxes cantonales de circulation 1997

In der Schweiz werden die Verkehrsabgaben für Personenwagen aufgrund der Steuerdekrete der 26 Kantone und Halbkantone berechnet. Bis 1966 war allgemein die Besteuerung nach Steuer-PS üblich. Seither sind 13 Kantone zur Hubraumsteuer übergegangen. Im Jahre 1973 hat Bern als erster Kanton die Gesamtgewichtssteuer eingeführt; diese Umstellung vollzogen später auch St. Gallen, Jura, Basel-Land und Appenzell Ausserrhoden. Auf 1986 hat der Kanton Tessin eine neue Berechnungsgrundlage in Kraft gesetzt, die aus zwei Teilen besteht, nämlich einem Grundbeitrag von Fr. 150.– und einem Zuschlag, der aus Motorleistung und Fahrzeuggesamtgewicht errechnet wird (siehe Berechnungsbeispiel in Spalte Tessin/TI).

En Suisse, les taxes grevant les voitures de tourisme sont calculées sur la base des décrets fiscaux des 26 cantons et demi-cantons. Jusqu'en 1966, l'imposition selon les CV fiscaux était généralement appliquée. Depuis lors, treize cantons ont abandonné cette formule pour celle de la cylindrée. En 1973, Berne a été le premier canton à introduire la taxation selon le poids total. Il a été suivi par St-Gall, Jura, Bâle-Campagne et Appenzell Rhodes-Extérieures. En 1986, le canton du Tessin a introduit une nouvelle base de calcul qui se divise en deux parties, une taxe de base de Fr. 150.– et un supplément prenant en considération la puissance du moteur et le poids total du véhicule (voir exemple de calcul dans la colonne Tessin/TI).

Kantone, die nach Steuer-PS besteuern	Taxes cantonales selon la puissance en CV fiscaux Fr. (gerundet/montants arrondis)						
	AG	BS*	GE	GR	LU	TG	VS
2	180	80	161	312	206	96	125
3	180	120	161	312	222	120	125
4	180	160	161	332	239	144	125
5	180	200	161	332	276	168	125
6	204	240	184	380	293	192	145
7	228	280	207	427	309	216	165
8	252	320	230	475	353	240	185
9	276	360	253	523	370	264	205
10	300	390	276	570	389	288	220
11	324	420	299	618	417	312	235
12	348	450	322	666	444	336	250
13	372	480	351	713	473	360	265
14	396	510	379	761	501	384	280
15	420	540	408	809	528	408	295
16	444	570	436	857	606	432	310
17	468	600	465	904	645	456	325
18	492	630	493	952	686	480	340
19	516	660	530	1000	725	504	355
20	540	690	566	1047	764	528	370
21	564	720	603	1095	804	552	390
22	588	750	639	1143	843	576	410
23	612	780	676	1190	884	600	430
24	636	810	712	1238	933	624	450
25	660	840	749	1286	983	648	470
26	684	870	785	1334	1032	672	490
27	708	900	822	1381	1082	696	510
28	732	930	858	1429	1131	720	530
29	756	960	895	1477	1182	744	550
30	780	990	931	1524	1230	768	570
31	804	1020	968	1572	1280	792	590
32	828	1050	1004	1620	1331	816	610
33	852	1080	1041	1667	1380	840	630
34	876	1110	1077	1715	1428	864	650
35	900	1140	1114	1763	1470	888	670

Nach Gesamtgewicht D'après le poids total Fr.					
kg	AI	BE	BL	JU	SG
700		252	185	216	189
800		288	212	246	216
900		324	238	276	243
1000	200	360	265	307	270
1100	230	391	291	333	294
1200	260	422	318	316	318
1300	290	453	344	386	341
1400	320	484	371	413	365
1500	350	515	397	439	389
1600	380	546	424	466	413
1700	410	577	450	492	436
1800	440	608	476	518	460
1900	470	639	503	545	484
2000	500	670	529	571	508
2100	530	696	556	594	529
2200	560	723	582	616	549
2300	590	750	609	639	570
2400	620	776	635	663	591
2500	650	803	662	685	612
2600	680	829	688	708	633
2700	710	856	715	730	654
2800	740	883	741	753	675
2900	770	909	768	775	696
3000	800	936	794	799	717
3100	830	959	821	817	735
3200	860	982	847	837	754
3300	890	1005	874	857	772
3400	920	1027	900	877	790
3500	950	1050	926	997	809

* Steuerzuschlag für Autos ohne Katalysator: BS + 17,65 %
* Supplément de taxe pour voitures sans catalyseur.

Nach PS und nach Gesamtgewicht / Selon ch (DIN) et poids total

Im Kanton Tessin werden die Verkehrssteuern aufgrund der Motorleistung in kW (DIN) und des maximal zulässigen Gesamtgewichts berechnet, und zwar nach folgendem Schema:

a) $\dfrac{\text{kW-DIN} \times \text{kg}}{588,4}$

1 DIN-PS = 0,7355 kW-DIN

b) Sockelbetrag Fr. 150.–

Berechnungsbeispiel Auto GT 1600 mit 70 DIN-PS (51,49 kW) und 1360 kg Gesamtgewicht:

a) $\dfrac{51,49 \times 1360}{588,4}$ Fr. 119.–

b) Grundbeitrag Fr. 150.–
= Totalsteuer Fr. 269.–

Dans le canton du Tessin les taxes de circulation se composent d'une taxe de base de Fr. 150.– et d'un supplément qui se calcule sur la puissance du moteur et le poids total du véhicule selon la formule suivante:

a) $\dfrac{\text{kW-DIN} \times \text{kg}}{588,4}$

1 ch-DIN = 0,7355 kW-DIN

b) Sockelbetrag Fr. 150.–

Exemple: modèle GT 1600 de 70 ch-DIN (51,49 kW) et d'un poids total de 1360 kg:

a) $\dfrac{51,49 \times 1360}{588,4}$ Fr. 119.–

b) Taxe de base Fr. 150.–
= Taxe totale Fr. 269.–

Vergleich Steuer-PS und Hubraum:
1 Steuer-PS = 196,34 cm³ oder
1000 cm³ = 5,093 Steuer-PS.

Formel für die Berechnung des Zylinderinhalts:
0,785·d²·h·i = Hubvolumen (cm³), worin bedeuten: d = Bohrung (cm), H = Hub (ch), i = Zylinderzahl.

Formel für die Berechnung der Steuer-PS:
0,4·i·d²·S = Steuer-PS, worin bedeuten: i = Zylinderzahl, d = Bohrung (cm), S = Kolbenhub.

Grenzen zwischen zwei Steuer-PS:
0,49 in den Kantonen AG, GR;
0,51 in den übrigen Kantonen

Comparaison entre CV-impôts et cylindrée:
1 CV-impôt = 196,34 cm³ ou
1000 cm³ = 5,093 CV-impôts

Formule pour le calcul de la cylindrée:
0,785·d²·h·i = cylindrée (cm³) – Ces lettres signifiant: d = alésage (cm), h = course (ch), i = nombre de cylindres.

Formule pour le calcul de la puissance fiscale en CV:
0,4·i·d²·S = CV-impôts – Ces lettres signifiant: i = nombre de cylindres, d = alésage (cm), S = course du piston (m).

Limites extrêmes entre deux CV-impôts consécutifs:
0,49 dans les cantons AG, GR;
0,51 dans les autres cantons.

Autohaftpflichtversicherung 1997

Kantone, die nach Hubraum besteuern						Taxes cantonales selon la cylindrée						
	Fr. (gerundet/montants arrondis)											
cm³	AR	FR	GL	NE	NW	OW	SH	SO	SZ	UR	VD	ZG	ZH
400	280	202	220	231	166	164	120	172	195	160	263	146	200
401– 500	280	232	220	231	166	164	120	172	195	160	263	158	200
501– 600	280	232	220	231	166	164	120	172	195	160	263	169	200
601– 700	280	261	220	231	166	164	120	184	195	170	263	181	200
701– 800	280	261	220	231	166	164	120	195	195	180	263	192	200
801– 900	280	290	220	231	180	175	132	207	221	190	284	204	216
901–1000	280	290	237	231	194	186	144	218	221	200	305	215	233
1001–1100	295	319	254	262	207	197	156	230	246	210	326	227	249
1101–1200	310	319	271	262	221	208	168	241	246	220	347	238	265
1201–1300	325	341	288	293	235	219	180	253	272	230	368	250	281
1301–1400	340	341	305	293	249	230	192	264	272	240	389	261	298
1401–1500	378	363	322	325	263	241	204	276	297	250	410	273	314
1501–1600	393	363	339	325	276	252	216	291	297	260	431	284	330
1601–1700	409	384	356	356	290	263	228	306	323	270	452	296	346
1701–1800	424	384	373	356	304	274	240	321	323	280	473	307	363
1801–1900	440	406	390	387	318	285	252	336	348	292	494	319	379
1901–2000	455	406	407	387	332	296	264	351	348	304	515	330	395
2001–2100	496	428	424	418	345	307	276	366	378	316	536	342	411
2101–2200	512	428	441	418	359	318	288	381	378	328	557	353	428
2201–2300	528	450	452	449	373	329	300	396	408	340	578	365	444
2301–2400	544	450	475	449	387	340	312	411	408	352	599	376	460
2401–2500	560	472	492	481	401	351	324	426	438	364	620	388	476
2501–2600	576	472	509	481	414	362	336	441	438	376	641	399	493
2601–2700	592	493	526	512	428	373	348	456	468	388	662	411	509
2701–2800	608	493	545	512	442	384	360	471	468	400	683	422	525
2801–2900	624	522	564	543	456	395	372	486	498	412	704	434	541
2901–3000	640	522	583	543	470	406	384	501	498	424	725	445	558
3001–3100	656	551	602	584	483	417	396	516	528	436	746	457	574
3101–3200	672	551	621	584	497	428	408	531	528	448	767	468	590
3201–3300	688	581	640	625	511	439	420	546	558	460	788	480	606
3301–3400	704	581	659	625	525	450	432	561	558	472	809	491	623
3401–3500	720	609	678	665	539	461	444	576	588	484	830	503	639
3501–3600	736	609	697	665	552	472	456	591	588	496	851	514	655
3601–3700	752	638	716	706	566	483	468	606	618	508	872	526	671
3701–3800	768	638	735	706	580	494	480	621	618	520	893	537	688
3801–3900	784	668	754	747	594	505	492	636	648	532	914	549	704
3001–4000	800	668	773	747	608	516	504	651	648	544	935	560	720
4001–4100	816	690	792	788	622	527	516	666	678	556	956	572	736
4101–4200	832	690	811	788	636	538	528	681	678	568	977	583	753
4201–4300	848	711	830	829	649	549	540	696	708	580	998	595	769
4301–4400	864	711	849	829	663	560	552	711	708	592	1019	606	785
4401–4500	880	733	868	869	677	571	564	726	738	604	1040	618	801
4501–4600	896	733	887	869	691	582	576	741	738	616	1061	629	818
4601–4700	912	755	906	910	705	593	588	756	768	628	1082	641	834
4701–4800	928	755	925	910	718	604	600	771	768	640	1103	652	850
4801–4900	944	777	944	951	732	615	612	786	798	652	1124	664	866
4901–5000	960	777	963	951	746	626	624	801	798	664	1145	675	883

Hubraumabstufung im Kanton Solothurn:
601–699 cm³, 700–799 cm³, 800–899 cm³, 900–999 cm³ usw. (statt nach Tabelle 701–800 cm³, 801–900 cm³ usw.).

Etagement de la cylindrée dans le canton de Soleure:
601–699 cm³, 700–799 cm³, 800–899 cm³, etc. (au lieu de 701–800 cm³, 801–900 cm³, etc., selon le tableau).

Autohaftpflichtversicherung 1997

Die Motorfahrzeug-Haftpflichtversicherung ist per 1. Januar 1996 dereguliert worden, wodurch die Versicherungsgesellschaften nicht mehr an die einheitlichen Prämien und das geregelte Bonus/Malus-System gebunden sind. Auch die je länger, je mehr willkürlich anmutenden vier Hubraumbereiche (bis 803 cm³/804 cm³–1392 cm³/1393–2963 cm³/über 2963 cm³) müssen nicht mehr zwingend für die Festlegung der Tarife herangezogen werden.

Die Folgen der Liberalisierung: Die Prämien sind generell leicht günstiger geworden. Da die Versicherungsgesellschaften jedoch neben der Motorgrösse noch zahlreiche weitere und zudem höchst unterschiedliche Berechnungsgrundlagen anwenden (Alter und Geschlecht, Wohnsitz und Nationalität des Fahrzeughalters, hauptsächlicher Fahrzeugeinsatz, Fahrstrecke/Jahr, Motorleistung, Fahrzeuggewicht usw.), können die Prämien stark differieren. Aus diesem Grund haben wir in den Betriebskostenrechnungen auf den Seiten 94 und 95 für die Haftpflichtversicherungsprämien gerundete Mittelwerte eingesetzt, genau gleich, wie dies bisher schon bei der Teil- und der Vollkaskoversicherung der Fall war.

Die schon bisher existierenden Versicherungsvorbehalte bleiben unverändert: Selbstbehalt von Fr. 1000.– für jugendliche Lenker, die im Zeitpunkt des Unfalls das 25. Altersjahr noch nicht vollendet haben; Selbstbehalt von Fr. 500.– für alle über 25 Jahre alten Fahrer, die beim Unfallereignis noch nicht zwei Jahre im Besitz des Führerausweises sind.

Auch bei der Festsetzung der Nettoprämie nach dem Schadenverlauf mittels Bonus/Malus sind die Versicherungsgesellschaften neuerdings frei, weshalb z. B. in der höchsten Bonusstufe eine Prämienermässigung von über 55 % (bisher Höchstwert) gewährt werden kann.

Assurances automobile 1997

Avec la libéralisation de l'assurance RC pour véhicules à moteur entrée en vigueur le 1er janvier, les compagnies d'assurance ne sont plus tenues de pratiquer un tarif unique, pas plus que le système de bonus-malus. Et pour fixer leurs primes, elles ne sont pas contraintes non plus de recourir aux quatre catégories (jusqu'à 803 cm³/de 804 à 1392 cm³/de 1393 à 2963 cm³/plus de 2963 cm³), devenues fort discutables avec le temps.

Conséquence de cette libéralisation: les primes ont en général un peu baissé. Mais maintenant elles peuvent varier fortement, car les compagnies ne prennent plus pour seule base la cylindrée du moteur, mais encore d'autres critères (âge, sexe, lieu de domicile et nationalité du détenteur du véhicule, type d'utilisation principal, kilométrage annuel, puissance, poids du véhicule). Pour cette raison, ce sont des moyennes arrondies que nous avons utilisées pour nos calculs des frais d'exploitation, en pages 94 et 95. Remarquez que, jusqu'ici, nous avions déjà recours à des moyennes pour l'assurance casco partielle et totale.

Les franchises existaient déjà, et elles n'ont pas été modifiées: franchise de Fr. 1000.– pour jeunes conducteurs n'ayant pas 25 ans révolus au moment de l'accident, franchise de Fr. 500.– pour tous les conducteurs de plus de 25 ans en possession de leur permis de conduire depuis moins de deux ans.
De même, pour fixer la prime nette après accident selon le système bonus-malus, les compagnies d'assurance ont désormais toute liberté, et c'est pourquoi elles peuvent accorder un bonus supérieur à 55 %, taux maximal autrefois en vigueur.

Betriebskostenvoranschläge
Calculs des frais d'exploitation

SCHWEIZ SPEZIAL 1997 SPÉCIAL SUISSE

Siehe Erläuterungen Seite 90
Voir explications page 90

		12 000.—	16 000.—	20 000.—	25 000.—	30 000.—	35 000.—	40 000.—
Neuwert	Fr.							
Steuer-PS		4,58	7,08	8,14	9,16	10,18	10,18	12,73
Zylinderinhalt	cm³	900	1390	1600	1800	2000	2000	2500
GRUNDLAGEN								
Steuerdomizil		ZH	ZH	ZH	ZH	ZH	ZH	ZH
Benzinpreis[1]	Fr./l	1.20	1.20	1.20	1.20	1.20	1.20	1.20
Benzinverbrauch	l/100 km	6,0	6,5	7,0	7,0	8,0	8,5	9,5
Ölpreis	Fr./l	9.50	9.50	9.50	9.50	9.50	9.50	9.50
Ölverbrauch (inkl. Ölwechsel)	l/1000 km	0,5	0,5	0,5	0,5	0,6	0,6	0,7
Reifenkosten (5 Stück)	Fr.	550.—	650.—	650.—	720.—	800.—	800.—	1300.—
Reifenlebensdauer	km	40 000	40 000	40 000	40 000	35 000	35 000	35 000
Haftpflichtversicherung[2]	Stufe	9	9	9	9	9	9	9
Vollkasko, Selbstbehalt	Fr.	500.—	500.—	500.—	500.—	500.—	500.—	500.—
BETRIEBSKOSTEN								
A Feste Jahreskosten								
Amortisation (Zeit) 12 %[3]	Fr.	1440.—	1920.—	2400.—	3000.—	3600.—	4200.—	4800.—
Zins (ø 4 % vom halben Neuwert)	Fr.	240.—	320.—	400.—	500.—	600.—	700.—	800.—
Verkehrssteuer	Fr.	216.—	298.—	330.—	363.—	395.—	395.—	476.—
Haftpflichtversicherung[4]	Fr.	700.—	1000.—	1100.—	1150.—	1200.—	1200.—	1300.—
Teilkaskoversicherung[4]	Fr.	215.—	280.—	340.—	415.—	490.—	560.—	630.—
Total A1	Fr.	2811.—	3818.—	4570.—	5428.—	6285.—	7055.—	8006.—
Extras								
Vollkaskoversicherung[4]	Fr.	750.—	920.—	1090.—	1250.—	1400.—	1550.—	1700.—
Garagemiete	Fr.	1200.—	1200.—	1200.—	1200.—	1200.—	1200.—	1200.—
Autobahnvignette	Fr.	40.—	40.—	40.—	40.—	40.—	40.—	40.—
Total A2	Fr.	1990.—	2160.—	2330.—	2490.—	2640.—	2790.—	2940.—
Total A1 + A2	Fr.	4801.—	5978.—	6900.—	7918.—	8925.—	9845.—	10 946.—
B Bewegliche Kosten pro 1000 km								
Treibstoff	Fr.	72.—	78.—	84.—	84.—	96.—	102.—	114.—
Öl	Fr.	4.75	4.75	4.75	4.75	5.70	5.70	6.65
Reifenersatz	Fr.	13.75	16.25	16.25	18.—	22.90	22.90	37.10
Wartung und Reparatur	Fr.	50.—	50.—	55.—	55.—	60.—	60.—	60.—
Total für 1000 km B	Fr.	140.50	149.—	160.—	161.75	184.60	190.60	217.75
C Gesamtkosten								
a) für 10 000 km pro Jahr								
Amortisation (km) 5 %[5]	Fr.	600.—	800.—	1000.—	1250.—	1500.—	1750.—	2000.—
Feste Kosten A1	Fr.	2811.—	3818.—	4570.—	5428.—	6285.—	7055.—	8006.—
Bewegliche Kosten (B × 10)	Fr.	1405.—	1490.—	1600.—	1617.50	1846.—	1906.—	2177.50
Total	Fr.	4816.—	6108.—	7170.—	8295.50	9631.—	10 711.—	12 183.50
Kilometerpreis	Fr.	—.48	—.61	—.72	—.83	—.96	1.07	1.22
– mit Extras von A2	Fr.	—.68	—.83	—.95	1.08	1.23	1.35	1.51
b) für 20 000 km pro Jahr								
Amortisation (km) 7,7 %	Fr.	924.—	1232.—	1540.—	1925.—	2310.—	2695.—	3080.—
Feste Kosten A1	Fr.	2811.—	3818.—	4570.—	5428.—	6285.—	7055.—	8006.—
Bewegliche Kosten (B × 20)	Fr.	2810.—	2980.—	3200.—	3235.—	3692.—	3812.—	4355.—
Total	Fr.	6545.—	8030.—	9310.—	10 588.—	12 287.—	13 562.—	15 441.—
Kilometerpreis	Fr.	—.33	—.40	—.47	—.53	—.61	—.68	—.77
– inkl. Extras von A2	Fr.	—.43	—.51	—.58	—.65	—.77	—.82	—.92

[1] Mittelwert für unverbleites Benzin 95 ROZ
[2] Unbegrenzte Deckung, Prämie 100 %
[3] Nutzungsdauer 3 Jahre mit 30 000 km, Gesamtamortisation 51 %
(vgl. Tabelle auf Seite 91); Kilometeramortisation siehe Abschnitt C!
[4] Kalkulatorischer Mittelwert (vgl. Erläuterungen Seite 93)
[5] Zusammen mit Amortisation in A 17 %/Jahr

45 000.—	50 000.—	60 000.—	70 000.—	80 000.—	90 000.—	100 000.—	Prix de neuf
14,76	15,27	15,27	15,27	20,36	20,36	25,45	CV-impôt
2900	3000	3000	3000	4000	4000	5000	Cylindrée
							BASES
ZH	ZH	ZH	ZH	ZH	ZH	ZH	Domicile
1.20	1.20	1.20	1.20	1.20	1.20	1.20	Prix du carburant[1]
10,0	12,0	13,0	14,0	14,0	14,5	16,0	Consommation d'essence
9.50	9.50	9.50	9.50	9.50	9.50	9.50	Prix d'huile
0,7	0,8	0,8	0,8	0,8	1,0		Consommation d'huile
1300.—	1400.—	1400.—	1700.—	1900.—			Coût d'une garniture de pneus
35 000	35 000	35 000	35 000	35 000	35 000	30 000	Durée d'une garniture de pneus
9	9	9	9	9	9	9	Assurance RC, prime à 100 %[2]
500.—	500.—	500.—	500.—	500.—	500.—	500.—	Franchise assurance, casco totale
							FRAIS D'UTILISATION
							A Frais fixes
5400.—	6000.—	7200.—	8400.—	9600.—	10 800.—	12 000.—	Amortissement (âge) 12 %[3]
900.—	1000.—	1200.—	1400.—	1600.—	1800.—	2000.—	Intérêt 4 % sur moitié du prix neuf
541.—	558.—	558.—	558.—	720.—	720.—	883.—	Taxe de circulation
1350.—	1350.—	1350.—	1350.—	1550.—	1550.—	1650.—	Assurance RC[4]
700.—	775.—	920.—	1065.—	1210.—	1355.—	1500.—	Assurance casco partielle[4]
8891.—	**9683.—**	**11 228.—**	**12 773.—**	**14 680.—**	**16 225.-**	**18 033.—**	**Total A1**
							Suppléments
1850.—	2000.—	2340.—	2670.—	3000.—	3330.—	3660.—	Assurance casco total[4]
1200.—	1200.—	1200.—	1200.—	1200.—	1200.—	1200.—	Loyer du garage
40.—	40.—	40.—	40.—	40.—	40.—	40.—	Vignette autoroutière
3090.—	**3240.—**	**3580.—**	**3910.—**	**4240.—**	**4570.—**	**4900.—**	**Total A2**
11 981.—	**12 923.—**	**14 808.—**	**16 683.—**	**18 920.—**	**20 795.—**	**22 933.—**	**Total A1 + A2**
							B Frais variables pour 1000 km
120.—	144.—	156.—	168.—	168.—	174.—	192.—	Carburant
6.65	7.60	7.60	7.60	7.60	7.60	9.50	Huile
37.10	40.—	40.—	40.—	48.60	48.60	54.30	Remplacement de pneus
70.—	70.—	80.—	80.—	85.—	90.—	95.—	Service et réparations
233.75	**261.60**	**283.60**	**295.60**	**309.20**	**320.20**	**350.80**	**Total pour 1000 km B**
							C Frais totaux
							a) pour 10 000 km par année
2250.—	2500.—	3000.—	3500.—	4000.—	4500.—	5000.—	Amortissement (kilométrage) 5 %[5]
8891.—	9683.—	11 228.-	12 773.—	14 680.—	16 225.—	18 033.—	Frais fixes A1
2337.50	2616.—	2836.—	2956.—	3092.—	3202.—	3508.—	Frais variables (B × 10)
13 478.50	**14 799.—**	**17 064.—**	**19 229.—**	**21 772.—**	**23 927.—**	**26 514.—**	**Total**
1.35	1.48	1.71	1.92	2.18	2.39	2.65	Frais du kilomètre
1.66	1.80	2.06	2.31	2.60	2.85	3.14	– suppléments (A2) inclus
							b) pour 20 000 km par année
3465.—	3850.—	4620.—	5390.—	6160.—	6930.—	7700.—	Amortissement (kilométrage) 7,7 %
8891.—	9683.—	11 228.-	12 773.—	14 680.—	16 225.—	18 033.—	Frais fixes A1
4675.—	5232.—	5672.—	5912.—	6184.—	6404.—	7016.—	Frais variables (B × 20)
17 031.—	**18 765.—**	**21 520.—**	**24 075.—**	**27 024.—**	**29 559.—**	**32 749.—**	**Total**
—.85	—.94	1.08	1.20	1.35	1.48	1.64	Frais du kilomètre
1.01	1.10	1.26	1.40	1.56	1.71	1.88	– suppléments (A2) inclus

[1] Prix moyen pour essence sans plomb 95 oct. (R)
[2] Couverture illimitée, prime de base
[3] Durée d'utilisation de 3 ans avec un kilométrage de 30 000 km
 = amortissement total de 51 % (voir tableau page 91);
 amortissement (km) voir paragraphe C!
[4] Tarifs moyens arrondis (voir explications page 93)
[5] 17 % par an avec amortissement (âge) sous A

Schweizerische Automobilimporteure
Importateurs suisses d'automobiles

SCHWEIZ SPEZIAL 1997 SPÉCIAL SUISSE

Aixam
Mega Automobile Schweiz
3513 Bigenthal

Albar
Albar Fahrzeug AG
6374 Buochs
(Hersteller/Constructeur)

Alfa Romeo
Fiat Auto (Suisse) SA
108, rue de Lyon, 1211 Genève

Aston Martin, Lagonda
Emil Frey AG, 5745 Safenwil
Roos Engineering,
Murtenstr. 103, 3202 Frauenkappelen
Garage P. Keller SA,
2 Rue du Grand-Pré, 1202 Genève

Audi
Amag Automobil- und Motoren AG
5116 Schinznach Bad

Bentley
Rolls-Royce Motors International SA
Au Glapin, 1162 St-Prex

BMW
BMW (Schweiz) AG
Industriestrasse, 8157 Dielsdorf

BMW/Alpina
Max Heidegger AG
Messinastrasse 1, FL-9495 Triesen

Bugatti
Garage de Nyon
A. & S. Chevalley SA
1260 Nyon

Buick
GM NAES Switzerland SA
Salzhausstrasse 21, 2501 Biel

Cadillac
GM NAES Switzerland SA
Salzhausstrasse 21, 2501 Biel

Caterham
Kumschick Sports Cars
Postfach, 6247 Schötz

Chevrolet
GM NAES Switzerland SA
Salzhausstrasse 21, 2501 Biel

Chrysler
Chrysler Jeep Import (Switzerland) AG
Vulkanstr. 120, 8048 Zürich

Citroën
Citroën (Suisse) SA
27, route des Acacias, 1211 Genève 24

Daewoo
Daewoo Automobile (Schweiz) AG
Im Langhag 11, 8307 Effretikon

Daihatsu
Ascar AG
Industriestrasse, 5745 Safenwil

Daimler
Streag AG, 5745 Safenwil

Dallas
Dallas Automobile (Schweiz)
Krummeneichstrasse 37
4133 Pratteln

De Tomaso (Schweiz)
Dorfstrasse 147, 8424 Embrach

Ferrari
Ferrari (Suisse) SA
2–8, route de Gingins, 1260 Nyon

Fiat
Fiat Auto (Suisse) SA
108, rue de Lyon, 1211 Genève

Ford (USA + D), Lincoln, Mercury
Ford Motor Company (Switzerland) SA
Kurvenstrasse 35, 8021 Zürich

Honda
Honda Automobiles (Suisse) SA
5, rue de la Bergère,
1242 Satigny-Genève

Hyundai
Hyundai Auto Import AG
Steigstr. 28, 8406 Winterthur

Jaguar
Streag AG, 5745 Safenwil

Jeep
Chrysler Jeep Import
(Switzerland) AG
Vulkanstr. 120, 8048 Zürich

Kia
Kia Motors AG
Industriestrasse, 5745 Safenwil

Lada (Suisse) SA
Galtern, 1712 Tafers

Lamborghini
Codeco SA
1, Champs-Courbes, 1024 Ecublens

Lancia
Fiat Auto (Suisse) SA
108, rue de Lyon, 1211 Genève

Lexus
Toyota AG, 5745 Safenwil

Lotus
Kumschick Sports Cars
Postfach, 6247 Schötz

Maserati
Fiat Auto (Suisse) SA
108, rue de Lyon, 1211 Genève

Mazda
Mazda (Suisse) SA
14, rue de Veyrot, 1217 Meyrin 1

Mega
Mega Automobile Schweiz
3513 Bigenthal

Mercedes-Benz
Mercedes-Benz (Schweiz) AG
Zürcherstrasse 109, 8952 Schlieren

Mitsubishi
MMC Automobile AG
Steigstrasse 26, 8406 Winterthur

Morgan
Garage de l'autoroute
1261 Signy/Nyon

Nissan
Nissan Motor (Schweiz) AG
Bergermoosstrasse 4,
8902 Urdorf

Opel
Opel (Suisse) SA
Salzhausstrasse 21, 2501 Biel

Peugeot
Peugeot-Talbot (Suisse) SA
Eigerplatz 2, 3000 Bern 14

Pontiac
GM NAES Switzerland SA
Salzhausstrasse 21, 2501 Biel

Porsche
Amag Automobil- und Motoren AG
5116 Schinznach Bad

Puch
Steyr-Daimler-Puch (Schweiz) AG
Bernstrasse 119
3613 Steffisburg Station

Renault
Renault (Suisse) SA
Riedthofstrasse 124, 8105 Regensdorf

Rinspeed AG
Strubenacher 2, 8126 Zumikon

Rolls-Royce
Rolls-Royce Motors International SA
Au Glapin, 1162 St-Prex

Rover, Land Rover
Streag AG, 5745 Safenwil

Saab
Scancars AG
Talstrasse 82, 4144 Arlesheim

Sbarro
Franco Sbarro A.C.A.
1411 Les Tuileries-de-Grandson
(Hersteller/Constructeur)

Seat
Spancar Automobile AG
5116 Schinznach Bad

Škoda
Amoda Automobile AG
5116 Schinznach Bad

SsangYong
SsangYong Motor (CH) AG,
Hagenholzstrasse 111, 8050 Zürich

Subaru
Streag AG, 5745 Safenwil

Suzuki
Suzuki Automobile AG
Brandbachstrasse 9, 8305 Dietlikon

Toyota
Toyota AG, 5745 Safenwil

TVR
TVR Sports Cars Import Schweiz
Dorfstr. 147, 8424 Embrach

Venturi
Garage Encyclopédie
6, rue de l'Encyclopédie, 1201 Genève
K. & R. Ruf AG
Zythüslistrasse 2, 8165 Schöfflisdorf

Volkswagen
Amag Automobil- und Motoren AG
5116 Schinznach Bad

Volvo
Volvo (Suisse) SA
Industriering, 3250 Lyss

STI STRIPPING TECHNOLOGIES, INC.

Kunststoff - Strahlsysteme:
oberflächenschonende Farbentfernung
beschädigungsfreie Oberflächenreinigung
schlüsselfertige Anlagen vom Werksvertreter:
Heinz Suchy Bernstrasse 27 8952 Schlieren

PLASTIC MEDIA BLASTING
Stripping Technology
that Protects Your Products
and Our Planet.

Tel. 01 730 46 40
Fax 01 730 22 55

Preisliste
Liste des prix

Stichtag 11. Februar 1997
Dernier délai le 11 février 1997

Preisliste / Liste des prix	Steuer-PS / CV / Fiscaux	Katalogpreis Fr. / Prix de catalogue fr.	Karosserietyp / Type de carrosserie	Türen/Plätze / Portes/Places	Motorlage/Antrieb / Empl. du moteur/Propuls. tract.	Zylinder/cm³ / Cylindres/cm³	PS DIN CH (n = SAE netto)	Ø-Verbrauch l/100 km (Importeur) 5-Gang / 5 vit.	Aut. / aut.	Max. Anhängelast gebremst (kg) 5-Gang / 5 vit.	Aut. / aut.	Getriebeautomat Fr. / Automatique fr.	Klimaanlage Fr. / Climatisation fr.	Antiblockiersystem (ABS) Fr. / Système d'antibloquage (ABS) fr.	Airbag Fr. links / Airbag gauche	rechts / droite
ALFA ROMEO Fiat Auto (Suisse) SA, 1211 Genf 13															
Alfa 145 TS	6,97	21 900	Limousine	3/5	V/V	4/1370	103	7,6	–	1100	–	–	2150	X	X	X
Alfa 145 TS	8,13	24 300	Limousine	3/5	V/V	4/1598	120	7,8	–	1200	–	–	2150	X	X	X
Alfa 145 TS	8,89	26 200	Limousine	3/5	V/V	4/1747	140	7,9	–	1200	–	–	2000	X	X	X
Alfa 146 QV	10,02	28 100	Limousine	3/5	V/V	4/1969	150	8,4	–	1200	–	–	2000	X	X	X
Alfa 146 TS	8,13	24 700	Limousine	5/5	V/V	4/1598	120	7,8	–	1200	–	–	2150	X	X	X
Alfa 146 TS	8,89	26 500	Limousine	5/5	V/V	4/1747	140	7,9	–	1200	–	–	2000	X	X	X
Alfa 146 ti	10,02	28 300	Limousine	5/5	V/V	4/1969	150	8,4	–	1200	–	–	2000	X	X	X
Alfa 155 TS L	8,89	28 700	Limousine	4/5	V/V	4/1747	143	8,1	–	1000	–	–	2200	X	X	–
Alfa 155 TS S	8,89	29 700	Limousine	4/5	V/V	4/1747	143	8,1	–	1000	–	–	2200	X	X	–
Alfa 155 TS Super	10,03	31 300	Limousine	4/5	V/V	4/1970	153	8,0	–	1000	–	–	2200	X	X	–
Alfa 155 TS S	10,03	32 300	Limousine	4/5	V/V	4/1970	153	8,0	–	1000	–	–	2200	X	X	–
Alfa 164 TS Super	10,16	38 500	Limousine	4/5	V/V	4/1995	146	7,2	–	1400	–	–	3100	X	X	X
Alfa 164 V6 Super	15,06	49 900	Limousine	4/5	V/V	6/2959	187	9,0	10,9	1510	1550	2400	X	X	X	X
Alfa 164 V6-24 Super	15,06	55 400	Limousine	4/5	V/V	6/2959	211	11,4	11,6	1510	1550	2500	X	X	X	X
Alfa 164 Q4	15,06	67 500	Limousine	4/5	V/4×4	6/2959	233	11,5	–	1500	–	–	X	X	X	X
Alfa GTV TS	10,03	38 100	Coupé	2/2+2	V/V	4/1970	153	8,0	–	–	–	–	2200	X	X	X
Alfa GTV TS L	10,03	42 400	Coupé	2/2+2	V/V	4/1970	153	8,0	–	–	–	–	X	X	X	X
Alfa GTV V6 Turbo	10,03	46 200	Coupé	2/2+2	V/V	6/1970	204	9,1	–	–	–	–	–	X	X	X
Alfa GTV V6-24	15,06	50 800	Coupé	2/2+2	V/V	6/2959	220	10,8	–	–	–	–	X	X	X	X
Alfa Spider TS	10,03	39 800	Cabriolet	2/2	V/V	4/1970	153	8,0	–	–	–	–	2200	X	X	X
Alfa Spider TS L	10,03	44 300	Cabriolet	2/2	V/V	4/1970	153	8,0	–	–	–	–	X	X	X	X
Alfa Spider V6-12	15,06	46 200	Cabriolet	2/2	V/V	6/2959	196	9,3	–	–	–	–	2200	X	X	X
Alfa Spider V6-12 L	15,06	52 700	Cabriolet	2/2	V/V	6/2959	196	9,3	–	–	–	–	X	X	X	X
ASTON MARTIN Emil Frey AG, 5745 Safenwil/P. Keller SA, 1202 Genève															
DB 7	16,48	168 000	Coupé	2/2+2	V/H	6/3239	340	11,4	–	–	–	0	X	X	X	–
DB 7 Volante	16,48	183 500	Cabriolet	2/2+2	V/H	6/3239	340	11,4	–	–	–	0	X	X	X	–
V8	27,29	249 800	Coupé	2/2+2	V/H	8/5341	335	–	–	–	–	X	X	X	X	–
V8 Volante	27,19	264 000	Cabriolet	2/2+2	V/H	8/5341	335	–	–	–	–	0	X	X	–	–
Virage Vantage	27,19	335 000	Coupé	2/2+2	V/H	8/5341	557	–	–	–	–	–	X	X	–	–
AUDI Amag AG, 5116 Schinznach Bad															
A3 1.6	8,12	26 500	Limousine	3/5	V/V	4/1595	101	7,6	8,6	1200	1200	1980	2330	X	X	X
A3 1.8-20	9,07	28 800	Limousine	3/5	V/V	4/1780	125	8,4	9,4	1200	1300	1980	2330	X	X	X
A3 1.8-20 T.	9,07	30 800	Limousine	3/5	V/V	4/1780	150	7,7	–	1300	–	1980	2330	X	X	X
A3 1.9 TDI	9,65	28 650	Limousine	3/5	V/V	4/1896	90	5,2	6,2	1300	1300	1980	2330	X	X	X
Version Ambition + Fr. 1500.–															
Version Ambiente + Fr. 1680.–															
A4 1.6	8,12	33 300	Limousine	4/5	V/V	4/1595	101	8,0	8,8	1000	1200	2060	2350	X	X	X
A4 1.8	9,07	36 000	Limousine	4/5	V/V	4/1780	125	8,6	9,1	1100	1300	2060	2840	X	X	X
A4 1.8-20 T.	9,07	40 200	Limousine	4/5	V/V	4/1780	150	7,9	9,1	1300	1500	2900	2840	X	X	X
A4 2.6	13,22	40 400	Limousine	4/5	V/V	6/2597	150	9,4	10,0	1300	1500	2900	2840	X	X	X
A4 2.8	14,11	45 850	Limousine	4/5	V/V	6/2770	193	9,4	10,2	1550	1600	2900	2840	X	X	X
A4 1.9 TDI	9,65	36 000	Limousine	4/5	V/V	4/1896	90	5,4	6,5	1300	1300	2060	2840	X	X	X
A4 1.9 TDI	9,65	38 000	Limousine	4/5	V/V	4/1896	110	5,3	–	1300	1400	2060	2840	X	X	X
A4 Avant 1.8-20	9,07	38 500	Station Wagon	5/5	V/V	4/1780	125	8,6	9,1	1200	1250	2060	2840	X	X	X
A4 Avant 1.8-20 T.	9,07	42 700	Station Wagon	5/5	V/V	4/1780	150	7,9	9,1	1250	1450	2900	2840	X	X	X
A4 Avant 2.6	13,22	42 900	Station Wagon	5/5	V/V	6/2597	150	9,4	10,1	1400	1450	2900	2840	X	X	X
A4 Avant 2.8	14,11	48 350	Station Wagon	5/5	V/V	6/2770	193	9,4	10,2	1500	1550	2900	2840	X	X	X
A4 Avant 1.9 TDI	9,65	38 500	Station Wagon	5/5	V/V	4/1896	90	5,4	6,5	1250	1250	2060	2840	X	X	X
A4 Avant 1.9 TDI	9,65	40 500	Station Wagon	5/5	V/V	4/1896	110	5,3	6,5	1250	1250	2060	2840	X	X	X
quattro-Paket + Fr. 4300.–															

Preisliste / Liste des prix

Alle Angaben stammen von den Importeuren und werden ohne Verbindlichkeit für Handel und Redaktion weitergegeben.
Toutes les données émanent des importateurs et n'engagent ni la responsabilité des réseaux de concessionnaires ni celle de la rédaction.

Marke und Modell / Marque et modèle	Steuer-PS / CV Fiscaux	Katalogpreis Fr. / Prix de catalogue fr.	Karosserietyp / Type de carrosserie	Türen/Plätze / Portes/Places	Motorlage/Antrieb / Empl. du moteur/Propuls. tract.	Zylinder/cm³ / Cylindres/cm³	PS DIN (n=SAE netto) / CH	Ø-Verbrauch l/100 km (Importeur) / Consommations de carb. l/100 km mixte (Importateur) 5 vit.	Aut. aut.	Max. Anhängelast gebremst (kg) / Poids total remorque freiné (kg) 5-Gang 5 vit.	Aut. aut.	Getriebeautomat Fr. / Automatique fr.	Klimaanlage Fr. / Climatisation fr.	Antiblockiersystem (ABS) Fr. / Système d'antibloquage (ABS) fr.	Airbag Fr. links / Airbag Fr. gauche	Airbag rechts / droite
Cabrio 1.8	9,07	40 950	Cabriolet	2/4	V/V	4/1780	125	9,0	8,8	1000	1000	2150	2870	X	X	X
Cabrio 2.6	13,22	48 950	Cabriolet	2/4	V/V	6/2597	150	10,5	11,3	1000	1000	2150	2870	X	X	X
Cabrio 2.8	14,11	54 450	Cabriolet	2/4	V/V	6/2770	193	10,9	11,4	1000	1000	2150	2870	X	X	X
A6 1.8-20	9,07	39 300	Limousine	4/5	V/V	4/1780	125	9,1	9,8	1250	1300	2220	3650	X	X	X
A6 V6 2.6	13,22	42 480	Limousine	4/5	V/V	6/2597	150	10,2	11,1	1300	1500	2220	3650	X	X	X
A6 V6 2.8	14,11	46 500	Limousine	4/5	V/V	6/2770	174	10,6	11,5	1350	1600	2220	3650	X	X	X
A6 V6 2.8-30	14,11	51 200	Limousine	4/5	V/V	6/2770	193	10,1	10,8	1550	1600	2220	3650	X	X	X
A6 1.9 TDI	9,65	39 750	Limousine	4/5	V/V	4/1896	90	6,4	7,1	1300	1200	2220	3650	X	X	X
A6 2.5 TDI	12,53	42 500	Limousine	4/5	V/V	5/2460	115	6,9	7,6	1100	1500	2220	3650	X	X	X
A6 2.5 TDI	12,53	46 500	Limousine	4/5	V/V	5/2460	140	6,9	7,6	1500	1500	1480	3650	X	X	X
A6 2.5 TDI quattro	12,53	52 150	Limousine	4/5	V/4×4	5/2460	140	7,0	–	1600	–	–	3650	X	X	X
A6 2.6 quattro	13,22	48 150	Limousine	4/5	V/4×4	6/2597	150	11,1	12,3	1200	1700	2940	3650	X	X	X
A6 2.8 quattro	14,11	52 150	Limousine	4/5	V/4×4	6/2770	174	11,3	12,3	1800	1800	2940	3650	X	X	X
A6 2.8-30 quattro	14,11	56 500	Limousine	4/5	V/4×4	6/2770	193	11,1	11,9	1700	1800	2940	3650	X	X	X
A6 Avant 1.8	9,07	43 150	Station Wagon	5/5	V/V	4/1780	125	9,1	9,9	1200	1250	2220	3650	X	X	X
A6 Avant 2.6	13,22	46 330	Station Wagon	5/5	V/V	6/2597	150	10,2	11,1	1300	1500	2220	3650	X	X	X
A6 Avant 2.8	14,11	50 350	Station Wagon	5/5	V/V	6/2770	174	10,6	11,5	1300	1600	2220	3650	X	X	X
A6 Avant 2.8	14,11	55 050	Station Wagon	5/5	V/V	6/2770	193	10,1	10,8	1500	1550	2220	3650	X	X	X
A6 Avant 1.9 TDI	9,65	43 600	Station Wagon	5/5	V/V	4/1896	90	6,4	7,2	1250	1200	2220	3650	X	X	X
A6 Avant 2.5 TDI	12,53	46 350	Station Wagon	5/5	V/V	5/2460	115	6,9	7,6	1050	1500	2220	3650	X	X	X
A6 Avant 2.5 TDI	12,53	50 350	Station Wagon	5/5	V/V	5/2460	140	6,9	7,6	1450	1450	1480	3650	X	X	X
A6 Avant 2.5 TDI quattro	12,53	56 000	Station Wagon	5/5	V/4×4	5/2460	140	7,0	–	1550	–	–	3650	X	X	X
A6 Avant quattro	13,22	52 000	Station Wagon	5/5	V/4×4	6/2597	150	11,2	12,3	1200	1700	2940	3650	X	X	X
A6 Avant quattro	14,11	56 000	Station Wagon	5/5	V/4×4	6/2771	174	11,4	12,3	1800	1800	2940	3650	X	X	X
A6 Avant quattro	14,11	60 350	Station Wagon	5/5	V/4×4	6/2771	193	11,1	11,9	1650	1750	2940	3650	X	X	X
S6 quattro	11,33	80 500	Limousine	4/5	V/4×4	5/2226	230	12,2	12,9	1600	1700	2220	X	X	X	X
S6 Avant quattro	11,33	84 350	Station Wagon	5/5	V/4×4	5/2226	230	12,3	12,9	1550	1700	2220	X	X	X	X
S6 quattro	21,24	95 300	Limousine	4/5	V/4×4	8/4172	290	15,2	14,5	1900	1900	–	X	X	X	X
S6 plus quattro	21,24	101 000	Limousine	4/5	V/4×4	8/4172	326	14,9	–	1900	–	–	X	X	X	X
S6 Avant quattro	21,24	99 300	Station Wagon	5/5	V/4×4	8/4172	290	15,2	14,5	1900	1900	2220	X	X	X	X
S6 Avant plus quattro	21,24	105 000	Station Wagon	5/5	V/4×4	8/4172	326	14,9	–	1900	–	–	X	X	X	X
A8 2.8	14,10	73 800	Limousine	4/5	V/V	6/2771	193	9,9	10,8	1600	3520	X	X	X	X	X
A8 2.8 quattro	14,10	79 800	Limousine	4/5	V/4×4	6/2771	193	9,9	10,8	1600	3520	X	X	X	X	X
A8 3.7	18,82	86 800	Limousine	4/5	V/V	8/3695	230	–	12,0	1750	X	X	X	X	X	X
A8 3.7 quattro	18,82	102 800	Limousine	4/5	V/4×4	8/3695	230	–	12,0	1750	X	X	X	X	X	X
A8 4.2 quattro	21,24	111 800	Limousine	4/5	V/4×4	8/4172	300	–	13,2	2100	X	X	X	X	X	X
S8	21,24	117 800	Limousine	4/5	V/4×4	8/4172	340	14,3	–	1900	–	X	X	X	X	X

BENTLEY Rolls-Royce International SA, 1162 Saint-Prex

Modell	Steuer-PS	Katalogpreis	Karosserietyp	Türen/Plätze	Motorlage	Zylinder/cm³	PS DIN	5 vit.	aut.	5 vit.	aut.	Autom.	Klima	ABS	Airbag links	Airbag rechts
Brooklands	34,36	220 400	Limousine	4/5	V/H	8/6750	305	–	17,1	–	–	X	X	X	X	X
Brooklands LWB	34,36	253 650	Limousine	4/5	V/H	8/6750	305	–	17,1	–	–	X	X	X	X	X
Turbo R	34,36	284 500	Limousine	4/5	V/H	8/6750	389	–	17,8	–	–	X	X	X	X	X
Turbo R Sport	34,36	303 700	Limousine	4/5	V/H	8/6750	389	–	17,8	–	–	X	X	X	X	X
Continental R	34,36	382 400	Coupé	2/4	V/H	8/6750	389	–	17,7	–	–	X	X	X	X	X
Continental T	34,36	423 710	Coupé	2/4	V/H	8/6750	404	–	17,6	–	–	X	X	X	X	X
Azure	34,36	428 000	Cabriolet	2/4	V/H	8/6750	389	–	17,8	–	–	X	X	X	X	X

BMW BMW (Schweiz) AG, 8157 Dielsdorf

Modell	Steuer-PS	Katalogpreis	Karosserietyp	Türen/Plätze	Motorlage	Zylinder/cm³	PS DIN	5 vit.	aut.	5 vit.	aut.	Autom.	Klima	ABS	Airbag links	Airbag rechts
316i compact	8,12	29 100	Limousine	3/5	V/H	4/1596	102	7,6	8,2	800	800	2900	2090	X	X	X
318 ti compact	9,65	33 100	Limousine	3/5	V/H	4/1895	140	7,9	8,8	1375	1475	2900	2090	X	X	X
318 tds compact	8,48	31 800	Limousine	3/5	V/H	4/1665	90	6,2	–	1300	–	–	2090	X	X	X
316i	8,12	32 800	Limousine	4/5	V/H	4/1596	102	7,6	–	530	–	–	2930	X	X	X
318i	9,14	35 200	Limousine	4/5	V/H	4/1796	115	7,9	8,6	1000	1200	2900	2930	X	X	X
318is	9,65	37 700	Limousine	4/5	V/H	4/1895	140	8,0	–	1475	–	–	2930	X	X	X
320i	10,14	40 600	Limousine	4/5	V/H	6/1990	150	9,0	10,1	1300	1300	3400	2930	X	X	X
323i	12,70	44 500	Limousine	4/5	V/H	6/2494	170	9,0	10,1	1300	1300	3400	2930	X	X	X
328i	14,23	48 600	Limousine	4/5	V/H	6/2793	193	9,2	10,2	1450	1600	3400	2930	X	X	X
318 tds	8,48	35 600	Limousine	4/5	V/H	4/1665	90	6,5	–	1300	–	–	2930	X	X	X
325 td	12,72	41 800	Limousine	4/5	V/H	6/2498	115	7,4	–	1200	–	–	2930	X	X	X
325 tds	12,72	44 400	Limousine	4/5	V/H	6/2498	143	7,3	8,3	1200	1200	3400	2930	X	X	X
M3	16,30	80 600	Limousine	4/5	V/H	6/3201	321	11,0	–	1200	–	–	X	X	X	X
316i	8,12	33 900	Coupé	2/5	V/H	4/1596	102	7,6	–	800	–	–	2930	X	X	X
318is	9,65	39 100	Coupé	2/5	V/H	4/1895	140	8,0	8,8	1475	1575	2900	2930	X	X	X
320i	10,14	43 700	Coupé	2/5	V/H	6/1990	150	9,0	10,1	1300	1300	3400	2930	X	X	X
323i	12,70	46 700	Coupé	2/5	V/H	6/2494	170	9,0	10,1	1300	1300	3400	2930	X	X	X
328i	14,23	50 100	Coupé	2/5	V/H	6/2793	193	9,2	10,2	1450	1600	3400	2930	X	X	X
M3	16,30	79 200	Coupé	2/5	V/H	6/3201	321	11,0	–	1200	–	–	X	X	X	X
318i	9,14	45 300	Cabriolet	2/4	V/H	4/1796	115	8,0	8,8	1200	1300	2900	2930	X	X	X
320i	10,14	51 200	Cabriolet	2/4	V/H	6/1990	150	9,1	10,3	1300	1400	3400	2930	X	X	X
328i	14,23	57 600	Cabriolet	2/4	V/H	6/2793	193	9,3	10,4	1400	1500	3400	2930	X	X	X
M3	16,30	88 600	Cabriolet	2/4	V/H	6/3201	321	11,1	–	1200	–	–	X	X	X	X

Zeichenerklärung	+ Preis noch nicht festgelegt	V = vorn	Légendes	+ Prix non encore déterminé	V = avant
	Δ Preis auf Anfrage	M = Mitte		Δ Prix sur demande	M = central
	o Auf Wunsch ohne Mehrpreis	H = hinten		o Sur demande sans suppl. de prix	H = arrière
	X serienmässig	4×4 = Allradantrieb		X = de série	4×4 = Quatre roues motrices

Marke und Modell / Marque et modèle	Steuer-PS CV Fiscaux	Katalog-preis Fr. Prix de catalogue fr.	Karosserietyp Type de carrosserie	Türen/ Plätze Portes/ Places	Motor-lage/ Antrieb Empl. du moteur/ Propuls. tract.	Zylinder/ cm³ Cylindres/ cm³	PS DIN CH (n = SAE netto)	Ø-Verbrauch l/100 km (Importeur) Consommations de carb. l/100 km mixte (Importateur) 5 vit.	5-Gang Aut. aut.	Max. Anhängelast gebremst (kg) Poids total remorque freiné (kg) 5 vit.	5-Gang Aut. aut.	Getriebe-automat Fr. Automa-tique fr.	Klima-anlage Fr. Climati-sation fr.	Anti-blockier-system (ABS) Fr. Système d'anti-bloquage (ABS) fr.	Airbag Fr. Airbag Fr. links gauche	rechts droite
316i touring	8,12	34 800	Station Wagon	5/5	V/H	4/1596	102	7,6	8,2	800	800	2900	2090	X	X	X
318i touring	9,14	37 200	Station Wagon	5/5	V/H	4/1796	115	8,0	8,6	1400	1500	2900	2930	X	X	X
320i touring	10,14	42 600	Station Wagon	5/5	V/H	6/1990	150	9,1	10,1	1400	1600	3400	2930	X	X	X
323i touring	12,70	46 500	Station Wagon	5/5	V/H	6/2494	170	9,0	10,1	1300	1300	3400	2930	X	X	X
328i touring	14,23	50 600	Station Wagon	5/5	V/H	6/2793	193	9,3	10,2	1400	1600	3400	2930	X	X	X
318 tds touring	8,48	37 600	Station Wagon	5/5	V/H	4/1665	90	6,5	–	1300	–	–	2930	X	X	X
325 tds touring	12,72	46 400	Station Wagon	5/5	V/H	6/2498	143	7,3	8,6	1400	1600	3400	2930	X	X	X
Z3	9,14	36 500	Roadster	2/2	V/H	4/1796	115	7,8	–	–	–	–	2000	X	X	X
Z3	9,65	40 400	Roadster	2/2	V/H	4/1895	140	8,0	8,7	–	–	2900	2000	X	X	X
Z3	14,23	49 400	Roadster	2/2	V/H	6/2793	193	–	–	–	–	2900	2000	X	X	X
M Roadster	16,30	77 800	Roadster	2/2	V/H	6/3201	321	11,1	–	–	–	–	X	X	X	X
520i	10,14	45 400	Limousine	4/5	V/H	6/1990	150	9,1	10,2	1575	1775	3500	3360	X	X	X
523i	12,70	49 000	Limousine	4/5	V/H	6/2494	170	9,7	10,6	1875	1975	3500	3360	X	X	X
528i	14,23	54 400	Limousine	4/5	V/H	6/2793	193	9,9	10,7	2050	2075	3500	3360	X	X	X
535i	17,81	66 200	Limousine	4/5	V/H	8/3498	235	11,9	12,2	2075	2075	3500	X	X	X	X
540i	22,39	76 100	Limousine	4/5	V/H	8/4398	286	12,3	12,5	2075	2075	3500	X	X	X	X
525 tds	12,72	49 400	Limousine	4/5	V/H	6/2498	115	7,6	8,7	1975	1975	3400	3360	X	X	X
520i touring	10,14	48 900	Station Wagon	5/5	V/H	6/1990	150	9,7	10,6	–	–	3500	3360	X	X	X
523i touring	12,70	52 500	Station Wagon	5/5	V/H	6/2494	170	9,9	11,0	–	–	3500	3360	X	X	X
528i touring	14,23	58 300	Station Wagon	5/5	V/H	6/2793	193	10,1	11,0	–	–	3500	3360	X	X	X
540i touring	22,39	79 900	Station Wagon	5/5	V/H	8/4398	286	12,7	13,0	–	–	3500	X	X	X	X
525 tds touring	12,72	52 900	Station Wagon	5/5	V/H	6/2498	115	7,9	8,8	1900	1900	3500	3360	X	X	X
728i	14,23	71 200	Limousine	4/5	V/H	6/2793	193	10,3	11,1	1600	1700	3500	X	X	X	X
728i Lang	14,23	81 200	Limousine	4/5	V/H	6/2793	193	–	11,1	–	1975	X	X	X	X	X
735i	17,81	82 800	Limousine	4/5	V/H	8/3498	235	12,3	12,6	1975	2075	3500	X	X	X	X
735i Lang	17,81	93 900	Limousine	4/5	V/H	8/3498	235	–	12,6	–	2075	X	X	X	X	X
740i	22,39	96 400	Limousine	4/5	V/H	8/4398	286	12,5	13,5	2175	2175	3500	X	X	X	X
740i Lang	22,39	113 200	Limousine	4/5	V/H	8/4398	280	–	13,5	–	2175	X	X	X	X	X
750i	27,38	127 400	Limousine	4/5	V/H	12/5379	327	–	14,2	–	2100	X	X	X	X	X
750i Lang	27,38	143 600	Limousine	4/5	V/H	12/5379	327	–	14,2	–	2100	X	X	X	X	X
725 tds	12,72	69 000	Limousine	4/5	V/H	6/2498	143	7,8	8,9	1975	1975	3400	X	X	X	X
840 Ci	22,39	113 600	Coupé	2/4	V/H	8/4398	286	13,1	13,4	1675	1675	3500	X	X	X	X
850 Ci	28,38	145 500	Coupé	2/4	V/H	12/5576	377	–	14,0	–	–	X	X	X	X	X

BMW ALPINA   Max Heidegger AG, 9495 Triesen

Marke und Modell	Steuer-PS	Katalog-preis Fr.	Karosserietyp	Türen/Plätze	Motor-lage/Antrieb	Zylinder/cm³	PS DIN	Ø l/100 km 5 vit.	Aut.	Max. Anhängelast 5 vit.	Aut.	Getriebe-automat	Klima-anlage	ABS	Airbag links	rechts
B3	16,30	72 900	Limousine	4/5	V/H	6/3152	265	9,4	9,4	1600	1600	6500	X	X	X	X
B3	16,30	74 400	Coupé	2/5	V/H	6/3152	265	9,4	9,4	1600	1600	6500	X	X	X	X
B3	16,30	86 900	Cabriolet	2/4	V/H	6/3152	265	9,6	9,6	1500	1500	6500	X	X	X	X
B3	16,30	75 800	touring	5/5	V/H	6/3152	265	9,4	9,4	1600	1600	5000	X	X	X	X
B8	23,51	104 200	Limousine	4/5	V/H	8/4619	333	11,6	–	–	–	–	X	X	X	X
B8	23,51	106 900	Coupé	2/5	V/H	8/4619	333	11,6	–	–	–	–	X	X	X	X
B8	23,51	119 300	Cabriolet	2/4	V/H	8/4619	333	11,8	–	–	–	–	X	X	X	X
B8	23,51	110 050	touring	5/5	V/H	8/4619	333	11,6	–	–	–	–	X	X	X	X
B10	23,51	109 400	Limousine	4/5	V/H	8/4619	340	–	10,3	–	–	X	X	X	X	X
B12	28,74	178 600	Limousine	4/5	V/H	12/5646	387	–	12,2	–	2175	X	X	X	X	X
B12 Lang	28,74	194 300	Limousine	4/5	V/H	12/5646	387	–	12,2	–	2175	X	X	X	X	X

CADILLAC   Agence Américaines Automobiles SA, 4002 Basel

Marke und Modell	Steuer-PS	Katalog-preis	Karosserietyp	Türen/Plätze	Motor-lage/Antrieb	Zylinder/cm³	PS DIN	Ø 5 vit.	Aut.	Max. 5 vit.	Aut.	Getriebe-automat	Klima-anlage	ABS	Airbag links	rechts
Seville SLS	23,25	82 700	Limousine	4/5	V/V	8/4565	279	–	13,0	–	900	X	X	X	X	X
Seville STS	23,25	94 800	Limousine	4/5	V/V	8/4565	305	–	12,3	–	1360	X	X	X	X	X
Eldorado TC	23,25	94 800	Coupé	2/5	V/V	8/4565	305	–	12,3	–	1360	X	X	X	X	X

CATERHAM   Kumschick Sports Car, 6247 Schötz

Marke und Modell	Steuer-PS	Katalog-preis	Karosserietyp	Türen/Plätze	Motor-lage/Antrieb	Zylinder/cm³	PS DIN	Ø 5 vit.	Aut.	Max. 5 vit.	Aut.	Getriebe-automat	Klima-anlage	ABS	Airbag links	rechts
Super Seven	8,12	47 500	Roadster	2/2	V/H	4/1599	115	7,5	–	–	–	–	–	–	–	–
Super Seven	10,17	58 500	Roadster	2/2	V/H	4/1997	160	7,8	–	–	–	–	–	–	–	–
S 7 Competition T.	10,17	116 000	Roadster	2/2	V/H	4/1997	303	9,8	–	–	–	–	–	–	–	–

Preisliste / Liste des prix		Karosserie / Carrosserie		Technische Daten / Caractéristiques techniques							Mehrpreis für / Supplément de prix pour				
Marke und Modell / Marque et modèle	Steuer-PS / CV Fiscaux	Katalogpreis Fr. / Prix de catalogue fr.	Karosserietyp / Type de carrosserie	Türen/Plätze / Portes/Places	Motorlage/Antrieb / Empl. du moteur/Propuls. tract.	Zylinder/cm³ / Cylindres/cm³	PS DIN CH (n = SAE netto)	Ø-Verbrauch l/100 km (Importeur) 5-Gang Consommations de carb. l/100 km mixte (Importateur) 5 vit.	Aut. aut.	Max. Anhängelast gebremst (kg) 5-Gang Poids total remorque freiné (kg) 5 vit.	Aut. aut.	Getriebeautomat Fr. / Automatique fr.	Klimaanlage Fr. / Climatisation fr.	Antiblockiersystem (ABS) Fr. / Système d'antibloquage (ABS) fr.	Airbag Fr. links / Airbag Fr. gauche	rechts droite

CHEVROLET — Agence Américaines Automobiles SA, 4002 Basel

Modell	Steuer-PS	Preis	Typ	T/P	Antrieb	Zyl/cm³	PS	Verb 5G	Verb Aut	Anh 5G	Anh Aut	Aut	Klima	ABS	Airbag L	Airbag R
Corvette	28,86	+	Coupé	2/2	V/H	8/5666	344	–	13,6	–	–	X	X	X	X	X
Trans Sport	17,06	+	Minivan	5/7	V/V	6/3350	186	–	12,3	–	1000	X	X	X	X	X
Trans Sport Luxury	17,06	+	Minivan	5/7	V/V	6/3350	186	–	12,3	–	1000	X	X	X	X	X
Blazer 4×4	21,90	54 900	Station Wagon	5/5	V/4×4	6/4300	193	–	13,3	–	2040	X	X	X	X	–
Blazer Luxury 4×4	21,90	56 800	Station Wagon	5/5	V/4×4	6/4300	193	–	13,3	–	2040	X	X	X	X	–
Blazer Lux. 4×4 perm.	21,90	+	Station Wagon	5/5	V/4×4	6/4300	193	–	14,5	–	2040	X	X	X	X	–
Astro CL	21,90	49 900	Station Wagon	4/5	V/4×4	6/4300	189	–	14,3	–	2495	X	X	X	X	–
Astro C4 4×4	21,90	54 500	Station Wagon	4/5	V/4×4	6/4300	189	–	14,3	–	2380	X	X	X	X	–
Atro LT	21,90	55 800	Station Wagon	4/8	V/4×4	6/4300	189	–	14,3	–	2495	X	X	X	X	–
Astro LT 4×4	21,90	59 900	Station Wagon	4/8	V/4×4	6/4300	189	–	14,3	–	2380	X	X	X	X	–

CHRYSLER — Chrysler/Jeep Import AG, 8048 Zürich

Modell	Steuer-PS	Preis	Typ	T/P	Antrieb	Zyl/cm³	PS	Verb 5G	Verb Aut	Anh 5G	Anh Aut	Aut	Klima	ABS	Airbag L	Airbag R
Neon LE	10,16	23 990	Limousine	4/5	V/V	4/1996	133	8,2	9,2	1000	1000	O	X	X	X	X
Neon LX	10,16	25 500	Limousine	4/5	V/V	4/1996	148	7,9	–	1000	–	X	X	X	X	X
Stratus	12,73	39 900	Limousine	4/5	V/V	6/2497	163	–	11,0	–	1200	X	X	X	X	X
Stratus Convert.	12,73	48 300	Cabriolet	2/4	V/V	6/2497	163	–	11,6	–	1000	X	X	X	X	X
Vision	17,91	53 400	Limousine	4/5	V/V	6/3516	211	–	12,8	–	1400	X	X	X	X	X
Vision	17,91	56 600	Limousine	4/5	V/V	6/3516	211	–	12,8	–	1400	X	X	X	X	X
New Yorker	17,91	66 000	Limousine	4/5	V/V	6/3516	211	–	12,6	–	900	X	X	X	X	X
Viper	40,67	+	Roadster	2/2	V/H	10/7986	384	13,6	–	–	–	–	X	–	X	X
Voyager SE	12,53	38 500	Station Wagon	5/7	V/V	4/2429	150	10,5	–	1200	–	–	1950	X	X	X
Voyager SE TD	12,73	42 900	Station Wagon	5/7	V/V	4/2499	116	8,7	–	1600	–	–	1950	X	X	X
Voyager SE	16,81	43 400	Station Wagon	5/7	V/V	6/3301	158	–	12,3	–	1600	X	1950	X	X	X
Voyager LE	16,81	51 500	Station Wagon	5/7	V/V	6/3301	158	–	12,3	–	1600	X	1950	X	X	X
Voyager LX	16,81	56 700	Station Wagon	5/7	V/V	6/3301	158	–	12,3	–	1600	X	X	X	X	X
Voyager AWD LE	19,33	56 700	Station Wagon	5/7	V/4×4	6/3778	166	–	14,2	–	1600	X	X	X	X	X
Voyager AWD LX	19,33	61 500	Station Wagon	5/7	V/4×4	6/3778	166	–	14,2	–	1600	X	X	X	X	X
Grand Voyager SE TD	12,73	44 900	Station Wagon	5/7	V/V	4/2499	116	8,7	–	1600	–	–	1950	X	X	X
Grand Voyager SE	16,81	45 400	Station Wagon	5/7	V/V	6/3301	158	–	12,3	–	1600	X	1950	X	X	X
Grand Voyager LE	16,81	54 500	Station Wagon	5/7	V/V	6/3301	158	–	12,3	–	1600	X	X	X	X	X
Grand Voyager AWD	19,33	59 700	Station Wagon	5/7	V/4×4	6/3778	166	–	14,2	–	1600	X	X	X	X	X

CITROËN — Citroën (Suisse) SA, 1211 Genève 24

Modell	Steuer-PS	Preis	Typ	T/P	Antrieb	Zyl/cm³	PS	Verb 5G	Verb Aut	Anh 5G	Anh Aut	Aut	Klima	ABS	Airbag L	Airbag R
AX Harmonie	5,72	12 600	Limousine	3/5	V/V	4/1124	60	5,7	–	600	–	–	–	–	–	–
AX Harmonie	5,72	13 050	Limousine	5/5	V/V	4/1124	60	5,7	–	600	–	–	–	–	–	–
Saxo X	5,72	14 620	Limousine	3/5	V/V	4/1124	55	6,7	–	700	–	–	1600	1150	X	300
Saxo SX	6,95	16 970	Limousine	3/5	V/V	4/1360	75	6,9	–	700	–	–	1600	1150	X	300
Saxo SX Aut.	8,08	18 990	Limousine	3/5	V/V	4/1587	90	–	8,8	–	700	X	1600	1150	X	300
Saxo VSX	6,95	17 770	Limousine	3/5	V/V	4/1360	75	6,9	–	700	–	–	1600	1150	X	300
Saxo VTL	8,08	19 170	Limousine	3/5	V/V	4/1587	90	7,2	–	700	–	–	1600	1150	X	300
Saxo 1.6-16 VTS	8,08	21 800	Limousine	3/5	V/V	4/1587	120	8,1	–	700	–	–	1600	1150	X	300
Saxo D 5türig + Fr. 500.–	7,78	17 025	Limousine	3/5	V/V	4/1527	55	5,3	–	700	–	–	–	–	X	300
ZX X	6,95	17 600	Limousine	3/5	V/V	4/1360	75	7,4	–	700	–	–	–	–	X	–
ZX 1.8-16 SX	8,97	22 050	Limousine	3/5	V/V	4/1761	112	8,1	–	900	–	–	1940	1350	X	–
ZX 2.0-16	10,17	29 900	Limousine	3/5	V/V	4/1998	167	9,4	–	900	–	–	1940	X	X	–
ZX 1.8-16 SX	8,97	22 950	Limousine	5/5	V/V	4/1761	112	8,1	–	900	–	–	1940	1350	X	–
ZX SX Aut.	8,97	23 900	Limousine	5/5	V/V	4/1761	103	–	9,4	–	900	X	1940	1350	X	–
ZX Volcane	10,17	26 600	Limousine	5/5	V/V	4/1998	123	8,8	–	1100	–	–	1940	X	X	–
ZX Volcane Aut.	10,17	27 950	Limousine	5/5	V/V	4/1998	123	–	9,6	–	1100	X	1940	X	X	–
ZX 1.8-16 Excl.	8,97	28 000	Limousine	5/5	V/V	4/1761	112	8,1	–	1100	–	–	X	X	X	–
ZX Excl. Aut.	8,97	28 950	Limousine	5/5	V/V	4/1761	112	–	9,6	–	1100	X	X	X	X	–

DYNOJET Rollenprüfstand für Leistungen bis 1200 PS!
Wir messen die Leistung Ihres Fahrzeugs.
Sicher, schonend und genau. Absolut ohne Pneuverschleiss. **Die Spezialisten** für Leistungsmessungen und Tuning.
D&D Speed Shop Neutalstrasse 10, 8852 Altendorf Tel. 055/442 80 38 rufen Sie an.

	Zeichenerklärung	+ Preis noch nicht festgelegt	V = vorn	Légendes	+ Prix non encore déterminé	V = avant
		Δ Preis auf Anfrage	M = Mitte		Δ Prix sur demande	M = central
		o Auf Wunsch ohne Mehrpreis	H = hinten		o Sur demande sans suppl. de prix	H = arrière
		X serienmässig	4×4 = Allradantrieb		X = de série	4×4 = Quatre roues motrices

Marke und Modell Marque et modèle	Steuer-PS CV Fiscaux	Katalog-preis Fr. Prix de catalogue fr.	Karosserietyp Type de carrosserie	Türen/ Plätze Portes/ Places	Motor-lage/ Antrieb Empl. du moteur/ Propuls. tract.	Zylinder/ cm³ Cylindres/ cm³	PS DIN CH (n = SAE netto)	Ø-Verbrauch l/100 km (Importeur) 5-Gang Consommations de carb. l/100 km mixte (Importateur) 5 vit.	Aut. aut.	Max. Anhängelast gebremst (kg) 5-Gang Poids total remorque freiné (kg) 5 vit.	Aut. aut.	Getriebe-automat Fr. Automa-tique fr.	Klima-anlage Fr. Climati-sation fr.	Anti-blockier-system (ABS) Fr. Système d'anti-bloquage (ABS) fr.	Airbag Fr. Airbag Fr. links gauche	rechts droite
ZX 1.9 TD SX	9,70	23 750	Limousine	5/5	V/V	4/1905	90	6,7	–	1100	–	–	1940	1350	X	–
ZX X	6,95	19 350	Station Wagon	5/5	V/V	4/1360	75	7,4	–	750	–	–	–	–	X	–
ZX 1.8-16 SX	8,97	24 000	Station Wagon	5/5	V/V	4/1761	112	8,1	–	900	–	–	1940	1350	X	–
ZX 1.8 SX Aut.	8,97	24 950	Station Wagon	5/5	V/V	4/1761	103	–	9,4	–	1000	X	1940	1350	X	–
ZX 1.9 TD SX	9,70	24 800	Station Wagon	5/5	V/V	4/1905	90	6,7	–	1050	–	–	1940	1350	X	–
Xantia 1.8-16 SX	8,97	28 160	Limousine	5/5	V/V	4/1761	112	8,7	–	1000	–	–	2350	X	X	X
Xantia SX Aut.	10,17	30 960	Limousine	5/5	V/V	4/1998	123	–	9,8	–	1200	X	2350	X	X	X
Xantia 2.0-16 VSX	10,17	34 560	Limousine	5/5	V/V	4/1998	135	9,1	–	1000	–	–	X	X	X	X
Xantia VSX Aut.	10,17	35 910	Limousine	5/5	V/V	4/1998	123	–	9,8	–	1200	X	X	X	X	X
Xantia TCT VSX	10,17	35 560	Limousine	5/5	V/V	4/1998	150	9,9	–	1100	–	–	X	X	X	X
Xantia Activa 2.0-16	10,17	35 560	Limousine	5/5	V/V	4/1998	135	9,1	–	1000	–	–	X	X	X	X
Xantia Act. TCT	10,17	37 870	Limousine	5/5	V/V	4/1998	150	9,9	–	1100	–	–	X	X	X	X
Xantia Activa V6	15,0	39 500	Limousine	5/5	V/V	6/2946	194	10,9	–	1500	–	–	X	X	X	X
Xantia Excl. 2.0-16	10,17	38 410	Limousine	5/5	V/V	4/1998	135	9,1	–	1000	–	–	X	X	X	X
Xantia Excl. Aut.	10,17	39 760	Limousine	5/5	V/V	4/1998	123	–	9,8	–	1200	X	X	X	X	X
Xantia 1.9 TD SX	9,70	29 810	Limousine	5/5	V/V	4/1905	90	7,0	–	1200	–	–	2350	X	X	X
Xantia 1.9 TD VSX	9,70	33 860	Limousine	5/5	V/V	4/1905	90	7,0	–	1200	–	–	X	X	X	X
Xantia 2.1 TD VSX	10,63	35 860	Limousine	5/5	V/V	4/2088	110	7,0	–	1200	–	–	2350	X	X	X
Xantia SX	8,97	28 800	Station Wagon	5/5	V/V	4/1761	103	8,8	–	1200	–	–	2350	X	X	X
Xantia 2.0-16 SX	10,17	30 960	Station Wagon	5/5	V/V	4/1998	135	9,2	–	1200	–	–	2350	X	X	X
Xantia SX Aut.	10,17	32 160	Station Wagon	5/5	V/V	4/1998	123	–	10,3	–	1200	X	2350	X	X	X
Xantia 2.0-16 VSX	10,17	35 760	Station Wagon	5/5	V/V	4/1998	135	9,2	–	1200	–	–	X	X	X	X
Xantia VSX Aut.	10,17	37 110	Station Wagon	5/5	V/V	4/1998	123	–	10,3	–	1200	X	X	X	X	X
Xantia TCT VSX	10,17	36 760	Station Wagon	5/5	V/V	4/1998	150	10,1	–	1200	–	–	X	X	X	X
Xantia 1.9 TD SX	9,70	31 010	Station Wagon	5/5	V/V	4/1905	90	7,0	–	1200	–	–	2350	X	X	X
Xantia 1.9 TD VSX	9,70	36 710	Station Wagon	5/5	V/V	4/1905	90	7,0	–	1200	–	–	X	X	X	X
Xantia 2.1 TD VSX	10,63	38 710	Station Wagon	5/5	V/V	4/2088	110	7,1	–	1500	–	–	X	X	X	X
XM 2.0-16 SX	10,17	35 800	Limousine	5/5	V/V	4/1998	135	9,6	–	1150	–	–	2400	X	X	X
XM TCT VSX	10,17	41 350	Limousine	5/5	V/V	4/1998	150	10,4	11,1	1300	1300	2100	X	X	X	X
XM V6 VSX	15,09	48 850	Limousine	5/5	V/V	6/2963	170	12,2	12,6	1470	1470	2100	X	X	X	X
XM 2.1 TD VSX	10,63	46 000	Limousine	5/5	V/V	4/2088	110	–	8,5	–	1500	X	X	X	X	X
XM 2.5 TD VSX	12,45	47 850	Limousine	5/5	V/V	4/2445	130	–	7,7	–	1500	X	X	X	X	X
Break + Fr. 1950.–																
Evasion X	10,17	31 600	Station Wagon	5/5	V/V	4/1998	123	10,6	–	1300	–	–	2500	X	X	X
Evasion SX	10,17	37 100	Station Wagon	5/5	V/V	4/1998	123	10,6	–	1300	–	–	2500	X	X	X
Evasion TCT SX	10,17	39 550	Station Wagon	5/5	V/V	4/1998	150	11,1	–	1300	–	–	2500	X	X	X
Evasion TCT VSX	10,17	47 880	Station Wagon	5/5	V/V	4/1998	150	11,1	–	1300	–	–	X	X	X	X
Evasion CC	10,17	49 180	Station Wagon	5/5	V/V	4/1998	150	11,1	–	1300	–	–	X	X	X	X
Evasion 2.1 TD	10,63	36 100	Station Wagon	5/5	V/V	4/2088	110	8,2	–	1300	–	–	2500	X	X	X
Evasion 2.1 TD SX	10,63	41 600	Station Wagon	5/5	V/V	4/2088	110	8,2	–	1300	–	–	X	X	X	X

DAEWOO
Daewoo Automobile (Schweiz) AG, 8307 Effretikon

Marke und Modell	Steuer-PS	Katalogpreis	Karosserietyp	Türen/Plätze	Motorlage	Zylinder/cm³	PS DIN	5-Gang	Aut.	5-Gang	Aut.	Getriebe	Klima	ABS	Airbag li	re
Nexia GTX	7,63	16 950	Limousine	3/5	V/V	4/1498	90	7,7	–	900	–	–	–	–	X	–
Nexia GLX	7,63	18 200	Limousine	4/5	V/V	4/1498	90	7,7	–	900	–	–	–	–	X	–
Nexia GTX	7,63	17 700	Limousine	5/5	V/V	4/1498	90	7,7	–	900	–	–	–	–	X	–
Nexia GTX Luxe	7,63	19 950	Limousine	5/5	V/V	4/1498	90	7,7	8,5	900	900	1300	X	X	X	–
Espero MPI	10,17	20 990	Limousine	4/5	V/V	4/1998	105	8,7	8,4	1100	1100	1500	–	–	X	–
Espero Luxe	10,17	24 990	Limousine	4/5	V/V	4/1998	105	8,7	8,4	1100	1100	1500	X	X	X	–

DAIHATSU
Ascar AG, 5745 Safenwil

Marke und Modell	Steuer-PS	Katalogpreis	Karosserietyp	Türen/Plätze	Motorlage	Zylinder/cm³	PS DIN	5-Gang	Aut.	5-Gang	Aut.	Getriebe	Klima	ABS	Airbag li	re
Cuore	4,31	12 300	Limousine	3/4	V/V	3/846	42	5,3	6,6	400	400	950	–	–	–	–
Cuore	4,31	12 990	Limousine	3/4	V/V	3/846	42	5,3	6,6	400	400	950	–	–	X	–
Charade TX	6,60	15 950	Limousine	3/5	V/V	4/1296	84	6,8	–	600	–	–	–	–	X	–
Charade CX	6,60	16 450	Limousine	5/5	V/V	4/1296	84	6,8	7,5	600	700	1650	–	–	X	–
Feroza LX	8,09	23 550	Station Wagon	3/4	V/4×4	4/1590	95	10,2	–	1500	–	–	–	–	–	–
Feroza SX	8,09	26 350	Station Wagon	3/4	V/4×4	4/1590	95	10,2	–	1500	–	–	–	–	–	–
Rocky SE TD	14,08	30 500	Station Wagon	3/5	V/4×4	4/2765	98	9,4	–	3220	–	–	–	–	–	–
Rocky SX TD	14,08	32 500	Station Wagon	3/5	V/4×4	4/2765	98	9,4	–	3220	–	–	–	–	–	–

bosal

auspuffanlagen
systèmes d'echappement

dachträger
barres de toit

anhängevorrichtungen
crochets d'attelage

Bosal Distribution AG · 4702 Oensingen · Telefon 062 - 388 10 60 · Fax 062 - 396 26 79

Preisliste / Liste des prix Marke und Modell / Marque et modèle	Steuer-PS / CV Fiscaux	Katalogpreis Fr. / Prix de catalogue fr.	Karosserie / Carrosserie Type de carrosserie	Türen/Plätze Portes/Places	Motorlage/Antrieb Empl. du moteur/Propuls. tract.	Zylinder/cm³ Cylindres/cm³	PS DIN CH (n=SAE netto)	Ø-Verbrauch l/100 km (Importeur) 5-Gang 5 vit.	Aut. aut.	Max. Anhängelast gebremst (kg) 5-Gang 5 vit.	Aut. aut.	Getriebeautomat Fr. Automatique fr.	Klimaanlage Fr. Climatisation fr.	Antiblockiersystem (ABS) Fr. Système d'antibloquage (ABS) fr.	Airbag Fr. links Airbag gauche	Airbag Fr. rechts Airbag droite
DAIMLER Streag AG, 5745 Safenwil																
Six 4.0	20,26	113 800	Limousine	4/5	V/H	6/3980	249	–	12,6	–	1900	X	X	X	X	X
Double Six	30,50	136 700	Limousine	4/5	V/H	12/5993	318	–	17,4	–	1900	X	X	X	X	X
Langvers.: + Fr. 5290.–																
DALLAS Priority Cars Import, 4133 Pratteln																
Dallas Fun	6,93	19 950	offen	3/4	V/V	4/1360	75	–	–	600	–	–	–	–	–	–
Dallas Beach	6,93	16 950	offen	3/4	V/V	4/1360	75	–	–	600	–	–	–	–	–	–
DE TOMASO TGE Automobile AG, 8424 Embrach																
Guara	20,27	176 000	Coupé	2/2	M/H	8/3982	283	–	–	–	–	–	X	–	–	–
FERRARI Ferrari (Suisse) SA, 1260 Nyon																
F 355 Berlinetta	17,79	170 000	Coupé	2/2	M/H	8/3496	380	17,3	–	–	–	–	X	X	X	X
F 355 GTS	17,79	176 500	Cabriolet	2/2	M/H	8/3496	380	17,3	–	–	–	–	X	X	X	X
F 355 Spider	17,79	184 000	Cabriolet	2/2	M/H	8/3496	380	17,3	–	–	–	–	X	X	X	X
550 Maranello	27,86	260 000	Coupé	2/2	V/H	12/5474	485	17,1	–	–	–	–	X	X	X	X
456 GT	27,86	285 000	Coupé	2/2+2	V/H	12/5474	442	17,1	–	–	–	10 000	X	X	X	X
FIAT Fiat Auto (Suisse) SA, 1211 Genf 13																
500 S	4,58	11 950	Limousine	3/5	V/V	4/899	40	5,3	–	400	–	–	–	–	500	–
500 SX	4,58	12 450	Limousine	3/5	V/V	4/899	40	5,3	–	400	–	–	–	–	500	–
500 Suite	4,58	14 650	Limousine	3/5	V/V	4/899	40	5,3	–	400	–	–	X	–	500	–
500 Soleil	4,58	12 990	Limousine	3/5	V/V	4/899	40	5,3	–	400	–	–	–	–	500	–
500 Sporting	5,64	12 950	Limousine	3/5	V/V	4/1108	55	5,5	–	400	–	–	1850	–	500	–
Panda Mambo	4,58	10 450	Limousine	3/5	V/V	4/899	40	5,3	–	450	–	–	–	–	–	–
Panda CLX	4,58	13 200	Limousine	3/5	V/V	4/899	40	5,3	–	450	–	–	–	–	–	–
Panda Selecta	5,64	14 550	Limousine	3/5	V/V	4/1108	51	–	5,8	–	550	X	–	–	–	–
Panda Mambo 4×4	5,64	13 600	Limousine	3/5	V/4×4	4/1108	51	7,4	–	900	–	–	–	–	–	–
Panda Country 4×4	5,64	16 700	Limousine	3/5	V/4×4	4/1108	51	7,4	–	900	–	–	–	–	–	–
Panda Elettra	–	28 850	Limousine	3/5	V/V	–	–	–	–	–	–	–	–	–	–	–
Punto S	5,64	14 400	Limousine	3/5	V/V	4/1108	55	5,5	–	600	–	–	–	1600	X	500
Punto S	6,32	15 300	Limousine	3/5	V/V	4/1242	75	6,2	–	700	–	–	–	1600	X	500
Punto Selecta	6,32	18 000	Limousine	3/5	V/V	4/1242	60	–	5,6	–	700	X	1850	–	X	500
Punto SX	6,32	17 300	Limousine	3/5	V/V	4/1242	75	6,2	–	700	–	–	1850	1600	X	500
Punto SX HSD	6,32	17 800	Limousine	3/5	V/V	4/1242	75	6,2	–	700	–	–	1850	X	–	–
Punto TD	8,64	18 600	Limousine	3/5	V/V	4/1698	72	5,6	–	700	–	–	1850	1600	X	500
Punto 6 Speed	5,64	17 700	Limousine	3/5	V/V	4/1108	55	5,5	–	600	–	–	–	1600	X	500
Punto ELX	6,32	18 200	Limousine	3/5	V/V	4/1242	75	6,2	–	700	–	–	1850	1600	X	500
Punto ELX	8,04	19 800	Limousine	3/5	V/V	4/1580	90	7,5	–	800	–	–	1850	1600	X	500
Punto Sporting	8,04	20 300	Limousine	3/5	V/V	4/1580	90	7,5	–	800	–	–	1850	1600	X	500
Punto GT	6,98	22 200	Limousine	3/5	V/V	4/1372	136	7,4	–	850	–	–	1850	1600	X	500
5türig + Fr. 500.–																

Wir wünschen Ihnen eine sichere Fahrt auf allen Strassen.
mobicar - die Motorfahrzeugversicherung der Schweizerischen Mobiliar.

Schweizerische Mobiliar
Versicherungsgesellschaft

macht Menschen sicher

Zeichenerklärung	+ Preis noch nicht festgelegt			V = vorn				Légendes	+ Prix non encore déterminé			V = avant			
	Δ Preis auf Anfrage			M = Mitte					Δ Prix sur demande			M = central			
	o Auf Wunsch ohne Mehrpreis			H = hinten					o Sur demande sans suppl. de prix			H = arrière			
	X serienmässig			4×4 = Allradantrieb					X = de série			4×4 = Quatre roues motrices			

Marke und Modell / Marque et modèle	Steuer-PS / CV Fiscaux	Katalog-preis Fr. / Prix de catalogue fr.	Karosserietyp / Type de carrosserie	Türen/ Plätze / Portes/ Places	Motor-lage/ Antrieb / Empl. du moteur/ Propuls. tract.	Zylinder/ cm³ / Cylindres/ cm³	PS DIN CH (n = SAE netto)	Ø-Verbrauch l/100 km (Importeur) 5-Gang Consommations de carb. l/100 km mixte (Importateur) 5 vit.	Aut. aut.	Max. Anhängelast gebremst (kg) 5-Gang Poids total remorque freiné (kg) 5 vit.	Aut. aut.	Getriebe-automat Fr. / Automa-tique fr.	Klima-anlage Fr. / Climati-sation fr.	Anti-blockier-system (ABS) Fr. / Système d'anti-bloquage (ABS) fr.	Airbag Fr. / Airbag Fr. links gauche	rechts droite
Punto S	6,32	23 700	Cabriolet	2/4	V/V	4/1242	60	5,6	–	700	–	–	–	–	X	650
Punto ELX	8,04	28 200	Cabriolet	2/4	V/V	4/1580	90	7,5	–	800	–	–	1850	X	X	650
Bravo SX	6,97	19 800	Limousine	3/5	V/V	4/1370	80	6,8	–	700	–	–	1900	1300	X	500
Bravo SX	8,04	20 800	Limousine	3/5	V/V	4/1580	103	7,2	–	750	–	–	1900	1300	X	500
Bravo GT	8,89	23 000	Limousine	3/5	V/V	4/1747	113	7,4	–	800	–	–	1900	1300	X	500
Bravo HGT	10,17	27 000	Limousine	3/5	V/V	5/1998	147	8,2	–	900	–	–	1900	X	X	500
Brava S	6,97	19 000	Limousine	5/5	V/V	4/1370	80	8,0	–	650	–	–	1900	1300	X	500
Brava SX	6,97	20 500	Limousine	5/5	V/V	4/1370	80	8,0	–	650	–	–	1900	1300	X	500
Brava SX	8,04	21 500	Limousine	5/5	V/V	4/1580	103	8,3	10,3	650	650	1350	1900	1300	X	500
Brava SX TD	9,72	22 800	Limousine	5/5	V/V	4/1910	100	6,6	–	–	–	–	1900	1300	X	500
Brava EL	8,89	22 700	Limousine	5/5	V/V	4/1747	113	8,4	–	750	–	–	1900	1300	X	500
Brava ELX	8,89	23 800	Limousine	5/5	V/V	4/1747	113	8,4	–	750	–	–	1900	1300	X	500
Brava ELX TD	9,72	24 500	Limousine	5/5	V/V	4/1910	100	6,6	–	–	–	–	1900	1300	X	500
Barchetta	8,89	31 000	Cabriolet	2/2	V/V	4/1747	130	7,5	–	450	–	–	1850	X	X	300
Coupé 1.8-16	8,89	27 900	Coupé	2/4	V/V	4/1747	130	–	–	950	–	–	1900	X	X	300
Coupé 2.0-20	10,17	36 000	Coupé	2/4	V/V	5/1998	147	–	–	950	–	–	1900	X	X	300
Coupé 2.0-20 T.	10,17	43 000	Coupé	2/4	V/V	5/1998	220	–	–	–	–	–	1900	X	X	300
Marea ELX	8,89	26 500	Limousine	4/5	V/V	4/1747	113	8,6	–	1200	–	–	1900	X	X	X
Marea ELX TD	9,72	27 500	Limousine	4/5	V/V	4/1910	100	6,8	–	1300	–	–	1900	X	X	X
Marea ELX TD 2.4	12,15	29 200	Limousine	4/5	V/V	5/2387	124	7,1	–	1400	–	–	1900	X	X	X
Marea HLX	8,89	28 400	Limousine	4/5	V/V	4/1747	113	8,6	–	1200	–	–	1900	X	X	X
Marea HLX	10,17	30 300	Limousine	4/5	V/V	5/1998	147	9,9	–	1400	–	–	1900	X	X	X
Marea Weekend SX	8,04	26 000	Station Wagon	5/5	V/V	4/1580	103	8,4	–	1200	–	–	1900	X	X	X
Marea Weekend TD	9,72	28 000	Station Wagon	5/5	V/V	4/1910	100	6,8	–	1300	–	–	1900	X	X	X
Marea Weekend ELX	8,04	27 900	Station Wagon	5/5	V/V	4/1580	103	–	10,6	–	1300	X	1900	X	X	X
Marea Weekend ELX	8,89	27 600	Station Wagon	5/5	V/V	4/1747	113	8,6	–	1300	–	–	1900	X	X	X
Marea Weekend TD	12,15	30 300	Station Wagon	5/5	V/V	5/2387	124	7,1	–	1400	–	–	1900	X	X	X
Marea Weekend HLX	8,89	29 500	Station Wagon	5/5	V/V	4/1747	113	8,6	–	1300	–	–	1900	X	X	X
Marea Weekend HLX	10,17	31 100	Station Wagon	5/5	V/V	5/1998	147	9,9	–	1400	–	–	1900	X	X	X
Ulysse S	10,17	33 000	Minivan	5/5	V/V	4/1998	123	11,8	–	1100	–	–	2000	X	X	X
Ulysse TDS	9,70	36 050	Minivan	5/5	V/V	4/1905	92	8,9	–	1100	–	–	2000	X	X	X
Ulysse EL	10,17	37 640	Minivan	5/5	V/V	4/1998	123	11,8	–	1100	–	–	2000	X	X	X
Ulysse EL T.	10,17	39 500	Minivan	5/5	V/V	4/1998	147	12,8	–	1100	–	–	2000	X	X	X
Ulysse TDS	10,63	41 700	Minivan	5/5	V/V	4/2088	110	9,0	–	1100	–	–	2000	X	X	X
Ulysse HL T.	10,17	42 940	Minivan	5/5	V/V	4/1998	147	12,8	–	1100	–	–	2000	X	X	X
Ulysse HL TDS	10,63	45 100	Minivan	5/5	V/V	4/2088	110	9,0	–	1100	–	–	2000	X	X	X

FORD Ford Motor Company (Switzerland) SA, 8021 Zürich

Marke und Modell	Steuer-PS	Katalogpreis Fr.	Karosserietyp	Türen/Plätze	Motor	Zylinder/cm³	PS DIN	Verbr. 5-G	Aut.	Anhänge 5-G	Aut.	Getriebe	Klima	ABS	Airbag li	re
Ka	6,61	14 150	Limousine	3/5	V/V	4/1299	60	5,9	–	–	–	–	980	–	X	600
Fiesta Trend	6,61	14 450	Limousine	3/5	V/V	4/1299	60	6,8	–	–	–	–	–	1600	X	600
Fiesta Style	6,32	16 500	Limousine	3/5	V/V	4/1242	75	7,1	7,1	900	600	1650	980	1600	X	600
Fiesta Style D.	8,92	16 500	Limousine	3/5	V/V	4/1753	60	5,9	–	900	–	–	980	1600	X	600
Fiesta RS	6,32	18 400	Limousine	3/5	V/V	4/1242	75	7,1	7,1	900	600	1650	980	1600	X	600
Fiesta RS	7,06	19 200	Limousine	3/5	V/V	4/1388	90	7,4	–	–	–	–	980	X	X	600
5türig ohne Aufpreis																
Fiesta Ghia	6,32	19 600	Limousine	5/5	V/V	4/1242	75	7,1	7,1	900	600	1650	980	X	X	600
Escort Trend	8,13	19 300	Limousine	3/5	V/V	4/1597	90	8,0	–	850	–	–	980	1600	X	600
Escort Trend TD	8,92	20 300	Limousine	3/5	V/V	4/1753	90	6,7	–	900	–	–	980	1600	X	600
Escort Style	8,13	20 300	Limousine	3/5	V/V	4/1597	90	8,0	8,8	850	850	800	980	1600	X	600
Escort Style	9,14	21 300	Limousine	3/5	V/V	4/1795	115	8,1	–	1150	–	–	980	1600	X	600
Escort Style TD	8,92	21 300	Limousine	3/5	V/V	4/1753	90	6,7	–	900	–	–	980	1600	X	600
Escort RS	9,14	24 300	Limousine	3/5	V/V	4/1795	115	8,1	–	1150	–	–	980	X	X	600
5türig + Fr. 600.–																
Kombi + Fr. 1600.–																
Escort Ghia	8,13	24 950	Limousine	5/5	V/V	4/1597	90	8,0	8,8	850	850	800	X	X	X	X
Escort Ghia	9,14	25 950	Limousine	5/5	V/V	4/1795	115	8,1	–	1150	–	–	X	X	X	X
4türig + Fr. 600.–																
Kombi + Fr. 1000.–																
Mondeo Trend	9,14	26 950	Limousine	4/5	V/V	4/1795	115	–	–	–	–	1730	980	X	X	X
Mondeo Trend TD	8,92	28 250	Limousine	4/5	V/V	4/1753	90	–	–	–	–	–	980	X	X	X
Mondeo Trend	10,12	28 450	Limousine	4/5	V/V	4/1988	130	–	–	–	–	1730	980	X	X	X
Mondeo Style	9,14	28 850	Limousine	4/5	V/V	4/1795	115	–	–	–	–	1730	980	X	X	X

Quelle que soit votre destination, roulez en tout sécurité.
mobicar - L'assurance auto de la Mobilière Suisse.

Mobilière Suisse
Société d'assurances
l'assurance d'être bien assuré

Preisliste / Liste des prix

Alle Angaben stammen von den Importeuren und werden ohne Verbindlichkeit für Handel und Redaktion weitergegeben.
Toutes les données émanent des importateurs et n'engagent ni la responsabilité des réseaux de concessionnaires ni celle de la rédaction.

Marke und Modell / Marque et modèle	Steuer-PS CV Fiscaux	Katalogpreis Fr. / Prix de catalogue fr.	Karosserietyp / Type de carrosserie	Türen/Plätze Portes/Places	Motorlage/Antrieb Empl. du moteur/Propuls. tract.	Zylinder/cm³ Cylindres/cm³	PS DIN CH (n = SAE netto)	Ø-Verbrauch l/100 km (Importeur) 5-Gang Consommations de carb. l/100 km mixte (Importateur) 5 vit.	Aut. aut.	Max. Anhängelast gebremst (kg) 5-Gang Poids total remorque freiné (kg) 5 vit.	Aut. aut.	Getriebe-automat Fr. Automatique fr.	Klima-anlage Fr. Climati-sation fr.	Anti-blockier-system (ABS) Fr. Système d'anti-bloquage (ABS) fr.	Airbag Fr. links gauche	Airbag Fr. rechts droite
Mondeo Style	10,12	30 350	Limousine	4/5	V/V	4/1988	130	–	–	–	–	1730	980	X	X	X
Mondeo Style	12,95	32 800	Limousine	4/5	V/V	6/2544	170	–	–	–	–	1730	980	X	X	X
Mondeo RS	12,95	33 400	Limousine	4/5	V/V	6/2544	170	–	–	–	–	1730	980	X	X	X
Mondeo Ghia	10,12	33 350	Limousine	4/5	V/V	4/1988	130	–	–	–	–	1730	980	X	X	X
Mondeo Executive	12,95	45 300	Limousine	4/5	V/V	6/2544	170	–	–	–	–	X	X	X	X	X
5türig + Fr. 500.– Kombi + Fr. 1500.–																
Scorpio Confort	10,17	29 950	Limousine	4/5	V/H	4/1998	115	–	–	–	–	–	980	X	X	600
Scorpio Confort	11,68	31 300	Limousine	4/5	V/H	4/2295	147	–	–	–	–	1950	980	X	X	600
Scorpio Style	11,68	35 500	Limousine	4/5	V/H	4/2295	147	–	–	–	–	1950	980	X	X	X
Scorpio Luxury	11,68	39 750	Limousine	4/5	V/H	4/2295	147	–	–	–	–	1950	980	X	X	X
Scorpio Luxury V6	14,93	47 500	Limousine	4/5	V/H	6/2933	207	–	–	–	–	X	980	X	X	X
Scorpio Executive	14,93	57 900	Limousine	4/5	V/H	6/2933	207	–	–	–	–	X	X	X	X	X
Kombi + Fr. 1600.–																
Galaxy Trend	10,17	31 950	Station Wagon	5/7	V/V	4/1998	115	10,4	–	900	–	–	1500	1600	X	600
Galaxy Trend	11,68	33 650	Station Wagon	5/7	V/V	4/2295	147	10,1	11,0	1800	1800	1950	1500	1600	X	600
Galaxy Trend TDi	9,65	34 950	Station Wagon	5/7	V/V	4/1895	90	6,9	–	1500	–	–	1500	1600	X	600
Galaxy Style	10,17	36 900	Station Wagon	5/7	V/V	4/1998	115	10,4	–	900	–	–	1500	X	X	X
Galaxy Style	11,68	38 600	Station Wagon	5/7	V/V	4/2295	147	10,1	11,0	1800	1800	1950	1500	X	X	X
Galaxy Style	14,21	40 100	Station Wagon	5/7	V/V	6/2791	174	11,8	12,9	1600	1600	1950	1500	X	X	X
Galaxy Style 4×4	14,21	44 600	Station Wagon	5/7	V/4×4	6/2791	174	–	13,8	–	–	X	1500	X	X	X
Galaxy Style TDi	9,65	39 900	Station Wagon	5/7	V/V	4/1895	90	6,9	–	1500	–	–	1500	X	X	X
Galaxy Ghia	11,68	43 900	Station Wagon	5/6	V/V	4/2295	147	10,1	11,0	1800	1800	1950	X	X	X	X
Galaxy Ghia	14,21	45 400	Station Wagon	5/6	V/V	6/2791	174	11,8	12,9	1600	1600	1950	X	X	X	X
Galaxy Ghia 4×4	14,21	49 900	Station Wagon	5/6	V/4×4	6/2791	174	–	13,8	–	–	X	X	X	X	X
Galaxy Ghia TDi	9,65	45 200	Station Wagon	5/6	V/V	4/1895	90	6,9	–	1500	–	–	X	X	X	X
Maverick GL	12,16	30 900	Station Wagon	3/5	V/4×4	4/2389	118	11,9	–	2800	–	–	–	1500	X	–
Maverick GL TDi	13,56	33 650	Station Wagon	3/5	V/4×4	4/2664	125	10,1	–	2800	–	–	–	1500	X	–
Maverick GL	12,16	35 050	Station Wagon	5/7	V/4×4	4/2389	118	12,3	–	2800	–	–	–	1500	X	–
Maverick GL TDi	13,56	37 800	Station Wagon	5/7	V/4×4	4/2664	125	10,5	–	2800	–	–	–	1500	X	–
Maverick GLS	12,16	35 400	Station Wagon	3/5	V/4×4	4/2389	118	11,9	–	2800	–	–	–	1500	X	X
Maverick GLS TDi	13,56	38 400	Station Wagon	3/5	V/4×4	4/2664	125	10,1	–	2800	–	–	–	1500	X	X
Maverick GLX	12,16	42 000	Station Wagon	5/7	V/4×4	4/2389	118	12,3	–	2800	–	–	X	X	X	X
Maverick GLX TDi	13,56	45 000	Station Wagon	5/7	V/4×4	4/2664	125	10,5	–	2800	–	–	X	X	X	X

FORD USA — Ford Motor Company (Switzerland) SA, 8021 Zürich

Marke und Modell	Steuer-PS	Katalogpreis Fr.	Karosserietyp	Türen/Plätze	Motor/Antrieb	Zylinder/cm³	PS DIN	5-Gang	Aut.	5-Gang	Aut.	Automat	Klima	ABS	Airbag links	Airbag rechts
Probe V6-24	12,71	36 650	Coupé	3/4	V/V	6/2495	162	8,8	–	1300	–	X	X	X	X	X
Windstar V6	15,20	45 400	Station Wagon	4/7	V/V	6/2985	148	–	10,2	–	1600	X	1950	X	X	X
Explorer Aut.	20,16	53 550	Station Wagon	5/5	V/4×4	6/3958	207	–	–	–	–	X	X	X	X	X

HONDA — Honda Automobiles (Suisse) SA, 1242 Satigny

Marke und Modell	Steuer-PS	Katalogpreis Fr.	Karosserietyp	Türen/Plätze	Motor/Antrieb	Zylinder/cm³	PS DIN	5-Gang	Aut.	5-Gang	Aut.	Automat	Klima	ABS	Airbag links	Airbag rechts
Civic Joker	7,11	17 500	Limousine	3/5	V/V	4/1396	75	6,8	–	800	–	–	1900	–	–	–
Civic LS	7,11	23 600	Limousine	3/5	V/V	4/1396	90	6,8	6,8	800	800	1350	2200	X	X	X
Civic LS Vtec	7,60	25 600	Limousine	3/5	V/V	4/1493	114	6,1	6,1	1000	1000	1350	2200	X	X	X
Civic ES Vtec CVT	8,09	27 000	Limousine	3/5	V/V	4/1590	114	–	6,6	–	800	X	2200	X	X	X
Civic VTi	8,12	30 500	Limousine	3/5	V/V	4/1595	160	8,4	–	1000	–	–	2200	X	X	X
Civic LS Vtec	7,60	27 500	Limousine	4/5	V/V	4/1493	114	6,1	6,1	1000	1000	1350	2200	X	X	X
Civic VTi	8,12	32 400	Limousine	4/5	V/V	4/1595	160	8,4	–	1000	–	–	2200	X	X	X
Civic Joker	7,11	19 400	Limousine	5/5	V/V	4/1396	90	6,8	6,8	800	800	1350	1900	–	X	X
Civic Vtec	7,60	24 400	Limousine	5/5	V/V	4/1493	90	5,9	–	800	–	–	2200	X	X	X
Civic LS	8,09	27 500	Limousine	5/5	V/V	4/1590	114	7,1	7,1	1200	1200	1350	2200	X	X	X
Civic SR Vtec	8,09	32 400	Limousine	5/5	V/V	4/1590	126	7,4	–	1200	–	–	2200	X	X	X
CRX ESi	8,09	28 400	Cabriolet	2/2	V/V	4/1590	126	7,0	7,0	–	–	1350	2200	–	1000	–
CRX VTi	8,12	30 900	Cabriolet	2/2	V/V	4/1595	160	7,4	–	–	–	–	2200	X	1000	–
Accord	9,42	24 990	Limousine	4/5	V/V	4/1850	115	8,9	–	1200	–	–	2400	X	X	X
Accord LS	10,16	29 900	Limousine	4/5	V/V	4/1997	131	9,1	9,1	1200	1200	2100	2400	X	X	X
Accord ES	10,16	34 900	Limousine	4/5	V/V	4/1997	131	9,1	9,1	1200	1200	2100	X	X	X	X
Accord Vtec	10,97	38 900	Limousine	4/5	V/V	4/2156	150	9,0	9,0	1400	1400	2100	X	X	X	X
Accord Aerodeck	10,16	29 900	Station Wagon	5/5	V/V	4/1997	136	8,6	–	1200	–	–	2400	X	X	1000
Accord Aerodeck ES	10,97	35 900	Station Wagon	5/5	V/V	4/2156	150	8,6	8,6	1400	1400	2100	X	X	X	600
Shuttle LS		33 900	Station Wagon	5/5	V/V	4/2156	150	–	10,3	–	1200	X	2400	X	X	X
Shuttle ES		43 500	Station Wagon	5/5	V/V	4/2156	150	–	10,3	–	1200	X	X	X	X	X
Prelude	10,16	34 500	Coupé	2/4	V/V	4/1997	133	8,0	8,0	1200	1200	2100	X	X	X	X
Prelude Vtec 4WS	10,97	42 500	Coupé	2/4	V/V	4/2156	185	8,6	–	1200	1200	2100	X	X	X	X
Legend	17,69	64 000	Limousine	4/5	V/V	6/3474	205	–	12,2	–	–	X	X	X	X	X
NSX	16,31	119 500	Coupé	2/2	M/H	6/3205	280	9,7	–	–	–	–	X	X	X	X
NSX Aut.	15,15	123 000	Coupé	2/2	M/H	6/2976	256	–	9,8	–	–	X	X	X	X	X
NSX-T	16,31	124 500	Coupé	2/2	M/H	6/3205	280	9,7	–	–	–	–	X	X	X	X
NSX-T	15,15	128 000	Coupé	2/2	M/H	6/2976	256	–	9,8	–	–	X	X	X	X	X

Zeichenerklärung	+ Preis noch nicht festgelegt	V = vorn	Légendes	+ Prix non encore déterminé	V = avant
	Δ Preis auf Anfrage	M = Mitte		Δ Prix sur demande	M = central
	o Auf Wunsch ohne Mehrpreis	H = hinten		o Sur demande sans suppl. de prix	H = arrière
	X serienmässig	4×4 = Allradantrieb		X = de série	4×4 = Quatre roues motrices

Marke und Modell / Marque et modèle	Steuer-PS / CV Fiscaux	Katalogpreis Fr. / Prix de catalogue fr.	Karosserietyp / Type de carrosserie	Türen/Plätze / Portes/Places	Motorlage/Antrieb / Empl. du moteur/ Propuls. tract.	Zylinder/ cm³ / Cylindres/ cm³	PS DIN CH (n = SAE netto)	Ø-Verbrauch l/100 km (Importeur) 5-Gang / Consommations de carb. l/100 km mixte (Importateur) 5 vit.	Aut. / aut.	Max. Anhängelast gebremst (kg) 5-Gang / Poids total remorque freiné (kg) 5 vit.	Aut. / aut.	Getriebe-automat Fr. / Automa-tique fr.	Klima-anlage Fr. / Climati-sation fr.	Anti-blockier-system (ABS) Fr. / Système d'anti-bloquage (ABS) fr.	Airbag Fr. / Airbag Fr. links / gauche	rechts / droite

HYUNDAI — Hyundai Auto Import AG, 8406 Winterthur

Marke und Modell	Steuer-PS	Katalogpreis	Karosserietyp	Türen/Plätze	Motor	Zyl/cm³	PS	5-G	Aut	Anh 5-G	Anh Aut	Getr.Aut	Klima	ABS	Airbag li	Airbag re
Accent LS	6,83	13 990	Limousine	3/5	V/V	4/1341	84	7,4	–	600	–	–	–	–	–	–
Accent Cool Magic	6,83	15 990	Limousine	3/5	V/V	4/1341	84	7,4	–	600	–	–	X	–	X	X
Accent GSi	6,83	14 970	Limousine	3/5	V/V	4/1341	84	7,4	–	600	–	–	–	–	X	X
Accent GSi Aut.	7,62	16 470	Limousine	3/5	V/V	4/1495	91	–	8,7	–	800	X	–	–	X	X
Accent GSi Top	7,62	16 390	Limousine	3/5	V/V	4/1495	91	8,5	8,7	700	800	1500	–	X	X	X
Accent LS	6,83	14 990	Limouisine	5/5	V/V	4/1341	84	7,4	–	600	–	–	–	–	–	–
Accent GLSi	6,83	15 970	Limousine	5/5	V/V	4/1341	84	7,4	–	600	–	–	–	–	X	X
Accent GLSi Aut.	7,62	17 470	Limousine	5/5	V/V	4/1495	91	–	8,7	–	800	X	–	–	X	X
Accent Cool Magic	6,83	17 990	Limousine	5/5	V/V	4/1341	84	7,4	–	600	–	–	X	–	X	X
Accent GLSi Top	7,62	17 390	Limousine	5/5	V/V	4/1495	91	8,5	8,7	700	800	500	–	X	X	X
Accent LS	6,83	14 490	Limousine	4/5	V/V	4/1341	84	7,4	–	600	–	–	–	–	–	–
Accent GLSi	7,62	15 470	Limousine	4/5	V/V	4/1495	91	8,5	8,7	700	800	500	–	–	X	X
Accent GLSi Top	7,62	16 890	Limousine	4/5	V/V	4/1495	91	8,5	8,7	700	800	1400	–	X	X	X
Scoupe LS	7,62	20 990	Coupé	2/4	V/V	4/1495	90	6,6	7,3	700	800	1500	–	–	–	–
Scoupe GT Turbo	7,62	23 690	Coupé	2/4	V/V	4/1495	116	6,7	–	700	–	–	–	–	–	–
Scoupe T.T.	7,62	21 990	Coupé	2/4	V/V	4/1495	116	6,7	–	700	–	–	X	–	–	–
Lantra GLSi 16V	8,14	20 990	Limousine	4/5	V/V	4/1599	114	8,1	–	1140	–	–	–	–	–	–
Lantra GLSi 16V	9,14	21 990	Limousine	4/5	V/V	4/1795	128	8,5	9,9	1170	1170	1500	X	–	X	X
Lantra GLSi Top	9,14	24 390	Limousine	4/5	V/V	4/1795	128	8,5	9,9	1170	1170	1500	X	X	X	X
Lantra Gli 16V	8,14	19 990	Station Wagon	5/5	V/V	4/1599	114	8,1	–	1200	–	–	X	–	X	X
Lantra GLSi 16V	9,14	22 990	Station Wagon	5/5	V/V	4/1795	128	8,5	9,9	1400	1400	1500	X	–	X	X
Lantra GLSi Top	9,14	24 710	Station Wagon	5/5	V/V	4/1795	128	8,5	9,9	1400	1400	1500	X	X	X	X
Coupé FX 16V	10,06	25 990	Coupé	3/4	V/V	4/1975	139	8,8	9,9	1400	1400	1500	X	X	X	X
Sonata GLSi 16V	10,17	29 990	Limousine	4/5	V/V	4/1997	125	9,3	10,8	1500	1500	1800	X	X	X	X
Sonata V6 Aut.	15,13	36 990	Limousine	4/5	V/V	6/2972	146	–	11,7	–	1600	X	X	X	X	X

JAGUAR — Streag AG, 5745 Safenwil

Marke und Modell	Steuer-PS	Katalogpreis	Karosserietyp	Türen/Plätze	Motor	Zyl/cm³	PS	5-G	Aut	Anh 5-G	Anh Aut	Getr.Aut	Klima	ABS	Airbag li	Airbag re
XJ Business	16,49	69 700	Limousine	4/5	V/H	6/3239	219	10,2	12,4	1900	1900	2650	4130	X	X	X
XJ Executive	16,49	78 100	Limousine	4/5	V/H	6/3239	219	–	12,4	–	1900	X	X	X	X	X
Sovereign	20,26	102 200	Limousine	4/5	V/H	6/3980	249	–	12,6	–	1900	X	X	X	X	X
XJR Supercharged	20,26	116 600	Limousine	4/5	V/H	6/3980	326	–	14,8	–	1900	X	X	X	X	X
XK8	20,34	106 700	Coupé	2/2+2	V/H	8/3996	294	–	12,4	–	–	X	X	X	X	X
XK8 Convert.	20,34	122 800	Cabriolet	2/2+2	V/H	8/3996	294	–	12,1	–	–	X	X	X	X	X

JEEP — Chrysler/Jeep Import AG, 8048 Zürich

Marke und Modell	Steuer-PS	Katalogpreis	Karosserietyp	Türen/Plätze	Motor	Zyl/cm³	PS	5-G	Aut	Anh 5-G	Anh Aut	Getr.Aut	Klima	ABS	Airbag li	Airbag re
Wrangler ST	20,16	36 950	Station Wagon	3/4	V/4×4	6/3960	177	12,2	–	1125	–	–	–	–	X	X
Wrangler HT	20,16	39 950	Station Wagon	3/4	V/4×4	6/3958	177	12,2	–	1125	–	–	1950	X	X	X
Wrangler Sport HT	20,16	41 500	Station Wagon	3/4	V/4×4	6/3958	177	–	14,1	–	1125	X	1950	X	X	X
Cherokee Jamboree	12,55	+	Station Wagon	5/5	V/4×4	4/2465	121	11,4	–	2500	–	–	1950	–	X	X
Cherokee TD	12,71	+	Station Wagon	5/5	V/4×4	4/2498	116	9,5	–	2500	–	–	1950	X	X	X
Cherokee Limited	20,16	+	Station Wagon	5/5	V/4×4	6/3958	177	–	15,0	–	3250	X	X	X	X	X
Grand Cherokee Laredo	20,16	55 900	Station Wagon	5/5	V/4×4	6/3958	177	–	14,8	–	3500	X	X	X	X	X
Grand Cherokee Limited	20,16	63 300	Station Wagon	5/5	V/4×4	6/3958	177	–	14,8	–	3500	X	X	X	X	X
Grand Cherokee V8	26,55	65 300	Station Wagon	5/5	V/4×4	8/5213	212	–	15,7	–	3500	X	X	X	X	X

Jaguar-Lagerteile verlassen unser
Haus am Tag der Bestellung

Besonders schwierige Artikel, bei denen wir speziell für Sie nach England fahren, dauern etwas länger.

PENRITE OIL

Old Mill, CH-6265 Roggliswil (LU), Telefon 062 – 754 19 29, Telefax 062 – 754 19 80

GB
CLASSIC CARS
DÖNNI
Jaguar-Ersatzteile und Restaurationen/Unterhalt

Preisliste Liste des prix		Karosserie Carrosserie	Technische Daten Caractéristiques techniques								Mehrpreis für Supplément de prix pour			
Alle Angaben stammen von den Importeuren und werden ohne Verbindlichkeit für Handel und Redaktion weitergegeben. Toutes les données émanent des importateurs et n'engagent ni la responsabilité des réseaux de concessionnaires ni celle de la rédaction. Marke und Modell Marque et modèle	Steuer-PS CV Fiscaux	Katalog-preis Fr. Prix de catalogue fr.	Karosserietyp Type de carrosserie	Türen/ Plätze Portes/ Places	Motor-lage/ Antrieb Empl. du moteur/ Propuls. tract.	Zylinder/ cm³ Cylindres/ cm³	PS DIN CH (n = SAE netto)	Ø-Verbrauch l/100 km (Importeur) 5-Gang Consommations de carb. l/100 km mixte (Importateur) 5 vit.	Aut. aut.	Max. Anhängelast gebremst (kg) 5-Gang Poids total remorque freiné (kg) 5 vit.	Aut. aut.	Getriebe-automat Fr. Automa-tique fr.	Klima-anlage Fr. Climati-sation fr.	Anti-blockier-system (ABS) Fr. Système d'anti-bloquage (ABS) fr.	Airbag Fr. Airbag Fr. links gauche / rechts droite

KIA — Kia Motors AG, 5745 Safenwil

Modell	Steuer-PS	Preis	Karosserie	T/P	Antrieb	Zyl/cm³	PS	l/100 5G	l/100 Aut	kg 5G	kg Aut	Aut	Klima	ABS	Airbag L	Airbag R
Pride	6,61	11 975	Limousine	5/5	V/V	4/1299	64	6,7	7,8	880	880	975	–	–	–	X
Sephia SLX	8,13	16 750	Limousine	4/5	V/V	4/1598	81	8,3	9,0	1350	1350	–	–	–	–	–
Sephia GTX	8,13	18 950	Limousine	4/5	V/V	4/1598	81	8,3	9,0	1350	1350	1580	1780	1400	0	0
Leo SLX	7,62	16 750	Limousine	5/5	V/V	4/1498	81	7,9	8,4	1350	–	–	–	–	–	–
Leo GTX	7,62	18 450	Limousine	5/5	V/V	4/1498	81	7,9	8,4	1350	–	1580	1780	1400	0	0
Clarus GLX	10,17	25 950	Limousine	4/5	V/V	4/1998	133	9,7	12,0	1630	1650	1950	1780	X	X	X
Sportage MRI	10,17	28 950	Station Wagon	5/5	V/4×4	4/1998	95	11,3	–	1800	–	–	1930	–	–	–
Sportage MRDI	10,17	29 450	Station Wagon	5/5	V/4×4	4/1998	128	11,2	10,5	1800	1800	1950	1930	–	–	–

LADA — Lada (Suisse) SA, 1712 Tafers

Modell	Steuer-PS	Preis	Karosserie	T/P	Antrieb	Zyl/cm³	PS	l/100 5G	l/100 Aut	kg 5G	kg Aut	Aut	Klima	ABS	Airbag L	Airbag R
Samara	7,64	12 490	Limousine	3/5	V/V	4/1500	70	7,1	–	800	–	–	–	–	–	–
Samara	7,64	13 790	Limousine	4/5	V/V	4/1500	70	7,1	–	800	–	–	–	–	–	–
Samara	7,64	13 990	Limousine	5/5	V/V	4/1500	70	7,1	–	800	–	–	–	–	–	–
Nova	8,61	12 990	Station Wagon	5/5	V/V	4/1690	84	8,3	–	950	–	–	–	–	–	–
Niva	8,61	18 800	Station Wagon	3/4	V/4×4	4/1690	80	9,9	–	1500	–	–	–	–	–	–
Niva	8,61	21 990	Station Wagon	3/4	V/4×4	4/1690	80	9,9	–	1500	–	–	–	–	–	–
Niva D.	9,70	22 220	Station Wagon	3/4	V/4×4	4/1905	63	7,9	–	1500	–	–	–	–	–	–
Niva D.	9,70	24 990	Station Wagon	3/4	V/4×4	4/1905	63	7,9	–	1500	–	–	–	–	–	–

LAMBORGHINI — Vertrieb über offizielle Händler

Modell	Steuer-PS	Preis	Karosserie	T/P	Antrieb	Zyl/cm³	PS	l/100 5G	l/100 Aut	kg 5G	kg Aut	Aut	Klima	ABS	Airbag L	Airbag R
Diablo	29,05	+	Coupé	2/2	M/H	12/5707	492	–	–	–	–	–	X	–	–	–
Diablo VT	29,05	+	Coupé	2/2	M/4×4	12/5707	492	–	–	–	–	–	X	–	–	–
Diablo	29,05	+	Cabriolet	2/2	M/H	12/5707	492	–	–	–	–	–	X	–	–	–

LANCIA — Fiat Auto (Suisse) SA, 1211 Genève 13

Modell	Steuer-PS	Preis	Karosserie	T/P	Antrieb	Zyl/cm³	PS	l/100 5G	l/100 Aut	kg 5G	kg Aut	Aut	Klima	ABS	Airbag L	Airbag R
Y LE	6,32	14 900	Limousine	3/5	V/V	4/1242	60	6,7	–	900	–	–	1800	1200	X	300
Y LS	6,32	15 900	Limousine	3/5	V/V	4/1242	60	6,7	–	900	–	–	1800	1200	X	300
Y LS ECVT	6,32	17 600	Limousine	3/5	V/V	4/1242	60	6,7	–	–	900	X	1800	1200	X	300
Y LS	6,97	17 000	Limousine	3/5	V/V	4/1370	80	7,8	–	1000	–	–	1800	1200	X	300
Y LX	6,97	19 900	Limousine	3/5	V/V	4/1370	80	7,8	–	1000	–	–	1800	1200	X	300
Delta LE	8,04	22 300	Limousine	5/5	V/V	4/1580	103	8,4	–	700	–	–	–	1900	X	X
Delta LE	8,93	23 900	Limousine	5/5	V/V	4/1747	113	8,6	–	800	–	–	–	1900	X	X
Delta LX	8,93	26 900	Limousine	5/5	V/V	4/1747	113	8,6	–	800	–	–	–	X	X	X
Delta GT	8,93	26 800	Limousine	5/5	V/V	4/1747	130	8,8	–	900	–	–	–	1900	X	X
Delta HPE	8,04	21 800	Limousine	3/5	V/V	4/1580	103	8,4	–	900	–	–	–	1900	X	X
Delta HPE	8,93	25 900	Limousine	3/5	V/V	4/1747	113	8,8	–	900	–	–	–	1900	X	X
Delta HF Turbo	10,15	32 000	Limousine	3/5	V/V	4/1994	186	9,5	–	900	–	–	–	1900	X	X
Dedra LE	8,93	26 200	Limousine	4/5	V/V	4/1747	113	8,4	–	790	–	–	–	1900	X	X
Dedra LS	8,93	28 600	Limousine	4/5	V/V	4/1747	113	8,4	–	790	–	–	–	1900	X	X
Dedra LX	8,93	30 400	Limousine	4/5	V/V	4/1747	130	8,9	–	890	–	–	–	X	X	X
Dedra LS TD	9,81	29 900	Limousine	4/5	V/V	4/1928	90	7,0	–	990	–	–	–	X	X	X
Dedra LE	8,93	27 500	Station Wagon	5/5	V/V	4/1747	113	8,6	–	750	–	–	–	1900	X	X
Dedra LS	8,93	29 500	Station Wagon	5/5	V/V	4/1747	113	8,6	–	750	–	–	–	1900	X	X
Dedra LX	8,93	31 300	Station Wagon	5/5	V/V	4/1747	130	8,9	–	850	–	–	–	X	X	X
Kappa LE	10,17	38 000	Limousine	4/5	V/V	5/1998	155	10,7	11,0	1150	1250	2100	X	X	X	X
Kappa LS Turbo	10,17	50 400	Limousine	4/5	V/V	4/1995	205	10,3	–	1150	–	–	X	X	X	X
Kappa LS	12,45	43 950	Limousine	4/5	V/V	5/2445	175	10,9	–	1200	–	–	X	X	X	X

Wir wünschen Ihnen eine sichere Fahrt auf allen Strassen.
mobicar - die Motorfahrzeugversicherung der Schweizerischen Mobiliar.

Schweizerische Mobiliar
Versicherungsgesellschaft

macht Menschen sicher

Zeichenerklärung	+ Preis noch nicht festgelegt	V = vorn	Légendes	+ Prix non encore déterminé	V = avant
	Δ Preis auf Anfrage	M = Mitte		Δ Prix sur demande	M = central
	o Auf Wunsch ohne Mehrpreis	H = hinten		o Sur demande sans suppl. de prix	H = arrière
	X serienmässig	4×4 = Allradantrieb		X = de série	4×4 = Quatre roues motrices

Marke und Modell / Marque et modèle	Steuer-PS CV Fiscaux	Katalogpreis Fr. Prix de catalogue fr.	Karosserietyp Type de carrosserie	Türen/ Plätze Portes/ Places	Motorlage/ Antrieb Empl. du moteur/ Propuls. tract.	Zylinder/ cm³ Cylindres/ cm³	PS DIN CH (n = SAE netto)	Ø-Verbrauch l/100 km (Importeur) Consommations de carb. l/100 km mixte (Importateur) 5 vit.		Max. Anhängelast gebremst (kg) Poids total remorque freiné (kg) 5 vit.		Getriebeautomat Fr. Automatique fr.	Klimaanlage Fr. Climatisation fr.	Antiblockiersystem (ABS) Fr. Système d'antibloquage (ABS) fr.	Airbag Fr. Airbag Fr. links gauche	rechts droite
								5-Gang	Aut.	5-Gang	Aut.					
Kappa LS TD	12,15	43 950	Limousine	4/5	V/V	5/2387	124	8,4	–	1300	–	–	X	X	X	X
Kappa LS V6	15,06	51 500	Limousine	4/5	V/V	6/2958	204	12,1	12,6	1200	1300	1500	X	X	X	X
Kappa LS	10,17	39 500	Station Wagon	5/5	V/V	5/1998	155	9,8	–	1500	–	–	X	X	X	X
Kappa Turbo	10,17	53 800	Station Wagon	5/5	V/V	4/1995	205	10,5	–	1500	–	–	X	X	X	X
Kappa LS	12,45	47 450	Station Wagon	5/5	V/V	5/2445	175	10,9	–	1500	–	–	X	X	X	X
Kappa LS TD	12,15	47 450	Station Wagon	5/5	V/V	5/2387	124	8,4	–	1500	–	–	X	X	X	X
Kappa LS V6	15,06	53 200	Station Wagon	5/5	V/V	6/2958	204	–	12,7	1500	–	X	X	X	X	X
Z 2.0 Turbo	10,17	43 400	Minivan	5/5	V/V	4/1998	147	11,1	–	1150	–	–	2500	X	X	X
Z 2.0 Turbo	10,17	47 300	Minivan	5/6	V/V	4/1998	147	11,1	–	1150	–	–	X	X	X	X

LAND ROVER Streag AG, 5745 Safenwil

Discovery	20,09	45 750	Station Wagon	3/5	V/4×4	8/3946	182	16,4	16,3	3500	3500	2500	2500	X	X	X
Discovery TDi	12,69	45 750	Station Wagon	3/5	V/4×4	4/2495	113	8,9	–	3500	3500	–	2500	X	X	X
Discovery TDi	12,69	48 250	Station Wagon	3/5	V/4×4	4/2495	122	–	9,6	–	3500	X	2500	X	X	X
Discovery V8	20,09	47 750	Station Wagon	5/7	V/4×4	8/3946	182	16,4	16,3	3500	3500	2500	2500	X	X	X
Discovery TDi	12,69	47 750	Station Wagon	5/7	V/4×4	4/2495	113	8,9	–	3500	3500	–	2500	X	X	X
Discovery TDi	12,69	50 250	Station Wagon	5/7	V/4×4	4/2495	122	–	9,6	–	3500	X	2500	X	X	X
Discovery V8 Suisse	20,09	52 800	Station Wagon	5/7	V/4×4	8/3946	182	–	16,3	–	3500	X	X	X	X	X
Discovery V8 ES	20,09	59 600	Station Wagon	5/7	V/4×4	8/3946	182	16,4	16,3	3500	3500	O	X	X	X	X
Range Rover DT	12,69	68 640	Station Wagon	5/5	V/4×4	4/2495	136	10,3	10,9	3500	3500	3450	2750	X	X	X
Range Rover	20,10	68 640	Station Wagon	5/5	V/4×4	8/3950	190	16,3	15,6	3500	3500	3450	2750	X	X	X
Range Rover DSE	12,69	77 990	Station Wagon	5/5	V/4×4	4/2495	136	10,3	10,9	3500	3500	3450	X	X	X	X
Range Rover SE	20,10	81 440	Station Wagon	5/5	V/4×4	8/3950	190	–	15,6	–	3500	X	X	X	X	X
Range Rover HSE	23,15	93 800	Station Wagon	5/5	V/4×4	8/4550	225	–	16,2	–	3500	X	X	X	X	X

LEXUS Toyota AG, 5745 Safenwil

GS 300	15,25	+	Limousine	4/5	V/H	6/2996	212	–	10,7	–	1200	X	X	X	X	X
LS 400	20,20	+	Limousine	4/5	V/H	8/3967	264	–	9,9	–	1600	X	X	X	X	X

LOTUS Kumschick Sports Cars, 6247 Schötz/Garage Pfenninger, 8700 Küsnacht

Elise	9,14	38 900	Roadster	2/2	M/H	4/1795	120	7,5	–	–	–	–	–	–	–	–
Esprit GT3	10,18	76 500	Coupé	2/2	M/H	4/2000	258	13,4	–	–	–	–	X	X	+	+
Esprit V8	17,85	112 500	Coupé	2/2	M/H	8/3506	354	14,2	–	–	–	–	X	X	X	X

MASERATI Maserati (Suisse) SA, 1211 Genève 13

Ghibli GT	14,20	+	Coupé	2/5	V/H	6/2789	284	12,0	–	–	–	+	X	X	–	–
Quattroporte	14,20	+	Limousine	4/5	V/H	6/2789	284	11,7	–	–	–	+	X	X	X	–
Quattroporte V8-32	16,38	+	Limousine	4/5	V/H	8/3217	336	–	–	–	–	+	X	X	X	X

Quelle que soit votre destination, roulez en tout sécurité.
mobicar - L'assurance auto de la Mobilière Suisse.

Mobilière Suisse
Société d'assurances

l'assurance d'être bien assuré

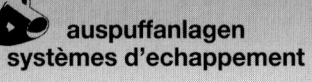

Preisliste / Liste des prix	Steuer- PS / CV Fiscaux	Katalogpreis Fr. / Prix de catalogue fr.	Karosserie / Carrosserie Type de carrosserie	Türen/ Plätze Portes/ Places	Motor- lage/ Antrieb	Zylinder/ cm³	PS DIN CH (n=SAE netto)	Ø-Verbrauch l/100 km (Importateur) 5-Gang	Aut.	Max. Anhängelast gebremst (kg) 5-Gang	Aut.	Getriebe- automat Fr.	Klima- anlage Fr.	ABS Fr.	Airbag links	Airbag rechts
MAZDA Mazda (Suisse) SA, 1217 Meyrin															
121 LX	6,61	16 850	Limousine	3/5	V/V	4/1299	60	6,2	–	900	–	–	–	–	X	–
121 GLX	6,32	19 450	Limousine	3/5	V/V	4/1242	75	6,1	6,2	900	600	1550	950	950	X	600
121 GLX Top	6,32	22 450	Limousine	3/5	V/V	4/1242	75	6,1	–	900	–	–	–	X	X	X
121 Rainbow	6,74	17 770	Limousine	4/5	V/V	4/1323	73	6,0	–	600	–	–	–	–	X	–
121 LX	6,61	17 350	Limousine	5/5	V/V	4/1299	60	6,2	–	900	–	–	–	–	X	–
121 GLX	6,32	19 950	Limousine	5/5	V/V	4/1242	75	6,1	6,2	900	600	1550	950	950	X	600
323 Rainbow	7,58	18 990	Limousine	3/5	V/V	4/1488	90	7,0	7,8	800	1095	1500	Δ	–	X	X
323 Rainbow	9,36	21 990	Limousine	3/5	V/V	4/1840	116	7,4	8,3	1020	1135	1500	Δ	X	X	X
323 Rainbow	7,58	19 990	Limousine	4/5	V/V	4/1488	90	7,0	7,8	800	1105	1500	Δ	–	X	X
323 Rainbow	9,36	21 990	Limousine	4/5	V/V	4/1840	116	7,4	8,3	1020	1135	1500	Δ	X	X	X
323 Rainbow	7,58	20 490	Limousine	5/5	V/V	4/1488	90	7,0	–	800	–	–	Δ	–	X	X
323 Rainbow	9,36	22 490	Limousine	5/5	V/V	4/1840	116	7,4	8,3	985	1180	1500	Δ	X	X	X
323 Rainbow V6	10,16	25 490	Limousine	5/5	V/V	6/1995	147	9,0	9,4	1200	1200	1500	1900	X	X	X
323 Rainbow V6	10,16	34 200	Limousine	5/5	V/V	6/1995	147	9,0	9,4	1200	1200	1500	X	X	X	X
323 LX	8,13	18 250	Station Wagon	5/5	V/V	4/1598	86	6,8	–	500	–	–	–	–	–	–
323 GLX	8,13	20 900	Station Wagon	5/5	V/V	4/1598	86	6,8	–	500	–	–	–	–	–	–
323 4WD	8,13	23 350	Station Wagon	5/5	V/V	4/1598	86	8,4	–	870	–	–	–	–	–	–
626 FL	10,14	25 900	Limousine	4/5	V/V	4/1990	118	7,9	8,8	950	1190	2200	X	X	X	X
626 FL	10,14	26 700	Limousine	5/5	V/V	4/1990	118	7,9	8,8	950	1190	2200	X	X	X	X
626 4WD	10,14	31 800	Limousine	5/5	V/4×4	4/1990	118	8,7	–	1000	–	–	Δ	X	X	X
626 V6	12,71	33 900	Limousine	5/5	V/V	6/2495	166	9,2	9,6	1100	1295	1700	X	X	X	X
626 LX	11,12	22 900	Station Wagon	5/5	V/V	4/2183	116	8,2	8,4	960	1250	1700	Δ	–	X	X
626 Supercool	11,12	27 800	Station Wagon	5/5	V/V	4/2183	116	8,2	8,4	960	1250	1700	X	X	X	X
626 4WD	11,12	29 500	Station Wagon	5/5	V/4×4	4/2183	116	8,7	–	1040	–	–	Δ	X	X	X
MPV Aut.	15,04	35 900	Minivan	4/7	V/H	6/2954	152	–	11,6	–	1600	X	X	X	X	X
MX-3	8,13	24 800	Coupé	3/4	V/V	4/1597	110	7,1	–	600	–	–	Δ	–	X	X
MX-3 V6	9,39	29 500	Coupé	3/4	V/V	6/1844	132	8,5	–	740	–	–	X	X	X	X
MX-5	8,13	24 800	Cabriolet	2/4	V/H	4/1597	91	8,0	–	–	–	–	–	–	X	X
MX-5 Red Pepper	8,13	27 800	Cabriolet	2/4	V/H	4/1597	91	8,0	–	–	–	–	–	–	X	X
MX-5 Top	9,36	29 800	Cabriolet	2/4	V/H	4/1840	133	8,2	–	–	–	–	Δ	X	X	X
MX-6 V6	12,71	38 800	Coupé	2/4	V/V	6/2495	166	9,2	9,6	1200	1235	1700	X	X	X	–
Xedos 6	10,16	37 900	Limousine	4/5	V/V	6/1995	143	8,6	9,0	1190	1225	2000	X	X	X	X
Xedos 9	12,71	48 100	Limousine	4/5	V/V	6/2497	170	9,7	10,0	1435	1435	2000	X	X	X	X
Xedos 9 Miller	11,47	55 800	Limousine	4/5	V/V	6/2253	215	–	10,0	–	–	X	X	X	X	X
MEGA UMM SA, 1239 Collex/Steck Automobile 3513 Bigenthal															
Club Standard	5,72	+	offen	3/4	V/V	4/1123	60	6,5	–	520	–	–	–	–	–	–
Club metallic	5,72	+	offen	3/4	V/V	4/1123	60	6,5	–	520	–	–	–	–	–	–
Club Hardtop	5,72	+	Coupé	3/4	V/V	4/1123	60	6,5	–	520	–	–	–	–	–	–
Club 4WD	6,93	+	offen	3/4	V/4×4	4/1360	75	7,4	–	700	–	–	–	–	–	–
Club C 4WD	6,93	+	Coupé	3/4	V/4×4	4/1360	75	7,4	–	700	–	–	–	–	–	–
Club Cabrio	5,72	+	offen	3/4	V/V	4/1123	60	6,5	–	520	–	–	–	–	–	–
Club C 4WD	6,93	+	offen	3/4	V/4×4	4/1360	75	7,4	–	700	–	–	–	–	–	–

| Zeichenerklärung | + Preis noch nicht festgelegt
Δ Preis auf Anfrage
o Auf Wunsch ohne Mehrpreis
X serienmässig | V = vorn
M = Mitte
H = hinten
4×4 = Allradantrieb | Légendes | + Prix non encore déterminé
Δ Prix sur demande
o Sur demande sans suppl. de prix
X = de série | V = avant
M = central
H = arrière
4×4 = Quatre roues motrices |

Marke und Modell Marque et modèle	Steuer- PS CV Fiscaux	Katalog- preis Fr. Prix de catalogue fr.	Karosserietyp Type de carrosserie	Türen/ Plätze Portes/ Places	Motor- lage/ Antrieb Empl. du moteur/ Propuls. tract.	Zylinder/ cm³ Cylindres/ cm³	PS DIN CH (n = SAE netto)	Ø-Verbrauch l/100 km (Importeur) / Consommations de carb. l/100 km mixte (Importateur)		Max. Anhängelast gebremst (kg) / Poids total remorque freiné (kg)		Getriebe-automat Fr. Automatique fr.	Klima-anlage Fr. Climati-sation fr.	Anti-blockier-system (ABS) Fr. Système d'anti-bloquage (ABS) fr.	Airbag Fr. Airbag Fr. links gauche	rechts droite
								5-Gang 5 vit.	Aut. aut.	5-Gang 5 vit.	Aut. aut.					

MERCEDES-BENZ   Mercedes-Benz (Schweiz) AG, 8952 Schlieren

Marke und Modell	Steuer-PS	Preis	Karosserietyp	T/P	Antrieb	Zyl/cm³	PS	5G	Aut	5G kg	Aut kg	Autom	Klima	ABS	Airbag L	R
A 140	7,11	+	Limousine	5/5	V/V	4/1397	82	–	–	–	–	+	+	+	+	+
A 160	8,13	+	Limousine	5/5	V/V	4/1598	102	–	–	–	–	+	+	+	+	+
C 180	9,16	36 300	Limousine	4/5	V/H	4/1799	122	9,2	9,3	1575	1575	3280	3014	X	X	X
C 200	10,17	42 850	Limousine	4/5	V/H	4/1998	136	9,4	9,5	1575	1575	3280	3014	X	X	X
C 230	11,68	46 050	Limousine	4/5	V/H	4/2295	150	9,4	9,6	1575	1575	3280	3014	X	X	X
C 230 Kompressor	11,68	50 000	Limousine	4/5	V/H	4/2295	193	9,8	9,9	1575	1575	3280	3014	X	X	X
C 280	14,25	53 700	Limousine	4/5	V/H	6/2799	193	11,1	11,4	1575	1575	3280	3014	X	X	X
C 36 AMG	18,35	84 800	Limousine	4/5	V/H	6/3606	280	–	11,8	–	–	X	3014	X	X	X
C 220 D	10,97	41 550	Limousine	4/5	V/H	4/2155	95	7,4	7,5	1575	1575	3280	3014	X	X	X
C 250 TD	12,71	44 250	Limousine	4/5	V/H	5/2497	150	8,0	8,1	1575	1575	3280	3014	X	X	X
C 180	9,16	38 950	Station Wagon	5/5	V/H	4/1799	122	9,2	9,3	1575	1575	3280	3014	X	X	X
C 200	10,17	45 500	Station Wagon	5/5	V/H	4/1998	136	9,4	9,5	1575	1575	3280	3014	X	X	X
C 230	11,68	48 700	Station Wagon	5/5	V/H	4/2295	150	9,4	9,6	1575	1575	3280	3014	X	X	X
C 220 D	10,97	44 200	Station Wagon	5/5	V/H	4/2155	95	7,4	7,5	1575	1575	3280	3014	X	X	X
C 250 TD	12,71	46 900	Station Wagon	5/5	V/H	5/2497	150	8,0	8,1	1575	1575	3280	3014	X	X	X
E 200	10,17	49 100	Limousine	4/5	V/H	4/1998	136	9,1	9,1	1900	1900	3280	3014	X	X	X
E 230	11,68	52 300	Limousine	4/5	V/H	4/2295	150	9,2	9,7	1900	1900	3280	3014	X	X	X
E 280	14,25	59 950	Limousine	4/5	V/H	6/2799	193	11,7	11,7	1900	1900	3280	3014	X	X	X
E 320	16,29	65 350	Limousine	4/5	V/H	6/3199	220	11,9	11,9	1900	1900	3280	3014	X	X	X
E 420	21,36	86 900	Limousine	4/5	V/H	8/4196	279	–	12,7	–	1900	X	3014	X	X	X
E 50 AMG	25,31	127 850	Limousine	4/5	V/H	8/4973	347	–	13,5	–	–	X	3014	X	X	X
E 220 D	10,97	47 500	Limousine	4/5	V/H	4/2155	95	7,1	7,7	1500	1900	3280	3014	X	X	X
E 290 TD	14,63	52 800	Limousine	4/5	V/H	5/2874	129	6,8	7,3	1900	1900	3280	3014	X	X	X
E 300 D	15,25	55 850	Limousine	4/5	V/H	6/2996	136	8,6	8,6	1900	1900	3280	3014	X	X	X
E 200	10,17	53 250	Station Wagon	5/5	V/H	4/1998	136	9,4	9,9	1900	2100	3280	3014	X	X	X
E 230	11,68	56 450	Station Wagon	5/5	V/H	4/2295	150	9,5	10,0	1900	2100	3280	3014	X	X	X
E 420	21,36	91 050	Station Wagon	5/5	V/H	8/4196	279	–	13,6	–	2100	X	X	X	X	X
E 290 TD	14,63	56 950	Station Wagon	5/5	V/H	5/2874	129	7,2	7,6	1900	2100	3280	3014	X	X	X
S 280	14,25	79 200	Limousine	4/5	V/H	6/2799	193	13,2	13,3	1900	2100	3280	X	X	X	X
S 320	16,29	93 700	Limousine	4/5	V/H	6/3199	231	–	13,4	–	2100	X	X	X	X	X
S 320 lang	16,29	97 700	Limousine	4/5	V/H	6/3199	231	–	13,4	–	2100	X	X	X	X	X
S 420	21,36	114 400	Limousine	4/5	V/H	8/4196	279	–	14,9	–	2100	X	X	X	X	X
S 420 lang	21,36	117 800	Limousine	4/5	V/H	8/4196	279	–	14,9	–	2100	X	X	X	X	X
S 500	25,32	132 600	Limousine	4/5	V/H	8/4973	320	–	15,4	–	2100	X	X	X	X	X
S 500 lang	25,32	140 800	Limousine	4/5	V/H	8/4973	320	–	15,4	–	2100	X	X	X	X	X
S 600	30,50	183 700	Limousine	4/5	V/H	12/5987	394	–	16,9	–	2100	X	X	X	X	X
S 600 lang	30,50	187 800	Limousine	4/5	V/H	12/5987	394	–	16,9	–	2100	X	X	X	X	X
S 300 TD	15,25	83 200	Limousine	4/5	V/H	6/2996	177	–	10,3	–	2100	X	X	X	X	X
CL 420	21,36	136 000	Coupé	2/5	V/H	8/4196	279	–	14,9	–	2100	X	X	X	X	X
CL 500	25,32	152 300	Coupé	2/5	V/H	8/4973	320	–	15,4	–	2100	X	X	X	X	X
CL 600	30,50	201 500	Coupé	2/5	V/H	12/5987	394	–	16,9	–	2100	X	X	X	X	X
SL 280	14,25	110 900	Cabriolet	2/2	V/H	6/2799	193	12,0	12,2	1575	1575	3280	X	X	X	X
SL 320	16,29	125 500	Cabriolet	2/2	V/H	6/3199	231	–	12,5	–	1575	X	X	X	X	X
SL 500	25,32	152 500	Cabriolet	2/2	V/H	8/4973	320	–	14,3	–	1575	X	X	X	X	X
SL 600	30,50	194 100	Cabriolet	2/2	V/H	12/5987	394	–	15,5	–	–	X	X	X	X	X
SLK 200	10,17	45 350	Roadster	2/2	V/H	4/1998	136	9,1	9,5	–	–	3280	2226	X	X	X
SLK 230 Kompr.	11,68	51 600	Roadster	2/2	V/H	4/2295	193	9,3	9,5	–	–	3280	2226	X	X	X
CLK 200	10,17	+	Coupé	2/4	V/H	4/1998	136	9,4	9,5	–	–	+	+	+	X	X
CLK 230 Kompr.	11,68	+	Coupé	2/4	V/H	4/2295	193	9,8	9,9	–	–	+	+	+	X	X
CLK 320	16,29	+	Coupé	2/4	V/H	6/3199	218	–	9,9	–	–	+	+	X	X	X
V 230 TD	11,70	39 050	Minivan	4/6	V/H	4/2299	98	9,2	–	2000	–	+	2481	X	X	X
V 230	11,68	39 750	Minivan	4/6	V/H	4/2295	143	12,2	–	2000	–	+	2481	X	X	X

MG   Streag AG, 5745 Safenwil

Marke und Modell	Steuer-PS	Preis	Karosserietyp	T/P	Antrieb	Zyl/cm³	PS	5G	Aut	5G kg	Aut kg	Autom	Klima	ABS	Airbag L	R
MGF	9,14	33 000	Cabriolet	2/2	M/H	4/1796	120	7,4	–	–	–	–	1800	X	X	X
MGF VVC	9,14	37 500	Cabriolet	2/2	M/H	4/1796	145	7,8	–	–	–	–	1800	X	X	X

Mercedes-Sonderzubehör

Innenverkleidung, Ablagebox   Alu – Felgen   Optisches Tuning

MAPOREX AG
Grundstrasse 28
8048 Zürich
Tel. 01 491 71 41
Fax 01 492 11 26

Preisliste / Liste des prix	Steuer-PS CV Fiscaux	Katalog-preis Fr. Prix de catalogue fr.	Karosserie / Carrosserie Karosserietyp Type de carrosserie	Türen/Plätze Portes/Places	Motor-lage/Antrieb Empl. du moteur/ Propuls. tract.	Zylinder/cm³ Cylindres/cm³	PS DIN CH (n=SAE netto)	Ø-Verbrauch l/100 km (Importeur) 5-Gang 5 vit.	Aut. aut.	Max. Anhängelast gebremst (kg) 5-Gang 5 vit.	Aut. aut.	Getriebe-automat Fr. Automa-tique fr.	Klima-anlage Fr. Climati-sation fr.	Anti-blockier-system (ABS) Fr. Système d'anti-bloquage (ABS) fr.	Airbag Fr. links gauche	Airbag rechts droite
MITSUBISHI MMC Automobile AG, 8401 Winterthur																
Colt GL Easy	6,61	14 990	Limousine	3/5	V/V	4/1298	75	7,1	–	1050	–	–	–	–	X	X
Colt GL Cool Jub.	6,61	16 010	Limousine	3/5	V/V	4/1298	75	7,1	–	1050	–	–	X	–	X	X
Colt GLX Sunshine	6,61	17 490	Limousine	3/5	V/V	4/1298	75	7,1	7,8	1050	1050	1500	–	–	X	X
Colt GLX 1.6	8,13	21 490	Limousine	3/5	V/V	4/1597	90	7,6	8,3	1050	1050	1500	X	X	X	X
Lancer GLXi–S	8,13	27 990	Limousine	4/5	V/V	4/1597	113	7,8	8,3	900	900	1500	X	X	X	X
Lancer GTi–S	9,34	31 790	Limousine	4/5	V/V	4/1834	140	8,9	–	900	–	–	–	X	X	X
Lancer Special	8,13	19 990	Station Wagon	5/5	V/V	4/1597	113	8,0	–	900	–	–	–	–	X	X
Lancer Special D.	10,17	21 490	Station Wagon	5/5	V/V	4/1998	68	6,2	–	500	–	–	–	–	X	X
Lancer GLX Cool	8,13	26 490	Station Wagon	5/5	V/V	4/1597	113	8,0	8,8	900	900	1500	X	X	X	X
Lancer Special 4WD	8,13	21 990	Station Wagon	5/5	V/4x4	4/1597	113	8,4	–	1130	–	–	–	–	X	X
Lancer GLX 4WD	8,13	27 490	Station Wagon	5/5	V/4x4	4/1597	113	8,4	–	1130	–	–	–	–	X	X
Lancer GLX–S 4WD	8,13	28 990	Station Wagon	5/5	V/4x4	4/1597	113	8,4	–	1130	–	–	–	X	X	X
Carisma GL	8,13	24 990	Limousine	5/5	V/V	4/1597	90	7,3	–	1250	–	–	–	–	X	X
Carisma GLX	9,34	26 990	Limousine	5/5	V/V	4/1834	115	7,7	–	1250	–	–	–	–	X	X
Carisma GLX Cool	9,34	28 990	Limousine	5/5	V/V	4/1834	115	7,7	8,7	1250	1250	1800	X	X	X	X
Carisma GLS Aut.	9,34	31 990	Limousine	5/5	V/V	4/1834	115	–	8,7	–	1250	X	–	X	X	X
Galant GLS 16V	10,16	31 790	Limousine	4/5	V/V	4/1997	136	–	–	–	–	2000	X	X	X	X
Galant V6-24	12,71	35 990	Limousine	4/5	V/V	6/2498	163	–	–	–	–	2000	X	X	X	X
Galant V6-24 Edit.	12,71	42 990	Limousine	4/5	V/V	6/2498	163	–	–	–	–	X	X	X	X	X
Galant GLX Bus.	10,16	29 990	Station Wagon	5/5	V/V	4/1997	136	–	–	–	–	–	X	X	X	X
Galant GLS	10,16	32 990	Station Wagon	5/5	V/V	4/1997	136	–	–	–	–	2000	X	X	X	X
Galant V6-24	12,71	37 190	Station Wagon	5/5	V/V	6/2498	163	–	–	–	–	2000	X	X	X	X
Galant V6-24 Edit.	12,71	43 690	Station Wagon	5/5	V/V	6/2498	163	–	–	–	–	X	X	X	X	X
Space Runner Sport	9,34	25 990	Station Wagon	4/5	V/V	4/1834	115	8,7	–	1200	–	–	–	–	X	X
Space Runner GLX Jub.	9,34	31 510	Station Wagon	4/5	V/V	4/1834	115	8,7	9,3	1200	1200	1700	X	X	X	X
Space Runner Jub. 4WD	9,34	33 690	Station Wagon	4/5	V/4x4	4/1834	115	8,7	–	1200	–	–	X	X	X	X
Space Wagon Bus.	10,16	28 990	Station Wagon	5/7	V/V	4/1997	133	9,8	–	1050	–	–	–	–	X	X
Space Wagon GLX 4WD	10,16	29 990	Station Wagon	5/7	V/4x4	4/1997	133	9,8	–	1050	–	–	–	X	X	X
Space Wagon GLX Jub.	10,16	34 010	Station Wagon	5/7	V/V	4/1997	133	9,8	10,8	1050	1050	1700	X	X	X	X
Space Wagon GLX 4WD	10,16	36 510	Station Wagon	5/7	V/4x4	4/1997	133	10,7	11,4	1050	1050	1700	X	X	X	X
Space Gear GLX Jub.	10,16	36 010	Minivan	5/8	V/V	4/1997	112	9,8	–	1200	–	–	X	X	X	X
Space Gear GLS Jub.	11,96	42 010	Minivan	5/8	V/V	4/2350	128	10,8	11,5	1200	1200	2000	X	X	X	X
Space Gear Jub. 4WD	11,96	41 010	Minivan	5/8	V/4x4	4/2350	128	10,8	–	2000	–	–	X	X	X	X
Eclipse GS 16V	10,16	31 990	Coupé	3/4	V/V	4/1997	145	9,6	–	–	–	–	–	–	X	X
Eclipse GS Cool	10,16	33 990	Coupé	3/4	V/V	4/1997	145	9,6	–	–	–	–	–	X	X	X
3000 GT 4WD	15,13	89 900	Coupé	3/4	V/4x4	6/2972	286	12,4	–	–	–	–	–	–	X	X
Pajero Metal GL TDi	12,61	35 990	Station Wagon	3/5	V/4x4	4/2477	100	10,7	–	5000	–	–	–	–	–	–
Pajero TDi Freestyle	12,61	36 010	Station Wagon	3/5	V/4x4	4/2477	100	10,7	–	5000	–	–	–	X	X	X
Pajero GLS TDi Magn.	14,43	44 990	Station Wagon	3/5	V/4x4	4/2835	125	11,4	–	5000	–	–	–	X	X	X
Pajero GLX V6-24	15,13	40 990	Station Wagon	3/5	V/4x4	6/2972	181	13,5	–	5000	–	–	–	X	X	X
Pajero V6-24 Cabrio	15,13	42 990	Station Wagon	3/4	V/4x4	6/2972	181	13,5	–	5000	–	–	–	X	X	X
Pajero GLS V6-24	17,80	54 990	Station Wagon	3/5	V/4x4	6/3497	208	–	14,6	–	5000	X	X	X	X	X
Pajero Wagon TDi	14,43	42 990	Station Wagon	5/5	V/4x4	4/2835	125	12,4	–	5000	–	–	–	X	X	X
Pajero Wagon TDi	14,43	43 010	Station Wagon	5/5	V/4x4	4/2835	125	12,4	–	5000	–	–	–	X	X	X
Pajero Wagon TDi	14,43	49 990	Station Wagon	5/7	V/4x4	4/2835	125	12,4	–	5000	–	–	–	X	X	–
Pajero Wagon TDi	14,43	54 990	Station Wagon	5/7	V/4x4	4/2835	125	12,4	–	5000	–	–	–	X	X	X
Pajero Wagon TDi	14,43	56 990	Station Wagon	5/7	V/4x4	4/2835	125	–	12,9	–	5000	X	–	X	X	X
Pajero Wagon V6-24	17,80	56 990	Station Wagon	5/7	V/4x4	6/3497	208	14,6	–	5000	–	–	–	X	X	X
Pajero Wagon V6 Aut.	17,80	61 990	Station Wagon	5/7	V/4x4	6/3497	208	–	14,8	–	5000	X	–	X	X	X
MINI Streag AG, 5745 Safenwil																
Mini Cooper	6,47	15 990	Limousine	2/4	V/V	4/1273	63	6,6	–	300	–	–	–	–	X	–
Mini Cooper «BO»	6,47	15 990	Limousine	2/4	V/V	4/1273	63	6,6	–	300	–	–	–	–	X	–
MORGAN Garage de l'Automobile, 1261 Signy																
Morgan Plus Eight	20,11	+	Roadster	2/2	V/H	8/3950	182	–	–	–	–	–	–	–	–	–

Zeichenerklärung	+ Preis noch nicht festgelegt			V = vorn			Légendes	+ Prix non encore déterminé			V = avant				
	Δ Preis auf Anfrage			M = Mitte				Δ Prix sur demande			M = central				
	o Auf Wunsch ohne Mehrpreis			H = hinten				o Sur demande sans suppl. de prix			H = arrière				
	X serienmässig			4×4 = Allradantrieb				X = de série			4×4 = Quatre roues motrices				

| Marke und Modell / Marque et modèle | Steuer-PS CV Fiscaux | Katalogpreis Fr. Prix de catalogue fr. | Karosserietyp Type de carrosserie | Türen/ Plätze Portes/ Places | Motor-lage/ Antrieb Empl. du moteur/ Propuls. tract. | Zylinder/ cm³ Cylindres/ cm³ | PS DIN CH (n = SAE netto) | Ø-Verbrauch l/100 km (Importeur) 5-Gang Consommations de carb. l/100 km mixte (Importateur) 5 vit. | Aut. aut. | Max. Anhängelast gebremst (kg) 5-Gang Poids total remorque freiné (kg) 5 vit. | Aut. aut. | Getriebe-automat Fr. Automa-tique fr. | Klima-anlage Fr. Climati-sation fr. | Anti-blockier-system (ABS) Fr. Système d'anti-bloquage (ABS) fr. | Airbag Fr. Airbag Fr. links gauche | rechts droite |

NISSAN — Nissan Motor (Schweiz) AG, 8902 Urdorf

Marke und Modell	Steuer-PS	Katalogpreis	Karosserietyp	Türen/Plätze	Motorlage/Antrieb	Zylinder/cm³	PS DIN	Ø 5-G	Ø Aut	Anh 5-G	Anh Aut	Getr.aut	Klima	ABS	Airbag l	Airbag r
Micra S	5,08	13 990	Limousine	3/5	V/V	4/998	55	6,5	–	600	–	–	1250	–	X	–
Micra GX	5,08	14 490	Limousine	5/5	V/V	4/998	55	6,5	–	600	–	–	1250	–	X	–
Micra Plus	6,49	14 990	Limousine	3/5	V/V	4/1275	75	6,6	6,5	750	650	1450	X	950	X	–
Micra Plus	6,49	15 490	Limousine	5/5	V/V	4/1275	75	6,6	6,5	750	650	1450	X	950	X	–
Micra SLX	6,49	18 950	Limousine	5/5	V/V	4/1275	75	6,6	6,5	750	650	1450	1250	X	X	–
Micra Super	6,49	19 250	Limousine	3/5	V/V	4/1275	75	6,6	–	750	–	–	1250	X	X	–
Almera S	7,09	18 950	Limousine	3/5	V/V	4/1391	87	7,0	–	900	–	–	Δ	–	X	X
Almera Plus	7,09	19 990	Limousine	5/5	V/V	4/1391	87	7,0	–	900	–	–	X	1000	X	X
Almera SLX	8,13	26 250	Limousine	4/5	V/V	4/1596	100	7,3	8,2	1120	1160	1450	X	X	X	X
Almera SLX	8,13	26 350	Limousine	5/5	V/V	4/1596	100	7,3	8,2	1120	1160	1450	X	X	X	X
Almera SR	8,13	25 950	Limousine	3/5	V/V	4/1596	100	7,3	–	1120	–	–	X	X	X	X
Almera SR	8,13	26 450	Limousine	5/5	V/V	4/1596	100	7,3	–	1120	–	–	X	X	X	X
Almera GTi	10,17	29 950	Limousine	3/5	V/V	4/1998	143	8,1	–	1380	–	–	X	X	X	X
Primera GX	8,13	23 950	Limousine	4/5	V/V	4/1596	100	7,2	–	1090	–	–	X	X	X	X
Primera Plus	10,17	24 990	Limousine	4/5	V/V	4/1998	130	7,9	8,7	1350	1350	1600	X	X	X	X
Primera SRi	10,17	29 350	Limousine	4/5	V/V	4/1998	130	7,9	–	1350	–	–	X	X	X	X
Primera SE	10,17	31 950	Limousine	4/5	V/V	4/1998	130	7,9	8,7	1350	1350	1600	X	X	X	X
Primera GT	10,17	33 950	Limousine	4/5	V/V	4/1998	150	8,1	–	1400	–	–	X	X	X	X
5türig + Fr. 600.–																
Primera GX	8,13	22 950	Station Wagon	5/5	V/V	4/1596	90	7,8	–	1100	–	–	Δ	–	X	–
Primera Plus	8,13	25 490	Station Wagon	5/5	V/V	4/1596	90	7,8	–	1100	–	–	X	X	X	–
Primera SLX	10,17	31 900	Station Wagon	5/5	V/V	4/1998	115	8,7	9,3	1810	1840	1600	X	X	X	X
Serena SE	10,17	31 950	Station Wagon	5/5	V/V	4/1998	115	10,3	–	1200	–	–	X	X	X	–
200 SX T.	10,17	43 950	Coupé	2/4	V/V	4/1998	200	9,7	11,0	1200	1200	1800	X	X	X	X
Maxima QX SLS-S	10,16	36 850	Limousine	4/5	V/V	6/1995	140	9,9	–	1500	–	–	Δ	X	X	X
Maxima QX SE	10,16	40 900	Limousine	4/5	V/V	6/1995	140	9,9	10,6	1500	1500	2000	X	X	X	X
Maxima QX SE	15,21	46 500	Limousine	4/5	V/V	6/2988	193	–	10,7	–	1500	X	+	X	X	X
Maxima QX SE Ex.	15,21	53 750	Limousine	4/5	V/V	6/2988	193	–	10,7	–	1500	X	X	X	X	X
Terrano II S	12,16	30 950	Station Wagon	3/5	V/4×4	4/2389	116	11,9	–	2800	–	–	X	–	X	–
Terrano II SR	12,16	37 450	Station Wagon	3/5	V/4×4	4/2389	116	11,9	–	2800	–	–	X	X	X	–
Terrano II SE	12,16	38 950	Station Wagon	3/5	V/4×4	4/2389	116	11,9	–	2800	–	–	X	X	X	X
Terrano II SR	12,16	41 950	Station Wagon	5/5	V/4×4	4/2389	116	12,3	–	2800	–	–	X	X	X	–
Terrano II SE	12,16	43 450	Station Wagon	5/5	V/4×4	4/2389	116	12,3	–	2800	–	–	X	X	X	X
Terrano II S TD	13,56	35 950	Station Wagon	5/5	V/4×4	4/2664	125	10,5	–	2800	–	–	Δ	–	X	–
Terrano II SR TD	13,56	40 450	Station Wagon	3/5	V/4×4	4/2664	125	10,1	–	2800	–	–	X	X	X	–
Terrano II SE TD	13,56	46 450	Station Wagon	5/5	V/4×4	4/2664	125	10,5	–	2800	–	–	X	X	X	X
Patrol SLX	21,22	53 950	Station Wagon	5/5	V/4×4	6/4167	160	–	16,6	–	6000	X	X	–	X	–
Patrol SLX D	14,37	46 950	Station Wagon	3/5	V/4×4	6/2826	115	10,6	–	6000	–	–	Δ	–	X	–
Patrol SLX D	14,37	49 950	Station Wagon	5/5	V/4×4	6/2826	115	10,6	–	6000	–	–	Δ	–	X	–

OPEL — Opel (Suisse) SA, 2501 Biel

Marke und Modell	Steuer-PS	Katalogpreis	Karosserietyp	Türen/Plätze	Motorlage/Antrieb	Zylinder/cm³	PS DIN	Ø 5-G	Ø Aut	Anh 5-G	Anh Aut	Getr.aut	Klima	ABS	Airbag l	Airbag r
Corsa Eco	6,09	14 975	Limousine	3/5	V/V	4/1195	45	6,8	–	500	–	–	–	1400	X	650
Corsa Swing	7,07	16 850	Limousine	3/5	V/V	4/1389	60	7,4	8,5	950	1000	1130	975	1400	X	–
Corsa Swing Safe-Tec	7,07	17 825	Limousine	3/5	V/V	4/1389	60	7,4	8,5	950	1000	1130	975	X	X	X
Corsa Swing 1.4–16	7,07	18 050	Limousine	3/5	V/V	4/1389	90	7,5	8,4	900	1000	1130	975	1400	X	–
Corsa Swing TD	7,57	17 850	Limousine	3/5	V/V	4/1488	67	5,2	–	800	–	–	975	1400	X	–
Corsa Joy Safe-Tec	7,07	19 375	Limousine	3/5	V/V	4/1389	90	7,5	8,4	900	1000	1130	975	X	X	X
Corsa Joy Safe-Tec TD	7,57	19 175	Limousine	3/5	V/V	4/1488	67	5,2	–	800	–	–	975	X	X	X
Corsa Sport Safe-Tec	7,07	19 975	Limousine	3/5	V/V	4/1389	90	7,5	–	900	–	–	975	X	X	X
Corsa CDX	7,07	22 050	Limousine	3/5	V/V	4/1389	90	7,8	8,4	900	1000	1130	975	X	X	X
Corsa CDX Diamond	7,07	24 375	Limousine	3/5	V/V	4/1389	90	7,8	8,4	900	1000	1130	975	X	X	X
Corsa GSi	8,13	21 700	Limousine	3/5	V/V	4/1598	106	7,9	–	1000	–	–	975	X	X	X
5türig + Fr. 500.–																
Tigra	7,07	21 500	Coupé	3/2+2	V/V	4/1389	90	7,4	8,3	–	–	1130	975	–	X	–
Tigra Safe-Tec	7,07	22 475	Coupé	3/2+2	V/V	4/1389	90	7,4	8,3	–	–	1130	975	X	X	X
Tigra 1.6	8,13	25 900	Coupé	3/2+2	V/V	4/1598	106	7,6	–	–	–	–	975	X	X	X
Tigra Diamond	8,13	28 300	Coupé	3/2+2	V/V	4/1598	106	7,6	–	–	–	–	975	X	X	X

ROCKINGER hat's
Anhängevorrichtungen für alle
4x4-Fahrzeuge und Lieferwagen
Personenwagen, sowie
Spezialanfertigungen

VARIOBLOC

Generalvertretung Schweiz
HIRSCHI AG Römerstr. 14 (Brüggmoos), 2501 Biel
Tel. 032 366 60 50, Fax 032 366 60 55

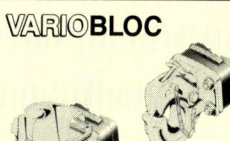

ROCKINGER IMMER EINE GUTE VERBINDUNG

Preisliste / Liste des prix			Karosserie / Carrosserie		Technische Daten / Caractéristiques techniques							Mehrpreis für / Supplément de prix pour				
Marke und Modell / Marque et modèle	Steuer-PS CV Fiscaux	Katalog-preis Fr. Prix de catalogue fr.	Karosserietyp Type de carrosserie	Türen/ Plätze Portes/ Places	Motor-lage/ Antrieb Empl. du moteur/ Propuls. tract.	Zylinder/ cm³ Cylindres/ cm³	PS DIN CH (n = SAE netto)	Ø-Verbrauch l/100 km (Importeur) 5-Gang Consommations de carb. l/100 km mixte (Importateur) 5 vit.	Aut. aut.	Max. Anhängelast gebremst (kg) 5-Gang Poids total remorque freiné (kg) 5 vit.	Aut. aut.	Getriebe-automat Fr. Automa-tique fr.	Klima-anlage Fr. Climati-sation fr.	Anti-blockier-system (ABS) Fr. Système d'anti-bloquage (ABS) fr.	Airbag Fr. Airbag links gauche	rechts droite
Astra Special	7,07	20 400	Limousine	3/5	V/V	4/1389	90	7,9	8,1	1000	1200	1330	975	1500	X	650
Astra Special	8,13	20 900	Limousine	3/5	V/V	4/1598	100	7,9	9,1	1200	1200	1330	975	1500	X	650
Astra Special TD	8,58	20 400	Limousine	3/5	V/V	4/1686	68	6,5	–	1000	–	–	975	1500	X	650
Astra Spec. Safe-Tec	7,07	21 375	Limousine	3/5	V/V	4/1389	90	7,9	8,1	1000	1200	1330	975	X	X	X
Astra Spec. Safe-Tec	8,13	21 875	Limousine	3/5	V/V	4/1598	100	7,9	9,1	1200	1200	1330	975	X	X	X
Astra Spec. S.T. TD	8,58	21 375	Limousine	3/5	V/V	4/1686	68	6,5	–	1000	–	–	975	X	X	X
Astra Touring S.T.	7,07	23 100	Limousine	3/5	V/V	4/1389	90	7,9	8,1	1000	1200	1330	975	X	X	X
Astra Touring S.T.	8,13	23 600	Limousine	3/5	V/V	4/1598	100	7,9	9,1	1200	1200	1330	975	X	X	X
Astra Touring S.T. TD	8,58	23 100	Limousine	3/5	V/V	4/1686	68	6,5	–	1000	–	–	975	X	X	X
Astra Touring S.T. TD	8,58	23 800	Limousine	3/5	V/V	4/1686	82	5,9	–	1000	–	–	975	X	X	X
5türig + Fr. 500.– Caravan + Fr. 1500.–																
Astra Voyage	9,16	28 100	Limousine	5/5	V/V	4/1799	115	18,3	9,0	1200	1200	1330	X	X	X	X
Astra Voyage	10,17	28 700	Limousine	5/5	V/V	4/1998	136	8,5	9,5	1200	1200	1330	X	X	X	X
Astra Voyage Diamond	9,16	30 250	Limousine	5/5	V/V	4/1799	115	8,3	9,0	1200	1200	1330	X	X	X	X
Astra Sport S.T.	10,17	26 800	Limousine	5/5	V/V	4/1998	136	8,5	9,5	1200	1200	–	975	X	X	X
Astra Cabrio	9,16	31 975	Cabriolet	2/4	V/V	4/1799	115	8,5	–	1200	–	–	–	X	X	X
Astra Perfection	9,16	33 975	Cabriolet	2/4	V/V	4/1799	115	8,5	–	1200	–	–	975	X	X	X
Astra Diamond	9,16	36 250	Cabriolet	2/4	V/V	4/1799	115	8,5	–	1200	–	–	X	X	X	X
Vectra Special	9,16	27 500	Limousine	4/5	V/V	4/1799	115	8,4	9,1	1400	1350	1600	975	X	X	X
Vectra Special TD	8,58	27 200	Limousine	4/5	V/V	4/1686	82	8,1	–	1100	–	–	975	X	X	X
Vectra GL	9,16	28 600	Limousine	4/5	V/V	4/1799	115	8,4	9,1	1400	1350	1600	975	X	X	X
Vectra GL	10,17	29 850	Limousine	4/5	V/V	4/1998	136	8,7	9,7	1450	1350	1600	975	X	X	X
Vectra GL TD	8,58	28 300	Limousine	4/5	V/V	4/1686	82	8,1	–	1100	–	–	975	X	X	X
Vectra GL Beauty	9,16	28 850	Limousine	4/5	V/V	4/1799	115	8,4	9,1	1400	1350	1600	975	X	X	X
Vectra GL Beauty	10,17	30 100	Limousine	4/5	V/V	4/1998	136	8,7	9,7	1450	1350	1600	975	X	X	X
Vectra Beauty TD	8,58	28 550	Limousine	4/5	V/V	4/1686	82	8,1	–	1100	–	1600	975	X	X	X
Vectra GT	10,17	32 400	Limousine	4/5	V/V	4/1998	136	8,7	–	1450	–	–	975	X	X	X
Vectra GT V6	12,71	35 450	Limousine	4/5	V/V	6/2498	170	10,1	–	1500	–	–	975	X	X	X
Vectra CD	10,17	31 300	Limousine	4/5	V/V	4/1998	136	8,7	9,7	1450	1350	1600	975	X	X	X
Vectra CD V6	12,71	34 350	Limousine	4/5	V/V	6/2498	170	10,1	10,7	1500	1500	1600	975	X	X	X
Vectra CD TD	8,58	29 750	Limousine	4/5	V/V	4/1686	82	8,1	–	1100	–	–	975	X	X	X
Vectra CDX	10,17	36 700	Limousine	4/5	V/V	4/1998	136	8,7	9,7	1450	1350	1600	X	X	X	X
Vectra CDX V6	12,71	39 750	Limousine	4/5	V/V	6/2498	170	10,1	10,7	1500	1500	1600	X	X	X	X
5türig + Fr. 500.– Caravan + Fr. 1000.–																
Calibra	10,17	34 600	Coupé	3/4	V/V	4/1998	136	8,8	9,8	1350	1350	1600	975	X	X	X
Calibra V6	12,71	38 850	Coupé	3/4	V/V	6/2498	170	10,2	11,2	1350	1350	1600	975	X	X	X
Diamond + Fr. 2325.–																
Omega GL	10,17	33 975	Limousine	4/5	V/H	4/1998	136	9,3	10,0	1700	1700	2175	1625	X	X	X
Omega GL V6	12,71	38 075	Limousine	4/5	V/H	6/2498	170	10,5	11,3	1800	1850	2175	1625	X	X	X
Omega GL TD	12,70	37 725	Limousine	4/5	V/H	4/2497	130	7,9	8,9	1750	1750	2175	1625	X	X	X
Omega CD	10,17	38 800	Limousine	4/5	V/H	4/1998	136	9,3	10,0	1700	1700	2175	1625	X	X	X
Omega CD V6	12,71	42 900	Limousine	4/5	V/H	6/2498	170	10,5	11,3	1800	1850	2175	1625	X	X	X
Omega CD TD	12,70	42 550	Limousine	4/5	V/H	4/2497	130	7,9	8,9	1750	1750	2175	1625	X	X	X
Omega MV6	15,08	56 900	Limousine	4/5	V/H	6/2962	210	11,0	11,8	1900	1800	1000	X	X	X	X
Omega LS	10,17	31 100	Station Wagon	5/5	V/H	4/1998	115	9,9	10,4	–	–	–	–	X	X	X
Omega LS	10,17	32 000	Station Wagon	5/5	V/H	4/1998	136	9,9	10,0	1700	1700	2175	–	X	X	X
Omega LS TD	12,70	35 750	Station Wagon	5/5	V/H	4/2497	130	8,1	8,9	1750	1750	2175	–	X	X	X
Omega GL	10,17	35 475	Station Wagon	5/5	V/H	4/1998	136	9,9	10,0	1700	1700	2175	1625	X	X	X
Omega GL V6	12,71	39 575	Station Wagon	5/5	V/H	6/2498	170	10,5	11,3	1800	1850	2175	1625	X	X	X
Omega GL TD	12,70	39 225	Station Wagon	5/5	V/H	4/2497	130	8,1	8,9	1750	1750	2175	1625	X	X	X
Omega CD	10,17	40 300	Station Wagon	5/5	V/H	4/1998	136	9,9	10,0	1700	1700	2175	1625	X	X	X
Omega CD V6	12,71	44 400	Station Wagon	5/5	V/H	6/2498	170	10,5	11,3	1800	1800	2175	1625	X	X	X
Omega CD TD	12,70	44 050	Station Wagon	5/5	V/H	4/2497	130	8,1	8,9	1750	1750	2175	1625	X	X	X
Omega MV6	15,08	58 400	Station Wagon	5/5	V/H	6/2962	210	11,2	12,0	1900	1800	1000	X	X	X	X
Frontera Sport	10,17	33 600	Station Wagon	3/4	V/4×4	4/1998	115	11,8	–	2000	–	–	975	X	X	X
Frontera Sport TD	12,72	37 200	Station Wagon	3/4	V/4×4	4/2499	115	10,2	–	2000	–	–	975	X	X	X
Frontera	11,19	41 600	Station Wagon	5/5	V/4×4	4/2198	136	11,4	–	2600	–	–	975	X	X	X
Frontera TD	12,72	+	Station Wagon	5/5	V/4×4	4/2499	115	10,2	–	2600	–	–	975	X	X	X
Monterey RS	16,10	44 300	Station Wagon	3/4	V/4×4	6/3164	177	13,1	15,1	2600	2600	2000	2600	X	X	X
Monterey GL	16,10	46 200	Station Wagon	5/5	V/4×4	6/3164	177	13,1	15,1	2600	2600	2000	2600	X	X	X
TD 3.1 ohne Aufpreis																
Monterey LTD	16,10	55 500	Station Wagon	5/5	V/4×4	6/3164	177	–	15,1	–	2600	X	X	X	X	X
Sintra GLS	11,19	39 800	Minivan	5/5	V/V	4/2198	141	–	–	–	–	–	X	X	X	X
Sintra CD V6	15,08	49 900	Minivan	5/5	V/V	6/2962	201	–	–	–	–	–	X	X	X	X

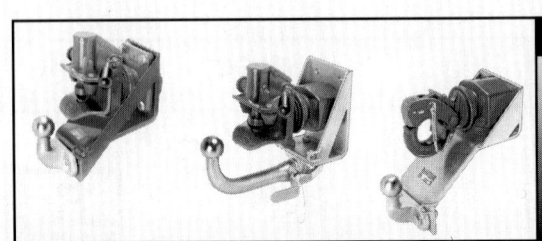

ROCKINGER hat's
Anhängevorrichtungen für alle
4x4-Fahrzeuge und Lieferwagen
Personenwagen, sowie
Spezialanfertigungen

Generalvertretung Schweiz
HIRSCHI AG Römerstr. 14 (Brüggmoos), 2501 Biel
Tel. 032 366 60 50, Fax 032 366 60 55

VARIOBLOC

ROCKINGER
IMMER EINE GUTE VERBINDUNG

Zeichenerklärung	+ Preis noch nicht festgelegt Δ Preis auf Anfrage o Auf Wunsch ohne Mehrpreis X serienmässig	V = vorn M = Mitte H = hinten 4×4 = Allradantrieb	Légendes	+ Prix non encore déterminé Δ Prix sur demande o Sur demande sans suppl. de prix X = de série	V = avant M = central H = arrière 4×4 = Quatre roues motrices

Marke und Modell Marque et modèle	Steuer- PS CV Fiscaux	Katalog- preis Fr. Prix de catalogue fr.	Karosserietyp Type de carrosserie	Türen/ Plätze Portes/ Places	Motor- lage/ Antrieb Empl. du moteur/ Propuls. tract.	Zylinder/ cm³ Cylindres/ cm³	PS DIN CH (n = SAE netto)	Ø-Verbrauch l/100 km (Importeur) Consommations de carb. l/100 km mixte (Importateur)		Max. Anhängelast gebremst (kg) Poids total remorque freiné (kg)		Getriebe-automat Fr. Automa-tique fr.	Klima-anlage Fr. Climati-sation fr.	Anti-blockier-system (ABS) Fr. Système d'anti-bloquage (ABS) fr.	Airbag Fr. Airbag Fr. links gauche	rechts droite
								5-Gang 5 vit.	Aut. aut.	5-Gang 5 vit.	Aut. aut.					

PEUGEOT — Peugeot (Suisse) SA, 3000 Bern 14

Marke und Modell	Steuer-PS	Katalogpreis Fr.	Karosserietyp	Türen/Plätze	Motor/Antrieb	Zylinder/cm³	PS DIN	5-Gang	Aut.	5-Gang	Aut.	Getriebe	Klima	ABS	Airbag li	Airbag re
106 Sketch	5,72	14 650	Limousine	3/5	V/V	4/1124	60	6,2	–	650	–	–	–	1500	X	600
106 XN	5,72	15 550	Limousine	3/5	V/V	4/1124	60	6,2	–	650	–	–	–	1500	X	600
106 XN D.	7,78	17 750	Limousine	5/5	V/V	4/1527	58	4,7	–	700	–	–	–	1500	X	600
106 XR	5,72	16 350	Limousine	3/5	V/V	4/1124	60	6,2	–	650	–	–	1600	1500	X	600
106 XR 1.4	6,93	17 500	Limousine	3/5	V/V	4/1360	75	6,4	–	700	–	–	1600	1500	X	600
106 XR Aut.	8,08	19 200	Limousine	3/5	V/V	4/1587	90	–	7,7	–	500	X	–	1500	X	600
106 Rallye	8,08	17 900	Limousine	3/5	V/V	4/1587	103	7,4	–	700	–	–	–	1500	X	600
106 Suisse 1.4	6,93	19 390	Limousine	3/5	V/V	4/1360	75	6,4	–	700	–	–	1600	1500	X	X
106 Suisse 1.6	8,08	19 990	Limousine	3/5	V/V	4/1587	90	6,5	–	700	–	–	1600	1500	X	X
106 Suisse Aut.	8,08	21 090	Limousine	3/5	V/V	4/1587	90	–	7,7	–	500	X	–	1500	X	X
106 GTI	8,08	21 700	Limousine	3/5	V/V	4/1587	120	7,5	–	700	–	–	1600	1500	X	X
5türig + Fr. 500.–																
306 Open 1.6	8,08	21 490	Limousine	5/5	V/V	4/1587	90	6,9	–	900	–	–	1950	1750	X	X
306 Open TD	9,69	24 040	Limousine	5/5	V/V	4/1905	92	5,8	–	1000	–	–	1950	1750	X	X
306 XS	8,97	22 350	Limousine	3/5	V/V	4/1761	103	7,6	–	1000	–	–	1950	1750	X	X
306 XT	8,08	23 150	Limousine	5/5	V/V	4/1587	90	6,9	–	900	–	–	2150	1750	X	X
306 XT 1.8	8,97	23 750	Limousine	5/5	V/V	4/1761	103	7,6	8,0	1000	1000	1350	2150	1750	X	X
306 XT TD	9,69	25 700	Limousine	5/5	V/V	4/1905	92	5,8	–	1000	–	–	2150	1750	X	X
306 Suisse	10,18	27 650	Limousine	5/5	V/V	4/1998	123	8,0	8,4	1000	1000	1350	X	1750	X	X
306 XSi	10,18	26 550	Limousine	3/5	V/V	4/1998	123	8,0	–	1000	–	–	2150	X	X	X
306 XSi	10,18	27 150	Limousine	5/5	V/V	4/1998	123	8,0	–	1000	–	–	2150	X	X	X
306 GTi 6	10,18	31 900	Limousine	3/5	V/V	4/1998	167	8,8	–	1000	–	–	2150	X	X	X
306 SR	6,93	21 290	Limousine	4/5	V/V	4/1360	75	6,4	–	900	–	–	–	1750	X	X
306 ST	8,08	23 550	Limousine	4/5	V/V	4/1587	90	6,9	–	900	–	–	2150	1750	X	X
306 ST 1.8	8,97	24 150	Limousine	4/5	V/V	4/1761	103	7,6	8,0	1000	1000	1350	2150	1750	X	X
306 ST 2.0	10,18	25 150	Limousine	4/5	V/V	4/1998	123	7,8	8,4	1000	1000	1350	2150	1750	X	X
306 ST TD	9,69	26 100	Limousine	4/5	V/V	4/1905	92	5,8	–	1000	–	–	2150	1750	X	X

Damit Sie die Werkangaben ruhig übersehen können:

AUTOMOBIL REVUE

jede Woche ein grosser Testbericht.

OMP Groupe technique

BILSTEIN
AMORTISSEURS A PRESSION DE GAZ

Label de marque pour haute technologie dans la technique des suspensions

DISTRIBUTEUR OFFICIEL
sport autos

divers modèles et coloris à partir de
Fr. 300.—

IMPORTATEUR POUR LA SUISSE

Darbellay SA.
Route du Simplon 59
Tél. 027 722 90 80
Fax 027 722 90 81
1920 Martigny

Preisliste Liste des prix			Karosserie Carrosserie	Technische Daten Caractéristiques techniques							Mehrpreis für Supplément de prix pour			
Alle Angaben stammen von den Importeuren und werden ohne Verbindlichkeit für Handel und Redaktion weitergegeben. Toutes les données émanent des importateurs et n'engagent ni la responsabilité des réseaux de concessionnaires ni celle de la rédaction. Marke und Modell Marque et modèle	Steuer-PS CV Fiscaux	Katalog-preis Fr. Prix de catalogue fr.	Karosserietyp Type de carrosserie	Türen/ Plätze Portes/ Places	Motor-lage/ Antrieb Empl. du moteur/ Propuls. tract.	Zylinder/ cm³ Cylindres/ cm³	PS DIN CH (n = SAE netto)	Ø-Verbrauch l/100 km (Importeur) 5-Gang Consommations de carb. l/100 km mixte (Importateur) 5 vit.	Aut. 5-Gang aut.	Max. Anhängelast gebremst (kg) Poids total remorque freiné (kg) 5 vit.	Aut. aut.	Getriebe-automat Fr. Automa-tique fr.	Klima-anlage Fr. Climati-sation fr.	Anti-blockier-system (ABS) Fr. Système d'anti-bloquage (ABS) fr.	Airbag Fr. Airbag Fr. links gauche	rechts droite
306 1.8	8,97	30 550	Cabriolet	2/4	V/V	4/1761	103	7,9	8,2	1000	1000	1350	1950	1750	X	X
306 2.0	10,18	36 150	Cabriolet	2/4	V/V	4/1998	123	8,2	8,6	1000	1000	1350	1950	X	X	X
306 Suisse	10,18	37 350	Cabriolet	2/4	V/V	4/1998	123	8,2	8,6	1000	1000	1350	1950	X	X	X
406 SL 16V	8,97	27 500	Limousine	4/5	V/V	4/1761	112	7,6	–	1200	–	–	–	X	X	X
406 ST 16V	8,97	29 990	Limousine	4/5	V/V	4/1761	112	7,6	–	1200	–	–	X	X	X	X
406 ST 16V	10,18	31 490	Limousine	4/5	V/V	4/1998	135	7,8	9,7	1200	1200	1950	X	X	X	X
406 ST TD	9,69	31 490	Limousine	4/5	V/V	4/1905	90	6,3	–	1200	–	–	X	X	X	X
406 SV	10,18	34 900	Limousine	4/5	V/V	4/1998	135	7,8	9,7	1200	1200	1950	X	X	X	X
406 SV Turbo	10,18	36 600	Limousine	4/5	V/V	4/1998	150	8,9	–	1200	–	–	X	X	X	X
406 SV TD	10,64	36 900	Limousine	4/5	V/V	4/2088	111	6,4	–	1200	–	–	X	X	X	X
406 SV V6	15,0	41 500	Limousine	4/5	V/V	6/2946	194	–	–	–	–	–	X	X	X	X
406 SVE V6	15,0	46 600	Limousine	4/5	V/V	6/2946	194	–	–	–	–	–	X	X	X	X
406 SR Break	8,97	28 800	Station Wagon	5/5	V/V	4/1761	112	9,0	–	1500	–	–	1950	X	X	X
406 ST Break	10,18	32 790	Station Wagon	5/5	V/V	4/1998	135	9,5	11,0	1500	1500	1700	X	X	X	X
406 ST TD Break	9,69	32 790	Station Wagon	5/5	V/V	4/1905	90	7,1	–	1500	–	–	X	X	X	X
406 SV Break	10,18	36 200	Station Wagon	5/5	V/V	4/1998	135	9,5	11,0	1500	1500	1700	X	X	X	X
406 SV Turbo Break	10,18	37 400	Station Wagon	5/5	V/V	4/1998	150	10,0	–	1500	–	–	X	X	X	X
406 SV TD Break	10,64	38 200	Station Wagon	5/5	V/V	4/2088	111	7,2	–	1500	–	–	X	X	X	X
406 SV V6	15,0	42 800	Station Wagon	5/5	V/V	6/2946	194	11,1	–	1500	–	–	X	X	X	X
406 SVE V6	15,0	47 900	Station Wagon	5/5	V/V	6/2946	194	11,1	–	1500	–	–	X	X	X	X
605 ST	10,18	36 900	Limousine	4/5	V/V	4/1998	135	7,9	8,3	1200	1500	1950	X	X	X	X
605 ST Turbo	10,18	37 800	Limousine	4/5	V/V	4/1998	150	8,9	9,8	1350	1500	1950	X	X	X	X
605 ST TD	12,45	42 800	Limousine	4/5	V/V	4/2446	130	7,4	–	1500	–	–	X	X	X	X
605 ST TD Aut.	12,45	42 200	Limousine	4/5	V/V	4/2446	130	–	7,1	–	1420	X	X	X	X	X
605 ST V6 Aut.	15,08	43 800	Limousine	4/5	V/V	6/2962	170	–	11,0	–	1500	X	X	X	X	X
605 SV V6	15,08	49 800	Limousine	4/5	V/V	6/2962	170	10,3	11,0	1500	1500	2600	X	X	X	X
605 SV 2.4	15,08	65 000	Limousine	4/5	V/V	6/2962	200	10,8	–	1500	–	–	X	X	X	X
806 SR	10,18	33 700	Minivan	5/5	V/V	4/1998	123	9,2	–	1300	–	–	2300	X	X	X
806 SR TD	9,69	37 000	Minivan	5/5	V/V	4/1905	92	8,2	–	1300	–	–	2300	X	X	X
806 SR TD	10,64	38 200	Minivan	5/5	V/V	4/2088	110	7,8	–	1300	–	–	2300	X	X	X
806 ST	10,18	36 950	Minivan	5/5	V/V	4/1998	123	9,2	–	1300	–	–	2800	X	X	X
806 ST TD	9,69	40 250	Minivan	5/5	V/V	4/1905	92	8,2	–	1300	–	–	2800	X	X	X
806 ST TD	10,64	41 450	Minivan	5/5	V/V	4/2088	110	7,8	–	1300	–	–	2800	X	X	X
806 ST Turbo	10,18	39 500	Minivan	5/5	V/V	4/1998	150	10,1	–	1300	–	–	2800	X	X	X
806 SV	10,18	48 600	Minivan	5/5	V/V	4/1998	150	10,1	–	1300	–	–	X	X	X	X
806 Pullman	10,18	50 150	Minivan	5/6	V/V	4/1998	150	10,1	–	1300	–	–	X	X	X	X

PONTIAC Agence Americaines Automobiles SA, 4002 Basel

Firebird	19,31	42 900	Coupé	2/4	V/H	6/3791	196	11,3	11,7	–	–	1500	X	X	X	X
Firebird Convert.	19,31	49 800	Cabriolet	2/4	V/H	6/3791	196	11,3	11,7	–	–	1500	X	X	X	X
TransAm	29,20	56 500	Coupé	2/4	V/H	8/5733	269	–	13,5	–	900	X	X	X	X	X
GrandAm SE	15,97	41 900	Limousine	4/5	V/V	6/3135	158	–	11,1	–	900	X	X	X	X	X
GrandAm SE	15,97	41 900	Coupé	2/5	V/V	6/3135	158	–	11,1	–	900	X	X	X	X	X

PORSCHE Amag AG, 5116 Schinznach Bad

Boxster	12,62	59 950	Roadster	2/2	M/H	6/2480	204	9,7	10,9	–	–	4430	3100	X	X	X
911 Carrera	18,33	113 900	Coupé	2/2+2	H/H	6/3598	285	11,9	12,2	–	–	5525	3785	X	X	X
911 Carrera	18,33	128 800	Cabriolet	2/2+2	H/H	6/3598	285	11,9	12,2	–	–	5525	3785	X	X	X
911 Carrera Swiss	18,33	119 445	Coupé	2/2+2	H/H	6/3598	285	11,9	12,2	–	–	5525	X	X	X	X
911 Carrera Carbon	18,33	125 400	Coupé	2/2+2	H/H	6/3598	285	11,9	12,2	–	–	5525	3785	X	X	X
911 Carrera Swiss	18,33	133 945	Cabriolet	2/2+2	H/H	6/3598	285	11,9	12,2	–	–	5525	X	X	X	X
911 Carrera Carbon	18,33	139 900	Cabriolet	2/2+2	H/H	6/3598	285	11,9	12,2	–	–	5525	X	X	X	X
911 Carrera 4 Swiss	18,33	125 045	Coupé	2/2+2	H/4×4	6/3598	285	12,2	–	–	–	–	X	X	X	X
911 Carrera 4 Carbon	18,33	131 000	Coupé	2/2+2	H/4×4	6/3598	285	12,2	–	–	–	–	3785	X	X	X
911 Carrera 4 Swiss	18,33	139 245	Cabriolet	2/2+2	H/4×4	6/3598	285	12,2	–	–	–	–	X	X	X	X
911 Carrera 4 Carbon	18,33	145 200	Cabriolet	2/2+2	H/4×4	6/3598	285	12,2	–	–	–	–	3785	X	X	X
911 Carrera S	18,33	116 000	Coupé	2/2+2	H/H	6/3598	285	12,0	12,4	–	–	5525	3785	X	X	X
911 Carrera 4 S	18,33	129 200	Coupé	2/2+2	H/4×4	6/3598	285	12,0	–	–	–	–	X	X	X	X
911 Carrera 4 Carbon	18,33	138 300	Coupé	2/2+2	H/4×4	6/3598	285	12,0	–	–	–	–	X	X	X	X
911 Targa	18,33	118 900	Coupé	2/2+2	H/H	6/3598	285	11,9	12,2	–	–	5525	X	X	X	X
911 Turbo	18,33	179 400	Coupé	2/2+2	H/4×4	6/3598	408	15,7	–	–	–	–	X	X	X	X
911 Turbo Carbon	18,33	188 000	Coupé	2/2+2	H/4×4	6/3598	408	15,7	–	–	–	–	X	X	X	X

Wir wünschen Ihnen eine sichere Fahrt auf allen Strassen.
mobicar - die Motorfahrzeugversicherung der Schweizerischen Mobiliar.

Schweizerische Mobiliar
Versicherungsgesellschaft

macht Menschen sicher

Zeichenerklärung	+ Preis noch nicht festgelegt			V = vorn			Légendes	+ Prix non encore déterminé			V = avant			
	Δ Preis auf Anfrage			M = Mitte				Δ Prix sur demande			M = central			
	o Auf Wunsch ohne Mehrpreis			H = hinten				o Sur demande sans suppl. de prix			H = arrière			
	X serienmässig			4×4 = Allradantrieb				X = de série			4×4 = Quatre roues motrices			

Marke und Modell / Marque et modèle	Steuer-PS CV Fiscaux	Katalog-preis Fr. Prix de catalogue fr.	Karosserietyp Type de carrosserie	Türen/ Plätze Portes/ Places	Motor-lage/ Antrieb Empl. du moteur/ Propuls. tract.	Zylinder/ cm³ Cylindres/ cm³	PS DIN CH (n = SAE netto)	Ø-Verbrauch l/100 km (Importeur) 5-Gang Consommations de carb. l/100 km mixte (Importateur) 5 vit.	Aut. aut.	Max. Anhängelast gebremst (kg) 5-Gang Poids total remorque freiné (kg) 5 vit.	Aut. aut.	Getriebe-automat Fr. Automa-tique fr.	Klima-anlage Fr. Climati-sation fr.	Anti-blockier-system (ABS) Fr. Système d'anti-bloquage (ABS) fr.	Airbag Fr. Airbag Fr. links gauche	rechts droite

PUCH — Steyr-Daimler-Puch (Schweiz) AG, 3613 Steffisburg

Marke und Modell	Steuer-PS	Katalogpreis	Karosserietyp	Türen/Plätze	Antrieb	Zyl/cm³	PS	5-G	Aut	5-G	Aut	Autom	Klima	ABS	links	rechts
G 320	16,30	79 850	Station Wagon	3/5	V/4×4	6/3199	210	–	14,3	–	6000	X	3150	X	X	X
G 320	16,30	85 850	Station Wagon	5/5	V/4×4	6/3199	210	–	14,3	–	6000	X	3150	X	X	X
G 300 TD	15,25	80 850	Station Wagon	3/5	V/4×4	6/2996	177	–	–	–	6000	X	3150	X	X	X
G 300 TD	15,25	86 850	Station Wagon	5/5	V/4×4	6/2996	177	–	–	–	6000	X	3150	X	X	X
G 320 L	16,30	98 850	Station Wagon	3/5	V/4×4	6/3199	210	–	14,3	–	6000	X	X	X	X	X
G 320 L	16,30	104 850	Station Wagon	5/5	V/4×4	6/3199	210	–	14,3	–	6000	X	X	X	X	X
G 300 L TD	15,25	99 850	Station Wagon	3/5	V/4×4	6/2996	177	–	–	–	6000	X	X	X	X	X
G 300 L TD	15,25	105 850	Station Wagon	5/5	V/4×4	6/2996	177	–	–	–	6000	X	X	X	X	X
G 36 AMG	18,30	131 800	offen	2/5	V/4×4	6/3606	258	–	16,0	–	6000	X	X	X	X	X
G 36 AMG	18,30	132 800	Station Wagon	3/5	V/4×4	6/3606	258	–	16,0	–	6000	X	X	X	X	X
G 36 AMG	18,30	134 800	Station Wagon	5/5	V/4×4	6/3606	258	–	16,0	–	6000	X	X	X	X	X

RENAULT — Renault (Suisse) SA, 8105 Regensdorf

Marke und Modell	Steuer-PS	Katalogpreis	Karosserietyp	Türen/Plätze	Antrieb	Zyl/cm³	PS	5-G	Aut	5-G	Aut	Autom	Klima	ABS	links	rechts
Twingo	6,30	13 990	Limousine	3/4	V/V	4/1149	60	6,0	–	450	–	–	–	1400	X	500
Twingo Pack	6,30	14 750	Limousine	3/4	V/V	4/1149	60	6,0	–	450	–	–	1700	1400	X	500
Twingo Seventie	6,30	15 890	Limousine	3/4	V/V	4/1149	60	6,0	–	450	–	–	1700	1400	X	500
Twingo Easy	6,30	15 500	Limousine	3/4	V/V	4/1149	60	6,0	–	450	–	–	1700	1400	X	500
Twingo Matic	6,30	16 500	Limousine	3/4	V/V	4/1149	60	–	7,0	–	450	X	–	1400	X	500
Twingo Alizé	6,30	15 750	Limousine	3/4	V/V	4/1149	60	6,2	–	450	–	–	X	1400	X	500
Clio Be-Bap	6,30	14 990	Limousine	3/5	V/V	4/1149	60	6,3	–	650	–	–	–	1500	X	550
Clio Campus	6,30	15 450	Limousine	3/5	V/V	4/1149	60	6,3	–	650	–	–	–	1500	X	550
Clio Fidji	6,30	16 690	Limousine	3/5	V/V	4/1149	60	6,3	–	650	–	–	–	1500	X	550
Clio Fidji	7,08	17 490	Limousine	3/5	V/V	4/1389	75	7,1	7,9	750	750	1150	–	1500	X	550
Clio Champs-El.	7,08	18 590	Limousine	3/5	V/V	4/1389	75	7,1	7,9	750	750	1150	1850	1500	X	550
Clio RSi	9,08	20 990	Limousine	3/5	V/V	4/1783	110	8,2	–	750	–	–	1850	1500	X	550
Clio Racing 5türig + Fr. 500.–	9,08	21 990	Limousine	3/5	V/V	4/1783	110	8,2	–	750	–	–	1850	1500	X	550
Clio Fidji D.	9,52	18 490	Limousine	5/5	V/V	4/1870	65	6,2	–	800	–	–	–	1500	X	550
Clio Champs-El.	9,08	20 090	Limousine	5/5	V/V	4/1783	90	8,1	9,2	750	750	1450	1850	1500	X	500
Clio Initiale	9,08	28 000	Limousine	5/5	V/V	4/1783	90	8,1	9,2	750	750	1450	X	X	X	X
Clio Electrique	–	43 500	Limousine	5/5	V/V	–	–	–	–	–	–	–	–	X	X	–
Mégane RT	7,08	20 500	Limousine	5/5	V/V	4/1390	75	6,9	–	950	–	–	1950	1500	X	X
Mégane RT 1.6	8,13	21 100	Limousine	5/5	V/V	4/1598	90	7,3	7,8	1000	1000	1500	1950	1500	X	X
Mégane RT Bus.	8,13	24 100	Limousine	5/5	V/V	4/1598	90	7,3	7,8	1000	1000	1500	1950	1500	X	X
Mégane RT 2.0	10,17	22 650	Limousine	5/5	V/V	4/1998	115	8,2	–	1000	–	–	1950	1500	X	X
Mégane RT Bus.	10,17	25 650	Limousine	5/5	V/V	4/1998	115	8,2	–	1000	–	1500	1950	1500	X	X
Mégane RXE	10,17	26 650	Limousine	5/5	V/V	4/1998	115	8,2	–	1000	–	1500	X	X	X	X
Mégane 2.0-16	10,17	31 400	Limousine	5/5	V/V	4/1998	150	9,3	–	1000	–	–	X	X	X	X
Mégane RT TD	9,52	23 950	Limousine	5/5	V/V	4/1870	95	5,4	–	1000	–	–	1950	1500	X	X
Mégane RXE TD	9,52	27 950	Limousine	5/5	V/V	4/1870	95	5,4	–	1000	–	–	X	X	X	X
Mégane 1.6	8,13	21 400	Coupé	2/4	V/V	4/1598	90	7,3	7,6	1000	1000	1500	1950	1500	X	X
Mégane 2.0	10,17	26 650	Coupé	2/4	V/V	4/1998	115	8,1	–	1000	–	1500	1950	1500	X	X
Mégane 2.0-16	10,17	31 400	Coupé	2/4	V/V	4/1998	150	8,3	–	1000	–	–	1950	1500	X	X
Mégane 1.6	8,13	29 900	Cabriolet	2/4	V/V	4/1598	90	7,3	–	1000	–	–	–	1500	X	X
Mégane Impulsion	8,13	34 900	Cabriolet	2/4	V/V	4/1598	90	7,3	–	1000	–	–	1950	1500	X	X
Mégane 2.0-16	10,17	37 900	Cabriolet	2/4	V/V	4/1998	150	9,3	–	1000	–	–	1950	1500	X	X
Mégane Testation	10,17	41 900	Cabriolet	2/4	V/V	4/1998	150	9,3	–	1000	–	–	X	X	X	X
Scénic RT 1.4	7,08	23 500	Minivan	5/5	V/V	4/1390	75	8,2	–	1000	–	–	1950	1500	X	X
Scénic RT 1.6	8,13	24 100	Minivan	5/5	V/V	4/1598	90	8,2	9,1	1000	1000	1500	1950	1500	X	X
Scénic T Bus.	8,13	27 100	Minivan	5/5	V/V	4/1598	90	8,2	9,1	1000	1000	1500	1950	1500	X	X
Scénic RT 2.0	10,17	25 650	Minivan	5/5	V/V	4/1998	115	9,3	10,2	1000	1000	1500	1950	1500	X	X
Scénic RXE	10,17	29 950	Minivan	5/5	V/V	4/1998	115	9,3	10,2	1000	1000	1500	X	X	X	X
Scénic RT TD	9,52	26 950	Minivan	5/5	V/V	4/1870	95	6,9	–	1000	–	–	1950	1500	X	X
Scénic RXE TD	9,52	31 250	Minivan	5/5	V/V	4/1870	95	6,9	–	1000	–	–	X	X	X	X
Laguna RN	10,17	26 440	Limousine	5/5	V/V	4/1998	115	8,9	9,4	1100	1000	1600	–	–	X	X
Laguna Bus.	10,17	29 850	Limousine	5/5	V/V	4/1998	115	8,9	9,4	1100	1000	1600	X	X	X	X
Laguna Bus. 2.0-16	10,17	32 090	Limousine	5/5	V/V	4/1998	140	9,6	–	1300	–	–	X	X	X	X
Laguna RXE	10,17	35 490	Limousine	5/5	V/V	4/1998	115	8,9	9,8	1100	1000	1600	X	X	X	X

Quelle que soit votre destination, roulez en tout sécurité.
mobicar - L'assurance auto de la Mobilière Suisse.

Mobilière Suisse
Société d'assurances

l'assurance d'être bien assuré

Preisliste / Liste des prix

Alle Angaben stammen von den Importeuren und werden ohne Verbindlichkeit für Handel und Redaktion weitergegeben.
Toutes les données émanent des importateurs et n'engagent ni la responsabilité des réseaux de concessionnaires ni celle de la rédaction.

Marke und Modell / Marque et modèle	Steuer-PS / CV Fiscaux	Katalogpreis Fr. / Prix de catalogue fr.	Karosserie / Carrosserietyp / Type de carrosserie	Türen/Plätze / Portes/Places	Motorlage/Antrieb / Empl. du moteur/Propuls. tract.	Zylinder/cm³ / Cylindres/cm³	PS DIN CH (n = SAE netto)	Ø-Verbrauch l/100 km (Importeur) 5-Gang / Consommations de carb. l/100 km mixte (Importeur) 5 vit.	Aut. / aut.	Max. Anhängelast gebremst (kg) 5-Gang / Poids total remorque freiné (kg) 5 vit.	Aut. / aut.	Getriebeautomat Fr. / Automatique fr.	Klimaanlage Fr. / Climatisation fr.	Antiblockiersystem (ABS) Fr. / Système d'antibloquage (ABS) fr.	Airbag Fr. links / Airbag Fr. gauche	rechts / droite
Laguna RT Aut.	15,08	38 000	Limousine	5/5	V/V	6/2963	170	–	13,0	–	1200	X	X	X	X	X
Laguna RXE Aut.	15,08	42 500	Limousine	5/5	V/V	6/2963	170	–	13,0	–	1200	X	X	X	X	X
Laguna Bus. TD	11,15	34 800	Limousine	5/5	V/V	4/2188	115	7,2	–	1300	–	–	X	X	X	X
Laguna RN	10,17	27 540	Station Wagon	5/5	V/V	4/1998	115	8,9	10,2	1000	1000	1600	1950	1600	X	X
Laguna Bus.	10,17	30 950	Station Wagon	5/5	V/V	4/1998	115	8,9	10,2	1000	1000	1600	X	X	X	X
Laguna Bus. 2.0-16	10,17	33 390	Station Wagon	5/5	V/V	4/1998	115	9,8	–	1000	1000	–	X	X	X	X
Laguna RXE	10,17	36 790	Station Wagon	5/5	V/V	4/1998	115	8,9	10,2	1000	1000	1100	X	X	X	X
Laguna RT Aut.	15,08	39 300	Station Wagon	5/5	V/V	6/2963	170	–	13,2	–	1200	X	X	X	X	X
Laguna Bus. TD	11,15	36 100	Station Wagon	5/5	V/V	4/2188	115	7,4	–	1000	–	–	X	X	X	X
Safrane	9,92	33 900	Limousine	5/5	V/V	4/1948	138	9,1	9,8	1300	1200	Δ	–	X	X	X
Safrane Bus.	9,92	37 900	Limousine	5/5	V/V	4/1948	138	9,1	9,8	1300	1200	2100	X	X	X	X
Safrane Bus.	9,92	42 900	Limousine	5/5	V/V	5/2435	168	10,3	10,7	1500	1200	2100	X	X	X	X
Safrane RXE Aut.	15,08	49 900	Limousine	5/5	V/V	6/2963	170	–	13,4	–	1200	X	X	X	X	X
Safrane Init. Aut.	15,08	66 900	Limousine	5/5	V/V	6/2963	170	–	13,4	–	1200	X	X	X	X	X
Safrane Bus. TD	11,15	40 900	Limousine	5/5	V/V	4/2188	115	7,3	–	1000	–	–	X	X	X	X
Safrane Biturbo	15,08	77 500	Limousine	5/5	V/4×4	6/2963	208	11,8	–	1500	–	–	X	X	X	X
Safrane Bit. Bacc.	15,08	89 700	Limousine	5/5	V/4×4	6/2963	208	11,8	–	1500	–	–	X	X	X	X
Espace Family	10,17	33 950	Minivan	5/5	V/V	4/1998	115	9,7	–	1550	–	–	2950	X	X	X
Espace Alizé	10,17	39 600	Minivan	5/5	V/V	4/1998	115	9,7	–	1550	–	–	X	X	X	X
Espace Alizé Aut.	15,08	46 500	Minivan	5/5	V/V	6/2963	170	–	13,7	–	1800	X	X	X	X	X
Espace Champs-El.	15,08	52 500	Minivan	5/5	V/V	6/2963	170	–	13,7	–	1800	X	X	X	X	X
Espace Family TD	11,15	38 600	Minivan	5/5	V/V	4/2188	115	8,0	–	1700	–	–	2950	X	X	X
Espace Alizé TD	11,65	44 250	Minivan	5/5	V/V	4/2188	115	8,0	–	1700	–	–	X	X	X	X

ROLLS-ROYCE — Rolls-Royce International SA, 1162 Saint-Prex

Modell	Steuer-PS	Preis	Karosserie	T/P	Motor	Zyl/cm³	PS	5-Gang	Aut.	5-Gang	Aut.	Autom.	Klima	ABS	Airbag li	re
Silver Dawn	34,36	235 950	Limousine	4/5	V/H	8/6750	247	–	17,1	–	–	X	X	X	X	X
Silver Spur T.	34,36	268 750	Limousine	4/5	V/H	8/6750	305	–	–	–	–	X	X	X	X	X
Park Ward T.	34,36	405 600	Limousine	4/5	V/H	8/6750	305	–	–	–	–	X	X	X	X	X
Touring	34,36	451 600	Limousine	4/6	V/H	8/6750	–	–	–	–	–	X	X	X	X	X

ROVER — Streag AG, 5745 Safenwil

Modell	Steuer-PS	Preis	Karosserie	T/P	Motor	Zyl/cm³	PS	5-Gang	Aut.	5-Gang	Aut.	Autom.	Klima	ABS	Airbag li	re
214 Si	7,11	19 990	Limousine	3/5	V/V	4/1396	103	7,1	–	1000	–	–	1850	900	X	X
214 Si	7,11	21 790	Limousine	5/5	V/V	4/1396	103	7,1	–	1000	–	–	1850	X	X	X
216 Si	8,09	24 750	Limousine	5/5	V/V	4/1588	111	7,2	7,8	1000	1000	1700	1850	X	X	X
200 vi	9,14	32 250	Limousine	3/5	V/V	4/1796	145	7,5	–	1000	–	–	X	X	X	X
416 Si	8,09	26 200	Limousine	5/5	V/V	4/1588	111	7,1	7,8	1000	1000	1700	2300	X	X	X
416 Si Aut.	8,09	28 600	Limousine	5/5	V/V	4/1590	113	–	8,8	–	1000	X	2300	X	X	X
420 Si	10,15	29 200	Limousine	5/5	V/V	4/1994	136	8,6	–	1000	–	–	2300	X	X	X
420 Si	10,15	30 200	Limousine	4/5	V/V	4/1994	136	8,6	–	1000	–	–	2300	X	X	X
620 Si	10,16	32 000	Limousine	4/5	V/V	4/1997	131	9,1	10,1	1200	1200	1800	2500	X	X	X
623 Si	11,49	38 650	Limousine	4/5	V/V	4/2259	158	9,6	10,2	1400	1200	1800	X	X	X	X
620 Ti	10,15	40 100	Limousine	4/5	V/V	4/1994	200	9,3	–	1200	–	–	X	X	X	X
825 Si	12,67	48 500	Limousine	4/5	V/V	6/2489	175	–	10,2	–	1500	X	2900	X	X	X
825 Si Lux	12,67	55 600	Limousine	4/5	V/V	6/2489	175	–	10,2	–	1500	X	X	X	X	X

SAAB — Scancars AG, 4144 Arlesheim

Modell	Steuer-PS	Preis	Karosserie	T/P	Motor	Zyl/cm³	PS	5-Gang	Aut.	5-Gang	Aut.	Autom.	Klima	ABS	Airbag li	re
900 2.0i	10,10	28 450	Coupé	3/5	V/V	4/1985	130	10,9	10,9	1000	1350	2495	2750	X	X	X
900 2.0i S	10,10	32 450	Coupé	3/5	V/V	4/1985	130	10,9	10,9	1000	1350	2495	2750	X	X	X
900 2.3i S	11,65	35 450	Coupé	3/5	V/V	4/2290	150	9,8	9,8	1350	1600	2495	2750	X	X	X
900 2.0 Turbo S	10,10	39 980	Coupé	3/5	V/V	4/1985	185	10,4	10,4	1410	1600	2495	2750	X	X	X
900 2.0 Swiss	10,10	34 750	Coupé	3/5	V/V	4/1985	130	10,9	10,9	1000	1350	2495	2750	X	X	X
900 2.3 Swiss	11,65	37 750	Coupé	3/5	V/V	4/2290	150	9,8	9,8	1350	1600	2495	2750	X	X	X
900 2.3 SE	11,65	40 950	Coupé	3/5	V/V	4/2290	150	9,8	9,8	1350	1600	2495	X	X	X	X
900 V6 SE	12,71	47 100	Coupé	3/5	V/V	6/2498	170	10,9	10,9	1510	1600	2495	X	X	X	X
900 2.0 Turbo SE	10,10	46 450	Coupé	3/5	V/V	4/1985	185	10,4	10,4	1370	1600	2495	X	X	X	X
5türig + Fr. 1000.–																
900 2.0i S	10,10	45 950	Cabriolet	2/4	V/V	4/1985	130	10,9	10,9	1000	1600	2495	2750	X	X	X
900 2.3 SE	11,65	50 800	Cabriolet	2/4	V/V	4/2290	150	9,8	9,8	1420	1600	2495	2750	X	X	X
900 V6 SE	12,71	57 800	Cabriolet	2/4	V/V	6/2498	170	10,9	10,9	1450	1600	2495	2750	X	X	X
900 2.0 Turbo SE	10,10	55 800	Cabriolet	2/4	V/V	4/1985	185	10,4	10,4	1410	1600	2495	2750	X	X	X
9000 2.0 CS	10,10	34 900	Limousine	5/5	V/V	4/1985	130	10,5	10,5	1460	–	–	3900	X	X	X
9000 2.0 LPT CS	10,10	39 450	Limousine	5/5	V/V	4/1985	150	9,9	9,9	1460	1600	2495	3900	X	X	X
9000 2.3 LPT CS	11,65	43 450	Limousine	5/5	V/V	4/2290	170	9,6	9,6	1470	1470	2495	3900	X	X	X
9000 2.3 Turbo CS	11,65	49 950	Limousine	5/5	V/V	4/2290	200	9,7	9,7	1460	1460	2495	3900	X	X	X
9000 2.0 LPT Swiss	10,10	41 750	Limousine	5/5	V/V	4/1985	150	9,9	9,9	1460	1600	2495	3900	X	X	X
9000 2.3 LPT Swiss	11,65	45 750	Limousine	5/5	V/V	4/2290	170	9,6	9,6	1470	1470	2495	3900	X	X	X

| Zeichenerklärung | + Preis noch nicht festgelegt
Δ Preis auf Anfrage
o Auf Wunsch ohne Mehrpreis
X serienmässig | V = vorn
M = Mitte
H = hinten
4×4 = Allradantrieb | Légendes | + Prix non encore déterminé
Δ Prix sur demande
o Sur demande sans suppl. de prix
X = de série | V = avant
M = central
H = arrière
4×4 = Quatre roues motrices |

Marke und Modell Marque et modèle	Steuer-PS CV Fiscaux	Katalogpreis Fr. Prix de catalogue fr.	Karosserietyp Type de carrosserie	Türen/Plätze Portes/Places	Motorlage/Antrieb Empl. du moteur/Propuls. tract.	Zylinder/cm³ Cylindres/cm³	PS DIN CH (n = SAE netto)	Ø-Verbrauch l/100 km (Importeur) 5-Gang Consommations de carb. l/100 km mixte (Importateur) 5 vit.	Aut. aut.	Max. Anhängelast gebremst (kg) 5-Gang Poids total remorque freiné (kg) 5 vit.	Aut. aut.	Getriebeautomat Fr. Automatique fr.	Klimaanlage Fr. Climatisation fr.	Antiblockiersystem (ABS) Fr. Système d'antibloquage (ABS) fr.	Airbag Fr. links Airbag Fr. gauche	rechts droite
9000 2.3 LPT CSE	11,65	50 450	Limousine	5/5	V/V	4/2290	170	9,6	9,6	1470	1470	2495	X	X	X	X
9000 2.3 LPT Anniv.	11,65	52 700	Limousine	5/5	V/V	4/2290	170	9,6	9,6	1470	1470	2495	X	X	X	X
9000 2.3 Turbo CSE	11,65	57 350	Limousine	5/5	V/V	4/2290	200	9,7	9,7	1460	1460	2495	X	X	X	X
9000 Aero	11,65	69 900	Limousine	5/5	V/V	4/2290	225	10,0	10,0	1460	1480	o	X	X	X	X
9000 2.0 LPT CD	10,10	38 950	Limousine	4/5	V/V	4/1985	150	9,9	9,9	1430	1600	2495	3900	X	X	X
9000 Griffin	11,65	69 900	Limousine	4/5	V/V	4/2290	200	9,7	9,7	1440	1440	X	X	X	X	X

SEAT Spancar AG, 5116 Schinznach Bad

Marke und Modell	Steuer-PS	Katalogpreis	Karosserietyp	Türen/Plätze	Motor	Zylinder/cm³	PS DIN	Verbr. 5v	Aut.	Anhäng. 5v	Aut.	Getr.aut.	Klima	ABS	Airbag li	re
Arosa	5,08	+	Limousine	3/4	V/V	4/999	50	–	–	650	–	+	+	–	X	+
Arosa	7,08	+	Limousine	3/4	V/V	4/1390	60	–	–	800	800	+	+	–	X	+
Ibiza SE	7,08	16 150	Limousine	3/5	V/V	4/1390	60	6,9	–	750	–	–	850	1750	X	X
Ibiza SXE	7,08	18 700	Limousine	3/5	V/V	4/1390	60	6,9	–	750	–	–	850	1750	X	X
Ibiza SXE	9,06	23 800	Limousine	3/5	V/V	4/1780	90	–	9,5	–	1000	X	850	1750	X	X
Ibiza TDi SXE	9,65	21 700	Limousine	3/5	V/V	4/1896	90	5,1	–	1000	–	–	850	1750	X	X
Ibiza GTi	10,10	22 500	Limousine	3/5	V/V	4/1984	115	7,3	–	1000	–	–	850	1750	X	X
Ibiza GTi 16V	10,10	25 800	Limousine	3/5	V/V	4/1984	150	8,2	–	1100	–	–	850	X	X	X
5türig + Fr. 600.–																
Cordoba SE	7,08	18 400	Limousine	4/5	V/V	4/1390	60	7,1	–	750	–	–	850	1750	X	X
Cordoba SXE	7,08	20 400	Limousine	4/5	V/V	4/1390	60	7,1	–	750	–	–	850	1750	X	X
Cordoba SXE	8,12	23 950	Limousine	4/5	V/V	4/1595	100	8,6	–	1000	–	–	850	1750	X	X
Cordoba SXE	9,06	25 350	Limousine	4/5	V/V	4/1780	90	–	9,5	1000	–	–	850	1750	X	X
Cordoba GTi	10,10	24 600	Limousine	4/5	V/V	4/1984	115	7,3	–	1000	–	–	850	1750	X	X
Cordoba GTi 16V	10,10	27 500	Limousine	4/5	V/V	4/1984	115	8,2	–	1100	–	–	850	X	X	X
Cordoba SX	8,12	23 450	Limousine	4/5	V/V	4/1595	100	8,6	–	1000	–	–	850	X	X	X
Cordoba SX	10,10	24 800	Limousine	4/5	V/V	4/1984	115	7,3	–	1000	–	–	850	X	X	X
Cordoba SX 16V	10,10	27 500	Limousine	4/5	V/V	4/1984	150	–	–	1100	–	–	850	X	X	X
Toledo Sport	10,10	26 900	Limousine	5/5	V/V	4/1984	115	7,3	8,9	1080	1080	2750	850	X	X	X
Toledo SE TDi	9,65	27 900	Limousine	5/5	V/V	4/1895	90	5,3	–	1000	–	–	850	X	X	X
Toledo SXE	10,10	28 900	Limousine	5/5	V/V	4/1984	115	7,3	8,9	1080	1080	2750	850	X	X	X
Toledo 2.0 16V	10,10	32 000	Limousine	5/5	V/V	4/1984	150	8,5	–	1090	–	–	850	X	X	X
Toledo SXE TDi	9,65	30 650	Limousine	5/5	V/V	4/1895	90	5,3	–	1000	–	–	850	X	X	X
Alhambra Comfort	10,10	32 950	Station Wagon	5/5	V/V	4/1984	115	9,9	–	1200	–	–	2050	1500	X	X
Alhambra TDi	9,65	36 000	Station Wagon	5/5	V/V	4/1895	90	6,5	–	2000	–	–	2050	1500	X	X
Alhambra Luxus	10,10	36 400	Station Wagon	5/5	V/V	4/1984	115	9,9	1,3	1200	1200	1950	2050	X	X	X

ŠKODA Amoda Automobile AG, 5116 Schinznach Bad

Modell	PS	Preis	Karosserie	T/P	Antr	Zyl/cm³	PS	Verbr	Aut	Anh	Aut	Autom	Klima	ABS	Ail	re
Felicia LXi	6,56	14 380	Limousine	5/5	V/V	4/1289	68	6,5	–	650	–	–	–	–	X	X
Felicia GLXi	6,56	16 980	Limousine	5/5	V/V	4/1289	68	6,5	–	650	–	–	–	X	X	X
Felicia GLXi	8,13	17 950	Limousine	5/5	V/V	4/1598	75	6,3	–	1000	–	–	–	X	X	X
Felicia LXi	6,56	16 050	Station Wagon	5/5	V/V	4/1289	68	6,5	–	650	–	–	–	–	X	X
Felicia GLXi	6,56	18 650	Station Wagon	5/5	V/V	4/1289	68	6,5	–	650	–	–	–	X	X	X
Felicia GLXi	8,13	19 620	Station Wagon	5/5	V/V	4/1598	75	6,3	–	1000	–	–	–	X	X	X
Felicia LXi D.	9,65	18 650	Station Wagon	5/5	V/V	4/1895	64	–	–	–	–	–	–	–	X	X

SUBARU Streag AG, 5745 Safenwil

Modell	PS	Preis	Karosserie	T/P	Antr	Zyl/cm³	PS	Verbr	Aut	Anh	Aut	Autom	Klima	ABS	Ail	re
Vivio	3,35	13 730	Limousine	5/4	V/4×4	4/658	44	6,2	–	500	–	–	–	–	X	–
Justy	6,61	18 990	Limousine	3/5	V/4×4	4/1298	68	6,4	–	800	–	–	1995	–	X	–
Justy	6,61	19 790	Limousine	5/5	V/4×4	4/1298	68	6,4	–	800	–	–	1995	–	X	X
Wagon Profi	6,05	19 500	Station Wagon	5/4	V/4×4	3/1189	54	7,3	–	700	–	–	–	–	–	–
Wagon	6,05	21 950	Station Wagon	5/6	V/4×4	3/1189	54	7,3	–	700	–	–	–	–	–	–
Impreza Compact	8,13	22 950	Station Wagon	5/5	V/4×4	4/1597	90	8,5	–	1500	–	–	2325	–	X	–
Impreza Compact	10,15	27 500	Station Wagon	5/5	V/4×4	4/1994	115	9,3	9,7	1600	1200	2400	2325	X	X	X
Impreza Compact Turbo	10,15	36 500	Station Wagon	5/5	V/4×4	4/1994	211	10,2	–	1200	–	–	2325	X	X	X
Impreza	10,15	27 750	Limousine	4/5	V/4×4	4/1994	115	9,3	9,7	1200	1200	1600	2325	X	X	X
Impreza GT Turbo	10,15	35 950	Limousine	4/5	V/4×4	4/1994	211	10,2	–	1200	–	–	2325	X	X	X
Legacy Swiss St.	10,15	28 500	Station Wagon	5/5	V/4×4	4/1994	115	9,4	–	1600	–	–	2325	X	X	X
Legacy Super-Station	11,26	35 950	Station Wagon	5/5	V/4×4	4/2212	131	9,4	–	1600	–	–	2325	X	X	X
Legacy S-St. 4 Cam.	12,51	38 900	Station Wagon	5/5	V/4×4	4/2457	150	–	10,3	–	1800	X	2325	X	X	X
Legacy Outback	12,51	38 900	Station Wagon	5/5	V/4×4	4/2457	150	–	10,3	–	1800	X	2325	X	X	X
Legacy 4 CAM 2.5	12,51	40 150	Limousine	4/5	V/4×4	4/2457	150	–	10,3	–	1800	X	X	X	X	X

bosal

auspuffanlagen / systèmes d'echappement   dachträger / barres de toit   anhängevorrichtungen / crochets d'attelage

Bosal Distribution AG · 4702 Oensingen · Telefon 062 - 388 10 60 · Fax 062 - 396 26 79

Preisliste / Liste des prix	Steuer-PS CV Fiscaux	Katalogpreis Fr. Prix de catalogue fr.	Karosserietyp Type de carrosserie	Türen/Plätze Portes/Places	Motorlage/Antrieb Empl. du moteur/ Propuls. tract.	Zylinder/cm³ Cylindres/cm³	PS DIN CH (n = SAE netto)	Ø-Verbrauch l/100 km 5-Gang 5 vit.	Aut. aut.	Max. Anhängelast gebremst (kg) 5-Gang 5 vit.	Aut. aut.	Getriebe-automat Fr.	Klima-anlage Fr.	ABS Fr.	Airbag links	Airbag rechts
SUZUKI Suzuki Automobile AG, 8305 Dietlikon																
Alto GL	5,06	12 790	Limousine	3/4	V/V	4/993	53	5,7	–	300	–	–	–	–	–	–
Swift GLS	5,06	12 990	Limousine	3/5	V/V	4/993	53	5,5	–	600	–	–	–	–	X	X
Swift GLS 1.3	6,61	14 490	Limousine	3/5	V/V	4/1298	68	5,9	–	600	–	–	X	–	X	X
Swift GLX	5,06	13 490	Limousine	5/5	V/V	4/993	53	5,5	–	600	–	–	–	–	X	X
Swift GLX 1.3	6,61	14 990	Limousine	5/5	V/V	4/1298	68	5,9	–	600	–	–	X	–	X	X
Baleno GL 16V	6,61	14 990	Limousine	3/5	V/V	4/1298	85	6,6	–	1100	–	–	–	–	X	X
Baleno GL Aut.	8,09	17 990	Limousine	3/5	V/V	4/1590	101	–	8,2	–	1100	X	–	–	X	X
Baleno GS 16V	8,09	17 990	Limousine	3/5	V/V	4/1590	101	6,8	–	1100	–	–	–	–	X	X
Baleno GS Top	8,09	20 990	Limousine	3/5	V/V	4/1590	101	6,8	–	1100	–	–	X	X	X	X
Baleno GT 16V	9,36	22 990	Limousine	3/5	V/V	4/1839	121	7,6	–	1100	–	–	X	X	X	X
Baleno GL	6,61	16 990	Limousine	4/5	V/V	4/1298	85	6,6	–	1100	–	–	–	–	X	X
Baleno GLX	8,09	18 990	Limousine	4/5	V/V	4/1590	101	6,8	–	1100	–	–	–	–	X	X
Baleno GLX Top	8,09	21 990	Limousine	4/5	V/V	4/1590	101	6,8	–	1100	–	–	X	X	X	X
Baleno GT	9,36	23 990	Limousine	4/5	V/V	4/1839	121	7,6	–	1100	–	–	X	X	X	X
Baleno GLX	8,09	19 990	Station Wagon	5/5	V/V	4/1590	101	7,4	–	1200	–	–	–	–	X	X
Baleno GT	9,36	24 990	Station Wagon	5/5	V/V	4/1839	121	7,9	–	1200	–	–	X	X	X	X
Baleno 4WD	8,09	19 990	Limousine	3/5	V/4×4	4/1590	101	7,6	–	1100	–	–	–	–	X	X
Baleno GLX 4WD	8,09	20 990	Limousine	4/5	V/4×4	4/1590	101	7,6	–	1100	–	–	–	–	X	X
Baleno GLX 4WD	8,09	21 990	Station Wagon	5/5	V/4×4	4/1590	101	7,8	–	1200	–	–	–	–	X	X
Samurai 4WD	6,61	18 390	offen	3/4	V/4×4	4/1298	69	8,5	–	1000	–	–	–	–	–	–
Samurai 4WD	6,61	18 890	Station Wagon	3/4	V/4×4	4/1598	69	8,5	–	1000	–	–	–	–	–	–
X 90 4WD	8,10	26 990	offen	2/2	V/4×4	4/1590	96	7,8	–	1310	–	2000	X	X	X	X
Vitara 4WD	8,09	26 990	offen	3/4	V/4×4	4/1590	96	8,3	–	1450	–	–	–	X	X	X
Vitara 4WD	8,09	26 990	Station Wagon	3/5	V/4×4	4/1590	96	8,3	–	1450	–	–	–	X	X	X
Vitara D. Aut.	10,17	33 990	Station Wagon	5/5	V/4×4	6/1998	71	8,1	–	1805	–	–	–	–	X	X
Vitara V6-24	10,17	32 990	Station Wagon	5/5	V/4×4	6/1998	140	10,1	–	1875	1875	2000	–	X	X	X
Vitara V6-24 Top	10,17	35 990	Station Wagon	5/5	V/4×4	6/1998	140	10,1	–	1875	1875	2000	X	X	X	X
SSANG YONG Ssang Yong Motor (Schweiz) AG, 8050 Zürich																
Musso E23	11,68	+	Station Wagon	3/5	V/4×4	4/2295	150	–	–	–	–	2100	1750	X	–	–
Musso E23	11,68	+	Station Wagon	5/5	V/4×4	4/2295	150	–	–	–	–	2100	1750	X	–	–
Musso E23	16,29	48 000	Station Wagon	5/5	V/4×4	6/3198	220	–	–	–	3300	X	1750	X	–	–
TOYOTA Toyota AG, 5745 Safenwil																
Starlet 1.3-16	6,78	14 990	Limousine	3/5	V/V	4/1332	75	6,8	7,7	–	–	1200	1600	1000	X	X
Starlet 1.3-16	6,78	15 690	Limousine	5/5	V/V	4/1332	75	6,8	7,7	–	–	1200	1600	1000	X	X
Paseo	7,61	21 900	Coupé	2/4	V/V	4/1497	90	7,0	–	–	–	–	1600	1000	X	X
Corolla Compact XLi	6,78	19 490	Limousine	3/5	V/V	4/1332	75	7,0	–	550	–	–	–	975*	X	X*
Corolla Compact XLi	6,78	20 190	Limousine	5/5	V/V	4/1332	75	7,0	–	550	–	–	–	975*	X	X*
Corolla Compact XLi	8,08	23 250	Limousine	5/5	V/V	4/1587	114	8,2	8,7	830	1100	1500	–	975*	X	X*
Corolla Compact Gli	8,08	26 300	Limousine	5/5	V/V	4/1587	114	8,2	8,7	830	1100	1500	–	X	X	X
Corolla Compact Si	8,08	24 250	Limousine	3/5	V/V	4/1587	114	8,2	–	830	–	–	–	975*	X	X*
Corolla Sportswagon XLi	6,78	21 220	Station Wagon	5/5	V/V	4/1332	75	7,2	–	550	–	–	–	975*	X	X*
Corolla Sportswagon XLi	8,08	24 950	Station Wagon	5/5	V/V	4/1587	114	8,2	–	830	–	–	–	975*	X	X*
Corolla Tercel 4WD	8,97	24 950	Station Wagon	5/5	V/4×4	4/1762	110	9,4	–	1100	–	–	–	X	X	–
Corolla Tercel 4WD	8,97	29 950	Station Wagon	5/5	V/4×4	4/1762	110	9,4	–	1100	–	–	–	X	X	–
* Pack ABS/Beifahrer-Airbag																
Carina E GLi	10,17	31 450	Limousine	4/5	V/V	4/1998	126	8,5	9,0	–	–	2200	X	X	X	X
Carina E GLi	8,97	29 500	Limousine	5/5	V/V	4/1762	107	7,5	8,6	–	–	2200	X	X	X	X
Carina E GLi	10,17	31 950	Limousine	5/5	V/V	4/1998	126	8,5	9,0	–	–	2200	X	X	X	X
Carina Sportswagon GLi	8,97	30 950	Limousine	5/5	V/V	4/1762	107	7,6	8,8	–	–	2200	X	X	X	X
Carina Sportswagon GLi	10,17	33 050	Limousine	5/5	V/V	4/1998	126	8,7	9,2	–	–	2200	X	X	X	X
Camry GL	11,01	35 800	Limousine	4/5	V/V	4/2164	131	8,8	9,8	1360	1360	2200	X	X	X	X
Camry GX V6	15,06	48 500	Limousine	4/5	V/V	6/2995	190	–	11,6	–	1480	X	X	X	X	X
MR2	10,17	44 950	Coupé	2/2	M/H	4/1998	170	9,1	–	–	–	–	2400	X	–	–
Celica 1.8	8,97	30 600	Coupé	3/4	V/V	4/1762	116	7,9	–	1140	–	–	2400	1800	X	X
Celica GT	10,17	40 990	Coupé	3/4	V/V	4/1998	170	9,1	–	1200	–	–	2400	X	X	X

Wir wünschen Ihnen eine sichere Fahrt auf allen Strassen.
mobicar - die Motorfahrzeugversicherung der Schweizerischen Mobiliar.

Schweizerische Mobiliar
Versicherungsgesellschaft

macht Menschen sicher

Zeichenerklärung	+ Preis noch nicht festgelegt			V = vorn				Légendes	+ Prix non encore déterminé			V = avant			
	Δ Preis auf Anfrage			M = Mitte					Δ Prix sur demande			M = central			
	o Auf Wunsch ohne Mehrpreis			H = hinten					o Sur demande sans suppl. de prix			H = arrière			
	X serienmässig			4×4 = Allradantrieb					X = de série			4×4 = Quatre roues motrices			

Marke und Modell / Marque et modèle	Steuer-PS / CV Fiscaux	Katalog-preis Fr. / Prix de catalogue fr.	Karosserietyp / Type de carrosserie	Türen/ Plätze / Portes/ Places	Motor-lage/ Antrieb / Empl. du moteur/ Propuls. tract.	Zylinder/ cm³ / Cylindres/ cm³	PS DIN CH (n = SAE netto)	Ø-Verbrauch l/100 km (Importeur) Consommations de carb. l/100 km mixte (Importateur) 5 vit.	Aut. 5-Gang aut.	Max. Anhängelast gebremst (kg) Poids total remorque freiné (kg) 5 vit.	Aut. aut.	Getriebe-automat Fr. Automa-tique fr.	Klima-anlage Fr. Climati-sation fr.	Anti-blockier-system (ABS) Fr. Système d'anti-bloquage (ABS) fr.	Airbag Fr. Airbag Fr. links gauche	rechts droite
FunCruiser RAV4	10,17	**28 610**	Station Wagon	3/4	V/4×4	4/1998	128	9,4	–	1300	–	–	–	–	X	X
FunCruiser RAV4	10,17	**32 890**	Station Wagon	3/4	V/4×4	4/1998	128	9,4	9,8	1300	1500	2200	–	X	X	X
FunCruiser RAV4	10,17	**30 870**	Station Wagon	5/5	V/4×4	4/1998	128	9,4	–	1300	–	–	–	–	X	X
FunCruiser RAV4	10,17	**34 580**	Station Wgon	5/5	V/4×4	4/1998	128	9,4	9,8	1300	1500	2200	–	X	X	X
Picnic	10,17	**33 700**	Station Wagon	5/5	V/V	4/1998	128	9,2	9,7	–	–	2200	X	X	X	X
Previa XE	12,41	**35 990**	Minivan	4/8	V/V	4/2437	132	10,9	–	1200	–	–	X	1300	X	X
Previa GL	12,41	**42 850**	Minivan	4/8	V/V	4/2437	132	10,9	12,7	1200	1600	2500	X	X	X	X
Previa Super Saloon	12,41	**47 400**	Minivan	4/7	V/V	4/2437	132	10,9	12,7	1200	1600	2500	X	X	X	X
Previa XE 4WD	12,41	**39 900**	Minivan	4/8	V/4×4	4/2437	132	12,1	–	1200	–	–	X	1300	X	X
Previa GL 4WD	12,41	**45 450**	Minivan	4/8	V/4×4	4/2437	132	12,1	–	1200	–	–	X	X	X	X
Land Cruiser 300 LX TD	15,18	**37 490**	Station Wagon	3/5	V/4×4	4/2982	150	10,5	–	3000	–	–	1800	1200	X	X
Land Cruiser 300 LX TD	15,18	**41 990**	Station Wagon	5/5	V/4×4	4/2982	150	10,5	–	3000	3000	2200	1800	1200	X	X
Land Cruiser 300 VX TD	15,18	**45 400**	Station Wagon	3/5	V/4×4	4/2982	150	10,5	–	3000	3000	2200	X	X	X	X
Land Cruiser 300 VX TD	15,18	**49 900**	Station Wagon	5/5	V/4×4	4/2982	150	10,5	–	3000	3000	2200	X	X	X	X
Land Cruiser 300 VX V6	17,19	**45 400**	Station Wagon	3/5	V/4×4	6/3378	178	–	–	–	–	2600	X	X	X	X
Land Cruiser 300 VX V6	17,19	**49 900**	Station Wagon	5/5	V/4×4	6/3378	178	–	–	–	–	2600	X	X	X	X
Super Saloon VX + Fr. 5000.–																
Land Cruiser GX	22,79	**59 900**	Station Wagon	5/8	V/4×4	6/4475	205	–	15,6	–	6000	X	2400	2500	X	–
Land Cruiser VX	22,79	**71 900**	Station Wagon	5/5	V/4×4	6/4475	205	–	15,6	–	6000	X	X	X	X	X
Land Cruiser VX S. S.	22,79	**78 150**	Station Wagon	5/5	V/4×4	6/4475	205	–	15,6	–	6000	X	X	X	X	X

TVR TGE Automobile AG, 8424 Embrach

Marke und Modell	Steuer-PS	Katalogpreis Fr.	Karosserietyp	Türen/Plätze	Motorlage/Antrieb	Zylinder/cm³	PS DIN	5 vit.	aut.	5 vit.	aut.	Automatique	Climatisation	ABS	Airbag links	rechts
Chimaera V8	20,11	**65 200**	Cabriolet	2/2	V/H	8/3950	240	–	–	–	–	–	4230	–	–	–
Chimaera 500 V8	25,32	**75 200**	Cabriolet	2/2	V/H	8/4973	327	–	–	–	–	–	4230	–	–	–
Griffith 500 V8	25,32	**75 200**	Cabriolet	2/2	V/H	8/4973	327	–	–	–	–	–	4230	–	–	–
Cerbera GT V8	22,88	**115 200**	Cabriolet	2/2	V/H	8/4495	440	–	–	–	–	–	4230	–	–	–

VOLVO Volvo Automobile (Schweiz) AG, 3250 Lyss

Marke und Modell	Steuer-PS	Katalogpreis Fr.	Karosserietyp	Türen/Plätze	Motorlage/Antrieb	Zylinder/cm³	PS DIN	5 vit.	aut.	5 vit.	aut.	Automatique	Climatisation	ABS	Airbag links	rechts
S40	8,80	**30 500**	Limousine	4/5	V/V	4/1731	115	8,8	9,7	1200	1200	2000	1850	X	X	X
S40	9,92	**32 000**	Limousine	4/5	V/V	4/1948	137	9,5	9,8	1400	1400	2000	1850	X	X	X
V40	8,80	**32 500**	Station Wagon	5/5	V/V	4/1731	115	8,8	9,7	1200	1200	2000	1850	X	X	X
V40	9,92	**34 000**	Station Wagon	5/5	V/V	4/1948	137	9,5	9,8	1400	1400	2000	1850	X	X	X
S70	10,10	**38 800**	Limousine	4/5	V/V	5/1984	126	10,0	10,1	–	–	2500	1950	X	X	X
S70	12,39	**40 300**	Limousine	4/5	V/V	5/2435	144	8,7	8,9	1600	1600	2500	1950	X	X	X
S70 20V	12,39	**42 900**	Limousine	4/5	V/V	5/2435	170	9,1	9,2	1600	1600	2500	1950	X	X	X
S70 LPT	12,39	**45 900**	Limousine	4/5	V/V	5/2435	193	10,9	11,2	1600	1600	2500	1950	X	X	X
S70 T5	11,80	**52 700**	Limousine	4/5	V/V	5/2319	225	9,4	9,4	1600	1600	2500	1950	X	X	X
S70 TDI	12,52	**45 300**	Limousine	4/5	V/V	5/2460	140	6,4	6,4	1600	1600	2500	1950	X	X	X
V70	10,10	**41 300**	Station Wagon	5/5	V/V	5/1984	126	10,9	11,2	–	–	2500	1950	X	X	X
V70	12,39	**42 800**	Station Wagon	5/5	V/V	5/2435	144	8,9	9,0	1600	1600	2500	1950	X	X	X
V70 20V	12,39	**45 400**	Station Wagon	5/5	V/V	5/2435	170	9,1	9,2	1600	1600	2500	1950	X	X	X
V70 LPT	12,39	**48 400**	Station Wagon	5/5	V/V	5/2435	193	10,9	11,2	1600	1600	2500	1950	X	X	X
V70 AWD	12,39	**54 800**	Station Wagon	5/5	V/4×4	5/2435	193	11,2	–	1600	–	–	1950	X	X	X
V70 T5	11,80	**55 200**	Station Wagon	5/5	V/V	5/2319	225	9,4	9,4	1600	1600	2500	1950	X	X	X
V70 TDI	12,52	**47 800**	Station Wagon	5/5	V/V	5/2460	140	6,4	6,4	1600	1600	2500	1950	X	X	X
940 Polar	11,80	**32 400**	Limousine	4/5	V/H	4/2316	135	9,3	9,9	1800	1800	2000	1950	X	X	X
940 Polar	11,80	**34 900**	Station Wagon	5/5	V/H	4/2316	135	9,4	10,1	1800	1800	2000	1950	X	X	X
940 Polar Turbo	11,80	**33 400**	Limousine	4/5	V/H	4/2316	165	10,5	11,3	1800	1800	2000	1950	X	X	X
940 Polar Turbo	11,80	**35 900**	Station Wagon	5/5	V/H	4/2316	165	10,5	11,3	1800	1800	2000	1950	X	X	X
S90	14,87	**43 800**	Limousine	4/5	V/H	6/2922	180	–	–	1800	1800	2500	1950	X	X	X
S90 Aut.	14,87	**56 800**	Limousine	4/5	V/H	6/2922	204	–	11,4	–	1800	X	1950	X	X	X
S90 Exec. Aut.	14,87	**63 000**	Limousine	4/5	V/H	6/2922	204	–	11,4	–	1800	X	X	X	X	X
V90	14,87	**46 800**	Station Wagon	5/5	V/H	6/2922	180	–	–	1800	1800	2500	1950	X	X	X
V90 Aut.	14,87	**59 800**	Station Wagon	5/5	V/H	6/2922	204	–	11,4	1800	1800	X	1950	X	X	X

Quelle que soit votre destination, roulez en tout sécurité.
mobicar - L'assurance auto de la Mobilière Suisse.

Mobilière Suisse
Société d'assurances

l'assurance d'être bien assuré

Preisliste / Liste des prix			Karosserie / Carrosserie		Technische Daten / Caractéristiques techniques							Mehrpreis für / Supplément de prix pour			
Marke und Modell / Marque et modèle	Steuer-PS / CV Fiscaux	Katalogpreis Fr. / Prix de catalogue fr.	Karosserietyp / Type de carrosserie	Türen/Plätze / Portes/Places	Motorlage/Antrieb / Empl. du moteur/Propuls. tract.	Zylinder/cm³ / Cylindres/cm³	PS DIN CH (n = SAE netto)	Ø-Verbrauch l/100 km (Importeur) Consommations de carb. l/100 km mixte (Importateur) 5 vit.	Aut. 5-Gang aut.	Max. Anhängelast gebremst (kg) Poids total remorque freiné (kg) 5 vit.	Aut. aut.	Getriebeautomat Fr. / Automatique fr.	Klimaanlage Fr. / Climatisation fr.	Antiblockiersystem (ABS) Fr. / Système d'antibloquage (ABS) fr.	Airbag Fr. links gauche	Airbag Fr. rechts droite

VW — Amag AG, 5116 Schinznach Bad

Modell	Steuer-PS	Preis	Karosserie	T/P	Antrieb	Zyl/cm³	PS	5v	Aut	kg 5v	kg aut	Autom.	Klima	ABS	Airbag L	Airbag R
Polo 50	5,08	15 520	Limousine	3/5	V/V	4/999	50	5,9	–	650	–	–	Δ	1030	X	X
Polo 60	7,08	17 140	Limousine	3/5	V/V	4/1390	60	6,3	7,8	800	800	1570	Δ	1030	X	X
Polo 64 D.	9,65	19 380	Limousine	3/5	V/V	4/1895	64	5,6	–	800	–	–	–	1030	X	X
Polo 75	8,13	19 380	Limousine	3/5	V/V	4/1597	75	6,9	8,6	800	800	1570	1730	1030	X	X
Polo 100 16V	7,08	21 700	Limousine	3/5	V/V	4/1390	100	6,9	–	800	–	–	1730	1030	X	X
5türig + Fr. 600.–																
Golf Swiss Line	8,13	20 750	Limousine	3/5	V/V	4/1597	75	7,2	–	1000	–	–	1700	X	X	X
Golf Swiss Line	9,07	22 170	Limousine	3/5	V/V	4/1780	90	8,0	9,2	1200	1200	1650	1700	X	X	X
Golf Swiss Line TDI	9,65	24 720	Limousine	3/5	V/V	4/1895	90	5,0	6,8	1200	1200	1650	1700	X	X	X
Golf Swiss Line syncro	9,07	23 800	Limousine	3/5	V/4×4	4/1780	90	8,9	–	1500	–	–	1700	X	X	X
Golf Swiss Line syncro	10,10	25 300	Limousine	3/5	V/4×4	4/1984	115	9,2	–	1500	–	–	1700	X	X	X
5türig + Fr. 760.–																
Golf Swiss Topline	9,07	25 500	Limousine	3/5	V/V	4/1780	90	8,0	–	1200	–	–	900	X	X	X
Golf Swiss Topline TDI	9,65	30 100	Limousine	3/5	V/V	4/1895	90	5,0	6,4	1200	1200	1650	900	X	X	X
Golf Swiss Topline	10,10	26 870	Limousine	3/5	V/V	4/1984	115	8,1	9,2	1200	1200	1650	900	X	X	X
Golf Swiss Topline syncro	10,10	28 500	Limousine	3/5	V/4×4	4/1984	115	9,2	–	1500	–	–	900	X	X	X
5türig + Fr. 930.–																
Golf Edition GTI	10,10	29 900	Limousine	3/5	V/V	4/1984	115	8,1	–	1200	–	–	X	X	X	X
Golf Edition 16V	10,10	33 750	Limousine	3/5	V/V	4/1984	150	8,5	–	1200	–	–	X	X	X	X
Golf Edition VR6	14,21	35 980	Limousine	3/5	V/V	6/2790	174	10,5	11,6	1200	1200	1630	X	X	X	X
Golf Edition VR6 syncro	14,57	38 150	Limousine	3/5	V/4×4	6/2860	190	11,1	–	–	–	–	X	X	X	X
5türig + Fr. 930.–																
Golf Variant	9,07	22 550	Station Wagon	5/5	V/V	4/1781	75	7,9	–	1200	–	–	1700	X	X	X
Golf Variant	9,07	23 970	Station Wagon	5/5	V/V	4/1781	90	8,1	9,5	1200	1200	1650	1700	X	X	X
Golf Variant TDI	9,65	26 520	Station Wagon	5/5	V/V	4/1895	90	5,1	7,0	1200	1200	1650	1700	X	X	X
Golf Variant Top	9,07	27 300	Station Wagon	5/5	V/V	4/1781	90	8,1	–	1200	–	–	X	X	X	X
Golf Variant TDI	9,65	31 900	Station Wagon	5/5	V/V	4/1895	110	5,1	6,6	1200	1200	1650	X	X	X	X
Golf Variant Top	10,10	28 670	Station Wagon	5/5	V/V	4/1984	115	8,1	9,5	1200	1200	1650	X	X	X	X
Golf Variant syncro	9,07	25 600	Station Wagon	5/5	V/4×4	4/1781	90	9,2	–	1500	–	–	1700	X	X	X
Golf Variant syncro	9,65	28 150	Station Wagon	5/5	V/4×4	4/1895	90	5,8	–	1500	–	–	1700	X	X	X
Golf Variant syncro	10,10	27 100	Station Wagon	5/5	V/4×4	4/1984	115	9,3	–	1500	–	–	1700	X	X	X
Golf Variant s. Top	10,10	30 300	Station Wagon	5/5	V/4×4	4/1984	115	9,3	–	1500	–	–	X	X	X	X
Golf Variant VR6	14,57	39 950	Station Wagon	5/5	V/4×4	6/2860	190	11,3	–	1500	–	–	X	X	X	X
Golf Cabrio	9,07	31 520	Cabriolet	2/4	V/V	4/1781	90	8,2	9,7	1200	1200	1680	1700	1150	X	X
Golf Cabrio Swiss	10,10	35 950	Cabriolet	2/4	V/V	4/1984	115	8,2	9,5	1200	1200	1680	1700	–	X	X
Golf Citystromer	–	39 800	Elektr.-Lim.	3/4	V/V		24	–	–	–	–	–	–	–	–	–
Vento Swiss CL	9,07	23 500	Limousine	4/5	V/V	4/1781	75	7,6	–	1200	–	–	X	X	X	X
Vento Swiss GL	10,10	28 880	Limousine	4/5	V/V	4/1984	115	8,1	9,2	1200	1200	1680	X	X	X	X
Vento Swiss TDI	9,65	30 380	Limousine	4/5	V/V	4/1895	90	5,0	6,8	1200	1200	1680	X	X	X	X
Vento Swiss TDI	9,65	31 400	Limousine	4/5	V/V	4/1895	110	5,0	6,4	1200	1200	1680	X	X	X	X
Vento Swiss VR6	14,21	38 600	Limousine	4/5	V/V	6/2790	174	10,5	11,6	1200	1200	1680	X	X	X	X
Passat 1.6	8,12	27 850	Limousine	4/5	V/V	4/1595	100	8,0	8,7	1200	1200	2050	–	X	X	X
Passat 1.8	9,07	32 180	Limousine	4/5	V/V	4/1781	125	8,6	9,0	1300	1300	2050	X	X	X	X
Passat 1.8 Turbo	9,07	36 320	Limousine	4/5	V/V	4/1781	150	7,9	9,1	1300	1500	2050	X	X	X	X
Passat VR5	11,85	34 370	Limousine	4/5	V/V	5/2327	150	9,5	–	1500	–	2050	X	X	X	X
Passat TDI	9,65	29 550	Limousine	4/5	V/V	4/1895	90	5,4	6,5	1300	1300	2050	–	X	X	X
Passat TDI	9,65	35 280	Limousine	4/5	V/V	4/1895	110	5,3	6,5	1500	1600	2050	X	X	X	X
Sharan CL	10,10	33 900	Station Wagon	5/5	V/V	4/1984	115	9,9	11,3	1800	1800	2000	1700	X	X	X
Sharan CL TDI	9,65	36 950	Station Wagon	5/5	V/V	4/1895	90	6,5	–	2000	–	–	1700	X	X	X
Sharan CL TDI	9,65	38 550	Station Wagon	5/5	V/V	4/1895	110	6,4	7,7	2000	2000	2000	1700	X	X	X
Sharan GL	10,10	38 950	Station Wagon	5/5	V/V	4/1984	115	9,9	11,3	1800	1800	2000	1700	X	X	X
Sharan GL VR6	14,21	43 000	Station Wagon	5/5	V/V	6/2792	174	11,6	12,7	2000	2000	2000	1700	X	X	X
Sharan GL TDI	9,65	42 000	Station Wagon	5/5	V/V	4/1895	90	6,5	–	2000	–	–	1700	X	X	X
Sharan GL TDI	9,65	43 600	Station Wagon	5/5	V/V	4/1895	110	6,4	7,7	2000	2000	2000	1700	X	X	X
Sharan GL VR6 syncro	14,21	47 450	Station Wagon	5/5	V/4×4	6/2792	174	–	13,8	–	2000	X	1700	X	X	X
Shran Carat	14,21	49 900	Station Wagon	5/5	V/V	6/2792	174	11,6	12,7	2000	2000	2000	X	X	X	X
Sharan Carat VR6 syncro	14,21	54 320	Station Wagon	5/5	V/4×4	6/2792	174	–	13,6	–	2000	X	X	X	X	X

WESTFIELD — JMC, 9014 St. Gallen

Modell	Steuer-PS	Preis	Karosserie	T/P	Antrieb	Zyl/cm³	PS	5v	Aut	kg 5v	kg aut	Autom.	Klima	ABS	Airbag L	Airbag R
Westfield ZEI	9,14	43 200	Roadster	2/2	V/	4/1795	130	–	–	–	–	–	–	–	–	–
Westfield ZEI	10,15	58 200	Roadster	2/2	V/	4/1994	220	–	–	–	–	–	–	–	–	–

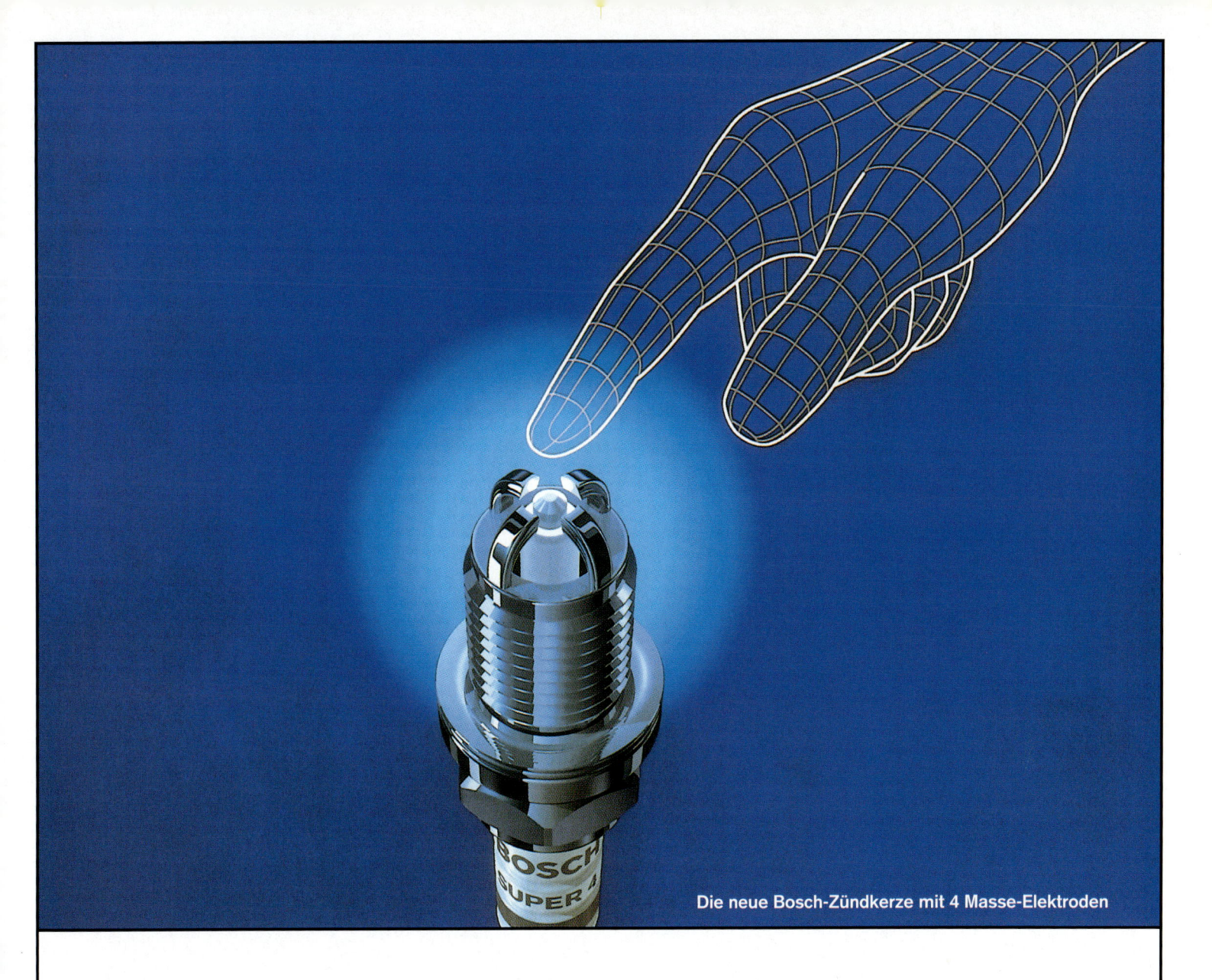

Die neue Bosch-Zündkerze mit 4 Masse-Elektroden

Der neue Leistungsträger Ihres Motors.
Die Bosch-Super 4

- Bessere Beschleunigung
- Hohe Laufruhe
- Mehr Motorenelastizität
- Mehr Sicherheit und Komfort

Wieder eine innovative Idee von Bosch. Das Zündkerzen-Konzept der Zukunft. Die Bosch-Super 4 arbeitet nach dem neuesten Luftgleitfunken-Prinzip und hat als erste Zündkerze 4 dünne Masse-Elektroden mit einer angespitzten, versilberten Mittel-Elektrode. Der entscheidende Vorteil: Der Zündfunke wählt sich immer den für eine sichere Zündung besten Weg. Für Sie bedeutet das spürbar mehr Leistung: Die Bosch-Super 4 überzeugt mit einer erhöhten Laufruhe, einer überlegenen Motorenelastizität und einer verbesserten Beschleunigung – Sie geniessen mehr Fahrkomfort und Sicherheit. Und das Beste: Die Bosch-Super 4 zeigt auch in älteren Fahrzeugen, was sie kann.

BOSCH

Bosch. Die haben Ideen

SAETTA

ALPE

SENTINEL

Ghia Design, Torino

Die Inserenten des Kataloges der ar 1997 werben um Ihr Vertrauen

Les annonceurs du Catalogue de la ca 1997 sollicitent votre confiance

Personenwagen – Voitures

Alfa Romeo 6
Alpina 183
Alpine Renault 465
Aston Martin 152
Audi   Umschlag IV, 561
Buick 132
Cadillac 132
Callaway 197
Chevrolet 132
Chrysler 211
Citroën 219
Ferrari   Umschlag III
Fiat 257
Ford   Umschlag II
Heuliez 332
Irmscher 427
Jaguar 311
KIA 29
Lada 517
Lagonda 152
Lancia 331
Lamborghini 325, 327
Land Rover 481
Mazda 351
Mega (Aixam) 40
Mercedes-Benz 26, 27
Oldsmobile 132
Opel 132
Peugeot 441
Pininfarina 23
Pontiac 132
Porsche   Umschlag IV, 561
Puch 459
Range Rover 481
Renault 465
Rover 481
Seat 495
Subaru 88
Toyota 4–5
Volkswagen   Umschlag IV, 561
Xedos 351

Nutzfahrzeuge – Véhicules utilitaires

Citroën 219
Fiat 257
Ford   Umschlag II
Haflinger 459
Mazda 351
Mercedes 26, 27
Peugeot 441
Pinzgauer 459
Renault 465
Steyr 459
Toyota 4–5
Volkswagen   Umschlag IV, 561

Ablageboxen – Boxes de dépôt

Maporex AG, Zürich 109

Achsen – Essieux

Frei AG, Niederbipp 125
GKN Automotive, GB-Erdington Birmingham 52
Kessler AG, Reichenburg 25
ZF Friedrichshafen AG, D-Friedrichshafen 47
Zimmermann, Birsfelden, Bützberg 475

Akkumulatoren – Accumulateurs

Banner Batterien, Hergiswil 161
GB Dönni, Classic Cars, Roggliswil 105
Leclanché SA, Yverdon 127
Varta, Egerkingen 551

Alarmanlagen – Systèmes d'alarme

Maporex AG, Zürich 109
Robert Bosch AG, Zürich, Genève 121

Alternatoren – Alternateurs

Robert Bosch AG, Zürich, Genève 121

Alu-Räder – Roues alu

Alpinauto SA, Ulmiz 129
Autex, Thun 165
D + D Speedshop, Altendorf 100
Willy Erny AG, Wiesendangen 40
Maporex AG, Zürich 109
Ruote O. Z. S.p.a., I-S, Martino 159

Amerikaner Wagen – Voitures américaines

D + D Speedshop, Altendorf 100

Anhänger – Remorques

Peter AG, Winterthur 127

Anhängekupplungen – Attelages de remorque

Bosal Distribution AG, Oensingen 101, 108, 110, 117
Hirschi AG, Biel 111, 112

Anlasser – Démarreurs

Robert Bosch AG, Zürich, Genève 121

Antiblockiersysteme – Systèmes d'antiblocage (ABS)

Robert Bosch AG, Zürich, Genève 121

Auspuffanlagen – Echappements

Alpinauto SA, Ulmiz 129
Autex, Thun 165
Bosal Distribution AG, Oensingen 101, 108, 110, 117
D + D Speedshop, Altendorf 100
GB Dönni, Classic Cars, Roggliswil 105
Irmscher, Biel-Bienne, D-Remshalden 427

Autopflege – Entretien de voitures

Riwax-Chemie AG, Zollikofen 28

Autoradios – Radios pour autos

«Becker» Amopag, Urdorf 127
«Blaupunkt» Robert Bosch AG, Zürich, Genève 121
«Clarion» Amopag, Urdorf 127
Tonstudio «R» AG, Bern 24

Autotelefone – Téléphones auto

Robert Bosch AG, Zürich, Genève 121

Autoverwertungswerke – Entreprises de démolition

Frei AG, Niederbipp 125
P. Kessler, Reichenburg 25
Zimmermann, Bützberg, Birsfelden 475

Batterien – siehe Akkumulatoren – Batteries – voir accumulateurs

Benzin – Essence

BP, Zürich 3
elf (Suisse) SA, Genève 469
Shell (Switzerland), Baar 249
ESSO, Zürich 51

Brems- und Kupplungsbeläge – Garnitures de freins et d'embrayages

Taxtar, D-Leverkusen 131

Clubs – Clubs

TCS, Genève 59, 68, 76

Druckluftpumpen – Pompes à air

«Beka» Amopag, Urdorf 127
«Knorr» Amopag, Urdorf 127

Einspritzpumpen – Pompes à injection

Robert Bosch AG, Zürich, Genève 121

Elektrische Ausrüstung – Equipements électriques

Robert Bosch AG, Zürich, Genève 121
H. Schlunegger, Ennet-Turgi 125

Englische Wagen – Voitures anglaises

GB Dönni, Classic Cars, Roggliswil 105

Ersatzteile von A bis Z – Pièces de rechange de A à Z

Alfa Romeo, Fiat Auto (Suisse) SA, Genève 6
Amag, Schinznach Bad   Umschlag IV, 561
«Aston Martin» Emil Frey AG, Safenwil 152
Bosal Distribution AG, Oensingen 101, 108, 110, 117
Robert Bosch AG, Zürich, Genève 121
Citroën, Genève 219
D + D Speedshop, Altendorf 100
Fiat Auto (Suisse) SA, Genève 257
Frei AG, Niederbipp 125
«Gamaparts» Amag, Ersatzteile, Buchs 561
GB Dönni, Classic Cars, Roggliswil 105
«GM» General Motors (Suisse) SA, Biel 132
Irmscher, Biel-Bienne, D-Remshalden 427
P. Kessler, Reichenburg 25
Lada 517
Maporex AG, Zürich 109
Mazda 351
Mercedes-Benz (Schweiz) AG, Zürich 26, 27
Peugeot, Zürich 441
Renault, Regensdorf 465
«Rover» Streag AG, Safenwil 481
Speichen-Rad-Center, Abtwil 129
Sport Auto, Martigny 113
Steyr, Steffisburg 459
«Subaru» Streag AG, Safenwil 88
Toyota AG, Safenwil 4–5
Zimmermann, Bützberg, Birsfelden 475

Exklusive Automobile – Voitures exclusives

Affolter, Porrentruy 325
D + D Speedshop, Altendorf 100

GB Dönni, Classic Cars,
  Rogglisgwil 105
Procar SA, Zürich 557
Suchy, Garage, Schlieren 96

Fahrwerk – Châssis

Autex, Thun 165

Felgen – Jantes

Alpinauto SA, Ulmiz 129
Autex, Thun 165
Auto Accidentée, Penthaz 125
D + D Speedshop, Altendorf 100
Willy Erny AG, Wiesendangen 40
Frei AG, Niederbipp 125
GB Dönni, Classic Cars,
  Rogglisgwil 105
GKN Automotive, GB-Erdington,
  Birmingham 52
Irmscher, Biel-Bienne,
  D-Remshalden 427
Kessler AG, Reichenburg 25
Laubscher, Châtonnaye 163
Maporex AG, Zürich 109
Procar SA, Zürich 557
Ruote O. Z. S.p.a., I-S. Martino 159
Speichen-Rad-Center, Abtwil 129
Zimmermann, Birsfelden,
  Bützberg 475

Feuerlöschanlagen – Systèmes d'extincteur

«DMP» Sport Auto, Martigny 113

Filter – Filtres

Knecht Filterwerke GmbH,
  D-Stuttgart 369

Filtertechnologie – Technologie de filtres

Knecht Filterwerke GmbH,
  D-Stuttgart 369

Gas – Gaz

«Butan» elf (Suisse) SA, Genève,
  Pery-Reuchenette 469
«Propan» elf (Suisse) SA, Genève,
  Péry-Reuchenette 469

Gasdruck-Stossdämpfer – Amortisseurs pression de gaz

A. Bilstein, E. Schwyn AG,
  Glattbrugg 75

Gelenkwellen – Arbres de transmission

GKN Automotive, GB-Erdington,
  Birmingham 52

Getriebe – Boîtes de vitesses

D + D Speedshop, Altendorf 100
Frei AG, Niederbipp 125
GB Dönni, Classic Cars,
  Rogglisgwil 105
GKN Automotive, GB-Erdington,
  Birmingham 52
Kessler AG, Reichenburg 25
ZF Friedrichshafen AG,
  D-Friedrichshafen 47
Zimmermann, Birsfelden,
  Bützberg 475

Gleichlaufgelenke – Articulations synchronisées

GKN Automotive, GB-Erdington,
  Birmingham 52

Grauguss – Fonte grise

«LuK»AS-Autoteile, D-Langen 363

Herren-Kosmetik – Cosmétiques pour hommes

L. Azzaro, Genève 134

Hi-Fi – Hifi

«Blaupunkt», Robert Bosch AG,
  Zürich, Genève 121

Holz-Innenverkleidungen – Aménagements intérieurs en bois

Maporex AG, Zürich 109

Hydraulik-Pumpen – Pompes hydrauliques

«LuK»AS-Autoteile, D-Langen 363

Karosserien für Nutzfahrzeuge – Carrosseries pour véhicules utilitaires

Peter AG, Winterthur 127

Karosserien für Personenwagen – Carrosseries pour voitures

Fioravanti, I-Moncalieri 20
GB Dönni, Classic Cars,
  Rogglisgwil 105
Ghia, I-Torino 122
Heuliez, F-Cerizan 332
Irmscher, Biel-Bienne,
  D-Remshalden 427
Italdesign, I-Torino 18
Pininfarina S.p.A., I-Torino 23
Procar SA, Zürich 557
Valmet Automotive,
  S-Uusikaupunki 83

Karosserieteile – Pièces de carrosseries

Autex, Thun 165
Auto Accidentée Penthaz 125
D + D Speedshop, Altendorf 100
Frei AG, Niederbipp 125
GB Dönni, Classic Cars,
  Rogglisgwil 105
Irmscher, Biel-Bienne,
  D-Remshalden 427
Kessler AG, Reichenburg 25
Maporex AG, Zürich 109
Procar SA, Zürich 557
Zimmermann, Birsfelden,
  Bützberg 475

Katalysatoren – Catalyseurs

Maporex AG, Zürich 109

Katalysatorträger – Supports de catalyseur

GKN Automotive, GB-Erdington,
  Birmingham 52

Kipper – Bennes basculantes

Peter AG, Winterthur 127

Kolben, Kolbenbolzen, Kolbenringe – Pistons, axes de pistous et segments

«Hastings» Amopag, Urdorf 127
«Hepolite» Amopag, Urdorf 127
Mahle GmbH, D-Stuttgart 30
«Mondial» Amopag, Urdorf 127
«NovaParis + Milano» Amopag,
  Urdorf 127
«Nüral» Amopag, Urdorf 127
TRW Deutschland GmbH,
  D-Barsinghausen 41
«TRW» Amopag, Urdorf 127

Kreuzgelenke – Joints de cardan

GKN Automotive, GB-Erdington,
  Birmingham 52

Kühlwasser- und Öltemperaturregler – Régleurs de température pour radiateurs à eau et à huile

«Behr-Thompson» Amopag,
  Urdorf 127

Kupplungen – Embrayages

GKN Automotive, GB-Erdington,
  Birmingham 52
«LuK»AS-Autoteile, D-Langen 363

Ladegeräte – Chargeurs

H. Schlunegger, Ennet-Turgi 125

Lager – Paliers

GKN Automotive, GB-Erdington,
  Birmingham 52

Lagersysteme – Paliers et roulements

Bosal Distribution AG,
  Oensingen 101, 108, 110, 117

Lampen – Lampes

Robert Bosch AG, Zürich,
  Genève 121

Lautsprecheranlagen – Systèmes de haut-parleurs

«Blaupunkt» Robert Bosch AG,
  Zürich, Genève 121
Tonstudio «R» AG, Bern 24

Leichtmetallräder – Roues en métal léger

Alpinauto SA, Ulmiz 129
Autex, Thun 165
«ACT» Delta-Motor AG,
  Sursee 247, 427, 539
«alnett» Willy Erny AG,
  Wiesendangen 40
D + D Speedshop, Altendorf 100

Irmscher, Biel-Bienne,
  D-Remshalden 427
«KING» Willy Erny AG,
  Wiesendangen 40
Maporex AG, Zürich 109
Procar SA, Zürich 557
Ruote O. Z. S.p.a., I-S. Martino 159

Lenkräder – Volants

Autex, Thun 165
D + D Speedshop, Altendorf 100
GB Dönni, Classic Cars,
  Rogglisgwil 105
Irmscher, Biel-Bienne,
  D-Remshalden 427
Maporex AG, Zürich 109
«NARDI» «personal» Delta
  Motor AG, Sursee 247, 427, 539

Lenkungen und Lenkhilfen – Directions et servodirections

ZF Friedrichshafen AG,
  D-Friedrichshafen 47

Liebhaberfahrzeuge – Véhicules pour amateurs

Affolter, Porrentruy 325
D + D Speedshop, Altendorf 100
GB Dönni, Classic Cars,
  Rogglisgwil 105
Irmscher, Biel-Bienne,
  D-Remshalden 427

Literatur – Littérature

GB Dönni, Classic Cars,
  Rogglisgwil 105
Hallwag Verlag, Bern 40, 87, 113,
  125, 128, 129, 163, 165, 175, 176,
  187, 188, 197, 247, 325, 369, 427,
  459, 487, 517, 557

Mess- und Kontrollgeräte – Appareils de mesure et de contrôle

Robert Bosch AG, Zürich,
  Genève 121

Motoren – Moteurs

Auto Accidentée, Penthaz 125
D + D Speedshop, Altendorf 100
Frei AG, Niederbipp 125
Kessler AG, Reichenburg 25
Zimmermann, Birsfelden,
  Bützberg 475

Motorenteile – Pièces de moteurs

D + D Speedshop, Altendorf 100
GB Dönni, Classic Cars,
  Rogglisgwil 105
GKN Automotive, GB-Erdington,
  Birmingham 52

Motorenöl – Huile pour moteurs

BP, Zürich 3
elf (Suisse) SA, Genève,
  Etagnières 469
ESSO, Zürich 51
Shell (Switzerland), Baar 249

Frei AG
Opel Occ. Ersatzteil + Autohandel
Grösstes Opel Occasions Ersatzteillager der Schweiz

Ankauf neuerer Unfall- und Abbruch-**Opel**
Verkauf sämtlicher Occasions-**Opel-Ersatzteile**

4704 Niederbipp
Telefon 032 633 12 32/33
Telefax 032 633 15 69
(Samstag geschlossen)

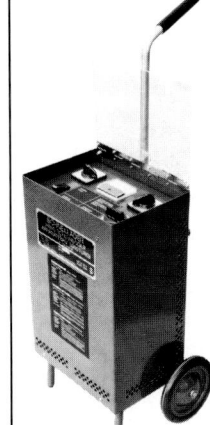

VASSO

Schnellader — Schlunegger

Als Schnellader
6, 12, 24 V, bis 80 A, zugleich als Starthilfe, auch für schwere Lastwagen und Baumaschinen

Als Gleichrichter
6, 12, 24 V, normale Ladung, in fünf Stufen regulierbar von 0 bis 20 A

Preis
Typ 6, 12, 24 V Fr. 2107.50

Schweizer Fabrikat
Verkauf durch den Fachhändler

Schlunegger AG, 5300 Ennet-Turgi
Telefon 056 288 12 08, Fax 056 288 22 08

Verlangen Sie unverbindlich ausführliche Prospekte über unser Programm

---

City Flash – Das neue Stadtplan-Konzept
Kompakt, klar, handlich und strapazierfähig.

Der neue Stadtplan von Zürich – in Leporello-Form – konzentriert sich auf die wichtigsten Angaben, die ein Besucher benötigt:
Stadtplan im Massstab 1:15 500, Umgebungskarte, Innenstadtplan, öffentliche Verkehrsmittel, City-Informationen, nützliche Adressen, Sehenswürdigkeiten mit Suchnetz, Verzeichnis der wichtigsten Strassen. Als besonders willkommene Zusatzleistung zeigt ein Detailplan die zentrale Einkaufsstrasse mit den wesentlichen Geschäften, Restaurants und Cinémas.

DM/sFr. 7.50

Weitere Titel in dieser Serie:

Amsterdam
Barcelona
Berlin
Boston
Budapest
Chicago
Frankfurt
Hong Kong
Las Vegas
Lissabon
London
Mexico City
München
New York City
Orlando/Disney World®
Paris
Prag
Rom
San Francisco
Stockholm
Venedig
Washington D.C.
Wien
Zürich

AAP AUTO-ACCIDENTÉE SA

Chantal Wicki et son équipe vous proposent:

Un grand choix de:
– pièces détachées d'occasion
– voitures accidentées réparables

Toutes marques

Zone industrielle LA RIPPE, 1303 Penthaz, tél. 021 862 75 50/51, Fax 021 862 75 54 Suisse

Motortuning – Tuning moteur
Autex, Thun 165
D + D Speedshop, Altendorf 100
Irmscher, Biel-Bienne,
 D-Remshalden 427
Mahle GmbH, D-Stuttgart 30
Procar SA, Zürich 557

Motorhomes – Motorhomes
Kaiser Motorhomes, Stans 369

Naben – Moyeux
Delta Motor AG, Sursee 247, 427, 539

Nebelscheinwerfer – Projecteurs antibrouillard
Robert Bosch AG, Zürich, Genève 121

Occasions-Autoteile – Pièces d'autos d'occasion
Frei AG, Niederbipp 125
GB Dönni, Classic Cars, Roggliswil 105
P. Kessler, Reichenburg 25
Zimmermann, Bützberg, Birsfelden 475

Off-road-Zubehör – Accessoires off-road
D + D Speedshop, Altendorf 100

Oldtimerreifen – pneus oldtimer
Speichen-Rad-Center, Abtwil 129

Oldtimerzubehör – accessoires oldtimer
Speichen-Rad-Center, Abtwil 129

Parfums
L. Azzaro, Genève 134

Pflegeprodukte – Produits d'entretien
GB Dönni, Classic Cars, Roggliswil 105
Riwax-Chemie AG, Zollikofen 28

Pneus und Schläuche – Pneus et chambres à air
Frei AG, Niederbipp 125
GB Dönni, Classic Cars, Roggliswil 105
Goodyear (Suisse) SA, Hegnau 39
Kessler AG, Reichenburg 25
Michelin SA, Genève 43
Pirelli, Wallisellen 261
Speichen-Rad-Center, Abtwil 129
Zimmermann, Birsfelden, Bützberg 475

Räder – roues
Speichen-Rad-Center, Abtwil 129

Radio-Kassetten-Geräte – Radio-cassettes
«Blaupunkt» Robert Bosch AG, Zürich, Genève 121
Tonstudio «R» AG, Bern 24

Rechtsschutz-Versicherungen – Protection juridique
TCS, Genève 59, 68, 76

Reifen – siehe Pneus – Pneumatiques – voir pneus

Renngurten – ceintures de course
«DMP» Sport Auto, Martigny 113

Reparaturen – Réparations
GB Dönni, Classic Cars, Roggliswil 105
Laubscher, Châtonnaye 163

Restaurationen – restaurations
GB Dönni, Classic Cars, Roggliswil 105

Schalldämpfer – Silencieux
Irmscher, Biel-Bienne, D-Remshalden 427

Schalter und Schaltkästen – Commutateurs et boîtes de commutateurs
Robert Bosch AG, Zürich, Genève 121

Scheibenwischer – Essuie-glaces
Robert Bosch AG, Zürich, Genève 121
Maporex AG, Zürich 109

Scheinwerfer – Projecteurs
Robert Bosch AG, Zürich, Genève 121
GB Dönni, Classic Cars, Roggliswil 105

Scheinwerfergrills – Grilles de phares
GB Dönni, Classic Cars, Roggliswil 105
Irmscher, Biel-Bienne, D-Remshalden 427
Maporex AG, Zürich 109

Scheinwerferprüfer – Appareils de contrôles des phares
Robert Bosch AG, Zürich, Genève 121

Schluss- und Stopplampen – Feux arrière et feux stop
Robert Bosch AG, Zürich, Genève 121

Schmierstoffe – Lubrifiants
BP, Zürich 3
elf (Suisse) SA, Genève 469
Shell (Switzerland), Baar 249
ESSO, Zürich 51

Schneeketten – Chaînes à neige
Milz, Laupen, letzte Neuheiten

Sitze – Sièges
Auto Accidentée, Penthaz 125
«Bremshey» Amopag, Urdorf 127
«ECO» Sport Auto, Martigny 113

Speichenräder – roues à rayons
Speichen-Rad-Center, Abtwil 129

Spoiler – Spoilers
D + D Speedshop, Altendorf 100
Maporex AG, Zürich 109
Procar SA, Zürich 557

Sportfahrwerke – Suspensions sport
Autex, Thun 165
D + D Speedshop, Altendorf 100
Irmscher, Biel-Bienne, D-Remshalden 427

Stahlblech-Pressteile – Panneaux d'acier emboutis
GKN-Automotive, GB-Erdington, Birmingham 52

Stossdämpfer – Amortisseurs
«Bilstein» E. Schwyn AG, Glattbrugg 75
«Bilstein» Sport Autos, Martigny 113
GB Dönni, Classic Cars, Roggliswil 105
«Monroe» Bosal Distribution AG, Oensingen 101, 108, 110, 117

Umrüstsätze – Kits
Irmscher, Biel-Bienne, D-Remshalden 427
Laubscher, Châtonnaye 163

US-Ersatzteile – Pièces de rechange américaines
Maporex AG, Zürich 109

US-Fahrzeuge – Voitures américaines
D + D Speedshop, Altendorf 100

Ventile und Ventilführungen – Soupapes et guides de soupapes
«Freccia» Amopag, Urdorf 127
«LuK»AS-Autoteile, D-Langen 363
«Metelli» Amopag, Urdorf 127
«TRW» Amopag, Urdorf 127
TRW Deutschland GmbH, D-Barsinghausen 41

Versicherungen – Assurances
Schweiz. Mobiliarversicherungsgesellschaft, Bern 102–103, 106–107, 114–115, 118–119
TCS, Genève 59, 68, 76

Viskokupplungen und Differentiale – Viscocoupleurs et différentiels
GKN Automotive, GB-Erdington, Birmingham 52

Werkzeuge – Outils
«Rillex – Rollex» Amopag, Urdorf 127

Winker, Blinker – Indicateurs de direction, feux clignotants
Robert Bosch AG, Zürich, Genève 121

Wohnwagen – Caravanes
Kaiser Motorhomes, Stans 369

Zubehör – Accessoires
Ascar, Safenwil 87
Autex, Thun 165
Auto Accidentée, Penthaz 125
D + D Speedshop, Altendorf 100
GB Dönni, Classic Cars, Roggliswil 105
Irmscher, Biel-Bienne, D-Remshalden 427
Maporex AG, Zürich 109
Milz, Laupen, letzte Neuheiten
Procar SA, Zürich 557
Speichen-Rad-Center, Abtwil 129
Sport Auto, Martigny 113
Streag AG, Safenwil 88, 311, 481
Suchy, Garage, Schlieren 96
Toyota AG, Safenwil 4–5

Zündkerzen – Bougies
Robert Bosch AG, Zürich, Genève 121

Zündspulen – Bobines
Robert Bosch AG, Zürich, Genève 121

Zylinderbüchsen – Chemises de cylindres
«Hepolite» Amopag, Urdorf 127
«Nova-Paris» Amopag, Urdorf 127
TRW Deutschland GmbH; D-Barsinghausen 41
«TRW» Amopag, Urdorf 127

Von uns können Sie einiges erwarten!

U.a. dass wir alle nebenstehenden Produkte am Lager haben. Dass sie – bei Bedarf – innert kürzester Frist bei Ihnen sind; wenn's sein muss per Express oder durch unseren Lieferdienst.

Motorenteile
Kolben und Assemblies: MAHLE, MONDIAL, HEPOLITE, BORGONOVA + AE ● Kolbenringe: TRW, MAHLE ● Ventile: TRW, FRECCIA ● Ventilführungen: TRW, METELLI ● Lagerschalen: VANDERVELL, GLACIER ● Zylinderbüchsen: MAHLE, HEPOLITE, AE ● Filter: AC ● Thermostate: BEHR-THOMSON

Druckluftbremsen
KNORR München, BEKA St. Aubin (Neu- und Austauschgeräte)

Fahrersitze
BREMSHEY

Werkzeuge
Rillex-Rollex

Behr – Viscolüfter

Spezialist für US-Motoren!

AMOPAG
Luberzenstrasse 19, 8902 Urdorf, Telefon 01 734 49 90, Telefax 01 734 28 90

---

40 Tonnen Lastwagenlift
Kunststoffreparaturen

PETER macht aus LKW's

NON-STOPPER

...nicht ganz, aber mit dem Neubau der 1260 m² grossen Halle West dürfen Sie jetzt mit noch kürzeren «Truck-Stops» rechnen: **10 Tonnen Hallenkrane, 40 Tonnen Lastwagenlift, modernster Waschraum mit Lift, Richtrahmen im Boden und bewährtes technisches Knowhow:** Vorteile, welche die Einsatzbereitschaft nochmals erhöhen!

Jetzt reservieren.
Tel. 052 222 13 22

Wülflingerstr. 147, 8407 Winterthur
Wir machen mehr aus LKW's

PETER WINTERTHUR

Leclanché

ENERGIE

Piles électriques ● Condensateurs ● Accumulateurs ● Redresseurs
Batterien ● Kondensatoren ● Akkumulatoren ● Gleichrichter

1401 Yverdon-les-Bains

AUTOMOBIL REVUE

revue automobile

Keine halbe Sache!
Kompetent. Informativ. Unterhaltsam.
Jede Woche neu.

Was die «Automobil Revue»- und «revue automobile»-Leserinnen und -Leser ausser PS sonst noch auf Touren bringt:

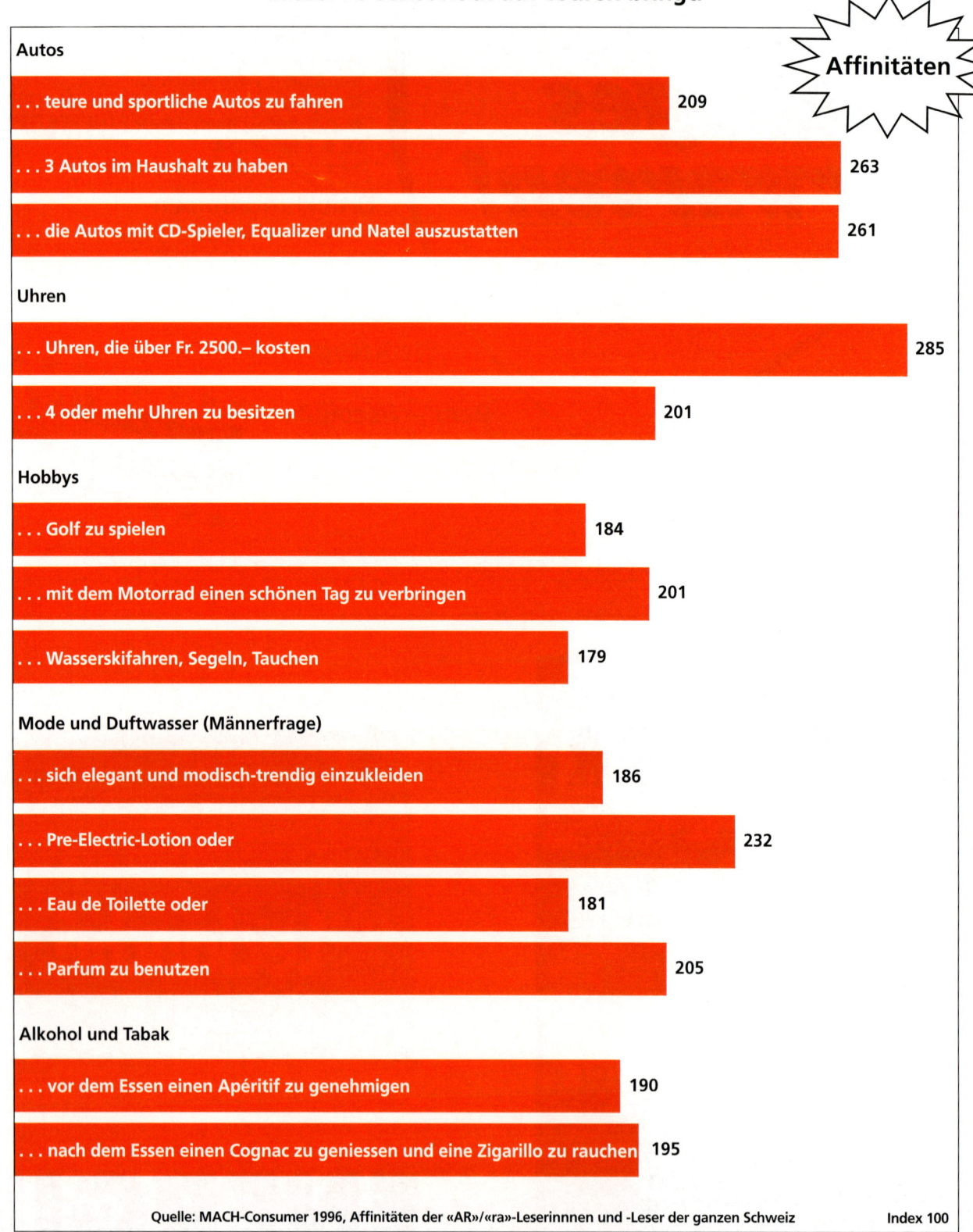

Affinitäten

Autos
- ... teure und sportliche Autos zu fahren — 209
- ... 3 Autos im Haushalt zu haben — 263
- ... die Autos mit CD-Spieler, Equalizer und Natel auszustatten — 261

Uhren
- ... Uhren, die über Fr. 2500.– kosten — 285
- ... 4 oder mehr Uhren zu besitzen — 201

Hobbys
- ... Golf zu spielen — 184
- ... mit dem Motorrad einen schönen Tag zu verbringen — 201
- ... Wasserskifahren, Segeln, Tauchen — 179

Mode und Duftwasser (Männerfrage)
- ... sich elegant und modisch-trendig einzukleiden — 186
- ... Pre-Electric-Lotion oder — 232
- ... Eau de Toilette oder — 181
- ... Parfum zu benutzen — 205

Alkohol und Tabak
- ... vor dem Essen einen Apéritif zu genehmigen — 190
- ... nach dem Essen einen Cognac zu geniessen und eine Zigarillo zu rauchen — 195

Quelle: MACH-Consumer 1996, Affinitäten der «AR»/«ra»-Leserinnnen und -Leser der ganzen Schweiz   Index 100

Weitere MACH-Consumer- sowie MACH-Basic-Daten können Sie bei der Anzeigenabteilung «AR»/«ra» anfordern.
Wir unterstützen Sie neutral bei Ihrer Medienplanung.

Hallwag AG, Anzeigenabteilung «Automobil Revue»/«revue automobile»
Nordring 4, Postfach, CH-3001 Bern, Telefon ++41 31 332 31 31, Fax ++41 31 333 44 59

ROUES FAGIX — **GOTTI** — **Tramont** — **axia** by Tramont

Generalvertretung: ALPINAUTO GmbH, CH-3214 Ulmiz — Telefon 031 751 38 39, Telefax 031 751 38 40

Liste des rubriques par ordre alphabétique

A Accessoires	Zubehör
Accessoires off-road	Off-Road-Zubehör
Accessoires oldtimer	Oldtimer-Zubehör
Accumulateurs	Akkumulatoren
Alternateurs	Alternatoren
Aménagements intérieurs en bois	Holz-Innenverkleidungen
Amortisseurs	Stossdämpfer
Amortisseurs pression de gaz	Gasdruck-Stossdämpfer
Appareils de contrôle des phares	Scheinwerferprüfer
Appareils de mesure et de contrôle	Mess- und Kontrollgeräte
Arbres de transmission	Gelenkwellen
Articulations synchronisées	Gleichlaufgelenke
Assurances	Versicherungen
Attelages de remorques	Anhängekupplungen
B Batteries → voir accumulteurs	Batterien → siehe Akkumulatoren
Bennes basculantes	Kipper
Bobines	Zündspulen
Boîtes de vitesses	Getriebe
Bougies	Zündkerzen
Boxes de dépôt	Ablageboxen
C Caravanes	Wohnwagen
Carrosseries pour véhicules utilitaires	Karosserien für Nutzfahrzeuge
Carrosseries pour voitures	Karosserien für Personenwagen
Catalyseurs	Katalysatoren
Chaînes à neige	Schneeketten
Chargeurs	Ladegeräte
Châssis	Fahrwerk
Chemises de cylindres	Zylinderbüchsen
Ceintures de course	Renngurte
Clubs	Clubs
Commutateurs et boîtes de commutateurs	Schalter und Schaltkästen
Cosmétiques pour hommes	Herren-Kosmetik
D Démarreurs	Anlasser
E Echappements	Auspuffanlagen
Embrayages	Kupplungen
Entreprises de démolition	Autoverwertungswerk
Entretien de voitures	Autopflege
Equipements électriques	Elektrische Ausrüstungen
Essence	Benzin
Essieux	Achsen
Essuie-glaces	Scheibenwischer
F Feux arrière et feux stop	Schluss- und Stopplampen
Filtres	Filter
Fonte grise	Grauguss

suite page 130

Oldtimer Reifen

PENRITE OIL

SRC

Windsor Classic
Wide Whitewall Radial

Speichen-Rad-Center CH-9030 Abtwil Postfach 30
Tel. 071 278 47 74 Fax 071 278 40 23

BFGoodrich
Silvertown

G Garnitures de freins et d'embrayages	Brems- und Kupplungsbeläge	Produits d'entretien	Pflegeprodukte
Gaz	Gas	Projecteurs	Scheinwerfer
Grilles de phares	Scheinwerfergrills	Projecteurs antibrouillard	Nebelscheinwerfer
		Protection juridique	Rechtsschutz-Versicherungen
H Hifi	Hi-Fi		
Huile pour moteurs	Motorenöl	**R** Radiocassettes	Radio-Kassetten-Geräte
		Radios pour autos	Autoradios
I Indicateurs de direction, feux clignotants	Winker, Blinker	Régleurs de température pour radiateurs à eau et à huile	Kühlwasser- und Öltemperaturregler
		Remorques	Anhänger
J Jantes	Felgen	Réparations	Reparaturen
Joints de cardan	Kreuzgelenke	Restaurations	Restaurationen
		Roues	Räder
K Kits	Umrüstsätze	Roues alu	Alu-Räder
		Roues à rayons	Speichenräder
L Lampes	Lampen	Roues en métal léger	Leichtmetallräder
Littérature	Literatur		
Lubrifiants	Schmierstoffe	**S** Sièges	Sitze
		Silencieux	Schalldämpfer
M Moteurs	Motoren	Soupapes et guides de soupapes	Ventile und Ventilführungen
Motorhomes	Motorhomes	Spoilers	Spoiler
Moyeus	Naben	Supports de catalyseur	Katalysatorträger
		Suspensions sport	Sportfahrwerke
O Outils	Werkzeuge	Systèmes d'alarme	Alarmanlagen
		Systèmes d'antiblocage	Antiblockiersysteme (ABS)
P Paliers	Lager	Systèmes de haut-parleurs	Lautsprecheranlagen
Paliers et roulements	Lagersysteme	Systèmes d'extincteur	Feuerlöschanlagen
Panneaux d'acier emboutis	Stahlblech-Pressteile		
Parfumes	Parfums	**T** Technologie de filtres	Filtertechnologie
Pièces de carrosseries	Karosserieteile	Téléphones auto	Autotelefone
Pièces d'auto occasion	Occasions-Autoteile	Tuning moteur	Motortuning
Pièces de moteurs	Motorenteile		
Pièces de rechange de A à Z	Ersatzteile von A bis Z	**V** Véhicules pour amateurs	Liebhaberfahrzeuge
Pièces de rechange américaines	US-Ersatzteile	Véhicules utilitaires	Nutzfahrzeuge
Pistons, axes de pistons et segments	Kolben, Kolbenbolzen und Kolbenringe	Viscocoupleurs et différentiels	Viskokupplungen und Differentiale
Pneus et chambres à air	Pneus und Schläuche	Voitures	Personenwagen
Pneumatiques → voir pneus	Reifen → siehe Pneus	Voitures américaines	Amerikaner Wagen
Pneus oldtimer	Oldtimerreifen	Voitures américaines	US-Fahrzeuge
Pompes à air	Druckluftpumpen	Voitures anglaises	Englische Wagen
Pompes à injection	Einspritzpumpen	Voitures exclusives	Exklusive Automobile
Pompes hydrauliques	Hydraulikpumpen	Volants	Lenkräder

Sicher bremsen - sicher ankommen!

Überall auf der Welt tragen TEXTAR-Komponenten täglich zur sicheren Fortbewegung bei. Ob im Personen- und Güterfernverkehr oder im Einsatz bei städtischen Verkehrsbetrieben, ob auf der Straße oder auf der Schiene, TEXTAR-Bremsbeläge stellen jeden Tag millionenfach ihre Qualität, Zuverlässigkeit und Sicherheit unter Beweis. Dabei setzt BBA Friction TEXTAR internationale Maßstäbe.

BBA FRICTION TEXTAR

Systeme, die Bewegung sichern.

BBA Friction TEXTAR GmbH, Jägerstr. 1-25, D-51375 Leverkusen

Danke für Ihr Vertrauen. Und dafür, dass Opel seit 15 Jahren die meistverkaufte Marke der Schweiz ist.

OPEL

Wir sind ständig bestrebt, unsere Modelle für Sie zu perfektionieren. Von unseren ECOTEC-Motoren fordern wir, dass sie immer umweltschonender arbeiten. Und von unseren Preisen, dass sie Ihnen möglichst entgegenkommen. Dafür, dass Sie uns schon 15 mal dazu verholfen haben zuoberst auf dem Podest zu stehen, werden wir Ihnen dieses Jahr zahlreiche Jubiläums-Überraschungen präsentieren.

Katalogteil / Partie Catalogue

Die Spezifikationen der Personenwagen des Weltmarktes 1997

Les caractéristiques des voitures du marché mondial 1997

135	Markenliste	Index des marques
137	Erläuterungen	Explications
141	Spezifikationen der Automobilmodelle	Les caractéristiques des modèles
577	Dokumentation und Statistik	Documentation et statistiques
	Letzte Neuheiten siehe Beilage	Les dernières nouveautés voir annexe

CHROME
AZZARO
TANT QU'IL Y AURA DES HOMMES

Die Spezifikationen der Personenwagen

Im nachfolgenden Katalogteil spiegelt sich das Modellangebot der Automobilindustrie wider. Die wahlweise Kombination von Motoren und Getrieben in verschiedenen Karosserietypen mehren sich und tragen den vielfältigen Käuferwünschen noch besser Rechnung. Dadurch gestaltet sich die Übersicht auf dem Weltmarkt je länger, desto schwieriger. Der Spezifikationenteil gibt die technischen Daten nach einheitlichen Gesichtspunkten wieder. Stichwortartig abgefasste Einleitungstexte charakterisieren die Modelle, und eine Übersicht orientiert über das Bauprogramm der jeweiligen Marke.

Les caractéristiques des voitures

La partie catalogue ci-après reflète le nombre de modèles offerts par l'industrie de l'automobile. La variété des combinaisons de moteurs et de boîtes de vitesse dans divers types de carrosseries s'élargit de plus en plus, répondant aux multiples désirs de la clientèle. Mais la vue d'ensemble du marché mondial s'amplifie et se complique d'autant. La partie catalogue fournit les spécifications techniques établies suivant un plan unifié; des introductions en style télégraphique donnent un bref aperçu du caractère des modèles considérés et un exposé illustre le programme de production de la marque.

Le caratteristiche delle vetture

La parte del nostro Numero Catalogo dedicate alle caratteristiche tecniche, rispecchia i numerosi modelli nella gamma delle casa automobilistiche. La disponibilità, a scelta di cliente e per lo più su vetture con carrozzeria unificata, di vari motori in combinazione con diversi tipi di trasmissione, rendono in oltre numerosi modelli ancora più aderenti alle sottili esigenze del mercato. Il panorama di quanto offra oggi l'industria dell'automobile risulta tuttavia abbastanza complesso. Di questo panorama il Catalogo, procura una sintesi approfondita, il programma di produzione, nonchè le caratteristiche tecniche dei singoli modelli.

Specifications of Private Cars

By dint of offering different engine and transmission types in various body models, the industry can cater for varying customers' tastes much better. However, the method of producing a great number of different models out of a given number of mechanical units makes it ever more difficult to provide readers with an easily legible survey of the world's car models. Therefore, the specification section is built up in the following manner: A short table lists the model range of each make, and the specifications give all relevant data in a uniform way, describing major features and innovations of every model.

Inhalt / Index / Indice / Contents

AC	141	Ford AUS	283	McLaren	359	Sbarro	489
Acura	141	Ford BR	284	Mega	360	Seat	490
Alfa Romeo	142	Ford RA	285	Mercedes-Benz	361	Shelby	500
Aro	149	FSO	285	Mercedes-Benz/Puch	375	Shiguli	500
Asia	151			Mercury	376	Škoda	500
Aston Martin	151	Geo	286	Metrocab	379	Spectre	503
Audi	154	Ginetta	287	MG	380	SsangYong	503
				Mini	380	Subaru	507
Bentley	167	Hindustan	288	Mitsubishi	381	Suzuki	510
Bertone	169	Holden	289	Mitsuoka	396		
BMW	169	Hommel	290	Morgan	396	Tata	518
BMW/Alpina	183	Honda	291	Moskvich	398	Tatra	519
Bristol	185	Hyundai	301			Tofas	519
Buick	185			Nissan	399	de Tomaso	519
		Infiniti	306			Toyota J	520
Cadillac	190	Innocenti	307	Oldsmobile	416	Toyota BR	540
Callaway	193	Irmscher	307	Opel	420	TVR	541
Carbodies	194	Isdera	307				
Caterham	194	Ish	308	Panoz	434	UAZ	543
Chevrolet USA	197	Isuzu	309	Paykan	434	Umm	544
Chevrolet BR	202			Peugeot F	435		
Chrysler	207	Jaguar	310	Peugeot RA	446	Vauxhall	545
Citroën	215	Jeep	313	Pininfarina	446	Vector	546
				Plymouth	447	Venturi	546
Dacia	227	Kia	315	Pontiac	449	Volga	547
Daewoo	228			Porsche	453	Volkswagen D	548
Daihatsu	231	Lada	320	Premier	455	Volkswagen BR	564
Daimler	236	Lamborghini	324	Proton	456	Volkswagen MEX	565
Dallas	239	Lancia	326	Puch	458	Volkswagen RA	566
Dodge	240	Land Rover	335			Volkswagen VRC	566
Donkervoort	244	Lexus	338	Range Rover	458	Volvo	567
		Lincoln	340	Reliant	458		
Eagle	245	Lotus	341	Renault F	460	Westfield	573
		Luaz	343	Renault RA	473	Wiesmann	573
Ferrari	246			Rinspeed	473		
Fiat I	250	Mahindra	344	Rolls-Royce	474	Zastava/Yugo	574
Fiat BR	264	Marcos	344	Rover	476	Zaz	576
Fiat RA	266	Maruti	345			Zil	576
Ford USA	267	Maserati	346	Saab	485		
Ford EU	274	Mazda	347	Saturn	489		

Produktionsländer und ihre Automarken / Les Marques des différents pays producteurs / Le marche dei paesi produttori / Automobile makes and their countries of origin

A Österreich – Autriche
Puch 458

AUS Australien – Australie
Ford 283
Holden 289

BR Brasilien – Brésil
Chevrolet 202
Fiat 264
Ford 284
Toyota 540
Volkswagen 564

CH Schweiz – Suisse
Rinspeed 473
Sbarro 489

CZ Tschechische Republik – République tchèque
Škoda 500
Tatra 519

D Deutschland – Allemagne
Audi 154
BMW 169
BMW/Alpina 183
Ford 274
Irmscher 307
Isdera 307
Mercedes-Benz 361
Mercedes-Benz/Puch 375
Opel 420
Porsche 453
Volkswagen 548
Wiesmann 573

E Spanien – Espagne
Ford 274
Seat 490

F Frankreich – France
Citroën 215
Dallas 239
Hommel 290
Mega 360
Peugeot 435
Renault 460
Venturi 546

GB Grossbritannien – Grande Bretagne
AC 141
Aston Martin 151
Bentley 167
Bristol 185
Carbodies 194
Caterham 194
Daimler 236
Ford 274
Ginetta 287
Jaguar 310
Land Rover 335
Lotus 341
McLaren 359
Metrocab 379
MG 380
Mini 380
Morgan 396
Range Rover 458
Reliant 458
Rolls-Royce 474
Rover 476
Spectre 503
TVR 541
Vauxhall 545
Westfield 573

I Italien – Italie
Alfa Romeo 142
Bertone 169
Ferrari 246
Fiat 250
Innocenti 307
Lamborghini 324
Lancia 326
Maserati 346
Pininfarina 446
de Tomaso 519

IND Indien – Inde
Hindustan 288
Mahindra 344
Maruti 345
Premier 455
Tata 518

IR Iran
Paykan 434

J Japan – Japon
Acura 141
Daihatsu 231
Geo 286
Honda 291
Infiniti 306
Isuzu 309
Lexus 338
Mazda 347
Mitsubishi 381
Mitsuoka 396
Nissan 399
Subaru 507
Suzuki 510
Toyota 520

MAL Malaysia – Malaysie
Proton 456

MEX Mexiko – Mexique
Volkswagen 565

NL Niederlande – Pays-Bas
Donkervoort 244

P Portugal
Umm 544

PL Polen – Pologne
FSO 285

RA Argentinien – Argentine
Fiat 266
Ford 285
Peugeot 446
Renault 473
Volkswagen 566

RO Rumänien – Roumanie
Aro 149
Dacia 227

ROK Südkorea – Corée du Sud
Asia 151
Daewoo 228
Hyundai 301
Kia 315
SsangYong 503

RUS Russland – Russie
Ish 308
Lada 320
Moskvich 398
Shiguli 500
UAZ 543
Volga 547
Zaz 576
Zil 576

S Schweden – Suède
Saab 485
Volvo 567

TR Türkei – Turquie
Tofas 519

UA Ukraine
Luaz 343

USA Vereinigte Staaten von Amerika – Etats-Unis d'Amérique
Buick 185
Cadillac 190
Callaway 193
Chevrolet 197
Chrysler 207
Dodge 240
Eagle 245
Ford 267
Geo 286
Jeep 313
Lincoln 340
Mercury 376
Oldsmobile 416
Panoz 434
Plymouth 447
Pontiac 449
Saturn 489
Vector 546

VRC China – Chine (R.P.)
Volkswagen 566

YU Jugoslawien – Yougoslavie
Zastava/Yugo 574

Die Marken der grossen Konzerne / Les marques des grands groupements / Le marche dei grandi gruppamenti / Leading corporations and their makes of cars

BMW/Rover Group Ltd.
BMW 169
Land Rover 335
Mini 480
MG 380
Rover 476

Chrysler Corporation
Chrysler 207
Dodge 240
Eagle 245
Jeep 313
Plymouth 447
Mitsubishi* 381

Fiat
Alfa Romeo 142
Ferrari 246
Fiat 250
Fiat BR 264
Fiat RA 266
Lancia 326
Maserati 346
Zastava* 574

Ford Motor Company
Ford USA 267
Ford EU 274
Ford AUS 283
Ford BR 284
Ford RA 285
Lincoln 340
Mercury 376
Aston Martin 151
Jaguar/Daimler 310/236
Mazda* 347

General Motors Corporation
Buick 185
Cadillac 190
Chevrolet USA 197
Chevrolet BR 202
Geo 286
Oldsmobile 416
Pontiac 449
Holden 289
Opel 420
Vauxhall 545
Isuzu** 309
Saturn 489
Suzuki** 510
Saab 485

PSA Peugeot-Citroën
Citroën 215
Peugeot F 435
Peugeot RA 446
Paykan* 434

Rolls-Royce Ltd.
Bentley 167
Rolls-Royce 474

Volkswagen AG
Audi 154
Volkswagen D 548
Volkswagen BR 564
Volkswagen MEX 565
Volkswagen RA 566
Volkswagen VRC 566
Seat** 490
Škoda 500*

* Zusammenarbeit, collaboration
** Beteiligung, participation

Daten und Merkmale der Personenwagen 1997

Die im Katalogteil enthaltenen Angaben behandeln den grössten Teil der gegenwärtig gebauten Personenwagen, Sportfahrzeuge und Geländewagen. Die entsprechenden Unterlagen werden direkt von den Herstellern und von den schweizerischen Importeuren geliefert und von der Redaktion entsprechend bearbeitet. Daraus lässt sich aber keine Verpflichtung für Hersteller, Händler und Redaktion ableiten.

Die meisten Hersteller müssen ihre Modelle den Bedürfnissen und gesetzlichen Vorlagen der einzelnen Exportgebiete anpassen. Soweit die Unterschiede datenmässig bekannt sind, werden sie veröffentlicht.

Es sind, soweit erhältlich, von jedem Modelltyp die folgenden Merkmale aufgeführt (nicht speziell aufgeführt werden): 19 Motoranordnung vorn; 20 hängende Ventile; 21 Normalausführung, mit Stossstangen und Kipphebeln; 24 Grauguss-Zylinderkopf; 36 mechanisches Getriebe; 38 Stockschaltung; 46 vordere Einzelradaufhängung; 53 Zweikreisbremse):

Karosserien und Gewichte

1. Karosseriemodelle
2. Türen
3. Sitzplätze
4. Leergewicht (DIN) kg
   Betriebsfertiges Fahrzeug mit aufgefülltem Betriebsstoff (Öl, Wasser, Benzin oder Dieselöl) und vollständiger Ausrüstung (Reserverad, Werkzeug) nach DIN-Norm 70020, Gewichte von USA-Fahrzeugen gemäss Werkangaben, denen unterschiedliche Messmethoden zugrunde liegen.
5. Maximal zulässiges Gewicht in kg
   Unterschiedliche Vorschriften in den einzelnen Ländern gestatten keine einheitlichen Angaben; die Daten entsprechen der Werkempfehlung.

Motordaten

6. Zylinderzahl
7. Zylinderanordnung
8. Bohrung in mm
9. Hub in mm
10. Hubraum in cm^3
11. Verdichtungsverhältnis
12. Höchste Motorleistung in kW und PS
    Die Angaben basieren auf unterschiedlichen Voraussetzungen. Wo die Messmethoden bekannt sind, werden sie wie folgt angegeben:
    - Nettoleistung oder Leistung des einbaufertigen, vollständig ausgerüsteten Motors an der Kupplung unter Abzug der entsprechenden Leistungsverluste. Angaben: ECE (Economic Commission for Europe) oder PS (SAE-netto) vor allem für amerikanische Wagen.
    - SAE = Society of Automotive Engineers
      Die Leistungseinheit des englischen Sprachgebietes (HP = Horse Power) und diejenige der übrigen Länder (PS = Pferdestärke) stimmen nicht genau überein. 1 HP = 1,0139 PS, 1 PS = 0,9863 HP.
    - JIS (Japan Industry Standard)
13. Entsprechende Drehzahl/min
14. Spezifische Leistung kW/L und PS/L
15. Höchstes Drehmoment in Nm und mkp
16. Entsprechende Drehzahl/min
17. Oktanbedarf

Motorkonstruktion

18. Motorbezeichnung
19. Motorlage
20. Ventilstellung
21. Ventilsteuerung
22. Lage und Zahl der Nockenwellen
23. Antrieb der Nockenwellen
24. Zylinderkopf (Werkstoff)
25. Zylinderblock (Werkstoff)
26. Zylinderbüchsen
27. Anzahl Kurbelwellen-Hauptlager
28. Ölinhalt (Wechselmenge)
29. Vergaserzahl
30. Vergasertyp bzw. Einspritzsystem
31. Batteriekapazität in Ah oder Kälteprüfstrom in A
32. Dynamo oder Alternator mit Leistung in W oder Stromstärke in A
33. Art der Kühlung
34. Inhalt des Kühlsystems in L

Kraftübertragung

35. Antriebsart
36. Art des Getriebes
37. Anzahl der Vorwärtsgänge
38. Lage des Schalt- oder Wählhebels
39. Achsantrieb
40. Achsuntersetzung
41. Daten von Sondergetrieben
42. Differentialbremse
43. ASR = Antischlupf-Regelung

Untersetzungsverhältnisse

44. Untersetzungsverhältnisse in den einzelnen Gängen

Fahrgestell, Aufhängung

45. Chassis- oder Karosserieaufbau
46. Vorderradaufhängung
47. Vorderradfederung
48. Hinterradaufhängung
49. Hinterradfederung
50. Stabilisatoren
51. Art der Dämpfer
52. Art der Fussbremse
53. Anzahl Bremskreisläufe
54. Bremshilfe
55. Trommelbremse; Scheibenbremse: Scheibendurchmesser in cm
56. ABS = Antiblockier-Bremssystem
57. Hand- oder Feststellbremse
58. Art der Lenkung
59. Lenkhilfe
60. Treibstofftankinhalt in L
61. Reifengrösse
62. Felgenbreite in Zoll

Dimensionen

63. Radstand in cm
64. Spurweite vorn und hinten in cm
65. Bodenfreiheit (Fahrzeug belastet) in cm
66. Wendekreisdurchmesser in m
    Die Angaben beziehen sich in der Regel auf den am äussersten Karosserieteil gemessenen Wendekreis und sind nicht identisch mit dem aus der Mitte der Lauffläche resultierenden Spurkreisdurchmesser.
67. Kofferraum (theoretisches Gesamtvolumen) in dm^3
68. Grösste Länge in cm
69. Grösste Breite in cm
70. Grösste Höhe (unbelastet) in cm

Fahrleistungen

71. Höchstgeschwindigkeiten in km/h (stehen zwei Werte, bedeutet der erste die limitierte Höchstgeschwindigkeit und der zweite die theoretisch mögliche Höchstgeschwindigkeit)
72. Theoretische Geschwindigkeit bei 1000/min im obersten Gang
    Diese Angabe gestattet, die Geschwindigkeiten auszurechnen, bei denen der Motor in jedem Gang das höchste Drehmoment oder die höchste Leistung abgibt (ohne Berücksichtigung des Schlupfs). Wird die Geschwindigkeit gesucht, bei welcher der Motor das höchste Drehmoment abgibt und damit am besten beschleunigt, so geht man beispielsweise wie folgt vor: Geschwindigkeit im obersten Gang bei 1000/min = 30 km/h, höchstes Drehmoment bei 3000/min, Anzug in diesem Gang bei 90 km/h. In den unteren Gängen wird der Wert für diese Geschwindigkeit (bei 1000/min) mit dem Untersetzungsverhältnis des obersten Ganges multipliziert und durch dasjenige des gewählten unteren Ganges dividiert.
    Die gleiche Methode ergibt die Geschwindigkeit, bei welcher ein Motor seine höchste Leistung abgibt. Beispiel: Geschwindigkeit im obersten Gang bei 1000/min = 30 km/h, Höchstleistung des Motors 6000/min, höchste Leistung somit bei 180 km/h. Diese letztere Zahl hat oft nur theoretische Bedeutung, so bei stark untersetzten obersten Gängen.
73. Beschleunigung 0–100 km/h (Belastung 2 Personen) in s
74. Stehender km oder stehende 1/4-Meile (Belastung 2 Personen) in s
75. Leistungsgewicht in kg/kW und kg/PS
76. Benzinverbrauch in L/100 km/h
    Die Angaben beziehen sich entweder auf Mitteilungen des Werkes oder auf praktische Erfahrungen der Redaktion. Soweit bekannt, werden die Verbrauchswerte nach der ECE-Norm angegeben: Die Zahlen bedeuten die Verbrauchswerte bei 90 km/h, bei 120 km/h und im Stadtzyklus.
    Die seit 1. 1. 1996 für Neufahrzeuge gültige EU-Norm, Stufe II, dient gleichzeitig der Verbrauchsmessung. Die beiden Messungen werden als «städtisch» bzw. «ausserstädtisch» bezeichnet. Sie entstehen durch einigermassen praxisgerechte Prüfstandsmessungen, wobei beim Stadtzyklus ein Kaltstart inbegriffen ist.

Preisliste Schweiz
(siehe Chamoisteil)

77. Steuer-PS (Schweiz)
78. Schweizerischer Katalogpreis
79. Karosserietyp
80. Türen
81. Sitzplätze
82. Motorlage
83. Antrieb
84. Zylinder
85. Hubraum
86. Leistung
87. Normverbrauch
88. max. Anhängelast
89. Aufpreis Getriebeautomat
90. Aufpreis Klimaanlage
91. Aufpreis ABS
92. Aufpreis Airbag

Caractéristiques et données techniques des voitures 1997

La partie réservée aux caractéristiques techniques des voitures particulières traite de la presque totalité des voitures, voitures de sport et tout-terrain de la production mondiale actuelle. Elles sont fournies directement par les constructeurs et les importateurs pour la Suisse, puis compulsées par la rédaction, mais leur publication n'engage aucune responsabilité de la part des constructeurs, de leurs représentants ou de la rédaction.

La majorité des constructeurs adapte ses produits aux besoins et aux réglementations juridiques des diverses régions d'exportation. Les différences qui en résultent sont, dans la mesure du possible, indiquées.

Dans la mesure où les caractéristiques sont disponibles, la description fournit les spécifications énumérées ci-après (les abréviations suivantes étant utilisées: 19 = moteur avant; 20 = soupapes en tête; 21 = exécution normale avec soupapes en tête, poussoirs et culbuteurs; 24 = culasse en fonte; 36 = boîte mécanique; 38 = levier au plancher; 41 = embrayage à sec; 46 = suspension avant indépendante; 53 = freins à double circuit).

Carrosseries et poids

1. Modèles de carrosseries
2. Nombre de portes
3. Nombre de places
4. Poids à vide (DIN) en kg
   Véhicule en ordre de marche avec le plein de carburant, de lubrifiant et d'eau et son équipement complet (roue de réserve, outillage) selon la norme DIN 70020. Pour les voitures américaines, les poids indiqués sont des données d'usine, établies suivant diverses méthodes de mesure.
5. Poids total admissible en kg
   La diversité des prescriptions dans les différents pays ne permet pas de fournir des indications unifiées; les données publiées correspondent aux recommandations des constructeurs.

Moteur (cotes chiffrées)

6. Nombre de cylindres
7. Disposition des cylindres
8. Alésage en mm
9. Course en mm
10. Cylindrée en cm^3
11. Taux de compression
12. Puissance maximale en kW et en ch. Les données ne sont pas toujours établies dans des conditions de mesure identiques.

Lorsque les méthodes de mesure sont connues, elles sont reproduites de la façon suivante:
- Puissance nette, c'est-à-dire puissance du moteur complètement équipé, tel. qu'il est monté dans le véhicule, abstraction faite des pertes correspondantes. Données: ECE (Economic Commission for Europe) ou ch (net), surtout pour voitures américaines.
- SAE = Society of Automotive Engineers
- L'unité de puissance des pays de langue anglaise (HP = Horse Power) ne correspond pas exactement à celle des pays faisant usage du système métrique. Le cheval-vapeur (ch) = 0,9863 HP; 1 HP = 1,0139 ch.
- JIS (Japan Industry Standard)

13. Régime correspondant en tr/min
14. Puissance spécifique en kW/L et en ch/L
15. Couple maxi en Nm et en mkp
16. Régime correspondant en tr/min
17. Exigence en octane

Moteur (construction)

18. Désignation du moteur
19. Emplacement du moteur
20. Position des soupapes
21. Commande des soupapes
22. Nombre et position des arbres à cames
23. Entraînement des arbres à cames
24. Culasse (matériau)
25. Bloc-cylindres (matériau)
26. Chemises des cylindres
27. Nombre de paliers de vilebrequin
28. Capacité du carter d'huile (changement)
29. Nombre de carburateurs
30. Type de carburateur ou de système d'injection
31. Tension en V et capacité en Ah de la batterie ou courant d'essai à froid en A
32. Dynamo ou alternateur: puissance en W ou intensité en A
33. Système de refroidissement
34. Capacité du système de refroidissement en L

Transmission

35. Système de transmission
36. Type de boîte de vitesses
37. Nombre de vitesses en marche avant
38. Emplacement du levier de vitesses ou sélecteur
39. Genre du couple conique
40. Démultiplication du couple conique
41. Caractéristiques des transmissions spéciales
42. Différentiel à mouvement limité
43. Systèmes antipatinage

Rapports de démultiplication

44. Démultiplication de chacune des vitesses

Châssis, suspension

45. Forme constructive du châssis ou de la carrosserie
46. Suspension AV (guidage)
47. Suspension AV (ressorts)
48. Suspension AR (guidage)
49. Suspension AR (ressorts)
50. Stabilisateurs
51. Type d'amortisseur
52. Système de frein à pied
53. Nombre de circuits de freinage
54. Assistance du frein (servofrein)
55. Freins à tambour;
    Freins à disque:
    Diamètre des disques en cm
56. ABS
57. Frein à main ou de stationnement
58. Type de direction
59. Assistance (servodirection)
60. Capacité du réservoir de carburant en L
61. Dimensions des pneus
62. Largeur des jantes en pouces

Dimensions

63. Empattement en cm
64. Voie AV et AR en cm
65. Garde au sol (véhicule chargé) en cm
66. Diamètre de braquage en m
    Les indications se rapportent généralement au bord extrême de la carrosserie et ne correspondent donc pas au diamètre de braquage mesuré au milieu de la bande de roulement des pneus.
67. Coffre à bagages (capacité théorique) en dm^3
68. Longueur maxi en cm
69. Largeur maxi en cm
70. Hauteur maxi (à vide) en cm

Performances

71. Vitesse maximale en palier en km/h (deux chiffres; le premier indique la vitesse de pointe réelle et le second la vitesse maximale théorique)
72. Vitesse théorique à 1000/min avec le rapport supérieur de la transmission. Cette indication permet de calculer les vitesses auxquelles correspondent, pour chacun des rapports de la boîte, le couple ou la vitesse maxi (abstraction faite du glissement). Exemple: si l'on cherche la vitesse pour laquelle le moteur fournit son couple maxi, et par conséquent fournit la meilleure accélération, on procède comme suit:
Vitesse à 1000/min avec le rapport supérieur = 30 km/h; couple maxi à 3000/min; pouvoir de traction maxi avec ce même rapport à 90 km/h. Pour les rapports inférieurs de la boîte, multiplier le chiffre à 1000/min par le rapport supérieur de démultiplication et diviser par celui du rapport considéré.
Cette même méthode fournit la vitesse à laquelle le moteur développe sa puissance maximale. Par exemple: vitesse à 1000/min avec le rapport supérieur 30 km/h; puissance maxi du moteur à 6000/min; donc, puissance maxi à 180 km/h. Ce dernier chiffre n'a d'ailleurs souvent qu'une signification purement théorique, notamment dans le cas de rapports supérieurs très surmultipliés.
73. Accélération de 0 à 100 km/h (charge 2 personnes) en s
74. Le km ou le ¼ de mile, départ arrêté, en s
75. Rapports poids/puissance en kg/kW et en kg/ch
76. Consommation en L/100 km
    Les données sont basées, soit sur les indications d'usine, soit sur les expériences pratiques de la rédaction. Autant que possible, la consommation est indiquée selon les normes ECE: données de consommation à 90 km/h, 120 km/h et cycle urbain.
    La norme EU, phase II, en vigueur depuis le 1.1.1996 pour les voitures neuves, est aussi utilisée pour les mesures de consommation. Elle comprend un cycle urbain et un cycle extra-urbain. Ces cycles sont le résultat de mesures au banc dynamométrique bien représentatives de la pratique, un départ à froid faisant partie du cycle urbain.

Liste des prix suisses

(voir feuilles de papier chamois)

77. Puissance fiscale en Suisse (CV)
78. Prix catalogue en Suisse
79. Type de carrosserie
80. Nombre de portes
81. Nombre de places
82. Position du moteur
83. Propulsion
84. Cylindres
85. Cylindrée
86. Puissance
87. Consommation standard
88. Charge remorquée
89. Supplément boîte automatique
90. Supplément climatisation
91. Supplément ABS
92. Supplément airbag

Leistungsangabe nach unterschiedlichen Normen

Die Motorleistung ist ein wesentliches Merkmal zur Beurteilung eines Automobils und seiner Fahrleistungen. In einigen Ländern dient sie auch zur Einstufung in Steuer- und Versicherungsklassen.
Leider sind die international gebräuchlichen Angaben der Motorleistung **in vielen Fällen nicht direkt miteinander vergleichbar**. Zwar gibt es eindeutige Beziehungen zwischen den einzelnen Masseinheiten, z. B.

Kilowatt (kW)	1 kW = 1,35962 PS = 1,34102 hp
Pferdestärke (PS)	1 hp = 1,0139 PS
US-horsepower (hp)	1 PS = 0,9862 HP

Wohl hat sich dabei das Kilowatt weitgehend durchgesetzt, doch werden die Leistungswerte nach *unterschiedlichen* Normen und Prüfvorschriften ermittelt. Folgende Institutionen haben Methoden zur Motorleistungsmessung entwickelt, die sich zuweilen nur geringfügig unterscheiden. Teilweise werden auch einzelne Verfahren nicht mehr angewendet, um eine weitgehende Harmonisierung der Angaben zu erreichen.

DIN	Deutsches Institut für Normung
ECE	Economic Commission for Europe
EG	Europäische Gemeinschaft
ISO	International Standardization Organization
JIS	Japanese Industrial Standard
SAE	Society of Automotive Engineers (USA)

Grundsätzlich errechnet sich die Motorleistung (P) aus dem Motordrehmoment (M_d) und der Motordrehzahl (n):

$$P = M_d \cdot n$$

Das Motordrehmoment (M_d) wird durch eine Kraft (F), die auf einen Hebelarm (l) wirkt, dargestellt:

$$P = F \cdot l \cdot n$$

Différentes normes pour l'indication de la puissance

*La puissance du moteur est un important élément d'appréciation d'une voiture et de ses performances. Dans certains pays, elle sert aussi de base à la taxation et au calcul des primes d'assurance. Malheureusement, les indications généralement usitées ne sont **pas toujours directement comparables** d'un pays à l'autre. Il y a bien une relation déterminée entre certaines unités, p. ex.*

Kilowatt (kW)	*1 kW = 1,35962 ch = 1,34102 hp*
Cheval (ch)	*1 hp = 1,0139 ch*
Horsepower USA (hp)	*1 ch = 0,9862 hp*

*Il est vrai que le kilowatt s'est imposé assez largement, mais les puissances sont néanmoins mesurées selon **différentes** méthodes élaborées par un certain nombre d'organisation; ces méthodes diffèrent parfois peu les une des autres et certaines ont été abandonnées dans l'intérêt d'une meilleure uniformité. Ces organisations sont les suivantes:*

DIN	*Deutsches Institut für Normung*
ECE	*Economic Commission for Europe – Commission européenne*
CEE	*Communauté économique européenne*
ISO	*International Standardization Organization*
JIS	*Japanese Industrial Standard*
SAE	*Society of Automotive Engineers (USA)*

La puissance du moteur (P) est fondamentalement une fonction du couple moteur (C_m) et du régime (n):

$$P = C_m \cdot n$$

Le couple moteur (C_m) est la résultante d'une force (F) agissant sur un bras de levier de longueur (l), de sorte que

$$P = F \cdot l \cdot n$$

Das Messen dieser Grössen bei der Motorleistungsbestimmung erfolgt am Motorprüfstand, also nicht im Fahrzeug, mittels Wirbelstrombremsen, Wasserwirbelbremsen oder Pendeldynamos. Hierbei wird die vom Motor geleistete Arbeit in Wärme umgewandelt. Um die charakteristische Motorleistungskurve bei Vollast zu ermitteln, misst man in der Regel mit Drehanzahlsprüngen von 250 bis 500^{-1}. Dabei hat man zwei wesentliche Verfahren zu unterscheiden:

Nettoleistung
«zur Verfügung stehende Leistung»
Ausrüstung des Prüfmotors *mit* den zum Betrieb gehörenden Nebenaggregaten wie z. B. Generator, Ansauggeräuschdämpfer, Motorlüfter, Schalldämpfer usw.

Bruttoleistung
«Laborleistung»
Ausrüstung des Prüfmotors *ohne* die zum Betrieb gehörenden Nebenaggregate. (Diese Angabe entspricht der früheren SAE-Leistung, sie liegt etwa 10 bis 20 % über der Nettoleistung.)

In beiden Fällen spricht man von «effektiver Leistung»:
$$P_{eff} = \text{Ermittelte Motorleistung}$$
$$P_{red} = P_{eff} \cdot k$$
P_{red} = die auf einen bestimmten Bezugszustand reduzierte/korrigierte Leistung
k = Korrektur auf Bezugszustand

Bezugszustand
Aufgrund der unterschiedlichen Luftdichte – atmosphärischer Luftdruck, Lufttemperatur und Luftfeuchtigkeit – ist die vom Motor angesaugte Luft «schwerer oder leichter», wobei mehr oder weniger Treibstoff/Luft-Gemisch in den Motor gelangt. Dadurch wird die ermittelte Motorleistung höher oder niedriger.
Die abweichenden atmosphärischen Prüfbedingungen werden durch die Korrektur auf einen bestimmten Bezugsstand zurückgerechnet. Die Motorleistung sinkt z. B. um etwa 1 % je 100 m Höhenzunahme; 100 m = ca. 8 mbar Luftdruck.
Die verschiedenen Normen und Prüfvorschriften sehen unterschiedliche Bezugszustände und Berechnungsverfahren für die Korrektur der bei atmosphärischer Tagesbedingung ermittelten Motorleistung vor:
P = atm. Luftdruck

	DIN 70020	EG 80/1269 (88/195) ECE-R 85 ISO 1585
t	20 °C	25 °C
P	1013 mbar	99 k Pa
k	$\dfrac{1013}{P} \cdot \sqrt{\dfrac{273+t}{293}}$	$\left(\dfrac{99}{P_s}\right)^{1,2} \cdot \left(\dfrac{T}{298}\right)^{0,6}$

P_s = atm. Luftdruck trocken (abzüglich Wasserdampfteildruck)
t = Temperatur °C
T = Temperatur K

Diese Korrektur gilt jedoch ausschliesslich für Ottomotoren. Für Dieselmotoren kommen noch kompliziertere Formeln zur Anwendung. Gegenüber der nach DIN ermittelten Motorleistung ergibt sich aufgrund der unterschiedlichen Korrekturberechnung eine um *1 bis 3 % geringere Leistung* nach EG-Richtlinien bzw. ISO/ECE. Die früheren erheblichen Unterschiede zu den Leistungsangaben nach JIS oder SAE gegenüber DIN waren auf die Anwendung der Bruttoleistung bzw. Mischformen Brutto/Netto-Leistung zurückzuführen.

Die aktuellen Normen werden jedoch zunehmend der überarbeiteten ISO 1585 (Nettoleistung) *angeglichen,* so dass die früheren erheblichen Unterschiede (bis 25 %) heute nicht mehr auftreten.
Harald Pissor-Franke

La mesure de ces grandeurs pour la détermination de la puissance a lieu au banc d'essai, non sur le véhicule, au moyen de freins Froude, de freins hydrauliques ou de dynamos tarées qui transforment l'énergie du moteur en énergie calorifique. Pour tracer la courbe caractéristique de la puissance d'un moteur à pleine charge, on mesure généralement la puissance par paliers de régime de 250 à 500 min^{-1}.
Il faut alors distinguer deux grandeurs différentes:

La puissance nette
ou puissance disponible,
pour la mesure de laquelle le moteur est pourvu de tout l'équipement nécessaire à son utilisation, par exemple l'alternateur, le ventilateur, les silencieux d'administration et d'échappement, etc.

La puissance brute
ou puissance au banc,
sans accessoires. (Celle-ci correspond à l'ancienne puissance SAE; elle est d'environ 10 à 20 % supérieure à la puissance nette.)

Dans les deux cas on parle de «puissance effective»:
$$P_{eff} = \text{puissance mesurée}$$
$$P_{red} = P_{eff} \cdot c$$
P_{red} = puissance réduite/corrigée compte tenu d'une situation de référence
c = correction par rapport à la situation de référence

Situation de référence
Etant donnée les différences de densité de l'air – pression atmosphérique, température et humidité de l'air – la masse d'air aspirée par le moteur est plus ou moins importante et par conséquent la quantité de mélange air-carburant peut varier, ce qui influe sur la puissance.
Il est tenu compte des différences de conditions atmosphériques lors des essais par un facteur de correction par rapport à une situation de référence. Par exemple, la puissance baisse de 1 % pour 100 m d'altitude supplémentaire ou environ 8 mbar de pression atmosphérique.
Les différentes normes et prescriptions d'essai partent de **différentes** situations de référence et emploient diverses méthodes de calcul pour corriger l'influence des variations quotidiennes des conditions atmosphériques:
p = pression atmosphérique

	DIN 70020	CE 80/1269 (88/195) ECE-R 85 ISO 1585
t	20 °C	25 °C
P	1013 mbar	99 k Pa
k	$\dfrac{1013}{P} \cdot \sqrt{\dfrac{273+t}{293}}$	$\left(\dfrac{99}{P_s}\right)^{1,2} \cdot \left(\dfrac{T}{298}\right)^{0,6}$

p_s = pression atmosphérique, sous déduction de la pression partielle de vapeur d'eau
t = température °C
T = température K

Ces corrections ne valent cependant que pour les moteurs à allumage commandé. Pour les diesels, les formules sont encore plus compliquées. Par rapport à la puissance indiquée selon la norme DIN, en tenant compte des modes de correction différents, les puissances selon normes CEE ou ISO/ECE sont de **1 à 3 % inférieures**. Les différences importantes par rapport à la puissance DIN qui résultaient de l'application des normes JIS ou SAE étaient dues à la différence entre puissance brute et puissance nette ou un mélange des deux.

Les normes actuelles se **rapprochent** de plus en plus des normes ISO 1585 révisées (puissance nette), de sorte que les différences atteignant 25 % qui étaient autrefois observées disparaissent.
Harald Pissor-Franke

AC • Acura

AC — GB

AC Car Group Limited, Vickers Drive North, Brooklands Industrial Park, Weybridge, Surrey KT13 0YU, England

Englische Sportwagenmarke. Gehörte ab Herbst 1987 der Ford Motor Company, seit Herbst 1992 wieder in Privatbesitz. Dezember 1996 von der Pride Automotive Group Inc. übernommen.

Marque anglaise de voiture de sport. Appartient à la Ford Motor Company depuis automne 1987, en possession privée depuis automne 1992. Reprise par Pride Automot. Group Inc. en déc. 1996.

AC Ace

Sportwagen mit Frontmotor und Hinterradantrieb. Debüt als 4WD-Prototyp mit 2.9/24V-V6 (Ford Cosworth) oder 3.0/24V-V6 (Yamaha) Februar/April (Turin) 1992. Oktober 1993: Serienausführung mit Ford-5.0-V8. Herbst 1996: Prototyp mit neuer Front und 4.6/32V-Ford-V8.

Voiture sportive avec moteur avant et propulsion. Lancement comme proto. 4WD avec 2.9/24V-V6 (Ford/Cosworth) ou 3.0/24V-V6 (Yamaha) février/avril (Turin) 1992. Octobre 1993: De série avec V8 (Ford 5.0). Automne 1996: Prototype avec partie avant mod. et V8-4.6/32V.

4.9 V8 – 243 PS Benzineinspritzung
4.9 V8 – 243 ch Injection d'essence

Karosserie, Gewicht: (DIN), Cabriolet, a.W. mit Hardtop; 2 Türen, 2 Sitze; leer 1440kg, max. zul. 1700kg.

Motor: (DIN), 8 Zyl. in V 90° (101.6X76.2 mm), 4942 cm³; Kompr. 9:1; 179 kW (243 PS) bei 5250/min, 36.2 kW/L (49.2 PS/L); 434 Nm (44.2 mkp) bei 3250/min; 98 ROZ. In Vorbereitung mit 4.6/32V-V8, ca. 320 PS (wie Ford Mustang Cobra).

Motorkonstruktion: Bezeichnung Ford V8 302 HO; zentrale Nockenwelle (Kette); 5fach gelagerte Kurbelwelle; Öl 4.8L; elektron. Einspritzung.

Batterie 60 Ah, Alternator 90 A; Wasserkühlung, Inh. 16 L.

Kraftübertragung: (auf Hinterräder). 5-Gang-Getriebe: I. 3.35; II. 1.93; III. 1.29; IV. 1; V. 0.68; R 3.15; Achse 3.31. 4-Stufen-Automat: I. 2.41; II. 1.47; III. 1; IV. 0.67; R 2; Achse 3.31.

Fahrgestell: Stahlblech-Monocoque und Leichtmetallkarosserie; v/h Einzelradaufhängung, doppelte Dreieckquerlenker, Kurvenstabilisator, Schraubenfedern, Teleskopdämpfer.

Fahrwerk: Vierrad-Scheibenbremse (v/h belüftet), Scheiben-Ø v. 27.8 cm, h. 27.3 cm, ABS, Handbremse auf Hinterräder; Zahnstangenlenkung mit Servo, Treibstofftank 82 L; Reifen vorn 225/50 ZR 16, hinten 235/50 ZR 16, Felgen 7.5 J.

Carrosserie, poids: (DIN), cabriolet, s.d. avec Hardtop; 2 portes, 2 places; vide 1440kg, tot. adm. 1700kg.

Moteur: (DIN), 8 cyl. en V 90° (101.6X76.2 mm), 4942 cm³; compr. 9:1; 179 kW (243 ch) à 5250/min, 36.2 kW/L (49.2 ch/L); 434 Nm (44.2 mkp) à 3250/min; 98 (R). En préparation avec 4.6/32V-V8, env 320 ch (comme Ford Mustang Cobra).

Moteur (constr.): désignation Ford V8 302 HO; arbre à cames central (chaîne); vilebrequin à 5 paliers; huile 4.8L; injection électronique.

Batterie 60 Ah, alternateur 90 A; refroidissement à eau, capac. 16 L.

Transmission: (sur roues AR). Boîte à 5 vit.: I. 3.35; II. 1.93; III. 1.29; IV. 1; V. 0.68; AR 3.15; pont 3.31. Boîte autom. à 4 vit.: I. 2.41; II. 1.47; III. 1; IV. 0.67; AR 2; pont 3.31.

Châssis: monocoque en acier et carosserie en alliage léger; AV/AR susp. à roues indép., leviers transv. triang. double, barre anti-dévers, ressorts hélic, amortisseurs télesc.

Train roulant: quatre freins à disques (AV/AR ventilés), Ø disques AV 27.8 cm, AR 27.3 cm, ABS, frein à main sur roues AR; servodirection à crémaillère, réservoir carb. 82 L; pneus AV 225/50 ZR 16, AR 235/50 ZR 16, jantes 7.5 J.

AC Ace

Dimensionen: Radstand 247 cm, Spur 159/157 cm, Wendekreis 10.5 m, Kofferraum 185/270 dm³, Länge 442 cm, Breite 187 cm, Höhe 130 cm.

Fahrleistungen: Vmax (Werk) 225 km/h, V bei 1000/min im 5. Gang 52 km/h; 0–97 km/h 5.9s; Leistungsgew. 8 kg/kW (5.9 kg/PS); Verbrauch (Red.) 9/15 L/100 km.

Dimensions: empattement 247 cm, voie 159/157 cm, diam. de braq. 10.5 m, coffre 185/270 dm³, longueur 442 cm, largeur 187 cm, hauteur 130 cm.

Performances: Vmax (usine) 225 km/h, V à 1000/min en 5. vit. 52 km/h; 0–97 km/h 5.9s; rapp. poids/puiss. 8 kg/kW (5.9 kg/ch); consomm. (réd.) 9/15 L/100 km.

AC Cobra

Roadster mit Leichtmetall-Karosserie, 4.9-Ford-V8, 5-Gang-Getriebe. Weiterentwicklung des Cobra Mk III. Genf 1990: «Lightweight» mit ca. 340 PS.

Roadster avec carrosserie en alliage léger, Ford 4.9 V8, boîte à 5 vit. Successeur de la Cobra Mk III. Genève 1990: «Lightweight» avec env. 340 ch.

4.9 V8 – 228 PS Benzineinspritzung
4.9 V8 – 228 ch Injection d'essence

Karosserie, Gewicht: (DIN), Roadster, 2 Türen, 2 Sitze; leer 1120kg, max. zul. 1340kg.

Motor: (DIN), 8 Zyl. in V 90° (101.6X76.2 mm), 4942 cm³; Kompr. 9:1; 168 kW (228 PS) bei 4200/min, 34 kW/L (46.1 PS/L); 408 Nm (41.6 mkp) bei 3200/min; 98 ROZ. Lightweight: ca. 250 kW (340 PS).

Motorkonstruktion: Bezeichnung Ford V8 302 HO; zentrale Nockenwelle (Kette); 5fach gelagerte Kurbelwelle; a.W. Ölkühler; Öl 4.8 L; elektron. Einspritzung.

Batterie 60 Ah, Alternator 90 A; Wasserkühlung, Inh. 16 L.

Carrosserie, poids: (DIN), Roadster, 2 portes, 2 places; vide 1120kg, tot. adm. 1340kg.

Moteur: (DIN), 8 cyl. en V 90° (101.6X76.2 mm), 4942 cm³; compr. 9:1; 168 kW (228 ch) à 4200/min, 34 kW/L (46.1 ch/L); 408 Nm (41.6 mkp) à 3200/min; 98 (R). Lightweight: env. 250 kW (340 ch).

Moteur (constr.): désignation Ford V8 302 HO; arbre à cames central (chaîne); vilebrequin à 5 paliers; huile 4.8 L; injection électronique.

Batterie 60 Ah, alternateur 90 A; refroidissement à eau, capac. 16 L.

AC Cobra

Kraftübertragung: (auf Hinterräder), Differentialbremse. 5-Gang-Getriebe: I. 3.35; II. 1.93; III. 1.29; IV. 1; V. 0.68; R 3.15; Achse 3.31.

Fahrgestell: Rohrrahmenchassis; v/h Einzelradaufhängung, doppelte Dreieckquerlenker, Kurvenstabilisator, Schraubenfedern, Teleskopdämpfer.

Fahrwerk: Vierrad-Scheibenbremse (vorn belüftet), Scheiben-Ø v. 29.4 cm, h. 27.3 cm, Handbremse auf Hinterräder; Zahnstangenlenkung, Treibstofftank 70.5 L; Reifen vorn 225/60 VR 16, hinten 255/60 VR 16, Felgen vorn 7, hinten 8 J.

Dimensionen: Radstand 228.5 cm, Spur 141/148.5 cm, Wendekreis 12 m, Kofferraum 270 dm³, Länge 420 cm, Breite 174.5 cm, Höhe 120 cm.

Fahrleistungen: Vmax (Werk) 217 km/h, V bei 1000/min im 5. Gang 56 km/h; 0–97 km/h 5.3s; Leistungsgew. 6.7 kg/kW (4.9 kg/PS); Verbrauch (Red.) 10/16 L/100 km.

Transmission: (sur roues AR), différentiel autobloquant. Boîte à 5 vit.: I. 3.35; II. 1.93; III. 1.29; IV. 1; V. 0.68; AR 3.15; pont 3.31.

Châssis: châssis tubulaire; AV/AR susp. à roues indép., leviers transv. triang. double, barre anti-dévers, ressorts hélic, amortiss. télesc.

Train roulant: quatre freins à disques (AV ventilés), Ø disques AV 29.4 cm, AR 27.3 cm, frein à main sur roues AR; direction à crémaillère, réservoir carb. 70.5 L; pneus AV 225/60 VR 16, AR 255/60 VR 16, jantes AV 7, AR 8 J.

Dimensions: empattement 228.5 cm, voie 141/148.5 cm, diam. de braq. 12 m, coffre 270 dm³, longueur 420 cm, largeur 174.5 cm, hauteur 120 cm.

Performances: Vmax (usine) 217 km/h, V à 1000/min en 5. vit. 56 km/h; 0–97 km/h 5.3s; rapp. poids/puiss. 6.7 kg/kW (4.9 kg/ch); consomm. (réd.) 10/16 L/100 km.

Acura — J

Acura Automobile Division, American Honda Motor Co., Inc., 100 West Alondra Boulevard, Gardena, California, USA

Als Acura werden in den Vereinigten Staaten die Modelle Integra, TL (Inspire), CL (Legend), NSX und SLX (Isuzu Trooper) verkauft. Technische Daten siehe Honda bzw. Isuzu.

Les modèles Integra, TL (Inspire), CL (Legend), NSX et SLX (Isuzu Trooper) sont vendus aux Etats-Unis sous le nom d'Acura. Données techniques voir sous Honda resp. Isuzu.

Acura CL

Coupé auf Honda-Accord-Basis mit 2.2-Vierzylinder- oder 3.0-V6-Motor; wird in East Liberty, Ohio gebaut.

Coupé sur base de la Honda Accord, avec moteur 2,2 litre 4 cyl. ou 3.0 V6. Est construit à East Liberty, Ohio.

2.2 16V – 147 PS Benzineinspritzung
2.2 16V – 147 ch Injection d'essence

Karosserie, Gewicht: (DIN), Coupé, 2 Türen, 5 Sitze; leer ab 1365 kg.

Motor: (SAE), 4 Zyl. in Linie (85×95 mm), 2156 cm³; Kompr. 8.8:1; 108 kW (147 PS) bei 5500/min, 50.1 kW/L (68.1 PS/L); 199 Nm (20.3 mkp) bei 4500/min.

Motorkonstruktion: Quermotor; 4 Ventile in V; 1 obenl. Nockenwelle (Zahnriemen); Leichtmetall-Zylinderkopf und -block; 5fach gelagerte Kurbelwelle; Öl 5.6 L; elektron. Einspritzung.

Batterie 65 Ah, Alternator 90 A; Wasserkühlung, Inh. 6.9 L.

Kraftübertragung: (auf Vorderräder).
5-Gang-Getriebe: I. 3.29; II. 1.81; III. 1.19; IV. 0.9; V. 0.69; R 3; Achse 4.27.
4-Stufen-Automat: I. 2.74; II. 1.48; III. 1.03; IV. 0.67; R 2.05; Achse 4.29.

Carrosserie, poids: (DIN), Coupé, 2 portes, 5 places; vide dès 1365 kg.

Moteur: (SAE), 4 cyl. en ligne (85×95 mm), 2156 cm³; compr. 8.8:1; 108 kW (147 ch) à 5500/min, 50.1 kW/L (68.1 ch/L); 199 Nm (20.3 mkp) à 4500/min.

Moteur (constr.): moteur transv.; 4 soupapes en V; 1 arbre à cames en tête (courroie crantée); culasse et bloc-cyl. en alliage léger; vilebrequin à 5 paliers; huile 5.6 L; injection électronique.

Batterie 65 Ah, alternateur 90 A; refroidissement à eau, capac. 6.9 L.

Transmission: (sur roues AV).
Boîte à 5 vit.: I. 3.29; II. 1.81; III. 1.19; IV. 0.9; V. 0.69; AR 3; pont 4.27.
Boîte autom. à 4 vit.: I. 2.74; II. 1.48; III. 1.03; IV. 0.67; AR 2.05; pont 4.29.

Acura CL Coupé

Fahrgestell: Selbsttragende Karosserie; vorn Querlenker, Zugstreben, obere Dreieckquerlenker; hinten doppelte Querlenker, Längslenker; v/h Kurvenstabilisator, Schraubenfedern und koaxiale Dämpfer.

Fahrwerk: Vierrad-Scheibenbremse (vorn belüftet), Scheiben-∅ v. 26 cm, h. 26 cm, ABS, Handbremse auf Hinterräder; Zahnstangenlenkung mit Servo, Treibstofftank 65 L; Reifen 205/55 R 16, Felgen 6 J.

Dimensionen: Radstand 271.5 cm, Spur 151.5/150 cm, Bodenfreih. 11 cm, Wendekreis 11.9 m, Kofferraum 340 dm³, Länge 482.5 cm, Breite 178 cm, Höhe 139 cm.

Fahrleistungen: Vmax (Red.) 200 km/h, V bei 1000/min im 5. Gang 41.3 km/h; 0–100 km/h 9.5 s; Leistungsgew. 13.9 kg/kW (9.3 kg/PS); Verbrauch (Red.) 8/13 L/100 km.

Châssis: carrosserie autoporteuse; AV leviers transv., tirants, leviers triang. superieur; AR leviers transv. doubles, bras longitud.; AV/AR barre anti-dévers, ressorts hélicoïdaux et amortisseurs coaxiaux.

Train roulant: quatre freins à disques (AV ventilés), ∅ disques AV 26 cm, AR 26 cm, ABS, frein à main sur roues AR; servodirection à crémaillère, réservoir carb. 65 L, pneus 205/55 R 16, jantes 6 J.

Dimensions: empattement 271.5 cm, voie 151.5/150 cm, garde au sol 11 cm, diam. de braq. 11.9 m, coffre 340 dm³, longueur 482.5 cm, largeur 178 cm, hauteur 139 cm.

Performances: Vmax (réd.) 200 km/h, V à 1000/min en 5. vit. 41.3 km/h; 0–100 km/h 9.5 s; rapp. poids/puiss. 13.9 kg/kW (9.3 kg/ch); consomm. (réd.) 8/13 L/100 km.

3.0 V6 24V – 203 PS Benzineinspritzung
3.0 V6 24V – 203 ch Injection d'essence

Wie 2.2 - 147 PS, ausgenommen:

Karosserie, Gewicht: (DIN), Coupé, 2 Türen, 5 Sitze; leer ab ca. 1460 kg.

Motor: (SAE), 6 Zyl. in V 60° (86×86 mm), 2997 cm³; Kompr. 9.4:1; 149 kW (203 PS) bei 5500/min, 49.7 kW/L (67.6 PS/L); 264 Nm (26.9 mkp) bei 4700/min.

Comme 2.2 - 147 ch, sauf:

Carrosserie, poids: (DIN), Coupé, 2 portes, 5 places; vide dès env. 1460 kg.

Moteur: (SAE), 6 cyl. en V 60° (86×86 mm), 2997 cm³; compr. 9.4:1; 149 kW (203 ch) à 5500/min, 49.7 kW/L (67.6 ch/L); 264 Nm (26.9 mkp) à 4700/min.

Motorkonstruktion: 4 Ventile in V; 2×1 obenl. Nockenwelle (Zahnriemen); Leichtmetall-Zylinderköpfe und -block; 4fach gelagerte Kurbelwelle; Öl 4.4 L; elektron. Einspritzung.

Batterie 72 Ah, Alternator 100 A; Wasserkühlung, Inh. 8.8 L.

Kraftübertragung: (auf Vorderräder).
4-Stufen-Automat: I. 2.53; II. 1.5; III. 0.95; IV. 0.63; R 1.85; Achse 4.2.

Fahrleistungen: Vmax (Red.) 220 km/h, Leistungsgew. 9.8 kg/kW (7.2 kg/PS); Verbrauch EPA 10.1/14.1 L/100 km.

Moteur (constr.): 4 soupapes en V; 2×1 arbre à cames en tête (courroie crantée); culasses et bloc-cyl. en alliage léger; vilebrequin à 4 paliers; huile 4.4 L; injection électronique.

Batterie 72 Ah, alternateur 100 A; refroidissement à eau, capac. 8.8 L.

Transmission: (sur roues AV).
Boîte autom. à 4 vit.: I. 2.53; II. 1.5; III. 0.95; IV. 0.63; AR 1.85; pont 4.2.

Performances: Vmax (réd.) 220 km/h, rapp. poids/puiss. 9.8 kg/kW (7.2 kg/ch); 10.1/14.1 L/100 km.

Alfa Romeo I

Fiat Auto S.p.A., Corso Giovanni Agnelli, 200, I-10135 Torino, Italia

Renommierter Hersteller leistungsfähiger Wagen mit sportlicher Note. Seit November 1986 zur Fiat-Gruppe gehörend.

Marque renommée pour ses voitures de tourisme et de sport; depuis novembre 1986 membre du groupe Fiat.

Alfa Romeo 145/146

Mittelklassewagen mit Frontantrieb und Heckklappe, 4-Zylinder-Boxermotoren oder Turbodiesel, Nachfolger des 33. Debüt 145 (3türig) Juli 1994, 146 (5türig) Dezember 1994, 145 Quadrifoglio (2.0/16V mit 150 PS) IAA Frankfurt, September 1995 und 146 ti (150 PS) Frühling 1996. November 1996: neue Reihenmotoren (quer) lösen die Boxermotoren ab.

Voiture de la catégorie moyenne, traction AV et hayon AR, moteurs à 4 cyl. horiz. opposés ou turbodiesel, successeur de la 33. Lancements: 145 (3 ptes) juil. 1994, 146 (5 ptes) déc. 1994, 145 QV (2.0, 150 ch) IAA Francfort, sept. 1995 et 146 ti (150 ch) printemps 1996. Nov. 1996: nouveaux moteurs en ligne (transv.) remplaçant des moteurs horiz. opposés.

1.4 16V – 103 PS Benzineinspritzung
1.4 16V – 103 ch Injection d'essence

Karosserie, Gewicht: (DIN), Limousine, 3 Türen, 5 Sitze; leer ab 1135 kg, max. zul. 1655 kg.
146: 5 Türen, 5 Sitze; leer ab 1160 kg, max. zul. 1680 kg.

Motor: (ECE), 4 Zyl. in Linie (82×64.9 mm), 1371 cm³; Kompr. 10.5:1; 76 kW (103 PS) bei 6300/min, 55.4 kW/L (75.1 PS/L); 124 Nm (12.6 mkp) bei 4600/min; 95 ROZ.

Motorkonstruktion: 4 Ventile in V; 2 obenl. Nockenwellen (Zahnriemen); Leichtmetall-Zylinderkopf; 5fach gelagerte Kurbelwelle; Öl 4.4 L; elektron. Einspritzung, Bosch Motronic M2.10.4

Batterie 45/50 Ah, Alternator 75/85 A; Wasserkühlung, Inh. 8.4 L. 2 Zündkerzen pro Zyl.

Kraftübertragung: (auf Vorderräder).
5-Gang-Getriebe: I. 3.91; II. 2.24; III. 1.52; IV. 1.16; V. 0.92; R 3.91; Achse 3.87.

Fahrgestell: Selbsttragende Karosserie mit vorderem und hinterem Hilfsrahmen; vorn Federbeine und Dreieckquerlenker; hinten Längslenker; Schraubenfedern; v/h Kurvenstabilisator, Teleskopdämpfer.

Fahrwerk: Bremse, vorne Scheiben (belüftet), hinten Trommeln, Scheiben-∅ v. 25.7 cm, a.W. ABS, Handbremse auf Hinterräder; Zahnstangenl. mit Servo, Treibstofftank 51 L; Reifen 185/60 HR 14, Felgen 5.5 J.

Dimensionen: Radstand 254 cm, Spur 147/144 cm, Bodenfreih. 12 cm, Wendekreis 10.5 m, Kofferraum 320/1130 dm³, Länge 410 cm, Breite 171 cm, Höhe 143 cm.
146: Kofferraum 380/1225 dm³, Länge 426 cm.

Fahrleistungen: Vmax (Werk) 185 km/h, V bei 1000/min in 4. Gang 29.7 km/h; 0–100 km/h 11.2 s; steh. km 32.8 s; Leistungsgew. 14.9 kg/kW (11 kg/PS); Verbrauch ECE 5.8/7.7/9.3 L/100 km.
146: Vmax 187 km/h, 0–100 km/h 11.5 s; steh. km 33 s.

Carrosserie, poids: (DIN), Berline, 3 portes, 5 places; vide dès 1135 kg, tot. adm. 1655 kg.
146: 5 portes, 5 places; vide dès 1160 kg, tot. adm. 1680 kg.

Moteur: (ECE), 4 cyl. en ligne (82×64.9 mm), 1371 cm³; compr. 10.5:1; 76 kW (103 ch) à 6300/min, 55.4 kW/L (75.1 ch/L); 124 Nm (12.6 mkp) à 4600/min; 95 (R).

Moteur (constr.): 4 soupapes en V; 2 arbres à cames en tête (courroie crantée); culasse en alliage léger; vilebrequin à 5 paliers; huile 4.4 L; injection électronique, Bosch Motronic, M2.10.4

Batterie 45/50 Ah, alternateur 75/85 A; refroidissement à eau, capac. 8.4 L. 2 bougies par cyl.

Transmission: (sur roues AV).
Boîte à 5 vit.: I. 3.91; II. 2.24; III. 1.52; IV. 1.16; V. 0.92; AR 3.91; pont 3.87.

Châssis: carrosserie autoporteuse avec faux-châssis AV et AR; AV jambes élast. et leviers triang. transv.; AR bras longitud.; ressorts hélicoïdaux; AV/AR barre anti-dévers, amortiss. télesc.

Train roulant: frein, AV à disques (ventilés), AR à tambours, ∅ disques AV 25.7 cm, ABS s. d., frein à main sur roues AR; servodirection à crémaillère, réservoir carb. 51 L; pneus 185/60 HR 14, jantes 5.5 J.

Dimensions: empattement 254 cm, voie 147/144 cm, garde au sol 12 cm, diam. de braq. 10.5 m, coffre 320/1130 dm³, longueur 410 cm, largeur 171 cm, hauteur 143 cm.
146: coffre 380/1225 dm³, longueur 426 cm.

Performances: Vmax (usine) 185 km/h, V à 1000/min en 4. vit. 29.7 km/h; 0–100 km/h 11.2 s; km arrêté 32.8 s; rapp. poids/puiss. 14.9 kg/kW (11 kg/ch); consomm. ECE 5.8/7.7/9.3 L/100 km.
146: Vmax 187 km/h, 0–100 km/h 11.5 s; km arrêté 33 s.

Alfa Romeo

Alfa Romeo 145

1.6 16V – 120 PS
Benzineinspritzung

Wie 1.4 – 103 PS, ausgenommen:

Karosserie, Gewicht: (DIN), Limousine, 3 Türen, 5 Sitze; leer ab 1165 kg, max. zul. 1685 kg.

146: 5 Türen, 5 Sitze; leer ab 1190 kg, max. zul. 1710 kg.

Motor: (ECE), 4 Zyl. in Linie (82×75.7 mm), 1599 cm³; Kompr. 10.3:1; 88 kW (120 PS) bei 6300/min, 55 kW/L (74.8 PS/L); 144 Nm (14.7 mkp) bei 4500/min; 95 ROZ.

Motorkonstruktion: 4 Ventile in V; 2 obenl. Nockenwellen (Zahnriemen); Leichtmetall-Zylinderkopf; 5fach gelagerte Kurbelwelle; Öl 4.4 L; elektron. Einspritzung, Bosch Motronic, M2.10.4.

Batterie 45/50 Ah, Alternator 75/85 A; Wasserkühlung, Inh. 8.4 L. 2 Zündkerzen pro Zyl.

Kraftübertragung: (auf Vorderräder).

5-Gang-Getriebe: I. 3.91; II. 2.24; III. 1.52; IV. 1.16; V. 0.97; R 3.91; Achse 3.56.

Fahrleistungen: Vmax (Werk) 195 km/h, V bei 1000/min im 5. Gang 30.7 km/h; 0–100 km/h 10.2 s; steh. km 31.3 s; Leistungsgew. 13.2 kg/kW (9.7 kg/PS); Verbrauch ECE 5.9/8/9.4 L/100 km.

146: Vmax 197 km/h, 0–100 km/h 10.5 s; steh. km 31.5 s.

1.8 16V – 140 PS
Benzineinspritzung

Wie 1.4 – 103 PS, ausgenommen:

Karosserie, Gewicht: (DIN), Limousine, 3 Türen, 5 Sitze; leer ab 1195 kg, max. zul. 1715 kg.

146: 5 Türen, 5 Sitze; leer ab 1215 kg, max. zul. 1735 kg.

Alfa Romeo 146

1.6 16V – 120 ch
Injection d'essence

Comme 1.4 – 103 ch, sauf:

Carrosserie, poids: (DIN), Berline, 3 portes, 5 places; vide dès 1165 kg, tot. adm. 1685 kg.

146: 5 portes, 5 places; vide dès 1190 kg, tot. adm. 1710 kg.

Moteur: (ECE), 4 cyl. en ligne (82×75.7 mm), 1599 cm³; compr. 10.3:1; 88 kW (120 ch) à 6300/min, 55 kW/L (74.8 ch/L); 144 Nm (14.7 mkp) à 4500/min; 95 (R).

Moteur (constr.): 4 soupapes en V; 2 arbres à cames en tête (courroie crantée); culasse en alliage léger; vilebrequin à 5 paliers; huile 4.4 L; injection électronique, Bosch Motronic, M2.10.4.

Batterie 45/50 Ah, alternateur 75/85 A; refroidissement à eau, capac. 8.4 L. 2 bougies par cyl.

Transmission: (sur roues AV).

Boîte à 5 vit.: I. 3.91; II. 2.24; III. 1.52; IV. 1.16; V. 0.97; AR 3.91; pont 3.56.

Performances: Vmax (usine) 195 km/h, V à 1000/min en 5. vit. 30.7 km/h; 0–100 km/h 10.2 s; km arrêté 31.3 s; rapp. poids/puiss. 13.2 kg/kW (9.7 kg/ch); consomm. ECE 5.9/8/9.4 L/100 km.

146: Vmax 197 km/h, 0–100 km/h 10.5 s; km arrêté 31.5 s.

1.8 16V – 140 ch
Injection d'essence

Comme 1.4 – 103 ch, sauf:

Carrosserie, poids: (DIN), Berline, 3 portes, 5 places; vide dès 1195 kg, tot. adm. 1715 kg.

146: 5 portes, 5 places; vide dès 1215 kg, tot. adm. 1735 kg.

Motor: (ECE), 4 Zyl. in Linie (82×82.7 mm), 1747 cm³; Kompr. 10.3:1; 103 kW (140 PS) bei 6300/min, 58.9 kW/L (80.1 PS/L); 165 Nm (16.8 mkp) bei 4000/min; 95 ROZ.

Motorkonstruktion: 4 Ventile in V; 2 obenl. Nockenwellen (Zahnriemen); Leichtmetall-Zylinderkopf; 5fach gelagerte Kurbelwelle; Öl 4.4 L; elektron. Einspritzung, Bosch Motronic, M2 10.3.

Batterie 45/50 Ah, Alternator 75/85 A; Wasserkühlung, Inh. 8.4 L. 2 Zündkerzen pro Zyl.

Kraftübertragung: (auf Vorderräder).

5-Gang-Getriebe: I. 3.91; II. 2.24; III. 1.52; IV. 1.16; V. 0.95; R 3.91; Achse 3.73.

146: 5-Gang-Getriebe: I. 3.91; II. 2.24; III. 1.52; IV. 1.16; V. 0.97; R 3.91; Achse 3.56.

Fahrwerk: Vierrad-Scheibenbr. (vorn belüftet), Scheiben-Ø v. 28.4 cm, h. 24 cm, a.W. ABS, Reifen 195/55 VR 15, Felgen 6 J.

Dimensionen: Wendekreis 11 m.

Fahrleistungen: Vmax (Werk) 205 km/h, V bei 1000/min im 5. Gang 30.7 km/h; 0–100 km/h 9.2 s; steh. km 30.3 s; Leistungsgew. 11.6 kg/kW (8.5 kg/PS); Verbrauch ECE 6.2/8.3/9.5 L/100 km.

146: Vmax 207 km/h, V bei 1000/min im 5. Gang 31.5 km/h; 0–100 km/h 9.4 s; steh. km 30.5 s; Verbrauch ECE 6.1/8.1/9.5 L/100 km.

Alfa Romeo 145 Q4

2.0 16V – 150 PS
Benzineinspritzung

Wie 1.4 – 103 PS, ausgenommen:

Karosserie, Gewicht: (DIN), Limousine, 3 Türen, 5 Sitze; leer ab 1240 kg, max. zul. 1760 kg.

146: 5 Türen, 5 Sitze; leer ab 1275 kg, max. zul. 1795 kg.

Motor: (ECE), 4 Zyl. in Linie (83×91 mm), 1969 cm³; Kompr. 10:1; 110 kW (150 PS) bei 6200/min, 55.9 kW/L (75.9 PS/L); 187 Nm (19.1 mkp) bei 4000/min; 95 ROZ.

Motorkonstruktion: 4 Ventile in V; 2 obenl. Nockenwellen (Zahnriemen); Leichtmetall-Zylinderkopf; 5fach gelagerte Kurbelwelle; Öl 4.4 L; elektron. Einspritzung, Bosch Motronic, M2.10.3.

Batterie 45 Ah, Alternator 100 A; Wasserkühlung, Inh. 8.4 L. 2 Zündkerzen pro Zyl.

Kraftübertragung: (auf Vorderräder).

5-Gang-Getriebe: I. 3.55; II. 2.24; III. 1.52; IV. 1.16; V. 0.95; R 3.91; Achse 3.56.

Fahrwerk: Vierrad-Scheibenbremse (vorn belüftet), Scheiben-Ø v. 28.4 cm, h. 24 cm, ABS, Treibstofftank 61 L; Reifen 195/55 VR 15.

Dimensionen: Wendekreis 11.5 m.

Moteur: (ECE), 4 cyl. en ligne (82×82.7 mm), 1747 cm³; compression 10.3:1; 103 kW (140 ch) à 6300/min, 58.9 kW/L (80.1 ch/L); 165 Nm (16.8 mkp) à 4000/min; 95 (R).

Moteur (constr.): 4 soupapes en V; 2 arbres à cames en tête (courroie crantée); culasse en alliage léger; vilebrequin en 5 paliers; huile 4.4 L; injection électronique, Bosch Motronic, M2 10.3.

Batterie 45/50 Ah, alternateur 75/85 A; refroidissement à eau, capac. 8.4 L. 2 bougies par cyl.

Transmission: (sur roues AV).

Boîte à 5 vit.: I. 3.91; II. 2.24; III. 1.52; IV. 1.16; V. 0.95; AR 3.91; pont 3.73.

146: boîte à 5 vit.: I. 3.91; II. 2.24; III. 1.52; IV. 1.16; V. 0.97; AR 3.91; pont 3.56.

Train roulant: quatre freins à disques (AV ventilés), Ø disques AV 28.4 cm, AR 24 cm, ABS s. d., pneus 195/55 VR 15, jantes 6 J.

Dimensions: diam. de braq. 11 m.

Performances: Vmax (usine) 205 km/h, V à 1000/min en 5. vit. 30.7 km/h; 0–100 km/h 9.2 s; km arrêté 30.3 s; rapp. poids/puiss. 11.6 kg/kW (8.5 kg/ch); consomm. ECE 6.2/8.3/9.5 L/100 km.

146: Vmax 207 km/h, V à 1000/min en 5. vit. 31.5 km/h; 0–100 km/h 9.4 s; km arrêté 30.5 s; consomm. ECE 6.1/8.1/9.5 L/100 km.

2.0 16V – 150 ch
Injection d'essence

Comme 1.4 – 103 ch, sauf:

Carrosserie, poids: (DIN), Berline, 3 portes, 5 places; vide dès 1240 kg, tot. adm. 1760 kg.

146: 5 portes, 5 places; vide dès 1275 kg, tot. adm. 1795 kg.

Moteur: (ECE), 4 cyl. en ligne (83×91 mm), 1969 cm³; compr. 10:1; 110 kW (150 ch) à 6200/min, 55.9 kW/L (75.9 ch/L); 187 Nm (19.1 mkp) à 4000/min; 95 (R).

Moteur (constr.): 4 soupapes en V; 2 arbres à cames en tête (courroie crantée); culasse en alliage léger; vilebrequin à 5 paliers; huile 4.4 L; injection électronique, Bosch Motronic, M2.10.3.

Batterie 45 Ah, altern. 100 A; refroidissement à eau, capac. 8.4 L. 2 bougies par cyl.

Transmission: (sur roues AV).

Boîte à 5 vit.: I. 3.55; II. 2.24; III. 1.52; IV. 1.16; V. 0.95; AR 3.91; pont 3.56.

Train roulant: quatre freins à disques (AV ventilés), Ø disques AV 28.4 cm, AR 24 cm, ABS, réservoir carb. 61 L; pneus 195/55 VR 15.

Dimensions: diam. de braq. 11.5 m.

Alfa Romeo

Alfa Romeo 146 ti

Fahrleistungen: Vmax (Werk) 210 km/h, V bei 1000/min im 5. Gang 32.3 km/h; 0–100 km/h 8.4 s; steh. km 29.4 s; Leistungsgew. 11.3 kg/kW (8.3 kg/PS); Verbrauch ECE 6.2/8/10.1 L/100 km.

146: Vmax 215 km/h, 0–100 km/h 8.5 s; steh. km 29.5 s.

Performances: Vmax (usine) 210 km/h, V à 1000/min en 5. vit. 32.3 km/h; 0–100 km/h 8.4 s; km arrêté 29.4 s; rapp. poids/puiss. 11.3 kg/kW (8.3 kg/ch); consomm. ECE 6.2/8/10.1 L/100 km.

146: Vmax 215 km/h, 0–100 km/h 8.5 s; km arrêté 29.5 s.

1.9 – 90 PS Turbodiesel

Wie 1.4 – 103 PS, ausgenommen:

Karosserie, Gewicht: (DIN), Limousine, 3 Türen, 5 Sitze; leer ab 1210 kg, max. zul. 1730 kg.

146: 5Türen, 5 Sitze; leer ab 1245 kg, max. zul. 1765 kg.

Motor: (ECE), 4 Zyl. in Linie (82.6×90 mm), 1929 cm³; Kompr. 19.2:1; 66 kW (90 PS) bei 4100/min, 34.2 kW/L (46.5 PS/L); 186 Nm (19 mkp) bei 2400/min; Dieselöl.

Motorkonstruktion: Wirbelkammer-Diesel; 1 obenl. Nockenwelle (Zahnriemen); Leichtmetall-Zylinderkopf; 5fach gelagerte Kurbelwelle; Ölkühler; Öl 5.5 L; Einspritzpumpe, 1 Turbolader, IHI, max. Ladedruck 0.8 bar, Intercooler.

Batterie 70 Ah, Alternator 70 A; Wasserkühlung, Inh. 8.9 L.

Kraftübertragung: (auf Vorderräder). 5-Gang-Getriebe: I. 3.91; II. 2.24; III. 1.44; IV. 1.03; V. 0.79; R 3.91; Achse 3.17.

Fahrwerk: Reifen 175/65 R 14.

Fahrleistungen: Vmax (Werk) 178 km/h, V bei 1000/min im 5. Gang 42 km/h; 0–100 km/h 12 s; steh. km 33.9 s; Leistungsgew. 18.3 kg/kW (13.4 kg/PS); Verbrauch ECE 5/ 6.8/6.9 L/100 km.

146: Vmax 179 km/h, 0–100 km/h 12.5 s; steh. km 34.2 s.

1.9 – 90 ch turbodiesel

Comme 1.4 – 103 ch, sauf:

Carrosserie, poids: (DIN), Berline, 3 portes, 5 places; vide dès 1210 kg, tot. adm. 1730 kg.

146: 5 portes, 5 places; vide dès 1245 kg, tot. adm. 1765 kg.

Moteur: (ECE), 4 cyl. en ligne (82.6×90 mm), 1929 cm³; compr. 19.2:1; 66 kW (90 ch) à 4100/min, 34.2 kW/L (46.5 PS/L); 186 Nm (19 mkp) à 2400/min; gazole.

Moteur (constr.): diesel à chambre de turbulence; 1 arbre à cames en tête (courroie crantée); culasse en alliage léger; vilebrequin à 5 paliers; radiat. d'huile; huile 5.5 L; pompe à injection, 1 turbocompr., IHI, pression max. 0.8 bar, Intercooler.

Batterie 70 Ah, alternateur 70 A; refroidissement à eau, capac. 8.9 L.

Transmission: (sur roues AV). Boîte à 5 vit.: I. 3.91; II. 2.24; III. 1.44; IV. 1.03; V. 0.79; AR 3.91; pont 3.17.

Train roulant: pneus 175/65 R 14.

Performances: Vmax (usine) 178 km/h, V à 1000/min en 5. vit. 42 km/h; 0–100 km/h 12 s; km arrêté 33.9 s; rapp. poids/puiss. 18.3 kg/kW (13.4 kg/ch); consomm. ECE 5/ 6.8/6.9 L/100 km.

146: Vmax 179 km/h, 0–100 km/h 12.5 s; km arrêté 34.2 s.

Alfa Romeo 155

Stufenhecklimousine mit Quermotor und Frontantrieb, 1.8/2.0 T. Spark, 2.5 V6 und 2.0/16V Turbo für Q4 mit permanentem Allradantrieb. Debüt Januar 1992. Frühling 1993: Passive Sicherheit verbessert, neue Motoren (1.7, 1.9 TD und 2.5 TD). Frühling 1995: Restyling. Genf 1996: Neue 1.6- und 1.8-Twin-Spark-Motoren.

Modèle à trois volumes avec moteur transv., traction AV, 1.8/2.0 T. Spark, 2.5 V6 et 2.0/16V Turbo pour Q4 avec traction intégrale. Lancement janv. 1992. Printemps 1993: sécurité passive améliorée, nouveaux moteurs (1.7, 1.9 TD et 2.5 TD). Printemps 1995: Restyling. Genève 1996: Nouveaux moteurs 1.6- et 1.8-Twin-Spark.

1.6 16V – 120 PS Benzineinspritzung

Karosserie, Gewicht: (DIN), Limousine, 4 Türen, 5 Sitze; leer ab 1270 kg, max. zul. 1795 kg.

Motor: (ECE), 4 Zyl. in Linie (82×75.7 mm), 1599 cm³; Kompr. 10.3:1; 88 kW (120 PS) bei 6300/min, 55 kW/L (74.8 PS/L); 144 Nm (14.7 mkp) bei 4500/min; 95 ROZ.

Motorkonstruktion: 4 Ventile in V; 2 obenl. Nockenwellen (Zahnriemen); Leichtmetall-Zylinderkopf; 5fach gelagerte Kurbelwelle; Öl 4.4 L; elektron. Einspritzung, Bosch Motronic, M2.10.4.

Batterie 45/50 Ah, Alternator 75/85 A; Wasserkühlung, Inh. 8.4 L. 2 Zündkerzen pro Zyl.

Kraftübertragung: (auf Vorderräder). 5-Gang-Getriebe: I. 3.91; II. 2.24; III. 1.52; IV. 1.16; V. 0.97; R 3.91; Achse 3.56.

Fahrgestell: Selbsttragende Karosserie mit vorderem und hinterem Hilfsrahmen; vorn Federbeine und Dreieckquerlenker; hinten Längslenker; v/h Kurvenstabilisator, Schraubenfedern und Teleskopdämpfer.

Fahrwerk: Vierrad-Scheibenbremse (vorn belüftet), Scheiben-⌀ v. 25.7 cm, h. 24 cm, a.W. ABS, Bosch; Handbremse auf Hinterräder; Zahnstangenl. mit Servo, Treibstofftank 63 L; Reifen 185/60 HR 14, Felgen 6 J.

Dimensionen: Radstand 254 cm, Spur 150/144 cm, Bodenfreih. 14 cm, Wendekreis 10.5 m, Kofferraum 525 dm³, Länge 445 cm, Breite 173 cm, Höhe 144 cm.

Fahrleistungen: Vmax (Werk) 195 km/h, V bei 1000/min im 5. Gang 30.6 km/h; 0–100 km/h 11.4 s; steh. km 32.5 s; Leistungsgew. 14.4 kg/kW (10.6 kg/PS); Verbrauch ECE 6/ 8.1/9.4 L/100 km.

1.8 16V – 140 PS Benzineinspritzung

Wie 1.6 – 120 PS, ausgenommen:

Karosserie, Gewicht: (DIN), Limousine, 4 Türen, 5 Sitze; leer ab 1270 kg, max. zul. 1795 kg.

Motor: (ECE), 4 Zyl. in Linie (82×82.7 mm), 1747 cm³; Kompr. 10.3:1; 103 kW (140 PS) bei 6300/min, 58.9 kW/L (80.1 PS/L); 165 Nm (16.8 mkp) bei 4000/min; 95 ROZ.

Motorkonstruktion: 4 Ventile in V; 2 obenl. Nockenwellen (Zahnriemen); Leichtmetall-Zylinderkopf; 5fach gelagerte Kurbelwelle; Öl 4.4 L; elektron. Einspritzung, Bosch Motronic, M2.10.5.

Batterie 45/50 Ah, Alternator 75/85 A; Wasserkühlung, Inh. 8.4 L.

Kraftübertragung: (auf Vorderräder). 5-Gang-Getriebe: I. 3.91; II. 2.24; III. 1.52; IV. 1.16; V. 0.97; R 3.91; Achse 3.35.

Fahrwerk: 205/50 VR 15.

Dimensionen: Wendekreis 11 m.

Fahrleistungen: Vmax (Werk) 205 km/h, V bei 1000/min im 5. Gang 32.5 km/h; 0–100 km/h 10 s; steh. km 31.3 s; Leistungsgew. 12.3 kg/kW (9.1 kg/PS); Verbrauch ECE 6.1/8.2/9.5 L/100 km.

1.6 16V – 120 ch Injection d'essence

Carrosserie, poids: (DIN), Berline, 4 portes, 5 places; vide dès 1270 kg, tot. adm. 1795 kg.

Moteur: (ECE), 4 cyl. en ligne (82×75.7 mm), 1599 cm³; compr. 10.3:1; 88 kW (120 ch) à 6300/min, 55 kW/L (74.8 ch/L); 144 Nm (14.7 mkp) à 4500/min; 95 (R).

Moteur (constr.): 4 soupapes en V; 2 arbres à cames en tête (courroie crantée); culasse en alliage léger; vilebrequin à 5 paliers; huile 4.4 L; injection électronique, Bosch Motronic, M2.10.4.

Batterie 45/50 alternateur 75/85 A; refroidissement à eau, capac. 8.4 L. 2 bougies par cyl.

Transmission: (sur roues AV). Boîte à 5 vit.: I. 3.91; II. 2.24; III. 1.52; IV. 1.16; V. 0.97; AR 3.91; pont 3.56.

Châssis: carrosserie autoporteuse avec faux-châssis AV et AR; AV jambes élast. et leviers triang. transv.; AR bras longitud.; AV/AR stabilisateur transv., ressorts hélic. et amortiss. télesc.

Train roulant: quatre freins à disques (AV ventilés), ⌀ disques AV 25.7 cm, AR 24 cm, ABS s. d., Bosch; frein à main sur roues AR; servodirection à crémaillère, réservoir carb. 63 L; pneus 185/60 HR 14, jantes 6 J.

Dimensions: empattement 254 cm, voie 150/144 cm, garde au sol 14 cm, diam. de braq. 10.5 m, coffre 525 dm³, longueur 445 cm, largeur 173 cm, hauteur 144 cm.

Performances: Vmax (usine) 195 km/h, V à 1000/min en 5. vit. 30.6 km/h; 0–100 km/h 11.4 s; km arrêté 32.5 s; rapp. poids/puiss. 14.4 kg/kW (10.6 kg/ch); consomm. ECE 6/ 8.1/9.4 L/100 km.

1.8 16V – 140 ch Injection d'essence

Comme 1.6 – 120 ch, sauf:

Carrosserie, poids: (DIN), Berline, 4 portes, 5 places; vide dès 1270 kg, tot. adm. 1795 kg.

Moteur: (ECE), 4 cyl. en ligne (82×82.7 mm), 1747 cm³; compression 10.3:1; 103 kW (140 ch) à 6300/min, 58.9 kW/L (80.1 PS/L); 165 Nm (16.8 mkp) à 4000/min; 95 (R).

Moteur (constr.): 4 soupapes en V; 2 arbres à cames en tête (courroie crantée); culasse en alliage léger; vilebrequin à 5 paliers; huile 4.4 L; injection électronique, Bosch Motronic, M2.10.5.

Batterie 45/50 Ah, alternateur 75/85 A; refroidissement à eau, capac. 8.4 L.

Transmission: (sur roues AV). Boîte à 5 vit.: I. 3.91; II. 2.24; III. 1.52; IV. 1.16; V. 0.97; AR 3.91; pont 3.35.

Train roulant: 205/50 VR 15.

Dimensions: diam. de braq. 11 m.

Performances: Vmax (usine) 205 km/h, V à 1000/min en 5. vit. 32.5 km/h; 0–100 km/h 10 s; km arrêté 31.3 s; rapp. poids/puiss. 12.3 kg/kW (9.1 kg/ch); consomm. ECE 6.1/8.2/9.5 L/100 km.

Alfa Romeo 155

Alfa Romeo 145

2.0 16V – 150 PS Benzineinspritzung

Wie 1.6 – 120 PS, ausgenommen:

Karosserie, Gewicht: (DIN), Limousine, 4 Türen, 5 Sitze; leer ab 1300 kg, max. zul. 1840 kg.

Motor: (ECE), 4 Zyl. in Linie (83×91 mm), 1969 cm³; Kompr. 10:1; 110 kW (150 PS) bei 6200/min, 55.9 kW/L (75.9 PS/L); 187 Nm (19.1 mkp) bei 4000/min; 95 ROZ.

Motorkonstruktion: 4 Ventile in V 47°; 2 obenl. Nockenwellen (Zahnriemen); Leichtmetall-Zylinderkopf; 5fach gelagerte Kurbelwelle; Öl 4.4 L; elektron. Einspritzung, Bosch Motronic, M2.10.3. Batterie 45 Ah, Alternator 100 A; Wasserkühlung, Inh. 8.4 L.

Kraftübertragung: (auf Vorderräder). 5-Gang-Getriebe: I. 3.55; II. 2.24; III. 1.52; IV. 1.16; V. 0.97; R 3.91; Achse 3.35.

Fahrwerk: Scheiben-∅ v. 28.4 cm, ABS, Reifen 195/55 VR 15, 205/50 VR 15, Felgen 6.5 J.

Dimensionen: Wendekreis 11 m.

Fahrleistungen: Vmax (Werk) 210 km/h, V bei 1000/min im 5. Gang 34.1 km/h; 0–100 km/h 9 s; steh. km 30.3 s; Leistungsgew. 11.8 kg/kW (8.7 kg/PS); Verbrauch ECE 6.2/8/9.7 L/100 km.

2.0 16V – 150 ch Injection d'essence

Comme 1.6 – 120 ch, sauf:

Carrosserie, poids: (DIN), Berline, 4 portes, 5 places; vide dès 1300 kg, tot. adm. 1840 kg.

Moteur: (ECE), 4 cyl. en ligne (83×91 mm), 1969 cm³; compr. 10:1; 110 kW (150 ch) à 6200/min, 55.9 kW/L (75.9 ch/L); 187 Nm (19.1 mkp) à 4000/min; 95 (R).

Moteur (constr.): 4 soupapes en V 47°; 2 arbres à cames en tête (courroie crantée); culasse en alliage léger; vilebrequin à 5 paliers; huile 4.4 L; injection électronique, Bosch Motronic, M2.10.3. Batterie 45 Ah, altern. 100 A; refroidissement à eau, capac. 8.4 L.

Transmission: (sur roues AV). Boîte à 5 vit.: I. 3.55; II. 2.24; III. 1.52; IV. 1.16; V. 0.97; AR 3.91; pont 3.35.

Train roulant: ∅ disques AV 28.4 cm, ABS, pneus 195/55 VR 15, 205/50 VR 15, jantes 6.5 J.

Dimensions: diam. de braq. 11 m.

Performances: Vmax (usine) 210 km/h, V à 1000/min en 5. vit. 34.1 km/h; 0–100 km/h 9 s; km arrêté 30.3 s; rapp. poids/puiss. 11.8 kg/kW (8.7 kg/ch); consomm. ECE 6.2/8/9.7 L/100 km.

Alfa Romeo 155

2.5 V6 – 163 PS Benzineinspritzung

Wie 1.6 – 120 PS, ausgenommen:

Karosserie, Gewicht: (DIN), Limousine, 4 Türen, 5 Sitze; leer ab 1370 kg, max. zul. 1900 kg.

Motor: (ECE), 6 Zyl. in V 60° (88×68.3 mm), 2492 cm³; Kompr. 10:1; 120 kW (163 PS) bei 5800/min, 48.1 kW/L (65.5 PS/L); 216 Nm (22 mkp) bei 4500/min; 95 ROZ.

Motorkonstruktion: 2×1 obenl. Nockenwelle (Zahnriemen); Leichtmetall-Zylinderköpfe und -block; 4fach gelagerte Kurbelwelle; Öl 6 L; elektron. Einspritzung, Bosch Motronic, M1.7. Batterie 45 Ah, Alternator 80 A; Wasserkühlung, Inh. 9.2 L.

Kraftübertragung: (auf Vorderräder). 5-Gang-Getriebe: I. 3.5; II. 2.24; III. 1.52; IV. 1.16; V. 0.91; R 3.55; Achse 3.18.

Fahrwerk: Scheiben-∅ v. 28.4 cm, Reifen 205/60 VR 15, Felgen 6.5 J.

Dimensionen: Wendekreis 11 m.

2.5 V6 – 163 ch Injection d'essence

Comme 1.6 – 120 ch, sauf:

Carrosserie, poids: (DIN), Berline, 4 portes, 5 places; vide dès 1370 kg, tot. adm. 1900 kg.

Moteur: (ECE), 6 cyl. en V 60° (88×68.3 mm), 2492 cm³; compr. 10:1; 120 kW (163 ch) à 5800/min, 48.1 kW/L (65.5 ch/L); 216 Nm (22 mkp) à 4500/min; 95 (R).

Moteur (constr.): 2×1 arbre à cames en tête (courroie crantée); culasses et bloc-cyl. en alliage léger; vilebrequin à 4 paliers; huile 6 L; injection électronique, Bosch Motronic, M1.7. Batterie 45 Ah, alternateur 80 A; refroidissement à eau, capac. 9.2 L.

Transmission: (sur roues AV). Boîte à 5 vit.: I. 3.5; II. 2.24; III. 1.52; IV. 1.16; V. 0.91; AR 3.55; pont 3.18.

Train roulant: ∅ disques AV 28.4 cm, pneus 205/60 VR 15, jantes 6.5 J.

Dimensions: diam. de braq. 11 m.

Fahrleistungen: Vmax (Werk) 215 km/h, V bei 1000/min im 5. Gang 37.5 km/h; 0–100 km/h 8.4 s; steh. km 29.6 s; Leistungsgew. 11.4 kg/kW (8.4 kg/PS); Verbrauch ECE 7/9/11.8 L/100 km.

2.0 16V – 186 PS Benzineinspritzung/Turbo

Wie 1.6 – 120 PS, ausgenommen:

Karosserie, Gewicht: (DIN), Limousine, 4 Türen, 5 Sitze; leer ab 1465 kg, max. zul. 2010 kg.

Motor: (ECE), 4 Zyl. in Linie (84×90 mm), 1995 cm³; Kompr. 8:1; 137 kW (186 PS) bei 6000/min, 68.7 kW/L (93.3 PS/L); 293 Nm (29.9 mkp) bei 2500/min; 95 ROZ.

Motorkonstruktion: 4 Ventile in V; 2 obenl. Nockenwellen (Zahnriemen); Leichtmetall-Zylinderkopf; 5fach gelagerte Kurbelwelle; Öl 4 L; elektron. Einspritzung, Marelli-IAW, 1 Turbolader, Garrett T3, max. Ladedruck 1 bar, Intercooler. Batterie 45 Ah, Alternator 100 A; Wasserkühlung, Inh. 9.1 L.

Kraftübertragung: (4WD permanent), zentrales Planetendiff. mit Viskobremse; hinten Torsen-Differential, Drehmomentverteilung v/h 47/53 %. 5-Gang-Getriebe: I. 3.5; II. 2.24; III. 1.52; IV. 1.16; V. 0.91; R 3.55; Achse 3.35.

Fahrwerk: Scheiben-∅ v. 28.4 cm, ABS, Treibstofftank 60 L; Reifen 205/45 ZR 16, Felgen 7 J.

Dimensionen: Wendekreis 11 m, Kofferraum 410 dm³.

Fahrleistungen: Vmax (Werk) 225 km/h, V bei 1000/min im 5. Gang 35.2 km/h; 0–100 km/h 7 s; steh. km 28.3 s; Leistungsgew. 10.7 kg/kW (7.9 kg/PS); Verbrauch ECE 7.7/9.8/12.3 L/100 km.

1.9 – 90 PS Turbodiesel

Wie 1.6 – 120 PS, ausgenommen:

Karosserie, Gewicht: (DIN), Limousine, 4 Türen, 5 Sitze; leer ab 1300 kg, max. zul. 1820 kg.

Motor: (ECE), 4 Zyl. in Linie (82.6×90 mm), 1929 cm³; Kompr. 19.2:1; 66 kW (90 PS) bei 4200/min, 34.2 kW/L (46.5 PS/L); 186 Nm (19 mkp) bei 2500/min; Dieselöl.

Motorkonstruktion: Wirbelkammer-Diesel; 1 obenl. Nockenwelle (Zahnriemen); Leichtmetall-Zylinderkopf; 5fach gelagerte Kurbelwelle; Ölkühler; Öl 5 L; Einspritzpumpe, 1 Turbolader, IHI, max. Ladedruck 0.8 bar, Intercooler. Batterie 70 Ah, Alternator 80 A; Wasserkühlung, Inh. 8.9 L.

Kraftübertragung: (auf Vorderräder). 5-Gang-Getriebe: I. 3.91; II. 2.24; III. 1.44; IV. 1.03; V. 0.8; R 3.91; Achse 3.15.

Fahrwerk: Vierrad-Scheibenbremse, Reifen 175/65 R 14.

Fahrleistungen: Vmax (Werk) 180 km/h, V bei 1000/min im 5. Gang 42.3 km/h; 0–100 km/h 13.5 s; steh. km 35 s; Leistungsgew. 19.7 kg/kW (14.4 kg/PS); Verbrauch ECE 5.1/7/7.1 L/100 km.

2.5 – 125 PS Turbodiesel

Wie 1.6 – 120 PS, ausgenommen:

Karosserie, Gewicht: (DIN), Limousine, 4 Türen, 5 Sitze; leer ab 1420 kg, max. zul. 1900 kg.

Performances: Vmax (usine) 215 km/h, V à 1000/min en 5. vit. 37.5 km/h; 0–100 km/h 8.4 s; km arrêté 29.6 s; rapp. poids/puiss. 11.4 kg/kW (8.4 kg/ch); consomm. ECE 7/9/11.8 L/100 km.

2.0 16V – 186 ch Injection d'essence/turbo

Comme 1.6 – 120 ch, sauf:

Carrosserie, poids: (DIN), Berline, 4 portes, 5 places; vide dès 1465 kg, tot. adm. 2010 kg.

Moteur: (ECE), 4 cyl. en ligne (84×90 mm), 1995 cm³; compr. 8:1; 137 kW (186 ch) à 6000/min, 68.7 kW/L (93.3 ch/L); 293 Nm (29.9 mkp) à 2500/min; 95 (R).

Moteur (constr.): 4 soupapes en V; 2 arbres à cames en tête (courroie crantée); culasse en alliage léger; vilebrequin à 5 paliers; huile 4 L; injection électronique, Marelli-IAW, 1 turbocompr., Garrett T3, pression max. 1 bar, Intercooler. Batterie 45 Ah, alternateur 100 A; refroidissement à eau, capac. 9.1 L.

Transmission: (4WD permanent), diff. planétaire central avec visco-coupleur; différentiel torsen AR, répartition du couple AV/AR 47/53 %. Boîte à 5 vit.: I. 3.5; II. 2.24; III. 1.52; IV. 1.16; V. 0.91; AR 3.55; pont 3.35.

Train roulant: ∅ disques AV 28.4 cm, ABS, réservoir carb. 60 L; pneus 205/45 ZR 16, jantes 7 J.

Dimensions: diam. de braq. 11 m, coffre 410 dm³.

Performances: Vmax (usine) 225 km/h, V à 1000/min en 5. vit. 35.2 km/h; 0–100 km/h 7 s; km arrêté 28.3 s; rapp. poids/puiss. 10.7 kg/kW (7.9 kg/ch); consomm. ECE 7.7/9.8/12.3 L/100 km.

1.9 – 90 ch turbodiesel

Comme 1.6 – 120 ch, sauf:

Carrosserie, poids: (DIN), Berline, 4 portes, 5 places; vide dès 1300 kg, tot. adm. 1820 kg.

Moteur: (ECE), 4 cyl. en ligne (82.6×90 mm), 1929 cm³; compr. 19.2:1; 66 kW (90 ch) à 4200/min, 34.2 kW/L (46.5 ch/L); 186 Nm (19 mkp) à 2500/min; gazole.

Moteur (constr.): diesel à chambre de turbulence; 1 arbre à cames en tête (courroie crantée); culasse en alliage léger; vilebrequin à 5 paliers; radiat. d'huile; huile 5 L; pompe à injection, 1 turbocompr., IHI, pression max. 0.8 bar, Intercooler. Batterie 70 Ah, alternateur 80 A; refroidissement à eau, capac. 8.9 L.

Transmission: (sur roues AV). Boîte à 5 vit.: I. 3.91; II. 2.24; III. 1.44; IV. 1.03; V. 0.8; AR 3.91; pont 3.15.

Train roulant: quatre freins à disques, pneus 175/65 R 14.

Performances: Vmax (usine) 180 km/h, V à 1000/min en 5. vit. 42.3 km/h; 0–100 km/h 13.5 s; km arrêté 35 s; rapp. poids/puiss. 19.7 kg/kW (14.4 kg/ch); consomm. ECE 5.1/7/7.1 L/100 km.

2.5 – 125 ch turbodiesel

Comme 1.6 – 120 ch, sauf:

Carrosserie, poids: (DIN), Berline, 4 portes, 5 places; vide dès 1420 kg, tot. adm. 1900 kg.

Alfa Romeo

Motor: (ECE), 4 Zyl. in Linie (92×94 mm), 2500 cm³; Kompr. 21:1; 92 kW (125 PS) bei 4200/min, 36.8 kW/L (50 PS/L); 294 Nm (30 mkp) bei 2000/min; Dieselöl.

Motorkonstruktion: Vorkammer-Diesel; seitl. Nockenwelle (Zahnräder); Leichtmetall-Zylinderkopf; 5fach gelagerte Kurbelwelle; Ölkühler; Öl 6.7 L; elektron. geregelte Einspritzp., 1 Turbolader, Intercooler.

Batterie 70 Ah, Alternator 80 A; Wasserkühlung, Inh. 10 L.

Kraftübertragung: (auf Vorderräder). 5-Gang-Getriebe: I. 3.8; II. 2.24; III. 1.52; IV. 1.16; V. 0.81; R 3.55; Achse 2.94.

Fahrwerk: Scheiben-⌀ v. 28.4 cm, Reifen 205/50 VR 15, Felgen 6.5 J.

Dimensionen: Wendekreis 11 m.

Fahrleistungen: Vmax (Werk) 195 km/h, V bei 1000/min im 5. Gang 45.6 km/h; 0–100 km/h 10.4 s; steh. km 31.6 s; Leistungsgew. 15.4 kg/kW (11.4 kg/PS); Verbrauch ECE 5.5/7.2/8.6 L/100 km.

Moteur: (ECE), 4 cyl. en ligne (92×94 mm), 2500 cm³; compr. 21:1; 92 kW (125 ch) à 4200/min, 36.8 kW/L (50 ch/L); 294 Nm (30 mkp) à 2000/min; gazole.

Moteur (constr.): diesel à préchambre; arbre à cames latéral (pignons); culasse en alliage léger; vilebrequin à 5 paliers; radiat. d'huile; huile 6.7 L; pompe à injection pilotée, 1 turbocompr., Intercooler.

Batterie 70 Ah, alternateur 80 A; refroidissement à eau, capac. 10 L.

Transmission: (sur roues AV). Boîte à 5 vit.: I. 3.8; II. 2.24; III. 1.52; IV. 1.16; V. 0.81; AR 3.55; pont 2.94.

Train roulant: ⌀ disques AV 28.4 cm, pneus 205/50 VR 15, jantes 6.5 J.

Dimensions: diam. de braq. 11 m.

Performances: Vmax (usine) 195 km/h, V à 1000/min en 5. vit. 45.6 km/h; 0–100 km/h 10.4 s; km arrêté 31.6 s; rapp. poids/puiss. 15.4 kg/kW (11.4 kg/ch); consomm. ECE 5.5/7.2/8.6 L/100 km.

Alfa Romeo 164

Sportlich-luxuriöse Limousine der oberen Mittelklasse mit Quermotor und Frontantrieb, Karosserie-Entwurf Pininfarina. Debüt Frankfurt 1987. Sommer 1990: Quadrifoglio mit 200 PS. Februar 1991: Turbo V6. September 1992: Super, V6-24V. Herbst 1993: Q4 mit 4WD.

Berline sportive et luxueuse de la classe moyenne sup. avec moteur transv. et traction AV, déssinée par Pininfarina. Lancement Francfort 1987. Eté 1990: Quadrifoglio avec 200 ch. Février 1991: Turbo V6. Sept. 1992: Super, V6-24V. Automne 1993: Q4 à traction intégrale.

2.0 – 144 PS Benzineinspritzung

Karosserie, Gewicht: (DIN), Limousine, 4 Türen, 5 Sitze; leer ab 1380 kg, max. zul. 1805 kg.

Motor: (ECE), 4 Zyl. in Linie (84×90 mm), 1995 cm³; Kompr. 10:1; 106 kW (144 PS) bei 5800/min, 53.1 kW/L (72.2 PS/L); 187 Nm (19.1 mkp) bei 5000/min; 95 ROZ.

Motorkonstruktion: 2 obenl. Nockenwellen (Kette); Leichtm.-Zylinderk. und -block; 5fach gelagerte Kurbelwelle; Öl 5.5 L; elektron. Einsp., Bosch Motronic, M 1.7

Batterie 55 Ah, Alternator 80 A; Wasserkühlung, Inh. 8 L. 2 Zündkerzen pro Zyl.

Kraftübertragung: (auf Vorderräder). 5-Gang-Getriebe: I. 3.75; II. 2.18; III. 1.52; IV. 1.16; V. 0.92; R 3.55; Achse 3.56.

Fahrgestell: Selbsttragende Karosserie mit vorderem Hilfsrahmen; vorn Federbeine und Dreieckquerlenker; hinten Federbeine, doppelte Querlenker, Zugstreben; v/h Kurvenstabilisator, Schraubenfedern und Teleskopdämpfer.

2.0 – 144 ch Injection d'essence

Carrosserie, poids: (DIN), Berline, 4 portes, 5 places; vide dès 1380 kg, tot. adm. 1805 kg.

Moteur: (ECE), 4 cyl. en ligne (84×90 mm), 1995 cm³; compr. 10:1; 106 kW (144 ch) à 5800/min, 53.1 kW/L (72.2 ch/L); 187 Nm (19.1 mkp) à 5000/min; 95 (R).

Moteur (constr.): 2 arbres à cames en tête (chaîne); culasse et bloc-cyl. en alliage léger; vilebrequin à 5 paliers; huile 5.5 L; injection électronique, Bosch Motronic, M 1.7

Batterie 55 Ah, altern. 80 A; refroidissement à eau, capac. 8 L. 2 bougies par cyl.

Transmission: (sur roues AV). Boîte à 5 vit.: I. 3.75; II. 2.18; III. 1.52; IV. 1.16; V. 0.92; AR 3.55; pont 3.56.

Châssis: carrosserie autoporteuse avec cadre auxiliaire AV; AV jambes élast. et leviers triang. transv.; AR jambes élast., leviers transv. doubles, tirants; AV/AR stabilisateur transv., ressorts hélic. et amortiss. télesc.

Alfa Romeo 164 T. Spark

Alfa Romeo 164 Super

Fahrwerk: Vierrad-Scheibenbremse (vorn belüftet), Scheiben-⌀ v. 25.7 cm, h. 25.1 cm, ABS, Bosch; Handbremse auf Hinterräder; Zahnstangenl. mit Servo, Treibstofftank 70 L; Reifen 195/65 VR 15, Felgen 6 J.

Dimensionen: Radstand 266 cm, Spur 152/149 cm, Bodenfreih. 14 cm, Wendekreis 10.8 m, Kofferraum 504 dm³, Länge 467 cm, Breite 176 cm, Höhe 139 cm.

Fahrleistungen: Vmax (Werk) 210 km/h, V bei 1000/min im 5. Gang 35.5 km/h; 0–100 km/h 9.9 s; steh. km 31.3 s; Leistungsgew. 12.9 kg/kW (9.4 kg/PS); Verbrauch ECE 6.5/8.3/9.7 L/100 km.

Train roulant: quatre freins à disques (AV ventilés), ⌀ disques AV 25.7 cm, AR 25.1 cm, Bosch; frein à main sur roues AR; servodirection à crémaillère, réservoir carb. 70 L; pneus 195/65 VR 15, jantes 6 J.

Dimensions: empattement 266 cm, voie 152/149 cm, garde au sol 14 cm, diam. de braq. 10.8 m, coffre 504 dm³, longueur 467 cm, largeur 176 cm, hauteur 139 cm.

Performances: Vmax (usine) 210 km/h, V à 1000/min en 5. vit. 35.5 km/h; 0–100 km/h 9.9 s; km arrêté 31.3 s; rapp. poids/puiss. 12.9 kg/kW (9.4 kg/ch); consomm. ECE 6.5/8.3/9.7 L/100 km.

3.0 V6 – 184 PS Benzineinspritzung

Wie 2.0 – 144 PS, ausgenommen:

Karosserie, Gewicht: (DIN), Limousine, 4 Türen, 5 Sitze; leer ab 1470 kg, max. zul. 1875 kg.

Motor: (ECE), 6 Zyl. in V 60° (93×72.6 mm), 2959 cm³; Kompr. 9.5:1; 135 kW (184 PS) bei 5600/min, 45.6 kW/L (62 PS/L); 255 Nm (26 mkp) bei 4900/min; 95 ROZ.

Motorkonstruktion: 2×1 obenl. Nockenwelle (Zahnriemen); Leichtmetall-Zylinderköpfe und -block; 4fach gelagerte Kurbelwelle; Öl 7.5 L; elektron. Einspritzung, Bosch Motronic, M1.7.

Batterie 60 Ah, Alternator 120 A; Wasserkühlung, Inh. 10 L.

Kraftübertragung: (auf Vorderräder). 5-Gang-Getriebe: I. 3.5; II. 2.24; III. 1.36; IV. 0.97; V. 0.72; R 3.55; Achse 3.11.
4-Stufen-Automat: I. 2.58; II. 1.41; III. 1; IV. 0.74; R 2.9; Achse 3.84.

Fahrgestell: hinten a.W. Niveaureg.

Fahrwerk: Scheiben-⌀ v. 28.1 cm, Reifen 195/65 ZR 15.

Fahrleistungen: Vmax (Werk) 230 km/h, V bei 1000/min im 5. Gang 40.6 km/h; 0–100 km/h 8.1 s; steh. km 28.5 s; Leistungsgew. 10.7 kg/kW (7.9 kg/PS); Verbrauch ECE 7.2/9.1/13 L/100 km.
Aut.: Vmax 225 km/h, 0–100 km/h 8.8 s; steh. km 29.7 s; Verbrauch ECE 8/10/14 L/100 km.

3.0 V6 – 184 ch Injection d'essence

Comme 2.0 – 144 ch, sauf:

Carrosserie, poids: (DIN), Berline, 4 portes, 5 places; vide dès 1470 kg, tot. adm. 1875 kg.

Moteur: (ECE), 6 cyl. en V 60° (93×72.6 mm), 2959 cm³; compr. 9.5:1; 135 kW (184 ch) à 5600/min, 45.6 kW/L (62 ch/L); 255 Nm (26 mkp) à 4900/min; 95 (R).

Moteur (constr.): 2×1 arbre à cames en tête (courroie crantée); culasses et bloc-cyl. en alliage léger; vilebrequin à 4 paliers; huile 7.5 L; injection électronique, Bosch Motronic, M1.7.

Batterie 60 Ah, alternateur 120 A; refroidissement à eau, capac. 10 L.

Transmission: (sur roues AV). Boîte à 5 vit.: I. 3.5; II. 2.24; III. 1.36; IV. 0.97; V. 0.72; AR 3.55; pont 3.11.
Boîte autom. à 4 vit.: I. 2.58; II. 1.41; III. 1; IV. 0.74; AR 2.9; pont 3.84.

Châssis: AR s.d. réglage du niveau.

Train roulant: ⌀ disques AV 28.1 cm, pneus 195/65 ZR 15.

Performances: Vmax (usine) 230 km/h, V à 1000/min en 5. vit. 40.6 km/h; 0–100 km/h 8.1 s; km arrêté 28.5 s; rapp. poids/puiss. 10.7 kg/kW (7.9 kg/ch); consomm. ECE 7.2/9.1/13 L/100 km.
Aut.: Vmax 225 km/h, 0–100 km/h 8.8 s; km arrêté 29.7 s; consomm. ECE 8/10/14 L/100 km.

3.0 V6 24V – 207 PS Benzineinspritzung

Wie 2.0 – 144 PS, ausgenommen:

Karosserie, Gewicht: (DIN), Limousine, 4 Türen, 5 Sitze; leer ab 1500 kg, max. zul. 1925 kg.

3.0 V6 24V – 207 ch Injection d'essence

Comme 2.0 – 144 ch, sauf:

Carrosserie, poids: (DIN), Berline, 4 portes, 5 places; vide dès 1500 kg, tot. adm. 1925 kg.

Alfa Romeo 147

Motor: (ECE), 6 Zyl. in V 60° (93×72.6 mm), 2959 cm³; Kompr. 10:1; 152 kW (207 PS) bei 6300/min, 51.4 kW/L (69.8 PS/L); 270 Nm (27.5 mkp) bei 5000/min; 95 ROZ.

Motorkonstruktion: 4 Ventile in V; 2×1 obenl. Nockenwelle (Zahnriemen); Leichtmetall-Zylinderköpfe und -block; 4fach gelagerte Kurbelwelle; Öl 7.5 L; elektron. Einspritzung, Bosch Motronic, M1.7. Batterie 60 Ah, Alternator 120 A; Wasserkühlung, Inh. 10 L.

Kraftübertragung: (auf Vorderräder). 5-Gang-Getriebe: I. 3.75; II. 2.18; III. 1.52; IV. 1.16; V. 0.92; R 3.55; Achse 3.56. 4-Stufen-Automat: I. 2.58; II. 1.41; III. 1; IV. 0.74; R 2.9; Achse 4.2.

Fahrgestell: a.W. elektron. Dämpferregulierung.

Fahrwerk: Scheiben-⌀ v. 28.1 cm, Reifen 195/65 ZR 15.

Fahrleistungen: Vmax (Werk) 240 km/h, V bei 1000/min im 5. Gang 37.7 km/h; 0–100 km/h 8 s; steh. km 28 s; Leistungsgew. 9.9 kg/kW (7.1 kg/PS); Verbrauch ECE 7.5/9.4/13.5 L/100 km. *Aut.:* Vmax 235 km/h, 0–100 km/h 9 s; steh. km 29.2 s; Verbrauch ECE 8.6/10.6/14.5 L/100 km.

3.0 V6 24V – 228 PS Benzineinspritzung

Wie 2.0 – 144 PS, ausgenommen:

Karosserie, Gewicht: (DIN), Limousine, 4 Türen, 5 Sitze; leer ab 1680 kg, max. zul. 2165 kg.

Motor: (ECE), 6 Zyl. in V 60° (93×72.6 mm), 2959 cm³; Kompr. 10:1; 168 kW (228 PS) bei 6300/min, 56.8 kW/L (77.2 PS/L); 280 Nm (28.5 mkp) bei 5000/min; 95 ROZ.

Motorkonstruktion: 4 Ventile in V; 2×2 obenl. Nockenwellen (Zahnriemen); Leichtmetall-Zylinderköpfe und -block; 4fach gelagerte Kurbelwelle; Öl 7.5 L; elektron. Einspritzung, Bosch Motronic, M.3.7. Batterie 60 Ah, Alternator 120 A; Wasserkühlung, Inh. 10 L.

Kraftübertragung: (4WD permanent), zentrales Planetendiff. mit Viskobremse; hinten Torsen-Differential. 6-Gang-Getriebe: I. 3.77; II. 2.38; III. 1.68; IV. 1.29; V. 1.03; VI. 0.84; R 3.72; Achse 3.88; 3.15.

Alfa Romeo 164 Q4

Fahrgestell: elektron. Dämpferregulierung.

Fahrwerk: Vierrad-Scheibenbremse (v/h belüftet), Scheiben-⌀ v. 28.1 cm, h. 25.7 cm; Treibstofftank 75 L; Reifen 205/55 ZR 16, Felgen 6.5 J.

Dimensionen: Spur 153/150.5 cm, Kofferraum 410 dm³, Höhe 136 cm.

Moteur: (ECE), 6 cyl. en V 60° (93×72.6 mm), 2959 cm³; Kompr. 10:1; 152 kW (207 ch) à 6300/min, 51.4 kW/L (69.8 ch/L); 270 Nm (27.5 mkp) à 5000/min; 95 (R).

Moteur (constr.): 4 soupapes en V; 2×1 arbre à cames en tête (courroie crantée); culasses et bloc-cyl. en alliage léger; vilebrequin à 4 paliers; huile 7.5 L; injection électronique, Bosch Motronic, M1.7. Batterie 60 Ah, alternateur 120 A; refroidissement à eau, capac. 10 L.

Transmission: (sur roues AV). Boîte à 5 vit.: I. 3.75; II. 2.18; III. 1.52; IV. 1.16; V. 0.92; AR 3.55; pont 3.56. Boîte autom. à 4 vit.: I. 2.58; II. 1.41; III. 1; IV. 0.74; AR 2.9; pont 3.84.

Châssis: s.d. amortiis. à réglage électron.

Train roulant: ⌀ disques AV 28.1 cm, pneus 195/65 ZR 15.

Performances: Vmax (usine) 240 km/h, V à 1000/min en 5. vit. 37.7 km/h; 0–100 km/h 8 s; km arrêté 28 s; rapp. poids/puiss. 9.9 kg/kW (7.1 kg/ch); consomm. ECE 7.5/9.4/13.5 L/100 km. *Aut.:* Vmax 235 km/h, 0–100 km/h 9 s; km arrêté 29.2 s; consomm. ECE 8.6/10.6/14.5 L/100 km.

3.0 V6 24V – 228 ch Injection d'essence

Comme 2.0 – 144 ch, sauf:

Carrosserie, poids: (DIN), Berline, 4 portes, 5 places; vide dès 1680 kg, tot. adm. 2165 kg.

Moteur: (ECE), 6 cyl. en V 60° (93×72.6 mm), 2959 cm³; compr. 10:1; 168 kW (228 ch) à 6300/min, 56.8 kW/L (77.2 ch/L); 280 Nm (28.5 mkp) à 5000/min; 95 (R).

Moteur (constr.): 4 soupapes en V; 2×2 arbres à cames en tête (courroie crantée); culasses et bloc-cyl. en alliage léger; vilebrequin à 4 paliers; huile 7.5 L; injection électronique, Bosch Motronic, M.1.7. Batterie 60 Ah, alternateur 120 A; refroidissement à eau, capac. 10 L.

Transmission: (4WD permanent), diff. planétaire central avec visco-coupleur; différentiel torsen AR. Boîte à 6 vit.: I. 3.77; II. 2.38; III. 1.68; IV. 1.29; V. 1.03; VI. 0.84; AR 3.72; pont 3.88; 3.15.

Châssis: amortiss. à réglage électron.

Train roulant: quatre freins à disques (AV/AR ventilés), ⌀ disques AV 28.1 cm, AR 25.7 cm, réservoir carb. 75 L; pneus 205/55 ZR 16, jantes 6.5 J.

Dimensions: voie 153/150.5 cm, coffre 410 dm³, hauteur 136 cm.

Fahrleistungen: Vmax (Werk) 240 km/h, V bei 1000/min im 6. Gang 35.6 km/h; 0–100 km/h 7.5 s; steh. km 27.9 s; Leistungsgew. 10 kg/kW (7.3 kg/PS); Verbrauch ECE 7.9/9.9/14.5 L/100 km.

2.0 V6 – 201 PS Benzineinspritzung/Turbo

Wie 2.0 – 144 PS, ausgenommen:

Karosserie, Gewicht: (DIN), Limousine, 4 Türen, 5 Sitze; leer ab 1500 kg, max. zul. 1925 kg.

Motor: (ECE), 6 Zyl. in V 60° (80×66.2 mm), 1997 cm³; Kompr. 8:1; 148 kW (201 PS) bei 6000/min, 74.1 kW/L (100.7 PS/L); 280 Nm (28.5 mkp) bei 3000/min; 95 ROZ.

Motorkonstruktion: 2×1 obenl. Nockenwelle (Zahnriemen); Leichtmetall-Zylinderköpfe und -block; 4fach gelagerte Kurbelwelle; Öl 7 L; elektron. Einspritzung, Bosch Motronic, ML4.1; 1 Turbolader, Mitsubishi, max. Ladedruck 0.85 bar, mit Overboost 0.95 bar; Intercooler. Batterie 60 Ah, Alternator 120 A; Wasserkühlung, Inh. 9.5 L.

Kraftübertragung: (auf Vorderräder). 5-Gang-Getriebe: I. 3.75; II. 2.18; III. 1.52; IV. 1.16; V. 0.92; R 3.55; Achse 3.41.

Fahrgestell: h. a.W. Niveauregulierung.

Fahrwerk: Scheiben-⌀ v. 28.1 cm, Reifen 195/65 ZR 15.

Fahrleistungen: Vmax (Werk) 237 km/h, V bei 1000/min im 5. Gang 37 km/h; 0–100 km/h 8.2 s; steh. km 28.3 s; Leistungsgew. 10.1 kg/kW (7.3 kg/PS); Verbrauch ECE 7.1/9.2/11.7 L/100 km.

Alfa Romeo 164 Super TD

2.5 – 125 PS Turbodiesel

Wie 2.0 – 144 PS, ausgenommen:

Karosserie, Gewicht: (DIN), Limousine, 4 Türen, 5 Sitze; leer ab 1510 kg, max. zul. 1935 kg.

Motor: (ECE), 4 Zyl. in Linie (92×94 mm), 2500 cm³; Kompr. 22:1; 92 kW (125 PS) bei 4200/min, 36.8 kW/L (50 PS/L); 294 Nm (30 mkp) bei 2000/min; Dieselöl.

Motorkonstruktion: Vorkammer-Diesel; seitl. Nockenwelle (Zahnräder); Leichtmetall-Zylinderkopf; 5fach gelagerte Kurbelwelle; Öl 7.2 L; elektron. geregelte Einspritzpumpe, 1 Turbolader, Intercooler. Batterie 100 Ah, Alternator 80 A; Wasserkühlung, Inh. 10 L.

Kraftübertragung: (auf Vorderräder). 5-Gang-Getriebe: I. 3.75; II. 2.18; III. 1.36; IV. 0.97; V. 0.72; R 3.55; Achse 3.41.

Fahrwerk: Scheiben-⌀ v. 28.1 cm.

Performances: Vmax (usine) 240 km/h, V à 1000/min en 6. vit. 35.6 km/h; 0–100 km/h 7.5 s; km arrêté 27.9 s; rapp. poids/puiss. 10 kg/kW (7.3 kg/ch); consomm. ECE 7.9/9.9/14.5 L/100 km.

2.0 V6 – 201 ch Injection d'essence/turbo

Comme 2.0 – 144 ch, sauf:

Carrosserie, poids: (DIN), Berline, 4 portes, 5 places; vide dès 1500 kg, tot. adm. 1925 kg.

Moteur: (ECE), 6 cyl. en V 60° (80×66.2 mm), 1997 cm³; compr. 8:1; 148 kW (201 ch) à 6000/min, 74.1 kW/L (100.7 ch/L); 280 Nm (28.5 mkp) à 3000/min; 95 (R).

Moteur (constr.): 2×1 arbre à cames en tête (courroie crantée); culasses et bloc-cyl. en alliage léger; vilebrequin à 4 paliers; huile 7 L; injection électronique, Bosch Motronic, ML4.1; 1 turbocompr., Mitsubishi, pression max. 0.85 bar, avec overboost 0.95 bar; Intercooler. Batterie 60 Ah, alternateur 120 A; refroidissement à eau, capac. 9.5 L.

Transmission: (sur roues AV). Boîte à 5 vit.: I. 3.75; II. 2.18; III. 1.52; IV. 1.16; V. 0.92; AR 3.55; pont 3.41.

Châssis: AR s.d. réglage du niveau.

Train roulant: ⌀ disques AV 28.1 cm, pneus 195/65 ZR 15.

Performances: Vmax (usine) 237 km/h, V à 1000/min en 5. vit. 37 km/h; 0–100 km/h 8.2 s; km arrêté 28.3 s; rapp. poids/puiss. 10.1 kg/kW (7.3 kg/ch); consomm. ECE 7.1/9.2/11.7 L/100 km.

2.5 – 125 ch turbodiesel

Comme 2.0 – 144 ch, sauf:

Carrosserie, poids: (DIN), Berline, 4 portes, 5 places; vide dès 1510 kg, tot. adm. 1935 kg.

Moteur: (ECE), 4 cyl. en ligne (92×94 mm), 2500 cm³; compr. 22:1; 92 kW (125 ch) à 4200/min, 36.8 kW/L (50 ch/L); 294 Nm (30 mkp) à 2000/min; gazole.

Moteur (constr.): diesel à préchambre; arbre à cames latéral (pignons); culasse en alliage léger; vilebrequin à 5 paliers; huile 7.2 L; pompe à injection pilotée, 1 turbocompr., Intercooler. Batterie 100 Ah, alternateur 80 A; refroidissement à eau, capac. 10 L.

Transmission: (sur roues AV). Boîte à 5 vit.: I. 3.75; II. 2.18; III. 1.36; IV. 0.97; V. 0.72; AR 3.55; pont 3.41.

Train roulant: ⌀ disques AV 28.1 cm.

Alfa Romeo

Fahrleistungen: Vmax (Werk) 202 km/h, V bei 1000/min im 5. Gang 47 km/h; 0–100 km/h 10.8 s; steh. km 32.2 s; Leistungsgew. 16.4 kg/kW (12 kg/PS); Verbrauch ECE 5.2/6.8/8.5 L/100 km.

Performances: Vmax (usine) 202 km/h, V à 1000/min en 5. vit. 47 km/h; 0–100 km/h 10.8 s; km arrêté 32.2 s; rapp. poids/puiss. 16.4 kg/kW (12 kg/ch); consom. ECE 5.2/6.8/8.5 L/100 km.

Alfa Romeo Spider

Spider mit Quermotor und Frontantrieb, in Zusammenarbeit mit Pininfarina entwickelt. Debüt Paris 1994.

Spider avec moteur transv. et traction avant, développés en collaboration avec Pininfarina. Lancement Paris 1994.

2.0 16V – 150 PS Benzineinspritzung
2.0 16V – 150 ch Injection d'essence

Karosserie, Gewicht: (DIN), Spider, 2 Türen, 2 Sitze; leer ab 1370 kg, max. zul. 1630 kg.

Carrosserie, poids: (DIN), Spider, 2 portes, 2 places; vide dès 1370 kg, tot. adm. 1630 kg.

Motor: (ECE), 4 Zyl. in Linie (83×91 mm), 1969 cm^3; Kompr. 10:1; 110 kW (150 PS) bei 6200/min, 55.9 kW/L (75.9 PS/L); 187 Nm (19.1 mkp) bei 4000/min; 95 ROZ.

Moteur: (ECE), 4 cyl. en ligne (83×91 mm), 1969 cm^3; compr. 10:1; 110 kW (150 ch) à 6200/min, 55.9 kW/L (75.9 ch/L); 187 Nm (19.1 mkp) à 4000/min; 95 (R).

Motorkonstruktion: 4 Ventile in V; 2 obenl. Nockenwellen (Zahnriemen); Leichtmetall-Zylinderkopf; 5fach gelagerte Kurbelwelle; Öl 4.4 L; elektron. Einspritzung, Bosch Motronic, M2.10.3. Batterie 70 Ah, Alternator 100 A; Wasserkühlung, Inh. 8.4 L. 2 Zündkerzen pro Zyl.

Moteur (constr.): 4 soupapes en V; 2 arbres à cames en tête (courroie crantée); culasse en alliage léger; vilebrequin à 5 paliers; huile 4.4 L; injection électronique, Bosch Motronic, M2.10.3. Batterie 70 Ah, altern. 100 A; refroidissement à eau, capac. 8.4 L. 2 bougies par cyl.

Kraftübertragung: (auf Vorderräder). 5-Gang-Getriebe: I. 3.55; II. 2.24; III. 1.52; IV. 1.16; V. 0.95; R 3.91; Achse 3.56.

Transmission: (sur roues AV). Boîte à 5 vit.: I. 3.55; II. 2.24; III. 1.52; IV. 1.16; V. 0.95; AR 3.91; pont 3.56.

Fahrgestell: Selbsttragende Karosserie mit vorderem und hinterem Hilfsrahmen; vorn Federbeine und Dreieckquerlenker, hinten Mehrlenkerachse mit Längs-, Quer- und Schräglenkern, v/h Kurvenstabilisator, Schraubenfedern, Teleskopdämpfer.

Châssis: carrosserie autoporteuse avec faux-châssis AV et AR; AV jambes élast. et leviers triang. transv., AR essieu à multiples bras (leviers longit., obliques et transv.), AV/AR barre anti-dévers, ressorts hélic, amortiss. télesc.

Alfa Romeo Spider

Fahrwerk: Vierrad-Scheibenbremse (vorn belüftet), Scheiben-Ø v. 28.4 cm, h. 24 cm, ABS, Handbremse auf Hinterräder; Zahnstangenlenkung mit Servo, Treibstofftank 70 L; Reifen 195/60 ZR 15, 205/50 ZR 15, Felgen 6 J, 6.5 J.

Train roulant: quatre freins à disques (AV ventilés), Ø disques AV 28.4 cm, AR 24 cm, ABS, frein à main sur roues AR; servodirection à crémaillère, réservoir carb. 70 L; pneus 195/60 ZR 15, 205/50 ZR 15, jantes 6 J, 6.5 J.

Dimensionen: Radstand 254 cm, Spur 150/149 cm, Bodenfreih. 12 cm, Wendekreis 11.3 m, Kofferraum 110 dm^3, Länge 429 cm, Breite 178 cm, Höhe 132 cm.

Dimensions: empattement 254 cm, voie 150/149 cm, garde au sol 12 cm, diam. de braq. 11.3 m, coffre 110 dm^3, longueur 429 cm, largeur 178 cm, hauteur 132 cm.

Fahrleistungen: Vmax (Werk) 210 km/h, V bei 1000/min im 5. Gang 33.7 km/h; 0–100 km/h 8.4 s; steh. km 29.8 s; Leistungsgew. 12.5 kg/kW (9.1 kg/PS); Verbrauch ECE 6.2/7.8/10.4 L/100 km.

Performances: Vmax (usine) 210 km/h, V à 1000/min en 5. vit. 33.7 km/h; 0–100 km/h 8.4 s; km arrêté 29.8 s; rapp. poids/puiss. 12.5 kg/kW (9.1 kg/ch); consom. ECE 6.2/7.8/10.4 L/100 km.

Alfa Romeo Spider

3.0 V6 – 192 PS Benzineinspritzung
3.0 V6 – 192 ch Injection d'essence

Wie 2.0 – 150 PS, ausgenommen:

Comme 2.0 – 150 ch, sauf:

Karosserie, Gewicht: (DIN), Spider, 2 Türen, 2 Sitze; leer ab 1420 kg, max. zul. 1680 kg.

Carrosserie, poids: (DIN), Spider, 2 portes, 2 places; vide dès 1420 kg, tot. adm. 1680 kg.

Motor: (ECE), 6 Zyl. in V 60° (93×72.6 mm), 2959 cm^3; Kompr. 10:1; 141 kW (192 PS) bei 5600/min, 47.6 kW/L (64.8 PS/L); 260 Nm (26.5 mkp) bei 4400/min; 95 ROZ.

Moteur: (ECE), 6 cyl. en V 60° (93×72.6 mm), 2959 cm^3; compr. 10:1; 141 kW (192 ch) à 5600/min, 47.6 kW/L (64.8 ch/L); 260 Nm (26.5 mkp) à 4400/min; 95 (R).

Motorkonstruktion: 4 Ventile in V; 2×1 obenl. Nockenwelle (Zahnriemen); Leichtmetall-Zylinderköpfe und -block; 4fach gelagerte Kurbelwelle; Ölkühler; Öl 6.8 L; elektron. Einspritzung, Bosch Motronic, M3.7.1. Batterie 70 Ah, Alternator 90 A; Wasserkühlung, Inh. 11.7 L.

Moteur (constr.): 4 soupapes en V; 2×1 arbre à cames en tête (courroie crantée); culasses et bloc-cyl. en alliage léger; vilebrequin à 4 paliers; radiat. d'huile; huile 6.8 L; injection électr., Bosch Motronic, M3.7.1. Batterie 70 Ah, alternateur 90 A; refroidissement à eau, capac. 11.7 L.

Kraftübertragung: (auf Vorderräder). 5-Gang-Getriebe: I. 3.5; II. 2.24; III. 1.52; IV. 1.16; V. 0.92; R 3.55; Achse 3.11.

Transmission: (sur roues AV). Boîte à 5 vit.: I. 3.5; II. 2.24; III. 1.52; IV. 1.16; V. 0.92; AR 3.55; pont 3.11.

Fahrwerk: Reifen 205/50 ZR 16, Felgen 6.5 J.

Train roulant: pneus 205/50 ZR 16, jantes 6.5 J.

Fahrleistungen: Vmax (Werk) 225 km/h, V bei 1000/min im 5. Gang 39.4 km/h; 0–100 km/h 7.3 s; steh. km 27.8 s; Leistungsgew. 10.1 kg/kW (7.4 kg/PS); Verbrauch ECE 6.8/8.7/13 L/100 km.

Performances: Vmax (usine) 225 km/h, V à 1000/min en 5. vit. 39.4 km/h; 0–100 km/h 7.3 s; km arrêté 27.8 s; rapp. poids/puiss. 10.1 kg/kW (7.4 kg/ch); consom. ECE 6.8/8.7/13 L/100 km.

Alfa Romeo GTV

Coupé mit Quermotor und Frontantrieb, in Zusammenarbeit mit Pininfarina entwickelt. Debüt Paris 1994. November 1996: neuer 3.0-V6-Motor.

Coupé avec moteur transv. et traction avant, développés en collaboration avec Pininfarina. Lancement Paris 1994. Novembre 1996: nouveau moteur 3.0-V6.

2.0 16V – 150 PS Benzineinspritzung
2.0 16V – 150 ch Injection d'essence

Karosserie, Gewicht: (DIN), Coupé, 2 Türen, 2+2 Sitze; leer ab 1370 kg, max. zul. 1780 kg.

Carrosserie, poids: (DIN), Coupé, 2 portes, 2+2 places; vide dès 1370 kg, tot. adm. 1780 kg.

Motor: (ECE), 4 Zyl. in Linie (83×91 mm), 1969 cm^3; Kompr. 10:1; 110 kW (150 PS) bei 6200/min, 55.9 kW/L (75.9 PS/L); 187 Nm (19.1 mkp) bei 4000/min; 95 ROZ.

Moteur: (ECE), 4 cyl. en ligne (83×91 mm), 1969 cm^3; compr. 10:1; 110 kW (150 ch) à 6200/min, 55.9 kW/L (75.9 ch/L); 187 Nm (19.1 mkp) à 4000/min; 95 (R).

Motorkonstruktion: 4 Ventile in V; 2 obenl. Nockenwellen (Zahnriemen); Leichtmetall-Zylinderkopf; 5fach gelagerte Kurbelwelle; Ölkühler; Öl 5 L; elektron. Einspritzung, Bosch Motronic, M2.10.3. Batterie 70 Ah, Alternator 100 A; Wasserkühlung, Inh. 8.4 L. 2 Zündkerzen pro Zyl.

Moteur (constr.): 4 soupapes en V; 2 arbres à cames en tête (courroie crantée); culasse en alliage léger; vilebrequin à 5 paliers; radiat. d'huile; huile 5 L; injection électronique, Bosch Motronic, M2.10.3. Batterie 70 Ah, altern. 100 A; refroidissement à eau, capac. 8.4 L. 2 bougies par cyl.

Kraftübertragung: (auf Vorderräder). 5-Gang-Getriebe: I. 3.55; II. 2.24; III. 1.52; IV. 1.16; V. 0.95; R 3.91; Achse 3.56.

Transmission: (sur roues AV). Boîte à 5 vit.: I. 3.55; II. 2.24; III. 1.52; IV. 1.16; V. 0.95; AR 3.91; pont 3.56.

Alfa Romeo • Aro

Fahrgestell: Selbsttragende Karosserie mit vorderem und hinterem Hilfsrahmen; vorn Federbeine und Dreieckquerlenker; hinten Mehrlenkerachse mit Längs-, Quer- und Schräglenkern; v/h Kurvenstabilisator, Schraubenfedern, Teleskopdämpfer.

Fahrwerk: Vierrad-Scheibenbremse (vorn belüftet), Scheiben-∅ v. 28.4 cm, h. 24 cm, ABS, Handbremse auf Hinterräder; Zahnstangenlenkung mit Servo, Treibstofftank 70 L; Reifen 195/60 ZR 15, 205/50 ZR 16, Felgen 6 J, 6.5 J.

Dimensionen: Radstand 254 cm, Spur 150/149 cm, Bodenfreih. 12 cm, Wendekreis 11.3 m, Kofferraum 110 dm³, Länge 429 cm, Breite 178 cm, Höhe 132 cm.

Fahrleistungen: Vmax (Werk) 215 km/h, V bei 1000/min im 5. Gang 33.7 km/h; 0–100 km/h 8.4 s; steh. km 29.7 s; Leistungsgew. 12.5 kg/kW (9.1 kg/PS); Verbrauch ECE 6.2/7.8/10.4 L/100 km.

Châssis: carrosserie autoporteuse avec faux-châssis AV et AR; AV jambes élast. et leviers triang. transv.; AR essieu à multiples bras (leviers longit., obliques et transv.); AV/AR barre anti-dévers, ressorts hélic, amortiss. télesc.

Train roulant: quatre freins à disques (AV ventilés), ∅ disques AV 28.4 cm, AR 24 cm, frein à main sur roues AR; servodirection à crémaillère, réservoir carb. 70 L; pneus 195/60 ZR 15, 205/50 ZR 16, jantes 6 J, 6.5 J.

Dimensions: empattement 254 cm, voie 150/149 cm, garde au sol 12 cm, diam. de braq. 11.3 m, coffre 110 dm³, longueur 429 cm, largeur 178 cm, hauteur 132 cm.

Performances: Vmax (usine) 215 km/h, V à 1000/min en 5. vit. 33.7 km/h; 0–100 km/h 8.4 s; km arrêté 29.7 s; rapp. poids/puiss. 12.5 kg/kW (9.1 kg/ch); consomm. ECE 6.2/7.8/10.4 L/100 km.

2.0 V6 – 200 PS Benzineinspritzung/Turbo

Wie 2.0 – 150 PS, ausgenommen:

Karosserie, Gewicht: (DIN) Coupé, 2 Türen, 2+2 Sitze; leer ab 1430 kg, max. zul. 1820 kg.

Motor: (ECE), 6 Zyl. in V 60° (80×66.2 mm), 1997 cm³; Kompr. 8:1; 147 kW (200 PS) bei 6000/min, 73.6 kW/L (100.1 PS/L); 271 Nm (27.6 mkp) bei 2400/min; 95 ROZ.

Motorkonstruktion: 2×1 obenl. Nockenwelle (Zahnriemen); Leichtmetall-Zylinderköpfe und -block; 4fach gelagerte Kurbelwelle; Ölkühler; Öl 7.3 L; elektron. Einspritzung, Bosch Motronic, ML4.1; 1 Turbolader, Garrett T2, max. Ladedruck 0.9 bar, mit Overboost 1 bar; Intercooler.

Batterie 70 Ah, Alternator 90 A; Wasserkühlung, Inh. 11.7 L.

2.0 V6 – 200 ch Injection d'essence/turbo

Comme 2.0 – 150 ch, sauf:

Carrosserie, poids: (DIN), Coupé, 2 portes, 2+2 places; vide dès 1430 kg, tot. adm. 1820 kg.

Moteur: (ECE), 6 cyl. en V 60° (80×66.2 mm), 1997 cm³; compr. 8:1; 147 kW (200 ch) à 6000/min, 73.6 kW/L (100.1 ch/L); 271 Nm (27.6 mkp) à 2400/min; 95 (R).

Moteur (constr.): 2×1 arbre à cames en tête (courroie crantée); culasses et bloc-cyl. en alliage léger; vilebrequin à 4 paliers; radiat. d'huile; huile 7.3 L; injection électronique, Bosch Motronic, ML4.1; 1 turbocompr., Garrett T2, pression max. 0.9 bar, avec overboost 1 bar; Intercooler.

Batterie 70 Ah, alternateur 90 A; refroidissement à eau, capac. 11.7 L.

Alfa Romeo GTV

Kraftübertragung: (auf Vorderräder).
5-Gang-Getriebe: I. 3.8; II. 2.24; III. 1.52; IV. 1.16; V. 0.92; R 3.55; Achse 3.35.

Fahrwerk: Reifen 205/50 ZR 16, 6.5 J.

Fahrleistungen: Vmax (Werk) 235 km/h, V bei 1000/min im 5. Gang 35.1 km/h; 0–100 km/h 7.4 s; steh. km 27.7 s; Leistungsgew. 9.7 kg/kW (7.2 kg/PS); Verbrauch ECE 7.2/9.3/12 L/100 km.

Transmission: (sur roues AV).
Boîte à 5 vit.: I. 3.8; II. 2.24; III. 1.52; IV. 1.16; V. 0.92; AR 3.55; pont 3.35.

Train roulant: pneus 205/50 ZR 16, 6.5 J.

Performances: Vmax (usine) 235 km/h, V à 1000/min en 5. vit. 35.1 km/h; 0–100 km/h 7.4 s; km arrêté 27.7 s; rapp. poids/puiss. 9.7 kg/kW (7.2 kg/ch); consomm. ECE 7.2/9.3/12 L/100 km.

3.0 V6 24V – 220 PS Benzineinspritzung

Wie 2.0 – 150 PS, ausgenommen:

Karosserie, Gewicht: (DIN) Coupé, 2 Türen, 2+2 Sitze; leer ab 1415 kg, max. zul. 1820 kg.

3.0 V6 24V – 220 ch Injection d'essence

Comme 2.0 – 150 ch, sauf:

Carrosserie, poids: (DIN), Coupé, 2 portes, 2+2 places; vide dès 1415 kg, tot. adm. 1820 kg.

Alfa Romeo GTV

Motor: (ECE), 6 Zyl. in V 60° (93×72.6 mm), 2959 cm³; Kompr. 10:1; 162 kW (220 PS) bei 6300/min, 54.7 kW/L (74.4 PS/L); 270 Nm (27.5 mkp) bei 5000/min; 95 ROZ.

Motorkonstruktion: 4 Ventile in V 37°; 2×2 obenl. Nockenwellen (Zahnriemen); Leichtmetall-Zylinderköpfe und -block; 4fach gelagerte Kurbelwelle; Ölkühler; Öl 7.3 L; elektron. Einspritzung, Bosch Motronic, M3.7.1.

Batterie 70 Ah, Alternator 120 A; Wasserkühlung, Inh. 11.7 L.

Kraftübertragung: (auf Vorderräder).
5-Gang-Getriebe: I. 3.8; II. 2.24; III. 1.52; IV. 1.16; V. 0.91; R 3.55; Achse 3.35.

Fahrwerk: Scheiben-∅ v. 30.5 cm, Reifen 205/50 ZR 16, Felgen 6.5 J.

Dimensionen: Spur 151/153 cm, Wendekreis 11.4 m.

Fahrleistungen: Vmax (Werk) 240 km/h, V bei 1000/min im 5. Gang 36.5 km/h; 0–100 km/h 6.7 s; steh. km 26.8 s; Leistungsgew. 8.7 kg/kW (6.4 kg/PS); Verbrauch ECE 7.9/9.8/14.6 L/100 km.

Moteur: (ECE), 6 cyl. en V 60° (93×72.6 mm), 2959 cm³; compr. 10:1; 162 kW (220 ch) à 6300/min, 54.7 kW/L (74.4 ch/L); 270 Nm (27.5 mkp) à 5000/min; 95 (R).

Moteur (constr.): 4 soupapes en V 37°; 2×2 arbres à cames en tête (courroie crantée); culasses et bloc-cyl. en alliage léger; vilebrequin à 4 paliers; radiat. d'huile; huile 7.3 L; inj. électr., Bosch Motronic, M3.7.1.

Batterie 70 Ah, alternateur 120 A; refroidissement à eau, capac. 11.7 L.

Transmission: (sur roues AV).
Boîte à 5 vit.: I. 3.8; II. 2.24; III. 1.52; IV. 1.16; V. 0.91; AR 3.55; pont 3.35.

Train roulant: ∅ disques AV 30.5 cm, pneus 205/50 ZR 16, jantes 6.5 J.

Dimensions: voie 151/153 cm, diam. de braq. 11.4 m.

Performances: Vmax (usine) 240 km/h, V à 1000/min en 5. vit. 36.5 km/h; 0–100 km/h 6.7 s; km arrêté 26.8 s; rapp. poids/puiss. 8.7 kg/kW (6.4 kg/ch); consomm. ECE 7.9/9.8/14.6 L/100 km.

Aro — R

Aro S.A., 223 Traian Str., 0425 Campulung-Muscel, România

Rumänisches Werk für Geländewagen.

Usine roumaine pour voit. tout-terrain.

Aro 10

Geländewagen mit Allradantrieb und Motoren von Renault. Bezeichnung in einigen Exportländern: «Duster».

Voiture tout-terrain (4WD) avec moteurs Renault ou VW. Désignation dans quelques pays d'export: «Duster».

1.4 – 63 PS Vergaser

Karosserie, Gewicht: (DIN), Wagon, 2 Türen, 2 - 5 Sitze; leer 1120 kg, max. zul. 1825 kg.

Motor: (DIN ohne Kat.), 4 Zyl. in Linie (76×77 mm), 1397 cm³; Kompr. 9:1; 46 kW (63 PS) bei 5000/min, 32.9 kW/L (44.8 PS/L); 100 Nm (10.2 mkp) bei 3500/min; 91 ROZ.
1.2-Monopoint-Injection für Spartana: (74×72 mm), 1239 cm³; Kompr. 9,2:1; 40 kW (54 PS) bei 5300/min; 90 Nm (9,2 mkp) bei 2800/min.

Motorkonstruktion: Bezeichnung Dacia 102; seitl. Nockenwelle (Kette); Leichtmetall-Zylinderkopf; 5fach gelagerte Kurbelwelle; Öl 3 L; 1 Fallstromvergaser, Solex 32 BIS oder Zenith 32 IF2.

Batterie 45 Ah, Alternator 50 A; Wasserkühlung, Inh. 5 L.

1.4 – 63 ch Carburateur

Carrosserie, poids: (DIN), Wagon, 2 portes, 2 - 5 places; vide 1120 kg, tot. adm. 1825 kg.

Moteur: (DIN sans cat.), 4 cyl. en ligne (76×77 mm), 1397 cm³; compression 9:1; 46 kW (63 ch) à 5000/min, 32.9 kW/L (44.8 ch/L); 100 Nm (10.2 mkp) à 3500/min; 91 (R).
1.2-Monopoint-Injection pour Spartana: (74×72 mm), 1239 cm³; compr. 9,2:1; 40 kW (54 ch) à 5300/min; 90 Nm (9,2 mkp) à 2800/min.

Moteur (constr.): désignation Dacia 102; arbre à cames latéral (chaîne); culasse en alliage léger; vilebrequin à 5 paliers; huile 3 L; 1carburateur inversé, Solex 32 BIS ou Zenith 32 IF2.

Batterie 45 Ah, alternateur 50 A; refroidissement à eau, capac. 5 L.

Aro

Kraftübertragung: (auf Hinterr. oder alle Räder), Reduktionsgetr.: I. 1.05; II. 2.25.

4-Gang-Getriebe: I. 4.38; II. 2.46; III. 1.51; IV. 1; R 3.66; Achse 4.55.

Fahrgestell: Kastenrahmen mit Traversen; vorn Einzelradaufhängung mit Querlenkern, Schraubenfedern; hinten Starrachse, Längslenker und Blattfedern; Teleskopdämpfer.

Fahrwerk: Bremse, vorne Scheiben, hinten Trommeln, Handbremse auf Kardanwelle; Kugelumlauflenkung, Treibstofftank 49 L; Reifen 175 R 14, Felgen 5 J.

Dimensionen: Radstand 240 cm, Spur 130.5/132 cm, Bodenfreih. 20 cm, Wendekreis 11.5 m, Kofferraum 1570 dm³, Länge 383.5 cm, Breite 164.5 cm, Höhe 166 cm.

Fahrleistungen: Vmax (Werk) 120 km/h, V bei 1000/min im 4. Gang 21.5 km/h; Leistungsgew. 24.3 kg/kW (17.8 kg/PS); Verbrauch ECE 10.4/12.5 L/100 km.

Transmission: (sur roues AR ou toutes les roues), boîte de transfert: I. 1.05; II. 2.25.

Boîte à 4 vit.: I. 4.38; II. 2.46; III. 1.51; IV. 1; AR 3.66; pont 4.55.

Châssis: Cadre à caisson avec traverses; AV suspens. indépendante avec bras transv., ressorts hélicoïdaux; AR essieu rigide, bras longitud., ressorts à lames; amortiss. télescop.

Train roulant: frein, AV à disques, AR à tambours, frein à main sur arbre de transmiss.; direction à circuit de billes, réservoir carb. 49 L; pneus 175 R 14, jantes 5 J.

Dimensions: empatt. 240 cm, voie 130.5/132 cm, garde au sol 20 cm, diam. de braq. 11.5 m, coffre 1570 dm³, longueur 383.5 cm, largeur 164.5 cm, hauteur 166 cm.

Performances: Vmax (usine) 120 km/h, V à 1000/min en 4. vit. 21.5 km/h; rapp. poids/puiss. 24.3 kg/kW (17.8 kg/ch); consomm. ECE 10.4/12.5 L/100 km.

Aro 10.4

1.9 – 64 PS Diesel

Wie 1.4 – 63 PS, ausgenommen:

Motor: (ECE), 4 Zyl. in Linie (80×93 mm), 1870 cm³; Kompr. 21.5:1; 47 kW (64 PS) bei 4500/min, 25.1 kW/L (34.2 PS/L); 121 Nm (12.3 mkp) bei 2250/min; Dieselöl. Turboversion in Vorbereitung: 67 kW (91 PS) bei 4300/min; 175 Nm (17,8 mkp) bei 2250/min.

Motorkonstruktion: Bezeichnung Renault Diesel F8Q 248.

Kraftübertragung: 5-Gang-Getriebe: I. 4.09; II. 2.18; III. 1.41; IV. 0.97; V. 0.78; R 4.09; Achse 4.55.

Fahrwerk: Reifen 195 R 15, 185 R 14, Felgen 6 J.

Dimensionen: Bodenfreih. 24 cm.

Fahrleistungen: Vmax (Werk) 130 km/h, Leistungsgew. 27.3 kg/kW (20.1 kg/PS); Verbrauch ECE 9.5/11 L/100 km. Turbo: Vmax. 157 km/h.

1.9 – 64 ch diesel

Comme 1.4 – 63 ch, sauf:

Moteur: (ECE), 4 cyl. en ligne (80×93 mm), 1870 cm³; compr. 21.5:1; 47 kW (64 ch) à 4500/min, 25.1 kW/L (34.2 ch/L); 121 Nm (12.3 mkp) à 2250/min; gazole. Version turbo en préparation: 67 kW (91 ch) à 4300/min; 175 Nm (17,8 mkp) à 2250/min.

Moteur (constr.): désignation Renault Diesel F8Q 248.

Transmission: Boîte à 5 vit.: I. 4.09; II. 2.18; III. 1.41; IV. 0.97; V. 0.78; AR 4.09; pont 4.55.

Train roulant: pneus 195 R 15, 185 R 14, jantes 6 J.

Dimensions: garde au sol 24 cm.

Performances: Vmax (usine) 130 km/h, rapp. poids/puiss. 27.3 kg/kW (20.1 kg/ch); consomm. ECE 9.5/11 L/100 km. Turbo: Vmax. 157 km/h.

Aro 244

Geländegängiges Fahrzeug mit Blachenverdeck oder festem Dach, Vierradantrieb und Reduktionsgetriebe. 1980: Mit Diesel.

Voiture tout-terrain avec capote amovible ou hardtop, 4 roues motrices, boîte de réduction. 1980: Moteurs diesel.

2.5 – 86 PS Vergaser

Karosserie, Gewicht: (DIN), Wagon, 5 Türen, 2 - 5 Sitze; leer ab 1600 kg, max. zul. 2450 kg.

Motor: (DIN ohne Kat.), 4 Zyl. in Linie (97×84.4 mm), 2495 cm³; Kompr. 8:1; 63 kW (86 PS) bei 4400/min, 25.3 kW/L (34.3 PS/L); 160 Nm (16.3 mkp) bei 3000/min. A.W. 3.0: (102×92 mm), 3007 cm³; Kompr. 8.5:1; 73 kW (100 PS) bei 4000/min; 196 Nm (20 mkp) bei 2800/min.

Motorkonstruktion: Bezeichnung Aro L25/30; seitl. Nockenwelle (Kette); 5fach gelagerte Kurbelwelle; 1 Fallstromvergaser. Batterie 66 Ah, Alternator 700 W; Wasserkühlung.

Kraftübertragung: (auf Hinterräder oder alle Räder), Reduktionsgetr.: I.1; II. 2.13.
4-Gang-Getriebe: I. 4.64; II. 2.53; III. 1.56; IV. 1; R 4.79; Achse 4.13; 3.72.

Fahrgestell: Chassis mit Längsholmen und Traversen; vorn Einzelradaufhängung mit Querlenkern, Schraubenfedern; hinten Starrachse, Blattfedern, Teleskopdämpfer.

Fahrwerk: Vierradtrommelbremse, mit Servo, Handbremse auf Hinterräder; Lenkung mit Schnecke und Rolle, Treibstofftank 95 L; Reifen 6.50-16, 235/75 R 15, Felgen 4.5 J, 6 J.

Dimensionen: Radstand 235 cm, Spur 144.5/144.5 cm, Bodenfreih. 21 cm, Wendekreis 14 m, Länge 410 cm, Breite 177 cm, Höhe 187 cm.

Fahrleistungen: Vmax (Werk) 120 km/h, V bei 1000/min im 4. Gang 32.8 km/h; Leistungsgew. 25.4 kg/kW (18.6 kg/PS); Verbrauch ECE 12.6/14.2 L/100 km.
3.0: Vmax (Werk) 130 km/h; Verbrauch ECE 13.7/19.5/16.5 L/100 km.

2.4 – 87 PS Turbodiesel

Wie 2.5 – 86 PS, ausgenommen:

Motor: (DIN), 4 Zyl. in Linie (90×95 mm), 2417 cm³; Kompr. 20.6:1; 64 kW (87 PS) bei 4100/min, 26.5 kW/L (36 PS/L); 195 Nm (19.9 mkp) bei 2500/min; Dieselöl.

Motorkonstruktion: Bezeichnung Andoria 4 CT 90 Turbodiesel; seitl. Nockenwelle (Kette); 5fach gelagerte Kurbelwelle; Einspritzpumpe, 1 Turbolader. Batterie 132 Ah.

Kraftübertragung: 5-Gang-Getriebe: I. 4.64; II. 2.53; III. 1.56; IV. 1; V. 0.83; R 4.79; Achse 4.13.
5-Gang-Getriebe: I. 4.64; II. 2.53; III. 1.56; IV. 1; V. 0.83; R 4.79; Achse 4.13.

Fahrwerk: Reifen 235/75 R 15, Felgen 7 J.

Fahrleistungen: Vmax (Werk) 120 km/h, V bei 1000/min im 5. Gang 39 km/h; Leistungsgew. 25 kg/kW (18.4 kg/PS); Verbrauch (Red.) 10/15 L/100 km.

2.7 – 71 PS Diesel

Wie 2.5 – 86 PS, ausgenommen:

Motor: (DIN), 4 Zyl. in Linie (97×90 mm), 2660 cm³; Kompr. 20.8:1; 52 kW (71 PS) bei 3800/min, 19.5 kW/L (26.6 PS/L); 138 Nm (14.1 mkp) bei 2250/min; Dieselöl. Brasov D 127: (95×110 mm), 3119 cm³; Kompr. 17:1; 50 kW (68 PS) bei 3200/min; 166 Nm (17 mkp) bei 1600/min.

Motorkonstruktion: Bezeichnung Aro L27 Diesel; Einspritzpumpe, Bosch. Batterie 132 Ah.

2.5 – 86 ch Carburateur

Carrosserie, poids: (DIN), Wagon, 5 portes, 2 - 5 places; vide dès 1600 kg, tot. adm. 2450 kg.

Moteur: (DIN sans cat.), 4 cyl. en ligne (97×84.4 mm), 2495 cm³; compr. 8:1; 63 kW (86 ch) à 4400/min, 25.3 kW/L (34.3 ch/L); 160 Nm (16.3 mkp) à 3000/min. S.d. 3.0: (102×92 mm), 3007 cm³; compr. 8.5:1; 73 kW (100 PS) à 4000/min; 196 Nm (20 mkp) à 2800/min.

Moteur (constr.): désignation Aro L25/30; arbre à cames latéral (chaîne); vilebrequin à 5 paliers; 1carburateur inversé. Batterie 66 Ah, alternateur 700 W; refroidissement à eau.

Transmission: (sur roues AR ou toutes les roues), boîte de transfert: I. 1.; II. 2.13.
Boîte à 4 vit.: I. 4.64; II. 2.53; III. 1.56; IV. 1; AR 4.79; pont 4.13; 3.72.

Châssis: châssis à longerons et traverses; AV suspens. indépendante avec bras transv., ressorts hélicoïdaux; AR essieu rigide, ressorts à lames, amortiss. télescop.

Train roulant: quatre freins à tambours, avec servo, frein à main sur roues AR; direction à vis sans fin et galet, réservoir carb. 95 L; pneus 6.50-16, 235/75 R 15, jantes 4.5 J, 6 J.

Dimensions: empattement 235 cm, voie 144.5/144.5 cm, garde au sol 21 cm, diam. de braq. 14 m, longueur 410 cm, largeur 177 cm, hauteur 187 cm.

Performances: Vmax (usine) 120 km/h, V à 1000/min en 4. vit. 32.8 km/h; rapp. poids/puiss. 25.4 kg/kW (18.6 kg/ch); consomm. ECE 12.6/14.2 L/100 km.
3.0: vmax (usine) 130 km/h; consomm. ECE 13.7/19.5/16.5 L/100 km.

2.4 – 87 ch turbodiesel

Comme 2.5 – 86 ch, sauf:

Moteur: (DIN), 4 cyl. en ligne (90×95 mm), 2417 cm³; compr. 20.6:1; 64 kW (87 ch) à 4100/min, 26.5 kW/L (36 ch/L); 195 Nm (19.9 mkp) à 2500/min; gazole.

Moteur (constr.): désignation Andoria 4 CT 90 Turbodiesel; arbre à cames latéral (chaîne); vilebrequin à 5 paliers; pompe à injection, 1 turbocompr. Batterie 132 Ah.

Transmission: Boîte à 5 vit.: I. 4.64; II. 2.53; III. 1.56; IV. 1; V. 0.83; AR 4.79; pont 4.13.
Boîte à 5 vit.: I. 4.64; II. 2.53; III. 1.56; IV. 1; V. 0.83; AR 4.79; pont 4.13.

Train roulant: pneus 235/75 R 15, jantes 7 J.

Performances: Vmax (usine) 120 km/h, V à 1000/min en 5. vit. 39 km/h; rapp. poids/puiss. 25 kg/kW (18.4 kg/ch); consomm. (réd.) 10/15 L/100 km.

2.7 – 71 ch diesel

Comme 2.5 – 86 ch, sauf:

Moteur: (DIN), 4 cyl. en ligne (97×90 mm), 2660 cm³; compr. 20.8:1; 52 kW (71 ch) à 3800/min, 19.5 kW/L (26.6 ch/L); 138 Nm (14.1 mkp) à 2250/min; gazole. Brasov D 127: (95x110 mm), 3119 cm³; compr. 17:1; 50 kW (68 PS) à 3200/min; 166 Nm (17 mkp) à 1600/min.

Moteur (constr.): désignation Aro L27 Diesel; pompe à injection, Bosch. Batterie 132 Ah.

Aro • Asia • Aston Martin

Aro 244

Kraftübertragung: 4-Gang-Getriebe: I. 4.64; II. 2.53; III. 1.56; IV. 1; R 4.79; Achse 4.13; 3.72.

Fahrleistungen: Vmax (Werk) 110 km/h, Leistungsgew. 30.7 kg/kW (22.5 kg/PS); Verbrauch ECE 10/14 L/100 km.

Transmission: Boîte à 4 vit.: I. 4.64; II. 2.53; III. 1.56; IV. 1; AR 4.79; pont 4.13; 3.72.

Performances: Vmax (usine) 110 km/h, rapp. poids/puiss. 30.7 kg/kW (22.5 kg/ch); consom. ECE 10/14 L/100 km.

2.5 – 91 PS Turbodiesel

2.5 – 91 ch turbodiesel

Wie 2.5 – 86 PS, ausgenommen:

Motor: (DIN), 4 Zyl. in Linie (94×90 mm), 2498 cm³; Kompr. 21.5:1; 67 kW (91 PS) bei 4150/min, 26.8 kW/L (36.5 PS/L); 204 Nm (20.8 mkp) bei 2000/min; Dieselöl.

Motorkonstruktion: Bezeichnung Peugeot XD 3 TP Diesel; Einspritzpumpe, Bosch, 1 Turbolader. Batterie 132 Ah.

Kraftübertragung: 5-Gang-Getriebe: I. 4.03; II. 2.39; III. 1.52; IV. 1; V. 0.78; R 3.76; Achse 4.13.

Fahrwerk: Bremse, vorne Scheiben, hinten Trommeln, Reifen 235/75 R 15, Felgen 7 J.

Fahrleistungen: Vmax (Werk) 130 km/h, V bei 1000/min im 5. Gang 42 km/h; Leistungsgew. 23.9 kg/kW (17.6 kg/PS); Verbrauch ECE 11/19/15 L/100 km.

Comme 2.5 – 86 ch, sauf:

Moteur: (DIN), 4 cyl. en ligne (94×90 mm), 2498 cm³; compr. 21.5:1; 67 kW (91 ch) à 4150/min, 26.8 kW/L (36.5 ch/L); 204 Nm (20.8 mkp) à 2000/min; gazole.

Moteur (constr.): désignation Peugeot XD 3 TP Diesel; pompe à injection, Bosch, 1 turbocompr. Batterie 132 Ah.

Transmission: Boîte à 5 vit.: I. 4.03; II. 2.39; III. 1.52; IV. 1; V. 0.78; AR 3.76; pont 4.13.

Train roulant: frein, AV à disques, AR à tambours, pneus 235/75 R 15, jantes 7 J.

Performances: Vmax (usine) 130 km/h, V à 1000/min en 5. vit. 42 km/h; rapp. poids/puiss. 23.9 kg/kW (17.6 kg/ch); consom. ECE 11/19/15 L/100 km.

Asia KO

Asia Motors, South Korea

Autohersteller, in Besitz der Kia Motors Corporation.

Constructeur de voitures, en possession de Kia Motors Corporation.

Asia Rocsta

Allradfahrzeug mit 1,8-Liter-Benzinmotor oder 2,2-Liter-Diesel, Hard- oder Softtop. Debüt 1994.

Voiture à traction intégrale, 1,8 litre ess. ou 2,2 litres diesel, Hard- ou Softtop. Lancement 1994.

1.8 – 77 PS Benzineinspritzung

1.8 – 77 ch Injection d'essence

Karosserie, Gewicht: (DIN), Wagon, a.W. mit Hardtop; 3 Türen, 4 Sitze; leer ab 1310 kg.

Motor: (ECE), 4 Zyl. in Linie (86×77 mm), 1789 cm³; Kompr. 8.6:1; 57 kW (77 PS) bei 5500/min, 31.9 kW/L (43.3 PS/L); 133 Nm (13.6 mkp) bei 3000/min; 95 ROZ.

Motorkonstruktion: 1 obenl. Nockenwelle (Zahnriemen); 5fach gelagerte Kurbelwelle; Öl 3.8 L; elektron. Zentraleinspritzung. Batterie 85 Ah, Alternator 55 A; Wasserkühlung, Inh. 7.7 L.

Kraftübertragung: (auf Hinterräder oder alle Räder), Reduktionsgetriebe: I. 1; II. 2.2. 5-Gang-Getriebe: I. 3.57; II. 2.21; III. 1.44; IV. 1; V. 0.89; R 3.85; Achse 4.88.

Carrosserie, poids: (DIN), Wagon, s.d. avec Hardtop; 3 portes, 4 places; vide dès 1310 kg.

Moteur: (ECE), 4 cyl. en ligne (86×77 mm), 1789 cm³; compr. 8.6:1; 57 kW (77 ch) à 5500/min, 31.9 kW/L (43.3 ch/L); 133 Nm (13.6 mkp) à 3000/min; 95 (R).

Moteur (constr.): 1 arbre à cames en tête (courroie crantée); vilebrequin à 5 paliers; huile 3.8 L; injection monopoint électron. Batterie 85 Ah, alternator 55 A; refroidissement à eau, capac. 7.7 L.

Transmission: (sur roues AR ou toutes les roues), boîte de transfert: I. 1; II. 2.2. Boîte à 5 vit.: I. 3.57; II. 2.21; III. 1.44; IV. 1; V. 0.89; AR 3.85; pont 4.88.

Fahrgestell: Kastenrahmen mit Traversen; v/h Starrachse, Blattfedern; vorn Kurvenstabilisator; Teleskopdämpfer.

Fahrwerk: Bremse, vorne Scheiben (belüftet), hinten Trommeln, Handbremse auf Hinterräder; Kugelumlauflenkung, a.W. mit Servo, Treibstofftank 60 L; a.W. 65 L; Reifen 215/75 R 15, 235/75 R 15, Felgen 7 J.

Dimensionen: Radstand 213 cm, Spur 130/130 cm, Bodenfreih. 20 cm, Länge 358 cm, Breite 169 cm, Höhe 182 cm.
lwb: Radstand 273 cm, Länge 419 cm, Höhe 185 cm.

Fahrleistungen: Vmax (Werk) 127 km/h, V bei 1000/min im 5. Gang 29.7 km/h; 0–100 km/h 20 s; Leistungsgew. 23 kg/kW (17 kg/PS); Verbrauch (Red.) 10/15 L/100 km.

Châssis: Cadre à caisson avec traverses; AV/AR essieu rigide, ressorts à lames; AV barre anti-dévers; amortiss. télescop.

Train roulant: frein, AV à disques (ventilés), AR à tambours, frein à main sur roues AR; direction à circuit de billes, s.d. assistée, réservoir carb. 60 L; s.d. 65 L; pneus 215/75 R 15, 235/75 R 15, jantes 7 J.

Dimensions: empattement 213 cm, voie 130/130 cm, garde au sol 20 cm, longueur 358 cm, largeur 169 cm, hauteur 182 cm.
Lwb: empattement 273 cm, longueur 419 cm, hauteur 185 cm.

Performances: Vmax (usine) 127 km/h, V à 1000/min en 5. vit. 29.7 km/h; 0–100 km/h 20 s; rapp. poids/puiss. 23 kg/kW (17 kg/ch); consom. (réd.) 10/15 L/100 km.

Asia Rocsta

2.2 – 61 PS Diesel

2.2 – 61 ch diesel

Wie 1.8 – 77 PS, ausgenommen:

Karosserie, Gewicht: (DIN), Wagon, a.W. mit Hardtop; 3 Türen, 4 Sitze.

Motor: (ECE), 4 Zyl. in Linie (86×94 mm), 2184 cm³; Kompr. 22:1; 45 kW (61 PS) bei 4050/min, 20.6 kW/L (28 PS/L); 127 Nm (12.9 mkp) bei 2000/min; Dieselöl.

Motorkonstruktion: Vorkammer-Diesel; 1 obenl. Nockenwelle (Zahnriemen); 5fach gelagerte Kurbelwelle; Öl 3.8 L; Einspritzpumpe CAV Rotodiesel. Batterie 85 Ah, Alternator 55 A; Wasserkühlung, Inh. 7.7 L.

Kraftübertragung: (auf Hinterräder oder alle Räder), Reduktionsgetriebe: I. 1; II. 2.2. 5-Gang-Getriebe: I. 3.57; II. 2.21; III. 1.44; IV. 1; V. 0.89; R 3.85; Achse 4.33.

Fahrleistungen: Vmax (Werk) 112 km/h, V bei 1000/min im 5. Gang 33.4 km/h; 0–100 km/h 27 s; Leistungsgew. 29.1 kg/kW (21.5 kg/PS); Verbrauch (Red.) 8/12 L/100 km.

Comme 1.8 – 77 ch, sauf:

Carrosserie, poids: (DIN), Wagon, s.d. avec Hardtop; 3 portes, 4 places.

Moteur: (ECE), 4 cyl. en ligne (86×94 mm), 2184 cm³; compr. 22:1; 45 kW (61 ch) à 4050/min, 20.6 kW/L (28 ch/L); 127 Nm (12.9 mkp) à 2000/min; gazole.

Moteur (constr.): diesel à préchambre; 1 arbre à cames en tête (courroie crantée); vilebrequin à 5 paliers; huile 3.8 L; pompe à injection CAV Rotodiesel. Batterie 85 Ah, alternator 55 A; refroidissement à eau, capac. 7.7 L.

Transmission: (sur roues AR ou toutes les roues), boîte de transfert: I. 1; II. 2.2. Boîte à 5 vit.: I. 3.57; II. 2.21; III. 1.44; IV. 1; V. 0.89; AR 3.85; pont 4.33.

Performances: Vmax (usine) 112 km/h, V à 1000/min en 5. vit. 33.4 km/h; 0–100 km/h 27 s; rapp. poids/puiss. 29.1 kg/kW (21.5 kg/ch); consom. (réd.) 8/12 L/100 km.

Aston Martin GB

Aston Martin Lagonda Limited, Tickford Street, Newport Pagnell, Buckinghamshire MK16 9AN, England

Englischer Hersteller von Luxuswagen der Spitzenklasse. Gehört seit 1987 zur Ford Motor Company.

Fabrique anglaise pour voitures de sport de grande classe. Appartient depuis 1987 à la Ford Motor Company.

Aston Martin Virage - Volante - Vantage

Luxuriöser Hochleistungswagen mit Leichtmetallkarosserie. Debüt Birmingham (Oktober) 1988, Cabriolet Volante mit 2 Sitzen Birmingham (September) 1990, Cabriolet 2+2 Genf 1991, Vantage Birmingham 1992. Für 1993: Vierstufiger Getriebeautomat. Genf 1996: Höher Leistung.

Voiture luxueuse à hautes performances avec carrosserie en alliage léger. Lancement Birmingham (octobre) 1988, cabriolet Volante 2 pl. Birmingham (sept.) 1990, cabriolet 2+2 Genève 1991, Vantage Birmingham 1992. Pour 1993: Boîte aut. à 4 rapp. Genève 1996: Puissance accrue.

ASTON MARTIN DB7

Une tradition bien établie se perpétue: le nouveau cabriolet sport se présente sous le classique look DB, avec 2+2 places. Conçu par Ian Callum. Avec le nouveau moteur à compresseur et une puissance maximale de 335 fringants ch, 3,2 litres, 6 cylindres dotés chacun de 4 soupapes.

Si vous désirez de plus amples informations, n'hésitez pas à nous appeler.
Nous serons heureux de pouvoir vous conseiller.

Eine vornehme Tradition setzt sich fort: Im klassischen DB-Look präsentiert sich das neue Sportcabriolet mit 2+2 Sitzen. Entworfen von Ian Callum. Mit dem neuen Kompressormotor und einer Höchstleistung von satten 335 PS. 3,2 Liter, 6 Zylinder mit je 4 Ventilen.

Wenn Sie weitere Informationen wünschen, dann rufen Sie uns einfach an.
Wir freuen uns, Sie eingehend beraten zu dürfen.

Point de vente:	Verkaufsstelle:
GARAGE P. KELLER SA	EMIL FREY AG AUTOCENTER
2, rue du Grand-Pré · 1202 GENÈVE	Industrie Nord · 5745 SAFENWIL
Tél. 022 919 05 00	Tel. 062 788 88 88
Fax 022 919 05 09	Fax 062 788 82 40

ASTON MARTIN LAGONDA LIMITED

Aston Martin

5.3 V8 32V – 354 PS
Benzineinspritzung

Karosserie, Gewicht: (DIN), Coupé, 2 Türen, 4 Sitze; leer 1950 kg.
Convertible, 2 Türen, 2+2 Sitze; leer 2000 kg.

Motor: (ECE), 8 Zyl. in V 90° (100×85 mm), 5341 cm³; Kompr. 9.75:1; 260 kW (354 PS) bei 6000/min, 48.7 kW/L (66.2 PS/L); 500 Nm (51 mkp) bei 4300/min.

Motorkonstruktion: 4 Ventile in V 27°; 2×2 obenl. Nockenwellen (Kette); Leichtmetall-Zylinderköpfe und -block; 5fach gelagerte Kurbelwelle; 2 Ölkühler; Öl 11.4 L; elektron. Einspritzung.
Batterie 68 Ah, Alternator 75 A; Wasserkühlung, Inh. 18 L.

Kraftübertragung: (auf Hinterräder), Differentialbremse.
5-Gang-Getriebe: I. 2.9; II. 1.78; III. 1.22; IV. 1; V. 0.85; R 2.63; Achse 3.54; 4.09.
A.W. mit 6-Gang-Getriebe (wie Vantage).
4-Stufen-Automat: I. 2.45; II. 1.45; III. 1; IV. 0.69; R 2.2; Achse 3.54; 4.09.

Fahrgestell: Plattformrahmen mit Leichtmetallkarosserie; vorn Dreieckquerlenker, Kurvenstabilisator, hinten De-Dion-Achse mit Wattgestänge, schräge Längslenker; v/h Schraubenfedern, Teleskopdämpfer.

Fahrwerk: Vierrad-Scheibenbremse (v/h belüftet), Scheiben-Ø v. 36.2 cm, h. 28.6 cm, ABS, Bosch; Handbremse auf Hinterräder; Zahnstangenlenkung mit Servo, Treibstofftank 102 L; Reifen 255/50 ZR 18, 255/55 ZR 17, Felgen 8.5 J.

Dimensionen: Radstand 261 cm, Spur 151/155 cm, Bodenfreih. 10 cm, Wendekreis 12 m, Kofferraum 180 dm³, Länge 474.5 cm, Breite 192 cm, Höhe 133 cm.
Convertible: Kofferraum 125 dm³, Höhe 140 cm.

Fahrleistungen: Vmax (Werk) 250 km/h, V bei 1000/min im 5. Gang 45 km/h; 0–97 km/h 6 s; Leistungsgew. 7.5 kg/kW (5.5 kg/PS); Verbrauch (Red.) 14/22 L/100 km.

5.3 V8 32V – 354 ch
Injection d'essence

Carrosserie, poids: (DIN), Coupé, 2 portes, 4 places; vide 1950 kg.
Convertible, 2 portes, 2+2 places; vide 2000 kg.

Moteur: (ECE), 8 cyl. en V 90° (100×85 mm), 5341 cm³; compr. 9.75:1; 260 kW (354 ch) à 6000/min, 48.7 kW/L (66.2 ch/L); 500 Nm (51 mkp) à 4300/min.

Moteur (constr.): 4 soupapes en V 27°; 2×2 arbres à cames en tête (chaîne); culasses et bloc-cyl. en alliage léger; vilebrequin à 5 paliers; 2 radiateurs d'huile; huile 11.4 L; injection électronique.
Batterie 68 Ah, alternateur 75 A; refroidissement à eau, capac. 18 L.

Transmission: (sur roues AR), différentiel autobloquant.
Boîte à 5 vit.: I. 2.9; II. 1.78; III. 1.22; IV. 1; V. 0.85; AR 2.63; pont 3.54; 4.09.
S.d. avec boîte à 6 vit. (comme Vantage).
Boîte autom. à 4 vit.: I. 2.45; II. 1.45; III. 1; IV. 0.69; AR 2.2; pont 3.54; 4.09.

Châssis: Cadre à plate-forme avec carrosserie en alliage léger; AV leviers triang. transv., barre anti-dévers, AR pont De Dion avec timonerie de Watt, bras obliques longit.; AV/AR ressorts hélic., amortiss. télesc.

Train roulant: quatre freins à disques (AV/AR ventilés), Ø disques AV 36.2 cm, AR 28.6 cm, ABS, Bosch; frein à main sur roues AR; servodirection à crémaillère, réservoir carb. 102 L; pneus 255/50 ZR 18, 255/55 ZR 17, jantes 8.5 J.

Dimensions: empattement 261 cm, voie 151/155 cm, garde au sol 10 cm, diam. de braq. 12 m, coffre 180 dm³, longueur 474.5 cm, largeur 192 cm, hauteur 133 cm.
Convertible: Coffre 125 dm³, hauteur 140 cm.

Performances: Vmax (usine) 250 km/h, V à 1000/min en 5. vit. 45 km/h; 0–97 km/h 6 s; rapp. poids/puiss. 7.5 kg/kW (5.5 kg/ch); consomm. (réd.) 14/22 L/100 km.

Motorkonstruktion: 4 Ventile in V 27°; 2×2 obenl. Nockenwellen (Kette); Leichtmetall-Zylinderköpfe und -block; 5fach gelagerte Kurbelwelle; 2 Ölkühler; Öl 11.4 L; elektron. Einspritzung, Ford EECIV, 2 Kompressoren, Roots (Eaton), max. Ladedruck 0.7 bar, 2 Intercooler.
Batterie 68 Ah, Alternator 75 A; Wasserkühlung, Inh. 18 L.

Moteur (constr.): 4 soupapes en V 27°; 2×2 arbres à cames en tête (chaîne); culasses et bloc-cyl. en alliage léger; vilebrequin à 5 paliers; 2 radiateurs d'huile; huile 11.4 L; injection électronique, Ford EECIV, 2 compresseurs, Roots (Eaton), pression max. 0.7 bar.
Batterie 68 Ah, alternateur 75 A; refroidissement à eau, capac. 18 L.

Aston Martin Vantage

Kraftübertragung: (auf Hinterräder), Differentialbremse.
6-Gang-Getriebe: I. 2.68; II. 1.8; III. 1.29; IV. 1; V. 0.75; VI. 0.5; R 2.5; Achse 3.73; 3.77.

Fahrwerk: Scheiben-Ø v. 36.2 cm, h. 28.2 cm, Reifen 285/45 ZR 18, Felgen 10 J, 10.5 J.

Dimensionen: Spur 154/158 cm, Breite 194.5 cm, Höhe 132 cm.

Fahrleistungen: Vmax (Werk) 300 km/h, V bei 1000/min im 6. Gang 68 km/h; 0–97 km/h 4.6 s; Leistungsgew. 4.8 kg/kW (3.6 kg/PS); Verbrauch (Red.) 13/27 L/100 km.

Transmission: (sur roues AR), différentiel autobloquant.
Boîte à 6 vit.: I. 2.68; II. 1.8; III. 1.29; IV. 1; V. 0.75; VI. 0.5; AR 2.5; pont 3.73; 3.77.

Train roulant: Ø disques AV 36.2 cm, AR 28.2 cm, pneus 285/45 ZR 18, jantes 10 J, 10.5 J.

Dimensions: voie 154/158 cm, largeur 194.5 cm, hauteur 132 cm.

Performances: Vmax (usine) 300 km/h, V à 1000/min en 6. vit. 68 km/h; 0–97 km/h 4.6 s; rapp. poids/puiss. 4.8 kg/kW (3.6 kg/ch); consomm. (réd.) 13/27 L/100 km.

Aston Martin DB7

Luxussportwagen mit 2+2 Sitzen und 3,2-Liter-Sechszylinder mit Kompressormotor von 340 PS Leistung. Debüt Salon Genf, März 1993, Volante (Convertible) Januar 1996 (Detroit/Los Angeles).

Voiture de sport luxeuse avec 2+2 places et moteur 3,2 litres six cylindres à compresseur, 340 ch. Lancement Salon de Genève, mars 1993, Volante (cabriolet) janvier 1996 (Detroit/Los Angeles).

3.2 24V – 340 PS
Benzineinspritzung

Karosserie, Gewicht: (DIN), Coupé, 2 Türen, 2+2 Sitze; leer ab 1700 kg, max. zul. 2050 kg.
Convertible, 2 Türen, 2+2 Sitze; leer ab ca. 1850 kg.

Motor: (ECE), 6 Zyl. in Linie (91×83 mm), 3239 cm³; Kompr. 8.3:1; 250 kW (340 PS) bei 6000/min, 77.2 kW/L (104.9 PS/L); 490 Nm (49.9 mkp) bei 3000/min; 98 ROZ.
Mit Automat: 233 kW (317 PS) bei 5500/min, 72 kW/L (98,2 PS/L); 457 Nm (46,6 mkp) bei 3000/min.

3.2 24V – 340 ch
Injection d'essence

Carrosserie, poids: (DIN), Coupé, 2 portes, 2+2 places; vide dès 1700 kg, tot. adm. 2050 kg.
Convertible, 2 portes, 2+2 places; vide dès env. 1850 kg.

Moteur: (ECE), 6 cyl. en ligne (91×83 mm), 3239 cm³; compr. 8.3:1; 250 kW (340 ch) à 6000/min, 77.2 kW/L (104.9 ch/L); 490 Nm (49.9 mkp) à 3000/min; 98 (R).
Avec boîte aut.: 233 kW (317 ch) à 5500/min, 72 kW/L (98,2 ch/L); 457 Nm (46,6 mkp) à 3000/min.

Aston Martin Volante

5.3 V8 32V – 557 PS
Benzineinspritzung/Kompr.

Wie 5.3 – 354 PS, ausgenommen:

Karosserie, Gewicht: (DIN), Coupé, 2 Türen, 4 Sitze; leer 1990 kg, max. zul. 2345 kg.

Motor: (ECE), 8 Zyl. in V 90° (100×85 mm), 5341 cm³; Kompr. 8.2:1; 410 kW (557 PS) bei 6500/min, 76.8 kW/L (104.4 PS/L); 745 Nm (75.9 mkp) bei 4000/min; 98 ROZ.

5.3 V8 32V – 557 ch
Injection d'essence/compr.

Comme 5.3 – 354 ch, sauf:

Carrosserie, poids: (DIN), Coupé, 2 portes, 4 places; vide 1990 kg, tot. adm. 2345 kg.

Moteur: (ECE), 8 cyl. en V 90° (100×85 mm), 5341 cm³; compr. 8.2:1; 410 kW (557 ch) à 6500/min, 76.8 kW/L (104.4 ch/L); 745 Nm (75.9 mkp) à 4000/min; 98 (R).

Aston Martin DB7

154 Aston Martin • Audi

Motorkonstruktion: 4 Ventile in V 46.6°; 2 obenl. Nockenwellen (Kette); Leichtmetall-Zylinderkopf und -block; 7fach gelagerte Kurbelwelle; Ölkühler; Öl 8 L; elektron. Einspritzung, 1 Kompressor, Roots (Eaton), max. Ladedruck 1 bar, Intercooler.

Batterie 68 Ah, Alternator 90 A; Wasserkühlung, Inh. 11.6 L.

Moteur (constr.): 4 soupapes en V 46.6°; 2 arbres à cames en tête (chaîne); culasse et bloc-cyl. en alliage léger; vilebrequin à 7 paliers; radiat. d'huile; huile 8 L; injection électronique, 1 compresseur, Roots (Eaton), pression max. 1 bar, Intercooler.

Batterie 68 Ah, alternateur 90 A; refroidissement à eau, capac. 11.6 L.

Aston Martin DB7

Kraftübertragung: (auf Hinterräder), Differentialbremse.

5-Gang-Getriebe: I. 3.55; II. 2.04; III. 1.4; IV. 1; V. 0.76; R 3.55; Achse 3.54.

4-Stufen-Automat: GM Hydra-Matic; I. 2.48; II. 1.48; III. 1; IV. 0.75; R 2.09; Achse 3.54.

Fahrgestell: Selbsttragende Karosserie; vorn doppelte Dreieckquerlenker; hinten Längs- und Querlenker, mittragende Halbachsen; v/h Kurvenstabilisator, Schraubenfedern, Teleskopdämpfer.

Fahrwerk: Vierrad-Scheibenbremse (v/h belüftet), Scheiben-⌀ v. 28.4 cm, h. 29.5 cm, ABS, Teves; Handbremse auf Hinterräder; Zahnstangenl. mit Servo, Treibstofftank 89 L; Reifen 245/40 ZR 18, Felgen 8 J.

Dimensionen: Radstand 259 cm, Spur 151.5/153 cm, Bodenfreih. 12 cm, Wendekreis 13.7 m, Kofferraum 170 dm³, Länge 464.5 cm, Breite 183 cm, Höhe 124 cm.

Convertible: Kofferraum 150 dm³, Höhe 126 cm.

Fahrleistungen: Vmax (Werk) 265 km/h, V bei 1000/min im 5. Gang 45 km/h; 0–100 km/h 5.7 s; 0–97 km/h 5.5 s; Leistungsgew. 6.8 kg/kW (5 kg/PS); Verbrauch ECE 7.6/9.7/17 L/100 km.

Aut.: Vmax 258 km/h, 0–100 km/h 6.9 s; 0–97 km/h 6.7 s.

Transmission: (sur roues AR), différentiel autobloquant.

Boîte à 5 vit.: I. 3.55; II. 2.04; III. 1.4; IV. 1; V. 0.76; AR 3.55; pont 3.54.

Boîte aut. à 4 vit.: GM Hydra-Matic; I. 2.48; II. 1.48; III. 1; IV. 0.75; AR 2.09; pont 3.54.

Châssis: carrosserie autoporteuse; AV leviers triang. transv. doubles; AR bras longitud. et transv., demi-arbres osc. porteurs; AV/AR barre anti-dévers, ressorts hélic, amortiss. télesc.

Train roulant: quatre freins à disques (AV/AR ventilés), ⌀ disques AV 28.4 cm, AR 29.5 cm, ABS, Teves; frein à main sur roues AR; servodirection à crémaillère, réservoir carb. 89 L; pneus 245/40 ZR 18, jantes 8 J.

Dimensions: empattement 259 cm, voie 151.5/153 cm, garde au sol 12 cm, diam. de braq. 13.7 m, coffre 170 dm³, longueur 464.5 cm, largeur 183 cm, hauteur 124 cm.

Convertible: Coffre 150 dm³, hauteur 126 cm.

Performances: Vmax (usine) 265 km/h, V à 1000/min en 5. vit. 45 km/h; 0–100 km/h 5.7 s; 0–97 km/h 5.5 s; rapp. poids/puiss. 6.8 kg/kW (5 kg/ch); consomm. ECE 7.6/9.7/17 L/100 km.

Aut.: Vmax 258 km/h, 0–100 km/h 6.9 s; 0–97 km/h 6.7 s.

Audi D

Audi AG, D-85045 Ingolstadt, Deutschland

1965 wiederauferstandene Marke aus der Vorkriegszeit. Nachfolger des DKW; heute zu VW gehörend.

Marque d'avant-guerre, réintroduite en 1965, succède à DKW; appartient aujourd'hui à VW.

Audi A3

Neues Modell. Kompakte, 3türige Limousine mit quer eingebauten 1,6- und 1,8-Benzinmotoren sowie 1,9-Liter-Turbodiesel, mechanischer und automatischer Getriebe, Frontantrieb. Debüt Juni 1996.

Nouveau modèle. Berline compacte à 3 portes avec moteurs transv. 1,6 et 1,6 litres à essence et 1,9 turbodiesel, boîtes mécaniques ou automatiques, traction AV. Lancement juin 1996.

1.6 – 101 PS Benzineinspritzung

Karosserie, Gewicht: (DIN, Limousine, 3 Türen, 5 Sitze; leer ab 1090 kg, max. zul. 1600 kg.

Aut.: 3 Türen, 5 Sitze; leer ab 1125 kg, max. zul. 1635 kg.

Motor: (ECE), 4 Zyl. in Linie (81×77.4 mm), 1595 cm³; Kompr. 10.3:1; 74 kW (101 PS) bei 5600/min, 46.4 kW/L (63.1 PS/L); 145 Nm (14.8 mkp) bei 3800/min; 95 ROZ.

Motorkonstruktion: 2 Ventile; 1 obenl. Nockenwelle (Zahnriemen); 5fach gelagerte Kurbelwelle; Öl 4.5 L; elektr. Einspritzung, Bosch Motronic.

Batterie 44 Ah, Alternator 70 A; Wasserkühlung, Inh. 5 L.

Kraftübertragung: (auf Vorderräder).

5-Gang-Getriebe: I. 3.46; II. 1.94; III. 1.37; IV. 1.03; V. 0.85; R 3.17; Achse 4.25.

4-Stufen-Automat: I. 2.71; II. 1.44; III. 1; IV. 0.74; R 2.88; Achse 5.21.

Fahrgestell: Selbsttragende Karosserie; vorn Federbeine und Dreieckquerlenker; hinten Verbundlenkerachse, Längslenker; v/h Kurvenstabilisator, Schraubenfedern, Teleskopdämpfer.

Fahrwerk: Vierrad-Scheibenbremse (vorn belüftet), ABS, Handbremse auf Hinterräder; Zahnstangenl. mit Servo, Treibstofftank 55 L; Reifen 195/65 VR 15, Felgen 6 J.

Dimensionen: Radstand 251 cm, Spur 151.5/149.5 cm, Bodenfreih. 13 cm, Wendekreis 10.9 m, Kofferraum 350/1100 dm³, Länge 415 cm, Breite 173.5 cm, Höhe 142 cm.

Fahrleistungen: Vmax (Werk) 188 km/h, V bei 1000/min im 5. Gang 32 km/h; 0–100 km/h 11.3 s; Leistungsgew. 14.7 kg/kW (10.8 kg/PS); Verbr. EU 5.9/10.5 L/100 km.

Aut.: Vmax 183 km/h, 0–100 km/h 12.8 s; Verbr. EU 6.8/11.6 L/100 km.

1.6 – 101 ch Injection d'essence

Carrosserie, poids: (DIN), Berline, 3 portes, 5 places; vide dès 1090 kg, tot. adm. 1600 kg.

Aut.: 3 portes, 5 places; vide dès 1125 kg, tot. adm. 1635 kg.

Moteur: (ECE), 4 cyl. en ligne (81×77.4 mm), 1595 cm³; compr. 10.3:1; 74 kW (101 ch) à 5600/min, 46.4 kW/L (63.1 ch/L); 145 Nm (14.8 mkp) à 3800/min; 95 (R).

Moteur (constr.): 2 soupapes; 1 arbre à cames en tête (courroie crantée); vilebrequin à 5 paliers; huile 4.5 L; injection électronique, Bosch Motronic.

Batterie 44 Ah, alternateur 70 A; refroidissement à eau, capac. 5 L.

Transmission: (sur roues AV).

Boîte à 5 vit.: I. 3.46; II. 1.94; III. 1.37; IV. 1.03; V. 0.85; AR 3.17; pont 4.25.

Boîte autom. à 4 vit.: I. 2.71; II. 1.44; III. 1; IV. 0.74; AR 2.88; pont 5.21.

Châssis: carrosserie autoporteuse; AV jambes élast. et leviers triang. transv.; AR essieu semi-rigide, bras longitud.; AV/AR barre anti-dévers, ressorts hélic, amortiss. télesc.

Train roulant: quatre freins à disques (AV ventilés), ABS, frein à main sur roues AR; servodirection à crémaillère, réservoir carb. 55 L; pneus 195/65 VR 15, jantes 6 J.

Dimensions: empattement 251 cm, voie 151.5/149.5 cm, garde au sol 13 cm, diam. de braq. 10.9 m, coffre 350/1100 dm³, longueur 415 cm, largeur 173.5 cm, hauteur 142 cm.

Performances: Vmax (usine) 188 km/h, V à 1000/min en 5. vit. 32 km/h; 0–100 km/h 11.3 s; rapp. poids/puiss. 14.7 kg/kW (10.8 kg/ch); consomm. EU 5.9/10.5 L/100 km.

Aut.: Vmax 183 km/h, 0–100 km/h 12.8 s; consomm. EU 6.8/11.6 L/100 km.

Audi A3

1.8 20V – 125 PS Benzineinspritzung

Wie 1.6 – 101 PS, ausgenommen:

Karosserie, Gewicht: (DIN), Limousine, 3 Türen, 5 Sitze; leer ab 1140 kg, max. zul. 1650 kg.

Aut.: leer ab 1165 kg, max. zul. 1675 kg.

Motor: (ECE), 4 Zyl. in Linie (81×86.4 mm), 1781 cm³; Kompr. 10.3:1; 92 kW (125 PS) bei 6000/min, 51.6 kW/L (70.2 PS/L); 173 Nm (17.6 mkp) bei 4100/min; 95 ROZ.

Motorkonstruktion: 5 Ventile in V; 2 obenl. Nockenwellen (Zahnriemen); 5fach gelagerte Kurbelwelle; Ölkühler; Öl 4.5 L; elektron. Einspritzung, Bosch Motronic.

1.8 20V – 125 ch Injection d'essence

Comme 1.6 – 101 ch, sauf:

Carrosserie, poids: (DIN), Berline, 3 portes, 5 places; vide dès 1140 kg, tot. adm. 1650 kg.

Aut.: vide dès 1165 kg, tot. adm. 1675 kg.

Moteur: (ECE), 4 cyl. en ligne (81×86.4 mm), 1781 cm³; compr. 10.3:1; 92 kW (125 ch) à 6000/min, 51.6 kW/L (70.2 ch/L); 173 Nm (17.6 mkp) à 4100/min; 95 (R).

Moteur (constr.): 5 soupapes en V; 2 arbres à cames en tête (courroie crantée); vilebrequin à 5 paliers; radiat. d'huile; huile 4.5 L; inj. électronique, Bosch Motronic.

Audi

Kraftübertragung: (auf Vorderräder).
5-Gang-Getriebe: I. 3.3; II. 1.94; III. 1.31; IV. 1.03; V. 0.84; R 3.06; Achse 4.24.
4-Stufen-Automat: I. 2.71; II. 1.44; III. 1; IV. 0.74; R 2.88; Achse 4.9.

Fahrleistungen: Vmax (Werk) 202 km/h, V bei 1000/min im 5. Gang 32.4 km/h; 0–100 km/h 10.1 s; Leistungsgew. 12.4 kg/kW (9.1 kg/PS); Verbrauch EU 6.4/11.8 L/100 km.
Aut.: Vmax 197 km/h, 0–100 km/h 11.4 s; Verbrauch EU 7/13.5 L/100 km.

Transmission: (sur roues AV).
Boîte à 5 vit.: I. 3.3; II. 1.94; III. 1.31; IV. 1.03; V. 0.84; AR 3.06; pont 4.24.
Boîte autom. à 4 vit.: I. 2.71; II. 1.44; III. 1; IV. 0.74; AR 2.88; pont 4.9.

Performances: Vmax (usine) 202 km/h, V à 1000/min en 5. vit. 32.4 km/h; 0–100 km/h 10.1 s; rapp. poids/puiss. 12.4 kg/kW (9.1 kg/ch); consomm. EU 6.4/11.8 L/100 km.
Aut.: Vmax 197 km/h, 0–100 km/h 11.4 s; consomm. EU 7/13.5 L/100 km.

Motor: (ECE), 4 Zyl. in Linie (79.5×95.5 mm), 1896 cm³; Kompr. 19.5:1; 66 kW (90 PS) bei 4000/min, 34.8 kW/L (47.3 PS/L); 202 Nm (20.6 mkp) bei 1900/min; Dieselöl.

Motorkonstruktion: direkteingespritzter Diesel; 1 obenl. Nockenwelle (Zahnriemen); Leichtmetall-Zylinderkopf; 5fach gelagerte Kurbelwelle; Ölkühler; Öl 4.5 L; elektron. geregelte Einspritzpumpe, 1 Turbolader, Intercooler.

Batterie 80 Ah, Alternator 90/120 A; Wasserkühlung, Inh. 6 L.

Kraftübertragung: (auf Vorderräder).
5-Gang-Getriebe: I. 3.3; II. 1.94; III. 1.31; IV. 0.92; V. 0.72; R 3.06; Achse 3.65.
4-Stufen-Automat: I. 2.71; II. 1.44; III. 1; IV. 0.74; R 2.88; Achse 3.7.

Fahrleistungen: Vmax (Werk) 180 km/h, V bei 1000/min im 5. Gang 44 km/h; 0–100 km/h 12.6 s; Leistungsgew. 17.7 kg/kW (13 kg/PS); Verbrauch EU 4.3/6.7 L/100 km.
Aut.: Vmax 176 km/h, 0–100 km/h 14 s; Verbrauch EU 4.8/8.8 L/100 km.

Moteur: (ECE), 4 cyl. en ligne (79.5×95.5 mm), 1896 cm³; compr. 19.5:1; 66 kW (90 ch) à 4000/min, 34.8 kW/L (47.3 PS/L); 202 Nm (20.6 mkp) à 1900/min; gazole.

Moteur (constr.): diesel à injection directe; 1 arbre à cames en tête (courroie crantée); culasse en alliage léger; vilebrequin à 5 paliers; radiateur d'huile; huile 4.5 L; pompe à injection pilotée, 1 turbocompr., Intercooler.

Batterie 80 Ah, alternateur 90/120 A; refroidissement à eau, capac. 6 L.

Transmission: (sur roues AV).
Boîte à 5 vit.: I. 3.3; II. 1.94; III. 1.31; IV. 0.92; V. 0.72; AR 3.06; pont 3.65.
Boîte autom. à 4 vit.: I. 2.71; II. 1.44; III. 1; IV. 0.74; AR 2.88; pont 3.7.

Performances: Vmax (usine) 180 km/h, V à 1000/min en 5. vit. 44 km/h; 0–100 km/h 12.6 s; rapp. poids/puiss. 17.7 kg/kW (13 kg/ch); consomm. EU 4.3/6.7 L/100 km.
Aut.: Vmax 176 km/h, 0–100 km/h 14 s; consomm. EU 4.8/8.8 L/100 km.

Audi A3

Audi A4

Mittelklassewagen mit Front- oder Allradantrieb (quattro), Nachfolger des 80. Motor vorn längs eingebaut, verschiedene Benzinmotoren (auch mit 5 Ventilen pro Zyl.) und Turbodiesel (TDI) zur Wahl. Debüt Oktober 1994. November 1995: Kombi Avant.

Voiture de catégorie moyenne avec traction AV ou intégrale (quattro), successeur de la 80. Moteur AV longit., divers moteurs à essence (aussi avec 5 soupapes par cyl.) et diesel turbo (TDI). Lancement octobre 1994. Novembre 1995: Break Avant.

1.8 20V – 150 PS Benzineinspritzung/Turbo

Wie 1.6 – 101 PS, ausgenommen:

Karosserie, Gewicht: (DIN), Limousine, 3 Türen, 5 Sitze; leer ab 1145 kg, max. zul. 1655 kg.
Aut.: leer ab 1175 kg, max. zul. 1685 kg.

Motor: (ECE), 4 Zyl. in Linie (81×86.4 mm), 1781 cm³; Kompr. 9.5:1; 110 kW (150 PS) bei 5700/min, 61.7 kW/L (84 PS/L); 210 Nm (21.4 mkp) bei 1750/min; 95 ROZ.

Motorkonstruktion: 5 Ventile in V; 2 obenl. Nockenwellen (Zahnriemen); 5fach gelagerte Kurbelwelle; Ölkühler; Öl 4.5 L; elektron. Einspritzung, Bosch Motronic, 1 Turbolader, Intercooler.

Kraftübertragung: (auf Vorderräder).
5-Gang-Getriebe: I. 3.3; II. 1.94; III. 1.31; IV. 1.03; V. 0.84; R 3.06; Achse 3.68.
4-Stufen-Automat: I. 2.71; II. 1.44; III. 1; IV. 0.74; R 2.88; Achse 4.53.

Fahrleistungen: Vmax (Werk) 217 km/h, V bei 1000/min im 5. Gang 37.4 km/h; 0–100 km/h 8.1 s; Leistungsgew. 10.4 kg/kW (7.6 kg/PS); Verbrauch EU 6.2/10.3 L/100 km.
Aut.: Vmax 213 km/h, 0–100 km/h 9.3 s; Verbrauch EU 7.2/13.1 L/100 km.

1.8 20V – 150 ch Injection d'essence/turbo

Comme 1.6 – 101 ch, sauf:

Carrosserie, poids: (DIN), Berline, 3 portes, 5 places; vide dès 1145 kg, tot. adm. 1655 kg.
Aut.: vide dès 1175 kg, tot. adm. 1685 kg.

Moteur: (ECE), 4 cyl. en ligne (81×86.4 mm), 1781 cm³; compr. 9.5:1; 110 kW (150 ch) à 5700/min, 61.7 kW/L (84 ch/L); 210 Nm (21.4 mkp) à 1750/min; 95 (R).

Moteur (constr.): 5 soupapes en V; 2 arbres à cames en tête (courroie crantée); vilebrequin à 5 paliers; radiat. d'huile; huile 4.5 L; injection électronique, Bosch Motronic, 1 turbocompr., Intercooler.

Transmission: (sur roues AV).
Boîte à 5 vit.: I. 3.3; II. 1.94; III. 1.31; IV. 1.03; V. 0.84; AR 3.06; pont 3.68.
Boîte autom. à 4 vit.: I. 2.71; II. 1.44; III. 1; IV. 0.74; AR 2.88; pont 4.53.

Performances: Vmax (usine) 217 km/h, V à 1000/min en 5. vit. 37.4 km/h; 0–100 km/h 8.1 s; rapp. poids/puiss. 10.4 kg/kW (7.6 kg/ch); consomm. EU 6.2/10.3 L/100 km.
Aut.: Vmax 213 km/h, 0–100 km/h 9.3 s; consomm. EU 7.2/13.1 L/100 km.

1.8 20V – 125 PS Benzineinspritzung

Karosserie, Gewicht: (DIN), Limousine, 4 Türen, 5 Sitze; leer ab 1220 kg, max. zul. 1770 kg.
Aut.: 4 Türen, 5 Sitze; leer ab 1240 kg, max. zul. 1790 kg.
Quattro: 4 Türen, 5 Sitze; leer 1320 kg, max. zul. 1870 kg.
Station Wagon 5 Türen, 5 Sitze; leer ab 1245 kg, max. zul. 1795 kg.
Aut.: Station Wagon 5 Türen, 5 Sitze; leer ab 1265 kg, max. zul. 1815 kg.
Quattro: Station Wagon 5 Türen, 5 Sitze; leer ab 1360 kg, max. zul. 1910 kg.

Motor: (ECE), 4 Zyl. in Linie (81×86.4 mm), 1781 cm³; Kompr. 10.3:1; 92 kW (125 PS) bei 5800/min, 51.6 kW/L (70.2 PS/L); 173 Nm (17.6 mkp) bei 3950/min; 95 ROZ.

Motorkonstruktion: 5 Ventile in V; 2 obenl. Nockenwellen (Zahnriemen); 5fach gelagerte Kurbelwelle; Ölkühler; Öl 4 L; elektron. Einspritzung, Bosch Motronic.

Batterie 44 Ah, Alternator 70 A; Wasserkühlung, Inh. 6.5 L.

Kraftübertragung: (auf Vorderräder).
Quattro: (4WD permanent), zentrales Torsen-Differential; hinteres Differential manuell sperrbar.
5-Gang-Getriebe: I. 3.5; II. 2.12; III. 1.43; IV. 1.03; V. 0.84; R 3.44; Achse 4.11.
Quattro: 5-Gang-Getr.: I. 3.5; II. 2.12; III. 1.3; IV. 0.94; V. 0.79; R 3.44; Achse 4.56.
Aut.: 4-Stufen-Automat: I. 2.71; II. 1.55; III. 1; IV. 0.68; R 2.11; Achse 5.15.

Fahrgestell: Selbsttragende Karosserie mit vorderem Hilfsrahmen; vorn Querlenker, hinten Verbundlenkerachse, Längslenker; v/h Kurvenstabilisator, Schraubenfedern, Teleskopdämpfer.
Quattro: doppelte Querlenker hinten.

Fahrwerk: Vierrad-Scheibenbremse (vorn belüftet), ABS, Bosch; Handbremse auf Hinterräder; Zahnstangenlenkung mit Servo, Treibstofftank 62 L; Reifen 195/65 R 15, Felgen 6 J.
Quattro: Treibstofftank 60 L.

1.9 – 90 PS Turbodiesel direkt

Wie 1.6 – 101 PS, ausgenommen:

Karosserie, Gewicht: (DIN), Limousine, 3 Türen, 5 Sitze; leer ab 1170 kg, max. zul. 1680 kg.
Aut.: leer ab 1195 kg, max. zul. 1705 kg.

1.9 – 90 ch turbodiesel direct

Comme 1.6 – 101 ch, sauf:

Carrosserie, poids: (DIN), Berline, 3 portes, 5 places; vide dès 1170 kg, tot. adm. 1680 kg.
Aut.: vide dès 1195 kg, tot. adm. 1705 kg.

1.8 20V – 125 ch Injection d'essence

Carrosserie, poids: (DIN), Berline, 4 portes, 5 places; vide dès 1220 kg, tot. adm. 1770 kg.
Aut.: 4 portes, 5 places; vide dès 1240 kg, tot. adm. 1790 kg.
Quattro: 4 portes, 5 places; vide dès 1320 kg, tot. adm. 1870 kg.
Station-wagon 5 portes, 5 places; vide dès 1245 kg, tot. adm. 1795 kg.
Aut.: station-wagon, 5 portes, 5 places; vide dès 1265 kg, tot. adm. 1815 kg.
Quattro: station-wagon, 5 portes, 5 places; vide dès 1360 kg, tot. adm. 1910 kg.

Moteur: (ECE), 4 cyl. en ligne (81×86.4 mm), 1781 cm³; compr. 10.3:1; 92 kW (125 ch) à 5800/min, 51.6 kW/L (70.2 ch/L); 173 Nm (17.6 mkp) à 3950/min; 95 (R).

Moteur (constr.): 5 soupapes en V; 2 arbres à cames en tête (courroie crantée); vilebrequin à 5 paliers; radiat. d'huile; huile 4 L; injection électronique, Bosch Motronic.

Batterie 44 Ah, alternateur 70 A; refroidissement à eau, capac. 6.5 L.

Transmission: (sur roues AV).
Quattro: (4WD permanent), différent. central Torsen; différentiel AR verrouillable méc.
Boîte à 5 vit.: I. 3.5; II. 2.12; III. 1.43; IV. 1.03; V. 0.84; AR 3.44; pont 4.11.
Quattro: boîte à 5 vit.: I. 3.5; II. 2.12; III. 1.3; IV. 0.94; V. 0.79; AR 3.44; pont 4.56.
Aut.: boîte autom. à 4 vit.: I. 2.71; II. 1.55; III. 1; IV. 0.68; AR 2.11; pont 5.15.

Châssis: carrosserie autoporteuse avec cadre auxiliaire AV; AV leviers transv., AR essieu semi-rigide, bras longitud.; AV/AR barre anti-dévers, ressorts hélic, amortiss. télesc.
Quattro: leviers transv. doubles AR.

Train roulant: quatre freins à disques (AV ventilés), ABS, Bosch; frein à main sur roues AR; servodirection à crémaillère, réservoir carb. 62 L; pneus 195/65 R 15, jantes 6 J.
Quattro: réservoir carb. 60 L.

Audi A3

Audi

Audi A4

Dimensionen: Radstand 261.5 cm, Spur 150/148 cm, Bodenfreih. 11.1 cm, Wendekreis 11.1 m, Kofferraum 440 dm³, Länge 448 cm, Breite 173.5 cm, Höhe 141 cm.
Quattro: Radstand 260.5 cm.
Avant: Radstand 262 cm, Kofferraum 390/1250 dm³, Breite 173 cm, Höhe 142 cm.
Fahrleistungen: Vmax (Werk) 205 km/h, V bei 1000/min im 5. Gang 33.5 km/h; 0–100 km/h 10.5 s; Leistungsgew. 13.3 kg/kW (9.8 kg/PS); Verbrauch EU 6.6/12.2 L/100 km.
Aut.: Vmax 200 km/h, 0–100 km/h 12.1 s; Verbrauch EU 7.2/12.6 L/100 km.
Quattro: Vmax 202 km/h, 0–100 km/h 10.8 s; Verbrauch EU 6.9/12.6 L/100 km.
Avant: Vmax 201 km/h, 0–100 km/h 10.7 s.
Avant Aut.: Vmax 196 km/h, 0–100 km/h 12.4 s.
Avant Quattro: Vmax 198 km/h, 0–100 km/h 11 s; Verbrauch EU 7/12.7 L/100 km.

Dimensions: empattement 261.5 cm, voie 150/148 cm, garde au sol 11.1 cm, diam. de braq. 11.1 m, coffre 440 dm³, longueur 448 cm, largeur 173.5 cm, hauteur 141 cm.
Quattro: empattement 260.5 cm.
Avant: empattement 262 cm, coffre 390/1250 dm³, largeur 173 cm, hauteur 142 cm.
Performances: Vmax (usine) 205 km/h, V à 1000/min en 5. vit. 33.5 km/h; 0–1000 km/h 10.5 s; rapp. poids/puiss. 13.3 kg/kW (9.8 kg/ch); consomm. EU 6.6/12.2 L/100 km.
Aut.: Vmax 200 km/h, 0–100 km/h 12.1 s; consomm. EU 7.2/12.6 L/100 km.
Quattro: Vmax 202 km/h, 0–100 km/h 10.8 s; consomm. EU 6.9/12.6 L/100 km.
Avant: Vmax 201 km/h, 0–100 km/h 10.7 s.
Avant Aut.: Vmax 196 km/h, 0–100 km/h 12.4 s.
Avant Quattro: Vmax 198 km/h, 0–100 km/h 11 s; consomm. EU 7/12.7 L/100 km.

1.6 – 101 PS Benzineinspritzung

Wie 1.8 – 125 PS, ausgenommen:

Karosserie, Gewicht: (DIN), Limousine, 4 Türen, 5 Sitze; leer ab 1185 kg, max. zul. 1735 kg.
Aut.: leer ab 1205 kg, max. zul. 1755 kg.
Motor: (ECE), 4 Zyl. in Linie (81×77.4 mm), 1595 cm³; Kompr. 10.3:1; 74 kW (101 PS) bei 5300/min, 46.4 kW/L (63.1 PS/L); 140 Nm (14.3 mkp) bei 3800/min; 95 ROZ.
Motorkonstruktion: 2 Ventile; 1 obenl. Nockenwelle (Zahnriemen); 5fach gelagerte Kurbelwelle; kein Ölkühler; Öl 3.4 L; elektron. Einspritzung, Bosch Motronic. Batterie 36 Ah, Alternator 70 A; Wasserkühlung, Inh. 6.5 L.
Kraftübertragung: (auf Vorderräder).
5-Gang-Getriebe: I. 3.5; II. 2.12; III. 1.3; IV. 0.94; V. 0.79; R 3.44; Achse 4.56.
4-Stufen-Automat: I. 2.71; II. 1.55; III. 1; IV. 0.68; R 2.11; Achse 5.15.
Fahrleistungen: Vmax (Werk) 191 km/h, V bei 1000/min im 5. Gang 32.1 km/h; 0–100 km/h 11.9 s; Leistungsgew. 16 kg/kW (11.7 kg/PS); Verbrauch EU 6.1/11.6 L/100 km.
Aut.: Vmax 185 km/h, 0–100 km/h 14.6 s; Verbrauch EU 6.8/12.3 L/100 km.

1.6 – 101 ch Injection d'essence

Comme 1.8 – 125 ch, sauf:

Carrosserie, poids: (DIN), Berline, 4 portes, 5 places; vide dès 1185 kg, tot. adm. 1735 kg.
Aut.: vide dès 1205 kg, tot. adm. 1755 kg.
Moteur: (ECE), 4 cyl. en ligne (81×77.4 mm), 1595 cm³; compr. 10.3:1; 74 kW (101 ch) à 5300/min, 46.4 kW/L (63.1 ch/L); 140 Nm (14.3 mkp) à 3800/min; 95 (R).
Moteur (constr.): 2 soupapes; 1 arbre à cames en tête (courroie crantée); vilebrequin à 5 paliers; pas de radiat. d'huile; huile 3.4 L; injection électron., Bosch Motronic. Batterie 36 Ah, alternateur 70 A; refroidissement à eau, capac. 6.5 L.
Transmission: (sur roues AV).
Boîte à 5 vit.: I. 3.5; II. 2.12; III. 1.3; IV. 0.94; V. 0.79; R 3.44; pont 4.56.
Boîte autom. à 4 vit.: I. 2.71; II. 1.55; III. 1; IV. 0.68; AR 2.11; pont 5.15.
Performances: Vmax (usine) 191 km/h, V à 1000/min en 5. vit. 32.1 km/h; 0–100 km/h 11.9 s; rapp. poids/puiss. 16 kg/kW (11.7 kg/ch); consomm. EU 6.1/11.6 L/100 km.
Aut.: Vmax 185 km/h, 0–100 km/h 14.6 s; consomm. EU 6.8/12.3 L/100 km.

1.8 20V – 150 PS Benzineinspritzung/Turbo

Wie 1.8 – 125 PS, ausgenommen:

Karosserie, Gewicht: (DIN), Limousine, 4 Türen, 5 Sitze; leer ab 1225 kg, max. zul. 1775 kg.
Aut.: leer 1275 kg, max. zul. 1825 kg.
Quattro: leer 1325 kg, max. zul. 1875 kg.
Avant: leer 1270 kg, max. zul. 1820 kg.
Avant Aut.: leer 1320 kg, max. zul. 1870 kg.
Avant Quattro: leer 1365 kg, max. zul. 1915 kg.
Motor: (ECE), 4 Zyl. in Linie (81×86.4 mm), 1781 cm³; Kompr. 9.5:1; 110 kW (150 PS) bei 5700/min, 61.7 kW/L (84 PS/L); 210 Nm (21.4 mkp) bei 1750/min; 95 ROZ.

1.8 20V – 150 ch Injection d'essence/turbo

Comme 1.8 – 125 ch, sauf:

Carrosserie, poids: (DIN), Berline, 4 portes, 5 places; vide dès 1225 kg, tot. adm. 1775 kg.
Aut.: vide 1275 kg, tot. adm. 1825 kg.
Quattro: vide 1325 kg, tot. adm. 1875 kg.
Avant: vide 1270 kg, tot. adm. 1820 kg.
Avant Aut.: vide 1320 kg, tot. adm. 1870 kg.
Avant Quattro: vide 1365 kg, tot. adm. 1915 kg.
Moteur: (ECE), 4 cyl. en ligne (81×86.4 mm), 1781 cm³; compr. 9.5:1; 110 kW (150 ch) à 5700/min, 61.7 kW/L (84 PS/L); 210 Nm (21.4 mkp) à 1750/min; 95 (R).

Motorkonstruktion: 5 Ventile in V; 2 obenl. Nockenwellen (Zahnriemen); 5fach gelagerte Kurbelwelle; Ölkühler; Öl 4 L; elektron. Einspritzung, Bosch Motronic, 1 Turbolader, Intercooler.
Batterie 44/60 Ah, Alternator 70 A; Wasserkühlung, Inh. 6.5 L.
Kraftübertragung: (auf Vorderräder).
5-Gang-Getriebe: I. 3.5; II. 2.12; III. 1.3; IV. 1.03; V. 0.84; R 3.44; Achse 3.7.
Quattro: 5-Gang-Getriebe: I. 3.78; II. 2.18; III. 1.43; IV. 1.03; V. 0.84; R 3.44; Achse 3.89.
5-Stufen-Automat: I. 3.67; II. 2; III. 1.41; IV. 1; V. 0.74; R 4.1; Achse 3.29.
Fahrleistungen: Vmax (Werk) 222 km/h, V bei 1000/min im 5. Gang 37.2 km/h; 0–100 km/h 8.3 s; Leistungsgew. 11.1 kg/kW (8.2 kg/PS); Verbrauch EU 6.6/10.8 L/100 km.
Aut.: Vmax 216 km/h, 0–100 km/h 9.5 s; Verbrauch EU 6.9/12.9 L/100 km.
Quattro: Vmax 220 km/h, 0–100 km/h 8.4 s; Verbrauch EU 7.3/11.8 L/100 km.
Avant: Vmax 218 km/h, 0–100 km/h 8.5 s; Verbrauch EU 6.5/10.5 L/100 km.
Avant Aut.: Vmax 212 km/h, 0–100 km/h 9.7 s.
Avant Quattro: Vmax 216 km/h, 0–100 km/h 8.5 s; Verbrauch EU 7.3/11.8 L/100 km.

Moteur (constr.): 5 soupapes en V; 2 arbres à cames en tête (courroie crantée); vilebrequin à 5 paliers; radiat. d'huile; huile 4 L; injection électronique, Bosch Motronic, 1 turbocompr., intercooler.
Batterie 44/60 Ah, alternateur 70 A; refroidissement à eau, capac. 6.5 L.
Transmission: (sur roues AV).
Boîte à 5 vit.: I. 3.5; II. 2.12; III. 1.3; IV. 1.03; V. 0.84; AR 3.44; pont 3.7.
Quattro: boîte à 5 vit.: I. 3.78; II. 2.18; III. 1.43; IV. 1.03; V. 0.84; AR 3.44; pont 3.89.
Boîte autom. à 5 vit.: I. 3.67; II. 2; III. 1.41; IV. 1; V. 0.74; AR 4.1; pont 3.29.
Performances: Vmax (usine) 222 km/h, V à 1000/min en 5. vit. 37.2 km/h; 0–100 km/h 8.3 s; rapp. poids/puiss. 11.1 kg/kW (8.2 kg/ch); consomm. EU 6.6/10.8 L/100 km.
Aut.: Vmax 216 km/h, 0–100 km/h 9.5 s; consomm. EU 6.9/12.9 L/100 km.
Quattro: Vmax 220 km/h, 0–100 km/h 8.4 s; consomm. EU 7.3/11.8 L/100 km.
Avant: Vmax 218 km/h, 0–100 km/h 8.5 s; consomm. EU 6.5/10.5 L/100 km.
Avant Aut.: Vmax 212 km/h, 0–100 km/h 9.7 s.
Avant Quattro: Vmax 216 km/h, 0–100 km/h 8.5 s; consomm. EU 7.3/11.8 L/100 km.

Audi A4 Avant

2.6 V6 – 150 PS Benzineinspritzung

Wie 1.8 – 125 PS, ausgenommen:

Karosserie, Gewicht: (DIN), Limousine, 4 Türen, 5 Sitze; leer ab 1255 kg, max. zul. 1805 kg.
Aut.: leer 1305 kg, max. zul. 1855 kg.
Quattro: leer 1370 kg, max. zul. 1920 kg.
Avant: leer 1300 kg, max. zul. 1850 kg.
Aut.: leer 1350 kg, max. zul. 1900 kg.
Quattro: leer 1410 kg, max. zul. 1960 kg.
Motor: (ECE), 6 Zyl. in V 90° (82.5×81 mm), 2598 cm³; Kompr. 10:1; 110 kW (150 PS) bei 5500/min, 42.3 kW/L (57.6 PS/L); 225 Nm (22.9 mkp) bei 3500/min; 95 ROZ.
Motorkonstruktion: 2 Ventile; 2×1 obenl. Nockenwelle (Zahnriemen); Leichtmetall-Zylinderköpfe; 4fach gelagerte Kurbelwelle; Ölkühler; Öl 4.3 L; elektron. Einspritzung, Bosch Motronic.
Batterie 70 Ah, Alternator 90 A; Wasserkühlung, Inh. 6.5 L.
Kraftübertragung: (auf Vorderräder).
Quattro: (4WD permanent), zentrales Torsen-Differential; hinteres Differential manuell sperrbar.
5-Gang-Getriebe: I. 3.5; II. 1.94; III. 1.3; IV. 0.94; V. 0.79; R 3.44; Achse 3.89.
Quattro: 5-Gang-Getriebe: Achse 4.11.
5-Stufen-Automat: I. 3.67; II. 2; III. 1.41; IV. 1; V. 0.74; R 4.1; Achse 3.29.

2.6 V6 – 150 ch Injection d'essence

Comme 1.8 – 125 ch, sauf:

Carrosserie, poids: (DIN), Berline, 4 portes, 5 places; vide dès 1255 kg, tot. adm. 1805 kg.
Aut.: vide 1305 kg, tot. adm. 1855 kg.
Quattro: vide 1370 kg, tot. adm. 1920 kg.
Avant: vide 1300 kg, tot. adm. 1850 kg.
Aut.: vide 1350 kg, tot. adm. 1900 kg.
Quattro: vide 1410 kg, tot. adm. 1960 kg.
Moteur: (ECE), 6 cyl. en V 90° (82.5×81 mm), 2598 cm³; compr. 10:1; 110 kW (150 ch) à 5500/min, 42.3 kW/L (57.6 ch/L); 225 Nm (22.9 mkp) à 3500/min; 95 (R).
Moteur (constr.): 2 soupapes; 2×1 arbre à cames en tête (courroie crantée); culasses en alliage léger; vilebrequin à 4 paliers; radiat. d'huile; huile 4.3 L; injection électronique, Bosch Motronic.
Batterie 70 Ah, alternateur 90 A; refroidissement à eau, capac. 6.5 L.
Transmission: (sur roues AV).
Quattro: (4WD permanent), différent. central Torsen; différentiel AR verrouillable méc.
Boîte à 5 vit.: I. 3.5; II. 1.94; III. 1.3; IV. 0.94; V. 0.79; R 3.44; pont 3.89.
Quattro: boîte à 5 vitesses: pont 4.11.
Boîte autom. à 5 vit.: I. 3.67; II. 2; III. 1.41; IV. 1; V. 0.74; AR 4.1; pont 3.29.

Audi 157

Fahrleistungen: Vmax (Werk) 220 km/h, V bei 1000/min im 5. Gang 37.6 km/h; 0–100 km/h 8.7 s; Leistungsgew. 11.4 kg/kW (8.4 kg/PS); Verbrauch EU 7.5/13.3 L/100 km.
Aut.: Vmax 214 km/h, 0–100 km/h 9.8 s; Verbrauch EU 6.8/15.3 L/100 km.
Quattro: Vmax 218 km/h, 0–100 km/h 8.8 s; Verbrauch EU 8.3/14.6 L/100 km.
Avant: Vmax 216 km/h, 0–100 km/h 8.9 s; Verbrauch EU 7.2/13.2.
Aut.: Vmax 210 km/h, 0–100 km/h 10 s; Verbrauch EU 6.9/15.4 L/100 km.
Quattro: Vmax 214 km/h, 0–100 km/h 8.9 s; Verbrauch EU 8.2/14.5 L/100 km.

2.8 V6 30V – 193 PS
Benzineinspritzung

Wie 1.8 – 125 PS, ausgenommen:

Karosserie, Gewicht: (DIN), Limousine, 4 Türen, 5 Sitze; leer ab 1285 kg, max. zul. 1835 kg.
Aut.: leer 1335 kg, max. zul. 1885 kg.
Quattro: leer 1400 kg, max. zul. 1950 kg.
Quattro Aut.: leer 1465 kg, max. z. 2150 kg.
Avant: leer 1320 kg, max. zul. 1870 kg.
Avant Aut.: leer 1380 kg, max. zul. 1930 kg.
Avant Quattro: leer 1430 kg, max. 1980 kg.
Avant Quattro Aut.: leer 1505 kg, max. zul. 2055 kg.

Motor: (ECE), 6 Zyl. in V 90° (82.5×86.4 mm), 2771 cm³; Kompr. 10.6:1; 142 kW (193 PS) bei 6000/min, 51.2 kW/L (69.7 PS/L); 280 Nm (28.5 mkp) bei 3200/min; 98 ROZ.

Motorkonstruktion: 5 Ventile in V; 2×2 obenl. Nockenwellen (Zahnriemen/Ketten); Leichtmetall-Zylinderköpfe und -block; 4fach gelagerte Kurbelwelle; Öl 4.3 L; elektron. Einspritzung.
Batterie 70 Ah, Alternator 120 A; Wasserkühlung, Inh. 6.5 L.

Kraftübertragung: (auf Vorderräder).
5-Gang-Getriebe: I. 3.5; II. 1.94; III. 1.3; IV. 0.94; V. 0.79; R 3.44; Achse 3.7.
Quattro: 5-Gang-Getriebe: Achse 3.89.
5-Stufen-Automat: I. 3.67; II. 2; III. 1.41; IV. 1; V. 0.74; R 4.1; Achse 3.29.
Einige Versionen mit abweichenden Getriebeuntersetzungen.

Fahrwerk: Reifen 205/60 VR 15.

Fahrleistungen: Vmax (Werk) 240 km/h, V bei 1000/min im 5. Gang 39.2 km/h; 0–100 km/h 7.3 s; Leistungsgew. 9 kg/kW (6.7 kg/PS); Verbrauch EU 7/13.6 L/100 km.
Aut.: Vmax 235 km/h, 0–100 km/h 8.6 s; Verbrauch EU 7.2/15.2 L/100 km.
Quattro: Vmax 238 km/h, 0–100 km/h Verbrauch EU 7.3; 7.9/14.8 L/100 km.
Aut.: Vmax 233 km/h, 0–100 km/h 9.2 s; Verbrauch EU 7.9/16.1 L/100 km.
Avant: Vmax 236 km/h, 0–100 km/h 7.4 s; Verbrauch EU 7/13.6 L/100 km.
Avant Aut.: Vmax 231 km/h, 0–100 km/h 8.8 s; Verbrauch EU 7.2/15.2 L/100 km.
Avant Quattro: Vmax 234 km/h, 0–100 km/h 7.4 s; Verbrauch EU 7.9/14.8 L/100 km.
Avant Quattro Aut.: Vmax 229 km/h, 0–100 km/h 9.4 s; Verbr. EU 7.9/16.1 L/100 km.

Audi A4

Performances: Vmax (usine) 220 km/h, V à 1000/min en 5. vit. 37.6 km/h; 0–100 km/h 8.7 s; rapp. poids/puiss. 11.4 kg/kW (8.4 kg/ch); consomm. EU 7.5/13.3 L/100 km.
Aut.: Vmax 214 km/h, 0–100 km/h 9.8 s; consomm. EU 6.8/15.3 L/100 km.
Quattro: Vmax 218 km/h, 0–100 km/h 8.8 s; consomm. EU 8.3/14.6 L/100 km.
Avant: Vmax 216 km/h, 0–100 km/h 8.9 s; consomm. EU 7.2/13.2.
Aut.: Vmax 210 km/h, 0–100 km/h 10 s; consomm. EU 6.9/15.4 L/100 km.
Quattro: Vmax 214 km/h, 0–100 km/h 8.9 s; consomm. EU 8.2/14.5 L/100 km.

2.8 V6 30V – 193 ch
Injection d'essence

Comme 1.8 – 125 ch, sauf:

Carrosserie, poids: (DIN), Berline, 4 portes, 5 places; vide dès 1285 kg, tot. adm. 1835 kg.
Aut.: vide 1335 kg, tot. adm. 1885 kg.
Quattro: vide 1400 kg, tot. adm. 1950 kg.
Quattro Aut.: vide 1465 kg, tot. adm. 2150 kg.
Avant: vide 1320 kg, tot. adm. 1870 kg.
Avant Aut.: vide 1380 kg, tot. adm. 1930 kg.
Avant Quattro: vide 1430 kg, tot. adm. 1980 kg.
Avant Quattro Aut.: vide 1505 kg, tot. adm. 2055 kg.

Moteur: (ECE), 6 cylindres en V 90° (82.5×86.4 mm), 2771 cm³; compr. 10.6:1; 142 kW (193 ch) à 6000/min, 51.2 kW/L (69.7 ch/L); 280 Nm (28.5 mkp) à 3200/min; 98 (R).

Moteur (constr.): 5 soupapes en V; 2×2 arbres à cames en tête (courroie crantée/chaînes); culasses et bloc-cyl. en alliage léger; vilebrequin à 4 paliers; huile 4.3 L; injection électronique.
Batterie 70 Ah, alternateur 120 A; refroidissement à eau, capac. 6.5 L.

Transmission: (sur roues AV).
Boîte à 5 vit.: I. 3.5; II. 1.94; III. 1.3; IV. 0.94; V. 0.79; AR 3.44; pont 3.7.
Quattro: boîte à 5 vit.: pont 3.89.
Boîte autom. à 5 vit.: I. 3.67; II. 2; III. 1.41; IV. 1; V. 0.74; AR 4.1; pont 3.29.
Quelques versions avec des autres boîtes à vitesses.

Train roulant: pneus 205/60 VR 15.

Performances: Vmax (usine) 240 km/h, V à 1000/min en 5. vit. 39.2 km/h; 0–100 km/h 7.3 s; rapp. poids/puiss. 9 kg/kW (6.7 kg/ch); consomm. EU 7/13.6 L/100 km.
Aut.: Vmax 235 km/h, 0–100 km/h 8.6 s; consomm. EU 7.2/15.2 L/100 km.
Quattro: Vmax 238 km/h, 0–100 km/h 7.3 s; consomm. EU 7.9/14.8 L/100 km.
Aut.: Vmax 233 km/h, 0–100 km/h 9.2 s; consomm. EU 7.9/16.1 L/100 km.
Avant: Vmax 236 km/h, 0–100 km/h 7.4 s; consomm. EU 7/13.6 L/100 km.
Avant Aut.: Vmax 231 km/h, 0–100 km/h 8.8 s; consomm. EU 7.2/15.2 L/100 km.
Avant Quattro: Vmax 234 km/h, 0–100 km/h 7.4 s; consomm. EU 7.9/14.8 L/100 km.
Avant Quattro Aut.: Vmax 229 km/h, 0–100 km/h 9.4 s; cons. EU 7.9/16.1 L/100 km.

Audi A4 Avant

1.9 – 90 PS
Turbodiesel direkt

Wie 1.8 – 125 PS, ausgenommen:

Karosserie, Gewicht: (DIN), Limousine, 4 Türen, 5 Sitze; leer ab 1240 kg, max. zul. 1790 kg.
Aut.: leer ab 1260 kg, max. zul. 1805 kg.
Avant: leer ab 1285 kg, max. zul. 1835 kg.
Aut.: leer ab 1305 kg, max. zul. 1855 kg.

Motor: (ECE), 4 Zyl. in Linie (79.5×95.5 mm), 1896 cm³; Kompr. 19.5:1; 66 kW (90 PS) bei 4000/min, 34.8 kW/L (47.3 PS/L); 202 Nm (20.6 mkp) bei 1900/min; Dieselöl.

Motorkonstruktion: direkteingespritzter Diesel; 2 Ventile parallel; 1 obenl. Nockenwelle (Zahnriemen); Leichtmetall-Zylinderkopf; 5fach gelagerte Kurbelwelle; Ölkühler; Öl 4 L; elektron. geregelte Einspritzpumpe, 1 Turbolader., Intercooler.
Batterie 80 Ah, Alternator 70/120 A; Wasserkühlung, Inh. 6.5 L.

Kraftübertragung: (auf Vorderräder).
5-Gang-Getriebe: I. 3.5; II. 1.84; III. 1.16; IV. 0.84; V. 0.68; R 3.44; Achse 3.89.
4-Stufen-Automat: I. 2.71; II. 1.44; III. 1; IV. 0.74; R 2.88; Achse 3.69.

Fahrleistungen: Vmax (Werk) 184 km/h, V bei 1000/min im 5. Gang 43.7 km/h; 0–100 km/h 13.3 s; Leistungsgew. 18.8 kW/kW (13.8 kg/PS); Verbrauch EU 4.4/7 L/100 km.
Aut.: Vmax 177 km/h, 0–100 km/h 14.6 s; Verbrauch EU 5.2/9 L/100 km.
Avant: Vmax 180 km/h, 0–100 km/h 13.6 s; Verbrauch EU 4.4/7 L/100 km.
Avant Aut.: Vmax 173 km/h, 0–100 km/h 15 s; Verbrauch EU 5.2/9 L/100 km.

1.9 – 110 PS
Turbodiesel direkt

Wie 1.8 – 125 PS, ausgenommen:

Karosserie, Gewicht: (DIN), Limousine, 4 Türen, 5 Sitze; leer 1240 kg, max. zul. 1790 kg.
Aut: leer 1260 kg, max. zul. 1810 kg.
Avant: leer 1285 kg, max. zul. 1835 kg.
Aut.: leer 1305 kg, max. zul. 1855 kg.
Quattro: leer 1385 kg, max. zul. 1935 kg.

Motor: (ECE), 4 Zyl. in Linie (79.5×95.5 mm), 1896 cm³; Kompr. 19.5:1; 81 kW (110 PS) bei 4150/min, 42.7 kW/L (58.1 PS/L); 235 Nm (22.9 mkp) bei 1900/min; Dieselöl.

Motorkonstruktion: direkt eingespritzter Diesel; 2 Ventile parallel; 1 obenl. Nockenwelle (Zahnriemen); Leichtmetall-Zylinderkopf; 5fach gelagerte Kurbelwelle; Öl 4 L; elektron. geregelte Einspritzpumpe, Bosch VE, Turbolader mit elektron. geregelter Turbinengeometrie, Intercooler.
Batterie 80 Ah, Batterie 360 A, Alternator 120 A; Wasserkühlung, Inh. 6.5 L.

1.9 – 90 ch
turbodiesel direct

Comme 1.8 – 125 ch, sauf:

Carrosserie, poids: (DIN), Berline, 4 portes, 5 places; vide dès 1240 kg, tot. adm. 1790 kg.
Aut.: vide dès 1260 kg, tot. adm. 1805 kg.
Avant: vide dès 1285 kg, tot. adm. 1835 kg.
Aut.: vide dès 1305 kg, tot. adm. 1855 kg.

Moteur: (ECE), 4 cyl. en ligne (79.5×95.5 mm), 1896 cm³; compr. 19.5:1; 66 kW (90 ch) à 4000/min, 34.8 kW/L (47.3 ch/L); 202 Nm (20.6 mkp) à 1900/min; gazole.

Moteur (constr.): diesel à injection directe; 2 soup. en parallèle; 1 arbre à cames en tête (courroie crantée); culasse en alliage léger; vilebrequin à 5 paliers; radiat. d'huile; huile 4 L; pompe à injection pilotée, 1 turbocompr., intercooler.
Batterie 80 Ah, alternateur 70/120 A; refroidissement à eau, capac. 6.5 L.

Transmission: (sur roues AV).
Boîte à 5 vit.: I. 3.5; II. 1.84; III. 1.16; IV. 0.84; V. 0.68; AR 3.44; pont 3.89.
Boîte autom. à 4 vit.: I. 2.71; II. 1.44; III. 1; IV. 0.74; AR 2.88; pont 3.69.

Performances: Vmax (usine) 184 km/h, V à 1000/min en 5. vit. 43.7 km/h; 0–100 km/h 13.3 s; rapp. poids/puiss. 18.8 kW/kW (13.8 kg/ch); consomm. EU 4.4/7 L/100 km.
Aut.: Vmax 177 km/h, 0–100 km/h 14.6 s; consomm. EU 5.2/9 L/100 km.
Avant: Vmax 180 km/h, 0–100 km/h 13.6 s; consomm. EU 4.4/7 L/100 km.
Avant Aut.: Vmax 173 km/h, 0–100 km/h 15 s; consomm. EU 5.2/9 L/100 km.

1.9 – 110 ch
turbodiesel direct

Comme 1.8 – 125 ch, sauf:

Carrosserie, poids: (DIN), Berline, 4 portes, 5 places; vide 1240 kg, tot. adm. 1790 kg.
Aut: vide 1260 kg, tot. adm. 1810 kg.
Avant: vide 1285 kg, tot. adm. 1835 kg.
Aut.: vide 1305 kg, tot. adm. 1855 kg.
Quattro: vide 1385 kg, tot. adm. 1935 kg.

Moteur: (ECE), 4 cyl. en ligne (79.5×95.5 mm), 1896 cm³; compr. 19.5:1; 81 kW (110 ch) à 4150/min, 42.7 kW/L (58.1 ch/L); 235 Nm (22.9 mkp) à 1900/min; gazole.

Moteur (constr.): diesel à injection directe; 2 soupapes en parallèle; 1 arbre à cames en tête (courroie crantée); culasse en alliage léger; vilebrequin à 5 paliers; huile 4 L; pompe à injection pilotée, Bosch VE, turbocompr. à réglage électronique de la turbine, Intercooler.
Batterie 80 Ah, Batterie 360 A, alternateur 120 A; refroidissement à eau, capac. 6.5 L.

Audi

Audi A4

Kraftübertragung: (auf Vorderräder).

5-Gang-Getriebe: I. 3.5; II. 1.94; III. 1.27; IV. 0.84; V. 0.68; R 3.44; Achse 3.7.

Quattro: 5-Gang-Getriebe: I. 3.5; II. 1.94; III. 1.23; IV. 0.84; V. 0.66; R 3.44; Achse 3.89.

4-Stufen-Automat: I. 2.71; II. 1.44; III. 1; IV. 0.74; R 2.88; Achse 3.39.

Fahrleistungen: Vmax (Werk) 196 km/h, V bei 1000/min im 5. Gang 45.9 km/h; 0–100 km/h 11.3 s; Leistungsgew. 15.3 kg/kW (11.3 kg/PS); Verbr. EU 4.3/6.9 L/100 km.
Aut: Vmax 194 km/h, 0–100 km/h 12.5 s; Verbr. EU 5/9.1 L/100 km.
Avant: Vmax 192 km/h, 0–100 km/h 11.5 s; Verbr. EU 4.3/6.9 L/100 km.
Avant Aut.: Vmax 190 km/h, 0–100 km/h 12.8 s; Verbr. EU 5/9.1 L/100 km.
Avant Quattro: Vmax 190 km/h, 0–100 km/h 11.9 s; Verbr. EU 4.8/7.8 L/100 km.

Transmission: (sur roues AV).

Boîte à 5 vit.: I. 3.5; II. 1.94; III. 1.27; IV. 0.84; V. 0.68; AR 3.44; pont 3.7.

Quattro: boîte à 5 vit.: I. 3.5; II. 1.94; III. 1.23; IV. 0.84; V. 0.66; AR 3.44; pont 3.89.

Boîte autom. à 4 vit.: I. 2.71; II. 1.44; III. 1; IV. 0.74; AR 2.88; pont 3.39.

Performances: Vmax (usine) 196 km/h, V à 1000/min en 5. vit. 45.9 km/h; 0–100 km/h 11.3 s; rapp. poids/puiss. 15.3 kg/kW (11.3 kg/ch); consomm. EU 4.3/6.9 L/100 km.
Aut: Vmax 194 km/h, 0–100 km/h 12.5 s; consomm. EU 5/9.1 L/100 km.
Avant: Vmax 192 km/h, 0–100 km/h 11.5 s; consomm. EU 4.3/6.9 L/100 km.
Avant Aut.: Vmax 190 km/h, 0–100 km/h 12.8 s; consomm. EU 5/9.1 L/100 km.
Avant Quattro: Vmax 190 km/h, 0–100 km/h 11.9 s; consomm. EU 4.8/7.8 L/100 km.

Audi Cabriolet

Cabriolet Debüt Genf 1991, seit Dezember 1992 auch mit 2.8 V6.

Cabriolet, début Genève 1991, déc. 1992 aussi avec 2.8 V6.

2.0 – 116 PS Benzineinspritzung

Karosserie, Gewicht: (DIN), Cabriolet, 2 Türen, 4 Sitze; leer 1350 kg, max. zul. 1750 kg.

Motor: (ECE), 4 Zyl. in Linie (82.5×92.8 mm), 1984 cm³; Kompr. 10.4:1; 85 kW (116 PS) bei 5400/min, 42.8 kW/L (58.2 PS/L); 165 Nm (16.8 mkp) bei 3200/min; 95 ROZ.

Motorkonstruktion: 1 obenl. Nockenwelle (Zahnriemen); Leichtmetall-Zylinderkopf; 5fach gelagerte Kurbelwelle; Ölkühler; Öl 3 L; elektron. Einspritzung.
Batterie 40 Ah, Alternator 70 A; Wasserkühlung, Inh. 6.5 L.

Kraftübertragung: (auf Vorderräder).

5-Gang-Getriebe: I. 3.55; II. 2.11; III. 1.43; IV. 1.03; V. 0.84; R 3.5; Achse 4.11.

Fahrgestell: Selbsttragende Karosserie mit vorderem Hilfsrahmen; vorn Federbeine und Dreieckquerlenker; hinten Torsionskurbelachse, Panhardstab; v/h Kurvenstabilisator, Schraubenfedern, Teleskopdämpfer.

2.0 – 116 ch Injection d'essence

Carrosserie, poids: (DIN), cabriolet, 2 portes, 4 places; vide 1350 kg, tot. adm. 1750 kg.

Moteur: (ECE), 4 cyl. en ligne (82.5×92.8 mm), 1984 cm³; compr. 10.4:1; 85 kW (116 ch) à 5400/min, 42.8 kW/L (58.2 ch/L); 165 Nm (16.8 mkp) à 3200/min; 95 (R).

Moteur (constr.): 1 arbre à cames en tête (courroie crantée); culasse en alliage léger; vilebrequin à 5 paliers; radiat. d'huile; huile 3 L; injection électronique.
Batterie 40 Ah, alternateur 70 A; refroidissement à eau, capac. 6.5 L.

Transmission: (sur roues AV).

Boîte à 5 vit.: I. 3.55; II. 2.11; III. 1.43; IV. 1.03; V. 0.84; AR 3.5; pont 4.11.

Châssis: carrosserie autoporteuse avec cadre auxiliaire AV; AV jambes élast. et leviers triang. transv.; AR essieu à manivelles à torsion, barre Panhard; AV/AR barre antidévers, ressorts hélic, amortiss. télesc.

Fahrwerk: Vierrad-Scheibenbremse (vorn belüftet), ABS, Handbremse auf Hinterräder; Zahnstangenl. mit Servo, Treibstofftank 70 L; Reifen 195/65 VR 15, Felgen 6 J.

Dimensionen: Radstand 256 cm, Spur 145/144.5 cm, Bodenfreiheit 14 cm, Wendekreis 11.1 m, Kofferraum 230 dm³, Länge 436.5 cm, Breite 171.5 cm und Höhe 138 cm.

Fahrleistungen: Vmax (Werk) 187 km/h, V bei 1000/min in 5. Gang 33.7 km/h; 0–100 km/h 12.9 s; Leistungsgew. 15.9 kg/kW (11.6 kg/PS); Verbr. EU 7.9/13 L/100 km.

Train roulant: quatre freins à disques (AV ventilés), ABS, frein à main sur roues AR; servodirection à crémaillère, réservoir carb. 70 L; pneus 195/65 VR 15, jantes 6 J.

Dimensions: empattement 256 cm, voie 145/144.5 cm, garde au sol 14 cm, diam. de braq. 11.1 m, coffre 230 dm³, longueur 436.5 cm, largeur 171.5 cm, hauteur 138 cm.

Performances: Vmax (usine) 187 km/h, V à 1000/min en 5. vit. 33.7 km/h; 0–100 km/h 12.9 s; rapp. poids/puiss. 15.9 kg/kW (11.6 kg/ch); consomm. EU 7.9/13 L/100 km.

2.6 V6 – 150 PS Benzineinspritzung

Wie 2.0 – 116 PS, ausgenommen:

Karosserie, Gewicht: (DIN), Cabriolet, 2 Türen, 4 Sitze; leer 1455 kg, max. zul. 1855 kg.

Motor: (ECE), 6 Zyl. in V 90° (82.5×81 mm), 2598 cm³; Kompr. 10:1; 110 kW (150 PS) bei 5500/min, 42.3 kW/L (57.6 PS/L); 225 Nm (22.9 mkp) bei 3500/min; 95 ROZ.

Motorkonstruktion: 2×1 obenl. Nockenwelle (Zahnriemen); Leichtmetall-Zylinderköpfe und -block; 4fach gelagerte Kurbelwelle; Ölkühler; Öl 4.3 L; elektron. Einspritzung, Bosch Motronic.
Batterie 63 Ah, Alternator 90 A; Wasserkühlung, Inh. 11 L.

Kraftübertragung: (auf Vorderräder).

5-Gang-Getriebe: I. 3.55; II. 1.86; III. 1.3; IV. 1.03; V. 0.84; R 3.5; Achse 3.89.

4-Stufen-Automat: I. 2.71; II. 1.44; III. 1; IV. 0.74; R 2.88; Achse 4.29.

Fahrwerk: Reifen 205/60 VR 15, 7 J.

Fahrleistungen: Vmax (Werk) 209 km/h, V bei 1000/min im 5. Gang 35.2 km/h; 0–100 km/h 10.2 s; Leistungsgew. 13.2 kg/kW (9.7 kg/PS); Verbrauch EU 8/14.9 L/100 km.
Aut.: Vmax 207 km/h, 0–100 km/h 11.4 s; Verbrauch EU 8.5/16.3 L/100 km.

2.6 V6 – 150 ch Injection d'essence

Comme 2.0 – 116 ch, sauf:

Carrosserie, poids: (DIN), cabriolet, 2 portes, 4 places; vide 1455 kg, tot. adm. 1855 kg.

Moteur: (ECE), 6 cyl. en V 90° (82.5×81 mm), 2598 cm³; compr. 10:1; 110 kW (150 ch) à 5500/min, 42.3 kW/L (57.6 ch/L); 225 Nm (22.9 mkp) à 3500/min; 95 (R).

Moteur (constr.): 2×1 arbre à cames en tête (courroie crantée); culasses et bloc cyl. en alliage léger; vilebrequin à 4 paliers; radiat. d'huile; huile 4.3 L; injection électronique, Bosch Motronic.
Batterie 63 Ah, alternateur 90 A; refroidissement à eau, capac. 11 L.

Transmission: (sur roues AV).

Boîte à 5 vit.: I. 3.55; II. 1.86; III. 1.3; IV. 1.03; V. 0.84; R 3.5; pont 3.89.

Boîte autom. à 4 vit.: I. 2.71; II. 1.44; III. 1; IV. 0.74; AR 2.88; pont 4.29.

Train roulant: pneus 205/60 VR 15, 7 J.

Performances: Vmax (usine) 209 km/h, V à 1000/min en 5. vit. 35.2 km/h; 0–100 km/h 10.2 s; rapp. poids/puiss. 13.2 kg/kW (9.7 kg/ch); consomm. EU 8/14.9 L/100 km.
Aut.: Vmax 207 km/h, 0–100 km/h 11.4 s; consomm. EU 8.5/16.3 L/100 km.

Audi Cabriolet

2.8 V6 – 174 PS Benzineinspritzung

Wie 2.0 – 116 PS, ausgenommen:

Karosserie, Gewicht: (DIN), Cabriolet, 2 Türen, 4 Sitze; leer 1455 kg, max. zul. 1855 kg.

Motor: (ECE), 6 Zyl. in V 90° (82.5×86.4 mm), 2771 cm³; Kompr. 10.3:1; 128 kW (174 PS) bei 5500/min, 46.2 kW/L (62.8 PS/L); 250 Nm (25.5 mkp) bei 3000/min; 98 ROZ.

2.8 V6 – 174 ch Injection d'essence

Comme 2.0 – 116 ch, sauf:

Carrosserie, poids: (DIN), cabriolet, 2 portes, 4 places; vide 1455 kg, tot. adm. 1855 kg.

Moteur: (ECE), 6 cylindres en V 90° (82.5×86.4 mm), 2771 cm³; compr. 10.3:1; 128 kW (174 ch) à 5500/min, 46.2 kW/L (62.8 ch/L); 250 Nm (25.5 mkp) à 3000/min; 98 (R).

O·Z RACING

WORLD CHAMPION

FIA FORMULA ONE CONSTRUCTORS' CHAMPIONS
ROTHMANS WILLIAMS RENAULT 1996

superturismo

f.1 cup

Distribution for Switzerland / Distribution pour la Suisse / Vertrieb für die Schweiz

TE O.Z. S.p.A.
Monte Bianco, 10
18 SAN MARTINO DI LUPARI (PD)
Y
: +39 49 942 3001
: +39 49 946 9176

O.Z. Deutschland GmbH
Obere Stegwiesen, 29
D-88400 BIBERACH/Riß
Phone : +49 7351/574-50
Fax : +49 7351/574-26

O.Z. France S.A.
Z.A. de l'Île Neuve
F-26600 La Roche de Glun
Tel. : +33 475 847 490
Fax : +33 475 847 491

O.Z. Japan Ltd.
111-2 Itayamachi Hamamatsu Japan
(26F Hamamatsu Act Tower)
Phone : +81 53 451 0131
Fax : +81 53 451 0138

SPEED SPORT AND SAFETY SYSTEMS

Four "S" S.A. 5, rue de la Bergère CH-1242 Satigny-Genève
Commande / Bestellung tél.: 022 989.06.71 fax: 022 989.06.66
Administration / Verwaltung tél.: 022 782.11.82 fax: 022 989.06.70

Audi

Motorkonstruktion: 2 Ventile in V; 2×1 obenl. Nockenwelle (Zahnriemen); Leichtmetall-Zylinderköpfe und -block; 4fach gelagerte Kurbelwelle; Ölkühler; Öl 5 L; elektron. Einspritzung.

Batterie 63 Ah, Alternator 90 A; Wasserkühlung, Inh. 11 L.

Kraftübertragung: (auf Vorderräder).
5-Gang-Getriebe: I. 3.5; II. 1.84; III. 1.3; IV. 1.03; V. 0.84; R 3.44; Achse 3.7.
4-Stufen-Automat: I. 2.71; II. 1.44; III. 1; IV. 0.74; R 2.88; Achse 4.

Fahrwerk: Reifen 205/60 VR 15, Felgen 7 J.

Fahrleistungen: Vmax (Werk) 218 km/h, V bei 1000/min im 5. Gang 37 km/h; 0–100 km/h 9.8 s; Leistungsgew. 11.4 kg/kW (8.4 kg/PS); Verbrauch EU 8.7/14.9 L/100 km.
Aut: Vmax 217 km/h, 0–100 km/h 11.1 s; Verbrauch EU 8.8/16.1 L/100 km.

1.9 – 90 PS Turbodiesel direkt

Wie 2.0 – 116 PS, ausgenommen:

Karosserie, Gewicht: (DIN), Cabriolet, 2 Türen, 4 Sitze; leer 1400 kg, max. zul. 1800 kg.

Motor: (ECE), 4 Zyl. in Linie (79.5×95.5 mm), 1896 cm^3; Kompr. 19.5:1; 66 kW (90 PS) bei 4000/min, 34.8 kW/L (47.3 PS/L); 202 Nm (20.6 mkp) bei 1900/min; Dieselöl.

Motorkonstruktion: direkteingespritzter Diesel; 1 obenl. Nockenw. (Zahnriemen); Leichtmetall-Zylinderkopf; 5fach gelagerte Kurbelwelle; Ölkühler; Öl 4.5 L; elektron. geregelte Einspritzpumpe, 1 Turbolader.

Batterie 63 Ah, Alternator 120 A; Wasserkühlung, Inh. 6.5 L.

Kraftübertragung: (auf Vorderräder).
5-Gang-Getriebe: I. 3.5; II. 1.84; III. 1.16; IV. 0.84; V. 0.68; R 3.44; Achse 3.89.

Fahrwerk: Reifen 195/65 R 15.

Fahrleistungen: Vmax (Werk) 175 km/h, V bei 1000/min im 5. Gang 43.7 km/h; 0–100 km/h 14.7 s; Leistungsgew. 21.2 kg/kW (15.6 kg/PS); Verbr EU 5.2/7.5 L/100 km.

Audi A6

Neuauflage der A6-Limousine mit Front- oder Allradantrieb. Debüt Genf 1997. Provisorische und unvollständige Daten.

1.8 20V – 150 PS Benzineinspritzung/Turbo

Karosserie, Gewicht: (DIN), Limousine, 4 Türen, 5 Sitze; leer ab 1355 kg, max. zul. 1905 kg.
Aut.: 4 Türen, 5 Sitze; leer ab 1405 kg, max. zul. 1955 kg.
Quattro: 4 Türen, 5 Sitze; leer ab 1450 kg, max. zul. 2000 kg.

Motor: (ECE), 4 Zyl. (81×86.4 mm), 1781 cm^3; Kompr. 9.5:1; 110 kW (150 PS) bei 5700/min, 61.7 kW/L (84 PS/L); 210 Nm (21.4 mkp) bei 1750/min; 95 ROZ.

Motorkonstruktion: 5 Ventile in V; 2 obenl. Nockenwellen (Zahnriemen); Leichtmetall-Zylinderkopf; 5fach gelagerte Kurbelwelle; Öl 4 L; elektron. Einspritzung, 1 Turbolader, Intercooler.

Batterie 44/60 Ah, Alternator 70 A; Wasserkühlung, Inh. 6.5 L.

Moteur (constr.): 2 soupapes en V; 2×1 arbre à cames en tête (courroie crantée); culasses et bloc-cyl. en alliage léger; vilebrequin à 4 paliers; radiat. d'huile; huile 5 L; injection électronique.

Batterie 63 Ah, alternateur 90 A; refroidissement à eau, capac. 11 L.

Transmission: (sur roues AV).
Boîte à 5 vit.: I. 3.5; II. 1.84; III. 1.3; IV. 1.03; V. 0.84; AR 3.44; pont 3.7.
Boîte autom. à 4 vit.: I. 2.71; II. 1.44; III. 1; IV. 0.74; AR 2.88; pont 4.

Train roulant: pneus 205/60 VR 15, jantes 7 J.

Performances: Vmax (usine) 218 km/h, V à 1000/min en 5. vit. 37 km/h; 0–100 km/h 9.8 s; rapp. poids/puiss. 11.4 kg/kW (8.4 kg/ch); consomm. EU 8.7/14.9 L/100 km.
Aut: Vmax 217 km/h, 0–100 km/h 11.1 s; consomm. EU 8.8/16.1 L/100 km.

1.9 – 90 ch turbodiesel direct

Comme 2.0 – 116 ch, sauf:

Carrosserie, poids: (DIN), cabriolet, 2 portes, 4 places; vide 1400 kg, tot. adm. 1800 kg.

Moteur: (ECE), 4 cyl. en ligne (79.5×95.5 mm), 1896 cm^3; compr. 19.5:1; 66 kW (90 ch) à 4000/min, 34.8 kW/L (47.3 ch/L); 202 Nm (20.6 mkp) à 1900/min; gazole.

Moteur (constr.): diesel à injection directe; 1 arbre à cames en tête (courroie crantée); culasse en alliage léger; vilebrequin à 5 paliers; radiat. d'huile; huile 4.5 L; pompe à injection pilotée, 1 turbocompr.

Batterie 63 Ah, alternateur 120 A; refroidissement à eau, capac. 6.5 L.

Transmission: (sur roues AV).
Boîte à 5 vit.: I. 3.5; II. 1.84; III. 1.16; IV. 0.84; V. 0.68; AR 3.44; pont 3.89.

Train roulant: pneus 195/65 R 15.

Performances: Vmax (usine) 175 km/h, V à 1000/min en 5. vit. 43.7 km/h; 0–100 km/h 14.7 s; rapp. poids/puiss. 21.2 kg/kW (15.6 kg/ch); consomm. EU 5.2/7.5 L/100 km.

Audi A6

Nouvelle édition de la berline A6 avec traction ou 4WD. Lancement Genève 1997. Donnés provisoires et incompl.

1.8 20V – 150 ch Injection d'essence/turbo

Carrosserie, poids: (DIN), Berline, 4 portes, 5 places; vide dès 1355 kg, tot. adm. 1905 kg.
Aut.: 4 portes, 5 places; vide dès 1405 kg, tot. adm. 1955 kg.
Quattro: 4 portes, 5 places; vide dès 1450 kg, tot. adm. 2000 kg.

Moteur: (ECE), 4 cyl. (81×86.4 mm), 1781 cm^3; compr. 9.5:1; 110 kW (150 ch) à 5700/min, 61.7 kW/L (84 ch/L); 210 Nm (21.4 mkp) à 1750/min; 95 (R).

Moteur (constr.): 5 soupapes en V; 2 arbres à cames en tête (courroie crantée); culasse en alliage léger; vilebrequin à 5 paliers; huile 4 L; injection électronique, 1 turbocompr., Intercooler.

Batterie 44/60 Ah, alternateur 70 A; refroidissement à eau, capac. 6.5 L.

Kraftübertragung: (auf Vorderräder).
Quattro: (4WD permanent), zentrales Torsen-Differential, hinteres Differential manuell sperrbar.
5-Gang-Getriebe: I. 3.5; II. 2.12; III. 1.3; IV. 1.03; V. 0.84; R 3.44; Achse 3.7.
Quattro: 5-Gang-Getriebe: I. 3.78; II. 2.18; III. 1.43; IV. 1.03; V. 0.84; R 3.44; Achse 3.89.
5-Stufen-Automat: I. 3.67; II. 2; III. 1.41; IV. 1; V. 0.74; R 4.1; Achse 2.91.

Fahrgestell: Selbsttragende Karosserie mit vorderem Hilfsrahmen; vorn Vierlenkerachse, hinten Verbundlenkerachse, Längslenker; v/h Kurvenstabilisator, Schraubenfedern, Teleskopdämpfer.
Quattro: doppelte Dreieckquerlenker hinten

Fahrwerk: Vierrad-Scheibenbremse (vorn belüftet), ABS, Handbremse auf Hinterräder; Zahnstangenl. mit Servo, Treibstofftank 70 L; Reifen 195/65 VR 15, Felgen 6 J.

Dimensionen: Radstand 276 cm, Spur 154/157 cm, Bodenfreih. 12 cm, Wendekreis 11.7 m, Kofferraum 550, Quattro 435 dm^3, Länge 479.5 cm, Breite 181 cm, Höhe 145 cm.

Fahrleistungen: Vmax (Werk) 217 km/h, V bei 1000/min im 5. Gang 37.2 km/h; 0–100 km/h 9.4 s; Leistungsgew. 12.3 kg/kW (9 kg/PS); Verbrauch EU 6.6/10.7 L/100 km.
Aut.: Vmax 213 km/h, 0–100 km/h 10.5 s; Verbrauch EU 7/13.3 L/100 km.
Quattro: Vmax 216 km/h, 0–100 km/h 9.5 s; Verbrauch EU 7.4/12.2 L/100 km.

Audi A6

2.4 V6 30V – 165 PS Benzineinspritzung

Wie 1.8 – 150 PS, ausgenommen:

Karosserie, Gewicht: (DIN), Limousine, 4 Türen, 5 Sitze; leer ab 1400 kg, max. zul. 1950 kg.
Aut.: leer 1450 kg, max. zul. 2000 kg.
Quattro: leer 1495 kg, max. zul. 2045 kg.
Quattro Aut.: leer 1555 kg, max. zul. 2105 kg.

Motor: (ECE), 6 Zyl. in V 90° (81×77.4 mm), 2393 cm^3; Kompr. 10.5:1; 121 kW (165 PS) bei 6000/min, 50.6 kW/L (68.7 PS/L); 230 Nm (23.4 mkp) bei 3200/min.

Motorkonstruktion: 5 Ventile in V; 2×2 obenl. Nockenwellen (Zahnriemen/Ketten); Leichtmetall-Zylinderköpfe; 4fach gelagerte Kurbelwelle; Öl 5 L; elektron. Einspritzung.

Batterie 70 Ah, Alternator 90/120 A; Wasserkühlung, Inh. 6.5 L.

Kraftübertragung:
5-Gang-Getriebe: I. 3.5; II. 1.94; III. 1.3; IV. 1.03; V. 0.82; R 3.44; Achse 3.89.
Quattro: 5-Gang-Getriebe: I. 3.5; II. 1.94; III. 1.3; IV. 1; V. 0.79; R 3.44; Achse 4.11.
5-Stufen-Automat: I. 3.67; II. 2; III. 1.41; IV. 1; V. 0.74; R 4.1; Achse 2.73, Quattro 3.3.

Transmission: (sur roues AV).
Quattro: (4WD permanent), différentiel central torsen, différentiel AR verrouillable méc.
Boîte à 5 vit.: I. 3.5; II. 2.12; III. 1.3; IV. 1.03; V. 0.84; AR 3.44; pont 3.7.
Quattro: boîte à 5 vitesses: I. 3.78; II. 2.18; III. 1.43; IV. 1.03; V. 0.84; AR 3.44; pont 3.89.
Boîte autom. à 5 vit.: I. 3.67; II. 2; III. 1.41; IV. 1; V. 0.74; AR 4.1; pont 2.91.

Châssis: carrosserie autoporteuse avec cadre auxiliaire AV; AV essieu à quatre leviers, AR essieu semi-rigide, bras longitud.; AV/AR barre anti-dévers, ressorts hélic, amortiss. télesc.
Quattro: leviers triang. transv. doubles AR.

Train roulant: quatre freins à disques (AV ventilés), ABS, frein à main sur roues AR; servodirection à crémaillère, réservoir carb. 70 L; pneus 195/65 VR 15, jantes 6 J.

Dimensions: empattement 276 cm, voie 154/157 cm, garde au sol 12 cm, diam. de braq. 11.7 m, coffre 550, Quattro 435 dm^3, longueur 479.5 cm, largeur 181 cm, hauteur 145 cm.

Performances: Vmax (usine) 217 km/h, V à 1000/min en 5. vit. 37.2 km/h; 0–100 km/h 9.4 s; rapp. poids/puiss. 12.3 kg/kW (9 kg/ch); consomm. EU 6.6/10.7 L/100 km.
Aut.: Vmax 213 km/h, 0–100 km/h 10.5 s; consomm. EU 7/13.3 L/100 km.
Quattro: Vmax 216 km/h, 0–100 km/h 9.5 s; consomm. EU 7.4/12.2 L/100 km.

Audi A6

2.4 V6 30V – 165 ch Injection d'essence

Comme 1.8 – 150 ch, sauf:

Carrosserie, poids: (DIN), Berline, 4 portes, 5 places; vide dès 1400 kg, tot. adm. 1950 kg.
Aut.: vide 1450 kg, tot. adm. 2000 kg.
Quattro: vide 1495 kg, tot. adm. 2045 kg.
Quattro Aut.: vide 1555 kg, tot. adm. 2105 kg.

Moteur: (ECE), 6 cyl. en V 90° (81×77.4 mm), 2393 cm^3; compr. 10.5:1; 121 kW (165 ch) à 6000/min, 50.6 kW/L (68.7 ch/L); 230 Nm (23.4 mkp) à 3200/min.

Moteur (constr.): 5 soupapes en V; 2×2 arbres à cames en tête (courroie crantée/chaînes); culasses en alliage léger; vilebrequin à 4 paliers; huile 5 L; injection électronique.

Batterie 70 Ah, alternateur 90/120 A; refroidissement à eau, capac. 6.5 L.

Transmission:
Boîte à 5 vit.: I. 3.5; II. 1.94; III. 1.3; IV. 1.03; V. 0.82; AR 3.44; pont 3.89.
Quattro: boîte à 5 vit.: I. 3.5; II. 1.94; III. 1.3; IV. 1; V. 0.79; AR 3.44; pont 4.11.
Boîte aut. à 5 vit.: I. 3.67; II. 2; III. 1.41; IV. 1; V. 0.74; AR 4.1; pont 2.73, Quattro 3.3.

Audi

Fahrleistungen: Vmax (Werk) 222 km/h, V bei 1000/min im 5. Gang 36.2 km/h; 0–100 km/h 9.1 s; Leistungsgew. 11.6 kg/kW (8.5 kg/PS); Verbrauch EU 7.4/13.7 L/100 km.
Aut.: Vmax 217 km/h, 0–100 km/h 10.2 s; Verbrauch EU 7.6/15.4 L/100 km.
Quattro: Vmax 220 km/h, 0–100 km/h 9.2 s; Verbrauch EU 8.2/14.9 L/100 km.
Quattro Aut.: Vmax 214 km/h, 0–100 km/h 10.7 s; Verbrauch EU 8.1/15.8 L/100 km.

2.8 V6 30V – 193 PS
Benzineinspritzung

Wie 1.8 – 150 PS, ausgenommen:

Karosserie, Gewicht: (DIN), Limousine, 4 Türen, 5 Sitze; leer ab 1420 kg, max. zul. 1970 kg.
Aut.: leer 1470 kg, max. zul. 2020 kg.
Quattro: leer 1515 kg, max. zul. 2055 kg.
Quattro Aut.: leer 1575 kg, max. zul. 2125 kg.

Motor: (ECE), 6 Zyl. in V 90° (82.5×86.4 mm), 2771 cm^3; Kompr. 10.6:1; 142 kW (193 PS) bei 6000/min, 51.2 kW/L (69.7 PS/L); 280 Nm (28.5 mkp) bei 3200/min; 98 ROZ.

Motorkonstruktion: 2×2 obenl. Nockenwellen (Zahnriemen/Ketten); Leichtmetall-Zylinderköpfe und -block; 4fach gelagerte Kurbelwelle; Ölkühler; Öl 5.5 L; elektron. Einspritzung.
Batterie 70 Ah, Alternator 90/120 A; Wasserkühlung, Inh. 8.5 L.

Kraftübertragung:
5-Gang-Getriebe: I. 3.5; II. 1.94; III. 1.3; IV. 0.94; V. 0.79; R 3.44; Achse 3.7, Quattro 3.89.
5-Stufen-Automat: I. 3.67; II. 2; III. 1.41; IV. 1; V. 0.74; R 4.1; Achse 2.73, Quattro 3.19.

Fahrwerk: Reifen 205/60 WR 15.

Fahrleistungen: Vmax (Werk) 236 km/h, V bei 1000/min im 5. Gang 39.2 km/h; 0–100 km/h 8.1 s; Leistungsgew. 10 kg/kW (7.4 kg/PS); Verbrauch EU 7.2/14.2 L/100 km.
Aut.: Vmax 231 km/h, 0–100 km/h 9.3 s; Verbrauch EU 7.6/15.9 L/100 km.
Quattro: Vmax 234 km/h, 0–100 km/h 7.9 s; Verbrauch EU 8.1/15.3 L/100 km.
Quattro Aut.: Vmax 229 km/h, 0–100 km/h 10 s; Verbrauch EU 8.5/16.7 L/100 km.

1.9 – 110 PS
Turbodiesel direkt

Wie 1.8 – 150 PS, ausgenommen:

Karosserie, Gewicht: (DIN), Limousine, 4 Türen, 5 Sitze; leer ab 1365 kg, max. zul. 1915 kg.
Aut.: leer ab 1380 kg, max. zul. 1930 kg.

Motor: (ECE), 4 Zyl. in Linie (79.5×95.5 mm), 1896 cm^3; Kompr. 19.5:1; 81 kW (110 PS) bei 4150/min, 42.7 kW/L (58.1 PS/L); 235 Nm (24 mkp) bei 1900/min; Dieselöl.

Motorkonstruktion: direkt eingespritzter Diesel; 1 obenl. Nockenw. (Zahnriemen); Leichtmetall-Zylinderkopf; 5fach gelagerte Kurbelwelle; Öl 4.5 L; elektron. geregelte Einspritzpumpe, 1 Turbolader, Intercooler.
Batterie 80 Ah, Alternator 70/120 A; Wasserkühlung, Inh. 6.5 L.

Kraftübertragung: (auf Vorderräder).
5-Gang-Getriebe: I. 3.5; II. 1.94; III. 1.23; IV. 0.84; V. 0.68; R 3.44; Achse 3.7.
4-Stufen-Automat: I. 2.71; II. 1.44; III. 1; IV. 0.74; R 2.88; Achse 3.39.

Fahrleistungen: Vmax (Werk) 194 km/h, V bei 1000/min im 5. Gang 45.9 km/h; 0–100 km/h 12.3 s; Leistungsgew. 16.9 kg/kW (12.4 kg/PS); Verbr. EU 5.2/8.5 L/100 km.
Aut.: Vmax 190 km/h, 0–100 km/h 14 s; Verbr. EU 5.2/8.5 L/100 km.

Performances: Vmax (usine) 222 km/h, V à 1000/min en 5. vit. 36.2 km/h; 0–100 km/h 9.1 s; rapp. poids/puiss. 11.6 kg/kW (8.5 kg/ch); consomm. EU 7.4/13.7 L/100 km.
Aut.: Vmax 217 km/h, 0–100 km/h 10.2 s; consomm. EU 7.6/15.4 L/100 km.
Quattro: Vmax 220 km/h, 0–100 km/h 9.2 s; consomm. EU 8.2/14.9 L/100 km.
Quattro Aut.: Vmax 214 km/h, 0–100 km/h 10.7 s; consomm. EU 8.1/15.8 L/100 km.

2.8 V6 30V – 193 ch
Injection d'essence

Comme 1.8 – 150 ch, sauf:

Carrosserie, poids: (DIN), Berline, 4 portes, 5 places; vide dès 1420 kg, tot. adm. 1970 kg.
Aut.: vide 1470 kg, tot. adm. 2020 kg.
Quattro: vide 1515 kg, tot. adm. 2055 kg.
Quattro Aut.: vide 1575 kg, tot. adm. 2125 kg.

Moteur: (ECE), 6 cyl. en V 90° (82.5×86.4 mm), 2771 cm^3; compression 10.6:1; 142 kW (193 ch) à 6000/min, 51.2 kW/L (69.7 ch/L); 280 Nm (28.5 mkp) à 3200/min; 98 (R).

Moteur (constr.): 2×2 arbres à cames en tête (courroie crantée/chaînes); culasses et bloc-cyl. en alliage léger; vilebrequin à 4 paliers; radiat. d'huile; huile 5.5 L; injection électronique.
Batterie 70 Ah, alternateur 90/120 A; refroidissement à eau, capac. 8.5 L.

Transmission:
Boîte à 5 vitesses: I. 3.5; II. 1.94; III. 1.3; IV. 0.94; V. 0.79; AR 3.44; pont 3.7, Quattro 3.89.
Boîte aut. à 5 vit.: I. 3.67; II. 2; III. 1.41; IV. 1; V. 0.74; AR 4.1; pont 2.73, Quattro 3.19.

Train roulant: pneus 205/60 WR 15.

Performances: Vmax (usine) 236 km/h, V à 1000/min en 5. vit. 39.2 km/h; 0–100 km/h 8.1 s; rapp. poids/puiss. 10 kg/kW (7.4 kg/ch); consomm. EU 7.2/14.2 L/100 km.
Aut.: Vmax 231 km/h, 0–100 km/h 9.3 s; consomm. EU 7.6/15.9 L/100 km.
Quattro: Vmax 234 km/h, 0–100 km/h 7.9 s; consomm. EU 8.1/15.3 L/100 km.
Quattro Aut.: Vmax 229 km/h, 0–100 km/h 10 s; consomm. EU 8.5/16.7 L/100 km.

1.9 – 110 ch
turbodiesel direct

Comme 1.8 – 150 ch, sauf:

Carrosserie, poids: (DIN), Berline, 4 portes, 5 places; vide dès 1365 kg, tot. adm. 1915 kg.
Aut.: vide dès 1380 kg, tot. adm. 1930 kg.

Moteur: (ECE), 4 cyl. en ligne (79.5×95.5 mm), 1896 cm^3; compr. 19.5:1; 81 kW (110 ch) à 4150/min, 42.7 kW/L (58.1 ch/L); 235 Nm (24 mkp) à 1900/min; gazole.

Moteur (constr.): diesel à injection directe; 1 arbre à cames en tête (courroie crantée); culasse en alliage léger; vilebrequin à 5 paliers; huile 4.5 L; pompe à injection pilotée, 1 turbocompr., Intercooler.
Batterie 80 Ah, alternateur 70/120 A; refroidissement à eau, capac. 6.5 L.

Transmission: (sur roues AV).
Boîte à 5 vit.: I. 3.5; II. 1.94; III. 1.23; IV. 0.84; V. 0.68; AR 3.44; pont 3.7.
Boîte autom. à 4 vit.: I. 2.71; II. 1.44; III. 1; IV. 0.74; R 2.88; pont 3.39.

Performances: Vmax (usine) 194 km/h, V à 1000/min en 5. vit. 45.9 km/h; 0–100 km/h 12.3 s; rapp. poids/puiss. 16.9 kg/kW (12.4 kg/ch); consomm. EU 5.2/8.5 L/100 km.
Aut.: Vmax 190 km/h, 0–100 km/h 14 s; consomm. EU 5.2/8.5 L/100 km.

Die Kraft, die mehr aus Ihrem Auto holt.

Die Zunahme der Elektronik an Bord moderner Autos fordert ein Mehr an Leistung auch von den Stromversorgern. Batterien der Banner Bull-Familie garantieren neben hoher Startleistung das klaglose Funktionieren aller wichtigen elektrischen Teile in Ihrem PKW.

Banner Batterien
CH-6052 Hergiswil
Telefon 041 632 65 32
Telefax 041 632 65 30

Banner Batterien

The Power Company

Audi

Audi A6 Wagon

Überarbeitete 100-Serie mit Front- oder Allradantrieb, auch mit V6-Motor. Debüt als 100 November 1990, Kombi Avant Herbst 1991. Für 1992: TDI und 2.6 V6. Juni 1994: A6. Sommer 1995: 2.5 TDI auch als quattro.

Exécution modernisée de la serie 100 à traction AV ou intégrale, aussi avec V6. Lancement comme 100 nov. 1990, station-wagon Avant automne 1991. 1992: TDI et 2.6 V6. juin 1994: A6. Eté 1995: 2.5 TDI quattro.

1.8 20V – 125 PS Benzineinspritzung

Karosserie, Gewicht: (DIN), Station Wagon, 5 Türen, 5 Sitze; leer ab 1420 kg, max. zul. 1970 kg.

Quattro: 5 Türen, 5 Sitze; leer ab 1520 kg, max. zul. 2070 kg.

Motor: (ECE), 4 Zyl. in Linie (81×86.4 mm), 1781 cm^3; Kompr. 10.3:1; 92 kW (125 PS) bei 5800/min, 51.6 kW/L (70.2 PS/L); 168 Nm (17.1 mkp) bei 3500/min; 95 ROZ.

Motorkonstruktion: 5 Ventile in V; 2 obenl. Nockenwellen (Zahnriemen); Leichtmetall-Zylinderkopf; 5fach gelagerte Kurbelwelle; Öl 3.5 L; elektron. Einspritzung.

Batterie 40/63 Ah, Alternator 90 A; Wasserkühlung, Inh. 7.5 L.

Kraftübertragung: (auf Vorderräder).

Quattro: (4WD permanent), zentrales Torsen-Differential, hinteres Differential manuell sperrbar.

5-Gang-Getriebe: I. 3.78; II. 2.18; III. 1.43; IV. 1.03; V. 0.84; R 3.44; Achse 4.11.

Quattro: 5-Gang-Getriebe: V. 0.79; Achse 4.56.

4-Stufen-Automat: I. 2.71; II. 1.55; III. 1; IV. 0.68; R 2.11; Achse 5.15.

Fahrgestell: Selbsttragende Karosserie mit vorderem Hilfsrahmen; vorn Federbeine, unterer Querlenker; hinten Torsionskurbelachse, Längslenker, Panhardstab; v/h Kurvenstabilisator, Schraubenfedern und Teleskopdämpfer.

Quattro: doppelte Querlenker hinten.

Fahrwerk: Vierrad-Scheibenbremse (vorn belüftet), ABS, Handbremse auf Hinterräder; Zahnstangenl. mit Servo, Treibstofftank 80 L; Reifen 195/65 VR 15, Felgen 6 J.

Dimensionen: Radstand 269 cm, Spur 152/152 cm, Bodenfreih. 13 cm, Wendekreis 11.4 m, Kofferraum 390/1310 dm^3, Länge 480 cm, Breite 178 cm, Höhe 144 cm.

Fahrleistungen: Vmax (Werk) 196 km/h, V bei 1000/min im 5. Gang 33.5 km/h; 0–100 km/h 11.4 s; Leistungsgew. 15.4 kg/kW (11.4 kg/PS); Verbrauch EU 7.2/12.5 L/100 km.

Aut.: Vmax 193 km/h, 0–100 km/h 13.1 s; Verbrauch EU 7.7/13.5 L/100 km.

Quattro: Vmax 194 km/h, 0–100 km/h 11.7 s; Verbrauch EU 7.7/13.8 L/100 km.

2.6 V6 – 150 PS Benzineinspritzung

Wie 1.8 – 125 PS, ausgenommen:

Karosserie, Gewicht: (DIN), Station Wagon, 5 Türen, 5 Sitze; leer ab 1490 kg, max. zul. 2040 kg.

Quattro: leer ab 1590 kg, max. zul. 2195 kg.

Motor: (ECE), 6 Zyl. in V 90° (82.5×81 mm), 2598 cm^3; Kompr. 10:1; 110 kW (150 PS) bei 5500/min, 42.3 kW/L (57.6 PS/L); 225 Nm (22.9 mkp) bei 3500/min; 95 ROZ.

Motorkonstruktion: 2×1 obenl. Nockenwelle (Zahnriemen); Leichtmetall-Zylinderköpfe und -block; 4fach gelagerte Kurbelwelle; Ölkühler; Öl 5 L; elektron. Einspritzung.

Batterie 63 Ah, Alternator 90 A; Wasserkühlung, Inh. 11 L.

1.8 20V – 125 ch Injection d'essence

Carrosserie, poids: (DIN), station-wagon, 5 portes, 5 places; vide dès 1420 kg, tot. adm. 1970 kg.

Quattro: 5 portes, 5 places; vide dès 1520 kg, tot. adm. 2070 kg.

Moteur: (ECE), 4 cyl. en ligne (81×86.4 mm), 1781 cm^3; compr. 10.3:1; 92 kW (125 ch) à 5800/min, 51.6 kW/L (70.2 ch/L); 168 Nm (17.1 mkp) à 3500/min; 95 (R).

Moteur (constr.): 5 soupapes en V; 2 arbres à cames en tête (courroie crantée); culasse en alliage léger; vilebrequin à 5 paliers; huile 3.5 L; injection électronique.

Batterie 40/63 Ah, alternateur 90 A; refroidissement à eau, capac. 7.5 L.

Transmission: (sur roues AV).

Quattro: (4WD permanent), différentiel central torsen, différentiel AR verrouillable méc.

Boîte à 5 vit.: I. 3.78; II. 2.18; III. 1.43; IV. 1.03; V. 0.84; AR 3.44; pont 4.11.

Quattro: boîte à 5 vitesses: V. 0.79; pont 4.56.

Boîte autom. à 4 vit.: I. 2.71; II. 1.55; III. 1; IV. 0.68; AR 2.11; pont 5.15.

Châssis: carrosserie autoporteuse avec cadre auxiliaire AV; AV jambes élast., levier transvers. inférieur; AR essieu à manivelles à torsion, bras longitud., barre Panhard; AV/AR stabilisateur transv., ressorts hélic. et amortiss. télesc.

Quattro: leviers transv. doubles AR.

Train roulant: quatre freins à disques (AV ventilés), ABS, frein à main sur roues AR; servodirection à crémaillère, réservoir carb. 80 L; pneus 195/65 VR 15, jantes 6 J.

Dimensions: empattement 269 cm, voie 152/152 cm, garde au sol 13 cm, diam. de braq. 11.4 m, coffre 390/1310 dm^3, longueur 480 cm, largeur 178 cm, hauteur 144 cm.

Performances: Vmax (usine) 196 km/h, V à 1000/min en 5. vit. 33.5 km/h; 0–100 km/h 11.4 s; rapp. poids/puiss. 15.4 kg/kW (11.4 kg/ch); consomm. EU 7.2/12.5 L/100 km.

Aut.: Vmax 193 km/h, 0–100 km/h 13.1 s; consomm. EU 7.7/13.5 L/100 km.

Quattro: Vmax 194 km/h, 0–100 km/h 11.7 s; consomm. EU 7.7/13.8 L/100 km.

2.6 V6 – 150 ch Injection d'essence

Comme 1.8 – 125 ch, sauf:

Carrosserie, poids: (DIN), station-wagon, 5 portes, 5 places; vide dès 1490 kg, tot. adm. 2040 kg.

Quattro: vide 1590 kg, tot. adm. 2195 kg.

Moteur: (ECE), 6 cyl. en V 90° (82.5×81 mm), 2598 cm^3; compr. 10:1; 110 kW (150 ch) à 5500/min, 42.3 kW/L (57.6 ch/L); 225 Nm (22.9 mkp) à 3500/min; 95 (R).

Moteur (constr.): 2×1 arbre à cames en tête (courroie crantée); culasses et bloc-cyl. en alliage léger; vilebrequin à 4 paliers; radiat. d'huile; huile 5 L; injection électronique.

Batterie 63 Ah, alternateur 90 A; refroidissement à eau, capac. 11 L.

Audi A6 Avant

Kraftübertragung:

5-Gang-Getriebe: I. 3.5; II. 1.84; III. 1.3; IV. 1.03; V. 0.84; R 3.44; Achse 3.89, Quattro 4.11.

4-Stufen-Automat: I. 2.58; II. 1.41; III. 1; IV. 0.74; R 2.88; Achse 4.33.

Fahrleistungen: Vmax (Werk) 205 km/h, V bei 1000/min in 5. Gang 35.4 km/h; 0–100 km/h 10.1 s; Leistungsgew. 13.6 kg/kW (9.9 kg/PS); Verbrauch EU 7.9/13.9 L/100 km.

Aut.: Vmax 203 km/h, 0–100 km/h 11.9 s; Verbrauch EU 8.2/16.2 L/100 km.

Quattro: Vmax 204 km/h, 0–100 km/h 10.3 s; Verbrauch EU 8.8/15.2 L/100 km.

Quattro Aut.: Vmax 201 km/h, 0–100 km/h 12.8 s; Verbrauch EU 9.5/17.1 L/100 km.

2.8 V6 – 174 PS Benzineinspritzung

Wie 1.8 – 125 PS, ausgenommen:

Karosserie, Gewicht: (DIN), Station Wagon, 5 Türen, 5 Sitze; leer ab 1495 kg, max. zul. 2045 kg.

Quattro: leer ab 1590 kg, max. zul. 2140 kg.

Motor: (ECE), 6 Zyl. in V 90° (82.5×86.4 mm), 2771 cm^3; Kompr. 10.3:1; 128 kW (174 PS) bei 5500/min, 46.2 kW/L (62.8 PS/L); 250 Nm (25.5 mkp) bei 3000/min; 98 ROZ.

Motorkonstruktion: 2×1 obenl. Nockenwelle (Zahnriemen); Leichtmetall-Zylinderköpfe und -block; 4fach gelagerte Kurbelwelle; Ölkühler; Öl 5 L; elektron. Einspritzung.

Batterie 63 Ah, Alternator 90 A; Wasserkühlung, Inh. 11 L.

Kraftübertragung:

5-Gang-Getriebe: I. 3.5; II. 1.84; III. 1.3; IV. 1.03; V. 0.84; R 3.44; Achse 3.7.

Quattro: 5-Gang-Getriebe: Achse 4.11.

4-Stufen-Automat: I. 2.58; II. 1.41; III. 1; IV. 0.74; R 2.88; Achse 4.09.

Fahrleistungen: Vmax (Werk) 214 km/h, V bei 1000/min im 5. Gang 37.2 km/h; 0–100 km/h 9.3 s; Leistungsgew. 11.7 kg/kW (8.6 kg/PS); Verbrauch EU 8.1/14.9 L/100 km.

Aut.: Vmax 212 km/h, 0–100 km/h 10.5 s; Verbrauch EU 8.3/16.4 L/100 km.

Quattro: Vmax 213 km/h, 0–100 km/h 9.3 s; Verbrauch EU 8.9/15.6 L/100 km.

Quattro Aut.: Vmax 210 km/h, 0–100 km/h 11.6 s; Verbrauch EU 9.3/16.7 L/100 km.

2.8 V6 30V – 193 PS Benzineinspritzung

Wie 1.8 – 125 PS, ausgenommen:

Karosserie, Gewicht: (DIN), Station Wagon, 5 Türen, 5 Sitze, leer ab 1500 kg, max. zul. 2050 kg.

Quattro: leer ab 1600, max. zul. 2150 kg.

Transmission:

Boîte à 5 vit.: I. 3.5; II. 1.84; III. 1.3; IV. 1.03; V. 0.84; AR 3.44; pont 3.89, Quattro 4.11.

Boîte autom. à 4 vit.: I. 2.581; II. 1.41; III. 1; IV. 0.74; AR 2.88; pont 4.33.

Performances: Vmax (usine) 205 km/h, V à 1000/min en 5. vit. 35.4 km/h; 0–100 km/h 10.1 s; rapp. poids/puiss. 13.6 kg/kW (9.9 kg/PS); consomm. EU 7.9/13.9 L/100 km.

Aut.: Vmax 203 km/h, 0–100 km/h 11.9 s; consomm. EU 8.2/16.2 L/100 km.

Quattro: Vmax 204 km/h, 0–100 km/h 10.3 s; consomm. EU 8.8/15.2 L/100 km.

Quattro Aut.: Vmax 201 km/h, 0–100 km/h 12.8 s; consomm. EU 9.5/17.1 L/100 km.

2.8 V6 – 174 ch Injection d'essence

Comme 1.8 – 125 ch, sauf:

Carrosserie, poids: (DIN), station-wagon, 5 portes, 5 places; vide dès 1495 kg, tot. adm. 2045 kg.

Quattro: vide dès 1590 kg, tot. adm. 2140 kg.

Moteur: (ECE), 6 cylindres en V 90° (82.5×86.4 mm), 2771 cm^3; compr. 10.3:1; 128 kW (174 ch) à 5500/min, 46.2 kW/L (62.8 ch/L); 250 Nm (25.5 mkp) à 3000/min; 98 (R).

Moteur (constr.): 2×1 arbre à cames en tête (courroie crantée); culasses et bloc-cyl. en alliage léger; vilebrequin à 4 paliers; radiat. d'huile; huile 5 L; injection électronique.

Batterie 63 Ah, alternateur 90 A; refroidissement à eau, capac. 11 L.

Transmission:

Boîte à 5 vit.: I. 3.5; II. 1.84; III. 1.3; IV. 1.03; V. 0.84; AR 3.44; pont 3.7.

Quattro: boîte à 5 vit.: pont 4.11.

Boîte autom. à 4 vit.: I. 2.58; II. 1.41; III. 1; IV. 0.74; AR 2.88; pont 4.09.

Performances: Vmax (usine) 214 km/h, V à 1000/min en 5. vit. 37.2 km/h; 0–100 km/h 9.3 s; rapp. poids/puiss. 11.7 kg/kW (8.6 kg/ch); consomm. EU 8.1/14.9 L/100 km.

Aut.: Vmax 212 km/h, 0–100 km/h 10.5 s; consomm. EU 8.3/16.4 L/100 km.

Quattro: Vmax 213 km/h, 0–100 km/h 9.3 s; consomm. EU 8.9/15.6 L/100 km.

Quattro Aut.: Vmax 210 km/h, 0–100 km/h 11.6 s; consomm. EU 9.3/16.7 L/100 km.

2.8 V6 30V – 193 ch Injection d'essence

Comme 1.8 – 125 ch, sauf:

Carrosserie, poids: (DIN), station-wagon, 5 portes, 5 places, vide dès 1500 kg, tot. adm. 2050 kg.

Quattro: leer ab 1600, tot. adm. 2150 kg.

Audi 163

Motor: (ECE), 6 Zyl. in V 90° (82.5×86.4 mm), 2771 cm^3; Kompr. 10.6:1; 142 kW (193 PS) bei 6000/min, 51.2 kW/L (69.7 PS/L); 280 Nm (28.5 mkp) bei 3200/min; 98 ROZ.

Motorkonstruktion: 5 Ventile in V; 2×2 obenl. Nockenwellen (Zahnriemen/Ketten); Leichtmetall-Zylinderköpfe und -block; 4fach gelagerte Kurbelwelle; Ölkühler; Öl 5.5 L; elektron. Einspritzung.

Batterie 63 Ah, Alternator 120 A; Wasserkühlung, Inh. 8.5 L.

Kraftübertragung:

5-Gang-Getriebe: I. 3.5; II. 1.84; III. 1.3; IV. 1.03; V. 0.84; R 3.44; Achse 3.7, Quattro 4.11.

4-Stufen-Automat: I. 2.58; II. 1.41; III. 1; IV. 0.74; R 2.88; Achse 4.09.

Fahrwerk: Reifen 205/60 WR 15.

Fahrleistungen: Vmax (Werk) 227 km/h, V bei 1000/min im 5. Gang 36.9 km/h; 0–100 km/h 8.3 s; Leistungsgew. 11.7 kg/kW (8.6 kg/PS); Verbrauch EU 7.8/13.9 L/100 km. *Aut.:* Vmax 225 km/h, 0–100 km/h 9.5 s; Verbrauch EU 8.1/15.3 L/100 km. *Quattro:* Vmax 226 km/h, 0–100 km/h 8.2 s; Verbrauch EU 8.9/15.5 L/100 km. *Quattro Aut.:* Vmax 223 km/h, 0–100 km/h 10.2 s; Verbrauch EU 9.3/16.6 L/100 km.

1.9 – 90 PS Turbodiesel direkt

Wie 1.8 – 125 PS, ausgenommen:

Karosserie, Gewicht: (DIN), Station Wagon, 5 Türen, 5 Sitze; leer ab 1430 kg, max. zul. 1980 kg.

Motor: (ECE), 4 Zyl. in Linie (79.5×95.5 mm), 1896 cm^3; Kompr. 19.5:1; 66 kW (90 PS) bei 4000/min, 34.8 kW/L (47.3 PS/L); 202 Nm (20.6 mkp) bei 1900/min; Dieselöl.

Audi A6 Avant

Motorkonstruktion: 1 obenl. Nockenwelle (Zahnriemen); Leichtmetall-Zylinderkopf; 5fach gelagerte Kurbelwelle; Ölkühler; Öl 3.5 L; Einspritzpumpe mit digitaler Elektronik, Bosch, Turbolader mit elektron. geregelter Turbinengeometrie, Intercooler.

Batterie 63 Ah, Alternator 90/120 A; Wasserkühlung, Inh. 6.5 L.

Kraftübertragung: (auf Vorderräder).

5-Gang-Getriebe: I. 3.78; II. 2.18; III. 1.3; IV. 0.89; V. 0.68; R 3.44; Achse 4.11.

4-Stufen-Automat: I. 2.71; II. 1.44; III. 1; IV. 0.74; R 2.88; Achse 3.69.

Fahrleistungen: Vmax (Werk) 173 km/h, V bei 1000/min im 5. Gang 41.3 km/h; 0–100 km/h 14.2 s; Leistungsgew. 21.7 kg/kW (15.9 kg/PS); Verbr. EU 5.3/8.6 L/100 km. *Aut.:* Vmax 173 km/h, 0–100 km/h 17.9 s; Verbr. EU 5.8/9.7 L/100 km.

Moteur: (ECE), 6 cylindres en V 90° (82.5×86.4 mm), 2771 cm^3; compr. 10.6:1; 142 kW (193 ch) à 6000/min, 51.2 kW/L (69.7 ch/L); 280 Nm (28.5 mkp) à 3200/min; 98 (R).

Moteur (constr.): 5 soupapes en V; 2×2 arbres à cames en tête (courroie crantée/chaînes); culasses et bloc-cyl. en alliage léger; vilebrequin à 4 paliers; radiat. d'huile; huile 5.5 L; injection électronique.

Batterie 63 Ah, alternateur 120 A; refroidissement à eau, capac. 8.5 L.

Transmission:

Boîte à 5 vit.: I. 3.5; II. 1.84; III. 1.3; IV. 1.03; V. 0.84; AR 3.44; pont 3.7, Quattro 4.11.

*Bo*îte autom. à 4 vit.: I. 2.58; II. 1.41; III. 1; IV. 0.74; AR 2.88; pont 4.09.

Train roulant: pneus 205/60 WR 15.

Performances: Vmax (usine) 227 km/h, V à 1000/min en 5. vit. 36.9 km/h; 0–100 km/h 8.3 s; rapp. poids/puiss. 11.7 kg/kW (8.6 kg/ch); consomm. EU 7.8/13.9 L/100 km. *Aut.:* Vmax 225 km/h, 0–100 km/h 9.5 s; consomm. EU 8.1/15.3 L/100 km. *Quattro:* Vmax 226 km/h, 0–100 km/h 8.2 s; consomm. EU 8.9/15.5 L/100 km. *Quattro Aut.:* Vmax 223 km/h, 0–100 km/h 10.2 s; consomm. EU 9.3/16.6 L/100 km.

1.9 – 90 ch turbodiesel direct

Comme 1.8 – 125 ch, sauf:

Carrosserie, poids: (DIN), station-wagon, 5 portes, 5 places; vide dès 1430 kg, tot. adm. 1980 kg.

Moteur: (ECE), 4 cyl. en ligne (79.5×95.5 mm), 1896 cm^3; compr. 19.5:1; 66 kW (90 ch) à 4000/min, 34.8 kW/L (47.3 ch/L); 202 Nm (20.6 mkp) à 1900/min; gazole.

Moteur (constr.): 1 arbre à cames en tête (courroie crantée); culasse en alliage léger; vilebrequin à 5 paliers; radiat. d'huile; huile 3.5 L; pompe à injection et gestion digitale, Bosch, turbocompr. à réglage électronique de la turbine, Intercooler.

Batterie 63 Ah, alternateur 90/120 A; refroidissement à eau, capac. 6.5 L.

Transmission: (sur roues AV).

Boîte à 5 vit.: I. 3.78; II. 2.18; III. 1.3; IV. 0.89; V. 0.68; AR 3.44; pont 4.11.

*Bo*îte autom. à 4 vit.: I. 2.71; II. 1.44; III. 1; IV. 0.74; AR 2.88; pont 3.69.

Performances: Vmax (usine) 173 km/h, V à 1000/min en 5. vit. 41.3 km/h; 0–100 km/h 14.2 s; rapp. poids/puiss. 21.7 kg/kW (15.9 kg/ch); consomm. EU 5.3/8.6 L/100 km. *Aut.:* Vmax 173 km/h, 0–100 km/h 17.9 s; consomm. EU 5.8/9.7 L/100 km.

LAUBSCHER & Fils SA
1553 CHATONNAYE
026 658 11 01
REPARATION-TRANSFORMATION

LE SPECIALISTE DE LA JANTE

20 ans d'expérience

REPARATION - TRANSFORMATION DE JANTES ACIER - ALU, etc.

Auto - Moto - Camion - Soudure en tout genre

PRIX INTERESSANTS

Tél. 026 658 11 01 Fax 026 658 12 59

Roger Gloor — Zukunfts-Autos der 80er Jahre

Concept-cars, Designstudien, Prototypen

Ein einzigartiges Nachschlagewerk, das über die Concept-car-Boomjahre 1981 bis 1990 systematisch informiert und die wesentlichen Eigenheiten dieser Forschungsautos und Designstudien in Wort und Bild festhält.

Roger Gloor **Zukunfts-Autos der 80er Jahre**
*Concept-cars, Designstudien, Prototypen, 400 Wagen aus 16 Ländern,
496 Seiten, 366 schwarzweisse und 414 farbige Abbildungen,
Linson, in Schuber.*
DM/sFr. 158.—

Im Buchhandel erhältlich.

Hallwag

Audi

2.5 – 116 PS Turbodiesel direkt

Wie 1.8 – 125 PS, ausgenommen:

Karosserie, Gewicht: (DIN), Station Wagon, 5 Türen, 5 Sitze; leer ab 1510 kg, max. zul. 2060 kg.

Motor: (ECE), 5 Zyl. in Linie (81×95.5 mm), 2461 cm³; Kompr. 20:1; 85 kW (116 PS) bei 4000/min, 34.5 kW/L (47 PS/L); 265 Nm (27 mkp) bei 1900/min; Dieselöl.

Motorkonstruktion: 1 obenl. Nockenwelle (Zahnriemen); Leichtmetall-Zylinderkopf; 6fach gelagerte Kurbelwelle; Ölkühler; Öl 5 L; elektron. geregelte Einspritzpumpe, Bosch VE, 1 Turbolader, Intercooler. Batterie 92 Ah, Alternator 120 A; Wasserkühlung, Inh. 6.5 L.

Kraftübertragung: (auf Vorderräder).

5-Gang-Getriebe: I. 3.78; II. 2.18; III. 1.31; IV. 0.88; V. 0.69; R 3.44; Achse 3.7.

6-Gang-Getr.: I. 3.5; II. 1.89; III. 1.23; IV. 0.87; V. 0.68; VI. 0.56; R 3.46; Achse 3.88.

4-Stufen-Automat: I. 2.58; II. 1.41; III. 1; IV. 0.74; R 2.88; Achse 4.09.

Fahrleistungen: Vmax (Werk) 190 km/h, V bei 1000/min im 5. Gang 45.2 km/h; 0–100 km/h 11.4 s; Leistungsgew. 17.8 kg/kW (13 kg/PS); Verbrauch EU 5.5/9.3 L/100 km.

Aut.: Vmax 187 km/h, 0–100 km/h 13.2 s; Verbrauch EU 6/10.3 L/100 km.

2.5 – 140 PS Turbodiesel direkt

Wie 1.8 – 125 PS, ausgenommen:

Karosserie, Gewicht: (DIN), Station Wagon, 5 Türen, 5 Sitze; leer ab 1510 kg, max. zul. 2060 kg.

Quattro: leer 1610 kg, max. zul. 2160 kg.

Motor: (ECE), 5 Zyl. in Linie (81×95.5 mm), 2461 cm³; Kompr. 20:1; 103 kW (140 PS) bei 4000/min, 41.8 kW/L (56.9 PS/L); 290 Nm (29.6 mkp) bei 1900/min; Dieselöl.

Motorkonstruktion: 1 obenl. Nockenwelle (Zahnriemen); Leichtmetall-Zylinderkopf; 6fach gelagerte Kurbelwelle; Ölkühler; Öl 5 L; elektron. geregelte Einspritzpumpe, Bosch VE, 1 Turbolader, Intercooler. Batterie 92 Ah, Alternator 120 A; Wasserkühlung, Inh. 6.5 L.

Kraftübertragung:

6-Gang-Getriebe: I. 3.5; II. 1.89; III. 1.23; IV. 0.87; V. 0.67; VI. 0.56; R 3.46; Achse 3.88, Quattro 4.11.

4-Stufen-Automat: I. 2.58; II. 1.41; III. 1; IV. 0.74; R 2.88; Achse 3.33.

Fahrleistungen: Vmax (Werk) 203 km/h, V bei 1000/min im 6. Gang 53.2 km/h; 0–100 km/h 10.1 s; Leistungsgew. 14.7 kg/kW (10.8 kg/PS); Verbr. EU 5.5/9.2 L/100 km.

Aut.: Vmax 200 km/h, Verbr. EU 5.9/10.3 L/100 km.

Quattro: Vmax 201 km/h, 0–100 km/h 10.2 s; Verbr. EU 5.6/9.4 L/100 km.

Audi S6

Sportversion des A6 mit 2.2-Turbo, 5- oder 6-Gang-Getriebe und permanentem Vierradantrieb. Debüt April 1991. November 1992: Auch mit 4.2 V8. Juni 1994: Überarbeitung und neue Bezeichnung. Juni 1995: Detailänderungen.

2.5 – 116 ch turbodiesel direct

Comme 1.8 – 125 ch, sauf:

Carrosserie, poids: (DIN), station-wagon, 5 portes, 5 places; vide dès 1510 kg, tot. adm. 2060 kg.

Moteur: (ECE), 5 cyl. en ligne (81×95.5 mm), 2461 cm³; compr. 20:1; 85 kW (116 ch) à 4000/min, 34.5 kW/L (47 ch/L); 265 Nm (27 mkp) à 1900/min; gazole.

Moteur (constr.): 1 arbre à cames en tête (courroie crantée); culasse en alliage léger; vilebrequin à 6 paliers; radiat. d'huile; huile 5 L; pompe à injection pilotée, Bosch VE, 1 turbocompr., Intercooler. Batterie 92 Ah, alternateur 120 A; refroidissement à eau, capac. 6.5 L.

Transmission: (sur roues AV).

Boîte à 5 vit.: I. 3.78; II. 2.18; III. 1.31; IV. 0.88; V. 0.69; AR 3.44; pont 3.7.

Boîte à 6 vit.: I. 3.5; II. 1.89; III. 1.23; IV. 0.87; V. 0.68; VI. 0.56; AR 3.46; pont 3.88.

Boîte autom. à 4 vit.: I. 2.58; II. 1.41; III. 1; IV. 0.74; AR 2.88; pont 4.09.

Performances: Vmax (usine) 190 km/h, V à 1000/min en 5. vit. 45.2 km/h; 0–100 km/h 11.4 s; rapp. poids/puiss. 17.8 kg/kW (13 kg/ch); consomm. EU 5.5/9.3 L/100 km.

Aut.: Vmax 187 km/h, 0–100 km/h 13.2 s; consomm. EU 6/10.3 L/100 km.

2.5 – 140 ch turbodiesel direct

Comme 1.8 – 125 ch, sauf:

Carrosserie, poids: (DIN), station-wagon, 5 portes, 5 places; vide dès 1510 kg, tot. adm. 2060 kg.

Quattro: vide 1610 kg, tot. adm. 2160 kg.

Moteur: (ECE), 5 cyl. en ligne (81×95.5 mm), 2461 cm³; compr. 20:1; 103 kW (140 ch) à 4000/min, 41.8 kW/L (56.9 ch/L); 290 Nm (29.6 mkp) à 1900/min; gazole.

Moteur (constr.): 1 arbre à cames en tête (courroie crantée); culasse en alliage léger; vilebrequin à 6 paliers; radiat. d'huile; huile 5 L; pompe à injection pilotée, Bosch VE, 1 turbocompr., Intercooler. Batterie 92 Ah, alternateur 120 A; refroidissement à eau, capac. 6.5 L.

Transmission:

Boîte à 6 vit.: I. 3.5; II. 1.89; III. 1.23; IV. 0.87; V. 0.67; VI. 0.56; AR 3.46; pont 3.88, Quattro 4.11.

Boîte autom. à 4 vit.: I. 2.58; II. 1.41; III. 1; IV. 0.74; AR 2.88; pont 3.33.

Performances: Vmax (usine) 203 km/h, V à 1000/min en 6. vit. 53.2 km/h; 0–100 km/h 10.1 s; rapp. poids/puiss. 14.7 kg/kW (10.8 kg/ch); consomm. EU 5.5/9.2 L/100 km.

Aut.: Vmax 200 km/h, consomm. EU 5.9/10.3 L/100 km.

Quattro: Vmax 201 km/h, 0–100 km/h 10.2 s; consomm. EU 5.6/9.4 L/100 km.

Audi S6

Version sportive de la A6 avec 2.2 turbo, boîte à 5 ou 6 vit. ou automat. et toutes roues motrices en permanente. Lancement avril 1991. Nov. 1992: 4.2 V8. Juin 1994 Retouches et nouvelle désignation. Juin 1995: changements de details.

2.2 20V – 230 PS Benzineinspritzung/Turbo

Karosserie, Gewicht: (DIN), Limousine, 4 Türen, 5 Sitze; leer 1650 kg, max. zul. 2200 kg.

Aut.: 4 Türen, 5 Sitze; leer 1685 kg, max. zul. 2235 kg.

Avant: Station Wagon, 5 Türen, 5 Sitze; leer ab 1700 kg, max. zul. 2250 kg.

Avant Aut.: Station Wagon, 5 Türen, 5 Sitze; leer ab 1735 kg, max. zul. 2285 kg.

Motor: (ECE), 5 Zyl. in Linie (81×86.4 mm), 2226 cm³; Kompr. 9.3:1; 169 kW (230 PS) bei 5900/min, 75.9 kW/L (103.2 PS/L); 350 Nm (35.7 mkp) bei 1950/min; 98 ROZ.

Motorkonstruktion: 4 Ventile in V 25°; 2 obenliegende Nockenwellen (Zahnriemen/Kette); Leichtmetall-Zylinderkopf; 6fach gelagerte Kurbelwelle; Ölkühler; Öl 4.5 L; elektronische Einspritzung, Bosch Motronic, 1 Turbolader, KKK, Intercooler. Batterie 63 Ah, Alternator 90 A; Wasserkühlung, Inh. 9 L.

Kraftübertragung: (4WD permanent), zentrales Diff. mit Viskokupplung; variable Drehmomentverteilung v/h.

5-Gang-Getriebe: I. 3.5; II. 1.89; III. 1.23; IV. 0.93; V. 0.76; R 3.46; Achse 4.11.

Avant: 6-Gang-Getriebe: III. 1.32; IV. 1.03; V. 0.86; VI. 0.73; Achse 4.11.

4-Stufen-Automat: I. 2.58; II. 1.41; III. 1; IV. 0.74; R 2.88; Achse 4.09.

Audi S6

Fahrgestell: Selbsttragende Karosserie mit vorderem Hilfsrahmen; vorn Federbeine; unterer Querlenker; hinten Dreieckquerlenker, oberer Querlenker; v/h Kurvenstabilisator, Schraubenfedern und Teleskopdämpfer.

Fahrwerk: Vierrad-Scheibenbremse (v/h belüftet), ABS, Bosch; Handbremse auf Hinterräder, Zahnstangenlenkung mit Servo, Treibstofftank 80 L; Reifen 225/50 ZR 16, Felgen 7.5 J.

Dimensionen: Radstand 269 cm, Spur 156/152.5 cm, Bodenfreih. 10 cm, Wendekreis 11.4 m, Kofferraum 510 dm³, Länge 480 cm, Breite 180 cm, Höhe 143 cm.

Avant: Kofferraum 390/1310 dm³, Höhe 144 cm.

Fahrleistungen: Vmax (Werk) 241 km/h, V bei 1000/min in 5. vit. 37.2 km/h; 0–100 km/h 6.8 s; Leistungsgew. 9.8 kg/kW (7.2 kg/PS); Verbrauch EU 9.8/16.6 L/100 km.

6-Gang: 0–100 km/h 6.7 s.

Aut.: Vmax 236 km/h, 0–100 km/h 8.1 s; Verbrauch EU 9.8/19 L/100 km.

Avant: Vmax 235 km/h, 0–100 km/h 6.9 s.

Avant Aut.: Vmax 231 km/h, 0–100 km/h 8.4 s.

2.2 20V – 230 ch Injection d'essence/turbo

Carrosserie, poids: (DIN), Berline, 4 portes, 5 places; vide 1650 kg, tot. adm. 2200 kg.

Aut.: 4 portes, 5 places; vide 1685 kg, tot. adm. 2235 kg.

Avant: station-wagon, 5 portes, 5 places; vide dès 1700 kg, tot. adm. 2250 kg.

Avant Aut.: station-wagon, 5 portes, 5 places; vide dès 1735 kg, tot. adm. 2285 kg.

Moteur: (ECE), 5 cyl. en ligne (81×86.4 mm), 2226 cm³; compr. 9.3:1; 169 kW (230 ch) à 5900/min, 75.9 kW/L (103.2 ch/L); 350 Nm (35.7 mkp) à 1950/min; 98 (R).

Moteur (constr.): 4 soupapes en V 25°; 2 arbres à cames en tête (courroie crantée/chaine); culasse en alliage léger; vilebrequin à 6 paliers; radiateur d'huile; huile 4.5 L; injection électron., Bosch Motronic, 1 turbocompr., KKK, Intercooler. Batterie 63 Ah, alternateur 90 A; refroidissement à eau, capac. 9 L.

Transmission: (4WD permanent), diff. central avec visco-coupleur; répartition du couple AV/AR variable.

Boîte à 5 vit.: I. 3.5; II. 1.89; III. 1.23; IV. 0.93; V. 0.76; AR 3.46; pont 4.11.

Avant: boîte à 6 vit.: III. 1.32; IV. 1.03; V. 0.86; VI. 0.73; pont 4.11.

Boîte autom. à 4 vit.: I. 2.58; II. 1.41; III. 1; IV. 0.74; AR 2.88; pont 4.09.

Audi S6

Châssis: carrosserie autoporteuse avec cadre auxiliaire AV; AV jambes élastiques; levier transvers. inférieur; AR leviers triang. transv., levier transv. sup.; AV/AR stabilisateur transv., ressorts hélic. et amortiss. télesc.

Train roulant: quatre freins à disques (AV/AR ventilés), ABS, Bosch; frein à main sur roues AR; servodirection à crémaillère, réservoir carb. 80 L; pneus 225/50 ZR 16, jantes 7.5 J.

Dimensions: empattement 269 cm, voie 156/1523 cm, garde au sol 10 cm, diam. de braq. 11.4 m, coffre 510 dm³, longueur 480 cm, largeur 180 cm, hauteur 143 cm.

Avant: coffre 390/1310 dm³, hauteur 144 cm.

Performances: Vmax (usine) 241 km/h, V à 1000/min en 5. vit. 37.2 km/h; 0–100 km/h 6.8 s; rapp. poids/puiss. 9.8 kg/kW (7.2 kg/ch); consomm. EU 9.8/16.6 L/100 km.

6 vit.: 0–100 km/h 6.7 s.

Aut.: Vmax 236 km/h, 0–100 km/h 8.1 s; consomm. EU 9.8/19 L/100 km.

Avant: Vmax 235 km/h, 0–100 km/h 6.9 s.

Avant Aut.: Vmax 231 km/h, 0–100 km/h 8.4 s.

Audi

Audi S6 Avant

4.2 V8 32V – 290 PS
Benzineinspritzung

Wie 2.2 – 230 PS, ausgenommen:

Karosserie, Gewicht: (DIN), Limousine, 4 Türen, 5 Sitze; leer 1695 kg, max. zul. 2245 kg.
Avant: leer 1745 kg, max. zul. 2295 kg.

Motor: (ECE), 8 Zyl. in V 90° (84.5×93 mm), 4172 cm^3; Kompr. 10.8:1; 213 kW (290 PS) bei 5800/min, 51 kW/L (69.4 PS/L); 400 Nm (40.8 mkp) bei 4000/min.

Motorkonstruktion: 4 Ventile in V; 2×2 obenl. Nockenwellen (Zahnriemen/Ketten); Leichtmetall-Zylinderköpfe und -block; 5fach gelagerte Kurbelwelle; Öl 7.5 L; elektron. Einspritzung, Bosch Motronic. Batterie 63 Ah, Alternator 110 A; Wasserkühlung, Inh. 8.5 L.

Kraftübertragung:
6-Gang-Getriebe: I. 3.5; II. 1.89; III. 1.23; IV. 0.97; V. 0.81; VI. 0.68; R 3.46; Achse 4.11.
4-Stufen-Automat: I. 2.48; II. 1.48; III. 1; IV. 0.73; R 2.09; Achse 3.78.

Fahrleistungen: Vmax (Werk) 249 km/h, V bei 1000/min im 6. Gang 41.2 km/h; 0–100 km/h 5.9 s; Leistungsgew. 8 kg/kW (5.8 kg/PS); Verbrauch EU 10.9/22.5 L/100 km.
Aut.: Vmax 249 km/h, 0–100 km/h 7.1 s; Verbrauch EU 10.7/21.1 L/100 km.
Avant: Vmax 247 km/h, 0–100 km/h 6 s.
Avant Aut.: Vmax 247 km/h, 0–100 km/h 7.3 s; Verbrauch EU 10.8/21.4 L/100 km.

4.2 V8 32V – 326 PS
Benzineinspritzung

Wie 2.2 – 230 PS, ausgenommen:

Karosserie, Gewicht: (DIN), Limousine, 4 Türen, 5 Sitze; leer 1695 kg, max. zul. 2245 kg.
Avant: leer 1745 kg, max. zul. 2295 kg.

Motor: (ECE), 8 Zyl. in V 90° (84.5×93 mm), 4172 cm^3; Kompr. 11.6:1; 240 kW (326 PS) bei 6500/min, 57.5 kW/L (78.2 PS/L); 400 Nm (40.8 mkp) bei 3500/min.

Motorkonstruktion: 4 Ventile in V; 2×2 obenl. Nockenwellen (Zahnriemen/Ketten); Leichtmetall-Zylinderköpfe und -block; 5fach gelagerte Kurbelwelle; Öl 7.5 L; elektron. Einspritzung, Bosch Motronic, M 5.4.1.
Batterie 65 Ah, Alternator 110 A; Wasserkühlung, Inh. 8.5 L.

Kraftübertragung:
6-Gang-Getriebe: I. 3.5; II. 1.89; III. 1.32; IV. 1.03; V. 0.86; VI. 0.73; R 3.46; Achse 4.11.

Fahrwerk: Reifen 255/40 ZR 17, 8 J.

4.2 V8 32V – 290 ch
Injection d'essence

Comme 2.2 – 230 ch, sauf:

Carrosserie, poids: (DIN), Berline, 4 portes, 5 places; vide 1695 kg, tot. adm. 2245 kg.
Avant: vide 1745 kg, tot. adm. 2295 kg.

Moteur: (ECE), 8 cylindres en V 90° (84.5×93 mm), 4172 cm^3; compr. 10.8:1; 213 kW (290 ch) à 5800/min, 51 kW/L (69.4 ch/L); 400 Nm (40.8 mkp) à 4000/min.

Moteur (constr.): 4 soupapes en V; 2×2 arbres à cames en tête (courroie crantée/chaînes); culasses et bloc-cyl. en alliage léger; vilebrequin à 5 paliers, huile 7.5 L; injection électronique, Bosch Motronic. Batterie 63 Ah, alternateur 110 A; refroidissement à eau, capac. 8.5 L.

Transmission:
Boîte à 6 vit.: I. 3.5; II. 1.89; III. 1.23; IV. 0.97; V. 0.81; VI. 0.68; AR 3.46; pont 4.11.
Boîte autom. à 4 vit.: I. 2.48; II. 1.48; III. 1; IV. 0.73; AR 2.09; pont 3.78.

Performances: Vmax (usine) 249 km/h, V à 1000/min en 6. vit. 41.2 km/h; 0–100 km/h 5.9 s; rapp. poids/puiss. 8 kg/kW (5.8 kg/ch); consomm. EU 10.9/22.5 L/100 km.
Aut.: Vmax 249 km/h, 0–100 km/h 7.1 s; consomm. EU 10.7/21.1 L/100 km.
Avant: Vmax 247 km/h, 0–100 km/h 6 s.
Avant Aut.: Vmax 247 km/h, 0–100 km/h 7.3 s; consomm. EU 10.8/21.4 L/100 km.

4.2 V8 32V – 326 ch
Injection d'essence

Comme 2.2 – 230 ch, sauf:

Carrosserie, poids: (DIN), Berline, 4 portes, 5 places; vide 1695 kg, tot. adm. 2245 kg.
Avant: vide 1745 kg, tot. adm. 2295 kg.

Moteur: (ECE), 8 cyl. en V 90° (84.5×93 mm), 4172 cm^3; compr. 11.6:1; 240 kW (326 ch) à 6500/min, 57.5 kW/L (78.2 ch/L); 400 Nm (40.8 mkp) à 3500/min.

Moteur (constr.): 4 soupapes en V; 2×2 arbres à cames en tête (courroie crantée/chaînes); culasses et bloc-cyl. en alliage léger; vilebrequin à 5 paliers, huile 7.5 L; injection électronique, Bosch Motronic, M 5.4.1.
Batterie 65 Ah, alternateur 110 A; refroidissement à eau, capac. 8.5 L.

Transmission:
Boîte à 6 vit.: I. 3.5; II. 1.89; III. 1.32; IV. 1.03; V. 0.86; VI. 0.73; AR 3.46; pont 4.11.

Train roulant: pneus 255/40 ZR 17, s 8 J.

AZK Komplettfahrzeuge

Auf Basis von A3, A4 oder A4 Avant bauen wir Ihren ganz individuellen AZK. Sagen Sie "ja" und Sie bekommen ein Auto, das man mit Worten kaum beschreiben kann.

AZK Tuning-Pakete

Sie sind bereits Besitzer eines A3, A4 oder A4 Avant? Alle Komponenten können einzeln oder in Tuning-Paketen bestellt werden. Einbau und Abnahme übernehmen wir gerne auf Wunsch.

AZK A4 quattro, bis 265 PS

AZK PROGRAMM
- AZK Motoren-Kits in 3 Stufen
- AZK Edelstahl-Auspuffanlagen
- AZK Komplett-Fahrwerk
- AZK Alurad (Zentralverschluss-Optik)
- AUTEX-WORK Aluräder
- STW-Front-/Heck-/Dachspoiler
- STW-Cup Beklebungssatz
- Carbon-Kit (Interieur/Motorraum)

AZK A4 quattro avant, bis 265 PS

AZK A3, bis 215 PS

VOM MOTORSPORT AUF DIE STRASSE

AUTEX Tuning Exklusiv
Bernstrasse 20 Tel. 033 223 50 02
CH-3605 Thun Fax 033 223 50 05
AZK Importeur Schweiz

Adriano Cimarosti
Grand Prix Suisse
Herausgeber: Albert Obrist
624 Seiten, 28 zum Teil ganzseitige farbige, 507 schwarzweisse Abbildungen (Duplex-Verfahren), Leinen, 24,5 × 34,5 cm, in Leinenschuber.
DM 350.– / sFr. 298.–

Der aufwendige – deutsch und französisch verfasste – Bildband lässt eine vielbesungene und von vielen Motorsportliebhabern schmerzlich vermisste Epoche internationaler helvetischer Grossveranstaltungen neu aufleben.

Im Buchhandel erhältlich.
Hallwag

Audi

Dimensionen: Spur 156.5/153 cm.

Fahrleistungen: Vmax (Werk) 250 km/h, V bei 1000/min im 6. Gang 46.1 km/h; 0–100 km/h 5.6 s; Leistungsgew. 7.1 kg/kW (5.2 kg/PS); Verbrauch EU 11.1/21.6 L/100 km.
Avant: Vmax 250 km/h, 0–100 km/h 5.7 s.

Dimensions: voie 156.5/153 cm.

Performances: Vmax (usine) 250 km/h, V à 1000/min en 6. vit. 46.1 km/h; 0–100 km/h 5.6 s; rapp. poids/puiss. 7.1 kg/kW (5.2 kg/ch); consomm. EU 11.1/21.6 L/100 km.
Avant: Vmax 250 km/h, 0–100 km/h 5.7 s.

Audi A8/S8

Prestigelimousine mit Leichtmetallaufbau in Space-Frame-Technik. Längsmotor 2.8 V6 oder 4.2 V8 quattro. Debüt Februar 1994. Für 1995: 2.8 als quattro. Juni 1995: Neuer 3,7-Liter-V8. Januar 1996: 2.8-V6-30V-Motor mit 193 PS. Februar 1996 S8 mit 340 PS.

Berline de prestige avec carrosserie en alliage léger en technique space-frame. Moteur longit. 2.8 V6 ou 4.2 V8 quattro. Lancement février 1994. 1995: 2.8 comme quattro. Juin 1995: nouveau 3.7 litres V8. Janvier 1996: 2.8-V6-30V avec 193 ch. Février 1996 S8 avec 340 ch.

2.8 V6 30V – 193 PS Benzineinspritzung

Karosserie, Gewicht: (DIN), Limousine, 4 Türen, 5 Sitze; leer ab 1510 kg, max. zul. 2110 kg.
Aut.: leer 1560 kg, max. zul. 2160 kg.
Quattro: leer 1580 kg, max. zul. 2180 kg.
Quattro Aut.: leer 1635 kg, max. zul. 2235 kg.

Motor: (ECE), 6 Zyl. in V 90° (82.5×86.4 mm), 2771 cm³; Kompr. 10.6:1; 142 kW (193 PS) bei 6000/min, 51.2 kW/L (69.7 PS/L); 280 Nm (28.5 mkp) bei 3200/min; 98 ROZ.

Motorkonstruktion: 5 Ventile in V; 2×2 obenl. Nockenwellen (Zahnriemen/Ketten); Leichtmetall-Zylinderköpfe und -block; 4fach gelagerte Kurbelwelle; Ölkühler; Öl 5.5 L; elektron. Einspritzung, Bosch Motronic.

Batterie 70/92 Ah, Alternator 120 A; Wasserkühlung, Inh. 11 L.

2.8 V6 30V – 193 ch Injection d'essence

Carrosserie, poids: (DIN), Berline, 4 portes, 5 places; vide dès 1510 kg, tot. adm. 2110 kg.
Aut.: vide 1560 kg, tot. adm. 2160 kg.
Quattro: vide 1580 kg, tot. adm. 2180 kg.
Quattro Aut.: vide 1635 kg, tot. adm. 2235 kg.

Moteur: (ECE), 6 cylindres en V 90° (82.5×86.4 mm), 2771 cm³; compr. 10.6:1; 142 kW (193 ch) à 6000/min, 51.2 kW/L (69.7 ch/L); 280 Nm (28.5 mkp) à 3200/min; 98 (R).

Moteur (constr.): 5 soupapes en V; 2×2 arbres à cames en tête (courroie crantée/chaînes); culasses et bloc-cyl. en alliage léger; vilebrequin à 4 paliers; radiat. d'huile; huile 5.5 L; injection électronique, Bosch Motronic.

Batterie 70/92 Ah, alternateur 120 A; refroidissement à eau, capac. 11 L.

Audi A8

Kraftübertragung: (auf Vorderräder), elektronische Differentialsperre EDS.
Quattro: (4WD permanent), elektr. Lamellenkupplung für Zentraldiff., elektron. Differentialsperre EDS.
5-Gang-Getriebe: I. 3.5; II. 1.94; III. 1.3; IV. 1.03; V. 0.84; R 3.44; Achse 3.89.
Quattro: 5-Gang-Getriebe: IV. 0.94; V. 0.79; Achse 4.11.
5-Stufen-Automat: ZF Tiptronic; I. 3.67; II. 2; III. 1.41; IV. 1; V. 0.74; R 4.1; Achse 3.29.

Fahrgestell: Selbsttragende Karosserie aus Leichtmetall in Space-Frame-Technik; vorn Vierlenkerachse; hinten Trapezlenkerachse, Spurstangen; v/h Kurvenstabilisator, Schraubenfedern und Teleskopdämpfer.

Fahrwerk: Vierrad-Scheibenbremse (v/h belüftet), ABS, Handbremse auf Hinterräder; Zahnstangenlenkung mit Servo, Treibstofftank 80 L; Reifen 225/60 WR 16, Felgen 7 J.

Dimensionen: Radstand 288 cm, Spur 160/159 cm, Bodenfreih. 12 cm, Wendekreis 12.3 m, Kofferraum 525 dm³, Länge 503 cm, Breite 188 cm, Höhe 144 cm.

Transmission: (sur roues AV), différentiel à bloq. électr. EDS.
Quattro: (4WD permanent), embrayage électr. à disques pour diff. central, différentiel à bloquage électron. EDS.
Boîte à 5 vit.: I. 3.5; II. 1.94; III. 1.3; IV. 1.03; V. 0.84; AR 3.44; pont 3.89.
Quattro: boîte à 5 vit.: IV. 0.94; V. 0.79; pont 4.11.
Boîte aut. à 5 vit.: ZF Tiptronic; I. 3.67; II. 2; III. 1.41; IV. 1; V. 0.74; AR 4.1; pont 3.29.

Châssis: Carosserie autoporteuse en alliage léger (space-frame); AV essieu à quatre leviers; AR essieu à leviers trapèzes, biellettes supplem.; AV/AR stabilisateur transv., ressorts hélic. et amortiss. télesc.

Train roulant: quatre freins à disques (AV/AR ventilés), ABS, frein à main sur roues AR; servodirection à crémaillère, réservoir carb. 80 L; pneus 225/60 WR 16, jantes 7 J.

Dimensions: empattement 288 cm, voie 160/159 cm, garde au sol 12 cm, diam. de braq. 12.3 m, coffre 525 dm³, longueur 503 cm, largeur 188 cm, hauteur 144 cm.

Fahrleistungen: Vmax (Werk) 236 km/h, V bei 1000/min im 5. Gang 37.8 km/h; 0–100 km/h 8.4 s; Leistungsgew. 10.6 kg/kW (7.8 kg/PS); Verbrauch EU 7.7/14.2/14.2 L/100 km.
Aut.: Vmax 233 km/h, 0–100 km/h 9.9 s; Verbrauch EU 7.5/16.4 L/100 km.
Quattro: Vmax 235 km/h, 0–100 km/h 8.5 s; Verbrauch EU 8.4/15.9 L/100 km.
Quattro Aut.: Vmax 232 km/h, 0–100 km/h 10.1 s; Verbrauch EU 8.4/17.6 L/100 km.

Performances: Vmax (usine) 236 km/h, V à 1000/min en 5. vit. 37.8 km/h; 0–100 km/h 8.4 s; rapp. poids/puiss. 10.6 kg/kW (7.8 kg/ch); consomm. EU 7.7/14.2/14.2 L/100 km.
Aut.: Vmax 233 km/h, 0–100 km/h 9.9 s; consomm. EU 7.5/16.4 L/100 km.
Quattro: Vmax 235 km/h, 0–100 km/h 8.5 s; consomm. EU 8.4/15.9 L/100 km.
Quattro Aut.: Vmax 232 km/h, 0–100 km/h 10.1 s; consomm. EU 8.4/17.6 L/100 km.

3.7 V8 32V – 230 PS Benzineinspritzung

Wie 2.8 – 193 PS, ausgenommen:

Karosserie, Gewicht: (DIN), Limousine, 4 Türen, 5 Sitze; leer ab 1645 kg, max. zul. 2245 kg.
Quattro: 1725 kg, max. zul. 2325 kg.

3.7 V8 32V – 230 ch Injection d'essence

Comme 2.8 – 193 ch, sauf:

Carrosserie, poids: (DIN), Berline, 4 portes, 5 places; vide dès 1645 kg, tot. adm. 2245 kg.
Quattro: 1725 kg, tot. adm. 2325 kg.

Audi A8

Motor: (ECE), 8 Zyl. in V 90° (84.5×82.4 mm), 3697 cm³; Kompr. 10.8:1; 169 kW (230 PS) bei 5500/min, 45.7 kW/L (62.1 PS/L); 315 Nm (32.1 mkp) bei 2700/min.

Motorkonstruktion: 4 Ventile in V; 2×2 obenl. Nockenwellen (Zahnriemen/Ketten); Leichtmetall-Zylinderköpfe und -block; 5fach gelagerte Kurbelwelle; Ölkühler; Öl 7.5 L; elektron. Einspritzung, Bosch Motronic.

Batterie 92 Ah, Alternator 120 A; Wasserkühlung, Inh. 11 L.

Kraftübertragung: (auf Vorderräder), Antriebsschlupfregelung; elektron. Differentialsperre EDS.
Quattro: (4WD permanent), zentrales Torsen-Differential, elektron. Differentialsperre EDS.
5-Stufen-Automat: ZF Tiptronic; I. 3.67; II. 2; III. 1.41; IV. 1; V. 0.74; R 4.1; Achse 3.09.

Fahrwerk: Treibstofftank 90 L; 7.5 J.

Dimensionen: Spur 159/158 cm.

Fahrleistungen: Vmax (Werk) 247 km/h, V bei 1000/min im 5. Gang 54 km/h; 0–100 km/h 8.7 s; Leistungsgew. 9.7 kg/kW (7.1 kg/PS); Verbrauch EU 8.5/18.6 L/100 km.
Quattro: Vmax 245 km/h, 0–100 km/h 9.1 s; Verbrauch EU 9/19.6 L/100 km.

Moteur: (ECE), 8 cylindres en V 90° (84.5×82.4 mm), 3697 cm³; compr. 10.8:1; 169 kW (230 ch) à 5500/min, 45.7 kW/L (62.1 ch/L); 315 Nm (32.1 mkp) à 2700/min.

Moteur (constr.): 4 soupapes en V; 2×2 arbres à cames en tête (courroie crantée/chaînes); culasses et bloc-cyl. en alliage léger; vilebrequin à 5 paliers; radiat. d'huile; huile 7.5 L; injection électronique, Bosch Motronic.

Batterie 92 Ah, alternateur 120 A; refroidissement à eau, capac. 11 L.

Transmission: (sur roues AV), Dispositif antipatinage; différentiel à bloquage électron. EDS.
Quattro: (4WD permanent), différentiel central torsen, différentiel à bloquage électron. EDS.
Boîte aut. à 5 vit.: ZF Tiptronic; I. 3.67; II. 2; III. 1.41; IV. 1; V. 0.74; AR 4.1; pont 3.09.

Train roulant: réservoir. carb. 90 L; 7.5 J.

Dimensions: voie 159/158 cm.

Performances: Vmax (usine) 247 km/h, V à 1000/min en 5. vit. 54 km/h; 0–100 km/h 8.7 s; rapp. poids/puiss. 9.7 kg/kW (7.1 kg/ch); consomm. EU 8.5/18.6 L/100 km.
Quattro: Vmax 245 km/h, 0–100 km/h 9.1 s; consomm. EU 9/19.6 L/100 km.

4.2 V8 32V – 299 PS Benzineinspritzung

Wie 2.8 – 193 PS, ausgenommen:

Karosserie, Gewicht: (DIN), Limousine, 4 Türen, 5 Sitze; leer ab 1750 kg, max. zul. 2350 kg.

Motor: (ECE), 8 Zyl. in V 90° (84.5×93 mm), 4172 cm³; Kompr. 10.8:1; 220 kW (299 PS) bei 6000/min, 52.7 kW/L (71.7 PS/L); 400 Nm (40.8 mkp) bei 3300/min.

4.2 V8 32V – 299 ch Injection d'essence

Comme 2.8 – 193 ch, sauf:

Carrosserie, poids: (DIN), Berline, 4 portes, 5 places; vide dès 1750 kg, tot. adm. 2350 kg.

Moteur: (ECE), 8 cylindres en V 90° (84.5×93 mm), 4172 cm³; compr. 10.8:1; 220 kW (299 ch) à 6000/min, 52.7 kW/L (71.7 ch/L); 400 Nm (40.8 mkp) à 3300/min.

Audi • Bentley 167

Motorkonstruktion: 4 Ventile in V; 2×2 obenl. Nockenwellen (Zahnriemen/Ketten); Leichtmetall-Zylinderköpfe und -block; 5fach gelagerte Kurbelwelle; Ölkühler; Öl 7.5 L; elektron. Einspritzung, Bosch Motronic.

Batterie 92 Ah, Alternator 120 A; Wasserkühlung, Inh. 11 L.

Kraftübertragung: (4WD permanent), elektr. Lamellenkupplung für Zentraldiff., elektron. Differentialsperre EDS.

4-Stufen-Automat: ZF Tiptronic; I. 2.48; II. 1.48; III. 1; IV. 0.73; R 2.09; Achse 3.79.

Fahrwerk: Treibstofftank 90 L; Felgen 7.5 J.

Dimensionen: Spur 159/158 cm.

Fahrleistungen: Vmax (Werk) 250 km/h, V bei 1000/min in 4. Gang 44.7 km/h; 0–100 km/h 7.3 s; Leistungsgew. 7.9 kg/kW (5.8 kg/PS); Verbrauch EU 9.7/19.6 L/100 km.

Moteur (constr.): 4 soupapes en V; 2×2 arbres à cames en tête (courroie crantée/chaînes); culasses et bloc-cyl. en alliage léger; vilebrequin à 5 paliers; radiat. d'huile; huile 7.5 L; injection électronique, Bosch Motronic.

Batterie 92 Ah, alternateur 120 A; refroidissement à eau, capac. 11 L.

Transmission: (4WD permanent), embrayage électr. à disques pour diff. central, différentiel à bloquage électron. EDS.

Boîte autom. à 4 vit.: ZF Tiptronic; I. 2.48; II. 1.48; III. 1; IV. 0.73; AR 2.09; pont 3.79.

Train roulant: réserv. carb. 90 L; jantes 7.5 J.

Dimensions: voie 159/158 cm.

Performances: Vmax (usine) 250 km/h, V à 1000/min en 4. vit. 44.7 km/h; 0–100 km/h 7.3 s; rapp. poids/puiss. 7.9 kg/kW (5.8 kg/ch); consomm. EU 9.7/19.6 L/100 km.

4.2 V8 32V – 340 PS Benzineinspritzung

4.2 V8 32V – 340 ch Injection d'essence

Wie 2.8 – 193 PS, ausgenommen:

Karosserie, Gewicht: (DIN), Limousine, 4 Türen, 5 Sitze; leer ab 1720 kg, max. zul. 2320 kg.

Comme 2.8 – 193 ch, sauf:

Carrosserie, poids: (DIN), Berline, 4 portes, 5 places; vide dès 1720 kg, tot. adm. 2320 kg.

Audi A8

Motor: (ECE), 8 Zyl. in V 90° (84.5×93 mm), 4172 cm³; Kompr. 11.6:1; 250 kW (340 PS) bei 6600/min, 59.9 kW/L (81.5 PS/L); 410 Nm (41.8 mkp) bei 3500/min.

Motorkonstruktion: 4 Ventile in V; 2×2 obenl. Nockenwellen (Zahnriemen/Ketten); Leichtmetall-Zylinderköpfe und -block; 5fach gelagerte Kurbelwelle; Ölkühler; Öl 7.5 L; elektron. Einspritzung, Bosch Motronic, M5.4.1.

Batterie 92 Ah, Alternator 150 A; Wasserkühlung, Inh. 11 L.

Kraftübertragung: (4WD permanent), zentrales Torsen-Differential, elektron. Differentialsperre EDS.

6-Gang-Getriebe: I. 3.5; II. 1.89; III. 1.32; IV. 1.03; V. 0.86; VI. 0.73; R 3.46; Achse 4.11.

Fahrwerk: Reifen 245/45 ZR 18, Felgen 8 J.

Dimensionen: Spur 159/158 cm, Höhe 142 cm.

Fahrleistungen: Vmax (Werk) 250 km/h, V bei 1000/min im 6. Gang 41.2 km/h; 0–100 km/h 5.5 s; Leistungsgew. 6.9 kg/kW (5.1 kg/PS); Verbrauch EU 10.5/20.8 L/100 km.

Moteur: (ECE), 8 cylindres en V 90° (84.5×93 mm), 4172 cm³; compr. 11.6:1; 250 kW (340 ch) à 6600/min, 59.9 kW/L (81.5 ch/L); 410 Nm (41.8 mkp) à 3500/min.

Moteur (constr.): 4 soupapes en V; 2×2 arbres à cames en tête (courroie crantée/chaînes); culasses et bloc-cyl. en alliage léger; vilebrequin à 5 paliers; radiat. d'huile; huile 7.5 L; injection électronique, Bosch Motronic, M5.4.1.

Batterie 92 Ah, alternateur 150 A; refroidissement à eau, capac. 11 L.

Transmission: (4WD permanent), différentiel central torsen, différentiel à bloquage électron. EDS.

Boîte à 6 vit.: I. 3.5; II. 1.89; III. 1.32; IV. 1.03; V. 0.86; VI. 0.73; AR 3.46; pont 4.11.

Train roulant: pneus 245/45 ZR 18, jantes 8 J.

Dimensions: voie 159/158 cm, hauteur 142 cm.

Performances: Vmax (usine) 250 km/h, V à 1000/min en 6. vit. 41.2 km/h; 0–100 km/h 5.5 s; rapp. poids/puiss. 6.9 kg/kW (5.1 kg/ch); consomm. EU 10.5/20.8 L/100 km.

Bentley   GB

Bentley Motors Limited, Crewe, Cheshire, CW1 3PL, England

Zu Rolls-Royce gehörende englische Qualitätsmarke der obersten Klasse.

Marque anglaise d'élite construite par Rolls-Royce.

Bentley Brooklands

Limousine der Spitzenklasse mit 6.75-Leichtmetall-V8. Bauart wie Rolls-Royce Silver Spirit/Silver Spur. Debüt Mulsanne Paris 1980, Eight Juli 1984. Sept. 1989: «Automatic Ride Control». Winter 91/92: OD-Automat. Sept. 1992: Brooklands ersetzt Mulsanne/Eight. Sommer 1993: Höhere Leistung. Sommer 1996: Light-Turbo-V8 und Traction Control.

Berline d'élite avec V8/6.75 en alliage léger. Réplique de la Rolls-Royce Silver Spirit/Silver Spur. Début Mulsanne Paris 1980, Eight juillet 1984. Sept. 1989: «Automatic Ride Control». Hiver 91/92: Boîte aut. OD. Sept. 1992: Brooklands remplace Mulsanne/Eight. Eté 1993: Puissance accrue. Eté 1996: V8-Light-Turbo et traction control.

6.8 V8 – 305 PS Benzineinspritzung/Turbo

6.8 V8 – 305 ch Injection d'essence/turbo

Karosserie, Gewicht: (DIN), Limousine, 4 Türen, 5 Sitze; leer 2430 kg, max. zul. 2930 kg.

Lwb: 4 Türen, 5 Sitze; leer 2470 kg, max. zul. 2970 kg.

Motor: (ECE), 8 Zyl. in V 90° (104.14×99.06 mm), 6750 cm³; Kompr. 8:1; 224 kW (305 PS) bei 4000/min, 33.2 kW/L (45.1 PS/L); 600 Nm (61.2 mkp) bei 2000/min; 95 ROZ.

Motorkonstruktion: Bezeichnung L410/T; zentrale Nockenwellen (Zahnräder); Leichtmetall-Zylinderköpfe und -block; 5fach gelagerte Kurbelwelle; Ölkühler; Öl 9.9 L; elektron. Einspritzung, Bosch Motronic, 1 Turbolader Garrett T048, max. Ladedruck 0.56 bar.

Batterie 71 Ah, Alternator 120 A; Wasserkühlung, Inh. 18 L.

Kraftübertragung: (auf Hinterräder), mit Viskobremse; a.W. Antriebsschlupfregelung.

4-Stufen-Automat: GM Turbo-Hydra-Matic; I. 2.48; II. 1.48; III. 1; IV. 0.75; R 2.08; Achse 2.69.

Fahrgestell: Selbsttragende Karosserie mit vorderem und hinterem Hilfsrahmen; vorn Dreieckquerlenker, hinten Schräglenker; v/h Kurvenstabilisator, Schraubenfedern; autom. Niveauregulierung mit elektron. Dämpfersystem.

Fahrwerk: Vierrad-Scheibenbremse (vorn belüftet), Scheiben-∅ v. 34 cm, h. 34 cm, ABS, Bosch; Feststellbremse auf Hinterräder; Zahnstangenlenkung mit Servo, Treibstofftank 108 L; Reifen 235/65 VR 16, Felgen 7 J.

Dimensionen: Radstand 306 cm, Spur 155/155 cm, Bodenfreih. 14 cm, Wendekreis 13.1 m, Kofferraum 410 dm³, Länge 529.5 cm, Breite 191.5 cm, Höhe 148 cm.

Lwb: Radstand 316 cm, Wendekreis 13.5 m, Länge 539.5 cm.

Fahrleistungen: Vmax (Werk) 225 km/h, V bei 1000/min im 4. Gang 64 km/h; 0–100 km/h 8.1 s; 0–97 km/h 7.9 s; Leistungsgew. 9.8 kg/kW (8 kg/PS); Verbrauch EU 12.9/25.1 L/100 km.

Carrosserie, poids: (DIN), Berline, 4 portes, 5 places; vide 2430 kg, tot. adm. 2930 kg.

Lwb: 4 portes, 5 places; vide 2470 kg, tot. adm. 2970 kg.

Moteur: (ECE), 8 cyl. en V 90° (104.14×99.06 mm), 6750 cm³; compr. 8:1; 224 kW (305 ch) à 4000/min, 33.2 kW/L (45.1 ch/L); 600 Nm (61.2 mkp) à 2000/min; 95 (R).

Moteur (constr.): désignation L410/T; arbre à cames central (pignons); culasses et bloc-cyl. en alliage léger; vilebrequin à 5 paliers; radiat. d'huile; huile 9.9 L; injection électronique, Bosch Motronic, 1 turbocompresseur Garrett T048, pression max. 0.56 bar.

Batterie 71 Ah, alternateur 120 A; refroidissement à eau, capac. 18 L.

Transmission: (sur roues AR), avec frein visco; s.d. dispositif antipatinage.

Boîte autom. à 4 vit.: GM Turbo-Hydra-Matic; I. 2.48; II. 1.48; III. 1; IV. 0.75; AR 2.08; pont 2.69.

Châssis: carrosserie autoporteuse avec faux-châssis AV et AR; AV leviers triang. transv., AR triangles obliques; AV/AR barre anti-dévers, ressorts hélic.; réglage autom. de niveau avec système électron. d'amortissement.

Train roulant: quatre freins à disques (AV ventilés), ∅ disques AV 34 cm, AR 34 cm, ABS, Bosch; frein de stationnement sur roues AR; servodirection à crémaillère, réservoir carb. 108 L; pneus 235/65 VR 16, jantes 7 J.

Dimensions: empattement 306 cm, voie 155/155 cm, garde au sol 14 cm, diam. de braq. 13.1 m, coffre 410 dm³, longueur 529.5 cm, largeur 191.5 cm, hauteur 148 cm.

Lwb: empattement 316 cm, diam. de braq. 13.5 m, longueur 539.5 cm.

Performances: Vmax (usine) 225 km/h, V à 1000/min en 4. vit. 64 km/h; 0–100 km/h 8.1 s; 0–97 km/h 7.9 s; rapp. poids/puiss. 9.8 kg/kW (8 kg/ch); consomm. EU 12.9/25.1 L/100 km.

Bentley Brooklands

Bentley

Bentley Turbo R

Leistungsfähigere Ausführung mit aufgeladenem 6.75-V8. Debüt Mulsanne Turbo Genf 1982, Turbo R (R wie Roadholding) Genf 1985. Herbst 1987: Einspritzung und ABS. Für 1989 mit Ladeluftkühler, Bosch-Motronic. Sept. 1989: Automatic Ride Control. Sommer 1993 und 1995: Höhere Leistung, Detailänderungen. Für 1997: Traction Control.

Version plus puissante avec V8 6.75 suralimenté. Lancements Mulsanne Turbo Genève 1982, Turbo R (R comme Roadholding) Genève 1985. Automne 1987: Injec. d'ess. et ABS. Pour 1989 avec éch. air/air, Bosch-Motronic. Sept. 1989: Automatic Ride Control. Eté 1993 et 1995: Puissance accrue, modifications. Pour 1997: Traction control.

6.8 V8 – 389 PS Benzineinspritzung/Turbo

6.8 V8 – 389 ch Injection d'essence/turbo

Karosserie, Gewicht: (DIN), Limousine, 4 Türen, 5 Sitze; leer 2450 kg, max. zul. 2950 kg.
Lwb: 4 Türen, 5 Sitze; leer 2470 kg, max. zul. 2970 kg.

Motor: (ECE), 8 Zyl. in V 90° (104.14×99.06 mm), 6750 cm³; Kompr. 8:1; 286 kW (389 PS) bei 4000/min, 42.4 kW/L (57.6 PS/L); 750 Nm (76.5 mkp) bei 2000/min.

Motorkonstruktion: Bezeichnung L410 MT 1T; zentrale Nockenwelle (Zahnräder); Leichtmetall-Zylinderköpfe und -block; 5fach gelagerte Kurbelwelle; Ölkühler; Öl 9.9 L; elektron. Einspritzung, Motormanagement Zytek EMS3; 1 Turbolader, Garrett T048, max. Ladedruck 0.7 bar, Intercooler. Batterie 71 Ah, Alternator 120 A; Wasserkühlung, Inh. 18 L.

Carrosserie, poids: (DIN), Berline, 4 portes, 5 places; vide 2450 kg, tot. adm. 2950 kg.
Lwb: 4 portes, 5 places; leer 2470 kg, tot. adm. 2970 kg.

Moteur: (ECE), 8 cyl. en V 90° (104.14×99.06 mm), 6750 cm³; compr. 8:1; 286 kW (389 ch) à 4000/min, 42.4 kW/L (57.6 ch/L); 750 Nm (76.5 mkp) à 2000/min.

Moteur (constr.): désignation L410 MT 1T; arbre à cames central (pignons); culasses et bloc-cyl. en alliage léger; vilebrequin à 5 paliers; radiat. d'huile; huile 9.9 L; injection électronique, Motormanagement Zytek EMS3; 1 turbocompr., Garrett T048, pression max. 0.7 bar, Intercooler. Batterie 71 Ah, alternator 120 A; refroidissement à eau, capac. 18 L.

Bentley Turbo R

Kraftübertragung: (auf Hinterräder), mit Viskobremse; Antriebsschlupfregelung.
4-Stufen-Automat: GM Turbo-Hydra-Matic; I. 2.48; II. 1.48; III. 1; IV. 0.75; R 2.08; Achse 2.69.

Fahrgestell: Selbsttragende Karosserie mit vorderem und hinterem Hilfsrahmen; vorn Dreieckquerlenker, hinten Schräglenker; v/h Kurvenstabilisator, Schraubenfedern; autom. Niveauregulierung mit elektron. Dämpfersystem.

Fahrwerk: Vierrad-Scheibenbremse (vorn belüftet), Scheiben-Ø v. 34 cm, h. 34 cm, ABS, Bosch; Feststellbremse auf Hinterräder; Zahnstangenlenkung mit Servo, Treibstofftank 108 L; Reifen 255/55 WR 17, Felgen 7.5 J.

Dimensionen: Radstand 306 cm, Spur 155/155 cm, Bodenfreih. 14 cm, Wendekreis 13.1 m, Kofferraum 410 dm³, Länge 529.5 cm, Breite 191.5 cm, Höhe 148 cm.

Lwb: Radstand 316 cm, Wendekreis 13.5 m, Länge 539.5 cm.

Fahrleistungen: Vmax (Werk) 241 km/h, V bei 1000/min im 4. Gang 64 km/h; 0–100 km/h 6.1 s; 0–97 km/h 6 s; Leistungsgew. 8.6 kg/kW (6.3 kg/PS); Verbrauch EU 13.3/25.7 L/100 km.

Transmission: (sur roues AR), avec frein visco; dispositif antipatinage.
Boîte autom. à 4 vit.: GM Turbo-Hydra-Matic; I. 2.48; II. 1.48; III. 1; IV. 0.75; AR 2.08; pont 2.69.

Châssis: carrosserie autoporteuse avec faux-châssis AV et AR; AV leviers triang. transv., AR triangles obliques; AV/AR barre anti-dévers, ressorts hélic.; réglage autom. de niveau avec système électron. d'amortissement.

Train roulant: quatre freins à disques (AV ventilés), Ø disques AV 34 cm, AR 34 cm, ABS, Bosch; frein de stationnement sur roues AR; servodirection à crémaillère, réservoir carb. 108 L; pneus 255/55 WR 17, jantes 7.5 J.

Dimensions: empattement 306 cm, voie 155/155 cm, garde au sol 14 cm, diam. de braq. 13.1 m, coffre 410 dm³, longueur 529.5 cm, largeur 191.5 cm, hauteur 148 cm.

Lwb: empattement 316 cm, diam. de braq. 13.5 m, longueur 539.5 cm.

Performances: Vmax (usine) 241 km/h, V à 1000/min en 4. vit. 64 km/h; 0–100 km/h 6.1 s; 0–97 km/h 6 s; rapp. poids/puiss. 8.6 kg/kW (6.3 kg/ch); consomm. EU 13.3/25.7 L/100 km.

Bentley Continental R - T - Azure

Coupé der absoluten Luxusklasse, basierend auf dem Turbo R. Debüt Genf 1991. Sommer 1993: Höhere Leistung, 17-Zoll-Räder, Detailänderungen. Herbst 1994: S mit über 400 PS. Salon Genf 1995: Convertible Azure: Für 1996: Höhere Leistung. Genf 1996: T mit kürzerem Radstand und mehr Leistung.

Coupé de la classe luxe absolue, basant sur la Turbo R. Lancement Genève 1991. Eté 1993: Puissance accrue, roues 17", modifications. Automne 1994: S (plus de 400 ch). Salon Genève 1995: Convertible Azure. Pour 1996: Puissance accrue. Genève 1996 T avec emattement plus court et puissance accrue.

6.8 V8 – 389 PS Benzineinspritzung/Turbo

6.8 V8 – 389 ch Injection d'essence/turbo

Karosserie, Gewicht: (DIN), Coupé, 2 Türen, 4 Sitze; leer 2450 kg, max. zul. 2850 kg.
Azure: Cabriolet, 2 Türen, 4 Sitze; leer 2610 kg, max. zul. 3030 kg.

Motor: (ECE), 8 Zyl. in V 90° (104.14×99.06 mm), 6750 cm³; Kompr. 8:1; 286 kW (389 PS) bei 4000/min, 42.4 kW/L (57.6 PS/L); 750 Nm (76.5 mkp) bei 2000/min.

Motorkonstruktion: Bezeichnung L410 MT 1T; zentrale Nockenwelle (Zahnräder); Leichtmetall-Zylinderköpfe und -block; 5fach gelagerte Kurbelwelle; Ölkühler; Öl 9.9 L; elektron. Einspritzung, Motormanagement Zytek EMS3; 1 Turbolader, Garrett T048, max. Ladedruck 0.7 bar, Intercooler. Batterie 71 Ah, Alternator 120 A; Wasserkühlung, Inh. 18 L.

Kraftübertragung: (auf Hinterräder), mit Viskobremse; Antriebsschlupfregelung.
4-Stufen-Automat: GM Turbo-Hydra-Matic; I. 2.48; II. 1.48; III. 1; IV. 0.75; R 2.08; Achse 2.69.

Fahrgestell: Selbsttragende Karosserie mit vorderem und hinterem Hilfsrahmen; vorn Dreieckquerlenker, hinten Schräglenker; v/h Kurvenstabilisator, Schraubenfedern; autom. Niveauregulierung mit elektron. Dämpfersystem.

Fahrwerk: Vierrad-Scheibenbremse (vorn belüftet), Scheiben-Ø v. 34 cm, h. 34 cm, ABS, Bosch; Feststellbremse auf Hinterräder; Zahnstangenlenkung mit Servo, Treibstofftank 108 L; Reifen 255/55 WR 17, Felgen 7.5 J.

Dimensionen: Radstand 306 cm, Spur 155/155 cm, Bodenfreih. 14 cm, Wendekreis 13.1 m, Kofferraum 350 dm³, Länge 534 cm, Breite 188 cm, Höhe 146 cm.

Azure: Höhe 148 cm.

Fahrleistungen: Vmax (Werk) 249 km/h, V bei 1000/min im 4. Gang 64 km/h; 0–100 km/h 6.1 s; 0–97 km/h 6 s; Leistungsgew. 8.5 kg/kW (6.3 kg/PS); Verbrauch EU 13/25.7 L/100 km.

Azure: Vmax 241 km/h, 0–100 km/h 6.5 s; 0–97 km/h 6.3 s.

Carrosserie, poids: (DIN), Coupé, 2 portes, 4 places; vide 2450 kg, tot. adm. 2850 kg.
Azure: cabriolet, 2 portes, 4 places; vide 2610 kg, tot. adm. 3030 kg.

Moteur: (ECE), 8 cyl. en V 90° (104.14×99.06 mm), 6750 cm³; compr. 8:1; 286 kW (389 ch) à 4000/min, 42.4 kW/L (57.6 ch/L); 750 Nm (76.5 mkp) à 2000/min.

Moteur (constr.): désignation L410 MT 1T; arbre à cames central (pignons); culasses et bloc-cyl. en alliage léger; vilebrequin à 5 paliers; radiat. d'huile; huile 9.9 L; injection électronique, Motormanagement Zytek EMS3; 1 turbocompr., Garrett T048, pression max. 0.7 bar, Intercooler. Batterie 71 Ah, alternateur 120 A; refroidissement à eau, capac. 18 L.

Transmission: (sur roues AR), avec frein visco; dispositif antipatinage.
Boîte autom. à 4 vit.: GM Turbo-Hydra-Matic; I. 2.48; II. 1.48; III. 1; IV. 0.75; AR 2.08; pont 2.69.

Châssis: carrosserie autoporteuse avec faux-châssis AV et AR; AV leviers triang. transv., AR triangles obliques; AV/AR barre anti-dévers, ressorts hélic.; réglage autom. de niveau avec système électron. d'amortissement.

Train roulant: quatre freins à disques (AV ventilés), Ø disques AV 34 cm, AR 34 cm, ABS, Bosch; frein de stationnement sur roues AR; servodirection à crémaillère, réservoir carb. 108 L; pneus 255/55 WR 17, jantes 7.5 J.

Dimensions: empattement 306 cm, voie 155/155 cm, garde au sol 14 cm, diam. de braq. 13.1 m, coffre 350 dm³, longueur 534 cm, largeur 188 cm, hauteur 146 cm.

Azure: hauteur 148 cm.

Performances: Vmax (usine) 249 km/h, V à 1000/min en 4. vit. 64 km/h; 0–100 km/h 6.1 s; 0–97 km/h 6 s; rapp. poids/puiss. 8.5 kg/kW (6.3 kg/ch); consomm. EU 13/25.7 L/100 km.

Azure: Vmax 241 km/h, 0–100 km/h 6.5 s; 0–97 km/h 6.3 s.

Bentley Azure

Bentley • Bertone • BMW

Bentley Continental T

6.8 V8 – 405 PS
Benzineinspritzung/Turbo

Wie 6.8 – 389 PS, ausgenommen:

Karosserie, Gewicht: (DIN), Coupé, 2 Türen, 4 Sitze; leer 2490 kg, max. zul. 2850 kg.

Motor: (ECE), 8 Zyl. in V 90° (104.14×99.06 mm), 6750 cm³; Kompr. 8:1; 298 kW (405 PS) bei 4000/min, 44.1 kW/L (60 PS/L); 800 Nm (81.5 mkp) bei 2000/min; 95 ROZ.

Motorkonstruktion: Bezeichnung L410IT; zentrale Nockenwelle (Zahnräder); Leichtmetall-Zylinderköpfe und -block; 5fach gelagerte Kurbelwelle; Ölkühler; Öl 9.9 L; elektron. Einspritzung, Zytek EMS3; 1 Turbolader, Garrett T048, max. Ladedruck 0.76 bar, Intercooler. Batterie 71 Ah, Alternator 120 A; Wasserkühlung, Inh. 18 L.

Kraftübertragung: (auf Hinterräder), mit Viskobremse; Antriebsschlupfregelung. 4-Stufen-Automat: GM Turbo-Hydra-Matic; I. 2.48; II. 1.48; III. 1; IV. 0.75; R 2.08; Achse 2.69.

Fahrwerk: Reifen 285/45 WR 18, Felgen 9.5 J, 10 J.

Dimensionen: Radstand 296 cm, Spur 157.5/157.5 cm, Bodenfreih. 12 cm, Wendekreis 13 m, Kofferraum 340 dm³, Länge 524 cm, Breite 192 cm, Höhe 145 cm.

Fahrleistungen: Vmax (Werk) 249 km/h, V bei 1000/min im 4. Gang 64 km/h; 0–100 km/h 6 s; 0–97 km/h 5.8 s; Leistungsgew. 8.4 kg/kW (6.2 kg/PS); Verbrauch EU 13/25.7 L/100 km.

6.8 V8 – 405 ch
Injection d'essence/turbo

Comme 6.8 – 389 ch, sauf:

Carrosserie, poids: (DIN), Coupé, 2 portes, 4 places; vide 2490 kg, tot. adm. 2850 kg.

Moteur: (ECE), 8 cyl. en V 90° (104.14×99.06 mm), 6750 cm³; compr. 8:1; 298 kW (405 ch) à 4000/min, 44.1 kW/L (60 ch/L); 800 Nm (81.5 mkp) à 2000/min; 95 (R).

Moteur (constr.): désignation L410IT; arbre à cames central (pignons); culasses et bloc-cyl. en alliage léger; vilebrequin à 5 paliers; radiat. d'huile; huile 9.9 L; injection électronique, Zytek EMS3; 1 turbocompr., Garrett T048, pression max. 0.76 bar, Intercooler. Batterie 71 Ah, alternateur 120 A; refroidissement à eau, capac. 18 L.

Transmission: (sur roues AR), avec frein visco; dispositif antipatinage. Boîte autom. à 4 vit.: GM Turbo-Hydra-Matic; I. 2.48; II. 1.48; III. 1; IV. 0.75; AR 2.08; pont 2.69.

Train roulant: pneus 285/45 WR 18, jantes 9.5 J, 10 J.

Dimensions: empattement 296 cm, voie 157.5/157.5 cm, garde au sol 12 cm, diam. de braq. 13 m, coffre 340 dm³, longueur 524 cm, largeur 192 cm, hauteur 145 cm.

Performances: Vmax (usine) 249 km/h, V à 1000/min en 4. vit. 64 km/h; 0–100 km/h 6 s; 0–97 km/h 5.8 s; rapp. poids/puiss. 8.4 kg/kW (6.2 kg/ch); consomm. EU 13/25.7 L/100 km.

Bertone I

Carrozzeria Bertone S.p.A., C. Canonico Allamano 40/46, 10095 Gruliasco, Torino, Italia

Bekannter Stylist aus Turin mit eigenen Studios für Fahrzeuge, Transportsysteme und industrielles Design. Produktion von Prototypen im Auftrag der Automobilindustrie. Projektabteilung (engineering) für Transportsysteme und Spezialkarosserien. Produziert auch komplette Fahrzeuge (Opel Astra, Fiat Punto).

Styliste turinois renommé possédant ses propres ateliers de design de moyens des transport et de design industriel. Production de prototypes avant-série pour compte des Constructeur Automobiles. Bureau de projection (engineering) pour moyens de transport. Fabrication de voitures complètes (Opel Astra, Fiat Punto).

Opel Astra Cabrio (Bertone)

BMW D

Bayerische Motoren-Werke AG, Petuelring 130, 80809 München 40, Deutschland

Renommiertes deutsches Automobil- und Motorradwerk.

Fabrique allemande d'automobiles et de motocyclettes.

BMW Z3

2türiger Roadster mit 1,8- oder 1,9-Liter-Motor, 5-Gang-Getriebe oder Automat. Debüt Oktober 1995. März 1996: auch mit 2.8-Liter-Motor. Genf 1997: M Roadster.

Roadster 2 portes avec moteur 1,8 ou 1,9 litre, boîte à 5 vitesses ou automatique. Lancement octobre 1995. Mars 1996: aussi avec moteur 2.8. Genève 1997: M Roadster.

1.8 – 116 PS
Benzineinspritzung

Karosserie, Gewicht: (DIN), Roadster, 2 Türen, 2 Sitze; leer ab 1160 kg, max. zul. 1410 kg.

Motor: (ECE), 4 Zyl. in Linie (84×81 mm), 1796 cm³; Kompr. 9.7:1; 85 kW (116 PS) bei 5500/min, 47.3 kW/L (64.3 PS/L); 168 Nm (17.1 mkp) bei 3900/min; 95 ROZ.

Motorkonstruktion: 2 Ventile in V 14°; 1 obenl. Nockenwelle (Zahnriemen); Leichtmetall-Zylinderkopf; 5fach gelagerte Kurbelwelle; Öl 4 L; elektron. Einspritzung, BMS 43. Batterie 70 Ah, Alternator 80 A; Wasserkühlung, Inh. 6.5 L.

Kraftübertragung: (auf Hinterräder). 5-Gang-Getriebe: I. 4.23; II. 2.52; III. 1.66; IV. 1.22; V. 1; R 4.04; Achse 3.45. Aut.: I. 2.86; II. 1.62; III. 1; IV. 0.72; R 2; Achse 3.91.

1.8 – 116 ch
Injection d'essence

Carrosserie, poids: (DIN), Roadster, 2 portes, 2 places; vide dès 1160 kg, tot. adm. 1410 kg.

Moteur: (ECE), 4 cyl. en ligne (84×81 mm), 1796 cm³; compr. 9.7:1; 85 kW (116 ch) à 5500/min, 47.3 kW/L (64.3 ch/L); 168 Nm (17.1 mkp) à 3900/min; 95 (R).

Moteur (constr.): 2 soupapes en V 14°; 1 arbre à cames en tête (courroie crantée); culasse en alliage léger; vilebrequin à 5 paliers; huile 4 L; injection électronique, BMS 43. Batterie 70 Ah, alternateur 80 A; refroidissement à eau, capac. 6.5 L.

Transmission: (sur roues AR). Boîte à 5 vit.: I. 4.23; II. 2.52; III. 1.66; IV. 1.22; V. 1; AR 4.04; pont 3.45. Aut.: I. 2.86; II. 1.62; III. 1; IV. 0.72; AR 2; pont 3.91.

BMW Z3

Fahrgestell: Selbsttragende Karosserie; vorn Federbeine und Dreieckquerlenker; hinten Schräglenker, Schraubenfedern; v/h Kurvenstabilisator, Teleskopdämpfer.

Fahrwerk: Vierrad-Scheibenbremse, Scheiben-Ø v. 28.6 cm, h. 27.2 cm, ABS, Handbremse auf Hinterräder; Zahnstangenlenkung mit Servo, Treibstofftank 51 L; Reifen 205/60 HR 15, Felgen 6.5 J.

Dimensionen: Radstand 244.5 cm, Spur 141/142.5 cm, Bodenfreih. 11 cm, Wendekreis 10 m, Kofferraum 165 dm³, Länge 402.5 cm, Breite 169 cm, Höhe 129 cm.

Fahrleistungen: Vmax (Werk) 194 km/h, V bei 1000/min im 5. Gang 33.2 km/h; 0–100 km/h 10.5 s; steh. km 31.8 s; Leistungsgew. 13.6 kg/kW (10 kg/PS); Verbrauch EU 5.9/10.9 L/100 km. Aut.: Vmax 186 km/h, 0–100 km/h 11.2 s; steh. km 32.9 s; Verbrauch ECE 6.1/7.9/10 L/100 km.

Châssis: carrosserie autoporteuse; AV jambes élast. et leviers triang. transv.; AR triangles obliques, ressorts hélic.; AV/AR barre anti-dévers, amortiss. télesc.

Train roulant: quatre freins à disques, Ø disques AV 28.6 cm, AR 27.2 cm, ABS, frein à main sur roues AR; servodirection à crémaillère, réservoir carb. 51 L; pneus 205/60 HR 15, jantes 6.5 J.

Dimensions: empattement 244.5 cm, voie 141/142.5 cm, garde au sol 11 cm, diam. de braq. 10 m, coffre 165 dm³, longueur 402.5 cm, largeur 169 cm, hauteur 129 cm.

Performances: Vmax (usine) 194 km/h, V à 1000/min en 5. vit. 33.2 km/h; 0–100 km/h 10.5 s; km arrêté 31.8 s; rapp. poids/puiss. 13.6 kg/kW (10 kg/ch); consomm. EU 5.9/10.9 L/100 km. Aut.: Vmax 186 km/h, 0–100 km/h 11.2 s; km arrêté 32.9 s; consomm. ECE 6.1/7.9/10 L/100 km.

1.9 16V – 140 PS
Benzineinspritzung

Wie 1.8 – 116 PS, ausgenommen:

Karosserie, Gewicht: (DIN), Roadster, 2 Türen, 2 Sitze; leer ab 1185 kg, max. zul. 1435 kg.
Aut.: leer ab 1225 kg, max. zul. 1475 kg.

1.9 16V – 140 ch
Injection d'essence

Comme 1.8 – 116 ch, sauf:

Carrosserie, poids: (DIN), Roadster, 2 portes, 2 places; vide dès 1185 kg, tot. adm. 1435 kg.
Aut.: vide dès 1225 kg, tot. adm. 1475 kg.

BMW

BMW Z3

Motor: (ECE), 4 Zyl. in Linie (85×83.5 mm), 1895 cm³; Kompr. 10:1; 103 kW (140 PS) bei 6000/min, 54.3 kW/L (73.9 PS/L); 180 Nm (18.3 mkp) bei 4300/min; 95 ROZ.

Motorkonstruktion: 4 Ventile in V 39°; 2 obenl. Nockenwellen (Kette); Leichtmetall-Zylinderkopf; 5fach gelagerte Kurbelwelle; Öl 5 L; elektron. Einspritzung, Bosch Motronic, M 5.2.

Batterie 70 Ah, Alternator 80 A; Wasserkühlung, Inh. 6.5 L.

Kraftübertragung: (auf Hinterräder).
5-Gang-Getriebe: I. 4.23; II. 2.52; III. 1.66; IV. 1.22; V. 1; R 4.04; Achse 3.45.
Aut.: GM THM; I. 2.86; II. 1.62; III. 1; IV. 0.72; R 2; Achse 4.44.

Fahrwerk: Reifen 205/60 VR 15, 7 J.

Fahrleistungen: Vmax (Werk) 205 km/h, V bei 1000/min im 5. Gang 33.2 km/h; 0–100 km/h 9.5 s; steh. km 30.6 s; Leistungsgew. 11.5 kg/kW (8.5 kg/PS); Verbrauch EU 6/11.4 L/100 km.
Aut.: Vmax 196 km/h, V bei 1000/min im 4. Gang 36.2 km/h; 0–100 km/h 10.5 s; steh. km 31.9 s; Verbr. EU 6.5/12.7 L/100 km.

Moteur: (ECE), 4 cyl. en ligne (85×83.5 mm), 1895 cm³; compr. 10:1; 103 kW (140 ch) à 6000/min, 54.3 kW/L (73.9 ch/L); 180 Nm (18.3 mkp) à 4300/min; 95 (R).

Moteur (constr.): 4 soupapes en V 39°; 2 arbres à cames en tête (chaîne); culasse en alliage léger; vilebrequin à 5 paliers; huile 5 L; injection électronique, Bosch Motronic, M 5.2.

Batterie 70 Ah, alternateur 80 A; refroidissement à eau, capac. 6.5 L.

Transmission: (sur roues AR).
Boîte à 5 vit.: I. 4.23; II. 2.52; III. 1.66; IV. 1.22; V. 1; AR 4.04; pont 3.45.
Aut.: GM THM; I. 2.86; II. 1.62; III. 1; IV. 0.72; AR 2; pont 4.44.

Train roulant: pneus 205/60 VR 15, 7 J.

Performances: Vmax (usine) 205 km/h, V à 1000/min en 5. vit. 33.2 km/h; 0–100 km/h 9.5 s; km arrêté 30.6 s; rapp. poids/puiss. 11.5 kg/kW (8.5 kg/ch); consomm. EU 6/11.4 L/100 km.
Aut.: Vmax 196 km/h, V à 1000/min en 4. vit. 36.2 km/h; 0–100 km/h 10.5 s; km arrêté 31.9 s; consomm. EU 6.5/12.7 L/100 km.

2.8 24V – 192 PS Benzineinspritzung

Wie 1.8 – 116 PS, ausgenommen:

Karosserie, Gewicht: (DIN), Roadster, 2 Türen, 2 Sitze; leer ab 1260 kg, max. zul. 1510 kg.
Aut.: leer ab 1300 kg, max. zul. 1550 kg.

Motor: (ECE), 6 Zyl. in Linie (84×84 mm), 2793 cm³; Kompr. 10.2:1; 141 kW (192 PS) bei 5300/min, 50.5 kW/L (68.6 PS/L); 275 Nm (28 mkp) bei 3950/min; 95 ROZ.

Motorkonstruktion: 4 Ventile in V 39.5°; 2 obenl. Nockenwellen (Kette); Leichtmetall-Zylinderkopf und -block; 7fach gelagerte Kurbelwelle; Öl 6.5 L; elektron. Einspritzung, MS 41.0.

Batterie 70 Ah, Alternator 80 A; Wasserkühlung, Inh. 10.5 L.

Kraftübertragung: (auf Hinterräder), Automat. Stabilitäts- und Traktionskontrolle; hintere Differentialbremse.
5-Gang-Getriebe: I. 4.2; II. 2.49; III. 1.66; IV. 1.24; V. 1; R 3.89; Achse 3.15.
Aut.: GM THM; I. 2.86; II. 1.62; III. 1; IV. 0.72; R 2; Achse 4.1.

Fahrwerk: Vierrad-Scheibenbremse (v/h belüftet) Scheiben-⌀ v. 28.6 cm, h. 27.2 cm, Reifen 225/50 ZR 16, Felgen 7 J.

Dimensionen: Spur 141.5/149.5 cm, Breite 174 cm.

2.8 24V – 192 ch Injection d'essence

Comme 1.8 – 116 ch, sauf:

Carrosserie, poids: (DIN), Roadster, 2 portes, 2 places; vide dès 1260 kg, tot. adm. 1510 kg.
Aut.: vide dès 1300 kg, tot. adm. 1550 kg.

Moteur: (ECE), 6 cyl. en ligne (84×84 mm), 2793 cm³; compr. 10.2:1; 141 kW (192 ch) à 5300/min, 50.5 kW/L (68.6 ch/L); 275 Nm (28 mkp) à 3950/min; 95 (R).

Moteur (constr.): 4 soupapes en V 39.5°; 2 arbres à cames en tête (chaîne); culasse et bloc-cyl. en alliage léger; vilebrequin à 7 paliers; huile 6.5 L; injection électronique, MS 41.0.

Batterie 70 Ah, alternateur 80 A; refroidissement à eau, capac. 10.5 L.

Transmission: (sur roues AR), Controle automat. de stabilité et traction; différentiel autobloquant AR.
Boîte à 5 vit.: I. 4.2; II. 2.49; III. 1.66; IV. 1.24; V. 1; AR 3.89; pont 3.15.
Aut.: GM THM; I. 2.86; II. 1.62; III. 1; IV. 0.72; AR 2; pont 4.1.

Train roulant: quatre freins à disques (AV/AR ventilés) ⌀ disques AV 28.6 cm, AR 27.2 cm, pneus 225/50 ZR 16, jantes 7 J.

Dimensions: voie 141.5/149.5 cm, largeur 174 cm.

Fahrleistungen: Vmax (Werk) 218 km/h, V bei 1000/min im 5. Gang 36.8 km/h; 0–100 km/h 7.1 s; steh. km 27.5 s; Leistungsgew. 8.8 kg/kW (6.6 kg/PS); Verbrauch EU 7.3/13.9 L/100 km.
Aut.: Vmax 216 km/h, V bei 1000/min im 4. Gang 39.2 km/h; 0–100 km/h 7.4 s; steh. km 28.3 s; Verbr. EU 8.1/14.9 L/100 km.

Performances: Vmax (usine) 218 km/h, V à 1000/min en 5. vit. 36.8 km/h; 0–100 km/h 7.1 s; km arrêté 27.5 s; rapp. poids/puiss. 8.8 kg/kW (6.6 kg/ch); consomm. EU 7.3/13.9 L/100 km.
Aut.: Vmax 216 km/h, V à 1000/min en 4. vit. 39.2 km/h; 0–100 km/h 7.4 s; km arrêté 28.3 s; consomm. EU 8.1/14.9 L/100 km.

3.2 24V – 321 PS Benzineinspritzung

Wie 1.8 – 116 PS, ausgenommen:

Karosserie, Gewicht: (DIN), Roadster, 2 Türen, 2 Sitze; leer ab 1350 kg, max. zul. 1600 kg.

Motor: (ECE), 6 Zyl. in Linie (86.4×91 mm), 3201 cm³; Kompr. 11.3:1; 236 kW (321 PS) bei 7400/min, 73.7 kW/L (100.2 PS/L); 350 Nm (35.7 mkp) bei 3250/min; 98 ROZ.

Motorkonstruktion: 4 Ventile in V 39.5°; 2 obenl. Nockenwellen (Kette); 7fach gelagerte Kurbelwelle; Öl 5.5 L; elektron. Einspritzung, Siemens MS S50.

Batterie 70 Ah, Alternator 115 A; Wasserkühlung, Inh. 10.8 L.

3.2 24V – 321 ch Injection d'essence

Comme 1.8 – 116 ch, sauf:

Carrosserie, poids: (DIN), Roadster, 2 portes, 2 places; vide dès 1350 kg, tot. adm. 1600 kg.

Moteur: (ECE), 6 cyl. en ligne (86.4×91 mm), 3201 cm³; compr. 11.3:1; 236 kW (321 ch) à 7400/min, 73.7 kW/L (100.2 ch/L); 350 Nm (35.7 mkp) à 3250/min; 98 (R).

Moteur (constr.): 4 soupapes en V 39.5°; 2 arbres à cames en tête (chaîne); vilebrequin à 7 paliers; huile 5.5 L; injection électronique.

Batterie 70 Ah, alternateur 115 A; refroidissement à eau, capac. 10.8 L.

BMW Z3 M Roadster

Kraftübertragung: (auf Hinterräder).
5-Gang-Getriebe: I. 4.2; II. 2.49; III. 1.66; IV. 1.24; V. 1; R 3.89; Achse 3.15.

Fahrwerk: Vierrad-Scheibenbremse (v/h belüftet) Scheiben-⌀ v. 31.5 cm, h. 31.2 cm, Reifen v. 225/45 ZR 17, h. 245/40 ZR 17, Felgen v. 7.5, h. 9 J.

Dimensionen: Radstand 246 cm, Spur 142/149 cm, Wendekreis 10.4 m, Breite 174 cm, Höhe 127 cm.

Fahrleistungen: Vmax (Werk) 250 km/h, V bei 1000/min im 5. Gang 38.4 km/h; 0–100 km/h 5.4 s; steh. km 24.4 s; Leistungsgew. 5.7 kg/kW (4.2 kg/PS); Verbrauch EU 7.9/16.6 L/100 km.

Transmission: (sur roues AR).
Boîte à 5 vit.: I. 4.2; II. 2.49; III. 1.66; IV. 1.24; V. 1; AR 3.89; pont 3.15.

Train roulant: quatre freins à disques (AV/AR ventilés) ⌀ disques AV 31.5 cm, AR 31.2 cm, pneus AV 225/45 ZR 17, AR 245/40 ZR 17, jantes AV 7.5, AR 9 J.

Dimensions: empattement 246 cm, voie 142/149 cm, diam. de braq. 10.4 m, largeur 174 cm, hauteur 127 cm.

Performances: Vmax (usine) 250 km/h, V à 1000/min en 5. vit. 38.4 km/h; 0–100 km/h 5.4 s; km arrêté 24.4 s; rapp. poids/puiss. 5.7 kg/kW (4.2 kg/ch); consomm. EU 7.9/16.6 L/100 km.

BMW Compact

Dreitürige Limousine mit Heckklappe auf Basis der 3er-Reihe. Debüt Winter 1993/94.

Berline 3 portes avec hayon AR sur base de la série 3. Lancement hiver 1993/94.

316i: 1.6 – 102 PS Benzineinspritzung

Karosserie, Gewicht: (DIN), Limousine, 3 Türen, 5 Sitze; leer 1175 kg, max. zul. 1635 kg.

Motor: (ECE), 4 Zyl. in Linie (84×72 mm), 1596 cm³; Kompr. 9.7:1; 75 kW (102 PS) bei 5500/min, 47 kW/L (63.9 PS/L); 150 Nm (15.3 mkp) bei 3900/min; 95 ROZ.
Mit Erdgas: 75 kW (102 PS).

316i: 1.6 – 102 ch Injection d'essence

Carrosserie, poids: (DIN), Berline, 3 portes, 5 places; vide 1175 kg, tot. adm. 1635 kg.

Moteur: (ECE), 4 cyl. en ligne (84×72 mm), 1596 cm³; compr. 9.7:1; 75 kW (102 ch) à 5500/min, 47 kW/L (63.9 ch/L); 150 Nm (15.3 mkp) à 3900/min; 95 (R).
Avec gaz naturel: 75 kW (102 ch).

BMW 171

Motorkonstruktion: 2 Ventile in V 14°; 1 obenl. Nockenwelle (Zahnriemen); 5fach gelagerte Kurbelwelle; Öl 4 L; elektron. Einspritzung, M1.7.3.

Batterie 50 Ah, Alternator 70/80 A; Wasserkühlung, Inh. 6.5 L.

Kraftübertragung: (auf Hinterräder).

5-Gang-Getriebe: I. 4.23; II. 2.52; III. 1.66; IV. 1.22; V. 1; R 4.04; Achse 3.38.

Aut.: GM THM; I. 2.4; II. 1.47; III. 1; IV. 0.72; R 2; Achse 4.44.

Fahrgestell: Selbsttragende Karosserie; vorn Federbeine und Dreieckquerlenker, Kurvenstabilisator; hinten Schräglenker, a.W. Kurvenstabilisator; v/h Teleskopdämpfer.

Fahrwerk: Bremse, vorne Scheiben, hinten Trommeln, Scheiben-Ø v. 28.6 cm, ABS, Handbremse auf Hinterräder; Zahnstangenlenkung mit Servo, Treibstofftank 52 L; Reifen 185/65 HR 15, Felgen 6 J.

Dimensionen: Radstand 270 cm, Spur 142/142.5 cm, Bodenfreih. 11 cm, Wendekreis 10.4 m, Kofferraum 300/1030 dm³, Länge 421 cm, Breite 170 cm, Höhe 139 cm.

Fahrleistungen: Vmax (Werk) 188 km/h, V bei 1000/min im 5. Gang 33.6 km/h; 0–100 km/h 12.3 s; steh. km 33.6 s; Leistungsgew. 15.7 kg/kW (11.5 kg/PS); Verbrauch EU 5.9/10.8 L/100 km.

Aut.: Vmax 183 km/h, 0–100 km/h 13.8 s; steh. km 35.1 s; Verbrauch EU 6.8/12.6 L/100 km.

318ti: 1.9 16V – 140 PS Benzineinspritzung

Wie 1.6 – 102 PS, ausgenommen:

Karosserie, Gewicht: (DIN), Limousine, 3 Türen, 5 Sitze; leer 1200 kg, max. zul. 1660 kg.

Motor: (ECE), 4 Zyl. in Linie (85×83.5 mm), 1895 cm³; Kompr. 10:1; 103 kW (140 PS) bei 6000/min, 54.3 kW/L (73.9 PS/L); 180 Nm (18.3 mkp) bei 4300/min; 95 ROZ.

Motorkonstruktion: 4 Ventile in V 39°; 2 obenl. Nockenwellen (Kette); Leichtmetall-Zylinderkopf; 5fach gelagerte Kurbelwelle; Öl 5 L; elektron. Einspritzung, Bosch Motronic, M 5.2.

Batterie 50 Ah, Alternator 70/80 A; Wasserkühlung, Inh. 6.5 L.

Kraftübertragung: (auf Hinterräder).

5-Gang-Getriebe: I. 4.23; II. 2.52; III. 1.66; IV. 1.22; V. 1; R 4.04; Achse 3.38.

Aut.: GM THM; I. 2.86; II. 1.62; III. 1; IV. 0.72; R 2; Achse 4.44.

Fahrwerk: Vierrad-Scheibenbremse (vorn belüftet), Scheiben-Ø v. 28.6 cm, h. 27.2 cm, Reifen 205/60 VR 15, Felgen 6.5 J.

BMW 318i Compacti

Moteur (constr.): 2 soupapes en V 14°; 1 arbre à cames en tête (courroie crantée); vilebrequin à 5 paliers; huile 4 L; injection électronique, M1.7.3.

Batterie 50 Ah, alternateur 70/80 A; refroidissement à eau, capac. 6.5 L.

Transmission: (sur roues AR).

Boîte à 5 vit.: I. 4.23; II. 2.52; III. 1.66; IV. 1.22; V. 1; AR 4.04; pont 3.38.

Aut.: GM THM; I. 2.4; II. 1.47; III. 1; IV. 0.72; AR 2; pont 4.44.

Châssis: carrosserie autoporteuse; AV jambes élast. et leviers triang. transv., barre anti-dévers; AR triangles obliques, s.d. barre anti-dévers; AV/AR amortiss. téléscop.

Train roulant: frein, AV à disques, AR à tambours, Ø disques 28.6 cm, ABS, frein à main sur roues AR; servodirection à crémaillère, réservoir carb. 52 L; pneus 185/65 HR 15, jantes 6 J.

Dimensions: empattement 270 cm, voie 142/142.5 cm, garde au sol 11 cm, diam. de braq. 10.4 m, coffre 300/1030 dm³, longueur 421 cm, largeur 170 cm, hauteur 139 cm.

Performances: Vmax (usine) 188 km/h, V à 1000/min 5. vit. 33.6 km/h; 0–100 km/h 12.3 s; km arrêté 33.6 s; rapp. poids/puiss. 15.7 kg/kW (11.5 kg/ch); consomm. EU 5.9/10.8 L/100 km.

Aut.: Vmax 183 km/h, 0–100 km/h 13.8 s; km arrêté 35.1 s; consomm. EU 6.8/12.6 L/100 km.

318ti: 1.9 16V – 140 ch Injection d'essence

Comme 1.6 – 102 ch, sauf:

Carrosserie, poids: (DIN), Berline, 3 portes, 5 places; vide 1200 kg, tot. adm. 1660 kg.

Moteur: (ECE), 4 cyl. en ligne (85×83.5 mm), 1895 cm³; compr. 10:1; 103 kW (140 ch) à 6000/min, 54.3 kW/L (73.9 ch/L); 180 Nm (18.3 mkp) à 4300/min; 95 (R).

Moteur (constr.): 4 soupapes en V 39°; 2 arbres à cames en tête (chaîne); culasse en alliage léger; vilebrequin à 5 paliers; huile 5 L; injection électronique, Bosch Motronic, M 5.2.

Batterie 50 Ah, alternateur 70/80 A; refroidissement à eau, capac. 6.5 L.

Transmission: (sur roues AR).

Boîte à 5 vit.: I. 4.23; II. 2.52; III. 1.66; IV. 1.22; V. 1; AR 4.04; pont 3.38.

Aut.: GM THM; I. 2.86; II. 1.62; III. 1; IV. 0.72; AR 2; pont 4.44.

Train roulant: quatre freins à disques (AV ventilés), Ø disques AV 28.6 cm, AR 27.2 cm, pneus 205/60 VR 15, jantes 6.5 J.

Fahrleistungen: Vmax (Werk) 209 km/h, V bei 1000/min im 5. Gang 33.2 km/h; 0–100 km/h 9.9 s; steh. km 30.8 s; Leistungsgew. 11.7 kg/kW (8.4 kg/PS); Verbrauch EU 5.9/11.3 L/100 km.

Aut.: Vmax 202 km/h, 0–100 km/h 10.8 s; steh. km 32.4 s; Verbrauch EU 6.5/12.8 L/100 km.

318tds: 1.7 – 90 PS Turbodiesel

Wie 1.6 – 102 PS, ausgenommen:

Karosserie, Gewicht: (DIN), Limousine, 3 Türen, 5 Sitze; leer 1215 kg, max. zul. 1675 kg.

Motor: (ECE), 4 Zyl. in Linie (80×82.8 mm), 1665 cm³; Kompr. 22:1; 66 kW (90 PS) bei 4400/min, 39.6 kW/L (53.9 PS/L); 190 Nm (19.4 mkp) bei 2000/min; Dieselöl.

Motorkonstruktion: Wirbelkammer-Diesel; 2 Ventile parallel; 1 obenl. Nockenwelle (Zahnriemen); 5fach gelagerte Kurbelwelle; Öl 5.5 L; elektron. geregelte Einspritzpumpe, 1 Turbolader.

Batterie 65 Ah, Alternator 95 A; Wasserkühlung, Inh. 7.5 L.

Kraftübertragung: (auf Hinterräder).

5-Gang-Getriebe: I. 5.43; II. 2.95; III. 1.81; IV. 1.26; V. 1; R 4.96; Achse 2.65.

Fahrleistungen: Vmax (Werk) 175 km/h, V bei 1000/min im 5. Gang 45.5 km/h; 0–100 km/h 13.9 s; steh. km 35.3 s; Leistungsgew. 18.4 kg/kW (13.5 kg/PS); Verbrauch EU 4.9/8.5 L/100 km.

BMW Reihe/série 3

Bekanntes Mittelklassefahrzeug mit sportlich-luxuriösem Charakter. Debüt: Limousine November 1990, Coupé Januar (Detroit) 1992, Cabriolet März (Genf) 1993 und Station Wagon touring Winter/Frühling 1995, 6-Zyl. mit Leichtmetallblock, 328i ersetzt 325i.

316i: 1.6 – 102 PS Benzineinspritzung

Karosserie, Gewicht: (DIN), Limousine, 4 Türen, 5 Sitze; leer ab 1235 kg, max. zul. 1695 kg.

Coupé: 2 Türen, 5 Sitze.

Touring: Station Wagon, 5 Türen, 5 Sitze; leer ab 1280 kg.

Motor: (ECE), 4 Zyl. in Linie (84×72 mm), 1596 cm³; Kompr. 9.7:1; 75 kW (102 PS) bei 5500/min, 47 kW/L (63.9 PS/L); 150 Nm (15.3 mkp) bei 3900/min; 95 ROZ.

Performances: Vmax (usine) 209 km/h, V à 1000/min en 5. vit. 33.2 km/h; 0–100 km/h 9.9 s; km arrêté 30.8 s; rapp. poids/puiss. 11.7 kg/kW (8.4 kg/ch); consomm. EU 5.9/11.3 L/100 km.

Aut.: Vmax 202 km/h, 0–100 km/h 10.8 s; km arrêté 32.4 s; consomm. EU 6.5/12.8 L/100 km.

BMW 318ti Compact

318tds: 1.7 – 90 ch turbodiesel

Comme 1.6 – 102 ch, sauf:

Carrosserie, poids: (DIN), Berline, 3 portes, 5 places; vide 1215 kg, tot. adm. 1675 kg.

Moteur: (ECE), 4 cyl. en ligne (80×82.8 mm), 1665 cm³; compr. 22:1; 66 kW (90 ch) à 4400/min, 39.6 kW/L (53.9 ch/L); 190 Nm (19.4 mkp) à 2000/min; gazole.

Moteur (constr.): diesel à chambre de turbulence; 2 soup. en parallèle; 1 arbre à cames en tête (courroie crantée); vilebrequin à 5 paliers; huile 5.5 L; pompe à injection pilotée, 1 turbocompr.

Batterie 65 Ah, alternateur 95 A; refroidissement à eau, capac. 7.5 L.

Transmission: (sur roues AR).

Boîte à 5 vit.: I. 5.43; II. 2.95; III. 1.81; IV. 1.26; V. 1; AR 4.96; pont 2.65.

Performances: Vmax (usine) 175 km/h, V à 1000/min en 5. vit. 45.5 km/h; 0–100 km/h 13.9 s; km arrêté 35.3 s; rapp. poids/puiss. 18.4 kg/kW (13.5 kg/ch); consomm. EU 4.9/8.5 L/100 km.

316i: 1.6 – 102 ch Injection d'essence

Carrosserie, poids: (DIN), Berline, 4 portes, 5 places; vide dès 1235 kg, tot. adm. 1695 kg.

Coupé: 2 portes, 5 places.

Touring: station wagon, 5 portes, 5 places; vide dès 1280 kg.

Moteur: (ECE), 4 cyl. en ligne (84×72 mm), 1596 cm³; compr. 9.7:1; 75 kW (102 ch) à 5500/min, 47 kW/L (63.9 ch/L); 150 Nm (15.3 mkp) à 3900/min; 95 (R).

BMW

Motorkonstruktion: 2 Ventile in V 14°; 1 obenl. Nockenwelle (Zahnriemen); 5fach gelagerte Kurbelwelle; Öl 4 L; elektron. Einspritzung.
Batterie 50/46 Ah, Alternator 70/80 A; Wasserkühlung, Inh. 6.5 L.

Kraftübertragung: (auf Hinterräder).
5-Gang-Getriebe: I. 4.23; II. 2.52; III. 1.66; IV. 1.22; V. 1; R 4.04; Achse 3.38.
Touring: 5-Gang-Getriebe: Achse 3.45.
4-Stufen-Automat: GM THM; I. 2.4; II. 1.47; III. 1; IV. 0.72; R 2; Achse 4.44.

Fahrgestell: Selbsttragende Karosserie; v/h Einzelradaufhängung; vorn Federbeine und Dreieckquerlenker, Kurvenstabilisator; hinten unterer Querlenker, Längslenker, oberer Querlenker, v/h Kurvenstabilisator, Schraubenfedern und Teleskopdämpfer.

Fahrwerk: Bremse, vorne Scheiben, hinten Trommeln, Scheiben-⌀ v. 28.6 cm, ABS, Handbremse auf Hinterräder; Zahnstangenlenkung mit Servo, Treibstofftank 62 L; Reifen 185/65 HR 15, Felgen 6 J.
Touring/Aut.: Vierrad-Scheibenbremse (vorn belüftet).

Dimensionen: Radstand 270 cm, Spur 142/143 cm, Bodenfreih. 11 cm, Wendekreis 10.4 m, Kofferraum 435 dm³, Länge 443 cm, Breite 170 cm, Höhe 139 cm.
Coupé: Spur 141/142 cm, Kofferraum 405 dm³, Länge 443 cm, Breite 171 cm, Höhe 137 cm.
Touring: Kofferraum 370/1320 dm³.

Fahrleistungen: Vmax (Werk) 195 km/h, V bei 1000/min im 5. Gang 33.5 km/h; 0–100 km/h 12.7 s; steh. km 33.8 s; Leistungsgew. 16.5 kg/kW (12.1 kg/PS); Verbrauch EU 6/10.8 L/100 km.
Aut.: Vmax 192 km/h, 0–100 km/h 14.2 s; steh. km 35.3 s; Verbrauch EU 6.8/12.6 L/100 km.
Touring: Vmax 191 km/h, 0–100 km/h 13.2 s; steh. km 34.4 s; Verbrauch EU 6.2/11.2 L/100 km.
Touring Aut.: Vmax 185 km/h, 0–100 km/h 15.7 s; steh. km 36.7 s; Verbrauch EU 6.9/12.6 L/100 km.

Moteur (constr.): 2 soupapes en V 14°; 1 arbre à cames en tête (courroie crantée); vilebrequin à 5 paliers; huile 4 L; injection électronique.
Batterie 50/46 Ah, alternateur 70/80 A; refroidissement à eau, capac. 6.5 L.

Transmission: (sur roues AR).
Boîte à 5 vit.: I. 4.23; II. 2.52; III. 1.66; IV. 1.22; V. 1; AR 4.04; pont 3.38.
Touring: boîte à 5 vit.: pont 3.45.
Boîte autom. à 4 vit.: GM THM; I. 2.4; II. 1.47; III. 1; IV. 0.72; AR 2; pont 4.44.

Châssis: carrosserie autoporteuse; AV/AR suspension à roues indép.; AV jambes élast. et leviers triang. transv., barre anti-dévers; AR levier transvers. inférieur, bras longitud., levier transv. sup.; AV/AR stab. transv., ressorts hélic. et amortiss. télesc.

Train roulant: frein, AV à disques, AR à tambours, ⌀ disques AV 28.6 cm, ABS, frein à main sur roues AR; servodirection à crémaillère, réservoir carb. 62 L; pneus 185/65 HR 15, jantes 6 J.
Touring/Aut.: quatre freins à disques (AV ventilés).

Dimensions: empattement 270 cm, voie 142/143 cm, garde au sol 11 cm, diam. de braq. 10.4 m, coffre 435 dm³, longueur 443 cm, largeur 170 cm, hauteur 139 cm.
Coupé: voie 141/142 cm, coffre 405 dm³, longueur 443 cm, largeur 171 cm, hauteur 137 cm.
Touring: coffre 370/1320 dm³.

Performances: Vmax (usine) 195 km/h, V à 1000/min en 5. vit. 33.5 km/h; 0–100 km/h 12.7 s; km arrêté 33.8 s; rapp. poids/puiss. 16.5 kg/kW (12.1 kg/ch); consom. EU 6/10.8 L/100 km.
Aut.: Vmax 192 km/h, 0–100 km/h 14.2 s; km arrêté 35.3 s; consomm. EU 6.8/12.6 L/100 km.
Touring: Vmax 191 km/h, 0–100 km/h 13.2 s; km arrêté 34.4 s; consomm. EU 6.2/11.2 L/100 km.
Touring Aut.: Vmax 185 km/h, 0–100 km/h 15.7 s; km arrêté 36.7 s; consomm. EU 6.9/12.6 L/100 km.

Kraftübertragung: (auf Hinterräder).
5-Gang-Getriebe: I. 4.23; II. 2.52; III. 1.66; IV. 1.22; V. 1; R 4.04; Achse 3.38.
Touring: 5-Gang-Getriebe: Achse 3.45.
4-Stufen-Automat: GM THM; I. 2.4; II. 1.47; III. 1; IV. 0.72; R 2; Achse 4.44.

Fahrleistungen: Vmax (Werk) 201 km/h, V bei 1000/min im 5. Gang 33.5 km/h; 0–100 km/h 11.3 s; steh. km 32.4 s; Leistungsgew. 14.5 kg/kW (10.7 kg/PS); Verbrauch EU 6.2/11.1 L/100 km.
Aut.: Vmax 200 km/h, 0–100 km/h 12.3 s; steh. km 33.6 s; Verbr. EU 7/12.8 L/100 km.
Touring: Vmax 197 km/h, 0–100 km/h 11.7 s; steh. km 32.9 s; Verbrauch EU 6.3/11.2 L/100 km.
Touring Aut.: Vmax 194 km/h, 0–100 km/h 12.8 s; steh. km 34.1 s; Verbrauch EU 7/12.8 L/100 km.

Transmission: (sur roues AR).
Boîte à 5 vit.: I. 4.23; II. 2.52; III. 1.66; IV. 1.22; V. 1; AR 4.04; pont 3.38.
Touring: Boîte à 5 vit.: pont 3.45.
Boîte autom. à 4 vit.: GM THM; I. 2.4; II. 1.47; III. 1; IV. 0.72; AR 2; pont 4.44.

Performances: Vmax (usine) 201 km/h, V à 1000/min en 5. vit. 33.5 km/h; 0–100 km/h 11.3 s; km arrêté 32.4 s; rapp. poids/puiss. 14.5 kg/kW (10.7 kg/ch); consom. EU 6.2/11.1 L/100 km.
Aut.: Vmax 200 km/h, 0–100 km/h 12.3 s; km arr. 33.6 s; cons. EU 7/12.8 L/100 km.
Touring: Vmax 197 km/h, 0–100 km/h 11.7 s; km arrêté 32.9 s; consomm. EU 6.3/11.2 L/100 km.
Touring Aut.: Vmax 194 km/h, 0–100 km/h 12.8 s; km arrêté 34.1 s; consomm. EU 7/12.8 L/100 km.

BMW 318i Touring

318is: 1.9 16V – 140 PS
Benzineinspritzung

Wie 1.6 – 102 PS, ausgenommen:

Karosserie, Gewicht: (DIN), Limousine, 4 Türen, 5 Sitze; leer ab 1260 kg, max. zul. 1720 kg.
Coupé: leer ab 1260 kg, max. zul. 1720 kg.

Motor: (ECE), 4 Zyl. in Linie (85×83.5 mm), 1895 cm³; Kompr. 10:1; 103 kW (140 PS) bei 6000/min, 54.3 kW/L (73.9 PS/L); 180 Nm (18.3 mkp) bei 4300/min; 95 ROZ.

Motorkonstruktion: 4 Ventile in V 39°; 2 obenl. Nockenwellen (Kette); Leichtmetall-Zylinderkopf; 5fach gelagerte Kurbelwelle; Öl 5 L; elektron. Einspritzung, Bosch Motronic, M 5.2.
Batterie 50 Ah, Alternator 70/80 A; Wasserkühlung, Inh. 6.5 L.

Kraftübertragung: (auf Hinterräder).
5-Gang-Getriebe: I. 4.23; II. 2.52; III. 1.66; IV. 1.22; V. 1; R 4.04; Achse 3.38.
4-Stufen-Automat: GM THM; I. 2.86; II. 1.62; III. 1; IV. 0.72; R 2; Achse 4.44.

Fahrwerk: Vierrad-Scheibenbr. (vorn belüftet), Reifen 205/60 VR 15, Felgen 6.5 J.

Fahrleistungen: Vmax (Werk) 213 km/h, V bei 1000/min im 5. Gang 33.5 km/h; 0–100 km/h 10.2 s; steh. km 31.1 s; Leistungsgew. 12.2 kg/kW (9 kg/PS); Verbrauch EU 6.1/11.4 L/100 km.
Aut.: Vmax 207 km/h, 0–100 km/h 11.2 s; steh. km 32.7 s; Verbrauch EU 6.5/12.8 L/100 km.

320i: 2.0 24V – 150 PS
Benzineinspritzung

Wie 1.6 – 102 PS, ausgenommen:

Karosserie, Gewicht: (DIN), Limousine, 4 Türen, 5 Sitze; leer ab 1300 kg, max. zul. 1760 kg.
Coupé: leer ab 1300 kg, max. zul. 1360 kg.
Touring: leer ab 1345 kg, max. zul. 1845 kg.

BMW 316i

318i: 1.8 – 116 PS
Benzineinspritzung

Wie 1.6 – 102 PS, ausgenommen:

Karosserie, Gewicht: (DIN), Limousine, 4 Türen, 5 Sitze; leer ab 1235 kg, max. zul. 1695 kg.
Touring: leer 1280 kg, max. zul. 1780 kg.

Motor: (ECE), 4 Zyl. in Linie (84×81 mm), 1796 cm³; Kompr. 9.7:1; 85 kW (116 PS) bei 5500/min, 47.3 kW/L (64.3 PS/L); 168 Nm (17.1 mkp) bei 3900/min; 95 ROZ.

Motorkonstruktion: 2 Ventile in V 14°; 1 obenl. Nockenwelle (Zahnriemen); 5fach gelagerte Kurbelwelle; Öl 4 L; elektron. Einspritzung.
Batterie 50 Ah, Alternator 70/80 A; Wasserkühlung, Inh. 6.5 L.

318i: 1.8 – 116 ch
Injection d'essence

Comme 1.6 – 102 ch, sauf:

Carrosserie, poids: (DIN), Berline, 4 portes, 5 places; vide dès 1235 kg, tot. adm. 1695 kg.
Touring: vide 1280 kg, tot. adm. 1780 kg.

Moteur: (ECE), 4 cyl. en ligne (84×81 mm), 1796 cm³; compr. 9.7:1; 85 kW (116 ch) à 5500/min, 47.3 kW/L (64.3 ch/L); 168 Nm (17.1 mkp) à 3900/min; 95 (R).

Moteur (constr.): 2 soupapes en V 14°; 1 arbre à cames en tête (courroie crantée); vilebrequin à 5 paliers; huile 4 L; injection électronique.
Batterie 50 Ah, alternateur 70/80A; refroidissement à eau, capac. 6.5 L.

318is: 1.9 16V – 140 ch
Injection d'essence

Comme 1.6 – 102 ch, sauf:

Carrosserie, poids: (DIN), Berline, 4 portes, 5 places; vide dès 1260 kg, tot. adm. 1720 kg.
Coupé: vide 1260 kg, tot. adm. 1720 kg.

Moteur: (ECE), 4 cyl. en ligne (85×83.5 mm), 1895 cm³; compr. 10:1; 103 kW (140 ch) à 6000/min, 54.3 kW/L (73.9 ch/L); 180 Nm (18.3 mkp) à 4300/min; 95 (R).

Moteur (constr.): 4 soupapes en V 39°; 2 arbres à cames en tête (chaîne); culasse en alliage léger; vilebrequin à 5 paliers; huile 5 L; injection électronique, Bosch Motronic, M 5.2.
Batterie 50 Ah, alternateur 70/80 A; refroidissement à eau, capac. 6.5 L.

Transmission: (sur roues AR).
Boîte à 5 vit.: I. 4.23; II. 2.52; III. 1.66; IV. 1.22; V. 1; AR 4.04; pont 3.38.
Boîte autom. à 4 vit.: GM THM; I. 2.86; II. 1.62; III. 1; IV. 0.72; AR 2; pont 4.44.

Train roulant: quatre freins à disques (AV ventilés), pneus 205/60 VR 15, jantes 6.5 J.

Performances: Vmax (usine) 213 km/h, V à 1000/min en 5. vit. 33.5 km/h; 0–100 km/h 10.2 s; km arrêté 31.1 s; rapp. poids/puiss. 12.2 kg/kW (9 kg/ch); consomm. EU 6.1/11.4 L/100 km.
Aut.: Vmax 207 km/h, 0–100 km/h 11.2 s; km arrêté 32.7 s; consomm. EU 6.5/12.8 L/100 km.

320i: 2.0 24V – 150 ch
Injection d'essence

Comme 1.6 – 102 ch, sauf:

Carrosserie, poids: (DIN), Berline, 4 portes, 5 places; vide dès 1300 kg, tot. adm. 1760 kg.
Coupé: vide 1300 kg, tot. adm. 1360 kg.
Touring: vide 1345 kg, tot. adm. 1845 kg.

BMW 173

Motor: (ECE), 6 Zyl. in Linie (80×66 mm), 1991 cm³; Kompr. 11:1; 110 kW (150 PS) bei 5900/min, 55.2 kW/L (75.1 PS/L); 190 Nm (19.4 mkp) bei 4200/min; 95 ROZ.

Motorkonstruktion: 4 Ventile in V 39.5°; 2 obenl. Nockenwellen (Kette); Leichtmetall-Zylinderkopf und -block; 7fach gelagerte Kurbelwelle; Öl 6.5 L; elektron. Einspritzung, Siemens MS 41.0.
Batterie 65 Ah, Alternator 80 A; Wasserkühlung, Inh. 10.5 L.

Kraftübertragung: (auf Hinterräder).
5-Gang-Getriebe: I. 4.23; II. 2.52; III. 1.66; IV. 1.22; V. 1; R 4.04; Achse 3.45.
5-Stufen-Automat: ZF; I. 3.67; II. 2; III. 1.41; IV. 1; V. 0.74; R 4.1; Achse 3.45.

Fahrwerk: Vierrad-Scheibenbr. (vorn belüftet), Reifen 205/60 VR 15, Felgen 6.5 J.

Fahrleistungen: Vmax (Werk) 214 km/h, V bei 1000/min im 5. Gang 33.2 km/h; 0–100 km/h 9.9 s; steh. km 30.7 s; Leistungsgew. 11.8 kg/kW (8.7 kg/PS); Verbrauch EU 6.7/12.9 L/100 km.
Aut.: Vmax 214 km/h, 0–100 km/h 10.6 s; steh. km 31.9 s; Verbrauch EU 7.5/14.6 L/100 km.
Touring: Vmax 212 km/h, 0–100 km/h 10.2 s; steh. km 31.1 s; Verbrauch EU 7.5/14.6 L/100 km.
Touring Aut.: Vmax 208 km/h, 0–100 km/h 11 s; steh. km 32.2 s; Verbrauch EU 7.5/14.6 L/100 km.

Moteur: (ECE), 6 cyl. en ligne (80×66 mm), 1991 cm³; compr. 11:1; 110 kW (150 ch) à 5900/min, 55.2 kW/L (75.1 ch/L); 190 Nm (19.4 mkp) à 4200/min; 95 (R).

Moteur (constr.): 4 soupapes en V 39.5°; 2 arbres à cames en tête (chaîne); culasse et bloc-cyl. en alliage léger; vilebrequin à 7 paliers; huile 6.5 L; injection électronique, Siemens MS 41.0.
Batterie 65 Ah, alternateur 80 A; refroidissement à eau, capac. 10.5 L.

Transmission: (sur roues AR).
Boîte à 5 vit.: I. 4.23; II. 2.52; III. 1.66; IV. 1.22; V. 1; AR 4.04; pont 3.45.
Boîte autom. à 5 vit.: ZF; I. 3.67; II. 2; III. 1.41; IV. 1; V. 0.74; AR 4.1; pont 3.45.

Train roulant: quatre freins à disques (AV ventilés), pneus 205/60 VR 15, jantes 6.5 J.

Performances: Vmax (usine) 214 km/h, V à 1000/min en 5. vit. 33.2 km/h; 0–100 km/h 9.9 s; km arrêté 30.7 s; rapp. poids/puiss. 11.8 kg/kW (8.7 kg/ch); consomm. EU 6.7/12.9 L/100 km.
Aut.: Vmax 214 km/h, 0–100 km/h 10.6 s; km arrêté 31.9 s; consomm. EU 7.5/14.6 L/100 km.
Touring: Vmax 212 km/h, 0–100 km/h 10.2 s; km arrêté 31.1 s; consomm. EU 7.5/14.6 L/100 km.
Touring Aut.: Vmax 208 km/h, 0–100 km/h 11 s; km arrêté 32.2 s; consomm. EU 7.5/14.6 L/100 km.

BMW 323i

BMW 320i Coupé

323i: 2.5 24V – 170 PS Benzineinspritzung

Wie 1.6 – 102 PS, ausgenommen:

Karosserie, Gewicht: (DIN), Limousine, 4 Türen, 5 Sitze; leer ab 1310 kg, max. zul. 1770 kg.
Coupé: leer 1310 kg, max. zul. 1770 kg.
Touring: leer 1365 kg, max. zul. 1845 kg.

Motor: (ECE), 6 Zyl. in Linie (84×75 mm), 2494 cm³; Kompr. 10.5:1; 125 kW (170 PS) bei 5500/min, 50.1 kW/L (68.1 PS/L); 245 Nm (25 mkp) bei 3950/min; 95 ROZ.

Motorkonstruktion: 4 Ventile in V 39.5°; 2 obenl. Nockenwellen (Kette); 7fach gelagerte Kurbelwelle; Öl 5.9 L; elektron. Einspritzung.
Batterie 65 Ah, Alternator 80 A; Wasserkühlung, Inh. 10.5 L.

Kraftübertragung: (auf Hinterräder).
5-Gang-Getriebe: I. 4.23; II. 2.52; III. 1.66; IV. 1.22; V. 1; R 4.04; Achse 2.93.
5-Stufen-Automat: ZF; I. 3.67; II. 2; III. 1.41; IV. 1; V. 0.74; R 4.1; Achse 2.93.

Fahrwerk: Vierrad-Scheibenbremse (v/h belüftet), h. 27.6 cm, Reifen 205/60 VR 15, Felgen 6.5/7 J.

323i: 2.5 24V – 170 ch Injection d'essence

Comme 1.6 – 102 ch, sauf:

Carrosserie, poids: (DIN), Berline, 4 portes, 5 places; vide dès 1310 kg, tot. adm. 1770 kg.
Coupé: vide 1310 kg, tot. adm. 1770 kg.
Touring: vide 1365 kg, tot. adm. 1845 kg.

Moteur: (ECE), 6 cyl. en ligne (84×75 mm), 2494 cm³; compr. 10.5:1; 125 kW (170 ch) à 5500/min, 50.1 kW/L (68.1 ch/L); 245 Nm (25 mkp) à 3950/min; 95 (R).

Moteur (constr.): 4 soupapes en V 39.5°; 2 arbres à cames en tête (chaîne); vilebrequin à 7 paliers; huile 5.9 L; injection électronique.
Batterie 65 Ah, alternateur 80 A; refroidissement à eau, capac. 10.5 L.

Transmission: (sur roues AR).
Boîte à 5 vit.: I. 4.23; II. 2.52; III. 1.66; IV. 1.22; V. 1; AR 4.04; pont 2.93.
Boîte autom. à 5 vit.: ZF; I. 3.67; II. 2; III. 1.41; IV. 1; V. 0.74; AR 4.1; pont 2.93.

Train roulant: quatre freins à disques (AV/AR ventilés), AR 27.6 cm, pneus 205/60 VR 15, jantes 6.5/7 J.

Fahrleistungen: Vmax (Werk) 227 km/h, V bei 1000/min im 5. Gang 39.1 km/h; 0–100 km/h 8 s; steh. km 28.9 s; Leistungsgew. 10.5 kg/kW (7.7 kg/PS); Verbrauch EU 6.7/12.9 L/100 km.
Aut.: Vmax 224 km/h, 0–100 km/h 9 s; steh. km 29.9 s; Verbr. EU 7.3/15 L/100 km.
Touring: Vmax 223 km/h, 0–100 km/h 8.3 s; steh. km 29.4 s; Verbrauch EU 6.8/12.9 L/100 km.
Touring Aut.: Vmax 219 km/h, 0–100 km/h 9.3 s; steh. km 30.3 s; Verbrauch EU 7.3/15 L/100 km.

Performances: Vmax (usine) 227 km/h, V à 1000/min en 5. vit. 39.1 km/h; 0–100 km/h 8 s; km arrêté 28.9 s; rapp. poids/puiss. 10.5 kg/kW (7.7 kg/ch); consomm. EU 6.7/12.9 L/100 km.
Aut.: Vmax 224 km/h, 0–100 km/h 9 s; km arrêté 29.9 s; cons. EU 7.3/15 L/100 km.
Touring: Vmax 223 km/h, 0–100 km/h 8.3 s; km arrêté 29.4 s; consomm. EU 6.8/12.9 L/100 km.
Touring Aut.: Vmax 219 km/h, 0–100 km/h 9.3 s; km arrêté 30.3 s; consomm. EU 7.3/15 L/100 km.

328i: 2.8 24V – 193 PS Benzineinspritzung

Wie 1.6 – 102 PS, ausgenommen:

Karosserie, Gewicht: (DIN), Limousine, 4 Türen, 5 Sitze; leer ab 1320 kg, max. zul. 1780 kg. USA: leer ab 1415 kg.
Coupé: leer 1320 kg, max. zul. 1780 kg.
Touring: leer 1365 kg, max. zul. 1865 kg.

Motor: (ECE), 6 Zyl. in Linie (84×84 mm), 2793 cm³; Kompr. 10.2:1; 142 kW (193 PS) bei 5300/min, 50.8 kW/L (69.1 PS/L); 280 Nm (28.5 mkp) bei 3950/min; 95 ROZ.

Motorkonstruktion: 4 Ventile in V 39.5°; 2 obenl. Nockenwellen (Kette); Leichtmetall-Zylinderkopf und -block; 7fach gelagerte Kurbelwelle; Öl 6.5 L; elektron. Einspr.
Batterie 65 Ah, Alternator 80 A; Wasserkühlung, Inh. 10.5 L.

Kraftübertragung: (auf Hinterräder).
5-Gang-Getriebe: I. 4.2; II. 2.49; III. 1.66; IV. 1.24; V. 1; R 3.89; Achse 2.93.
5-Stufen-Automat: ZF; I. 3.67; II. 2; III. 1.41; IV. 1; V. 0.74; R 4.1; Achse 3.07.
USA: 4-Stufen-Automat: GM THM; I. 2.86; II. 1.62; III. 1; IV. 0.72; R 2; Achse 3.91.

Fahrwerk: Vierrad-Scheibenbremse (v/h belüftet), h. 27.6 cm, Reifen 205/60 WR 15, Felgen 7 J.

Fahrleistungen: Vmax (Werk) 236 km/h, V bei 1000/min im 5. Gang 39.1 km/h; 0–100 km/h 7.3 s; steh. km 28 s; Leistungsgew. 9.3 kg/kW (6.8 kg/PS); Verbrauch EU 6.7/13.5 L/100 km.
Aut.: Vmax 232 km/h, 0–100 km/h 7.8 s; steh. km 28.5 s; Verbrauch EU 7.3/15.3 L/100 km.
Touring: Vmax 230 km/h, 0–100 km/h 7.4 s; steh. km 28.2 s; Verbrauch EU 6.8/13.5 L/100 km.
Touring Aut.: Vmax 225 km/h, 0–100 km/h 8 s; steh. km 28.8 s; Verbrauch EU 7.3/15.3 L/100 km.

328i: 2.8 24V – 193 ch Injection d'essence

Comme 1.6 – 102 ch, sauf:

Carrosserie, poids: (DIN), Berline, 4 portes, 5 places; vide dès 1320 kg, tot. adm. 1780 kg. USA: vide dès 1415 kg.
Coupé: vide 1320 kg, tot. adm. 1780 kg.
Touring: vide 1365 kg, tot. adm. 1865 kg.

Moteur: (ECE), 6 cyl. en ligne (84×84 mm), 2793 cm³; compr. 10.2:1; 142 kW (193 ch) à 5300/min, 50.8 kW/L (69.1 ch/L); 280 Nm (28.5 mkp) à 3950/min; 95 (R).

Moteur (constr.): 4 soupapes en V 39.5°; 2 arbres à cames en tête (chaîne); culasse et bloc-cyl. en alliage léger; vilebrequin à 7 paliers; huile 6.5 L; injection électronique.
Batterie 65 Ah, alternateur 80 A; refroidissement à eau, capac. 10.5 L.

Transmission: (sur roues AR).
Boîte à 5 vit.: I. 4.2; II. 2.49; III. 1.66; IV. 1.24; V. 1; AR 3.89; pont 2.93.
Boîte autom. à 5 vit.: ZF; I. 3.67; II. 2; III. 1.41; IV. 1; V. 0.74; AR 4.1; pont 3.07.
USA: boîte aut. à 4 vit.: GM THM; I. 2.86; II. 1.62; III. 1; IV. 0.72; AR 2; pont 3.91.

Train roulant: quatre freins à disques (AV/AR ventilés), AR 27.6 cm, pneus 205/60 WR 15, jantes 7 J.

Performances: Vmax (usine) 236 km/h, V à 1000/min en 5. vit. 39.1 km/h; 0–100 km/h 7.3 s; km arrêté 28 s; rapp. poids/puiss. 9.3 kg/kW (6.8 kg/ch); consomm. EU 6.7/13.5 L/100 km.
Aut.: Vmax 232 km/h, 0–100 km/h 7.8 s; km arrêté 28.5 s; consomm. EU 7.3/15.3 L/100 km.
Touring: Vmax 230 km/h, 0–100 km/h 7.4 s; km arrêté 28.2 s; consomm. EU 6.8/13.5 L/100 km.
Touring Aut.: Vmax 225 km/h, 0–100 km/h 8 s; km arrêté 28.8 s; consomm. EU 7.3/15.3 L/100 km.

BMW

318tds: 1.7 – 90 PS Turbodiesel

Wie 1.6 – 102 PS, ausgenommen:

Karosserie, Gewicht: (DIN), Limousine, 4 Türen, 5 Sitze; leer ab 1280 kg, max. zul. 1740 kg.
Touring: leer 1325 kg, max. zul. 1825 kg.

Motor: (ECE), 4 Zyl. in Linie (80×82.8 mm), 1665 cm³; Kompr. 22:1; 66 kW (90 PS) bei 4400/min, 39.6 kW/L (53.9 PS/L); 190 Nm (19.4 mkp) bei 2000/min; Dieselöl.

Motorkonstruktion: Wirbelkammer-Diesel; 2 Ventile parallel; 1 obenl. Nockenwelle (Zahnriemen); 5fach gelagerte Kurbelwelle; Öl 5.5 L; elektron. geregelte Einspritzpumpe, 1 Turbolader, Intercooler.

Batterie 65 Ah, Alternator 95 A; Wasserkühlung, Inh. 7.5 L.

Kraftübertragung: (auf Hinterräder).
5-Gang-Getriebe: I. 5.43; II. 2.95; III. 1.81; IV. 1.26; V. 1; R 4.96; Achse 2.79.

Fahrleistungen: Vmax (Werk) 182 km/h, V bei 1000/min im 5. Gang 40.7 km/h; 0–100 km/h 14.2 s; steh. km 35.5 s; Leistungsgew. 19.4 kg/kW (14.2 kg/PS); Verbrauch EU 5.2/8.8 L/100 km.
Touring: Vmax 179 km/h, 0–100 km/h 14.5 s; steh. km 35.7 s.

318tds: 1.7 – 90 ch turbodiesel

Comme 1.6 – 102 ch, sauf:

Carrosserie, poids: (DIN), Berline, 4 portes, 5 places; vide dès 1280 kg, tot. adm. 1740 kg.
Touring: vide 1325 kg, tot. adm. 1825 kg.

Moteur: (ECE), 4 cyl. en ligne (80×82.8 mm), 1665 cm³; compr. 22:1; 66 kW (90 ch) à 4400/min, 39.6 kW/L (53.9 ch/L); 190 Nm (19.4 mkp) à 2000/min; gazole.

Moteur (constr.): diesel à chambre de turbulence; 2 soup. en parallèle; 1 arbre à cames en tête (courroie crantée); vilebrequin à 5 paliers; huile 5.5 L; pompe à injection pilotée, 1 turbocompr., intercooler.

Batterie 65 Ah, alternateur 95 A; refroidissement à eau, capac. 7.5 L.

Transmission: (sur roues AR).
Boîte à 5 vit.: I. 5.43; II. 2.95; III. 1.81; IV. 1.26; V. 1; AR 4.96; pont 2.79.

Performances: Vmax (usine) 182 km/h, V à 1000/min en 5. vit. 40.7 km/h; 0–100 km/h 14.2 s; km arrêté 35.5 s; rapp. poids/puiss. 19.4 kg/kW (14.2 kg/ch); consomm. EU 5.2/8.8 L/100 km.
Touring: Vmax 179 km/h, 0–100 km/h 14.5 s; km arrêté 35.7 s.

325tds: 2.5 – 143 PS Turbodiesel

Wie 1.6 – 102 PS, ausgenommen:

Karosserie, Gewicht: (DIN), Limousine, 4 Türen, 5 Sitze; leer ab 1365 kg, max. zul. 1825 kg.
Touring: leer 1410 kg, max. zul. 1910 kg.

Motor: (ECE), 6 Zyl. in Linie (80×82.8 mm), 2497 cm³; Kompr. 22:1; 105 kW (143 PS) bei 4800/min, 42 kW/L (57.2 PS/L); 260 Nm (26.5 mkp) bei 2200/min; Dieselöl.

Motorkonstruktion: Wirbelkammer-Diesel; 2 Ventile parallel; 1 obenl. Nockenwelle (Zahnriemen); 7fach gelagerte Kurbelwelle; Öl 7 L; Einspritzpumpe mit digitaler Elektronik, Bosch, 1 Turbolader, Intercooler.

Batterie 90 Ah, Alternator 95 A; Wasserkühlung, Inh. 9.8 L.

Kraftübertragung: (auf Hinterräder).
5-Gang-Getriebe: I. 5.09; II. 2.8; III. 1.76; IV. 1.25; V. 1; R 4.71; Achse 2.56.
5-Stufen-Automat: ZF; I. 3.67; II. 2; III. 1.41; IV. 1; V. 0.74; R 4.1; Achse 2.56.

Fahrwerk: Vierrad-Scheibenbr. (vorn belüftet), Reifen 205/60 VR 15, Felgen 6.5 J.

Fahrleistungen: Vmax (Werk) 214 km/h, V bei 1000/min im 5. Gang 44.2 km/h; 0–100 km/h 10.4 s; steh. km 31.4 s; Leistungsgew. 13 kg/kW (9.5 kg/PS); Verbrauch EU 5.6/10.2 L/100 km.
Aut.: Vmax 211 km/h, 0–100 km/h 10.8 s; steh. km 32.3 s; Verbrauch EU 6.5/11.3 L/100 km.
Touring: Vmax 206 km/h, 0–100 km/h 10.5 s; steh. km 31.7 s; Verbrauch EU 5.6/10.2 L/100 km.
Touring Aut.: Vmax 204 km/h, 0–100 km/h 11 s; steh. km 32.6 s; Verbrauch EU 6.7/11.9 L/100 km.

325tds: 2.5 – 143 ch turbodiesel

Comme 1.6 – 102 ch, sauf:

Carrosserie, poids: (DIN), Berline, 4 portes, 5 places; vide dès 1365 kg, tot. adm. 1825 kg.
Touring: vide 1410 kg, tot. adm. 1910 kg.

Moteur: (ECE), 6 cyl. en ligne (80×82.8 mm), 2497 cm³; compr. 22:1; 105 kW (143 ch) à 4800/min, 42 kW/L (57.2 ch/L); 260 Nm (26.5 mkp) à 2200/min; gazole.

Moteur (constr.): diesel à chambre de turbulence; 2 soup. en parallèle; 1 arbre à cames en tête (courroie crantée); vilebrequin à 7 paliers; huile 7 L; pompe à inj. et gestion digitale, Bosch, 1 turbocompr., interc.

Batterie 90 Ah, alternateur 95 A; refroidissement à eau, capac. 9.8 L.

Transmission: (sur roues AR).
Boîte à 5 vit.: I. 5.09; II. 2.8; III. 1.76; IV. 1.25; V. 1; AR 4.71; pont 2.56.
Boîte autom. à 5 vit.: ZF; I. 3.67; II. 2; III. 1.41; IV. 1; V. 0.74; AR 4.1; pont 2.56.

Train roulant: quatre freins à disques (AV ventilés), pneus 205/60 VR 15, jantes 6.5 J.

Performances: Vmax (usine) 214 km/h, V à 1000/min en 5. vit. 44.2 km/h; 0–100 km/h 10.4 s; km arrêté 31.4 s; rapp. poids/puiss. 13 kg/kW (9.5 kg/ch); consomm. EU 5.6/10.2 L/100 km.
Aut.: Vmax 211 km/h, 0–100 km/h 10.8 s; km arrêté 32.3 s; consomm. EU 6.5/11.3 L/100 km.
Touring: Vmax 206 km/h, 0–100 km/h 10.5 s; km arrêté 31.7 s; consomm. EU 5.6/10.2 L/100 km.
Touring Aut.: Vmax 204 km/h, 0–100 km/h 11 s; km arrêté 32.6 s; consomm. EU 6.7/11.9 L/100 km.

BMW 325 tds Touring

325td: 2.5 – 116 PS Turbodiesel

Wie 1.6 – 102 PS, ausgenommen:

Karosserie, Gewicht: (DIN), Limousine, 4 Türen, 5 Sitze; leer ab 1355 kg, max. zul. 1815 kg.
Aut.: leer ab 1390 kg, max. zul. 1845 kg.

Motor: (ECE), 6 Zyl. in Linie (80×82.8 mm), 2497 cm³; Kompr. 22:1; 85 kW (116 PS) bei 4800/min, 34 kW/L (46.3 PS/L); 222 Nm (22.6 mkp) bei 1900/min; Dieselöl.

Motorkonstruktion: Wirbelkammer-Diesel; 2 Ventile parallel; 1 obenl. Nockenwelle (Zahnriemen); 7fach gelagerte Kurbelwelle; Öl 7 L; Einspritzpumpe mit digitaler Elektronik, 1 Turbolader.

Batterie 85 Ah, Alternator 95 A; Wasserkühlung, Inh. 8.8 L.

Kraftübertragung: (auf Hinterräder).
5-Gang-Getriebe: I. 5.09; II. 2.8; III. 1.76; IV. 1.25; V. 1; R 4.71; Achse 2.56.
4-Stufen-Automat: GM THM; I. 2.86; II. 1.62; III. 1; IV. 0.72; R 2; Achse 3.23.

Fahrwerk: Vierrad-Scheibenbremse (vorn belüftet).

Fahrleistungen: Vmax (Werk) 198 km/h, V bei 1000/min im 5. Gang 44.4 km/h; 0–100 km/h 12 s; steh. km 33.3 s; Leistungsgew. 15.9 kg/kW (11.8 kg/PS); Verbrauch EU 5.7/10.3 L/100 km.
Aut.: Vmax 194 km/h, 0–100 km/h 12.8 s; steh. km 34.3 s; Verbrauch EU 6.3/11.9 L/100 km.

325td: 2.5 – 116 ch turbodiesel

Comme 1.6 – 102 ch, sauf:

Carrosserie, poids: (DIN), Berline, 4 portes, 5 places; vide dès 1355 kg, tot. adm. 1815 kg.
Aut.: vide dès 1390 kg, tot. adm. 1845 kg.

Moteur: (ECE), 6 cyl. en ligne (80×82.8 mm), 2497 cm³; compr. 22:1; 85 kW (116 ch) à 4800/min, 34 kW/L (46.3 ch/L); 222 Nm (22.6 mkp) à 1900/min; gazole.

Moteur (constr.): diesel à chambre de turbulence; 2 soup. en parallèle; 1 arbre à cames en tête (courroie crantée); vilebrequin à 7 paliers; huile 7 L; pompe à injection et gestion digitale, 1 turbocompr.

Batterie 85 Ah, alternateur 95 A; refroidissement à eau, capac. 8.8 L.

Transmission: (sur roues AR).
Boîte à 5 vit.: I. 5.09; II. 2.8; III. 1.76; IV. 1.25; V. 1; AR 4.71; pont 2.56.
Boîte autom. à 4 vit.: GM THM; I. 2.86; II. 1.62; III. 1; IV. 0.72; AR 2; pont 3.23.

Train roulant: quatre freins à disques (AV ventilés).

Performances: Vmax (usine) 198 km/h, V à 1000/min en 5. vit. 44.4 km/h; 0–100 km/h 12 s; km arrêté 33.3 s; rapp. poids/puiss. 15.9 kg/kW (11.8 kg/ch); consomm. EU 5.7/10.3 L/100 km.
Aut.: Vmax 194 km/h, 0–100 km/h 12.8 s; km arrêté 34.3 s; consomm. EU 6.3/11.9 L/100 km.

BMW Cabrio

Cabriolet mit vier Sitzen auf dem 3er-Coupé basierend. Debüt als 325 Herbst 1992/Genf 1993, als 318/320 Winter/Frühling 1994. 328i ersetzt 1995 den 325i.

Cabrio avec 4 places, basant sur le coupé série 3. Lancements: 325 automne 1992/Genève 1993, 318/320 hiver/printemps 1994. 328i remplace 1995 la 325i.

318i: 1.8 – 116 PS Benzineinspritzung

Karosserie, Gewicht: (DIN), Cabriolet, 2 Türen, 4 Sitze; leer ab 1370 kg, max. zul. 1770 kg.
Aut.: 2 Türen, 4 Sitze; leer ab 1410 kg, max. zul. 1810 kg.

Motor: (ECE), 4 Zyl. in Linie (84×81 mm), 1796 cm³; Kompr. 9.7:1; 85 kW (116 PS) bei 5500/min, 47.3 kW/L (64.3 PS/L); 168 Nm (17.1 mkp) bei 3900/min; 95 ROZ.

318i: 1.8 – 116 ch Injection d'essence

Carrosserie, poids: (DIN), cabriolet, 2 portes, 4 places; vide dès 1370 kg, tot. adm. 1770 kg.
Aut.: 2 portes, 4 places; vide dès 1410 kg, tot. adm. 1810 kg.

Moteur: (ECE), 4 cyl. en ligne (84×81 mm), 1796 cm³; compr. 9.7:1; 85 kW (116 ch) à 5500/min, 47.3 kW/L (64.3 ch/L); 168 Nm (17.1 mkp) à 3900/min; 95 (R).

BMW 318i Cabrio

Legen Sie die gesparten 38% aufs Ferrari-Sparbüchlein.

Mit einem Abo der AUTOMOBIL REVUE.

38% Vergünstigung oder Fr. 78.– sind immerhin ein kleiner Anfang zu einem grossen Ferrari. Darum abonniere ich die AUTOMOBILREVUE

☐ im **Jahres-Abonnement** für Fr. 126.–. Ich spare 38% oder Fr. 78.– gegenüber dem Einzelkauf. Die Ausgaben bis Ende des auf die Bestellung folgenden Monats sind gratis. Ich erhalte 3 Willkommensgeschenke: die neue Hallwag-Strassenkarte der Schweiz, die HELPCARD, welche mir bei Pannen weltweit und rund um die Uhr Hilfe vermittelt, und zusätzlich einen 50-Franken-Gutschein an ein Fahrtraining oder einen Antischleuderkurs in Veltheim.

☐ im **Halbjahres-Abonnement** für Fr. 68.–. Ich spare 34% oder Fr. 36.– gegenüber dem Einzelkauf. Die Ausgaben bis Ende des auf die Bestellung folgenden Monats sind gratis. Ich erhalte 2 Willkommensgeschenke: die HELPCARD, welche mir bei Pannen weltweit und rund um die Uhr Hilfe vermittelt, und einen 20-Franken-Gutschein an ein Fahrtraining oder einen Antischleuderkurs in Veltheim.

☐ im **Schnupper-Abonnement** 2 Monate lang (8 Ex.) für nur Fr. 20.–.

Name: _____ (SA 513/JA 514/HJ 527)

Vorname: _____

Strasse/Nr.: _____

PLZ/Ort: _____

☐ Bitte buchen Sie den Betrag direkt ab meinem Postcheckkonto

Nr. ....

Möchten Sie Ihr Abonnement direkt über Ihr Bankkonto bezalen, rufen Sie uns an.

☐ Bitte belasten Sie meine Kreditkarte:
  ☐ Eurocard/MasterCard ☐ Visa ☐ Diners ☐ Amexco

Karten-Nr.: .... gülti bis ....../......

☐ Bitte senden Sie mir eine Rechnung.

Datum/Unterschrift: _____

(Preise inkl. 2% MWSt; Angebot nur gültig für die Schweiz, Auslandspreise auf Anfrage.)

Coupon ausschneiden und einsenden an AUTOMOBIL REVUE, Leser-Service, Nordring 4, 3001 Bern. Oder Tel.: 031/332 31 31.

AUTOMOBIL REVUE

Mettez de côté les 33% économisés pour acheter une Ferrari.

Abonnez-vous à la REVUE AUTOMOBILE!

Il n'y a pas de petites économies. 33% de réduction ou Fr. 51.–, c'est le premier pas vers la Ferrari dont vous rêvez. C'est pourquoi je m'abonne pour

☐ **un an à la revue automobile** pour la somme de Fr. 102.–. Ce faisant, j'économise Fr. 51.– ou 33% du prix de vente au kiosque. Les numéros jusqu'à la fin du mois suivant le mois du début de votre abonnement sont gratuits. Et je reçois également trois cadeaux: la HELPCARD (téléphone de secours 24 heures sur 24), la nouvelle carte routière de Suisse HALLWAG et un bon pour suivre un cours de conduite ou d'antidérapage à Veltheim en économisant 50 francs.

☐ **six mois à la revue automobile** pour la somme de Fr. 55.–. Ce faisant, j'économise Fr. 23.– ou 29% du prix de vente au kiosque. Les numéros jusqu'à la fin du mois suivant le mois du début de votre abonnement sont gratuits. Et je reçois également deux cadeaux: la HELPCARD (téléphone de secours 24 heures sur 24) et un bon pour suivre un cours de conduite ou d'antidérapage à Veltheim en économisant 20 francs.

☐ **Abonnement à l'essai** de 2 mois (8 ex.) pour Fr. 20.– seulement.

Nom: (SA 463/JA 464/HJ 472)

Prénom:

Rue/No:

NPA/Lieu:

☐ Veuillez débiter de la somme mon compte chèque postal.
No ....
Si vous désirez utiliser votre compte bancaire, appelez-nous.

☐ Je désire payer avec ma carte de crédit:
☐ Eurocard/MasterCard ☐ Visa ☐ Diners ☐ Amexco
No ....val. jusqu'au ..../......

☐ Veuillez m'envoyer une facture.

Date/Signature:
(Prix TVA 2% incluse, prix pour l'étranger sur demande.)

Détachez le coupon et envoyez-le à la REVUE AUTOMOBILE, Service lecteurs, Nordring 4, 3001 Berne. Ou tél. au 031/332 31 31.

revue automobile

BMW 177

Motorkonstruktion: 2 Ventile in V 14°; 1 obenl. Nockenwelle (Zahnriemen); 5fach gelagerte Kurbelwelle; Öl 4 L; elektron. Einspritzung.
Batterie 70 Ah, Alternator 70/80 A; Wasserkühlung, Inh. 6.5 L.

Kraftübertragung: (auf Hinterräder).
5-Gang-Getriebe: I. 4.23; II. 2.52; III. 1.66; IV. 1.22; V. 1; R 4.04; Achse 3.38.
4-Stufen-Automat: GM THM; I. 2.4; II. 1.47; III. 1; IV. 0.72; R 2; Achse 4.44.

Fahrgestell: Selbsttragende Karosserie; v/h Einzelradaufhängung; vorn Federbeine und Dreieckquerlenker, Kurvenstabilisator; hinten unterer Querlenker, Längslenker, oberer Querlenker, v/h Kurvenstabilisator, Schraubenfedern, Teleskopdämpfer.

Fahrwerk: Vierrad-Scheibenbremse, Scheiben-∅ v. 28.6 cm, h. 28 cm, ABS, Handbremse auf Hinterräder; Zahnstangenlenkung mit Servo, Treibstofftank 62 L; Reifen 205/60 HR 15, Felgen 6.5 J.

Dimensionen: Radstand 270 cm, Spur 141/142 cm, Bodenfreih. 11 cm, Wendekreis 10.4 m, Kofferraum 230 dm³, Länge 443.5 cm, Breite 171 cm, Höhe 135 cm.

Fahrleistungen: Vmax (Werk) 194 km/h, V bei 1000/min im 5. Gang 33.5 km/h; 0–100 km/h 12.5 s; steh. km 33.7 s; Leistungsgew. 16.1 kg/kW (11.9 kg/PS); Verbrauch EU 6.5/11.1 L/100 km.
Aut.: Vmax 189 km/h, 0–100 km/h 13.7 s; steh. km 34.9 s; Verbrauch EU 7.2/13 L/100 km.

Moteur (constr.): 2 soupapes en V 14°; 1 arbre à cames en tête (courroie crantée); vilebrequin à 5 paliers; huile 4 L; injection électronique.
Batterie 70 Ah, alternateur 70/80 A; refroidissement à eau, capac. 6.5 L.

Transmission: (sur roues AR).
Boîte à 5 vit.: I. 4.23; II. 2.52; III. 1.66; IV. 1.22; V. 1; AR 4.04; pont 3.38.
Boîte autom. à 4 vit.: GM THM; I. 2.4; II. 1.47; III. 1; IV. 0.72; AR 2; pont 4.44.

Châssis: carrosserie autoporteuse; AV/AR suspension à roues indép.; AV jambes élast. et leviers triang. transv., barre anti-dévers; AR levier transvers. inférieur, bras longitud., levier transv. sup.; AV/AR barre anti-dévers, ressorts hélic, amortiss. télesc.

Train roulant: quatre freins à disques, ∅ disques AV 28.6 cm, AR 28 cm, ABS, frein à main sur roues AR; servodirection à crémaillère, réservoir carb. 62 L; pneus 205/60 HR 15, jantes 6.5 J.

Dimensions: empattement 270 cm, voie 141/142 cm, garde au sol 11 cm, diam. de braq. 10.4 m, coffre 230 dm³, longueur 443.5 cm, largeur 171 cm, hauteur 135 cm.

Performances: Vmax (usine) 194 km/h, V à 1000/min en 5. vit. 33.5 km/h; 0–100 km/h 12.5 s; km arrêté 33.7 s; rapp. poids/puiss. 16.1 kg/kW (11.9 kg/ch); consomm. EU 6.5/11.1 L/100 km.
Aut.: Vmax 189 km/h, 0–100 km/h 13.7 s; km arrêté 34.9 s; consomm. EU 7.2/13 L/100 km.

BMW 320i Cabrio

320i: 2.0 24V – 150 PS Benzineinspritzung

Wie 1.8 – 116 PS, ausgenommen:

Karosserie, Gewicht: (DIN), Cabriolet, 2 Türen, 4 Sitze; leer ab 1410 kg, max. zul. 1810 kg.

Motor: (ECE), 6 Zyl. in Linie (80×66 mm), 1991 cm³; Kompr. 11:1; 110 kW (150 PS) bei 5900/min, 55.2 kW/L (75.1 PS/L); 190 Nm (19.4 mkp) bei 4200/min; 95 ROZ.

Motorkonstruktion: 4 Ventile in V 39.5°; 2 obenl. Nockenwellen (Kette); Leichtmetall-Zylinderkopf und -block; 7fach gelagerte Kurbelwelle; Öl 6.5 L; elektron. Einspr.
Batterie 65 Ah, Alternator 80 A; Wasserkühlung, Inh. 10.5 L.

Kraftübertragung: (auf Hinterräder).
5-Gang-Getriebe: I. 4.23; II. 2.52; III. 1.66; IV. 1.22; V. 1; R 4.04; Achse 3.45.
5-Stufen-Automat: ZF; I. 3.67; II. 2; III. 1.41; IV. 1; V. 0.74; R 4.1; Achse 3.45.

Fahrwerk: Vierrad-Scheibenbremse (vorn belüftet), Reifen 205/60 VR 15, Felgen 7 J.

Fahrleistungen: Vmax (Werk) 211 km/h, V bei 1000/min im 5. Gang 33.2 km/h; 0–100 km/h 10.6 s; steh. km 31.6 s; Leistungsgew. 12.8 kg/kW (9.4 kg/PS); Verbrauch EU 6.8/12.9 L/100 km.
Aut.: Vmax 207 km/h, 0–100 km/h 11.4 s; steh. km 32.8 s; Verbrauch EU 7.6/14.9 L/100 km.

320i: 2.0 24V – 150 ch Injection d'essence

Comme 1.8 – 116 ch, sauf:

Carrosserie, poids: (DIN), cabriolet, 2 portes, 4 places; vide dès 1410 kg, tot. adm. 1810 kg.

Moteur: (ECE), 6 cyl. en ligne (80×66 mm), 1991 cm³; compr. 11:1; 110 kW (150 ch) à 5900/min, 55.2 kW/L (75.1 ch/L); 190 Nm (19.4 mkp) à 4200/min; 95 (R).

Moteur (constr.): 4 soupapes en V 39.5°; 2 arbres à cames en tête (chaîne); culasse et bloc-cyl. en alliage léger; vilebrequin à 7 paliers; huile 6.5 L; injection électronique.
Batterie 65 Ah, alternateur 80 A; refroidissement à eau, capac. 10.5 L.

Transmission: (sur roues AR).
Boîte à 5 vit.: I. 4.23; II. 2.52; III. 1.66; IV. 1.22; V. 1; AR 4.04; pont 3.45.
Boîte autom. à 5 vit.: ZF; I. 3.67; II. 2; III. 1.41; IV. 1; V. 0.74; AR 4.1; pont 3.45.

Train roulant: quatre freins à disques (AV ventilés), pneus 205/60 VR 15, jantes 7 J.

Performances: Vmax (usine) 211 km/h, V à 1000/min en 5. vit. 33.2 km/h; 0–100 km/h 10.6 s; km arrêté 31.6 s; rapp. poids/puiss. 12.8 kg/kW (9.4 kg/ch); consomm. EU 6.8/12.9 L/100 km.
Aut.: Vmax 207 km/h, 0–100 km/h 11.4 s; km arrêté 32.8 s; consomm. EU 7.6/14.9 L/100 km.

328i: 2.8 24V – 193 PS Benzineinspritzung

Wie 1.8 – 116 PS, ausgenommen:

Karosserie, Gewicht: (DIN), Cabriolet, 2 Türen, 4 Sitze; leer ab 1430 kg, max. zul. 1830 kg.

Motor: (ECE), 6 Zyl. in Linie (84×84 mm), 2793 cm³; Kompr. 10.2:1; 142 kW (193 PS) bei 5300/min, 50.8 kW/L (69.1 PS/L); 280 Nm (28.5 mkp) bei 3950/min; 95 ROZ.

Motorkonstruktion: 4 Ventile in V 39.5°; 2 obenl. Nockenwellen (Kette); Leichtmetall-Zylinderkopf und -block; 7fach gelagerte Kurbelwelle; Öl 6.5 L; elektron. Einspr.
Batterie 70 Ah, Alternator 80 A; Wasserkühlung, Inh. 10.5 L.

Kraftübertragung: (auf Hinterräder).
5-Gang-Getriebe: I. 4.2; II. 2.49; III. 1.66; IV. 1.24; V. 1; R 3.89; Achse 2.93.
5-Stufen-Automat: ZF; I. 3.67; II. 2; III. 1.41; IV. 1; V. 0.74; R 4.1; Achse 3.07.

Fahrwerk: Vierrad-Scheibenbremse (v/h belüftet), ∅ 27.6 cm, Reifen 205/60 WR 15, Felgen 7 J.

Fahrleistungen: Vmax (Werk) 230 km/h, V bei 1000/min im 5. Gang 39.1 km/h; 0–100 km/h 7.7 s; steh. km 28.6 s; Leistungsgew. 10.1 kg/kW (7.4 kg/PS); Verbrauch EU 6.8/13.5 L/100 km.
Aut.: Vmax 226 km/h, 0–100 km/h 8.4 s; steh. km 29.3 s; Verbrauch EU 7.5/15.5 L/100 km.

328i: 2.8 24V – 193 ch Injection d'essence

Comme 1.8 – 116 ch, sauf:

Carrosserie, poids: (DIN), cabriolet, 2 portes, 4 places; vide dès 1430 kg, tot. adm. 1830 kg.

Moteur: (ECE), 6 cyl. en ligne (84×84 mm), 2793 cm³; compr. 10.2:1; 142 kW (193 ch) à 5300/min, 50.8 kW/L (69.1 ch/L); 280 Nm (28.5 mkp) à 3950/min; 95 (R).

Moteur (constr.): 4 soupapes en V 39.5°; 2 arbres à cames en tête (chaîne); culasse et bloc-cyl. en alliage léger; vilebrequin à 7 paliers; huile 6.5 L; injection électronique.
Batterie 70 Ah, alternateur 80 A; refroidissement à eau, capac. 10.5 L.

Transmission: (sur roues AR).
Boîte à 5 vit.: I. 4.2; II. 2.49; III. 1.66; IV. 1.24; V. 1; AR 3.89; pont 2.93.
Boîte autom. à 5 vit.: ZF; I. 3.67; II. 2; III. 1.41; IV. 1; V. 0.74; AR 4.1; pont 3.07.

Train roulant: quatre freins à disques (AV/AR ventilés), AR 27.6 cm, pneus 205/60 WR 15, jantes 7 J.

Performances: Vmax (usine) 230 km/h, V à 1000/min en 5. vit. 39.1 km/h; 0–100 km/h 7.7 s; km arrêté 28.6 s; rapp. poids/puiss. 10.1 kg/kW (7.4 kg/ch); consomm. EU 6.8/13.5 L/100 km.
Aut.: Vmax 226 km/h, 0–100 km/h 8.4 s; km arrêté 29.3 s; consomm. EU 7.5/15.5 L/100 km.

BMW M3

Hochleistungsausführung der 3er-Reihe, 3-Liter-Sechszylindermotor mit 286 PS. Debüt Herbst 1992, Cabriolet Winter/Frühling 1994. Für 1995 auch als 4türige Limousine. Sommer 1995: 3.2-l-Motor mit 321 PS.

Exécution haute performance de la gamme 3, moteur 3 litres 6 cyl. avec 286 ch. Lancement automne 1992, cabriolet hiver/printemps 1994. Pour 1995 aussi comme berline 4 portes. Eté 1995: moteur 3.2 litres avec 321 ch.

3.2 24V – 321 PS Benzineinspritzung

Karosserie, Gewicht: (DIN), Limousine, 4 Türen, 5 Sitze; leer 1460 kg, max. zul. 1950 kg.
Coupé: Coupé, 2 Türen, 5 Sitze; leer 1460 kg, max. zul. 1950 kg..
Cabrio: Cabriolet, 2 Türen, 4 Sitze; leer 1560 kg, max. zul. 1980 kg.

Motor: (ECE), 6 Zyl. in Linie (86.4×91 mm), 3201 cm³; Kompr. 11.3:1; 236 kW (321 PS) bei 7400/min, 73.7 kW/L (100.2 PS/L); 350 Nm (35.7 mkp) bei 3250/min; 98 ROZ.
USA: (SAE): (86.4X89.6 mm), 3152 cm³, Kompr. 10.5:1; 179 kW (243 PS) bei 6000/min; 320 Nm (32.6 mkp) bei 3800/min.

Motorkonstruktion: 4 Ventile in V 39.5°; 2 obenl. Nockenwellen (Kette); 7fach gelagerte Kurbelwelle; Öl 8 L; elektron. Einspritzung, Bosch Motronic DME.
Batterie 70 Ah, Alternator 115 A; Wasserkühlung, Inh. 10.8 L.

3.2 24V – 321 ch Injection d'essence

Carrosserie, poids: (DIN), Berline, 4 portes, 5 places; vide 1460 kg, tot. adm. 1950 kg.
Coupé: Coupé, 2 portes, 5 places; vide 1460 kg, tot. adm. 1950 kg..
Cabrio: cabriolet, 2 portes, 4 places; vide 1560 kg, tot. adm. 1980 kg.

Moteur: (ECE), 6 cyl. en ligne (86.4×91 mm), 3201 cm³; compression 11.3:1; 236 kW (321 ch) à 7400/min, 73.7 kW/L (100.2 ch/L); 350 Nm (35.7 mkp) à 3250/min; 98 (R).
USA: (SAE): (86.4X89.6 mm), 3152 cm³, compr. 10.5:1; 179 kW (243 ch) à 6000/min; 320 Nm (32.6 mkp) à 3800/min.

Moteur (constr.): 4 soupapes en V 39.5°; 2 arbres à cames en tête (chaîne); vilebrequin à 7 paliers; huile 8 L; injection électronique, Bosch Motronic DME.
Batterie 70 Ah, alternateur 115 A; refroidissement à eau, capac. 10.8 L.

BMW M3

BMW

Kraftübertragung: (auf Hinterräder), Differentialbremse 25%.
6-Gang-Getriebe: I. 4.23; II. 2.51; III. 1.67; IV. 1.23; V. 1; VI. 0.83; R 3.75; Achse 3.23.
Für die USA: I. 4.2; II. 2.49; III. 1.66; IV. 1.24; V. 1; R 3.89; Achse 3.23.
Aut.: I. 3.67; II. 2; III. 1.41; IV. 1; V. 0.74; R 4; Achse 3.38.

Fahrgestell: Selbsttragende Karosserie; v/h Einzelradaufhängung; vorn Federbeine und Dreieckquerlenker, Kurvenstabilisator; hinten unterer Querlenker, Längslenker, oberer Querlenker, v/h Kurvenstabilisator, Schraubenfedern, Teleskopdämpfer.

Fahrwerk: Vierrad-Scheibenbremse (v/h belüftet), Scheiben-Ø v. 31.5 cm, h. 31.2 cm, ABS, Teves; Handbremse auf Hinterräder; Zahnstangenlenkung mit Servo, Treibstofftank 62 L; Reifen v. 225/45 ZR 17, h. 245/40 ZR 17, Felgen v. 7.5, h. 8.5 J.

Dimensionen: Radstand 271 cm, Spur 142/144 cm, Bodenfreih. 11 cm, Wendekreis 11.6 m, Kofferraum 435 dm³, Länge 443.5 cm, Breite 171 cm, Höhe 137 cm.
Coupé: Kofferraum 405 dm³, Höhe 134 cm.
Cabrio: Kofferraum 230 dm³, Höhe 134 cm.

Fahrleistungen: Vmax (Werk) 250 km/h, V bei 1000/min im 6. Gang 42.9 km/h; 0–100 km/h 5.5 s; 0–97 km/h 5.5 s; steh. km 24.7 s; Leistungsgew. 6.2 kg/kW (4.5 kg/PS); Verbrauch EU 7.5/16.9 L/100 km.
USA: Vmax 220 km/h; 0-97 km/h 5.7/6.4 s; Verbrauch EPA 8.4/11.8, Aut. 8.4/12.4 L/100 km.
Cabrio: 0–100 km/h 5.6 s; steh. km 25 s; Verbrauch EU 7.7/17 L/100 km.

Transmission: (sur roues AR), pont autobloquant 25%.
Boîte à 6 vit.: I. 4.23; II. 2.51; III. 1.67; IV. 1.23; V. 1; VI. 0.83; AR 3.75; pont 3.23.
Pour les USA: I. 4.2; II. 2.49; III. 1.66; IV. 1.24; V. 1; AR 3.89; pont 3.23.
Aut.: I. 3.67; II. 2; III. 1.41; IV. 1; V. 0.74; AR 4; pont 3.38.

Châssis: carrosserie autoporteuse; AV/AR suspension à roues indép.; AV jambes élast. et leviers triang. transv., barre anti-dévers; AR levier transvers. inférieur, bras longitud., levier transv. sup.; AV/AR barre anti-dévers, ressorts hélic, amortiss. télesc.

Train roulant: quatre freins à disques (AV/AR ventilés), Ø disques AV 31.5 cm, AR 31.2 cm, ABS, Teves; frein à main sur roues AR; servodirection à crémaillère, réservoir carb. 62 L; pneus AV 225/45 ZR 17, AR 245/40 ZR 17, jantes AV 7.5, AR 8.5 J.

Dimensions: empattement 271 cm, voie 142/144 cm, garde au sol 11 cm, diam. de braq. 11.6 m, coffre 435 dm³, longueur 443.5 cm, largeur 171 cm, hauteur 137 cm.
Coupé: coffre 405 dm³, hauteur 134 cm.
Cabrio: coffre 230 dm³, hauteur 134 cm.

Performances: Vmax (usine) 250 km/h, V à 1000/min en 6. vit. 42.9 km/h; 0–100 km/h 5.5 s; 0–97 km/h 5.5 s; km arrêté 24.7 s; rapp. poids/puiss. 6.2 kg/kW (4.5 kg/ch); consom. EU 7.5/16.9 L/100 km.
USA: Vmax 220 km/h; 0-97 km/h 5.7/6.4 s; consom. EPA 8.4/11.8, Aut. 8.4/12.4 L/100 km.
Cabrio: 0–100 km/h 5.6 s; km arrêté 25 s; consom. EU 7.7/17 L/100 km.

BMW Reihe/série 5

Luxuriöse Limousine mit Motoren von 2.0 bis 4.4 Liter Hubraum, auch als Turbodiesel. Debüt 1972. Januar 1988: Neuauflage. IAA 1991: Kombiversion Touring und Allradausführung 525iX. Oktober 1992: 530i und 540i mit V8. September 1995: Neuauflage der Modellreihe. Genf 1997: Touring.

Berline luxueuse avec moteurs de 2.0 à 4.4 litres, également en version turbodiesel. Lancement 1972. Janvier 1988: Nouvelle exécution. IAA 1991: Wagon Touring et version à traction intégrale 525iX. Oct. 1992: 530i et 540i avec V8. Septembre 1995: Renouvellement de la gamme. Genève 1997: Touring.

520i: 2.0 24V – 150 PS Benzineinspritzung

Karosserie, Gewicht: (DIN), Limousine, 4 Türen, 5 Sitze; leer ab 1410 kg, max. zul. 1945 kg.
Touring: Station Wagon, 5 Türen, 5 Sitze; leer ab 1505 kg, max. zul. 2155 kg.

Motor: (ECE), 6 Zyl. in Linie (80×66 mm), 1991 cm³; Kompr. 11:1; 110 kW (150 PS) bei 5900/min, 55.2 kW/L (75.1 PS/L); 190 Nm (19.4 mkp) bei 4200/min; 95 ROZ.

Motorkonstruktion: 4 Ventile in V 39.5°; 2 obenl. Nockenwellen (Kette); Leichtmetall-Zylinderkopf und -block; 7fach gelagerte Kurbelwelle; Öl 6.5 L; elektron. Einspritzung, Siemens MS 41.0.
Batterie 70 Ah, Alternator 80 A; Wasserkühlung, Inh. 10.5 L.

Kraftübertragung: (auf Hinterräder).
5-Gang-Getriebe: I. 4.23; II. 2.52; III. 1.66; IV. 1.22; V. 1; R 4.04; Achse 3.46.
Touring: 5-Gang-Getriebe: Achse 3.64.
5-Stufen-Automat: ZF; I. 3.67; II. 2; III. 1.41; IV. 1; V. 0.74; R 4.1; Achse 3.64.

Fahrgestell: Selbsttragende Karosserie mit vorderem und hinterem Hilfsrahmen; v/h Einzelradaufhängung, vorn Doppelgelenk-Federbeinachse, Zugstreben; hinten Mehrlenkerachse mit Längs-, Quer- und Schräglenkern; v/h Schraubenfedern, Teleskopdämpfer.
Touring: Minibloc-Federn hinten.

520i: 2.0 24V – 150 ch Injection d'essence

Carrosserie, poids: (DIN), Berline, 4 portes, 5 places; vide dès 1410 kg, tot. adm. 1945 kg.
Touring: station-wagon, 5 portes, 5 places; vide dès 1505 kg, tot. adm. 2155 kg.

Moteur: (ECE), 6 cyl. en ligne (80×66 mm), 1991 cm³; compr. 11:1; 110 kW (150 ch) à 5900/min, 55.2 kW/L (75.1 ch/L); 190 Nm (19.4 mkp) à 4200/min; 95 (R).

Moteur (constr.): 4 soupapes en V 39.5°; 2 arbres à cames en tête (chaîne); culasse et bloc-cyl. en alliage léger; vilebrequin à 7 paliers; huile 6.5 L; injection électronique, Siemens MS 41.0.
Batterie 70 Ah, alternateur 80 A; refroidissement à eau, capac. 10.5 L.

Transmission: (sur roues AR).
Boîte à 5 vit.: I. 4.23; II. 2.52; III. 1.66; IV. 1.22; V. 1; AR 4.04; pont 3.46.
Touring: boîte à 5 vit.: pont 3.64.
Boîte autom. à 5 vit.: ZF; I. 3.67; II. 2; III. 1.41; IV. 1; V. 0.74; AR 4.1; pont 3.64.

Châssis: carrosserie autoporteuse avec faux-châssis AV et AR; AV/AR suspension à roues indép., AV essieu à jambes élastiques et joint double, tirants; AR essieu à multiples bras (leviers longit., obliques et transv.); AV/AR ressorts hélicoïdaux, amortiss. télesc.
Touring: Minibloc-Federn hinten.

Fahrwerk: Vierrad-Scheibenbr. (vorn belüftet), Scheiben-Ø v. 29.6 cm, h. 29.8 cm, ABS, Bosch; Handbremse auf Hinter.; Zahnstangenl. mit Servo, Treibstofftank 70 L; Reifen 205/65 VR 15, Felgen 6.5 J.
Touring: Vierrad-Scheibenbremse (v/h belüftet), Felgen 7 J.

Dimensionen: Radstand 283 cm, Spur 151.5/153 cm, Bodenfreih. 12 cm, Wendekreis 11.3 m, Kofferraum 460 dm³, Länge 477.5 cm, Breite 180 cm, Höhe 143 cm.
Touring: Kofferraum 410/1525 dm³, Länge 480.5 cm, Höhe 144 cm.

Fahrleistungen: Vmax (Werk) 220 km/h, V bei 1000/min im 5. Gang 34.2 km/h; 0–100 km/h 10.2 s; steh. km 31.1 s; Leistungsgew. 12.8 kg/kW (9.4 kg/PS); Verbrauch EU 6.8/13 L/100 km.
Aut.: Vmax 210 km/h, 0–100 km/h 11.2 s; steh. km 32.3 s; Verbrauch EU 7.5/14.8 L/100 km.
Touring: Vmax 212 km/h, V bei 1000/min im 5. Gang 32.6 km/h; 0–100 km/h 10.6 s; steh. km 31.6 s; Verbrauch EU 7.4/13.7 L/100 km.
Touring Aut.: Vmax 209 km/h, 0–100 km/h 11.9 s; steh. km 33 s; Verbrauch EU 7.8/15.4 L/100 km.

Train roulant: quatre freins à disques (AV ventilés), Ø disques AV 29.6 cm, AR 29.8 cm, ABS, Bosch; frein à main sur roues AR; servodirection à crémaillère, réservoir carb. 70 L; pneus 205/65 VR 15, jantes 6.5 J.
Touring: quatre freins à disques (AV/AR ventilés), jantes 7 J.

Dimensions: empattement 283 cm, voie 151.5/153 cm, garde au sol 12 cm, diam. de braq. 11.3 m, coffre 460 dm³, longueur 477.5 cm, largeur 180 cm, hauteur 143 cm.
Touring: coffre 410/1525 dm³, longueur 480.5 cm, hauteur 144 cm.

Performances: Vmax (usine) 220 km/h, V à 1000/min en 5. vit. 34.2 km/h; 0–100 km/h 10.2 s; km arrêté 31.1 s; rapp. poids/puiss. 12.8 kg/kW (9.4 kg/ch); consom. EU 6.8/13 L/100 km.
Aut.: Vmax 210 km/h, 0–100 km/h 11.2 s; km arrêté 32.3 s; consom. EU 7.5/14.8 L/100 km.
Touring: Vmax 212 km/h, V à 1000/min en 5. vit. 32.6 km/h; 0–100 km/h 10.6 s; km arrêté 31.6 s; consom. EU 7.4/13.7 L/100 km.
Touring Aut.: Vmax 209 km/h, 0–100 km/h 11.9 s; km arrêté 33 s; consom. EU 7.8/15.4 L/100 km.

BMW 520i

523i: 2.5 24V – 170 PS Benzineinspritzung

Wie 2.0 – 150 PS, ausgenommen:

Karosserie, Gewicht: (DIN), Limousine, 4 Türen, 5 Sitze; leer 1420 kg, max. zul. 1955 kg.
Touring: leer 1515 kg, max. zul. 2165 kg.

Motor: (ECE), 6 Zyl. in Linie (84×75 mm), 2494 cm³; Kompr. 10.5:1; 125 kW (170 PS) bei 5500/min, 50.1 kW/L (68.1 PS/L); 245 Nm (25 mkp) bei 3950/min; 95 ROZ.

Motorkonstruktion: 4 Ventile in V 39.5°; 2 obenl. Nockenwellen (Kette); 7fach gelagerte Kurbelwelle; Öl 6.5 L; elektron. Einspritzung.
Batterie 70 Ah, Alternator 80 A; Wasserkühlung, Inh. 10.5 L.

Kraftübertragung: (auf Hinterräder).
5-Gang-Getriebe: I. 4.2; II. 2.49; III. 1.66; IV. 1.24; V. 1; R 3.89; Achse 3.15.
Touring: 5-Gang-Getriebe: Achse 3.23.
5-Stufen-Automat: ZF; I. 3.67; II. 2; III. 1.41; IV. 1; V. 0.74; R 4.1; Achse 3.15.
Touring: Vierrad-Scheibenbremse (v/h belüftet), Reifen 225/60 VR 15, Felgen 7 J.

Fahrleistungen: Vmax (Werk) 228 km/h, V bei 1000/min im 5. Gang 37.6 km/h; 0–100 km/h 8.5 s; steh. km 29.2 s; Leistungsgew. 11.4 kg/kW (8.3 kg/PS); Verbrauch EU 7.3/13.8 L/100 km.
Aut.: Vmax 226 km/h, 0–100 km/h 9.6 s; steh. km 30.4 s; Verbrauch EU 7.8/15.3 L/100 km.
Touring: Vmax 222 km/h, V bei 1000/min im 5. Gang 36.9 km/h; 0–100 km/h 8.9 s; steh. km 29.7 s; Verbrauch EU 7.6/13.9 L/100 km.
Touring Aut.: Vmax 220 km/h, 0–100 km/h 10 s; steh. km 31 s; Verbrauch EU 8.2/16 L/100 km.

523i: 2.5 24V – 170 ch Injection d'essence

Comme 2.0 – 150 ch, sauf:

Carrosserie, poids: (DIN), Berline, 4 portes, 5 places; vide 1420 kg, tot. adm. 1955 kg.
Touring: vide 1515 kg, tot. adm. 2165 kg.

Moteur: (ECE), 6 cyl. en ligne (84×75 mm), 2494 cm³; compr. 10.5:1; 125 kW (170 ch) à 5500/min, 50.1 kW/L (68.1 ch/L); 245 Nm (25 mkp) à 3950/min; 95 (R).

Moteur (constr.): 4 soupapes en V 39.5°; 2 arbres à cames en tête (chaîne); vilebrequin à 7 paliers; huile 6.5 L; injection électronique.
Batterie 70 Ah, alternateur 80 A; refroidissement à eau, capac. 10.5 L.

Transmission: (sur roues AR).
Boîte à 5 vit.: I. 4.2; II. 2.49; III. 1.66; IV. 1.24; V. 1; AR 3.89; pont 3.15.
Touring: Boîte à 5 vit.: pont 3.23.
Boîte autom. à 5 vit.: ZF; I. 3.67; II. 2; III. 1.41; IV. 1; V. 0.74; AR 4.1; pont 3.15.
Touring: quatre freins à disques (AV/AR ventilés), pneus 225/60 VR 15, jantes 7 J.

Performances: Vmax (usine) 228 km/h, V à 1000/min en 5. vit. 37.6 km/h; 0–100 km/h 8.5 s; km arrêté 29.2 s; rapp. poids/puiss. 11.4 kg/kW (8.3 kg/ch); consom. EU 7.3/13.8 L/100 km.
Aut.: Vmax 226 km/h, 0–100 km/h 9.6 s; km arrêté 30.4 s; consom. EU 7.8/15.3 L/100 km.
Touring: Vmax 222 km/h, V à 1000/min en 5. vit. 36.9 km/h; 0–100 km/h 8.9 s; km arrêté 29.7 s; consom. EU 7.6/13.9 L/100 km.
Touring Aut.: Vmax 220 km/h, 0–100 km/h 10 s; km arrêté 31 s; consom. EU 8.2/16 L/100 km.

BMW 179

BMW 523i

528i: 2.8 24V – 193 PS Benzineinspritzung

Wie 2.0 – 150 PS, ausgenommen:

Karosserie, Gewicht: (DIN), Limousine, 4 Türen, 5 Sitze; leer 1440 kg, max. zul. 1975 kg.

Touring: leer 1550 kg, max. zul. 2180 kg.

Motor: (ECE), 6 Zyl. in Linie (84×84 mm), 2793 cm³; Kompr. 10.2:1; 142 kW (193 PS) bei 5300/min, 50.8 kW/L (69.1 PS/L); 280 Nm (28.5 mkp) bei 3950/min; 95 ROZ.

Motorkonstruktion: 4 Ventile in V 39.5°; 2 obenl. Nockenwellen (Kette); Leichtmetall-Zylinderkopf und -block; 7fach gelagerte Kurbelwelle; Öl 6.5 L; elektron. Einspr.

Batterie 70 Ah, Alternator 80 A; Wasserkühlung, Inh. 10.5 L.

Kraftübertragung: (auf Hinterräder).
5-Gang-Getriebe: I. 4.2; II. 2.49; III. 1.66; IV. 1.24; V. 1; R 3.89; Achse 2.93.
Touring: 5-Gang-Getr.: Achse 3.15/3.07.
5-Stufen-Automat: ZF; I. 3.67; II. 2; III. 1.41; IV. 1; V. 0.74; R 4.1; Achse 2.93/3.07.

Fahrwerk: Vierrad-Scheibenbremse (v/h belüftet), Reifen 225/60 WR 15, Felgen 7 J.

Fahrleistungen: Vmax (Werk) 236 km/h, V bei 1000/min im 5. Gang 40.7 km/h; 0–100 km/h 7.5 s; steh. km 28.2 s; Leistungsgew. 10.1 kg/kW (7.5 kg/PS); Verbrauch EU 7.4/14.2 L/100 km.
Aut.: Vmax 234 km/h, 0–100 km/h 8.8 s; steh. km 29.4 s; Verbrauch EU 7.9/15.6 L/100 km.
Touring: Vmax 229 km/h, 0–100 km/h 7.9 s; steh. km 28.8 s; Verbrauch EU 7.5/14.6 L/100 km.
Touring Aut.: Vmax 227 km/h, 0–100 km/h 9.1 s; steh. km 29.9 s; Verbrauch EU 7.8/16.6 L/100 km.

BMW 528i

535i: 3.5 V8 32V – 235 PS Benzineinspritzung

Wie 2.0 – 150 PS, ausgenommen:

Karosserie, Gewicht: (DIN), Limousine, 4 Türen, 5 Sitze; leer 1540 kg, max. zul. 2075 kg.

528i: 2.8 24V – 193 ch Injection d'essence

Comme 2.0 – 150 ch, sauf:

Carrosserie, poids: (DIN), Berline, 4 portes, 5 places; vide 1440 kg, tot. adm. 1975 kg.

Touring: vide 1550 kg, tot. adm. 2180 kg.

Moteur: (ECE), 6 cyl. en ligne (84×84 mm), 2793 cm³; compr. 10.2:1; 142 kW (193 ch) à 5300/min, 50.8 kW/L (69.1 ch/L); 280 Nm (28.5 mkp) à 3950/min; 95 (R).

Moteur (constr.): 4 soupapes en V 39.5°; 2 arbres à cames en tête (chaîne); culasse et bloc-cyl. en alliage léger; vilebrequin à 7 paliers; huile 6.5 L; injection électronique.

Batterie 70 Ah, alternateur 80 A; refroidissement à eau, capac. 10.5 L.

Transmission: (sur roues AR).
Boîte à 5 vit.: I. 4.2; II. 2.49; III. 1.66; IV. 1.24; V. 1; AR 3.89; pont 2.93.
Touring: boîte à 5 vit.: pont 3.15/3.07.
Boîte autom. à 5 vit.: ZF; I. 3.67; II. 2; III. 1.41; IV. 1; V. 0.74; AR 4.1; pont 2.93/3.07.

Train roulant: quatre freins à disq. (AV/AR ventilés), pneus 225/60 WR 15, jantes 7 J.

Performances: Vmax (usine) 236 km/h, V à 1000/min en 5. vit. 40.7 km/h; 0–100 km/h 7.5 s; km arrêté 28.2 s; rapp. poids/puiss. 10.1 kg/kW (7.5 kg/ch); consomm. EU 7.4/14.2 L/100 km.
Aut.: Vmax 234 km/h, 0–100 km/h 8.8 s; km arrêté 29.4 s; consomm. EU 7.9/15.6 L/100 km.
Touring: Vmax 229 km/h, 0–100 km/h 7.9 s; km arrêté 28.8 s; consomm. EU 7.5/14.6 L/100 km.
Touring Aut.: Vmax 227 km/h, 0–100 km/h 9.1 s; km arrêté 29.9 s; consomm. EU 7.8/16.6 L/100 km.

535i: 3.5 V8 32V – 235 ch Injection d'essence

Comme 2.0 – 150 ch, sauf:

Carrosserie, poids: (DIN), Berline, 4 portes, 5 places; vide 1540 kg, tot. adm. 2075 kg.

Motor: (ECE), 8 Zyl. in V 90° (84×78.9 mm), 3498 cm³; Kompr. 10:1; 173 kW (235 PS) bei 5700/min, 49.5 kW/L (67.2 PS/L); 320 Nm (32.6 mkp) bei 3300/min; 95 ROZ.

Motorkonstruktion: 4 Ventile in V 39.5°; 2×2 obenl. Nockenwellen (Ketten); Leichtmetall-Zylinderköpfe und -block; 5fach gelagerte Kurbelwelle; Öl 7.5 L; elektron. Einspritzung, Bosch Motronic, M5.2.
Batterie 90 Ah, Alternator 140 A; Wasserkühlung, Inh. 12 L.

Kraftübertragung: (auf Hinterräder).
5-Gang-Getriebe: I. 4.2; II. 2.49; III. 1.66; IV. 1.24; V. 1; R 3.89; Achse 2.93.
5-Stufen-Automat: I. 3.57; II. 2.2; III. 1.51; IV. 1; V. 0.8; R 4.06; Achse 2.93.

Fahrwerk: Vierrad-Scheibenbremse (v/h belüftet), Scheiben-Ø v. 29.6 cm, h. 29.8 cm, Reifen 225/60 WR 15, Felgen 7 J.

Fahrleistungen: Vmax (Werk) 247 km/h, V bei 1000/min im 5. Gang 40.6 km/h; 0–100 km/h 7 s; steh. km 27.2 s; Leistungsgew. 8.9 kg/kW (6.5 kg/PS); Verbrauch EU 8.4/18 L/100 km.
Aut.: Vmax 244 km/h, 0–100 km/h 7.7 s; steh. km 28.2 s; Verbrauch EU 7.7/18.1 L/100 km.

BMW 540i Touring

540i: 4.4 V8 32V – 286 PS Benzineinspritzung

Wie 2.0 – 150 PS, ausgenommen:

Karosserie, Gewicht: (DIN), Limousine, 4 Türen, 5 Sitze; leer 1585 kg, max. zul. 2170 kg.

Touring: leer 1695 kg, max. zul. 2280 kg.

Motor: (ECE), 8 Zyl. in V 90° (92×82.7 mm), 4398 cm³; Kompr. 10:1; 210 kW (286 PS) bei 5700/min, 47.7 kW/L (65 PS/L); 420 Nm (42.8 mkp) bei 3900/min; 95 ROZ.

Motorkonstruktion: 4 Ventile in V 39.5°; 2×2 obenl. Nockenwellen (Ketten); Leichtmetall-Zylinderköpfe und -block; 5fach gelagerte Kurbelwelle; Öl 7.5 L; elektron. Einspritzung, Bosch Motronic, M5.2.
Batterie 90 Ah, Alternator 140 A; Wasserkühlung, Inh. 12 L.

Kraftübertragung: (auf Hinterräder).
6-Gang-Getriebe: I. 4.23; II. 2.51; III. 1.67; IV. 1.23; V. 1; VI. 0.83; R 4.04; Achse 2.81.
Touring: 6-Gang-Getriebe: I. 4.23; II. 2.51; III. 1.67; IV. 1.23; V. 1; VI. 0.83; R 3.75; Achse 3.08/2.81.
5-Stufen-Aut.: ZF; I. 3.55; II. 2.24; III. 1.55; IV. 1; V. 0.79; R 3.68; Achse 3.15/2.81.
Touring: 5-Stufen-Automat: I. 3.57; II. 2.2; III. 1.51; IV. 1; V. 0.8; R 4.06; Achse 2.93/2.81.

Fahrwerk: Vierrad-Scheibenbremse (v/h belüftet), Scheiben-Ø v. 32.4 cm, h. 29.8 cm, Reifen 225/55 WR 16, Felgen 7 J.

540i: 4.4 V8 32V – 286 ch Injection d'essence

Comme 2.0 – 150 ch, sauf:

Carrosserie, poids: (DIN), Berline, 4 portes, 5 places; vide 1585 kg, tot. adm. 2170 kg.

Touring: vide 1695 kg, tot. adm. 2280 kg.

Moteur: (ECE), 8 cyl. en V 90° (92×82.7 mm), 4398 cm³; compr. 10:1; 210 kW (286 ch) à 5700/min, 47.7 kW/L (65 ch/L); 420 Nm (42.8 mkp) à 3900/min; 95 (R).

Moteur (constr.): 4 soupapes en V 39.5°; 2×2 arbres à cames en tête (chaînes); culasses et bloc-cyl. en alliage léger; vilebrequin à 5 paliers; huile 7.5 L; injection électron., Bosch Motronic, M5.2.
Batterie 90 Ah, alternateur 140 A; refroidissement à eau, capac. 12 L.

Transmission: (sur roues AR).
Boîte à 6 vit.: I. 4.23; II. 2.51; III. 1.67; IV. 1.23; V. 1; VI. 0.83; AR 4.04; pont 2.81.
Touring: boîte à 6 vit.: I. 4.23; II. 2.51; III. 1.67; IV. 1.23; V. 1; VI. 0.83; AR 3.75; pont 3.08/2.81.
Boîte autom. à 5 vit.: ZF; I. 3.55; II. 2.24; III. 1.55; IV. 1; V. 0.79; R 3.68; pont 3.15/2.81.
Touring: boîte autom. à 5 vit.: I. 3.57; II. 2.2; III. 1.51; IV. 1; V. 0.8; AR 4.06; pont 2.93/2.81.

Train roulant: quatre freins à disques (AV/AR ventilés), Ø disques AV 32.4 cm, AR 29.8 cm, pneus 225/55 WR 16, jantes 7 J.

Moteur: (ECE), 8 cyl. en V 90° (84×78.9 mm), 3498 cm³; compr. 10:1; 173 kW (235 ch) à 5700/min, 49.5 kW/L (67.2 PS/L); 320 Nm (32.6 mkp) à 3300/min; 95 (R).

Moteur (constr.): 4 soupapes en V 39.5°; 2×2 arbres à cames en tête (chaînes); culasses et bloc-cyl. en alliage léger; vilebrequin à 5 paliers; huile 7.5 L; injection électronique, Bosch Motronic, M5.2.
Batterie 90 Ah, alternateur 140 A; refroidissement à eau, capac. 12 L.

Transmission: (sur roues AR).
Boîte à 5 vit.: I. 4.2; II. 2.49; III. 1.66; IV. 1.24; V. 1; AR 3.89; pont 2.93.
Boîte autom. à 5 vit.: I. 3.57; II. 2.2; III. 1.51; IV. 1; V. 0.8; AR 4.06; pont 2.93.

Train roulant: quatre freins à disques (AV/AR ventilés), Ø disques AV 29.6 cm, AR 29.8 cm, pneus 225/60 WR 15, jantes 7 J.

Performances: Vmax (usine) 247 km/h, V à 1000/min en 5. vit. 40.6 km/h; 0–100 km/h 7 s; km arrêté 27.2 s; rapp. poids/puiss. 8.9 kg/kW (6.5 kg/ch); consomm. EU 8.4/18 L/100 km.
Aut.: Vmax 244 km/h, 0–100 km/h 7.7 s; km arrêté 28.2 s; consomm. EU 7.7/18.1 L/100 km.

BMW

Fahrleistungen: Vmax (Werk) 250 km/h, V bei 1000/min im 6. Gang 51.3 km/h; 0–100 km/h 6.2 s; Leistungsgew. 7.5 kg/kW (5.5 kg/PS); Verbrauch EU 8.5/18.8 L/100 km.
Aut.: Vmax 250 km/h, 0–100 km/h 6.5 s; steh. km 26.5 s; Verbrauch EU 9/19.9 L/100 km.
Touring: Vmax (Werk) 250 km/h, 0–100 km/h 6.3 s; steh. km 26.2 s; Verbrauch EU 9.2/18.8 L/100 km.
Touring Aut.: Vmax 250 km/h, 0–100 km/h 6.7 s; steh. km 26.9 s; Verbrauch EU 9.3/19.2 L/100 km.

Performances: Vmax (usine) 250 km/h, V à 1000/min en 6. vit. 51.3 km/h; 0–100 km/h 6.2 s; rapp. poids/puiss. 7.5 kg/kW (5.5 kg/ch); consomm. EU 8.5/18.8 L/100 km.
Aut.: Vmax 250 km/h, 0–100 km/h 6.5 s; km arrêté 26.5 s; consomm. EU 9/19.9 L/100 km.
Touring: Vmax (usine) 250 km/h, 0–100 km/h 6.3 s; km arrêté 26.2 s; consomm. EU 9.2/18.8 L/100 km.
Touring Aut.: Vmax 250 km/h, 0–100 km/h 6.7 s; km arrêté 26.9 s; consomm. EU 9.3/19.2 L/100 km.

BMW 525 Touring

525tds: 2.5 – 143 PS Turbodiesel

Wie 2.0 – 150 PS, ausgenommen:

Karosserie, Gewicht: (DIN), Limousine, 4 Türen, 5 Sitze; leer 1480 kg, max. zul. 2015 kg.
Touring: leer 1575 kg, max. zul. 2205 kg.

Motor: (ECE), 6 Zyl. in Linie (80×82.8 mm), 2497 cm³; Kompr. 22:1; 105 kW (143 PS) bei 4600/min, 42 kW/L (57.2 PS/L); 280 Nm (28.5 mkp) bei 2200/min; Dieselöl.

Motorkonstruktion: Wirbelkammer-Diesel; 2 Ventile parallel; 1 obenl. Nockenwelle (Zahnriemen); 7fach gelagerte Kurbelwelle; Öl 6.8 L; Einspritzpumpe mit digitaler Elektronik, Bosch, 1 Turbolader, Intercooler.

Batterie 90/92 Ah, Alternator 95 A; Wasserkühlung, Inh. 9.8 L.

Kraftübertragung: (auf Hinterräder).
5-Gang-Getriebe: I. 5.09; II. 2.8; III. 1.76; IV. 1.25; V. 1; R 4.71; Achse 2.64.
5-Stufen-Automat: ZF; I. 3.67; II. 2; III. 1.41; IV. 1; V. 0.74; R 4.1; Achse 3.15.

Fahrleistungen: Vmax (Werk) 211 km/h, V bei 1000/min im 5. Gang 44.7 km/h; 0–100 km/h 10.4 s; steh. km 31.6 s; Leistungsgew. 14.1 kg/kW (10.3 kg/PS); Verbrauch EU 5.8/10.7 L/100 km.
Aut.: Vmax 205 km/h, 0–100 km/h 11 s; steh. km 32.3 s; Verbrauch EU 6.7/12.4 L/100 km.
Touring: Vmax 210 km/h, 0–100 km/h 10.7 s; steh. km 32 s; Verbrauch EU 6/11 L/100 km.
Touring Aut.: Vmax 208 km/h, 0–100 km/h 11.4 s; steh. km 32.7 s; Verbrauch EU 6.7/12.5 L/100 km.

525tds: 2.5 – 143 ch turbodiesel

Comme 2.0 – 150 ch, sauf:

Carrosserie, poids: (DIN), Berline, 4 portes, 5 places; vide 1480 kg, tot. adm. 2015 kg.
Touring: vide 1575 kg, tot. adm. 2205 kg.

Moteur: (ECE), 6 cyl. en ligne (80×82.8 mm), 2497 cm³; compr. 22:1; 105 kW (143 ch) à 4600/min, 42 kW/L (57.2 ch/L); 280 Nm (28.5 mkp) à 2200/min; gazole.

Moteur (constr.): diesel à chambre de turbulence; 2 soup. en parallèle; 1 arbre à cames en tête (courroie crantée); vilebrequin à 7 paliers; huile 6.8 L; pompe à inj. et gestion digitale, Bosch, 1 turbocompr, interc.

Batterie 90 Ah, alternateur 95 A; refroidissement à eau, capac. 9.8 L.

Transmission: (sur roues AR).
Boîte à 5 vit.: I. 5.09; II. 2.8; III. 1.76; IV. 1.25; V. 1; AR 4.71; pont 2.64.
Boîte autom. à 5 vit.: ZF; I. 3.67; II. 2; III. 1.41; IV. 1; V. 0.74; AR 4.1; pont 3.15.

Performances: Vmax (usine) 211 km/h, V à 1000/min en 5. vit. 44.7 km/h; 0–100 km/h 10.4 s; km arrêté 31.6 s; rapp. poids/puiss. 14.1 kg/kW (10.3 kg/ch); consomm. EU 5.8/10.7 L/100 km.
Aut.: Vmax 205 km/h, 0–100 km/h 11 s; km arrêté 32.3 s; consomm. EU 6.7/12.4 L/100 km.
Touring: Vmax 210 km/h, 0–100 km/h 10.7 s; km arrêté 32 s; consomm. EU 6/11 L/100 km.
Touring Aut.: Vmax 208 km/h, 0–100 km/h 11.4 s; km arrêté 32.7 s; consomm. EU 6.7/12.5 L/100 km.

BMW Reihe/série 7

Luxuriöse Limousine der Oberklasse mit Sechszylinder-, V8- oder V12-Motoren. Neuauflage Mai 1994. Januar 1996: Neue V8-Motoren.

Berline luxueuse de la classe supérieure avec moteurs 6-, V8- et V12-cylindres. Nouvelle édition mai 1994. Janvier 1996: nouvelles moteurs V8.

728i: 2.8 24V – 193 PS Benzineinspritzung

Karosserie, Gewicht: (DIN), Limousine, 4 Türen, 5 Sitze; leer 1670 kg, max. zul. 2205 kg.
Aut.: 4 Türen, 5 Sitze; leer 1700 kg, max. zul. 2235 kg.
lang: 4 Türen, 5 Sitze; leer 1725 kg, max. zul. 2260 kg.

Motor: (ECE), 6 Zyl. in Linie (84×84 mm), 2793 cm³; Kompr. 10.2:1; 142 kW (193 PS) bei 5300/min, 50.8 kW/L (69.1 PS/L); 280 Nm (28.5 mkp) bei 3950/min; 95 ROZ.

Motorkonstruktion: 4 Ventile in V 39.5°; 2 obenl. Nockenwellen (Kette); Leichtmetall-Zylinderkopf und -block; 7fach gelagerte Kurbelwelle; Öl 6.5 L; elektron. Einspritzung, Bosch Motronic DME.

Batterie 80 Ah, Alternator 140 A; Wasserkühlung, Inh. 10.5 L.

Kraftübertragung: (auf Hinterräder).
5-Gang-Getriebe: I. 4.2; II. 2.49; III. 1.66; IV. 1.24; V. 1; R 3.89; Achse 3.23.
5-Stufen-Automat: ZF; I. 3.67; II. 2; III. 1.41; IV. 1; V. 0.74; R 4.1; Achse 3.23.

Fahrgestell: Selbsttragende Karosserie; v/h Einzelradaufhängung; vorn Federbeine, unterer Querlenker, diagonale Druckstreben; hinten Mehrlenkerachse mit Längs-, Quer- und Schräglenkern; v/h Kurvenstabilisator, Schraubenfedern, Teleskopdämpfer, a.W. autom. Niveauregulierung mit elektron. Dämpfersystem.

Fahrwerk: Vierrad-Scheibenbremse (vorn belüftet), Scheiben-∅ v. 31.6 cm, h. 32.4 cm, ABS, Bosch; Handbremse auf Hinterräder; Kugelumlauflenkung mit Servo, Treibstofftank 85 L; Reifen 215/65 VR 16, Felgen 7.5 J.

728i: 2.8 24V – 193 ch Injection d'essence

Carrosserie, poids: (DIN), Berline, 4 portes, 5 places; vide 1670 kg, tot. adm. 2205 kg.
Aut.: 4 portes, 5 places; vide 1700 kg, tot. adm. 2235 kg.
Longue: 4 portes, 5 places; vide 1725 kg, tot. adm. 2260 kg.

Moteur: (ECE), 6 cyl. en ligne (84×84 mm), 2793 cm³; compr. 10.2:1; 142 kW (193 ch) à 5300/min, 50.8 kW/L (69.1 ch/L); 280 Nm (28.5 mkp) à 3950/min; 95 (R).

Moteur (constr.): 4 soupapes en V 39.5°; 2 arbres à cames en tête (chaîne); culasse et bloc-cyl. en alliage léger; vilebrequin à 7 paliers; huile 6.5 L; injection électronique, Bosch Motronic DME.

Batterie 80 Ah, alternateur 140 A; refroidissement à eau, capac. 10.5 L.

Transmission: (sur roues AR).
Boîte à 5 vit.: I. 4.2; II. 2.49; III. 1.66; IV. 1.24; V. 1; AR 3.89; pont 3.23.
Boîte autom. à 5 vit.: ZF; I. 3.67; II. 2; III. 1.41; IV. 1; V. 0.74; AR 4.1; pont 3.23.

Châssis: carrosserie autoporteuse; AV/AR suspension à roues indép.; AV jambes élast., levier transvers. inférieur, barres de poussée obliques; AR essieu à multiples bras (leviers longit., obliques et transv.); AV/AR barre anti-dévers, ressorts hélic, amortiss. télesc., s.d. réglage autom. du niveau avec amort. à pilotage électron.

Train roulant: quatre freins à disques (AV ventilés), ∅ disques AV 31.6 cm, AR 32.4 cm, ABS, Bosch; frein à main sur roues AR; direction à circuit de billes assistée, réservoir carb. 85 L; pneus 215/65 VR 16, jantes 7.5 J.

BMW 728i

Dimensionen: Radstand 293 cm, Spur 155/157 cm, Bodenfreih. 12 cm, Wendekreis 11.6 m, Kofferraum 500 dm³, Länge 498.5 cm, Breite 186 cm, Höhe 143 cm.
lang: Radstand 307 cm, Wendekreis 12.2 m, Länge 512.5 cm, Höhe 143 cm.

Fahrleistungen: Vmax (Werk) 227 km/h, V bei 1000/min im 5. Gang 38.2 km/h; 0–100 km/h 8.6 s; steh. km 29.7 s; Leistungsgew. 11.8 kg/kW (8.6 kg/PS); Verbrauch EU 7.8/14.5 L/100 km.
Aut.: Vmax 225 km/h, 0–100 km/h 9.6 s; steh. km 30.5 s; Verbr. EU 8.3/16 L/100 km.

Dimensions: empattement 293 cm, voie 155/157 cm, garde au sol 12 cm, diam. de braq. 11.6 m, coffre 500 dm³, longueur 498.5 cm, largeur 186 cm, hauteur 143 cm.
Longue: empatt. 307 cm, diam. de braq. 12.2 m, longu. 512.5 cm, hauteur 143 cm.

Performances: Vmax (usine) 227 km/h, V à 1000/min en 5. vit. 38.2 km/h; 0–100 km/h 8.6 s; km arrêté 29.7 s; rapp. poids/puiss. 11.8 kg/kW (8.6 kg/ch); consomm. EU 7.8/14.5 L/100 km.
Aut.: Vmax 225 km/h, 0–100 km/h 9.6 s; km arrêté 30.5 s; con. EU 8.3/16 L/100 km.

735i: 3.5 V8 32V – 235 PS Benzineinspritzung

Wie 2.8 – 193 PS, ausgenommen:

Karosserie, Gewicht: (DIN), Limousine, 4 Türen, 5 Sitze; leer 1745 kg, max. zul. 2280 kg.

Motor: (ECE), 8 Zyl. in V 90° (84×78.9 mm), 3498 cm³; Kompr. 10:1; 173 kW (235 PS) bei 5700/min, 49.5 kW/L (67.2 PS/L); 320 Nm (32.6 mkp) bei 3300/min; 95 ROZ.

735i: 3.5 V8 32V – 235 ch Injection d'essence

Comme 2.8 – 193 ch, sauf:

Carrosserie, poids: (DIN), Berline, 4 portes, 5 places; vide 1745 kg, tot. adm. 2280 kg.

Moteur: (ECE), 8 cyl. en V 90° (84×78.9 mm), 3498 cm³; compr. 10:1; 173 kW (235 ch) à 5700/min, 49.5 kW/L (67.2 ch/L); 320 Nm (32.6 mkp) à 3300/min; 95 (R).

BMW 181

Motorkonstruktion: 4 Ventile in V 39.5°; 2×2 obenl. Nockenwellen (Ketten); Leichtmetall-Zylinderköpfe und -block; 5fach gelagerte Kurbelwelle; Öl 7.5 L; elektron. Einspritzung, Bosch Motronic, M5.2. Batterie 90 Ah, Alternator 140 A; Wasserkühlung, Inh. 12 L.

Kraftübertragung: (auf Hinterräder).
5-Gang-Getriebe: I. 4.2; II. 2.49; III. 1.66; IV. 1.24; V. 1; R 3.89; Achse 3.15.
5-Stufen-Automat: I. 3.57; II. 2.2; III. 1.51; IV. 1; V. 0.8; R 4.06; Achse 3.15.

Fahrwerk: Reifen 235/60 WR 16.

Fahrleistungen: Vmax (Werk) 244 km/h, V bei 1000/min im 5. Gang 40 km/h; 0–100 km/h 7.6 s; steh. km 27.9 s; Leistungsgew. 10.1 kg/kW (7.4 kg/PS); Verbrauch EU 8.9/18 L/100 km.
Aut.: Vmax 240 km/h, 0–100 km/h 8.4 s; steh. km 29.1 s; Verbrauch EU 9.2/18.5 L/100 km.

Moteur (constr.): 4 soupapes en V 39.5°; 2×2 arbres à cames en tête (chaînes); culasses et bloc-cyl. en alliage léger; vilebrequin à 5 paliers; huile 7.5 L; injection électronique, Bosch Motronic, M5.2. Batterie 90 Ah, alternateur 140 A; refroidissement à eau, capac. 12 L.

Transmission: (sur roues AR).
Boîte à 5 vit.: I. 4.2; II. 2.49; III. 1.66; IV. 1.24; V. 1; AR 3.89; pont 3.15.
Boîte autom. à 5 vit.: I. 3.57; II. 2.2; III. 1.51; IV. 1; V. 0.8; AR 4.06; pont 3.15.

Train roulant: pneus 235/60 WR 16.

Performances: Vmax (usine) 244 km/h, V à 1000/min en 5. vit. 40 km/h; 0–100 km/h 7.6 s; km arrêté 27.9 s; rapp. poids/puiss. 10.1 kg/kW (7.4 kg/ch); consomm. EU 8.9/18 L/100 km.
Aut.: Vmax 240 km/h, 0–100 km/h 8.4 s; km arrêté 29.1 s; consomm. EU 9.2/18.5 L/100 km.

740i: 4.4 V8 32V – 286 PS
Benzineinspritzung

Wie 2.8 – 193 PS, ausgenommen:

Karosserie, Gewicht: (DIN), Limousine, 4 Türen, 5 Sitze; leer 1800 kg, max. zul. 2335 kg.

Motor: (ECE), 8 Zyl. in V 90° (92×82.7 mm), 4398 cm³; Kompr. 10:1; 210 kW (286 PS) bei 5700/min, 47.7 kW/L (65 PS/L); 420 Nm (42.8 mkp) bei 3900/min; 95 ROZ.

Motorkonstruktion: 4 Ventile in V 39.5°; 2×2 obenl. Nockenwellen (Ketten); Leichtmetall-Zylinderköpfe und -block; 5fach gelagerte Kurbelwelle; Öl 7.5 L; elektron. Einspritzung, Bosch Motronic, M5.2. Batterie 90 Ah, Alternator 140 A; Wasserkühlung, Inh. 12 L.

Kraftübertragung: (auf Hinterräder).
6-Gang-Getriebe: I. 4.23; II. 2.51; III. 1.67; IV. 1.23; V. 1; VI. 0.83; R 3.75; Achse 2.93.
5-Stufen-Automat: ZF: I. 3.55; II. 2.24; III. 1.55; IV. 1; V. 0.79; R 3.68; Achse 2.93.

Fahrwerk: Scheiben-Ø v. 32.4 cm, Reifen 235/60 WR 16.

Fahrleistungen: Vmax (Werk) 250 km/h, V bei 1000/min in 6. Gang 51.8 km/h; 0–100 km/h 6.6 s; steh. km 26.5 s; Leistungsgew. 8.6 kg/kW (6.3 kg/PS); Verbrauch EU 8.9/18.6 L/100 km.
Aut.: Vmax 250 km/h, 0–100 km/h 7 s; steh. km 27.1 s; Verbrauch EU 9.3/19.5 L/100 km.

740i: 4.4 V8 32V – 286 ch
Injection d'essence

Comme 2.8 – 193 ch, sauf:

Carrosserie, poids: (DIN), Berline, 4 portes, 5 places; vide 1800 kg, tot. adm. 2335 kg.

Moteur: (ECE), 8 cyl. en V 90° (92×82.7 mm), 4398 cm³; compr. 10:1; 210 kW (286 ch) à 5700/min, 47.7 kW/L (65 ch/L); 420 Nm (42.8 mkp) à 3900/min; 95 (R).

Moteur (constr.): 4 soupapes en V 39.5°; 2×2 arbres à cames en tête (chaînes); culasses et bloc-cyl. en alliage léger; vilebrequin à 5 paliers; huile 7.5 L; injection électron., Bosch Motronic M5.2. Batterie 90 Ah, alternateur 140 A; refroidissement à eau, capac. 12 L.

Transmission: (sur roues AR).
Boîte à 6 vit.: I. 4.23; II. 2.51; III. 1.67; IV. 1.23; V. 1; VI. 0.83; AR 3.75; pont 2.93.
Boîte autom. à 5 vit.: ZF: I. 3.55; II. 2.24; III. 1.55; IV. 1; V. 0.79; AR 3.68; pont 2.93.

Train roulant: Ø disques AV 32.4 cm, pneus 235/60 WR 16.

Performances: Vmax (usine) 250 km/h, V à 1000/min en 6. vit. 51.8 km/h; 0–100 km/h 6.6 s; km arrêté 26.5 s; rapp. poids/puiss. 8.6 kg/kW (6.3 kg/ch); consomm. EU 8.9/18.6 L/100 km.
Aut.: Vmax 250 km/h, 0–100 km/h 7 s; km arrêté 27.1 s; consomm. EU 9.3/19.5 L/100 km.

750i: 5.4 V12 – 326 PS
Benzineinspritzung

Wie 2.8 – 193 PS, ausgenommen:

Karosserie, Gewicht: (DIN), Limousine, 4 Türen, 5 Sitze; leer 1960 kg, max. zul. 2495 kg.

BMW 750i

Motor: (ECE), 12 Zyl. in V 60° (85×79 mm), 5379 cm³; Kompr. 10:1; 240 kW (326 PS) bei 5000/min, 44.6 kW/L (60.7 PS/L); 490 Nm (49.9 mkp) bei 3900/min; 95 ROZ.

Motorkonstruktion: 2 Ventile in V 14°; (Kette); Leichtmetall-Zylinderköpfe und -block; 7fach gelagerte Kurbelwelle; Ölkühler; Öl 8 L; elektron. Einspritzung, Bosch Motronic, M5.2. Batterie 90 Ah, Alternator 140 A; Wasserkühlung, Inh. 13 L.

Kraftübertragung: (auf Hinterräder).
5-Stufen-Automat: ZF; I. 3.55; II. 2.24; III. 1.55; IV. 1; V. 0.79; R 3.68; Achse 2.81.

Fahrwerk: Vierrad-Scheibenbremse (v/h belüftet), Scheiben-Ø v. 33.4 cm, h. 32.8 cm, Reifen 235/60 WR 16.

Fahrleistungen: Vmax (Werk) 250 km/h, V bei 1000/min im 5. Gang 56.8 km/h; 0–100 km/h 6.6 s; steh. km 26.6 s; Leistungsgew. 8.2 kg/kW (6 kg/PS); Verbrauch EU 10.2/21.2 L/100 km.

750i: 5.4 V12 – 326 ch
Injection d'essence

Comme 2.8 – 193 ch, sauf:

Carrosserie, poids: (DIN), Berline, 4 portes, 5 places; vide 1960 kg, tot. adm. 2495 kg.

Moteur: (ECE), 12 cyl. en V 60° (85×79 mm), 5379 cm³; compr. 10:1; 240 kW (326 ch) à 5000/min, 44.6 kW/L (60.7 ch/L); 490 Nm (49.9 mkp) à 3900/min; 95 (R).

Moteur (constr.): 2 soupapes en V 14°; (chaîne); culasses et bloc-cyl. en alliage léger; vilebrequin à 7 paliers; radiat. d'huile; huile 8 L; injection électronique, Bosch Motronic M5.2. Batterie 90 Ah, alternateur 140 A; refroidissement à eau, capac. 13 L.

Transmission: (sur roues AR).
Boîte autom. à 5 vit.: ZF; I. 3.55; II. 2.24; III. 1.55; IV. 1; V. 0.79; AR 3.68; pont 2.81.

Train roulant: quatre freins à disques (AV/AR ventilés), Ø disques AV 33.4 cm, AR 32.8 cm, pneus 235/60 WR 16.

Performances: Vmax (usine) 250 km/h, V à 1000/min en 5. vit. 56.8 km/h; 0–100 km/h 6.6 s; km arrêté 26.6 s; rapp. poids/puiss. 8.2 kg/kW (6 kg/ch); consomm. EU 10.2/21.2 L/100 km.

BMW 725tds

725tds: 2.5 – 143 PS
Turbodiesel

Wie 2.8 – 193 PS, ausgenommen:

Karosserie, Gewicht: (DIN), Limousine, 4 Türen, 5 Sitze; leer 1710 kg, max. zul. 2245 kg.

Motor: (ECE), 6 Zyl. in Linie (80×82.8 mm), 2497 cm³; Kompr. 22:1; 105 kW (143 PS) bei 4600/min, 42 kW/L (57.2 PS/L); 280 Nm (28.5 mkp) bei 2200/min; Dieselöl.

Motorkonstruktion: Wirbelkammer-Diesel; 2 Ventile parallel; 1 obenl. Nockenwelle (Zahnriemen); 7fach gelagerte Kurbelwelle; Öl 7 L; Einspritzpumpe mit digitaler Elektronik, Bosch, 1 Turbolader, Intercooler. Batterie 85 Ah, Alternator 95 A; Wasserkühlung, Inh. 9.8 L.

Kraftübertragung: (auf Hinterräder).
5-Gang-Getriebe: I. 5.09; II. 2.8; III. 1.76; IV. 1.25; V. 1; R 4.71; Achse 2.79.
5-Stufen-Automat: ZF; I. 3.67; II. 2; III. 1.41; IV. 1; V. 0.74; R 4.1; Achse 3.38.

Fahrleistungen: Vmax (Werk) 206 km/h, V bei 1000/min im 5. Gang 45.2 km/h; 0–100 km/h 11.4 s; steh. km 32.6 s; Leistungsgew. 16.3 kg/kW (12 kg/PS); Verbrauch EU 6.2/11 L/100 km.
Aut.: Vmax 202 km/h, 0–100 km/h 12.2 s; steh. km 33.4 s; Verbrauch EU 6.9/12.5 L/100 km.

725tds: 2.5 – 143 ch
turbodiesel

Comme 2.8 – 193 ch, sauf:

Carrosserie, poids: (DIN), Berline, 4 portes, 5 places; vide 1710 kg, tot. adm. 2245 kg.

Moteur: (ECE), 6 cyl. en ligne (80×82.8 mm), 2497 cm³; compr. 22:1; 105 kW (143 ch) à 4600/min, 42 kW/L (57.2 ch/L); 280 Nm (28.5 mkp) à 2200/min; gazole.

Moteur (constr.): diesel à chambre de turbulence; 2 soup. en parallèle; 1 arbre à cames en tête (courroie crantée); vilebrequin à 7 paliers; huile 7 L; pompe à inj. et gestion digitale, Bosch, 1 turbocompr., interc. Batterie 85 Ah, alternateur 95 A; refroidissement à eau, capac. 9.8 L.

Transmission: (sur roues AR).
Boîte à 5 vit.: I. 5.09; II. 2.8; III. 1.76; IV. 1.25; V. 1; AR 4.71; pont 2.79.
Boîte autom. à 5 vit.: ZF; I. 3.67; II. 2; III. 1.41; IV. 1; V. 0.74; AR 4.1; pont 3.38.

Performances: Vmax (usine) 206 km/h, V à 1000/min en 5. vit. 45.2 km/h; 0–100 km/h 11.4 s; km arrêté 32.6 s; rapp. poids/puiss. 16.3 kg/kW (12 kg/ch); consomm. EU 6.2/11 L/100 km.
Aut.: Vmax 202 km/h, 0–100 km/h 12.2 s; km arrêté 33.4 s; consomm. EU 6.9/12.5 L/100 km.

BMW Reihe/série 8

Sportlich-luxuriöses Coupé mit V12-Motor (5-Liter, 300 PS), 6-Gang-Getriebe oder 4-Stufen-Automatik Debüt September 1989. Paris 1992: 850 CSi mit 5.6 V12. Frühling 1993: 840 mit 4.0 V8. Januar 1996: Neue V8-Motoren.

Coupé haute performance luxueux avec moteur V12 5 litres et 300 ch, boîte à 6 vit. ou automat. (4 rapp.). Lancement sept. 1989. Paris 1992: 850 CSi avec 5.6 V12. Printemps 1993: 840 avec 4.0 V8. Janvier 1996: nouvelles moteurs V8.

BMW • BMW/Alpina

840Ci: 4.4 V8 32V – 286 PS Benzineinspritzung

Karosserie, Gewicht: (DIN), Coupé, 2 Türen, 4 Sitze; leer ab 1780 kg, max. zul. 2200 kg.
Aut.: leer ab 1820 kg, max. zul. 2240 kg.

Motor: (ECE), 8 Zyl. in V 90° (92×82.7 mm), 4398 cm³; Kompr. 10:1; 210 kW (286 PS) bei 5700/min, 47.7 kW/L (65 PS/L); 420 Nm (42.8 mkp) bei 3900/min; 95 ROZ.

Motorkonstruktion: 4 Ventile in V 39.5°; 2×2 obenl. Nockenwellen (Ketten); Leichtmetall-Zylinderköpfe und -block; 5fach gelagerte Kurbelwelle; Öl 7.5 L; elektron. Einspritzung, Bosch Motronic, M5.2.
Batterie 130 Ah, Alternator 140 A; Wasserkühlung, Inh. 12 L.

Kraftübertragung: (auf Hinterräder), Automat. Stabilitäts- und Traktionskontrolle.
6-Gang-Getriebe: I. 4.23; II. 2.51; III. 1.67; IV. 1.23; V. 1; VI. 0.83; R 3.75; Achse 2.93.
5-Stufen-Automat: ZF; I. 3.55; II. 2.24; III. 1.55; IV. 1; V. 0.79; R 3.68; Achse 2.81.

Fahrgestell: Selbsttragende Karosserie; v/h Einzelradaufhängung; vorn Federbein und Dreieckquerlenker, diagonale Druckstreben; hinten Mehrlenkerachse mit Längs-, Quer- und Schräglenkern; v/h Kurvenstabilisator, Schraubenfedern, Teleskopdämpfer, a.W. autom. Niveauregulierung mit elektron. Dämpfersystem.

Fahrwerk: Vierrad-Scheibenbremse (vorn belüftet), Scheiben-⌀ v. 32.4 cm, h. 32.4 cm, ABS, Bosch; Handbremse auf Hinterräder; Kugelumlauflenkung mit Servo, Treibstofftank 90 L; Reifen 235/50 WR 16, Felgen 7.5 J.

Dimensionen: Radstand 268.5 cm, Spur 155.5/156 cm, Bodenfreih. 14 cm, Wendekreis 11.5 m, Kofferraum 320 dm³, Länge 478 cm, Breite 185.5 cm, Höhe 134 cm.

Fahrleistungen: Vmax (Werk) 250 km/h, V bei 1000/min im 6. Gang 46 km/h; 0–100 km/h 6.6 s; steh. km 26.2 s; Leistungsgew. 8.5 kg/kW (6.2 kg/PS); Verbrauch EU 9.3/19.7 L/100 km.
Aut.: 0–100 km/h 7 s; steh. km 27.1 s; Verbrauch EU 9.5/20 L/100 km.

850Ci: 5.4 V12 – 326 PS Benzineinspritzung

Wie 4.4 – 286 PS, ausgenommen:

Karosserie, Gewicht: (DIN), Coupé, 2 Türen, 4 Sitze; leer ab 1880 kg, max. zul. 2300 kg.

Motor: (ECE), 12 Zyl. in V 60° (85×79 mm), 5379 cm³; Kompr. 10:1; 240 kW (326 PS) bei 5000/min, 44.6 kW/L (60.7 PS/L); 490 Nm (49.9 mkp) bei 3900/min; 95 ROZ.

Motorkonstruktion: 2 Ventile in V 14°; (Kette); Leichtmetall-Zylinderköpfe und -block; 7fach gelagerte Kurbelwelle; Ölkühler; Öl 8 L; elektron. Einspritzung.
Batterie 130 Ah, Alternator 140 A; Wasserkühlung, Inh. 13 L.

840Ci: 4.4 V8 32V – 286 ch Injection d'essence

Carrosserie, poids: (DIN), Coupé, 2 portes, 4 places; vide dès 1780 kg, tot. adm. 2200 kg.
Aut.: vide dès 1820 kg, tot. adm. 2240 kg.

Moteur: (ECE), 8 cyl. en V 90° (92×82.7 mm), 4398 cm³; compr. 10:1; 210 kW (286 ch) à 5700/min, 47.7 kW/L (65 ch/L); 420 Nm (42.8 mkp) à 3900/min; 95 (R).

Moteur (constr.): 4 soupapes en V 39.5°; 2×2 arbres à cames en tête (chaînes); culasses et bloc-cyl. en alliage léger; vilebrequin à 5 paliers; huile 7.5 L; injection électron., Bosch Motronic, M5.2.
Batterie 130 Ah, alternateur 140 A; refroidissement à eau, capac. 12 L.

Transmission: (sur roues AR), Controle automat. de stabilité et traction.
Boîte à 6 vit.: I. 4.23; II. 2.51; III. 1.67; IV. 1.23; V. 1; VI. 0.83; AR 3.75; pont 2.93.
Boîte autom. à 5 vit.: ZF; I. 3.55; II. 2.24; III. 1.55; IV. 1; V. 0.79; AR 3.68; pont 2.81.

Châssis: carrosserie autoporteuse; AV/AR suspension à roues indép.; AV jambes élast. et leviers triang. transv., barres de poussée obliques; AR essieu à multiples bras (leviers longit., obliques et transv.); AV/AR barre anti-dévers, ressorts hélic, amortiss. télesc., s.d. réglage autom. du niveau avec amort. à pilotage électron.

Train roulant: quatre freins à disques (AV ventilés), ⌀ disques AV 32.4 cm, AR 32.4 cm, ABS, Bosch; frein à main sur roues AR; direction à circuit de billes assistée, réservoir carb. 90 L; pneus 235/50 WR 16, jantes 7.5 J.

Dimensions: empattement 268.5 cm, voie 155.5/156 cm, garde au sol 14 cm, diam. de braq. 11.5 m, coffre 320 dm³, longueur 478 cm, largeur 185.5 cm, hauteur 134 cm.

Performances: Vmax (usine) 250 km/h, V à 1000/min en 6. vit. 46 km/h; 0–100 km/h 6.6 s; km arrêté 26.2 s; rapp. poids/puiss. 8.5 kg/kW (6.2 kg/ch); consomm. EU 9.3/19.7 L/100 km.
Aut.: 0–100 km/h 7 s; km arrêté 27.1 s; consomm. EU 9.5/20 L/100 km.

850Ci: 5.4 V12 – 326 ch Injection d'essence

Comme 4.4 – 286 ch, sauf:

Carrosserie, poids: (DIN), Coupé, 2 portes, 4 places; vide dès 1880 kg, tot. adm. 2300 kg.

Moteur: (ECE), 12 cyl. en V 60° (85×79 mm), 5379 cm³; compr. 10:1; 240 kW (326 ch) à 5000/min, 44.6 kW/L (60.7 ch/L); 490 Nm (49.9 mkp) à 3900/min; 95 (R).

Moteur (constr.): 2 soupapes en V 14°; (chaîne); culasses et bloc-cyl. en alliage léger; vilebrequin à 7 paliers; radiat. d'huile, huile 8 L; injection électronique.
Batterie 130 Ah, alternateur 140 A; refroidissement à eau, capac. 13 L.

Kraftübertragung: (auf Hinterräder), Dynamische Stabilitätskontrolle DSCII.
5-Stufen-Automat: ZF; I. 3.55; II. 2.24; III. 1.55; IV. 1; V. 0.79; R 3.68; Achse 2.81.

Fahrleistungen: Vmax (Werk) 250 km/h, V bei 1000/min im 5. Gang 53 km/h; 0–100 km/h 6.3 s; steh. km 26.1 s; Leistungsgew. 7.8 kg/kW (5.8 kg/PS); Verbrauch EU 9.9/21.1 L/100 km.

Transmission: (sur roues AR), Contrôle dynamique de stabilité DSCII.
Boîte autom. à 5 vit.: ZF; I. 3.55; II. 2.24; III. 1.55; IV. 1; V. 0.79; AR 3.68; pont 2.81.

Performances: Vmax (usine) 250 km/h, V à 1000/min en 5. vit. 53 km/h; 0–100 km/h 6.3 s; km arrêté 26.1 s; rapp. poids/puiss. 7.8 kg/kW (5.8 kg/ch); consomm. EU 9.9/21.1 L/100 km.

BMW 850CSi

BMW/Alpina   D

Alpina, Burkard Bovensiepen GmbH + Co., Alpenstrasse 35, 86803 Buchloe, Deutschland

Hersteller von Hochleistungswagen in Kleinserie auf Basis verschiedener BMW-Modelle. Technische Daten wie BMW D, ausgenommen:

Producteur de voitures hautes performances en petites séries sur la base de différents modèles BMW. Données techniques comme BMW D, sauf:

BMW/Alpina B3 3.2

Limousine, Coupé und Cabriolet auf Basis der Serie 3 von BMW mit 3,2-Liter-Sechszylinder. Genf 1996: 3.2 statt 3.0.

Berline, coupé et cabriolet sur base de la série 3 de BMW avec moteur 3,2 litres 6 cyl. Genève 1996: 3.2 au lieu de 3.0.

3.2 24V – 265 PS Benzineinspritzung

Karosserie, Gewicht: (DIN), Limousine, 4 Türen, 5 Sitze; leer ab 1330 kg, max. zul. 1850 kg.
Auch als Coupé, Cabriolet und Touring

3.2 24V – 265 ch Injection d'essence

Carrosserie, poids: (DIN), Berline, 4 portes, 5 places; vide dès 1330 kg, tot. adm. 1850 kg.
Aussi comme Coupé, Cabriolet et Touring.

BMW/Alpina B3

Motor: (ECE), 6 Zyl. in Linie (86.4×89.6 mm), 3152 cm³; Kompr. 10.5:1; 195 kW (265 PS) bei 5800/min, 61.9 kW/L (84.1 PS/L); 330 Nm (33.6 mkp) bei 4400/min; 98 ROZ.

Kraftübertragung: (auf Hinterräder), Differentialbremse 25%.
6-Gang-Getriebe: I. 4.23; II. 2.51; III. 1.67; IV. 1.23; V. 1; VI. 0.83; R 3.75; Achse 2.93.
5-Stufen-Automat: ZF; I. 3.67; II. 2; III. 1.41; IV. 1; V. 0.74; R 4.08; Achse 2.93.

Fahrwerk: Vierrad-Scheibenbremse (v/h belüftet), ABS, Handbremse auf Hinterräder; Zahnstangenlenkung mit Servo, Treibstofftank 65 L; Reifen v. 235/40 ZR 17, h. 265/35 ZR 17, Felgen v. 8, h. 9 J.

Fahrleistungen: Vmax (Werk) über 260 km/h, V bei 1000/min im 6. Gang 47.4 km/h; 0–100 km/h 5.9 s; steh. km 26.3 s; Leistungsgew. 6.8 kg/kW (5 kg/PS); Verbrauch ECE 6.9/8/13.1 L/100 km.

Moteur: (ECE), 6 cyl. en ligne (86.4×89.6 mm), 3152 cm³; compression 10.5:1; 195 kW (265 ch) à 5800/min, 61.9 kW/L (84.1 ch/L); 330 Nm (33.6 mkp) à 4400/min; 98 (R).

Transmission: (sur roues AR), pont autobloquant 25%.
Boîte à 6 vit.: I. 4.23; II. 2.51; III. 1.67; IV. 1.23; V. 1; VI. 0.83; AR 3.75; pont 2.93.
Boîte autom. à 5 vit.: ZF; I. 3.67; II. 2; III. 1.41; IV. 1; V. 0.74; AR 4.08; pont 2.93.

Train roulant: quatre freins à disques (AV/AR ventilés), ABS, frein à main sur roues AR; servodirection à crémaillère, réservoir carb. 65 L; pneus AV 235/40 ZR 17, AR 265/35 ZR 17, jantes AV 8, AR 9 J.

Performances: Vmax (usine) plus de 260 km/h, V à 1000/min en 6. vit. 47.4 km/h; 0–100 km/h 5.9 s; km arrêté 26.3 s; rapp. poids/puiss. 6.8 kg/kW (5 kg/ch); consomm. ECE 6.9/8/13.1 L/100 km.

BMW/Alpina B8 4.6

Limousine und Coupé auf Basis der 3er-Reihe von BMW, mit 4.6-V8. Debüt als 4.0 Genf 1994.

Berline et coupé sur base de la série 3 de BMW, avec V8 4.6. Lancement comme 4.0 Genève 1994.

BMW ALPINA B12 5,7 E-KAT

Umweltverträglichkeit, Eleganz, Luxus pur ...

BMW ALPINA B12 5,7 E-KAT · SWITCH-TRONIC · 285 kW/387 PS · 560 Nm · 280 km/h

Der BMW ALPINA B12 5,7 ist ein in jeder Hinsicht außergewöhnliches Automobil und in der Kombination aus Luxus, Leistung, Fahrdynamik und Umweltverträglichkeit einzigartig. Der in Zusammenarbeit mit BMW und EMITEC entwickelte, weltweit erstmals in einem Serienautomobil eingesetzte EMITEC Superkat – ein elektrisch beheizter Katalysator, der sofort nach dem Start des Motors wirksam wird – reduziert die nach der Abgasnorm EU 2 zugelassenen Emissionen um über 80%. Ein weiteres Highlight ist die ALPINA SWITCH-TRONIC. Im Stadtverkehr und auf der Autobahn genießen Sie die Vorzüge der Automatik, auf Land- und Bergstraßen schalten Sie manuell am Lenkrad – wie in der Formel 1.

Es ist uns eine Freude, unsere Kunden nicht nur mit außergewöhnlichen Fahrleistungen und glänzendem Fahrkomfort zu verwöhnen, sondern Ihnen auch durch die intelligente Realisierung von Umweltverträglichkeit ein gutes Gewissen zu vermitteln.

BMW ALPINA – nur 500 automobile Meisterwerke pro Jahr – für die ganze Welt

HERSTELLER EXCLUSIVER AUTOMOBILE

BMW ALPINA Automobile in der Schweiz und dem Fürstentum Liechtenstein: Max Heidegger AG · FL-9495 Triesen · Tel. 075/3 92 37 77

BMW/Alpina

4.6 V8 32V – 333 PS
Benzineinspritzung

Karosserie, Gewicht: (DIN), Limousine, 4 Türen, 5 Sitze; leer ab 1490 kg, max. zul. 1980 kg.
Auch als Coupé, Cabrio und Touring

Motor: (ECE), 8 Zyl. in V 90° (93×85 mm), 4619 cm³; Kompr. 10.5:1; 245 kW (333 PS) bei 5700/min, 53 kW/L (72.1 PS/L); 470 Nm (47.9 mkp) bei 3900/min; 98 ROZ.

Kraftübertragung: (auf Hinterräder), Differentialbremse 25%.
6-Gang-Getriebe: I. 4.23; II. 2.51; III. 1.67; IV. 1.23; V. 1; VI. 0.83; R 3.75; Achse 2.79.

Fahrwerk: Vierrad-Scheibenbremse (v/h belüftet), ABS, Handbremse auf Hinterräder; Zahnstangenlenkung mit Servo, Treibstofftank 95 L; Reifen v. 235/40 ZR 17, h. 265/35 ZR 17, Felgen v. 8, h. 9 J.

Dimensionen: Spur 141/143.5 cm, Höhe 137 cm.

4.6 V8 32V – 333 ch
Injection d'essence

Carrosserie, poids: (DIN), Berline, 4 portes, 5 places; vide dès 1490 kg, tot. adm. 1980 kg.
Aussi comme Coupé, Cabrio et Touring.

Moteur: (ECE), 8 cyl. en V 90° (93×85 mm), 4619 cm³; compr. 10.5:1; 245 kW (333 ch) à 5700/min, 53 kW/L (72.1 ch/L); 470 Nm (47.9 mkp) à 3900/min; 98 (R).

Transmission: (sur roues AR), pont autobloquant 25%.
Boîte à 6 vit.: I. 4.23; II. 2.51; III. 1.67; IV. 1.23; V. 1; VI. 0.83; AR 3.75; pont 2.79.

Train roulant: quatre freins à disques (AV/AR ventilés), ABS, frein à main sur roues AR; servodirection à crémaillère, réservoir carb. 95 L; pneus AV 235/40 ZR 17, AR 265/35 ZR 17, jantes AV 8, AR 9 J.

Dimensions: voie 141/143.5 cm, hauteur 137 cm.

BMW/Alpina B8

Fahrleistungen: Vmax (Werk) über 280 km/h, V bei 1000/min im 6. Gang 49.8 km/h; 0–100 km/h 5.6 s; steh. km 24.7 s; Leistungsgew. 6.1 kg/kW (4.5 kg/PS); Verbrauch ECE 7.8/9.6/16.6 L/100 km.

Performances: Vmax (usine) plus de 280 km/h, V à 1000/min en 6. vit. 49.8 km/h; 0–100 km/h 5.6 s; km arrêté 24.7 s; rapp. poids/puiss. 6.1 kg/kW (4.5 kg/ch); consomm. ECE 7.8/9.6/16.6 L/100 km.

BMW/Alpina B10

Limousine auf Basis der Serie 5 von BMW mit 4.6 V8.

Berline sur base de la série 5 de BMW avec moteur V8 4.6.

4.6 V8 32V – 340 PS
Benzineinspritzung

Karosserie, Gewicht: (DIN), Limousine, 4 Türen, 5 Sitze; leer ab 1650 kg, max. zul. 2190 kg.

Motor: (ECE), 8 Zyl. in V 90° (93×85 mm), 4619 cm³; Kompr. 10.5:1; 250 kW (340 PS) bei 5700/min, 54.1 kW/L (73.6 PS/L); 470 Nm (47.9 mkp) bei 3800/min; 98 ROZ.

Kraftübertragung: (auf Hinterräder), Differentialbremse 25%.
5-Stufen-Automat: I. 3.57; II. 2.2; III. 1.51; IV. 1; V. 0.8; R 4.06; Achse 3.15.

Fahrwerk: Vierrad-Scheibenbremse (v/h belüftet), ABS, Handbremse auf Hinterräder; Zahnstangenlenkung mit Servo, Treibstofftank 70 L; Reifen v. 235/40 ZR 18, h. 265/35 ZR 18, Felgen v. 8, h. 9 J.

Fahrleistungen: Vmax (Werk) über 275 km/h, V bei 1000/min im 5. Gang 47.7 km/h; 0–100 km/h 6.3 s; Leistungsgew. 6.6 kg/kW (4.9 kg/PS); Verbrauch EU 10.2/21.5 L/100 km.

4.6 V8 32V – 340 ch
Injection d'essence

Carrosserie, poids: (DIN), Berline, 4 portes, 5 places; vide dès 1650 kg, tot. adm. 2190 kg.

Moteur: (ECE), 8 cyl. en V 90° (93×85 mm), 4619 cm³; compr. 10.5:1; 250 kW (340 ch) à 5700/min, 54.1 kW/L (73.6 ch/L); 470 Nm (47.9 mkp) à 3800/min; 98 (R).

Transmission: (sur roues AR), pont autobloquant 25%.
Boîte autom. à 5 vit.: I. 3.57; II. 2.2; III. 1.51; IV. 1; V. 0.8; AR 4.06; pont 3.15.

Train roulant: quatre freins à disques (AV/AR ventilés), ABS, frein à main sur roues AR; servodirection à crémaillère, réservoir carb. 70 L; pneus AV 235/40 ZR 18, AR 265/35 ZR 18, jantes AV 8, AR 9 J.

Performances: Vmax (usine) plus de 275 km/h, V à 1000/min en 5. vit. 47.7 km/h; 0–100 km/h 6.3 s; rapp. poids/puiss. 6.6 kg/kW (4.9 kg/ch); consomm. EU 10.2/21.5 L/100 km.

BMW/Alpina B10

BMW/Alpina B12 5.7

Limousine auf Basis des BMW 850i mit 5,6-Liter-V12.

Berline sur base de la BMW 850i avec moteur 5,6 litres V12.

5.6 V12 – 387 PS
Benzineinspritzung

Karosserie, Gewicht: (DIN), Limousine, 4 Türen, 5 Sitze; leer 1960 kg, max. zul. 2495 kg.

Motor: (ECE), 12 Zyl. in V 60° (86×81 mm), 5646 cm³; Kompr. 10.5:1; 285 kW (387 PS) bei 5200/min, 50.5 kW/L (68.6 PS/L); 560 Nm (57.1 mkp) bei 4100/min; 98 ROZ.

Kraftübertragung: (auf Hinterräder), Automat. Stabilitäts- und Traktionskontrolle.
5-Stufen-Automat: I. 3.55; II. 2.24; III. 1.54; IV. 1; V. 0.79; R 3.86; R 3.15.

Fahrwerk: Vierrad-Scheibenbremse (v/h belüftet), ABS, Handbremse auf Hinterräder; Zahnstangenlenkung mit Servo, Treibstofftank 95 L; Reifen v. 245/40 ZR 18, h. 285/35 ZR 18, Felgen v. 9, h. 10 J.

Dimensionen: Radstand 293 cm, Spur 155/154 cm, Wendekreis 11.5 m, Kofferraum 500 dm³, Länge 498 cm, Breite 186 cm, Höhe 141 cm.

Fahrleistungen: Vmax (Werk) über 280 km/h, V bei 1000/min im 5. Gang 49.2 km/h; 0–100 km/h 6.4 s; steh. km 26.2 s; Leistungsgew. 7.2 kg/kW (5.3 kg/PS); Verbrauch ECE 8.7/10.5/16.6 L/100 km.

5.6 V12 – 387 ch
Injection d'essence

Carrosserie, poids: (DIN), Berline, 4 portes, 5 places; vide 1960 kg, tot. adm. 2495 kg.

Moteur: (ECE), 12 cyl. en V 60° (86×81 mm), 5646 cm³; compr. 10.5:1; 285 kW (387 ch) à 5200/min, 50.5 kW/L (68.6 ch/L); 560 Nm (57.1 mkp) à 4100/min; 98 (R).

Transmission: (sur roues AR), Controle automat. de stabilité et traction.
Boîte autom. à 5 vit.: I. 3.55; II. 2.24; III. 1.54; IV. 1; V. 0.79; AR 3.86; AR 3.15.

Train roulant: quatre freins à disques (AV/AR ventilés), ABS, frein à main sur roues AR; servodirection à crémaillère, réservoir carb. 95 L; pneus AV 245/40 ZR 18, AR 285/35 ZR 18, jantes AV 9, AR 10 J.

Dimensions: empattement 293 cm, voie 155/154 cm, diam. de braq. 11.5 m, coffre 500 dm³, longueur 498 cm, largeur 186 cm, hauteur 141 cm.

Performances: Vmax (usine) plus de 280 km/h, V à 1000/min en 5. vit. 49.2 km/h; 0–100 km/h 6.4 s; km arrêté 26.2 s; rapp. poids/puiss. 7.2 kg/kW (5.3 kg/ch); consomm. ECE 8.7/10.5/16.6 L/100 km.

BMW/Alpina B12

Bristol • Buick

Bristol — GB

Bristol Cars Ltd., 368/370 Kensington High Street, London W14 8NL, England

Kleiner englischer Hersteller von Elitefahrzeugen.

Petite fabrique anglaise de voitures de grande classe.

Bristol Blenheim

Nachfolger des 603/Britannia mit Leichtmetallkarosserie; Motor und Kraftübertragung von Chrysler. September 1993: Änderungen an Karosserie und Interieur, Benzineinspritzung, Vierstufen-Automatik, neue Bezeichnung Blenheim.

Successeur de la 603/Britannia avec carrosserie en aluminium; moteur et transm. de Chrysler. Septembre 1993: modifications à la carrosserie et à l'intérieur, injection d'essence, boîte autom. à 4 rapp., nouvelle désignation Blenheim.

5.9 V8 – 231 PS
Benzineinspritzung

5.9 V8 – 231 ch
Injection d'essence

Karosserie, Gewicht: (DIN), Coupé, 2 Türen, 4 Sitze; leer 1745 kg.

Carrosserie, poids: (DIN), Coupé, 2 portes, 4 places; vide 1745 kg.

Motor: Angaben über Leistung nicht offiziell (SAE), 8 Zyl. in V 90° (101.6×90.93 mm), 5898 cm³; Kompr. 8.9:1; 170 kW (231 PS) bei 4000/min, 28.8 kW/L (39.2 PS/L); 440 Nm (44.9 mkp) bei 3200/min; 91 ROZ.

Moteur: indications de puissances pas officielles (SAE), 8 cyl. en V 90° (101.6×90.93 mm), 5898 cm³; compr. 8.9:1; 170 kW (231 ch) à 4000/min, 28.8 kW/L (39.2 ch/L); 440 Nm (44.9 mkp) à 3200/min; 91 (R).

Motorkonstruktion: Bezeichnung Chrysler 360 cu.in.; zentrale Nockenwelle (Kette); 5fach gelagerte Kurbelwelle; Öl 4.7 L; elektron. Einspritzung.

Moteur (constr.): désignation Chrysler 360 cu.in.; arbre à cames central (chaîne); vilebrequin à 5 paliers, huile 4.7 L; injection électronique.

Batterie 71 Ah, Alternator 90 A; Wasserkühlung, Inh. 16.5 L.

Batterie 71 Ah, alternateur 90 A; refroidissement à eau, capac. 16.5 L.

Bristol Blenheim

Kraftübertragung: (auf Hinterräder), Differentialbremse.

Transmission: (sur roues AR), différentiel autobloquant.

4-Stufen-Automat: Chrysler Torqueflite; I. 2.45; II. 1.45; III. 1; OD 0.7; R 2.2; Achse 2.88; 3.07.

Boîte autom. à 4 vit.: Chrysler Torqueflite; I. 2.45; II. 1.45; III. 1; OD 0.7; AR 2.2; pont 2.88; 3.07.

Fahrgestell: Kastenrahmen mit Traversen; vorn Dreieckquerlenker, Kurvenstabilisator, Schraubenfedern, Teleskopdämpfer; hinten Starrachse, Wattgestänge, Torsionsfederstäbe; v/h Teleskopdämpfer verstellbar, hinten autom. Niveauregulierung.

Châssis: Cadre à caisson avec traverses; AV leviers triang. transv., barre anti-dévers, ressorts hélic, amortiss. télesc.; AR essieu rigide, timonerie Watt, barres de torsion; AV/AR amortiss. télescop. (réglables), AR réglage automat. du niveau.

Fahrwerk: Vierrad-Scheibenbremse, Scheiben-⌀ v. 27.7 cm, h. 27 cm, Handbremse auf Hinterräder; Kugelumlauflenkung mit Servo, ZF; Treibstofftank 82 L; Reifen 215/70 VR 15, Felgen 6 J.

Train roulant: quatre freins à disques, ⌀ disques AV 27.7 cm, AR 27 cm, frein à main sur roues AR; direction à circuit de billes assistée, ZF; réservoir carb. 82 L; pneus 215/70 VR 15, jantes 6 J.

Dimensionen: Radstand 290 cm, Spur 138.5/141 cm, Bodenfreih. 13 cm, Wendekreis 12.2 m, Kofferraum 540 dm³, Länge 487 cm, Breite 175 cm, Höhe 144 cm.

Dimensions: empattement 290 cm, voie 138.5/141 cm, garde au sol 13 cm, diam. de braq. 12.2 m, coffre 540 dm³, longueur 487 cm, largeur 175 cm, hauteur 144 cm.

Fahrleistungen: Vmax (Werk) 225 km/h, V bei 1000/min im 4. Gang 63.2 km/h; 0–97 km/h 7.2 s; Leistungsgew. 10.3 kg/kW (7.6 kg/PS); Verbrauch ECE 8.3/9.4/11.8 L/100 km.

Performances: Vmax (usine) 225 km/h, V à 1000/min en 4. vit. 63.2 km/h; 0–97 km/h 7.2 s; rapp. poids/puiss. 10.3 kg/kW (7.6 kg/ch); consomm. ECE 8.3/9.4/11.8 L/100 km.

Buick — USA

Buick Motor Division, General Motors Corp., 1051 E. Hamilton Avenue, Flint 2, Michigan 48 550, USA

Glied der General Motors, Pionier des Drehmomentwandlers.

Membre de la General Motors et pionnier de la boîte de vitesse automat.

Buick Skylark

Sportlich-luxuriöses Fahrzeug mit Frontantrieb und Quermotoren, Vierzylinder- oder V6-Motor, Automat. Debüt als Coupé August 1984. Herbst 1991: Neuauflage mit 2.3-OHC oder 3.3-V6 sowie ABS. 1994: 3.1-V6. 1995 mit 2.3 DOHC als Basismotor.

Voiture luxueuse et sportive, traction AV moteurs transversaux, moteurs à 4 cyl. ou V6, boîte autom. Lancement comme coupé août 1984. Automne 1991: nouvelle édition, 2.3 OHC, 3.3 V6, ABS. 1994: 3.1 V6. 1995 2.3 DOHC comme moteur de base.

2.4 16V – 152 PS
Benzineinspritzung

2.4 16V – 152 ch
Injection d'essence

Karosserie, Gewicht: (DIN), Coupé, 2 Türen, 5 Sitze; leer ab 1325 kg.
Sedan: 4 Türen, 5 Sitze; leer ab 1355 kg.

Carrosserie, poids: (DIN), Coupé, 2 portes, 5 places; vide dès 1325 kg.
Sedan: 4 portes, 5 places; vide 1355 kg.

Motor: (SAE), 4 Zyl. in Linie (90×94 mm), 2392 cm³; Kompr. 9.5:1; 112 kW (152 PS) bei 5600/min, 46.8 kW/L (63.5 PS/L); 210 Nm (21.4 mkp) bei 4400/min; 91 ROZ.

Moteur: (SAE), 4 cyl. en ligne (90×94 mm), 2392 cm³; compr. 9.5:1; 112 kW (152 ch) à 5600/min, 46.8 kW/L (63.5 ch/L); 210 Nm (21.4 mkp) à 4400/min; 91 (R).

Motorkonstruktion: Quermotor; 4 Ventile in V; 2 obenl. Nockenwellen (Kette); Leichtmetall-Zylinderkopf; 5fach gelagerte Kurbelwelle, Öl 4.7 L; elektron. Einspritzung, AC-Rochester.

Moteur (constr.): moteur transv.; 4 soupapes en V; 2 arbres à cames en tête (chaîne); culasse en alliage léger; vilebrequin à 5 paliers, huile 4.7 L; injection électronique, AC-Rochester.

Batterie 54 Ah, Alternator 105 A; Wasserkühlung, Inh. 9.8 L.

Batterie 54 Ah, alternateur 105 A; refroidissement à eau, capac. 9.8 L.

Kraftübertragung: (auf Vorderräder).
4-Stufen-Automat: GM Turbo-Hydra-Matic; I. 2.92; II. 1.57; III. 1; IV. 0.7; R 2.39; Achse 3.42.

Transmission: (sur roues AV).
Boîte autom. à 4 vit.: GM Turbo-Hydra-Matic; I. 2.92; II. 1.57; III. 1; IV. 0.7; AR 2.39; pont 3.42.

Fahrgestell: Selbsttragende Karosserie mit vorderem Hilfsrahmen; vorn Federbeine und Dreieckquerlenker, Kurvenstabilisator, hinten Verbundlenkerachse, Längslenker, Schraubenfedern, Teleskopdämpfer.

Châssis: carrosserie autoporteuse avec cadre auxiliaire AV; AV jambes élast. et leviers triang. transv., barre anti-dévers; AR essieu semi-rigide, bras longitud., ressorts hélicoïdaux, amortiss. télesc.

Fahrwerk: Bremse, vorne Scheiben (belüftet), hinten Trommeln, Scheiben-⌀ v. 25.9 cm, ABS, Delco/Moraine; Feststellbremse auf Hinterräder; Zahnstangenlenkung mit Servo, Treibstofftank 57.5 L; Reifen 195/70 R 14, 195/65 R 15, 205/55 R 16; Felgen 6 J.

Train roulant: frein, AV à disques (ventilés), AR à tambours, ⌀ disques AV 25.9 cm, ABS, Delco/Moraine; frein de stationnement sur roues AR; servodirection à crémaillère, réservoir carb. 57.5 L; pneus 195/70 R 14, 195/65 R 15, 205/55 R 16; jantes 6 J.

Dimensionen: Radstand 263 cm, Spur 142/141 cm, Bodenfreih. 15 cm, Wendekreis 11.3 m, Kofferraum 375 dm³, Länge 479 cm, Breite 173 cm, Höhe 136 cm.

Dimensions: empattement 263 cm, voie 142/141 cm, garde au sol 15 cm, diam. de braq. 11.3 m, coffre 375 dm³, longueur 479 cm, largeur 173 cm, hauteur 136 cm.

Fahrleistungen: Vmax (Red.) 190 km/h, V bei 1000/min im 4. Gang 47.4 km/h; Leistungsgew. 11.9 kg/kW (8.8 kg/PS); Verbrauch EPA 7.4/10.7 L/100 km.

Performances: Vmax (réd.) 190 km/h, V à 1000/min en 4. vit. 47.4 km/h; rapp. poids/puiss. 11.9 kg/kW (8.8 kg/ch); consomm. EPA 7.4/10.7 L/100 km.

3.1 V6 – 156 PS
Benzineinspritzung

3.1 V6 – 156 ch
Injection d'essence

Wie 2.4 – 152 PS, ausgenommen:

Comme 2.4 – 152 ch, sauf:

Karosserie, Gewicht: Coupé, 2 Türen, 5 Sitze; leer ca. 1355 kg.

Carrosserie, poids: Coupé, 2 portes, 5 places; vide env. 1355 kg.

Buick Skylark Custom Sedan

Buick

Buick Skylark GS Coupé

Motor: (SAE), 6 Zyl. in V 60° (89×84 mm), 3135 cm³; Kompr. 9.6:1; 115 kW (156 PS) bei 5200/min, 36.7 kW/L (49.9 PS/L); 251 Nm (25.6 mkp) bei 4000/min; 91 ROZ.

Motorkonstruktion: zentrale Nockenwelle (Kette); Leichtmetall-Zylinderköpfe; 4fach gelagerte Kurbelwelle; Öl 4.7 L; elektron. Einspritzung, AC-Rochester.

Kraftübertragung: (auf Vorderräder).
4-Stufen-Automat: GM Turbo-Hydra-Matic; I. 2.92; II. 1.57; III. 1; IV. 0.7; R 2.38; Achse 2.93.

Fahrleistungen: Vmax (Red.) 195 km/h, V bei 1000/min im 4. Gang 55.4 km/h; Leistungsgew. 11.8 kg/kW (8.7 kg/PS); Verbrauch EPA 8.1/11.8 L/100 km.

Moteur: (SAE), 6 cyl. en V 60° (89×84 mm), 3135 cm³; compr. 9.6:1; 115 kW (156 ch) à 5200/min, 36.7 kW/L (49.9 ch/L); 251 Nm (25.6 mkp) à 4000/min; 91 (R).

Moteur (constr.): arbre à cames central (chaîne); culasses en alliage léger; vilebrequin à 4 paliers; huile 4.7 L; injection électronique, AC-Rochester.

Transmission: (sur roues AV).
Boîte autom. à 4 vit.: GM Turbo-Hydra-Matic; I. 2.92; II. 1.57; III. 1; IV. 0.7; AR 2.38; pont 2.93.

Performances: Vmax (réd.) 195 km/h, V à 1000/min en 4. vit. 55.4 km/h; rapp. poids/puiss. 11.8 kg/kW (8.7 kg/ch); consomm. EPA 8.1/11.8 L/100 km.

Buick Century

Modellreihe mit Frontantrieb, Quermotor und Automat. Debüt Dezember 1981. 1988: 2,5-Liter-Motor. 1989 mit 3.3-V6, 1993 mit neuem Basismotor (2.2). 1994: 3.1-V6 ersetzt den 3.3. Für 1997 Neuauflage, nur noch mit V6, überarbeitete Aufhängung.

Gamme de modèles avec traction AV, moteur transv. et boîte automatique. Lancements décembre 1981. 1988: moteur 2.5. 1989 avec 3.3 V6, 1993 avec 2.2. 1994: 3.1 V6 remplace le 3.3. Pour 1997 nouvelle édition, uniquement avec V6, susp. modifiée.

3.1 V6 – 162 PS
Benzineinspritzung

3.1 V6 – 162 ch
Injection d'essence

Karosserie, Gewicht: (DIN), Limousine, 4 Türen, 6 Sitze; leer ab 1520 kg.

Carrosserie, poids: (DIN), Berline, 4 portes, 6 places; vide dès 1520 kg.

Motor: (SAE), 6 Zyl. in V 60° (89×84 mm), 3135 cm³; Kompr. 9.6:1; 119 kW (162 PS) bei 5200/min, 38 kW/L (51.6 PS/L); 251 Nm (25.6 mkp) bei 4000/min; 91 (R).

Motorkonstruktion: zentrale Nockenwelle (Kette); Leichtmetall-Zylinderköpfe; 4fach gelagerte Kurbelwelle; Öl 4.7 L; elektron. Einspritzung, AC-Rochester.
Batterie 69 Ah, Alternator 105 A; Wasserkühlung, Inh. 11 L.

Kraftübertragung: (auf Vorderräder).
4-Stufen-Automat: GM Turbo-Hydra-Matic; I. 2.92; II. 1.57; III. 1; IV. 0.7; R 2.38; Achse 3.29.

Moteur: (SAE), 6 cyl. en V 60° (89×84 mm), 3135 cm³; compr. 9.6:1; 119 kW (162 ch) à 5200/min, 38 kW/L (51.6 ch/L); 251 Nm (25.6 mkp) à 4000/min; 91 (R).

Moteur (constr.): arbre à cames central (chaîne); culasses en alliage léger; vilebrequin à 4 paliers; huile 4.7 L; injection électronique, AC-Rochester.
Batterie 69 Ah, alternateur 105 A; refroidissement à eau, capac. 11 L.

Transmission: (sur roues AV).
Boîte autom. à 4 vit.: GM Turbo-Hydra-Matic; I. 2.92; II. 1.57; III. 1; IV. 0.7; AR 2.38; pont 3.29.

Fahrgestell: Selbsttragende Karosserie mit vorderem Hilfsrahmen; vorn Federbeine und Dreieckquerlenker, hinten Federbeine, Längs- und Querlenker, Spurstangen; v/h Kurvenstabilisator, Schraubenfedern und Teleskopdämpfer.

Fahrwerk: Bremse, vorne Scheiben (belüftet), hinten Trommeln, Scheiben-Ø v. 26.2 cm, ABS, Delco; Feststellbremse auf Hinterräder; Zahnstangenlenkung mit Servo, Treibstofftank 64 L; Reifen 205/70 R 15, Felgen 6 J.

Dimensionen: Radstand 277 cm, Spur 157/156 cm, Bodenfreih. 16 cm, Wendekreis 12 m, Kofferraum 475 dm³, Länge 494 cm, Breite 185 cm, Höhe 145 cm.

Fahrleistungen: Vmax (Red.) 195 km/h, V bei 1000/min im 4. Gang 53.1 km/h; Leistungsgew. 12.7 kg/kW (9.4 kg/PS); Verbrauch EPA 8.1/11.8 L/100 km.

Châssis: carrosserie autoporteuse avec cadre auxiliaire AV; AV jambes élast. et leviers triang. transv., AR jambes élast., bras longitud. et transv., biellettes supplém.; AV/AR stabilisateur transv., ressorts hélic. et amortiss. télesc.

Train roulant: frein, AV à disques (ventilés), AR à tambours, Ø disques AV 26.2 cm, ABS, Delco; frein de stationnement sur roues AR; servodirection à crémaillère, réservoir carb. 64 L; pneus 205/70 R 15, jantes 6 J.

Dimensions: empattement 277 cm, voie 157/156 cm, garde au sol 16 cm, diam. de braq. 12 m, coffre 475 dm³, longueur 494 cm, largeur 185 cm, hauteur 145 cm.

Performances: Vmax (réd.) 195 km/h, V à 1000/min en 4. vit. 53.1 km/h; rapp. poids/puiss. 12.7 kg/kW (9.4 kg/ch); consomm. EPA 8.1/11.8 L/100 km.

Buick Regal

Limousine von Buick, mit Frontantrieb und quer eingebautem V6-Motor. Debüt Salon Los Angeles (Januar 1987), Verkauf seit Herbst 1987. 1993 mit Detailänderungen an der Karosserie. 1996 mehr Leistung für den 3.8 V6. 1997 nur nich 3.6 V6.

Berline Buick, maintenant avec traction AV et moteur V6 transv. Lancement au salon de Los Angeles (janvier 1987), vente dès automne 1987. 1993 avec modifications de détails à la carrosserie. 1996 puissance accrue pour le 3.8 V6. 1997 uniquement avec 3.8 V6.

3.8 V6 – 197 PS
Benzineinspritzung

3.8 V6 – 197 ch
Injection d'essence

Karosserie, Gewicht: (DIN), Limousine, 4 Türen, 6 Sitze; leer ca. 1575 kg.

Carrosserie, poids: (DIN), Berline, 4 portes, 6 places; vide env. 1575 kg.

Motor: (SAE), 6 Zyl. in V 90° (96.52×86.36 mm), 3791 cm³; Kompression 9.4:1; 145 kW (197 PS) bei 5200/min, 38.2 kW/L (52 PS/L); 298 Nm (30.4 mkp) bei 4000/min; 91 ROZ.

Motorkonstruktion: zentrale Nockenwelle (Kette); Leichtmetall-Zylinderköpfe; 4fach gelagerte Kurbelwelle; Öl 4.7 L; elektron. Einspritzung.
Batterie 54 Ah, Alternator 105 A; Wasserkühlung, Inh. 11 L.

Moteur: (SAE), 6 cyl. en V 90° (96.52×86.36 mm), 3791 cm³; compr. 9.4:1; 145 kW (197 ch) à 5200/min, 38.2 kW/L (52 ch/L); 298 Nm (30.4 mkp) à 4000/min; 91 (R).

Moteur (constr.): arbre à cames central (chaîne); culasses en alliage léger; vilebrequin à 4 paliers; huile 4.7 L; injection électronique.
Batterie 54 Ah, alternateur 105 A; refroidissement à eau, capac. 11 L.

Buick Regal LS Sedan

Kraftübertragung: (auf Vorderräder).
4-Stufen-Automat: GM Turbo-Hydra-Matic; I. 2.92; II. 1.57; III. 1; IV. 0.7; R 2.38; Achse 3.05.

Fahrgestell: Selbsttragende Karosserie mit vorderem Hilfsrahmen; v/h Einzelradaufhängung, vorn Federbeine, Dreieckquerlenker, hinten Federbeine, Längs- und Querlenker, Spurstangen; v/h Kurvenstabilisator, Schraubenfedern, Teleskopdämpfer.

Fahrwerk: Vierrad-Scheibenbremse (vorn belüftet), Scheiben-Ø v. 26.2 cm, h. 27.2 cm, ABS, Delco/Moraine; Fussfeststellbremse auf Hinterräder; Zahnstangenlenkung mit Servo, Treibstofftank 64.5 L; Reifen 215/70 R 15, Felgen 6 J.

Dimensionen: Radstand 277 cm, Spur 157/155 cm, Bodenfreih. 15 cm, Wendekreis 13.1 m, Kofferraum 480 dm³, Länge 498 cm, Breite 185 cm, Höhe 144 cm.

Transmission: (sur roues AV).
Boîte autom. à 4 vit.: GM Turbo-Hydra-Matic; I. 2.92; II. 1.57; III. 1; IV. 0.7; AR 2.38; pont 3.05.

Châssis: carr. autoporteuse avec cadre auxiliaire AV; AV/AR suspension à roues indép., AV jambes élast., leviers triang. transv., AR jambes élast., bras longitud. et transv., biellettes supplém.; AV/AR barre anti-dévers, ressorts hélic, amortiss. télesc.

Train roulant: quatre freins à disques (AV ventilés), Ø disques AV 26.2 cm, AR 27.2 cm, ABS, Delco/Moraine; frein de station. à pied sur roues AR; servodirection à crémaillère, réservoir carb. 64.5 L; pneus 215/70 R 15, jantes 6 J.

Dimensions: empattement 277 cm, voie 157/155 cm, garde au sol 15 cm, diam. de braq. 13.1 m, coffre 480 dm³, longueur 498 cm, largeur 185 cm, hauteur 144 cm.

Buick Century

Mehr über die
AUTOMOBIL REVUE
auf Seite 175

Bitte hier
frankieren!

AUTOMOBIL REVUE
Leser-Service
Nordring 4
Postfach
CH-3001 Bern

Apprenez plus au sujet de
la **REVUE AUTOMOBILE**
à la page 176

Affranchir
ici s.v.p.!

REVUE AUTOMOBILE
Service lecteurs
Nordring 4
case postale
CH-3001 Berne

Mehr über
Hallwag-Autobücher
auf Seite 487

Bitte hier
frankieren!

Hallwag Verlag
Verlagsauslieferung
Postfach
CH-3001 Bern

AUTO INDEX
siehe Seite 189/voir page 190

Bitte hier
frankieren!
Affranchir
ici s.v.p.!

AUTOMOBIL REVUE
AUTO INDEX
Nordring 4
P.O. Box
CH-3001 Bern

Abonnement
AUTOMOBIL REVUE

Ja, ich bestelle ein Jahresabonnement auf die **AUTOMOBIL REVUE** und zwar

Ein Jahresabonnement kostet:	
Schweiz*	Fr. 126.–
Deutschland	DM 248.–
Österreich	öS 1700.–
andere Länder	auf Anfrage

☐ als Geschenk
☐ für mich persönlich

Ich will wie folgt bezahlen:

☐ Belasten Sie meine Kreditkarte:
　☐ Eurocard/MasterCard　☐ Visa　☐ Diners　☐ Amexco

Karten-Nr. .... gültig bis .... / ....

☐ Schicken Sie mir eine Rechnung.

Die Adresse der/des Beschenkten lautet:　☐ Frau　☐ Herr

Name ....
Strasse ....
PLZ, Ort ....

Meine Adresse lautet:　☐ Frau　☐ Herr

Name 512
Strasse ....
PLZ, Ort ....

✗ Zutreffendes bitte ankreuzen!　　*inkl. 2 % MWSt

Abonnement
revue automobile

Oui, je commande un abonnement annuel à la **REVUE AUTOMOBILE**

Prix d'un abonnement annuel:	
Suisse*	Fr. 102.—
Allemagne	DM 170.—
Autriche	öS 1160.—
autre pays	sur demande

☐ pour en faire cadeau
☐ pour moi personellement

Le mode de paiement que je choisis:

☐ Débitez ma carte de crédit:
　☐ Eurocard/MasterCard　☐ Visa　☐ Diners　☐ Amexco

Cartes No .... Valables jusqu'au .... / ....

☐ Envoyez-moi une facture.

L'abonnement est destiné à:　☐ Madame　☐ Monsieur

Nom, prénom ....
Rue, N° ....
NPA, lieu ....

Mon adresse:　☐ Madame　☐ Monsieur

Nom, prénom 462
Rue, N° ....
NPA, lieu ....

✗ Cochez ce qui convient, s.v.p.!　　*ci-incl. 2 % TVA

Bestellkarte
Autobücher

Ich bestelle

____ Ex. Cimarosti, Grand Prix Suisse
　　zu DM 350.–/sFr. 298.–
　　(4. 03. 101)

____ Ex. Hediger, von Fersen, Sedgwick, Klassische Wagen
　　1919 – 1939
　　zu DM/sFr. 118.–
　　(4. 03. 297)

____ Ex. Gloor, Nachkriegswagen
　　zu DM/sFr. 118.–
　　(4. 03. 250)

____ Ex. Gloor, Personenwagen der 60er Jahre
　　zu DM/sFr. 118.–
　　(4. 03. 251)

____ Ex. Gloor, Zukunfts-Autos der 80er Jahre
　　zu DM/sFr. 158.–
　　(4. 03. 253)

Preise inkl. 2 % MWSt

Alle Bücher sind auch im Buchhandel erhältlich.

Für Bezieher in Deutschland erfolgt die Auslieferung über den örtlichen Buchhandel.

Name ....
Vorname ....
Strasse, Nr. ....
PLZ/Ort ....
Datum ....
Unterschrift ....

Preise zuzüglich Portokosten. Preisänderungen vorbehalten.

Bestellung/Commande/Order
Auto Index

Wir bestellen ein Jahresabonnement auf AUTO INDEX, einschliesslich der kostenlosen Lieferung des KATALOGES DER AUTOMOBIL REVUE 1998, zum Preis von:

Nous commandons un abonnement annuel à l'AUTO INDEX, y compris la livraison gratuite du CATALOGUE DE LA REVUE AUTOMOBILE 1998, au prix de:

Yearly subscription of AUTO INDEX, including a free copy of the CATALOGUE OF THE AUTOMOBIL REVUE 1998, at the price of:

Schweiz/Suisse/Switzerland*	sFr. 300.–
Deutschland/Allemagne/Germany	DM 354.–
Österreich/Autriche/Austria	öS 2730.–
andere Länder auf Anfrage/autres pays sur demande/ other countries on demand	

Name und Adresse/Nom et adresse / Name and adress:

.... 027
....
....
....

* Preis inkl. 2 % MWSt/Prix incl. 2 % TVA

WEIL DER 98ER KATALOG ERST IN EINEM JAHR ERSCHEINT

Im KATALOG DER AUTOMOBIL REVUE sind über 1500 Automobile beschrieben. Ein guter Teil davon wird bis zur nächsten Ausgabe Änderungen erfahren. Es wird auch eine beachtliche Zahl neuer Modelle hinzukommen. Der KATALOG '98 wird alle Novitäten und Änderungen berücksichtigen. Aber er erscheint erst in zwölf Monaten. Können Sie so lange warten? Kaum! Abonnieren Sie deshalb den AUTO-INDEX. Jeden Monat bringt der AUTO-INDEX alle Neuerungen und Änderungen. Ob Sie den AUTO-INDEX als Vorausinformation oder als Nachtrag zum KATALOG betrachten, er bildet mit dem KATALOG eine Einheit, er ist die ideale Ergänzung zum KATALOG DER AUTOMOBIL REVUE.

AUTO-INDEX erscheint monatlich, elfmal im Jahr. Anstelle der zwölften Ausgabe erhält jeder Abonnent gratis den neuen KATALOG DER AUTOMOBIL REVUE.

BENÜTZEN SIE DIE BESTELLKARTE AUF DER NÄCHSTEN SEITE!

Auto Index

POUR CEUX QUI NE PEUVENT ATTENDRE LE CATALOGUE '98

Près de 1500 modèles de voitures sont décrits dans le CATALOGUE. Et, jusqu'à la prochaine édition, un bon nombre d'entre eux auront subi quelques changements. D'autre part un certain nombre de nouveautés seront apparues. Le CATALOGUE'98 présentera bien sûr toutes ces nouveautés et modifications. Mais il ne paraîtra que dans douze mois. Pouvez-vous patienter si longtemps? Difficilement. Alors abonnez-vous à l'AUTO-INDEX. Chaque mois l'AUTO-INDEX vous informe sur toutes les nouveautés et modifications. Que vous le considériez comme information préalable ou comme supplément au CATALOGUE, l'AUTO-INDEX forme une unité avec le CATALOGUE dont il est un complément idéal.

L'AUTO-INDEX paraît chaque mois, onze fois par an. Puis, au lieu du douzième numéro, chaque abonné reçoit gratuitement le nouveau CATALOGUE DE LA REVUE AUTOMOBILE.

UTILISEZ LA CARTE DE COMMANDE À DROITE!

Auto Index

Buick

Buick Regal GS Sedan

Fahrleistungen: Vmax (Red.) 195 km/h, V bei 1000/min im 4. Gang 57.9 km/h; Leistungsgew. 10.9 kg/kW (8 kg/PS); Verbrauch EPA 7.8/12.4 L/100 km.

3.8 V6 – 243 PS
Benzineinspritzung/Kompr.

Wie 3.8 – 197 PS, ausgenommen:

Karosserie, Gewicht: (DIN), Limousine, 4 Türen, 6 Sitze; leer ab ca. 1595 kg.

Motor: (SAE), 6 Zyl. in V 90° (96.52×86.36 mm), 3791 cm³; Kompression 8.5:1; 179 kW (243 PS) bei 5200/min, 47.2 kW/L (64.2 PS/L); 380 Nm (38.7 mkp) bei 3600/min; 95 ROZ.

Motorkonstruktion: zentrale Nockenwelle (Kette); Leichtmetall-Zylinderköpfe; 4fach gelagerte Kurbelwelle; Öl 4.7 L; elektron. Einspritzung, 1 Kompressor, Roots (Eaton). Batterie 54 Ah, Alternator 105 A; Wasserkühlung, Inh. 14 L.

Kraftübertragung: (auf Vorderräder). 4-Stufen-Automat: GM Turbo-Hydra-Matic; I. 2.92; II. 1.57; III. 1; IV. 0.7; R 2.38; Achse 2.93.

Fahrleistungen: Vmax (Red.) 220 km/h, V bei 1000/min im 4. Gang 60.3 km/h; Leistungsgew. 8.9 kg/kW (6.6 kg/PS); Verbrauch EPA 8.4/13.1 L/100 km.

Performances: Vmax (réd.) 195 km/h, V à 1000/min en 4. vit. 57.9 km/h; rapp. poids/puiss. 10.9 kg/kW (8 kg/ch); 7.8/12.4 L/100 km.

3.8 V6 – 243 ch
Injection d'essence/compr.

Comme 3.8 – 197 ch, sauf:

Carrosserie, poids: (DIN), Berline, 4 portes, 6 places; vide dès env. 1595 kg.

Moteur: (SAE), 6 cyl. en V 90° (96.52×86.36 mm), 3791 cm³; compr. 8.5:1; 179 kW (243 ch) à 5200/min, 47.2 kW/L (64.2 ch/L); 380 Nm (38.7 mkp) à 3600/min; 95 (R).

Moteur (constr.): arbre à cames central (chaîne); culasses en alliage léger; vilebrequin à 4 paliers; huile 4.7 L; injection électronique, 1 compresseur, Roots (Eaton). Batterie 54 Ah, alternateur 105 A; refroidissement à eau, capac. 14 L.

Transmission: (sur roues AV). Boîte autom. à 4 vit.: GM Turbo-Hydra-Matic; I. 2.92; II. 1.57; III. 1; IV. 0.7; R 2.38; pont 2.93.

Performances: Vmax (réd.) 220 km/h, V à 1000/min en 4. vit. 60.3 km/h; rapp. poids/puiss. 8.9 kg/kW (6.6 kg/ch); 8.4/13.1 L/100 km.

Buick Le Sabre

Limousine mit Frontantrieb, quer eingebauter 3,8-Liter-V6-Motor, Getriebeautomat mit OD. Jahrgang 1992: Neuauflage. 1996 mit mehr Leistung.

Berline avec traction AV, moteur AV transv. 3,8 litres V6, boîte automat. avec OD. Millésime 1992: nouvelle édition. 1996 avec puissance accrue.

3.8 V6 – 208 PS
Benzineinspritzung

Karosserie, Gewicht: (DIN), Limousine, 4 Türen, 6 Sitze; leer ab 1560 kg.

Motor: (SAE), 6 Zyl. in V 90° (96.52×86.36 mm), 3791 cm³; Kompression 9.4:1; 153 kW (208 PS) bei 5200/min, 40.4 kW/L (54.9 PS/L); 312 Nm (31.8 mkp) bei 4000/min; 91 ROZ.

3.8 V6 – 208 ch
Injection d'essence

Carrosserie, poids: (DIN), Berline, 4 portes, 6 places; vide dès 1560 kg.

Moteur: (SAE), 6 cyl. en V 90° (96.52×86.36 mm), 3791 cm³; compr. 9.4:1; 153 kW (208 ch) à 5200/min, 40.4 kW/L (54.9 ch/L); 312 Nm (31.8 mkp) à 4000/min; 91 (R).

Motorkonstruktion: zentrale Nockenwelle (Kette); 4fach gelagerte Kurbelwelle; Öl 3.8 L; elektron. Einspritzung, Bosch. Batterie 54 Ah, Alternator 120 A; Wasserkühlung, Inh. 11 L.

Kraftübertragung: (auf Vorderräder), Antriebsschlupfregelung. 4-Stufen-Automat: GM Turbo-Hydra-Matic; I. 2.92; II. 1.57; III. 1; IV. 0.7; R 2.38; Achse 2.84; 3.06.

Fahrgestell: Selbsttragende Karosserie mit vorderem Hilfsrahmen; v/h Einzelradaufhängung, Federbeine und Dreieckquerlenker; hinten Dämpferbeine, Dreieckquerlenker; v/h Kurvenstabilisator, Schraubenfedern, Teleskopdämpfer, hinten a.W. Niveauregulierung.

Fahrwerk: Bremse, vorne Scheiben (belüftet), hinten Trommeln, Scheiben-Ø v. 27.5 cm, ABS, ITT/Teves; Fussfeststellbremse auf Hinterräder; Zahnstangenlenkung mit Servo, Treibstofftank 68 L; Reifen 205/70 R 15, 215/60 R 16, Felgen 6 J, 6.5 J.

Dimensionen: Radstand 281 cm, Spur 153/153 cm, Bodenfreih. 14 cm, Wendekreis 13.2 m, Kofferraum 480 dm³, Länge 510 cm, Breite 189 cm, Höhe 141 cm.

Fahrleistungen: Vmax (Red.) 200 km/h, V bei 1000/min im 4. Gang 61.6 km/h; Leistungsgew. 10.2 kg/kW (7.5 kg/PS); Verbrauch EPA 7.8/12.4 L/100 km.

Moteur (constr.): arbre à cames central (chaîne); vilebrequin à 4 paliers; huile 3.8 L; injection électronique, Bosch. Batterie 54 Ah, alternateur 120 A; refroidissement à eau, capac. 11 L.

Transmission: (sur roues AV), Dispositif antipatinage. Boîte autom. à 4 vit.: GM Turbo-Hydra-Matic; I. 2.92; II. 1.57; III. 1; IV. 0.7; AR 2.38; pont 2.84; 3.06.

Châssis: carrosserie autoporteuse avec cadre auxiliaire AV; AV/AR suspension à roues indép., jambes élast. et leviers triang. transv.; AR jambes élastiques, leviers triang. transv.; AV/AR barre anti-dévers, ressorts hélic, amortiss. télesc., AR s.d. réglage du niveau.

Train roulant: frein, AV à disques (ventilés), AR à tambours, Ø disques AV 27.5 cm, ABS, ITT/Teves; frein de stationn. à pied sur roues AR; servodirection à crémaillère, réservoir carb. 68 L; pneus 205/70 R 15, 215/60 R 16, jantes 6 J, 6.5 J.

Dimensions: empattement 281 cm, voie 153/153 cm, garde au sol 14 cm, diam. de braq. 13.2 m, coffre 480 dm³, longueur 510 cm, largeur 189 cm, hauteur 141 cm.

Performances: Vmax (réd.) 200 km/h, V à 1000/min en 4. vit. 61.6 km/h; rapp. poids/puiss. 10.2 kg/kW (7.5 kg/ch); 7.8/12.4 L/100 km.

Buick Park Avenue

Luxuriöse Modellreihe mit Frontantrieb, Quermotor (V6) und Overdrive-Automat. Interne Bezeichnung «C-Body». Debüt April/Mai 1984. 1986 nur noch 3.8-V6. 1989: neues Luxusmodell «Ultra». Januar 1990 (Detroit/Los Angeles): neue Karosserie. 1992 auch mit Kompressor. Detroit 1996: Neuauflage.

Gamme de modèles luxueuses avec traction AV, moteur transv. (V6) et boîte automat. Désign. interne «C-Body». Lancement avril/mai 1984. 1986 seulement 3.8 V6. 1989: modèle de luxe «Ultra». Janvier 1990 (Detroit/Los Angeles): nouvelle carrosserie. 1992 compresseur. Detroit 1996: nouvelle édition.

3.8 V6 – 208 PS
Benzineinspritzung

Karosserie, Gewicht: (DIN), Limousine, 4 Türen, 6 Sitze; leer ab 1720 kg.

Motor: (SAE), 6 Zyl. in V 90° (96.52×86.36 mm), 3791 cm³; Kompression 9.4:1; 153 kW (208 PS) bei 5200/min, 40.4 kW/L (54.9 PS/L); 312 Nm (31.8 mkp) bei 4000/min; 91 ROZ.

Motorkonstruktion: zentrale Nockenwelle (Kette); 4fach gelagerte Kurbelwelle; Öl 3.8 L; elektron. Einspritzung, Bosch. Batterie 54 Ah, Alternator 120 A; Wasserkühlung, Inh. 11 L.

Kraftübertragung: (auf Vorderräder), Antriebsschlupfregelung. 4-Stufen-Automat: GM Turbo-Hydra-Matic; I. 2.92; II. 1.57; III. 1; IV. 0.7; R 2.38; Achse 3.05.

Fahrgestell: Selbsttragende Karosserie mit vorderem und hinterem Hilfsrahmen; vorn Federbeine und Dreieckquerlenker, Kurvenstabilisator; hinten Schräglenker, Querlenker, Schraubenfedern, Teleskopdämpfer; autom. Niveauregulierung.

Fahrwerk: Vierrad-Scheibenbremse (vorn belüftet), Scheiben-Ø v. 30.1 cm, h. 27.8 cm, ABS, ITT/Teves; Fussfeststellbremse auf Hinterräder; Zahnstangenlenkung mit Servo, Treibstofftank 68 L; a.W. 72 L; Reifen 225/60 R 16, Felgen 6.5 J.

Dimensionen: Radstand 289 cm, Spur 159/158 cm, Bodenfreih. 15 cm, Wendekreis 12.3 m, Kofferraum 540 dm³, Länge 525 cm, Breite 190 cm, Höhe 146 cm.

Fahrleistungen: Vmax (Red.) 200 km/h, V bei 1000/min im 4. Gang 57.9 km/h; 0–100 km/h 9.5 s; Leistungsgew. 11.3 kg/kW (8.3 kg/PS); Verbrauch EPA 8.1/12.4 L/100 km.

3.8 V6 – 208 ch
Injection d'essence

Carrosserie, poids: (DIN), Berline, 4 portes, 6 places; vide dès 1720 kg.

Moteur: (SAE), 6 cyl. en V 90° (96.52×86.36 mm), 3791 cm³; compr. 9.4:1; 153 kW (208 ch) à 5200/min, 40.4 kW/L (54.9 ch/L); 312 Nm (31.8 mkp) à 4000/min; 91 (R).

Moteur (constr.): arbre à cames central (chaîne); vilebrequin à 4 paliers; huile 3.8 L; injection électronique, Bosch. Batterie 54 Ah, alternateur 120 A; refroidissement à eau, capac. 11 L.

Transmission: (sur roues AV), Dispositif antipatinage. Boîte autom. à 4 vit.: GM Turbo-Hydra-Matic; I. 2.92; II. 1.57; III. 1; IV. 0.7; AR 2.38; pont 3.05.

Châssis: carrosserie autoporteuse avec faux-châssis AV et AR; AV jambes élast. et leviers triang. transv., barre anti-dévers; AR triangles obliques, leviers transv., ressorts hélicoïdaux, amortiss. télesc.; réglage automat. du niveau.

Train roulant: quatre freins à disques (AV ventilés), Ø disques AV 30.1 cm, AR 27.8 cm, ABS, ITT/Teves; frein de stationn. à pied sur roues AR; servodirection à crémaillère, réservoir carb. 68 L; s.d. 72 L; pneus 225/60 R 16, jantes 6.5 J.

Dimensions: empattement 289 cm, voie 159/158 cm, garde au sol 15 cm, diam. de braq. 12.3 m, coffre 540 dm³, longueur 525 cm, largeur 190 cm, hauteur 146 cm.

Performances: Vmax (réd.) 200 km/h, V à 1000/min en 4. vit. 57.9 km/h; 0–100 km/h 9.5 s; rapp. poids/puiss. 11.3 kg/kW (8.3 kg/ch); 8.1/12.4 L/100 km.

Buick Le Sabre

Buick • Cadillac

Buick Park Avenue

Fahrgestell: Selbsttragende Karosserie mit vorderem und hinterem Hilfsrahmen; v/h Einzelradaufh., Federbeine und Dreieckquerlenker; hinten Schräglenker, Querlenker; v/h Schraubenfedern, Teleskopdämpfer, hinten autom. Niveauregulierung.

Fahrwerk: Vierrad-Scheibenbremse (vorn belüftet), Scheiben-⌀ v. 30.1 cm, h. 27.8 cm, ABS, Bosch; Fussfeststellbremse auf Hinterräder; Zahnstangenlenkung mit Servo, Treibstofftank 76 L; Reifen 225/60 R 16, Felgen 7 J.

Dimensionen: Radstand 289 cm, Spur 159/159 cm, Bodenfreih. 14 cm, Wendekreis 12.3 m, Kofferraum 495 dm³, Länge 526 cm, Breite 191 cm, Höhe 139 cm.

Fahrleistungen: Vmax (Red.) 200 km/h, V bei 1000/min im 4. Gang 57.9 km/h; 0–97 km/h 9.7 s; Leistungsgew. 11.1 kg/kW (8.1 kg/PS); Verbrauch EPA 8.1/12.4 L/100 km.

Châssis: carrosserie autoporteuse avec faux-châssis AV et AR; AV/AR susp. à roues indép., jambes élast. et leviers triang. transv.; AR triangles obliques, leviers transv.; AV/AR ressorts hélic., amortiss. télesc., AR réglage automat. du niveau.

Train roulant: quatre freins à disques (AV ventilés), ⌀ disques AV 30.1 cm, AR 27.8 cm, ABS, Bosch; frein de station. à pied sur roues AR; servodirection à crémaillère, réservoir carb. 76 L; pneus 225/60 R 16, jantes 7 J.

Dimensions: empattement 289 cm, voie 159/159 cm, garde au sol 14 cm, diam. de braq. 12.3 m, coffre 495 dm³, longueur 526 cm, largeur 191 cm, hauteur 139 cm.

Performances: Vmax (réd.) 200 km/h, V à 1000/min en 4. vit. 57.9 km/h; 0–97 km/h 9.7 s; rapp. poids/puiss. 11.1 kg/kW (8.1 kg/ch); 8.1/12.4 L/100 km.

3.8 V6 – 243 PS
Benzineinspritzung/Kompr.

Wie 3.8 – 208 PS, ausgenommen:

Karosserie, Gewicht: (DIN), Limousine, Ultra; 4 Türen, 6 Sitze; leer ab 1760 kg.

Motor: (SAE), 6 Zyl. in V 90° (96.52×86.36 mm), 3791 cm³; Kompression 8.5:1; 179 kW (243 PS) bei 5200/min, 47.2 kW/L (64.2 PS/L); 380 Nm (38.7 mkp) bei 3600/min; 95 ROZ.

Motorkonstruktion: zentrale Nockenwelle (Kette); Leichtmetall-Zylinderköpfe; 4fach gelagerte Kurbelwelle, Öl 4.7 L; elektron. Einspritzung, 1 Kompressor, Roots (Eaton). Batterie 54 Ah, Alternator 105 A; Wasserkühlung, Inh. 14 L.

Kraftübertragung: (auf Vorderräder), Antriebsschlupfregelung.
4-Stufen-Automat: GM Turbo-Hydra-Matic; I. 2.92; II. 1.56; III. 1; IV. 0.7; R 2.38; Achse 2.93.

Fahrwerk: Treibstofftank 72 L.

Fahrleistungen: Vmax (Red.) 220 km/h, V bei 1000/min im 4. Gang 60.3 km/h; Leistungsgew. 9.9 kg/kW (7.3 kg/PS); Verbrauch EPA 8.7/13.1 L/100 km.

3.8 V6 – 243 ch
Injection d'essence/compr.

Comme 3.8 – 208 ch, sauf:

Carrosserie, poids: (DIN), Berline, Ultra; 4 portes, 6 places; vide dès 1760 kg.

Moteur: (SAE), 6 cyl. en V 90° (96.52×86.36 mm), 3791 cm³; compr. 8.5:1; 179 kW (243 ch) à 5200/min, 47.2 kW/L (64.2 ch/L); 380 Nm (38.7 mkp) à 3600/min; 95 (R).

Moteur (constr.): arbre à cames central (chaîne); culasses en alliage léger; vilebrequin à 4 paliers; huile 4.7 L; injection électronique, 1 compresseur, Roots (Eaton). Batterie 54 Ah, alternateur 105 A; refroidissement à eau, capac. 14 L.

Transmission: (sur roues AV), Dispositif antipatinage.
Boîte autom. à 4 vit.: GM Turbo-Hydra-Matic; I. 2.92; II. 1.56; III. 1; IV. 0.7; AR 2.38; pont 2.93.

Train roulant: réservoir carb. 72 L.

Performances: Vmax (réd.) 220 km/h, V à 1000/min en 4. vit. 60.3 km/h; rapp. poids/puiss. 9.9 kg/kW (7.3 kg/ch); 8.7/13.1 L/100 km.

Buick Riviera

Spitzenerzeugnis der Buick Division. Debüt Dezember 1962. Sommer 1986: Mit Quermotor. Dezember 1993: Neuauflage mit grösserer Karosserie, V6 mit 208 oder 228 PS (Supercharger).

Coupé de prestige de la Buick Division. Lancement décembre 1962. Eté 1986: moteur transversal. Décembre 1993: carrosserie plus grande, V6 avec 208 ou 228 ch (Supercharger).

3.8 V6 – 208 PS
Benzineinspritzung

Karosserie, Gewicht: (DIN), Coupé, 2 Türen, 5 - 6 Sitze; leer ab 1690 kg.

Motor: (SAE), 6 Zyl. in V 90° (96.52×86.36 mm), 3791 cm³; Kompression 9.4:1; 153 kW (208 PS) bei 5200/min, 40.4 kW/L (54.9 PS/L); 312 Nm (31.8 mkp) bei 4000/min; 91 ROZ.

Motorkonstruktion: zentrale Nockenwelle (Kette); 4fach gelagerte Kurbelwelle; Öl 3.8 L; elektron. Einspritzung, Bosch. Batterie 54 Ah, Alternator 120 A; Wasserkühlung, Inh. 11 L.

Kraftübertragung: (auf Vorderräder), Antriebsschlupfregelung.
4-Stufen-Automat: GM Turbo-Hydra-Matic; I. 2.92; II. 1.57; III. 1; IV. 0.7; R 2.38; Achse 3.05.

3.8 V6 – 208 ch
Injection d'essence

Carrosserie, poids: (DIN), Coupé, 2 portes, 5 - 6 places; vide dès 1690 kg.

Moteur: (SAE), 6 cyl. en V 90° (96.52×86.36 mm), 3791 cm³; compr. 9.4:1; 153 kW (208 ch) à 5200/min, 40.4 kW/L (54.9 ch/L); 312 Nm (31.8 mkp) à 4000/min; 91 (R).

Moteur (constr.): arbre à cames central (chaîne); vilebrequin à 4 paliers; huile 3.8 L; injection électronique, Bosch. Batterie 54 Ah, alternateur 120 A; refroidissement à eau, capac. 11 L.

Transmission: (sur roues AV), Dispositif antipatinage.
Boîte autom. à 4 vit.: GM Turbo-Hydra-Matic; I. 2.92; II. 1.57; III. 1; IV. 0.7; AR 2.38; pont 3.05.

3.8 V6 – 243 PS
Benzineinspritzung/Kompr.

Wie 3.8 – 208 PS, ausgenommen:

Karosserie, Gewicht: (DIN), Coupé, 2 Türen, 5 - 6 Sitze; leer ab 1705 kg.

Motor: (SAE), 6 Zyl. in V 90° (96.52×86.36 mm), 3791 cm³; Kompression 8.5:1; 179 kW (243 PS) bei 5200/min, 47.2 kW/L (64.2 PS/L); 380 Nm (38.7 mkp) bei 3200/min; 95 ROZ.

Motorkonstruktion: zentrale Nockenwelle (Kette); Leichtmetall-Zylinderköpfe; 4fach gelagerte Kurbelwelle, Öl 4.7 L; elektron. Einspritzung, 1 Kompressor, Roots (Eaton). Batterie 54 Ah, Alternator 105 A; Wasserkühlung, Inh. 14 L.

Buick Riviera

Kraftübertragung: (auf Vorderräder), a.W. Antriebsschlupfregelung.
4-Stufen-Automat: GM Turbo-Hydra-Matic; I. 2.92; II. 1.57; III. 1; IV. 0.7; R 2.38; Achse 2.93.

Fahrleistungen: Vmax (Red.) 230 km/h, V bei 1000/min im 4. Gang 60.3 km/h; Leistungsgew. 9.5 kg/kW (7 kg/PS); Verbrauch EPA 8.7/13.1 L/100 km.

3.8 V6 – 243 ch
Injection d'essence/compr.

Comme 3.8 – 208 ch, sauf:

Carrosserie, poids: (DIN), Coupé, 2 portes, 5 - 6 places; vide dès 1705 kg.

Moteur: (SAE), 6 cyl. en V 90° (96.52×86.36 mm), 3791 cm³; compr. 8.5:1; 179 kW (243 ch) à 5200/min, 47.2 kW/L (64.2 ch/L); 380 Nm (38.7 mkp) à 3200/min; 95 (R).

Moteur (constr.): arbre à cames central (chaîne); culasses en alliage léger; vilebrequin à 4 paliers; huile 4.7 L; injection électronique, 1 compresseur, Roots (Eaton). Batterie 54 Ah, alternateur 105 A; refroidissement à eau, capac. 14 L.

Transmission: (sur roues AV), s.d. dispositif antipatinage.
Boîte autom. à 4 vit.: GM Turbo-Hydra-Matic; I. 2.92; II. 1.57; III. 1; IV. 0.7; AR 2.38; pont 2.93.

Performances: Vmax (réd.) 230 km/h, V à 1000/min en 4. vit. 60.3 km/h; rapp. poids/puiss. 9.5 kg/kW (7 kg/ch); 8.7/13.1 L/100 km.

Cadillac USA

Cadillac Motor Car Division, 2860 Clark Avenue, Detroit, Michigan 48232, USA

Spitzenmarke der General Motors Corporation. Grösster Produzent von Luxuswagen.

Marque de prestige de la General Motors. Le plus grand constructeur de voitures de luxe.

Cadillac Seville

Luxuriöse Limousine mit Frontantrieb, Quermotor und Einzelradaufhängung. Debüt als Prototyp Detroit, Januar 1991. Herbst 1992: STS mit 4.6/32V-V8 (Northstar). 1994 nur noch mit 4,6-Liter-V8. Für 1997: StabiliTrak für STS (305 PS).

Berline luxueuse, trac. AV, mot. transv. et susp. à roues indép. Lancement (prototype) Detroit, jan. 1991. Automne 1992: STS avec 4.6/32V-V8 (Northstar). 1994 uniquem. avec 4.6 V8. Pour 1995: StabiliTrak pour STS (305 ch).

Cadillac

4.6 V8 32V – 305 PS
Benzineinspritzung

Karosserie, Gewicht: (DIN), Limousine, 4 Türen, 5 Sitze; leer ab 1770 kg, max. zul. 2285 kg.

Motor: (ECE/SAE), 8 Zyl. in V 90° (93×84 mm), 4565 cm³; Kompr. 10.3:1; 224 kW (305 PS) bei 6000/min, 49.1 kW/L (66.7 PS/L); 400 Nm (40.8 mkp) bei 4400/min; 98 ROZ.

Motorkonstruktion: Bezeichnung L37; 4 Ventile in V 32°; 2×2 obenl. Nockenwellen (Ketten); Leichtmetall-Zylinderköpfe und -block; 5fach gelagerte Kurbelwelle; Öl 6.6 L; elektron. Einspritzung, AC-Rochester.

Batterie 770 A, Alternator 140 A; Wasserkühlung, Inh. 11.8 L.

Kraftübertragung: (auf Vorderräder), Antriebsschlupfregelung.

4-Stufen-Automat: GM Hydra-Matic; I. 2.96; II. 1.63; III. 1; IV. 0.68; R 2.13; Achse 3.71.

Fahrgestell: Selbsttragende Karosserie mit vorderem Hilfsrahmen; vorn Federbeine, untere Längs- und Querlenker, Kurvenstabilisator; hinten Dreieckquerlenker, Querlenker, Kurvenstabilisator; v/h Schraubenfedern, elektron. geregelte Teleskopdämpfer.

Fahrwerk: Vierrad-Scheibenbremse (vorn belüftet), Scheiben-Ø v. 30.3 cm, h. 28.1 cm, ABS, Bosch; Fussfeststellbremse auf Hinterrad; Zahnstangenlenkung mit Servo, Treibstofftank 76 L; Reifen 225/60 ZR 16, Felgen 7 J.

Dimensionen: Radstand 282 cm, Spur 155/155 cm, Bodenfreih. 14 cm, Wendekreis 12.8 m, Kofferraum 410 dm³, Länge 518 cm, Breite 188 cm, Höhe 138 cm.

Fahrleistungen: Vmax (Werk) 241 km/h, V bei 1000/min im 4. Gang 49.2 km/h; 0–100 km/h 7.5 s; 0–97 km/h 7.1 s; Leistungsgew. 7.9 kg/kW (5.8 kg/PS); Verbrauch EPA 9.1/13.8 L/100 km; Verbrauch ECE 7.9/10.1/16.4 L/100 km.

4.6 V8 32V – 305 ch
Injection d'essence

Carrosserie, poids: (DIN), Berline, 4 portes, 5 places; vide dès 1770 kg, tot. adm. 2285 kg.

Moteur: (ECE/SAE), 8 cyl. en V 90° (93×84 mm), 4565 cm³; compr. 10.3:1; 224 kW (305 ch) à 6000/min, 49.1 kW/L (66.7 ch/L); 400 Nm (40.8 mkp) à 4400/min; 98 (R).

Moteur (constr.): désignation L37; 4 soupapes en V 32°; 2×2 arbres à cames en tête (chaînes); culasses et bloc-cyl. en alliage léger; vilebrequin à 5 paliers; huile 6.6 L; injection électronique, AC-Rochester.

Batterie 770 A, alternateur 140 A; refroidissement à eau, capac. 11.8 L.

Transmission: (sur roues AV), Dispositif antipatinage.

Boîte aut. à 4 vit.: GM Hydra-Matic; I. 2.96; II. 1.63; III. 1; IV. 0.68; AR 2.13; pont 3.71.

Châssis: carrosserie autoporteuse avec cadre auxiliaire AV; AV jambes élast., leviers transvers., barre anti-dévers; AR leviers triang. transv., barre anti-dévers; AV/AR ressorts hélicoïdaux, amortiss. télescopiques av. réglage électron.

Train roulant: quatre freins à disques (AV ventilés), Ø disques AV 30.3 cm, AR 28.1 cm, ABS, Bosch; frein de stationn. à pied sur roues AR; servodirection à crémaillère, réservoir carb. 76 L; pneus 225/60 ZR 16, jantes 7 J.

Dimensions: empattement 282 cm, voie 155/155 cm, garde au sol 14 cm, diam. de braq. 12.8 m, coffre 410 dm³, longueur 518 cm, largeur 188 cm, hauteur 138 cm.

Performances: Vmax (usine) 241 km/h, V à 1000/min en 4. vit. 49.2 km/h; 0–100 km/h 7.5 s; 0–97 km/h 7.1 s; rapp. poids/puiss. 7.9 kg/kW (5.8 kg/ch); consomm. EPA 9.1/13.8 L/100 km; consommation ECE 7.9/10.1/16.4 L/100 km.

Cadillac Seville SLS

Kraftübertragung: (auf Vorderräder), Antriebsschlupfregelung.

4-Stufen-Automat: GM Hydra-Matic; I. 2.96; II. 1.63; III. 1; IV. 0.68; R 2.13; Achse 3.11.

Fahrleistungen: Vmax (Werk) 180 km/h, V bei 1000/min im 4. Gang 59.3 km/h; 0–100 km/h 7.8 s; 0–97 km/h 7.4 s; Leistungsgew. 8.6 kg/kW (6.3 kg/PS); Verbr. EPA 9.1/13.8 L/100 km. Export: Vmax 205-210 km/h.

Transmission: (sur roues AV), Dispositif antipatinage.

Boîte autom. à 4 vit.: GM Hydra-Matic; I. 2.96; II. 1.63; III. 1; IV. 0.68; AR 2.13; pont 3.11.

Performances: Vmax (usine) 180 km/h, V à 1000/min en 4. vit. 59.3 km/h; 0–100 km/h 7.8 s; 0–97 km/h 7.4 s; rapp. poids/puiss. 8.6 kg/kW (6.3 kg/ch); cons. EPA 9.1/13.8 L/100 km. Export.: Vmax 205-210 km/h.

Cadillac Eldorado

Luxuriöses Coupé mit V8-Quermotor und Frontantrieb. Herbst 1991: Neuauflage mit grösserer Karosserie. 1993 auch mit 4.6-V8 32V (Northstar). 1994: Der bisherige 4.9 V8 entfällt. Für 1997: StabiliTrak für TC (305 PS).

Coupé luxueux à traction AV, moteur transv. V8. Automne 1991: Nouveau modèle, carrosserie plus grande. 1993 aussi avec 4.6 V8 32V (Northstar). 1994: Le 4.9 V8 est supprimé. Pour 1997: StabiliTrak pour TC (305 ch).

4.6 V8 32V – 305 PS
Benzineinspritzung

Karosserie, Gewicht: (DIN), Coupé, 2 Türen, 5 Sitze; leer ca. 1750 kg, max. zul. 2255 kg.

Motor: (ECE/SAE), 8 Zyl. in V 90° (93×84 mm), 4565 cm³; Kompr. 10.3:1; 224 kW (305 PS) bei 6000/min, 49.1 kW/L (66.7 PS/L); 400 Nm (40.8 mkp) bei 4400/min; 98 ROZ.

Motorkonstruktion: Bezeichnung L37; 4 Ventile in V 32°; 2×2 obenl. Nockenwellen (Ketten); Leichtmetall-Zylinderköpfe und -block; 5fach gelagerte Kurbelwelle; Öl 6.6 L; elektron. Einspritzung, AC-Rochester.

Batterie 770 A, Alternator 140 A; Wasserkühlung, Inh. 11.8 L.

Kraftübertragung: (auf Vorderräder), Antriebsschlupfregelung.

4-Stufen-Automat: GM Hydra-Matic; I. 2.96; II. 1.63; III. 1; IV. 0.68; R 2.13; Achse 3.71.

Fahrgestell: Selbsttragende Karosserie mit vorderem Hilfsrahmen; vorn Federbeine, untere Längs- und Querlenker, Kurvenstabilisator; hinten Dreieckquerlenker, Querlenker, Kurvenstabilisator; v/h Schraubenfedern, elektron. geregelte Teleskopdämpfer.

4.6 V8 32V – 305 ch
Injection d'essence

Carrosserie, poids: (DIN), Coupé, 2 portes, 5 places; vide env. 1750 kg, tot. adm. 2255 kg.

Moteur: (ECE/SAE), 8 cyl. en V 90° (93×84 mm), 4565 cm³; compr. 10.3:1; 224 kW (305 ch) à 6000/min, 49.1 kW/L (66.7 ch/L); 400 Nm (40.8 mkp) à 4400/min; 98 (R).

Moteur (constr.): désignation L37; 4 soupapes en V 32°; 2×2 arbres à cames en tête (chaînes); culasses et bloc-cyl. en alliage léger; vilebrequin à 5 paliers; huile 6.6 L; injection électronique, AC-Rochester.

Batterie 770 A, alternateur 140 A; refroidissement à eau, capac. 11.8 L.

Transmission: (sur roues AV), Dispositif antipatinage.

Boîte aut. à 4 vit.: GM Hydra-Matic; I. 2.96; II. 1.63; III. 1; IV. 0.68; AR 2.13; pont 3.71.

Châssis: carrosserie autoporteuse avec cadre auxiliaire AV; AV jambes élast., leviers transvers., barre anti-dévers; AR leviers triang. transv., leviers transv., barre anti-dévers; AV/AR ressorts hélicoïdaux, amortiss. télescopiques av. réglage électron.

Cadillac Seville STS

4.6 V8 32V – 279 PS
Benzineinspritzung

Wie 4.6 – 305 PS, ausgenommen:

Karosserie, Gewicht: (DIN), Limousine, 4 Türen, 5 Sitze; leer ab 1770 kg.

Motor: (SAE), 8 Zyl. in V 90° (93×84 mm), 4565 cm³; Kompr. 10.3:1; 205 kW (279 PS) bei 5600/min, 44.9 kW/L (61.1 PS/L); 407 Nm (41.5 mkp) bei 4000/min; 98 ROZ.

Motorkonstruktion: Bezeichnung LD8; 4 Ventile in V 32°; 2×2 obenl. Nockenwellen (Ketten); Leichtmetall-Zylinderköpfe und -block; 5fach gelagerte Kurbelwelle; Öl 6.6 L; elektron. Einspr., AC-Rochester.

Batterie 770 A, Alternator 140 A; Wasserkühlung, Inh. 11.8 L.

4.6 V8 32V – 279 ch
Injection d'essence

Comme 4.6 – 305 ch, sauf:

Carrosserie, poids: (DIN), Berline, 4 portes, 5 places; vide dès 1770 kg.

Moteur: (SAE), 8 cyl. en V 90° (93×84 mm), 4565 cm³; compr. 10.3:1; 205 kW (279 ch) à 5600/min, 44.9 kW/L (61.1 ch/L); 407 Nm (41.5 mkp) à 4000/min; 98 (R).

Moteur (constr.): désignation LD8; 4 soupapes en V 32°; 2×2 arbres à cames en tête (chaînes); culasses et bloc-cyl. en alliage léger; vilebrequin à 5 paliers; huile 6.6 L; injection électronique, AC-Rochester.

Batterie 770 A, alternateur 140 A; refroidissement à eau, capac. 11.8 L.

Cadillac Eldorado Touring Coupé

Cadillac

Fahrwerk: Vierrad-Scheibenbremse (vorn belüftet), Scheiben-Ø v. 30.3 cm, h. 28.1 cm, ABS, Bosch; Fussfeststellbremse auf Hinterräder; Zahnstangenlenkung mit Servo, Treibstofftank 76 L; Reifen 225/60 ZR 16, Felgen 7 J.

Dimensionen: Radstand 274 cm, Spur 155/155 cm, Bodenfreih. 14 cm, Wendekreis 12.8 m, Kofferraum 435 dm³, Länge 508 cm, Breite 192 cm, Höhe 136 cm.

Fahrleistungen: Vmax (Werk) 241 km/h, V bei 1000/min im 4. Gang 49.2 km/h; 0–100 km/h 7.5 s; 0–97 km/h 7.1 s; Leistungsgew. 7.8 kg/kW (5.7 kg/PS); Verbrauch EPA 9.1/13.8 L/100 km. Verbrauch ECE 9.1/10.1/16,4 L/100 km.

4.6 V8 32V – 279 PS Benzineinspritzung

Wie 4.6 – 305 PS, ausgenommen:

Karosserie, Gewicht: (DIN), Coupé, 2 Türen, 5 Sitze; leer ca. 1735 kg.

Motor: (SAE), 8 Zyl. in V 90° (93×84 mm), 4565 cm³; Kompr. 10.3:1; 205 kW (279 PS) bei 5600/min, 44.9 kW/L (61.1 PS/L); 407 Nm (41.5 mkp) bei 4000/min; 98 ROZ.

Motorkonstruktion: Bezeichnung LD8; 4 Ventile in V 32°; 2×2 obenl. Nockenwellen (Ketten); Leichtmetall-Zylinderköpfe und -block; 5fach gelagerte Kurbelwelle; Öl 6.6 L; elektron. Einspr., AC-Rochester. Batterie 770 A, Alternator 140 A; Wasserkühlung, Inh. 11.8 L.

Train roulant: quatre freins à disques (AV ventilés), Ø disques AV 30.3 cm, AR 28.1 cm, ABS, Bosch; frein à pied sur roues AR; servodirection à crémaillère, réservoir carb. 76 L; pneus 225/60 ZR 16, jantes 7 J.

Dimensions: empattement 274 cm, voie 155/155 cm, garde au sol 14 cm, diam. de braq. 12.8 m, coffre 435 dm³, longueur 508 cm, largeur 192 cm, hauteur 136 cm.

Performances: Vmax (usine) 241 km/h, V à 1000/min en 4. vit. 49.2 km/h; 0–100 km/h 7.5 s; 0–97 km/h 7.1 s; rapp. poids/puiss. 7.8 kg/kW (5.7 kg/ch); consomm. EPA 9.1/13.8 L/100 km. Consommation ECE 9.1/10.1/16,4 L/100 km.

4.6 V8 32V – 279 ch Injection d'essence

Comme 4.6 – 305 ch, sauf:

Carrosserie, poids: (DIN) Coupé, 2 portes, 5 places; vide env. 1735 kg.

Moteur: (SAE), 8 cyl. en V 90° (93×84 mm), 4565 cm³; compr. 10.3:1; 205 kW (279 ch) à 5600/min, 44.9 kW/L (61.1 ch/L); 407 Nm (41.5 mkp) à 4000/min; 98 (R).

Moteur (constr.): désignation LD8; 4 soupapes en V 32°; 2×2 arbres à cames en tête (chaînes); culasses et bloc-cyl. en alliage léger; vilebrequin à 5 paliers; huile 6.6 L; injection électronique, AC-Rochester. Batterie 770 A, alternateur 140 A; refroidissement à eau, capac. 11.8 L.

Cadillac DeVille

Cadillac Eldorado

Kraftübertragung: (auf Vorderräder), Antriebsschlupfregelung.
4-Stufen-Automat: GM Hydra-Matic; I. 2.96; II. 1.63; III. 1; IV. 0.68; R 2.13; Achse 3.11.

Fahrleistungen: Vmax (Werk) 180 km/h, V bei 1000/min im 4. Gang 59.3 km/h; 0–97 km/h 7.4 s; Leistungsgew. 8.5 kg/kW (6.2 kg/PS); Verbrauch EPA 9.1/13.8 L/100 km.

Transmission: (sur roues AV), Dispositif antipatinage.
Boîte aut. à 4 vit.: GM Hydra-Matic; I. 2.96; II. 1.63; III. 1; IV. 0.68; AR 2.13; pont 3.11.

Performances: Vmax (usine) 180 km/h, V à 1000/min en 4. vit. 59.3 km/h; 0–97 km/h 7.4 s; rapp. poids/puiss. 8.5 kg/kW (6.2 kg/ch); consomm. EPA 9.1/13.8 L/100 km.

Cadillac DeVille

Luxuslimousine auf Basis des Eldorado, aber mit längerem Radstand; Quermotoren mit 4,9 oder 4,6 Litern Hubraum. Debüt Sommer 1993. 1996: 4.6 ersetzt 4.9. Für 1997: Modifikationen an Karosserie und Interieur, StabiliTrak für 305-PS-Version.

Berline luxueuse sur base de l'Eldorado, mais avec empattement plus long; moteurs transv. de 4,9 ou 4,6 litres. Lancement été 1993. 1996: 4.6 remplace 4.9. Pour 1997: Modifications à la carrosserie et à l'intérieur, StabiliTrak pour version 305 ch.

4.6 V8 32V – 279 PS Benzineinspritzung

Karosserie, Gewicht: (DIN), Limousine, 4 Türen, 6 Sitze; leer ab 1820 kg.

Motor: (SAE), 8 Zyl. in V 90° (93×84 mm), 4565 cm³; Kompr. 10.3:1; 205 kW (279 PS) bei 5600/min, 44.9 kW/L (61.1 PS/L); 407 Nm (41.5 mkp) bei 4000/min; 98 ROZ.

4.6 V8 32V – 279 ch Injection d'essence

Carrosserie, poids: (DIN), Berline, 4 portes, 6 places; vide dès 1820 kg.

Moteur: (SAE), 8 cyl. en V 90° (93×84 mm), 4565 cm³; compr. 10.3:1; 205 kW (279 ch) à 5600/min, 44.9 kW/L (61.1 ch/L); 407 Nm (41.5 mkp) à 4000/min; 98 (R).

Motorkonstruktion: Bezeichnung LD8; 4 Ventile in V 32°; 2×2 obenl. Nockenwellen (Ketten); Leichtmetall-Zylinderköpfe und -block; 5fach gelagerte Kurbelwelle; Öl 6.6 L; elektron. Einspr., AC-Rochester. Batterie 770 A, Alternator 140 A; Wasserkühlung, Inh. 11.8 L.

Kraftübertragung: (auf Vorderräder), Antriebsschlupfregelung.
4-Stufen-Automat: GM Hydra-Matic; I. 2.96; II. 1.63; III. 1; IV. 0.68; R 2.13; Achse 3.11.

Fahrgestell: Selbsttragende Karosserie mit vorderem Hilfsrahmen; vorn Federbeine, untere Längs- und Querlenker, Kurvenstabilisator; hinten Dreieckquerlenker, Querlenker, Kurvenstabilisator; v/h Schraubenfedern, elektron. geregelte Teleskopdämpfer.

Fahrwerk: Vierrad-Scheibenbremse (vorn belüftet), Scheiben-Ø v. 30.3 cm, h. 28.1 cm, ABS, Bosch; Fussfeststellbremse auf Hinterräder; Zahnstangenlenkung mit Servo, Treibstofftank 76 L; Reifen 225/60 R 16, Felgen 7 J.

Dimensionen: Radstand 289 cm, Spur 155/155 cm, Bodenfreih. 15 cm, Wendekreis 13.4 m, Kofferraum 565 dm³, Länge 533 cm, Breite 194 cm, Höhe 143 cm.

Fahrleistungen: Vmax (Werk) 180 km/h, V bei 1000/min im 4. Gang 58.4 km/h; 0–97 km/h 7.8 s; Leistungsgew. 8.9 kg/kW (6.5 kg/PS); Verbrauch EPA 9.1/13.8 L/100 km.

4.6 V8 32V – 305 PS Benzineinspritzung

Wie 4.6 – 279 PS, ausgenommen:

Karosserie, Gewicht: (DIN), Limousine, Concours; 4 Türen, 6 Sitze; leer ab 1840 kg.

Motor: (ECE/SAE), 8 Zyl. in V 90° (93×84 mm), 4565 cm³; Kompr. 10.3:1; 224 kW (305 PS) bei 6000/min, 49.1 kW/L (66.7 PS/L); 400 Nm (40.8 mkp) bei 4400/min; 98 ROZ.

Moteur (constr.): désignation LD8; 4 soupapes en V 32°; 2×2 arbres à cames en tête (chaînes); culasses et bloc-cyl. en alliage léger; vilebrequin à 5 paliers; huile 6.6 L; injection électronique, AC-Rochester. Batterie 770 A, alternateur 140 A; refroidissement à eau, capac. 11.8 L.

Transmission: (sur roues AV), Dispositif antipatinage.
Boîte aut. à 4 vit.: GM Hydra-Matic; I. 2.96; II. 1.63; III. 1; IV. 0.68; AR 2.13; pont 3.11.

Châssis: carrosserie autoporteuse avec cadre auxiliaire AV; AV jambes élast., leviers transvers., barre anti-dévers; AR leviers triang. transv., leviers transv., barre anti-dévers; AV/AR ressorts hélicoïdaux, amortiss. télescopiques av. réglage électron.

Train roulant: quatre freins à disques (AV ventilés), Ø disques AV 30.3 cm, AR 28.1 cm, ABS, Bosch; frein de station. à pied sur roues AR; servodirection à crémaillère, réservoir carb. 76 L; pneus 225/60 R 16, jantes 7 J.

Dimensions: empattement 289 cm, voie 155/155 cm, garde au sol 15 cm, diam. de braq. 13.4 m, coffre 565 dm³, longueur 533 cm, largeur 194 cm, hauteur 143 cm.

Performances: Vmax (usine) 180 km/h, V à 1000/min en 4. vit. 58.4 km/h; 0–97 km/h 7.8 s; rapp. poids/puiss. 8.9 kg/kW (6.5 kg/ch); consomm. EPA 9.1/13.8 L/100 km.

4.6 V8 32V – 305 ch Injection d'essence

Comme 4.6 – 279 ch, sauf:

Carrosserie, poids: (DIN), Berline, Concours; 4 portes, 6 places; vide dès 1840 kg.

Moteur: (ECE/SAE), 8 cyl. en V 90° (93×84 mm), 4565 cm³; compr. 10.3:1; 224 kW (305 ch) à 6000/min, 49.1 kW/L (66.7 ch/L); 400 Nm (40.8 mkp) à 4400/min; 98 (R).

Cadillac DeVille Concours

Cadillac • Callaway

Motorkonstruktion: Bezeichnung L37; 4 Ventile in V 32°; 2×2 obenl. Nockenwellen (Ketten); Leichtmetall-Zylinderköpfe und -block; 5fach gelagerte Kurbelwelle; Öl 6.6 L; elektron. Einspr., AC-Rochester.

Batterie 770 A, Alternator 140 A; Wasserkühlung, Inh. 11.8 L.

Kraftübertragung: (auf Vorderräder), Antriebsschlupfregelung.

4-Stufen-Automat: GM Hydra-Matic; I. 2.96; II. 1.63; III. 1; IV. 0.68; R 2.13; Achse 3.11.

Fahrleistungen: Vmax (Werk) 209 km/h, V bei 1000/min im 4. Gang 58.5 km/h; 0–97 km/h 7.5 s; Leistungsgew. 8.2 kg/kW (6 kg/PS); Verbrauch EPA 9.1/13.8 L/100 km.

Moteur (constr.): désignation L37; 4 soupapes en V 32°; 2×2 arbres à cames en tête (chaînes); culasses et bloc-cyl. en alliage léger; vilebrequin à 5 paliers; huile 6.6 L; injection électronique, AC-Rochester.

Batterie 770 A, alternateur 140 A; refroidissement à eau, capac. 11.8 L.

Transmission: (sur roues AV), Dispositif antipatinage.

Boîte aut. à 4 vit.: GM Hydra-Matic; I. 2.96; II. 1.63; III. 1; IV. 0.68; AR 2.13; pont 3.11.

Performances: Vmax (usine) 209 km/h, V à 1000/min en 4. vit. 58.5 km/h; 0–97 km/h 7.5 s; rapp. poids/puiss. 8.2 kg/kW (6 kg/ch); consomm. EPA 9.1/13.8 L/100 km.

Cadillac Catera

Viertürige Luxuslimousine auf Basis des Opel Omega, 3-Liter-V6 DOHC mit 24 Ventilen, Getriebeautomat. Debüt Detroit Januar 1994.

Berline luxueuse à quatre portes, basant sur l'Opel Omega, 3.0-V6 DOHC avec 24 soupapes, boîte automat. Lancement Detroit janvier 1994.

3.0 V6 24V – 203 PS Benzineinspritzung

3.0 V6 24V – 203 ch Injection d'essence

Karosserie, Gewicht: (DIN), Limousine, 4 Türen, 5 Sitze; leer ab 1710 kg.

Motor: (SAE), 6 Zyl. in V 54° (86×85 mm), 2962 cm³; Kompr. 10:1; 149 kW (203 PS) bei 6000/min, 50.3 kW/L (68.4 PS/L); 260 Nm (26.5 mkp) bei 3600/min; 95 ROZ. Mit 91-ROZ-Benzin: 145 kW (197 PS).

Motorkonstruktion: Bezeichnung Opel X30XE; 4 Ventile in V 39°; 2×2 obenl. Nockenwellen (Zahnriemen); Leichtmetall-Zylinderköpfe; 4fach gelagerte Kurbelwelle; Öl 5 L; elektron. Einspritzung, Bosch Motronic, M2 8.1.

Batterie 66 Ah, Alternator 120 A; Wasserkühlung, Inh. 10 L.

Carrosserie, poids: (DIN), Berline, 4 portes, 5 places; vide dès 1710 kg.

Moteur: (SAE), 6 cyl. en V 54° (86×85 mm), 2962 cm³; compr. 10:1; 149 kW (203 ch) à 6000/min, 50.3 kW/L (68.4 ch/L); 260 Nm (26.5 mkp) à 3600/min; 95 (R). Avec essence 91 (R): 145 kW (197 PS).

Moteur (constr.): désignation Opel X30XE; 4 soupapes en V 39°; 2×2 arbres à cames en tête (courroie crantée); culasses en alliage léger; vilebrequin à 4 paliers; huile 5 L; injection électronique, Bosch Motronic, M2 8.1.

Batterie 66 Ah, alternateur 120 A; refroidissement à eau, capac. 10 L.

Cadillac Catera

Kraftübertragung: (auf Hinterräder), a. W. Differentialbremse.

4-Stufen-Automat: I. 2.86; II. 1.62; III. 1; IV. 0.72; R 2; Achse 3.9.

Fahrgestell: Selbsttragende Karosserie; v/h Einzelradaufhängung, vorn Federbeine und Dreieckquerlenker; hinten Schräglenker, Querlenker; v/h Kurvenstabilisatoren, Schraubenfedern, Teleskopdämpfer, a.W. elektron. Dämpferregelung.

Fahrwerk: Vierrad-Scheibenbremse (vorn belüftet), Scheiben-∅ v. 29.6 cm, h. 28.6 cm, ABS, Handbremse auf Hinterräder; Kugelumlauflenkung mit Servo, Treibstofftank 68 L; Reifen 225/55 HR 16, Felgen 7 J.

Dimensionen: Radstand 273 cm, Spur 150/152 cm, Bodenfreih. 12 cm, Wendekreis 11 m, Kofferraum 565/1460 dm³, Länge 493 cm, Breite 179 cm, Höhe 143 cm.

Fahrleistungen: Vmax (Red.) 220 km/h, V bei 1000/min im 4. Gang 42.6 km/h; 0–97 km/h 8.5 s; Leistungsgew. 11.5 kg/kW (8.4 kg/PS); Verbrauch EPA 9.4/13.1 L/100 km.

Transmission: (sur roues AR), différentiel autobloquant s.d.

Boîte autom. à 4 vit.: I. 2.86; II. 1.62; III. 1; IV. 0.72; AR 2; pont 3.9.

Châssis: carrosserie autoporteuse; AV/AR suspension à roues indép., AV jambes élast. et leviers triang. transv.; AR triangles obliques, leviers transv.; AV/AR barres anti-dévers, ressorts hélic., amortiss. télesc., s.d. réglage électron. de l'amortissem.

Train roulant: quatre freins à disques (AV ventilés), ∅ disques AV 29.6 cm, AR 28.6 cm, ABS, frein à main sur roues AR; direction à circuit de billes assistée, réservoir carb. 68 L; pneus 225/55 HR 16, jantes 7 J.

Dimensions: empattement 273 cm, voie 150/152 cm, garde au sol 12 cm, diam. de braq. 11 m, coffre 565/1460 dm³, longueur 493 cm, largeur 179 cm, hauteur 143 cm.

Performances: Vmax (réd.) 220 km/h, V à 1000/min en 4. vit. 42.6 km/h; 0–97 km/h 8.5 s; rapp. poids/puiss. 11.5 kg/kW (8.4 kg/ch); consomm. EPA 9.4/13.1 L/100 km.

Callaway USA/D

Callaway Competition G,bH, Liebigstr. 31, D-74211 Leingarten, Deutschland

Bekannte amerikanische Tuningfirma **Usine américaine de Tuning connue.**

Callaway Camaro

Leistungsgesteigerte Version des Camaro. Daten wie Chevrolet Camaro, ausgenommen:

Version plus puissante de la Camaro. Données comme Chevrolet Camaro, sauf:

6.3 V8 – 409 PS Benzineinspritzung

6.3 V8 – 409 ch Injection d'essence

Karosserie, Gewicht: (DIN), Coupé, 3 Türen, 4 Sitze; leer ab ca. 1535 kg.

Carrosserie, poids: (DIN), Coupé, 3 portes, 4 places; vide dès env. 1535 kg.

Callaway Camaro

Motor: (SAE), 8 Zyl. in V 90° (102.36×95.25 mm), 6271 cm³; Kompr. 10.5:1; 301 kW (409 PS) bei 5750/min, 48 kW/L (65.3 PS/L); 559 Nm (57 mkp) bei 4500/min; 95 ROZ.

Kraftübertragung: (auf Hinterräder).
6-Gang-Getr.: I. 2.97; II. 2.07; III. 1.43; IV. 1; V. 0.8; VI. 0.62; R 2.98; Achse 2.98; 3.42.
4-Stufen-Automat: I. 3.06; II. 1.63; III. 1; IV. 0.7; R 2.98; Achse 2.73; 3.42.

Fahrwerk: Reifen 275/40 ZR 17.

Fahrleistungen: Vmax (Werk) 278 km/h, V bei 1000/min im 6. Gang 70.5 km/h; 0–97 km/h 4.7 s; Leistungsgew. 5.1 kg/kW (3.8 kg/PS); Verbrauch EPA 10.2/15.7 L/100 km.

Moteur: (SAE), 8 cyl. en V 90° (102.36×95.25 mm), 6271 cm³; compr. 10.5:1; 301 kW (409 ch) à 5750/min, 48 kW/L (65.3 ch/L); 559 Nm (57 mkp) à 4500/min; 95 (R).

Transmission: (sur roues AR).
Boîte à 6 vit.: I. 2.97; II. 2.07; III. 1.43; IV. 1; V. 0.8; VI. 0.62; AR 2.98; pont 2.73; 3.42.
Boîte autom. à 4 vit.: I. 3.06; II. 1.63; III. 1; IV. 0.7; AR 2.98; pont 2.73; 3.42.

Train roulant: pneus 275/40 ZR 17.

Performances: Vmax (usine) 278 km/h, V à 1000/min en 6. vit. 70.5 km/h; 0–97 km/h 4.7 s; rapp. poids/puiss. 5.1 kg/kW (3.8 kg/ch); consomm. 10.2/15.7 L/100 km.

Callaway Corvette

Leistungsgesteigerte Version des Corvette '96. Daten siehe Chevrolet Corvette 1996, ausgenommen:

Version plus puissante de la Corvette '96. Données voir Chevrolet Corvette 1996, sauf:

6.3 V8 – 409 PS Benzineinspritzung

6.3 V8 – 409 ch Injection d'essence

Karosserie, Gewicht: (DIN), Coupé/Convertible; 3 Türen, 2 Sitze; leer ab ca. 1505 kg.

Carrosserie, poids: (DIN), Coupé/Convertible; 3 portes, 2 places; vide dès env. 1505 kg.

Callaway Corvette

Callaway • Carbodies • Caterham

Motor: (SAE), 8 Zyl. in V 90° (102.36×95.25 mm), 6271 cm³; Kompr. 10.5:1; 301 kW (409 PS) bei 5750/min, 48 kW/L (65.3 PS/L); 559 Nm (57 mkp) bei 4500/min; 95 ROZ.
Oder: 324 kW (441 PS), 576 Nm (58.8 mkp).

Kraftübertragung: (auf Hinterräder). 6-Gang-Getriebe: I. 2.68; II. 1.8; III. 1.3; IV. 1; V. 0.75; VI. 0.5; R 2.42; Achse 3.45.

Fahrwerk: Reifen 275/40 ZR 17, 9.5 J.

Fahrleistungen: Vmax (Werk) 308 km/h, V bei 1000/min im 6. Gang 69.2 km/h; 0–97 km/h 4.4 s; Leistungsgew. 5 kg/kW (3.7 kg/PS); Verbrauch EPA 10.2/15.7 L/100 km.

Moteur: (SAE), 8 cyl. en V 90° (102.36×95.25 mm), 6271 cm³; compr. 10.5:1; 301 kW (409 ch) à 5750/min, 48 kW/L (65.3 ch/L); 559 Nm (57 mkp) à 4500/min; 95 (R).
Ou: 324 kW (441 ch), 576 Nm (58.8 mkp).

Transmission: (sur roues AR). Boîte à 6 vit.: I. 2.68; II. 1.8; III. 1.3; IV. 1; V. 0.75; VI. 0.5; AR 2.42; pont 3.45.

Train roulant: pneus 275/40 ZR 17, 9.5 J.

Performances: Vmax (usine) 308 km/h, V à 1000/min en 6. vit. 69.2 km/h; 0–97 km/h 4.4 s; rapp. poids/puiss. 5 kg/kW (3.7 kg/ch); 10.2/15.7 L/100 km.

Callaway C7R

Sportwagen mit Kohlefaser-Honeycomb-Karosserie, Einzelradaufhängung, 6,8-Liter-V8-Motor, 6-Gang-Getriebe. Debüt als Modell Essen 1994. Strassen-Homologation vorgesehen.

Voiture sportive avec carrosserie de carbon/hneycomb, suspension à roues indép. boîte à 6 vit. Lancement du modèle Essen 1994. Homologation pour la route prévue.

6.8 V8 – 659 PS Benzineinspritzung

6.8 V8 – 659 ch Injection d'essence

Karosserie, Gewicht: (DIN) Coupé, 2 Türen, 2 Sitze; leer ab ca. 1050 kg.

Motor: (SAE), 8 Zyl. in V 90° (104.77×98.43 mm), 6789 cm³; Kompr. 10:1; 485 kW (659 PS) bei 6250/min, 71.4 kW/L (97.1 PS/L); 835 Nm (85.1 mkp) bei 5400/min; 98 ROZ. Strassenversion in Vorbereitung.

Motorkonstruktion: Leichtmetall-Zylinderköpfe und -block.

Kraftübertragung: (auf Hinterräder). 5-Gang-Getriebe Hewland, mit Differential verblockt.

Fahrgestell: Chassis und Karosserie aus Kohlefaser; v/h doppelte Querlenker; vorn Zugstreben; hinten Schubstrebe; v/h Torsionsfederstäbe.

Carrosserie, poids: (DIN) Coupé, 2 portes, 2 places; vide dès env. 1050 kg.

Moteur: (SAE), 8 cyl. en V 90° (104.77×98.43 mm), 6789 cm³; compr. 10:1; 485 kW (659 ch) à 6250/min, 71.4 kW/L (97.1 ch/L); 835 Nm (85.1 mkp) à 5400/min; 98 (R). Version pour la route en préparation.

Moteur (constr.): culasses et bloc-cyl. en alliage léger.

Transmission: (sur roues AR). Boîte à 5 vit. Hewland, faisant bloc avec le différential.

Châssis: châssis et carrosserie en fibre de carbone; AV/AR leviers transv. doubles; AV tirants; AR barre de poussée; AV/AR barres de torsion.

Callaway C7R

Fahrwerk: Vierrad-Scheibenbremse, Scheiben-Ø v. 37 cm, h. 35.5 cm, Zahnstangenl mit Servo, Reifen v. 295/35 ZR 18, h. 345/35 ZR 35, Felgen v. 12, h. 13 J.

Dimensionen: Radstand 262 cm, Länge 420 cm, Breite 199 cm, Höhe 107 cm.

Fahrleistungen: Leistungsgew. 2.2 kg/kW (1.6 kg/PS).

Train roulant: quatre freins à disques, Ø disques AV 37 cm, AR 35.5 cm, servodirection à crémaillère, pneus AV 295/35 ZR 18, AR 345/35 ZR 35, jantes AV 12, AR 13 J.

Dimensions: empatte. 262 cm, longueur 420 cm, largeur 199 cm, hauteur 107 cm.

Performances: rapp. poids/puiss. 2.2 kg/kW (1.6 kg/ch).

Carbodies   GB

London Taxis International, Holyhead Road, Coventry CV5 8JJ, England

Englischer Hersteller, auf die Fabrikation des Londoner Taxis spezialisiert.

Usine d'auto anglaise, spécialisée dans la fabrication du Taxi londonien.

Carbodies Taxi

Robuste Limousine mit 6 oder 7 Sitzen für Taxi-und für Mietwagenbetriebe. Debüt London 1958. Birmingham 1982: Dieselmotor und Getriebe von Rover. Frühling 1989: Fairway mit 2.7-Diesel.

Berline robuste, 6/7 places construite spécial. comme taxi ou voiture de location. Débuts Londres 1958. Birmingham 1982: moteur diesel et boîte de Rover. Printemps 1989: Fairway avec 2.7 Diesel.

2.7 – 79 PS Diesel

2.7 – 79 ch diesel

Karosserie, Gewicht: (DIN), Limousine, 4 Türen, 6 - 7 Sitze; leer ab ca. 1650 kg.

Motor: (DIN), 4 Zyl. in Linie (96×92 mm), 2664 cm³; Kompr. 21.8:1; 58 kW (79 PS) bei 4300/min, 21.8 kW/L (29.6 PS/L); 174 Nm (17.7 mkp) bei 2200/min; Dieselöl.

Motorkonstruktion: Bezeichnung Nissan TD 27; Wirbelkammer-Diesel; seitl. Nockenwelle (Kette); 5fach gelagerte Kurbelwelle; Öl 6.25 L; Einspritzpumpe. Batterie 68 Ah, Wasserkühlung, Inhalt 10 L.

Kraftübertragung: (auf Hinterräder). 5-Gang-Getriebe: I. 3.32; II. 2.09; III. 1.4; IV. 1; V. 0.79; R 3.43; Achse 3.91.
4-Stufen-Automat: I. 2.84; II. 1.54; III. 1; IV. 0.69; R 2.18; Achse 3.91.

Carrosserie, poids: (DIN), Berline, 4 portes, 6 - 7 places; vide dès env. 1650 kg.

Moteur: (DIN), 4 cyl. en ligne (96×92 mm), 2664 cm³; compr. 21.8:1; 58 kW (79 ch) à 4300/min, 21.8 kW/L (29.6 ch/L); 174 Nm (17.7 mkp) à 2200/min; gazole.

Moteur (constr.): désignation Nissan TD 27; diesel à chambre de turbulence; arbre à cames latéral (chaîne); vilebrequin à 5 paliers; huile 6.25 L; pompe à injection. Batt. 68 Ah, refroidis à eau, capac. 10 L.

Transmission: (sur roues AR). Boîte à 5 vit.: I. 3.32; II. 2.09; III. 1.4; IV. 1; V. 0.79; AR 3.43; pont 3.91.
Boîte autom. à 4 vit.: I. 2.84; II. 1.54; III. 1; IV. 0.69; AR 2.18; pont 3.91.

Carbodies Taxi

Fahrgestell: Kastenrahmen mit Traversen; vorn Einzelradaufhängung, doppelte Dreieckquerlenker, Schraubenfedern; hinten Starrachse, Blattfedern, Kurvenstabilisator, v/h, Teleskopdämpfer.

Fahrwerk: Bremse, vorne Scheiben (belüftet), hinten Trommeln, Handbremse auf Hinterräder; Lenkung mit Schnecke und Lenkfinger, a.W. mit Servo, Treibstofftank 54.5 L; Reifen 175 R 16, 185 R 16.

Dimensionen: Radstand 281 cm, Spur 142/142 cm, Wendekreis 7.6 m, Länge 456 cm, Breite 175 cm, Höhe 177 cm.

Fahrleistungen: Vmax (Werk) 130 km/h, V bei 1000/min im 5. Gang 31 km/h; Leistungsgew. 28.5 kg/kW (20.9 kg/PS); Verbrauch (Werk) 8/11 L/100 km.

Châssis: Cadre à caisson avec traverses; AV susp. à roues indép., leviers transv. triang. double, ressorts hélicoïdaux; AR essieu rigide, ressorts à lames; barre anti-dévers, AV/AR, amortiss. télescop.

Train roulant: frein, AV à disques (ventilés), AR à tambours, frein à main sur roues AR; direction à vis et doigt, s.d. assistée, réservoir carb. 54.5 L; pneus 175 R 16, 185 R 16.

Dimensions: empattement 281 cm, voie 142/142 cm, diam. de braq. 7.6 m, longueur 456 cm, largeur 175 cm, hauteur 177 cm.

Performances: Vmax (usine) 130 km/h, V à 1000/min en 5. vit. 31 km/h; rapp. poids/puiss. 28.5 kg/kW (20.9 kg/ch); consomm. (Werk) 8/11 L/100 km.

Caterham   GB

Caterham Cars Ltd., Kennet Road, Dartford, Kent DA1 4ON, England

Kleines englisches Werk, baut den früheren Lotus Seven weiter.

Petite usine anglaise, continue la production de l'ancienne Lotus Seven.

Caterham Super Seven

Nachfolger des Lotus Seven. Frühling 1990: Chassis und Aufhängungen modifiziert; Opel/Vauxhall-16V-Motoren mit mehr Leistung. Für 1992: Mit Rover-16K-Motor. Für 1994: Höhere Leistung (132 PS) und 6-Gang-Getriebe. Für 1996: 1.6/16V statt 1.4/16V.

Succède à la Lotus Seven. Printemps 1990: Châssis et suspension modifiés; moteurs 16V Opel/Vauxhall, performance élevée. Pour 1992: Avec moteur Rover 16K. Pour 1994: Puissance accrue (132 ch) et boîte à 6 vitesses. Pour 1996: 1.6/16V au lieu de 1.4/16V.

Cadillac • Callaway

Motorkonstruktion: Bezeichnung L37; 4 Ventile in V 32°; 2×2 obenl. Nockenwellen (Ketten); Leichtmetall-Zylinderköpfe und -block; 5fach gelagerte Kurbelwelle; Öl 6.6 L; elektron. Einspr., AC-Rochester.
Batterie 770 A, Alternator 140 A; Wasserkühlung, Inh. 11.8 L.

Kraftübertragung: (auf Vorderräder), Antriebsschlupfregelung.
4-Stufen-Automat: GM Hydra-Matic; I. 2.96; II. 1.63; III. 1; IV. 0.68; R 2.13; Achse 3.11.

Fahrleistungen: Vmax (Werk) 209 km/h, V bei 1000/min im 4. Gang 58.5 km/h; 0–97 km/h 7.5 s; Leistungsgew. 8.2 kg/kW (6 kg/PS); Verbrauch EPA 9.1/13.8 L/100 km.

Moteur (constr.): désignation L37; 4 soupapes en V 32°; 2×2 arbres à cames en tête (chaînes); culasses et bloc-cyl. en alliage léger; vilebrequin à 5 paliers; huile 6.6 L; injection électronique, AC-Rochester.
Batterie 770 A, alternateur 140 A; refroidissement à eau, capac. 11.8 L.

Transmission: (sur roues AV), Dispositif antipatinage.
Boîte aut. à 4 vit.: GM Hydra-Matic; I. 2.96; II. 1.63; III. 1; IV. 0.68; AR 2.13; pont 3.11.

Performances: Vmax (usine) 209 km/h, V à 1000/min en 4. vit. 58.5 km/h; 0–97 km/h 7.5 s; rapp. poids/puiss. 8.2 kg/kW (6 kg/ch); consomm. EPA 9.1/13.8 L/100 km.

Cadillac Catera

Viertürige Luxuslimousine auf Basis des Opel Omega, 3-Liter-V6 DOHC mit 24 Ventilen, Getriebeautomat. Debüt Detroit Januar 1994.

| 3.0 V6 24V – 203 PS Benzineinspritzung | 3.0 V6 24V – 203 ch Injection d'essence |

Berline luxueuse à quatre portes, basant sur l'Opel Omega, 3.0-V6 DOHC avec 24 soupapes, boîte automat. Lancement Detroit janvier 1994.

Karosserie, Gewicht: (DIN), Limousine, 4 Türen, 5 Sitze; leer ab 1710 kg.

Motor: (SAE), 6 Zyl. in V 54° (86×85 mm), 2962 cm³, Kompr. 10:1; 149 kW (203 PS) bei 6000/min, 50.3 kW/L (68.4 PS/L); 260 Nm (26.5 mkp) bei 3600/min; 95 ROZ. Mit 91-ROZ-Benzin: 145 kW (197 PS).

Motorkonstruktion: Bezeichnung Opel X30XE; 4 Ventile in V 39°; 2×2 obenl. Nockenwellen (Zahnriemen); Leichtmetall-Zylinderköpfe; 4fach gelagerte Kurbelwelle; Öl 5 L; elektron. Einspritzung, Bosch Motronic, M2 8.1.
Batterie 66 Ah, Alternator 120 A; Wasserkühlung, Inh. 10 L.

Carrosserie, poids: (DIN), Berline, 4 portes, 5 places; vide dès 1710 kg.

Moteur: (SAE), 6 cyl. en V 54° (86×85 mm), 2962 cm³; compr. 10:1; 149 kW (203 ch) à 6000/min, 50.3 kW/L (68.4 ch/L); 260 Nm (26.5 mkp) à 3600/min; 95 (R). Avec essence 91 (R): 145 kW (197 PS).

Moteur (constr.): désignation Opel X30XE; 4 soupapes en V 39°; 2×2 arbres à cames en tête (courroie crantée); culasses en alliage léger; vilebrequin à 4 paliers; huile 5 L; injection électronique, Bosch Motronic, M2 8.1.
Batterie 66 Ah, alternateur 120 A; refroidissement à eau, capac. 10 L.

Cadillac Catera

Kraftübertragung: (auf Hinterräder), a. W. Differentialbremse.
4-Stufen-Automat: I. 2.86; II. 1.62; III. 1; IV. 0.72; R 2; Achse 3.9.

Fahrgestell: Selbsttragende Karosserie; v/h Einzelradaufhängung, vorn Federbeine und Dreieckquerlenker; hinten Schräglenker, Querlenker; v/h Kurvenstabilisatoren, Schraubenfedern, Teleskopdämpfer, a.W. elektron. Dämpferregelung.

Fahrwerk: Vierrad-Scheibenbremse (vorn belüftet), Scheiben-⌀ v. 29.6 cm, h. 28.6 cm, ABS, Handbremse auf Hinterräder; Kugelumlauflenkung mit Servo, Treibstofftank 68 L; Reifen 225/55 HR 16, Felgen 7 J.

Dimensionen: Radstand 273 cm, Spur 150/152 cm, Bodenfreih. 12 cm, Wendekreis 11 m, Kofferraum 565/1460 dm³, Länge 493 cm, Breite 179 cm, Höhe 143 cm.

Fahrleistungen: Vmax (Red.) 220 km/h, V bei 1000/min in 4. Gang 42.6 km/h; 0–97 km/h 8.5 s; Leistungsgew. 11.5 kg/kW (8.4 kg/PS); Verbrauch EPA 9.4/13.1 L/100 km.

Transmission: (sur roues AR), différentiel autobloquant s.d.
Boîte autom. à 4 vit.: I. 2.86; II. 1.62; III. 1; IV. 0.72; AR 2; pont 3.9.

Châssis: carrosserie autoporteuse; AV/AR suspension à roues indép., AV jambes élast. et leviers triang. transv.; AR triangles obliques, leviers transv.; AV/AR barres antidévers, ressorts hélic., amortiss. télesc. s.d. réglage électron. de l'amortissem.

Train roulant: quatre freins à disques (AV ventilés), ⌀ disques AV 29.6 cm, AR 28.6 cm, ABS, frein à main sur roues AR; direction à circuit de billes assistée, réservoir carb. 68 L; pneus 225/55 HR 16, jantes 7 J.

Dimensions: empattement 273 cm, voie 150/152 cm, garde au sol 12 cm, diam. de braq. 11 m, coffre 565/1460 dm³, longueur 493 cm, largeur 179 cm, hauteur 143 cm.

Performances: Vmax (réd.) 220 km/h, V à 1000/min en 4. vit. 42.6 km/h; 0–97 km/h 8.5 s; rapp. poids/puiss. 11.5 kg/kW (8.4 kg/ch); consomm. EPA 9.4/13.1 L/100 km.

Callaway   USA/D

Callaway Competition G,bH, Liebigstr. 31, D-74211 Leingarten, Deutschland

Bekannte amerikanische Tuningfirma   **Usine américaine de Tuning connue.**

Callaway Camaro

Leistungsgesteigerte Version des Camaro. Daten wie Chevrolet Camaro, ausgenommen:

Version plus puissante de la Camaro. Données comme Chevrolet Camaro, sauf:

| 6.3 V8 – 409 PS Benzineinspritzung | 6.3 V8 – 409 ch Injection d'essence |

Karosserie, Gewicht: (DIN), Coupé, 3 Türen, 4 Sitze; leer ab ca. 1535 kg.

Carrosserie, poids: (DIN), Coupé, 3 portes, 4 places; vide dès env. 1535 kg.

Callaway Camaro

Motor: (SAE), 8 Zyl. in V 90° (102.36×95.25 mm), 6271 cm³; Kompr. 10.5:1; 301 kW (409 PS) bei 5750/min, 48 kW/L (65.3 PS/L); 559 Nm (57 mkp) bei 4500/min; 95 ROZ.

Kraftübertragung: (auf Hinterräder).
6-Gang-Getr.: I. 2.97; II. 2.07; III. 1.43; IV. 1; V. 0.8; VI. 0.62; R 2.98; Achse 3.42.
4-Stufen-Automat: I. 3.06; II. 1.63; III. 1; IV. 0.7; R 2.98; Achse 2.73; 3.42.

Fahrwerk: Reifen 275/40 ZR 17.

Fahrleistungen: Vmax (Werk) 278 km/h, V bei 1000/min im 6. Gang 70.5 km/h; 0–97 km/h 4.7 s; Leistungsgew. 5.1 kg/kW (3.8 kg/PS); Verbrauch EPA 10.2/15.7 L/100 km.

Moteur: (SAE), 8 cyl. en V 90° (102.36×95.25 mm), 6271 cm³; compr. 10.5:1; 301 kW (409 ch) à 5750/min, 48 kW/L (65.3 ch/L); 559 Nm (57 mkp) à 4500/min; 95 (R).

Transmission: (sur roues AR).
Boîte à 6 vit.: I. 2.97; II. 2.07; III. 1.43; IV. 1; V. 0.8; VI. 0.62; AR 2.98; pont 3.42.
Boîte autom. à 4 vit.: I. 3.06; II. 1.63; III. 1; IV. 0.7; AR 2.98; pont 2.73; 3.42.

Train roulant: pneus 275/40 ZR 17.

Performances: Vmax (usine) 278 km/h, V à 1000/min en 6. vit. 70.5 km/h; 0–97 km/h 4.7 s; rapp. poids/puiss. 5.1 kg/kW (3.8 kg/ch); 10.2/15.7 L/100 km.

Callaway Corvette

Leistungsgesteigerte Version des Corvette '96. Daten siehe Chevrolet Corvette 1996, ausgenommen:

Version plus puissante de la Corvette '96. Données voir Chevrolet Corvette 1996, sauf:

| 6.3 V8 – 409 PS Benzineinspritzung | 6.3 V8 – 409 ch Injection d'essence |

Karosserie, Gewicht: (DIN), Coupé/Convertible; 3 Türen, 2 Sitze; leer ab ca. 1505 kg.

Carrosserie, poids: (DIN), Coupé/Convertible; 3 portes, 2 places; vide dès env. 1505 kg.

Callaway Corvette

Callaway • Carbodies • Caterham

Motor: (SAE), 8 Zyl. in V 90° (102.36×95.25 mm), 6271 cm³; Kompr. 10.5:1; 301 kW (409 PS) bei 5750/min, 48 kW/L (65.3 PS/L); 559 Nm (57 mkp) bei 4500/min; 95 ROZ.
Oder: 324 kW (441 PS), 576 Nm (58.8 mkp).

Kraftübertragung: (auf Hinterräder).
6-Gang-Getriebe: I. 2.68; II. 1.8; III. 1.3; IV. 1; V. 0.75; VI. 0.5; R 2.42; Achse 3.45.

Fahrwerk: Reifen 275/40 ZR 17, 9.5 J.

Fahrleistungen: Vmax (Werk) 308 km/h, V bei 1000/min im 6. Gang 69.2 km/h; 0–97 km/h 4.4 s; Leistungsgew. 5 kg/kW (3.7 kg/PS); Verbrauch EPA 10.2/15.7 L/100 km.

Moteur: (SAE), 8 cyl. en V 90° (102.36×95.25 mm), 6271 cm³; compr. 10.5:1; 301 kW (409 ch) à 5750/min, 48 kW/L (65.3 ch/L); 559 Nm (57 mkp) à 4500/min; 95 (R).
Ou: 324 kW (441 ch), 576 Nm (58.8 mkp).

Transmission: (sur roues AR).
Boîte à 6 vit.: I. 2.68; II. 1.8; III. 1.3; IV. 1; V. 0.75; VI. 0.5; AR 2.42; pont 3.45.

Train roulant: pneus 275/40 ZR 17, 9.5 J.

Performances: Vmax (usine) 308 km/h, V à 1000/min en 6. vit. 69.2 km/h; 0–97 km/h 4.4 s; rapp. poids/puiss. 5 kg/kW (3.7 kg/ch); 10.2/15.7 L/100 km.

Callaway C7R

Sportwagen mit Kohlefaser-Honeycomb-Karosserie, Einzelradaufhängung, 6,8-Liter-V8-Motor, 6-Gang-Getriebe. Debüt als Modell Essen 1994. Strassen-Homologation vorgesehen.

Voiture sportive avec carrosserie de carbon/hneycomb, suspension à roues indép. boîte à 6 vit. Lancement du modèle Essen 1994. Homologation pour la route prévue.

6.8 V8 – 659 PS Benzineinspritzung

6.8 V8 – 659 ch Injection d'essence

Karosserie, Gewicht: (DIN), Coupé, 2 Türen, 2 Sitze; leer ab ca. 1050 kg.

Motor: (SAE), 8 Zyl. in V 90° (104.77×98.43 mm), 6789 cm³; Kompr. 10:1; 485 kW (659 PS) bei 6250/min, 71.4 kW/L (97.1 PS/L); 835 Nm (85.1 mkp) bei 5400/min; 98 ROZ.
Strassenversion in Vorbereitung.

Motorkonstruktion: Leichtmetall-Zylinderköpfe und -block.

Kraftübertragung: (auf Hinterräder).
5-Gang-Getriebe Hewland, mit Differential verblockt.

Fahrgestell: Chassis und Karosserie aus Kohlefaser; v/h doppelte Querlenker; vorn Zugstreben; hinten Schubstrebe; v/h Torsionsfederstäbe.

Carrosserie, poids: (DIN), Coupé, 2 portes, 2 places; vide dès env. 1050 kg.

Moteur: (SAE), 8 cyl. en V 90° (104.77×98.43 mm), 6789 cm³; compr. 10:1; 485 kW (659 ch) à 6250/min, 71.4 kW/L (97.1 ch/L); 835 Nm (85.1 mkp) à 5400/min; 98 (R).
Version pour la route en préparation.

Moteur (constr.): culasses et bloc-cyl. en alliage léger.

Transmission: (sur roues AR).
Boîte à 5 vit. Hewland, faisant bloc avec le différential.

Châssis: châssis et carrosserie en fibre de carbone; AV/AR leviers transv. doubles; AV tirants; AR barre de poussée; AV/AR barres de torsion.

Callaway C7R

Fahrwerk: Vierrad-Scheibenbremse, Scheiben-⌀ v. 37 cm, h. 35.5 cm, Zahnstangenl mit Servo, Reifen v. 295/35 ZR 18, h. 345/35 ZR 35, Felgen v. 12, h. 13 J.

Dimensionen: Radstand 262 cm, Länge 420 cm, Breite 199 cm, Höhe 107 cm.

Fahrleistungen: Leistungsgew. 2.2 kg/kW (1.6 kg/PS).

Train roulant: quatre freins à disques, ⌀ disques AV 37 cm, AR 35.5 cm, servodirection à crémaillère, pneus AV 295/35 ZR 18, AR 345/35 ZR 35, jantes AV 12, AR 13 J.

Dimensions: empatte. 262 cm, longueur 420 cm, largeur 199 cm, hauteur 107 cm.

Performances: rapp. poids/puiss. 2.2 kg/kW (1.6 kg/ch).

Carbodies GB

London Taxis International, Holyhead Road, Coventry CV5 8JJ, England

Englischer Hersteller, auf die Fabrikation des Londoner Taxis spezialisiert.

Usine d'auto anglaise, spécialisée dans la fabrication du Taxi londonien.

Carbodies Taxi

Robuste Limousine mit 6 oder 7 Sitzen für Taxi-und für Mietwagenbetriebe. Debüt London 1958. Birmingham 1982: Dieselmotor und Getriebe von Rover. Frühling 1989: Fairway mit 2.7-Diesel.

Berline robuste, 6/7 places construite spécial. comme taxi ou voiture de location. Débuts Londres 1958. Birmingham 1982: moteur diesel et boîte de Rover. Printemps 1989: Fairway avec 2.7 Diesel.

2.7 – 79 PS Diesel

2.7 – 79 ch diesel

Karosserie, Gewicht: (DIN), Limousine, 4 Türen, 6 - 7 Sitze; leer ab ca. 1650 kg.

Motor: (DIN), 4 Zyl. in Linie (96×92 mm), 2664 cm³; Kompr. 21.8:1; 58 kW (79 PS) bei 4300/min, 21.8 kW/L (29.6 PS/L); 174 Nm (17.7 mkp) bei 2200/min; Dieselöl.

Motorkonstruktion: Bezeichnung Nissan TD 27; Wirbelkammer-Diesel; seitl. Nockenwelle (Kette); 5fach gelagerte Kurbelwelle; Öl 6.25 L; Einspritzpumpe.
Batterie 68 Ah, Wasserkühlung, Inhalt 10 L.

Kraftübertragung: (auf Hinterräder).
5-Gang-Getriebe: I. 3.32; II. 2.09; III. 1.4; IV. 1; V. 0.79; R 3.43; Achse 3.91.
4-Stufen-Automat: I. 2.84; II. 1.54; III. 1; IV. 0.69; R 2.18; Achse 3.91.

Carrosserie, poids: (DIN), Berline, 4 portes, 6 - 7 places; vide dès env. 1650 kg.

Moteur: (DIN), 4 cyl. en ligne (96×92 mm), 2664 cm³; compr. 21.8:1; 58 kW (79 ch) à 4300/min, 21.8 kW/L (29.6 ch/L); 174 Nm (17.7 mkp) à 2200/min; gazole.

Moteur (constr.): désignation Nissan TD 27; diesel à chambre de turbulence; arbre à cames latéral (chaîne); vilebrequin à 5 paliers; huile 6.25 L; pompe à injection.
Batt. 68 Ah, refroidiss. à eau, capac. 10 L.

Transmission: (sur roues AR).
Boîte à 5 vit.: I. 3.32; II. 2.09; III. 1.4; IV. 1; V. 0.79; AR 3.43; pont 3.91.
Boîte autom. à 4 vit.: I. 2.84; II. 1.54; III. 1; IV. 0.69; AR 2.18; pont 3.91.

Carbodies Taxi

Fahrgestell: Kastenrahmen mit Traversen; vorn Einzelradaufhängung, doppelte Dreieckquerlenker, Schraubenfedern; hinten Starrachse, Blattfedern; Kurvenstabilisator, v/h, Teleskopdämpfer.

Fahrwerk: Bremse, vorne Scheiben (belüftet), hinten Trommeln, Handbremse auf Hinterräder; Lenkung mit Schnecke und Lenkfinger, a.W. mit Servo, Treibstofftank 54.5 L; Reifen 175 R 16, 185 R 16.

Dimensionen: Radstand 281 cm, Spur 142/142 cm, Wendekreis 7.6 m, Länge 456 cm, Breite 175 cm, Höhe 177 cm.

Fahrleistungen: Vmax (Werk) 130 km/h, V bei 1000/min im 5. Gang 31 km/h; Leistungsgew. 28.5 kg/kW (20.9 kg/PS); Verbrauch (Werk) 8/11 L/100 km.

Châssis: Cadre à caisson avec traverses; AV susp. à roues indép., leviers transv. triang. double, ressorts hélicoïdaux; AR essieu rigide, ressorts à lames; barre anti-dévers, AV/AR, amortiss. télescop.

Train roulant: frein, AV à disques (ventilés), AR à tambours, frein à main sur roues AR; direction à vis et doigt, s.d. assistée, réservoir carb. 54.5 L; pneus 175 R 16, 185 R 16.

Dimensions: empattement 281 cm, voie 142/142 cm, diam. de braq. 7.6 m, longueur 456 cm, largeur 175 cm, hauteur 177 cm.

Performances: Vmax (usine) 130 km/h, V à 1000/min en 5. vit. 31 km/h; rapp. poids/puiss. 28.5 kg/kW (20.9 kg/ch); consomm. (Werk) 8/11 L/100 km.

Caterham GB

Caterham Cars Ltd., Kennet Road, Dartford, Kent DA1 4ON, England

Kleines englisches Werk, baut den früheren Lotus Seven weiter.

Petite usine anglaise, continue la production de l'ancienne Lotus Seven.

Caterham Super Seven

Nachfolger des Lotus Seven. Frühling 1990: Chassis und Aufhängungen modifiziert; Opel/Vauxhall-16V-Motoren mit mehr Leistung. Für 1992: Mit Rover-16K-Motor. Für 1994: Höhere Leistung (132 PS) und 6-Gang-Getriebe. Für 1996: 1.6/16V statt 1.4/16V.

Succède à la Lotus Seven. Printemps 1990: Châssis et suspension modifiés; moteurs 16V Opel/Vauxhall, performance elevée. Pour 1992: Avec moteur Rover 16K. Pour 1994: Puissance accrue (132 ch) et boîte à 6 vitesses. Pour 1996: 1.6/16V au lieu de 1.4/16V.

Caterham

1.6 16V – 117 PS Benzineinspritzung

Karosserie, Gewicht: (DIN), Roadster, ohne Türen ; 2 Sitze; leer ab 520 kg, max. zul. 830 kg.

Motor: (ECE), 4 Zyl. in Linie (80×79 mm), 1588 cm^3; Kompr. 10.5:1; 86 kW (117 PS) bei 6000/min, 54.1 kW/L (73.6 PS/L); 145 Nm (14.8 mkp) bei 3000/min; 95 ROZ.

Motorkonstruktion: Bezeichnung Rover K16; 4 Ventile in V 45°; 2 obenl. Nockenwellen (Zahnriemen); Leichtmetall-Zylinderkopf und -block; 5fach gelagerte Kurbelwelle; Öl 4.5 L; elektron. Einspritzung. Batterie 45 Ah, Alternator 65 A; Wasserkühlung, Inh. 5.5 L.

Kraftübertragung: (auf Hinterräder), a. W. Differentialbremse.
5-Gang-Getriebe: I. 3.36; II. 1.81; III. 1.26; IV. 1; V. 0.82; R 3.87. Achse 3.92.
6-Gang-Getriebe: I. 2.69; II. 2.01; III. 1.59; IV. 1.32; V. 1.13; VI. 1; R 3.47; Achse 3.62.

Fahrgestell: Rohrrahmenchassis; vorn Dreieckquerlenker, hinten De-Dion-Achse mit Wattgestänge, Längslenker; v/h Kurvenstabilisator, Schraubenfedern, Teleskopdämpfer.

Fahrwerk: Vierrad-Scheibenbremse, Scheiben-Ø v. 22.8 cm, h. 22.8 cm, Handbremse auf Hinterräder; Zahnstangenlenkung, Treibstofftank 36 L; a.W. 55 L; Reifen 185/60 HR 14, 195/55 VR 15, 205/45 VR 16; Felgen 6 J, 6.5 J.

Dimensionen: Radstand 225 cm, Spur 127/133 cm, Bodenfreih. 11 cm, Wendekreis 10 m, Kofferraum 75 dm^3, Länge 338 cm, Breite 158 cm, Höhe 112 cm.

Fahrleistungen: Vmax (Werk) 174 km/h, V bei 1000/min im 5. Gang 33 km/h; 0–100 km/h 6.4 s; 0–97 km/h 6.2 s; Leistungsgew. 6 kg/kW (4.4 kg/PS); Verbrauch (Red.) 7/12 L/100 km.

1.6 16V – 117 ch Injection d'essence

Carrosserie, poids: (DIN), Roadster, sans portes ; 2 places; vide dès 520 kg, tot. adm. 830 kg.

Moteur: (ECE), 4 cyl. en ligne (80×79 mm), 1588 cm^3; compr. 10.5:1; 86 kW (117 ch) à 6000/min, 54.1 kW/L (73.6 ch/L); 145 Nm (14.8 mkp) à 3000/min; 95 (R).

Moteur (constr.): désignation Rover K16; 4 soupapes en V 45°; 2 arbres à cames en tête (courroie crantée); culasse et bloc-cyl. en alliage léger; vilebrequin à 5 paliers; huile 4.5 L; injection électronique. Batterie 45 Ah, alternateur 65 A; refroidissement à eau, capac. 5.5 L.

Transmission: (sur roues AR), différentiel autobloquant s.d.
Boîte à 5 vit.: I. 3.36; II. 1.81; III. 1.26; IV. 1; V. 0.82; AR 3.87; pont 3.92.
Boîte à 6 vit.: I. 2.69; II. 2.01; III. 1.59; IV. 1.32; V. 1.13; VI. 1; AR 3.47; pont 3.62.

Châssis: châssis tubulaire; AV leviers triang. transv., AR pont De Dion avec timonerie de Watt, bras longitud.; AV/AR barre anti-dévers, ressorts hélic, amortiss. télesc.

Train roulant: quatre freins à disques, Ø disques AV 22.8 cm, AR 22.8 cm, frein à main sur roues AR; direction à crémaillère, réservoir carb. 36 L; s.d. 55 L; pneus 185/60 HR 14, 195/55 VR 15, 205/45 VR 16; jantes 6 J, 6.5 J.

Dimensions: empattement 225 cm, voie 127/133 cm, garde au sol 11 cm, diam. de braq. 10 m, coffre 75 dm^3, longueur 338 cm, largeur 158 cm, hauteur 112 cm.

Performances: Vmax (usine) 174 km/h, V à 1000/min en 5. vit. 33 km/h; 0–100 km/h 6.4 s; 0–97 km/h 6.2 s; rapp. poids/puiss. 6 kg/kW (4.4 kg/ch); consomm. (Red.) 7/12 L/100 km.

Caterham Super Seven

1.6 16V – 140 PS Benzineinspritzung

Wie 1.6 – 117 PS, ausgenommen:

Karosserie, Gewicht: (DIN), Roadster, ohne Türen ; 2 Sitze; leer ab 520 kg, max. zul. 830 kg.
Superlight: leer ab 480 kg, max. zul. 730 kg.

Motor: (ECE), 4 Zyl. in Linie (80×79 mm), 1588 cm^3; Kompr. 10.5:1; 103 kW (140 PS) bei 7000/min, 64.8 kW/L (88.2 PS/L); 156 Nm (15.9 mkp) bei 5000/min; 98 ROZ.

Motorkonstruktion: Bezeichnung Rover K16
Batterie 45 Ah, Alternator 65 A; Wasserkühlung, Inh. 5.5 L.

1.6 16V – 140 ch Injection d'essence

Comme 1.6 – 117 ch, sauf:

Carrosserie, poids: (DIN), Roadster, sans portes ; 2 places; vide dès 520 kg, tot. adm. 830 kg.
Superlight: à vide dès 480 kg, tot. adm. 730 kg.

Moteur: (ECE), 4 cyl. en ligne (80×79 mm), 1588 cm^3; compr. 10.5:1; 103 kW (140 ch) à 7000/min, 64.8 kW/L (88.2 ch/L); 156 Nm (15.9 mkp) à 5000/min; 98 (R).

Moteur (constr.): désignation Rover K16
Batterie 45 Ah, alternateur 65 A; refroidissement à eau, capac. 5.5 L.

CALLAWAY POWERFULLY ENGINEERED AUTOMOBILES

HUBER
Corvette total

Kompetenz und Zuverlässigkeit sind unsere Stärke. Seit 1955.

Besuchen Sie unsere Ausstellung.

Garage Huber, Rütistr. 24, 8906 Bonstetten
Telefon 01/700 04 09, Telefax 01/700 19 18

Offizielle Callaway-Vertretung - US-Car-Spezialist

Haben Sie Fragen zu irgendeinem Auto, das zwischen 1945 und 1960 gebaut wurde? Die Antworten finden Sie in diesem Buch des bekannten Autojournalisten Roger Gloor.

Roger Gloor **Nachkriegswagen**
Personenautos 1945 – 1960. Alle Modelle von 400 Marken aus 30 Ländern
398 Seiten, 1040 zeitgenössische, schwarzweisse Abbildungen, Stories, technische Tabellen, Projekte, Linson, in Schuber
DM/sFr. 118.—

Im Buchhandel erhältlich.

Hallwag

Caterham

Kraftübertragung: (auf Hinterräder), a. W. Differentialbremse.

5-Gang-Getriebe: I. 3.36; II. 1.81; III. 1.26; IV. 1; V. 0.82; R 3.87; Achse 3.92.

6-Gang-Getriebe: I. 2.69; II. 2.01; III. 1.59; IV. 1.32; V. 1.13; VI. 1; R 3.47; Achse 3.62.

Fahrleistungen: Vmax (Werk) 193 km/h, 0–100 km/h 5.2 s; 0–97 km/h 5.1 s; Leistungsgew. 5 kg/kW (3.7 kg/PS); Verbrauch (Red.) 8/12 L/100 km. Superlight: Vmax 208 km/h, 0-97 km/h 4,7 s.

2.0 16V – 165 PS Benzineinspritzung

Wie 1.6 – 117 PS, ausgenommen:

Karosserie, Gewicht: (DIN), Roadster, ohne Türen ; 2 Sitze; leer ab 600 kg, max. zul. 860 kg.

Motor: (ECE), 4 Zyl. in Linie (86×86 mm), 1998 cm³; Kompr. 10.5:1; 121 kW (165 PS) bei 6000/min, 60.5 kW/L (82.3 PS/L); 224 Nm (22.8 mkp) bei 4500/min; 95 ROZ.

Motorkonstruktion: Bezeichnung Opel/Vauxhall 2.0/16V; 4 Ventile in V 46°; 2 obenl. Nockenwellen (Zahnriemen); Leichtmetall-Zylinderkopf; 5fach gelagerte Kurbelwelle; Öl 4.5 L; elektron. Einspritzung. Batterie 40 Ah, Alternator 45 A; Wasserkühlung, Inh. 5.7 L.

Kraftübertragung: (auf Hinterräder), a. W. Differentialbremse.

5-Gang-Getriebe: I. 3.36; II. 1.81; III. 1.26; IV. 1; V. 0.82; R 3.87; Achse 3.92.

Fahrleistungen: Vmax (Werk) 193 km/h, V bei 1000/min im 5. Gang 32.5 km/h; 0–100 km/h 5 s; 0–97 km/h 4.8 s; Leistungsgew. 5 kg/kW (3.6 kg/PS); Verbrauch (Red.) 7/14 L/100 km.

Caterham 21

Neukarossierter Sportwagen für das 21. Jahrhundert auf Basis des Super Seven. Debüt Birmingham Oktober 1994.

1.6 16V – 117 PS Benzineinspritzung

Karosserie, Gewicht: (DIN), Roadster, 2 Türen, 2 Sitze; leer ab 650 kg, max. zul. 960 kg.

Motor: (ECE), 4 Zyl. in Linie (80×79 mm), 1588 cm³; Kompr. 10.5:1; 86 kW (117 PS) bei 6000/min, 54.1 kW/L (73.6 PS/L); 145 Nm (14.8 mkp) bei 3000/min; 95 ROZ.

Motorkonstruktion: Bezeichnung Rover K16; 4 Ventile in V 45°; 2 obenl. Nockenwellen (Zahnriemen); Leichtmetall-Zylinderkopf und -block; 5fach gelagerte Kurbelwelle; Öl 4.5 L; elektron. Einspritzung. Batterie 45 Ah, Alternator 65 A; Wasserkühlung, Inh. 5.5 L.

Kraftübertragung: (auf Hinterräder), a. W. Differentialbremse.

5-Gang-Getriebe: I. 3.36; II. 1.81; III. 1.26; IV. 1; V. 0.82; R 3.87; Achse 3.92.

6-Gang-Getriebe: I. 2.69; II. 2.01; III. 1.59; IV. 1.32; V. 1.13; VI. 1; R 3.47; Achse 3.62.

Fahrgestell: Rohrrahmenchassis; vorn Dreieckquerlenker, hinten De-Dion-Achse mit Wattgestänge, Längslenker; v/h Kurvenstabilisator, Schraubenfedern, Teleskopdämpfer.

Fahrwerk: Vierrad-Scheibenbremse, Scheiben-Ø v. 22.8 cm, h. 22.8 cm, Handbremse auf Hinterräder; Zahnstangenlenkung, Treibstofftank 55 L; a.W. 64 L; Reifen 205/45 VR 16, Felgen 7 J.

Transmission: (sur roues AR), différentiel autobloquant s.d.

Boîte à 5 vit.: I. 3.36; II. 1.81; III. 1.26; IV. 1; V. 0.82; AR 3.87; pont 3.92.

Boîte à 6 vit.: I. 2.69; II. 2.01; III. 1.59; IV. 1.32; V. 1.13; VI. 1; AR 3.47; pont 3.62.

Performances: Vmax (usine) 193 km/h, 0–100 km/h 5.2 s; 0–97 km/h 5.1 s; rapp. poids/puiss. 5 kg/kW (3.7 kg/ch); consomm. (Red.) 8/12 L/100 km. Superlight: Vmax 208 km/h, 0-97 km/h 4,7 s.

2.0 16V – 165 ch Injection d'essence

Comme 1.6 – 117 ch, sauf:

Carrosserie, poids: (DIN), Roadster, sans portes ; 2 places; vide dès 600 kg, tot. adm. 860 kg.

Moteur: (ECE), 4 cyl. en ligne (86×86 mm), 1998 cm³; compr. 10.5:1; 121 kW (165 ch) à 6000/min, 60.5 kW/L (82.3 ch/L); 224 Nm (22.8 mkp) à 4500/min; 95 (R).

Moteur (constr.): désignation Opel/Vauxhall 2.0/16V; 4 soupapes en V 46°; 2 arbres à cames en tête (courroie crantée); culasse en alliage léger; vilebrequin à 5 paliers; huile 4.5 L; injection électronique. Batterie 40 Ah, alternateur 45 A; refroidissement à eau, capac. 5.7 L.

Transmission: (sur roues AR), différentiel autobloquant s.d.

Boîte à 5 vit.: I. 3.36; II. 1.81; III. 1.26; IV. 1; V. 0.82; AR 3.87; pont 3.92.

Performances: Vmax (usine) 193 km/h, V à 1000/min en 5. vit. 32.5 km/h; 0–100 km/h 5 s; 0–97 km/h 4.8 s; rapp. poids/puiss. 5 kg/kW (3.6 kg/ch); consomm. (Red.) 7/14 L/100 km.

Caterham 21

Nouveau modèle. Voiture de sport pour le 21e siècle sur base Super Seven. Debut Birmingham octobre 1994.

1.6 16V – 117 ch Injection d'essence

Carrosserie, poids: (DIN), Roadster, 2 portes, 2 places; vide dès 650 kg, tot. adm. 960 kg.

Moteur: (ECE), 4 cyl. en ligne (80×79 mm), 1588 cm³; compr. 10.5:1; 86 kW (117 ch) à 6000/min, 54.1 kW/L (73.6 ch/L); 145 Nm (14.8 mkp) à 3000/min; 95 (R).

Moteur (constr.): désignation Rover K16; 4 soupapes en V 45°; 2 arbres à cames en tête (courroie crantée); culasse et bloc-cyl. en alliage léger; vilebrequin à 5 paliers; huile 4.5 L; injection électronique. Batterie 45 Ah, alternateur 65 A; refroidissement à eau, capac. 5.5 L.

Transmission: (sur roues AR), différentiel autobloquant s.d.

Boîte à 5 vit.: I. 3.36; II. 1.81; III. 1.26; IV. 1; V. 0.82; AR 3.87; pont 3.92.

Boîte à 6 vit.: I. 2.69; II. 2.01; III. 1.59; IV. 1.32; V. 1.13; VI. 1; AR 3.47; pont 3.62.

Châssis: châssis tubulaire; AV leviers triang. transv., AR pont De Dion avec timonerie de Watt, bras longitud.; AV/AR barre anti-dévers, ressorts hélic, amortiss. télesc.

Train roulant: quatre freins à disques, Ø disques AV 22.8 cm, AR 22.8 cm, frein à main sur roues AR; direction à crémaillère, réservoir carb. 55 L; s.d. 64 L; pneus 205/45 VR 16, jantes 7 J.

Caterham 21

Dimensionen: Radstand 225 cm, Spur 132/132 cm, Bodenfreih. 11 cm, Wendekreis 10.4 m, Kofferraum 350 dm³, Länge 380 cm, Breite 158 cm, Höhe 115 cm.

Fahrleistungen: Vmax (Werk) 190 km/h, V bei 1000/min im 5. Gang 33 km/h; 0–97 km/h 6.4 s; Leistungsgew. 7.5 kg/kW (5.5 kg/PS); Verbrauch (Red.) 7/12 L/100 km.

1.6 16V – 140 PS Benzineinspritzung

Wie 1.6 – 117 PS, ausgenommen:

Karosserie, Gewicht: (DIN), Roadster, 2 Türen, 2 Sitze.

Motor: (ECE), 4 Zyl. in Linie (80×79 mm), 1588 cm³; Kompr. 10.5:1; 103 kW (140 PS) bei 7000/min, 64.8 kW/L (88.2 PS/L); 156 Nm (15.9 mkp) bei 5000/min; 98 ROZ.

Motorkonstruktion: Bez. Rover K16

Batterie 45 Ah, Alternator 65 A; Wasserkühlung, Inh. 5.5 L.

Kraftübertragung: (auf Hinterräder), a. W. Differentialbremse.

5-Gang-Getriebe: I. 3.36; II. 1.81; III. 1.26; IV. 1; V. 0.82; R 3.87; Achse 3.92.

6-Gang-Getriebe: I. 2.69; II. 2.01; III. 1.59; IV. 1.32; V. 1.13; VI. 1; R 3.47; Achse 3.62.

Fahrleistungen: Vmax (Werk) 210 km/h, 0–97 km/h 5.8 s; Leistungsgew. 6.3 kg/kW (4.6 kg/PS); Verbr. (Red.) 8/12 L/100 km.

2.0 16V – 253 PS Benzineinspritzung

Wie 1.6 – 117 PS, ausgenommen:

Karosserie, Gewicht: (DIN), Roadster, 2 Türen, 2 Sitze; leer ab 680 kg.

Motor: (ECE), 4 Zyl. in Linie (86×86 mm), 1998 cm³; Kompr. 11.2:1; 186 kW (253 PS) bei 8000/min, 93.1 kW/L (126.5 PS/L); 252 Nm (25.7 mkp) bei 5750/min; 98 ROZ.

Motorkonstruktion: Bezeichnung Opel/Vauxhall 2.0/16V; 4 Ventile in V 46°; 2 obenl. Nockenwellen (Zahnriemen); Leichtmetall-Zylinderkopf; Graugussblock; 5fach gelagerte Kurbelwelle; Öl 4.5 L; elektron. Einspritzung, Weber-Alpha. Batterie 45 Ah, Alternator 65 A; Wasserkühlung, Inh. 5.5 L.

Kraftübertragung: (auf Hinterräder), a. W. Differentialbremse.

6-Gang-Getriebe: I. 3.05; II. 2.16; III. 1.64; IV. 1.34; V. 1.14; VI. 1; R 3.87; Achse 3.14.

Fahrleistungen: Vmax (Red.) 260 km/h, V bei 1000/min im 6. Gang 34.4 km/h; 0–97 km/h 4 s; Leistungsgew. 3.7 kg/kW (2.7 kg/PS); Verbrauch (Red.) 9/15 L/100 km.

Dimensions: empattement 225 cm, voie 132/132 cm, garde au sol 11 cm, diam. de braq. 10.4 m, coffre 350 dm³, longueur 380 cm, largeur 158 cm, hauteur 115 cm.

Performances: Vmax (usine) 190 km/h, V à 1000/min en 5. vit. 33 km/h; 0–97 km/h 6.4 s; rapp. poids/puiss. 7.5 kg/kW (5.5 kg/ch); consomm. (Red.) 7/12 L/100 km.

1.6 16V – 140 ch Injection d'essence

Comme 1.6 – 117 ch, sauf:

Carrosserie, poids: (DIN), Roadster, 2 portes, 2 places.

Moteur: (ECE), 4 cyl. en ligne (80×79 mm), 1588 cm³; compr. 10.5:1; 103 kW (140 ch) à 7000/min, 64.8 kW/L (88.2 ch/L); 156 Nm (15.9 mkp) à 5000/min; 98 (R).

Moteur (constr.): désignation Rover K16

Batterie 45 Ah, alternateur 65 A; refroidissement à eau, capac. 5.5 L.

Transmission: (sur roues AR), différentiel autobloquant s.d.

Différentiel autobloquant s.d.

Boîte à 5 vit.: I. 3.36; II. 1.81; III. 1.26; IV. 1; V. 0.82; AR 3.87; pont 3.92.

Boîte à 6 vit.: I. 2.69; II. 2.01; III. 1.59; IV. 1.32; V. 1.13; VI. 1; AR 3.47; pont 3.62.

Performances: Vmax (usine) 210 km/h, 0–97 km/h 5.8 s; rapp. poids/puiss. 6.3 kg/kW (4.6 kg/ch); cons. (Red.) 8/12 L/100 km.

2.0 16V – 253 ch Injection d'essence

Comme 1.6 – 117 ch, sauf:

Carrosserie, poids: (DIN), Roadster, 2 portes, 2 places; vide dès 680 kg.

Moteur: (ECE), 4 cyl. en ligne (86×86 mm), 1998 cm³; compr. 11.2:1; 186 kW (253 ch) à 8000/min, 93.1 kW/L (126.5 ch/L); 252 Nm (25.7 mkp) à 5750/min; 98 (R).

Moteur (constr.): désignation Opel/Vauxhall 2.0/16V; 4 soupapes en V 46°; 2 arbres à cames en tête (courroie crantée); culasse en alliage léger; bloc-cyl. en fonte; vilebrequin à 5 paliers; huile 4.5 L; injection électronique, Weber-Alpha. Batterie 45 Ah, alternateur 65 A; refroidissement à eau, capac. 5.5 L.

Transmission: (sur roues AR), différentiel autobloquant s.d.

Boîte à 6 vit.: I. 3.05; II. 2.16; III. 1.64; IV. 1.34; V. 1.14; VI. 1; AR 3.87; pont 3.14.

Performances: Vmax (réd.) 260 km/h, V à 1000/min en 6. vit. 34.4 km/h; 0–97 km/h 4 s; rapp. poids/puiss. 3.7 kg/kW (2.7 kg/ch); consomm. (Red.) 9/15 L/100 km.

# Chevrolet

Chevrolet — USA

Chevrolet Motor Division, Engineering Center, 30003 Van Dyke, Warren, Michigan 48090-9060 USA

Glied der General Motors. Meistverbreitete Marke der GM.

Marque affiliée à la General Motors. La marque la plus répandue de GM.

Chevrolet Cavalier

Kompaktes Fahrzeug mit Frontantrieb und Quermotor. Debüt April 1981, Z24 1985. 1990 mit 2.2 oder 3.1-V6. Detroit, Januar 1991: Wieder als Cabriolet. Herbst 1994: Neuauflage, 2.3 Quad anstelle des 3.1 V6. 1996: 2.4 ersetzt 2.3.

Voiture compacte avec traction et moteur transv. Début avril 1981, Z24 1985. 1990 2.2 ou 3.1 V6. Detroit, janvier 1991: De nouveau comme cabriolet. Automne 1994: Nouvelle édition, 2. 3 Quad au lieu du 3.1 V6. 1996: 2.4 remplace 2.3.

Chevrolet Cavalier Convertible

2.2 – 122 PS Benzineinspritzung

Karosserie, Gewicht: (DIN), Limousine, 4 Türen, 5 Sitze; leer ab 1190 kg. *Coupé:* 2 Türen, 5 Sitze; leer 1170 kg. *Cabrio:* 2 Türen, 4 - 5 Sitze; leer 1315 kg.

Motor: (SAE), 4 Zyl. in Linie (89×88 mm), 2190 cm^3; Kompr. 9:1; 90 kW (122 PS) bei 5200/min, 41.1 kW/L (55.9 PS/L); 177 Nm (18 mkp) bei 4000/min; 91 ROZ.

Motorkonstruktion: Bezeichnung LN2; seitl. Nockenwelle (Kette); Leichtmetall-Zylinderkopf; 5fach gelagerte Kurbelwelle; Öl 3.8 L; elektron. Einspr., AC-Rochester. Batterie 54 Ah, Alternator 105 A; Wasserkühlung, Inh. 9.1 L.

Kraftübertragung: (auf Vorderräder). 5-Gang-Getriebe: I. 3.91; II. 2.18; III. 1.45; IV. 1.03; V. 0.74; R 3.58. Achse 3.58. 3-Stufen-Automat: GM THM; I. 2.84; II. 1.6; III. 1; R 2.07; Achse 3.18. 4-Stufen-Automat: GM THM; I. 2.96; II. 1.63; III. 1; IV. 0.68; R 2.12; Achse 3.63.

Fahrgestell: Selbsttragende Karosserie mit vorderem Hilfsrahmen; vorn Federbeine und Dreieckquerlenker, Kurvenstabilisator; hinten Verbundlenkerachse, Längslenker, a.W. Kurvenstabilisator; v/h Schraubenfedern, Teleskopdämpfer.

Fahrwerk: Bremse, vorne Scheiben (belüftet), hinten Trommeln, Scheiben-Ø v. 25.9 cm, ABS, Delphi; Feststellbremse auf Hinterräder; Zahnstangenlenkung mit Servo, Treibstofftank 58 L; Reifen 195/70 R 14, 195/65 R 14, 205/55 R 16; Felgen 6 J.

Dimensionen: Radstand 264 cm, Spur 146/144 cm, Bodenfreih. 15 cm, Wendekreis 11.3 m, Kofferraum 385 dm^3, Länge 459 cm, Breite 173 cm, Höhe 139 cm. *Coupé:* Kofferraum 380 dm^3, Breite 174 cm, Höhe 135 cm. *Cabrio:* Kofferraum 295 dm^3, Breite 174 cm, Höhe 137 cm.

Fahrleistungen: Vmax (Red.) 170 km/h, V bei 1000/min im 5. Gang 43.9 km/h; 0–100 km/h 10 s; Leistungsgew. 12.8 kg/kW (9.4 kg/PS); Verbrauch (Red.) 8/12 L/100 km.

2.2 – 122 ch Injection d'essence

Carrosserie, poids: (DIN), Berline, 4 portes, 5 places; vide dès 1190 kg. *Coupé:* 2 portes, 5 places; vide 1170 kg. *Cabrio:* 2 portes, 4 - 5 places; vide 1315 kg.

Moteur: (SAE), 4 cyl. en ligne (89×88 mm), 2190 cm^3; compr. 9:1; 90 kW (122 ch) à 5200/min, 41.1 kW/L (55.9 ch/L); 177 Nm (18 mkp) à 4000/min; 91 (R).

Moteur (constr.): désignation LN2; arbre à cames latéral (chaîne); culasse en alliage léger; vilebrequin à 5 paliers; huile 3.8 L; injection électronique, AC-Rochester. Batterie 54 Ah, alternateur 105 A; refroidissement à eau, capac. 9.1 L.

Transmission: (sur roues AV). Boîte à 5 vit.: I. 3.91; II. 2.18; III. 1.45; IV. 1.03; V. 0.74; AR 3.58; pont 3.58. Boîte autom. à 3 vit.: GM THM; I. 2.84; II. 1.6; III. 1; AR 2.07; pont 3.18. Boîte autom. à 4 vit.: GM THM; I. 2.96; II. 1.63; III. 1; IV. 0.68; AR 2.12; pont 3.63.

Châssis: carrosserie autoporteuse avec cadre auxiliaire AV; AV jambes élast. et leviers triang. transv., barre anti-dévers; AR essieu semi-rigide, bras longitud., s.d. barre anti-dévers; AV/AR ressorts hélicoïdaux, amortiss. télesc.

Train roulant: frein, AV à disques (ventilés), AR à tambours, Ø disques AV 25.9 cm, ABS, Delphi; frein de stationnement sur roues AR; servodirection à crémaillère, réservoir carb. 58 L; pneus 195/70 R 14, 195/65 R 14, 205/55 R 16; jantes 6 J.

Dimensions: empattement 264 cm, voie 146/144 cm, garde au sol 15 cm, diam. de braq. 11.3 m, coffre 385 dm^3, longueur 459 cm, largeur 173 cm, hauteur 139 cm. *Coupé:* coffre 380 dm^3, largeur 174 cm, hauteur 135 cm. *Cabrio:* coffre 295 dm^3, largeur 174 cm, hauteur 137 cm.

Performances: Vmax (réd.) 170 km/h, V à 1000/min en 5. vit. 43.9 km/h; 0–100 km/h 10 s; rapp. poids/puiss. 12.8 kg/kW (9.4 kg/ch); consomm. (réd.) 8/12 L/100 km.

2.4 16V – 152 PS Benzineinspritzung

Wie 2.2 – 122 PS, ausgenommen:

Karosserie, Gewicht: (DIN), Limousine: leer ab 1240 kg, Coupé: leer ab 1220 kg, Cabrio: leer ab 1365 kg.

Motor: (SAE), 4 Zyl. in Linie (90×94 mm), 2392 cm^3; Kompr. 9.5:1; 112 kW (152 PS) bei 5200/min, 46.8 kW/L (63.9 PS/L); 203 Nm (20.7 mkp) bei 4400/min; 91 ROZ.

Motorkonstruktion: Bezeichnung LD 9; 4 Ventile in V; 2 obenl. Nockenwellen (Kette); Leichtmetall-Zylinderkopf; 5fach gelagerte Kurbelwelle; Öl 3.8 L; elektron. Einspritzung, Delphi. Batterie 54 Ah, Alternator 105 A; Wasserkühlung, Inh. 9.2 L.

2.4 16V – 152 ch Injection d'essence

Comme 2.2 – 122 ch, sauf:

Carrosserie, poids: (DIN), Berline: vide dès 1240 kg, Coupé: vide dès 1220 kg, Cabrio: vide dès 1365 kg.

Moteur: (SAE), 4 cyl. en ligne (90×94 mm), 2392 cm^3; compr. 9.5:1; 112 kW (152 ch) à 5200/min, 46.8 kW/L (63.9 ch/L); 203 Nm (20.7 mkp) à 4400/min; 91 (R).

Moteur (constr.): désignation LD 9; 4 soupapes en V; 2 arbres à cames en tête (chaîne); culasse en alliage léger; vilebrequin à 5 paliers; huile 3.8 L; injection électronique, Delphi. Batterie 54 Ah, alternateur 105 A; refroidissement à eau, capac. 9.2 L.

Chevrolet Cavalier Z24 Coupé

Kraftübertragung: (auf Vorderräder). 5-Gang-Getriebe: I. 3.73; II. 2.18; III. 1.33; IV. 0.92; V. 0.74; R 3.58. Achse 3.94. 4-Stufen-Automat: GM THM; I. 2.96; II. 1.63; III. 1; IV. 0.68; R 2.12; Achse 3.91.

Fahrleistungen: Vmax (Red.) 190 km/h, V bei 1000/min im 5. Gang 39.3 km/h; 0–100 km/h 8 s; Leistungsgew. 11.1 kg/kW (8.2 kg/PS); Verbrauch (Red.) 8/12 L/100 km.

Transmission: (sur roues AV). Boîte à 5 vit.: I. 3.73; II. 2.18; III. 1.33; IV. 0.92; V. 0.74; AR 3.58; pont 3.94. Boîte autom. à 4 vit.: GM THM; I. 2.96; II. 1.63; III. 1; IV. 0.68; AR 2.12; Achse 3.91.

Performances: Vmax (réd.) 190 km/h, V à 1000/min en 5. vit. 39.3 km/h; 0–100 km/h 8 s; rapp. poids/puiss. 11.1 kg/kW (8.2 kg/ch); consomm. (réd.) 8/12 L/100 km.

Chevrolet Malibu

Neues Modell. Limousine mit Frontantrieb, Quermotor (2.4 oder 3.1-V6) und Getriebeautomat. Debüt Detroit, Januar 1996.

Nouveau modèle. Berline avec traction, moteur transv. (2.4 ou 3.1 V6) et boîte automatique. Lancement Detroit, janvier 1996.

2.4 16V – 152 PS Benzineinspritzung

Karosserie, Gewicht: (DIN), Limousine, 4 Türen, 5 Sitze; leer ab ca. 1385 kg.

Motor: (SAE), 4 Zyl. in Linie (90×94 mm), 2392 cm^3; Kompr. 9.5:1; 112 kW (152 PS) bei 5600/min, 46.8 kW/L (63.9 PS/L); 210 Nm (21.4 mkp) bei 4400/min; 91 ROZ.

2.4 16V – 152 ch Injection d'essence

Carrosserie, poids: (DIN), Berline, 4 portes, 5 places; vide dès env. 1385 kg.

Moteur: (SAE), 4 cyl. en ligne (90×94 mm), 2392 cm^3; compr. 9.5:1; 112 kW (152 ch) à 5600/min, 46.8 kW/L (63.9 ch/L); 210 Nm (21.4 mkp) à 4400/min; 91 (R).

Chevrolet Cavalier Sedan

Chevrolet

Chevrolet Malibu

Motorkonstruktion: Bezeichnung LD 9; 4 Ventile in V; 2 obenl. Nockenwellen (Kette); Leichtmetall-Zylinderkopf; 5fach gelagerte Kurbelwelle; Öl 3.8 L; elektron. Einspritzung, Delphi.
Batterie 54 Ah, Alternator 103 A; Wasserkühlung, Inh. 10 L.

Kraftübertragung: (auf Vorderräder).
4-Stufen-Automat: GM THM; I. 2.96; II. 1.63; III. 1; IV. 0.68; R 2.12; Achse 3.42.

Fahrgestell: Selbsttragende Karosserie mit vorderem Hilfsrahmen; vorn Federbeine und Dreieckquerlenker, Kurvenstabilisator; hinten Federbeine, Längs- und Querlenker, Spurstangen, Kurvenstabilisator; v/h Schraubenfedern, Teleskopdämpfer.

Fahrwerk: Bremse, vorne Scheiben (belüftet), hinten Trommeln, Scheiben-$\varnothing$ v. 27.4 cm, ABS, Delphi; Feststellbremse auf Hinterräder; Zahnstangenlenkung mit Servo, Treibstofftank 57.5 L; Reifen 215/60 R 15, Felgen 6 J.

Dimensionen: Radstand 272 cm, Spur 150/151 cm, Bodenfreih. 15 cm, Wendekreis 11 m, Kofferraum 465 dm³, Länge 484 cm, Breite 176 cm, Höhe 143 cm.

Fahrleistungen: Vmax (Red.) 180 km/h, V bei 1000/min im 4. Gang 48.4 km/h; 0–100 km/h 9.5 s; Leistungsgew. 12.4 kg/kW (9.1 kg/PS); Verbrauch (Red.) 8/12 L/100 km.

Moteur (constr.): désignation LD 9; 4 soupapes en V; 2 arbres à cames en tête (chaîne); culasse en alliage léger; vilebrequin à 5 paliers; huile 3.8 L; injection électronique, Delphi.
Batterie 54 Ah, alternateur 103 A; refroidissement à eau, capac. 10 L.

Transmission: (sur roues AV).
Boîte autom. à 4 vit.: GM THM; I. 2.96; II. 1.63; III. 1; IV. 0.68; AR 2.12; pont 3.42.

Châssis: carrosserie autoporteuse avec cadre auxiliaire AV; AV jambes élast. et leviers triang. transv., barre anti-dévers; AR jambes élast., bras longitud. et transv., bielletes supplem., barre anti-dévers; AV/AR ressorts hélicoïdaux, amortiss. télesc.

Train roulant: frein, AV à disques (ventilés), AR à tambours, $\varnothing$ disques AV 27.4 cm, ABS, Delphi; frein de stationnement sur roues AR; servodirection à crémaillère, réservoir carb. 57.5 L; pneus 215/60 R 15, jantes 6 J.

Dimensions: empattement 272 cm, voie 150/151 cm, garde au sol 15 cm, diam. de braq. 11 m, coffre 465 dm³, longueur 484 cm, largeur 176 cm, hauteur 143 cm.

Performances: Vmax (réd.) 180 km/h, V à 1000/min en 4. vit. 48.4 km/h; 0–100 km/h 9.5 s; rapp. poids/puiss. 12.4 kg/kW (9.1 kg/ch); consomm. (réd.) 8/12 L/100 km.

3.1 V6 – 158 PS Benzineinspritzung

Wie 2.4 – 152 PS, ausgenommen:

Karosserie, Gewicht: (DIN), Limousine, 4 Türen, 5 Sitze; leer ab ca. 1395 kg.

Motor: (SAE), 6 Zyl. in V 60° (89×84 mm), 3135 cm³; Kompr. 9.6:1; 116 kW (158 PS) bei 5200/min, 37 kW/L (50.3 PS/L); 250 Nm (25.5 mkp) bei 4000/min; 91 ROZ.

Motorkonstruktion: Bezeichnung L 82; zentrale Nockenwelle (Kette); Leichtmetall-Zylinderköpfe; 4fach gelagerte Kurbelwelle; Öl 3.8 L; elektron. Einspritzung, Delphi.
Batterie 54 Ah, Alternator 103 A; Wasserkühlung, Inh. 12.5 L.

Kraftübertragung: (auf Vorderräder).
4-Stufen-Automat: GM THM; I. 2.96; II. 1.63; III. 1; IV. 0.68; R 2.12; Achse 3.05.

3.1 V6 – 158 ch Injection d'essence

Comme 2.4 – 152 ch, sauf:

Carrosserie, poids: (DIN), Berline, 4 portes, 5 places; vide dès env. 1395 kg.

Moteur: (SAE), 6 cyl. en V 60° (89×84 mm), 3135 cm³; compr. 9.6:1; 116 kW (158 ch) à 5200/min, 37 kW/L (50.3 ch/L); 250 Nm (25.5 mkp) à 4000/min; 91 (R).

Moteur (constr.): désignation L 82; arbre à cames central (chaîne); culasses en alliage léger; vilebrequin à 4 paliers; huile 3.8 L; injection électronique, Delphi.
Batterie 54 Ah, alternateur 103 A; refroidissement à eau, capac. 12.5 L.

Transmission: (sur roues AV).
Boîte autom. à 4 vit.: GM THM; I. 2.96; II. 1.63; III. 1; IV. 0.68; AR 2.12; pont 3.05.

Chevrolet Malibu

Fahrleistungen: Vmax (Red.) 180 km/h, V bei 1000/min im 4. Gang 54.2 km/h; 0–100 km/h 9 s; Leistungsgew. 12 kg/kW (8.8 kg/PS); Verbrauch (Red.) 9/15 L/100 km.

Performances: Vmax (réd.) 180 km/h, V à 1000/min en 4. vit. 54.2 km/h; 0–100 km/h 9 s; rapp. poids/puiss. 12 kg/kW (8.8 kg/ch); consomm. (réd.) 9/15 L/100 km.

Chevrolet Lumina – Monte Carlo

Limousine und Coupé mit Frontantrieb, Quermotor und Automat, rundum Einzelradaufhängung. Debüt Januar 1989. Herbst 1991: 3.4-V6/24V für Coupé Z34, 1992 auch für Euro-Sedan. 1994 nur noch V6. Detroit, Januar 1994: Neuauflage, Coupé heisst nun Monte Carlo.

Berline et coupé avec traction, moteur transv. et boîte autom., susp. indépendants. Lancement janvier 1989. Automne 1991: 3.4-V6/24V pour Z34, 1992 aussi pour Euro-Sedan. 1994 uniquement avec V6. Detroit, janvier 1994: Nouvelle édition, coupé s'appelle Monte Carlo.

3.1 V6 – 162 PS Benzineinspritzung

Karosserie, Gewicht: (DIN), Limousine, 4 Türen, 5 - 6 Sitze; leer ca. 1525 kg.
Coupé: 2 Türen, 5 Sitze; leer ca. 1505 kg.

Motor: (SAE), 6 Zyl. in V 60° (89×84 mm), 3135 cm³; Kompr. 9.6:1; 119 kW (162 PS) bei 5200/min, 38 kW/L (51.6 PS/L); 251 Nm (25.6 mkp) bei 4000/min; 91 ROZ.

Motorkonstruktion: Bezeichnung L 82; zentrale Nockenwelle (Kette); Leichtmetall-Zylinderköpfe; 4fach gelagerte Kurbelwelle; Öl 3.8 L; elektron. Einspritzung, Delphi.
Batterie 54 Ah, Alternator 100 A; Wasserkühlung, Inh. 11.6 L.

3.1 V6 – 162 ch Injection d'essence

Carrosserie, poids: (DIN), Berline, 4 portes, 5 - 6 places; vide env. 1525 kg.
Coupé: 2 portes, 5 places; vide 1505 kg.

Moteur: (SAE), 6 cyl. en V 60° (89×84 mm), 3135 cm³; compr. 9.6:1; 119 kW (162 ch) à 5200/min, 38 kW/L (51.6 ch/L); 251 Nm (25.6 mkp) à 4000/min; 91 (R).

Moteur (constr.): désignation L 82; arbre à cames central (chaîne); culasses en alliage léger; vilebrequin à 4 paliers; huile 3.8 L; injection électronique, Delphi.
Batterie 54 Ah, alternateur 100 A; refroidissement à eau, capac. 11.6 L.

Chevrolet Lumina

Kraftübertragung: (auf Vorderräder).
4-Stufen-Automat: GM THM; I. 2.92; II. 1.57; III. 1; IV. 0.71; R 2.39; Achse 3.33.

Fahrgestell: Selbsttragende Karosserie mit vorderem Hilfsrahmen; vorn Federbeine und Dreieckquerlenker; hinten Längs- und Querlenker; v/h Kurvenstabilisator, Schraubenfedern, Teleskopdämpfer.

Fahrwerk: Vierrad-Scheibenbremse (vorn belüftet), einige Modelle hinten Trommeln, Scheiben-$\varnothing$ v. 27 cm, h. 27.7 cm, ABS, Delphi; Fussfeststellbremse auf Hinterräder; Zahnstangenlenkung mit Servo, Treibstofftank 61 L; Reifen 205/70 R 15, 215/65 HR 15, 225/60 R 16; Felgen 6 J, 6.5 J.

Dimensionen: Radstand 273 cm, Spur 151/150 cm, Bodenfreih. 16 cm, Wendekreis 13 m, Kofferraum 445 dm³, Länge 510 cm, Breite 184 cm, Höhe 140 cm.
Coupé: Höhe 137 cm.

Fahrleistungen: Vmax (Red.) 180 km/h, V bei 1000/min im 4. Gang 51.6 km/h; 0–100 km/h 10 s; Leistungsgew. 12.8 kg/kW (9.4 kg/PS); Verbrauch (Red.) 9/15 L/100 km.

3.4 V6 24V – 218 PS Benzineinspritzung

Wie 3.1 – 162 PS, ausgenommen:

Karosserie, Gewicht: (DIN), Limousine, 4 Türen, 5 - 6 Sitze; leer ca. 1555 kg; Coupé: leer ca. 1530 kg.

Motor: (SAE), 6 Zyl. in V 60° (92×84 mm), 3350 cm³; Kompr. 9.7:1; 160 kW (218 PS) bei 5200/min, 47.8 kW/L (64.9 PS/L); 298 Nm (30.4 mkp) bei 4000/min; 91 ROZ.

Transmission: (sur roues AV).
Boîte autom. à 4 vit.: GM THM; I. 2.92; II. 1.57; III. 1; IV. 0.71; AR 2.39; pont 3.33.

Châssis: carrosserie autoporteuse avec cadre auxiliaire AV; AV jambes élast. et leviers triang. transv.; AR bras longitud. et transv.; AV/AR barre anti-dévers, ressorts hélic, amortiss. télesc.

Train roulant: quatre freins à disques (AV ventilés), quelques modèles AR à tambours, $\varnothing$ disques AV 27 cm, AR 27.7 cm, ABS, Delphi; frein de station. à pied sur roues AR; servodirection à crémaillère, réservoir carb. 61 L; pneus 205/70 R 15, 215/65 HR 15, 225/60 R 16; jantes 6 J, 6.5 J.

Dimensions: empattement 273 cm, voie 151/150 cm, garde au sol 16 cm, diam. de braq. 13 m, coffre 445 dm³, longueur 510 cm, largeur 184 cm, hauteur 140 cm.
Coupé: Hauteur 137 cm.

Performances: Vmax (réd.) 180 km/h, V à 1000/min en 4. vit. 51.6 km/h; 0–100 km/h 10 s; rapp. poids/puiss. 12.8 kg/kW (9.4 kg/ch); consomm. (réd.) 9/15 L/100 km.

3.4 V6 24V – 218 ch Injection d'essence

Comme 3.1 – 162 ch, sauf:

Carrosserie, poids: (DIN), Berline, 4 portes, 5 - 6 places; vide env. 1555 kg; Coupé: vide env. 1530 kg.

Moteur: (SAE), 6 cyl. en V 60° (92×84 mm), 3350 cm³; compr. 9.7:1; 160 kW (218 ch) à 5200/min, 47.8 kW/L (64.9 ch/L); 298 Nm (30.4 mkp) à 4000/min; 91 (R).

Chevrolet 201

Chevrolet Monte Carlo

Motorkonstruktion: Bezeichnung LQ1; 4 Ventile in V; 2×2 obenl. Nockenwellen (Zahnriemen/Kette); Leichtmetall-Zylinderköpfe; 4fach gelagerte Kurbelwelle; Öl 4.7 L; elektron. Einspr., AC-Rochester.

Batterie 54 Ah, Alternator 105 A; Wasserkühlung, Inh. 11 L.

Kraftübertragung: (auf Vorderräder).

4-Stufen-Automat: GM THM; I. 2.92; II. 1.57; III. 1; IV. 0.71; R 2.39; Achse 3.42; 3.33.

Fahrwerk: Treibstofftank 65 L; 215/60 R 15, 225/60 R 16; 6.5 J.

Fahrleistungen: Vmax (Red.) 200 km/h, V bei 1000/min im 4. Gang 50.1 km/h; 0–100 km/h 8.5 s; Leistungsgew. 9.7 kg/kW (7.1 kg/PS); Verbrauch (Red.) 9/15 L/100 km.

Moteur (constr.): désignation LQ1; 4 soupapes en V; 2×2 arbres à cames en tête (courroie crantée/chaine); culasses en alliage léger; vilebrequin à 4 paliers; huile 4.7 L; injection électronique, AC-Rochester.

Batterie 54 Ah, alternateur 105 A; refroidissement à eau, capac. 11 L.

Transmission: (sur roues AV).

Boîte autom. à 4 vit.: GM THM; I. 2.92; II. 1.57; III. 1; IV. 0.71; AR 2.39; pont 3.42; 3.33.

Train roulant: réservoir carb. 65 L; 215/60 R 15, 225/60 R 16; 6.5 J.

Performances: Vmax (réd.) 200 km/h, V à 1000/min en 4. vit. 50.1 km/h; 0–100 km/h 8.5 s; rapp. poids/puiss. 9.7 kg/kW (7.1 kg/ch); consomm. (réd.) 9/15 L/100 km.

Chevrolet Camaro

Bekannter Viersitzer mit sportlicher Note und Heckklappe. 3.4-V6 oder 5.7-V8, manuelle und automatische Getriebe. Debüt Dezember 1992, Cabriolet Herbst 1993. Für 1995 zusätzlicher 3.8 V6. 3.4 1996 nicht mehr lieferbar.

Voit. connue à 4 places aux lignes sportives et hayon AR. 3.4 V6 ou 5.7 V8, boîtes man. et automat. Lancements décembre 1992, cabriolet automne 1993. Pour 1995 3.8 V6 supplémentaire. 3.4 1996 plus livrable.

3.8 V6 – 203 PS Benzineinspritzung

Karosserie, Gewicht: (DIN), Coupé, 3 Türen, 4 Sitze; leer ab 1495 kg.
Cabriolet, 2 Türen, 4 Sitze; leer ab 1565 kg.

Motor: (SAE), 6 Zyl. in V 90° (96.52×86.36 mm), 3791 cm³; Kompression 9.4:1; 149 kW (203 PS) bei 5200/min, 39.3 kW/L (53.4 PS/L); 305 Nm (31.1 mkp) bei 4000/min; 91 ROZ.

Motorkonstruktion: Bezeichnung L 36; zentrale Nockenwelle (Kette); 4fach gelagerte Kurbelwelle; Öl 3.8 L; elektron. Einspritzung, Delphi.

Batterie 54 Ah, Alternator 105 A; Wasserkühlung, Inh. 12.7 L.

3.8 V6 – 203 ch Injection d'essence

Carrosserie, poids: (DIN), Coupé, 3 portes, 4 places; vide dès 1495 kg.
Cabriolet, 2 portes, 4 pl.; vide dès 1565 kg.

Moteur: (SAE), 6 cyl. en V 90° (96.52×86.36 mm), 3791 cm³; compr. 9.4:1; 149 kW (203 ch) à 5200/min, 39.3 kW/L (53.4 ch/L); 305 Nm (31.1 mkp) à 4000/min; 91 (R).

Moteur (constr.): désignation L 36; arbre à cames central (chaîne); vilebrequin à 4 paliers; huile 3.8 L; injection électronique, Delphi.

Batterie 54 Ah, alternateur 105 A; refroidissement à eau, capac. 12.7 L.

Kraftübertragung: (auf Hinterräder), Differentialbremse.

5-Gang-Getriebe: I. 3.75; II. 2.19; III. 1.41; IV. 1; V. 0.72; R 3.53; Achse 3.23.
4-Stufen-Automat: GM Hydra-Matic; I. 3.06; II. 1.63; III. 1; IV. 0.7; R 2.29; Achse 3.08; 3.42.

Fahrgestell: Selbsttragende Karosserie; vorn Einzelradaufhängung, doppelte Dreieckquerlenker, hinten Starrachse, Längslenker, Reaktionsstreben, Panhardstab; v/h Kurvenstabilisator, Schraubenfedern, Teleskopdämpfer.

Fahrwerk: Bremse, vorne Scheiben (belüftet), hinten Trommeln, Scheiben-∅ v. 27.1 cm, ABS, Delphi; Handbremse auf Hinterräder; Zahnstangenlenkung mit Servo, Treibstofftank 59 L; Reifen 215/60 R 16, 235/55 R 16, Felgen 7.5 J, 8 J.

Dimensionen: Radstand 257 cm, Spur 154/154 cm, Bodenfreih. 12 cm, Wendekreis 12.5 m, Kofferraum 365/930 dm³, Länge 491 cm, Breite 188 cm, Höhe 130 cm.
Cabrio: Kofferraum 215 dm³, Höhe 132 cm.

Fahrleistungen: Vmax (Red.) 200 km/h, V bei 1000/min im 5. Gang 52.1 km/h; 0–100 km/h 8.5 s; Leistungsgew. 10 kg/kW (7.4 kg/PS); Verbrauch (Red.) 10/18 L/100 km.

5.7 V8 – 290 PS Benzineinspritzung

Wie 3.8 – 203 PS, ausgenommen:

Karosserie, Gewicht: (DIN), Coupé, 3 Türen, 4 Sitze; leer ab 1555 kg; Cabrio: leer ab 1630 kg.

Motor: (SAE), 8 Zyl. in V 90° (101.6×88.4 mm), 5733 cm³; Kompr. 10.4:1; 213 kW (290 PS) bei 5200/min, 37.2 kW/L (50.5 PS/L); 441 Nm (45 mkp) bei 2400/min; 91 ROZ.
SS-Option: 228 kW (310 PS) oder 232 kW (315 PS) bei 5500/min.

Motorkonstruktion: Bezeichnung LT1; zentrale Nockenwelle (Kette); Leichtmetall-Zylinderköpfe; 5fach gelagerte Kurbelwelle; Öl 4.7 L; elektron. Einspritzung, Delphi.

Batterie 54 Ah, Alternator 140 A; Wasserkühlung, Inh. 14.3 L.

Kraftübertragung: (auf Hinterräder), Differentialbremse.

6-Gang-Getriebe: I. 2.66; II. 1.78; III. 1.3; IV. 1; V. 0.74; VI. 0.5; R 2.9; Achse 3.42.
4-Stufen-Automat: GM Hydra-Matic; I. 3.06; II. 1.63; III. 1; IV. 0.7; R 2.29; Achse 2.73/3.23.

Fahrwerk: Vierrad-Scheibenbremse (v/h belüftet), h. 28.9 cm, Reifen 235/55 R 16, 245/50 ZR 16, Felgen 8 J.

Fahrleistungen: Vmax (Red.) 250 km/h, V bei 1000/min im 6. Gang 71.3 km/h; 0–100 km/h 6 s; Leistungsgew. 7.3 kg/kW (5.4 kg/PS); Verbrauch (Red.) 10/20 L/100 km.

Transmission: (sur roues AR), différentiel autobloquant.

Boîte à 5 vit.: I. 3.75; II. 2.19; III. 1.41; IV. 1; V. 0.72; AR 3.53; pont 3.23.
Boîte autom. à 4 vit.: GM Hydra-Matic; I. 3.06; II. 1.63; III. 1; IV. 0.7; AR 2.29; pont 3.08; 3.42.

Châssis: carrosserie autoporteuse; AV suspension à roues indép., leviers triang. transv. doubles, AR essieu rigide, bras longitud., barres de réaction, barre Panhard; AV/AR barre anti-dévers, ressorts hélic, amortis. télesc.

Train roulant: frein, AV à disques (ventilés), AR à tambours, ∅ disques AV 27.1 cm, ABS, Delphi; frein à main sur roues AR; servodirection à crémaillère, réservoir carb. 59 L; pneus 215/60 R 16, 235/55 R 16, jantes 7.5 J, 8 J.

Dimensions: empattement 257 cm, voie 154/154 cm, garde au sol 12 cm, diam. de braq. 12.5 m, coffre 365/930 dm³, longueur 491 cm, largeur 188 cm, hauteur 130 cm.
Cabrio: coffre 215 dm³, hauteur 132 cm.

Performances: Vmax (réd.) 200 km/h, V à 1000/min en 5. vit. 52.1 km/h; 0–100 km/h 8.5 s; rapp. poids/puiss. 10 kg/kW (7.4 kg/ch); consomm. (réd.) 10/18 L/100 km.

5.7 V8 – 290 ch Injection d'essence

Comme 3.8 – 203 ch, sauf:

Carrosserie, poids: (DIN), Coupé, 3 portes, 4 places; vide dès 1555 kg; Cabrio: vide dès 1630 kg.

Chevrolet Camaro Convertible

Moteur: (SAE), 8 cyl. en V 90° (101.6×88.4 mm), 5733 cm³; compr. 10.4:1; 213 kW (290 ch) à 5200/min, 37.2 kW/L (50.5 ch/L); 441 Nm (45 mkp) à 2400/min; 91 (R).
SS-Option: 228 kW (310 ch) ou 232 kW (315 ch) à 5500/min.

Moteur (constr.): désignation LT1; arbre à cames central (chaîne); culasses en alliage léger; vilebrequin à 5 paliers; huile 4.7 L; injection électronique, Delphi.

Batterie 54 Ah, alternateur 140 A; refroidissement à eau, capac. 14.3 L.

Transmission: (sur roues AR), différentiel autobloquant.

Boîte à 6 vit.: I. 2.66; II. 1.78; III. 1.3; IV. 1; V. 0.74; VI. 0.5; AR 2.9; pont 3.42.
Boîte autom. à 4 vit.: GM Hydra-Matic; I. 3.06; II. 1.63; III. 1; IV. 0.7; AR 2.29; pont 2.73/3.23.

Train roulant: quatre freins à disques (AV/AR ventilés), AR 28.9 cm, pneus 235/55 R 16, 245/50 ZR 16, jantes 8 J.

Performances: Vmax (réd.) 250 km/h, V à 1000/min en 6. vit. 71.3 km/h; 0–100 km/h 6 s; rapp. poids/puiss. 7.3 kW/kg (5.4 kg/ch); consomm. (réd.) 10/20 L/100 km.

Chevrolet Camaro

Chevrolet

Chevrolet Caprice – Impala SS

Grosser Chevrolet mit aerodynamisch geformter Karosserie. Konzeption mit V8-Motor vorn und Antrieb hinten unverändert, neu mit ABS. Debüt Januar 1990 (Detroit/Los Angeles). 1991 wieder als Station Wagon. Detroit Januar 1991: LTZ neu. 1992: 5.7 für Wagon. Detroit 1993: Impala SS als Prototyp. Für 1994: Neu mit 4.3 (203 PS) und 5.7 V8 (264 PS). Produktion Ende 1996 eingestellt. Daten vgl. Katalog 1996.

La grande Chevrolet avec carrosserie aérodynamique. Conception avec moteur (V8) avant et propulsion inchangée, de série avec ABS. Lancement janvier 1990 (Detroit/Los Angeles). 1991 de nouveau comme wagon. Detroit janvier 1991: LTZ. 1992: 5.7 pour wagon. Detroit 1993: Prototype Impala SS. Pour 1994: 4.3 (203 ch) et 5.7 V8 (264 ch). Fin 1996: Production arrêtée. Données voir catalogue 1996.

Chevrolet Impala SS

Chevrolet Corvette

Bekannter Sportwagen mit Kunststoffkarosserie. Debüt Januar 1953, Motorama im Waldorf Astoria, New York. Januar 1997, Auto Show Detroit: Neuauflage (5. Generation) mit modernisiertem Smallblock-V8, neuem Chassis (Transaxle, Getriebe mit Differential verblockt).

Voiture de sport bien connue avec carrosserie en matière synth. Lancement janvier1953, Waldorf Astoria, New York. Janvier 1997, Auto Show Detroit: Nouvelle génération (5ème) avec smallblock-V8 amélioré, nouveau chassis (transaxle, boîte couplée au différentiel).

5.7 V8 – 345 PS Benzineinspritzung
5.7 V8 – 345 ch Injection d'essence

Karosserie, Gewicht: (DIN), Coupé, 3 Türen, 2 Sitze; leer ab 1460 kg.

Carrosserie, poids: (DIN), Coupé, 3 portes, 2 places; vide dès 1460 kg.

Motor: (SAE), 8 Zyl. in V 90° (99×92 mm), 5665 cm³; Kompr. 10.1:1; 254 kW (345 PS) bei 5600/min, 44.8 kW/L (61 PS/L); 475 Nm (48.4 mkp) bei 4400/min; 95 ROZ.
ECE: 253 kW (344 PS) bei 5400/min; 483 Nm (49.2 mkp) bei 4200/min.

Moteur: (SAE), 8 cyl. en V 90° (99×92 mm), 5665 cm³; compr. 10.1:1; 254 kW (345 ch) à 5600/min, 44.8 kW/L (61 ch/L); 475 Nm (48.4 mkp) à 4400/min; 95 (R).
ECE: 253 kW (344 ch) à 5400/min; 483 Nm (49.2 mkp) à 4200/min.

Motorkonstruktion: Bez. LS1; zentrale Nockenwelle (Kette); Leichtmetall-Zylinderköpfe und -block; 5fach gelagerte Kurbelwelle; Öl 6.1 L; elektron. Einspr., Bosch.
Batterie 54 Ah, Alternator 110/140 A; Wasserkühlung, Inh. 10.8 L.

Moteur (constr.): désignation LS1; arbre à cames central (chaîne); culasses et bloc-cyl. en alliage léger; vilebrequin à 5 paliers; huile 6.1 L; injection électronique, Bosch.
Batterie 54 Ah, alternateur 110/140 A; refroidissement à eau, capac. 10.8 L.

Kraftübertragung: (auf Hinterräder), Transaxle, Getriebe mit Diff. verblockt, Differentialbremse; Antriebsschlupfregelung.
6-Gang-Getriebe: Borg-Warner T56; I. 2.66; II. 1.78; III. 1.3; IV. 1; V. 0.74; VI. 0.5; R 2.9; Achse 3.42.
4-Stufen-Automat: GM Hydra-Matic; I. 3.06; II. 1.63; III. 1; IV. 0.7; R 2.29; Achse 2.73; 3.15.

Transmission: (sur roues AR), transaxle, avec boîte couplée au diff., différentiel autobloquant; dispositif antipatinage.
Boîte à 6 vit.: Borg-Warner T56; I. 2.66; II. 1.78; III. 1.3; IV. 1; V. 0.74; VI. 0.5; AR 2.9; pont 3.42.
Boîte autom. à 4 vit.: GM Hydra-Matic; I. 3.06; II. 1.63; III. 1; IV. 0.7; AR 2.29; pont 2.73; 3.15.

Chevrolet Corvette

Fahrgestell: Selbsttragende Chassis-Struktur aus Stahl mit Kunststoff-Karosserie v/h Einzelradaufhängung, doppelte Dreieckquerlenker, Querblattfeder; Kurvenstabilisatoren, a.W. elektron. Dämpferregelung.

Châssis: Structure acier autoporteuse avec carr. en matière synthétique AV/AR susp. à roues indép., leviers transv. triang. double, lame transversal; barres anti-dévers, s.d. réglage électron. de l'amortissem.

Fahrwerk: Vierrad-Scheibenbremse (v/h belüftet), Scheiben-∅ v. 32.5 cm, h. 30.5 cm, ABS, Handbremse auf Hinterräder; Zahnstangenlenkung mit Servo, Treibstofftank 72 L; Reifen v. 245/45 ZR 17, h. 275/40 ZR 18, Felgen v. 8.5, h. 9.5 J.

Train roulant: quatre freins à disques (AV/AR ventilés), ∅ disques AV 32.5 cm, AR 30.5 cm, ABS, frein à main sur roues AR; servodirection à crémaillère, réservoir carb. 72 L; pneus AV 245/45 ZR 17, AR 275/40 ZR 18, jantes AV 8.5, AR 9.5 J.

Dimensionen: Radstand 265.5 cm, Spur 157.5/157.5 cm, Bodenfreih. 9 cm, Wendekreis 12.3 m, Kofferraum 355 dm³, Länge 456.5 cm, Breite 187 cm, Höhe 121 cm.

Dimensions: empattement 265.5 cm, voie 157.5/157.5 cm, garde au sol 9 cm, diam. de braq. 12.3 m, coffre 355 dm³, longueur 456.5 cm, largeur 187 cm, hauteur 121 cm.

Fahrleistungen: Vmax (Werk) 277 km/h, V bei 1000/min im 6. Gang 72.5 km/h; 0–97 km/h 4.7 s; Leistungsgew. 5.7 kg/kW (4.2 kg/PS); Verbrauch EPA 8.4/13.1 L/100 km.
Aut.: 0–97 km/h 5 s; Verbrauch EPA 9.4/13.8 L/100 km.

Performances: Vmax (usine) 277 km/h, V à 1000/min en 6. vit. 72.5 km/h; 0–97 km/h 4.7 s; rapp. poids/puiss. 5.7 kg/kW (4.2 kg/ch); consomm. EPA 8.4/13.1 L/100 km.
Aut.: 0–97 km/h 5 s; consomm. EPA 9.4/13.8 L/100 km.

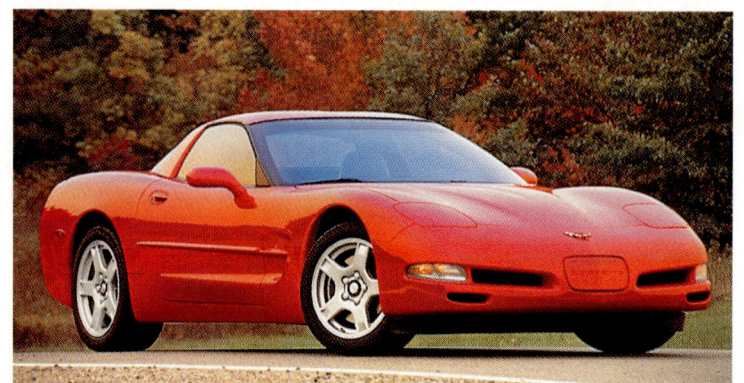

Chevrolet Venture/Trans Sport

Neues Modell. Vier- oder fünftüriger Minivan mit quer eingebautem 3.4-V6, Frontantrieb und Automat, kurzer und langer Radstand. Debüt August 1996. EU-Export als Chevrolet Trans Sport mit langem Radstand.

Nouveau modèle. Minvan à 4 ou 5 portes et moteur transversal 3.4 V6, traction AV, boîte automatique, empattement court ou long. Lancement août 1996. Export. (EU) comme Chevrolet Trans Sport (empattement longue).

3.4 V6 – 182 PS Benzineinspritzung
3.4 V6 – 182 ch Injection d'essence

Karosserie, Gewicht: (DIN), Minivan, 4/5 Türen; 7 Sitze; leer ab 1680 kg.
Extended: 4/5 Türen; 7 Sitze; leer ab 1740 kg.

Carrosserie, poids: (DIN), Minivan, 4/5 portes; 7 places; vide dès 1680 kg.
Extended: 4/5 portes; 7 places; vide dès 1740 kg.

Motor: (SAE), 6 Zyl. in V 60° (92×84 mm), 3350 cm³; Kompr. 9.5:1; 134 kW (182 PS) bei 5200/min, 40 kW/L (54.4 PS/L); 279 Nm (28.4 mkp) bei 4000/min; 91 ROZ.
ECE: 137 kW (186 PS).

Moteur: (SAE), 6 cyl. en V 60° (92×84 mm), 3350 cm³; compr. 9.5:1; 134 kW (182 ch) à 5200/min, 40 kW/L (54.4 ch/L); 279 Nm (28.4 mkp) à 4000/min; 91 (R).
ECE: 137 kW (186 ch).

Motorkonstruktion: zentrale Nockenwelle (Kette); Leichtmetall-Zylinderkopf; 4fach gelagerte Kurbelwelle; Öl 3.8 L; elektron. Einspritzung, Delphi.
Batterie 69 Ah, Alternator 105/140 A; Wasserkühlung, Inh. 11.2 L.

Moteur (constr.): arbre à cames central (chaîne); culasse en alliage léger; vilebrequin à 4 paliers; huile 3.8 L; injection électronique, Delphi.
Batterie 69 Ah, alternateur 105/140 A; refroidissement à eau, capac. 11.2 L.

Kraftübertragung: (auf Vorderräder).
4-Stufen-Automat: GM THM; I. 2.92; II. 1.57; III. 1; IV. 0.71; R 2.39; Achse 3.29.

Transmission: (sur roues AV).
Boîte autom. à 4 vit.: GM THM; I. 2.92; II. 1.57; III. 1; IV. 0.71; AR 2.39; pont 3.29.

Fahrgestell: Selbsttragende Karosserie mit vorderem Hilfsrahmen; vorn Federbeine und Dreieckquerlenker; hinten Torsionskurbelachse, Längslenker; v/h Kurvenstabilisator, Schraubenfedern, Teleskopdämpfer.

Châssis: carrosserie autoporteuse avec cadre auxiliaire AV; AV jambes élast. et leviers triang. transv.; AR essieu à manivelles à torsion, bras longitud.; AV/AR barre anti-dévers, ressorts hélic, amortiss. télesc.

Fahrwerk: Bremse, vorne Scheiben (belüftet), hinten Trommeln, a.W. Scheiben hinten, Scheiben-∅ v. 27.8 cm, ABS, Delphi; Fussfeststellbremse auf Hinterräder; Zahnstangenlenkung mit Servo, Treibstofftank 76/95 L; Reifen 205/70 R 15, 205/65 R 15, 215/70 R 15, Felgen 6 J.

Train roulant: frein, AV à disques (ventilés), AR à tambours, s.d. disques AR, ∅ disques AV 27.8 cm, ABS, Delphi; frein de station. à pied sur roues AR; servodirection à crémaillère, réservoir carb. 76/95 L; pneus 205/70 R 15, 205/65 R 15, 215/70 R 15, jantes 6 J.

Chevrolet

Chevrolet Trans Sport

Dimensionen: Radstand 284.5 cm, Spur 156/161 cm, Bodenfreih. 14 cm, Wendekreis 12.3 m, Kofferraum 610/3580 dm³, Länge 476 cm, Breite 185 cm, Höhe 171 cm.
Extended: Radstand 304.5 cm, Bodenfreih. 15 cm, Wendekreis 12.9 m, Kofferraum 685/4415 dm³, Länge 512 cm, Höhe 173 cm.

Fahrleistungen: Vmax (Werk) 177 km/h, V bei 1000/min im 4. Gang 53.1 km/h; 0–100 km/h 11.2 s; Leistungsgew. 12.5 kg/kW (9.2 kg/PS); Verbrauch EU 9.6/17.1 L/100 km.

Dimensions: empattement 284.5 cm, voie 156/161 cm, garde au sol 14 cm, diam. de braq. 12.3 m, coffre 610/3580 dm³, longueur 476 cm, largeur 185 cm, hauteur 171 cm.
Extended: empattement 304.5 cm, garde au sol 15 cm, diam. de braq. 12.9 m, coffre 685/4415 dm³, longueur 512 cm, hauteur 173 cm.

Performances: Vmax (usine) 177 km/h, V à 1000/min en 4. vit. 53.1 km/h; 0–100 km/h 11.2 s; rapp. poids/puiss. 12.5 kg/kW (9.2 kg/ch); consomm. EU 9.6/17.1 L/100 km.

Chevrolet Blazer – GMC Jimmy

Neuauflage des Chevrolet Blazer S und GMC Jimmy, 3- oder 5türig, 5-Gang-Getriebe oder Automat, 4.3-V6-Motor mit 198 PS. Debüt Detroit Januar 1994.

Nouvelle édition de la Chevrolet Blazer S et GMC Jimmy, 3 ou 5 portes, boîte à 5 vitesses ou automatique, moteur 4.3 V6, 198 ch. Lancement Detroit janvier 1994.

4.3 V6 – 199 PS
Benzineinspritzung

4.3 V6 – 199 ch
Injection d'essence

Karosserie, Gewicht: (DIN), Station Wagon, 3 Türen, 5 Sitze; leer ab 1590 kg. 4WD leer ab 1720 kg.
lwb: 5 Türen, 5 Sitze; leer ab 1660 kg, 4WD leer ab 1845 kg.

Motor: (SAE), 6 Zyl. in V 90° (101.6×88.4 mm), 4300 cm³; Kompr. 9.1:1; 146 kW (199 PS) bei 4500/min, 34 kW/L (46.2 PS/L); 353 Nm (36 mkp) bei 3400/min; 91 ROZ. ECE: 142 kW (193 PS) bei 4400/min; 33 kW/L (45 PS/L); 334 Nm (34.1 mkp) bei 2800/min.

Motorkonstruktion: Bez. L 35 ; zentrale Nockenwelle (Kette); 4fach gelagerte Kurbelwelle; Öl 3.8 L; elektron. Einspritzung.

Batterie 45/69 Ah, Alternator 85/120 A; Wasserkühlung, Inh. 11.5 L.

Kraftübertragung: (auf Hinterräder oder alle Räder), zentrales Differential inkl. Bremse, Reduktionsgetriebe: I. 1; II. 2.72.

5-Gang-Getriebe: I. 3.49; II. 2.16; III. 1.4; IV. 1; V. 0.78; R 3.55; Achse 3.42; 3.08.
4-Stufen-Automat: GM Hydra-Matic: I. 3.06; II. 1.63; III. 1; IV. 0.7; R 2.29; Achse 3.73; 3.42.

Carrosserie, poids: (DIN), station-wagon, 3 portes, 5 places; vide dès 1590 kg. 4WD vide dès 1720 kg.
Lwb: 5 portes, 5 places; vide dès 1660 kg, 4WD vide dès 1845 kg.

Moteur: (SAE), 6 cyl. en V 90° (101.6×88.4 mm), 4300 cm³; compr. 9.1:1; 146 kW (199 ch) à 4500/min, 34 kW/L (46.2 ch/L); 353 Nm (36 mkp) à 3400/min; 91 (R). ECE: 142 kW (193 PS) à 4400/min; 33 kW/L (45 PS/L); 334 Nm (34.1 mkp) à 2800/min.

Moteur (constr.): désignation L 35 ; arbre à cames central (chaîne); vilebrequin à 4 paliers; huile 3.8 L; injection électronique.

Batterie 45/69 Ah, alternateur 85/120 A; refroidissement à eau, capac. 11.5 L.

Transmission: (sur roues AR ou toutes les roues), diff. central à glissement limité, boîte de transfert: I. 1; II. 2.72.

Boîte à 5 vit.: I. 3.49; II. 2.16; III. 1.4; IV. 1; V. 0.78; R 3.55; pont 3.42; 3.08.
Boîte autom. à 4 vit.: GM Hydra-Matic: I. 3.06; II. 1.63; III. 1; IV. 0.7; R 2.29; pont 3.73; 3.42.

Chevrolet Blazer

Fahrgestell: Kastenrahmen mit Traversen; vorn Einzelradaufhängung, doppelte Dreieckquerlenker, Kurvenstabilisator; hinten Starrachse, Kurvenstabilisator, Blattfedern, Teleskopdämpfer; vorn Schraubenfedern, 4WD Torsionsfederstäbe.

Fahrwerk: Bremse, vorne Scheiben (belüftet), hinten Trommeln, Scheiben-⌀ v. 26.7 cm, ABS, Fussfeststellbremse auf Hinterräder; Kugelumlauflenkung mit Servo, Treibstofftank 76 L; a.W. 72 L; Reifen 205/75 R 15, 235/75 R 15, Felgen 7 J.

Dimensionen: Radstand 255 cm, Spur 140.5/138.5 cm, Bodenfreih. 20 cm, Wendekreis 11.2 m, Kofferraum 450/1895 dm³, Länge 443.5 cm, Breite 172 cm, Höhe 168 cm.
lwb: Radstand 272 cm, Spur 145/140 cm, Wendekreis 12 m, Kofferraum 455/2100 dm³, Länge 460 cm, Höhe 170 cm.

Châssis: Cadre à caisson avec traverses; AV susp. à roues indép., leviers transv. triang. double, barre anti-dévers; AR essieu rigide, barre anti-dévers, ressort à lames, amortiss. télesc.; AV ressorts hélicoïdaux, 4WD barres de torsion.

Train roulant: frein, AV à disques (ventilés), AR à tambours, ⌀ disques AV 26.7 cm, ABS, frein de station. à pied sur roues AR; direction à circuit de billes assistée, réservoir carb. 76 L; s.d. 72 L; pneus 205/75 R 15, 235/75 R 15, jantes 7 J.

Dimensions: empattement 255 cm, voie 140.5/138.5 cm, garde au sol 20 cm, diam. de braq. 11.2 m, coffre 450/1895 dm³, longueur 443.5 cm, largeur 172 cm, hauteur 168 cm.
Lwb: empattement 272 cm, voie 145/140 cm, diam. de braq. 12 m, coffre 455/2100 dm³, longueur 460 cm, hauteur 170 cm.

Chevrolet Blazer

Fahrleistungen: Vmax (Werk) 180 km/h, V bei 1000/min im 5. Gang 47 km/h; 0–100 km/h 11 s; Leistungsgew. 10.9 kg/kW (8 kg/PS); Verbrauch ECE 9.6/12.6/15.6 L/100 km.

Performances: Vmax (usine) 180 km/h, V à 1000/min en 5. vit. 47 km/h; 0–100 km/h 11 s; rapp. poids/puiss. 10.9 kg/kW (8 kg/ch); consomm. ECE 9.6/12.6/15.6 L/100 km.

Chevrolet Tahoe – GMC Yukon

Geländegängiges Fahrzeug mit Hinter- oder Allradantrieb, 5-Gang- oder automatisches Getriebe, V8-Motor. 1992: Neuauflage. 1994 mit 6.5-V8-Turbodiesel. Januar 1995: auch 5türig.

Voiture tout-terrain avec propulsion ou traction sur 4 roues, boîte à 5 vitesses ou automat., moteur V8. 1992: Nouvelle édition. 1994 avec 6.5 V8 turbodiesel. Janvier 1995: aussi avec 5 portes.

5.7 V8 – 258 PS
Benzineinspritzung

5.7 V8 – 258 ch
Injection d'essence

Karosserie, Gewicht: (DIN), Station Wagon, 3 Türen, 5 Sitze; leer ab 2020 kg. 4WD leer ab 2145.
Wagon, 5 Türen, 5 Sitze; leer ab 2190 kg, 4WD leer ab 2330 kg.

Motor: (SAE), 8 Zyl. in V 90° (101.6×88.4 mm), 5733 cm³; Kompression 9.4:1; 190 kW (258 PS) bei 4600/min, 33.1 kW/L (45.1 PS/L); 441 Nm (45 mkp) bei 2800/min; 91 ROZ.

Motorkonstruktion: Bezeichnung LO 5 ; zentrale Nockenwelle (Kette); 5fach gelagerte Kurbelwelle; a.W. Ölkühler; Öl 4.7 L; elektron. Zentraleinspritzung.

Batterie 61 Ah, Alternator 66 A; Wasserkühlung, Inh. 16.3 L.

Kraftübertragung: (auf Hinterräder), Differentialbremse.
(auf Hinterräder oder alle Räder), zentrales Differential inkl. Bremse, Reduktionsgetriebe: I. 1; II. 2.72.

5-Gang-Getriebe: I. 4.02; II. 2.32; III. 1.4; IV. 1; V. 0.73; R 3.55; Achse 3.42; 3.73.
4-Stufen-Automat: GM Hydra-Matic: I. 3.06; II. 1.63; III. 1; IV. 0.7; R 2.29; Achse 3.42; 3.73/Police-car, Achse 4.1.

Carrosserie, poids: (DIN), station-wagon, 3 portes, 5 places; vide dès 2020 kg. 4WD vide dès 2145.
Wagon, 5 portes, 5 places; vide dès 2190 kg, 4WD vide dès 2330 kg.

Moteur: (SAE), 8 cyl. en V 90° (101.6×88.4 mm), 5733 cm³; compr. 9.4:1; 190 kW (258 ch) à 4600/min, 33.1 kW/L (45.1 ch/L); 441 Nm (45 mkp) à 2800/min; 91 (R).

Moteur (constr.): désignation LO 5 ; arbre à cames central (chaîne); vilebrequin à 5 paliers; s.d. radiat. d'huile, huile 4.7 L; injection monopoint électron.

Batterie 61 Ah, alternateur 66 A; refroidissement à eau, capac. 16.3 L.

Transmission: (sur roues AR), différentiel autobloquant.
(sur roues AR ou toutes les roues), diff. central à glissement limité, boîte de transfert: I. 1; II. 2.72.

Boîte à 5 vit.: I. 4.02; II. 2.32; III. 1.4; IV. 1; V. 0.73; AR 3.55; pont 3.42; 3.73.
Boîte autom. à 4 vit.: GM Hydra-Matic: I. 3.06; II. 1.63; III. 1; IV. 0.7; AR 2.29; pont 3.42; 3.73/Police-car, pont 4.1.

Chevrolet USA • Chevrolet BR

Chevrolet Tahoe

Fahrgestell: Kastenrahmen mit Traversen; vorn Einzelradaufhängung, doppelte Dreieckquerlenker, Schraubenfedern, 4WD Torsionsfederstäbe; hinten Starrachse, Blattfedern; v/h Kurvenstabilisator, Teleskopdämpfer.

Fahrwerk: Bremse, vorne Scheiben (belüftet), hinten Trommeln, Scheiben-⌀ v. 29.4 cm, ABS, Fussfeststellbremse auf Hinterräder; Kugelumlauflenkung mit Servo, Treibstofftank 114 L; Reifen 235/75 R 15, 245/75 R 16, Felgen 6.5 J, 7 J.

Dimensionen: Radstand 283 cm, Spur 163/161 cm, Bodenfreih. 20 cm, Wendekreis 12.6 m, Kofferraum 1500/2910 dm³, Länge 479 cm, Breite 196 cm, Höhe 183 cm.
5Türen: Radstand 298.5 cm, Wendekreis 13.7 m, Kofferraum 880/3480 dm³, Länge 505.5 cm, Breite 194 cm.

Fahrleistungen: Vmax (Red.) 180 km/h, V bei 1000/min im 5. Gang 55 km/h; 0–100 km/h 10 s; Leistungsgew. 11.3 kg/kW (8.3 kg/PS); Verbrauch (Red.) 12/25 L/100 km. Police-Version: Vmax 200 km/h, 0-100 km/h ca. 8,5 s.

6.5 V8 – 182 PS Turbodiesel

Wie 5.7 – 258 PS, ausgenommen:

Karosserie, Gewicht: (DIN), Station Wagon, 3 Türen, 5 Sitze.

Motor: (SAE), 8 Zyl. in V 90° (103×97 mm), 6466 cm³; Kompr. 21.5:1; 134 kW (182 PS) bei 3400/min, 20.7 kW/L (28.2 PS/L); 489 Nm (49.8 mkp) bei 1700/min; Dieselöl.

Motorkonstruktion: Bezeichnung L 56; Vorkammer-Diesel; zentrale Nockenwelle (Kette); 5fach gelagerte Kurbelwelle; Öl 4.7 L; Einspritzpumpe, 1 Turbolader. Batterie 61 Ah, Alternator 85 A; Wasserkühlung, Inh. 16.3 L.

Kraftübertragung:
4-Stufen-Automat: GM THM; I. 2.48; II. 1.48; III. 1; IV. 0.75; R 2.08; Achse 3.42, 3.73.

Châssis: Cadre à caisson avec traverses; AV susp. à roues indép., leviers transv. triang. double, ressortws hélic., 4WD barres de torsion; AR essieu rigide, ressorts à lames; AV/AR barre anti-dévers, amortiss. télescop.

Train roulant: frein, AV à disques (ventilés), AR à tambours, ⌀ disques AV 29.4 cm, ABS, frein de station. à pied sur roues AR; direction à circuit de billes assistée, réservoir carb. 114 L; pneus 235/75 R 15, 245/75 R 16, jantes 6.5 J, 7 J.

Dimensions: empattement 283 cm, voie 163/161 cm, garde au sol 20 cm, diam. de braq. 12.6 m, coffre 1500/2910 dm³, longueur 479 cm, largeur 196 cm, hauteur 183 cm.
5 portes: empattement 298.5 cm, diam. de braq. 13.7 m, coffre 880/3480 dm³, longueur 505.5 cm, largeur 194 cm.

Performances: Vmax (réd.) 180 km/h, V à 1000/min en 5. vit. 55 km/h; 0–100 km/h 10 s; rapp. poids/puiss. 11.3 kg/kW (8.3 kg/ch); consomm. (réd.) 12/25 L/100 km. Version Police: Vmax 200 km/h, 0-100 km/h env. 8,5

6.5 V8 – 182 ch turbodiesel

Comme 5.7 – 258 ch, sauf:

Carrosserie, poids: (DIN), station-wagon, 3 portes, 5 places.

Moteur: (SAE), 8 cyl. en V 90° (103×97 mm), 6466 cm³; compression 21.5:1; 134 kW (182 ch) à 3400/min, 20.7 kW/L (28.2 ch/L); 489 Nm (49.8 mkp) à 1700/min; gazole.

Moteur (constr.): désignation L 56; diesel à préchambre; arbre à cames central (chaîne); vilebrequin à 5 paliers; huile 4.7 L; pompe à injection, 1 turbocompr. Batterie 61 Ah, alternateur 85 A; refroidissement à eau, capac. 16.3 L.

Transmission:
Boîte autom. à 4 vit.: GM THM; I. 2.48; II. 1.48; III. 1; IV. 0.75; R 2.08; pont 3.42, 3.73.

Fahrleistungen: Vmax (Red.) 160 km/h, V bei 1000/min im 4. Gang 52.8 km/h; Leistungsgew. 16 kg/kW (11.8 kg/PS); Verbrauch (Red.) 10/18 L/100 km.

Performances: Vmax (réd.) 160 km/h, V à 1000/min en 4. vit. 52.8 km/h; rapp. poids/puiss. 16 kg/kW (11.8 kg/ch); consomm. (réd.) 10/18 L/100 km.

Chevrolet Tahoe LT

Chevrolet — BR

General Motors do Brasil Ltda. Av. Goiás, 1805, CEP 09550/050 São Caetano do Sul, SP, Brasil

Werk der General Motors in Brasilien.   Usine de la General Motors au Brésil.

Chevrolet Corsa

Kleinwagen mit 1-Liter-Motor, entspricht im wesentlichen dem Opel Corsa. Debüt Winter 1994. Jetzt auch mit 1,4- und 1,6-Liter-Quermotoren sowie 3- und 5-türig lieferbar.

Petite voiture avec moteur 1 litre, correspond en principe à l'Opel Corsa. Lancement hiver 1994. Actuellement aussi livrable avec moteur transv. 1,4 et 1,6 litre et avec 3 ou 5 portes.

1.0 – 60 PS Benzineinspritzung

Karosserie, Gewicht: (DIN), Limousine, 3/5türig; 5 Sitze; leer ab 845 kg, max. zul. 1320 kg.

Motor: (DIN), 4 Zyl. in Linie (71×62.9 mm), 996 cm³; Kompr. 9.4:1; 44 kW (60 PS) bei 6000/min, 44.2 kW/L (60.1 PS/L); 81 Nm (8.3 mkp) bei 3200/min; 92 ROZ.

Motorkonstruktion: 1 obenl. Nockenwelle (Zahnriemen); Leichtmetall-Zylinderkopf; 5fach gelagerte Kurbelwelle; Öl 3.7 L; elektron. Einspritzung, MPFI. Batterie 42 Ah, Alternator 55 A; Wasserkühlung, Inh. 5.9 L.

1.0 – 60 ch Injection d'essence

Carrosserie, poids: (DIN), Berline, 3/5 portes; 5 places; vide dès 845 kg, tot. adm. 1320 kg.

Moteur: (DIN), 4 cyl. en ligne (71×62.9 mm), 996 cm³; compr. 9.4:1; 44 kW (60 ch) à 6000/min, 44.2 kW/L (60.1 ch/L); 81 Nm (8.3 mkp) à 3200/min; 92 (R).

Moteur (constr.): 1 arbre à cames en tête (courroie crantée); culasse en alliage léger; vilebrequin à 5 paliers; huile 3.7 L; injection électronique, MPFI. Batterie 42 Ah, alternateur 55 A; refroidissement à eau, capac. 5.9 L.

Chevrolet Corsa

Kraftübertragung: (auf Vorderräder).
5-Gang-Getriebe: I. 3.73; II. 2.13; III. 1.41; IV. 1.12; V. 0.89; R 3.31; Achse 4.31.

Fahrgestell: Selbsttragende Karosserie; vorn Federbeine, Längs- und Querlenker; hinten Verbundlenkerachse, Längslenker; v/h Kurvenstabilisator, Teleskopdämpfer.

Fahrwerk: Bremse, vorne Scheiben, hinten Trommeln, Scheiben-⌀ v. 23.6 cm, Handbremse auf Hinterräder; Zahnstangenlenkung, Treibstofftank 46 L; Reifen 165/70 R 13, Felgen 5 J.

Dimensionen: Radstand 244.5 cm, Spur 138.5/139 cm, Bodenfreiheit 14 cm, Wendekreis 10.4 m, Kofferraum 260/1050 dm³, Länge 373 cm, Breite 161 cm, Höhe 139 cm.

Fahrleistungen: Vmax (Werk) 153 km/h, V bei 1000/min im 5. Gang 26.8 km/h; 0–100 km/h 16.4 s; Leistungsgew. 19.2 kg/kW (14.1 kg/PS); Verbrauch (Werk) 6.2 L/100 km.

Transmission: (sur roues AV).
Boîte à 5 vit.: I. 3.73; II. 2.13; III. 1.41; IV. 1.12; V. 0.89; AR 3.31; pont 4.31.

Châssis: carrosserie autoporteuse; AV jambes élast., bras longitud. et transv.; AR essieu semi-rigide, bras longitud.; AV/AR barre anti-dévers, amortiss. télesc.

Train roulant: frein, AV à disques, AR à tambours, ⌀ disques AV 23.6 cm, frein à main sur roues AR; direction à crémaillère, réservoir carb. 46 L; pneus 165/70 R 13, jantes 5 J.

Dimensions: empatt. 244.5 cm, voie 138.5/139 cm, garde au sol 14 cm, diam. de braq. 10.4 m, coffre 260/1050 dm³, longueur 373 cm, largeur 161 cm, hauteur 139 cm.

Performances: Vmax (usine) 153 km/h, V à 1000/min en 5. vit. 26.8 km/h; 0–100 km/h 16.4 s; rapp. poids/puiss. 19.2 kg/kW (14.1 kg/ch); consommation (usine) 6.2 L/100 km.

Chevrolet BR

Chevrolet Corsa

1.6 – 92 PS
Benzineinspritzung

Wie 1.0 – 60 PS, ausgenommen:

Karosserie, Gewicht: (DIN), Limousine, 4 Türen, 5 Sitze; leer ab 965 kg, max. zul. 1465 kg.

Motor: (DIN), 4 Zyl. in Linie (79×81.5 mm), 1598 cm³; Kompr. 9.4:1; 68 kW (92 PS) bei 5600/min, 42.5 kW/L (57.8 PS/L); 128 Nm (13 mkp) bei 2800/min; 92 ROZ.

Motorkonstruktion: 1 obenl. Nockenwelle (Zahnriemen); Leichtmetall-Zylinderkopf; 5fach gelagerte Kurbelwelle; Öl 3.5 L; elektron. Einspritzung, Delphi.
Batterie 42 Ah, Alternator 55 A; Wasserkühlung, Inh. 5.5 L.

Kraftübertragung: (auf Vorderräder).
5-Gang-Getriebe: I. 3.73; II. 2.13; III. 1.41; IV. 1.12; V. 0.89; R 3.31; Achse 4.29.

Fahrwerk: Reifen 165/70 R 13, 185/60 HR 14, Felgen 5 J, 5.5 J.

Dimensionen: Bodenfreih. 11 cm, Wendekreis 10.7 m, Kofferraum 390/540 dm³, Länge 402.5 cm.

Fahrleistungen: Vmax (Werk) 182 km/h, V bei 1000/min im 5. Gang 33.8 km/h; 0–100 km/h 11 s; Leistungsgew. 14.2 kg/kW (10.5 kg/PS); Verbrauch (Werk) 6.7 L/100 km.

1.6 – 92 ch
Injection d'essence

Comme 1.0 – 60 ch, sauf:

Carrosserie, poids: (DIN), Berline, 4 portes, 5 places; vide dès 965 kg, tot. adm. 1465 kg.

Moteur: (DIN), 4 cyl. en ligne (79×81.5 mm), 1598 cm³; compr. 9.4:1; 68 kW (92 ch) à 5600/min, 42.5 kW/L (57.8 ch/L); 128 Nm (13 mkp) à 2800/min; 92 (R).

Moteur (constr.): 1 arbre à cames en tête (courroie crantée); culasse en alliage léger; vilebrequin à 5 paliers; huile 3.5 L; injection électronique, Delphi.
Batterie 42 Ah, alternateur 55 A; refroidissement à eau, capac. 5.5 L.

Transmission: (sur roues AV).
Boîte à 5 vit.: I. 3.73; II. 2.13; III. 1.41; IV. 1.12; V. 0.89; AR 3.31; pont 4.29.

Train roulant: pneus 165/70 R 13, 185/60 HR 14, jantes 5 J, 5.5 J.

Dimensions: garde au sol 11 cm, diam. de braq. 10.7 m, coffre 390/540 dm³, longueur 402.5 cm.

Performances: Vmax (usine) 182 km/h, V à 1000/min en 5. vit. 33.8 km/h; 0–100 km/h 11 s; rapp. poids/puiss. 14.2 kg/kW (10.5 kg/ch); consomm. (usine) 6.7 L/100 km.

Chevrolet Kadett/Ipanema

3türige Limousine mit 1,8- oder 2-Liter-Vierzylindermotor. Entspricht mit wenigen Ausnahmen dem früheren Modell aus Deutschland. Debüt April 1989. Oktober 1989 Station Wagon Ipanema. 1992 Einspritzung.

Berline 3 portes avec moteur 1,8 ou 2 litres 4 cylindres. Correspond plus ou moins à l'ancien modèle d'Allemagne. Lancements: Berline avril 1989, stationwagon Ipanema octobre 1989. 1992 avec injection.

1.8 – 98 PS
Benzineinspritzung

Karosserie, Gewicht: (DIN), Limousine, 3 Türen, 5 Sitze; leer ab 1000 kg, max. zul. 1500 kg.

Motor: (DIN), 4 Zyl. in Linie (84.8×79.5 mm), 1796 cm³; Kompr. 9.8:1; 72 kW (98 PS) bei 5800/min, 40.1 kW/L (54.5 PS/L); 143 Nm (14.6 mkp) bei 3600/min; 92 ROZ.

Motorkonstruktion: 1 obenl. Nockenwelle (Zahnriemen); Leichtmetall-Zylinderkopf; 5fach gelagerte Kurbelwelle; Öl 4.35 L; elektron. Zentraleinspr., AC-Rochester.
Batterie 45 Ah, Alternator 65 A; Wasserkühlung, Inh. 7 L.

Kraftübertragung: (auf Vorderräder).
5-Gang-Getriebe: I. 3.55; II. 1.95; III. 1.28; IV. 0.89; V. 0.71; R 3.33; Achse 4.19.

Fahrgestell: Selbsttragende Karosserie; vorn Federbeine und Dreieckquerlenker; hinten Verbundlenkerachse, Längslenker; v/h Kurvenstabilisator, Schraubenfedern, Teleskopdämpfer.

1.8 – 98 ch
Injection d'essence

Carrosserie, poids: (DIN), Berline, 3 portes, 5 places; vide dès 1000 kg, tot. adm. 1500 kg.

Moteur: (DIN), 4 cyl. en ligne (84.8×79.5 mm), 1796 cm³; compr. 9.8:1; 72 kW (98 ch) à 5800/min, 40.1 kW/L (54.5 ch/L); 143 Nm (14.6 mkp) à 3600/min; 92 (R).

Moteur (constr.): 1 arbre à cames en tête (courroie crantée); culasse en alliage léger; vilebrequin à 5 paliers; huile 4.35 L; injection monopoint électron., AC-Rochester.
Batterie 45 Ah, alternateur 65 A; refroidissement à eau, capac. 7 L.

Transmission: (sur roues AV).
Boîte à 5 vit.: I. 3.55; II. 1.95; III. 1.28; IV. 0.89; V. 0.71; AR 3.33; pont 4.19.

Châssis: carrosserie autoporteuse; AV jambes élast. et leviers triang. transv.; essieu semi-rigide, bras longitud.; AV/AR barre anti-dévers, ressorts hélic. amortiss. télesc.

Fahrwerk: Bremse, vorne Scheiben, hinten Trommeln, Scheiben-Ø v. 23.6 cm, Handbremse auf Hinterräder; Zahnstangenlenkung, Treibstofftank 47 L; Reifen 165 R 13, Felgen 5.5 J.

Dimensionen: Radstand 252 cm, Spur 140.5/140.5 cm, Bodenfreih. 12 cm, Wendekreis 10.5 m, Kofferraum 390/1000 dm³, Länge 400 cm, Breite 166.5 cm, Höhe 135 cm.

Fahrleistungen: Vmax (Werk) 175 km/h, V bei 1000/min in 5. Gang 38.8 km/h; Leistungsgew. 13.7 kg/kW (10.1 kg/PS); Verbrauch (Werk) 8/12 L/100 km.

2.0 – 121 PS
Benzineinspritzung

Wie 1.8 – 98 PS, ausgenommen:

Karosserie, Gewicht: (DIN), Limousine, 3 Türen, 5 Sitze; leer ab 1070 kg, max. zul. 1520 kg.

Motor: (DIN), 4 Zyl. in Linie (86×86 mm), 1998 cm³; Kompr. 9.2:1; 89 kW (121 PS) bei 5400/min, 44.5 kW/L (60.5 PS/L); 173 Nm (17.6 mkp) bei 3000/min; 92 ROZ.

Motorkonstruktion: 1 obenl. Nockenwelle (Zahnriemen); Leichtmetall-Zylinderkopf; 5fach gelagerte Kurbelwelle; Öl 4.35 L; elektron. Einspritzung, Bosch.
Batterie 55 Ah, Alternator 66 A; Wasserkühlung, Inh. 7 L.

Train roulant: frein, AV à disques, AR à tambours, Ø disques AV 23.6 cm, frein à main sur roues AR; direction à crémaillère, réservoir carb. 47 L; pneus 165 R 13, jantes 5.5 J.

Dimensions: empattement 252 cm, voie 140.5/140.5 cm, garde au sol 12 cm, diam. de braq. 10.5 m, coffre 390/1000 dm³, longueur 400 cm, largeur 166.5 cm, hauteur 135 cm.

Performances: Vmax (usine) 175 km/h, V à 1000/min en 5. vit. 38.8 km/h; rapp. poids/puiss. 13.7 kg/kW (10.1 kg/ch); consomm. (usine) 8/12 L/100 km.

2.0 – 121 ch
Injection d'essence

Comme 1.8 – 98 ch, sauf:

Carrosserie, poids: (DIN), Berline, 3 portes, 5 places; vide dès 1070 kg, tot. adm. 1520 kg.

Moteur: (DIN), 4 cyl. en ligne (86×86 mm), 1998 cm³; compr. 9.2:1; 89 kW (121 ch) à 5400/min, 44.5 kW/L (60.5 ch/L); 173 Nm (17.6 mkp) à 3000/min; 92 (R).

Moteur (constr.): 1 arbre à cames en tête (courroie crantée); culasse en alliage léger; vilebrequin à 5 paliers; huile 4.35 L; injection électronique, Bosch.
Batterie 55 Ah, alternateur 66 A; refroidissement à eau, capac. 7 L.

Chevrolet Ipanema

Kraftübertragung: (auf Vorderräder).
5-Gang-Getriebe: I. 3.55; II. 2.16; III. 1.48; IV. 1.12; V. 0.89; R 3.33; Achse 3.72.

Fahrwerk: Reifen 185/65 HR 14, Felgen 5.5 J.

Fahrleistungen: Vmax (Werk) 185 km/h, V bei 1000/min im 5. Gang 32.7 km/h; 0–100 km/h 10.3 s; Leistungsgew. 12 kg/kW (8.8 kg/PS); Verbrauch (Werk) 9/12 L/100 km.

Transmission: (sur roues AV).
Boîte à 5 vit.: I. 3.55; II. 2.16; III. 1.48; IV. 1.12; V. 0.89; AR 3.33; pont 3.72.

Train roulant: pneus 185/65 HR 14, jantes 5.5 J.

Performances: Vmax (usine) 185 km/h, V à 1000/min en 5. vit. 32.7 km/h; 0–100 km/h 10.3 s; rapp. poids/puiss. 12 kg/kW (8.8 kg/ch); consomm. (usine) 9/12 L/100 km.

Chevrolet Vectra

4türige Limousine mit 2-Liter-Motoren von 115 und 150 PS, entspricht weitgehend dem Opel Vectra. Technische Daten siehe Opel D.

Berline 4 portes avec moteurs 2 litres de 115 et 150 ch, correspond en principe à l'Opel Vectra. Données techniques voir Opel D.

2.0 – 110 PS
Benzineinspritzung

Karosserie, Gewicht: (DIN), Limousine, 4 Türen, 5 Sitze; leer ab 1220 kg, max. zul. 1750 kg.

Motor: (DIN), 4 Zyl. in Linie (86×86 mm), 1998 cm³; Kompr. 9.2:1; 81 kW (110 PS) bei 5200/min, 40.5 kW/L (55.4 PS/L); 173 Nm (17.6 mkp) bei 2600/min; 92 ROZ.

2.0 – 110 ch
Injection d'essence

Carrosserie, poids: (DIN), Berline, 4 portes, 5 places; vide dès 1220 kg, tot. adm. 1750 kg.

Moteur: (DIN), 4 cyl. en ligne (86×86 mm), 1998 cm³; compr. 9.2:1; 81 kW (110 ch) à 5200/min, 40.5 kW/L (55.4 ch/L); 173 Nm (17.6 mkp) à 2600/min; 92 (R).

Chevrolet BR

Chevrolet Vectra

Motorkonstruktion: 1 obenl. Nockenwelle (Zahnriemen); Leichtmetall-Zylinderkopf; 5fach gelagerte Kurbelwelle; Öl 3.8 L; elektron. Einspritzung.

Batterie 44 Ah, Alternator 70 A; Wasserkühlung, Inh. 7.2 L.

Kraftübertragung: (auf Vorderräder).
5-Gang-Getriebe: I. 3.58; II. 2.14; III. 1.48; IV. 1.12; V. 0.89; R 3.33; Achse 3.74.

Fahrgestell: Selbsttragende Karosserie mit vorderem und hinterem Hilfsrahmen; vorn Federbeine und Dreieckquerlenker; hinten Längslenker, doppelte Querlenker; v/h Kurvenstabilisator, Schraubenfedern, Teleskopdämpfer.

Fahrwerk: Bremse, vorne Scheiben (belüftet), hinten Trommeln, Scheiben-∅ v. 25.6 cm, a.W. ABS, Handbremse auf Hinterräder; Zahnstangenl. mit Servo, Treibstofftank 57 L; Reifen 185/70 R 14, Felgen 5.5 J.

Dimensionen: Radstand 264 cm, Spur 148/147 cm, Bodenfreih. 12 cm, Wendekreis 11.3 m, Kofferraum 500 dm³, Länge 448 cm, Breite 171 cm, Höhe 141 cm.

Fahrleistungen: Vmax (Werk) 187 km/h, V bei 1000/min im 5. Gang 33.9 km/h; 0–100 km/h 11.7 s; steh. km 33.2 s; Leistungsgew. 15.1 kg/kW (11.1 kg/PS); Verbrauch EPA 10.2/14.5 L/100 km.

Moteur (constr.): 1 arbre à cames en tête (courroie crantée); culasse en alliage léger; vilebrequin à 5 paliers; huile 3.8 L; injection électronique.

Batterie 44 Ah, alternateur 70 A; refroidissement à eau, capac. 7.2 L.

Transmission: (sur roues AV).
Boîte à 5 vit.: I. 3.58; II. 2.14; III. 1.48; IV. 1.12; V. 0.89; AR 3.33; pont 3.74.

Châssis: carrosserie autoporteuse avec faux-châssis AV et AR; AV jambes élast. et leviers triang. transv.; AR bras longitud., leviers transv. doubles; AV/AR barre anti-dévers, ressorts hélic, amortiss. télesc.

Train roulant: frein, AV à disques (ventilés), AR à tambours, ∅ disques AV 25.6 cm, ABS s. d., frein à main sur roues AR; servodirection à crémaillère, réservoir carb. 57 L; pneus 185/70 R 14, jantes 5.5 J.

Dimensions: empattement 264 cm, voie 148/147 cm, garde au sol 12 cm, diam. de braq. 11.3 m, coffre 500 dm³, longueur 448 cm, largeur 171 cm, hauteur 141 cm.

Performances: Vmax (usine) 187 km/h, V à 1000/min en 5. vit. 33.9 km/h; 0–100 km/h 11.7 s; km arrêté 33.2 s; rapp. poids/puiss. 15.1 kg/kW (11.1 kg/ch); consomm. EPA 10.2/14.5 L/100 km.

2.0 16V – 136 PS Benzineinspritzung

Wie 2.0 – 110 PS, ausgenommen:

Karosserie, Gewicht: (DIN), Limousine, 4 Türen, 5 Sitze; leer ab 1330 kg, max. zul. 1810 kg.

Motor: (DIN), 4 Zyl. in Linie (86×86 mm), 1998 cm³; Kompr. 9.6:1; 100 kW (136 PS) bei 5600/min, 50 kW/L (68 PS/L); 188 Nm (19.2 mkp) bei 4000/min; 92 ROZ.

Motorkonstruktion: 4 Ventile in V 46°; 2 obenl. Nockenwellen (Zahnriemen); Leichtmetall-Zylinderkopf; 5fach gelagerte Kurbelwelle; Öl 4 L; elektron. Einspritzung.

Batterie 44 Ah, Alternator 70 A; Wasserkühlung, Inh. 7.2 L.

Kraftübertragung: (auf Vorderräder).
5-Gang-Getriebe: I. 3.58; II. 1.87; III. 1.23; IV. 0.92; V. 0.74; R 3.33; Achse 3.94.
4-Stufen-Automat: I. 3.61; II. 2.1; III. 1.34; IV. 0.98; R 3.95; Achse 2.86.

Fahrwerk: Reifen 195/65 R 15, Felgen 6 J.

Fahrleistungen: Vmax (Werk) 210 km/h, V bei 1000/min im 5. Gang 39.6 km/h; 0–100 km/h 10.3 s; Leistungsgew. 13.3 kg/kW (9.8 kg/PS); Verbrauch EPA 11.1/16.4 L/100 km.
Aut: Vmax 198 km/h, 0–100 km/h 11.9 s; Verbrauch EPA 11.8/14.8 L/100 km.

2.0 16V – 136 ch Injection d'essence

Comme 2.0 – 110 ch, sauf:

Carrosserie, poids: (DIN), Berline, 4 portes, 5 places; vide dès 1330 kg, tot. adm. 1810 kg.

Moteur: (DIN), 4 cyl. en ligne (86×86 mm), 1998 cm³; compr. 9.6:1; 100 kW (136 ch) à 5600/min, 50 kW/L (68 ch/L); 188 Nm (19.2 mkp) à 4000/min; 92 (R).

Moteur (constr.): 4 soupapes en V 46°; 2 arbres à cames en tête (courroie crantée); culasse en alliage léger; vilebrequin à 5 paliers; huile 4 L; injection électronique.

Batterie 44 Ah, alternateur 70 A; refroidissement à eau, capac. 7.2 L.

Transmission: (sur roues AV).
Boîte à 5 vit.: I. 3.58; II. 1.87; III. 1.23; IV. 0.92; V. 0.74; AR 3.33; pont 3.94.
Boîte autom. à 4 vit.: I. 3.61; II. 2.1; III. 1.34; IV. 0.98; AR 3.95; pont 2.86.

Train roulant: pneus 195/65 R 15, 6 J.

Performances: Vmax (usine) 210 km/h, V à 1000/min en 5. vit. 39.6 km/h; 0–100 km/h 10.3 s; rapp. poids/puiss. 13.3 kg/kW (9.8 kg/ch); consomm. EPA 11.1/16.4 L/100 km.
Aut: Vmax 198 km/h, 0–100 km/h 11.9 s; consomm. EPA 11.8/14.8 L/100 km.

Chevrolet Omega

Entspricht dem früheren Opel Omega aus Deutschland, wird mit 2,2-Liter-Vierzylinder- oder 3-Liter-Sechszylindermotor geliefert. Debüt August 1992 Orlando/Sebring. April 1993 Station Wagon. Oktober 1994 geänderte Motorenpalette mit 2.2i sowie 4.1i aus dem einstigen Opala/Comodoro/Diplomata.

Correspond à l' ancienne Opel Omega de l'Allemagne, livrable avec moteur 2 litres 4 cylindres ou moteurs 3 litres 6 cylindres. Lancement août 1992 Orlando/Sebring. Avril 1993 Station-wagon. Octobre 1994 nouvelle gamme de moteurs: 2.2i et 4.1i de l'ancienne Opala/Comodoro/Diplomata.

2.2 – 116 PS Benzineinspritzung

Karosserie, Gewicht: (DIN), Limousine, 4 Türen, 5 Sitze; leer ab 1350 kg, max. zul. 1850 kg.
Station Wagon, 5 Türen, 5 Sitze; leer ab 1425 kg, max. zul. 1945 kg.

Motor: (DIN), 4 Zyl. in Linie (86×94.6 mm), 2198 cm³; Kompr. 9.2:1; 85 kW (116 PS) bei 5200/min, 38.7 kW/L (52.6 PS/L); 197 Nm (20.1 mkp) bei 2600/min; 92 ROZ.

Motorkonstruktion: 1 obenl. Nockenwelle (Zahnriemen); Leichtmetall-Zylinderkopf; 5fach gelagerte Kurbelwelle; Öl 4.8 L; elektron. Einspritzung, Bosch Motronic.

Batterie 63 Ah, Alternator 70 A; Wasserkühlung, Inh. 6.4 L.

Kraftübertragung: (auf Hinterräder).
5-Gang-Getriebe: I. 3.95; II. 2.19; III. 1.39; IV. 1; V. 0.85; R 3.53; Achse 3.9.

Fahrgestell: Selbsttragende Karosserie; vorn Federbeine und Dreieckquerlenker; hinten Schräglenker, v/h Kurvenstabilisator, Schraubenfedern, Teleskopdämpfer.

Fahrwerk: Vierrad-Scheibenbremse (vorn belüftet), Scheiben-∅ v. 25.8 cm, h. 27 cm, Handbremse auf Hinterräder; Kugelumlauflenkung mit Servo, Treibstofftank 75 L; Reifen 195/65 VR 15, Felgen 6 J.

Dimensionen: Radstand 273 cm, Spur 146/148 cm, Bodenfreih. 16 cm, Wendekreis 11 m, Kofferraum 520/870 dm³, Länge 474 cm, Breite 176 cm, Höhe 142 cm.
Station Wagon: Kofferraum 540/1850 dm³, Höhe 145 cm.

Fahrleistungen: Vmax (Werk) 191 km/h, V bei 1000/min im 5. Gang 34.8 km/h; 0–100 km/h 11.1 s; Leistungsgew. 15.9 kg/kW (11.6 kg/PS); Verbrauch ECE 6.8/8.7/11.2 L/100 km.

2.2 – 116 ch Injection d'essence

Carrosserie, poids: (DIN), Berline, 4 portes, 5 places; vide dès 1350 kg, tot. adm. 1850 kg.
Station-wagon, 5 portes, 5 places; vide dès 1425 kg, tot. adm. 1945 kg.

Moteur: (DIN), 4 cyl. en ligne (86×94.6 mm), 2198 cm³; compr. 9.2:1; 85 kW (116 ch) à 5200/min, 38.7 kW/L (52.6 ch/L); 197 Nm (20.1 mkp) à 2600/min; 92 (R).

Moteur (constr.): 1 arbre à cames en tête (courroie crantée); culasse en alliage léger; vilebrequin à 5 paliers; huile 4.8 L; injection électronique, Bosch Motronic.

Batterie 63 Ah, alternateur 70 A; refroidissement à eau, capac. 6.4 L.

Transmission: (sur roues AR).
Boîte à 5 vit.: I. 3.95; II. 2.19; III. 1.39; IV. 1; V. 0.85; AR 3.53; pont 3.9.

Châssis: carrosserie autoporteuse; AV jambes élast. et leviers triang. transv.; AR triangles obliques, AV/AR barre anti-dévers, ressorts hélic, amortiss. télesc.

Train roulant: quatre freins à disques (AV ventilés), ∅ disques AV 25.8 cm, AR 27 cm, frein à main sur roues AR; direction à circuit de billes assistée, réservoir carb. 75 L; pneus 195/65 VR 15, jantes 6 J.

Dimensions: empattement 273 cm, voie 146/148 cm, garde au sol 16 cm, diam. de braq. 11 m, coffre 520/870 dm³, longueur 474 cm, largeur 176 cm, hauteur 142 cm.
Station-wagon: coffre 540/1850 dm³, hauteur 145 cm.

Performances: Vmax (usine) 191 km/h, V à 1000/min en 5. vit. 34.8 km/h; 0–100 km/h 11.1 s; rapp. poids/puiss. 15.9 kg/kW (11.6 kg/ch); consomm. ECE 6.8/8.7/11.2 L/100 km.

4.1 – 169 PS Benzineinspritzung

Wie 2.2 – 116 PS, ausgenommen:

Karosserie, Gewicht: (DIN), Limousine, 4 Türen, 5 Sitze; leer ab 1505 kg, max. zul. 1985 kg.

4.1 – 169 ch Injection d'essence

Comme 2.2 – 116 ch, sauf:

Carrosserie, poids: (DIN), Berline, 4 portes, 5 places; vide dès 1505 kg, tot. adm. 1985 kg.

Chevrolet Omega

Chevrolet BR • Chrysler

Chevrolet Omega Supreme

Motor: (DIN), 6 Zyl. in Linie (98.4×89.7 mm), 4093 cm³; Kompr. 8.5:1; 124 kW (169 PS) bei 4500/min, 30.3 kW/L (41.2 PS/L); 285 Nm (29.1 mkp) bei 3500/min; 92 ROZ.

Motorkonstruktion: seitl. Nockenwelle (Zahnräder); Leichtmetall-Zylinderkopf; 7fach gelagerte Kurbelwelle; Öl 5.5 L; elektron. Einspr., Bosch Motronic, M 2.8.1. Batterie 63 Ah, Alternator 105 A; Wasserkühlung, Inh. 11 L.

Kraftübertragung: (auf Hinterräder). 5-Gang-Getriebe: I. 3.81; II. 2.11; III. 1.34; IV. 1; V. 0.81; R 3.4; Achse 3.15. 4-Stufen-Automat: I. 2.4; II. 1.48; III. 1; IV. 0.72; R 2; Achse 2.35.

Fahrwerk: Scheiben-⌀ v. 29.6 cm, h. 28 cm, ABS, 205/65 VR 15, Felgen 7 J, 7.5 J.

Fahrleistungen: Vmax (Werk) 215 km/h, V bei 1000/min in 5. Gang 45.3 km/h; 0–100 km/h 9.5 s; Leistungsgew. 12.1 kg/kW (9 kg/PS); Verbr. ECE 8.8/11.3/14.7 L/100 km.

Moteur: (DIN), 6 cyl. en ligne (98.4×89.7 mm), 4093 cm³; compr. 8.5:1; 124 kW (169 ch) à 4500/min, 30.3 kW/L (41.2 ch/L); 285 Nm (29.1 mkp) à 3500/min; 92 (R).

Moteur (constr.): arbre à cames latéral (pignons); culasse en alliage léger; vilebrequin à 7 paliers; huile 5.5 L; injection électronique, Bosch Motronic, M 2.8.1. Batterie 63 Ah, alternateur 105 A; refroidissement à eau, capac. 11 L.

Transmission: (sur roues AR). Boîte à 5 vit.: I. 3.81; II. 2.11; III. 1.34; IV. 1; V. 0.81; AR 3.4; pont 3.15. Boîte autom. à 4 vit.: I. 2.4; II. 1.48; III. 1; IV. 0.72; AR 2; pont 2.35.

Train roulant: ⌀ disq. AV 29.6 cm, AR 28 cm, ABS, 205/65 VR 15, jantes 7 J, 7.5 J.

Performances: Vmax (usine) 215 km/h, V à 1000/min en 5. vit. 45.3 km/h; 0–100 km/h 9.5 s; rapp. poids/puiss. 12.1 kg/kW (9 kg/ch); cons. ECE 8.8/11.3/14.7 L/100 km.

Chevrolet Blazer

Station Wagon 5türig, auf der Basis des Pick-up S-10; 2.2/4.3-L-Motor sowie 2.5 Diesel. Debüt São Paulo Sept. 1995.

Station Wagon 5 portes sur la base du pick-up S-10; 2.2/4.3 litres ainsi que 2.5 diesel. Lancement São Paulo sept. 1995.

2.2 – 106 PS Benzineinspritzung

Karosserie, Gewicht: (DIN), Station Wagon, 5 Türen, 5 Sitze; leer ab ca. 1800 kg.

Motor: (DIN), 4 Zyl. in Linie (86×94.6 mm), 2198 cm³; Kompr. 9.2:1; 78 kW (106 PS) bei 4800/min, 35.5 kW/L (48.2 PS/L); 188 Nm (19.2 mkp) bei 2800/min; 92 ROZ.

Motorkonstruktion: 1 obenl. Nockenwelle (Zahnriemen); Leichtmetall-Zylinderkopf; 5fach gelagerte Kurbelwelle; Öl 4.8 L; elektron. Zentraleinspritzung, Rochester. Batterie 55 Ah, Alternator 75 A; Wasserkühlung, Inh. 6.4 L.

Kraftübertragung: (auf Hinterräder). 5-Gang-Getriebe: I. 4.68; II. 2.44; III. 1.5; IV. 1; V. 0.8; R 3.94; Achse 4.78.

Fahrgestell: Kastenrahmen mit Traversen; vorn Einzelradaufhängung, doppelte Dreieckquerlenker, Torsionsfederstäbe; hinten Starrachse, Blattfedern; v/h Kurvenstabilisator, Teleskopdämpfer.

Fahrwerk: Bremse, vorne Scheiben (belüftet), hinten Trommeln, Scheiben-⌀ v. 27.6 cm, ABS, Fussfeststellbremse auf Hinterrader; Kugelumlauflenkung mit Servo, Treibstofftank 76 L; Reifen 225/75 R 15, 235/75 R 15, Felgen 6 J, 7 J.

Dimensionen: Radstand 272 cm, Spur 145.5/140 cm, Bodenfreih. 15 cm, Wendekreis 13 m, Kofferraum 455/2100 dm³, Länge 461 cm, Breite 168 cm, Höhe 160 cm.

Fahrleistungen: Vmax (Werk) 158 km/h, V bei 1000/min in 5. Gang 34.5 km/h; 0–100 km/h 15.4 s; Leistungsgew. 21.8 kg/kW (16 kg/PS); Verbrauch (Werk) 10.2 L/100 km.

2.2 – 106 ch Injection d'essence

Carrosserie, poids: (DIN), station-wagon, 5 portes, 5 places; vide dès env. 1800 kg.

Moteur: (DIN), 4 cyl. en ligne (86×94.6 mm), 2198 cm³; compr. 9.2:1; 78 kW (106 ch) à 4800/min, 35.5 kW/L (48.2 ch/L); 188 Nm (19.2 mkp) à 2800/min; 92 (R).

Moteur (constr.): 1 arbre à cames en tête (courroie crantée); culasse en alliage léger; vilebrequin à 5 paliers; huile 4.8 L; injection monopoint électron., Rochester. Batterie 55 Ah, alternateur 75 A; refroidissement à eau, capac. 6.4 L.

Transmission: (sur roues AR). Boîte à 5 vit.: I. 4.68; II. 2.44; III. 1.5; IV. 1; V. 0.8; AR 3.94; pont 4.78.

Châssis: Cadre à caisson avec traverses; AV susp. à roues indép., leviers transv. triang. double, barres de torsion; AR essieu rigide, ressorts à lames; AV/AR barre antidévers, amortiss. télesc.

Train roulant: frein, AV à disques (ventilés), AR à tambours, ⌀ disques AV 27.6 cm, ABS, frein de station. à pied sur roues AR; direction à circuit de billes assistée, réservoir carb. 76 L; pneus 225/75 R 15, 235/75 R 15, jantes 6 J, 7 J.

Dimensions: empatt. 272 cm, voie 145.5/140 cm, garde au sol 15 cm, diam. de braq. 13 m, coffre 455/2100 dm³, longueur 461 cm, largeur 168 cm, hauteur 160 cm.

Performances: Vmax (usine) 158 km/h, V à 1000/min en 5. vit. 34.5 km/h; 0–100 km/h 15.4 s; rapp. poids/puiss. 21.8 kg/kW (16 kg/ch); consomm. (usine) 10.2 L/100 km.

4.3 V6 – 179 PS Benzineinspritzung

Wie 2.2 – 106 PS, ausgenommen:

Karosserie, Gewicht: (DIN), Station Wagon, 5 Türen, 5 Sitze; leer ab 1850 kg.

Motor: (DIN), 6 Zyl. in V 90° (101.6×88.4 mm), 4300 cm³; Kompr. 9:1; 132 kW (179 PS) bei 4200/min, 30.7 kW/L (41.7 PS/L); 340 Nm (34.7 mkp) bei 2600/min; 92 ROZ.

Motorkonstruktion: Bezeichnung L 35; zentrale Nockenwelle (Kette); 4fach gelagerte Kurbelwelle; Öl 3.8 L; elektron. Zentraleinspritzung. Batterie 45 Ah, Alternator 85 A; Wasserkühlung, Inh. 12.2 L.

Kraftübertragung: (auf Hinterräder). 5-Gang-Getriebe: I. 3.49; II. 2.16; III. 1.4; IV. 1; V. 0.78; R 3.55; Achse 3.73. 4-Stufen-Automat: I. 3.06; II. 1.63; III. 1.1; IV. 0.7; R 3.55; Achse 3.73.

Fahrwerk: Reifen 235/75 R 15, Felgen 7 J.

Fahrleistungen: Vmax (Werk) 180 km/h, V bei 1000/min in 5. Gang 46.1 km/h; 0–100 km/h 10.8 s; Leistungsgew. 14 kg/kW (10.3 kg/PS); Verbrauch (Werk) 12.2 L/100 km. *Aut:* Vmax 165 km/h, 0–100 km/h 12.4 s.

4.3 V6 – 179 ch Injection d'essence

Comme 2.2 – 106 ch, sauf:

Carrosserie, poids: (DIN), station-wagon, 5 portes, 5 places; vide dès 1850 kg.

Moteur: (DIN), 6 cyl. en V 90° (101.6×88.4 mm), 4300 cm³; compr. 9:1; 132 kW (179 ch) à 4200/min, 30.7 kW/L (41.7 ch/L); 340 Nm (34.7 mkp) à 2600/min; 92 (R).

Moteur (constr.): désignation L 35; arbre à cames central (chaîne); vilebrequin à 4 paliers; huile 3.8 L; injection monopoint électron. Batterie 45 Ah, alternateur 85 A; refroidissement à eau, capac. 12.2 L.

Transmission: (sur roues AR). Boîte à 5 vit.: I. 3.49; II. 2.16; III. 1.4; IV. 1; V. 0.78; AR 3.55; pont 3.73. Boîte autom. à 4 vit.: I. 3.06; II. 1.63; III. 1.1; IV. 0.7; AR 3.55; pont 3.73.

Train roulant: pneus 235/75 R 15, 7 J.

Performances: Vmax (usine) 180 km/h, V à 1000/min en 5. vit. 46.1 km/h; 0–100 km/h 10.8 s; rapp. poids/puiss. 14 kg/kW (10.3 kg/ch); consomm. (usine) 12.2 L/100 km. *Aut:* Vmax 165 km/h, 0–100 km/h 12.4 s.

Chevrolet Blazer

2.5 – 95 PS Turbodiesel direkt

Wie 2.2 – 106 PS, ausgenommen:

Karosserie, Gewicht: (DIN), Station Wagon, 5 Türen, 5 Sitze; leer ab 1800 kg, max. zul. 2890 kg.

Motor: (DIN), 4 Zyl. in Linie (90.7×97 mm), 2507 cm³; Kompr. 19.5:1; 70 kW (95 PS) bei 3800/min, 27.9 kW/L (37.9 PS/L); 220 Nm (22.4 mkp) bei 1800/min; Dieselöl.

Motorkonstruktion: Bezeichnung Maxxion; direkt eingespritzter Diesel; seitl. Nockenwelle (Zahnräder); Leichtmetall-Zylinderkopf; 5fach gelagerte Kurbelwelle; Öl 6.5 L; Einspritzpumpe, 1 Turbolader. Batterie 54 Ah, Alternator 75 A; Wasserkühlung, Inh. 10.1 L.

Kraftübertragung: (auf Hinterräder). 5-Gang-Getriebe: I. 4.4; II. 2.44; III. 1.5; IV. 1; V. 0.81; R 3.94; Achse 4.56.

Fahrleistungen: Vmax (Red.) 145 km/h, V bei 1000/min in 5. Gang 40.9 km/h; 0–100 km/h 17.5 s; Leistungsgew. 25.7 kg/kW (19 kg/PS); Verbrauch (Red.) 9/12 L/100 km.

2.5 – 95 ch turbodiesel direct

Comme 2.2 – 106 ch, sauf:

Carrosserie, poids: (DIN), station-wagon, 5 portes, 5 places; vide dès 1800 kg, tot. adm. 2890 kg.

Moteur: (DIN), 4 cyl. en ligne (90.7×97 mm), 2507 cm³; compr. 19.5:1; 70 kW (95 ch) à 3800/min, 27.9 kW/L (37.9 ch/L); 220 Nm (22.4 mkp) à 1800/min; gazole.

Moteur (constr.): désignation Maxxion; diesel à injection directe; arbre à cames latéral (pignons); culasse en alliage léger; vilebrequin à 5 paliers; huile 6.5 L; pompe à injection, 1 turbocompr. Batterie 54 Ah, alternateur 75 A; refroidissement à eau, capac. 10.1 L.

Transmission: (sur roues AR). Boîte à 5 vit.: I. 4.4; II. 2.44; III. 1.5; IV. 1; V. 0.81; AR 3.94; pont 4.56.

Performances: Vmax (réd.) 145 km/h, V à 1000/min en 5. vit. 40.9 km/h; 0–100 km/h 17.5 s; rapp. poids/puiss. 25.7 kg/kW (19 kg/ch); consomm. (réd.) 9/12 L/100 km.

Chrysler USA

Chrysler Corporation, 12000 Chrysler Drive, Highland Park, Detroit, Michigan 48288, USA

Drittgrösster Automobilkonzern der Vereinigten Staaten. Stammwerk Chrysler Corporation.

Troisième producteur d'automobiles aux Etats-Unis. Berceau de la Chrysler Corporation.

Chrysler

Chrysler Neon

Kompakte Limousine und Coupé mit Quermotor und Frontantrieb. Ersetzt die Modelle Dodge Shadow und Plymouth Sundance, wird in Europa als Chrysler verkauft. Debüt Herbst 1993.

Berline et coupé compactes avec moteur transv. et traction. Remplace les modèles Dodge Shadow et Plymouth Sundance, est vendue en Europe comme Chrysler. Lancement automne 1993.

2.0 16V – 133 PS Benzineinspritzung
2.0 16V – 133 ch Injection d'essence

Karosserie, Gewicht: (DIN), Limousine, 4 Türen, 5 Sitze; leer ab ca. 1140 kg, max. zul. 1625 kg.
Coupé, 2 Türen, 5 Sitze; leer ab ca. 1100 kg.

Motor: (ECE), 4 Zyl. in Linie (87.5×83 mm), 1996 cm³; Kompr. 9.8:1; 98 kW (133 PS) bei 5850/min, 49.1 kW/L (66.7 PS/L); 175 Nm (17.8 mkp) bei 5000/min; 95 ROZ.

Motorkonstruktion: 4 Ventile in V; 1 obenl. Nockenwellen (Zahnriemen); Leichtmetall-Zylinderkopf; 5fach gelagerte Kurbelwelle; Öl 3.8 L; elektron. Einspritzung.
Batterie 60 Ah, Alternator 85 A; Wasserkühlung, Inh. 6.5 L.

Carrosserie, poids: (DIN), Berline, 4 portes, 5 places; vide dès env. 1140 kg, tot. adm. 1625 kg.
Coupé, 2 portes, 5 places; vide dès env. 1100 kg.

Moteur: (ECE), 4 cyl. en ligne (87.5×83 mm), 1996 cm³; compr. 9.8:1; 98 kW (133 ch) à 5850/min, 49.1 kW/L (66.7 ch/L); 175 Nm (17.8 mkp) à 5000/min; 95 (R).

Moteur (constr.): 4 soupapes en V; 1 arbre à cames en tête (courroie crantée); culasse en alliage léger; vilebrequin à 5 paliers; huile 3.8 L; injection électronique.
Batterie 60 Ah, alternateur 85 A; refroidissement à eau, capac. 6.5 L.

Chrysler Neon

Kraftübertragung: (auf Vorderräder).
5-Gang-Getriebe: I. 3.54; II. 2.13; III. 1.36; IV. 1.03; V. 0.72; R 3.42; Achse 3.94; 3.55.
3-Stufen-Automat: I. 2.69; II. 1.55; III. 1; R 2.1; Achse 2.98; 3.19.

Fahrgestell: Selbsttragende Karosserie; vorn Federbeine und Dreieckquerlenker; hinten Federbeine, Längslenker, doppelte Querlenker, v/h Kurvenstabilisator, Schraubenfedern, Teleskopdämpfer.

Fahrwerk: Vierrad-Scheibenbremse (vorn belüftet), ABS, Bendix; Feststellbremse auf Hinterräder; Zahnstangenlenkung, a.W. mit Servo, Treibstofftank 43 L; Reifen 175/65 HR 14, 185/65 HR 14, Felgen 5.5 J, 6 J.

Dimensionen: Radst. 264 cm, Spur 146/146 cm, Bodenfreih. 12 cm, Wendekreis 10.8 m, Kofferraum 335/365 dm³, Länge 436.5 cm, Breite 171.5 cm, Höhe 137 cm.

Fahrleistungen: Vmax (Werk) 200 km/h, V bei 1000/min im 5. Gang 33.4 km/h; 0–100 km/h 8.8 s; Leistungsgew. 11.3 kg/kW (8.3 kg/PS); Verbr. ECE 6.3/7.8/11.7 L/100 km.
Aut: 0–100 km/h 9.4 s; Verbr. ECE 6.1/7.2/11.5 L/100 km.

Transmission: (sur roues AV).
Boîte à 5 vit.: I. 3.54; II. 2.13; III. 1.36; IV. 1.03; V. 0.72; AR 3.42; pont 3.94; 3.55.
Boîte autom. à 3 vit.: I. 2.69; II. 1.55; III. 1; AR 2.1; pont 2.98; 3.19.

Châssis: carrosserie autoporteuse; AV jambes élast. et leviers triang. transv.; AR jambes élast., bras longitud., leviers transv. doubles; AV/AR barre anti-dévers, ressorts hélic, amortiss. télesc.

Train roulant: quatre freins à disques (AV ventilés), ABS, Bendix; frein de stationnement sur roues AR; direction à crémaillère, s.d. avec servo, réservoir carb. 43 L; pneus 175/65 HR 14, 185/65 HR 14, 5.5 J, 6 J.

Dimensions: empatt. 264 cm, voie 146/146 cm, garde au sol 12 cm, diam. de braq. 10.8 m, coffre 335/365 dm³, longueur 436.5 cm, largeur 171.5 cm, hauteur 137 cm.

Performances: Vmax (usine) 200 km/h, V à 1000/min en 5. vit. 33.4 km/h; 0–100 km/h 8.8 s; rapp. poids/puiss. 11.3 kg/kW (8.3 kg/ch); consomm. ECE 6.3/7.8/11.7 L/100 km.
Aut: 0–100 km/h 9.4 s; consomm. ECE 6.1/7.2/11.5 L/100 km.

2.0 16V – 147 PS Benzineinspritzung
2.0 16V – 147 ch Injection d'essence

Wie 2.0 – 133 PS, ausgenommen:

Karosserie, Gewicht: (DIN), Limousine, 4 Türen, 5 Sitze; leer ab ca. 1150 kg.

Motor: (SAE), 4 Zyl. in Linie (87.5×83 mm), 1996 cm³; Kompr. 9.6:1; 108 kW (147 PS) bei 6600/min, 54.1 kW/L (73.6 PS/L); 174 Nm (17.7 mkp) bei 5500/min; 91 ROZ.

Comme 2.0 – 133 ch, sauf:

Carrosserie, poids: (DIN), Berline, 4 portes, 5 places; vide dès env. 1150 kg.

Moteur: (SAE), 4 cyl. en ligne (87.5×83 mm), 1996 cm³; compr. 9.6:1; 108 kW (147 ch) à 6600/min, 54.1 kW/L (73.6 ch/L); 174 Nm (17.7 mkp) à 5500/min; 91 (R).

Motorkonstruktion: 4 Ventile in V; 2 obenl. Nockenwellen (Zahnriemen); Leichtmetall-Zylinderkopf; 5fach gelagerte Kurbelwelle; Öl 3.8 L; elektron. Einspritzung.
Batterie 60 Ah, Alternator 85 A; Wasserkühlung, Inh. 6.5 L.

Kraftübertragung: (auf Vorderräder).
5-Gang-Getriebe: I. 3.54; II. 2.13; III. 1.36; IV. 1.03; V. 0.81; R 3.42; Achse 3.94.

Fahrleistungen: Vmax (Red.) 210 km/h, 0–100 km/h 8.5 s; Leistungsgew. 10.1 kg/kW (7.4 kg/PS); Verbrauch (Red.) 6/12 L/100 km.

Moteur (constr.): 4 soupapes en V; 2 arbres à cames en tête (courroie crantée); culasse en alliage léger; vilebrequin à 5 paliers; huile 3.8 L; injection électronique.
Batterie 60 Ah, alternateur 85 A; refroidissement à eau, capac. 6.5 L.

Transmission: (sur roues AV).
Boîte à 5 vit.: I. 3.54; II. 2.13; III. 1.36; IV. 1.03; V. 0.81; AR 3.42; pont 3.94.

Performances: Vmax (réd.) 210 km/h, 0–100 km/h 8.5 s; rapp. poids/puiss. 10.1 kg/kW (7.4 kg/ch); consomm. (Red.) 6/12 L/100 km.

Chrysler Stratus – Cirrus

Nachfolger der LeBaron-Limousine mit Quermotor und Frontantrieb. Debüt als Prototyp Januar 1994 (Auto Show Detroit & Los Angeles). Exportbezeichnung Stratus.

Successeur de la berline LeBaron avec moteur transv. et traction. Lancement comme prototype janv. 1994 (Auto Show Detroit & Los Angeles). Désign. pour l'export. Stratus.

2.0 16V – 133 PS Benzineinspritzung
2.0 16V – 133 ch Injection d'essence

Karosserie, Gewicht: (DIN), Limousine, 4 Türen, 5 Sitze; leer ab 1350 kg, max. zul. 1865 kg.

Motor: (ECE), 4 Zyl. in Linie (87.5×83 mm), 1996 cm³; Kompr. 9.8:1; 98 kW (133 PS) bei 5850/min, 49.1 kW/L (66.8 PS/L); 174 Nm (17.7 mkp) bei 4550/min; 95 ROZ.

Motorkonstruktion: 4 Ventile in V; 1 obenl. Nockenwelle (Zahnriemen); Leichtmetall-Zylinderkopf; 5fach gelagerte Kurbelwelle; Öl 4.7 L; elektron. Einspritzung.
Batterie 60 Ah, Alternator 90 A; Wasserkühlung, Inh. 8 L.

Kraftübertragung: (auf Vorderräder).
5-Gang-Getriebe: I. 3.54; II. 2.12; III. 1.36; IV. 1.03; V. 0.72; R 3.42; Achse 3.94.

Fahrgestell: Selbsttragende Karosserie; v/h Einzelradaufhängung; vorn doppelte Dreieckquerlenker; hinten doppelte Querlenker, Längslenker, v/h Kurvenstabilisator, Schraubenfedern, Teleskopdämpfer.

Fahrwerk: Vierrad-Scheibenbremse (vorn belüftet), Scheiben-⌀ v. 28.2 cm, a.W. ABS, Feststellbremse auf Hinterräder; Zahnstangenlenkung mit Servo, Treibstofftank 60 L; Reifen 185/65 R 15, 195/65 R 15, Felgen 6 J.

Dimensionen: Radstand 274 cm, Spur 153/153 cm, Bodenfreih. 14 cm, Wendekreis 11.8 m, Kofferraum 440 dm³, Länge 475 cm, Breite 182 cm, Höhe 137 cm.

Fahrleistungen: Vmax (Werk) 205 km/h, V bei 1000/min im 5. Gang 40.1 km/h; 0–100 km/h 10.9 s; Leistungsgew. 14.1 kg/kW (10.3 kg/PS); Verbr. EU 7/12.6 L/100 km.

Carrosserie, poids: (DIN), Berline, 4 portes, 5 places; vide dès 1350 kg, tot. adm. 1865 kg.

Moteur: (ECE), 4 cyl. en ligne (87.5×83 mm), 1996 cm³; compr. 9.8:1; 98 kW (133 ch) à 5850/min, 49.1 kW/L (66.8 ch/L); 174 Nm (17.7 mkp) à 4550/min; 95 (R).

Moteur (constr.): 4 soupapes en V; 1 arbre à cames en tête (courroie crantée); culasse en alliage léger; vilebrequin à 5 paliers; huile 4.7 L; injection électronique.
Batterie 60 Ah, alternateur 90 A; refroidissement à eau, capac. 8 L.

Transmission: (sur roues AV).
Boîte à 5 vit.: I. 3.54; II. 2.12; III. 1.36; IV. 1.03; V. 0.72; AR 3.42; pont 3.94.

Châssis: carrosserie autoporteuse; AV/AR suspension à roues indép.; AV leviers triang. transv. doubles; AR leviers triang. superior, leviers transv. doubles, bras longitud.; AV/AR barre anti-dévers, ressorts hélic, amortiss. télesc.

Train roulant: quatre freins à disques (AV ventilés), ⌀ disques AV 28.2 cm, ABS s. d., frein de stationnement sur roues AR; servo-direction à crémaillère, réservoir carb. 60 L; pneus 185/65 R 15, 195/65 R 15, jantes 6 J.

Dimensions: empattement 274 cm, voie 153/153 cm, garde au sol 14 cm, diam. de braq. 11.8 m, coffre 440 dm³, longueur 475 cm, largeur 182 cm, hauteur 137 cm.

Performances: Vmax (usine) 205 km/h, V à 1000/min en 5. vit. 40.1 km/h; 0–100 km/h 10.9 s; rapp. poids/puiss. 14.1 kg/kW (10.3 kg/ch); consomm. EU 7/12.6 L/100 km.

Chrysler Stratus

Chrysler

2.4 16V – 152 PS
Benzineinspritzung

Wie 2.0 – 133 PS, ausgenommen:

Karosserie, Gewicht: (DIN), Limousine, 4 Türen, 5 Sitze; leer ab 1395 kg.

Motor: (SAE), 4 Zyl. in Linie (87.5×101 mm), 2429 cm³; Kompr. 9.4:1; 112 kW (152 PS) bei 5200/min, 46.1 kW/L (62.7 PS/L); 223 Nm (22.7 mkp) bei 4000/min; 91 ROZ.

Motorkonstruktion: 4 Ventile in V; 2 obenl. Nockenwellen (Zahnriemen); Leichtmetall-Zylinderkopf; 5fach gelagerte Kurbelwelle; Öl 4.3 L; elektron. Einspritzung. Batterie 60 Ah, Alternator 90 A; Wasserkühlung, Inh. 8.5 L.

Kraftübertragung: (auf Vorderräder). 4-Stufen-Automat: I. 2.84; II. 1.57; III. 1; IV. 0.69; R 2.21; Achse 3.91.

Fahrwerk: Bremse, vorne Scheiben (belüftet), hinten Trommeln, Reifen 195/65 R 15, Felgen 6 J.

Fahrleistungen: Vmax (Red.) über 200 km/h, V bei 1000/min in 4. Gang 43 km/h; 0–100 km/h 11 s; Leistungsgew. 12.5 kg/kW (9.2 kg/PS); Verbrauch EPA 8.1/11.2 L/100 km.

2.5 V6 24V – 163 PS
Benzineinspritzung

Wie 2.0 – 133 PS, ausgenommen:

Karosserie, Gewicht: (DIN), Limousine, 4 Türen, 5 Sitze; leer ab 1435 kg.

Motor: (ECE), 6 Zyl. in V 60° (83.5×76 mm), 2497 cm³; Kompr. 9.4:1; 120 kW (163 PS) bei 5850/min, 48.1 kW/L (65.3 PS/L); 214 Nm (21.8 mkp) bei 4400/min; 91 ROZ. SAE: 125 kW (170 PS).

Motorkonstruktion: 4 Ventile in V; 2×1 obenl. Nockenwelle (Zahnriemen); Leichtmetall-Zylinderköpfe; 4fach gelagerte Kurbelwelle; Öl 3.8 L; elektron. Einspritzung. Batterie 60 Ah, Alternator 90 A; Wasserkühlung, Inh. 10 L.

Kraftübertragung: (auf Vorderräder). 4-Stufen-Automat: I. 2.84; II. 1.57; III. 1; IV. 0.69; R 2.21; Achse 3.91.

Fahrwerk: Vierrad-Scheibenbremse (vorn belüftet), einige Modelle hinten Trommeln, Reifen 185/65 R 15, 195/65 R 15, Felgen 6 J.

Fahrleistungen: Vmax (Werk) 210 km/h, 0–100 km/h 10.5 s; Leistungsgew. 12.2 kg/kW (8.9 kg/PS); Verbrauch EU 8.4/15.7 L/100 km.

Chrysler Stratus/Sebring Convertible

Cabriolet basierend auf dem Stratus/Cirrus bzw. Sebring mit Vier- oder Sechszylindermotor (2.0/2.4/2.5-V6). Début Herbst 1995.

2.0 16V – 133 PS
Benzineinspritzung

Karosserie, Gewicht: (DIN), Cabriolet, 2 Türen, 4 Sitze; leer ab 1510 kg, max. zul. 1890 kg.

Motor: (ECE), 4 Zyl. in Linie (87.5×83 mm), 1996 cm³; Kompr. 9.8:1; 98 kW (133 PS) bei 5850/min, 49.1 kW/L (66.7 PS/L); 175 Nm (17.8 mkp) bei 4950/min; 95 ROZ.

Motorkonstruktion: 4 Ventile in V; 1 obenl. Nockenwelle (Zahnriemen); Leichtmetall-Zylinderkopf; 5fach gelagerte Kurbelwelle; Öl 3.8 L; elektron. Einspritzung. Batterie 60 Ah, Alternator 125 A; Wasserkühlung, Inh. 10 L.

2.4 16V – 152 ch
Injection d'essence

Comme 2.0 – 133 ch, sauf:

Carrosserie, poids: (DIN), Berline, 4 portes, 5 places; vide dès 1395 kg.

Moteur: (SAE), 4 cyl. en ligne (87.5×101 mm), 2429 cm³; compr. 9.4:1; 112 kW (152 ch) à 5200/min, 46.1 kW/L (62.7 ch/L); 223 Nm (22.7 mkp) à 4000/min; 91 (R).

Moteur (constr.): 4 soupapes en V; 2 arbres à cames en tête (courroie crantée); culasse en alliage léger; vilebrequin à 5 paliers; huile 4.3 L; injection électronique. Batterie 60 Ah, alternateur 90 A; refroidissement à eau, capac. 8.5 L.

Transmission: (sur roues AV). Boîte autom. à 4 vit.: I. 2.84; II. 1.57; III. 1; IV. 0.69; AR 2.21; pont 3.91.

Train roulant: frein, AV à disques (ventilés), AR à tambours, pneus 195/65 R 15, jantes 6 J.

Performances: Vmax (réd.) plus de 200 km/h, V à 1000/min en 4. vit. 43 km/h; 0–100 km/h 11 s; rapp. poids/puiss. 12.5 kg/kW (9.2 kg/ch); consomm. EPA 8.1/11.2 L/100 km.

2.5 V6 24V – 163 ch
Injection d'essence

Comme 2.0 – 133 ch, sauf:

Carrosserie, poids: (DIN), Berline, 4 portes, 5 places; vide dès 1435 kg.

Moteur: (ECE), 6 cyl. en V 60° (83.5×76 mm), 2497 cm³; compr. 9.4:1; 120 kW (163 ch) à 5850/min, 48.1 kW/L (65.3 ch/L); 214 Nm (21.8 mkp) à 4400/min; 91 (R). SAE: 125 kW (170 PS).

Moteur (constr.): 4 soupapes en V; 2×1 arbre à cames en tête (courroie crantée); culasses en alliage léger; vilebrequin à 4 paliers; huile 3.8 L; injection électronique. Batterie 60 Ah, alternateur 90 A; refroidissement à eau, capac. 10 L.

Transmission: (sur roues AV). Boîte autom. à 4 vit.: I. 2.84; II. 1.57; III. 1; IV. 0.69; AR 2.21; pont 3.91.

Train roulant: quatre freins à disques (AV ventilés), quelques modèles AR à tambours, pneus 185/65 R 15, 195/65 R 15, jantes 6 J.

Performances: Vmax (usine) 210 km/h, 0–100 km/h 10.5 s; rapp. poids/puiss. 12.2 kg/kW (8.9 kg/ch); consomm. EU 8.4/15.7 L/100 km.

Chrysler Stratus/Sebring Convertible

Cabriolet basant sur la Stratus/Cirrus resp. Sebirng avec moteur à quatre ou six cyl. (2.0/2.4/2.5-V6). Lancement automne 1995.

2.0 16V – 133 ch
Injection d'essence

Carrosserie, poids: (DIN), cabriolet, 2 portes, 4 places; vide dès 1510 kg, tot. adm. 1890 kg.

Moteur: (ECE), 4 cyl. en ligne (87.5×83 mm), 1996 cm³; compr. 9.8:1; 98 kW (133 ch) à 5850/min, 49.1 kW/L (66.7 ch/L); 175 Nm (17.8 mkp) à 4950/min; 95 (R).

Moteur (constr.): 4 soupapes en V; 1 arbre à cames en tête (courroie crantée); culasse en alliage léger; vilebrequin à 5 paliers; huile 3.8 L; injection électronique. Batterie 60 Ah, alternateur 125 A; refroidissement à eau, capac. 10 L.

Chrysler Stratus Convertible

Kraftübertragung: (auf Vorderräder). 5-Gang-Getriebe: I. 3.54; II. 2.13; III. 1.36; IV. 1.03; V. 0.81; R 3.42; Achse 3.94.

Fahrgestell: Selbsttragende Karosserie; v/h Einzelradaufhängung; vorn doppelte Dreieckquerlenker; hinten obere Dreieckquerlenker, doppelte Querlenker, Längslenker; v/h Kurvenstabilisator, Schraubenfedern, Teleskopdämpfer.

Fahrwerk: Vierrad-Scheibenbremse (vorn belüftet), mit Servo, Scheiben-Ø v. 26 cm, a.W. ABS, Feststellbremse auf Hinterräder; Zahnstangenlenkung mit Servo, Treibstofftank 60 L; Reifen 195/60 R 15, 215/55 R 16, Felgen 6 J, 6.5 J.

Dimensionen: Radstand 269 cm, Spur 153/153 cm, Bodenfreih. 16 cm, Wendekreis 12.2 m, Kofferraum 320 dm³, Länge 490 cm, Breite 178 cm, Höhe 139 cm.

Fahrleistungen: Vmax (Werk) 193 km/h, V bei 1000/min im 5. Gang 35.3 km/h; 0–100 km/h 14.4 s; Leistungsgew. 15.4 kg/kW (11.4 kg/PS); Verbr. EU 7.3/12.6 L/100 km.

2.4 16V – 152 PS
Benzineinspritzung

Wie 2.0 – 133 PS, ausgenommen:

Karosserie, Gewicht: (DIN), Cabriolet, 2 Türen, 4 Sitze; leer ab 1520 kg, max. zul. 1900 kg.

Motor: (SAE), 4 Zyl. in Linie (87.5×101 mm), 2429 cm³; Kompr. 9.4:1; 112 kW (152 PS) bei 5200/min, 46.1 kW/L (62.7 PS/L); 226 Nm (23 mkp) bei 4000/min; 91 ROZ.

Motorkonstruktion: 4 Ventile in V; 2 obenl. Nockenwellen (Zahnriemen); Leichtmetall-Zylinderkopf; 5fach gelagerte Kurbelwelle; Öl 4.3 L; elektron. Einspritzung. Batterie 60 Ah, Alternator 125 A; Wasserkühlung, Inh. 8.5 L.

Kraftübertragung: (auf Vorderräder). 4-Stufen-Automat: I. 2.84; II. 1.57; III. 1; IV. 0.69; R 2.21; Achse 3.91.

Fahrwerk: Bremse, vorne Scheiben (belüftet), hinten Trommeln, Zahnstangenlenkung, a.W. mit Servo, Reifen 205/65 R 15, 215/55 R 16, Felgen 6 J, 6.5 J.

Transmission: (sur roues AV). Boîte à 5 vit.: I. 3.54; II. 2.13; III. 1.36; IV. 1.03; V. 0.81; AR 3.42; pont 3.94.

Châssis: carrosserie autoporteuse; AV/AR suspension à roues indép.; AV leviers triang. transv. doubles; AR leviers triang. superieur, leviers transv. doubles, bras longitud.; AV/AR barre anti-dévers, ressorts hélic, amortiss. télesc.

Train roulant: quatre freins à disques (AV ventilés), avec servo, Ø disques AV 26 cm, ABS s. d., frein de stationnement sur roues AR; servodirection à crémaillère, réservoir carb. 60 L; pneus 195/60 R 15, 215/55 R 16, jantes 6 J, 6.5 J.

Dimensions: empattement 269 cm, voie 153/153 cm, garde au sol 16 cm, diam. de braq. 12.2 m, coffre 320 dm³, longueur 490 cm, largeur 178 cm, hauteur 139 cm.

Performances: Vmax (usine) 193 km/h, V à 1000/min en 5. vit. 35.3 km/h; 0–100 km/h 14.4 s; rapp. poids/puiss. 15.4 kg/kW (11.4 kg/PS); Verbr. EU 7.3/12.6 L/100 km.

2.4 16V – 152 ch
Injection d'essence

Comme 2.0 – 133 ch, sauf:

Carrosserie, poids: (DIN), cabriolet, 2 portes, 4 places; vide dès 1520 kg, tot. adm. 1900 kg.

Moteur: (SAE), 4 cyl. en ligne (87.5×101 mm), 2429 cm³; compr. 9.4:1; 112 kW (152 ch) à 5200/min, 46.1 kW/L (62.7 ch/L); 226 Nm (23 mkp) à 4000/min; 87 (R).

Moteur (constr.): 4 soupapes en V; 2 arbres à cames en tête (courroie crantée); culasse en alliage léger; vilebrequin à 5 paliers; huile 4.3 L; injection électronique. Batterie 60 Ah, alternateur 125 A; refroidissement à eau, capac. 8.5 L.

Transmission: (sur roues AV). Boîte autom. à 4 vit.: I. 2.84; II. 1.57; III. 1; IV. 0.69; AR 2.21; pont 3.91.

Train roulant: frein, AV à disques (ventilés), AR à tambours, direction à crémaillère, s.d. avec servo, pneus 205/65 R 15, 215/55 R 16, jantes 6 J, 6.5 J.

Chrysler Stratus Convertible

Chrysler

Fahrleistungen: Vmax (Red.) 200 km/h, V bei 1000/min im 4. Gang 43.9 km/h; Leistungsgew. 13.6 kg/kW (10 kg/PS); Verbrauch EPA 8.1/11.2 L/100 km.

2.5 V6 24V – 163 PS Benzineinspritzung

Wie 2.0 – 133 PS, ausgenommen:

Karosserie, Gewicht: (DIN), Cabriolet, 2 Türen, 4 Sitze; leer ab 1585 kg, max. zul. 1965 kg.

Motor: (ECE/SAE), 6 Zyl. in V 60° (83.5×76 mm), 2497 cm³; Kompr. 9.4:1; 120 kW (163 PS) bei 5850/min, 48.1 kW/L (65.3 PS/L); 218 Nm (22.2 mkp) bei 4400/min; 91 ROZ.

Motorkonstruktion: 4 Ventile in V; 2×1 obenl. Nockenwelle (Zahnriemen); Leichtmetall-Zylinderköpfe; 4fach gelagerte Kurbelwelle; Öl 4.3 L; elektron. Einspritzung. Alternator 125 A; Wasserkühlung, Inh. 10 L.

Kraftübertragung: (auf Vorderräder). 4-Stufen-Automat: I. 2.84; II. 1.57; III. 1; IV. 0.69; R 2.21; Achse 3.75.

Fahrwerk: ABS, Reifen 195/60 R 15, 215/55 R 16, Felgen 6 J, 6.5 J.

Fahrleistungen: Vmax (Werk) 195 km/h, V bei 1000/min im 4. Gang 45.4 km/h; 0–100 km/h 12.1 s; Leistungsgew. 13.2 kg/kW (9.7 kg/PS); Verbrauch EU 8.8/16.5 L/100 km.

Chrysler Sebring

Zweitüriges Coupé mit Quermotor und Frontantrieb, 2-Liter-Vierzylinder oder 2.5 V6, beide mit Vierventiltechnik. Debüt Herbst 1994.

2.0 16V – 141 PS Benzineinspritzung

Karosserie, Gewicht: (DIN), Coupé, 2 Türen, 5 Sitze; leer ab ca. 1335 kg.

Motor: (SAE), 4 Zyl. in Linie (87.5×83 mm), 1996 cm³; Kompr. 9.6:1; 104 kW (141 PS) bei 6000/min, 52.1 kW/L (70.8 PS/L); 177 Nm (18 mkp) bei 4800/min; 91 ROZ.

Motorkonstruktion: 4 Ventile in V; 2 obenl. Nockenwellen (Zahnriemen); Leichtmetall-Zylinderkopf; 5fach gelagerte Kurbelwelle; Öl 4.7 L; elektron. Einspritzung. Batterie 430 A, Alternator 90 A; Wasserkühlung, Inh. 7 L.

Kraftübertragung: (auf Vorderräder). 5-Gang-Getriebe: I. 3.54; II. 2.13; III. 1.36; IV. 1.03; V. 0.81; R 3.42; Achse 3.94. 4-Stufen-Automat: I. 2.84; II. 1.57; III. 1; IV. 0.69; R 2.21; Achse 3.91.

Chrysler Sebring LXI

Performances: Vmax (réd.) 200 km/h, V à 1000/min en 4. vit. 43.9 km/h; rapp. poids/puiss. 13.6 kg/kW (10 kg/ch); consomm. EPA 8.1/11.2 L/100 km.

2.5 V6 24V – 163 ch Injection d'essence

Comme 2.0 – 133 ch, sauf:

Carrosserie, poids: (DIN), cabriolet, 2 portes, 4 places; vide dès 1585 kg, tot. adm. 1965 kg.

Moteur: (ECE/SAE), 6 cyl. en V 60° (83.5×76 mm), 2497 cm³; compr. 9.4:1; 120 kW (163 ch) à 5850/min, 48.1 kW/L (65.3 ch/L); 218 Nm (22.2 mkp) à 4400/min; 91 (R).

Moteur (constr.): 4 soupapes en V; 2×1 arbre à cames en tête (courroie crantée); culasses en alliage léger; vilebrequin à 4 paliers; huile 4.3 L; injection électronique. alternateur 125 A; refroidissement à eau, capac. 10 L.

Transmission: (sur roues AV). Boîte autom. à 4 vit.: I. 2.84; II. 1.57; III. 1; IV. 0.69; AR 2.21; pont 3.75.

Train roulant: ABS, pneus 195/60 R 15, 215/55 R 16, jantes 6 J, 6.5 J.

Performances: Vmax (usine) 195 km/h, V à 1000/min en 4. vit. 45.4 km/h; 0–100 km/h 12.1 s; rapp. poids/puiss. 13.2 kg/kW (9.7 kg/ch); consomm. EU 8.8/16.5 L/100 km.

Chrysler Sebring

Coupé 2 portes avec moteur transversal et traction AV, 2 litres 4 cyl. ou 2.5 V6 avec 4 soupapes par cyl. Lancement automne 1994.

2.0 16V – 141 ch Injection d'essence

Carrosserie, poids: (DIN), Coupé, 2 portes, 5 places; vide dès env. 1335 kg.

Moteur: (SAE), 4 cyl. en ligne (87.5×83 mm), 1996 cm³; compr. 9.6:1; 104 kW (141 ch) à 6000/min, 52.1 kW/L (70.8 ch/L); 177 Nm (18 mkp) à 4800/min; 91 (R).

Moteur (constr.): 4 soupapes en V; 2 arbres à cames en tête (courroie crantée); culasse en alliage léger; vilebrequin à 5 paliers; huile 4.7 L; injection électronique. Batterie 430 A, alternateur 90 A; refroidissement à eau, capac. 7 L.

Transmission: (sur roues AV). Boîte à 5 vit.: I. 3.54; II. 2.13; III. 1.36; IV. 1.03; V. 0.81; AR 3.42; pont 3.94. Boîte autom. à 4 vit.: I. 2.84; II. 1.57; III. 1; IV. 0.69; AR 2.21; pont 3.91.

Fahrgestell: Selbsttragende Karosserie; v/h Einzelradaufhängung; vorn doppelte Dreieckquerlenker; hinten obere Dreieckquerlenker, doppelte Querlenker, Längslenker; v/h Kurvenstabilisator, Schraubenfedern, Teleskopdämpfer.

Fahrwerk: Bremse, vorne Scheiben (belüftet), hinten Trommeln, Scheiben-∅ v. 25.4 cm, a.W. ABS, Bosch; Feststellbremse auf Hinterräder; Zahnstangenlenkung mit Servo, Treibstofftank 64 L; Reifen 195/70 HR 14, 205/55 HR 16, Felgen 5.5 J, 6 J.

Dimensionen: Radstand 263.5 cm, Spur 151/150.5 cm, Bodenfreih. 14 cm, Wendekreis 12.2 m, Kofferraum 370 dm³, Länge 485 cm, Breite 177 cm, Höhe 134 cm.

Fahrleistungen: Vmax (Red.) 200 km/h, V bei 1000/min in 5. Gang 40.8 km/h; 0–100 km/h 11 s; Leistungsgew. 12.8 kg/kW (9.5 kg/PS); Verbrauch (Red.) 8/12 L/100 km.

Chrysler Sebring

2.5 V6 24V – 166 PS Benzineinspritzung

Wie 2.0 – 141 PS, ausgenommen:

Karosserie, Gewicht: (DIN), Coupé, 2 Türen, 5 Sitze; leer ab ca. 1450 kg.

Motor: (SAE), 6 Zyl. in V 60° (83.5×76 mm), 2497 cm³; Kompr. 9.4:1; 122 kW (166 PS) bei 5500/min, 48.9 kW/L (66.4 PS/L); 230 Nm (23.4 mkp) bei 4400/min; 91 ROZ.

Motorkonstruktion: 4 Ventile in V; 2×1 obenl. Nockenwelle (Zahnriemen); Leichtmetall-Zylinderköpfe; 4fach gelagerte Kurbelwelle; Öl 4.7 L; elektron. Einspritzung. Alternator 110 A; Wasserkühlung, Inh. 8 L.

Kraftübertragung: (auf Vorderräder). 4-Stufen-Automat: I. 2.84; II. 1.57; III. 1; IV. 0.69; R 2.21; Achse 3.91.

Fahrwerk: Vierrad-Scheibenbremse (vorn belüftet), h. 26.2 cm, Reifen 205/55 HR 16, 215/50 ZR 17, Felgen 6 J.

Fahrleistungen: Vmax (Red.) 210 km/h, V bei 1000/min in 4. Gang 47.5 km/h; 0–100 km/h 10.5 s; Leistungsgew. 11.9 kg/kW (8.7 kg/PS); Verbrauch (Red.) 9/14 L/100 km.

Chrysler Concorde '98

Neues Modell. Limousine mit Frontantrieb, wird in Bramalea/Ontario, Kanada gebaut. Debüt Concorde/LH Januar 1992. Neuauflage Detroit, Januar 1997. Provisorische Daten.

2.7 V6 24V – 203 PS Benzineinspritzung

Karosserie, Gewicht: (DIN), Limousine, 4 Türen, 5 Sitze; leer ab 1570 kg.

Motor: (SAE), 6 Zyl. in V 60° (86×78.5 mm), 2736 cm³; Kompr. 9.7:1; 149 kW (203 PS) bei 6000/min, 54.5 kW/L (74 PS/L); 255 Nm (26 mkp) bei 4900/min; 91 ROZ.

Châssis: carrosserie autoporteuse; AV/AR suspension à roues indép.; AV leviers triang. transv. doubles; AR leviers triang. superieur, leviers transv. doubles, bras longitud.; AV/AR barre anti-dévers, ressorts hélic, amortiss. télesc.

Train roulant: frein, AV à disques (ventilés), AR à tambours, ∅ disques AV 25.4 cm, ABS s. d., Bosch; frein de stationnement sur roues AR; servodirection à crémaillère, réservoir carb. 64 L; pneus 195/70 HR 14, 205/55 HR 16, jantes 5.5 J, 6 J.

Dimensions: empattement 263.5 cm, voie 151/150.5 cm, garde au sol 14 cm, diam. de braq. 12.2 m, coffre 370 dm³, longueur 485 cm, largeur 177 cm, hauteur 134 cm.

Performances: Vmax (réd.) 200 km/h, V à 1000/min en 5. vit. 40.8 km/h; 0–100 km/h 11 s; rapp. poids/puiss. 12.8 kg/kW (9.5 kg/ch); consomm. (Red.) 8/12 L/100 km.

2.5 V6 24V – 166 ch Injection d'essence

Comme 2.0 – 141 ch, sauf:

Carrosserie, poids: (DIN), Coupé, 2 portes, 5 places; vide dès env. 1450 kg.

Moteur: (SAE), 6 cyl. en V 60° (83.5×76 mm), 2497 cm³; compr. 9.4:1; 122 kW (166 ch) à 5500/min, 48.9 kW/L (66.4 ch/L); 230 Nm (23.4 mkp) à 4400/min; 91 (R).

Moteur (constr.): 4 soupapes en V; 2×1 arbre à cames en tête (courroie crantée); culasses en alliage léger; vilebrequin à 4 paliers; huile 4.7 L; injection électronique. Altern. 110 A; refroidiss. à eau, capac. 8 L.

Transmission: (sur roues AV). Boîte autom. à 4 vit.: I. 2.84; II. 1.57; III. 1; IV. 0.69; AR 2.21; pont 3.91.

Train roulant: quatre freins à disques (AV ventilés), AR 26.2 cm, pneus 205/55 HR 16, 215/50 ZR 17, jantes 6 J.

Performances: Vmax (réd.) 210 km/h, V à 1000/min en 4. vit. 47.5 km/h; 0–100 km/h 10.5 s; rapp. poids/puiss. 11.9 kg/kW (8.7 kg/ch); consomm. (Red.) 9/14 L/100 km.

Chrysler Concorde '98

Nouveau modèle. Berline avec traction, est produite en Bramalea/Ontario, Canada. Lancement Concorde/LH janv. 1992. Nouvelle édition janv. 1997 (Detroit). Données provisoires.

2.7 V6 24V – 203 ch Injection d'essence

Carrosserie, poids: (DIN), Berline, 4 portes, 5 places; vide dès 1570 kg.

Moteur: (SAE), 6 cyl. en V 60° (86×78.5 mm), 2736 cm³; compr. 9.7:1; 149 kW (203 ch) à 6000/min, 54.5 kW/L (74 ch/L); 255 Nm (26 mkp) à 4900/min; 91 (R).

| CHRYSLER STRATUS | SCHON AB FR. 39 900.– (inkl. MWST) |

Das Wichtigste im Leben ist, ein Ziel zu haben. Schön zu wissen, wie man es erreicht.

Ein Ziel im Leben kann der Anspruch auf erstklassige Mobilität sein. Ein hoher Anspruch, der aber nicht unbezahlbar sein muss. Der Stratus vereint Eleganz, Dynamik, Sicherheit und natürlich Komfort auf höchstem Niveau. Er ist für Fahrer gedacht, die aussergewöhnliche Ansprüche stellen und eine äusserst komplette Serienausstattung zu schätzen wissen. Sein moderner 2,5-Liter-V6-Motor leistet 120 kW/163 PS, die über ein elektronisch gesteuertes 4-Stufen-Automatikgetriebe auf die Vorderräder übertragen werden; mit einem Autostick können die Gänge übrigens auch manuell geschaltet werden. Die sportliche Fahrwerkabstimmung und das präzise Handling machen es einem dabei leicht, ein Ziel auch sicher zu erreichen.

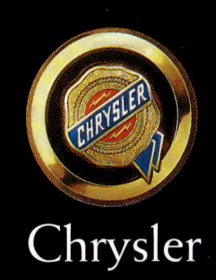

Chrysler

GENERALVERTRETUNG FÜR DIE SCHWEIZ UND DAS FÜRSTENTUM LIECHTENSTEIN:
CHRYSLER JEEP IMPORT (SWITZERLAND) AG, VULKANSTRASSE 120, 8048 ZÜRICH, 01/434 82 00.

Chrysler

Motorkonstruktion: 4 Ventile in V; 2×2 obenl. Nockenwellen (Ketten); Leichtmetall-Zylinderköpfe und -block; 4fach gelagerte Kurbelwelle; Öl 3.8 L; elektron. Einspr.

Batterie 60 Ah, Alternator 90 A; Wasserkühlung, Inh. 8.2 L.

Kraftübertragung: (auf Vorderräder).

4-Stufen-Automat: I. 2.84; II. 1.57; III. 1; IV. 0.69; R 2.21; Achse 3.66.

Fahrgestell: Selbsttragende Karosserie; v/h Einzelradaufhängung; vorn Federbeine und Dreieckquerlenker; hinten Federbeine, Längslenker, doppelte Querlenker; v/h Kurvenstabilisator, Schraubenfedern, Teleskopdämpfer.

Fahrwerk: Vierrad-Scheibenbremse (vorn belüftet), Scheiben-Ø v. 28.2 cm, h. 27 cm, ABS, Teves; Feststellbremse auf Hinterräder; Zahnstangenlenkung mit Servo, Treibstofftank 68 L; Reifen 225/60 VR 16, Felgen 7 J.

Dimensionen: Radstand 287 cm, Spur 157.5/157.5 cm, Bodenfreih. 15 cm, Wendekreis 12.3 m, Kofferraum 530 dm³, Länge 531 cm, Breite 190 cm, Höhe 142 cm.

Fahrleistungen: Vmax (Red.) 200 km/h, 0–100 km/h 11 s; Leistungsgew. 10.5 kg/kW (7.7 kg/PS); Verbrauch (Red.) 9/14 L/100 km.

Moteur (constr.): 4 soupapes en V; 2×2 arbres à cames en tête (chaînes); culasses et bloc-cyl. en alliage léger; vilebrequin à 4 paliers; huile 3.8 L; injection électronique.

Batterie 60 Ah, alternateur 90 A; refroidissement à eau, capac. 8.2 L.

Transmission: (sur roues AV).

Boîte autom. à 4 vit.: I. 2.84; II. 1.57; III. 1; IV. 0.69; AR 2.21; pont 3.66.

Châssis: carrosserie autoporteuse; AV/AR suspension à roues indép.; AV jambes élast. et leviers triang. transv.; AR jambes élast., bras longitud., leviers transv. doubles; AV/AR barre anti-dévers, ressorts hélic, amortiss. télesc.

Train roulant: quatre freins à disques (AV ventilés), Ø disques AV 28.2 cm, AR 27 cm, ABS, Teves; frein de stationnement sur roues AR; servodirection à crémaillère, réservoir carb. 68 L; pneus 225/60 VR 16, jantes 7 J.

Dimensions: empattement 287 cm, voie 157.5/157.5 cm, garde au sol 15 cm, diam. de braq. 12.3 m, coffre 530 dm³, longueur 531 cm, largeur 190 cm, hauteur 142 cm.

Performances: Vmax (réd.) 200 km/h, 0–100 km/h 11 s; rapp. poids/puiss. 10.5 kg/kW (7.7 kg/ch); consomm. (Red.) 9/14 L/100 km.

Chrysler Concorde

3.2 V6 24V – 223 PS Benzineinspritzung

Wie 2.7 – 203 PS, ausgenommen:

Karosserie, Gewicht: (DIN), Limousine, 4 Türen, 5 Sitze; leer ab 1570 kg.

Motor: (SAE), 6 Zyl. in V 60° (92×81 mm), 3231 cm³; Kompr. 9.5:1; 164 kW (223 PS) bei 6600/min, 50.8 kW/L (69 PS/L); 301 Nm (30.7 mkp) bei 4000/min; 91 ROZ.

Motorkonstruktion: 4 Ventile in V; 2×1 obenl. Nockenwelle (Zahnriemen); Leichtmetall-Zylinderköpfe und -block; 4fach gelagerte Kurbelwelle; Öl 3.8 L; elektron. Einspritzung.

Batterie 60 Ah, Alternator 90 A; Wasserkühlung, Inh. 7.8 L.

Kraftübertragung: (auf Vorderräder).

4-Stufen-Automat: I. 2.84; II. 1.57; III. 1; IV. 0.69; R 2.21; Achse 3.66.

Fahrleistungen: Vmax (Red.) 210 km/h, 0–100 km/h 10 s; Leistungsgew. 9.5 kg/kW (7 kg/PS); Verbrauch (Red.) 9/15 L/100 km.

3.2 V6 24V – 223 ch Injection d'essence

Comme 2.7 – 203 ch, sauf:

Carrosserie, poids: (DIN), Berline, 4 portes, 5 places; vide dès 1570 kg.

Moteur: (SAE), 6 cyl. en V 60° (92×81 mm), 3231 cm³; compr. 9.5:1; 164 kW (223 ch) à 6600/min, 50.8 kW/L (69 ch/L); 301 Nm (30.7 mkp) à 4000/min; 91 (R).

Moteur (constr.): 4 soupapes en V; 2×1 arbre à cames en tête (courroie crantée); culasses et bloc-cyl. en alliage léger; vilebrequin à 4 paliers; huile 3.8 L; injection électronique.

Batterie 60 Ah, alternateur 90 A; refroidissement à eau, capac. 7.8 L.

Transmission: (sur roues AV).

Boîte autom. à 4 vit.: I. 2.84; II. 1.57; III. 1; IV. 0.69; AR 2.21; pont 3.66.

Performances: Vmax (réd.) 210 km/h, 0–100 km/h 10 s; rapp. poids/puiss. 9.5 kg/kW (7 kg/ch); consomm. (Red.) 9/15 L/100 km.

Chrysler Vision – New Yorker/LHS

Luxuslimousine mit Längsmotor und Frontantrieb, 3.5/24V-V6 und Vierstufenautomat. Debüt Vision Herbst 1992, New Yorker/LHS als Prototyp Detroit Januar 1992.

Berline luxueuse avec V5 3.5/24V longit., traction AV, boîte auto. 4 rapp. Lancements Vision automne 1992, New Yorker/LHS comme prototype Detroit janvier 1992.

Chrysler Vision

3.5 V6 24V – 211 PS Benzineinspritzung

Karosserie, Gewicht: (DIN), Limousine, 4 Türen, 5 Sitze; leer ab 1615 kg, max. zul. 2100 kg.
New Yorker/LHS: leer ab ca. 1640 kg, max. zul. 2125 kg.

Motor: (DIN), 6 Zyl. in V 60° (96×81 mm), 3518 cm³; Kompr. 9.6:1; 155 kW (211 PS) bei 5850/min, 44.1 kW/L (59.9 PS/L); 302 Nm (30.8 mkp) bei 3350/min; 91 ROZ. ECE: 153 kW (208 PS), 292 Nm (29,8 mkp); SAE: 160 kW (217 PS).

Motorkonstruktion: 4 Ventile in V; 2×1 obenl. Nockenwelle (Zahnriemen); Leichtmetall-Zylinderköpfe; 4fach gelagerte Kurbelwelle; Öl 4.8 L; elektron. Einspritzung.

Batterie 66 Ah, Alternator 90 A; Wasserkühlung, Inh. 11.3 L.

Kraftübertragung: (auf Vorderräder), Antriebsschlupfregelung.

4-Stufen-Automat: I. 2.84; II. 1.57; III. 1; IV. 0.69; R 2.21; Achse 3.66; 3.55.

Fahrgestell: Selbsttragende Karosserie; v/h Einzelradaufhängung; vorn Federbeine und Dreieckquerlenker; hinten Längslenker, doppelte Querlenker; v/h Kurvenstabilisator, Schraubenfedern, Teleskopdämpfer.

Fahrwerk: Vierrad-Scheibenbremse (vorn belüftet), Scheiben-Ø v. 28.2 cm, h. 27 cm, ABS, Teves; Feststellbremse auf Hinterräder; Zahnstangenlenkung mit Servo, Treibstofftank 68 L; Reifen 225/60 VR 16, Felgen 7 J.

Dimensionen: Radstand 287 cm, Spur 157.5/157.5 cm, Bodenfreih. 13 cm, Wendekreis 12.3 m, Kofferraum 510 dm³, Länge 512 cm, Breite 191 cm, Höhe 144 cm. New Yorker/LHS: Kofferraum 535 dm³. Länge 527 cm, Breite 189 cm, Höhe 142 cm.

Fahrleistungen: Vmax (Werk) 210 km/h, V bei 1000/min im 4. Gang 49 km/h; 0–100 km/h 9.5 s; Leistungsgew. 9.9 kg/kW (7.2 kg/PS); Verbrauch ECE 7.4/9.9/14.4 L/100 km. New Yorker/LHS: Vmax 205 km/h, 0-100 km/h 10,5 s.

3.5 V6 24V – 211 ch Injection d'essence

Carrosserie, poids: (DIN), Berline, 4 portes, 5 places; vide dès 1615 kg, tot. adm. 2100 kg.
New Yorker/LHS: vide dès env. 1640 kg, tot. adm. 2125 kg.

Moteur: (DIN), 6 cyl. en V 60° (96×81 mm), 3518 cm³; compr. 9.6:1; 155 kW (211 ch) à 5850/min, 44.1 kW/L (59.9 ch/L); 302 Nm (30.8 mkp) à 3350/min; 91 (R). ECE: 153 kW (208 ch), 292 Nm (29,8 mkp); SAE: 160 kW (217 ch).

Moteur (constr.): 4 soupapes en V; 2×1 arbre à cames en tête (courroie crantée); culasses en alliage léger; vilebrequin à 4 paliers; huile 4.8 L; injection électronique.

Batterie 66 Ah, alternateur 90 A; refroidissement à eau, capac. 11.3 L.

Transmission: (sur roues AV), Dispositif antipatinage.

Boîte autom. à 4 vit.: I. 2.84; II. 1.57; III. 1; IV. 0.69; AR 2.21; pont 3.66; 3.55.

Châssis: carrosserie autoporteuse; AV/AR suspension à roues indép.; AV jambes élast. et leviers triang. transv.; AR bras longitud., leviers transv. doubles; AV/AR barre anti-dévers, ressorts hélic, amortiss. télesc.

Train roulant: quatre freins à disques (AV ventilés), Ø disques AV 28.2 cm, AR 27 cm, ABS, Teves; frein de stationnement sur roues AR; servodirection à crémaillère, réservoir carb. 68 L; pneus 225/60 VR 16, jantes 7 J.

Dimensions: empatt. 287 cm, voie 157.5/157.5 cm, garde au sol 13 cm, diam. de braq. 12.3 m, coffre 510 dm³, longueur 512 cm, largeur 191 cm, hauteur 144 cm. New Yorker/LHS: Vol. coffre 535 dm³. Long. 527 cm, larg. 189 cm, hauteur 142 cm.

Performances: Vmax (usine) 210 km/h, V à 1000/min en 4. vit. 49 km/h; 0–100 km/h 9.5 s; rapp. poids/puiss. 9.9 kg/kW (7.2 kg/ch); consomm. ECE 7.4/9.9/14.4 L/100 km. New Yorker/LHS: Vmax 205 km/h, 0-100 km/h 10,5 s.

Chrysler New Yorker LHS

Chrysler

Chrysler Viper GTS

Neues Modell. Vom RT/10-Roadster abgeleitetes Sportcoupé mit 8.0-V10 und 6-Gang-Getr. Debüt als Studie Detroit Jan. 1993, Serienmodell Sommer 1996. Modifizierter Roadster in Vorbereitung.

Nouveau modèle. Coupé de sport dérivé du roadster RT/10 avec V10 8.0 et boîte à 6 vitesses. Lancement prototype Detroit, janvier 1993, modèle de série été 1996. En préparation: Roadster modifié.

8.0 V10 – 455 PS Benzineinspritzung

Karosserie, Gewicht: (DIN), Coupé, 3 Türen, 2 Sitze; leer ab ca. 1590 kg.
Motor: (SAE), 10 Zyl. in V 90° (101.6×98.55 mm), 7990 cm³; Kompr. 9.6:1; 335 kW (455 PS) bei 5200/min, 41.9 kW/L (57 PS/L); 664 Nm (67.7 mkp) bei 3700/min. Export (ECE) 282 kW (384 PS) bei 5100/min; 615 Nm (62,7 mkp) bei 3600/min.
Motorkonstruktion: zentrale Nockenwelle (Kette); Leichtmetall-Zylinderköpfe und -block; 6fach gelagerte Kurbelwelle; Öl 6.6 L; elektron. Einspritzung. Batterie 90 Ah, Alternator 143 A; Wasserkühlung, Inh. 11.9 L.
Kraftübertragung: (auf Hinterräder), Differentialbremse. 6-Gang-Getriebe: I. 2.66; II. 1.78; III. 1.3; IV. 1; V. 0.74; VI. 0.5; R 2.9; Achse 3.07.

8.0 V10 – 455 ch Injection d'essence

Carrosserie, poids: (DIN), Coupé, 3 portes, 2 places; vide dès env. 1590 kg.
Moteur: (SAE), 10 cyl. en V 90° (101.6×98.55 mm), 7990 cm³; compression 9.6:1; 335 kW (455 ch) à 5200/min, 41.9 kW/L (57 ch/L); 664 Nm (67.7 mkp) à 3700/min. Export (ECE) env. 282 kW (384 PS) à 5100/min; 615 Nm (62,7 mkp) à 3600/min.
Moteur (constr.): arbre à cames central (chaîne); culasses et bloc-cyl. en alliage léger; vilebrequin à 6 paliers; huile 6.6 L; injection électronique. Batterie 90 Ah, alternateur 143 A; refroidissement à eau, capac. 11.9 L.
Transmission: (sur roues AR), différentiel autobloquant. Boîte à 6 vit.: I. 2.66; II. 1.78; III. 1.3; IV. 1; V. 0.74; VI. 0.5; AR 2.9; pont 3.07.

Chrysler Viper GTS

Fahrgestell: Rohr-Kastenrahmen mit Zertralträgerstruktur und Kunststoffkarosserie v/h Einzelradaufhängung, doppelte Dreieckquerlenker; v/h Kurvenstabilisator, Schraubenfedern, Teleskopdämpfer.
Fahrwerk: Vierrad-Scheibenbremse (v/h belüftet), Scheiben-∅ v. 33 cm, h. 33 cm, Handbremse auf Hinterräder; Zahnstangenlenkung mit Servo, Treibstofftank 72 L; Reifen v. 275/40 ZR 17, h. 335/35 ZR 17, Felgen v. 10, h. 13 J.
Dimensionen: Radstand 244.5 cm, Spur 151.5/154 cm, Bodenfreih. 13 cm, Wendekreis 12.8 m, Kofferraum 565 dm³, Länge 449 cm, Breite 192 cm, Höhe 119 cm.
Fahrleistungen: Vmax (Werk) 298 km/h, V bei 1000/min im 6. Gang 79.4 km/h; 0–100 km/h 4.5 s; Leistungsgew. 4.6 kg/kW (3.4 kg/PS); Verbrauch EPA 9.8/18.1 L/100 km.

Châssis: Cadre à caisson/tubulaire avec structure centr. et carrosserie en mat. synth. AV/AR suspension à roues indép., leviers triang. transv. doubles, AV/AR barre anti-dévers, ressorts hélic, amortiss. télesc.
Train roulant: quatre freins à disques (AV/AR ventilés), ∅ disques AV 33 cm, AR 33 cm, frein à main sur roues AR; servodirection à crémaillère, réservoir carb. 72 L; pneus AV 275/40 ZR 17, AR 335/35 ZR 17, jantes AV 10, AR 13 J.
Dimensions: empattement 244.5 cm, voie 151.5/154 cm, garde au sol 13 cm, diam. de braq. 12.8 m, coffre 565 dm³, longueur 449 cm, largeur 192 cm, hauteur 119 cm.
Performances: Vmax (usine) 298 km/h, V à 1000/min en 6. vit. 79.4 km/h; 0–100 km/h 4.5 s; rapp. poids/puiss. 4.6 kg/kW (3.4 kg/ch); consomm. EPA 9.8/18.1 L/100 km.

Chrysler Voyager

Minivan mit Quermotor und Frontantrieb, Radstand 285 oder 303 cm. Debüt Herbst 1983. 1989: 2.5 Turbo. Herbst 1990: Modifikationen, neu ist 3.3 V6, a.W. permanenter Allradantrieb von Steyr. Januar 1992: 2.5 TD. Jan. 1995: Neuauflage. 1996: Version mit 3.8-V6 und permanentem Allradantrieb.

Minivan avec moteur transv. et traction, empatt. 285 ou 303 cm. Lancement automne 1983. 1989: 2.5 turbo. Automne 1990: modifications, 3.3 V6, s.d. traction intégrale permanente de Steyr. Janvier 1992: 2.5 dt. Janvier 1995: Nouvelle édition. 1996: Version avec 3.8-V6 et traction intégrale permanente.

2.0 16V – 133 PS Benzineinspritzung

Karosserie, Gewicht: (DIN), Minivan, 5 Türen, 7 Sitze; leer ab 1735 kg, max. zul. 2410 kg.
Motor: (ECE), 4 Zyl. in Linie (87.5×83 mm), 1996 cm³; Kompr. 9.8:1; 98 kW (133 PS) bei 5900/min, 49.1 kW/L (66.7 PS/L); 176 Nm (17.9 mkp) bei 4800/min; 95 ROZ.
Motorkonstruktion: 4 Ventile in V; 1 obenl. Nockenwelle (Zahnriemen); Leichtmetall-Zylinderkopf; 5fach gelagerte Kurbelwelle; Öl 3.8 L; elektron. Einspritzung. Batterie 60 Ah, Alternator 90 A; Wasserkühlung, Inh. 10 L.
Kraftübertragung: (auf Vorderräder). 5-Gang-Getriebe: I. 3.69; II. 2.24; III. 1.45; IV. 1.03; V. 0.81; R 3.17; Achse 4.08.
Fahrgestell: Selbsttragende Karosserie; vorn Federbeine und Dreieckquerlenker, Kurvenstabilisator; hinten Starrachse, Panhardstab, a.W. Kurvenstabilisator, Blattfedern; v/h Teleskopdämpfer.
Fahrwerk: Bremse, vorne Scheiben (belüftet), hinten Trommeln, Scheiben-∅ v. 28.1 cm, a.W. ABS, Fussfeststellbremse auf Hinterräder; Zahnstangenlenkung mit Servo, Treibstofftank 75 L; Reifen 215/65 R 15, Felgen 6 J, 6.5 J.
Dimensionen: Radstand 288 cm, Spur 160/163 cm, Bodenfreih. 13 cm, Wendekreis 11.5 m, Kofferraum 450/4140 dm³, Länge 473 cm, Breite 192 cm, Höhe 179 cm.
Fahrleistungen: Vmax (Werk) 175 km/h, V bei 1000/min im 5. Gang 36.6 km/h; 0–100 km/h 12.6 s; Leistungsgew. 18.6 kg/kW (13.7 kg/PS); Verbr. EU 7.6/11.6 L/100 km.

2.4 16V – 150 PS Benzineinspritzung

Wie 2.0 – 133 PS, ausgenommen:

Karosserie, Gewicht: (DIN), Minivan, 5 Türen, 7 Sitze; leer ab 1760 kg, max. zul. 2435 kg.
Motor: (DIN), 4 Zyl. in Linie (87.5×101 mm), 2429 cm³; Kompr. 9.4:1; 110 kW (150 PS) bei 5250/min, 45.3 kW/L (61.6 PS/L); 229 Nm (23.3 mkp) bei 4000/min; 95 ROZ.
Motorkonstruktion: 4 Ventile in V; 2 obenl. Nockenwellen (Zahnriemen); Leichtmetall-Zylinderkopf; 5fach gelagerte Kurbelwelle; Öl 4.7 L; elektron. Einspritzung. Batterie 600 A, Alternator 90 A; Wasserkühlung, Inh. 10.6 L.
Kraftübertragung: (auf Vorderräder). 5-Gang-Getriebe: I. 3.36; II. 1.9; III. 1.28; IV. 0.92; V. 0.71; R 3.16; Achse 3.88.
Fahrwerk: ABS, Reifen 215/65 R 15, Felgen 6 J, 6.5 J.
Fahrleistungen: Vmax (Werk) 180 km/h, V bei 1000/min im 5. Gang 43.9 km/h; 0–100 km/h 12 s; Leistungsgew. 16 kg/kW (11.7 kg/PS); Verbrauch EU 8.3/14.2 L/100 km.

2.0 16V – 133 ch Injection d'essence

Carrosserie, poids: (DIN), Minivan, 5 portes, 7 places; vide dès 1735 kg, tot. adm. 2410 kg.
Moteur: (ECE), 4 cyl. en ligne (87.5×83 mm), 1996 cm³; compr. 9.8:1; 98 kW (133 ch) à 5900/min, 49.1 kW/L (66.7 ch/L); 176 Nm (17.9 mkp) à 4800/min; 95 (R).
Moteur (constr.): 4 soupapes en V; 1 arbre en tête (courroie crantée); culasse en alliage léger; vilebrequin à 5 paliers; huile 3.8 L; injection électronique. Batterie 60 Ah, alternateur 90 A; refroidissement à eau, capac. 10 L.
Transmission: (sur roues AV). Boîte à 5 vit.: I. 3.69; II. 2.24; III. 1.45; IV. 1.03; V. 0.81; AR 3.17; pont 4.08.
Châssis: carrosserie autoporteuse; AV jambes élast. et leviers triang. transv., barre anti-dévers; AR essieu rigide, barre Panhard, s.d. barre anti-dévers, ressorts à lames; AV/AR amortiss. télescop.
Train roulant: frein, AV à disques (ventilés), AR à tambours, ∅ disques AV 28.1 cm, ABS s. d., frein de station. à pied sur roues AR; servodirection à crémaillère, réservoir carb. 75 L; pneus 215/65 R 15, jantes 6 J, 6.5 J.
Dimensions: empattement 288 cm, voie 160/163 cm, garde au sol 13 cm, diam. de braq. 11.5 m, coffre 450/4140 dm³, longueur 473 cm, largeur 192 cm, hauteur 179 cm.
Performances: Vmax (usine) 175 km/h, V à 1000/min en 5. vit. 36.6 km/h; 0–100 km/h 12.6 s; rapp. poids/puiss. 18.6 kg/kW (13.7 kg/ch); consomm. EU 7.6/11.6 L/100 km.

2.4 16V – 150 ch Injection d'essence

Comme 2.0 – 133 ch, sauf:

Carrosserie, poids: (DIN), Minivan, 5 portes, 7 places; vide dès 1760 kg, tot. adm. 2435 kg.
Moteur: (DIN), 4 cyl. en ligne (87.5×101 mm), 2429 cm³; compr. 9.4:1; 110 kW (150 ch) à 5250/min, 45.3 kW/L (61.6 ch/L); 229 Nm (23.3 mkp) à 4000/min; 95 (R).
Moteur (constr.): 4 soupapes en V; 2 arbres à cames en tête (courroie crantée); culasse en alliage léger; vilebrequin à 5 paliers; huile 4.7 L; injection électronique.
Transmission: (sur roues AV). Boîte à 5 vit.: I. 3.36; II. 1.9; III. 1.28; IV. 0.92; V. 0.71; AR 3.16; pont 3.88.
Train roulant: ABS, pneus 215/65 R 15, jantes 6 J, 6.5 J.
Performances: Vmax (usine) 180 km/h, V à 1000/min en 5. vit. 43.9 km/h; 0–100 km/h 12 s; rapp. poids/puiss. 16 kg/kW (11.7 kg/ch); consomm. EU 8.3/14.2 L/100 km.

Chrysler Voyager

Chrysler

Chrysler Voyager

3.3 V6 – 158 PS
Benzineinspritzung

Wie 2.0 – 133 PS, ausgenommen:

Karosserie, Gewicht: (DIN), Minivan, 5 Türen, 7 Sitze; leer ab 1800 kg, max. zul. 2485 kg.
Grand: leer ab 1870 kg, max. zul. 2530 kg.

Motor: (DIN), 6 Zyl. in V 60° (93×81 mm), 3301 cm³; Kompr. 8.9:1; 116 kW (158 PS) bei 4700/min, 35.1 kW/L (47.8 PS/L); 275 Nm (28 mkp) bei 3250/min; 95 ROZ.

Motorkonstruktion: 2 Ventile in V; zentrale Nockenwelle (Kette); Leichtmetall-Zylinderköpfe; 4fach gelagerte Kurbelwelle; Öl 3.8 L; elektron. Einspritzung.
Batterie 600 A, Alternator 90 A; Wasserkühlung, Inh. 12.5 L.

Kraftübertragung: (auf Vorderräder).
4-Stufen-Automat: I. 2.84; II. 1.57; III. 1; IV. 0.69; R 2.21; Achse 3.47; 3.62.

Fahrwerk: ABS, Reifen 215/65 R 15, 215/65 R 16, Felgen 6 J, 6.5 J.

Dimensionen: Grand: Radstand 303 cm, Wendekreis 12 m, Kofferraum 670/4880 dm³; Länge 507 cm.

Fahrleistungen: Vmax (Werk) 175 km/h, V bei 1000/min im 4. Gang 50.5 km/h; 0–100 km/h 11.7 s; Leistungsgew. 15.5 kg/kW (11.4 kg/PS); Verbr. EU 9.5/17.3 L/100 km.
Grand: 0–100 km/h 11.9 s.

3.8 V6 – 166 PS
Benzineinspritzung

Wie 2.0 – 133 PS, ausgenommen:

Karosserie, Gewicht: (DIN), Minivan, 5 Türen, 7 Sitze; leer ab 1950 kg, max. zul. 2600 kg.
Grand: leer 2035 kg, max. zul. 2605 kg.

Motor: (DIN), 6 Zyl. in V 60° (96×87 mm), 3778 cm³; Kompr. 9:1; 122 kW (166 PS) bei 4200/min, 32.3 kW/L (43.9 PS/L); 307 Nm (31.3 mkp) bei 3100/min; 95 ROZ.

Motorkonstruktion: 2 Ventile in V; zentrale Nockenwelle (Kette); Leichtmetall-Zylinderköpfe; 4fach gelagerte Kurbelwelle; Öl 3.8 L; elektron. Einspritzung.
Batterie 600 A, Alternator 120 A; Wasserkühlung, Inh. 12.5 L.

Kraftübertragung: (4WD permanent), zentrales Diff. mit Viskokupplung; variable Drehmomentverteilung v/h.
4-Stufen-Automat: I. 2.84; II. 1.57; III. 1; IV. 0.69; R 2.21; Achse 3.75; 3.45.

Fahrwerk: Vierrad-Scheibenbremse (vorn belüftet), ABS, Reifen 215/65 R 15, 215/65 R 16, Felgen 6 J, 6.5 J.

Dimensionen: Grand: Radstand 303 cm, Wendekreis 12 m, Kofferraum 670/4880 dm³; Länge 507 cm.

3.3 V6 – 158 ch
Injection d'essence

Comme 2.0 – 133 ch, sauf:

Carrosserie, poids: (DIN), Minivan, 5 portes, 7 places; vide dès 1800 kg, tot. adm. 2485 kg.
Grand: vide 1870 kg, tot. adm. 2530 kg.

Moteur: (DIN), 6 cyl. en V 60° (93×81 mm), 3301 cm³; compr. 8.9:1; 116 kW (158 ch) à 4700/min, 35.1 kW/L (47.8 ch/L); 275 Nm (28 mkp) à 3250/min; 95 (R).

Moteur (constr.): 2 soupapes en V; arbre à cames central (chaîne); culasses en alliage léger; vilebrequin à 4 paliers; huile 3.8 L; injection électronique.
Batterie 600 A, alternateur 90 A; refroidissement à eau, capac. 12.5 L.

Transmission: (sur roues AV).
Boîte autom. à 4 vit.: I. 2.84; II. 1.57; III. 1; IV. 0.69; AR 2.21; pont 3.47; 3.62.

Train roulant: ABS, pneus 215/65 R 15, 215/65 R 16, jantes 6 J, 6.5 J.

Dimensions: Grand: Empattement 303 cm, diam. de braq. 12 m, coffre 670/4880 dm³; longueur 507 cm.

Performances: Vmax (usine) 175 km/h, V à 1000/min en 4. vit. 50.5 km/h; 0–100 km/h 11.7 s; rapp. poids/puiss. 15.5 kg/kW (11.4 kg/ch); consomm. EU 9.5/17.3 L/100 km.
Grand: 0–100 km/h 11.9 s.

3.8 V6 – 166 ch
Injection d'essence

Comme 2.0 – 133 ch, sauf:

Carrosserie, poids: (DIN), Minivan, 5 portes, 7 places; vide dès 1950 kg, tot. adm. 2600 kg.
Grand: vide 2035 kg, tot. adm. 2605 kg.

Moteur: (DIN), 6 cyl. en V 60° (96×87 mm), 3778 cm³; compr. 9:1; 122 kW (166 ch) à 4200/min, 32.3 kW/L (43.9 ch/L); 307 Nm (31.3 mkp) à 3100/min; 95 (R).

Moteur (constr.): 2 soupapes en V; arbre à cames central (chaîne); culasses en alliage léger; vilebrequin à 4 paliers; huile 3.8 L; injection électronique.
Batterie 600 A, alternateur 120 A; refroidissement à eau, capac. 12.5 L.

Transmission: (4WD permanent), diff. central avec visco-coupleur; répartition du couple AV/AR variable.
Boîte autom. à 4 vit.: I. 2.84; II. 1.57; III. 1; IV. 0.69; AR 2.21; pont 3.75; 3.45.

Train roulant: quatre freins à disques (AV ventilés), ABS, pneus 215/65 R 15, 215/65 R 16, jantes 6 J, 6.5 J.

Dimensions: Grand: Empattement 303 cm, diam. de braq. 12 m, coffre 670/4880 dm³; longueur 507 cm.

Fahrleistungen: Vmax (Werk) 180 km/h, V bei 1000/min in 4. Gang 46.7 km/h; 0–100 km/h 12.6 s; Leistungsgew. 16 kg/kW (11.7 kg/PS); Verbrauch EU 11.4/19 L/100 km.
Grand: 0–100 km/h 12.9 s.

2.5 – 116 PS
Turbodiesel

Wie 2.0 – 133 PS, ausgenommen:

Karosserie, Gewicht: (DIN), Minivan, 5 Türen, 7 Sitze; leer ab 1850 kg, max. zul. 2540 kg.
Grand: leer 1900 kg, max. zul. 2575 kg.

Motor: (DIN), 4 Zyl. in Linie (92×94 mm), 2500 cm³; Kompr. 21:1; 85 kW (116 PS) bei 4000/min, 34 kW/L (46.2 PS/L); 262 Nm (26.7 mkp) bei 1800/min; Dieselöl.

Motorkonstruktion: Bezeichnung VM; Vorkammer-Diesel; 2 Ventile; seitl. Nockenwelle (Zahnräder); Leichtmetall-Zylinderkopf; 5fach gelagerte Kurbelwelle; Öl 7.2 L; elektron. geregelte Einspritzp., 1 Turbol.
Batterie 670 A, Alternator 120 A; Wasserkühlung, Inh. 10 L.

Kraftübertragung: (auf Vorderräder).
5-Gang-Getriebe: I. 3.36; II. 1.9; III. 1.28; IV. 0.92; V. 0.71; R 3.17; Achse 3.88.

Fahrwerk: ABS, Reifen 215/65 R 15, Felgen 6 J, 6.5 J.

Dimensionen: Grand: Radstand 303 cm, Wendekreis 12 m, Kofferraum 670/4880 dm³; Länge 507 cm.

Fahrleistungen: Vmax (Werk) 175 km/h, V bei 1000/min im 5. Gang 43.9 km/h; 0–100 km/h 12.6 s; Leistungsgew. 21.8 kg/kW (15.9 kg/PS); Verbr. EU 7.2/11.4 L/100 km.

Chrysler Town & Country

Minivan mit Quermotor und Frontantrieb in Luxusausführung (US-Version).

3.3/3.8 V6 – 160/166 PS
Benzineinspritzung

Karosserie, Gewicht: (DIN), Minivan, 5 Türen, 7 Sitze; leer ab 1760 kg, max. zul. 2485 kg.
mit Radstand 303 cm: leer 1810 kg;

Motor: (SAE), 6 Zyl. in V 60° (93×81 mm), 3301 cm³; Kompr. 8.9:1; 118 kW (160 PS) bei 4850/min, 35.7 kW/L (48.6 PS/L); 275 Nm (28 mkp) bei 3250/min; 87 ROZ.
Auch mit 3.8-V6: (96 x 87 mm), 3778 cm³; Kompr. 9:1; 124 kW (166 PS) bei 4300/min, 308 Nm (31,4 mkp) bei 3100/min.

Motorkonstruktion: 2 Ventile in V; zentrale Nockenwelle (Kette); Leichtmetall-Zylinderköpfe; 4fach gelagerte Kurbelwelle; Öl 3.8 L; elektron. Einspritzung.
Batterie 500 A, Alternator 120 A; Wasserkühlung, Inh. 12.5 L.

Performances: Vmax (usine) 180 km/h, V à 1000/min en 4. vit. 46.7 km/h; 0–100 km/h 12.6 s; rapp. poids/puiss. 16 kg/kW (11.7 kg/ch); consomm. EU 11.4/19 L/100 km.
Grand: 0–100 km/h 12.9 s.

2.5 – 116 ch
turbodiesel

Comme 2.0 – 133 ch, sauf:

Carrosserie, poids: (DIN), Minivan, 5 portes, 7 places; vide dès 1850 kg, tot. adm. 2540 kg.
Grand: vide 1900 kg, tot. adm. 2575 kg.

Moteur: (DIN), 4 cyl. en ligne (92×94 mm), 2500 cm³; compr. 21:1; 85 kW (116 ch) à 4000/min, 34 kW/L (46.2 ch/L); 262 Nm (26.7 mkp) à 1800/min; gazole.

Moteur (constr.): désignation VM; diesel à préchambre; 2 soupapes; arbre à cames latéral (pignons); culasse en alliage léger; vilebrequin à 5 paliers; huile 7.2 L; pompe à injection pilotée, 1 turbocompr.
Batterie 670 A, alternateur 120 A; refroidissement à eau, capac. 10 L.

Transmission: (sur roues AV).
Boîte à 5 vit.: I. 3.36; II. 1.9; III. 1.28; IV. 0.92; V. 0.71; AR 3.17; pont 3.88.

Train roulant: ABS, pneus 215/65 R 15, jantes 6 J, 6.5 J.

Dimensions: Grand: Empattement 303 cm, diam. de braq. 12 m, coffre 670/4880 dm³; longueur 507 cm.

Performances: Vmax (usine) 175 km/h, V à 1000/min en 5. vit. 43.9 km/h; 0–100 km/h 12.6 s; rapp. poids/puiss. 21.8 kg/kW (15.9 kg/ch); consomm. EU 7.2/11.4 L/100 km.

Chrysler Town & Country

Minivan luxe avec moteur transv. et traction avant (version pour les USA).

3.3/3.8 V6 – 160/166 ch
Injection d'essence

Carrosserie, poids: (DIN), Minivan, 5 portes, 7 places; vide dès 1760 kg, tot. adm. 2485 kg.
avec empattement 303 cm: vide 1810 kg;

Moteur: (SAE), 6 cyl. en V 60° (93×81 mm), 3301 cm³; compr. 8.9:1; 118 kW (160 ch) à 4850/min, 35.7 kW/L (48.6 ch/L); 275 Nm (28 mkp) à 3250/min; 87 (R).
Aussi avec 3.8-V6: (96 x 87 mm), 3778 cm³; compr. 9:1; 124 kW (166 PS) à 4300/min; 308 Nm (31,4 mkp) à 3100/min.

Moteur (constr.): 2 soupapes en V; arbre à cames central (chaîne); culasses en alliage léger; vilebrequin à 4 paliers; huile 3.8 L; injection électronique.
Batterie 500 A, alternateur 120 A; refroidissement à eau, capac. 12.5 L.

Chrysler Town & Country

Chrysler • Citroën

Kraftübertragung: (auf Vorderräder).
4-Stufen-Automat: I. 2.84; II. 1.57; III. 1; IV. 0.69; R 2.21; Achse 3.62; 3.5.

Fahrgestell: Selbsttragende Karosserie; vorn Federbeine und Dreieckquerlenker, Kurvenstabilisator; hinten Starrachse, Panhardstab, a.W. Kurvenstabilisator, Blattfedern; v/h Teleskopdämpfer.

Fahrwerk: Bremse, vorne Scheiben (belüftet), hinten Trommeln, mit Servo, Scheiben-Ø v. 28.1 cm, ABS, Fussfeststellbremse auf Hinterräder; Zahnstangenlenkung mit Servo, Treibstofftank 75 L; Reifen 215/65 R 16, Felgen 6.5 J.

Dimensionen: Radstand 288 cm, Spur 160/163 cm, Bodenfreih. 14 cm, Wendekreis 11.5 m, Kofferraum 450/4140 dm³, Länge 474 cm, Breite 192 cm, Höhe 179 cm.
Grand: Radstand 303 cm, Wendekreis 12 m, Kofferraum 670/4880 dm³; Länge 507 cm.

Fahrleistungen: Vmax (Red.) über 170 km/h, V bei 1000/min in 4. Gang 50.2 km/h; 0–97 km/h 12 s; Leistungsgew. 14.9 kg/kW (11.1 kg/PS); Verbrauch EPA 9.8/13.8 L/100 km.

Transmission: (sur roues AV).
Boîte autom. à 4 vit.: I. 2.84; II. 1.57; III. 1; IV. 0.69; AR 2.21; pont 3.62; 3.5.

Châssis: carrosserie autoporteuse; AV jambes élast. et leviers triang. transv., barre anti-dévers; AR essieu rigide, barre Panhard, s.d. barre anti-dévers, ressorts à lames; AV/AR amortiss. télescop.

Train roulant: frein, AV à disques (ventilés), AR à tambours, avec servo, Ø disques AV 28.1 cm, ABS, frein de stationn. à pied sur roues AR; servodirection à crémaillère, réservoir carb. 75 L; pneus 215/65 R 16, jantes 6.5 J.

Dimensions: empattement 288 cm, voie 160/163 cm, garde au sol 14 cm, diam. de braq. 11.5 m, coffre 450/4140 dm³, longueur 474 cm, largeur 192 cm, hauteur 179 cm.
Grand: Empattement 303 cm, diam. de braq. 12 m, coffre 670/4880 dm³; longueur 507 cm.

Performances: Vmax (réd.) plus de 170 km/h, V à 1000/min en 4. vit. 50.2 km/h; 0–97 km/h 12 s; rapp. poids/puiss. 14.9 kg/kW (11.1 kg/ch); consomm. EPA 9.8/13.8 L/100 km.

Citroën   F

Automobiles Citroën, 62, boulevard Victor-Hugo, F-92208 Neuilly-sur-Seine, France

Prominenter Vertreter des Frontantriebkonzeptes. Pionier neuer Federungssysteme. 1965: Übernahme der Marke Panhard, die 1967 liquidiert wurde. Nach Ende der Kooperation mit Fiat 1974 Eintritt in die Peugeot-Gruppe.

Représentant éminent de la traction AV. Promoteur de nouveaux systèmes de susp. 1965: absorption des usines Panhard, marque supprimée en 1967. Après la coopération avec Fiat, Citroën entre dans le groupe Peugeot en 1974

Citroën AX

Kompakte Limousine mit Heckklappe, Quermotor und Frontantrieb. Debüt Sommer/Herbst 1986, Herbst 1994: Diesel mit 1527 cm³. 1996: reduziertes Motorenprogramm.

Berline compacte avec hayon arrière, moteur transversal, traction avant. Lancement été/automne 1986, Automne 1994: Diesel avec 1527 cm³. 1996: choix en moteurs réduit.

1.0 – 50 PS Benzineinspritzung

Karosserie, Gewicht: (DIN), Limousine, 3/5 Türen; 5 Sitze; leer ab 690 kg, max. zul. 1150 kg.

Motor: (ECE), 4 Zyl. in Linie (70×62 mm), 954 cm³; Kompr. 9.4:1; 37 kW (50 PS) bei 6000/min, 38.8 kW/L (52.7 PS/L); 73 Nm (7.4 mkp) bei 3700/min; 95 ROZ.

Motorkonstruktion: Ventile in V; 1 obenl. Nockenwelle (Zahnriemen); Leichtmetall-Zylinderkopf und -block; 5fach gelagerte Kurbelwelle; Öl 3.5 L; elektron. Zentraleinspritzung, Bosch.
Batterie 250 A, Alternator 70 A; Wasserkühlung, Inh. 4.8 L.

Kraftübertragung: (auf Vorderräder).
4-Gang-Getriebe: I. 3.42; II. 1.81; III. 1.13; IV. 0.81; R 3.58; Achse 4.06.
5-Gang-Getriebe: II. 1.95; III. 1.36; IV. 1.05; V. 0.85; Achse 3.76.

Fahrgestell: Selbsttragende Karosserie; vorn Federbeine und Dreieckquerlenker, Schraubenfedern und koaxiale Dämpfer; hinten Längslenker, Torsionsfederstäbe; Teleskopdämpfer.

Fahrwerk: Bremse, vorne Scheiben, hinten Trommeln, Scheiben-Ø v. 23.8 cm, Handbremse auf Hinterr.; Zahnstangenl., Treibstofftank 43 L; Reifen 145/70 R 13, 135/70 R 13, 155/70 R 13; Felgen 4 J, 4.5 J.

1.0 – 50 ch Injection d'essence

Carrosserie, poids: (DIN), Berline, 3/5 portes; 5 places; vide dès 690 kg, tot. adm. 1150 kg.

Moteur: (ECE), 4 cyl. en ligne (70×62 mm), 954 cm³; compr. 9.4:1; 37 kW (50 ch) à 6000/min, 38.8 kW/L (52.7 ch/L); 73 Nm (7.4 mkp) à 3700/min; 95 (R).

Moteur (constr.): soupapes en V; 1 arbre à cames en tête (courroie crantée); culasse et bloc-cyl. en alliage léger; vilebrequin à 5 paliers; huile 3.5 L; injection monopoint électron., Bosch.
Batterie 250 A, alternateur 70 A; refroidissement à eau, capac. 4.8 L.

Transmission: (sur roues AV).
Boîte à 4 vit.: I. 3.42; II. 1.81; III. 1.13; IV. 0.81; AR 3.58; pont 4.06.
Boîte à 5 vit.: II. 1.95; III. 1.36; IV. 1.05; V. 0.85; pont 3.76.

Châssis: carrosserie autoporteuse; AV jambes élast. et leviers triang. transv., ressorts hélicoïdaux et amortisseurs coaxiaux; AR bras longitud., barres de torsion; amortiss. télescop.

Train roulant: frein, AV à disques, AR à tambours, Ø disques AV 23.8 cm, frein à main sur roues AR; direction à crémaillère, réservoir carb. 43 L; pneus 145/70 R 13, 135/70 R 13, 155/70 R 13; jantes 4 J, 4.5 J.

Citroën AX

Dimensionen: Radstand 228 cm, Spur 138/130 cm, Bodenfreih. 11 cm, Wendekreis 10.3 m, Kofferraum 265/1160 dm³, Länge 352.5 cm, Breite 155.5 cm, Höhe 136 cm.

Fahrleistungen: Vmax (Werk) 149 km/h, V bei 1000/min in 4. Gang 29.9 km/h; 0–100 km/h 17.4 s; steh. km 38.3 s; Leistungsgew. 18.6 kg/kW (13.8 PS/PS); Verbrauch ECE 4.5/6.3/6.5 L/100 km.
5 Gang: Vmax 151 km/h, V bei 1000/min im 5. Gang 30.8 km/h; Verbrauch ECE 4.6/6.4/6.7 L/100 km.

Dimensions: empattement 228 cm, voie 138/130 cm, garde au sol 11 cm, diam. de braq. 10.3 m, coffre 265/1160 dm³, longueur 352.5 cm, largeur 155.5 cm, hauteur 136 cm.

Performances: Vmax (usine) 149 km/h, V à 1000/min en 4. vit. 29.9 km/h; 0–100 km/h 17.4 s; km arrêté 38.3 s; rapp. poids/puiss. 18.6 kg/kW (13.8 kg/ch); consomm. ECE 4.5/6.3/6.5 L/100 km.
5 vit.: Vmax 151 km/h, V à 1000/min en 5. vit. 30.8 km/h; consomm. ECE 4.6/6.4/6.7 L/100 km.

1.1 – 60 PS Benzineinspritzung

Wie 1.0 – 50 PS, ausgenommen:

Karosserie, Gewicht: (DIN), Limousine, leer ab 690 kg, max. zul. 1180 kg.

Motor: (ECE), 4 Zyl. in Linie (72×69 mm), 1124 cm³; Kompr. 9.4:1; 44 kW (60 PS) bei 6200/min, 39.1 kW/L (53.2 PS/L); 89 Nm (9.1 mkp) bei 3800/min; 95 ROZ.
Für einige Länder: 40 kW (55 PS).

Motorkonstruktion: Ventile in V; 1 obenl. Nockenwelle (Zahnriemen); Leichtmetall-Zylinderkopf und -block; 5fach gelagerte Kurbelwelle; Öl 3.5 L; elektron. Zentraleinspritzung, Bosch.
Batterie 250 A, Alternator 70 A; Wasserkühlung, Inh. 4.8 L.

Kraftübertragung: (auf Vorderräder).
5-Gang-Getriebe: I. 3.42; II. 1.95; III. 1.36; IV. 1.05; V. 0.85; R 3.58; Achse 3.59.

Fahrleistungen: Vmax (Werk) 167 km/h, V bei 1000/min im 5. Gang 32.3 km/h; 0–100 km/h 13.7 s; steh. km 35.6 s; Leistungsgew. 15.7 kg/kW (11.5 kg/PS); Verbrauch ECE 4.5/6.1/6.9 L/100 km.

1.1 – 60 ch Injection d'essence

Comme 1.0 – 50 ch, sauf:

Carrosserie, poids: (DIN), Berline, vide dès 690 kg, tot. adm. 1180 kg.

Moteur: (ECE), 4 cyl. en ligne (72×69 mm), 1124 cm³; compr. 9.4:1; 44 kW (60 ch) à 6200/min, 39.1 kW/L (53.2 ch/L); 89 Nm (9.1 mkp) à 3800/min; 95 (R).
Pour quelques pays: 40 kW (55 ch).

Moteur (constr.): soupapes en V; 1 arbre à cames en tête (courroie crantée); culasse et bloc-cyl. en alliage léger; vilebrequin à 5 paliers; huile 3.5 L; injection monopoint électron., Bosch.
Batterie 250 A, alternateur 70 A; refroidissement à eau, capac. 4.8 L.

Transmission: (sur roues AV).
Boîte à 5 vit.: I. 3.42; II. 1.95; III. 1.36; IV. 1.05; V. 0.85; AR 3.58; pont 3.59.

Performances: Vmax (usine) 167 km/h, V à 1000/min en 5. vit. 32.3 km/h; 0–100 km/h 13.7 s; km arrêté 35.6 s; rapp. poids/puiss. 15.7 kg/kW (11.5 kg/ch); consomm. ECE 4.5/6.1/6.9 L/100 km.

1.5 – 57 PS Diesel

Wie 1.0 – 50 PS, ausgenommen:

Karosserie, Gewicht: (DIN), Limousine, leer ab 790 kg, max. zul. 1230 kg.

Motor: (ECE), 4 Zyl. in Linie (77×82 mm), 1527 cm³; Kompr. 23:1; 42 kW (57 PS) bei 5000/min, 27.5 kW/L (37.4 PS/L); 95 Nm (9.7 mkp) bei 2250/min; Dieselöl.
DIN: 43 kW (58 PS).

Motorkonstruktion: Wirbelkammer-Diesel; 1 obenl. Nockenwelle (Zahnriemen); Grauguss-Zylinderblock; 5fach gelagerte Kurbelwelle; Öl 4.3 L; Einspritzpumpe, Bosch.
Batterie 250 A, Alternator 70 A; Wasserkühlung, Inh. 4.8 L.

Kraftübertragung: (auf Vorderräder).
5-Gang-Getriebe: I. 3.64; II. 1.95; III. 1.28; IV. 0.98; V. 0.77; R 3.58; Achse 3.59.

1.5 – 57 ch diesel

Comme 1.0 – 50 ch, sauf:

Carrosserie, poids: (DIN), Berline, vide dès 790 kg, tot. adm. 1230 kg.

Moteur: (ECE), 4 cyl. en ligne (77×82 mm), 1527 cm³; compr. 23:1; 42 kW (57 ch) à 5000/min, 27.5 kW/L (37.4 ch/L); 95 Nm (9.7 mkp) à 2250/min; gazole.
DIN: 43 kW (58 ch).

Moteur (constr.): diesel à chambre de turbulence; 1 arbre à cames en tête (courroie crantée); bloc-cyl. en fonte; vilebrequin à 5 paliers; huile 4.3 L; pompe à inj., Bosch.
Batterie 250 A, alternateur 70 A; refroidissement à eau, capac. 4.8 L.

Transmission: (sur roues AV).
Boîte à 5 vit.: I. 3.64; II. 1.95; III. 1.28; IV. 0.98; V. 0.77; AR 3.58; pont 3.59.

Citroën

Fahrleistungen: Vmax (Werk) 158 km/h, V bei 1000/min im 5. Gang 36.4 km/h; 0–100 km/h 15.7 s; steh. km 37 s; Leistungsgew. 18.4 kg/kW (13.6 kg/PS); Verbrauch ECE 3.6/4.9/5.1 L/100 km.

Performances: Vmax (usine) 158 km/h, V à 1000/min en 5. vit. 36.4 km/h; 0–100 km/h 15.7 s; km arrêté 37 s; rapp. poids/puiss. 18.4 kg/kW (13.6 kg/ch); consomm. ECE 3.6/4.9/5.1 L/100 km.

Citroën Saxo

Kompakte Limousine mit Quermotor und Frontantrieb, Motoren von 1 bis 1.6 Liter (50-120 PS). Début Dezember 1995. Sommer 1996 auch fünftürig, Automat und Diesel.

Berline compacte avec moteur transv. et traction avant, moteurs de 1 à 1,6 litre (50-120 PS). Lancement décembre 1995. Eté 1996 aussi avec cinq portes, boîte autom. et moteur diesel.

1.0 – 50 PS Benzineinspritzung

Karosserie, Gewicht: (DIN), Limousine, 3/5 Türen; 5 Sitze; leer ab 805 kg, max. zul. 1235 kg.

Motor: (ECE), 4 Zyl. in Linie (70×62 mm), 954 cm³; Kompr. 9.4:1; 37 kW (50 PS) bei 6000/min, 38.8 kW/L (52.7 PS/L); 73 Nm (7.4 mkp) bei 3700/min; 95 ROZ.

Motorkonstruktion: Ventile in V; 1 obenl. Nockenwelle (Zahnriemen); Leichtmetall-Zylinderkopf und -block; 5fach gelagerte Kurbelwelle; Öl 3.5 L; elektron. Zentraleinspritzung, Bosch. Batterie 250 A, Alternator 70 A; Wasserkühlung, Inh. 5.7 L.

Kraftübertragung: (auf Vorderräder). 5-Gang-Getriebe: I. 3.42; II. 1.81; III. 1.29; IV. 0.98; V. 0.77; R 3.58; Achse 4.29.

Fahrgestell: Selbsttragende Karosserie; vorn Federbeine und Dreieckquerlenker, Kurvenstabilisator, Schraubenfedern, Teleskopdämpfer; hinten Längslenker, Torsionsfederstäbe; Teleskopdämpfer.

Fahrwerk: Bremse, vorne Scheiben, hinten Trommeln, Scheiben-∅ v. 23.8 cm, Handbremse auf Hinterräder; Zahnstangenlenkung, Treibstofftank 45 L; Reifen 155/70 R 13, Felgen 4.5 J.

Dimensionen: Radstand 238.5 cm, Spur 138/130 cm, Bodenfreih. 12 cm, Wendekreis 10 m, Kofferraum 280/955 dm³, Länge 372 cm, Breite 159.5 cm, Höhe 138 cm.

Fahrleistungen: Vmax (Werk) 149 km/h, V bei 1000/min im 5. Gang 30.6 km/h; 0–100 km/h 19.1 s; steh. km 39.3 s; Leistungsgew. 21.8 kg/kW (16.1 kg/PS); Verbrauch ECE 4.7/6.4/6.9 L/100 km.

1.0 – 50 ch Injection d'essence

Carrosserie, poids: (DIN), Berline, 3/5 portes; 5 places; vide dès 805 kg, tot. adm. 1235 kg.

Moteur: (ECE), 4 cyl. en ligne (70×62 mm), 954 cm³; compr. 9.4:1; 37 kW (50 ch) à 6000/min, 38.8 kW/L (52.7 ch/L); 73 Nm (7.4 mkp) à 3700/min; 95 (R).

Moteur (constr.): soupapes en V; 1 arbre à cames en tête (courroie crantée); culasse et bloc-cyl. en alliage léger; vilebrequin à 5 paliers; huile 3.5 L; injection monopoint électron., Bosch. Batterie 250 A, alternateur 70 A; refroidissement à eau, capac. 5.7 L.

Transmission: (sur roues AV). Boîte à 5 vit.: I. 3.42; II. 1.81; III. 1.29; IV. 0.98; V. 0.77; AR 3.58; pont 4.29.

Châssis: carrosserie autoporteuse; AV jambes élast. et leviers triang. transv., barre anti-dévers, ressorts hélic., amortiss. télesc.; AR bras longitud., barres de torsion; amortiss. télescop.

Train roulant: frein, AV à disques, AR à tambours, ∅ disques AV 23.8 cm, frein à main sur roues AR; direction à crémaillère, réservoir carb. 45 L; pneus 155/70 R 13, jantes 4.5 J.

Dimensions: empattement 238.5 cm, voie 138/130 cm, garde au sol 12 cm, diam. de braq. 10 m, coffre 280/955 dm³, longueur 372 cm, largeur 159.5 cm, hauteur 138 cm.

Performances: Vmax (usine) 149 km/h, V à 1000/min en 5. vit. 30.6 km/h; 0–100 km/h 19.1 s; km arrêté 39.3 s; rapp. poids/puiss. 21.8 kg/kW (16.1 kg/ch); consomm. ECE 4.7/6.4/6.9 L/100 km.

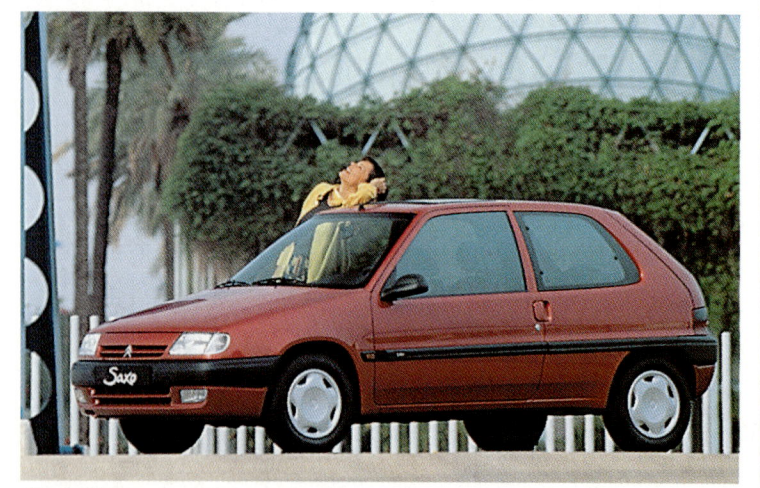

Citroën Saxo

1.1 – 60 PS Benzineinspritzung

Wie 1.0 – 50 PS, ausgenommen:

Karosserie, Gewicht: (DIN), Limousine, leer ab 805 kg, max. zul. 1330 kg.

Motor: (ECE), 4 Zyl. in Linie (72×69 mm), 1124 cm³; Kompr. 9.4:1; 44 kW (60 PS) bei 6200/min, 39.1 kW/L (53.2 PS/L); 89 Nm (9.1 mkp) bei 3800/min; 95 ROZ. Für einige Länder: 40 kW (55 PS).

Motorkonstruktion: Ventile in V; 1 obenl. Nockenwelle (Zahnriemen); Leichtmetall-Zylinderkopf und -block; 5fach gelagerte Kurbelwelle; Öl 3.5 L; elektron. Zentraleinspritzung. Batterie 250 A, Alternator 70 A; Wasserkühlung, Inh. 5.7 L.

Kraftübertragung: (auf Vorderräder). 5-Gang-Getriebe: I. 3.42; II. 1.81; III. 1.29; IV. 0.98; V. 0.77; R 3.58; Achse 4.29.

Fahrwerk: a.W. ABS.

Fahrleistungen: Vmax (Werk) 162 km/h, V bei 1000/min im 5. Gang 30.6 km/h; 0–100 km/h 15.3 s; steh. km 36.5 s; Leistungsgew. 18.3 kg/kW (13.4 kg/PS); Verbrauch ECE 4.9/6.5/7.4 L/100 km.

1.4 – 75 PS Benzineinspritzung

Wie 1.0 – 50 PS, ausgenommen:

Karosserie, Gewicht: (DIN), Limousine, leer ab 840 kg, max. zul. 1340 kg.

Motor: (ECE), 4 Zyl. in Linie (75×77 mm), 1361 cm³; Kompr. 10.2:1; 55 kW (75 PS) bei 5500/min, 40.4 kW/L (54.9 PS/L); 113 Nm (11.5 mkp) bei 3400/min; 95 ROZ.

Motorkonstruktion: Ventile in V; 1 obenl. Nockenwelle (Zahnriemen); Leichtmetall-Zylinderkopf und -block; 5fach gelagerte Kurbelwelle; Öl 3.5 L; elektron. Einspritzung, Magneti-Marelli, MMDCM 1AP. Batterie 250 A, Alternator 70 A; Wasserkühlung, Inh. 5.5 L.

Kraftübertragung: (auf Vorderräder). 5-Gang-Getriebe: I. 3.64; II. 1.95; III. 1.28; IV. 0.98; V. 0.77; R 3.58; Achse 3.77.

Fahrwerk: Scheiben-∅ v. 24.7 cm, a.W. ABS, Zahnstangenlenkung, a.W. mit Servo, Reifen 165/70 R 13, Felgen 5 J.

Dimensionen: Wendekreis 10.9 m, Höhe 139 cm.

Fahrleistungen: Vmax (Werk) 175 km/h, V bei 1000/min im 5. Gang 36 km/h; 0–100 km/h 12.9 s; steh. km 34.7 s; Leistungsgew. 15.3 kg/kW (11.2 kg/PS); Verbrauch ECE 5/6.6/7.9 L/100 km.

1.6 – 88 PS Benzineinspritzung

Wie 1.0 – 50 PS, ausgenommen:

Karosserie, Gewicht: (DIN), Limousine, leer ab 905 kg, max. zul. 1360 kg.

1.1 – 60 ch Injection d'essence

Comme 1.0 – 50 ch, sauf:

Carrosserie, poids: (DIN), Berline, vide dès 805 kg, tot. adm. 1330 kg.

Moteur: (ECE), 4 cyl. en ligne (72×69 mm), 1124 cm³; compr. 9.4:1; 44 kW (60 ch) à 6200/min, 39.1 kW/L (53.2 ch/L); 89 Nm (9.1 mkp) à 3800/min; 95 (R). Pour quelques pays: 40 kW (55 ch).

Moteur (constr.): soupapes en V; 1 arbre à cames en tête (courroie crantée); culasse et bloc-cyl. en alliage léger; vilebrequin à 5 paliers; huile 3.5 L; injection monopoint électron. Batterie 250 A, alternateur 70 A; refroidissement à eau, capac. 5.7 L.

Transmission: (sur roues AV). Boîte à 5 vit.: I. 3.42; II. 1.81; III. 1.29; IV. 0.98; V. 0.77; AR 3.58; pont 4.29.

Train roulant: ABS s. d.

Performances: Vmax (usine) 162 km/h, V à 1000/min en 5. vit. 30.6 km/h; 0–100 km/h 15.3 s; km arrêté 36.5 s; rapp. poids/puiss. 18.3 kg/kW (13.4 kg/ch); consomm. ECE 4.9/6.5/7.4 L/100 km.

1.4 – 75 ch Injection d'essence

Comme 1.0 – 50 ch, sauf:

Carrosserie, poids: (DIN), Berline, vide dès 840 kg, tot. adm. 1340 kg.

Moteur: (ECE), 4 cyl. en ligne (75×77 mm), 1361 cm³; compr. 10.2:1; 55 kW (75 ch) à 5500/min, 40.4 kW/L (54.9 ch/L); 113 Nm (11.5 mkp) à 3400/min; 95 (R).

Moteur (constr.): soupapes en V; 1 arbre à cames en tête (courroie crantée); culasse et bloc-cyl. en alliage léger; vilebrequin à 5 paliers; huile 3.5 L; injection électronique, Magneti-Marelli, MMDCM 1AP. Batterie 250 A, alternateur 70 A; refroidissement à eau, capac. 5.5 L.

Transmission: (sur roues AV). Boîte à 5 vit.: I. 3.64; II. 1.95; III. 1.28; IV. 0.98; V. 0.77; AR 3.58; pont 3.77.

Train roulant: ∅ disques AV 24.7 cm, ABS s. d., direction à crémaillère, s.d. avec servo, pneus 165/70 R 13, jantes 5 J.

Dimensions: diam. de braq. 10.9 m, hauteur 139 cm.

Performances: Vmax (usine) 175 km/h, V à 1000/min en 5. vit. 36 km/h; 0–100 km/h 12.9 s; km arrêté 34.7 s; rapp. poids/puiss. 15.3 kg/kW (11.2 kg/ch); consomm. ECE 5/6.6/7.9 L/100 km.

1.6 – 88 ch Injection d'essence

Comme 1.0 – 50 ch, sauf:

Carrosserie, poids: (DIN), Berline, vide dès 905 kg, tot. adm. 1360 kg.

Citroën

Motor: (ECE), 4 Zyl. in Linie (78.5×82 mm), 1587 cm³; Kompr. 9.6:1; 65 kW (88 PS) bei 5600/min, 40.9 kW/L (55.7 PS/L); 135 Nm (13.8 mkp) bei 3000/min; 95 ROZ. DIN: 66 kW (90 PS); 137 Nm (14 mkp).

Motorkonstruktion: Ventile in V; 1 obenl. Nockenwelle (Zahnriemen); Leichtmetall-Zylinderkopf; Grauguss-Zylinderblock; 5fach gelagerte Kurbelwelle; Öl 4.8 L; elektron. Einspritzung, Bosch, MP 5.1. Batterie 250 A, Alternator 70 A; Wasserkühlung, Inh. 5.8 L.

Kraftübertragung: (auf Vorderräder). 5-Gang-Getriebe: I. 3.42; II. 1.81; III. 1.29; IV. 0.98; V. 0.77; R 3.58; Achse 3.77. 3-Stufen-Automat: I. 2.07; II. 1.24; III. 0.83; R 1.66; Achse 3.29.

Fahrwerk: Bremse, vorne Scheiben (belüftet), hinten Trommeln, a.W. Scheiben hinten, Scheiben-⌀ v. 24.7 cm, h. 24.7 cm, a.W. ABS, Zahnstangenl. mit Servo, Reifen 165/65 HR 14, 185/55 HR 14, Felgen 5 J.

Dimensionen: Wendekreis 10.9 m, Höhe 136 cm.

Fahrleistungen: Vmax (Werk) 185 km/h, V bei 1000/min im 5. Gang 36.1 km/h; 0–100 km/h 11.6 s; steh. km 33.4 s; Leistungsgew. 13.9 kg/kW (10.3 kg/PS); Verbrauch ECE 5.2/6.7/8.2 L/100 km. Aut: Vmax 176 km/h, 0–100 km/h 12.5 s; steh. km 34.6 s; Verbrauch ECE 5.9/7.4/9.4 L/100 km.

1.6 16V – 118 PS Benzineinspritzung

Wie 1.0 – 50 PS, ausgenommen:

Karosserie, Gewicht: (DIN), Limousine, 3 Türen, 5 Sitze; leer ab 935 kg, max. zul. 1380 kg.

Motor: (ECE), 4 Zyl. in Linie (78.5×82 mm), 1587 cm³; Kompr. 10.8:1; 87 kW (118 PS) bei 6600/min, 54.8 kW/L (74.5 PS/L); 145 Nm (14.8 mkp) bei 5200/min; 95 ROZ. DIN: 88 kW (120 PS); 147 Nm (15 mkp). Cup-Version: 103 kW (140 PS)

Motorkonstruktion: 4 Ventile in V; 2 obenl. Nockenwellen (Zahnriemen); Leichtmetall-Zylinderkopf; Grauguss-Zylinderblock; 5fach gelagerte Kurbelwelle; Öl 4.8 L; elektron. Einspritzung, Magneti-Marelli, MMDCM 1 AP. Batterie 250 A, Alternator 70 A; Wasserkühlung, Inh. 6.1 L.

Kraftübertragung: (auf Vorderräder). 5-Gang-Getriebe: I. 3.42; II. 1.95; III. 1.36; IV. 1.05; V. 0.85; R 3.58; Achse 4.28.

Fahrwerk: Vierrad-Scheibenbremse (vorn belüftet), Scheiben-⌀ v. 24.7 cm, a.W. ABS, Zahnstangenlenkung mit Servo, Reifen 185/55 HR 14, Felgen 6 J.

Dimensionen: Spur 140/132 cm, Wendekreis 10.9 m, Länge 373.5 cm, Breite 162 cm, Höhe 136 cm.

Fahrleistungen: Vmax (Werk) 205 km/h, V bei 1000/min im 5. Gang 30.4 km/h; 0–100 km/h 8.7 s; steh. km 29.9 s; Leistungsgew. 10.7 kg/kW (7.9 kg/PS); Verbrauch ECE 5.8/7.2/9.5 L/100 km.

Citroën Saxo VTS

Moteur: (ECE), 4 cyl. en ligne (78.5×82 mm), 1587 cm³; compr. 9.6:1; 65 kW (88 ch) à 5600/min, 40.9 kW/L (55.7 ch/L); 135 Nm (13.8 mkp) à 3000/min; 95 (R). DIN: 66 kW (90 ch); 137 Nm (14 mkp).

Moteur (constr.): soupapes en V; 1 arbre à cames en tête (courroie crantée); culasse en alliage léger; bloc-cyl. en fonte; vilebrequin à 5 paliers; huile 4.8 L; injection électronique, Bosch, MP 5.1. Batterie 250 A, alternateur 70 A; refroidissement à eau, capac. 5.8 L.

Transmission: (sur roues AV). Boîte à 5 vit.: I. 3.42; II. 1.81; III. 1.29; IV. 0.98; V. 0.77; AR 3.58; pont 3.77. Boîte autom. à 3 vit.: I. 2.07; II. 1.24; III. 0.83; AR 1.66; pont 3.29.

Train roulant: frein, AV à disques (ventilés), AR à tambours, s.d. disques AR, ⌀ disques AV 24.7 cm, AR 24.7 cm, ABS s. d., servodirection à crémaillère, pneus 165/65 HR 14, 185/55 HR 14, jantes 5 J.

Dimensions: diam. de braq. 10.9 m, hauteur 136 cm.

Performances: Vmax (usine) 185 km/h, V à 1000/min en 5. vit. 36.1 km/h; 0–100 km/h 11.6 s; km arrêté 33.4 s; rapp. poids/puiss. 13.9 kg/kW (10.3 kg/ch); consomm. ECE 5.2/6.7/8.2 L/100 km. Aut: Vmax 176 km/h, 0–100 km/h 12.5 s; km arrêté 34.6 s; consomm. ECE 5.9/7.4/9.4 L/100 km.

1.6 16V – 118 ch Injection d'essence

Comme 1.0 – 50 ch, sauf:

Carrosserie, poids: (DIN), Berline, 3 portes, 5 places; vide dès 935 kg, tot. adm. 1380 kg.

Moteur: (ECE), 4 cyl. en ligne (78.5×82 mm), 1587 cm³; compr. 10.8:1; 87 kW (118 ch) à 6600/min, 54.8 kW/L (74.5 ch/L); 145 Nm (14.8 mkp) à 5200/min; 95 (R). DIN: 88 kW (120 ch); 147 Nm (15 mkp). Version coupe: 103 kW (140 ch).

Moteur (constr.): 4 soupapes en V; 2 arbres à cames en tête (courroie crantée); culasse en alliage léger; bloc-cyl. en fonte; vilebrequin à 5 paliers; huile 4.8 L; injection électronique, Magneti-Marelli, MMDCM 1 AP. Batterie 250 A, alternateur 70 A; refroidissement à eau, capac. 6.1 L.

Transmission: (sur roues AV). Boîte à 5 vit.: I. 3.42; II. 1.95; III. 1.36; IV. 1.05; V. 0.85; AR 3.58; pont 4.28.

Train roulant: quatre freins à disques (AV ventilés), ⌀ disques AV 24.7 cm, ABS s. d., servodirection à crémaillère, pneus 185/55 HR 14, jantes 6 J.

Dimensions: voie 140/132 cm, diam. de braq. 10.9 m, longueur 373.5 cm, largeur 162 cm, hauteur 136 cm.

Performances: Vmax (usine) 205 km/h, V à 1000/min en 5. vit. 30.4 km/h; 0–100 km/h 8.7 s; km arrêté 29.9 s; rapp. poids/puiss. 10.7 kg/kW (7.9 kg/ch); consomm. ECE 5.8/7.2/9.5 L/100 km.

Citroën Saxo

1.5 – 57 PS Diesel

Wie 1.0 – 50 PS, ausgenommen:

Karosserie, Gewicht: (DIN), Limousine, leer ab 910 kg, max. zul. 1390 kg.

Motor: (ECE), 4 Zyl. in Linie (77×82 mm), 1527 cm³; Kompr. 23:1; 42 kW (57 PS) bei 5000/min, 27.5 kW/L (37.4 PS/L); 95 Nm (9.7 mkp) bei 2250/min; Dieselöl. DIN: 43 kW (58 PS).

Motorkonstruktion: Wirbelkammer-Diesel; 1 obenl. Nockenwelle (Zahnriemen); Grauguss-Zylinderblock; 5fach gelagerte Kurbelwelle; Öl 4.3 L; Einspritzpumpe, Bosch. Batterie 250 A, Alternator 70 A; Wasserkühlung, Inh. 4.8 L.

Kraftübertragung: (auf Vorderräder). 5-Gang-Getriebe: I. 3.64; II. 1.95; III. 1.28; IV. 0.98; V. 0.77; R 3.58; Achse 3.77.

Fahrwerk: Reifen 165/70 R 13, Felgen 5 J.

Fahrleistungen: Vmax (Werk) 158 km/h, V bei 1000/min im 5. Gang 35.4 km/h; 0–100 km/h 18.3 s; Leistungsgew. 21.7 kg/kW (16 kg/PS); Verbr. ECE 3.8/5.2/5.6 L/100 km.

Citroën ZX

Kompakte Limousine mit Quermotor, Frontantrieb, Heckklappe. Motoren von 1,1 bis 2 Liter Hubraum, konventionelle Stahlfederung. Debüt Januar 1991. 1992: 1.1 und Diesel. Paris 1992: Dreitürer (auch Coupé genannt), 2.0/16V und Turbo-Diesel. Nov. 1993 auch als Break. Paris 1996: Sportversion mit 167 PS.

1.1 – 60 PS Benzineinspritzung

Karosserie, Gewicht: (DIN), Limousine, 3/5 Türen; 5 Sitze; leer ab 935 kg, max. zul. 1490 kg.
Break: 5 Türen, 5 Sitze; leer ab 1015 kg, max. zul. 1550 kg.

Motor: (ECE), 4 Zyl. in Linie (72×69 mm), 1124 cm³; Kompr. 9.4:1; 44 kW (60 PS) bei 6200/min, 39.1 kW/L (53.2 PS/L); 89 Nm (9.1 mkp) bei 3800/min; 95 ROZ. Für einige Länder: 40 kW (55 PS).

Motorkonstruktion: Ventile in V; 1 obenl. Nockenwelle (Zahnriemen); Leichtmetall-Zylinderkopf und -block; 5fach gelagerte Kurbelwelle; Öl 3.5 L; elektron. Zentraleinspritzung. Batterie 250 A, Alternator 70 A; Wasserkühlung, Inh. 4.8 L.

Kraftübertragung: (auf Vorderräder). 5-Gang-Getriebe: I. 3.42; II. 1.81; III. 1.29; IV. 0.98; V. 0.77; R 3.58; Achse 4.54.

1.5 – 57 ch diesel

Comme 1.0 – 50 ch, sauf:

Carrosserie, poids: (DIN), Berline, vide dès 910 kg, tot. adm. 1390 kg.

Moteur: (ECE), 4 cyl. en ligne (77×82 mm), 1527 cm³; compr. 23:1; 42 kW (57 ch) à 5000/min, 27.5 kW/L (37.4 ch/L); 95 Nm (9.7 mkp) à 2250/min; gazole. DIN: 43 kW (58 ch).

Moteur (constr.): diesel à chambre de turbulence; 1 arbre à cames en tête (courroie crantée); bloc-cyl. en fonte; vilebrequin à 5 paliers; huile 4.3 L; pompe à inj., Bosch. Batterie 250 A, alternateur 70 A; refroidissement à eau, capac. 4.8 L.

Transmission: (sur roues AV). Boîte à 5 vit.: I. 3.64; II. 1.95; III. 1.28; IV. 0.98; V. 0.77; AR 3.58; pont 3.77.

Train roulant: pneus 165/70 R 13, 5 J.

Performances: Vmax (usine) 158 km/h, V à 1000/min en 5. vit. 35.4 km/h; 0–100 km/h 18.3 s; rapp. poids/puiss. 21.7 kg/kW (16 kg/ch); cons.. ECE 3.8/5.2/5.6 L/100 km.

Citroën ZX

Berline compacte avec moteur transversal, traction avant et hayon arrière. Moteurs de 1,1 à 2 litres, suspension classique. Lancement janvier 1991. 1992: 1.1 et Diesel. Paris 1992: Berline 3 portes (aussi nommée Coupé), 2.0/16V et turbodiesel. Nov. 1993 Break. Paris 1996: version sportive avec 167 ch.

1.1 – 60 ch Injection d'essence

Carrosserie, poids: (DIN), Berline, 3/5 portes; 5 places; vide dès 935 kg, tot. adm. 1490 kg.
Break: 5 portes, 5 places; vide dès 1015 kg, tot. adm. 1550 kg.

Moteur: (ECE), 4 cyl. en ligne (72×69 mm), 1124 cm³; compr. 9.4:1; 44 kW (60 ch) à 6200/min, 39.1 kW/L (53.2 ch/L); 89 Nm (9.1 mkp) à 3800/min; 95 (R). Pour quelques pays: 40 kW (55 ch).

Moteur (constr.): soupapes en V; 1 arbre à cames en tête (courroie crantée); culasse et bloc-cyl. en alliage léger; vilebrequin à 5 paliers; huile 3.5 L; injection monopoint électron. Batterie 250 A, alternateur 70 A; refroidissement à eau, capac. 4.8 L.

Transmission: (sur roues AV). Boîte à 5 vit.: I. 3.42; II. 1.81; III. 1.29; IV. 0.98; V. 0.77; AR 3.58; pont 4.54.

Citroën

Citroën ZX

Fahrgestell: Selbsttragende Karosserie mit vorderem Hilfsrahmen; vorn Federbeine und Dreieckquerlenker, Schraubenfedern und koaxiale Dämpfer; hinten Einzelradaufhängung mit Längslenkern; Torsionsfederstäbe; Teleskopdämpfer.

Fahrwerk: Bremse, vorne Scheiben, hinten Trommeln, Scheiben-Ø v. 24.7 cm, a.W. ABS, Handbr. auf Hinterräder; Zahnstangenl., Treibstofftank 54 L; Reifen 165/70 R 13, 175/65 R 14, Felgen 5 J, 5.5 J.

Dimensionen: Radstand 254 cm, Spur 141.5/140.5 cm, Bodenfreih. 11 cm, Wendekreis 11.1 m, Kofferraum 345/1145 dm³, Länge 407 cm, Breite 170 cm, Höhe 140 cm.
Break: Spur 142/141.5 cm, Kofferraum 490/1580 dm³, Länge 427.5 cm, Breite 168.5 cm, Höhe 145 cm.

Fahrleistungen: Vmax (Werk) 161 km/h, V bei 1000/min im 5. Gang 29.7 km/h; 0–100 km/h 16.8 s; steh. km 37.6 s; Leistungsgew. 21.3 kg/kW (15.7 kg/PS); Verbrauch ECE 5.1/6.8/7.8 L/100 km.

Châssis: carrosserie autoporteuse avec cadre auxiliaire AV; AV jambes élast. et leviers triang. transv., ressorts hélicoïdaux et amortisseurs coaxiaux; AR suspension indép. avec bras longit.; barres de torsion; amortiss. télescop.

Train roulant: frein, AV à disques, AR à tambours, Ø disques AV 24.7 cm, ABS s. d., frein à main sur roues AR; direction à crémaillère, réservoir carb. 54 L; pneus 165/70 R 13, 175/65 R 14, jantes 5 J, 5.5 J.

Dimensions: empattement 254 cm, voie 141.5/140.5 cm, garde au sol 11 cm, diam. de braq. 11.1 m, coffre 345/1145 dm³, longueur 407 cm, largeur 170 cm, hauteur 140 cm.
Break: voie 142/141.5 cm, coffre 490/1580 dm³, longueur 427.5 cm, largeur 168.5 cm, hauteur 145 cm.

Performances: Vmax (usine) 161 km/h, V à 1000/min en 5. vit. 29.7 km/h; 0–100 km/h 16.8 s; km arrêté 37.6 s; rapp. poids/puiss. 21.3 kg/kW (15.7 kg/ch); consomm. ECE 5.1/6.8/7.8 L/100 km.

1.4 – 75 PS Benzineinspritzung

Wie 1.1 – 60 PS, ausgenommen:

Karosserie, Gewicht: (DIN), Limousine, leer ab 950 kg, max. zul. 1490 kg.
Break: leer ab 1015 kg, max. zul. 1550 kg.

Motor: (ECE), 4 Zyl. in Linie (75×77 mm), 1361 cm³; Kompr. 9.3:1; 55 kW (75 PS) bei 5800/min, 40.4 kW/L (54.9 PS/L); 113 Nm (11.5 mkp) bei 3400/min; 95 ROZ.

Motorkonstruktion: Ventile in V; 1 obenl. Nockenwelle (Zahnriemen); Graugruss-Zylinderblock; 5fach gelagerte Kurbelwelle; Öl 3.5 L; elektron. Einspritzung. Batterie 250 A, Alternator 70 A; Wasserkühlung, Inh. 4.8 L.

Kraftübertragung: (auf Vorderräder). 5-Gang-Getriebe: I. 3.42; II. 1.81; III. 1.29; IV. 0.98; V. 0.77; R 3.58; Achse 4.29.

Fahrleistungen: Vmax (Werk) 174 km/h, V bei 1000/min im 5. Gang 31.5 km/h; 0–100 km/h 13.5 s; steh. km 35.2 s; Leistungsgew. 17 kg/kW (12.5 kg/PS); Verbrauch ECE 5.5/7/8 L/100 km.
Break: Vmax 165 km/h, 0–100 km/h 15.8 s; steh. km 37.1 s; Verbrauch ECE 5.5/7.1/8.5 L/100 km.

1.4 – 75 ch Injection d'essence

Comme 1.1 – 60 ch, sauf:

Carrosserie, poids: (DIN), Berline, vide dès 950 kg, tot. adm. 1490 kg.
Break: vide dès 1015 kg, tot. adm. 1550 kg.

Moteur: (ECE), 4 cyl. en ligne (75×77 mm), 1361 cm³; compr. 9.3:1; 55 kW (75 ch) à 5800/min, 40.4 kW/L (54.9 ch/L); 113 Nm (11.5 mkp) à 3400/min; 95 (R).

Moteur (constr.): soupapes en V; 1 arbre à cames en tête (courroie crantée); bloc-cyl. en fonte; vilebrequin à 5 paliers; huile 3.5 L; injection électronique. Batterie 250 A, alternateur 70 A; refroidissement à eau, capac. 4.8 L.

Transmission: (sur roues AV). Boîte à 5 vit.: I. 3.42; II. 1.81; III. 1.29; IV. 0.98; V. 0.77; AR 3.58; pont 4.29.

Performances: Vmax (usine) 174 km/h, V à 1000/min en 5. vit. 31.5 km/h; 0–100 km/h 13.5 s; km arrêté 35.2 s; rapp. poids/puiss. 17 kg/kW (12.5 kg/ch); consomm. ECE 5.5/7/8 L/100 km.
Break: Vmax 165 km/h, 0–100 km/h 15.8 s; km arrêté 37.1 s; consomm. ECE 5.5/7.1/8.5 L/100 km.

Citroën ZX Break

1.6 – 88 PS Benzineinspritzung

Wie 1.1 – 60 PS, ausgenommen:

Karosserie, Gewicht: (DIN), Limousine, leer ab 1025 kg, max. zul. 1550 kg.
Break: leer ab 1070 kg, max. zul. 1590 kg.

Motor: (ECE), 4 Zyl. in Linie (83×73 mm), 1580 cm³; Kompr. 9.25:1; 65 kW (88 PS) bei 6000/min, 41.1 kW/L (55.9 PS/L); 130 Nm (13.3 mkp) bei 2600/min; 95 ROZ. DIN: 66 kW (90 PS); 132 Nm (13,5 mkp).

Motorkonstruktion: Ventile in V; 1 obenl. Nockenwelle (Zahnriemen); Leichtmetall-Zylinderkopf und -block; 5fach gelagerte Kurbelwelle; Öl 3 L; elektron. Zentraleinspritzung. Batterie 35 Ah, Alternator 70 A; Wasserkühlung, Inh. 6.5 L.

Kraftübertragung: (auf Vorderräder). 5-Gang-Getriebe: I. 3.46; II. 1.87; III. 1.28; IV. 0.95; V. 0.74; R 3.33; Achse 4.06.

Fahrleistungen: Vmax (Werk) 177 km/h, V bei 1000/min im 5. Gang 35.5 km/h; 0–100 km/h 13.1 s; steh. km 34.9 s; Leistungsgew. 15.5 kg/kW (11.4 kg/PS); Verbrauch ECE 5.5/7.2/9.7 L/100 km.
Break: Vmax 172 km/h, 0–100 km/h 13.8 s; steh. km 35.6 s; Verbrauch ECE 5.6/7.5/9.7 L/100 km.

1.6 – 88 ch Injection d'essence

Comme 1.1 – 60 ch, sauf:

Carrosserie, poids: (DIN), Berline, vide dès 1025 kg, tot. adm. 1550 kg.
Break: vide dès 1070 kg, tot. adm. 1590 kg.

Moteur: (ECE), 4 cyl. en ligne (83×73 mm), 1580 cm³; compr. 9.25:1; 65 kW (88 ch) à 6000/min, 41.1 kW/L (55.9 ch/L); 130 Nm (13.3 mkp) à 2600/min; 95 (R). DIN: 66 kW (90 ch); 132 Nm (13,5 mkp).

Moteur (constr.): soupapes en V; 1 arbre à cames en tête; culasse et bloc-cyl. en alliage léger; vilebrequin à 5 paliers; huile 3 L; injection monopoint électron. Batterie 35 Ah, alternateur 70 A; refroidissement à eau, capac. 6.5 L.

Transmission: (sur roues AV). Boîte à 5 vit.: I. 3.46; II. 1.87; III. 1.28; IV. 0.95; V. 0.74; AR 3.33; pont 4.06.

Performances: Vmax (usine) 177 km/h, V à 1000/min en 5. vit. 35.5 km/h; 0–100 km/h 13.1 s; km arrêté 34.9 s; rapp. poids/puiss. 15.5 kg/kW (11.4 kg/ch); consomm. ECE 5.5/7.2/9.7 L/100 km.
Break: Vmax 172 km/h, 0–100 km/h 13.8 s; km arrêté 35.6 s; consomm. ECE 5.6/7.5/9.7 L/100 km.

Citroën ZX

1.8 – 101 PS Benzineinspritzung

Wie 1.1 – 60 PS, ausgenommen:

Karosserie, Gewicht: (DIN), Limousine, leer ab 1010 kg, max. zul. 1550 kg.
Break: leer ab 1070 kg, max. zul. 1590 kg.

Motor: (ECE), 4 Zyl. in Linie (83×81.4 mm), 1762 cm³; Kompr. 9.25:1; 74 kW (101 PS) bei 6000/min, 42 kW/L (57.1 PS/L); 153 Nm (15.6 mkp) bei 3000/min; 95 ROZ. DIN: 76 kW (103 PS); 157 Nm (16 mkp).

Motorkonstruktion: Ventile in V; 1 obenl. Nockenwelle (Zahnriemen); Leichtmetall-Zylinderkopf und -block; 5fach gelagerte Kurbelwelle; Öl 3 L; elektron. Einspritzung, Bosch. Batterie 35 Ah, Alternator 80 A; Wasserkühlung, Inh. 6.5 L.

Kraftübertragung: (auf Vorderräder). 5-Gang-Getriebe: I. 3.42; II. 1.85; III. 1.36; IV. 1.07; V. 0.86; R 3.33; Achse 3.47. 4-Stufen-Automat: ZF; I. 2.51; II. 1.42; III. 1.04; IV. 0.77; R 2.94; Achse 3.82.

Fahrleistungen: Vmax (Werk) 188 km/h, V bei 1000/min im 5. Gang 35.2 km/h; 0–100 km/h 11.3 s; steh. km 33.4 s; Leistungsgew. 13.3 kg/kW (9.8 kg/PS); Verbrauch ECE 5.6/6.9/9.4 L/100 km.
Aut.: Vmax 176 km/h, 0–100 km/h 14.7 s; steh. km 36.2 s; Verbrauch ECE 6.1/7.9/10.5 L/100 km.
Break: Vmax 180 km/h, 0–100 km/h 12.2 s; steh. km 34.2 s; Verbrauch ECE 5.6/6.9/9.4 L/100 km.
Break Aut.: Vmax (Red.) 175 km/h, 0–100 km/h 15.2 s; Verbr. ECE 8.2/10.5 L/100 km.

1.8 – 101 ch Injection d'essence

Comme 1.1 – 60 ch, sauf:

Carrosserie, poids: (DIN), Berline, vide dès 1010 kg, tot. adm. 1550 kg.
Break: vide dès 1070 kg, tot. adm. 1590 kg.

Moteur: (ECE), 4 cyl. en ligne (83×81.4 mm), 1762 cm³; compr. 9.25:1; 74 kW (101 ch) à 6000/min, 42 kW/L (57.1 ch/L); 153 Nm (15.6 mkp) à 3000/min; 95 (R). DIN: 76 kW (103 ch); 157 Nm (16 mkp).

Moteur (constr.): soupapes en V; 1 arbre à cames en tête (courroie crantée); culasse et bloc-cyl. en alliage léger; vilebrequin à 5 paliers; huile 3 L; injection électronique, Bosch. Batterie 35 Ah, alternateur 80 A; refroidissement à eau, capac. 6.5 L.

Transmission: (sur roues AV). Boîte à 5 vit.: I. 3.42; II. 1.85; III. 1.36; IV. 1.07; V. 0.86; AR 3.33; pont 3.47. Boîte autom. à 4 vit.: ZF; I. 2.51; II. 1.42; III. 1.04; IV. 0.77; AR 2.94; pont 3.82.

Performances: Vmax (usine) 188 km/h, V à 1000/min en 5. vit. 35.2 km/h; 0–100 km/h 11.3 s; km arrêté 33.4 s; rapp. poids/puiss. 13.3 kg/kW (9.8 kg/ch); consomm. ECE 5.6/6.9/9.4 L/100 km.
Aut.: Vmax 176 km/h, 0–100 km/h 14.7 s; km arrêté 36.2 s; consomm. ECE 6.1/7.9/10.5 L/100 km.
Break: Vmax 180 km/h, 0–100 km/h 12.2 s; km arrêté 34.2 s; consomm. ECE 5.6/6.9/9.4 L/100 km.
Break Aut.: Vmax (réd.) 175 km/h, 0–100 km/h 15.2 s; cons. ECE 8.2/10.5 L/100 km.

Ideale Verhältnisse für den neuen Citroën Xantia Activa V6 mit 24 Ventilen und 194 PS.

Ein neuer Citroën Xantia Activa – der erste V6, der in der Kurve keine Seitenneigung kennt.

Eine ideale Kombination: geschmeidige Leistung und high-tech – ein neu entwickelter 3-l-Motor mit 6 Zylindern und 194 PS, dazu das aktive Fahrwerk mit SC.CAR System. Damit nimmt der Xantia Activa V6 auch die schärfsten Haarnadeln ohne jede Seitenneigung – für mehr Komfort und das gute Gefühl beruhigender Sicherheit, bei sportlicher Fahrweise wie bei langen Reisen.

CITROËN. MEHR ALS SIE ERWARTEN. ▶ **CITROËN XANTIA ACTIVA V6**

Citroën

1.8 16V – 110 PS
Benzineinspritzung

Wie 1.1 – 60 PS, ausgenommen:

Karosserie, Gewicht: (DIN), Limousine, leer ab 1050 kg, max. zul. 1570 kg.
Break: leer ab 1090 kg, max. zul. 1580 kg.

Motor: (ECE), 4 Zyl. in Linie (83×81.4 mm), 1762 cm³; Kompr. 10.4:1; 81 kW (110 PS) bei 5500/min, 46 kW/L (62.5 PS/L); 155 Nm (15.8 mkp) bei 4250/min; 95 ROZ. DIN: 82 kW (112 PS); 158 Nm (16.1 mkp).

Motorkonstruktion: 4 Ventile in V; 2 obenl. Nockenwellen (Zahnriemen); Leichtmetall-Zylinderkopf und -block; 5fach gelagerte Kurbelwelle; Öl 4.9 L; elektron. Einspritzung, Bosch, MP 5.1.1.
Batterie 250 A, Alternator 80 A; Wasserkühlung, Inh. 7 L.

Kraftübertragung: (auf Vorderräder).
5-Gang-Getriebe: I. 3.46; II. 1.85; III. 1.36; IV. 1.07; V. 0.86; R 3.33; Achse 3.59.

Fahrwerk: Reifen 185/60 R 14, Felgen 6 J.

Fahrleistungen: Vmax (Werk) 195 km/h, 0–100 km/h 10.5 s; steh. km 32.3 s; Leistungsgew. 13 kg/kW (9.5 kg/PS); Verbrauch ECE 5.7/7.4/9.5 L/100 km.
Break: Vmax 193 km/h, 0–100 km/h 11.3 s; steh. km 33.2 s; Verbrauch ECE 5.8/7.5/9.5 L/100 km.

1.8 16V – 110 ch
Injection d'essence

Comme 1.1 – 60 ch, sauf:

Carrosserie, poids: (DIN), Berline, vide dès 1050 kg, tot. adm. 1570 kg.
Break: vide dès 1090 kg, tot. adm. 1580 kg.

Moteur: (ECE), 4 cyl. en ligne (83×81.4 mm), 1762 cm³; compr. 10.4:1; 81 kW (110 ch) à 5500/min, 46 kW/L (62.5 ch/L); 155 Nm (15.8 mkp) à 4250/min; 95 (R). DIN: 82 kW (112 ch); 158 Nm (16.1 mkp).

Moteur (constr.): 4 soupapes en V; 2 arbres à cames en tête (courroie crantée); culasse et bloc-cyl. en alliage léger; vilebrequin à 5 paliers; huile 4.9 L; injection électronique, Bosch, MP 5.1.1.
Batterie 250 A, alternateur 80 A; refroidissement à eau, capac. 7 L.

Transmission: (sur roues AV).
Boîte à 5 vit.: I. 3.46; II. 1.85; III. 1.36; IV. 1.07; V. 0.86; AR 3.33; pont 3.59.

Train roulant: pneus 185/60 R 14, 6 J.

Performances: Vmax (usine) 195 km/h, 0–100 km/h 10.5 s; km arrêté 32.3 s; rapp. poids/puiss. 13 kg/kW (9.5 kg/ch); consomm. ECE 5.7/7.4/9.5 L/100 km.
Break: Vmax 193 km/h, 0–100 km/h 11.3 s; km arrêté 33.2 s; consomm. ECE 5.8/7.5/9.5 L/100 km.

2.0 – 121 PS
Benzineinspritzung

Wie 1.1 – 60 PS, ausgenommen:

Karosserie, Gewicht: (DIN), Limousine, leer ab 1060 kg, max. zul. 1600 kg.

Motor: (ECE), 4 Zyl. in Linie (86×86 mm), 1998 cm³; Kompr. 9.5:1; 89 kW (121 PS) bei 5750/min, 44.5 kW/L (60.5 PS/L); 176 Nm (17.9 mkp) bei 2750/min; 95 ROZ. DIN: 90 kW (123 PS); 180 Nm (18.3 mkp).

Motorkonstruktion: 1 obenl. Nockenwelle (Zahnriemen); Grauguss-Zylinderblock; 5fach gelagerte Kurbelwelle; Öl 4.6 L; elektron. Einspritzung.
Batterie 35 Ah, Alternator 80 A; Wasserkühlung, Inh. 7.5 L.

Kraftübertragung: (auf Vorderräder).
5-Gang-Getriebe: I. 3.46; II. 1.85; III. 1.36; IV. 1.07; V. 0.86; R 3.33; Achse 3.59.
4-Stufen-Automat: ZF; I. 2.51; II. 1.42; III. 1.04; IV. 0.77; R 2.94; Achse 3.82.

Fahrleistungen: Vmax (Werk) 201 km/h, V bei 1000/min im 5. Gang 34 km/h; 0–100 km/h 10.2 s; steh. km 31.9 s; Leistungsgew. 11.7 kg/kW (8.6 kg/PS); Verbrauch ECE 6.1/7.8/10.6 L/100 km.
Aut.: Vmax 198 km/h, 0–100 km/h 11.8 s; steh. km 33.6 s; Verbrauch ECE 6.4/7.7/11.9 L/100 km.

2.0 – 121 ch
Injection d'essence

Comme 1.1 – 60 ch, sauf:

Carrosserie, poids: (DIN), Berline, vide dès 1060 kg, tot. adm. 1600 kg.

Moteur: (ECE), 4 cyl. en ligne (86×86 mm), 1998 cm³; compr. 9.5:1; 89 kW (121 ch) à 5750/min, 44.5 kW/L (60.5 ch/L); 176 Nm (17.9 mkp) à 2750/min; 95 (R). DIN: 90 kW (123 ch); 180 Nm (183 mkp).

Moteur (constr.): 1 arbre à cames en tête (courroie crantée); bloc-cyl. en fonte; vilebrequin à 5 paliers; huile 4.6 L; injection électronique.
Batterie 35 Ah, alternateur 80 A; refroidissement à eau, capac. 7.5 L.

Transmission: (sur roues AV).
Boîte à 5 vit.: I. 3.46; II. 1.85; III. 1.36; IV. 1.07; V. 0.86; AR 3.33; pont 3.59.
Boîte autom. à 4 vit.: ZF; I. 2.51; II. 1.42; III. 1.04; IV. 0.77; AR 2.94; pont 3.82.

Performances: Vmax (usine) 201 km/h, V à 1000/min en 5. vit. 34 km/h; 0–100 km/h 10.2 s; km arrêté 31.9 s; rapp. poids/puiss. 11.7 kg/kW (8.6 kg/ch); consomm. ECE 6.1/7.8/10.6 L/100 km.
Aut.: Vmax 198 km/h, 0–100 km/h 11.8 s; km arrêté 33.6 s; consomm. ECE 6.4/7.7/11.9 L/100 km.

Citroën ZX 16V

Citroën ZX Break

2.0 16V – 163 PS
Benzineinspritzung

Wie 1.1 – 60 PS, ausgenommen:

Karosserie, Gewicht: (DIN), Limousine, 3 Türen, 5 Sitze; leer ab 1170 kg, max. zul. 1640 kg.

Motor: (ECE), 4 Zyl. in Linie (86×86 mm), 1998 cm³; Kompr. 10.8:1; 120 kW (163 PS) bei 6500/min, 60 kW/L (81.6 PS/L); 193 Nm (19.7 mkp) bei 5500/min; 95 ROZ. DIN: 123 kW (167 PS); 197 Nm (20,1 mkp).

Motorkonstruktion: Bezeichnung XU 10J4 RS; 4 Ventile in V; 2 obenl. Nockenwellen (Zahnriemen); Leichtmetall-Zylinderkopf; 5fach gelagerte Kurbelwelle; Ölkühler; Öl 5.4 L; elektron. Einspritzung, Magneti-Marelli, 1 AP 10.
Batterie 300 A, Alternator 1000 W; Wasserkühlung, Inh. 7 L.

Kraftübertragung: (auf Vorderräder).
5-Gang-Getriebe: I. 2.92; II. 1.87; III. 1.28; IV. 0.97; V. 0.76; R 3.33; Achse 4.43.

Fahrwerk: Vierrad-Scheibenbremse (vorn belüftet) ABS, Reifen 195/55 VR 15, Felgen 6 J.

Dimensionen: Spur 142/141 cm, Breite 172 cm, Höhe 138 cm.

Fahrleistungen: Vmax (Werk) 219 km/h, V bei 1000/min im 5. Gang 32.3 km/h; 0–100 km/h 8.5 s; steh. km 29.8 s; Leistungsgew. 9.8 kg/kW (7.2 kg/PS); Verbrauch ECE 6.4/8.1/11.3 L/100 km.

2.0 16V – 163 ch
Injection d'essence

Comme 1.1 – 60 ch, sauf:

Carrosserie, poids: (DIN), Berline, 3 portes, 5 places; vide dès 1170 kg, tot. adm. 1640 kg.

Moteur: (ECE), 4 cyl. en ligne (86×86 mm), 1998 cm³; compr. 10.8:1; 120 kW (163 ch) à 6500/min, 60 kW/L (81.6 ch/L); 193 Nm (19.7 mkp) à 5500/min; 95 (R). DIN: 123 kW (167 ch); 197 Nm (20,1 mkp).

Moteur (constr.): désignation XU 10J4 RS; 4 soupapes en V; 2 arbres à cames en tête (courroie crantée); culasse en alliage léger; vilebrequin à 5 paliers; radiat. d'huile; huile 5.4 L; injection électronique, Magneti-Marelli, 1 AP 10.
Batterie 300 A, alternateur 1000 W; refroidissement à eau, capac. 7 L.

Transmission: (sur roues AV).
Boîte à 5 vit.: I. 2.92; II. 1.87; III. 1.28; IV. 0.97; V. 0.76; AR 3.33; pont 4.43.

Train roulant: quatre freins à disques (AV ventilés), ABS, pneus 195/55 VR 15, jantes 6 J.

Dimensions: voie 142/141 cm, largeur 172 cm, hauteur 138 cm.

Performances: Vmax (usine) 219 km/h, V à 1000/min en 5. vit. 32.3 km/h; 0–100 km/h 8.5 s; km arrêté 29.8 s; rapp. poids/puiss. 9.8 kg/kW (7.2 kg/ch); consomm. ECE 6.4/8.1/11.3 L/100 km.

1.9 – 68 PS
Diesel

Wie 1.1 – 60 PS, ausgenommen:

Karosserie, Gewicht: (DIN), Limousine, leer ab 1025 kg, max. zul. 1560 kg.
Break: leer ab 1090 kg, max. zul. 1630 kg.

Motor: (ECE), 4 Zyl. in Linie (83×88 mm), 1905 cm³; Kompr. 23:1; 50 kW (68 PS) bei 4600/min, 26.2 kW/L (35.7 PS/L); 120 Nm (12.2 mkp) bei 2000/min; Dieselöl.

Motorkonstruktion: Wirbelkammer-Diesel; 2 Ventile parallel; 1 obenl. Nockenwelle (Zahnriemen); Grauguss-Zylinderblock; 5fach gelagerte Kurbelwelle; Öl 4.8 L; Einspritzpumpe.
Batterie 50 Ah, Alternator 70 A; Wasserkühlung, Inh. 8.5 L.

Kraftübertragung: (auf Vorderräder).
5-Gang-Getriebe: I. 3.46; II. 1.87; III. 1.28; IV. 0.97; V. 0.76; R 3.33; Achse 3.79.
4-Stufen-Automat: ZF; I. 2.51; II. 1.42; III. 1.04; IV. 0.77; R 2.94; Achse 3.67.

1.9 – 68 ch
diesel

Comme 1.1 – 60 ch, sauf:

Carrosserie, poids: (DIN), Berline, vide dès 1025 kg, tot. adm. 1560 kg.
Break: vide dès 1090 kg, tot. adm. 1630 kg.

Moteur: (ECE), 4 cyl. en ligne (83×88 mm), 1905 cm³; compr. 23:1; 50 kW (68 ch) à 4600/min, 26.2 kW/L (35.7 ch/L); 120 Nm (12.2 mkp) à 2000/min; gazole.

Moteur (constr.): diesel à chambre de turbulence; 2 soup. en parallèle; 1 arbre à cames en tête (courroie crantée); bloc-cyl. en fonte; vilebrequin à 5 paliers; huile 4.8 L; pompe à injection.
Batterie 50 Ah, alternateur 70 A; refroidissement à eau, capac. 8.5 L.

Transmission: (sur roues AV).
Boîte à 5 vit.: I. 3.46; II. 1.87; III. 1.28; IV. 0.97; V. 0.76; AR 3.33; pont 3.79.
Boîte autom. à 4 vit.: ZF; I. 2.51; II. 1.42; III. 1.04; IV. 0.77; AR 2.94; pont 3.67.

Citroën

Fahrleistungen: Vmax (Werk) 165 km/h, V bei 1000/min im 5. Gang 37.1 km/h; 0–100 km/h 16.7 s; steh. km 37.5 s; Leistungsgew. 19.7 kg/kW (14.5 kg/PS); Verbrauch ECE 4.5/6.4/6.9 L/100 km.
Aut.: Vmax 164 km/h, 0–100 km/h 19.6 s; steh. km 39.5 s; Verbrauch ECE 4.8/6.5/7.2 L/100 km.
Break: Vmax 160 km/h, 0–100 km/h 19.1 s; steh. km 39.4 s; Verbrauch ECE 4.5/6.4/6.9 L/100 km.
Break Aut.: Vmax 151 km/h, 0–100 km/h 20.8 s; steh. km 40.5 s; Verbrauch ECE 4.8/6.7/7.2 L/100 km.

Performances: Vmax (usine) 165 km/h, V à 1000/min en 5. vit. 37.1 km/h; 0–100 km/h 16.7 s; km arrêté 37.5 s; rapp. poids/puiss. 19.7 kg/kW (14.5 kg/ch); consomm. ECE 4.5/6.4/6.9 L/100 km.
Aut.: Vmax 164 km/h, 0–100 km/h 19.6 s; km arrêté 39.5 s; consomm. ECE 4.8/6.5/7.2 L/100 km.
Break: Vmax 160 km/h, 0–100 km/h 19.1 s; km arrêté 39.4 s; consomm. ECE 4.5/6.4/6.9 L/100 km.
Break Aut.: Vmax 151 km/h, 0–100 km/h 20.8 s; km arrêté 40.5 s; consomm. ECE 4.8/6.7/7.2 L/100 km.

1.9 – 90 PS Turbodiesel

Wie 1.1 – 60 PS, ausgenommen:

Karosserie, Gewicht: (DIN), Limousine, leer ab 1085 kg, max. zul. 1590 kg.
Break: leer ab 1150 kg, max. zul. 1665 kg.

Motor: (ECE), 4 Zyl. in Linie (83×88 mm), 1905 cm³; Kompr. 21.8:1; 66 kW (90 PS) bei 4000/min, 34.6 kW/L (47.1 PS/L); 196 Nm (20 mkp) bei 2250/min.
oder: 68 kW (92 PS).

Motorkonstruktion: Wirbelkammer-Diesel; 2 Ventile parallel; 1 obenl. Nockenwelle (Zahnriemen); Grauguss-Zylinderblock; 5fach gelagerte Kurbelwelle; Einspritzpumpe, 1 Turbolader, max. Ladedruck 0.8 bar. Batterie 60 Ah, Alternator 70 A; Wasserkühlung, Inh. 9 L.

Kraftübertragung: (auf Vorderräder).
5-Gang-Getriebe: I. 3.46; II. 1.87; III. 1.15; IV. 0.83; V. 0.66; R 3.33; Achse 3.95.

Fahrleistungen: Vmax (Werk) 183 km/h, V bei 1000/min im 5. Gang 41 km/h; 0–100 km/h 11.8 s; steh. km 33.6 s; Leistungsgew. 16.7 kg/kW (12.2 kg/PS); Verbrauch ECE 4.5/6.5/7.4 L/100 km.
Break: Vmax 177 km/h, 0–100 km/h 12.1 s; steh. km 35.1 s; Verbrauch ECE 4.6/6.7/7.5 L/100 km.

1.9 – 90 ch turbodiesel

Comme 1.1 – 60 ch, sauf:

Carrosserie, poids: (DIN), Berline, vide dès 1085 kg, tot. adm. 1590 kg.
Break: vide dès 1150 kg, tot. adm. 1665 kg.

Moteur: (ECE), 4 cyl. en ligne (83×88 mm), 1905 cm³; compr. 21.8:1; 66 kW (90 ch) à 4000/min, 34.6 kW/L (47.1 ch/L); 196 Nm (20 mkp) à 2250/min.
ou: 68 kW (92 ch).

Moteur (constr.): diesel à chambre de turbulence; 2 soupapes en parallèle; 1 arbre à cames en tête (courroie crantée); bloc-cyl. en fonte; vilebr. à 5 paliers; pompe à injection, 1 turbocompr., pression max. 0.8 bar. Batterie 60 Ah, alternateur 70 A; refroidissement à eau, capac. 9 L.

Transmission: (sur roues AV).
Boîte à 5 vit.: I. 3.46; II. 1.87; III. 1.15; IV. 0.83; V. 0.66; AR 3.33; pont 3.95.

Performances: Vmax (usine) 183 km/h, V à 1000/min en 5. vit. 41 km/h; 0–100 km/h 11.8 s; km arrêté 33.6 s; rapp. poids/puiss. 16.7 kg/kW (12.2 kg/ch); consomm. ECE 4.5/6.5/7.4 L/100 km.
Break: Vmax 177 km/h, 0–100 km/h 12.1 s; km arrêté 35.1 s; consomm. ECE 4.6/6.7/7.5 L/100 km.

Motorkonstruktion: Ventile in V; 1 obenl. Nockenwelle (Zahnriemen); Leichtmetall-Zylinderkopf und -block; 5fach gelagerte Kurbelwelle; Öl 3 L; elektron. Einspritzung, Bosch.
Batterie 35 Ah, Alternator 80 A; Wasserkühlung, Inh. 6.5 L.

Kraftübertragung: (auf Vorderräder).
5-Gang-Getriebe: I. 3.46; II. 1.87; III. 1.36; IV. 1.05; V. 0.8; R 3.33; Achse 4.16.
4-Stufen-Automat: ZF; I. 2.78; II. 1.58; III. 1.15; IV. 0.85; R 3.26; Achse 3.67.

Fahrgestell: Selbsttragende Karosserie mit vorderem und hinterem Hilfsrahmen; hydropneumat. Federung mit autom. Niveauregulierung,; vorn Federbeine und Dreieckquerlenker; hinten Längslenker; v/h Kurvenstabilisator.

Fahrwerk: Vierrad-Scheibenbremse (vorn belüftet), Scheiben-Ø v. 26.6 cm, h. 22.4 cm, a.W. ABS, Teves; Handbremse auf Vorderräder; Zahnstangenlenkung mit Servo, Treibstofftank 65 L; Reifen 175/70 R 14, Felgen 5.5 J.
Break: Reifen 185/65 HR 15, Felgen 6 J.

Dimensionen: Radstand 274 cm, Spur 148/145 cm, Bodenfreih. 16 cm, Wendekreis 11.3 m, Kofferraum 480/880 dm³, Länge 444.5 cm, Breite 175.5 cm, Höhe 138 cm.
Break: Spur 149/146.5 cm, Kofferraum 510/1690 dm³, Länge 466 cm, Höhe 142 cm.

Fahrleistungen: Vmax (Werk) 179 km/h, V bei 1000/min im 4. Gang 39 km/h; 0–100 km/h 16 s; steh. km 37.2 s; Leistungsgew. 15.5 kg/kW (11.4 kg/PS); Verbrauch ECE 6/7.7/11.3 L/100 km.
Break: Vmax 178 km/h, 0–100 km/h 14.2 s; steh. km 35.7 s; Verbrauch ECE 6.2/7.9/11 L/100 km.

Moteur (constr.): soupapes en V; 1 arbre à cames en tête (courroie crantée); culasse et bloc-cyl. en alliage léger; vilebrequin à 5 paliers; huile 3 L; injection électronique, Bosch.
Batterie 35 Ah, alternateur 80 A; refroidissement à eau, capac. 6.5 L.

Transmission: (sur roues AV).
Boîte à 5 vit.: I. 3.46; II. 1.87; III. 1.36; IV. 1.05; V. 0.8; AR 3.33; pont 4.16.
Boîte autom. à 4 vit.: ZF; I. 2.78; II. 1.58; III. 1.15; IV. 0.85; AR 3.26; pont 3.67.

Châssis: carrosserie autoporteuse avec faux-châssis AV et AR; susp. hydropneumatique avec correcteur d'assiette automat.; AV jambes élast. et leviers triang. transv.; AR bras longitud.; AV/AR barre anti-dévers.

Train roulant: quatre freins à disques (AV ventilés), Ø disques AV 26.6 cm, AR 22.4 cm, ABS s. d., Teves; frein à main sur roues AV; servodirection à crémaillère, réservoir carb. 65 L; pneus 175/70 R 14, jantes 5.5 J.
Break: pneus 185/65 HR 15, jantes 6 J.

Dimensions: empattement 274 cm, voie 148/145 cm, garde au sol 16 cm, diam. de braq. 11.3 m, coffre 480/880 dm³, longueur 444.5 cm, largeur 175.5 cm, hauteur 138 cm.
Break: voie 149/146.5 cm, coffre 510/1690 dm³, longueur 466 cm, hauteur 142 cm.

Performances: Vmax (usine) 179 km/h, V à 1000/min en 4. vit. 39 km/h; 0–100 km/h 16 s; km arrêté 37.2 s; rapp. poids/puiss. 15.5 kg/kW (11.4 kg/ch); consomm. ECE 6/7.7/11.3 L/100 km.
Break: Vmax 178 km/h, 0–100 km/h 14.2 s; km arrêté 35.7 s; consomm. ECE 6.2/7.9/11 L/100 km.

Citroën Xantia Break

Citroën Xantia

Limousine der Mittelklasse mit Quermotor, Frontantrieb und hydropneumatischer Federung. Debüt November 1992. 1994: Automat und 1.6i; Activa mit 2.0/16V und Anti-Rollsystem. Herbst 1995: Break. Winter 96/97: neuer 3.0-V6-Motor.

Berline de la classe moyenne avec moteur transvers., traction et susp. hydropneumatique. Lancement Nov. 1992. 1994: boîte autom. et moteur 1.6i; Activa 2.0/16V avec systeme anti-roulis. Automne 1995: Break. Hiver 96/97: 3.0/V6.

1.8 – 101 PS Benzineinspritzung

Karosserie, Gewicht: (DIN), Limousine, 5 Türen, 5 Sitze; leer ab 1205 kg, max. zul. 1745 kg.
Break: 5 Türen, 5 Sitze; leer ab 1285 kg, max. zul. 1870 kg.

Motor: (ECE), 4 Zyl. in Linie (83×81.4 mm), 1762 cm³; Kompr. 9.25:1; 74 kW (101 PS) bei 6000/min, 42 kW/L (57.1 PS/L); 153 Nm (15.6 mkp) bei 3000/min; 95 ROZ. DIN: 76 kW (103 PS); 157 Nm (16 mkp) Lim. nur mit Automat.

1.8 – 101 ch Injection d'essence

Carrosserie, poids: (DIN), Berline, 5 portes, 5 places; vide dès 1205 kg, tot. adm. 1745 kg.
Break: 5 portes, 5 places; vide dès 1285 kg, tot. adm. 1870 kg.

Moteur: (ECE), 4 cyl. en ligne (83×81.4 mm), 1762 cm³; compr. 9.25:1; 74 kW (101 ch) à 6000/min, 42 kW/L (57.1 ch/L); 153 Nm (15.6 mkp) à 3000/min; 95 (R). DIN: 76 kW (103 ch); 157 Nm (16 mkp) Berl. avec boîte autom. seulement.

Citroën Xantia

1.6 – 88 PS Benzineinspritzung

Wie 1.8 – 101 PS, ausgenommen:

Karosserie, Gewicht: (DIN), Limousine, leer ab 1170 kg, max. zul. 1710 kg.

Motor: (ECE), 4 Zyl. in Linie (83×73 mm), 1580 cm³; Kompr. 9.25:1; 65 kW (88 PS) bei 6000/min, 41.1 kW/L (55.9 PS/L); 130 Nm (13.3 mkp) bei 2600/min; 95 ROZ. DIN: 66 kW (90 PS); 132 Nm (13,5 mkp).

Motorkonstruktion: Ventile in V; 1 obenl. Nockenwelle (Zahnriemen); Leichtmetall-Zylinderkopf und -block; 5fach gelagerte Kurbelwelle; Öl 3 L; elektron. Zentraleinspritzung, Bosch.
Batterie 35 Ah, Alternator 70 A; Wasserkühlung, Inh. 6.5 L.

Kraftübertragung: (auf Vorderräder).
5-Gang-Getriebe: I. 3.46; II. 1.87; III. 1.28; IV. 0.95; V. 0.74; R 3.33; Achse 4.19.

Fahrleistungen: Vmax (Werk) 175 km/h, V bei 1000/min im 5. Gang 35.6 km/h; 0–100 km/h 15.2 s; steh. km 36.4 s; Leistungsgew. 17.7 kg/kW (13.1 kg/PS); Verbrauch ECE 5.8/7.3/10.7 L/100 km.

1.6 – 88 ch Injection d'essence

Comme 1.8 – 101 ch, sauf:

Carrosserie, poids: (DIN), Berline, vide dès 1170 kg, tot. adm. 1710 kg.

Moteur: (ECE), 4 cyl. en ligne (83×73 mm), 1580 cm³; compr. 9.25:1; 65 kW (88 ch) à 6000/min, 41.1 kW/L (55.9 ch/L); 130 Nm (13.3 mkp) à 2600/min; 95 (R). DIN: 66 kW (90 ch); 132 Nm (13,5 mkp).

Moteur (constr.): soupapes en V; 1 arbre à cames en tête (courroie crantée); culasse et bloc-cyl. en alliage léger; vilebrequin à 5 paliers; huile 3 L; injection monopoint électron., Bosch.
Batterie 35 Ah, alternateur 70 A; refroidissement à eau, capac. 6.5 L.

Transmission: (sur roues AV).
Boîte à 5 vit.: I. 3.46; II. 1.87; III. 1.28; IV. 0.95; V. 0.74; AR 3.33; pont 4.19.

Performances: Vmax (usine) 175 km/h, V à 1000/min en 5. vit. 35.6 km/h; 0–100 km/h 15.2 s; km arrêté 36.4 s; rapp. poids/puiss. 17.7 kg/kW (13.1 kg/ch); consomm. ECE 5.8/7.3/10.7 L/100 km.

Citroën

1.8 16V – 110 PS Benzineinspritzung

Wie 1.8 – 101 PS, ausgenommen:

Karosserie, Gewicht: (DIN), Limousine, leer ab 1235 kg, max. zul. 1825 kg.

Motor: (ECE), 4 Zyl. in Linie (83×81.4 mm), 1762 cm³; Kompr. 10.4:1; 81 kW (110 PS) bei 5500/min, 46 kW/L (62.5 PS/L); 155 Nm (15.8 mkp) bei 4250/min; 95 ROZ. DIN: 82 kW (112 PS); 158 Nm (16.1 mkp).

Motorkonstruktion: 4 Ventile in V; 2 obenl. Nockenwellen (Zahnriemen); Leichtmetall-Zylinderkopf und -block; 5fach gelagerte Kurbelwelle; Öl 4.9 L; elektron. Einspritzung, Bosch, MP 5.1.1.
Batterie 250 A, Alternator 80 A; Wasserkühlung, Inh. 7 L.

Kraftübertragung: (auf Vorderräder).
5-Gang-Getriebe: I. 3.46; II. 1.87; III. 1.36; IV. 1.05; V. 0.8; R 3.33. Achse 4.05.
Mit Achse 3.94: I. 3.46; II. 1.87; III. 1.28; IV. 0.95; V. 0.75; R 3.33.

Fahrwerk: Reifen 185/65 R 14.

Fahrleistungen: Vmax (Werk) 194 km/h, V bei 1000/min in 5. Gang 33.8 km/h; 0–100 km/h 11.9 s; steh. km 33.4 s; Leistungsgew. 15.2 kg/kW (11.2 kg/PS); Verbrauch ECE 5.9/7.3/10.4 L/100 km.

1.8 16V – 110 ch Injection d'essence

Comme 1.8 – 101 ch, sauf:

Carrosserie, poids: (DIN), Berline, vide dès 1235 kg, tot. adm. 1825 kg.

Moteur: (ECE), 4 cyl. en ligne (83×81.4 mm), 1762 cm³; compr. 10.4:1; 81 kW (110 ch) à 5500/min, 46 kW/L (62.5 ch/L); 155 Nm (15.8 mkp) à 4250/min; 95 (R). DIN: 82 kW (112 ch); 158 Nm (16.1 mkp).

Moteur (constr.): 4 soupapes en V; 2 arbres à cames en tête (courroie crantée); culasse et bloc-cyl. en alliage léger; vilebrequin à 5 paliers; huile 4.9 L; injection électronique, Bosch, MP 5.1.1.
Batterie 250 A, alternateur 80 A; refroidissement à eau, capac. 7 L.

Transmission: (sur roues AV).
Boîte à 5 vit.: I. 3.46; II. 1.87; III. 1.36; IV. 1.05; V. 0.8; AR 3.33; pont 4.05.
Avec pont 3.94: I. 3.46; II. 1.87; III. 1.28; IV. 0.95; V. 0.75; R 3.33.

Train roulant: pneus 185/65 R 14.

Performances: Vmax (usine) 194 km/h, V à 1000/min en 5. vit. 33.8 km/h; 0–100 km/h 11.9 s; km arrêté 33.4 s; rapp. poids/puiss. 15.2 kg/kW (11.2 kg/ch); consom. ECE 5.9/7.3/10.4 L/100 km.

2.0 – 121 PS Benzineinspritzung

Wie 1.8 – 101 PS, ausgenommen:

Karosserie, Gewicht: (DIN), Limousine, leer ab 1260 kg, max. zul. 1820 kg.
Break: leer ab 1350 kg, max. zul. 1960 kg.

Motor: (ECE), 4 Zyl. in Linie (86×86 mm), 1998 cm³; Kompr. 9.5:1; 89 kW (121 PS) bei 5750/min, 44.5 kW/L (60.5 PS/L); 176 Nm (17.9 mkp) bei 2750/min; 95 ROZ. DIN: 90 kW (123 PS); 180 Nm (18.3 mkp).

Motorkonstruktion: 1 obenl. Nockenwelle (Zahnriemen); Grauguss-Zylinderblock; 5fach gelagerte Kurbelwelle; Öl 4.6 L; elektron. Einspritzung.
Batterie 35 Ah, Alternator 80 A; Wasserkühlung, Inh. 7.5 L.

Kraftübertragung: (auf Vorderräder).
4-Stufen-Automat: ZF: I. 2.51; II. 1.42; III. 1.04; IV. 0.77; R 2.94; Achse 3.82.

Fahrwerk: Reifen 185/65 HR 15, 6 J.

Fahrleistungen: Vmax (Werk) 195 km/h, V bei 1000/min in 4. Gang 38.6 km/h; 0–100 km/h 13.6 s; steh. km 34.9 s; Leistungsgew. 14.2 kg/kW (10.4 kg/PS); Verbrauch ECE 6.6/8.3/12.5 L/100 km.
Break: Vmax 193 km/h, 0–100 km/h 14.8 s; Verbr. ECE 6.8/8.6/12.7 L/100 km.

2.0 – 121 ch Injection d'essence

Comme 1.8 – 101 ch, sauf:

Carrosserie, poids: (DIN), Berline, vide dès 1260 kg, tot. adm. 1820 kg.
Break: vide dès 1350 kg, tot. adm. 1960 kg.

Moteur: (ECE), 4 cyl. en ligne (86×86 mm), 1998 cm³; compr. 9.5:1; 89 kW (121 ch) à 5750/min, 44.5 kW/L (60.5 ch/L); 176 Nm (17.9 mkp) à 2750/min; 95 (R). DIN: 90 kW (123 ch); 180 Nm (183 mkp).

Moteur (constr.): 1 arbre à cames en tête (courroie crantée); bloc-cyl. en fonte; vilebrequin à 5 paliers; huile 4.6 L; injection électronique.
Batterie 35 Ah, alternateur 80 A; refroidissement à eau, capac. 7.5 L.

Transmission: (sur roues AV).
Boîte autom. à 4 vit.: ZF: I. 2.51; II. 1.42; III. 1.04; IV. 0.77; AR 2.94; pont 3.82.

Train roulant: pneus 185/65 HR 15, 6 J.

Performances: Vmax (usine) 195 km/h, V à 1000/min en 4. vit. 38.6 km/h; 0–100 km/h 13.6 s; km arrêté 34.9 s; rapp. poids/puiss. 14.2 kg/kW (10.4 kg/ch); consom. ECE 6.6/8.3/12.5 L/100 km.
Break: Vmax 193 km/h, 0–100 km/h 14.8 s; cons. ECE 6.8/8.6/12.7 L/100 km.

Citroën Xantia Break

Citroën Xantia 16V Activa

2.0 16V – 132 PS Benzineinspritzung

Wie 1.8 – 101 PS, ausgenommen:

Karosserie, Gewicht: (DIN), Limousine, leer ab 1300 kg, max. zul. 1915 kg.

Motor: (ECE), 4 Zyl. in Linie (86×86 mm), 1998 cm³; Kompr. 10.4:1; 97 kW (132 PS) bei 5500/min, 48.5 kW/L (66 PS/L); 180 Nm (18.3 mkp) bei 4200/min; 95 ROZ. DIN: 99 kW (135 PS); 183 Nm (18,7 mkp).

Motorkonstruktion: 4 Ventile in V; 2 obenl. Nockenwellen (Zahnriemen); Leichtmetall-Zylinderkopf; 5fach gelagerte Kurbelwelle; Öl 4 L; elektron. Einspritzung, Bosch.
Batterie 400 A, Alternator 1080 W; Wasserkühlung, Inh. 9 L.

Kraftübertragung: (auf Vorderräder).
5-Gang-Getriebe: I. 3.46; II. 1.87; III. 1.36; IV. 1.05; V. 0.8; R 3.33; Achse 4.16, 4.47.

Fahrgestell: Activa mit Anti-Roll-System.

Fahrwerk: Scheiben-Ø v. 28.3 cm, Reifen 185/65 HR 15, 205/55 R 15, Felgen 6 J.

Fahrleistungen: Vmax (Werk) 203 km/h, V bei 1000/min im 5. Gang 34.4 km/h; 0–100 km/h 11 s; steh. km 32.2 s; Leistungsgew. 13.4 kg/kW (9.8 kg/PS); Verbrauch ECE 6.1/7.7/11.3 L/100 km.
Break: Vmax 198 km/h, 0–100 km/h 11.4 s; Verbr. ECE 6.3/7.9/11.5 L/100 km.

2.0 16V – 132 ch Injection d'essence

Comme 1.8 – 101 ch, sauf:

Carrosserie, poids: (DIN), Berline, vide dès 1300 kg, tot. adm. 1915 kg.

Moteur: (ECE), 4 cyl. en ligne (86×86 mm), 1998 cm³; compr. 10.4:1; 97 kW (132 ch) à 5500/min, 48.5 kW/L (66 ch/L); 180 Nm (18.3 mkp) à 4200/min; 95 (R). DIN: 99 kW (135 ch); 183 Nm (18,7 mkp).

Moteur (constr.): 4 soupapes en V; 2 arbres à cames en tête (courroie crantée); culasse en alliage léger; vilebrequin à 5 paliers; huile 4 L; inj. électronique, Bosch.
Batterie 400 A, alternateur 1080 W; refroidissement à eau, capac. 9 L.

Transmission: (sur roues AV).
Boîte à 5 vit.: I. 3.46; II. 1.87; III. 1.36; IV. 1.05; V. 0.8; AR 3.33; pont 4.16, 4.47.

Châssis: Activa avec système anti-roulis.

Train roulant: Ø disques AV 28.3 cm, pneus 185/65 HR 15, 205/55 R 15, 6 J.

Performances: Vmax (usine) 203 km/h, V à 1000/min en 5. vit. 34.4 km/h; 0–100 km/h 11 s; km arrêté 32.2 s; rapp. poids/puiss. 13.4 kg/kW (9.8 kg/ch); consom. ECE 6.1/7.7/11.3 L/100 km.
Break: Vmax 198 km/h, 0–100 km/h 11.4 s; cons. ECE 6.3/7.9/11.5 L/100 km.

2.0 – 147 PS Benzineinspritzung/Turbo

Wie 1.8 – 101 PS, ausgenommen:

Karosserie, Gewicht: (DIN), Limousine, leer ab 1375 kg, max. zul. 1945 kg.
Break: leer ab 1420 kg, max. zul. 1980 kg.

Motor: (ECE), 4 Zyl. in Linie (86×86 mm), 1998 cm³; Kompr. 8:1; 108 kW (147 PS) bei 5300/min, 54 kW/L (73.5 PS/L); 235 Nm (24 mkp) bei 2500/min; 95 ROZ. DIN: 110 kW (150 PS); 240 Nm (24,5 mkp).

Motorkonstruktion: 2 Ventile; 1 obenl. Nockenwelle (Zahnriemen); 5fach gelagerte Kurbelwelle; Öl 4 L; elektron. Einspritzung, 1 Turbolader, Garrett T25, Intercooler.
Batterie 400 A, Alternator 70 A; Wasserkühlung, Inh. 10 L.

Kraftübertragung: (auf Vorderräder).
5-Gang-Getriebe: I. 3.25; II. 1.78; III. 1.19; IV. 0.87; V. 0.7; R 3.15; Achse 4.47.

Fahrgestell: Activa mit Anti-Roll-System.

Fahrwerk: Scheiben-Ø v. 28.3 cm, Reifen 205/60 VR 15, Felgen 6 J.

Fahrleistungen: Vmax (Werk) 213 km/h, V bei 1000/min im 5. Gang 36.7 km/h; 0–100 km/h 10.4 s; steh. km 31.6 s; Leistungsgew. 12.7 kg/kW (9.3 kg/PS); Verbrauch ECE 6.9/8.4/12.5 L/100 km.
Break: Vmax 205 km/h, 0–100 km/h 10.8 s; steh. km 32.3 s; Leistungsgew. 12.9 kg/kW (9.5 kg/PS); Verbrauch ECE 7/8.6/12.7 L/100 km.

2.0 – 147 ch Injection d'essence/turbo

Comme 1.8 – 101 ch, sauf:

Carrosserie, poids: (DIN), Berline, vide dès 1375 kg, tot. adm. 1945 kg.
Break: vide dès 1420 kg, tot. adm. 1980 kg.

Moteur: (ECE), 4 cyl. en ligne (86×86 mm), 1998 cm³; compr. 8:1; 108 kW (147 ch) à 5300/min, 54 kW/L (73.5 ch/L); 235 Nm (24 mkp) à 2500/min; 95 (R). DIN: 110 kW (150 ch); 240 Nm (24,5 mkp).

Moteur (constr.): 2 soupapes; 1 arbre à cames en tête (courroie crantée); vilebrequin à 5 paliers; huile 4 L; injection électronique, 1 turbocompr., Garrett T25, Intercooler.
Batterie 400 A, alternateur 70 A; refroidissement à eau, capac. 10 L.

Transmission: (sur roues AV).
Boîte à 5 vit.: I. 3.25; II. 1.78; III. 1.19; IV. 0.87; V. 0.7; AR 3.15; pont 4.47.

Châssis: Activa avec système anti-roulis.

Train roulant: Ø disques AV 28.3 cm, pneus 205/60 VR 15, jantes 6 J.

Performances: Vmax (usine) 213 km/h, V à 1000/min en 5. vit. 36.7 km/h; 0–100 km/h 10.4 s; km arrêté 31.6 s; rapp. poids/puiss. 12.7 kg/kW (9.3 kg/ch); consom. ECE 6.9/8.4/12.5 L/100 km.
Break: Vmax 205 km/h, 0–100 km/h 10.8 s; km arrêté 32.3 s; rapp. poids/puiss. 12.9 kg/kW (9.5 kg/ch); consom. ECE 7/8.6/12.7 L/100 km.

Citroën

Citroën Xantia V6

2.9 V6 24V – 190 PS Benzineinspritzung

Wie 1.8 – 101 PS, ausgenommen:

Karosserie, Gewicht: (DIN), Limousine, leer ab 1450 kg, max. zul. 2020 kg.

Motor: (ECE), 6 Zyl. in V 60° (87×82.6 mm), 2946 cm³; Kompr. 10.5:1; 140 kW (190 PS) bei 5500/min, 47.5 kW/L (64.6 PS/L); 267 Nm (27.2 mkp) bei 4000/min; 98 ROZ.
DIN: 143 kW (194 PS); 273 Nm (27,8 mkp).

Motorkonstruktion: Bezeichnung ES9 J4; 4 Ventile in V; 2×2 obenl. Nockenwellen (Zahnriemen); Leichtmetall-Zylinderköpfe und -block; 4fach gelagerte Kurbelwelle; Ölkühler; Öl 5.5 L; elektron. Einspritzung, Bosch, MP 7.0.
Batterie 300 A, Alternator 1600 W; Wasserkühlung, Inh. 12 L.

Kraftübertragung: (auf Vorderräder).
5-Gang-Getriebe: I. 3.25; II. 1.78; III. 1.19; IV. 0.88; V. 0.7; R 3.15; Achse 4.31.

Fahrgestell: Activa mit Anti-Roll-System.

Fahrwerk: Scheiben-∅ v. 28.8 cm, h. 23.2 cm, ABS, Reifen 205/60 WR 15, Felgen 6 J.

Fahrleistungen: Vmax (Werk) 230 km/h, V bei 1000/min im 5. Gang 38.1 km/h; 0–100 km/h 8.2 s; steh. km 29.1 s; Leistungsgew. 10.4 kg/kW (7.6 kg/PS); Verbrauch EU 8/15.9 L/100 km.

1.9 – 75 PS Turbodiesel

Wie 1.8 – 101 PS, ausgenommen:

Karosserie, Gewicht: (DIN), Limousine, leer ab 1210 kg, max. zul. 1790 kg.

Motor: (ECE), 4 Zyl. in Linie (83×88 mm), 1905 cm³; Kompr. 23:1; 55 kW (75 PS) bei 4680/min, 28.9 kW/L (39.3 PS/L); 135 Nm (13.8 mkp) bei 2250/min; Dieselöl.

Motorkonstruktion: Bezeichnung XUD9 SD; Wirbelkammer-Diesel; 2 Ventile parallel; 1 obenl. Nockenwelle (Zahnriemen); Grauguss-Zylinderblock; 5fach gelagerte Kurbelwelle; Öl 4.8 L; Einspritzpumpe, 1 Turbolader.
Batterie 50 Ah, Alternator 70 A; Wasserkühlung, Inh. 8.5 L.

Citroën Xantia

2.9 V6 24V – 190 ch Injection d'essence

Comme 1.8 – 101 ch, sauf:

Carrosserie, poids: (DIN), Berline, vide dès 1450 kg, tot. adm. 2020 kg.

Moteur: (ECE), 6 cyl. en V 60° (87×82.6 mm), 2946 cm³; compression 10.5:1; 140 kW (190 ch) à 5500/min, 47.5 kW/L (64.6 ch/L); 267 Nm (27.2 mkp) à 4000/min; 98 (R).
DIN: 143 kW (194 ch); 273 Nm (27,8 mkp).

Moteur (constr.): désignation ES9 J4; 4 soupapes en V; 2×2 arbres à cames en tête (courroie crantée); culasses et bloc-cyl. en alliage léger; vilebrequin à 4 paliers; radiat. d'huile 5.5 L; injection électronique, Bosch, MP 7.0.
Batterie 300 A, alternateur 1600 W; refroidissement à eau, capac. 12 L.

Transmission: (sur roues AV).
Boîte à 5 vit.: I. 3.25; II. 1.78; III. 1.19; IV. 0.88; V. 0.7; AR 3.15; pont 4.31.

Châssis: Activa avec système anti-roulis.

Train roulant: ∅ disques AV 28.8 cm, AR 23.2 cm, ABS, pneus 205/60 WR 15, jantes 6 J.

Performances: Vmax (usine) 230 km/h, V à 1000/min en 5. vit. 38.1 km/h; 0–100 km/h 8.2 s; km arrêté 29.1 s; rapp. poids/puiss. 10.4 kg/kW (7.6 kg/ch); consomm. EU 8/15.9 L/100 km.

1.9 – 75 ch turbodiesel

Comme 1.8 – 101 ch, sauf:

Carrosserie, poids: (DIN), Berline, vide dès 1210 kg, tot. adm. 1790 kg.

Moteur: (ECE), 4 cyl. en ligne (83×88 mm), 1905 cm³; compr. 23:1; 55 kW (75 ch) à 4680/min, 28.9 kW/L (39.3 ch/L); 135 Nm (13.8 mkp) à 2250/min; gazole.

Moteur (constr.): désignation XUD9 SD; diesel à chambre de turbulence; 2 soup. en parallèle; 1 arbre à cames en tête (courroie crantée); bloc-cyl. en fonte; vilebrequin à 5 paliers; huile 4.8 L; pompe à injection, 1 turbocompr.
Batterie 50 Ah, alternateur 70 A; refroidissement à eau, capac. 8.5 L.

Kraftübertragung: (auf Vorderräder).
5-Gang-Getriebe: I. 3.46; II. 1.87; III. 1.28; IV. 0.95; V. 0.74; R 3.33; Achse 4.16.

Fahrwerk: Reifen 175/70 R 14.

Fahrleistungen: Vmax (Werk) 162 km/h, V bei 1000/min im 5. Gang 35.6 km/h; 0–100 km/h 17.6 s; steh. km 38.2 s; Leistungsgew. 22 kg/kW (16.1 kg/PS); Verbrauch ECE 4.9/6.7/7.6 L/100 km.

1.9 – 90 PS Turbodiesel

Wie 1.8 – 101 PS, ausgenommen:

Karosserie, Gewicht: (DIN), Limousine, leer ab 1250 kg, max. zul. 1830 kg.
Break: leer ab 1355 kg, max. zul. 1965 kg.

Motor: (ECE), 4 Zyl. in Linie (83×88 mm), 1905 cm³; Kompr. 21.8:1; 66 kW (90 PS) bei 4000/min, 34.6 kW/L (47.1 PS/L); 196 Nm (20 mkp) bei 2250/min.
oder: 68 kW (92 PS).

Motorkonstruktion: Wirbelkammer-Diesel; 2 Ventile in V; 1 obenl. Nockenwelle (Zahnriemen); Grauguss-Zylinderblock; 5fach gelagerte Kurbelwelle; Öl 4 L; Einspritzpumpe, 1 Turbolader, max. Ladedruck 0.8 bar.
Batterie 60 Ah, Alternator 70 A; Wasserkühlung, Inh. 9 L.

Kraftübertragung: (auf Vorderräder).
5-Gang-Getriebe: I. 3.46; II. 1.87; III. 1.15; IV. 0.83; V. 0.66; R 3.33; Achse 4.06.
Break: 5-Gang-Getriebe: I. 3.46; II. 1.87; III. 1.28; IV. 0.95; V. 0.74; R 3.33; Achse 4.27.

Fahrwerk: Reifen 185/65 R 14. Break: 185/65 HR 15.

Fahrleistungen: Vmax (Werk) 177 km/h, V bei 1000/min im 5. Gang 40.7 km/h; 0–100 km/h 14.1 s; steh. km 35.7 s; Leistungsgew. 18.4 kg/kW (13.6 kg/PS); Verbrauch ECE 4.8/6.5/7.6 L/100 km.
Break: Vmax 172 km/h, 0–100 km/h 15.3 s; Verbr. ECE 4.9/6.6/7.7 L/100 km.

Citroën ZX Break

2.1 12V – 109 PS Turbodiesel

Wie 1.8 – 101 PS, ausgenommen:

Karosserie, Gewicht: (DIN), Limousine, leer ab 1385 kg, max. zul. 1980 kg.
Break: leer ab 1490 kg, max. zul. 2085 kg.

Motor: (ECE), 4 Zyl. in Linie (85×92 mm), 2088 cm³; Kompr. 21.5:1; 80 kW (109 PS) bei 4300/min, 38.3 kW/L (52.1 PS/L); 250 Nm (25.5 mkp) bei 2000/min; Dieselöl.
DIN: 81 kW (110 PS); 255 Nm (26 mkp).

Motorkonstruktion: Wirbelkammer-Diesel; 3 Ventile parallel; 1 obenl. Nockenwelle (Zahnriemen); 5fach gelagerte Kurbelwelle; Öl 4 L; Einspritzpumpe, 1 Turbolader, max. Ladedruck 0.7 bar, Intercooler.
Batterie 400 A, Alternator 70 A; Wasserkühlung, Inh. 10 L.

Transmission: (sur roues AV).
Boîte à 5 vit.: I. 3.46; II. 1.87; III. 1.28; IV. 0.95; V. 0.74; AR 3.33; pont 4.16.

Train roulant: pneus 175/70 R 14.

Performances: Vmax (usine) 162 km/h, V à 1000/min en 5. vit. 35.6 km/h; 0–100 km/h 17.6 s; km arrêté 38.2 s; rapp. poids/puiss. 22 kg/kW (16.1 kg/ch); consomm. ECE 4.9/6.7/7.6 L/100 km.

1.9 – 90 ch turbodiesel

Comme 1.8 – 101 ch, sauf:

Carrosserie, poids: (DIN), Berline, vide dès 1250 kg, tot. adm. 1830 kg.
Break: vide dès 1355 kg, tot. adm. 1965 kg.

Moteur: (ECE), 4 cyl. en ligne (83×88 mm), 1905 cm³; compr. 21.8:1; 66 kW (90 ch) à 4000/min, 34.6 kW/L (47.1 ch/L); 196 Nm (20 mkp) à 2250/min.
ou: 68 kW (92 ch).

Moteur (constr.): diesel à chambre de turbulence; 2 soupapes en V; 1 arbre à cames en tête (courroie crantée); bloc-cyl. en fonte; vilebrequin à 5 paliers; pompe à injection, 1 turbocompr., pression max. 0.8 bar.
Batterie 60 Ah, alternateur 70 A; refroidissement à eau, capac. 9 L.

Transmission: (sur roues AV).
Boîte à 5 vit.: I. 3.46; II. 1.87; III. 1.15; IV. 0.83; V. 0.66; AR 3.33; pont 4.06.
Break: boîte à 5 vit.: I. 3.46; II. 1.87; III. 1.28; IV. 0.95; V. 0.74; AR 3.33; pont 4.27.

Train roulant: pneus 185/65 R 14. Break: 185/65 HR 15.

Performances: Vmax (usine) 177 km/h, V à 1000/min en 5. vit. 40.7 km/h; 0–100 km/h 14.1 s; km arrêté 35.7 s; rapp. poids/puiss. 18.4 kg/kW (13.6 kg/ch); consomm. ECE 4.8/6.5/7.6 L/100 km.
Break: Vmax 172 km/h, 0–100 km/h 15.3 s; cons. ECE 4.9/6.6/7.7 L/100 km.

2.1 12V – 109 ch turbodiesel

Comme 1.8 – 101 ch, sauf:

Carrosserie, poids: (DIN), Berline, vide dès 1385 kg, tot. adm. 1980 kg.
Break: vide dès 1490 kg, tot. adm. 2085 kg.

Moteur: (ECE), 4 cyl. en ligne (85×92 mm), 2088 cm³; compr. 21.5:1; 80 kW (109 ch) à 4300/min, 38.3 kW/L (52.1 ch/L); 250 Nm (25.5 mkp) à 2000/min; gazole.
DIN: 81 kW (110 ch); 255 Nm (26 mkp).

Moteur (constr.): diesel à chambre de turbulence; 3 soup. en parallèle; 1 arbre à cames en tête (courroie crantée); vilebrequin à 5 paliers; huile 4 L; pompe à inj., 1 turbocompr., pression max. 0.7 bar, Intercooler.
Batterie 400 A, alternateur 70 A; refroidissement à eau, capac. 10 L.

Citroën

Kraftübertragung: (auf Vorderräder).
5-Gang-Getriebe: I. 3.25; II. 1.78; III. 1.12; IV. 0.8; V. 0.61; R 3.15; Achse 4.31.

Fahrwerk: Scheiben-∅ v. 28.3 cm, Reifen 205/60 VR 15, Felgen 6 J.

Fahrleistungen: Vmax (Werk) 190 km/h, V bei 1000/min im 5. Gang 44 km/h; 0–100 km/h 12.5 s; steh. km 34.3 s; Leistungsgew. 17.3 kg/kW (12.7 kg/PS); Verbrauch ECE 4.9/6.5/7.8 L/100 km.

Break: Vmax 185 km/h, 0–100 km/h 12.7 s; steh. km 34.6 s; Verbrauch ECE 5/6.6/7.9 L/100 km.

Transmission: (sur roues AV).
Boîte à 5 vit.: I. 3.25; II. 1.78; III. 1.12; IV. 0.8; V. 0.61; AR 3.15; pont 4.31.

Train roulant: ∅ disques AV 28.3 cm, pneus 205/60 VR 15, jantes 6 J.

Performances: Vmax (usine) 190 km/h, V à 1000/min en 5. vit. 44 km/h; 0–100 km/h 12.5 s; km arrêté 34.3 s; rapp. poids/puiss. 17.3 kg/kW (12.7 kg/ch); consom. ECE 4.9/6.5/7.8 L/100 km.

Break: Vmax 185 km/h, 0–100 km/h 12.7 s; km arrêté 34.6 s; consom. ECE 5/6.6/7.9 L/100 km.

Citroën XM

Reisewagen mit Hydropneumatik, Heckklappe und Frontantrieb. Debüt März 1989, V6.24V mit 200 PS Juni 1990, Break Herbst 1991. Paris 1992: Turbo CT mit 145 PS. Für 1994: V6 mit 2963 cm³, «hydraktive» Federung der zweiten Generation. Für 1995: 2.0/16V und 2.5 Turbo D neu, Modifikationen an Karosserie und Interieur.

«Grande routière» avec suspension hydropneumatique. «hydractive», hayon arrière et traction AV. Lancements mars 1989, V6.24 avec 200 ch juin 1990, Break automne 1991. Paris 1992: Turbo CT avec 145 ch. 1994: V6 avec 2963 cm³, susp. «hydractive» IIe génération. 1995: 2.0/16V et 2.5 Turbo D, modifications carr. et intérieur.

2.0 16V – 132 PS Benzineinspritzung

Karosserie, Gewicht: (DIN), Limousine, 5 Türen, 5 Sitze; leer ab 1395 kg, max. zul. 1965 kg.
Break: Station Wagon, 5 Türen, 5 Sitze; 1465 kg, max. zul. 2110 kg.

Motor: (ECE), 4 Zyl. in Linie (86×86 mm), 1998 cm³; Kompr. 10.4:1; 97 kW (132 PS) bei 5500/min, 48.5 kW/L (66 PS/L); 180 Nm (18.3 mkp) bei 4200/min; 95 ROZ.
DIN: 99 kW (135 PS); 183 Nm (18,7 mkp).

Motorkonstruktion: 4 Ventile in V; 2 obenl. Nockenwellen (Zahnriemen); Leichtmetall-Zylinderkopf; 5fach gelagerte Kurbelwelle; Öl 4 L; elektron. Einspritzung, Bosch.
Batterie 400 A, Alternator 1080 W; Wasserkühlung, Inh. 9 L.

Kraftübertragung: (auf Vorderräder).
5-Gang-Getriebe: I. 3.46; II. 1.87; III. 1.15; IV. 0.83; V. 0.66; R 3.33; Achse 4.43; 4.53.
Break: 5-Gang-Getriebe: I. 3.42; II. 1.81; III. 1.25; IV. 0.97; V. 0.77; R 3.15; Achse 4.36; 4.28.
4-Stufen-Automat: ZF; I. 2.51; II. 1.38; III. 0.98; IV. 0.73; R 2.83; Achse 4.28; 4.36.

Fahrgestell: Selbsttragende Karosserie mit vorderem und hinterem Hilfsrahmen; v/h hydropneumat. Federung mit autom. Niveaureg.; vorn Federbeine und Dreieckquerlenker, hinten Längslenker, v/h Kurvenstab., a.W. hydraktives Federungssystem.

Fahrwerk: Vierrad-Scheibenbremse (vorn belüftet), Scheiben-∅ v. 28.3 cm, h. 22.4 cm, ABS, Bendix, Fussfeststellbr. auf Vorderr.; Zahnstangenl. mit Servo, Treibstofftank 80 L; Reifen 195/65 HR 15, Felgen 6 J.

2.0 16V – 132 ch Injection d'essence

Carrosserie, poids: (DIN), Berline, 5 portes, 5 places; vide dès 1395 kg, tot. adm. 1965 kg.
Break: station-wagon, 5 portes, 5 places; 1465 kg, tot. adm. 2110 kg.

Moteur: (ECE), 4 cyl. en ligne (86×86 mm), 1998 cm³; compr. 10.4:1; 97 kW (132 ch) à 5500/min, 48.5 kW/L (66 ch/L); 180 Nm (18.3 mkp) à 4200/min; 95 (R).
DIN: 99 kW (135 ch); 183 Nm (18,7 mkp).

Moteur (constr.): 4 soupapes en V; 2 arbres à cames en tête (courroie crantée); culasse en alliage léger; vilebrequin à 5 paliers; huile 4 L; inj. électronique, Bosch.
Batterie 400 A, alternateur 1080 W; refroidissement à eau, capac. 9 L.

Transmission: (sur roues AV).
Boîte à 5 vit.: I. 3.46; II. 1.87; III. 1.15; IV. 0.83; V. 0.66; AR 3.33; pont 4.43; 4.53.
Break: boîte à 5 vit.: I. 3.42; II. 1.81; III. 1.25; IV. 0.97; V. 0.77; AR 3.15; pont 4.36; 4.28.
Boîte autom. à 4 vit.: ZF; I. 2.51; II. 1.38; III. 0.98; IV. 0.73; AR 2.83; pont 4.28; 4.36.

Châssis: carrosserie autoporteuse avec faux-châssis AV et AR; AV/AR susp. hydropneumatique avec correcteur d'assiette automat.; AV jambes élast. et leviers triang. transv., AR bras longitud., AV/AR barre anti-dévers, s.d. suspension hydractive.

Train roulant: quatre freins à disques (AV ventilés), ∅ disques AV 28.3 cm, AR 22.4 cm, ABS, Bendix; frein de station. à pied sur roues AV; servodir. à crém., réservoir carb. 80 L; pneus 195/65 HR 15, jantes 6 J.

Dimensionen: Radstand 285 cm, Spur 152/144.5 cm, Bodenfreih. 14 cm, Wendekreis 12.5 m, Kofferraum 455/1460 dm³, Länge 471 cm, Breite 179.5 cm, Höhe 139 cm.
Break: Kofferraum 480/1960 dm³, Länge 496.5 cm, Höhe 147 cm.

Fahrleistungen: Vmax (Werk) 205 km/h, V bei 1000/min im 5. Gang 35.2 km/h; 0–100 km/h 10.8 s; steh. km 32.4 s; Leistungsgew. 14.1 kg/kW (10.3 kg/PS); Verbrauch ECE 6.5/8/11.6 L/100 km.
Break: Vmax 198 km/h, 0–100 km/h 11.8 s; steh. km 33.4 s; Verbrauch ECE 6.6/8.2/11.8 L/100 km.
Aut.: Vmax 203 km/h, 0–100 km/h 14.2 s; steh. km 35.4 s; Verbrauch ECE 6.6/8.4/12.6 L/100 km.
Break. Aut.: Vmax 190 km/h, 0–100 km/h 15.4 s; steh. km 36.3 s Verbrauch ECE 6.7/8.6/12.6 L/100 km.

Dimensions: empattement 285 cm, voie 152/144.5 cm, garde au sol 14 cm, diam. de braq. 12.5 m, coffre 455/1460 dm³, longueur 471 cm, largeur 179.5 cm, hauteur 139 cm.
Break: coffre 480/1960 dm³, longueur 496.5 cm, hauteur 147 cm.

Performances: Vmax (usine) 205 km/h, V à 1000/min en 5. vit. 35.2 km/h; 0–100 km/h 10.8 s; km arrêté 32.4 s; rapp. poids/puiss. 14.1 kg/kW (10.3 kg/ch); consom. ECE 6.5/8/11.6 L/100 km.
Break: Vmax 198 km/h, 0–100 km/h 11.8 s; km arrêté 33.4 s; consom. ECE 6.6/8.2/11.8 L/100 km.
Aut.: Vmax 203 km/h, 0–100 km/h 14.2 s; km arrêté 35.4 s; consom. ECE 6.6/8.4/12.6 L/100 km.
Break. Aut.: Vmax 190 km/h, 0–100 km/h 15.4 s; km arrêté 36.3 s; consom. ECE 6.7/8.6/12.6 L/100 km.

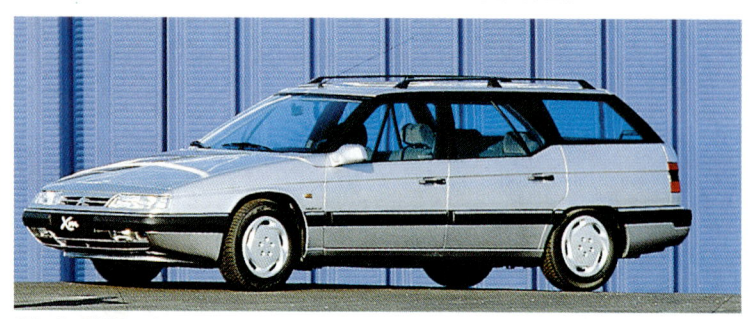

Citroën XM Break

2.0 – 147 PS Benzineinspritzung/Turbo

Wie 2.0 – 132 PS, ausgenommen:

Karosserie, Gewicht: (DIN), Limousine, leer ab 1415 kg, max. zul. 1970 kg.
Break: leer ab 1480 kg, max. zul. 2125 kg.

Motor: (ECE), 4 Zyl. in Linie (86×86 mm), 1998 cm³; Kompr. 8:1; 108 kW (147 PS) bei 5300/min, 54 kW/L (73.5 PS/L); 235 Nm (24 mkp) bei 2500/min; 95 ROZ.
DIN: 110 kW (150 PS); 240 Nm (24,5 mkp).

Motorkonstruktion: 2 Ventile; 1 obenl. Nockenwelle (Zahnriemen); 5fach gelagerte Kurbelwelle; Öl 4 L; elektron. Einspritzung, 1 Turbolader, Garrett T25, Intercooler.
Batterie 400 A, Alternator 70 A; Wasserkühlung, Inh. 10 L.

Kraftübertragung: (auf Vorderräder).
5-Gang-Getriebe: I. 3.17; II. 1.82; III. 1.25; IV. 0.97; V. 0.77; R 3.15; Achse 4.21.
Break: 5-Gang-Getriebe: I. 3.42; II. 1.81; III. 1.29; IV. 0.98; V. 0.77; R 3.58; Achse 4.36.
4-Stufen-Automat: ZF; I. 2.32; II. 1.26; III. 0.9; IV. 0.67; R 2.59; Achse 4.28.

Fahrwerk: Reifen 205/60 R 15.

Fahrleistungen: Vmax (Werk) 215 km/h, V bei 1000/min im 5. Gang 35.6 km/h; 0–100 km/h 9.3 s; steh. km 30.7 s; Leistungsgew. 12.9 kg/kW (9.4 kg/PS); Verbrauch ECE 7.1/8.9/12.7 L/100 km.
Break: Vmax 204 km/h, 0–100 km/h 10.5 s; steh. km 31.8 s; Verbrauch ECE 7.3/9.1/12.7 L/100 km.
Aut.: Vmax 208 km/h, 0–100 km/h 11.2 s; steh. km 32.5 s; Verbrauch ECE 7/8.8/14.2 L/100 km.
Break Aut.: Vmax 202 km/h, 0–100 km/h 12.6 s; steh. km 33.8 s; Verbrauch ECE 7.1/9/14.2 L/100 km.

2.0 – 147 ch Injection d'essence/turbo

Comme 2.0 – 132 ch, sauf:

Carrosserie, poids: (DIN), Berline, vide dès 1415 kg, tot. adm. 1970 kg.
Break: vide dès 1480 kg, tot. adm. 2125 kg.

Moteur: (ECE), 4 cyl. en ligne (86×86 mm), 1998 cm³; compr. 8:1; 108 kW (147 ch) à 5300/min, 54 kW/L (73.5 ch/L); 235 Nm (24 mkp) à 2500/min; 95 (R).
DIN: 110 kW (150 ch); 240 Nm (24,5 mkp).

Moteur (constr.): 2 soupapes; 1 arbre à cames en tête (courroie crantée); vilebrequin à 5 paliers; huile 4 L; injection électronique, 1 turbocompr., Garrett T25, Intercooler.
Batterie 400 A, alternateur 70 A; refroidissement à eau, capac. 10 L.

Transmission: (sur roues AV).
Boîte à 5 vit.: I. 3.17; II. 1.82; III. 1.25; IV. 0.97; V. 0.77; AR 3.15; pont 4.21.
Break: boîte à 5 vit.: I. 3.42; II. 1.81; III. 1.29; IV. 0.98; V. 0.77; AR 3.58; pont 4.36.
Boîte autom. à 4 vit.: ZF; I. 2.32; II. 1.26; III. 0.9; IV. 0.67; R 2.59; pont 4.28.

Train roulant: pneus 205/60 R 15.

Performances: Vmax (usine) 215 km/h, V à 1000/min en 5. vit. 35.6 km/h; 0–100 km/h 9.3 s; km arrêté 30.7 s; rapp. poids/puiss. 12.9 kg/kW (9.4 kg/ch); consom. ECE 7.1/8.9/12.7 L/100 km.
Break: Vmax 204 km/h, 0–100 km/h 10.5 s; km arrêté 31.8 s; consom. ECE 7.3/9.1/12.7 L/100 km.
Aut.: Vmax 208 km/h, 0–100 km/h 11.2 s; km arrêté 32.5 s; consom. ECE 7/8.8/14.2 L/100 km.
Break Aut.: Vmax 202 km/h, 0–100 km/h 12.6 s; km arrêté 33.8 s; consom. ECE 7.1/9/14.2 L/100 km.

3.0 V6 – 167 PS Benzineinspritzung

Wie 2.0 – 132 PS, ausgenommen:

Karosserie, Gewicht: (DIN), Limousine, leer ab 1495 kg, max. zul. 2015 kg.
Break: leer ab 1555 kg, max. zul. 2185 kg.

3.0 V6 – 167 ch Injection d'essence

Comme 2.0 – 132 ch, sauf:

Carrosserie, poids: (DIN), Berline, vide dès 1495 kg, tot. adm. 2015 kg.
Break: vide dès 1555 kg, tot. adm. 2185 kg.

Citroën XM

Citroën 225

Citroën XM V6

Motor: (ECE), 6 Zyl. in V 90° (93×72.7 mm), 2963 cm³; Kompr. 9.5:1; 123 kW (167 PS) bei 5600/min, 41.5 kW/L (56.4 PS/L); 235 Nm (24 mkp) bei 4600/min; 95 ROZ. DIN: 125 kW (170 PS) 240 Nm (24,5 mkp).

Motorkonstruktion: 2 Ventile in V; 2×1 obenl. Nockenwelle (Kette); Leichtmetall-Zylinderköpfe und -block; 4fach gelagerte Kurbelwelle; Öl 6.5 L; elektron. Einspritzung, Bendix-Fenix, 3 B. Batterie 400 A, Alternator 70 A; Wasserkühlung, Inh. 9.4 L.

Kraftübertragung: (auf Vorderräder). 5-Gang-Getriebe: I. 3.17; II. 1.74; III. 1.18; IV. 0.88; V. 0.72; R 3.42; Achse 4.31. *Break:* 5-Gang-Getriebe: I. 3.42; II. 1.82; III. 1.25; IV. 0.97; V. 0.77; R 3.15; Achse 4.31. 4-Stufen-Automat: ZF; I. 2.32; II. 1.26; III. 0.9; IV. 0.67; R 2.59; Achse 4.28.

Fahrwerk: Reifen 205/60 R 15.

Fahrleistungen: Vmax (Werk) 222 km/h, V bei 1000/min im 5. Gang 37.2 km/h; 0–100 km/h 9.7 s; steh. km 30.5 s; Leistungsgew. 12 kg/kW (8.8 kg/PS) Verbrauch ECE 7.8/9.6/14.9 L/100 km. *Break:* Vmax 217 km/h, 0–100 km/h 10.9 s; steh. km 31.7 s; Verbrauch ECE 8/9.9/14.9 L/100 km. *Aut.:* Vmax 220 km/h, 0–100 km/h 10.9 s; steh. km 32 s; Verbrauch ECE 8/10.1/16.9 L/100 km. *Break Aut.:* Vmax 215 km/h, 0–100 km/h 12.5 s; steh. km 33.4 s; Verbrauch ECE 8.3/10.4/16.9 L/100 km.

3.0 V6 24V – 200 PS Benzineinspritzung

Wie 2.0 – 132 PS, ausgenommen:

Karosserie, Gewicht: (DIN), Limousine, leer ab 1565 kg, max. zul. 2000 kg.

Motor: (ECE), 6 Zyl. in V 90° (93×72.7 mm), 2963 cm³; Kompr. 9.5:1; 147 kW (200 PS) bei 6000/min, 49.6 kW/L (67.4 PS/L); 260 Nm (26.5 mkp) bei 3600/min; 95 ROZ.

Motorkonstruktion: 4 Ventile in V 30°; 2×1 obenl. Nockenwelle (Kette); Leichtmetall-Zylinderköpfe und -block; 4fach gelagerte Kurbelwelle; Öl 6.5 L; elektron. Einspritzung, Bendix-Fenix, 4 B. Batterie 400 A, Alternator 70 A; Wasserkühlung, Inh. 10 L.

Kraftübertragung: (auf Vorderräder). 5-Gang-Getriebe: I. 3.17; II. 1.74; III. 1.18; IV. 0.88; V. 0.72; R 3.42; Achse 4.31.

Fahrwerk: Reifen 205/60 ZR 15.

Fahrleistungen: Vmax (Werk) 235 km/h, V bei 1000/min im 5. Gang 37.2 km/h; 0–100 km/h 8.6 s; steh. km 29.4 s; Leistungsgew. 10.6 kg/kW (7.8 kg/PS) Verbrauch ECE 8.2/10.2/15.9 L/100 km.

Moteur: (ECE), 6 cyl. en V 90° (93×72.7 mm), 2963 cm³; compr. 9.5:1; 123 kW (167 ch) à 5600/min, 41.5 kW/L (56.4 ch/L); 235 Nm (24 mkp) à 4600/min; 95 (R). DIN: 125 kW (170 ch); 240 Nm (24,5 mkp).

Moteur (constr.): 2 soupapes en V; 2×1 arbre à cames en tête (chaîne); culasses et bloc-cyl. en alliage léger; vilebrequin à 4 paliers, huile 6.5 L; injection électronique, Bendix-Fenix. Batterie 400 A, alternateur 70 A; refroidissement à eau, capac. 9.4 L.

Transmission: (sur roues AV). Boîte à 5 vit.: I. 3.17; II. 1.74; III. 1.18; IV. 0.88; V. 0.72; AR 3.42; pont 4.31. *Break:* boîte à 5 vit.: I. 3.42; II. 1.82; III. 1.25; IV. 0.97; V. 0.77; AR 3.15; pont 4.31. Boîte autom. à 4 vit.: ZF; I. 2.32; II. 1.26; III. 0.9; IV. 0.67; AR 2.59; pont 4.28.

Train roulant: pneus 205/60 R 15.

Performances: Vmax (usine) 222 km/h, V à 1000/min en 5. vit. 37.2 km/h; 0–100 km/h 9.7 s; km arrêté 30.5 s; rapp. poids/puiss. 12 kg/kW (8.8 kg/ch); consomm. ECE 7.8/9.6/14.9 L/100 km. *Break:* Vmax 217 km/h, 0–100 km/h 10.9 s; km arrêté 31.7 s; consomm. ECE 8/9.9/14.9 L/100 km. *Aut.:* Vmax 220 km/h, 0–100 km/h 10.9 s; km arrêté 32 s; consomm. ECE 8/10.1/16.9 L/100 km. *Break Aut.:* Vmax 215 km/h, 0–100 km/h 12.5 s; km arrêté 33.4 s; consomm. ECE 8.3/10.4/16.9 L/100 km.

3.0 V6 24V – 200 ch Injection d'essence

Comme 2.0 – 132 ch, sauf:

Carrosserie, poids: (DIN), Berline, vide dès 1565 kg, tot. adm. 2000 kg.

Moteur: (ECE), 6 cyl. en V 90° (93×72.7 mm), 2963 cm³; compr. 9.5:1; 147 kW (200 ch) à 6000/min, 49.6 kW/L (67.4 ch/L); 260 Nm (26.5 mkp) à 3600/min; 95 (R).

Moteur (constr.): 4 soupapes en V 30°; 2×1 arbre à cames en tête (chaîne); culasses et bloc-cyl. en alliage léger; vilebrequin à 4 paliers, huile 6.5 L; injection électronique, Bendix-Fenix. Batterie 400 A, alternateur 70 A; refroidissement à eau, capac. 10 L.

Transmission: (sur roues AV). Boîte à 5 vit.: I. 3.17; II. 1.74; III. 1.18; IV. 0.88; V. 0.72; AR 3.42; pont 4.31.

Train roulant: pneus 205/60 ZR 15.

Performances: Vmax (usine) 235 km/h, V à 1000/min en 5. vit. 37.2 km/h; 0–100 km/h 8.6 s; km arrêté 29.4 s; rapp. poids/puiss. 10.6 kg/kW (7.8 kg/ch); consomm. ECE 8.2/10.2/15.9 L/100 km.

2.1 12V – 109 PS Turbodiesel

Wie 2.0 – 132 PS, ausgenommen:

Karosserie, Gewicht: (DIN), Limousine, leer ab 1440 kg, max. zul. 2005 kg. *Break:* leer ab 1515 kg, max. zul. 2150 kg.

Motor: (ECE), 4 Zyl. in Linie (85×92 mm), 2088 cm³; Kompr. 21.5:1; 80 kW (109 PS) bei 4300/min, 38.3 kW/L (52.1 PS/L); 250 Nm (25.5 mkp) bei 2000/min; Dieselöl. DIN: 81 kW (110 PS); 255 Nm (26 mkp).

Motorkonstruktion: Wirbelkammer-Diesel; 3 Ventile parallel; 1 obenl. Nockenwelle (Zahnriemen); 5fach gelagerte Kurbelwelle; Öl 4 L; Einspritzpumpe, 1 Turbolader, max. Ladedruck 0.7 bar, Intercooler. Batterie 400 A, Alternator 70 A; Wasserkühlung, Inh. 10 L.

Kraftübertragung: (auf Vorderräder). 5-Gang-Getriebe: I. 3.42; II. 1.94; III. 1.25; IV. 0.88; V. 0.67; R 3.15; Achse 3.93. 4-Stufen-Automat: ZF; I. 2.51; II. 1.38; III. 0.98; IV. 0.73; R 2.83.

Fahrwerk: Reifen 205/65 R 15.

Fahrleistungen: Vmax (Werk) 192 km/h, V bei 1000/min im 5. Gang 43.8 km/h; 0–100 km/h 12.9 s; steh. km 34.6 s; Leistungsgew. 17.8 kg/kW (13.1 kg/PS) Verbrauch ECE 4.9/6.5/7.9 L/100 km. *Break:* Vmax 184 km/h, 0–100 km/h 14.2 s; steh. km 35.8 s; Verbrauch ECE 5/6.6/7.9 L/100 km. *Aut.:* Vmax 190 km/h, V bei 1000/min in 4. Gang 45.4 km/h; 0–100 km/h 15.1 s; steh. km 36.1 s; Verbr. ECE 5.4/7.1/9.7 L/100 km.

2.4 12V – 129 PS Turbodiesel

Wie 2.0 – 132 PS, ausgenommen:

Karosserie, Gewicht: (DIN), Limousine, leer ab 1585 kg, max. zul. 2080 kg. *Break:* leer ab 1640 kg, max. zul. 2240 kg.

Motor: (ECE), 4 Zyl. in Linie (92×92 mm), 2446 cm³; Kompr. 22:1; 95 kW (129 PS) bei 4300/min, 38.8 kW/L (52.8 PS/L); 285 Nm (29.1 mkp) bei 2000/min. DIN: 96 kW (130 PS); 294 Nm (30 mkp).

Motorkonstruktion: 3 Ventile parallel; 1 obenl. Nockenwelle (Zahnriemen); 5fach gelagerte Kurbelwelle; Öl 7.5 L; Einspritzpumpe, 1 Turbolader, max. Ladedruck 0.8 bar, Intercooler. Batterie 450 A, Alternator 120 A; Wasserkühlung, Inh. 13 L.

Kraftübertragung: (auf Vorderräder). 5-Gang-Getriebe: I. 3.42; II. 1.86; III. 1.18; IV. 0.86; V. 0.64; R 3.42; Achse 4.06.

2.1 12V – 109 ch turbodiesel

Comme 2.0 – 132 ch, sauf:

Carrosserie, poids: (DIN), Berline, vide dès 1440 kg, tot. adm. 2005 kg. *Break:* vide dès 1515 kg, tot. adm. 2150 kg.

Moteur: (ECE), 4 cyl. en ligne (85×92 mm), 2088 cm³; compr. 21.5:1; 80 kW (109 ch) à 4300/min, 38.3 kW/L (52.1 ch/L); 250 Nm (25.5 mkp) à 2000/min; gazole. DIN: 81 kW (110 ch); 255 Nm (26 mkp).

Moteur (constr.): diesel à chambre de turbulence; 3 soup. en parallèle; 1 arbre à cames en tête (courroie crantée); vilebrequin à 5 paliers; huile 4 L; pompe à inj., 1 turbocompr., pression max. 0.7 bar, Intercooler. Batterie 400 A, alternateur 70 A; refroidissement à eau, capac. 10 L.

Transmission: (sur roues AV). Boîte à 5 vit.: I. 3.42; II. 1.94; III. 1.25; IV. 0.88; V. 0.67; AR 3.15; pont 3.93. Boîte autom. à 4 vit.: ZF; I. 2.51; II. 1.38; III. 0.98; IV. 0.73; AR 2.83.

Train roulant: pneus 205/65 R 15.

Performances: Vmax (usine) 192 km/h, V à 1000/min en 5. vit. 43.8 km/h; 0–100 km/h 12.9 s; km arrêté 34.6 s; rapp. poids/puiss. 17.8 kg/kW (13.1 kg/ch); consomm. ECE 4.9/6.5/7.9 L/100 km. *Break:* Vmax 184 km/h, 0–100 km/h 14.2 s; km arrêté 35.8 s; consomm. ECE 5/6.6/7.9 L/100 km. *Aut.:* Vmax 190 km/h, V à 1000/min en 4. vit. 45.4 km/h; 0–100 km/h 15.1 s; km arrêté 36.1 s; cons. ECE 5.4/7.1/9.7 L/100 km.

Citroën XM Break

2.4 12V – 129 ch turbodiesel

Comme 2.0 – 132 ch, sauf:

Carrosserie, poids: (DIN), Berline, vide dès 1585 kg, tot. adm. 2080 kg. *Break:* vide dès 1640 kg, tot. adm. 2240 kg.

Moteur: (ECE), 4 cyl. en ligne (92×92 mm), 2446 cm³; compr. 22:1; 95 kW (129 ch) à 4300/min, 38.8 kW/L (52.8 ch/L); 285 Nm (29.1 mkp) à 2000/min. DIN: 96 kW (130 ch); 294 Nm (30 mkp).

Moteur (constr.): 3 soup. en parallèle; 1 arbre à cames en tête (courroie crantée); vilebrequin à 5 paliers; huile 7.5 L; pompe à injection, 1 turbocompr., pression max. 0.8 bar, Intercooler. Batterie 450 A, alternateur 120 A; refroidissement à eau, capac. 13 L.

Transmission: (sur roues AV). Boîte à 5 vit.: I. 3.42; II. 1.86; III. 1.18; IV. 0.86; V. 0.64; AR 3.42; pont 4.06.

Citroën

Fahrwerk: Reifen 205/65 VR 15.

Fahrleistungen: Vmax (Werk) 201 km/h, V bei 1000/min im 5. Gang 45.4 km/h; 0–100 km/h 12.1 s; steh. km 33.5 s; Leistungsgew. 16.5 kg/kW (12.2 kg/PS); Verbrauch ECE 5.1/6.8/9.2 L/100 km.
Break: Vmax 192 km/h, 0–100 km/h 13.1 s; steh. km 34.7 s; Verbrauch ECE 5.1/6.8/9.5 L/100 km.

Train roulant: pneus 205/65 VR 15.

Performances: Vmax (usine) 201 km/h, V à 1000/min en 5. vit. 45.4 km/h; 0–100 km/h 12.1 s; km arrêté 33.5 s; rapp. poids/puiss. 16.5 kg/kW (12.2 kg/ch); consomm. ECE 5.1/6.8/9.2 L/100 km.
Break: Vmax 192 km/h, 0–100 km/h 13.1 s; km arrêté 34.7 s; consomm. ECE 5.1/6.8/9.5 L/100 km.

Citroën Evasion

Minivan mittlerer Grösse, Gemeinschaftsprodukt von Peugeot/Citroën und Fiat/Lancia, Quermotor und Frontantrieb. Debüt Salon Genf Januar/März 1994. Für 1995 auch als Turbo-Diesel.

Minivan, produit commun de Peugeot/Citroën et Fiat/Lancia, avec moteur transversal et traction AV. Lancement salon Genève janvier/mars 1994. Pour 1995 aussi comme turbodiesel.

2.0 – 121 PS Benzineinspritzung

Karosserie, Gewicht: (DIN), Minivan, 5 Türen, 5+3 Sitze; leer ab 1510 kg, max. zul. 2300 kg.

Motor: (ECE), 4 Zyl. in Linie (86×86 mm), 1998 cm³; Kompr. 9.5:1; 89 kW (121 PS) bei 5750/min, 44.5 kW/L (60.5 PS/L); 170 Nm (17.3 mkp) bei 2650/min; 95 ROZ.

Motorkonstruktion: 1 obenl. Nockenwelle (Zahnriemen); 5fach gelagerte Kurbelwelle; Öl 4.7 L; elektron. Einspritzung.

Batterie 300 A, Alternator 70 A; Wasserkühlung, Inh. 8.5 L.

Kraftübertragung: (auf Vorderräder). 5-Gang-Getriebe: I. 3.46; II. 1.87; III. 1.28; IV. 0.95; V. 0.74; R 3.33; Achse 4.53.

2.0 – 121 ch Injection d'essence

Carrosserie, poids: (DIN), Minivan, 5 portes, 5+3 places; vide dès 1510 kg, tot. adm. 2300 kg.

Moteur: (ECE), 4 cyl. en ligne (86×86 mm), 1998 cm³; compr. 9.5:1; 89 kW (121 ch) à 5750/min, 44.5 kW/L (60.5 ch/L); 170 Nm (17.3 mkp) à 2650/min; 95 (R).

Moteur (constr.): 1 arbre à cames en tête (courroie crantée); vilebrequin à 5 paliers; huile 4.7 L; injection électronique.

Batterie 300 A, alternateur 70 A; refroidissement à eau, capac. 8.5 L.

Transmission: (sur roues AV). Boîte à 5 vit.: I. 3.46; II. 1.87; III. 1.28; IV. 0.95; V. 0.74; AR 3.33; pont 4.53.

Citroën Evasion

Fahrgestell: Selbsttragende Karosserie; vorn Federbeine und Dreieckquerlenker, Schraubenfedern und koaxiale Dämpfer; hinten Verbundlenkerachse, Längslenker, Panhardstab; v/h Schraubenfedern, Teleskopdämpfer.

Fahrwerk: Bremse, vorne Scheiben (belüftet), hinten Trommeln, Scheiben-Ø v. 28.1 cm, a.W. ABS (mit Scheiben h.), Handbremse auf Hinterräder; Zahnstangenlenkung mit Servo, Treibstofftank 80 L; Reifen 195/65 R 15, 205/65 R 15, Felgen 6 J.

Dimensionen: Radstand 282.5 cm, Spur 153.5/154 cm, Bodenfreih. 13 cm, Wendekreis 12.3 m, Kofferraum 340/3300 dm³, Länge 445.5 cm, Breite 182 cm, Höhe 171 cm.

Fahrleistungen: Vmax (Werk) 177 km/h, V bei 1000/min im 5. Gang 34.3 km/h; 0–100 km/h 13.1 s; steh. km 35.2 s; Leistungsgew. 16.8 kg/kW (12.3 kg/PS); Verbrauch ECE 7.2/9.4/11.8 L/100 km.

Châssis: carrosserie autoporteuse; AV jambes élast. et leviers triang. transv., ressorts hélicoïdaux et amortisseurs coaxiaux; AR essieu semi-rigide, bras longitud., barre Panhard; AV/AR ressorts hélicoïdaux, amortis. télesc.

Train roulant: frein, AV à disques (ventilés), AR à tambours, Ø disques AV 28.1 cm, s.d. ABS (avec disque AR), frein à main sur roues AR; servodirection à crémaillère, réservoir carb. 80 L; pneus 195/65 R 15, 205/65 R 15, jantes 6 J.

Dimensions: empattement 282.5 cm, voie 153.5/154 cm, garde au sol 13 cm, diam. de braq. 12.3 m, coffre 340/3300 dm³, longueur 445.5 cm, largeur 182 cm, hauteur 171 cm.

Performances: Vmax (usine) 177 km/h, V à 1000/min en 5. vit. 34.3 km/h; 0–100 km/h 13.1 s; km arrêté 35.2 s; rapp. poids/puiss. 16.8 kg/kW (12.3 kg/ch); consomm. ECE 7.2/9.4/11.8 L/100 km.

2.0 – 147 PS Benzineinspritzung/Turbo

Wie 2.0 – 121 PS, ausgenommen:

Karosserie, Gewicht: (DIN), Minivan, leer ab 1575 kg, max. zul. 2340 kg.

2.0 – 147 ch Injection d'essence/turbo

Comme 2.0 – 121 ch, sauf:

Carrosserie, poids: (DIN), Minivan, vide dès 1575 kg, tot. adm. 2340 kg.

Citroën Evasion

Motor: (ECE), 4 Zyl. in Linie (86×86 mm), 1998 cm³; Kompr. 8:1; 108 kW (147 PS) bei 5300/min, 54 kW/L (73.5 PS/L); 235 Nm (24 mkp) bei 2500/min; 95 ROZ.
DIN: 110 kW (150 PS); 240 Nm (24,5 mkp).

Motorkonstruktion: 2 Ventile; 1 obenl. Nockenwelle (Zahnriemen); 5fach gelagerte Kurbelwelle; Öl 4 L; elektron. Einspritzung, 1 Turbolader, Garrett T25, Intercooler.

Batterie 400 A, Alternator 70 A; Wasserkühlung, Inh. 10 L.

Kraftübertragung: (auf Vorderräder). 5-Gang-Getriebe: I. 3.42; II. 1.82; III. 1.25; IV. 0.97; V. 0.77; R 3.15; Achse 4.21.

Fahrwerk: Vierrad-Scheibenbremse, Reifen 205/65 HR 15.

Fahrleistungen: Vmax (Werk) 195 km/h, V bei 1000/min im 5. Gang 36.5 km/h; 0–100 km/h 11 s; steh. km 32.7 s; Leistungsgew. 14.3 kg/kW (10.5 kg/PS); Verbrauch ECE 7.6/9.8/12.8 L/100 km.

Moteur: (ECE), 4 cyl. en ligne (86×86 mm), 1998 cm³; compr. 8:1; 108 kW (147 ch) à 5300/min, 54 kW/L (73.5 ch/L); 235 Nm (24 mkp) à 2500/min; 95 (R).
DIN: 110 kW (150 ch); 240 Nm (24,5 mkp).

Moteur (constr.): 2 soupapes; 1 arbre à cames en tête (courroie crantée); vilebrequin à 5 paliers; huile 4 L; injection électronique, 1 turbocompr., Garrett T25, Intercooler.

Batterie 400 A, alternateur 70 A; refroidissement à eau, capac. 10 L.

Transmission: (sur roues AV). Boîte à 5 vit.: I. 3.42; II. 1.82; III. 1.25; IV. 0.97; V. 0.77; AR 3.15; pont 4.21.

Train roulant: quatre freins à disques, pneus 205/65 HR 15.

Performances: Vmax (usine) 195 km/h, V à 1000/min en 5. vit. 36.5 km/h; 0–100 km/h 11 s; km arrêté 32.7 s; rapp. poids/puiss. 14.3 kg/kW (10.5 kg/ch); consomm. ECE 7.6/9.8/12.8 L/100 km.

1.9 – 90 PS Turbodiesel

Wie 2.0 – 121 PS, ausgenommen:

Karosserie, Gewicht: (DIN), Minivan, leer ab 1565 kg, max. zul. 2360 kg.

Motor: (ECE), 4 Zyl. in Linie (83×88 mm), 1905 cm³; Kompr. 21.8:1; 66 kW (90 PS) bei 4000/min, 34.6 kW/L (47.1 PS/L); 196 Nm (20 mkp) bei 2250/min.
oder: 68 kW (92 PS).

Motorkonstruktion: Wirbelkammer-Diesel; 2 Ventile in V; 1 obenl. Nockenwelle (Zahnriemen); Graugussz-Zylinderblock; 5fach gelagerte Kurbelwelle; Einspritzpumpe, 1 Turbolader, max. Ladedruck 0.8 bar.

Batterie 60 Ah, Alternator 70 A; Wasserkühlung, Inh. 9 L.

Kraftübertragung: (auf Vorderräder). 5-Gang-Getriebe: I. 3.42; II. 1.94; III. 1.25; IV. 0.75; V. 0.67; R 3.15; Achse 4.54.

Fahrwerk: Reifen 205/65 R 15, Felgen 6.5 J.

Fahrleistungen: Vmax (Werk) 160 km/h, V bei 1000/min im 5. Gang 38.6 km/h; 0–100 km/h 17.2 s; steh. km 37.8 s; Leistungsgew. 23 kg/kW (17 kg/PS); Verbrauch ECE 6.1/8/8.9 L/100 km.

1.9 – 90 ch turbodiesel

Comme 2.0 – 121 ch, sauf:

Carrosserie, poids: (DIN), Minivan, vide dès 1565 kg, tot. adm. 2360 kg.

Moteur: (ECE), 4 cyl. en ligne (83×88 mm), 1905 cm³; compr. 21.8:1; 66 kW (90 ch) à 4000/min, 34.6 kW/L (47.1 ch/L); 196 Nm (20 mkp) à 2250/min.
ou: 68 kW (92 ch).

Moteur (constr.): diesel à chambre de turbulence; 2 soupapes en V; 1 arbre à cames en tête (courroie crantée); bloc-cyl. en fonte; vilebrequin à 5 paliers; pompe à injection, 1 turbocompr., pression max. 0.8 bar.

Batterie 60 Ah, alternateur 70 A; refroidissement à eau, capac. 9 L.

Transmission: (sur roues AV). Boîte à 5 vit.: I. 3.42; II. 1.94; III. 1.25; IV. 0.75; V. 0.67; AR 3.15; pont 4.54.

Train roulant: pneus 205/65 R 15, jantes 6.5 J.

Performances: Vmax (usine) 160 km/h, V à 1000/min en 5. vit. 38.6 km/h; 0–100 km/h 17.2 s; km arrêté 37.8 s; rapp. poids/puiss. 23 kg/kW (17 kg/ch); consomm. ECE 6.1/8/8.9 L/100 km.

2.1 12V – 109 PS Turbodiesel

Wie 2.0 – 121 PS, ausgenommen:

Karosserie, Gewicht: (DIN), Minivan, leer ab 1615 kg, max. zul. 2385 kg.

Motor: (ECE), 4 Zyl. in Linie (85×92 mm), 2088 cm³; Kompr. 21.5:1; 80 kW (109 PS) bei 4300/min, 38.3 kW/L (52.1 PS/L); 250 Nm (25.5 mkp) bei 2000/min; Dieselöl.
DIN: 81 kW (110 PS); 255 Nm (26 mkp).

2.1 12V – 109 ch turbodiesel

Comme 2.0 – 121 ch, sauf:

Carrosserie, poids: (DIN), Minivan, vide dès 1615 kg, tot. adm. 2385 kg.

Moteur: (ECE), 4 cyl. en ligne (85×92 mm), 2088 cm³; compr. 21.5:1; 80 kW (109 ch) à 4300/min, 38.3 kW/L (52.1 ch/L); 250 Nm (25.5 mkp) à 2000/min; gazole.
DIN: 81 kW (110 ch); 255 Nm (26 mkp).

Citroën • Dacia

Motorkonstruktion: Bezeichnung XU D11 BTE; Wirbelkammer-Diesel; 3 Ventile parallel; 1 obenl. Nockenwelle (Zahnriemen); 5fach gelagerte Kurbelwelle; Öl 5 L; Einspritzpumpe, 1 Turbolader, Garrett T2, max. Ladedruck 0.8 bar, Intercooler.

Batterie 400 A, Alternator 120 A; Wasserkühlung, Inh. 10.5 L.

Kraftübertragung: (auf Vorderräder).
5-Gang-Getriebe: I. 3.42; II. 1.76; III. 1.12; IV. 0.8; V. 0.61; R 3.16; Achse 4.79.

Fahrwerk: Scheiben-$\varnothing$ v. 26 cm, ABS, Reifen 205/65 HR 15, Felgen 6.5 J.

Fahrleistungen: Vmax (Werk) 175 km/h, V bei 1000/min im 5. Gang 40.7 km/h; 0–100 km/h 14.1 s; steh. km 35.3 s; Leistungsgew. 20.2 kg/kW (14.7 kg/PS); Verbrauch ECE 6.1/8.2/9 L/100 km.

Moteur (constr.): désignation XU D11 BTE; diesel à chambre de turbulence; 3 soup. en parallèle; 1 arbre à cames en tête (courroie crantée); vilebrequin à 5 paliers; huile 5 L; pompe à injection, 1 turbocompr., Garrett T2, max. 0.8 bar, Intercooler.

Batterie 400 A, alternateur 120 A; refroidissement à eau, capac. 10.5 L.

Transmission: (sur roues AV).
Boîte à 5 vit.: I. 3.42; II. 1.76; III. 1.12; IV. 0.8; V. 0.61; AR 3.16; pont 4.79.

Train roulant: $\varnothing$ disques AV 26 cm, ABS, pneus 205/65 HR 15, jantes 6.5 J.

Performances: Vmax (usine) 175 km/h, V à 1000/min en 5. vit. 40.7 km/h; 0–100 km/h 14.1 s; km arrêté 35.3 s; rapp. poids/puiss. 20.2 kg/kW (14.7 kg/ch); consomm. ECE 6.1/8.2/9 L/100 km.

Dacia R

S.C. Automobile Dacia S.A., Colibasi 0401 Str. Uzinei Nr. 1, Pitesti, Arges, Romania

Rumänisches Automobilwerk, baut seit 1968 Fahrzeuge unter Lizenz.

Usine en Roumanie, construit depuis 1968 des voitures sous licence.

Dacia 1310/1325

Lizenzfabrikation des Renault 12 seit 1969, ab 1977 Freigabe für den Export. November 1984: auch als Coupé. Dezember 1988: Fliessheckmodell 1325 (Hatchback). 1993/94: Modifikationen an Karosserie und Interieur.

Renault 12, fabriquée depuis 1969, depuis 1977 aussi vendue en exportation. Novembre 1984: comme coupé. Décembre 1988 nouveau modèle 1325 (Hatchback). 1993/94: Modifications à la carrosserie et à l'intérieur.

1.4 – 63 PS Vergaser

Karosserie, Gewicht: (DIN), Limousine, 4 Türen, 5 Sitze; leer ab 940 kg, max. zul. 1380 kg.
Hatchback-Sedan, 5 Türen, 5 Sitze; leer ab 935 kg, max. zul. 1360 kg.
Station Wagon, 5 Türen, 5 Sitze; leer ab 945 kg.

Motor: (DIN), 4 Zyl. in Linie (76×77 mm), 1397 cm³; Kompr. 9:1; 46 kW (63 PS) bei 5250/min, 32.9 kW/L (44.8 PS/L); 100 Nm (10.2 mkp) bei 3000/min; 91 ROZ.

Motorkonstruktion: seitl. Nockenwelle (Kette); Leichtmetall-Zylinderkopf; 5fach gelagerte Kurbelwelle; Öl 3 L; 1 Fallstromvergaser, Carfil 32 IRM 2AM.
Batterie 45 Ah, Alternator 50 A; Wasserkühlung, Inh. 5 L.

Kraftübertragung: (auf Vorderräder).
5-Gang-Getriebe: I. 3.82; II. 2.24; III. 1.48; IV. 0.97; V. 0.86; R 3.08; Achse 3.78.

Fahrgestell: Selbsttragende Karosserie; vorn Dreieckquerlenker, oberer Querlenker, Zugstreben; hinten Starrachse, Längslenker, Dreiecklenker; v/h Kurvenstabilisator, Schraubenfedern, Teleskopdämpfer.

Fahrwerk: Bremse, vorne Scheiben, hinten Trommeln, a.W. mit Servo, Scheiben-$\varnothing$ v. 22.8 cm, Handbremse auf Hinterräder; Zahnstangenlenkung, Treibstofftank 48 L; Reifen 165/70 R 13, Felgen 5.5 J.

Dimensionen: Radstand 244 cm, Spur 131/131 cm, Bodenfreih. 12 cm, Wendekreis 11.3 m, Kofferraum 415 dm³, Länge 439 cm, Breite 161.5 cm, Höhe 144 cm.
Hatchback-Sedan: Kofferraum 200/350 dm³, Länge 415 cm, Höhe 145 cm.
Station Wagon: Kofferraum 430/1650 dm³, Länge 441 cm, Höhe 146 cm.

Fahrleistungen: Vmax (Werk) 142 km/h, V bei 1000/min im 5. Gang 32.9 km/h; steh. km 40 s; Leistungsgew. 20.3 kg/kW (14.8 kg/PS); Verbrauch ECE 6.4/9/9 L/100 km.

1.4 – 63 ch Carburateur

Carrosserie, poids: (DIN), Berline, 4 portes, 5 places; vide dès 940 kg, tot. adm. 1380 kg.
Hatchback-Sedan, 5 portes, 5 places; vide dès 935 kg, tot. adm. 1360 kg.
Station-wagon, 5 portes, 5 places; vide dès 945 kg.

Moteur: (DIN), 4 cyl. en ligne (76×77 mm), 1397 cm³; compr. 9:1; 46 kW (63 ch) à 5250/min, 32.9 kW/L (44.8 ch/L); 100 Nm (10.2 mkp) à 3000/min; 91 (R).

Moteur (constr.): arbre à cames latéral (chaîne); culasse en alliage léger; vilebrequin à 5 paliers; huile 3 L; 1carburateur inversé, Carfil 32 IRM 2AM.
Batterie 45 Ah, alternateur 50 A; refroidissement à eau, capac. 5 L.

Transmission: (sur roues AV).
Boîte à 5 vit.: I. 3.82; II. 2.24; III. 1.48; IV. 0.97; V. 0.86; AR 3.08; pont 3.78.

Châssis: carrosserie autoporteuse; AV leviers triang. transv., levier transv. sup., tirants; AR essieu rigide, bras longitud., levier triangulaire; AV/AR barre anti-dévers, ressorts hélic, amortiss. télesc.

Train roulant: frein, AV à disques, AR à tambours, s.d. avec servo, $\varnothing$ disques AV 22.8 cm, frein à main sur roues AR; direction à crémaillère, réservoir carb. 48 L; pneus 165/70 R 13, jantes 5.5 J.

Dimensions: empattement 244 cm, voie 131/131 cm, garde au sol 12 cm, diam. de braq. 11.3 m, coffre 415 dm³, longueur 439 cm, largeur 161.5 cm, hauteur 144 cm.
Hatchback-Sedan: coffre 200/350 dm³, longueur 415 cm, hauteur 145 cm.
Station-wagon: coffre 430/1650 dm³, longueur 441 cm, hauteur 146 cm.

Performances: Vmax (usine) 142 km/h, V à 1000/min en 5. vit. 32.9 km/h; km arrêté 40 s; rapp. poids/puiss. 20.3 kg/kW (14.8 kg/ch); consomm. ECE 6.4/9/9 L/100 km.

Dacia 1310

1.6 – 72 PS Vergaser

Wie 1.4 – 63 PS, ausgenommen:

Karosserie, Gewicht: (DIN), Limousine, 4 Türen, 5 Sitze; leer ab 940 kg, max. zul. 1380 kg.
Hatchback-Sedan, 5 Türen, 5 Sitze; leer ab 935 kg, max. zul. 1360 kg.
Station Wagon, 5 Türen, 5 Sitze; leer ab 945 kg.

Motor: (DIN), 4 Zyl. in Linie (77×83.6 mm), 1557 cm³; Kompr. 9.25:1; 53 kW (72 PS) bei 5250/min, 34 kW/L (46.3 PS/L); 123 Nm (12.5 mkp) bei 3000/min; 91 ROZ.

Motorkonstruktion: seitl. Nockenwelle (Kette); Leichtmetall-Zylinderkopf; 5fach gelagerte Kurbelwelle; Öl 3 L; 1 Zweifachvergaser, 28/30 DCI.
Batterie 45 Ah, Alternator 50 A; Wasserkühlung, Inh. 5 L.

Kraftübertragung: (auf Vorderräder).
5-Gang-Getriebe: I. 3.82; II. 2.24; III. 1.48; IV. 0.97; V. 0.86; R 3.08; Achse 3.78.

Fahrleistungen: Vmax (Werk) 150 km/h, steh. km 36.6 s; Verbrauch ECE 6.3/8.5/9.5 L/100 km.

1.6 – 72 ch Carburateur

Comme 1.4 – 63 ch, sauf:

Carrosserie, poids: (DIN), Berline, 4 portes, 5 places; vide dès 940 kg, tot. adm. 1380 kg.
Hatchback-Sedan, 5 portes, 5 places; vide dès 935 kg, tot. adm. 1360 kg.
Station-wagon, 5 portes, 5 places; vide dès 945 kg.

Moteur: (DIN), 4 cyl. en ligne (77×83.6 mm), 1557 cm³; compr. 9.25:1; 53 kW (72 ch) à 5250/min, 34 kW/L (46.3 ch/L); 123 Nm (12.5 mkp) à 3000/min; 91 (R).

Moteur (constr.): arbre à cames latéral (chaîne); culasse en alliage léger; vilebrequin à 5 paliers; huile 3 L; 1carburateur à double corps, 28/30 DCI.
Batterie 45 Ah, alternateur 50 A; refroidissement à eau, capac. 5 L.

Transmission: (sur roues AV).
Boîte à 5 vit.: I. 3.82; II. 2.24; III. 1.48; IV. 0.97; V. 0.86; AR 3.08; pont 3.78.

Performances: Vmax (usine) 150 km/h, km arrêté 36.6 s; consomm. ECE 6.3/8.5/ 9.5 L/100 km.

Dacia 1325

1.6 – 69 PS Turbodiesel

Wie 1.4 – 63 PS, ausgenommen:

Karosserie, Gewicht: (DIN), Limousine, 4 Türen, 5 Sitze; leer ab 940 kg, max. zul. 1380 kg.
Hatchback-Sedan, 5 Türen, 5 Sitze; leer ab 935 kg, max. zul. 1360 kg.
Station Wagon, 5 Türen, 5 Sitze; leer ab 945 kg.

Motor: (DIN), 4 Zyl. in Linie (76.5×86.4 mm), 1588 cm³; Kompr. 23:1; 51 kW (69 PS) bei 4500/min, 32.1 kW/L (43.7 PS/L); 133 Nm (13.6 mkp) bei 2500/min; Dieselöl.

1.6 – 69 ch turbodiesel

Comme 1.4 – 63 ch, sauf:

Carrosserie, poids: (DIN), Berline, 4 portes, 5 places; vide dès 940 kg, tot. adm. 1380 kg.
Hatchback-Sedan, 5 portes, 5 places; vide dès 935 kg, tot. adm. 1360 kg.
Station-wagon, 5 portes, 5 places; vide dès 945 kg.

Moteur: (DIN), 4 cyl. en ligne (76.5×86.4 mm), 1588 cm³; compr. 23:1; 51 kW (69 ch) à 4500/min, 32.1 kW/L (43.7 ch/L); 133 Nm (13.6 mkp) à 2500/min; gazole.

Dacia • Daewoo

Motorkonstruktion: Wirbelkammer-Diesel; seitl. Nockenwelle (Kette); Leichtmetall-Zylinderkopf; 5fach gelagerte Kurbelwelle; Öl 4 L; Einspritzpumpe, Bosch VE, 1 Turbolader, max. Ladedruck 0.7 bar.
Batterie 63 Ah, Alternator 45 A; Wasserkühlung, Inh. 5 L.

Kraftübertragung: (auf Vorderräder). 5-Gang-Getriebe: I. 3.82; II. 2.24; III. 1.48; IV. 0.97; V. 0.76; R 3.4; Achse 3.67.

Fahrleistungen: Vmax (Werk) 160 km/h, V bei 1000/min im 5. Gang 39.2 km/h; 0–100 km/h 19 s; Leistungsgew. 20.4 kg/kW (14.9 kg/PS); Verbr. ECE 5.2/7.2/7.8 L/100 km.

Moteur (constr.): diesel à chambre de turbulence; arbre à cames latéral (chaîne); culasse en alliage léger; vilebrequin à 5 paliers; huile 4 L; pompe à injection, Bosch VE, 1 turbocompr., pression max. 0.7 bar.
Batterie 63 Ah, alternateur 45 A; refroidissement à eau, capac. 5 L.

Transmission: (sur roues AV).
Boîte à 5 vit.: I. 3.82; II. 2.24; III. 1.48; IV. 0.97; V. 0.76; AR 3.4; pont 3.67.

Performances: Vmax (usine) 160 km/h, V à 1000/min en 5. vit. 39.2 km/h; 0–100 km/h 19 s; rapp. poids/puiss. 20.4 kg/kW (14.9 kg/ch); cons. ECE 5.2/7.2/7.8 L/100 km.

Dacia Nova

Neues Modell. 5türige Limousine mit Quermotor und Frontantrieb auf Basis des ehemaligen Peugeot 309. Début Frühjahr 1996.

Nouveau modèle. Berline 5 portes avec moteur transversal et traction AV sur base de l'ancienne Peugeot 309. Lancement printemps 1996.

1.4 – 65 PS Vergaser / 1.4 – 65 ch Carburateur

Karosserie, Gewicht: (DIN), Limousine, 5 Türen, 5 Sitze; leer ab 910 kg, max. zul. 1355 kg.

Motor: (DIN), 4 Zyl. in Linie (76×77 mm), 1397 cm³; Kompr. 9:1; 48 kW (65 PS) bei 5500/min, 34.3 kW/L (46.7 PS/L); 100 Nm (10.2 mkp) bei 3500/min; 91 ROZ. Auch: 46 kW (62 PS).

Motorkonstruktion: seitl. Nockenwelle (Kette); Leichtmetall-Zylinderkopf; 5fach gel. Kurbelwelle; Öl 3 L; Fallstromvergaser.
Batterie 45 Ah, Alternator 50 A; Wasserkühlung, Inh. 5 L.

Carrosserie, poids: (DIN), Berline, 5 portes, 5 places; vide dès 910 kg, tot. adm. 1355 kg.

Moteur: (DIN), 4 cyl. en ligne (76×77 mm), 1397 cm³; compr. 9:1; 48 kW (65 ch) à 5500/min, 34.3 kW/L (46.7 ch/L); 100 Nm (10.2 mkp) à 3500/min; 91 (R). Aussi: 46 kW (62 ch).

Moteur (constr.): arbre à cames latéral (chaîne); culasse en alliage léger; vilebr. à 5 paliers; huile 3 L; carburateur inversé.
Batterie 45 Ah, alternateur 50 A; refroidissement à eau, capac. 5 L.

Dacia Nova

Kraftübertragung: (auf Vorderräder): 5-Gang-Getriebe.

Fahrgestell: Selbsttragende Karosserie; vorn Federbeine, unterer Querlenker, Kurvenstabilisator; hinten Längslenker, Torsionsfederstäbe; Teleskopdämpfer.

Fahrwerk: Bremse, vorne Scheiben, hinten Trommeln, Scheiben-Ø v. 24.7 cm, Handbr. auf Hinterräder; Zahnstangenl., Treibstofftank 45 L; Reifen 165/70 R 13, 5.5 J.

Dimensionen: Radstand 247 cm, Spur 141/138 cm, Bodenfreih. 13 cm, Wendekreis 11.1 m, Kofferraum 240/520 dm³, Länge 403 cm, Breite 164 cm, Höhe 140 cm.

Fahrleistungen: Vmax (Werk) 150 km/h, Leistungsgew. 19 kg/kW (14 kg/PS); Verbrauch (Werk) 6/8.8 L/100 km.

Transmission: (sur roues AV): Boîte à 5 vit.

Châssis: carrosserie autoporteuse; AV jambes élast., levier transvers. inférieur, barre anti-dévers; AR bras longitud., barres de torsion; amortiss. télescop.

Train roulant: frein, AV à disques, AR à tambours, Ø disques AV 24.7 cm, frein à main sur roues AR; direction à crém., réservoir carb. 45 L; pneus 165/70 R 13, 5.5 J.

Dimensions: empattement 247 cm, voie 141/138 cm, garde au sol 13 cm, diam. de braq. 11.1 m, coffre 240/520 dm³, longueur 403 cm, largeur 164 cm, hauteur 140 cm.

Performances: Vmax (usine) 150 km/h, rapp. poids/puiss. 19 kg/kW (14 kg/ch); consomm. (Werk) 6/8.8 L/100 km.

1.6 – 72 PS Vergaser / 1.6 – 72 ch Carburateur

Wie 1.4 – 65 PS, ausgenommen: / Comme 1.4 – 65 ch, sauf:

Motor: (DIN), 4 Zyl. in Linie (77×83.6 mm), 1557 cm³; Kompr. 9.25:1; 53 kW (72 PS) bei 5250/min, 34 kW/L (46.3 PS/L); 123 Nm (12.5 mkp) bei 3000/min; 91 ROZ.

Moteur: (DIN), 4 cyl. en ligne (77×83.6 mm), 1557 cm³; compr. 9.25:1; 53 kW (72 ch) à 5250/min, 34 kW/L (46.3 ch/L); 123 Nm (12.5 mkp) à 3000/min; 91 (R).

Motorkonstruktion: seitl. Nockenwelle (Kette); Leichtmetall-Zylinderkopf; 5fach gelagerte Kurbelwelle; Öl 3 L; 1 Zweifachvergaser, 28/30 DCI.
Batterie 45 Ah, Alternator 50 A; Wasserkühlung, Inh. 5 L.

Fahrleistungen: Vmax (Werk) 160 km/h, Leistungsgew. 17.6 kg/kW (12.9 kg/PS); Verbrauch (Werk) 5.9/8.8 L/100 km.

Moteur (constr.): arbre à cames latéral (chaîne); culasse en alliage léger; vilebrequin à 5 paliers, huile 3 L; 1carburateur à double corps, 28/30 DCI.
Batterie 45 Ah, alternateur 50 A; refroidissement à eau, capac. 5 L.

Performances: Vmax (usine) 160 km/h, rapp. poids/puiss. 17.6 kg/kW (12.9 kg/ch); consomm. (Werk) 5.9/8.8 L/100 km.

Daewoo — KO

Daewoo Motor Co., Ltd., Namdaemun-No 5-Ga, Chung-Gu, Seoul, South Korea

Grosser südkoreanischer Industriekonzern. Nahmhafte Autoproduktion, auch in zahlreichen Entwicklungsländern. Neben Lizenzbauten neu auch Eigenkonstruktion (Lanos).

Grande groupe sud-coréen. Importante prod. automobile aussi dans divers pays en développement. Outre la fabrication sous licence, construit également ses propres modèles (Lanos).

Daewoo Lanos

Neues Modell der unteren Mittelklasse mit Frontantrieb und Quermotor. Erste Daewoo-Eigenkonstruktion. Noch unvollständige Daten.

Nouveau modèle de la classe moyenne inférieure avec traction AV et moteur transversal. Première modèle de construction Daewoo. Données incomplet.

1.5 – 97 PS Benzineinspritzung / 1.5 – 97 ch Injection d'essence

Karosserie, Gewicht: (DIN), Limousine, 3/4/5 Türen, 5 Sitze; leer ab 1030 kg, max. zul. 1459 kg.

Motor: (ECE), 4 Zyl. in Linie (76.5×81.5 mm), 1498 cm³; Kompr. 9.5:1; 71 kW (97 PS) bei 5800/min, 47.4 kW/L (64.4 PS/L); 137 Nm (14 mkp) bei 3000/min; 91 ROZ.

Motorkonstruktion: 1 obenl. Nockenwelle (Zahnriemen); Leichtmetall-Zylinderkopf; 5fach gelagerte Kurbelwelle; Öl 3.75 L; elektron. Einspritzung.
Batterie 55 Ah, Alternator 75 A; Wasserkühlung, Inh. 6.2 L.

Kraftübertragung: (auf Vorderräder). 5-Gang-Getriebe: I. 3.55; II. 1.95; III. 1.28; IV. 0.89; V. 0.71; R 3.33; Achse 3.72. 4-Stufen-Automat: I. 2.96; II. 1.63; III. 1; IV. 0.68; R 2.13; Achse 3.91.

Fahrgestell: Selbsttragende Karosserie; vorn Längs- und Querlenker, Federbeine; hinten Verbundlenkerachse, Längslenker; v/h Kurvenstabilisator, Schraubenfedern, Teleskopdämpfer.

Fahrwerk: Bremse, vorne Scheiben (belüftet), hinten Trommeln, Scheiben-Ø v. 23.6 cm, a.W. ABS, Zahnstangenlenkung mit Servo, Treibstofftank 48 L; Reifen 175/70 R 13, Felgen 5.5 J.

Carrosserie, poids: (DIN), Berline, 3/4/5 portes, 5 places; vide dès 1030 kg, tot. adm. 1459 kg.

Moteur: (ECE), 4 cyl. en ligne (76.5×81.5 mm), 1498 cm³; compr. 9.5:1; 71 kW (97 ch) à 5800/min, 47.4 kW/L (64.4 ch/L); 137 Nm (14 mkp) à 3000/min; 91 (R).

Moteur (constr.): 1 arbre à cames en tête (courroie crantée); culasse en alliage léger; vilebrequin à 5 paliers; huile 3.75 L; injection électronique.
Batterie 55 Ah, alternateur 75 A; refroidissement à eau, capac. 6.2 L.

Transmission: (sur roues AV).
Boîte à 5 vit.: I. 3.55; II. 1.95; III. 1.28; IV. 0.89; V. 0.71; AR 3.33; pont 3.72.
Boîte autom. à 4 vit.: I. 2.96; II. 1.63; III. 1; IV. 0.68; AR 2.13; pont 3.91.

Châssis: carrosserie autoporteuse; AV bras longitud. et transv., jambes élastiques; AR essieu semi-rigide, bras longitud.; AV/AR barre anti-dévers, ressorts hélic, amortiss. télesc.

Train roulant: frein, AV à disques (ventilés), AR à tambours, Ø disques AV 23.6 cm, ABS s. d., servodirection à crémaillère, réservoir carb. 48 L; pneus 175/70 R 13, jantes 5.5 J.

Daewoo Lanos

Daewoo

Dimensionen: Radstand 252 cm, Spur 141/143 cm, Bodenfreih. 16 cm, Wendekreis 9.8 m, Kofferraum 322 dm³, Länge 424 cm, Breite 168 cm, Höhe 143 cm.

Fahrleistungen: Vmax (Werk) 180 km/h, Leistungsgew. 14.1 kg/kW (10.5 kg/PS). *Aut.:* Vmax 170 km/h.

1.5 – 110 PS Benzineinspritzung

Wie 1.5 – 97 PS, ausgenommen:

Karosserie, Gewicht: (DIN), Limousine, 3/4/5 Türen, 5 Sitze; leer ab 1035 kg.

Motor: (ECE), 4 Zyl. in Linie (76.5×81.5 mm), 1498 cm³, Kompr. 9.5:1; 81 kW (110 PS) bei 6200/min, 54.1 kW/L (73.5 PS/L); 140 Nm (14.3 mkp) bei 4200/min; 91 ROZ.

Motorkonstruktion: 4 Ventile in V; 2 obenl. Nockenwellen (Zahnriemen); Leichtmetall-Zylinderkopf; 5fach gelagerte Kurbelwelle; Öl 4 L; elektron. Einspritzung. Batterie 55 Ah, Alternator 75 A; Wasserkühlung, Inh. 6.2 L.

Kraftübertragung: (auf Vorderräder). 5-Gang-Getriebe: I. 3.55; II. 1.95; III. 1.28; IV. 0.89; V. 0.71; R 3.33; Achse 3.72. 4-Stufen-Automat: I. 2.96; II. 1.63; III. 1; IV. 0.68; R 2.13; Achse 3.55.

Fahrwerk: Reifen 185/60 R 14.

Fahrleistungen: Vmax (Werk) 185 km/h, Leistungsgew. 12.8 kg/kW (9.4 kg/PS).

Dimensions: empattement 252 cm, voie 141/143 cm, garde au sol 16 cm, diam. de braq. 9.8 m, coffre 322 dm³, longueur 424 cm, largeur 168 cm, hauteur 143 cm.

Performances: Vmax (usine) 180 km/h, rapp. poids/puiss. 14.1 kg/kW (10.5 kg/ch). *Aut.:* Vmax 170 km/h.

1.5 – 110 ch Injection d'essence

Comme 1.5 – 97 ch, sauf:

Carrosserie, poids: (DIN), Berline, 3/4/5 portes, 5 places; vide dès 1035 kg.

Moteur: (ECE), 4 cyl. en ligne (76.5×81.5 mm), 1498 cm³; compr. 9.5:1; 81 kW (110 ch) à 6200/min, 54.1 kW/L (73.5 ch/L); 140 Nm (14.3 mkp) à 4200/min; 91 (R).

Moteur (constr.): 4 soupapes en V; 2 arbres à cames en tête (courroie crantée); culasse en alliage léger; vilebrequin à 5 paliers; huile 4 L; injection électronique. Batterie 55 Ah, alternateur 75 A; refroidissement à eau, capac. 6.2 L.

Transmission: (sur roues AV). Boîte à 5 vit.: I. 3.55; II. 1.95; III. 1.28; IV. 0.89; V. 0.71; AR 3.33; pont 3.72. Boîte autom. à 4 vit.: I. 2.96; II. 1.63; III. 1; IV. 0.68; AR 2.13; pont 3.55.

Train roulant: pneus 185/60 R 14.

Performances: Vmax (usine) 185 km/h, rapp. poids/puiss. 12.8 kg/kW (9.4 kg/ch).

Daewoo Nexia - Racer - Cielo

Koreanischer Nachbau des Opel Kadett, wird in Südkorea als Daewoo Racer und in Europa als Nexia oder Cielo verkauft.

Réplique coréenne de l'Opel Kadett, est vendue en Corée du Sud comme Daewoo Racer en Europe comme Nexia ou Cielo.

1.5 – 75 PS Benzineinspritzung

Karosserie, Gewicht: (DIN), Limousine, 3/4/5 Türen, 5 Sitze; leer ab 940 kg.

Motor: (ECE), 4 Zyl. in Linie (76.5×81.5 mm), 1498 cm³, Kompr. 8.6:1; 55 kW (75 PS) bei 5400/min, 36.7 kW/L (49.9 PS/L); 124 Nm (12.6 mkp) bei 3200/min; 91 ROZ. Einige Länder: 51 kW (70 PS) oder 59 kW (80 PS).

Motorkonstruktion: 1 obenl. Nockenwelle (Zahnriemen); Leichtmetall-Zylinderkopf; 5fach gelagerte Kurbelwelle; Öl 3.75 L; elektron. Einspritzung. Batterie 55 Ah, Alternator 75 A; Wasserkühlung, Inh. 6.2 L.

Kraftübertragung: (auf Vorderräder). 4-Gang-Getriebe: I. 3.55; II. 1.95; III. 1.28; IV. 0.89; R 3.33; Achse 3.72; 3.94. 5-Gang-Getriebe: I. 3.55; II. 1.95; III. 1.28; IV. 0.89; V. 0.71; R 3.33; Achse 3.72. 3-Stufen-Automat: GM THM; I. 2.84; II. 1.6; III. 1; R 2.07; Achse 3.43. 4-Stufen-Automat: I. 2.96; II. 1.63; III. 1; IV. 0.68; R 2.13; Achse 3.91.

1.5 – 75 ch Injection d'essence

Carrosserie, poids: (DIN), Berline, 3/4/5 portes, 5 places; vide dès 940 kg.

Moteur: (ECE), 4 cyl. en ligne (76.5×81.5 mm), 1498 cm³; compr. 8.6:1; 55 kW (75 ch) à 5400/min, 36.7 kW/L (49.9 ch/L); 124 Nm (12.6 mkp) à 3200/min; 91 (R). Quelques pays: 51 kW (70 ch) ou 58 kW (80 ch).

Moteur (constr.): 1 arbre à cames en tête (courroie crantée); culasse en alliage léger; vilebrequin à 5 paliers; huile 3.75 L; injection électronique. Batterie 55 Ah, alternateur 75 A; refroidissement à eau, capac. 6.2 L.

Transmission: (sur roues AV). Boîte à 4 vit.: I. 3.55; II. 1.95; III. 1.28; IV. 0.89; AR 3.33; pont 3.72; 3.94. Boîte à 5 vit.: I. 3.55; II. 1.95; III. 1.28; IV. 0.89; V. 0.71; AR 3.33; pont 3.72. Boîte autom. à 3 vit.: GM THM; I. 2.84; II. 1.6; III. 1; AR 2.07; pont 3.43. Boîte autom. à 4 vit.: I. 2.96; II. 1.63; III. 1; IV. 0.68; AR 2.13; pont 3.91.

Daewoo Nexia

Fahrgestell: Selbsttragende Karosserie; vorn Längs- und Querlenker, Federbeine; hinten Verbundlenkerachse, Längslenker; v/h Kurvenstabilisator, Schraubenfedern, Teleskopdämpfer.

Fahrwerk: Bremse, vorne Scheiben (belüftet), hinten Trommeln, Scheiben-∅ v. 23.6 cm, a.W. ABS, Handbremse auf Hinterräder; Zahnstangenlenkung, a.W. mit Servo, Treibstofftank 50 L; Reifen 155 R 13, 175/70 R 13, 185/60 HR 14; Felgen 5 J, 5.5 J.

Dimensionen: Radstand 252 cm, Spur 140/140.5 cm, Bodenfreih. 16 cm, Wendekreis 10.6 m, Kofferraum 530 dm³, Länge 448 cm, Breite 166 cm, Höhe 139 cm. Mit 3/5 Türen: Kofferraum 390/720 dm³, Länge 426 cm.

Fahrleistungen: Vmax (Werk) 163 km/h, V bei 1000/min im 4. Gang 31.9 km/h; 0–100 km/h 12.5 s; Leistungsgew. 16.6 kg/kW (10.1 kg/PS); Verbrauch ECE 5.1/6.3/9.3 L/100 km. *Aut.:* Vmax 156 km/h, 0–100 km/h 15.9 s.

Châssis: carrosserie autoporteuse; AV bras longitud. et transv., jambes élastiques; AR essieu semi-rigide, bras longitud.; AV/AR barre anti-dévers, ressorts hélic, amortiss. télesc.

Train roulant: frein, AV à disques (ventilés), AR à tambours, ∅ disques AV 23.6 cm, ABS s. d., frein à main sur roues AR; direction à crémaillère, s.d. avec servo, réservoir carb. 50 L; pneus 155 R 13, 175/70 R 13, 185/60 HR 14; jantes 5 J, 5.5 J.

Dimensions: empattement 252 cm, voie 140/140.5 cm, garde au sol 16 cm, diam. de braq. 10.6 m, coffre 530 dm³, longueur 448 cm, largeur 166 cm, hauteur 139 cm. Avec 3/5 portes: coffre 390/720 dm³, longueur 426 cm.

Performances: Vmax (usine) 163 km/h, V à 1000/min en 4. vit. 31.9 km/h; 0–100 km/h 12.5 s; rapp. poids/puiss. 16.6 kg/kW (10.1 kg/ch); consomm. ECE 5.1/6.3/9.3 L/100 km. *Aut.:* Vmax 156 km/h, 0–100 km/h 15.9 s.

Daewoo Nexia

1.5 16V – 90 PS Benzineinspritzung

Wie 1.5 – 75 PS, ausgenommen:

Karosserie, Gewicht: (DIN), Limousine, 3/4/5 Türen, 5 Sitze; leer ab 1085 kg.

Motor: (ECE), 4 Zyl. in Linie (76.5×81.5 mm), 1498 cm³, Kompr. 9.2:1; 66 kW (90 PS) bei 4800/min, 44 kW/L (59.9 PS/L); 137 Nm (14 mkp) bei 3600/min; 91 ROZ.

Motorkonstruktion: 4 Ventile in V; 2 obenl. Nockenwellen (Zahnriemen); Leichtmetall-Zylinderkopf; 5fach gelagerte Kurbelwelle; Öl 4 L; elektron. Einspritzung. Batterie 55 Ah, Alternator 75 A; Wasserkühlung, Inh. 6.2 L.

Kraftübertragung: (auf Vorderräder). 4-Gang-Getriebe: I. 3.55; II. 1.95; III. 1.28; IV. 0.89; R 3.33; Achse 3.72; 3.94. 5-Gang-Getriebe: I. 3.55; II. 1.95; III. 1.28; IV. 0.89; V. 0.71; R 3.33; Achse 3.72. 3-Stufen-Automat: GM THM; I. 2.84; II. 1.6; III. 1; R 2.07; Achse 3.43. 4-Stufen-Automat: I. 2.96; II. 1.63; III. 1; IV. 0.68; R 2.13; Achse 3.55.

Fahrleistungen: Vmax (Werk) 170 km/h, V bei 1000/min im 4. Gang 31.9 km/h; 0–100 km/h 12.2 s; Leistungsgew. 15.2 kg/kW (11.2 kg/PS); Verbrauch ECE 5.2/6.5/9.7 L/100 km. *Aut.:* Vmax 161 km/h.

1.5 16V – 90 ch Injection d'essence

Comme 1.5 – 75 ch, sauf:

Carrosserie, poids: (DIN), Berline, 3/4/5 portes, 5 places; vide dès 1085 kg.

Moteur: (ECE), 4 cyl. en ligne (76.5×81.5 mm), 1498 cm³; compr. 9.2:1; 66 kW (90 ch) à 4800/min, 44 kW/L (59.9 ch/L); 137 Nm (14 mkp) à 3600/min; 91 (R).

Moteur (constr.): 4 soupapes en V; 2 arbres à cames en tête (courroie crantée); culasse en alliage léger; vilebrequin à 5 paliers; huile 4 L; injection électronique. Batterie 55 Ah, alternateur 75 A; refroidissement à eau, capac. 6.2 L.

Transmission: (sur roues AV). Boîte à 4 vit.: I. 3.55; II. 1.95; III. 1.28; IV. 0.89; AR 3.33; pont 3.72; 3.94. Boîte à 5 vit.: I. 3.55; II. 1.95; III. 1.28; IV. 0.89; V. 0.71; AR 3.33; pont 3.72. Boîte autom. à 3 vit.: GM THM; I. 2.84; II. 1.6; III. 1; AR 2.07; pont 3.43. Boîte autom. à 4 vit.: I. 2.96; II. 1.63; III. 1; IV. 0.68; AR 2.13; pont 3.55.

Performances: Vmax (usine) 170 km/h, V à 1000/min en 4. vit. 31.9 km/h; 0–100 km/h 12.2 s; rapp. poids/puiss. 15.2 kg/kW (11.2 kg/ch); consomm. ECE 5.2/6.5/9.7 L/100 km. *Aut.:* Vmax 161 km/h.

Daewoo Espero

Viertürige Limousine mit Frontantrieb, Quermotor, Fünfganggetriebe oder Vierstufenautomat. Design von Bertone. Für 1994 auch mit 1,5-Liter-Motor.

Berline à 4 portes et traction AV, moteur transv., boîte à cinq vit. ou automatique à quatre rapports. Design de Bertone. Pour 1994 aussi avec moteur 1,5 litre.

1.5 16V – 90 PS Benzineinspritzung

Karosserie, Gewicht: (DIN), Limousine, 4 Türen, 5 Sitze; leer ab 1085 kg.

1.5 16V – 90 ch Injection d'essence

Carrosserie, poids: (DIN), Berline, 4 portes, 5 places; vide dès 1085 kg.

Daewoo

Motor: (ECE), 4 Zyl. in Linie (76.5×81.5 mm), 1498 cm³; Kompr. 9.2:1; 66 kW (90 PS) bei 4800/min, 44 kW/L (59.9 PS/L); 137 Nm (14 mkp) bei 3600/min; 91 ROZ.

Motorkonstruktion: 4 Ventile in V; 2 obenl. Nockenwellen (Zahnriemen); Leichtmetall-Zylinderkopf; 5fach gelagerte Kurbelwelle; Öl 4 L; elektron. Einspritzung. Batterie 55 Ah, Alternator 75 A; Wasserkühlung, 6.2 L.

Kraftübertragung: (auf Vorderräder). 5-Gang-Getriebe: I. 3.55; II. 1.95; III. 1.28; IV. 0.89; V. 0.71; R 3.33; Achse 3.72; 3.55. 4-Stufen-Automat: Aisin-Warner; I. 3.88; II. 2.12; III. 1.36; IV. 1; R 4.85; Achse 3.55.

Fahrgestell: Selbsttragende Karosserie; vorn Dreieckquerlenker, Federbeine; hinten Verbundlenkerachse, Längslenker; v/h Kurvenstabilisator, Schraubenfedern, Teleskopdämpfer.

Fahrwerk: Bremse, vorne Scheiben (belüftet), hinten Trommeln, Scheiben-⌀ v. 23.6 cm, a.W. ABS, Handbremse auf Hinterräder; Zahnstangenl. mit Servo, Treibstofftank 50 L; Reifen 185/65 R 14, Felgen 5.5 J.

Dimensionen: Radstand 262 cm, Spur 142/140.5 cm, Bodenfreih. 15 cm, Wendekreis 10.4 m, Kofferraum 560 dm³, Länge 461.5 cm, Breite 172 cm, Höhe 138 cm.

Fahrleistungen: Vmax (Werk) 170 km/h, V bei 1000/min im 5. Gang 34.5 km/h; 0–100 km/h 12.8 s; Leistungsgew. 16.4 kg/kW (12.1 kg/PS); Verbrauch ECE 5.2/6.3/11 L/100 km.
Aut.: Vmax 167 km/h, 0–100 km/h 14.7 s; Verbrauch ECE 5.9/7.3/12.2 L/100 km.

Moteur: (ECE), 4 cyl. en ligne (76.5×81.5 mm), 1498 cm³; compr. 9.2:1; 66 kW (90 ch) à 4800/min, 44 kW/L (59.9 ch/L); 137 Nm (14 mkp) à 3600/min; 91 (R).

Moteur (constr.): 4 soupapes en V; 2 arbres à cames en tête (courroie crantée); culasse en alliage léger; vilebrequin à 5 paliers; huile 4 L; injection électronique. Batterie 55 Ah, alternateur 75 A; refroidissement à eau, capac. 6.2 L.

Transmission: (sur roues AV). Boîte à 5 vit.: I. 3.55; II. 1.95; III. 1.28; IV. 0.89; V. 0.71; AR 3.33; pont 3.72; 3.55. Boîte autom. à 4 vit.: Aisin-Warner; I. 3.88; II. 2.12; III. 1.36; IV. 1; AR 4.85; pont 3.55.

Châssis: carrosserie autoporteuse; AV leviers triang. transv., jambes élastiques; AR essieu semi-rigide, bras longitud.; AV/AR barre anti-dévers, ressorts hélic, amortiss. télesc.

Train roulant: frein, AV à disques (ventilés), AR à tambours, ⌀ disques AV 23.6 cm, ABS s. d., frein à main sur roues AR; servodirection à crémaillère, réservoir carb. 50 L; pneus 185/65 R 14, jantes 5.5 J.

Dimensions: empattement 262 cm, voie 142/140.5 cm, garde au sol 15 cm, diam. de braq. 10.4 m, coffre 560 dm³, longueur 461.5 cm, largeur 172 cm, hauteur 138 cm.

Performances: Vmax (usine) 170 km/h, V à 1000/min en 5. vit. 34.5 km/h; 0–100 km/h 12.8 s; rapp. poids/puiss. 16.4 kg/ch (12.1 kg/ch); consomm. ECE 5.2/6.3/11 L/100 km.
Aut.: Vmax 167 km/h, 0–100 km/h 14.7 s; Verbrauch ECE 5.9/7.3/12.2 L/100 km.

Daewoo Espero

2.0 – 105 PS Benzineinspritzung

Wie 1.5 – 90 PS, ausgenommen:

Karosserie, Gewicht: (DIN), Limousine, 4 Türen, 5 Sitze; leer ab 1130 kg.

Motor: (ECE), 4 Zyl. in Linie (86×86 mm), 1998 cm³; Kompr. 8.8:1; 77 kW (105 PS) bei 5000/min, 38.5 kW/L (52.4 PS/L); 164 Nm (16.7 mkp) bei 3000/min; 91 ROZ.

Motorkonstruktion: 2 Ventile; 1 obenl. Nockenwelle (Zahnriemen); Leichtmetall-Zylinderkopf; 5fach gelagerte Kurbelwelle; Öl 4 L; elektron. Einspritzung. Batterie 55 Ah, Alternator 85 A; Wasserkühlung, Inh. 8 L.

Kraftübertragung: (auf Vorderräder). 5-Gang-Getriebe: I. 3.55; II. 1.95; III. 1.28; IV. 0.89; V. 0.71; R 3.33; Achse 3.94. 4-Stufen-Automat: I. 3.61; II. 2.06; III. 1.37; IV. 0.98; R 3.95; Achse 2.86.

Fahrleistungen: Vmax (Werk) 185 km/h, 0–100 km/h 10.8 s; Leistungsgew. 14.7 kg/kW (10.8 kg/PS); Verbrauch ECE 5.3/6.8/11.6 L/100 km.
Aut.: Vmax 180 km/h, 0–100 km/h 12.9 s; Verbrauch ECE 5.8/7.3/12.3 L/100 km.

2.0 – 105 ch Injection d'essence

Comme 1.5 – 90 ch, sauf:

Carrosserie, poids: (DIN), Berline, 4 portes, 5 places; vide dès 1130 kg.

Moteur: (ECE), 4 cyl. en ligne (86×86 mm), 1998 cm³; compr. 8.8:1; 77 kW (105 ch) à 5000/min, 38.5 kW/L (52.4 ch/L); 164 Nm (16.7 mkp) à 3000/min; 91 (R).

Moteur (constr.): 2 soupapes; 1 arbre à cames en tête (courroie crantée); culasse en alliage léger; vilebrequin à 5 paliers; huile 4 L; injection électronique. Batterie 55 Ah, alternateur 85 A; refroidissement à eau, capac. 8 L.

Transmission: (sur roues AV). Boîte à 5 vit.: I. 3.55; II. 1.95; III. 1.28; IV. 0.89; V. 0.71; AR 3.33; pont 3.94. Boîte autom. à 4 vit.: I. 3.61; II. 2.06; III. 1.37; IV. 0.98; AR 3.95; pont 2.86.

Performances: Vmax (usine) 185 km/h, 0–100 km/h 10.8 s; rapp. poids/puiss. 14.7 kg/kW (10.8 kg/ch); consomm. ECE 5.3/6.8/11.6 L/100 km.
Aut.: Vmax 180 km/h, 0–100 km/h 12.9 s; consomm. ECE 5.8/7.3/12.3 L/100 km.

Daewoo Prince

Viertürige Limousine auf Basis des ehemaligen Opel Rekord E und Karosserie des Senator, 2-Liter-Motor. Luxusausführung Super Saloon etwas länger (489 cm). Debüt 1993.

Berline 4 portes sur base de l'ancienne Opel Rekord E avec la carrosserie de la Senator, moteur 2.0. Version luxe Super Saloon plus longue (489 cm). Lancement 1993.

2.0 – 110 PS Benzineinspritzung

Karosserie, Gewicht: (DIN), Limousine, 4 Türen, 5 Sitze; leer ab 1260 kg.

Motor: (ECE), 4 Zyl. in Linie (86×86 mm), 1998 cm³; Kompr. 8.8:1; 81 kW (110 PS) bei 5400/min, 40.5 kW/L (55.1 PS/L); 167 Nm (17 mkp) bei 2800/min; 91 ROZ.

Motorkonstruktion: 1 obenl. Nockenwelle (Zahnriemen); Leichtmetall-Zylinderkopf; 5fach gelagerte Kurbelwelle; Öl 4.35 L; elektron. Einspritzung. Batterie 65 Ah, Alternator 85 A; Wasserkühlung, Inh. 8 L.

2.0 – 110 ch Injection d'essence

Carrosserie, poids: (DIN), Berline, 4 portes, 5 places; vide dès 1260 kg.

Moteur: (ECE), 4 cyl. en ligne (86×86 mm), 1998 cm³; compr. 8.8:1; 81 kW (110 ch) à 5400/min, 40.5 kW/L (55.1 ch/L); 167 Nm (17 mkp) à 2800/min; 91 (R).

Moteur (constr.): 1 arbre à cames en tête (courroie crantée); culasse en alliage léger; vilebrequin à 5 paliers; huile 4.35 L; injection électronique. Batterie 65 Ah, alternateur 85 A; refroidissement à eau, capac. 8 L.

Daewoo Espero

1.8 – 95 PS Benzineinspritzung

Wie 1.5 – 90 PS, ausgenommen:

Karosserie, Gewicht: (DIN), Limousine, 4 Türen, 5 Sitze; leer ab 1085 kg.

Motor: (ECE), 4 Zyl. in Linie (84.8×79.5 mm), 1796 cm³; Kompr. 8.8:1; 70 kW (95 PS) bei 5400/min, 39 kW/L (53 PS/L); 145 Nm (14.8 mkp) bei 2800/min; 91 ROZ. Einige Länder: 66 kW (90 PS) bei 5250/min, 131 Nm (13,3 mkp) bei 4000/min.

Motorkonstruktion: 2 Ventile; 1 obenl. Nockenwelle (Zahnriemen); Leichtmetall-Zylinderkopf; 5fach gelagerte Kurbelwelle; Öl 4 L; elektron. Einspritzung. Batterie 55 Ah, Alternator 85 A; Wasserkühlung, Inh. 8 L.

Kraftübertragung: (auf Vorderräder). 5-Gang-Getriebe: I. 3.55; II. 1.95; III. 1.28; IV. 0.89; V. 0.71; R 3.33; Achse 4.19. 4-Stufen-Automat: I. 3.61; II. 2.06; III. 1.37; IV. 0.98; R 3.95; Achse 2.86.

Fahrleistungen: Vmax (Werk) 180 km/h, 0–100 km/h 11 s; Leistungsgew. 15 kg/kW (12.1 kg/PS); Verbrauch ECE 5.7/7/11.8 L/100 km.
Aut.: Vmax 173 km/h, 0–100 km/h 13.1 s; Verbrauch ECE 6.3/7.3/12.2 L/100 km.

1.8 – 95 ch Injection d'essence

Comme 1.5 – 90 ch, sauf:

Carrosserie, poids: (DIN), Berline, 4 portes, 5 places; vide dès 1085 kg.

Moteur: (ECE), 4 cyl. en ligne (84.8×79.5 mm), 1796 cm³; compr. 8.8:1; 70 kW (95 ch) à 5400/min, 39 kW/L (53 ch/L); 145 Nm (14.8 mkp) à 2800/min; 91 (R). Quelques pays: 66 kW (90 ch) à 5250/min; 131 Nm (13.3 mkp) à 4000/min.

Moteur (constr.): 2 soupapes; 1 arbre à cames en tête (courroie crantée); culasse en alliage léger; vilebrequin à 5 paliers; huile 4 L; injection électronique. Batterie 55 Ah, alternateur 85 A; refroidissement à eau, capac. 8 L.

Transmission: (sur roues AV). Boîte à 5 vit.: I. 3.55; II. 1.95; III. 1.28; IV. 0.89; V. 0.71; AR 3.33; pont 4.19. Boîte autom. à 4 vit.: I. 3.61; II. 2.06; III. 1.37; IV. 0.98; AR 3.95; pont 2.86.

Performances: Vmax (usine) 180 km/h, 0–100 km/h 11 s; rapp. poids/puiss. 15 kg/kW (12.1 kg/ch); consomm. ECE 5.7/7/11.8 L/100 km.
Aut.: Vmax 173 km/h, 0–100 km/h 13.1 s; consomm. ECE 6.3/7.3/12.2 L/100 km.

Daewoo Prince

Daewoo • Daihatsu

Kraftübertragung: (auf Hinterräder).
5-Gang-Getriebe: I. 3.95; II. 2.19; III. 1.39; IV. 1; V. 0.85; R 3.53. Achse 3.73.
4-Stufen-Automat: I. 2.45; II. 1.45; III. 1; IV. 0.69; R 2.21. Achse 3.73.

Fahrgestell: Selbsttragende Karosserie; vorn Querlenker, Federbeine; hinten Starrachse, Längs- und Querlenker; v/h Kurvenstab., Schraubenfedern, Teleskopdämpfer.

Fahrwerk: Bremse, vorne Scheiben, hinten Trommeln, Scheiben-⌀ v. 23.6 cm, Handbremse auf Hinterräder; Zahnstangenlenkung, Treibstofftank 70 L; Reifen 195/70 R 14, Felgen 5.5 J.

Dimensionen: Radstand 267 cm, Spur 143.5/141 cm, Bodenfreih. 15 cm, Wendekreis 11 m, Kofferraum 460 dm³, Länge 480 cm, Breite 172 cm, Höhe 142 cm.

Fahrleistungen: Vmax (Werk) 185 km/h, V bei 1000/min im 5. Gang 36.5 km/h; Leistungsgew. 15.6 kg/kW (11.4 kg/PS); Verbrauch (Red.) 8/12 L/100 km.

Transmission: (sur roues AR).
Boîte à 5 vit.: I. 3.95; II. 2.19; III. 1.39; IV. 1; V. 0.85; AR 3.53; pont 3.73.
Boîte autom. à 4 vit.: I. 2.45; II. 1.45; III. 1; IV. 0.69; AR 2.21; pont 3.73.

Châssis: carrosserie autoporteuse; AV leviers transv., jambes élastiques; AR essieu rigide, bras longitud. et transv.; AV/AR barre anti-dévers, ressorts hélic, amortiss. télesc.

Train roulant: frein, AV à disques, AR à tambours, ⌀ disques AV 23.6 cm, frein à main sur roues AR; direction à crémaillère, réservoir carb. 70 L; pneus 195/70 R 14, jantes 5.5 J.

Dimensions: empattement 267 cm, voie 143.5/141 cm, garde au sol 15 cm, diam. de braq. 11 m, coffre 460 dm³, longueur 480 cm, largeur 172 cm, hauteur 142 cm.

Performances: Vmax (usine) 185 km/h, V à 1000/min en 5. vit. 36.5 km/h; rapp. poids/puiss. 15.6 kg/kW (11.4 kg/ch); consomm. (Red.) 8/12 L/100 km.

Daihatsu J

Daihatsu Kogyo Co., Ltd., 1, Daihatsu-Cho, Ikeda City, Osaka, Prefecture Japan

Japanisches Automobilwerk, der Toyota-Gruppe angehörend.

Fabrique japonaise d'automobiles, appartenant au groupe Toyota.

Daihatsu Cuore - Mira - Opti

Kleinwagen mit Dreizylindermotor. Debüt Mai 1976. Sommer 1985: neue Motoren, längerer Radstand. In einigen Ländern Bezeichnung Domino. Herbst 1987: Mira Turbo 4WD. Frühling 1990: Grössere Motoren. Januar 1992: Limousine Opti. August 1992: RV4. Herbst 1994: Neuauflage, auch mit 4 Zyl/16V-Motor.

Voiturette avec moteur à trois cyl. Début mai 1976. Eté 1985: nouveaux moteurs, empatt. plus long. Dans quelq. pays appellation Domino. Automne 1987: Mira Turbo 4WD. Printemps 1990: Moteurs plus grands. Janvier 1992: Berline Opti. Août 1992: RV4. Automne 1994: Nouvelle édition, aussi avec 4 cyl./16 soupapes.

0.7 12V – 54 PS Benzineinspritzung

Karosserie, Gewicht: (DIN), Limousine, 3/5 Türen; 4 Sitze; leer ab 630 kg.

Motor: (JIS), 3 Zyl. in Linie (68×60.5 mm), 659 cm³; Kompr. 9.8:1; 40 kW (54 PS) bei 7000/min, 60.7 kW/L (82.5 PS/L); 57 Nm (5.8 mkp) bei 4000/min; 95 ROZ.
Zweiventiler: Kompr. 9.5:1, 31 kW (55 PS) bei 6000/min; 53 Nm (5.4 mkp) bei 4000/min.
oder: 29 kW (40 PS) bei 6300/min; 52 Nm (5.3 mkp) bei 3500/min.

Motorkonstruktion: Bezeichnung EF-EL; 4 Ventile in V 33°; 1 obenl. Nockenwelle (Zahnriemen); Leichtmetall-Zylinderkopf; 4fach gelagerte Kurbelwelle; Öl 2.8 L; elektron. Einspritzung.
Batterie 35 Ah, Alternator 40 A; Wasserkühlung, Inh. 3 L.

Kraftübertragung: (auf Vorderräder).
(4WD zuschaltbar).
5-Gang-Getriebe: I. 3.5; II. 2.11; III. 1.39; IV. 0.97; V. 0.79; R 3.54. Achse 4.72.
3-Stufen-Automat: I. 2.8; II. 1.54; III. 1; R 2.33. Achse 4.52.
4-Stufen-Automat: I. 2.8; II. 1.54; III. 1; IV. 0.7; R 2.33; Achse 5.06; 5.95.

Fahrgestell: Selbsttragende Karosserie; vorn Federbeine, unterer Querlenker, Kurvenstabilisator; hinten Schräglenker, v/h Schraubenfedern, Teleskopdämpfer.

Fahrwerk: Bremse, vorne Scheiben, hinten Trommeln, a.W. ABS (mit Scheiben h.), Handbr. auf Hinterräder; Zahnstangenl., Treibstofftank 32 L; Reifen 145/65 R 13, 145/70 R 12, 145 R 12; Felgen 4 J, 3.5 J.

Dimensionen: Radstand 230 cm, Spur 122/121 cm, Bodenfreih. 15 cm, Wendekreis 9 m, Kofferraum 186/320 dm³, Länge 331 cm, Breite 139.5 cm, Höhe 144 cm.

0.7 12V – 54 ch Injection d'essence

Carrosserie, poids: (DIN), Berline, 3/5 portes; 4 places; vide dès 630 kg.

Moteur: (JIS), 3 cyl. en ligne (68×60.5 mm), 659 cm³; compr. 9.8:1; 40 kW (54 ch) à 7000/min, 60.7 kW/L (82.5 ch/L); 57 Nm (5.8 mkp) à 4000/min; 95 (R).
2 soupapes par cyl.: compr. 9.5:1, 31 kW (55 ch) à 6000/min; 53 Nm (5.4 mkp) à 4000/min.
ou: 29 kW (40 ch) à 6300/min; 52 Nm (5.3 mkp) à 3500/min.

Moteur (constr.): désignation EF-EL; 4 soupapes en V 33°; 1 arbre à cames en tête (courroie crantée); culasse en alliage léger; vilebrequin à 4 paliers, huile 2.8 L; injection électronique.
Batterie 35 Ah, alternateur 40 A; refroidissement à eau, capac. 3 L.

Transmission: (sur roues AV).
(4WD enclenchable).
Boîte à 5 vit.: I. 3.5; II. 2.11; III. 1.39; IV. 0.97; V. 0.79; AR 3.54; pont 4.72.
Boîte autom. à 3 vit.: I. 2.8; II. 1.54; III. 1; AR 2.33; pont 4.52.
Boîte autom. à 4 vit.: I. 2.8; II. 1.54; III. 1; IV. 0.7; AR 2.33; pont 5.06; 5.95.

Châssis: carrosserie autoporteuse; AV jambes élast., levier transvers. inférieur, barre anti-dévers; AR triangles obliques, AV/AR ressorts hélic., amortiss. télesc.

Train roulant: frein, AV à disques, AR à tambours, s.d. ABS (avec disque AR), frein à main sur roues AR; direction à crémaillère, réservoir carb. 32 L; pneus 145/65 R 13, 145/70 R 12, 145 R 12; jantes 4 J, 3.5 J.

Dimensions: empattement 230 cm, voie 122/121 cm, garde au sol 15 cm, diam. de braq. 9 m, coffre 186/320 dm³, longueur 331 cm, largeur 139.5 cm, hauteur 144 cm.

Daihatsu Opti

Fahrleistungen: Vmax (Red.) 135 km/h, V bei 1000/min im 5. Gang 25 km/h; Leistungsgew. 15.8 kg/kW (11.5 kg/PS); Verbrauch (Red.) 4/7 L/100 km.

Performances: Vmax (réd.) 135 km/h, V à 1000/min en 5. vit. 25 km/h; rapp. poids/puiss. 15.8 kg/kW (11.5 kg/ch); consomm. (Red.) 4/7 L/100 km.

0.7 12V – 64 PS Benzineinspritzung/Turbo

Wie 0.7 – 54 PS, ausgenommen:

Karosserie, Gewicht: (DIN), Limousine, 3/5 Türen; 4 Sitze; leer ab 700 kg.

Motor: (JIS), 3 Zyl. in Linie (68×60.5 mm), 659 cm³; Kompr. 8:1; 47 kW (64 PS) bei 7500/min, 71.3 kW/L (96.9 PS/L); 92 Nm (9.4 mkp) bei 4000/min; 95 ROZ.

Motorkonstruktion: Bezeichnung EF-JL; 4 Ventile in V 33°; 1 obenl. Nockenwelle (Zahnriemen); Leichtmetall-Zylinderkopf; 4fach gelagerte Kurbelwelle; Ölkühler; Öl 2.8 L; elektron. Einspritzung, 1 Turbolader, Intercooler.
Batterie 35 Ah, Alternator 40 A; Wasserkühlung, Inh. 3 L.

Kraftübertragung: (auf Vorderräder).
(4WD permanent).
5-Gang-Getriebe: I. 3.33; II. 2.11; III. 1.39; IV. 0.97; V. 0.79; R 3.54; Achse 5.08; 5.33.
4-Stufen-Automat: I. 2.8; II. 1.54; III. 1; IV. 0.7; R 2.33; Achse 5.06.

Fahrleistungen: Vmax (Red.) über 135 km/h, V bei 1000/min im 5. Gang 23.5 km/h; Leistungsgew. 14.9 kg/kW (10.9 kg/PS); Verbrauch (Red.) 4/8 L/100 km.

0.7 12V – 64 ch Injection d'essence/turbo

Comme 0.7 – 54 ch, sauf:

Carrosserie, poids: (DIN), Berline, 3/5 portes; 4 places; vide dès 700 kg.

Moteur: (JIS), 3 cyl. en ligne (68×60.5 mm), 659 cm³; compr. 8:1; 47 kW (64 ch) à 7500/min, 71.3 kW/L (96.9 ch/L); 92 Nm (9.4 mkp) à 4000/min; 95 (R).

Moteur (constr.): désignation EF-JL; 4 soupapes en V 33°; 1 arbre à cames en tête (courroie crantée); culasse en alliage léger; vilebrequin à 4 paliers, radiat. d'huile, huile 2.8 L; injection électronique, 1 turbocompr., Intercooler.
Batterie 35 Ah, alternateur 40 A; refroidissement à eau, capac. 3 L.

Transmission: (sur roues AV).
(4WD permanent).
Boîte à 5 vit.: I. 3.33; II. 2.11; III. 1.39; IV. 0.97; V. 0.79; AR 3.54; pont 5.08; 5.33.
Boîte autom. à 4 vit.: I. 2.8; II. 1.54; III. 1; IV. 0.7; AR 2.33; pont 5.06.

Performances: Vmax (réd.) plus de 135 km/h, V à 1000/min en 5. vit. 23.5 km/h; rapp. poids/puiss. 14.9 kg/kW (10.9 kg/ch); consomm. (Red.) 4/8 L/100 km.

Daihatsu Cuore

0.7 16V – 58 PS Benzineinspritzung/Turbo

Wie 0.7 – 54 PS, ausgenommen:

Karosserie, Gewicht: (DIN), Limousine, 3/5 Türen; 4 Sitze; leer ab 700 kg.

Motor: (JIS), 4 Zyl. in Linie (61×56.4 mm), 659 cm³; Kompr. 10:1; 43 kW (58 PS) bei 7600/min, 65.2 kW/L (88.6 PS/L); 57 Nm (5.8 mkp) bei 5600/min; 91 ROZ.
Turbo/Intercooler: Kompr. 8.7:1; 47 kW (64 PS) bei 7500/min, 71.3 kW/L (97.1 PS/L); 100 Nm (10.2 mkp) bei 4000/min.

0.7 16V – 58 ch Injection d'essence/turbo

Comme 0.7 – 54 ch, sauf:

Carrosserie, poids: (DIN), Berline, 3/5 portes; 4 places; vide dès 700 kg.

Moteur: (JIS), 4 cyl. en ligne (61×56.4 mm), 659 cm³; compr. 10:1; 43 kW (58 ch) à 7600/min, 65.2 kW/L (88.6 ch/L); 57 Nm (5.8 mkp) à 5600/min; 91 (R).
Turbo/Intercooler: compr. 8.7:1; 47 kW (64 PS) à 7500/min, 71.3 kW/L (97.1 PS/L); 100 Nm (10.2 mkp) à 4000/min.

Daihatsu

Motorkonstruktion: 4 Ventile in V; 2 obenl. Nockenwellen (Kette); Leichtmetall-Zylinderkopf; 5fach gelagerte Kurbelwelle; Öl 2.8 L; elektron. Einspritzung.
Batterie 35 Ah, Alternator 40 A; Wasserkühlung, Inh. 3 L.

Kraftübertragung: (auf Vorderräder). (4WD permanent).
5-Gang-Getriebe: I. 3.33; II. 2.11; III. 1.39; IV. 0.97; V. 0.79; R 3.54; Achse 5.08.
4-Stufen-Automat: I. 2.8; II. 1.54; III. 1; IV. 0.7; R 2.33; Achse 5.06.

Fahrleistungen: Vmax (Red.) über 135 km/h, V bei 1000/min im 5. Gang 23.5 km/h; Leistungsgew. 14.9 kg/kW (10.9 kg/PS); Verbrauch (Red.) 4/8 L/100 km.

Moteur (constr.): 4 soupapes en V; 2 arbres à cames en tête (chaîne); culasse en alliage léger; vilebrequin à 5 paliers; huile 2.8 L; injection électronique.
Batterie 35 Ah, alternateur 40 A; refroidissement à eau, capac. 3 L.

Transmission: (sur roues AV). (4WD permanent).
Boîte à 5 vit.: I. 3.33; II. 2.11; III. 1.39; IV. 0.97; V. 0.79; AR 3.54; pont 5.08.
Boîte autom. à 4 vit.: I. 2.8; II. 1.54; III. 1; IV. 0.7; AR 2.33; pont 5.06.

Performances: Vmax (réd.) plus de 135 km/h, V à 1000/min en 5. vit. 23.5 km/h; rapp. poids/puiss. 14.9 kg/kW (10.9 kg/ch); consomm. (Red.) 4/8 L/100 km.

0.8 – 42 PS Benzineinspritzung

0.8 – 42 ch Injection d'essence

Wie 0.7 – 54 PS, ausgenommen:

Karosserie, Gewicht: (DIN), Limousine, 3/5 Türen; 4 Sitze; leer ab 660 kg, max. zul. 1040 kg.

Motor: (ECE), 3 Zyl. in Linie (66.6×81 mm), 847 cm³; Kompr. 9.5:1; 31 kW (42 PS) bei 5300/min, 36.6 kW/L (49.8 PS/L); 67 Nm (6.8 mkp) bei 3800/min; 91 ROZ.

Motorkonstruktion: Bezeichnung ED-10; 2 Ventile; 1 obenl. Nockenwelle (Zahnriemen); Leichtmetall-Zylinderkopf; 4fach gelagerte Kurbelwelle; Öl 2.8 L; elektron. Einspritzung.
Batterie 35 Ah, Alternator 55 A; Wasserkühlung, Inh. 3 L.

Kraftübertragung: (auf Vorderräder).
5-Gang-Getriebe: I. 3.5; II. 2.11; III. 1.39; IV. 0.97; V. 0.79; R 3.54; Achse 3.95.
3-Stufen-Automat: I. 2.8; II. 1.54; III. 1; R 2.33; Achse 4.52.

Fahrwerk: Bremse, vorne Scheiben (bel.), hinten Trommeln, Scheiben-∅ v. 21.1 cm.

Fahrleistungen: Vmax (Werk) 135 km/h, V bei 1000/min im 5. Gang 29.8 km/h; 0–100 km/h 17.5 s; Leistungsgew. 22 kg/kW (16.1 kg/PS); Verbrauch EU 4.4/6.8 L/100 km.
Aut.: Vmax 129 km/h, Verbrauch EU 5.9/7.9 L/100 km.

Comme 0.7 – 54 ch, sauf:

Carrosserie, poids: (DIN), Berline, 3/5 portes; 4 places; vide dès 660 kg, tot. adm. 1040 kg.

Moteur: (ECE), 3 cyl. en ligne (66.6×81 mm), 847 cm³; compr. 9.5:1; 31 kW (42 ch) à 5300/min, 36.6 kW/L (49.8 ch/L); 67 Nm (6.8 mkp) à 3800/min; 91 (R).

Moteur (constr.): désignation ED-10; 2 soupapes; 1 arbre à cames en tête (courroie crantée); culasse en alliage léger; vilebrequin à 4 paliers; huile 2.8 L; injection électronique.
Batterie 35 Ah, alternateur 55 A; refroidissement à eau, capac. 3 L.

Transmission: (sur roues AV).
Boîte à 5 vit.: I. 3.5; II. 2.11; III. 1.39; IV. 0.97; V. 0.79; AR 3.54; pont 3.95.
Boîte autom. à 3 vit.: I. 2.8; II. 1.54; III. 1; AR 2.33; pont 4.52.

Train roulant: frein, AV à disques (vent.), AR à tambours, ∅ disques AV 21.1 cm.

Performances: Vmax (usine) 135 km/h, V à 1000/min en 5. vit. 29.8 km/h; 0–100 km/h 17.5 s; rapp. poids/puiss. 22 kg/kW (16.1 kg/ch); consomm. EU 4.4/6.8 L/100 km.
Aut.: Vmax 129 km/h, consomm. EU 5.9/7.9 L/100 km.

Daihatsu Move

Minivan der japanischen Microcarklasse auf der Basis des Cuore (Mira, Opti).

Minivan de la classe des Microcars sur la base de la Cuore (Mira, Opti).

0.8 – 42 PS Benzineinspritzung

0.8 – 42 ch Injection d'essence

Karosserie, Gewicht: (DIN), Microvan, 5 Türen, 4 Sitze; leer ab 745 kg, max. zul. 1140 kg.

Motor: (ECE), 3 Zyl. in Linie (66.6×81 mm), 847 cm³; Kompr. 9.5:1; 31 kW (42 PS) bei 5300/min, 36.6 kW/L (49.8 PS/L); 67 Nm (6.8 mkp) bei 3800/min; 91 ROZ.

Motorkonstruktion: Bezeichnung ED-10; 2 Ventile; 1 obenl. Nockenwelle (Zahnriemen); Leichtmetall-Zylinderkopf; 4fach gelagerte Kurbelwelle; Öl 2.8 L; elektron. Einspritzung.
Batterie 35 Ah, Alternator 55 A; Wasserkühlung, Inh. 3 L.

Kraftübertragung: (auf Vorderräder).
5-Gang-Getriebe: I. 3.5; II. 2.11; III. 1.39; IV. 0.97; V. 0.79; R 3.54; Achse 4.47.
3-Stufen-Automat: I. 2.8; II. 1.54; III. 1; R 2.33; Achse 3.97.

Fahrgestell: Selbsttragende Karosserie, vorn Federbeine und untere Querlenker, Kurvenstabilisator; hinten Schrägglenker, v/h Schraubenfedern, Teleskopdämpfer.

Carrosserie, poids: (DIN), Microvan, 5 portes, 4 places; vide dès 745 kg, tot. adm. 1140 kg.

Moteur: (ECE), 3 cyl. en ligne (66.6×81 mm), 847 cm³; compr. 9.5:1; 31 kW (42 ch) à 5300/min, 36.6 kW/L (49.8 ch/L); 67 Nm (6.8 mkp) à 3800/min; 91 (R).

Moteur (constr.): désignation ED-10; 2 soupapes; 1 arbre à cames en tête (courroie crantée); culasse en alliage léger; vilebrequin à 4 paliers; huile 2.8 L; injection électronique.
Batterie 35 Ah, alternateur 55 A; refroidissement à eau, capac. 3 L.

Transmission: (sur roues AV).
Boîte à 5 vit.: I. 3.5; II. 2.11; III. 1.39; IV. 0.97; V. 0.79; AR 3.54; pont 4.47.
Boîte autom. à 3 vit.: I. 2.8; II. 1.54; III. 1; AR 2.33; pont 3.97.

Châssis: carrosserie autoporteuse; AV jambes élatiques et levier transv. inf., barre anti-dévers; AR triangles obliques, AV/AR ressorts hélicoïdaux, amortis. télesc.

Daihatsu Move

Fahrwerk: Bremse, vorne Scheiben, hinten Trommeln, a.W. ABS (mit Scheiben h.), Handbremse auf Hinterräder; Zahnstangenlenkung, Treibstofftank 32 L; Reifen 145/65 R 13; Felgen 4 J.

Dimensionen: Radstand 230 cm, Spur 123/123 cm, Wendekreis 9 m, Kofferraum 225/550 dm³, Länge 331 cm, Breite 140 cm, Höhe 170 cm.

Fahrleistungen: Vmax (Werk) 131 km/h, V bei 1000/min im 5. Gang 27.3 km/h; Leistungsgew. 24 kg/kW (17.7 kg/PS); Verbrauch EU 5.3/7.1 L/100 km.
Aut.: Verbrauch EU 6.3/8.3 L/100 km.

Train roulant: frein, AV à disques, AR à tambours, s.d. ABS (avec disque AR), frein à main sur roues AR; direction à crémaillère, réservoir carb. 32 L; pneus 145/65 R 13; jantes 4 J..

Dimensions: empattement 230 cm, voie 123/123 cm, diam. de braq. 9 m, coffre 225/550 dm³, longueur 331 cm, largeur 140 cm, hauteur 170 cm.

Performances: Vmax (usine) 131 km/h, V à 1000/min en 5. vit. 27.3 km/h; rapp. poids/puiss. 24 kg/kW (17.7 kg/ch); consomm. EU 5.3/7.1 L/100 km.
Aut.: consomm. EU 6.3/8.3 L/100 km.

Daihatsu Charade

Kompakte Limousine, drei- oder fünftürig, mit Quermotor und Frontantrieb, 5-Gang-Getriebe oder Automat. Neuauflage Ende Januar 1993. Frühling/Sommer 1994: Auch als Stufenheck-Limousine.

Berline compacte, trois ou cinq portes, moteur transv., traction AV, boîte à cinq vitesses ou automatique. Nouvelle édition fin janvier 1993. Printemps/été 1994: Aussi comme berline trois volumes.

1.3 16V – 84 PS Benzineinspritzung

1.3 16V – 84 ch Injection d'essence

Karosserie, Gewicht: (DIN), Limousine, 3/5 Türen; 5 Sitze; leer ab 830 kg, max. zul. 1350 kg.
Limousine, 4 Türen, 5 Sitze; leer ab 850 kg, max. zul. 1410 kg.

Motor: (DIN), 4 Zyl. in Linie (76×71.4 mm), 1296 cm³; Kompr. 9.5:1; 62 kW (84 PS) bei 6500/min, 47.8 kW/L (65 PS/L); 105 Nm (10.7 mkp) bei 5000/min; 91 ROZ.
JIS: 67 kW (91 PS); 108 Nm (11 mkp).
Mit Vergaser: 56 kW (76 PS); 102 Nm.
Einige Länder: 55 kW (75 PS); 98 Nm bei 5000/min.

Motorkonstruktion: Bezeichnung HC; 4 Ventile in V; 1 obenl. Nockenwelle (Zahnriemen); Leichtmetall-Zylinderkopf und -block; 5fach gelagerte Kurbelwelle; Öl 3 L; elektron. Einspritzung.
Batterie 45 Ah, Alternator 60 A; Wasserkühlung, Inh. 4.5 L.

Carrosserie, poids: (DIN), Berline, 3/5 portes; 5 places; vide dès 830 kg, tot. adm. 1350 kg.
Berline, 4 portes, 5 places; vide dès 850 kg, tot. adm. 1410 kg.

Moteur: (DIN), 4 cyl. en ligne (76×71.4 mm), 1296 cm³; compr. 9.5:1; 62 kW (84 ch) à 6500/min, 47.8 kW/L (65 ch/L); 105 Nm (10.7 mkp) à 5000/min; 91 (R).
JIS: 67 kW (91 ch); 108 Nm (11 mkp).
Avec carburateur: 56 kW (76 ch); 102 Nm.
Quelques pays: 55 kW (75 ch); 98 Nm à 5000/min.

Moteur (constr.): désignation HC; 4 soupapes en V; 1 arbre à cames en tête (courroie crantée); culasse et bloc-cyl. en alliage léger; vilebrequin à 5 paliers; huile 3 L; injection électronique.
Batterie 45 Ah, alternateur 60 A; refroidissement à eau, capac. 4.5 L.

Daihatsu Charade

Daihatsu

Kraftübertragung: (auf Vorderräder).
5-Gang-Getriebe: I. 3.18; II. 1.84; III. 1.25; IV. 0.86; V. 0.71; R 3.14; Achse 4.27.
4-Stufen-Automat: I. 2.81; II. 1.48; III. 1; IV. 0.74; R 2.77; Achse 3.85.

Fahrgestell: Selbsttragende Karosserie; vorn Federbeine, Dreieckquerlenker; hinten Längs- und Querlenker; v/h Kurvenstabilisator, Schraubenfedern, Teleskopdämpfer.

Fahrwerk: Bremse, vorne Scheiben, hinten Trommeln, a.W. ABS (mit Scheiben h.), Handbremse auf Hinterräder; Zahnstangenl., Treibstofftank 50 L; Reifen 145 R 13, 155 R 13, 165/70 R 13; Felgen 4 J, 4.5 J.

Dimensionen: Radstand 239.5 cm, Spur 138.5/139 cm, Bodenfreih. 16 cm, Wendekreis 9.6 m, Kofferraum 235/535 dm³, Länge 378 cm, Breite 162 cm, Höhe 139 cm.
Mit 4 Türen: Kofferraum 345 dm³, Länge 410 cm.

Fahrleistungen: Vmax (Werk) 170 km/h, V bei 1000/min im 5. Gang 34.8 km/h; 0–100 km/h 11 s; Leistungsgew. 13.2 kg/kW (9.8 kg/PS); Verbrauch EU 5.6/8.9 L/100 km.
Aut.: Vmax 165 km/h, 0–100 km/h 13 s; Verbrauch EU 5.9/10.2 L/100 km.

Transmission: (sur roues AV).
Boîte à 5 vit.: I. 3.18; II. 1.84; III. 1.25; IV. 0.86; V. 0.71; AR 3.14; pont 4.27.
Boîte autom. à 4 vit.: I. 2.81; II. 1.48; III. 1; IV. 0.74; AR 2.77; pont 3.85.

Châssis: carrosserie autoporteuse; AV jambes élast., leviers triang. transv.; AR bras longitud. et transv.; AV/AR barre anti-dévers, ressorts hélic, amortiss. télesc.

Train roulant: frein, AV à disques, AR à tambours, s.d. ABS (avec disque AR), frein à main sur roues AR; direction à crémaillère, réservoir carb. 50 L; pneus 145 R 13, 155 R 13, 165/70 R 13; jantes 4 J, 4.5 J.

Dimensions: empatt. 239.5 cm, voie 138.5/139 cm, garde au sol 16 cm, diam. de braq. 9.6 m, coffre 235/535 dm³, long. 378 cm, largeur 162 cm, hauteur 139 cm.
Avec 4 portes: coffre 345 dm³, longueur 410 cm.

Performances: Vmax (usine) 170 km/h, V à 1000/min en 5. vit. 34.8 km/h; 0–100 km/h 11 s; rapp. poids/puiss. 13.2 kg/kW (9.8 kg/ch); consomm. EU 5.6/8.9 L/100 km.
Aut.: Vmax 165 km/h, 0–100 km/h 13 s; consomm. EU 5.9/10.2 L/100 km.

1.0 – 52 PS Benzineinspritzung

Wie 1.3 – 84 PS, ausgenommen:

Karosserie, Gewicht: (DIN), Limousine, 3/4/5 Türen; 5 Sitze; leer ab 830 kg.

Motor: (DIN), 3 Zyl. in Linie (76×73 mm), 993 cm³; Kompr. 9.5:1; 38 kW (52 PS) bei 5600/min, 38.2 kW/L (52 PS/L); 76 Nm (7.7 mkp) bei 3200/min; 95 ROZ.

Motorkonstruktion: Bezeichnung CE36/37; 2 Ventile; 1 obenl. Nockenwelle (Zahnriemen); Leichtmetall-Zylinderkopf und -block; 4fach gelagerte Kurbelwelle; Öl 2.7 L; 1 Fallstrom-Doppelvergaser. Batterie 45 Ah, Alternator 45 A; Wasserkühlung, Inh. 4.75 L.

Kraftübertragung: (auf Vorderräder).
5-Gang-Getriebe: I. 3.09; II. 1.84; III. 1.25; IV. 0.86; V. 0.71; R 3.14; Achse 4.93.

Fahrleistungen: Vmax (Red.) 140 km/h, V bei 1000/min im 5. Gang 30.1 km/h; Leistungsgew. 21.6 kg/kW (15.5 kg/PS); Verbrauch (Red.) 5/8 L/100 km.

1.0 – 52 ch Injection d'essence

Comme 1.3 – 84 ch, sauf:

Carrosserie, poids: (DIN), Berline, 3/4/5 portes; 5 places; vide dès 830 kg.

Moteur: (DIN), 3 cyl. en ligne (76×73 mm), 993 cm³; compr. 9.5:1; 38 kW (52 ch) bei 5600/min, 38.2 kW/L (52 ch/L); 76 Nm (7.7 mkp) à 3200/min; 95 (R).

Moteur (constr.): désignation CE36/37; 2 soupapes; 1 arbre à cames en tête (courroie crantée); culasse et bloc-cyl. en alliage léger; vilebrequin à 4 paliers; huile 2.7 L; 1carburateur inversé à double corps. Batterie 45 Ah, alternateur 45 A; refroidissement à eau, capac. 4.75 L.

Transmission: (sur roues AV).
Boîte à 5 vit.: I. 3.09; II. 1.84; III. 1.25; IV. 0.86; V. 0.71; AR 3.14; pont 4.93.

Performances: Vmax (réd.) 140 km/h, V à 1000/min en 5. vit. 30.1 km/h; rapp. poids/puiss. 21.6 kg/kW (15.5 kg/ch); consomm. (Red.) 5/8 L/100 km.

Daihatsu Charade Sedan

1.5 16V – 90 PS Benzineinspritzung

Wie 1.3 – 84 PS, ausgenommen:

Karosserie, Gewicht: (DIN), Limousine, 3/4/5 Türen; 5 Sitze; leer ab 835 kg.

1.5 16V – 90 ch Injection d'essence

Comme 1.3 – 84 ch, sauf:

Carrosserie, poids: (DIN), Berline, 3/4/5 portes; 5 places; vide dès 835 kg.

Motor: (DIN), 4 Zyl. in Linie (76×82.6 mm), 1499 cm³; Kompr. 9.5:1; 66 kW (90 PS) bei 6200/min, 44 kW/L (59.8 PS/L); 119 Nm (12.1 mkp) bei 3600/min; 95 ROZ.
JIS: 71 kW (97 PS); 126 Nm (12.8 mkp).
Einige Länder: 55 kW (75 PS); 110 Nm bei 3000/min.

Motorkonstruktion: Bezeichnung HE-E/EG; 4 Ventile in V; 1 obenl. Nockenwelle (Zahnriemen); Leichtmetall-Zylinderkopf und -block; 5fach gelagerte Kurbelwelle; Öl 3.5 L; elektron. Einspritzung. Batterie 45 Ah, Alternator 45 A; Wasserkühlung, Inh. 4.75 L.

Kraftübertragung: (auf Vorderräder). (4WD permanent).
5-Gang-Getriebe: I. 3.09; II. 1.75; III. 1.25; IV. 0.86; V. 0.71; R 3.14; Achse 4.27.
4-Stufen-Automat: I. 2.81; II. 1.48; III. 1; IV. 0.74; R 2.77; Achse 3.85.

Fahrleistungen: Vmax (Werk) 170 km/h, V bei 1000/min im 5. Gang 35.3 km/h; 0–100 km/h 10.8 s; Leistungsgew. 12.8 kg/kW (9.3 kg/PS); Verbrauch ECE 5.4/7/8.1 L/100 km.

Moteur: (DIN), 4 cyl. en ligne (76×82.6 mm), 1499 cm³; compr. 9.5:1; 66 kW (90 ch) à 6200/min, 44 kW/L (59.8 ch/L); 119 Nm (12.1 mkp) à 3600/min; 95 (R).
JIS: 71 kW (97 ch); 126 Nm (12.8 mkp).
Quelques pays: 55 kW (75 ch); 110 Nm à 3000/min.

Moteur (constr.): désignation HE-E/EG; 4 soupapes en V; 1 arbre à cames en tête (courroie crantée); culasse et bloc-cyl. en alliage léger; vilebrequin à 5 paliers; huile 3.5 L; injection électronique. Batterie 45 Ah, alternateur 45 A; refroidissement à eau, capac. 4.75 L.

Transmission: (sur roues AV). (4WD permanent).
Boîte à 5 vit.: I. 3.09; II. 1.75; III. 1.25; IV. 0.86; V. 0.71; AR 3.14; pont 4.27.
Boîte autom. à 4 vit.: I. 2.81; II. 1.48; III. 1; IV. 0.74; AR 2.77; pont 3.85.

Performances: Vmax (usine) 170 km/h, V à 1000/min en 5. vit. 35.3 km/h; 0–100 km/h 10.8 s; rapp. poids/puiss. 12.8 kg/kW (9.3 kg/ch); consomm. ECE 5.4/7/8.1 L/100 km.

Daihatsu Charade Sedan

1.6 16V – 105 PS Benzineinspritzung

Wie 1.3 – 84 PS, ausgenommen:

Karosserie, Gewicht: (DIN), Limousine, 3/4/5 Türen; 5 Sitze; leer ab 875 kg.

Motor: (DIN), 4 Zyl. in Linie (76×87.6 mm), 1590 cm³; Kompr. 9.5:1; 77 kW (105 PS) bei 6000/min, 48.4 kW/L (65.8 PS/L); 134 Nm (13.7 mkp) bei 4000/min; 95 ROZ.
JIS: 92 kW (125 PS); 144 Nm (14.7 mkp).
Einige Länder: 66 kW (90 PS); 123 Nm bei 4875/min.

Motorkonstruktion: Bezeichnung HD-E; 4 Ventile in V; 1 obenl. Nockenwelle (Zahnriemen); Leichtmetall-Zylinderkopf und -block; 5fach gelagerte Kurbelwelle; Öl 3.5 L; elektron. Einspritzung. Batterie 45 Ah, Alternator 45 A; Wasserkühlung, Inh. 4.75 L.

Kraftübertragung: (auf Vorderräder).
5-Gang-Getriebe: I. 3.09; II. 1.75; III. 1.25; IV. 0.92; V. 0.75; R 3.14; Achse 4.27.
4-Stufen-Automat: I. 2.81; II. 1.48; III. 1; IV. 0.74; R 2.77; Achse 3.85.

Fahrwerk: Vierrad-Scheibenbremse (vorn belüftet), ABS, Reifen 175/65 HR 14, 185/60 HR 14, Felgen 5.5 J.

Fahrleistungen: Vmax (Werk) 185 km/h, V bei 1000/min im 5. Gang 32.3 km/h; 0–100 km/h 9.6 s; Leistungsgew. 11.4 kg/kW (8.3 kg/PS); Verbrauch ECE 5.8/7.2/8 L/100 km.

1.6 16V – 105 ch Injection d'essence

Comme 1.3 – 84 ch, sauf:

Carrosserie, poids: (DIN), Berline, 3/4/5 portes; 5 places; vide dès 875 kg.

Moteur: (DIN), 4 cyl. en ligne (76×87.6 mm), 1590 cm³; compr. 9.5:1; 77 kW (105 ch) à 6000/min, 48.4 kW/L (65.8 ch/L); 134 Nm (13.7 mkp) à 4000/min; 95 (R).
JIS: 92 kW (125 PS); 144 Nm (14.7 mkp).
Quelques pays: 66 kW (90 ch) à 4875/min.

Moteur (constr.): désignation HD-E; 4 soupapes en V; 1 arbre à cames en tête (courroie crantée); culasse et bloc-cyl. en alliage léger; vilebrequin à 5 paliers; huile 3.5 L; injection électronique. Batterie 45 Ah, alternateur 45 A; refroidissement à eau, capac. 4.75 L.

Transmission: (sur roues AV).
Boîte à 5 vit.: I. 3.09; II. 1.75; III. 1.25; IV. 0.92; V. 0.75; AR 3.14; pont 4.27.
Boîte autom. à 4 vit.: I. 2.81; II. 1.48; III. 1; IV. 0.74; AR 2.77; pont 3.85.

Train roulant: quatre freins à disques (AV ventilés), ABS, pneus 175/65 HR 14, 185/60 HR 14, jantes 5.5 J.

Performances: Vmax (usine) 185 km/h, V à 1000/min en 5. vit. 32.3 km/h; 0–100 km/h 9.6 s; rapp. poids/puiss. 11.4 kg/kW (8.3 kg/ch); consomm. ECE 5.8/7.2/8 L/100 km.

Daihatsu Grand Move

Minivan auf der Basis des Charade. 1,5-L-Motor mit 90 PS, Frontantrieb oder Allrad. Debüt Japan Oktober 1996 als Pyzar; Europa Frühling 1997. Unvollständige Daten.

Minivan sur la base de la Charade. Moteur 1,5 L avec 90 ch, traction AV ou intégrale. Lancement Japon octobre 1996 comme Pyzar; pour l' Europe: printemps 1997. Données incomplet.

Daihatsu

1.5 16V – 90 PS
Benzineinspritzung

Karosserie, Gewicht: (DIN), Minivan, 5 Türen, 5 Sitze; leer ab 990 kg, max. zul. 1485 kg.

Motor: (DIN), 4 Zyl. in Linie (76×82.6 mm), 1499 cm^3; Kompr. 9.5:1; 66 kW (90 PS) bei 6200/min, 44 kW/L (59.8 PS/L); 119 Nm (12.1 mkp) bei 3600/min; 95 ROZ. JIS: 71 kW (97 PS); 126 Nm (12.8 mkp). Einige Länder: 55 kW (75 PS); 110 Nm bei 3000/min.

Motorkonstruktion: Bezeichnung HE-E/EG; 4 Ventile in V; 1 obenl. Nockenwelle (Zahnriemen); Leichtmetall-Zylinderkopf und -block; 5fach gelagerte Kurbelwelle; Öl 3.5 L; elektron. Einspritzung. Batterie 45 Ah, Alternator 70 A; Wasserkühlung, Inh. 4.5 L.

Kraftübertragung: (auf Vorderräder)/(4WD permanent).
5-Gang-Getriebe: I. 3.09; II. 1.75; III. 1.25; IV. 0.86; V. 0.71; R 3.14; Achse 4.27.
4 WD: 5-Gang-Getriebe: I. 3.18; II. 1.84; IV. 0.92; V. 0.75; Achse 4.64.
4-Stufen-Automat: I. 2.81; II. 1.48; III. 1; IV. 0.74; R 2.77; Achse 3.85.

Fahrgestell: Selbsttragende Karosserie; vorn Federbeine und Dreieckquerlenker, hinten Längs- und Querlenker, v/h Kurvenstabilisator, Schraubenf., Teleskopdämpfer.

Fahrwerk: Bremse, vorne Scheiben (belüftet), hinten Trommeln, a.W. ABS (mit Scheiben h.), Handbremse auf Hinterräder; Zahnstangenlenkung mit Servo, Treibstofftank 50 L; Reifen 175/65 R 14, Felgen 5 J.

Daihatsu Gran Move

Dimensionen: Radstand 239.5 cm, Spur 138.5/139 cm, Bodenfreih. 16 cm, Wendekreis 9.6 m, Kofferraum 400 dm^3, Länge 406 cm, Breite 164 cm, Höhe 158 cm.

Fahrleistungen: Vmax (Werk) 165 km/h, V bei 1000/min im 5. Gang 35.1 km/h; Leistungsgew. 15 kg/kW (11 kg/PS); Verbrauch EU 6.3/9.9 L/100 km.
Aut.: Vmax 160 km/h, Verbrauch EU 7.1/11.1 L/100 km.

1.5 16V – 90 ch
Injection d'essence

Carrosserie, poids: (DIN), Minivan, 5 portes, 5 places; vide dès 990 kg, tot. adm. 1485 kg.

Moteur: (DIN), 4 cyl. en ligne (76×82.6 mm), 1499 cm^3; compr. 9.5:1; 66 kW (90 ch) à 6200/min, 44 kW/L (59.8 ch/L); 119 Nm (12.1 mkp) à 3600/min; 95 (R). JIS: 71 kW (97 PS); 126 Nm (12.8 mkp). Quelques pays: 55 kW (75 ch); 110 Nm à 3000/min.

Moteur (constr.): désignation HE-E/EG; 4 soupapes en V; 1 arbre à cames en tête (courroie crantée); culasse et bloc-cyl. en alliage léger; vilebrequin à 5 paliers; huile 3.5 L; injection électronique. Batterie 45 Ah, alternateur 70 A; refroidissement à eau, capac. 4.5 L.

Transmission: (sur roues AV)/(4WD permanent).
Boîte à 5 vit.: I. 3.09; II. 1.75; III. 1.25; IV. 0.86; V. 0.71; AR 3.14; pont 4.27.
4 WD: boîte à 5 vit.: I. 3.18; II. 1.84; IV. 0.92; V. 0.75; pont 4.64.
Boîte autom. à 4 vit.: I. 2.81; II. 1.48; III. 1; IV. 0.74; AR 2.77; pont 3.85.

Châssis: carrosserie autoporteuse; AV jambes élast. et leviers triang. transv., AR bras longitud. et transv., AV/AR barre anti-dévers, ressorts hélic, amortiss. télesc.

Train roulant: frein, AV à disques (ventilés), AR à tambours, s.d. ABS (avec disque AR), frein à main sur roues AR; servodirection à crémaillère, réservoir carb. 50 L; pneus 175/65 R 14, jantes 5 J.

Dimensions: empattement 239.5 cm, voie 138.5/139 cm, garde au sol 16 cm, diam. de braq. 9.6 m, coffre 400 dm^3, longueur 406 cm, largeur 164 cm, hauteur 158 cm.

Performances: Vmax (usine) 165 km/h, V à 1000/min en 5. vit. 35.1 km/h; rapp. poids/puiss. 15 kg/kW (11 kg/ch); consomm. EU 6.3/9.9 L/100 km.
Aut.: Vmax 160 km/h, consomm. EU 7.1/11.1 L/100 km.

Daihatsu Applause

Fünftürige Limousine mit Stufenheck, mechanisch mit dem Charade verwandt. 1.6/16V-Motor, Frontantrieb oder permanenter Allradantrieb. Debüt (Studie) Genf 1989, Serie Sommer 1990. 1993: Div. Modifikationen.

Berline cinq portes avec aspect trois volumes, sur la base méc. de la Charade. Moteurs 1.6/16S, traction AV ou intégrale permanente. Etude au salon de Genève 1989, lancement en été 1990. Pour 1993: Modifications.

1.6 16V – 105 PS
Benzineinspritzung

Karosserie, Gewicht: (DIN), Limousine, 5 Türen, 5 Sitze; leer ab 925 kg, max. zul. 1420 kg.
4 WD: leer ab 1010 kg, max. zul. 1505 kg.

1.6 16V – 105 ch
Injection d'essence

Carrosserie, poids: (DIN), Berline, 5 portes, 5 places; vide dès 925 kg, tot. adm. 1420 kg.
4 WD: vide dès 1010 kg, tot. adm. 1505 kg.

Daihatsu Applause

Motor: (DIN), 4 Zyl. in Linie (76×87.6 mm), 1590 cm^3; Kompr. 9.5:1; 77 kW (105 PS) bei 6000/min, 48.4 kW/L (65.8 PS/L); 134 Nm (13.7 mkp) bei 4000/min; 95 ROZ. JIS: 92 kW (125 PS); 144 Nm (14.7 mkp). Einige Länder: 66 kW (90 PS) ; 123 Nm bei 4875/min.

Motorkonstruktion: Bezeichnung HD-E; 4 Ventile in V; 1 obenl. Nockenwelle (Zahnriemen); Leichtmetall-Zylinderkopf und -block; 5fach gelagerte Kurbelwelle; Öl 3.5 L; elektron. Einspritzung. Batterie 45 Ah, Alternator 45 A; Wasserkühlung, Inh. 4.75 L.

Kraftübertragung: (auf Vorderräder).
(4WD permanent), zentrales Differential inkl. Bremse, Drehmomentvert. v/h 50/50 %.
5-Gang-Getriebe: I. 3.09; II. 1.75; III. 1.25; IV. 0.92; V. 0.75; R 3.14; Achse 4.27.
3-Stufen-Automat: I. 2.8; II. 1.54; III. 1; R 2.33; Achse 4.52.
4-Stufen-Automat: I. 3.64; II. 2.01; III. 1.3; IV. 0.9; R 3; Achse 2.82.

Fahrgestell: Selbsttragende Karosserie; vorn Federbeine, unterer Querlenker, Kurvenstabilisator; hinten Längs- und Querlenker, Kurvenstabilisator; v/h Schraubenfedern, Teleskopdämpfer.

Fahrwerk: Bremse, vorne Scheiben (belüftet), hinten Trommeln, a.W. ABS (mit Scheiben h.), Teves; Handbremse auf Hinterräder; Zahnstangenl., a.W. mit Servo, Treibstofftank 50 L; Reifen 175/70 R 13, 185/60 HR 14, 155 R 13; Felgen 4.5 J, 5 J.

Dimensionen: Radst. 247 cm, Spur 142.5/141.5 cm, Bodenfreih. 15 cm, Wendekreis 10 m, Kofferraum 335/535 dm^3, Länge 431 cm, Breite 166 cm, Höhe 138 cm.

Fahrleistungen: Vmax (Werk) 185 km/h, V bei 1000/min im 5. Gang 33.2 km/h; 0–100 km/h 9.8 s; Leistungsgew. 12 kg/kW (8.8 kg/PS); Verbr. ECE 5.3/7.2/8.5 L/100 km.
Aut.: Vmax 175 km/h, 0–100 km/h 10.2 s; 6.1/8.1/8.9 L/100 km. 4WD: Vmax. 180 km/h; Verbrauch ECE 5.8/7.9/8.6.

Moteur: (DIN), 4 cyl. en ligne (76×87.6 mm), 1590 cm^3; compr. 9.5:1; 77 kW (105 ch) à 6000/min, 48.4 kW/L (65.8 ch/L); 134 Nm (13.7 mkp) à 4000/min; 95 (R). JIS: 92 kW (125 ch); 144 Nm (14.7 mkp). Quelques pays: 66 kW (90 ch) ; 123 Nm à 4875/min.

Moteur (constr.): désignation HD-E; 4 soupapes en V; 1 arbre à cames en tête (courroie crantée); culasse et bloc-cyl. en alliage léger; vilebrequin à 5 paliers; huile 3.5 L; injection électronique. Batterie 45 Ah, alternateur 45 A; refroidissement à eau, capac. 4.75 L.

Transmission: (sur roues AV).
(4WD permanent), diff. central à glissement limité, répart. du couple AV/AR 50/50 %.
Boîte à 5 vit.: I. 3.09; II. 1.75; III. 1.25; IV. 0.92; V. 0.75; AR 3.14; pont 4.27.
Boîte autom. à 3 vit.: I. 2.8; II. 1.54; III. 1; AR 2.33; pont 4.52.
Boîte autom. à 4 vit.: I. 3.64; II. 2.01; III. 1.3; IV. 0.9; AR 3; pont 2.82.

Châssis: carrosserie autoporteuse; AV jambes élast., levier transvers. inférieur, barre anti-dévers; AR bras longitud. et transv., barre anti-dévers; AV/AR ressorts hélicoïdaux, amortiss. télesc.

Train roulant: frein, AV à disques (ventilés), AR à tambours, s.d. ABS (avec disque AR), Teves; frein à main sur roues AR; direction à crémaillère, s.d. avec servo, réservoir carb. 50 L; pneus 175/70 R 13, 185/60 HR 14, 155 R 13; jantes 4.5 J, 5 J.

Dimensions: empatt. 247 cm, voie 142.5/141.5 cm, garde au sol 15 cm, diam. de braq. 10 m, coffre 335/535 dm^3, longueur 431 cm, largeur 166 cm, hauteur 138 cm.

Performances: Vmax (usine) 185 km/h, V à 1000/min en 5. vit. 33.2 km/h; 0–100 km/h 9.8 s; rapp. poids/puiss. 12 kg/kW (8.8 kg/ch); consomm. ECE 5.3/7.2/8.5 L/100 km.
Aut.: Vmax 175 km/h, 0–100 km/h 10.2 s; 6.1/8.1/8.9 L/100 km. 4WD: Vmax. 180 km/h; consomm. ECE 5.8/7.9/8.6.

MS-X 97

Neues Modell. Freizeitauto mit permanentem Allradantrieb, 1,3-L-16V-Motor, 5-Gang-Getriebe oder Automat. Debüt Salon Genf 1997. Provisorische und unvollständige Daten.

Nouveau modèle. Voiture de loisirs avec traction intégrale permanente, moteur 1,3 litre/16V, boîte à 5 vit. ou autom. Lancement Genève 1997. Données provisoires et incomplet.

1.3 16V – 92 PS
Benzineinspritzung

Karosserie: Station Wagon.

Motor: (DIN), 4 Zyl. in Linie (76×71.4 mm), 1296 cm^3; Kompr. 9.5:1; 68 kW (92 PS) bei 6500/min, 52.5 kW/L (71.3 PS/L); 108 Nm (11 mkp) bei 5500/min; 91 ROZ.

Motorkonstruktion: Bezeichnung HC; 4 Ventile in V; 1 obenl. Nockenwelle (Zahnriemen); Leichtmetall-Zylinderkopf und -block; 5fach gelagerte Kurbelwelle; Öl 3 L; elektron. Einspritzung. Batterie 45 Ah, Alternator 60 A; Wasserkühlung, Inh. 4.5 L.

1.3 16V – 92 ch
Injection d'essence

Carrosserie: station-wagon.

Moteur: (DIN), 4 cyl. en ligne (76×71.4 mm), 1296 cm^3; compr. 9.5:1; 68 kW (92 ch) à 6500/min, 52.5 kW/L (71.3 ch/L); 108 Nm (11 mkp) à 5500/min; 91 (R).

Moteur (constr.): désignation HC; 4 soupapes en V; 1 arbre à cames en tête (courroie crantée); culasse et bloc-cyl. en alliage léger; vilebrequin à 5 paliers; huile 3 L; injection électronique. Batterie 45 Ah, alternateur 60 A; refroidissement à eau, capac. 4.5 L.

Daihatsu 235

Kraftübertragung: (4WD permanent). 5-Gang-Getriebe: I. 4.06; II. 2.05; III. 1.38; IV. 1; V. 0.84; R 4.19; Achse 5.57. 4-Stufen-Automat: I. 2.8; II. 1.54; III. 1; IV. 0.7; R 2.33; Achse 5.06. **Fahrgestell:** Selbsttragende Karosserie; vorn Federbeine. **Dimensionen:** Radstand 242 cm, Spur 131/131 cm, Wendekreis 9.4 m, Kofferraum 210/540 dm³, Länge 383 cm, Breite 156 cm, Höhe 170 cm.	**Transmission:** (4WD permanent). Boîte à 5 vit.: I. 4.06; II. 2.05; III. 1.38; IV. 1; V. 0.84; AR 4.19; pont 5.57. Boîte autom. à 4 vit.: I. 2.8; II. 1.54; III. 1; IV. 0.7; AR 2.33; pont 5.06. **Châssis:** carrosserie autoporteuse; AV jambes élast.. **Dimensions:** empattement 242 cm, voie 131/131 cm, diam. de braq. 9.4 m, coffre 210/540 dm³, longueur 383 cm, largeur 156 cm, hauteur 170 cm.

Daihatsu Rocky 4WD - Rugger 4WD

Mittelgrosser Geländewagen, 2.2- oder 2.8-Diesel/Turbodiesel. Nachfolger des Taft. Bezeichnung in Japan «Rugger», in einigen Ländern auch «Fourtrak». Début Juni 1984. 1987: Modifikationen. Sommer 1993: Restyling, neue Radaufhängung.

Voiture tout-terrain de taille moyenne, 2.2 ou 2.8 gazole avec ou sans turbo, remplace la Taft. Désignation au Japon «Rugger», dans quelques pays «Fourtrak». Lancement juin 1984. 1987: Modifications. Eté 1993: Restyling, nouvelle suspension.

Daihatsu Rocky

2.2 – 91 PS Benzineinspritzung / 2.2 – 91 ch Injection d'essence

Karosserie, Gewicht: (DIN), Hardtop-Limousine, 3 Türen, 5 Sitze; leer 1380 kg, max. zul. 2125 kg.
Wagon, 3 Türen, 5+2 Sitze; leer 1470 kg.
Motor: (DIN), 4 Zyl. in Linie (91×86 mm), 2237 cm³; Kompr. 8.8:1; 67 kW (91 PS) bei 4200/min, 29.9 kW/L (40.7 PS/L); 179 Nm (18.2 mkp) bei 2500/min; 91 ROZ.
Mit Vergaser: 65 kW (88 PS) bei 4200/min; 176 Nm (17.9 mkp) bei 2500/min.
Motorkonstruktion: Bezeichnung 3Y; seitl. Nockenwelle (Kette); Leichtmetall-Zylinderkopf; 5fach gelagerte Kurbelwelle; Öl 3.5 L; elektron. Einspritzung.
Batterie 40 Ah, Alternator 40 A; Wasserkühlung, Inh. 9 L.
Kraftübertragung: (auf Hinterräder oder alle Räder), Reduktionsgetr.: I. 1.3; II. 2.37.
5-Gang-Getriebe: I. 3.48; II. 2.04; III. 1.32; IV. 1; V. 0.82; R 4.15; Achse 3.36.

Carrosserie, poids: (DIN), berline hardtop, 3 portes, 5 places; vide 1380 kg, tot. adm. 2125 kg.
Wagon, 3 portes, 5+2 places; vide 1470 kg.
Moteur: (DIN), 4 cyl. en ligne (91×86 mm), 2237 cm³; compr. 8.8:1; 67 kW (91 ch) à 4200/min, 29.9 kW/L (40.7 ch/L); 179 Nm (18.2 mkp) à 2500/min; 91 (R).
Avec carburateur: 65 kW (88 ch) à 4200/min; 176 Nm (17.9 mkp) à 2500/min.
Moteur (constr.): désignation 3Y; arbre à cames latéral (chaîne); culasse en alliage léger; vilebrequin à 5 paliers; huile 3.5 L; injection électronique.
Batterie 40 Ah, alternateur 40 A; refroidissement à eau, capac. 9 L.
Transmission: (sur roues AR ou toutes les roues), boîte de transfert: I. 1.3; II. 2.37.
Boîte à 5 vit.: I. 3.48; II. 2.04; III. 1.32; IV. 1; V. 0.82; AR 4.15; pont 3.36.

Daihatsu Rocky

Fahrgestell: Kastenrahmen mit Traversen; vorn Einzelradaufhängung, doppelte Dreieckquerlenker, Torsionsfederstäbe; Kurvenstabilisator; hinten Starrachse, Längslenker, Panhardstab; v/h Schraubenfedern, Teleskopdämpfer.
Fahrwerk: Bremse, vorne Scheiben (belüftet), hinten Trommeln, Handbremse auf Hinterräder; Kugelumlauflenkung, a.W. mit Servo, Treibstofftank 60 L; Reifen 215 R 15, 255/70 R 15, Felgen 6 J, 7 J.
Dimensionen: Radstand 220.5 cm, Spur 143/143 cm, Bodenfreih. 21 cm, Wendekreis 11.6 m, Kofferraum 520 dm³, Länge 384 cm, Breite 169 cm, Höhe 185 cm.
Wagon: Radstand 253 cm, Wendekreis 12.9 m, Länge 416.5 cm, Höhe 193 cm.

Châssis: Cadre à caisson avec traverses; AV susp. à roues indép., leviers transv. triang. double, barres de torsion; barre anti-dévers; AR essieu rigide, bras longitud., barre Panhard; AV/AR ressorts hélicoïdaux, amortis. télesc.
Train roulant: frein, AV à disques (ventilés), AR à tambours, frein à main sur roues AR; direction à circuit de billes, s.d. assistée, réservoir carb. 60 L; pneus 215 R 15, 255/70 R 15, jantes 6 J, 7 J.
Dimensions: empattement 220.5 cm, voie 143/143 cm, garde au sol 21 cm, diam. de braq. 11.6 m, coffre 520 dm³, longueur 384 cm, largeur 169 cm, hauteur 185 cm.
Wagon: Empatt. 253 cm, diam. de braq. 12.9 m, long. 416.5 cm, hauteur 193 cm.

Fahrleistungen: Vmax (Werk) 130 km/h, V bei 1000/min im 5. Gang 36.1 km/h; Leistungsgew. 20.6 kg/kW (15.2 kg/PS); Verbrauch (Red.) 9/15 L/100 km.

Performances: Vmax (usine) 130 km/h, V à 1000/min en 5. vit. 36.1 km/h; rapp. poids/puiss. 20.6 kg/kW (15.2 kg/ch); consomm. (Red.) 9/15 L/100 km.

2.8 – 73 PS Diesel / 2.8 – 73 ch diesel

Wie 2.2 – 91 PS, ausgenommen:

Karosserie, Gewicht: (DIN), Hardtop-Limousine, 3 Türen, 5 Sitze; leer ab 1490 kg, max. zul. 2235 kg.
Wagon: 5+2 Sitze; leer ab 1570 kg, max. zul. 2235 kg.
Motor: (DIN), 4 Zyl. in Linie (92×104 mm), 2765 cm³; Kompr. 21.2:1; 54 kW (73 PS) bei 3600/min, 19.5 kW/L (26.5 PS/L); 170 Nm (17.3 mkp) bei 2200/min; Dieselöl.
Motorkonstruktion: Bezeichnung Toyota; Wirbelkammer-Diesel; seitl. Nockenwelle (Zahnräder); Grauguss-Zylinderkopf; 5fach gelagerte Kurbelwelle; Öl 5.5 L; Einspritzpumpe, Nippondenso (Liz. Bosch).
Batterie 80 Ah, Alternator 45 A; Wasserkühlung, Inh. 10 L.
Kraftübertragung: (auf Hinterräder oder alle Räder), Reduktionsgetr.: I. 1.3; II. 2.37.
5-Gang-Getriebe: I. 3.48; II. 2.04; III. 1.32; IV. 1; V. 0.82; R 4.15; Achse 3.36.
Fahrleistungen: Vmax (Werk) 130 km/h, V bei 1000/min im 5. Gang 36.1 km/h; Leistungsgew. 27.6 kg/kW (20.4 kg/PS); Verbrauch (Red.) 8/14 L/100 km.

Comme 2.2 – 91 ch, sauf:

Carrosserie, poids: (DIN), berline hardtop, 3 portes, 5 places; vide dès 1490 kg, tot. adm. 2235 kg.
Wagon: 5+2 places; vide dès 1570 kg, tot. adm. 2235 kg.
Moteur: (DIN), 4 cyl. en ligne (92×104 mm), 2765 cm³; compr. 21.2:1; 54 kW (73 ch) à 3600/min, 19.5 kW/L (26.5 ch/L); 170 Nm (17.3 mkp) à 2200/min; gazole.
Moteur (constr.): désignation Toyota; diesel à chambre de turbulence; arbre à cames latéral (pignons); culasse en fonte; vilebrequin à 5 paliers; huile 5.5 L; pompe à injection, Nippondenso (lic. Bosch).
Batterie 80 Ah, alternateur 45 A; refroidissement à eau, capac. 10 L.
Transmission: (sur roues AR ou toutes les roues), boîte de transfert: I. 1.3; II. 2.37.
Boîte à 5 vit.: I. 3.48; II. 2.04; III. 1.32; IV. 1; V. 0.82; AR 4.15; pont 3.36.
Performances: Vmax (usine) 130 km/h, V à 1000/min en 5. vit. 36.1 km/h; rapp. poids/puiss. 27.6 kg/kW (20.4 kg/ch); consomm. (Red.) 8/14 L/100 km.

2.8 – 98 PS Turbodiesel / 2.8 – 98 ch turbodiesel

Wie 2.2 – 91 PS, ausgenommen:

Karosserie, Gewicht: (DIN), Hardtop-Limousine, 3 Türen, 5 Sitze; leer ab 1620 kg, max. zul. 2510 kg.
Wagon: 5+2 Sitze; leer ab 1660 kg, max. zul. 2235 kg.
Motor: (DIN), 4 Zyl. in Linie (92×104 mm), 2765 cm³; Kompr. 21.2:1; 72 kW (98 PS) bei 3200/min, 26 kW/L (35.4 PS/L); 245 Nm (25 mkp) bei 1900/min; Dieselöl.
ohne Intercooler: 65 kW (88 PS) bei 3600/min; 211 Nm (21.5 mkp) bei 2200/min.
JIS: 85 kW (115 PS) 250 Nm (25.5 mkp).
Motorkonstruktion: Bezeichnung Toyota DL-T/C; Wirbelkammer-Diesel; seitl. Nockenwelle (Zahnräder); Grauguss-Zylinderkopf; 5fach gelagerte Kurbelwelle; Ölkühler; Öl 5.5 L; Einspritzpumpe, Nippondenso (Liz. Bosch), 1 Turbolader, IHI, max. Ladedruck 0.5 bar, Intercooler.
Batterie 80 Ah, Alternator 45 A; Wasserkühlung, Inh. 11 L.
Kraftübertragung: (auf Hinterr. oder alle Räder), Reduktionsgetr.: I. 1.24; II. 2.27.
5-Gang-Getriebe: I. 3.57; II. 2.04; III. 1.27; IV. 0.82; R 4.15; Achse 3.36.

Comme 2.2 – 91 ch, sauf:

Carrosserie, poids: (DIN), berline hardtop, 3 portes, 5 places; vide dès 1620 kg, tot. adm. 2510 kg.
Wagon: 5+2 places; vide dès 1660 kg, tot. adm. 2235 kg.
Moteur: (DIN), 4 cyl. en ligne (92×104 mm), 2765 cm³; compr. 21.2:1; 72 kW (98 ch) à 3200/min, 26 kW/L (35.4 ch/L); 245 Nm (25 mkp) à 1900/min; gazole.
sans Intercooler: 65 kW (88 ch) à 3600/min; 211 Nm (21.5 mkp) à 2200/min.
JIS: 85 kW (115 ch); 250 Nm (25.5 mkp).
Moteur (constr.): désignation Toyota DL-T/C; diesel à chambre de turbulence; arbre à cames latéral (pignons); culasse en fonte; vilebrequin à 5 paliers; radiat. d'huile; huile 5.5 L; pompe à injection, Nippondenso (lic. Bosch), 1 turbocompr., IHI, pression max. 0.5 bar, Intercooler.
Batterie 80 Ah, alternateur 45 A; refroidissement à eau, capac. 11 L.
Transmission: (sur roues AR ou toutes roues), boîte de transfert: I. 1.24; II. 2.27.
Boîte à 5 vit.: I. 3.57; II. 2.04; III. 1.27; IV. 1; V. 0.82; AR 4.15; pont 3.36.

Daihatsu • Daimler

Fahrleistungen: Vmax (Werk) 135 km/h, V bei 1000/min im 5. Gang 36.3 km/h; Leistungsgew. 21.1 kg/kW (15.5 kg/PS); Verbrauch ECE 8.9/13.7/9.8 L/100 km.

Performances: Vmax (usine) 135 km/h, V à 1000/min en 5. vit. 36.3 km/h; rapp. poids/puiss. 21.1 kg/kW (15.5 kg/ch); consomm. ECE 8.9/13.7/9.8 L/100 km.

Daihatsu Feroza 4WD

Kompakter Geländewagen, mit Rocky verwandt. Kastenrahmen, vorn Einzelradaufhängung, hinten Starrachse. Debüt Herbst 1988. 1990: Als Rocky für Japan (SX). Zusätzliche Version mit permanentem Allradantrieb, aber ohne Geländereduktion.

Voiture tout-terrain compacte, dérivée de la Rocky. Cadre avec susp. AV indép. et essieu AR rigide. Lancement automne 1988. 1990: Sous Rocky disponible au Japon (SX). Version supplémentaire à système 4×4 permanent, mais sans réduction.

1.6 16V – 95 PS Benzineinspritzung
1.6 16V – 95 ch Injection d'essence

Karosserie, Gewicht: (DIN), Cabrio-Limousine, 3 Türen, 4 Sitze; leer ab 1180 kg, max. zul. 1650 kg.
Station Wagon, 3 Türen, 4 Sitze; leer ab 1205 kg.

Carrosserie, poids: (DIN), berline cabriolet, 3 portes, 4 places; vide dès 1180 kg, tot. adm. 1650 kg.
Station-wagon, 3 portes, 4 places; vide dès 1205 kg.

Motor: (DIN), 4 Zyl. in Linie (76×87.6 mm), 1590 cm³; Kompr. 9.5:1; 70 kW (95 PS) bei 5700/min, 44 kW/L (59.8 PS/L); 128 Nm (13 mkp) bei 4800/min; 91 ROZ.
JIS: 77 kW (105 PS) bei 6000/min; 140 Nm (14.3 mkp) bei 3500/min.
Mit Vergaser (ohne Kat.): 63 kW (86 PS); 126 Nm (12.8 mkp).

Moteur: (DIN), 4 cyl. en ligne (76×87.6 mm), 1590 cm³; compr. 9.5:1; 70 kW (95 ch) à 5700/min, 44 kW/L (59.8 ch/L); 128 Nm (13 mkp) à 4800/min; 91 (R).
JIS: 77 kW (105 ch) à 6000/min; 140 Nm (14.3 mkp) à 3500/min.
Avec carburateur (sans catal.): 63 kW (86 ch); 126 Nm (12.8 mkp).

Motorkonstruktion: Bezeichnung HD-E; 4 Ventile in V 46°; 1 obenl. Nockenwelle (Zahnriemen); Leichtmetall-Zylinderkopf und -block; 5fach gelagerte Kurbelwelle; Öl 3.3 L; elektron. Einspritzung.
Batterie 83 Ah, Alternator 45 A; Wasserkühlung, Inh. 6.5 L.

Moteur (constr.): désignation HD-E; 4 soupapes en V 46°; 1 arbre à cames en tête (courroie crantée); culasse et bloc-cyl. en alliage léger; vilebrequin à 5 paliers; huile 3.3 L; injection électronique.
Batterie 83 Ah, alternateur 45 A; refroidissement à eau, capac. 6.5 L.

Kraftübertragung: (auf Hinterräder oder alle Räder), a.W. Differentialbremse hinten; zentrales Differential, manuell sperrbar, Drehmomentverteilung vorn 50/50 %; Reduktionsgetriebe: I. 1.75; II. 1.
5-Gang-Getriebe: I. 3.78; II. 1.97; III. 1.25; IV. 1; V. 0.88; R 3.67; Achse 5.29.

Transmission: (sur roues AR ou toutes les roues), différentiel autobloquant AR s.d.; différentiel central, verouillage manuel, répartition du couple AV/AR 50/50 %; boîte de transfert: I. 1.75; II. 1.
Boîte à 5 vit.: I. 3.78; II. 1.97; III. 1.25; IV. 1; V. 0.88; AR 3.67; pont 5.29.

Daihatsu Feroza

Fahrgestell: Kastenrahmen mit Traversen; vorn Einzelradaufhängung, doppelte Dreieckquerlenker, Torsionsfederstäbe; Kurvenstabilisator; hinten Starrachse, Blattfedern; v/h Teleskopdämpfer.

Châssis: Cadre à caisson avec traverses; AV susp. à roues indép., leviers transv. triang. double, barres de torsion; barre anti-dévers; AR essieu rigide, ressorts à lames; AV/AR amortiss. télescop.

Fahrwerk: Bremse, vorne Scheiben, hinten Trommeln, Scheiben-Ø v. 27.7 cm, Feststellbremse auf Hinterräder; Kugelumlauflenkung, a.W. mit Servo, Treibstofftank 60 L; Reifen 195 R 15, 205/75 R 15, 225/70 R 15; Felgen 5.5 J, 6 J.

Train roulant: frein, AV à disques, AR à tambours, Ø disques AV 27.7 cm, frein de stationnement sur roues AR; direction à circuit de billes, s.d. assistée, réservoir carb. 60 L; pneus 195 R 15, 205/75 R 15, 225/70 R 15; jantes 5.5 J, 6 J.

Dimensionen: Radstand 217.5 cm, Spur 133.5/133.5 cm, Bodenfreih. 20 cm, Wendekreis 11.4 m, Kofferraum 275/440 dm³. Wagon: Länge 378.5 cm, Breite 163.5 cm, Höhe 172 cm.

Dimensions: empattement 217.5 cm, voie 133.5/133.5 cm, garde au sol 20 cm, diam. de braq. 11.4 m, coffre 275/440 dm³. Wagon: longueur 378.5 cm, largeur 163.5 cm, hauteur 172 cm.

Fahrleistungen: Vmax (Werk) 150 km/h, V bei 1000/min im 5. Gang 28.2 km/h; 0–100 km/h 11.7 s; Leistungsgew. 16.6 kg/kW (12.4 kg/PS); Verbrauch ECE 9.1/13.1/11.1 L/100 km.

Performances: Vmax (usine) 150 km/h, V à 1000/min en 5. vit. 28.2 km/h; 0–100 km/h 11.7 s; rapp. poids/puiss. 16.6 kg/kW (12.4 kg/ch); consomm. ECE 9.1/13.1/11.1 L/100 km.

Daimler GB

Jaguar Cars Limited, Browns Lane, Allesley, Coventry CV5 9DR, England

Älteste englische Automobilfabrik. Glied der Jaguar Cars Limited und dadurch seit 1966 mit BMC und seit 1968 mit BLMC/British Leyland verbunden. 1984: Mit Jaguar reprivatisiert. Gehört seit 1989/1990 zur Ford Motor Company.

La plus ancienne des marques anglaises. Affiliée à Jaguar Cars Limited et liée avec elle depuis 1966 à BMC et depuis 1968 à BLMC/British Leyland. 1984: Reprivatisée avec Jaguar. Appartient depuis 1989/1990 à la Ford Motor Co.

Daimler Six

Luxuslimousine mit Sechszylindermotor. Debüt Oktober 1986. September 1994: Erneuerte Auflage. Für 1997 nur noch mit langem Rastand.

Berline luxueuse avec moteur 6 cylindres. Lancement oct. 1986. Septembre 1994: Nouvelle édition. Pour 1997: empattement longue.

4.0 24V – 241 PS Benzineinspritzung
4.0 24V – 241 ch Injection d'essence

Karosserie, Gewicht: (DIN), Limousine, 4 Türen, 5 Sitze; leer 1825 kg, max. zul. 2245 kg.

Carrosserie, poids: (DIN), Berline, 4 portes, 5 places; vide 1825 kg, tot. adm. 2245 kg.

Motor: (ECE), 6 Zyl. in Linie (91×102 mm), 3980 cm³; Kompr. 10:1; 177 kW (241 PS) bei 4800/min, 44.5 kW/L (60.6 PS/L); 375 Nm (38.2 mkp) bei 4000/min; 95 ROZ.
DIN: 183 kW (249 PS); 392 Nm (40 mkp).

Moteur: (ECE), 6 cyl. en ligne (91×102 mm), 3980 cm³; compr. 10:1; 177 kW (241 ch) à 4800/min, 44.5 kW/L (60.6 ch/L); 375 Nm (38.2 mkp) à 4000/min; 95 (R).
DIN: 183 kW (249 ch); 392 Nm (40 mkp).

Motorkonstruktion: 4 Ventile in V, 2 obenl. Nockenwellen (Kette); Leichtmetall-Zylinderkopf und -block; 7fach gelagerte Kurbelwelle; Ölkühler; Öl 8.5 L; elektron. Einspr.
Batterie 72 Ah, Alternator 90 A; Wasserkühlung, Inh. 12.3 L.

Moteur (constr.): 4 soupapes en V, 2 arbres à cames en tête (chaîne); culasse et bloc-cyl. en alliage léger; vilebr. à 7 paliers; radiat. d'huile; huile 8.5 L; inj. électronique.
Batterie 72 Ah, alternateur 90 A; refroidissement à eau, capac. 12.3 L.

Kraftübertragung: (auf Hinterräder), a.W. Differentialbremse.
5-Gang-Getriebe: I. 3.55; II. 2.04; III. 1.4; IV. 1; V. 0.76; R 3.55; Achse 3.58; 3.54.
4-Stufen-Automat: ZF; I. 2.48; II. 1.48; III. 1; IV. 0.73; R 2.09; Achse 3.58; 3.54.

Transmission: (sur roues AR), différentiel autobloquant s.d.
Boîte à 5 vit.: I. 3.55; II. 2.04; III. 1.4; IV. 1; V. 0.76; AR 3.55; pont 3.58; 3.54.
Boîte autom. à 4 vit.: ZF; I. 2.48; II. 1.48; III. 1; IV. 0.73; AR 2.09; pont 3.58; 3.54.

Fahrgestell: Selbsttragende Karosserie mit vorderem und hinterem Hilfsrahmen; vorn doppelte Dreieckquerlenker, Kurvenstabilisator, Schraubenfedern, Teleskopdämpfer; hinten Dreieckquerlenker, mittragende Halbachsen, Schraubenfedern, Teleskopdämpfer; autom. Niveauregulierung.

Châssis: carrosserie autoporteuse avec faux-châssis AV et AR; AV leviers triang. transv. doubles, barre anti-dévers, ressorts hélic., amortiss. télesc.; AR leviers triang. transv., demi-arbres osc. porteurs, ressorts hélicoïdaux, amortiss. télesc.; réglage automat. du niveau.

Fahrwerk: Vierrad-Scheibenbremse (v/h belüftet), Scheiben-Ø v. 29.1 cm, h. 30.5 cm, ABS, Teves; Handbremse auf Hinterräder; Zahnstangenlenkung mit Servo, Treibstofftank 81 L; Reifen 225/60 ZR 16, 225/55 ZR 16, Felgen 7 J, 8 J.

Train roulant: quatre freins à disques (AV/AR ventilés), Ø disques AV 29.1 cm, AR 30.5 cm, ABS, Teves; frein à main sur roues AR; servodirection à crémaillère, réservoir carb. 81 L; pneus 225/60 ZR 16, 225/55 ZR 16, jantes 7 J, 8 J.

Dimensionen: Radstand 299.5 cm, Spur 150/150 cm, Bodenfreih. 11 cm, Wendekreis 12.9 m, Kofferraum 410 dm³, Länge 515 cm, Breite 180 cm, Höhe 136 cm.

Dimensions: empattement 299.5 cm, voie 150/150 cm, garde au sol 11 cm, diam. de braq. 12.9 m, coffre 410 dm³, longueur 515 cm, largeur 180 cm, hauteur 136 cm.

Fahrleistungen: Vmax (Werk) 230 km/h, V bei 1000/min im 5. Gang 45.5 km/h; 0–100 km/h 7.4 s; 0–97 km/h 7 s; Leistungsgew. 10.3 kg/kW (7.7 kg/PS); Verbrauch ECE 8.3/10.4/16.2 L/100 km.
Aut.: Vmax 232 km/h, 0–100 km/h 8.2 s; 0–97 km/h 7.8 s; Verbrauch ECE 7.7/9.7/14.3 L/100 km.

Performances: Vmax (usine) 230 km/h, V à 1000/min en 5. vit. 45.5 km/h; 0–100 km/h 7.4 s; 0–97 km/h 7 s; rapp. poids/puiss. 10.3 kg/kW (7.7 kg/ch); consomm. ECE 8.3/10.4/16.2 L/100 km.
Aut.: Vmax 232 km/h, 0–100 km/h 8.2 s; 0–97 km/h 7.8 s; consomm. ECE 7.7/9.7/14.3 L/100 km.

Daimler Six

AUTOMOBIL REVUE
CD-ROM 1997
revue automobile

**NEU!
NOUVEAU!**

Alle Autos der Welt auf einer CD-ROM!

Toutes les voitures du monde sur une CD-ROM!

Für/pour DOS/Windows & MAC

BESTELLKARTE

AUTOMOBIL REVUE CD-ROM 1997

JA, ich bestelle die **CD-ROM 1997**. Senden Sie mir sofort nach Erscheinen vom 5. März 1997 an die Adresse auf der Rückseite:

.... Ex. **AUTOMOBIL REVUE CD-ROM 1997** (für DOS/Windows & MAC) zum Preis von **Fr. 59.90.**

CARTE DE COMMANDE

REVUE AUTOMOBILE CD-ROM 1997

OUI, je désire commander le **CD-ROM 1997**. Veuillez m'envoyer dès parution, le 5 mars 1997, à l'adresse au verso:

.... exemplaire(s) du **REVUE AUTOMOBILE CD-ROM 1997** (pour DOS/Windows & MAC) au prix de **Fr. 59.90.**

AUTOMOBIL REVUE
CD-ROM 1997
(für DOS/Windows & MAC)

Diese CD-Rom ist nun alles andere als einfach das gedruckte Nachschlagewerk auf Bildschirmgrösse. Natürlich bildet der **fachlich hochwertige Inhalt des Kataloges** die Basis der AUTOMOBIL REVUE CD-ROM 1997. Aber die Möglichkeiten sind ein Vielfaches: Individuell definierbare Auswahl für **Berechnungen, Quervergleiche** und viele **Zusatzinformationen.**
Die AUTOMOBIL REVUE CD-ROM 1997 präsentiert neuste Multimedia-Technik mit Animationen, Videos und modernem Sound und lässt sich sehr **einfach und intuitiv mit Knopfdruck** bedienen. Der Benutzer wird **auf sympathische, angenehme, oft spielerische Weise durchs Produkt begleitet,** kann stets sofort aus jeder Anwendung **aussteigen** oder sich **direkt in andere** Ebenen einklinken. Die Benutzeroberfläche ist **äusserst bedienerfreundlich** gestaltet, so dass sich auch **Laien schnell zurechtfinden.** Nicht zuletzt bietet diese CD-ROM auch **viel Unterhaltung** – sogar mit einem **«AR»-eigenen Autoerkennungs-Spiel!**

REVUE AUTOMOBILE
CD-ROM 1997
(pour DOS/Windows & MAC)

Ce CD-ROM est bien plus que la simple reproduction du Catalogue sur papier destiné aux PC ou Mac. Vous trouverez naturellement dans le CD-ROM de la «revue automobile» le **contenu intégral des données précises qui font la valeur du Catalogue,** mais il offre davantage encore! Au gré de vos propre critères, il vous permettra d'effectuer des **calculs,** d'établir des références croisées et d rechercher quantité d'autres informations supplémentaires! Le CD-ROM de la «RA» met à votre disposition toutes les **fonctions du multimédia** avec films, animations sur ordinateur et son de bonne qualité. Et il est d'une utilisation **très facile et intuitive, par simple clic** de la souris. Il accompagne l'utilisateur de manière **sympathique, agréable et souvent ludique** à travers se rubriques. A tout moment, le «surfeur» peut **quitter** n'importe quelle application ou plonger **directement dans une autre** rubrique. **Extrêmement conviviale,** l'interface usager est conçue pour permettre u **emploi rapide, même par un débutant**

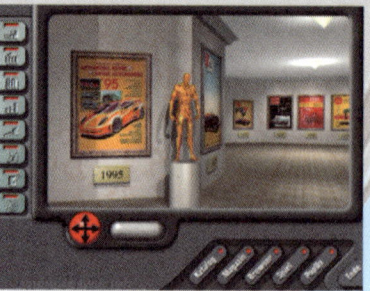

Ich will wie folgt bezahlen
Je règle le montant comme suit:

☐ Belasten Sie meine **Kreditkarte**
  *Débitez ma **carte de crédit:***
  ☐ Eurocard/MasterCard   ☐ Visa
  ☐ Diners   ☐ Amexco

....
Karten-Nr./Carte-No

............................./..................
gültig bis/Expirant le

....
Unterschrift/Signature

☐ Schicken Sie mir eine **Rechnung**
  *Veuillez m'envoyer une **facture***

Meine Adresse lautet
Mon adresse:

☐ Frau/*Mme*   ☐ Herr/*M.*

.... KN
Name/*Nom*

....
Vorname/*Prénom*

....
Strasse, Nr./*Rue, No*

....
PLZ, Ort/*NPA, lieu*

....
Für Rückfragen Tel.-Nr./*Contact tél. No*

Nicht frankieren
Ne pas affranchir
Non affrancare

Geschäftsantwortsendung Invio commerciale-risposta
Correspondance commerciale-réponse

AUTOMOBIL REVUE
CD-ROM
Verlagsauslieferung
Nordring 4
Postfach
3001 Bern

Daimler • Dallas

Daimler Double-Six

Luxuriöse Limousine mit 6-Liter-V12-Motor und Vierstufenautomatik. Debüt Februar, Genf 1993. September 1994: Erneuerte Auflage.

Berline luxueuse avec V12 6 litres et boîte aut. à 4 rapp. Lancement février, Genève 1993. Septembre 1994: Nouvelle edition.

6.0 V12 – 311 PS
Benzineinspritzung

Karosserie, Gewicht: (DIN), Limousine, 4 Türen, 5 Sitze; leer 1975 kg, max. zul. 2395 kg.

Motor: (ECE), 12 Zyl. in V 60° (90×78.5 mm), 5993 cm³; Kompr. 11:1; 229 kW (311 PS) bei 5350/min, 38.2 kW/L (51.9 PS/L); 475 Nm (48.4 mkp) bei 2850/min; 95 ROZ. DIN: 234 kW (318 PS)/231 kW (315 PS).

Motorkonstruktion: 2×1 obenl. Nockenwelle (Kette); Leichtmetall-Zylinderköpfe und -block; 7fach gelagerte Kurbelwelle; Ölkühler; Öl 11.4 L; elektron. Einspritzung. Batterie 92 Ah, Alternator 120 A; Wasserkühlung, Inh. 20 L.

Kraftübertragung: (auf Hinterräder), Antriebsschlupfregelung.
4-Stufen-Automat: GM Hydra-Matic; I. 2.48; II. 1.48; III. 1; IV. 0.75; R 2.08; Achse 3.54; 3.58.

6.0 V12 – 311 ch
Injection d'essence

Carrosserie, poids: (DIN), Berline, 4 portes, 5 places; vide 1975 kg, tot. adm. 2395 kg.

Moteur: (ECE), 12 cyl. en V 60° (90×78.5 mm), 5993 cm³; compr. 11:1; 229 kW (311 ch) à 5350/min, 38.2 kW/L (51.9 ch/L); 475 Nm (48.4 mkp) à 2850/min; 95 (R). DIN: 234 kW (318 ch) ou 231 kW (315 ch).

Moteur (constr.): 2×1 arbre à cames en tête (chaîne); culasses et bloc-cyl. en alliage léger; vilebrequin à 7 paliers; radiat. d'huile, huile 11.4 L; injection électronique. Batterie 92 Ah, alternateur 120 A; refroidissement à eau, capac. 20 L.

Transmission: (sur roues AR), Dispositif antipatinage.
Boîte autom. à 4 vit.: GM Hydra-Matic; I. 2.48; II. 1.48; III. 1; IV. 0.75; AR 2.08; pont 3.54; 3.58.

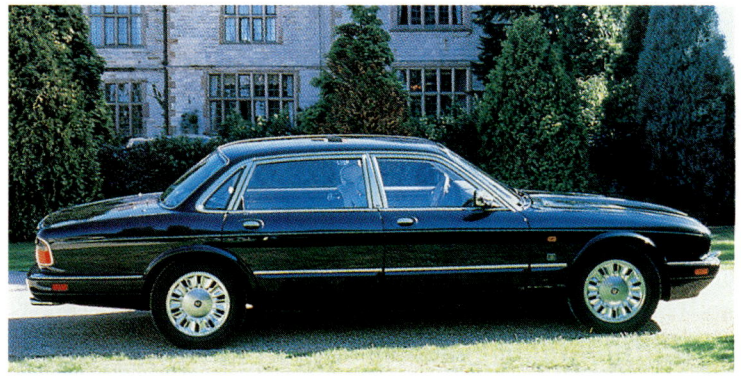

Daimler Double Six

Fahrgestell: Selbsttragende Karosserie mit vorderem und hinterem Hilfsrahmen; vorn doppelte Dreieckquerlenker, Kurvenstabilisator, Schraubenfedern, Teleskopdämpfer; hinten Dreieckquerlenker, mittragende Halbachsen, Schraubenfedern, Teleskopdämpfer; autom. Niveauregulierung.

Fahrwerk: Vierrad-Scheibenbremse (v/h belüftet), Scheiben-Ø v. 29.1 cm, h. 30.5 cm, ABS, Teves; Handbremse auf Hinterräder; Zahnstangenlenkung mit Servo, Treibstofftank 81 L; Reifen 225/60 ZR 16, 225/55 ZR 16, Felgen 7 J, 8 J.

Dimensionen: Radstand 299.5 cm, Spur 150/150 cm, Bodenfreih. 11 cm, Wendekreis 12.9 m, Kofferraum 410 dm³, Länge 515 cm, Breite 180 cm, Höhe 136 cm.

Fahrleistungen: Vmax (Werk) 250 km/h, V bei 1000/min in 4. Gang 46 km/h; 0–100 km/h 7.2 s; 0–97 km/h 6.8 s; Leistungsgew. 8.6 kg/kW (6.4 kg/PS); Verbrauch ECE 10.8/13.3/21.5 L/100 km.

Châssis: carrosserie autoporteuse avec faux-châssis AV et AR; AV leviers triang. transv. doubles, barre anti-dévers, ressorts hélic, amortiss. télesc.; AR leviers triang. transv., demi-arbres osc. porteurs, ressorts hélicoïdaux, amortiss. télesc.; réglage autom. du niveau.

Train roulant: quatre freins à disques (AV/AR ventilés), Ø disques AV 29.1 cm, AR 30.5 cm, ABS, Teves; frein à main sur roues AR; servodirection à crémaillère, réservoir carb. 81 L; pneus 225/60 ZR 16, 225/55 ZR 16, jantes 7 J, 8 J.

Dimensions: empattement 299.5 cm, voie 150/150 cm, garde au sol 11 cm, diam. de braq. 12.9 m, coffre 410 dm³, longueur 515 cm, largeur 180 cm, hauteur 136 cm.

Performances: Vmax (usine) 250 km/h, V à 1000/min en 4. vit. 46 km/h; 0–100 km/h 7.2 s; 0–97 km/h 6.8 s; rapp. poids/puiss. 8.6 kg/kW (6.4 kg/ch); consomm. ECE 10.8/13.3/21.5 L/100 km.

Dallas   F

Dallas, 14, rue Paul Appel, B. P. 712 Saint-Ouen-l'Aumône, 95004 Cergy Pontoise, France

Kleine Firma, baut auf Basis mit Aggregaten von PSA Freizeitautos.

Petite usine, construit avec des pièces de PSA des voitures de loisir.

Dallas Fun

Kleinwagen mit quer eingebautem Vierzylinder-Benzin- od. Dieselmotor, Frontantrieb, basierend auf dem Peugeot 205.

Petite voiture avec moteur quatre cylindres à essence ou diesel transversal et traction AV, basant sur la Peugeot 205.

1.4 – 75 PS
Benzineinspritzung

Karosserie, Gewicht: (DIN), Roadster, 2 Türen, 2 Sitze; leer ab 740 kg, max. zul. 1070 kg.

Motor: (ECE), 4 Zyl. (75×77 mm), 1361 cm³; Kompr. 9.3:1; 55 kW (75 PS) bei 5800/min, 40.4 kW/L (54.9 PS/L); 111 Nm (11.3 mkp) bei 3400/min; 95 ROZ.

Motorkonstruktion: Ventile in V; 1 obenl. Nockenwelle (Zahnriemen); Leichtmetall-Zylinderkopf; 5fach gelagerte Kurbelwelle; Öl 3.5 L; elektron. Zentraleinspr., Bosch. Batterie 38 Ah, Alternator 750 W; Wasserkühlung, Inh. 6 L.

Kraftübertragung: (auf Vorderräder).
5-Gang-Getriebe: I. 3.42; II. 1.95; III. 1.36; IV. 1.05; V. 0.85; R 3.58; Achse 3.94.

Fahrgestell: Kastenrahmen mit Traversen; vorn Federbeine und Dreieckquerlenker, Kurvenstabilisator; hinten Längslenker, Torsionsfederstäbe; Teleskopdämpfer.

Fahrwerk: Bremse, vorne Scheiben, hinten Trommeln, Scheiben-Ø v. 24.7 cm, Handbremse auf Hinterräder; Zahnstangenlenkung, Treibstofftank 57 L; Reifen 185/70 R 14, 205/55 R 15.

Dimensionen: Radstand 195 cm, Spur 138.5/143.5 cm, Bodenfreih. 24 cm, Wendekreis 10 m, Länge 310 cm, Breite 160 cm, Höhe 163 cm.

Fahrleistungen: Vmax (Werk) 130 km/h, V bei 1000/min im 5. Gang 33.1 km/h; 0–100 km/h 15 s; Leistungsgew. 13.4 kg/kW (9.9 kg/PS); Verbrauch (Red.) 6/9 L/100 km.

1.4 – 75 ch
Injection d'essence

Carrosserie, poids: (DIN), Roadster, 2 portes, 2 places; vide dès 740 kg, tot. adm. 1070 kg.

Moteur: (ECE), 4 cyl. (75×77 mm), 1361 cm³; compr. 9.3:1; 55 kW (75 ch) à 5800/min, 40.4 kW/L (54.9 ch/L); 111 Nm (11.3 mkp) à 3400/min; 95 (R).

Moteur (constr.): soupapes en V; 1 arbre à cames en tête (courroie crantée); culasse en alliage léger; vilebrequin à 5 paliers; huile 3.5 L; inj. monopoint électron., Bosch. Batterie 38 Ah, alternateur 750 W; refroidissement à eau, capac. 6 L.

Transmission: (sur roues AV).
Boîte à 5 vit.: I. 3.42; II. 1.95; III. 1.36; IV. 1.05; V. 0.85; AR 3.58; pont 3.94.

Châssis: Cadre à caisson avec traverses; AV jambes élast. et leviers triang. transv., barre anti-dévers; AR bras longitud., barres de torsion; amortiss. télescop.

Train roulant: frein, AV à disques, AR à tambours, Ø disques AV 24.7 cm, frein à main sur roues AR; direction à crémaillère, réservoir carb. 57 L; pneus 185/70 R 14, 205/55 R 15.

Dimensions: empattement 195 cm, voie 138.5/143.5 cm, garde au sol 24 cm, diam. de braq. 10 m, longueur 310 cm, largeur 160 cm, hauteur 163 cm.

Performances: Vmax (usine) 130 km/h, V à 1000/min en 5. vit. 33.1 km/h; 0–100 km/h 15 s; rapp. poids/puiss. 13.4 kg/kW (9.9 kg/ch); consomm. (Red.) 6/9 L/100 km.

1.8 – 58 PS
Diesel

Wie 1.4 – 75 PS, ausgenommen:

Karosserie, Gewicht: (DIN), Roadster, 2 Türen, 2 Sitze; leer ab 800 kg, max. zul. 1160 kg.

Motor: (ECE), 4 Zyl. (80×88 mm), 1769 cm³; Kompr. 23:1; 43 kW (58 PS) bei 4600/min, 24.3 kW/L (33 PS/L); 110 Nm (11.2 mkp) bei 2000/min; Dieselöl. DIN: 44 kW (60 PS).

Motorkonstruktion: 2 Ventile parallel; 1 obenl. Nockenwelle (Zahnriemen); Leichtmetall-Zylinderkopf; 5fach gelagerte Kurbelwelle; Öl 5 L; Einspritzpumpe. Batterie 42 Ah, Alternator 50 A; Wasserkühlung, Inh. 8.3 L.

1.8 – 58 ch
diesel

Comme 1.4 – 75 ch, sauf:

Carrosserie, poids: (DIN), Roadster, 2 portes, 2 places; vide dès 800 kg, tot. adm. 1160 kg.

Moteur: (ECE), 4 cyl. (80×88 mm), 1769 cm³; compr. 23:1; 43 kW (58 ch) à 4600/min, 24.3 kW/L (33 ch/L); 110 Nm (11.2 mkp) à 2000/min; gazole. DIN: 44 kW (60 ch).

Moteur (constr.): 2 soup. en parallèle; 1 arbre à cames en tête (courroie crantée); culasse en alliage léger; vilebrequin à 5 paliers; huile 5 L; pompe à injection. Batterie 42 Ah, alternateur 50 A; refroidissement à eau, capac. 8.3 L.

Dallas Fun

Kraftübertragung: (auf Vorderräder).
5-Gang-Getriebe: I. 3.46; II. 1.85; III. 1.28; IV. 0.97; V. 0.76; R 3.33; Achse 3.59.

Fahrleistungen: Vmax (Red.) 120 km/h, V bei 1000/min im 5. Gang 40.7 km/h; Leistungsgew. 18.6 kg/kW (13.6 kg/PS); Verbrauch (Red.) 5/8 L/100 km.

Transmission: (sur roues AV).
Boîte à 5 vit.: I. 3.46; II. 1.85; III. 1.28; IV. 0.97; V. 0.76; AR 3.33; pont 3.59.

Performances: Vmax (réd.) 120 km/h, V à 1000/min en 5. vit. 40.7 km/h; rapp. poids/puiss. 18.6 kg/kW (13.6 kg/ch); consomm. (Red.) 5/8 L/100 km.

Dodge — USA

Dodge Division, Chrysler Corporation, 12 000 Chrysler Drive, Highland Park, Detroit, Michigan 48288-0857, USA

Marke der Chrysler Corporation.

Marque de la Chrysler Corporation.

Dodge Neon

Limousine und Coupé mit Quermotor und Frontantrieb. Parallelmodell zum Plymouth Neon, wird in Europa als Chrysler verkauft. Debüt Herbst 1993 (IAA Frankfurt).

Berline et Coupé avec moteur transv. et traction. Modèle parallèle avec la Plymouth Neon, est vendue en Europe comme Chrysler. Lancement automne 1993 (IAA Francfort).

2.0 16V – 133 PS Benzineinspritzung

2.0 16V – 133 ch Injection d'essence

Karosserie, Gewicht: (DIN), Limousine, 4 Türen, 5 Sitze; leer ab 1100 kg.
Coupé: 2 Türen, 5 Sitze; leer 1080 kg.

Motor: (SAE), 4 Zyl. in Linie (87.5×83 mm), 1996 cm³; Kompr. 9.8:1; 98 kW (133 PS) bei 6000/min, 49.1 kW/L (66.7 PS/L); 174 Nm (17.7 mkp) bei 5000/min; 91 ROZ.

Motorkonstruktion: 4 Ventile in V; 1 obenl. Nockenwelle (Zahnriemen); Leichtmetall-Zylinderkopf; 5fach gelagerte Kurbelwelle; Öl 3.8 L; elektron. Einspritzung.

Batterie 450 A, Alternator 83 A; Wasserkühlung, Inh. 6.5 L.

Kraftübertragung: (auf Vorderräder).
5-Gang-Getriebe: I. 3.54; II. 2.13; III. 1.36; IV. 1.03; V. 0.72; R 3.14; Achse 3.55; 3.94.
3-Stufen-Automat: I. 2.69; II. 1.55; III. 1; R 2.1; Achse 2.98.

Fahrgestell: Selbsttragende Karosserie; vorn Federbeine und untere Querlenker, Kurvenstabilisator, hinten Federbeine, Längs- und Querlenker, a.W. Kurvenstabilisator; v/h Teleskopdämpfer.

Fahrwerk: Bremse, vorne Scheiben (belüftet), hinten Trommeln, Scheiben-⌀ v. 25.6 cm, a.W. ABS (mit Scheiben h.), Feststellbremse auf Hinterräder; Zahnstangenlenkung mit Servo, Treibstofftank 47 L; Reifen 175/70 R 14, 185/65 R 14, 185/60 HR 14; Felgen 5.5 J, 6 J.

Dimensionen: Radstand 264 cm, Spur 146/146 cm, Bodenfreih. 15 cm, Wendekreis 10.8 m, Kofferraum 335 dm³ Länge 436 cm, Breite 172 cm, Höhe 137 cm.

Fahrleistungen: Vmax (Red.) über 180 km/h, V bei 1000/min im 5. Gang 43.1 km/h; Leistungsgew. 11.2 kg/kW (8.3 kg/PS); Verbrauch EPA 6.2/8.4 L/100 km.
Aut.: Verbrauch EPA 7.1/9.4 L/100 km.

Châssis: carrosserie autoporteuse; AV jambes élatiques et levier transv. inf., barre anti-dévers; AR jambes élast., bras longitud. et transv., s.d. barre anti-dévers; AV/AR amortiss. télescop.

Train roulant: frein, AV à disques (ventilés), AR à tambours, ⌀ disques AV 25.6 cm, s.d. ABS (avec disque AR), frein de stationnement sur roues AR; servodirection à crémaillère, réservoir carb. 47 L; pneus 175/70 R 14, 185/65 R 14, 185/60 HR 14; jantes 5.5 J, 6 J.

Dimensions: empattement 264 cm, voie 146/146 cm, garde au sol 15 cm, diam. de braq. 10.8 m, coffre 335 dm³ longueur 436 cm, largeur 172 cm, hauteur 137 cm.

Performances: Vmax (réd.) plus de 180 km/h, V à 1000/min en 5. vit. 43.1 km/h; rapp. poids/puiss. 11.2 kg/kW (8.3 kg/ch); consomm. EPA 6.2/8.4 L/100 km.
Aut.: consomm. EPA 7.1/9.4 L/100 km.

2.0 16V – 152 PS Benzineinspritzung

2.0 16V – 152 ch Injection d'essence

Wie 2.0 – 133 PS, ausgenommen:

Comme 2.0 – 133 ch, sauf:

Motor: (SAE), 4 Zyl. in Linie (87.5×83 mm), 1996 cm³; Kompr. 9.6:1; 112 kW (152 PS) bei 6500/min, 56.1 kW/L (76.3 PS/L); 180 Nm (18.3 mkp) bei 5500/min; 91 ROZ.

Motorkonstruktion: 4 Ventile in V; 2 obenl. Nockenwellen (Zahnriemen); Leichtmetall-Zylinderkopf; 5fach gelagerte Kurbelwelle; Öl 3.8 L; elektron. Einspritzung.

Batterie 450 A, Alternator 83 A; Wasserkühlung, Inh. 6.8 L.

Kraftübertragung: (auf Vorderräder).
5-Gang-Getriebe: I. 3.54; II. 2.13; III. 1.36; IV. 1.03; V. 0.72; R 3.14; Achse 3.94.
3-Stufen-Automat: I. 2.69; II. 1.55; III. 1; R 2.1; Achse 3.19.

Moteur: (SAE), 4 cyl. en ligne (87.5×83 mm), 1996 cm³; compr. 9.6:1; 112 kW (152 ch) à 6500/min, 56.1 kW/L (76.3 ch/L); 180 Nm (18.3 mkp) à 5500/min; 91 (R).

Moteur (constr.): 4 soupapes en V; 2 arbres à cames en tête (courroie crantée); culasse en alliage léger; vilebrequin à 5 paliers; huile 3.8 L; injection électronique.

Batterie 450 A, alternateur 83 A; refroidissement à eau, capac. 6.8 L.

Transmission: (sur roues AV).
Boîte à 5 vit.: I. 3.54; II. 2.13; III. 1.36; IV. 1.03; V. 0.72; AR 3.14; pont 3.94.
Boîte autom. à 3 vit.: I. 2.69; II. 1.55; III. 1; AR 2.1; pont 3.19.

Dodge Neon Coupé

Fahrleistungen: Vmax (Red.) über 190 km/h, V bei 1000/min im 5. Gang 38.5 km/h; Leistungsgew. 10 kg/kW (7.3 kg/PS); Verbrauch EPA 6.2/8.4 L/100 km.
Aut.: Verbrauch EPA 7.1/9.4 L/100 km.

Performances: Vmax (réd.) plus de 190 km/h, V à 1000/min en 5. vit. 38.5 km/h; rapp. poids/puiss. 10 kg/kW (7.3 kg/ch); consomm. EPA 6.2/8.4 L/100 km.
Aut.: consomm. EPA 7.1/9.4 L/100 km.

Dodge Stratus

Nachfolger des Spirit mit Quermotor und Frontantrieb. Debüt als Prototyp Januar 1994 (Auto Show Detroit & Los Angeles). 1996 mit neuer Motorenreihe.

Successeur de la Spirit avec moteur transv. et traction. Lancement janvier 1994 (Auto Show Detroit & Los Angeles). 1996 avec nouvelle gamme de moteurs.

2.0 16V – 133 PS Benzineinspritzung

2.0 16V – 133 ch Injection d'essence

Karosserie, Gewicht: (DIN), Limousine, 4 Türen, 5 Sitze; leer ab 1325 kg.

Motor: (SAE), 4 Zyl. in Linie (87.5×83 mm), 1996 cm³; Kompr. 9.8:1; 98 kW (133 PS) bei 6000/min, 49.1 kW/L (66.7 PS/L); 174 Nm (17.7 mkp) bei 5000/min; 91 ROZ.

Motorkonstruktion: 4 Ventile in V; 1 obenl. Nockenwelle (Zahnriemen); Leichtmetall-Zylinderkopf; 5fach gelagerte Kurbelwelle; Öl 3.8 L; elektron. Einspritzung.

Batterie 450 A, 510 A, Alternator 90 A; Wasserkühlung, Inh. 8 L.

Kraftübertragung: (auf Vorderräder).
5-Gang-Getriebe: I. 3.54; II. 2.13; III. 1.36; IV. 1.03; V. 0.72; R 3.14; Achse 3.94.

Fahrgestell: Selbsttragende Karosserie; vorn doppelte Querlenker, hinten obere Dreieckquerlenker, doppelte Querlenker, Längslenker, v/h Kurvenstabilisator, Schraubenfedern, Teleskopdämpfer.

Fahrwerk: Bremse, vorne Scheiben (belüftet), hinten Trommeln, Scheiben-⌀ v. 25.8 cm, a.W. ABS, Feststellbremse auf Hinterräder; Zahnstangenlenkung mit Servo, Treibstofftank 61 L; Reifen 195/70 R 14, 195/65 R 15, Felgen 6 J.

Dimensionen: Radstand 274 cm, Spur 153/153 cm, Bodenfreih. 14 cm, Wendekreis 11.3 m, Kofferraum 445 dm³, Länge 473 cm, Breite 182 cm, Höhe 137 cm.

Fahrleistungen: Vmax (Red.) über 180 km/h, V bei 1000/min im 5. Gang 40.6 km/h; Leistungsgew. 13.5 kg/kW (10 kg/PS); Verbrauch EPA 6.5/9.4 L/100 km.

Carrosserie, poids: (DIN), Berline, 4 portes, 5 places; vide dès 1325 kg.

Moteur: (SAE), 4 cyl. en ligne (87.5×83 mm), 1996 cm³; compr. 9.8:1; 98 kW (133 ch) à 6000/min, 49.1 kW/L (66.7 ch/L); 174 Nm (17.7 mkp) à 5000/min; 91 (R).

Moteur (constr.): 4 soupapes en V; 1 arbre à cames en tête (courroie crantée); culasse en alliage léger; vilebrequin à 5 paliers; huile 3.8 L; injection électronique.

Batterie 450 A, 510 A, alternateur 90 A; refroidissement à eau, capac. 8 L.

Transmission: (sur roues AV).
Boîte à 5 vit.: I. 3.54; II. 2.13; III. 1.36; IV. 1.03; V. 0.72; AR 3.14; pont 3.94.

Châssis: carrosserie autoporteuse; AV leviers transv. doubles, AR leviers triang. superieur, leviers transv. doubles, bras longitud., AV/AR barre anti-dévers, ressorts hélic, amortiss. télesc.

Train roulant: frein, AV à disques (ventilés), AR à tambours, ⌀ disques AV 25.8 cm, ABS s. d., frein de stationnement sur roues AR; servodirection à crémaillère, réservoir carb. 61 L; pneus 195/70 R 14, 195/65 R 15, jantes 6 J.

Dimensions: empattement 274 cm, voie 153/153 cm, garde au sol 14 cm, diam. de braq. 11.3 m, coffre 445 dm³, longueur 473 cm, largeur 182 cm, hauteur 137 cm.

Performances: Vmax (réd.) plus de 180 km/h, V à 1000/min en 5. vit. 40.6 km/h; rapp. poids/puiss. 13.5 kg/kW (10 kg/ch); consomm. EPA 6.5/9.4 L/100 km.

Dodge Stratus

Dodge 241

2.4 16V – 152 PS
Benzineinspritzung

Wie 2.0 – 133 PS, ausgenommen:

Motor: (SAE), 4 Zyl. in Linie (87.5×101 mm), 2429 cm³; Kompr. 9.4:1; 112 kW (152 PS) bei 5200/min, 46.1 kW/L (62.7 PS/L); 223 Nm (22.7 mkp) bei 4000/min; 87 ROZ.

Motorkonstruktion: 4 Ventile in V; 2 obenl. Nockenwellen (Zahnriemen); Leichtmetall-Zylinderkopf; 5fach gelagerte Kurbelwelle; Öl 4.3 L; elektron. Einspritzung. Batterie 510 A, Alternator 90 A; Wasserkühlung, Inh. 8.5 L.

Kraftübertragung: (auf Vorderräder). 4-Stufen-Automat: I. 2.84; II. 1.57; III. 1; IV. 0.69; R 2.1; Achse 3.91.

Fahrleistungen: Vmax (Red.) 200 km/h, V bei 1000/min in 4. Gang 42.7 km/h; Leistungsgew. 11.8 kg/kW (8.7 kg/PS); Verbrauch EPA 8.1/11.2 L/100 km.

2.5 V6 24V – 170 PS
Benzineinspritzung

Wie 2.0 – 133 PS, ausgenommen:

Karosserie, Gewicht: (DIN) Limousine, 4 Türen, 5 Sitze; leer ab 1340 kg.

Motor: (SAE), 6 Zyl. in V 60° (83.5×76 mm), 2497 cm³; Kompr. 9.4:1; 125 kW (170 PS) bei 5800/min, 50.1 kW/L (68.1 PS/L); 230 Nm (23.4 mkp) bei 4350/min; 91 ROZ.

Motorkonstruktion: 4 Ventile in V; 2×1 obenl. Nockenwelle (Zahnriemen); Leichtmetall-Zylinderköpfe; 4fach gelagerte Kurbelwelle; Öl 3.8 L; elektron. Einspritzung. Batterie 510 A, Alternator 90 A; Wasserkühlung, Inh. 10 L.

Kraftübertragung: (auf Vorderräder). 4-Stufen-Automat: I. 2.84; II. 1.57; III. 1; IV. 0.69; R 2.1; Achse 3.91.

Fahrwerk: Scheiben-Ø v. 28.2 cm, ABS, Reifen 195/65 HR 15, Felgen 6 J.

Fahrleistungen: Vmax (Red.) 210 km/h, V bei 1000/min in 4. Gang 42.7 km/h; Leistungsgew. 10.7 kg/kW (7.9 kg/PS); Verbrauch EPA 8.7/12.4 L/100 km.

2.4 16V – 152 ch
Injection d'essence

Comme 2.0 – 133 ch, sauf:

Moteur: (SAE), 4 cyl. en ligne (87.5×101 mm), 2429 cm³; compr. 9.4:1; 112 kW (152 ch) à 5200/min, 46.1 kW/L (62.7 ch/L); 223 Nm (22.7 mkp) à 4000/min; 87 (R).

Moteur (constr.): 4 soupapes en V; 2 arbres à cames en tête (courroie crantée); culasse en alliage léger; vilebrequin à 5 paliers; huile 4.3 L; injection électronique. Batterie 510 A, alternateur 90 A; refroidissement à eau, capac. 8.5 L.

Transmission: (sur roues AV). Boîte autom. à 4 vit.: I. 2.84; II. 1.57; III. 1; IV. 0.69; AR 2.1; pont 3.91.

Performances: Vmax (réd.) 200 km/h, V à 1000/min en 4. vit. 42.7 km/h; rapp. poids/puiss. 11.8 kg/kW (8.7 kg/ch); consomm. EPA 8.1/11.2 L/100 km.

2.5 V6 24V – 170 ch
Injection d'essence

Comme 2.0 – 133 ch, sauf:

Carrosserie, poids: (DIN) Berline, 4 portes, 5 places; vide dès 1340 kg.

Moteur: (SAE), 6 cyl. en V 60° (83.5×76 mm), 2497 cm³; compr. 9.4:1; 125 kW (170 ch) à 5800/min, 50.1 kW/L (68.1 ch/L); 230 Nm (23.4 mkp) à 4350/min; 91 (R).

Moteur (constr.): 4 soupapes en V; 2×1 arbre à cames en tête (courroie crantée); culasses en alliage léger; vilebrequin à 4 paliers; huile 3.8 L; injection électronique. Batterie 510 A, alternateur 90 A; refroidissement à eau, capac. 10 L.

Transmission: (sur roues AV). Boîte autom. à 4 vit.: I. 2.84; II. 1.57; III. 1; IV. 0.69; AR 2.1; pont 3.91.

Train roulant: Ø disques AV 28.2 cm, ABS, pneus 195/65 HR 15, jantes 6 J.

Performances: Vmax (réd.) 210 km/h, V à 1000/min en 4. vit. 42.7 km/h; rapp. poids/puiss. 10.7 kg/kW (7.9 kg/ch); consomm. EPA 8.7/12.4 L/100 km.

Dodge Avenger

Zweitüriges Coupé mit Quermotor und Frontantrieb, 2-Liter-Vierzylinder oder 2.5 V6, beide mit Vierventiltechnik. Debüt Winter 1994.

Coupé 2 portes avec moteur transv. et traction, 2 litres 4 cyl. ou 2.5 V6, tous les deux avec 4 soupapes par cyl. Lancement hiver 1994.

2.0 16V – 141 PS
Benzineinspritzung

Karosserie, Gewicht: (DIN), Coupé, 2 Türen, 5 Sitze; leer ab 1310 kg.

Motor: (SAE), 4 Zyl. in Linie (87.5×83 mm), 1996 cm³; Kompr. 9.6:1; 104 kW (141 PS) bei 6000/min, 52.1 kW/L (70.8 PS/L); 177 Nm (18 mkp) bei 4800/min; 91 ROZ.

Motorkonstruktion: 4 Ventile in V; 2 obenl. Nockenwellen (Zahnriemen); Leichtmetall-Zylinderkopf; 5fach gelagerte Kurbelwelle; Öl 3.8 L; elektron. Einspritzung. Batterie 525 A, Alternator 110 A; Wasserkühlung, Inh. 7 L.

Kraftübertragung: (auf Vorderräder). 5-Gang-Getriebe: I. 3.54; II. 2.13; III. 1.36; IV. 1.03; V. 0.81; R 3.14; Achse 3.94. 4-Stufen-Automat: I. 2.84; II. 1.57; III. 1; IV. 0.69; R 2.1; Achse 3.91.

2.0 16V – 141 ch
Injection d'essence

Carrosserie, poids: (DIN), Coupé, 2 portes, 5 places; vide dès 1310 kg.

Moteur: (SAE), 4 cyl. en ligne (87.5×83 mm), 1996 cm³; compr. 9.6:1; 104 kW (141 ch) à 6000/min, 52.1 kW/L (70.8 ch/L); 177 Nm (18 mkp) à 4800/min; 91 (R).

Moteur (constr.): 4 soupapes en V; 2 arbres à cames en tête (courroie crantée); culasse en alliage léger; vilebrequin à 5 paliers; huile 3.8 L; injection électronique. Batterie 525 A, alternateur 110 A; refroidissement à eau, capac. 7 L.

Transmission: (sur roues AV). Boîte à 5 vit.: I. 3.54; II. 2.13; III. 1.36; IV. 1.03; V. 0.81; AR 3.14; pont 3.94. Boîte autom. à 4 vit.: I. 2.84; II. 1.57; III. 1; IV. 0.69; AR 2.1; pont 3.91.

Dodge Avenger

Fahrgestell: Selbsttragende Karosserie; vorn doppelte Dreieckquerlenker, hinten obere Dreieckquerlenker, doppelte Querlenker, Längslenker; v/h Kurvenstabilisator, Schraubenfedern, Teleskopdämpfer.

Fahrwerk: Bremse, vorne Scheiben (belüftet), hinten Trommeln, Scheiben-Ø v. 25.4 cm, a.W. ABS (mit Scheiben h.), Feststellbremse auf Hinterräder; Zahnstangenlenkung mit Servo, Treibstofftank 64 L; Reifen 195/70 HR 14, 205/55 HR 16, 215/50 HR 17; Felgen 5.5 J, 6.5 J.

Dimensionen: Radstand 264 cm, Spur 151/151 cm, Bodenfreih. 14 cm, Wendekreis 11.6 m, Kofferraum 370 dm³, Länge 483 cm, Breite 176 cm, Höhe 135 cm.

Fahrleistungen: Vmax (Red.) über 180 km/h, V bei 1000/min im 5. Gang 36.1 km/h; Leistungsgew. 12.6 kg/kW (9.3 kg/PS); Verbrauch EPA 7.4/10.7 L/100 km. *Aut.:* Verbrauch EPA 7.8/11.2 L/100 km.

2.5 V6 24V – 166 PS
Benzineinspritzung

Wie 2.0 – 141 PS, ausgenommen:

Motor: (SAE), 6 Zyl. in V 60° (83.5×76 mm), 2497 cm³; Kompr. 9.4:1; 122 kW (166 PS) bei 5500/min, 48.9 kW/L (66.4 PS/L); 230 Nm (23.4 mkp) bei 4350/min; 91 ROZ.

Motorkonstruktion: 4 Ventile in V; 2×1 obenl. Nockenwelle (Zahnriemen); Leichtmetall-Zylinderköpfe; 4fach gelagerte Kurbelwelle; Öl 4 L; elektron. Einspritzung. Batterie 525 A, Alternator 110 A; Wasserkühlung, Inh. 7 L.

Kraftübertragung: (auf Vorderräder). 4-Stufen-Automat: I. 2.84; II. 1.57; III. 1; IV. 0.69; R 2.1; Achse 3.91.

Fahrleistungen: Vmax (Red.) über 190 km/h, V bei 1000/min im 4. Gang 42.7 km/h; Leistungsgew. 10.7 kg/kW (7.9 kg/PS); Verbrauch EPA 8.7/11.8 L/100 km.

Châssis: carrosserie autoporteuse; AV leviers triang. transv. doubles, AR leviers triang. superieur, leviers transv. doubles, bras longitud.; AV/AR barre anti-dévers, ressorts hélic, amortiss. télesc.

Train roulant: frein, AV à disques (ventilés), AR à tambours, Ø disques AV 25.4 cm, s.d. ABS (avec disque AR), frein de stationnement sur roues AR; servodirection à crémaillère, réservoir carb. 64 L; pneus 195/70 HR 14, 205/55 HR 16, 215/50 HR 17; jantes 5.5 J, 6.5 J.

Dimensions: empattement 264 cm, voie 151/151 cm, garde au sol 14 cm, diam. de braq. 11.6 m, coffre 370 dm³, longueur 483 cm, largeur 176 cm, hauteur 135 cm.

Performances: Vmax (réd.) plus de 180 km/h, V à 1000/min en 5. vit. 36.1 km/h; rapp. poids/puiss. 12.6 kg/kW (9.3 kg/ch); consomm. EPA 7.4/10.7 L/100 km. *Aut.:* consomm. EPA 7.8/11.2 L/100 km.

2.5 V6 24V – 166 ch
Injection d'essence

Comme 2.0 – 141 ch, sauf:

Moteur: (SAE), 6 cyl. en V 60° (83.5×76 mm), 2497 cm³; compr. 9.4:1; 122 kW (166 ch) à 5500/min, 48.9 kW/L (66.4 ch/L); 230 Nm (23.4 mkp) à 4350/min; 91 (R).

Moteur (constr.): 4 soupapes en V; 2×1 arbre à cames en tête (courroie crantée); culasses en alliage léger; vilebrequin à 4 paliers; huile 4 L; injection électronique. Batterie 525 A, alternateur 110 A; refroidissement à eau, capac. 7 L.

Transmission: (sur roues AV). Boîte autom. à 4 vit.: I. 2.84; II. 1.57; III. 1; IV. 0.69; AR 2.1; pont 3.91.

Performances: Vmax (réd.) plus de 190 km/h, V à 1000/min en 4. vit. 42.7 km/h; rapp. poids/puiss. 10.7 kg/kW (7.9 kg/ch); consomm. EPA 8.7/11.8 L/100 km.

Dodge Intrepid '98

Reiselimousine mit Längsmotor und Frontantrieb der LH-Generation. Debüt Detroit, Januar 1992. Januar 1997: Neuauflage.

Berline de la génération LH avec moteur longit. et traction AV. Lancement Detroit, janvier 1992. Janv. 1997: Nouvelle édition.

2.7 V6 24V – 203 PS
Benzineinspritzung

Karosserie, Gewicht: (DIN), Limousine, 4 Türen, 5 - 6 Sitze; leer ab 1560 kg.

Motor: (SAE), 6 Zyl. in V 60° (86×78.5 mm), 2736 cm³; Kompr. 9.7:1; 149 kW (203 PS) bei 6000/min, 54.4 kW/L (74 PS/L); 255 Nm (26 mkp) bei 4900/min; 91 ROZ.

Motorkonstruktion: 4 Ventile in V; 2×2 obenl. Nockenwellen (Ketten); Leichtmetall-Zylinderköpfe und -block; 4fach gelagerte Kurbelwelle; Öl 3.8 L; elektron. Einspr. Batterie 60 Ah, Alternator 90 A; Wasserkühlung, Inh. 8.2 L.

2.7 V6 24V – 203 ch
Injection d'essence

Carrosserie, poids: (DIN), Berline, 4 portes, 5 - 6 places; vide dès 1560 kg.

Moteur: (SAE), 6 cyl. en V 60° (86×78.5 mm), 2736 cm³; compr. 9.7:1; 149 kW (203 ch) à 6000/min, 54.4 kW/L (74 ch/L); 255 Nm (26 mkp) à 4900/min; 91 (R).

Moteur (constr.): 4 soupapes en V; 2×2 arbres à cames en tête (chaînes); culasses et bloc-cyl. en alliage léger; vilebrequin à 4 paliers; huile 3.8 L; injection électronique. Batterie 60 Ah, alternateur 90 A; refroidissement à eau, capac. 8.2 L.

Dodge

Dodge Intrepid

Kraftübertragung: (auf Vorderräder). 4-Stufen-Automat: I. 2.84; II. 1.57; III. 1; IV. 0.69; R 2.1; Achse 3.66.

Fahrgestell: Selbsttragende Karosserie; vorn Federbeine und Dreieckquerlenker, Kurvenstabilisator; hinten Federbeine, Längslenker, doppelte Querlenker; a.W. Kurvenstabilisator; v/h Schraubenfedern, Teleskopdämpfer.

Fahrwerk: Bremse, vorne Scheiben (belüftet), hinten Trommeln, Scheiben-⌀ v. 28.2 cm, h. 27 cm, a.W. ABS (mit Scheiben h.), Feststellbremse auf Hinterräder; Zahnstangenlenkung mit Servo, Treibstofftank 68 L; Reifen 225/60 R 16, Felgen 7 J.

Dimensionen: Radstand 287 cm, Spur 158/158 cm, Bodenfreih. 16 cm, Wendekreis 11.5 m, Kofferraum 520 dm^3, Länge 517 cm, Breite 190 cm, Höhe 142 cm.

Fahrleistungen: Vmax (Red.) 200 km/h, 0–100 km/h 11 s; Leistungsgew. 10.5 kg/kW (7.7 kg/PS); Verbrauch (Red.) 9/14 L/100 km.

3.2 V6 24V – 223 PS
Benzineinspritzung

Wie 2.7 – 203 PS, ausgenommen:

Motor: (SAE), 6 Zyl. in V 60° (92×81 mm), 3231 cm^3; Kompr. 9.5:1; 164 kW (223 PS) bei 6600/min, 50.8 kW/L (69 PS/L); 301 Nm (30.7 mkp) bei 4000/min; 91 ROZ.

Motorkonstruktion: 4 Ventile in V; 2×1 obenl. Nockenwelle (Zahnriemen); Leichtmetall-Zylinderköpfe und -block; 4fach gelagerte Kurbelwelle; Öl 3.8 L; elektron. Einspritzung.

Batterie 60 Ah, Alternator 90 A; Wasserkühlung, Inh. 7.8 L.

Kraftübertragung: (auf Vorderräder). 4-Stufen-Automat: I. 2.84; II. 1.57; III. 1; IV. 0.69; R 2.1; Achse 3.66.

Fahrleistungen: Vmax (Red.) 210 km/h, 0–100 km/h 10 s; Leistungsgew. 9.5 kg/kW (7 kg/PS); Verbrauch (Red.) 9/15 L/100 km.

Dodge Intrepid

Transmission: (sur roues AV). Boîte autom. à 4 vit.: I. 2.84; II. 1.57; III. 1; IV. 0.69; AR 2.1; pont 3.66.

Châssis: carrosserie autoporteuse; AV jambes élast. et leviers triang. transv., barre anti-dévers; AR jambes élast., bras longitud., leviers transv. doubles; s.d. barre anti-dévers; AV/AR ressorts hélicoïdaux, amortiss. télesc.

Train roulant: frein, AV à disques (ventilés), AR à tambours, ⌀ disques AV 28.2 cm, AR 27 cm, s.d. ABS (avec disque AR), frein de stationnement sur roues AR; servodirection à crémaillère, réservoir carb. 68 L; pneus 225/60 R 16, jantes 7 J.

Dimensions: empattement 287 cm, voie 158/158 cm, garde au sol 16 cm, diam. de braq. 11.5 m, coffre 520 dm^3, longueur 517 cm, largeur 190 cm, hauteur 142 cm.

Performances: Vmax (réd.) 200 km/h, 0–100 km/h 11 s; rapp. poids/puiss. 10.5 kg/kW (7.7 kg/ch); consomm. (Red.) 9/14 L/100 km.

3.2 V6 24V – 223 ch
Injection d'essence

Comme 2.7 – 203 ch, sauf:

Moteur: (SAE), 6 cyl. en V 60° (92×81 mm), 3231 cm^3; compr. 9.5:1; 164 kW (223 ch) à 6600/min, 50.8 kW/L (69 ch/L); 301 Nm (30.7 mkp) à 4000/min; 91 (R).

Moteur (constr.): 4 soupapes en V; 2×1 arbre à cames en tête (courroie crantée); culasses et bloc-cyl. en alliage léger; vilebrequin à 4 paliers; huile 3.8 L; injection électronique.

Batterie 60 Ah, alternateur 90 A; refroidissement à eau, capac. 7.8 L.

Transmission: (sur roues AV). Boîte autom. à 4 vit.: I. 2.84; II. 1.57; III. 1; IV. 0.69; AR 2.1; pont 3.66.

Performances: Vmax (réd.) 210 km/h, 0–100 km/h 10 s; rapp. poids/puiss. 9.5 kg/kW (7 kg/ch); consomm. (Red.) 9/15 L/100 km.

Dodge Viper GTS

Coupéausführung des Viper, stark überarbeitet und mit höherer Leistung. Debüt Juni 1996.

Version coupé de la Viper, fortement modifiée, puissance accrue. Lancement juin 1996.

8.0 V10 – 455 PS / 455 ch
Benzineinspritzung / Injection d'essence

Karosserie, Gewicht: (DIN), Coupé, 3 Türen, 2 Sitze; leer ab 1535 kg.

Motor: (DIN/SAE), 10 Zyl. in V 90° (101.6×98.55 mm), 7990 cm^3; Kompr. 9.6:1; 335 kW (455 PS) bei 5200/min, 41.9 kW/L (57 PS/L); 664 Nm (67.7 mkp) bei 3700/min; 91 ROZ.

Motorkonstruktion: 2 Ventile; zentrale Nockenwelle (Kette); Leichtmetall-Zylinderköpfe und -block; 6fach gelagerte Kurbelwelle; Öl 6.6 L; elektron. Einspritzung.

Batterie 650 A, Alternator 143 A; Wasserkühlung, Inh. 11.9 L.

Kraftübertragung: (auf Hinterräder), Differentialbremse.
6-Gang-Getriebe: I. 2.66; II. 1.78; III. 1.3; IV. 1; V. 0.74; VI. 0.5; R 2.9; Achse 3.07.

Carrosserie, poids: (DIN), Coupé, 3 portes, 2 places; vide dès 1535 kg.

Moteur: (DIN/SAE), 10 cyl. en V 90° (101.6×98.55 mm), 7990 cm^3; compr. 9.6:1; 335 kW (455 ch) à 5200/min, 41.9 kW/L (57 ch/L); 664 Nm (67.7 mkp) à 3700/min; 91 (R).

Moteur (constr.): 2 soupapes; arbre à cames central (chaîne); culasses et bloc-cyl. en alliage léger; vilebrequin à 6 paliers; huile 6.6 L; injection électronique.

Batterie 650 A, alternateur 143 A; refroidissement à eau, capac. 11.9 L.

Transmission: (sur roues AR), différentiel autobloquant.
Boîte à 6 vit.: I. 2.66; II. 1.78; III. 1.3; IV. 1; V. 0.74; VI. 0.5; AR 2.9; pont 3.07.

Dodge Viper GTS

Fahrgestell: Rohr-Kastenrahmen mit Zentralträgerstruktur und Kunststoffkarosserie; v/h Einzelradaufhängung, doppelte Dreieckquerlenker, Kurvenstabilisator, Schraubenfedern, Teleskopdämpfer.

Fahrwerk: Vierrad-Scheibenbremse (v/h belüftet), Scheiben-⌀ v. 33 cm, h. 33 cm, Handbremse auf Hinterräder; Zahnstangenlenkung mit Servo, Treibstofftank 72 L; Reifen v. 275/40 ZR 17, h. 335/35 ZR 17, Felgen v. 10, h. 13 J.

Dimensionen: Radstand 244.5 cm, Spur 151.5/154 cm, Bodenfreih. 13 cm, Wendekreis 12.8 m, Kofferraum 565 dm^3, Länge 449 cm, Breite 192 cm, Höhe 119 cm.

Fahrleistungen: Vmax (Werk) 290 km/h, V bei 1000/min im 6. Gang 79.4 km/h; 0–97 km/h 4.5 s; Leistungsgew. 4.6 kg/kW (3.4 kg/PS); Verbrauch EPA 9.8/18.1 L/100 km.

Châssis: Cadre à caisson/tubulaire avec structure centr. et carrosserie en mat. synth.; AV/AR susp. à roues indép., leviers transv. triang. double, barre anti-dévers, ressorts hélic, amortiss. télesc.

Train roulant: quatre freins à disques (AV/AR ventilés), ⌀ disques AV 33 cm, AR 33 cm, frein à main sur roues AR; servodirection à crémaillère, réservoir carb. 72 L; pneus AV 275/40 ZR 17, AR 335/35 ZR 17, jantes AV 10, AR 13 J.

Dimensions: empattement 244.5 cm, voie 151.5/154 cm, garde au sol 13 cm, diam. de braq. 12.8 m, coffre 565 dm^3, longueur 449 cm, largeur 192 cm, hauteur 119 cm.

Performances: Vmax (usine) 290 km/h, V à 1000/min en 6. vit. 79.4 km/h; 0–97 km/h 4.5 s; rapp. poids/puiss. 4.6 kg/kW (3.4 kg/ch); consomm. EPA 9.8/18.1 L/100 km.

Dodge Caravan

Minivan mit Quermotor und Frontantrieb. Debüt Herbst 1983, Neuauflage Januar 1995.

Minivan avec moteur transv. et traction. Lancement automne 1983, nouv. édition janvier 1995.

2.4 16V – 152 PS / 152 ch
Benzineinspritzung / Injection d'essence

Karosserie, Gewicht: (DIN), Minivan, 5 Türen, 5 - 7 Sitze; leer ab 1610 kg, Grand ab 1685 kg.

Motor: (SAE), 4 Zyl. in Linie (87.5×101 mm), 2429 cm^3; Kompr. 9.4:1; 112 kW (152 PS) bei 5200/min, 46.1 kW/L (62.7 PS/L); 226 Nm (23 mkp) bei 4000/min; 91 ROZ.

Carrosserie, poids: (DIN), Minivan, 5 portes, 5 - 7 places; vide dès 1610 kg, Grand dès 1685 kg.

Moteur: (SAE), 4 cyl. en ligne (87.5×101 mm), 2429 cm^3; compr. 9.4:1; 112 kW (152 ch) à 5200/min, 46.1 kW/L (62.7 ch/L); 226 Nm (23 mkp) à 4000/min; 91 (R).

Dodge 243

Motorkonstruktion: 4 Ventile in V; 2 obenl. Nockenwellen (Zahnriemen); Leichtmetall-Zylinderköpfe; 5fach gelagerte Kurbelwelle; Öl 3.8 L; elektron. Einspritzung. Batterie 600 A, Alternator 90 A; Wasserkühlung, Inh. 10.6 L.

Kraftübertragung: (auf Vorderräder). 3-Stufen-Automat: I. 2.69; II. 1.55; III. 1; R 2.1; Achse 3.19. 4-Stufen-Automat: I. 2.84; II. 1.57; III. 1; IV. 0.69; Achse 3.91.

Fahrgestell: Selbsttragende Karosserie, vorn Federbeine und Dreiecksquerlenker, Kurvenstabilisator; hinten Starrachse, Panhardstab, a.W. Kurvenstabilisator, Blattfedern; v/h Teleskopdämpfer.

Fahrwerk: Bremse, vorne Scheiben (belüftet), hinten Trommeln, mit Servo, Scheiben-∅ v. 25.8 cm, a.W. ABS, Fussfeststellbremse auf Hinterräder; Zahnstangenl. mit Servo, Treibstofftank 75 L; Reifen 205/75 R 14, 215/65 R 15, 215/70 R 15; 6 J, 6.5 J.

Dimensionen: Radstand 288 cm, Spur 160/163 cm, Bodenfreih. 14 cm, Wendekreis 11.5 m, Kofferraum 450/4140 dm³, Länge 474 cm, Breite 192 cm, Höhe 179 cm.
Grand: Radstand 303 cm, Wendekreis 12 m, Kofferraum 670/4880 dm³, Länge 507 cm.

Fahrleistungen: Vmax (Red.) 170 km/h, V bei 1000/min im 3. Gang 37.8 km/h; Leistungsgew. 14.4 kg/kW (10.6 PS/kg); Verbrauch EPA 9.4/11.8 L/100 km.

Moteur (constr.): 4 soupapes en V; 2 arbres à cames en tête (courroie crantée); culasse en alliage léger; vilebrequin à 5 paliers; huile 3.8 L; injection électronique. Batterie 600 A, alternateur 90 A; refroidissement à eau, capac. 10.6 L.

Transmission: (sur roues AV). Boîte autom. à 3 vit.: I. 2.69; II. 1.55; III. 1; AR 2.1; pont 3.19. Boîte autom. à 4 vit.: I. 2.84; II. 1.57; III. 1; IV. 0.69; pont 3.91.

Châssis: carrosserie autoporteuse; AV jambes élast. et leviers triang. transv., barre anti-dévers; AR essieu rigide, barre Panhard, s.d. barre anti-dévers, ressorts à lames; AV/AR amortiss. télescop.

Train roulant: frein, AV à disques (ventilés), AR à tambours, avec servo, ∅ disques AV 25.8 cm, ABS s. d., frein de station. à pied sur roues AR; servodir. à crémaillère, réservoir carb. 75 L; pneus 205/75 R 14, 215/65 R 15, 215/70 R 15; jantes 6 J, 6.5 J.

Dimensions: empattement 288 cm, voie 160/163 cm, garde au sol 14 cm, diam. de braq. 11.5 m, coffre 450/4140 dm³, longueur 474 cm, largeur 192 cm, hauteur 179 cm.
Grand: empattement 303 cm, diam. de braq. 12 m, coffre 670/4880 dm³, longueur 507 cm.

Performances: Vmax (réd.) 170 km/h, V à 1000/min en 3. vit. 37.8 km/h; rapp. poids/puiss. 14.4 kg/kW (10.6 ch/kg); consomm. EPA 9.4/11.8 L/100 km.

3.0 V6 – 152 PS
Benzineinspritzung

Wie 2.4 – 152 PS, ausgenommen:

Motor: (SAE), 6 Zyl. in V 60° (91.1×76 mm), 2972 cm³; Kompr. 8.9:1; 112 kW (152 PS) bei 5200/min, 37.7 kW/L (51.2 PS/L); 239 Nm (24.4 mkp) bei 4000/min; 91 ROZ.

Motorkonstruktion: 2 Ventile; 2×1 obenl. Nockenwelle (Zahnriemen); Leichtmetall-Zylinderköpfe; 4fach gelagerte Kurbelwelle; Öl 3.8 L; elektron. Einspritzung. 500 A, Alternator 90 A; Wasserkühlung, Inh. 10.6 L.

Kraftübertragung: (auf Vorderräder). 3-Stufen-Automat: I. 2.69; II. 1.55; III. 1; R 2.1; Achse 2.98.

Fahrleistungen: Vmax (Red.) 170 km/h, V bei 1000/min im 3. Gang 40.5 km/h; Leistungsgew. 14.3 kg/kW (10.6 PS/kg); Verbrauch EPA 9.8/12.4 L/100 km.

3.0 V6 – 152 ch
Injection d'essence

Comme 2.4 – 152 ch, sauf:

Moteur: (SAE), 6 cyl. en V 60° (91.1×76 mm), 2972 cm³; compr. 8.9:1; 112 kW (152 ch) à 5200/min, 37.7 kW/L (51.2 ch/L); 239 Nm (24.4 mkp) à 4000/min; 91 (R).

Moteur (constr.): 2 soupapes; 2×1 arbre à cames en tête (courroie crantée); culasses en alliage léger; vilebrequin à 4 paliers; huile 3.8 L; injection électronique. 500 A, alternateur 90 A; refroidissement à eau, capac. 10.6 L.

Transmission: (sur roues AV). Boîte autom. à 3 vit.: I. 2.69; II. 1.55; III. 1; AR 2.1; pont 2.98.

Performances: Vmax (réd.) 170 km/h, V à 1000/min en 3. vit. 40.5 km/h; rapp. poids/puiss. 14.3 kg/kW (10.6 ch/kg); consomm. EPA 9.8/12.4 L/100 km.

Dodge Caravan

3.3 V6 – 160 PS
Benzineinspritzung

Wie 2.4 – 152 PS, ausgenommen:

Motor: (SAE), 6 Zyl. in V 60° (93×81 mm), 3301 cm³; Kompr. 8.9:1; 118 kW (160 PS) bei 4850/min, 35.7 kW/L (48.6 PS/L); 275 Nm (28 mkp) bei 3250/min; 91 ROZ.

3.3 V6 – 160 ch
Injection d'essence

Comme 2.4 – 152 ch, sauf:

Moteur: (SAE), 6 cyl. en V 60° (93×81 mm), 3301 cm³; compr. 8.9:1; 118 kW (160 ch) à 4850/min, 35.7 kW/L (48.6 ch/L); 275 Nm (28 mkp) à 3250/min; 91 (R).

Motorkonstruktion: 2 Ventile; zentrale Nockenwelle (Kette); Leichtmetall-Zylinderköpfe; 4fach gelagerte Kurbelwelle; Öl 4.3 L; elektron. Einspritzung. Batterie 500 A, Alternator 90 A; Wasserkühlung, Inh. 12.5 L.

Kraftübertragung: (auf Vorderräder). 4-Stufen-Automat: I. 2.84; II. 1.57; III. 1; IV. 0.69; R 2.1; Achse 3.62.

Fahrleistungen: Vmax (Red.) 170 km/h, V bei 1000/min im 4. Gang 48.3 km/h; Leistungsgew. 13.6 kg/kW (10.1 PS/kg); Verbrauch EPA 9.8/13.1 L/100 km.

Moteur (constr.): 2 soupapes; arbre à cames central (chaîne); culasses en alliage léger; vilebrequin à 4 paliers; huile 4.3 L; injection électronique. Batterie 500 A, alternateur 90 A; refroidissement à eau, capac. 12.5 L.

Transmission: (sur roues AV). Boîte autom. à 4 vit.: I. 2.84; II. 1.57; III. 1; IV. 0.69; AR 2.1; pont 3.62.

Performances: Vmax (réd.) 170 km/h, V à 1000/min en 4. vit. 48.3 km/h; rapp. poids/puiss. 13.6 kg/kW (10.1 ch/kg); consomm. EPA 9.8/13.1 L/100 km.

Dodge Gran Caravan

3.8 V6 – 169 PS
Benzineinspritzung

Wie 2.4 – 152 PS, ausgenommen:

Karosserie, Gewicht: (DIN), Minivan, 5 Türen, 5 - 7 Sitze; leer ab 1755 kg, Grand ab 1795 kg, Grand AWD ab 1880 kg.

Motor: (SAE), 6 Zyl. in V 60° (96×87 mm), 3778 cm³; Kompr. 9:1; 124 kW (169 PS) bei 4300/min, 32.8 kW/L (44.6 PS/L); 308 Nm (31.4 mkp) bei 3100/min; 91 ROZ.

Motorkonstruktion: 2 Ventile; zentrale Nockenwelle (Kette); Leichtmetall-Zylinderköpfe; 4fach gelagerte Kurbelwelle; Öl 3.8 L; elektron. Einspritzung. Batterie 500 A, Alternator 90 A; Wasserkühlung, Inh. 12.5 L.

Kraftübertragung: (auf Vorderräder). *Grand AWD:* (4WD permanent), zentrale Viskokupplung; variable Drehmomentverteilung v/h. 4-Stufen-Automat: I. 2.84; II. 1.57; III. 1; IV. 0.69; R 2.1; Achse 3.45.

Fahrwerk: Scheiben-∅ v. 28.1 cm, ABS.

Fahrleistungen: Vmax (Red.) 170 km/h, V bei 1000/min im 4. Gang 50.8 km/h; Leistungsgew. 14.2 kg/kW (10.4 PS/kg); Verbrauch EPA 10.7/14.7 L/100 km.

3.8 V6 – 169 ch
Injection d'essence

Comme 2.4 – 152 ch, sauf:

Carrosserie, poids: (DIN), Minivan, 5 portes, 5 - 7 places; vide dès 1755 kg, Grand dès 1795 kg, Grand AWD dès 1880 kg.

Moteur: (SAE), 6 cyl. en V 60° (96×87 mm), 3778 cm³; compr. 9:1; 124 kW (169 ch) à 4300/min, 32.8 kW/L (44.6 ch/L); 308 Nm (31.4 mkp) à 3100/min; 91 (R).

Moteur (constr.): 2 soupapes; arbre à cames central (chaîne); culasses en alliage léger; vilebrequin à 4 paliers; huile 3.8 L; injection électronique. Batterie 500 A, alternateur 90 A; refroidissement à eau, capac. 12.5 L.

Transmission: (sur roues AV). *Grand AWD:* (4WD permanent), visco-coupleur central; répartition du couple AV/AR variable. Boîte autom. à 4 vit.: I. 2.84; II. 1.57; III. 1; IV. 0.69; AR 2.1; pont 3.45.

Train roulant: ∅ disques AV 28.1 cm, ABS.

Performances: Vmax (réd.) 170 km/h, V à 1000/min en 4. vit. 50.8 km/h; rapp. poids/puiss. 14.2 kg/kW (10.4 ch/kg); consomm. EPA 10.7/14.7 L/100 km.

Dodge Durango

Neues Modell. Geländefahrzeug mit zuschaltbarem Allradantrieb, Getriebeautomat, Nachfolger des ehemaligen Ramcharger. Debüt Detroit Januar 1997. Provisorische Daten.

Nouveau modèle. Voiture tout-terrain avec traction intégrale enclenchable, boîte automatique, successeur de l'ancienne Ramcharger. Lancement Detroit janvier 1997. Données provisoires.

3.9 V6 – 177 PS
Benzineinspritzung

Karosserie, Gewicht: (DIN), Station Wagon, 5 Türen, 5 - 8 Sitze; leer ab 2070 kg.

Motor: (SAE), 6 Zyl. in V 90° (99.3×84.1 mm), 3908 cm³; Kompr. 9.1:1; 130 kW (177 PS) bei 4800/min, 33.3 kW/L (45.2 PS/L); 305 Nm (31.1 mkp) bei 3200/min; 91 ROZ.

Motorkonstruktion: zentrale Nockenwelle (Kette); 4fach gelagerte Kurbelwelle; Öl 3.8 L; elektron. Einspritzung. Batterie 90 Ah, Alternator 120 A; Wasserkühlung, Inh. 13.3 L.

3.9 V6 – 177 ch
Injection d'essence

Carrosserie, poids: (DIN), station-wagon, 5 portes, 5 - 8 places; vide dès 2070 kg.

Moteur: (SAE), 6 cyl. en V 90° (99.3×84.1 mm), 3908 cm³; compr. 9.1:1; 130 kW (177 ch) à 4800/min, 33.3 kW/L (45.2 ch/L); 305 Nm (31.1 mkp) à 3200/min; 91 (R).

Moteur (constr.): arbre à cames central (chaîne); vilebrequin à 4 paliers; huile 3.8 L; injection électronique. Batterie 90 Ah, alternateur 120 A; refroidissement à eau, capac. 13.3 L.

Dodge • Donkervoort

Kraftübertragung: (auf Hinterräder oder alle Räder), zentrales Planetendiff. mit Viskobremse; Drehmomentverteilung v/h 48/52 %; Reduktionsgetriebe: I. 1; II. 2.72.
4-Stufen-Automat: I. 2.74; II. 1.54; III. 1; IV. 0.69; R 2.1; Achse 3.55; 3.92.

Fahrgestell: Kastenrahmen mit Traversen; vorn doppelte Dreieckquerlenker, Torsionsfederstäbe; hinten Starrachse, Blattfedern; v/h Kurvenstabilisator, Teleskopdämpfer.

Fahrwerk: Bremse, vorne Scheiben (belüftet), hinten Trommeln, Scheiben-Ø v. 28.7 cm, ABS hinten, Fussfeststellbr. auf Hinterräder; Kugelumlaufl. mit Servo, Treibstofftank 95 L; Reifen 235/75 R 15, 7 J, 8 J.

Dimensionen: Radst. 294 cm, Spur 154/156 cm, Bodenfreih. 20 cm, Wendekreis 11.7 m, Kofferraum 530/2480 dm³, Länge 491 cm, Breite 182 cm, Höhe 184 cm.

Fahrleistungen: Vmax (Red.) 170 km/h, V bei 1000/min im 4. Gang 54.8 km/h; Leistungsgew. 15.9 kg/kW (11.7 kg/PS); Verbrauch EPA 13.3/15.7 L/100 km.

5.2 V8 – 237 PS
Benzineinspritzung

Wie 3.9 – 177 PS, ausgenommen:

Karosserie, Gewicht: (DIN), Station Wagon, 5 Türen, 5 - 8 Sitze; leer ab 2125 kg.

Motor: (SAE), 8 Zyl. in V 90° (99.3×84.1 mm), 5210 cm³; Kompr. 9.1:1; 174 kW (237 PS) bei 4400/min, 33.4 kW/L (45.4 PS/L); 407 Nm (41.5 mkp) bei 3200/min; 91 ROZ.

Motorkonstruktion: zentrale Nockenwelle (Kette); 5fach gelagerte Kurbelwelle; Öl 4.7 L; elektron. Einspritzung.
Batterie 90 Ah, Alternator 120 A; Wasserkühlung, Inh. 13.6 L.

Transmission: (sur roues AR ou toutes les roues), diff. planétaire central avec viscocoupleur; répartition du couple AV/AR 48/52 %; boîte de transfert: I. 1; II. 2.72.
Boîte autom. à 4 vit.: I. 2.74; II. 1.54; III. 1; IV. 0.69; AR 2.1; pont 3.55; 3.92.

Châssis: Cadre à caisson avec traverses; AV leviers triang. transv. doubles, barres de torsion; AR essieu rigide, ressorts à lames; AV/AR barre anti-dévers, amortiss. télesc.

Train roulant: frein, AV à disques (ventilés), AR à tambours, Ø disques AV 28.7 cm, AR ABS, frein de stationn. à pied sur roues AR; dir. à circuit de billes assistée, rés. carb. 95 L; pneus 235/75 R 15, 7 J, 8 J.

Dimensions: empatt. 294 cm, voie 154/156 cm, garde au sol 20 cm, diam. de braq. 11.7 m, coffre 530/2480 dm³, longueur 491 cm, largeur 182 cm, hauteur 184 cm.

Performances: Vmax (réd.) 170 km/h, V à 1000/min en 4. vit. 54.8 km/h; rapp. poids/puiss. 15.9 kg/kW (11.7 kg/ch); consomm. EPA 13.3/15.7 L/100 km.

5.2 V8 – 237 ch
Injection d'essence

Comme 3.9 – 177 ch, sauf:

Carrosserie, poids: (DIN), station-wagon, 5 portes, 5 - 8 places; vide dès 2125 kg.

Moteur: (SAE), 8 cyl. en V 90° (99.3×84.1 mm), 5210 cm³; compr. 9.1:1; 174 kW (237 ch) à 4400/min, 33.4 kW/L (45.4 ch/L); 407 Nm (41.5 mkp) à 3200/min; 91 (R).

Moteur (constr.): arbre à cames central (chaîne); vilebrequin à 5 paliers; huile 4.7 L; injection électronique.
Batterie 90 Ah, alternateur 120 A; refroidissement à eau, capac. 13.6 L.

Dodge Durango

Motorkonstruktion: zentrale Nockenwelle (Kette); 5fach gelagerte Kurbelwelle; Öl 4.7 L; elektron. Einspritzung.
Batterie 90 Ah, Alternator 120 A; Wasserkühlung, Inh. 13.6 L.

Kraftübertragung: (auf Hinterräder oder alle Räder), zentrales Planetendiff. mit Viskobremse; Drehmomentverteilung v/h 48/52 %; Reduktionsgetriebe: I. 1; II. 2.72.
4-Stufen-Automat: I. 2.74; II. 1.54; III. 1; IV. 0.69; R 2.1; Achse 3.55; 3.92.

Fahrleistungen: Vmax (Red.) 180 km/h, V bei 1000/min im 4. Gang 54.8 km/h; Leistungsgew. 11.7 kg/kW (8.6 kg/PS); Verbrauch EPA 14.7/19.6 L/100 km.

Moteur (constr.): arbre à cames central (chaîne); vilebrequin à 5 paliers; huile 4.7 L; injection électronique.
Batterie 90 Ah, alternateur 120 A; refroidissement à eau, capac. 13.6 L.

Transmission: (sur roues AR ou toutes les roues), diff. planétaire central avec viscocoupleur; répartition du couple AV/AR 48/52 %; boîte de transfert: I. 1; II. 2.72.
Boîte autom. à 4 vit.: I. 2.74; II. 1.54; III. 1; IV. 0.69; AR 2.1; pont 3.55; 3.92.

Performances: Vmax (réd.) 180 km/h, V à 1000/min en 4. vit. 54.8 km/h; rapp. poids/puiss. 11.7 kg/kW (8.6 kg/ch); consomm. EPA 14.7/19.6 L/100 km.

Donkervoort — NL

Donkervoort Automobielen B.V., Nieuw Loosdrechtsedijk 205A, 1231 KT Nieuw Loosdrecht, Holland

Kleines Werk in Holland, baut Replikas des früheren Lotus Seven in leicht veränderter Form.

Petite usine aux Pays-Bas, construit des répliques de l'ancienne Lotus Seven avec modifications.

Donkervoort D8

Zweisitziger Roadster im Stil des Lotus Super Seven mit 2-Liter-Ford-Motor und Leichtmetall-/Kunststoffkarosserie. Debüt Amsterdam 1985. D8 ersetzt 1993 den S8A.

Roadster à 2 places dans le style de la Lotus Super Seven, moteur Ford 2 litres, carrosserie en alliage léger/matière synthétique. Lancement Amsterdam 1985. D8 remplace en 1993 la S8A.

1.8 16V – 140 PS
Benzineinspritzung

1.8 16V – 140 ch
Injection d'essence

Karosserie, Gewicht: (DIN), Roadster, 2 Türen, 2 Sitze; leer ab 630 kg, max. zul. 925 kg.

Motor: (ECE), 4 Zyl. in Linie (80.6×88 mm), 1796 cm³; Kompr. 10:1; 103 kW (140 PS) bei 6750/min, 57.4 kW/L (78 PS/L); 170 Nm (17.3 mkp) bei 5250/min; 95 ROZ.

Carrosserie, poids: (DIN), Roadster, 2 portes, 2 places; vide dès 630 kg, tot. adm. 925 kg.

Moteur: (ECE), 4 cyl. en ligne (80.6×88 mm), 1796 cm³; compr. 10:1; 103 kW (140 ch) à 6750/min, 57.4 kW/L (78 ch/L); 170 Nm (17.3 mkp) à 5250/min; 95 (R).

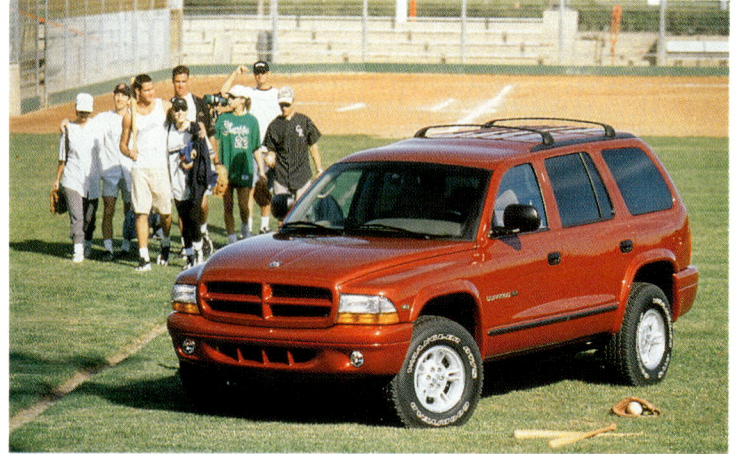

Dodge Durango

Kraftübertragung: (auf Hinterräder oder alle Räder), zentrales Planetendiff. mit Viskobremse; Drehmomentverteilung v/h 48/52 %; Reduktionsgetriebe: I. 1; II. 2.72.
4-Stufen-Automat: I. 2.74; II. 1.54; III. 1; IV. 0.69; R 2.1; Achse 3.55; 3.92.

Fahrleistungen: Vmax (Red.) 180 km/h, V bei 1000/min im 4. Gang 54.8 km/h; Leistungsgew. 12.2 kg/kW (9 kg/PS); Verbrauch EPA 13.8/18.1 L/100 km.

Transmission: (sur roues AR ou toutes les roues), diff. planétaire central avec viscocoupleur; répartition du couple AV/AR 48/52 %; boîte de transfert: I. 1; II. 2.72.
Boîte autom. à 4 vit.: I. 2.74; II. 1.54; III. 1; IV. 0.69; AR 2.1; pont 3.55; 3.92.

Performances: Vmax (réd.) 180 km/h, V à 1000/min en 4. vit. 54.8 km/h; rapp. poids/puiss. 12.2 kg/kW (9 kg/ch); consomm. EPA 13.8/18.1 L/100 km.

5.9 V8 – 250 PS
Benzineinspritzung

5.9 V8 – 250 ch
Injection d'essence

Wie 3.9 – 177 PS, ausgenommen:

Karosserie, Gewicht: (DIN), Station Wagon, 5 Türen, 5 - 8 Sitze; leer ab 2150 kg.

Motor: (SAE), 8 Zyl. in V 90° (101.6×90.9 mm), 5896 cm³; Kompression 8.9:1; 184 kW (250 PS) bei 4000/min, 31.2 kW/L (42.4 PS/L); 454 Nm (46.3 mkp) bei 3200/min; 91 ROZ.

Comme 3.9 – 177 ch, sauf:

Carrosserie, poids: (DIN), station-wagon, 5 portes, 5 - 8 places; vide dès 2150 kg.

Moteur: (SAE), 8 cyl. en V 90° (101.6×90.9 mm), 5896 cm³; comp. 8.9:1; 184 kW (250 ch) à 4000/min, 31.2 kW/L (42.4 ch/L); 454 Nm (46.3 mkp) à 3200/min; 91 (R).

Donkervoort D8

Donkervoort • Eagle

Motorkonstruktion: Bezeichnung Ford Zetec; 4 Ventile in V 40°; 2 obenl. Nockenwellen (Zahnriemen); Leichtmetall-Zylinderkopf; 5fach gelagerte Kurbelwelle; Öl 4.25 L; elektron. Einspritzung.

Batterie 48 Ah, Alternator 90 A; Wasserkühlung, Inh. 6.6 L.

Kraftübertragung: (auf Hinterräder), Differentialbremse.

5-Gang-Getriebe: I. 3.36; II. 1.81; III. 1.26; IV. 1; V. 0.82; R 3.66; Achse 3.62.

Moteur (constr.): désignation Ford Zetec; 4 soupapes en V 40°; 2 arbres à cames en tête (courroie crantée); culasse en alliage léger; vilebrequin à 5 paliers; huile 4.25 L; injection électronique.

Batterie 48 Ah, alternateur 90 A; refroidissement à eau, capac. 6.6 L.

Transmission: (sur roues AR), différentiel autobloquant.

Boîte à 5 vit.: I. 3.36; II. 1.81; III. 1.26; IV. 1; V. 0.82; AR 3.66; pont 3.62.

Donkervoort D8

Fahrgestell: Rohrrahmenchassis; vorn doppelte Dreieckquerlenker, Kurvenstabilisator; hinten doppelte Dreieckquerlenker, Längslenker; a.W. Kurvenstabilisator; v/h Schraubenfedern, Teleskopdämpfer.

Fahrwerk: Vierrad-Scheibenbremse (vorn belüftet), Handbremse auf Hinterräder; Zahnstangenlenkung, Treibstofftank 45 L; Reifen 205/50 HR 15, 225/50 VR 15, Felgen 8 J.

Dimensionen: Radstand 230 cm, Spur 140/147 cm, Bodenfreih. 10 cm, Wendekreis 8 m, Länge 360 cm, Breite 173 cm, Höhe 110 cm.

Fahrleistungen: Vmax (Werk) 200 km/h, V bei 1000/min im 5. Gang 36 km/h; 0–100 km/h 6 s; Leistungsgew. 6.1 kg/kW (4.5 kg/PS); Verbrauch (Werk) 6.5/8 L/100 km.

Châssis: châssis tubulaire; AV leviers triang. transv. doubles, barre anti-dévers; AR leviers triang. transv. doubles, bras longitud.; s.d. barre anti-dévers; AV/AR ressorts hélicoïdaux, amortiss. télesc.

Train roulant: quatre freins à disques (AV ventilés), frein à main sur roues AR; direction à crémaillère, réservoir carb. 45 L; pneus 205/50 HR 15, 225/50 VR 15, jantes 8 J.

Dimensions: empattement 230 cm, voie 140/147 cm, garde au sol 10 cm, diam. de braq. 8 m, longueur 360 cm, largeur 173 cm, hauteur 110 cm.

Performances: Vmax (usine) 200 km/h, V à 1000/min en 5. vit. 36 km/h; 0–100 km/h 6 s; rapp. poids/puiss. 6.1 kg/kW (4.5 kg/ch); consomm. (Werk) 6.5/8 L/100 km.

1.8 16V – 160 PS Benzineinspritzung

Wie 1.8 – 140 PS, ausgenommen:

Karosserie, Gewicht: (DIN), Roadster, 2 Türen, 2 Sitze; leer ab 570 kg.

Motor: (ECE), 4 Zyl. in Linie (80.6×88 mm), 1796 cm³; Kompr. 10:1; 118 kW (160 PS) bei 6750/min, 65.7 kW/L (89.3 PS/L); 188 Nm (19.2 mkp) bei 5250/min; 98 ROZ.

Kraftübertragung: (auf Hinterräder), Differentialbremse.

5-Gang-Getriebe: I. 3.36; II. 1.81; III. 1.26; IV. 1; V. 0.82; R 3.66; Achse 3.62.

Dimensionen: Länge 341 cm.

Fahrleistungen: Vmax (Werk) 215 km/h, 0–100 km/h 8.8 s; Leistungsgew. 9.9 kg/kW (7.3 kg/PS); Verbr. (Red.) 9/17 L/100 km.

1.8 16V – 160 ch Injection d'essence

Comme 1.8 – 140 ch, sauf:

Carrosserie, poids: (DIN), Roadster, 2 portes, 2 places; vide dès 570 kg.

Moteur: (ECE), 4 cyl. en ligne (80.6×88 mm), 1796 cm³; compr. 10:1; 118 kW (160 ch) à 6750/min, 65.7 kW/L (89.3 ch/L); 188 Nm (19.2 mkp) à 5250/min; 98 (R).

Transmission: (sur roues AR), différentiel autobloquant.

Boîte à 5 vit.: I. 3.36; II. 1.81; III. 1.26; IV. 1; V. 0.82; AR 3.66; pont 3.62.

Dimensions: longueur 341 cm.

Performances: Vmax (usine) 215 km/h, 0–100 km/h 8.8 s; rapp. poids/puiss. 9.9 kg/kW (7.3 kg/ch); cons. (Red.) 9/17 L/100 km.

Eagle — USA

Jeep-Eagle Division, Chrysler Corporation, Detroit, Michigan 48231, USA

Jeep-Eagle, neue, durch Übernahme von AMC durch Chrysler entstandene Division.

Jeep-Eagle, nouvelle division, qui résulte de l'achat d'American Motor Corporation par Chrysler.

Eagle Talon

Sportliches Coupé mit Front- oder permanentem Allradantrieb. Wird bei Diamond-Star (USA) gebaut und auch als Mitsubishi Eclipse verkauft. Neuauflage im Frühjahr 1994.

Coupé sportif sur la base de la Galant, traction AV ou intégrale. Est construit par Diamond-Star (USA) et vendu également comme Mitsubishi Eclipse. Nouvelle édition en printemps 1994.

2.0 16V – 141 PS Benzineinspritzung

Karosserie, Gewicht: (DIN), Coupé, 2 Türen, 2+2 Sitze; leer ab 1240 kg.

Motor: (SAE), 4 Zyl. in Linie (87.5×83 mm), 1996 cm³; Kompr. 9.6:1; 104 kW (141 PS) bei 6000/min, 52.1 kW/L (70.8 PS/L); 177 Nm (18 mkp) bei 4800/min; 91 ROZ.

Motorkonstruktion: Bezeichnung A588; 4 Ventile in V; 2 obenl. Nockenwellen (Zahnriemen); Leichtmetall-Zylinderkopf; 5fach gelagerte Kurbelwelle; Öl 4.3 L; elektron. Einspritzung.

Batterie 52 Ah, Alternator 90 A; Wasserkühlung, Inh. 7 L.

Kraftübertragung: (auf Vorderräder).

5-Gang-Getriebe: I. 3.54; II. 2.13; III. 1.36; IV. 1.03; V. 0.81; R 3.94.

4-Stufen-Automat: I. 2.84; II. 1.57; III. 1; IV. 0.69; R 2.21; Achse 3.91.

Fahrgestell: Selbsttragende Karosserie; vorn Längs- und Querlenker, obere Dreieckquerlenker; hinten Längs- und Querlenker, obere Dreieckquerlenker; v/h Kurvenstab., Schraubenfedern, Teleskopdämpfer.

Fahrwerk: Bremse, vorne Scheiben (belüftet), hinten Trommeln, Scheiben-Ø v. 25.4 cm, a.W. ABS, Handbremse auf Hinterräder; Zahnstangenlenkung mit Servo, Treibstofftank 64 L; Reifen 195/70 HR 14, 205/55 HR 16, Felgen 5.5 J, 6 J.

Dimensionen: Radstand 251 cm, Spur 151.5/151 cm, Bodenfreih. 15 cm, Wendekreis 11.6 m, Kofferraum 470 dm³, Länge 444 cm, Breite 177.5 cm, Höhe 129 cm.

Fahrleistungen: Vmax (Red.) 200 km/h, V bei 1000/min im 5. Gang 36.1 km/h; Leistungsgew. 11.9 kg/kW (8.7 kg/PS); Verbrauch (Red.) 7/12 L/100 km.

2.0 16V – 141 ch Injection d'essence

Carrosserie, poids: (DIN), Coupé, 2 portes, 2+2 places; vide dès 1240 kg.

Moteur: (SAE), 4 cyl. en ligne (87.5×83 mm), 1996 cm³; compr. 9.6:1; 104 kW (141 ch) à 6000/min, 52.1 kW/L (70.8 ch/L); 177 Nm (18 mkp) à 4800/min; 91 (R).

Moteur (constr.): désignation A588; 4 soupapes en V; 2 arbres à cames en tête (courroie crantée); culasse en alliage léger; vilebrequin à 5 paliers; huile 4.3 L; injection électronique.

Batterie 52 Ah, alternateur 90 A; refroidissement à eau, capac. 7 L.

Transmission: (sur roues AV).

Boîte à 5 vit.: I. 3.54; II. 2.13; III. 1.36; IV. 1.03; V. 0.81; R 3.94.

Boîte autom. à 4 vit.: I. 2.84; II. 1.57; III. 1; IV. 0.69; AR 2.21; pont 3.91.

Châssis: carrosserie autoporteuse; AV bras longitud. et transv., leviers triang. superieur; AR bras longitud. et transv., leviers triang. superieur; AV/AR barre anti-dévers, ressorts hélic, amortiss. télesc.

Train roulant: frein, AV à disques (ventilés), AR à tambours, Ø disques AV 25.4 cm, ABS s.d., frein à main sur roues AR; servodirection à crémaillère, réservoir carb. 64 L; pneus 195/70 HR 14, 205/55 HR 16, jantes 5.5 J, 6 J.

Dimensions: empattement 251 cm, voie 151.5/151 cm, garde au sol 15 cm, diam. de braq. 11.6 m, coffre 470 dm³, longueur 444 cm, largeur 177.5 cm, hauteur 129 cm.

Performances: Vmax (réd.) 200 km/h, V à 1000/min en 5. vit. 36.1 km/h; rapp. poids/puiss. 11.9 kg/kW (8.7 kg/ch); consomm. (Red.) 7/12 L/100 km.

2.0 16V – 213 PS Benzineinspritzung/Turbo

Wie 2.0 – 141 PS, ausgenommen:

Karosserie, Gewicht: (DIN), Coupé, 2 Türen, 2+2 Sitze; leer ab 1315 kg.

4 WD: leer ab 1425 kg.

Motor: (SAE), 4 Zyl. in Linie (85×88 mm), 1997 cm³; Kompr. 8.5:1; 157 kW (213 PS) bei 6000/min, 78.6 kW/L (106.9 PS/L); 290 Nm (29.6 mkp) bei 3000/min; 91 ROZ.

Aut.: 153 kW (208 PS) 76.6 kW/L (104.2 PS/L); 298 Nm (30.4 mkp).

2.0 16V – 213 ch Injection d'essence/turbo

Comme 2.0 – 141 ch, sauf:

Carrosserie, poids: (DIN), Coupé, 2 portes, 2+2 places; vide dès 1315 kg.

4 WD: vide dès 1425 kg.

Moteur: (SAE), 4 cyl. en ligne (85×88 mm), 1997 cm³; compr. 8.5:1; 157 kW (213 ch) à 6000/min, 78.6 kW/L (106.9 ch/L); 290 Nm (29.6 mkp) à 3000/min; 91 (R).

Aut.: 153 kW (208 ch) 76.6 kW/L (104.2 ch/L); 298 Nm (30.4 mkp).

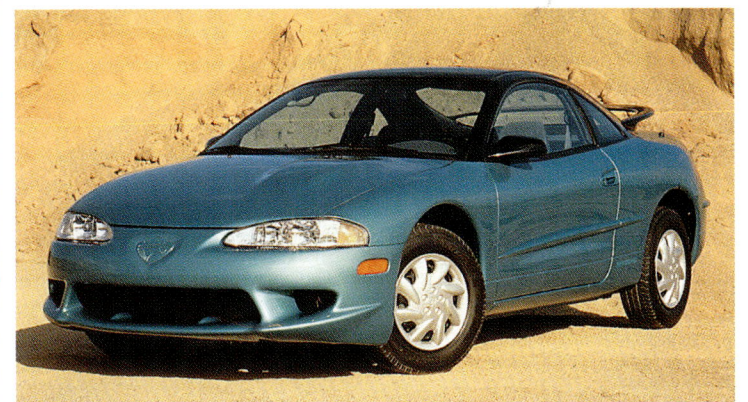

Eagle Talon

Eagle • Ferrari

Eagle Talon

Motorkonstruktion: Bezeichnung Mitsubishi 4G 63; 4 Ventile in V 57°; 2 obenl. Nockenwellen (Zahnriemen); Leichtmetall-Zylinderkopf; 5fach gelagerte Kurbelwelle; Öl 4 L; elektron. Einspritzung, 1 Turbolader, Intercooler.

Batterie 65 Ah, Alternator 75 A; Wasserkühlung, Inh. 7 L.

Kraftübertragung: (auf Vorderräder).

(4WD permanent), zentrales Planetendiff. mit Viskobremse; hintere Differentialbr., Drehmomentverteilung v/h 50/50 %.

5-Gang-Getriebe: I. 3.09; II. 1.83; III. 1.22; IV. 0.89; V. 0.74; R 3.17; Achse 4.15.

4 WD: 5-Gang-Getriebe: I. 3.08; II. 1.68; III. 1.12; IV. 0.83; V. 0.67; R 3.17; Achse 4.93.

4-Stufen-Automat: I. 2.55; II. 1.49; III. 1; IV. 0.69; R 2.18; Achse 4.38, 4.42.

Fahrwerk: Vierrad-Scheibenbremse (v/h belüftet), Scheiben-⌀ v. 27.4 cm, h. 28.2 cm, Reifen 205/55 HR 16, 215/50 VR 17, Felgen 6 J.

Fahrleistungen: Vmax (Red.) 220 km/h, V bei 1000/min im 5. Gang 36.4 km/h; Leistungsgew. 8.1 kg/kW (6 kg/PS); Verbrauch (Red.) 9/15 L/100 km.

Moteur (constr.): désignation Mitsubishi 4G 63; 4 soupapes en V 57°; 2 arbres à cames en tête (courroie crantée); culasse en alliage léger; vilebrequin à 5 paliers; huile 4 L; injection électronique, 1 turbocompr., Intercooler.

Batterie 65 Ah, alternateur 75 A; refroidissement à eau, capac. 7 L.

Transmission: (sur roues AV).

(4WD permanent), diff. planétaire central avec visco-coupleur; diff. autobloq. AR, répartition du couple AV/AR 50/50 %.

Boîte à 5 vit.: I. 3.09; II. 1.83; III. 1.22; IV. 0.89; V. 0.74; AR 3.17; pont 4.15.

4 WD: boîte à 5 vit.: I. 3.08; II. 1.68; III. 1.12; IV. 0.83; V. 0.67; AR 3.17; pont 4.93.

Boîte autom. à 4 vit.: I. 2.55; II. 1.49; III. 1; IV. 0.69; AR 2.18; pont 4.38, 4.42.

Train roulant: quatre freins à disques (AV/AR ventilés), ⌀ disques AV 27.4 cm, AR 28.2 cm, pneus 205/55 HR 16, 215/50 VR 17, jantes 6 J.

Performances: Vmax (réd.) 220 km/h, V à 1000/min en 5. vit. 36.4 km/h; rapp. poids/puiss. 8.1 kg/kW (6 kg/ch); consomm. (Red.) 9/15 L/100 km.

Dimensionen: Radstand 287 cm, Spur 157.5/157.5 cm, Bodenfreih. 15 cm, Wendekreis 12.5 m, Kofferraum 470 dm³, Länge 512 cm, Breite 189 cm, Höhe 143 cm.

Fahrleistungen: Vmax (Werk) 180 km/h, V bei 1000/min im 4. Gang 47 km/h; 0–97 km/h 11 s; Leistungsgew. 12.9 kg/kW (9.5 kg/PS); Verbrauch (Red.) 9/16 L/100 km.

3.5 V6 24V – 218 PS Benzineinspritzung

Wie 3.3 – 163 PS, ausgenommen:

Karosserie, Gewicht: (DIN), Limousine, 4 Türen, 5 Sitze; leer ab ca. 1600 kg.

Motor: (SAE), 6 Zyl. in V 60° (96×81 mm), 3518 cm³; Kompr. 9.6:1; 160 kW (218 PS) bei 5850/min, 45.5 kW/L (61.8 PS/L); 300 Nm (30.6 mkp) bei 3100/min; 95 ROZ.

Motorkonstruktion: 4 Ventile in V; 2×1 obenl. Nockenwelle (Zahnriemen); Leichtmetall-Zylinderköpfe; 4fach gelagerte Kurbelwelle; Öl 4.8 L; elektron. Einspritzung.

Batterie 600 A, Alternator 90 A; Wasserkühlung, Inh. 11.3 L.

Kraftübertragung: (auf Vorderräder).

4-Stufen-Automat: I. 2.84; II. 1.57; III. 1; IV. 0.69; R 2.21; Achse 3.66.

Fahrwerk: Vierrad-Scheibenbremse (vorn belüftet), h. 27 cm, ABS.

Dimensions: empattement 287 cm, voie 157.5/157.5 cm, garde au sol 15 cm, diam. de braq. 12.5 m, coffre 470 dm³, longueur 512 cm, largeur 189 cm, hauteur 143 cm.

Performances: Vmax (usine) 180 km/h, V à 1000/min en 4. vit. 47 km/h; 0–97 km/h 11 s; rapp. poids/puiss. 12.9 kg/kW (9.5 kg/ch); consom. (Red.) 9/16 L/100 km.

3.5 V6 24V – 218 ch Injection d'essence

Comme 3.3 – 163 ch, sauf:

Carrosserie, poids: (DIN), Berline, 4 portes, 5 places; vide dès env. 1600 kg.

Moteur: (SAE), 6 cyl. en V 60° (96×81 mm), 3518 cm³; compr. 9.6:1; 160 kW (218 ch) à 5850/min, 45.5 kW/L (61.8 ch/L); 300 Nm (30.6 mkp) à 3100/min; 95 (R).

Moteur (constr.): 4 soupapes en V; 2×1 arbre à cames en tête (courroie crantée); culasses en alliage léger; vilebrequin à 4 paliers; huile 4.8 L; injection électronique.

Batterie 600 A, alternateur 90 A; refroidissement à eau, capac. 11.3 L.

Transmission: (sur roues AV).

Boîte autom. à 4 vit.: I. 2.84; II. 1.57; III. 1; IV. 0.69; AR 2.21; pont 3.66.

Train roulant: quatre freins à disques (AV ventilés), AR 27 cm, ABS.

Eagle Vision

Reiselimousine mit Längsmotor und Frontantrieb der LH-Generation. Debüt als Prototyp Detroit, Januar 1992, Produktion seit Sommer 1992 in Kanada.

Berline moderne de la génération LH, moteur longit. et traction AV. Lancement comme prototype Detroit, janvier 1992. Production dès été 1992 en Canada.

3.3 V6 – 163 PS Benzineinspritzung

Karosserie, Gewicht: (DIN), Limousine, 4 Türen, 5 Sitze; leer ab ca. 1565 kg.

Motor: (SAE), 6 Zyl. in V 60° (93×81 mm), 3301 cm³; Kompr. 8.9:1; 120 kW (163 PS) bei 5300/min, 36.3 kW/L (49.4 PS/L); 245 Nm (25 mkp) bei 3200/min; 91 ROZ.

Motorkonstruktion: zentrale Nockenwelle (Kette); Leichtmetall-Zylinderköpfe; 4fach gelagerte Kurbelwelle; Öl 4.3 L; elektron. Einspritzung.

Batterie 600 A, Alternator 90 A; Wasserkühlung, Inh. 10.3 L.

Kraftübertragung: (auf Vorderräder).

4-Stufen-Automat: I. 2.84; II. 1.57; III. 1; IV. 0.69; R 2.21; Achse 3.66.

Fahrgestell: Selbsttragende Karosserie; vorn Federbeine und Dreieckquerlenker; hinten Längs- und Querlenker; v/h Kurvenstab., Schraubenfedern, Teleskopdämpfer.

Fahrwerk: Bremse, vorne Scheiben (belüftet), hinten Trommeln, Scheiben-⌀ v. 28.2 cm, a.W. ABS (mit Scheiben h.), Teves; Feststellbremse auf Hinterräder; Zahnstangenlenkung mit Servo, Treibstofftank 68 L; Reifen 225/60 R 16, Felgen 7 J.

3.3 V6 – 163 ch Injection d'essence

Carrosserie, poids: (DIN), Berline, 4 portes, 5 places; vide dès env. 1565 kg.

Moteur: (SAE), 6 cyl. en V 60° (93×81 mm), 3301 cm³; compr. 8.9:1; 120 kW (163 ch) à 5300/min, 36.3 kW/L (49.4 ch/L); 245 Nm (25 mkp) à 3200/min; 91 (R).

Moteur (constr.): arbre à cames central (chaîne); culasses en alliage léger; vilebrequin à 4 paliers; huile 4.3 L; injection électronique.

Batterie 600 A, alternateur 90 A; refroidissement à eau, capac. 10.3 L.

Transmission: (sur roues AV).

Boîte autom. à 4 vit.: I. 2.84; II. 1.57; III. 1; IV. 0.69; AR 2.21; pont 3.66.

Châssis: carrosserie autoporteuse; AV jambes élast. et leviers triang. transv.; AR bras longitud. et transv.; AV/AR barre antidévers, ressorts hélic, amortiss. télesc.

Train roulant: frein, AV à disques (ventilés), AR à tambours, ⌀ disques AV 28.2 cm, s.d. ABS (avec disque AR), Teves; frein de stationnement sur roues AR; servodirection à crémaillère, réservoir carb. 68 L; pneus 225/60 R 16, jantes 7 J.

Eagle Vision

Fahrleistungen: Vmax (Werk) 215 km/h, 0–100 km/h 8.8 s; Leistungsgew. 9.9 kg/kW (7.3 kg/PS); Verbr. (Red.) 9/17 L/100 km.

Performances: Vmax (usine) 215 km/h, 0–100 km/h 8.8 s; rapp. poids/puiss. 9.9 kg/kW (7.3 kg/ch); cons. (Red.) 9/17 L/100 km.

Ferrari   I

Ferrari S.p.A., Viale Trento Trieste 31, 41100 Modena, Italia

Berühmter italienischer Hersteller hochklassiger Gran-Turismo- und Rennwagen. Neunmaliger Sieger des 24-Stunden-Rennens von Le Mans. Gehört seit 1969 zu Fiat.

Célèbre constructeur italien de voitures de course et de grand tourisme de grande classe. Neuf fois vainqueur aux 24 Heures du Mans. Appartient depuis 1969 à Fiat.

Ferrari F355

Nachfolger des 348 GTB/GTS. Mittelmotor-Sportwagen mit längs eingebautem 3.5-V8-Motor, 2×2 obenliegenden Nockenwellen, fünf Ventilen pro Zyl. und 6-Gang-Getriebe. Design Pininfarina. Debüt Mai 1994. Frühjahr 1995: Spider.

Successeur de la 348 GTB/GTS. Voiture de sport à moteur central longit. (3.5-V8) avec 2×2 arbres à cames en tête, cinq soupapes par cylindre et boîte à 6 vitesses. Design Pininfarina. Lancement mai 1994. Printemps 1995: Spider.

3.5 V8 40V – 381 PS Benzineinspritzung

Karosserie, Gewicht: (DIN), Coupé, Berlinetta, Targa GTS und Cabriolet Spider; 2 Türen, 2 Sitze; leer ca. 1450 kg. Gewicht (trocken) 1350 kg.

3.5 V8 40V – 381 ch Injection d'essence

Carrosserie, poids: (DIN), Coupé, Berlinetta, Targa GTS et cabriolet Spider; 2 portes, 2 places; vide env. 1450 kg. Poids (à sec) 1350 kg.

Ferrari 247

Ferrari F355 Spider

Motor: (ECE), 8 Zylinder in V 90° (85×77 mm), 3495 cm^3; Kompression 11:1; 280 kW (381 PS) bei 8250/min, 80.1 kW/L (108.9 PS/L); 363 Nm (37 mkp) bei 6000/min; 98 ROZ.

Motorkonstruktion: Bezeichnung F 129 B/40; 5 Ventile in V 15.5°; 2×2 obenl. Nockenwellen (Zahnriemen); Leichtmetall-Zylinderköpfe und -block; 5fach gelagerte Kurbelwelle; Ölkühler; Öl 11 L; Trockensumpfschmierung; elektron. Einspritzung, Bosch Mono-Motronic, M5.2.

Batterie 66 Ah, Alternator 105 A; Wasserkühlung, Inh. 20 L.

Kraftübertragung: (auf Hinterräder), Differentialbremse.

6-Gang-Getriebe: I. 3.07; II. 2.16; III. 1.61; IV. 1.27; V. 1.03; VI. 0.84; R 3.47; Achse 4.3.

Fahrgestell: Monocoque und hinterer Gitterrohrrahmen; v/h Einzelradaufhängung, doppelte Dreieckquerlenker, Kurvenstabilisator, Schraubenfedern; elektron. geregelte Teleskopdämpfer.

Fahrwerk: Vierrad-Scheibenbremse (v/h belüftet), Scheiben-⌀ v. 30 cm, h. 30.5 cm, ABS, ATE; Handbremse auf Hinterräder; Zahnstangenlenkung, a.W. ohne Servo, Treibstofftank 82 L; Reifen v. 225/40 ZR 18, h. 265/40 ZR 18, Felgen v. 7.5, h. 10 J.

Dimensionen: Radstand 245 cm, Spur 151.5/161.5 cm, Bodenfreih. 12 cm, Wendekreis 12.1 m, Kofferraum 220 dm^3, Länge 425 cm, Breite 190 cm, Höhe 117 cm.

Moteur: (ECE), 8 cylindres en V 90° (85×77 mm), 3495 cm^3; compression 11:1; 280 kW (381 ch) à 8250/min, 80.1 kW/L (108.9 ch/L); 363 Nm (37 mkp) à 6000/min; 98 (R).

Moteur (constr.): désignation F 129 B/40; 5 soupapes en V 15.5°; 2×2 arbres à cames en tête (courroie crantée); culasses et bloc-cyl. en alliage léger; vilebrequin à 5 paliers; radiat. d'huile; huile 11 L; lubrification par carter sec; injection électronique, Bosch Mono-Motronic, M5.2.

Batterie 66 Ah, alternateur 105 A; refroidissement à eau, capac. 20 L.

Transmission: (sur roues AR), différentiel autobloquant.

Boîte à 6 vitesses: I. 3.07; II. 2.16; III. 1.61; IV. 1.27; V. 1.03; VI. 0.84; AR 3.47; pont 4.3.

Châssis: Monocoque et cadre tubulaire AR; AV/AR susp. à roues indép., leviers transv. triang. double, barre anti-dévers, ressorts hélic.; amortiss. télescopiques av. réglage électron.

Train roulant: quatre freins à disques (AV/AR ventilés), ⌀ disques AV 30 cm, AR 30.5 cm, ABS, ATE; frein à main sur roues AR; direction à crémaillère, s.d. sans servo, réservoir carb. 82 L; pneus AV 225/40 ZR 18, AR 265/40 ZR 18, jantes AV 7.5, AR 10 J.

Dimensions: empattement 245 cm, voie 151.5/161.5 cm, garde au sol 12 cm, diam. de braq. 12.1 m, coffre 220 dm^3, longueur 425 cm, largeur 190 cm, hauteur 117 cm.

Ferrari F355

Fahrleistungen: Vmax (Werk) 295 km/h, V bei 1000/min im 6. Gang 35 km/h; 0–100 km/h 4.7 s; steh. km 23.7 s; Leistungsgew. 4.8 kg/kW (3.5 kg/PS); Verbrauch ECE 10.8/11.4/24.4 L/100 km.

Performances: Vmax (usine) 295 km/h, V à 1000/min en 6. vit. 35 km/h; 0–100 km/h 4.7 s; km arrêté 23.7 s; rapp. poids/puiss. 4.8 kg/kW (3.5 kg/ch); consomm. ECE 10.8/11.4/24.4 L/100 km.

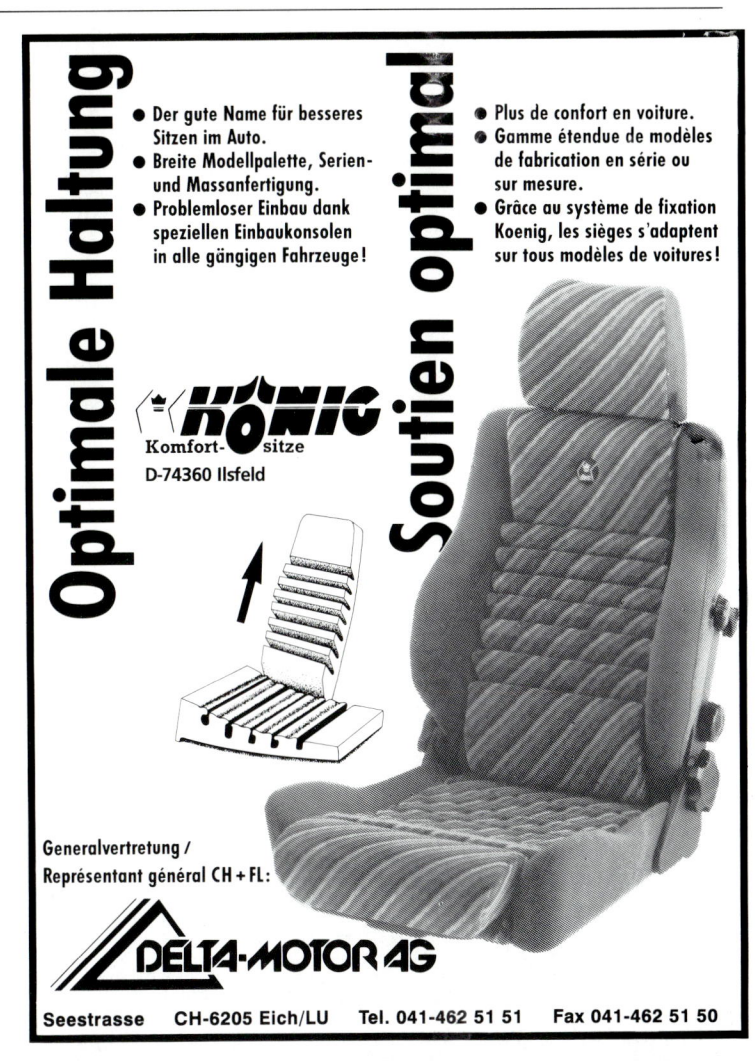

Optimale Haltung / Soutien optimal

- Der gute Name für besseres Sitzen im Auto.
- Breite Modellpalette, Serien- und Massanfertigung.
- Problemloser Einbau dank speziellen Einbaukonsolen in alle gängigen Fahrzeuge!

- Plus de confort en voiture.
- Gamme étendue de modèles de fabrication en série ou sur mesure.
- Grâce au système de fixation Koenig, les sièges s'adaptent sur tous modèles de voitures!

KÖNIG Komfort-sitze
D-74360 Ilsfeld

Generalvertretung / Représentant général CH + FL:

DELTA-MOTOR AG

Seestrasse   CH-6205 Eich/LU   Tel. 041-462 51 51   Fax 041-462 51 50

DISCOVER THE WORLD

Distoguide Europa / Europe

Hallwag INTERNATIONAL

Ferrari

Ferrari 550 Maranello

Neues Modell. Nachfolger des Testarossa/512. Hochleistungscoupé mit 5,5-Liter-V12-Frontmotor (4 Ventile pro Zylinder), 6-Gang-Getriebe an der Hinterachse. Design Pininfarina. Debüt 20. Juli 1996.

Nouveau modèle. Successeur de la Testarossa/512. Coupé haute performance avec moteur avant V12 5,5 L, 4 soupapes par cylindre, boîte à 6 vit. placée au diff. AR. Design Pininfarina. Lancement le 20 juillet 1996.

5.5 V12 48V – 485 PS
Benzineinspritzung

5.5 V12 48V – 485 ch
Injection d'essence

Karosserie, Gewicht: (DIN), Coupé, 2 Türen, 2 Sitze; leer ab 1690 kg, max. zul. 1950 kg.

Carrosserie, poids: (DIN), Coupé, 2 portes, 2 places; vide dès 1690 kg, tot. adm. 1950 kg.

Motor: (ECE), 12 Zyl. in V 65° (88×75 mm), 5474 cm³; Kompression 10.8:1; 357 kW (485 PS) bei 7000/min, 65.2 kW/L (88.7 PS/L); 569 Nm (58 mkp) bei 5000/min; 98 ROZ.

Moteur: (ECE), 12 cylindres en V 65° (88×75 mm), 5474 cm³; compression 10.8:1; 357 kW (485 ch) à 7000/min, 65.2 kW/L (88.7 ch/L); 569 Nm (58 mkp) à 5000/min; 98 (R).

Motorkonstruktion: 4 Ventile in V; 2×2 obenliegende Nockenwellen (Zahnriemen); Leichtmetall-Zylinderköpfe und Leichtmetall-Motorblock; 7fach gelagerte Kurbelwelle; Ölkühler; Öl 10 L; Trockensumpfschmierung; elektron. Einspritzung, Bosch Motronic, M 5.2.

Moteur (constr.): 4 soupapes en V; 2×2 arbres à cames en tête (courroie crantée); culasses et bloc-cylindres en alliage léger; vilebrequin à 7 paliers; radiateur d'huile; huile 10 L; lubrification par carter sec; injection d'essence électronique, Bosch Motronic, M 5.2.

Batterie 72 Ah, Alternator 140 A; Wasserkühlung, Inh. 20 L.

Batterie 72 Ah, alternateur 140 A; refroidissement à eau, capac. 20 L.

Kraftübertragung: (auf Hinterräder), Transaxle, Getriebe mit Diff. verblockt, Differentialbremse; Antriebsschlupfregelung.

6-Gang-Getr.: I. 3.15; II. 2.18; III. 1.57; IV. 1.19; V. 0.94; VI. 0.76; R 2.4; Achse 3.91.

Transmission: (sur roues AR), transaxle, avec boîte couplée au diff., différentiel autobloquant; dispositif antipatinage.

Boîte à 6 vit.: I. 3.15; II. 2.18; III. 1.57; IV. 1.19; V. 0.94; VI. 0.76; AR 2.4; pont 3.91.

Fahrgestell: Gitterrahmen aus Stahlrohr mit Alu-Karosserie verschweisst,v/h Einzelradaufhängung, doppelte Dreieckquerlenker, Kurvenstabilisator, Schraubenfedern; elektronisch geregelte Teleskopdämpfer.

Châssis: Cadre tubulaire en acier, soudé avec la carrosserie en aluminium,AV/AR susp. à roues indép., leviers transv. triang. double, barre anti-dévers, ressorts hélic.; amortiss. télesc. av. réglage électron.

Fahrwerk: Vierrad-Scheibenbremse (v/h belüftet), Scheiben-Ø v. 33 cm, h. 31 cm, ABS, Bosch; Handbremse auf Hinterräder; Zahnstangenlenkung mit Servo, Treibstofftank 114 L; Reifen v. 255/40 ZR 18, h. 295/35 ZR 18, Felgen v. 8.5, h. 10.5 J.

Train roulant: quatre freins à disques (AV/AR ventilés), Ø disques AV 33 cm, AR 31 cm, ABS, Bosch; frein à main sur roues AR; servodirection à crémaillère, réservoir carb. 114 L; pneus AV 255/40 ZR 18, AR 295/35 ZR 18, jantes AV 8.5, AR 10.5 J.

Dimensionen: Radstand 250 cm, Spur 163/158.5 cm, Bodenfreih. 13 cm, Wendekreis 11.6 m, Kofferraum 185 dm³, Länge 455 cm, Breite 193.5 cm, Höhe 128 cm.

Dimensions: empattement 250 cm, voie 163/158.5 cm, garde au sol 13 cm, diam. de braq. 11.6 m, coffre 185 dm³, longueur 455 cm, largeur 193.5 cm, hauteur 128 cm.

Ferrari 550 Maranello

Ferrari 550 Maranello

Fahrleistungen: Vmax (Werk) 320 km/h, V bei 1000/min im 6. Gang 41 km/h; 0–100 km/h 4.4 s; 0–97 km/h 4.3 s; steh. km 22.5 s; Leistungsgew. 4.7 kg/kW (3.5 kg/PS); Verbrauch EU 15.5/35.6 L/100 km.

Performances: Vmax (usine) 320 km/h, V à 1000/min en 6. vit. 41 km/h; 0–100 km/h 4.4 s; 0–97 km/h 4.3 s; km arrêté 22.5 s; rapp. poids/puiss. 4.7 kg/kW (3.5 kg/ch); consomm. EU 15.5/35.6 L/100 km.

Ferrari 456 GT

Hochleistungssportwagen mit 5,5-Liter-V12-Motor, Getriebe an der Hinterachse, Design Pininfarina. Debüt Paris 1992, GTA mit Automat Genf, März 1996.

Coupé à hautes performances avec moteur 5.5 V12, boîte placée au diff. AR, design Pininfarina. Lancement Paris 1992, GTA avec boîte aut. Genève, mars 1996.

5.5 V12 48V – 442 PS
Benzineinspritzung

5.5 V12 48V – 442 ch
Injection d'essence

Karosserie, Gewicht: (DIN), Coupé, 2 Türen, 2+2 Sitze; leer ca. 1790 kg. Gewicht (trocken): 1690 kg.
Aut.: leer ca. 1890 kg, Gewicht (trocken): 1770 kg.

Carrosserie, poids: (DIN), Coupé, 2 portes, 2+2 places; vide env. 1790 kg. Poids (à sec): 1690 kg.
Aut.: vide env. 1890 kg, poids (à sec): 1770 kg.

Motor: (ECE), 12 Zyl. in V 65° (88×75 mm), 5474 cm³; Kompr. 10.6:1; 325 kW (442 PS) bei 6250/min, 59.4 kW/L (80.7 PS/L); 550 Nm (56.1 mkp) bei 4500/min; 98 ROZ.

Moteur: (ECE), 12 cyl. en V 65° (88×75 mm), 5474 cm³; compr. 10.6:1; 325 kW (442 ch) à 6250/min, 59.4 kW/L (80.7 ch/L); 550 Nm (56.1 mkp) à 4500/min; 98 (R).

Motorkonstruktion: 4 Ventile in V; 2×2 obenl. Nockenwellen (Zahnriemen); Leichtmetall-Zylinderköpfe und -block; 7fach gelagerte Kurbelwelle; Ölkühler; Öl 11.5 L; Trockensumpfschmierung; elektron. Einspritzung, Bosch Motronic, M5.2.

Moteur (constr.): 4 soupapes en V; 2×2 arbres à cames en tête (courroie crantée); culasses et bloc-cyl. en alliage léger; vilebrequin à 7 paliers, radiat. d'huile, huile 11.5 L; lubrification par carter sec; injection électronique, Bosch Motronic, M5.2.

Batterie 70 Ah, Alternator 140 A; Wasserkühlung, Inh. 20 L.

Batterie 70 Ah, alternateur 140 A; refroidissement à eau, capac. 20 L.

Kraftübertragung: (auf Hinterräder), Transaxle, Getriebe mit Diff. verblockt, Differentialbremse.

6-Gang-Getr.: I. 3.21; II. 2.11; III. 1.52; IV. 1.19; V. 0.97; VI. 0.82; R 2.38; Achse 3.28.
4-Stufen-Aut.: FFD-Ricardo/GM; I. 2.96; II. 1.63; III. 1; IV. 0.68; R 2.13; Achse 3.53.

Transmission: (sur roues AR), transaxle, avec boîte couplée au diff., différentiel autobloquant.

Boîte à 6 vit.: I. 3.21; II. 2.11; III. 1.52; IV. 1.19; V. 0.97; VI. 0.82; AR 2.38; pont 3.28.
Boîte aut. à 4 vit.: FFD-Ricardo/GM; I. 2.96; II. 1.63; III. 1; IV. 0.68; AR 2.13; pont 3.53.

Fahrgestell: Gitterrahmen aus Stahlrohr, mit Alu-Karosserie verschweisst.v/h Einzelradaufhängung, doppelte Dreieckquerlenker, Kurvenstabilisator, Schraubenfedern; elektron. geregelte Teleskopdämpfer.

Châssis: Cadre tubulaire en acier, soudé avec la carrosseire en alu.AV/AR susp. à roues indép., leviers transv. triang. double, barre anti-dévers, ressorts hélic.; amortiss. télescopiques av. réglage électron.

Ferrari 456

Alle glauben, Ferrari brauche ein ganz spezielles Motorenöl.

Stimmt!
Shell HELIX Ultra

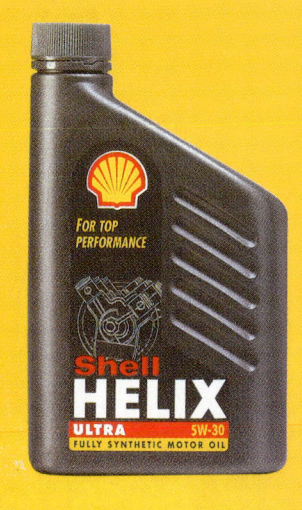

Ferrari • Fiat

Fahrwerk: Vierrad-Scheibenbremse (v/h belüftet), Scheiben-∅ v. 31.5 cm, h. 31 cm, ABS, ATE; Handbremse auf Hinterräder; Zahnstangenlenkung mit Servo, Treibstofftank 110 L; Reifen v. 255/45 ZR 17, h. 285/40 ZR 17, Felgen v. 8.5, h. 10.5 J.

Dimensionen: Radstand 260 cm, Spur 158.5/160.5 cm, Länge 473 cm, Breite 192 cm, Höhe 130 cm.

Fahrleistungen: Vmax (Werk) über 300 km/h, V bei 1000/min im 6. Gang 47 km/h; 0–100 km/h 5.2 s; 0–97 km/h 5.1 s; steh. km 23.3 s; Leistungsgew. 5.5 kg/kW (4.1 kg/PS); Verbrauch ECE 11.6/12.7/29.8 L/100 km.
Aut.: Vmax (Werk) 298 km/h, 0–100 km/h 5.5 s; 0–97 km/h 5.4 s; steh. km 23.7 s.

Train roulant: quatre freins à disques (AV/AR ventilés), ∅ disques AV 31.5 cm, AR 31 cm, ABS, ATE; frein à main sur roues AR; servodirection à crémaillère, réservoir carb. 110 L; pneus AV 255/45 ZR 17, AR 285/40 ZR 17, jantes AV 8.5, AR 10.5 J.

Dimensions: empattement 260 cm, voie 158.5/160.5 cm, longueur 473 cm, largeur 192 cm, hauteur 130 cm.

Performances: Vmax (usine) plus de 300 km/h, V à 1000/min en 6. vit. 47 km/h; 0–100 km/h 5.2 s; 0–97 km/h 5.1 s; km arrêté 23.3 s; rapp. poids/puiss. 5.5 kg/kW (4.1 kg/ch); consomm. ECE 11.6/12.7/29.8 L/100 km.
Aut.: Vmax (usine) 298 km/h, 0–100 km/h 5.5 s; 0–97 km/h 5.4 s; km arrêté 23.7 s.

Ferrari F50

Hochleistungssportwagen als Spider/Coupé, mit 4,7-Liter-V12-Mittelmotor (Grauguss-Motorblock mit Nicasil-Leichtmetallbüchsen). Karosserie (Design Pininfarina) und Chassis aus Composite-Material. Debüt Genf 1995.

Voiture de sport à hautes performances, comme Spider/Coupé, avec moteur central V12 4.7 (bloc en fonte, chemises en alliage léger Nicasil). Châssis et carrosserie (Design Pininfarina) en matière composite. Lancement Genève 1995.

4.7 V12 – 521 PS Benzineinspritzung

4.7 V12 – 521 ch Injection d'essence

Karosserie, Gewicht: (DIN), Coupé, Spider ; 2 Türen, 2 Sitze; leer ca. 1330 kg. Gewicht (trocken): 1230 kg.

Carrosserie, poids: (DIN), Coupé, 2 portes, 2 places; vide env. 1330 kg. Poids (à sec): 1230 kg.

Motor: (ECE), 12 Zyl. in V 65° (85×69 mm), 4698 cm³, Kompr. 11.3:1; 383 kW (521 PS) bei 8500/min, 81.5 kW/L (110.8 PS/L); 471 Nm (48 mkp) bei 6500/min; 98 ROZ.

Motorkonstruktion: 5 Ventile in V; 2×2 obenl. Nockenwellen (Ketten); Leichtmetall-Zylinderköpfe; Grauguss-Zylinderblock; 7fach gelagerte Kurbelwelle; Ölkühler; Öl 11.5 L; Trockensumpfschmierung; elektron. Einspritzung, Bosch Motronic, M 2.7. Batterie 65 Ah, Alternator 140 A; Wasserkühlung, Inh. 20 L.

Kraftübertragung: (auf Hinterräder), Differentialbremse.
6-Gang-Getriebe: I. 2.93; II. 2.16; III. 1.68; IV. 1.36; V. 1.11; VI. 0.9; R 2.53; Achse 3.7.

Fahrgestell: Chassis und Karosserie aus Kohlefaser-Composite mit hinterem Gitterrahmen; vorn und hinten Doppelquerlenker-Aufhängungen mit innenliegenden Feder/Dämpfereinheiten, aktiviert über Pushrod und Kipphebel; elektron. geregelte Teleskopdämpfer.

Fahrwerk: Vierrad-Scheibenbremse (v/h belüftet), Scheiben-∅ v. 35.5 cm, h. 33.5 cm, Handbremse auf Hinterräder; Zahnstangenlenkung, Treibstofftank 105 L; Reifen v. 245/35 ZR 18, h. 335/30 ZR 18, Felgen v. 8.5, h. 13 J.

Dimensionen: Radstand 258 cm, Spur 162/160 cm, Wendekreis 12.6 m, Länge 448 cm, Breite 198.5 cm, Höhe 112 cm.

Moteur: (ECE), 12 cyl. en V 65° (85×69 mm), 4698 cm³, compr. 11.3:1; 383 kW (521 ch) à 8500/min, 81.5 kW/L (110.8 ch/L); 471 Nm (48 mkp) à 6500/min; 98 (R).

Moteur (constr.): 5 soupapes en V; 2×2 arbres à cames en tête (chaînes); culasses en alliage léger; bloc-cyl. en fonte; vilebrequin à 7 paliers; radiat. d'huile; huile 11.5 L; lubrification par carter sec; injection électronique, Bosch Motronic, M 2.7. Batterie 65 Ah, alternateur 140 A; refroidissement à eau, capac. 20 L.

Transmission: (sur roues AR), différentiel autobloquant.
Boîte à 6 vit.: I. 2.93; II. 2.16; III. 1.68; IV. 1.36; V. 1.11; VI. 0.9; AR 2.53; pont 3.7.

Châssis: Châssis et carrosserie en composite de carbone, cadre tubulaire AR; suspensions AV et AR à bras oscillant transversal double avec groupes ressort-amortisseur à l'intérieur du châssis, activés par pushrod et culbuteurs; amortiss. télescopiques av. réglage électron.

Train roulant: quatre freins à disques (AV/AR ventilés), ∅ disques AV 35.5 cm, AR 33.5 cm, frein à main sur roues AR; direction à crémaillère, réservoir carb. 105 L; pneus AV 245/35 ZR 18, AR 335/30 ZR 18, jantes AV 8.5, AR 13 J.

Dimensions: empatt. 258 cm, voie 162/160 cm, diam. de braq. 12.6 m, longueur 448 cm, largeur 198.5 cm, hauteur 112 cm.

Fahrleistungen: Vmax (Werk) 325 km/h, V bei 1000/min im 6. Gang 37 km/h; 0–100 km/h 3.9 s; 0–97 km/h 3.7 s; steh. km 21.7 s; Leistungsgew. 3.2 kg/kW (2.4 kg/PS); Verbrauch (Red.) 12/30 L/100 km.

Performances: Vmax (usine) 325 km/h, V à 1000/min en 6. vit. 37 km/h; 0–100 km/h 3.9 s; 0–97 km/h 3.7 s; km arrêté 21.7 s; rapp. poids/puiss. 3.2 kg/kW (2.4 kg/ch); consomm. (Red.) 12/30 L/100 km.

Fiat   I

Fiat Auto S.p.A., Corso Giovanni Agnelli 200, I-10125 Torino, Italia

Grosses europäisches Automobilwerk, Hersteller von Personen- und Lastwagen sowie Industriefahrzeugen. Aktivität im Flugzeug- und Schiffbau sowie im Maschinen- und Strassenbau. 1969: Übernahme von Lancia und Ferrari und November 1986 von Alfa Romeo.

Important producteur d'autos d'Europe de poids lourds et de véhicules industriels de tous genres. Activité dans les domaines aéronautique et naval, constructions mécaniques et de génie civil. 1969: Reprise de Lancia et Ferrari et novembre 1986 d'Alfa Romeo.

Fiat Cinquecento

Kleinwagen mit 2 Türen und Heckklappe sowie 5 Sitzen, aus polnischer Produktion. Frontantrieb, Motoren mit 903 oder 704 cm³, a.W. Elektroantrieb (9,2 kW, 12,5 PS). Debüt Dezember 1991. Herbst 1994: Sporting mit 1.1-Motor, 54 PS.

Petite voiture avec 2 portes, hayon arrière, 5 places, produite en Pologne. Traction avant, moteurs de 903 ou 704 cm³, s.d. propulsion électr. (9,2 kW, 12,5 ch). Lancement décembre 1991. Automne 1994: Sporting avec moteur 1.1, 54 ch.

0.9 – 39 PS Benzineinspritzung

0.9 – 39 ch Injection d'essence

Karosserie, Gewicht: (DIN), Lim., 3 Türen, 5 Sitze; leer 710 kg, max. zul. 1150 kg.

Carrosserie, poids: (DIN), Berl., 3 portes, 5 places; vide 710 kg, tot. adm. 1150 kg.

Fiat Cinquecento

Motor: (ECE), 4 Zyl. in Linie (65×67.7 mm), 899 cm³, Kompr. 9:1; 29 kW (39 PS) bei 5500/min, 32.2 kW/L (43.8 PS/L); 65 Nm (6.6 mkp) bei 3000/min; 95 ROZ.

Motorkonstruktion: 2 Ventile; seitl. Nockenwelle (Kette); Leichtmetall-Zylinderkopf; 3fach gelagerte Kurbelwelle; Öl 3.35 L; elektron. Zentraleinspritzung. Batterie 40 Ah, Alternator 55 A; Wasserkühlung, Inh. 4.8 L.

Kraftübertragung: (auf Vorderräder).
5-Gang-Getriebe: I. 3.91; II. 2.06; III. 1.34; IV. 0.98; V. 0.84; R 3.73; Achse 4.07.

Fahrgestell: Selbsttragende Karosserie; vorn Federbeine, Dreieckquerl.; hinten Längsl.; Schraubenf.; v/h Teleskopdämpfer.

Fahrwerk: Bremse, vorne Scheiben, hinten Trommeln, Scheiben-∅ v. 24 cm, Handbr. auf Hinter.; Zahnstangenl., Treibstofftank 35 L; Reifen 145/70 R 13, 155/65 R 13, 4 J.

Dimensionen: Radstand 220 cm, Spur 126/126 cm, Bodenfreih. 15 cm, Wendekreis 9.4 m, Kofferraum 170/810 dm³, Länge 323 cm, Breite 149 cm, Höhe 144 cm.

Fahrleistungen: Vmax (Werk) 140 km/h, V bei 1000/min in 5. Gang 28.6 km/h; 0–100 km/h 18 s; steh. km 38.5 s; Leistungsgew. 24.5 kg/kW (17.8 kg/PS); Verbrauch ECE 4.7/6.3/6.6 L/100 km.

Moteur: (ECE), 4 cyl. en ligne (65×67.7 mm), 899 cm³, compr. 9:1; 29 kW (39 ch) à 5500/min, 32.2 kW/L (43.8 ch/L); 65 Nm (6.6 mkp) à 3000/min; 95 (R).

Moteur (constr.): 2 soupapes; arbre à cames latéral (chaîne); culasse en alliage léger; vilebrequin à 3 paliers; huile 3.35 L; injection monopoint électron. Batterie 40 Ah, alternateur 55 A; refroidissement à eau, capac. 4.8 L.

Transmission: (sur roues AV).
Boîte à 5 vit.: I. 3.91; II. 2.06; III. 1.34; IV. 0.98; V. 0.84; AR 3.73; pont 4.07.

Châssis: carr. autop.; AV jambes élast., leviers triang. transv.; AR bras longitud.; ressorts hélic.; AV/AR amortiss. télescop.

Train roulant: frein, AV à disques, AR à tambours, ∅ disques AV 24 cm, frein à main sur roues AR; dir. à crém., rés. carb. 35 L; pneus 145/70 R 13, 155/65 R 13, 4 J.

Dimensions: empattement 220 cm, voie 126/126 cm, garde au sol 15 cm, diam. de braq. 9.4 m, coffre 170/810 dm³, longueur 323 cm, largeur 149 cm, hauteur 144 cm.

Performances: Vmax (usine) 140 km/h, V à 1000/min en 5. vit. 28.6 km/h; 0–100 km/h 18 s; km arrêté 38.5 s; rapp. poids/puiss. 24.5 kg/kW (17.8 kg/ch); consomm. ECE 4.7/6.3/6.6 L/100 km.

Ferrari F50

Fiat 251

Fiat Cinquecento Sport

1.1 – 54 PS Benzineinspritzung

Wie 0.9 – 39 PS, ausgenommen:

Karosserie, Gewicht: (DIN), Limousine, 3 Türen, 5 Sitze; leer ab 735 kg, max. zul. 1150 kg.

Motor: (ECE), 4 Zyl. in Linie (70×72 mm), 1108 cm^3; Kompr. 9.6:1; 40 kW (54 PS) bei 5500/min, 36.1 kW/L (49.1 PS/L); 86 Nm (8.8 mkp) bei 3250/min; 95 ROZ.

Motorkonstruktion: Bezeichnung 176 B2 000; 2 Ventile; 1 obenl. Nockenwelle (Zahnriemen); Leichtmetall-Zylinderkopf; 5fach gelagerte Kurbelwelle; Öl 3.9 L; elektron. Zentraleinspritzung. Batterie 40 Ah, Alternator 65 A; Wasserkühlung, Inh. 4.2 L.

Kraftübertragung: (auf Vorderräder). 5-Gang-Getriebe: I. 3.91; II. 2.16; III. 1.48; IV. 1.12; V. 0.83; R 3.82; Achse 3.87.

Fahrwerk: Reifen 165/55 R 13, 5.5 J.

Fahrleistungen: Vmax (Werk) 150 km/h, V bei 1000/min im 5. Gang 30.5 km/h; 0–100 km/h 13.8 s; steh. km 36 s; Leistungsgew. 18.4 kg/kW (13.6 kg/PS); Verbrauch ECE 4.7/6.3/7.5 L/100 km.

1.1 – 54 ch Injection d'essence

Comme 0.9 – 39 ch, sauf:

Carrosserie, poids: (DIN), Berline, 3 portes, 5 places; vide dès 735 kg, tot. adm. 1150 kg.

Moteur: (ECE), 4 cyl. en ligne (70×72 mm), 1108 cm^3; compr. 9.6:1; 40 kW (54 ch) à 5500/min, 36.1 kW/L (49.1 ch/L); 86 Nm (8.8 mkp) à 3250/min; 95 (R).

Moteur (constr.): désignation 176 B2 000; 2 soupapes; 1 arbre à cames en tête (courroie crantée); culasse en alliage léger; vilebrequin à 5 paliers; huile 3.9 L; injection monopoint électron. Batterie 40 Ah, alternateur 65 A; refroidissement à eau, capac. 4.2 L.

Transmission: (sur roues AV). Boîte à 5 vit.: I. 3.91; II. 2.16; III. 1.48; IV. 1.12; V. 0.83; AR 3.82; pont 3.87.

Train roulant: pneus 165/55 R 13, 5.5 J.

Performances: Vmax (usine) 150 km/h, V à 1000/min en 5. vit. 30.5 km/h; 0–100 km/h 13.8 s; km arrêté 36 s; rapp. poids/puiss. 18.4 kg/kW (13.6 kg/ch); consomm. ECE 4.7/6.3/7.5 L/100 km.

0.7 – 30 PS Benzineinspritzung

Wie 0.9 – 39 PS, ausgenommen:

Karosserie, Gewicht: (DIN), Limousine, 3 Türen, 5 Sitze; leer ab 690 kg.

Motor: (ECE), 2 Zyl. in Linie (80×70 mm), 704 cm^3; Kompr. 9:1; 22 kW (30 PS) bei 5000/min, 31.2 kW/L (42.5 PS/L); 47 Nm (4.8 mkp) bei 2750/min; 95 ROZ.

Motorkonstruktion: 2 Ventile; seitl. Nokkenwelle (Kette); Leichtmetall-Zylinderkopf und -block; 2fach gelagerte Kurbelwelle; Öl 2.5 L; 1 elektron. geregelter Vergaser. Batterie 32 Ah, Wasserkühlung, Inh. 4.5 L.

Kraftübertragung: (auf Vorderräder). 4-Gang-Getriebe: I. 3.25; II. 2.05; III. 1.31; IV. 0.87; R 4.02; Achse 4.33.

Fahrleistungen: Vmax (Werk) 126 km/h, V bei 1000/min im 4. Gang 26 km/h; 0–100 km/h 30 s; steh. km 44.5 s; Leistungsgew. 31.4 kg/kW (23 kg/PS); Verbrauch ECE 4.6/6.5 L/100 km.

0.7 – 30 ch Injection d'essence

Comme 0.9 – 39 ch, sauf:

Carrosserie, poids: (DIN), Berline, 3 portes, 5 places; vide dès 690 kg.

Moteur: (ECE), 2 cyl. en ligne (80×70 mm), 704 cm^3; compr. 9:1; 22 kW (30 ch) à 5000/min, 31.2 kW/L (42.5 ch/L); 47 Nm (4.8 mkp) à 2750/min; 95 (R).

Moteur (constr.): 2 soupapes; arbre à cames latéral (chaîne); culasse et bloc-cyl. en alliage léger; vilebrequin à 2 paliers; huile 2.5 L; 1carburateur pilotée. Batt. 32 Ah, refroidiss. à eau, capac. 4.5 L.

Transmission: (sur roues AV). Boîte à 4 vit.: I. 3.25; II. 2.05; III. 1.31; IV. 0.87; AR 4.02; pont 4.33.

Performances: Vmax (usine) 126 km/h, V à 1000/min en 4. vit. 26 km/h; 0–100 km/h 30 s; km arrêté 44.5 s; rapp. poids/puiss. 31.4 kg/kW (23 kg/ch); ECE 4.6/6.5 L/100 km.

Fiat 126

Kleinwagen aus polnischer Produktion mit 2-Zylinder-Heckmotor. Debüt mit 594 cm^3 Turin 1972, mit 652 cm^3 Juli 1977. Sept. 1987: Heckklappe und wassergekühlter, liegender 2-Zylindermotor, 704 cm^3, 26 PS. Ab 1997 mit 652 cm^3 (24 PS) und Katalysator.

Petite voiture produite en Pologne avec moteur arrière bicylindrique. Lancement avec 594 cm£e Turin 1972, avec 652 cm^3 juillet 1977. Sept. 1987: Hayon AR, moteur horiz. refroidi par eau, 704 cm^3, 26 ch. Dès 1997 avec 652 cm^3 (24 ch) et catalyseur.

0.7 – 24 PS Benzineinspritzung

Karosserie, Gewicht: (DIN), Limousine, 4 Sitze; leer ab 600 kg.

Motor: (ECE), 2 Zyl. in Linie (77×70 mm), 652 cm^3; Kompr. 7.5:1; 18 kW (24 PS) bei 4500/min, 27.6 kW/L (37.5 PS/L); 41 Nm (4.2 mkp) bei 3000/min; 95 ROZ.

Motorkonstruktion: 2 Ventile; seitl. Nokkenwelle (Kette); Leichtmetall-Zylinderkopf und -block; 2fach gelagerte Kurbelwelle; Öl 2.5 L; Vergaser.

Kraftübertragung: (auf Hinterräder). 4-Gang-Getriebe: I. 3.25; II. 2.05; III. 1.31; IV. 0.87; R 4.02; Achse 4.33.

Fahrgestell: Selbsttragende Karosserie; vorn Einzelradaufhängung, obere Dreieckquerlenker, Querblattfeder, hinten Einzelradaufhängung, Dreiecklenker, Schraubenfedern; Teleskopdämpfer.

Fahrwerk: Vierradtrommelbremse, Handbremse auf Hinterräder; Treibstofftank 21 L; Reifen 135 R 12, Felgen 4 J.

Dimensionen: Radstand 184 cm, Spur 114/117 cm, Bodenfreih. 13 cm, Wendekreis 9.2 m, Kofferraum 170/810 dm^3, Länge 311 cm, Breite 138 cm, Höhe 134 cm.

0.7 – 24 ch Injection d'essence

Carrosserie, poids: (DIN), Berline, 4 places; vide dès 600 kg.

Moteur: (ECE), 2 cyl. en ligne (77×70 mm), 652 cm^3; compr. 7.5:1; 18 kW (24 ch) à 4500/min, 27.6 kW/L (37.5 ch/L); 41 Nm (4.2 mkp) à 3000/min; 95 (R).

Moteur (constr.): 2 soupapes; arbre à cames latéral (chaîne); culasse et bloc-cyl. en alliage léger; vilebrequin à 2 paliers; huile 2.5 L; carburateur.

Transmission: (sur roues AR). Boîte à 4 vit.: I. 3.25; II. 2.05; III. 1.31; IV. 0.87; AR 4.02; pont 4.33.

Châssis: carrosserie autoporteuse; AV suspension à roues indép., leviers triang. superieur, lame transversal, AR suspension à roues indép., levier triangulaire, ressorts hélicoïdaux; amortiss. télescop.

Train roulant: quatre freins à tambours, frein à main sur roues AR; réservoir carb. 21 L; pneus 135 R 12, jantes 4 J.

Dimensions: empattement 184 cm, voie 114/117 cm, garde au sol 13 cm, diam. de braq. 9.2 m, coffre 170/810 dm^3, longueur 311 cm, largeur 138 cm, hauteur 134 cm.

Fiat 126 Maluch

Fahrleistungen: Vmax (Werk) 105 km/h, V bei 1000/min im 4. Gang 25.2 km/h; Leistungsgew. 33.3 kg/kW (25 kg/PS); Verbrauch ECE 5.8/6.9 L/100 km.

Performances: Vmax (usine) 105 km/h, V à 1000/min en 4. vit. 25.2 km/h; rapp. poids/puiss. 33.3 kg/kW (25 kg/ch); consomm. ECE 5.8/6.9 L/100 km.

Fiat Panda

Kleinwagen mit zwei Türen, Heckklappe und Frontantrieb. Debüt Genf 1980. Januar 1986: Neue Motorpalette (770/999 cm^3), «Omega»-Hinterachse, Modifikationen an Karosserie und Interieur. April 1986: 1.3 Diesel. 1991: Mit stufenlosem Getr. 1997 mit 0.9- (39 PS) und 1.1-Motoren (54 PS). 1.1 als Selecta und 4x4.

Petite voiture avec 2 portes, hayon AR et traction AV. Lancement Genève 1980. Janvier 1986: Nouvelle gamme de moteurs (770/999 cm^3), essieu AR «Omega», modif. à la carr. et à l'intérieur. Avril 1986: 1.3 D. 1991: Boîte à variation continue. 1997 avec des moteurs 0.9 (39 ch) et 1.1 (54 ch). 1.1 comme Selecta et 4x4.

0.9 – 39 PS Benzineinspritzung

Karosserie, Gewicht: (DIN), Limousine, 3 Türen, 5 Sitze; leer ab 715 kg, max. zul. 1150 kg.

Motor: (ECE), 4 Zyl. in Linie (65×67.7 mm), 899 cm^3; Kompr. 8.8:1; 29 kW (39 PS) bei 5500/min, 32.2 kW/L (43.8 PS/L); 65 Nm (6.6 mkp) bei 3000/min; 95 ROZ.

Motorkonstruktion: 2 Ventile; seitl. Nokkenwelle (Kette); Leichtmetall-Zylinderkopf; 3fach gelagerte Kurbelwelle; Öl 3.35 L; elektron. Zentraleinspritzung. Batterie 32 Ah, Alternator 45 A; Wasserkühlung, Inh. 4.8 L.

Kraftübertragung: (auf Vorderräder). 5-Gang-Getriebe: I. 3.91; II. 2.06; III. 1.34; IV. 0.98; V. 0.84; R 3.73; Achse 4.23.

0.9 – 39 ch Injection d'essence

Carrosserie, poids: (DIN), Berline, 3 portes, 5 places; vide dès 715 kg, tot. adm. 1150 kg.

Moteur: (ECE), 4 cyl. en ligne (65×67.7 mm), 899 cm^3; compr. 8.8:1; 29 kW (39 ch) à 5500/min, 32.2 kW/L (43.8 ch/L); 65 Nm (6.6 mkp) à 3000/min; 95 (R).

Moteur (constr.): 2 soupapes; arbre à cames latéral (chaîne); culasse en alliage léger; vilebrequin à 3 paliers; huile 3.35 L; injection monopoint électron. Batterie 32 Ah, alternateur 45 A; refroidissement à eau, capac. 4.8 L.

Transmission: (sur roues AV). Boîte à 5 vit.: I. 3.91; II. 2.06; III. 1.34; IV. 0.98; V. 0.84; AR 3.73; pont 4.23.

Fiat

Fahrgestell: Selbsttragende Karosserie; vorn Federbeine, Dreieckquerlenker, hinten Starrachse, Längslenker; Schraubenfedern; v/h Teleskopdämpfer.

Fahrwerk: Bremse, vorne Scheiben, hinten Trommeln, Scheiben-Ø v. 22.7 cm, Handbremse auf Hinterräder; Zahnstangenlenkung, Treibstofftank 40 L; Reifen 135/70 R 13, 155/65 R 13, Felgen 4 J, 4.5 J.

Dimensionen: Radstand 216 cm, Spur 126/126 cm, Bodenfreih. 13 cm, Wendekreis 10.5 m, Kofferraum 270/900 dm³, Länge 341 cm, Breite 149 cm, Höhe 144 cm.

Fahrleistungen: Vmax (Werk) 135 km/h, V bei 1000/min im 5. Gang 28.2 km/h; 0–100 km/h 19.5 s; steh. km 39.8 s; Leistungsgew. 24.7 kg/kW (17.9 kg/PS); Verbrauch ECE 4.8/6.9/6.6 L/100 km.

1.1 – 54 PS Benzineinspritzung

Wie 0.9 – 39 PS, ausgenommen:

Karosserie, Gewicht: (DIN), Limousine, 3 Türen, 5 Sitze; CVT: leer ab 745 kg, max. zul. 1150 kg.

4×4: leer ab 800 kg, max. zul. 1220 kg.

Motor: (ECE), 4 Zyl. in Linie (70×72 mm), 1108 cm³; Kompr. 9.6:1; 40 kW (54 PS) bei 5500/min, 36.1 kW/L (49.1 PS/L); 86 Nm (8.8 mkp) bei 3250/min; 95 ROZ.

Motorkonstruktion: 2 Ventile; 1 obenl. Nockenwelle (Zahnriemen); Leichtmetall-Zylinderkopf; 5fach gelagerte Kurbelwelle; Öl 3.75 L; elektron. Zentraleinspritzung. Batterie 40 Ah, Alternator 65 A; Wasserkühlung, Inh. 5.2 L.

Kraftübertragung: (auf Vorderräder/4WD zuschaltbar).
CVT: stufenlos variabel von 2.5 bis 0.5; R 3.42; Achse 4.35.
4×4: 5-Gang-Getriebe: I. 3.91; II. 2.06; III. 1.34; IV. 0.98; V. 0.73; R 3.7; Achse 5.46.

Fahrgestell: 4×4: hinten Blattfedern.

Fahrwerk: Scheiben-Ø v. 24 cm.
4×4: Treibstofftank 30 L; Reifen 145 R 13.

Dimensionen: 4×4: Radst. 217 cm, Spur 125/126 cm, Bodenfreih. 18 cm, Wendekreis 10.6 m, Breite 150 cm, Höhe 147 cm.

Fiat Panda

Fahrleistungen: CVT: Vmax (Werk) 140 km/h, V bei 1000/min im max. Gang 44.7 km/h; 0–100 km/h 17.5 s; steh. km 38 s; Leistungsgew. 18.6 kg/kW (13.5 kg/PS); Verbrauch ECE 5.3/7.3/7.9 L/100 km.

4×4: Vmax 130 km/h, V bei 1000/min im 5. Gang 26 km/h; steh. km 39 s; Verbrauch ECE 6.9/9.5/8.3 L/100 km.

Châssis: carrosserie autoporteuse; AV jambes élast., leviers triang. transv., AR essieu rigide, bras longitud.; ressorts hélicoïdaux; AV/AR amortiss. télescop.

Train roulant: frein, AV à disques, AR à tambours, Ø disques AV 22.7 cm, frein à main sur roues AR; direction à crémaillère, réservoir carb. 40 L; pneus 135/70 R 13, 155/65 R 13, jantes 4 J, 4.5 J.

Dimensions: empattement 216 cm, voie 126/126 cm, garde au sol 13 cm, diam. de braq. 10.5 m, coffre 270/900 dm³, longueur 341 cm, largeur 149 cm, hauteur 144 cm.

Performances: Vmax (usine) 135 km/h, V à 1000/min en 5. vit. 28.2 km/h; 0–100 km/h 19.5 s; km arrêté 39.8 s; rapp. poids/puiss. 24.7 kg/kW (17.9 kg/ch); consomm. ECE 4.8/6.9/6.6 L/100 km.

1.1 – 54 ch Injection d'essence

Comme 0.9 – 39 ch, sauf:

Carrosserie, poids: (DIN), Berline, 3 portes, 5 places; CVT: vide dès 745 kg, tot. adm. 1150 kg.

4×4: vide dès 800 kg, tot. adm. 1220 kg.

Moteur: (ECE), 4 cyl. en ligne (70×72 mm), 1108 cm³; compr. 9.6:1; 40 kW (54 ch) à 5500/min, 36.1 kW/L (49.1 ch/L); 86 Nm (8.8 mkp) à 3250/min; 95 (R).

Moteur (constr.): 2 soupapes; 1 arbre à cames en tête (courroie crantée); culasse en alliage léger; vilebrequin 5 paliers; huile 3.75 L; injection monopoint électron. Batterie 40 Ah, alternateur 65 A; refroidissement à eau, capac. 5.2 L.

Transmission: (sur roues AV/4WD enclenchable).
CVT: à variation continue de 2.5 et 0.5; AR 3.42; pont 4.35.
4×4: Boîte à 5 vit.: I. 3.91; II. 2.06; III. 1.34; IV. 0.98; V. 0.73; AR 3.7; pont 5.46.

Châssis: 4×4: AR ressorts à lames.

Train roulant: Ø disques AV 24 cm.
4×4: Réservoir carb. 30 L; pneus 145 R 13.

Dimensions: 4×4: empatt. 217 cm, voie 125/126 cm, garde au sol 18 cm, diam. de braq. 10.6 m, larg. 150 cm, haut. 147 cm.

Performances: CVT: Vmax (usine) 140 km/h, V à 1000/min en max. vit. 44.7 km/h; 0–100 km/h 17.5 s; km arrêté 38 s; rapp. poids/puiss. 18.6 kg/kW (13.5 kg/ch); consomm. ECE 5.3/7.3/7.9 L/100 km.

4×4: Vmax 130 km/h, V à 1000/min en 5. vit. 26 km/h; km arrêté 39 s; consomm. ECE 6.9/9.5/8.3 L/100 km.

Fiat Uno

Kompakte Limousine mit Quermotor und Frontantrieb. Debüt Januar 1983, Diesel Mai 1983, Turbo und «Fire» Frühling 1985, Turbo-Diesel April 1986 und 1.7 D September 1986. Für 1988 mit stufenlosem Getriebe. Herbst 1989: Restyling. Wird in Polen in einigen Varianten weitergebaut. Daten siehe Katalog 1995.

Berline comp. avec moteur transv. et traction avant. Lancements jan. 1983, diesel mai 1983, turbo et «Fire» print. 1985, turbo-diesel avril 1986 et 1.7 D sept. 1986. Pour 1988: Boîte à variation continue. Aut, 1989: Rest. Production maintenue en versions selectionné en pologne. Données voir catalogue 1995.

Fiat Uno

Fiat Punto

Kompakte Limousine zwischen Uno und Tipo mit Quermotor und Frontantrieb, 3- oder 5türig und als Cabriolet, a.W. mit 6-Gang-Getriebe. Debüt Herbst 1993.

Berline compacte (entre la Uno et la Tipo) avec moteur transv. et traction, 3/5 portes et comme cabriolet, s.d. avec boîte à 6 vit. Lancement aut. 1993.

1.1 – 54 PS Benzineinspritzung

Karosserie, Gewicht: (DIN), Limousine, 3/5 Türen; 5 Sitze; leer ab 850 kg, max. zul. 1315 kg.

Motor: (ECE), 4 Zyl. in Linie (70×72 mm), 1108 cm³; Kompr. 9.6:1; 40 kW (54 PS) bei 5500/min, 36.1 kW/L (49.1 PS/L); 86 Nm (8.8 mkp) bei 3250/min; 95 ROZ.

Motorkonstruktion: 2 Ventile; 1 obenl. Nockenwelle (Zahnriemen); Leichtmetall-Zylinderkopf; 5fach gelagerte Kurbelwelle; Öl 3.5 L; elektron. Zentraleinspritzung. Batterie 32 Ah, Alternator 65 A; Wasserkühlung, Inh. 4.6 L.

Kraftübertragung: (auf Vorderräder).
5-Gang-Getriebe: I. 3.91; II. 2.16; III. 1.48; IV. 1.12; V. 0.83; R 3.82; Achse 3.87.
ED: 5-Gang-Getriebe: I. 3.91; II. 2.16; III. 1.35; IV. 0.97; V. 0.81; R 3.91; Achse 3.56.
6-Gang-Getriebe: I. 3.55; II. 2.16; III. 1.48; IV. 1.12; V. 0.9; VI. 0.74; Achse 4.92.

Fahrgestell: Selbsttragende Karosserie mit vorderem und hinterem Hilfsrahmen; vorn Einzelradaufhängung, Federbeine; Dreiecklenker; hinten Einzelradaufhängung, Längslenker, Schraubenfedern; v/h Kurvenstabilisator (ausser bei 1.1-5-Gang), Teleskopdämpfer.

Fahrwerk: Bremse, vorne Scheiben, hinten Trommeln, Scheiben-Ø v. 24 cm, a.W. ABS, Handbremse auf Hinterräder; Zahnstangenlenkung, Treibstofftank 47 L; Reifen 155/70 R 13, 165/60 R 14, Felgen 4.5/5 J.

Dimensionen: Radstand 245 cm, Spur 140/138 cm, Bodenfreih. 15 cm, Wendekreis 9.7 m, Kofferraum 275/1080 dm³, Länge 376 cm, Breite 163 cm, Höhe 146 cm.

Fahrleistungen: Vmax (Werk) 150 km/h, V bei 1000/min im 5. Gang 28.7 km/h; 0–100 km/h 16.5 s; steh. km 37.5 s; Leistungsgew. 21.3 kg/kW (15.7 kg/PS); Verbrauch ECE 4.7/6.5/7.9 L/100 km.
ED: V bei 1000/min im 5. Gang 34.8 km/h; 0–100 km/h 17 s; steh. km 38 s; Verbrauch ECE 4.3/6.1/7.4 L/100 km.
6-Gang: V bei 1000/min im 6. Gang 27.9 km/h; 0–100 km/h 16 s; steh. km 37 s; Verbrauch ECE 5/6.9/7 L/100 km.

1.1 – 54 ch Injection d'essence

Carrosserie, poids: (DIN), Berline, 3/5 portes; 5 places; vide dès 850 kg, tot. adm. 1315 kg.

Moteur: (ECE), 4 cyl. en ligne (70×72 mm), 1108 cm³; compr. 9.6:1; 40 kW (54 ch) à 5500/min, 36.1 kW/L (49.1 ch/L); 86 Nm (8.8 mkp) à 3250/min; 95 (R).

Moteur (constr.): 2 soupapes; 1 arbre à cames en tête (courroie crantée); culasse en alliage léger; vilebrequin 5 paliers; huile 3.5 L; injection monopoint électron. Batterie 32 Ah, alternateur 65 A; refroidissement à eau, capac. 4.6 L.

Transmission: (sur roues AV).
Boîte à 5 vit.: I. 3.91; II. 2.16; III. 1.48; IV. 1.12; V. 0.83; AR 3.82; pont 3.87.
ED: Boîte à 5 vit.: I. 3.91; II. 2.16; III. 1.35; IV. 0.97; V. 0.81; AR 3.91; pont 3.56.
Boîte à 6 vit.: I. 3.55; II. 2.16; III. 1.48; IV. 1.12; V. 0.9; VI. 0.74; pont 4.92.

Châssis: carrosserie autoporteuse avec faux-châssis AV et AR; AV suspension à roues indép., jambes élastiques; levier triangulaire; AR suspension à roues indép., bras longitud., ressorts hélicoïdaux; AV/AR barre anti-dévers (sauf 1.1-5 vit.), amortiss. télescop.

Train roulant: frein, AV à disques, AR à tambours, Ø disques AV 24 cm, ABS s. d., frein à main sur roues AR; direction à crémaillère, réservoir carb. 47 L; pneus 155/70 R 13, 165/60 R 14, jantes 4.5/5 J.

Dimensions: empattement 245 cm, voie 140/138 cm, garde au sol 15 cm, diam. de braq. 9.7 m, coffre 275/1080 dm³, longueur 376 cm, largeur 163 cm, hauteur 146 cm.

Performances: Vmax (usine) 150 km/h, V à 1000/min en 5. vit. 28.7 km/h; 0–100 km/h 16.5 s; km arrêté 37.5 s; rapp. poids/puiss. 21.3 kg/kW (15.7 kg/ch); consomm. ECE 4.7/6.5/7.9 L/100 km.
ED: V à 1000/min en 5. vit. 34.8 km/h; 0–100 km/h 17 s; km arrêté 38 s; consomm. ECE 4.3/6.1/7.4 L/100 km.
6 vit.: V à 1000/min en 6. vit. 27.9 km/h; 0–100 km/h 16 s; km arrêté 37 s; consomm. ECE 5/6.9/7 L/100 km.

Fiat

1.2 – 60 PS Benzineinspritzung

Wie 1.1 – 54 PS, ausgenommen:

Karosserie, Gewicht: (DIN), Limousine, 3/5 Türen; 5 Sitze; leer ab 865 kg, max. zul. 1340 kg.
CVT: leer ab 950 kg, max. zul. 1415 kg.

Motor: (ECE), 4 Zyl. in Linie (70.8×78.9 mm), 1242 cm³; Kompr. 9.6:1; 44 kW (60 PS) bei 5500/min, 35.4 kW/L (48.2 PS/L); 98 Nm (10 mkp) bei 3000/min; 95 ROZ.

Motorkonstruktion: 2 Ventile; 1 obenl. Nockenwelle (Zahnriemen); Leichtmetall-Zylinderkopf; 5fach gelagerte Kurbelwelle; Öl 3.75 L; elektron. Zentraleinspritzung. Batterie 32 Ah, Alternator 65 A; Wasserkühlung, Inh. 4.6 L.

Kraftübertragung: (auf Vorderräder).
5-Gang-Getriebe: I. 3.91; II. 2.16; III. 1.35; IV. 0.97; V. 0.81; R 3.82; Achse 3.56.
CVT: stufenlos variabel von 2.5 bis 0.5; R 2.5; Achse 4.65.

Fahrwerk: Zahnstangenlenkung, a.W. mit Servo.
CVT: Scheiben-∅ v. 25.7 cm, Zahnstangenlenkung mit Servo, Reifen 165/65 R 14.

Fahrleistungen: Vmax (Werk) 160 km/h, V bei 1000/min im 5. Gang 34.7 km/h; 0–100 km/h 14.9 s; steh. km 36.1 s; Leistungsgew. 19.7 kg/kW (14.4 kg/PS); Verbrauch ECE 4.4/6.2/7.2 L/100 km.
CVT: V bei 1000/min im max. Gang 45.2 km/h; 0–100 km/h 17.5 s; steh. km 38 s; Verbrauch ECE 5.5/7.4/7.5 L/100 km.

1.2 – 60 ch Injection d'essence

Comme 1.1 – 54 ch, sauf:

Carrosserie, poids: (DIN), Berline, 3/5 portes; 5 places; vide dès 865 kg, tot. adm. 1340 kg.
CVT: vide dès 950 kg, tot. adm. 1415 kg.

Moteur: (ECE), 4 cyl. en ligne (70.8×78.9 mm), 1242 cm³; compr. 9.6:1; 44 kW (60 ch) à 5500/min, 35.4 kW/L (48.2 ch/L); 98 Nm (10 mkp) à 3000/min; 95 (R).

Moteur (constr.): 2 soupapes; 1 arbre à cames en tête (courroie crantée); culasse en alliage léger; vilebrequin à 5 paliers; huile 3.75 L; injection monopoint électron. Batterie 32 Ah, alternateur 65 A; refroidissement à eau, capac. 4.6 L.

Transmission: (sur roues AV).
Boîte à 5 vit.: I. 3.91; II. 2.16; III. 1.35; IV. 0.97; V. 0.81; AR 3.82; pont 3.56.
CVT: à variation continue de 2.5 et 0.5; AR 2.5; pont 4.65.

Train roulant: direction à crémaillère, s.d. avec servo.
CVT: ∅ disques AV 25.7 cm, servodirection à crémaillère, pneus 165/65 R 14.

Performances: Vmax (usine) 160 km/h, V à 1000/min en 5. vit. 34.7 km/h; 0–100 km/h 14.9 s; km arrêté 36.1 s; rapp. poids/puiss. 19.7 kg/kW (14.4 kg/ch); Verbrauch ECE 4.4/6.2/7.2 L/100 km.
CVT: V à 1000/min en max. vit. 45.2 km/h; 0–100 km/h 17.5 s; km arrêté 38 s; consomm. ECE 5.5/7.4/7.5 L/100 km.

Fiat Punto

1.2 – 73 PS Benzineinspritzung

Wie 1.1 – 54 PS, ausgenommen:

Karosserie, Gewicht: (DIN), Limousine, 3/5 Türen; 5 Sitze; leer ab 905 kg, max. zul. 1385 kg.

Motor: (ECE), 4 Zyl. in Linie (70.8×78.9 mm), 1242 cm³; Kompr. 9.8:1; 54 kW (73 PS) bei 6000/min, 43.5 kW/L (59.1 PS/L); 106 Nm (10.8 mkp) bei 4000/min; 95 ROZ.

Motorkonstruktion: 2 Ventile; 1 obenl. Nockenwelle (Zahnriemen); Leichtmetall-Zylinderkopf; 5fach gelagerte Kurbelwelle; Öl 3.8 L; elektron. Einspritzung. Batterie 40/50 Ah, Alternator 65 A; Wasserkühlung, Inh. 4.6 L.

Kraftübertragung: (auf Vorderräder).
5-Gang-Getriebe: I. 3.91; II. 2.16; III. 1.48; IV. 1.12; V. 0.9; R 3.82; Achse 3.73.

Fahrwerk: Zahnstangenlenkung, a.W. mit Servo, Reifen 165/65 R 14.

Dimensionen: Spur 137/135 cm.

Fahrleistungen: Vmax (Werk) 170 km/h, V bei 1000/min im 5. Gang 31.1 km/h; 0–100 km/h 12 s; steh. km 34.5 s; Leistungsgew. 16.8 kg/kW (12.4 kg/PS); Verbrauch ECE 5.3/6.9/7.8 L/100 km.

1.2 – 73 ch Injection d'essence

Comme 1.1 – 54 ch, sauf:

Carrosserie, poids: (DIN), Berline, 3/5 portes; 5 places; vide dès 905 kg, tot. adm. 1385 kg.

Moteur: (ECE), 4 cyl. en ligne (70.8×78.9 mm), 1242 cm³; compr. 9.8:1; 54 kW (73 ch) à 6000/min, 43.5 kW/L (59.1 ch/L); 106 Nm (10.8 mkp) à 4000/min; 95 (R).

Moteur (constr.): 2 soupapes; 1 arbre à cames en tête (courroie crantée); culasse en alliage léger; vilebrequin à 5 paliers; huile 3.8 L; injection électronique. Batterie 40/50 Ah, alternateur 65 A; refroidissement à eau, capac. 4.6 L.

Transmission: (sur roues AV).
Boîte à 5 vit.: I. 3.91; II. 2.16; III. 1.48; IV. 1.12; V. 0.9; AR 3.82; pont 3.73.

Train roulant: direction à crémaillère, s.d. avec servo, pneus 165/65 R 14.

Dimensions: voie 137/135 cm.

Performances: Vmax (usine) 170 km/h, V à 1000/min en 5. vit. 31.1 km/h; 0–100 km/h 12 s; km arrêté 34.5 s; rapp. poids/puiss. 16.8 kg/kW (12.4 kg/ch); consomm. ECE 5.3/6.9/7.8 L/100 km.

Fiat Punto

1.6 – 88 PS Benzineinspritzung

Wie 1.1 – 54 PS, ausgenommen:

Karosserie, Gewicht: (DIN), Limousine, 3/5 Türen; 5 Sitze; leer ab 975 kg, max. zul. 1440 kg.

Motor: (ECE), 4 Zyl. in Linie (86.4×67.4 mm), 1581 cm³; Kompr. 9.5:1; 65 kW (88 PS) bei 5750/min, 41.1 kW/L (55.9 PS/L); 127 Nm (12.9 mkp) bei 2750/min; 95 ROZ.

Motorkonstruktion: 2 Ventile; 1 obenl. Nockenwelle (Zahnriemen); Leichtmetall-Zylinderkopf; 5fach gelagerte Kurbelwelle; Öl 3.7 L; elektron. Einspritzung. Batterie 40/50 Ah, Alternator 65 A; Wasserkühlung, Inh. 5.9 L.

Kraftübertragung: (auf Vorderräder).
5-Gang-Getriebe: I. 3.91; II. 2.16; III. 1.35; IV. 0.97; V. 0.81; R 3.82; Achse 3.56.

Fahrwerk: Zahnstangenlenkung mit Servo, Reifen 175/60 R 14.

Dimensionen: Spur 137/135 cm, Länge 377 cm.

Fahrleistungen: Vmax (Werk) 178 km/h, V bei 1000/min im 5. Gang 35.9 km/h; 0–100 km/h 11.8 s; steh. km 33.4 s; Leistungsgew. 15 kg/kW (11 kg/PS); Verbrauch ECE 5.8/7.5/9.4 L/100 km.

1.6 – 88 ch Injection d'essence

Comme 1.1 – 54 ch, sauf:

Carrosserie, poids: (DIN), Berline, 3/5 portes; 5 places; vide dès 975 kg, tot. adm. 1440 kg.

Moteur: (ECE), 4 cyl. en ligne (86.4×67.4 mm), 1581 cm³; compr. 9.5:1; 65 kW (88 ch) à 5750/min, 41.1 kW/L (55.9 ch/L); 127 Nm (12.9 mkp) à 2750/min; 95 (R).

Moteur (constr.): 2 soupapes; 1 arbre à cames en tête (courroie crantée); culasse en alliage léger; vilebrequin à 5 paliers; huile 3.7 L; injection électronique. Batterie 40/50 Ah, alternateur 65 A; refroidissement à eau, capac. 5.9 L.

Transmission: (sur roues AV).
Boîte à 5 vit.: I. 3.91; II. 2.16; III. 1.35; IV. 0.97; V. 0.81; AR 3.82; pont 3.56.

Train roulant: servodirection à crémaillère, pneus 175/60 R 14.

Dimensions: voie 137/135 cm, longueur 377 cm.

Performances: Vmax (usine) 178 km/h, V à 1000/min en 5. vit. 35.9 km/h; 0–100 km/h 11.8 s; km arrêté 33.4 s; rapp. poids/puiss. 15 kg/kW (11 kg/ch); consomm. ECE 5.8/7.5/9.4 L/100 km.

1.4 – 133 PS Benzineinspritzung/Turbo

Wie 1.1 – 54 PS, ausgenommen:

Karosserie, Gewicht: (DIN), Limousine, 3 Türen, 5 Sitze; leer ab 1000 kg, max. zul. 1450 kg.

Motor: (ECE), 4 Zyl. in Linie (80.5×67.4 mm), 1372 cm³; Kompr. 7.8:1; 98 kW (133 PS) bei 5750/min, 71.4 kW/L (97.1 PS/L); 204 Nm (20.8 mkp) bei 3000/min; 95 ROZ.

Motorkonstruktion: 2 Ventile; 1 obenl. Nockenwelle (Zahnriemen); Leichtmetall-Zylinderkopf; 5fach gelagerte Kurbelwelle; Ölkühler; Öl 4 L; elektron. Einspr., Bosch L-Jetronic, L3.1; 1 Turbolader, Garrett T2, max. Ladedruck 0.8 bar, Intercooler. Batterie 50 Ah, Alternator 65 A; Wasserkühlung, Inh. 6 L.

Kraftübertragung: (auf Vorderräder).
5-Gang-Getriebe: I. 3.55; II. 2.24; III. 1.54; IV. 1.16; V. 0.89; R 3.91; Achse 3.35.

Fahrwerk: Vierrad-Scheibenbremse (vorn belüftet), Scheiben-∅ v. 25.7 cm, h. 24 cm, Zahnstangenl. mit Servo, Treibstofftank 51 L; Reifen 185/55 HR 14, Felgen 5.5 J.

Dimensionen: Radstand 245 cm, Spur 138/136 cm, Wendekreis 9.7 m, Kofferraum 275/1080 dm³, Länge 377 cm, Breite 163 cm, Höhe 144 cm.

1.4 – 133 ch Injection d'essence/turbo

Comme 1.1 – 54 ch, sauf:

Carrosserie, poids: (DIN), Berline, 3 portes, 5 places; vide dès 1000 kg, tot. adm. 1450 kg.

Moteur: (ECE), 4 cyl. en ligne (80.5×67.4 mm), 1372 cm³; compr. 7.8:1; 98 kW (133 ch) à 5750/min, 71.4 kW/L (97.1 ch/L); 204 Nm (20.8 mkp) à 3000/min; 95 (R).

Moteur (constr.): 2 soupapes; 1 arbre à cames en tête (courroie crantée); culasse en alliage léger; vilebr. à 5 paliers; radiat. d'huile; huile 4 L; injection électronique, Bosch L-Jetronic, L3.1; 1 turbocompr., Garrett T2, pression max. 0.8 bar, Intercooler. Batterie 50 Ah, alternateur 65 A; refroidissement à eau, capac. 6 L.

Transmission: (sur roues AV).
Boîte à 5 vit.: I. 3.55; II. 2.24; III. 1.54; IV. 1.16; V. 0.89; AR 3.91; pont 3.35.

Train roulant: quatre freins à disques (AV ventilés), ∅ disques AV 25.7 cm, AR 24 cm, servodirection à crémaillère, réservoir carb. 51 L; pneus 185/55 HR 14, jantes 5.5 J.

Dimensions: empattement 245 cm, voie 138/136 cm, diam. de braq. 9.7 m, coffre 275/1080 dm³, longueur 377 cm, largeur 163 cm, hauteur 144 cm.

Fiat

Fiat Punto GT

Fahrleistungen: Vmax (Werk) 200 km/h, V bei 1000/min im 5. Gang 34.4 km/h; 0–100 km/h 7.9 s; steh. km 28.9 s; Leistungsgew. 10.2 kg/kW (7.5 kg/PS); Verbrauch ECE 5.7/7.8/9.4 L/100 km.

Performances: Vmax (usine) 200 km/h, V à 1000/min en 5. vit. 34.4 km/h; 0–100 km/h 7.9 s; km arrêté 28.9 s; rapp. poids/puiss. 10.2 kg/kW (7.5 kg/ch); consomm. ECE 5.7/7.8/9.4 L/100 km.

1.7 – 57 PS Diesel

Wie 1.1 – 54 PS, ausgenommen:

Karosserie, Gewicht: (DIN), Limousine, 3/5 Türen; 5 Sitze; leer ab 1000 kg, max. zul. 1450 kg.

Motor: (ECE), 4 Zyl. in Linie (82.6×79.2 mm), 1698 cm³; Kompr. 20.5:1; 42 kW (57 PS) bei 4600/min, 24.7 kW/L (33.6 PS/L); 98 Nm (10 mkp) bei 2900/min; Dieselöl.

Motorkonstruktion: Vorkammer-Diesel; 2 Ventile; 1 obenl. Nockenwelle (Zahnriemen); Leichtmetall-Zylinderkopf; 5fach gelagerte Kurbelwelle; Öl 4.9 L; Einspritzpumpe, Bosch. Batterie 60 Ah, Alternator 65 A; Wasserkühlung, Inh. 7.2 L.

Kraftübertragung: (auf Vorderräder). 5-Gang-Getriebe: I. 3.91; II. 2.24; III. 1.44; IV. 1.03; V. 0.79; R 3.91; Achse 3.73.

Fahrwerk: Scheiben-∅ v. 25.7 cm, Zahnstangenlenkung mit Servo, Reifen 165/65 R 14, 175/60 R 14.

Fahrleistungen: Vmax (Werk) 150 km/h, V bei 1000/min im 5. Gang 34.9 km/h; 0–100 km/h 20 s; Verbr. ECE 4.6/6.5/7 L/100 km.

1.7 – 57 ch diesel

Comme 1.1 – 54 ch, sauf:

Carrosserie, poids: (DIN), Berline, 3/5 portes; 5 places; vide dès 1000 kg, tot. adm. 1450 kg.

Moteur: (ECE), 4 cyl. en ligne (82.6×79.2 mm), 1698 cm³; compr. 20.5:1; 42 kW (57 ch) à 4600/min, 24.7 kW/L (33.6 ch/L); 98 Nm (10 mkp) à 2900/min; gazole.

Moteur (constr.): diesel à préchambre; 2 soupapes; 1 arbre à cames en tête (courroie crantée); culasse en alliage léger; vilebrequin à 5 paliers; huile 4.9 L; pompe à injection, Bosch. Batterie 60 Ah, alternateur 65 A; refroidissement à eau, capac. 7.2 L.

Transmission: (sur roues AV). Boîte à 5 vit.: I. 3.91; II. 2.24; III. 1.44; IV. 1.03; V. 0.79; AR 3.91; pont 3.73.

Train roulant: ∅ disques AV 25.7 cm, servodirection à crémaillère, pneus 165/65 R 14, 175/60 R 14.

Performances: Vmax (usine) 150 km/h, V à 1000/min en 5. vit. 34.9 km/h; 0–100 km/h 20 s; consomm. ECE 4.6/6.5/7 L/100 km.

Fiat Punto

1.7 – 69 PS Turbodiesel

Wie 1.1 – 54 PS, ausgenommen:

Karosserie, Gewicht: (DIN), Limousine, 3/5 Türen; 5 Sitze; leer ab 1000 kg, max. zul. 1460 kg.

Motor: (ECE), 4 Zyl. in Linie (82.6×79.2 mm), 1698 cm³; Kompr. 19:1; 51 kW (69 PS) bei 4500/min, 30 kW/L (40.8 PS/L); 134 Nm (13.7 mkp) bei 2500/min; Dieselöl.

Motorkonstruktion: Vorkammer-Diesel; 2 Ventile; 1 obenl. Nockenwelle (Zahnriemen); Leichtmetall-Zylinderkopf; 5fach gelagerte Kurbelwelle; Öl 4.9 L; Einspritzpumpe, Bosch, 1 Turbolader. Batterie 60 Ah, Alternator 65 A; Wasserkühlung, Inh. 7.2 L.

Kraftübertragung: (auf Vorderräder). 5-Gang-Getriebe: I. 3.91; II. 2.24; III. 1.44; IV. 1.03; V. 0.79; R 3.91; Achse 3.73.

Fahrwerk: Scheiben-∅ v. 25.7 cm, Zahnstangenlenkung mit Servo, Reifen 165/65 R 14, 175/60 R 14.

Fahrleistungen: Vmax (Werk) 163 km/h, V bei 1000/min im 5. Gang 34.9 km/h; 0–100 km/h 14.8 s; steh. km 36 s; Leistungsgew. 18.9 kg/kW (13.9 kg/PS); Verbrauch ECE 4.5/6.4/6.9 L/100 km.

1.7 – 69 ch turbodiesel

Comme 1.1 – 54 ch, sauf:

Carrosserie, poids: (DIN), Berline, 3/5 portes; 5 places; vide dès 1000 kg, tot. adm. 1460 kg.

Moteur: (ECE), 4 cyl. en ligne (82.6×79.2 mm), 1698 cm³; compr. 19:1; 51 kW (69 ch) à 4500/min, 30 kW/L (40.8 ch/L); 134 Nm (13.7 mkp) à 2500/min; gazole.

Moteur (constr.): diesel à préchambre; 2 soupapes; 1 arbre à cames en tête (courroie crantée); culasse en alliage léger; vilebrequin à 5 paliers; huile 4.9 L; pompe à injection, Bosch, 1 turbocompr. Batterie 60 Ah, alternateur 65 A; refroidissement à eau, capac. 7.2 L.

Transmission: (sur roues AV). Boîte à 5 vit.: I. 3.91; II. 2.24; III. 1.44; IV. 1.03; V. 0.79; AR 3.91; pont 3.73.

Train roulant: ∅ disques AV 25.7 cm, servodirection à crémaillère, pneus 165/65 R 14, 175/60 R 14.

Performances: Vmax (usine) 163 km/h, V à 1000/min en 5. vit. 34.9 km/h; 0–100 km/h 14.8 s; km arrêté 36 s; rapp. poids/puiss. 18.9 kg/kW (13.9 kg/ch); consomm. ECE 4.5/6.4/6.9 L/100 km.

Fiat Punto Cabrio

Kompaktes Cabriolet mit Quermotor und Frontantrieb, 1,2- oder 1,6-Liter-Motor. Debüt Mai 1994.

Cabriolet compacte avec moteur transv. et traction, AV, moteur 1,2 ou 1,6 litre. Lancement mai 1994.

1.2 – 60 PS Benzineinspritzung

Karosserie, Gewicht: (DIN), Cabriolet, 2 Türen, 4 Sitze; leer ab 960 kg, max. zul. 1320 kg.

1.2 – 60 ch Injection d'essence

Carrosserie, poids: (DIN), cabriolet, 2 portes, 4 places; vide dès 960 kg, tot. adm. 1320 kg.

Fiat Punto Cabrio

Motor: (ECE), 4 Zyl. in Linie (70.8×78.9 mm), 1242 cm³; Kompr. 9.6:1; 44 kW (60 PS) bei 5500/min, 35.4 kW/L (48.2 PS/L); 96 Nm (9.8 mkp) bei 3000/min; 95 ROZ.

Motorkonstruktion: 2 Ventile; 1 obenl. Nockenwelle (Zahnriemen); Leichtmetall-Zylinderkopf; 5fach gelagerte Kurbelwelle; Öl 3.75 L; elektron. Zentraleinspritzung. Batterie 40 Ah, Alternator 65 A; Wasserkühlung, Inh. 4.6 L.

Kraftübertragung: (auf Vorderräder). 5-Gang-Getriebe: I. 3.91; II. 2.16; III. 1.48; IV. 1.12; V. 0.9; R 3.82; Achse 3.56.

Fahrgestell: Selbsttragende Karosserie mit vorderem und hinterem Hilfsrahmen; vorn Federbeine, Dreieckquerlenker; hinten Längslenker, Schraubenfedern; v/h Kurvenstabilisator, Teleskopdämpfer.

Fahrwerk: Bremse, vorne Scheiben, hinten Trommeln, Scheiben-∅ v. 24 cm, a.W. ABS; Handbremse auf Hinterräder; Zahnstangenlenkung, a.W. mit Servo, Treibstofftank 47 L; Reifen 145/70 R 13, Felgen 5 J.

Dimensionen: Radstand 245 cm, Spur 138/137 cm, Bodenfreih. 15 cm, Wendekreis 10.6 m, Kofferraum 200/440 dm³, Länge 377 cm, Breite 163 cm, Höhe 147 cm.

Fahrleistungen: Vmax (Werk) 150 km/h, V bei 1000/min im 5. Gang 27.3 km/h; 0–100 km/h 15.1 s; steh. km 36.8 s; Leistungsgew. 21.8 kg/kW (16 kg/PS); Verbrauch ECE 5.1/7/7.7 L/100 km.

Moteur: (ECE), 4 cyl. en ligne (70.8×78.9 mm), 1242 cm³; compr. 9.6:1; 44 kW (60 ch) à 5500/min, 35.4 kW/L (48.2 ch/L); 96 Nm (9.8 mkp) à 3000/min; 95 (R).

Moteur (constr.): 2 soupapes; 1 arbre à cames en tête (courroie crantée); culasse en alliage léger; vilebrequin à 5 paliers; huile 3.75 L; injection monopoint électron. Batterie 40 Ah, alternateur 65 A; refroidissement à eau, capac. 4.6 L.

Transmission: (sur roues AV). Boîte à 5 vit.: I. 3.91; II. 2.16; III. 1.48; IV. 1.12; V. 0.9; AR 3.82; pont 3.56.

Châssis: carrosserie autoporteuse avec faux-châssis AV et AR; AV jambes élast., leviers triang. transv.; AR bras longitud., ressorts hélicoïdaux; AV/AR barre anti-dévers, amortiss. télesc.

Train roulant: frein, AV à disques, AR à tambours, ∅ disques AV 24 cm, ABS s. d., frein à main sur roues AR; direction à crémaillère, s.d. avec servo, réservoir carb. 47 L; pneus 145/70 R 13, jantes 5 J.

Dimensions: empattement 245 cm, voie 138/137 cm, garde au sol 15 cm, diam. de braq. 10.6 m, coffre 200/440 dm³, longueur 377 cm, largeur 163 cm, hauteur 147 cm.

Performances: Vmax (usine) 150 km/h, V à 1000/min en 5. vit. 27.3 km/h; 0–100 km/h 15.1 s; km arrêté 36.8 s; rapp. poids/puiss. 21.8 kg/kW (16 kg/ch); consomm. ECE 5.1/7/7.7 L/100 km.

Fiat

1.6 – 88 PS
Benzineinspritzung

Wie 1.2 – 60 PS, ausgenommen:

Karosserie, Gewicht: (DIN), Cabriolet, 2 Türen, 4 Sitze; leer ab 1070 kg, max. zul. 1430 kg.

Motor: (ECE), 4 Zyl. in Linie (86.4×67.4 mm), 1581 cm^3; Kompr. 9.5:1; 65 kW (88 PS) bei 5750/min, 41.1 kW/L (55.9 PS/L); 127 Nm (12.9 mkp) bei 2750/min; 95 ROZ.

Motorkonstruktion: 2 Ventile; 1 obenl. Nockenwelle (Zahnriemen); Leichtmetall-Zylinderkopf; 5fach gelagerte Kurbelwelle; Öl 3.7 L; elektron. Einspritzung. Batterie 40/50 Ah, Alternator 65 A; Wasserkühlung, Inh. 5.9 L.

Kraftübertragung: (auf Vorderräder). 5-Gang-Getriebe: I. 3.91; II. 2.16; III. 1.35; IV. 0.97; V. 0.77; R 3.82. Achse 3.73.

Fahrwerk: Scheiben-⌀ v. 25.7 cm, ABS, Zahnstangenlenkung mit Servo, Reifen 185/55 HR 14, Felgen 5 J.

Fahrleistungen: Vmax (Werk) 170 km/h, V bei 1000/min im 5. Gang 35.9 km/h; 0–100 km/h 13.1 s; steh. km 34.6 s; Leistungsgew. 16.5 kg/kW (12.2 kg/PS); Verbrauch ECE 6.3/8.1/10 L/100 km.

1.6 – 88 ch
Injection d'essence

Comme 1.2 – 60 ch, sauf:

Carrosserie, poids: (DIN), cabriolet, 2 portes, 4 places; vide dès 1070 kg, tot. adm. 1430 kg.

Moteur: (ECE), 4 cyl. en ligne (86.4×67.4 mm), 1581 cm^3; compr. 9.5:1; 65 kW (88 ch) à 5750/min, 41.1 kW/L (55.9 ch/L); 127 Nm (12.9 mkp) à 2750/min; 95 (R).

Moteur (constr.): 2 soupapes; 1 arbre à cames en tête (courroie crantée); culasse en alliage léger; vilebrequin à 5 paliers; huile 3.7 L; injection électronique. Batterie 40/50 Ah, alternateur 65 A; refroidissement à eau, capac. 5.9 L.

Transmission: (sur roues AV). Boîte à 5 vit.: I. 3.91; II. 2.16; III. 1.35; IV. 0.97; V. 0.77; AR 3.82; pont 3.73.

Train roulant: ⌀ disques AV 25.7 cm, ABS, servodirection à crémaillère, pneus 185/55 HR 14, jantes 5 J.

Performances: Vmax (usine) 170 km/h, V à 1000/min en 5. vit. 35.9 km/h; 0–100 km/h 13.1 s; km arrêté 34.6 s; rapp. poids/puiss. 16.5 kg/kW (12.2 kg/ch); consomm. ECE 6.3/8.1/10 L/100 km.

Fiat Punto Cabrio

Fiat Coupé

Coupé auf Basis des Tipo mit Frontantrieb und Quermotor, 2.0/16V oder 2.0/16V Turbo, 5-Gang-Getriebe. Debüt Nov. 1993. Herbst 1996: neue Motorenpalette; 1.8/16V sowie 2.0/20V-Fünfzylinder und 2.0/20V-Fünfzylinder-Turbo mit Ausgleichswellen.

Coupé sur base de la Tipo avec traction AV et moteur transv., 2.0/16V ou 2.0/16V turbo, boite à 5 vit. Automne 1996: nouveau gamme des moteurs; 1.8/16V, 2.0/20V-5-cylindres et 2.0/20V-5-cylindres-turbo avec des arbres à contrepoids d'équilibrage.

1.8 16V – 131 PS
Benzineinspritzung

Karosserie, Gewicht: (DIN), Coupé, 2 Türen, 4 Sitze; leer ab 1180 kg, max. zul. 1600 kg.

Motor: (ECE), 4 Zyl. in Linie (82×82.7 mm), 1747 cm^3; Kompr. 10.3:1; 96 kW (131 PS) bei 6300/min, 54.9 kW/L (74.7 PS/L); 164 Nm (16.7 mkp) bei 4300/min; 95 ROZ.

Motorkonstruktion: Bezeichnung 183A1.000; 4 Ventile in V 47°; 2 obenl. Nockenwellen (Zahnriemen); Leichtmetall-Zylinderkopf; 5fach gelagerte Kurbelwelle; Öl 4.9 L; elektron. Einspritzung, Hitachi. Batterie 50 Ah, Alternator 75/85 A; Wasserkühlung, Inh. 6.9 L.

Kraftübertragung: (auf Vorderräder). 5-Gang-Getriebe: I. 3.91; II. 2.24; III. 1.52; IV. 1.16; V. 0.95; R 3.91; Achse 3.56.

Fahrgestell: Selbsttragende Karosserie mit vorderem und hinterem Hilfsrahmen; vorn Einzelradaufhängung, Federbeine und Dreieckquerlenker, hinten Einzelradaufhängung mit Längslenkern, v/h Kurvenstabilisator, Schraubenfedern, Teleskopdämpfer.

1.8 16V – 131 ch
Injection d'essence

Carrosserie, poids: (DIN), Coupé, 2 portes, 4 places; vide dès 1180 kg, tot. adm. 1600 kg.

Moteur: (ECE), 4 cyl. en ligne (82×82.7 mm), 1747 cm^3; compr. 10.3:1; 96 kW (131 ch) à 6300/min, 54.9 kW/L (74.7 ch/L); 164 Nm (16.7 mkp) à 4300/min; 95 (R).

Moteur (constr.): désignation 183A1.000; 4 soupapes en V 47°; 2 arbres à cames en tête (courroie crantée); culasse en alliage léger; vilebrequin à 5 paliers; huile 4.9 L; injection électronique, Hitachi. Batterie 50 Ah, alternateur 75/85 A; refroidissement à eau, capac. 6.9 L.

Transmission: (sur roues AV). Boîte à 5 vit.: I. 3.91; II. 2.24; III. 1.52; IV. 1.16; V. 0.95; AR 3.91; pont 3.56.

Châssis: carrosserie autoporteuse avec faux-châssis AV et AR; AV suspension à roues indép., jambes élast. et leviers triang. transv., AR suspension indép. avec bras longit., AV/AR barre anti-dévers, ressorts hélic., amortiss. télesc.

Fiat Coupé 1.8 16V

Fahrwerk: Vierrad-Scheibenbremse (vorn belüftet), Scheiben-⌀ v. 28.4 cm, h. 24 cm, ABS, Handbremse auf Hinterräder; Zahnstangenlenkung mit Servo, Treibstofftank 63 L; Reifen 195/55 VR 15, 205/50 VR 15, Felgen 6.5 J.

Dimensionen: Radstand 254 cm, Spur 148/147 cm, Bodenfreih. 15 cm, Wendekreis 10.3 m, Kofferraum 295 dm^3, Länge 425 cm, Breite 177 cm, Höhe 136 cm.

Fahrleistungen: Vmax (Werk) 205 km/h, V bei 1000/min im 5. Gang 32.3 km/h; 0–100 km/h 9.2 s; steh. km 30.4 s; Leistungsgew. 12.3 kg/kW (9 kg/PS); Verbrauch ECE 6.2/7.8/10.4 L/100 km.

Train roulant: quatre freins à disques (AV ventilés), ⌀ disques AV 28.4 cm, AR 24 cm, ABS, frein à main sur roues AR; servodirection à crémaillère, réservoir carb. 63 L; pneus 195/55 VR 15, 205/50 VR 15, jantes 6.5 J.

Dimensions: empattement 254 cm, voie 148/147 cm, garde au sol 15 cm, diam. de braq. 10.3 m, coffre 295 dm^3, longueur 425 cm, largeur 177 cm, hauteur 136 cm.

Performances: Vmax (usine) 205 km/h, V à 1000/min en 5. vit. 32.3 km/h; 0–100 km/h 9.2 s; km arrêté 30.4 s; rapp. poids/puiss. 12.3 kg/kW (9 kg/ch); consomm. ECE 6.2/7.8/10.4 L/100 km.

2.0 20V – 147 PS
Benzineinspritzung

Wie 1.7 – 131 PS, ausgenommen:

Karosserie, Gewicht: (DIN), Coupé, 2 Türen, 4 Sitze; leer ab 1270 kg, max. zul. 1680 kg.

Motor: (ECE), 5 Zyl. in Linie (82×75.65 mm), 1998 cm^3; Kompr. 10:1; 108 kW (147 PS) bei 6100/min, 54.1 kW/L (73.6 PS/L); 186 Nm (19 mkp) bei 4500/min; 95 ROZ.

Motorkonstruktion: Bezeichnung 182A1.000; 4 Ventile in V 47°; 2 obenl. Nockenwellen (Zahnriemen); Leichtmetall-Zylinderkopf; 6fach gelagerte Kurbelwelle; Öl 5.5 L; elektron. Einspritzung, Bosch. Batterie 50 Ah, Alternator 85 A; Wasserkühlung, Inh. 7 L.

Kraftübertragung: (auf Vorderräder). 5-Gang-Getriebe: I. 3.55; II. 2.24; III. 1.52; IV. 1.16; V. 0.92; R 3.91; Achse 3.56.

Fahrwerk: Reifen 205/50 WR 15.

Fahrleistungen: Vmax (Werk) 212 km/h, V bei 1000/min im 5. Gang 33.3 km/h; 0–100 km/h 8.9 s; steh. km 29.9 s; Leistungsgew. 11.8 kg/kW (8.6 kg/PS); Verbrauch ECE 7.1/8.7/11.4 L/100 km.

2.0 20V – 147 ch
Injection d'essence

Comme 1.7 – 131 ch, sauf:

Carrosserie, poids: (DIN), Coupé, 2 portes, 4 places; vide dès 1270 kg, tot. adm. 1680 kg.

Moteur: (ECE), 5 cyl. en ligne (82×75.65 mm), 1998 cm^3; compr. 10:1; 108 kW (147 ch) à 6100/min, 54.1 kW/L (73.6 ch/L); 186 Nm (19 mkp) à 4500/min; 95 (R).

Moteur (constr.): désignation 182A1.000; 4 soupapes en V 47°; 2 arbres à cames en tête (courroie crantée); culasse en alliage léger; vilebrequin à 6 paliers; huile 5.5 L; injection électronique, Bosch. Batterie 50 Ah, alternateur 85 A; refroidissement à eau, capac. 7 L.

Transmission: (sur roues AV). Boîte à 5 vit.: I. 3.55; II. 2.24; III. 1.52; IV. 1.16; V. 0.92; AR 3.91; pont 3.56.

Train roulant: pneus 205/50 WR 15.

Performances: Vmax (usine) 212 km/h, V à 1000/min en 5. vit. 33.3 km/h; 0–100 km/h 8.9 s; km arrêté 29.9 s; rapp. poids/puiss. 11.8 kg/kW (8.6 kg/ch); consomm. ECE 7.1/8.7/11.4 L/100 km.

Fiat Coupé 2.0 20V

Fiat

2.0 20V – 220 PS Benzineinspritzung/Turbo

Wie 1.7 – 131 PS, ausgenommen:

Karosserie, Gewicht: (DIN), Coupé, 2 Türen, 4 Sitze; leer ab 1310 kg, max. zul. 1720 kg.

Motor: (ECE), 5 Zyl. in Linie (82×75.65 mm), 1998 cm³; Kompr. 8.5:1; 162 kW (220 PS) bei 5750/min, 81.1 kW/L (110.1 PS/L); 310 Nm (31.6 mkp) bei 2500/min; 95 ROZ.

Motorkonstruktion: Bezeichnung 175A3.000; 4 Ventile in V 47°; 2 obenl. Nockenwellen (Zahnriemen); Leichtmetall-Zylinderkopf; 6fach gelagerte Kurbelwelle; Ölkühler; Öl 6 L; elektron. Einspritzung, Bosch, M2.10.4; 1 Turbolader, Intercooler. Batterie 50 Ah, Alternator 100 A; Wasserkühlung, Inh. 7.2 L.

Kraftübertragung: (auf Vorderräder). 5-Gang-Getriebe: I. 3.8; II. 2.24; III. 1.52; IV. 1.16; V. 0.91; R 3.55; Achse 3.11.

Fahrwerk: Reifen 205/50 RY 16, 7 J.

Dimensionen: Wendekreis 11.9 m.

Fahrleistungen: Vmax (Werk) 250 km/h, V bei 1000/min im 5. Gang 39.6 km/h; 0–100 km/h 6.5 s; steh. km 26.3 s; Leistungsgew. 8.1 kg/kW (6 kg/PS); Verbrauch ECE 6.7/8.5/11.7 L/100 km.

2.0 20V – 220 ch Injection d'essence/turbo

Comme 1.7 – 131 ch, sauf:

Carrosserie, poids: (DIN), Coupé, 2 portes, 4 places; vide dès 1310 kg, tot. adm. 1720 kg.

Moteur: (ECE), 5 cyl. en ligne (82×75.65 mm), 1998 cm³; compr. 8.5:1; 162 kW (220 ch) à 5750/min, 81.1 kW/L (110.1 ch/L); 310 Nm (31.6 mkp) à 2500/min; 95 (R).

Moteur (constr.): désignation 175A3.000; 4 soupapes en V 47°; 2 arbres à cames en tête (courroie crantée); culasse en alliage léger; vilebrequin à 6 paliers; radiat. d'huile; huile 6 L; injection électronique, Bosch, M2.10.4; 1 turbocompr., Intercooler. Batterie 50 Ah, alternateur 100 A; refroidissement à eau, capac. 7.2 L.

Transmission: (sur roues AV). Boîte à 5 vit.: I. 3.8; II. 2.24; III. 1.52; IV. 1.16; V. 0.91; AR 3.55; pont 3.11.

Train roulant: pneus 205/50 RY 16, 7 J.

Dimensions: diam. de braq. 11.9 m.

Performances: Vmax (usine) 250 km/h, V à 1000/min en 5. vit. 39.6 km/h; 0–100 km/h 6.5 s; km arrêté 26.3 s; rapp. poids/puiss. 8.1 kg/kW (6 kg/ch); consomm. ECE 6.7/8.5/11.7 L/100 km.

Fiat Barchetta

Neues Modell. Zweisitziger Spider auf Basis des Punto, 1,75-Liter-Motor mit 130 PS, Frontantrieb, 5-Gang-Getriebe. Debüt Genf 1995.

Nouveau modèle. Spider 2 places sur base de la Punto, moteur 1,75 litre avec 130 ch, traction AV, boîte à 5 vitesses. Lancement Genève 1995.

1.7 16V – 131 PS Benzineinspritzung

Karosserie, Gewicht: (DIN), Spider, 2 Türen, 2 Sitze; leer ab 1060 kg, max. zul. 1260 kg.

Motor: (ECE), 4 Zyl. in Linie (82×82.7 mm), 1747 cm³; Kompr. 10.3:1; 96 kW (131 PS) bei 6300/min, 54.9 kW/L (74.7 PS/L); 164 Nm (16.7 mkp) bei 4300/min; 95 ROZ.

Motorkonstruktion: Bezeichnung 183A1.000; 4 Ventile in V 47°; 2 obenl. Nockenwellen (Zahnriemen); Leichtmetall-Zylinderkopf; 5fach gelagerte Kurbelwelle; Öl 4.1 L; elektron. Einspritzung, Hitachi. Batterie 50 Ah, Alternator 75/85 A; Wasserkühlung, Inh. 6.9 L.

Kraftübertragung: (auf Vorderräder). 5-Gang-Getriebe: I. 3.91; II. 2.24; III. 1.52; IV. 1.16; V. 0.95; R 3.91; Achse 3.56.

Fahrgestell: Selbsttragende Karosserie mit vorderem und hinterem Hilfsrahmen; vorn Federbeine, Dreieckquerlenker; hinten Längslenker, Schraubenfedern; v/h Kurvenstabilisator, Teleskopdämpfer.

1.7 16V – 131 ch Injection d'essence

Carrosserie, poids: (DIN), Spider, 2 portes, 2 places; vide dès 1060 kg, tot. adm. 1260 kg.

Moteur: (ECE), 4 cyl. en ligne (82×82.7 mm), 1747 cm³; compr. 10.3:1; 96 kW (131 ch) à 6300/min, 54.9 kW/L (74.7 ch/L); 164 Nm (16.7 mkp) à 4300/min; 95 (R).

Moteur (constr.): désignation 183A1.000; 4 soupapes en V 47°; 2 arbres à cames en tête (courroie crantée); culasse en alliage léger; vilebrequin à 5 paliers; huile 4.1 L; injection électronique, Hitachi. Batterie 50 Ah, alternateur 75/85 A; refroidissement à eau, capac. 6.9 L.

Transmission: (sur roues AV). Boîte à 5 vit.: I. 3.91; II. 2.24; III. 1.52; IV. 1.16; V. 0.95; AR 3.91; pont 3.56.

Châssis: carrosserie autoporteuse avec faux-châssis AV et AR; AV jambes élast., leviers triang. transv.; AR bras longitud., ressorts hélicoïdaux; AV/AR barre anti-dévers, amortiss. télesc.

Fahrwerk: Vierrad-Scheibenbremse, Scheiben-Ø v. 25.7 cm, h. 24 cm, ABS, Handbremse auf Hinterräder; Zahnstangenlenkung mit Servo, Treibstofftank 50 L; Reifen 195/55 VR 15, Felgen 6.5 J.

Dimensionen: Radstand 228 cm, Spur 141/141 cm, Bodenfreih. 12 cm, Wendekreis 10.5 m, Kofferraum 165 dm³, Länge 392 cm, Breite 164 cm, Höhe 127 cm.

Fahrleistungen: Vmax (Werk) 200 km/h, V bei 1000/min im 5. Gang 33.6 km/h; 0–100 km/h 8.9 s; steh. km 29.9 s; Leistungsgew. 11 kg/kW (8.1 kg/PS); Verbrauch ECE 6.1/7.8/9.9 L/100 km.

Train roulant: quatre freins à disques, Ø disques AV 25.7 cm, AR 24 cm, ABS, frein à main sur roues AR; servodirection à crémaillère, réservoir carb. 50 L; pneus 195/55 VR 15, jantes 6.5 J.

Dimensions: empattement 228 cm, voie 141/141 cm, garde au sol 12 cm, diam. de braq. 10.5 m, coffre 165 dm³, longueur 392 cm, largeur 164 cm, hauteur 127 cm.

Performances: Vmax (usine) 200 km/h, V à 1000/min en 5. vit. 33.6 km/h; 0–100 km/h 8.9 s; km arrêté 29.9 s; rapp. poids/puiss. 11 kg/kW (8.1 kg/ch); consomm. ECE 6.1/7.8/9.9 L/100 km.

Fiat Bravo - Brava

Neue Modelle. Limousine Bravo 3türig und Brava 5türig, mit Frontantrieb und Quermotor, neue Motoren, auch Diesel; a.W. mit ABS. Nachfolger des Tipo. Debüt August 1995.

Nouveaux modèles. Berline Bravo avec 3 portes et Brava avec 5 portes, traction AV et nouveaux moteurs transv., aussi diesel; s.d. ABS. Successeur de la Tipo. Lancement août 1995.

1.4 12V – 80 PS Benzineinspritzung

Karosserie, Gewicht: (DIN), Limousine, 3 Türen, 5 Sitze; leer ab 1010 kg, max. zul. 1510 kg.
Brava: 5 Türen, 5 Sitze; leer ab 1040 kg, max. zul. 1570 kg.

Motor: (ECE), 4 Zyl. in Linie (82×64.8 mm), 1369 cm³; Kompr. 9.8:1; 59 kW (80 PS) bei 6000/min, 43.1 kW/L (58.4 PS/L); 112 Nm (11.4 mkp) bei 2750/min; 95 ROZ.

Motorkonstruktion: Bez. 182A3.000; 3 Ventile in V; 1 obenl. Nockenwelle (Zahnriemen); Leichtmetall-Zylinderkopf; 5fach gelagerte Kurbelwelle; Öl 4 L; elektron. Zentraleinspr., Bosch Mono-Motronic. Batterie 40 Ah, Alternator 65 A; Wasserkühlung, Inh. 6 L.

Kraftübertragung: (auf Vorderräder). 5-Gang-Getriebe: I. 3.91; II. 2.16; III. 1.48; IV. 1.12; V. 0.9; R 3.82; Achse 3.87.

1.4 12V – 80 ch Injection d'essence

Carrosserie, poids: (DIN), Berline, 3 portes, 5 places; vide dès 1010 kg, tot. adm. 1510 kg.
Brava: 5 portes, 5 places; vide dès 1040 kg, tot. adm. 1570 kg.

Moteur: (ECE), 4 cyl. en ligne (82×64.8 mm), 1369 cm³; compr. 9.8:1; 59 kW (80 ch) à 6000/min, 43.1 kW/L (58.4 ch/L); 112 Nm (11.4 mkp) à 2750/min; 95 (R).

Moteur (constr.): désignation 182A3.000; 3 soupapes en V; 1 arbre à cames en tête (courroie crantée); culasse en alliage léger; vilebrequin à 5 paliers; huile 4 L; inj. monopoint électron., Bosch Mono-Motronic. Batterie 40 Ah, alternateur 65 A; refroidissement à eau, capac. 6 L.

Transmission: (sur roues AV). Boîte à 5 vit.: I. 3.91; II. 2.16; III. 1.48; IV. 1.12; V. 0.9; AR 3.82; pont 3.87.

Fiat Brava

Fahrgestell: Selbsttragende Karosserie mit vorderem und hinterem Hilfsrahmen; vorn Federbeine und Dreieckquerlenker; hinten Längslenker; Schraubenfedern; v/h Kurvenstabilisator, Teleskopdämpfer.

Fahrwerk: Bremse, vorne Scheiben, hinten Trommeln, Scheiben-Ø v. 25.7 cm, a.W. ABS, Handbr. auf Hinterräder; Zahnstangenl. mit Servo, Treibstofftank 50 L; Reifen 165/65 R 14, 175/65 R 14, Felgen 5.5 J.

Dimensionen: Radst. 254 cm, Spur 145/145 cm, Bodenfreih. 15 cm, Wendekreis 10.4 m, Kofferraum 280/1030 dm³, Länge 403 cm, Breite 176 cm, Höhe 142 cm.
Brava: Kofferraum 380/1165 dm³, Länge 419 cm, Breite 174 cm, Höhe 141 cm.

Fahrleistungen: Vmax (Werk) 170 km/h, V bei 1000/min im 5. Gang 30 km/h; 0–100 km/h 13.8 s; steh. km 35 s; Leistungsgew. 17.1 kg/kW (12.6 kg/PS); Verbrauch ECE 5.2/7/9 L/100 km.
Brava: 0–100 km/h 13.9 s; steh. km 35.3 s; Verbrauch ECE 5.3/9.2 L/100 km.

Châssis: carrosserie autoporteuse avec faux-châssis AV et AR; AV jambes élast. et leviers triang. transv.; AR bras longitud.; ressorts hélicoïdaux; AV/AR barre anti-dévers, amortiss. télesc.

Train roulant: frein, AV à disques, AR à tambours, Ø disques AV 25.7 cm, ABS s. d., frein à main sur roues AR; servodirection à crém., réservoir carb. 50 L; pneus 165/65 R 14, 175/65 R 14, jantes 5.5 J.

Dimensions: empatt. 254 cm, voie 145/145 cm, garde au sol 15 cm, diam. de braq. 10.4 m, coffre 280/1030 dm³, longueur 403 cm, largeur 176 cm, hauteur 142 cm.
Brava: Coffre 380/1165 dm³, longueur 419 cm, largeur 174 cm, hauteur 141 cm.

Performances: Vmax (usine) 170 km/h, V à 1000/min en 5. vit. 30 km/h; 0–100 km/h 13.8 s; km arrêté 35 s; rapp. poids/puiss. 17.1 kg/kW (12.6 kg/ch); consomm. ECE 5.2/7/9 L/100 km.
Brava: 0–100 km/h 13.9 s; km arrêté 35.3 s; consomm. ECE 5.3/9.2 L/100 km.

Fiat Barchetta

FIAT MAREA WEEKEND. GANZ IHRE WELT.

Willkommen in der neuen, grosszügigen Welt des Fiat Marea Weekend. Einer Welt, in der Sie und Ihre Wünsche ganz im Mittelpunkt stehen. Nehmen Sie Platz in einem Auto, das elegantes italienisches Design mit überragender Funktionalität verbindet, aber auch neue Massstäbe punkto Komfort und Sicherheit setzt.

Die Vielfalt. Sie können unter 7 Versionen wählen. Alle verfügen serienmässig über Servolenkung, Zentralverriegelung, elektronische Wegfahrsperre und ein RDS-Autoradio. Für individuelle Wünsche bleibt Platz: beiges oder graues Interieur? Klimaanlage mit Pollenfilter? Nebelscheinwerfer? Der Fiat Marea Weekend kommt Ihnen gerne entgegen. Und er macht Ihnen Platz: 1550 dm^3 Ladevolumen (mit umgelegten Rücksitzen) schlucken so ziemlich alles.

Die Sicherheit. Der Fiat Marea Weekend setzt in der Kombiklasse neue Massstäbe punkto Sicherheit: ABS, Airbag für Fahrer und Beifahrer sind auf allen Versionen serienmässig vorhanden. Ebenso Antisubmarining-Sitze und höhenverstellbare Gurte mit elektronischen Gurtstraffern.

Die Leistung. Eine vorzügliche Strassenlage und eine überraschende Stille sind das erste, was Sie mitbekommen. Und erst dann bemerken Sie die Durchzugskraft der laufruhigen Motoren. Ein 1.6 16V mit 103 PS, ein 1.8 16V mit 113 PS und ein temperamentvoller 2.0 20V stehen zur Wahl. Dazu zwei unglaublich sparsame Turbodiesel: der 1.9 TD mit 100 PS und der 2.4 TD mit 124 PS.

Der Fiat Marea Weekend ist bereits ab 26000 Franken* (inkl. 6.5% MWST) erhältlich. Das ist nicht gerade viel für eine neue Welt, finden Sie nicht auch?

*Fiat Marea Weekend 1.6 16V SX
INTERNET: http://www.Fiat.com

LEIDENSCHAFT IST UNSER ANTRIEB. FIAT

Fiat

Fiat Brava

1.6 16V – 103 PS
Benzineinspritzung

Wie 1.4 – 80 PS, ausgenommen:

Karosserie, Gewicht: (DIN), Limousine, 3 Türen, 5 Sitze; leer ab 1050 kg, max. zul. 1550 kg.
Brava: leer ab 1090 kg, max. zul. 1630 kg.

Motor: (ECE), 4 Zyl. in Linie (86.4×67.4 mm), 1581 cm³; Kompression 10.15:1; 76 kW (103 PS) bei 5750/min, 48.1 kW/L (65.3 PS/L); 144 Nm (14.7 mkp) bei 4000/min; 95 ROZ.

Motorkonstruktion: Bez. 182.A4.000; 4 Ventile in V 40.5°; 2 obenl. Nockenwellen (Zahnriemen); Leichtmetall-Zylinderkopf; 5fach gelagerte Kurbelwelle; Öl 3.8 L; elektron. Einspritzung, Weber-Marelli.
Batterie 50 Ah, Alternator 50/85 A; Wasserkühlung, Inh. 7 L.

Kraftübertragung: (auf Vorderräder).
5-Gang-Getriebe: I. 3.91; II. 2.24; III. 1.52; IV. 1.16; V. 0.97; R 3.91; Achse 3.35.
4-Stufen-Automat: I. 2.81; II. 1.48; III. 1; IV. 0.74; R 2.77; Achse 3.63.

Fahrwerk: Reifen 185/60 R 14.

Fahrleistungen: Vmax (Werk) 184 km/h, V bei 1000/min im 5. Gang 32.5 km/h; 0–100 km/h 11 s; steh. km 32 s; Leistungsgew. 13.8 kg/kW (10.2 kg/PS); Verbrauch ECE 5.5/7.5/9.3 L/100 km.
Aut.: 0–100 km/h 12 s; steh. km 33.3 s; Verbrauch ECE 5.8/7.6/11.2 L/100 km.
Brava: Vmax 180 km/h, 0–100 km/h 11.5 s; steh. km 32.4 s; Verbrauch ECE 5.6/7.5/9.5 L/100 km.
Aut.: 0–100 km/h 12.2 s; steh. km 33.6 s; Verbrauch ECE 5.9/7.7/11.2 L/100 km.

1.6 16V – 103 ch
Injection d'essence

Comme 1.4 – 80 ch, sauf:

Carrosserie, poids: (DIN), Berline, 3 portes, 5 places; vide dès 1050 kg, tot. adm. 1550 kg.
Brava: vide dès 1090 kg, tot. adm. 1630 kg.

Moteur: (ECE), 4 cyl. en ligne (86.4×67.4 mm), 1581 cm³; compression 10.15:1; 76 kW (103 ch) à 5750/min, 48.1 kW/L (65.3 ch/L); 144 Nm (14.7 mkp) à 4000/min; 95 (R).

Moteur (constr.): désignation 182.A4.000; 4 soupapes en V 40.5°; 2 arbres à cames en tête (courroie crantée); culasse en alliage léger; vilebrequin à 5 paliers; huile 3.8 L; injection électronique, Weber-Marelli.
Batterie 50 Ah, alternateur 50/85 A; refroidissement à eau, capac. 7 L.

Transmission: (sur roues AV).
Boîte à 5 vit.: I. 3.91; II. 2.24; III. 1.52; IV. 1.16; V. 0.97; AR 3.91; pont 3.35.
Boîte autom. à 4 vit.: I. 2.81; II. 1.48; III. 1; IV. 0.74; AR 2.77; pont 3.63.

Train roulant: pneus 185/60 R 14.

Performances: Vmax (usine) 184 km/h, V à 1000/min en 5. vit. 32.5 km/h; 0–100 km/h 11 s; km arrêté 32 s; rapp. poids/puiss. 13.8 kg/kW (10.2 kg/ch); consomm. ECE 5.5/7.5/9.3 L/100 km.
Aut.: 0–100 km/h 12 s; km arrêté 33.3 s; consomm. ECE 5.8/7.6/11.2 L/100 km.
Brava: Vmax 180 km/h, 0–100 km/h 11.5 s; km arrêté 32.4 s; consomm. ECE 5.6/7.5/9.5 L/100 km.
Aut.: 0–100 km/h 12.2 s; km arrêté 33.6 s; consomm. ECE 5.9/7.7/11.2 L/100 km.

Fiat Bravo

1.8 16V – 113 PS
Benzineinspritzung

Wie 1.4 – 80 PS, ausgenommen:

Karosserie, Gewicht: (DIN), Lim., 3 Türen, 5 Sitze; leer ab 1100 kg, max. zul. 1600 kg.
Brava: leer ab 1130 kg, max. zul. 1680 kg.

Motor: (ECE), 4 Zyl. in Linie (82×82.7 mm), 1747 cm³; Kompr. 10.3:1; 83 kW (113 PS) bei 5800/min, 47.5 kW/L (64.6 PS/L); 154 Nm (15.7 mkp) bei 4400/min; 95 ROZ.

Motorkonstruktion: Bezeichnung 182A2.000; 4 Ventile in V 47°; 2 obenl. Nockenwellen (Zahnriemen); Leichtmetall-Zylinderkopf; 5fach gelagerte Kurbelwelle; Öl 4.3 L; elektron. Einspritzung, Hitachi. Batterie 50 Ah, Alternator 50/85 A; Wasserkühlung, Inh. 6.7 L.

Kraftübertragung: (auf Vorderräder).
5-Gang-Getriebe: I. 3.91; II. 2.24; III. 1.52; IV. 1.16; V. 0.97; R 3.91; Achse 3.35.

Fahrwerk: Bremse, v. Scheiben (belüftet), hinten Trommeln, Treibstofftank 60 L; Reifen 185/60 R 14, 185/55 R 15, Felgen 6 J.

Fahrleistungen: Vmax (Werk) 193 km/h, V bei 1000/min in 5. Gang 32.7 km/h; 0–100 km/h 10 s; steh. km 31.9 s; Leistungsgew. 14.8 kg/kW (10.9 kg/PS); Verbrauch ECE 5.8/7.6/9.8 L/100 km.
Brava: Vmax 190 km/h, 0–100 km/h 10.3 s; steh. km 32 s; Verbrauch ECE 5.9/7.6/9.9 L/100 km.

1.8 16V – 113 ch
Injection d'essence

Comme 1.4 – 80 ch, sauf:

Carrosserie, poids: (DIN), Berl., 3 portes, 5 places; vide 1100 kg, tot. adm. 1600 kg.
Brava: vide dès 1130 kg, tot. adm. 1680 kg.

Moteur: (ECE), 4 cyl. en ligne (82×82.7 mm), 1747 cm³; compr. 10.3:1; 83 kW (113 ch) à 5800/min, 47.5 kW/L (64.6 ch/L); 154 Nm (15.7 mkp) à 4400/min; 95 (R).

Moteur (constr.): désignation 182A2.000; 4 soupapes en V 47°; 2 arbres à cames en tête (courroie crantée); culasse en alliage léger; vilebrequin à 5 paliers; huile 4.3 L; injection électronique, Hitachi.
Batterie 50 Ah, alternateur 50/85 A; refroidissement à eau, capac. 6.7 L.

Transmission: (sur roues AV).
Boîte à 5 vit.: I. 3.91; II. 2.24; III. 1.52; IV. 1.16; V. 0.97; AR 3.91; pont 3.35.

Train roulant: frein, AV à disq. (ventilés), AR à tambours, réservoir carb. 60 L; pneus 185/60 R 14, 185/55 R 15, jantes 6 J.

Performances: Vmax (usine) 193 km/h, V à 1000/min en 5. vit. 32.7 km/h; 0–100 km/h 10 s; km arrêté 31.9 s; rapp. poids/puiss. 14.8 kg/kW (10.9 kg/ch); consomm. ECE 5.8/7.6/9.8 L/100 km.
Brava: Vmax 190 km/h, 0–100 km/h 10.3 s; km arrêté 32 s; consomm. ECE 5.9/7.6/9.9 L/100 km.

Fiat Bravo HGT

2.0 20V – 147 PS
Benzineinspritzung

Wie 1.4 – 80 PS, ausgenommen:

Karosserie, Gewicht: (DIN), Limousine, 3 Türen, 5 Sitze; leer ab 1190 kg, max. zul. 1690 kg.

Motor: (ECE), 5 Zyl. in Linie (82×75.65 mm), 1998 cm³; Kompr. 10:1; 108 kW (147 PS) bei 6100/min, 54.1 kW/L (73.6 PS/L); 186 Nm (19 mkp) bei 4500/min; 95 ROZ.

Motorkonstruktion: Bezeichnung 182A1.000; 4 Ventile in V 47°; 2 obenl. Nockenwellen (Zahnriemen); Leichtmetall-Zylinderkopf; 6fach gelagerte Kurbelwelle; Öl 5 L; elektron. Einspritzung, Bosch.
Batterie 60 Ah, Alternator 50/85 A; Wasserkühlung, Inh. 7.4 L.

Kraftübertragung: (auf Vorderräder).
5-Gang-Getriebe: I. 3.55; II. 2.24; III. 1.52; IV. 1.16; V. 0.95; R 3.91; Achse 3.56.

Fahrwerk: Vierrad-Scheibenbremse (vorn belüftet), Scheiben-⌀ v. 28.4 cm, h. 24 cm, ABS, Zahnstangenl. mit Servo, Treibstofftank 60 L; Reifen 195/55 VR 15, Felgen 6 J.

Dimensionen: Spur 147/143 cm.

Fahrleistungen: Vmax (Werk) 210 km/h, V bei 1000/min in 5. Gang 32.1 km/h; 0–100 km/h 8.5 s; steh. km 29.3 s; Leistungsgew. 11 kg/kW (8.1 kg/PS); Verbrauch ECE 7.1/8.7/11 L/100 km.

2.0 20V – 147 ch
Injection d'essence

Comme 1.4 – 80 ch, sauf:

Carrosserie, poids: (DIN), Berline, 3 portes, 5 places; vide dès 1190 kg, tot. adm. 1690 kg.

Moteur: (ECE), 5 cyl. en ligne (82×75.65 mm), 1998 cm³; compr. 10:1; 108 kW (147 ch) à 6100/min, 54.1 kW/L (73.6 ch/L); 186 Nm (19 mkp) à 4500/min; 95 (R).

Moteur (constr.): désignation 182A1.000; 4 soupapes en V 47°; 2 arbres à cames en tête (courroie crantée); culasse en alliage léger; vilebrequin à 6 paliers; huile 5 L; injection électronique, Bosch.
Batterie 60 Ah, alternateur 50/85 A; refroidissement à eau, capac. 7.4 L.

Transmission: (sur roues AV).
Boîte à 5 vit.: I. 3.55; II. 2.24; III. 1.52; IV. 1.16; V. 0.95; AR 3.91; pont 3.56.

Train roulant: quatre freins à disques (AV ventilés), ⌀ disques AV 28.4 cm, AR 24 cm, ABS, servodirection à crémaillère, réservoir carb. 60 L; pneus 195/55 VR 15, jantes 6 J.

Dimensions: voie 147/143 cm.

Performances: Vmax (usine) 210 km/h, V à 1000/min en 5. vit. 32.1 km/h; 0–100 km/h 8.5 s; km arrêté 29.3 s; rapp. poids/puiss. 11 kg/kW (8.1 kg/ch); consomm. ECE 7.1/8.7/11 L/100 km.

Fiat

1.9 – 65 PS Diesel

Wie 1.4 – 80 PS, ausgenommen:

Karosserie, Gewicht: (DIN), Limousine, 3 Türen, 5 Sitze; leer ab 1100 kg, max. zul. 1600 kg.
Brava: leer ab 1130 kg, max. zul. 1650 kg.

Motor: (ECE), 4 Zyl. in Linie (82.6×90 mm), 1929 cm³; Kompr. 21:1; 48 kW (65 PS) bei 4600/min, 24.9 kW/L (33.8 PS/L); 119 Nm (12.1 mkp) bei 2000/min; Dieselöl.

Motorkonstruktion: Vorkammer-Diesel; 2 Ventile; 1 obenl. Nockenwelle (Zahnriemen); Leichtmetall-Zylinderkopf; 5fach gelagerte Kurbelw.; Öl 4.9 L; Einspritzpumpe. Batterie 60 Ah, Alternator 65 A; Wasserkühlung, Inh. 7.6 L.

Kraftübertragung: (auf Vorderräder).
5-Gang-Getriebe: I. 3.91; II. 2.24; III. 1.44; IV. 1.03; V. 0.82; R 3.91; Achse 3.56.

Fahrwerk: Treibstofftank 60 L.

Fahrleistungen: Vmax (Werk) 155 km/h, V bei 1000/min im 5. Gang 36.6 km/h; 0–100 km/h 17.3 s; steh. km 38.1 s; Leistungsgew. 22.9 kg/kW (16.9 kg/PS); Verbrauch ECE 4.9/6.9/6.5 L/100 km.
Brava: Vmax 155 km/h, V bei 1000/min im 5. Gang 36.5 km/h; 0–100 km/h 17.8 s; steh. km 38.4 s; Verbrauch ECE 4.9/6.9/6.6 L/100 km.

1.9 – 65 ch diesel

Comme 1.4 – 80 ch, sauf:

Carrosserie, poids: (DIN), Berline, 3 portes, 5 places; vide dès 1100 kg, tot. adm. 1600 kg.
Brava: vide dès 1130 kg, tot. adm. 1650 kg.

Moteur: (ECE), 4 cyl. en ligne (82.6×90 mm), 1929 cm³; compr. 21:1; 48 kW (65 ch) à 4600/min, 24.9 kW/L (33.8 ch/L); 119 Nm (12.1 mkp) à 2000/min; gazole.

Moteur (constr.): diesel à préchambre; 2 soupapes; 1 arbre à cames en tête (courroie crantée); culasse en alliage léger; vilebrequin à 5 paliers; huile 4.9 L; pompe à inj. Batterie 60 Ah, Alternateur 65 A; refroidissement à eau, capac. 7.6 L.

Transmission: (sur roues AV).
Boîte à 5 vit.: I. 3.91; II. 2.24; III. 1.44; IV. 1.03; V. 0.82; AR 3.91; pont 3.56.

Train roulant: réservoir carb. 60 L.

Performances: Vmax (usine) 155 km/h, V à 1000/min en 5. vit. 36.6 km/h; 0–100 km/h 17.3 s; km arrêté 38.1 s; rapp. poids/puiss. 22.9 kg/kW (16.9 kg/ch); consomm. ECE 4.9/6.9/6.5 L/100 km.
Brava: Vmax 155 km/h, V à 1000/min en 5. vit. 36.5 km/h; 0–100 km/h 17.8 s; km arrêté 38.4 s; consomm. ECE 4.9/6.9/6.6 L/100 km.

1.9 – 101 PS Turbodiesel

Wie 1.4 – 80 PS, ausgenommen:

Karosserie, Gewicht: (DIN), Limousine, 3 Türen, 5 Sitze; leer ab 1155 kg.
Brava: leer ab 1180 kg.

Motor: (ECE), 4 Zyl. in Linie (82×90.4 mm), 1910 cm³; Kompr. 20.7:1; 74 kW (101 PS) bei 4200/min, 38.7 kW/L (52.7 PS/L); 147 Nm (15 mkp) bei 2250/min; Dieselöl.

Motorkonstruktion: Vorkammer-Diesel; 2 Ventile; 1 obenl. Nockenwelle (Zahnriemen); Leichtmetall-Zylinderkopf; 5fach gelagerte Kurbelwelle; Öl 4.1 L; elektron. geregelte Einspritzpumpe, 1 Turbolader, Garrett GT 15, Intercooler. Batterie 60 Ah, Alternator 75/85 A; Wasserkühlung, Inh. 6 L.

Kraftübertragung: (auf Vorderräder).
5-Gang-Getriebe: I. 3.91; II. 2.24; III. 1.44; IV. 1.03; V. 0.77; R 3.91; Achse 3.17.

Fahrwerk: Bremse, vorne Scheiben (belüftet), hinten Trommeln, Treibstofftank 60 L.

Fahrleistungen: Vmax (Werk) 182 km/h, V bei 1000/min im 5. Gang 44 km/h; 0–100 km/h 10.8 s; steh. km 32.8 s; Leistungsgew. 15.6 kg/kW (11.4 kg/PS); Verbrauch ECE 4.6/6.5/7.5 L/100 km.
Brava: Vmax 180 km/h, 0–100 km/h 11 s; steh. km 33 s; Verbrauch ECE 4.7/6.6/7.5 L/100 km.

1.9 – 101 ch turbodiesel

Comme 1.4 – 80 ch, sauf:

Carrosserie, poids: (DIN), Berline, 3 portes, 5 places; vide dès 1155 kg.
Brava: vide dès 1180 kg.

Moteur: (ECE), 4 cyl. en ligne (82×90.4 mm), 1910 cm³; compr. 20.7:1; 74 kW (101 ch) à 4200/min, 38.7 kW/L (52.7 ch/L); 147 Nm (15 mkp) à 2250/min; gazole.

Moteur (constr.): diesel à préchambre; 2 soupapes; 1 arbre à cames en tête (courroie crantée); culasse en alliage léger; vilebrequin à 5 paliers; huile 4.1 L; pompe à injection pilotée, 1 turbocompr., Garrett GT 15, Intercooler. Batterie 60 Ah, alternateur 75/85 A; refroidissement à eau, capac. 6 L.

Transmission: (sur roues AV).
Boîte à 5 vit.: I. 3.91; II. 2.24; III. 1.44; IV. 1.03; V. 0.77; AR 3.91; pont 3.17.

Train roulant: frein, AV à disques (ventilés), AR à tambours, réservoir carb. 60 L.

Performances: Vmax (usine) 182 km/h, V à 1000/min en 5. vit. 44 km/h; 0–100 km/h 10.8 s; km arrêté 32.8 s; rapp. poids/puiss. 15.6 kg/kW (11.4 kg/ch); consomm. ECE 4.6/6.5/7.5 L/100 km.
Brava: Vmax 180 km/h, 0–100 km/h 11 s; km arrêté 33 s; consomm. ECE 4.7/6.6/7.5 L/100 km.

Fiat Bravo TD

1.9 – 75 PS Turbodiesel

Wie 1.4 – 80 PS, ausgenommen:

Karosserie, Gewicht: (DIN), Limousine, 3 Türen, 5 Sitze; leer ab 1145 kg.
Brava: leer ab 1170 kg.

Motor: (ECE), 4 Zyl. in Linie (82×90.4 mm), 1910 cm³; Kompr. 20.7:1; 55 kW (75 PS) bei 4200/min, 28.8 kW/L (39.1 PS/L); 147 Nm (15 mkp) bei 2750/min; Dieselöl.

Motorkonstruktion: Vorkammer-Diesel; 2 Ventile; 1 obenl. Nockenwelle (Zahnriemen); Leichtmetall-Zylinderkopf; 5fach gelagerte Kurbelwelle; Öl 4.1 L; Einspritzpumpe, 1 Turbolader, Intercooler. Batterie 60 Ah, Alternator 75/85 A; Wasserkühlung, Inh. 6 L.

Kraftübertragung: (auf Vorderräder).
5-Gang-Getriebe: I. 3.91; II. 2.24; III. 1.44; IV. 1.03; V. 0.82; R 3.91; Achse 3.35.

Fahrwerk: Treibstofftank 60 L.

Fahrleistungen: Vmax (Werk) 165 km/h, V bei 1000/min im 5. Gang 39 km/h; 0–100 km/h 15.1 s; steh. km 36.8 s; Leistungsgew. 20.8 kg/kW (15.3 kg/PS); Verbrauch ECE 4.5/6.4/7.7 L/100 km.
Brava: 0–100 km/h 15.5 s; steh. km 37 s; Verbrauch ECE 4.5/6.5/7.7 L/100 km.

1.9 – 75 ch turbodiesel

Comme 1.4 – 80 ch, sauf:

Carrosserie, poids: (DIN), Berline, 3 portes, 5 places; vide dès 1145 kg.
Brava: vide dès 1170 kg.

Moteur: (ECE), 4 cyl. en ligne (82×90.4 mm), 1910 cm³; compr. 20.7:1; 55 kW (75 ch) à 4200/min, 28.8 kW/L (39.1 ch/L); 147 Nm (15 mkp) à 2750/min; gazole.

Moteur (constr.): diesel à préchambre; 2 soupapes; 1 arbre à cames en tête (courroie crantée); culasse en alliage léger; vilebrequin à 5 paliers; huile 4.1 L; pompe à injection, 1 turbocompr., Intercooler. Batterie 60 Ah, alternateur 75/85 A; refroidissement à eau, capac. 6 L.

Transmission: (sur roues AV).
Boîte à 5 vit.: I. 3.91; II. 2.24; III. 1.44; IV. 1.03; V. 0.82; AR 3.91; pont 3.35.

Train roulant: réservoir carb. 60 L.

Performances: Vmax (usine) 165 km/h, V à 1000/min en 5. vit. 39 km/h; 0–100 km/h 15.1 s; km arrêté 36.8 s; rapp. poids/puiss. 20.8 kg/kW (15.3 kg/ch); consomm. ECE 4.5/6.4/7.7 L/100 km.
Brava: 0–100 km/h 15.5 s; km arrêté 37 s; consomm. ECE 4.5/6.5/7.7 L/100 km.

Fiat Marea

Neues Modell. Limousine und Station Wagon «Weekend»; 1,4- 1,6-, 1,8 und 2-Liter Benzin sowie 1,9 und 2,4-Liter Turbodiesel. Debüt Juli 1996.

Nouveau modèle. Berline et station-wagon «Weekend»; moteurs 1,4, 1,6, 1,8 et 2 litres à essence ainsi que 1,9 et 2,4 litres diesel. Lancement juillet 1996.

1.4 12V – 80 PS Benzineinspritzung

Karosserie, Gewicht: (DIN), Limousine, 4 Türen, 5 Sitze; leer ab 1085 kg, max. zul. 1675 kg.
Wagon: 5 Türen, 5 Sitze; leer ab 1145 kg, max. zul. 1740 kg.

Motor: (ECE), 4 Zyl. in Linie (82×64.8 mm), 1369 cm³; Kompr. 9.8:1; 59 kW (80 PS) bei 6000/min, 43.1 kW/L (58.4 PS/L); 112 Nm (11.4 mkp) bei 2750/min; 95 ROZ.

Motorkonstruktion: Bez. 182A3.000; 3 Ventile in V; 1 obenl. Nockenwelle (Zahnriemen); 5fach gelagerte Kurbelwelle; Öl 4.1 L; elektron. Zentraleinspritzung, Bosch Mono-Motronic. Batterie 40 Ah, Alternator 65 A; Wasserkühlung, Inh. 6 L.

Kraftübertragung: (auf Vorderräder).
5-Gang-Getriebe: I. 3.91; II. 2.16; III. 1.48; IV. 1.12; V. 0.9; R 3.82; Achse 4.07.

1.4 12V – 80 ch Injection d'essence

Carrosserie, poids: (DIN), Berline, 4 portes, 5 places; vide dès 1085 kg, tot. adm. 1675 kg.
Wagon: 5 portes, 5 places; vide dès 1145 kg, tot. adm. 1740 kg.

Moteur: (ECE), 4 cyl. en ligne (82×64.8 mm), 1369 cm³; compr. 9.8:1; 59 kW (80 ch) à 6000/min, 43.1 kW/L (58.4 ch/L); 112 Nm (11.4 mkp) à 2750/min; 95 (R).

Moteur (constr.): désignation 182A3.000; 3 soupapes en V; 1 arbre à cames en tête (courroie crantée); vilebrequin à 5 paliers; huile 4.1 L; inj. monopoint électron., Bosch Mono-Motronic. Batterie 40 Ah, alternateur 65 A; refroidissement à eau, capac. 6 L.

Transmission: (sur roues AV).
Boîte à 5 vit.: I. 3.91; II. 2.16; III. 1.48; IV. 1.12; V. 0.9; AR 3.82; pont 4.07.

Fiat Marea

Fiat

Fahrgestell: Selbsttragende Karosserie mit vorderem und hinterem Hilfsrahmen; vorn Federbeine und Dreieckquerlenker, hinten Einzelradaufhängung mit Längslenkern; v/h Kurvenstabilisator, Schraubenfedern, Teleskopdämpfer.

Fahrwerk: Bremse, vorne Scheiben, hinten Trommeln, Scheiben-∅ v. 25.7 cm, a.W. ABS, Handbremse auf Hinterräder; Zahnstangenlenkung mit Servo, Treibstofftank 63 L; Reifen 175/70 R 14, 195/55 VR 15, Felgen 5.5 J, 6 J.

Dimensionen: Radstand 254 cm, Spur 148/145.5 cm, Bodenfreih. 12 cm, Wendekreis 10.7 m, Kofferraum 430 dm³, Länge 439 cm, Breite 174 cm, Höhe 142 cm.
Wagon: Kofferraum 500/1550 dm³, Länge 448.5 cm, Höhe 151 cm.

Fahrleistungen: Vmax (Werk) 172 km/h, V bei 1000/min im 5. Gang 24.3 km/h; 0–100 km/h 13.7 s; steh. km 35.1 s; Leistungsgew. 18.4 kg/kW (13.6 kg/PS); Verbrauch ECE 5.4/7.1/9.2 L/100 km.
Wagon: Vmax 170 km/h, 0–100 km/h 14.2 s; steh. km 35.5 s; Verbrauch ECE 5.5/7.2/9.4 L/100 km.

Châssis: carrosserie autoporteuse avec faux-châssis AV et AR; AV jambes élast. et leviers triang. transv.; AR suspension indép. avec bras longit.; AV/AR barre anti-dévers, ressorts hélic, amortiss. télesc.

Train roulant: frein, AV à disques, AR à tambours, ∅ disques AV 25.7 cm, ABS s. d., frein à main sur roues AR; servodirection à crémaillère, réservoir carb. 63 L; pneus 175/70 R 14, 195/55 VR 15, jantes 5.5 J, 6 J.

Dimensions: empattement 254 cm, voie 148/145.5 cm, garde au sol 12 cm, diam. de braq. 10.7 m, coffre 430 dm³, longueur 439 cm, largeur 174 cm, hauteur 142 cm.
Wagon: coffre 500/1550 dm³, longueur 448.5 cm, hauteur 151 cm.

Performances: Vmax (usine) 172 km/h, V à 1000/min en 5. vit. 24.3 km/h; 0–100 km/h 13.7 s; km arrêté 35.1 s; rapp. poids/puiss. 18.4 kg/kW (13.6 kg/ch); consomm. ECE 5.4/7.1/9.2 L/100 km.
Wagon: Vmax 170 km/h, 0–100 km/h 14.2 s; km arrêté 35.5 s; consomm. ECE 5.5/7.2/9.4 L/100 km.

Fiat Marea

1.6 16V – 103 PS Benzineinspritzung

Wie 1.4 – 80 PS, ausgenommen:

Karosserie, Gewicht: (DIN), Limousine, 4 Türen, 5 Sitze; leer ab 1140 kg, max. zul. 1730 kg.
Wagon: leer ab 1200 kg, max. zul. 1795 kg.

Motor: (ECE), 4 Zyl. in Linie (86.4×67.4 mm), 1581 cm³; Kompression 10.15:1; 76 kW (103 PS) bei 5750/min, 48.1 kW/L (65.3 PS/L); 144 Nm (14.7 mkp) bei 4000/min; 95 ROZ.

Motorkonstruktion: Bez. 182.A4.000; 4 Ventile in V 40.5°; 2 obenl. Nockenwellen (Zahnriemen); Leichtmetall-Zylinderkopf; 5fach gelagerte Kurbelwelle; Öl 4.5 L; elektron. Einspritzung, Weber-Marelli. Batterie 50 Ah, Alternator 75 A; Wasserkühlung, Inh. 7 L.

Kraftübertragung: (auf Vorderräder).
5-Gang-Getriebe: I. 3.91; II. 2.24; III. 1.44; IV. 1.03; V. 0.87; R 3.91; Achse 3.82.
4-Stufen-Automat: I. 2.81; II. 1.48; III. 1; IV. 0.74; R 2.77; Achse 3.63.

Dimensionen: Spur 147/144 cm.

Fahrleistungen: Vmax (Werk) 187 km/h, V bei 1000/min im 5. Gang 32.6 km/h; 0–100 km/h 10.7 s; steh. km 32 s; Leistungsgew. 15 kg/kW (11.1 kg/PS); Verbrauch ECE 5.7/7.5/9.7 L/100 km.
Aut.: 0–100 km/h 13.6 s; steh. km 34.9 s; Verbrauch ECE 5.9/7.7/11.1 L/100 km.
Wagon: Vmax 185 km/h, 0–100 km/h 11.1 s; steh. km 32.4 s; Verbrauch ECE 5.9/7.8/9.7 L/100 km.
Wagon Aut.: 0–100 km/h 14 s; steh. km 35.3 s; Verbr. ECE 6.1/8/11.1 L/100 km.

1.6 16V – 103 ch Injection d'essence

Comme 1.4 – 80 ch, sauf:

Carrosserie, poids: (DIN), Berline, 4 portes, 5 places; vide dès 1140 kg, tot. adm. 1730 kg.
Wagon: vide 1200 kg, tot. adm. 1795 kg.

Moteur: (ECE), 4 cyl. en ligne (86.4×67.4 mm), 1581 cm³; compression 10.15:1; 76 kW (103 ch) à 5750/min, 48.1 kW/L (65.3 ch/L); 144 Nm (14.7 mkp) à 4000/min; 95 (R).

Moteur (constr.): désignation 182.A4.000; 4 soupapes en V 40.5°; 2 arbres à cames en tête (courroie crantée); culasse en alliage léger; vilebrequin à 5 paliers; huile 4.5 L; injection électronique, Weber-Marelli. Batterie 50 Ah, alternateur 75 A; refroidissement à eau, capac. 7 L.

Transmission: (sur roues AV).
Boîte à 5 vit.: I. 3.91; II. 2.24; III. 1.44; IV. 1.03; V. 0.87; AR 3.91; pont 3.82.
Boîte autom. à 4 vit.: I. 2.81; II. 1.48; III. 1; IV. 0.74; AR 2.77; pont 3.63.

Dimensions: voie 147/144 cm.

Performances: Vmax (usine) 187 km/h, V à 1000/min en 5. vit. 32.6 km/h; 0–100 km/h 10.7 s; km arrêté 32 s; rapp. poids/puiss. 15 kg/kW (11.1 kg/ch); consomm. ECE 5.7/7.5/9.7 L/100 km.
Aut.: 0–100 km/h 13.6 s; km arrêté 34.9 s; consomm. ECE 5.9/7.7/11.1 L/100 km.
Wagon: Vmax 185 km/h, 0–100 km/h 11.1 s; km arrêté 32.4 s; consomm. ECE 5.9/7.8/9.7 L/100 km.
Wagon Aut.: 0–100 km/h 14 s; km arrêté 35.3 s; cons. ECE 6.1/8/11.1 L/100 km.

Fiat Marea Weekend

1.8 16V – 113 PS Benzineinspritzung

Wie 1.4 – 80 PS, ausgenommen:

Karosserie, Gewicht: (DIN), Limousine, 4 Türen, 5 Sitze; leer ab 1195 kg, max. zul. 1785 kg.
Wagon: leer ab 1255 kg, max. zul. 1850 kg.

Motor: (ECE), 4 Zyl. in Linie (82×82.7 mm), 1747 cm³; Kompr. 10.3:1; 83 kW (113 PS) bei 5800/min, 47.5 kW/L (64.6 PS/L); 154 Nm (15.7 mkp) bei 4400/min; 95 ROZ.

Motorkonstruktion: Bezeichnung 182A2.000; 4 Ventile in V 47°; 2 obenl. Nockenwellen (Zahnriemen); Leichtmetall-Zylinderkopf; 5fach gelagerte Kurbelwelle; Öl 4.3 L; elektron. Einspritzung, Hitachi. Batterie 50 Ah, Alternator 75 A; Wasserkühlung, Inh. 6.7 L.

Kraftübertragung: (auf Vorderräder).
5-Gang-Getriebe: I. 3.91; II. 2.24; III. 1.52; IV. 1.16; V. 0.95; R 3.91; Achse 3.56.

Dimensionen: Spur 147/144 cm.

Fahrleistungen: Vmax (Werk) 195 km/h, V bei 1000/min im 5. Gang 32.3 km/h; 0–100 km/h 10 s; steh. km 31.1 s; Leistungsgew. 14.4 kg/kW (10.6 kg/PS); Verbrauch ECE 5.9/7.6/9.9 L/100 km.
Wagon: Vmax 193 km/h, 0–100 km/h 10.6 s; steh. km 31.8 s; Verbrauch ECE 6/7.8/10.1 L/100 km.

1.8 16V – 113 ch Injection d'essence

Comme 1.4 – 80 ch, sauf:

Carrosserie, poids: (DIN), Berline, 4 portes, 5 places; vide dès 1195 kg, tot. adm. 1785 kg.
Wagon: vide 1255 kg, tot. adm. 1850 kg.

Moteur: (ECE), 4 cyl. en ligne (82×82.7 mm), 1747 cm³; compr. 10.3:1; 83 kW (113 ch) à 5800/min, 47.5 kW/L (64.6 ch/L); 154 Nm (15.7 mkp) à 4400/min; 95 (R).

Moteur (constr.): désignation 182A2.000; 4 soupapes en V 47°; 2 arbres à cames en tête (courroie crantée); culasse en alliage léger; vilebrequin à 5 paliers; huile 4.3 L; injection électronique, Hitachi. Batterie 50 Ah, alternateur 75 A; refroidissement à eau, capac. 6.7 L.

Transmission: (sur roues AV).
Boîte à 5 vit.: I. 3.91; II. 2.24; III. 1.52; IV. 1.16; V. 0.95; AR 3.91; pont 3.56.

Dimensions: voie 147/144 cm.

Performances: Vmax (usine) 195 km/h, V à 1000/min en 5. vit. 32.3 km/h; 0–100 km/h 10 s; km arrêté 31.1 s; rapp. poids/puiss. 14.4 kg/kW (10.6 kg/ch); consomm. ECE 5.9/7.6/9.9 L/100 km.
Wagon: Vmax 193 km/h, 0–100 km/h 10.6 s; km arrêté 31.8 s; consomm. ECE 6/7.8/10.1 L/100 km.

2.0 20V – 147 PS Benzineinspritzung

Wie 1.4 – 80 PS, ausgenommen:

Karosserie, Gewicht: (DIN), Limousine, 4 Türen, 5 Sitze; leer ab 1255 kg, max. zul. 1830 kg.
Wagon: leer ab 1315 kg, max. zul. 1895 kg.

Motor: (ECE), 5 Zyl. in Linie (82×75.65 mm), 1998 cm³; Kompr. 10:1; 108 kW (147 PS) bei 6100/min, 54.1 kW/L (73.6 PS/L); 186 Nm (19 mkp) bei 4500/min; 95 ROZ.

Motorkonstruktion: Bezeichnung 182A1.000; 4 Ventile in V 47°; 2 obenl. Nockenwellen (Zahnriemen); Leichtmetall-Zylinderkopf; 6fach gelagerte Kurbelwelle; Öl 5.5 L; elektron. Einspritzung, Bosch. Batterie 50 Ah, Alternator 85 A; Wasserkühlung, Inh. 7 L.

Kraftübertragung: (auf Vorderräder).
5-Gang-Getriebe: I. 3.55; II. 2.24; III. 1.52; IV. 1.16; V. 0.92; R 3.91; Achse 3.56.

Fahrwerk: Vierrad-Scheibenbremse (vorn belüftet), Scheiben-∅ v. 28.4 cm, h. 24 cm, ABS.

Dimensionen: Spur 147.5/143 cm, Wendekreis 11.1 m.

2.0 20V – 147 ch Injection d'essence

Comme 1.4 – 80 ch, sauf:

Carrosserie, poids: (DIN), Berline, 4 portes, 5 places; vide dès 1255 kg, tot. adm. 1830 kg.
Wagon: vide 1315 kg, tot. adm. 1895 kg.

Moteur: (ECE), 5 cyl. en ligne (82×75.65 mm), 1998 cm³; compr. 10:1; 108 kW (147 ch) à 6100/min, 54.1 kW/L (73.6 ch/L); 186 Nm (19 mkp) à 4500/min; 95 (R).

Moteur (constr.): désignation 182A1.000; 4 soupapes en V 47°; 2 arbres à cames en tête (courroie crantée); culasse en alliage léger; vilebrequin à 6 paliers; huile 5.5 L; injection électronique, Bosch. Batterie 50 Ah, alternateur 85 A; refroidissement à eau, capac. 7 L.

Transmission: (sur roues AV).
Boîte à 5 vit.: I. 3.55; II. 2.24; III. 1.52; IV. 1.16; V. 0.92; AR 3.91; pont 3.56.

Train roulant: quatre freins à disques (AV ventilés), ∅ disques AV 28.4 cm, AR 24 cm, ABS.

Dimensions: voie 147.5/143 cm, diam. de braq. 11.1 m.

POWER IS NOTHING WITHOUT CONTROL.

PIRELLI WINTERREIFEN

Fahrleistungen: Vmax (Werk) 207 km/h, V bei 1000/min im 5. Gang 33.1 km/h; 0–100 km/h 8.7 s; steh. km 29.7 s; Leistungsgew. 11.6 kg/kW (8.5 kg/PS); Verbrauch ECE 7/8.6/11.1 L/100 km.
Wagon: Vmax 205 km/h, 0–100 km/h 9.3 s; steh. km 30.2 s; Verbrauch ECE 7.2/8.8/11.1 L/100 km.

1.9 – 75 PS Turbodiesel

Wie 1.4 – 80 PS, ausgenommen:

Karosserie, Gewicht: (DIN), Limousine, 4 Türen, 5 Sitze; leer ab 1185 kg, max. zul. 1775 kg.
Wagon: leer ab 1245 kg, max. zul. 1840 kg.

Motor: (ECE), 4 Zyl. in Linie (82×90.4 mm), 1910 cm³; Kompr. 20.7:1; 55 kW (75 PS) bei 4200/min, 28.8 kW/L (39.1 PS/L); 147 Nm (15 mkp) bei 2750/min; Dieselöl.

Motorkonstruktion: Vorkammer-Diesel; 2 Ventile; 1 obenl. Nockenwelle (Zahnriemen); Leichtmetall-Zylinderkopf; 5fach gelagerte Kurbelwelle; Öl 4.1 L; Einspritzpumpe, 1 Turbolader, Intercooler.
Batterie 60 Ah, Alternator 75/85 A; Wasserkühlung, Inh. 6 L.

Kraftübertragung: (auf Vorderräder).
5-Gang-Getriebe: I. 3.91; II. 2.24; III. 1.44; IV. 1.03; V. 0.84; R 3.91; Achse 3.35.

Fahrleistungen: Vmax (Werk) 167 km/h, V bei 1000/min im 5. Gang 39.5 km/h; 0–100 km/h 15.2 s; steh. km 36.5 s; Leistungsgew. 21.6 kg/kW (15.8 kg/PS); Verbrauch ECE 4.5/6.5/7.6 L/100 km.
Wagon: Vmax 165 km/h, 0–100 km/h 15.5 s; steh. km 36.8 s; Verbrauch ECE 4.6/6.6/7.9 L/100 km.

Fiat Marea Weekend

1.9 – 101 PS Turbodiesel

Wie 1.4 – 80 PS, ausgenommen:

Karosserie, Gewicht: (DIN), Limousine, 4 Türen, 5 Sitze; leer ab 1190 kg, max. zul. 1780 kg.
Wagon: leer ab 1250 kg, max. zul. 1845 kg.

Motor: (ECE), 4 Zyl. in Linie (82×90.4 mm), 1910 cm³; Kompr. 20.7:1; 74 kW (101 PS) bei 4200/min, 38.7 kW/L (52.7 PS/L); 147 Nm (15 mkp) bei 2250/min; Dieselöl.

Motorkonstruktion: Vorkammer-Diesel; 2 Ventile; 1 obenl. Nockenwelle (Zahnriemen); Leichtmetall-Zylinderkopf; 5fach gelagerte Kurbelwelle; Öl 4.1 L; elektron. geregelte Einspritzpumpe, 1 Turbolader, Garrett GT 15, Intercooler.
Batterie 60 Ah, Alternator 75/85 A; Wasserkühlung, Inh. 6 L.

Kraftübertragung: (auf Vorderräder).
5-Gang-Getriebe: I. 3.91; II. 2.24; III. 1.44; IV. 1.03; V. 0.77; R 3.91; Achse 3.35.

Fahrwerk: Bremse, vorne Scheiben (belüftet), hinten Trommeln.

Performances: Vmax (usine) 207 km/h, V à 1000/min en 5. vit. 33.1 km/h; 0–100 km/h 8.7 s; km arrêté 29.7 s; rapp. poids/puiss. 11.6 kg/kW (8.5 kg/ch); consomm. ECE 7/8.6/11.1 L/100 km.
Wagon: Vmax 205 km/h, 0–100 km/h 9.3 s; km arrêté 30.2 s; consomm. ECE 7.2/8.8/11.1 L/100 km.

1.9 – 75 ch turbodiesel

Comme 1.4 – 80 ch, sauf:

Carrosserie, poids: (DIN), Berline, 4 portes, 5 places; vide dès 1185 kg, tot. adm. 1775 kg.
Wagon: vide 1245 kg, tot. adm. 1840 kg.

Moteur: (ECE), 4 cyl. en ligne (82×90.4 mm), 1910 cm³; compr. 20.7:1; 55 kW (75 ch) à 4200/min, 28.8 kW/L (39.1 ch/L); 147 Nm (15 mkp) à 2750/min; gazole.

Moteur (constr.): diesel à préchambre; 2 soupapes; 1 arbre à cames en tête (courroie crantée); culasse en alliage léger; vilebrequin à 5 paliers; huile 4.1 L; pompe à injection, 1 turbocompr., Intercooler.
Batterie 60 Ah, alternateur 75/85 A; refroidissement à eau, capac. 6 L.

Transmission: (sur roues AV).
Boîte à 5 vit.: I. 3.91; II. 2.24; III. 1.44; IV. 1.03; V. 0.84; AR 3.91; pont 3.35.

Performances: Vmax (usine) 167 km/h, V à 1000/min en 5. vit. 39.5 km/h; 0–100 km/h 15.2 s; km arrêté 36.5 s; rapp. poids/puiss. 21.6 kg/kW (15.8 kg/ch); consomm. ECE 4.5/6.5/7.6 L/100 km.
Wagon: Vmax 165 km/h, 0–100 km/h 15.5 s; km arrêté 36.8 s; consomm. ECE 4.6/6.6/7.9 L/100 km.

1.9 – 101 ch turbodiesel

Comme 1.4 – 80 ch, sauf:

Carrosserie, poids: (DIN), Berline, 4 portes, 5 places; vide dès 1190 kg, tot. adm. 1780 kg.
Wagon: vide 1250 kg, tot. adm. 1845 kg.

Moteur: (ECE), 4 cyl. en ligne (82×90.4 mm), 1910 cm³; compr. 20.7:1; 74 kW (101 ch) à 4200/min, 38.7 kW/L (52.7 ch/L); 147 Nm (15 mkp) à 2250/min; gazole.

Moteur (constr.): diesel à préchambre; 2 soupapes; 1 arbre à cames en tête (courroie crantée); culasse en alliage léger; vilebrequin à 5 paliers; huile 4.1 L; pompe à injection pilotée, 1 turbocompr., Garrett GT 15, Intercooler.
Batterie 60 Ah, alternateur 75/85 A; refroidissement à eau, capac. 6 L.

Transmission: (sur roues AV).
Boîte à 5 vit.: I. 3.91; II. 2.24; III. 1.44; IV. 1.03; V. 0.77; AR 3.91; pont 3.35.

Train roulant: frein, AV à disques (ventilés), AR à tambours.

Dimensionen: Spur 147/144 cm.
Fahrleistungen: Vmax (Werk) 180 km/h, V bei 1000/min im 5. Gang 43.2 km/h; 0–100 km/h 11.1 s; steh. km 33.1 s; Leistungsgew. 16.1 kg/kW (11.8 kg/PS); Verbrauch ECE 4.5/6.5/7.6 L/100 km.
Wagon: Vmax 179 km/h, 0–100 km/h 11.5 s; steh. km 33.5 s; Verbrauch ECE 4.6/6.6/7.9 L/100 km.

2.4 – 124 PS Turbodiesel

Wie 1.4 – 80 PS, ausgenommen:

Karosserie, Gewicht: (DIN), Limousine, 4 Türen, 5 Sitze; leer ab 1280 kg, max. zul. 1870 kg.
Wagon: leer ab 1340 kg, max. zul. 1935 kg.

Motor: (ECE), 5 Zyl. in Linie (82×90.4 mm), 2387 cm³; Kompr. 20.7:1; 91 kW (124 PS) bei 4000/min, 38.1 kW/L (51.8 PS/L); 265 Nm (27 mkp) bei 2000/min; Dieselöl.

Motorkonstruktion: Vorkammer-Diesel; 2 Ventile; 1 obenl. Nockenwelle (Zahnriemen); Leichtmetall-Zylinderkopf; 5fach gelagerte Kurbelwelle; Öl 3.8 L; elektron. geregelte Einspritzpumpe, 1 Turbolader, IHI, Intercooler.
Batterie 70 Ah, Alternator 75/85 A; Wasserkühlung, Inh. 7.6 L.

Kraftübertragung: (auf Vorderräder).
5-Gang-Getriebe: I. 3.8; II. 2.24; III. 1.36; IV. 0.97; V. 0.76; R 3.55; Achse 3.18.

Fahrwerk: Vierrad-Scheibenbremse (vorn belüftet), Scheiben-Ø v. 28.4 cm, h. 24 cm, ABS.

Dimensionen: Wendekreis 11.5 m.
Fahrleistungen: Vmax (Werk) 195 km/h, V bei 1000/min im 5. Gang 44.7 km/h; 0–100 km/h 10.5 s; steh. km 31.9 s; Leistungsgew. 14.1 kg/kW (10.3 kg/PS); Verbrauch ECE 5.2/7/8.1 L/100 km.
Wagon: Vmax 193 km/h, 0–100 km/h 11 s; steh. km 32.5 s; Verbrauch ECE 5.4/7.1/8.4 L/100 km.

Fiat Ulysse

Minivan, Gemeinschaftsprodukt von Peugeot/Citroën und Fiat/Lancia, mit Quermotor und Frontantrieb. Debüt Salon Genf Januar/März 1994.

1.8 – 99 PS Benzineinspritzung

Karosserie, Gewicht: (DIN), Minivan, 5 Türen, 5 - 7 Sitze; leer ab 1445 kg.

Motor: (ECE), 4 Zyl. in Linie (83×81.4 mm), 1762 cm³; Kompr. 10:1; 73 kW (99 PS) bei 6000/min, 41.4 kW/L (56.3 PS/L); 147 Nm (15 mkp) bei 2600/min; 95 ROZ.

Motorkonstruktion: 2 Ventile; 1 obenl. Nockenwelle (Zahnriemen); Leichtmetall-Zylinderkopf; 5fach gelagerte Kurbelwelle; Öl 4.5 L; elektron. Einspritzung.
Batterie 44/50 Ah, Alternator 70/90 A; Wasserkühlung, Inh. 8.5 L.

Kraftübertragung: (auf Vorderräder).
5-Gang-Getriebe: I. 3.46; II. 1.87; III. 1.28; IV. 0.95; V. 0.8; R 3.33; Achse 4.53.

Fahrgestell: Selbsttragende Karosserie; vorn Federbeine und Dreieckquerlenker, hinten Verbundlenkerachse, Schraubenfedern; v/h Kurvenstab., Teleskopdämpfer.

Fahrwerk: Bremse, vorne Scheiben (belüftet), hinten Trommeln, mit Servo, Scheiben-Ø v. 28.1 cm, h. 29.5 cm, a.W. ABS (mit Scheiben h.), Feststellbremse auf Hinterräder; Zahnstangenl. mit Servo, Treibstofftank 80 L; Reifen 195/75 R 14, Felgen 6.5 J.

Dimensions: voie 147/144 cm.
Performances: Vmax (usine) 180 km/h, V à 1000/min en 5. vit. 43.2 km/h; 0–100 km/h 11.1 s; km arrêté 33.1 s; rapp. poids/puiss. 16.1 kg/kW (11.8 kg/ch); consomm. ECE 4.5/6.5/7.6 L/100 km.
Wagon: Vmax 179 km/h, 0–100 km/h 11.5 s; km arrêté 33.5 s; consomm. ECE 4.6/6.6/7.9 L/100 km.

2.4 – 124 ch turbodiesel

Comme 1.4 – 80 ch, sauf:

Carrosserie, poids: (DIN), Berline, 4 portes, 5 places; vide dès 1280 kg, tot. adm. 1870 kg.
Wagon: vide 1340 kg, tot. adm. 1935 kg.

Moteur: (ECE), 5 cyl. en ligne (82×90.4 mm), 2387 cm³; compr. 20.7:1; 91 kW (124 ch) à 4000/min, 38.1 kW/L (51.8 ch/L); 265 Nm (27 mkp) à 2000/min; gazole.

Moteur (constr.): diesel à préchambre; 2 soupapes; 1 arbre à cames en tête (courroie crantée); culasse en alliage léger; vilebrequin à 5 paliers; huile 3.8 L; pompe à injection pilotée, 1 turbocompr., IHI, Intercooler.
Batterie 70 Ah, alternateur 75/85 A; refroidissement à eau, capac. 7.6 L.

Transmission: (sur roues AV).
Boîte à 5 vit.: I. 3.8; II. 2.24; III. 1.36; IV. 0.97; V. 0.76; AR 3.55; pont 3.18.

Train roulant: quatre freins à disques (AV ventilés), Ø disques AV 28.4 cm, AR 24 cm, ABS.

Dimensions: diam. de braq. 11.5 m.
Performances: Vmax (usine) 195 km/h, V à 1000/min en 5. vit. 44.7 km/h; 0–100 km/h 10.5 s; km arrêté 31.9 s; rapp. poids/puiss. 14.1 kg/kW (10.3 kg/ch); consomm. ECE 5.2/7/8.1 L/100 km.
Wagon: Vmax 193 km/h, 0–100 km/h 11 s; km arrêté 32.5 s; consomm. ECE 5.4/7.1/8.4 L/100 km.

Fiat Ulysse

Minivan, produit commun de Peugeot/Citroën et Fiat/Lancia, avec moteur transversal et traction avant. Lancement salon Genève janvier/mars 1994.

1.8 – 99 ch Injection d'essence

Carrosserie, poids: (DIN), Minivan, 5 portes, 5 - 7 places; vide dès 1445 kg.

Moteur: (ECE), 4 cyl. en ligne (83×81.4 mm), 1762 cm³; compr. 10:1; 73 kW (99 ch) à 6000/min, 41.4 kW/L (56.3 ch/L); 147 Nm (15 mkp) à 2600/min; 95 (R).

Moteur (constr.): 2 soupapes; 1 arbre à cames en tête (courroie crantée); culasse en alliage léger; vilebrequin à 5 paliers; huile 4.5 L; injection électronique.
Batterie 44/50 Ah, alternateur 70/90 A; refroidissement à eau, capac. 8.5 L.

Transmission: (sur roues AV).
Boîte à 5 vit.: I. 3.46; II. 1.87; III. 1.28; IV. 0.95; V. 0.8; AR 3.33; pont 4.53.

Châssis: carrosserie autoporteuse; AV jambes élast. et leviers triang. transv., AR essieu semi-rigide, ressorts hélicoïdaux; AV/AR barre anti-dévers, amortis. télesc.

Train roulant: frein, AV à disques (ventilés), AR à tambours, avec servo, Ø disques AV 28.1 cm, AR 29.5 cm, s.d. ABS (avec disque AR), frein de stationnement sur roues AR; servodir. à crémaillère, réservoir carb. 80 L; pneus 195/75 R 14, jantes 6.5 J.

Fiat 263

Fiat Ulysse

Dimensionen: Radstand 282 cm, Spur 154/154 cm, Wendekreis 11.8 m, Kofferraum 340/3300 dm^3, Länge 445 cm, Breite 183 cm, Höhe 171 cm.

Fahrleistungen: Vmax (Werk) 165 km/h, V bei 1000/min im 5. Gang 31.8 km/h; 0–100 km/h 14.3 s; steh. km 35.8 s; Leistungsgew. 19.8 kg/kW (14.6 kg/PS); Verbrauch ECE 7.1/9.3/11.5 L/100 km.

2.0 – 121 PS Benzineinspritzung

Wie 1.8 – 99 PS, ausgenommen:

Karosserie, Gewicht: (DIN), Minivan, 5 Türen, 5 - 7 Sitze; leer ab 1510 kg, max. zul. 2300 kg.

Motor: (ECE), 4 Zyl. in Linie (86×86 mm), 1998 cm^3; Kompr. 9.5:1; 89 kW (121 PS) bei 5750/min, 44.5 kW/L (60.5 PS/L); 170 Nm (17.3 mkp) bei 2650/min; 95 ROZ.

Motorkonstruktion: Bezeichnung XU 10 J2C; 2 Ventile; 1 obenl. Nockenwelle (Zahnriemen); Leichtmetall-Zylinderkopf; 5fach gelagerte Kurbelwelle; Öl 5.5 L; elektron. Einspritzung.
Batterie 44/50 Ah, Alternator 70/90 A; Wasserkühlung, Inh. 9 L.

Kraftübertragung: (auf Vorderräder).
5-Gang-Getriebe: I. 3.46; II. 1.87; III. 1.28; IV. 0.95; V. 0.75; R 3.33; Achse 4.53.

Fahrwerk: Reifen 195/65 R 15, 205/65 R 15.

Fahrleistungen: Vmax (Werk) 177 km/h, V bei 1000/min im 5. Gang 34.2 km/h; 0–100 km/h 13.1 s; steh. km 34.7 s; Leistungsgew. 17 kg/kW (12.5 kg/PS); Verbrauch ECE 7.2/9.4/11.8 L/100 km.

2.0 – 147 PS Benzineinspritzung/Turbo

Wie 1.8 – 99 PS, ausgenommen:

Karosserie, Gewicht: (DIN), Minivan, 5 Türen, 5 - 7 Sitze; leer ab 1575 kg, max. zul. 2340 kg.

Motor: (ECE), 4 Zyl. in Linie (86×86 mm), 1998 cm^3; Kompr. 8.5:1; 108 kW (147 PS) bei 5300/min, 54 kW/L (73.5 PS/L); 235 Nm (24 mkp) bei 2500/min; 95 ROZ.

Motorkonstruktion: Bezeichnung XU 10 J2C TE; 2 Ventile; 1 obenl. Nockenwelle (Zahnriemen); Leichtmetall-Zylinderkopf; 5fach gelagerte Kurbelwelle; Öl 5 L; elektron. Einspritzung, Bosch Motronic, MP 32; 1 Turbolader, Garrett T25, max. Ladedruck 0.7 bar, Intercooler.
Batterie 50 Ah, Alternator 90 A; Wasserkühlung, Inh. 8.5 L.

Kraftübertragung: (auf Vorderräder).
5-Gang-Getriebe: I. 3.42; II. 1.82; III. 1.25; IV. 0.97; V. 0.77; R 3.15; Achse 4.21.

Dimensions: empattement 282 cm, voie 154/154 cm, diam. de braq. 11.8 m, coffre 340/3300 dm^3, longueur 445 cm, largeur 183 cm, hauteur 171 cm.

Performances: Vmax (usine) 165 km/h, V à 1000/min en 5. vit. 31.8 km/h; 0–100 km/h 14.3 s; km arrêté 35.8 s; rapp. poids/puiss. 19.8 kg/kW (14.6 kg/ch); consomm. ECE 7.1/9.3/11.5 L/100 km.

2.0 – 121 ch Injection d'essence

Comme 1.8 – 99 ch, sauf:

Carrosserie, poids: (DIN), Minivan, 5 portes, 5 - 7 places; vide dès 1510 kg, tot. adm. 2300 kg.

Moteur: (ECE), 4 cyl. en ligne (86×86 mm), 1998 cm^3; compr. 9.5:1; 89 kW (121 ch) à 5750/min, 44.5 kW/L (60.5 ch/L); 170 Nm (17.3 mkp) à 2650/min; 95 (R).

Moteur (constr.): désignation XU 10 J2C; 2 soupapes; 1 arbre à cames en tête (courroie crantée); culasse en alliage léger; vilebrequin à 5 paliers; huile 5.5 L; injection électronique.
Batterie 44/50 Ah, alternateur 70/90 A; refroidissement à eau, capac. 9 L.

Transmission: (sur roues AV).
Boîte à 5 vit.: I. 3.46; II. 1.87; III. 1.28; IV. 0.95; V. 0.75; AR 3.33; pont 4.53.

Train roulant: pneus 195/65 R 15, 205/65 R 15.

Performances: Vmax (usine) 177 km/h, V à 1000/min en 5. vit. 34.2 km/h; 0–100 km/h 13.1 s; km arrêté 34.7 s; rapp. poids/puiss. 17 kg/kW (12.5 kg/ch); consomm. ECE 7.2/9.4/11.8 L/100 km.

2.0 – 147 ch Injection d'essence/turbo

Comme 1.8 – 99 ch, sauf:

Carrosserie, poids: (DIN), Minivan, 5 portes, 5 - 7 places; vide dès 1575 kg, tot. adm. 2340 kg.

Moteur: (ECE), 4 cyl. en ligne (86×86 mm), 1998 cm^3; compr. 8.5:1; 108 kW (147 ch) à 5300/min, 54 kW/L (73.5 ch/L); 235 Nm (24 mkp) à 2500/min; 95 (R).

Moteur (constr.): désignation XU 10 J2C TE; 2 soupapes; 1 arbre à cames en tête (courroie crantée); culasse en alliage léger; vilebrequin à 5 paliers; huile 5 L; injection électronique, Bosch Motronic, MP 32; 1 turbocompr., Garrett T25, pression max. 0.7 bar, Intercooler.
Batterie 50 Ah, alternateur 90 A; refroidissement à eau, capac. 8.5 L.

Transmission: (sur roues AV).
Boîte à 5 vit.: I. 3.42; II. 1.82; III. 1.25; IV. 0.97; V. 0.77; AR 3.15; pont 4.21.

Fahrwerk: Vierrad-Scheibenbremse (vorn belüftet), Reifen 205/65 HR 15.

Fahrleistungen: Vmax (Werk) 195 km/h, V bei 1000/min im 5. Gang 36.5 km/h; 0–100 km/h 10.1 s; steh. km 32 s; Leistungsgew. 14.6 kg/kW (10.7 kg/PS); Verbrauch ECE 7.6/9.8/12.8 L/100 km.

1.9 – 92 PS Turbodiesel

Wie 1.8 – 99 PS, ausgenommen:

Karosserie, Gewicht: (DIN), Minivan, 5 Türen, 5 - 7 Sitze; leer ab 1565 kg, max. zul. 2360 kg.

Motor: (ECE), 4 Zyl. in Linie (83×88 mm), 1905 cm^3; Kompr. 21.8:1; 68 kW (92 PS) bei 4000/min, 35.7 kW/L (48.5 PS/L); 196 Nm (20 mkp) bei 2250/min; Dieselöl.

Motorkonstruktion: Bezeichnung XUD 9TF/L; Wirbelkammer-Diesel; 2 Ventile; 1 obenl. Nockenwelle (Zahnriemen); Leichtmetall-Zylinderkopf; 5fach gelagerte Kurbelwelle; Öl 5 L; Einspritzpumpe, 1 Turbolader, max. Ladedruck 0.8 bar, Intercooler.
Batterie 50/60 Ah, Alternator 90 A; Wasserkühlung, Inh. 9 L.

Kraftübertragung: (auf Vorderräder).
5-Gang-Getriebe: I. 3.42; II. 1.94; III. 1.25; IV. 0.75; V. 0.67; R 3.15; Achse 4.54.

Fahrwerk: Reifen 205/65 R 15.

Fahrleistungen: Vmax (Werk) 160 km/h, V bei 1000/min im 5. Gang 38.6 km/h; 0–100 km/h 15.1 s; steh. km 36.3 s; Leistungsgew. 23 kg/kW (17 kg/PS); Verbrauch ECE 6.1/8/8.9 L/100 km.

Fiat Ulysse

2.1 12V – 109 PS Turbodiesel

Wie 1.8 – 99 PS, ausgenommen:

Karosserie, Gewicht: (DIN), Minivan, 5 Türen, 5 - 7 Sitze; leer ab 1615 kg, max. zul. 2385 kg.

Motor: (ECE), 4 Zyl. in Linie (85×92 mm), 2088 cm^3; Kompr. 21.5:1; 80 kW (109 PS) bei 4300/min, 38.3 kW/L (52.1 PS/L); 235 Nm (24 mkp) bei 2000/min; Dieselöl.

Motorkonstruktion: Wirbelkammer-Diesel; 3 Ventile in V; 1 obenl. Nockenwelle (Zahnriemen); Leichtmetall-Zylinderkopf; 5fach gelagerte Kurbelwelle; Öl 5.5 L; Einspritzpumpe, 1 Turbolader, Intercooler.
Batterie 50/60 Ah, Alternator 90 A; Wasserkühlung, Inh. 9 L.

Kraftübertragung: (auf Vorderräder).
5-Gang-Getriebe: I. 3.42; II. 1.78; III. 1.12; IV. 0.8; V. 0.61; R 3.15; Achse 4.79.

Fahrwerk: Reifen 205/65 R 15.

Train roulant: quatre freins à disques (AV ventilés), pneus 205/65 HR 15.

Performances: Vmax (usine) 195 km/h, V à 1000/min en 5. vit. 36.5 km/h; 0–100 km/h 10.1 s; km arrêté 32 s; rapp. poids/puiss. 14.6 kg/kW (10.7 kg/ch); consomm. ECE 7.6/9.8/12.8 L/100 km.

1.9 – 92 ch turbodiesel

Comme 1.8 – 99 ch, sauf:

Carrosserie, poids: (DIN), Minivan, 5 portes, 5 - 7 places; vide dès 1565 kg, tot. adm. 2360 kg.

Moteur: (ECE), 4 cyl. en ligne (83×88 mm), 1905 cm^3; compr. 21.8:1; 68 kW (92 ch) à 4000/min, 35.7 kW/L (48.5 ch/L); 196 Nm (20 mkp) à 2250/min; gazole.

Moteur (constr.): désignation XUD 9TF/L; diesel à chambre de turbulence; 2 soupapes; 1 arbre à cames en tête (courroie crantée); culasse en alliage léger; vilebrequin à 5 paliers; huile 5 L; pompe à inj., 1 turbocompr., pression max. 0.8 bar, Interc.
Batterie 50/60 Ah, alternateur 90 A; refroidissement à eau, capac. 9 L.

Transmission: (sur roues AV).
Boîte à 5 vit.: I. 3.42; II. 1.94; III. 1.25; IV. 0.75; V. 0.67; AR 3.15; pont 4.54.

Train roulant: pneus 205/65 R 15.

Performances: Vmax (usine) 160 km/h, V à 1000/min en 5. vit. 38.6 km/h; 0–100 km/h 15.1 s; km arrêté 36.3 s; rapp. poids/puiss. 23 kg/kW (17 kg/ch); consomm. ECE 6.1/8/8.9 L/100 km.

2.1 12V – 109 ch turbodiesel

Comme 1.8 – 99 ch, sauf:

Carrosserie, poids: (DIN), Minivan, 5 portes, 5 - 7 places; vide dès 1615 kg, tot. adm. 2385 kg.

Moteur: (ECE), 4 cyl. en ligne (85×92 mm), 2088 cm^3; compr. 21.5:1; 80 kW (109 ch) à 4300/min, 38.3 kW/L (52.1 ch/L); 235 Nm (24 mkp) à 2000/min; gazole.

Moteur (constr.): diesel à chambre de turbulence; 3 soupapes en V; 1 arbre à cames en tête (courroie crantée); culasse en alliage léger; vilebrequin à 5 paliers; huile 5.5 L; pompe à inj., 1 turbocompr., Intercooler.
Batterie 50/60 Ah, alternateur 90 A; refroidissement à eau, capac. 9 L.

Transmission: (sur roues AV).
Boîte à 5 vit.: I. 3.42; II. 1.78; III. 1.12; IV. 0.8; V. 0.61; AR 3.15; pont 4.79.

Train roulant: pneus 205/65 R 15.

Fiat I • Fiat BR

Fahrleistungen: Vmax (Werk) 175 km/h, V bei 1000/min im 5. Gang 40.6 km/h; 0–100 km/h 13.3 s; steh. km 34.8 s; Verbr ECE 6.1/8.2/9 L/100 km.

Performances: Vmax (usine) 175 km/h, V à 1000/min en 5. vit. 40.6 km/h; 0–100 km/h 13.3 s; km arrêté 34.8 s; cons. ECE 6.1/8.2/9 L/100 km.

Fiat BR

Fiat Automoveis SA, Rodovia Fernão Dias, km 429, 32530-000 Belim (Minas Gerais), Brasil.

Brasilianisches Zweigwerk des italienischen Fiat-Konzerns.

Usine brésilienne faisant sous licence des produits de Fiat.

Fiat Uno

Vom italienischen Uno abgeleitete Limousine. 1997 nur noch als Mille.

Berline dérivée de l'Uno italienne. Pour 1997 seulement comme Mille.

1.0 – 57 PS Benzineinspritzung | 1.0 – 57 ch Injection d'essence

Karosserie, Gewicht: (DIN), Limousine, 3/5 Türen; 5 Sitze; leer ab 830 kg, max. zul. 1230 kg.

Carrosserie, poids: (DIN), Berline, 3/5 portes; 5 places; vide dès 830 kg, tot. adm. 1230 kg.

Motor: (DIN), 4 Zyl. in Linie (76×54.8 mm), 994 cm³; Kompr. 9.5:1; 42 kW (57 PS) bei 6000/min, 42.3 kW/L (57.4 PS/L); 80 Nm (8.2 mkp) bei 3000/min; 92 ROZ.

Moteur: (DIN), 4 cyl. en ligne (76×54.8 mm), 994 cm³; compr. 9.5:1; 42 kW (57 ch) à 6000/min, 42.3 kW/L (57.4 ch/L); 80 Nm (8.2 mkp) à 3000/min; 92 (R).

Motorkonstruktion: 1 obenl. Nockenwelle (Zahnriemen); Leichtmetall-Zylinderkopf; 5fach gelagerte Kurbelw.; Öl 4 L; elektron. Zentraleinspr., Magneti-Marelli, G 7.1 LC. Batterie 27 Ah, Alternator 45 A; Wasserkühlung, Inh. 5.5 L.

Moteur (constr.): 1 arbre à cames en tête (courroie crantée); culasse en alliage léger; vilebrequin à 5 paliers; huile 4 L; inj. monopoint électron., Magneti-Marelli, G 7.1 LC. Batterie 27 Ah, alternateur 45 A; refroidissement à eau, capac. 5.5 L.

Kraftübertragung: (auf Vorderräder). 5-Gang-Getriebe: I. 3.91; II. 2.24; III. 1.44; IV. 1.03; V. 0.87; R 3.91; Achse 4.36.

Transmission: (sur roues AV). Boîte à 5 vit.: I. 3.91; II. 2.24; III. 1.44; IV. 1.03; V. 0.87; AR 3.91; pont 4.36.

Fahrgestell: Selbsttragende Karosserie; vorn Federbeine, unterer Querlenker, Schubstrebe, Kurvenstabilisator; hinten Dreieckquerlenker, Dämpferbeine, Querblattfeder; v/h Teleskopdämpfer.

Châssis: carrosserie autoporteuse; AV jambes élast., levier transvers. inférieur, barre de poussée, barre anti-dévers; AR leviers triang. transv., jambes élastiques, lame transversal; AV/AR amortiss. télescop.

Fiat Uno Mille

Fahrwerk: Bremse, vorne Scheiben, hinten Trommeln, Scheiben-⌀ v. 24 cm, Handbremse auf Hinterr.; Zahnstangenl., Treibstofftank 50 L; Reifen 145 R 13, Felgen 5 J.

Train roulant: frein, AV à disques, AR à tambours, ⌀ disques AV 24 cm, frein à main sur roues AR; dir. à crémaillère, réservoir carb. 50 L; pneus 145 R 13, jantes 5 J.

Dimensionen: Radstand 236 cm, Spur 134/135 cm, Bodenfreih. 14 cm, Wendekreis 10 m, Kofferraum 290/1110 dm³, Länge 364 cm, Breite 155 cm, Höhe 144 cm.

Dimensions: empattement 236 cm, voie 134/135 cm, garde au sol 14 cm, diam. de braq. 10 m, coffre 290/1110 dm³, longueur 364 cm, largeur 155 cm, hauteur 144 cm.

Fahrleistungen: Vmax (Werk) 152 km/h, V bei 1000/min im 5. Gang 27.1 km/h; 0–100 km/h 17.5 s; Leistungsgew. 19.5 kg/kW (14.6 kg/PS); Verbr. (Red.) 6/8 L/100 km.

Performances: Vmax (usine) 152 km/h, V à 1000/min en 5. vit. 27.1 km/h; 0–100 km/h 17.5 s; rapp. poids/puiss. 19.5 kg/kW (14.6 kg/ch); consomm. (Red.) 6/8 L/100 km.

Fiat Tipo

Fünftürige Limousine mit Frontantrieb. Entspricht weitgehend dem bisherigen italienischen Modell. Debüt Nov. 1995, 1.6-L-Motor mit Benzineinspritzung.

Berline 5 portes avec traction avant. Correspond au modèle dorenavant construit en italie. Lancement Novembre 1995 avec moteur 1.6 litres.

1.6 – 92 PS Benzineinspritzung | 1.6 – 92 ch Injection d'essence

Karosserie, Gewicht: (DIN), Limousine, 5 Türen, 5 Sitze; leer 1060 kg, max. zul. 1480 kg.

Carrosserie, poids: (DIN), Berline, 5 portes, 5 places; vide 1060 kg, tot. adm. 1480 kg.

Motor: (DIN), 4 Zyl. in Linie (86.4×67.4 mm), 1581 cm³; Kompr. 9.5:1; 68 kW (92 PS) bei 5750/min, 43 kW/L (58.5 PS/L); 134 Nm (13.7 mkp) bei 3000/min; 92 ROZ.

Moteur: (DIN), 4 cyl. en ligne (86.4×67.4 mm), 1581 cm³; compr. 9.5:1; 68 kW (92 ch) à 5750/min, 43 kW/L (58.5 ch/L); 134 Nm (13.7 mkp) à 3000/min; 92 (R).

Motorkonstruktion: 1 obenl. Nockenwelle (Zahnriemen); Leichtmetall-Zylinderkopf; 5fach gelagerte Kurbelwelle; Öl 4.3 L; elektron. Einspritzung, Bosch Motronic. Batterie 54 Ah, Alternator 90 A; Wasserkühlung, Inh. 6.5 L.

Moteur (constr.): 1 arbre à cames en tête (courroie crantée); culasse en alliage léger; vilebrequin à 5 paliers, huile 4.3 L; injection électronique, Bosch Motronic. Batterie 54 Ah, alternateur 90 A; refroidissement à eau, capac. 6.5 L.

Kraftübertragung: (auf Vorderräder). 5-Gang-Getriebe: I. 3.91; II. 2.24; III. 1.52; IV. 1.16; V. 0.87; R 3.91; Achse 3.94.

Transmission: (sur roues AV). Boîte à 5 vit.: I. 3.91; II. 2.24; III. 1.52; IV. 1.16; V. 0.87; AR 3.91; pont 3.94.

Fiat Tipo

Fahrgestell: Selbsttragende Karosserie mit vorderem und hinterem Hilfsrahmen; vorn Federbeine und Dreieckquerlenker; hinten Längslenker; v/h Kurvenstabilisator, Schraubenfedern, Teleskopdämpfer.

Châssis: carrosserie autoporteuse avec faux-châssis AV et AR; AV jambes élast. et leviers triang. transv.; AR bras longitud.; AV/AR barre anti-dévers, ressorts hélic., amortiss. télesc.

Fahrwerk: Bremse, vorne Scheiben, hinten Trommeln, Scheiben-⌀ v. 24 cm, Handbremse auf Hinterräder; Zahnstangenlenkung mit Servo, Treibstofftank 55 L; Reifen 175/65 R 14, Felgen 5.5 J.

Train roulant: frein, AV à disques, AR à tambours, ⌀ disques AV 24 cm, frein à main sur roues AR; servodirection à crémaillère, réservoir carb. 55 L; pneus 175/65 R 14, jantes 5.5 J.

Dimensionen: Radstand 254 cm, Spur 143.5/141.5 cm, Bodenfreih. 15 cm, Wendekreis 10.8 m, Kofferraum 350 dm³, Länge 396 cm, Breite 170 cm, Höhe 144 cm.

Dimensions: empattement 254 cm, voie 143.5/141.5 cm, garde au sol 15 cm, diam. de braq. 10.8 m, coffre 350 dm³, longueur 396 cm, largeur 170 cm, hauteur 144 cm.

Fahrleistungen: Vmax (Red.) 176 km/h, 0–100 km/h 11.7 s; Verbrauch (Red.) 7/9 L/100 km.

Performances: Vmax (réd.) 176 km/h, 0–100 km/h 11.7 s; consomm. (Red.) 7/9 L/100 km.

Fiat Palio

Neue Modellreihe, von Fiat als Weltauto propagiert. Limousine der Kompaktklasse mit Quermotor und Frontantrieb. Speziell für eine Produktion in Ländern mit aufstrebender Nachfrage nach Automobilen vorgesehen. Erster Produktionsstandort: Brasilien. Debüt April 1996.

Nouvelle gamme de mod., diffusée par Fiat comme véhicule universel. Berline de la cat. comp., moteur transv., tract. AV. Conçue spécialement pour la prod. et à l'usage de pays dont la demande en automobiles est en exp. Première prod. au Brésil. Lancement avril 1996.

1.0 – 61 PS Benzineinspritzung | 1.0 – 61 ch Injection d'essence

Karosserie, Gewicht: (DIN), Limousine, 3/5 Türen, 5 Sitze; leer ab 890 kg, max. zul. 1305 kg.

Carrosserie, poids: (DIN), Berline, 3/5 portes, 5 places; vide dès 890 kg, tot. adm. 1305 kg.

Motor: (DIN), 4 Zyl. in Linie (76×54.8 mm), 994 cm³; Kompr. 9.35:1; 45 kW (61 PS) bei 6000/min, 45.2 kW/L (61.5 PS/L); 79 Nm (8.1 mkp) bei 3000/min; 92 ROZ.

Moteur: (DIN), 4 cyl. en ligne (76×54.8 mm), 994 cm³; compr. 9.35:1; 45 kW (61 ch) à 6000/min, 45.2 kW/L (61.5 ch/L); 79 Nm (8.1 mkp) à 3000/min; 92 (R).

Motorkonstruktion: 1 obenl. Nockenwelle (Zahnriemen); Leichtmetall-Zylinderkopf; 5fach gelagerte Kurbelwelle; Öl 3.5 L; elektron. Einspr., Magneti-Marelli, MPI 1G7. Batterie 32/50 Ah, Alternator 65 A; Wasserkühlung.

Moteur (constr.): 1 arbre à cames en tête (courroie crantée); culasse en alliage léger; vilebrequin à 5 paliers, huile 3.5 L; injection électronique, Magneti-Marelli, MPI 1G7. Batterie 32/50 Ah, alternateur 65 A; refroidissement à eau.

Fiat BR

Fiat Palio ED

Kraftübertragung: (auf Vorderräder). 5-Gang-Getriebe: I. 4.09; II. 2.24; III. 1.52; IV. 1.16; V. 0.97; R 3.91; Achse 4.36.

Fahrgestell: Selbsttragende Karosserie; vorn Federbeine und Dreiecksquerlenker; hinten Verbundlenkerachse Schraubenfedern; v/h Kurvenstabilisator, Teleskopdämpfer.

Fahrwerk: Bremse, vorne Scheiben, hinten Trommeln, Scheiben-∅ v. 24 cm, Handbremse auf Hinterräder; Zahnstangenlenkung, a.W. mit Servo, Treibstofftank 48 L; Reifen 145 R 12, 155 R 13, 175/70 R 13; Felgen 4 J, 5 J.

Dimensionen: Radstand 236 cm, Spur 139/138 cm, Bodenfreih. 14 cm, Wendekreis 10.4 m, Kofferraum 280 dm³, Länge 374 cm, Breite 161 cm, Höhe 145 cm.

Fahrleistungen: Vmax (Red.) 152 km/h, V bei 1000/min im 5. Gang 23.5 km/h; 0–100 km/h 16.3 s; Leistungsg. 19.8 kg/kW (14.6 kg/PS); Verbr. (Werk) 5.9/7.8 L/100 km.

Transmission: (sur roues AV). Boîte à 5 vit.: I. 4.09; II. 2.24; III. 1.52; IV. 1.16; V. 0.97; AR 3.91; pont 4.36.

Châssis: carrosserie autoporteuse; AV jambes élatiques et levier triang. transv.; AR essieu semi-rigide, ressorts hélicoidaux; AV/AR barre anti-dévers, amortiss. télesc.

Train roulant: frein, AV à disques, AR à tambours, ∅ disques AV 24 cm, frein à main sur roues AR; direction à crémaillère, s.d. avec servo, réservoir carb. 48 L; pneus 145 R 12, 155 R 13, 175/70 R 13; jantes 4 J, 5 J.

Dimensions: empattement 236 cm, voie 139/138 cm, garde au sol 14 cm, diam. de braq. 10.4 m, coffre 280 dm³, longueur 374 cm, largeur 161 cm, hauteur 145 cm.

Performances: Vmax (réd.) 152 km/h, V à 1000/min en 5. vit. 23.5 km/h; 0–100 km/h 16.3 s; rapp. poids/puiss. 19.8 kg/kW (14.6 kg/ch); consomm. (Werk) 5.9/7.8 L/100 km.

1.5 – 76 PS Benzineinspritzung

Wie 1.0 – 61 PS, ausgenommen:

Karosserie, Gewicht: (DIN) leer ab 925 kg, max. zul. 1325 kg.

Motor: (DIN) 4 Zyl. in Linie (76×82.5 mm), 1497 cm³; Kompr. 9.35:1; 56 kW (76 PS) bei 5000/min, 37.4 kW/L (50.8 PS/L); 119 Nm (12.1 mkp) bei 2750/min; 95 ROZ.

Motorkonstruktion: 1 obenl. Nockenwelle (Zahnriemen); Leichtmetall-Zylinderkopf; 5fach gelagerte Kurbelwelle; Öl 4 L; elektron. Einspritzung, Magneti-Marelli, 1G7.

Batterie 40/50 Ah, Alternator 65/85 A; Wasserkühlung, Inh. 6.9 L.

Kraftübertragung: (auf Vorderräder). 5-Gang-Getriebe: I. 3.91; II. 2.24; III. 1.52; IV. 1.16; V. 0.84; R 3.91; Achse 3.94.

1.5 – 76 ch Injection d'essence

Comme 1.0 – 61 ch, sauf:

Carrosserie, poids: (DIN) vide dès 925 kg, tot. adm. 1325 kg.

Moteur: (DIN) 4 cyl. en ligne (76×82.5 mm), 1497 cm³; compr. 9.35:1; 56 kW (76 ch) à 5000/min, 37.4 kW/L (50.8 ch/L); 119 Nm (12.1 mkp) à 2750/min; 95 (R).

Moteur (constr.): 1 arbre à cames en tête (courroie crantée); culasse en alliage léger; vilebrequin à 5 paliers; huile 4 L; injection électronique, Magneti-Marelli, 1G7.

Batterie 40/50 Ah, alternateur 65/85 A; refroidissement à eau, capac. 6.9 L.

Transmission: (sur roues AV). Boîte à 5 vit.: I. 3.91; II. 2.24; III. 1.52; IV. 1.16; V. 0.84; AR 3.91; pont 3.94.

Fiat Palio 16V

Fahrwerk: Reifen 175/70 R 13, 175/65 R 14, Felgen 5 J.

Fahrleistungen: Vmax (Werk) 165 km/h, V bei 1000/min im 5. Gang 31.8 km/h; 0–100 km/h 12.8 s; Leistungsg. 16.5 kg/kW (12.2 kg/PS); Verbr. (Werk) 5.9/8.3 L/100 km.

1.6 16V – 106 PS Benzineinspritzung

Wie 1.0 – 61 PS, ausgenommen:

Karosserie, Gewicht: (DIN) leer ab 960 kg, max. zul. 1360 kg.

Motor: (DIN), 4 Zyl. in Linie (86.4×67.4 mm), 1581 cm³; Kompr. 9.3:1; 78 kW (106 PS) bei 5750/min, 49.3 kW/L (67.1 PS/L); 148 Nm (15.1 mkp) bei 4500/min; 95 ROZ.

Motorkonstruktion: 4 Ventile in V; 2 obenl. Nockenwellen (Zahnriemen); Leichtmetall-Zylinderkopf; 5fach gelagerte Kurbelwelle; Öl 4 L; elektron. Einspritzung, Magneti-Marelli, 1AB.

Batterie 40 Ah, Alternator 85 A; Wasserkühlung, Inh. 6.9 L.

Train roulant: pneus 175/70 R 13, 175/65 R 14, jantes 5 J.

Performances: Vmax (usine) 165 km/h, V à 1000/min en 5. vit. 31.8 km/h; 0–100 km/h 12.8 s; rapp. poids/puiss. 16.5 kg/kW (12.2 kg/ch); consomm. (Werk) 5.9/8.3 L/100 km.

1.6 16V – 106 ch Injection d'essence

Comme 1.0 – 61 ch, sauf:

Carrosserie, poids: (DIN) vide dès 960 kg, tot. adm. 1360 kg.

Moteur: (DIN), 4 cyl. en ligne (86.4×67.4 mm), 1581 cm³; compr. 9.3:1; 78 kW (106 ch) à 5750/min, 49.3 kW/L (67.1 ch/L); 148 Nm (15.1 mkp) à 4500/min; 95 (R).

Moteur (constr.): 4 soupapes en V; 2 arbres à cames en tête (courroie crantée); culasse en alliage léger; vilebrequin à 5 paliers; huile 4 L; injection électronique, Magneti-Marelli, 1AB.

Batterie 40 Ah, alternateur 85 A; refroidissement à eau, capac. 6.9 L.

Fiat Palio Weekend

Kraftübertragung: (auf Vorderräder). 5-Gang-Getriebe: I. 3.91; II. 2.24; III. 1.52; IV. 1.16; V. 0.87; R 3.91; Achse 3.77.

Fahrwerk: Bremse, vorne Scheiben (belüftet), hinten Trommeln, a.W. ABS, Zahnstangenlenkung mit Servo, Reifen 175/70 R 13, 175/65 R 14, Felgen 5 J.

Fahrleistungen: Vmax (Werk) 188 km/h, V bei 1000/min im 5. Gang 32.1 km/h; 0–100 km/h 9.5 s; Leistungsgew. 12.3 kg/kW (9.1 kg/PS); Verbrauch (Werk) 6.7/9.2 L/100 km.

Transmission: (sur roues AV). Boîte à 5 vit.: I. 3.91; II. 2.24; III. 1.52; IV. 1.16; V. 0.87; AR 3.91; pont 3.77.

Train roulant: frein, AV à disques (ventilés), AR à tambours, ABS s. d., servodirection à crémaillère, pneus 175/70 R 13, 175/65 R 14, jantes 5 J.

Performances: Vmax (usine) 188 km/h, V à 1000/min en 5. vit. 32.1 km/h; 0–100 km/h 9.5 s; rapp. poids/puiss. 12.3 kg/kW (9.1 kg/ch); consomm. (Werk) 6.7/9.2 L/100 km.

Fiat Tempra

Limousine mit Stufenheck; Spitzenprodukt von Fiat Brasilien. Debüt Aruba Oktober 1991. 1994 alle Motoren mit Einspritzung, Turbovariante.

Berline avec caross. à trois volumes; Modèle d'élite de Fiat Brésil. Lancement Aruba octobre 1991. 1994 tous les moteurs avec injection, version turbo.

2.0 – 105 PS Benzineinspritzung

Karosserie, Gewicht: (DIN), Limousine, 4 Türen, 5 Sitze; leer ab 1200 kg, max. zul. 1600 kg.

Motor: (DIN) 4 Zyl. in Linie (84×90 mm), 1995 cm³; Kompr. 9.5:1; 77 kW (105 PS) bei 5250/min, 38.6 kW/L (52.5 PS/L); 162 Nm (16.5 mkp) bei 3000/min; 92 ROZ.

Motorkonstruktion: 2 Ventile in V 65°; 2 obenl. Nockenwellen (Zahnriemen); Leichtmetall-Zylinderkopf; 5fach gelagerte Kurbelwelle; Öl 5.35 L; elektron. Zentraleinspritzung, Magneti-Marelli.

Batterie 54 Ah, Alternator 55 A; Wasserkühlung, Inh. 7.1 L.

Kraftübertragung: (auf Vorderräder). 5-Gang-Getriebe: I. 3.55; II. 2.24; III. 1.52; IV. 1.16; V. 0.87; R 3.91; Achse 3.73.

2.0 – 105 ch Injection d'essence

Carrosserie, poids: (DIN), Berline, 4 portes, 5 places; vide dès 1200 kg, tot. adm. 1600 kg.

Moteur: (DIN) 4 cyl. en ligne (84×90 mm), 1995 cm³; compr. 9.5:1; 77 kW (105 ch) à 5250/min, 38.6 kW/L (52.5 ch/L); 162 Nm (16.5 mkp) à 3000/min; 92 (R).

Moteur (constr.): 2 soupapes en V 65°; 2 arbres à cames en tête (courroie crantée); culasse en alliage léger; vilebrequin à 5 paliers; huile 5.35 L; injection monopoint électron., Magneti-Marelli.

Batterie 54 Ah, alternateur 55 A; refroidissement à eau, capac. 7.1 L.

Transmission: (sur roues AV). Boîte à 5 vit.: I. 3.55; II. 2.24; III. 1.52; IV. 1.16; V. 0.87; AR 3.91; pont 3.73.

Fiat BR • Fiat RA • Ford USA

Fiat Tempra

Fahrgestell: Selbsttragende Karosserie mit v/h Hilfsrahmen; vorn Federbeine und Dreieckquerlenker, hinten Einzelradaufhängung mit Längslenkern, v/h Kurvenstabilisator, Schraubenfedern, Teleskopdämpfer.

Fahrwerk: Bremse, vorne Scheiben, hinten Trommeln, Scheiben-∅ v. 25.7 cm, Handbremse auf Hinterräder; Zahnstangenlenkung, a.W. mit Servo, Treibstofftank 70 L; Reifen 185/65 HR 14, Felgen 5.5 J.

Dimensionen: Radstand 254.5 cm, Spur 142.5/140.5 cm, Bodenfreih. 15 cm, Wendekreis 10.6 m, Kofferraum 425 dm³, Länge 435.5 cm, Breite 169.5 cm, Höhe 145 cm.

Fahrleistungen: Vmax (Werk) 188 km/h, V bei 1000/min im 5. Gang 33.6 km/h; 0–100 km/h 11.6 s; Leistungsgew. 15.6 kg/kW (11.4 kg/PS); Verbr. (Red.) 7/12 L/100 km.

2.0 16V – 126 PS Benzineinspritzung

Wie 2.0 – 105 PS, ausgenommen:

Karosserie, Gewicht: (DIN), Limousine, 4 Türen, 5 Sitze; leer ab 1215 kg, max. zul. 1640 kg.

Motor: (DIN), 4 Zyl. in Linie (84×90 mm), 1995 cm³; Kompr. 9.5:1; 93 kW (126 PS) bei 5750/min, 46.6 kW/L (63.4 PS/L); 181 Nm (18.5 mkp) bei 4750/min; 92 ROZ.

Motorkonstruktion: 4 Ventile in V; 2 obenl. Nockenwellen (Zahnriemen); Leichtmetall-Zylinderkopf; 5fach gelagerte Kurbelwelle; Öl 5.35 L; elektron. Einspritzung, Magneti-Marelli. Batterie 54 Ah, Alternator 90 A; Wasserkühlung, Inh. 9 L.

Kraftübertragung: (auf Vorderräder). 5-Gang-Getriebe: I. 3.55; II. 2.24; III. 1.52; IV. 1.16; V. 0.87; R 3.91; Achse 3.73.

Fahrwerk: Vierrad-Scheibenbremse (vorn belüftet), h. 25.1 cm, Reifen 195/65 HR 14, 195/55 VR 15, 6.5 J.

Fahrleistungen: Vmax (Werk) 205 km/h, V bei 1000/min im 5. Gang 34.7 km/h; 0–100 km/h 9.8 s; Leistungsgew. 13.1 kg/kW (9.6 kg/PS); Verbrauch (Red.) 8/11 L/100 km.

2.0 – 165 PS Benzineinspritzung/Turbo

Wie 2.0 – 105 PS, ausgenommen:

Karosserie, Gewicht: (DIN), Limousine, 4 Türen, 5 Sitze; leer ab 1275 kg, max. zul. 1700 kg.

Motor: (DIN), 4 Zyl. in Linie (84×90 mm), 1995 cm³; Kompr. 8:1; 121 kW (165 PS) bei 5250/min, 60.6 kW/L (82.4 PS/L); 260 Nm (26.5 mkp) bei 3000/min; 92 ROZ.

Motorkonstruktion: 2 Ventile in V 65°; 2 obenl. Nockenwellen (Zahnriemen); Leichtmetall-Zylinderkopf; 5fach gelagerte Kurbelwelle; Öl 5.35 L; elektron. Einspr., Bosch Motronic, M 15.2; 1 Turbolader, Garrett T3, max. Ladedruck 0.8 bar, Intercooler. Batterie 54 Ah, Alternator 90 A; Wasserkühlung, Inh. 9 L.

Châssis: carrosserie autoporteuse avec faux-châssis AV et AR; AV jambes élast. et leviers triang. transv., AR suspension indép. avec bras longit., AV/AR barre anti-dévers, ressorts hélic, amortiss. télesc.

Train roulant: frein, AV à disques, AR à tambours, ∅ disques AV 25.7 cm, frein à main sur roues AR; direction à crémaillère, s.d. avec servo, réservoir carb. 70 L; pneus 185/65 HR 14, jantes 5.5 J.

Dimensions: empatt. 254.5 cm, voie 142.5/140.5 cm, garde au sol 15 cm, diam. de braq. 10.6 m, coffre 425 dm³, long. 435.5 cm, larg. 169.5 cm, hauteur 145 cm.

Performances: Vmax (usine) 188 km/h, V à 1000/min en 5. vit. 33.6 km/h; 0–100 km/h 11.6 s; rapp. poids/puiss. 15.6 kg/kW (11.4 kg/ch); consomm. (Red.) 7/12 L/100 km.

2.0 16V – 126 ch Injection d'essence

Comme 2.0 – 105 ch, sauf:

Carrosserie, poids: (DIN), Berline, 4 portes, 5 places; vide dès 1215 kg, tot. adm. 1640 kg.

Moteur: (DIN), 4 cyl. en ligne (84×90 mm), 1995 cm³; compr. 9.5:1; 93 kW (126 ch) à 5750/min, 46.6 kW/L (63.4 ch/L); 181 Nm (18.5 mkp) à 4750/min; 92 (R).

Moteur (constr.): 4 soupapes en V; 2 arbres à cames en tête (courroie crantée); culasse en alliage léger; vilebrequin à 5 paliers; huile 5.35 L; injection électronique, Magneti-Marelli. Batterie 54 Ah, alternateur 90 A; refroidissement à eau, capac. 9 L.

Transmission: (sur roues AV). Boîte à 5 vit.: I. 3.55; II. 2.24; III. 1.52; IV. 1.16; V. 0.87; AR 3.91; pont 3.73.

Train roulant: quatre freins à disques (AV ventilés), AR 25.1 cm, pneus 195/65 HR 14, 195/55 VR 15, 6.5 J.

Performances: Vmax (usine) 205 km/h, V à 1000/min en 5. vit. 34.7 km/h; 0–100 km/h 9.8 s; rapp. poids/puiss. 13.1 kg/kW (9.6 kg/ch); consomm. (Red.) 8/11 L/100 km.

2.0 – 165 ch Injection d'essence/turbo

Comme 2.0 – 105 ch, sauf:

Carrosserie, poids: (DIN), Berline, 4 portes, 5 places; vide dès 1275 kg, tot. adm. 1700 kg.

Moteur: (DIN), 4 cyl. en ligne (84×90 mm), 1995 cm³; compr. 8:1; 121 kW (165 ch) à 5250/min, 60.6 kW/L (82.4 ch/L); 260 Nm (26.5 mkp) à 3000/min; 92 (R).

Moteur (constr.): 2 soupapes en V 65°; 2 arbres à cames en tête (courroie crantée); culasse en alliage léger; vilebrequin à 5 paliers; huile 5.35 L; inj. électronique, Bosch Motronic, M 15.2; 1 turbocompr., Garrett T3, pression max. 0.8 bar, Intercooler. Batterie 54 Ah, alternateur 90 A; refroidissement à eau, capac. 9 L.

Kraftübertragung: (auf Vorderräder). 5-Gang-Getriebe: I. 3.55; II. 2.24; III. 1.52; IV. 1.16; V. 0.87; R 3.91; Achse 3.73.

Fahrwerk: Vierrad-Scheibenbremse (vorn belüftet), h. 25.1 cm, Reifen 195/55 VR 15, Felgen 6.5 J.

Fahrleistungen: Vmax (Werk) 220 km/h, V bei 1000/min im 5. Gang 33.6 km/h; 0–100 km/h 8.2 s; Leistungsgew. 10.5 kg/kW (7.7 kg/PS); Verbrauch (Red.) 8/13 L/100 km.

Transmission: (sur roues AV). Boîte à 5 vit.: I. 3.55; II. 2.24; III. 1.52; IV. 1.16; V. 0.87; AR 3.91; pont 3.73.

Train roulant: quatre freins à disques (AV ventilés), AR 25.1 cm, pneus 195/55 VR 15, jantes 6.5 J.

Performances: Vmax (usine) 220 km/h, V à 1000/min en 5. vit. 33.6 km/h; 0–100 km/h 8.2 s; rapp. poids/puiss. 10.5 kg/kW (7.7 kg/ch); consomm. (Red.) 8/13 L/100 km.

Fiat — RA

Sevel Argentina S.A., Humberto 1° No 1001, (1682) Villa Bosch, Buenos Aires, Argentina

Argentinisches Zweigwerk des italienischen Fiat-Konzerns. Fabriken in Buenos Aires, Cordoba und Santa Fé. Safrar Peugeot und Fiat Automoviles fusionierten im Herbst 1981 zur Sevel Argentina S.A.

Fabrique argentine faisant sous licence des produits de Fiat. Usines à Buenos Aires, Cordoba et Santa Fé. Safrar Peugeot et Fiat Automoviles ont fusionnées en automne 1981 et forment la Sevel Argentina S.A.

Fiat Siena

Neues Modell. Stufenheck-Limousine auf Basis des brasilianischen Palio. Daten siehe Fiat Palio BR.

Nouveau modèle. Berline trois volumes sur la Base de la Palio brésilien. Donnés voir Fiat Palio BR.

Fiat Siena

Ford — USA

Ford Motor Company, P.O. Box 2053, Dearborn, Michigan, USA

Zweitgrösster Automobilkonzern der Welt. Stammwerk der Ford Motor Company.

Deuxième consortium automobile du monde. Berceau de la Ford Motor Company.

Ford Aspire

Kleinwagen mit Frontantrieb und 1,3-Liter-Motor, Konzept vom Mazda 121/Kia Pride, wird in Korea gebaut. Neuauflage Januar 1993, in den USA als Aspire anstelle von Festiva.

Petite voiture, traction, moteur 1.3, conception de la Mazda 121/Kia Pride, est construite en Corée. Nouvelle édition janvier 1993, aux Etats-Unis comme Aspire au lieu de Festiva.

Ford Aspire

Ford USA

Ford Escort

Fahrzeug mit Quermotor, Frontantrieb und Heckklappe. Debüt September 1980. 1990: Neue Generation auf der Basis des Mazda 323. Winter 1996: Neue Karosserie und 2-Liter-Motor.

Voiture avec moteur transversal, traction AV et hayon arrière. Lancement septembre 1980. 1990: Nouvelle génération sur la base de la Mazda 323. Hiver 1996: Nouvelle carrosserie et moteur 2 litres.

2.0 – 111 PS Benzineinspritzung
2.0 – 111 ch Injection d'essence

Karosserie, Gewicht: (DIN), Limousine, 4 Türen, 5 Sitze; leer ab 1140 kg. Station Wagon, 5 Türen, 5 Sitze; leer ab 1175 kg.

Motor: (SAE), 4 Zyl. in Linie (84.8×88 mm), 1988 cm³; Kompr. 9.2:1; 82 kW (111 PS) bei 5000/min, 41.2 kW/L (56.1 PS/L); 170 Nm (17.3 mkp) bei 3750/min; 91 ROZ.

Motorkonstruktion: 1 obenl. Nockenwelle (Zahnriemen); Leichtmetall-Zylinderkopf; 5fach gelagerte Kurbelwelle; Öl 4.3 L; elektron. Einspritzung, Ford EEC-V. Batterie 75 Ah, Alternator 130 A; Wasserkühlung, Inh. 6.6 L.

Kraftübertragung: (auf Vorderräder). 5-Gang-Getriebe: I. 3.31; II. 1.83; III. 1.23; IV. 0.91; V. 0.72; R 3.17; Achse 3.85. 4-Stufen-Automat: I. 2.8; II. 1.54; III. 1; IV. 0.7; R 2.33; Achse 3.74.

Fahrgestell: Selbsttragende Karosserie; vorn Federbeine und Dreieckquerlenker; hinten Federbeine, Längslenker, doppelte Querlenker; v/h Kurvenstabilisator, Schraubenfedern, Teleskopdämpfer.

Fahrwerk: Bremse, vorne Scheiben (belüftet), hinten Trommeln, Scheiben-Ø v. 25.6 cm, h. 25.1 cm, a.W. ABS (mit Scheiben h.), Kelsey-Hayes; Handbremse auf Hinterräder; Zahnstangenlenkung, a.W. mit Servo, Treibstofftank 48 L; Reifen 185/65 R 14, Felgen 5.5 J.

Carrosserie, poids: (DIN), Berline, 4 portes, 5 places; vide dès 1140 kg. Station-wagon, 5 portes, 5 places; vide dès 1175 kg.

Moteur: (SAE), 4 cyl. en ligne (84.8×88 mm), 1988 cm³; compr. 9.2:1; 82 kW (111 ch) à 5000/min, 41.2 kW/L (56.1 ch/L); 170 Nm (17.3 mkp) à 3750/min; 91 (R).

Moteur (constr.): 1 arbre à cames en tête (courroie crantée); culasse en alliage léger; vilebrequin à 5 paliers; huile 4.3 L; injection électronique, Ford EEC-V. Batterie 75 Ah, alternateur 130 A; refroidissement à eau, capac. 6.6 L.

Transmission: (sur roues AV). Boîte à 5 vit.: I. 3.31; II. 1.83; III. 1.23; IV. 0.91; V. 0.72; AR 3.17; pont 3.85. Boîte autom. à 4 vit.: I. 2.8; II. 1.54; III. 1; IV. 0.7; AR 2.33; pont 3.74.

Châssis: carrosserie autoporteuse; AV jambes élast. et leviers triang. transv.; AR jambes élast., bras longitud., leviers transv. doubles; AV/AR barre anti-dévers, ressorts hélic. amortiss. télesc.

Train roulant: frein, AV à disques (ventilés), AR à tambours, Ø disques AV 25.6 cm, AR 25.1 cm, s.d. ABS (avec disque AR), Kelsey-Hayes; frein à main sur roues AR; direction à crémaillère, s.d. avec servo, réservoir carb. 48 L; pneus 185/65 R 14, jantes 5.5 J.

Ford Escort

Dimensionen: Radstand 250 cm, Spur 144/144 cm, Bodenfreih. 13 cm, Wendekreis 11.5 m, Kofferraum 360 dm³, Länge 444 cm, Breite 170 cm, Höhe 135 cm. Station Wagon: Kofferraum 865/1895 dm³, Länge 439 cm, Höhe 137 cm.

Fahrleistungen: Vmax (Red.) 185 km/h, V bei 1000/min im 5. Gang 39.4 km/h; Leistungsgew. 13.9 kg/kW (10.3 kg/PS); Verbrauch EPA 6.4/8.4 L/100 km.

Dimensions: empattement 250 cm, voie 144/144 cm, garde au sol 13 cm, diam. de braq. 11.5 m, coffre 360 dm³, longueur 444 cm, largeur 170 cm, hauteur 135 cm. Station-wagon: coffre 865/1895 dm³, longueur 439 cm, hauteur 137 cm.

Performances: Vmax (réd.) 185 km/h, V à 1000/min en 5. vit. 39.4 km/h; rapp. poids/puiss. 13.9 kg/kW (10.3 kg/ch); consomm. EPA 6.4/8.4 L/100 km.

Ford Escort ZX2

Neues Modell. Coupé auf Basis des Escort mit 2.0/16V-Quermotor, Frontantrieb. Debüt Januar 1997 (Detroit).

Nouveau modèle. Coupé sur base de la Escort avec moteur transv. 2.0/16V, traction AV. Lancement janv. 1997 (Detroit).

2.0 16V – 132 PS Benzineinspritzung
2.0 16V – 132 ch Injection d'essence

Karosserie, Gewicht: (DIN), Coupé, 2 Türen, 4 Sitze; leer ab 1135 kg.

Motor: (SAE), 4 Zyl. in Linie (84.8×88 mm), 1988 cm³; Kompr. 9.6:1; 97 kW (132 PS) bei 5750/min, 48.8 kW/L (66.3 PS/L); 173 Nm (17.6 mkp) bei 4250/min; 91 ROZ.

Motorkonstruktion: 4 Ventile in V 40°; 2 obenl. Nockenw. (Zahnriemen); Leichtmetall-Zylinderkopf; 5fach gelagerte Kurbelw.; Öl 4.25 L; elektron. Einspr., Ford EEC-V. Batterie 58 Ah, Alternator 95 A; Wasserkühlung, Inh. 6.6 L.

Kraftübertragung: (auf Vorderräder). 5-Gang-Getriebe: I. 3.3; II. 1.83; III. 1.31; IV. 0.97; V. 0.75; R 3.15; Achse 4.1. 4-Stufen-Automat: I. 2.8; II. 1.54; III. 1; IV. 0.7; R 2.33; Achse 3.74.

Carrosserie, poids: (DIN), Coupé, 2 portes, 4 places; vide dès 1135 kg.

Moteur: (SAE), 4 cyl. en ligne (84.8×88 mm), 1988 cm³; compr. 9.6:1; 97 kW (132 ch) à 5750/min, 48.8 kW/L (66.3 ch/L); 173 Nm (17.6 mkp) à 4250/min; 91 (R).

Moteur (constr.): 4 soupapes en V 40°; 2 arbres à cames en tête (courroie crantée); culasse en alliage léger; vilebrequin à 5 paliers; huile 4.25 L; inj. élect., Ford EEC-V. Batterie 58 Ah, alternateur 95 A; refroidissement à eau, capac. 6.6 L.

Transmission: (sur roues AV). Boîte à 5 vit.: I. 3.3; II. 1.83; III. 1.31; IV. 0.97; V. 0.75; AR 3.15; pont 4.1. Boîte autom. à 4 vit.: I. 2.8; II. 1.54; III. 1; IV. 0.7; AR 2.33; pont 3.74.

Ford Escort ZX2

Fahrgestell: Selbsttragende Karosserie; vorn Federbeine und Dreieckquerlenker; hinten Längslenker, doppelte Querlenker; v/h Kurvenstabilisator, Schraubenfedern, Teleskopdämpfer.

Fahrwerk: Bremse, vorne Scheiben (belüftet), hinten Trommeln, Scheiben-Ø v. 25.7 cm, ABS, Handbremse auf Hinterräder; Zahnstangenlenkung mit Servo, Treibstofftank 48 L; Reifen 185/65 R 14, 185/60 R 15, Felgen 5.5 J.

Dimensionen: Radstand 250 cm, Spur 144/144 cm, Bodenfreih. 13 cm, Wendekreis 11.5 m, Kofferraum 335 dm³, Länge 445 cm, Breite 171 cm, Höhe 133 cm.

Fahrleistungen: Vmax (Red.) über 190 km/h, V bei 1000/min im 5. Gang 35.5 km/h; Leistungsgew. 11.7 kg/kW (8.6 kg/PS); Verbrauch (Red.) 7/13 L/100 km.

Châssis: carrosserie autoporteuse; AV jambes élast. et leviers triang. transv.; AR bras longitud., leviers transv. doubles; AV/AR barre anti-dévers, ressorts hélic, amortiss. télesc.

Train roulant: frein, AV à disques (ventilés), AR à tambours, Ø disques AV 25.7 cm, ABS, frein à main sur roues AR; servodirection à crémaillère, réservoir carb. 48 L; pneus 185/65 R 14, 185/60 R 15, jantes 5.5 J.

Dimensions: empattement 250 cm, voie 144/144 cm, garde au sol 13 cm, diam. de braq. 11.5 m, coffre 335 dm³, longueur 445 cm, largeur 171 cm, hauteur 133 cm.

Performances: Vmax (réd.) plus de 190 km/h, V à 1000/min en 5. vit. 35.5 km/h; rapp. poids/puiss. 11.7 kg/kW (8.6 kg/ch); consomm. (Réd.) 7/13 L/100 km.

Ford Contour

Limousine mit Quermotor und Frontantrieb, 2.0/16V oder 2.5/24V-V6, 5-Gang-Getr. oder Aut., verwandt mit dem Mondeo. Debüt Februar 1994. 1997 mit Änderungen an Karosserie und Interieur.

Berline avec moteur transversal et traction AV, 2.0/16V ou 2.5/24V-V6, boîte à 5 vit. ou aut., apparentée à la Mondeo. Lancement février 1994. 1997 avec modif. à la carrosserie et à l'intérieur.

2.0 16V – 126 PS Benzineinspritzung
2.0 16V – 126 ch Injection d'essence

Karosserie, Gewicht: (DIN), Limousine, 4 Türen, 5 Sitze; leer ab 1255 kg.

Motor: (SAE), 4 Zyl. in Linie (84.8×88 mm), 1988 cm³; Kompr. 9.6:1; 93 kW (126 PS) bei 5500/min, 46.8 kW/L (63.6 PS/L); 177 Nm (18 mkp) bei 4000/min; 91 ROZ.

Motorkonstruktion: Bezeichnung 993; 4 Ventile in V 40°; 2 obenl. Nockenwellen (Zahnriemen); Leichtmetall-Zylinderkopf; 5fach gelagerte Kurbelwelle; Öl 4.25 L; elektron. Einspritzung, Ford, EECIV. Batterie 58 Ah, Alternator 130 A; Wasserkühlung, Inh. 6.6 L.

Kraftübertragung: (auf Vorderräder). 5-Gang-Getriebe: I. 3.42; II. 2.14; III. 1.45; IV. 1.03; V. 0.77; R 3.46; Achse 3.84. 4-Stufen-Automat: I. 2.89; II. 1.57; III. 1; IV. 0.7; R 2.31; Achse 3.84, 3.92.

Carrosserie, poids: (DIN), Berline, 4 portes, 5 places; vide dès 1255 kg.

Moteur: (SAE), 4 cyl. en ligne (84.8×88 mm), 1988 cm³; compr. 9.6:1; 93 kW (126 ch) à 5500/min, 46.8 kW/L (63.6 ch/L); 177 Nm (18 mkp) à 4000/min; 91 (R).

Moteur (constr.): désignation 993; 4 soupapes en V 40°; 2 arbres à cames en tête (courroie crantée); culasse en alliage léger; vilebrequin à 5 paliers; injection électronique, Ford, EECIV. Batterie 58 Ah, alternateur 130 A; refroidissement à eau, capac. 6.6 L.

Transmission: (sur roues AV). Boîte à 5 vit.: I. 3.42; II. 2.14; III. 1.45; IV. 1.03; V. 0.77; AR 3.46; pont 3.84. Boîte autom. à 4 vit.: I. 2.89; II. 1.57; III. 1; IV. 0.7; AR 2.31; pont 3,84, 3.92.

Ford USA

Ford Contour

Fahrgestell: Selbsttragende Karosserie; vorn Federbeine und Dreieckquerlenker; hinten Federbeine, Längslenker, doppelte Querlenker; v/h Kurvenstabilisator, Schraubenfedern, Teleskopdämpfer.

Fahrwerk: Bremse, vorne Scheiben (belüftet), hinten Trommeln, Scheiben-⌀ v. 26 cm, a.W. ABS, Bendix; Handbremse auf Hinterr.; Zahnstangenl. mit Servo, Treibstofftank 55 L; Reifen 185/70 R 14, 195/65 R 15, 205/60 R 15; Felgen 5.5 J, 6.5 J.

Dimensionen: Radstand 271 cm, Spur 150/149 cm, Bodenfreih. 12 cm, Wendekreis 11.1 m, Kofferraum 395 dm³, Länge 469 cm, Breite 176 cm, Höhe 138 cm.

Fahrleistungen: Vmax (Red.) 195 km/h, V bei 1000/min im 5. Gang 38 km/h; Leistungsgew. 13.5 kg/kW (10 kg/PS); Verbrauch EPA 6.9/9.8 L/100 km.
Aut.: Verbrauch EPA 7.4/10.2 L/100 km.

Châssis: carrosserie autoporteuse; AV jambes élast. et leviers triang. transv.; AR jambes élast., bras longitud., leviers transv. doubles; AV/AR barre anti-dévers, ressorts hélic, amortiss. télesc.

Train roulant: frein, AV à disques (ventilés), AR à tambours, ⌀ disques AV 26 cm, ABS s. d., Bendix; frein à main sur roues AR; servodirection à crémaillère, réservoir carb. 55 L; pneus 185/70 R 14, 195/65 R 15, 205/60 R 15; jantes 5.5 J, 6.5 J.

Dimensions: empattement 271 cm, voie 150/149 cm, garde au sol 12 cm, diam. de braq. 11.1 m, coffre 395 dm³, longueur 469 cm, largeur 176 cm, hauteur 138 cm.

Performances: Vmax (réd.) 195 km/h, V à 1000/min en 5. vit. 38 km/h; rapp. poids/puiss. 13.5 kg/kW (10 kg/ch); consomm. EPA 6.9/9.8 L/100 km.
Aut.: consomm. EPA 7.4/10.2 L/100 km.

2.5 V6 24V – 173 PS Benzineinspritzung

Wie 2.0 – 126 PS, ausgenommen:

Karosserie, Gewicht: (DIN), Limousine, 4 Türen, 5 Sitze; leer ab 1355 kg.

Motor: (SAE), 6 Zyl. in V 60° (82.4×79.5 mm), 2544 cm³; Kompr. 9.7:1; 127 kW (173 PS) bei 6250/min, 49.9 kW/L (67.9 PS/L); 224 Nm (22.8 mkp) bei 4250/min; 91 ROZ.

Motorkonstruktion: Bezeichnung 99L; 4 Ventile in V 50°; 2×2 obenl. Nockenwellen (Kette); Leichtmetall-Zylinderköpfe; 4fach gelagerte Kurbelwelle; Öl 5.5 L; elektron. Einspritzung, Ford, EECIV. Batterie 55 Ah, Alternator 130 A; Wasserkühlung, Inh. 7.5 L.

Kraftübertragung: (auf Vorderräder).
5-Gang-Getriebe: I. 3.42; II. 2.14; III. 1.45; IV. 1.03; V. 0.77; R 3.46; Achse 4.06.
4-Stufen-Automat: I. 2.89; II. 1.57; III. 1; IV. 0.7; R 2.31; Achse 3.77.

Fahrwerk: Vierrad-Scheibenbr. (vorn belüftet), Scheiben-⌀ v. 27.7 cm, h. 25.4 cm, ABS, Reifen 205/60 R 15, Felgen 6 J, 6.5 J.

Fahrleistungen: Vmax (Red.) 220 km/h, V bei 1000/min im 5. Gang 35.5 km/h; 0–100 km/h 8.6 s; Leistungsgew. 10.7 kg/kW (7.9 kg/PS); Verbrauch EPA 7.6/11.2 L/100 km.
Aut.: consomm. EPA 7.8/11.2 L/100 km.

2.5 V6 24V – 173 ch Injection d'essence

Comme 2.0 – 126 ch, sauf:

Carrosserie, poids: (DIN), Berline, 4 portes, 5 places; vide dès 1355 kg.

Moteur: (SAE), 6 cyl. en V 60° (82.4×79.5 mm), 2544 cm³; compr. 9.7:1; 127 kW (173 ch) à 6250/min, 49.9 kW/L (67.9 ch/L); 224 Nm (22.8 mkp) à 4250/min; 91 (R).

Moteur (constr.): désignation 99L; 4 soupapes en V 50°; 2×2 arbres à cames en tête (chaîne); culasses en alliage léger; vilebrequin à 4 paliers, radiat. d'huile; huile 5.5 L; injection électronique, Ford, EECIV. Batterie 55 Ah, alternateur 130 A; refroidissement à eau, capac. 7.5 L.

Transmission: (sur roues AV).
Boîte à 5 vit.: I. 3.42; II. 2.14; III. 1.45; IV. 1.03; V. 0.77; AR 3.46; pont 4.06.
Boîte autom. à 4 vit.: I. 2.89; II. 1.57; III. 1; IV. 0.7; AR 2.31; pont 3.77.

Train roulant: quatre freins à disques (AV vent.), ⌀ disques AV 27.7 cm, AR 25.4 cm, ABS, pneus 205/60 R 15, jantes 6 J, 6.5 J.

Performances: Vmax (réd.) 220 km/h, V à 1000/min en 5. vit. 35.5 km/h; 0–100 km/h 8.6 s; rapp. poids/puiss. 10.7 kg/kW (7.9 kg/ch); consomm. EPA 7.6/11.2 L/100 km.
Aut.: consomm. EPA 7.8/11.2 L/100 km.

Ford Probe

Zweitüriges Coupé mit Heckklappe, Quermotor, Frontantrieb; Fahrwerk und Plattform weitgehend mit Mazda MX-6 verwandt. Wird in Flat Rock/USA produziert. Debüt Feb. 1988. Januar 1992: Neuauflage mit 2.0 oder 2.5-V6.

Coupé 2 portes avec hayon AR, moteur 2,2 transv., train roulant et plate-forme plus ou moins identiques avec la Mazda MX-6. Construit à Flat Rock/USA. Lancement février 1988. Janvier 1992: Nouvelle édition avec 2.0 ou 2.5-V6.

2.0 16V – 120 PS Benzineinspritzung

Karosserie, Gewicht: (DIN), Coupé, 3 Türen, 4/5 Sitze; leer ab 1215 kg.

Motor: (ECE/SAE), 4 Zyl. in Linie (83×92 mm), 1991 cm³; Kompr. 9:1; 88 kW (120 PS) bei 5500/min, 44.2 kW/L (60.1 PS/L); 173 Nm (17.6 mkp) bei 4500/min; 91 ROZ. ECE: 85 kW (115 PS); 170 Nm (17,3 mkp).

Motorkonstruktion: Bezeichnung 99A; 4 Ventile in V 38°; 2 obenl. Nockenwellen (Zahnriemen); Leichtmetall-Zylinderköpfe; 5fach gelagerte Kurbelwelle; Öl 3.5 L; elektron. Einspritzung, Mitsubishi. Batterie 60 Ah, Alternator 80 A; Wasserkühlung, Inh. 7 L.

Kraftübertragung: (auf Vorderräder).
5-Gang-Getriebe: I. 3.31; II. 1.83; III. 1.23; IV. 0.91; V. 0.72; R 3.17; Achse 4.1; 4.4.
4-Stufen-Automat: I. 2.89; II. 1.57; III. 1; IV. 0.7; R 2.31; Achse 3.77.

Fahrgestell: Selbsttragende Karosserie; vorn Federbeine und Dreieckquerlenker; hinten Federbeine, Längslenker, doppelte Querlenker; v/h Kurvenstabilisator, Schraubenfedern, Teleskopdämpfer.

Fahrwerk: Bremse, vorne Scheiben (belüftet), hinten Trommeln, Scheiben-⌀ v. 25.8 cm, h. 26.1 cm, a.W. ABS (mit Scheiben h.), Sumimoto; Handbremse auf Hinterräder; Zahnstangenlenkung mit Servo, Treibstofftank 59 L; Reifen 195/65 R 14, 205/55 HR 15, Felgen 5.5 J, 6 J.

Dimensionen: Radst. 261 cm, Spur 152/152 cm, Bodenfreih. 16 cm, Wendekreis 11.7 m, Kofferraum 360/1000 dm³, Länge 454 cm, Breite 177 cm, Höhe 131 cm.

Fahrleistungen: Vmax (Werk) 204 km/h, V bei 1000/min im 5. Gang 37.7 km/h; 0–100 km/h 10.6 s; Leistungsg. 13.9 kg/kW (10.2 kg/PS); Verbr. ECE 6/7.9/9.8 L/100 km.

2.5 V6 24V – 166 PS Benzineinspritzung

Wie 2.0 – 120 PS, ausgenommen:

Karosserie, Gewicht: (DIN), Coupé, 3 Türen, 4/5 Sitze; leer ab 1280 kg, max. zul. 1690 kg.

Motor: (ECE), 6 Zyl. in V 60° (84.5×74.2 mm), 2497 cm³; Kompr. 9.2:1; 122 kW (166 PS) bei 5600/min, 48.9 kW/L (66.4 PS/L); 217 Nm (22.1 mkp) bei 4800/min; 91 ROZ. ECE/SAE-Calif.: 120 kW (163 PS).

Motorkonstruktion: Bezeichnung 99B; 4 Ventile in V 38°; 2×2 obenl. Nockenwellen (Zahnräder/Zahnriemen); Leichtmetall-Zylinderköpfe und -block; 4fach gelagerte Kurbelwelle; Ölkühler; Öl 4 L; elektron. Einspritzung, Nippondenso. Batterie 58 Ah, Alternator 90 A; Wasserkühlung, Inh. 7.5 L.

Kraftübertragung: (auf Vorderräder).
5-Gang-Getriebe: I. 3.31; II. 1.83; III. 1.31; IV. 1.03; V. 0.8; R 3.17; Achse 4.39.
4-Stufen-Automat: I. 2.8; II. 1.54; III. 1; IV. 0.7; R 2.33; Achse 3.55.

2.0 16V – 120 ch Injection d'essence

Carrosserie, poids: (DIN), Coupé, 3 portes, 4/5 places; vide dès 1215 kg.

Moteur: (ECE/SAE), 4 cyl. en ligne (83×92 mm), 1991 cm³; compr. 9:1; 88 kW (120 ch) à 5500/min, 44.2 kW/L (60.1 ch/L); 173 Nm (17.6 mkp) à 4500/min; 91 (R). ECE: 85 kW (115 ch); 170 Nm (17,3 mkp).

Moteur (constr.): désignation 99A; 4 soupapes en V 38°; 2 arbres à cames en tête (courroie crantée); culasses en alliage léger; vilebrequin à 5 paliers, huile 3.5 L; injection électronique, Mitsubishi. Batterie 60 Ah, alternateur 80 A; refroidissement à eau, capac. 7 L.

Transmission: (sur roues AV).
Boîte à 5 vit.: I. 3.31; II. 1.83; III. 1.23; IV. 0.91; V. 0.72; AR 3.17; pont 4.1; 4.4.
Boîte autom. à 4 vit.: I. 2.89; II. 1.57; III. 1; IV. 0.7; AR 2.31; pont 3.77.

Châssis: carrosserie autoporteuse; AV jambes élast. et leviers triang. transv.; AR jambes élast., bras longitud., leviers transv. doubles; AV/AR barre anti-dévers, ressorts hélic, amortiss. télesc.

Train roulant: frein, AV à disques (ventilés), AR à tambours, ⌀ disques AV 25.8 cm, AR 26.1 cm, s.d. ABS (avec disque AR), Sumimoto; frein à main sur roues AR; servodirection à crémaillère, réservoir carb. 59 L; pneus 195/65 R 14, 205/55 HR 15, jantes 5.5 J, 6 J.

Dimensions: empatt. 261 cm, voie 152/152 cm, garde au sol 16 cm, diam. de braq. 11.7 m, coffre 360/1000 dm³, longueur 454 cm, largeur 177 cm, hauteur 131 cm.

Performances: Vmax (usine) 204 km/h, V à 1000/min en 5. vit. 37.7 km/h; 0–100 km/h 10.6 s; rapp. poids/puiss. 13.9 kg/kW (10.2 kg/ch); consomm. ECE 6/7.9/9.8 L/100 km.

2.5 V6 24V – 166 ch Injection d'essence

Comme 2.0 – 120 ch, sauf:

Carrosserie, poids: (DIN), Coupé, 3 portes, 4/5 places; vide dès 1280 kg, tot. adm. 1690 kg.

Moteur: (ECE), 6 cyl. en V 60° (84.5×74.2 mm), 2497 cm³; compr. 9.2:1; 122 kW (166 ch) à 5600/min, 48.9 kW/L (66.4 ch/L); 217 Nm (22.1 mkp) à 4800/min; 91 (R). ECE/SAE-Calif.: 120 kW (163 ch).

Moteur (constr.): désignation 99B; 4 soupapes en V 38°; 2×2 arbres à cames en tête (pignons/courroie crantée); culasses et bloc-cyl. en alliage léger; vilebrequin à 4 paliers; radiat. d'huile; huile 4 L; injection électronique, Nippondenso. Batterie 58 Ah, alternateur 90 A; refroidissement à eau, capac. 7.5 L.

Transmission: (sur roues AV).
Boîte à 5 vit.: I. 3.31; II. 1.83; III. 1.31; IV. 1.03; V. 0.8; AR 3.17; pont 4.39.
Boîte autom. à 4 vit.: I. 2.8; II. 1.54; III. 1; IV. 0.7; AR 2.33; pont 3.55.

Ford Probe

Ford USA 269

Fahrwerk: Vierrad-Scheibenbr. (vorn belüftet), ABS, Reifen 225/50 VR 16, Felgen 7 J.

Dimensionen: Spur 151/151 cm.

Fahrleistungen: Vmax (Werk) 220 km/h, V bei 1000/min im 5. Gang 33.2 km/h; 0–100 km/h 8.5 s; Leistungsgew. 10.5 kg/kW (7.7 kg/PS); Verbr. ECE 7.2/8.9/11.9 L/100 km.

Train roulant: quatre freins à disques (AV vent.), ABS, pneus 225/50 VR 16, 7 J.

Dimensions: voie 151/151 cm.

Performances: Vmax (usine) 220 km/h, V à 1000/min en 5. vit. 33.2 km/h; 0–100 km/h 8.5 s; rapp. poids/puiss. 10.5 kg/kW (7.7 kg/ch); consomm. ECE 7.2/8.9/11.9 L/100 km.

Ford Mustang

Viersitzer mit sportlicher Note. Debüt April 1964. Herbst 1993: Neuauflage mit 3.8-V6 oder 4.9-V8, als Coupé und Cabriolet.

Quatre-places au caractère sportif. Débuts avril 1964. Automne 1993: Nouvelle édition avec 3.8-V6 ou 4.9-V8, comme coupé et cabriolet.

Ford Mustang GT

3.8 V6 – 152 PS Benzineinspritzung

Karosserie, Gewicht: (DIN), Coupé, 2 Türen, 4 Sitze; leer ab 1400 kg.
Convertible, 2 Türen, 4 Sitze; leer ab 1480 kg.

Motor: (SAE), 6 Zyl. in V 90° (96.8×86 mm), 3797 cm^3, Kompr. 9:1; 112 kW (152 PS) bei 4000/min, 29.5 kW/L (40.1 PS/L); 291 Nm (29.7 mkp) bei 2750/min; 91 ROZ.

Motorkonstruktion: zentrale Nockenwelle (Kette); Leichtmetall-Zylinderköpfe; 4fach gelagerte Kurbelwelle; Öl 5 L; elektron. Einspritzung, Ford.
Batterie 58 Ah, Alternator 130 A; Wasserkühlung, Inh. 11.9 L.

Kraftübertragung: (auf Hinterräder), a. W. Differentialbremse.
5-Gang-Getriebe: I. 3.35; II. 1.93; III. 1.29; IV. 1; V. 0.73; R 3.15; Achse 2.73.
4-Stufen-Automat: I. 2.84; II. 1.56; III. 1; IV. 0.7; R 2.32; Achse 2.73.

3.8 V6 – 152 ch Injection d'essence

Carrosserie, poids: (DIN), Coupé, 2 portes, 4 places; vide dès 1400 kg.
Convertible, 2 portes, 4 places; vide dès 1480 kg.

Moteur: (SAE), 6 cyl. en V 90° (96.8×86 mm), 3797 cm^3; compr. 9:1; 112 kW (152 ch) à 4000/min, 29.5 kW/L (40.1 ch/L); 291 Nm (29.7 mkp) à 2750/min; 91 (R).

Moteur (constr.): arbre à cames central (chaîne); culasses en alliage léger; vilebrequin à 4 paliers; huile 5 L; injection électronique, Ford.
Batterie 58 Ah, alternateur 130 A; refroidissement à eau, capac. 11.9 L.

Transmission: (sur roues AR), différentiel autobloquant s.d.
Boîte à 5 vit.: I. 3.35; II. 1.93; III. 1.29; IV. 1; V. 0.73; AR 3.15; pont 2.73.
Boîte autom. à 4 vit.: I. 2.84; II. 1.56; III. 1; IV. 0.7; AR 2.32; pont 2.73.

Ford Mustang Convertible

Fahrgestell: Selbsttragende Karosserie; vorn obere Dreieckquerlenker, unterer Querlenker, Zugstreben; hinten Starrachse, Längslenker, Schräglenker; v/h Kurvenstab., Schraubenfedern, Teleskopdämpfer.

Fahrwerk: Vierrad-Scheibenbremse (vorn belüftet), Scheiben-Ø v. 27.4 cm, h. 26.7 cm, a.W. ABS, Bosch; Handbremse auf Hinterräder; Zahnstangenlenkung mit Servo, Treibstofftank 58 L; Reifen 205/65 R 15, 225/55 ZR 16, Felgen 6.5 J, 7.5 J.

Dimensionen: Radstand 257 cm, Spur 154/150 cm, Bodenfreih. 10 cm, Wendekreis 11.7 m, Kofferraum 310 dm^3, Länge 461 cm, Breite 182 cm, Höhe 135 cm.
Convertible: Kofferraum 220 dm^3.

Fahrleistungen: Vmax (Red.) 180 km/h, V bei 1000/min im 5. Gang 59.8 km/h; Leistungsgew. 12.5 kg/kW (9.2 kg/PS); Verbrauch EPA 7.8/11.7 L/100 km.

Châssis: carrosserie autoporteuse; AV leviers triang. superieur, levier transvers. inférieur, tirants; AR essieu rigide, bras longitud., triangles obliques AV/AR barre antidévers, ressorts hélic, amortiss. télesc.

Train roulant: quatre freins à disques (AV ventilés), Ø disques AV 27.4 cm, AR 26.7 cm, ABS s. d., Bosch; frein à main sur roues AR; servodirection à crémaillère, réservoir carb. 58 L; pneus 205/65 R 15, 225/55 ZR 16, jantes 6.5 J, 7.5 J.

Dimensions: empattement 257 cm, voie 154/150 cm, garde au sol 10 cm, diam. de braq. 11.7 m, coffre 310 dm^3, longueur 461 cm, largeur 182 cm, hauteur 135 cm.
Convertible: coffre 220 dm^3.

Performances: Vmax (réd.) 180 km/h, V à 1000/min en 5. vit. 59.8 km/h; rapp. poids/puiss. 12.5 kg/kW (9.2 kg/ch); EPA 7.8/11.7 L/100 km.

4.6 V8 – 218 PS Benzineinspritzung

Wie 3.8 – 152 PS, ausgenommen:

Karosserie, Gewicht: (DIN), Coupé/Convertible, leer ab 1490/1550 kg.

Motor: (SAE), 8 Zyl. in V 90° (90.2×90 mm), 4601 cm^3; Kompr. 9:1; 160 kW (218 PS) bei 4400/min, 34.8 kW/L (47.3 PS/L); 387 Nm (39.5 mkp) bei 3500/min; 91 ROZ.

Motorkonstruktion: 2×1 obenl. Nockenwelle (Kette); Leichtmetall-Zylinderköpfe; 5fach gelagerte Kurbelwelle; Öl 4.7 L; elektron. Einspritzung, Ford.
Batterie 58 Ah, Alternator 130 A; Wasserkühlung, Inh. 12.9 L.

Kraftübertragung: (auf Hinterräder), Antriebsschlupfregelung.
5-Gang-Getriebe: I. 3.37; II. 1.99; III. 1.33; IV. 1; V. 0.67; R 3.22; Achse 2.73.
4-Stufen-Automat: I. 2.84; II. 1.56; III. 1; IV. 0.7; R 2.32; Achse 3.08.

Fahrwerk: 225/55 ZR 16, 245/45 ZR 17; Felgen 7.5 J, 8 J.

Dimensionen: Spur 152.5/149 cm, Länge 463.5 cm.

Fahrleistungen: Vmax (Red.) über 215 km/h, V bei 1000/min im 5. Gang 60 km/h; Leistungsgew. 9.3 kg/kW (6.8 kg/PS); Verbrauch EPA 9.1/13.8 L/100 km.

4.6 V8 – 218 ch Injection d'essence

Comme 3.8 – 152 ch, sauf:

Carrosserie, poids: (DIN), Coupé/Convertible, vide dès 1490/1550 kg.

Moteur: (SAE), 8 cyl. en V 90° (90.2×90 mm), 4601 cm^3; compr. 9:1; 160 kW (218 ch) à 4400/min, 34.8 kW/L (47.3 ch/L); 387 Nm (39.5 mkp) à 3500/min; 91 (R).

Moteur (constr.): 2×1 arbre à cames en tête (chaîne); culasses en alliage léger; vilebrequin à 5 paliers; huile 4.7 L; injection électronique, Ford.
Batterie 58 Ah, alternateur 130 A; refroidissement à eau, capac. 12.9 L.

Transmission: (sur roues AR), Dispositif antipatinage.
Boîte à 5 vit.: I. 3.37; II. 1.99; III. 1.33; IV. 1; V. 0.67; AR 3.22; pont 2.73.
Boîte autom. à 4 vit.: I. 2.84; II. 1.56; III. 1; IV. 0.7; AR 2.32; pont 3.08.

Train roulant: 225/55 ZR 16, 245/45 ZR 17; jantes 7.5 J, 8 J.

Dimensions: voie 152.5/149 cm, longueur 463.5 cm.

Performances: Vmax (réd.) plus de 215 km/h, V à 1000/min en 5. vit. 60 km/h; rapp. poids/puiss. 9.3 kg/kW (6.8 kg/ch); consomm. EPA 9.1/13.8 L/100 km.

4.6 V8 32V – 309 PS Benzineinspritzung

Wie 3.8 – 152 PS, ausgenommen:

Karosserie, Gewicht: (DIN), Coupé/Convertible, leer ab 1545/1605 kg.

Motor: (SAE), 8 Zyl. in V 90° (90.2×90 mm), 4601 cm^3; Kompr. 9.5:1; 227 kW (309 PS) bei 5800/min, 49.3 kW/L (67.2 PS/L); 407 Nm (41.5 mkp) bei 4800/min; 95 ROZ.

Motorkonstruktion: 4 Ventile in V; 2×2 obenl. Nockenwellen (Kette); Leichtmetall-Zylinderköpfe; 5fach gelagerte Kurbelwelle; Öl 4.7 L; elektron. Einspr., Ford EEC-V.
Batterie 58 Ah, Alternator 130 A; Wasserkühlung, Inh. 13.2 L.

Kraftübertragung: (auf Hinterräder), Antriebsschlupfregelung.
5-Gang-Getriebe: I. 3.37; II. 1.99; III. 1.33; IV. 1; V. 0.67; R 3.22; Achse 3.27.

Fahrwerk: Scheiben-Ø v. 33 cm, h. 29.6 cm, Reifen 245/45 ZR 17, Felgen 7.5 J, 8 J.

Dimensionen: Spur 152.5/149 cm, Länge 463.5 cm.

Fahrleistungen: Vmax (Red.) 240 km/h, V bei 1000/min im 5. Gang 54.3 km/h; 0–97 km/h 5.5 s; Leistungsgew. 6.8 kg/kW (5 kg/PS); Verbrauch EPA 9.1/13.1 L/100 km.

4.6 V8 32V – 309 ch Injection d'essence

Comme 3.8 – 152 ch, sauf:

Carrosserie, poids: (DIN), Coupé/Convertible, vide dès 1545/1605 kg.

Moteur: (SAE), 8 cyl. en V 90° (90.2×90 mm), 4601 cm^3; compr. 9.5:1; 227 kW (309 ch) à 5800/min, 49.3 kW/L (67.2 ch/L); 407 Nm (41.5 mkp) à 4800/min; 95 (R).

Moteur (constr.): 4 soupapes en V; 2×2 arbres à cames en tête (chaîne); culasses en alliage léger; vilebrequin à 5 paliers; huile 4.7 L; inj. électronique, Ford EEC-V.
Batterie 58 Ah, alternateur 130 A; refroidissement à eau, capac. 13.2 L.

Transmission: (sur roues AR), Dispositif antipatinage.
Boîte à 5 vit.: I. 3.37; II. 1.99; III. 1.33; IV. 1; V. 0.67; AR 3.22; pont 3.27.

Train roulant: Ø disq. AV 33 cm, AR 29.6 cm, pneus 245/45 ZR 17, jantes 7.5 J, 8 J.

Dimensions: voie 152.5/149 cm, longueur 463.5 cm.

Performances: Vmax (réd.) 240 km/h, V à 1000/min en 5. vit. 54.3 km/h; 0–97 km/h 5.5 s; rapp. poids/puiss. 6.8 kg/kW (5 kg/ch); consomm. EPA 9.1/13.1 L/100 km.

Ford USA

Ford Taurus

Mittelklassewagen mit Frontantrieb und Quermotoren, 2,5-Liter-Vierzylinder oder 3- und 3,8-Liter-V6, Limousine oder Station Wagon, aerodynamische Karosserie. Debüt Februar 1985. 1992: 2.5 nicht mehr im Programm.

Voiture de la catégorie moyenne avec traction AV, moteurs AV transv., 2,5 litres 4 cyl. ou 3 et 3,8 litres V6, berline ou station-wagon, carrosserie aérodynamique. Lancement février 1985. 1992: 2.5 n'est plus livrable.

3.0 V6 – 147 PS Benzineinspritzung
3.0 V6 – 147 ch Injection d'essence

Karosserie, Gewicht: (DIN), Limousine, 4 Türen, 5 - 6 Sitze; leer ab 1510 kg.
Wagon: 5 Türen, 5 - 6 Sitze; leer ab 1580 kg.

Motor: (SAE), 6 Zyl. in V 60° (89×80 mm), 2986 cm³; Kompr. 9.2:1; 108 kW (147 PS) bei 5250/min, 36.2 kW/L (49.2 PS/L); 230 Nm (23.4 mkp) bei 3250/min; 91 ROZ.

Motorkonstruktion: Bezeichnung 99U; zentrale Nockenwelle (Kette); 4fach gelagerte Kurbelwelle; Öl 4.3 L; elektron. Einspritzung, Ford.
Batterie 58 Ah, Alternator 130 A; Wasserkühlung, Inh. 11 L.

Kraftübertragung: (auf Vorderräder).
4-Stufen-Automat: I. 2.77; II. 1.54; III. 1; IV. 0.69; R 2.26; Achse 3.77.

Fahrgestell: Selbsttragende Karosserie; vorn Federbeine, Querlenker, Zugstreben; hinten Einzelradaufhängung mit Längslenkern, Querlenker; v/h Kurvenstabilisator, Schraubenfedern, Teleskopdämpfer.

Fahrwerk: Bremse, vorne Scheiben (belüftet), hinten Trommeln, Scheiben-∅ v. 27.4 cm, h. 25.7 cm, a.W. ABS (mit Scheiben h.), Teves; Handbremse auf Hinterräder; Zahnstangenlenkung mit Servo, Treibstofftank 61 L; Reifen 205/65 R 15, Felgen 6 J.

Dimensionen: Radstand 276 cm, Spur 156/156 cm, Bodenfreih. 14 cm, Wendekreis 11.8 m, Kofferraum 445 dm³, Länge 502 cm, Breite 185 cm, Höhe 140 cm.
Wagon: Spur 156/157 cm, Wendekreis 12 m, Kofferraum 2300 dm³, Länge 507 cm, Höhe 146 cm.

Fahrleistungen: Vmax (Red.) 180 km/h, V bei 1000/min im 4. Gang 45.5 km/h; Leistungsgew. 14 kW/kW (10.3 kg/PS); Verbrauch EPA 8.1/11.8 L/100 km.

Châssis: carrosserie autoporteuse; AV jambes élast., leviers transv., tirants; AR suspension indép. avec bras longit., leviers transv.; AV/AR barre anti-dévers, ressorts hélic, amortiss. télesc.

Train roulant: frein, AV à disques (ventilés), AR à tambours, ∅ disques AV 27.4 cm, AR 25.7 cm, s.d. ABS (avec disque AR), Teves; frein à main sur roues AR; servodirection à crémaillère, réservoir carb. 61 L; pneus 205/65 R 15, jantes 6 J.

Dimensions: empattement 276 cm, voie 156/156 cm, garde au sol 14 cm, diam. de braq. 11.8 m, coffre 445 dm³, longueur 502 cm, largeur 185 cm, hauteur 140 cm.
Wagon: Voie 156/157 cm, diam. de braq. 12 m, coffre 2300 dm³, longueur 507 cm, hauteur 146 cm.

Performances: Vmax (réd.) 180 km/h, V à 1000/min en 4. vit. 45.5 km/h; rapp. poids/puiss. 14 kg/kW (10.3 kg/ch); consomm. EPA 8.1/11.8 L/100 km.

Ford Taurus

3.0 V6 24V – 203 PS Benzineinspritzung
3.0 V6 24V – 203 ch Injection d'essence

Wie 3.0 – 147 PS, ausgenommen:

Karosserie, Gewicht: (DIN), Limousine/Wagon, leer ab 1515/1585 kg.

Motor: (SAE), 6 Zyl. in V 60° (89×79.5 mm), 2967 cm³; Kompr. 10:1; 149 kW (203 PS) bei 5750/min, 50.2 kW/L (68.3 PS/L); 271 Nm (27.6 mkp) bei 4500/min; 91 ROZ.

Comme 3.0 – 147 ch, sauf:

Carrosserie, poids: (DIN), Berline/Wagon, vide dès 1515/1585 kg.

Moteur: (SAE), 6 cyl. en V 60° (89×79.5 mm), 2967 cm³; compr. 10:1; 149 kW (203 ch) à 5750/min, 50.2 kW/L (68.3 ch/L); 271 Nm (27.6 mkp) à 4500/min; 91 (R).

Motorkonstruktion: 4 Ventile in V; 2×2 obenl. Nockenwellen (Kette); Leichtmetall-Zylinderköpfe und -block; 4fach gelagerte Kurbelwelle; Öl 5.2 L; elektron. Einspritzung, Ford.
Batterie 72 Ah, Alternator 130 A; Wasserkühlung, Inh. 10 L.

Kraftübertragung: (auf Vorderräder).
4-Stufen-Automat: I. 2.77; II. 1.54; III. 1; IV. 0.69; R 2.26; Achse 3.77.

Fahrleistungen: Vmax (Red.) 210 km/h, V bei 1000/min im 4. Gang 45.5 km/h; Leistungsgew. 10.2 kg/kW (7.5 kg/PS); Verbrauch EPA 8.1/11.8 L/100 km.

Moteur (constr.): 4 soupapes en V; 2×2 arbres à cames en tête (chaîne); culasses et bloc-cyl. en alliage léger; vilebrequin à 4 paliers; huile 5.2 L; injection électronique, Ford.
Batterie 72 Ah, alternateur 130 A; refroidissement à eau, capac. 10 L.

Transmission: (sur roues AV).
Boîte autom. à 4 vit.: I. 2.77; II. 1.54; III. 1; IV. 0.69; AR 2.26; pont 3.77.

Performances: Vmax (réd.) 210 km/h, V à 1000/min en 4. vit. 45.5 km/h; rapp. poids/puiss. 10.2 kg/kW (7.5 kg/ch); consomm. EPA 8.1/11.8 L/100 km.

Ford Taurus Wagon

3.4 V8 32V – 238 PS Benzineinspritzung
3.4 V8 32V – 238 ch Injection d'essence

Wie 3.0 – 147 PS, ausgenommen:

Karosserie, Gewicht: (DIN), Limousine, leer ab 1560 kg.

Motor: (SAE), 8 Zyl. in V 60° (82.4×79.5 mm), 3392 cm³; Kompr. 10:1; 175 kW (238 PS) bei 6500/min, 51.6 kW/L (70.1 PS/L); 312 Nm (31.8 mkp) bei 4800/min; 95 ROZ.

Motorkonstruktion: 4 Ventile in V; 2×2 obenl. Nockenwellen (Kette); Leichtmetall-Zylinderköpfe und -block; 5fach gelagerte Kurbelw.; Öl 5.7 L; elektron. Einspr., Ford.
Batterie 72 Ah, Alternator 130 A; Wasserkühlung, Inh. 10 L.

Kraftübertragung: (auf Vorderräder).
4-Stufen-Automat: I. 2.77; II. 1.54; III. 1; IV. 0.69; R 2.26; Achse 3.77.

Fahrwerk: Vierrad-Scheibenbremse (vorn bel.), Scheiben-∅ v. 29.5 cm, h. 25.7 cm, ABS, Reifen 225/55 VR 16, Felgen 6.5 J.

Fahrleistungen: Vmax (Red.) 225 km/h, V bei 1000/min im 4. Gang 45.7 km/h; Leistungsgew. 8.9 kg/kW (6.5 kg/PS); Verbrauch EPA 9.1/13.8 L/100 km.

Comme 3.0 – 147 ch, sauf:

Carrosserie, poids: (DIN), Berline, vide dès 1560 kg.

Moteur: (SAE), 8 cyl. en V 60° (82.4×79.5 mm), 3392 cm³; compr. 10:1; 175 kW (238 ch) à 6500/min, 51.6 kW/L (70.1 ch/L); 312 Nm (31.8 mkp) à 4800/min; 95 (R).

Moteur (constr.): 4 soupapes en V; 2×2 arbres à cames en tête (chaîne); culasses et bloc-cyl. en alliage léger; vilebrequin à 5 paliers; huile 5.7 L; inj. électronique, Ford.
Batterie 72 Ah, alternateur 130 A; refroidissement à eau, capac. 10 L.

Transmission: (sur roues AV).
Boîte autom. à 4 vit.: I. 2.77; II. 1.54; III. 1; IV. 0.69; AR 2.26; pont 3.77.

Train roulant: quatre freins à disques (AV vent.), ∅ disques AV 29.5 cm, AR 25.7 cm, ABS, pneus 225/55 VR 16, jantes 6.5 J.

Performances: Vmax (réd.) 225 km/h, V à 1000/min en 4. vit. 45.7 km/h; rapp. poids/puiss. 8.9 kg/kW (6.5 kg/ch); consomm. EPA 9.1/13.8 L/100 km.

Ford Crown Victoria

Neuauflage des grossen Ford mit aerodynamisch geformter Karosserie und neuem 4,6-Liter-OHC-V8, a.W. ABS und Antriebsschlupfregelung. Nur noch als Limousine lieferbar. Debüt Dez. 1990.

Nouvelle édition de la grande Ford avec carrosserie aérodynamique et nouveau moteur V8 4,6 litres (ACT), s.d. ABS et dispositif antipatinage. Seulement comme berline. Lancement décembre 1990.

4.6 V8 – 193 PS Benzineinspritzung
4.6 V8 – 193 ch Injection d'essence

Karosserie, Gewicht: (DIN), Limousine, 4 Türen, 6 Sitze; leer ab 1715 kg.

Motor: (SAE), 8 Zyl. in V 90° (90.2×90 mm), 4601 cm³; Kompr. 9:1; 142 kW (193 PS) bei 4250/min, 30.9 kW/L (42 PS/L); 353 Nm (36 mkp) bei 3250/min; 91 ROZ.
Mit Doppelauspuff: 157 kW (213 PS); 373 Nm (38 mkp).
Mit Naturgas: 130 kW (177 PS); 319 Nm (32,5 mkp).

Carrosserie, poids: (DIN), Berline, 4 portes, 6 places; vide dès 1715 kg.

Moteur: (SAE), 8 cyl. en V 90° (90.2×90 mm), 4601 cm³; compr. 9:1; 142 kW (193 ch) à 4250/min, 30.9 kW/L (42 ch/L); 353 Nm (36 mkp) à 3250/min; 91 (R).
Avec double échapp.: 157 kW (213 ch); 373 Nm (38 mkp).
Avec gaz naturel: 130 kW (177 ch); 319 Nm (32,5 mkp).

Ford USA

Ford Crown Victoria

Motorkonstruktion: 2×1 obenl. Nockenwelle (Kette); Leichtmetall-Zylinderköpfe; 5fach gelagerte Kurbelwelle; Öl 4.7 L; elektron. Einspritzung.
Batterie 58 Ah, Alternator 130 A; Wasserkühlung, Inh. 12.9 L.

Kraftübertragung: (auf Hinterräder), Antriebsschlupfregelung.
4-Stufen-Automat: I. 2.84; II. 1.56; III. 1; IV. 0.7; R 2.32; Achse 3.08.

Fahrgestell: Kastenrahmen mit Traversen; vorn doppelte Dreieckquerlenker; hinten Starrachse, Längslenker, Schräglenker; v/h Kurvenstabilisator, Schraubenfedern, Teleskopdämpfer; a.W. Niveauregulierung.

Fahrwerk: Vierrad-Scheibenbremse (vorn belüftet), Scheiben-⌀ v. 29.2 cm, h. 28.5 cm, a.W. ABS, Teves; Handbremse auf Hinterräder; Kugelumlauflenkung mit Servo, Treibstofftank 75.5 L; Reifen 215/70 R 15, 225/60 R 16, Felgen 6.5 J, 7 J.

Dimensionen: Radstand 291 cm, Spur 160/161 cm, Bodenfreih. 15 cm, Wendekreis 13.1 m, Kofferraum 590 dm³, Länge 538 cm, Breite 198 cm, Höhe 144 cm.

Fahrleistungen: Vmax (Red.) 200 km/h, V bei 1000/min im 4. Gang 57.9 km/h; Leistungsgew. 10.9 kg/kW (8.1 kg/PS); Verbrauch EPA 9.4/13.8 L/100 km.

Moteur (constr.): 2×1 arbre à cames en tête (chaîne); culasses en alliage léger; vilebrequin à 5 paliers; huile 4.7 L; injection électronique.
Batterie 58 Ah, alternateur 130 A; refroidissement à eau, capac. 12.9 L.

Transmission: (sur roues AR), Dispositif antipatinage.
Boîte autom. à 4 vit.: I. 2.84; II. 1.56; III. 1; IV. 0.7; AR 2.32; pont 3.08.

Châssis: Cadre à caisson avec traverses; AV leviers triang. transv. doubles; AR essieu rigide, bras longitud., triangles obliques; AV/AR barre anti-dévers, ressorts hélic, amortiss. télesc.; s.d. réglage du niveau.

Train roulant: quatre freins à disques (AV ventilés), ⌀ disques AV 29.2 cm, AR 28.5 cm, ABS s. d., Teves; frein à main sur roues AR; direction à circuit de billes assistée, réservoir carb. 75.5 L; pneus 215/70 R 15, 225/60 R 16, jantes 6.5 J, 7 J.

Dimensions: empattement 291 cm, voie 160/161 cm, garde au sol 15 cm, diam. de braq. 13.1 m, coffre 590 dm³, longueur 538 cm, largeur 198 cm, hauteur 144 cm.

Performances: Vmax (réd.) 200 km/h, V à 1000/min en 4. vit. 57.9 km/h; rapp. poids/puiss. 10.9 kg/kW (8.1 kg/ch); consomm. EPA 9.4/13.8 L/100 km.

Fahrwerk: Vierrad-Scheibenbremse (vorn belüftet), Scheiben-⌀ v. 27.4 cm, h. 25.7 cm, ABS, Teves; Fussfeststellbremse auf Hinterräder; Zahnstangenlenkung mit Servo, Treibstofftank 68 L; Reifen 205/70 R 15, 215/70 R 15, 225/60 R 16; Felgen 6 J, 7 J.

Dimensionen: Radstand 287 cm, Spur 156/153 cm, Bodenfreih. 14 cm, Wendekreis 12 m, Kofferraum 430 dm³, Länge 509 cm, Breite 185 cm, Höhe 133 cm.

Fahrleistungen: Vmax (Red.) über 180 km/h, V bei 1000/min im 5. Gang 51.3 km/h; Leistungsgew. 15 kg/kW (11 kg/PS); Verbrauch EPA 9.1/12.4 L/100 km.

Train roulant: quatre freins à disques (AV ventilés), ⌀ disques AV 27.4 cm, AR 25.7 cm, ABS, Teves; frein de station. à pied sur roues AR; servodirection à crémaillère, réservoir carb. 68 L; pneus 205/70 R 15, 215/70 R 15, 225/60 R 16; jantes 6 J, 7 J.

Dimensions: empattement 287 cm, voie 156/153 cm, garde au sol 14 cm, diam. de braq. 12 m, coffre 430 dm³, longueur 509 cm, largeur 185 cm, hauteur 133 cm.

Performances: Vmax (réd.) plus de 180 km/h, V à 1000/min en 5. vit. 51.3 km/h; rapp. poids/puiss. 15 kg/kW (11 kg/ch); consomm. EPA 9.1/12.4 L/100 km.

4.6 V8 – 208 PS Benzineinspritzung

Wie 3.8 – 147 PS, ausgenommen:

Karosserie, Gewicht: (DIN), Coupé, 2 Türen, 4 - 5 Sitze; leer ca. 1665 kg.

Motor: (SAE), 8 Zyl. in V 90° (90.2×90 mm), 4601 cm³; Kompr. 9:1; 153 kW (208 PS) bei 4250/min, 33.3 kW/L (45.2 PS/L); 380 Nm (38.7 mkp) bei 3000/min; 91 ROZ.

4.6 V8 – 208 ch Injection d'essence

Comme 3.8 – 147 ch, sauf:

Carrosserie, poids: (DIN), Coupé, 2 portes, 4 - 5 places; vide env. 1665 kg.

Moteur: (SAE), 8 cyl. en V 90° (90.2×90 mm), 4601 cm³; compr. 9:1; 153 kW (208 ch) à 4250/min, 33.3 kW/L (45.2 ch/L); 380 Nm (38.7 mkp) à 3000/min; 91 (R).

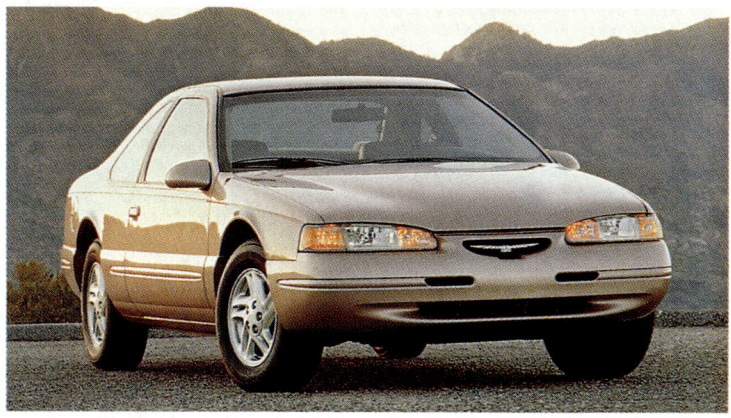

Forrd Thunderbird

Motorkonstruktion: 2×1 obenl. Nockenwelle (Kette); Leichtmetall-Zylinderköpfe; 5fach gelagerte Kurbelwelle; Öl 4.7 L; elektron. Einspritzung, Ford.
Batterie 58 Ah, Alternator 130 A; Wasserkühlung, Inh. 12.9 L.

Kraftübertragung: (auf Hinterräder), a. W. Differentialbremse.
5-Stufen-Automat: I. 3.37; II. 1.99; III. 1.33; IV. 1; V. 0.67; R 3.22; Achse 3.27.

Fahrleistungen: Vmax (Red.) über 210 km/h, V bei 1000/min im 5. Gang 55.9 km/h; Leistungsgew. 10.9 kg/kW (8 kg/PS); Verbrauch EPA 9.4/13.8 L/100 km.

Moteur (constr.): 2×1 arbre à cames en tête (chaîne); culasses en alliage léger; vilebrequin à 5 paliers; huile 4.7 L; injection électronique, Ford.
Batterie 58 Ah, alternateur 130 A; refroidissement à eau, capac. 12.9 L.

Transmission: (sur roues AR), différentiel autobloquant s.d.
Boîte autom. à 5 vit.: I. 3.37; II. 1.99; III. 1.33; IV. 1; V. 0.67; AR 3.22; pont 3.27.

Performances: Vmax (réd.) plus de 210 km/h, V à 1000/min en 5. vit. 55.9 km/h; rapp. poids/puiss. 10.9 kg/kW (8 kg/ch); consomm. EPA 9.4/13.8 L/100 km.

Ford Thunderbird

Vom sportlichen Amerikaner zum Reisecoupé entwickelter Luxuswagen. Herbst 1988: Neuauflage mit längerem Radstand und 3,8-Liter-V6-Motor mit und ohne Kompressor; Cw 0,31. 1991 wieder mit V8-Motor lieferbar. 1994 Super Coupé mit mehr Leistung; 4.6 V8 ersetzt 4.9.

Voiture de tourisme de luxe issue d'une version sportive américaine. Automne 1988: Nouvelle édition avec empatt. plus long et V6 3.8 avec ou sans compresseur; Cw 0,31. 1991 de nouveau livrable avec moteur V8. 1994 Super Coupé avec puissance accrue; 4.6 V8 remplace 4.9.

3.8 V6 – 147 PS Benzineinspritzung

Karosserie, Gewicht: (DIN), Coupé, 2 Türen, 4 - 5 Sitze; leer ca. 1615 kg.

Motor: (SAE), 6 Zyl. in V 90° (96.8×86 mm), 3797 cm³; Kompr. 9:1; 108 kW (147 PS) bei 4000/min, 28.4 kW/L (38.7 PS/L); 292 Nm (29.8 mkp) bei 2500/min; 91 ROZ.

Motorkonstruktion: Bezeichnung 994; zentrale Nockenwelle (Kette); Leichtmetall-Zylinderköpfe; 4fach gelagerte Kurbelwelle; Öl 5 L; elektron. Einspritzung, Ford.
Batterie 58 Ah, Alternator 130 A; Wasserkühlung, Inh. 11.9 L.

Kraftübertragung: (auf Hinterräder), a. W. Differentialbremse.
5-Stufen-Automat: I. 3.35; II. 1.93; III. 1.29; IV. 1; V. 0.73; R 3.15; Achse 3.27.

Fahrgestell: Selbsttragende Karosserie; vorn obere Dreieckquerlenker, unterer Querlenker, Zugstreben; hinten Dreieckquerlenker, obere Querlenker; v/h Kurvenstab., Schraubenfedern, Teleskopdämpfer.

3.8 V6 – 147 ch Injection d'essence

Carrosserie, poids: (DIN), Coupé, 2 portes, 4 - 5 places; vide env. 1615 kg.

Moteur: (SAE), 6 cyl. en V 90° (96.8×86 mm), 3797 cm³; compr. 9:1; 108 kW (147 ch) à 4000/min, 28.4 kW/L (38.7 ch/L); 292 Nm (29.8 mkp) à 2500/min; 91 (R).

Moteur (constr.): désignation 994; arbre à cames central (chaîne); culasses en alliage léger; vilebrequin à 4 paliers; huile 5 L; injection électronique, Ford.
Batterie 58 Ah, alternateur 130 A; refroidissement à eau, capac. 11.9 L.

Transmission: (sur roues AR), différentiel autobloquant s.d.
Boîte autom. à 5 vit.: I. 3.35; II. 1.93; III. 1.29; IV. 1; V. 0.73; AR 3.15; pont 3.27.

Châssis: carrosserie autoporteuse; AV leviers triang. superieur, levier transvers. inférieur, tirants; AR leviers triang. transv., sup. leviers transv.; AV/AR barre anti-dévers, ressorts hélic, amortiss. télesc.

Ford Aerostar

Grossraumlimousine mit 5 bis 7 Sitzen, 3 Seitentüren und 1 Heckklappe, Hinterradtrieb, 3-Liter-V6-Motor, 5-Gang-Getriebe oder Aut. 1989 auch verlängerte Ausführung. 1990 mit 4-Liter-V6 und a.W. mit perm. Vierradantrieb.

Berline à grande capacité et 5 à 7 places, 3 portes latéraux et 1 hayon AR, traction AR, moteur 3 litres V6, boîte à 5 vitesses ou autom. 1989 aussi version alongée. 1990 avec 4 litres V6 et s.d. avec traction sur quatre roues permanente.

3.0 V6 – 141 PS Benzineinspritzung

Karosserie, Gewicht: (DIN), Minivan, 4 Türen, 5 - 7 Sitze; leer 1580 kg.
Extended; 4 Türen, 7 Sitze; leer 1710 kg.

Motor: (SAE), 6 Zyl. in V 60° (88.9×80 mm), 2979 cm³; Kompr. 9.2:1; 104 kW (141 PS) bei 5000/min, 34.9 kW/L (47.5 PS/L); 217 Nm (22.1 mkp) bei 2750/min; 91 ROZ.

Motorkonstruktion: zentrale Nockenwelle (Kette); 4fach gelagerte Kurbelwelle; Öl 3.8 L; elektron. Einspritzung.
Batterie 72 Ah, Alternator 95 A; Wasserkühlung, Inh. 9.5 L.

3.0 V6 – 141 ch Injection d'essence

Carrosserie, poids: (DIN), Minivan, 4 portes, 5 - 7 places; vide 1580 kg.
Extended; 4 portes, 7 places; vide 1710 kg.

Moteur: (SAE), 6 cyl. en V 60° (88.9×80 mm), 2979 cm³; compr. 9.2:1; 104 kW (141 ch) à 5000/min, 34.9 kW/L (47.5 ch/L); 217 Nm (22.1 mkp) à 2750/min; 91 (R).

Moteur (constr.): arbre à cames central (chaîne); vilebrequin à 4 paliers; huile 3.8 L; injection électronique.
Batterie 72 Ah, alternateur 95 A; refroidissement à eau, capac. 9.5 L.

Ford USA

Ford Aerostar

Kraftübertragung: (auf Hinterräder), a. W. Differentialbremse.
4-Stufen-Automat: I. 2.47; II. 1.47; III. 1; IV. 0.75; R 2; Achse 3.37.

Fahrgestell: Kastenrahmen mit Traversen; vorn doppelte Dreieckquerlenker, Kurvenstabilisator, Längslenker, Schräglenker; a.W. Kurvenstabilisator; v/h Schraubenfedern, Teleskopdämpfer.

Fahrwerk: Bremse, vorne Scheiben (belüftet), hinten Trommeln, Scheiben-⌀ v. 26.2 cm, Fussfeststellbremse auf Hinterräder; Zahnstangenlenkung mit Servo, Treibstofftank 79 L; Reifen 185/75 R 14, 205/75 R 14, 215/70 R 14; Felgen 6 J, 6.5 J.

Dimensionen: Radstand 302 cm, Spur 156/152 cm, Bodenfreih. 18 cm, Wendekreis 12.9 m, Kofferraum 3780 dm³, Länge 444 cm, Breite 182 cm, Höhe 184 cm.
Extended: Kofferraum 4725 dm³, Länge 483 cm, Höhe 185 cm.

Fahrleistungen: Vmax (Red.) 155 km/h, V bei 1000/min im 4. Gang 45.1 km/h; Leistungsgew. 15.6 kg/kW (11.5 kg/PS); Verbrauch EPA 10.2/13.8 L/100 km.

Transmission: (sur roues AR), différentiel autobloquant s.d.
Boîte autom. à 4 vit.: I. 2.47; II. 1.47; III. 1; IV. 0.75; AR 2; pont 3.37.

Châssis: Cadre à caisson avec traverses; AV leviers triang. transv. doubles, barre anti-dévers; AR essieu rigide, bras longitud., triangles obliques; s.d. barre anti-dévers; AV/AR ressorts hélic., amortiss. télescop.

Train roulant: frein, AV à disques (ventilés), AR à tambours, ⌀ disques AV 26.2 cm, frein de station. à pied sur roues AR; servodirection à crémaillère, réservoir carb. 79 L; pneus 185/75 R 14, 205/75 R 14, 215/70 R 14; jantes 6 J, 6.5 J.

Dimensions: empattement 302 cm, voie 156/152 cm, garde au sol 18 cm, diam. de braq. 12.9 m, coffre 3780 dm³, longueur 444 cm, largeur 182 cm, hauteur 184 cm.
Extended: coffre 4725 dm³, longueur 483 cm, hauteur 185 cm.

Performances: Vmax (réd.) 155 km/h, V à 1000/min en 4. vit. 45.1 km/h; rapp. poids/puiss. 15.6 kg/kW (11.5 kg/ch); consomm. EPA 10.2/13.8 L/100 km.

4.0 V6 – 154 PS Benzineinspritzung

Wie 3.0 – 141 PS, ausgenommen:

Karosserie, Gewicht: (DIN), Minivan, 4 Türen, 5 - 7 Sitze; leer 1600 kg.
Extended: 7 Sitze; leer 1750 kg.

Motor: (SAE), 6 Zyl. in V 60° (100.3×84.3 mm), 3996 cm³; Kompr. 9:1; 113 kW (154 PS) bei 4000/min, 28.3 kW/L (38.5 PS/L); 305 Nm (31.1 mkp) bei 2400/min; 91 ROZ.

Motorkonstruktion: zentrale Nockenwelle (Kette); 4fach gelagerte Kurbelwelle; Öl 3.8 L; elektron. Einspritzung.
Batterie 72 Ah, Alternator 95 A; Wasserkühlung, Inh. 9.5 L.

Kraftübertragung: (auf Hinterräder), a. W. Differentialbremse.
(4WD permanent), zentrales Planetendiff. mit Viskobremse; Drehmomentverteilung v/h 33/67 %.
5-Stufen-Automat: I. 2.47; II. 1.85; III. 1.47; IV. 1; V. 0.75; R 2.1; Achse 3.08.
4-Stufen-Automat: I. 2.47; II. 1.47; III. 1; IV. 0.75; R 2; Achse 3.08.

Fahrleistungen: Vmax (Red.) 175 km/h, V bei 1000/min im 5. Gang 49.4 km/h; Leistungsgew. 14.2 kg/kW (10.4 kg/PS); Verbrauch EPA 10.2/13.8 L/100 km.
Extended: Verbr. EPA 11.8/15.7 L/100 km.

4.0 V6 – 154 ch Injection d'essence

Comme 3.0 – 141 ch, sauf:

Carrosserie, poids: (DIN), Minivan, 4 portes, 5 - 7 places; vide 1600 kg.
7 places; vide 1750 kg.

Moteur: (SAE), 6 cyl. en V 60° (100.3×84.3 mm), 3996 cm³; comp. 9:1; 113 kW (154 ch) à 4000/min, 28.3 kW/L (38.5 ch/L); 305 Nm (31.1 mkp) à 2400/min; 91 (R).

Moteur (constr.): arbre à cames central (chaîne); vilebrequin à 4 paliers; huile 3.8 L; injection électronique.
Batterie 72 Ah, alternateur 95 A; refroidissement à eau, capac. 9.5 L.

Transmission: (sur roues AR), différentiel autobloquant s.d.
(4WD permanent), diff. planétaire central avec visco-coupleur; répart. du couple AV/AR 33/67 %.
Boîte autom. à 5 vit.: I. 2.47; II. 1.85; III. 1.47; IV. 1; V. 0.75; AR 2.1; pont 3.08.
Boîte autom. à 4 vit.: I. 2.47; II. 1.47; III. 1; IV. 0.75; AR 2; pont 3.08.

Performances: Vmax (réd.) 175 km/h, V à 1000/min en 5. vit. 49.4 km/h; rapp. poids/puiss. 14.2 kg/kW (10.4 kg/ch); consomm. EPA 10.2/13.8 L/100 km.
Extended: cons.. EPA 11.8/15.7 L/100 km.

Ford Windstar

Minivan mit 5 bis 7 Sitzen, 3 Seitentüren, 1 Heckklappe, 3,8-Liter-V6, Frontantrieb und Automat. Debüt Januar 1994. 1995 mit 3.0 V6 als Basismotor. 1996 mit mehr Leistung.

Minivan avec 5 à 7 pl., 3 portes latéraux et 1 hayon AR, 3,8 litres V6, traction et boîte automatique. Lancement janvier 1994. 1995 3.0 V6 comme moteur de base. 1996: puissanve accrue.

3.0 V6 – 152 PS Benzineinspritzung

Karosserie, Gewicht: (DIN), Minivan, 4 Türen, 5 - 7 Sitze; leer ab 1690 kg.

Motor: (SAE), 6 Zyl. in V 60° (88.9×80 mm), 2979 cm³; Kompr. 9.3:1; 112 kW (152 PS) bei 5000/min, 37.6 kW/L (51.1 PS/L); 231 Nm (23.5 mkp) bei 3250/min; 91 ROZ. ECE: 109 kW (148 PS) bei 5000/min; 222 Nm (22,6 mkp) bei 3500/min.

Motorkonstruktion: zentrale Nockenwelle (Kette); 4fach gelagerte Kurbelwelle; Öl 4.3 L; elektron. Einspritzung.
Batterie 72/84 Ah, Alternator 95/130 A; Wasserkühlung, Inh. 13.2 L.

Kraftübertragung: (auf Vorderräder).
4-Stufen-Automat: I. 2.79; II. 1.55; III. 1; IV. 0.69; R 2.73; Achse 3.86; 3.98.

Fahrgestell: Selbsttragende Karosserie mit vorderem Hilfsrahmen; vorn Federbeine und Dreieckquerlenker, Kurvenstabilisator; hinten Verbundlenkerachse, Längslenker, Kurvenstabilisator; v/h Schraubenfedern, Teleskopdämpfer.

Fahrwerk: Bremse, vorne Scheiben (belüftet), hinten Scheiben, Scheiben-⌀ v. 27.6 cm, h. 28.4 cm, ABS, Feststellbremse auf Hinterräder; Zahnstangenlenkung mit Servo, Treibstofftank 76 L; a.W. 95 L; Reifen 205/75 R 15, 215/70 R 15, Felgen 5.5 J, 6.5 J.

Dimensionen: Radst. 306.5 cm, Spur 164/160 cm, Bodenfreih. 15 cm, Wendekreis 12.3 m, Kofferraum 615/4080 dm³, Länge 512 cm, Breite 190 cm, Höhe 179 cm.

Fahrleistungen: Vmax (Werk) 180 km/h, V bei 1000/min im 4. Gang 46 km/h; 0–100 km/h 13.5 s; Leistungsgew. 15.1 kg/kW (11.1 kg/PS); Verbrauch ECE 7.3/10.5/13.8 L/100 km.

3.0 V6 – 152 ch Injection d'essence

Carrosserie, poids: (DIN), Minivan, 4 portes, 5 - 7 places; vide dès 1690 kg.

Moteur: (SAE), 6 cyl. en V 60° (88.9×80 mm), 2979 cm³; compr. 9.3:1; 112 kW (152 ch) à 5000/min, 37.6 kW/L (51.1 ch/L); 231 Nm (23.5 mkp) à 3250/min; 91 (R). ECE: 109 kW (148 ch) à 5000/min; 222 Nm (22,6 mkp) à 3500/min.

Moteur (constr.): arbre à cames central (chaîne); vilebrequin à 4 paliers; huile 4.3 L; injection électronique.
Batterie 72/84 Ah, alternateur 95/130 A; refroidissement à eau, capac. 13.2 L.

Transmission: (sur roues AV).
Boîte autom. à 4 vit.: I. 2.79; II. 1.55; III. 1; IV. 0.69; AR 2.73; pont 3.86; 3.98.

Châssis: carrosserie autoporteuse avec cadre auxiliaire AV; AV jambes élast. et leviers triang. transv., barre anti-dévers; AR essieu semi-rigide, bras longitud., barre anti-dévers; AV/AR ressorts hélicoïdaux, amortiss. télesc.

Train roulant: frein, AV à disques (ventilés), AR à tambours, s.d. disques AR, ⌀ disques AV 27.6 cm, AR 28.4 cm, ABS, frein de stationnement sur roues AR; servodirection à crémaillère, réservoir carb. 76 L; s.d. 95 L; pneus 205/75 R 15, 215/70 R 15, jantes 5.5 J, 6.5 J.

Dimensions: empatt. 306.5 cm, voie 164/160 cm, garde au sol 15 cm, diam. de braq. 12.3 m, coffre 615/4080 dm³, longueur 512 cm, largeur 190 cm, hauteur 179 cm.

Performances: Vmax (usine) 180 km/h, V à 1000/min en 4. vit. 46 km/h; 0–100 km/h 13.5 s; rapp. poids/puiss. 15.1 kg/kW (11.1 kg/ch); consomm. ECE 7.3/10.5/13.8 L/100 km.

3.8 V6 – 203 PS Benzineinspritzung

Wie 3.0 – 152 PS, ausgenommen:

Karosserie, Gewicht: (DIN), Minivan, 4 Türen, 5 - 7 Sitze; leer ab 1690 kg.

Motor: (SAE), 6 Zyl. in V 90° (96.8×86 mm), 3797 cm³; Kompr. 9:1; 149 kW (203 PS) bei 5000/min, 39.2 kW/L (53.3 PS/L); 312 Nm (31.8 mkp) bei 3000/min; 91 ROZ.

Motorkonstruktion: zentrale Nockenwelle (Kette); Leichtmetall-Zylinderköpfe; 4fach gelagerte Kurbelwelle; Öl 5 L; elektron. Einspritzung, Ford EEC-V.
Batterie 58 Ah, Alternator 130 A; Wasserkühlung, Inh. 11.9 L.

Kraftübertragung: (auf Vorderräder).
4-Stufen-Automat: I. 2.79; II. 1.55; III. 1; IV. 0.69; R 2.73; Achse 3.86.

3.8 V6 – 203 ch Injection d'essence

Comme 3.0 – 152 ch, sauf:

Carrosserie, poids: (DIN), Minivan, 4 portes, 5 - 7 places; vide dès 1690 kg.

Moteur: (SAE), 6 cyl. en V 90° (96.8×86 mm), 3797 cm³; compr. 9:1; 149 kW (203 ch) à 5000/min, 39.2 kW/L (53.3 ch/L); 312 Nm (31.8 mkp) à 3000/min; 91 (R).

Moteur (constr.): arbre à cames central (chaîne); culasses en alliage léger; vilebrequin à 4 paliers; huile 5 L; injection électronique, Ford EEC-V.
Batterie 58 Ah, alternateur 130 A; refroidissement à eau, capac. 11.9 L.

Transmission: (sur roues AV).
Boîte autom. à 4 vit.: I. 2.79; II. 1.55; III. 1; IV. 0.69; AR 2.73; pont 3.86.

Ford Windstar

Ford USA

Ford Windstar

Fahrleistungen: Vmax (Red.) über 175 km/h, Leistungsgew. 11.3 kg/kW (8.3 kg/PS); Verbrauch EPA 10.2/13.8 L/100 km.

Performances: Vmax (réd.) plus de 175 km/h, rapp. poids/puiss. 11.3 kg/kW (8.3 kg/ch); consomm. EPA 10.2/13.8 L/100 km.

Ford Explorer

Geländefahrzeug mit 3 oder 5 Türen, 4-L-V6-Motor, Hinterrad- oder Allradantrieb. Debüt Detroit und Los Angeles Jan. 1990. 1995: Neue Vorderradaufhängung. Modif. an Karosserie und Interieur sowie 4×4-Antrieb. 1996 auch mit 4.9-V8. 1997: mehr Leistung für den 4.0 V6.

Voiture tout-terrain avec 3 ou 5 portes, moteur 4.0-V6, traction sur roues AR ou toutes roues. Lancement Detroit et Los Angeles jan. 1990. Pour 1995: Suspension AV nouvelle, mod.. à la carrosserie et à l'intérieur. 1996 aussi avec 4.9 V8. 1997: puissance accrue pour la 4.0 V6

4.0 V6 – 162 PS Benzineinspritzung

Karosserie, Gewicht: (DIN), Station Wagon, 3 Türen, 4 Sitze; leer ab ca. 1670 kg. Station Wagon, 5 Türen, 5 Sitze; leer ab ca. 1900 kg.

Motor: (SAE), 6 Zyl. in V 60° (100.3×84.3 mm), 3996 cm³; Kompr. 9:1; 119 kW (162 PS) bei 4200/min, 29.8 kW/L (40.5 PS/L); 305 Nm (31.1 mkp) bei 2800/min; 91 ROZ.

Motorkonstruktion: zentrale Nockenwelle (Kette); 4fach gelagerte Kurbelwelle; Öl 4.7 L; elektron. Einspritzung. Batterie 72 Ah, Alternator 95 A; Wasserkühlung, Inh. 9.5 L.

Kraftübertragung: (auf Hinterräder oder alle Räder), elektr. Lamellenkupplung für Zentraldiff., hintere Differentialbremse, Reduktionsgetriebe: I. 2.48.
5-Gang-Getriebe: I. 3.4; II. 2.05; III. 1.31; IV. 1; V. 0.79; R 3.41; Achse 3.08, 3.73.
4-Stufen-Automat: I. 2.47; II. 1.47; III. 1; IV. 0.75; R 2; Achse 3.37.

Fahrgestell: Kastenrahmen mit Traversen; vorn doppelte Dreieckquerlenker, Torsionsfederstäbe; 2WD Schraubenfedern; hinten Starrachse, Blattfedern; v/h Kurvenstabilisator, Teleskopdämpfer.

Fahrwerk: Vierrad-Scheibenbremse (vorn belüftet), ABS, Fussfeststellbr. auf Hinterräder; Zahnstangenl. mit Servo, Treibstofftank 72 L; a.W. 80 L; Reifen 225/75 R 15, 235/75 R 15, 255/70 R 16; Felgen 6 J, 7 J.

Dimensionen: Radst. 259.5 cm, Spur 149/149 cm, Bodenfreih. 20 cm, Wendekreis 11.5 m, Kofferraum 925/1965 dm³, Länge 453 cm, Breite 179 cm, Höhe 180 cm.
5 Türen: Radstand 283 cm, Wendekreis 12.5 m, Kofferraum 1205/2310 dm³, Länge 479 cm, Breite mit 7J-Felgen 188 cm.

Fahrleistungen: Vmax (Werk) 170 km/h, V bei 1000/min im 5. Gang 57 km/h; 0–100 km/h 12.7 s; Leistungsgew. 14 kg/kW (10.3 kg/PS); Verbr. ECE 9.2/13.1/16.6 L/100 km.

4.0 V6 – 162 ch Injection d'essence

Carrosserie, poids: (DIN), station-wagon, 3 portes, 4 places; vide dès env. 1670 kg. Station-wagon, 5 portes, 5 places; vide dès env. 1900 kg.

Moteur: (SAE), 6 cyl. en V 60° (100.3×84.3 mm), 3996 cm³; compr. 9:1; 119 kW (162 ch) à 4200/min, 29.8 kW/L (40.5 ch/L); 305 Nm (31.1 mkp) à 2800/min; 91 (R).

Moteur (constr.): arbre à cames central (chaîne); vilebrequin à 4 paliers; huile 4.7 L; injection électronique. Batterie 72 Ah, alternateur 95 A; refroidissement à eau, capac. 9.5 L.

Transmission: (sur roues AR ou toutes les roues), embrayage électr. à disques pour diff. central, différentiel autobloquant AR, boîte de transfert: I. 2.48.
Boîte à 5 vit.: I. 3.4; II. 2.05; III. 1.31; IV. 1; V. 0.79; AR 3.41; pont 3.08, 3.73.
Boîte autom. à 4 vit.: I. 2.47; II. 1.47; III. 1; IV. 0.75; AR 2; pont 3.37.

Châssis: Cadre à caisson avec traverses; AV leviers triang. transv. doubles, barres de torsion; 2WD ressorts hélic.; AR essieu rigide, ressorts à lames; AV/AR barre anti-dévers, amortiss. télesc.

Train roulant: quatre freins à disques (AV ventilés), ABS, frein de stationn. à pied sur roues AR; servodirection à crém., réservoir carb. 72 L; s.d. 80 L; pneus 225/75 R 15, 235/75 R 15, 255/70 R 16; jantes 6 J, 7 J.

Dimensions: empatt. 259.5 cm, voie 149/149 cm, garde au sol 20 cm, diam. de braq. 11.5 m, coffre 925/1965 dm³, longueur 453 cm, largeur 179 cm, hauteur 180 cm.
5 portes: empatt. 283 cm, diam. de braq. 12.5 m, coffre 1205/2310 dm³, longueur 479 cm, Largeur avec jantes 7J 188 cm.

Performances: Vmax (usine) 170 km/h, V à 1000/min en 5. vit. 57 km/h; 0–100 km/h 12.7 s; rapp. poids/puiss. 14 kg/kW (10.3 kg/ch); cons. ECE 9.2/13.1/16.6 L/100 km.

4.0 V6 – 208 PS Benzineinspritzung

Wie 4.0 – 162 PS, ausgenommen:

Karosserie, Gewicht: (DIN), Station Wagon 3 Türen/Station Wagon 5 Türen, leer ab ca. 1670/1990 kg.

4.0 V6 – 208 ch Injection d'essence

Comme 4.0 – 162 ch, sauf:

Carrosserie, poids: (DIN), station-wagon 3 portes/station-wagon 5 portes, vide dès env. 1670/1990 kg.

Motor: (SAE), 6 Zyl. in V 60° (100.3×84.3 mm), 3996 cm³; Kompr. 9.7:1; 153 kW (208 PS) bei 5250/min, 38.3 kW/L (52.1 PS/L); 353 Nm (36 mkp) bei 3000/min; 91 ROZ.

Motorkonstruktion: 2×1 obenl. Nockenwelle (Kette); Leichtmetall-Zylinderköpfe; 4fach gelagerte Kurbelwelle; Öl 4.7 L; elektron. Einspritzung, Ford EEC-V. Batterie 72 Ah, Alternator 95 A; Wasserkühlung, Inh. 9.5 L.

Kraftübertragung: (auf Hinterräder oder alle Räder), elektr. Lamellenkupplung für Zentraldiff., hintere Differentialbremse, Reduktionsgetriebe: I. 2.48.
5-Stufen-Automat: I. 2.47; II. 1.85; III. 1.47; IV. 1; V. 0.75; R 2.1; Achse 3.73.

Fahrleistungen: Vmax (Werk) 171 km/h, V bei 1000/min im 5. Gang 49.1 km/h; 0–100 km/h 10.9 s; Leistungsgew. 10.9 kg/kW (8 kg/PS); Verbrauch EU 11.1/18.2 L/100 km.

Moteur: (SAE), 6 cyl. en V 60° (100.3×84.3 mm), 3996 cm³; compr. 9.7:1; 153 kW (208 ch) à 5250/min, 38.3 kW/L (52.1 ch/L); 353 Nm (36 mkp) à 3000/min; 91 (R).

Moteur (constr.): 2×1 arbre à cames en tête (chaîne); culasses en alliage léger; vilebrequin à 4 paliers; huile 4.7 L; injection électronique, Ford EEC-V. Batterie 72 Ah, alternateur 95 A; refroidissement à eau, capac. 9.5 L.

Transmission: (sur roues AR ou toutes les roues), embrayage électr. à disques pour diff. central, différentiel autobloquant AR, boîte de transfert: I. 2.48.
Boîte autom. à 5 vit.: I. 2.47; II. 1.85; III. 1.47; IV. 1; V. 0.75; AR 2.1; pont 3.73.

Performances: Vmax (usine) 171 km/h, V à 1000/min en 5. vit. 49.1 km/h; 0–100 km/h 10.9 s; rapp. poids/puiss. 10.9 kg/kW (8 kg/ch); consomm. EU 11.1/18.2 L/100 km.

4.9 V8 – 213 PS Benzineinspritzung

Wie 4.0 – 162 PS, ausgenommen:

Karosserie, Gewicht: (DIN), Station Wagon 3 Türen, leer ab ca. 1670 kg.

Motor: (SAE), 8 Zyl. in V 90° (101.6×76.2 mm), 4942 cm³; Kompr. 9:1; 157 kW (213 PS) bei 4500/min, 31.8 kW/L (43.2 PS/L); 380 Nm (38.7 mkp) bei 3500/min; 91 ROZ.

Motorkonstruktion: Bezeichnung 99E; zentrale Nockenwelle (Kette); Leichtmetall-Zylinderköpfe; 5fach gelagerte Kurbelwelle; Öl 4.7 L; elektron. Einspritzung, Ford. Batterie 58 Ah, Alternator 130 A; Wasserkühlung, Inh. 13.2 L.

4.9 V8 – 213 ch Injection d'essence

Comme 4.0 – 162 ch, sauf:

Carrosserie, poids: (DIN), station-wagon 3 portes, vide dès env. 1670 kg.

Moteur: (SAE), 8 cyl. en V 90° (101.6×76.2 mm), 4942 cm³; compr. 9:1; 157 kW (213 ch) à 4500/min, 31.8 kW/L (43.2 ch/L); 380 Nm (38.7 mkp) à 3500/min; 91 (R).

Moteur (constr.): désignation 99E; arbre à cames central (chaîne); culasses en alliage léger; vilebrequin à 5 paliers; huile 4.7 L; injection électronique, Ford. Batterie 58 Ah, alternateur 130 A; refroidissement à eau, capac. 13.2 L.

Ford Explorer

Kraftübertragung: (auf Hinterräder oder alle Räder), elektr. Lamellenkupplung für Zentraldiff., hintere Differentialbremse, Reduktionsgetriebe: I. 2.48.
4-Stufen-Automat: I. 2.47; II. 1.47; III. 1; IV. 0.75; R 2; Achse 3.37.

Fahrleistungen: Vmax (Red.) 185 km/h, V bei 1000/min im 4. Gang 55.9 km/h; Leistungsgew. 10.6 kg/kW (7.8 kg/PS); Verbrauch EPA 13.1/16.8 L/100 km.

Transmission: (sur roues AR ou toutes les roues), embrayage électr. à disques pour diff. central, différentiel autobloquant AR, boîte de transfert: I. 2.48.
Boîte autom. à 4 vit.: I. 2.47; II. 1.47; III. 1; IV. 0.75; AR 2; pont 3.37.

Performances: Vmax (réd.) 185 km/h, V à 1000/min en 4. vit. 55.9 km/h; rapp. poids/puiss. 10.6 kg/kW (7.8 kg/ch); consomm. EPA 13.1/16.8 L/100 km.

Ford Expedition

Neues Modell. Geländegängiger Wagen von Ford; 4.2- oder 5.4-V8-Motoren; Zwei- oder 4WD. Debüt August 1996.

Nouveau modèle. Voiture tout-terrain de Ford; moteurs V8 4.2 ou 5.4; traction AR ou 4WD. Lancement août 1996.

4.6 V8 – 218 PS Benzineinspritzung

Karosserie, Gewicht: (DIN), Station Wagon, 5 Türen, 5 - 9 Sitze; leer ca. 2200 kg. *4WD:* leer ca. 2360 kg.

4.6 V8 – 218 ch Injection d'essence

Carrosserie, poids: (DIN), station-wagon, 5 portes, 5 - 9 places; vide env. 2200 kg. *4WD:* vide env. 2360 kg.

Ford USA • Ford EU

Ford Expedition

Motor: (SAE), 8 Zyl. in V 90° (90.2×90 mm), 4601 cm³; Kompr. 9:1; 160 kW (218 PS) bei 4400/min, 34.8 kW/L (47.3 PS/L); 392 Nm (40 mkp) bei 3250/min; 91 ROZ.

Motorkonstruktion: 2×1 obenl. Nockenwelle (Kette); Leichtmetall-Zylinderköpfe; 5fach gelagerte Kurbelwelle; Öl 4.7 L; elektron. Einspritzung, Ford.
Batterie 58 Ah, Alternator 130 A; Wasserkühlung, Inh. 12.9 L.

Kraftübertragung: (auf Hinterräder), a. W. Differentialbremse.
4WD: a.W. Differentialsperre, Reduktionsgetriebe: I. 1; II. 2.69.
4-Stufen-Automat: I. 2.84; II. 1.56; III. 1; IV. 0.7; R 2.32; Achse 3.08; 3.37.

Fahrgestell: Kastenrahmen mit Traversen; vorn doppelte Dreieckquerlenker, Torsionsfederstäbe; 2WD Schraubenfedern, Kurvenstabilisator; hinten Starrachse, Längslenker, Schräglenker, Panhardstab; Schraubenfedern; v/h Kurvenstabilisator, Teleskopdämpfer, hinten a.W. Luftfederung mit Niveauregulierung.

Fahrwerk: Vierrad-Scheibenbremse (vorn belüftet), ABS, Fussfeststellbremse auf Hinterräder; Kugelumlauflenkung mit Servo, Treibstofftank 98 L; a.W. 114 L; Reifen 255/70 R 16, 265/70 R 17, Felgen 7.5 J.

Dimensionen: Radstand 302 cm, Spur 166/166 cm, Bodenfreih. 20 cm, Wendekreis 12.5 m, Kofferraum 3350 dm³, Länge 520 cm, Breite 200 cm, Höhe 190 cm.

Fahrleistungen: Vmax (Red.) über 170 km/h, V bei 1000/min im 4. Gang 65 km/h; 0–100 km/h 11 s; Leistungsgew. 13.8 kg/kW (10.1 kg/PS); Verbrauch EPA 11.8/15.7 L/100 km.

Moteur: (SAE), 8 cyl. en V 90° (90.2×90 mm), 4601 cm³; compr. 9:1; 160 kW (218 ch) à 4400/min, 34.8 kW/L (47.3 ch/L); 392 Nm (40 mkp) à 3250/min; 91 (R).

Moteur (constr.): 2×1 arbre à cames en tête (chaîne); culasses en alliage léger; vilebrequin à 5 paliers; huile 4.7 L; injection électronique, Ford.
Batterie 58 Ah, alternateur 130 A; refroidissement à eau, capac. 12.9 L.

Transmission: (sur roues AR), différentiel autobloquant s.d.
4WD: s.d. différentiel verrouillable, boîte de transfert: I. 1; II. 2.69.
Boîte autom. à 4 vit.: I. 2.84; II. 1.56; III. 1; IV. 0.7; AR 2.32; pont 3.08; 3.37.

Châssis: Cadre à caisson avec traverses; AV leviers triang. transv. doubles, barres de torsion; 2WD ressorts hélic., barre anti-dévers; AR essieu rigide, bras longitud., triangles obliques, barre Panhard; ressorts hélicoïdaux; AV/AR barre anti-dévers, amortiss. télesc., AR s.d. susp. pneumat. avec réglage du niveau.

Train roulant: quatre freins à disques (AV ventilés), ABS, frein de stationn. à pied sur roues AR; direction à circuit de billes assistée, réservoir carb. 98 L; s.d. 114 L; pneus 255/70 R 16, 265/70 R 17, jantes 7.5 J.

Dimensions: empattement 302 cm, voie 166/166 cm, garde au sol 20 cm, diam. de braq. 12.5 m, coffre 3350 dm³, longueur 520 cm, largeur 200 cm, hauteur 190 cm.

Performances: Vmax (réd.) plus de 170 km/h, V à 1000/min en 4. vit. 65 km/h; 0–100 km/h 11 s; rapp. poids/puiss. 13.8 kg/kW (10.1 kg/ch); consomm. EPA 11.8/15.7 L/100 km.

5.4 V8 – 232 PS Benzineinspritzung

Wie 4.6 – 218 PS, ausgenommen:

Karosserie, Gewicht: (DIN) leer ca. 2200 kg.
4WD: leer ca. 2360 kg.

Motor: (SAE), 8 Zyl. in V 90° (90.2×105.7 mm), 5403 cm³; Kompr. 9:1; 171 kW (232 PS) bei 4250/min, 31.6 kW/L (43 PS/L); 441 Nm (45 mkp) bei 3000/min; 91 ROZ.

Motorkonstruktion: 2×1 obenl. Nockenwelle (Kette); Leichtmetall-Zylinderköpfe; 5fach gelagerte Kurbelwelle; Öl 4.7 L; elektron. Einspritzung, Ford EEC-V.
Batterie 72 Ah, Alternator 98 A; Wasserkühlung, Inh. 13.8 L.

Kraftübertragung: (auf Hinterräder), a. W. Differentialbremse.
4WD: a.W. Differentialsperre, Reduktionsgetriebe: I. 1; II. 2.69.
4-Stufen-Automat: I. 2.71; II. 1.54; III. 1; IV. 0.71; R 2.18; Achse 3.

Fahrleistungen: Vmax (Red.) 180 km/h, V bei 1000/min im 4. Gang 68 km/h; 0–100 km/h 10 s; Leistungsgew. 12.9 kg/kW (9.5 kg/PS); Verbrauch EPA 13.1/18.1 L/100 km.

5.4 V8 – 232 ch Injection d'essence

Comme 4.6 – 218 ch, sauf:

Carrosserie, poids: (DIN), station-wagon, 5 portes, 5 - 9 places; vide 2200 kg.
4WD: vide env. 2360 kg.

Moteur: (SAE), 8 cyl. en V 90° (90.2×105.7 mm), 5403 cm³; compr. 9:1; 171 kW (232 ch) à 4250/min, 31.6 kW/L (43 ch/L); 441 Nm (45 mkp) à 3000/min; 91 (R).

Moteur (constr.): 2×1 arbre à cames en tête (chaîne); culasses en alliage léger; vilebrequin à 5 paliers; huile 4.7 L; injection électronique, Ford EEC-V.
Batterie 72 Ah, alternateur 98 A; refroidissement à eau, capac. 13.8 L.

Transmission: (sur roues AR), différentiel autobloquant s.d.
4WD: s.d. différentiel verrouillable, boîte de transfert: I. 1; II. 2.69.
Boîte autom. à 4 vit.: I. 2.71; II. 1.54; III. 1; IV. 0.71; AR 2.18; pont 3.

Performances: Vmax (réd.) 180 km/h, V à 1000/min en 4. vit. 68 km/h; 0–100 km/h 10 s; rapp. poids/puiss. 12.9 kg/kW (9.5 kg/ch); consomm. EPA 13.1/18.1 L/100 km.

Ford EU

Ford-Werke AG, 50725 Köln 21, Deutschland

Europäischer Zweig der amerikanischen Ford Motor Company.

Fabriques européennes filiales de la Ford Motor Company américaine.

Ford Ka

Neues Modell. Kompakte Limousine mit drei Türen und vier Sitzen, 1,3-l-Motor, Frontantrieb, Fünfgang-Getriebe. Produktion ab Januar 1997.

Nouveau modèle. Berline compacte avec trois portes et quatre places, moteur 1,3 litre, traction AV et boîte à cinq vitesses. Production dès janvier 1997.

1.3 – 60 PS Benzineinspritzung / 1.3 – 60 ch Injection d'essence

Karosserie, Gewicht: (DIN), Limousine, 3 Türen, 4 Sitze; leer ab 870 kg, max. zul. 1265 kg.

Carrosserie, poids: (DIN), Berline, 3 portes, 4 places; vide dès 870 kg, tot. adm. 1265 kg.

Motor: (ECE), 4 Zyl. in Linie (74×75.5 mm), 1299 cm³; Kompr. 8.8:1; 44 kW (60 PS) bei 5000/min, 33.9 kW/L (46 PS/L); 103 Nm (10.5 mkp) bei 2500/min; 95 ROZ. Einige Länder: 37 kW (50 PS) bei 4500/min; 99 Nm bei 2000/min.

Motorkonstruktion: Ventile in V; seitl. Nockenwelle (Kette); 5fach gelagerte Kurbelwelle; Öl 3.25 L; elektron. Zentraleinspr.
Batterie 43 Ah, Alternator 55 A; Wasserkühlung, Inh. 7.1 L.

Kraftübertragung: (auf Vorderräder).
5-Gang-Getriebe: I. 3.15; II. 1.93; III. 1.28; IV. 0.95; V. 0.76; R 3.62; Achse 4.06; 3.59.

Fahrgestell: Selbsttragende Karosserie; vorn Federbeine und Dreieckquerlenker, Kurvenstab; hinten Verbundlenkerachse, v/h Schraubenfedern, Teleskopdämpfer.

Moteur: (ECE), 4 cyl. en ligne (74×75.5 mm), 1299 cm³; compr. 8.8:1; 44 kW (60 ch) à 5000/min, 33.9 kW/L (46 ch/L); 103 Nm (10.5 mkp) à 2500/min; 95 (R). Quelques pays: 37 kW (50 ch) à 4500/min; 99 Nm à 2000/min.

Moteur (constr.): soupapes en V; arbre à cames latéral (chaîne); vilebrequin à 5 paliers; huile 3.25 L; inj. monopoint électron.
Batterie 43 Ah, alternateur 55 A; refroidissement à eau, capac. 7.1 L.

Transmission: (sur roues AV).
Boîte à 5 vit.: I. 3.15; II. 1.93; III. 1.28; IV. 0.95; V. 0.76; AR 3.62; pont 4.06; 3.59.

Châssis: carrosserie autoporteuse; AV jambes élast. et leviers triang. transv., barre anti-dévers; AR essieu semi-rigide, AV/AR ressorts hélicoïdaux, amortiss. télesc.

Ford Ka

Ford EU 275

Fahrwerk: Bremse, vorne Scheiben, hinten Trommeln, Scheiben-Ø v. 24 cm, a.W. ABS, Handbr. auf Hinterr.; Zahnstangenl., a.W. mit Servo, Treibstofftank 42 L; Reifen 155/70 R 13, 165/65 R 13, Felgen 5 J.

Dimensionen: Radstand 245 cm, Spur 139.5/141 cm, Bodenfreih. 14 cm, Wendekreis 10.3 m, Kofferraum 185/725 dm³, Länge 362 cm, Breite 164 cm, Höhe 140 cm.

Fahrleistungen: Vmax (Werk) 155 km/h, V bei 1000/min im 5. Gang 32.4 km/h; 0–100 km/h 15.4 s; Leistungsgew. 19.8 kg/kW (14.5 kg/PS); Verbr. EU 5.5/8.8 L/100 km.

Train roulant: frein, AV à disques, AR à tambours, Ø disques AV 24 cm, ABS s. d., frein à main sur roues AR; dir. à crém., a.w. avec servo, rés. carb. 42 L; pneus 155/70 R 13, 165/65 R 13, jantes 5 J.

Dimensions: empatt. 245 cm, voie 139.5/141 cm, garde au sol 14 cm, diam. de braq. 10.3 m, coffre 185/725 dm³, longueur 362 cm, largeur 164 cm, hauteur 140 cm.

Performances: Vmax (usine) 155 km/h, V à 1000/min en 5. vit. 32.4 km/h; 0–100 km/h 15.4 s; rapp. poids/puiss. 19.8 kg/kW (14.5 kg/ch); consomm. EU 5.5/8.8 L/100 km.

Ford Puma

Neues Modell. 2+2 sitziges Coupé mit Heckklappe. 1,7-L-16V-Motor. Debüt Salon Genf, März 1997.

Nouveau modèle. Coupé 2+2 places avec hayon. Moteur 1,7/16V. Lancement Salon Genève, mars 1997.

1.7 – 125 PS Benzineinspritzung

Karosserie, Gewicht: (DIN), Coupé, 3 T., 2+2 Sitze; leer 1039 kg, max. zul. 1400 kg.

Motor: (ECE), 4 Zyl. in Linie (80×83.5 mm), 1679 cm³; Kompr. 10.3:1; 92 kW (125 PS) bei 6300/min, 54.8 kW/L (74.5 PS/L); 157 Nm (16 mkp) bei 4500/min; 95 ROZ.

Motorkonstruktion: Bezeichnung Zetec-SE; 4 Ventile in V 41.5°; 2 obenl. Nockenwellen (Zahnriemen); Leichtmetall-Zylinderkopf und -block; 5fach gelagerte Kurbelwelle; Öl 4 L; elektron. Einspr., Ford EEC-V. Batterie 43 Ah, Alternator 70 A; Wasserkühlung, Inh. 7.5 L.

Kraftübertragung: (auf Vorderräder), Antriebsschlupfregelung.
5-Gang-Getriebe: I. 3.15; II. 1.93; III. 1.41; IV. 1.11; V. 0.88; R 3.62; Achse 3.82.

1.7 – 125 ch Injection d'essence

Carrosserie, poids: (DIN), Coupé, 3 p., 2+2 pl.; vide .1039 kg, tot. adm. 1400 kg.

Moteur: (ECE), 4 cyl. en ligne (80×83.5 mm), 1679 cm³; compr. 10.3:1; 92 kW (125 ch) à 6300/min, 54.8 kW/L (74.5 ch/L); 157 Nm (16 mkp) à 4500/min; 95 (R).

Moteur (constr.): désignation Zetec-SE; 4 soupapes en V 41.5°; 2 arbres à cames en tête (courroie crantée); culasse et bloc-cyl. en alliage léger; vilebrequin à 5 paliers; huile 4 L; injection électronique, Ford EEC-V. Batterie 43 Ah, alternateur 70 A; refroidissement à eau, capac. 7.5 L.

Transmission: (sur roues AV), Dispositif antipatinage.
Boîte à 5 vit.: I. 3.15; II. 1.93; III. 1.41; IV. 1.11; V. 0.88; AR 3.62; pont 3.82.

Ford Puma

Fahrgestell: Selbsttragende Karosserie; vorn Federbeine und Dreieckquerl., Kurvenstab.; hinten Verbundlenkerachse, Längsl., v/h Schraubenfedern, Teleskopd.

Fahrwerk: Bremse, vorne Scheiben (belüftet), hinten Trommeln, Scheiben-Ø v. 24 cm, ABS, Handbremse auf Hinterräder; Zahnstangenlenkung mit Servo, Treibstofftank 42 L; Reifen 195/50 R 15, Felgen 6 J.

Dimensionen: Radstand 245 cm, Spur 145/141 cm, Wendekreis 10.4 m, Kofferraum 240/725 dm³, Länge 398.5 cm, Breite 167.5 cm, Höhe 134 cm.

Fahrleistungen: Vmax (Werk) 203 km/h, V bei 1000/min im 5. Gang 31.4 km/h; 0–100 km/h 9.2 s; Leistungsgew. 11.3 kg/kW (8.3 kg/PS); Verbrauch EU 6.1/9.7 L/100 km.

Châssis: carr. autop.; AV jambes élast. et leviers triang. transv., barre anti-dévers; AR essieu semi-rigide, bras longitud., AV/AR ressorts hélic., amortiss. télesc.

Train roulant: frein, AV à disques (ventilés), AR à tambours, Ø disques AV 24 cm, ABS, frein à main sur roues AR; servodirection à crémaillère, réservoir carb. 42 L; pneus 195/50 R 15, jantes 6 J.

Dimensions: empattement 245 cm, voie 145/141 cm, diam. de braq. 10.4 m, coffre 240/725 dm³, longueur 398.5 cm, largeur 167.5 cm, hauteur 134 cm.

Performances: Vmax (usine) 203 km/h, V à 1000/min en 5. vit. 31.4 km/h; 0–100 km/h 9.2 s; rapp. poids/puiss. 11.3 kg/kW (8.3 kg/ch); consomm. EU 6.1/9.7 L/100 km.

Ford Fiesta

Kompakte Limousine mit Quermotor, Frontantrieb und Heckklappe. Debüt Juni 1976. Genf 1989: Erneuerte Modellreihe 3- und 5türig. Turin 1990: Modell Turbo. Für 1992/93 mit 1.8-Zetec-16V-Motor. Aug. 1995: Neuauflage, neue Motoren.

Berline compacte avec moteur transv., tract. AV et hayon AR. Lancement 1976. Genève 1989: Gamme renouvelée, 3 et 5 portes, Turin 1990: mod. Turbo. 1992/93 moteur Zetec 1.8/16V. Août 1995: nouvelle édition, nouv. gamme de moteurs.

1.3 – 60 PS Benzineinspritzung

Karosserie, Gewicht: (DIN), Limousine, 3/5 Türen; 5 Sitze; leer ab 930 kg, max. zul. 1460 kg.

Motor: (ECE), 4 Zyl. in Linie (74×75.5 mm), 1299 cm³; Kompr. 8.8:1; 44 kW (60 PS) bei 5000/min, 33.9 kW/L (46 PS/L); 103 Nm (10.5 mkp) bei 2500/min; 95 ROZ.

Motorkonstruktion: Bezeichnung Endura-E; Ventile in V; seitl. Nockenwelle (Kette); 5fach gelagerte Kurbelwelle; Öl 3.25 L; elektron. Einspritzung. Batterie 43 Ah, Alternator 55 A; Wasserkühlung, Inh. 7.1 L.

Kraftübertragung: (auf Vorderräder).
5-Gang-Getriebe: I. 3.58; II. 2.04; III. 1.32; IV. 0.95; V. 0.76; R 3.62; Achse 3.84.

Fahrgestell: Selbsttragende Karosserie mit vorderem Hilfsrahmen; vorn Federbeine und Dreieckquerlenker, Kurvenstabilisator; hinten Verbundlenkerachse, Längslenker; je nach Modell Kurvenstabilisator; v/h Schraubenfedern, Teleskopdämpfer.

Fahrwerk: Bremse, vorne Scheiben, hinten Trommeln, Scheiben-Ø v. 24 cm, a.W. ABS, Handbremse auf Hinterräder; Zahnstangenlenkung, a.W. mit Servo, Treibstofftank 42 L; Reifen 155/70 R 13, 165/70 R 13, 185/55 HR 14; Felgen 5 J, 5.5 J.

Dimensionen: Radstand 244.5 cm, Spur 143/137.5 cm, Bodenfreih. 14 cm, Wendekreis 10.3 m, Kofferraum 250/930 dm³, Länge 383 cm, Breite 163.5 cm, Höhe 138 cm.

Fahrleistungen: Vmax (Werk) 155 km/h, V bei 1000/min im 5. Gang 34.3 km/h; 0–100 km/h 15.9 s; Leistungsgew. 21.1 kg/kW (15.5 kg/PS); Verbrauch ECE 4.9/6.8/7.6 L/100 km.

1.3 – 60 ch Injection d'essence

Carrosserie, poids: (DIN), Berline, 3/5 portes; 5 places; vide dès 930 kg, tot. adm. 1460 kg.

Moteur: (ECE), 4 cyl. en ligne (74×75.5 mm), 1299 cm³; compr. 8.8:1; 44 kW (60 ch) à 5000/min, 33.9 kW/L (46 ch/L); 103 Nm (10.5 mkp) à 2500/min; 95 (R).

Moteur (constr.): désignation Endura-E; soupapes en V; arbre à cames latéral (chaîne); vilebrequin à 5 paliers; huile 3.25 L; injection électronique. Batterie 43 Ah, alternateur 55 A; refroidissement à eau, capac. 7.1 L.

Transmission: (sur roues AV).
Boîte à 5 vit.: I. 3.58; II. 2.04; III. 1.32; IV. 0.95; V. 0.76; AR 3.62; pont 3.84.

Châssis: carrosserie autoporteuse avec cadre auxiliaire AV; AV jambes élast. et leviers triang. transv., barre anti-dévers; AR essieu semi-rigide, bras longitud.; selon modèles barre anti-dévers; AV/AR ressorts hélicoïdaux, amortiss. télesc.

Train roulant: frein, AV à disques, AR à tambours, Ø disques AV 24 cm, ABS s. d., frein à main sur roues AR; direction à crémaillère, s.d. avec servo, réservoir carb. 42 L; pneus 155/70 R 13, 165/70 R 13, 185/55 HR 14; jantes 5 J, 5.5 J.

Dimensions: empatt. 244.5 cm, voie 143/137.5 cm, garde au sol 14 cm, diam. de braq. 10.3 m, coffre 250/930 dm³, longueur 383 cm, largeur 163.5 cm, hauteur 138 cm.

Performances: Vmax (usine) 155 km/h, V à 1000/min en 5. vit. 34.3 km/h; 0–100 km/h 15.9 s; rapp. poids/puiss. 21.1 kg/kW (15.5 kg/ch); consomm. ECE 4.9/6.8/7.6 L/100 km.

1.3 – 50 PS Benzineinspritzung

Wie 1.3 – 60 PS, ausgenommen:

Motor: (ECE), 4 Zyl. in Linie (74×75.5 mm), 1299 cm³; Kompr. 9.5:1; 37 kW (50 PS) bei 4500/min, 28.5 kW/L (38.5 PS/L); 94 Nm (9.6 mkp) bei 2500/min; 95 ROZ.

Motorkonstruktion: Ventile in V; seitl. Nockenwelle (Kette); 5fach gelagerte Kurbelwelle; Öl 3.25 L; elektron. Zentraleinspr. Batterie 43 Ah, Alternator 55 A; Wasserkühlung, Inh. 7.1 L.

Kraftübertragung: (auf Vorderräder).
5-Gang-Getriebe: I. 3.58; II. 2.04; III. 1.32; IV. 0.95; V. 0.76; R 3.62; Achse 3.84.

Fahrleistungen: Vmax (Werk) 143 km/h, 0–100 km/h 19.5 s; Leistungsgew. 25.1 kg/kW (18.6 kg/PS); Verbrauch ECE 4.9/6.8/7.6 L/100 km.

1.3 – 50 ch Injection d'essence

Comme 1.3 – 60 ch, sauf:

Moteur: (ECE), 4 cyl. en ligne (74×75.5 mm), 1299 cm³; compr. 9.5:1; 37 kW (50 ch) à 4500/min, 28.5 kW/L (38.5 ch/L); 94 Nm (9.6 mkp) à 2500/min; 95 (R).

Moteur (constr.): soupapes en V; arbre à cames latéral (chaîne); vilebrequin à 5 paliers; huile 3.25 L; inj. monopoint électron. Batterie 43 Ah, alternateur 55 A; refroidissement à eau, capac. 7.1 L.

Transmission: (sur roues AV).
Boîte à 5 vit.: I. 3.58; II. 2.04; III. 1.32; IV. 0.95; V. 0.76; AR 3.62; pont 3.84.

Performances: Vmax (usine) 143 km/h, 0–100 km/h 19.5 s; rapp. poids/puiss. 25.1 kg/kW (18.6 kg/ch); consomm. ECE 4.9/6.8/7.6 L/100 km.

Ford Fiesta Fun

Ford EU

1.2 16V – 75 PS
Benzineinspritzung

Wie 1.3 – 60 PS, ausgenommen:
Karosserie, Gewicht: (DIN), Limousine, 3/5 Türen; 5 Sitze; leer ab 940 kg, max. zul. 1450 kg.
CVT: leer ab 960 kg, max. zul. 1450 kg.
Motor: (ECE), 4 Zyl. in Linie (71.9×76.5 mm), 1242 cm³, Kompr. 10:1; 55 kW (75 PS) bei 5200/min, 44.3 kW/L (60.2 PS/L); 110 Nm (11.2 mkp) bei 4000/min; 95 ROZ.
Motorkonstruktion: Bezeichnung Zetec-SE; 4 Ventile in V 42°; 2 obenl. Nockenwellen (Zahnriemen); Leichtmetall-Zylinderkopf und -block; 5fach gelagerte Kurbelwelle; Öl 3.4 L; elektron. Einspritzung. Batterie 43 Ah, Alternator 55 A; Wasserkühlung, Inh. 6 L.
Kraftübertragung: (auf Vorderräder). 5-Gang-Getriebe: I. 3.58; II. 2.04; III. 1.32; IV. 0.95; V. 0.76; R 3.62; Achse 4.27.
CVT: stufenlos variabel von 3.84 bis 0.66; R 4.27; Achse 3.84.
Fahrleistungen: Vmax (Werk) 170 km/h, V bei 1000/min im 5. Gang 31.7 km/h; 0–100 km/h 12.7 s; Leistungsgew. 17.1 kg/kW (12.5 kg/PS); Verbrauch ECE 4.8/6.8/7.5 L/100 km.
CVT: Vmax 160 km/h, 0–100 km/h 15.6 s; Verbrauch ECE 5/6.8/8.3 L/100 km.

1.4 16V – 90 PS
Benzineinspritzung

Wie 1.3 – 60 PS, ausgenommen:
Karosserie, Gewicht: (DIN), Limousine, 3/5 Türen; 5 Sitze; leer ab 960 kg, max. zul. 1450 kg.
Motor: (ECE), 4 Zyl. in Linie (76×76.5 mm), 1388 cm³; Kompr. 10.3:1; 66 kW (90 PS) bei 5600/min, 47.5 kW/L (64.6 PS/L); 125 Nm (12.7 mkp) bei 4500/min; 95 ROZ.
Motorkonstruktion: Bezeichnung Zetec-SE; 4 Ventile in V 42°; 2 obenl. Nockenwellen (Zahnriemen); Leichtmetall-Zylinderkopf und -block; 5fach gelagerte Kurbelwelle; Öl 3.4 L; elektron. Einspritzung. Batterie 43 Ah, Alternator 55 A; Wasserkühlung, Inh. 6 L.
Kraftübertragung: (auf Vorderräder). 5-Gang-Getriebe: I. 3.58; II. 2.04; III. 1.32; IV. 0.95; V. 0.76; R 3.62; Achse 4.27.
Fahrleistungen: Vmax (Werk) 180 km/h, V bei 1000/min im 5. Gang 31.6 km/h; 0–100 km/h 10.8 s; Leistungsgew. 15.6 kg/kW (11.4 kg/PS); Verbrauch ECE 5.5/7.2/8.2 L/100 km.

Ford Fiesta Ghia

1.8 – 60 PS
Diesel

Wie 1.3 – 60 PS, ausgenommen:
Karosserie, Gewicht: (DIN), Limousine, 3/5 Türen; 5 Sitze; leer ab 1020 kg, max. zul. 1510 kg.

1.2 16V – 75 ch
Injection d'essence

Comme 1.3 – 60 ch, sauf:
Carrosserie, poids: (DIN), Berline, 3/5 portes; 5 places; vide dès 940 kg, tot. adm. 1450 kg.
CVT: vide dès 960 kg, tot. adm. 1450 kg.
Moteur: (ECE), 4 cyl. en ligne (71.9×76.5 mm), 1242 cm³; compr. 10:1; 55 kW (75 ch) à 5200/min, 44.3 kW/L (60.2 ch/L); 110 Nm (11.2 mkp) à 4000/min; 95 (R).
Moteur (constr.): désignation Zetec-SE; 4 soupapes en V 42°; 2 arbres à cames en tête (courroie crantée); culasse et bloc-cyl. en alliage léger; vilebrequin à 5 paliers; huile 3.4 L; injection électronique. Batterie 43 Ah, alternateur 55 A; refroidissement à eau, capac. 6 L.
Transmission: (sur roues AV). Boîte à 5 vit.: I. 3.58; II. 2.04; III. 1.32; IV. 0.95; V. 0.76; AR 3.62; pont 4.27.
CVT: à variation continue de 3.84 et 0.66; AR 4.27; pont 3.84.
Performances: Vmax (usine) 170 km/h, V à 1000/min en 5. vit. 31.7 km/h; 0–100 km/h 12.7 s; rapp. poids/puiss. 17.1 kg/kW (12.5 kg/ch); consomm. ECE 4.8/6.8/7.5 L/100 km.
CVT: Vmax 160 km/h, 0–100 km/h 15.6 s; consomm. ECE 5/6.8/8.3 L/100 km.

1.4 16V – 90 ch
Injection d'essence

Comme 1.3 – 60 ch, sauf:
Carrosserie, poids: (DIN), Berline, 3/5 portes; 5 places; vide dès 960 kg, tot. adm. 1450 kg.
Moteur: (ECE), 4 cyl. en ligne (76×76.5 mm), 1388 cm³; compr. 10.3:1; 66 kW (90 ch) à 5600/min, 47.5 kW/L (64.6 ch/L); 125 Nm (12.7 mkp) à 4500/min; 95 (R).
Moteur (constr.): désignation Zetec-SE; 4 soupapes en V 42°; 2 arbres à cames en tête (courroie crantée); culasse et bloc-cyl. en alliage léger; vilebrequin à 5 paliers; huile 3.4 L; injection électronique. Batterie 43 Ah, alternateur 55 A; refroidissement à eau, capac. 6 L.
Transmission: (sur roues AV). Boîte à 5 vit.: I. 3.58; II. 2.04; III. 1.32; IV. 0.95; V. 0.76; AR 3.62; pont 4.27.
Performances: Vmax (usine) 180 km/h, V à 1000/min en 5. vit. 31.6 km/h; 0–100 km/h 10.8 s; rapp. poids/puiss. 15.6 kg/kW (11.4 kg/ch); consomm. ECE 5.5/7.2/8.2 L/100 km.

1.8 – 60 ch
diesel

Comme 1.3 – 60 ch, sauf:
Carrosserie, poids: (DIN), Berline, 3/5 portes; 5 places; vide dès 1020 kg, tot. adm. 1510 kg.

Ford Fiesta Fun

Motor: (ECE), 4 Zyl. in Linie (82.5×82 mm), 1753 cm³; Kompr. 21.5:1; 44 kW (60 PS) bei 4800/min, 25.1 kW/L (34.1 PS/L); 105 Nm (10.7 mkp) bei 2500/min; Dieselöl.
Motorkonstruktion: Wirbelkammer-Diesel; 2 Ventile parallel; 1 obenl. Nockenwelle (Zahnräder/Zahnriemen); Grauguss-Zylinderkopf; 5fach gelagerte Kurbelwelle; Öl 4.5 L; Einspritzpumpe. Batterie 63 Ah, Alternator 55 A; Wasserkühlung, Inh. 9.3 L.
Kraftübertragung: (auf Vorderräder). 5-Gang-Getriebe: I. 3.58; II. 1.91; III. 1.28; IV. 0.95; V. 0.76; R 3.62; Achse 3.84.
Fahrwerk: Zahnstangenlenkung mit Servo.
Fahrleistungen: Vmax (Werk) 155 km/h, V bei 1000/min im 5. Gang 34.3 km/h; 0–100 km/h 17.6 s; Leistungsgew. 23.1 kg/kW (16.9 kg/PS); Verbrauch ECE 4.5/6.2/6.4 L/100 km.

Ford Escort

Fahrzeug der unteren Mittelklasse mit Quermotor und Frontantrieb. Debüt Escort September 1980, Orion Juli 1983. August 1990: Modellreihe erneuert. Herbst 1991: RS 2000. Februar 1992 mit 16V-Zetec-Motor. August 1993: RS 2000 4×4 neu. Januar 1995: Restyling, 1.6 auch als 4×4. 1997: Motorenprogramm gestrafft, 4x4 fällt weg.

1.6 16V – 90 PS
Benzineinspritzung

Karosserie, Gewicht: (DIN), Limousine, 3/5 Türen; 5 Sitze; leer ab 1080 kg, max. zul. 1625 kg.
Limousine, 4 Türen, 5 Sitze; leer ab 1105 kg, max. zul. 1650 kg.
Cabriolet, 2 Türen, 4 Sitze; leer ab 1165 kg, max. zul. 1700 kg.
Station Wagon, 5 Türen, 5 Sitze; leer ab 1145 kg, max. zul. 1685 kg.
Motor: (ECE), 4 Zyl. in Linie (76×88 mm), 1597 cm³; Kompr. 10.3:1; 66 kW (90 PS) bei 5500/min, 41.3 kW/L (56.2 PS/L); 130 Nm (13.3 mkp) bei 3000/min; 95 ROZ. oder 65 kW (88 PS).
für CTX-Getriebe: 66 kW (90 PS) bei 5000/min; 136 Nm bei 4000/min.
Motorkonstruktion: Bezeichnung Zetec-E; 4 Ventile in V 40°; 2 obenl. Nockenwellen (Zahnriemen); Leichtmetall-Zylinderkopf; 5fach gelagerte Kurbelwelle; Öl 4.25 L; elektron. Einspritzung. Batterie 43 Ah, Alternator 70 A; Wasserkühlung, Inh. 7 L.
Kraftübertragung: (auf Vorderräder). 5-Gang-Getriebe: I. 3.58; II. 1.91; III. 1.28; IV. 0.95; V. 0.76; R 3.62; Achse 3.82.
CTX: stufenlos variabel von 3.84 bis 0.63; R 5.55; Achse 3.84.

Moteur: (ECE), 4 cyl. en ligne (82.5×82 mm), 1753 cm³; compr. 21.5:1; 44 kW (60 ch) à 4800/min, 25.1 kW/L (34.1 ch/L); 105 Nm (10.7 mkp) à 2500/min; gazole.
Moteur (constr.): diesel à chambre de turbulence; 2 soup. en parallèle; 1 arbre à cames en tête (pignons/courroie crantée); culasse en fonte; vilebrequin à 5 paliers; huile 4.5 L; pompe à injection. Batterie 63 Ah, alternateur 55 A; refroidissement à eau, capac. 9.3 L.
Transmission: (sur roues AV). Boîte à 5 vit.: I. 3.58; II. 1.91; III. 1.28; IV. 0.95; V. 0.76; AR 3.62; pont 3.84.
Train roulant: servodirection à crémaillère.
Performances: Vmax (usine) 155 km/h, V à 1000/min en 5. vit. 34.3 km/h; 0–100 km/h 17.6 s; rapp. poids/puiss. 23.1 kg/kW (16.9 kg/ch); consomm. ECE 4.5/6.2/6.4 L/100 km.

Ford Escort

Voiture de la catégorie moyenne inférieure avec moteur transv. et traction AV. Lancement Escort sept. 1980, Orion juillet 1983. Août 1990: Gamme rajeunie. Automne 1991: RS 2000. Février 1992: moteur Zetec 16 V. Août 1993: RS 2000 4×4. Janvier 1995: Restyling, 1.6 aussi comme 4×4. 1997: gamme moteurs rédimensionée, abandon de la 4×4.

1.6 16V – 90 ch
Injection d'essence

Carrosserie, poids: (DIN), Berline, 3/5 portes; 5 places; vide dès 1080 kg, tot. adm. 1625 kg.
Berline, 4 portes, 5 places; vide dès 1105 kg, tot. adm. 1650 kg.
Cabriolet, 2 portes, 4 places; vide dès 1165 kg, tot. adm. 1700 kg.
Station-wagon, 5 portes, 5 places; vide dès 1145 kg, tot. adm. 1685 kg.
Moteur: (ECE), 4 cyl. en ligne (76×88 mm), 1597 cm³; compr. 10.3:1; 66 kW (90 ch) à 5500/min, 41.3 kW/L (56.2 ch/L); 130 Nm (13.3 mkp) à 3000/min; 95 (R). ou 65 kW (88 ch).
pour boîte CTX: 66 kW (90 ch) à 5000/min; 136 Nm à 4000/min.
Moteur (constr.): désignation Zetec-E; 4 soupapes en V 40°; 2 arbres à cames en tête (courroie crantée); culasse en alliage léger; vilebrequin à 5 paliers; huile 4.25 L; injection électronique. Batterie 43 Ah, alternateur 70 A; refroidissement à eau, capac. 7 L.
Transmission: (sur roues AV). Boîte à 5 vit.: I. 3.58; II. 1.91; III. 1.28; IV. 0.95; V. 0.76; AR 3.62; pont 3.82.
CTX: à variation continue de 3.84 et 0.63; AR 5.55; pont 3.84.

Ford EU

Ford Escort

Fahrgestell: Selbsttragende Karosserie mit vorderem Hilfsrahmen; vorn Federbeine und Dreieckquerlenker, Kurvenstabilisator; hinten Verbundlenkerachse, Längslenker; je nach Modell Kurvenstabilisator; v/h Schraubenfedern, Teleskopdämpfer.

Fahrwerk: Bremse, vorne Scheiben (belüftet), hinten Trommeln, Scheiben-Ø v. 23.9 cm, a.W. ABS, Teves; Handbr. auf Hinterrädern; Zahnstangenl. mit Servo, Treibstofftank 55 L; Reifen 175/70 R 13, 175/65 HR 14, 185/60 HR 14; Felgen 5, 5.5, 6 J.

Dimensionen: Radstand 252.5 cm, Spur 144/146 cm, Wendekreis 10.5 m, Kofferraum 380/1145 dm³, Länge 414 cm, Breite 170 cm, Höhe 140 cm.
Stufenheck: Kofferraum 490 dm³, Länge 429 cm.
Cabrio: Kofferraum 265 dm³, Länge 413.5 cm, Höhe 138 cm.
Wagon: Kofferraum 460/1425 dm³, Länge 430 cm, Höhe 146 cm.

Fahrleistungen: Vmax (Werk) 177 km/h, V bei 1000/min im 5. Gang 36.5 km/h; 0–100 km/h 12.2 s; Leistungsgew. 16.1 kg/kW (11.8 kg/PS); Verbrauch ECE 5.8/6.9/9.5 L/100 km.
CTX: Vmax 173 km/h, 0–100 km/h 14.2 s; Verbrauch ECE 5.8/7.5/10.5 L/100 km.

Châssis: carrosserie autoporteuse avec cadre auxiliaire AV; AV jambes élast. et leviers triang. transv., barre anti-dévers; AR essieu semi-rigide, bras longitud.; selon modèles barre anti-dévers; AV/AR ressorts hélicoïdaux, amortiss. télesc.

Train roulant: frein, AV à disques (ventilés), AR à tambours, Ø disques AV 23.9 cm, ABS s. d., Teves; frein à main sur roues AR; servodirection à crémaillère, réservoir carb. 55 L; pneus 175/70 R 13, 175/65 HR 14, 185/60 HR 14; jantes 5, 5.5, 6 J.

Dimensions: empattement 252.5 cm, voie 144/146 cm, diam. de braq. 10.5 m, coffre 380/1145 dm³, longueur 414 cm, largeur 170 cm, hauteur 140 cm.
Berline, 3 vol.: coffre 490 dm³, longueur 429 cm.
Cabrio: coffre 265 dm³, longueur 413.5 cm, hauteur 138 cm.
Wagon: coffre 460/1425 dm³, longueur 430 cm, hauteur 146 cm.

Performances: Vmax (usine) 177 km/h, V à 1000/min en 5. vit. 36.5 km/h; 0–100 km/h 12.2 s; rapp. poids/puiss. 16.1 kg/kW (11.8 kg/ch); consomm. ECE 5.8/6.9/9.5 L/100 km.
CTX: Vmax 173 km/h, 0–100 km/h 14.2 s; consomm. ECE 5.8/7.5/10.5 L/100 km.

1.3 – 60 PS Benzineinspritzung

Wie 1.6 – 90 PS, ausgenommen:

Karosserie, Gewicht: (DIN) leer ab 1005 kg, max. zul. 1540 kg.

Motor: (ECE), 4 Zyl. in Linie (74×75.5 mm), 1299 cm³; Kompr. 9.5:1; 44 kW (60 PS) bei 5000/min, 33.9 kW/L (46 PS/L); 103 Nm (10.5 mkp) bei 2500/min; 95 ROZ.

Motorkonstruktion: Bezeichnung Endura-E; 2 Ventile in V; seitl. Nockenwelle (Kette); 5fach gelagerte Kurbelwelle; Öl 3.25 L; elektron. Einspritzung.
Batterie 43 Ah, Alternator 55 A; Wasserkühlung, Inh. 7.1 L.

Kraftübertragung: (auf Vorderräder).
5-Gang-Getriebe: I. 3.15; II. 1.91; III. 1.28; IV. 0.95; V. 0.76; R 3.62; Achse 4.27.

Fahrleistungen: Vmax (Werk) 154 km/h, V bei 1000/min im 5. Gang 32.7 km/h; 0–100 km/h 16.8 s; Leist.-gew. 22.5 kg/kW (16.5 kg/PS); Verbr. ECE 5.3/7/7.4 L/100 km.

1.3 – 60 ch Injection d'essence

Comme 1.6 – 90 ch, sauf:

Carrosserie, poids: (DIN) vide dès 1005 kg, tot. adm. 1540 kg.

Moteur: (ECE), 4 cyl. en ligne (74×75.5 mm), 1299 cm³; compr. 9.5:1; 44 kW (60 ch) à 5000/min, 33.9 kW/L (46 ch/L); 103 Nm (10.5 mkp) à 2500/min; 95 (R).

Moteur (constr.): désignation Endura-E; 2 soupapes en V; arbre à cames latéral (chaîne); vilebrequin à 5 paliers; huile 3.25 L; injection électronique.
Batterie 43 Ah, alternateur 55 A; refroidissement à eau, capac. 7.1 L.

Transmission: (sur roues AV).
Boîte à 5 vit.: I. 3.15; II. 1.91; III. 1.28; IV. 0.95; V. 0.76; AR 3.62; pont 4.27.

Performances: Vmax (usine) 154 km/h, V à 1000/min en 5. vit. 32.7 km/h; 0–100 km/h 16.8 s; rapp. poids/puiss. 22.5 kg/kW (16.5 kg/ch); consomm. ECE 5.3/7/7.4 L/100 km.

Ford Escort Cabrio

1.4 – 75 PS Benzineinspritzung

Wie 1.6 – 90 PS, ausgenommen:

Karosserie, Gewicht: (DIN) leer ab 1050 kg, max. zul. 1590 kg.

Motor: (ECE), 4 Zyl. in Linie (77.2×74.3 mm), 1391 cm³; Kompr. 8.5:1; 55 kW (75 PS) bei 5000/min, 39.5 kW/L (53.9 PS/L); 106 Nm (10.8 mkp) bei 2750/min; 95 ROZ.

Motorkonstruktion: Bezeichnung PT-E; 2 Ventile in V; 1 obenl. Nockenwelle (Zahnriemen); Leichtmetall-Zylinderkopf; 5fach gelagerte Kurbelwelle; Öl 3.5 L; elektron. Einspritzung.
Alternator 55 A; Wasserkühlung, Inh. 7.6 L.

Kraftübertragung: (auf Vorderräder).
5-Gang-Getriebe: I. 3.58; II. 2.04; III. 1.32; IV. 0.95; V. 0.76; R 3.62; Achse 4.27.

Fahrleistungen: Vmax (Werk) 169 km/h, V bei 1000/min im 5. Gang 32.7 km/h; 0–100 km/h 14.4 s; Leistungsgew. 18.7 kg/kW (13.7 kg/PS); Verbrauch ECE 6/7.8/10.1 L/100 km.

1.4 – 75 ch Injection d'essence

Comme 1.6 – 90 ch, sauf:

Carrosserie, poids: (DIN) vide dès 1050 kg, tot. adm. 1590 kg.

Moteur: (ECE), 4 cyl. en ligne (77.2×74.3 mm), 1391 cm³; compr. 8.5:1; 55 kW (75 ch) à 5000/min, 39.5 kW/L (53.9 ch/L); 106 Nm (10.8 mkp) à 2750/min; 95 (R).

Moteur (constr.): désignation PT-E; 2 soupapes en V; 1 arbre à cames en tête (courroie crantée); culasse en alliage léger; vilebrequin à 5 paliers; huile 3.5 L; injection électronique.
Altern. 55 A; refroid. à eau, capac. 7.6 L.

Transmission: (sur roues AV).
Boîte à 5 vit.: I. 3.58; II. 2.04; III. 1.32; IV. 0.95; V. 0.76; AR 3.62; pont 4.27.

Performances: Vmax (usine) 169 km/h, V à 1000/min en 5. vit. 32.7 km/h; 0–100 km/h 14.4 s; rapp. poids/puiss. 18.7 kg/kW (13.7 kg/ch); consomm. ECE 6/7.8/10.1 L/100 km.

Ford Escort Wagon

1.8 16V – 116 PS Benzineinspritzung

Wie 1.6 – 90 PS, ausgenommen:

Karosserie, Gewicht: (DIN) leer ab 1105 kg, max. zul. 1650 kg.

Motor: (ECE), 4 Zyl. in Linie (80.6×88 mm), 1796 cm³; Kompr. 9.8:1; 85 kW (116 PS) bei 5750/min, 47.3 kW/L (64.3 PS/L); 160 Nm (16.3 mkp) bei 4500/min; 95 ROZ.

Motorkonstruktion: Bezeichnung Zetec-E; 4 Ventile in V 40°; 2 obenl. Nockenwellen (Zahnriemen); 5fach gelagerte Kurbelwelle; Öl 4.25 L; elektron. Einspritzung.
Batterie 43 Ah, Alternator 70 A; Wasserkühlung, Inh. 7 L.

Kraftübertragung: (auf Vorderräder).
5-Gang-Getriebe: I. 3.15; II. 1.91; III. 1.28; IV. 0.95; V. 0.76; R 3.62; Achse 3.82.

Fahrwerk: ABS.

Fahrleistungen: Vmax (Werk) 196 km/h, V bei 1000/min im 5. Gang 33 km/h; 0–100 km/h 9.9 s; Leistungsgew. 12.5 kg/kW (9.2 kg/PS); Verbr. ECE 5.6/7.2/9.4 L/100 km.

1.8 16V – 116 ch Injection d'essence

Comme 1.6 – 90 ch, sauf:

Carrosserie, poids: (DIN) vide dès 1105 kg, tot. adm. 1650 kg.

Moteur: (ECE), 4 cyl. en ligne (80.6×88 mm), 1796 cm³; compr. 9.8:1; 85 kW (116 ch) à 5750/min, 47.3 kW/L (64.3 ch/L); 160 Nm (16.3 mkp) à 4500/min; 95 (R).

Moteur (constr.): désignation Zetec-E; 4 soupapes en V 40°; 2 arbres à cames en tête (courroie crantée); vilebrequin à 5 paliers; huile 4.25 L; injection électronique.
Batterie 43 Ah, alternateur 70 A; refroidissement à eau, capac. 7 L.

Transmission: (sur roues AV).
Boîte à 5 vit.: I. 3.15; II. 1.91; III. 1.28; IV. 0.95; V. 0.76; AR 3.62; pont 3.82.

Train roulant: ABS.

Performances: Vmax (usine) 196 km/h, V à 1000/min en 5. vit. 33 km/h; 0–100 km/h 9.9 s; rapp. poids/puiss. 12.5 kg/kW (9.2 kg/ch); consomm. ECE 5.6/7.2/9.4 L/100 km.

1.8 – 60 PS Diesel

Wie 1.6 – 90 PS, ausgenommen:

Karosserie, Gewicht: (DIN) leer ab 1095 kg, max. zul. 1635 kg.

Motor: (ECE), 4 Zyl. in Linie (82.5×82 mm), 1753 cm³; Kompr. 21.5:1; 44 kW (60 PS) bei 4800/min, 25.1 kW/L (34.1 PS/L); 110 Nm (11.2 mkp) bei 2500/min; Dieselöl.

1.8 – 60 ch diesel

Comme 1.6 – 90 ch, sauf:

Carrosserie, poids: (DIN) vide dès 1095 kg, tot. adm. 1635 kg.

Moteur: (ECE), 4 cyl. en ligne (82.5×82 mm), 1753 cm³; compr. 21.5:1; 44 kW (60 ch) à 4800/min, 25.1 kW/L (34.1 ch/L); 110 Nm (11.2 mkp) à 2500/min; gazole.

Ford EU

Ford Escort Ghia

Motorkonstruktion: Wirbelkammer-Diesel; 2 Ventile parallel; 1 obenl. Nockenwelle (Zahnräder/Zahnriemen); Grauguss-Zylinderkopf; 5fach gelagerte Kurbelwelle; Öl 4.5 L; Einspritzpumpe.
Batterie 63 Ah, Alternator 55 A; Wasserkühlung, Inh. 9.3 L.
Kraftübertragung: (auf Vorderräder).
5-Gang-Getriebe: I. 3.58; II. 1.91; III. 1.28; IV. 0.95; V. 0.76; R 3.62; Achse 3.82.
Fahrleistungen: Vmax (Werk) 153 km/h, V bei 1000/min im 5. Gang 36.5 km/h; 0–100 km/h 17.7 s; Leistungsgew. 24.6 kg/kW (18 kg/PS); Verbrauch ECE 4.6/6.2/6.8 L/100 km.

1.8 – 90 PS Turbodiesel

Wie 1.6 – 90 PS, ausgenommen:

Karosserie, Gewicht: (DIN) leer ab 1130 kg, max. zul. 1675 kg.
Motor: (ECE), 4 Zyl. in Linie (82.5×82 mm), 1753 cm³; Kompr. 21.5:1; 66 kW (90 PS) bei 4500/min, 37.6 kW/L (51.2 PS/L); 180 Nm (18.3 mkp) bei 2000/min; Dieselöl. Endura-TD: 51 kW (70 PS); 135 Nm.
Motorkonstruktion: Wirbelkammer-Diesel; 2 Ventile parallel; 1 obenl. Nockenwelle (Zahnräder/Zahnriemen); Grauguss-Zylinderkopf; 5fach gelagerte Kurbelwelle; Öl 4.5 L; Einspritzp., 1 Turbolader, Intercooler.
Batterie 68 Ah, Alternator 55 A; Wasserkühlung, Inh. 9.3 L.
Kraftübertragung: (auf Vorderräder).
5-Gang-Getriebe: I. 3.66; II. 2.14; III. 1.45; IV. 1.03; V. 0.77; R 3.62; Achse 3.56.
Fahrleistungen: Vmax (Werk) 172 km/h, V bei 1000/min im 5. Gang 39 km/h; 0–100 km/h 11.5 s; Leistungsgew. 16.9 kg/kW (12.4 kg/PS); Verbrauch ECE 4.8/6.8/7.4 L/100 km.
Endura-TD mit 70 PS: Vmax 163 km/h, 0_100 km/h 15.8 s; 5.1/7.2/7.3 L/100 km.

Ford Mondeo

Nachfolger des Sierra mit Quermotor und Frontantrieb, a.W. Allradantrieb, 16V-Benzinmotoren von 1,6 bis 2 Liter Hubraum sowie 1.8-Turbo-Diesel, 5-Gang-Getriebe oder Automat. Debüt Januar 1993. Juni 1994: Neuer 2.5-V6. August 1996: Restyling.

1.8 16V – 116 PS Benzineinspritzung

Karosserie, Gewicht: (DIN), Limousine, 4/5 Türen; 5 Sitze; leer ab 1220 kg, max. zul. 1780 kg.
Station Wagon, 5 Türen, 5 Sitze; leer ab 1275 kg, max. zul. 1950 kg.

Moteur (constr.): diesel à chambre de turbulence; 2 soup. en parallèle; 1 arbre à cames en tête (pignons/courroie crantée); culasse en fonte; vilebrequin à 5 paliers; huile 4.5 L; pompe à injection.
Batterie 63 Ah, alternateur 55 A; refroidissement à eau, capac. 9.3 L.
Transmission: (sur roues AV).
Boîte à 5 vit.: I. 3.58; II. 1.91; III. 1.28; IV. 0.95; V. 0.76; AR 3.62; pont 3.82.
Performances: Vmax (usine) 153 km/h, V à 1000/min en 5. vit. 36.5 km/h; 0–100 km/h 17.7 s; rapp. poids/puiss. 24.6 kg/kW (18 kg/ch); consomm. ECE 4.6/6.2/6.8 L/100 km.

1.8 – 90 ch turbodiesel

Comme 1.6 – 90 ch, sauf:

Carrosserie, poids: (DIN) vide dès 1130 kg, tot. adm. 1675 kg.
Moteur: (ECE), 4 cyl. en ligne (82.5×82 mm), 1753 cm³; compr. 21.5:1; 66 kW (90 ch) à 4500/min, 37.6 kW/L (51.2 ch/L); 180 Nm (18.3 mkp) à 2000/min; gazole. Endura-TD: 51 kW (70 ch); 135 Nm.
Moteur (constr.): diesel à chambre de turbulence; 2 soup. en parallèle; 1 arbre à cames en tête (pignons/courroie crantée); culasse en fonte; vilebrequin à 5 paliers; huile 4.5 L; pompe à inj., 1 turboc., Intercooler.
Batterie 68 Ah, alternateur 55 A; refroidissement à eau, capac. 9.3 L.
Transmission: (sur roues AV).
Boîte à 5 vit.: I. 3.66; II. 2.14; III. 1.45; IV. 1.03; V. 0.77; AR 3.62; pont 3.56.
Performances: Vmax (usine) 172 km/h, V à 1000/min en 5. vit. 39 km/h; 0–100 km/h 11.5 s; rapp. poids/puiss. 16.9 kg/kW (12.4 kg/ch); consomm. ECE 4.8/6.8/7.4 L/100 km.
Endura-TD avec 70 ch: Vmax 163 km/h, 0_100 km/h 15.8 s; 5.1/7.2/7.3 L/100 km.

Ford Mondeo

Successeur de la Sierra, moteur transv. et traction AV, s.d. sur toutes roues, moteurs à essence 16V de 1,6-2 litres et 1.8 turbodiesel, boîte à 5 vit. ou automatique. Lancement janvier 1993. Juin 1994: Nouveau moteur V6 2.5 litres. Août 1996: restyling.

1.8 16V – 116 ch Injection d'essence

Carrosserie, poids: (DIN), Berline, 4/5 portes; 5 places; vide dès 1220 kg, tot. adm. 1780 kg.
Station-wagon, 5 portes, 5 places; vide dès 1275 kg, tot. adm. 1950 kg.

Motor: (ECE), 4 Zyl. in Linie (80.6×88 mm), 1796 cm³; Kompr. 10:1; 85 kW (116 PS) bei 5750/min, 47.3 kW/L (64.3 PS/L); 158 Nm (16.1 mkp) bei 3750/min; 95 ROZ.
Motorkonstruktion: 4 Ventile in V 40°; 2 obenl. Nockenwellen (Zahnriemen); Leichtmetall-Zylinderkopf; 5fach gelagerte Kurbelwelle; Öl 4.25 L; elektron. Einspritzung, Ford EEC-V.
Batterie 48 Ah, Alternator 90 A; Wasserkühlung, Inh. 6.6 L.
Kraftübertragung: (auf Vorderräder), a.W. Antriebsschlupfregelung.
5-Gang-Getriebe: I. 3.42; II. 2.14; III. 1.45; IV. 1.03; V. 0.77; R 3.46; Achse 3.84, 3.41.
4-Stufen-Automat: I. 2.89; II. 1.57; III. 1; IV. 0.7; R 2.31; Achse 3.92.
Fahrgestell: Selbsttragende Karosserie mit vorderem Hilfsrahmen; vorn Federbeine und Dreieckquerl.; hinten Federbeine, doppelte Querlenker, Längslenker; v/h Kurvenstab., Schraubenfedern, Teleskopdämpfer.
Fahrwerk: Bremse, vorne Scheiben (belüftet), hinten Trommeln, Scheiben-⌀ v. 26 cm, ABS, Teves; Handbremse auf Hinterräder; Zahnstangenlenkung mit Servo, Treibstofftank 61.5 L; Reifen 185/65 HR 14, 195/60 HR 15, 205/55 HR 15; Felgen 5.5 J, 6 J.
Dimensionen: Radstand 270.5 cm, Spur 150.5/148.5 cm, Bodenfreih. 12 cm, Wendekreis 10.9 m, Koffer. 470 dm³ (4 Türen), Kofferraum 460/1290 dm³ (5 Türen), Länge 456 cm, Breite 175 cm, Höhe 142 cm. Wagon: Spur 150.5/150.5 cm, Kofferr. 540/1610 dm³, Länge 467 cm, Höhe 148 cm.
Fahrleistungen: Vmax (Werk) 195 km/h, V bei 1000/min im 5. Gang 35 km/h; 0–100 km/h 10.9 s; Leistungsgew. 14.4 kg/kW (10.6 kg/PS); Verbr. EU 5.8/11.2 L/100 km. *Aut.:* Vmax 179 km/h, 0–100 km/h 13.4 s; Verbr. EU 6.7/12.5 L/100 km.
Wagon: Vmax 190 km/h, 0–100 km/h 11.3 s; Verbr. EU 6.4/11.6 L/100 km. *Aut.:* Vmax 174 km/h, 0–100 km/h 13.9 s; Verbr. EU 7.3/13.1 L/100 km.

1.6 16V – 90 PS Benzineinspritzung

Wie 1.8 – 116 PS, ausgenommen:

Karosserie, Gewicht: (DIN), Limousine; leer ab 1220 kg, max. zul. 1780 kg.
Wagon: leer ab 1275 kg, max. zul. 1950 kg.
Motor: (ECE), 4 Zyl. in Linie (76×88 mm), 1597 cm³; Kompr. 10.3:1; 66 kW (90 PS) bei 5250/min, 41.3 kW/L (56.2 PS/L); 138 Nm (14.1 mkp) bei 3500/min; 95 ROZ. oder 65 kW (88 PS).
Motorkonstruktion: Bezeichnung Zetec-E; 4 Ventile in V 40°; 2 obenl. Nockenwellen (Zahnriemen); Leichtmetall-Zylinderkopf; 5fach gelagerte Kurbelwelle; Öl 4.25 L; elektron. Einspritzung.
Batterie 43 Ah, Alternator 70 A; Wasserkühlung, Inh. 7 L.

Moteur: (ECE), 4 cyl. en ligne (80.6×88 mm), 1796 cm³; compr. 10:1; 85 kW (116 ch) à 5750/min, 47.3 kW/L (64.3 ch/L); 158 Nm (16.1 mkp) à 3750/min; 95 (R).
Moteur (constr.): 4 soupapes en V 40°; 2 arbres à cames en tête (courroie crantée); culasse en alliage léger; vilebrequin à 5 paliers; huile 4.25 L; injection électronique, Ford EEC-V.
Batterie 48 Ah, alternateur 90 A; refroidissement à eau, capac. 6.6 L.
Transmission: (sur roues AV), s.d. dispositif antipatinage.
Boîte à 5 vit.: I. 3.42; II. 2.14; III. 1.45; IV. 1.03; V. 0.77; AR 3.46; pont 3.84, 3.41.
Boîte autom. à 4 vit.: I. 2.89; II. 1.57; III. 1; IV. 0.7; AR 2.31; pont 3.92.
Châssis: carr. autoporteuse avec cadre auxiliaire AV; AV jambes élast. et leviers triang. transv.; AR jambes élast., leviers transv. doubles, bras longitud.; AV/AR barre anti-dévers, ressorts hélic, amortiss. télesc.
Train roulant: frein, AV à disques (ventilés), AR à tambours, ⌀ disques AV 26 cm, ABS, Teves; frein à main sur roues AR; servodirection à crémaillère, réservoir carb. 61.5 L; pneus 185/65 HR 14, 195/60 HR 15, 205/55 HR 15; jantes 5.5 J, 6 J.
Dimensions: empattement 270.5 cm, voie 150.5/148.5 cm, garde au sol 12 cm, diam. de braq. 10.9 m, coffre 470 dm³ (4 portes), coffre 460/1290 dm³ (5 portes), longueur 456 cm, largeur 175 cm, hauteur 142 cm. Wagon: voie 150.5/150.5 cm, coffre 540/1610 dm³, long. 467 cm, hauteur 148 cm.
Performances: Vmax (usine) 195 km/h, V à 1000/min en 5. vit. 35 km/h; 0–100 km/h 10.9 s; rapp. poids/puiss. 14.4 kg/kW (10.6 kg/ch); consomm. EU 5.8/11.2 L/100 km. *Aut.:* Vmax 179 km/h, 0–100 km/h 13.4 s; 6.7/12.5 L/100 km.
Wagon: Vmax 190 km/h, 0–100 km/h 11.3 s; consomm. EU 6.4/11.6 L/100 km. *Aut.:* Vmax 174 km/h, 0–100 km/h 13.9 s; consomm. EU 7.3/13.1 L/100 km.

1.6 16V – 90 ch Injection d'essence

Comme 1.8 – 116 ch, sauf:

Carrosserie, poids: (DIN), Berline; vide dès 1220 kg, tot. adm. 1780 kg.
Wagon: vide 1275 kg, tot. adm. 1950 kg.
Moteur: (ECE), 4 cyl. en ligne (76×88 mm), 1597 cm³; compr. 10.3:1; 66 kW (90 ch) à 5250/min, 41.3 kW/L (56.2 ch/L); 138 Nm (14.1 mkp) à 3500/min; 95 (R). ou 65 kW (88 ch).
Moteur (constr.): désignation Zetec-E; 4 soupapes en V 40°; 2 arbres à cames en tête (courroie crantée); culasse en alliage léger; vilebrequin à 5 paliers; huile 4.25 L; injection électronique.
Batterie 43 Ah, alternateur 70 A; refroidissement à eau, capac. 7 L.

Ford Mondeo

Ford EU

Ford Mondeo

Kraftübertragung: (auf Vorderräder).
5-Gang-Getriebe: I. 3.42; II. 2.14; III. 1.45; IV. 1.03; V. 0.77; R 3.46; Achse 4.06
Economy: I. 3.67; II. 2.05; III. 1.26; IV. 0.86; V. 0.67; R 3.45; Achse 3.84.

Fahrleistungen: Vmax (Werk) 180 km/h, V bei 1000/min im 5. Gang 35 km/h; 0–100 km/h 13.4 s; Leistungsgew. 18.4 kg/kW (13.5 kg/PS); Verbrauch EU 5.8/10.7 L/100 km.
Economy: 0-100 km/h 13,8 s; Verbrauch EU 5,3/10 L/100 km.
Wagon: Vmax 175 km/h, 0–100 km/h 13.9 s; Verbrauch EU 6.4/11 L/100 km.
Economy: 0-100 km/h 14,3 s; Verbrauch EU 5,9/10,4 L/100 km.

Transmission: (sur roues AV).
Boîte à 5 vit.: I. 3.42; II. 2.14; III. 1.45; IV. 1.03; V. 0.77; AR 3.46; pont 4.06
Economy: I. 3.67; II. 2.05; III. 1.26; IV. 0.86; V. 0.67; R 3.45; pont 3.84.

Performances: Vmax (usine) 180 km/h, V à 1000/min en 5. vit. 35 km/h; 0–100 km/h 13.4 s; rapp. poids/puiss. 18.4 kg/kW (13.5 kg/ch); consomm. EU 5.8/10.7 L/100 km.
Economy: 0-100 km/h 13,8 s; consomm. EU 5,3/10 L/100 km.
Wagon: Vmax 175 km/h, 0–100 km/h consomm. EU 13.9 s; 6.4/11 L/100 km.
Economy: 0-100 km/h 14,3 s; consomm. EU 5,9/10,4 L/100 km.

2.0 16V – 131 PS Benzineinspritzung

Wie 1.8 – 116 PS, ausgenommen:

Karosserie, Gewicht: (DIN), Limousine; leer ab 1240 kg, max. zul. 1810 kg.
Wagon: leer ab 1300 kg, max. zul. 1955 kg.

Motor: (ECE), 4 Zyl. in Linie (84.8×88 mm), 1988 cm³; Kompr. 10:1; 96 kW (131 PS) bei 5700/min, 48.3 kW/L (65.7 PS/L); 176 Nm (17.9 mkp) bei 3700/min; 95 ROZ.

Motorkonstruktion: 4 Ventile in V 40°; 2 obenl. Nockenwellen (Zahnriemen); Leichtmetall-Zylinderkopf; 5fach gelagerte Kurbelwelle; Öl 4.25 L; elektron. Einspritzung, Ford EEC-V.
Batterie 48 Ah, Alternator 90 A; Wasserkühlung, Inh. 6.6 L.

Kraftübertragung: (auf Vorderräder).
5-Gang-Getriebe: I. 3.42; II. 2.14; III. 1.45; IV. 1.03; V. 0.77; R 3.46; Achse 3.84.
oder: I. 3.42; II. 2.14; III. 1.48; IV. 1.11; V. 0.85; R 3.46; pont 3.84.
4-Stufen-Automat: I. 2.89; II. 1.57; III. 1; IV. 0.7; R 2.31; Achse 3.92.

Fahrwerk: Vierrad-Scheibenbr. (vorn belüftet), Scheiben-⌀ v. 27.8 cm, h. 25.2 cm.

2.0 16V – 131 ch Injection d'essence

Comme 1.8 – 116 ch, sauf:

Carrosserie, poids: (DIN), Berline; vide dès 1240 kg, tot. adm. 1810 kg.
Wagon: vide 1300 kg, tot. adm. 1955 kg.

Moteur: (ECE), 4 cyl. en ligne (84.8×88 mm), 1988 cm³; compr. 10:1; 96 kW (131 ch) à 5700/min, 48.3 kW/L (65.7 ch/L); 176 Nm (17.9 mkp) à 3700/min; 95 (R).

Moteur (constr.): 4 soupapes en V 40°; 2 arbres à cames en tête (courroie crantée); culasse en alliage léger; vilebrequin à 5 paliers; huile 4.25 L; injection électronique, Ford EEC-V.
Batterie 48 Ah, alternateur 90 A; refroidissement à eau, capac. 6.6 L.

Transmission: (sur roues AV).
Boîte à 5 vit.: I. 3.42; II. 2.14; III. 1.45; IV. 1.03; V. 0.77; AR 3.46; pont 3.84.
ou: I. 3.42; II. 2.14; III. 1.48; IV. 1.11; V. 0.85; R 3.46; pont 3.84.
Boîte autom. à 4 vit.: I. 2.89; II. 1.57; III. 1; IV. 0.7; AR 2.31; pont 3.92.

Train roulant: quatre freins à disques (AV vent.), ⌀ disques AV 27.8 cm, AR 25.2 cm.

Fahrleistungen: Vmax (Werk) 206 km/h, V bei 1000/min im 5. Gang 32 km/h; 0–100 km/h 9.9 s; Leistungsgew. 12.9 kg/kW (9.5 kg/PS); Verbrauch EU 6.1/11.5 L/100 km.
Aut.: Vmax 190 km/h, 0–100 km/h 11.7 s; Verbrauch EU 6.7/12.6 L/100 km.
Wagon: Vmax 199 km/h, 0–100 km/h 10.3 s; Verbrauch EU 6.5/11.7 L/100 km.
Aut.: Vmax 186 km/h, 0–100 km/h 12.2 s; Verbrauch EU 7.3/13.2 L/100 km.

2.5 V6 24V – 170 PS Benzineinspritzung

Wie 1.8 – 116 PS, ausgenommen:

Karosserie, Gewicht: (DIN), Limousine; leer ab 1315 kg, max. zul. 1865 kg.
Wagon: leer ab 1370 kg, max. zul. 2005 kg.

Motor: (ECE), 6 Zyl. in V 60° (82.4×79.5 mm), 2544 cm³; Kompr. 9.7:1; 125 kW (170 PS) bei 6250/min, 49.1 kW/L (66.8 PS/L); 220 Nm (22.4 mkp) bei 4250/min; 95 ROZ.

Motorkonstruktion: 4 Ventile in V 50°; 2×2 obenl. Nockenwellen (Kette); Leichtmetall-Zylinderköpfe und -block; 4fach gelagerte Kurbelwelle; Öl 5.5 L; elektron. Einspr.
Batterie 48 Ah, Alternator 90 A; Wasserkühlung, Inh. 7.5 L.

Kraftübertragung: (auf Vorderräder), Antriebsschlupfregelung.
5-Gang-Getriebe: I. 3.42; II. 2.14; III. 1.45; IV. 1.03; V. 0.77; R 3.46; Achse 3.82; 3.41.
4-Stufen-Automat: I. 2.89; II. 1.57; III. 1; IV. 0.7; R 2.31; Achse 3.77.

2.5 V6 24V – 170 ch Injection d'essence

Comme 1.8 – 116 ch, sauf:

Carrosserie, poids: (DIN), Berline; vide dès 1315 kg, tot. adm. 1865 kg.
Wagon: vide 1370 kg, tot. adm. 2005 kg.

Moteur: (ECE), 6 cyl. en V 60° (82.4×79.5 mm), 2544 cm³; compr. 9.7:1; 125 kW (170 ch) à 6250/min, 49.1 kW/L (66.8 ch/L); 220 Nm (22.4 mkp) à 4250/min; 95 (R).

Moteur (constr.): 4 soupapes en V 50°; 2×2 arbres à cames en tête (chaîne); culasses et bloc-cyl. en alliage léger; vilebrequin à 4 paliers; huile 5.5 L; inj. électr.
Batterie 48 Ah, alternateur 90 A; refroidissement à eau, capac. 7.5 L.

Transmission: (sur roues AV), Dispositif antipatinage.
Boîte à 5 vit.: I. 3.42; II. 2.14; III. 1.45; IV. 1.03; V. 0.77; AR 3.46; pont 3.82; 3.41.
Boîte autom. à 4 vit.: I. 2.89; II. 1.57; III. 1; IV. 0.7; AR 2.31; pont 3.77.

Ford Mondeo Wagon

Fahrwerk: Vierrad-Scheibenbremse (vorn belüftet), Scheiben-⌀ v. 27.8 cm, h. 25.2 cm, Reifen 195/60 VR 15, 205/55 ZR 15, 205/55 ZR 16; Felgen 6 J, 6.5 J.

Fahrleistungen: Vmax (Werk) 224 km/h, V bei 1000/min im 5. Gang 35.5 km/h; 0–100 km/h 8.3 s; Leistungsgew. 10.6 kg/kW (7.8 kg/PS); Verbrauch EU 7.1/13.6 L/100 km.
Aut.: Vmax 210 km/h, 0–100 km/h 10.5 s; Verbrauch EU 7.6/14.5 L/100 km.
Wagon: Vmax 215 km/h, 0–100 km/h 8.6 s; Verbrauch EU 7.4/13.7 L/100 km.
Aut.: Vmax 200 km/h, 0–100 km/h 11 s; Verbrauch EU 7.7/14.7 L/100 km.

Train roulant: quatre freins à disques (AV ventilés), ⌀ disques AV 27.8 cm, AR 25.2 cm, pneus 195/60 VR 15, 205/55 ZR 15, 205/55 ZR 16; jantes 6 J, 6.5 J.

Performances: Vmax (usine) 224 km/h, V à 1000/min en 5. vit. 35.5 km/h; 0–100 km/h 8.3 s; rapp. poids/puiss. 10.6 kg/kW (7.8 kg/ch); consomm. EU 7.1/13.6 L/100 km.
Aut.: Vmax 210 km/h, 0–100 km/h 10.5 s; consomm. EU 7.6/14.5 L/100 km.
Wagon: Vmax 215 km/h, 0–100 km/h 8.6 s; consomm. EU 7.4/13.7 L/100 km.
Aut.: Vmax 200 km/h, 0–100 km/h 11 s; consomm. EU 7.7/14.7 L/100 km.

1.8 – 90 PS Turbodiesel

Wie 1.8 – 116 PS, ausgenommen:

Karosserie, Gewicht: (DIN), Limousine; leer ab 1285 kg, max. zul. 1855 kg.
Wagon: leer ab 1340 kg, max. zul. 2010 kg.

Motor: (ECE), 4 Zyl. in Linie (82.5×82 mm), 1753 cm³; Kompr. 21.5:1; 66 kW (90 PS) bei 4500/min, 37.6 kW/L (51.2 PS/L); 180 Nm (18.3 mkp) bei 2200/min; Dieselöl.

1.8 – 90 ch turbodiesel

Comme 1.8 – 116 ch, sauf:

Carrosserie, poids: (DIN), Berline; vide dès 1285 kg, tot. adm. 1855 kg.
Wagon: vide 1340 kg, tot. adm. 2010 kg.

Moteur: (ECE), 4 cyl. en ligne (82.5×82 mm), 1753 cm³; compr. 21.5:1; 66 kW (90 ch) à 4500/min, 37.6 kW/L (51.2 ch/L); 180 Nm (18.3 mkp) à 2200/min; gazole.

Ford Mondeo

Ford EU

Motorkonstruktion: Wirbelkammer-Diesel; 2 Ventile; 1 obenl. Nockenwelle (Zahnräder/Zahnr.); Grauguss-Zylinderkopf; 5fach gelagerte Kurbelwelle; Öl 5 L; Einspritzp., 1 Turbolader, Garrett AiResearch, Intercooler. Batterie 68 Ah, Alternator 95 A; Wasserk.

Kraftübertragung: (auf Vorderräder). 5-Gang-Getriebe: I. 3.66; II. 2.05; III. 1.26; IV. 0.86; V. 0.67; R 3.45; Achse 4.06.

Fahrleistungen: Vmax (Werk) 180 km/h, V bei 1000/min im 5. Gang 39.8 km/h; 0–100 km/h 13.2 s; Leistungsgew. 19.8 kg/kW (14.6 kg/PS); Verbr. EU 4.8/8.9 L/100 km. Wagon: Vmax 176 km/h, 0–100 km/h 13.6 s; Verbr. EU 5.2/9.2 L/100 km.

Moteur (constr.): diesel à chambre de turb.; 2 soup.; 1 arbre à cames en tête (pignons/courroie crantée); culasse en fonte; vilebr. à 5 paliers; huile 5 L; pompe à inj., 1 turbocompr., Garrett AiResearch, Interc. Batterie 68 Ah, altern. 95 A; refroid. à eau.

Transmission: (sur roues AV). Boîte à 5 vit.: I. 3.66; II. 2.05; III. 1.26; IV. 0.86; V. 0.67; AR 3.45; pont 4.06.

Performances: Vmax (usine) 180 km/h, V à 1000/min en 5. vit. 39.8 km/h; 0–100 km/h 13.2 s; rapp. poids/ch. 19.8 kg/kW (14.6 kg/ch); consomm. EU 4.8/8.9 L/100 km. Wagon: Vmax 176 km/h, 0–100 km/h 13.6 s; consomm. EU 5.2/9.2 L/100 km.

Ford Scorpio

Reiselimousine, Motor vorn, Antrieb hinten. Debüt (mit Heckklappe) März 1985, Herbst 1985 4×4, Diesel (Peugeot) Januar 1986. Für 1987: 2.4- und 2.9-V6. Jan. 1990 Stufenheck-Limousine. Jan. 1991: 2.9-24V mit 195 PS. Herbst/Winter 1991/92: Kombi. Herbst 1993: 24V-Kombi. Sept. 1994: Restyling, 2.0-16V neu. Juli 1996: 2.3-16V; Diesel mit mehr Leistung.

Voiture de tourisme, moteur avant, traction arrière. Lancement (avec hayon AR) mars 1985, 4×4 automne 1985; diesel (Peugeot) janvier 1986. Pour 1987: V6 2.4 et 2.9. Jan. 1990: trois volumes. Jan. 1991: 2.9-24V/195 ch. Automne/hiver 1991/92: Break. Automne 1993: Break Sept. 1994: Restyling, 2.0-16V. Juillet 1996: 2,3-16V; Diesel: puissance accrue.

2.0 – 116 PS Benzineinspritzung

Karosserie, Gewicht: (DIN), Lim., 4 Türen, 5 Sitze; leer ab 1435 kg, max. zul. 2035 kg. Station Wagon, 5 Türen, 5 Sitze; leer ab 1485 kg, max. zul. 2125 kg.

Motor: (ECE), 4 Zyl. in Linie (86×86 mm), 1998 cm³; Kompr. 9.8:1; 85 kW (116 PS) bei 5500/min, 42.5 kW/L (57.8 PS/L); 167 Nm (17 mkp) bei 2500/min; 95 ROZ.

Motorkonstruktion: 2 Ventile in V 40°; 2 obenl. Nockenwellen (Kette); Leichtmetall-Zylinderkopf; 5fach gelagerte Kurbelwelle; Öl 4.5 L; elektron. Einspritzung. Batterie 58 Ah, Alternator 90 A; Wasserkühlung, Inh. 7.3 L.

Kraftübertragung: (auf Hinterräder). 5-Gang-Getriebe: I. 3.89; II. 2.08; III. 1.34; IV. 1; V. 0.82; R 3.51; Achse 4.09.

2.0 – 116 ch Injection d'essence

Carrosserie, poids: (DIN), Berl., 4 portes, 5 pl.; vide dès 1435 kg, tot. adm. 2035 kg. Station-wagon, 5 portes, 5 places; vide dès 1485 kg, tot. adm. 2125 kg.

Moteur: (ECE), 4 cyl. en ligne (86×86 mm), 1998 cm³; compr. 9.8:1; 85 kW (116 ch) à 5500/min, 42.5 kW/L (57.8 ch/L); 167 Nm (17 mkp) à 2500/min; 95 R.

Moteur (constr.): 2 soupapes en V 40°; 2 arbres à cames en tête (chaîne); culasse en alliage léger; vilebrequin à 5 paliers; huile 4.5 L; injection électronique. Batterie 58 Ah, alternateur 90 A; refroidissement à eau, capac. 7.3 L.

Transmission: (sur roues AR). Boîte à 5 vit.: I. 3.89; II. 2.08; III. 1.34; IV. 1; V. 0.82; AR 3.51; pont 4.09.

Ford Scorpio

Fahrgestell: Selbsttragende Karosserie mit Hilfsrahmen; vorn Federbeine und Dreieckquerlenker; hinten Schräglenker; v/h Kurvenstab., Schraubenfedern, Teleskopdämpfer, hinten a.W. Niveauregulierung.

Fahrwerk: Vierrad-Scheibenbremse (vorn belüftet), Scheiben-⌀ v. 26 cm, h. 25.3 cm, ABS, Teves; Handbremse auf Hinterräder; Zahnstangenlenkung mit Servo, Treibstofftank 70 L; Reifen 195/65 HR 15, 205/60 VR 15, 215/60 VR 15; Felgen 6 J, 6.5 J.

Dimensionen: Radstand 277 cm, Spur 148/149.5 cm, Bodenfreih. 12 cm, Wendekreis 10.4 m, Kofferraum 465 dm³, Länge 482.5 cm, Breite 176 cm, Höhe 140 cm. Wagon: Kofferraum 550/1600 dm³, Höhe 144 cm.

Châssis: carrosserie autoporteuse avec faux-châssis; AV jambes élast. et leviers triang. transv.; AR triangles obliques; AV/AR barre anti-dévers, ressorts hélic., amortiss. télesc., AR s.d. réglage du niveau.

Train roulant: quatre freins à disques (AV ventilés), ⌀ disques AV 26 cm, AR 25.3 cm, ABS, Teves; frein à main sur roues AR; servodirection à crémaillère, réservoir carb. 70 L; pneus 195/65 HR 15, 205/60 VR 15, 215/60 VR 15; jantes 6 J, 6.5 J.

Dimensions: empattement 277 cm, voie 148/149.5 cm, garde au sol 12 cm, diam. de braq. 10.4 m, coffre 465 dm³, longueur 482.5 cm, largeur 176 cm, hauteur 140 cm. Wagon: coffre 550/1600 dm³, hauteur 144 cm.

Fahrleistungen: Vmax (Werk) 193 km/h, V bei 1000/min im 5. Gang 34.4 km/h; 0–100 km/h 12.8 s; Leistungsgew. 16.9 kg/kW (12.4 kg/PS); Verbrauch ECE 6.5/8/11.4 L/100 km. Wagon: Vmax 187 km/h, 0–100 km/h 13.2 s; Verbr. ECE 6.6/8.1/11.6 L/100 km.

2.3 16V – 147 PS Benzineinspritzung

Wie 2.0 – 116 PS, ausgenommen:

Karosserie, Gewicht: (DIN), Limousine; leer ab 1440 kg, max. zul. 2035 kg. Wagon: leer ab 1495 kg, max. zul. 2125 kg.

Motor: (ECE), 4 Zyl. in Linie (89.6×91 mm), 2295 cm³; Kompr. 10:1; 108 kW (147 PS) bei 5600/min, 47 kW/L (64 PS/L); 202 Nm (20.6 mkp) bei 4500/min; 95 ROZ.

Motorkonstruktion: 4 Ventile in V 40°; 2 obenl. Nockenwellen (Zahnriemen); Leichtmetall-Zylinderkopf; 5fach gelagerte Kurbelwelle; Öl 4.25 L; elektron. Einspr., Ford EEC-V, 2 Schwingungsausgleichswellen. Batterie 58 Ah, Alternator 90 A; Wasserkühlung, Inh. 6.6 L.

Performances: Vmax (usine) 193 km/h, V à 1000/min en 5. vit. 34.4 km/h; 0–100 km/h 12.8 s; rapp. poids/puiss. 16.9 kg/kW (12.4 kg/ch); consom. ECE 6.5/8/11.4 L/100 km. Wagon: Vmax 187 km/h, 0–100 km/h 13.2 s; cons. ECE 6.6/8.1/11.6 L/100 km.

2.3 16V – 147 ch Injection d'essence

Comme 2.0 – 116 ch, sauf:

Carrosserie, poids: (DIN), Berline; vide dès 1440 kg, tot. adm. 2035 kg. Wagon: vide 1495 kg, tot. adm. 2125 kg.

Moteur: (ECE), 4 cyl. en ligne (89.6×91 mm), 2295 cm³; compr. 10:1; 108 kW (147 ch) à 5600/min, 47 kW/L (64 ch/L); 202 Nm (20.6 mkp) à 4500/min; 95 (R).

Moteur (constr.): 4 soupapes en V 40°; 2 arbres à cames en tête (courroie crantée); culasse en alliage léger; vilebrequin à 5 paliers; huile 4.25 L; inj. électronique, Ford EEC-V, 2 arbres antivibrations. Batterie 58 Ah, alternateur 90 A; refroidissement à eau, capac. 6.6 L.

Ford Scorpio Wagon

Kraftübertragung: (auf Hinterräder), a.W. Antriebsschlupfregelung. 5-Gang-Getriebe: I. 3.61; II. 2.08; III. 1.44; IV. 1; V. 0.82; R 3.26; Achse 3.91. 4-Stufen-Automat: I. 2.47; II. 1.47; III. 1; IV. 0.75; R 2.1; Achse 3.91.

Fahrleistungen: Vmax (Werk) 210 km/h, V bei 1000/min im 5. Gang 36 km/h; 0–100 km/h 9.8 s; Leistungsgew. 13.3 kg/kW (9.8 kg/PS); Verbrauch EU 7.7/12.9 L/100 km. Wagon: Vmax 208 km/h, 0–100 km/h 10.1 s; Verbrauch EU 7.8/13 L/100 km. Aut.: Vmax 204 km/h, 0–100 km/h 11.2 s; Verbrauch EU 8.3/14.4 L/100 km.

Transmission: (sur roues AR), s.d. dispositif antipatinage. Boîte à 5 vit.: I. 3.61; II. 2.08; III. 1.44; IV. 1; V. 0.82; AR 3.26; pont 3.91. Boîte autom. à 4 vit.: I. 2.47; II. 1.47; III. 1; IV. 0.75; AR 2.1; pont 3.91.

Performances: Vmax (usine) 210 km/h, V à 1000/min en 5. vit. 36 km/h; 0–100 km/h 9.8 s; rapp. poids/puiss. 13.3 kg/kW (9.8 kg/ch); consomm. EU 7.7/12.9 L/100 km. Wagon: Vmax 208 km/h, 0–100 km/h 10.1 s; consomm. EU 7.8/13 L/100 km. Aut.: Vmax 204 km/h, 0–100 km/h 11.2 s; consomm. EU 8.3/14.4 L/100 km.

2.9 V6 24V – 207 PS Benzineinspritzung

Wie 2.0 – 116 PS, ausgenommen:

Karosserie, Gewicht: (DIN), Limousine; leer ab 1560 kg, max. zul. 2125 kg. Wagon: leer ab 1605 kg, max. zul. 2200 kg.

Motor: (ECE), 6 Zyl. in V 60° (93×72 mm), 2935 cm³; Kompr. 9.7:1; 152 kW (207 PS) bei 6000/min, 51.8 kW/L (70.4 PS/L); 281 Nm (28.6 mkp) bei 4200/min; 95 ROZ.

Motorkonstruktion: 4 Ventile in V 31.5°; 2×2 obenl. Nockenwellen (Kette); Leichtmetall-Zylinderköpfe; 4fach gelagerte Kurbelwelle; Ölkühler; Öl 5 L; elektron. Einspritzung, Bosch LH-Jetronic. Batterie 58 Ah, Alternator 90 A; Wasserkühlung, Inh. 8.5 L.

Kraftübertragung: (auf Hinterräder), Antriebsschlupfregelung. 4-Stufen-Automat: I. 2.47; II. 1.47; III. 1; IV. 0.75; R 2.1; Achse 3.64.

Fahrwerk: Vierrad-Scheibenbremse (v/h belüftet), Scheiben-⌀ v. 27.8 cm, h. 27.3 cm, Reifen 205/65 R 16, 225/50 ZR 16, 225/45 ZR 17.

2.9 V6 24V – 207 ch Injection d'essence

Comme 2.0 – 116 ch, sauf:

Carrosserie, poids: (DIN), Berline; vide dès 1560 kg, tot. adm. 2125 kg. Wagon: vide 1605 kg, tot. adm. 2200 kg.

Moteur: (ECE), 6 cyl. en V 60° (93×72 mm), 2935 cm³; compr. 9.7:1; 152 kW (207 ch) à 6000/min, 51.8 kW/L (70.4 ch/L); 281 Nm (28.6 mkp) à 4200/min; 95 (R).

Moteur (constr.): 4 soupapes en V 31.5°; 2×2 arbres à cames en tête (chaîne); culasses en alliage léger; vilebrequin à 4 paliers; radiat. d'huile; huile 5 L; injection électronique, Bosch LH-Jetronic. Batterie 58 Ah, alternateur 90 A; refroidissement à eau, capac. 8.5 L.

Transmission: (sur roues AR), Dispositif antipatinage. Boîte autom. à 4 vit.: I. 2.47; II. 1.47; III. 1; IV. 0.75; AR 2.1; pont 3.64.

Train roulant: quatre freins à disques (AV/AR ventilés), ⌀ disques AV 27.8 cm, AR 27.3 cm, pneus 205/65 R 16, 225/50 ZR 16, 225/45 ZR 17.

Ford EU

Ford Scorpio

Fahrleistungen: Vmax (Werk) 225 km/h, V bei 1000/min im 4. Gang 41 km/h; 0–100 km/h 9 s; Leistungsgew. 10.2 kg/kW (7.5 kg/PS); Verbr. ECE 8.2/9.9/14.5 L/100 km. Wagon: Vmax 215 km/h, 0–100 km/h 9.2 s.

Performances: Vmax (usine) 225 km/h, V à 1000/min en 4. vit. 41 km/h; 0–100 km/h 9 s; rapp. poids/puiss. 10.2 kg/kW (7.5 kg/ch); consomm. ECE 8.2/9.9/14.5 L/100 km. Wagon: Vmax 215 km/h, 0–100 km/h 9.2 s.

2.5 – 125 PS Turbodiesel

Wie 2.0 – 116 PS, ausgenommen:

Karosserie, Gewicht: (DIN), Limousine; leer ab 1545 kg, max. zul. 2125 kg. Wagon: leer ab 1595 kg, max. zul. 2200 kg.

Motor: (ECE), 4 Zyl. in Linie (92×94 mm), 2500 cm³; Kompr. 21.5:1; 92 kW (125 PS) bei 4200/min, 36.8 kW/L (50 PS/L); 293 Nm (29.9 mkp) bei 2000/min; Dieselöl.

Motorkonstruktion: Bezeichnung VM; 2 Ventile parallel; 1 obenl. Nockenwelle (Kette); Leichtmetall-Zylinderkopf; 5fach gelagerte Kurbelwelle; Öl 6.6 L; Einspritzpumpe, Bosch, 1 Turbolader, Intercooler. Batterie 68 Ah, Alternator 90 A; Wasserkühlung, Inh. 7 L.

Kraftübertragung: (auf Hinterräder). 5-Gang-Getriebe: I. 3.61; II. 2.08; III. 1.36; IV. 1; V. 0.76; R 3.26; Achse 3.36.

Fahrleistungen: Vmax (Werk) 198 km/h, V bei 1000/min im 5. Gang 45.2 km/h; 0–100 km/h 11.1 s; Leistungsgew. 16.8 kg/kW (12.4 kg/PS); Verbr. EU 6.6/11.2 L/100 km. Wagon: 0–100 km/h 11.3 s; Verbrauch EU 6.8/11.3 L/100 km.

2.5 – 125 ch turbodiesel

Comme 2.0 – 116 ch, sauf:

Carrosserie, poids: (DIN), Berline; vide dès 1545 kg, tot. adm. 2125 kg. Wagon: vide 1595 kg, tot. adm. 2200 kg.

Moteur: (ECE), 4 cyl. en ligne (92×94 mm), 2500 cm³; compr. 21.5:1; 92 kW (125 ch) à 4200/min, 36.8 kW/L (50 ch/L); 293 Nm (29.9 mkp) à 2000/min; gazole.

Moteur (constr.): désignation VM; 2 soup. en parallèle; 1 arbre à cames en tête (chaîne); culasse en alliage léger; vilebrequin à 5 paliers; huile 6.6 L; pompe à injection, Bosch, 1 turbocompr., Intercooler. Batterie 68 Ah, alternateur 90 A; refroidissement à eau, capac. 7 L.

Transmission: (sur roues AR). Boîte à 5 vit.: I. 3.61; II. 2.08; III. 1.36; IV. 1; V. 0.76; AR 3.26; pont 3.36.

Performances: Vmax (usine) 198 km/h, V à 1000/min en 5. vit. 45.2 km/h; 0–100 km/h 11.1 s; rapp. poids/puiss. 16.8 kg/kW (12.4 kg/ch); consomm. EU 6.6/11.2 L/100 km. Wagon: 0–100 km/h 11.3 s; consomm. EU 6.8/11.3 L/100 km.

Ford Galaxy

Minivan in Kooperation mit Volkswagen, 5türig, 5 bis 8 Sitze, Frontantrieb, Motoren 2.0 DOHC, 2.8 V6 oder 1.9 TDI, Fünfganggetriebe oder Automat. Debüt Februar 1995. Sept. 1996: 2.8/V6 4×4. Genf 1997: 2,3-16V.

Minivan en collaboration avec Volkswagen; 5 portes, 5 à 8 places, traction AV, moteurs 2.0 DOHC, 2.8 V8 ou 1.9 TDI, boîte à 5 vitesses ou automatique. Lancement février 1995. Sept. 1996: 2.8/V6 4×4. Genève 1997: 2,3-16V.

2.0 – 116 PS Benzineinspritzung

Karosserie, Gewicht: (DIN), Minivan, 5 Türen, 5 - 8 Sitze; leer ab 1560 kg, max. zul. 2350 kg.

Motor: (ECE), 4 Zyl. in Linie (86×86 mm), 1998 cm³; Kompr. 9.8:1; 85 kW (116 PS) bei 5500/min, 42.5 kW/L (57.8 PS/L); 170 Nm (17.3 mkp) bei 2300/min; 95 ROZ.

Motorkonstruktion: 2 Ventile in V 40°; 2 obenl. Nockenwellen (Kette); Leichtmetall-Zylinderkopf; 5fach gelagerte Kurbelwelle; Öl 4.5 L; elektron. Einspr., Ford EEC-V. Batterie 44 Ah, Alternator 70 A; Wasserkühlung, Inh. 7.3 L.

Kraftübertragung: (auf Vorderräder). 5-Gang-Getriebe: I. 3.58; II. 2.05; III. 1.34; IV. 0.97; V. 0.8; R 3.46; Achse 4.53. 4-Stufen-Automat: I. 2.71; II. 1.55; III. 1; IV. 0.68; R 2.11; Achse 4.24.

2.0 – 116 ch Injection d'essence

Carrosserie, poids: (DIN), Minivan, 5 portes, 5 - 8 places; vide dès 1560 kg, tot. adm. 2350 kg.

Moteur: (ECE), 4 cyl. en ligne (86×86 mm), 1998 cm³; compr. 9.8:1; 85 kW (116 ch) à 5500/min, 42.5 kW/L (57.8 PS/L); 170 Nm (17.3 mkp) à 2300/min; 95 (R).

Moteur (constr.): 2 soupapes en V 40°; 2 arbres à cames en tête (chaîne); culasse en alliage léger; vilebrequin à 5 paliers; huile 4.5 L; injection électronique, Ford EEC-V. Batterie 44 Ah, alternateur 70 A; refroidissement à eau, capac. 7.3 L.

Transmission: (sur roues AV). Boîte à 5 vit.: I. 3.58; II. 2.05; III. 1.34; IV. 0.97; V. 0.8; AR 3.46; pont 4.53. Boîte autom. à 4 vit.: I. 2.71; II. 1.55; III. 1; IV. 0.68; R 2.11; pont 4.24.

Fahrgestell: Selbsttragende Karosserie mit hinterem Hilfsrahmen; vorn hinten Schräglenker; v/h Kurvenstabilisator, Schraubenfedern, Teleskopdämpfer.

Fahrwerk: Vierrad-Scheibenbremse (vorn belüftet), Scheiben-⌀ v. 28 cm, h. 28 cm, ABS, Handbremse auf Hinterräder; Zahnstangenlenkung mit Servo, Treibstofftank 70 L; Reifen 195/65 R 15, 215/60 HR 15, Felgen 6 J, 7 J.

Dimensionen: Radst. 283.5 cm, Spur 153/152 cm, Bodenfreih. 15 cm, Wendekreis 11.7 m, Kofferraum 265/2610 dm³, Länge 461.5 cm, Breite 181 cm, Höhe 173 cm.

Fahrleistungen: Vmax (Werk) 177 km/h, V bei 1000/min im 5. Gang 31.8 km/h; 0–100 km/h 13.1 s; Leistungsgew. 17.5 kg/kW (12.8 kg/PS); Verbr. EU 8.1/14.3 L/100 km. Aut.: Vmax 172 km/h, 0–100 km/h 15 s; Verbrauch ECE 7.7/9.7/12.7 L/100 km.

2.3 16V – 145 PS Benzineinspritzung

Wie 2.0 – 116 PS, ausgenommen:

Karosserie, Gewicht: (DIN), Minivan; leer ab 1565 kg, max. zul. 2400 kg.

Motor: (ECE), 4 Zyl. in Linie (89.6×91 mm), 2295 cm³; Kompr. 10:1; 107 kW (145 PS) bei 5500/min, 46.6 kW/L (63.4 PS/L); 203 Nm (20.7 mkp) bei 2500/min; 95 ROZ.

Motorkonstruktion: 4 Ventile in V 40°; 2 obenl. Nockenwellen (Zahnriemen); Leichtmetall-Zylinderkopf; 5fach gelagerte Kurbelwelle; Öl 4.25 L; elektron. Einspr., Ford EEC-V, 2 Schwingungsausgleichswellen. Batterie 58 Ah, Alternator 90 A; Wasserkühlung, Inh. 8.2 L.

Kraftübertragung: (auf Vorderräder). 5-Gang-Getriebe: I. 3.58; II. 2.05; III. 1.34; IV. 0.97; V. 0.8; R 3.46; Achse 4.53. 4-Stufen-Automat: I. 2.71; II. 1.44; III. 1; IV. 0.74; R 2.88; Achse 4.24.

Fahrleistungen: Vmax (Werk) 192 km/h, V bei 1000/min im 5. Gang 33.8 km/h; 0–100 km/h 10.7 s; Leistungsgew. 14.6 kg/kW (10.8 kg/PS); Verbr. EU 7.8/14 L/100 km. Aut.: Vmax 187 km/h, 0–100 km/h 11.9 s; Verbr. EU 8.6/15.1 L/100 km.

Châssis: carrosserie autoporteuse avec cadre auxiliaire AR; AV AR triangles obliques; AV/AR barre anti-dévers, ressorts hélic, amortiss. télesc.

Train roulant: quatre freins à disques (AV ventilés), ⌀ disques AV 28 cm, AR 28 cm, ABS, frein à main sur roues AR; servodirection à crémaillère, réservoir carb. 70 L; pneus 195/65 R 15, 215/60 HR 15, jantes 6 J, 7 J.

Dimensions: empatt. 283.5 cm, voie 153/152 cm, garde au sol 15 cm, diam. de braq. 11.7 m, coffre 265/2610 dm³, longueur 461.5 cm, largeur 181 cm, hauteur 173 cm.

Performances: Vmax (usine) 177 km/h, V à 1000/min en 5. vit. 31.8 km/h; 0–100 km/h 13.1 s; rapp. poids/puiss. 17.5 kg/kW (12.8 kg/ch); consomm. EU 8.1/14.3 L/100 km. Aut.: Vmax 172 km/h, 0–100 km/h 15 s; consomm. ECE 7.7/9.7/12.7 L/100 km.

2.3 16V – 145 ch Injection d'essence

Comme 2.0 – 116 ch, sauf:

Carrosserie, poids: (DIN), Minivan; vide dès 1565 kg, tot. adm. 2400 kg.

Moteur: (ECE), 4 cyl. en ligne (89.6×91 mm), 2295 cm³; compr. 10:1; 107 kW (145 ch) à 5500/min, 46.6 kW/L (63.4 ch/L); 203 Nm (20.7 mkp) à 2500/min; 95 (R).

Moteur (constr.): 4 soupapes en V 40°; 2 arbres à cames en tête (courroie crantée); culasse en alliage léger; vilebrequin à 5 paliers; huile 4.25 L; inj. électronique, Ford EEC-V, 2 arbres antivibrations. Batterie 58 Ah, alternateur 90 A; refroidissement à eau, capac. 8.2 L.

Transmission: (sur roues AV). Boîte à 5 vit.: I. 3.58; II. 2.05; III. 1.34; IV. 0.97; V. 0.8; AR 3.46; pont 4.53. Boîte autom. à 4 vit.: I. 2.71; II. 1.44; III. 1; IV. 0.74; AR 2.88; pont 4.24.

Performances: Vmax (usine) 192 km/h, V à 1000/min en 5. vit. 33.8 km/h; 0–100 km/h 10.7 s; rapp. poids/puiss. 14.6 kg/kW (10.8 kg/ch); consomm. EU 7.8/14 L/100 km. Aut.: Vmax 187 km/h, 0–100 km/h 11.9 s; consomm. EU 8.6/15.1 L/100 km.

Ford Galaxy

2.8 – 174 PS Benzineinspritzung

Wie 2.0 – 116 PS, ausgenommen:

Karosserie, Gewicht: (DIN), Minivan; leer ab 1710 kg, max. zul. 2440 kg. *4 WD/Aut.:* leer ab 1840 kg, max. zul. 2500 kg.

Motor: (ECE), 6 Zyl. VR (15°) (81×90.3 mm), 2792 cm³; Kompr. 10:1; 128 kW (174 PS) bei 5800/min, 45.8 kW/L (62.3 PS/L); 235 Nm (24 mkp) bei 4200/min; 95 ROZ.

2.8 – 174 ch Injection d'essence

Comme 2.0 – 116 ch, sauf:

Carrosserie, poids: (DIN), Minivan; vide dès 1710 kg, tot. adm. 2440 kg. *4 WD/Aut.:* vide dès 1840 kg, tot. adm. 2500 kg.

Moteur: (ECE), 6 cyl. VR (15°) (81×90.3 mm), 2792 cm³; compr. 10:1; 128 kW (174 ch) à 5800/min, 45.8 kW/L (62.3 ch/L); 235 Nm (24 mkp) à 4200/min; 95 (R).

Ford EU

Motorkonstruktion: versetzter Reihensechszylinder; 2 obenl. Nockenwellen (Kette); Leichtmetall-Zylinderkopf; 7fach gelagerte Kurbelwelle; Öl 5.5 L; elektron. Einspritzung, Bosch Motronic, 2.7.
Batterie 44 Ah, Alternator 70 A; Wasserkühlung, Inh. 10.8 L.

Kraftübertragung: (auf Vorderräder).
4 WD/Aut.: zentrales Diff. mit Viskokuppl.
5-Gang-Getriebe: I. 3.58; II. 2.05; III. 1.34; IV. 0.97; V. 0.8; R 3.46; Achse 4.06.
4-Stufen-Automat: I. 2.71; II. 1.44; III. 1; IV. 0.74; R 2.88; Achse 3.94.

Fahrwerk: Vierrad-Scheibenbremse (vorn belüftet), Scheiben-⌀ v. 28.8 cm, ABS.

Fahrleistungen: Vmax (Werk) 199 km/h, V bei 1000/min im 5. Gang 35.1 km/h; 0–100 km/h 10.5 s; Leistungsgew. 13.4 kg/PS (9.8 kg/PS); Verbrauch EU 9/16.7 L/100 km.
Aut.: Vmax 195 km/h, 0–100 km/h 11 s; Verbrauch EU 9.9/17.8 L/100 km.
4 WD/Aut.: Vmax 193 km/h, 0–100 km/h 11.6 s; Verbrauch EU 10.8/18.8 L/100 km.

Moteur (constr.): six cylindres quinconce; 2 arbres à cames en tête (chaîne); culasse en alliage léger; vilebrequin à 7 paliers; huile 5.5 L; injection électronique, Bosch Motronic, 2.7.
Batterie 44 Ah, alternateur 70 A; refroidissement à eau, capac. 10.8 L.

Transmission: (sur roues AV).
4 WD/Aut.: diff. central avec visco-coupleur.
Boîte à 5 vit.: I. 3.58; II. 2.05; III. 1.34; IV. 0.97; V. 0.8; AR 3.46; pont 4.06.
Boîte autom. à 4 vit.: I. 2.71; II. 1.44; III. 1; IV. 0.74; AR 2.88; pont 3.94.

Train roulant: quatre freins à disques (AV ventilés), ⌀ disques AV 28.8 cm, ABS.

Performances: Vmax (usine) 199 km/h, V à 1000/min en 5. vit. 35.1 km/h; 0–100 km/h 10.5 s; rapp. poids/puiss. 13.4 kg/ch (9.8 kg/ch); consomm. EU 9/16.7 L/100 km.
Aut.: Vmax 195 km/h, 0–100 km/h 11 s; consomm. EU 9.9/17.8 L/100 km.
4 WD/Aut.: Vmax 193 km/h, 0–100 km/h 11.6 s; consomm. EU 10.8/18.8 L/100 km.

Ford Galaxy

1.9 – 90 PS Turbodiesel direkt

Wie 2.0 – 116 PS, ausgenommen:

Karosserie, Gewicht: (DIN), Minivan; leer ab 1650 kg, max. zul. 2350 kg.

Motor: (ECE), 4 Zyl. in Linie (79.5×95.5 mm), 1896 cm³; Kompr. 19.5:1; 66 kW (90 PS) bei 4000/min; 34.8 kW/L (47.3 PS/L); 202 Nm (20.6 mkp) bei 1900/min; Dieselöl.

Motorkonstruktion: direkt eingespritzter Diesel; 1 obenl. Nockenwelle (Zahnriemen); Leichtmetall-Zylinderkopf; 5fach gelagerte Kurbelwelle; Öl 4.5 L; Einspritzpumpe, Bosch VE, 1 Turbolader, Intercooler.
Batterie 61 Ah, Alternator 70 A; Wasserkühlung, Inh. 5 L.

Kraftübertragung: (auf Vorderräder).
5-Gang-Getriebe: I. 3.58; II. 2.05; III. 1.34; IV. 0.92; V. 0.67; R 3.46; Achse 4.24.

Fahrleistungen: Vmax (Werk) 160 km/h, V bei 1000/min im 5. Gang 40.6 km/h; 0–100 km/h 17.1 s; Leistungsgew. 25 kg/kW (18.3 kg/PS); Verbrauch EU 5.6/8.8 L/100 km.

1.9 – 90 ch turbodiesel direct

Comme 2.0 – 116 ch, sauf:

Carrosserie, poids: (DIN), Minivan; vide dès 1650 kg, tot. adm. 2350 kg.

Moteur: (ECE), 4 cyl. en ligne (79.5×95.5 mm), 1896 cm³; compr. 19.5:1; 66 kW (90 ch) à 4000/min; 34.8 kW/L (47.3 ch/L); 202 Nm (20.6 mkp) à 1900/min; gazole.

Moteur (constr.): diesel à injection directe; 1 arbre à cames en tête (courroie crantée); culasse en alliage léger; vilebrequin à 5 paliers; huile 4.5 L; pompe à injection, Bosch VE, 1 turbocompr., Intercooler.
Batterie 61 Ah, alternateur 70 A; refroidissement à eau, capac. 5 L.

Transmission: (sur roues AV).
Boîte à 5 vit.: I. 3.58; II. 2.05; III. 1.34; IV. 0.92; V. 0.67; AR 3.46; pont 4.24.

Performances: Vmax (usine) 160 km/h, V à 1000/min en 5. vit. 40.6 km/h; 0–100 km/h 17.1 s; rapp. poids/puiss. 25 kg/kW (18.3 kg/ch); consomm. EU 5.6/8.8 L/100 km.

Ford Maverick

Drei- oder fünftüriges Freizeitauto, entstanden aus einem Joint-venture mit Nissan, 2,4-Liter-Benzin- oder 2,7-Liter-Dieselmotor, zuschaltbarer Allradantrieb, wird in einer Nissan-Fabrik bei Barcelona gebaut. Debüt Winter 1992/93.

Voiture de loisirs, 3/5 portes, résulte d'une collaboration avec Nissan. Moteurs 2.4 essence ou 2.7 diesel, traction sur toutes roues enclenchables, est construit dans une usine de Nissan près de Barcelone. Lancement hiver 1992/93.

2.4 12V – 116 PS Benzineinspritzung

Karosserie, Gewicht: (DIN), Station Wagon, 3 Türen, 5 Sitze; leer ab 1630 kg, max. zul. 2510 kg.
Lwb: 5 Türen, 5+2 Sitze; leer ab 1760 kg.

Motor: (ECE), 4 Zyl. in Linie (89×96 mm), 2389 cm³; Kompr. 8.6:1; 85 kW (116 PS) bei 4800/min, 35.6 kW/L (48.4 PS/L); 191 Nm (19.5 mkp) bei 3200/min; 95 ROZ.
Lwb: 87 kW (118 PS); 36.4 kW/L (49.5 PS/L).

Motorkonstruktion: 3 Ventile parallel; 1 obenl. Nockenwelle (Kette); Leichtmetall-Zylinderkopf; 5fach gelagerte Kurbelwelle; Öl 4.3 L; elektron. Einspritzung.
Batterie 60 Ah, Alternator 50/65 A; Wasserkühlung, Inh. 6.9 L.

Kraftübertragung: (auf Hinterräder oder alle Räder), Differentialbremse hinten; zentrales Differential, Reduktionsgetr.: I. 2.02.
5-Gang-Getriebe: I. 3.59; II. 2.25; III. 1.42; IV. 1; V. 0.82; R 3.66; Achse 4.63.

Fahrgestell: Kastenrahmen mit Traversen; vorn Einzelradaufhängung, doppelte Dreieckquerlenker, Torsionsfederstäbe; hinten Starrachse, Längslenker, Panhardstab, Schraubenfedern; v/h Kurvenstabilisator, Teleskopdämpfer.

Fahrwerk: Bremse, vorne Scheiben (belüftet), hinten Trommeln, Handbremse auf Hinterräder; Kugelumlauflenkung mit Servo, Treibstofftank 72/80 L; Reifen 235/75 R 15, Felgen 7 J.

Dimensionen: Radstand 245 cm, Spur 145.5/143 cm, Bodenfreih. 21 cm, Wendekreis 10.8 m, Kofferraum 335/1650 dm³, Länge 418.5 cm, Breite 175.5 cm, Höhe 183 cm.
Lwb: Radstand 265 cm, Wendekreis 11.4 m, Kofferraum 115/1900 dm³, Länge 466.5 cm, Höhe 185 cm.

Fahrleistungen: Vmax (Werk) 160 km/h, V bei 1000/min im 5. Gang 34.9 km/h; 0–100 km/h 13.7 s; Leist.-gew. 19.1 kg/kW (14.1 kg/PS); Verbr. EU 10.1/15.2 L/100 km.
Lwb: Vmax 158 km/h, 0–100 km/h 14.3 s; Verbr. EU 10.3/15.8 L/100 km.

2.4 12V – 116 ch Injection d'essence

Carrosserie, poids: (DIN), station-wagon, 3 portes, 5 places; vide dès 1630 kg, tot. adm. 2510 kg.
Lwb: 5 portes, 5+2 pl.; vide dès 11760 kg.

Moteur: (ECE), 4 cyl. en ligne (89×96 mm), 2389 cm³; compr. 8.6:1; 85 kW (116 ch) à 4800/min, 35.6 kW/L (48.4 ch/L); 191 Nm (19.5 mkp) à 3200/min; 95 (R).
Lwb: 87 kW (118 ch); 36.4 kW/L (49.5 ch/L).

Moteur (constr.): 3 soupapes en parallèle; 1 arbre à cames en tête (chaîne); culasse en alliage léger; vilebrequin à 5 paliers; huile 4.3 L; injection électronique.
Batterie 60 Ah, alternateur 50/65 A; refroidissement à eau, capac. 6.9 L.

Transmission: (sur roues AR ou toutes les roues), frein de différentiel AR; différentiel central, boîte de transfert: I. 2.02.
Boîte à 5 vit.: I. 3.59; II. 2.25; III. 1.42; IV. 1; V. 0.82; AR 3.66; pont 4.63.

Châssis: Cadre à caisson avec traverses; AV susp. à roues indép., leviers transv. triang. double, barres de torsion; AR essieu rigide, bras longitud., barre Panhard, ressorts hélicoïdaux; AV/AR barre anti-dévers, amortiss. télesc.

Train roulant: frein, AV à disques (ventilés), AR à tambours, frein à main sur roues AR; direction à circuit de billes assistée, réservoir carb. 72/80 L; pneus 235/75 R 15, jantes 7 J.

Dimensions: empattement 245 cm, voie 145.5/143 cm, garde au sol 21 cm, diam. de braq. 10.8 m, coffre 335/1650 dm³, longueur 418.5 cm, largeur 175.5 cm, hauteur 183 cm.
Lwb: Empattement 265 cm, diam. de braq. 11.4 m, coffre 115/1900 dm³, longueur 466.5 cm, hauteur 185 cm.

Performances: Vmax (usine) 160 km/h, V à 1000/min en 5. vit. 34.9 km/h; 0–100 km/h 13.7 s; rapp. poids/puiss. 19.1 kg/kW (14.1 kg/ch); consomm. EU 10.1/15.2 L/100 km.
Lwb: Vmax 158 km/h, 0–100 km/h 14.3 s; consomm. EU 10.3/15.8 L/100 km.

Ford Maverick

2.7 – 125 PS Turbodiesel

Wie 2.4 – 116 PS, ausgenommen:

Karosserie, Gewicht: (DIN), Station Wagon; leer ab 1745 kg, max. zul. 2510 kg.
Lwb: leer ab 1875 kg.

Motor: (ECE), 4 Zyl. in Linie (96×92 mm), 2664 cm³; Kompr. 21.9:1; 92 kW (125 PS) bei 3600/min; 34.5 kW/L (47 PS/L); 278 Nm (28.3 mkp) bei 2000/min; Dieselöl.

2.7 – 125 ch turbodiesel

Comme 2.4 – 116 ch, sauf:

Carrosserie, poids: (DIN), station-wagon; vide dès 1745 kg, tot. adm. 2510 kg.
Lwb: vide dès 1875 kg.

Moteur: (ECE), 4 cyl. en ligne (96×92 mm), 2664 cm³; compr. 21.9:1; 92 kW (125 ch) à 3600/min; 34.5 kW/L (47 ch/L); 278 Nm (28.3 mkp) à 2000/min; gazole.

Ford EU • Ford AUS

Ford Maverick

Motorkonstruktion: Bezeichnung Nissan TD 27 T; Wirbelkammer-Diesel; 2 Ventile parallel; seitl. Nockenwelle (Zahnräder); Graugruss-Zylinderkopf; 5fach gelagerte Kurbelwelle; Öl 7.2 L; Einspritzpumpe, 1 Turbolader, Intercooler.
Batterie 80 Ah, Alternator 50 A; Wasserkühlung, Inh. 10 L.

Kraftübertragung: (auf Hinterräder oder alle Räder), Differentialbremse hinten; zentrales Differential, Reduktionsgetriebe: I. 2.02.
5-Gang-Getriebe: I. 3.58; II. 2.08; III. 1.36; IV. 1; V. 0.81; R 3.64; Achse 4.38.

Fahrleistungen: Vmax (Werk) 160 km/h, 0–100 km/h 15.7 s; Leistungsgew. 19 kg/kW (14 kg/PS); Verbrauch EU 8.8/12.4 L/100 km.
Lwb: 0–100 km/h 16.7 s; Verbrauch EU 9.3/12.5 L/100 km.

Moteur (constr.): désignation Nissan TD 27 T; diesel à chambre de turbulence; 2 soupapes en parallèle; arbre à cames latéral (pignons); culasse en fonte; vilebrequin à 5 paliers; huile 7.2 L; pompe à injection, 1 turbocompr., Intercooler.
Batterie 80 Ah, alternateur 50 A; refroidissement à eau, capac. 10 L.

Transmission: (sur roues AR ou toutes les roues), frein de différentiel AR; différentiel central, boîte de transfert: I. 2.02.
Boîte à 5 vit.: I. 3.58; II. 2.08; III. 1.36; IV. 1; V. 0.81; AR 3.64; pont 4.38.

Performances: Vmax (usine) 160 km/h, 0–100 km/h 15.7 s; rapp. poids/puiss. 19 kg/kW (14 kg/ch); consomm. EU 8.8/12.4 L/100 km.
Lwb: 0–100 km/h 16.7 s; consomm. EU 9.3/12.5 L/100 km.

Ford AUS

Ford Motor Company of Australia Limited, Private Bag 6, Campbellfield, Victoria 3061, Australia

Australischer Lizenznehmer der Ford Motor Company.

Entreprise australienne exploitant les licences de la Ford Motor Company.

Ford Laser

Lizenzproduktion des Mazda 323 als Ford Laser für Australien und Japan. Debüt Herbst 1980. Ab Modellwechsel 1989 eigene Karosserievariante: 3türige Fastbacklimousine mit «langem» Radstand (250 cm). Technische Daten siehe Mazda 323, Katalog 1994.

Production sous licence de la Mazda 323 comme Ford Laser en Australie et au Japon. Lancement automne 1980. Depuis changement de gamme 1989 carross. suppl.: Berline fastback 3 portes sur empattement «long» (250 cm). Données voir Mazda 323, catalogue 1994.

Ford Telstar

Lizenzproduktion des Mazda 626 als Ford Telstar in Australien und in Japan. Technische Daten siehe Mazda 626, Katalog 1994.

Production sous licence de la Mazda 626 comme Ford Telstar en Australie et au Japon. Données techniques voir Mazda 626, catalogue 1994.

Ford Falcon - Fairmont - Fairlane - LTD

Bekannte Modellreihe. Juni 1989: Neue Karosserien und neue Vorderradaufhängung. 1991: Mit 3.9 und wieder mit 4.9 V8. 1992: 4.0 statt 3.9. Für 1995: Mehr Leistung, Modifikationen.

Gamme de modèles connue. Juin 1989: Nouvelles carrosseries et suspension AV. 1991: Avec 3.9 et de nouveau avec 4.9 V8. 1992: 4.0 au lieu de 3.9. Pour 1995: Puissance accrue, modifications.

4.0 – 213 PS Benzineinspritzung

4.0 – 213 ch Injection d'essence

Karosserie, Gewicht: (DIN), Limousine, 4 Türen, 5 Sitze; leer ab ca. 1500 kg.
Fairlane/LTD: leer ab 1580 kg.
Station Wagon, 5 Türen, 5 Sitze; leer ab 1550 kg.

Carrosserie, poids: (DIN), Berline, 4 portes, 5 places; vide dès env. 1500 kg.
Fairlane/LTD: vide dès 1580 kg.
Station-wagon, 5 portes, 5 places; vide dès 1550 kg.

Motor: (DIN), 6 Zyl. in Linie (92.3×99.3 mm), 3987 cm^3; Kompr. 9.3:1; 157 kW (213 PS) bei 4800/min, 39.4 kW/L (53.5 PS/L); 357 Nm (36.4 mkp) bei 3000/min.
XR6: 164 kW (223 PS); 366 Nm (37,3 mkp).

Motorkonstruktion: 1 obenl. Nockenwelle (Zahnriemen); Leichtmetall-Zylinderkopf; 7fach gelagerte Kurbelwelle; Öl 4.5 L; elektron. Einspritzung, Bosch L-Jetronic.
Batterie 53 Ah, Alternator 70 A; Wasserkühlung, Inh. 10 L.

Kraftübertragung: (auf Hinterräder), a.W. Differentialbremse hinten.
5-Gang-Getriebe: I. 3.25; II. 1.99; III. 1.29; IV. 1; V. 0.72; R 3.15; Achse 3.27; 3.45.
4-Stufen-Automat: I. 2.39; II. 1.45; III. 1; IV. 0.69; R 3.15; Achse 3.27; 3.08.

Fahrgestell: Selbsttragende Karosserie; vorn obere Dreieckquerlenker, Querlenker, Zugstreben; hinten Starrachse, Längslenker, Wattgestänge; je nach Modell Starrachse, Halbelliptikfedern; v/h Kurvenstabilisator, Schraubenfedern, Teleskopdämpfer, a.W. Niveauregulierung.

Fahrwerk: Vierrad-Scheibenbremse (vorn belüftet), Scheiben-Ø v. 28.7 cm, h. 28.7 cm, a.W. ABS, Handbr. auf Hinterräder; Zahnstangenl., Treibstofftank 68 L; Reifen 205/65 HR 15, 205/65 R 16; Felgen 6.5 J.

Dimensionen: Radstand 279.5 cm, Spur 156.5/154.5 cm, Bodenfreih. 14 cm, Wendekreis 11 m, Kofferraum 455 dm^3, Länge 490 cm, Breite 185.5 cm, Höhe 140 cm.
Fairlane/LTD: Radstand 292 cm, Wendekreis 11.4 m, Kofferraum 480 dm^3, Länge 522 cm, Höhe 142 cm.
Wagon: Radstand 292.5 cm, Wendekreis 11.4 m, Kofferraum 480/2620 dm^3, Länge 504 cm, Höhe 149 cm.

Fahrleistungen: Vmax (Red.) 210 km/h, V bei 1000/min im 5. Gang 36.5 km/h; 0–100 km/h 8 s; Leistungsgew. 9.5 kg/kW (7 kg/PS); Verbrauch (Red.) 10/16 L/100 km.
XR6: Vmax 220 km/h, 0-100 km/h 7.5 s.
Aut.: 0-100 km/h ca. 9 s.

Moteur: (DIN), 6 cyl. en ligne (92.3×99.3 mm), 3987 cm^3; compr. 9.3:1; 157 kW (213 ch) à 4800/min, 39.4 kW/L (53.5 ch/L); 357 Nm (36.4 mkp) à 3000/min.
XR6: 164 kW (223 PS); 366 Nm (37,3 mkp).

Moteur (constr.): 1 arbre à cames en tête (courroie crantée); culasse en alliage léger; vilebrequin à 7 paliers; huile 4.5 L; injection électronique, Bosch L-Jetronic.
Batterie 53 Ah, alternateur 70 A; refroidissement à eau, capac. 10 L.

Transmission: (sur roues AR), différentiel autobloquant AR s.d.
Boîte à 5 vit.: I. 3.25; II. 1.99; III. 1.29; IV. 1; V. 0.72; AR 3.15; pont 3.27; 3.45.
Boîte autom. à 4 vit.: I. 2.39; II. 1.45; III. 1; IV. 0.69; AR 3.15; pont 3.27; 3.08.

Châssis: carrosserie autoporteuse; AV leviers triang. superieur, leviers transv., tirants; AR essieu rigide, bras longitud., timonerie Watt; selon modèles essieu rigide, ressorts semi-ellipt.; AV/AR barre anti-dévers, ressorts hélic, amortiss. télesc., s.d. réglage du niveau.

Train roulant: quatre freins à disques (AV ventilés), Ø disques AV 28.7 cm, AR 28.7 cm, ABS s. d., frein à main sur roues AR; dir. à crém., réservoir carb. 68 L; pneus 205/65 HR 15, 205/65 R 16; jantes 6.5 J.

Dimensions: empattement 279.5 cm, voie 156.5/154.5 cm, garde au sol 14 cm, diam. de braq. 11 m, coffre 455 dm^3, longueur 490 cm, largeur 185.5 cm, hauteur 140 cm.
Fairlane/LTD: empattement 292 cm, diam. de braq. 11.4 m, coffre 480 dm^3, longueur 522 cm, hauteur 142 cm.
Wagon: empattement 292.5 cm, diam. de braq. 11.4 m, coffre 480/2620 dm^3, longueur 504 cm, hauteur 149 cm.

Performances: Vmax (réd.) 210 km/h, V à 1000/min en 5. vit. 36.5 km/h; 0–100 km/h 8 s; rapp. poids/puiss. 9.5 kg/kW (7 kg/ch); consomm. (Réd.) 10/16 L/100 km.
XR6: Vmax 220 km/h, 0-100 km/h 7.5 s.
Aut.: 0-100 km/h env. 9 s.

Ford Falcon Wagon

4.9 V8 – 224 PS Benzineinspritzung

4.9 V8 – 224 ch Injection d'essence

Wie 4.0 – 213 PS, ausgenommen:

Motor: (DIN), 8 Zyl. in V 90° (101.6×76.2 mm), 4942 cm^3; Kompr. 9:1; 165 kW (224 PS) bei 4500/min, 33.4 kW/L (45.4 PS/L); 388 Nm (39.6 mkp) bei 3000/min.
XR8 ca. 170 kW (230 PS).

Motorkonstruktion: zentrale Nockenwelle (Kette); Leichtmetall-Zylinderköpfe; 5fach gelagerte Kurbelwelle; Öl 4.7 L; elektron. Einspritzung, Bosch L-Jetronic.
Batterie 61 Ah, Alternator 85 A; Wasserkühlung, Inh. 13.3 L.

Kraftübertragung:
5-Gang-Getriebe: I. 2.95; II. 1.94; III. 1.34; IV. 1; V. 0.73; R 2.76; Achse 3.27.
4-Stufen-Automat: I. 2.39; II. 1.45; III. 1; IV. 0.69; R 3.15; Achse 3.27; 3.45.

Comme 4.0 – 213 ch, sauf:

Moteur: (DIN), 8 cyl. en V 90° (101.6×76.2 mm), 4942 cm^3; compr. 9:1; 165 kW (224 ch) à 4500/min, 33.4 kW/L (45.4 ch/L); 388 Nm (39.6 mkp) à 3000/min.
XR8 env. 170 kW (230 PS).

Moteur (constr.): arbre à cames central (chaîne); culasses en alliage léger; vilebrequin à 5 paliers; huile 4.7 L; injection électronique, Bosch L-Jetronic.
Batterie 61 Ah, alternateur 85 A; refroidissement à eau, capac. 13.3 L.

Transmission:
Boîte à 5 vit.: I. 2.95; II. 1.94; III. 1.34; IV. 1; V. 0.73; AR 2.76; pont 3.27.
Boîte autom. à 4 vit.: I. 2.39; II. 1.45; III. 1; IV. 0.69; AR 3.15; pont 3.27; 3.45.

Ford AUS • Ford BR

Ford Fairlane Ghia

Fahrleistungen: Vmax (Red.) 220 km/h, V bei 1000/min im 5. Gang 36.2 km/h; Leistungsgew. 9.1 kg/kW (6.7 kg/PS); Verbrauch (Red.) 10/17 L/100 km.

4.9 V8 – 272 PS Benzineinspritzung

Wie 4.0 – 213 PS, ausgenommen:

Karosserie, Gewicht: (DIN), Limousine, 4 Türen, 5 Sitze; leer ab ca. 1645 kg.

Motor: (DIN), 8 Zyl. in V 90° (101.6×76.2 mm), 4942 cm³; Kompr. 9:1; 200 kW (272 PS) bei 5250/min, 40.5 kW/L (55 PS/L); 420 Nm (42.8 mkp) bei 4000/min.

Motorkonstruktion: zentrale Nockenwelle (Kette); Leichtmetall-Zylinderköpfe; 5fach gelagerte Kurbelwelle; Öl 4.7 L; elektron. Einspritzung, Bosch L-Jetronic. Batterie 61 Ah, Alternator 85 A; Wasserkühlung, Inh. 13.3 L.

Kraftübertragung:
5-Gang-Getriebe: I. 3.35; II. 1.99; III. 1.33; IV. 1; V. 0.73; R 2.76; Achse 3.27; 3.45.
4-Stufen-Automat: I. 2.39; II. 1.45; III. 1; IV. 0.69; R 3.15; Achse 3.27; 3.08.

Fahrwerk: Reifen 245/40 ZR 17, 8.5 J.

Dimensionen: Länge 495.5 cm, Breite 187.5 cm, Höhe 138 cm.

Fahrleistungen: Vmax (Red.) 230 km/h, V bei 1000/min im 5. Gang 48 km/h; 0–100 km/h 7.1 s; Leistungsgew. 8.2 kg/kW (6 kg/PS); Verbrauch (Red.) 11/20/.

Performances: Vmax (réd.) 220 km/h, V à 1000/min en 5. vit. 36.2 km/h; rapp. poids/puiss. 9.1 kg/kW (6.7 kg/ch); consomm. (Red.) 10/17 L/100 km.

4.9 V8 – 272 ch Injection d'essence

Comme 4.0 – 213 ch, sauf:

Carrosserie, poids: (DIN), Berline, 4 portes, 5 places; vide dès env. 1645 kg.

Moteur: (DIN), 8 cyl. en V 90° (101.6×76.2 mm), 4942 cm³; compr. 9:1; 200 kW (272 ch) à 5250/min, 40.5 kW/L (55 ch/L); 420 Nm (42.8 mkp) à 4000/min.

Moteur (constr.): arbre à cames central (chaîne); culasses en alliage léger; vilebrequin à 5 paliers; huile 4.7 L; injection électronique, Bosch L-Jetronic. Batterie 61 Ah, alternateur 85 A; refroidissement à eau, capac. 13.3 L.

Transmission:
Boîte à 5 vit.: I. 3.35; II. 1.99; III. 1.33; IV. 1; V. 0.73; AR 2.76; pont 3.27; 3.45.
Boîte autom. à 4 vit.: I. 2.39; II. 1.45; III. 1; IV. 0.69; AR 3.15; pont 3.27; 3.08.

Train roulant: pneus 245/40 ZR 17, 8.5 J.

Dimensions: longueur 495.5 cm, largeur 187.5 cm, hauteur 138 cm.

Performances: Vmax (réd.) 230 km/h, V à 1000/min en 5. vit. 48 km/h; 0–100 km/h 7.1 s; rapp. poids/puiss. 8.2 kg/kW (6 kg/ch); consomm. (Red.) 11/20/.

Ford BR

Ford Brasil Ltda., Av. Maria Coelho Aguiar, 215, Bloco B, 05804-900 São Paulo, Brasil.

Ford Brasil SA entstand 1976 aus der Fusion der Ford Motor do Brasil und der Willys-Overland do Brasil. Herbst 1987: Mit VW do Brasil unter «Autolatina» zusammengeschlossen. Januar 1995 Aufhebung der Autolatina. Ab April 1996 Produktionsaufnahme des Fiesta. Produktion des Escort in Argentinien.

Ford Brasil SA a pris naissance en 1976, par la fusion entre Ford do Brasil et Willys-Overland do Brasil. Automne 1987: Fusion avec VW do Brasil sous la holding «Autolatina». Janvier 1995 annulation de la Autolatina. Dès avril 1996 production de la Fiesta. Production de l'Escort en Argentine.

Ford Fiesta

Kompaktlimousine mit Quermotor und Frontantrieb, 3/5türig.

Berlin compacte avec moteur transv. et traction avant, 3/5 portes.

1.0 – 52 PS Benzineinspritzung

Karosserie, Gewicht: (DIN), Limousine, 3/5 Türen ; 5 Sitze; leer ca. 960 kg, max. zul. 1460 kg.

1.0 – 52 ch Injection d'essence

Carrosserie, poids: (DIN), Berline, 3/5 portes ; 5 places; vide env. 960 kg, tot. adm. 1460 kg.

Motor: (DIN), 4 Zyl. in Linie (68.7×67.4 mm), 999 cm³; Kompr. 9.2:1; 38 kW (52 PS) bei 5250/min, 38 kW/L (51.7 PS/L); 74 Nm (7.5 mkp) bei 4000/min; 92 ROZ.

Motorkonstruktion: Ventile in V; 1 obenl. Nockenwelle (Zahnriemen); 5fach gelagerte Kurbelwelle; Öl 3.25 L; elektron. Zentraleinspritzung. Batterie 43 Ah, Alternator 70 A; Wasserkühlung, Inh. 5.4 L.

Kraftübertragung: (auf Vorderräder).
5-Gang-Getriebe: I. 3.87; II. 2.04; III. 1.32; IV. 0.95; V. 0.76; R 3.62; Achse 4.65.

Fahrgestell: Selbsttragende Karosserie mit vorderem Hilfsrahmen; vorn Federbeine und Dreieckquerlenker; hinten Verbundlenkerachse, Längslenker; v/h Kurvenstabilisator, Schraubenfedern, Teleskopdämpfer.

Fahrwerk: Bremse, vorne Scheiben, hinten Trommeln, Scheiben-∅ v. 24 cm, Handbremse auf Hinterräder; Zahnstangenlenkung, a.W. mit Servo, Treibstofftank 42 L; Reifen 155 R 13, Felgen 4.5 J.

Dimensionen: Radstand 245 cm, Spur 143/137 cm, Bodenfreih. 14 cm, Wendekreis 10.4 m, Kofferraum 250/930 dm³, Länge 383 cm, Breite 163 cm, Höhe 138 cm.

Fahrleistungen: Vmax (Werk) 143 km/h, V bei 1000/min im 5. Gang 30 km/h; 0–100 km/h 19.8 s; Leistungsgew. 25.3 kg/kW (18.5 kg/PS); Verbrauch (Werk) 5.2/7.2 L/100 km.

1.3 – 58 PS Benzineinspritzung

Wie 1.0 – 52 PS, ausgenommen:

Karosserie, Gewicht: (DIN), Limousine, 3/5 Türen ; 5 Sitze; leer ca. 1000 kg, max. zul. 1500 kg.

Motor: (DIN), 4 Zyl. in Linie (74×75.5 mm), 1299 cm³; Kompr. 8.8:1; 43 kW (58 PS) bei 5000/min, 33.1 kW/L (45 PS/L); 100 Nm (10.2 mkp) bei 2500/min; 92 ROZ.

Motorkonstruktion: Ventile in V; seitl. Nockenwelle (Kette); Grauguss-Zylinderkopf; 5fach gelagerte Kurbelwelle; Öl 3.25 L; elektron. Einspritzung. Batterie 43 Ah, Alternator 70 A; Wasserkühlung, Inh. 5.4 L.

Kraftübertragung: (auf Vorderräder).
5-Gang-Getriebe: I. 3.58; II. 2.04; III. 1.32; IV. 0.95; V. 0.76; R 3.58; Achse 4.06.

Fahrwerk: Reifen 175/70 R 13, 5 J.

Fahrleistungen: Vmax (Werk) 147 km/h, V bei 1000/min im 5. Gang 34.1 km/h; 0–100 km/h 16.7 s; Leistungsgew. 23.3 kg/kW (17.2 kg/PS); Verbr. (Werk) 6/8 L/100 km.

Moteur: (DIN), 4 cyl. en ligne (68.7×67.4 mm), 999 cm³; compr. 9.2:1; 38 kW (52 ch) à 5250/min, 38 kW/L (51.7 ch/L); 74 Nm (7.5 mkp) à 4000/min; 92 (R).

Moteur (constr.): soupapes en V; 1 arbre à cames en tête (courroie crantée); vilebrequin à 5 paliers; huile 3.25 L; injection monopoint électron. Batterie 43 Ah, alternateur 70 A; refroidissement à eau, capac. 5.4 L.

Transmission: (sur roues AV).
Boîte à 5 vit.: I. 3.87; II. 2.04; III. 1.32; IV. 0.95; V. 0.76; AR 3.62; pont 4.65.

Châssis: carrosserie autoporteuse avec cadre auxiliaire AV; AV jambes élast. et leviers triang. transv.; AR essieu semi-rigide, bras longitud.; AV/AR barre anti-dévers, ressorts hélic, amortiss. télesc.

Train roulant: frein, AV à disques, AR à tambours, ∅ disques AV 24 cm, frein à main sur roues AR; direction à crémaillère, s.d. avec servo, réservoir carb. 42 L; pneus 155 R 13, jantes 4.5 J.

Dimensions: empattement 245 cm, voie 143/137 cm, garde au sol 14 cm, diam. de braq. 10.4 m, coffre 250/930 dm³, longueur 383 cm, largeur 163 cm, hauteur 138 cm.

Performances: Vmax (usine) 143 km/h, V à 1000/min en 5. vit. 30 km/h; 0–100 km/h 19.8 s; rapp. poids/puiss. 25.3 kg/kW (18.5 kg/ch); consomm. (Werk) 5.2/7.2 L/100 km.

1.3 – 58 ch Injection d'essence

Comme 1.0 – 52 ch, sauf:

Carrosserie, poids: (DIN), Berline, 3/5 portes ; 5 places; vide env. 1000 kg, tot. adm. 1500 kg.

Moteur: (DIN), 4 cyl. en ligne (74×75.5 mm), 1299 cm³; compr. 8.8:1; 43 kW (58 ch) à 5000/min, 33.1 kW/L (45 ch/L); 100 Nm (10.2 mkp) à 2500/min; 92 (R).

Moteur (constr.): soupapes en V; arbre à cames latéral (chaîne); culasse en fonte; vilebrequin à 5 paliers; huile 3.25 L; injection électronique. Batterie 43 Ah, alternateur 70 A; refroidissement à eau, capac. 5.4 L.

Transmission: (sur roues AV).
Boîte à 5 vit.: I. 3.58; II. 2.04; III. 1.32; IV. 0.95; V. 0.76; AR 3.58; pont 4.06.

Train roulant: pneus 175/70 R 13, 5 J.

Performances: Vmax (usine) 147 km/h, V à 1000/min en 5. vit. 34.1 km/h; 0–100 km/h 16.7 s; rapp. poids/puiss. 23.3 kg/kW (17.2 kg/ch); consomm. (Werk) 6/8 L/100 km.

Ford Fiesta

Ford BR • Ford RA • FSO

1.4 16V – 88 PS
Benzineinspritzung

Wie 1.0 – 52 PS, ausgenommen:

Karosserie, Gewicht: (DIN) Limousine, 3/5 Türen ; 5 Sitze; leer ca. 980 kg, max. zul. 1480 kg.

Motor: (DIN), 4 Zyl. in Linie (75.9×76.5 mm), 1385 cm³; Kompr. 10.3:1; 65 kW (88 PS) bei 5600/min, 46.9 kW/L (63.8 PS/L); 123 Nm (12.5 mkp) bei 4500/min.

Motorkonstruktion: Bezeichnung Zetec SE; 4 Ventile in V 42°; 2 obenl. Nockenwellen (Zahnriemen); Leichtmetall-Zylinderkopf und -block; Öl 5 L; elektron. Einspr. Batterie 43 Ah, Alternator 70 A; Wasserkühlung, Inh. 6 L.

Kraftübertragung: (auf Vorderräder). 5-Gang-Getriebe: I. 3.58; II. 2.04; III. 1.32; IV. 0.95; V. 0.76; R 3.62; Achse 4.27.

Fahrwerk: Reifen 175/70 R 13, 185/60 HR 14, Felgen 5 J, 5.5 J.

Fahrleistungen: Vmax (Red.) 172 km/h, V bei 1000/min im 5. Gang 32.4 km/h; 0–100 km/h 11.7 s; Leistungsgew. 15.1 kg/kW (11.1 kg/PS); Verbr. (Werk) 5/7.9 L/100 km.

1.4 16V – 88 ch
Injection d'essence

Comme 1.0 – 52 ch, sauf:

Carrosserie, poids: (DIN), Berline, 3/5 portes ; 5 places ; vide env. 980 kg, tot. adm. 1480 kg.

Moteur: (DIN), 4 cyl. en ligne (75.9×76.5 mm), 1385 cm³; compr. 10.3:1; 65 kW (88 ch) à 5600/min, 46.9 kW/L (63.8 ch/L); 123 Nm (12.5 mkp) à 4500/min.

Moteur (constr.): désignation Zetec SE; 4 soupapes en V 42°; 2 arbres à cames en tête (courroie crantée); culasse et bloc-cyl. en alliage léger; huile 5 L; inj. électronique. Batterie 43 Ah, alternateur 70 A; refroidissement à eau, capac. 6 L.

Transmission: (sur roues AV). Boîte à 5 vit.: I. 3.58; II. 2.04; III. 1.32; IV. 0.95; V. 0.76; AR 3.62; pont 4.27.

Train roulant: pneus 175/70 R 13, 185/60 HR 14, jantes 5 J, 5.5 J.

Performances: Vmax (réd.) 172 km/h, V à 1000/min en 5. vit. 32.4 km/h; 0–100 km/h 11.7 s; rapp. poids/puiss. 15.1 kg/kW (11.1 kg/ch); consomm. (Werk) 5/7.9 L/100 km.

Ford RA

Ford Argentina, Av. Henry Ford s/N, Panamericana, 1617 Gral. Pacheco, 1000 Buenos Aires, Argentina

Argentinischer Lizenznehmer der Ford Motor Co. USA

Entreprise argentine exploitant les licences de la Ford Motor Co. USA

Ford Escort

Produktion des Escort wurde von Brasilien nach Argentinien verlegt.

La production de la Escort a été transférée du Brésil à l'Argentine.

1.8 16V – 116 PS
Benzineinspritzung

Karosserie, Gewicht: (DIN), Limousine 3/4/5türig; 5 Sitze; leer ab 1195 kg. Station Wagon, leer ab 1230 kg, max. zul. 1685 kg.

Motor: (DIN), 4 Zyl. in Linie (80.6×88 mm), 1796 cm³; Kompr. 9.8:1; 85 kW (116 PS) bei 5750/min, 47.3 kW/L (64.3 PS/L); 160 Nm (16.3 mkp) bei 4500/min; 92 ROZ.

Motorkonstruktion: Bezeichnung Zetec E; 4 Ventile in V 40°; 2 obenl. Nockenwellen (Zahnriemen); Leichtmetall-Zylinderkopf; 5fach gelagerte Kurbelwelle; Öl 4.25 L; elektron. Einspritzung, Ford EECIV. Batterie 52 Ah, Alternator 90 A; Wasserkühlung, Inh. 9.1 L.

Kraftübertragung: (auf Vorderräder). 5-Gang-Getriebe: I. 3.15; II. 1.93; III. 1.28; IV. 0.95; V. 0.76; R 3.62; Achse 3.46, 3.94.

1.8 16V – 116 ch
Injection d'essence

Carrosserie, poids: (DIN), berline 3/4/5 portes; 5 places; vide dès 1195 kg. Station-wagon, vide dès 1230 kg, tot. adm. 1685 kg.

Moteur: (DIN), 4 cyl. en ligne (80.6×88 mm), 1796 cm³; compr. 9.8:1; 85 kW (116 ch) à 5750/min, 47.3 kW/L (64.3 ch/L); 160 Nm (16.3 mkp) à 4500/min; 92 (R).

Moteur (constr.): désignation Zetec E; 4 soupapes en V 40°; 2 arbres à cames en tête (courroie crantée); culasse en alliage léger; vilebrequin à 5 paliers; huile 4.25 L; injection électronique, Ford EECIV. Batterie 52 Ah, alternateur 90 A; refroidissement à eau, capac. 9.1 L.

Transmission: (sur roues AV). Boîte à 5 vit.: I. 3.15; II. 1.93; III. 1.28; IV. 0.95; V. 0.76; AR 3.62; pont 3.46, 3.94.

Ford Escort Wagon

Fahrgestell: Selbsttragende Karosserie mit vorderem Hilfsrahmen; vorn Federbeine und Dreieckquerlenker; hinten Verbundlenkerachse, Längslenker; v/h Kurvenstabilisator, Schraubenfedern, Teleskopdämpfer.

Fahrwerk: Bremse, vorne Scheiben (belüftet), hinten Trommeln, Scheiben-⌀ v. 19.6 cm, a.W. ABS, Handbremse auf Hinterräder; Zahnstangenlenkung mit Servo, Treibstofftank 64 L; Reifen 185/65 HR 14, Felgen 5.5 J, 6 J.

Dimensionen: Radstand 253 cm, Spur 144/146 cm, Wendekreis 10.5 m, Kofferraum 380/1130 dm³, Länge 414 cm, Breite 170 cm, Höhe 135 cm.
Stufenheck: Kofferraum 490 dm³.
Wagon: Kofferraum 460/1425 dm³, Länge 430 cm, Höhe 137 cm.

Fahrleistungen: Vmax (Werk) 196 km/h, V bei 1000/min im 5. Gang 37.6 km/h; 0–100 km/h 9.8 s; Leistungsgew. 14.1 kg/kW (10.3 kg/PS); Verbrauch (Werk) 6.5/9.3 L/100 km.

Châssis: carrosserie autoporteuse avec cadre auxiliaire AV; AV jambes élast. et leviers triang. transv.; AR essieu semi-rigide, bras longitud.; AV/AR barre anti-dévers, ressorts hélic, amortiss. télesc.

Train roulant: frein, AV à disques (ventilés), AR à tambours, ⌀ disques AV 19.6 cm, ABS s. d., frein à main sur roues AR; servodirection à crémaillère, réservoir carb. 64 L; pneus 185/65 HR 14, jantes 5.5 J, 6 J.

Dimensions: empattement 253 cm, voie 144/146 cm, diam. de braq. 10.5 m, coffre 380/1130 dm³, longueur 414 cm, largeur 170 cm, hauteur 135 cm.
Berline, 3 vol.: coffre 490 dm³.
Wagon: coffre 460/1425 dm³, longueur 430 cm, hauteur 137 cm.

Performances: Vmax (usine) 196 km/h, V à 1000/min en 5. vit. 37.6 km/h; 0–100 km/h 9.8 s; rapp. poids/puiss. 14.1 kg/kW (10.3 kg/ch); consomm. (Werk) 6.5/9.3 L/100 km.

FSO PL

Fabryka Samochodow Osobowych (FSO), 88, Jagiellonska St., 00-992 Warszawa, Polen

Polnische Werke, welche unter anderem auch Fiat unter Lizenz herstellen.

Usines polonaises, construisent entre autre sous licence des produits Fiat.

FSO Polonez

Limousine mit Heckklappe, mechanische Basis vom Polski Fiat 125, Motoren mit 1500 und 1600 cm³ Inhalt. Début Mai 1978, dreitürig 1980. 1986: modernisierte Karosserie. 1987 auch mit 1,6-Liter-Motor. 1989 geändertes Heck, Frühjahr 1991 neue Front. 1992: 1.9 Diesel und 1.5 mit Katalysator. 1993: 1.6 auch mit Zentraleinspritzung.

Berline avec hayon AR, base mécanique de la Polski Fiat 125, moteurs 1500 et 1600 cm³. Débuts mai 1978, trois portes 1980. 1986 carrosserie modernisée. 1987 aussi avec moteur 1,6 litre. Nouvelle partie arrière (1989) et avant (printemps 1991). 1992: aussi avec 1.9 diesel et 1.5 avec catalyseur. 1993: 1. 6 aussi avec injection centrale.

1.5 – 75 PS
Benzineinspritzung

Karosserie, Gewicht: (DIN) Limousine, 3/5 Türen; 5 Sitze; leer ab 1115 kg, max. zul. 1550 kg.

Motor: (ECE), 4 Zyl. in Linie (77×79.5 mm), 1481 cm³; Kompr. 9.2:1; 55 kW (75 PS) bei 5200/min, 37.1 kW/L (50.5 PS/L); 112 Nm (11.4 mkp) bei 2900/min.

Motorkonstruktion: seitl. Nockenwelle (Zahnriemen); Leichtmetall-Zylinderkopf; 3fach gelagerte Kurbelwelle; Öl 3.5 L; elektron. Zentraleinspr., AC-Rochester. Batterie 45 Ah, Alternator 44 A; Wasserkühlung, Inh. 7.5 L.

Kraftübertragung: (auf Hinterräder). 5-Gang-Getriebe: I. 3.78; II. 1.94; III. 1.31; IV. 1; V. 0.8; R 3.53; Achse 4.1.

Fahrgestell: Selbsttragende Karosserie; vorn Dreieckquerlenker, Schraubenfedern; Kurvenstabilisator; hinten Starrachse, Reaktionsstreben, Halbelliptikfedern; v/h Teleskopdämpfer.

Fahrwerk: Bremse, vorne Scheiben, hinten Trommeln, Scheiben-⌀ v. 22.7 cm, Handbremse auf Hinterräder; Lenkung mit Schnecke und Rolle, Treibstofftank 46 L; Reifen 175 R 13, 185/70 R 13, Felgen 5 J.

Dimensionen: Radstand 251 cm, Spur 137.5/135 cm, Bodenfreih. 13 cm, Wendekreis 10.8 m, Kofferraum 480 dm³, Länge 432 cm, Breite 165 cm, Höhe 142 cm.

Fahrleistungen: Vmax (Werk) 150 km/h, V bei 1000/min im 5. Gang 33 km/h; 0–100 km/h 17.3 s; Leistungsgew. 20.3 kg/kW (14.9 kg/PS); Verbrauch ECE 6.2/7.5/10.1 L/100 km.

1.5 – 75 ch
Injection d'essence

Carrosserie, poids: (DIN), Berline, 3/5 portes; 5 places; vide dès 1115 kg, tot. adm. 1550 kg.

Moteur: (ECE), 4 cyl. en ligne (77×79.5 mm), 1481 cm³; compr. 9.2:1; 55 kW (75 ch) à 5200/min, 37.1 kW/L (50.5 ch/L); 112 Nm (11.4 mkp) à 2900/min.

Moteur (constr.): arbre à cames latéral (courroie crantée); culasse en alliage léger; vilebrequin à 3 paliers; huile 3.5 L; injection monopoint électron., AC-Rochester. Batterie 45 Ah, alternateur 44 A; refroidissement à eau, capac. 7.5 L.

Transmission: (sur roues AR). Boîte à 5 vit.: I. 3.78; II. 1.94; III. 1.31; IV. 1; V. 0.8; AR 3.53; pont 4.1.

Châssis: carrosserie autoporteuse; AV leviers triang. transv., ressorts hélicoïdaux; barre anti-dévers; AR essieu rigide, barres de réaction, ressorts semi-ellipt.; AV/AR amortiss. télescop.

Train roulant: frein, AV à disques, AR à tambours, ⌀ disques AV 22.7 cm, frein à main sur roues AR; direction à vis sans fin et galet, réservoir carb. 46 L; pneus 175 R 13, 185/70 R 13, jantes 5 J.

Dimensions: empattement 251 cm, voie 137.5/135 cm, garde au sol 13 cm, diam. de braq. 10.8 m, coffre 480 dm³, longueur 432 cm, largeur 165 cm, hauteur 142 cm.

Performances: Vmax (usine) 150 km/h, V à 1000/min en 5. vit. 33 km/h; 0–100 km/h 17.3 s; rapp. poids/puiss. 20.3 kg/kW (14.9 kg/ch); consomm. ECE 6.2/7.5/10.1 L/100 km.

FSO • Geo

FSO Polonez

1.6 – 77 PS
Benzineinspritzung

Wie 1.5 – 75 PS, ausgenommen:

Motor: (ECE), 4 Zyl. in Linie (80×79.5 mm), 1598 cm³; Kompr. 9.5:1; 57 kW (77 PS) bei 5000/min, 35.7 kW/L (48.5 PS/L); 122 Nm (12.4 mkp) bei 2000/min.

Motorkonstruktion: seitl. Nockenwelle (Zahnriemen); Leichtmetall-Zylinderkopf; 3fach gelagerte Kurbelwelle; Öl 3.5 L; elektron. Zentraleinspritzung, AC-Rochester. Batterie 45 Ah, Alternator 44 A; Wasserkühlung, Inh. 7.5 L.

Kraftübertragung: (auf Hinterräder). 5-Gang-Getriebe: I. 3.78; II. 1.94; III. 1.31; IV. 1; V. 0.8; R 3.53; Achse 3.9.

Fahrleistungen: Vmax (Werk) 151 km/h, V bei 1000/min im 5. Gang 35.5 km/h; Leistungsgew. 19.2 kg/kW (14.1 kg/PS); Verbrauch ECE 6.9/9.6/10.7 L/100 km.

1.4 16V – 103 PS
Benzineinspritzung

Wie 1.5 – 75 PS, ausgenommen:

Motor: (ECE), 4 Zyl. in Linie (75×79 mm), 1396 cm³; Kompr. 10:1; 76 kW (103 PS) bei 6000/min, 54.4 kW/L (74 PS/L); 127 Nm (12.9 mkp) bei 5000/min; 95 ROZ.

Motorkonstruktion: Bezeichnung Rover K16; 4 Ventile in V 45°; 2 obenl. Nockenwellen (Zahnriemen); Leichtmetall-Zylinderkopf und -block; 5fach gelagerte Kurbelwelle; Öl 4.8 L; elektron. Einspritzung, Bosch. Batterie 60 Ah, Alternator 55 A; Wasserkühlung, Inh. 5.5 L.

Kraftübertragung: (auf Hinterräder). 5-Gang-Getriebe: I. 3.83; II. 1.97; III. 1.32; IV. 1; V. 0.81; R 3.57; Achse 4.3.

Fahrleistungen: Vmax (Werk) 160 km/h, V bei 1000/min im 5. Gang 30.7 km/h; 0–100 km/h 13.2 s; Leistungsgew. 14.7 kg/kW (10.8 kg/PS); Verbrauch ECE 6.5/9.1/9.8 L/100 km.

1.9 – 69 PS
Diesel

Wie 1.5 – 75 PS, ausgenommen:

Motor: (ECE), 4 Zyl. in Linie (83×88 mm), 1905 cm³; Kompr. 23:1; 51 kW (69 PS) bei 4600/min, 26.8 kW/L (36.4 PS/L); 120 Nm (12 mkp) bei 2000/min; Dieselöl.

Motorkonstruktion: Bezeichnung PSA XUD 9A; 2 Ventile parallel; 1 obenl. Nockenwelle (Zahnriemen); Leichtmetall-Zylinderkopf; 5fach gelagerte Kurbelwelle; Öl 5 L; Einspritzpumpe, Bosch VE. Batterie 60 Ah, Alternator 50 A; Wasserkühlung, Inh. 7.5 L.

Kraftübertragung: (auf Hinterräder). 5-Gang-Getriebe: I. 3.78; II. 1.94; III. 1.31; IV. 1; V. 0.8; R 3.53; Achse 3.7.

1.6 – 77 ch
Injection d'essence

Comme 1.5 – 75 ch, sauf:

Moteur: (ECE), 4 cyl. en ligne (80×79.5 mm), 1598 cm³; compr. 9.5:1; 57 kW (77 ch) à 5000/min, 35.7 kW/L (48.5 ch/L); 122 Nm (12.4 mkp) à 2000/min.

Moteur (constr.): arbre à cames latéral (courroie crantée); culasse en alliage léger; vilebrequin à 3 paliers; huile 3.5 L; injection monopoint électron., AC-Rochester. Batterie 45 Ah, alternateur 44 A; refroidissement à eau, capac. 7.5 L.

Transmission: (sur roues AR). Boîte à 5 vit.: I. 3.78; II. 1.94; III. 1.31; IV. 1; V. 0.8; AR 3.53; pont 3.9.

Performances: Vmax (usine) 151 km/h, V à 1000/min en 5. vit. 35.5 km/h; rapp. poids/puiss. 19.2 kg/kW (14.1 kg/ch); consomm. ECE 6.9/9.6/10.7 L/100 km.

1.4 16V – 103 ch
Injection d'essence

Comme 1.5 – 75 ch, sauf:

Moteur: (ECE), 4 cyl. en ligne (75×79 mm), 1396 cm³; compr. 10:1; 76 kW (103 ch) à 6000/min, 54.4 kW/L (74 ch/L); 127 Nm (12.9 mkp) à 5000/min; 95 (R).

Moteur (constr.): désignation Rover K16; 4 soupapes en V 45°; 2 arbres à cames en tête (courroie crantée); culasse et bloc-cyl. en alliage léger; vilebrequin à 5 paliers; huile 4.8 L; injection électronique, Bosch. Batterie 60 Ah, alternateur 55 A; refroidissement à eau, capac. 5.5 L.

Transmission: (sur roues AR). Boîte à 5 vit.: I. 3.83; II. 1.97; III. 1.32; IV. 1; V. 0.81; AR 3.57; pont 4.3.

Performances: Vmax (usine) 160 km/h, V à 1000/min en 5. vit. 30.7 km/h; 0–100 km/h 13.2 s; rapp. poids/puiss. 14.7 kg/kW (10.8 kg/ch); consomm. ECE 6.5/9.1/9.8 L/100 km.

1.9 – 69 ch
diesel

Comme 1.5 – 75 ch, sauf:

Moteur: (ECE), 4 cyl. en ligne (83×88 mm), 1905 cm³; compr. 23:1; 51 kW (69 ch) à 4600/min, 26.8 kW/L (36.4 ch/L); 120 Nm (12 mkp) à 2000/min; gazole.

Moteur (constr.): désignation PSA XUD 9A; 2 soup. en parallèle; 1 arbre à cames en tête (courroie crantée); culasse en alliage léger; vilebrequin à 5 paliers; huile 5 L; pompe à injection, Bosch VE. Batterie 60 Ah, alternateur 50 A; refroidissement à eau, capac. 7.5 L.

Transmission: (sur roues AR). Boîte à 5 vit.: I. 3.78; II. 1.94; III. 1.31; IV. 1; V. 0.8; AR 3.53; pont 3.7.

Fahrleistungen: Vmax (Werk) 140 km/h, V bei 1000/min im 5. Gang 37 km/h; 0–100 km/h 19.8 s; Lei.-gew. 22.2 kg/kW (16.4 kg/PS); Verbr. ECE 5.2/8.2/7 L/100 km.

Performances: Vmax (usine) 140 km/h, V à 1000/min en 5. vit. 37 km/h; 0–100 km/h 19.8 s; rapp. poids/puiss. 22.2 kg/kW (16.4 kg/ch); consomm. ECE 5.2/8.2/7 L/100 km.

Geo — USA/J

Geo/Chevrolet Motor Division, General Motors Corporation, 30 007 Van Dyke Avenue, Warren, Michigan 48090, USA

Neue Marke der General Motors bzw. Chevrolet Motors Division, über die Fernost-Produkte von Suzuki, Isuzu und Toyota vertrieben werden.

Nouvelle marque de la General Motors resp. Chevrolet Motors Division, qui distribue divers produits de Suzuki, Isuzu et Toyota.

Geo Metro

Kompakte Limousine mit Frontantrieb. Debüt Herbst 1983. 1984: auch 1.3- Vierzylinder. Vom Suzuki Swift abgeleitet.

Berline compacte à traction AV. Lancement automne 1983. 1984: aussi 1.3 avec 4 cyl. Dérivée de la Suzuki Swift.

1.0 – 56 PS
Benzineinspritzung

Karosserie, Gewicht: (DIN), Coupé, 3 Türen, 5 Sitze; leer ab 830 kg.

Motor: (SAE), 3 Zyl. in Linie (74×77 mm), 993 cm³; Kompr. 9.5:1; 41 kW (56 PS) bei 5700/min, 41.3 kW/L (56.1 PS/L); 78 Nm (8 mkp) bei 3300/min.

Motorkonstruktion: Bezeichnung G 10; 1 obenl. Nockenwelle (Zahnriemen); Leichtmetall-Zylinderkopf und -block; 4fach gelagerte Kurbelwelle; Öl 3.1 L; elektron. Zentraleinspritzung. Batterie 45 Ah, Alternator 55 A; Wasserkühlung, Inh. 3.9 L.

Kraftübertragung: (auf Vorderräder). 5-Gang-Getriebe: I. 3.42; II. 1.89; III. 1.28; IV. 0.91; V. 0.76; R 3.27; Achse 4.39.

Fahrgestell: Selbsttragende Karosserie; vorn Federbeine und Dreieckquerlenker, Kurvenstabilisator; hinten Schräglenker, Querlenker; v/h Schraubenfedern, Teleskopdämpfer.

Fahrwerk: Bremse, vorne Scheiben (belüftet), hinten Trommeln, Scheiben-⌀ v. 22.9 cm, ABS, Handbremse auf Hinterräder; Zahnstangenlenkung mit Servo, Treibstofftank 40 L; Reifen 155 R 13.

Dimensionen: Radstand 236 cm, Spur 139/136 cm, Bodenfreiheit 16 cm, Wendekreis 10.4 m, Kofferraum 240/635 dm³, Länge 380 cm, Breite 159 cm, Höhe 139 cm.

Fahrleistungen: Vmax (Werk) 145 km/h, V bei 1000/min im 5. Gang 31.7 km/h; Leistungsgew. 20.2 kg/kW (14.8 kg/PS); Verbrauch (Red.) 4/4/7 L/100 km.

1.0 – 56 ch
Injection d'essence

Carrosserie, poids: (DIN), Coupé, 3 portes, 5 places; vide dès 830 kg.

Moteur: (SAE), 3 cyl. en ligne (74×77 mm), 993 cm³; compr. 9.5:1; 41 kW (56 ch) à 5700/min, 41.3 kW/L (56.1 ch/L); 78 Nm (8 mkp) à 3300/min.

Moteur (constr.): désignation G 10 ; 1 arbre à cames en tête (courroie crantée); culasse et bloc-cyl. en alliage léger; vilebrequin à 4 paliers; huile 3.1 L; injection monopoint électron. Batterie 45 Ah, alternateur 55 A; refroidissement à eau, capac. 3.9 L.

Transmission: (sur roues AV). Boîte à 5 vit.: I. 3.42; II. 1.89; III. 1.28; IV. 0.91; V. 0.76; AR 3.27; pont 4.39.

Châssis: carrosserie autoporteuse; AV jambes élast. et leviers triang. transv., barre anti-dévers; AR triangles obliques, leviers transv.; AV/AR ressorts hélicoïdaux, amortiss. télesc.

Train roulant: frein, AV à disques (ventilés), AR à tambours, ⌀ disques AV 22.9 cm, ABS, frein à main sur roues AR; servo-direction à crémaillère, réservoir carb. 40 L; pneus 155 R 13.

Dimensions: empatt. 236 cm, voie 139/136 cm, garde au sol 16 cm, diam. de braq. 10.4 m, coffre 240/635 dm³, longueur 380 cm, largeur 159 cm, hauteur 139 cm.

Performances: Vmax (usine) 145 km/h, V à 1000/min en 5. vit. 31.7 km/h; rapp. poids/puiss. 20.2 kg/kW (14.8 kg/ch); consomm. (Red.) 4/4/7 L/100 km.

Geo Metro Coupé

1.3 – 71 PS
Benzineinspritzung

Wie 1.0 – 56 PS, ausgenommen:

Karosserie, Gewicht: (DIN), Coupé, leer ab 850 kg.
Limousine, 4 Türen, 5 Sitze; leer ab 890 kg.

1.3 – 71 ch
Injection d'essence

Comme 1.0 – 56 ch, sauf:

Carrosserie, poids: (DIN), Coupé, vide dès 850 kg.
Berline, 4 portes, 5 places; vide dès 890 kg.

Geo • Ginetta

Geo Metro Sedan

Motor: (SAE), 4 Zyl. in Linie (74×75.5 mm), 1299 cm³; Kompr. 9.5:1; 52 kW (71 PS) bei 6000/min, 40 kW/L (54.4 PS/L); 100 Nm (10.2 mkp) bei 3500/min; 91 ROZ.

Motorkonstruktion: Bezeichnung G 13 B; 1 obenl. Nockenwelle (Zahnriemen); Leichtmetall-Zylinderkopf und -block; 5fach gelagerte Kurbelwelle; Öl 3.1 L; elektron. Zentraleinspritzung. Batterie 45 Ah, Alternator 55 A; Wasserkühlung, Inh. 4.6 L.

Kraftübertragung: (auf Vorderräder). 5-Gang-Getriebe: I. 3.42; II. 1.89; III. 1.28; IV. 0.91; V. 0.76; R 3.27; Achse 3.79. 3-Stufen-Automat: I. 2.81; II. 1.55; III. 1; R 2.3; Achse 3.61.

Dimensionen: Radst. 237 cm, Kofferraum 290 dm³, Länge 417 cm, Höhe 141 cm.

Fahrleistungen: Vmax (Werk) 165 km/h, V bei 1000/min im 5. Gang 37.7 km/h; Leistungsgew. 17.1 kg/kW (12.5 kg/PS); Verbrauch (Red.) 5/5/8 L/100 km. Aut: Vmax 156 km/h.

Moteur: (SAE), 4 cyl. en ligne (74×75.5 mm), 1299 cm³; compr. 9.5:1; 52 kW (71 ch) à 6000/min, 40 kW/L (54.4 ch/L); 100 Nm (10.2 mkp) à 3500/min; 91 (R).

Moteur (constr.): désignation G 13 B; 1 arbre à cames en tête (courroie crantée); culasse et bloc-cyl. en alliage léger; vilebrequin à 5 paliers; huile 3.1 L; injection monopoint électron. Batterie 45 Ah, alternateur 55 A; refroidissement à eau, capac. 4.6 L.

Transmission: (sur roues AV). Boîte à 5 vit.: I. 3.42; II. 1.89; III. 1.28; IV. 0.91; V. 0.76; AR 3.27; pont 3.79. Boîte autom. à 3 vit.: I. 2.81; II. 1.55; III. 1; AR 2.3; pont 3.61.

Dimensions: empatt. 237 cm, coffre 290 dm³, longueur 417 cm, hauteur 141 cm.

Performances: Vmax (usine) 165 km/h, V à 1000/min en 5. vit. 37.7 km/h; rapp. poids/puiss. 17.1 kg/kW (12.5 kg/ch); consomm. (Red.) 5/5/8 L/100 km. Aut: Vmax 156 km/h.

Geo Prizm

Mittelklassewagen mit Frontantrieb, basiert auf dem Toyota Corolla, als Sedan und Liftback lieferbar; 1,6-oder 1,8-Liter-DOHC-Motor mit vier Ventilen pro Zylinder, wird in Kalifornien gefertigt.

Voiture de la catégorie moyenne avec traction AV, basant sur la Toyota Corolla, livrable comme Sedan et Liftback; moteur 1,6 ou 1,8 litre DOHC avec 4 soupapes par cyl., est produite en Californie.

1.6 16V – 106 PS Benzineinspritzung
1.6 16V – 106 ch Injection d'essence

Karosserie, Gewicht: (DIN), Limousine, 4 Türen, 5 Sitze; leer ab 1070 kg.

Motor: (SAE), 4 Zyl. in Linie (81×77 mm), 1587 cm³; Kompr. 9.5:1; 78 kW (106 PS) bei 5800/min, 49.1 kW/L (66.8 PS/L); 135 Nm (13.8 mkp) bei 4800/min; 91 ROZ.

Motorkonstruktion: 4 Ventile in V; 2 obenl. Nockenwellen (Zahnriemen); Leichtmetall-Zylinderkopf; 5fach gelagerte Kurbelwelle; Öl 3.1 L; elektron. Einspr., Nippondenso. Batterie 60 Ah, Alternator 60 A; Wasserkühlung, Inh. 5.9 L.

Kraftübertragung: (auf Vorderräder). 5-Gang-Getriebe: I. 3.55; II. 1.9; III. 1.31; IV. 0.97; V. 0.82; R 3.25; Achse 3.72. 3-Stufen-Automat: I. 2.81; II. 1.55; III. 1; R 2.3; Achse 3.53.

Fahrgestell: Selbsttragende Karosserie mit vorderem und hinterem Hilfsrahmen; vorn Federbeine und Dreieckquerl.; hinten Federbeine, Längs- und Querlenker; v/h Kurvenstab., Schraubenf., Teleskopd.

Fahrwerk: Bremse, vorne Scheiben (belüftet), hinten Trommeln, a.W. ABS, Handbremse auf Hinterr.; Zahnstangenlenkung, a.W. mit Servo, Treibstofftank 50 L; Reifen 175/65 R 14, 185/65 R 14, Felgen 5J.

Dimensionen: Radstand 246.5 cm, Spur 146/145 cm, Bodenfreih. 12 cm, Wendekreis 10.4 m, Kofferraum 360 dm³, Länge 439.5 cm, Breite 168.5 cm, Höhe 136 cm.

Carrosserie, poids: (DIN), Berline, 4 portes, 5 places; vide dès 1070 kg.

Moteur: (SAE), 4 cyl. en ligne (81×77 mm), 1587 cm³; compr. 9.5:1; 78 kW (106 ch) à 5800/min, 49.1 kW/L (66.8 ch/L); 135 Nm (13.8 mkp) à 4800/min; 91 (R).

Moteur (constr.): 4 soupapes en V; 2 arbres à cames en tête (courroie crantée); culasse en alliage léger; vilebr. à 5 paliers; huile 3.1 L; inj. électron., Nippondenso. Batterie 60 Ah, alternateur 60 A; refroidissement à eau, capac. 5.9 L.

Transmission: (sur roues AV). Boîte à 5 vit.: I. 3.55; II. 1.9; III. 1.31; IV. 0.97; V. 0.82; AR 3.25; pont 3.72. Boîte autom. à 3 vit.: I. 2.81; II. 1.55; III. 1; AR 2.3; pont 3.53.

Châssis: carrosserie autoporteuse avec faux-châssis AV et AR; AV jambes élast. et leviers triang. transv.; AR jambes élast., bras longitud. et transv.; AV/AR barre antidévers, ressorts hélic., amortiss. télesc.

Train roulant: frein, AV à disques (ventilés), AR à tambours, ABS s. d., frein à main sur roues AR; direction à crémaillère, s.d. avec servo, réservoir carb. 50 L; pneus 175/65 R 14, 185/65 R 14, jantes 5J.

Dimensions: empatt. 246.5 cm, voie 146/145 cm, garde au sol 12 cm, diam. de braq. 10.4 m, coffre 360 dm³, longueur 439.5 cm, largeur 168.5 cm, hauteur 136 cm.

Fahrleistungen: Vmax (Red.) 185 km/h, V bei 1000/min im 5. Gang 34.9 km/h; Leistungsgew. 13.7 kg/kW (10.1 kg/PS); Verbrauch (Red.) 6/11 L/100 km.

Performances: Vmax (réd.) 185 km/h, V à 1000/min en 5. vit. 34.9 km/h; rapp. poids/puiss. 13.7 kg/kW (10.1 kg/ch); consomm. (Red.) 6/11 L/100 km.

1.8 16V – 105 PS Benzineinspritzung
1.8 16V – 105 ch Injection d'essence

Wie 1.6 – 106 PS, ausgenommen:

Motor: (SAE), 4 Zyl. in Linie (81×85.5 mm), 1762 cm³; Kompr. 9.5:1; 77 kW (105 PS) bei 5200/min, 43.7 kW/L (59.4 PS/L); 159 Nm (16.2 mkp) bei 2800/min; 91 ROZ.

Motorkonstruktion: 4 Ventile in V; 2 obenl. Nockenwellen (Zahnriemen); Leichtmetall-Zylinderkopf; 5fach gelagerte Kurbelwelle; Öl 3.5 L; elektron. Einspr., Nippondenso. Batterie 360 A, Alternator 60 A; Wasserkühlung, Inh. 6.2 L.

Comme 1.6 – 106 ch, sauf:

Moteur: (SAE), 4 cyl. en ligne (81×85.5 mm), 1762 cm³; compr. 9.5:1; 77 kW (105 ch) à 5200/min, 43.7 kW/L (59.4 ch/L); 159 Nm (16.2 mkp) à 2800/min; 91 (R).

Moteur (constr.): 4 soupapes en V; 2 arbres à cames en tête (courroie crantée); culasse en alliage léger; vilebr. à 5 paliers; huile 3.5 L; inj. électron., Nippondenso. Batterie 360 A, alternateur 60 A; refroidissement à eau, capac. 6.2 L.

Geo Prizm

Kraftübertragung: (auf Vorderräder). 5-Gang-Getriebe: I. 3.17; II. 1.9; III. 1.31; IV. 0.97; V. 0.82; R 3.25; Achse 3.72. 4-Stufen-Automat: I. 3.64; II. 2.01; III. 1.3; IV. 0.89; R 2.98; Achse 2.82.

Fahrwerk: Scheiben-∅ v. 25.9 cm,.

Fahrleistungen: Vmax (Red.) 190 km/h, Leistungsgew. 12.5 kg/kW (9.2 kg/PS); Verbrauch (Red.) 7/11 L/100 km.

Transmission: (sur roues AV). Boîte à 5 vit.: I. 3.17; II. 1.9; III. 1.31; IV. 0.97; V. 0.82; AR 3.25; pont 3.72. Boîte autom. à 4 vit.: I. 3.64; II. 2.01; III. 1.3; IV. 0.89; AR 2.98; pont 2.82.

Train roulant: ∅ disques AV 25.9 cm.

Performances: Vmax (réd.) 190 km/h, rapp. poids/puiss. 12.5 kg/kW (9.2 kg/ch); consomm. (Red.) 7/11 L/100 km.

Geo Tracker

US-Exportausführung des Suzuki Escudo/Vitara. Technische Daten siehe Suzuki J.

Version d'exportation de la Suzuki Escudo/Vitara pour les USA. Données techniques voir Suzuki J.

Ginetta　　　　GB

Ginetta Cars Limited, Unit 12, Amos Road, Sheffield S9 1BX, England

Englische Sportwagenmarke, baute früher «Kit-cars»; neuerdings werden komplette Fahrzeuge hergestellt.

Marque anglaise de voitures de sport, fabrique des «kit-cars» et maintenant des voitures complètes.

Ginetta G34/G27

Roadster mit Rohrrahmen und Kunststoffkarosserie. Setzt die Tradition der Modelle aus den sechziger Jahren fort. Début mit Rover V8 Birmingham 1990. Für 1992: Auch mit Ford-Cosworth-Turbomotor. Birmingham 1992: SC, 4.5 V8 oder 1.8 16V. Für 1994: S2 mit vergrössertem Interieur. Für 1995 mit 2.0-Volvo-Turbomotor.

Roadster avec châssis tubulaire et carrosserie en matière synthétique. Construit selon la tradition des Ginettas des années soixantes. Lancement avec V8 Rover Birmingham 1990. Pour 1992: Avec moteur Ford Cosworth Turbo. Birmingham 1992: SC, V8 4.5 ou 1.8 16V. Pour 1994: S2 avec intérieur aggrandi. Pour 1995 avec moteur Volvo (turbo).

2.0 – 190 PS Benzineinspritzung/Turbo
2.0 – 190 ch Injection d'essence/turbo

Karosserie, Gewicht: (DIN), Roadster, 2 Türen, 2 Sitze; leer ca. 810 kg. G27: leer ab 650 kg.

Carrosserie, poids: (DIN), Roadster, 2 portes, 2 places; vide env. 810 kg. G27: vide dès 650 kg.

Ginetta • Hindustan

Ginetta G27

Motor: (DIN), 4 Zyl. in Linie (88.9×80 mm), 1986 cm³; Kompr. 8.2:1; 140 kW (190 PS) bei 5600/min, 70.5 kW/L (95.8 PS/L); 280 Nm (28.5 mkp) bei 2900/min.
Auch 121 kW (165 PS); 230 Nm (23,4 mkp).
G27: 1.6/1.8 (Ford) mit 100/140 PS.

Motorkonstruktion: Bezeichnung Volvo B200 FT.

Kraftübertragung: (auf Hinterräder), Differentialbremse.
5-Gang-Getriebe: I. 3.32; II. 2.09; III. 1.4; IV. 1; V. 0.79; R 3.43; Achse 3.54.

Fahrgestell: Gitterrohrrahmen mit Zentralträger; vorn doppelte Dreieckquerlenker; hinten oberer Querlenker, untere Dreieckquerlenker; v/h Kurvenstabilisator, Schraubenfedern, Teleskopdämpfer.

Fahrwerk: Vierrad-Scheibenbremse (vorn belüftet), Scheiben ⌀ v. 28.4 cm, h. 27.7 cm, Handbremse auf Hinterräder; Zahnstangenlenkung, Treibstofftank 41 L; a.W. 55 L; Reifen 205/50 ZR 15, 215/50 ZR 15, Felgen 7 J.

Dimensionen: Radstand 230 cm, Spur 138/138.5 cm, Bodenfreih. 10 cm, Wendekreis 10.5 m, Länge 397 cm, Breite 164 cm, Höhe 104 cm. G27: Länge 363 cm, Breite 147 cm.

Fahrleistungen: Vmax (Werk) 245 km/h, V bei 1000/min in 5. Gang 38 km/h; 0–97 km/h 5.4 s; Leistungsgew. 5.8 kg/kW (4.3 kg/PS); Verbrauch (Red.) 8/15 L/100 km.
G27: Vmax 180/200 km/h; 0-97 km/h 8,3/6.7 s.

Moteur: (DIN), 4 cyl. en ligne (88.9×80 mm), 1986 cm³; compr. 8.2:1; 140 kW (190 ch) à 5600/min, 70.5 kW/L (95.8 ch/L); 280 Nm (28.5 mkp) à 2900/min.
Aussi 121 kW (165 ch); 230 Nm (23,4 mkp).
G27: 1.6/1.8 (Ford) avec 100/140 ch.

Moteur (constr.): désignation Volvo B200 FT.

Transmission: (sur roues AR), différentiel autobloquant.
Boîte à 5 vit.: I. 3.32; II. 2.09; III. 1.4; IV. 1; V. 0.79; AR 3.43; pont 3.54.

Châssis: Cadre tubulaire à poutre centrale; AV leviers triang. transv. doubles; AR levier transv. sup., inf. leviers triang. transv.; AV/AR barre anti-dévers, ressorts hélic., amortiss. télesc.

Train roulant: quatre freins à disques (AV ventilés), ⌀ disques AV 28.4 cm, AR 27.7 cm, frein à main sur roues AR; direction à crémaillère, réservoir carb. 41 L; s.d. 55 L; pneus 205/50 ZR 15, 215/50 ZR 15, jantes 7 J.

Dimensions: empattement 230 cm, voie 138/138.5 cm, garde au sol 10 cm, diam. de braq. 10.5 m, longueur 397 cm, largeur 164 cm, hauteur 104 cm. G27: Longueur 363 cm, largeur 147 cm.

Performances: Vmax (usine) 245 km/h, V à 1000/min en 5. vit. 38 km/h; 0–97 km/h 5.4 s; rapp. poids/puiss. 5.8 kg/kW (4.3 kg/ch); consomm. (Red.) 8/15 L/100 km.
G27: Vmax 180/200 km/h; 0-97 km/h 8,3/6.7 s.

Hindustan — IND

Hindustan Motors Limited, 9/1 R.N. Mukherjee Road, Calcutta 700 001, India

Indischer Hersteller von Mittelklassewagen mit BMC-Teilen für den eigenen Markt.

Entreprise indienne fabriquant des voitures pour le marché intérieur avec organes mécaniques BMC.

Hindustan Ambassador Nova

Mittelklassewagen mit 1,5-Liter-Motor und 4-Gang-Getriebe. Mark IV mit höherer Leistung und Änderungen an Karosserie und Interieur. Debüt als Morris Oxford Serie II Mai 1954. 1991: Nova mit Detailverbesserungen.

Voiture de classe moyenne avec moteur de 1,5 litre et boîte à 4 vitesses. Mark IV avec puissance accrue et modifications. Lancement comme Morris Oxford II£e serie mai 1954. 1991: Nova avec modifications de détails.

1.5 – 54 PS Vergaser

Karosserie, Gewicht: (DIN), Limousine, 4 Türen, 5 Sitze; leer ab 1165 kg, max. zul. 1525 kg.

Motor: (DIN), 4 Zyl. in Linie (73×88.9 mm), 1488 cm³; Kompr. 8.3:1; 40 kW (54 PS) bei 4400/min, 26.9 kW/L (36.5 PS/L); 108 Nm (11 mkp) bei 2500/min.
Kompr. 7,5:1; 37 kW (50 PS) 103 Nm (10,5 mkp).
1.5 Diesel: Kompr. 23:1; 30 kW (41 PS) bei 4000/min; 83 Nm (8,5 mkp) bei 2000/min.

Motorkonstruktion: seitl. Nockenwelle (Kette); 3fach gelagerte Kurbelwelle; Öl 4.3 L; 1 Fallstromvergaser.
Batterie 60 Ah, Alternator 20 A; Wasserkühlung, Inh. 8 L.

Kraftübertragung: (auf Hinterräder).
4-Gang-Getriebe: I. 3.81; II. 2.25; III. 1.51; IV. 1; R 3.81; Achse 4.56; 4.88.

Fahrgestell: Selbsttragende Karosserie; vorn Dreieckquerlenker, Torsionsfederstäbe; hinten Starrachse, Halbelliptikfedern; v/h Kurvenstabilisatoren, Teleskopdämpfer.

Fahrwerk: Vierradtrommelbremse, a.W. mit Servo, Handbremse auf Hinterräder; Zahnstangenlenkung, Treibstofftank 54 L; Reifen 5.90-15, Felgen 4 J.

Dimensionen: Radstand 246.5 cm, Spur 136/135 cm, Bodenfreih. 16 cm, Wendekreis 10.8 m, Kofferraum 450 dm³, Länge 431 cm, Breite 167.5 cm, Höhe 160 cm.

Fahrleistungen: Vmax (Werk) 130 km/h, V bei 1000/min im 4. Gang 26.4 km/h; Leistungsgew. 29.1 kg/kW (21.2 kg/PS); Verbrauch (Werk) 10.5/11.3 L/100 km.

1.5 – 54 ch Carburateur

Carrosserie, poids: (DIN), Berline, 4 portes, 5 places; vide dès 1165 kg, tot. adm. 1525 kg.

Moteur: (DIN), 4 cyl. en ligne (73×88.9 mm), 1488 cm³; compr. 8.3:1; 40 kW (54 ch) à 4400/min, 26.9 kW/L (36.5 ch/L); 108 Nm (11 mkp) à 2500/min.
Kompr. 7,5:1; 37 kW (50 PS) 103 Nm (10,5 mkp).
1.5 Diesel: Kompr. 23:1; 30 kW (41 ch) à 4000/min; 83 Nm (8,5 mkp) à 2000/min.

Moteur (constr.): arbre à cames latéral (chaîne); vilebrequin à 3 paliers; huile 4.3 L; 1 carburateur inversé.
Batterie 60 Ah, alternateur 20 A; refroidissement à eau, capac. 8 L.

Transmission: (sur roues AR).
Boîte à 4 vit: I. 3.81; II. 2.25; III. 1.51; IV. 1; AR 3.81; pont 4.56; 4.88.

Châssis: carrosserie autoporteuse; AV leviers triang. transv., barres de torsion; AR essieu rigide, ressorts semi-ellipt.; AV/h barres anti-dévers, amortiss. télescop.

Train roulant: quatre freins à tambours, s.d. avec servo, frein à main sur roues AR; direction à crémaillère, réservoir carb. 54 L; pneus 5.90-15, jantes 4 J.

Dimensions: empattement 246.5 cm, voie 136/135 cm, garde au sol 16 cm, diam. de braq. 10.8 m, coffre 450 dm³, longueur 431 cm, largeur 167.5 cm, hauteur 160 cm.

Performances: Vmax (usine) 130 km/h, V à 1000/min en 4. vit. 26.4 km/h; rapp. poids/puiss. 29.1 kg/kW (21.2 kg/ch); consomm. (Werk) 10.5/11.3 L/100 km.

Hindustan Amabassador Nova

1.8 – 73 PS Vergaser

Wie 1.5 – 54 PS, ausgenommen:

Motor: (DIN), 4 Zyl. in Linie (84×82 mm), 1818 cm³; Kompr. 8.5:1; 54 kW (73 PS) bei 5000/min, 29.7 kW/L (40.4 PS/L); 130 Nm (13.3 mkp) bei 3000/min.

Motorkonstruktion: 1 obenl. Nockenwelle (Kette).
Alternator 45 A.

Fahrleistungen: Vmax (Red.) 140 km/h, Leistungsgew. 21.6 kg/kW (15.7 kg/PS); Verbrauch (Red.) 9/13 L/100 km.

1.8 – 73 ch Carburateur

Comme 1.5 – 54 ch, sauf:

Moteur: (DIN), 4 cyl. en ligne (84×82 mm), 1818 cm³; compr. 8.5:1; 54 kW (73 ch) à 5000/min, 29.7 kW/L (40.4 ch/L); 130 Nm (13.3 mkp) à 3000/min.

Moteur (constr.): 1 arbre à cames en tête (chaîne).
Alternateur 45 A.

Performances: Vmax (réd.) 140 km/h, rapp. poids/puiss. 21.6 kg/kW (15.7 kg/ch); consomm. (Red.) 9/13 L/100 km.

Hindustan Contessa Classic

Mittelklasselimousine auf der Basis des einstigen Vauxhall Victor (1972) mit Vierzylindermotor. Debüt Frühling 1984.

Berline de la catégorie moyenne sur base de la Vauxhall Victor (1972) avec moteur à 4 cyl. Lancement printemps 1984.

1.8 – 88 PS Vergaser

Karosserie, Gewicht: (DIN), Limousine, 4 Türen, 5 Sitze; leer 1140 kg, max. zul. 1590 kg.

Motor: (DIN), 4 Zyl. in Linie (84×82 mm), 1818 cm³; Kompr. 8.5:1; 65 kW (88 PS) bei 5000/min, 35.7 kW/L (48.6 PS/L); 136 Nm (13.9 mkp) bei 3000/min.
A.W. 1.5 mit 37 kW (50 PS) oder 40 kW (54 PS) wie Ambassador.

Motorkonstruktion: 1 obenl. Nockenwelle (Kette); 5fach gelagerte Kurbelwelle; Öl 4.3 L; 1 Fallstromvergaser.
Batterie 60 Ah, Alternator 45 A; Wasserkühlung, Inh. 8 L.

1.8 – 88 ch Carburateur

Carrosserie, poids: (DIN), Berline, 4 portes, 5 places; vide 1140 kg, tot. adm. 1590 kg.

Moteur: (DIN), 4 cyl. en ligne (84×82 mm), 1818 cm³; compr. 8.5:1; 65 kW (88 ch) à 5000/min, 35.7 kW/L (48.6 ch/L); 136 Nm (13.9 mkp) à 3000/min.
S.d.1.5 avec 37 kW (50 ch) ou 40 kW (54 ch) comme Ambassador.

Moteur (constr.): 1 arbre à cames en tête (chaîne); vilebrequin à 5 paliers; huile 4.3 L; 1 carburateur inversé.
Batterie 60 Ah, alternateur 45 A; refroidissement à eau, capac. 8 L.

Hindustan • Holden

Hindustan Contessa Classic

Kraftübertragung: (auf Hinterräder). 5-Gang-Getriebe: I. 3.74; II. 1.96; III. 1.36; IV. 1; V. 0.78; R 3.4; Achse 3.42; 4.56.

Fahrgestell: Selbsttragende Karosserie; vorn doppelte Dreieckquerlenker; hinten Starrachse, Längslenker, Panhardstab; v/h Schraubenfedern, Teleskopdämpfer, a.W. Kurvenstabilisator.

Fahrwerk: Bremse, vorne Scheiben, hinten Trommeln, a.W. mit Servo, Handbremse auf Hinterräder; Zahnstangenl., Treibstofftank 65 L; Reifen 175 R 13, 6.40-13, Felgen 5 J.

Dimensionen: Radstand 266.5 cm, Spur 142/140 cm, Bodenfreih. 16 cm, Wendekreis 11.5 m, Kofferraum 600 dm³, Länge 459 cm, Breite 170 cm, Höhe 138 cm.

Fahrleistungen: Vmax (Red.) 160 km/h, V bei 1000/min im 5. Gang 32.8 km/h; Leistungsgew. 17.5 kg/kW (13 kg/PS); Verbrauch (Red.) 9/12 L/100 km. 1.5: Vmax ca. 125 bis 130 km/h.

Transmission: (sur roues AR). Boîte à 5 vit.: I. 3.74; II. 1.96; III. 1.36; IV. 1; V. 0.78; AR 3.4; pont 3.42; 4.56.

Châssis: carrosserie autoporteuse; AV leviers triang. transv. doubles; AR essieu rigide, bras longitud., barre Panhard; AV/AR ressorts hélicoïdaux, amortiss. télesc., s.d. barre anti-dévers.

Train roulant: frein, AV à disques, AR à tambours, quelques modèles AV à tambours, s.d. avec servo, frein à main sur roues AR; direction à crém., réservoir carb. 65 L; pneus 175 R 13, 6.40-13, jantes 5 J.

Dimensions: empattement 266.5 cm, voie 142/140 cm, garde au sol 16 cm, diam. de braq. 11.5 m, coffre 600 dm³, longueur 459 cm, largeur 170 cm, hauteur 138 cm.

Performances: Vmax (réd.) 160 km/h, V à 1000/min en 5. vit. 32.8 km/h; rapp. poids/puiss. 17.5 kg/kW (13 kg/ch); consomm. (Red.) 9/12 L/100 km. 1.5: Vmax env. 125 à 130 km/h.

Holden   AUS

General Motors - Holden's Automotive Ltd., 241 Salmon St., P.O. Box 1714, Melbourne 3001, Australia

Australischer Hersteller, Glied der General Motors, führt auch weitere Fahrzeuge im Programm.

Marque australienne, affiliée à la General Motors. Distributeur de différents autres modèles.

Holden VS

Vom früheren Opel Senator abgeleitetes Fahrzeug mit V6- oder V8-Motor; Serie Calais mit Luxusausrüstung; Statesman, Caprice, Calais, Acclaim, Berlina und SS mit hinterer Einzelradaufhängung. Debüt Oktober 1988, Statesman/Caprice März 1990. September 1996: V6 auch mit Kompressor.

Voiture dérivée de l'ancienne Opel Senator avec moteurs V6 ou V8; AR frein à disques; Calais avec aménagement de luxe; Statesman, Caprice, Calais, Acclaim, Berlina et SS avec susp. AR indép. Débuts octobre 1988, Statesman/Caprice mars 1990. Septembre 1996: V6 aussi avec compresseur.

3.8 V6 – 200 PS Benzineinspritzung

3.8 V6 – 200 ch Injection d'essence

Karosserie, Gewicht: (DIN), Limousine, 4 Türen, 5 Sitze. Commodore/Calais/Statesman: leer ab 1370/1480/1500 kg. Station Wagon, 5 Türen, 5 Sitze; leer ab 1415 kg.

Motor: (DIN), 6 Zyl. in V 90° (96.5×86.4 mm), 3791 cm³; Kompr. 9.4:1; 147 kW (200 PS) bei 5200/min, 38.8 kW/L (52.7 PS/L); 304 Nm (31 mkp) bei 3600/min; 91 ROZ.

Motorkonstruktion: Bezeichnung Ecotec/Buick 3800; zentrale Nockenwelle (Kette); 4fach gelagerte Kurbelwelle; Öl 3.8 L; elektron. Einspritzung. Batterie 69 Ah, Alternator 105 A; Wasserkühlung, Inh. 11.7 L.

Carrosserie, poids: (DIN), Berline, 4 portes, 5 places. Commodore/Calais/Statesman: vide dès 1370/1480/1500 kg. Station-wagon, 5 portes, 5 places; vide dès 1415 kg.

Moteur: (DIN), 6 cyl. en V 90° (96.5×86.4 mm), 3791 cm³; compr. 9.4:1; 147 kW (200 ch) à 5200/min, 38.8 kW/L (52.7 ch/L); 304 Nm (31 mkp) à 3600/min; 91 (R).

Moteur (constr.): désignation Ecotec/Buick 3800; arbre à cames central (chaîne); vilebrequin à 4 paliers; huile 3.8 L; injection électronique. Batterie 69 Ah, alternateur 105 A; refroidissement à eau, capac. 11.7 L.

Kraftübertragung: (auf Hinterräder), a.W. Differentialbremse. 5-Gang-Getriebe: I. 3.83; II. 2.2; III. 1.4; IV. 1; V. 0.81; R 3.38; Achse 3.08. 4-Stufen-Automat: THM; I. 3.06; II. 1.63; III. 1; IV. 0.7; R 2.18; Achse 3.08.

Fahrgestell: Selbsttragende Karosserie; vorn Federbeine, Querlenker, Zugstreben; hinten Starrachse, Längs- und Querlenker, Panhardstab; einige Modelle Schräglenker; v/h Kurvenstabilisator, Schraubenfedern, Teleskopdämpfer.

Fahrwerk: Vierrad-Scheibenbremse (vorn belüftet), Scheiben-⌀ v. 28 cm, h. 27 cm, a.W. ABS, Handbremse auf Hinterräder; Zahnstangenlenkung mit Servo, Treibstofftank 59 L; a.W. 73 L; Reifen 205/65 HR 15, 215/60 R 16, Felgen 6 J, 7 J.

Dimensionen: Radstand 273 cm, Spur 149/149 cm, Bodenfreih. 14 cm, Wendekreis 11.5 m, Kofferraum 445 dm³, Länge 486 cm, Breite 179.5 cm, Höhe 140 cm. Statesman/Caprice: Radstand 282,5 cm. Länge 499 cm.
Wagon: Radst. 282 cm, 148 cm, Kofferraum 2490 dm³, Länge 490.5 cm, Höhe 142 cm.

Fahrleistungen: Vmax (Red.) über 200 km/h, V bei 1000/min im 5. Gang 47.5 km/h; 0–100 km/h 8.7 s; Leistungsgew. 9.3 kg/kW (6.8 kg/PS); Verbrauch (Red.) 8/10.5 L/100 km.

Transmission: (sur roues AR), différentiel autobloquant s.d. Boîte à 5 vit.: I. 3.83; II. 2.2; III. 1.4; IV. 1; V. 0.81; AR 3.38; pont 3.08. Boîte autom. à 4 vit.: THM; I. 3.06; II. 1.63; III. 1; IV. 0.7; AR 2.18; pont 3.08.

Châssis: carrosserie autoporteuse; AV jambes élast., leviers transv., tirants; AR essieu rigide, bras longitud. et transv., barre Panhard; quelques modèles triangles obliques; AV/AR barre anti-dévers, ressorts hélic, amortiss. télesc.

Train roulant: quatre freins à disques (AV ventilés), ⌀ disques AV 28 cm, AR 27 cm, ABS s. d., frein à main sur roues AR; servo-direction à crémaillère, réservoir carb. 59 L; s.d. 73 L; pneus 205/65 HR 15, 215/60 R 16, jantes 6 J, 7 J.

Dimensions: empattement 273 cm, voie 149/149 cm, garde au sol 14 cm, diam. de braq. 11.5 m, coffre 445 dm³, longueur 486 cm, largeur 179.5 cm, hauteur 140 cm. Statesman/Caprice: Empattement 282,5 cm. Longueur 499 cm.
Wagon: empatt. 282 cm, 148 cm, coffre 2490 dm³, long. 490.5 cm, hauteur 142 cm.

Performances: Vmax (réd.) plus de 200 km/h, V à 1000/min en 5. vit. 47.5 km/h; 0–100 km/h 8.7 s; rapp. poids/puiss. 9.3 kg/kW (6.8 kg/ch); consomm. (Red.) 8/10.5 L/100 km.

3.8 V6 – 224 PS Benzineinspritzung/Kompr.

3.8 V6 – 224 ch Injection d'essence/compr.

Wie 3.8 – 200 PS, ausgenommen:

Motor: (DIN), 6 Zyl. in V 90° (96.5×86.4 mm), 3791 cm³; Kompr. 8.5:1; 165 kW (224 PS) bei 5200/min, 43.5 kW/L (59.2 PS/L); 370 Nm (37.7 mkp) bei 3200/min; 95 ROZ.

Motorkonstruktion: Bezeichnung Ecotec V6 Supercharged (Buick 3800); zentrale Nockenwelle (Kette); 4fach gelagerte Kurbelwelle; Öl 4.3 L; elektron. Einspritzung, 1 Kompressor, Roots (Eaton). Batterie 69 Ah, Alternator 105 A; Wasserkühlung, Inh. 12 L.

Kraftübertragung: (auf Hinterräder), a.W. Differentialbremse. 4-Stufen-Automat: THM; I. 3.06; II. 1.63; III. 1; IV. 0.7; R 2.18; Achse 3.08.

Fahrleistungen: Vmax (Red.) über 200 km/h, V bei 1000/min im 4. Gang 54 km/h; 0–100 km/h 8.5 s; Leistungsgew. 8.5 kg/kW (6.3 kg/PS); Verbrauch (Red.) 10/15 L/100 km.

Comme 3.8 – 200 ch, sauf:

Moteur: (DIN), 6 cyl. en V 90° (96.5×86.4 mm), 3791 cm³; compr. 8.5:1; 165 kW (224 ch) à 5200/min, 43.5 kW/L (59.2 ch/L); 370 Nm (37.7 mkp) à 3200/min; 95 (R).

Moteur (constr.): désignation Ecotec V6 Supercharged (Buick 3800); arbre à cames central (chaîne); vilebrequin à 4 paliers; huile 4.3 L; injection électronique, 1 compresseur, Roots (Eaton). Batterie 69 Ah, alternateur 105 A; refroidissement à eau, capac. 12 L.

Transmission: (sur roues AR), différentiel autobloquant s.d. Boîte autom. à 4 vit.: THM; I. 3.06; II. 1.63; III. 1; IV. 0.7; AR 2.18; pont 3.08.

Performances: Vmax (réd.) plus de 200 km/h, V à 1000/min en 4. vit. 54 km/h; 0–100 km/h 8.5 s; rapp. poids/puiss. 8.5 kg/kW (6.3 kg/ch); cons. (Red.) 10/15 L/100 km.

Holden VS Commodore S

5.0 V8 – 228 PS Benzineinspritzung

5.0 V8 – 228 ch Injection d'essence

Wie 3.8 – 200 PS, ausgenommen:

Karosserie, Gewicht: (DIN) leer ab 1450 kg.

Comme 3.8 – 200 ch, sauf:

Carrosserie, poids: (DIN) vide dès 1450 kg.

Holden • Hommel • Honda

Holden VS Caprice

Motor: (DIN), 8 Zyl. in V 90° (101.6×76.8 mm), 4981 cm³; Kompr. 8.4:1; 168 kW (228 PS) bei 4400/min, 33.7 kW/L (45.9 PS/L); 395 Nm (40.3 mkp) bei 3600/min.
Doppelauspuff: 185 kW (252 PS) bei 4600/min, 400 Nm (40,8 mkp) bei 3800/min.

Motorkonstruktion: Bezeichnung GMH 308; zentrale Nockenwelle (Kette); 5fach gelagerte Kurbelwelle; Öl 5 L; elektron. Einspritzung.
Batterie 69 Ah, Alternator 105 A; Wasserkühlung, Inh. 13 L.

Kraftübertragung: (auf Hinterräder), a. W. Differentialbremse.
5-Gang-Getriebe: I. 2.95; II. 1.94; III. 1.34; IV. 1; V. 0.73; R 3.38; Achse 3.08; 3.27.
4-Stufen-Automat: THM; I. 3.06; II. 1.63; III. 1; IV. 0.7; R 2.18; Achse 3.08.

Fahrwerk: Scheiben-Ø v. 29 cm, Reifen 205/65 VR 15, 205/55 VR 16, 225/50 ZR 16; Felgen 7 J.

Fahrleistungen: Vmax (Red.) über 210 km/h, V bei 1000/min im 5. Gang 52.5 km/h; 0–100 km/h 8.7 s; Leistungsgew. 8.6 kg/kW (6.3 kg/PS); Verbrauch (Red.) 10/17 L/100 km.

Moteur: (DIN), 8 cyl. en V 90° (101.6×76.8 mm), 4981 cm³; compr. 8.4:1; 168 kW (228 ch) à 4400/min, 33.7 kW/L (45.9 PS/L); 395 Nm (40.3 mkp) à 3600/min.
Double échappement: 185 kW (252 ch) à 4600/mn, 400 Nm (40,8 mkp) à 3800/mn.

Moteur (constr.): désignation GMH 308; arbre à cames central (chaîne); vilebrequin à 5 paliers; huile 5 L; injection électronique.
Batterie 69 Ah, alternateur 105 A; refroidissement à eau, capac. 13 L.

Transmission: (sur roues AR), différentiel autobloquant s.d.
Boîte à 5 vit.: I. 2.95; II. 1.94; III. 1.34; IV. 1; V. 0.73; AR 3.38; pont 3.08; 3.27.
Boîte autom. à 4 vit.: THM; I. 3.06; II. 1.63; III. 1; IV. 0.7; AR 2.18; pont 3.08.

Train roulant: Ø disques AV 29 cm, pneus 205/65 VR 15, 205/55 VR 16, 225/50 ZR 16; jantes 7 J.

Performances: Vmax (réd.) plus de 210 km/h, V à 1000/min en 5. vit. 52.5 km/h; 0–100 km/h 8.7 s; rapp. poids/puiss. 8.6 kg/kW (6.3 kg/ch); consomm. (Red.) 10/17 L/100 km.

5.7 V8 – 292 PS Benzineinspritzung

Wie 3.8 – 200 PS, ausgenommen:

Karosserie, Gewicht: (DIN) leer ab 1600 kg.

Motor: (DIN), 8 Zyl. in V 90° (101.6×88.4 mm), 5733 cm³; Kompr. 10.5:1; 215 kW (292 PS) bei 5000/min, 37.5 kW/L (51 PS/L); 470 Nm (47.9 mkp) bei 3600/min.

Motorkonstruktion: zentrale Nockenwelle (Kette); 5fach gelagerte Kurbelwelle; Öl 5 L; elektron. Einspritzung.
Batterie 62 Ah, Alternator 105 A; Wasserkühlung.

Kraftübertragung: (auf Hinterräder), Differentialbremse.
5-Gang-Getr.: I. 2.64; II. 1.78; III. 1.3; IV. 1; V. 0.74; VI. 0.49; R 2.42; Achse 3.27; 3.45.

Fahrwerk: Vierrad-Scheibenbremse (v/h belüftet), Scheiben-Ø v. 33 cm, h. 28 cm, Reifen 235/45 ZR 17, Felgen 8 J.

Fahrleistungen: Vmax (Red.) 250 km/h, 0–100 km/h 6.5 s; Leistungsgew. 7.4 kg/kW (5.5 kg/PS); Verbr. (Red.) 10/17 L/100 km.

5.7 V8 – 292 ch Injection d'essence

Comme 3.8 – 200 ch, sauf:

Carrosserie, poids: (DIN) vide dès 1600 kg.

Moteur: (DIN), 8 cyl. en V 90° (101.6×88.4 mm), 5733 cm³; compr. 10.5:1; 215 kW (292 ch) à 5000/min, 37.5 kW/L (51 ch/L); 470 Nm (47.9 mkp) à 3600/min.

Moteur (constr.): arbre à cames central (chaîne); vilebrequin à 5 paliers; huile 5 L; injection électronique.
Batterie 62 Ah, alternateur 105 A; refroidissement à eau.

Transmission: (sur roues AR), différentiel autobloquant.
Boîte à 5 vit.: I. 2.64; II. 1.78; III. 1.3; IV. 1; V. 0.74; VI. 0.49; AR 2.42; pont 3.27; 3.45.

Train roulant: quatre freins à disques (AV/AR ventilés), Ø disques AV 33 cm, AR 28 cm, pneus 235/45 ZR 17, jantes 8 J.

Performances: Vmax (réd.) 250 km/h, 0–100 km/h 6.5 s; rap. poids/puiss. 7.4 kg/kW (5.5 kg/ch); cons. (Red.) 10/17 L/100 km.

Hommel   F

Automobiles Michel Hommel «La Courneuve» 35550 Lohéac, France

Hommel Berlinette Echappement

Zweisitziges Kunststoffcoupé und -cabriolet mit Mittelmotor; 2-Liter-16V-Motor von PSA. Provisorische Daten.

Coupé et cabriolet 2 places en matière plastique, moteur central 2 litres 16V de PSA. Données incomplètes.

2.0 16V – 152 PS Benzineinspritzung

Karosserie, Gewicht: (DIN), Coupé/Cabriolet; 2 Türen, 2 Sitze; leer ab 980 kg.

Motor: (ECE), 4 Zyl. in Linie (86×86 mm), 1998 cm³; Kompr. 10.4:1; 112 kW (152 PS) bei 6500/min, 56 kW/L (76.2 PS/L); 183 Nm (18.7 mkp) bei 3500/min; 95 ROZ.
In Vorber.: Kompr. 10.8:1; 120 kW (163 PS) bei 6500/min, 193 Nm bei 5500/min.

Motorkonstruktion: Bezeichnung XU 10 J4 D/Z; 4 Ventile in V; 2 obenl. Nockenwellen (Zahnriemen); Leichtmetall-Zylinderkopf; 5fach gelagerte Kurbelwelle; Öl 5.4 L; elektron. Einspritzung, Bosch.
Batterie 400 A, Alternator 70 A; Wasserkühlung, Inh. 9 L.

Kraftübertragung: (auf Hinterräder).
6-Gang-Getr.: I. 2.92; II. 1.87; III. 1.41; IV. 1.15; V. 0.95; VI. 0.8; R 2.58; Achse 3.95.

Fahrgestell: Rohrrahmenchassis; v/h doppelte Dreieckquerlenker, Kurvenstabilisator, Schraubenfedern, Teleskopdämpfer.

Fahrwerk: Vierrad-Scheibenbremse (v/h belüftet), Scheiben-Ø v. 28.3 cm, h. 26.6 cm, Handbr. auf Hinterräder; Zahnstangenl., Treibstofftank 64 L; Reifen v. 205/45 VR 16, h. 225/45 VR 16, Felgen 7.5 J.

2.0 16V – 152 ch Injection d'essence

Carrosserie, poids: (DIN), Coupé/cabriolet; 2 portes, 2 places; vide dès 980 kg.

Moteur: (ECE), 4 cyl. en ligne (86×86 mm), 1998 cm³; compr. 10.4:1; 112 kW (152 ch) à 6500/min, 56 kW/L (76.2 ch/L); 183 Nm (18.7 mkp) à 3500/min; 95 (R).
En préparation: Compr. 10.8:1; 120 kW (163 ch) à 6500/min, 193 Nm à 5500/min.

Moteur (constr.): désignation XU 10 J4 D/Z; 4 soupapes en V; 2 arbres à cames en tête (courroie crantée); culasse en alliage léger; vilebrequin à 5 paliers; huile 5.4 L; injection électronique, Bosch.
Batterie 400 A, alternateur 70 A; refroidissement à eau, capac. 9 L.

Transmission: (sur roues AR).
Boîte à 6 vit.: I. 2.92; II. 1.87; III. 1.41; IV. 1.15; V. 0.95; VI. 0.8; AR 2.58; pont 3.95.

Châssis: châssis tubulaire; AV/AR leviers triang. transv. doubles, barre anti-dévers, ressorts hélic., amortiss. télesc.

Train roulant: quatre freins à disques (AV/AR ventilés), Ø disques AV 28.3 cm, AR 26.6 cm, frein à main sur roues AR; direction à crém., rés. carb. 64 L; pneus AV 205/45 VR 16, AR 225/45 VR 16, jantes 7.5 J.

Hommel Berlinette Echappement

Dimensionen: Radstand 245 cm, Spur 149/152 cm, Bodenfreih. 12 cm, Wendekreis 10 m, Länge 412 cm, Breite 179 cm, Höhe 116 cm.

Fahrleistungen: Vmax (Werk) 229 km/h, V bei 1000/min im 6. Gang 31.8 km/h; steh. km 27.9 s; Leistungsgew. 8.7 kg/kW (6.4 kg/PS); Verbrauch (Red.) 11/13 L/100 km.

Dimensions: empattement 245 cm, voie 149/152 cm, garde au sol 12 cm, diam. de braq. 10 m, longueur 412 cm, largeur 179 cm, hauteur 116 cm.

Performances: Vmax (usine) 229 km/h, V à 1000/min en 6. vit. 31.8 km/h; km arrêté 27.9 s; rapp. poids/puiss. 8.7 kg/kW (6.4 kg/ch); consomm. (Red.) 11/13 L/100 km.

Honda   J

Honda Motor Co. Ltd., No. 5,5-chome, Yeasu, Chuo-ku, Tokyo, Japan

Grösster Motorradproduzent der Welt. Seit 1964 Serienproduktion von Personenwagen. Einige Modelle werden auch in den USA montiert, die Baureihen Integra, Vigor, Legend und NSX werden unter einer anderen Markenbezeichnung (Acura) vertrieben.

Le plus important producteur de motocyclettes du monde. Depuis 1964, fabrication en série de voitures. Quelques modèles sont également montés aux USA, les séries Integra, Vigor, Legend et NSX sont vendues sous une marque différente (Acura).

Honda Today

Kleinwagen mit Quermotor und Frontantrieb. Debüt September 1985. Frühling 1988: 3- statt 2-Zylinder. 1990: 656 cm³, 10 cm länger, 4WD. Januar 1993: Neuauflage.

Petite voiture à moteur transv., traction AV. Lancement sept. 1985. Printemps 1988: 3 au lieu de 2 cyl. 1990: 656 cm³, 10 cm plus longue, 4WD. Janvier 1993: Renouvellement.

0.7 12V – 48 PS Benzineinspritzung

Karosserie, Gewicht: Limousine, 3/5 Türen; 4 Sitze; leer ab 660 kg.

0.7 12V – 48 ch Injection d'essence

Carrosserie, poids: Berline, 3/5 portes; 4 places; vide dès 660 kg.

Honda

Motor: (ECE), 3 Zyl. in Linie (66×64 mm), 657 cm³; Kompr. 9.8:1; 35 kW (48 PS) bei 6300/min, 53.2 kW/L (72.4 PS/L); 57 Nm (5.8 mkp) bei 5500/min.
Xi: 43 kW (58 PS) bei 7300/min; 60 Nm (6,1 mkp) bei 6200/min.

Motorkonstruktion: 4 Ventile in V 54°; 1 obenl. Nockenwelle (Zahnriemen); Leichtmetall-Zylinderkopf und -block; 4fach gelagerte Kurbelwelle; Öl 3 L; elektron. Einspritzung.
Batterie 32 Ah, Alternator 35 A; Wasserk.

Kraftübertragung: (auf Vorderräder).
5-Gang-Getriebe: I. 4.08; II. 2.29; III. 1.5; IV. 1.1; V. 0.89; R 3.91; Achse 4.56.
3-Stufen-Automat: I. 2.43; II. 1.37; III. 0.84; R 2.05; Achse 5.31.

Fahrgestell: Selbsttragende Karosserie; vorn Federbeine und Dreieckquerlenker, Kurvenstabilisator; hinten Torsionskurbelachse, Längslenker, Panhardstab, Schraubenfedern, Teleskopdämpfer.

Moteur: (ECE), 3 cyl. en ligne (66×64 mm), 657 cm³; compr. 9.8:1; 35 kW (48 ch) à 6300/min, 53.2 kW/L (72.4 ch/L); 57 Nm (5.8 mkp) à 5500/min.
Xi: 43 kW (58 ch) à 7300/min; 60 Nm (6,1 mkp) à 6200/min.

Moteur (constr.): 4 soupapes en V 54°; 1 arbre à cames en tête (courroie crantée); culasse et bloc-cyl. en alliage léger; vilebrequin à 4 paliers; huile 3 L; injection électronique.
Batterie 32 Ah, altern. 35 A; ref. à eau.

Transmission: (sur roues AV).
Boîte à 5 vit.: I. 4.08; II. 2.29; III. 1.5; IV. 1.1; V. 0.89; AR 3.91; pont 4.56.
Boîte autom. à 3 vit.: I. 2.43; II. 1.37; III. 0.84; AR 2.05; pont 5.31.

Châssis: carrosserie autoporteuse; AV jambes élast. et leviers triang. transv., barre anti-dévers; AR essieu à manivelles à torsion, bras longitud., barre Panhard, ressorts hélicoïdaux, amortiss. télesc.

Honda Today

Fahrwerk: Bremse, vorne Scheiben, hinten Trommeln, Handbremse auf Hinterräder; Zahnstangenlenkung, Treibstofftank 30 L; Reifen 155/70 R 12, 145 R 12, 155/65 R 13; Felgen 4 J.

Dimensionen: Radstand 233 cm, Spur 122.5/122.5 cm, Bodenfreih. 15 cm, Wendekreis 9.8 m, Länge 329.5 cm, Breite 139.5 cm, Höhe 135 cm.

Fahrleistungen: Vmax (Red.) 130 km/h, V bei 1000/min im 5. Gang 23 km/h; Leistungsgew. 15.8 kg/kW (11.7 kg/PS); Verbrauch (Red.) 4/8 L/100 km.

Train roulant: frein, AV à disques, AR à tambours, frein à main sur roues AR; direction à crémaillère, réservoir carb. 30 L; pneus 155/70 R 12, 145 R 12, 155/65 R 13; jantes 4 J.

Dimensions: empattement 233 cm, voie 122.5/122.5 cm, garde au sol 15 cm, diam. de braq. 9.8 m, longueur 329.5 cm, largeur 139.5 cm, hauteur 135 cm.

Performances: Vmax (réd.) 130 km/h, V à 1000/min en 5. vit. 23 km/h; rapp. poids/puiss. 15.8 kg/kW (11.7 kg/ch); consomm. (Red.) 4/8 L/100 km.

Honda Logo

Neues Modell. Kompaktwagen mit drei oder fünf Türen, 1,3-Liter-Motor; 5-Gang-getriebe, 3-Stufenautomat oder stufenloses Getriebe. Debüt Oktober 1996.

Nouveau modèle. Voiture compacte avec 3 ou 5 portes, moteur 1,3 litres; boîte à 5 vitesses, automatique ou à variation continue. Lancement octobre 1996.

1.3 – 67 PS Benzineinspritzung
1.3 – 67 ch Injection d'essence

Karosserie, Gewicht: Limousine, 3/5 Türen, 4 Sitze; leer ab 790 kg.

Motor: (JIS), 4 Zyl. in Linie (75×76 mm), 1343 cm³; Kompr. 9.2:1; 49 kW (67 PS) bei 5000/min, 36.5 kW/L (49.6 PS/L); 111 Nm (11.3 mkp) bei 2500/min; 95 ROZ.

Motorkonstruktion: 1 obenl. Nockenwelle (Zahnriemen); Leichtmetall-Zylinderkopf und -block; 5fach gelagerte Kurbelwelle; Öl 4.3 L; elektron. Einspritzung.
Batterie 55 Ah, Alternator 70 A; Wasserkühlung, Inh. 4.8 L.

Kraftübertragung: (auf Vorderräder), a. W. Differentialbremse.
5-Gang-Getriebe: I. 3.23; II. 1.91; III. 1.25; IV. 0.94; V. 0.77; R 3.15; Achse 3.89.
3-Stufen-Automat: I. 2.29; II. 1.24; III. 0.78; R 1.95; Achse 3.94.
CVT: stufenlos variabel von 2.47 bis 0.45; R 2.47; Achse 5.81.

Carrosserie, poids: Berline, 3/5 portes, 4 places; vide dès 790 kg.

Moteur: (JIS), 4 cyl. en ligne (75×76 mm), 1343 cm³; compr. 9.2:1; 49 kW (67 ch) à 5000/min, 36.5 kW/L (49.6 ch/L); 111 Nm (11.3 mkp) à 2500/min; 95 (R).

Moteur (constr.): 1 arbre à cames en tête (courroie crantée); culasse et bloc-cyl. en alliage léger; vilebrequin à 5 paliers; huile 4.3 L; injection électronique.
Batterie 55 Ah, alternateur 70 A; refroidissement à eau, capac. 4.8 L.

Transmission: (sur roues AV), différentiel autobloquant s.d.
Boîte à 5 vit.: I. 3.23; II. 1.91; III. 1.25; IV. 0.94; V. 0.77; AR 3.15; pont 3.89.
Boîte autom. à 3 vit.: I. 2.29; II. 1.24; III. 0.78; AR 1.95; pont 3.94.
CVT: à variation continue de 2.47 à 0.45; AR 2.47; pont 5.81.

Fahrgestell: Selbsttragende Karosserie; vorn Federbeine und Dreieckquerlenker, Kurvenstabilisator; hinten Torsionskurbelachse, Längslenker, Panhardstab, Schraubenfedern, Teleskopdämpfer.

Fahrwerk: Bremse, vorne Scheiben, hinten Trommeln, a.W. ABS, Handbremse auf Hinterräder; Zahnstangenlenkung, Treibstofftank 40 L; Reifen 155 R 13, 175/70 R 13, Felgen 4.5 J, 5 J.

Dimensionen: Radstand 236 cm, Spur 142.5/140 cm, Bodenfreih. 15 cm, Wendekreis 9.2 m, Länge 375 cm, Breite 164.5 cm, Höhe 149 cm.

Fahrleistungen: Vmax (Red.) 160 km/h, V bei 1000/min in 5. Gang 35.4 km/h; Leistungsgew. 16.1 kg/kW (11.8 kg/PS); Verbrauch (Red.) 6/8 L/100 km.

Châssis: carrosserie autoporteuse; AV jambes élast. et leviers triang. transv., barre anti-dévers; AR essieu à manivelles à torsion, bras longitud., barre Panhard, ressorts hélicoïdaux, amortiss. télesc.

Train roulant: frein, AV à disques, AR à tambours, ABS s. d., frein à main sur roues AR; direction à crémaillère, réservoir carb. 40 L; pneus 155 R 13, 175/70 R 13, jantes 4.5 J, 5 J.

Dimensions: empattement 236 cm, voie 142.5/140 cm, garde au sol 15 cm, diam. de braq. 9.2 m, longueur 375 cm, largeur 164.5 cm, hauteur 149 cm.

Performances: Vmax (réd.) 160 km/h, V à 1000/min en 5. vit. 35.4 km/h; rapp. poids/puiss. 16.1 kg/kW (11.8 kg/ch); consomm. (Red.) 6/8 L/100 km.

Honda Logo

Honda City

Neues, speziell für die panasiatischen Märkte bestimmtes Modell. Lokale Produktion in bisher 7 asiatischen Ländern. Viertürige Stufenhecklimousine mit 1,3/16V-Motor.

Nouveau modèle, specialement conçu pour les marchées asiatiques en prospection. Production locale en 7 differentes pays. Berline 4 portes avec moteur 1,3/16V.

1.3 – 95 PS Benzineinspritzung
1.3 – 95 ch Injection d'essence

Karosserie, Gewicht: Limousine, 4 Türen, 5 Sitze; leer ab 940 kg.

Motor: (JIS), 4 Zyl. in Linie (75×76 mm), 1343 cm³; Kompr. 9.1:1; 70 kW (95 PS) bei 6400/min, 52.1 kW/L (70.9 PS/L); 119 Nm (12.1 mkp) bei 4700/min; 91 ROZ.

Motorkonstruktion: 1 obenl. Nockenwelle (Zahnriemen); Leichtmetall-Zylinderkopf und -block; 5fach gelagerte Kurbelwelle; Öl 4.3 L; elektron. Einspritzung.
Batterie 28 Ah, Alternator 65 A; Wasserkühlung, Inh. 4.8 L.

Kraftübertragung: (auf Vorderräder).
5-Gang-Getriebe: I. 3.23; II. 1.91; III. 1.25; IV. 0.94; V. 0.77; R 3.15; Achse 4.25.
4-Stufen-Automat: I. 2.72; II. 1.5; III. 1.03; IV. 0.78; R 1.95; Achse 3.94.

Fahrgestell: Selbsttragende Karosserie; vorn Federbeine und Dreieckquerlenker, Kurvenstabilisator; hinten Torsionskurbelachse, Längslenker, Panhardstab, v/h Schraubenfedern, Teleskopdämpfer.

Carrosserie, poids: Berline, 4 portes, 5 places; vide dès 940 kg.

Moteur: (JIS), 4 cyl. en ligne (75×76 mm), 1343 cm³; compr. 9.1:1; 70 kW (95 ch) à 6400/min, 52.1 kW/L (70.9 ch/L); 119 Nm (12.1 mkp) à 4700/min; 91 (R).

Moteur (constr.): 1 arbre à cames en tête (courroie crantée); culasse et bloc-cyl. en alliage léger; vilebrequin à 5 paliers; huile 4.3 L; injection électronique.
Batterie 28 Ah, alternateur 65 A; refroidissement à eau, capac. 4.8 L.

Transmission: (sur roues AV).
Boîte à 5 vit.: I. 3.23; II. 1.91; III. 1.25; IV. 0.94; V. 0.77; AR 3.15; pont 4.25.
Boîte autom. à 4 vit.: I. 2.72; II. 1.5; III. 1.03; IV. 0.78; AR 1.95; pont 3.94.

Châssis: carrosserie autoporteuse; AV jambes élast. et leviers triang. transv., barre anti-dévers; AR essieu à manivelles à torsion, bras longitud., barre Panhard, AV/AR ressorts hélicoïdaux, amortiss. télesc.

Honda City

Honda

Fahrwerk: Bremse, vorne Scheiben (belüftet), hinten Trommeln, Handbr. auf Hinterräder; Zahnstangenl. mit Servo, Treibstofftank 45 L; Reifen 165 R 13, Felgen 5 J.

Dimensionen: Radstand 250 cm, Spur 145.5/145.5 cm, Bodenfreih. 17 cm, Wendekreis 9.6 m, Kofferraum 385 dm³, Länge 422.5 cm, Breite 169 cm, Höhe 140 cm.

Fahrleistungen: Vmax (Werk) 171 km/h, V bei 1000/min im 5. Gang 33.2 km/h; 0–100 km/h 11.3 s; Leistungsgew. 13.4 kg/kW (9.9 kg/PS); Verbrauch (Red.) 5.5/8 L/100 km.

Train roulant: frein, AV à disques (ventilés), AR à tambours, frein à main sur roues AR; servodirection à crémaillère, réservoir carb. 45 L; pneus 165 R 13, jantes 5 J.

Dimensions: empattement 250 cm, voie 145.5/145.5 cm, garde au sol 17 cm, diam. de braq. 9.6 m, coffre 385 dm³, longueur 422.5 cm, largeur 169 cm, hauteur 140 cm.

Performances: Vmax (usine) 171 km/h, V à 1000/min en 5. vit. 33.2 km/h; 0–100 km/h 11.3 s; rapp. poids/puiss. 13.4 kg/ch (9.9 kg/ch); consom. (Red.) 5.5/8 L/100 km.

Honda Civic

Kompaktwagen mit Quermotor und Frontantrieb oder permanentem Allrad. Salon Frankfurt 1991: Neuauflage. VTEC-E-System nun auch für nicht leistungsorientierte Triebwerke. 1994 auch 5türig. 1995: Neuauflage mit teilweise neuen Motoren.

Voiture compacte à moteur transversal et traction AV ou 4Ä4×. Salon de Francfort 1991: Nouvelle génération. Système VTEC-E maintenant aussi pour moteurs moins poussés. 1994 comme 5 portes. 1995: Nouvelle generation avec partiellement nouveaux moteurs.

1.4 16V – 75 PS Benzineinspritzung

Karosserie, Gewicht: Limousine, 3 Türen, 5 Sitze; leer ab 1030 kg.

Motor: (ECE), 4 Zyl. in Linie (75×79 mm), 1396 cm³; Kompr. 9.1:1; 55 kW (75 PS) bei 6000/min, 39.4 kW/L (53.5 PS/L); 109 Nm (11.1 mkp) bei 3000/min; 95 ROZ. (JIS): 75×76 mm, 1343 cm³, 67 kW (91 PS) bei 6300/min; 114 Nm bei 4800/min.

Motorkonstruktion: 4 Ventile in V; 1 obenl. Nockenwelle (Zahnriemen); Leichtmetall-Zylinderkopf und -block; 5fach gelagerte Kurbelwelle; Öl 4 L; elektron. Einspritzung. Batterie 55 Ah, Alternator 70 A; Wasserkühlung, Inh. 4.8 L.

Kraftübertragung: (auf Vorderräder).
5-Gang-Getriebe: I. 3.25; II. 1.91; III. 1.25; IV. 0.91; V. 0.7; R 3.15; Achse 4.06.

Fahrgestell: Selbsttragende Karosserie; vorn doppelte Dreieckquerl.; hinten Längslenker, untere und obere Querlenker; v/h Schraubenfedern und koaxiale Dämpfer.

Fahrwerk: Bremse, vorne Scheiben (belüftet), hinten Trommeln, Scheiben-⌀ v. 24 cm, ABS, Handbremse auf Hinterräder; Zahnstangenlenkung mit Servo, Treibstofftank 45 L; Reifen 175/70 R 13, Felgen 5 J.

Dimensionen: Radstand 262 cm, Spur 148/148 cm, Bodenfreih. 11 cm, Wendekreis 10.8 m, Kofferraum 225/600 dm³, Länge 419 cm, Breite 169.5 cm, Höhe 138 cm.

Fahrleistungen: Vmax (Werk) 165 km/h, V bei 1000/min im 5. Gang 37 km/h; 0–100 km/h 13.9 s; Lei.-gew. 18.7 kg/kW (13.7 kg/PS); Verbr. ECE 5.4/7/7.5 L/100 km.

1.4 16V – 75 ch Injection d'essence

Carrosserie, poids: Berline, 3 portes, 5 places; vide dès 1030 kg.

Moteur: (ECE), 4 cyl. en ligne (75×79 mm), 1396 cm³; compr. 9.1:1; 55 kW (75 ch) à 6000/min, 39.4 kW/L (53.5 ch/L); 109 Nm (11.1 mkp) à 3000/min; 95 (R). (JIS): 75×76 mm, 1343 cm³, 67 kW (91 ch) à 6300/min; 114 Nm à 4800/min.

Moteur (constr.): 4 soupapes en V; 1 arbre à cames en tête (courroie crantée); culasse et bloc-cyl. en alliage léger; vilebrequin à 5 paliers; huile 4 L; injection électronique. Batterie 55 Ah, alternateur 70 A; refroidissement à eau, capac. 4.8 L.

Transmission: (sur roues AV).
Boîte à 5 vit.: I. 3.25; II. 1.91; III. 1.25; IV. 0.91; V. 0.7; AR 3.15; pont 4.06.

Châssis: carrosserie autoporteuse; AV leviers triang. transv. doubles; AR bras longitud., leviers transversaux inf. et sup.; AV/AR ressorts hélic. et amortisseurs coaxiaux.

Train roulant: frein, AV à disques (ventilés), AR à tambours, ⌀ disques AV 24 cm, ABS, frein à main sur roues AR; servodirection à crémaillère, réservoir carb. 45 L; pneus 175/70 R 13, jantes 5 J.

Dimensions: empattement 262 cm, voie 148/148 cm, garde au sol 11 cm, diam. de braq. 10.8 m, coffre 225/600 dm³, longueur 419 cm, largeur 169.5 cm, hauteur 138 cm.

Performances: Vmax (usine) 165 km/h, V à 1000/min en 5. vit. 37 km/h; 0–100 km/h 13.9 s; rapp. poids/puiss. 18.7 kg/ch (13.7 kg/ch); consomm. ECE 5.4/7/7.5 L/100 km.

Honda Civic Hatchback

Honda Civic Sedan

1.4 16V – 90 PS Benzineinspritzung

Wie 1.4 – 75 PS, ausgenommen:

Karosserie, Gewicht: Limousine, 3/5 Türen; 5 Sitze; leer ab 1040 kg.
Sedan: Limousine, 4 Türen, 5 Sitze; leer ab 1065 kg, max. zul. 1600 kg.

Motor: (ECE), 4 Zyl. in Linie (75×79 mm), 1396 cm³; Kompr. 9.2:1; 66 kW (90 PS) bei 6300/min, 47.3 kW/L (64.3 PS/L); 120 Nm (12.2 mkp) bei 4600/min; 91 ROZ.

Motorkonstruktion: Bezeichnung D13B; 4 Ventile in V; 1 obenl. Nockenwelle (Zahnriemen); Leichtmetall-Zylinderkopf und -block; 5fach gelagerte Kurbelwelle; Öl 3.5 L; elektron. Einspritzung. Batterie 55 Ah, Alternator 70 A; Wasserkühlung, Inh. 4.8 L.

Kraftübertragung: (auf Vorderräder).
5-Gang-Getriebe: I. 3.25; II. 1.91; III. 1.25; IV. 0.91; V. 0.7; R 3.15; Achse 4.06.
4-Stufen-Automat: I. 2.6; II. 1.39; III. 0.93; IV. 0.67; R 1.95; Achse 4.36.

Dimensionen: Sedan: Länge 446 cm.

Fahrleistungen: Vmax (Werk) 177 km/h, V bei 1000/min im 5. Gang 37 km/h; 0–100 km/h 10.8 s; Ver. ECE 5.4/7/7.5 L/100 km. (11.6 kg/PS); *Aut.:* Vmax 170 km/h, 0–100 km/h 13.4 s; Verbrauch ECE 5.8/7.3/8.7 L/100 km.

1.5 16V – 114 PS Benzineinspritzung

Wie 1.4 – 75 PS, ausgenommen:

Karosserie, Gewicht: Limousine, 3/5 Türen; 5 Sitze; leer ab 1075 kg.
Sedan: Limousine, 4 Türen, 5 Sitze; leer ab 1100 kg.

Motor: (ECE), 4 Zyl. in Linie (75×84.5 mm), 1493 cm³; Kompr. 9.6:1; 84 kW (114 PS) bei 6500/min, 56.2 kW/L (76.5 PS/L); 134 Nm (13.7 mkp) bei 5500/min; 95 ROZ. JIS: 77 kW (105 PS) bei 6400/min oder: 96 kW (130 PS) bei 7000/min.

Motorkonstruktion: Bezeichnung VTEC; 4 Ventile in V; 1 obenl. Nockenwelle (Zahnriemen); Leichtmetall-Zylinderkopf und -block; 5fach gelagerte Kurbelwelle; elektron. Einspritzung. Batterie 55 Ah, Alternator 75 A; Wasserkühlung, Inh. 4.8 L.

Kraftübertragung: (auf Vorderräder).
5-Gang-Getriebe: I. 3.25; II. 1.91; III. 1.25; IV. 0.91; V. 0.7; R 3.15; Achse 3.89,4.25.
4-Stufen-Automat: I. 2.6; II. 1.39; III. 0.93; IV. 0.67; R 1.95; Achse 4.36.
Sedan: 4-Stufen-Automat: I. 2.6; II. 1.39; III. 0.98; IV. 0.77; R 1.95; Achse 4.33.

Fahrwerk: Reifen 175/65 R 14.

Fahrleistungen: Vmax (Werk) 192 km/h, V bei 1000/min im 5. Gang 39.1 km/h; 0–100 km/h 10.4 s; Leistungsgew. 13.1 kg/kW (9.6 kg/PS); Verbrauch ECE 4.8/6.2/6.6 L/100 km.
Aut.: Vmax 177 km/h, 0–100 km/h 12.2 s; Verbrauch ECE 5.1/6.7/7.7 L/100 km.

1.4 16V – 90 ch Injection d'essence

Comme 1.4 – 75 ch, sauf:

Carrosserie, poids: Berline, 3/5 portes; 5 places; vide dès 1040 kg.
Sedan: Berline, 4 portes, 5 places; vide dès 1065 kg, tot. adm. 1600 kg.

Moteur: (ECE), 4 cyl. en ligne (75×79 mm), 1396 cm³; compr. 9.2:1; 66 kW (90 ch) à 6300/min, 47.3 kW/L (64.3 ch/L); 120 Nm (12.2 mkp) à 4600/min; 91 (R).

Moteur (constr.): désignation D13B; 4 soupapes en V; 1 arbre à cames en tête (courroie crantée); culasse et bloc-cyl. en alliage léger; vilebrequin à 5 paliers; huile 3.5 L; injection électronique. Batterie 55 Ah, alternateur 70 A; refroidissement à eau, capac. 4.8 L.

Transmission: (sur roues AV).
Boîte à 5 vit.: I. 3.25; II. 1.91; III. 1.25; IV. 0.91; V. 0.7; AR 3.15; pont 4.06.
Boîte autom. à 4 vit.: I. 2.6; II. 1.39; III. 0.93; IV. 0.67; AR 1.95; pont 4.36.

Dimensions: Sedan: longueur 446 cm.

Performances: Vmax (usine) 177 km/h, V à 1000/min en 5. vit. 37 km/h; 0–100 km/h 10.8 s; rapp. poids/puiss. 15.8 kg/kW (11.6 kg/ch); consomm. ECE 5.4/7/7.5 L/100 km.
Aut.: Vmax 170 km/h, 0–100 km/h 13.4 s; consomm. ECE 5.8/7.3/8.7 L/100 km.

1.5 16V – 114 ch Injection d'essence

Comme 1.4 – 75 ch, sauf:

Carrosserie, poids: Berline, 3/5 portes; 5 places; vide dès 1075 kg.
Sedan: Berline, 4 portes, 5 places; vide dès 1100 kg.

Moteur: (ECE), 4 cyl. en ligne (75×84.5 mm), 1493 cm³; compr. 9.6:1; 84 kW (114 ch) à 6500/min, 56.2 kW/L (76.5 ch/L); 134 Nm (13.7 mkp) à 5500/min; 95 (R). JIS: 77 kW (105 ch) à 6400/min ou: 96 kW (130 ch) à 7000/min.

Moteur (constr.): désignation VTEC; 4 soupapes en V; 1 arbre à cames en tête (courroie crantée); culasse et bloc-cyl. en alliage léger; vilebrequin à 5 paliers; injection électronique. Batterie 55 Ah, alternateur 75 A; refroidissement à eau, capac. 4.8 L.

Transmission: (sur roues AV).
Boîte à 5 vit.: I. 3.25; II. 1.91; III. 1.25; IV. 0.91; V. 0.7; AR 3.15; pont 3.89,4.25.
Boîte autom. à 4 vit.: I. 2.6; II. 1.39; III. 0.93; IV. 0.67; AR 1.95; pont 4.36.
Sedan: boîte autom. à 4 vit.: I. 2.6; II. 1.39; III. 0.98; IV. 0.77; AR 1.95; pont 4.33.

Train roulant: pneus 175/65 R 14.

Performances: Vmax (usine) 192 km/h, V à 1000/min en 5. vit. 39.1 km/h; 0–100 km/h 10.4 s; rapp. poids/puiss. 13.1 kg/kW (9.6 kg/ch); consomm. ECE 4.8/6.2/6.6 L/100 km.
Aut.: Vmax 177 km/h, 0–100 km/h 12.2 s; consomm. ECE 5.1/6.7/7.7 L/100 km.

Honda

Honda Civic Hatchback

1.6 16V – 114 PS
Benzineinspritzung

Wie 1.4 – 75 PS, ausgenommen:

Karosserie, Gewicht: Limousine, 3/5 Türen; 5 Sitze; leer ab 1075 kg.
CVT: Limousine, 3 Türen; leer ab 1105 kg.

Motor: (ECE), 4 Zyl. in Linie (75×90 mm), 1590 cm^3; Kompr. 9.4:1; 84 kW (114 PS) bei 6500/min, 52.8 kW/L (71.8 PS/L); 140 Nm (14.3 mkp) bei 5000/min; 95 ROZ.
JIS: 88 kW (120 PS) bei 6400/min.

Motorkonstruktion: Bezeichnung CZ; 4 Ventile in V; 1 obenl. Nockenwelle (Zahnriemen); Leichtmetall-Zylinderkopf und -block; 5fach gelagerte Kurbelwelle; Öl 4 L; elektron. Einspritzung.
Batterie 55 Ah, Alternator 70 A; Wasserk.

Kraftübertragung: (auf Vorderräder).
5-Gang-Getriebe: I. 3.25; II. 1.76; III. 1.17; IV. 0.91; V. 0.7; R 3.15; Achse 4.25.
Sedan: 5-Gang-Getriebe: I. 3.38; II. 1.95; III. 1.27; IV. 0.94; V. 0.79; R 3; Achse 4.43.
CVT: stufenlos variabel von 2.47 bis 0.45; R 2.47; Achse 4.36.
4-Stufen-Automat: I. 2.61; II. 1.47; III. 1.03; IV. 0.78; R 1.91; Achse 4.07.

Fahrwerk: Reifen 165/70 R 13.

Fahrleistungen: Vmax (Werk) 192 km/h, 0–100 km/h 9.2 s; Lei.-gew. 13.1 kg/kW (9.7 kg/PS); Verbr. (Red.) 5.6/8.3 L/100 km.

1.6 16V – 126 PS
Benzineinspritzung

Wie 1.4 – 75 PS, ausgenommen:

Karosserie, Gewicht: Limousine, 3/5 Türen; 5 Sitze; leer ab 1140 kg.
Coupé, 2 Türen; leer ab 1210 kg.

Motor: (ECE), 4 Zyl. in Linie (75×90 mm), 1590 cm^3; Kompr. 9.2:1; 93 kW (126 PS) bei 6500/min, 58.5 kW/L (79.5 PS/L); 144 Nm (14.7 mkp) bei 5200/min; 95 ROZ.

Motorkonstruktion: Bezeichnung ZC; 4 Ventile in V; 1 obenl. Nockenwelle (Zahnriemen); Leichtmetall-Zylinderkopf und -block; 5fach gelagerte Kurbelwelle; Öl 4 L; elektron. Einspritzung.
Batterie 55 Ah, Alternator 70 A; Wasserk.

Kraftübertragung: (auf Vorderräder).
5-Gang-Getriebe: I. 3.25; II. 1.9; III. 1.25; IV. 0.91; V. 0.75; R 3.15; Achse 4.25.
4-Stufen-Automat: I. 2.72; II. 1.52; III. 0.98; IV. 0.64; R 1.95; Achse 4.36.

Fahrwerk: Vierrad-Scheibenbremse (vorn belüftet); Scheiben-⌀ v. 26.2 cm, h. 23.9 cm, a.W. ABS, Reifen 165/70 R 13.
Reifen 185/60 R 14.

Dimensionen: Coupé: Kofferraum 335 dm^3, Länge 446 cm, Breite 170 cm, Höhe 137 cm.

1.6 16V – 114 ch
Injection d'essence

Comme 1.4 – 75 ch, sauf:

Carrosserie, poids: Berline, 3/5 portes; 5 places; vide dès 1075 kg.
CVT: Berline, 3 portes; vide dès 1105 kg.

Moteur: (ECE), 4 cyl. en ligne (75×90 mm), 1590 cm^3; compr. 9.4:1; 84 kW (114 ch) à 6500/min, 52.8 kW/L (71.8 ch/L); 140 Nm (14.3 mkp) à 5000/min; 95 (R).
JIS: 88 kW (120 ch) à 6400/min.

Moteur (constr.): désignation CZ; 4 soupapes en V; 1 arbre à cames en tête (courroie crantée); culasse et bloc-cyl. en alliage léger; vilebrequin à 5 paliers; huile 4 L; injection électronique.
Batterie 55 Ah, alternateur 70 A; ref. à eau.

Transmission: (sur roues AV).
Boîte à 5 vit.: I. 3.25; II. 1.76; III. 1.17; IV. 0.91; V. 0.7; AR 3.15; pont 4.25.
Sedan: Boîte à 5 vit.: I. 3.38; II. 1.95; III. 1.27; IV. 0.94; V. 0.79; AR 3; pont 4.43.
CVT: à variation continue de 2.47 et 0.45; AR 2.47; pont 4.36.
Boîte autom. à 4 vit.: I. 2.61; II. 1.47; III. 1.03; IV. 0.78; AR 1.91; pont 4.07.

Train roulant: pneus 165/70 R 13.

Performances: Vmax (usine) 192 km/h, 0–100 km/h 9.2 s; rapp. po./puiss. 13.1 kg/kW (9.7 kg/ch); cons. (Red.) 5.6/8.3 L/100 km.

1.6 16V – 126 ch
Injection d'essence

Comme 1.4 – 75 ch, sauf:

Carrosserie, poids: Berline, 3/5 portes; 5 places; vide dès 1140 kg.
Coupé, 2 portes; vide dès 1210 kg.

Moteur: (ECE), 4 cyl. en ligne (75×90 mm), 1590 cm^3; compr. 9.2:1; 93 kW (126 ch) à 6500/min, 58.5 kW/L (79.5 ch/L); 144 Nm (14.7 mkp) à 5200/min; 95 (R).

Moteur (constr.): désignation ZC; 4 soupapes en V; 1 arbre à cames en tête (courroie crantée); culasse et bloc-cyl. en alliage léger; vilebrequin à 5 paliers; huile 4 L; injection électronique.
Batterie 55 Ah, alternateur 70 A; ref. à eau.

Transmission: (sur roues AV).
Boîte à 5 vit.: I. 3.25; II. 1.9; III. 1.25; IV. 0.91; V. 0.75; AR 3.15; pont 4.25.
Boîte autom. à 4 vit.: I. 2.72; II. 1.52; III. 0.98; IV. 0.64; AR 1.95; pont 4.36.

Train roulant: quatre freins à disques (AV ventilés); ⌀ disques AV 26.2 cm, AR 23.9 cm, ABS s. d., pneus 165/70 R 13.
Pneus 185/60 R 14.

Dimensions: Coupé: coffre 335 dm^3, longueur 446 cm, largeur 170 cm, hauteur 137 cm.

Fahrleistungen: Vmax (Red.) 195 km/h, V bei 1000/min im 5. Gang 32.3 km/h; 0–100 km/h 8.7 s; Leistungsgew. 10.7 kg/kW (7.9 kg/PS); Verbrauch (Red.) 5.9/6/8 L/100 km.
Aut.: Vmax 192 km/h, 0–100 km/h 9.2 s; Verbrauch (Red.) 5.6/8.3 L/100 km.

1.6 16V – 160 PS
Benzineinspritzung

Wie 1.4 – 75 PS, ausgenommen:

Karosserie, Gewicht: Limousine, 3 Türen, 5 Sitze; leer ab 1165 kg.
Sedan: Lim., 4 Türen; leer ab 1190 kg.

Motor: (ECE), 4 Zyl. in Linie (81×77.4 mm), 1595 cm^3; Kompr. 10.2:1; 118 kW (160 PS) bei 7600/min, 74 kW/L (100.6 PS/L); 150 Nm (15.3 mkp) bei 7000/min; 95 ROZ.
JIS: Kompr. 10,4:1; 125 kW (170 PS) bei 7800/min; 160 Nm bei 7300/min.

Motorkonstruktion: Bezeichnung B16A; 4 Ventile in V; 2 obenl. Nockenwellen (Zahnriemen); Leichtmetall-Zylinderkopf und -block; 5fach gelagerte Kurbelwelle; Ölkühler; Öl 4.8 L; elektron. Einspritzung.
Batterie 55 Ah, Alternator 70 A; Wasserk.

Kraftübertragung: (auf Vorderräder).
5-Gang-Getriebe: I. 3.23; II. 2.11; III. 1.46; IV. 1.11; V. 0.88; R 3; Achse 4.27.

Fahrwerk: Vierrad-Scheibenbremse (vorn belüftet), ABS, Reifen 195/55 VR 15, Felgen 5.5 J.

Fahrleistungen: Vmax (Werk) 207 km/h, V bei 1000/min im 5. Gang 29 km/h; 0–100 km/h 8 s; Leistungsgew. 9.9 kg/kW (7.3 kg/PS); Verbrauch ECE 6.3/7.8/9.3 L/100 km.
Sedan: Vmax 218 km/h, 0–100 km/h 8.1 s.

Honda CRX Hardtop - Del Sol

Sportmodell auf Civic-Basis mit wegnehmbarem Dachteil und versenkbarer Heckscheibe. Debüt Genf 1992.

1.6 16V – 126 PS
Benzineinspritzung

Karosserie, Gewicht: Coupé, 2 Türen, 2 Sitze; leer ab 1035 kg.

Motor: (ECE), 4 Zyl. in Linie (75×90 mm), 1590 cm^3; Kompr. 9.2:1; 93 kW (126 PS) bei 6500/min, 58.5 kW/L (79.5 PS/L); 144 Nm (14.7 mkp) bei 5200/min; 95 ROZ.
1.5 (JIS): (75×84.5 mm), 1493 cm^3; 96 kW (130 PS) b. 6800/min; 138 Nm b. 5200/min.

Motorkonstruktion: Bezeichnung ZC; 4 Ventile in V; 1 obenl. Nockenwellen (Zahnriemen); Leichtmetall-Zylinderkopf und -block; 5fach gelagerte Kurbelwelle; Öl 4 L; elektron. Einspritzung.
Batterie 55 Ah, Alternator 70 A; Wasserk.

Performances: Vmax (réd.) 195 km/h, V à 1000/min en 5. vit. 32.3 km/h; 0–100 km/h 8.7 s; rapp. poids/puiss. 10.7 kg/kW (7.9 kg/ch); consomm. (Red.) 5.9/6/8 L/100 km.
Aut.: Vmax 192 km/h, 0–100 km/h 9.2 s; consomm. (Red.) 5.6/8.3 L/100 km.

1.6 16V – 160 ch
Injection d'essence

Comme 1.4 – 75 ch, sauf:

Carrosserie, poids: Berline, 3 portes, 5 places; vide dès 1165 kg.
Sedan: Berline, 4 portes; vide dès 1190 kg.

Moteur: (ECE), 4 cyl. en ligne (81×77.4 mm), 1595 cm^3; compr. 10.2:1; 118 kW (160 ch) à 7600/min, 74 kW/L (100.6 ch/L); 150 Nm (15.3 mkp) à 7000/min; 95 (R).
JIS: compr. 10,4:1; 125 kW (170 ch) à 7800/mn; 160 Nm à 7300/mn.

Moteur (constr.): désignation B16A; 4 soupapes en V; 2 arbres à cames en tête (courroie crantée); culasse et bloc-cyl. en alliage léger; vilebrequin à 5 paliers; radiat. d'huile; huile 4.8 L; injection électronique.
Batterie 55 Ah, alternateur 70 A; ref. à eau.

Transmission: (sur roues AV).
Boîte à 5 vit.: I. 3.23; II. 2.11; III. 1.46; IV. 1.11; V. 0.88; AR 3; pont 4.27.

Train roulant: quatre freins à disques (AV ventilés), ABS, pneus 195/55 VR 15, jantes 5.5 J.

Performances: Vmax (usine) 207 km/h, V à 1000/min en 5. vit. 29 km/h; 0–100 km/h 8 s; rapp. poids/puiss. 9.9 kg/kW (7.3 kg/ch); consomm. ECE 6.3/7.8/9.3 L/100 km.
Sedan: Vmax 218 km/h, 0–100 km/h 8.1 s.

Honda CRX Hardtop - Del Sol

Modèle deux places sur base de la Civic, toit targa, vitre AR escamotable. Lancement Genève 1992.

1.6 16V – 126 ch
Injection d'essence

Carrosserie, poids: Coupé, 2 portes, 2 places; vide dès 1035 kg.

Moteur: (ECE), 4 cyl. en ligne (75×90 mm), 1590 cm^3; compr. 9.2:1; 93 kW (126 ch) à 6500/min, 58.5 kW/L (79.5 ch/L); 144 Nm (14.7 mkp) à 5200/min; 95 (R).
1.5 (JIS): (75×84.5 mm), 1493 cm^3; 96 kW (130 ch) à 6800/min; 138 Nm à 5200/min.

Moteur (constr.): désignation ZC; 4 soupapes en V; 1 arbre à cames en tête (courroie crantée); culasse et bloc-cyl. en alliage léger; vilebrequin à 5 paliers; huile 4 L; injection électronique.
Batterie 55 Ah, alternateur 70 A; ref. à eau.

Honda CRX Hardtop

Honda

Kraftübertragung: (auf Vorderräder).
5-Gang-Getriebe: I. 3.25; II. 1.9; III. 1.25; IV. 0.91; V. 0.75; R 3.15; Achse 4.25.
4-Stufen-Automat: I. 2.6; II. 1.39; III. 0.98; IV. 0.77; R 1.95; Achse 4.33.

Fahrgestell: Selbsttragende Karosserie; vorn doppelte Dreieckquerlenker, Kurvenstabilisator; hinten Längslenker, untere und obere Querlenker; v/h Schraubenfedern und koaxiale Dämpfer.

Fahrwerk: Bremse, vorne Scheiben (belüftet), hinten Trommeln, a.W. ABS (mit Scheiben h.), Handbremse auf Hinterräder; Zahnstangenlenkung mit Servo, Treibstofftank 45 L; Reifen 185/60 HR 14, 175/65 R 14, 165/70 R 13; Felgen 5 J, 5.5 J.

Dimensionen: Radstand 237 cm, Spur 147.5/146.5 cm, Bodenfreih. 14 cm, Wendekreis 9.4 m, Kofferraum 300 dm^3, Länge 400 cm, Breite 169.5 cm, Höhe 126 cm.

Fahrleistungen: Vmax (Werk) 190 km/h, V bei 1000/min im 5. Gang 33.5 km/h; 0–100 km/h 9.3 s; Leistungsgew. 11.2 kg/kW (8.3 kg/PS); Verbrauch ECE 6/7.5/8.9 L/100 km.
Aut.: Verbrauch ECE 6.4/8/9.9 L/100 km.

1.6 16V – 160 PS Benzineinspritzung

Wie 1.6 – 126 PS, ausgenommen:

Karosserie, Gewicht: Coupé; leer ab 1090 kg.

Motor: (ECE), 4 Zyl. in Linie (81×77.4 mm), 1595 cm^3; Kompr. 10.2:1; 118 kW (160 PS) bei 7600/min, 74 kW/L (100.6 PS/L); 150 Nm (15.3 mkp) bei 7000/min; 95 ROZ.
JIS: Kompr. 10,4:1; 125 kW (170 PS) bei 7800/min; 160 Nm bei 7300/min.

Motorkonstruktion: Bezeichnung B16A; 4 Ventile in V; 2 obenl. Nockenwellen (Zahnriemen); Leichtmetall-Zylinderkopf und -block; 5fach gelagerte Kurbelwelle; Ölkühler; Öl 4.8 L; elektron. Einspritzung.

Batterie 55 Ah, Alternator 70 A; Wasserk.

Kraftübertragung: (auf Vorderräder).
5-Gang-Getriebe: I. 3.25; II. 2.11; III. 1.46; IV. 1.11; V. 0.88; R 3; Achse 4.27.
4-Stufen-Automat: I. 2.6; II. 1.52; III. 1.08; IV. 0.77; R 1.95; Achse 4.33.

Fahrwerk: Vierrad-Scheibenbremse (vorn belüftet), ABS, Reifen 195/60 VR 14, 195/55 VR 15.

Fahrleistungen: Vmax (Werk) 210 km/h, V bei 1000/min im 5. Gang 29.2 km/h; 0–100 km/h 7.9 s; Leistungsgew. 9.2 kg/kW (6.8 kg/PS); Verbr. ECE 6.1/7.6/9.2 L/100 km.

Honda Domani

Viertürige Limousine auf Basis des Civic, Nachfolger des japanischen Concerto, a.W. Allradantrieb. Debüt Oktober 1992. Daten wie Civic Sedan.

Honda Domani

Transmission: (sur roues AV).
Boîte à 5 vit.: I. 3.25; II. 1.9; III. 1.25; IV. 0.91; V. 0.75; AR 3.15; pont 4.25.
Boîte autom. à 4 vit.: I. 2.6; II. 1.39; III. 0.98; IV. 0.77; AR 1.95; pont 4.33.

Châssis: carrosserie autoporteuse; AV leviers triang. transv. doubles, barre anti-dévers; AR bras longitud., leviers transversaux inf. et sup.; AV/AR ressorts hélicoïdaux et amortisseurs coaxiaux.

Train roulant: frein, AV à disques (ventilés), AR à tambours, s.d. ABS (avec disque AR), frein à main sur roues AR; servodirection à crémaillère, réservoir carb. 45 L; pneus 185/60 HR 14, 175/65 R 14, 165/70 R 13; jantes 5 J, 5.5 J.

Dimensions: empattement 237 cm, voie 147.5/146.5 cm, garde au sol 14 cm, diam. de braq. 9.4 m, coffre 300 dm^3, longueur 400 cm, largeur 169.5 cm, hauteur 126 cm.

Performances: Vmax (usine) 190 km/h, V à 1000/min en 5. vit. 33.5 km/h; 0–100 km/h 9.3 s; rapp. poids/puiss. 11.2 kg/kW (8.3 kg/ch); consomm. ECE 6/7.5/8.9 L/100 km.
Aut.: consomm. ECE 6.4/8/9.9 L/100 km.

1.6 16V – 160 ch Injection d'essence

Comme 1.6 – 126 ch, sauf:

Carrosserie, poids: Coupé; vide dès 1090 kg.

Moteur: (ECE), 4 cyl. en ligne (81×77.4 mm), 1595 cm^3; compr. 10.2:1; 118 kW (160 ch) à 7600/min, 74 kW/L (100.6 ch/L); 150 Nm (15.3 mkp) à 7000/min; 95 (R).
JIS: compr. 10,4:1; 125 kW (170 ch) à 7800/mn; 160 Nm à 7300/mn.

Moteur (constr.): désignation B16A; 4 soupapes en V; 2 arbres à cames en tête (courroie crantée); culasse et bloc-cyl. en alliage léger; vilebrequin à 5 paliers; radiat. d'huile; huile 4.8 L; injection électronique.

Batterie 55 Ah, alternateur 70 A; ref. à eau.

Transmission: (sur roues AV).
Boîte à 5 vit.: I. 3.25; II. 2.11; III. 1.46; IV. 1.11; V. 0.88; AR 3; pont 4.27.
Boîte autom. à 4 vit.: I. 2.6; II. 1.52; III. 1.08; IV. 0.77; AR 1.95; pont 4.33.

Train roulant: quatre freins à disques (AV ventilés), ABS, pneus 195/60 VR 14, 195/55 VR 15.

Performances: Vmax (usine) 210 km/h, V à 1000/min en 5. vit. 29.2 km/h; 0–100 km/h 7.9 s; rapp. poids/puiss. 9.2 kg/kW (6.8 kg/PS); consomm. ECE 6.1/7.6/9.2 L/100 km.

Honda Domani

Berline 4 portes, sur base de la Civic, successeur de la Concerto japonaise, s.d. quatre roues motr. Lancement oct. 1992. Données comme Civic sedan.

Honda Integra

Mittelklassewagen mit Quermotor und Frontantrieb. Debüt Coupé und Limousine Februar 1985. In den USA als Acura Integra verkauft. April 1989: VTEC mit variablen Steuerzeiten, 160 PS. 1991: VTEC mit 170 PS. Mai 1993: Coupé neu.

1.8 16V – 144 PS Benzineinspritzung

Karosserie, Gewicht: Limousine, 4 Türen, 5 Sitze; leer ab 1190 kg.
Coupé, 3 Türen, 5 Sitze; leer ab 1145 kg.

Motor: (SAE), 4 Zyl. in Linie (81×89 mm), 1834 cm^3; Kompr. 9.2:1; 106 kW (144 PS) bei 6300/min, 57.8 kW/L (78.6 PS/L); 173 Nm (17.6 mkp) bei 5200/min; 91 ROZ.
In Japan auch mit 1.6/16V: Kompr. 9,4:1; 88 kW (120 PS) bei 6400/min; 143 Nm (14,7 mkp) bei 5000/min.
(JIS), 103 kW (140 PS) bei 56.1 kW/L (76.3 PS/L); 171 Nm (17.4 mkp) bei 5000/min.

Motorkonstruktion: Bezeichnung B18B; 4 Ventile in V; 2 obenl. Nockenwellen (Zahnriemen); Leichtmetall-Zylinderkopf und -block; 5fach gelagerte Kurbelwelle; Öl 4.6 L; elektron. Einspritzung.

Batterie 55 Ah, Alternator 90 A; Wasserkühlung, Inh. 6.7 L.

Kraftübertragung: (auf Vorderräder).
5-Gang-Getriebe: I. 3.23; II. 1.9; III. 1.27; IV. 0.97; V. 0.71; R 3; Achse 4.27.
4-Stufen-Automat: I. 2.72; II. 1.47; III. 0.98; IV. 0.64; R 1.95; Achse 4.36.

Honda Integra

Fahrgestell: Selbsttragende Karosserie; vorn unterer Querlenker, Zugstreben, obere Dreieckquerlenker, Kurvenstabilisator; hinten Längslenker, untere und obere Querlenker, a.W. Kurvenstabilisator; v/h Schraubenfedern und koaxiale Dämpfer.

Fahrwerk: Vierrad-Scheibenbremse (vorn belüftet), Scheiben-⌀ v. 26.2 cm, h. 23.9 cm, a.W. ABS, Handbremse auf Hinterräder; Zahnstangenlenkung mit Servo, Treibstofftank 50 L; Reifen 195/60 R 15, 195/55 VR 15, Felgen 5.5 J, 6 J.
Coupé: Reifen 185/65 HR 14, Felgen 5 J, 5.5 J.

Dimensionen: Radstand 262 cm, Spur 147.5/147 cm, Bodenfreih. 15 cm, Wendekreis 10.8 m, Kofferraum 370 dm^3, Länge 452.5 cm, Breite 171 cm, Höhe 137 cm.
Coupé: Radstand 257 cm, Wendekreis 10 m, Kofferraum 345/600 dm^3, Länge 438 cm, Höhe 134 cm.

Fahrleistungen: Vmax (Red.) 200 km/h, V bei 1000/min im 5. Gang 32 km/h; Leistungsgew. 11.3 kg/kW (8.3 kg/PS); Verbrauch (Red.) 7/11 L/100 km.

1.8 16V – 173 PS Benzineinspritzung

Wie 1.8 – 144 PS, ausgenommen:

Karosserie, Gewicht: Limousine; leer ab 1200 kg.

Honda Integra

Voiture de la classe moyenne, moteur transv., traction AV. Lancement coupé et berline février 1985. Vendue aux USA comme Acura Integra. Avril 1989: VTEC: distrib. variable, 160 ch. 1991: VTEC, 170 ch. Mai 1993: Coupé.

1.8 16V – 144 ch Injection d'essence

Carrosserie, poids: Berline, 4 portes, 5 places; vide dès 1190 kg.
Coupé, 3 portes, 5 places; vide 1145 kg.

Moteur: (SAE), 4 cyl. en ligne (81×89 mm), 1834 cm^3; compr. 9.2:1; 106 kW (144 ch) à 6300/min, 57.8 kW/L (78.6 ch/L); 173 Nm (17.6 mkp) à 5200/min; 91 (R).
Au Japon aussi avec 1.6/16V: 88 kW (120 ch) à 6400/min; 143 Nm (14,7 mkp) à 5000/min.
(JIS), 103 kW (140 ch) à 56.1 kW/L (76.3 ch/L); 171 Nm (17.4 mkp) à 5000/min.

Moteur (constr.): désignation B18B; 4 soupapes en V; 2 arbres à cames en tête (courroie crantée); culasse et bloc-cyl. en alliage léger; vilebrequin à 5 paliers; huile 4.6 L; injection électronique.

Batterie 55 Ah, alternateur 90 A; refroidissement à eau, capac. 6.7 L.

Transmission: (sur roues AV).
Boîte à 5 vit.: I. 3.23; II. 1.9; III. 1.27; IV. 0.97; V. 0.71; AR 3; pont 4.27.
Boîte autom. à 4 vit.: I. 2.72; II. 1.47; III. 0.98; IV. 0.64; AR 1.95; pont 4.36.

Châssis: carrosserie autoporteuse; AV levier transvers. inférieur, tirants, leviers triang. supérieur, barre anti-dévers; AR bras longitud., leviers transversaux inf. et sup., s.d. barre anti-dévers; AV/AR ressorts hélicoïdaux et amortisseurs coaxiaux.

Train roulant: quatre freins à disques (AV ventilés), ⌀ disques AV 26.2 cm AR 23.9 cm, ABS s. d., frein à main sur roues AR; servodirection à crémaillère, réservoir carb. 50 L; pneus 195/60 R 15, 195/55 VR 15, jantes 5.5 J, 6 J.
Coupé: Pneus 185/65 HR 14, jantes 5 J, 5.5 J.

Dimensions: empattement 262 cm, voie 147.5/147 cm, garde au sol 15 cm, diam. de braq. 10.8 m, coffre 370 dm^3, longueur 452.5 cm, largeur 171 cm, hauteur 137 cm.
Coupé: empattement 257 cm, diam. de braq. 10 m, coffre 345/600 dm^3, longueur 438 cm, hauteur 134 cm.

Performances: Vmax (réd.) 200 km/h, V à 1000/min en 5. vit. 32 km/h; rapp. poids/puiss. 11.3 kg/kW (8.3 kg/ch); consomm. (Réd.) 7/11 L/100 km.

1.8 16V – 173 ch Injection d'essence

Comme 1.8 – 144 ch, sauf:

Carrosserie, poids: Berline; vide dès 1200 kg.

Honda

Honda Integra Type R

Motor: (SAE), 4 Zyl. in Linie (81×87.2 mm), 1797 cm³; Kompr. 10:1; 127 kW (173 PS) bei 7600/min, 70.7 kW/L (96.1 PS/L); 175 Nm (17.8 mkp) bei 6200/min.
JIS auch 132 kW (180 PS) oder 147 kW (200 PS).
Type R (USA/SAE): Kompr 10,6:1; 145 kW (197 PS) bei 8000/min; 173 Nm (18 mkp) bei 7500/min.

Motorkonstruktion: Bezeichnung VTEC; 4 Ventile in V; 2 obenl. Nockenwellen (Zahnriemen); Leichtmetall-Zylinderkopf und -block; 5fach gelagerte Kurbelwelle; Ölkühler; Öl 4.8 L; elektron. Einspritzung.
Batterie 65 Ah, Alternator 90 A; Wasserkühlung, Inh. 6.7 L.

Kraftübertragung: (auf Vorderräder).
5-Gang-Getriebe: I. 3.23; II. 1.9; III. 1.36; IV. 1.03; V. 0.79; R 3; Achse 4.4.

Fahrleistungen: Vmax (Red.) 215 km/h, V bei 1000/min im 5. Gang 28.9 km/h; Leistungsgew. 9.4 kg/kW (7 kg/PS); Verbrauch (Red.) 7/12 L/100 km.

Moteur: (SAE), 4 cyl. en ligne (81×87.2 mm), 1797 cm³; compr. 10:1; 127 kW (173 ch) à 7600/min, 70.7 kW/L (96.1 ch/L); 175 Nm (17.8 mkp) à 6200/min.
JIS aussi 132 kW (180 ch) ou 147 kW (200 ch).
Type R (USA/SAE): Kompr 10,6:1; 145 kW (197 ch) à 8000/min; 173 Nm (18 mkp) à 7500/min.

Moteur (constr.): désignation VTEC; 4 soupapes en V; 2 arbres à cames en tête (courroie crantée); culasse et bloc-cyl. en alliage léger; vilebrequin à 5 paliers; radiat. d'huile; huile 4.8 L; injection électronique.
Batterie 65 Ah, alternateur 90 A; refroidissement à eau, capac. 6.7 L.

Transmission: (sur roues AV).
Boîte à 5 vit.: I. 3.23; II. 1.9; III. 1.36; IV. 1.03; V. 0.79; AR 3; pont 4.4.

Performances: Vmax (réd.) 215 km/h, V à 1000/min en 5. vit. 28.9 km/h; rapp. poids/puiss. 9.4 kg/kW (7 kg/ch); consomm. (Red.) 7/12 L/100 km.

Honda Accord - Ascot/Innova

Mittelklassewagen mit Quermotor und Frontantrieb. Debüt September 1981. Neuauflage Juni 1985, Limousine und Coupé Aerodeck. September 1989: Neuauflage, 4türige Limousine und Coupé (in den USA gebaut, auch für Export). Dezember 1990: Station Wagon aus US-Produktion. September 1993: Neuauflage. Für USA auch mit 2.7 V6. 1996: Facelift und teilweise neue Motoren.

Voiture de classe moyenne avec moteur transv. et traction AV. Lancement sept. 1981. Renouvellement juin 1985, berline et coupé Aerodeck. Sept. 1989: Renouv., berline 4 portes et coupé (construit aux USA, aussi pour l'Export). Décembre 1990: Station-wagon de prod. US. Septembre 1993 nouvelle édition. Pour les USA aussi avec 2.7 V6. 1996: Facelift et partiellement nouveaux moteurs.

1.8 16V – 116 PS Benzineinspritzung

Karosserie, Gewicht: Limousine, 4 Türen, 5 Sitze; leer ab 1275 kg, max. zul. 1820 kg.

Motor: (ECE), 4 Zyl. in Linie (85×81.5 mm), 1850 cm³; Kompr. 8.9:1; 85 kW (116 PS) bei 5500/min, 45.9 kW/L (62.5 PS/L); 158 Nm (16.1 mkp) bei 4200/min; 95 ROZ.

Motorkonstruktion: 4 Ventile in V; 1 obenl. Nockenwelle (Zahnriemen); Leichtmetall-Zylinderkopf und -block; 5fach gelagerte Kurbelwelle; Öl 4.9 L; elektron. Einspr.
Batterie 57 Ah, Alternator 70 A; Wasserkühlung, Inh. 6 L.

Kraftübertragung: (auf Vorderräder).
5-Gang-Getriebe: I. 3.29; II. 1.81; III. 1.23; IV. 0.93; V. 0.76; R 3; Achse 4.27; 4.06.
4-Stufen-Automat: I. 2.74; II. 1.33; III. 103; IV. 0.73; R 2.05; Achse 4.27.

Fahrgestell: Selbsttragende Karosserie; vorn unterer Querlenker, Zugstreben, obere Dreieckquerlenker; hinten Längs- und Querlenker; v/h Kurvenstabilisator, Schraubenfedern, Teleskopdämpfer.

Fahrwerk: Bremse, vorne Scheiben (belüftet), hinten Trommeln, Scheiben-Ø v. 26 cm, h. 26 cm, a.W. ABS (mit Scheiben h.), Handbremse auf Hinterräder; Zahnstangenlenkung mit Servo, Treibstofftank 65 L; Reifen 185/70 HR 14, Felgen 5.5 J.

1.8 16V – 116 ch Injection d'essence

Carrosserie, poids: Berl., 4 portes, 5 places; vide dès 1275 kg, tot. adm. 1820 kg.

Moteur: (ECE), 4 cyl. en ligne (85×81.5 mm), 1850 cm³; compr. 8.9:1; 85 kW (116 ch) à 5500/min, 45.9 kW/L (62.5 ch/L); 158 Nm (16.1 mkp) à 4200/min; 95 (R).

Moteur (constr.): 4 soupapes en V; 1 arbre à cames en tête (courroie crantée); culasse et bloc-cyl. en alliage léger; vilebrequin à 5 paliers; huile 4.9 L; injection électronique.
Batterie 57 Ah, alternateur 70 A; refroidissement à eau, capac. 6 L.

Transmission: (sur roues AV).
Boîte à 5 vit.: I. 3.29; II. 1.81; III. 1.23; IV. 0.93; V. 0.76; AR 3; pont 4.27; 4.06.
Boîte autom. à 4 vit.: I. 2.74; II. 1.33; III. 103; IV. 0.73; AR 2.05; pont 4.27.

Châssis: carrosserie autoporteuse; AV levier transvers. inférieur, tirants, leviers triang. superieur; AR bras longitud. et transv.; AV/AR barre anti-dévers, ressorts hélic, amortiss. télesc.

Train roulant: frein, AV à disques (ventilés), AR à tambours, Ø disques AV 26 cm, AR 26 cm, s.d. ABS (avec disque AR), frein à main sur roues AR; servodirection à crémaillère, réservoir carb. 65 L; pneus 185/70 HR 14, jantes 5.5 J.

Dimensionen: Radstand 272 cm, Spur 147.5/148 cm, Bodenfreiheit 16 cm, Wendekreis 11.9 m, Kofferraum 430/740 dm³, Länge 467.5 cm, Breite 171.5 cm, Höhe 138 cm.

Fahrleistungen: Vmax (Werk) 195 km/h, V bei 1000/min im 5. Gang 34.7 km/h; 0–100 km/h 11.3 s; Leistungsgew. 15 kg/kW (11 kg/PS); Verbr. ECE 6.6/8/10.2 L/100 km.

Dimensions: empattement 272 cm, voie 147.5/148 cm, garde au sol 16 cm, diam. de braq. 11.9 m, coffre 430/740 dm³, longueur 467.5 cm, largeur 171.5 cm, hauteur 138 cm.

Performances: Vmax (usine) 195 km/h, V à 1000/min en 5. vit. 34.7 km/h; 0–100 km/h 11.3 s; rapp. poids/puiss. 15 kg/kW (11 kg/ch); consomm. ECE 6.6/8/10.2 L/100 km.

2.0 16V – 131 PS Benzineinspritzung

Wie 1.9 – 116 PS, ausgenommen:

Karosserie, Gewicht: Limousine; leer ab 1325 kg, max. zul. 1820 kg.
Station Wagon, 5 Türen, 5 Sitze; leer ab 1365 kg, max. zul. 1880 kg.
Coupé, 2 Türen, 5 Sitze; leer ab 1295 kg, max. zul. 1850 kg.

Motor: (ECE), 4 Zyl. in Linie (85×88 mm), 1997 cm³; Kompr. 9.5:1; 96 kW (131 PS) bei 5400/min, 48.1 kW/L (65.3 PS/L); 178 Nm (18.1 mkp) bei 4800/min; 95 ROZ.
JIS: Kompr. 9:1; 99 kW (136 PS) bei 5400/min; 181 Nm (18.5 mkp) bei 4300/min.
DIN: Kompr. 9:1; 100 kW (136 PS) bei 5600/min; 184 Nm bei 4500/min.

Motorkonstruktion: Bezeichnung F20A4; 4 Ventile in V; 1 obenl. Nockenwelle (Zahnriemen); Leichtmetall-Zylinderkopf und -block; 5fach gelagerte Kurbelwelle; Öl 4.9 L; elektron. Einspritzung.
2 Schwingungsausgleichswellen.
Batterie 60 Ah, Alternator 70 A; Wasserk.

Kraftübertragung: (auf Vorderräder).
5-Gang-Getriebe: I. 3.29; II. 1.81; III. 1.19; IV. 0.9; V. 0.74; R 3; Achse 4.27; 4.06.
Coupé, Wagon: 5-Gang-Getr.: I. 3.31; II. 1.81; III. 1.23; IV. 0.93; V. 0.76; R 3; A 4.27.
4-Stufen-Automat: I. 2.74; II. 1.33; III. 1.03; IV. 0.73; R 2.05; Achse 4.27.

Fahrwerk: Reifen 185/65 HR 15.

Fahrleistungen: Vmax (Werk) 200 km/h, V bei 1000/min im 5. Gang 36.2 km/h; 0–100 km/h 10.1 s; Leistungsgew. 13.8 kg/kW (10.1 kg/PS); Verbrauch ECE 6.6/8/10.6 L/100 km.
Aut.: 0–100 km/h 12.1 s; Verbrauch ECE 7.1/8.6/11.8 L/100 km.

2.0 16V – 131 ch Injection d'essence

Comme 1.9 – 116 ch, sauf:

Carrosserie, poids: Berline; vide dès 1325 kg, tot. adm. 1820 kg.
Station-wagon, 5 portes, 5 places; vide dès 1365 kg, tot. adm. 1880 kg.
Coupé, 2 portes, 5 places; vide dès 1295 kg, tot. adm. 1850 kg.

Moteur: (ECE), 4 cyl. en ligne (85×88 mm), 1997 cm³; compr. 9.5:1; 96 kW (131 ch) à 5400/min, 48.1 kW/L (65.3 ch/L); 178 Nm (18.1 mkp) à 4800/min; 95 (R).
JIS: compr. 9:1; 99 kW (136 ch) à 5400/mn; 181 Nm (18.5 mkp) à 4300/mn.
DIN: compr. 9:1; 100 kW (136 ch) à 5600/mn; 184 Nm à 4500/mn.

Moteur (constr.): désignation F20A4; 4 soupapes en V; 1 arbre à cames en tête (courroie crantée); culasse et bloc-cyl. en alliage léger; vilebrequin à 5 paliers; huile 4.9 L; injection électronique.
2 arbres antivibrations.
Batterie 60 Ah, alternateur 70 A; ref. à eau.

Transmission: (sur roues AV).
Boîte à 5 vit.: I. 3.29; II. 1.81; III. 1.19; IV. 0.9; V. 0.74; AR 3; pont 4.27; 4.06.
Coupé, Wagon: boîte à 5 v.: I. 3.31; II. 1.81; III. 1.23; IV. 0.93; V. 0.76; AR 3; p 4.27.
Boîte autom. à 4 vit.: I. 2.74; II. 1.33; III. 1.03; IV. 0.73; AR 2.05; pont 4.27.

Train roulant: pneus 185/65 HR 15.

Performances: Vmax (usine) 200 km/h, V à 1000/min en 5. vit. 36.2 km/h; 0–100 km/h 10.1 s; rapp. poids/puiss. 13.8 kg/kW (10.1 kg/ch); consomm. ECE 6.6/8/10.6 L/100 km.
Aut.: 0–100 km/h 12.1 s; consomm. ECE 7.1/8.6/11.8 L/100 km.

Honda Accord

2.2 16V – 150 PS Benzineinspritzung

Wie 1.9 – 116 PS, ausgenommen:

Karosserie, Gewicht: Limousine; leer ab 1370 kg, max. zul. 1880 kg.
Coupé; leer 1340 kg, max. zul. 1905 kg.
Station Wagon; leer 1440 kg, max. zul. 1910 kg.

2.2 16V – 150 ch Injection d'essence

Comme 1.9 – 116 ch, sauf:

Carrosserie, poids: Berline; vide dès 1370 kg, tot. adm. 1880 kg.
Coupé; vide 1340 kg, tot. adm. 1905 kg.
Station-wagon; vide 1440 kg, tot. adm. 1910 kg.

Honda

Honda Accord

Motor: (ECE), 4 Zyl. in Linie (85×95 mm), 2156 cm^3; Kompr. 9.8:1; 110 kW (150 PS) bei 5600/min, 51 kW/L (69.4 PS/L); 200 Nm (20.4 mkp) bei 4600/min; 95 ROZ.
SAE: Kompr. 8,8:1; 97 kW (132 PS) bei 5300/min; 188 Nm bei 4500/min.
VTEC (SAE/JIS): 107 kW (145 PS) bei 5500/min; 199 Nm bei 4500/min.
DOHC-VTEC: (JIS) (87×90.7 mm), 2156 cm^3, Kompr. 10.6:1; 140 kW (190 PS) bei 6800/min; 206 Nm bei 5500/min.

Motorkonstruktion: Bezeichnung F20A4; 4 Ventile in V; 1 obenl. Nockenwelle (Zahnriemen); Leichtmetall-Zylinderkopf und -block; 5fach gelagerte Kurbelwelle; Öl 5.6 L; elektron. Einspritzung.
2 Schwingungsausgleichswellen.
Batterie 57 Ah, Alternator 70 A; Wasserk.

Kraftübertragung: (auf Vorderräder).
5-Gang-Getriebe: I. 3.29; II. 1.81; III. 1.27; IV. 0.97; V. 0.77; R 3; Achse 4.27.
Wagon: 5-Gang-Getriebe: I. 3.31; II. 1.81; III. 1.19; IV. 0.9; V. 0.68; R 3; Achse 4.06.
4-Stufen-Automat: I. 2.74; II. 1.48; III. 1.03; IV. 0.73; R 2.05; Achse 4.13.

Fahrwerk: Vierrad-Scheibenbremse (vorn belüftet), ABS, Reifen 195/60 R 15.

Fahrleistungen: Vmax (Werk) 210 km/h, V bei 1000/min im 5. Gang 34.9 km/h; 0–100 km/h 9 s; Leistungsgew. 12.5 kg/kW (9.1 kg/PS); Verbr. ECE 6.6/8.5/10.5 L/100 km.
Aut.: 0–100 km/h 10.5 s; Verbr. ECE 6.8/8.7/11.5 L/100 km.

2.7 V6 24V – 173 PS Benzineinspritzung

Wie 1.9 – 116 PS, ausgenommen:

Karosserie, Gewicht: Limousine; leer ab 1460 kg.

Motor: (SAE), 6 Zyl. in V 90° (87×75 mm), 2675 cm^3; Kompr. 9:1; 127 kW (173 PS) bei 5600/min, 47.5 kW/L (64.5 PS/L); 224 Nm (22.8 mkp) bei 4500/min.

Motorkonstruktion: 4 Ventile in V; 2×1 obenl. Nockenwelle (Zahnriemen); Leichtmetall-Zylinderkopf und -block; 4fach gelagerte Kurbelwelle; Ölkühler; Öl 5.3 L; elektron. Einspritzung.
Batterie 65 Ah, Alternator 90 A; Wasserk.

Honda Accord V6

Moteur: (ECE), 4 cyl. en ligne (85×95 mm), 2156 cm^3; compr. 9.8:1; 110 kW (150 ch) à 5600/min, 51 kW/L (69.4 ch/L); 200 Nm (20.4 mkp) à 4600/min; 95 (R).
SAE: compr. 8,8:1; 97 kW (132 ch) à 5300/mn; 188 Nm à 4500/mn.
VTEC (SAE/JIS): 107 kW (145 ch) à 5500/mn; 199 Nm à 4500/mn.
DOHC-VTEC: (JIS) (87×90.7 mm), 2156 cm^3, compr. 10.6:1; 140 kW (190 ch) à 6800/min; 206 Nm à 5500/min.

Moteur (constr.): désignation F20A4; 4 soupapes en V; 1 arbre à cames en tête (courroie crantée); culasse et bloc-cyl. en alliage léger; vilebrequin à 5 paliers; huile 5.6 L; injection électronique.
2 arbres antivibrations.
Batterie 57 Ah, alternateur 70 A; ref. à eau.

Transmission: (sur roues AV).
Boîte à 5 vit.: I. 3.29; II. 1.81; III. 1.27; IV. 0.97; V. 0.77; AR 3; pont 4.27.
Wagon: boîte à 5 vit.: I. 3.31; II. 1.81; III. 1.19; IV. 0.9; V. 0.68; AR 3; pont 4.06.
Boîte autom. à 4 vit.: I. 2.74; II. 1.48; III. 1.03; IV. 0.73; AR 2.05; pont 4.13.

Train roulant: quatre freins à disques (AV ventilés), ABS, pneus 195/60 R 15.

Performances: Vmax (usine) 210 km/h, V à 1000/min en 5. vit. 34.9 km/h; 0–100 km/h 9 s; rapp. poids/puiss. 12.5 kg/kW (9.1 kg/ch); consomm. ECE 6.6/8.5/10.5 L/100 km.
Aut.: 0–100 km/h 10.5 s; consomm. ECE 6.8/8.7/11.5 L/100 km.

2.7 V6 24V – 173 ch Injection d'essence

Comme 1.9 – 116 ch, sauf:

Carrosserie, poids: Berline; vide dès 1460 kg.

Moteur: (SAE), 6 cyl. en V 90° (87×75 mm), 2675 cm^3; compr. 9:1; 127 kW (173 ch) à 5600/min, 47.5 kW/L (64.5 ch/L); 224 Nm (22.8 mkp) à 4500/mn.

Moteur (constr.): 4 soupapes en V; 2×1 arbre à cames en tête (courroie crantée); culasse et bloc-cyl. en alliage léger; vilebrequin à 4 paliers; radiat. d'huile; huile 5.3 L; injection électronique.
Batterie 65 Ah, alternateur 90 A; ref. à eau.

Kraftübertragung: (auf Vorderräder).
4-Stufen-Automat: I. 2.49; II. 1.51; III. 1.02; IV. 0.65; R 1.84; Achse 4.53.

Fahrwerk: Vierrad-Scheibenbremse (vorn belüftet), Scheiben-⌀ v. 28.2 cm, h. 26 cm, ABS, Reifen 205/60 VR 15, Felgen 6 J.

Fahrleistungen: Vmax (Red.) 210 km/h, V bei 1000/min im 4. Gang 38.9 km/h; Leistungsgew. 11.5 kg/kW (8.5 kg/PS); Verbrauch (Red.) 8/12 L/100 km.

2.0 – 105 PS Turbodiesel direkt

Wie 1.9 – 116 PS, ausgenommen:

Karosserie, Gewicht: Limousine, leer ab 1345 kg, max. zul. 1880 kg.

Motor: (ECE), 4 Zyl. in Linie (84.5×88.9 mm), 1994 cm^3; Kompr. 19.5:1; 77 kW (105 PS) bei 4200/min, 38.6 kW/L (52.5 PS/L); 210 Nm (21.4 mkp) bei 2000/min; Dieselöl.

Motorkonstruktion: 1 obenl. Nockenwelle (Zahnr.); Leichtmetall-Zylinderkopf; 5fach gelagerte Kurbelwelle; elektron. geregelte Einspritzpumpe, Bosch EDC.
Batterie 75 Ah, Alternator 80 A; Wasserkühlung, Inh. 8.4 L.

Honda Accord Aero

Kraftübertragung: (auf Vorderräder).
5-Gang-Getriebe: I. 3.25; II. 1.89; III. 1.22; IV. 0.85; V. 0.65; R 3; Achse 4.2.

Fahrwerk: Vierrad-Scheibenbremse (vorn belüftet), a.W. ABS, Reifen 185/65 HR 15.

Fahrleistungen: Vmax (Werk) 185 km/h, V bei 1000/min im 5. Gang 41.8 km/h; 0–100 km/h 11.6 s; Leistungsgew. 17.5 kg/kW (12.8 kg/PS); Ver. ECE 4/5.5/5.8 L/100 km.

Honda Ascot - Rafaga

Limousine vom Inspire/Vigor abgeleitet mit längs auf der Vorderachse plaziertem Reihenfünfzylinder. Debüt Oktober 1993 (Tokyo Motor Show).

2.0 20V – 160 PS Benzineinspritzung

Karosserie, Gewicht: Limousine, 4 Türen, 5 Sitze; leer ab 1280 kg.

Motor: (JIS), 5 Zyl. in Linie (82×75.6 mm), 1996 cm^3; Kompr. 9.3:1; 118 kW (160 PS) bei 6700/min, 59.1 kW/L (80.4 PS/L); 186 Nm (19 mkp) bei 4000/min; 95 ROZ.
2.5: (85×86,4 mm), 2451 cm^3; Kompr. 9,3:1; 132 kW (180 PS) bei 6500/min, 53,9 kW/L (73,5 PS/L); 225 Nm (23 mkp) bei 3800/min oder 140 kW (190 PS).
2.5 (SAE): 129 kW (176 PS) bei 6300/min; 231 Nm (23,5 mkp) bei 3900/min.

Transmission: (sur roues AV).
Boîte autom. à 4 vit.: I. 2.49; II. 1.51; III. 1.02; IV. 0.65; AR 1.84; pont 4.53.

Train roulant: quatre freins à disques (AV ventilés), ⌀ disques AV 28.2 cm, AR 26 cm, ABS, pneus 205/60 VR 15, jantes 6 J.

Performances: Vmax (réd.) 210 km/h, V à 1000/min en 4. vit. 38.9 km/h; rapp. poids/puiss. 11.5 kg/kW (8.5 kg/ch); consomm. (Red.) 8/12 L/100 km.

2.0 – 105 ch turbodiesel direct

Comme 1.9 – 116 ch, sauf:

Carrosserie, poids: Berline, vide dès 1345 kg, tot. adm. 1880 kg.

Moteur: (ECE), 4 cyl. en ligne (84.5×88.9 mm), 1994 cm^3; compr. 19.5:1; 77 kW (105 ch) à 4200/min, 38.6 kW/L (52.5 ch/L); 210 Nm (21.4 mkp) à 2000/min; gazole.

Moteur (constr.): 1 arbre à cames en tête (courroie crantée); culasse en alliage léger; vilebrequin à 5 paliers; pompe à injection pilotée, Bosch EDC.
Batterie 75 Ah, alternateur 80 A; refroidissement à eau, capac. 8.4 L.

Transmission: (sur roues AV).
Boîte à 5 vit.: I. 3.25; II. 1.89; III. 1.22; IV. 0.85; V. 0.65; AR 3; pont 4.2.

Train roulant: quatre freins à disques (AV ventilés), ABS s. d., pneus 185/65 HR 15.

Performances: Vmax (usine) 185 km/h, V à 1000/min en 5. vit. 41.8 km/h; 0–100 km/h 11.6 s; rapp. poids/puiss. 17.5 kg/kW (12.8 kg/ch); consomm. ECE 4/5.5/5.8 L/100 km.

Honda Ascot - Rafaga

Berline, dérivée de la Inspire/Vigor avec moteur 5 cylindres monté longitudinalement sur l'essieu AV. Lancement octobre 1993 (Tokyo Motor Show).

2.0 20V – 160 ch Injection d'essence

Carrosserie, poids: Berline, 4 portes, 5 places; vide dès 1280 kg.

Moteur: (JIS), 5 cyl. en ligne (82×75.6 mm), 1996 cm^3; compr. 9.3:1; 118 kW (160 ch) à 6700/min, 59.1 kW/L (80.4 ch/L); 186 Nm (19 mkp) à 4000/min; 95 (R).
2.5: (85×86,4 mm), 2451 cm^3; compr. 9,3:1; 132 kW (180 ch) à 6500/mn, 53,9 kW/L (73,5 ch/L); 225 Nm (23 mkp) à 3800/min ou 140 kW (190 ch).
2.5 (SAE): 129 kW (176 ch) à 6300/min; 231 Nm (23,5 mkp) à 3900/min.

Honda

Honda Rafaga

Motorkonstruktion: Bezeichnung G20A/25A; 4 Ventile in V; 1 obenl. Nockenwelle (Zahnriemen); Leichtmetall-Zylinderkopf und -block; 6fach gelagerte Kurbelwelle; Ölkühler; Öl 5.2 L; elektron. Einspritzung. 1 Schwingungsausgleichswelle.
Batterie 65 Ah, Alternator 100/115 A; Wasserkühlung, Inh. 7 L.

Kraftübertragung: (auf Vorderräder), Antriebsschlupfregelung.
5-Gang-Getriebe: I. 3.27; II. 1.84; III. 1.3; IV. 0.97; V. 0.78; R 3.08; Achse 4.5.
4-Stufen-Automat: I. 2.65; II. 1.54; III. 0.98; IV. 0.65; R 1.9; Achse 4.47.

Fahrgestell: Selbsttragende Karosserie; vorn unterer Querlenker, Zugstreben, obere Dreieckquerlenker; hinten Längs- und Querlenker; v/h Kurvenstabilisator, Schraubenfedern, Teleskopdämpfer.

Fahrwerk: Vierrad-Scheibenbremse (vorn belüftet), Scheiben-⌀ v. 28 cm, h. 25.8 cm, a.W. ABS, Handbremse auf Hinterräder; Zahnstangenlenkung mit Servo, Treibstofftank 65 L; Reifen 185/70 R 14, 195/65 HR 14, 195/60 HR 15; Felgen 5.5 J, 6 J.

Dimensionen: Radstand 277 cm, Spur 146.5/146.5 cm, Bodenfreih. 15 cm, Wendekreis 11.6 m, Kofferraum 420 dm³, Länge 455.5 cm, Breite 169.5 cm, Höhe 143 cm.

Fahrleistungen: Vmax (Red.) 210 km/h, V bei 1000/min im 5. Gang 32.4 km/h; Leistungsgew. 10.8 kg/kW (8 kg/PS); Verbrauch (Red.) 7/13 L/100 km.

Moteur (constr.): désignation G20A/25A; 4 soupapes en V; 1 arbre à cames en tête (courroie crantée); culasse et bloc-cyl. en alliage léger; vilebrequin à 6 paliers; radiat. d'huile 5.2 L; injection électronique. 1 arbre antivibrations.
Batterie 65 Ah, alternateur 100/115 A; refroidissement à eau, capac. 7 L.

Transmission: (sur roues AV), Dispositif antipatinage.
Boîte à 5 vit.: I. 3.27; II. 1.84; III. 1.3; IV. 0.97; V. 0.78; AR 3.08; pont 4.5.
Boîte autom. à 4 vit.: I. 2.65; II. 1.54; III. 0.98; IV. 0.65; AR 1.9; pont 4.47.

Châssis: carrosserie autoporteuse; AV levier transvers. inférieur, tirants, leviers triang. superieur; AR bras longitud. et transv.; AV/AR barre anti-dévers, ressorts hélic, amortiss. télesc.

Train roulant: quatre freins à disques (AV ventilés), ⌀ disques AV 28 cm, AR 25.8 cm, ABS s. d., frein à main sur roues AR; servo-direction à crémaillère, réservoir carb. 65 L; pneus 185/70 R 14, 195/65 HR 14, 195/60 HR 15; jantes 5.5 J, 6 J.

Dimensions: empatt. 277 cm, voie 146.5/146.5 cm, garde au sol 15 cm, diam. de braq. 11.6 m, coffre 420 dm³, long. 455.5 cm, largeur 169.5 cm, hauteur 143 cm.

Performances: Vmax (réd.) 210 km/h, V à 1000/min en 5. vit. 32.4 km/h; rapp. poids/puiss. 10.8 kg/kW (8 kg/ch); consomm. (Red.) 7/13 L/100 km.

Honda Inspire - Saber

Luxuriöse Ausführung des Accord. Längs auf der Vorderachse eingebauter Reihenfünfzylinder. Debüt September 1989. Januar 1992: auch Export in die USA, 2,5-Liter-Motor und breitere Karosserie. Neuauflage Frühjahr 1995, Sabre ist Nachfolger des Vigor.

Version luxueuse de l' Accord. Moteur 5 cylindres monté longitudinalement sur l'essieu AV. Lancement septembre 1989. Janvier 1992: aussi exportation aux USA, moteur 2.5 et carrosserie plus large. Nouvelle édition printemps 1995, Sabre est le successeur de la Vigor.

2.0 20V – 160 PS Benzineinspritzung

Karosserie, Gewicht: Limousine, 4 Türen, 5 Sitze; leer ab 1380 kg.

Motor: (JIS), 5 Zyl. in Linie (82×75.6 mm), 1996 cm³; Kompr. 9.7:1; 118 kW (160 PS) bei 6700/min, 59.1 kW/L (80.4 PS/L); 186 Nm (19 mkp) bei 4000/min.
2.5: (85×86.4 mm), 2451 cm³; 133 kW (180 PS) bei 6500/min; 226 Nm bei 3800/min oder: 140 kW (190 PS).
SAE: 129 kW (176 PS) bei 6300/min; 231 Nm (23,5 mkp) bei 3800/min.

Motorkonstruktion: Bezeichnung G20A/25A; 4 Ventile in V; 1 obenl. Nockenwelle (Zahnriemen); Leichtmetall-Zylinderkopf und -block; 6fach gelagerte Kurbelwelle; Ölkühler; Öl 5.2 L; elektron. Einspritzung.
Batterie 65 Ah, Alternator 115 A; Wasserkühlung, Inh. 7 L.

2.0 20V – 160 ch Injection d'essence

Carrosserie, poids: Berline, 4 portes, 5 places; vide dès 1380 kg.

Moteur: (JIS), 5 cyl. en ligne (82×75.6 mm), 1996 cm³; compr. 9.7:1; 118 kW (160 ch) à 6700/min, 59.1 kW/L (80.4 ch/L); 186 Nm (19 mkp) à 4000/min.
2.5: (85×86.4 mm), 2451 cm³; 133 kW (180 ch) à 6500/mn; 226 Nmà 3800/mn ou: 140 kW (190 ch).
SAE: 129 kW (176 ch) à 6300/mn; 231 Nm (23,5 mkp) à 3800/mn.

Moteur (constr.): désignation G20A/25A; 4 soupapes en V; 1 arbre à cames en tête (courroie crantée); culasse et bloc-cyl. en alliage léger; vilebrequin à 6 paliers; radiat. d'huile 5.2 L; injection électronique. 1 arbre antivibrations.
Batterie 65 Ah, alternateur 115 A; refroidissement à eau, capac. 7 L.

Kraftübertragung: (auf Vorderräder), Antriebsschlupfregelung.
4-Stufen-Automat: I. 2.65; II. 1.53; III. 0.98; IV. 0.65; R 1.9; Achse 4.48.

Fahrgestell: Selbsttragende Karosserie; vorn unterer Querlenker, Schubstrebe, obere Dreieckquerlenker; hinten Längs- und Querlenker; v/h Kurvenstabilisator, Schraubenfedern, Teleskopdämpfer.

Fahrwerk: Vierrad-Scheibenbremse (vorn belüftet), Scheiben-⌀ v. 28.2 cm, h. 26 cm, a.W. ABS, Handbremse auf Hinterräder; Zahnstangenlenkung mit Servo, Treibstofftank 65 L; Reifen 195/65 HR 15, 205/60 HR 15, Felgen 6 J, 6.5 J.

Dimensionen: Radstand 284 cm, Spur 152/151 cm, Bodenfreih. 15 cm, Wendekreis 11.8 m, Kofferraum 400 dm³, Länge 484 cm, Breite 178.5 cm, Höhe 141 cm.

Fahrleistungen: Vmax (Werk) 210 km/h, V bei 1000/min im 4. Gang 40 km/h; Leistungsgew. 11.7 kg/kW (8.6 kg/PS); Verbrauch (Red.) 8/14 L/100 km.

3.2 V6 24V – 200 PS Benzineinspritzung

Wie 2.0 – 160 PS, ausgenommen:

Karosserie, Gewicht: Limousine; leer ab 1500 kg.

Motor: (JIS/SAE), 6 Zyl. in V 90° (90×84 mm), 3206 cm³; Kompr. 9.6:1; 147 kW (200 PS) bei 5300/min, 45.9 kW/L (62.3 PS/L); 284 Nm (29 mkp) bei 4500/min; 95 ROZ.

Motorkonstruktion: 4 Ventile in V; 2×1 obenl. Nockenwelle (Zahnriemen); Leichtmetall-Zylinderkopf und -block; 4fach gelagerte Kurbelwelle; Ölkühler; Öl 5.3 L; elektron. Einspritzung.
Batterie 65 Ah, Alternator 110 A; Wasserkühlung, Inh. 7.7 L.

Transmission: (sur roues AV), Dispositif antipatinage.
Boîte autom. à 4 vit.: I. 2.65; II. 1.53; III. 0.98; IV. 0.65; AR 1.9; pont 4.48.

Châssis: carrosserie autoporteuse; AV levier transvers. inférieur, barre de poussée, leviers triang. supérieur; AR bras longitud. et transv.; AV/AR barre anti-dévers, ressorts hélic, amortiss. télesc.

Train roulant: quatre freins à disques (AV ventilés), ⌀ disques AV 28.2 cm, AR 26 cm, ABS s. d., frein à main sur roues AR; servo-direction à crémaillère, réservoir carb. 65 L; pneus 195/65 HR 15, 205/60 HR 15, jantes 6 J, 6.5 J.

Dimensions: empattement 284 cm, voie 152/151 cm, garde au sol 15 cm, diam. de braq. 11.8 m, coffre 400 dm³, longueur 484 cm, largeur 178.5 cm, hauteur 141 cm.

Performances: Vmax (usine) 210 km/h, V à 1000/min en 4. vit. 40 km/h; rapp. poids/puiss. 11.7 kg/kW (8.6 kg/ch); consomm. (Red.) 8/14 L/100 km.

3.2 V6 24V – 200 ch Injection d'essence

Comme 2.0 – 160 ch, sauf:

Carrosserie, poids: Berline; vide dès 1500 kg.

Moteur: (JIS/SAE), 6 cyl. en V 90° (90×84 mm), 3206 cm³; compr. 9.6:1; 147 kW (200 ch) à 5300/min, 45.9 kW/L (62.3 ch/L); 284 Nm (29 mkp) à 4500/min; 95 (R).

Moteur (constr.): 4 soupapes en V; 2×1 arbre à cames en tête (courroie crantée); culasse et bloc-cyl. en alliage léger; vilebrequin à 4 paliers; radiat. d'huile 5.3 L; injection électronique.
Batterie 65 Ah, alternateur 110 A; refroidissement à eau, capac. 7.7 L.

Honda Inspire

Kraftübertragung: (auf Vorderräder).
4-Stufen-Automat: I. 2.46; II. 1.46; III. 0.95; IV. 0.65; R 1.88; Achse 4.18.

Fahrwerk: Reifen 205/65 VR 15.

Dimensionen: Spur 155/151 cm, Länge 487 cm, Breite 180 cm, Höhe 142 cm.

Fahrleistungen: Vmax (Red.) 225 km/h, V bei 1000/min im 4. Gang 44 km/h; Leistungsgew. 10.2 kg/kW (7.5 kg/PS); Verbrauch (Red.) 9/14 L/100 km.

Transmission: (sur roues AV).
Boîte autom. à 4 vit.: I. 2.46; II. 1.46; III. 0.95; IV. 0.65; AR 1.88; pont 4.18.

Train roulant: pneus 205/65 VR 15.

Dimensions: voie 155/151 cm, longueur 487 cm, largeur 180 cm, hauteur 142 cm.

Performances: Vmax (réd.) 225 km/h, V à 1000/min en 4. vit. 44 km/h; rapp. poids/puiss. 10.2 kg/kW (7.5 kg/ch); consomm. (Red.) 9/14 L/100 km.

Honda Prelude

Viersitziges Coupé mit Vierzylinder und Frontantrieb. Debüt November 1982. April 1987: Neuauflage, auch mit mechanischer Vierradlenkung. September 1991: Neue Generation, elektronisch geregelte 4WS. Oktober 1996: Neuauflage. Exportversion.

Coupé 4 places à moteur quatre cyl. et traction AV. Lancement novembre 1982. Avril 1987: Nouvelle génération, avec quatre roues directrices. Septembre 1991: Modèle renouvelé, 4WS à pilotage électronique. Octobre 1996: Nouvelle génération. Version d'export.

Honda

2.0 16V – 133 PS
Benzineinspritzung

Karosserie, Gewicht: Coupé, 2 Türen, 4/5 Sitze; leer ab 1240 kg, max. zul. 1680 kg.

Motor: (ECE), 4 Zyl. in Linie (85×88 mm), 1997 cm³; Kompr. 9.5:1; 98 kW (133 PS) bei 5300/min, 49.1 kW/L (66.7 PS/L); 179 Nm (18.2 mkp) bei 5000/min; 95 ROZ.

Motorkonstruktion: 4 Ventile in V; 1 obenl. Nockenwelle (Zahnriemen); Leichtmetall-Zylinderkopf und -block; 5fach gelagerte Kurbelwelle; Öl 4.9 L; elektron. Einspr. Batterie 52 Ah, Alternator 95 A; Wasserkühlung.

Kraftübertragung: (auf Vorderräder). 5-Gang-Getriebe: I. 3.29; II. 1.81; III. 1.27; IV. 0.97; V. 0.79; R 3; Achse 4.27. 4-Stufen-Automat: I. 2.53; II. 1.43; III. 0.98; IV. 0.65; R 1.86; Achse 4.47.

Fahrgestell: Selbsttragende Karosserie; vorn unterer Querlenker, Zugstreben, obere Dreieckquerlenker, hinten Längs- und Querlenker, obere Dreieckquerlenker, Spurstangen, v/h Kurvenstabilisator, Schraubenfedern, Teleskopdämpfer.

Fahrwerk: Vierrad-Scheibenbremse (vorn belüftet), Scheiben-∅ v. 26 cm, h. 26 cm, ABS, Handbremse auf Hinterräder; Zahnstangenlenkung mit Servo, Treibstofftank 60 L; Reifen 195/65 HR 14, Felgen 5.5 J.

Dimensionen: Radstand 258.5 cm, Spur 152.5/151.5 cm, Bodenfreih. 14 cm, Wendekreis 11 m, Kofferraum 284 dm³, Länge 454.5 cm, Breite 175 cm, Höhe 132 cm.

Fahrleistungen: Vmax (Werk) 201 km/h, V bei 1000/min im 5. Gang 33 km/h; 0–100 km/h 9.2 s; Leistungsgew. 12.7 kg/kW (9.3 kg/PS); Verbrauch EU 7.3/12.6 L/100 km. Aut.: Verbrauch EU 7.5/14.1 L/100 km.

2.0 16V – 133 ch
Injection d'essence

Carrosserie, poids: Coupé, 2 portes, 4/5 pl.; vide dès 1240 kg, tot. adm. 1680 kg.

Moteur: (ECE), 4 cyl. en ligne (85×88 mm), 1997 cm³; compr. 9.5:1; 98 kW (133 ch) à 5300/min, 49.1 kW/L (66.7 ch/L); 179 Nm (18.2 mkp) à 5000/min; 95 (R).

Moteur (constr.): 4 soupapes en V; 1 arbre à cames en tête (courroie crantée); culasse et bloc-cyl. en alliage léger; vilebrequin à 5 paliers; huile 4.9 L; injection électronique. Batterie 52 Ah, alternateur 95 A; refroidissement à eau.

Transmission: (sur roues AV). Boîte à 5 vit.: I. 3.29; II. 1.81; III. 1.27; IV. 0.97; V. 0.79; AR 3; pont 4.27. Boîte autom. à 4 vit.: I. 2.53; II. 1.43; III. 0.98; IV. 0.65; AR 1.86; pont 4.47.

Châssis: carrosserie autoporteuse; AV levier transvers. inférieur, tirants, leviers triang. superieur, AR bras longitud. et transv., leviers triang. superieur, biellettes supplem., AV/AR barre anti-dévers, ressorts hélic, amortiss. télesc.

Train roulant: quatre freins à disques (AV ventilés), ∅ disques AV 26 cm, AR 26 cm, ABS, frein à main sur roues AR; servodirection à crémaillère, réservoir carb. 60 L; pneus 195/65 HR 14, jantes 5.5 J.

Dimensions: empattement 258.5 cm, voie 152.5/151.5 cm, garde au sol 14 cm, diam. de braq. 11 m, coffre 284 dm³, longueur 454.5 cm, largeur 175 cm, hauteur 132 cm.

Performances: Vmax (usine) 201 km/h, V à 1000/min en 5. vit. 33 km/h; 0–100 km/h 9.2 s; rapp. poids/puiss. 12.7 kg/kW (9.3 kg/ch); consomm. EU 7.3/12.6 L/100 km. Aut.: consomm. EU 7.5/14.1 L/100 km.

Honda Prelude

2.2 16V – 185 PS
Benzineinspritzung

Wie 2.0 – 133 PS, ausgenommen:

Karosserie, Gewicht: Coupé; leer ab 1319 kg, max. zul. 1740 kg.

Motor: (ECE), 4 Zyl. in Linie (87×90.7 mm), 2157 cm³; Kompr. 10:1; 136 kW (185 PS) bei 7000/min, 63 kW/L (85.7 PS/L); 206 Nm (21 mkp) bei 5300/min; 95 ROZ.

Motorkonstruktion: 4 Ventile in V; 2 obenl. Nockenwellen (Zahnriemen); Leichtmetall-Zylinderkopf und -block; 5fach gelagerte Kurbelwelle; Öl 5.9 L; elektron. Einspritzung. Variable Steuerzeiten VTEC an Ein- und Auslassventilen. Batterie 55 Ah, Alternator 100 A; Wasserk..

2.2 16V – 185 ch
Injection d'essence

Comme 2.0 – 133 ch, sauf:

Carrosserie, poids: Coupé; vide dès 1319 kg, tot. adm. 1740 kg.

Moteur: (ECE), 4 cyl. en ligne (87×90.7 mm), 2157 cm³; compr. 10:1; 136 kW (185 ch) à 7000/min, 63 kW/L (85.7 ch/L); 206 Nm (21 mkp) à 5300/min; 95 (R).

Moteur (constr.): 4 soupapes en V; 2 arbres à cames en tête (courroie crantée); culasse et bloc-cyl. en alliage léger; vilebrequin à 5 paliers; huile 5.9 L; injection électronique. Distr. variable VTEC pour soupapes d'admiss. et échapp. Batterie 55 Ah, altern. 100 A; ref. à eau.

Honda Prelude

Kraftübertragung: (auf Vorderräder). 5-Gang-Getriebe: I. 3.29; II. 1.96; III. 1.34; IV. 1.07; V. 0.87; R 3; Achse 4.06. 4-Stufen-Automat: I. 2.53; II. 1.43; III. 0.98; IV. 0.65; R 1.86; Achse 4.79.

Fahrgestell: unterer Querlenker, Zugstreben, obere Dreieckquerlenker, Längs- und Querlenker, obere Dreieckquerlenker, Spurstangen, v/h Kurvenstabilisator, Schraubenfedern, Teleskopdämpfer.

Fahrwerk: Vierrad-Scheibenbremse (vorn belüftet), Scheiben-∅ v. 26 cm, h. 26 cm, ABS, Handbremse auf Hinterräder; Zahnstangenlenkung mit Servo, Treibstofftank 60 L; Reifen 205/50 VR 16, Felgen 6.5 J.

Fahrleistungen: Vmax (Werk) 228 km/h, V bei 1000/min im 5. Gang 31.7 km/h; 0–100 km/h 7.5 s; Leistungsgew. 9.7 kg/kW (7.1 kg/PS); Verbrauch EU 7.7/12.8 L/100 km. Aut.: Verbrauch EU 7.8/14.9 L/100 km.

Transmission: (sur roues AV). Boîte à 5 vit.: I. 3.29; II. 1.96; III. 1.34; IV. 1.07; V. 0.87; AR 3; pont 4.06. Boîte autom. à 4 vit.: I. 2.53; II. 1.43; III. 0.98; IV. 0.65; AR 1.86; pont 4.79.

Châssis: levier transvers. inférieur, tirants, leviers triang. superieur, bras longitud. et transv., leviers triang. superieur, biellettes supplem., AV/AR barre anti-dévers, ressorts hélic, amortiss. télesc.

Train roulant: quatre freins à disques (AV ventilés), ∅ disques AV 26 cm, AR 26 cm, ABS, frein à main sur roues AR; servodirection à crémaillère, réservoir carb. 60 L; pneus 205/50 VR 16, jantes 6.5 J.

Performances: Vmax (usine) 228 km/h, V à 1000/min en 5. vit. 31.7 km/h; 0–100 km/h 7.5 s; rapp. poids/puiss. 9.7 kg/kW (7.1 kg/ch); consomm. EU 7.7/12.8 L/100 km. Aut.: consomm. EU 7.8/14.9 L/100 km.

Honda Legend

Limousine und Coupé der gehobenen Mittelklasse mit Frontantrieb und V6-Motor. Motor jetzt längs eingebaut und auf 3,2 Liter Hubraum vergrössert. Debüt Limousine Oktober, Coupé November 1990. Für 1993 Touring mit mehr Leistung (235 PS). Salon Genf 1996: Neuauflage mit 3.5-L-Motor.

Berline et coupé de la classe moyenne supérieure avec traction AV et moteur V6. Moteur maintenant en position longitudinale et agrandi à 3,2 litres. Lancement berline octobre, coupé novembre 1990. Pour 1993 Touring avec puissance accrue (235 ch). Salon Genève 1996: Renouvellement avec moteur 3.5 litres.

3.5 V6 24V – 205 PS
Benzineinspritzung

Karosserie, Gewicht: Limousine, 4 Türen, 5 Sitze; leer ab 1675 kg.

Motor: (ECE), 6 Zyl. in V 90° (90×91 mm), 3474 cm³; Kompr. 9.6:1; 151 kW (205 PS) bei 5200/min, 43.5 kW/L (59 PS/L); 297 Nm (30.3 mkp) bei 2800/min; 95 ROZ. JIS: Kompr. 10:1; 158 kW (215 PS); 299 Nm (30,5 mkp).

Motorkonstruktion: Bezeichnung C32A; 4 Ventile in V; 2×1 obenl. Nockenwelle (Zahnriemen); Leichtmetall-Zylinderkopf und -block; 4fach gelagerte Kurbelwelle; Ölkühler; Öl 5 L; elektron. Einspritzung. Batterie 65 Ah, Alternator 110 A; Wasserk.

3.5 V6 24V – 205 ch
Injection d'essence

Carrosserie, poids: Berline, 4 portes, 5 places; vide dès 1675 kg.

Moteur: (ECE), 6 cyl. en V 90° (90×91 mm), 3474 cm³; compr. 9.6:1; 151 kW (205 ch) à 5200/min, 43.5 kW/L (59 ch/L); 297 Nm (30.3 mkp) à 2800/min; 95 (R). JIS: Kompr. 10:1; 158 kW (215 PS); 299 Nm (30,5 mkp).

Moteur (constr.): désignation C32A; 4 soupapes en V; 2×1 arbre à cames en tête (courroie crantée); culasse et bloc-cyl. en alliage léger; vilebrequin à 4 paliers; radiat. d'huile 5 L; injection électronique. Batterie 65 Ah, alternateur 110 A; ref. à eau

Honda Legend

Honda

Kraftübertragung: (auf Vorderräder), Antriebsschlupfregelung.
4-Stufen-Automat: I. 2.46; II. 1.45; III. 0.95; IV. 0.69; R 1.88; Achse 4.18.

Fahrgestell: Selbsttragende Karosserie; vorn doppelte Dreieckquerlenker; hinten doppelte Querlenker, Zugstreben; v/h Kurvenstab., Schraubenf., Teleskopdämpfer.

Fahrwerk: Vierrad-Scheibenbremse (vorn belüftet), Scheiben-Ø v. 28 cm, h. 28 cm, ABS, Handbremse an Hinterrädern, Zahnstangenlenkung mit Servo, Treibstofftank 68 L; Reifen 215/55 VR 16, Felgen 6.5 J.

Dimensionen: Radstand 291 cm, Spur 155/154 cm, Bodenfreih. 15 cm, Wendekreis 11.3 m, Kofferraum 450 dm³, Länge 498 cm, Breite 181 cm, Höhe 143 cm.

Fahrleistungen: Vmax (Werk) 220 km/h, V bei 1000/min im 4. Gang 41 km/h; 0–100 km/h 9.1 s; Leistungsgew. 10.3 kg/kW (7.5 kg/PS); Verbrauch EU 17/9.4 L/100 km.

Transmission: (sur roues AV), Dispositif antipatinage.
Boîte autom. à 4 vit.: I. 2.46; II. 1.45; III. 0.95; IV. 0.69; AR 1.88; pont 4.18.

Châssis: carrosserie autoporteuse; AV leviers triang. transv. doubles; AR leviers transv. doubles, tirants; AV/AR barre antidévers, ressorts hélic, amortiss. télesc.

Train roulant: quatre freins à disques (AV ventilés), Ø disques AV 28 cm, AR 28 cm, ABS, frein à main sur roues AR; servodirection à crémaillère, réservoir carb. 68 L; pneus 215/55 VR 16, jantes 6.5 J.

Dimensions: empattement 291 cm, voie 155/154 cm, garde au sol 15 cm, diam. de braq. 11.3 m, coffre 450 dm³, longueur 498 cm, largeur 181 cm, hauteur 143 cm.

Performances: Vmax (usine) 220 km/h, V à 1000/min en 4. vit. 41 km/h; 0–100 km/h 9.1 s; rapp. poids/puiss. 10.3 kg/kW (7.5 kg/ch); consomm. EU 17/9.4 L/100 km.

Honda NSX

Zweisitziger Hochleistungs-Sportwagen. Mittelmotor V6 mit 24 Ventilen (variable Steuerzeiten VTEC), 3 Liter, 274 PS. Struktur und Karosserie aus Aluminium. Debüt als Prototyp Chicago, Februar 1989. Produktionsbeginn Sommer 1990. November 1992: Leichtere und limitierte Auflage NSX-R. Detroit 1995: Auch mit T-Roof. Detroit 1997: 3,2-L-294 PS-Motor.

Voiture de sport haute performances 2 places. Moteur central V6, 24 soupapes (distribution variable VTEC), 3 litres, 274 ch. Structure et carrosserie en aluminium. Prototype Chicago, février 1989, début de production été 1990. Novembre 1992: Version limitée et plus léger NSX-R. Detroit 1995: Aussi avec T-Roof. Detroit 1997: moteur 3,2-L-294 ch.

3.0 V6 24V – 273 PS Benzineinspritzung

3.0 V6 24V – 273 ch Injection d'essence

Karosserie, Gewicht: Coupé, 2 Türen, 2 Sitze; leer 1370 kg, max. zul. 1520 kg.

Motor: (ECE/SAE), 6 Zyl. in V 90° (90×78 mm), 2977 cm³; K. 10.2:1; 201 kW (273 PS) bei 7300/min, 67.5 kW/L (91.8 PS/L); 284 Nm (29 mkp) bei 5400/min; 95 ROZ.
Aut.: 188 kW (256 PS) bei 6800/min, 285 Nm bei 5300/min.

Motorkonstruktion: Mittelmotor quer; mit Getriebe und Differential verblockt; 4 Ventile in V; 2×2 obenl. Nockenwellen (Zahnriemen); Leichtmetall-Zylinderkopf und -block; 4fach gelagerte Kurbelwelle; Ölkühler; Öl 6.3 L; elektron. Einspritzung. variable Steuerzeiten (VTEC).

Batterie 72 Ah, Alternator 110 A; Wasserkühlung.

Kraftübertragung: (auf Hinterräder), Antriebsschlupfr.; hintere Differentialbremse.
5-Gang-Getriebe: I. 3.07; II. 1.95; III. 1.4; IV. 1.03; V. 0.77; R 3.19; Achse 4.06; 4.24.
4-Stufen-Automat: I. 2.61; II. 1.47; III. 1.03; IV. 0.78; R 1.91; Achse 4.07; 4.43.

Fahrgestell: Tragende Struktur; v/h doppelte Dreieckquerlenker, Kurvenstabilisator, Schraubenfedern, Teleskopdämpfer.

Fahrwerk: Vierrad-Scheibenbremse (v/h belüftet), Scheiben-Ø v. 28.2 cm, h. 28.2 cm, ABS, Handbremse auf Hinterräder; Zahnstangenlenkung, Treibstofftank 70 L; Reifen v. 205/50 ZR 15, h. 225/50 ZR 16, Felgen 6.5, h. 8 J.

Dimensionen: Radstand 253 cm, Spur 151/153 cm, Bodenfreih. 11 cm, Wendekreis 11.6 m, Kofferraum 155 dm³, Länge 443 cm, Breite 181 cm, Höhe 118 cm.

Fahrleistungen: Vmax (Werk) 270 km/h, V bei 1000/min im 5. Gang 37 km/h; 0–100 km/h 5.9 s; Leistungsgew. 6 kg/kW (4.4 kg/PS); Verbrauch ECE 7.8/9.2/13.8 L/100 km.
Aut.: Vmax 260 km/h, Verbrauch ECE 8.4/9.8/14.6 L/100 km.

Carrosserie, poids: Coupé, 2 portes, 2 places; vide 1370 kg, tot. adm. 1520 kg.

Moteur: (ECE/SAE), 6 cyl. en V 90° (90×78 mm), 2977 cm³; compr. 10.2:1; 201 kW (273 ch) à 7300/min, 67.5 kW/L (91.8 ch/L); 284 Nm (29 mkp) à 5400/min; 95 (R).
Boîte aut.: 188 kW (256 ch) à 6800/mn, 285 Nm bei 5300/min.

Moteur (constr.): moteur central transvers.; avec boîte à vit. et différentiel faisant bloc; 4 soupapes en V; 2×2 arbres à cames en tête (courroie crantée); culasse et bloc-cyl. en alliage léger; vilebrequin à 4 paliers; radiat. d'huile; huile 6.3 L; inj. électron. distribution variable (VTEC).

Batterie 72 Ah, altern. 110 A; refroidissement à eau.

Transmission: (sur roues AR), Dispositif antipatinage; différentiel autobloquant AR.
Boîte à 5 vit.: I. 3.07; II. 1.95; III. 1.4; IV. 1.03; V. 0.77; AR 3.19; pont 4.06; 4.24.
Boîte autom. à 4 vit.: I. 2.61; II. 1.47; III. 1.03; IV. 0.78; AR 1.91; pont 4.07; 4.43.

Châssis: structure porteuse; AV/AR leviers triang. transv. doubles, barre anti-dévers, ressorts hélic, amortiss. télesc.

Train roulant: quatre freins à disques (AV/AR ventilés), Ø disques AV 28.2 cm, AR 28.2 cm, ABS, frein à main sur roues AR; direction à crémaillère, réservoir carb. 70 L; pneus AV 205/50 ZR 15, AR 225/50 ZR 16, jantes AV 6.5, AR 8 J.

Dimensions: empattement 253 cm, voie 151/153 cm, garde au sol 11 cm, diam. de braq. 11.6 m, coffre 155 dm³, longueur 443 cm, largeur 181 cm, hauteur 118 cm.

Performances: Vmax (usine) 270 km/h, V à 1000/min en 5. vit. 37 km/h; 0–100 km/h 5.9 s; rapp. poids/puiss. 6 kg/kW (4.4 kg/ch); consomm. ECE 7.8/9.2/13.8 L/100 km.
Aut.: Vmax 260 km/h, consomm. ECE 8.4/9.8/14.6 L/100 km.

Honda NSX

3.2 V6 24V – 294 PS Benzineinspritzung

3.2 V6 24V – 294 ch Injection d'essence

Wie 3.0 – 273 PS, ausgenommen:

Motor: (SAE), 6 Zyl. in V 90° (93×78 mm), 3179 cm³; Kompr. 10.2:1; 216 kW (294 PS) bei 7100/min, 67.9 kW/L (92.4 PS/L); 304 Nm (31 mkp) bei 5500/min; 95 ROZ.

Motorkonstruktion: Mittelmotor quer; mit Getriebe und Differential verblockt; 4 Ventile in V; 2×2 obenl. Nockenwellen (Zahnriemen); Leichtmetall-Zylinderkopf und -block; 4fach gelagerte Kurbelwelle; Ölkühler; Öl 6.3 L; elektron. Einspritzung.

Batterie 65 Ah, Alternator 120 A; Wasserkühlung, Inh. 16 L.

Kraftübertragung: (auf Hinterr.), Antriebsschlupfregelung; h. Differentialbremse.
6-Gang-Getr.: I. 3.07; II. 1.96; III. 1.43; IV. 1.13; V. 0.91; VI. 0.72; R 3.17; Achse 4.06.

Fahrwerk: Scheiben-Ø v. 29.8 cm, h. 30.3 cm, Reifen v. 215/45 ZR 16, h. 245/40 ZR 17, Felgen v. 7, h. 8.5 J.

Fahrleistungen: Vmax (Red.) über 275 km/h, V bei 1000/min im 6. Gang 39.5 km/h; 0–100 km/h 6 s; Verbrauch (Red.) 8/16 L/100 km; Aut.: Vmax 260 km/h.

Comme 3.0 – 273 ch, sauf:

Moteur: (SAE), 6 cyl. en V 90° (93×78 mm), 3179 cm³; compr. 10.2:1; 216 kW (294 ch) à 7100/min, 67.9 kW/L (92.4 ch/L); 304 Nm (31 mkp) à 5500/min; 95 (R).

Moteur (constr.): moteur central transvers.; avec boîte à vit. et différentiel faisant bloc; 4 soupapes en V; 2×2 arbres à cames en tête (courroie crantée); culasse et bloc-cyl. en alliage léger; vilebr. à 4 paliers; radiat. d'huile; huile 6.3 L; inj. électron.

Batterie 65 Ah, alternateur 120 A; refroidissement à eau, capac. 16 L.

Transmission: (sur roues AR), Dispositif antipatinage; différentiel autobloquant AR.
Boîte à 6 vit.: I. 3.07; II. 1.96; III. 1.43; IV. 1.13; V. 0.91; VI. 0.72; AR 3.17; pont 4.06.

Train roulant: Ø disques AV 29.8 cm, AR 30.3 cm, pneus AV 215/45 ZR 16, AR 245/40 ZR 17, jantes AV 7, AR 8.5 J.

Performances: Vmax (réd.) plus de 275 km/h, V à 1000/min en 6. vit. 39.5 km/h; 0–100 km/h 6 s; consomm. (Red.) 8/16 L/100 km; Aut.: Vmax 260 km/h.

Honda S-MX

Neues Modell. Vierplätziger Minivan mit quer eingebautem 2-L-Motor. Lancierung in Japan November 1996.

Nouveau modèle. Minivan à quatre places avec moteur 2.0 transv. Lancement au japon novembre 1996.

2.0 16V – 131 PS Benzineinspritzung

2.0 16V – 131 ch Injection d'essence

Karosserie, Gewicht: Minivan, 4 Türen, 4 Sitze; leer ab 1330 kg.
4WD: leer ab 1390 kg.

Motor: (JIS), 4 Zyl. in Linie (84×89 mm), 1973 cm³; Kompr. 8.8:1; 96 kW (131 PS) bei 5500/min, 48.6 kW/L (66.1 PS/L); 186 Nm (19 mkp) bei 4200/min; 91 ROZ.

Motorkonstruktion: Bezeichnung B 20 B ; 4 Ventile in V; 2 obenl. Nockenwellen (Zahnriemen); Leichtmetall-Zylinderkopf; 5fach gelagerte Kurbelwelle; Öl 4.6 L; elektron. Einspritzung.

Batterie 60 Ah, Alternator 70 A; Wasserkühlung, Inh. 6 L.

Kraftübertragung: (auf Vorderräder; 4WD, automatisch zuschaltend.).
4-Stufen-Automat: I. 2.72; II. 1.52; III. 1.08; IV. 0.71; R 1.95; Achse 4.07; 4.36.

Carrosserie, poids: Minivan, 4 portes, 4 places; vide dès 1330 kg.
4WD: vide dès 1390 kg.

Moteur: (JIS), 4 cyl. en ligne (84×89 mm), 1973 cm³; compr. 8.8:1; 96 kW (131 ch) à 5500/min, 48.6 kW/L (66.1 ch/L); 186 Nm (19 mkp) à 4200/min; 91 (R).

Moteur (constr.): désignation B 20 B ; 4 soupapes en V; 2 arbres à cames en tête (courroie crantée); culasse en alliage léger; vilebrequin à 5 paliers; huile 4.6 L; injection électronique.

Batterie 60 Ah, alternateur 70 A; refroidissement à eau, capac. 6 L.

Transmission: (sur roues AV; 4WD, à enclenchement automatique.).
Boîte autom. à 4 vit.: I. 2.72; II. 1.52; III. 1.08; IV. 0.71; AR 1.95; pont 4.07; 4.36.

Honda

Honda SMX

Fahrgestell: Selbsttragende Karosserie; vorn Federbeine und untere Querlenker, hinten doppelte Querlenker, Schraubenfedern, Teleskopdämpfer; v/h Kurvenstab.

Fahrwerk: Bremse, vorne Scheiben (belüftet), hinten Trommeln, a.W. ABS, Handbremse auf Hinterr.; Zahnstangenl. mit Servo, Treibstofftank 65 L; Reifen 195/65 R 15.

Dimensionen: Radst. 250 cm, Spur 148.5/148.5 cm, Bodenfreih. 16 cm, Wendekreis 10.4 m, Kofferraum 340/920 dm³, Länge 395 cm, Breite 169.5 cm, Höhe 175 cm.

Fahrleistungen: Vmax (Red.) über 160 km/h, V bei 1000/min im 4. Gang 40 km/h; Leistungsgew. 13.9 kg/kW (10.2 kg/PS); Verbrauch (Red.) 6/11 L/100 km.

Châssis: carrosserie autoporteuse; AV jambes élatiques et levier transv. inf., AR leviers transv. doubles, ressorts hélicoïdaux, amortiss. télesc.; AV/AR barres anti-dévers.

Train roulant: frein, AV à disques (ventilés), AR à tambours, ABS s. d., frein à main sur roues AR; servodirection à crémaillère, réservoir carb. 65 L; pneus 195/65 R 15.

Dimensions: empatt. 250 cm, voie 148.5/148.5 cm, garde au sol 16 cm, diam. de braq. 10.4 m, coffre 340/920 dm³, longueur 395 cm, largeur 169.5 cm, hauteur 175 cm.

Performances: Vmax (réd.) plus de 160 km/h, V à 1000/min en 4. vit. 40 km/h; rapp. poids/puiss. 13.9 kg/kW (10.2 kg/ch); consomm. (Red.) 6/11 L/100 km.

Honda Stepwgn

Neues Modell. Minivan mit 2-Liter-Quermotor, 5-8 Sitzen, Automat, a.W. Allradantrieb. Debüt Mai 1996.

Nouveau modèle. Minivan avec moteur 2 litres transversal, 5 à 8 pl., boîte automatique, s.d. 4WD. Lancem. mai 1996.

| 2.0 16V – 125 PS Benzineinspritzung | 2.0 16V – 125 ch Injection d'essence |

Karosserie, Gewicht: Minivan, 4 Türen, 5-8 Sitze; leer ab 1450 kg.
4WD: leer ab 1510 kg.

Motor: (JIS), 4 Zyl. in Linie (84×89 mm), 1973 cm³; Kompr. 9.2:1; 92 kW (125 PS) bei 5500/min, 46.6 kW/L (63.4 PS/L); 181 Nm (18.5 mkp) bei 4200/min; 95 ROZ.

Motorkonstruktion: Bezeichnung B 20 B; 4 Ventile in V; 2 obenl. Nockenwellen (Zahnriemen); Leichtmetall-Zylinderkopf und -block; 5fach gelagerte Kurbelwelle; Öl 4 L; elektron. Einspritzung.
Batterie 60 Ah, Alternator 70 A; Wasserkühlung, Inh. 6 L.

Carrosserie, poids: Minivan, 4 portes, 5-8 places; vide dès 1450 kg.
4WD: vide dès 1510 kg.

Moteur: (JIS), 4 cyl. en ligne (84×89 mm), 1973 cm³; compr. 9.2:1; 92 kW (125 ch) à 5500/min, 46.6 kW/L (63.4 ch/L); 181 Nm (18.5 mkp) à 4200/min; 95 (R).

Moteur (constr.): désignation B 20 B; 4 soupapes en V; 2 arbres à cames en tête (courroie crantée); culasse et bloc-cyl. en alliage léger; vilebrequin à 5 paliers; huile 4 L; injection électronique.
Batterie 60 Ah, alternateur 70 A; refroidissement à eau, capac. 6 L.

Kraftübertragung: (auf Vorderräder/4WD permanent).
4-Stufen-Automat: I. 2.72; II. 1.52; III. 0.98; IV. 0.67; R 1.95; Achse 4.36.
4WD: 4-Stufen-Automat: I. 2.72; II. 1.52; III. 1.08; IV. 0.71; R 1.95; Achse 4.36.

Fahrgestell: Chassis mit Längsholmen und Traversen; vorn Federbeine und Dreieckquerlenker, hinten Längs- und Querlenker, Kurvenstab., Schraubenfedern, Teleskopd.

Fahrwerk: Vierrad-Scheibenbremse (vorn belüftet), Handbremse auf Hinterräder; Zahnstangenlenkung mit Servo, Treibstofftank 65 L; Reifen 195/65 R 15, Felgen 6 J.

Dimensionen: Radstand 280 cm, Spur 148.5/148 cm, Bodenfreih. 15 cm, Wendekreis 11 m, Länge 460.5 cm, Breite 169.5 cm, Höhe 183 cm.

Fahrleistungen: Vmax (Red.) 150 km/h, V bei 1000/min im 4. Gang 39.5 km/h; Leistungsgew. 15.8 kg/kW (11.6 kg/PS); Verbrauch (Red.) 8/13 L/100 km.

Transmission: (sur roues AV/4WD permanent).
Boîte autom. à 4 vit.: I. 2.72; II. 1.52; III. 0.98; IV. 0.67; AR 1.95; pont 4.36.
4WD: boîte autom. à 4 vit.: I. 2.72; II. 1.52; III. 1.08; IV. 0.71; AR 1.95; pont 4.36.

Châssis: châssis à longerons et traverses; AV jambes élast. et leviers triang. transv., AR bras longitud. et transv., barre anti-dévers, ressorts hélic, amortiss. télesc.

Train roulant: quatre freins à disques (AV ventilés), frein à main sur roues AR; servodirection à crémaillère, réservoir carb. 65 L; pneus 195/65 R 15, jantes 6 J.

Dimensions: empattement 280 cm, voie 148.5/148 cm, garde au sol 15 cm, diam. de braq. 11 m, longueur 460.5 cm, largeur 169.5 cm, hauteur 183 cm.

Performances: Vmax (réd.) 150 km/h, V à 1000/min en 4. vit. 39.5 km/h; rapp. poids/puiss. 15.8 kg/kW (11.6 kg/ch); consomm. (Red.) 8/13 L/100 km.

Honda Odyssey - Shuttle 2.2

Minivan mit Quermotor und Frontantrieb, Getriebeautomat. 2,2-Liter-Motor. Debüt Oktober 1994.

Minivan avec moteur transv. et traction AV, boîte automat., moteur 2.2. Lancement octobre 1994.

| 2.2 16V – 145 PS Benzineinspritzung | 2.2 16V – 145 ch Injection d'essence |

Karosserie, Gewicht: Limousine, 5 Türen, 6-7 Sitze; leer ab 1470 kg.

Motor: (JIS), 4 Zyl. in Linie (85×95 mm), 2156 cm³; Kompr. 8.8:1; 107 kW (145 PS) bei 5600/min, 49.6 kW/L (67.5 PS/L); 196 Nm (20 mkp) bei 4600/min.
SAE: 104 kW (142 PS).

Carrosserie, poids: Berline, 5 portes, 6-7 places; vide dès 1470 kg.

Moteur: (JIS), 4 cyl. en ligne (85×95 mm), 2156 cm³; compr. 8.8:1; 107 kW (145 ch) à 5600/min, 49.6 kW/L (67.5 ch/L); 196 Nm (20 mkp) à 4600/min.
SAE: 104 kW (142 ch).

Honda Odyssey

Motorkonstruktion: Bezeichnung F22B; 4 Ventile in V; 1 obenl. Nockenwelle (Zahnriemen); Leichtmetall-Zylinderkopf und -block; 5fach gelagerte Kurbelwelle; Öl 4.9 L; elektron. Einspritzung.
2 Schwingungsausgleichswellen.
Batterie 65 Ah, Alternator 70 A; Wasserkühlung, Inh. 7 L.

Moteur (constr.): désignation F22B; 4 soupapes en V; 1 arbre à cames en tête (courroie crantée); culasse et bloc-cyl. en alliage léger; vilebrequin à 5 paliers; huile 4.9 L; injection électronique.
2 arbres antivibrations.
Batterie 65 Ah, alternateur 70 A; refroidissement à eau, capac. 7 L.

Kraftübertragung: (auf Vorderräder).
(4WD permanent), zentrale Viskokupplung.
4-Stufen-Automat: I. 2.74; II. 1.57; III. 1.08; IV. 0.73; R 2.05; Achse 4.43.

Fahrgestell: Selbsttragende Karosserie; vorn unterer Querlenker, Zugstreben, obere Dreieckquerlenker; hinten Längs- und Querlenker; v/h Kurvenstabilisator, Schraubenfedern, Teleskopdämpfer.

Fahrwerk: Vierrad-Scheibenbremse, a.W. ABS, Handbremse auf Hinterräder; Zahnstangenlenkung mit Servo, Treibstofftank 60 L; Reifen 205/65 R 15, Felgen 6 J.

Dimensionen: Radstand 283 cm, Spur 152.5/154 cm, Bodenfreih. 16 cm, Wendekreis 9.8 m, Kofferraum 290/1237 dm³, Länge 475 cm, Breite 177 cm, Höhe 169 cm.

Transmission: (sur roues AV).
(4WD permanent), visco-coupleur central.
Boîte autom. à 4 vit.: I. 2.74; II. 1.57; III. 1.08; IV. 0.73; AR 2.05; pont 4.43.

Châssis: carrosserie autoporteuse; AV levier transvers. inférieur, tirants, leviers triang. superieur; AR bras longitud. et transv.; AV/AR barre anti-dévers, ressorts hélic, amortiss. télesc.

Train roulant: quatre freins à disques, ABS s. d., frein à main sur roues AR; servodirection à crémaillère, réservoir carb. 60 L; pneus 205/65 R 15, jantes 6 J.

Dimensions: empatt. 283 cm, voie 152.5/154 cm, garde au sol 16 cm, diam. de braq. 9.8 m, coffre 290/1237 dm³, longueur 475 cm, largeur 177 cm, hauteur 169 cm.

Honda Step

Honda • Hyundai

Fahrleistungen: Vmax (Red.) 185 km/h, V bei 1000/min im 4. Gang 36.7 km/h; Leistungsgew. 13.7 kg/kW (10.1 kg/PS); Verbrauch (Red.) 8/13 L/100 km.

Performances: Vmax (réd.) 185 km/h, V à 1000/min en 4. vit. 36.7 km/h; rapp. poids/puiss. 13.7 kg/kW (10.1 kg/ch); consomm. (Red.) 8/13 L/100 km.

Honda CR-V

Freizeitauto mit permanentem Allradantrieb, 2-Liter-16V-Motor, 4-Gang-Automat. Debüt Oktober 1995.

Voiture de loisirs avec traction intégrale permanente, moteur 2 litres 16V, boîte autom. à 4 vit. Lancement oct. 1995.

2.0 16V – 131 PS Benzineinspritzung
2.0 16V – 131 ch Injection d'essence

Karosserie, Gewicht: Station Wagon, 5 Türen, 5 Sitze; leer ab ca. 1340 kg.

Carrosserie, poids: Station-wagon, 5 portes, 5 places; vide dès env. 1340 kg.

Motor: (JIS), 4 Zyl. in Linie (84×89 mm), 1973 cm³; Kompr. 9.2:1; 96 kW (131 PS) bei 5500/min, 48.6 kW/L (66.1 PS/L); 186 Nm (19 mkp) bei 4200/min; 91 ROZ.

Moteur: (JIS), 4 cyl. en ligne (84×89 mm), 1973 cm³; compr. 9.2:1; 96 kW (131 ch) à 5500/min, 48.6 kW/L (66.1 ch/L); 186 Nm (19 mkp) à 4200/min; 91 (R).

Motorkonstruktion: Bezeichnung B 20 B ; 4 Ventile in V; 2 obenl. Nockenwellen (Zahnriemen); Kurvenstabilisator; Leichtmetall-Zylinderkopf; 5fach gelagerte Kurbelwelle; Öl 4 L; elektron. Einspritzung. Batterie 60 Ah, Alternator 70 A; Wasserkühlung, Inh. 6 L.

Moteur (constr.): désignation B 20 B ; 4 soupapes en V; 2 arbres à cames en tête (courroie crantée); culasse en alliage léger; vilebrequin à 5 paliers; huile 4 L; injection électronique. Batterie 60 Ah, alternateur 70 A; refroidissement à eau, capac. 6 L.

Kraftübertragung: (4WD permanent), mit Viskobremsen im zentralen und hinteren Differential; Reduktionsgetr.: I. 1; II. 2.53. 4-Stufen-Automat: I. 2.72; II. 1.52; III. 1.08; IV. 0.71; R 1.95; Achse 4.36.

Transmission: (4WD permanent), avec freins visco aux différentiels central et AR; boîte de transfert: I. 1; II. 2.53. Boîte autom. à 4 vit.: I. 2.72; II. 1.52; III. 1.08; IV. 0.71; AR 1.95; pont 4.36.

Honda CR-V

Fahrgestell: Selbsttragende Karosserie; vorn Federbeine, v/h doppelte Dreieckquerlenker, Kurvenstabilisator, Schraubenfedern, Teleskopdämpfer.

Châssis: carrosserie autoporteuse; AV jambes élast., AV/AR leviers triang. transv. doubles; barre anti-dévers, ressorts hélic, amortiss. télesc.

Fahrwerk: Bremse, vorne Scheiben (belüftet), hinten Trommeln, a.W. ABS, Handbremse auf Hinterräder; Zahnstangenlenkung, a.W. mit Servo, Treibstofftank 58 L; Reifen 205/70 R 15, Felgen 6 J.

Train roulant: frein, AV à disques (ventilés), AR à tambours, ABS s. d., frein à main sur roues AR; direction à crémaillère, s.d. avec servo, réservoir carb. 58 L; pneus 205/70 R 15, jantes 6 J.

Dimensionen: Radstand 260 cm, Spur 153.5/153.5 cm, Bodenfreih. 20 cm, Wendekreis 10.6 m, Kofferraum 375 dm³, Länge 447 cm, Breite 175 cm, Höhe 171 cm.

Dimensions: empattement 260 cm, voie 153.5/153.5 cm, garde au sol 20 cm, diam. de braq. 10.6 m, coffre 375 dm³, longueur 447 cm, largeur 175 cm, hauteur 171 cm.

Fahrleistungen: Vmax (Red.) 160 km/h, V bei 1000/min im 4. Gang 39.5 km/h; Leistungsgew. 14 kg/kW (10.3 kg/PS); Verbrauch (Red.) 8/13 L/100 km.

Performances: Vmax (réd.) 160 km/h, V à 1000/min en 4. vit. 39.5 km/h; rapp. poids/puiss. 14 kg/kW (10.3 kg/ch); consomm. (Red.) 8/13 L/100 km.

Honda Jazz/Passport

Gelände- und Freizeitfahrzeug, basiert auf dem Modell Amigo/Rodeo von Isuzu, wird von Honda mit dem 3,1-Liter-4-Zylinder-Turbodiesel mit 120 PS (JIS) vertrieben, in den USA mit 2.6-Vierzylinder und 3.2 V6. Technische Daten siehe Isuzu Amigo.

Voiture tout terrain et loisirs, basant sur le modèle Amigo/Rodeo de Isuzu, est vendue par Honda avec le moteur 3,1 litres 4 cylindres turbodiesel avec 120 ch (JIS), aux USA avec 2.6 quatre cylindres et 3.2 V6. Données techniques voir Isuzu Amigo.

Honda Horizon

Fünftüriger Geländewagen, baugleich mit Isuzu Trooper bzw. Opel Monterey, Motoren: 3.2 V6/3.1 TD. Debüt Februar 1994. Daten siehe Isuzu Trooper.

Voiture tout-terrain à 5 p., même constr. que Isuzu Trooper, resp. Opel Monterey, moteurs: 3.2 V6/3.1 TD. Lancement fév. 1994. Données voir Isuzu Trooper.

Hyundai ROK

Hyundai Motor Company, 140-2 Ke-dong, Chongro-ku, Seoul, South Korea

Bedeutender Industriekonzern mit grosser Autoproduktion.

Importante usine industrielle avec grande production d'automobiles.

Hyundai Accent/Pony/Excel

Limousine der unteren Mittelklasse mit 1,3- oder 1,5-Liter-Motor, auf dem früheren Pony/Excel basierend, mit Quermotor und Frontantrieb. Debüt Sept. 1994.

Berline de la catégorie moyenne inférieure, moteur 1,3 ou 1,5 litre, basant sur l'ancienne Pony/Excel, avec mot. transv. et traction AV. Lancement sept. 1994.

1.3 12V – 84 PS Benzineinspritzung
1.3 12V – 84 ch Injection d'essence

Karosserie, Gewicht: Limousine, 3/4/5 Türen; 5 Sitze; leer ab 935 kg, max. zul. 1440 kg.

Carrosserie, poids: Berline, 3/4/5 portes; 5 places; vide dès 935 kg, tot. adm. 1440 kg.

Motor: (DIN), 4 Zyl. in Linie (71.5×83.5 mm), 1341 cm³; Kompr. 9.5:1; 62 kW (84 PS) bei 5700/min, 46.2 kW/L (62.8 PS/L); 118 Nm (12 mkp) bei 3100/min; 95 ROZ. Auch 55 kW (75 PS) bei 5000/min; 119 Nm bei 3100/min, oder 44 kW (60 PS) bei 5000/min; 105 Nm bei 2450/min.

Moteur: (DIN), 4 cyl. en ligne (71.5×83.5 mm), 1341 cm³; compr. 9.5:1; 62 kW (84 ch) à 5700/min, 46.2 kW/L (62.8 ch/L); 118 Nm (12 mkp) à 3100/min; 95 (R). Aussi 55 kW (75 ch) à 5000/min; 119 Nm à 3100/min, ou 44 kW (60 ch) à 5000/min; 105 Nm à 2450/min.

Motorkonstruktion: Bezeichnung Alpha 3; 3 Ventile in V; 1 obenl. Nockenwelle (Zahnriemen); Leichtmetall-Zylinderkopf; 5fach gelagerte Kurbelwelle; Öl 3.3 L; elektron. Einspritzung, Bosch. Batterie 45 Ah, Alternator 75 A; Wasserkühlung, Inh. 3.3 L.

Moteur (constr.): désignation Alpha 3; 3 soupapes en V; 1 arbre à cames en tête (courroie crantée); culasse en alliage léger; vilebrequin à 5 paliers; huile 3.3 L; injection électronique, Bosch. Batterie 45 Ah, alternateur 75 A; refroidissement à eau, capac. 3.3 L.

Kraftübertragung: (auf Vorderräder). 5-Gang-Getriebe: I. 3.46; II. 2.05; III. 1.37; IV. 1.03; V. 0.88; R 3.25; Achse 3.65. 4-Stufen-Automat: I. 2.85; II. 1.58; III. 1; IV. 0.69; R 2.18; Achse 4.04.

Transmission: (sur roues AV). Boîte à 5 vit.: I. 3.46; II. 2.05; III. 1.37; IV. 1.03; V. 0.88; AR 3.25; pont 3.65. Boîte autom. à 4 vit.: I. 2.85; II. 1.58; III. 1; IV. 0.69; AR 2.18; pont 4.04.

Fahrgestell: Selbsttragende Karosserie; Federbeine mit Dreieckquerlenkern; Kurvenstabilisator; hinten doppelte Querlenker, Längslenker, Schraubenfedern, Teleskopdämpfer.

Châssis: carrosserie autoporteuse; jambes élastiques avec leviers transv. triang.; barre anti-dévers; AR leviers transv. doubles, bras longitud., ressorts hélicoïdaux, amortiss. télesc.

Fahrwerk: Bremse, vorne Scheiben (belüftet), hinten Trommeln, Scheiben-⌀ v. 24.1 cm, Handbr. auf Hinterr.; Zahnstangenl., a.W. mit Servo, Treibstofftank 45 L; Reifen 155 R 13, 175/70 R 13, Felgen 4.5 J.

Train roulant: frein, AV à disques (ventilés), AR à tambours, ⌀ disques AV 24.1 cm, frein à main sur roues AR; direction à crém., s.d. avec servo, réservoir carb. 45 L; pneus 155 R 13, 175/70 R 13, jantes 4.5 J.

Dimensionen: Radstand 240 cm, Spur 142/141 cm, Bodenfreih. 16 cm, Wendekreis 9.7 m, Kofferraum 345 dm³, Länge 410 cm, Breite 162 cm, Höhe 139 cm. Lim., 4 Türen: Bodenfreih. 17 cm, Kofferraum 305 dm³, Länge 412 cm.

Dimensions: empattement 240 cm, voie 142/141 cm, garde au sol 16 cm, diam. de braq. 9.7 m, coffre 345 dm³, longueur 410 cm, largeur 162 cm, hauteur 139 cm. Berl., 4 portes: garde au sol 17 cm, coffre 305 dm³, longueur 412 cm.

Fahrleistungen: Vmax (Werk) 175 km/h, V bei 1000/min im 5. Gang 32.9 km/h; 0–100 km/h 12.8 s; Leistungsgew. 15.1 kg/kW (11.1 kg/PS); Verbrauch ECE 4.5/6.2/7.8 L/100 km. *Aut.:* Vmax 170 km/h, 0–100 km/h 13.2 s.

Performances: Vmax (usine) 175 km/h, V à 1000/min en 5. vit. 32.9 km/h; 0–100 km/h 12.8 s; rapp. poids/puiss. 15.1 kg/kW (11.1 kg/ch); consomm. ECE 4.5/6.2/7.8 L/100 km. *Aut.:* Vmax 170 km/h, 0–100 km/h 13.2 s.

Hyundai Accent/Pony

1.5 12V – 90 PS Benzineinspritzung
1.5 12V – 90 ch Injection d'essence

Wie 1.3 – 84 PS, ausgenommen:

Comme 1.3 – 84 ch, sauf:

Karosserie, Gewicht: Limousine; leer ab 935 kg, max. zul. 1440 kg.

Carrosserie, poids: Berline; vide dès 935 kg, tot. adm. 1440 kg.

Hyundai

Hyundai Accent/Pony

Motor: (DIN), 4 Zyl. in Linie (75.5×83.5 mm), 1495 cm³; Kompr. 10:1; 66 kW (90 PS) bei 5600/min, 44.1 kW/L (60 PS/L); 130 Nm (13.3 mkp) bei 3050/min; 95 ROZ.

Kraftübertragung: (auf Vorderräder).
5-Gang-Getriebe: I. 3.46; II. 2.05; III. 1.37; IV. 1.03; V. 0.84; R 3.25; Achse 3.84.
4-Stufen-Automat: I. 2.85; II. 1.58; III. 1; IV. 0.69; R 2.18; Achse 4.04.

Fahrleistungen: Vmax (Werk) 180 km/h, V bei 1000/min im 5. Gang 32.8 km/h; 0–100 km/h 11.7 s; Leistungsgew. 14.2 kg/kW (10.4 kg/PS); Verbrauch ECE 4.5/6.2/8.4 L/100 km.
Aut.: Vmax 168 km/h, 0–97 km/h 13 s.

Moteur: (DIN), 4 cyl. en ligne (75.5×83.5 mm), 1495 cm³; compr. 10:1; 66 kW (90 ch) à 5600/min, 44.1 kW/L (60 ch/L); 130 Nm (13.3 mkp) à 3050/min; 95 (R).

Transmission: (sur roues AV).
Boîte à 5 vit.: I. 3.46; II. 2.05; III. 1.37; IV. 1.03; V. 0.84; AR 3.25; pont 3.84.
Boîte autom. à 4 vit.: I. 2.85; II. 1.58; III. 1; IV. 0.69; AR 2.18; pont 4.04.

Performances: Vmax (usine) 180 km/h, V à 1000/min en 5. vit. 32.8 km/h; 0–100 km/h 11.7 s; rapp. poids/puiss. 14.2 kg/kW (10.4 kg/ch); consomm. ECE 4.5/6.2/8.4 L/100 km.
Aut.: Vmax 168 km/h, 0–97 km/h 13 s.

1.5 16V – 99 PS Benzineinspritzung

Wie 1.3 – 84 PS, ausgenommen:

Karosserie, Gewicht: Limousine; leer ab 970 kg, max. zul. 1450 kg.

Motor: (ECE), 4 Zyl. in Linie (75.5×83.5 mm), 1495 cm³; Kompr. 9.5:1; 73 kW (99 PS) bei 5900/min, 48.8 kW/L (66.4 PS/L); 134 Nm (13.7 mkp) bei 4700/min; 95 ROZ. SAE: 78 kW (106 PS) bei 6000/min; 101 Nm bei 4500/min.

Motorkonstruktion: 4 Ventile in V; 2 obenl. Nockenwellen (Zahnriemen); Leichtmetall-Zylinderkopf; 5fach gelagerte Kurbelwelle; Öl 3.4 L; elektron. Einspritzung.
Batterie 55 Ah, Alternator 75 A; Wasserkühlung, Inh. 5 L.

Kraftübertragung: (auf Vorderräder).
5-Gang-Getriebe: I. 3.46; II. 2.05; III. 1.37; IV. 1.03; V. 0.88; R 3.25; Achse 4.06.
4-Stufen-Automat: I. 2.85; II. 1.58; III. 1; IV. 0.69; R 2.18; Achse 4.04.

Fahrwerk: Reifen 175/65 R 14, Felgen 5 J.

Fahrleistungen: Vmax (Werk) 180 km/h, V bei 1000/min im 5. Gang 29.8 km/h; 0–100 km/h 10.5 s; Leistungsgew. 13.3 kg/kW (9.8 kg/PS); Verbr. ECE 5.7/7.6/8.7 L/100 km.

1.5 16V – 99 ch Injection d'essence

Comme 1.3 – 84 ch, sauf:

Carrosserie, poids: Berline; vide dès 970 kg, tot. adm. 1450 kg.

Moteur: (ECE), 4 cyl. en ligne (75.5×83.5 mm), 1495 cm³; compr. 9.5:1; 73 kW (99 ch) à 5900/min, 48.8 kW/L (66.4 ch/L); 134 Nm (13.7 mkp) à 4700/min; 95 (R). SAE: 78 kW (106 ch) à 6000/min; 101 Nm à 4500/min.

Moteur (constr.): 4 soupapes en V; 2 arbres à cames en tête (courroie crantée); culasse en alliage léger; vilebrequin à 5 paliers; huile 3.4 L; injection électronique.
Batterie 55 Ah, alternateur 75 A; refroidissement à eau, capac. 5 L.

Transmission: (sur roues AV).
Boîte à 5 vit.: I. 3.46; II. 2.05; III. 1.37; IV. 1.03; V. 0.88; AR 3.25; pont 4.06.
Boîte autom. à 4 vit.: I. 2.85; II. 1.58; III. 1; IV. 0.69; AR 2.18; pont 4.04.

Train roulant: pneus 175/65 R 14, j. 5 J.

Performances: Vmax (usine) 180 km/h, V à 1000/min en 5. vit. 29.8 km/h; 0–100 km/h 10.5 s; rapp. poids/puiss. 13.3 kg/kW (9.8 kg/ch); cons. ECE 5.7/7.6/8.7 L/100 km.

Hyundai Accent/Pony

Hyundai Coupé

Sportliches Coupé (USA: Tiburon) mit Frontantrieb und Heckklappe, Motor 2.0-16V (139 PS), einige Länder 1.6-16V (114 PS), USA auch 1.8-16V (132 PS). Debüt Salon Genf, März 1996.

Coupé sportif (USA: Tiburon) avec traction AV et hayon AR, moteur 2.0 16V (139 ch), quelques pays 1.6 16V (114 ch), USA 1.8 16V (132 ch). Lancement salon Genève, mars 1996.

2.0 16V – 139 PS Benzineinspritzung

Karosserie, Gewicht: Coupé, 3 Türen, 4/5 Sitze; leer ab 1250 kg, max. zul. 1600 kg.

Motor: (ECE), 4 Zyl. in Linie (82×93.5 mm), 1975 cm³; Kompr. 10.3:1; 102 kW (139 PS) bei 6000/min, 51.6 kW/L (70.2 PS/L); 182 Nm (18.6 mkp) bei 4900/min; 95 ROZ.

Motorkonstruktion: Bezeichnung G4GF; 4 Ventile in V; 2 obenl. Nockenwellen (Zahnriemen); Leichtmetall-Zylinderkopf; 5fach gelagerte Kurbelwelle; Öl 4 L; elektron. Einspritzung.
Batterie 68 Ah, Alternator 75 A; Wasserkühlung, Inh. 6 L.

Kraftübertragung: (auf Vorderräder).
5-Gang-Getriebe: I. 3.31; II. 1.95; III. 1.39; IV. 1.06; V. 0.84; R 3.25; Achse 3.84.
4-Stufen-Automat: I. 2.55; II. 1.49; III. 1; IV. 0.69; R 2.18; Achse 4.35.

2.0 16V – 139 ch Injection d'essence

Carrosserie, poids: Coupé, 3 p., 4/5 places; vide dès 1250 kg, tot. adm. 1600 kg.

Moteur: (ECE), 4 cyl. en ligne (82×93.5 mm), 1975 cm³; compr. 10.3:1; 102 kW (139 ch) à 6000/min, 51.6 kW/L (70.2 ch/L); 182 Nm (18.6 mkp) à 4900/min; 95 (R).

Moteur (constr.): désignation G4GF; 4 soupapes en V; 2 arbres à cames en tête (courroie crantée); culasse en alliage léger; vilebrequin à 5 paliers; huile 4 L; injection électronique.
Batterie 68 Ah, alternateur 75 A; refroidissement à eau, capac. 6 L.

Transmission: (sur roues AV).
Boîte à 5 vit.: I. 3.31; II. 1.95; III. 1.39; IV. 1.06; V. 0.84; AR 3.25; pont 3.84.
Boîte autom. à 4 vit.: I. 2.55; II. 1.49; III. 1; IV. 0.69; AR 2.18; pont 4.35.

Hyundai Coupé

Fahrgestell: Selbsttragende Karosserie; vorn Federbeine und Dreieckquerlenker, Kurvenstabilisator; hinten doppelte Querlenker, Längslenker, Federbeine, Schraubenfedern, Teleskopdämpfer.

Fahrwerk: Vierrad-Scheibenbremse (vorn belüftet), Scheiben-Ø v. 25.7 cm, h. 25.8 cm, ABS, Handbremse auf Hinterräder; Zahnstangenlenkung mit Servo, Treibstofftank 55 L; Reifen 205/50 VR 15, Felgen 6 J.

Dimensionen: Radstand 248 cm, Spur 147/145 cm, Bodenfreih. 15 cm, Wendekreis 10 m, Kofferraum 360 dm³, Länge 434 cm, Breite 173 cm, Höhe 131 cm.

Fahrleistungen: Vmax (Werk) 201 km/h, V bei 1000/min im 5. Gang 33.3 km/h; 0–100 km/h 8.6 s; Leistungsgew. 12.2 kg/kW (9 kg/PS); Verbrauch EU 7.3/11.4 L/100 km.
Aut.: Vmax 198 km/h, 0–100 km/h 10.7 s; 7.9/13.3 L/100 km.

Châssis: carrosserie autoporteuse; AV jambes élast. et leviers triang. transv., barre anti-dévers; AR leviers transv. doubles, leviers longit., jambes élast., ressorts hélicoïdaux, amortiss. télesc.

Train roulant: quatre freins à disques (AV ventilés), Ø disques AV 25.7 cm, AR 25.8 cm, ABS, frein à main sur roues AR; servodirection à crémaillère, réservoir carb. 55 L; pneus 205/50 VR 15, jantes 6 J.

Dimensions: empattement 248 cm, voie 147/145 cm, garde au sol 15 cm, diam. de braq. 10 m, coffre 360 dm³, longueur 434 cm, largeur 173 cm, hauteur 131 cm.

Performances: Vmax (usine) 201 km/h, V à 1000/min en 5. vit. 33.3 km/h; 0–100 km/h 8.6 s; rapp. poids/puiss. 12.2 kg/kW (9 kg/ch); consomm. EU 7.3/11.4 L/100 km.
Aut.: Vmax 198 km/h, 0–100 km/h 10.7 s; 7.9/13.3 L/100 km.

1.8 16V – 132 PS Benzineinspritzung

Wie 2.0 – 139 PS, ausgenommen:

Karosserie, Gewicht: Coupé; leer ab 1165 kg.

Motor: (DIN), 4 Zyl. in Linie (82×85 mm), 1796 cm³; Kompr. 10:1; 97 kW (132 PS) bei 6000/min, 54 kW/L (73.4 PS/L); 166 Nm (16.9 mkp) bei 5000/min; 91 ROZ.

1.8 16V – 132 ch Injection d'essence

Comme 2.0 – 139 ch, sauf:

Carrosserie, poids: Coupé; vide dès 1165 kg.

Moteur: (DIN), 4 cyl. en ligne (82×85 mm), 1796 cm³; compr. 10:1; 97 kW (132 ch) à 6000/min, 54 kW/L (73.4 ch/L); 166 Nm (16.9 mkp) à 5000/min; 91 (R).

Hyundai

Motorkonstruktion: Bezeichnung Beta; 4 Ventile in V 57°; 2 obenl. Nockenwellen (Zahnriemen); Leichtmetall-Zylinderkopf; 5fach gelagerte Kurbelwelle; Ölkühler; Öl 4.4 L; elektron. Einspritzung.
Batterie 60 Ah, Alternator 75 A; Wasserkühlung, Inh. 6 L.

Kraftübertragung: (auf Vorderräder).
5-Gang-Getriebe: I. 3.31; II. 1.95; III. 1.39; IV. 1.06; V. 0.84; R 3.25; Achse 3.84.
4-Stufen-Automat: I. 2.55; II. 1.49; III. 1; IV. 0.69; R 2.18; Achse 4.35.

Fahrwerk: Reifen 195/60 VR 14.

Fahrleistungen: Vmax (Red.) 190 km/h, V bei 1000/min im 5. Gang 33.5 km/h; Leistungsgew. 12 kg/kW (8.8 kg/PS); Verbrauch EPA 7.8/10.7 L/100 km.

1.6 16V – 114 PS Benzineinspritzung

Wie 2.0 – 139 PS, ausgenommen:

Karosserie, Gewicht: Coupé; leer ab 1235 kg.

Motor: (ECE), 4 Zyl. in Linie (77.4×85 mm), 1600 cm³; Kompr. 9.7:1; 84 kW (114 PS) bei 6100/min, 52.5 kW/L (71.3 PS/L); 143 Nm (14.6 mkp) bei 3000/min; 95 ROZ.

Hyundai Coupé

Motorkonstruktion: Bezeichnung Mitsubishi 4G 61; 4 Ventile in V 57°; 2 obenl. Nockenwellen (Zahnriemen); Leichtmetall-Zylinderkopf; 5fach gelagerte Kurbelwelle; Ölkühler; Öl 4.4 L; elektron. Einspritzung.
Batterie 65 Ah, Alternator 65 A; Wasserkühlung, Inh. 6 L.

Kraftübertragung: (auf Vorderräder).
5-Gang-Getriebe: I. 3.46; II. 1.95; III. 1.39; IV. 1.06; V. 0.84; R 3.25; Achse 4.06.

Fahrwerk: Reifen 195/60 VR 14.

Fahrleistungen: Vmax (Werk) 193 km/h, V bei 1000/min im 5. Gang 31.7 km/h; 0–100 km/h 9.8 s; Verbr. EU 6.4/11.6 L/100 km.

Hyundai Lantra/Elantra

Viertürige Limousine der Mittelklasse mit Frontantrieb. Vierzylindermotoren, Fünfganggetriebe oder Vierstufenautomat. Bezeichnung je nach Markt Lantra oder Elantra. Début Oktober 1990. Herbst 1992 mit 1.8 16V.

1.6 16V – 114 PS Benzineinspritzung

Karosserie, Gewicht: Limousine, 4 Türen, 5 Sitze; leer ab 1130 kg, max. zul. 1685 kg.
Station Wagon, 5 Türen, 5 Sitze; leer ab 1220 kg, max. zul. 1715 kg.

Motor: (ECE), 4 Zyl. in Linie (77.4×85 mm), 1600 cm³; Kompr. 9.7:1; 84 kW (114 PS) bei 6100/min, 52.5 kW/L (71.3 PS/L); 143 Nm (14.6 mkp) bei 3000/min; 95 ROZ.

Moteur (constr.): désignation Beta; 4 soupapes en V 57°; 2 arbres à cames en tête (courroie crantée); culasse en alliage léger; vilebrequin à 5 paliers; radiat. d'huile; huile 4.4 L; injection électronique.
Batterie 60 Ah, alternateur 75 A; refroidissement à eau, capac. 6 L.

Transmission: (sur roues AV).
Boîte à 5 vit.: I. 3.31; II. 1.95; III. 1.39; IV. 1.06; V. 0.84; AR 3.25; pont 3.84.
Boîte autom. à 4 vit.: I. 2.55; II. 1.49; III. 1; IV. 0.69; AR 2.18; pont 4.35.

Train roulant: pneus 195/60 VR 14.

Performances: Vmax (réd.) 190 km/h, V à 1000/min en 5. vit. 33.5 km/h; rapp. poids/puiss. 12 kg/kW (8.8 kg/ch); consomm. EPA 7.8/10.7 L/100 km.

1.6 16V – 114 ch Injection d'essence

Comme 2.0 – 139 ch, sauf:

Carrosserie, poids: Coupé; vide dès 1235 kg.

Moteur: (ECE), 4 cyl. en ligne (77.4×85 mm), 1600 cm³; compr. 9.7:1; 84 kW (114 ch) à 6100/min, 52.5 kW/L (71.3 ch/L); 143 Nm (14.6 mkp) à 3000/min; 95 (R).

Moteur (constr.): désignation Mitsubishi 4G 61; 4 soupapes en V 57°; 2 arbres à cames en tête (courroie crantée); culasse en alliage léger; vilebrequin à 5 paliers; radiat. d'huile; huile 4.4 L; injection électronique.
Batterie 65 Ah, alternateur 65 A; refroidissement à eau, capac. 6 L.

Transmission: (sur roues AV).
Boîte à 5 vit.: I. 3.46; II. 1.95; III. 1.39; IV. 1.06; V. 0.84; AR 3.25; pont 4.06.

Train roulant: pneus 195/60 VR 14.

Performances: Vmax (usine) 193 km/h, V à 1000/min en 5. vit. 31.7 km/h; 0–100 km/h 9.8 s; consomm. EU 6.4/11.6 L/100 km.

Berline 4 portes de la classe moyenne, traction AV. Moteurs 4 cyl., boîte manuelle à 5 ou automat. à 4 rapp. Désignation selon marchés Lantra ou Elantra. Lancement octobre 1990. Automne 1992 avec 1.8 16V.

1.6 16V – 114 ch Injection d'essence

Carrosserie, poids: Berl., 4 portes, 5 places; vide dès 1130 kg, tot. adm. 1685 kg.
Station-wagon, 5 portes, 5 places; vide dès 1220 kg, tot. adm. 1715 kg.

Moteur: (ECE), 4 cyl. en ligne (77.4×85 mm), 1600 cm³; compr. 9.7:1; 84 kW (114 ch) à 6100/min, 52.5 kW/L (71.3 ch/L); 143 Nm (14.6 mkp) à 3000/min; 95 (R).

Hyundai Lantra/Elantra

Motorkonstruktion: Bezeichnung Mitsubishi 4G 61; 4 Ventile in V 57°; 2 obenl. Nockenwellen (Zahnriemen); Leichtmetall-Zylinderkopf; 5fach gelagerte Kurbelwelle; Ölkühler; Öl 4.4 L; elektron. Einspritzung.
Batterie 65 Ah, Alternator 65 A; Wasserkühlung, Inh. 6 L.

Kraftübertragung: (auf Vorderräder).
5-Gang-Getriebe: I. 3.46; II. 1.95; III. 1.39; IV. 1.06; V. 0.84; R 3.25; Achse 3.84.
4-Stufen-Automat: I. 2.85; II. 1.58; III. 1; IV. 0.69; R 2.18; Achse 3.98.

Fahrgestell: Selbsttragende Karosserie; vorn Federbeine und Dreieckquerlenker, Kurvenstabilisator; hinten Verbundlenkerachse, Längslenker, Panhardstab, Schraubenfedern; einige Modelle Kurvenstabilisator, Teleskopdämpfer.

Fahrwerk: Bremse, vorne Scheiben (belüftet), hinten Trommeln, Scheiben-Ø v. 24.2 cm, a.W. ABS (mit Scheiben h.), Handbremse auf Hinterräder; Zahnstangenlenkung, a.W. mit Servo, Treibstofftank 52 L; Reifen 175/65 R 14, Felgen 5 J.

Dimensionen: Radstand 255 cm, Spur 147/145 cm, Bodenfreih. 16 cm, Wendekreis 10.2 m, Kofferraum 390 dm³, Länge 442 cm, Breite 170 cm, Höhe 139 cm.
Wagon: Kofferraum 360/1260 dm³, Länge 445 cm, Höhe 146 cm.

Fahrleistungen: Vmax (Werk) 193 km/h, V bei 1000/min im 5. Gang 30.5 km/h; 0–100 km/h 11.2 s; Leistungsgew. 13.5 kW/kW (9.9 kg/PS); Verbrauch EU 7/10.8 L/100 km.

1.8 – 128 PS Benzineinspritzung

Wie 1.6 – 114 PS, ausgenommen:

Karosserie, Gewicht: Limousine; leer ab 1200 kg, max. zul. 1685 kg.
Station Wagon; leer ab 1235 kg, max. zul. 1715 kg.

Motor: (DIN), 4 Zyl. in Linie (82×85 mm), 1796 cm³; Kompr. 10:1; 94 kW (128 PS) bei 6100/min, 52.3 kW/L (71.1 PS/L); 165 Nm (16.8 mkp) bei 5000/min.
SAE: 97 kW (132 PS) bei 6000/min; 163 Nm bei 5000/min.

Motorkonstruktion: Bezeichnung Beta; 4 Ventile in V; 2 obenl. Nockenwellen (Zahnriemen); Leichtmetall-Zylinderkopf; 5fach gelagerte Kurbelwelle; Ölkühler; Öl 4.4 L; elektron. Einspritzung.
Batterie 65 Ah, Alternator 75 A; Wasserkühlung, Inh. 6 L.

Moteur (constr.): désignation Mitsubishi 4G 61; 4 soupapes en V 57°; 2 arbres à cames en tête (courroie crantée); culasse en alliage léger; vilebrequin à 5 paliers; radiat. d'huile; huile 4.4 L; injection électronique.
Batterie 65 Ah, alternateur 65 A; refroidissement à eau, capac. 6 L.

Transmission: (sur roues AV).
Boîte à 5 vit.: I. 3.46; II. 1.95; III. 1.39; IV. 1.06; V. 0.84; AR 3.25; pont 3.84.
Boîte autom. à 4 vit.: I. 2.85; II. 1.58; III. 1; IV. 0.69; AR 2.18; pont 3.98.

Châssis: carrosserie autoporteuse; AV jambes élast. et leviers triang. transv., barre anti-dévers; AR essieu semi-rigide, bras longitud., barre Panhard, ressorts hélicoïdaux; quelques modèles barre anti-dévers, amortiss. télesc.

Train roulant: frein, AV à disques (ventilés), AR à tambours, Ø disques AV 24.2 cm, s.d. ABS (avec disque AR), frein à main sur roues AR; direction à crémaillère, s.d. avec servo, réservoir carb. 52 L; pneus 175/65 R 14, jantes 5 J.

Dimensions: empattement 255 cm, voie 147/145 cm, garde au sol 16 cm, diam. de braq. 10.2 m, coffre 390 dm³, longueur 442 cm, largeur 170 cm, hauteur 139 cm.
Wagon: coffre 360/1260 dm³, longueur 445 cm, hauteur 146 cm.

Performances: Vmax (usine) 193 km/h, V à 1000/min en 5. vit. 30.5 km/h; 0–100 km/h 11.2 s; rapp. poids/puiss. 13.5 kg/kW (9.9 kg/ch); consomm. EU 7/10.8 L/100 km.

1.8 – 128 ch Injection d'essence

Comme 1.6 – 114 ch, sauf:

Carrosserie, poids: Berline; vide dès 1200 kg, tot. adm. 1685 kg.
Station-wagon; vide dès 1235 kg, tot. adm. 1715 kg.

Moteur: (DIN), 4 cyl. en ligne (82×85 mm), 1796 cm³; compr. 10:1; 94 kW (128 ch) à 6100/min, 52.3 kW/L (71.1 ch/L); 165 Nm (16.8 mkp) à 5000/min.
SAE: 97 kW (132 ch) à 6000/min; 163 Nm à 5000/min.

Moteur (constr.): désignation Beta; 4 soupapes en V; 2 arbres à cames en tête (courroie crantée); culasse en alliage léger; vilebrequin à 5 paliers; radiat. d'huile; huile 4.4 L; injection électronique.
Batterie 65 Ah, alternateur 75 A; refroidissement à eau, capac. 6 L.

Hyundai Lantra/Elantra

Hyundai

Hyundai Lantra/Elantra Wagon

Kraftübertragung: (auf Vorderräder).
5-Gang-Getriebe: I. 3.46; II. 1.95; III. 1.39; IV. 1.06; V. 0.88; R 3.25; Achse 3.65.
4-Stufen-Automat: I. 2.85; II. 1.58; III. 1; IV. 0.69; R 2.18; Achse 3.66.
Fahrwerk: Reifen 195/60 VR 14, Felgen 5.5 J.
Fahrleistungen: Vmax (Werk) 196 km/h, V bei 1000/min im 5. Gang 33.3 km/h; 0–100 km/h 9.4 s; Leistungsgew. 12.8 kg/kW (9.4 kg/PS); Verbrauch EU 7.2/10.8 L/100 km.
Wagon: Vmax 192 km/h, 0–100 km/h 11.1 s; 8/13.1 L/100 km.

2.0 16V – 139 PS Benzineinspritzung

Wie 1.6 – 114 PS, ausgenommen:
Karosserie, Gewicht: Limousine; leer ab 1280 kg, max. zul. 1685 kg.
Station Wagon; leer ab 1310 kg, max. zul. 1715 kg.
Motor: (ECE), 4 Zyl. in Linie (82×93.5 mm), 1975 cm³; Kompr. 10.3:1; 102 kW (139 PS) bei 6000/min, 51.6 kW/L (70.2 PS/L); 182 Nm (18.6 mkp) bei 4900/min; 95 ROZ.
Motorkonstruktion: Bezeichnung G4GF; 4 Ventile in V; 2 obenl. Nockenwellen (Zahnriemen); Leichtmetall-Zylinderkopf; 5fach gelagerte Kurbelwelle; Öl 4 L; elektron. Einspritzung.
Batterie 68 Ah, Alternator 75 A; Wasserkühlung, Inh. 6 L.
Kraftübertragung: (auf Vorderräder).
5-Gang-Getriebe: I. 3.31; III. 1.39; IV. 1.06; V. 0.84; R 3.25; Achse 3.84.
4-Stufen-Automat: I. 2.55; II. 1.49; III. 1; IV. 0.69; R 2.18; Achse 4.35.
Fahrwerk: Reifen 195/65 HR 14, 5.5 J.
Fahrleistungen: Vmax (Werk) 202 km/h, V bei 1000/min im 5. Gang 33.5 km/h; Leistungsgew. 12.6 kg/kW (9.2 kg/PS); Verbrauch EU 8.2/11.5 L/100 km.
Aut.: Vmax 187 km/h, Verbrauch EU 9.6/13.7 L/100 km.

Hyundai Sonata

Mittelklasse-Limousine mit Frontantrieb und Quermotor, zum Teil mit Mitsubishi-Komponenten aufgebaut. Debüt Herbst 1988. 1989 mit 3-Liter-V6. Mai 1993 Neuauflage.

2.0 16V – 125 PS Benzineinspritzung

Karosserie, Gewicht: Limousine, 4 Türen, 5 Sitze; leer ab 1330 kg, max. zul. 1860 kg.
Motor: (DIN), 4 Zyl. in Linie (85×88 mm), 1997 cm³; Kompr. 9:1; 92 kW (125 PS) bei 5800/min, 46.1 kW/L (62.6 PS/L); 168 Nm (17.1 mkp) bei 4600/min; 95 ROZ.

Transmission: (sur roues AV).
Boîte à 5 vit.: I. 3.46; II. 1.95; III. 1.39; IV. 1.06; V. 0.88; AR 3.25; pont 3.65.
Boîte autom. à 4 vit.: I. 2.85; II. 1.58; III. 1; IV. 0.69; AR 2.18; pont 3.66.
Train roulant: pneus 195/60 VR 14, jantes 5.5 J.
Performances: Vmax (usine) 196 km/h, V à 1000/min en 5. vit. 33.3 km/h; 0–100 km/h 9.4 s; rapp. poids/puiss. 12.8 kg/kW (9.4 kg/ch); consomm. EU 7.2/10.8 L/100 km.
Wagon: Vmax 192 km/h, 0–100 km/h 11.1 s; 8/13.1 L/100 km.

2.0 16V – 139 ch Injection d'essence

Comme 1.6 – 114 ch, sauf:
Carrosserie, poids: Berline,; vide dès 1280 kg, tot. adm. 1685 kg.
Station-wagon; vide dès 1310 kg, tot. adm. 1715 kg.
Moteur: (ECE), 4 cyl. en ligne (82×93.5 mm), 1975 cm³; compr. 10.3:1; 102 kW (139 ch) à 6000/min, 51.6 kW/L (70.2 ch/L); 182 Nm (18.6 mkp) à 4900/min; 95 (R).
Moteur (constr.): désignation G4GF; 4 soupapes en V; 2 arbres à cames en tête (courroie crantée); culasse en alliage léger; vilebrequin à 5 paliers; huile 4 L; injection électronique.
Batterie 68 Ah, altern. 75 A; refroidissement à eau, capac. 6 L.
Transmission: (sur roues AV).
Boîte à 5 vit.: I. 3.31; III. 1.39; IV. 1.06; V. 0.84; AR 3.25; pont 3.84.
Boîte autom. à 4 vit.: I. 2.55; II. 1.49; III. 1; IV. 0.69; AR 2.18; pont 4.35.
Train roulant: pneus 195/65 HR 14, 5.5 J.
Performances: Vmax (usine) 202 km/h, V à 1000/min en 5. vit. 33.5 km/h; rapp. poids/puiss. 12.6 kg/kW (9.2 kg/ch); consomm. EU 8.2/11.5 L/100 km.
Aut.: Vmax 187 km/h, consomm. EU 9.6/13.7 L/100 km.

Berline de la catégorie moyenne avec traction et moteur transv., construction avec des pièces méc. de Mitsubishi. Lancement automne 1988. 1989 3.0-V6. Mai 1993 nouvelle édition.

2.0 16V – 125 ch Injection d'essence

Carrosserie, poids: Berline, 4 portes, 5 pl.; vide dès 1330 kg, tot. adm. 1860 kg.
Moteur: (DIN), 4 cyl. en ligne (85×88 mm), 1997 cm³; compr. 9:1; 92 kW (125 ch) à 5800/min, 46.1 kW/L (62.6 ch/L); 168 Nm (17.1 mkp) à 4600/min; 95 (R).

Motorkonstruktion: 4 Ventile in V 57°; 2 obenl. Nockenwellen Leichtmetall-Zylinderkopf; 5fach gelagerte Kurbelwelle; Öl 4.4 L; elektron. Einspritzung.
Batterie 68 Ah, Alternator 1080 W; Wasserkühlung, Inh. 7.3 L.
Kraftübertragung: (auf Vorderräder).
5-Gang-Getriebe: I. 3.09; II. 1.83; III. 1.22; IV. 0.89; V. 0.73; R 3.17; Achse 4.67.
4-Stufen-Automat: I. 2.55; II. 1.49; III. 1; IV. 0.69; R 2.18; Achse 4.01.
Fahrgestell: Selbsttragende Karosserie; vorn Federbeine und Dreieckquerl.; hinten Längs- und Querlenker, Schraubenfedern; v/h Kurvenstabilisator, Teleskopdämpfer.
Fahrwerk: Vierrad-Scheibenbr. (vorn belüftet), Scheiben-∅ v. 25.7 cm, h. 26 cm, a.W. ABS, Handbr. auf Hinterr.; Zahnstangenlenkung mit Servo, Treibstofftank 65 L; Reifen 195/70 R 14, 205/60 R 15, Felgen 5 J, 6 J.
Dimensionen: Radstand 270 cm, Spur 152/151 cm, Bodenfreih. 17 cm, Wendekreis 10.5 m, Kofferraum 375 dm³, Länge 470 cm, Breite 177 cm, Höhe 141 cm.
Fahrleistungen: Vmax (Werk) 195 km/h, V bei 1000/min in 5. Gang 33.8 km/h; 0–97 km/h 10.2 s; Leistungsgew. 14.5 kg/kW (10.6 kg/PS); Verbr. EU 7.3/12.7 L/100 km.
Aut.: Vmax 190 km/h, 0–97 km/h 12.8 s; Verbr. EU 8/15.6 L/100 km.

2.0 – 95 PS Benzineinspritzung

Wie 2.0 – 125 PS, ausgenommen:
Karosserie, Gewicht: Limousine; leer ab 1275 kg, max. zul. 1740 kg.
Motor: (DIN), 4 Zyl. in Linie (85×88 mm), 1997 cm³; Kompr. 8.6:1; 70 kW (95 PS) bei 4900/min, 35.1 kW/L (47.7 PS/L); 157 Nm (16 mkp) bei 2400/min; 95 ROZ.
Motorkonstruktion: Bezeichnung Mitsubishi 4G 63; Ventile in V; 1 obenl. Nockenwelle (Zahnriemen); Leichtmetall-Zylinderkopf; 5fach gelagerte Kurbelwelle; Öl 4 L; elektron. Einspritzung.
Batterie 60 Ah, Alternator 75 A; Wasserkühlung, Inh. 6.5 L.
Kraftübertragung: (auf Vorderräder).
5-Gang-Getriebe: I. 3.36; II. 1.95; III. 1.29; IV. 0.94; V. 0.76; R 3.08; Achse 4.02.
Fahrleistungen: Vmax (Werk) 170 km/h, V bei 1000/min im 5. Gang 37.7 km/h; 0–100 km/h 13.6 s; Leistungsgew. 18.2 kg/kW (13.4 kg/PS); Verbr. EU 7/11.9 L/100 km.

Hyundai Sonata

3.0 V6 – 145 PS Benzineinspritzung

Wie 2.0 – 125 PS, ausgenommen:
Karosserie, Gewicht: Limousine; leer ab 1385 kg, max. zul. 1860 kg.

Moteur (constr.): 4 soupapes en V 57°; 2 arbres à cames en tête culasse en alliage léger; vilebrequin à 5 paliers; huile 4.4 L; injection électronique.
Batterie 68 Ah, alternateur 1080 W; refroidissement à eau, capac. 7.3 L.
Transmission: (sur roues AV).
Boîte à 5 vit.: I. 3.09; II. 1.83; III. 1.22; IV. 0.89; V. 0.73; AR 3.17; pont 4.67.
Boîte autom. à 4 vit.: I. 2.55; II. 1.49; III. 1; IV. 0.69; AR 2.18; pont 4.01.
Châssis: carr. autoporteuse; AV jambes élast. et leviers triang. transv.; AR bras longitud. et transv., ressorts hélicoïdaux; AV/AR barre anti-dévers, amortiss. télesc.
Train roulant: quatre freins à disques (AV ventilés), ∅ disques AV 25.7 cm, AR 26 cm, ABS s. d., frein à main sur roues AR; servodir. à crém., réservoir carb. 65 L; pneus 195/70 R 14, 205/60 R 15, jantes 5 J, 6 J.
Dimensions: empattement 270 cm, voie 152/151 cm, garde au sol 17 cm, diam. de braq. 10.5 m, coffre 375 dm³, longueur 470 cm, largeur 177 cm, hauteur 141 cm.
Performances: Vmax (usine) 195 km/h, V à 1000/min en 5. vit. 33.8 km/h; 0–97 km/h 10.2 s; rapp. poids/puiss. 14.5 kg/kW (10.6 kg/ch); consomm. EU 7.3/12.7 L/100 km.
Aut.: Vmax 190 km/h, 0–97 km/h 12.8 s; consomm. EU 8/15.6 L/100 km.

2.0 – 95 ch Injection d'essence

Comme 2.0 – 125 ch, sauf:
Carrosserie, poids: Berline; vide dès 1275 kg, tot. adm. 1740 kg.
Moteur: (DIN), 4 cyl. en ligne (85×88 mm), 1997 cm³; compr. 8.6:1; 70 kW (95 ch) à 4900/min, 35.1 kW/L (47.7 ch/L); 157 Nm (16 mkp) à 2400/min; 95 (R).
Moteur (constr.): désignation Mitsubishi 4G 63; soupapes en V; 1 arbre à cames en tête (courroie crantée); culasse en alliage léger; vilebrequin à 5 paliers; huile 4 L; injection électronique.
Batterie 60 Ah, alternateur 75 A; refroidissement à eau, capac. 6.5 L.
Transmission: (sur roues AV).
Boîte à 5 vit.: I. 3.36; II. 1.95; III. 1.29; IV. 0.94; V. 0.76; AR 3.08; pont 4.02.
Performances: Vmax (usine) 170 km/h, V à 1000/min en 5. vit. 37.7 km/h; 0–100 km/h 13.6 s; rapp. poids/puiss. 18.2 kg/kW (13.4 kg/ch); consomm. EU 7/11.9 L/100 km.

3.0 V6 – 145 ch Injection d'essence

Comme 2.0 – 125 ch, sauf:
Carrosserie, poids: Berline; vide dès 1385 kg, tot. adm. 1860 kg.

Hyundai

Hyundai Sonata

Motor: (DIN), 6 Zyl. in V 60° (91.1×76 mm), 2972 cm³; Komp. 8.9:1; 107 kW (145 PS) bei 5000/min, 36 kW/L (48.9 PS/L); 230 Nm (23.4 mkp) bei 2400/min; 95 ROZ.

Motorkonstruktion: Bezeichnung Mitsubishi 6G 72; Ventile in V; 2×1 obenl. Nockenwelle (Zahnriemen); Leichtmetall-Zylinderköpfe; 4fach gelagerte Kurbelwelle; Öl 4.3 L; elektron. Einspritzung.
Batterie 68 Ah, Alternator 75 A; Wasserkühlung, Inh. 8 L.

Kraftübertragung: (auf Vorderräder).
4-Stufen-Automat: I. 2.85; II. 1.45; III. 1; IV. 0.69; R 2.18; Achse 3.96.

Fahrwerk: Reifen 205/60 R 15, Felgen 6 J.

Fahrleistungen: Vmax (Werk) 200 km/h, V bei 1000/min im 4. Gang 44.9 km/h; 0–100 km/h 10.1 s; Leistungsgew. 12.9 kg/kW (9.6 kg/PS); Verbrauch EU 8.8/16.8 L/100 km.

Moteur: (DIN), 6 cyl. en V 60° (91.1×76 mm), 2972 cm³; compression 8.9:1; 107 kW (145 ch) à 5000/min, 36 kW/L (48.9 ch/L); 230 Nm (23.4 mkp) à 2400/min; 95 (R).

Moteur (constr.): désignation Mitsubishi 6G 72; soupapes en V; 2×1 arbre à cames en tête (courroie crantée); culasses en alliage léger; vilebrequin à 4 paliers; huile 4.3 L; injection électronique.
Batterie 68 Ah, alternateur 75 A; refroidissement à eau, capac. 8 L.

Transmission: (sur roues AV).
Boîte autom. à 4 vit.: I. 2.85; II. 1.45; III. 1; IV. 0.69; AR 2.18; pont 3.96.

Train roulant: pneus 205/60 R 15, j. 6 J.

Performances: Vmax (usine) 200 km/h, V à 1000/min en 4. vit. 44.9 km/h; 0–100 km/h 10.1 s; rapp. poids/puiss. 12.9 kg/kW (9.6 kg/ch); consomm. EU 8.8/16.8 L/100 km.

Hyundai Marcia

Luxuriöse Limousine der Mittelklasse mit 2.5-L-V6 mit 173 PS (JIS) oder 2.0-L-Vierzylinder und elektronisch geregelter Federung. Debüt Seoul 1995.

Berline luxueuse de la classe moyenne avec moteur 2.5-V6 173 ch (JIS) ou 2.0 litres quatre cyl. et suspension à gestion electron. Lancement Seoul 1995.

Hyundai Marcia

Hyundai Grandeur

Luxuslimousine mit Frontantrieb, 4-Zylinder oder V6-Motor, identisch mit dem Mitsubishi Debonair. Provisorische Daten.

Berline luxueuse avec moteur 4 cylindres ou V6, traction avant, identique avec la Mitsubishi Debonair. Données provisoires.

2.0 16V – 145 PS Benzineinspritzung

2.0 16V – 145 ch Injection d'essence

Karosserie, Gewicht: Limousine, 4 Türen, 5 Sitze; leer ab ca. 1520 kg.
2.5-V6: leer ab 1645 kg.

Carrosserie, poids: Berline, 4 portes, 5 places; vide dès env. 1520 kg.
2.5-V6: vide dès 1645 kg.

Motor: (DIN), 4 Zyl. in Linie (85×88 mm), 1997 cm³; Kompr. 9:1; 107 kW (145 PS) bei 6000/min, 53.6 kW/L (72.8 PS/L); 188 Nm (19.2 mkp) bei 4000/min; 95 ROZ.
A.W. 2.5/24V-V6 mit 127 kW (173 PS); 220 Nm (22.4 mkp).
Aut.: 102 kW (139 PS) bei 5800/min, 51.1 kW/L (69.4 PS/L); 180 Nm (18.3 mkp).

Motorkonstruktion: Bezeichnung Mitsubihihi 4G 63 DOHC; 4 Ventile in V 57°; 2 obenl. Nockenwellen (Zahnriemen); Leichtmetall-Zylinderkopf; 5fach gelagerte Kurbelwelle; Öl 4.7 L; elektron. Einspritzung, MPI.

Kraftübertragung: (auf Vorderräder).
5-Gang-Getriebe: I. 3.08; II. 1.95; III. 1.29; IV. 0.94; V. 0.76; R 3.08; Achse 4.3.
.4-Stufen-Automat: I. 2.85; II. 1.45; III. 1; IV. 0.69; R 2.18; Achse 4.3.

Fahrgestell: Selbsttragende Karosserie; vorn Federbeine und Dreieckquerlenker, hinten untere und obere Querlenker, Längslenker; v/h Kurvenstabilisator, Schraubenfedern und Teleskopdämpfer.

Fahrwerk: Vierrad-Scheibenbremse (vorn belüftet), a.W. ABS, Feststellbremse auf Hinterräder; Zahnstangenlenkung mit Servo, Treibstofftank 75 L; Reifen 195/70 R 14, 205/65 R 15, 215/65 R 15; Felgen 6 J.

Moteur: (DIN), 4 cyl. en ligne (85×88 mm), 1997 cm³; compr. 9:1; 107 kW (145 ch) à 6000/min, 53.6 kW/L (72.8 ch/L); 188 Nm (19.2 mkp) à 4000/min; 95 (R).
A.W. 2.5/24V-V6 avec 127 kW (173 ch); 220 Nm (22.4 mkp).
Aut.: 102 kW (139 ch) à 5800/min, 51.1 kW/L (69.4 ch/L); 180 Nm (18.3 mkp).

Moteur (constr.): désignation Mitsubihi 4G 63 DOHC; 4 soupapes en V 57°; 2 arbres à cames en tête (courroie crantée); culasse en alliage léger; vilebrequin à 5 paliers; huile 4.7 L; inj. électronique, MPI.

Transmission: (sur roues AV).
Boîte à 5 vit.: I. 3.08; II. 1.95; III. 1.29; IV. 0.94; V. 0.76; AR 3.08; pont 4.3.
Boîte autom. à 4 vit.: I. 2.85; II. 1.45; III. 1; IV. 0.69; AR 2.18; pont 4.3.

Châssis: carrosserie autoporteuse; AV jambes élast. et leviers triang. transv., AR leviers transversaux inf. et sup., bras longitud.; AV/AR stabilisateur transv., ressorts hélic. et amortiss. télesc.

Train roulant: quatre freins à disques (AV ventilés), ABS s. d., frein de stationnement sur roues AR; servodirection à crémaillère, réservoir carb. 75 L; pneus 195/70 R 14, 205/65 R 15, 215/65 R 15; jantes 6 J.

Hyundai Grandeur

Dimensionen: Radstand 274.5 cm, Spur 154/155 cm, Bodenfreiheit 16 cm, Wendekreis 11.4 m, Kofferraum 460 dm³, Länge 498 cm, Breite 181 cm, Höhe 144 cm.

Fahrleistungen: Vmax (Werk) 185 km/h, Leistungsgew. 14.2 kg/kW (10.5 PS/kg); Verbrauch (Red.) 10/15 L/100 km.
Aut.: Vmax 178 km/h, 2.5: Vmax 195 km/h.

Dimensions: empattement 274.5 cm, voie 154/155 cm, garde au sol 16 cm, diam. de braq. 11.4 m, coffre 460 dm³, longueur 498 cm, largeur 181 cm, hauteur 144 cm.

Performances: Vmax (usine) 185 km/h, rapp. poids/puiss. 14.2 kg/kW (10.5 kg/ch); consomm. (Red.) 10/15 L/100 km.
Aut.: Vmax 178 km/h, 2.5: Vmax 195 km/h.

3.0 V6 24V – 205 PS Benzineinspritzung

3.0 V6 24V – 205 ch Injection d'essence

Wie 2.0 – 145 PS, ausgenommen:

Comme 2.0 – 145 ch, sauf:

Karosserie, Gewicht: Limousine; leer ab ca. 1660 kg.
3.5-V6: leer ab 1760 kg.

Carrosserie, poids: Berline; vide dès env. 1660 kg.
3.5-V6: vide dès 1760 kg.

Motor: (DIN), 6 Zyl. in V 60° (91.1×76 mm), 2972 cm³; Kompr. 8.9:1; 151 kW (205 PS) bei 6000/min, 50.8 kW/L (69.1 PS/L); 266 Nm (27.1 mkp) bei 4000/min; 95 ROZ.
3.5-V6 mit 165 kW (225 PS) bei 5000/min, 306 Nm (31,8 mkp) bei 4000/min.

Motorkonstruktion: Bezeichnung Mitsubishi 6G 72; 4 Ventile in V; 2×2 obenl. Nockenwellen (Zahnriemen); Leichtmetall-Zylinderköpfe; 4fach gelagerte Kurbelwelle; Öl 4.3 L; elektron. Einspritzung.
Batterie 68 Ah, Alternator 75 A; Wasserkühlung, Inh. 8 L.

Kraftübertragung: (auf Vorderräder).
4-Stufen-Automat: I. 2.85; II. 1.45; III. 1; IV. 0.69; R 2.18; Achse 4.38.

Fahrleistungen: Vmax (Werk) 189 km/h, Leistungsgew. 11 kg/kW (8.1 PS/kg); Verbrauch (Red.) 10/17 L/100 km.
3.5-V6: Vmax 210 km/h.

Moteur: (DIN), 6 cyl. en V 60° (91.1×76 mm), 2972 cm³; compr. 8.9:1; 151 kW (205 ch) à 6000/min, 50.8 kW/L (69.1 ch/L); 266 Nm (27.1 mkp) à 4000/min; 95 (R).
3.5-V6 avec 165 kW (225 PS) à 5000/min, 306 Nm (31,8 mkp) à 4000/min.

Moteur (constr.): désignation Mitsubishi 6G 72; 4 soupapes en V; 2×2 arbres à cames en tête (courroie crantée); culasses en alliage léger; vilebrequin à 4 paliers; huile 4.3 L; injection électronique.
Batterie 68 Ah, alternateur 75 A; refroidissement à eau, capac. 8 L.

Transmission: (sur roues AV).
Boîte autom. à 4 vit.: I. 2.85; II. 1.45; III. 1; IV. 0.69; AR 2.18; pont 4.38.

Performances: Vmax (usine) 189 km/h, rapp. poids/puiss. 11 kg/kW (8.1 kg/ch); consomm. (Red.) 10/17 L/100 km.
3.5-V6: Vmax 210 km/h.

Infiniti

Infiniti J

Nissan Motors Co. Ltd., 17-1 Ginza 6-chome, Chuo-ku, Tokyo 104, Japan

Luxusmarke der Nissan Motors, vornehmlich für den amerikanischen Markt bestimmt.

Marque de luxe de la Nissan Motors, déstinée en priorité au marché américain.

Infiniti I30

Neues Modell. Viertürige Limousine auf Basis des Nissan Maxima, 3.0-V6-Quermotor. Daten siehe Nissan Maxima.

Nouveau modèle. Berline sur base de Nissan Maxima, moteur 3.0 V6 transversal. Données voir Nissan Maxima.

Infiniti J30

Luxuriöse Limousine auf Basis des Nissan Leopard. Motor 3.0 V6 24V mit 213 PS. Antrieb auf die Hinterräder, Automat. Debüt Frühjahr 1992.

Berline luxueuse sur base de la Nissan Leopard. Moteur 3.0 V6 24V avec 213 ch, traction sur roues AR, boîte automatique. Lancement printemps 1992.

3.0 V6 24V – 213 PS Benzineinspritzung

Karosserie, Gewicht: (DIN), Limousine, 4 Türen, 5 Sitze; leer ab 1665 kg.

Motor: (SAE), 6 Zyl. in V 60° (87×83 mm), 2960 cm³; Kompr. 10.5:1; 157 kW (213 PS) bei 6400/min, 53 kW/L (72.1 PS/L); 262 Nm (26.7 mkp) bei 4800/min; 91 ROZ.

Motorkonstruktion: Bezeichnung VG 30DE; 4 Ventile in V 46°; 2×2 obenl. Nokkenwellen (Zahnriemen); Leichtmetall-Zylinderköpfe; 4fach gelagerte Kurbelwelle; Ölkühler, Öl 4.4 L; elektron. Einspritzung. Batterie 60 Ah, Alternator 90 A; Wasserkühlung, Inh. 10 L.

Kraftübertragung: (auf Hinterräder), Differentialbr.; a.W. Antriebsschlupfregelung. 4-Stufen-Automat: I. 2.78; II. 1.54; III. 1; IV. 0.69; R 2.27; Achse 3.92.

Fahrgestell: Selbsttragende Karosserie; vorn Federbeine, Querlenker, Zugstreben, Kurvenstabilisator; hinten Mehrlenkerachse mit Längs-, Quer- und Schräglenkern, Kurvenstabilisator, Schraubenfedern; elektron. Dämpferregulierung.

Fahrwerk: Vierrad-Scheibenbremse (vorn belüftet), Scheiben-Ø v. 27.9 cm, h. 29.2 cm, ABS, Handbremse auf Hinterräder; Zahnstangenl. mit Servo, Treibstofftank 72 L; Reifen 215/60 HR 15, Felgen 6.5 J.

3.0 V6 24V – 213 ch Injection d'essence

Carrosserie, poids: (DIN), Berline, 4 portes, 5 places; vide dès 1665 kg.

Moteur: (SAE), 6 cyl. en V 60° (87×83 mm), 2960 cm³; compr. 10.5:1; 157 kW (213 ch) à 6400/min, 53 kW/L (72.1 ch/L); 262 Nm (26.7 mkp) à 4800/min; 91 (R).

Moteur (constr.): désignation VG 30DE; 4 soupapes en V 46°; 2×2 arbres à cames en tête (courroie crantée); culasses en alliage léger; vilebrequin à 4 paliers; radiat. d'huile; huile 4.4 L; injection électronique. Batterie 60 Ah, alternateur 90 A; refroidissement à eau, capac. 10 L.

Transmission: (sur roues AR), différentiel autobloquant; s.d. dispositif antipatinage. Boîte autom. à 4 vit.: I. 2.78; II. 1.54; III. 1; IV. 0.69; AR 2.27; pont 3.92.

Châssis: carrosserie autoporteuse; AV jambes élast., leviers transv., tirants, barre anti-dévers; AR essieu à multiples bras (leviers longit., obliques et transv.), barre anti-dévers, ressorts hélic.; amortiss. à réglage électron.

Train roulant: quatre freins à disques (AV ventilés), Ø disques AV 27.9 cm, AR 29.2 cm, ABS, frein à main sur roues AR; servodirection à crémaillère, réservoir carb. 72 L; pneus 215/60 HR 15, jantes 6.5 J.

Infiniti J30

Dimensionen: Radstand 276 cm, Spur 150/150 cm, Bodenfreih. 15 cm, Wendekreis 11 m, Kofferraum 285 dm³, Länge 486 cm, Breite 177 cm, Höhe 139 cm.

Fahrleistungen: Vmax (Werk) 206 km/h, V bei 1000/min im 4. Gang 43.2 km/h; 0–97 km/h 8.3 s; Leistungsgew. 9.3 kg/kW (6.9 kg/PS); Verbrauch EPA 10.2/13.1 L/100 km.

Dimensions: empattement 276 cm, voie 150/150 cm, garde au sol 15 cm, diam. de braq. 11 m, coffre 285 dm³, longueur 486 cm, largeur 177 cm, hauteur 139 cm.

Performances: Vmax (usine) 206 km/h, V à 1000/min en 4. vit. 43.2 km/h; 0–97 km/h 8.3 s; rapp. poids/puiss. 9.3 kg/kW (6.9 kg/ch); consomm. EPA 10.2/13.1 L/100 km.

Infiniti Q45

Luxuriöse Limousine der Oberklasse. 4,5-Liter-V8-Motor mit 32 Ventilen und 282 PS, Vierstufenautomat und Hinterradantrieb. Debüt Winter 1988/89. Produktionsbeginn Herbst 1989. Wird auch in Japan angeboten. Juni 1993: Detailänderungen, neue Frontpartie.

Berline luxueuse de la classe supérieure. 4.5 V8 avec 32 soupapes et 282 ch, boîte automatique à 4 rapports et roues AR motrices. Présentation hiver 1988/89, début de production automne 1989. Est aussi vendu au Japon. Juin 1993: Modifications, nouvelle proue.

4.1 V8 32V – 269 PS Benzineinspritzung

Karosserie, Gewicht: (DIN), Limousine, 4 Türen, 5 Sitze; leer ab 1760 kg.

Motor: (SAE), 8 Zyl. in V 90° (93×76 mm), 4130 cm³; Kompr. 10.5:1; 198 kW (269 PS) bei 5600/min, 47.9 kW/L (65.2 PS/L); 378 Nm (38.5 mkp) bei 4000/min; 95 ROZ.

Motorkonstruktion: Bezeichnung VH41DE; 4 Ventile in V; 2×2 obenl. Nockenwellen (Kette); Leichtmetall-Zylinderköpfe und -block; 5fach gelagerte Kurbelwelle; Öl 5.7 L; elektron. Einspritzung. Batterie 64 Ah, Alternator 110 A; Wasserkühlung, Inh. 11 L.

4.1 V8 32V – 269 ch Injection d'essence

Carrosserie, poids: (DIN), Berline, 4 portes, 5 places; vide dès 1760 kg.

Moteur: (SAE), 8 cyl. en V 90° (93×76 mm), 4130 cm³; compr. 10.5:1; 198 kW (269 ch) à 5600/min, 47.9 kW/L (65.2 ch/L); 378 Nm (38.5 mkp) à 4000/min; 95 (R).

Moteur (constr.): désignation VH41DE; 4 soupapes en V; 2×2 arbres à cames en tête (chaîne); culasses et bloc-cyl. en alliage léger; vilebrequin à 5 paliers, huile 5.7 L; injection électronique. Batterie 64 Ah, alternateur 110 A; refroidissement à eau, capac. 11 L.

Infiniti Q45

Kraftübertragung: (auf Hinterräder), a.W. Differentialbremse hinten; a.W. Antriebsschlupfregelung. 4-Stufen-Automat: I. 2.56; II. 1.48; III. 1; IV. 0.69; R 2.28; Achse 3.69.

Fahrgestell: Selbsttragende Karosserie mit vorderem und hinterem Hilfsrahmen; vorn Federbeine, Längslenker, Zugstreben; hinten Mehrlenkerachse mit Längs-, Quer- und Schräglenkern, Schraubenfedern; v/h Kurvenstabilisator; a.W. elektron. Dämpferregulierung.

Fahrwerk: Vierrad-Scheibenbremse (vorn belüftet), Scheiben-Ø v. 27.9 cm, h. 29.2 cm, ABS, Handbremse auf Hinterräder; Zahnstangenlenkung mit Servo, Treibstofftank 85 L; Reifen 215/65 VR 16, Felgen 7 J.

Dimensionen: Radstand 288 cm, Spur 157/157 cm, Bodenfreih. 14 cm, Wendekreis 11.4 m, Kofferraum 420 dm³, Länge 506 cm, Breite 181 cm, Höhe 143 cm.

Fahrleistungen: Vmax (Werk) 232 km/h, V bei 1000/min im 4. Gang 49.5 km/h; 0–97 km/h 7.9 s; Leistungsgew. 8.9 kg/kW (6.5 kg/PS); Verbrauch EPA 10.2/13.1 L/100 km.

Transmission: (sur roues AR), différentiel autobloquant AR s.d.; s.d. dispositif antipatinage. Boîte autom. à 4 vit.: I. 2.56; II. 1.48; III. 1; IV. 0.69; AR 2.28; pont 3.69.

Châssis: carrosserie autoporteuse avec faux-châssis AV et AR; AV jambes élast., bras longitud., tirants; AR essieu à multiples bras (leviers longit., obliques et transv.), ressorts hélicoïdaux; AV/AR barre anti-dévers; s.d. amortiis. à réglage électron.

Train roulant: quatre freins à disques (AV ventilés), Ø disques AV 27.9 cm, AR 29.2 cm, ABS, frein à main sur roues AR; servodirection à crémaillère, réservoir carb. 85 L; pneus 215/65 VR 16, jantes 7 J.

Dimensions: empattement 288 cm, voie 157/157 cm, garde au sol 14 cm, diam. de braq. 11.4 m, coffre 420 dm³, longueur 506 cm, largeur 181 cm, hauteur 143 cm.

Performances: Vmax (usine) 232 km/h, V à 1000/min en 4. vit. 49.5 km/h; 0–97 km/h 7.9 s; rapp. poids/puiss. 8.9 kg/kW (6.5 kg/ch); consomm. EPA 10.2/13.1 L/100 km.

Inifiniti QX4

Neues Modell. Luxusversion des japanischen Nissan Terrano für die USA.

Nouveau modèle. Version de luxe da la Nissan Terrano japonaise pour les USA.

3.3 V6 – 170 PS Benzineinspritzung

Karosserie, Gewicht: (DIN), Station Wagon, 5 Türen, 5 Sitze; leer ab 1940 kg.

Motor: (SAE), 6 Zyl. in V 60° (91.5×83 mm), 3275 cm³; Kompr. 8.9:1; 125 kW (170 PS) bei 4800/min, 38.2 kW/L (51.9 PS/L); 266 Nm (27.1 mkp) bei 2800/min; 91 ROZ.

3.3 V6 – 170 ch Injection d'essence

Carrosserie, poids: (DIN), Station-wagon, 5 portes, 5 places; vide dès 1940 kg.

Moteur: (SAE), 6 cyl. en V 60° (91.5×83 mm), 3275 cm³; compr. 8.9:1; 125 kW (170 ch) à 4800/min, 38.2 kW/L (51.9 ch/L); 266 Nm (27.1 mkp) à 2800/min; 91 (R).

Infiniti • Innocenti • Irmscher • Isdera

Motorkonstruktion: Bezeichnung VG33E; Ventile in V; 2×1 obenl. Nockenwelle (Zahnriemen); Leichtmetall-Zylinderköpfe; 4fach gelagerte Kurbelwelle; Öl 3.4 L; elektron. Einspritzung.
Batterie 55 Ah, Alternator 90 A; Wasserkühlung, Inh. 11.3 L.

Kraftübertragung: (4WD permanent), zentrales Diff. mit Viskokupplung; hintere Differentialbremse, variable Drehmomentverteilung v/h; Reduktionsgetriebe: I. 1. II. 2.02.
4-Stufen-Automat: I. 2.78; II. 1.54; III. 1; IV. 0.69; R 2.27; R 4.64.

Fahrgestell: Selbsttragende Karosserie mit Hilfsrahmen; vorn Federbeine und Dreieckquerlenker; hinten Starrachse, Längslenker, Panhardstab; v/h Kurvenstabilisator, Schraubenfedern, Teleskopdämpfer.

Fahrwerk: Bremse, vorne Scheiben (belüftet), hinten Trommeln, Scheiben-Ø v. 27.7 cm, ABS, Handbremse auf Hinterräder; Zahnstangenlenkung mit Servo, Treibstofftank 80 L; Reifen 245/70 R 16, Felgen 7 J.

Moteur (constr.): désignation VG33E; soupapes en V; 2×1 arbre à cames en tête (courroie crantée); culasses en alliage léger; vilebrequin à 4 paliers; huile 3.4 L; injection électronique.
Batterie 55 Ah, alternateur 90 A; refroidissement à eau, capac. 11.3 L.

Transmission: (4WD permanent), diff. central avec visco-coupleur; différentiel autobloquant AR, répartition du couple AV/AR variable; boîte de transfert: I. 1; II. 2.02.
Boîte autom. à 4 vit.: I. 2.78; II. 1.54; III. 1; IV. 0.69; AR 2.27; AR 4.64.

Châssis: carrosserie autoporteuse avec faux-châssis; AV jambes élast. et leviers triang. transv.; AR essieu rigide, bras longitud., barre Panhard; AV/AR barre anti-dévers, ressorts hélic, amortiss. télesc.

Train roulant: frein, AV à disques (ventilés), AR à tambours, Ø disques AV 27.7 cm, ABS, frein à main sur roues AR; servo-direction à crémaillère, réservoir carb. 80 L; pneus 245/70 R 16, jantes 7 J.

Infiniti QX4

Dimensionen: Radst. 270 cm, Spur 152/152 cm, Bodenfreih. 21 cm, Wendekreis 11.2 m, Kofferraum 1075/2405 dm³, Länge 467 cm, Breite 184 cm, Höhe 180 cm.

Fahrleistungen: Vmax (Werk) 177 km/h, V bei 1000/min in 4. Gang 45.9 km/h; 0–97 km/h 11.2 s; Leistungsgew. 15.5 kg/kW (11.4 kg/PS); Verbr. (Red.) 12/18 L/100 km.

Dimensions: empatt. 270 cm, voie 152/152 cm, garde au sol 21 cm, diam. de braq. 11.2 m, coffre 1075/2405 dm³, longueur 467 cm, largeur 184 cm, hauteur 180 cm.

Performances: Vmax (usine) 177 km/h, V à 1000/min en 4. vit. 45.9 km/h; 0–97 km/h 11.2 s; rapp. poids/puiss. 15.5 kg/kW (11.4 kg/ch); consomm. (Red.) 12/18 L/100 km.

Innocenti — I

Innocenti Milano SpA, Strada 5, Palazzo Z, Milanofiori, 20089 Rozzano MI, Italia

Nuova Innocenti, Nachfolger der Leyland Innocenti, seit 1976 zur De-Tomaso-Gruppe, seit 1990 zu Fiat gehörend. Import und Verkauf brasilianischer Fiat-Modelle unter dem Namen Innocenti in Italien.

Nuova Innocenti, succède la Leyland Innocenti et appartient à De Tomaso depuis 1976. 1990: Fait partie du groupe Fiat. Importation et vente de voitures Fiat du Brésil sous le nom de Innocenti en Italie.

Irmscher — D

Irmscher GmbH, Bahnhof/Pappelstrasse, D-73630 Remshalden-Grunbach, Deutschland

Deutsche Tuningfirma, baut Opel-Fahrzeuge um.

Usine allemande, transforme des voitures Opel.

Irmscher Coupé

Freizeitfahrzeug auf Basis des Opel Tigra; Heckpartie kann entfernt werden.

Voiture de loisirs sur base de l'Opel Tigra; partie AR se laisse enlever.

1.6 16V – 106 PS Benzineinspritzung

1.6 16V – 106 ch Injection d'essence

Karosserie, Gewicht: (DIN), Coupé, 2 Türen, 2 Sitze; leer ab 1000 kg, max. zul. 1350 kg.

Carrosserie, poids: (DIN), Coupé, 2 portes, 2 places; vide dès 1000 kg, tot. adm. 1350 kg.

Opel Tigra (Irmscher)

Motor: (ECE), 4 Zyl. in Linie (79×81.5 mm), 1598 cm³; Kompr. 10.5:1; 78 kW (106 PS) bei 6000/min, 48.8 kW/L (66.3 PS/L); 148 Nm (15.1 mkp) bei 4000/min; 95 ROZ.

Motorkonstruktion: 4 Ventile in V 46°; 2 obenl. Nockenwellen (Zahnriemen); Leichtmetall-Zylinderkopf; 5fach gelagerte Kurbelwelle; Öl 3.5 L; elektron. Einspr., Multec. Batterie 44 Ah, Alternator 70 A; Wasserkühlung, Inh. 5.6 L.

Kraftübertragung: (auf Vorderräder).
5-Gang-Getriebe: I. 3.73; II. 2.13; III. 1.41; IV. 1.12; V. 0.89; R 3.31; Achse 3.74.

Fahrgestell: Selbsttragende Karosserie; vorn Federbeine, Längs- und Querlenker; hinten Verbundlenkerachse, Längslenker; v/h Kurvenstabilisator, Schraubenfedern, Teleskopdämpfer.

Fahrwerk: Bremse, vorne Scheiben (belüftet), hinten Trommeln, Scheiben-Ø v. 25.6 cm, a.W. ABS, Handbremse auf Hinterräder; Zahnstangenl. mit Servo, Treibstofftank 46 L; Reifen 195/45 ZR 16, Felgen 7 J.

Dimensionen: Radstand 243 cm, Spur 139/140 cm, Bodenfreih. 13 cm, Wendekreis 10.5 m, Länge 392 cm, Breite 161 cm, Höhe 134 cm.

Fahrleistungen: Vmax (Werk) 203 km/h, V bei 1000/min im 5. Gang 32 km/h; 0–100 km/h 10.5 s; Leistungsgew. 12.8 kg/kW (9.4 kg/PS); Verbr. ECE 5.1/6.6/8.7 L/100 km.

Moteur: (ECE), 4 cyl. en ligne (79×81.5 mm), 1598 cm³; compr. 10.5:1; 78 kW (106 ch) à 6000/min, 48.8 kW/L (66.3 ch/L); 148 Nm (15.1 mkp) à 4000/min; 95 (R).

Moteur (constr.): 4 soupapes en V 46°; 2 arbres à cames en tête (courroie crantée); culasse en alliage léger; vilebrequin à 5 paliers; huile 3.5 L; inj. électronique, Multec. Batterie 44 Ah, alternateur 70 A; refroidissement à eau, capac. 5.6 L.

Transmission: (sur roues AV).
Boîte à 5 vit.: I. 3.73; II. 2.13; III. 1.41; IV. 1.12; V. 0.89; AR 3.31; pont 3.74.

Châssis: carrosserie autoporteuse; AV jambes élast., bras longitud. et transv.; AR essieu semi-rigide, bras longitud.; AV/AR barre anti-dévers, ressorts hélic, amortiss. télesc.

Train roulant: frein, AV à disques (ventilés), AR à tambours, Ø disques AV 25.6 cm, ABS s. d., frein à main sur roues AR; servodirection à crémaillère, réservoir carb. 46 L; pneus 195/45 ZR 16, jantes 7 J.

Dimensions: empattement 243 cm, voie 139/140 cm, garde au sol 13 cm, diam. de braq. 10.5 m, longueur 392 cm, largeur 161 cm, hauteur 134 cm.

Performances: Vmax (usine) 203 km/h, V à 1000/min en 5. vit. 32 km/h; 0–100 km/h 10.5 s; rapp. poids/puiss. 12.8 kg/kW (9.4 kg/ch); cons. ECE 5.1/6.6/8.7 L/100 km.

Isdera — D

Isdera GmbH, Büsnauer Strasse 40, D-71229 Leonberg, Deutschland

Ingenieurgesellschaft für Styling, Design und Racing, baut in Kleinserien eigenwillige Sportwagen.

Société d'ingénieurs pour styling, design et racing, construit des petites séries de voitures de sport entêté.

Isdera Imperator 108i

Sportcoupé mit Flügeltüren und 5.0-V8 (Mercedes-Benz). Debüt 1984.

Coupé sportif avec portes papillon et V8 5.0. Lancement 1984.

5.0 32V – 320 PS Benzineinspritzung

5.0 32V – 320 ch Injection d'essence

Karosserie, Gewicht: (DIN), Coupé, 2 Türen, 2 Sitze; leer 1440 kg.

Carrosserie, poids: (DIN), Coupé, 2 portes, 2 places; vide 1440 kg.

Motor: (ECE), 8 Zyl. in V 90° (96.5×85 mm), 4973 cm³; Kompr. 10:1; 235 kW (320 PS) bei 5600/min, 47.3 kW/L (64.2 PS/L); 470 Nm (47.9 mkp) bei 3900/min; 95 ROZ.

Motorkonstruktion: 4 Ventile in V; 2×2 obenl. Nockenwellen (Ketten); Leichtmetall-Zylinderköpfe und -block; 5fach gelagerte Kurbelwelle; Öl 11 L; elektron. Einspritzung, Bosch LH-Jetronic.
Batterie 90 Ah, Alternator 100 A; Wasserkühlung, Inh. 22 L.

Kraftübertragung: (auf Hinterräder).
5-Gang-Getriebe: I. 2.58; II. 1.52; III. 1.04; IV. 0.84; V. 0.7; Achse 3.2.

Moteur: (ECE), 8 cyl. en V 90° (96.5×85 mm), 4973 cm³; compr. 10:1; 235 kW (320 ch) à 5600/min, 47.3 kW/L (64.2 ch/L); 470 Nm (47.9 mkp) à 3900/min; 95 (R).

Moteur (constr.): 4 soupapes en V; 2×2 arbres à cames en tête (chaînes); culasses et bloc-cyl. en alliage léger; vilebrequin à 5 paliers; huile 11 L; injection électronique, Bosch LH-Jetronic.
Batterie 90 Ah, alternateur 100 A; refroidissement à eau, capac. 22 L.

Transmission: (sur roues AR).
Boîte à 5 vit.: I. 2.58; II. 1.52; III. 1.04; IV. 0.84; V. 0.7; pont 3.2.

Isdera • Ish

Isdera Imperator 108i

Fahrgestell: Glasfaserverstärkte Kunststoffkarosserie mit Rohrrahmenchassis; vorn doppelte Dreieckquerlenker; hinten Querlenker, Schubstrebe; v/h Kurvenstabilisator, Schraubenfedern, Teleskopdämpfer.

Fahrwerk: Vierrad-Scheibenbremse (vorn belüftet), Scheiben-Ø v. 28.2 cm, h. 28.9 cm, ABS, Zahnstangenlenkung mit Servo, Treibstofftank 106 L; Reifen v. 245/40 ZR 17, h. 335/35 ZR 17, Felgen v. 9, h. 13 J.

Dimensionen: Radstand 248 cm, Spur 148/141 cm, Bodenfreih. 13 cm, Wendekreis 8.9 m, Kofferraum 330 dm^3, Länge 424 cm, Breite 183.5 cm, Höhe 114 cm.

Fahrleistungen: Vmax (Werk) 292 km/h, V bei 1000/min im 5. Gang 54.4 km/h; 0–100 km/h 5.8 s; Leistungsgew. 5.9 kg/kW (4.4 kg/PS); Verbrauch (Werk) 13.9/.

Châssis: Carosserie en plastique, renforcé avec fibre de verre sur châssis tubulaire; AV leviers triang. transv. doubles; AR leviers transv., barre de poussée; AV/AR barre anti-dévers, ressorts hélic, amortiss. télesc.

Train roulant: quatre freins à disques (AV ventilés), Ø disques AV 28.2 cm, AR 28.9 cm, ABS, servodirection à crémaillère, réservoir carb. 106 L; pneus AV 245/40 ZR 17, AR 335/35 ZR 17, jantes AV 9, AR 13 J.

Dimensions: empattement 248 cm, voie 148/141 cm, garde au sol 13 cm, diam. de braq. 8.9 m, coffre 330 dm^3, longueur 424 cm, largeur 183.5 cm, hauteur 114 cm.

Performances: Vmax (usine) 292 km/h, V à 1000/min en 5. vit. 54.4 km/h; 0–100 km/h 5.8 s; rapp. poids/puiss. 5.9 kg/kW (4.4 kg/ch); consomm. (Werk) 13.9/.

Fahrwerk: Vierrad-Scheibenbremse (v/h belüftet), Scheiben-Ø v. 30.3 cm, h. 28.9 cm, ABS, Zahnstangenlenkung mit Servo, Treibstofftank 120 L; Reifen v. 255/35 ZR 19, h. 295/35 ZR 19, Felgen 8.5 J, 10 J.

Dimensionen: Radstand 260 cm, Spur 159.5/157 cm, Bodenfreih. 13 cm, Wendekreis 11.9 m, Kofferraum 290 dm^3, Länge 466.5 cm, Breite 188.5 cm, Höhe 104 cm.

Fahrleistungen: Vmax (Werk) 342 km/h, V bei 1000/min im 6. Gang 52.4 km/h; 0–100 km/h 4.6 s; Leistungsgew. 4.9 kg/kW (3.6 kg/PS); Verbrauch (Werk) 15.9 L/100 km.

Train roulant: quatre freins à disques (AV/AR ventilés), Ø disques AV 30.3 cm, AR 28.9 cm, ABS, servodirection à crémaillère, réservoir carb. 120 L; pneus AV 255/35 ZR 19, AR 295/35 ZR 19, jantes 8.5 J, 10 J.

Dimensions: empatt. 260 cm, voie 159.5/157 cm, garde au sol 13 cm, diam. de braq. 11.9 m, coffre 290 dm^3, longueur 466.5 cm, largeur 188.5 cm, hauteur 104 cm.

Performances: Vmax (usine) 342 km/h, V à 1000/min en 6. vit. 52.4 km/h; 0–100 km/h 4.6 s; rapp. poids/puiss. 4.9 kg/kW (3.6 kg/ch); consomm. (Werk) 15.9 L/100 km.

Ish — RUS

Ishmash, Ishevsk, Udmurtiya, 426042, Russland

Russisches Werk, baut die Fastbackversion des Moskvich 412.

Usine russe, construit la version Fastback de la Moskvich 412.

Ish 412

Mittelklassewagen mit 1479-cm^3-OHC-Vierzylindermotor. Fastback-Version des Moskvich 2140 mit Heckklappe. Technische Daten siehe Moskvich.

Voiture de la catégorie moyenne avec moteur à quatre cyl. 1479 cm^3 (OHC). Version Fastback de la Moskvich 2140 avec hayon AR. Données voir Moskvich.

Ish 2126 – Orbita

Fünfsitzige Lim. der Mittelklasse mit Heckklappe und Hinterradantr. Débüt als Prototyp Herbst 1987, als Serienmodell ab 1991. Als Station Wagon (21262) geplant. 1995: neu mit 1.7-L-Motor.

Berline 5 places de la cat. moyenne avec propulsion et hayon AR. Lancement (prototype) automne 1987, production dès 1991. Prévue comme station-wagon (21262). 1995: moteur 1.7 L.

1.7 – 86 PS Vergaser

1.7 – 86 ch Carburateur

Karosserie, Gewicht: (DIN), Limousine und Station Wagon; 5 Türen, 5 Sitze; leer ab ca. 1040 kg, max. zul. 1440 kg.

Carrosserie, poids: (DIN), Berline, et Station Wagon; 5 portes, 5 places; vide dès env. 1040 kg, tot. adm. 1440 kg.

Isdera Commendatore 112i

Sportcoupé mit Flügeltüren und 6.0-V12 (Mercedes-Benz). Debüt 1993.

Coupé sportif avec portes papillon et V12 6.0. Lancement 1993.

6.0 – 394 PS Benzineinspritzung

6.0 – 394 ch Injection d'essence

Karosserie, Gewicht: (DIN), Coupé, 2 Türen, 2 Sitze; leer 1480 kg.

Motor: (ECE), 12 Zyl. in V 60° (89×80.2 mm), 5987 cm^3; Kompr. 10:1; 290 kW (394 PS) bei 5200/min, 48.4 kW/L (65.9 PS/L); 570 Nm (58.1 mkp) bei 3800/min; 95 ROZ. A.W. 7.4-V12 mit 522 kW (710 PS).

Motorkonstruktion: 4 Ventile in V 50°; 2×2 obenl. Nockenwellen (Ketten); Leichtmetall-Zylinderköpfe und -block; 7fach gelagerte Kurbelwelle; Ölkühler; Öl 10 L; elektron. Einspritzung, Bosch LH-Jetronic.

Batterie 90 Ah, Alternator 100 A; Wasserkühlung, Inh. 24 L.

Kraftübertragung: (auf Hinterräder), Antriebsschlupfregelung.
6-Gang-Getriebe: I. 3.5; II. 2.06; III. 1.4; IV. 1.07; V. 0.86; VI. 0.72; Achse 3.33.

Fahrgestell: Glasfaserverstärkte Kunststoffkarosserie mit Rohrrahmenchassis; vorn doppelte Dreieckquerlenker; hinten Querlenker, Längslenker; v/h Kurvenstabilisator, Schraubenfedern, Teleskopdämpfer.

Carrosserie, poids: (DIN), Coupé, 2 portes, 2 places; vide 1480 kg.

Moteur: (ECE), 12 cyl. en V 60° (89×80.2 mm), 5987 cm^3; compr. 10:1; 290 kW (394 ch) à 5200/min, 48.4 kW/L (65.9 ch/L); 570 Nm (58.1 mkp) à 3800/min; 95 (R). S.d. V12 7.4 avec 522 kW (710 ch).

Moteur (constr.): 4 soupapes en V 50°; 2×2 arbres à cames en tête (chaînes); culasses et bloc-cyl. en alliage léger; vilebrequin à 7 paliers; radiat. d'huile; huile 10 L; injection électronique, Bosch LH-Jetronic.

Batterie 90 Ah, alternateur 100 A; refroidissement à eau, capac. 24 L.

Transmission: (sur roues AR), Dispositif antipatinage.
Boîte à 6 vit.: I. 3.5; II. 2.06; III. 1.4; IV. 1.07; V. 0.86; VI. 0.72; pont 3.33.

Châssis: Carosserie en plastique, renforcé avec fibre de verre sur châssis tubulaire; AV leviers triang. transv. doubles; AR leviers transv., bras longitud.; AV/AR barre anti-dévers, ressorts hélic, amortiss. télesc.

Isdera Commendatore 112i

Ish 2126/Orbita

Motor: (DIN), 4 Zyl. in Linie (85×75 mm), 1702 cm^3; Kompr. 8.5:1; 63 kW (86 PS) bei 5400/min, 37 kW/L (50.3 PS/L); 131 Nm (13.4 mkp) bei 3200/min; 91 ROZ.
In Vorbereitung: 1.6: (82×75 mm), 1584 cm^3; 59 kW (80 PS); 120 Nm (12.2 mkp). 2.0: (88×80 mm), 1946 cm^3; 74 kW (101 PS); 149 Nm (15.2 mkp).

Motorkonstruktion: Bezeichnung UZAM-3317; 2 Ventile in V 52°; 1 obenl. Nockenwelle (Kette); Leichtmetall-Zylinderkopf; 5fach gelagerte Kurbelwelle; Öl 4.5 L; 1 Fallstrom-Doppelvergaser.

Batterie 55 Ah, Alternator 55 A; Wasserkühlung, Inh. 8 L.

Kraftübertragung: (auf Hinterräder).
5-Gang-Getriebe: I. 3.19; II. 1.86; III. 1.33; IV. 1; V. 0.81; R 4.25; Achse 3.19.

Moteur: (DIN), 4 cyl. en ligne (85×75 mm), 1702 cm^3; compr. 8.5:1; 63 kW (86 ch) à 5400/min, 37 kW/L (50.3 ch/L); 131 Nm (13.4 mkp) à 3200/min; 91 (R).
En préparation: 1.6: (82×75 mm), 1584 cm^3; 59 kW (80 PS); 120 Nm (12.2 mkp). 2.0: (88×80 mm), 1946 cm^3; 74 kW (101 ch); 149 Nm (15.2 mkp).

Moteur (constr.): désignation UZAM-3317; 2 soupapes en V 52°; 1 arbre à cames en tête (chaîne); culasse en alliage léger; vilebrequin à 5 paliers; huile 4.5 L; 1carburateur inversé à double corps.

Batterie 55 Ah, alternateur 55 A; refroidissement à eau, capac. 8 L.

Transmission: (sur roues AR).
Boîte à 5 vit.: I. 3.19; II. 1.86; III. 1.33; IV. 1; V. 0.81; AR 4.25; pont 3.19.

Fahrgestell: Selbsttragende Karosserie; vorn Federbeine, Querlenker; hinten Starrachse, Längslenker, Reaktionsstreben, Panhardstab; v/h Kurvenstabilisator, Schraubenfedern, Teleskopdämpfer.

Fahrwerk: Bremse, vorne Scheiben, hinten Trommeln, Handbremse auf Hinterräder; Zahnstangenlenkung, Treibstofftank 50 L; Reifen 175/70 R 13, Felgen 5 J.

Dimensionen: Radstand 247 cm, Spur 139/138 cm, Bodenfreih. 16 cm, Wendekreis 11 m, Kofferraum 300/1100 dm³, Länge 407 cm, Breite 166 cm, Höhe 145 cm.

Fahrleistungen: Vmax (Werk) 167 km/h, V bei 1000/min im 5. Gang 33.3 km/h; 0–100 km/h 13 s; Leistungsgew. 16.5 kg/kW (12.1 kg/PS); Verbr. ECE 6/7.9/10.2 L/100 km.

Châssis: carrosserie autoporteuse; AV jambes élast., leviers transv.; AR essieu rigide, bras longitud., barres de réaction, barre Panhard; AV/AR barre anti-dévers, ressorts hélic, amortiss. télesc.

Train roulant: frein, AV à disques, AR à tambours, frein à main sur roues AR; direction à crémaillère, réservoir carb. 50 L; pneus 175/70 R 13, jantes 5 J.

Dimensions: empattement 247 cm, voie 139/138 cm, garde au sol 16 cm, diam. de braq. 11 m, coffre 300/1100 dm³, longueur 407 cm, largeur 166 cm, hauteur 145 cm.

Performances: Vmax (usine) 167 km/h, V à 1000/min en 5. vit. 33.3 km/h; 0–100 km/h 13 s; rapp. poids/puiss. 16.5 kg/kW (12.1 kg/ch); cons. ECE 6/7.9/10.2 L/100 km.

Isuzu J

Isuzu Motors Ltd., 22.10 Minami-oi 6 chome, Shingawa-ku, Tokyo, Japan

Zum Hitachi-Konzern gehörendes japanisches Werk für Personen- und Lastwagen. Produktion von Personenwagen im Verlauf von 1993 eingestellt, der Gemini und der Aska entsprechen dem Honda Civic 1.6 bzw. Accord 2.0., der Oasis-Minivan dem Honda Shuttle/Odyssey.

Entreprise japonaise affiliée au consortium Hitachi, fabriquant des voitures et véhicules utilitaires. Production des voitures particulières suspendue en 1993., Gemini, Aska et Oasis (Minivan) sont produit par Honda (Civic 1.6, Accord 2.0 resp. Shuttle/Odyssey).

Isuzu Gemini

Isuzu Mu-Rodeo-Bighorn-Trooper

Amigo (MU): Freizeitfahrzeug mit Hard- oder Softtop, Debüt Frühjahr 1989. Rodeo (Geländefahrzeug) wird in den USA gebaut, in Europa als Opel Frontera, Debüt Herbst 1990.

Amigo (MU): Voiture de loisirs à deux places, hard- ou softtop, lancement printemps 1989. Rodeo (tout-terrain) pour les USA, Opel Frontera pour l'Europe, lancement automne 1990.

2.6 – 122 PS Benzineinspritzung

2.6 – 122 ch Injection d'essence

Karosserie, Gewicht: Station Wagon, 2/5 Türen, 4/5 Sitze; leer ab 1310/1580 kg.

Motor: (SAE), 4 Zyl. in Linie (93×95 mm), 2581 cm³; Kompr. 8.6:1; 90 kW (122 PS) bei 4600/min, 34.9 kW/L (47.4 PS/L); 204 Nm (20.8 mkp) bei 2600/min; 91 ROZ.

Carrosserie, poids: Station-wagon,; 2/5 portes, 4/5 places; vide dès 13101580 kg.

Moteur: (SAE), 4 cyl. en ligne (93×95 mm), 2581 cm³; compr. 8.6:1; 90 kW (122 ch) à 4600/min, 34.9 kW/L (47.4 ch/L); 204 Nm (20.8 mkp) à 2600/min; 91 (R).

Isuzu Mu

Isuzu Mu Wizzard

Motorkonstruktion: Bezeichnung 4ZEI; Ventile in V; 1 obenl. Nockenwelle (Zahnriemen); Leichtmetall-Zylinderkopf; 5fach gelagerte Kurbelw.; Öl 5.5 L; elektron. Einspr. Batterie 60 Ah, Alternator 50 A; Wasserkühlung, Inh. 9 L.

Kraftübertragung: (auf Hinterräder oder alle Räder), a.W. Differentialbremse hinten; Reduktionsgetriebe: I. 1; II. 2.28.
5-Gang-Getriebe: I. 3.76; II. 2.2; III. 1.42; IV. 1; V. 0.81; R 3.76; Achse 4.5.
4-Stufen-Automat: I. 2.8; II. 1.53; III. 1; IV. 0.71; R 2.39; Achse 4.78.

Fahrgestell: Chassis mit Längsholmen und Traversen; vorn doppelte Dreieckquerlenker, Torsionsfederstäbe; Kurvenstabilisator; hinten Starrachse, Längslenker, Panhardstab, einige Modelle Blattfedern; Teleskopdämpfer.

Fahrwerk: Bremse, vorne Scheiben (belüftet), hinten Trommeln, a.W. ABS (mit Scheiben h.), Handbremse auf Hinterräder; Kugelumlauflenkung mit Servo, Treibstofftank 83 L; Reifen 225/75 R 15, 245/70 R 16, Felgen 6 J, 7 J.

Dimensionen: Radstand 233 cm, Spur 145.5/146 cm, Bodenfreih. 21 cm, Wendekreis 10.7 m, Länge 423 cm, Breite 169 cm, Höhe 169 cm.
Mit 5 Türen: Radstand 276 cm, Wendekreis 11.9 m, Länge 467 cm, Breite 174 cm, Höhe 184 cm. Mit 7-Zoll-Felgen: Breite 177 bis 184 cm (je nach Reifen).

Fahrleistungen: Vmax (Red.) über 140 km/h, Leistungsgew. 17.6 kg/kW (13 kg/PS); Verbrauch (Red.) 10/18 L/100 km.

Moteur (constr.): désignation 4ZEI; soupapes en V; 1 arbre à cames en tête (courroie crantée); culasse en alliage léger; vilebrequin à 5 paliers, huile 5.5 L; inj. électron. Batterie 60 Ah, alternateur 50 A; refroidissement à eau, capac. 9 L.

Transmission: (sur roues AR ou toutes les roues), différentiel autobloquant AR s.d.; boîte de transfert: I. 1; II. 2.28.
Boîte à 5 vit.: I. 3.76; II. 2.2; III. 1.42; IV. 1; V. 0.81; AR 3.76; pont 4.5.
Boîte autom. à 4 vit.: I. 2.8; II. 1.53; III. 1; IV. 0.71; AR 2.39; pont 4.78.

Châssis: châssis à longerons et traverses; AV leviers triang. transv. doubles, barres de torsion; barre anti-dévers; AR essieu rigide, bras longitud., barre Panhard, quelques modèles ressorts à lames; amortiss. télescop.

Train roulant: frein, AV à disques (ventilés), AR à tambours, s.d. ABS (avec disque AR), frein à main sur roues AR; direction à circuit de billes assistée, réservoir carb. 83 L; pneus 225/75 R 15, 245/70 R 16, jantes 6 J, 7 J.

Dimensions: empattement 233 cm, voie 145.5/146 cm, garde au sol 21 cm, diam. de braq. 10.7 m, longueur 423 cm, largeur 169 cm, hauteur 169 cm.
Avec 5 portes: empattement 276 cm, diam. de braq. 11.9 m, longueur 467 cm, largeur 174 cm, hauteur 184 cm. Avec jantes 7 J: Largeur 177 à 184 cm (selon pneus).

Performances: Vmax (réd.) plus de 140 km/h, rapp. poids/puiss. 17.6 kg/kW (13 kg/ch); consomm. (Red.) 10/18 L/100 km.

3.2 V6 – 177 PS Benzineinspritzung

3.2 V6 – 177 ch Injection d'essence

Wie 2.6 – 122 PS, ausgenommen:

Karosserie, Gewicht: Station Wagon; leer ab 1780 kg.
Mit 5 Türen: leer ab 1920 kg.

Motor: (ECE/SAE), 6 Zyl. in V 75° (93.4×77 mm), 3165 cm³; Kompr. 9.3:1; 130 kW (177 PS) bei 5200/min, 41.1 kW/L (55.8 PS/L); 260 Nm (26.5 mkp) bei 3750/min; 91 ROZ.
USA (SAE): 142 kW (193 PS) bei 5600/min; 255 Nm (26 mkp) bei 4000/min.

Motorkonstruktion: 2×1 obenl. Nockenwelle (Zahnriemen); Leichtmetall-Zylinderköpfe und -block; 4fach gelagerte Kurbelwelle; Ölkühler; Öl 5.9 L; elektron. Einspr. Batterie 75 Ah, Alternator 90 A; Wasserkühlung, Inh. 9 L.

Kraftübertragung:
5-Gang-Getriebe: I. 3.77; II. 2.25; III. 1.4; IV. 1; V. 0.81; R 3.87; Achse 4.56; 4.3.
4-Stufen-Automat: I. 2.86; II. 1.62; III. 1; IV. 0.72; R 2; Achse 4.56; 4.3.

Fahrwerk: Vierrad-Scheibenb. (vorn belüftet), a.W. ABS, Treibstofftank 85 L; 7 J.

Fahrleistungen: Vmax (Werk) 170 km/h, 0–100 km/h 10.7 s; Leistungsgew. 13.7 kg/kW (10.1 kg/PS); Verbrauch ECE 10.5/14.6/18 L/100 km.

Comme 2.6 – 122 ch, sauf:

Carrosserie, poids: Station-wagon; vide dès 1780 kg.
Avec 5 portes: vide dès 1920 kg.

Moteur: (ECE/SAE), 6 cyl. en V 75° (93.4×77 mm), 3165 cm³; compr. 9.3:1; 130 kW (177 ch) à 5200/min, 41.1 kW/L (55.8 ch/L); 260 Nm (26.5 mkp) à 3750/min; 91 (R).
USA (SAE): 142 kW (193 ch) à 5600/min; 255 Nm (26 mkp) à 4000/min.

Moteur (constr.): 2×1 arbre à cames en tête (courroie crantée); culasses et bloc-cyl. en alliage léger; vilebrequin à 4 paliers, radiat. d'huile; huile 5.9 L; inj. électronique.
Batterie 75 Ah, alternateur 90 A; refroidissement à eau, capac. 9 L.

Transmission:
Boîte à 5 vit.: I. 3.77; II. 2.25; III. 1.4; IV. 1; V. 0.81; AR 3.87; pont 4.56; 4.3.
Boîte autom. à 4 vit.: I. 2.86; II. 1.62; III. 1; IV. 0.72; AR 2; pont 4.56; 4.3.

Train roulant: quatre freins à disques (AV ventilés), ABS s. d., rés. carb. 85 L; 7 J.

Performances: Vmax (usine) 170 km/h, 0–100 km/h 10.7 s; rapp. poids/puiss. 13.7 kg/kW (10.1 kg/ch); consomm. ECE 10.5/14.6/18 L/100 km.

Isuzu • Jaguar

Isuzu Trooper

3.1 – 116 PS
Turbodiesel direkt

Wie 2.6 – 122 PS, ausgenommen:

Karosserie, Gewicht: Station Wagon; leer ab 1720 kg.
Mit 5 Türen: leer ab 1890 kg.

Motor: (DIN) 4 Zyl. in Linie (95.4×107 mm), 3059 cm³; Kompr. 20:1; 85 kW (116 PS) bei 3600/min, 27.8 kW/L (37.8 PS/L); 260 Nm (26.5 mkp) bei 2000/min; Dieselöl. JIS: 88 kW (120 PS); 275 Nm (28 mkp).

Motorkonstruktion: Bezeichnung C 4JG 2; direkt eingespritzter Diesel; 2 Ventile parallel; seitl. Nockenwelle Grauguss-Zylinderkopf und -block; 5fach gelagerte Kurbelwelle; Öl 6 L; Einspritzpumpe, Bosch, 1 Turbolader, Intercooler.
Batterie 80 Ah, Alternator 90 A; Wasserkühlung, Inh. 11 L.

Kraftübertragung:
5-Gang-Getriebe: I. 3.77; II. 2.25; III. 1.4; IV. 1; V. 0.81; R 3.87; Achse 4.3.
4-Stufen-Automat: I. 2.8; II. 1.53; III. 1; IV. 0.75; R 2.39; Achse 4.3.

Fahrwerk: Vierrad-Scheibenbremse (vorn belüftet), a.W. ABS, Treibstofftank 85 L; Reifen 245/70 R 16, 7 J.

Fahrleistungen: Vmax (Werk) 151 km/h, V bei 1000/min im 5. Gang 37.8 km/h; 0–100 km/h 16.6 s; Leistungsgew. 20.2 kg/kW (14.8 kg/PS); Verbrauch ECE 10/15.4/13.1 L/100 km.

3.1 – 116 ch
turbodiesel direct

Comme 2.6 – 122 ch, sauf:

Carrosserie, poids: Station-wagon; vide dès 1720 kg.
Avec 5 portes: vide dès 1890 kg.

Moteur: (DIN) 4 cyl. en ligne (95.4×107 mm), 3059 cm³; compr. 20:1; 85 kW (116 ch) à 3600/min, 27.8 kW/L (37.8 ch/L); 260 Nm (26.5 mkp) à 2000/min; gazole. JIS: 88 kW (120 ch); 275 Nm (28 mkp).

Moteur (constr.): désignation C 4JG 2; diesel à injection directe; 2 soup. en parallèle; arbre à cames latéral culasse et bloc-cyl. en fonte; vilebrequin à 5 paliers; huile 6 L; pompe à injection, Bosch, 1 turbocompr., Intercooler.
Batterie 80 Ah, alternateur 90 A; refroidissement à eau, capac. 11 L.

Transmission:
Boîte à 5 vit.: I. 3.77; II. 2.25; III. 1.4; IV. 1; V. 0.81; AR 3.87; pont 4.3.
Boîte autom. à 4 vit.: I. 2.8; II. 1.53; III. 1; IV. 0.75; AR 2.39; pont 4.3.

Train roulant: quatre freins à disques (AV ventilés), ABS s. d., réservoir carb. 85 L; pneus 245/70 R 16, 7 J.

Performances: Vmax (usine) 151 km/h, V à 1000/min en 5. vit. 37.8 km/h; 0–100 km/h 16.6 s; rapp. poids/puiss. 20.2 kg/kW (14.8 kg/ch); consomm. ECE 10/15.4/13.1 L/100 km.

Jaguar   GB

Jaguar Cars Ltd., Browns Lane, Allesley, Coventry CV5 9DR, England

Erfolgreicher Hersteller von Klassefahrzeugen. 1960: Übernahme der Marke Daimler, 1961 Ankauf der Nutzfahrzeugmarke Guy. 1966 Eingliederung in die BMH und 1968 als solche in die British Leyland Motor Corporation. 1984: Mit Daimler reprivatisiert. Gehört seit 1989/1990 zur Ford Motor Company.

Marque réputée de voitures de grande classe. 1960: Reprise de la marque Daimler et, en 1961, de la marque de véhicules utilitaires Guy. 1966 fusion avec BMC qui devient BMH. 1968: Fusion avec Leyland (BLMC). 1984: Reprivatisée avec Daimler. Appartient depuis 1989/1990 à la Ford Motor Company.

Jaguar XJ6

Bekannte Luxuslimousine. Début Herbst 1968. Neuauflage (XJ 40) Oktober 1986. Sept. 1989: 4.0 anstelle des 3.6, Modifikationen an Karosserie und Interieur. Herbst 1990: 3.2 ersetzt den 2.9. Birmingham 1992: Detailpflege, Majestic mit längerem Radstand (+12 cm). September 1994: Neues Modell (X 300), XJR 4.0 Super Charged mit Kompressor.

Berline luxueuse bien connue. Lancement automne 1968. Nouvelle édition (XJ 40) oct. 1986. Sept. 1989: 4.0 au lieu de 3.6, modifications. Automne 1990: 3.2 remplace la 2.9. Birmingham 1992: Modifications, Majestic avec empatt. plus long (+12 cm). Sept. 1994: Nouveau modèle (X 300), XJR 4.0 Super Charged avec compresseur.

3.2 24V – 211 PS
Benzineinspritzung

Karosserie, Gewicht: Limousine, 4 Türen, 5 Sitze; leer 1800 kg, max. zul. 2220 kg.

Motor: (ECE) 6 Zyl. in Linie (91×83 mm), 3239 cm³; Kompr. 10:1; 155 kW (211 PS) bei 5100/min, 47.9 kW/L (65.1 PS/L); 301 Nm (30.7 mkp) bei 4500/min; 95 ROZ. DIN: 161 kW (219 PS); 315 Nm (32,1 mkp).

Motorkonstruktion: Bezeichnung AJ16; 4 Ventile in V 46.7°; 2 obenl. Nockenwellen (Kette); Leichtmetall-Zylinderkopf und -block; 7fach gelagerte Kurbelwelle; Öl 8 L; elektron. Einspritzung.
Batterie 72/92 Ah, Alternator 90/120/140 A; Wasserkühlung, Inh. 12.3 L.

Kraftübertragung: (auf Hinterräder), a. W. Differentialbremse.
5-Gang-Getriebe: I. 3.55; II. 2.04; III. 1.4; IV. 1; V. 0.76; R 3.55; Achse 3.77.
4-Stufen-Automat: ZF; I. 2.48; II. 1.48; III. 1; IV. 0.73; R 2.09; Achse 4.09.

Fahrgestell: Selbsttragende Karosserie mit vorderem und hinterem Hilfsrahmen; vorn doppelte Dreieckquerlenker, hinten unterer Querlenker, mittragende Halbachsen; v/h Kurvenstabilisator, Schraubenfedern, Teleskopdämpfer.

Fahrwerk: Vierrad-Scheibenbremse (v/h belüftet), Scheiben-∅ v. 29.1 cm, h. 30.5 cm, ABS, Handbremse auf Hinterräder; Zahnstangenlenkung mit Servo, Treibstofftank 81 L; Reifen 225/60 ZR 16, 225/55 ZR 16, Felgen 7 J, 8 J.

Dimensionen: Radstand 287 cm, Spur 150/150 cm, Bodenfreih. 11 cm, Wendekreis 12.8 m, Kofferraum 410 dm³, Länge 502.5 cm, Breite 180 cm, Höhe 136 cm.
Lwb: Radstand 299.5 cm, Wendekreis 13.2 m, Länge 515 cm, Höhe 138 cm.

Fahrleistungen: Vmax (Werk) 222 km/h, V bei 1000/min im 5. Gang 43 km/h; 0–100 km/h 8.5 s; 0–97 km/h 8 s; Leistungsgew. 11.6 kg/kW (8.5 kg/PS); Verbrauch ECE 8/ 9.5/14.6 L/100 km.
Aut.: Vmax 224 km/h, 0–100 km/h 9.4 s; 0–97 km/h 8.9 s; Verbrauch ECE 8.4/10.2/15 L/100 km.

3.2 24V – 211 ch
Injection d'essence

Carrosserie, poids: Berline, 4 portes, 5 places; vide 1800 kg, tot. adm. 2220 kg.

Moteur: (ECE) 6 cyl. en ligne (91×83 mm), 3239 cm³; compr. 10:1; 155 kW (211 ch) à 5100/min, 47.9 kW/L (65.1 ch/L); 301 Nm (30.7 mkp) à 4500/min; 95 (R). DIN: 161 kW (219 ch); 315 Nm (32,1 mkp).

Moteur (constr.): désignation AJ16; 4 soupapes en V 46.7°; 2 arbres à cames en tête (chaîne); culasse et bloc-cyl. en alliage léger; vilebrequin à 7 paliers; huile 8 L; injection électronique.
Batterie 72/92 Ah, altern. 90/120/140 A; refroidissement à eau, capac. 12.3 L.

Transmission: (sur roues AR), différentiel autobloquant s.d.
Boîte à 5 vit.: I. 3.55; II. 2.04; III. 1.4; IV. 1; V. 0.76; AR 3.55; pont 3.77.
Boîte aut. à 4 vit.: ZF; I. 2.48; II. 1.48; III. 1; IV. 0.73; AR 2.09; pont 4.09.

Châssis: carrosserie autoporteuse avec faux-châssis AV et AR; AV leviers triang. transv. doubles, AR levier transvers. inférieur, demi-arbres osc. porteurs; AV/AR barre anti-dévers, ressorts hélic, amortiss. télesc.

Train roulant: quatre freins à disques (AV/ AR ventilés), ∅ disques AV 29.1 cm, AR 30.5 cm, ABS, frein à main sur roues AR; servodirection à crémaillère, réservoir carb. 81 L; pneus 225/60 ZR 16, 225/55 ZR 16, jantes 7 J, 8 J.

Dimensions: empattement 287 cm, voie 150/150 cm, garde au sol 11 cm, diam. de braq. 12.8 m, coffre 410 dm³, longueur 502.5 cm, largeur 180 cm, hauteur 136 cm.
Lwb: empatt. 299.5 cm, diam. de braq. 13.2 m, longueur 515 cm, hauteur 138 cm.

Performances: Vmax (usine) 222 km/h, V à 1000/min en 5. vit. 43 km/h; 0–100 km/h 8.5 s; 0–97 km/h 8 s; rapp. poids/puiss. 11.6 kg/kW (8.5 kg/ch); consomm. ECE 8/ 9.5/14.6 L/100 km.
Aut.: Vmax 224 km/h, 0–100 km/h 9.4 s; 0– 97 km/h 8.9 s; consomm. ECE 8.4/10.2/15 L/100 km.

Jaguar XJ6 4.0

4.0 24V – 241 PS
Benzineinspritzung

Wie 3.2 – 211 PS, ausgenommen:

Motor: (ECE) 6 Zyl. in Linie (91×102 mm), 3980 cm³; Kompr. 10:1; 177 kW (241 PS) bei 4800/min, 44.5 kW/L (60.5 PS/L); 375 Nm (38.2 mkp) bei 4000/min; 95 ROZ. DIN: 183 kW (249 PS); 392 Nm (40 mkp).

Kraftübertragung: (auf Hinterräder):
5-Gang-Getriebe: I. 3.55; II. 2.04; III. 1.4; IV. 1; V. 0.76; R 3.55; Achse 3.58.
4-Stufen-Automat: ZF; I. 2.48; II. 1.48; III. 1; IV. 0.73; R 2.09; Achse 3.58.

4.0 24V – 241 ch
Injection d'essence

Comme 3.2 – 211 ch, sauf:

Moteur: (ECE) 6 cyl. en ligne (91×102 mm), 3980 cm³; compr. 10:1; 177 kW (241 ch) à 4800/min, 44.5 kW/L (60.5 ch/L); 375 Nm (38.2 mkp) à 4000/min; 95 (R). DIN: 183 kW (249 ch); 392 Nm (40 mkp).

Transmission: (sur roues AR):
Boîte à 5 vit.: I. 3.55; II. 2.04; III. 1.4; IV. 1; V. 0.76; AR 3.55; pont 3.58.
Boîte aut. à 4 vit.: ZF; I. 2.48; II. 1.48; III. 1; IV. 0.73; AR 2.09; pont 3.58.

THE CAT IS BACK

Erleben Sie die Wiedergeburt der Raubkatze. In bisher nie gesehener Vollendung vereinen sich beim Jaguar XK8 Ästhetik, Dynamik und Aggressivität zu einem Gesamtkunstwerk. Mit dem neuen XK8 setzt sich Jaguar wieder ganz an die Spitze der sportlichen Oberklasse.

JAGUAR
DON'T DREAM IT, DRIVE IT.

Importeur: Jaguar Switzerland, Streag AG, 5745 Safenwil, Tel. 062/788 88 66. http://www.jaguar.ch. MultiLease: Tel. 01/495 2 495.

Jaguar

Fahrleistungen: Vmax (Werk) 230 km/h, V bei 1000/min im 5. Gang 45 km/h; 0–100 km/h 7.4 s; 0–97 km/h 7 s; Leistungsgew. 10.2 kg/kW (7.5 kg/PS); Verbrauch ECE 8.3/10.4/16.2 L/100 km.
Aut.: Vmax 232 km/h, 0–100 km/h 8.2 s; 0–97 km/h 7.8 s; Verbrauch ECE 7.7/9.7/14.3 L/100 km.

4.0 24V – 320 PS Benzineinspritzung/Kompr.

Wie 3.2 – 211 PS, ausgenommen:

Karosserie, Gewicht: Limousine; leer 1875 kg, max. zul. 2295 kg.

Motor: (ECE), 6 Zyl. in Linie (91×102 mm), 3980 cm³; Kompr. 8.5:1; 235 kW (320 PS) bei 5000/min, 59 kW/L (80.3 PS/L); 512 Nm (52.2 mkp) bei 3050/min; 95 ROZ. DIN: 240 kW (326 PS).

Motorkonstruktion: Bezeichnung AJ16 Supercharged; 4 Ventile in V 46.7°; 2 obenl. Nockenwellen (Kette); Leichtmetall-Zylinderkopf und -block; 7fach gelagerte Kurbelwelle; Öl 8 L; elektron. Einspritzung, 1 Kompressor, Roots (Eaton), max. Ladedruck 0.72 bar, Intercooler. Batterie 92 Ah, Alternator 140 A; Wasserkühlung, Inh. 12.3 L.

Kraftübertragung: (auf Hinterräder), Differentialbremse; Antriebsschlupfregelung.
5-Gang-Getriebe: I. 3.55; II. 2.04; III. 1.4; IV. 1; V. 0.76; R 3.55; Achse 3.27.
4-Stufen-Automat: GM Hydra-Matic: I. 2.48; II. 1.48; III. 1; IV. 0.75; R 2.08; Achse 3.27.

Performances: Vmax (usine) 230 km/h, V à 1000/min en 5. vit. 45 km/h; 0–100 km/h 7.4 s; 0–97 km/h 7 s; rapp. poids/puiss. 10.2 kg/kW (7.5 kg/ch); consomm. ECE 8.3/10.4/16.2 L/100 km.
Aut.: Vmax 232 km/h, 0–100 km/h 8.2 s; 0–97 km/h 7.8 s; consomm. ECE 7.7/9.7/14.3 L/100 km.

4.0 24V – 320 ch Injection d'essence/compr.

Comme 3.2 – 211 ch, sauf:

Carrosserie, poids: Berline; vide 1875 kg, tot. adm. 2295 kg.

Moteur: (ECE), 6 cyl. en ligne (91×102 mm), 3980 cm³; compr. 8.5:1; 235 kW (320 ch) à 5000/min, 59 kW/L (80.3 ch/L); 512 Nm (52.2 mkp) à 3050/min; 95 (R). DIN: 240 kW (326 ch).

Moteur (constr.): désignation AJ16 Supercharged; 4 soupapes en V 46.7°; 2 arbres à cames en tête (chaîne); culasse et bloc-cyl. en alliage léger; vilebrequin à 7 paliers; huile 8 L; injection électronique, 1 compresseur, Roots (Eaton), pression max. 0.72 bar, Intercooler. Batterie 92 Ah, alternateur 140 A; refroidissement à eau, capac. 12.3 L.

Transmission: (sur roues AR), différentiel autobloquant; dispositif antipatinage.
Boîte à 5 vit.: I. 3.55; II. 2.04; III. 1.4; IV. 1; V. 0.76; AR 3.55; pont 3.27.
Boîte aut. à 4 vit.: GM Hydra-Matic: I. 2.48; II. 1.48; III. 1; IV. 0.75; AR 2.08; pont 3.27.

Jaguar XJR 4.0 Super Charged

Fahrwerk: Reifen 255/45 ZR 17, F. 8 J.

Fahrleistungen: Vmax (Werk) 250 km/h, V bei 1000/min im 5. Gang 49 km/h; 0–100 km/h 6.3 s; 0–97 km/h 5.9 s; Leistungsgew. 8 kg/kW (5.9 kg/PS); Verbrauch ECE 8.1/10.3/16.8 L/100 km.
Aut.: 0–100 km/h 7 s; 0–97 km/h 6.6 s; Verbrauch ECE 8.6/10.7/16.7 L/100 km.

Train roulant: pneus 255/45 ZR 17, j. 8 J.

Performances: Vmax (usine) 250 km/h, V à 1000/min en 5. vit. 49 km/h; 0–100 km/h 6.3 s; 0–97 km/h 5.9 s; rapp. poids/puiss. 8 kg/kW (5.9 kg/ch); consomm. ECE 8.1/10.3/16.8 L/100 km.
Aut.: 0–100 km/h 7 s; 0–97 km/h 6.6 s; consomm. ECE 8.6/10.7/16.7 L/100 km.

Jaguar XJ12

XJ-Limousine mit 6-Liter-V12-Motor und Vierstufenautomatik. Debüt Februar, Genf 1993. September 1994: Neuauflage (X 300).

Berline XJ avec moteur V12 6 litres et boîte auto. à 4 rapp. Lancement février, Genève 1993. Septembre 1994: Nouvelle édition (X 300).

6.0 V12 – 311 PS Benzineinspritzung

Karosserie, Gewicht: Limousine, 4 Türen, 5 Sitze; leer 1975 kg, max. zul. 2395 kg.

Motor: (ECE), 12 Zyl. in V 60° (90×78.5 mm), 5993 cm³; Kompr. 11:1; 229 kW (311 PS) bei 5350/min, 38.2 kW/L (52 PS/L); 475 Nm (48.4 mkp) bei 2850/min; 95 ROZ. DIN: 234 kW (318 PS).
Einige Länder: 225/231 kW (305/315 PS); 455 Nm (46,4 mkp).

6.0 V12 – 311 ch Injection d'essence

Carrosserie, poids: Berline, 4 portes, 5 places; vide 1975 kg, tot. adm. 2395 kg.

Moteur: (ECE), 12 cyl. en V 60° (90×78.5 mm), 5993 cm³; compr. 11:1; 229 kW (311 ch) à 5350/min, 38.2 kW/L (52 ch/L); 475 Nm (48.4 mkp) à 2850/min; 95 (R). DIN: 234 kW (318 PS).
Quelques pays: 225/231 kW (305/315 ch); 455 Nm (46,4 mkp).

Jaguar XJ12

Motorkonstruktion: 2×1 obenl. Nockenwelle (Kette); Leichtmetall-Zylinderköpfe und -block; 7fach gelagerte Kurbelwelle; Ölkühler; Öl 11.4 L; elektron. Einspritzung. Batterie 72 Ah, Alternator 120 A; Wasserkühlung, Inh. 20 L.

Kraftübertragung: (auf Hinterräder), Antriebsschlupfregelung.
4-Stufen-Automat: GM Hydra-Matic: I. 2.48; II. 1.48; III. 1; IV. 0.75; R 2.08; Achse 3.58.

Fahrgestell: Selbsttragende Karosserie mit vorderem und hinterem Hilfsrahmen; vorn doppelte Dreieckquerlenker, hinten unterer Querlenker, mittragende Halbachsen; v/h Kurvenstabilisator, Schraubenfedern, Teleskopdämpfer.

Fahrwerk: Vierrad-Scheibenbremse (v/h belüftet), Scheiben-⌀ v. 29.1 cm, h. 30.5 cm, ABS, Handbremse auf Hinterräder; Zahnstangenlenkung mit Servo, Treibstofftank 81 L; Reifen 225/60 ZR 16, 225/55 ZR 16, Felgen 7 J, 8 J.

Dimensionen: Radstand 287 cm, Spur 150/150 cm, Bodenfreih. 11 cm, Wendekreis 12.8 m, Kofferraum 410 dm³, Länge 502.5 cm, Breite 180 cm, Höhe 136 cm.
Lwb: Radstand 299.5 cm, Wendekreis 13.2 m, Länge 515 cm, Höhe 138 cm.

Fahrleistungen: Vmax (Werk) 250 km/h, V bei 1000/min im 4. Gang 34.5 km/h; 0–100 km/h 7.2 s; 0–97 km/h 6.8 s; Leistungsgew. 8.4 kg/kW (6.2 kg/PS); Verbrauch ECE 10.8/13.3/20.9 L/100 km.

Moteur (constr.): 2×1 arbre à cames en tête (chaîne); culasses et bloc-cyl. en alliage léger; vilebrequin à 7 paliers; radiat. d'huile; huile 11.4 L; injection électronique. Batterie 72 Ah, alternateur 120 A; refroidissement à eau, capac. 20 L.

Transmission: (sur roues AR), Dispositif antipatinage.
Boîte aut. à 4 vit.: GM Hydra-Matic: I. 2.48; II. 1.48; III. 1; IV. 0.75; AR 2.08; pont 3.58.

Châssis: carrosserie autoporteuse avec faux-châssis AV et AR; AV leviers triang. transv. doubles, AR levier transvers. inférieur, demi-arbres osc. porteurs; AV/AR barre anti-dévers, ressorts hélic. amortiss. télesc.

Train roulant: quatre freins à disques (AV/AR ventilés), ⌀ disques AV 29.1 cm, AR 30.5 cm, ABS, frein à main sur roues AR; servodirection à crémaillère, réservoir carb. 81 L; pneus 225/60 ZR 16, 225/55 ZR 16, jantes 7 J, 8 J.

Dimensions: empattement 287 cm, voie 150/150 cm, garde au sol 11 cm, diam. de braq. 12.8 m, coffre 410 dm³, longueur 502.5 cm, largeur 180 cm, hauteur 136 cm.
Lwb: empatt. 299.5 cm, diam. de braq. 13.2 m, longueur 515 cm, hauteur 138 cm.

Performances: Vmax (usine) 250 km/h, V à 1000/min en 4. vit. 34.5 km/h; 0–100 km/h 7.2 s; 0–97 km/h 6.8 s; rapp. poids/puiss. 8.4 kg/kW (6.2 kg/ch); consomm. ECE 10.8/13.3/20.9 L/100 km.

Jaguar XK8

Neues Modell. Sportl. Fahrzeug mit V8-Motor und ZF-Automat. Als Coupé und Cabriolet lieferbar. Debüt März 1996.

Nouveau modèle. Voiture sportive avec V8 et boite automat. ZF. Produit comme coupé et cabriolet. Débuts mars 1996.

4.0 V8 32V – 294 PS Benzineinspritzung

Karosserie, Gewicht: Coupé, 2 Türen, 2+2 Sitze; leer 1615 kg, max. zul. 2010 kg.
Convertible: 2 Türen, 2+2 Sitze; leer 1705 kg, max. zul. 2100 kg.

4.0 V8 32V – 294 ch Injection d'essence

Carrosserie, poids: Coupé, 2 portes, 2+2 places; vide 1615 kg, tot. adm. 2010 kg.
Convertible: 2 portes, 2+2 places; vide 1705 kg, tot. adm. 2100 kg.

Jaguar XK8 Convertible

Jaguar • Jeep 313

Motor: (DIN), 8 Zyl. in V 90° (86×86 mm), 3996 cm³; Kompr. 10.75:1; 216 kW (294 PS) bei 6100/min, 54 kW/L (73.5 PS/L); 393 Nm (40.1 mkp) bei 4250/min; 95 ROZ. ECE ca. 209 kW (284 PS).

Motorkonstruktion: 4 Ventile in V 28°; 2×2 obenl. Nockenwellen (Ketten); Leichtmetall-Zylinderköpfe und -block; 5fach gelagerte Kurbelwelle; Ölkühler; Öl 6.5 L; elektron. Einspritzung. Batterie 72 Ah, Alternator 90 A; Wasserkühlung, Inh. 10.1 L.

Kraftübertragung: (auf Hinterräder), 5-Stufen-Automat, Automat. Stabilitäts- und Traktionskontrolle.
5-Stufen-Automat: ZF; I. 3.75; II. 2.2; III. 1.51; IV. 1; V. 0.8; R 4.1; Achse 3.06.

Moteur: (DIN), 8 cyl. en V 90° (86×86 mm), 3996 cm³; compr. 10.75:1; 216 kW (294 ch) à 6100/min, 54 kW/L (73.5 ch/L); 393 Nm (40.1 mkp) à 4250/min; 95 (R). ECE env. 209 kW (284 ch).

Moteur (constr.): 4 soupapes en V 28°; 2×2 arbres à cames en tête (chaînes); culasses et bloc-cyl. en alliage léger; vilebrequin à 5 paliers; radiat. d'huile; huile 6.5 L; injection électronique. Batterie 72 Ah, alternateur 90 A; refroidissement à eau, capac. 10.1 L.

Transmission: (sur roues AR), boîte automat. à 5 rapp., Controle automat. de stabilité et traction.
Boîte aut. à 5 vit.: ZF; I. 3.75; II. 2.2; III. 1.51; IV. 1; V. 0.8; AR 4.1; pont 3.06.

Jaguar XK8

Fahrgestell: Selbsttragende Karosserie mit vorderem und hinterem Hilfsrahmen; vorn doppelte Dreieckquerlenker, hinten unterer Querlenker, mittragende Halbachsen; v/h Kurvenstabilisator, Schraubenfedern, Teleskopdämpfer.

Fahrwerk: Vierrad-Scheibenbremse (v/h belüftet), Scheiben-⌀ v. 30.5 cm, h. 30.5 cm, ABS, Feststellbremse auf Hinterräder; Zahnstangenlenkung mit Servo, Treibstofftank 75 L; Reifen 245/50 ZR 17, a.W. v. 245/45 ZR 18, h. 255/45 ZR 18, Felgen 8 J bzw. v. 8, h. 9 J.

Dimensionen: Radstand 259 cm, Spur 150.5/150 cm, Wendekreis 11 m, Kofferraum 325 dm³, Länge 476 cm, Breite 183 cm, Höhe 129 cm.
Convertible: Kofferraum 305 dm³.

Fahrleistungen: Vmax (Werk) 251 km/h, V bei 1000/min im 5. Gang 52 km/h; 0–100 km/h 6.7 s; 0–97 km/h 6.4 s; Leistungsgew. 7.5 kg/kW (5.5 kg/PS); Verbrauch EU 9.1/18 L/100 km.
Convertible: Vmax 247 km/h, 0–100 km/h 7 s; 0–97 km/h 6.7 s; Leistungsgew. 7.9 kg/kW (5.8 kg/PS); Verbrauch EU 8.8/17.8 L/100 km.

Châssis: carrosserie autoporteuse avec faux-châssis AV et AR; AV leviers triang. transv. doubles, AR levier transvers. inférieur, demi-arbres osc. porteurs; AV/AR barre anti-dévers, ressorts hélic, amortiss. télesc.

Train roulant: quatre freins à disques (AV/AR ventilés), ⌀ disques AV 30.5 cm, AR 30.5 cm, ABS, frein de stationnement sur roues AR; servodirection à crémaillère, réservoir carb. 75 L; pneus 245/50 ZR 17, s.d. AV 245/45 ZR 18, AR 255/45 ZR 18, jantes 8 J resp. AV 8, AR 9 J.

Dimensions: empattement 259 cm, voie 150.5/150 cm, diam. de braq. 11 m, coffre 325 dm³, longueur 476 cm, largeur 183 cm, hauteur 129 cm.
Convertible: coffre 305 dm³.

Performances: Vmax (usine) 251 km/h, V à 1000/min en 5. vit. 52 km/h; 0–100 km/h 6.7 s; 0–97 km/h 6.4 s; rapp. poids/puiss. 7.5 kg/kW (5.5 kg/ch); consomm. EU 9.1/18 L/100 km.
Convertible: Vmax 247 km/h, 0–100 km/h 7 s; 0–97 km/h 6.7 s; rapp. poids/puiss. 7.9 kg/kW (5.8 kg/ch); consomm. EU 8.8/17.8 L/100 km.

Jeep   USA

Jeep-Eagle Division, Chrysler Corporation, 12 000 Chrysler Drive, Highland Park, Detroit, Michigan 42288, USA

Ehemals Willys Motors, Inc., seit 1970 zum AMC-Konzern gehörend. Jetzt Jeep-Eagle, neue, aus AMC 1987 durch Übernahme von Chrysler entstandene Division.

Anciennement Willys Motors, Inc., appartient depuis 1970 au groupe AMC. Maintenant Jeep-Eagle, nouvelle division, qui résulte de l'achat d'AMC 1987 par Chrysler.

Jeep Wrangler

Nachfolger des CJ-Modells mit Allradantrieb, 2,5-Liter-4-Zylinder- oder 4-Liter-6-Zylinder-Einspritzmotor. Debüt Januar 1986 bzw. Genf 1986. Neue Version Renegade für 1990. 1991 4-Liter mit mehr Leistung. 1993 4.0 s.d. mit ABS. 1994 Automat für 2.5. Neuauflage Frühjahr 1996.

Successeur de la CJ avec traction intégrale, moteurs 2.5-4 cyl. ou 4.0-6 cyl. avec injection. Lancement janvier 1986 resp. Genève 1986. Nouvelle version Renegade pour 1990. 1991 4-litres avec puissance accrue. 1993 4.0 s.d. avec ABS. 1994 2.5 aussi avec boîte aut. Nouvelle édition printemps 1996.

2.5 – 122 PS Benzineinspritzung

Karosserie, Gewicht: Roadster, 3 Türen, 4 Sitze; leer ab 1405 kg, max. zul. 1980 kg.

Motor: (SAE), 4 Zyl. in Linie (98.4×81 mm), 2464 cm³; Kompr. 9.2:1; 90 kW (122 PS) bei 5400/min, 36.5 kW/L (49.7 PS/L); 190 Nm (19.4 mkp) bei 3500/min; 91 ROZ. DIN: 87 kW (118 PS) bei 5200/min; 190 Nm (19,4 mkp) bei 3600/min. ECE: 85 kW (115 PS) bei 3900/min; 203 Nm (20,7 mkp) bei 2000/min.

Motorkonstruktion: 2 Ventile; seitl. Nockenwelle (Kette); 5fach gelagerte Kurbelwelle; Öl 3.8 L; elektron. Einspritzung. Batterie 500/600 A, Alternator 81/117 A; Wasserkühlung, Inh. 8.5 L.

Kraftübertragung: (auf Hinterräder/4WD), a. W. Differentialbremse; zentrales Diff. (4WD); Reduktionsgetr.: I. 1; II. 2.72.
5-Gang-Getriebe: I. 3.93; II. 2.33; III. 1.45; IV. 1; V. 0.85; R 4.74; Achse 4.11; 3.73.
3-Stufen-Automat: I. 2.74; II. 1.54; III. 1; R 2.2; Achse 3.73, 3.5.

Fahrgestell: Kastenrahmen mit Traversen; v/h Starrachse, Längslenker, Panhardstab, Reaktionsstreben; Kurvenstabilisator, Schraubenfedern, Teleskopdämpfer.

Fahrwerk: Bremse, vorne Scheiben (belüftet), hinten Trommeln, Scheiben-⌀ v. 28.4 cm, Fussfeststellbremse auf Hinterräder; Kugelumlaufl., a.W. mit Servo, Treibstofftank 57 L; a.W. 72 L; Reifen 205/75 R 15, 215/75 R 15, 225/75 R 15; Felgen 6/7/8 J.

Dimensionen: Radst. 237 cm, Spur 147/147 cm, Bodenfreih. 21 cm, Wendekreis 10.2 m, Kofferraum 310/1575 dm³, Länge 386 cm, Breite 169 cm, Höhe 178 cm.

Fahrleistungen: Vmax (Werk) 142 km/h, V bei 1000/min im 5. Gang 36 km/h; 0–100 km/h 14.8 s; Leistungsgew. 15.6 kg/kW (11.5 kg/PS); Verbr. EU 8.9/15 L/100 km.
Aut.: V bei 1000/min im 3. Gang 34 km/h; Verbrauch EPA 12.4/13.8 L/100 km.

2.5 – 122 ch Injection d'essence

Carrosserie, poids: Roadster, 3 portes, 4 pl.; vide dès 1405 kg, tot. adm. 1980 kg.

Moteur: (SAE), 4 cyl. en ligne (98.4×81 mm), 2464 cm³; compr. 9.2:1; 90 kW (122 ch) à 5400/min, 36.5 kW/L (49.7 ch/L); 190 Nm (19.4 mkp) à 3500/min; 91 (R). DIN: 87 kW (118 ch) à 5200/min; 190 Nm (19,4 mkp) à 3600/min. ECE: 85 kW (115 ch) à 3900/min; 203 Nm (20,7 mkp) à 2000/min.

Moteur (constr.): 2 soupapes; arbre à cames latéral (chaîne); vilebrequin à 5 paliers; huile 3.8 L; injection électronique. Batterie 500/600 A, alternateur 81/117 A; refroidissement à eau, capac. 8.5 L.

Transmission: (sur roues AR/4WD), différentiel autobloquant s.d.; diff. central (4WD); boîte de transfert: I. 1; II. 2.72.
Boîte à 5 vit.: I. 3.93; II. 2.33; III. 1.45; IV. 1; V. 0.85; AR 4.74; pont 4.11; 3.73.
Boîte aut. à 3 vit.: I. 2.74; II. 1.54; III. 1; AR 2.2; pont 3.73, 3.5.

Châssis: Cadre à caisson avec traverses; AV/AR essieu rigide, bras longitud., barre Panhard, barres de réaction; barre anti-dévers, ressorts hélic, amortiss. télesc.

Train roulant: frein, AV à disques (ventilés), AR à tambours, ⌀ disques AV 28.4 cm, frein de station. à pied sur roues AR; dir. à circuit de billes, s.d. assistée, rés. carb. 57 L; s.d. 72 L; pneus 205/75 R 15, 215/75 R 15, 225/75 R 15; jantes 6/7/8 J.

Dimensions: empatt. 237 cm, voie 147/147 cm, garde au sol 21 cm, diam. de braq. 10.2 m, coffre 310/1575 dm³, longueur 386 cm, largeur 169 cm, hauteur 178 cm.

Performances: Vmax (usine) 142 km/h, V à 1000/min en 5. vit. 36 km/h; 0–100 km/h 14.8 s; rapp. poids/puiss. 15.6 kg/kW (11.5 kg/ch); consomm. EU 8.9/15 L/100 km.
Aut.: V à 1000/min en 3. vit. 34 km/h; consomm. EPA 12.4/13.8 L/100 km.

Jeep Wrangler

4.0 – 184 PS Benzineinspritzung

Wie 2.5 – 122 PS, ausgenommen:

Karosserie, Gewicht: Roadster; leer ab 1465 kg.

Motor: (SAE), 6 Zyl. in Linie (98.55×86.61 mm), 3964 cm³; Kompr. 8.8:1; 135 kW (184 PS) bei 4600/min, 34.1 kW/L (46.4 PS/L); 301 Nm (30.7 mkp) bei 2800/min; 91 ROZ. DIN: 130 kW (177 PS), 292 Nm (29,6 mkp). ECE: 125 kW (170 PS); 285 Nm (29 mkp).

Motorkonstruktion: 2 Ventile; seitl. Nockenwelle (Kette); 7fach gelagerte Kurbelwelle; Öl 5.7 L; elektron. Einspritzung. Batterie 500/600 A, Alternator 81/117 A; Wasserkühlung, Inh. 9.9 L.

4.0 – 184 ch Injection d'essence

Comme 2.5 – 122 ch, sauf:

Carrosserie, poids: Roadster; vide dès 1465 kg.

Moteur: (SAE), 6 cyl. en l. (98.55×86.61 mm), 3964 cm³; compr. 8.8:1; 135 kW (184 ch) à 4600/min, 34.1 kW/L (46.4 ch/L); 301 Nm (30.7 mkp) à 2800/min; 91 (R). DIN: 130 kW (177 ch), 292 Nm (29,6 mkp). ECE: 125 kW (170 ch); 285 Nm (29 mkp).

Moteur (constr.): 2 soupapes; arbre à cames latéral (chaîne); vilebrequin à 7 paliers; huile 5.7 L; injection électronique. Batterie 500/600 A, alternateur 81/117 A; refroidissement à eau, capac. 9.9 L.

Jeep

Jeep Wrangler Sport

Kraftübertragung:
5-Gang-Getriebe: I. 3.83; II. 2.33; III. 1.44; IV. 1; V. 0.79; R 4.22; Achse 3.07; 3.55.
3-Stufen-Automat: I. 2.74; II. 1.54; III. 1; R 2.2; Achse 3.07; 3.55.

Fahrwerk: a.W. ABS.

Fahrleistungen: Vmax (Werk) 174 km/h, V bei 1000/min im 5. Gang 52 km/h; 0–100 km/h 9.4 s; Leistungsgew. 10.9 kg/kW (8 kg/PS); Verbrauch EU 9.1/17.4 L/100 km.
Aut.: Vmax 169 km/h, V bei 1000/min im 3. Gang 41.6 km/h; Verbrauch EU 10.7/19.2 L/100 km.

Transmission:
Boîte à 5 vit.: I. 3.83; II. 2.33; III. 1.44; IV. 1; V. 0.79; AR 4.22; pont 3.07; 3.55.
Boîte aut. à 3 vit.: I. 2.74; II. 1.54; III. 1; AR 2.2; pont 3.07; 3.55.

Train roulant: ABS s. d.

Performances: Vmax (usine) 174 km/h, V à 1000/min en 5. vit. 52 km/h; 0–100 km/h 9.4 s; rapp. poids/puiss. 10.9 kg/kW (8 kg/ch); consomm. EU 9.1/17.4 L/100 km.
Aut.: Vmax 169 km/h, V à 1000/min en 3. vit. 41.6 km/h; consomm. EU 10.7/19.2 L/100 km.

Jeep Cherokee

Bekannte Geländewagen. Für 1984 mit kleineren Abmessungen, neuem 2,5-Liter-Motor von AMC und neuer Aufhängung. Ab 1984 auch mit 2,1-Liter-Turbodiesel von Renault lieferbar. 1987: 4-Liter-6-Zylinder mit Benzineinspritzung. 1989 a.W. mit ABS. 1991 mit mehr Leistung. 1995 mit 2.5 Turbodiesel.

Voitures tout-terrain bien connues. Pour 1984 dimensions réduites, nouveau moteur 2,5 litres 4 cylindres de AMC et nouvelle suspension. A partir de 1984 aussi livrable avec moteur 2,1 litres turbodiesel. 1987: 4 litres avec injection d'essence. 1989 s.d. avec ABS. 1991 avec puissance accrue. 1995 avec 2.5 td.

2.5 – 122 PS Benzineinspritzung

Karosserie, Gewicht: Station Wagon, 3/5 Türen, 5 Sitze; leer ab 1380 kg, max. zul. 2210 kg.

Motor: (SAE), 4 Zyl. in Linie (98.4×81 mm), 2464 cm³; Kompr. 9.2:1; 90 kW (122 PS) bei 5400/min, 36.5 kW/L (49.7 PS/L); 190 Nm (19.4 mkp) bei 3500/min; 91 ROZ. DIN: 87 kW (118 PS) bei 5200/min; 190 Nm (19,4 mkp) bei 3600/min. ECE: 85 kW (115 PS); 203 Nm (20,7 mkp).

Motorkonstruktion: 2 Ventile; seitl. Nokkenwelle (Kette); 5fach gelagerte Kurbelwelle; Öl 3.8 L; elektron. Einspritzung. Batterie 500/600 A, Alternator 81/117 A; Wasserkühlung, Inh. 8.5 L.

Kraftübertragung: (auf Hinterräder), Differentialbremse hinten.
(4WD zuschaltbar; a.W. 4WD permanent.), zentrales Differential inkl. Bremse, Reduktionsgetriebe: I. 1; II. 2.72.
5-Gang-Getriebe: I. 3.93; II. 2.33; III. 1.45; IV. 1; V. 0.84; R 4.47; Achse 3.07.

2.5 – 122 ch Injection d'essence

Carrosserie, poids: Station-wagon, 3/5 portes, 5 places; vide dès 1380 kg, tot. adm. 2210 kg.

Moteur: (SAE), 4 cyl. en ligne (98.4×81 mm), 2464 cm³; compr. 9.2:1; 90 kW (122 ch) à 5400/min, 36.5 kW/L (49.7 ch/L); 190 Nm (19.4 mkp) à 3500/min; 91 (R). DIN: 87 kW (118 ch) à 5200/min; 190 Nm (19,4 mkp) à 3600/min. ECE: 85 kW (115 PS); 203 Nm (20,7 mkp).

Moteur (constr.): 2 soupapes; arbre à cames latéral (chaîne); vilebrequin à 5 paliers; huile 3.8 L; injection électronique. Batterie 500/600 A, alternateur 81/117 A; refroidissement à eau, capac. 8.5 L.

Transmission: (sur roues AR), frein de différentiel AR.
(4WD enclenchable; s.D. 4WD permanente), différentiel central à glissement limité, boîte de transfert: I. 1; II. 2.72.
Boîte à 5 vit.: I. 3.93; II. 2.33; III. 1.45; IV. 1; V. 0.84; AR 4.47; pont 3.07.

Fahrgestell: Selbsttragende Karosserie; v/h Starrachse; vorn Längslenker, Reaktionsstreben, Panhardstab, Schraubenfedern; hinten Blattfedern; v/h Kurvenstabilisator, Teleskopdämpfer.

Fahrwerk: Bremse, vorne Scheiben (belüftet), hinten Trommeln, Scheiben-⌀ v. 28.5 cm, a.W. ABS, Bendix; Handbremse auf Hinterräder; Kugelumlauflenkung mit Servo, Treibstofftank 76 L; Reifen 215/75 R 15, 225/70 R 15, Felgen 6 J, 7 J.

Dimensionen: Radst. 257.5 cm, Spur 147/147 cm, Bodenfreih. 22 cm, Wendekreis 11.7 m, Kofferraum 964/2011 dm³, Länge 425 cm, Breite 172 cm, Höhe 163 cm.

Fahrleistungen: Vmax (Werk) 165 km/h, V bei 1000/min im 5. Gang 28.7 km/h; 0–100 km/h 13 s; Leistungsgew. 13.4 kg/kW (9.9 kg/PS); Verbr. ECE 9.9/13.8/14.5 L/100 km.

4.0 – 184 PS Benzineinspritzung

Wie 2.5 – 122 PS, ausgenommen:

Karosserie, Gewicht: Station Wagon; leer ab 1440 kg, max. zul. 2210 kg.

Motor: (SAE), 6 Zyl. in Linie (98.55×86.61 mm), 3964 cm³; Kompr. 8.8:1; 135 kW (184 PS) bei 4600/min, 34.1 kW/L (46.4 PS/L); 301 Nm (30.7 mkp) bei 2800/min; 91 ROZ. DIN: 131 kW (178 PS), 301 Nm (30,7 mkp). ECE: 125 kW (170 PS); 285 Nm (29 mkp).

Motorkonstruktion: 2 Ventile; seitl. Nokkenwelle (Kette); 7fach gelagerte Kurbelwelle; Öl 5.7 L; elektron. Einspritzung. Batterie 500/600 A, Alternator 81/117 A; Wasserkühlung, Inh. 9.9 L.

Châssis: carrosserie autoporteuse; AV/AR essieu rigide; AV bras longitud., barres de réaction, barre Panhard, ressorts hélic.; AR ressorts à lames; AV/AR barre anti-dévers, amortiss. télesc.

Train roulant: frein, AV à disques (ventilés), AR à tambours, ⌀ disques AV 28.5 cm, ABS s. d., Bendix; frein à main sur roues AR; direction à circuit de billes assistée, réservoir carb. 76 L; pneus 215/75 R 15, 225/70 R 15, jantes 6 J, 7 J.

Dimensions: empatt. 257.5 cm, voie 147/147 cm, garde au sol 22 cm, diam. de braq. 11.7 m, coffre 964/2011 dm³, longueur 425 cm, largeur 172 cm, hauteur 163 cm.

Performances: Vmax (usine) 165 km/h, V à 1000/min en 5. vit. 28.7 km/h; 0–100 km/h 13 s; rapp. poids/puiss. 13.4 kg/kW (9.9 kg/ch); cons. ECE 9.9/13.8/14.5 L/100 km.

4.0 – 184 ch Injection d'essence

Comme 2.5 – 122 ch, sauf:

Carrosserie, poids: Station-wagon; vide dès 1440 kg, tot. adm. 2210 kg.

Moteur: (SAE), 6 cyl. en l. (98.55×86.61 mm), 3964 cm³; compr. 8.8:1; 135 kW (184 ch) à 4600/min, 34.1 kW/L (46.4 ch/L); 301 Nm (30.7 mkp) à 2800/min; 91 (R). DIN: 131 kW (178 ch), 301 Nm (30,7 mkp). ECE: 125 kW (170 ch); 285 Nm (29 mkp).

Moteur (constr.): 2 soupapes; arbre à cames latéral (chaîne); vilebrequin à 7 paliers; huile 5.7 L; injection électronique. Batterie 500/600 A, alternateur 81/117 A; refroidissement à eau, capac. 9.9 L.

Jeep Cherokee

Kraftübertragung:
5-Gang-Getriebe: I. 3.83; II. 2.33; III. 1.44; IV. 1; V. 0.72; R 4.22; Achse 3.07.
4-Stufen-Automat: I. 2.8; II. 1.53; III. 1; IV. 0.75; R 2.39; Achse 3.55.

Fahrleistungen: Vmax (Werk) 180 km/h, V bei 1000/min im 5. Gang 42 km/h; 0–100 km/h 10.1 s; Leistungsgew. 11 kg/kW (8.1 kg/PS); Verbrauch ECE 10.2/13.9/18.5 L/100 km.

Transmission:
Boîte à 5 vit.: I. 3.83; II. 2.33; III. 1.44; IV. 1; V. 0.72; AR 4.22; pont 3.07.
Boîte aut. à 4 vit.: I. 2.8; II. 1.53; III. 1; IV. 0.75; AR 2.39; pont 3.55.

Performances: Vmax (usine) 180 km/h, V à 1000/min en 5. vit. 42 km/h; 0–100 km/h 10.1 s; rapp. poids/puiss. 11 kg/kW (8.1 kg/ch); consomm. ECE 10.2/13.9/18.5 L/100 km.

2.5 – 116 PS Turbodiesel

Wie 2.5 – 122 PS, ausgenommen:

Karosserie, Gewicht: Station Wagon; leer ab 1470 kg, max. zul. 2210 kg.

Motor: (SAE), 4 Zyl. in Linie (92×94 mm), 2500 cm³; Kompr. 22:1; 85 kW (116 PS) bei 3900/min, 34 kW/L (46.2 PS/L); 278 Nm (28.3 mkp) bei 1800/min; Dieselöl.

2.5 – 116 ch turbodiesel

Comme 2.5 – 122 ch, sauf:

Carrosserie, poids: Station-wagon; vide dès 1470 kg, tot. adm. 2210 kg.

Moteur: (SAE), 4 cyl. en ligne (92×94 mm), 2500 cm³; compr. 22:1; 85 kW (116 ch) à 3900/min, 34 kW/L (46.2 ch/L); 278 Nm (28.3 mkp) à 1800/min; gazole.

Jeep • Kia

Motorkonstruktion: Vorkammer-Diesel; 2 Ventile; seitl. Nockenwelle Leichtmetall-Zylinderkopf; 5fach gelagerte Kurbelwelle; Öl 7.2 L; elektron. geregelte Einspritzpumpe, 1 Turbolader.
Batterie 70 Ah, Alternator 70 A; Wasserkühlung, Inh. 8.5 L.

Kraftübertragung:
5-Gang-Getriebe: I. 4.31; II. 2.33; III. 1.44; IV. 1; V. 0.79; R 4.74; Achse 3.73.

Fahrleistungen: Vmax (Werk) 162 km/h, V bei 1000/min im 5. Gang 42.6 km/h; 0–100 km/h 12.3 s; Leistungsgew. 17.3 kg/kW (12.8 kg/PS); Verbrauch ECE 7.1/10.5/9.8 L/100 km.

Moteur (constr.): diesel à préchambre; 2 soupapes; arbre à cames latéral culasse en alliage léger; vilebrequin 5 paliers; huile 7.2 L; pompe à injection pilotée, 1 turbocompr.
Batterie 70 Ah, alternateur 70 A; refroidissement à eau, capac. 8.5 L.

Transmission:
Boîte à 5 vit.: I. 4.31; II. 2.33; III. 1.44; IV. 1; V. 0.79; AR 4.74; pont 3.73.

Performances: Vmax (usine) 162 km/h, V à 1000/min en 5. vit. 42.6 km/h; 0–100 km/h 12.3 s; rapp. poids/puiss. 17.3 kg/kW (12.8 kg/ch); consomm. ECE 7.1/10.5/9.8 L/100 km.

Jeep Grand Cherokee

Cherokee mit neuer Karosserie auf verlängertem Radstand mit 4-Liter-Motor oder 5,2-Liter-V8. Debüt Auto Show Detroit Januar 1992.

Cherokee avec nouvelle carrosserie sur empattement plus long avec moteur 4 litres ou V8 5,2 litres. Lancement Auto Show Detroit janvier 1992.

4.0 – 184 PS Benzineinspritzung

Karosserie, Gewicht: Station Wagon, 5 Türen, 5 Sitze; leer ab 1635 kg.

Motor: (SAE) 6 Zyl. in Linie (98.55×86.61 mm), 3964 cm³; Kompr. 8.8:1; 135 kW (184 PS) bei 4600/min, 34.1 kW/L (46.4 PS/L); 301 Nm (30,7 mkp) bei 2800/min; 91 ROZ. DIN: 130 kW (177 PS), 301 Nm (30,7 mkp). ECE: 125 kW (170 PS); 285 Nm (29 mkp).

Motorkonstruktion: 2 Ventile; seitl. Nockenwelle (Kette); 7fach gelagerte Kurbelwelle; Öl 5.7 L; elektron. Einspritzung.
Batterie 500/600 A, Alternator 81/117 A; Wasserkühlung, Inh. 9.9 L.

Kraftübertragung: (auf Hinterräder), hintere Differentialbremse.
(4WD zuschaltbar; a.W. 4WD permanent.), zentrales Differential, Reduktionsgetriebe: I. 2.72; II. 1.
4-Stufen-Aut.: Aisin-Warner; I. 2.74; II. 1.54; III. 1; IV. 0.69; R 2.21; A. 3.73, 3.55.

Fahrgestell: Selbsttragende Karosserie; v/h Starrachse, Längslenker, Panhardstab, Reaktionsstrebe; Kurvenstabilisator, Schraubenfedern, Teleskopdämpfer.

Fahrwerk: Vierrad-Scheibenbremse (vorn belüftet), Scheiben-Ø v. 28 cm, h. 28.5 cm, ABS, Handbremse auf Hinterräder; Kugelumlauflenkung mit Servo, Treibstofftank 87 L; Reifen 225/60 R 16, 245/70 R 15.

Dimensionen: Radst. 269 cm, Spur 149/149 cm, Bodenfreih. 21 cm, Wendekreis 11.4 m, Kofferraum 1160/2250 dm³, Länge 450 cm, Breite 176 cm, Höhe 167 cm.

Fahrleistungen: Vmax (Werk) 180 km/h, V bei 1000/min im 4. Gang 58 km/h; 0–100 km/h 10.2 s; Leistungsgew. 12.6 kg/kW (9.1 kg/PS); Verbrauch (Red.) 10/18 L/100 km.

4.0 – 184 ch Injection d'essence

Carrosserie, poids: Station-wagon, 5 portes, 5 places; vide dès 1635 kg.

Moteur: (SAE) 6 cyl. en l. (98.55×86.61 mm), 3964 cm³; compr. 8.8:1; 135 kW (184 ch) à 4600/min, 34.1 kW/L (46.4 ch/L); 301 Nm (30,7 mkp) à 2800/min; 91 ROZ. DIN: 130 kW (177 ch), 301 Nm (30,7 mkp). ECE: 125 kW (170 ch); 285 Nm (29 mkp).

Moteur (constr.): 2 soupapes; arbre à cames latéral (chaîne); vilebrequin à 7 paliers; huile 5.7 L; injection électronique.
Batterie 500/600 A, alternateur 81/117 A; refr. à eau, capac. 9.9 L.

Transmission: (sur roues AR), différentiel autobloquant AR.
(4WD enclenchable; s.D. 4WD permanente.), différentiel central, boîte de transfert: I. 2.72; II. 1.
Boîte aut. à 4 vit.: Aisin-Warner; I. 2.74; II. 1.54; III. 1; IV. 0.69; AR 2.21; p. 3.73, 3.55.

Châssis: carrosserie autoporteuse; AV/AR essieu rigide, bras longitud., barre Panhard, barres de réaction; barre anti-dévers, ressorts hélic., amortiss. télesc.

Train roulant: quatre freins à disques (AV ventilés), Ø disques AV 28 cm, AR 28.5 cm, ABS, frein à main sur roues AR; direction à circuit de billes assistée, réservoir carb. 87 L; pneus 225/60 R 16, 245/70 R 15.

Dimensions: empatt. 269 cm, voie 149/149 cm, garde au sol 21 cm, diam. de braq. 11.4 m, coffre 1160/2250 dm³, longueur 450 cm, largeur 176 cm, hauteur 167 cm.

Performances: Vmax (usine) 180 km/h, V à 1000/min en 4. vit. 58 km/h; 0–100 km/h 10.2 s; rapp. poids/puiss. 12.6 kg/kW (9.1 kg/ch); consomm. (Red.) 10/18 L/100 km.

5.2 V8 – 223 PS Benzineinspritzung

Wie 4.0 – 184 PS, ausgenommen:

Karosserie, Gewicht: Station Wagon; leer ab 1705 kg, max. zul. 2510 kg.

Motor: (SAE) 8 Zyl. in V 90° (99.31×84.07 mm), 5210 cm³; Kompr. 9.1:1; 164 kW (223 PS) bei 4400/min, 31.5 kW/L (42.8 PS/L); 407 Nm (41.5 mkp) bei 2800/min; 91 ROZ. DIN: 156 kW (212 PS); 388 Nm (39,6 mkp). Einige Länder: 136 kW (185 PS); 388 Nm (39,6 mkp).

Motorkonstruktion: 2 Ventile; zentrale Nockenwelle (Kette); 5fach gelagerte Kurbelwelle; Öl 4.7 L; elektron. Einspritzung.
Batterie 600 A, Alternator 117/136 A; Wasserkühlung, Inh. 14.1 L.

Kraftübertragung:
4-Stufen-Automat: I. 2.45; II. 1.45; III. 1; IV. 0.69; R 2.2; Achse 3.73.

Fahrleistungen: Vmax (Werk) 180 km/h, V bei 1000/min im 4. Gang 50 km/h; 0–100 km/h 10.2 s; Leistungsgew. 12.5 kg/kW (9.2 kg/PS); Verbr. ECE 11/14.9/19.6 L/100 km.

2.5 – 116 PS Turbodiesel

Wie 4.0 – 184 PS, ausgenommen:

Karosserie, Gewicht: Station Wagon; leer ca. 1650 kg.

Motor: (SAE) 4 Zyl. in Linie (92×94 mm), 2500 cm³; Kompr. 22:1; 85 kW (116 PS) bei 3900/min, 34 kW/L (46.2 PS/L); 278 Nm (28.3 mkp) bei 1800/min; Dieselöl.

Motorkonstruktion: Vorkammer-Diesel; 2 Ventile; seitl. Nockenwelle Leichtmetall-Zylinderkopf; 5fach gelagerte Kurbelwelle; Öl 7.2 L; elektron. geregelte Einspritzpumpe, 1 Turbolader.
Batterie 70 Ah, Alternator 70 A; Wasserkühlung, Inh. 8.5 L.

Kraftübertragung:
5-Gang-Getriebe: I. 4.31; II. 2.33; III. 1.44; IV. 1; V. 0.79; R 4.74; Achse 3.73.

Fahrleistungen: Vmax (Werk) 160 km/h, V bei 1000/min im 5. Gang 42.6 km/h; 0–100 km/h 12.5 s; Leistungsgew. 19.4 kg/kW (14.2 kg/PS); Verbr. (Red.) 8/12 L/100 km.

5.2 V8 – 223 ch Injection d'essence

Comme 4.0 – 184 ch, sauf:

Carrosserie, poids: Station-wagon; vide dès 1705 kg, tot. adm. 2510 kg.

Moteur: (SAE), 8 cyl. / V 90° (99.31×84.07 mm), 5210 cm³; compr. 9.1:1; 164 kW (223 ch) à 4400/min, 31.5 kW/L (42.8 ch/L); 407 Nm (41.5 mkp) à 2800/min; 91 ROZ. DIN: 156 kW (212 ch); 388 Nm (39,6 mkp). Quelques pays: 136 kW (185 ch); 388 Nm (39,6 mkp).

Moteur (constr.): 2 soupapes; arbre à cames central (chaîne); vilebrequin à 5 paliers; huile 4.7 L; injection électronique.
Batterie 600 A, alternateur 117/136 A; refroidissement à eau, capac. 14.1 L.

Transmission:
Boîte aut. à 4 vit.: I. 2.45; II. 1.45; III. 1; IV. 0.69; AR 2.2; pont 3.73.

Performances: Vmax (usine) 180 km/h, V à 1000/min en 4. vit. 50 km/h; 0–100 km/h 10.2 s; rapp. poids/puiss. 12.5 kg/kW (9.2 kg/ch); cons. ECE 11/14.9/19.6 L/100 km.

2.5 – 116 ch turbodiesel

Comme 4.0 – 184 ch, sauf:

Carrosserie, poids: Station-wagon; vide env. 1650 kg.

Moteur: (SAE), 4 cyl. en ligne (92×94 mm), 2500 cm³; compr. 22:1; 85 kW (116 ch) à 3900/min, 34 kW/L (46.2 ch/L); 278 Nm (28.3 mkp) à 1800/min; gazole.

Moteur (constr.): diesel à préchambre; 2 soupapes; arbre à cames latéral culasse en alliage léger; vilebrequin à 5 paliers; huile 7.2 L; pompe à injection pilotée, 1 turbocompr.
Batterie 70 Ah, alternateur 70 A; refroidissement à eau, capac. 8.5 L.

Transmission:
Boîte à 5 vit.: I. 4.31; II. 2.33; III. 1.44; IV. 1; V. 0.79; AR 4.74; pont 3.73.

Performances: Vmax (usine) 160 km/h, V à 1000/min en 5. vit. 42.6 km/h; 0–100 km/h 12.5 s; rapp. poids/puiss. 19.4 kg/kW (14.2 kg/ch); consomm. (Red.) 8/12 L/100 km.

Kia   ROK

Kia Motors Corporation, 15 Yoido-dong, Youngdeungpo-ku, Seoul, South Korea

Südkoreanisches Automobilwerk, baut zurzeit über 400 000 Personenwagen pro Jahr unter Verwendung von mechanischen Teilen von Mazda (121, 323, 626 und 929).

Usine d'automobiles en Corée du Sud, construit actuellement plus de 400 000 voitures par année, utilise des pièces mécaniques surtout de Mazda (121, 323, 626 et 929).

Kia M-Car

Prototyp eines Microcars mit Quermotor und Frontantrieb. Unvollständige und provisorische Daten.

Prototype d'un «microcar» avec moteur transv. et traction. Données incomplètes et provisoires.

0.8 9V – 50 PS Benzineinspritzung

Karosserie, Gewicht: Limousine, 3 Türen, 5 Sitze; leer ab 720 kg.

Motor: (DIN) 3 Zyl. in Linie (68.5×72 mm), 796 cm³; Kompr. 9.5:1; 37 kW (50 PS) bei 5800/min, 46.5 kW/L (63.2 PS/L); 64 Nm (6.5 mkp) bei 3400/min; 95 ROZ.

0.8 9V – 50 ch Injection d'essence

Carrosserie, poids: Berline, 3 portes, 5 places; vide dès 720 kg.

Moteur: (DIN) 3 cyl. en ligne (68.5×72 mm), 796 cm³; compr. 9.5:1; 37 kW (50 ch) à 5800/min, 46.5 kW/L (63.2 ch/L); 64 Nm (6.5 mkp) à 3400/min; 95 (R).

Jeep Grand Cherokee

Kia

Kia M-Car

Motorkonstruktion: 3 Ventile in V; 1 obenl. Nockenwelle (Zahnriemen); 4fach gelagerte Kurbelwelle; Öl 3 L; Einspritzung. Batterie 42 Ah, Alternator 45 A; Wasserkühlung, Inh. 4 L.

Kraftübertragung: (auf Vorderräder). 5-Gang-Getriebe: I. 3.38; II. 2.06; III. 1.28; IV. 0.89; V. 0.77; R 3.27; Achse 5.32.

Fahrgestell: Selbsttragende Karosserie; vorn Federbeine, Querlenker, Kurvenstabilisator; hinten Torsionskurbelachse, Längslenker, Panhardstab, Schraubenfedern, Teleskopdämpfer.

Fahrwerk: Bremse, vorne Scheiben, hinten Trommeln, Handbremse auf Hinterräder; Zahnstangenlenkung, Treibstofftank 40 L; Reifen 165/70 R 13, Felgen 4.5 J.

Dimensionen: Radstand 233 cm, Spur 129.5/129 cm, Bodenfreih. 15 cm, Wendekreis 9.8 m, Länge 349.5 cm, Breite 149.5 cm, Höhe 140 cm.

Fahrleistungen: Vmax (Red.) 150 km/h, V bei 1000/min im 5. Gang 25.3 km/h; Leistungsgew. 19.5 kg/kW (14.4 kg/PS); Verbrauch (Red.) 5/9 L/100 km.

Moteur (constr.): 3 soupapes en V; 1 arbre à cames en tête (courroie crantée); vilebr. à 4 paliers; huile 3 L; injection d'essence. Batterie 42 Ah, alternateur 45 A; refroidissement à eau, capac. 4 L.

Transmission: (sur roues AV). Boîte à 5 vit.: I. 3.38; II. 2.06; III. 1.28; IV. 0.89; V. 0.77; AR 3.27; pont 5.32.

Châssis: carrosserie autoporteuse; AV jambes élast., leviers transv., barre anti-dévers; AR essieu à manivelles à torsion, bras longitud., barre Panhard, ressorts hélicoïdaux, amortiss. télesc.

Train roulant: frein, AV à disques, AR à tambours, frein à main sur roues AR; direction à crémaillère, réservoir carb. 40 L; pneus 165/70 R 13, jantes 4.5 J.

Dimensions: empattement 233 cm, voie 129.5/129 cm, garde au sol 15 cm, diam. de braq. 9.8 m, longueur 349.5 cm, largeur 149.5 cm, hauteur 140 cm.

Performances: Vmax (réd.) 150 km/h, V à 1000/min en 5. vit. 25.3 km/h; rapp. poids/puiss. 19.5 kg/kW (14.4 kg/ch); consomm. (Red.) 5/9 L/100 km.

Kia Avella - Ford Aspire

Kleinwagen auf Basis des Mazda 121. Wird in Amerika als Ford Aspire, in Asien als Ford Festiva verkauft. Produktion bei Kia.

Petite voiture sur base de la Mazda 121. Est vendue aux Etats-Unis comme Ford Aspire, en Asie comme Ford Festiva. Prod. chez Kia.

1.3 16V – 76 PS Benzineinspritzung | 1.3 16V – 76 ch Injection d'essence

Karosserie, Gewicht: Limousine, 3 Türen, 5 Sitze; leer ab 820 kg.

Motor: (JIS), 4 Zyl. in Linie (71×83.6 mm), 1324 cm³; Kompr. 9.4:1; 56 kW (76 PS) bei 6500/min, 42.3 kW/L (57.5 PS/L); 100 Nm (10.2 mkp) bei 4000/min; 91 ROZ. SAE: (Mehrpunkt-Einspritzung): Kompr. 9.7:1; 47 kW (64 PS) bei 5000/min; 135 Nm bei 3000/min.

Motorkonstruktion: 4 Ventile in V; 1 obenl. Nockenwelle (Zahnriemen); 5fach gelagerte Kurbelwelle; Öl 3.4 L; elektron. Zentraleinspritzung, Hitachi. Batt. 33 Ah, Altern. 50 A; Wasser., Inh. 5 L.

Carrosserie, poids: Berline, 3 portes, 5 places; vide dès 820 kg.

Moteur: (JIS), 4 cyl. en ligne (71×83.6 mm), 1324 cm³; compr. 9.4:1; 56 kW (76 ch) à 6500/min, 42.3 kW/L (57.5 ch/L); 100 Nm (10.2 mkp) à 4000/min; 91 (R). SAE: (inject. multipoint): compr. 9.7:1; 47 kW (64 ch) à 5000/min; 135 Nm à 3000/min.

Moteur (constr.): 4 soupapes en V; 1 arbre à cames en tête (courroie crantée); vilebrequin à 5 paliers; huile 3.4 L; injection monopoint électron., Hitachi. Batt. 33 Ah, altern. 50 A; ref.t à eau, c.. 5 L.

Kraftübertragung: (auf Vorderräder). 5-Gang-Getriebe: I. 3.45; II. 1.94; III. 1.28; IV. 0.91; V. 0.76; R 3.58; Achse 3.78, 4.06. 3-Stufen-Automat: I. 2.84; II. 1.54; III. 1; R 2.4; Achse 3.74, 3.45. 4-Stufen-Automat: I. 2.8; II. 1.54; III. 1; IV. 0.7; R 2.33; Achse 3.74, 3.45.

Fahrgestell: Selbsttragende Karosserie; vorn Federbeine, Querlenker, Kurvenstabilisator; hinten Torsionskurbelachse, Längslenker, Schraubenfedern, Teleskopdämpfer.

Fahrwerk: Bremse, vorne Scheiben, hinten Trommeln, Scheiben-⌀ v. 23.5 cm, a.W. ABS, Handbremse auf Hinterräder; Zahnstangenlenkung, a.W. mit Servo, Treibstofftank 38 L; Reifen 145 R 13, 165/70 R 13, Felgen 4.5 J.

Dimensionen: Radstand 231 cm, Spur 142/140 cm, Bodenfreih. 13 cm, Wendekreis 10 m, Länge 382.5 cm, Breite 167 cm, Höhe 141 cm.

Fahrleistungen: Vmax (Red.) 160 km/h, V bei 1000/min im 5. Gang 36.8 km/h; Leistungsgew. 14.6 kg/kW (10.8 kg/PS); Verbrauch (Red.) 5/8 L/100 km.

Transmission: (sur roues AV). Boîte à 5 vit.: I. 3.45; II. 1.94; III. 1.28; IV. 0.91; V. 0.76; AR 3.58; pont 3.78; 4.06. Boîte aut. à 3 vit.: I. 2.84; II. 1.54; III. 1; AR 2.4; pont 3.74, 3.45. Boîte aut. à 4 vit.: I. 2.8; II. 1.54; III. 1; IV. 0.7; AR 2.33; pont 3.74, 3.45.

Châssis: carrosserie autoporteuse; AV jambes élast., leviers transv., barre anti-dévers; AR essieu à manivelles à torsion, bras longitud., ressorts hélic., amortiss. télesc.

Train roulant: frein, AV à disques, AR à tambours, ⌀ disques AV 23.5 cm, ABS s. d., frein à main sur roues AR; direction à crémaillère, s.d. avec servo, réservoir carb. 38 L; pneus 145 R 13, 165/70 R 13, jantes 4.5 J.

Dimensions: empattement 231 cm, voie 142/140 cm, garde au sol 13 cm, diam. de braq. 10 m, longueur 382.5 cm, largeur 167 cm, hauteur 141 cm.

Performances: Vmax (réd.) 160 km/h, V à 1000/min en 5. vit. 36.8 km/h; rapp. poids/puiss. 14.6 kg/kW (10.8 kg/ch); consomm. (Red.) 5/8 L/100 km.

1.5 16V – 101 PS Benzineinspritzung | 1.5 16V – 101 ch Injection d'essence

Wie 1.3 – 76 PS, ausgenommen:

Karosserie, Gewicht: Limousine; leer ab 870 kg.

Motor: (JIS), 4 Zyl. in Linie (78×78.4 mm), 1498 cm³; Kompr. 9.4:1; 74 kW (101 PS) bei 6300/min, 49.4 kW/L (67.1 PS/L); 119 Nm (12.1 mkp) bei 5000/min; 91 ROZ.

Motorkonstruktion: 4 Ventile in V; 1 obenl. Nockenwelle (Zahnriemen); 5fach gelagerte Kurbelwelle; Öl 3.4 L; elektron. Zentraleinspritzung, Hitachi. Batterie 33 Ah, Alternator 50 A; Wasserkühlung, Inh. 6 L.

Kraftübertragung: (auf Vorderräder). 5-Gang-Getriebe: I. 3.42; II. 1.84; III. 1.29; IV. 0.97; V. 0.78; R 3.21; Achse 4.11. 3-Stufen-Automat: I. 2.84; II. 1.54; III. 1; R 2.4; Achse 3.74, 3.45. 4-Stufen-Automat: I. 2.8; II. 1.54; III. 1; IV. 0.7; R 2.33; Achse 3.74, 3.45.

Fahrleistungen: Vmax (Red.) 165 km/h, V bei 1000/min im 5. Gang 32.5 km/h; Leistungsgew. 11.3 kg/kW (8.4 kg/PS); Verbrauch (Red.) 6/10 L/100 km.

Comme 1.3 – 76 ch, sauf:

Carrosserie, poids: Berline; vide dès 870 kg.

Moteur: (JIS), 4 cyl. en ligne (78×78.4 mm), 1498 cm³; compr. 9.4:1; 74 kW (101 ch) à 6300/min, 49.4 kW/L (67.1 ch/L); 119 Nm (12.1 mkp) à 5000/min; 91 (R).

Moteur (constr.): 4 soupapes en V; 1 arbre à cames en tête (courroie crantée); vilebrequin à 5 paliers; huile 3.4 L; injection monopoint électron., Hitachi. Batterie 33 Ah, alternateur 50 A; refroidissement à eau, capac. 6 L.

Transmission: (sur roues AV). Boîte à 5 vit.: I. 3.42; II. 1.84; III. 1.29; IV. 0.97; V. 0.78; AR 3.21; pont 4.11. Boîte aut. à 3 vit.: I. 2.84; II. 1.54; III. 1; AR 2.4; pont 3.74, 3.45. Boîte aut. à 4 vit.: I. 2.8; II. 1.54; III. 1; IV. 0.7; AR 2.33; pont 3.74, 3.45.

Performances: Vmax (réd.) 165 km/h, V à 1000/min en 5. vit. 32.5 km/h; rapp. poids/puiss. 11.3 kg/kW (8.4 kg/ch); consomm. (Red.) 6/10 L/100 km.

Kia Pride

Kompakte Limousine mit 1,1- und 1,3-Liter-Motor, basiert auf dem ehemaligen Mazda 121.

Berline compacte avec moteurs de 1,1 et 1,3 litre, basant sur l'ancienne Mazda 121.

1.1 – 56 PS Benzineinspritzung | 1.1 – 56 ch Injection d'essence

Karosserie, Gewicht: Limousine 3/4/5 Türen, 4/5 Sitze; leer ab 700 kg.

Motor: (DIN), 4 Zyl. in Linie (68×78.4 mm), 1139 cm³; Kompr. 9.4:1; 41 kW (56 PS) bei 5500/min, 36 kW/L (48.9 PS/L); 86 Nm (8.8 mkp) bei 3500/min; 91 ROZ. JIS: Kompression 10:1; 38 kW (52 PS).

Motorkonstruktion: 1 obenl. Nockenwelle (Zahnriemen); 5fach gelagerte Kurbelwelle; Öl 3.4 L; 1. Batterie 50 Ah, Alternator 45 A; Wasserkühlung, Inh. 5 L.

Kraftübertragung: (auf Vorderräder). 5-Gang-Getriebe: I. 3.45; II. 1.94; III. 1.28; IV. 0.86; V. 0.69; R 3.58; Achse 3.78, 4.06. 3-Stufen-Automat: I. 2.84; II. 1.54; III. 1; R 2.4; Achse 3.23, 3.45.

Carrosserie, poids: berline 3/4/5 portes; 4/5 places; vide dès 700 kg.

Moteur: (DIN), 4 cyl. en ligne (68×78.4 mm), 1139 cm³; compr. 9.4:1; 41 kW (56 ch) à 5500/min, 36 kW/L (48.9 ch/L); 86 Nm (8.8 mkp) à 3500/min; 91 (R). JIS: compr. 10:1; 38 kW (52 ch).

Moteur (constr.): 1 arbre à cames en tête (courroie crantée); vilebrequin à 5 paliers; huile 3.4 L. Batterie 50 Ah, alternateur 45 A; refroidissement à eau, capac. 5 L.

Transmission: (sur roues AV). Boîte à 5 vit.: I. 3.45; II. 1.94; III. 1.28; IV. 0.86; V. 0.69; AR 3.58; pont 3.78, 4.06. Boîte aut. à 3 vit.: I. 2.84; II. 1.54; III. 1; AR 2.4; pont 3.23, 3.45.

Kia Avella

Kia 317

Kia Pride

Fahrgestell: Selbsttragende Karosserie; vorn Federbeine, Querlenker, Kurvenstabilisator; hinten Torsionskurbelachse, Längslenker, Schraubenfedern, Teleskopdämpfer.

Fahrwerk: Bremse, vorne Scheiben, hinten Trommeln, Scheiben-⌀ v. 21.9 cm, Handbremse auf Hinterräder; Zahnstangenlenkung, Treibstofftank 38 L; Reifen 145 R 12, 165/70 R 12, 175/70 R 13; Felgen 4 J, 5 J.

Dimensionen: Radstand 229.5 cm, Spur 140/138.5 cm, Bodenfreih. 16 cm, Wendekreis 9.4 m, Kofferraum 190 dm³, Länge 347.5 cm, Breite 160.5 cm, Höhe 145 cm.
4 Türen: Radst. 234.5 cm, Länge 394 cm.
5 Türen: Radst. 234.5 cm, Länge 362 cm.

Fahrleistungen: Vmax (Werk) 150 km/h, V bei 1000/min im 5. Gang 32.8 km/h; 0–100 km/h 13.6 s; Leistungsgew. 17.1 kg/kW (12.5 kg/PS); Verbrauch ECE 5.2/7.3/7.6 L/100 km.

Châssis: carrosserie autoporteuse; AV jambes élast., leviers transv., barre anti-dévers; AR essieu à manivelles à torsion, bras longitud., ressorts hélic., amortiss. télesc.

Train roulant: frein, AV à disques, AR à tambours, ⌀ disques AV 21.9 cm, frein à main sur roues AR; direction à crémaillère, réservoir carb. 38 L; pneus 145 R 12, 165/70 R 12, 175/70 R 13; jantes 4 J, 5 J.

Dimensions: empatt. 229.5 cm, voie 140/138.5 cm, garde au sol 16 cm, diam. de braq. 9.4 m, coffre 190 dm³, longueur 347.5 cm, largeur 160.5 cm, hauteur 145 cm.
4 portes: empatt. 234.5 cm, long. 394 cm.
5 portes: empatt. 234.5 cm, long. 394 cm.

Performances: Vmax (usine) 150 km/h, V à 1000/min en 5. vit. 32.8 km/h; 0–100 km/h 13.6 s; rapp. poids/puiss. 17.1 kg/kW (12.5 kg/ch); consomm. ECE 5.2/7.3/7.6 L/100 km.

1.3 16V – 64 PS Benzineinspritzung

Wie 1.1 – 56 PS, ausgenommen:

Karosserie, Gewicht: Limousine; leer ab 795 kg, max. zul. 1270 kg.

Motor: (JIS), 4 Zyl. in Linie (71×83.6 mm), 1324 cm³; Kompr. 9.4:1; 47 kW (64 PS) bei 5500/min, 35.5 kW/L (48.2 PS/L); 135 Nm (13.8 mkp) bei 3000/min; 95 ROZ.
JIS: (78×67.5 mm), 1290 cm³; 9.4:1; 65 kW (88 PS) bei 7000/min.
ECE: 60, 64 oder 73 PS.

Motorkonstruktion: 4 Ventile in V; 1 obenl. Nockenwelle (Zahnriemen); Leichtmetall-Zylinderkopf; 5fach gelagerte Kurbelwelle; Öl 3.4 L; elektron. Einspritzung.
Batterie 50 Ah, Alternator 45 A; Wasserkühlung, Inh. 5 L.

Kraftübertragung: (auf Vorderräder).
5-Gang-Getriebe: I. 3.45; II. 1.94; III. 1.28; IV. 0.86; V. 0.69; R 3.58; Achse 3.78, 4.06.
3-Stufen-Automat: I. 2.84; II. 1.54; III. 1; R 2.4; Achse 3.74, 3.45.

Fahrleistungen: Vmax (Werk) 159 km/h, V bei 1000/min im 5. Gang 36.7 km/h; 0–100 km/h 13.7 s; Leistungsgew. 16.9 kg/kW (12.4 kg/PS); Verbrauch ECE 4.9/6.7/7.8 L/100 km.

1.3 16V – 64 ch Injection d'essence

Comme 1.1 – 56 ch, sauf:

Carrosserie, poids: berline; vide dès 795 kg, tot. adm. 1270 kg.

Moteur: (JIS), 4 cyl. en ligne (71×83.6 mm), 1324 cm³; compr. 9.4:1; 47 kW (64 ch) à 5500/min, 35.5 kW/L (48.2 ch/L); 135 Nm (13.8 mkp) à 3000/min; 95 (R).
JIS: (78×67.5 mm), 1290 cm³; 9.4:1; 65 kW (88 ch) à 7000/min.
ECE: 60, 64 oder 73 ch.

Moteur (constr.): 4 soupapes en V; 1 arbre à cames en tête (courroie crantée); culasse en alliage léger; vilebrequin à 5 paliers; huile 3.4 L; injection électronique.
Batterie 50 Ah, alternateur 45 A; refroidissement à eau, capac. 5 L.

Transmission: (sur roues AV).
Boîte à 5 vit.: I. 3.45; II. 1.94; III. 1.28; IV. 0.86; V. 0.69; AR 3.58; pont 3.78, 4.06.
Boîte aut. à 3 vit.: I. 2.84; II. 1.54; III. 1; AR 2.4; pont 3.74, 3.45.

Performances: Vmax (usine) 159 km/h, V à 1000/min en 5. vit. 36.7 km/h; 0–100 km/h 13.7 s; rapp. poids/puiss. 16.9 kg/kW (12.4 kg/ch); consomm. ECE 4.9/6.7/7.8 L/100 km.

Kia Sephia

Limousine 4/5türig mit Quermotor und Frontantrieb, 1,6-Liter-Motor, 81 PS. Technisch verwandt mit Mazda 323/Ford Escort USA/Mercury Tracer. Auch als Cabriolet geplant (1.8 DOHC, 125 PS, 1045 kg). Neuauflage 1995.

Berline à quatre ou cinq portes, moteur transv., traction AV, moteur 1,6 litre avec 81 ch; techn. parenté aux Mazda 323/Ford Escort USA/Mercury Tracer. Prévue aussi comme cabriolet (1.8 DOHC, 125 ch, 1045 kg). Nouvelle version 1995.

1.5 16V – 80 PS Benzineinspritzung

Karosserie, Gewicht: Lim., 4/5 Türen, 5 Sitze; leer ab 1055 kg, max. zul. 1590 kg.

Motor: (ECE), 4 Zyl. in Linie (78×78.4 mm), 1498 cm³; Kompr. 9.4:1; 59 kW (80 PS) bei 5500/min, 39.4 kW/L (53.5 PS/L); 120 Nm (12.2 mkp) bei 2500/min; 95 ROZ.
Einige Länder: (78×83,6 mm), 1598 cm³; 60 kW (82 PS) bei 5500/min; 125 Nm (12,7mkp) bei 3500/min.

Motorkonstruktion: 4 Ventile in V; 1 obenl. Nockenwelle (Zahnriemen); Leichtmetall-Zylinderkopf; 5fach gelagerte Kurbelwelle; Öl 3.4 L; elektron. Einspritzung.
Batterie 33 Ah, Alternator 50 A; Wasserkühlung, Inh. 5L.

Kraftübertragung: (auf Vorderräder).
5-Gang-Getriebe: I. 3.42; II. 1.9; III. 1.29; IV. 0.91; V. 0.74; R 3.33; Achse 4.17.
4-Stufen-Automat: I. 2.8; II. 1.54; III. 1; IV. 0.7; R 2.33; Achse 3.84.

Fahrgestell: Selbsttragende Karosserie; vorn Federbeine, Dreieckquerlenker; hinten Federbeine, Längs- und Querlenker; v/h Kurvenstabilisator, Teleskopdämpfer.

Fahrwerk: Bremse, vorne Scheiben (belüftet), hinten Trommeln, Scheiben-⌀ v. 24.2 cm, a.W. ABS, Handbremse auf Hinterräder; Zahnstangenlenkung, a.W. mit Servo, Treibstofftank 50 L; Reifen 175/70 R 13, 185/60 HR 14, Felgen 5 J.

Dimensionen: Radstand 250 cm, Spur 144/143.5 cm, Bodenfreih. 15 cm, Wendekreis 10.6 m, Kofferraum 355 dm³, Länge 436 cm, Breite 169 cm, Höhe 139 cm.
Mit 5 Türen: Länge 425 cm.

Fahrleistungen: Vmax (Red.) 170 km/h, V bei 1000/min im 5. Gang 30.3 km/h; Leistungsgew. 17 kg/kW (12.6 kg/PS); Verbrauch (Red.) 6.1/11 L/100 km.

1.6 16V – 106 PS Benzineinspritzung

Wie 1.5 – 80 PS, ausgenommen:

Motor: (SAE), 4 Zyl. in Linie (78×83.6 mm), 1598 cm³; Kompr. 9:1; 78 kW (106 PS) bei 6200/min, 48.8 kW/L (66.3 PS/L); 135 Nm (13.8 mkp) bei 3600/min; 91 ROZ.

Motorkonstruktion: 4 Ventile in V; 2 obenl. Nockenwellen (Zahnriemen); 5fach gelagerte Kurbelwelle; Öl 3.8 L; elektron. Einspritzung.
Batterie 48 Ah, Alternator 70 A; Wasserkühlung, Inh. 5 L.

Kraftübertragung: (auf Vorderräder).
5-Gang-Getriebe: I. 3.42; II. 1.9; III. 1.29; IV. 0.91; V. 0.74; R 3.33; Achse 4.17.
4-Stufen-Automat: I. 2.8; II. 1.54; III. 1; IV. 0.7; R 2.33; Achse 3.83, 3.74.

Fahrleistungen: Vmax (Red.) 180 km/h, V bei 1000/min im 5. Gang 30.3 km/h; Leistungsgew. 11.7 kg/kW (8.6 kg/PS); Verbrauch (Red.) 7/10 L/100 km.

1.5 16V – 80 ch Injection d'essence

Carrosserie, poids: Berl., 4/5 portes, 5 pl.; vide dès 1055 kg, tot. adm. 1590 kg.

Moteur: (ECE), 4 cyl. en ligne (78×78.4 mm), 1498 cm³; compr. 9.4:1; 59 kW (80 ch) à 5500/min, 39.4 kW/L (53.5 ch/L); 120 Nm (12.2 mkp) à 2500/min; 95 (R).
Quelques Pays: (78×83,6 mm), 1598 cm³; 60 kW (82 ch) à 5500/min; 125 Nm (12,7 mkp) à 3500/min.

Moteur (constr.): 4 soupapes en V; 1 arbre à cames en tête (courroie crantée); culasse en alliage léger; vilebrequin à 5 paliers; huile 3.4 L; injection électronique.
Batterie 33 Ah, alternateur 50 A; refroidissement à eau, capac. 5L.

Transmission: (sur roues AV).
Boîte à 5 vit.: I. 3.42; II. 1.9; III. 1.29; IV. 0.91; V. 0.74; AR 3.33; pont 4.17.
Boîte aut. à 4 vit.: I. 2.8; II. 1.54; III. 1; IV. 0.7; AR 2.33; pont 3.84.

Châssis: carrosserie autoporteuse; AV jambes élast., leviers triang. transv.; AR jambes élast., bras longitud. et transv.; AV/AR barre anti-dévers, amortiss. télesc.

Train roulant: frein, AV à disques (ventilés), AR à tambours, ⌀ disques AV 24.2 cm, ABS s. d., frein à main sur roues AR; direction à crémaillère, s.d. avec servo, réservoir carb. 50 L; pneus 175/70 R 13, 185/60 HR 14, jantes 5 J.

Dimensions: empattement 250 cm, voie 144/143.5 cm, garde au sol 15 cm, diam. de braq. 10.6 m, coffre 355 dm³, longueur 436 cm, largeur 169 cm, hauteur 139 cm.
Avec 5 portes: longueur 425 cm.

Performances: Vmax (réd.) 170 km/h, V à 1000/min en 5. vit. 30.3 km/h; rapp. poids/puiss. 17 kg/kW (12.6 kg/ch); consomm. (Red.) 6.1/11 L/100 km.

1.6 16V – 106 ch Injection d'essence

Comme 1.5 – 80 ch, sauf:

Moteur: (SAE), 4 cyl. en ligne (78×83.6 mm), 1598 cm³; compr. 9:1; 78 kW (106 ch) à 6200/min, 48.8 kW/L (66.3 ch/L); 135 Nm (13.8 mkp) à 3600/min; 91 (R).

Moteur (constr.): 4 soupapes en V; 2 arbres à cames en tête (courroie crantée); vilebrequin à 5 paliers; huile 3.8 L; injection électronique.
Batterie 48 Ah, alternateur 70 A; refroidissement à eau, capac. 5 L.

Transmission: (sur roues AV).
Boîte à 5 vit.: I. 3.42; II. 1.9; III. 1.29; IV. 0.91; V. 0.74; AR 3.33; pont 4.17.
Boîte aut. à 4 vit.: I. 2.8; II. 1.54; III. 1; IV. 0.7; AR 2.33; pont 3.83, 3.74.

Performances: Vmax (réd.) 180 km/h, V à 1000/min en 5. vit. 30.3 km/h; rapp. poids/puiss. 11.7 kg/kW (8.6 kg/ch); consomm. (Red.) 7/10 L/100 km.

Kia Sephia

Kia

Kia Sephia

1.8 16V – 124 PS
Benzineinspritzung

Wie 1.5 – 80 PS, ausgenommen:

Motor: (SAE), 4 Zyl. in Linie (83×85 mm), 1840 cm³; Kompr. 9:1; 91 kW (124 PS) bei 6000/min, 49.4 kW/L (67.2 PS/L); 159 Nm (16.2 mkp) bei 4000/min; 91 ROZ.

Motorkonstruktion: 4 Ventile in V; 2 obenl. Nockenwellen (Zahnriemen); 5fach gelagerte Kurbelwelle; Ölkühler; Öl 4 L; elektron. Einspritzung.
Batterie 48 Ah, Alternator 70 A; Wasserkühlung, Inh. 5 L.

Kraftübertragung: (auf Vorderräder).
5-Gang-Getriebe: I. 3.31; II. 1.83; III. 1.31; IV. 1.03; V. 0.8; R 3.17; Achse 4.11.
4-Stufen-Automat: I. 2.8; II. 1.54; III. 1; IV. 0.7; R 2.33; Achse 3.83, 3.74.

Fahrleistungen: Vmax (Red.) 190 km/h, V bei 1000/min im 5. Gang 32 km/h; Leistungsgew. 11.4 kg/kW (8.4 kg/PS); Verbrauch (Red.) 7/11 L/100 km.

1.8 16V – 124 ch
Injection d'essence

Comme 1.5 – 80 ch, sauf:

Moteur: (SAE), 4 cyl. en ligne (83×85 mm), 1840 cm³; compr. 9:1; 91 kW (124 ch) à 6000/min, 49.4 kW/L (67.2 ch/L); 159 Nm (16.2 mkp) à 4000/min; 91 (R).

Moteur (constr.): 4 soupapes en V; 2 arbres à cames en tête (courroie crantée); vilebrequin à 5 paliers; radiat. d'huile; huile 4 L; injection électronique.
Batterie 48 Ah, alternateur 70 A; refroidissement à eau, capac. 5 L.

Transmission: (sur roues AV).
Boîte à 5 vit.: I. 3.31; II. 1.83; III. 1.31; IV. 1.03; V. 0.8; AR 3.17; pont 4.11.
Boîte aut. à 4 vit.: I. 2.8; II. 1.54; III. 1; IV. 0.7; AR 2.33; pont 3.83, 3.74.

Performances: Vmax (réd.) 190 km/h, V à 1000/min en 5. vit. 32 km/h; rapp. poids/puiss. 11.4 kg/kW (8.4 kg/ch); consomm. (Red.) 7/11 L/100 km.

Kia Clarus - Credos

Mittelklasselimousine auf der Basis des Mazda 626. 1.8-L-16V-Motor, Frontantrieb. Markteinführung in Europa ab April 1996.

Berline de la classe moyenne sur la base de la Mazda 626. Moteur 1.8-16V, Traction AV. Lancement en europe fin avril 1996.

1.8 – 116 PS
Benzineinspritzung

Karosserie, Gewicht: Limousine, 4 Türen, 5 Sitze; leer ab 1220 kg, max. zul. 1750 kg.

Motor: (ECE), 4 Zyl. in Linie (81×87 mm), 1793 cm³; Kompr. 9.5:1; 85 kW (116 PS) bei 5750/min, 47.4 kW/L (64.4 PS/L); 153 Nm (15.6 mkp) bei 4500/min; 91 ROZ.

Motorkonstruktion: 4 Ventile in V; 2 obenl. Nockenwellen (Zahnriemen); Leichtmetall-Zylinderkopf; 5fach gelagerte Kurbelwelle; Öl 4 L; elektron. Einspritzung.
Batterie 50 Ah, Alternator 70 A; Wasserkühlung, Inh. 7 L.

1.8 – 116 ch
Injection d'essence

Carrosserie, poids: Berline, 4 portes, 5 pl.; vide dès 1220 kg, tot. adm. 1750 kg.

Moteur: (ECE), 4 cyl. en ligne (81×87 mm), 1793 cm³; compr. 9.5:1; 85 kW (116 ch) à 5750/min, 47.4 kW/L (64.4 ch/L); 153 Nm (15.6 mkp) à 4500/min; 91 (R).

Moteur (constr.): 4 soupapes en V; 2 arbres à cames en tête (courroie crantée); culasse en alliage léger; vilebrequin à 5 paliers; huile 4 L; injection électronique.
Batterie 50 Ah, alternateur 70 A; refroidissement à eau, capac. 7 L.

Kraftübertragung: (auf Vorderräder).
5-Gang-Getriebe: I. 3.31; II. 1.83; III. 1.31; IV. 1.03; V. 0.8; R 3.17; Achse 4.11.
4-Stufen-Automat: I. 3.61; II. 2.06; III. 1.37; IV. 0.98; R 3.95; Achse 2.86.

Fahrgestell: Selbsttragende Karosserie; v/h Federbeine und Dreieckquerlenker, Kurvenstab.r, Schraubenfedern, Teleskopd.

Fahrwerk: Bremse, v. Scheiben (belüftet), hinten Trommeln, a.W. ABS (mit Scheiben h.), Zahnstangenl. mit Servo, Treibstofftank 60 L; Reifen 195/65 R 14, Felgen 5.5 J.

Dimensionen: Radstand 266 cm, Spur 150/150 cm, Bodenfreih. 16 cm, Wendekreis 11.1 m, Kofferraum 425/765 dm³, Länge 470 cm, Breite 177 cm, Höhe 142 cm.

Fahrleistungen: Vmax (Werk) 185 km/h, V bei 1000/min im 5. Gang 33.7 km/h; 0–100 km/h 10.7 s; Leistungsgew. 14.4 kg/kW (10.5 kg/PS); Verbr. EU 7.8/12.1 L/100 km. *Aut.:* Verbr. ECE 7.2/8.8/12.5 L/100 km.

2.0 16V – 133 PS
Benzineinspritzung

Wie 1.8 – 116 PS, ausgenommen:

Motor: (ECE), 4 Zyl. in Linie (86×86 mm), 1998 cm³; Kompr. 9.2:1; 98 kW (133 PS) bei 6000/min, 49 kW/L (66.7 PS/L); 171 Nm (17.4 mkp) bei 4000/min; 91 ROZ.

Motorkonstruktion: 4 Ventile in V; 2 obenl. Nockenwellen (Zahnriemen); Leichtmetall-Zylinderkopf; 5fach gelagerte Kurbelwelle; Öl 4.7 L; elektron. Einspritzung.
Batterie 48 Ah, Alternator 70 A; Wasserkühlung, Inh. 7.5 L.

Kraftübertragung: (auf Vorderräder).
5-Gang-Getriebe: I. 3.31; II. 1.83; III. 1.31; IV. 1.03; V. 0.8; R 3.17; Achse 4.11.
4-Stufen-Automat: I. 3.61; II. 2.06; III. 1.37; IV. 0.98; R 3.95; Achse 2.86.

Fahrleistungen: Vmax (Werk) 195 km/h, V bei 1000/min im 5. Gang 33.7 km/h; 0–100 km/h 10.9 s; Leistungsgew. 12.6 kg/kW (9.3 kg/PS); Verbrauch EU 8/12.8 L/100 km.

Kia Sportage

Leichter Geländewagen mit Hinterrad- oder Allradantrieb, 2-Liter-Benzinmotor oder 2,2-Liter Diesel.

Véhicule tout terrain à propulsion ou à traction intégrale, moteurs 2 litres à essence ou 2,2 litres diesel.

2.0 – 95 PS
Benzineinspritzung

Karosserie, Gewicht: Station Wagon, 3/5 Türen, 4 Sitze; leer ab 1420 kg, max. zul. 1930 kg.

Motor: (ECE/SAE), 4 Zyl. in Linie (86×86 mm), 1998 cm³; Kompr. 8.6:1; 70 kW (95 PS) bei 5000/min, 35 kW/L (47.6 PS/L); 127 Nm (12.9 mkp) bei 2500/min; 95 ROZ.

Motorkonstruktion: 1 obenl. Nockenwelle (Zahnriemen); 5fach gelagerte Kurbelwelle; Öl 4.7 L; elektron. Einspritzung, Bosch.
Batterie 48 Ah, Alternator 70 A; Wasserkühlung, Inh. 7.5 L.

Kraftübertragung: (auf Hinterräder oder alle Räder), Differentialbremse hinten; Reduktionsgetriebe: I. 1; II. 1.98.
5-Gang-Getriebe: I. 4.17; II. 2.18; III. 1.36; IV. 1; V. 0.8; R 3.54; Achse 4.44; 4.78.

Fahrgestell: Kastenrahmen mit Traversen; vorn doppelte Dreieckquerlenker, Kurvenstabilisator; hinten Starrachse, Längslenker, Panhardstab, Schraubenfedern, Teleskopdämpfer.

Fahrwerk: Bremse, vorne Scheiben (belüftet), hinten Trommeln, a.W. ABS, Handbremse auf Hinterräder; Kugelumlauflenkung mit Servo, Treibstofftank 60 L; Reifen 205/75 R 15, Felgen 6 J.

Transmission: (sur roues AV).
Boîte à 5 vit.: I. 3.31; II. 1.83; III. 1.31; IV. 1.03; V. 0.8; AR 3.17; pont 4.11.
Boîte aut. à 4 vit.: I. 3.61; II. 2.06; III. 1.37; IV. 0.98; AR 3.95; pont 2.86.

Châssis: carrosserie autoporteuse; AV/AR jambes élast. et leviers triang. transv., barre anti-dévers, ressorts hélic, amortiss. télesc.

Train roulant: frein, AV à disques (ventilés), AR à tambours, s.d. ABS (avec disque AR), servodirection à crémaillère, réservoir carb. 60 L; pneus 195/65 R 14, jantes 5.5 J.

Dimensions: empattement 266 cm, voie 150/150 cm, garde au sol 16 cm, diam. de braq. 11.1 m, coffre 425/765 dm³, longueur 470 cm, largeur 177 cm, hauteur 142 cm.

Performances: Vmax (usine) 185 km/h, V à 1000/min en 5. vit. 33.7 km/h; 0–100 km/h 10.7 s; rapp. poids/puiss. 14.4 kg/kW (10.5 kg/ch); consomm. EU 7.8/12.1 L/100 km. *Aut.:* cons. ECE 7.2/8.8/12.5 L/100 km.

2.0 16V – 133 ch
Injection d'essence

Comme 1.8 – 116 ch, sauf:

Moteur: (ECE), 4 cyl. en ligne (86×86 mm), 1998 cm³; compr. 9.2:1; 98 kW (133 ch) à 6000/min, 49 kW/L (66.7 ch/L); 171 Nm (17.4 mkp) à 4000/min; 91 (R).

Moteur (constr.): 4 soupapes en V; 2 arbres à cames en tête (courroie crantée); culasse en alliage léger; vilebrequin à 5 paliers; huile 4.7 L; injection électronique.
Batterie 48 Ah, alternateur 70 A; refroidissement à eau, capac. 7.5 L.

Transmission: (sur roues AV).
Boîte à 5 vit.: I. 3.31; II. 1.83; III. 1.31; IV. 1.03; V. 0.8; AR 3.17; pont 4.11.
Boîte aut. à 4 vit.: I. 3.61; II. 2.06; III. 1.37; IV. 0.98; AR 3.95; pont 2.86.

Performances: Vmax (usine) 195 km/h, V à 1000/min en 5. vit. 33.7 km/h; 0–100 km/h 10.9 s; rapp. poids/puiss. 12.6 kg/kW (9.3 kg/ch); consomm. EU 8/12.8 L/100 km.

2.0 – 95 ch
Injection d'essence

Carrosserie, poids: Station-wagon, 3/5 portes, 4 places; vide dès 1420 kg, tot. adm. 1930 kg.

Moteur: (ECE/SAE), 4 cyl. en ligne (86×86 mm), 1998 cm³; compr. 8.6:1; 70 kW (95 ch) à 5000/min, 35 kW/L (47.6 ch/L); 127 Nm (12.9 mkp) à 2500/min; 95 (R).

Moteur (constr.): 1 arbre à cames en tête (courroie crantée); vilebrequin à 5 paliers; huile 4.7 L; injection électronique, Bosch.
Batterie 48 Ah, alternateur 70 A; refroidissement à eau, capac. 7.5 L.

Transmission: (sur roues AR ou toutes les roues), frein de différentiel AR; boîte de transfert: I. 1; II. 1.98.
Boîte à 5 vit.: I. 4.17; II. 2.18; III. 1.36; IV. 1; V. 0.8; AR 3.54; pont 4.44; 4.78.

Châssis: Cadre à caisson avec traverses; AV leviers triang. transv. doubles, barre anti-dévers; AR essieu rigide, bras longitud., barre Panhard, ressorts hélicoïdaux, amortiss. télesc.

Train roulant: frein, AV à disques (ventilés), AR à tambours s. d., frein à main sur roues AR; direction à circuit de billes assistée, réservoir carb. 60 L; pneus 205/75 R 15, jantes 6 J.

Kia Clarus

Kia

Dimensionen: Radstand 236 cm, Spur 144/144 cm, Bodenfreih. 20 cm, Wendekreis 10.6 m, Länge 376 cm, Breite 173 cm, Höhe 165 cm.
Mit 5 Türen: Radstand 265 cm, Wendekreis 11.2 m, Länge 424.5 cm.

Fahrleistungen: Vmax (Werk) 155 km/h, V bei 1000/min im 5. Gang 35.7 km/h; 0–100 km/h 18.4 s; Leistungsgew. 20.9 kg/kW (15.4 kg/PS); Verbrauch ECE 9.3/12.5/13.5 L/100 km.

Dimensions: empattement 236 cm, voie 144/144 cm, garde au sol 20 cm, diam. de braq. 10.6 m, longueur 376 cm, largeur 173 cm, hauteur 165 cm.
Avec 5 portes: empattement 265 cm, diam. de braq. 11.2 m, longueur 424.5 cm.

Performances: Vmax (usine) 155 km/h, V à 1000/min en 5. vit. 35.7 km/h; 0–100 km/h 18.4 s; rapp. poids/puiss. 20.9 kg/kW (15.4 kg/ch); consomm. ECE 9.3/12.5/13.5 L/100 km.

2.0 16V – 128 PS
Benzineinspritzung

2.0 16V – 128 ch
Injection d'essence

Wie 2.0 – 95 PS, ausgenommen:

Motor: (ECE), 4 Zyl. in Linie (86×86 mm), 1998 cm³; Kompr. 9.2:1; 94 kW (128 PS) bei 5300/min, 47 kW/L (64 PS/L); 175 Nm (17.8 mkp) bei 4700/min; 95 ROZ.

Motorkonstruktion: 4 Ventile in V; 2 obenl. Nockenwellen (Zahnriemen); 5fach gelagerte Kurbelwelle; Öl 4.7 L; elektron. Einspritzung, Bosch.
Batterie 48 Ah, Alternator 70 A; Wasserkühlung, Inh. 7.5 L.

Kraftübertragung:
5-Gang-Getriebe: I. 3.72; II. 2.02; III. 1.36; IV. 1; V. 0.8; R 3.45; Achse 4.78.
4-Stufen-Automat: I. 2.83; II. 1.49; III. 1; IV. 0.73; R 2.7; Achse 4.78.

Fahrleistungen: Vmax (Werk) 166 km/h, V bei 1000/min im 5. Gang 33.2 km/h; 0–100 km/h 14.7 s; Leistungsgew. 15.5 kg/kW (11.4 kg/PS); Verbrauch ECE 8.5/11.9/13 L/100 km.

Comme 2.0 – 95 ch, sauf:

Moteur: (ECE), 4 cyl. en ligne (86×86 mm), 1998 cm³; compr. 9.2:1; 94 kW (128 ch) à 5300/min, 47 kW/L (64 ch/L); 175 Nm (17.8 mkp) à 4700/min; 95 (R).

Moteur (constr.): 4 soupapes en V; 2 arbres à cames en tête (courroie crantée); vilebrequin à 5 paliers; huile 4.7 L; injection électronique, Bosch.
Batterie 48 Ah, alternateur 70 A; refroidissement à eau, capac. 7.5 L.

Transmission:
Boîte à 5 vit.: I. 3.72; II. 2.02; III. 1.36; IV. 1; V. 0.8; AR 3.45; pont 4.78.
Boîte aut. à 4 vit.: I. 2.83; II. 1.49; III. 1; IV. 0.73; AR 2.7; pont 4.78.

Performances: Vmax (usine) 166 km/h, V à 1000/min en 5. vit. 33.2 km/h; 0–100 km/h 14.7 s; rapp. poids/puiss. 15.5 kg/kW (11.4 kg/ch); consomm. ECE 8.5/11.9/13 L/100 km.

Kia Sportage

2.2 – 63 PS
Diesel

2.2 – 63 ch
diesel

Wie 2.0 – 95 PS, ausgenommen:

Karosserie, Gewicht: Station Wagon; leer ab 1465 kg.

Motor: (ECE), 4 Zyl. in Linie (86×94 mm), 2184 cm³; Kompr. 22:1; 46 kW (63 PS) bei 4050/min, 21.1 kW/L (28.6 PS/L); 127 Nm (12.9 mkp) bei 2500/min; Dieselöl.

Motorkonstruktion: Vorkammer-Diesel; 1 obenl. Nockenwelle (Zahnriemen); 5fach gelagerte Kurbelwelle; Öl 6.4 L; Einspritzpumpe, CAV.
Batterie 68 Ah, Alternator 55 A; Wasserkühlung, Inh. 9 L.

Kraftübertragung:
5-Gang-Getriebe: I. 4.17; II. 2.18; III. 1.36; IV. 1; V. 0.8; R 3.54; Achse 4.44; 4.78.

Fahrleistungen: Vmax (Red.) 130 km/h, V bei 1000/min im 5. Gang 35.7 km/h; Leistungsgew. 31.7 kg/kW (23.6 kg/PS); Verbrauch (Red.) 9/12 L/100 km.

Comme 2.0 – 95 ch, sauf:

Carrosserie, poids: Station-wagon; vide dès 1465 kg.

Moteur: (ECE), 4 cyl. en ligne (86×94 mm), 2184 cm³; compr. 22:1; 46 kW (63 ch) à 4050/min, 21.1 kW/L (28.6 ch/L); 127 Nm (12.9 mkp) à 2500/min; gazole.

Moteur (constr.): diesel à préchambre; 1 arbre à cames en tête (courroie crantée); vilebrequin à 5 paliers; huile 6.4 L; pompe à injection, CAV.
Batterie 68 Ah, alternateur 55 A; refroidissement à eau, c. 9 L.

Transmission:
Boîte à 5 vit.: I. 4.17; II. 2.18; III. 1.36; IV. 1; V. 0.8; AR 3.54; pont 4.44; 4.78.

Performances: Vmax (réd.) 130 km/h, V à 1000/min en 5. vit. 35.7 km/h; rapp. poids/puiss. 31.7 kg/kW (23.6 kg/ch); consomm. (Réd.) 9/12 L/100 km.

Kia Sportage

2.0 – 83 PS
Turbodiesel

2.0 – 83 ch
turbodiesel

Wie 2.0 – 95 PS, ausgenommen:

Karosserie, Gewicht: Station Wagon; leer ab 1465 kg.

Motor: (ECE), 4 Zyl. in Linie (86×86 mm), 1998 cm³; Kompr. 21:1; 61 kW (83 PS) bei 4000/min, 30.5 kW/L (41.5 PS/L); 191 Nm (19.5 mkp) bei 2000/min; Dieselöl.

Motorkonstruktion: Wirbelkammer-Diesel; 1 obenl. Nockenwelle (Zahnriemen); Leichtmetall-Zylinderkopf; 5fach gelagerte Kurbelwelle; Ölkühler; Öl 6 L; Einspritzpumpe, 1 Turbolader.
Batterie 68 Ah, Alternator 55 A; Wasserkühlung, Inh. 9 L.

Kraftübertragung:
5-Gang-Getriebe: I. 3.72; II. 2.02; III. 1.36; IV. 1; V. 0.8; R 3.45; Achse 4.44.

Fahrleistungen: Vmax (Werk) 142 km/h, Verbrauch (Werk) 8.9 L/100 km.

Comme 2.0 – 95 ch, sauf:

Carrosserie, poids: Station-wagon; vide dès 1465 kg.

Moteur: (ECE), 4 cyl. en ligne (86×86 mm), 1998 cm³; compr. 21:1; 61 kW (83 ch) à 4000/min, 30.5 kW/L (41.5 ch/L); 191 Nm (19.5 mkp) à 2000/min; gazole.

Moteur (constr.): diesel à chambre de turbulence; 1 arbre à cames en tête (courroie crantée); culasse en alliage léger; vilebrequin à 5 paliers; radiat. d'huile; huile 6 L; pompe à injection, 1 turbocompr.
Batterie 68 Ah, alternateur 55 A; refroidissement à eau, capac. 9 L.

Transmission:
Boîte à 5 vit.: I. 3.72; II. 2.02; III. 1.36; IV. 1; V. 0.8; AR 3.45; pont 4.44.

Performances: Vmax (usine) 142 km/h, consomm. (Werk) 8.9 L/100 km.

Kia KMS-II

Überarbeitete Neuauflage des bisherigen Lotus Elan mit 1.8-L-16V-Motor von Kia, Frontantrieb. Debüt Salon Tokyo 1995.

Renouvellement de la Lotus Elan avec moteur 1.8-16V de Kia; traction avant. Lancement Salon Tokyo 1995.

1.8 – 140 PS
Benzineinspritzung

1.8 – 140 ch
Injection d'essence

Karosserie, Gewicht: Cabriolet, 2 Türen, 2 Sitze; leer ca. 1060 kg.

Motor: (JIS), 4 Zyl. in Linie (81×87 mm), 1793 cm³; Kompr. 9.5:1; 103 kW (140 PS) bei 5750/min, 57.4 kW/L (78.1 PS/L); 173 Nm (17.6 mkp) bei 4500/min; 95 ROZ.
Auch 2.0-16V (ECE): 85 kW (116 PS) 170 Nm.

Carrosserie, poids: cabriolet, 2 portes, 2 places; vide env. 1060 kg.

Moteur: (JIS), 4 cyl. en ligne (81×87 mm), 1793 cm³; compr. 9.5:1; 103 kW (140 ch) à 5750/min, 57.4 kW/L (78.1 ch/L); 173 Nm (17.6 mkp) à 4500/min; 95 (R).
aussi 2.0-16V (ECE): 85 kW (116 ch); 170 Nm.

Kia KMS-2

Kia • Lada

Motorkonstruktion: 4 Ventile in V; 2 obenl. Nockenwellen (Zahnriemen); Leichtmetall-Zylinderkopf; 5fach gelagerte Kurbelwelle; Öl 4 L; elektron. Einspritzung.
Batterie 50 Ah, Alternator 70 A; Wasserkühlung, Inh. 7 L.

Kraftübertragung: (auf Vorderräder).
5-Gang-Getriebe: I. 3.31; II. 1.83; III. 1.31; IV. 1.03; V. 0.8; R 3.17; Achse 4.11.

Fahrgestell: Zentralrahmenchassis, Karosserie in Stahl/Kunststoffstruktur mit vorderem Hilfsrahmen, vorn doppelte Dreieckquerlenker, hinten Dreieckquerlenker, oberer Querlenker, v/h Kurvenstabilisator, Schraubenfedern, Teleskopdämpfer.

Fahrwerk: Vierrad-Scheibenbremse (vorn belüftet), Scheiben-Ø v. 25.6 cm, h. 23.6 cm, Handbremse auf Hinterräder; Zahnstangenlenkung, a.W. mit Servo, Treibstofftank 46 L; Reifen 205/45 ZR 16, Felgen 7 J.

Dimensionen: Radstand 225 cm, Spur 148.5/148.5 cm, Bodenfreih. 13 cm, Wendekreis 10.7 m, Länge 388 cm, Breite 174 cm, Höhe 123 cm.

Fahrleistungen: Vmax (Red.) 200 km/h, 0–100 km/h 8.5 s; Verbrauch (Red.) 8/12 L/100 km.

Moteur (constr.): 4 soupapes en V; 2 arbres à cames en tête (courroie crantée); culasse en alliage léger; vilebrequin à 5 paliers; huile 4 L; injection électronique.
Batterie 50 Ah, alternateur 70 A; refroidissement à eau, capac. 7 L.

Transmission: (sur roues AV).
Boîte à 5 vit.: I. 3.31; II. 1.83; III. 1.31; IV. 1.03; V. 0.8; AR 3.17; pont 4.11.

Châssis: Châssis central embouti, structure de la carosserie en acier/materiaux synthétique; AV cadre auxil., AV leviers triang. transv. doubles, AR leviers triang. transv., levier transv. sup., AV/AR barre anti-dévers, ressorts hélic, amortiss. télesc.

Train roulant: quatre freins à disques (AV ventilés), Ø disques AV 25.6 cm, AR 23.6 cm, frein à main sur roues AR; direction à crémaillère, s.d. avec servo, réservoir carb. 46 L; pneus 205/45 ZR 16, jantes 7 J.

Dimensions: empattement 225 cm, voie 148.5/148.5 cm, garde au sol 13 cm, diam. de braq. 10.7 m, longueur 388 cm, largeur 174 cm, hauteur 123 cm.

Performances: Vmax (réd.) 200 km/h, 0–100 km/h 8.5 s; consomm. (Red.) 8/12 L/100 km.

Lada   RUS

Lada, V/O Autoexport, 14, Volkhonka St., 119902, Moscow, RUS

Mit Hilfe von Fiat erbautes Automobilwerk in Togliatti.

Usine automobile à Togliatti construite avec l'aide de Fiat.

Lada Oka

Kleinwagen mit Zweizylinder-Quermotor, Frontantrieb und Heckklappe. Debüt als Prototyp 1987. Produktion mit 850/1000-cm³-Motor für 1995 vorgesehen. Provisorische Daten.

Petite voiture avec moteur 2 cylindres transv., traction et hayon arrière. Lancement prototype 1987. Production avec moteur 850/1000 cm³ prevue pour 1995. Données provisoires.

0.6 – 30 PS Vergaser

Karosserie, Gewicht: Limousine, 3 Türen, 4/5 Sitze; leer 635 kg, max. zul. 975 kg.

Motor: (DIN), 2 Zyl. in Linie (76×71 mm), 644 cm³; Kompr. 9.6:1; 22 kW (30 PS) bei 5600/min, 34.1 kW/L (46.4 PS/L); 45 Nm (4.6 mkp) bei 3200/min; 95 ROZ.

Motorkonstruktion: 1 obenl. Nockenwelle (Zahnriemen); Leichtmetall-Zylinderkopf; 3fach gelagerte Kurbelwelle; Öl 3 L; 1 Fallstrom-Doppelvergaser, Solex.
Batterie 44 Ah, Alternator 500 W; Wasserkühlung, Inh. 5 L.

Kraftübertragung: (auf Vorderräder).
4-Gang-Getriebe: I. 3.7; II. 2.06; III. 1.27; IV. 0.9; R 3.5; Achse 4.54.

Fahrgestell: Selbsttragende Karosserie; vorn Querlenker, unterer Querlenker, Kurvenstabilisator; hinten Verbundlenkerachse, Längslenker, Schraubenfedern, Teleskopdämpfer.

Fahrwerk: Bremse, vorne Scheiben, hinten Trommeln, Handbremse auf Hinterräder; Zahnstangenlenkung, Treibstofftank 30 L; Reifen 135 R 12, Felgen 4 J.

Dimensionen: Radstand 218 cm, Spur 121/120 cm, Bodenfreih. 15 cm, Wendekreis 9.5 m, Kofferraum 210/650 dm³, Länge 320 cm, Breite 142 cm, Höhe 140 cm.

Fahrleistungen: Vmax (Werk) 120 km/h, V bei 1000/min im 4. Gang 24.6 km/h; 0–100 km/h 30 s; Leistungsgew. 28.9 kg/kW (21.2 kg/PS); Verbrauch ECE 4.5/5.1/6 L/100 km.

0.6 – 30 ch Carburateur

Carrosserie, poids: Berline, 3 portes, 4/5 places; vide 635 kg, tot. adm. 975 kg.

Moteur: (DIN), 2 cyl. en ligne (76×71 mm), 644 cm³; compr. 9.6:1; 22 kW (30 ch) à 5600/min, 34.1 kW/L (46.4 ch/L); 45 Nm (4.6 mkp) à 3200/min; 95 (R).

Moteur (constr.): 1 arbre à cames en tête (courroie crantée); culasse en alliage léger; vilebrequin à 3 paliers; huile 3 L; 1 carburateur inversé à double corps, Solex.
Batterie 44 Ah, alternateur 500 W; refroidissement à eau, capac. 5 L.

Transmission: (sur roues AV).
Boîte à 4 vit.: I. 3.7; II. 2.06; III. 1.27; IV. 0.9; AR 3.5; pont 4.54.

Châssis: carrosserie autoporteuse; AV jambes élast., levier transvers. inférieur, barre anti-dévers; AR essieu semi-rigide, bras longitud., ressorts hélicoïdaux, amortiss. télesc.

Train roulant: frein, AV à disques, AR à tambours, frein à main sur roues AR; direction à crémaillère, réservoir carb. 30 L; pneus 135 R 12, jantes 4 J.

Dimensions: empattement 218 cm, voie 121/120 cm, garde au sol 15 cm, diam. de braq. 9.5 m, coffre 210/650 dm³, longueur 320 cm, largeur 142 cm, hauteur 140 cm.

Performances: Vmax (usine) 120 km/h, V à 1000/min en 4. vit. 24.6 km/h; 0–100 km/h 30 s; rapp. poids/puiss. 28.9 kg/kW (21.2 kg/ch); consomm. ECE 4.5/5.1/6 L/100 km.

0.8 – 35 PS Vergaser

Wie 0.6 – 30 PS, ausgenommen:

Karosserie, Gewicht: Limousine; leer 645 kg, max. zul. 985 kg.

Motor: (DIN), 2 Zyl. in Linie (82×71 mm), 750 cm³; Kompr. 9.6:1; 26 kW (35 PS) bei 5600/min, 34.6 kW/L (47.1 PS/L); 52 Nm (5.3 mkp) bei 3200/min; 95 ROZ.

Motorkonstruktion: 1 obenl. Nockenwelle (Zahnriemen); Leichtmetall-Zylinderkopf; 3fach gelagerte Kurbelwelle; Öl 3 L; 1 Fallstrom-Doppelvergaser, Solex.
Batterie 44 Ah, Alternator 500 W; Wasserkühlung, Inh. 5 L.

Kraftübertragung: (auf Vorderräder).
4-Gang-Getriebe: I. 3.7; II. 2.06; III. 1.27; IV. 0.9; R 3.5; Achse 4.54.

Fahrleistungen: Vmax (Werk) 130 km/h, V bei 1000/min im 4. Gang 24.6 km/h; 0–100 km/h 24 s; Leistungsgew. 24.8 kg/kW (18.4 kg/PS); Verbrauch ECE 4.3/5/6.4 L/100 km.

0.8 – 41 PS Benzineinspritzung

Wie 0.6 – 30 PS, ausgenommen:

Karosserie, Gewicht: Limousine; leer 650 kg, max. zul. 990 kg.

Motor: (DIN), 3 Zyl. in Linie (66.6×81 mm), 847 cm³; Kompr. 9:1; 30 kW (41 PS) bei 5500/min, 35.4 kW/L (48.1 PS/L); 65 Nm (6.6 mkp) bei 3200/min.

Motorkonstruktion: Bezeichnung Daihatsu ED-10; 1 obenl. Nockenwelle (Zahnriemen); Leichtmetall-Zylinderkopf; 4fach gelagerte Kurbelwelle; Öl 3 L; elektron. Zentraleinspritzung.

Fahrleistungen: Vmax (Werk) 140 km/h, V bei 1000/min im 4. Gang 24 km/h; 0–100 km/h 18 s; Leistungsgew. 21 kg/kW (15.5 kg/PS); Verbr. ECE 3.5/5.1/5.8 L/100 km.

1.0 – 41 PS Vergaser

Wie 0.6 – 30 PS, ausgenommen:

Karosserie, Gewicht: Lim.; leer 700 kg.

Motor: (DIN), 4 Zyl. in Linie (64.58×76.2 mm), 998 cm³; Kompr. 10.3:1; 30 kW (41 PS) bei 5250/min, 30 kW/L (40.9 PS/L); 68 Nm (6.9 mkp) bei 2500/min; 95 ROZ.

Motorkonstruktion: Bezeichnung Rover/Mini A-Plus; mit Getriebe und Differential verblockt; seitl. Nockenwelle (Kette); 3fach gelagerte Kurbelwelle; Öl 4.8 L; 1 Halb-Fallstromvergaser, MS4 SU.
Batterie 44 Ah, Alternator 34 A; Wasserkühlung, Inh. 3.6 L.

0.8 – 35 ch Carburateur

Comme 0.6 – 30 ch, sauf:

Carrosserie, poids: Berline, 3 portes; vide 645 kg, tot. adm. 985 kg.

Moteur: (DIN), 2 cyl. en ligne (82×71 mm), 750 cm³; compr. 9.6:1; 26 kW (35 ch) à 5600/min, 34.6 kW/L (47.1 PS/L); 52 Nm (5.3 mkp) à 3200/min; 95 (R).

Moteur (constr.): 1 arbre à cames en tête (courroie crantée); culasse en alliage léger; vilebrequin à 3 paliers; huile 3 L; 1carburateur inversé à double corps, Solex.
Batterie 44 Ah, alternateur 500 W; refroidissement à eau, capac. 5 L.

Transmission: (sur roues AV).
Boîte à 4 vit.: I. 3.7; II. 2.06; III. 1.27; IV. 0.9; AR 3.5; pont 4.54.

Performances: Vmax (usine) 130 km/h, V à 1000/min en 4. vit. 24.6 km/h; 0–100 km/h 24 s; rapp. poids/puiss. 24.8 kg/kW (18.4 kg/ch); consomm. ECE 4.3/5/6.4 L/100 km.

Lada Oka

0.8 – 41 ch Injection d'essence

Comme 0.6 – 30 ch, sauf:

Carrosserie, poids: Berline; vide 650 kg, tot. adm. 990 kg.

Moteur: (DIN), 3 cyl. en ligne (66.6×81 mm), 847 cm³; compr. 9:1; 30 kW (41 ch) à 5500/min, 35.4 kW/L (48.1 ch/L); 65 Nm (6.6 mkp) à 3200/min.

Moteur (constr.): désignation Daihatsu ED-10; 1 arbre à cames en tête (courroie crantée); culasse en alliage léger; vilebrequin à 4 paliers; huile 3 L; injection monopoint électron.

Performances: Vmax (usine) 140 km/h, V à 1000/min en 4. vit. 24 km/h; 0–100 km/h 18 s; rapp. poids/puiss. 21 kg/kW (15.5 kg/ch); consomm. ECE 3.5/5.1/5.8 L/100 km.

1.0 – 41 ch Carburateur

Comme 0.6 – 30 ch, sauf:

Carrosserie, poids: Berl.; vide 700 kg.

Moteur: (DIN), 4 cyl. en ligne (64.58×76.2 mm), 998 cm³; compr. 10.3:1; 30 kW (41 ch) à 5250/min, 30 kW/L (40.9 PS/L); 68 Nm (6.9 mkp) à 2500/min; 95 (R).

Moteur (constr.): désignation Rover/Mini A-Plus; avec boîte à vit. et différentiel faisant bloc; arbre à cames latéral (chaîne); vilebrequin à 3 paliers; huile 4.8 L; 1carburateur semi-inversé, MS4 SU.
Batterie 44 Ah, alternateur 34 A; refroidissement à eau, capac. 3.6 L.

Lada

Fahrleistungen: Vmax (Red.) über 130 km/h, Leistungsgew. 23.3 kg/kW (17.1 kg/PS); Verbrauch (Red.) 5/9 L/100 km.

Performances: Vmax (réd.) plus de 130 km/h, rapp. poids/puiss. 23.3 kg/kW (17.1 kg/ch); consomm. (Red.) 5/9 L/100 km.

Lada Samara

Kompakte Limousine mit Quermotor, Frontantrieb und Heckklappe. Vierzylindermotoren von 55, 65 und 75 PS Leistung bei 1,1, 1,3 und 1,5 Liter Hubraum. Debüt Ende 1984, Limousine 5türig Herbst/Winter 1987/88. Limousine 4türig in Vorbereitung. Cabriolet aus Belgien, Debüt Brüssel 1990.

Berline compacte avec moteur transversal, traction avant et hayon arrière. Moteurs à quatre cylindres de 55, 65 et 75 ch (1100, 1300, 1500 cm³). Lancement fin 1984, berline 5 portes automne/hiver 1987/88. Berline 4 portes en préparation. Cabriolet de la Belgique, lancement Bruxelles 1990.

1.3 – 67 PS Benzineinspritzung
1.3 – 67 ch Injection d'essence

Karosserie, Gewicht: Limousine, 3/4/5 Türen, 5 Sitze; leer ab 920 kg, max. zul. 1370 kg.
Cabriolet, 2 Türen, 4/5 Sitze, leer 970 kg.

Motor: (ECE), 4 Zyl. in Linie (76×71 mm), 1288 cm³; Kompr. 9.8:1; 49 kW (67 PS) bei 5600/min, 38 kW/L (51.7 PS/L); 97 Nm (9.9 mkp) bei 4300/min; 95 ROZ.
Verg. (ohne Kat.): 53 kW (73 PS) bei 5600/min; 106 Nm (10.8 mkp) bei 2800/min.

Motorkonstruktion: 1 obenl. Nockenwelle (Zahnriemen); Leichtmetall-Zylinderkopf; 5fach gelagerte Kurbelwelle; Öl 3.5 L; elektron. Einspritzung.
Batterie 55 Ah, Alternator 80 A; Wasserkühlung, Inh. 7.8 L.

Kraftübertragung: (auf Vorderräder).
4-Gang-Getriebe: I. 3.7; II. 2.06; III. 1.27; IV. 0.9; R 3.5; Achse 3.94, 4.13.
5-Gang-Getriebe: I. 3.64; II. 1.95; III. 1.36; IV. 0.94; V. 0.78; Achse 3.94, 4.13.

Fahrgestell: Selbsttragende Karosserie; vorn Federbeine, Querlenker, Kurvenstabilisator; hinten Verbundlenkerachse, Längs- und Querlenker, Schraubenfedern, Teleskopdämpfer.

Fahrwerk: Bremse, vorne Scheiben, hinten Trommeln, Scheiben-Ø v. 23.9 cm, Handbremse auf Hinterrad; Zahnstangenlenkung, Treibstofftank 43 L; Reifen 165/70 R 13, 175/70 R 13, Felgen 4.5 J, 5 J.

Dimensionen: Radstand 246 cm, Spur 139/136 cm, Bodenfreih. 16 cm, Wendekreis 11 m, Kofferraum 330/940 dm³, Länge 401 cm, Breite 162 cm, Höhe 134 cm.
4 Türen: Kofferraum 365 dm³, Länge 421 cm, Höhe 138 cm.

Fahrleistungen: Vmax (Werk) 150 km/h, V bei 1000/min im 4. Gang 33.5 km/h; 0–100 km/h 14.5 s; Leistungsgew. 18.8 kg/kW (13.7 kg/PS); Verbr. ECE 5.7/8/7 L/100 km.

Carrosserie, poids: Berline, 3/4/5 portes, 5 places; vide dès 920 kg, tot. adm. 1370 kg.
Cabriolet, 2 portes, 4/5 places, vide 970 kg.

Moteur: (ECE), 4 cyl. en ligne (76×71 mm), 1288 cm³; compr. 9.8:1; 49 kW (67 ch) à 5600/min, 38 kW/L (51.7 ch/L); 97 Nm (9.9 mkp) à 4300/min; 95 (R).
Carburateur (sans cat.): 53 kW (73 ch) à 5600/min; 106 Nm (10.8 mkp) à 2800/min.

Moteur (constr.): 1 arbre à cames en tête (courroie crantée); culasse en alliage léger; vilebrequin à 5 paliers; huile 3.5 L; injection électronique.
Batterie 55 Ah, alternateur 80 A; refroidissement à eau, capac. 7.8 L.

Transmission: (sur roues AV).
Boîte à 4 vit.: I. 3.7; II. 2.06; III. 1.27; IV. 0.9; AR 3.5; pont 3.94, 4.13.
Boîte à 5 vit.: I. 3.64; II. 1.95; III. 1.36; IV. 0.94; V. 0.78; pont 3.94, 4.13.

Châssis: carrosserie autoporteuse; AV jambes élast., leviers transv., barre anti-dévers; AR essieu semi-rigide, bras longitud. et transv., ressorts hélicoïdaux, amortiss. télesc.

Train roulant: frein, AV à disques, AR à tambours, Ø disques AV 23.9 cm, frein à main sur roues AR; direction à crémaillère, réservoir carb. 43 L; pneus 165/70 R 13, 175/70 R 13, jantes 4.5 J, 5 J.

Dimensions: empattement 246 cm, voie 139/136 cm, garde au sol 16 cm, diam. de braq. 11 m, coffre 330/940 dm³, longueur 401 cm, largeur 162 cm, hauteur 134 cm.
4 portes: coffre 365 dm³, longueur 421 cm, hauteur 138 cm.

Performances: Vmax (usine) 150 km/h, V à 1000/min en 4. vit. 33.5 km/h; 0–100 km/h 14.5 s; rapp. poids/puiss. 18.8 kg/kW (13.7 kg/ch); consomm. ECE 5.7/8/7 L/100 km.

Lada Samara

1.1 – 53 PS Vergaser
1.1 – 53 ch Carburateur

Wie 1.3 – 67 PS, ausgenommen:
Karosserie, Gewicht: Lim.; leer 900 kg.

Comme 1.3 – 67 ch, sauf:
Carrosserie, poids: Berl.; vide dès 900 kg.

Motor: (ECE), 4 Zyl. in Linie (76×60.6 mm), 1100 cm³; Kompr. 9:1; 39 kW (53 PS) bei 5600/min, 35.4 kW/L (48.2 PS/L); 78 Nm (8 mkp) bei 4000/min; 95 ROZ. Einspritzung: 43 kW (58 PS).

Motorkonstruktion: 1 obenl. Nockenwelle (Zahnriemen); Leichtmetall-Zylinderkopf; 5fach gelagerte Kurbelwelle; Öl 3.5 L; 1 Fallstrom-Doppelvergaser, oder Einspritzung GM/VAZ.
Batterie 45 Ah, Alternator 55 A; Wasserkühlung, Inh. 7.8 L.

Fahrleistungen: Vmax (Werk) 140 km/h, V bei 1000/min in 4. Gang 25.6 km/h; 0–100 km/h 16 s; Leistungsgew. 23.1 kg/kW (17 kg/PS); Verbrauch ECE 5.9/8.3/7.9 L/100 km. Einspritzung 5.5/8.6/8.5 L/100 km.

Moteur: (ECE), 4 cyl. en ligne (76×60.6 mm), 1100 cm³; compr. 9:1; 39 kW (53 ch) à 5600/min, 35.4 kW/L (48.2 ch/L); 78 Nm (8 mkp) à 4000/min; 95 (R). Injection: 43 kW (58 ch).

Moteur (constr.): 1 arbre à cames en tête (courroie crantée); culasse en alliage léger; vilebrequin à 5 paliers; huile 3.5 L; 1 carburateur inversé à double corps, ou Einspritzung GM/VAZ.
Batterie 45 Ah, alternateur 55 A; refroidissement à eau, capac. 7.8 L.

Performances: Vmax (usine) 140 km/h, V à 1000/min en 4. vit. 25.6 km/h; 0–100 km/h 16 s; rapp. poids/puiss. 23.1 kg/kW (17 kg/ch); consomm. ECE 5.9/8.3/7.9 L/100 km. Injection 5.5/8.6/8.5 L/100 km.

Lada Samara

1.5 – 71 PS Benzineinspritzung
1.5 – 71 ch Injection d'essence

Wie 1.3 – 67 PS, ausgenommen:

Motor: (ECE), 4 Zyl. in Linie (82×71 mm), 1500 cm³; Kompr. 9.8:1; 52 kW (71 PS) bei 4800/min, 34.7 kW/L (47.1 PS/L); 118 Nm (12 mkp) bei 2800/min; 95 ROZ.
Mit Vergaser (ohne Kat.): 58 kW (79 PS) bei 5600/min; 130 Nm (13,6 mkp) bei 2800/min.

Motorkonstruktion: 1 obenl. Nockenwelle (Zahnriemen); Leichtmetall-Zylinderkopf; 5fach gelagerte Kurbelwelle; Öl 3.5 L; elektron. Zentraleinspritzung.
Batterie 45 Ah, Alternator 55 A; Wasserkühlung, Inh. 7.8 L.

Kraftübertragung: (auf Vorderräder).
5-Gang-Getriebe: I. 3.64; II. 1.95; III. 1.36; IV. 0.94; V. 0.78; R 3.5; Achse 3.71.

Fahrwerk: 175/70 R 13, 5 J.

Fahrleistungen: Vmax (Werk) 156 km/h, V bei 1000/min im 5. Gang 35.6 km/h; 0–100 km/h 14 s; Leistungsgew. 18 kg/kW (13.3 kg/PS); Verbrauch ECE 5.7/7.7/8 L/100 km.

Comme 1.3 – 67 ch, sauf:

Moteur: (ECE), 4 cyl. en ligne (82×71 mm), 1500 cm³; compr. 9.8:1; 52 kW (71 ch) à 4800/min, 34.7 kW/L (47.1 ch/L); 118 Nm (12 mkp) à 2800/min; 95 (R).
Avec carburateur (sans cat.): 58 kW (79 ch) à 5600/min; 130 Nm (13,6 mkp) à 2800/min.

Moteur (constr.): 1 arbre à cames en tête (courroie crantée); culasse en alliage léger; vilebrequin à 5 paliers; huile 3.5 L; injection monopoint électron.
Batterie 45 Ah, alternateur 55 A; refroidissement à eau, capac. 7.8 L.

Transmission: (sur roues AV).
Boîte à 5 vit.: I. 3.64; II. 1.95; III. 1.36; IV. 0.94; V. 0.78; AR 3.5; pont 3.71.

Train roulant: 175/70 R 13, 5 J.

Performances: Vmax (usine) 156 km/h, V à 1000/min en 5. vit. 35.6 km/h; 0–100 km/h 14 s; rapp. poids/puiss. 18 kg/kW (13.3 kg/ch); consomm. ECE 5.7/7.7/8 L/100 km.

Lada Nova

Vom einstigen Fiat 124 abgeleitete Limousine mit Vierzylindermotor. Sommer 1972: auch als Kombi lieferbar (VAZ-2102). Exportbezeichnung: Lada. 1.2/1.3 auslaufende Produktion, 1.5/1.6 nur noch in Vergaserausführung (Daten 1.2-1.6 vgl. Katalog 1996/95). In Vorbereitung: 1.5-Diesel mit ca. 55 PS.

Berline dérivée de l'ancienne Fiat 124 avec moteur à quatre cyl. Eté 1972: comme station-wagon (VAZ-2102). Désignation d'exportation: Lada. 1.2/1.3 en fin de production, 1.5/1.6 seulement avec carburateur (données 1.2-1.6 voir catalogue 1996/95). En préparation: 1.5 Diesel. env. 55 ch.

1.7 – 80 PS Benzineinspritzung
1.7 – 80 ch Injection d'essence

Karosserie, Gewicht: Limousine, 4 Türen, 5 Sitze; leer ab ca. 990 kg.
Station Wagon, 5 Türen, 5 Sitze; leer ab 1010 kg.

Motor: (ECE), 4 Zyl. in Linie (82×80 mm), 1690 cm³; Kompr. 9:1; 59 kW (80 PS) bei 5400/min, 34.9 kW/L (47.5 PS/L); 133 Nm (13.6 mkp) bei 3200/min.

Carrosserie, poids: Berline, 4 portes, 5 places; vide dès env. 990 kg.
Station-wagon, 5 portes, 5 places; vide dès 1010 kg.

Moteur: (ECE), 4 cyl. en ligne (82×80 mm), 1690 cm³; compr. 9:1; 59 kW (80 ch) à 5400/min, 34.9 kW/L (47.5 ch/L); 133 Nm (13.6 mkp) à 3200/min.

Lada

Motorkonstruktion: 1 obenl. Nockenwelle (Zahnriemen/Kette); Leichtmetall-Zylinderkopf; 5fach gelagerte Kurbelwelle; Öl 3.75 L; elektron. Zentraleinspritzung. Batterie 55 Ah, Alternator 42 A; Wasserkühlung, Inh. 10 L.

Kraftübertragung: (auf Hinterräder). 4/5-Gang-Getriebe: I. 3.67; II. 2.1; III. 1.36; IV. 1; V. 0.82; R 3.53; Achse 4.1.

Fahrgestell: Selbsttragende Karosserie; vorn Dreieckquerlenker, hinten Starrachse, Schubstrebe, Reaktionsstreben; v/h Kurvenstabilisator, Schraubenfedern, Teleskopdämpfer.

Fahrwerk: Bremse, vorne Scheiben, hinten Trommeln, Scheiben-∅ v. 25.3 cm, Handbremse auf Hinterräder; Lenkung mit Schnecke und Rolle, Treibstofftank 39 L; Reifen 155 R 13, Felgen 4.5 J.

Moteur (constr.): 1 arbre à cames en tête (courroie crantée/chaine); culasse en alliage léger; vilebrequin à 5 paliers; huile 3.75 L; injection monopoint électron. Batterie 55 Ah, alternateur 42 A; refroidissement à eau, capac. 10 L.

Transmission: (sur roues AR). Boîte à 4/5 vit.: I. 3.67; II. 2.1; III. 1.36; IV. 1; V. 0.82; AR 3.53; pont 4.1.

Châssis: carrosserie autoporteuse; AV leviers triang. transv.; AR essieu rigide, barre de poussée, barres de réaction; AV/AR barre anti-dévers, ressorts hélic, amortiss. télesc.

Train roulant: frein, AV à disques, AR à tambours, ∅ disques AV 25.3 cm, frein à main sur roues AR; direction à vis sans fin et galet, réservoir carb. 39 L; pneus 155 R 13, jantes 4.5 J.

Lada Nova

Dimensionen: Radstand 242.5 cm, Spur 135/130.5 cm, Bodenfreih. 17 cm, Wendekreis 11.2 m, Kofferraum 325 dm³, Länge 404.5 cm, Breite 161 cm, Höhe 144 cm. Wagon: Spur 136.5/132 cm, Wendekreis 11.8 m, Kofferraum 375/1340 dm³, Länge 406 cm, Höhe 146 cm.

Fahrleistungen: Vmax (Werk) 150 km/h, V bei 1000/min im 4. Gang 25 km/h; 0–100 km/h 30.5 s; Leistungsgew. 16 kg/kW (11.8 kg/PS); Verbr. ECE 6.8/9.3/9.5 L/100 km.

Dimensions: empattement 242.5 cm, voie 135/130.5 cm, garde au sol 17 cm, diam. de braq. 11.2 m, coffre 325 dm³, longueur 404.5 cm, largeur 161 cm, hauteur 144 cm. Wagon: voie 136.5/132 cm, diam. de braq. 11.8 m, coffre 375/1340 dm³, longueur 406 cm, hauteur 146 cm.

Performances: Vmax (usine) 150 km/h, V à 1000/min en 4. vit. 25 km/h; 0–100 km/h 30.5 s; rapp. poids/puiss. 16 kg/kW (11.8 kg/ch); cons. ECE 6.8/9.3/9.5 L/100 km.

Lada 110

Limousine (110/112) sowie Station Wagon (111), in einigen Länder auch als 2110, 2111 und 2112 bezeichnet, 1,5-Liter-Motor in OHC- und DOHC-Ausführungen. Debüt Januar 1995.

Berline (110/112) et station-wagon (111), dans quelques pays aussi nommé comme 2110, 2111 et 2112, moteur 1,5 litre en version OHC et DOHC. Lancement janvier 1995.

1.5 – 79 PS Benzineinspritzung

1.5 – 79 ch Injection d'essence

Karosserie, Gewicht: Limousine, 4 Türen, 5 Sitze; leer ab 1000 kg. Limousine, 5 Türen, 5 Sitze; leer ab 1030 kg. Station Wagon, 5 Türen, 5 Sitze; leer ab 1020 kg.

Motor: (DIN) 4 Zyl. in Linie (82×71 mm), 1500 cm³; Kompr. 9:1; 58 kW (79 PS) bei 5600/min, 38.7 kW/L (52.6 PS/L); 112 Nm (11.4 mkp) bei 3000/min; 95 ROZ.

Motorkonstruktion: 1 obenl. Nockenwelle (Zahnriemen); Leichtmetall-Zylinderkopf; 5fach gelagerte Kurbelwelle; Öl 3.5 L; elektron. Einspritzung. Batterie 45 Ah, Alternator 55 A; Wasserkühlung, Inh. 7.8 L.

Kraftübertragung: (auf Vorderräder). 5-Gang-Getriebe: I. 3.64; II. 1.95; III. 1.36; IV. 0.94; V. 0.78; R 3.5; Achse 4.13; 3.9.

Fahrgestell: Selbsttragende Karosserie; vorn Federbeine, Querlenker, Kurvenstab.; hinten Verbundlenkerachse, Längs- und Querlenker, Schraubenfedern, Teleskopd.

Carrosserie, poids: Berline, 4 portes, 5 places; vide dès 1000 kg. Berline, 5 portes, 5 places; vide dès 1030 kg. Station-wagon, 5 portes, 5 places; vide dès 1020 kg.

Moteur: (DIN) 4 cyl. en ligne (82×71 mm), 1500 cm³; compr. 9:1; 58 kW (79 ch) à 5600/min, 38.7 kW/L (52.6 ch/L); 112 Nm (11.4 mkp) à 3000/min; 95 (R).

Moteur (constr.): 1 arbre à cames en tête (courroie crantée); culasse en alliage léger; vilebrequin à 5 paliers; huile 3.5 L; injection électronique. Batterie 45 Ah, alternateur 55 A; refroidissement à eau, capac. 7.8 L.

Transmission: (sur roues AV). Boîte à 5 vit.: I. 3.64; II. 1.95; III. 1.36; IV. 0.94; V. 0.78; AR 3.5; pont 4.13; 3.9.

Châssis: carrosserie autoporteuse; AV jambes élast., leviers transv., barre anti-dévers; AR essieu semi-rigide, bras longitud. et transv., ressorts hélic., amortiss. télesc.

Lada 110

Fahrwerk: Bremse, vorne Scheiben, hinten Trommeln, Scheiben-∅ v. 23.9 cm, a.W. ABS, Handbremse auf Hinterräder; Zahnstangenlenkung, Treibstofftank 43 L; Reifen 175/70 R 13, 175/65 R 14, Felgen 5 J.

Dimensionen: Radstand 249 cm, Spur 140/137 cm, Bodenfreih. 16 cm, Wendekreis 11 m, Kofferraum 480 dm³, Länge 426.5 cm, Breite 167.5 cm, Höhe 143 cm. Mit 5 Türen: Kofferraum 400 dm³, Länge 417 cm. Wagon: Kofferraum 490/750 dm³, Länge 428.5 cm, Höhe 149 cm.

Fahrleistungen: Vmax (Werk) 165 km/h, V bei 1000/min im 5. Gang 32.7 km/h; 0–100 km/h 12.5 s; Leistungsgew. 17.2 kg/kW (12.7 kg/PS); Verbrauch ECE 4.8/6.2/7.9 L/100 km.

Train roulant: frein, AV à disques, AR à tambours, ∅ disques AV 23.9 cm, ABS s. d., frein à main sur roues AR; direction à crémaillère, réservoir carb. 43 L; pneus 175/70 R 13, 175/65 R 14, jantes 5 J.

Dimensions: empattement 249 cm, voie 140/137 cm, garde au sol 16 cm, diam. de braq. 11 m, coffre 480 dm³, longueur 426.5 cm, largeur 167.5 cm, hauteur 143 cm. Avec 5 portes: coffre 400 dm³, longueur 417 cm. Wagon: coffre 490/750 dm³, longueur 428.5 cm, hauteur 149 cm.

Performances: Vmax (usine) 165 km/h, V à 1000/min en 5. vit. 32.7 km/h; 0–100 km/h 12.5 s; rapp. poids/puiss. 17.2 kg/kW (12.7 kg/ch); consom. ECE 4.8/6.2/7.9 L/100 km.

1.5 16V – 94 PS Benzineinspritzung

1.5 16V – 94 ch Injection d'essence

Wie 1.5 – 79 PS, ausgenommen:

Motor: (ECE) 4 Zyl. in Linie (82×71 mm), 1500 cm³; Kompr. 9.5:1; 69 kW (94 PS) bei 5600/min, 46 kW/L (62.5 PS/L); 130 Nm (13.3 mkp) bei 3600/min; 95 ROZ.

Motorkonstruktion: 4 Ventile in V; 2 obenl. Nockenwellen (Zahnriemen); Leichtmetall-Zylinderkopf; 5fach gelagerte Kurbelwelle; Öl 3.5 L; elektron. Einspritzung. Batterie 45 Ah, Alternator 55 A; Wasserkühlung, Inh. 7.8 L.

Comme 1.5 – 79 ch, sauf:

Moteur: (ECE) 4 cyl. en ligne (82×71 mm), 1500 cm³; compr. 9.5:1; 69 kW (94 ch) à 5600/min, 46 kW/L (62.5 ch/L); 130 Nm (13.3 mkp) à 3600/min; 95 (R).

Moteur (constr.): 4 soupapes en V; 2 arbres à cames en tête (courroie crantée); culasse en alliage léger; vilebrequin à 5 paliers; huile 3.5 L; injection électronique. Batterie 45 Ah, alternateur 55 A; refroidissement à eau, capac. 7.8 L.

Lada 111

Kraftübertragung: (auf Vorderräder). 5-Gang-Getriebe: I. 3.64; II. 1.95; III. 1.36; IV. 0.94; V. 0.78; R 3.5; Achse 4.13.

Fahrleistungen: Vmax (Werk) 175 km/h, V bei 1000/min im 5. Gang 32.7 km/h; 0–100 km/h 11.5 s; Leistungsg. 14.3 kg/kW (10.5 kg/PS); Verbr. ECE 5/6.3/8.3 L/100 km.

Transmission: (sur roues AV). Boîte à 5 vit.: I. 3.64; II. 1.95; III. 1.36; IV. 0.94; V. 0.78; AR 3.5; pont 4.13.

Performances: Vmax (usine) 175 km/h, V à 1000/min en 5. vit. 32.7 km/h; 0–100 km/h 11.5 s; rapp. poids/puiss. 14.3 kg/kW (10.5 kg/ch); consomm. ECE 5/6.3/8.3 L/100 km.

Lada 110 2.0 GTi

Neues Modell. Hochleistungsversion des Lada 110 mit 2-Liter-Benzinmotor von Opel. Debüt Salon Moskau August 1996. In einigen Ländern auch als Lada 2110.6 2.0 GTi «Yellow Shark».

Nouveau modèle. Version haute performances de la Lada 110 avec moteur 2 litres Opel. Lancement salon Moscou août 1996. En quelques pays aussi comme Lada 2110.6 2.0 GTi «Yellow Shark».

Lada

2.0 16V – 150 PS
Benzineinspritzung

Karosserie, Gewicht: Limousine, 4 Türen, 5 Sitze; leer ab 1100 kg, max. zul. 1600 kg.

Motor: (ECE), 4 Zyl. in Linie (86×86 mm), 1998 cm³; Kompr. 10.5:1; 110 kW (150 PS) bei 6000/min, 55 kW/L (74.8 PS/L); 196 Nm (20 mkp) bei 4600/min; 95 ROZ.

Motorkonstruktion: Bezeichnung Opel X20XEV; 4 Ventile in V 46°; 2 obenl. Nokkenwellen (Zahnriemen); Leichtmetall-Zylinderkopf; 5fach gelagerte Kurbelwelle; Öl 4.5 L; elektron. Einspritzung, Bosch Motronic, M2.8. Batterie 55 Ah, Alternator 55 A; Wasserkühlung, Inh. 7.8 L.

Kraftübertragung: (auf Vorderräder). 5-Gang-Getriebe: I. 3.58; II. 2.14; III. 1.48; IV. 1.12; V. 0.89; R 3.33; Achse 3.45.

2.0 16V – 150 ch
Injection d'essence

Carrosserie, poids: Berline, 4 portes, 5 pl.; vide dès 1100 kg, tot. adm. 1600 kg.

Moteur: (ECE), 4 cyl. en ligne (86×86 mm), 1998 cm³; compr. 10.5:1; 110 kW (150 ch) à 6000/min, 55 kW/L (74.8 ch/L); 196 Nm (20 mkp) à 4600/min; 95 (R).

Moteur (constr.): désignation Opel X20XEV; 4 soupapes en V 46°; 2 arbres à cames en tête (courroie crantée); culasse en alliage léger; vilebrequin à 5 paliers, huile 4.5 L; injection électronique, Bosch Motronic, M2.8. Batterie 55 Ah, alternateur 55 A; refroidissement à eau, capac. 7.8 L.

Transmission: (sur roues AV). Boîte à 5 vit.: I. 3.58; II. 2.14; III. 1.48; IV. 1.12; V. 0.89; AR 3.33; pont 3.45.

Lada 110 GTi

Fahrgestell: Selbsttragende Karosserie; vorn Federbeine, Querlenker, Kurvenstabilisator; hinten Verbundlenkerachse, Längs- und Querlenker, Schraubenfedern, Teleskopdämpfer.

Fahrwerk: Vierrad-Scheibenbremse (vorn belüftet), ABS, Handbremse auf Hinterräder; Zahnstangenl. mit Servo, Treibstofftank 43 L; Reifen 205/50 ZR 16, Felgen 6 J.

Dimensionen: Radstand 254 cm, Spur 148/145 cm, Bodenfreih. 15 cm, Wendekreis 11 m, Kofferraum 480 dm³, Länge 431 cm, Breite 175 cm, Höhe 143 cm.

Fahrleistungen: Vmax (Red.) 215 km/h, V bei 1000/min im 5. Gang 36.4 km/h; 0–100 km/h 8.5 s; Leistungsgew. 10 kg/kW (7.3 kg/PS); Verbrauch (Werk) 8 L/100 km.

Châssis: carrosserie autoporteuse; AV jambes élast., leviers transv., barre anti-dévers; AR essieu semi-rigide, bras longitud. et transv., ressorts hélicoïdaux, amortiss. télesc.

Train roulant: quatre freins à disques (AV ventilés), ABS, frein à main sur roues AR; servodirection à crémaillère, réservoir carb. 43 L; pneus 205/50 ZR 16, jantes 6 J.

Dimensions: empattement 254 cm, voie 148/145 cm, garde au sol 15 cm, diam. de braq. 11 m, coffre 480 dm³, longueur 431 cm, largeur 175 cm, hauteur 143 cm.

Performances: Vmax (réd.) 215 km/h, V à 1000/min en 5. vit. 36.4 km/h; 0–100 km/h 8.5 s; rapp. poids/puiss. 10 kg/kW (7.3 kg/ch); consomm. (Werk) 8 L/100 km.

Lada 2120

Neues Modell. Minivan auf Basis des Lada Niva, Benzinmotor, Allradantrieb. Debüt 1996. Provisorische und unvollständige Daten.

Nouveau modèle. Minivan sur base de la Lada Niva, moteur à essence, traction sur toutes roues. Lancement 1996. Données provisoires et incomplètes.

1.7 – 84 PS
Benzineinspritzung

Karosserie, Gewicht: Minivan, 4 Türen, 6 Sitze; leer ca. 1400 kg, max. zul. 2000 kg.

Motor: (DIN), 4 Zyl. in Linie (82×80 mm), 1690 cm³; Kompr. 9:1; 62 kW (84 PS) bei 5400/min, 36.7 kW/L (49.9 PS/L); 137 Nm (14 mkp) bei 3200/min; 91 ROZ.

Motorkonstruktion: Bez. UAZ-2121.3; 1 obenl. Nockenwelle (Kette); Leichtmetall-Zylinderkopf; 5fach gelagerte Kurbelwelle; Öl 3.8 L; elektron. Zentraleinspritzung. Batterie 55 Ah, Alternator 45 A; Wasserkühlung, Inh. 10.6 L.

1.7 – 84 ch
Injection d'essence

Carrosserie, poids: Minivan, 4 portes, 6 pl.; vide env. 1400 kg, tot. adm. 2000 kg.

Moteur: (DIN), 4 cyl. en ligne (82×80 mm), 1690 cm³; compr. 9:1; 62 kW (84 ch) à 5400/min, 36.7 kW/L (49.9 ch/L); 137 Nm (14 mkp) à 3200/min; 91 (R).

Moteur (constr.): désignation UAZ-2121.3; 1 arbre à cames en tête (chaîne); culasse en alliage léger; vilebrequin à 5 paliers, huile 3.8 L; injection monopoint électron. Batterie 55 Ah, alternateur 45 A; refroidissement à eau, capac. 10.6 L.

Kraftübertragung: (4WD), Reduktionsgetriebe: I. 2.14; II. 1.2. 5-Gang-Getriebe: I. 3.67; II. 2.1; III. 1.36; IV. 1; V. 0.82; R 3.53; Achse 3.9.

Fahrgestell: Selbsttragende Karosserie; vorn Dreieckquerlenker, Schraubenfedern; hinten Starrachse, Schraubenfedern, Schubstrebe, Panhardstab; v/h Kurvenstabilisator, Teleskopdämpfer.

Fahrwerk: Bremse, vorne Scheiben, hinten Trommeln, Scheiben-∅ v. 27.3 cm, Handbremse auf Hinterrädern; Lenkung mit Schnecke und Rolle, a.W. mit Servo, Treibstofftank 70 L; Reifen 175 R 16, Felgen 5 J.

Dimensionen: Radstand 270 cm, Spur 143/140 cm, Bodenfreih. 19 cm, Wendekreis 12.4 m, Länge 415 cm, Breite 177 cm, Höhe 169 cm.

Fahrleistungen: Vmax (Werk) 130 km/h, V bei 1000/min im 5. Gang 39.2 km/h; 0–100 km/h 25 s; Leistungsgew. 22.6 kg/kW (16.7 kg/PS); Verbrauch (Red.) 10/12 L/100 km.

Transmission: (4WD), boîte de transfert: I. 2.14; II. 1.2. Boîte à 5 vit.: I. 3.67; II. 2.1; III. 1.36; IV. 1; V. 0.82; AR 3.53; pont 3.9.

Châssis: carrosserie autoporteuse; AV leviers triang. transv., ressorts hélicoïdaux; AR essieu rigide, ressorts hélic., barre de poussée, barre Panhard; AV/AR barre anti-dévers, amortiss. télesc.

Train roulant: frein, AV à disques, AR à tambours, ∅ disques AV 27.3 cm, frein à main sur roues AR; direction à vis sans fin et galet, s.d. assistée, réservoir carb. 70 L; pneus 175 R 16, jantes 5 J.

Dimensions: empattement 270 cm, voie 143/140 cm, garde au sol 19 cm, diam. de braq. 12.4 m, longueur 415 cm, largeur 177 cm, hauteur 169 cm.

Performances: Vmax (usine) 130 km/h, V à 1000/min en 5. vit. 39.2 km/h; 0–100 km/h 25 s; rapp. poids/puiss. 22.6 kg/kW (16.7 kg/ch); consomm. (Red.) 10/12 L/100 km.

Lada Niva

Geländegängiges Fahrzeug mit Vierradantrieb, 1,6-Liter-4-Zylinder-Motor. Debüt Winter 1976. Herbst 1985: 5-Gang-Getriebe. 1993: Modifikationen an Karosserie und Interieur, 1.7-Benzin- und 1.9-Dieselmotor.

Voiture tout-terrain à 4 roues motrices, moteur 4 cyl. 1,6 litre. Lancement hiver 1976. Automne 1985: Boîte à 5 vitesses. 1993: Modifications à la carrosserie et à l'intérieur, moteurs 1.7 à essence et 1.9 diesel.

1.7 – 80 PS
Benzineinspritzung

Karosserie, Gewicht: Station Wagon, 3 Türen, 4/5 Sitze; leer 1150 kg, max. zul. 1590 kg.

lwb: 5 Türen, 5 Sitze; leer 1350 kg, max. zul. 1850 kg.

Motor: (ECE), 4 Zyl. in Linie (82×80 mm), 1690 cm³; Kompr. 9:1; 59 kW (80 PS) bei 5400/min, 34.9 kW/L (47.5 PS/L); 133 Nm (13.6 mkp) bei 3200/min; 91 ROZ.

lwb: (88×80 mm), 1946 cm³; Kompr. 8.8:1; 74 kW (101 PS) bei 5500/min, 38 kW/L (51.7 PS/L); 145 Nm (14.8 mkp).

Motorkonstruktion: 1 obenl. Nockenwelle (Kette); Leichtmetall-Zylinderkopf; 5fach gelagerte Kurbelwelle; Öl 3.75 L; elektron. Zentraleinspritzung. Batterie 55 Ah, Alternator 42 A; Wasserkühlung, Inh. 10.6 L.

Kraftübertragung: (4WD), Reduktionsgetriebe: I. 2.14; II. 1.2. 5-Gang-Getriebe: I. 3.67; II. 2.1; III. 1.36; IV. 1; V. 0.82; R 3.53; Achse 4.1; 3.9.

Fahrgestell: Selbsttragende Karosserie; vorn Dreieckquerlenker, Kurvenstabilisator; hinten Starrachse, Schubstrebe, Panhardstab; v/h Schraubenfedern, Teleskopdämpfer.

1.7 – 80 ch
Injection d'essence

Carrosserie, poids: Station-wagon, 3 portes, 4/5 places; vide 1150 kg, tot. adm. 1590 kg.

Lwb: 5 portes, 5 places; vide 1350 kg, tot. adm. 1850 kg.

Moteur: (ECE), 4 cyl. en ligne (82×80 mm), 1690 cm³; compr. 9:1; 59 kW (80 ch) à 5400/min, 34.9 kW/L (47.5 ch/L); 133 Nm (13.6 mkp) à 3200/min; 91 (R).

Lwb: (88×80 mm), 1946 cm³; compr. 8.8:1; 74 kW (101 PS) à 5500/min, 38 kW/L (51.7 ch/L); 145 Nm (14.8 mkp).

Moteur (constr.): 1 arbre à cames en tête (chaîne); culasse en alliage léger; vilebrequin à 5 paliers; huile 3.75 L; injection monopoint électron. Batterie 55 Ah, alternateur 42 A; refroidissement à eau, capac. 10.6 L.

Transmission: (4WD), boîte de transfert: I. 2.14; II. 1.2. Boîte à 5 vit.: I. 3.67; II. 2.1; III. 1.36; IV. 1; V. 0.82; AR 3.53; pont 4.1; 3.9.

Châssis: carrosserie autoporteuse; AV leviers triang. transv., barre anti-dévers; AR essieu rigide, barre de poussée, barre Panhard; AV/AR ressorts hélicoïdaux, amortiss. télesc.

Lada Niva

Lada • Lamborghini

Fahrwerk: Bremse, vorne Scheiben, hinten Trommeln, Scheiben-⌀ v. 27.3 cm, Handbremse auf Hinterräder; Lenkung mit Schnecke und Rolle, Treibstofftank 45 L; Reifen 175 R 16, 185 R 16, 215/75 R 15; Felgen 5 J, 6 J.

Dimensionen: Radstand 220 cm, Spur 143/140 cm, Bodenfreih. 22 cm, Wendekreis 11.6 m, Kofferraum 265/980 dm³, Länge 372 cm, Breite 168 cm, Höhe 164 cm.
lwb: Radstand 270 cm, Wendekreis 12.6 m, Länge 424 cm.

Fahrleistungen: Vmax (Werk) 137 km/h, V bei 1000/min im 5. Gang 39.2 km/h; 0–100 km/h 22 s; Leistungsgew. 18.5 kg/kW (13.7 kg/PS); Verbr. ECE 8.6/12/10.6 L/100 km.

1.9 – 64 PS Diesel

Wie 1.7 – 80 PS, ausgenommen:

Karosserie, Gewicht: Station Wagon; leer 1180 kg, max. zul. 1640 kg.

Motor: (ECE), 4 Zyl. in Linie (83×88 mm), 1905 cm³; Kompr. 23.5:1; 47 kW (64 PS) bei 4600/min, 24.7 kW/L (33.5 PS/L); 118 Nm (12 mkp) bei 2200/min; Dieselöl.

Motorkonstruktion: Bezeichnung XUD 9A; Vorkammer-Diesel; 1 obenl. Nockenwelle (Kette); Leichtmetall-Zylinderkopf; 5fach gelagerte Kurbelwelle; Öl 6 L; Einspritzpumpe.

Batterie 55 Ah, Alternator 70 A; Wasserkühlung, Inh. 8 L.

Kraftübertragung: (4WD), Reduktionsgetriebe: I. 2.14; II. 1.2.

5-Gang-Getriebe: I. 3.67; II. 2.1; III. 1.36; IV. 1; V. 0.82; R 3.53; Achse 3.9; 4.1.

Fahrleistungen: Vmax (Werk) 127 km/h, V bei 1000/min im 5. Gang 27.2 km/h; 0–100 km/h 25 s; Leistungsgew. 24.6 kg/kW (18.2 kg/PS); Verbr. ECE 7.2/7.8/8.5 L/100 km.

Lamborghini   I

Nuova Automobili Feruccio Lamborghini SpA, via Modena 12, I-400019 Sant'Agata Bolognese, Italien

1963 gegründete Marke einer ital. Industrie- und Landwirtschaftstraktorenfabrik. 1987 Übern. durch Chrysler. Ende 1993 Übern. durch MegaTech, Bermudas, welche mit Kia in Verbindung steht.

Lamborghini Diablo – Diablo VT

Hochleistungssportwagen mit 5,7-L-V12-Mittelmotor, Debüt Jan. 1990. Für 1991 Modell VT auch mit Allradantrieb. Sept. 1993: Jubiläumsmodell SE mit 525 PS. Roadster-Prototyp Genf 1993, Serienausführung Bologna Dezember 1995.

5.7 V12 48V – 492 PS Benzineinspritzung

Karosserie, Gewicht: Coupé/Roadster, 2 Türen, 2 Sitze; leer ab ca. 1575 kg.

Motor: (DIN), 12 Zyl. in V 60° (87×80 mm), 5707 cm³; Kompr. 10:1; 362 kW (492 PS) bei 7000/min, 63.4 kW/L (86.2 PS/L); 580 Nm (59.1 mkp) bei 5200/min; 95 ROZ. SE: 386 kW (525 PS).

Motorkonstruktion: 4 Ventile in V 30°; 2×2 obenl. Nockenwellen (Kette); Leichtmetall-Zylinderköpfe und -block; 7fach gelagerte Kurbelwelle; Ölkühler; Öl 13 L; elektron. Einspritzung, Lamborghini L.I.E.
Batterie 55 Ah, Alternator 85 A; Wasserkühlung, Inh. 15 L.

Train roulant: frein, AV à disques, AR à tambours, ⌀ disques AV 27.3 cm, frein à main sur roues AR; direction à vis sans fin et galet, réservoir carb. 45 L; pneus 175 R 16, 185 R 16, 215/75 R 15; jantes 5 J, 6 J.

Dimensions: empattement 220 cm, voie 143/140 cm, garde au sol 22 cm, diam. de braq. 11.6 m, coffre 265/980 dm³, longueur 372 cm, largeur 168 cm, hauteur 164 cm.
Lwb: empattement 270 cm, diam. de braq. 12.6 m, longueur 424 cm.

Performances: Vmax (usine) 137 km/h, V à 1000/min en 5. vit. 39.2 km/h; 0–100 km/h 22 s; rapp. poids/puiss. 18.5 kg/kW (13.7 kg/ch); cons. ECE 8.6/12/10.6 L/100 km.

1.9 – 64 ch diesel

Comme 1.7 – 80 ch, sauf:

Carrosserie, poids: Station-wagon; vide 1180 kg, tot. adm. 1640 kg.

Moteur: (ECE), 4 cyl. en ligne (83×88 mm), 1905 cm³; compr. 23.5:1; 47 kW (64 ch) à 4600/min, 24.7 kW/L (33.5 ch/L); 118 Nm (12 mkp) à 2200/min; gazole.

Moteur (constr.): désignation XUD 9A; diesel à préchambre; 1 arbre à cames en tête (chaîne); culasse en alliage léger; vilebrequin à 5 paliers; huile 6 L; pompe à injection.

Batterie 55 Ah, alternateur 70 A; refroidissement à eau, capac. 8 L.

Transmission: (4WD), boîte de transfert: I. 2.14; II. 1.2.

Boîte à 5 vit.: I. 3.67; II. 2.1; III. 1.36; IV. 1; V. 0.82; AR 3.53; pont 3.9; 4.1.

Performances: Vmax (usine) 127 km/h, V à 1000/min en 5. vit. 27.2 km/h; 0–100 km/h 25 s; rapp. poids/puiss. 24.6 kg/kW (18.2 kg/ch); cons. ECE 7.2/7.8/8.5 L/100 km.

Marque créée en 1963 au sein d'une entreprise ital. de constr. mécanique et de tracteurs agricoles. 1987 achetée par Chrysler. Fin 1993 prise par MegaTech, Bermude, qui est en liaison avec Kia.

Voiture de sport à hautes performances, moteur (V12/5.7) central. Lancement janvier 1990. 1991: VT à traction intégrale. Sept. 1993: Modèle jubilé avec 525 PS. Prototype Roadster Genève 1993, version de série Bologna en déc. 1995.

5.7 V12 48V – 492 ch Injection d'essence

Carrosserie, poids: Coupé/Roadster, 2 portes, 2 places; vide dès env. 1575 kg.

Moteur: (DIN), 12 cyl. en V 60° (87×80 mm), 5707 cm³; compr. 10:1; 362 kW (492 ch) à 7000/min, 63.4 kW/L (86.2 ch/L); 580 Nm (59.1 mkp) à 5200/min; 95 (R). SE: 386 kW (525 ch).

Moteur (constr.): 4 soupapes en V 30°; 2×2 arbres à cames en tête (chaîne); culasses et bloc-cyl. en alliage léger; vilebrequin à 7 paliers; radiat. d'huile; huile 13 L; injection électronique, Lamborghini L.I.E.
Batterie 55 Ah, alternateur 85 A; refroidissement à eau, capac. 15 L.

Lamborghini Diablo

Kraftübertragung: (auf Hinterräder), Differentialbremse hinten.
VT: (4WD permanent), zentrale Viskokupplung; Drehmomentverteilung v/h 15/85 %.
5-Gang-Getriebe: I. 2.31; II. 1.52; III. 1.12; IV. 0.88; V. 0.68; R 2.12; Achse 3.83.

Fahrgestell: Gitterrohrrahmen aus Stahl, mit Karbonfiberplatten verstärkt, Karosserieel. aus Leichtmetall und Karbonfiber; v/h doppelte Dreieckquerlenker, Dämpferbeine, hinten zusätzlich Querlenker; Kurvenstabilisator, Schraubenfedern.

Fahrwerk: Vierrad-Scheibenbremse (v/h belüftet), Scheiben-⌀ v. 33 cm, h. 28.4 cm, Handbremse auf Hinterräder; Zahnstangenlenkung, a.W. mit Servo, Treibstofftank 100 L; Reifen v. 245/40 ZR 17, h. 335/30 ZR 18, Felgen v. 8.5, h. 13 J.
Roadster: Scheiben-⌀ v. 32 cm, h. 31 cm.

Lamborghini Diablo

Dimensionen: Radstand 265 cm, Spur 154/164 cm, Bodenfreih. 14 cm, Wendekreis 13 m, Kofferraum 140 dm³, Länge 446 cm, Breite 204 cm, Höhe 111 cm.

Fahrleistungen: Vmax (Werk) 325 km/h, V bei 1000/min im 5. Gang 46.4 km/h; 0–100 km/h 4.1 s; steh. km 20.7 s; Leistungsgew. 4.4 kg/kW (3.2 kg/PS); Verbrauch ECE 13.3/15.2/29 L/100 km.
Roadster: Vmax 323 km/h, 0–100 km/h 4 s.

Lamborghini Diablo SV – SVR

Leistungsgesteigerte Version des Diablo, SV mit mehr als 500 PS, SVR mit 544 PS

5.7 V12 48V – 500 PS Benzineinspritzung

Karosserie, Gewicht: Coupé; leer ab ca. 1500 kg.

Transmission: (sur roues AR), frein de différentiel AR.
VT: (4WD permanent), visco-coupleur central; repartition du couple AV/AR 15/85 %.
Boîte à 5 vit.: I. 2.31; II. 1.52; III. 1.12; IV. 0.88; V. 0.68; AR 2.12; pont 3.83.

Châssis: cadre tubulaire en acier, renforcé avec des plaques en fibre de carbone, éléments de carr. en alliage léger et fibre de carbone; AV/AR leviers triang. transv. doubles, jambes élast.; AR supplément. leviers transv.; barre anti-dévers, ressorts hélic.

Train roulant: quatre freins à disques (AV/AR ventilés), ⌀ disques AV 33 cm, AR 28.4 cm, frein à main sur roues AR; direction à crémaillère, s.d. avec servo, réservoir carb. 100 L; pneus AV 245/40 ZR 17, AR 335/30 ZR 18, jantes AV 8.5, AR 13 J.
Roadster: ⌀ disques AV 32 cm, AR 31 cm.

Dimensions: empattement 265 cm, voie 154/164 cm, garde au sol 14 cm, diam. de braq. 13 m, coffre 140 dm³, longueur 446 cm, largeur 204 cm, hauteur 111 cm.

Performances: Vmax (usine) 325 km/h, V à 1000/min en 5. vit. 46.4 km/h; 0–100 km/h 4.1 s; km arrêté 20.7 s; rapp. poids/puiss. 4.4 kg/kW (3.2 kg/ch); consomm. ECE 13.3/15.2/29 L/100 km.
Roadster: Vmax 323 km/h, 0–100 km/h 4 s.

Lamborghini Diablo SV – SVR

Version de la Diablo avec puissance augmentée, SV avec plus de 500 ch, SVR avec 544 ch.

5.7 V12 48V – 500 ch Injection d'essence

Carrosserie, poids: Coupé; vide dès env. 1500 kg.

De 500 à 650 CV

Toit-Carbone ou verre feuilleté teinté, entièrement automatique

Lamborghini **Diablo**
Roadster *Evolution*

Lamborghini **Diablo** *Evolution* **S 620 compresseur**

GARAGE R. AFFOLTER – 2900 PORRENTRUY – SUISSE

Agent officiel
Lamborghini

Téléphone 032 466 44 47 ou 43 Fax 032 466 66 92

Distributeur de toute la gamme
Lamborghini Evolution pour l'Europe
Transformation • homologation • Expertise
Import • Export

Pour la vente d'une occasion il n'y a rien de mieux qu'une petite annonce dans la «ra». Ce n'ést pas plus cher que dans les autres journaux mais plus efficace. Effectivement, plus de 300'000 lecteurs de la REVUE AUTOMOBILE et ceux de l'édition allemande, AUTOMOBIL REVUE, se passionnement pour l'automobile.

Lamborghini • Lancia

Motor: (DIN), 12 Zyl. in V 60° (87×80 mm), 5707 cm³; Kompr. 10:1; 368 kW (500 PS) bei 7100/min, 64.5 kW/L (87.7 PS/L); 580 Nm (59.1 mkp) bei 5200/min; 98 ROZ. SVR: 397 kW (540 PS); 598 Nm (61 mkp).

Motorkonstruktion: Mittelmotor längs; 4 Ventile in V 30°; 2×2 obenl. Nockenwellen (Kette); Leichtmetall-Zylinderköpfe und -block; 7fach gelagerte Kurbelwelle; Ölkühler; Öl 13 L; elektron. Einspritzung, Lamborghini L.I.E.

Batterie 55 Ah, Alternator 85 A; Wasserkühlung, Inh. 15 L.

Kraftübertragung:
5-Gang-Getriebe: I. 2.31; II. 1.52; III. 1.12; IV. 0.88; V. 0.68; R 2.12; Achse 2.98.

Fahrgestell: Gitterrohrrahmen aus Stahl mit Karbonfiberplatten verstärkt, Karosserieelemente aus Leichtmetall und Karbonfiber; vorn doppelte Dreieckquerlenker, Dämpferbeine; hinten zusätzlich Querlenker; v/h Kurvenstabilisator, Schraubenfedern.

Moteur: (DIN), 12 cyl. en V 60° (87×80 mm), 5707 cm³; compr. 10:1; 368 kW (500 ch) à 7100/min, 64.5 kW/L (87.7 ch/L); 580 Nm (59.1 mkp) à 5200/min; 98 (R). SVR: 397 kW (540 ch); 598 Nm (61 mkp).

Moteur (constr.): moteur central longit.; 4 soupapes en V 30°; 2×2 arbres à cames en tête (chaîne); culasses et bloc-cyl. en alliage léger; vilebrequin à 7 paliers; radiat. d'huile; huile 13 L; injection électronique, Lamborghini L.I.E.

Batterie 55 Ah, alternateur 85 A; refroidissement à eau, capac. 15 L.

Transmission:
Boîte à 5 vit.: I. 2.31; II. 1.52; III. 1.12; IV. 0.88; V. 0.68; AR 2.12; pont 2.98.

Châssis: cadre tubulaire en acier, renforcé avec des plaques en fibre de carbone, éléments de carrosserie en alliage léger et fibre de carbone; AV leviers triang. transv. doubles, jambes élastiques; AR supplément. leviers transv.; AV/AR barre anti-dévers, ressorts hélic.

Lamborghini Diablo SV

Fahrwerk: Vierrad-Scheibenbremse (v/h belüftet), Scheiben-⌀ v. 35.5 cm, h. 33.5 cm, Handbremse auf Hinterräder; Zahnstangenlenkung, a.W. mit Servo, Treibstofftank 100 L; Reifen v. 235/615/18, h. 330/675/18, Felgen v. 8.5.

Dimensionen: Radstand 265 cm, Spur 154/164 cm, Bodenfreih. 14 cm, Wendekreis 13 m, Kofferraum 140 dm³, Länge 447 cm, Breite 204 cm, Höhe 112 cm.

Fahrleistungen: Vmax (Werk) 330, SVR 350 km/h, 0–100 km/h 3.9 s; Leistungsgew. 4.1 kg/kW (3 kg/PS); Verbrauch (Red.) 15/30 L/100 km.

Train roulant: quatre freins à disques (AV/AR ventilés), ⌀ disques AV 35.5 cm, AR 33.5 cm, frein à main sur roues AR; direction à crémaillère, s.d. avec servo, réservoir carb. 100 L; pneus AV 235/615/18, AR 330/675/18, jantes AV 8.5.

Dimensions: empattement 265 cm, voie 154/164 cm, garde au sol 14 cm, diam. de braq. 13 m, coffre 140 dm³, longueur 447 cm, largeur 204 cm, hauteur 112 cm.

Performances: Vmax (usine) 330, SVR 350 km/h, 0–100 km/h 3.9 s; rapp. poids/puiss. 4.1 kg/kW (3 kg/ch); consomm. (Red.) 15/30 L/100 km.

Lancia   I

Fiat Auto S.p.A., Corso Giovanni Agnelli 200, I-10135 Torino, Italia

Italienische Klassemarke, für individuelle technische Lösungen bekannt. Gehört seit 1969 zu Fiat.

Marque italienne, fameuse par ses conceptions techniques particulières. Appartient depuis 1969 à Fiat.

Lancia Y

Luxuriöser Kleinwagen mit Quermotor, Frontantrieb und Heckklappe. Wird in einigen Ländern (Italien) als Autobianchi Y 10 verkauft. Debüt Genf 1985. September 1986: 4WD mit zuschaltbarem Allradantrieb. November 1989: Selectronic mit ECVT-Automat. Für Jahrgang 1995 mehr Leistung.

Petite voiture luxueuse avec moteur transv., traction AV et hayon AR. La Y 10 est vendue dans quelques pays (Italie) comme Autobianchi. Lancement Genève 1985. Sept. 1986: 4WD à quatre roues motrices enclenchables. Nov. 1989: Selectronic avec boîte auto. ECVT. Pour 1995 puissance accrue.

1.2 – 60 PS Benzineinspritzung

1.2 – 60 ch Injection d'essence

Karosserie, Gewicht: Limousine, 3 Türen, 5 Sitze; leer 860 kg, max. zul. 1330 kg.

Carrosserie, poids: Berline, 3 portes, 5 places; vide 860 kg, tot. adm. 1330 kg.

Lancia Y

Motor: (ECE), 4 Zyl. in Linie (70.8×78.9 mm), 1242 cm³; Kompr. 9.8:1; 44 kW (60 PS) bei 5500/min, 35.4 kW/L (48.1 PS/L); 98 Nm (10 mkp) bei 3000/min; 95 ROZ.

Motorkonstruktion: Bezeichnung 840A3.000; 1 obenl. Nockenwelle (Zahnriemen); Leichtmetall-Zylinderkopf; 5fach gelagerte Kurbelwelle; Öl 3.5 L; elektron. Zentraleinspritzung, Marelli-IAW.

Batterie 40 Ah, Alternator 65 A; Wasserkühlung, Inh. 4.5 L.

Kraftübertragung: (auf Vorderräder).
5-Gang-Getriebe: I. 3.91; II. 2.16; III. 1.48; IV. 1.12; V. 0.9; R 3.82; Achse 3.87.
6-Gang-Getriebe: I. 3.55; III. 1.35; IV. 0.97; V. 0.77; VI. 0.64; Achse 4.92.
CVT: stufenlos variabel von 3.18 bis 0.63; R 3.14; Achse 4.65.

Fahrgestell: Selbsttragende Karosserie mit vorderem und hinterem Hilfsrahmen; vorn Federbeine und Dreieckquerlenker; hinten Längslenker; v/h Kurvenstabilisator, Schraubenfedern, Teleskopdämpfer.

Fahrwerk: Bremse, vorne Scheiben, hinten Trommeln, Scheiben-⌀ v. 24 cm, a.W. ABS, Handbremse auf Hinterräder; Zahnstangenlenkung, a.W. mit Servo, Treibstofftank 47 L; Reifen 165/65 R 14, 185/60 HR 14, Felgen 5 J, 5.5 J.

Dimensionen: Radstand 238 cm, Spur 140.5/139 cm, Bodenfreih. 15 cm, Wendekreis 9.6 m, Kofferraum 215/910 dm³, Länge 373.5 cm, Breite 169 cm, Höhe 143 cm.

Fahrleistungen: Vmax (Werk) 160 km/h, V bei 1000/min in 5. Gang 29.7 km/h; 0–100 km/h 13.3 s; steh. km 35.3 s; Leistungsgew. 19.5 kW/kW (14.3 kg/PS); Verbrauch ECE 5/6.7/7.6 L/100 km.
6-Gang: Verbr. ECE 4.8/6.6/7.2 L/100 km.
CVT: Vmax 150 km/h, 0–100 km/h 17.5 s; Verbrauch ECE 5.5/7.4/7.5 L/100 km.

Moteur: (ECE), 4 cyl. en ligne (70.8×78.9 mm), 1242 cm³; compr. 9.8:1; 44 kW (60 ch) à 5500/min, 35.4 kW/L (48.1 ch/L); 98 Nm (10 mkp) à 3000/min; 95 (R).

Moteur (constr.): désignation 840A3.000; 1 arbre à cames en tête (courroie crantée); culasse en alliage léger; vilebrequin à 5 paliers; huile 3.5 L; injection monopoint électron., Marelli-IAW.

Batterie 40 Ah, alternateur 65 A; refroidissement à eau, capac. 4.5 L.

Transmission: (sur roues AV).
Boîte à 5 vit.: I. 3.91; II. 2.16; III. 1.48; IV. 1.12; V. 0.9; AR 3.82; pont 3.87.
Boîte à 6 vit.: I. 3.55; III. 1.35; IV. 0.97; V. 0.77; VI. 0.64; pont 4.92.
CVT: à variation continue de 3.18 et 0.63; AR 3.14; pont 4.65.

Châssis: carrosserie autoporteuse avec faux-châssis AV et AR; AV jambes élast. et leviers triang. transv.; AR bras longitud.; AV/AR barre anti-dévers, ressorts hélic., amortis. télesc.

Train roulant: frein, AV à disques, AR à tambours, ⌀ disques AV 24 cm, ABS s. d., frein à main sur roues AR; direction à crémaillère, s.d. avec servo, réservoir carb. 47 L; pneus 165/65 R 14, 185/60 HR 14, jantes 5 J, 5.5 J.

Dimensions: empattement 238 cm, voie 140.5/139 cm, garde au sol 15 cm, diam. de braq. 9.6 m, coffre 215/910 dm³, long. 373.5 cm, larg. 169 cm, haut. 143 cm.

Performances: Vmax (usine) 160 km/h, V à 1000/min en 5. vit. 29.7 km/h; 0–100 km/h 13.3 s; km arrêté 35.3 s; rapp. poids/puiss. 19.5 kW/kW (14.3 kg/ch); consomm. ECE 5/6.7/7.6 L/100 km.
6 vit.: consomm. ECE 4.8/6.6/7.2 L/100 km.
CVT: Vmax 150 km/h, 0–100 km/h 17.5 s; consomm. ECE 5.5/7.4/7.5 L/100 km.

Lancia Y

1.4 12V – 80 PS Benzineinspritzung

1.4 12V – 80 ch Injection d'essence

Wie 1.2 – 60 PS, ausgenommen:

Comme 1.2 – 60 ch, sauf:

Karosserie, Gewicht: Limousine; leer 920 kg, max. zul. 1380 kg.

Carrosserie, poids: Berline; vide 920 kg, tot. adm. 1380 kg.

automobili Lamborghini

Offizielle Werksvertretungen in der Schweiz

Fribourg	Garage
Bernard Despont

1960 **Villaz St-Pierre**

Telefon 026 653 15 33
Telefax 026 653 21 67

Jura	Garage
Roland Affolter

2900 **Porrentruy**

Telefon 032 466 44 47
Telefax 032 466 66 92

Solothurn	Garage
M. B. Sport-Cars SA

4614 **Hägendorf**

Telefon 062 216 12 12
Telefax 062 216 29 76

Zürich	Garage
K + R RUF AG

8165 **Schleinikon**

Telefon 01 856 07 61
Telefax 01 856 19 28

Lancia

Motor: (ECE) 4 Zyl. in Linie (82×64.9 mm), 1371 cm³; Kompr. 9.85:1; 59 kW (80 PS) bei 6000/min, 43 kW/L (58.5 PS/L); 112 Nm (11.4 mkp) bei 3250/min; 95 ROZ.

Motorkonstruktion: Bez. 840A2.000; 3 Ventile in V; 1 obenl. Nockenwelle (Zahnriemen); Leichtmetall-Zylinderkopf; 5fach gelagerte Kurbelw.; Öl 3.5 L; elektron. Zentraleinspr., Bosch Mono-Motronic. Batterie 40 Ah, Alternator 65 A; Wasserkühlung, Inh. 5 L.

Kraftübertragung: (auf Vorderräder). 5-Gang-Getriebe: I. 3.91; II. 2.16; III. 1.35; IV. 0.97; V. 0.83; R 3.82; Achse 4.07.

Fahrwerk: Scheiben-⌀ v. 25.7 cm.

Fahrleistungen: Vmax (Werk) 170 km/h, V bei 1000/min im 5. Gang 30.7 km/h; 0–100 km/h 12.4 s; steh. km 34.5 s; Leistungsgew. 15.6 kg/kW (11.5 kg/PS); Verbrauch ECE 5.2/7/8.9 L/100 km.

Moteur: (ECE) 4 cyl. en ligne (82×64.9 mm), 1371 cm³; compr. 9.85:1; 59 kW (80 ch) à 6000/min, 43 kW/L (58.5 ch/L); 112 Nm (11.4 mkp) à 3250/min; 95 (R).

Moteur (constr.): désignation 840A2.000; 3 soupapes en V; 1 arbre à cames en tête (courroie crantée); culasse en alliage léger; vilebrequin à 5 paliers; huile 3.5 L; inj. monopoint électron., Bosch Mono-Motronic. Batterie 40 Ah, alternateur 65 A; refroidissement à eau, capac. 5 L.

Transmission: (sur roues AV). Boîte à 5 vit.: I. 3.91; II. 2.16; III. 1.35; IV. 0.97; V. 0.83; AR 3.82; pont 4.07.

Train roulant: ⌀ disques AV 25.7 cm.

Performances: Vmax (usine) 170 km/h, V à 1000/min en 5. vit. 30.7 km/h; 0–100 km/h 12.4 s; km arrêté 34.5 s; rapp. poids/puiss. 15.6 kg/kW (11.5 kg/ch); consomm. ECE 5.2/7/8.9 L/100 km.

Lancia Delta

Limousine der Mittelklasse mit 5 Türen, Frontantrieb, rundum Einzelradaufhängung. Debüt September 1979. Frühling 1993: Neuauflage. Motoren zwischen 1.6/103 PS und 2.0/186 PS. Frühling 1995: Auch als dreitürige Limousine HPE.

Berline de la catégorie moyenne, 5 portes, traction avant, roues indépendantes AV et AR. Débuts sept. 1979. Printemps 1993: Nouvelle édition. Moteurs de 1.6/103 ch à 2.0/186 ch. Printemps 1995: Aussi comme berline 3 portes HPE.

1.6 16V – 103 PS Benzineinspritzung

Karosserie, Gewicht: Limousine, 5 Türen, 5 Sitze; leer 1130 kg, max. zul. 1670 kg.

Motor: (ECE) 4 Zyl. in Linie (86.4×67.4 mm), 1581 cm³; Kompr. 10.15:1; 76 kW (103 PS) bei 5750/min, 48.1 kW/L (65.3 PS/L); 144 Nm (14.7 mkp) bei 4000/min; 95 ROZ.

Motorkonstruktion: Bezeichnung 182A4.000; 4 Ventile in V 40.5°; 2 obenl. Nockenwellen (Zahnriemen); Leichtmetall-Zylinderkopf; 5fach gelagerte Kurbelwelle; Öl 4.25 L; elektron. Einspritzung, Weber-Marelli. Batterie 50 Ah, Alternator 65 A; Wasserkühlung, Inh. 6.5 L.

1.6 16V – 103 ch Injection d'essence

Carrosserie, poids: Berline, 5 portes, 5 places; vide 1130 kg, tot. adm. 1670 kg.

Moteur: (ECE) 4 cyl. en ligne (86.4×67.4 mm), 1581 cm³; compression 10.15:1; 76 kW (103 ch) à 5750/min, 48.1 kW/L (65.3 ch/L); 144 Nm (14.7 mkp) à 4000/min; 95 (R).

Moteur (constr.): désignation 182A4.000; 4 soupapes en V 40.5°; 2 arbres à cames en tête (courroie crantée); culasse en alliage léger; vilebrequin à 5 paliers; huile 4.25 L; injection électronique, Weber-Marelli. Batterie 50 Ah, alternateur 65 A; refroidissement à eau, capac. 6.5 L.

Lancia Delta

Kraftübertragung: (auf Vorderräder). 5-Gang-Getriebe: I. 3.91; II. 2.24; III. 1.52; IV. 1.16; V. 0.97; R 3.91; Achse 3.35.

Fahrgestell: Selbsttragende Karosserie mit vorderem und hinterem Hilfsrahmen; vorn Federbeine und Dreieckquerlenker; hinten Längslenker, Schraubenfedern; v/h Kurvenstabilisator, Teleskopdämpfer.

Fahrwerk: Bremse, vorne Scheiben, hinten Trommeln, Scheiben-⌀ v. 24 cm, a.W. ABS (mit Scheiben h.), Handbremse auf Hinterräder; Zahnstangenlenkung, a.W. mit Servo, Treibstofftank 51 L; Reifen 185/60 HR 14, Felgen 5.5 J.

Dimensionen: Radstand 254 cm, Spur 144/141.5 cm, Bodenfreih. 15 cm, Wendekreis 10.3 m, Kofferraum 320 dm³, Länge 401 cm, Breite 170.5 cm, Höhe 140 cm.

Transmission: (sur roues AV). Boîte à 5 vit.: I. 3.91; II. 2.24; III. 1.52; IV. 1.16; V. 0.97; AR 3.91; pont 3.35.

Châssis: carrosserie autoporteuse avec faux-châssis AV et AR; AV jambes élast. et leviers triang. transv.; AR bras longitud., ressorts hélicoïdaux; AV/AR barre anti-dévers, amortiss. télesc.

Train roulant: frein, AV à disques, AR à tambours, ⌀ disques AV 24 cm, s.d. ABS (avec disque AR), frein à main sur roues AR; direction à crémaillère, s.d. avec servo, réservoir carb. 51 L; pneus 185/60 HR 14, jantes 5.5 J.

Dimensions: empattement 254 cm, voie 144/141.5 cm, garde au sol 15 cm, diam. de braq. 10.3 m, coffre 320 dm³, longueur 401 cm, largeur 170.5 cm, hauteur 140 cm.

Fahrleistungen: Vmax (Werk) 190 km/h, V bei 1000/min im 5. Gang 32.4 km/h; 0–100 km/h 11 s; steh. km 32 s; Leistungsgew. 14.9 kg/kW (11 kg/PS); Verbrauch ECE 5.7/7.5/9.7 L/100 km.

1.8 16V – 113 PS Benzineinspritzung

Wie 1.6 – 103 PS, ausgenommen:

Karosserie, Gewicht: Limousine; leer 1170 kg, max. zul. 1710 kg.

Motor: (ECE) 4 Zyl. in Linie (82×82.7 mm), 1747 cm³; Kompr. 10.3:1; 83 kW (113 PS) bei 5800/min, 47.5 kW/L (64.6 PS/L); 154 Nm (15.7 mkp) bei 4400/min; 95 ROZ.

Motorkonstruktion: Bezeichnung 182.A2.000; 4 Ventile in V 47°; 2 obenl. Nockenwellen (Zahnriemen); Leichtmetall-Zylinderkopf; 5fach gelagerte Kurbelwelle; Öl 5.75 L; elektron. Einspritzung, Hitachi. Batterie 50 Ah, Alternator 65 A; Wasserkühlung, Inh. 6.9 L.

Performances: Vmax (usine) 190 km/h, V à 1000/min en 5. vit. 32.4 km/h; 0–100 km/h 11 s; km arrêté 32 s; rapp. poids/puiss. 14.9 kg/kW (11 kg/ch); consomm. ECE 5.7/7.5/9.7 L/100 km.

1.8 16V – 113 ch Injection d'essence

Comme 1.6 – 103 ch, sauf:

Carrosserie, poids: Berline; vide 1170 kg, tot. adm. 1710 kg.

Moteur: (ECE) 4 cyl. en ligne (82×82.7 mm), 1747 cm³; compr. 10.3:1; 83 kW (113 ch) à 5800/min, 47.5 kW/L (64.6 ch/L); 154 Nm (15.7 mkp) à 4400/min; 95 (R).

Moteur (constr.): désignation 182.A2.000; 4 soupapes en V 47°; 2 arbres à cames en tête (courroie crantée); culasse en alliage léger; vilebrequin à 5 paliers; huile 5.75 L; injection électronique, Hitachi. Batterie 50 Ah, alternateur 65 A; refroidissement à eau, capac. 6.9 L.

Lancia Delta

Kraftübertragung: (auf Vorderräder). 5-Gang-Getriebe: I. 3.91; II. 2.24; III. 1.52; IV. 1.16; V. 0.97; R 3.91; Achse 3.35.

Fahrwerk: Vierrad-Scheibenbr., Scheiben-⌀ v. 25.7 cm, ABS, Treibstofftank 61 L.

Fahrleistungen: Vmax (Werk) 195 km/h, V bei 1000/min im 5. Gang 36.6 km/h; 0–100 km/h 10.3 s; steh. km 32 s; Leistungsgew. 14.1 kg/kW (10.3 kg/PS); Verbrauch ECE 6.1/8/10.3 L/100 km.

Transmission: (sur roues AV). Boîte à 5 vit.: I. 3.91; II. 2.24; III. 1.52; IV. 1.16; V. 0.97; AR 3.91; pont 3.35.

Train roulant: quatre freins à disques, ⌀ disques AV 25.7 cm, ABS, rés. carb. 61 L.

Performances: Vmax (usine) 195 km/h, V à 1000/min en 5. vit. 36.6 km/h; 0–100 km/h 10.3 s; km arrêté 32 s; rapp. poids/puiss. 14.1 kg/kW (10.3 kg/ch); consomm. ECE 6.1/8/10.3 L/100 km.

1.8 16V – 131 PS Benzineinspritzung

Wie 1.6 – 103 PS, ausgenommen:

Karosserie, Gewicht: Limousine, 3/5 Türen; leer 1200 kg, max. zul. 1740 kg.

Motor: (ECE) 4 Zyl. in Linie (82×82.7 mm), 1747 cm³; Kompr. 10.3:1; 96 kW (131 PS) bei 6300/min, 54.9 kW/L (74.7 PS/L); 164 Nm (16.7 mkp) bei 4300/min; 95 ROZ.

Motorkonstruktion: Bezeichnung 183A1.000; 4 Ventile in V 47°; 2 obenl. Nockenwellen (Zahnriemen); Leichtmetall-Zylinderkopf; 5fach gelagerte Kurbelwelle; Öl 5.75 L; elektron. Einspritzung, Hitachi. Batterie 50 Ah, Alternator 65 A; Wasserkühlung, Inh. 6.9 L.

Kraftübertragung: (auf Vorderräder). 5-Gang-Getriebe: I. 3.91; II. 2.24; III. 1.52; IV. 1.16; V. 0.95; R 3.91; Achse 3.56.

Fahrwerk: Vierrad-Scheibenbremse, Scheiben-⌀ v. 25.7 cm, a.W. ABS, Treibstofftank 61 L; Reifen 195/55 VR 15, Felgen 6.5 J.

Fahrleistungen: Vmax (Werk) 200 km/h, V bei 1000/min im 5. Gang 32.3 km/h; 0–100 km/h 9.4 s; steh. km 30.7 s; Leistungsgew. 12.5 kg/kW (9.2 kg/PS); Verbrauch ECE 6.2/8/10.3 L/100 km.

1.8 16V – 131 ch Injection d'essence

Comme 1.6 – 103 ch, sauf:

Carrosserie, poids: Berline, 3/5 portes; vide 1200 kg, tot. adm. 1740 kg.

Moteur: (ECE) 4 cyl. en ligne (82×82.7 mm), 1747 cm³; compr. 10.3:1; 96 kW (131 ch) à 6300/min, 54.9 kW/L (74.7 ch/L); 164 Nm (16.7 mkp) à 4300/min; 95 (R).

Moteur (constr.): désignation 183A1.000; 4 soupapes en V 47°; 2 arbres à cames en tête (courroie crantée); culasse en alliage léger; vilebrequin à 5 paliers; huile 5.75 L; injection électronique, Hitachi. Batterie 50 Ah, alternateur 65 A; refroidissement à eau, capac. 6.9 L.

Transmission: (sur roues AV). Boîte à 5 vit.: I. 3.91; II. 2.24; III. 1.52; IV. 1.16; V. 0.95; AR 3.91; pont 3.56.

Train roulant: quatre freins à disques, ⌀ disques AV 25.7 cm, ABS s. d., réservoir carb. 61 L; pneus 195/55 VR 15, jantes 6.5 J.

Performances: Vmax (usine) 200 km/h, V à 1000/min en 5. vit. 32.3 km/h; 0–100 km/h 9.4 s; km arrêté 30.7 s; rapp. poids/puiss. 12.5 kg/kW (9.2 kg/ch); consomm. ECE 6.2/8/10.3 L/100 km.

Lancia 329

Lancia Delta HPE

2.0 16V – 186 PS
Benzineinspritzung/Turbo

Wie 1.6 – 103 PS, ausgenommen:

Karosserie, Gewicht: Limousine, 3 Türen; leer ab 1330 kg, max. zul. 1830 kg.

Motor: (ECE), 4 Zyl. in Linie (84×90 mm), 1995 cm³; Kompr. 8:1; 137 kW (186 PS) bei 5750/min, 68.7 kW/L (93.3 PS/L); 290 Nm (29.6 mkp) bei 3500/min; 95 ROZ.

Motorkonstruktion: 4 Ventile in V 65°; 2 obenl. Nockenwellen (Zahnriemen); 5fach gelagerte Kurbelwelle; Ölkühler; Öl 5.2 L; elektron. Einspritzung, IAW-Weber, 1 Turbolader, max. Ladedruck 1.05 bar.
Batterie 55 Ah, Alternator 70 A; Wasserkühlung, Inh. 8.5 L.

Kraftübertragung: (auf Vorderräder), mit Viskobremse.
5-Gang-Getriebe: I. 3.5; II. 2.18; III. 1.52; IV. 1.16; R 3.55; Achse 3.11.

Fahrwerk: Vierrad-Scheibenbremse (vorn belüftet), Scheiben-Ø v. 28.4 cm, h. 24 cm, ABS, Bosch; Treibstofftank 61 L; Reifen 205/50 ZR 15, Felgen 6.5 J.

Dimensionen: Spur 148/140 cm, Kofferraum 310 dm³.

Fahrleistungen: Vmax (Werk) 220 km/h, V bei 1000/min im 5. Gang 38.2 km/h; 0–100 km/h 7.5 s; steh. km 28 s; Leistungsgew. 9.7 kg/kW (7.1 kg/PS); Verbrauch ECE 7.4/9.2/11.8 L/100 km.

1.9 – 90 PS
Turbodiesel

Wie 1.6 – 103 PS, ausgenommen:

Karosserie, Gewicht: Lim., 3/5 Türen, 5 Sitze; leer ab 1280 kg, max. zul. 1780 kg.

Motor: (ECE), 4 Zyl. in Linie (82.6×90 mm), 1929 cm³; Kompr. 19.2:1; 66 kW (90 PS) bei 4100/min, 34.2 kW/L (46.5 PS/L); 186 Nm (19 mkp) bei 2400/min; Dieselöl.

Motorkonstruktion: direkteingespritzter Diesel; 1 obenl. Nockenwelle (Zahnriemen); 5fach gelagerte Kurbelwelle; Öl 5 L; 1 Turbolader, max. Ladedruck 0.8 bar.
Batterie 70 Ah, Alternator 70 A; Wasserkühlung, Inh. 8.8 L.

Kraftübertragung: (auf Vorderräder).
5-Gang-Getriebe: I. 3.91; II. 2.24; III. 1.44; IV. 1.03; V. 0.79; R 3.91; Achse 3.17.

Fahrwerk: Vierrad-Scheibenbremse, Scheiben-Ø v. 25.7 cm, h. 24 cm, a.W. ABS, Zahnstangenlenkung mit Servo, Reifen 185/65 R 14, Felgen 6 J.

Fahrleistungen: Vmax (Werk) 180 km/h, V bei 1000/min im 5. Gang 43.3 km/h; 0–100 km/h 12 s; steh. km 34 s; Leistungsgew. 19.4 kg/kW (14.2 kg/PS); Verbrauch ECE 5/6.6/7.1 L/100 km.

2.0 16V – 186 ch
Injection d'essence/turbo

Comme 1.6 – 103 ch, sauf:

Carrosserie, poids: Berline, 3 portes; vide dès 1330 kg, tot. adm. 1830 kg.

Moteur: (ECE), 4 cyl. en ligne (84×90 mm), 1995 cm³; compr. 8:1; 137 kW (186 ch) à 5750/min, 68.7 kW/L (93.3 ch/L); 290 Nm (29.6 mkp) à 3500/min; 95 (R).

Moteur (constr.): 4 soupapes en V 65°; 2 arbres à cames en tête (courroie crantée); vilebrequin à 5 paliers; radiat. d'huile; huile 5.2 L; injection électronique, IAW-Weber, 1 turbocompr., pression max. 1.05 bar.
Batterie 55 Ah, alternateur 70 A; refroidissement à eau, capac. 8.5 L.

Transmission: (sur roues AV), avec frein visco.
Boîte à 5 vit.: I. 3.5; II. 2.18; III. 1.52; IV. 1.16; AR 3.55; pont 3.11.

Train roulant: quatre freins à disques (AV ventilés), Ø disques AV 28.4 cm, AR 24 cm, ABS, Bosch; réservoir carb. 61 L; pneus 205/50 ZR 15, jantes 6.5 J.

Dimensions: voie 148/140 cm, coffre 310 dm³.

Performances: Vmax (usine) 220 km/h, V à 1000/min en 5. vit. 38.2 km/h; 0–100 km/h 7.5 s; km arrêté 28 s; rapp. poids/puiss. 9.7 kg/kW (7.1 kg/ch); consomm. ECE 7.4/9.2/11.8 L/100 km.

1.9 – 90 ch
turbodiesel

Comme 1.6 – 103 ch, sauf:

Carrosserie, poids: Berline, 3/5 portes, 5 pl.; vide dès 1280 kg, tot. adm. 1780 kg.

Moteur: (ECE), 4 cyl. en ligne (82.6×90 mm), 1929 cm³; compr. 19.2:1; 66 kW (90 ch) à 4100/min, 34.2 kW/L (46.5 ch/L); 186 Nm (19 mkp) à 2400/min; gazole.

Moteur (constr.): diesel à injection directe; 1 arbre à cames en tête (courroie crantée); vilebrequin à 5 paliers; huile 5 L; 1 turbocompr., pression max. 0.8 bar.
Batterie 70 Ah, alternateur 70 A; refroidissement à eau, capac. 8.8 L.

Transmission: (sur roues AV).
Boîte à 5 vit.: I. 3.91; II. 2.24; III. 1.44; IV. 1.03; V. 0.79; AR 3.91; pont 3.17.

Train roulant: quatre freins à disques, Ø disques AV 25.7 cm, AR 24 cm, ABS s. d., servodirection à crémaillère, pneus 185/65 R 14, jantes 6 J.

Performances: Vmax (usine) 180 km/h, V à 1000/min en 5. vit. 43.3 km/h; 0–100 km/h 12 s; km arrêté 34 s; rapp. poids/puiss. 19.4 kg/kW (14.2 kg/ch); consomm. ECE 5/6.6/7.1 L/100 km.

Lancia Dedra

Nachfolger des Lancia Prisma. Stufenhecklimousine mit Quermotor, Frontantrieb und Einzelradaufhängung rundum. Benziner von 1,6 bis 2 Liter Hubraum und 1,9-Liter-Turbodiesel. Debüt April 1989. Dezember 1990: Sportliche Version mit zweiventiligem Turbomotor und Integrale mit Allradantrieb. September 1994: Station Wagon, geänderte Motorenreihe.

Successeur de la Lancia Prisma. Berline trois volumes, moteur transversal, traction AV et suspensions indépendantes. Moteurs à essence de 1,6 à 2 litres et turbodiesel 1,9 litre. Lancement avril 1989. Décembre 1990: Version sportive avec moteur turbo 2 soupapes, aussi comme Integrale. Septembre 1994: Station-wagon, nouvelle gamme de moteurs.

1.6 – 90 PS
Benzineinspritzung

Karosserie, Gewicht: Limousine, 4 Türen, 5 Sitze; leer ab 1140 kg, max. zul. 1640 kg. Station Wagon, 5 Türen, 5 Sitze; leer 1180 kg, max. zul. 1680 kg.

Motor: (ECE), 4 Zyl. in Linie (86.4×67.4 mm), 1581 cm³; Kompr. 9.5:1; 66 kW (90 PS) bei 5750/min, 41.7 kW/L (56.7 PS/L); 128 Nm (13 mkp) bei 2750/min; 95 ROZ.

Motorkonstruktion: 1 obenl. Nockenwelle (Zahnriemen); 5fach gelagerte Kurbelwelle; Öl 3.75 L; elektron. Einspritzung.
Batterie 60 Ah, Alternator 65 A; Wasserkühlung, Inh. 4.9 L.

Kraftübertragung: (auf Vorderräder).
5-Gang-Getriebe: I. 3.91; II. 2.24; III. 1.44; IV. 1.03; V. 0.87; R 3.91; Achse 3.35, 3.56.

Fahrgestell: Selbsttragende Karosserie mit vorderem und hinterem Hilfsrahmen; vorn Federbeine und Dreieckquerlenker; hinten Längslenker, Schraubenfedern; v/h Kurvenstabilisator, Teleskopdämpfer.

Fahrwerk: Bremse, vorne Scheiben, hinten Trommeln, Scheiben-Ø v. 24 cm, a.W. ABS (mit Scheiben h.), Handbr. auf Hinterräder; Zahnstangenl. mit Servo, Treibstofftank 60 L; Reifen 175/65 R 14, Felgen 5.5 J.

Dimensionen: Radstand 254 cm, Spur 143.5/141.5 cm, Bodenfreih. 15 cm, Wendekreis 10.3 m, Kofferraum 480 dm³, Länge 434.5 cm, Breite 170 cm, Höhe 143 cm.
Wagon: Kofferraum 450/1340 dm³, Breite 170.5 cm, Höhe 145 cm.

Fahrleistungen: Vmax (Werk) 180 km/h, V bei 1000/min im 5. Gang 35.4 km/h; 0–100 km/h 13.4 s; steh. km 34.5 s; Leistungsgew. 17.3 kg/kW (12.7 kg/PS); Verbrauch ECE 5.2/7.1/9.7 L/100 km.
Wagon: Vmax 175 km/h, 0–100 km/h 13.3 s; Verbr. ECE 5.9/7.7/10 L/100 km.

1.6 – 90 ch
Injection d'essence

Carrosserie, poids: Berline, 4 portes, 5 pl.; vide dès 1140 kg, tot. adm. 1640 kg. Station-wagon, 5 portes, 5 places; vide 1180 kg, tot. adm. 1680 kg.

Moteur: (ECE), 4 cyl. en ligne (86.4×67.4 mm), 1581 cm³; compr. 9.5:1; 66 kW (90 ch) à 5750/min, 41.7 kW/L (56.7 ch/L); 128 Nm (13 mkp) à 2750/min; 95 (R).

Moteur (constr.): 1 arbre à cames en tête (courroie crantée); vilebrequin à 5 paliers; huile 3.75 L; injection électronique.
Batterie 60 Ah, alternateur 65 A; refroidissement à eau, capac. 4.9 L.

Transmission: (sur roues AV).
Boîte à 5 vit.: I. 3.91; II. 2.24; III. 1.44; IV. 1.03; V. 0.87; AR 3.91; pont 3.35, 3.56.

Châssis: carrosserie autoporteuse avec faux-châssis AV et AR; AV jambes élast. et leviers triang. transv.; AR bras longitud., ressorts hélicoïdaux; AV/AR barre anti-dévers, amortis. télesc.

Train roulant: frein, AV à disques, AR à tambours, Ø disques AV 24 cm, s.d. ABS (avec disque AR), frein à main sur roues AR; servodirection à crémaillère, réservoir carb. 60 L; pneus 175/65 R 14, jantes 5.5 J.

Dimensions: empattement 254 cm, voie 143.5/141.5 cm, garde au sol 15 cm, diam. de braq. 10.3 m, coffre 480 dm³, longueur 434.5 cm, largeur 170 cm, hauteur 143 cm.
Wagon: coffre 450/1340 dm³, largeur 170.5 cm, hauteur 145 cm.

Performances: Vmax (usine) 180 km/h, V à 1000/min en 5. vit. 35.4 km/h; 0–100 km/h 13.4 s; km arrêté 34.5 s; rapp. poids/puiss. 17.3 kg/kW (12.7 kg/ch); consomm. ECE 5.2/7.1/9.7 L/100 km.
Wagon: Vmax 175 km/h, 0–100 km/h 13.3 s; cons. ECE 5.9/7.7/10 L/100 km.

Lancia Dedra

1.8 16V – 113 PS
Benzineinspritzung

Wie 1.6 – 90 PS, ausgenommen:

Karosserie, Gewicht: Lim.; leer 1235 kg. Station Wagon; leer ab 1255 kg, max. zul. 1755 kg.

1.8 16V – 113 ch
Injection d'essence

Comme 1.6 – 90 ch, sauf:

Carrosserie, poids: Berline; vide 1235 kg. Station-wagon; vide dès 1255 kg, tot. adm. 1755 kg.

Lancia

Motor: (ECE), 4 Zyl. in Linie (82×82.7 mm), 1747 cm³; Kompr. 10.3:1; 83 kW (113 PS) bei 5800/min, 47.5 kW/L (64.6 PS/L) 154 Nm (15.7 mkp) bei 4400/min; 95 ROZ.

Motorkonstruktion: Bezeichnung 182.A2.000; 4 Ventile in V 47°; 2 obenl. Nockenwellen (Zahnriemen); Leichtmetall-Zylinderkopf; 5fach gelagerte Kurbelwelle; Öl 5.75 L; elektron. Einspritzung, Hitachi. Batterie 50 Ah, Alternator 65 A; Wasserkühlung, Inh. 6.9 L.

Kraftübertragung: (auf Vorderräder). 5-Gang-Getriebe: I. 3.91; II. 2.24; III. 1.44; IV. 1.03; V. 0.82; R 3.91; Achse 3.17.

Fahrwerk: Vierrad-Scheibenbr. (vorn belüftet), Scheiben-⌀ v. 25.7 cm, h. 24 cm, a.W. ABS, Reifen 185/60 HR 14, Felgen 6 J.

Fahrleistungen: Vmax (Werk) 191 km/h, V bei 1000/min im 4. Gang 38.6 km/h; 0–100 km/h 10.3 s; steh. km 31.5 s; Leistungsgew. 14.9 kg/kW (10.9 kg/PS); Verbrauch ECE 5.7/7.3/9.8 L/100 km.

Moteur: (ECE), 4 cyl. en ligne (82×82.7 mm), 1747 cm³; compr. 10.3:1; 83 kW (113 ch) à 5800/min, 47.5 kW/L (64.6 ch/L); 154 Nm (15.7 mkp) à 4400/min; 95 (R).

Moteur (constr.): désignation 182.A2.000; 4 soupapes en V 47°; 2 arbres à cames en tête (courroie crantée); culasse en alliage léger; vilebrequin à 5 paliers; huile 5.75 L; injection électronique, Hitachi. Batterie 50 Ah, alternateur 65 A; refroidissement à eau, capac. 6.9 L.

Transmission: (sur roues AV). Boîte à 5 vit.: I. 3.91; II. 2.24; III. 1.44; IV. 1.03; V. 0.82; AR 3.91; pont 3.17.

Train roulant: quatre freins à disques (AV ventilés), ⌀ disques AV 25.7 cm, AR 24 cm, ABS s. d., pneus 185/60 HR 14, jantes 6 J.

Performances: Vmax (usine) 191 km/h, V à 1000/min en 5. vit. 38.6 km/h; 0–100 km/h 10.3 s; km arrêté 31.5 s; rapp. poids/puiss. 14.9 kg/kW (10.9 kg/ch); consomm. ECE 5.7/7.3/9.8 L/100 km.

Lancia Dedra Station Wagon

1.8 16V – 131 PS
Benzineinspritzung

Wie 1.6 – 90 PS, ausgenommen:

Karosserie, Gewicht: Lim.; leer 1255 kg. Station Wagon; leer 1295 kg.

Motor: (ECE), 4 Zyl. in Linie (82×82.7 mm), 1747 cm³; Kompr. 10.3:1; 96 kW (131 PS) bei 6300/min, 54.9 kW/L (74.7 PS/L); 164 Nm (16.7 mkp) bei 4300/min; 95 ROZ.

Motorkonstruktion: Bezeichnung 183A1.000; 4 Ventile in V 47°; 2 obenl. Nockenwellen (Zahnriemen); Leichtmetall-Zylinderkopf; 5fach gelagerte Kurbelwelle; Öl 5.75 L; elektron. Einspritzung, Hitachi. Batterie 50 Ah, Alternator 65 A; Wasserkühlung, Inh. 6.9 L.

Kraftübertragung: (auf Vorderräder). 5-Gang-Getriebe: I. 3.91; II. 2.24; III. 1.52; IV. 1.16; V. 0.95; R 3.91; Achse 3.35.

Fahrwerk: Vierrad-Scheibenbremse (vorn belüftet), Scheiben-⌀ v. 25.7 cm, h. 24 cm, ABS, Reifen 185/60 HR 14, Felgen 6 J.

Fahrleistungen: Vmax (Werk) 203 km/h, V bei 1000/min im 5. Gang 33.3 km/h; 0–100 km/h 10 s; steh. km 31 s; Leistungsgew. 13.1 kg/kW (9.6 kg/PS); Verbrauch ECE 6.3/7.9/10.4 L/100 km.

1.8 16V – 131 ch
Injection d'essence

Comme 1.6 – 90 ch, sauf:

Carrosserie, poids: Berline; vide 1255 kg. Station-wagon; vide 1295 kg.

Moteur: (ECE), 4 cyl. en ligne (82×82.7 mm), 1747 cm³; compr. 10.3:1; 96 kW (131 ch) à 6300/min, 54.9 kW/L (74.7 ch/L); 164 Nm (16.7 mkp) à 4300/min; 95 (R).

Moteur (constr.): désignation 183A1.000; 4 soupapes en V 47°; 2 arbres à cames en tête (courroie crantée); culasse en alliage léger; vilebrequin à 5 paliers; huile 5.75 L; injection électronique, Hitachi. Batterie 50 Ah, alternateur 65 A; refroidissement à eau, capac. 6.9 L.

Transmission: (sur roues AV). Boîte à 5 vit.: I. 3.91; II. 2.24; III. 1.52; IV. 1.16; V. 0.95; AR 3.91; pont 3.35.

Train roulant: quatre freins à disques (AV ventilés), ⌀ disques AV 25.7 cm, AR 24 cm, ABS, pneus 185/60 HR 14, jantes 6 J.

Performances: Vmax (usine) 203 km/h, V à 1000/min en 5. vit. 33.3 km/h; 0–100 km/h 10 s; km arrêté 31 s; rapp. poids/puiss. 13.1 kg/kW (9.6 kg/ch); consomm. ECE 6.3/7.9/10.4 L/100 km.

2.0 – 113 PS
Benzineinspritzung

Wie 1.6 – 90 PS, ausgenommen:

Karosserie, Gewicht: Limousine; leer ab 1250 kg, max. zul. 1750 kg.

Motor: (ECE), 4 Zyl. in Linie (84×90 mm), 1995 cm³; Kompr. 9.5:1; 83 kW (113 PS) bei 5750/min, 41.6 kW/L (56.6 PS/L); 157 Nm (16 mkp) bei 3300/min; 95 ROZ.

Motorkonstruktion: 2 Ventile in V 65°; 2 obenl. Nockenwellen (Zahnriemen); 5fach gelagerte Kurbelwelle; Öl 5.2 L; elektron. Einspritzung. Batterie 60 Ah, Alternator 100 A; Wasserkühlung, Inh. 6.9 L.

Kraftübertragung: (auf Vorderräder). 4-Stufen-Automat: ZF; I. 2.71; II. 1.44; III. 1; IV. 0.74; R 2.88; Achse 4.36.

Fahrwerk: Vierrad-Scheibenbremse (vorn belüftet), Scheiben-⌀ v. 25.7 cm, h. 24 cm, a.W. ABS, Zahnstangenlenkung mit Servo, Reifen 185/60 HR 14, Felgen 6 J.

Fahrleistungen: Vmax (Werk) 185 km/h, V bei 1000/min im 4. Gang 32.7 km/h; 0–100 km/h 12.9 s; steh. km 34 s; Leistungsgew. 15.1 kg/kW (11.1 kg/PS); Verbrauch ECE 7.9/9.6/12.5 L/100 km.

2.0 – 113 ch
Injection d'essence

Comme 1.6 – 90 ch, sauf:

Carrosserie, poids: Berline; vide dès 1250 kg, tot. adm. 1750 kg.

Moteur: (ECE), 4 cyl. en ligne (84×90 mm), 1995 cm³; compr. 9.5:1; 83 kW (113 ch) à 5750/min, 41.6 kW/L (56.6 ch/L); 157 Nm (16 mkp) à 3300/min; 95 (R).

Moteur (constr.): 2 soupapes en V 65°; 2 arbres à cames en tête (courroie crantée); vilebrequin à 5 paliers; huile 5.2 L; injection électronique. Batterie 60 Ah, alternateur 100 A; refroidissement à eau, capac. 6.9 L.

Transmission: (sur roues AV). Boîte aut. à 4 vit.: ZF; I. 2.71; II. 1.44; III. 1; IV. 0.74; AR 2.88; pont 4.36.

Train roulant: quatre freins à disques (AV ventilés), ⌀ disques AV 25.7 cm, AR 24 cm, ABS s. d., servodirection à crémaillère, pneus 185/60 HR 14, jantes 6 J.

Performances: Vmax (usine) 185 km/h, V à 1000/min en 4. vit. 32.7 km/h; 0–100 km/h 12.9 s; km arrêté 34 s; rapp. poids/puiss. 15.1 kg/kW (11.1 kg/ch); consomm. ECE 7.9/9.6/12.5 L/100 km.

2.0 16V – 139 PS
Benzineinspritzung

Wie 1.6 – 90 PS, ausgenommen:

Karosserie, Gewicht: Limousine; leer ab 1260 kg, max. zul. 1760 kg. Station Wagon; leer 1300 kg, max. zul. 1800 kg.

Motor: (ECE), 4 Zyl. in Linie (84×90 mm), 1995 cm³; Kompr. 9.5:1; 102 kW (139 PS) bei 6000/min, 51.1 kW/L (69.5 PS/L); 181 Nm (18.5 mkp) bei 4500/min; 95 ROZ.

Motorkonstruktion: 4 Ventile in V 65°; 2 obenl. Nockenwellen (Zahnriemen); 5fach gelagerte Kurbelwelle; Öl 5.2 L; elektron. Einspritzung. Batterie 70 Ah, Alternator 65 A; Wasserkühlung, Inh. 6.2 L.

Kraftübertragung: (auf Vorderräder). 5-Gang-Getriebe: I. 3.54; II. 2.24; III. 1.54; IV. 1.16; V. 0.87; R 3.91; Achse 3.56.

Fahrwerk: Vierrad-Scheibenbremse (vorn belüftet), Scheiben-⌀ v. 28.4 cm, h. 24 cm, ABS, Bosch; Zahnstangenlenkung mit Servo, Reifen 185/60 HR 14, Felgen 6 J.

Fahrleistungen: Vmax (Werk) 210 km/h, V bei 1000/min im 5. Gang 33.8 km/h; 0–100 km/h 9.4 s; steh. km 30.4 s; Leistungsgew. 12.3 kg/kW (9.1 kg/PS); Verbrauch ECE 6.8/8.3/11.3 L/100 km.

2.0 16V – 139 ch
Injection d'essence

Comme 1.6 – 90 ch, sauf:

Carrosserie, poids: Berline; vide dès 1260 kg, tot. adm. 1760 kg. Station-wagon; vide 1300 kg, tot. adm. 1800 kg.

Moteur: (ECE), 4 cyl. en ligne (84×90 mm), 1995 cm³; compr. 9.5:1; 102 kW (139 ch) à 6000/min, 51.1 kW/L (69.5 ch/L); 181 Nm (18.5 mkp) à 4500/min; 95 (R).

Moteur (constr.): 4 soupapes en V 65°; 2 arbres à cames en tête (courroie crantée); vilebrequin à 5 paliers; huile 5.2 L; injection électronique. Batterie 70 Ah, alternateur 65 A; refroidissement à eau, capac. 6.2 L.

Transmission: (sur roues AV). Boîte à 5 vit.: I. 3.54; II. 2.24; III. 1.54; IV. 1.16; V. 0.87; AR 3.91; pont 3.56.

Train roulant: quatre freins à disques (AV ventilés), ⌀ disques AV 28.4 cm, AR 24 cm, ABS, Bosch; servodirection à crémaillère, pneus 185/60 HR 14, jantes 6 J.

Performances: Vmax (usine) 210 km/h, V à 1000/min en 5. vit. 33.8 km/h; 0–100 km/h 9.4 s; km arrêté 30.4 s; rapp. poids/puiss. 12.3 kg/kW (9.1 kg/ch); consomm. ECE 6.8/8.3/11.3 L/100 km.

Lancia Dedra td

1.9 – 90 PS
Turbodiesel

Wie 1.6 – 90 PS, ausgenommen:

Karosserie, Gewicht: Limousine; leer ab 1225 kg, max. zul. 1725 kg. Station Wagon; leer 1265 kg, max. zul. 1765 kg.

Motor: (ECE), 4 Zyl. in Linie (82.6×90 mm), 1929 cm³; Kompr. 19.2:1; 66 kW (90 PS) bei 4100/min, 34.2 kW/L (46.5 PS/L); 186 Nm (19 mkp) bei 2400/min; Dieselöl.

1.9 – 90 ch
turbodiesel

Comme 1.6 – 90 ch, sauf:

Carrosserie, poids: Berline; vide dès 1225 kg, tot. adm. 1725 kg. Station-wagon; vide 1265 kg, tot. adm. 1765 kg.

Moteur: (ECE), 4 cyl. en ligne (82.6×90 mm), 1929 cm³; compr. 19.2:1; 66 kW (90 ch) à 4100/min, 34.2 kW/L (46.5 ch/L); 186 Nm (19 mkp) à 2400/min; gazole.

Lancia Y. Verrückt nach Farbe.

In 112 Farben. KALEIDOS

Stellen Sie mit dem Lancia Y die Welt auf den Kopf. Denn mit seinem einzigartigen Design und dem Farbsystem Kaleidos geht der Lancia Y völlig neue Wege. So haben Sie die Freiheit, unter 112 Farben Ihre persönliche auszuwählen. Verblüffend ist aber auch sein komfortables Interieur mit dem grosszügigen Platzangebot und den exklusiven Alcantara®-Bezügen (auf Version 1.4 LX serienmässig). Genauso kompromisslos zeigt er sich punkto Sicherheit: Fahrer-Airbag, Gurtstraffer, Seitenaufprallschutz, Lancia-Code Diebstahlschutz und Feuerschutzsystem (FPS) sind serienmässig. Beifahrer-Airbag und ABS als Optionen erhältlich. All dies lässt nur einen einzigen Schluss zu: Mit dem Lancia Y sind Sie der Zeit voraus. Bekennen Sie jetzt Farbe. Beim nächsten Lancia Händler.

Lancia Y	1.2 LE	1.2 LS	1.2 LS Aut.	1.4 LS	1.4 LX
PS	60	60	60	80	80
Preis*	14'900.–	15'900.–	17'600.–	17'000.–	19'900.–
Lancia auf dem Internet: www.Lancia.ch					

Lancia Il Granturismo

Groupe Henri Heuliez

Lancia

Motorkonstruktion: direkteingespritzter Diesel; 1 obenl. Nockenwelle (Zahnriemen); 5fach gelagerte Kurbelwelle; Öl 5 L; 1 Turbolader, max. Ladedruck 0.8 bar. Batterie 60 Ah, Alternator 70 A; Wasserkühlung, Inh. 8.8 L.

Kraftübertragung: (auf Vorderräder). 5-Gang-Getriebe: I. 3.91; II. 2.24; III. 1.44; IV. 1.03; V. 0.79; R 3.91. Achse 3.17.

Fahrwerk: Vierrad-Scheibenbremse (vorn belüftet), Scheiben-∅ v. 25.7 cm, h. 24 cm, a.W. ABS, 185/60 HR 14.

Fahrleistungen: Vmax (Werk) 180 km/h, V bei 1000/min im 5. Gang 42 km/h; 0–100 km/h 12.9 s; steh. km 34.4 s; Leistungsgew. 18.6 kg/kW (13.6 kg/PS); Verbrauch ECE 4.9/6.5/7 L/100 km.

Lancia Kappa

Modellbez. auch k wie Kappa. Viertürige Limousine der oberen Mittelklasse mit Frontantrieb und rundum Einzelradaufhängung, verschiedene Motorvarianten, neue Fünfzylinder, auch Turbodiesel. Debüt Okt. 1994. Turin April 1996: auch als Coupé und Station Wagon.

2.0 20V – 155 PS Benzineinspritzung

Karosserie, Gewicht: Limousine, 4 Türen, 5 Sitze; leer 1440 kg, max. zul. 1990 kg.
Coupé, 2 Türen, 4/5 Sitze; leer ab 1400 kg, max. zul. 1950 kg.
Station Wagon, 5 Türen, 5 Sitze; leer ab 1510 kg, max. zul. 2090 kg.

Motor: (ECE), 5 Zyl. in Linie (82×75.65 mm), 1998 cm^3; Komp. 10.4:1; 114 kW (155 PS) bei 6500/min, 57.1 kW/L (77.6 PS/L); 186 Nm (19 mkp) bei 4000/min; 95 ROZ.

Motorkonstruktion: 4 Ventile in V 65°; 2 obenl. Nockenwellen (Zahnriemen); 6fach gelagerte Kurbelwelle; Ölkühler; Öl 5.5 L; elektron. Einspritzung, Bosch Motronic, M.2.10. Batterie 60 Ah, Alternator 100 A; Wasserkühlung, Inh. 8.3 L.

Kraftübertragung: (auf Vorderräder). 5-Gang-Getriebe: I. 3.8; II. 2.24; III. 1.52; IV. 1.16; V. 0.91; R 3.55. Achse 3.94.
Comfort: 5-Gang-Getriebe: III. 1.36; IV. 0.97; V. 0.81; Achse 3.56.
4-Stufen-Automat: I. 3.61; II. 2.06; III. 1.37; IV. 0.98; R 3.95. Achse 2.65.

Fahrgestell: Selbsttragende Karosserie; vorn Federbeine und Dreieckquerlenker; hinten Federbeine, Querlenker, Zugstreben, Schraubenfedern, Teleskopdämpfer; v/h Kurvenstabilisator.

Fahrwerk: Vierrad-Scheibenbremse (vorn belüftet), Scheiben-∅ v. 28.1 cm, h. 27.6 cm, ABS, Bosch; Handbremse auf Hinterräder; Zahnstangenl. mit Servo, Treibstofftank 70 L; Reifen 195/65 VR 15, Felgen 6.5 J.

Lancia Kappa

Moteur (constr.): diesel à injection directe; 1 arbre à cames en tête (courroie crantée); vilebrequin à 5 paliers; huile 5 L; 1 turbo-compr., pression max. 0.8 bar. Batterie 60 Ah, alternateur 70 A; refroidissement à eau, capac. 8.8 L.

Transmission: (sur roues AV). Boîte à 5 vit.: I. 3.91; II. 2.24; III. 1.44; IV. 1.03; V. 0.79; AR 3.91; pont 3.17.

Train roulant: quatre freins à disques (AV ventilés), ∅ disques AV 25.7 cm, AR 24 cm, ABS s. d., 185/60 HR 14.

Performances: Vmax (usine) 180 km/h, V à 1000/min en 5. vit. 42 km/h; 0–100 km/h 12.9 s; km arrêté 34.4 s; rapp. poids/puiss. 18.6 kg/kW (13.6 kg/ch); consomm. ECE 4.9/6.5/7 L/100 km.

Désignation k comme Kappa. Berline à 4 portes de la catégorie moyenne supérieure, traction AV, suspension à roues indép. AV/AR, divers moteurs à essence, nouveau 5 cyl., aussi turbodiesel. Lancement octobre 1994. Turin mai 1996: aussi comme coupé et station-wagon.

2.0 20V – 155 ch Injection d'essence

Carrosserie, poids: Berline, 4 portes, 5 places; vide 1440 kg, tot. adm. 1990 kg.
Coupé, 2 portes, 4/5 places; vide dès 1400 kg, tot. adm. 1950 kg.
Station-wagon, 5 portes, 5 places; vide dès 1510 kg, tot. adm. 2090 kg.

Moteur: (ECE), 5 cyl. en ligne (82×75.65 mm), 1998 cm^3; compression 10.4:1; 114 kW (155 ch) à 6500/min, 57.1 kW/L (77.6 ch/L); 186 Nm (19 mkp) à 4000/min; 95 (R).

Moteur (constr.): 4 soupapes en V 65°; 2 arbres à cames en tête (courroie crantée); vilebrequin à 6 paliers; radiat. d'huile; huile 5.5 L; injection électronique, Bosch Motronic, M.2.10. Batterie 60 Ah, alternateur 100 A; refroidissement à eau, capac. 8.3 L.

Transmission: (sur roues AV). Boîte à 5 vit.: I. 3.8; II. 2.24; III. 1.52; IV. 1.16; V. 0.91; AR 3.55; pont 3.94.
Comfort: boîte à 5 vit.: III. 1.36; IV. 0.97; V. 0.81; pont 3.56.
Boîte aut. à 4 vit.: I. 3.61; II. 2.06; III. 1.37; IV. 0.98; AR 3.95; pont 2.65.

Châssis: carrosserie autoporteuse; AV jambes élast. et leviers triang. transv.; AR jambes élast., leviers transv., tirants, ressorts hélicoïdaux, amortiss. télesc.; AV/AR barre anti-dévers.

Train roulant: quatre freins à disques (AV ventilés), ∅ disques AV 28.1 cm, AR 27.6 cm, ABS, Bosch; frein à main sur roues AR; servodirection à crémaillère, réservoir carb. 70 L; pneus 195/65 VR 15, jantes 6.5 J.

Lancia Kappa Station Wagon

Dimensionen: Radstand 270 cm, Spur 155/153 cm, Bodenfreih. 14 cm, Wendekreis 10.9 m, Kofferraum 525 dm^3, Länge 469 cm, Breite 183 cm, Höhe 146 cm.
Coupé: Radstand 258 cm, Wendekreis 10.7 m, Länge 457 cm, Breite 182 cm, Höhe 140 cm.
Wagon: Kofferraum 505/1500 dm^3.

Fahrleistungen: Vmax (Werk) 212 km/h, V bei 1000/min im 5. Gang 32.1 km/h; 0–100 km/h 9.2 s; steh. km 30.6 s; Leistungsgew. 12.6 kg/kW (9.3 kg/PS); Verbrauch ECE 7.2/8.9/11.6 L/100 km.
Comfort: Verbr. ECE 6.6/8/11 L/100 km.
Aut.: Vmax 210 km/h, 0–100 km/h 12.1 s; Verbrauch ECE 7/8.7/12.3 L/100 km.
Wagon: Vmax 205 km/h, 0–100 km/h 10 s; steh. km 31.4 s; Verbrauch ECE 7.5/9.2/12.1 L/100 km.

2.4 20V – 175 PS Benzineinspritzung

Wie 2.0 – 155 PS, ausgenommen:

Karosserie, Gewicht: Limousine; leer 1450 kg, max. zul. 2020 kg.
Coupé; leer ab 1410 kg.
Station Wagon; leer ab 1520 kg, max. zul. 2100 kg.

Motor: (ECE), 5 Zyl. in Linie (83×90.4 mm), 2446 cm^3; Kompr. 10:1; 129 kW (175 PS) bei 6100/min, 52.7 kW/L (71.7 PS/L); 230 Nm (23.4 mkp) bei 3750/min; 95 ROZ.

Motorkonstruktion: 4 Ventile in V 65°; 2 obenl. Nockenwellen (Zahnriemen); 6fach gelagerte Kurbelwelle; Ölkühler; Öl 5.5 L; elektron. Einspritzung. Batterie 60 Ah, Alternator 100 A; Wasserkühlung, Inh. 8.3 L.

Kraftübertragung: (auf Vorderräder). 5-Gang-Getriebe: I. 3.8; II. 2.24; III. 1.52; IV. 1.16; V. 0.91; R 3.55; Achse 3.56.

Fahrwerk: Reifen 205/60 VR 15.

Fahrleistungen: Vmax (Werk) 218 km/h, V bei 1000/min im 5. Gang 35.6 km/h; 0–100 km/h 8.7 s; steh. km 29.6 s; Leistungsgew. 11.2 kg/kW (8.3 kg/PS); Verbrauch ECE 7.6/9.4/13.2 L/100 km.
Wagon: 0–100 km/h 8.9 s; steh. km 30 s.

2.0 16V – 205 PS Benzineinspritzung/Turbo

Wie 2.0 – 155 PS, ausgenommen:

Karosserie, Gewicht: Limousine; leer 1480 kg, max. zul. 2000 kg.
Coupé; leer ab 1440 kg.
Station Wagon; leer ab 1550 kg, max. zul. 2130 kg.

Motor: (ECE), 4 Zyl. in Linie (84×90 mm), 1995 cm^3; Kompr. 8:1; 151 kW (205 PS) bei 5600/min, 75.7 kW/L (102.9 PS/L); 298 Nm (30.4 mkp) bei 2750/min; 95 ROZ.

Dimensions: empattement 270 cm, voie 155/153 cm, garde au sol 14 cm, diam. de braq. 10.9 m, coffre 525 dm^3, longueur 469 cm, largeur 183 cm, hauteur 146 cm.
Coupé: empattement 258 cm, diam. de braq. 10.7 m, longueur 457 cm, largeur 182 cm, hauteur 140 cm.
Wagon: coffre 505/1500 dm^3.

Performances: Vmax (usine) 212 km/h, V à 1000/min en 5. vit. 32.1 km/h; 0–100 km/h 9.2 s; km arrêté 30.6 s; rapp. poids/puiss. 12.6 kg/kW (9.3 kg/ch); consomm. ECE 7.2/8.9/11.6 L/100 km.
Comfort: cons. ECE 6.6/8/11 L/100 km.
Aut.: Vmax 210 km/h, 0–100 km/h 12.1 s; consomm. ECE 7/8.7/12.3 L/100 km.
Wagon: Vmax 205 km/h, 0–100 km/h 10 s; km arrêté 31.4 s; consomm. ECE 7.5/9.2/12.1 L/100 km.

2.4 20V – 175 ch Injection d'essence

Comme 2.0 – 155 ch, sauf:

Carrosserie, poids: Berline; vide 1450 kg, tot. adm. 2020 kg.
Coupé; vide dès 1410 kg.
Station-wagon; vide dès 1520 kg, tot. adm. 2100 kg.

Moteur: (ECE), 5 cyl. en ligne (83×90.4 mm), 2446 cm^3; compr. 10:1; 129 kW (175 ch) à 6100/min, 52.7 kW/L (71.7 ch/L); 230 Nm (23.4 mkp) à 3750/min; 95 (R).

Moteur (constr.): 4 soupapes en V 65°; 2 arbres à cames en tête (courroie crantée); vilebrequin à 6 paliers; radiat. d'huile; huile 5.5 L; injection électronique. Batterie 60 Ah, alternateur 100 A; refroidissement à eau, capac. 8.3 L.

Transmission: (sur roues AV). Boîte à 5 vit.: I. 3.8; II. 2.24; III. 1.52; IV. 1.16; V. 0.91; AR 3.55; pont 3.56.

Train roulant: pneus 205/60 VR 15.

Performances: Vmax (usine) 218 km/h, V à 1000/min en 5. vit. 35.6 km/h; 0–100 km/h 8.7 s; km arrêté 29.6 s; rapp. poids/puiss. 11.2 kg/kW (8.3 kg/ch); consomm. ECE 7.6/9.4/13.2 L/100 km.
Wagon: 0–100 km/h 8.9 s; km arrêté 30 s.

2.0 16V – 205 ch Injection d'essence/turbo

Comme 2.0 – 155 ch, sauf:

Carrosserie, poids: Berline; vide 1480 kg, tot. adm. 2000 kg.
Coupé; vide dès 1440 kg.
Station-wagon; vide dès 1550 kg, tot. adm. 2130 kg.

Moteur: (ECE), 4 cyl. en ligne (84×90 mm), 1995 cm^3; compr. 8:1; 151 kW (205 ch) à 5600/min, 75.7 kW/L (102.9 ch/L); 298 Nm (30.4 mkp) à 2750/min; 95 (R).

Lancia

Motorkonstruktion: 4 Ventile in V 65°; 2 obenl. Nockenwellen (Zahnriemen); 5fach gelagerte Kurbelwelle; Öl 5.5 L; elektron. Einspritzung, 1 Turbolader, max. Ladedruck 1.2 bar.

Batterie 60 Ah, Alternator 120 A; Wasserkühlung, Inh. 8.3 L.

Kraftübertragung: (auf Vorderräder), mit Viskobremse.

5-Gang-Getriebe: I. 3.8; II. 2.24; III. 1.36; IV. 0.97; V. 0.81; R 3.55; Achse 3.56.

Fahrwerk: Reifen 205/60 WR 15; *Wagon:* 215/65 WR 16..

Fahrleistungen: Vmax (Werk) 235 km/h, V bei 1000/min im 5. Gang 39.7 km/h; 0–100 km/h 7.3 s; steh. km 27.5 s; Leistungsgew. 9.8 kg/kW (7.2 kg/PS); Verbrauch ECE 7/9/11.2 L/100 km.

Wagon: Vmax 230 km/h, 0–100 km/h 8.3 s; steh. km 28.7 s.

3.0 24V – 204 PS Benzineinspritzung

Wie 2.0 – 155 PS, ausgenommen:

Karosserie, Gewicht: Limousine; leer 1510 kg, max. zul. 2030 kg.

Coupé; leer ab 1470 kg.

Station Wagon; leer ab 1610 kg, max. zul. 2190 kg.

Motor: (ECE), 6 Zyl. in V 60° (93×72.6 mm), 2959 cm³; Kompr. 10:1; 150 kW (204 PS) bei 6300/min, 50.7 kW/L (68.9 PS/L); 270 Nm (27.5 mkp) bei 4500/min; 95 ROZ.

Motorkonstruktion: 4 Ventile in V 47°; 2×2 obenl. Nockenwellen (Zahnriemen); Leichtmetall-Zylinderköpfe; 4fach gelagerte Kurbelwelle; Öl 7 L; elektron. Einspritzung. Batterie 60 Ah, Alternator 120 A; Wasserkühlung, Inh. 6 L.

Lancia Kappa Coupé

Kraftübertragung: (auf Vorderräder), mit Viskobremse.

5-Gang-Getriebe: I. 3.8; II. 2.24; III. 1.36; IV. 0.97; V. 0.81; R 3.55; Achse 3.35.

4-Stufen-Automat: ZF; I. 2.58; II. 1.41; III. 1; IV. 0.74; R 2.88; Achse 3.35.

Fahrwerk: Reifen 205/60 WR 15.

Fahrleistungen: Vmax (Werk) 225 km/h, V bei 1000/min im 5. Gang 37.8 km/h; 0–100 km/h 8 s; steh. km 29.1 s; Leistungsgew. 10.1 kg/kW (7.1 kg/PS); Verbrauch ECE 7.8/9.8/13.9 L/100 km.

Aut.: Vmax 220 km/h, 0–100 km/h 9.8 s; steh. km 30 s; Verbrauch ECE 7.5/9.5/13.9 L/100 km.

Wagon Aut.: Vmax 218 km/h, 0–100 km/h 9.9 s; steh. km 30.3 s; Verbrauch ECE 8.5/10.4/13.9 L/100 km.

2.4 – 124 PS Turbodiesel

Wie 2.0 – 155 PS, ausgenommen:

Karosserie, Gewicht: Limousine; leer 1485 kg, max. zul. 2000 kg.

Station Wagon; leer ab 1555 kg, max. zul. 2120 kg.

Moteur (constr.): 4 soupapes en V 65°; 2 arbres à cames en tête (courroie crantée); vilebrequin à 5 paliers; huile 5.5 L; injection électronique, 1 turbocompr., pression max. 1.2 bar.

Batterie 60 Ah, alternateur 120 A; refroidissement à eau, capac. 8.3 L.

Transmission: (sur roues AV), avec frein visco.

Boîte à 5 vit.: I. 3.8; II. 2.24; III. 1.36; IV. 0.97; V. 0.81; AR 3.55; pont 3.56.

Train roulant: pneus 205/60 WR 15; *Wagon:* 215/65 WR 16..

Performances: Vmax (usine) 235 km/h, V à 1000/min en 5. vit. 39.7 km/h; 0–100 km/h 7.3 s; km arrêté 27.5 s; rapp. poids/puiss. 9.8 kg/kW (7.2 kg/ch); consomm. ECE 7/9/11.2 L/100 km.

Wagon: Vmax 230 km/h, 0–100 km/h 8.3 s; km arrêté 28.7 s.

3.0 24V – 204 ch Injection d'essence

Comme 2.0 – 155 ch, sauf:

Carrosserie, poids: Berline; vide 1510 kg, tot. adm. 2030 kg.

Coupé; vide dès 1470 kg.

Station-wagon; vide dès 1610 kg, tot. adm. 2190 kg.

Moteur: (ECE), 6 cyl. en V 60° (93×72.6 mm), 2959 cm³; compr. 10:1; 150 kW (204 ch) à 6300/min, 50.7 kW/L (68.9 ch/L); 270 Nm (27.5 mkp) à 4500/min; 95 (R).

Moteur (constr.): 4 soupapes en V 47°; 2×2 arbres à cames en tête (courroie crantée); culasses en alliage léger; vilebrequin à 4 paliers; huile 7 L; injection électronique. Batterie 60 Ah, alternateur 120 A; refroidissement à eau, capac. 6 L.

Transmission: (sur roues AV), avec frein visco.

Boîte à 5 vit.: I. 3.8; II. 2.24; III. 1.36; IV. 0.97; V. 0.81; AR 3.55; pont 3.35.

Boîte aut. à 4 vit.: ZF; I. 2.58; II. 1.41; III. 1; IV. 0.74; AR 2.88; pont 3.35.

Train roulant: pneus 205/60 WR 15.

Performances: Vmax (usine) 225 km/h, V à 1000/min en 5. vit. 37.8 km/h; 0–100 km/h 8 s; km arrêté 29.1 s; rapp. poids/puiss. 10.1 kg/kW (7.1 kg/ch); consomm. ECE 7.8/9.8/13.9 L/100 km.

Aut.: Vmax 220 km/h, 0–100 km/h 9.8 s; km arrêté 30 s; consomm. ECE 7.5/9.5/13.9 L/100 km.

Wagon Aut.: Vmax 218 km/h, 0–100 km/h 9.9 s; km arrêté 30.3 s; consomm. ECE 8.5/10.4/13.9 L/100 km.

2.4 – 124 ch turbodiesel

Comme 2.0 – 155 ch, sauf:

Carrosserie, poids: Berline; vide 1485 kg, tot. adm. 2000 kg.

Station-wagon; vide dès 1555 kg, tot. adm. 2120 kg.

Lancia Kappa

Motor: (ECE), 5 Zyl. in Linie (82×90.4 mm), 2387 cm³; Kompr. 21:1; 91 kW (124 PS) bei 4250/min, 38.1 kW/L (51.8 PS/L); 250 Nm (25.5 mkp) bei 2250/min; Dieselöl.

Motorkonstruktion: Wirbelkammer-Diesel; 2 Ventile parallel; 1 obenl. Nockenwelle (Zahnriemen); Grauguss-Zylinderkopf; 6fach gelagerte Kurbelwelle; Öl 6.4 L; Einspritzpumpe, Bosch, 1 Turbolader, IHI, max. Ladedruck 1.05 bar.

Batterie 70 Ah, Alternator 100 A; Wasserkühlung, Inh. 8.3 L.

Kraftübertragung: (auf Vorderräder).

5-Gang-Getriebe: I. 3.8; II. 2.24; III. 1.36; IV. 0.97; V. 0.76; R 3.55; Achse 3.94.

Fahrleistungen: Vmax (Werk) 193 km/h, V bei 1000/min im 5. Gang 41.6 km/h; 0–100 km/h 10.7 s; steh. km 32.8 s; Leistungsgew. 16.3 kg/kW (12 kg/PS); Verbrauch ECE 5.4/7.3/8.4 L/100 km.

Wagon: Vmax 190 km/h, 0–100 km/h 11.5 s; stehender km 33 s; Verbrauch ECE 5.6/7.8/9.5 L/100 km.

Lancia Z

Minivan-Gemeinschaftsprodukt von Peugeot/Citroën und Fiat/Lancia mit Quermotor und Frontantrieb. Debüt Salon Genf, Januar/März 1994.

2.0 – 147 PS Benzineinspritzung/Turbo

Karosserie, Gewicht: Minivan, 5 Türen, 5+3 Sitze; leer ab 1650 kg, max. zul. 2340 kg.

Motor: (ECE), 4 Zyl. in Linie (86×86 mm), 1998 cm³; Kompr. 8.5:1; 108 kW (147 PS) bei 5300/min, 54 kW/L (73.5 PS/L); 235 Nm (24 mkp) bei 2500/min; 98 ROZ.

Motorkonstruktion: 1 obenl. Nockenwelle (Zahnriemen); 5fach gelagerte Kurbelwelle; Öl 4.6 L; elektron. Einspritzung, Bosch, 1 Turbolader, max. Ladedruck 0.7 bar.

Batterie 70 Ah, Alternator 90 A; Wasserkühlung, Inh. 8.5 L.

Moteur: (ECE), 5 cyl. en ligne (82×90.4 mm), 2387 cm³; compr. 21:1; 91 kW (124 ch) à 4250/min, 38.1 kW/L (51.8 ch/L); 250 Nm (25.5 mkp) à 2250/min; gazole.

Moteur (constr.): diesel à chambre de turbulence; 2 soupapes en parallèle; 1 arbre à cames en tête (courroie crantée); culasse en fonte; vilebrequin à 6 paliers; huile 6.4 L; pompe à injection, Bosch, 1 turbocompr., IHI, pression max. 1.05 bar.

Batterie 70 Ah, alternateur 100 A; refroidissement à eau, capac. 8.3 L.

Transmission: (sur roues AV).

Boîte à 5 vit.: I. 3.8; II. 2.24; III. 1.36; IV. 0.97; V. 0.76; AR 3.55; pont 3.94.

Performances: Vmax (usine) 193 km/h, V à 1000/min en 5. vit. 41.6 km/h; 0–100 km/h 10.7 s; km arrêté 32.8 s; rapp. poids/puiss. 16.3 kg/kW (12 kg/ch); consomm. ECE 5.4/7.3/8.4 L/100 km.

Wagon: Vmax 190 km/h, 0–100 km/h 11.5 s; km arrêté 33 s; consomm. ECE 5.6/7.8/9.5 L/100 km.

Lancia Z

Minivan, produit commun de Peugeot/Citroën et Fiat/Lancia, moteur transversal et traction. Lancement Salon Genève, janvier/mars 1994.

2.0 – 147 ch Injection d'essence/turbo

Carrosserie, poids: Minivan, 5 portes, 5+3 places; vide dès 1650 kg, tot. adm. 2340 kg.

Moteur: (ECE), 4 cyl. en ligne (86×86 mm), 1998 cm³; compr. 8.5:1; 108 kW (147 ch) à 5300/min, 54 kW/L (73.5 ch/L); 235 Nm (24 mkp) à 2500/min; 98 (R).

Moteur (constr.): 1 arbre à cames en tête (courroie crantée); vilebrequin à 5 paliers; huile 4.6 L; injection électronique, Bosch, 1 turbocompr., pression max. 0.7 bar.

Batterie 70 Ah, alternateur 90 A; refroidissement à eau, capac. 8.5 L.

Lancia Z

Lancia • Land Rover

Kraftübertragung: (auf Vorderräder). 5-Gang-Getriebe: I. 3.42; II. 1.82; III. 1.25; IV. 0.97; V. 0.77; R 3.15; Achse 4.21.

Fahrgestell: Selbsttragende Karosserie; vorn Federbeine und Dreieckquerlenker; hinten Verbundlenkerachse, Längslenker, Panhardstab, Kurvenstabilisator; v/h Schraubenfedern, Teleskopdämpfer.

Fahrwerk: Bremse, vorne Scheiben (belüftet), hinten Trommeln, Scheiben-Ø v. 28.1 cm, h. 29.5 cm, a.W. ABS (mit Scheiben h.), Handbremse auf Hinterrad; Zahnstangenlenkung mit Servo, Treibstofftank 80 L; Reifen 205/65 HR 15, Felgen 6 J.

Dimensionen: Radstand 282.5 cm, Spur 153.5/154 cm, Wendekreis 11.8 m, Kofferraum 340/3300 dm³, Länge 447 cm, Breite 183 cm, Höhe 172 cm.

Fahrleistungen: Vmax (Werk) 195 km/h, V bei 1000/min im 5. Gang 36.5 km/h; 0–100 km/h 10.1 s; steh. km 32 s; Leistungsgew. 15.3 kg/kW (11.2 kg/PS); Verbrauch ECE 7.6/9.8/12.8 L/100 km.

2.1 12V – 109 PS Turbodiesel

Wie 2.0 – 147 PS, ausgenommen:

Karosserie, Gewicht: Minivan; leer ab 1615 kg.

Motor: (ECE), 4 Zyl. in Linie (85×92 mm), 2088 cm³; Kompr. 21.5:1; 80 kW (109 PS) bei 4300/min, 38.3 kW/L (52.1 PS/L); 235 Nm (24 mkp) bei 2000/min; Dieselöl.

Motorkonstruktion: Bezeichnung XU D11 ATE/L; Wirbelkammer-Diesel; 3 Ventile in V; 1 obenl. Nockenwelle (Zahnriemen); Leichtmetall-Zylinderkopf; 5fach gelagerte Kurbelwelle; Öl 5 L; Einspritzpumpe, 1 Turbolader, MHI, max. Ladedruck 0.8 bar, Intercooler.

Batterie 300 A, Alternator 90 A; Wasserkühlung, Inh. 8.5 L.

Kraftübertragung: (auf Vorderräder). 5-Gang-Getriebe: I. 3.42; II. 1.94; III. 1.25; IV. 0.75; V. 0.67; R 3.15; Achse 3.

Fahrleistungen: Vmax (Werk) 175 km/h, V bei 1000/min im 5. Gang 58.9 km/h; 0–100 km/h 12.7 s; Leistungsgew. 20.2 kg/kW (14.8 kg/PS); Ver. ECE 6.1/8.2/9 L/100 km.

Transmission: (sur roues AV). Boîte à 5 vit.: I. 3.42; II. 1.82; III. 1.25; IV. 0.97; V. 0.77; AR 3.15; pont 4.21.

Châssis: carrosserie autoporteuse; AV jambes élast. et leviers triang. transv.; AR essieu semi-rigide, bras longitud., barre Panhard, barre anti-dévers; AV/AR ressorts hélicoïdaux, amortiss. télesc.

Train roulant: frein, AV à disques (ventilés), AR à tambours, Ø disques AV 28.1 cm, AR 29.5 cm, s.d. ABS (avec disque AR), frein à main sur roues AR; servodirection à crémaillère, réservoir carb. 80 L; pneus 205/65 HR 15, jantes 6 J.

Dimensions: empattement 282.5 cm, voie 153.5/154 cm, diam. de braq. 11.8 m, coffre 340/3300 dm³, longueur 447 cm, largeur 183 cm, hauteur 172 cm.

Performances: Vmax (usine) 195 km/h, V à 1000/min en 5. vit. 36.5 km/h; 0–100 km/h 10.1 s; km arrêté 32 s; rapp. poids/puiss. 15.3 kg/kW (11.2 kg/ch); consomm. ECE 7.6/9.8/12.8 L/100 km.

2.1 12V – 109 ch turbodiesel

Comme 2.0 – 147 ch, sauf:

Carrosserie, poids: Minivan; vide dès 1615 kg.

Moteur: (ECE), 4 cyl. en ligne (85×92 mm), 2088 cm³; compr. 21.5:1; 80 kW (109 ch) à 4300/min, 38.3 kW/L (52.1 ch/L); 235 Nm (24 mkp) à 2000/min; gazole.

Moteur (constr.): désignation XU D11 ATE/L; diesel à chambre de turbulence; 3 soupapes en V; 1 arbre à cames en tête (courroie crantée); culasse en alliage léger; vilebrequin à 5 paliers; huile 5 L; pompe à injection, 1 turbocompr., MHI, pression max. 0.8 bar, Intercooler.

Batterie 300 A, alternateur 90 A; refroidissement à eau, capac. 8.5 L.

Transmission: (sur roues AV). Boîte à 5 vit.: I. 3.42; II. 1.94; III. 1.25; IV. 0.75; V. 0.67; AR 3.15; pont 3.

Performances: Vmax (usine) 175 km/h, V à 1000/min en 5. vit. 58.9 km/h; 0–100 km/h 12.7 s; rapp. poids/puiss. 20.2 kg/kW (14.8 kg/ch); consomm. ECE 6.1/8.2/9 L/100 km.

Land Rover — GB

Land Rover Ltd., Lode Lane, Solihull, West Midlands B92 8NW, GB

Berühmter englischer Hersteller von Geländewagen, Land Rover seit 1948.

Célèbre constructeur anglais de voitures tout-terrain (depuis 1948).

Land Rover Discovery

Geländefahrzeug auf Basis des Range Rover, 3,5-Liter-V8-Benzinmotor oder 2,5-Liter-Turbodiesel. Debüt Frankfurt 1989. Birmingham 1990: 5türige Ausführung; nur noch mit Einspritzung. Ab Oktober 1992 V8 auch mit Getriebeautomat. September 1993: 3.9 V8 und 2.0 16V. Frühjahr 1994: Facelift.

Voiture tout-terrain sur base de la Range Rover, moteurs 3,5 litres V8 à essence ou 2,5 litres turbodiesel. Lancement Francfort 1989. Birmingham 1990: 5 portes; uniquement avec inj. Dès octobre 1992 V8 aussi avec boîte automatique. Septembre 1993: 3.9 V8 et 2.0 16V. Printemps 1994: Facelift.

3.9 V8 – 182 PS Benzineinspritzung

Karosserie, Gewicht: Station Wagon, 3/5 Türen, 5+2 Sitze; leer ab 1920 kg, max. zul. 2720 kg.

Motor: (ECE), 8 Zyl. in V 90° (94×71.1 mm), 3947 cm³; Kompr. 9.35:1; 134 kW (182 PS) bei 4750/min, 33.9 kW/L (46.2 PS/L); 312 Nm (31.8 mkp) bei 3100/min; 91 ROZ.

3.9 V8 – 182 ch Injection d'essence

Carrosserie, poids: Station-wagon, 3/5 portes, 5+2 places; vide dès 1920 kg, tot. adm. 2720 kg.

Moteur: (ECE), 8 cyl. en V 90° (94×71.1 mm), 3947 cm³; compression 9.35:1; 134 kW (182 ch) à 4750/min, 33.9 kW/L (46.2 ch/L); 312 Nm (31.8 mkp) à 3100/min; 91 (R).

Motorkonstruktion: zentrale Nockenwelle (Kette); Leichtmetall-Zylinderköpfe und -block; 5fach gelagerte Kurbelwelle; Öl 6.25 L; elektron. Einspritzung.

Batterie 60 Ah, Alternator 65 A; Wasserkühlung, Inh. 11.3 L.

Kraftübertragung: (4WD permanent), zentrales Differential inkl. Bremse, Drehmomentverteilung v/h 50/50 %; Reduktionsgetriebe: I. 1.22; II. 3.32.

5-Gang-Getriebe: I. 3.32; II. 2.13; III. 1.4; IV. 1; V. 0.73; R 3.43; Achse 3.54.

4-Stufen-Automat: ZF: I. 2.48; II. 1.48; III. 1; IV. 0.73; R 2.09; Achse 3.54.

Fahrgestell: Kastenrahmen mit Traversen; v/h Starrachse, Schraubenfedern; Längslenker; vorn Panhardstab; hinten Dreiecklenker, Teleskopdämpfer.

Fahrwerk: Vierrad-Scheibenbremse (vorn belüftet), Scheiben-Ø v. 29.9 cm, h. 29 cm, a.W. ABS, Handbremse auf Kardanwelle; Kugelumlauflenkung mit Servo, Treibstofftank 88.5 L; Reifen 235 R 16, Felgen 7 J.

Dimensionen: Radstand 254 cm, Spur 148.5/148.5 cm, Bodenfreih. 21 cm, Wendekreis 11.9 m, Kofferraum 1290/1970 dm³, Länge 452 cm, Breite 181 cm, Höhe 197 cm.

Fahrleistungen: Vmax (Werk) 170 km/h, V bei 1000/min im 5. Gang 42.6 km/h; 0–100 km/h 11.5 s; Leistungsgew. 14.3 kg/kW (10.6 kg/PS); Verbrauch ECE 10.3/13.8/20.6 L/100 km.

Aut.: Vmax 169 km/h, 0–100 km/h 12.6 s.

Moteur (constr.): arbre à cames central (chaîne); culasses et bloc-cyl. en alliage léger; vilebrequin à 5 paliers; huile 6.25 L; injection électronique.

Batterie 60 Ah, alternateur 65 A; refroidissement à eau, capac. 11.3 L.

Transmission: (4WD permanent), diff. central à glissement limité, répartition du couple AV/AR 50/50 %; boîte de transfert: I. 1.22; II. 3.32.

Boîte à 5 vit.: I. 3.32; II. 2.13; III. 1.4; IV. 1; V. 0.73; AR 3.43; pont 3.54.

Boîte aut. à 4 vit.: ZF: I. 2.48; II. 1.48; III. 1; IV. 0.73; AR 2.09; pont 3.54.

Châssis: Cadre à caisson avec traverses; AV/AR essieu rigide, ressorts hélicoïdaux; bras longitud.; AV barre Panhard; AR levier triangulaire, amortiss. télescop.

Train roulant: 4 freins à disques (AV vent.), Ø disques AV 29.9 cm, AR 29 cm, ABS s.d., frein à main sur arbre de transmis.; direct. à circuit de billes assist., réserv. carb. 88.5 L; pneus 235 R 16, jantes 7 J.

Dimensions: empattement 254 cm, voie 148.5/148.5 cm, garde au sol 21 cm, diam. de braq. 11.9 m, coffre 1290/1970 dm³, longueur 452 cm, largeur 181 cm, hauteur 197 cm.

Performances: Vmax (usine) 170 km/h, V à 1000/min en 5. vit. 42.6 km/h; 0–100 km/h 11.5 s; rapp. poids/puiss. 14.3 kg/kW (10.6 kg/ch); consomm. ECE 10.3/13.8/20.6 L/100 km.

Aut.: Vmax 169 km/h, 0–100 km/h 12.6 s.

Land Rover Discovery

2.0 16V – 136 PS Benzineinspritzung

Wie 3.9 – 182 PS, ausgenommen:

Karosserie, Gewicht: Station Wagon; leer ab 1890 kg, max. zul. 2720 kg.

Motor: (ECE), 4 Zyl. in Linie (84.45×89 mm), 1994 cm³; Kompr. 10:1; 100 kW (136 PS) bei 6000/min, 50.1 kW/L (68.2 PS/L); 190 Nm (19.4 mkp) bei 3600/min; 95 ROZ.

Motorkonstruktion: 4 Ventile in V; 2 obenl. Nockenwellen (Zahnriemen); 5fach gelagerte Kurbelwelle; Öl 5.8 L; elektron. Einspritzung.

Batterie 54 Ah, Alternator 85 A; Wasserkühlung, Inh. 6 L.

Kraftübertragung: Reduktionsgetriebe: I. 1.41; II. 3.76.

5-Gang-Getriebe: I. 3.32; II. 2.13; III. 1.4; IV. 1; V. 0.79; R 3.43; Achse 3.54.

Fahrwerk: Reifen 205 R 16.

Fahrleistungen: Vmax (Werk) 158 km/h, V bei 1000/min im 5. Gang 34.1 km/h; 0–100 km/h 16.4 s; Leistungsgew. 18.9 kg/kW (13.9 kg/PS); Verbrauch ECE 8.8/11.8/14.5 L/100 km.

2.0 16V – 136 ch Injection d'essence

Comme 3.9 – 182 ch, sauf:

Carrosserie, poids: Station-wagon; vide dès 1890 kg, tot. adm. 2720 kg.

Moteur: (ECE), 4 cyl. en ligne (84.45×89 mm), 1994 cm³; compr. 10:1; 100 kW (136 ch) à 6000/min, 50.1 kW/L (68.2 ch/L); 190 Nm (19.4 mkp) à 3600/min; 95 (R).

Moteur (constr.): 4 soupapes en V; 2 arbres à cames en tête (courroie crantée); vilebrequin à 5 paliers; huile 5.8 L; injection électronique.

Batterie 54 Ah, alternateur 85 A; refroidissement à eau, capac. 6 L.

Transmission: boîte de transfert: I. 1.41; II. 3.76.

Boîte à 5 vit.: I. 3.32; II. 2.13; III. 1.4; IV. 1; V. 0.79; AR 3.43; pont 3.54.

Train roulant: pneus 205 R 16.

Performances: Vmax (usine) 158 km/h, V à 1000/min en 5. vit. 34.1 km/h; 0–100 km/h 16.4 s; rapp. poids/puiss. 18.9 kg/kW (13.9 kg/ch); consomm. ECE 8.8/11.8/14.5 L/100 km.

Land Rover

Land Rover Discovery

2.5 – 113 PS Turbodiesel

Wie 3.9 – 182 PS, ausgenommen:

Karosserie, Gewicht: Station Wagon; leer ab 1935 kg, max. zul. 2720 kg.

Motor: (ECE), 4 Zyl. in Linie (90.47×97 mm), 2494 cm³; Kompr. 19.5:1; 83 kW (113 PS) bei 4000/min, 33.3 kW/L (45.2 PS/L); 265 Nm (27 mkp) bei 1800/min; Dieselöl. Einige Länder: 92 kW (125 PS) oder 90 kW (122 PS).

Motorkonstruktion: direkteingespritzter Diesel; 1 obenl. Nockenwelle (Zahnriemen); 5fach gelagerte Kurbelwelle; Öl 5.25 L; Einspritzpumpe, 1 Turbolader. Batterie 95 Ah, Alternator 65 A; Wasserkühlung, Inh. 8.4 L.

Kraftübertragung:
5-Gang-Getriebe: I. 3.69; II. 2.13; III. 1.4; IV. 1; V. 0.77; R 3.43; Achse 3.54.
4-Stufen-Automat: ZF; I. 2.48; II. 1.48; III. 1; IV. 0.73; R 2.09; Achse 3.54.

Fahrleistungen: Vmax (Werk) 146 km/h, V bei 1000/min im 5. Gang 40.4 km/h; 0–100 km/h 18.5 s; Leistungsgew. 23.3 kg/kW (17.1 kg/PS); Verbrauch ECE 6.8/10.2/8.7 L/100 km.
Aut.: Vmax 148 km/h.

2.5 – 113 ch turbodiesel

Comme 3.9 – 182 ch, sauf:

Carrosserie, poids: Station-wagon; vide dès 1935 kg, tot. adm. 2720 kg.

Moteur: (ECE), 4 cyl. en ligne (90.47×97 mm), 2494 cm³; compr. 19.5:1; 83 kW (113 ch) à 4000/min, 33.3 kW/L (45.2 ch/L); 265 Nm (27 mkp) à 1800/min; gazole. Quelques pays: 92 kW (125 ch) ou 90 kW (122 ch).

Moteur (constr.): diesel à injection directe; 1 arbre à cames en tête (courroie crantée); vilebrequin à 5 paliers; huile 5.25 L; pompe à injection, 1 turbocompr. Batterie 95 Ah, alternateur 65 A; refroidissement à eau, capac. 8.4 L.

Transmission:
Boîte à 5 vit.: I. 3.69; II. 2.13; III. 1.4; IV. 1; V. 0.77; AR 3.43; pont 3.54.
Boîte aut. à 4 vit.: ZF; I. 2.48; II. 1.48; III. 1; IV. 0.73; AR 2.09; pont 3.54.

Performances: Vmax (usine) 146 km/h, V à 1000/min en 5. vit. 40.4 km/h; 0–100 km/h 18.5 s; rapp. poids/puiss. 23.3 kg/kW (17.1 kg/ch); consomm. ECE 6.8/10.2/8.7 L/100 km.
Aut.: Vmax 148 km/h.

Range Rover

Geländegängiger Station Wagon mit Leichtmetall-V8-Motor und permanentem Allradantrieb. Debüt Juni 1970. Juli 1981 mit 4 Türen, Paris 1982 Getriebeautomat, Juli 1983 mit 5-Gang-Getriebe. Oktober 1985 mit Benzineinspritzung und Vierstufenautomat, Turin 1986 Turbodiesel. November 1988: Katalysatorausführung mit 3,9-Liter-Motor. Oktober 1992: Modell LSE mit 4,2-Liter-V8 und mehr Radstand. September 1994: Neuauflage aller Modelle mit neuer Motorenreihe.

Station-wagon tout-terrain avec moteur V8 en alliage léger et 4 roues motrices permanentes. Lancement juin 1970. Juillet 1981 avec 4 portes, Paris 1982 avec boîte automat., juillet 1983 boîte à 5 vitesses. Octobre 1985 avec inj. d'ess. et boîte aut. à 4 rapports, Turin 1986 turbodiesel. Dès novembre 1988: version catalyseur pour 3.9. Octobre 1992: Modèle LSE avec V8 4,2 litres et empattement accrue. Septembre 1994: Nouvelle édition de tous les modèles avec nouvelle gamme de moteurs.

3.9 V8 – 190 PS Benzineinspritzung

Karosserie, Gewicht: Station Wagon, 5 Türen, 5 Sitze; leer ab 2090 kg, max. zul. 2780 kg.

Motor: (ECE), 8 Zyl. in V 90° (94×71.1 mm), 3947 cm³; Kompr. 9.35:1; 140 kW (190 PS) bei 4750/min, 35.5 kW/L (48.2 PS/L); 320 Nm (32.6 mkp) bei 3000/min; 91 ROZ.

Motorkonstruktion: zentrale Nockenwelle (Kette); Leichtmetall-Zylinderköpfe und -block; 5fach gelagerte Kurbelwelle; Öl 6.5 L; elektron. Einspritzung. Batterie 72 Ah, Alternator 100 A; Wasserkühlung, Inh. 11.3 L.

Kraftübertragung: (4WD permanent), zentrales Differential inkl. Bremse, Drehmomentverteilung v/h 50/50 %; Reduktionsgetriebe: I. 1.22; II. 3.32.
5-Gang-Getriebe: I. 3.32; II. 2.13; III. 1.4; IV. 1; V. 0.73; R 3.43; Achse 3.54.
4-Stufen-Automat: ZF; I. 2.48; II. 1.48; III. 1; IV. 0.73; R 2.09; Achse 3.54.

Fahrgestell: Kastenrahmen mit Traversen; v/h Starrachse, Längslenker, Panhardstab; vorn Kurvenstabilisator; hinten Teleskopdämpfer; elektron. geregelte Luftfederung mit Niveauregulierung.

Fahrwerk: Vierrad-Scheibenbremse, Scheiben-Ø v. 29.7 cm, h. 30.4 cm, ABS, Wabco; Handbremse auf Kardanwelle; Kugelumlauflenkung mit Servo, Treibstofftank 100 L; Reifen 235/70 HR 16, 255/65 HR 16, Felgen 7 J, 8 J.

Dimensionen: Radst. 274.5 cm, Spur 154/153 cm, Bodenfreih. 21 cm, Wendekreis 11.9 m, Kofferraum 520/1640 dm³, Länge 471.5 cm, Breite 185 cm, Höhe 182 cm.

Fahrleistungen: Vmax (Werk) 190 km/h, V bei 1000/min im 5. Gang 43 km/h; 0–100 km/h 10.5 s; Leistungsgewicht 14.9 kg/kW (11 kg/PS); Verbrauch ECE 10.4/13.5/18.6 L/100 km.
Aut.: Vmax 187 km/h, 0–97 km/h 10.9 s; Verbrauch ECE 10.6/14/20.2 L/100 km.

3.9 V8 – 190 ch Injection d'essence

Carrosserie, poids: Station-wagon, 5 portes, 5 places; vide dès 2090 kg, tot. adm. 2780 kg.

Moteur: (ECE), 8 cylindres en V 90° (94×71.1 mm), 3947 cm³; compr. 9.35:1; 140 kW (190 ch) à 4750/min, 35.5 kW/L (48.2 ch/L); 320 Nm (32.6 mkp) à 3000/min; 91 (R).

Moteur (constr.): arbre à cames central (chaîne); culasses et bloc-cyl. en alliage léger; vilebrequin à 5 paliers; huile 6.5 L; injection électronique. Batterie 72 Ah, alternateur 100 A; refroidissement à eau, capac. 11.3 L.

Transmission: (4WD permanent), diff. central à glissement limité, répartition du couple AV/AR 50/50 %; boîte de transfert: I. 1.22; II. 3.32.
Boîte à 5 vit.: I. 3.32; II. 2.13; III. 1.4; V. 0.73; AR 3.43; pont 3.54.
Boîte aut. à 4 vit.: ZF; I. 2.48; II. 1.48; III. 1; IV. 0.73; AR 2.09; pont 3.54.

Châssis: Cadre à caisson avec traverses; AV/AR essieu rigide, bras longitud., barre Panhard; AV barre anti-dévers; AR amortiss. télescop.; susp. pneumatique avec réglage électron. du niveau.

Train roulant: quatre freins à disques, Ø disques AV 29.7 cm, AR 30.4 cm, ABS, Wabco; frein à main sur arbre de transmiss.; direction à circuit de billes assistée, réservoir carb. 100 L; pneus 235/70 HR 16, 255/65 HR 16, jantes 7 J, 8 J.

Dimensions: empatt. 274.5 cm, voie 154/153 cm, garde au sol 21 cm, diam. de braq. 11.9 m, coffre 520/1640 dm³, longueur 471.5 cm, largeur 185 cm, hauteur 182 cm.

Performances: Vmax (usine) 190 km/h, V à 1000/min en 5. vit. 43 km/h; 0–100 km/h 10.5 s; rapp. poids/puiss. 14.9 kg/kW (11 kg/ch); consomm. ECE 10.4/13.5/18.6 L/100 km.
Aut.: Vmax 187 km/h, 0–97 km/h 10.9 s; consomm. ECE 10.6/14/20.2 L/100 km.

Range Rover

4.6 V8 – 226 PS Benzineinspritzung

Wie 3.9 – 190 PS, ausgenommen:

Karosserie, Gewicht: Station Wagon; leer ab 2150 kg, max. zul. 2780 kg.

Motor: (ECE), 8 Zyl. in V 90° (94×82 mm), 4552 cm³; Kompr. 9.35:1; 166 kW (226 PS) bei 4750/min, 36.5 kW/L (49.6 PS/L); 380 Nm (38.7 mkp) bei 3000/min; 91 ROZ.

Motorkonstruktion: zentrale Nockenwelle (Kette); Leichtmetall-Zylinderköpfe und -block; 5fach gelagerte Kurbelwelle; Öl 6.5 L; elektron. Einspritzung. Batterie 72 Ah, Alternator 100 A; Wasserkühlung, Inh. 11.3 L.

Kraftübertragung: Antriebsschlupfr.
4-Stufen-Automat: ZF; I. 2.48; II. 1.48; III. 1; IV. 0.73; R 2.09; Achse 3.54.

Fahrleistungen: Vmax (Werk) 200 km/h, V bei 1000/min in 4. Gang 43 km/h; 0–100 km/h 9.9 s; Lei.-gew. 12.9 kg/kW (9.5 kg/PS); Verb. ECE 11.4/14.1/22.1 L/100 km.

4.6 V8 – 226 ch Injection d'essence

Comme 3.9 – 190 ch, sauf:

Carrosserie, poids: Station-wagon; vide dès 2150 kg, tot. adm. 2780 kg.

Moteur: (ECE), 8 cyl. en V 90° (94×82 mm), 4552 cm³; compr. 9.35:1; 166 kW (226 ch) à 4750/min, 36.5 kW/L (49.6 ch/L); 380 Nm (38.7 mkp) à 3000/min; 91 (R).

Moteur (constr.): arbre à cames central (chaîne); culasses et bloc-cyl. en alliage léger; vilebrequin à 5 paliers; huile 6.5 L; injection électronique. Batterie 72 Ah, alternateur 100 A; refroidissement à eau, capac. 11.3 L.

Transmission: Dispositif antipatinage.
Boîte aut. à 4 vit.: ZF; I. 2.48; II. 1.48; III. 1; IV. 0.73; AR 2.09; pont 3.54.

Performances: Vmax (usine) 200 km/h, V à 1000/min en 4. vit. 43 km/h; 0–100 km/h 9.9 s; rapp. poids/puiss. 12.9 kg/kW (9.5 kg/ch); cons. ECE 11.4/14.1/22.1 L/100 km.

2.5 – 136 PS Turbodiesel

Wie 3.9 – 190 PS, ausgenommen:

Karosserie, Gewicht: Station Wagon; leer ab 2115 kg, max. zul. 2780 kg.

2.5 – 136 ch turbodiesel

Comme 3.9 – 190 ch, sauf:

Carrosserie, poids: Station-wagon; vide dès 2115 kg, tot. adm. 2780 kg.

Land Rover

Range Rover

Motor: (ECE), 6 Zyl. in Linie (80×82.8 mm), 2497 cm³; Kompr. 22:1; 100 kW (136 PS) bei 4400/min, 40 kW/L (54.4 PS/L); 270 Nm (27.5 mkp) bei 2300/min; Dieselöl.

Motorkonstruktion: Wirbelkammer-Diesel; 1 obenl. Nockenwelle (Zahnriemen); Grauguss-Zylinderblock; 7fach gelagerte Kurbelw.; Öl 5.25 L; elektron. ger. Einspritzp., 1 Turbolader, max. Ladedruck 1.2 bar.
Batterie 107 Ah, Alternator 105 A; Wasserkühlung, Inh. 12 L.

Kraftübertragung:
5-Gang-Getriebe: I. 3.69; II. 2.13; III. 1.4; IV. 1; V. 0.77; R 3.43; Achse 3.54.
4-Stufen-Automat: ZF; I. 2.48; II. 1.48; III. 1; IV. 0.73; R 2.09; Achse 3.54.

Fahrleistungen: Vmax (Werk) 170 km/h, V bei 1000/min im 5. Gang 43 km/h; 0–100 km/h 14.3 s; Leistungsgew. 21.1 kg/kW (15.5 kg/PS); Verbrauch ECE 7.5/11.2/10.9 L/100 km.
Aut.: Vmax 162 km/h, 0–100 km/h 15.8 s; Verbrauch ECE 7.8/11.3/11.7 L/100 km.

Moteur: (ECE), 6 cyl. en ligne (80×82.8 mm), 2497 cm³; compr. 22:1; 100 kW (136 ch) à 4400/min, 40 kW/L (54.4 ch/L); 270 Nm (27.5 mkp) à 2300/min; gazole.

Moteur (constr.): diesel à chambre de turbulence; 1 arbre à cames en tête (courroie crantée); bloc-cyl. en fonte; vilebr. à 7 paliers; huile 5.25 L; pompe à inj. pilotée, 1 turbocompresseur, pression max. 1.2 bar.
Batterie 107 Ah, alternateur 105 A; refroidissement à eau, capac. 12 L.

Transmission:
Boîte à 5 vit.: I. 3.69; II. 2.13; III. 1.4; IV. 1; V. 0.77; AR 3.43; pont 3.54.
Boîte aut. à 4 vit.: ZF; I. 2.48; II. 1.48; III. 1; IV. 0.73; AR 2.09; pont 3.54.

Performances: Vmax (usine) 170 km/h, V à 1000/min en 5. vit. 43 km/h; 0–100 km/h 14.3 s; rapp. poids/puiss. 21.1 kg/kW (15.5 kg/ch); consomm. ECE 7.5/11.2/10.9 L/100 km.
Aut.: Vmax 162 km/h, 0–100 km/h 15.8 s; consomm. ECE 7.8/11.3/11.7 L/100 km.

Land Rover Defender 90-110

Geländegängiges Fahrzeug mit permanentem Allradantrieb, 2 verschiedene Radstände, 4 Motoren. Modell 110 mit langem Radstand, Debüt Genf 1983, Modell 90 Juni 1984. 1985 auch mit 2,5-Liter-Diesel, Birmingham 1986: 2,5-Liter-Turbodiesel. Herbst 1990: neue Bezeichnung und neuer Turbodiesel.

Voiture tout-terrain avec 4 roues motrices permanentes, 2 empattements divers, 4 moteurs. Modèle 110 avec empattement long, lancement Genève 1983, modèle 90 juin 1984. 1985 aussi avec moteur 2,5 litres diesel, Birmingham 1986: 2.5 turbodiesel. Automne 1990: nouvelle désign. et nouveau turbodiesel.

2.5 – 113 PS Turbodiesel direkt

Karosserie, Gewicht: Station Wagon, 3/5 Türen, 7/9 Sitze; leer ab 1695 kg, max. zul. 2400 kg.

Motor: (ECE), 4 Zyl. in Linie (90.47×97 mm), 2494 cm³; Kompr. 19.5:1; 83 kW (113 PS) bei 4000/min, 33.3 kW/L (45.2 PS/L); 265 Nm (27 mkp) bei 1800/min; Dieselöl.

2.5 – 113 ch turbodiesel direct

Carrosserie, poids: Station-wagon, 3/5 portes, 7/9 places; vide dès 1695 kg, tot. adm. 2400 kg.

Moteur: (ECE), 4 cyl. en ligne (90.47×97 mm), 2494 cm³; compr. 19.5:1; 83 kW (113 ch) à 4000/min, 33.3 kW/L (45.2 ch/L); 265 Nm (27 mkp) à 1800/min; gazole.

Motorkonstruktion: direkteingespritzter Diesel; seitl. Nockenwelle (Kette); 5fach gelagerte Kurbelwelle; a.W. Ölkühler; Öl 6.25 L; 1 Turbolader.
Batterie 95 Ah, Alternator 45 A; Wasserkühlung, Inh. 8.4 L.

Kraftübertragung: (4WD permanent), zentrales Differential, manuell sperrbar, Reduktionsgetriebe: I. 1.41; II. 3.32.
5-Gang-Getriebe: I. 3.69; II. 2.13; III. 1.4; IV. 1; V. 0.77; R 3.43; Achse 3.54.

Fahrgestell: Kastenrahmen mit Traversen; v/h Starrachse, Schraubenfedern; Längslenker; vorn Panhardstab; hinten Dreiecklenker, v/h Teleskopdämpfer.

Fahrwerk: Bremse, vorne Scheiben, hinten Trommeln, Scheiben-∅ v. 29.9 cm, Handbremse auf Kardanwelle; Lenkung mit Schnecke und Rolle, Treibstofftank 54.4 L; Reifen 205 R 16, Felgen 5.5 J, 6 J.
Mit 5 Türen: Treibstofftank 80 L.

Dimensionen: Radstand 236 cm, Spur 148.5/148.5 cm, Bodenfreih. 19 cm, Wendekreis 11.7 m, Kofferraum 1600 dm³, Länge 372 cm, Breite 179 cm, Höhe 197 cm.
Mit 5 Türen: Radstand 279.5 cm, Wendekreis 12.8 m, Kofferraum 2300 dm³, Länge 444 cm, Höhe 204 cm.

Fahrleistungen: Vmax (Werk) 135 km/h, V bei 1000/min im 5. Gang 35 km/h; 0–100 km/h 16.8 s; Leistungsgew. 20.4 kg/kW (15 kg/PS); Verbrauch ECE 8.8/13.3/9.8 L/100 km.

Moteur (constr.): diesel à injection directe; arbre à cames latéral (chaîne); vilebrequin à 5 paliers; huile 6.25 L; 1 turbocompresseur.
Batterie 95 Ah, alternateur 45 A; refroidissement à eau, capac. 8.4 L.

Transmission: (4WD permanent), différentiel central, verouillage manuel, boîte de transfert: I. 1.41; II. 3.32.
Boîte à 5 vit.: I. 3.69; II. 2.13; III. 1.4; IV. 1; V. 0.77; AR 3.43; pont 3.54.

Châssis: Cadre à caisson avec traverses; AV/AR essieu rigide, ressorts hélicoïdaux; bras longitud.; AV barre Panhard; AR levier triangulaire, AV/AR amortiss. télescop.

Train roulant: frein, AV à disques, AR à tambours, ∅ v. 29.9 cm, frein à main sur arbre de transmis.; direction à vis sans fin et galet, réservoir carb. 54.4 L; pneus 205 R 16, jantes 5.5 J, 6 J.
Avec 5 portes: réservoir carb. 80 L.

Dimensions: empattement 236 cm, voie 148.5/148.5 cm, garde au sol 19 cm, diam. de braq. 11.7 m, coffre 1600 dm³, longueur 372 cm, largeur 179 cm, hauteur 197 cm.
Avec 5 portes: empattement 279.5 cm, diam. de braq. 12.8 m, coffre 2300 dm³, longueur 444 cm, hauteur 204 cm.

Performances: Vmax (usine) 135 km/h, V à 1000/min en 5. vit. 35 km/h; 0–100 km/h 16.8 s; rapp. poids/puiss. 20.4 kg/kW (15 kg/ch); consomm. ECE 8.8/13.3/9.8 L/100 km.

Land Rover Defender 90

3.9 V8 – 182 PS Benzineinspritzung

Wie 2.5 – 113 PS, ausgenommen:

Karosserie, Gewicht: Station Wagon; leer ab 1630 kg.

Motor: (SAE), 8 Zyl. in V 90° (94×71.1 mm), 3947 cm³; Komp. 9.35:1; 134 kW (182 PS) bei 4750/min, 34 kW/L (46.2 PS/L); 314 Nm (32 mkp) bei 3000/min; 91 ROZ.

Motorkonstruktion: zentrale Nockenwelle (Kette); Leichtmetall-Zylinderköpfe und -block; 5fach gelagerte Kurbelwelle; Öl 6.5 L; elektron. Einspritzung.
Batterie 72 Ah, Alternator 100 A; Wasserkühlung, Inh. 11.3 L.

Kraftübertragung:
5-Gang-Getriebe: I. 3.65; II. 2.18; III. 1.44; IV. 1; V. 0.8; R 3.72; Achse 3.54.

Fahrwerk: Vierrad-Scheibenbremse.

Fahrleistungen: Vmax (Werk) 140 km/h, V bei 1000/min im 5. Gang 39.1 km/h; Leistungsgew. 12.2 kg/kW (9 kg/PS); Verbrauch (Red.) 13/20 L/100 km.

3.9 V8 – 182 ch Injection d'essence

Comme 2.5 – 113 ch, sauf:

Carrosserie, poids: Station-wagon; vide dès 1630 kg.

Moteur: (SAE), 8 cyl. en V 90° (94×71.1 mm), 3947 cm³; compression 9.35:1; 134 kW (182 ch) à 4750/min, 34 kW/L (46.2 ch/L); 314 Nm (32 mkp) à 3000/min; 91 (R).

Moteur (constr.): arbre à cames central (chaîne); culasses et bloc-cyl. en alliage léger; vilebrequin à 5 paliers; huile 6.5 L; injection électronique.
Batterie 72 Ah, alternateur 100 A; refroidissement à eau, capac. 11.3 L.

Transmission:
Boîte à 5 vit.: I. 3.65; II. 2.18; III. 1.44; IV. 1; V. 0.8; AR 3.72; pont 3.54.

Train roulant: quatre freins à disques.

Performances: Vmax (usine) 140 km/h, V à 1000/min en 5. vit. 39.1 km/h; rapp. poids/puiss. 12.2 kg/kW (9 kg/ch); consomm. (Red.) 13/20 L/100 km.

Land Rover Defender 110

Lexus

Toyota Motor Co. Ltd., Toyota-shi, Aichi-ken, Japan

Luxuswagenmarke von Toyota.

Marque de voitures de luxe de Toyota.

Lexus LS 400

Luxuslimousine mit 4-Liter-V8-DOHC-Motor und 250 PS Leistung, Getriebeautomat, Vierradscheibenbremse mit ABS. Debüt Dezember 1988. Wird seit 1990 auch in Europa und Japan (als Toyota Celsior) verkauft. Jahrgang 1993 mit Detailänderungen an der Karosserie. Birmingham 1994: Neuauflage.

Berline luxueuse avec moteur 4 litres DACT et une puissance de 250 ch, boîte automatique, frein à disques sur 4 roues et ABS. Lancement décembre 1988. Est vendue depuis 1990 aussi en Europe et au Japon (Toyota Celsior). Millésime 1993 avec modifications à la carrosserie. Birmingham 1994: Nouvelle édition.

4.0 V8 32V – 264 PS Benzineinspritzung

Karosserie, Gewicht: Limousine, 4 Türen, 5 Sitze; leer ab 1680 kg, max. zul. 2185 kg.

Motor: (DIN/SAE), 8 Zyl. in V 90° (87.5×82.5 mm), 3969 cm³; Kompr. 10.4:1; 194 kW (264 PS) bei 5400/min, 48.9 kW/L (66.4 PS/L); 365 Nm (37.2 mkp) bei 4600/min; 95 ROZ.

Motorkonstruktion: Bezeichnung 1 UZ-FE; 4 Ventile in V 22°; 2×2 obenl. Nockenwellen (Zahnräder/Zahnriemen); Leichtmetall-Zylinderköpfe und -block; 5fach gelagerte Kurbelwelle; Öl 5.3 L; elektron. Einspritzung. Batterie 55 Ah, Alternator 100 A; Wasserkühlung, Inh. 10.8 L.

Kraftübertragung: (auf Hinterräder), Antriebsschlupfregelung. 4-Stufen-Automat: I. 2.53; II. 1.53; III. 1; IV. 0.75; R 1.88; Achse 3.62; 3.92.

Fahrgestell: Selbsttragende Karosserie; vorn unterer Querlenker, Zugstreben, obere Dreieckquerlenker; hinten Schräglenker, obere Dreieckquerlenker; v/h Kurvenstabilisator, Schraubenfedern, Teleskopdämpfer; a.W. Luftfederung mit Niveauregulierung.

Fahrwerk: Vierrad-Scheibenbremse (v/h belüftet), Scheiben-⌀ v. 31.5 cm, h. 30.7 cm, ABS, Handbremse auf Hinterräder; Zahnstangenlenkung mit Servo, Treibstofftank 85 L; Reifen 225/60 ZR 16, Felgen 7 J.

4.0 V8 32V – 264 ch Injection d'essence

Carrosserie, poids: Berline, 4 portes, 5 pl.; vide dès 1680 kg, tot. adm. 2185 kg.

Moteur: (DIN/SAE), 8 cyl. en V 90° (87.5×82.5 mm), 3969 cm³; compr. 10.4:1; 194 kW (264 ch) à 5400/min, 48.9 kW/L (66.4 ch/L); 365 Nm (37.2 mkp) à 4600/min; 95 (R).

Moteur (constr.): désignation 1 UZ-FE; 4 soupapes en V 22°; 2×2 arbres à cames en tête (pignons/courroie crantée); culasses et bloc-cyl. en alliage léger; vilebrequin à 5 paliers; huile 5.3 L; injection électronique. Batterie 55 Ah, alternateur 100 A; refroidissement à eau, capac. 10.8 L.

Transmission: (sur roues AR), Dispositif antipatinage. Boîte aut. à 4 vit.: I. 2.53; II. 1.53; III. 1; IV. 0.75; AR 1.88; pont 3.62; 3.92.

Châssis: carrosserie autoporteuse; AV levier transvers. inférieur, tirants, leviers triang. superieur; AR leviers transv., triangles obliques, leviers triang. superieur; AV/AR barre anti-dévers, ressorts hélic, amortiss. télesc.; s.d. susp. pneumat. avec réglage du niveau.

Train roulant: quatre freins à disques (AV/AR ventilés), ⌀ disques AV 31.5 cm, AR 30.7 cm, ABS, frein à main sur roues AR; servodirection à crémaillère, réservoir carb. 85 L; pneus 225/60 ZR 16, jantes 7 J.

Lexus LS 400

Dimensionen: Radstand 285 cm, Spur 157/157 cm, Bodenfreih. 15 cm, Wendekreis 12 m, Kofferraum 465 dm³, Länge 499.5 cm, Breite 183 cm, Höhe 144 cm.

Fahrleistungen: Vmax (Werk) 250 km/h, V bei 1000/min im 4. Gang 45.4 km/h; 0–100 km/h 7.5 s; 0–97 km/h 7.4 s; Leistungsgew. 8.7 kg/kW (6.4 kg/PS); Verbrauch ECE 7.9/9.6/13.3 L/100 km.

Dimensions: empattement 285 cm, voie 157/157 cm, garde au sol 15 cm, diam. de braq. 12 m, coffre 465 dm³, longueur 499.5 cm, largeur 183 cm, hauteur 144 cm.

Performances: Vmax (usine) 250 km/h, V à 1000/min en 4. vit. 45.4 km/h; 0–100 km/h 7.5 s; 0–97 km/h 7.4 s; rapp. poids/puiss. 8.7 kg/kW (6.4 kg/ch); consomm. ECE 7.9/9.6/13.3 L/100 km.

Lexus SC 300/SC 400

Luxuriöses Coupé für Nordamerika, vom Toyota Soarer abgeleitet. Debüt Mai 1991.

Coupé luxueux pour l'Amérique du Nord, dérivé de la Toyota Soarer. Lancement mai 1991.

3.0 24V – 228 PS Benzineinspritzung

Karosserie, Gewicht: Coupé, 2 Türen, 4 Sitze; leer ab 1610 kg.

Motor: (SAE), 6 Zyl. in Linie (86×86 mm), 2997 cm³; Kompr. 10:1; 168 kW (228 PS) bei 6000/min, 56 kW/L (76.2 PS/L); 284 Nm (29 mkp) bei 4800/min; 95 ROZ.

Motorkonstruktion: Bezeichnung 2JZ-GE; 4 Ventile in V 45°; 2 obenl. Nockenwellen (Zahnräder/Zahnriemen); Leichtmetall-Zylinderkopf; 7fach gelagerte Kurbelwelle; Ölkühler; Öl 4.5 L; elektron. Einspritzung. Batterie 60 Ah, Alternator 60 A; Wasserkühlung, Inh. 8.4 L.

Kraftübertragung: (auf Hinterräder), Differentialbremse; Antriebsschlupfregelung. 5-Gang-Getriebe: I. 3.29; II. 1.89; III. 1.28; IV. 1; V. 0.78; R 3.77; Achse 4.08.

3.0 24V – 228 ch Injection d'essence

Carrosserie, poids: Coupé, 2 portes, 4 places; vide dès 1610 kg.

Moteur: (SAE), 6 cyl. en ligne (86×86 mm), 2997 cm³; compr. 10:1; 168 kW (228 ch) à 6000/min, 56 kW/L (76.2 ch/L); 284 Nm (29 mkp) à 4800/min; 95 (R).

Moteur (constr.): désignation 2JZ-GE; 4 soupapes en V 45°; 2 arbres à cames en tête (pignons/courroie crantée); culasse en alliage léger; vilebrequin à 7 paliers; radiat. d'huile; huile 4.5 L; injection électronique. Batterie 60 Ah, alternateur 60 A; refroidissement à eau, capac. 8.4 L.

Transmission: (sur roues AR), différentiel autobloquant; dispositif antipatinage. Boîte à 5 vit.: I. 3.29; II. 1.89; III. 1.28; IV. 1; V. 0.78; AR 3.77; pont 4.08.

Lexus SC 300

Fahrgestell: Selbsttragende Karosserie; vorn obere Dreieckquerl.; hinten obere Dreieckquerl., Querlenker; v/h Kurvenstabilisator, Schraubenfedern, Teleskopdämpfer; a.W. elektron. Dämpferregulierung.

Fahrwerk: Vierrad-Scheibenbremse (v/h belüftet), Scheiben-⌀ v. 27.4 cm, h. 28.9 cm, ABS, Handbremse auf Hinterräder; Zahnstangenlenkung mit Servo, Treibstofftank 78 L; Reifen 225/55 VR 16, Felgen 7 J.

Dimensionen: Radstand 269 cm, Spur 152/152 cm, Bodenfreih. 12 cm, Wendekreis 11 m, Kofferraum 265 dm³, Länge 485 cm, Breite 179 cm, Höhe 134 cm.

Fahrleistungen: Vmax (Red.) 235 km/h, V bei 1000/min im 5. Gang 37.7 km/h; 0–97 km/h 7.5 s; Leistungsgew. 9.6 kg/kW (7.1 kg/PS); Verbrauch (Red.) 10/16 L/100 km.

Châssis: carrosserie autoporteuse; AV leviers triang. superieur; AR leviers triang. superieur, leviers transv.; AV/AR barre anti-dévers, ressorts hélic, amortiss. télesc.; s.d. amortiis. à réglage électron.

Train roulant: quatre freins à disques (AV/AR ventilés), ⌀ disques AV 27.4 cm, AR 28.9 cm, ABS, frein à main sur roues AR; servodirection à crémaillère, réservoir carb. 78 L; pneus 225/55 VR 16, jantes 7 J.

Dimensions: empattement 269 cm, voie 152/152 cm, garde au sol 12 cm, diam. de braq. 11 m, coffre 265 dm³, longueur 485 cm, largeur 179 cm, hauteur 134 cm.

Performances: Vmax (réd.) 235 km/h, V à 1000/min en 5. vit. 37.7 km/h; 0–97 km/h 7.5 s; rapp. poids/puiss. 9.6 kg/kW (7.1 kg/ch); consomm. (Réd.) 10/16 L/100 km.

4.0 V8 32V – 264 PS Benzineinspritzung

Wie 3.0 – 228 PS, ausgenommen:

Motor: (DIN/SAE), 8 Zyl. in V 90° (87.5×82.5 mm), 3969 cm³; Kompr. 10.4:1; 194 kW (264 PS) bei 5300/min, 48.9 kW/L (66.4 PS/L); 365 Nm (37.2 mkp) bei 4500/min; 95 ROZ.

Motorkonstruktion: Bezeichnung 1 UZ-FE; 4 Ventile in V 22°; 2×2 obenl. Nockenwellen (Zahnräder/Zahnriemen); Leichtmetall-Zylinderköpfe und -block; 5fach gelagerte Kurbelwelle; Öl 5.3 L; elektron. Einspritzung. Batterie 55 Ah, Alternator 100 A; Wasserkühlung, Inh. 10.8 L.

Kraftübertragung: 4-Stufen-Automat: I. 2.8; II. 1.53; III. 1; IV. 0.71; R 2.39; Achse 3.92.

Fahrleistungen: Vmax (Werk) 241 km/h, V bei 1000/min im 4. Gang 43.2 km/h; 0–97 km/h 6.9 s; Leistungsgew. 8.7 kg/kW (6.4 kg/PS); Verbrauch (Red.) 9/18 L/100 km.

4.0 V8 32V – 264 ch Injection d'essence

Comme 3.0 – 228 ch, sauf:

Moteur: (DIN/SAE), 8 cyl. en V 90° (87.5×82.5 mm), 3969 cm³; compr. 10.4:1; 194 kW (264 ch) à 5300/min, 48.9 kW/L (66.4 ch/L); 365 Nm (37.2 mkp) à 4500/min; 95 (R).

Moteur (constr.): désignation 1 UZ-FE; 4 soupapes en V 22°; 2×2 arbres à cames en tête (pignons/courroie crantée); culasses et bloc-cyl. en alliage léger; vilebrequin à 5 paliers; huile 5.3 L; injection électronique. Batterie 55 Ah, alternateur 100 A; refroidissement à eau, capac. 10.8 L.

Transmission: Boîte aut. à 4 vit.: I. 2.8; II. 1.53; III. 1; IV. 0.71; AR 2.39; pont 3.92.

Performances: Vmax (usine) 241 km/h, V à 1000/min en 4. vit. 43.2 km/h; 0–97 km/h 6.9 s; rapp. poids/puiss. 8.7 kg/kW (6.4 kg/ch); consomm. (Réd.) 9/18 L/100 km.

Lexus 339

Lexus ES 300

Luxusversion des Toyota Camry für den amerikanischen Markt. Viertüriges Hardtop mit 3.0 V6 (203 PS). Debüt Sommer 1991.

Version de luxe de la Toyota Camry pour le marché américain. Hardtop quatre portes.avec V6 3.0 (203 ch). Lancement été 1991.

3.0 V6 24V – 203 PS
Benzineinspritzung

3.0 V6 24V – 203 ch
Injection d'essence

Karosserie, Gewicht: Hardtop-Limousine, 4 Türen, 5 Sitze; leer ab 1495 kg.

Carrosserie, poids: berline hardtop, 4 portes, 5 places; vide dès 1495 kg.

Motor: (SAE), 6 Zyl. in V 60° (87.5×83 mm), 2995 cm³; Kompr. 10.5:1; 149 kW (203 PS) bei 5200/min, 49.7 kW/L (67.6 PS/L); 290 Nm (29.6 mkp) bei 4400/min; 91 ROZ.

Moteur: (SAE), 6 cylindres en V 60° (87.5×83 mm), 2995 cm³; compr. 10.5:1; 149 kW (203 ch) à 5200/min, 49.7 kW/L (67.6 ch/L); 290 Nm (29.6 mkp) à 4400/min; 91 (R).

Motorkonstruktion: 4 Ventile in V; 2×2 obenl. Nockenwellen (Zahnriemen); Leichtmetall-Zylinderköpfe und -block; 4fach gelagerte Kurbelwelle; Öl 4.5 L; elektron. Einspritzung.

Moteur (constr.): 4 soupapes en V; 2×2 arbres à cames en tête (courroie crantée); culasses et bloc-cyl. en alliage léger; vilebrequin à 4 paliers; huile 4.5 L; injection électronique.

Batterie 55 Ah, Alternator 80 A; Wasserkühlung, Inh. 8.7 L.

Batterie 55 Ah, alternateur 80 A; refroidissement à eau, capac. 8.7 L.

Kraftübertragung: (auf Vorderräder). 4-Stufen-Automat: I. 2.81; II. 1.55; III. 1; IV. 0.73; R 2.3; Achse 3.93.

Transmission: (sur roues AV). Boîte aut. à 4 vit.: I. 2.81; II. 1.55; III. 1; IV. 0.73; AR 2.3; pont 3.93.

Fahrgestell: Selbsttragende Karosserie mit vorderem und hinterem Hilfsrahmen; vorn Federbeine und Dreieckquerlenker; hinten Längs- und Querlenker, Teleskopdämpfer; v/h Kurvenstabilisator.

Châssis: carrosserie autoporteuse avec faux-châssis AV et AR; AV jambes élast. et leviers triang. transv.; AR bras longitud. et transv., amortiss. télescop.; AV/AR barre anti-dévers.

Lexus ES 300

Fahrwerk: Vierrad-Scheibenbremse (vorn belüftet), Scheiben-Ø v. 27.4 cm, h. 28.7 cm, ABS, Handbremse auf Hinterräder; Zahnstangenlenkung mit Servo, Treibstofftank 70 L; Reifen 205/70 R 15, Felgen 6 J.

Train roulant: quatre freins à disques (AV ventilés), Ø disques AV 27.4 cm, AR 28.7 cm, ABS, frein à main sur roues AR; servodirection à crémaillère, réservoir carb. 70 L; pneus 205/70 R 15, jantes 6 J.

Dimensionen: Radstand 267 cm, Spur 155/152 cm, Bodenfreih. 13 cm, Wendekreis 11 m, Kofferraum 370 dm³, Länge 483 cm, Breite 179 cm, Höhe 137 cm.

Dimensions: empattement 267 cm, voie 155/152 cm, garde au sol 13 cm, diam. de braq. 11 m, coffre 370 dm³, longueur 483 cm, largeur 179 cm, hauteur 137 cm.

Fahrleistungen: Vmax (Werk) 225 km/h, V bei 1000/min im 4. Gang 43.4 km/h; 0–97 km/h 7.7 s; Leistungsgewicht 10 kg/kW (7.4 kg/PS); Verbrauch EPA 8.4/11.8 L/100 km.

Performances: Vmax (usine) 225 km/h, V à 1000/min en 4. vit. 43.4 km/h; 0–97 km/h 7.7 s; rapp. poids/puiss. 10 kg/kW (7.4 kg/ch); consomm. EPA 8.4/11.8 L/100 km.

Lexus GS 300

Exportversion des von Giugiaro entworfenen Toyota Aristo mit 3-Liter-24V-Sechszylinder mit 212 PS Leistung, vom Toyota Aristo abgeleitet.

Version d'exportation de la Toyota Aristo (design Giugiaro) avec moteur 3 litres, 6 cyl., 24 soupapes, 212 ch, dérivée de la Toyota Aristo.

3.0 24V – 212 PS
Benzineinspritzung

3.0 24V – 212 ch
Injection d'essence

Karosserie, Gewicht: Limousine, 4 Türen, 5 Sitze; leer ab 1720 kg.

Carrosserie, poids: Berline, 4 portes, 5 places; vide dès 1720 kg.

Lexus GS 300

Motor: (SAE/ECE), 6 Zyl. in Linie (86×86 mm), 2997 cm³; Kompr. 10:1; 156 kW (212 PS) bei 5800/min, 52.1 kW/L (70.8 PS/L); 275 Nm (28 mkp) bei 4800/min; 95 ROZ.
GS 300 T3 mit Spezialauspuff: 161 kW (219 PS).
SAE: 165 kW (224 PS).

Moteur: (SAE/ECE), 6 cyl. en ligne (86×86 mm), 2997 cm³; compr. 10:1; 156 kW (212 ch) à 5800/min, 52.1 kW/L (70.8 ch/L); 275 Nm (28 mkp) à 4800/min; 95 (R).
GS 300 T3 avec échappement spécial: 161 kW (219 PS).
SAE: 165 kW (224 ch).

Motorkonstruktion: Bezeichnung 2JZ-GE; 4 Ventile in V 45°; 2 obenl. Nockenwellen (Zahnräder/Zahnriemen); Leichtmetall-Zylinderkopf; 7fach gelagerte Kurbelwelle; Ölkühler; Öl 4.5 L; elektron. Einspritzung.

Moteur (constr.): désignation 2JZ-GE; 4 soupapes en V 45°; 2 arbres à cames en tête (pignons/courroie crantée); culasse en alliage léger; vilebrequin à 7 paliers; radiat. d'huile; huile 4.5 L; injection électronique.

Batterie 60 Ah, Alternator 60 A; Wasserkühlung, Inh. 8.4 L.

Batterie 60 Ah, alternateur 60 A; refroidissement à eau, capac. 8.4 L.

Kraftübertragung: (auf Hinterräder), Antriebsschlupfregelung.
4-Stufen-Automat: I. 2.8; II. 1.53; III. 1; IV. 0.71; R 2.39; Achse 4.08.
5-Stufen-Automat für USA: I. 2.8; II. 1.98; III. 1.53; IV. 1; V. 0.97; Achse 4.27.

Transmission: (sur roues AR), Dispositif antipatinage.
Boîte aut. à 4 vit.: I. 2.8; II. 1.53; III. 1; IV. 0.71; AR 2.39; pont 4.08.
Boîte aut. à 5 vit. pour les USA: I. 2.8; II. 1.98; III. 1.53; IV. 1; V. 0.97; pont 4.27.

Fahrgestell: Selbsttragende Karosserie mit vorderem und hinterem Hilfsrahmen; vorn doppelte Dreieckquerlenker; hinten Querlenker, Schräglenker, obere Dreieckquerlenker; v/h Kurvenstabilisator, Schraubenfedern, Teleskopdämpfer.

Châssis: carrosserie autoporteuse avec faux-châssis AV et AR; AV leviers triang. transv. doubles; AR leviers transv., triangles obliques, leviers triang. superieur; AV/AR barre anti-dévers, ressorts hélic, amortiss. télesc.

Fahrwerk: Vierrad-Scheibenbremse (v/h belüftet), ABS, Handbremse auf Hinterräder; Zahnstangenlenkung mit Servo, Treibstofftank 80 L; Reifen 225/55 VR 16, Reifen v. 245/40 ZR 18, h. 275/35 ZR 18, Felgen 7.5 J, Felgen v. 8.5, h. 10 J.

Train roulant: quatre freins à disques (AV/AR ventilés), ABS, frein à main sur roues AR; servodirection à crémaillère, réservoir carb. 80 L; pneus 225/55 VR 16, pneus AV 245/40 ZR 18, AR 275/35 ZR 18, jantes 7.5 J, jantes AV 8.5, AR 10 J.

Dimensionen: Radstand 278 cm, Spur 153.5/151.5 cm, Bodenfreih. 15 cm, Wendekreis 11 m, Kofferraum 370 dm³, Länge 496.5 cm, Breite 179.5 cm, Höhe 143 cm.

Dimensions: empatt. 278 cm, voie 153.5/151.5 cm, garde au sol 15 cm, diam. de braq. 11 m, coffre 370 dm³, longueur 496.5 cm, largeur 179.5 cm, hauteur 143 cm.

Fahrleistungen: Vmax (Werk) 230 km/h, V bei 1000/min im 4. Gang 39.4 km/h; 0–100 km/h 8.8 s; Leistungsgew. 11 kg/kW (8.1 kg/PS); Verbr. ECE 7.8/9.8/14 L/100 km.

Performances: Vmax (usine) 230 km/h, V à 1000/min en 4. vit. 39.4 km/h; 0–100 km/h 8.8 s; rapp. poids/puiss. 11 kg/kW (8.1 kg/ch); consomm. ECE 7.8/9.8/14 L/100 km.

Lexus LX 450

Luxuriöses Geländefahrzeug mit 4.5-L-Sechszylindermotor mit 215 SAE-PS. Länge 482, Breite 193 und Höhe 187 cm. Daten siehe Toyota Land Cruiser 80.

Voiture tout-terrain luxueuse avec moteur 6 cyl. 4.5 L avec 215 ch (SAE). Longuer 482, largeur 193 et hauteur 187 cm. Données voir Toyota Land Cruiser 80.

Lexus LX 450

Lincoln USA

Lincoln Division, Ford Motor Company, Dearborn, Detroit 32, Michigan, USA

Spitzenmarke der Ford Motor Company. Fahrzeuge der amerikan. Eliteklasse.

Marque de prestige de la Ford Motor Company. Voitures d'élite américaine.

Lincoln Continental

Neuauflage der luxuriösen viertürigen Limousine für den Jahrgang 1995, Frontantrieb, 4,6-Liter-V8-Motor mit 4 Ventilen pro Zylinder, Vierrad-Scheibenbremse. Debüt Herbst 1987.

Nouvelle édition de la berline luxueuse pour le millésime 1995, traction AV, moteur 4,6 litres V8 avec 4 soupapes par cylindre, frein à disques sur quatre roues. Lancement automne 1987.

4.6 V8 32V – 264 PS Benzineinspritzung

4.6 V8 32V – 264 ch Injection d'essence

Karosserie, Gewicht: Limousine, 4 Türen, 5 - 6 Sitze; leer ab 1760 kg.

Motor: (SAE), 8 Zyl. in V 90° (90.2×90 mm), 4601 cm³; Kompr. 9.8:1; 194 kW (264 PS) bei 5750/min, 42.2 kW/L (57.3 PS/L); 360 Nm (36.7 mkp) bei 4750/min; 95 ROZ.

Motorkonstruktion: Bezeichnung 99V; 4 Ventile in V; 2×2 obenl. Nockenwellen (Ketten); Leichtmetall-Zylinderköpfe und -block; 5fach gelagerte Kurbelwelle; Öl 5.7 L; elektron. Einspritzung, EECIV. Batterie 84 Ah, Alternator 130 A; Wasserkühlung, Inh. 12.8 L.

Kraftübertragung: (auf Vorderräder). 4-Stufen-Automat: I. 2.77; II. 1.54; III. 1; IV. 0.69; R 2.26; Achse 3.56.

Fahrgestell: Selbsttragende Karosserie; vorn Federbeine, Querlenker, Zugstreben; hinten Längs- und Querlenker; v/h Kurvenstabilisator; elektron. geregelte Luftfederung mit Niveauregulierung.

Fahrwerk: Vierrad-Scheibenbremse (vorn belüftet), Scheiben-∅ v. 29.5 cm, h. 25.7 cm, ABS, ITT; Handbremse auf Hinterräder; Zahnstangenl. mit Servo, Treibstofftank 67.5 L; Reifen 225/60 HR 16, Felgen 7 J.

Carrosserie, poids: Berline, 4 portes, 5 - 6 places; vide dès 1760 kg.

Moteur: (SAE), 8 cyl. en V 90° (90.2×90 mm), 4601 cm³; compr. 9.8:1; 194 kW (264 ch) à 5750/min, 42.2 kW/L (57.3 ch/L); 360 Nm (36.7 mkp) à 4750/min; 95 (R).

Moteur (constr.): désignation 99V; 4 soupapes en V; 2×2 arbres à cames en tête (chaînes); culasses et bloc-cyl. en alliage léger; vilebrequin à 5 paliers; huile 5.7 L; injection électronique, EECIV. Batterie 84 Ah, alternateur 130 A; refroidissement à eau, capac. 12.8 L.

Transmission: (sur roues AV). Boîte aut. à 4 vit.: I. 2.77; II. 1.54; III. 1; IV. 0.69; AR 2.26; pont 3.56.

Châssis: carrosserie autoporteuse; AV jambes élast., leviers transv., tirants; AR bras longitud. et transv.; AV/AR barre anti-dévers; susp. pneumatique avec réglage électron. du niveau.

Train roulant: quatre freins à disques (AV ventilés), ∅ disques AV 29.5 cm, AR 25.7 cm, ABS, ITT; frein à main sur roues AR; servodirection à crémaillère, réservoir carb. 67.5 L; pneus 225/60 HR 16, jantes 7 J.

Lincoln Continental

Dimensionen: Radstand 277 cm, Spur 160/156 cm, Bodenfreih. 15 cm, Wendekreis 12.5 m, Kofferraum 515 dm³, Länge 524 cm, Breite 187 cm, Höhe 142 cm.

Fahrleistungen: Vmax (Red.) 215 km/h, V bei 1000/min im 4. Gang 50.5 km/h; Leistungsgew. 9.1 kg/kW (6.7 kg/PS); Verbrauch EPA 9.4/13.8 L/100 km.

Dimensions: empattement 277 cm, voie 160/156 cm, garde au sol 15 cm, diam. de braq. 12.5 m, coffre 515 dm³, longueur 524 cm, largeur 187 cm, hauteur 142 cm.

Performances: Vmax (réd.) 215 km/h, V à 1000/min en 4. vit. 50.5 km/h; rapp. poids/puiss. 9.1 kg/kW (6.7 kg/ch); consomm. EPA 9.4/13.8 L/100 km.

Lincoln Town Car

Herbst 1979: Neue, kompaktere Karosserie, kleinere V8-Motoren, Overdrive-Automatikgetriebe. Seit 1982 nur als Limousine lieferbar. 1986 mit Benzineinspritzung und mehr Leistung. 1991 mit neuem 4,6-Liter-V8. Ab 1994 nur noch mit Doppelauspuff.

Automne 1979: Nouvelle carrosserie plus compacte, V8 plus petites, boîte aut. avec OD. Depuis 1982 seulement livrable comme berline. 1986 avec injection, puissance accrue. 1991 avec nouveau 4.6 V8. 1994 uniquement avec double échappement.

4.6 V8 – 213 PS Benzineinspritzung

4.6 V8 – 213 ch Injection d'essence

Karosserie, Gewicht: Limousine, 4 Türen, 6 Sitze; leer ab 1835 kg.

Motor: (SAE), 8 Zyl. in V 90° (90.2×90 mm), 4601 cm³; Kompr. 9:1; 157 kW (213 PS) bei 4250/min, 34.1 kW/L (46.4 PS/L); 366 Nm (37.3 mkp) bei 3250/min; 91 ROZ.

Motorkonstruktion: Bezeichnung 99W; 2×1 obenl. Nockenwelle (Kette); Leichtmetall-Zylinderköpfe; 5fach gelagerte Kurbelwelle; Öl 4.7 L; elektron. Einspritzung. Batterie 72 Ah, Alternator 130 A; Wasserkühlung, Inh. 12.9 L.

Kraftübertragung: (auf Hinterräder), Antriebsschlupfregelung. 4-Stufen-Automat: I. 2.84; II. 1.56; III. 1; IV. 0.7; R 2.32; Achse 3.08.

Carrosserie, poids: Berline, 4 portes, 6 places; vide dès 1835 kg.

Moteur: (SAE), 8 cyl. en V 90° (90.2×90 mm), 4601 cm³; compr. 9:1; 157 kW (213 ch) à 4250/min, 34.1 kW/L (46.4 ch/L); 366 Nm (37.3 mkp) à 3250/min; 91 (R).

Moteur (constr.): désignation 99W; 2×1 arbre à cames en tête (chaîne); culasses en alliage léger; vilebrequin à 5 paliers; huile 4.7 L; injection électronique. Batterie 72 Ah, alternateur 130 A; refroidissement à eau, capac. 12.9 L.

Transmission: (sur roues AR), Dispositif antipatinage. Boîte aut. à 4 vit.: I. 2.84; II. 1.56; III. 1; IV. 0.7; AR 2.32; pont 3.08.

Lincoln Town Car

Fahrgestell: vorn doppelte Dreieckquerlenker; hinten Längslenker, Schräglenker, Teleskopdämpfer; v/h Kurvenstabilisator, Schraubenfedern; elektron. geregelte Luftfederung.

Fahrwerk: Vierrad-Scheibenbremse (vorn belüftet), Scheiben-∅ v. 29.2 cm, h. 28.5 cm, ABS, Teves; Fussfeststellbremse auf Hinterräder; Kugelumlauflenkung mit Servo, Treibstofftank 76 L; Reifen 215/70 R 15, 225/60 R 16, Felgen 6.5 J, 7 J.

Dimensionen: Radstand 298 cm, Spur 160/161 cm, Bodenfreih. 15 cm, Wendekreis 13.4 m, Kofferraum 630 dm³, Länge 556 cm, Breite 195 cm, Höhe 145 cm.

Fahrleistungen: Vmax (Red.) über 180 km/h, V bei 1000/min im 4. Gang 57.9 km/h; Leistungsgew. 11.7 kg/kW (8.6 kg/PS); Verbrauch EPA 9.4/13.8 L/100 km.

Châssis: AV leviers triang. transv. doubles; AR bras longitud., triangles obliques, amortiss. télescop.; AV/AR barre anti-dévers, ressorts hélic.; susp. pneumat. à réglage électron.

Train roulant: quatre freins à disques (AV ventilés), ∅ disques AV 29.2 cm, AR 28.5 cm, ABS, Teves; frein de station. à pied sur roues AR; direction à circuit de billes assistée, réservoir carb. 76 L; pneus 215/70 R 15, 225/60 R 16, jantes 6.5 J, 7 J.

Dimensions: empattement 298 cm, voie 160/161 cm, garde au sol 15 cm, diam. de braq. 13.4 m, coffre 630 dm³, longueur 556 cm, largeur 195 cm, hauteur 145 cm.

Performances: Vmax (réd.) plus de 180 km/h, V à 1000/min en 4. vit. 57.9 km/h; rapp. poids/puiss. 11.7 kg/kW (8.6 kg/ch); consomm. EPA 9.4/13.8 L/100 km.

Lincoln Mark VIII

Spitzenerzeugnis der Ford Motor Company mit aerodynamischer Karosserie, elektronisch gesteuerter Luftfederung und 4,9-Liter-V8. Debüt als Mark VII Sommer 1983. Herbst 1992: Neuauflage mit neuem 4.6 V8 32V.

Voiture de prestige de Ford Motor Company avec carrosserie aérodynamique, susp. pneumatique à réglage électronique, V8 4.9. Lancement Mark VII été 1983. Automne 1992: Nouvelle édition avec 4.6 V8 32V.

4.6 V8 32V – 284 PS Benzineinspritzung

4.6 V8 32V – 284 ch Injection d'essence

Karosserie, Gewicht: Coupé, 2 Türen, 5 Sitze; leer ab 1715 kg.

Motor: (SAE), 8 Zyl. in V 90° (90.2×90 mm), 4601 cm³; Kompr. 9.85:1; 209 kW (284 PS) bei 5500/min, 45.4 kW/L (61.8 PS/L); 387 Nm (39.5 mkp) bei 4500/min; 95 ROZ.

Motorkonstruktion: 4 Ventile in V; 2×2 obenl. Nockenwellen (Ketten); Leichtmetall-Zylinderköpfe und -block; 5fach gelagerte Kurbelwelle; Öl 5.7 L; elektron. Einspritzung, Ford EEC-V. Batterie 84 Ah, Alternator 130 A; Wasserkühlung, Inh. 12.8 L.

Carrosserie, poids: Coupé, 2 portes, 5 places; vide dès 1715 kg.

Moteur: (SAE), 8 cylindres en V 90° (90.2×90 mm), 4601 cm³; compr. 9.85:1; 209 kW (284 ch) à 5500/min, 45.4 kW/L (61.8 ch/L); 387 Nm (39.5 mkp) à 4500/min; 95 (R).

Moteur (constr.): 4 soupapes en V; 2×2 arbres à cames en tête (chaînes); culasses et bloc-cyl. en alliage léger; vilebrequin à 5 paliers; huile 5.7 L; injection électronique, Ford EEC-V. Batterie 84 Ah, alternateur 130 A; refroidissement à eau, capac. 12.8 L.

Lincoln • Lotus

Lincoln MkVIII

Kraftübertragung: (auf Hinterräder), Antriebsschlupfregelung.
4-Stufen-Automat: I. 2.84; II. 1.56; III. 1; IV. 0.7; R 2.32; Achse 3.07; 3.31.

Fahrgestell: Selbsttragende Karosserie; vorn obere Dreieckquerlenker, unterer Querlenker, Zugstreben; hinten Dreieckquerlenker, oberer Querlenker, Teleskopdämpfer; v/h Kurvenstabilisator; elektron. geregelte Luftfederung.

Fahrwerk: Vierrad-Scheibenbremse (vorn belüftet), Scheiben-⌀ v. 29.2 cm, h. 25.7 cm, ABS, Teves; Fussfeststellbremse auf Hinterräder; Zahnstangenlenkung mit Servo, Treibstofftank 68 L; Reifen 225/60 VR 16, Felgen 7 J.

Dimensionen: Radstand 287 cm, Spur 156/153 cm, Bodenfreih. 16 cm, Wendekreis 12.3 m, Kofferraum 410 dm³, Länge 527 cm, Breite 190 cm, Höhe 136 cm.

Fahrleistungen: Vmax (Red.) 215 km/h, V bei 1000/min im 4. Gang 57.2 km/h; Leistungsgew. 8.2 kg/kW (6 kg/PS); Verbrauch EPA 9.1/13.1 L/100 km.

4.6 V8 32V – 294 PS Benzineinspritzung

Wie 4.6 – 284 PS, ausgenommen:

Motor: (SAE), 8 Zyl. in V 90° (90.2×90 mm), 4601 cm³; Kompr. 9.85:1; 216 kW (294 PS) bei 5750/min, 46.9 kW/L (63.8 PS/L); 400 Nm (40.8 mkp) bei 4500/min; 95 ROZ.

Motorkonstruktion: 4 Ventile in V; 2×2 obenl. Nockenwellen (Ketten); Leichtmetall-Zylinderköpfe und -block; 5fach gelagerte Kurbelwelle; Öl 5.7 L; elektron. Einspritzung, Ford EEC-V.

Kraftübertragung: (auf Hinterräder), Antriebsschlupfregelung.
4-Stufen-Automat: I. 2.84; II. 1.56; III. 1; IV. 0.7; R 2.32; Achse 3.07; 3.31.

Fahrleistungen: Vmax (Red.) 220 km/h, V bei 1000/min im 4. Gang 57.2 km/h; Leistungsgew. 7.9 kg/kW (5.8 kg/PS); Verbrauch EPA 9.1/13.1 L/100 km.

Lincoln Navigator

Neues Modell. Geländegängiger Wagen auf Basis des Ford Expedition, 5.4-V8, Zwei- oder Vierradantrieb. Debüt Januar 1997.

5.4 V8 – 232 PS Benzineinspritzung

Karosserie, Gewicht: Station Wagon, 5 Türen, 5 - 9 Sitze; leer ab 2335 kg.

Motor: (SAE), 8 Zyl. in V 90° (90.2×105.7 mm), 5403 cm³; Kompr. 9:1; 171 kW (232 PS) bei 4250/min, 31.6 kW/L (43 PS/L); 441 Nm (45 mkp) bei 3000/min; 91 ROZ.

Transmission: (sur roues AR), Dispositif antipatinage.
Boîte aut. à 4 vit.: I. 2.84; II. 1.56; III. 1; IV. 0.7; AR 2.32; pont 3.07; 3.31.

Châssis: carrosserie autoporteuse; AV leviers triang. superieur, levier transvers. inférieur, tirants; AR leviers triang. transv., levier transv. sup., amortis. télescop.; AV/AR barre anti-dévers; susp. pneumat. à réglage électron.

Train roulant: quatre freins à disques (AV ventilés), ⌀ disques AV 29.2 cm, AR 25.7 cm, ABS, Teves; frein de station. à pied sur roues AR; servodirection à crémaillère, réservoir carb. 68 L; pneus 225/60 VR 16, jantes 7 J.

Dimensions: empattement 287 cm, voie 156/153 cm, garde au sol 16 cm, diam. de braq. 12.3 m, coffre 410 dm³, longueur 527 cm, largeur 190 cm, hauteur 136 cm.

Performances: Vmax (réd.) 215 km/h, V à 1000/min en 4. vit. 57.2 km/h; rapp. poids/puiss. 8.2 kg/kW (6 kg/ch); consomm. EPA 9.1/13.1 L/100 km.

4.6 V8 32V – 294 ch Injection d'essence

Comme 4.6 – 284 ch, sauf:

Moteur: (SAE), 8 cylindres en V 90° (90.2×90 mm), 4601 cm³; compr. 9.85:1; 216 kW (294 ch) à 5750/min, 46.9 kW/L (63.8 ch/L); 400 Nm (40.8 mkp) à 4500/min; 95 (R).

Moteur (constr.): 4 soupapes en V; 2×2 arbres à cames en tête (chaînes); culasses et bloc-cyl. en alliage léger; vilebrequin à 5 paliers; huile 5.7 L; injection électronique, Ford EEC-V.

Transmission: (sur roues AR), Dispositif antipatinage.
Boîte aut. à 4 vit.: I. 2.84; II. 1.56; III. 1; IV. 0.7; AR 2.32; pont 3.07; 3.31.

Performances: Vmax (réd.) 220 km/h, V à 1000/min en 4. vit. 57.2 km/h; rapp. poids/puiss. 7.9 kg/kW (5.8 kg/ch); consomm. EPA 9.1/13.1 L/100 km.

Lincoln Navigator

Nouveau modèle. Voiture tout-terrain sur base de la Ford Expedition, 5.4 V8, traction AR ou intégrale. Lancement janvier 1997.

5.4 V8 – 232 ch Injection d'essence

Carrosserie, poids: Station-wagon, 5 portes, 5 - 9 places; vide dès 2335 kg.

Moteur: (SAE), 8 cyl. en V 90° (90.2×105.7 mm), 5403 cm³; compr. 9:1; 171 kW (232 ch) à 4250/min, 31.6 kW/L (43 ch/L); 441 Nm (45 mkp) à 3000/min; 91 (R).

Motorkonstruktion: 2×1 obenl. Nockenwelle (Kette); Leichtmetall-Zylinderköpfe; 5fach gelagerte Kurbelwelle; Öl 4.7 L; elektron. Einspritzung, Ford EEC-V.
Batterie 72 Ah, Alternator 130 A; Wasserkühlung, Inh. 13.8 L.

Kraftübertragung: (auf Hinterräder), a. W. Differentialbremse.
4WD: a.W. Differentialsperre, Reduktionsgetriebe: I. 1; II. 2.69.
4-Stufen-Automat: I. 2.71; II. 1.54; III. 1; IV. 0.71; R 2.18; Achse 3.07.
4WD: Achse 3.73.

Fahrgestell: Kastenrahmen mit Traversen; vorn doppelte Dreieckquerlenker, Torsionsfederstäbe; 2WD Schraubenfedern, Kurvenstabilisator; hinten Starrachse, Längslenker, Schräglenker, Panhardstab; Schraubenfedern; v/h Kurvenstabilisator, Teleskopdämpfer, hinten a.W. Luftfederung mit Niveauregulierung.

Fahrwerk: Vierrad-Scheibenbremse (vorn belüftet), Scheiben-⌀ v. 30.4 cm, h. 33.3 cm, ABS, Fussfeststellbremse auf Hinterräder; Kugelumlauflenkung mit Servo, Treibstofftank 114 L; Reifen 245/75 R 16, 255/75 R 17, Felgen 7 J, 7.5 J.

Lincoln Navigator

Dimensionen: Radstand 302 cm, Spur 166/166 cm, Bodenfreih. 21 cm, Wendekreis 12.3 m, Kofferraum 3295 dm³, Länge 520 cm, Breite 203 cm, Höhe 185 cm.
4WD: Bodenfreih. 22 cm, Höhe 195 cm.

Fahrleistungen: Vmax (Red.) 190 km/h, V bei 1000/min im 4. Gang 57.4 km/h; Leistungsgew. 13.8 kg/kW (10.2 kg/PS); Verbrauch (Red.) 13/20 L/100 km.

Moteur (constr.): 2×1 arbre à cames en tête (chaîne); culasses en alliage léger; vilebrequin à 5 paliers; huile 4.7 L; injection électronique, Ford EEC-V.
Batterie 72 Ah, alternateur 130 A; refroidissement à eau, capac. 13.8 L.

Transmission: (sur roues AR), différentiel autobloquant s.d.
4WD: s.d. différentiel verrouillable, boîte de transfert: I. 1; II. 2.69.
Boîte aut. à 4 vit.: I. 2.71; II. 1.54; III. 1; IV. 0.71; AR 2.18; pont 3.07.
4WD: pont 3.73.

Châssis: Cadre à caisson avec traverses; AV leviers triang. transv. doubles, barres de torsion; 2WD ressorts hélic., barre anti-dévers; AR essieu rigide, bras longitud., triangles obliques, barre Panhard; ressorts hélicoïdaux; AV/AR barre anti-dévers, amortiss. télesc., AR s.d. susp. pneumat. avec réglage du niveau.

Train roulant: quatre freins à disques (AV ventilés), ⌀ disques AV 30.4 cm, AR 33.3 cm, ABS, frein de stationn. à pied sur roues AR; direction à circuit de billes assistée, réservoir carb. 114 L; pneus 245/75 R 16, 255/75 R 17, jantes 7 J, 7.5 J.

Dimensions: empattement 302 cm, voie 166/166 cm, garde au sol 21 cm, diam. de braq. 12.3 m, coffre 3295 dm³, longueur 520 cm, largeur 203 cm, hauteur 185 cm.
4WD: garde au sol 22 cm, hauteur 195 cm.

Performances: Vmax (réd.) 190 km/h, V à 1000/min en 4. vit. 57.4 km/h; rapp. poids/puiss. 13.8 kg/kW (10.2 kg/ch); consomm. (Réd.) 13/20 L/100 km.

Lotus GB

Lotus Cars Limited, Hethel, Norwich, Norfolk, NR14 8EZ, England

Auf die Konstruktion von Sportwagen spezialisierte englische Firma. Januar 1986: In den Besitz von General Motors übergegangen. Ende 1996 Übernahme durch Proton, Malaysia.

Marque anglaise spécialisée dans la construction de voitures de sportive. Janvier 1986: Achetée par General Motors. Fin 1996 achetée par Proton, Malaysia.

Lotus Elise

Mittelmotor-Sportwagen mit Chassisstruktur aus Leichtmetall. Debüt IAA Frankfurt 1995. 1997 auch mit Hardtop.

Voiture de sport, structure de châssis en alliage léger. Lancement IAA Francfort 1995. 1997 aussi avec Hardtop.

1.8 16V – 120 PS Benzineinspritzung

Karosserie, Gewicht: Cabriolet, 2 Türen, 2 Sitze; leer ab 690 kg.

1.8 16V – 120 ch Injection d'essence

Carrosserie, poids: cabriolet, 2 portes, 2 places; vide dès 690 kg.

Lotus

Lotus Elise

Motor: (ECE), 4 Zyl. in Linie (80×89.3 mm), 1795 cm³; Kompr. 10.5:1; 88 kW (120 PS) bei 5500/min, 49 kW/L (66.9 PS/L); 166 Nm (16.9 mkp) bei 3000/min; 95 ROZ. VVC (Variable Valve Control): 110 kW (150 PS) bei 7000/min, 61.2 kW/L (83.5 PS/L); 174 Nm (17.7 mkp) bei 4500/min.

Motorkonstruktion: Bezeichnung Rover-K-Series; 4 Ventile in V; 2 obenl. Nockenwellen (Zahnriemen); Leichtmetall-Zylinderköpfe und -block; 5fach gelagerte Kurbelwelle; Ölkühler; Öl 5 L; elektron. Einspritzung. Batterie 55 Ah, Alternator 70 A; Wasserkühlung.

Kraftübertragung: (auf Hinterräder), a. W. Differentialbremse. 5-Gang-Getriebe: I. 3.17; II. 1.84; III. 1.31; IV. 1.03; V. 0.77; R 3; Achse 3.94.

Fahrgestell: Chassisstruktur; v/h doppelte Querlenker, Spurstangen, Schraubenfedern, Teleskopdämpfer.

Fahrwerk: Vierrad-Scheibenbremse (v/h belüftet), ohne Servo, Scheiben-∅ v. 28.2 cm, h. 28.2 cm, Handbremse auf Hinterräder; Zahnstangenlenkung, Treibstofftank 40 L; Reifen v. 185/55 R 15, h. 205/50 VR 16, Felgen v. 5, h. 7 J.

Moteur: (ECE), 4 cyl. en ligne (80×89.3 mm), 1795 cm³; compr. 10.5:1; 88 kW (120 ch) à 5500/min, 49 kW/L (66.9 ch/L); 166 Nm (16.9 mkp) à 3000/min; 95 (R). VVC (Variable Valve Control): 110 kW (150 ch) à 7000/min, 61.2 kW/L (83.5 ch/L); 174 Nm (17.7 mkp) à 4500/min.

Moteur (constr.): désignation Rover-K-Series; 4 soupapes en V; 2 arbres à cames en tête (courroie crantée); culasses et bloc-cyl. en alliage léger; vilebrequin à 5 paliers; radiat. d'huile; huile 5 L; injection électronique. Batterie 55 Ah, alternateur 70 A; refroidissement à eau.

Transmission: (sur roues AR), différentiel autobloquant s.d. Boîte à 5 vit.: I. 3.17; II. 1.84; III. 1.31; IV. 1.03; V. 0.77; AR 3; pont 3.94.

Châssis: structure de châssis; AV/AR leviers transv. doubles, biellettes supplem., ressorts hélicoïdaux, amortiss. télesc.

Train roulant: quatre freins à disques (AV/AR ventilés), sans servo, ∅ disques AV 28.2 cm, AR 28.2 cm, frein à main sur roues AR; direction à crémaillère, réservoir carb. 40 L; pneus AV 185/55 R 15, AR 205/50 VR 16, jantes AV 5, AR 7 J.

Lotus Elise

Dimensionen: Radstand 230 cm, Spur 144/145 cm, Bodenfreih. 16 cm, Länge 373 cm, Breite 170 cm, Höhe 120 cm.

Fahrleistungen: Vmax (Werk) 200 km/h, V bei 1000/min im 5. Gang 36.9 km/h; 0–100 km/h 5.9 s; Leistungsgew. 7.8 kg/kW (5.8 kg/PS); Verbrauch EU 5.7/9.6 L/100 km.

Dimensions: empattement 230 cm, voie 144/145 cm, garde au sol 16 cm, longueur 373 cm, largeur 170 cm, hauteur 120 cm.

Performances: Vmax (usine) 200 km/h, V à 1000/min en 5. vit. 36.9 km/h; 0–100 km/h 5.9 s; rapp. poids/puiss. 7.8 kg/kW (5.8 kg/ch); consomm. EU 5.7/9.6 L/100 km.

Lotus Esprit

Sportcoupé mit 2,2-Liter-Mittelmotor, 4 Ventilen pro Zylinder und Turbolader. Debüt Februar 1980. 1985: Neue Vorderradaufhängung. Mai 1989 SE mit 268 PS. Birmingham 1992: Sport 300. Birmingham 1994: S4s. Genf 1996: V8 Twin-Turbo; Herbst 1996 mit 2.0 Turbo.

Coupé de sport avec moteur central de 2,2 litres, 4 soupapes par cyl. et turbocompresseur. Lancement février 1980. 1985: Nouv. susp. AV. Mai 1989 SE avec 268 ch. Birmingham 1992: Sport 300. Birmingahm 1994: S4s. Genève 1996: V8 Twin Turbo; automne 1996 2.0 Turbo.

3.5 V8 32V – 354 PS Benzineinspritzung/Turbo

3.5 V8 32V – 354 ch Injection d'essence/turbo

Karosserie, Gewicht: Coupé, 2 Türen, 2 Sitze; leer ab 1380 kg.

Carrosserie, poids: Coupé, 2 portes, 2 places; vide dès 1380 kg.

Motor: (ECE), 8 Zyl. in V 90° (83×81 mm), 3506 cm³; Kompr. 8:1; 260 kW (354 PS) bei 6500/min, 74.1 kW/L (100.8 PS/L); 408 Nm (41.6 mkp) bei 4250/min; 98 ROZ.

Motorkonstruktion: Bezeichnung Lotus 618; 4 Ventile in V 41.5°; 2×2 obenl. Nockenwellen (Zahnriemen/Kette); Leichtmetall-Zylinderköpfe und -block; 5fach gelagerte Kurbelwelle; Ölkühler; Öl 6 L; elektron. Einspritzung, 2 Turbolader, Garrett T25, Intercooler. Wasserkühlung.

Kraftübertragung: (auf Hinterräder), a. W. Differentialbremse. 5-Gang-Getriebe: I. 3.36; II. 2.06; III. 1.38; IV. 1.04; V. 0.76; R 3.55; Achse 3.89.

Fahrgestell: Gitterrohrrahmenchassis; vorn doppelte Dreieckquerl., Kurvenstabilisator; hinten Längs- und Querlenker; v/h Schraubenfedern und koaxiale Dämpfer.

Moteur: (ECE), 8 cyl. en V 90° (83×81 mm), 3506 cm³; compr. 8:1; 260 kW (354 ch) à 6500/min, 74.1 kW/L (100.8 ch/L); 408 Nm (41.6 mkp) à 4250/min; 98 (R).

Moteur (constr.): désignation Lotus 618; 4 soupapes en V 41.5°; 2×2 arbres à cames en tête (courroie crantée/chaîne); culasses et bloc-cyl. en alliage léger; vilebrequin à 5 paliers; radiat. d'huile; huile 6 L; injection électronique, 2 turbocompresseurs, Garrett T25, Intercooler. Refroidissement à eau.

Transmission: (sur roues AR), différentiel autobloquant s.d. Boîte à 5 vit.: I. 3.36; II. 2.06; III. 1.38; IV. 1.04; V. 0.76; AR 3.55; pont 3.89.

Châssis: châssis tubulaire; AV leviers triang. transv. doubles, barre anti-dévers; AR bras longitud. et transv.; AV/AR ressorts hélicoïdaux et amortisseurs coaxiaux.

Lotus Esprit V8

Fahrwerk: Vierrad-Scheibenbremse (v/h belüftet), Scheiben-∅ v. 29.6 cm, h. 30 cm, ABS, Delco/Moraine; Handbremse auf Hinterräder; Zahnstangenlenkung mit Servo, Treibstofftank 73 L; Reifen v. 215/40 ZR 17, h. 245/45 ZR 17, Felgen v. 7, h. 8.5 J.

Dimensionen: Radstand 242 cm, Spur 153/154.5 cm, Bodenfreih. 15 cm, Wendekreis 11.8 m, Kofferraum 200 dm³, Länge 441 cm, Breite 188 cm, Höhe 115 cm.

Fahrleistungen: Vmax (Werk) 282 km/h, V bei 1000/min im 5. Gang 40.4 km/h; 0–100 km/h 4.2 s; Leistungsgew. 5.3 kg/kW (3.9 kg/PS); Verbrauch EU 9.3/20 L/100 km.

Train roulant: quatre freins à disques (AV/AR ventilés), ∅ disques AV 29.6 cm, AR 30 cm, ABS, Delco/Moraine; frein à main sur roues AR; servodirection à crémaillère, réservoir carb. 73 L; pneus AV 215/40 ZR 17, AR 245/45 ZR 17, jantes AV 7, AR 8.5 J.

Dimensions: empattement 242 cm, voie 153/154.5 cm, garde au sol 15 cm, diam. de braq. 11.8 m, coffre 200 dm³, longueur 441 cm, largeur 188 cm, hauteur 115 cm.

Performances: Vmax (usine) 282 km/h, V à 1000/min en 5. vit. 40.4 km/h; 0–100 km/h 4.2 s; rapp. poids/puiss. 5.3 kg/kW (3.9 kg/ch); consomm. EU 9.3/20 L/100 km.

2.0 16V – 243 PS Benzineinspritzung/Turbo

2.0 16V – 243 ch Injection d'essence/turbo

Wie 3.5 – 354 PS, ausgenommen:

Comme 3.5 – 354 ch, sauf:

Karosserie, Gewicht: Coupé,; leer ab 1300 kg.

Carrosserie, poids: Coupé; vide dès 1300 kg.

Motor: (ECE), 4 Zyl. in Linie (84.45×89 mm), 1994 cm³; Kompr. 8.5:1; 179 kW (243 PS) bei 6250/min, 89.7 kW/L (122 PS/L); 294 Nm (30 mkp) bei 3750/min; 95 ROZ.

Motorkonstruktion: 4 Ventile in V; 2 obenl. Nockenwellen (Zahnriemen); Leichtmetall-Zylinderkopf und -block; 5fach gelagerte Kurbelwelle; Ölkühler; Öl 5.8 L; elektron. Einspritzung, 1 Turbolader, Garrett TB03, Intercooler. Wasserkühlung.

Moteur: (ECE), 4 cyl. en ligne (84.45×89 mm), 1994 cm³; compr. 8.5:1; 179 kW (243 ch) à 6250/min, 89.7 kW/L (122 ch/L); 294 Nm (30 mkp) à 3750/min; 95 (R).

Moteur (constr.): 4 soupapes en V; 2 arbres à cames en tête (courroie crantée); culasse et bloc-cyl. en alliage léger; vilebrequin à 5 paliers; radiat. d'huile; huile 5.8 L; injection électronique, 1 turbocompr., Garrett TB03, Intercooler. Refroidissement à eau.

Lotus Esprit GT3

Lotus • Luaz 343

Kraftübertragung: (auf Hinterräder), a. W. Differentialbremse.
5-Gang-Getriebe: I. 3.36; II. 2.06; III. 1.38; IV. 1.04; V. 0.76; R 3.55; Achse 3.89.

Fahrleistungen: Vmax (Werk) 263 km/h, V bei 1000/min im 5. Gang 40.4 km/h; 0–100 km/h 5.2 s; Leistungsgew. 7.3 kg/kW (5.4 kg/PS); Verbrauch EU 8.6/19 L/100 km.

Transmission: (sur roues AR), différentiel autobloquant s.d.
Boîte à 5 vit.: I. 3.36; II. 2.06; III. 1.38; IV. 1.04; V. 0.76; AR 3.55; pont 3.89.

Performances: Vmax (usine) 263 km/h, V à 1000/min en 5. vit. 40.4 km/h; 0–100 km/h 5.2 s; rapp. poids/puiss. 7.3 kg/kW (5.4 kg/ch); consomm. EU 8.6/19 L/100 km.

Lotus GT1

Hochleistungsausführung für die Strasse. Unvollständige Daten.

Version hautes performances pour la route. Données icomplètes.

3.5 V8 32V – 354 PS Benzineinspritzung/Turbo

3.5 V8 32V – 354 ch Injection d'essence/turbo

Karosserie, Gewicht: Roadster, 2 Türen, 2 Sitze; leer ab 900 kg.

Motor: (ECE), 8 Zyl. in V 90° (83×81 mm), 3506 cm³; Kompr. 8:1; 260 kW (354 PS) bei 6500/min, 74.1 kW/L (100.8 PS/L); 408 Nm (41.6 mkp) bei 4250/min; 98 ROZ.

Motorkonstruktion: Bezeichnung Lotus 618; 4 Ventile in V 41.5°; 2×2 obenl. Nokkenwellen (Zahnr./Kette); Leichtmetall-Zylinderköpfe und -block; 5fach gelagerte Kurbelwelle; Ölkühler; Öl 6 L; elektron. Einspr., 2 Turbolader, Garrett T25, Intercooler. Wasserkühlung.

Kraftübertragung: (auf Hinterräder), a. W. Differentialbremse.
6-Gang-Getriebe: I. 2.68; II. 1.8; III. 1.29; IV. 1; V. 0.75; VI. 0.5; R 2.5; Achse 3.73.

Fahrgestell: Chassisstruktur; v/h doppelte Querlenker, Spurstangen, Schraubenfedern, Teleskopdämpfer.

Fahrwerk: Vierrad-Scheibenbr. (v/h belüftet), Scheiben-∅ v. 35.6 cm, h. 35.6 cm, Handbr. auf Hinterr.; Zahnstangenlenkung, Treibstofftank 80 L; Reifen v. 275/35 ZR 18, h. 345/35 ZR 18, Felgen v. 11, h. 13 J.

Carrosserie, poids: Roadster, 2 portes, 2 places; vide dès 900 kg.

Moteur: (ECE), 8 cyl. en V 90° (83×81 mm), 3506 cm³; compr. 8:1; 260 kW (354 ch) à 6500/min, 74.1 kW/L (100.8 ch/L); 408 Nm (41.6 mkp) à 4250/min; 98 (R).

Moteur (constr.): désignation Lotus 618; 4 soupapes en V 41.5°; 2×2 arbres à cames en tête (courroie crantée/chaine); culasses et bloc-cyl. en alliage léger; vilebrequin à 5 paliers; radiat. d'huile; huile 6 L; inj. électronique, 2 turbocomp., Garrett T25, Interc. Refroidissement à eau.

Transmission: (sur roues AR), différentiel autobloquant s.d.
Boîte à 6 vit.: I. 2.68; II. 1.8; III. 1.29; IV. 1; V. 0.75; VI. 0.5; AR 2.5; pont 3.73.

Châssis: structure de châssis; AV/AR leviers transv. doubles, biellettes suppl., ressorts hélicoïdaux, amortiss. télescop.

Train roulant: quatre freins à disques (AV/AR vent.), ∅ disques AV 35.6 cm, AR 35.6 cm, frein à main sur roues AR; dir. à crém., rés. carb. 80 L; pneus AV 275/35 ZR 18, AR 345/35 ZR 18, jantes AV 11, AR 13 J.

Lotus GT1

Dimensionen: Radstand 268 cm, Spur 170/164 cm, Bodenfreih. 12 cm, Länge 449 cm, Breite 207 cm, Höhe 110 cm.

Fahrleistungen: Vmax (Red.) über 300 km/h, Leistungsgew. 3.5 kg/kW (2.5 kg/PS); Verbrauch (Red.) 10/20 L/100 km.

Dimensions: empattement 268 cm, voie 170/164 cm, garde au sol 12 cm, longueur 449 cm, largeur 207 cm, hauteur 110 cm.

Performances: Vmax (réd.) plus de 300 km/h, rapp. poids/puiss. 3.5 kg/kW (2.5 kg/ch); consomm. (Red.) 10/20 L/100 km.

Luaz   UA

Luaz, Engels-Prospekt 42, Loutsk, 263014, Ukraine

Automobilfabrik mit Sitz in der Ukraine in Loutsk.

Fabrique d'automobile, ayant son siège en Ukraine à Loutsk.

Luaz 4×4

Kleines, fünfsitziges Geländefahrzeug. In einigen Ländern als «Volin 969» mit Ford-Motor.

Petite voiture 4×4 à 5 places. Dans quelques pays comme «Volin 969» avec moteur Ford.

1.2 – 41 PS Vergaser

1.2 – 41 ch Carburateur

Karosserie, Gewicht: Station Wagon, 2 Türen, 5 Sitze; leer 950 kg, max. zul. 1350 kg.

Motor: (DIN), 4 Zyl. in Linie (76×66 mm), 1198 cm³; Kompr. 7.2:1; 30 kW (41 PS) bei 4400/min, 25 kW/L (34 PS/L); 75 Nm (7.6 mkp) bei 2800/min; 91 ROZ.

Motorkonstruktion: seitl. Nockenwelle (Kette); Leichtmetall-Zylinderkopf; 3fach gelagerte Kurbelwelle; Öl 3.3 L; 1 Fallstromvergaser, K-127.
Batterie 42 Ah, Alternator 30 A.

Carrosserie, poids: Station-wagon, 2 portes, 5 places; vide 950 kg, tot. adm. 1350 kg.

Moteur: (DIN), 4 cyl. en ligne (76×66 mm), 1198 cm³; compr. 7.2:1; 30 kW (41 ch) à 4400/min, 25 kW/L (34 ch/L); 75 Nm (7.6 mkp) à 2800/min; 91 (R).

Moteur (constr.): arbre à cames latéral (chaine); culasse en alliage léger; vilebrequin à 3 paliers; huile 3.3 L; 1carburateur inversé, K-127.
Batterie 42 Ah, alternateur 30 A.

Luaz 4WD

Kraftübertragung: (auf Hinterräder oder alle Räder).
4-Gang-Getriebe: I. 3.8; II. 2.12; III. 1.41; IV. 0.96; R 4.17; Achse 5.34.

Fahrgestell: v/h Einzelradaufhängung mit Längslenkern, Torsionsfederstäbe; Teleskopdämpfer.

Fahrwerk: Vierradtrommelbremse, Handbremse auf Hinterräder; Kugelumlauflenkung, Treibstofftank 34 L; Reifen 5.90-13, 165 R 13.

Dimensionen: Radstand 180 cm, Spur 132.5/132 cm, Bodenfreih. 28 cm, Wendekreis 11 m, Kofferraum 337 dm³, Länge 337 cm, Breite 161 cm, Höhe 177 cm.

Fahrleistungen: Vmax (Werk) 95 km/h, V bei 1000/min im 4. Gang 21.2 km/h; Leistungsgew. 32.2 kg/kW (23.8 kg/PS); Verbrauch (Red.) 10/15 L/100 km.

Transmission: (sur roues AR ou toutes les roues).
Boîte à 4 vit.: I. 3.8; II. 2.12; III. 1.41; IV. 0.96; AR 4.17; pont 5.34.

Châssis: AV/AR suspension indép. avec bras longit., barres de torsion; amortiss. télescop.

Train roulant: quatre freins à tambours, frein à main sur roues AR; direction à circuit de billes, réservoir carb. 34 L; pneus 5.90-13, 165 R 13.

Dimensions: empattement 180 cm, voie 132.5/132 cm, garde au sol 28 cm, diam. de braq. 11 m, coffre 337 dm³, longueur 337 cm, largeur 161 cm, hauteur 177 cm.

Performances: Vmax (usine) 95 km/h, V 1000/min en 4. vit. 21.2 km/h; rapp. poids/puiss. 32.2 kg/kW (23.8 kg/ch); consomm. (Red.) 10/15 L/100 km.

Luaz 1302

Dreitüriger Station Wagon mit zuschaltbarem Allradantrieb, 1,1-Liter-Motor.

Wagon à 3 portes avec traction sur toutes roues enclenchables, moteur 1.1.

1.1 – 53 PS Vergaser

1.1 – 53 ch Carburateur

Karosserie, Gewicht: Station Wagon, 2 Türen, 4 Sitze.

Motor: (DIN), 4 Zyl. in Linie (72×67 mm), 1091 cm³; Kompr. 9.5:1; 39 kW (53 PS) bei 5300/min, 35.7 kW/L (48.6 PS/L); 80 Nm (8.2 mkp) bei 3500/min; 93 ROZ.

Motorkonstruktion: 1 obenl. Nockenwelle (Zahnriemen); Leichtmetall-Zylinderkopf; 5fach gelagerte Kurbelwelle; Öl 3.5 L; 1 Fallstrom-Doppelvergaser.
Batterie 44 Ah, Alternator 45 A; Wasserkühlung, Inh. 6 L.

Kraftübertragung: (auf Hinterräder oder alle Räder).
4-Gang-Getriebe: I. 3.8; II. 2.12; III. 1.41; IV. 0.96; R 4.17; Achse 4.13.

Carrosserie, poids: Station-wagon, 2 portes, 4 places.

Moteur: (DIN), 4 cyl. en ligne (72×67 mm), 1091 cm³; compr. 9.5:1; 39 kW (53 ch) à 5300/min, 35.7 kW/L (48.6 ch/L); 80 Nm (8.2 mkp) à 3500/min; 93 (R).

Moteur (constr.): 1 arbre à cames en tête (courroie crantée); culasse en alliage léger; vilebrequin à 5 paliers; huile 3.5 L; 1carburateur inversé à double corps.
Batterie 44 Ah, alternateur 45 A; refroidissement à eau, capac. 6 L.

Transmission: (sur roues AR ou toutes les roues).
Boîte à 4 vit.: I. 3.8; II. 2.12; III. 1.41; IV. 0.96; AR 4.17; pont 4.13.

Luaz • Mahindra • Marcos

Luaz 1302

Fahrgestell: v/h Einzelradaufhängung mit Längslenkern, Torsionsfederstäbe; Teleskopdämpfer.

Fahrwerk: Vierradtrommelbremse, Handbremse auf Hinterräder; Kugelumlauflenkung, Treibstofftank 34 L; Reifen 175/70 R 13.

Dimensionen: Radstand 180 cm, Spur 134/133.5 cm, Bodenfreih. 28 cm, Wendekreis 11 m, Länge 343 cm, Breite 161 cm, Höhe 176 cm.

Fahrleistungen: Vmax (Werk) 100 km/h, V bei 1000/min in 4. Gang 28.1 km/h; Verbrauch (Red.) 8/12 L/100 km.

Châssis: AV/AR suspension indép. avec bras longit., barres de torsion; amortiss. télescop.

Train roulant: quatre freins à tambours, frein à main sur roues AR; direction à circuit de billes, réservoir carb. 34 L; pneus 175/70 R 13.

Dimensions: empattement 180 cm, voie 134/133.5 cm, garde au sol 28 cm, diam. de braq. 11 m, longueur 343 cm, largeur 161 cm, hauteur 176 cm.

Performances: Vmax (usine) 100 km/h, V à 1000/min en 4. vit. 28.1 km/h; consomm. (Red.) 8/12 L/100 km.

Mahindra IND

Mahindra & Mahindra Ltd., Apollo Bunder, Bombay 400 039, India

Mahindra CJ/Armada

Indischer Lizenz-Nachbau des ehemaligen Jeep CJ-3B/CJ-5, mit dem ursprünglichen 2,2-Liter-Benzinmotor von Jeep (stehende Ventile); diverse Dieselmotoren lieferbar, mehrere Radstände.

Constr. de l'ancienne Jeep CJ-3B/CJ-5 sous licence aux Indes, livrable avec l'ancien moteur 2,2 litres à essence de Jeep (soupapes latérales); divers moteurs diesel, plusieurs empatt.

2.1 – 63 PS Diesel

2.1 – 63 ch diesel

Karosserie, Gewicht: Wagon, CJ-3 swb; 1200 kg, max. zul. 1590 kg.
CJ-3 lwb: 1360 kg, max. zul. 2065 kg.
CJ-5 swb: 1330 kg, max. zul. 1770 kg.
CJ-5 lwb: 1540 kg, max. zul. 2250 kg.
Armada: 1530 kg, max. zul. 2230 kg.

Carrosserie, poids: Wagon, CJ-3 swb; 1200 kg, tot. adm. 1590 kg.
CJ-3 lwb: 1360 kg, tot. adm. 2065 kg.
CJ-5 swb: 1330 kg, tot. adm. 1770 kg.
CJ-5 lwb: 1540 kg, tot. adm. 2250 kg.
Armada: 1530 kg, tot. adm. 2230 kg.

Motor: (DIN), 4 Zyl. in Linie (90×83 mm), 2112 cm³; Kompr. 22.4:1; 46 kW (63 PS) bei 4200/min, 21.8 kW/L (29.6 PS/L); 120 Nm (12.2 mkp) bei 2000/min; Dieselöl.
A.W. 2.3 (85,72x101,6 mm, 2345 cm³) mit 28 kW (38 PS) bei 2300/min.
oder 2.5 (88,9x101,6 mm, 2523 cm³) mit 29 kW (40 PS) bei 2300/min; 137 Nm (14 mkp) bei 1400/min.
A.W. 2.2-Benz. (79,37x111,12 mm, 2199 cm) ³; Kom. 7,4:1; 53 kW (72 PS) bei 4000/min; 142 Nm (14,5 mkp) bei 2000/min.

Motorkonstruktion: Bezeichnung Peugeot XD,; Wirbelkammer-Diesel; seitl. Nockenwelle Leichtmetall-Zylinderkopf; 5fach gelagerte Kurbelwelle; Öl 5 L; Einspritzpumpe.
Batterie 85 Ah, Alternator 36 A; Wasserkühlung, Inh. 12 L.

Kraftübertragung: (auf Hinterräder oder alle Räder), Reduktionsgetr.: I. 2.46; II. 1.
3-Gang-Getriebe: I. 2.8; II. 1.55; III. 1; R 3.8; Achse 5.38; 4.27.
4-Gang-Getriebe: I. 3.99; II. 2.37; III. 1.47; IV. 1; R 5.32; Achse 5.32; 5.38.

Fahrgestell: Kastenrahmen mit Traversen; v/h Starrachse, Blattf., Teleskopdämpfer.

Fahrwerk: Vierradtrommelbremse, Handbremse auf Kardanwelle; Lenkung mit Schnecke und Rolle, Treibstofftank 40 L; a.W. 45 L; Reifen 195/70 R 15, 215/75 R 15, 235/75 R 15; Felgen 5.5 J, 7 J.

Dimensionen: Radst. 203 cm, Spur 123/123 cm, Bodenfreiheit 20 cm, Länge 335 cm, Höhe 184 cm. Breite je nach Reifen/Felgen (ab 6.00-16, 4,5 J) 145 bis ca. 175 cm.
CJ-3 swb: Radstand 231 cm, Länge 380 cm, Höhe 186 cm.
CJ-3 lwb: Radstand 263 cm, Länge 411 cm, Höhe 200 cm.
CJ-5 swb: Radstand 243 cm, Spur 129/129 cm, Länge 381 cm, Höhe 193 cm.
CJ-5 lwb: Radstand 253 cm, Spur 129/129 cm, Länge 419 cm, Höhe 194 cm.
CJ-5 lwb: Radstand 268 cm, Spur 129/129 cm, Länge 406 cm, Höhe 197 cm.
Armada: Radstand 268 cm, Spur 129/129 cm, Länge 431 cm, Höhe 179 cm.

Fahrleistungen: Vmax (Red.) über 100 km/h, Leistungsgew. 26.1 kg/kW (19.3 kg/PS); Verbrauch (Red.) 8/14 L/100 km.

Moteur: (DIN), 4 cyl. en ligne (90×83 mm), 2112 cm³; compr. 22.4:1; 46 kW (63 ch) à 4200/min, 21.8 kW/L (29.6 ch/L); 120 Nm (12.2 mkp) à 2000/min; gazole.
S.d. 2.3 (85,72x101,6 mm, 2345 cm³) avec 28 kW (38 ch) à 2300/min.
ou 2.5 (88,9x101,6 mm, 2523 cm³) avec 29 kW (40 ch) à 2300/min; 137 Nm (14 mkp) à 1400/min.
S.d. moteur 2.2 à ess. (79,37x111,12 mm, 2199 cm) ³; compr. 7,4:1; 53 kW (72 ch) à 4000/min; 142 Nm (14,5 mkp) à 2000/min.

Moteur (constr.): désignation Peugeot XD,; diesel à chambre de turbulence; arbre à cames latéral culasse en alliage léger; vilebrequin à 5 paliers; huile 5 L; pompe à injection.
Batterie 85 Ah, alternateur 36 A; refroidissement à eau, capac. 12 L.

Transmission: (sur roues AR ou toutes les roues), boîte de transfert: I. 2.46; II. 1.
Boîte à 3 vit.: I. 2.8; II. 1.55; III. 1; AR 3.8; pont 5.38; 4.27.
Boîte à 4 vit.: I. 3.99; II. 2.37; III. 1.47; IV. 1; AR 5.32; pont 5.32; 5.38.

Châssis: Cadre à caisson avec trav.; AV/AR ess. rigide, ress. à lames, amort. télesc.

Train roulant: quatre freins à tambours, frein à main sur arbre de transmiss.; direction à vis sans fin et galet, réservoir carb. 40 L; s/d. 45 L; pneus 195/70 R 15, 215/75 R 15, 235/75 R 15; jantes 5.5 J, 7 J.

Dimensions: empattement 203 cm, voie 123/123 cm, garde au sol 20 cm, longueur 335 cm, haut. 184 cm. Largeur selon pneus/jantes (dès 6.00-16, 4,5 J) 145 à env. 175 cm.
CJ-3 swb: empattement 231 cm, longueur 380 cm, hauteur 186 cm.
CJ-3 lwb: empattement 263 cm, longueur 411 cm, hauteur 200 cm.
CJ-5 swb: empattement 243 cm, voie 129/129 cm, longueur 381 cm, hauteur 193 cm.
CJ-5 lwb: empattement 253 cm, voie 129/129 cm, longueur 419 cm, hauteur 194 cm.
CJ-5 lwb: empattement 268 cm, voie 129/129 cm, longueur 406 cm, hauteur 197 cm.
Armada: empattement 268 cm, voie 129/129 cm, longueur 431 cm, hauteur 179 cm.

Performances: Vmax (réd.) plus de 100 km/h, rapp. poids/puiss. 26.1 kg/kW (19.3 kg/ch); consomm. (Red.) 8/14 L/100 km.

Mahindra CJ

Marcos GB

Marcos Cars, 153/154 West Wiltshire Trading Estate, Westbury, Wiltshire BA134JN, England

Bekannte englische Automarke, wieder in Produktion.

Marque anglaise connue, de nouveau en production.

Marcos Mantis – Mantara – LM

Sportliche Fahrzeuge, als Coupé, Cabriolet und Roadster, mit 4.6-V8 von Ford.

Voitures sportifs, comme coupé, cabriolet et roadster, avec moteur 4.6 V8 de Ford.

4.6 V8 32V – 355 PS Benzineinspritzung

4.6 V8 32V – 355 ch Injection d'essence

Karosserie, Gewicht: Coupé/Cabriolet/Roadster; 2 Türen, 2 Sitze; leer ab 1075 kg.

Motor: (ECE), 8 Zyl. in V 90° (90.2×90 mm), 4601 cm³; Kompr. 9.5:1; 261 kW (355 PS) bei 5800/min, 56.7 kW/L (77.1 PS/L); 407 Nm (41.5 mkp) bei 4800/min; 95 ROZ. Auch: 238 kW (324 PS).

Motorkonstruktion: 4 Ventile in V; 2×2 obenl. Nockenwellen (Kette); Leichtmetall-Zylinderkopf; 5fach gelagerte Kurbelwelle; Öl 4.7 L; elektron. Einspritzung.
Batterie 50 Ah, Alternator 55 A; Wasserkühlung, Inh. 13.2 L.

Carrosserie, poids: coupé/cabriolet/roadster; 2 portes, 2 places; vide dès 1075 kg.

Moteur: (ECE), 8 cyl. en V 90° (90.2×90 mm), 4601 cm³; compr. 9.5:1; 261 kW (355 ch) à 5800/min, 56.7 kW/L (77.1 ch/L); 407 Nm (41.5 mkp) à 4800/min; 95 (R). Aussi: 238 kW (324 ch).

Moteur (constr.): 4 soupapes en V; 2×2 arbres à cames en tête (chaîne); culasse en alliage léger; vilebrequin à 5 paliers; huile 4.7 L; injection électronique.
Batterie 50 Ah, alternateur 55 A; refroidissement à eau, capac. 13.2 L.

Marcos • Maruti

Marcos Mantis

Kraftübertragung: (auf Hinterräder), Differentialbremse.
5-Gang-Getriebe: I. 3.32; II. 2.09; III. 1.4; IV. 1; V. 0.79; R 3.43; Achse 3.14.

Fahrgestell: Stahlrohrrahmen; vorn Federbeine, Querlenker; hinten Längslenker, Schraubenfedern; v/h Teleskopdämpfer.

Fahrwerk: Vierrad-Scheibenbremse (vorn belüftet), Scheiben-Ø v. 23.9 cm, Handbremse auf Hinterräder; Zahnstangenl. mit Servo, Treibstofftank 48 L; Reifen v. 205/55 VR 15, h. 225/50 VR 15, Felgen 7 J.

Dimensionen: Radstand 227 cm, Spur 145/140 cm, Bodenfreih. 12 cm, Wendekreis 10 m, Länge 400 cm, Breite 168 cm, Höhe 115 cm.
LM: Spur 155/150 cm, Länge 427 cm, Breite 183 cm, Höhe 102 cm.

Fahrleistungen: Vmax (Red.) 250 km/h, Leistungsgew. 4.1 kg/kW (3 kg/PS); Verbrauch (Red.) 12/20 L/100 km.

Transmission: (sur roues AR), différentiel autobloquant.
Boîte à 5 vit.: I. 3.32; II. 2.09; III. 1.4; IV. 1; V. 0.79; AR 3.43; pont 3.14.

Châssis: cadre tubulaire; AV jambes élast., leviers transv.; AR bras longitud., ressorts hélic.; AV/AR amortiss. télesc.

Train roulant: quatre freins à disques (AV ventilés), Ø disques AV 23.9 cm, frein à main sur roues AR; servodir. à crémaillère, réservoir carb. 48 L; pneus AV 205/55 VR 15, AR 225/50 VR 15, jantes 7 J.

Dimensions: empatt. 227 cm, voie 145/140 cm, garde au sol 12 cm, diam. de braq. 10 m, longueur 400 cm, largeur 168 cm, hauteur 115 cm.
LM: voie 155/150 cm, longueur 427 cm, larg. 183 cm, haut. 102 cm.

Performances: Vmax (réd.) 250 km/h, rapp. poids/puiss. 4.1 kg/kW (3 kg/ch); consomm. (Red.) 12/20 L/100 km.

Maruti — IND

Maruti Udyog Ltd., Jeevan Prakash, 25 Kasturba Gandhi Marg, New-Delhi 110 001, India

Indisches Werk, baut unter anderem Suzuki-Fahrzeuge in Lizenz. 40 % des Kapitals sind in Besitz von Suzuki. Auch Export nach Frankreich.

Usine indienne qui complète entre autre des voitures Suzuki sous licence. Suzuki détient 40 % du capital. Aussi exportation en France.

Maruti 800

Kleinwagen mit Quermotor und Frontantrieb, vom Suzuki Alto abgeleitet.

Petite voiture avec moteur transv. et traction, dérivée da la Suzuki Alto.

0.8 – 35 PS Vergaser

0.8 – 35 ch Carburateur

Karosserie, Gewicht: Limousine, 5 Türen, 4 Sitze; leer ab 620 kg.

Carrosserie, poids: Berline, 5 portes, 4 places; vide dès 620 kg.

Motor: (ECE), 3 Zyl. in Linie (68.5×72 mm), 796 cm³; Kompr. 8.7:1; 26 kW (35 PS) bei 5500/min, 32.6 kW/L (44.4 PS/L); 56 Nm (5.7 mkp) bei 2500/min; 91 ROZ. SAE: 29.5 kW (40 PS); 59 Nm.

Motorkonstruktion: Bezeichnung Suzuki F; 1 obenl. Nockenwelle (Zahnriemen); Leichtmetall-Zylinderkopf; 4fach gelagerte Kurbelwelle; Öl 3 L; 1 Fallstrom-Doppelvergaser.
Batterie 40 Ah, Alternator 500 W; Wasserkühlung, Inh. 4 L.

Kraftübertragung: (auf Vorderräder).
4-Gang-Getriebe: I. 3.58; II. 2.17; III. 1.33; IV. 0.9; R 3.36; Achse 4.35.

Fahrgestell: Selbsttragende Karosserie; vorn Federbeine, Querlenker, Kurvenstabilisator; hinten Torsionskurbelachse, Längslenker, Panhardstab; v/h Schraubenfedern, Teleskopdämpfer.

Fahrwerk: Bremse, vorne Scheiben, hinten Trommeln, ohne Servo, Handbremse auf Hinterräder; Zahnstangenlenkung, Treibstofftank 30 L; Reifen 145/70 R 12.

Dimensionen: Radstand 217 cm, Spur 121.5/120 cm, Bodenfreih. 15 cm, Wendekreis 8.8 m, Kofferraum 160/1050 dm³, Länge 330 cm, Breite 141 cm, Höhe 140 cm.

Fahrleistungen: Vmax (Werk) 130 km/h, V bei 1000/min im 4. Gang 23.8 km/h; Leistungsgew. 23.8 kg/kW (17.7 kg/PS); Verbrauch ECE 5.5/6.9 L/100 km.

Moteur: (ECE), 3 cyl. en ligne (68.5×72 mm), 796 cm³; compr. 8.7:1; 26 kW (35 ch) à 5500/min, 32.6 kW/L (44.4 ch/L); 56 Nm (5.7 mkp) à 2500/min; 91 (R). SAE: 29.5 kW (40 ch); 59 Nm.

Moteur (constr.): désignation Suzuki F; 1 arbre à cames en tête (courroie crantée); culasse en alliage léger; vilebrequin à 4 paliers; huile 3 L; 1 carburateur inversé à double corps.
Batterie 40 Ah, alternateur 500 W; refroidissement à eau, capac. 4 L.

Transmission: (sur roues AV).
Boîte à 4 vit.: I. 3.58; II. 2.17; III. 1.33; IV. 0.9; AR 3.36; pont 4.35.

Châssis: carrosserie autoporteuse; AV jambes élast., leviers transv., barre anti-dévers; AR essieu à manivelles à torsion, bras longitud., barre Panhard; AV/AR ressorts hélicoïdaux, amortiss. télesc.

Train roulant: frein, AV à disques, AR à tambours, sans servo, frein à main sur roues AR; direction à crémaillère, réservoir carb. 30 L; pneus 145/70 R 12.

Dimensions: empattement 217 cm, voie 121.5/120 cm, garde au sol 15 cm, diamètre de braq. 8.8 m, coffre 160/1050 dm³, longueur 330 cm, larg. 141 cm, haut. 140 cm.

Performances: Vmax (usine) 130 km/h, V à 1000/min en 4. vit. 23.8 km/h; rapp. poids/puiss. 23.8 kg/kW (17.7 kg/ch); consomm. ECE 5.5/6.9 L/100 km.

Maruti Zen

Kompaktwagen mit Quermotor und Frontantrieb, vom Suzuki-Microcar abgeleitet.

Voiture compacte avec moteur transv. et traction, dérivée de la Microcar de Suzuki.

1.0 – 54 PS Vergaser

1.0 – 54 ch Carburateur

Karosserie, Gewicht: Limousine, 5 Türen, 5 Sitze; leer ab 730 kg.

Carrosserie, poids: Berline, 5 portes, 5 places; vide dès 730 kg.

Motor: (ECE), 4 Zyl. in Linie (72×61 mm), 993 cm³; Kompr. 9.4:1; 40 kW (54 PS) bei 6500/min, 40.3 kW/L (54.7 PS/L); 73 Nm (7.4 mkp) bei 4500/min; 91 ROZ. Oder: Kompr. 8.8:1; 37 kW (50 PS); 71 Nm.

Motorkonstruktion: 1 obenl. Nockenwelle (Zahnriemen); Leichtmetall-Zylinderkopf; 5fach gelagerte Kurbelwelle; Öl 3.6 L; 1 Fallstrom-Doppelvergaser.
Batterie 40 Ah, Alternator 500 W; Wasserkühlung, Inh. 4 L.

Kraftübertragung: (auf Vorderräder).
5-Gang-Getriebe: I. 3.42; II. 1.89; III. 1.28; IV. 0.91; V. 0.76; R 3.27; Achse 3.95.

Fahrgestell: Selbsttragende Karosserie; vorn Federbeine, Querlenker, Kurvenstabilisator; hinten Torsionskurbelachse, Längslenker, Panhardstab; v/h Schraubenfedern, Teleskopdämpfer.

Fahrwerk: Bremse, vorne Scheiben, hinten Trommeln, Handbremse auf Hinterräder; Zahnstangenlenkung, Treibstofftank 35 L; Reifen 145/70 R 13.

Dimensionen: Radstand 233.5 cm, Spur 133.5/130.5 cm, Bodenfreih. 15 cm, Wendekreis 9.8 m, Länge 349.5 cm, Breite 149.5 cm, Höhe 141 cm.

Fahrleistungen: Vmax (Werk) 150 km/h, V bei 1000/min im 5. Gang 33 km/h; 0–100 km/h 15.5 s; Leistungsgew. 18.2 kg/kW (13.5 kg/PS); Verbrauch ECE 4.2/5.7/6.3 L/100 km.

Moteur: (ECE), 4 cyl. en ligne (72×61 mm), 993 cm³; compr. 9.4:1; 40 kW (54 ch) à 6500/min, 40.3 kW/L (54.7 ch/L); 73 Nm (7.4 mkp) à 4500/min; 91 (R). Ou: compr. 8.8:1; 37 kW (50 PS); 71 Nm.

Moteur (constr.): 1 arbre à cames en tête (courroie crantée); culasse en alliage léger; vilebrequin à 5 paliers; huile 3.6 L; 1 carburateur inversé à double corps.
Batterie 40 Ah, alternateur 500 W; refroidissement à eau, capac. 4 L.

Transmission: (sur roues AV).
Boîte à 5 vit.: I. 3.42; II. 1.89; III. 1.28; IV. 0.91; V. 0.76; AR 3.27; pont 3.95.

Châssis: carrosserie autoporteuse; AV jambes élast., leviers transv., barre anti-dévers; AR essieu à manivelles à torsion, bras longitud., barre Panhard; AV/AR ressorts hélicoïdaux, amortiss. télesc.

Train roulant: frein, AV à disques, AR à tambours, frein à main sur roues AR; direction à crémaillère, réservoir carb. 35 L; pneus 145/70 R 13.

Dimensions: empattement 233.5 cm, voie 133.5/130.5 cm, garde au sol 15 cm, diam. de braq. 9.8 m, longueur 349.5 cm, largeur 149.5 cm, hauteur 141 cm.

Performances: Vmax (usine) 150 km/h, V à 1000/min en 5. vit. 33 km/h; 0–100 km/h 15.5 s; rapp. poids/puiss. 18.2 kg/kW (13.5 kg/ch); consomm. ECE 4.2/5.7/6.3 L/100 km.

Maruti 800

Maserati

Maserati   I

Maserati S.p.A., Viale Ciro Menotti 322, 41100 Modena, Italia

Für sportliche Hochleistungswagen bekanntes italienisches Werk, gehört seit Mai 1993 zum Fiat-Konzern.

Constructeur italien réputé pour ses voitures à performances élevées, appartient depuis mai 1993 à Fiat.

Maserati Ghibli

Sportcoupé auf Basis des Biturbo. 2.0-V6 mit 6-Gang-Getriebe, 2.8-V6 auch mit Automat. Debüt Turin 1992.

Coupé sportif sur base de la Biturbo. 2.0 V6 avec boîte à 6 vit., 2.8 V6 aussi avec boîte aut. Lancement Turin 1992.

2.0 V6 24V – 306 PS Benzineinspritzung

2.0 V6 24V – 306 ch Injection d'essence

Karosserie, Gewicht: Coupé, 2 Türen, 5 Sitze; leer ab 1365 kg.

Motor: (ECE), 6 Zyl. in V 90° (82×63 mm), 1996 cm³; Kompr. 7.6:1; 225 kW (306 PS) bei 6250/min, 112.7 kW/L (153.2 PS/L); 373 Nm (38 mkp) bei 4250/min; 95 ROZ. Cup: 243 kW (330 PS) bei 6750/min; 371 Nm (37,8 mkp) bei 4000/min.

Motorkonstruktion: 4 Ventile in V; 2×2 obenl. Nockenwellen (Zahnriemen); Leichtmetall-Zylinderköpfe und -block; 4fach gelagerte Kurbelwelle; Öl 7 L; elektron. Einspritzung, IAW-Weber, 2 Turbolader, IHI, max. Ladedruck 0.5 bar, 2 Intercooler.
Batterie 60 Ah, Alternator 105 A; Wasserkühlung, Inh. 12 L.

Kraftübertragung: (auf Hinterräder), Differentialbremse.
6-Gang-Getriebe: Getrag; I. 4.22; II. 2.69; III. 1.71; IV. 1.27; V. 1; VI. 0.85; R 3.6; Achse 3.45.

Carrosserie, poids: Coupé, 2 portes, 5 places; vide dès 1365 kg.

Moteur: (ECE), 6 cyl. en V 90° (82×63 mm), 1996 cm³; compr. 7.6:1; 225 kW (306 ch) à 6250/min, 112.7 kW/L (153.2 ch/L); 373 Nm (38 mkp) à 4250/min; 95 (R). Cup: 243 kW (330 ch) à 6750/min; 371 Nm (37,8 mkp) à 4000/min.

Moteur (constr.): 4 soupapes en V; 2×2 arbres à cames en tête (courroie crantée); culasses et bloc-cyl. en alliage léger; vilebrequin à 4 paliers; huile 7 L; injection électronique, IAW-Weber, 2 turbocompresseurs, IHI, pression max. 0.5 bar.
Batterie 60 Ah, alternateur 105 A; refroidissement à eau, capac. 12 L.

Transmission: (sur roues AR), différentiel autobloquant.
Boîte à 6 vit.: Getrag; I. 4.22; II. 2.69; III. 1.71; IV. 1.27; V. 1; VI. 0.85; AR 3.6; pont 3.45.

Maserati Ghibli

Fahrgestell: Selbsttragende Karosserie; vorn Federbeine, Querlenker, Längslenker, hinten Schräglenker, Schraubenfedern; v/h Kurvenstabilisator; elektron. Dämpferregulierung.

Fahrwerk: Vierrad-Scheibenbremse (v/h belüftet), Scheiben-Ø v. 30.7 cm, h. 31.6 cm, ABS, Handbremse auf Hinterräder; Zahnstangenlenkung mit Servo, Treibstofftank 80 L; Reifen v. 215/45 ZR 17, h. 245/40 ZR 17, Felgen v. 8, h. 9 J.

Dimensionen: Radstand 251.5 cm, Spur 151.5/151 cm, Bodenfreih. 12 cm. Wendekreis 10.8 m, Kofferraum 420 dm³, Länge 422.5 cm, Breite 177.5 cm, Höhe 130 cm.

Fahrleistungen: Vmax (Werk) 265 km/h, V bei 1000/min im 6. Gang 40 km/h; 0–100 km/h 5.7 s; steh. km 25.5 s; Leistungsgew. 6.1 kg/kW (4.5 kg/PS); Verbrauch ECE 9.1/ 10.6/18.4 L/100 km. Cup: Vmax 270 km/h; 0-100 km/h 5,6 s; steh. km 24,5 s.

Châssis: carrosserie autoporteuse; AV jambes élast., leviers transv., bras longitud.; AR triangles obliques, ressorts hélicoïdaux; AV/AR barre anti-dévers; amortiss. à réglage électron.

Train roulant: quatre freins à disques (AV/AR ventilés), Ø disques AV 30.7 cm, AR 31.6 cm, ABS, frein à main sur roues AR; servodirection à crémaillère, réservoir carb. 80 L; pneus AV 215/45 ZR 17, AR 245/40 ZR 17, jantes AV 8, AR 9 J.

Dimensions: empatt. 251.5 cm, voie 151.5/151 cm, garde au sol 12 cm, diam. de braq. 10.8 m, coffre 420 dm³, longueur 422.5 cm, larg. 177.5 cm, hauteur 130 cm.

Performances: Vmax (usine) 265 km/h, V à 1000/min en 6. vit. 40 km/h; 0–100 km/h 5.7 s; km arrêté 25.5 s; rapp. poids/puiss. 6.1 kg/kW (4.5 kg/ch); consomm. ECE 9.1/ 10.6/18.4 L/100 km. Cup: Vmax 270 km/h; 0-100 km/h 5,6 s; le km 24,5 s.

2.8 V6 24V – 284 PS Benzineinspritzung

2.8 V6 24V – 284 ch Injection d'essence

Wie 2.0 – 306 PS, ausgenommen:

Motor: (ECE), 6 Zyl. in V 90° (94×67 mm), 2790 cm³; Kompr. 7.4:1; 209 kW (284 PS) bei 6000/min, 74.9 kW/L (101.8 PS/L); 413 Nm (42.1 mkp) bei 3500/min; 95 ROZ.

Comme 2.0 – 306 ch, sauf:

Moteur: (ECE), 6 cyl. en V 90° (94×67 mm), 2790 cm³; compr. 7.4:1; 209 kW (284 ch) à 6000/min, 74.9 kW/L (101.8 ch/L); 413 Nm (42.1 mkp) à 3500/min; 95 (R).

Maserati Ghibli

Motorkonstruktion: 4 Ventile in V; 2×2 obenl. Nockenwellen (Zahnriemen); Leichtmetall-Zylinderköpfe und -block; 4fach gelagerte Kurbelwelle; Öl 7 L; elektron. Einspritzung, IAW-Weber, 2 Turbolader, IHI, max. Ladedruck 0.5 bar, 2 Intercooler.
Batterie 60 Ah, Alternator 105 A; Wasserkühlung, Inh. 12 L.

Kraftübertragung:
6-Gang-Getr.: Getrag; I. 4.22; II. 2.69; III. 1.71; IV. 1.27; V. 1; VI. 0.85; R 3.6; A. 3.25.
4-Stufen-Automat: ZF; I. 2.48; II. 1.48; III. 1; IV. 0.73; R 2.09; Achse 3.9.

Fahrleistungen: Vmax (Werk) 260 km/h, V bei 1000/min im 6. Gang 42 km/h; 0–100 km/h 5.7 s; steh. km 25.5 s; Leistungsgew. 6.5 kg/kW (4.8 kg/PS); Verbrauch ECE 9/ 11.7/17.9 L/100 km.

Moteur (constr.): 4 soupapes en V; 2×2 arbres à cames en tête (courroie crantée); culasses et bloc-cyl. en alliage léger; vilebrequin à 4 paliers; huile 7 L; injection électronique, IAW-Weber, 2 turbocompresseurs, IHI, pression max. 0.5 bar.
Batterie 60 Ah, alternateur 105 A; refroidissement à eau, capac. 12 L.

Transmission:
Boîte à 6 vit.: Getrag; I. 4.22; II. 2.69; III. 1.71; IV. 1.27; V. 1; VI. 0.85; AR 3.6; p. 3.25.
Boîte aut. à 4 vit.: ZF; I. 2.48; II. 1.48; III. 1; IV. 0.73; AR 2.09; pont 3.9.

Performances: Vmax (usine) 260 km/h, V à 1000/min en 6. vit. 42 km/h; 0–100 km/h 5.7 s; km arrêté 25.5 s; rapp. poids/puiss. 6.5 kg/kW (4.8 kg/ch); consomm. ECE 9/ 11.7/17.9 L/100 km.

Maserati Quattroporte

Luxuriöse Sportlimousine auf Basis des Ghibli. 2.0-V6 mit 6-Gang-Getriebe oder 2.8-V6 mit 5-Gang-Getriebe bzw. Automat. Debüt Turin 1994. Für 1995: 2.8 auch mit 6-Gang-Getriebe. Dezember 1995: a.W. mit 3.2-V8.

Berline sportive luxueuse sur base de la Biturbo. 2.0 V6 avec boîte à 6 vit. ou 2.8 V6 avec boîte à 5 vit. ou automatique. Lancement Turin 1994. Pour 1995: 2.8 aussi avec boîte à 6 vitesses. Décembre 1995: s.d. avec 3.2-V8.

2.0 V6 24V – 287 PS Benzineinspritzung

2.0 V6 24V – 287 ch Injection d'essence

Karosserie, Gewicht: Limousine, 4 Türen, 5 Sitze; leer 1545 kg.

Motor: (ECE), 6 Zyl. in V 90° (82×63 mm), 1996 cm³; Kompr. 7.6:1; 211 kW (287 PS) bei 6500/min, 105.7 kW/L (143.7 PS/L); 362 Nm (36.9 mkp) bei 3000/min; 95 ROZ.

Motorkonstruktion: 4 Ventile in V; 2×2 obenl. Nockenwellen (Zahnriemen); Leichtmetall-Zylinderköpfe und -block; 4fach gelagerte Kurbelwelle; Öl 7 L; elektron. Einspritzung, IAW-Weber, 2 Turbolader, IHI, max. Ladedruck 0.5 bar, 2 Intercooler.
Batterie 60 Ah, Alternator 105 A; Wasserkühlung, Inh. 12 L.

Kraftübertragung: (auf Hinterräder), Differentialbremse.
6-Gang-Getr.; Getrag.; I. 4.22; II. 2.69; III. 1.71; IV. 1.27; V. 1; VI. 0.85; R 3.6; A. 3.45.

Carrosserie, poids: Berline, 4 portes, 5 places; vide 1545 kg.

Moteur: (ECE), 6 cyl. en V 90° (82×63 mm), 1996 cm³; compr. 7.6:1; 211 kW (287 ch) à 6500/min, 105.7 kW/L (143.7 ch/L); 362 Nm (36.9 mkp) à 3000/min; 95 (R).

Moteur (constr.): 4 soupapes en V; 2×2 arbres à cames en tête (courroie crantée); culasses et bloc-cyl. en alliage léger; vilebrequin à 4 paliers; huile 7 L; injection électronique, IAW-Weber, 2 turbocompresseurs, IHI, pression max. 0.5 bar.
Batterie 60 Ah, alternateur 105 A; refroidissement à eau, capac. 12 L.

Transmission: (sur roues AR), différentiel autobloquant.
Boîte à 6 vit.: Getrag; I. 4.22; II. 2.69; III. 1.71; IV. 1.27; V. 1; VI. 0.85; AR 3.6; p. 3.45.

Maserati Quattroporte

Maserati • Mazda

Fahrgestell: Selbsttragende Karosserie; vorn Federbeine, Querlenker, Längslenker; hinten Schräglenker, Schraubenfedern; v/h Kurvenstab.; a.W. elektron. Dämpfereg.
Fahrwerk: Vierrad-Scheibenbremse (v/h belüftet), Scheiben-Ø v. 30.7 cm, h. 31.6 cm, ABS, Handbremse auf Hinterräder; Zahnstangenlenkung mit Servo, Treibstofftank 100 L; Reifen v. 205/55 ZR 16, h. 225/50 ZR 16, Felgen v. 7, h. 8 J.
Dimensionen: Radstand 265 cm, Spur 152/150 cm, Bodenfreih. 12 cm, Wendekreis 10.8 m, Kofferraum 475 dm³, Länge 455 cm, Breite 181 cm, Höhe 138 cm.
Fahrleistungen: Vmax (Werk) 260 km/h, V bei 1000/min im 6. Gang 39.5 km/h; 0–100 km/h 5.9 s; steh. km 25.9 s; Leistungsgew. 7.3 kg/kW (5.4 kg/PS); Verbrauch ECE 8.5/10.4/16.1 L/100 km.

Châssis: carr. autop.; AV jambes élast., leviers transv., bras longitud.; AR triangles obliques, ressorts hélic.;; AV/AR barre antidévers; s.d. amortiis. à réglage électron.
Train roulant: quatre freins à disques (AV/AR ventilés), Ø disques AV 30.7 cm, AR 31.6 cm, ABS, frein à main sur roues AR; servodirection à crémaillère, réservoir carb. 100 L; pneus AV 205/55 ZR 16, AR 225/50 ZR 16, jantes AV 7, AR 8 J.
Dimensions: empattement 265 cm, voie 152/150 cm, garde au sol 12 cm, diam. de braq. 10.8 m, coffre 475 dm³, longueur 455 cm, largeur 181 cm, hauteur 138 cm.
Performances: Vmax (usine) 260 km/h, V à 1000/min en 6. vit. 39.5 km/h; 0–100 km/h 5.9 s; km arrêté 25.9 s; rapp. poids/puiss. 7.3 kg/kW (5.4 kg/ch); consomm. ECE 8.5/10.4/16.1 L/100 km.

Maserati Quattroporte

2.8 V6 24V – 284 PS
Benzineinspritzung

Wie 2.0 – 287 PS, ausgenommen:

Motor: (ECE), 6 Zyl. in V 90° (94×67 mm), 2790 cm³; Kompr. 7.4:1; 209 kW (284 PS) bei 6000/min, 74.9 kW/L (101.8 PS/L); 422 Nm (43 mkp) bei 3500/min; 95 ROZ.
Motorkonstruktion: 4 Ventile in V; 2×2 obenl. Nockenwellen (Zahnriemen); Leichtmetall-Zylinderköpfe und -block; 4fach gelagerte Kurbelwelle; Öl 7 L; elektron. Einspritzung, IAW-Weber, 2 Turbolader, IHI, max. Ladedruck 0.5 bar, 2 Intercooler.
Batterie 60 Ah, Alternator 105 A; Wasserkühlung, Inh. 12 L.
Kraftübertragung:
6-Gang-Getriebe: Getrag; I. 4.22; II. 2.69; III. 1.71; IV. 1.27; V. 1; VI. 0.85; R 3.6; Achse 3.25.
4-Stufen-Automat: ZF; I. 2.48; II. 1.48; III. 1; IV. 0.73; R 2.09; Achse 3.9.
Fahrleistungen: Vmax (Werk) 260 km/h, V bei 1000/min im 6. Gang 42 km/h; 0–100 km/h 5.9 s; steh. km 25.9 s; Leistungsgew. 7.4 kg/kW (5.5 kg/PS); Verbrauch ECE 9.4/10.9/18.4 L/100 km.
Aut.: Vmax 255 km/h.

2.8 V6 24V – 284 ch
Injection d'essence

Comme 2.0 – 287 ch, sauf:

Moteur: (ECE), 6 cyl. en V 90° (94×67 mm), 2790 cm³; compr. 7.4:1; 209 kW (284 ch) à 6000/min, 74.9 kW/L (101.8 ch/L); 422 Nm (43 mkp) à 3500/min; 95 (R).
Moteur (constr.): 4 soupapes en V; 2×2 arbres à cames en tête (courroie crantée); culasses et bloc-cyl. en alliage léger; vilebrequin à 4 paliers; huile 7 L; injection électronique, IAW-Weber, 2 turbocompresseurs, IHI, pression max. 0.5 bar.
Batterie 60 Ah, alternateur 105 A; refroidissement à eau, capac. 12 L.
Transmission:
Boîte à 6 vit.: Getrag; I. 4.22; II. 2.69; III. 1.71; IV. 1.27; V. 1; VI. 0.85; AR 3.6; pont 3.25.
Boîte aut. à 4 vit.: ZF; I. 2.48; II. 1.48; III. 1; IV. 0.73; AR 2.09; pont 3.9.
Performances: Vmax (usine) 260 km/h, V à 1000/min en 6. vit. 42 km/h; 0–100 km/h 5.9 s; km arrêté 25.9 s; rapp. poids/puiss. 7.4 kg/kW (5.5 kg/ch); consomm. ECE 9.4/10.9/18.4 L/100 km.
Aut.: Vmax 255 km/h.

3.2 V8 32V – 336 PS
Benzineinspritzung

Wie 2.0 – 287 PS, ausgenommen:

Karosserie, Gewicht: Limousine; leer ab 1645 kg.
Motor: (ECE), 8 Zyl. in V 90° (80×80 mm), 3217 cm³; Kompr. 7.3:1; 247 kW (336 PS) bei 6400/min, 76.8 kW/L (104.4 PS/L); 450 Nm (45.9 mkp) bei 4400/min; 95 ROZ.
Motorkonstruktion: 4 Ventile in V 20°; 2×2 obenl. Nockenwellen (Zahnriemen/Ketten); Leichtmetall-Zylinderköpfe und -block; 5fach gelagerte Kurbelwelle; Ölkühler; Öl 8 L; elektron. Einspritzung, IAW-Weber, 2 Turbolader, IHI, 2 Intercooler.
Batterie 60 Ah, Alternator 105 A; Wasserkühlung, Inh. 14 L.

3.2 V8 32V – 336 ch
Injection d'essence

Comme 2.0 – 287 ch, sauf:

Carrosserie, poids: Berline; vide dès 1645 kg.
Moteur: (ECE), 8 cyl. en V 90° (80×80 mm), 3217 cm³; compr. 7.3:1; 247 kW (336 ch) à 6400/min, 76.8 kW/L (104.4 ch/L); 450 Nm (45.9 mkp) à 4400/min; 95 (R).
Moteur (constr.): 4 soupapes en V 20°; 2×2 arbres à cames en tête (courroie crantée/chaînes); culasses et bloc-cyl. en alliage léger; vilebrequin à 5 paliers; radiat. d'huile; huile 8 L; injection électronique, IAW-Weber, 2 turbocompresseurs, IHI.
Batterie 60 Ah, alternateur 105 A; refroidissement à eau, capac. 14 L.

Kraftübertragung:
6-Gang-Getriebe: Getrag; I. 4.22; II. 2.69; III. 1.71; IV. 1.27; V. 1; VI. 0.85; R 3.6; Achse 3.45.
4-Stufen-Automat: ZF; I. 2.48; II. 1.48; III. 1; IV. 0.73; R 2.09; Achse 3.9.
Fahrwerk: Reifen v. 225/45 ZR 17, h. 245/40 ZR 17, Felgen v. 8, h. 9 J.
Fahrleistungen: Vmax (Werk) 270 km/h, V bei 1000/min im 6. Gang 39 km/h; 0–100 km/h 5.8 s; steh. km 24.9 s; Leistungsgew. 6.7 kg/kW (4.9 kg/PS); Verbrauch (Red.) 10/20 L/100 km.
Aut.: Vmax 265 km/h.

Transmission:
Boîte à 6 vit.: Getrag; I. 4.22; II. 2.69; III. 1.71; IV. 1.27; V. 1; VI. 0.85; AR 3.6; pont 3.45.
Boîte aut. à 4 vit.: ZF; I. 2.48; II. 1.48; III. 1; IV. 0.73; AR 2.09; pont 3.9.
Train roulant: pneus AV 225/45 ZR 17, AR 245/40 ZR 17, jantes AV 8, AR 9 J.
Performances: Vmax (usine) 270 km/h, V à 1000/min en 6. vit. 39 km/h; 0–100 km/h 5.8 s; km arrêté 24.9 s; rapp. poids/puiss. 6.7 kg/kW (4.9 kg/ch); consomm. (Red.) 10/20 L/100 km.
Aut.: Vmax 265 km/h.

Mazda J

Toyo Kogyo Co. Ltd., 6047 Fuchu-Machi, Agi-gun, Hiroshima, Japan

Bekannte japanische Personenwagenmarke, Lizenznehmer des Wankelmotors.

Marque de voitures japonais important, détenteur de licence du moteur Wankel.

Mazda Carol

Kleinwagen für den japanischen Markt, Vertrieb über die Autozam-Kette. Mechanik vom Suzuki Alto. 3-Zylinder-Motoren, Front- oder Allradantrieb. Debüt Salon Tokio 1989. Für 1990 Motor mit 660 cm³ und 6 cm mehr Länge.

Petite voiture pour le marché japonais, distribuée par la chaîne Autozam. Mécanique de la Suzuki Alto. Moteurs 3 cylindres, traction AV ou intégrale. Lancement Salon Tokio 1989. Pour 1990 moteur 660 cm³ et longueur accrue de 6 cm.

0.7 12V – 52 PS
Benzineinspritzung

Karosserie, Gewicht: Limousine, 3 Türen, 4 Sitze; leer ab 610 kg.
Motor: (JIS), 3 Zyl. in Linie (65×66 mm), 657 cm³; Kompr. 10.5:1; 38 kW (52 PS) bei 7000/min, 57.8 kW/L (78.6 PS/L); 56 Nm (5.7 mkp) bei 4500/min; 95 ROZ.
Multi-Point-Injection: 40 kW (55 PS); 60 Nm (6,1 mkp).
Motorkonstruktion: Bezeichnung F6A12; 4 Ventile in V; 1 obenl. Nockenwelle (Zahnriemen); Leichtmetall-Zylinderkopf; 4fach gelagerte Kurbelwelle; Öl 3 L; elektron. Zentraleinspritzung.
Batterie 36 Ah, Alternator 300 W; Wasserkühlung, Inh. 4 L.
Kraftübertragung: (auf Vorderräder oder alle Räder)
5-Gang-Getriebe: I. 3.38; II. 2.06; III. 1.28; IV. 0.89; V. 0.72; R 3.27; Achse 5.92.
4WD: 5-Gang-Getriebe: I. 4.3; II. 2.47; III. 1.52; IV. 1.03; V. 0.78; R 4; Achse 5.7.
3-Stufen-Automat: I. 2.66; II. 1.53; III. 1; R 2.13; Achse 4.55.
Fahrgestell: Selbsttragende Karosserie; vorn Federbeine, Querlenker, Kurvenstabilisator; hinten Torsionskurbelachse, Panhardstab, Schraubenfedern, Teleskopd.

0.7 12V – 52 ch
Injection d'essence

Carrosserie, poids: Berline, 3 portes, 4 places; vide dès 610 kg.
Moteur: (JIS), 3 cyl. en ligne (65×66 mm), 657 cm³; compr. 10.5:1; 38 kW (52 ch) à 7000/min, 57.8 kW/L (78.6 ch/L); 56 Nm (5.7 mkp) à 4500/min; 95 (R).
Multi-Point-Injection: 40 kW (55 ch); 60 Nm (6,1 mkp).
Moteur (constr.): désignation F6A12; 4 soupapes en V; 1 arbre à cames en tête (courroie crantée); culasse en alliage léger; vilebrequin à 4 paliers; huile 3 L; injection monopoint électron.
Batterie 36 Ah, alternateur 300 W; refroidissement à eau, capac. 4 L.
Transmission: (sur roues AV ou toutes les roues)
Boîte à 5 vit.: I. 3.38; II. 2.06; III. 1.28; IV. 0.89; V. 0.72; AR 3.27; pont 5.92.
4WD: boîte à 5 vit.: I. 4.3; II. 2.47; III. 1.52; IV. 1.03; V. 0.78; AR 4; pont 5.7.
Boîte autom. à 3 vit.: I. 2.66; II. 1.53; III. 1; AR 2.13; pont 4.55.
Châssis: carr. autoporteuse; AV jambes élast., leviers transv., barre anti-dévers; AR essieu à manivelles à torsion, barre Panhard, ressorts hélic., amortis. télesc.

Mazda Carol

Mazda

Fahrwerk: Bremse, vorne Scheiben, hinten Trommeln, a.W. ABS, Handbremse auf Hinterräder; Zahnstangenlenkung, a.W. mit Servo, Treibstofftank 30 L; Reifen 135 R 12, 155/70 R 12, 155/65 R 13; Felgen 4 J.

Dimensionen: Radstand 233.5 cm, Spur 122/120 cm, Bodenfreih. 15 cm, Wendekreis 9.4 m, Länge 329.5 cm, Breite 139.5 cm, Höhe 142 cm.

Fahrleistungen: Vmax (Red.) 130 km/h, Leistungsgew. 14.7 kg/kW (10.8 kg/PS); Verbrauch (Red.) 4/8 L/100 km.

0.7 – 64 PS Benzineinspritzung/Turbo

Wie 0.7 – 52 PS, ausgenommen:

Karosserie, Gewicht: Limousine; leer ab ca. 660 kg.

Motor: (JIS), 3 Zyl. in Linie (65×66 mm), 657 cm³; Kompr. 8.1:1; 47 kW (64 PS) bei 6000/min, 71.5 kW/L (97.3 PS/L); 98 Nm (10 mkp) bei 4000/min; 95 ROZ.

Motorkonstruktion: Bezeichnung F6A Turbo; 2 Ventile in V; 1 obenl. Nockenwelle (Zahnriemen); Leichtmetall-Zylinderkopf; 4fach gelagerte Kurbelwelle; Öl 3 L; elektron. Einspr., 1 Turbolader, Intercooler.

Batterie 42 Ah, Alternator 300 W; Wasserkühlung, Inh. 4 L.

Kraftübertragung: (auf Vorderräder).
5-Gang-Getriebe: I. 3.82; II. 2.28; III. 1.52; IV. 1.03; V. 0.78; R 3.58; Achse 4.71.
3-Stufen-Automat: I. 2.72; II. 1.54; III. 1; R 2.22; Achse 4.2.

Fahrleistungen: Vmax (Red.) 140 km/h, Leistungsgew. 14 kg/kW (10.3 kg/PS); Verbrauch (Red.) 5/9 L/100 km.

Mazda AZ Wagon

Micro-Minivan-Ausführung des Carol, weitgehend mit dem Suzuki Wagon R identisch. Debüt September 1994.

0.7 12V – 52 PS Benzineinspritzung

Karosserie, Gewicht: Station Wagon, 4 Türen, 4 Sitze; leer ab 740 kg.

Motor: (JIS), 3 Zyl. in Linie (65×66 mm), 657 cm³; Kompr. 10.5:1; 38 kW (52 PS) bei 7000/min, 57.8 kW/L (78.6 PS/L); 56 Nm (5.7 mkp) bei 4500/min; 95 ROZ.
Multi-Point-Injection: 40 kW (55 PS); 60 Nm (6,1 mkp).

Motorkonstruktion: Bezeichnung F6A12; 4 Ventile in V; 1 obenl. Nockenwelle (Zahnriemen); Leichtmetall-Zylinderkopf; 4fach gelagerte Kurbelwelle; Öl 3 L; elektron. Zentraleinspritzung.

Batterie 36 Ah, Alternator 300 W; Wasserkühlung, Inh. 4 L.

Kraftübertragung: (auf Vorderräder oder alle Räder).
5-Gang-Getriebe: I. 3.38; II. 2.06; III. 1.28; IV. 0.89; V. 0.77; R 3.27; Achse 5.94.
4WD: 5-Gang-Getriebe: I. 4.3; II. 2.47; III. 1.52; IV. 1.03; V. 0.84; R 4; Achse 5.7.
3-Stufen-Automat: I. 2.66; II. 1.53; III. 1; R 2.13; Achse 5.35; 5.7.

Fahrgestell: Selbsttragende Karosserie; vorn Federbeine, Querlenker, Kurvenstabilisator; hinten Starrachse, Längslenker, Panhardstab, Schraubenfedern, Teleskopdämpfer.

Fahrwerk: Bremse, vorne Scheiben, hinten Trommeln, Handbremse auf Hinterräder; Zahnstangenl., Treibstofftank 30 L; Reifen 135 R 12, 155/65 R 13; Felgen 4.5 J.

Dimensionen: Radstand 233.5 cm, Spur 122/120 cm, Wendekreis 9.2 m, Länge 329.5 cm, Breite 139.5 cm, Höhe 164 cm.

Fahrleistungen: Vmax (Red.) 125 km/h, V bei 1000/min im 5. Gang 20.7 km/h; Leistungsgew. 18.5 kg/kW (13.4 kg/PS); Verbrauch (Red.) 4/8 L/100 km.

Mazda 121 (EU)

Neues Modell, für Europa bestimmt. Direkt vom Ford Fiesta abgeleitet. Debüt Winter 1995/96.

1.3 – 60 PS Benzineinspritzung

Karosserie, Gewicht: Lim., 3/5 Türen; 5 Sitze; leer ab 930 kg, max. zul. 1460 kg.

Motor: (ECE), 4 Zyl. in Linie (74×75.5 mm), 1299 cm³; Kompr. 9.5:1; 44 kW (60 PS) bei 5000/min, 33.9 kW/L (46 PS/L); 103 Nm (10.5 mkp) bei 2500/min; 95 ROZ.

Motorkonstruktion: seitl. Nockenwelle (Kette); 5fach gelagerte Kurbelwelle; Öl 3.25 L; elektron. Einspritzung.

Batterie 43 Ah, Alternator 55 A; Wasserkühlung, Inh. 7.1 L.

Kraftübertragung: (auf Vorderräder).
5-Gang-Getriebe: I. 3.58; II. 2.04; III. 1.32; IV. 0.95; V. 0.76; R 3.62; Achse 3.84.

Fahrgestell: Selbsttragende Karosserie mit vorderem Hilfsrahmen; vorn Federbeine und Dreieckquerlenker, Kurvenstabilisator; hinten Verbundlenkerachse, je nach Modell Kurvenstabilisator; v/h Schraubenfedern, Teleskopdämpfer.

Fahrwerk: Bremse, vorne Scheiben, hinten Trommeln, Scheiben-Ø v. 24 cm, ABS, Handbremse auf Hinterräder; Zahnstangenlenkung, a.W. mit Servo, Treibstofftank 42 L; Reifen 165/70 R 13, Felgen 5 J.

Mazda AZ Wagon

Mazda 121

Mazda

Dimensionen: Radstand 244.5 cm, Spur 143/138.5 cm, Bodenfreih. 13 cm, Wendekreis 9.9 m, Kofferraum 250/930 dm³, Länge 383 cm, Breite 163.5 cm, Höhe 133 cm.

Fahrleistungen: Vmax (Red.) 155 km/h, V bei 1000/min im 5. Gang 35.3 km/h; 0–100 km/h 15.9 s; Leistungsgew. 21.1 kg/kW (15.5 kg/PS); Verbrauch ECE 4.9/6.8/7.6 L/100 km.

1.2 16V – 75 PS Benzineinspritzung

Wie 1.3 – 60 PS, ausgenommen:

Karosserie, Gewicht: Limousine; leer ab 940 kg, max. zul. 1045 kg.

Motor: (ECE), 4 Zyl. in Linie (71.9×76.5 mm), 1242 cm³; Kompr. 10:1; 55 kW (75 PS) bei 5200/min, 44.3 kW/L (60.2 PS/L); 110 Nm (11.2 mkp) bei 4000/min; 95 ROZ.

Motorkonstruktion: 4 Ventile in V 42°; 2 obenl. Nockenwellen (Zahnriemen); Leichtmetall-Zylinderkopf und -block; 5fach gelagerte Kurbelwelle; Öl 3.4 L; elektron. Einspritzung.

Batterie 43 Ah, Alternator 55 A; Wasserkühlung, Inh. 6 L.

Kraftübertragung: (auf Vorderräder).

5-Gang-Getriebe: I. 3.58; II. 2.04; III. 1.32; IV. 0.95; V. 0.76; R 3.62; Achse 4.27.

CTX: stufenlos variabel von 3.84 bis 0.66; R 4.27; Achse 3.84.

Fahrleistungen: Vmax (Red.) 170 km/h, V bei 1000/min im 5. Gang 31.7 km/h; 0–100 km/h 12.7 s; Leistungsg. 17.1 kg/kW (15.5 kg/PS); Ver. ECE 4.6/6.6/7.5 L/100 km.

CTX: Vmax 160 km/h, 0–100 km/h 15.6 s; Verbrauch ECE 5/8.3 L/100 km.

1.8 – 60 PS Diesel

Wie 1.3 – 60 PS, ausgenommen:

Karosserie, Gewicht: Limousine; leer ab 1015 kg, max. zul. 1510 kg.

Motor: (ECE), 4 Zyl. in Linie (82.5×82 mm), 1753 cm³; Kompr. 21.5:1; 44 kW (60 PS) bei 4800/min, 25.1 kW/L (34.1 PS/L); 110 Nm (11.2 mkp) bei 2500/min; Dieselöl.

Motorkonstruktion: Wirbelkammer-Diesel; 2 Ventile parallel; 1 obenl. Nockenwelle (Zahnräder/Zahnriemen); Leichtmetall-Zylinderkopf; 5fach gelagerte Kurbelwelle; Öl 4.5 L; Einspritzpumpe.

Batterie 63 Ah, Alternator 55 A; Wasserkühlung, Inh. 9.3 L.

Kraftübertragung: (auf Vorderräder).

5-Gang-Getriebe: I. 3.58; II. 1.93; III. 1.28; IV. 0.95; V. 0.76; R 3.62; Achse 3.84.

Fahrleistungen: Vmax (Red.) 155 km/h, V bei 1000/min im 5. Gang 35.2 km/h; 0–100 km/h 17.4 s; Leistungsgew. 23.1 kg/kW (16.9 kg/PS); Verbrauch ECE 4.5/6.2/6.4 L/100 km.

Mazda Demio

Neues Modell. Fünfüriger Wagon der unteren Mittelklasse mit Frontantrieb und Vierventilmotor, mechanisches oder aut. Getriebe. Debüt August 1996.

1.3 16V – 83 PS Benzineinspritzung

Karosserie, Gewicht: Wagon, 5 Türen, 5 Sitze; leer ab 910 kg.

Motor: (JIS), 4 Zyl. in Linie (71×83.6 mm), 1324 cm³; Kompr. 9.4:1; 61 kW (83 PS) bei 6000/min, 46.1 kW/L (62.6 PS/L); 108 Nm (11 mkp) bei 3700/min; 95 ROZ.

Dimensions: empatt. 244.5 cm, voie 143/138.5 cm, garde au sol 13 cm, diam. de braq. 9.9 m, coffre 250/930 dm³, longueur 383 cm, largeur 163.5 cm, hauteur 133 cm.

Performances: Vmax (réd.) 155 km/h, V à 1000/min en 5. vit. 35.3 km/h; 0–100 km/h 15.9 s; rapp. poids/puiss. 21.1 kg/kW (15.5 kg/ch); consomm. ECE 4.9/6.8/7.6 L/100 km.

1.2 16V – 75 ch Injection d'essence

Comme 1.3 – 60 ch, sauf:

Carrosserie, poids: Berline; vide dès 940 kg, tot. adm. 1045 kg.

Moteur: (ECE), 4 cyl. en ligne (71.9×76.5 mm), 1242 cm³; compr. 10:1; 55 kW (75 ch) à 5200/min, 44.3 kW/L (60.2 ch/L); 110 Nm (11.2 mkp) à 4000/min; 95 (R).

Moteur (constr.): 4 soupapes en V 42°; 2 arbres à cames en tête (courroie crantée); culasse et bloc-cyl. en alliage léger; vilebrequin à 5 paliers; huile 3.4 L; injection électronique.

Batterie 43 Ah, alternateur 55 A; refroidissement à eau, capac. 6 L.

Transmission: (sur roues AV).

Boîte à 5 vit.: I. 3.58; II. 2.04; III. 1.32; IV. 0.95; V. 0.76; AR 3.62; pont 4.27.

CTX: à variation continue de 3.84 et 0.66; AR 4.27; pont 3.84.

Performances: Vmax (réd.) 170 km/h, V à 1000/min en 5. vit. 31.7 km/h; 0–100 km/h 12.7 s; rapp. poids/puiss. 17.1 kg/kW (15.5 kg/ch); cons. ECE 4.6/6.6/7.5 L/100 km.

CTX: Vmax 160 km/h, 0–100 km/h 15.6 s; consomm. ECE 5/8.3 L/100 km.

1.8 – 60 ch diesel

Comme 1.3 – 60 ch, sauf:

Carrosserie, poids: Berline; vide dès 1015 kg, tot. adm. 1510 kg.

Moteur: (ECE), 4 cyl. en ligne (82.5×82 mm), 1753 cm³; compr. 21.5:1; 44 kW (60 ch) à 4800/min, 25.1 kW/L (34.1 ch/L); 110 Nm (11.2 mkp) à 2500/min; gazole.

Moteur (constr.): diesel à chambre de turbulence; 2 soup. en parallèle; 1 arbre à cames en tête (pignons/courroie crantée); culasse en alliage léger; vilebrequin à 5 paliers; huile 4.5 L; pompe à injection.

Batterie 63 Ah, alternateur 55 A; refroidissement à eau, capac. 9.3 L.

Transmission: (sur roues AV).

Boîte à 5 vit.: I. 3.58; II. 1.93; III. 1.28; IV. 0.95; V. 0.76; AR 3.62; pont 3.84.

Performances: Vmax (réd.) 155 km/h, V à 1000/min en 5. vit. 35.2 km/h; 0–100 km/h 17.4 s; rapp. poids/puiss. 23.1 kg/kW (16.9 kg/ch); consomm. ECE 4.5/6.2/6.4 L/100 km.

Mazda Demio

Nouveau modèle. Wagon cinq portes de la classe moyenne inférieure avec traction AV et moteurs quatre soupapes, boîte. Lancement septembre 1996.

1.3 16V – 83 ch Injection d'essence

Carrosserie, poids: Wagon, 5 portes, 5 places; vide dès 910 kg.

Moteur: (JIS), 4 cyl. en ligne (71×83.6 mm), 1324 cm³; compr. 9.4:1; 61 kW (83 ch) à 6000/min, 46.1 kW/L (62.6 ch/L); 108 Nm (11 mkp) à 3700/min; 95 (R).

Motorkonstruktion: Bezeichnung B3-ME; 4 Ventile in V; 1 obenl. Nockenwelle (Zahnriemen); Leichtmetall-Zylinderkopf; 5fach gelagerte Kurbelwelle; Öl 3.4 L; elektron. Einspritzung.

Batterie 33 Ah, Alternator 50 A; Wasserkühlung, Inh. 5 L.

Kraftübertragung: (auf Vorderräder).

5-Gang-Getriebe: I. 3.42; II. 1.84; III. 1.29; IV. 0.97; V. 0.78; R 3.21; Achse 3.85.

3-Stufen-Automat: I. 2.84; II. 1.54; III. 1; R 2.4; Achse 3.45.

Fahrgestell: Selbsttragende Karosserie; vorn Federbeine, Querlenker, Kurvenstabilisator; hinten Trapezlenkerachse, Schraubenfedern, Teleskopdämpfer.

Fahrwerk: Bremse, vorne Scheiben (belüftet), hinten Trommeln, Scheiben-Ø v. 23.5 cm, a.W. ABS, Handbremse auf Hinterräder; Zahnstangenl., Treibstofftank 40 L; Reifen 165/70 R 13, Felgen 4.5 J, 5.5 J.

Dimensionen: Radstand 239 cm, Spur 142/140 cm, Bodenfreih. 14 cm, Wendekreis 10 m, Länge 380 cm, Breite 167 cm, Höhe 153 cm.

Fahrleistungen: Vmax (Red.) 170 km/h, V bei 1000/min im 5. Gang 34.3 km/h; Leistungsgew. 14.7 kg/kW (10.8 kg/PS); Verbrauch (Red.) 6/9 L/100 km.

Mazda Demio

1.5 16V – 99 PS Benzineinspritzung

Wie 1.3 – 83 PS, ausgenommen:

Karosserie, Gewicht: Wagon; leer ab 970 kg.

Motor: (JIS), 4 Zyl. (78×78.4 mm), 1498 cm³; Kompr. 9.4:1; 73 kW (99 PS) bei 6000/min, 48.7 kW/L (66.2 PS/L); 128 Nm (13 mkp) bei 4500/min; 95 ROZ.

Motorkonstruktion: Bezeichnung B3-ME; 4 Ventile in V; 1 obenl. Nockenwelle (Zahnriemen); Leichtmetall-Zylinderkopf; 5fach gelagerte Kurbelwelle; Öl 3.4 L; elektron. Einspritzung.

Batterie 33 Ah, Alternator 50 A; Wasserkühlung, Inh. 5 L.

Kraftübertragung: (auf Vorderräder).

5-Gang-Getriebe: I. 3.42; II. 1.84; III. 1.29; IV. 0.97; V. 0.78; R 3.21; Achse 4.1.

4-Stufen-Automat: I. 2.8; II. 1.54; III. 1; IV. 0.7; R 2.33; Achse 3.83.

Fahrwerk: Reifen 165/70 R 14, 175/60 R 14.

Fahrleistungen: Vmax (Red.) 180 km/h, V bei 1000/min im 5. Gang 32.2 km/h; Leistungsgew. 13.1 kg/kW (9.7 kg/PS); Verbrauch (Red.) 6/10 L/100 km.

Moteur (constr.): désignation B3-ME; 4 soupapes en V; 1 arbre à cames en tête (courroie crantée); culasse en alliage léger; vilebrequin à 5 paliers; huile 3.4 L; injection électronique.

Batterie 33 Ah, alternateur 50 A; refroidissement à eau, capac. 5 L.

Transmission: (sur roues AV).

Boîte à 5 vit.: I. 3.42; II. 1.84; III. 1.29; IV. 0.97; V. 0.78; AR 3.21; pont 3.85.

Boîte autom. à 3 vit.: I. 2.84; II. 1.54; III. 1; R AR 2.4; pont 3.45.

Châssis: carrosserie autoporteuse; AV jambes élast., leviers transv., barre anti-dévers; AR essieu à leviers trapèzes, ressorts hélicoïdaux, amortis. télesc.

Train roulant: frein, AV à disques (ventilés), AR à tambours, Ø disques AV 23.5 cm, ABS s. d., frein à main sur roues AR; direction à crémaillère, réservoir carb. 40 L; pneus 165/70 R 13, jantes 4.5 J, 5.5 J.

Dimensions: empattement 239 cm, voie 142/140 cm, garde au sol 14 cm, diam. de braq. 10 m, longueur 380 cm, largeur 167 cm, hauteur 153 cm.

Performances: Vmax (réd.) 170 km/h, V à 1000/min en 5. vit. 34.3 km/h; rapp. poids/puiss. 14.7 kg/kW (10.8 kg/ch); consomm. (Red.) 6/9 L/100 km.

1.5 16V – 99 ch Injection d'essence

Comme 1.3 – 83 ch, sauf:

Carrosserie, poids: Wagon; vide dès 970 kg.

Moteur: (JIS), 4 cyl. (78×78.4 mm), 1498 cm³; compr. 9.4:1; 73 kW (99 ch) à 6000/min, 48.7 kW/L (66.2 ch/L); 128 Nm (13 mkp) à 4500/min; 95 (R).

Moteur (constr.): désignation B3-ME; 4 soupapes en V; 1 arbre à cames en tête (courroie crantée); culasse en alliage léger; vilebrequin à 5 paliers; huile 3.4 L; injection électronique.

Batterie 33 Ah, alternateur 50 A; refroidissement à eau, capac. 5 L.

Transmission: (sur roues AV).

Boîte à 5 vit.: I. 3.42; II. 1.84; III. 1.29; IV. 0.97; V. 0.78; AR 3.21; pont 4.1.

Boîte autom. à 4 vit.: I. 2.8; II. 1.54; III. 1; IV. 0.7; AR 2.33; pont 3.83.

Train roulant: pneus 165/70 R 14, 175/60 R 14.

Performances: Vmax (réd.) 180 km/h, V à 1000/min en 5. vit. 32.2 km/h; rapp. poids/puiss. 13.1 kg/kW (9.7 kg/ch); consomm. (Red.) 6/10 L/100 km.

Mazda

Mazda Familia/323

Bekanntes Mittelklassemodell. Debüt 1963/64, mit Frontantrieb Juni 1980. Juni 1994: Neue Modellgeneration, Familia als viertüriger Sedan, Neo als dreitüriger Hatchback. Im Export Fünftürer aus der Lantis-Serie (auch als Limousine). Oktober 1996: Detailmodifikationen.

Modèle de la classe moyenne. Lancement 1963/64, à traction AV juin 1980. Juin 1994: Nouvelle génération, Familia comme berline, Neo comme 3 portes. Pour l'export. berline 5 portes de la série Lantis (aussi comme berline). Octobre 1996: Modifications.

1.5 16V – 88 PS Benzineinspritzung
1.5 16V – 88 ch Injection d'essence

Karosserie, Gewicht: Limousine, 3/4/5 Türen, 5 Sitze; leer ab 1065 kg, max. zul. 1585 kg.

Motor: (ECE), 4 Zyl. in Linie (75.3×83.6 mm), 1489 cm³; Kompr. 9.4:1; 65 kW (88 PS) bei 5500/min, 43.7 kW/L (59.1 PS/L); 132 Nm (13.5 mkp) bei 4000/min; 91 ROZ. JIS: 70/81 kW (95/110 PS)/SAE: 68 kW (92 PS).

Motorkonstruktion: Bezeichnung Z5-DE; 4 Ventile in V; 2 obenl. Nockenwellen (Zahnriemen/Kette); Leichtmetall-Zylinderkopf; 5fach gelagerte Kurbelwelle; Öl 3.5 L; elektron. Einspritzung.
Batterie 35/50 Ah, Alternator 50/70 A; Wasserkühlung, Inh. 6 L.

Kraftübertragung: (auf Vorderräder).
5-Gang-Getriebe: I. 3.42; II. 1.84; III. 1.29; IV. 0.97; V. 0.78; R 3.21; Achse 4.11.
4-Stufen-Automat: I. 2.8; II. 1.54; III. 1; IV. 0.7; R 2.33; Achse 4.06.

Fahrgestell: Selbsttragende Karosserie; vorn Federbeine und Dreieckquerlenker; hinten Längs- und Querlenker, Kurvenstabilisator, Schraubenfedern, Teleskopdämpfer.

Fahrwerk: Bremse, vorne Scheiben (belüftet), hinten Trommeln, Scheiben-Ø v. 23.5 cm, a.W. ABS, Handbremse auf Hinterräder; Zahnstangenl. mit Servo, Treibstofftank 55 L; Reifen 175/70 R 13, Felgen 5 J.

Dimensionen: Radstand 250.5 cm, Spur 146/146 cm, Bodenfreih. 15 cm, Wendekreis 10.4 m, Kofferraum 300 dm³, Länge 403.5 cm, Breite 169.5 cm, Höhe 140 cm.
Mit 5 Türen: Radstand 260.5 cm, Wendekreis 10.6 m, Kofferraum 345 dm³, Länge 424.5 cm, Höhe 135 cm.
Mit 4 Türen: Radstand 260.5 cm, Wendekreis 10.9 m, Kofferraum 425 dm³, Länge 434 cm, Höhe 142 cm.

Fahrleistungen: Vmax (Werk) 173 km/h, V bei 1000/min im 5. Gang 33.1 km/h; 0–100 km/h 11.8 s; Leistungsgew. 16.4 kg/kW (12.1 kg/PS); Verbrauch ECE 5.7/7.6/8.4 L/100 km.
Aut.: Vmax 161 km/h, 0–100 km/h 14.2 s; Verbrauch ECE 5.8/7.7/9.6 L/100 km.

Carrosserie, poids: Berline, 3/4/5 portes, 5 places; vide dès 1065 kg, tot. adm. 1585 kg.

Moteur: (ECE), 4 cyl. en ligne (75.3×83.6 mm), 1489 cm³; compr. 9.4:1; 65 kW (88 ch) à 5500/min, 43.7 kW/L (59.1 ch/L); 132 Nm (13.5 mkp) à 4000/min; 91 (R). JIS: 70/81 kW (95110 ch)/SAE: 68 kW (92 ch).

Moteur (constr.): désignation Z5-DE; 4 soupapes en V; 2 arbres à cames en tête (courroie crantée/chaine); culasse en alliage léger; vilebrequin à 5 paliers; huile 3.5 L; injection électronique.
Batterie 35/50 Ah, alternateur 50/70 A; refroidissement à eau, capac. 6 L.

Transmission: (sur roues AV).
Boîte à 5 vit.: I. 3.42; II. 1.84; III. 1.29; IV. 0.97; V. 0.78; AR 3.21; pont 4.11.
Boîte autom. à 4 vit.: I. 2.8; II. 1.54; III. 1; IV. 0.7; AR 2.33; pont 4.06.

Châssis: carrosserie autoporteuse; AV jambes élast. et leviers triang. transv.; AR bras longitud. et transv., barre anti-dévers, ressorts hélic, amortiss. télesc.

Train roulant: frein, AV à disques (ventilés), AR à tambours, Ø disques AV 23.5 cm, ABS s. d., frein à main sur roues AR; servodirection à crémaillère, réservoir carb. 55 L; pneus 175/70 R 13, jantes 5 J.

Dimensions: empatt. 250.5 cm, voie 146/146 cm, garde au sol 15 cm, diam. de braq. 10.4 m, coffre 300 dm³, longueur 403.5 cm, largeur 169.5 cm, hauteur 140 cm.
Avec 5 portes: empattement 260.5 cm, diam. de braq. 10.6 m, coffre 345 dm³, longueur 424.5 cm, hauteur 135 cm.
Avec 4 portes: empattement 260.5 cm, diam. de braq. 10.9 m, coffre 425 dm³, longueur 434 cm, hauteur 142 cm.

Performances: Vmax (usine) 173 km/h, V à 1000/min en 5. vit. 33.1 km/h; 0–100 km/h 11.8 s; rapp. poids/puiss. 16.4 kg/kW (12.1 kg/ch); consomm. ECE 5.7/7.6/8.4 L/100 km.
Aut.: Vmax 161 km/h, 0–100 km/h 14.2 s; consomm. ECE 5.8/7.7/9.6 L/100 km.

Motor: (ECE), 4 Zyl. in Linie (71×83.6 mm), 1324 cm³; Kompr. 9.4:1; 54 kW (73 PS) bei 5500/min, 40 kW/L (54.4 PS/L); 108 Nm (10.6 mkp) bei 4000/min; 91 ROZ. DIN: 55 kW (75 PS); JIS: 63 kW (85 PS).

Motorkonstruktion: Bezeichnung B3-ME; 4 Ventile in V; 1 obenl. Nockenwelle (Zahnriemen); Leichtmetall-Zylinderkopf; 5fach gelagerte Kurbelwelle; Öl 3.4 L; elektron. Einspritzung, Hitachi.
Batterie 33 Ah, Alternator 50 A; Wasserkühlung, Inh. 5 L.

Kraftübertragung: (auf Vorderräder).
5-Gang-Getriebe: I. 3.42; II. 1.84; III. 1.29; IV. 0.97; V. 0.78; R 3.21; Achse 4.39.
4-Stufen-Automat: I. 2.8; II. 1.54; III. 1; IV. 0.7; R 2.33; Achse 4.06.

Fahrleistungen: Vmax (Werk) 164 km/h, V bei 1000/min im 5. Gang 31.4 km/h; 0–100 km/h 13.3 s; Leistungsgew. 18.4 kg/kW (13.5 kg/PS); Ver. ECE 5.9/8/8.2 L/100 km.

Moteur: (ECE), 4 cyl. en ligne (71×83.6 mm), 1324 cm³; compr. 9.4:1; 54 kW (73 ch) à 5500/min, 40 kW/L (54.4 ch/L); 108 Nm (10.6 mkp) à 4000/min; 91 (R). DIN: 55 kW (75 ch); JIS: 63 kW (85 ch).

Moteur (constr.): désignation B3-ME; 4 soupapes en V; 1 arbre à cames en tête (courroie crantée); culasse en alliage léger; vilebrequin à 5 paliers; huile 3.4 L; injection électronique, Hitachi.
Batterie 33 Ah, alternateur 50 A; refroidissement à eau, capac. 5 L.

Transmission: (sur roues AV).
Boîte à 5 vit.: I. 3.42; II. 1.84; III. 1.29; IV. 0.97; V. 0.78; AR 3.21; pont 4.39.
Boîte autom. à 4 vit.: I. 2.8; II. 1.54; III. 1; IV. 0.7; AR 2.33; pont 4.06.

Performances: Vmax (usine) 164 km/h, V à 1000/min en 5. vit. 31.4 km/h; 0–100 km/h 13.3 s; rapp. poids/puiss. 18.4 kg/kW (13.5 kg/ch); consomm. ECE 5.9/8/8.2 L/100 km.

Mazda 323 Sedan

1.5 16V – 125 PS Benzineinspritzung
1.5 16V – 125 ch Injection d'essence

Wie 1.5 – 88 PS, ausgenommen:

Karosserie, Gewicht: Limousine; leer ab 1080 kg.

Motor: (JIS), 4 Zyl. in Linie (78×78.4 mm), 1498 cm³; Kompr. 9.4:1; 92 kW (125 PS) bei 7000/min, 61.4 kW/L (83.5 PS/L); 130 Nm (13.3 mkp) bei 6000/min; 91 ROZ.
Aut.: 85 kW (116 PS) bei 6500/min; 134 Nm bei 5000/min.

Motorkonstruktion: Bezeichnung B5-2E; 4 Ventile in V; 2 obenl. Nockenwellen (Zahnriemen); Leichtmetall-Zylinderkopf; 5fach gelagerte Kurbelwelle; Öl 3.5 L; elektron. Einspritzung.
Batterie 33 Ah, Alternator 50 A; Wasserkühlung, Inh. 6 L.

Kraftübertragung: (auf Vorderräder).
5-Gang-Getriebe: I. 3.42; II. 1.84; III. 1.29; IV. 0.97; V. 0.82; R 3.42; Achse 4.39.
4-Stufen-Automat: I. 2.8; II. 1.54; III. 1; IV. 0.7; R 2.33; Achse 4.06, 3.74.

Fahrwerk: Reifen 185/65 HR 14, Felgen 5.5 J.

Fahrleistungen: Vmax (Red.) 190 km/h, V bei 1000/min im 5. Gang 30.3 km/h; Leistungsgew. 11.7 kg/kW (8.6 kg/PS); Verbrauch (Red.) 7/10 L/100 km.

Comme 1.5 – 88 ch, sauf:

Carrosserie, poids: Berline; vide dès 1080 kg.

Moteur: (JIS), 4 cyl. en ligne (78×78.4 mm), 1498 cm³; compr. 9.4:1; 92 kW (125 ch) à 7000/min, 61.4 kW/L (83.5 ch/L); 130 Nm (13.3 mkp) à 6000/min; 91 (R).
Aut.: 85 kW (116 ch) à 6500/min; 134 Nm à 5000/min.

Moteur (constr.): désignation B5-2E; 4 soupapes en V; 2 arbres à cames en tête (courroie crantée); culasse en alliage léger; vilebrequin à 5 paliers; huile 3.5 L; injection électronique.
Batterie 33 Ah, alternateur 50 A; refroidissement à eau, capac. 6 L.

Transmission: (sur roues AV).
Boîte à 5 vit.: I. 3.42; II. 1.84; III. 1.29; IV. 0.97; V. 0.82; AR 3.42; pont 4.39.
Boîte autom. à 4 vit.: I. 2.8; II. 1.54; III. 1; IV. 0.7; AR 2.33; pont 4.06, 3.74.

Train roulant: pneus 185/65 HR 14, jantes 5.5 J.

Performances: Vmax (réd.) 190 km/h, V à 1000/min en 5. vit. 30.3 km/h; rapp. poids/puiss. 11.7 kg/kW (8.6 kg/ch); consomm. (Réd.) 7/10 L/100 km.

Mazda 323

1.3 16V – 72 PS Benzineinspritzung
1.3 16V – 72 ch Injection d'essence

Wie 1.5 – 88 PS, ausgenommen:

Karosserie, Gewicht: Limousine; leer ab 1010 kg, max. zul. 1550 kg.

Comme 1.5 – 88 ch, sauf:

Carrosserie, poids: Berline; vide dès 1010 kg, tot. adm. 1550 kg.

1.8 16V – 116 PS Benzineinspritzung
1.8 16V – 116 ch Injection d'essence

Wie 1.5 – 88 PS, ausgenommen:

Karosserie, Gewicht: Limousine; leer ab 1095 kg, max. zul. 1625 kg.

Comme 1.5 – 88 ch, sauf:

Carrosserie, poids: Berline; vide dès 1095 kg, tot. adm. 1625 kg.

Peter und Claudia in ihrem Mazda MX-5 auf dem Weg nach Paris.

En MX-5, on trait même au bout du monde pour voir si la terre est ronde.

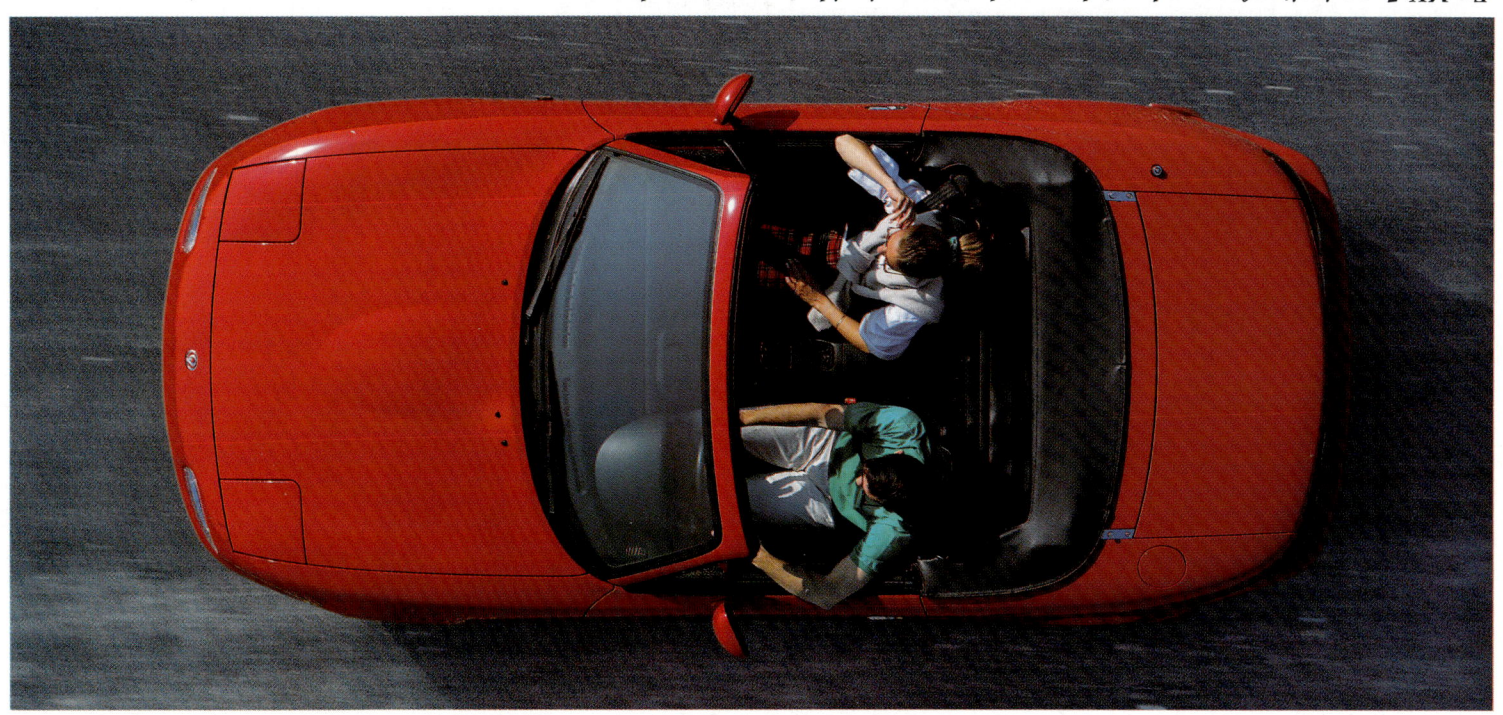

Die 500 Kilometer von hier nach Paris sind für den MX-5 bien sûr kein Problem. Aber auch nicht für die Mitfahrer.

Pierre et Pauline dans leur Mazda MX-5 sur le chemin du retour.

Mazda

Mazda 323F

Motor: (DIN), 4 Zyl. in Linie (83×85 mm), 1840 cm³; Kompr. 9:1; 85 kW (116 PS) bei 6000/min, 46.2 kW/L (62.8 PS/L); 160 Nm (16.3 mkp) bei 4000/min; 95 ROZ. ECE: 84 kW (114 PS); 157 Nm. SAE: 91 kW (124 PS); 159 Nm. JIS: 99 kW (135 PS) bei 7000/min; 157 Nm bei 4500/min.

Motorkonstruktion: Bezeichnung BP-ZE; 4 Ventile in V; 2 obenl. Nockenwellen (Zahnriemen); Leichtmetall-Zylinderkopf; 5fach gelagerte Kurbelwelle; Ölkühler; Öl 4 L; elektron. Einspritzung. Batterie 33 Ah, Alternator 50 A; Wasserkühlung, Inh. 6 L.

Kraftübertragung: (auf Vorderräder). 5-Gang-Getriebe: I. 3.42; II. 1.84; III. 1.29; IV. 1.03; V. 0.82; R 3.21; Achse 3.85. 4-Stufen-Automat: I. 2.8; II. 1.54; III. 1; IV. 0.7; R 2.33; Achse 3.74.

Fahrwerk: Reifen 185/65 HR 14, Fel. 5.5 J.

Fahrleistungen: Vmax (Werk) 188 km/h, V bei 1000/min im 5. Gang 33.5 km/h; 0–100 km/h 9.7 s; Leistungsgew. 13.1 kg/kW (9.7 kg/PS); Verbr. ECE 6.1/8.1/9.6 L/100 km. *Aut.:* Vmax 172 km/h, 0–100 km/h 12.2 s; Verbr. ECE 6.2/8/10.7 L/100 km.

2.0 V6 24V – 147 PS Benzineinspritzung

Wie 1.5 – 88 PS, ausgenommen:

Karosserie, Gewicht: Limousine; leer ab 1210 kg, max. zul. 1740 kg.

Motor: (ECE), 6 Zyl. in V 60° (78×69.6 mm), 1995 cm³; Kompr. 10:1; 106 kW (144 PS) bei 6000/min, 54.1 kW/L (73.6 PS/L); 180 Nm (18.7 mkp) bei 5000/min; 95 ROZ.

Motorkonstruktion: Bezeichnung E-CBAEP; 4 Ventile in V; 2×2 obenl. Nockenwellen (Zahnräder/Zahnriemen); Leichtmetall-Zylinderköpfe und -block; 4fach gelagerte Kurbelwelle; Ölkühler; Öl 4 L; elektron. Einspritzung. Batterie 60 Ah, Alternator 90 A; Wasserkühlung, Inh. 7.5 L.

Mazda Lantis

Moteur: (DIN), 4 cyl. en ligne (83×85 mm), 1840 cm³; compr. 9:1; 85 kW (116 ch) à 6000/min, 46.2 kW/L (62.8 ch/L); 160 Nm (16.3 mkp) à 4000/min; 95 (R). ECE: 84 kW (114 ch), 157 Nm. SAE: 91 kW (124 ch); 159 Nm. JIS: 99 kW (135 ch) à 7000/min; 157 Nm à 4500/min.

Moteur (constr.): désignation BP-ZE; 4 soupapes en V; 2 arbres à cames en tête (courroie crantée); culasse en alliage léger; vilebrequin à 5 paliers; radiat. d'huile; huile 4 L; injection électronique. Batterie 33 Ah, alternateur 50 A; refroidissement à eau, capac. 6 L.

Transmission: (sur roues AV). Boîte à 5 vit.: I. 3.42; II. 1.84; III. 1.29; IV. 1.03; V. 0.82; AR 3.21; pont 3.85. Boîte autom. à 4 vit.: I. 2.8; II. 1.54; III. 1; IV. 0.7; AR 2.33; pont 3.74.

Train roulant: pn. 185/65 HR 14, j. 5.5 J.

Performances: Vmax (usine) 188 km/h, V à 1000/min en 5. vit. 33.5 km/h; 0–100 km/h 9.7 s; rapp. poids/puiss. 13.1 kg/kW (9.7 kg/ch); consomm. ECE 6.1/8.1/9.6 L/100 km. *Aut.:* Vmax 172 km/h, 0–100 km/h 12.2 s; consomm. ECE 6.2/8/10.7 L/100 km.

2.0 V6 24V – 147 ch Injection d'essence

Comme 1.5 – 88 ch, sauf:

Carrosserie, poids: Berline; vide dès 1210 kg, tot. adm. 1740 kg.

Moteur: (ECE), 6 cyl. en V 60° (78×69.6 mm), 1995 cm³; compr. 10:1; 106 kW (144 ch) à 6000/min, 54.1 kW/L (73.6 ch/L); 180 Nm (18.7 mkp) à 5000/min; 95 (R).

Moteur (constr.): désignation E-CBAEP; 4 soupapes en V; 2×2 arbres à cames en tête (pignons/courroie crantée); culasses et bloc-cyl. en alliage léger; vilebrequin à 4 paliers; radiat. d'huile; huile 4 L; injection électronique. Batterie 60 Ah, alternateur 90 A; refroidissement à eau, capac. 7.5 L.

Kraftübertragung: (auf Vorderräder). 5-Gang-Getriebe: I. 3.31; II. 1.83; III. 1.31; IV. 1.03; V. 0.8; R 3.17; Achse 4.39. 4-Stufen-Automat: I. 2.8; II. 1.54; III. 1; IV. 0.7; R 2.33; Achse 4.38.

Fahrwerk: Vierrad-Scheibenbremse (vorn belüftet), Scheiben-⌀ v. 27.4 cm, h. 25.1 cm, ABS, Reifen 205/50 VR 16, Felgen 6.5 J.

Fahrleistungen: Vmax (Werk) 208 km/h, V bei 1000/min im 5. Gang 32.1 km/h; 0–100 km/h 9.4 s; Leistungsgew. 11.3 kg/kW (8.3 kg/PS); Verbr. ECE 6.9/8.7/11.1 L/100 km. *Aut.:* Vmax 201 km/h, 0–100 km/h 10.9 s; Verbrauch ECE 7.6/9/12.3 L/100 km.

2.0 – 71 PS Diesel

Wie 1.5 – 88 PS, ausgenommen:

Karosserie, Gewicht: Limousine; leer ab 1105 kg.

Motor: (ECE), 4 Zyl. in Linie (86×86 mm), 1998 cm³; Kompr. 21.7:1; 52 kW (71 PS) bei 4500/min, 25 kW/L (35.5 PS/L); 128 Nm (13 mkp) bei 3000/min; Dieselöl. Oder: 1.7 Turbodiesel mit Intercooler: (79×86 mm), 1686 cm³; Kompression 22:1; 60 kW (82 PS) bei 4400/min; 168 Nm (17.1 mkp) bei 2400/min.

Motorkonstruktion: 1 obenl. Nockenwelle (Zahnriemen); Leichtmetall-Zylinderkopf; 5fach gelagerte Kurbelwelle; Ölkühler; Öl 3.5 L; Einspritzpumpe. Batterie 80 Ah, Alternator 80 A; Wasserkühlung, Inh. 6.4 L.

Kraftübertragung: (auf Vorderräder). 5-Gang-Getriebe: I. 3.42; II. 1.84; III. 1.29; IV. 0.92; V. 0.73; R 3.21; Achse 3.85.

Fahrwerk: Reifen 185/65 R 14, Felgen 5.5 J.

Fahrleistungen: Vmax (Red.) 150 km/h, V bei 1000/min im 5. Gang 38.9 km/h; 0–100 km/h 15 s; Leistungsgew. 21.3 kg/kW (15.6 kg/PS); Verbrauch ECE 5/8 L/100 km.

Mazda 323 Familia

Frühere Modellreihe mit Frontantrieb, insbesondere als Station Wagon weiterhin im Programm. Debüt Juni 1980. 1989: Neue Generation, Wagon bisherige Ausführung mit Motoren 1.3/1.6-75/86 PS, auch 4 WD.

Mazda Capella/626 Wagon

Mittelklasseauto mit Quermotor, Frontantrieb oder Allradantrieb. Entspricht dem Vorgänger der heutigen 626-Reihe. Als Station Wagon weiterhin im Angebot.

2.2 12V – 116 PS Benzineinspritzung

Karosserie, Gewicht: Station Wagon, 5 Türen, 5 Sitze; leer ab ca. 1230 kg, max. zul. 1780 kg.

Motor: (JIS), 4 Zylinder in Linie (86×94 mm), 2184 cm³; Kompression 8.6:1; 85 kW (116 PS) bei 5000/min, 38.9 kW/L (52.9 PS/L); 180 Nm (18.3 mkp) bei 3000/min; 91 ROZ. Auch 2.0i-DOHC: (86×86 mm), 1998 cm³; Kompression 10:1; 110/107 kW (150/145 PS) bei 6000/min; 186 Nm bei 4500/min. und 2.0 Diesel Comprex: (86×86 mm), 1998 cm³; Kompr. 21:1; 55/60 kW (75/82 PS) bei 4000/min; 181 Nm bei 2000/min.

Transmission: (sur roues AV). Boîte à 5 vit.: I. 3.31; II. 1.83; III. 1.31; IV. 1.03; V. 0.8; AR 3.17; pont 4.39. Boîte autom. à 4 vit.: I. 2.8; II. 1.54; III. 1; IV. 0.7; AR 2.33; pont 4.38.

Train roulant: quatre freins à disques (AV ventilés), ⌀ disques AV 27.4 cm, AR 25.1 cm, ABS, pneus 205/50 VR 16, jantes 6.5 J.

Performances: Vmax (usine) 208 km/h, V à 1000/min en 5. vit. 32.1 km/h; 0–100 km/h 9.4 s; rapp. poids/puiss. 11.3 kg/kW (8.3 kg/ch); Verbrauch ECE 6.9/8.7/11.1 L/100 km. *Aut.:* Vmax 201 km/h, 0–100 km/h 10.9 s; Verbrauch ECE 7.6/9/12.3 L/100 km.

2.0 – 71 ch Diesel

Comme 1.5 – 88 ch, sauf:

Carrosserie, poids: Berline; vide dès 1105 kg.

Moteur: (ECE), 4 cyl. en ligne (86×86 mm), 1998 cm³; compr. 21.7:1; 52 kW (71 ch) à 4500/min, 25 kW/L (35.5 ch/L); 128 Nm (13 mkp) à 3000/min; gazole. Ou: 1.7 turbodiesel avec Intercooler: (79×86 mm), 1686 cm³; compression 22:1; 60 kW (82 ch) à 4400/min; 168 Nm (17.1 mkp) à 2400/min.

Moteur (constr.): 1 arbre à cames en tête (courroie crantée); culasse en alliage léger; vilebrequin à 5 paliers; radiat. d'huile; huile 3.5 L; pompe à injection. Batterie 80 Ah, alternateur 80 A; refroidissement à eau, capac. 6.4 L.

Transmission: (sur roues AV). Boîte à 5 vit.: I. 3.42; II. 1.84; III. 1.29; IV. 0.92; V. 0.73; AR 3.21; pont 3.85.

Train roulant: pneus 185/65 R 14, jantes 5.5 J.

Performances: Vmax (Red.) 150 km/h, V à 1000/min en 5. vit. 38.9 km/h; 0–100 km/h 15 s; rapp. poids/puiss. 21.3 kg/kW (15.6 kg/ch); consomm. ECE 5/8 L/100 km.

Mazda 323 Familia

Ancienne gamme à traction AV, encore en production spécialement comme Station Wagon. Lancement juin 1980. 1989: Nouvelle génération, wagon ancien modèle avec moteurs 1.3/1.6-75/86 ch, aussi 4 WD.

Mazda Capella/626 Wagon

Voiture de la classe moyenne avec moteur transversal, 2WD ou 4WD. Prédécesseur de la gamme 626 actuelle. Encore en production comme Station Wagon.

2.2 12V – 116 ch Injection d'essence

Carrosserie, poids: Station-wagon, 5 portes, 5 places; vide dès env. 1230 kg, tot. adm. 1780 kg.

Moteur: (JIS), quatre cylindres en ligne (86×94 mm), 2184 cm³; compression 8.6:1; 85 kW (116 ch) à 5000/min, 38.9 kW/L (52.9 ch/L); 180 Nm (18.3 mkp) à 3000/min; 91 (R). Aussi 2.0i-DOHC: (86×86 mm), 1998 cm³; compr. 10:1; 110/107 kW (150/145 ch) à 6000/min; 186 Nm à 4500/min. et 2.0 Diesel Comprex: (86×86 mm), 1998 cm³; compr. 21:1; 55/60 kW (75/82 ch) à 4000/min; 181 Nm à 2000/min.

Mazda 353

Mazda Capella Wagon

Motorkonstruktion: 3 Ventile in V; 1 obenl. Nockenwelle (Zahnriemen); Leichtmetall-Zylinderkopf; 5fach gelagerte Kurbelwelle; Öl 4.3 L; elektron. Einspritzung. Wasserkühlung.

Kraftübertragung: (auf Vorderräder/4WD permanent), zentrale Viskokupplung. 5-Gang-Getriebe: I. 3.31; II. 1.83; III. 1.23; IV. 0.91; V. 0.72; R 3.17; Achse 4.39; 4.11. 4-Stufen-Automat: I. 2.8; II. 1.54; III. 1; IV. 0.7; R 2.33; Achse 3.84; 3.7.

Fahrgestell: Selbsttragende Karosserie; vorn Federbeine, untere Dreieckquerlenker; hinten Federbeine, Querlenker, Längsstreben; v/h Kurvenstabilisatoren.

Fahrwerk: Vierrad-Scheibenbremse (vorn bel.), a.W. ABS, Handbremse auf Hinterräder, Zahnstangenl. mit Servo, Treibstofftank 60 L; Reifen 185/70 R 14, Felgen 5.5 J.

Dimensionen: Radstand 257.5 cm, Spur 145.5/146.5 cm, Wendekreis 11.6 m, Kofferraum 430/1315 dm^3, Länge 460 cm, Breite 169 cm, Höhe 147 cm.

Fahrleistungen: Vmax (Werk) 182 km/h, 0–100 km/h 10.5 s; Leistungsgew. 14.5 kg/kW (10.6 kg/PS); Verbrauch EU 6.5/9.5 L/100 km.
Aut.: Vmax 172 km/h, 0–100 km/h 12.5 s; Verbrauch EU 6.7/9.8 L/100 km.
4WD: Vmax 175 km/h, 0–100 km/h 11.5 s; Verbrauch EU 6.7/10.3 L/100 km.

Moteur (constr.): 3 soupapes en V; 1 arbre à cames en tête (courroie crantée); culasse en alliage léger; vilebrequin à 5 paliers; huile 4.3 L; injection électronique. Refroidissement à eau.

Transmission: (sur roues AV/4WD permanent), visco-coupleur central. Boîte à 5 vit.: I. 3.31; II. 1.83; III. 1.23; IV. 0.91; V. 0.72; AR 3.17; pont 4.39; 4.11. Boîte autom. à 4 vit.: I. 2.8; II. 1.54; III. 1; IV. 0.7; AR 2.33; pont 3.84; 3.7.

Châssis: carrosserie autoporteuse; AV jambes elast. et leviers triang. transv.; AR jambes elast., leviers transv., leviers auxiliaires; AV/AR barres anti-dévers.

Train roulant: quatre freins à disques (AV ventilés), ABS s.d., frein à main sur roues AR; servodirection à crémaillère, réservoir carb. 60 L; pneus 185/70 R 14, jantes 5.5 J.

Dimensions: empattement 257.5 cm, voie 145.5/146.5 cm, diam. de braq. 11.6 m, coffre 430/1315 dm^3, longueur 460 cm, largeur 169 cm, hauteur 147 cm.

Performances: Vmax (usine) 182 km/h, 0–100 km/h 10.2 s; rapp. poids/puiss. 14.5 kg/kW (10.6 kg/ch); consomm. EU 6.5/9.5 L/100 km.
Aut.: Vmax 172 km/h, 0–100 km/h 12.5 s; consomm. EU 6.7/9.8 L/100 km.
4WD: Vmax 175 km/h, 0–100 km/h 11.5 s; consomm. EU 6.7/10.3 L/100 km.

Mazda 626 - MX-6 - Capella

4- oder 5türige Lim., Quermotor, Vorderrad- oder Allradantrieb. In Japan auch als Anfini MS-8 bzw. MS-6 (4/5türig), werden auch als Ford Telstar verkauft. MX-6: Viersitziges Coupé mit eigenständiger Form. Debüt Herbst 1991.

Berline à 4 ou 5 portes, moteur transv., traction AV ou intégrale. Au Japon aussi comme Anfini MS-8 resp. MS-6 (4/5 portes), sont aussi distribués comme Ford Telstar. MX-6: Coupé avec forme particulière. Lancement automne 1991.

2.0 16V – 116 PS Benzineinspritzung

Karosserie, Gewicht: Limousine, 4/5 Türen, 5 Sitze; leer ab 1160 kg, max. zul. 1685 kg.
Coupé, 2 Türen, 4 Sitze; leer ab ca. 1125 kg, max. zul. 1550 kg.

Motor: (DIN), 4 Zyl. in Linie (83×92 mm), 1991 cm^3; Kompr. 9:1; 85 kW (116 PS) bei 5500/min, 42.7 kW/L (58 PS/L); 170 Nm (17.3 mkp) bei 4500/min; 91 ROZ.
1.8i: (83×85 mm), 1840 cm^3; Kompr. 9:1; 66/77 kW (90/105 PS) bei 5500/min; 143/155 Nm bei 2500/4300 min.
JIS: 85 kW (116 PS); 157 Nm.

Motorkonstruktion: 4 Ventile in V 38°; 2 obenl. Nockenwellen (Zahnriemen); Leichtmetall-Zylinderkopf; 5fach gelagerte Kurbelwelle; Öl 3.7 L; elektron. Einspritzung, L-Jetronic (Liz. Bosch). Batterie 48 Ah, Alternator 80 A; Wasserkühlung, Inh. 7 L.

2.0 16V – 116 ch Injection d'essence

Carrosserie, poids: Berline, 4/5 portes, 5 places; vide dès 1160 kg, tot. adm. 1685 kg.
Coupé, 2 portes, 4 places; vide dès env. 1125 kg, tot. adm. 1550 kg.

Moteur: (DIN), 4 cyl. en ligne (83×92 mm), 1991 cm^3; compr. 9:1; 85 kW (116 ch) à 5500/min, 42.7 kW/L (58 ch/L); 170 Nm (17.3 mkp) à 4500/min; 91 (R).
1.8i: (83×85 mm), 1840 cm^3; compr. 9:1; 66/77 kW (90/105 ch) à 5500/min; 143/155 Nm à 2500/4300 min.
JIS: 85 kW (116 PS); 157 Nm.

Moteur (constr.): 4 soupapes en V 38°; 2 arbres à cames en tête (courroie crantée); culasse en alliage léger; vilebrequin à 5 paliers; huile 3.7 L; injection électronique, L-Jetronic (Liz. Bosch). Batterie 48 Ah, alternateur 80 A; refroidissement à eau, capac. 7 L.

Kraftübertragung: (auf Vorderräder/4WD permanent), zentrale Viskokupplung. 5-Gang-Getriebe: I. 3.31; II. 1.83; III. 1.23; IV. 0.91; V. 0.72; R 3.17; Achse 4.11; 3.85.
4 WD: 5-Gang-Getriebe: III. 1.31; IV. 0.97; V. 0.76; Achse 4.39.
4-Stufen-Automat: I. 2.8; II. 1.54; III. 1; IV. 0.7; R 2.33; Achse 3.74.

Fahrgestell: Selbsttragende Karosserie; vorn Federbeine und Dreieckquerlenker; hinten Längs- und Querlenker; v/h Kurvenstabilisator.

Fahrwerk: Vierrad-Scheibenbremse (vorn belüftet), Scheiben-⌀ v. 25.8 cm, h. 26.1 cm, a.W. ABS, Handbremse auf Hinterräder; Zahnstangenlenkung mit Servo, Treibstofftank 60 L; 195/65 HR 14, 195/60 HR 15, 185/65 HR 14; Felgen 5.5 J, 6 J.

Dimensionen: Radstand 261 cm, Spur 150/150 cm, Bodenfreih. 16 cm, Wendekreis 11.4 m, Kofferraum 450/965 dm^3, Länge 469.5 cm, Breite 175 cm, Höhe 140 cm. Mit 5 Türen: Kofferraum 405/1100 dm^3, Länge 461.5 cm.

Fahrleistungen: Vmax (Werk) 198 km/h, V bei 1000/min im 5. Gang 37.9 km/h; 0–100 km/h 10.9 s; Leistungsgew. 13.6 kg/kW (10 kg/PS); Verbrauch ECE 5.9/7.7/9.6 L/100 km.
Aut.: Vmax 185 km/h, 0–100 km/h 13.4 s; Verbrauch ECE 6.5/8.1/10.2 L/100 km.

Transmission: (sur roues AV/4WD permanent), visco-coupleur central. Boîte à 5 vit.: I. 3.31; II. 1.83; III. 1.23; IV. 0.91; V. 0.72; AR 3.17; pont 4.11; 3.85.
4 WD: boîte à 5 vit.: III. 1.31; IV. 0.97; V. 0.76; pont 4.39.
Boîte autom. à 4 vit.: I. 2.8; II. 1.54; III. 1; IV. 0.7; AR 2.33; pont 3.74.

Châssis: carrosserie autoporteuse; AV jambes élast. et leviers triang. transv.; AR bras longitud. et transv.; AV/AR barre anti-dévers.

Train roulant: quatre freins à disques (AV ventilés), ⌀ disques AV 25.8 cm, AR 26.1 cm, ABS s. d., frein à main sur roues AR; servodirection à crémaillère, réservoir carb. 60 L; 195/65 HR 14, 195/60 HR 15, 185/65 HR 14; jantes 5.5 J, 6 J.

Dimensions: empattement 261 cm, voie 150/150 cm, garde au sol 16 cm, diam. de braq. 11.4 m, coffre 450/965 dm^3, longueur 469.5 cm, largeur 175 cm, hauteur 140 cm. Avec 5 portes: coffre 405/1100 dm^3, longueur 461.5 cm.

Performances: Vmax (usine) 198 km/h, V à 1000/min en 5. vit. 37.9 km/h; 0–100 km/h 10.9 s; rapp. poids/puiss. 13.6 kg/kW (10 kg/ch); consomm. ECE 5.9/7.7/9.6 L/100 km.
Aut.: Vmax 185 km/h, 0–100 km/h 13.4 s; consomm. ECE 6.5/8.1/10.2 L/100 km.

1.8 16V – 105 PS Benzineinspritzung

Wie 2.0 – 116 PS, ausgenommen:

Motor: (DIN), 4 Zyl. in Linie (83×85 mm), 1840 cm^3; Kompr. 9:1; 77 kW (105 PS) bei 5500/min, 41.8 kW/L (56.9 PS/L); 155 Nm (15.8 mkp) bei 4300/min; 95 ROZ.

Motorkonstruktion: Bezeichnung BP-ZE; 4 Ventile in V; 2 obenl. Nockenwellen (Zahnriemen); Leichtmetall-Zylinderkopf; 5fach gelagerte Kurbelwelle; Ölkühler; Öl 4 L; elektron. Einspritzung. Batterie 48 Ah, Alternator 80 A; Wasserkühlung, Inh. 6 L.

Kraftübertragung: (auf Vorderräder). 5-Gang-Getriebe: I. 3.31; II. 1.83; III. 1.23; IV. 0.91; V. 0.72; R 3.17; Achse 3.85; 3.85.

Fahrleistungen: Vmax (Werk) 191 km/h, V bei 1000/min im 5. Gang 39.9 km/h; 0–100 km/h 11.9 s; Leistungsgew. 14.8 kg/kW (10.9 kg/PS); Ver. ECE 5.9/7.9/9 L/100 km.

1.8 16V – 105 ch Injection d'essence

Comme 2.0 – 116 ch, sauf:

Moteur: (DIN), 4 cyl. en ligne (83×85 mm), 1840 cm^3; compr. 9:1; 77 kW (105 ch) à 5500/min, 41.8 kW/L (56.9 ch/L); 155 Nm (15.8 mkp) à 4300/min; 95 (R).

Moteur (constr.): désignation BP-ZE; 4 soupapes en V; 2 arbres à cames en tête (courroie crantée); culasse en alliage léger; vilebrequin à 5 paliers; radiat. d'huile; huile 4 L; injection électronique. Batterie 48 Ah, alternateur 80 A; refroidissement à eau, capac. 6 L.

Transmission: (sur roues AV). Boîte à 5 vit.: I. 3.31; II. 1.83; III. 1.23; IV. 0.91; V. 0.72; AR 3.17; pont 3.85; 3.85.

Performances: Vmax (usine) 191 km/h, V à 1000/min en 5. vit. 39.9 km/h; 0–100 km/h 11.9 s; rapp. poids/puiss. 14.8 kg/kW (10.9 kg/ch); consomm. ECE 5.9/7.9/9 L/100 km.

Mazda 626

1.8 V6 24V – 140 PS Benzineinspritzung

Wie 2.0 – 116 PS, ausgenommen:

Motor: (JIS), 6 Zyl. in V 60° (75×69.6 mm), 1845 cm^3; Kompr. 9.2:1; 103 kW (140 PS) bei 7000/min, 55.8 kW/L (75.9 PS/L); 157 Nm (16 mkp) bei 5500/min; 95 ROZ.
2.0-V6: (78×69.6 mm), 1995 cm^3; Kompr. 10:1; 118 kW (160 PS) bei 6500/min, 59.1 kW/L (80.2 PS/L); 180 Nm bei 5500/min.

1.8 V6 24V – 140 ch Injection d'essence

Comme 2.0 – 116 ch, sauf:

Moteur: (JIS), 6 cyl. en V 60° (75×69.6 mm), 1845 cm^3; compr. 9.2:1; 103 kW (140 ch) à 7000/min, 55.8 kW/L (75.9 ch/L); 157 Nm (16 mkp) à 5500/min; 95 (R).
2.0-V6: (78×69.6 mm), 1995 cm^3; compr. 10:1; 118 kW (160 ch) à 6500/min, 59.1 kW/L (80.2 PS/L); 180 Nm à 5500/min.

Mazda

Motorkonstruktion: Bezeichnung K8-ZE; 4 Ventile in V; 2×2 obenl. Nockenwellen (Zahnräder/Zahnriemen); Leichtmetall-Zylinderköpfe und -block; 4fach gelagerte Kurbelwelle; Ölkühler; Öl 4.9 L; elektron. Einspritzung, L-Jetronic (Liz. Bosch).

Batterie 48 Ah, Alternator 80 A; Wasserkühlung, Inh. 7.5 L.

Kraftübertragung: (auf Vorderräder).

5-Gang-Getriebe: I. 3.31; II. 1.83; III. 1.31; IV. 0.97; V. 0.76; R 3.17; Achse 4.11.

4-Stufen-Automat: I. 2.8; II. 1.54; III. 1; IV. 0.7; R 2.33; Achse 4.16, 3.74.

Fahrleistungen: Vmax (Red.) 200 km/h, V bei 1000/min im 5. Gang 36 km/h; Leistungsgew. 11.3 kg/kW (8.3 kg/PS); Verbrauch (Red.) 7/13 L/100 km.

Moteur (constr.): désignation K8-ZE; 4 soupapes en V; 2×2 arbres à cames en tête (pignons/courroie crantée); culasses et bloc-cyl. en alliage léger; vilebrequin à 4 paliers; radiat. d'huile; huile 4.9 L; injection électronique, L-Jetronic (Liz. Bosch).

Batterie 48 Ah, alternateur 80 A; refroidissement à eau, capac. 7.5 L.

Transmission: (sur roues AV).

Boîte à 5 vit.: I. 3.31; II. 1.83; III. 1.31; IV. 0.97; V. 0.76; AR 3.17; pont 4.11.

Boîte autom. à 4 vit.: I. 2.8; II. 1.54; III. 1; IV. 0.7; AR 2.33; pont 4.16, 3.74.

Performances: Vmax (réd.) 200 km/h, V à 1000/min en 5. vit. 36 km/h; rapp. poids/puiss. 11.3 kg/kW (8.3 kg/ch); consomm. (Red.) 7/13 L/100 km.

Motorkonstruktion: Bezeichnung RF; Wirbelkammer-Diesel; 2 Ventile; 1 obenl. Nokkenwelle (Zahnriemen); Leichtmetall-Zylinderkopf; 5fach gelagerte Kurbelwelle; Öl 6 L; Einspritzpumpe, Druckwellenlader Comprex.

Batterie 80 Ah, Alternator 75 A; Wasserkühlung, Inh. 9 L.

Kraftübertragung: (auf Vorderräder).

5-Gang-Getriebe: I. 3.67; II. 1.83; III. 1.16; IV. 0.86; V. 0.68; R 3.54; Achse 4.1.

Fahrleistungen: Vmax (Werk) 161 km/h, V bei 1000/min im 5. Gang 40 km/h; 0–100 km/h 14.7 s; Leistungsgew. 22.8 kg/kW (16.7 kg/PS); Verbrauch ECE 5.2/7/8.1 L/100 km.

Moteur (constr.): désignation RF; diesel à chambre de turbulence; 2 soupapes; 1 arbre à cames en tête (courroie crantée); culasse en alliage léger; vilebrequin à 5 paliers; huile 6 L; pompe à injection, compr. à ondes de compr. Comprex.

Batterie 80 Ah, alternateur 75 A; refroidissement à eau, capac. 9 L.

Transmission: (sur roues AV).

Boîte à 5 vit.: I. 3.67; II. 1.83; III. 1.16; IV. 0.86; V. 0.68; AR 3.54; pont 4.1.

Performances: Vmax (usine) 161 km/h, V à 1000/min en 5. vit. 40 km/h; 0–100 km/h 14.7 s; rapp. poids/puiss. 22.8 kg/kW (16.7 kg/ch); consommation ECE 5.2/7/8.1 L/100 km.

Mazda MX-6

2.5 V6 24V – 165 PS Benzineinspritzung

Wie 2.0 – 116 PS, ausgenommen:

Karosserie, Gewicht: Limousine; leer ab 1260 kg, max. zul. 1775 kg.

Motor: (ECE), 6 Zyl. in V 60° (84.5×74.2 mm), 2497 cm³; Kompr. 9.2:1; 121 kW (165 PS) bei 5600/min, 48.4 kW/L (65.9 PS/L); 217 Nm (22.1 mkp) bei 4800/min; 95 ROZ. JIS: Kompr. 10:1; 147 kW (200 PS) bei 6500/min; 224 Nm bei 5500/min.

Motorkonstruktion: Bezeichnung K8-ZE; 4 Ventile in V 38°; 2×2 obenl. Nockenwellen (Zahnräder/Zahnriemen); Leichtmetall-Zylinderköpfe und -block; 4fach gelagerte Kurbelwelle; Ölkühler; Öl 4 L; elektron. Einspritzung, L-Jetronic (Liz. Bosch).

Batterie 48 Ah, Alternator 80 A; Wasserkühlung, Inh. 7.5 L.

Kraftübertragung: (auf Vorderräder).

5-Gang-Getriebe: I. 3.31; II. 1.83; III. 1.31; IV. 1.03; V. 0.8; R 3.17; Achse 4.11.

4-Stufen-Automat: I. 2.8; II. 1.54; III. 1; IV. 0.7; R 2.33; Achse 4.16, 4.38.

Fahrwerk: Reifen 205/55 VR 15, Felgen 6.5 J.

Fahrleistungen: Vmax (Werk) 220 km/h, V bei 1000/min im 5. Gang 34 km/h; 0–100 km/h 8.5 s; Leistungsgew. 9.8 kg/kW (7.2 kg/PS); Verbrauch ECE 7.1/8.8/11.9 L/100 km.

Aut.: Vmax 207 km/h, 0–100 km/h 10.2 s; 7.3/Verbrauch ECE 9.4/12.2 L/100 km.

2.5 V6 24V – 165 ch Injection d'essence

Comme 2.0 – 116 ch, sauf:

Carrosserie, poids: Berline; vide dès 1260 kg, tot. adm. 1775 kg.

Moteur: (ECE), 6 cyl. en V 60° (84.5×74.2 mm), 2497 cm³; compr. 9.2:1; 121 kW (165 ch) à 5600/min, 48.4 kW/L (65.9 ch/L); 217 Nm (22.1 mkp) à 4800/min; 95 (R). JIS: compr. 10:1; 147 kW (200 ch) à 6500/min; 224 Nm à 5500/min.

Moteur (constr.): désignation K8-ZE; 4 soupapes en V 38°; 2×2 arbres à cames en tête (pignons/courroie crantée); culasses et bloc-cyl. en alliage léger; vilebrequin à 4 paliers; radiat. d'huile; huile 4 L; injection électronique, L-Jetronic (Liz. Bosch).

Batterie 48 Ah, alternateur 80 A; refroidissement à eau, capac. 7.5 L.

Transmission: (sur roues AV).

Boîte à 5 vit.: I. 3.31; II. 1.83; III. 1.31; IV. 1.03; V. 0.8; AR 3.17; pont 4.11.

Boîte autom. à 4 vit.: I. 2.8; II. 1.54; III. 1; IV. 0.7; AR 2.33; pont 4.16, 4.38.

Train roulant: pneus 205/55 VR 15, jantes 6.5 J.

Performances: Vmax (usine) 220 km/h, V à 1000/min en 5. vit. 34 km/h; 0–100 km/h 8.5 s; rapp. poids/puiss. 9.8 kg/kW (7.2 kg/ch); consommation ECE 7.1/8.8/11.9 L/100 km.

Aut.: Vmax 207 km/h, 0–100 km/h 10.2 s; 7.3/consomm. ECE 9.4/12.2 L/100 km.

2.0 – 75 PS Diesel Comprex

Wie 2.0 – 116 PS, ausgenommen:

Karosserie, Gewicht: Limousine; leer ab 1290 kg, max. zul. 1785 kg.

Motor: (ECE), 4 Zyl. in Linie (86×86 mm), 1998 cm³; Kompr. 21.1:1; 55 kW (75 PS) bei 4000/min, 27.5 kW/L (37.4 PS/L); 169 Nm (17.2 mkp) bei 2000/min; Dieselöl.

2.0 – 75 ch Diesel Comprex

Comme 2.0 – 116 ch, sauf:

Carrosserie, poids: Berline; vide dès 1290 kg, tot. adm. 1785 kg.

Moteur: (ECE), 4 cyl. en ligne (86×86 mm), 1998 cm³; compr. 21.1:1; 55 kW (75 ch) à 4000/min, 27.5 kW/L (37.4 ch/L); 169 Nm (17.2 mkp) à 2000/min; gazole.

Mazda Xedos 6 - Eunos 500

Limousine mit luxuriösem Charakter, technisch auf dem 626 basierend. Bezeichnung in Japan Eunos 500, im Export Xedos 6. Debüt Salon Tokio 1991.

Berline luxueuse basant sur la berline 626. Désignation au Japon Eunos 500, pour l'exportation Xedos 6. Lancement Salon Tokio 1991.

1.6 16V – 107 PS Benzineinspritzung

Karosserie, Gewicht: Limousine, 4 Türen, 5 Sitze; leer ab ca. 1140 kg, max. zul. 1645 kg.

Motor: (ECE), 4 Zyl. in Linie (78×83.6 mm), 1598 cm³; Kompression 9.4:1; 79 kW (107 PS) bei 6200/min, 49.4 kW/L (67.2 PS/L); 138 Nm (14.1 mkp) bei 3600/min; 95 ROZ.

Motorkonstruktion: 4 Ventile in V; 1 obenl. Nockenwelle (Zahnriemen); Leichtmetall-Zylinderkopf; 5fach gelagerte Kurbelwelle; Öl 4 L; elektron. Einspritzung.

Batterie 48 Ah, Alternator 80 A; Wasserkühlung, Inh. 7 L.

Kraftübertragung: (auf Vorderräder).

5-Gang-Getriebe: I. 3.42; II. 1.84; III. 1.29; IV. 0.97; V. 0.82; R 3.42; Achse 4.39, 4.11.

4-Stufen-Automat: I. 2.8; II. 1.54; III. 1; IV. 0.7; R 2.33; Achse 3.74, 4.16.

Fahrgestell: Selbsttragende Karosserie; vorn Federbeine und Dreieckquerlenker; hinten Längs- und Querlenker; v/h Kurvenstabilisator.

Fahrwerk: Vierrad-Scheibenbremse (vorn belüftet), Scheiben-⌀ v. 25.8 cm, h. 26.1 cm, a.W. ABS, Handbremse auf Hinterräder; Zahnstangenlenkung mit Servo, Treibstofftank 60 L; Reifen 185/65 HR 14, 195/60 HR 15, Felgen 5.5/6 J.

Dimensionen: Radstand 261 cm, Spur 148/149 cm, Bodenfreih. 13 cm, Wendekreis 11.2 m, Kofferraum 405 dm³, Länge 456 cm, Breite 169.5 cm, Höhe 135 cm.

Fahrleistungen: Vmax (Werk) 184 km/h, V bei 1000/min im 5. Gang 34.1 km/h; 0–100 km/h 11.9 s; Leistungsgew. 14.4 kg/kW (10.7 kg/PS); Verbrauch ECE 5.4/7.2/9.5 L/100 km.

Aut.: Vmax 175 km/h, 0–100 km/h 13.2 s; Verbrauch ECE 5.7/7.4/10.3 L/100 km.

1.6 16V – 107 ch Injection d'essence

Carrosserie, poids: Berline, 4 portes, 5 places; vide dès 1140 kg, tot. adm. 1645 kg.

Moteur: (ECE), 4 cylindres en ligne (78×83.6 mm), 1598 cm³; compression 9.4:1; 79 kW (107 ch) à 6200/min, 49.4 kW/L (67.2 ch/L); 138 Nm (14.1 mkp) à 3600/min; 95 (R).

Moteur (constr.): 4 soupapes en V; 1 arbre à cames en tête (courroie crantée); culasse en alliage léger; vilebrequin à 5 paliers; huile 4 L; injection électronique.

Batterie 48 Ah, alternateur 80 A; refroidissement à eau, capac. 7 L.

Transmission: (sur roues AV).

Boîte à 5 vit.: I. 3.42; II. 1.84; III. 1.29; IV. 0.97; V. 0.82; AR 3.42; pont 4.39, 4.11.

Boîte autom. à 4 vit.: I. 2.8; II. 1.54; III. 1; IV. 0.7; AR 2.33; pont 3.74, 4.16.

Châssis: carrosserie autoporteuse; AV jambes élast. et leviers triang. transv.; AR bras longitud. et transv.; AV/AR barre anti-dévers.

Train roulant: quatre freins à disques (AV ventilés), ⌀ disques AV 25.8 cm, AR 26.1 cm, ABS s. d., frein à main sur roues AR; servodirection à crémaillère, réservoir carb. 60 L; pneus 185/65 HR 14, 195/60 HR 15, jantes 5.5/6 J.

Dimensions: empattement 261 cm, voie 148/149 cm, garde au sol 13 cm, diam. de braq. 11.2 m, coffre 405 dm³, longueur 456 cm, largeur 169.5 cm, hauteur 135 cm.

Performances: Vmax (usine) 184 km/h, V à 1000/min en 5. vit. 34.1 km/h; 0–100 km/h 11.9 s; rapp. poids/puiss. 14.4 kg/kW (10.7 kg/ch); consomm. ECE 5.4/7.2/9.5 L/100 km.

Aut.: Vmax 175 km/h, 0–100 km/h 13.2 s; consomm. ECE 5.7/7.4/10.3 L/100 km.

Mazda Xedos 6

Mazda

2.0 V6 24V – 144 PS
Benzineinspritzung

Wie 1.6 – 107 PS, ausgenommen:

Karosserie, Gewicht: Limousine; leer ab 1190 kg, max. zul. 1710 kg.

Motor: (ECE), 6 Zyl. in V 60° (78×69.6 mm), 1995 cm³; Kompr. 9.5:1; 106 kW (144 PS) bei 6000/min, 53.1 kW/L (72.2 PS/L); 170 Nm (17.3 mkp) bei 5000/min; 95 ROZ. JIS: Kompr. 10:1, 118 kW (160 PS) bei 6500/min; 180 Nm bei 5500/min.
1.8-V6 (JIS): (75x69.6 mm), 1845 cm³; Kompr. 9.2:1; 103 kW (140 PS) bei 7000/min; 157 Nm bei 5000/min.

Motorkonstruktion: Bezeichnung E-CBAEP; 4 Ventile in V; 2×2 obenl. Nockenwellen (Zahnräder/Zahnriemen); Leichtmetall-Zylinderköpfe und -block; 4fach gelagerte Kurbelwelle; Ölkühler; Öl 4 L; elektron. Einspritzung.
Batterie 48 Ah, Alternator 80 A; Wasserkühlung, Inh. 7.5 L.

Kraftübertragung: (auf Vorderräder).
5-Gang-Getriebe: I. 3.31; II. 1.83; III. 1.23; IV. 0.91; V. 0.76; R 3.17; Achse 4.39; 4.11.
4-Stufen-Automat: I. 2.8; II. 1.54; III. 1; IV. 0.7; R 2.33; Achse 3.74, 4.16.

Fahrleistungen: Vmax (Werk) 214 km/h, V bei 1000/min im 5. Gang 34 km/h; 0–100 km/h 9.4 s; Leistungsgew. 11.4 kg/kW (8.4 kg/PS); Verbr. ECE 6/7.5/10.5 L/100 km.
Aut.: Vmax 201 km/h, 0–100 km/h 12.1 s; Verbrauch ECE 6.4/7.9/11.3 L/100 km.

2.0 V6 24V – 144 ch
Injection d'essence

Comme 1.6 – 107 ch, sauf:

Carrosserie, poids: Berline; vide dès 1190 kg, tot. adm. 1710 kg.

Moteur: (ECE), 6 cyl. en V 60° (78×69.6 mm), 1995 cm³; compr. 9.5:1; 106 kW (144 ch) à 6000/min, 53.1 kW/L (72.2 ch/L); 170 Nm (17.3 mkp) à 5000/min; 95 (R).
JIS: compr. 10:1, 118 kW (160 ch) à 6500/min; 180 Nm à 5500/min.
1.8-V6 (JIS): (75x69.6 mm), 1845 cm³; compr. 9.2:1; 103 kW (140 ch) à 7000/min; 157 Nm à 5000/min.

Moteur (constr.): désignation E-CBAEP; 4 soupapes en V; 2×2 arbres à cames en tête (pignons/courroie crantée); culasses et bloc-cyl. en alliage léger; vilebrequin à 4 paliers; radiat. d'huile; huile 4 L; injection électronique.
Batterie 48 Ah, alternateur 80 A; refroidissement à eau, capac. 7.5 L.

Transmission: (sur roues AV).
Boîte à 5 vit.: I. 3.31; II. 1.83; III. 1.23; IV. 0.91; V. 0.76; AR 3.17; pont 4.39; 4.11.
Boîte auto. à 4 vit.: I. 2.8; II. 1.54; III. 1; IV. 0.7; AR 2.33; pont 3.74, 4.16.

Performances: Vmax (usine) 214 km/h, V à 1000/min en 5. vit. 34 km/h; 0–100 km/h 9.4 s; rapp. poids/puiss. 11.4 kg/kW (8.4 kg/ch); consomm. ECE 6/7.5/10.5 L/100 km.
Aut.: Vmax 201 km/h, 0–100 km/h 12.1 s; consomm. ECE 6.4/7.9/11.3 L/100 km.

Fahrgestell: Selbsttragende Karosserie; vorn Federbeine und Dreieckquerlenker; hinten Längs- und Querlenker; v/h Zusatzlenker; Kurvenstabilisator, Schraubenfedern, Teleskopdämpfer.

Fahrwerk: Vierrad-Scheibenbremse (vorn belüftet), Scheiben-⌀ v. 27.4 cm, h. 28.6 cm, ABS, Handbremse auf Hinterräder; Servo, Treibstofftank 68 L; Reifen 205/65 VR 15, Felgen 6/6.5 J.

Dimensionen: Radstand 275 cm, Spur 153/153 cm, Bodenfreih. 12 cm, Wendekreis 12.2 m, Kofferraum 420 dm³, Länge 482.5 cm, Breite 177 cm, Höhe 139 cm.

Fahrleistungen: Vmax (Werk) 220 km/h, V bei 1000/min in 5. Gang 37 km/h; 0–100 km/h 8.6 s; steh. km 29.9 s; Leistungsgew. 11.5 kg/kW (8.5 kg/PS); Verbrauch ECE 6.8/8.4/12.6 L/100 km.
Aut.: Vmax 210 km/h, 0–100 km/h 11.1 s; steh. km 32.5 s; Verbrauch ECE 6.9/8.5/12.9 L/100 km.

Châssis: carrosserie autoporteuse; AV jambes élast. et leviers triang. transv.; AR bras longitud. et transv.; AV/AR leviers auxiliaires; barre anti-dévers, ressorts hélic., amortiss. télesc.

Train roulant: quatre freins à disques (AV ventilés), ⌀ disques AV 27.4 cm, AR 28.6 cm, ABS, frein à main sur roues AR; servo-direction à crémaillère, réservoir carb. 68 L; pneus 205/65 VR 15, jantes 6/6.5 J.

Dimensions: empattement 275 cm, voie 153/153 cm, garde au sol 12 cm, diam. de braq. 12.2 m, coffre 420 dm³, longueur 482.5 cm, largeur 177 cm, hauteur 139 cm.

Performances: Vmax (usine) 220 km/h, V à 1000/min en 5. vit. 37 km/h; 0–100 km/h 8.6 s; km arrêté 29.9 s; rapp. poids/puiss. 11.5 kg/kW (8.5 kg/ch); consomm. ECE 6.8/8.4/12.6 L/100 km.
Aut.: Vmax 210 km/h, 0–100 km/h 11.1 s; km arrêté 32.5 s; consomm. ECE 6.9/8.5/12.9 L/100 km.

Mazda Xedos 9 - Eunos 800

Viertürige Limousine mit Frontantrieb und V6-Quermotoren, 5-Gang-Getriebe oder Automat, wird in Japan als Eunos 800 und in den USA als Millenia verkauft. Debüt IAA 1993.

Berline 4 portes avec traction AV et V6 transv., boîtes à 5 vit. ou automat., est vendue au Japon comme Eunos 800 et aux USA comme Millenia. Lancement IAA 1993.

2.5 V6 24V – 167 PS
Benzineinspritzung

Karosserie, Gewicht: Limousine, 4 Türen, 5 Sitze; leer ab 1415 kg, max. zul. 1940 kg.

Motor: (ECE), 6 Zyl. in V 60° (84.5×74.2 mm), 2497 cm³; Kompr. 9.2:1; 123 kW (167 PS) bei 6000/min, 49.3 kW/L (67 PS/L); 212 Nm (21.6 mkp) bei 4900/min; 95 ROZ. JIS: Kompr. 10:1, 147 kW (200 PS) bei 6500/min; 224 Nm bei 5500/min.
SAE: 127 kW (172 PS); 217 Nm.

Motorkonstruktion: Bezeichnung K8-ZE; 4 Ventile in V 38°; 2×2 obenl. Nockenwellen (Zahnräder/Zahnriemen); Leichtmetall-Zylinderköpfe und -block; 4fach gelagerte Kurbelwelle; Ölkühler; Öl 4 L; elektron. Einspritzung, L-Jetronic (Liz. Bosch).
Batterie 48/65 Ah, Alternator 80/110 A; Wasserkühlung, Inh. 7.5 L.

Kraftübertragung: (auf Vorderräder).
5-Gang-Getriebe: I. 3.64; II. 2.05; III. 1.32; IV. 1.03; V. 0.78; R 3.46; Achse 4.11, 4.38.
4-Stufen-Automat: I. 2.8; II. 1.54; III. 1; IV. 0.7; R 2.33; Achse 3.74, 4.18.

2.5 V6 24V – 167 ch
Injection d'essence

Carrosserie, poids: Berline, 4 portes, 5 pl.; vide dès 1415 kg, tot. adm. 1940 kg.

Moteur: (ECE), 6 cyl. en V 60° (84.5×74.2 mm), 2497 cm³; compr. 9.2:1; 123 kW (167 ch) à 6000/min, 49.3 kW/L (67 ch/L); 212 Nm (21.6 mkp) à 4900/min; 95 (R).
JIS: Compr. 10:1, 147 kW (200 ch) à 6500/min; 224 Nm à 5500/min.
SAE: 127 kW (172 ch); 217 Nm.

Moteur (constr.): désignation K8-ZE; 4 soupapes en V 38°; 2×2 arbres à cames en tête (pignons/courroie crantée); culasses et bloc-cyl. en alliage léger; vilebrequin à 4 paliers; radiat. d'huile; huile 4 L; injection électronique, L-Jetronic (Liz. Bosch).
Batterie 48/65 Ah, alternateur 80/110 A; refroidissement à eau, capac. 7.5 L.

Transmission: (sur roues AV).
Boîte à 5 vit.: I. 3.64; II. 2.05; III. 1.32; IV. 1.03; V. 0.78; AR 3.46; pont 4.11, 4.38.
Boîte autom. à 4 vit.: I. 2.8; II. 1.54; III. 1; IV. 0.7; AR 2.33; pont 3.74, 4.18.

2.3 V6 24V – 211 PS
Benzineinspritzung

Wie 2.5 – 167 PS, ausgenommen:

Karosserie, Gewicht: Limousine; leer ab 1500 kg, max. zul. 1985 kg.

Motor: (JIS), 6 Zyl. in V 60° (80.3×74.2 mm), 2255 cm³; Kompr. 10:1; 155 kW (211 PS) bei 5300/min, 68.7 kW/L (93.5 PS/L); 290 Nm (29.6 mkp) bei 3700/min; 95 ROZ.

Motorkonstruktion: Bezeichnung KJ-ZEM «Miller cycle»; 4 Ventile in V; 2×2 obenl. Nockenwellen (Zahnräder/Zahnriemen); Leichtmetall-Zylinderköpfe und -block; 4fach gelagerte Kurbelwelle; Öl 5.3 L; elektron. Einspritzung, Bosch L-Jetronic, 1 Schraubenlader Lysholm.
Batterie 65 Ah, Alternator 110 A; Wasserkühlung, Inh. 7.5 L.

Kraftübertragung: (auf Vorderräder).
4-Stufen-Automat: I. 2.79; II. 1.55; III. 1; IV. 0.69; R 2.27; Achse 3.81.

Fahrleistungen: Vmax (Red.) 230 km/h, V bei 1000/min im 4. Gang 44.7 km/h; 0–100 km/h 9.4 s; steh. km 29.6 s; Leistungsgew. 9.7 kg/kW (7.1 kg/PS); Verbrauch ECE 6.3/8/11.8 L/100 km.

2.3 V6 24V – 211 ch
Injection d'essence

Comme 2.5 – 167 ch, sauf:

Carrosserie, poids: Berline,; vide dès 1500 kg, tot. adm. 1985 kg.

Moteur: (JIS), 6 cyl. en V 60° (80.3×74.2 mm), 2255 cm³; compr. 10:1; 155 kW (211 ch) à 5300/min, 68.7 kW/L (93.5 ch/L); 290 Nm (29.6 mkp) à 3700/min; 95 (R).

Moteur (constr.): désignation KJ-ZEM «Miller cycle»; 4 soupapes en V; 2×2 arbres à cames en tête (pignons/courroie crantée); culasses et bloc-cyl. en alliage léger; vilebrequin à 4 paliers; huile 5.3 L; injection électronique, Bosch L-Jetronic, 1 compresseur à vis Lysholm.
Batterie 65 Ah, alternateur 110 A; refroidissement à eau, capac. 7.5 L.

Transmission: (sur roues AV).
Boîte autom. à 4 vit.: I. 2.79; II. 1.55; III. 1; IV. 0.69; AR 2.27; pont 3.81.

Performances: Vmax (réd.) 230 km/h, V à 1000/min en 4. vit. 44.7 km/h; 0–100 km/h 9.4 s; km arrêté 29.6 s; rapp. poids/puiss. 9.7 kg/kW (7.1 kg/ch); consomm. ECE 6.3/8/11.8 L/100 km.

2.0 V6 24V – 143 PS
Benzineinspritzung

Wie 2.5 – 167 PS, ausgenommen:

Motor: (ECE), 6 Zyl. in V 60° (78×69.6 mm), 1995 cm³; Kompr. 9.5:1; 105 kW (143 PS) bei 6000/min, 52.6 kW/L (71.6 PS/L); 176 Nm (17.9 mkp) bei 5000/min; 95 ROZ.

Motorkonstruktion: Bezeichnung E-CBAEP; 4 Ventile in V; 2×2 obenl. Nockenwellen (Zahnräder/Zahnriemen); Leichtmetall-Zylinderköpfe und -block; 4fach gelagerte Kurbelwelle; Ölkühler; Öl 4 L; elektron. Einspritzung.
Batterie 68 Ah, Alternator 110 A; Wasserkühlung, Inh. 7.5 L.

Kraftübertragung: (auf Vorderräder).
5-Gang-Getriebe: I. 3.64; II. 2.05; III. 1.32; IV. 1.03; V. 0.78; R 3.46; Achse 4.11.

Fahrleistungen: Vmax (Werk) 202 km/h, V bei 1000/min im 5. Gang 37 km/h; 0–100 km/h 10.7 s; steh. km 31.8 s; Leistungsgew. 13.4 kg/kW (9.9 kg/PS); Verbrauch ECE 6.3/7.7/11.1 L/100 km.

2.0 V6 24V – 143 ch
Injection d'essence

Comme 2.5 – 167 ch, sauf:

Moteur: (ECE), 6 cyl. en V 60° (78×69.6 mm), 1995 cm³; compr. 9.5:1; 105 kW (143 ch) à 6000/min, 52.6 kW/L (71.6 ch/L); 176 Nm (17.9 mkp) à 5000/min; 95 (R).

Moteur (constr.): désignation E-CBAEP; 4 soupapes en V; 2×2 arbres à cames en tête (pignons/courroie crantée); culasses et bloc-cyl. en alliage léger; vilebrequin à 4 paliers; radiat. d'huile; huile 4 L; injection électronique.
Batterie 68 Ah, alternateur 110 A; refroidissement à eau, capac. 7.5 L.

Transmission: (sur roues AV).
Boîte à 5 vit.: I. 3.64; II. 2.05; III. 1.32; IV. 1.03; V. 0.78; AR 3.46; pont 4.11.

Performances: Vmax (usine) 202 km/h, V à 1000/min en 5. vit. 37 km/h; 0–100 km/h 10.7 s; km arrêté 31.8 s; rapp. poids/puiss. 13.4 kg/kW (9.9 kg/ch); consomm. ECE 6.3/7.7/11.1 L/100 km.

Mazda Xedos 9

Mazda Sentia - 929

Luxuriöse Limousine mit V6-Motor und Hinterradantrieb. In den USA als 929. Auch als Anfini MS-9. Debüt Juni 1991. Für 1996 nur noch mit 3.0-V6.

Berline luxueuse avec V6 et roues AR motrices. Aux USA comme 929. Aussi comme Anfini MS-9. Lancement juin '91. Pour 1996 uniquement avec 3.0-V6.

Mazda

3.0 V6 24V – 205 PS
Benzineinspritzung

Karosserie, Gewicht: Limousine, 4 Türen, 5 Sitze; leer ab 1600 kg.

Motor: (JIS), 6 Zyl. in V 60° (90×77.4 mm), 2954 cm³; Kompr. 9.5:1; 151 kW (205 PS) bei 6000/min, 51.1 kW/L (69.5 PS/L); 272 Nm (27.7 mkp) bei 3500/min; 95 ROZ.

Motorkonstruktion: Bezeichnung JE-ZE; 4 Ventile in V; 2×2 obenl. Nockenwellen (Zahnriemen); Leichtmetall-Zylinderkopf; 4fach gelagerte Kurbelwelle; Öl 5.4 L; elektron. Einspritzung. Batterie 55 Ah, Alternator 75 A; Wasserkühlung, Inh. 9.5 L.

Kraftübertragung: (auf Hinterräder).
4-Stufen-Automat: I. 2.79; II. 1.55; III. 1; IV. 0.69; R 2.27; Achse 4.1.

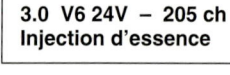

3.0 V6 24V – 205 ch
Injection d'essence

Carrosserie, poids: Berline, 4 portes, 5 places; vide dès 1600 kg.

Moteur: (JIS), 6 cyl. en V 60° (90×77.4 mm), 2954 cm³; compr. 9.5:1; 151 kW (205 ch) à 6000/min, 51.1 kW/L (69.5 ch/L); 272 Nm (27.7 mkp) à 3500/min; 95 (R).

Moteur (constr.): désignation JE-ZE; 4 soupapes en V; 2×2 arbres à cames en tête (courroie crantée); culasse en alliage léger; vilebrequin à 4 paliers; huile 5.4 L; injection électronique. Batterie 55 Ah, alternateur 75 A; refroidissement à eau, capac. 9.5 L.

Transmission: (sur roues AR).
Boîte autom. à 4 vit.: I. 2.79; II. 1.55; III. 1; IV. 0.69; AR 2.27; pont 4.1.

Mazda Sentia

Fahrgestell: Selbsttragende Karosserie; vorn Dreiecklenker, oberer Querlenker; hinten Mehrlenkerachse mit Längs-, Quer- und Schräglenkern; v/h Kurvenstabilisator, Schraubenfedern, Teleskopdämpfer.

Fahrwerk: Vierrad-Scheibenbremse (v/h belüftet), Scheiben-⌀ v. 27.4 cm, h. 28.7 cm, a.W. ABS, Handbremse auf Hinterräder; Zahnstangenlenkung mit Servo, Treibstofftank 70 L; Reifen 205/65 HR 15, 215/55 VR 16, Felgen 6 J.

Dimensionen: Radstand 285 cm, Spur 151/152.5 cm, Bodenfreih. 13 cm, Wendekreis 12 m, Kofferraum 360 dm³, Länge 489.5 cm, Breite 179.5 cm, Höhe 142 cm.

Fahrleistungen: Vmax (Red.) 220 km/h, V bei 1000/min im 4. Gang 41.9 km/h; Leistungsgew. 10.6 kg/kW (7.8 kg/PS); Verbrauch (Red.) 10/18 L/100 km.

Châssis: carrosserie autoporteuse; AV levier triangulaire, levier transv. sup.; AR essieu à multiples bras (leviers longit., obliques et transv.); AV/AR barre anti-dévers, ressorts hélic, amortiss. télesc.

Train roulant: quatre freins à disques (AV/AR ventilés), ⌀ disques AV 27.4 cm, AR 28.7 cm, ABS s. d., frein à main sur roues AR; servodirection à crémaillère, réservoir carb. 70 L; pneus 205/65 HR 15, 215/55 VR 16, jantes 6 J.

Dimensions: empatt. 285 cm, voie 151/152.5 cm, garde au sol 13 cm, diam. de braq. 12 m, coffre 360 dm³, longueur 489.5 cm, largeur 179.5 cm, hauteur 142 cm.

Performances: Vmax (réd.) 220 km/h, V à 1000/min en 4. vit. 41.9 km/h; rapp. poids/puiss. 10.6 kg/kW (7.8 kg/ch); consomm. (Red.) 10/18 L/100 km.

3.0 V6 18V – 160 PS
Benzineinspritzung

Wie 3.0 – 205 PS, ausgenommen:

Karosserie, Gewicht: Limousine, 4 Türen, 5 Sitze; leer ab 1530 kg.

Motor: (ECE), 6 Zyl. in V 60° (90×77.4 mm), 2954 cm³; Kompr. 8.5:1; 118 kW (160 PS) bei 5500/min, 39.9 kW/L (54.3 PS/L); 250 Nm (25.5 mkp) bei 2500/min; 95 ROZ.

Motorkonstruktion: Bezeichnung JE-E; 3 Ventile in V; 2×1 obenl. Nockenwelle (Zahnriemen); Leichtmetall-Zylinderköpfe; 4fach gelagerte Kurbelwelle; Öl 5.4 L; elektron. Einspritzung, L-Jetronic (Liz. Bosch). Batterie 55 Ah, Alternator 70 A; Wasserkühlung, Inh. 9.5 L.

Kraftübertragung: (auf Vorderräder).
4-Stufen-Automat: I. 2.79; II. 1.55; III. 1; IV. 0.69; R 2.27; Achse 3.91.

Fahrleistungen: Vmax (Red.) 200 km/h, V bei 1000/min im 4. Gang 42.8 km/h; Leistungsgew. 13 kg/kW (9.6 kg/PS); Verbrauch 9/16 L/100 km.

3.0 V6 18V – 160 ch
Injection d'essence

Comme 3.0 – 205 ch, sauf:

Carrosserie, poids: Berline, 4 portes, 5 places; vide dès 1530 kg.

Moteur: (ECE), 6 cyl. en V 60° (90×77.4 mm), 2954 cm³; compr. 8.5:1; 118 kW (160 ch) à 5500/min, 39.9 kW/L (54.3 ch/L); 250 Nm (25.5 mkp) à 2500/min; 95 (R).

Moteur (constr.): désignation JE-E; 3 soupapes en V; 2×1 arbre à cames en tête (courroie crantée); culasses en alliage léger; vilebrequin à 4 paliers; huile 5.4 L; inj. électronique, L-Jetronic (Liz. Bosch). Batterie 55 Ah, alternateur 70 A; refroidissement à eau, capac. 9.5 L.

Transmission: (sur roues AV).
Boîte autom. à 4 vit.: I. 2.79; II. 1.55; III. 1; IV. 0.69; AR 2.27; pont 3.91.

Performances: Vmax (réd.) 200 km/h, V à 1000/min en 4. vit. 42.8 km/h; rapp. poids/puiss. 13 kg/kW (9.6 kg/ch); consomm. 9/16 L/100 km.

Mazda MX-3

Kompakter Sportwagen mit Frontantrieb. Basiert auf der Modellreihe 323. Heisst in Japan Eunos Presso. Debüt Salon Genf 1991. Sommer 1991: 1,5-Liter-DOHC-Variante AZ-3 für Japan. Januar 1994 mit 1.6 16V DOHC.

Voiture de sport compacte à roues AV motrices. Est basée sur la gamme 323. S'appelle Eunos Presso au Japon. Lancement Salon Genève 1991. Eté 1991: Variante 1.5 litre DOHC AZ-3 pour le Japon. Janvier 1994 avec 1.6 16V DOHC.

1.8 V6 24V – 129 PS
Benzineinspritzung

Karosserie, Gewicht: Coupé, 3 Türen, 4 Sitze; leer ab 1145 kg, max. zul. 1540 kg.

Motor: (ECE), 6 Zyl. in V 60° (75×69.6 mm), 1845 cm³; Kompr. 9.2:1; 95 kW (129 PS) bei 6000/min, 51.5 kW/L (70 PS/L); 157 Nm (16 mkp) bei 4500/min; 95 ROZ. JIS: 103 kW (140 PS bei 7000/min; 157 Nm bei 5500/min.

Motorkonstruktion: Bezeichnung K8-ZE; 4 Ventile in V; 2×2 obenl. Nockenwellen (Zahnräder/Zahnriemen); Leichtmetall-Zylinderköpfe und -block; 4fach gelagerte Kurbelwelle; Ölkühler; Öl 4.9 L; elektron. Einspritzung, L-Jetronic (Liz. Bosch). Batterie 55 Ah, Alternator 90 A; Wasserkühlung, Inh. 7.5 L.

Kraftübertragung: (auf Vorderräder).
5-Gang-Getriebe: I. 3.31; II. 1.83; III. 1.31; IV. 1.03; V. 0.84; R 3.17; Achse 4.39.
4-Stufen-Automat: I. 2.8; II. 1.54; III. 1; IV. 0.7; R 2.33; Achse 3.74, 4.06.

Fahrgestell: Selbsttragende Karosserie; vorn Federbeine und Dreieckquerlenker; hinten Längs- und Querlenker, Schraubenfedern; v/h Kurvenstabilisator.

Fahrwerk: Vierrad-Scheibenbremse (vorn belüftet), Scheiben-⌀ v. 25.7 cm, h. 25.1 cm, ABS, Handbremse auf Hinterräder; Zahnstangenlenkung mit Servo, Treibstofftank 50 L; Reifen 205/55 VR 15, Felgen 6 J.

Dimensionen: Radstand 245.5 cm, Spur 146/146.5 cm, Bodenfreih. 13 cm, Wendekreis 10.6 m, Kofferraum 290/390 dm³, Länge 422 cm, Breite 169.5 cm, Höhe 131 cm.

Fahrleistungen: Vmax (Werk) 202 km/h, V bei 1000/min im 5. Gang 30.2 km/h; 0–100 km/h 8.5 s; Leistungsgew. 12.1 kg/kW (8.9 kg/PS); Verbr. ECE 6.6/8.2/10.5 L/100 km.

1.8 V6 24V – 129 ch
Injection d'essence

Carrosserie, poids: Coupé, 3 portes, 4 pl.; vide dès 1145 kg, tot. adm. 1540 kg.

Moteur: (ECE), 6 cyl. en V 60° (75×69.6 mm), 1845 cm³; compr. 9.2:1; 95 kW (129 ch) à 6000/min, 51.5 kW/L (70 ch/L); 157 Nm (16 mkp) à 4500/min; 95 (R). JIS: 103 kW (140 ch à 7000/min; 157 Nm à 5500/min.

Moteur (constr.): désignation K8-ZE; 4 soupapes en V; 2×2 arbres à cames en tête (pignons/courroie crantée); culasses et bloc-cyl. en alliage léger; vilebrequin à 4 paliers; radiat. d'huile; huile 4.9 L; injection électronique, L-Jetronic (Liz. Bosch). Batterie 55 Ah, alternateur 90 A; refroidissement à eau, capac. 7.5 L.

Transmission: (sur roues AV).
Boîte à 5 vit.: I. 3.31; II. 1.83; III. 1.31; IV. 1.03; V. 0.84; AR 3.17; pont 4.39.
Boîte autom. à 4 vit.: I. 2.8; II. 1.54; III. 1; IV. 0.7; AR 2.33; pont 3.74, 4.06.

Châssis: carrosserie autoporteuse; AV jambes élast. et leviers triang. transv.; AR bras longitud. et transv. ressorts hélic.; AV/AR barre anti-dévers.

Train roulant: quatre freins à disques (AV ventilés), ⌀ disques AV 25.7 cm, AR 25.1 cm, ABS, frein à main sur roues AR; servodirection à crémaillère, réservoir carb. 50 L; pneus 205/55 VR 15, jantes 6 J.

Dimensions: empatt. 245.5 cm, voie 146/146.5 cm, garde au sol 13 cm, diam. de braq. 10.6 m, coffre 290/390 dm³, longueur 422 cm, largeur 169.5 cm, hauteur 131 cm.

Performances: Vmax (usine) 202 km/h, V à 1000/min en 5. vit. 30.2 km/h; 0–100 km/h 8.5 s; rapp. poids/puiss. 12.1 kg/kW (8.9 kg/ch); consomm. ECE 6.6/8.2/10.5 L/100 km.

1.6 16V – 107 PS
Benzineinspritzung

Wie 1.8 – 129 PS, ausgenommen:

Karosserie, Gewicht: Coupé,; leer ab 1060 kg, max. zul. 1475 kg.

Motor: (ECE), 4 Zyl. in Linie (78×83.6 mm), 1598 cm³; Kompr. 9:1; 79 kW (107 PS) bei 6200/min, 49.4 kW/L (67.2 PS/L); 134 Nm (13.7 mkp) bei 3600/min; 95 ROZ.
1.5 (JIS): (78×78.4 mm), 1498 cm³; 9.4:1; 85 kW (116 PS) bei 6500/min, 132 Nm bei 5500/min.

1.6 16V – 107 ch
Injection d'essence

Comme 1.8 – 129 ch, sauf:

Carrosserie, poids: Coupé; vide dès 1060 kg, tot. adm. 1475 kg.

Moteur: (ECE), 4 cyl. en ligne (78×83.6 mm), 1598 cm³; compr. 9:1; 79 kW (107 ch) à 6200/min, 49.4 kW/L (67.2 ch/L); 134 Nm (13.7 mkp) à 3600/min; 95 (R).
1.5 (JIS): (78×78.4 mm), 1498 cm³; 9.4:1; 85 kW (116 ch) à 6500/min; 132 Nm à 5500/min.

Mazda MX-3

Mazda 357

Motorkonstruktion: 4 Ventile in V; 1 obenl. Nockenw. (Zahnr.); Leichtmetall-Zylinderk.; 5fach gel. Kurbelw.; Öl 4 L; elektron. Einspr. Batterie 48 Ah, Alternator 80 A; Wasserkühlung, Inh. 7 L.

Kraftübertragung: (auf Vorderräder). 5-Gang-Getriebe: I. 3.42; II. 1.84; III. 1.29; IV. 1.03; V. 0.82; R 3.21; Achse 4.11. 4-Stufen-Automat: I. 2.8; II. 1.54; III. 1; IV. 0.7; R 2.33; Achse 4.06.

Fahrwerk: Bremse, vorne Scheiben (belüftet) hinten Trommeln, a.W. ABS, Reifen 185/65 R 14, Felgen 5.5 J.

Fahrleistungen: Vmax (Werk) 180 km/h, V bei 1000/min im 5. Gang 32.4 km/h; 0–100 km/h 10.5 s; Leistungsgew. 13.4 kg/kW (9.9 kg/PS); Verbr. ECE 5.7/7.9/8.6 L/100 km. Aut.: Vmax 168 km/h, 0–100 km/h 14 s; Verbrauch ECE 6/8.3/10.1 L/100 km.

Moteur (constr.): 4 soupapes en V; 1 arbre à cames en tête (courr. cr.); culasse en alliage léger; vilebr. à 5 pal.; huile 4 L; inj. él. Batterie 48 Ah, alternateur 80 A; refroidissement à eau, capac. 7 L.

Transmission: (sur roues AV). Boîte à 5 vit.: I. 3.42; II. 1.84; III. 1.29; IV. 1.03; V. 0.82; AR 3.21; pont 4.11. Boîte autom. à 4 vit.: I. 2.8; II. 1.54; III. 1; IV. 0.7; AR 2.33; pont 4.06.

Train roulant: frein, AV à disques (ventilés), AR à tambours, ABS s. d., pneus 185/65 R 14, jantes 5.5 J.

Performances: Vmax (usine) 180 km/h, V à 1000/min en 5. vit. 32.4 km/h; 0–100 km/h 10.5 s; rapp. poids/puiss. 13.4 kg/kW (9.9 kg/ch); cons. ECE 5.7/7.9/8.6 L/100 km. Aut.: Vmax 168 km/h, 0–100 km/h 14 s; consomm. ECE 6/8.3/10.1 L/100 km.

Mazda MX-5 Miata - Eunos Roadster

Offener Sportzweisitzer im klassischen Stil. Selbsttragende Karosserie, 1.6-16V-Motor und Hinterradantrieb. Debüt Salon Chicago Februar 1989. Wird in Japan als Eunos Roadster verkauft. Sommer 1993 Detailänderungen und 1,8-Liter-Motor.

Voiture de sport 2 places décapotable de style conv. Carr. autop., moteur 1.6-16V et roues AR motrices. Lancement au salon Chicago février 1989. Au Japon comme Eunos Roadster. Eté 1993 modifications de détails et moteur 1,8 litre.

1.6 16V – 90 PS Benzineinspritzung

1.6 16V – 90 ch Injection d'essence

Karosserie, Gewicht: Cabriolet, 2 Türen, 2 Sitze; leer ab 965 kg, max. zul. 1230 kg.

Motor: (ECE), 4 Zyl. in Linie (78×83.6 mm), 1598 cm³; Kompr. 9:1; 66 kW (90 PS) bei 6000/min, 41.3 kW/L (56.2 PS/L); 129 Nm (13.2 mkp) bei 4000/min; 95 ROZ.

Motorkonstruktion: 4 Ventile in V; 1 obenl. Nockenwelle (Zahnriemen); Leichtmetall-Zylinderkopf; 5fach gelagerte Kurbelwelle; Öl 4 L; elektron. Einspritzung. Batterie 32 Ah, Alternator 60 A; Wasserkühlung, Inh. 6 L.

Kraftübertragung: (auf Hinterräder). 5-Gang-Getriebe: I. 3.14; II. 1.89; III. 1.33; IV. 1; V. 0.81; R 3.76; Achse 4.1.

Fahrgestell: Selbsttragende Kar.; vorn Federbeine, doppelte Dreieckquerlenker, hinten Federbeine, doppelte Dreieckquerlenker, v/h Kurvenstab., Teleskopdämpfer.

Fahrwerk: Vierrad-Scheibenbremse (vorn belüftet), Scheiben-Ø v. 25.5 cm, h. 25.1 cm, a.W. ABS, Handbremse auf Hinterräder; Zahnstangenl., Treibstofftank 48 L; Reifen 185/60 HR 14, Felgen 5.5 J, 6 J.

Dimensionen: Radstand 226.5 cm, Spur 141/143 cm, Bodenfreih. 14 cm, Wendekreis 9.7 m, Kofferraum 135 dm³, Länge 395 cm, Breite 167.5 cm, Höhe 123 cm.

Fahrleistungen: Vmax (Werk) 175 km/h, V bei 1000/min im 5. Gang 29.6 km/h; 0–100 km/h 10.6 s; Leistungsgew. 14.6 kg/kW (10.7 kg/PS); Ver. ECE 6.7/9/9.4 L/100 km.

Carrosserie, poids: cabriolet, 2 portes, 2 places; vide dès 965 kg, tot. adm. 1230 kg.

Moteur: (ECE), 4 cyl. en ligne (78×83.6 mm), 1598 cm³; compr. 9:1; 66 kW (90 ch) à 6000/min, 41.3 kW/L (56.2 ch/L); 129 Nm (13.2 mkp) à 4000/min; 95 (R).

Moteur (constr.): 4 soupapes en V; 1 arbre à cames en tête (courroie crantée); culasse en alliage léger; vilebrequin à 5 paliers; huile 4 L; injection électronique. Batterie 32 Ah, alternateur 60 A; refroidissement à eau, capac. 6 L.

Transmission: (sur roues AR). Boîte à 5 vit.: I. 3.14; II. 1.89; III. 1.33; IV. 1; V. 0.81; AR 3.76; pont 4.1.

Châssis: carr. autop.; AV jambes élast., leviers triang. transv. doubles, AR jambes élast., leviers triang. transv. doubles, AV/AR barre anti-dévers, amortiss. télesc.

Train roulant: quatre freins à disques (AV ventilés), Ø disques AV 25.5 cm, AR 25.1 cm, ABS s. d., frein à main sur roues AR; direction à crémaillère, réservoir carb. 48 L; pneus 185/60 HR 14, jantes 5.5 J, 6 J.

Dimensions: empattement 226.5 cm, voie 141/143 cm, garde au sol 14 cm, diam. de braq. 9.7 m, coffre 135 dm³, longueur 395 cm, largeur 167.5 cm, hauteur 123 cm.

Performances: Vmax (usine) 175 km/h, V à 1000/min en 5. vit. 29.6 km/h; 0–100 km/h 10.6 s; rapp. poids/puiss. 14.6 kg/kW (10.7 kg/ch); consomm. ECE 6.7/9/9.4 L/100 km.

1.8 16V – 131 PS Benzineinspritzung

Wie 1.6 – 90 PS, ausgenommen:

Karosserie, Gewicht: Cabriolet; leer ab 990 kg, max. zul. 1230 kg.

Motor: (DIN), 4 Zyl. in Linie (83×85 mm), 1840 cm³; Kompr. 9:1; 96 kW (131 PS) bei 6500/min, 52.2 kW/L (70.9 PS/L); 152 Nm (15.5 mkp) bei 5000/min; 95 ROZ.

Motorkonstruktion: Bezeichnung BP-ZE; 4 Ventile in V; 2 obenl. Nockenwellen (Zahnriemen); Leichtmetall-Zylinderkopf; 5fach gelagerte Kurbelwelle; Ölkühler; Öl 4 L; elektron. Einspritzung. Batterie 32 Ah, Alternator 60 A; Wasserkühlung, Inh. 6 L.

1.8 16V – 131 ch Injection d'essence

Comme 1.6 – 90 ch, sauf:

Carrosserie, poids: Cabriolet; vide dès 990 kg, tot. adm. 1230 kg.

Moteur: (DIN), 4 cyl. en ligne (83×85 mm), 1840 cm³; compr. 9:1; 96 kW (131 ch) à 6500/min, 52.2 kW/L (70.9 ch/L); 152 Nm (15.5 mkp) à 5000/min; 95 (R).

Moteur (constr.): désignation BP-ZE; 4 soupapes en V; 2 arbres à cames en tête (courroie crantée); culasse en alliage léger; vilebrequin à 5 paliers; radiat. d'huile; huile 4 L; injection électronique. Batterie 32 Ah, alternateur 60 A; refroidissement à eau, capac. 6 L.

Mazda MX-5

Kraftübertragung: (auf Hinterräder). 5-Gang-Getriebe: I. 3.14; II. 1.89; III. 1.33; IV. 1; V. 0.81; R 3.76; Achse 4.1. 4-Stufen-Automat: I. 2.46; II. 1.46; III. 1; IV. 0.72; R 2.4; Achse 3.91.

Fahrleistungen: Vmax (Werk) 197 km/h, V bei 1000/min im 5. Gang 31.7 km/h; 0–100 km/h 8.7 s; Leistungsgew. 10.3 kg/kW (7.6 kg/PS); Verbr. ECE 6.9/9.1/10 L/100 km.

Transmission: (sur roues AR). Boîte à 5 vit.: I. 3.14; II. 1.89; III. 1.33; IV. 1; V. 0.81; AR 3.76; pont 4.1. Boîte autom. à 4 vit.: I. 2.46; II. 1.46; III. 1; IV. 0.72; AR 2.4; pont 3.91.

Performances: Vmax (usine) 197 km/h, V à 1000/min en 5. vit. 31.7 km/h; 0–100 km/h 8.7 s; rapp. poids/puiss. 10.3 kg/kW (7.6 kg/ch); consomm. ECE 6.9/9.1/10 L/100 km.

Mazda RX-7

Sportliches Coupé mit 2+2 Sitzen und Kreiskolbenmotor. Debüt März 1978. Sept. 1985: Zweite Generation. August 1987 als Cabriolet. Oktober 1991: Neuauflage mit Registeraufladung. Oktober 1992: limitierte Sonderserie Anfini RZ.

Coupé sportif avec 2+2 places et moteur à pistons rotatifs. Débuts mars 1978. Sept. 1985: 2. génération. Août 1987: Cabrio. Oct. 1991: Renouvellement, suralimentation à registre. Octobre 1992: série spéciale limitée Anfini RZ.

2.6 – 239 PS Zweischeiben-Kreiskolbenmotor Wankel

2.6 – 239 ch Moteur à deux pistons rotatifs Wankel

Karosserie, Gewicht: Coupé, 3 Türen, 2+2 Sitze; leer ab 1250 kg, max. zul. 1490 kg.

Motor: (ECE), Kammervolumen 654 cm³, Hubraumäquivalent 2616 cm³; 2-Scheiben-Wankel; Kompr. 9:1; 176 kW (239 PS) bei 6500/min, 294 Nm (30 mkp) bei 5000/min; 95 ROZ. JIS/SAE: 187/195 kW (255/265 PS).

Motorkonstruktion: Bezeichnung 13B; Zweischeibenkreiskolbenmotor Wankel; Leichtmetall-Zylinderkopf und -block; Ölkühler; Öl 5.4 L; elektron. Einspritzung, EGI-HS (Liz. Bosch); 2 Turbolader in Registeranordnung, Hitachi, Intercooler. Batterie 55 Ah, Alternator 100 A; Wasserkühlung, Inh. 8.7 L.

Carrosserie, poids: Coupé, 3 portes, 2+2 places; vide dès 1250 kg, tot. adm. 1490 kg.

Moteur: (ECE), cylindrée 654 cm³ par chambre, cyl. équivalente 2616 cm³; moteur Wankel à 2 rotors; compr. 9:1; 176 kW (239 ch) à 6500/min, 294 Nm (30 mkp) à 5000/min; 95 (R). JIS/SAE: 187/195 kW (255/265 ch).

Moteur (constr.): désignation 13B; moteur wankel à double rotor; culasse et bloc-cyl. en alliage léger; radiat. d'huile; huile 5.4 L; injection électronique, EGI-HS (Liz. Bosch); 2 turbocompresseurs à registre, Hitachi, Intercooler. Batterie 55 Ah, alternateur 100 A; refroidissement à eau, capac. 8.7 L.

Kraftübertragung: (auf Hinterräder). 5-Gang-Getriebe: I. 3.48; II. 2.02; III. 1.39; IV. 1; V. 0.76/0.81; R 3.29; Achse 4.3, 4.1. 4-Stufen-Automat: I. 3.03; II. 1.62; III. 1; IV. 0.69; R 2.27; Achse 3.91.

Transmission: (sur roues AR). Boîte à 5 vit.: I. 3.48; II. 2.02; III. 1.39; IV. 1; V. 0.76/0.81; AR 3.29; pont 4.3, 4.1. Boîte autom. à 4 vit.: I. 3.03; II. 1.62; III. 1; IV. 0.69; AR 2.27; pont 3.91.

Mazda RX-7

Mazda

Fahrgestell: Selbsttragende Karosserie mit vorderem und hinterem Hilfsrahmen; vorn doppelte Dreieckquerlenker; hinten Längs- und Querlenker, obere Dreieckquerlenker, Spurstangen; v/h Kurvenstabilisator, Schraubenfedern, Teleskopdämpfer.

Fahrwerk: Vierrad-Scheibenbremse (v/h belüftet), Scheiben-∅ v. 29.4 cm, h. 29.4 cm, ABS, Handbremse auf Hinterräder; Zahnstangenlenkung mit Servo, Treibstofftank 76 L; Reifen 225/50 VR 16, Felgen 8 J Oder: Reifen v. 235/45 ZR 17, h. 265/40 ZR 17, Felgen 8/8,5 J.

Dimensionen: Radstand 242.5 cm, Spur 146/146 cm, Bodenfreih. 11 cm, Wendekreis 11 m, Länge 428 cm, Breite 176 cm, Höhe 123 cm.

Fahrleistungen: Vmax (Werk) 250 km/h, V bei 1000/min im 5. Gang 35 km/h; 0–100 km/h 5.3 s; Leistungsgew. 7.1 kg/kW (5.2 kg/PS); Verbr. ECE 7.6/9.6/16 L/100 km.

Châssis: carrosserie autoporteuse avec faux-châssis AV et AR; AV leviers triang. transv. doubles; AR bras longitud. et transv., leviers triang. superieur, biellettes supplem.; AV/AR barre anti-dévers, ressorts hélic, amortiss. télesc.

Train roulant: quatre freins à disques (AV/AR ventilés), ∅ disques AV 29.4 cm, AR 29.4 cm, ABS, frein à main sur roues AR; servodirection à crémaillère, réservoir carb. 76 L; pneus 225/50 VR 16, jantes 8 J. Ou: pneus AV 235/45 ZR 17, AR 265/40 ZR 17, jantes 8/8.5 J.

Dimensions: empattement 242.5 cm, voie 146/146 cm, garde au sol 11 cm, diam. de braq. 11 m, longueur 428 cm, largeur 176 cm, hauteur 123 cm.

Performances: Vmax (usine) 250 km/h, V à 1000/min en 5. vit. 35 km/h; 0–100 km/h 5.3 s; rapp. poids/puiss. 7.1 kg/kW (5.2 kg/ch); consomm. ECE 7.6/9.6/16 L/100 km.

Mazda MPV

Grossraumlimousine mit Hinterradantrieb, 3.0 V6, ab Frühjahr 1989 auch mit Vierradantrieb. Début September 1988.

Berline à grande capacité, roues AR motrices, 3.0 V6, dès printemps '89 avec traction intégrale. Lancement sept. '88.

3.0 V6 18V – 154 PS Benzineinspritzung

Karosserie, Gewicht: Minivan, 5 Türen, 5-7 Sitze; leer ab 1720 kg, max. zul. 2355 kg.

Motor: (ECE), 6 Zyl. in V 60° (90×77.4 mm), 2954 cm³; Kompr. 8.5:1; 113 kW (154 PS) bei 5000/min, 38.3 kW/L (52 PS/L); 228 Nm (23.2 mkp) bei 4000/min; 95 ROZ.

Motorkonstruktion: Bezeichnung JE-E; 3 Ventile in V; 2×1 obenl. Nockenwelle (Zahnriemen); Leichtmetall-Zylinderköpfe; 4fach gelagerte Kurbelwelle; Öl 5.4 L; elektron. Einspritzung, L-Jetronic (Liz. Bosch). Batterie 55 Ah, Alternator 70 A; Wasserkühlung, Inh. 9.7 L.

Kraftübertragung: (auf Hinterräder/4WD permanent), Differentialbremse hinten; zentrales Differential inkl. Bremse, Drehmomentverteilung vorn/hinten 50/50 %.
5-Gang-Getr.: I. 3.73; II. 2.16; III. 1.4; IV. 1; V. 0.82; R 3.82; Achse 3.73, 4WD 3.91.
4-Stufen-Automat: I. 3.03; II. 1.62; III. 1; IV. 0.69; R 2.27; Achse 3.91, 4WD 4.1.

Fahrgestell: Selbsttragende Karosserie mit Hilfsrahmen; vorn Federbeine, Querlenker; hinten Starrachse, Längslenker, Panhardstab, Kurvenstabilisator, Teleskopdämpfer.

Fahrwerk: Vierrad-Scheibenbremse (vorn belüftet), Scheiben-∅ v. 25.6 cm, ABS hinten, Handbremse auf Hinterräder; Zahnstangenlenkung mit Servo, Treibstofftank 74 L; Reifen 215/65 R 15, 195/75 R 15, Felgen 6 J, 5.5 J.

3.0 V6 18V – 154 ch Injection d'essence

Carrosserie, poids: Minivan, 5 portes, 5-7 places; vide dès 1720 kg, tot. adm. 2355 kg.

Moteur: (ECE), 6 cyl. en V 60° (90×77.4 mm), 2954 cm³; compr. 8.5:1; 113 kW (154 ch) à 5000/min, 38.3 kW/L (52 ch/L); 228 Nm (23.2 mkp) à 4000/min; 95 (R).

Moteur (constr.): désignation JE-E; 3 soupapes en V; 2×1 arbre à cames en tête (courroie crantée); culasses en alliage léger; vilebrequin à 4 paliers; huile 5.4 L; inj. électronique, L-Jetronic (Liz. Bosch). Batterie 55 Ah, alternateur 70 A; refroidissement à eau, capac. 9.7 L.

Transmission: (sur roues AR/4WD permanent), frein de différentiel AR; diff. central à glissement limité, répartition du couple AV/AR 50/50 %.
Boîte à 5 vit.: I. 3.73; II. 2.16; III. 1.4; IV. 1; V. 0.82; AR 3.82; pont 3.73, 4WD 3.91
Boîte autom. à 4 vit.: I. 3.03; II. 1.62; III. 1; IV. 0.69; AR 2.27; pont 3.91, 4WD 4.1

Châssis: carrosserie autoporteuse avec faux-châssis; AV jambes élast., leviers transv.; AR essieu rigide, bras longitud., barre Panhard, barre anti-dévers, amortiss. télesc.

Train roulant: quatre freins à disques (AV ventilés), ∅ disques AV 25.6 cm, AR ABS, frein à main sur roues AR; servodirection à crémaillère, réservoir carb. 74 L; pneus 215/65 R 15, 195/75 R 15, jantes 6 J, 5.5 J.

Dimensionen: Radstand 280.5 cm, Spur 152.5/154 cm, Bodenfreih. 18 cm, Wendekreis 11.6 m, Kofferraum 335/1060 dm³, Länge 467 cm, Breite 182.5 cm, Höhe 175 cm.

Fahrleistungen: Vmax (Werk) 185 km/h, V bei 1000/min im 5. Gang 39.3 km/h; 0–97 km/h 13.9 s; Leistungsgew. 14 kg/kW (10.3 kg/PS); Verbrauch ECE 8.3/10.8/14.2 L/100 km.

2.5 – 116 PS Turbodiesel

Wie 3.0 – 154 PS, ausgenommen:

Karosserie, Gewicht: Minivan; leer ab 1765 kg, max. zul. 2370 kg.

Motor: (ECE), 4 Zyl. in Linie (93×92 mm), 2500 cm³; Kompr. 19.8:1; 85 kW (116 PS) bei 3400/min, 34 kW/L (46.2 PS/L); 277 Nm (28.2 mkp) bei 2000/min; Dieselöl.

Motorkonstruktion: Bezeichnung WL-T; 3 Ventile, 1 obenl. Nockenwelle (Zahnriemen); Leichtmetall-Zylinderkopf; 5fach gelagerte Kurbelwelle; Öl 7.1 L; Einspritzpumpe, 1 Turbolader, Intercooler. Batterie 64 Ah, Alternator 80 A; Wasserkühlung, Inh. 7.5 L.

Kraftübertragung: (auf Hinterräder).
5-Gang-Getriebe: I. 3.73; II. 2.16; III. 1.4; IV. 1; V. 0.77; R 3.82; Achse 3.73.

Fahrwerk: Scheiben-∅ v. 27.6 cm, h. 28.6 cm.

Fahrleistungen: Vmax (Werk) 165 km/h, 0–100 km/h 16.4 s; Leistungsgew. 20.8 kg/kW (15.2 kg/PS); Verbrauch EU 7.2/11.7 L/100 km.

Dimensions: empattement 280.5 cm, voie 152.5/154 cm, garde au sol 18 cm, diam. de braq. 11.6 m, coffre 335/1060 dm³, longueur 467 cm, largeur 182.5 cm, hauteur 175 cm.

Performances: Vmax (usine) 185 km/h, V à 1000/min en 5. vit. 39.3 km/h; 0–97 km/h 13.9 s; rapp. poids/puiss. 14 kg/kW (10.3 kg/ch); consomm. ECE 8.3/10.8/14.2 L/100 km.

2.5 – 116 ch Turbodiesel

Comme 3.0 – 154 ch, sauf:

Carrosserie, poids: Minivan; vide dès 1765 kg, tot. adm. 2370 kg.

Moteur: (ECE), 4 cyl. en ligne (93×92 mm), 2500 cm³; compr. 19.8:1; 85 kW (116 ch) à 3400/min, 34 kW/L (46.2 ch/L); 277 Nm (28.2 mkp) à 2000/min; gazole.

Moteur (constr.): désignation WL-T; 3 soupapes, 1 arbre à cames en tête (courroie crantée); culasse en alliage léger; vilebrequin à 5 paliers; huile 7.1 L; pompe à injection, 1 turbocompr., Intercooler. Batterie 64 Ah, alternateur 80 A; refroidissement à eau, capac. 7.5 L.

Transmission: (sur roues AR).
Boîte à 5 vit.: I. 3.73; II. 2.16; III. 1.4; IV. 1; V. 0.77; AR 3.82; pont 3.73.

Train roulant: ∅ disques AV 27.6 cm, AR 28.6 cm.

Performances: Vmax (usine) 165 km/h, 0–100 km/h 16.4 s; rapp. poids/puiss. 20.8 kg/kW (15.2 kg/ch); consomm. EU 7.2/11.7 L/100 km.

Mazda Levante

Kompakter Geländewagen mit Vierradantrieb und Reduktionsgetriebe, 2.5-V6, 2.0-16V und 2.0 Turbodiesel. Entspricht dem Suzuki Escudo-Vitara und wird in Japan als Mazda Levante vertrieben.

Voiture tout-terrain compacte, toutes roues motrices, boîte de renvoi, moteurs 2.5-V6, 2.0-16V et 2.0 turbodiesel. Correspond à la Suzuki Escudo-Vitara, vendue au Japon comme Mazda Levante.

2.0 16V – 140 PS Benzineinspritzung

Karosserie, Gewicht: Station Wagon, 3/5 Türen, 4 Sitze; leer ab 1210 kg.

Motor: (JIS), 4 Zyl. in Linie (84×90 mm), 1995 cm³; Kompr. 9.7:1; 103 kW (140 PS) bei 6500/min, 51.6 kW/L (70.2 PS/L); 186 Nm (19 mkp) bei 4000/min; 95 ROZ.

Motorkonstruktion: Bezeichnung J20A; 4 Ventile in V; 2 obenl. Nockenwellen (Zahnriemen); Leichtmetall-Zylinderkopf; 5fach gelagerte Kurbelwelle; elektron. Einspritzung. Batterie 50 Ah, Alternator 70 A; Wasserkühlung, Inh. 6.5 L.

Kraftübertragung: (auf Hinterräder oder alle Räder), Reduktionsgetriebe: I. 1; II. 1.82.
5-Gang-Getriebe: I. 3.65; II. 1.95; III. 1.38; IV. 1; V. 0.8; R 3.67; Achse 4.88.
4-Stufen-Automat: I. 2.46; II. 1.46; III. 1; IV. 0.69; R 2.21; Achse 5.13.

Fahrgestell: Kastenrahmen mit Traversen; vorn Dämpferbeine, Dreieckquerlenker, Schraubenfedern, Kurvenstabilisator; hinten Starrachse, Längslenker, Reaktionsstreben, Schraubenfedern, Teleskopdämpfer.

Fahrwerk: Vierrad-Scheibenbremse (vorn belüftet), Scheiben-∅ v. 29 cm, ABS hinten, Handbremse auf Hinterräder; Kugelumlauflenkung, a.W. mit Servo, Treibstofftank 70 L; Reifen 215/65 R 16, Felgen 6.5 J.

2.0 16V – 140 ch Injection d'essence

Carrosserie, poids: Station-wagon, 3/5 portes, 4 places; vide dès 1210 kg.

Moteur: (JIS), 4 cyl. en ligne (84×90 mm), 1995 cm³; compr. 9.7:1; 103 kW (140 ch) à 6500/min, 51.6 kW/L (70.2 ch/L); 186 Nm (19 mkp) à 4000/min; 95 (R).

Moteur (constr.): désignation J20A; 4 soupapes en V; 2 arbres à cames en tête (courroie crantée); culasse en alliage léger; vilebrequin à 5 paliers; injection électronique. Batterie 50 Ah, alternateur 70 A; refroidissement à eau, capac. 6.5 L.

Transmission: (sur roues AR ou toutes les roues), boîte de transfert: I. 1; II. 1.82.
Boîte à 5 vit.: I. 3.65; II. 1.95; III. 1.38; IV. 1; V. 0.8; AR 3.67; pont 4.88.
Boîte autom. à 4 vit.: I. 2.46; II. 1.46; III. 1; IV. 0.69; AR 2.21; pont 5.13.

Châssis: Cadre à caisson avec traverses; AV jambes élastiques, leviers triang. transv., ressorts hélic., barre anti-dévers; AR essieu rigide, bras longitud., barres de réaction, ressorts hélicoïdaux, amortiss. télesc.

Train roulant: quatre freins à disques (AV ventilés), ∅ disques AV 29 cm, AR ABS, frein à main sur roues AR; direction à circuit de billes, s.d. assistée, réservoir carb. 70 L; pneus 215/65 R 16, jantes 6.5 J.

Mazda MPV

Mazda • McLaren

Dimensionen: Radstand 220 cm, Spur 145.5/145 cm, Bodenfreih. 20 cm, Wendekreis 10 m, Länge 372 cm, Breite 170 cm, Höhe 166 cm.
Mit 5 Türen: Radstand 248 cm, Wendekreis 11 m, Länge 410 cm, Höhe 170 cm.

Fahrleistungen: Vmax (Red.) 160 km/h, 0–100 km/h 12.5 s; Verbrauch (Red.) 7/11 L/100 km.

Dimensions: empattement 220 cm, voie 145.5/145 cm, garde au sol 20 cm, diam. de braq. 10 m, longueur 372 cm, largeur 170 cm, hauteur 166 cm.
Avec 5 portes: empattement 248 cm, diam. de braq. 11 m, longueur 410 cm, hauteur 170 cm.

Performances: Vmax (réd.) 160 km/h, 0–100 km/h 12.5 s; consomm. (Red.) 7/11 L/100 km.

Mazda Navajo

Geländefahrzeug mit Allradantrieb und 4-Liter-V6-Motor, wird von der Ford Motor Company in den USA für das amerikanische Mazda-Händlernetz gebaut und ist eine optisch leicht geänderte Version des Ford Explorer. Technische Daten siehe Ford USA.

Véhicule tout-terrain avec quatre roues motrices et moteur 4 litres V6. Est construit aux USA par la Ford Motor Company pour le marché américain et est une version d'aspect légèrement modifié de la Ford Explorer. Données voir Ford USA.

Mazda Levante

McLaren — GB

McLaren Cars Ltd., Genesis Business Park, Albert Drive, Woking, Surrey GU21 5RW, England

Bekannte Firma, baut seit 1964 Rennsportwagen, unter anderem auch Formel-1-Autos.

Usine connue, construit depuis 1964 des voitures de course, entre autres aussi des formules 1.

McLaren F1 – F1 GTR

Kompromissloser Sportwagen mit Formel-1-Technik, 12-Zylinder-Mittelmotor von BMW, 6-Gang-Getriebe. Debüt Monaco, Mai 1992. Nov. 1996: Langversion GTR.

Pure voiture de sport avec technique de la formule 1, moteur 12 cylindres de BMW, boîte à 6 vitesses. Lancement Monaco, mai 1992. Nov. 1996: version longue GTR.

2.5 V6 24V – 160 PS Benzineinspritzung
2.5 V6 24V – 160 ch Injection d'essence

Wie 2.0 – 140 PS, ausgenommen:

Karosserie, Gewicht: Station Wagon; leer ab 1350 kg.

Motor: (ECE), 6 Zyl. in V 60° (84.5×74.2 mm), 2497 cm³; Kompr. 9.5:1; 118 kW (160 PS) bei 6500/min, 47.3 kW/L (64.3 PS/L); 221 Nm (22.5 mkp) bei 3500/min; 95 ROZ.

Motorkonstruktion: Bezeichnung K8-ZE; 4 Ventile in V 38°; 2×2 obenl. Nockenwellen (Zahnräder/Zahnriemen); Leichtmetall-Zylinderköpfe und -block; 4fach gelagerte Kurbelwelle; Ölkühler; Öl 4 L; elektron. Einspritzung, L-Jetronic (Liz. Bosch).
Batterie 48 Ah, Alternator 80 A; Wasserkühlung, Inh. 7.5 L.

Kraftübertragung:
4-Stufen-Automat: I. 2.46; II. 1.46; III. 1; IV. 0.69; R 2.21; Achse 4.88.

Fahrleistungen: Vmax (Red.) 170 km/h, 0–100 km/h 11.5 s; Leistungsgew. 11.4 kg/kW (8.4 kg/PS); Verbrauch (Red.) 8/12 L/100 km.

Comme 2.0 – 140 ch, sauf:

Carrosserie, poids: Station-wagon; vide dès 1350 kg.

Moteur: (ECE), 6 cyl. en V 60° (84.5×74.2 mm), 2497 cm³; compr. 9.5:1; 118 kW (160 ch) à 6500/min, 47.3 kW/L (64.3 ch/L); 221 Nm (22.5 mkp) à 3500/min; 95 (R).

Moteur (constr.): désignation K8-ZE; 4 soupapes en V 38°; 2×2 arbres à cames en tête (pignons/courroie crantée); culasses et bloc-cyl. en alliage léger; vilebrequin à 4 paliers; radiat. d'huile; huile 4 L; injection électronique, L-Jetronic (Liz. Bosch).
Batterie 48 Ah, alternateur 80 A; refroidissement à eau, capac. 7.5 L.

Transmission:
Boîte autom. à 4 vit.: I. 2.46; II. 1.46; III. 1; IV. 0.69; AR 2.21; pont 4.88.

Performances: Vmax (réd.) 170 km/h, 0–100 km/h 11.5 s; rapp. poids/puiss. 11.4 kg/kW (8.4 kg/ch); consomm. (Red.) 8/12 L/100 km.

6.1 V12 48V – 609 PS Benzineinspritzung
6.1 V12 48V – 609 ch Injection d'essence

Karosserie, Gewicht: Coupé, 2 Türen, 3 Sitze; leer 1140 kg.

Motor: (ECE), 12 Zyl. in V 60° (86×87 mm), 6064 cm³; Kompr. 11:1; 448 kW (609 PS) bei 7400/min, 73.9 kW/L (100.4 PS/L); 651 Nm (66.4 mkp) bei 5600/min; 98 ROZ. DIN: 461 kW (627 PS); 680 Nm (69,3 mkp).

Motorkonstruktion: Bezeichnung BMW S 70/2; Mittelmotor längs, 4 Ventile in V; 2×2 obenl. Nockenwellen (Ketten); Leichtmetall-Zylinderköpfe und -block; 7fach gelagerte Kurbelwelle; Ölkühler; Öl 6 L; Trockensumpfschmierung; elektron. Einspritzung.
Alternator 160 A; Wasserkühlung.

Kraftübertragung: (auf Hinterräder), quer eingebautes 6-Gang-Getriebe, Differentialbremse.
6-Gang-Getr.: I. 3.23; II. 2.19; III. 1.71; IV. 1.39; V. 1.16; VI. 0.93; R 3.5; Achse 2.37.

Fahrgestell: Chassis und Karosserie aus Kohlefaser; vorn und hinten Doppelquerlenker-Aufhängungen mit innenliegenden Feder-/Dämpfer-Einheiten, aktiviert über Pushrod und Kipphebel.

Fahrwerk: Vierrad-Scheibenbremse (v/h belüftet), Handbremse auf Hinterräder; Zahnstangenlenkung, Treibstofftank 90 L; Reifen v. 235/45 ZR 17, h. 315/45 ZR 17, Felgen v. 9, h. 11.5 J.

Dimensionen: Radstand 272 cm, Spur 157/147 cm, Bodenfreih. 13 cm, Wendekreis 13 m, Kofferraum 245 dm³, Länge 429 cm, Breite 182 cm, Höhe 114 cm.

Fahrleistungen: Vmax (Red.) 350 km/h, Leistungsgew. 2.5 kg/kW (1.9 kg/PS); Verbrauch (Red.) 14/28 L/100 km.

Carrosserie, poids: Coupé, 2 portes, 3 places; vide 1140 kg.

Moteur: (ECE), 12 cyl. en V 60° (86×87 mm), 6064 cm³; compr. 11:1; 448 kW (609 ch) à 7400/min, 73.9 kW/L (100.4 ch/L); 651 Nm (66.4 mkp) à 5600/min; 98 (R). DIN: 461 kW (627 ch); 680 Nm (69,3 mkp).

Moteur (constr.): désignation BMW S 70/2; moteur central longit., 4 soupapes en V; 2×2 arbres à cames en tête (chaînes); culasses et bloc-cyl. en alliage léger; vilebrequin à 7 paliers; radiat. d'huile; huile 6 L; lubrification par carter sec; inj. électronique.
Alternateur 160 A; refroidissement à eau.

Transmission: (sur roues AR), boîte à 6 vitesses transversal, différentiel autobloquant.
Boîte à 6 vit.: I. 3.23; II. 2.19; III. 1.71; IV. 1.39; V. 1.16; VI. 0.93; AR 3.5; pont 2.37.

Châssis: Chassis et carrosserie en fibre de carbone; suspensions AV et AR à bras oscillant transversal double avec groupes ressort-amortisseur à l'intérieur du chassis, activés par pushrod et culbuteurs.

Train roulant: quatre freins à disques (AV/AR ventilés), frein à main sur roues AR; direction à crémaillère, réservoir carb. 90 L; pneus AV 235/45 ZR 17, AR 315/45 ZR 17, jantes AV 9, AR 11.5 J.

Dimensions: empattement 272 cm, voie 157/147 cm, garde au sol 13 cm, diam. de braq. 13 m, coffre 245 dm³, longueur 429 cm, largeur 182 cm, hauteur 114 cm.

Performances: Vmax (réd.) 350 km/h, rapp. poids/puiss. 2.5 kg/kW (1.9 kg/ch); consomm. (Red.) 14/28 L/100 km.

2.0 – 92 PS Turbodiesel
2.0 – 92 ch Turbodiesel

Wie 2.0 – 140 PS, ausgenommen:

Karosserie, Gewicht: Station Wagon; leer ab 1310 kg.

Motor: (JIS), 4 Zyl. in Linie (86×86 mm), 1998 cm³; Kompr. 20.4:1; 68 kW (92 PS) bei 4000/min, 34 kW/L (46.3 PS/L); 226 Nm (23 mkp) bei 2000/min; Dieselöl.

Motorkonstruktion: Bezeichnung RF; Wirbelkammer-Diesel; 2 Ventile; 1 obenl. Nockenwelle (Zahnriemen); Leichtmetall-Zylinderkopf; Grauguss-Zylinderblock; 5fach gelagerte Kurbelwelle; Öl 6 L; Einspritzpumpe, 1 Turbolader.
Batterie 80 Ah, Alternator 75 A; Wasserkühlung, Inh. 9 L.

Kraftübertragung:
4-Stufen-Automat: I. 2.83; II. 1.49; III. 1; IV. 0.73; R 2.7; Achse 4.3.

Fahrleistungen: Vmax (Red.) 150 km/h, V bei 1000/min im 4. Gang 36.5 km/h; Leistungsgew. 23 kg/kW (17.2 kg/PS); Verbrauch (Red.) 6/9 L/100 km.

Comme 2.0 – 140 ch, sauf:

Carrosserie, poids: Station-wagon; vide dès 1310 kg.

Moteur: (JIS), 4 cyl. en ligne (86×86 mm), 1998 cm³; compr. 20.4:1; 68 kW (92 ch) à 4000/min, 34 kW/L (46.3 ch/L); 226 Nm (23 mkp) à 2000/min; gazole.

Moteur (constr.): désignation RF; diesel à chambre de turbulence; 2 soupapes; 1 arbre à cames en tête (courroie crantée); culasse en alliage léger; bloc-cyl. en fonte; vilebrequin à 5 paliers; huile 6 L; pompe à injection, 1 turbocompr.
Batterie 80 Ah, alternateur 75 A; refroidissement à eau, capac. 9 L.

Transmission:
Boîte autom. à 4 vit.: I. 2.83; II. 1.49; III. 1; IV. 0.73; AR 2.7; pont 4.3.

Performances: Vmax (réd.) 150 km/h, V à 1000/min en 4. vit. 36.5 km/h; rapp. poids/puiss. 23 kg/kW (17.2 kg/ch); consomm. (Red.) 6/9 L/100 km.

6.0 V12 48V – 608 PS Benzineinspritzung
6.0 V12 48V – 608 ch Injection d'essence

Wie 6.1 – 609 PS, ausgenommen:

Karosserie, Gewicht: Coupé, Rennversion GTR; leer ca. 950 kg.

Motor: (ECE), 12 Zyl. in V 60° (86×85.94 mm), 5991 cm³; Kompr. 11:1; 447 kW (608 PS) bei 7000/min, 74.6 kW/L (101.4 PS/L); 687 Nm (70 mkp) bei 5500/min; 98 ROZ.

Comme 6.1 – 609 ch, sauf:

Carrosserie, poids: Coupé, version de cours GTR; vide env. 950 kg.

Moteur: (ECE), 12 cyl. en V 60° (86×85.94 mm), 5991 cm³; compr. 11:1; 447 kW (608 ch) à 7000/min, 74.6 kW/L (101.4 ch/L); 687 Nm (70 mkp) à 5500/min; 98 (R).

McLaren • Mega

McLaren F1 GTR

Motorkonstruktion: Bezeichnung S70/2 GTR; Mittelmotor längs; 4 Ventile in V; 2×2 obenl. Nockenwellen (Kette); Leichtmetall-Zylinderköpfe und -block; 7fach gelagerte Kurbelwelle; Ölkühler; Öl 6 L; Trockensumpfschmierung; elektron. Einspritzung. Alternator 160 A; Wasserkühlung.

Kraftübertragung:
6-Gang-Getr.: I. 3.23; II. 2.19; III. 1.71; IV. 1.39; V. 1.16; VI. 0.93; R 3.5; Achse 2.37.

Fahrwerk: Scheiben-∅ v. 38 cm, h. 35.5 cm, Treibstofftank 100 L; Felgen v. 11, h. 13 J.

Dimensionen: Spur 160/156 cm, Bodenfreih. 7 cm, Länge 492 cm, Breite 192 cm, Höhe 112 cm.

Fahrleistungen: Vmax (Red.) 350 km/h, Leistungsgew. 2.1 kg/kW (1.6 kg/PS); Verbrauch (Red.) 14/28 L/100 km.

Moteur (constr.): désign. S70/2 GTR; moteur central longit.; 4 soupapes en V; 2×2 arbres à cames en tête (chaîne); culasses et bloc-cyl. en alliage léger; vilebrequin à 7 paliers; radiat. d'huile; huile 6 L; lubrification par carter sec; injection électronique. Alternateur 160 A; refroidissement à eau.

Transmission:
Boîte à 6 vit.: I. 3.23; II. 2.19; III. 1.71; IV. 1.39; V. 1.16; VI. 0.93; AR 3.5; pont 2.37.

Train roulant: ∅ disques AV 38 cm, AR 35.5 cm, réservoir carb. 100 L; jantes AV 11, AR 13 J.

Dimensions: voie 160/156 cm, garde au sol 7 cm, longueur 492 cm, largeur 192 cm, hauteur 112 cm.

Performances: Vmax (réd.) 350 km/h, rapp. poids/puiss. 2.1 kg/kW (1.6 kg/ch); consomm. (Red.) 14/28 L/100 km.

Mega F

Groupe Aixam-Mega B.P. 12, F-73101 Aix-les-Bains, France

Neue Gruppe von mehreren Firmen, baut Freizeit- und Luxusfahrzeuge.

Nouveau groupe de plusieurs sociétés, construit des véhi. luxueux et de loisirs.

Mega Club

Freizeitfahrzeug mit vier Plätzen, wandelbare Kunststoff-Karosserie, technische Basis Citroën AX. Debüt Paris 1992.

Voit. de loisirs à 4 places, carross. en matière plastique transformable, sur base méc. de Citroën AX. Lancement Paris 1992.

1.4 – 75 PS Benzineinspritzung

Karosserie, Gewicht: (DIN), Cabriolet, 3 Türen, 4 Sitze; leer ab 790 kg, max. zul. 1200 kg.
4X4: leer ab 905 kg, max. zul. 1290 kg.

Motor: (DIN), 4 Zyl. in Linie (75×77 mm), 1361 cm³; Kompr. 9.3:1; 55 kW (75 PS) bei 6200/min, 40.4 kW/L (54.9 PS/L); 111 Nm (11.3 mkp) bei 4000/min; 95 ROZ.

Motorkonstruktion: Bezeichnung TU 3 FMC/Z; 2 Ventile in V; 1 obenl. Nockenwelle (Zahnriemen); Leichtmetall-Zylinderkopf; 5fach gelagerte Kurbelwelle; Öl 3.5 L; elektron. Zentraleinspritzung. Batterie 200 A, Alternator 70 A; Wasserkühlung, Inh. 5.1 L.

Kraftübertragung: (auf Vorderräder/4WD).
5-Gang-Getriebe: I. 3.42; II. 1.95; III. 1.36; IV. 1.05; V. 0.85; R 3.58; Achse 4.29, 4.92.

Fahrgestell: Selbsttragendes Karosserieskelett aus Stahl; vorn Federbeine und Dreieckquerlenker, Kurvenstab.; hinten Längsl., Torsionsfederstäbe; Teleskopd.

Fahrwerk: Bremse, vorne Scheiben, hinten Trommeln, Scheiben-∅ v. 23.8 cm, Handbremse auf Hinterräder; Zahnstangenlenkung, Treibstofftank 43 L; Reifen 165/65 R 13, Felgen 5.5 J.
4X4: Reifen 165/70 R 14.

1.4 – 75 ch Injection d'essence

Carrosserie, poids: (DIN), cabriolet, 3 portes, 4 places; vide dès 790 kg, tot. adm. 1200 kg.
4X4: vide dès 905 kg, tot. adm. 1290 kg.

Moteur: (DIN), 4 cyl. en ligne (75×77 mm), 1361 cm³; compr. 9.3:1; 55 kW (75 ch) à 6200/min, 40.4 kW/L (54.9 ch/L); 111 Nm (11.3 mkp) à 4000/min; 95 (R).

Moteur (constr.): désignation TU 3 FMC/Z; 2 soupapes en V; 1 arbre à cames en tête (courroie crantée); culasse en alliage léger; vilebrequin à 5 paliers; huile 3.5 L; injection monopoint électron., Bosch. Batterie 200 A, alternateur 70 A; refroidissement à eau, capac. 5.1 L.

Transmission: (sur roues AV/4WD).
Boîte à 5 vit.: I. 3.42; II. 1.95; III. 1.36; IV. 1.05; V. 0.85; AR 3.58; pont 4.29, 4.92.

Châssis: structure autoporteuse en acier; AV jambes élast. et leviers triang. transv., barre anti-dévers; AR bras longitud., barres de torsion; amortiss. télescop.

Train roulant: frein, AV à disques, AR à tambours, ∅ disques AV 23.8 cm, frein à main sur roues AR; direction à crémaillère, réservoir carb. 43 L; pneus 165/65 R 13, jantes 5.5 J.
4X4: pneus 165/70 R 14.

Dimensionen: Radstand 228 cm, Spur 139/131 cm, Bodenfreih. 11 cm, Wendekreis 10.3 m, Länge 351 cm, Breite 162.5 cm, Höhe 146 cm.

Fahrleistungen: Vmax (Werk) 150 km/h, V bei 1000/min im 5. Gang 27.5 km/h; Leistungsgew. 14.4 kg/kW (10.5 kg/PS); Verbrauch ECE 6.4/9/7.7 L/100 km.
4X4: Vmax 145 km/h.

1.1 – 60 PS Benzineinspritzung

Wie 1.4 – 75 PS, ausgenommen:

Karosserie, Gewicht: (DIN), Cabriolet; leer ab 765 kg, max. zul. 1155 kg.

Motor: (DIN), 4 Zyl. in Linie (72×69 mm), 1124 cm³; Kompr. 9.4:1; 44 kW (60 PS) bei 6200/min, 39.1 kW/L (53.2 PS/L); 89 Nm (9.1 mkp) bei 3800/min.

Motorkonstruktion: Bezeichnung TU 9 M/Z; 2 Ventile in V; 1 obenl. Nockenwelle (Zahnriemen); Leichtmetall-Zylinderkopf; 5fach gelagerte Kurbelwelle; Öl 3.5 L; elektron. Zentraleinspritzung, Bosch. Batterie 200 A, Alternator 50 A; Wasserkühlung, Inh. 4.8 L.

Kraftübertragung: (auf Vorderräder).
5-Gang-Getriebe: I. 3.42; II. 1.95; III. 1.36; IV. 1.05; V. 0.85; R 3.58; Achse 4.29.

Fahrleistungen: Vmax (Werk) 140 km/h, V bei 1000/min im 5. Gang 27.5 km/h; Leistungsgew. 17.4 kg/kW (12.8 kg/PS); Verbrauch ECE 5.5/7.5/7.1 L/100 km.

Mega Club

1.5 – 58 PS Diesel

Wie 1.4 – 75 PS, ausgenommen:

Karosserie, Gewicht: (DIN), Cabriolet; leer ab 850 kg, max. zul. 1250 kg.
4X4: leer ab 930 kg, max. zul. 1310 kg.

Motor: (DIN), 4 Zyl. in Linie (77×82 mm), 1527 cm³; Kompr. 23:1; 43 kW (58 PS) bei 5000/min, 28.2 kW/L (38.3 PS/L); 95 Nm (9.7 mkp) bei 2250/min; Dieselöl.

Motorkonstruktion: Bez. TUD 5/Z. Wirbelkammerdiesel.; 2 Ventile parallel; 1 obenl. Nockenwelle (Zahnriemen); Leichtmetall-Zylinderkopf; 5fach gelagerte Kurbelwelle; Öl 4.75 L; Einspritzp. CAV Rotodiesel. Batterie 300 A, Alternator 70 A; Wasserkühlung, Inh. 5.1 L.

Kraftübertragung: (auf Vorderräder/4WD).
5-Gang-Getriebe: I. 3.64; II. 1.95; III. 1.28; IV. 0.98; V. 0.77; R 3.58; Achse 3.59.

Fahrwerk: Reifen 155/70 R 13.

Fahrleistungen: Vmax (Werk) 145 km/h, V bei 1000/min im 5. Gang 36 km/h; Leistungsgew. 19.8 kg/kW (14.1 kg/PS); Verbrauch ECE 4.8/7.1/5.7 L/100 km.
4X4: Vmax 138 km/h, Verbrauch ECE 5.8/8.5/7.2 L/100 km.

Dimensions: empattement 228 cm, voie 139/131 cm, garde au sol 11 cm, diam. de braq. 10.3 m, longueur 351 cm, largeur 162.5 cm, hauteur 146 cm.

Performances: Vmax (usine) 150 km/h, V à 1000/min en 5. vit. 27.5 km/h; rapp. poids/puiss. 14.4 kg/kW (10.5 kg/ch); consomm. ECE 6.4/9/7.7 L/100 km.
4X4: Vmax 145 km/h.

1.1 – 60 ch Injection d'essence

Comme 1.4 – 75 ch, sauf:

Carrosserie, poids: (DIN), Cabriolet; vide dès 765 kg, tot. adm. 1155 kg.

Moteur: (DIN), 4 cyl. en ligne (72×69 mm), 1124 cm³; compr. 9.4:1; 44 kW (60 ch) à 6200/min, 39.1 kW/L (53.2 ch/L); 89 Nm (9.1 mkp) à 3800/min.

Moteur (constr.): désignation TU 9 M/Z; 2 soupapes en V; 1 arbre à cames en tête (courroie crantée); culasse en alliage léger; vilebrequin à 5 paliers; huile 3.5 L; injection monopoint électron., Bosch. Batterie 200 A, alternateur 50 A; refroidissement à eau, capac. 4.8 L.

Transmission: (sur roues AV).
Boîte à 5 vit.: I. 3.42; II. 1.95; III. 1.36; IV. 1.05; V. 0.85; AR 3.58; pont 4.29.

Performances: Vmax (usine) 140 km/h, V à 1000/min en 5. vit. 27.5 km/h; rapp. poids/puiss. 17.4 kg/kW (12.8 kg/ch); consomm. ECE 5.5/7.5/7.1 L/100 km.

1.5 – 58 ch Diesel

Comme 1.4 – 75 ch, sauf:

Carrosserie, poids: (DIN), cabriolet,; vide dès 850 kg, tot. adm. 1250 kg.
4X4: leer ab 930 kg, tot. adm. 1310 kg.

Moteur: (DIN), 4 cyl. en ligne (77×82 mm), 1527 cm³; compr. 23:1; 43 kW (58 ch) à 5000/min, 28.2 kW/L (38.3 ch/L); 95 Nm (9.7 mkp) à 2250/min; gazole.

Moteur (constr.): désign. TUD 5/Z. Wirbelkammerdiesel.; 2 soup. en parallèle; 1 arbre à cames en tête (courroie crantée); culasse en alliage léger; vilebr. à 5 paliers; huile 4.75 L; pompe à inj. CAV Rotodiesel. Batterie 300 A, alternateur 70 A; refroidissement à eau, capac. 5.1 L.

Transmission: (sur roues AV/4WD).
Boîte à 5 vit.: I. 3.64; II. 1.95; III. 1.28; IV. 0.98; V. 0.77; AR 3.58; pont 3.59.

Train roulant: pneus 155/70 R 13.

Performances: Vmax (usine) 145 km/h, V à 1000/min en 5. vit. 36 km/h; rapp. poids/puiss. 19.8 kg/kW (14.1 kg/ch); consomm. ECE 4.8/7.1/5.7 L/100 km.
4X4: Vmax 138 km/h, consomm. ECE 5.8/8.5/7.2 L/100 km.

Mega • Mercedes-Benz

Mega Monte Carlo

Zweisitziges Coupé mit Zentralrahmenchassis, Mercedes-Benz-V12-Motor und Fünfganggetriebe.

Coupé à 4 places, chassis à poutre centrale, moteur V12 Mercedes-Benz et boîte à 5 vitesses.

6.0 V12 48V – 394 PS Benzineinspritzung

6.0 V12 48V – 394 ch Injection d'essence

Karosserie, Gewicht: (DIN), Coupé, 2 Türen, 2 Sitze; leer ab 1350 kg.

Carrosserie, poids: (DIN), Coupé, 2 portes, 2 places; vide dès 1350 kg.

Motor: (ECE), 12 Zyl. in V 60° (89×80.2 mm), 5987 cm³; Kompr. 10:1; 290 kW (394 PS) bei 5200/min, 48.4 kW/L (65.9 PS/L); 570 Nm (58.1 mkp) bei 3800/min; 95 ROZ.

Moteur: (ECE), 12 cyl. en V 60° (89×80.2 mm), 5987 cm³; compr. 10:1; 290 kW (394 ch) à 5200/min, 48.4 kW/L (65.9 ch/L); 570 Nm (58.1 mkp) à 3800/min; 95 (R).

Motorkonstruktion: Bezeichnung MB 6.0-V12; 4 Ventile in V 50°; 2×2 obenl. Nockenwellen (Ketten); Leichtmetall-Zylinderköpfe und -block; 7fach gelagerte Kurbelwelle; Öl 10 L; elektron. Einspritzung, Bosch LH-Jetronic. Batterie 100 Ah, Alternator 120 A; Wasserkühlung, Inh. 15 L.

Moteur (constr.): désignation MB 6.0-V12; 4 soupapes en V 50°; 2×2 arbres à cames en tête (chaînes); culasses et bloc-cyl. en alliage léger; vilebrequin à 7 paliers; huile 10 L; injection électronique, Bosch LH-Jetronic. Batterie 100 Ah, alternateur 120 A; refroidissement à eau, capac. 15 L.

Kraftübertragung: (auf Hinterräder), Differentialbremse 30 %. 5-Gang-Getriebe: I. 2.58; II. 1.47; III. 1.04; IV. 0.85; V. 0.7; R 2; Achse 3.78.

Transmission: (sur roues AR), pont autobloquant 30 %. Boîte à 5 vit.: I. 2.58; II. 1.47; III. 1.04; IV. 0.85; V. 0.7; AR 2; pont 3.78.

Fahrgestell: Zentralrahmenchassis; v/h doppelte Dreieckquerlenker, Schubstrebe, Kurvenstabilisator; elektrohydr. Niveauregulierung.

Châssis: châssis à poutre centrale; AV/AR leviers triang. transv. doubles, barre de poussée, barre anti-dévers; réglage élctrohydr. du niveau.

Fahrwerk: Vierrad-Scheibenbremse (v/h belüftet), Scheiben-Ø v. 33 cm, h. 33 cm, Handbremse auf Hinterräder; Zahnstangenlenkung mit Servo, Treibstofftank 110 L; Reifen 345/35 ZR 18, Reifen v. 275/35 ZR 18, Felgen v. 10, h. 13 J.

Train roulant: quatre freins à disques (AV/AR ventilés), Ø disques AV 33 cm, AR 33 cm, frein à main sur roues AR; servodirection à crémaillère, réservoir carb. 110 L; pneus 345/35 ZR 18, pneus AV 275/35 ZR 18, jantes AV 10, AR 13 J.

Mega Monte Carlo

Dimensionen: Radstand 266 cm, Spur 167/164 cm, Bodenfreih. 13 cm, Wendekreis 11.5 m, Länge 445 cm, Breite 199 cm, Höhe 119 cm.

Dimensions: empattement 266 cm, voie 167/164 cm, garde au sol 13 cm, diam. de braq. 11.5 m, longueur 445 cm, largeur 199 cm, hauteur 119 cm.

Fahrleistungen: Vmax (Werk) 300 km/h, 0–100 km/h 4.5 s; steh. km 22.2 s; Leistungsgew. 4.7 kg/kW (3.4 kg/PS); Verbrauch (Red.) 12/20 L/100 km.

Performances: Vmax (usine) 300 km/h, 0–100 km/h 4.5 s; km arrêté 22.2 s; rapp. poids/puiss. 4.7 kg/kW (3.4 kg/ch); consomm. (Red.) 12/20 L/100 km.

Mega Track

Coupé mit 4 Sitzen, Mercedes-Benz-V12-Motor, automatisches Getriebe, permanenter Allradantrieb, hydr. Aufhängung. Debüt Prototyp Salon Paris 1992.

Coupé, 4 places, moteur V12 Mercedes-Benz, boîte automatique, traction intégrale, suspension hydraulique. Lancement prototype Paris 1992.

6.0 V12 48V – 394 PS Benzineinspritzung

6.0 V12 48V – 394 ch Injection d'essence

Karosserie, Gewicht: (DIN), Coupé, 2 Türen, 4 Sitze; leer ab 2280 kg.

Carrosserie, poids: (DIN), Coupé, 2 portes, 4 places; vide dès 2280 kg.

Motor: (ECE), 12 Zyl. in V 60° (89×80.2 mm), 5987 cm³; Kompr. 10:1; 290 kW (394 PS) bei 5200/min, 48.4 kW/L (65.9 PS/L); 570 Nm (58.1 mkp) bei 3800/min; 95 ROZ.

Moteur: (ECE), 12 cyl. en V 60° (89×80.2 mm), 5987 cm³; compr. 10:1; 290 kW (394 ch) à 5200/min, 48.4 kW/L (65.9 ch/L); 570 Nm (58.1 mkp) à 3800/min; 95 (R).

Mega Track

Motorkonstruktion: Bezeichnung MB 6.0-V12; 4 Ventile in V 50°; 2×2 obenl. Nockenwellen (Ketten); Leichtmetall-Zylinderköpfe und -block; 7fach gelagerte Kurbelwelle; Öl 10 L; elektron. Einspritzung, Bosch LH-Jetronic. Batterie 100 Ah, Alternator 120 A; Wasserkühlung, Inh. 15 L.

Moteur (constr.): désignation MB 6.0-V12; 4 soupapes en V 50°; 2×2 arbres à cames en tête (chaînes); culasses et bloc-cyl. en alliage léger; vilebrequin à 7 paliers; huile 10 L; injection électronique, Bosch LH-Jetronic. Batterie 100 Ah, alternateur 120 A; refroidissement à eau, capac. 15 L.

Kraftübertragung: (4WD permanent), zentrales Planetendiff. mit Viskobremse; hintere Differentialbremse, Drehmomentverteilung v/h 33/67 %. 4-Stufen-Automat: Daimler-Benz; I. 3.87; II. 2.25; III. 1.44; IV. 1; R 5.59; Achse 3.22.

Transmission: (4WD permanent), diff. planétaire central avec visco-coupleur; différentiel autobloquant AR, répart. du couple AV/AR 33/67 %. Boîte autom. à 4 vit.: Daimler-Benz; I. 3.87; II. 2.25; III. 1.44; IV. 1; AR 5.59; pont 3.22.

Fahrgestell: Karosserie aus Polyester/Kevlar, Rohrrahmenchassis; vorn doppelte Dreieckquerlenker, hinten Mehrlenkerachse mit Längs-, Quer- und Schräglenkern; v/h Kurvenstabilisator, Schraubenfedern und Teleskopdämpfer.

Châssis: Carrosserie en polyester/kevlar, châssis tubulaire; AV leviers triang. transv. doubles, AR essieu à multiples bras (leviers longit., obliques et transv.); AV/AR stabilisateur transv., ressorts hélic. et amortiss. télesc.

Fahrwerk: Vierrad-Scheibenbremse (v/h belüftet), Scheiben-Ø v. 37.6 cm, h. 37.6 cm, Feststellbremse auf Hinterräder; Kugelumlauflenkung mit Servo, Treibstofftank 110 L; Reifen v. 285/55 ZR 20, h. 325/50 ZR 20, Felgen 10 J, 12 J.

Train roulant: quatre freins à disques (AV/AR ventilés), Ø disques AV 37.6 cm, AR 37.6 cm, frein de stationnement sur roues AR; direction à circuit de billes assistée, réservoir carb. 110 L; pneus AV 285/55 ZR 20, AR 325/50 ZR 20, jantes 10 J, 12 J.

Dimensionen: Radstand 312 cm, Spur 180/188 cm, Bodenfreih. 22 cm, Wendekreis 12.7 m, Kofferraum 250/600 dm³, Länge 508 cm, Breite 225 cm, Höhe 140 cm. Bodenfreiheit verstellbar bis 32 cm.

Dimensions: empattement 312 cm, voie 180/188 cm, garde au sol 22 cm, diam. de braq. 12.7 m, coffre 250/600 dm³, longueur 508 cm, largeur 225 cm, hauteur 140 cm. Garde au sol réglable jusqu'à 32 cm.

Fahrleistungen: Vmax (Werk) 250 km/h, Leistungsgew. 7.8 kg/kW (5.8 kg/PS); Verbrauch EU 15/27 L/100 km.

Performances: Vmax (usine) 250 km/h, rapp. poids/puiss. 7.8 kg/kW (5.8 kg/ch); consomm. EU 15/27 L/100 km.

Mercedes-Benz   D

Daimler-Benz AG Stuttgart-Untertürkheim, Deutschland

Deutscher Hersteller von hochwertigen Personenwagen und Nutzfahrzeugen. Älteste Automobilfabrik.

Marque allemande de voitures de qualité et de véhicules utilitaires. La plus ancienne fabrique d'automobiles.

Mercedes-Benz A

Neues Modell. Kombi-Limousine mit Quermotor und Frontantrieb. Debüt Prototyp Dezember 1996. Provisorische und geschätzte Daten.

Nouveau modèle. Berline/break avec moteur transv. et traction. Lancement prototype décembre 1996. Données provisoires et éstimées.

1.4/1.6/1.9/1.7 TD – 60-122 PS Einspritzung/Turbodiesel dir.

1.4/1.6/1.9/1.7 TD – 60-122 ch Injection d'ess./Turbodiesel dir.

Karosserie, Gewicht: Limousine, 5 Türen, 5 Sitze; leer ca. 1020 kg.

Carrosserie, poids: Berline, 5 portes, 5 places; vide env. 1020 kg.

Mercedes-Benz

Mercedes-Benz A

Motor: (ECE), 4 Zyl. in Linie (80×69.5 mm), 1397 cm³; Kompr. 11:1; 60 kW (82 PS) bei 4800/min, 42.9 kW/L (58.7 PS/L); 130 Nm (13.3 mkp) bei 3800/min; 95 ROZ.
1.6: 80 x 79,5 mm, 1598 cm³; 75 kW (102 PS) bei 5200/min; 150 Nm (15,3 mkp) bei 4200/min.
1.9: 90 kW (122 PS); 180 Nm (18,4 mkp).
1.7/16V TD: 44 kW (60 PS) bei 4000/min; 160 Nm (16,3 mkp).
1.7/16V TD Intercooler: 66 kW (90 PS) bei 4000/min; 180 Nm (18,4 mkp).

Motorkonstruktion: Bezeichnung M 166, 1 obenliegende Nockenwelle; Leichtmetall-Zylinderkopf und -block; 5fach gelagerte Kurbelwelle; elektron. Einspritzung.
TD OM 668TD: Direkteingespritzter Diesel (common rail), 4 Ventile pro Zyl., 2 obenliegende Nockenwellen; 1 Turbolader (Garrett), 90 PS mit Intercooler. Wasserkühlung.

Kraftübertragung: (auf Vorderräder), a.W. Antriebsschlupfregelung.
5-Gang-Getriebe oder 5-Stufen-Automat.

Fahrgestell: Selbsttragende Karosserie mit Hilfsrahmen; vorn Federbeine und Dreieckquerlenker; hinten Verbundlenkerachse; v/h Kurvenstabilisator, Schraubenfedern, Teleskopdämpfer.

Fahrwerk: Bremse, vorne Scheiben (belüftet), hinten Trommeln, ABS, Handbremse auf Hinterräder; Zahnstangenlenkung mit Servo, Treibstofftank 40 L; a.W. 54 L; Reifen 175/65 R 15.

Moteur: (ECE), 4 cyl. en ligne (80×69.5 mm), 1397 cm³; compr. 11:1; 60 kW (82 ch) à 4800/min, 42.9 kW/L (58.7 ch/L); 130 Nm (13,3 mkp) à 3800/min; 95 (R).
1.6: 80 x 79,5 mm, 1598 cm³; 75 kW (102 ch) à 5200/min; 150 Nm (15,3 mkp) à 4200/min.
1.9: 90 kW (122 ch); 180 Nm (18,4 mkp).
1.7/16V TD: 44 kW (60 ch) à 4000/min; 160 Nm (16,3 mkp).
1.7/16V TD Intercooler: 66 kW (90 ch) à 4000/min; 180 Nm (18,4 mkp).

Moteur (constr.): désignation M 166, 1 Arbre à cames en tête; culasse et bloc-cyl. en alliage léger; vilebrequin à 5 paliers; injection électron.
TD OM 668TD: Diesel à injection directe (common rail), 4 soupapes par cyl., 2 arbres à cames en tête; 1 turbocompress. (Garrett), 90 ch avec intercooler. Refroidissement à eau.

Transmission: (sur roues AV), s.d. dispositif antipatinage.
Boîte à 5 vit. ou automat. à 5 vitesses.

Châssis: carrosserie autoporteuse avec faux-châssis; AV jambes élast. et leviers triang. transv.; AR essieu semi-rigide; AV/AR barre anti-dévers, ressorts hélic, amortiss. télesc.

Train roulant: frein, AV à disques (ventilés), AR à tambours, ABS, frein à main sur roues AR; servodirection à crémaillère, réservoir carb. 40 L; s.d. 54 L; pneus 175/65 R 15.

Mercedes-Benz A

Dimensionen: Radstand 242.5 cm, Spur 150/144 cm, Wendekreis 10.3 m, Kofferraum 350/1700 dm³, Länge 356 cm, Breite 172 cm, Höhe 157 cm.

Fahrleistungen: Vmax (Red.) 170 km/h, 0–100 km/h 13 s;
1.6: Vmax 180 km/h; 0-100 km/h 11 s.
1.9: Vmax ca. 190 km/h; 0-100 km/h 10 s.

Dimensions: empattement 242.5 cm, voie 150/144 cm, diam. de braq. 10.3 m, coffre 350/1700 dm³, longueur 356 cm, largeur 172 cm, hauteur 157 cm.

Performances: Vmax (réd.) 170 km/h, 0–100 km/h 13 s;
1.6: Vmax 180 km/h; 0-100 km/h 11 s.
1.9: Vmax env. 190 km/h; 0-100 km/h 10 s.

Mercedes-Benz SLK

Neues Modell. Zweisitziger Roadster mit zusammenklappbarem Dach der 4-Meter-Klasse; zunächst 2- oder 2,3-Liter-Motor, auch mit Roots-Kompressor. Debüt April 1996, Salon Turin.

Nouveua modèle. Roadster deux places de la catégorie 4 mètres, avec toit pliable; d'abord avec moteur 2 et 2,3 litres, aussi avec compresseur Roots. Lancement avril 1996 au salon de Turin.

SLK 200: 2.0 16V – 136 PS Benzineinspritzung

Karosserie, Gewicht: Roadster, 2 Türen, 2 Sitze; leer ab 1195 kg, max. zul. 1530 kg.

Motor: (ECE), 4 Zyl. in Linie (89.9×78.7 mm), 1998 cm³; Kompr. 10.4:1; 100 kW (136 PS) bei 5500/min, 50.1 kW/L (68 PS/L); 190 Nm (19.4 mkp) bei 3700/min; 95 ROZ.

Motorkonstruktion: 4 Ventile in V 45°; 2 obenl. Nockenwellen (Kette); Leichtmetall-Zylinderkopf; 5fach gelagerte Kurbelwelle; Öl 5.8 L; elektron. Einspr., Bosch HFM. Batterie 62 Ah, Alternator 1260 W; Wasserkühlung, Inh. 8 L.

Kraftübertragung: (auf Hinterräder).
5-Gang-Getriebe: I. 3.91; II. 2.17; III. 1.37; IV. 1; V. 0.81; R 4.27; Achse 3.91.
5-Stufen-Automat: I. 3.93; II. 2.41; III. 1.49; IV. 1; V. 0.83; R 3.1; R 1.9; Achse 3.91.

Fahrgestell: Selbsttragende Karosserie mit Hilfsrahmen; vorn doppelte Dreieckquerlenker; hinten Raumlenkerachse (Quer- und Schräglenker, Spurstange); v/h Kurvenstabilisator, Schraubenfedern, Teleskopdämpfer.

Fahrwerk: Vierrad-Scheibenbremse (vorn belüftet), Scheiben-∅ v. 28.8 cm, h. 27.8 cm, ABS, Bosch; Handbremse auf Hinterräder; Kugelumlauflenkung mit Servo, Treibstofftank 53 L; Reifen 205/60 HR 15, Felgen 7 J.

Dimensionen: Radstand 240 cm, Spur 149/146 cm, Bodenfreih. 15 cm, Wendekreis 10.6 m, Kofferraum 145/350 dm³, Länge 400 cm, Breite 172 cm, Höhe 127 cm.

Fahrleistungen: Vmax (Werk) 208 km/h, V bei 1000/min im 5. Gang 36 km/h; 0–100 km/h 9.7 s; Leistungsgew. 12 kg/kW (8.8 kg/PS); Verbrauch EU 6.9/12.9 L/100 km.
Aut.: Vmax 202 km/h, 0–100 km/h 10.3 s; Verbrauch EU 7.1/13.2 L/100 km.

SLK 200 K: 2.0 16V – 192 PS Benzineinspritzung/Kompr.

Wie 2.0 – 136 PS, ausgenommen:

Gewicht: leer ab 1250 kg, max. zul. 1585 kg.

Motor: (ECE), 4 Zyl. in Linie (89.9×78.7 mm), 1998 cm³; Kompr. 8.5:1; 141 kW (192 PS) bei 5300/min, 70.6 kW/L (95.9 PS/L); 270 Nm (27.5 mkp) bei 2500/min; 98 ROZ.

Motorkonstruktion: 4 Ventile in V; 2 obenl. Nockenwellen (Kette); Leichtmetall-Zylinderkopf; 5fach gelagerte Kurbelwelle; Öl 5.9 L; elektron. Einspritzung, Bosch Motronic, 1 Kompressor, Roots (Eaton), Intercooler. Batterie 62 Ah, Alternator 1260 W; Wasserkühlung, Inh. 8.5 L.

SLK 200: 2.0 16V – 136 ch Injection d'essence

Carrosserie, poids: Roadster, 2 portes, 2 pl.; vide dès 1195 kg, tot. adm. 1530 kg.

Moteur: (ECE), 4 cylindres en ligne (89.9×78.7 mm), 1998 cm³; compr. 10.4:1; 100 kW (136 ch) à 5500/min, 50.1 kW/L (68 ch/L); 190 Nm (19.4 mkp) à 3700/min; 95 (R).

Moteur (constr.): 4 soupapes en V 45°; 2 arbres à cames en tête (chaîne); culasse en alliage léger; vilebrequin à 5 paliers; huile 5.8 L; injection électronique, Bosch HFM. Batterie 62 Ah, alternateur 1260 W; refroidissement à eau, capac. 8 L.

Transmission: (sur roues AR).
Boîte à 5 vit.: I. 3.91; II. 2.17; III. 1.37; IV. 1; V. 0.81; AR 4.27; pont 3.91.
Boîte aut. à 5 vit.: I. 3.93; II. 2.41; III. 1.49; IV. 1; V. 0.83; AR 3.1; AR 1.9; pont 3.91.

Mercedes-Benz SLK

Châssis: carrosserie autoporteuse avec faux-châssis; AV leviers triang. transv. doubles; AR essieu multibras (leviers transv. et obliques, barre de connex.); AV/AR barre anti-dévers, ressorts hélic., amortiss. télesc.

Train roulant: quatre freins à disques (AV ventilés), ∅ disques AV 28.8 cm, AR 27.8 cm, ABS, Bosch; frein à main sur roues AR; direction à circuit de billes assistée, réservoir carb. 53 L; pneus 205/60 HR 15, jantes 7 J.

Dimensions: empattement 240 cm, voie 149/146 cm, garde au sol 15 cm, diam. de braq. 10.6 m, coffre 145/350 dm³, longueur 400 cm, largeur 172 cm, hauteur 127 cm.

Performances: Vmax (usine) 208 km/h, V à 1000/min en 5. vit. 36 km/h; 0–100 km/h 9.7 s; rapp. poids/puiss. 12 kg/kW (8.8 kg/ch); consomm. EU 6.9/12.9 L/100 km.
Aut.: Vmax 202 km/h, 0–100 km/h 10.3 s; consomm. EU 7.1/13.2 L/100 km.

SLK 200 K: 2.0 16V – 192 ch Injection d'essence/compr.

Comme 2.0 – 136 ch, sauf:

Poids: vide dès 1250 kg, tot. adm. 1585 kg.

Moteur: (ECE), 4 cyl. en ligne (89.9×78.7 mm), 1998 cm³; compr. 8.5:1; 141 kW (192 ch) à 5300/min, 70.6 kW/L (95.9 ch/L); 270 Nm (27.5 mkp) à 2500/min; 98 ROZ.

Moteur (constr.): 4 soupapes en V; 2 arbres à cames en tête (chaîne); culasse en alliage léger; vilebrequin à 5 paliers; huile 5.9 L; injection électronique, Bosch Motronic, 1 compresseur, Roots (Eaton), Intercooler. Batterie 62 Ah, alternateur 1260 W; refroidissement à eau, capac. 8.5 L.

LuK INNOVATION

SCHALTEN WIE GEWOHNT, ABER OHNE KUPPLUNGS-PEDAL!

Zentrale Steuereinheit

**LuK SAC –
die selbstnachstellende Kupplung**

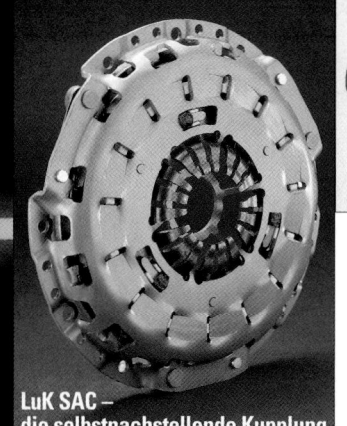

LUK EKM
AUTOMATISIERTE KUPPLUNG

Schalten wie gewohnt, aber ohne Kupplungspedal. Wie geht das? Ganz einfach. Mit einer selbstnachstellenden Kupplung und einer zentralen Aktor- und Steuereinheit. Elektronik und Mechanik entlasten den linken Fuß. Mehr Komfort und weniger Kraftstoffverbrauch.

Vorteile des LuK-Systems

- Durchdachte Steuerstrategien, z.B. aktive Lastwechseldämpfung (d.h. kein Ruckeln)
- kleine Aktorik mit integrierter Steuereinheit
- im Aktor integrierter Kupplungswegsensor
- keine Änderung am Schalthebel
- zusätzliche Sensorik auf das Minimum reduziert (z.B. kein Getriebeeingangsdrehzahlsensor)
  → d.h. ein echtes Add-On-System, da keine Änderung am Seriengetriebe
- geringes Gewicht
- geringe Kosten

LuK ANTRIEBSTECHNIK

ENTWICKLUNGSPARTNER DER FAHRZEUGHERSTELLER

LuK GmbH & Co. · Industriestraße 3 · D-77815 Bühl/Baden
Telefon 0 72 23 / 941-0 · Fax 0 72 23 / 2 69 50

Drehzahl-sensor

Geberzylinder

Mercedes-Benz

Kraftübertragung:
5-Gang-Getriebe: I. 3.86; II. 2.18; III. 1.38; IV. 1; V. 0.8; R 4.22; Achse 3.46.

Fahrwerk: Vierrad-Scheibenbremse (v/h belüftet), Reifen v. 205/55 VR 16, h. 225/50 VR 16, Felgen v. 7, h. 8 J.

Fahrleistungen: Vmax (Werk) 231 km/h, V bei 1000/min im 5. Gang 42 km/h; 0–100 km/h 7.7 s; Leistungsgew. 8.9 kg/kW (6.5 kg/PS); Verbrauch ECE 6/7.7/10 L/100 km.

SLK 230 K: 2.3 16V – 193 PS Benzineinspritzung/Kompr.

Wie 2.0 – 136 PS, ausgenommen:

Gewicht: leer ab 1250 kg, max. zul. 1585 kg.

Motor: (ECE), 4 Zyl. in Linie (90.9×88.4 mm), 2295 cm³; Kompr. 8.8:1; 142 kW (193 PS) bei 5300/min; 61.9 kW/L (84.1 PS/L); 280 Nm (28.5 mkp) bei 2500/min; 95 ROZ.

Motorkonstruktion: Bezeichnung M 11 E 23 ML ; 4 Ventile in V; 2 obenl. Nockenwellen (Kette); Leichtmetall-Zylinderkopf; 5fach gelagerte Kurbelwelle; Öl 5.9 L; elektron. Einspritzung, Bosch Motronic, 1 Kompressor, Roots (Eaton), Intercooler. Batterie 62 Ah, Alternator 1260 W; Wasserkühlung, Inh. 8.5 L.

Kraftübertragung:
5-Gang-Getriebe: I. 3.86; II. 2.18; III. 1.38; IV. 1; V. 0.8; R 4.22; Achse 3.46.
5-Stufen-Automat: I. 3.93; II. 2.41; III. 1.49; IV. 1; V. 0.83; R 3.1; R 1.9; Achse 3.27.

Mercedes-Benz SLK

Fahrwerk: Vierrad-Scheibenbremse (v/h belüftet), Reifen v. 205/55 VR 16, h. 225/50 VR 16, Felgen v. 7, h. 8 J.

Fahrleistungen: Vmax (Werk) 231 km/h, V bei 1000/min im 5. Gang 42 km/h; 0–100 km/h 7.6 s; Leistungsgew. 8.8 kg/kW (6.5 kg/PS); Verbrauch EU 7/13.3 L/100 km.
Aut.: Vmax 228 km/h, 0–100 km/h 7.5 s; Verbrauch EU 7/13.6 L/100 km.

Mercedes-Benz C

Limousine der Mittelklasse. Benzinmotoren und Diesel mit 4 Ventilen pro Zyl. Debüt April 1993. Seit Herbst 1995 mit Kompressor und seit Winter 1996 auch als Kombi T.

C 180: 1.8 16V – 122 PS Benzineinspritzung

Karosserie, Gewicht: Limousine, 4 Türen, 5 Sitze; leer 1275 kg, max. zul. 1830 kg.
Station Wagon, 5 Türen, 5 Sitze; leer ab 1335 kg, max. zul. 1920 kg.

Motor: (ECE), 4 Zyl. in Linie (85.3×78.7 mm), 1799 cm³; Kompr. 9.8:1; 90 kW (122 PS) bei 5500/min; 50 kW/L (68 PS/L); 170 Nm (17.3 mkp) bei 3700/min; 95 ROZ.

Transmission:
Boîte à 5 vit.: I. 3.86; II. 2.18; III. 1.38; IV. 1; V. 0.8; AR 4.22; pont 3.46.

Train roulant: quatre freins à disques (AV/AR ventilés), pneus AV 205/55 VR 16, AR 225/50 VR 16, jantes AV 7, AR 8 J.

Performances: Vmax (usine) 231 km/h, V à 1000/min en 5. vit. 42 km/h; 0–100 km/h 7.7 s; rapp. poids/puiss. 8.9 kg/kW (6.5 kg/ch); consomm. ECE 6/7.7/10 L/100 km.

SLK 230 K: 2.3 16V – 193 ch Injection d'essence/compr.

Comme 2.0 – 136 ch, sauf:

Poids: vide dès 1250 kg, tot. adm. 1585 kg.

Moteur: (ECE), 4 cyl. en ligne (90.9×88.4 mm), 2295 cm³; compr. 8.8:1; 142 kW (193 ch) à 5300/min; 61.9 kW/L (84.1 ch/L); 280 Nm (28.5 mkp) à 2500/min; 95 (R).

Moteur (constr.): désignation M 11 E 23 ML ; 4 soupapes en V; 2 arbres à cames en tête (chaîne); culasse en alliage léger; vilebrequin à 5 paliers; huile 5.9 L; injection électronique, Bosch Motronic, 1 compresseur, Roots (Eaton), Intercooler. Batterie 62 Ah, alternateur 1260 W; refroidissement à eau, capac. 8.5 L.

Transmission:
Boîte à 5 vit.: I. 3.86; II. 2.18; III. 1.38; IV. 1; V. 0.8; AR 4.22; pont 3.46.
Boîte aut. à 5 vit.: I. 3.93; II. 2.41; III. 1.49; IV. 1; V. 0.83; AR 3.1; AR 1.9; pont 3.27.

Train roulant: quatre freins à disques (AV/AR ventilés), pneus AV 205/55 VR 16, AR 225/50 VR 16, jantes AV 7, AR 8 J.

Performances: Vmax (usine) 231 km/h, V à 1000/min en 5. vit. 42 km/h; 0–100 km/h 7.6 s; rapp. poids/puiss. 8.8 kg/kW (6.5 kg/ch); consomm. EU 7/13.3 L/100 km.
Automat.: Vmax 228 km/h, 0–100 km/h 7.5 s; consomm. EU 7/13.6 L/100 km.

Mercedes-Benz C

Berline de la classe moyenne. Moteurs à essence et diesel (4 soupapes par cyl.). Lancement avril 1993. Dès automne 1995 moteur à compresseur et depuis hiver 1996 aussi en break T.

C 180: 1.8 16V – 122 ch Injection d'essence

Carrosserie, poids: Berline, 4 portes, 5 places; vide 1275 kg, tot. adm. 1830 kg.
Station-wagon, 5 portes, 5 places; vide dès 1335 kg, tot. adm. 1920 kg.

Moteur: (ECE), 4 cyl. en ligne (85.3×78.7 mm), 1799 cm³; compr. 9.8:1; 90 kW (122 ch) à 5500/min; 50 kW/L (68 ch/L); 170 Nm (17.3 mkp) à 3700/min; 95 (R).

Mercedes-Benz C 180

Motorkonstruktion: 4 Ventile in V 45°; 2 obenl. Nockenwellen (Kette); Leichtmetall-Zylinderkopf; 5fach gelagerte Kurbelwelle; Öl 5.8 L; elektron. Einspritzung.
Batterie 62 Ah, Alternator 1260 W; Wasserkühlung, Inh. 8 L.

Kraftübertragung: (auf Hinterräder).
5-Gang-Getriebe: I. 3.91; II. 2.17; III. 1.37; IV. 1; V. 0.81; R 4.27; Achse 3.91.
5-Stufen-Automat: I. 3.93; II. 2.41; III. 1.49; IV. 1; V. 0.83; R 3.1; R 1.9; Achse 3.64.

Fahrgestell: Selbsttragende Karosserie mit Hilfsrahmen; vorn doppelte Dreieckquerlenker; hinten Raumlenkerachse (Quer- und Schräglenker, Spurstange); v/h Kurvenstabilisator, Schraubenfedern, Teleskopdämpfer.

Fahrwerk: Vierrad-Scheibenbremse, Scheiben-⌀ v. 27.3 cm, h. 27.9 cm, ABS, Bosch; Fussfeststellbremse auf Hinterräder; Kugelumlauflenkung mit Servo, Treibstofftank 62 L; Reifen 195/65 HR 15, Felgen 6.5 J.

Dimensionen: Radstand 269 cm, Spur 151/148 cm, Bodenfreih. 15 cm, Wendekreis 10.7 m, Kofferraum 430 dm³, Länge 449 cm, Breite 172 cm, Höhe 141 cm.
Wagon: Kofferraum 465/1510 dm³, Höhe 146 cm.

Fahrleistungen: Vmax (Werk) 193 km/h, V bei 1000/min in 5. Gang 36.5 km/h; 0–100 km/h 12 s; Leistungsgew. 14.2 kg/kW (10.5 kg/PS); Verbrauch EU 7.2/12.7 L/100 km.
Aut.: Vmax 190 km/h, 0–100 km/h 13 s; Verbrauch EU 7.3/12.8 L/100 km.
Wagon: Vmax 190 km/h, 0–100 km/h 12.5 s.
Wagon Aut.: Vmax 187 km/h, 0–100 km/h 13.3 s.

C 200: 2.0 16V – 136 PS Benzineinspritzung

Wie 1.8 – 122 PS, ausgenommen:

Karosserie, Gewicht: Limousine; leer 1290 kg, max. zul. 1845 kg.
Station Wagon: leer ab 1345 kg, max. zul. 1930 kg.

Motor: (ECE), 4 Zyl. in Linie (89.9×78.7 mm), 1998 cm³; Kompr. 9.6:1; 100 kW (136 PS) bei 5500/min, 50.1 kW/L (68 PS/L); 190 Nm (19.4 mkp) bei 4000/min; 95 ROZ.

Motorkonstruktion: 4 Ventile in V 45°; 2 obenl. Nockenwellen (Kette); Leichtmetall-Zylinderkopf; 5fach gelagerte Kurbelwelle; Öl 5.8 L; elektron. Einspr., Bosch HFM.
Batterie 62 Ah, Alternator 1260 W; Wasserkühlung, Inh. 8 L.

Kraftübertragung:
5-Gang-Getriebe: I. 3.91; II. 2.17; III. 1.37; IV. 1; V. 0.81; R 4.27; Achse 3.92.
5-Stufen-Automat: I. 3.93; II. 2.41; III. 1.49; IV. 1; V. 0.83; R 3.1; R 1.9; Achse 3.46.

Fahrwerk: Vierrad-Scheibenbremse (vorn belüftet).

Moteur (constr.): 4 soupapes en V 45°; 2 arbres à cames en tête (chaîne); culasse en alliage léger; vilebrequin à 5 paliers; huile 5.8 L; injection électronique.
Batterie 62 Ah, alternateur 1260 W; refroidissement à eau, capac. 8 L.

Transmission: (sur roues AR).
Boîte à 5 vit.: I. 3.91; II. 2.17; III. 1.37; IV. 1; V. 0.81; AR 4.27; pont 3.91.
Boîte aut. à 5 vit.: I. 3.93; II. 2.41; III. 1.49; IV. 1; V. 0.83; AR 3.1; AR 1.9; pont 3.64.

Châssis: carrosserie autoporteuse avec cadre auxiliaire; AV leviers triang. transv. doubles; AR essieu multibras (leviers transv. et obliques, barre de connex.); AV/AR barre anti-dévers, ressorts hélic, amortiss. télesc.

Train roulant: quatre freins à disques, ⌀ disques AV 27.3 cm, AR 27.9 cm, ABS, Bosch; frein de stationn. à pied sur roues AR; direction à circuit de billes assistée, réservoir carb. 62 L; pneus 195/65 HR 15, jantes 6.5 J.

Dimensions: empattement 269 cm, voie 151/148 cm, garde au sol 15 cm, diam. de braq. 10.7 m, coffre 430 dm³, longueur 449 cm, largeur 172 cm, hauteur 141 cm.
Wagon: coffre 465/1510 dm³, hauteur 146 cm.

Performances: Vmax (usine) 193 km/h, V à 1000/min en 5. vit. 36.5 km/h; 0–100 km/h 12 s; rapp. poids/puiss. 14.2 kg/kW (10.5 kg/ch); consomm. EU 7.2/12.7 L/100 km.
Aut.: Vmax 190 km/h, 0–100 km/h 13 s; consomm. EU 7.3/12.8 L/100 km.
Wagon: Vmax 190 km/h, 0–100 km/h 12.5 s.
Wagon Aut.: Vmax 187 km/h, 0–100 km/h 13.3 s.

C 200: 2.0 16V – 136 ch Injection d'essence

Comme 1.8 – 122 ch, sauf:

Carrosserie, poids: Berline; vide 1290 kg, tot. adm. 1845 kg.
Station-wagon; vide dès 1345 kg, tot. adm. 1930 kg.

Moteur: (ECE), 4 cyl. en ligne (89.9×78.7 mm), 1998 cm³; compr. 9.6:1; 100 kW (136 ch) à 5500/min, 50.1 kW/L (68 ch/L); 190 Nm (19.4 mkp) à 4000/min; 95 (R).

Moteur (constr.): 4 soupapes en V 45°; 2 arbres à cames en tête (chaîne); culasse en alliage léger; vilebrequin à 5 paliers; huile 5.8 L; injection électronique, Bosch HFM.
Batterie 62 Ah, alternateur 1260 W; refroidissement à eau, capac. 8 L.

Transmission:
Boîte à 5 vit.: I. 3.91; II. 2.17; III. 1.37; IV. 1; V. 0.81; AR 4.27; pont 3.92.
Boîte aut. à 5 vit.: I. 3.93; II. 2.41; III. 1.49; IV. 1; V. 0.83; AR 3.1; AR 1.9; pont 3.46.

Train roulant: quatre freins à disques (AV ventilés).

Mercedes-Benz 365

Fahrleistungen: Vmax (Werk) 203 km/h, V bei 1000/min im 5. Gang 36.4 km/h; 0–100 km/h 11 s; Leistungsgew. 12.9 kg/kW (9.5 kg/PS); Verbrauch EU 7.2/13.1 L/100 km.
Aut.: Vmax 200 km/h, 0–100 km/h 11.5 s; Verbrauch EU 7.3/13.2 L/100 km.
Wagon: Vmax 200 km/h, 0–100 km/h 11.3 s.
Wagon Aut.: Vmax 197 km/h, 0–100 km/h 12.1 s.

Performances: Vmax (usine) 203 km/h, V à 1000/min en 5. vit. 36.4 km/h; 0–100 km/h 11 s; rapp. poids/puiss. 12.9 kg/kW (9.5 kg/ch); consomm. EU 7.2/13.1 L/100 km.
Aut.: Vmax 200 km/h, 0–100 km/h 11.5 s; consomm. EU 7.3/13.2 L/100 km.
Wagon: Vmax 200 km/h, 0–100 km/h 11.3 s.
Wagon Aut.: Vmax 197 km/h, 0–100 km/h 12.1 s.

Mercedes-Benz C 230 T

C 230: 2.3 16V – 150 PS Benzineinspritzung

Wie 1.8 – 122 PS, ausgenommen:

Karosserie, Gewicht: Limousine; leer ab 1335 kg, max. zul. 1890 kg.
Station Wagon; leer ab 1375 kg, max. zul. 1950 kg.

Motor: (ECE), 4 Zyl. in L. (90.9×88.4 mm), 2295 cm³, Kompr. 10.4:1; 110 kW (150 PS) bei 5400/min, 47.9 kW/L (65.2 PS/L); 220 Nm (22.4 mkp) bei 3800/min; 95 ROZ.

Motorkonstruktion: 4 Ventile in V 45°; 2 obenl. Nockenwellen (Kette); Leichtmetall-Zylinderkopf; 5fach gelagerte Kurbelwelle; Öl 5.9 L; elektron. Einspr., Bosch HFM. Batterie 62 Ah, Alternator 1260 W; Wasserkühlung, Inh. 8.5 L.

Kraftübertragung:
5-Gang-Getriebe: I. 3.91; II. 2.17; III. 1.37; IV. 1; V. 0.81; R 4.27; Achse 3.67.
5-Stufen-Automat: I. 3.93; II. 2.41; III. 1.49; IV. 1; V. 0.83; R 3.1; R 1.9; Achse 3.2, Wagon 3.27.

Fahrwerk: Vierrad-Scheibenbremse (vorn belüftet).

Fahrleistungen: Vmax (Werk) 210 km/h, V bei 1000/min im 5. Gang 38.9 km/h; 0–100 km/h 10.5 s; Leistungsgew. 12.1 kg/kW (8.9 kg/PS); Verbrauch EU 7.3/12.9 L/100 km.
Aut.: Vmax 207 km/h, 0–100 km/h 10.6 s; Verbrauch EU 7.3/13.5 L/100 km.
Wagon: Vmax 207 km/h, 0–100 km/h 10.7 s.
Wagon Aut.: Vmax 204 km/h, 0–100 km/h 11.3 s.

C 230: 2.3 16V – 150 ch Injection d'essence

Comme 1.8 – 122 ch, sauf:

Carrosserie, poids: Berline; vide dès 1335 kg, tot. adm. 1890 kg.
Station-wagon; vide dès 1375 kg, tot. adm. 1950 kg.

Moteur: (ECE), 4 cyl. en ligne (90.9×88.4 mm), 2295 cm³, comp. 10.4:1; 110 kW (150 ch) à 5400/min, 47.9 kW/L (65.2 ch/L); 220 Nm (22.4 mkp) à 3800/min; 95 (R).

Moteur (constr.): 4 soupapes en V 45°; 2 arbres à cames en tête (chaîne); culasse en alliage léger; vilebrequin à 5 paliers; huile 5.9 L; injection électronique, Bosch HFM. Batterie 62 Ah, alternateur 1260 W; refroidissement à eau, capac. 8.5 L.

Transmission:
Boîte à 5 vit.: I. 3.91; II. 2.17; III. 1.37; IV. 1; V. 0.81; AR 4.27; pont 3.67.
Boîte aut. à 5 vit.: I. 3.93; II. 2.41; III. 1.49; IV. 1; V. 0.83; AR 3.1; AR 1.9; pont 3.2, Wagon 3.27.

Train roulant: quatre freins à disques (AV ventilés).

Performances: Vmax (usine) 210 km/h, V à 1000/min en 5. vit. 38.9 km/h; 0–100 km/h 10.5 s; rapp. poids/puiss. 12.1 kg/kW (8.9 kg/ch); consomm. EU 7.3/12.9 L/100 km.
Aut.: Vmax 207 km/h, 0–100 km/h 10.6 s; consomm. EU 7.3/13.5 L/100 km.
Wagon: Vmax 207 km/h, 0–100 km/h 10.7 s.
Wagon Aut.: Vmax 204 km/h, 0–100 km/h 11.3 s.

C 230 K: 2.3 16V – 193 PS Benzineinspritzung/Kompr.

Wie 1.8 – 122 PS, ausgenommen:

Karosserie, Gewicht: Limousine; leer 1375 kg, max. zul. 1890 kg.

Motor: (ECE), 4 Zyl. in Linie (90.9×88.4 mm), 2295 cm³; Kompr. 8.8:1; 142 kW (193 PS) bei 5300/min, 61.9 kW/L (84.1 PS/L); 280 Nm (28.5 mkp) bei 2500/min; 95 ROZ. Für einige Länder als C 200 Kompressor mit 1998 cm³: 132 kW (180 PS) bei 5300/min; 260 Nm (26,5 mkp) bei 2500/min.

Motorkonstruktion: Bezeichnung M 11 E 23 ML; 4 Ventile in V; 2 obenl. Nockenwellen (Kette); Leichtmetall-Zylinderkopf; 5fach gelagerte Kurbelwelle; Öl 5.9 L; elektron. Einspritzung, Bosch Motronic, 1 Kompressor, Roots (Eaton), Intercooler. Batterie 62 Ah, Alternator 1260 W; Wasserkühlung, Inh. 8.5 L.

C 230 K: 2.3 16V – 193 ch Injection d'essence/compr.

Comme 1.8 – 122 ch, sauf:

Carrosserie, poids: Berline; vide 1375 kg, tot. adm. 1890 kg.

Moteur: (ECE), 4 cyl. en ligne (90.9×88.4 mm), 2295 cm³; comp. 8.8:1; 142 kW (193 ch) à 5300/min, 61.9 kW/L (84.1 ch/L); 280 Nm (28.5 mkp) à 2500/min; 95 (R). Pour quekques pays comme C 200 Kompressor avec 1998 cm³: 132 kW (180 ch) à 5300/min; 260 Nm (26,5 mkp) à 2500/min.

Moteur (constr.): désignation M 11 E 23 ML; 4 soupapes en V; 2 arbres à cames en tête (chaîne); culasse en alliage léger; vilebrequin à 5 paliers; huile 5.9 L; injection électronique, Bosch Motronic, 1 compresseur, Roots (Eaton), Intercooler. Batterie 62 Ah, alternateur 1260 W; refroidissement à eau, capac. 8.5 L.

Kraftübertragung:
5-Gang-Getriebe: I. 3.86; II. 2.18; III. 1.38; IV. 1; V. 0.8; R 4.22; Achse 3.46.
5-Stufen-Automat: I. 3.93; II. 2.41; III. 1.49; IV. 1; V. 0.83; R 3.1; R 1.9; Achse 3.27.

Fahrwerk: Vierrad-Scheibenbremse (v. belüftet), Reifen 195/65 VR 15, Felgen 6.5 J.

Fahrleistungen: Vmax (Werk) 230 km/h, V bei 1000/min im 5. Gang 41.7 km/h; 0–100 km/h 8.4 s; Leistungsgew. 10 kg/kW (7.4 kg/PS); Verbrauch EU 7.4/13.8 L/100 km.
Aut.: Vmax 227 km/h, 0–100 km/h 9 s; Verbrauch EU 7.6/13.9 L/100 km.
200 Kompressor: Vmax 225 km/h; Verbrauch EU 6/7,7/10,6 L/100 km.

Transmission:
Boîte à 5 vit.: I. 3.86; II. 2.18; III. 1.38; IV. 1; V. 0.8; AR 4.22; pont 3.46.
Boîte aut. à 5 vit.: I. 3.93; II. 2.41; III. 1.49; IV. 1; V. 0.83; AR 3.1; AR 1.9; pont 3.27.

Train roulant: quatre freins à disques (AV ventilés), pneus 195/65 VR 15, jantes 6.5 J.

Performances: Vmax (usine) 230 km/h, V à 1000/min en 5. vit. 41.7 km/h; 0–100 km/h 8.4 s; rapp. poids/puiss. 10 kg/kW (7.4 kg/ch); consomm. EU 7.4/13.8 L/100 km.
Aut.: Vmax 227 km/h, 0–100 km/h 9 s; consomm. EU 7.6/13.9 L/100 km.
200 Compresseur: Vmax 225 km/h; consomm. EU 6/7,7/10,6 L/100 km.

C 280: 2.8 24V – 193 PS Benzineinspritzung

Wie 1.8 – 122 PS, ausgenommen:

Karosserie, Gewicht: Limousine; leer 1415 kg, max. zul. 1970 kg.

Motor: (ECE), 6 Zyl. in Linie (89.9×73.5 mm), 2799 cm³; Kompr. 10:1; 142 kW (193 PS) bei 5500/min, 50.7 kW/L (69 PS/L); 270 Nm (27.5 mkp) bei 3750/min; 95 ROZ.

Motorkonstruktion: 4 Ventile in V 45°; 2 obenl. Nockenwellen (Kette); Leichtmetall-Zylinderkopf; 7fach gelagerte Kurbelw.; Öl 7.5 L; elektron. Einspritzung, Bosch HFM. Batterie 74 Ah, Alternator 1260 W; Wasserkühlung, Inh. 10 L.

Kraftübertragung:
5-Gang-Getriebe: I. 3.86; II. 2.18; III. 1.38; IV. 1; V. 0.8; R 4.22; Achse 3.67.
5-Stufen-Automat: I. 3.93; II. 2.41; III. 1.49; IV. 1; V. 0.83; R 3.1; R 1.9; Achse 3.07.

Fahrwerk: Vierrad-Scheibenbremse (v. belüftet); Reifen 195/65 VR 15, Felgen 6.5 J.

Fahrleistungen: Vmax (Werk) 230 km/h, V bei 1000/min im 5. Gang 39.3 km/h; 0–100 km/h 8.8 s; Leistungsgew. 10 kg/kW (7.4 kg/PS); Verbrauch EU 8.1/16.1 L/100 km.
Aut.: Vmax 227 km/h, 0–100 km/h 8.5 s; Verbrauch EU 8.4/16.4 L/100 km.

C 280: 2.8 24V – 193 ch Injection d'essence

Comme 1.8 – 122 ch, sauf:

Carrosserie, poids: Berline; vide 1415 kg, tot. adm. 1970 kg.

Moteur: (ECE), 6 cyl. en ligne (89.9×73.5 mm), 2799 cm³; compr. 10:1; 142 kW (193 ch) à 5500/min, 50.7 kW/L (69 ch/L); 270 Nm (27.5 mkp) à 3750/min; 95 (R).

Moteur (constr.): 4 soupapes en V 45°; 2 arbres à cames en tête (chaîne); culasse en alliage léger; vilebrequin à 7 paliers; huile 7.5 L; injection électronique, Bosch HFM. Batterie 74 Ah, alternateur 1260 W; refroidissement à eau, capac. 10 L.

Transmission:
Boîte à 5 vit.: I. 3.86; II. 2.18; III. 1.38; IV. 1; V. 0.8; AR 4.22; pont 3.67.
Boîte aut.. à 5 vit.: I. 3.93; II. 2.41; III. 1.49; IV. 1; V. 0.83; AR 3.1; AR 1.9; pont 3.07.

Train roulant: quatre freins à disques (AV ventilés); pneus 195/65 VR 15, jantes 6.5 J.

Performances: Vmax (usine) 230 km/h, V à 1000/min en 5. vit. 39.3 km/h; 0–100 km/h 8.8 s; rapp. poids/puiss. 10 kg/kW (7.4 kg/ch); consomm. EU 8.1/16.1 L/100 km.
Aut.: Vmax 227 km/h, 0–100 km/h 8.5 s; consomm. EU 8.4/16.4 L/100 km.

C 36 AMG: 3.6 24V – 280 PS Benzineinspritzung

Wie 1.8 – 122 PS, ausgenommen:

Karosserie, Gewicht: Limousine; leer 1485 kg, max. zul. 1970 kg.

Motor: (ECE), 6 Zyl. in Linie (91×92.4 mm), 3606 cm³; Kompr. 10.5:1; 206 kW (280 PS) bei 5750/min, 57.1 kW/L (77.7 PS/L); 385 Nm (39.2 mkp) bei 4000/min; 98 ROZ.

Motorkonstruktion: 4 Ventile in V 45°; 2 obenl. Nockenwellen (Kette); Leichtmetall-Zylinderkopf; 7fach gelagerte Kurbelw.; Öl 7.5 L; elektron. Einspritzung. Batterie 74 Ah, Alternator 1260 W; Wasserkühlung, Inh. 10 L.

C 36 AMG: 3.6 24V – 280 ch Injection d'essence

Comme 1.8 – 122 ch, sauf:

Carrosserie, poids: Berline; vide 1485 kg, tot. adm. 1970 kg.

Moteur: (ECE), 6 cylindres en ligne (91×92.4 mm), 3606 cm³; compr. 10.5:1; 206 kW (280 ch) à 5750/min, 57.1 kW/L (77.7 ch/L); 385 Nm (39.2 mkp) à 4000/min; 98 (R).

Moteur (constr.): 4 soupapes en V 45°; 2 arbres à cames en tête (chaîne); culasse en alliage léger; vilebrequin à 7 paliers; huile 7.5 L; injection électronique. Batterie 74 Ah, alternateur 1260 W; refroidissement à eau, capac. 10 L.

Mercedes-Benz C 36 AMG

Mercedes-Benz

Kraftübertragung: (auf Hinterräder), a.W. Differentialsperre.
5-Stufen-Automat: I. 3.59; II. 2.17; III. 1.41; IV. 1; V. 0.83; R 3.16; Achse 2.87.
Fahrwerk: Vierrad-Scheibenbremse (v/h belüftet), Reifen 225/45 ZR 17, h. 245/40 ZR 17, Felgen 7.5 J, h. 8.5 J.
Dimensionen: Höhe 138 cm.
Fahrleistungen: Vmax (Werk) 250 km/h, V bei 1000/min im 5. Gang 48.2 km/h; 0–100 km/h 6.7 s; Leistungsgew. 7.2 kg/kW (5.3 kg/PS); Verbrauch EU 8.5/17.5 L/100 km.

Transmission: (sur roues AR), s.d. différentiel verrouillable.
Boîte autom. à 5 vit.: I. 3.59; II. 2.17; III. 1.41; IV. 1; V. 0.83; AR 3.16; pont 2.87.
Train roulant: quatre freins à disques (AV/AR ventilés), pneus 225/45 ZR 17, AR 245/40 ZR 17, jantes 7.5 J, AR 8.5 J.
Dimensions: hauteur 138 cm.
Performances: Vmax (usine) 250 km/h, V à 1000/min en 5. vit. 48.2 km/h; 0–100 km/h 6.7 s; rapp. poids/puiss. 7.2 kg/kW (5.3 kg/ch); consomm. EU 8.5/17.5 L/100 km.

C 220 D: 2.2 – 95 PS Diesel

Wie 1.8 – 122 PS, ausgenommen:

Karosserie, Gewicht: Limousine; leer 1325 kg, max. zul. 1880 kg.
Station Wagon: leer ab 1375 kg, max. zul. 1960 kg.
Motor: (ECE), 4 Zyl. in Linie (89×86.6 mm), 2155 cm³; Kompr. 22:1; 70 kW (95 PS) bei 5000/min, 32.5 kW/L (44.2 PS/L); 150 Nm (15.3 mkp) bei 3100/min; Dieselöl.
Motorkonstruktion: Vorkammer-Diesel; 2 Ventile parallel; 1 obenl. Nockenwelle (Kette); Leichtmetall-Zylinderkopf; 5fach gelagerte Kurbelwelle; Öl 6.5 L; Einspritzpumpe.
Batterie 74 Ah, Alternator 1260 W; Wasserkühlung, Inh. 8 L.
Kraftübertragung:
5-Gang-Getriebe: I. 3.91; II. 2.17; III. 1.37; IV. 1; V. 0.81; R 4.27; Achse 3.91.
5-Stufen-Automat: I. 3.93; II. 2.41; III. 1.49; IV. 1; V. 0.83; R 3.1; R 1.9; Achse 3.64.

C 220 D: 2.2 – 95 ch Diesel

Comme 1.8 – 122 ch, sauf:

Carrosserie, poids: Berline; vide 1325 kg, tot. adm. 1880 kg.
Station-wagon; vide dès 1375 kg, tot. adm. 1960 kg.
Moteur: (ECE), 4 cyl. en ligne (89×86.6 mm), 2155 cm³; compr. 22:1; 70 kW (95 ch) à 5000/min, 32.5 kW/L (44.2 ch/L); 150 Nm (15.3 mkp) à 3100/min; gazole.
Moteur (constr.): diesel à préchambre; 2 soup. en parallèle; 1 arbre à cames en tête (chaîne); culasse en alliage léger; vilebrequin à 5 paliers; huile 6.5 L; pompe à injection.
Batterie 74 Ah, alternateur 1260 W; refroidissement à eau, capac. 8 L.
Transmission:
Boîte à 5 vit.: I. 3.91; II. 2.17; III. 1.37; IV. 1; V. 0.81; AR 4.27; pont 3.91.
Boîte aut. à 5 vit.: I. 3.93; II. 2.41; III. 1.49; IV. 1; V. 0.83; AR 3.1; AR 1.9; pont 3.64.

Mercedes-Benz C 220 D

Fahrleistungen: Vmax (Werk) 175 km/h, V bei 1000/min im 5. Gang 36 km/h; 0–100 km/h 16.3 s; Leistungsgew. 19 kg/kW (14 kg/PS); Verbrauch EU 6.1/7.9 L/100 km.
Aut.: Vmax 172 km/h, 0–100 km/h 17.4 s; Verbrauch EU 5.9/10.4 L/100 km.
Wagon: Vmax 173 km/h, 0–100 km/h 16.6 s.
Wagon Aut.: Vmax 170 km/h, 0–100 km/h 17 s.

Performances: Vmax (usine) 175 km/h, V à 1000/min en 5. vit. 36 km/h; 0–100 km/h 16.3 s; rapp. poids/puiss. 19 kg/kW (14 kg/ch); consomm. EU 6.1/7.9 L/100 km.
Aut.: Vmax 172 km/h, 0–100 km/h 17.4 s; consomm. EU 5.9/10.4 L/100 km.
Wagon: Vmax 173 km/h, 0–100 km/h 16.6 s.
Wagon Aut.: Vmax 170 km/h, 0–100 km/h 17 s.

C 250 TD: 2.5 – 150 PS Turbodiesel

Wie 1.8 – 122 PS, ausgenommen:

Karosserie, Gewicht: Limousine; leer 1405 kg, max. zul. 1960 kg.
Station Wagon; leer ab 1445 kg, max. zul. 2000 kg.
Motor: (ECE), 5 Zyl. in Linie (87×84 mm), 2497 cm³; Kompr. 22:1; 110 kW (150 PS) bei 4400/min, 44.1 kW/L (59.9 PS/L); 280 Nm (28.5 mkp) bei 1800/min; Dieselöl.
Motorkonstruktion: Bezeichnung 0M 605 LA; Vorkammer-Diesel; 2 Ventile parallel; 1 obenl. Nockenwelle (Kette); Leichtmetall-Zylinderkopf; 6fach gelagerte Kurbelwelle; Öl 7 L; elektron. geregelte Einspritzpumpe, 1 Turbolader, Intercooler.
Batterie 74 Ah, Alternator 1260 W; Wasserkühlung, Inh. 8.5 L.

C 250 TD: 2.5 – 150 ch Turbodiesel

Comme 1.8 – 122 ch, sauf:

Carrosserie, poids: Berline; vide 1405 kg, tot. adm. 1960 kg.
Station-wagon; vide dès 1445 kg, tot. adm. 2000 kg.
Moteur: (ECE), 5 cyl. en ligne (87×84 mm), 2497 cm³; compr. 22:1; 110 kW (150 ch) à 4400/min, 44.1 kW/L (59.9 ch/L); 280 Nm (28.5 mkp) à 1800/min; gazole.
Moteur (constr.): désignation 0M 605 LA; diesel à préchambre; 2 soup. en parallèle; 1 arbre à cames en tête (chaîne); culasse en alliage léger; vilebrequin à 6 paliers; huile 7 L; pompe à injection pilotée, 1 turbocompr., Intercooler.
Batterie 74 Ah, alternateur 1260 W; refroidissement à eau, capac. 8.5 L.

Mercedes-Benz C 250 TD

Kraftübertragung:
5-Gang-Getriebe: I. 3.86; II. 2.18; III. 1.38; IV. 1; V. 0.8; R 4.22; Achse 3.46.
5-Stufen-Automat: I. 3.93; II. 2.41; III. 1.49; IV. 1; V. 0.83; R 3.1; R 1.9; Achse 2.87.
Fahrwerk: Vierrad-Scheibenbremse (vorn belüftet).
Fahrleistungen: Vmax (Werk) 203 km/h, V bei 1000/min im 5. Gang 41.7 km/h; 0–100 km/h 10.2 s; Leistungsgew. 12.8 kg/kW (9.4 kg/PS); Verbrauch EU 6.2/11 L/100 km.
Aut.: Vmax 200 km/h, 0–100 km/h 10 s; Verbrauch EU 6.4/11.9 L/100 km.
Wagon: Vmax 200 km/h, 0–100 km/h 10.5 s.
Wagon Aut.: Vmax 200 km/h, 0–100 km/h 10 s.

Transmission:
Boîte à 5 vit.: I. 3.86; II. 2.18; III. 1.38; IV. 1; V. 0.8; AR 4.22; pont 3.46.
Boîte aut. à 5 vit.: I. 3.93; II. 2.41; III. 1.49; IV. 1; V. 0.83; AR 3.1; AR 1.9; pont 2.87.
Train roulant: quatre freins à disques (AV ventilés).
Performances: Vmax (usine) 203 km/h, V à 1000/min en 5. vit. 41.7 km/h; 0–100 km/h 10.2 s; rapp. poids/puiss. 12.8 kg/kW (9.4 kg/ch); consomm. EU 6.2/11 L/100 km.
Aut.: Vmax 200 km/h, 0–100 km/h 10 s; consomm. EU 6.4/11.9 L/100 km.
Wagon: Vmax 200 km/h, 0–100 km/h 10.5 s.
Wagon Aut.: Vmax 200 km/h, 0–100 km/h 10 s.

Mercedes-Benz E

Luxuriöses Fahrzeug der oberen Mittelklasse mit aufwendiger Hinterachskonstruktion. Debüt Nov./Dez. 1984. Herbst 1985 Kombi T und Herbst 1987 4Matic. 1989: 200 E/TE und 250 TD. IAA 1989: Detailänderungen, 3.0/24 V und Limousine lang. Herbst 1992: neue Vierventilmotoren. Frühjahr 1995: Neuauflage als Serie W 210. Genf 1996: Kombi T.

Voiture luxueuse de la catégorie moyenne supérieure avec suspension AR sophistiquée. Lancement nov./déc. 1984. Automne 1985 Wagon T et 1987 4Matic. 1989: 200 E/TE et 250 TD. IAA 1989: modifications, 3.0/24 V, berline longue. Automne 1992: moteurs avec 4 soup. par cyl. Printemps 1995: nouvelle édition série W 210. Genève 1996: Wagon T.

E 200: 2.0 16V – 136 PS Benzineinspritzung

Karosserie, Gewicht: Limousine, 4 Türen, 5 Sitze; leer 1365 kg, max. zul. 1940 kg.
Station Wagon, 5 Türen, 5 - 7 Sitze; leer ab 1485 kg, max. zul. 2140 kg.
Motor: (ECE), 4 Zyl. in Linie (89.9×78.7 mm), 1998 cm³; Kompr. 9.6:1; 100 kW (136 PS) bei 5500/min, 50.1 kW/L (68 PS/L); 190 Nm (19.4 mkp) bei 4000/min; 95 ROZ.
Motorkonstruktion: 4 Ventile in V 45°; 2 obenl. Nockenwellen (Kette); Leichtmetall-Zylinderkopf; 5fach gelagerte Kurbelw.; Öl 5.8 L; elektron. Einspritzung, Bosch HFM.
Batterie 62 Ah, Alternator 1260 W; Wasserkühlung, Inh. 8 L.

E 200: 2.0 16V – 136 ch Injection d'essence

Carrosserie, poids: Berline, 4 portes, 5 places; vide 1365 kg, tot. adm. 1940 kg.
Station-wagon, 5 portes, 5 - 7 places; vide dès 1485 kg, tot. adm. 2140 kg.
Moteur: (ECE), 4 cyl. en ligne (89.9×78.7 mm), 1998 cm³; compr. 9.6:1; 100 kW (136 ch) à 5500/min, 50.1 kW/L (68 ch/L); 190 Nm (19.4 mkp) à 4000/min; 95 (R).
Moteur (constr.): 4 soupapes en V 45°; 2 arbres à cames en tête (chaîne); culasse en alliage léger; vilebrequin à 5 paliers; huile 5.8 L; injection électronique, Bosch HFM.
Batterie 62 Ah, alternateur 1260 W; refroidissement à eau, capac. 8 L.

Mercedes-Benz E 200

Mercedes-Benz

Mercedes-Benz E 200 T

Kraftübertragung: (auf Hinterräder).
5-Gang-Getriebe: I. 3.91; II. 2.17; III. 1.37; IV. 1; V. 0.81; R 4.27; Achse 3.67, Wagon 3.92.
5-Stufen-Automat: I. 3.93; II. 2.41; III. 1.49; IV. 1; V. 0.83; R 3.1; R 1.9; Achse 3.46, Wagon 3.67.

Fahrgestell: Selbsttragende Karosserie mit vorderem Hilfsrahmen; vorn doppelte Dreieckquerlenker; hinten Raumlenkerachse (Quer- und Schräglenker, Spurstange); v/h Kurvenstabilisator, Schraubenfedern, Teleskopdämpfer.
Wagon: hinten Niveauregulierung.

Fahrwerk: Vierrad-Scheibenbremse (vorn belüftet), Scheiben-Ø v. 28.4 cm, h. 25.8 cm, ABS, Bosch; Fussfeststellbremse auf Hinterräder; Zahnstangenlenkung mit Servo, Treibstofftank 65 L; Reifen 195/65 HR 15, Felgen 6.5 J.
Wagon: Treibstofftank 70 L; Reifen 205/65 HR 15, Felgen 7 J.

Dimensionen: Radstand 283 cm, Spur 155/154 cm, Bodenfreih. 16 cm, Wendekreis 11.3 m, Kofferraum 520 dm³, Länge 480 cm, Breite 180 cm, Höhe 143 cm.
Wagon: Kofferraum 600/1975 dm³, Länge 482 cm, Höhe 144 cm.

Fahrleistungen: Vmax (Werk) 205 km/h, V bei 1000/min im 5. Gang 38.8 km/h; 0–100 km/h 11.4 s; Leistungsgew. 13.7 kg/kW (9.9 kg/PS); Verbrauch EU 6.9/12.8 L/100 km.
Aut.: Vmax 202 km/h, 0–100 km/h 11.8 s; Verbrauch EU 7.5/13.3 L/100 km.
Wagon: Vmax 198 km/h, 0–100 km/h 12.2 s; Verbrauch EU 7.2/13.3 L/100 km.
Wagon Aut.: Vmax 195 km/h, 0–100 km/h 12.7 s; Verbrauch EU 7.7/13.6 L/100 km.

E 230: 2.3 16V – 150 PS Benzineinspritzung

Wie 2.0 – 136 PS, ausgenommen:

Karosserie, Gewicht: Limousine; leer ab 1375 kg, max. zul. 1950 kg.
Station Wagon; leer ab 1495 kg, max. zul. 2150 kg.

Motor: (ECE), 4 Zyl. in Linie (90.9×88.4 mm), 2295 cm³; Kompr. 10.4:1; 110 kW (150 PS) bei 5400/min, 47.9 kW/L (65.2 PS/L); 220 Nm (22.4 mkp) bei 3800/min; 95 ROZ.

Mercedes-Benz E 230

Transmission: (sur roues AR).
Boîte à 5 vitesses: I. 3.91; II. 2.17; III. 1.37; IV. 1; V. 0.81; AR 4.27; pont 3.67, Wagon 3.92.
Boîte autom. à 5 vit.: I. 3.93; II. 2.41; III. 1.49; IV. 1; V. 0.83; AR 3.1; AR 1.9; pont 3.46, Wagon 3.67.

Châssis: carrosserie autoporteuse avec cadre auxiliaire AV; AV leviers triang. transv. doubles; AR essieu multibras (leviers transv. et obliques, barre de connex.); AV/AR barre anti-dévers, ressorts hélic, amortiss. télesc.
Wagon: réglage du niveau AR.

Train roulant: quatre freins à disques (AV ventilés), Ø disques AV 28.4 cm, AR 25.8 cm, ABS, Bosch; frein de station. à pied sur roues AR; servodirection à crémaillère, réservoir carb. 65 L; pneus 195/65 HR 15, jantes 6.5 J.
Wagon: réservoir carb. 70 L; pneus 205/65 HR 15, jantes 7 J.

Dimensions: empattement 283 cm, voie 155/154 cm, garde au sol 16 cm, diam. de braq. 11.3 m, coffre 520 dm³, longueur 480 cm, largeur 180 cm, hauteur 143 cm.
Wagon: coffre 600/1975 dm³, longueur 482 cm, hauteur 144 cm.

Performances: Vmax (usine) 205 km/h, V à 1000/min en 5. vit. 38.8 km/h; 0–100 km/h 11.4 s; rapp. poids/puiss. 13.7 kg/kW (9.9 kg/ch); consomm. EU 6.9/12.8 L/100 km.
Aut.: Vmax 202 km/h, 0–100 km/h 11.8 s; consomm. EU 7.5/13.3 L/100 km.
Wagon: Vmax 198 km/h, 0–100 km/h 12.2 s; consomm. EU 7.2/13.3 L/100 km.
Wagon Aut.: Vmax 195 km/h, 0–100 km/h 12.7 s; consomm. EU 7.7/13.6 L/100 km.

E 230: 2.3 16V – 150 ch Injection d'essence

Comme 2.0 – 136 ch, sauf:

Carrosserie, poids: Berline; vide dès 1375 kg, tot. adm. 1950 kg.
Station-wagon; vide dès 1495 kg, tot. adm. 2150 kg.

Moteur: (ECE), 4 cyl. en ligne (90.9×88.4 mm), 2295 cm³; compression 10.4:1; 110 kW (150 ch) à 5400/min, 47.9 kW/L (65.2 ch/L); 220 Nm (22.4 mkp) à 3800/min; 95 (R).

Motorkonstruktion: 4 Ventile in V 45°; 2 obenl. Nockenwellen (Kette); Leichtmetall-Zylinderkopf; 5fach gelagerte Kurbelwelle; Öl 5.9 L; elektron. Einspr., Bosch HFM. Wasserkühlung, Inh. 8.5 L.

Kraftübertragung:
5-Gang-Getriebe: I. 3.91; II. 2.17; III. 1.37; IV. 1; V. 0.81; R 4.27; Achse 3.46, Wagon 3.67.
5-Stufen-Automat: I. 3.93; II. 2.41; III. 1.49; IV. 1; V. 0.83; R 3.1; R 1.9; Achse 3.27, Wagon 3.46.

Fahrleistungen: Vmax (Werk) 215 km/h, V bei 1000/min im 5. Gang 41.2 km/h; 0–100 km/h 10.5 s; Leistungsgew. 12.6 kg/kW (9.2 kg/PS); Verbrauch EU 7/12.9 L/100 km.
Aut.: Vmax 212 km/h, 0–100 km/h 10.9 s; Verbrauch EU 7.6/13.4 L/100 km.
Wagon: Vmax 208 km/h, 0–100 km/h 11.6 s; Verbrauch EU 7.4/13.1 L/100 km.
Wagon Aut.: Vmax 205 km/h; 0–100 km/h 11.6 s; Verbrauch EU 7.7/13.9 L/100 km.

E 280: 2.8 24V – 193 PS Benzineinspritzung

Wie 2.0 – 136 PS, ausgenommen:

Karosserie, Gewicht: Limousine; leer ab 1495 kg, max. zul. 2100 kg.
Wagon mit V6-Motor und 4Matic in Vorbereitung.

Motor: (ECE), 6 Zyl. in Linie (89.9×73.5 mm), 2799 cm³; Kompr. 10.1:1; 142 kW (193 PS) bei 5500/min, 50.7 kW/L (69 PS/L); 270 Nm (27.5 mkp) bei 3750/min; 95 ROZ.
Neu: 6 Zyl. in V 90° (89.9×73.5 mm), 2799 cm³; Kompr. 10.1:1; 150 kW (204 PS) bei 5700/min, 53.6 kW/L (72.9 PS/L); 270 Nm (27.5 mkp) bei 3000/min; 95 ROZ.

Motorkonstruktion: 4 Ventile in V 45°; 2 obenl. Nockenwellen (Kette); Leichtmetall-Zylinderkopf; 7fach gelagerte Kurbelwelle; Öl 7.5 L; elektron. Einspr., Bosch HFM. Batterie 74 Ah; Wasserkühlung, Inh. 10 L.

Kraftübertragung: (auf Hinterräder/4WD permanent); zentrales Diff., Drehmomentverteilung v/h 35/65 %.
5-Gang-Getriebe: I. 3.86; II. 2.18; III. 1.38; IV. 1; V. 0.8; R 4.22; Achse 3.7.
5-Stufen-Automat: I. 3.87; II. 2.25; III. 1.44; IV. 1; V. 0.75; R 5.59; Achse 3.27.

Fahrwerk: Vierrad-Scheibenbremse (v/h belüftet), Treibstofftank 80 L; Reifen 215/55 VR 16, Felgen 7.5 J.

Fahrleistungen: Vmax (Werk) 230 km/h/V6 234 km/h, V bei 1000/min im 5. Gang 39.7 km/h; 0–100 km/h 8.6 s; Leistungsgew. 10.5 kg/kW (7.8 kg/PS); Verbrauch EU 8.6/17 L/100 km/V6 7.7/15.7 L/100 km.
Aut.: Vmax 225 km/h, 0–100 km/h 8.9 s; Verbrauch EU 8.7/16.8 L/100 km.

E 320: 3.2 24V – 220 PS Benzineinspritzung

Wie 2.0 – 136 PS, ausgenommen:

Karosserie, Gewicht: Limousine; leer ab 1525 kg, max. zul. 2130 kg.
Wagon mit V6-Motor und 4Matic in Vorbereitung.

Motor: (ECE), 6 Zyl. in Linie (89.9×84 mm), 3199 cm³; Kompr. 10:1; 162 kW (220 PS) bei 5500/min, 50.6 kW/L (68.8 PS/L); 315 Nm (32.1 mkp) bei 3850/min; 95 ROZ.
Neu: 6 Zyl. in V 90° (89.9×84 mm), 3199 cm³; Kompr. 10:1; 165 kW (224 PS) bei 5600/min, 51.6 kW/L (70 PS/L); 315 Nm (32.1 mkp) bei 3000/min; 95 ROZ.

Motorkonstruktion: 4 Ventile in V 50°; 2 obenl. Nockenwellen (Kette); Leichtmetall-Zylinderkopf; 7fach gelagerte Kurbelwelle; Ölkühler; Öl 7.5 L; elektron. Einspritzung, Bosch HFM.
Batterie 74 Ah; Wasserkühlung, Inh. 11 L.

Moteur (constr.): 4 soupapes en V 45°; 2 arbres à cames en tête (chaîne); culasse en alliage léger; vilebrequin à 5 paliers; huile 5.9 L; injection électronique, Bosch HFM. refroidissement à eau, capac. 8.5 L.

Transmission:
Boîte à 5 vitesses: I. 3.91; II. 2.17; III. 1.37; IV. 1; V. 0.81; AR 4.27; pont 3.46, Wagon 3.67.
Boîte aut. à 5 vit.: I. 3.93; II. 2.41; III. 1.49; IV. 1; V. 0.83; AR 3.1; AR 1.9; pont 3.27, Wagon 3.46.

Performances: Vmax (usine) 215 km/h, V à 1000/min en 5. vit. 41.2 km/h; 0–100 km/h 10.5 s; rapp. poids/puiss. 12.6 kg/kW (9.2 kg/ch); consomm. EU 7/12.9 L/100 km.
Aut.: Vmax 212 km/h, 0–100 km/h 10.9 s; consomm. EU 7.6/13.4 L/100 km.
Wagon: Vmax 208 km/h, 0–100 km/h 11.6 s; consomm. EU 7.4/13.1 L/100 km.
Wagon Aut.: Vmax 205 km/h; 0–100 km/h 11.6 s; consomm. EU 7.7/13.9 L/100 km.

E 280: 2.8 24V – 193 ch Injection d'essence

Comme 2.0 – 136 ch, sauf:

Carrosserie, poids: Berline; vide dès 1495 kg, tot. adm. 2100 kg.
Wagon avec moteur V6 et 4Matic en préparation.

Moteur: (ECE), 6 cyl. en ligne (89.9×73.5 mm), 2799 cm³; compr. 10.1:1; 142 kW (193 ch) à 5500/min, 50.7 kW/L (69 ch/L); 270 Nm (27.5 mkp) à 3750/min; 95 (R).
Nouveau: 6 cyl. en V 90° (89.9×73.5 mm), 2799 cm³; compr. 10.1:1; 150 kW (204 ch) à 5700/min, 53.6 kW/L (72.9 ch/L); 270 Nm (27.5 mkp) à 3000/min; 95 (R).

Moteur (constr.): 4 soupapes en V 45°; 2 arbres à cames en tête (chaîne); culasse en alliage léger; vilebrequin à 7 paliers; huile 7.5 L; injection électronique, Bosch HFM. Batterie 74 Ah; refr. à eau, capac. 10 L.

Transmission: (sur roues AR/4WD permanent); diff. central; répartition du couple AV/AR 35/65 %.
Boîte à 5 vit.: I. 3.86; II. 2.18; III. 1.38; IV. 1; V. 0.8; AR 4.22; pont 3.7.
Boîte autom. à 5 vit.: I. 3.87; II. 2.25; III. 1.44; IV. 1; V. 0.75; AR 5.59; pont 3.27.

Train roulant: quatre freins à disques (AV/AR ventilés), réservoir carb. 80 L; pneus 215/55 VR 16, jantes 7.5 J.

Performances: Vmax (usine) 230 km/h/V6 234 km/h, V à 1000/min en 5. vit. 39.7 km/h; 0–100 km/h 8.6 s; rapp. poids/puiss. 10.5 kg/kW (7.8 kg/ch); consomm. EU 8.6/17 L/100 km/V6 7.7/15.7 L/100km.
Aut.: Vmax 225 km/h, 0–100 km/h 8.9 s; consomm. EU 8.7/16.8 L/100 km.

E 320: 3.2 24V – 220 ch Injection d'essence

Comme 2.0 – 136 ch, sauf:

Carrosserie, poids: Berline; vide dès 1525 kg, tot. admiss. 2130 kg kg.
Wagon avec moteur V6 et 4Matic en préparation.

Moteur: (ECE), 6 cyl. en ligne (89.9×84 mm), 3199 cm³; compr. 10:1; 162 kW (220 ch) à 5500/min, 50.6 kW/L (68.8 ch/L); 315 Nm (32.1 mkp) à 3850/min; 95 (R).
Nouveau: 6 cyl. en V 90° (89.9×84 mm), 3199 cm³; compr. 10:1; 165 kW (224 ch) à 5600/min, 51.6 kW/L (70 ch/L); 315 Nm (32.1 mkp) à 3000/min; 95 (R).

Moteur (constr.): 4 soupapes en V 50°; 2 arbres à cames en tête (chaîne); culasse en alliage léger; vilebrequin à 7 paliers; radiat. d'huile; huile 7.5 L; injection électronique, Bosch HFM.
Batterie 74 Ah; refr. à eau, capac. 11 L.

Mercedes-Benz

Kraftübertragung: (Hinterr./4WD perm.); zentr. Diff., Drehmomentv. v/h 35/65 %. 5-Stufen-Automat: I. 3.87; II. 2.25; III. 1.44; IV. 1; V. 0.75; R 5.59; Achse 3.27.

Fahrwerk: Vierrad-Scheibenbremse (v/h belüftet), Treibstofftank 80 L; Reifen 215/55 WR 16, Felgen 7.5 J.

Fahrleistungen: Vmax (Werk) 235 km/h, V bei 1000/min im 5. Gang 48 km/h; 0–100 km/h 7.8 s; Leistungsgew. 9.3 kg/kW (6.8 kg/PS); Verbrauch EU 9.3/16.4 L/100 km.

Transmission: (.roues AR/4WD perm.); diff. centr.; rép. du couple AV/AR 35/65 %. Boîte autom. à 5 vit.: I. 3.87; II. 2.25; III. 1.44; IV. 1; V. 0.75; AR 5.59; pont 3.27.

Train roulant: quatre freins à disques (AV/AR ventilés, réservoir carb. 80 L; pneus 215/55 WR 16, jantes 7.5 J.

Performances: Vmax (usine) 235 km/h, V à 1000/min en 5. vit. 48 km/h; 0–100 km/h 7.8 s; rapp. poids/puiss. 9.3 kg/kW (6.8 kg/ch); consomm. EU 9.3/16.4 L/100 km.

E 420: 4.2 V8 32V – 279 PS Benzineinspritzung

E 420: 4.2 V8 32V – 279 ch Injection d'essence

Wie 2.0 – 136 PS, ausgenommen:

Karosserie, Gewicht: Limousine; leer ab 1615 kg, max. zul. 2220 kg. Station Wagon; leer ab 1665 kg, max. zul. 2290 kg.

Motor: (ECE), 8 Zyl. in V 90° (92×78.9 mm), 4196 cm³; Kompr. 11:1; 205 kW (279 PS) bei 5700/min, 48.9 kW/L (66.4 PS/L); 400 Nm (40.8 mkp) bei 3900/min; 95 ROZ.

Motorkonstruktion: 4 Ventile in V 37.7°; 2×2 obenl. Nockenwellen (Kette); Leichtmetall-Zylinderköpfe und -block; 5fach gelagerte Kurbelwelle; Öl 8 L; elektron. Einspr. Batterie 100 Ah, Alternator 1540 W; Wasserkühlung, Inh. 15 L.

Comme 2.0 – 136 ch, sauf:

Carrosserie, poids: Berline; vide dès 1615 kg, tot. adm. 2220 kg. Station-wagon; vide dès 1665 kg, tot. adm. 2290 kg.

Moteur: (ECE), 8 cyl. en V 90° (92×78.9 mm), 4196 cm³; compr. 11:1; 205 kW (279 ch) à 5700/min, 48.9 kW/L (66.4 ch/L); 400 Nm (40.8 mkp) à 3900/min; 95 (R).

Moteur (constr.): 4 soupapes en V 37.7°; 2×2 arbres à cames en tête (chaîne); culasses et bloc-cyl. en alliage léger; vilebrequin à 5 paliers; huile 8 L; inj. électronique. Batterie 100 Ah, alternateur 1540 W; refroidissement à eau, capac. 15 L.

Mercedes-Benz E 420 T

Kraftübertragung: (auf Hinterräder), Antriebsschlupfregelung. 5-Stufen-Automat: I. 3.59; II. 2.19; III. 1.41; IV. 1; V. 0.83; R 1.93; R 3.16; Achse 2.82.

Fahrgestell: *Wagon:* hinten Niveaureg.

Fahrwerk: Vierrad-Scheibenbremse (v/h belüftet), Scheiben-∅ v. 30 cm, h. 27.8 cm, Treibstofftank 80 L; Reifen 215/55 WR 16, Felgen 7.5 J. *Wagon:* Reifen v. 235/40 ZR 18, h. 265/35 ZR 18.

Fahrleistungen: Vmax (Werk) 250 km/h, V bei 1000/min im 5. Gang 50.6 km/h; 0–100 km/h 7 s; Leistungsgew. 7.9 kg/kW (5.8 kg/PS); Verbrauch EU 9.1/18.9 L/100 km. *Wagon:* Vmax 243 km/h, 0–100 km/h 7.2 s; Verbrauch EU 9.7/20.5 L/100 km.

Transmission: (sur roues AR), dispositif antipatinage. Boîte aut. à 5 vit.: I. 3.59; II. 2.19; III. 1.41; IV. 1; V. 0.83; AR 1.93; AR 3.16; pont 2.82.

Châssis: *Wagon:* réglage du niveau AR.

Train roulant: quatre freins à disques (AV/AR ventilés), ∅ disques AV 30 cm, AR 27.8 cm, réservoir carb. 80 L; pneus 215/55 WR 16, jantes 7.5 J. *Wagon:* pneus AV 235/40 ZR 18, AR 265/35 ZR 18.

Performances: Vmax (usine) 250 km/h, V à 1000/min en 5. vit. 50.6 km/h; 0–100 km/h 7 s; rapp. poids/puiss. 7.9 kg/kW (5.8 kg/ch); consomm. EU 9.1/18.9 L/100 km. *Wagon:* Vmax 243 km/h, 0–100 km/h 7.2 s; consomm. EU 9.7/20.5 L/100 km.

50 AMG: 5.0 V8 32V – 347 PS Benzineinspritzung

50 AMG: 5.0 V8 32V – 347 ch Injection d'essence

Wie 2.0 – 136 PS, ausgenommen:

Karosserie, Gewicht: Limousine; leer ab 1675 kg, max. zul. 2220 kg.

Motor: (ECE), 8 Zyl. in V 90° (96.5×85 mm), 4973 cm³; Kompr. 11:1; 255 kW (347 PS) bei 5750/min, 51.3 kW/L (69.7 PS/L); 480 Nm (48.9 mkp) bei 3750/min; 95 ROZ.

Motorkonstruktion: Bezeichnung AMG; 4 Ventile in V 37.7°; 2 obenl. Nockenwellen (Kette); Leichtmetall-Zylinderköpfe und -block; 5fach gelagerte Kurbelwelle; Ölkühler; Öl 8 L; elektron. Einspritzung. Batterie 100 Ah, Alternator 1540 W; Wasserkühlung, Inh. 15 L.

Comme 2.0 – 136 ch, sauf:

Carrosserie, poids: Berline; vide dès 1675 kg, tot. adm. 2220 kg.

Moteur: (ECE), 8 cyl. en V 90° (96.5×85 mm), 4973 cm³; compr. 11:1; 255 kW (347 ch) à 5750/min, 51.3 kW/L (69.7 ch/L); 480 Nm (48.9 mkp) à 3750/min; 95 (R).

Moteur (constr.): désignation AMG; 4 soupapes en V 37.7°; 2 arbres à cames en tête (chaîne); culasses et bloc-cyl. en alliage léger; vilebrequin à 5 paliers; radiat. d'huile; huile 8 L; injection électronique. Batterie 100 Ah, alternateur 1540 W; refroidissement à eau, capac. 15 L.

Mercedes-Benz E 50 AMG

Kraftübertragung: 5-Stufen-Automat: I. 3.59; II. 2.19; III. 1.41; IV. 1; V. 0.83; R 1.93; R 3.16; Achse 3.06.

Fahrwerk: Vierrad-Scheibenbremse (v/h belüftet), Treibstofftank 80 L; Reifen 235/40 ZR 18, h. 265/40 ZR 18, Felgen 8 J, h. 9 J.

Dimensionen: Kofferraum 500 dm³, Spur 156/154 cm, Höhe 141 cm.

Fahrleistungen: Vmax (Werk) 250 km/h, V bei 1000/min im 5. Gang 44.5 km/h; 0–100 km/h 6.2 s; Leistungsgew. 6.6 kg/kW (4.8 kg/PS); Verbrauch EU 9/16.5 L/100 km.

Transmission: Boîte aut. à 5 vit.: I. 3.59; II. 2.19; III. 1.41; IV. 1; V. 0.83; AR 1.93; AR 3.16; pont 3.06.

Train roulant: 4 freins à disques (AV/AR vent.), réserv. carb. 80 L; pneus 235/40 ZR 18, AR 265/40 ZR 18, jantes 8 J, AR 9 J.

Dimensions: coffre 500 dm³, voie 156/154 cm, hauteur 141 cm.

Performances: Vmax (usine) 250 km/h, V à 1000/min en 5. vit. 44.5 km/h; 0–100 km/h 6.2 s; rapp. poids/puiss. 6.6 kg/kW (4.8 kg/ch); consomm. EU 9/16.5 L/100 km.

E 220 D: 2.2 – 95 PS Diesel

E 220 D: 2.2 – 95 ch Diesel

Wie 2.0 – 136 PS, ausgenommen:

Karosserie, Gewicht: Limousine; leer ab 1385 kg, max. zul. 1960 kg.

Motor: (ECE), 4 Zyl. in Linie (89×86.6 mm), 2155 cm³; Kompr. 22:1; 70 kW (95 PS) bei 5000/min, 32.5 kW/L (44.2 PS/L); 150 Nm (15.3 mkp) bei 3100/min; Dieselöl.

Motorkonstruktion: Vorkammer-Diesel; 2 Ventile; 1 obenl. Nockenwelle (Kette); Leichtmetall-Zylinderkopf; 5fach gelagerte Kurbelwelle; Öl 6.5 L; Einspritzpumpe. Batterie 74 Ah, Alternator 1260 W; Wasserkühlung, Inh. 8 L.

Comme 2.0 – 136 ch, sauf:

Carrosserie, poids: Berline; vide dès 1385 kg, tot. adm. 1960 kg.

Moteur: (ECE), 4 cyl. en ligne (89×86.6 mm), 2155 cm³; compr. 22:1; 70 kW (95 ch) à 5000/min, 32.5 kW/L (44.2 ch/L); 150 Nm (15.3 mkp) à 3100/min; gazole.

Moteur (constr.): diesel à préchambre; 2 soupapes; 1 arbre à cames en tête (chaîne); culasse en alliage léger; vilebrequin à 5 paliers; huile 6.5 L; pompe à injection. Batterie 74 Ah, alternateur 1260 W; refroidissement à eau, capac. 8 L.

Mercedes-Benz E 220 D

Kraftübertragung: 5-Gang-Getriebe: I. 3.91; II. 2.17; III. 1.37; IV. 1; V. 0.81; R 4.27; Achse 3.64. 5-Stufen-Automat: I. 3.93; II. 2.41; III. 1.49; IV. 1; V. 0.83; R 3.1; R 1.9; Achse 3.64.

Fahrleistungen: Vmax (Werk) 180 km/h, V bei 1000/min im 5. Gang 39.2 km/h; 0–100 km/h 17 s; Leistungsgew. 19.8 kg/kW (14.6 kg/PS); Verbrauch EU 5.6/9.5 L/100 km. *Aut.:* Vmax 177 km/h, 0–100 km/h 17.4 s; Verbrauch EU 6.2/10.3 L/100 km.

Transmission: Boîte à 5 vit.: I. 3.91; II. 2.17; III. 1.37; IV. 1; V. 0.81; AR 4.27; pont 3.64. Boîte aut. à 5 vit.: I. 3.93; II. 2.41; III. 1.49; IV. 1; V. 0.83; AR 3.1; AR 1.9; pont 3.64.

Performances: Vmax (usine) 180 km/h, V à 1000/min en 5. vit. 39.2 km/h; 0–100 km/h 17 s; rapp. poids/puiss. 19.8 kg/kW (14.6 kg/ch); consomm. EU 5.6/9.5 L/100 km. *Aut.:* Vmax 177 km/h, 0–100 km/h 17.4 s; consomm. EU 6.2/10.3 L/100 km.

E 290 TD: 2.9 – 129 PS Turbodiesel direkt

E 290 TD: 2.9 – 129 ch Turbodiesel direct

Wie 2.0 – 136 PS, ausgenommen:

Karosserie, Gewicht: Limousine; leer ab 1465 kg, max. zul. 2040 kg. Station Wagon; leer ab 1575 kg, max. zul. 2230 kg.

Comme 2.0 – 136 ch, sauf:

Carrosserie, poids: Berline; vide dès 1465 kg, tot. adm. 2040 kg. Station-wagon; vide dès 1575 kg, tot. adm. 2230 kg.

Fortschritt in der Filtertechnik

Garantierte Erstausrüstungsqualität

Für fast alle europäischen und viele überseeische Fahrzeughersteller entwickelt und liefert die KNECHT Filtergruppe ständig optimierte Luft-, Öl- und Kraftstoff-Filter und Filtersysteme für die Erstausrüstung. Deshalb können Sie sicher sein, daß auch unsere Filter für den After-Market optimal auf den Motor abgestimmt sind. KNECHT Filter und MAHLE-Filter sind in Original-Erstausrüstungsqualität. Das garantieren wir.

Erhältlich im gut sortierten Fachhandel.

Filtergruppe
KNECHT Filterwerke GmbH
Postfach 50 06 69, D-70336 Stuttgart

Kleininserate in der
AUTOMOBIL REVUE/
revue automobile

Demnächst bei über 300'000 Auto-interessierte.

Was in der AR/ra geschrieben wird, lesen Woche für Woche mehr als **300'000** Autointeressierte.

Die Praxis zeigt es immer wieder: Nur ein Wohnmobil das

unauffällig und kompakt

ist, ermöglicht unbeschwertes Reisen und Campen.

Fabrikation & Verkauf
Kaiser Motorhomes
CH - 6370 Stans NW   Breitenstrasse 106
Tel. 041 - 610 33 06
Fax 041 - 610 99 09

Mercedes-Benz Sprinter und Vito

Mercedes-Benz

Mercedes-Benz E 290 T

Motor: (ECE), 5 Zyl. in Linie (89×92.4 mm), 2874 cm³; Kompr. 19.5:1; 95 kW (129 PS) bei 4000/min, 33 kW/L (44.9 PS/L); 300 Nm (30.6 mkp) bei 1800/min; Dieselöl.

Motorkonstruktion: direkt eingespritzter Diesel; 2 Ventile parallel; 1 obenl. Nockenwelle (Kette); Leichtmetall-Zylinderkopf; 6fach gelagerte Kurbelwelle; Öl 7 L; Einspritzpumpe mit digitaler Elektronik, Bosch, 1 Turbolader, Intercooler. Batterie 74 Ah, Alternator 1260 W; Wasserkühlung, Inh. 8.5 L.

Kraftübertragung:
5-Gang-Getriebe: I. 4.1; II. 2.18; III. 1.38; IV. 1; V. 0.8; R 4.22; Achse 3.07.
5-Stufen-Automat: I. 3.93; II. 2.41; III. 1.49; IV. 1; V. 0.83; R 3.1; R 1.9; Achse 2.87.

Fahrleistungen: Vmax (Werk) 195 km/h, V bei 1000/min im 5. Gang 48.3 km/h; 0–100 km/h 11.5 s; Leistungsgew. 15.4 kg/kW (11.4 kg/PS); Verbr. EU 5.4/9.3 L/100 km.
Aut.: Verbr. EU 5.8/9.9 L/100 km.
Wagon: Vmax 190 km/h, 0–100 km/h 12.2 s; Verbr. EU 5.9/9.5 L/100 km.
Wagon Aut.: Vmax 190 km/h, 0–100 km/h 12.2 s; Verbr. EU 6.2/10 L/100 km.

Moteur: (ECE), 5 cyl. en ligne (89×92.4 mm), 2874 cm³; compr. 19.5:1; 95 kW (129 ch) à 4000/min, 33 kW/L (44.9 ch/L); 300 Nm (30.6 mkp) à 1800/min; gazole.

Moteur (constr.): diesel à injection directe; 2 soup. en parallèle; 1 arbre à cames en tête (chaîne); culasse en alliage léger; vilebrequin à 6 paliers; huile 7 L; pompe à injection et gestion digitale, Bosch, 1 turbocompr., Intercooler. Batterie 74 Ah, alternateur 1260 W; refroidissement à eau, capac. 8.5 L.

Transmission:
Boîte à 5 vit.: I. 4.1; II. 2.18; III. 1.38; IV. 1; V. 0.8; AR 4.22; pont 3.07.
Boîte aut. à 5 vit.: I. 3.93; II. 2.41; III. 1.49; IV. 1; V. 0.83; AR 3.1; AR 1.9; pont 2.87.

Performances: Vmax (usine) 195 km/h, V à 1000/min en 5. vit. 48.3 km/h; 0–100 km/h 11.5 s; rapp. poids/puiss. 15.4 kg/kW (11.4 kg/ch); consomm. EU 5.4/9.3 L/100 km.
Aut.: consomm. EU 5.8/9.9 L/100 km.
Wagon: Vmax 190 km/h, 0–100 km/h 12.2 s; consomm. EU 5.9/9.5 L/100 km.
Wagon Aut.: Vmax 190 km/h, 0–100 km/h 12.2 s; consomm. EU 6.2/10 L/100 km.

E 300 D: 3.0 – 136/177 PS Diesel/Turbodiesel

Wie 2.0 – 136 PS, ausgenommen:

Karosserie, Gewicht: Limousine; leer ab 1485 kg, max. zul. 2060 kg.

Motor: (ECE), 6 Zyl. in Linie (87×84 mm), 2996 cm³; Kompr. 22:1; 100 kW (136 PS) bei 5000/min, 33.4 kW/L (45.4 PS/L); 210 Nm (21.4 mkp) bei 2200/min; Dieselöl. Mit Turbolader: 130 kW (177 PS) bei 4400/min; 330 Nm (33.6 mkp) bei 1600/min.

Motorkonstruktion: Bezeichn. OM 606; Vorkammer-Diesel; 4 Ventile in V; 2 obenl. Nockenw. (Kette); Leichtmetall-Zylinderkopf; 7fach gelagerte Kurbelw.; Öl 7 L; elektron. geregelte Einspritzp., Bosch EDC. Batterie 74 Ah, Alternator 1260 W; Wasserkühlung, Inh. 8.7 L.

Kraftübertragung:
5-Gang-Getriebe: I. 3.86; II. 2.18; III. 1.38; IV. 1; V. 0.8; R 4.22; Achse 3.46.
4-Stufen-Automat: I. 4.25; II. 2.41; III. 1.49; IV. 1; R 5.67; Achse 2.87.

Fahrleistungen: Vmax (Werk) 205 km/h, V bei 1000/min im 5. Gang 42.8 km/h; 0–100 km/h 12.9 s; Leistungsgew. 14.9 kg/kW (11 kg/PS); Verbrauch EU 6.7/11.8 L/100 km. Turbodiesel: Vmax 214 km/h.
Aut.: Vmax 202 km/h; Verbr. EU 6.9/11.8.

E 300 D: 3.0 – 136/177 ch Diesel/Turbodiesel

Comme 2.0 – 136 ch, sauf:

Carrosserie, poids: Berline; vide dès 1485 kg, tot. adm. 2060 kg.

Moteur: (ECE), 6 cyl. en ligne (87×84 mm), 2996 cm³; compr. 22:1; 100 kW (136 ch) à 5000/min, 33.4 kW/L (45.4 ch/L); 210 Nm (21.4 mkp) à 2200/min; gazole. Avec turbocomp.: 130 kW (177 ch) à 4400/min; 330 Nm (33.6 mkp) à 1600/min.

Moteur (constr.): désignation OM 606; diesel à préchambre; 4 soupapes en V; 2 arbres à cames en tête (chaîne); culasse en alliage léger; vilebrequin à 7 paliers; huile 7 L; pompe à injection pilotée, Bosch EDC. Batterie 74 Ah, alternateur 1260 W; refroidissement à eau, capac. 8.7 L.

Transmission:
Boîte à 5 vit.: I. 3.86; II. 2.18; III. 1.38; IV. 1; V. 0.8; AR 4.22; pont 3.46.
Boîte autom. à 4 vit.: I. 4.25; II. 2.41; III. 1.49; IV. 1; AR 5.67; pont 2.87.

Performances: Vmax (usine) 205 km/h, V à 1000/min en 5. vit. 42.8 km/h; 0–100 km/h 12.9 s; rapp. poids/puiss. 14.9 kg/kW (11 kg/ch); consomm. EU 6.7/11.8 L/100 km. Turbodiesel: Vmax 214 km/h.
Aut.: Vmax 202 km/h; cons. EU 6.9/11.8.

Mercedes-Benz CLK

Neues Modell. Coupé auf Basis der C-Klasse, zwischen C- und E-Klasse angesiedelt, 2- und 2.3-Vierzylinder und neuer 3.2 V6. Debüt Januar 1997 Detroit. Provisorische Angaben.

Nouveau modèle. Coupé sur base de la classe C, établi entre la classe C et la classe E, moteurs 2 et 2.3 quatre cyl. et nouveau 3.2 V6. Lancement janvier 1997 Detroit. Données provisoires.

CLK 200: 2.0 16V – 136 PS Benzineinspritzung

Karosserie, Gewicht: Coupé, 2 Türen, 4 Sitze; leer ab 1300 kg, max. zul. 1800 kg.

Motor: (ECE), 4 Zyl. in Linie (89.9×78.7 mm), 1998 cm³; Kompr. 9.6:1; 100 kW (136 PS) bei 5500/min, 50.1 kW/L (68 PS/L); 190 Nm (19.4 mkp) bei 4000/min; 95 ROZ.

Motorkonstruktion: 4 Ventile in V 45°; 2 obenl. Nockenw. (Kette); Leichtmetall-Zylinderkopf; 5fach gelagerte Kurbelwelle; Öl 5.8 L; elektron. Einspritzung, Bosch HFM. Batterie 62 Ah, Alternator 1260 W; Wasserkühlung, Inh. 8 L.

Kraftübertragung: (auf Hinterräder).
5-Gang-Getriebe: I. 3.91; II. 2.17; III. 1.37; IV. 1; V. 0.81; R 4.27; Achse 3.92.
5-Stufen-Automat: I. 3.93; II. 2.41; III. 1.49; IV. 1; V. 0.83; R 3.1; R 1.9; Achse 3.46.

Fahrgestell: Selbsttragende Karosserie mit vorderem Hilfsrahmen; vorn doppelte Dreieckquerlenker; hinten Raumlenkerachse (Quer- und Schräglenker, Spurstange); v/h Kurvenstabilisator, Schraubenfedern, Teleskopdämpfer.

Fahrwerk: Vierrad-Scheibenbremse (vorn belüftet), Scheiben-∅ v. 28.4 cm, h. 25.8 cm, ABS, Bosch; Fussfeststellbremse auf Hinterräder; Kugelumlauflenkung mit Servo, Treibstofftank 62 L; Reifen 205/55 R 16, Felgen 7 J.

Dimensionen: Radstand 269 cm, Spur 151/147 cm, Bodenfreih. 15 cm, Wendekreis 10.7 m, Kofferraum 420 dm³, Länge 457 cm, Breite 172 cm, Höhe 135 cm.

Fahrleistungen: Vmax (Werk) 208 km/h, V bei 1000/min im 5. Gang 36.5 km/h; 0–100 km/h 11 s; Leistungsgew. 13 kg/kW (9.6 kg/PS); Verbrauch (Werk) 9.4 L/100 km.
Aut.: Vmax 205 km/h, 0–100 km/h 11.5 s; Verbrauch (Werk) 9.5 L/100 km.

CLK 200: 2.0 16V – 136 ch Injection d'essence

Carrosserie, poids: Coupé, 2 portes, 4 pl.; vide dès 1300 kg, tot. adm. 1800 kg.

Moteur: (ECE), 4 cyl. en ligne (89.9×78.7 mm), 1998 cm³; compr. 9.6:1; 100 kW (136 ch) à 5500/min, 50.1 kW/L (68 ch/L); 190 Nm (19.4 mkp) à 4000/min; 95 (R).

Moteur (constr.): 4 soupapes en V 45°; 2 arbres à cames en tête (chaîne); culasse en alliage léger; vilebrequin à 5 paliers; huile 5.8 L; injection électronique, Bosch HFM. Batterie 62 Ah, alternateur 1260 W; refroidissement à eau, capac. 8 L.

Transmission: (sur roues AR).
Boîte à 5 vit.: I. 3.91; II. 2.17; III. 1.37; IV. 1; V. 0.81; AR 4.27; pont 3.92.
Boîte aut. à 5 vit.: I. 3.93; II. 2.41; III. 1.49; IV. 1; V. 0.83; AR 3.1; AR 1.9; pont 3.46.

Châssis: carrosserie autoporteuse avec cadre auxiliaire AV; AV leviers triang. transv. doubles; AR essieu multibras (leviers transv. et obliques, barre de connex.); AV/AR barre anti-dévers, ressorts hélic., amortiss. télesc.

Train roulant: quatre freins à disques (AV ventilés), ∅ disques AV 28.4 cm, AR 25.8 cm, ABS, Bosch; frein de stationn. à pied sur roues AR; direction à circuit de billes assistée, réservoir carb. 62 L; pneus 205/55 R 16, jantes 7 J.

Dimensions: empattement 269 cm, voie 151/147 cm, garde au sol 15 cm, diam. de braq. 10.7 m, coffre 420 dm³, longueur 457 cm, largeur 172 cm, hauteur 135 cm.

Performances: Vmax (usine) 208 km/h, V à 1000/min en 5. vit. 36.5 km/h; 0–100 km/h 11 s; rapp. poids/puiss. 13 kg/kW (9.6 kg/ch); consomm. (usine) 9.4 L/100 km.
Aut.: Vmax 205 km/h, 0–100 km/h 11.5 s; consomm. (usine) 9.5 L/100 km.

CLK 200 K: 2.0 16V – 192 PS Benzineinspritzung/Kompr.

Wie 2.0 – 136 PS, ausgenommen:

Karosserie, Gewicht: Coupé; leer ab 1320 kg, max. zul. 1820 kg.

Motor: (ECE), 4 Zyl. in Linie (89.9×78.7 mm), 1998 cm³; Kompr. 8.5:1; 141 kW (192 PS) bei 5300/min, 70.6 kW/L (95.9 PS/L); 270 Nm (27.5 mkp) bei 2500/min; 98 ROZ.

Motorkonstruktion: 4 Ventile in V; 2 obenl. Nockenwellen (Kette); Leichtmetall-Zylinderkopf; 5fach gelagerte Kurbelwelle; Öl 5.9 L; elektron. Einspritzung, Bosch Motronic, 1 Kompressor, Roots (Eaton), Interc. Batterie 62 Ah, Alternator 1260 W; Wasserkühlung, Inh. 8.5 L.

CLK 200 K: 2.0 16V – 192 ch Injection d'essence/compr.

Comme 2.0 – 136 ch, sauf:

Carrosserie, poids: Coupé; vide dès 1320 kg, tot. adm. 1820 kg.

Moteur: (ECE), 4 cyl. en ligne (89.9×78.7 mm), 1998 cm³; compr. 8.5:1; 141 kW (192 ch) à 5300/min, 70.6 kW/L (95.9 ch/L); 270 Nm (27.5 mkp) à 2500/min; 98 (R).

Moteur (constr.): 4 soupapes en V; 2 arbres à cames en tête (chaîne); culasse en alliage léger; vilebrequin à 5 paliers; huile 5.9 L; injection électronique, Bosch Motronic, 1 compresseur, Roots (Eaton), Interc. Batterie 62 Ah, alternateur 1260 W; refroidissement à eau, capac. 8.5 L.

Mercedes-Benz CLK

Mercedes-Benz

Mercedes-Benz CLK

Kraftübertragung:
5-Gang-Getriebe: I. 3.86; II. 2.18; III. 1.38; IV. 1; V. 0.8; R 4.22; Achse 3.67.
5-Stufen-Automat: I. 3.93; II. 2.41; III. 1.49; IV. 1; V. 0.83; R 3.1; R 1.9; Achse 3.27.

Fahrleistungen: Vmax (Werk) 233 km/h, V bei 1000/min im 5. Gang 39.4 km/h; 0–100 km/h 8.4 s; Leistungsgew. 9.4 kg/kW (6.9 kg/PS); Verbrauch (Werk) 9.8 L/100 km. *Aut.:* Vmax 230 km/h.

Transmission:
Boîte à 5 vit.: I. 3.86; II. 2.18; III. 1.38; IV. 1; V. 0.8; AR 4.22; pont 3.67.
Boîte aut. à 5 vit.: I. 3.93; II. 2.41; III. 1.49; IV. 1; V. 0.83; AR 3.1; AR 1.9; pont 3.27.

Performances: Vmax (usine) 233 km/h, V à 1000/min en 5. vit. 39.4 km/h; 0–100 km/h 8.4 s; rapp. poids/puiss. 9.4 kg/kW (6.9 kg/ch); consomm. (usine) 9.8 L/100 km. *Aut.:* Vmax 230 km/h.

CLK 230 K: 2.3 16V – 193 PS Benzineinspritzung/Kompr.

CLK 230 K: 2.3 16V – 193 ch Injection d'essence/compr.

Wie 2.0 – 136 PS, ausgenommen:

Karosserie, Gewicht: Coupé; leer ab 1350 kg, max. zul. 1850 kg.

Motor: (ECE) 4 Zyl. in Linie (90.9×88.4 mm), 2295 cm^3; Kompr. 8.8:1; 142 kW (193 PS) bei 5300/min, 61.9 kW/L (84.1 PS/L); 280 Nm (28.5 mkp) bei 2500/min; 95 ROZ.

Motorkonstruktion: Bezeichnung M 11 E 23 ML; 4 Ventile in V; 2 obenl. Nockenwellen (Kette); Leichtmetall-Zylinderkopf; 5fach gelagerte Kurbelwelle; Öl 5.9 L; elektron. Einspritzung, Bosch Motronic, 1 Kompressor, Roots (Eaton), Intercooler.
Batterie 62 Ah, Alternator 1260 W; Wasserkühlung, Inh. 8.5 L.

Comme 2.0 – 136 ch, sauf:

Carrosserie, poids: Coupé; vide dès 1350 kg, tot. adm. 1850 kg.

Moteur: (ECE) 4 cyl. en ligne (90.9×88.4 mm), 2295 cm^3; compr. 8.8:1; 142 kW (193 ch) à 5300/min, 61.9 kW/L (84.1 ch/L); 280 Nm (28.5 mkp) à 2500/min; 95 (R).

Moteur (constr.): désignation M 11 E 23 ML; 4 soupapes en V; 2 arbres à cames en tête (chaîne); culasse en alliage léger; vilebrequin à 5 paliers; huile 5.9 L; injection électronique, Bosch Motronic, 1 compresseur, Roots (Eaton), Intercooler.
Batterie 62 Ah, alternateur 1260 W; refroidissement à eau, capac. 8.5 L.

Kraftübertragung:
5-Gang-Getriebe: I. 3.86; II. 2.18; III. 1.38; IV. 1; V. 0.8; R 4.22; Achse 3.46.
5-Stufen-Automat: I. 3.93; II. 2.41; III. 1.49; IV. 1; V. 0.83; R 3.1; R 1.9; Achse 3.27.

Fahrleistungen: Vmax (Werk) 233 km/h, V bei 1000/min im 5. Gang 41.8 km/h; 0–100 km/h 8.4 s; Leistungsgew. 9.4 kg/kW (6.8 kg/PS); Verbrauch (Werk) 9.8 L/100 km. *Aut.:* Vmax 230 km/h, Verbrauch (Werk) 9.9 L/100 km.

Transmission:
Boîte à 5 vit.: I. 3.86; II. 2.18; III. 1.38; IV. 1; V. 0.8; AR 4.22; pont 3.46.
boîte aut. à 5 vit.: I. 3.93; II. 2.41; III. 1.49; IV. 1; V. 0.83; AR 3.1; AR 1.9; pont 3.27.

Performances: Vmax (usine) 233 km/h, V à 1000/min en 5. vit. 41.8 km/h; 0–100 km/h 8.4 s; rapp. poids/puiss. 9.4 kg/kW (6.8 kg/ch); consomm. (usine) 9.8 L/100 km. *Aut.:* Vmax 230 km/h, consomm. (usine) 9.9 L/100 km.

CLK 320: 3.2 V6 18V – 224 PS Benzineinspritzung

CLK 320: 3.2 V6 18V – 224 ch Injection d'essence

Wie 2.0 – 136 PS, ausgenommen:

Karosserie, Gewicht: Coupé; leer ab 1400 kg, max. zul. 1900 kg.

Motor: (ECE) 6 Zyl. in V 90° (89.9×84 mm), 3199 cm^3; Kompr. 10:1; 165 kW (224 PS) bei 5600/min, 51.6 kW/L (70 PS/L); 315 Nm (32.1 mkp) bei 3000/min; 95 ROZ.

Motorkonstruktion: 3 Ventile in V; 2×1 obenl. Nockenwelle (Kette); Leichtmetall-Zylinderköpfe und -block; 4fach gelagerte Kurbelwelle; Öl 7.5 L; elektron. Einspritzung, Bosch HFM.
Batterie 74 Ah, Alternator 1260 W; Wasserkühlung, Inh. 11 L. 2 Zündkerzen pro Zyl.

Kraftübertragung: a.W. Differentialsperre.
5-Stufen-Automat: I. 3.93; II. 2.41; III. 1.49; IV. 1; V. 0.83; R 3.1; R 1.9; Achse 3.07.

Fahrleistungen: Vmax (Werk) 240 km/h, V bei 1000/min im 5. Gang 45.5 km/h; 0–100 km/h 7.4 s; Leistungsgew. 8.8 kg/kW (6.4 kg/PS); Verbrauch (Werk) 9.9 L/100 km.

Comme 2.0 – 136 ch, sauf:

Carrosserie, poids: Coupé; vide dès 1400 kg, tot. adm. 1900 kg.

Moteur: (ECE) 6 cyl. en V 90° (89.9×84 mm), 3199 cm^3; compr. 10:1; 165 kW (224 ch) à 5600/min, 51.6 kW/L (70 ch/L); 315 Nm (32.1 mkp) à 3000/min; 95 (R).

Moteur (constr.): 3 soupapes en V; 2×1 arbre à cames en tête (chaîne); culasses et bloc-cyl. en alliage léger; vilebrequin à 4 paliers; huile 7.5 L; injection électronique, Bosch HFM.
Batterie 74 Ah, alternateur 1260 W; refroidiss. à eau, capac. 11 L. 2 bougies par cyl.

Transmission: s.d. diff. verrouillable.
Boîte aut. à 5 vit.: I. 3.93; II. 2.41; III. 1.49; IV. 1; V. 0.83; AR 3.1; AR 1.9; pont 3.07.

Performances: Vmax (usine) 240 km/h, V à 1000/min en 5. vit. 45.5 km/h; 0–100 km/h 7.4 s; rapp. poids/puiss. 8.8 kg/kW (6.4 kg/ch); consomm. (Werk) 9.9 L/100 km.

Mercedes-Benz S

Fünfsitzige Luxuslimousine mit Sechs-, Acht- oder Zwölfzylindermotor von 150 bis 394 PS Leistung, Automatik mit vier oder fünf Stufen. Querlenkeraufhängung vorn, Raumlenkerachse hinten. Debüt Genf 1991. Paris 1992: 300 SE 2.8. Genf 1994: Restyling.

Berline luxueuse à cinq places avec moteur six, huit ou douze cylindres, 150 à 394 ch, boîte aut. à quatre ou cinq vitesses. Susp. AV à bras oscillants transv., AR à bras multiples. Lancement Genève 1991. Paris 1992: 300 SE 2.8. Genève 1994: Restyling.

S 320: 3.2 24V – 231 PS Benzineinspritzung

S 320: 3.2 24V – 231 ch Injection d'essence

Karosserie, Gewicht: Limousine, 4 Türen, 5 Sitze; leer 1815 kg, max. zul. 2550 kg. *lang:* 4 Türen, 5 Sitze; 1825 kg, max. zul. 2560 kg.

Motor: (ECE) 6 Zyl. in Linie (89.9×84 mm), 3199 cm^3; Kompr. 10:1; 170 kW (231 PS) bei 5600/min, 53.1 kW/L (72.2 PS/L); 315 Nm (32.1 mkp) bei 3750/min; 95 ROZ.

Motorkonstruktion: 4 Ventile in V 50°; 2 obenl. Nockenwellen (Kette); Leichtmetall-Zylinderkopf; 7fach gelagerte Kurbelwelle; Ölkühler; Öl 7.5 L; elektron. Einspritzung, Bosch HFM.
Batterie 100 Ah, Alternator 1680 W; Wasserkühlung, Inh. 11 L.

Kraftübertragung: (auf Hinterräder), ASR.
5-Stufen-Automat: I. 3.93; II. 2.41; III. 1.49; IV. 1; V. 0.83; R 3.1; R 1.9; Achse 3.45.

Fahrgestell: Selbsttragende Karosserie mit vorderem Hilfsrahmen; vorn doppelte Dreieckquerlenker; hinten Raumlenkerachse (Quer- und Schräglenker, Spurstange); v/h Kurvenstabilisator, Schraubenfedern, Teleskopdämpfer, v/h a.W. Niveauregulierung.

Fahrwerk: Vierrad-Scheibenbremse (vorn belüftet), Scheiben-Ø v. 30 cm, h. 27.8 cm, ABS, Bosch; Fussfeststellbremse auf Hinterräder; Kugelumlauflenkung mit Servo, Treibstofftank 100 L; Reifen 235/60 VR 16, Felgen 7.5 J.

Carrosserie, poids: Berline, 4 portes, 5 places; vide 1815 kg, tot. adm. 2550 kg. *longue:* 4 portes, 5 places; 1825 kg, tot. adm. 2560 kg.

Moteur: (ECE) 6 cyl. en ligne (89.9×84 mm), 3199 cm^3; compr. 10:1; 170 kW (231 ch) à 5600/min, 53.1 kW/L (72.2 ch/L); 315 Nm (32.1 mkp) à 3750/min; 95 (R).

Moteur (constr.): 4 soupapes en V 50°; 2 arbres à cames en tête (chaîne); culasse en alliage léger; vilebrequin à 7 paliers; radiat. d'huile; huile 7.5 L; injection électronique, Bosch HFM.
Batterie 100 Ah, alternateur 1680 W; refroidissement à eau, capac. 11 L.

Transmission: (sur roues AR), ASR.
Boîte aut. à 5 vit.: I. 3.93; II. 2.41; III. 1.49; IV. 1; V. 0.83; AR 3.1; AR 1.9; pont 3.45.

Châssis: carrosserie autoporteuse avec cadre auxiliaire AV; AV leviers triang. transv. doubles; AR essieu multibras (leviers transv. et obliques, barre de connex.); AV/AR barre anti-dévers, ressorts hélic. amortiss. télesc., AV/AR s.d. réglage du niveau.

Train roulant: quatre freins à disques (AV ventilés), Ø disques AV 30 cm, AR 27.8 cm, ABS, Bosch; frein de station. à pied sur roues AR; direction à circuit de billes assistée, réservoir carb. 100 L; pneus 235/60 VR 16, jantes 7.5 J.

Mercedes-Benz S 320

Dimensionen: Radstand 304 cm, Spur 161/158 cm, Bodenfreih. 15 cm, Wendekreis 12.2 m, Kofferraum 525 dm^3, Länge 511 cm, Breite 189 cm, Höhe 149 cm. *lang:* Radstand 314 cm, Wendekreis 12.5 m, Länge 521 cm.

Fahrleistungen: Vmax (Werk) 225 km/h, V bei 1000/min im 5. Gang 44 km/h; 0–100 km/h 8.9 s; Leistungsgew. 10.7 kg/kW (7.9 kg/PS); Verbrauch EU 10/19.3 L/100 km.

Dimensions: empattement 304 cm, voie 161/158 cm, garde au sol 15 cm, diam. de braq. 12.2 m, coffre 525 dm^3, longueur 511 cm, largeur 189 cm, hauteur 149 cm. *longue:* Empattement 314 cm, diam. de braq. 12.5 m, longueur 521 cm.

Performances: Vmax (usine) 225 km/h, V à 1000/min en 5. vit. 44 km/h; 0–100 km/h 8.9 s; rapp. poids/puiss. 10.7 kg/kW (7.9 kg/ch); consomm. EU 10/19.3 L/100 km.

S 280: 2.8 24V – 193 PS Benzineinspritzung

S 280: 2.8 24V – 193 ch Injection d'essence

Wie 3.2 – 231 PS, ausgenommen:

Motor: (ECE) 6 Zyl. in Linie (89.9×73.5 mm), 2799 cm^3; Kompr. 10:1; 142 kW (193 PS) bei 5500/min, 50.7 kW/L (69 PS/L); 270 Nm (27.5 mkp) bei 3750/min; 95 ROZ.

Comme 3.2 – 231 ch, sauf:

Moteur: (ECE) 6 cyl. en ligne (89.9×73.5 mm), 2799 cm^3; compr. 10:1; 142 kW (193 ch) à 5500/min, 50.7 kW/L (69 ch/L); 270 Nm (27.5 mkp) à 3750/min; 95 (R).

Mercedes-Benz

Mercedes-Benz S 280

Motorkonstruktion: 4 Ventile in V 45°; 2 obenl. Nockenwellen (Kette); Leichtmetall-Zylinderkopf; 7fach gelagerte Kurbelwelle; Öl 7.5 L; elektron. Einspritzung, Bosch HFM.
Batterie 74 Ah, Alternator 1680 W; Wasserkühlung, Inh. 10 L.

Kraftübertragung:
5-Gang-Getriebe: I. 3.86; II. 2.18; III. 1.38; IV. 1; V. 0.8; R 4.22; Achse 3.89.
5-Stufen-Automat: I. 3.93; II. 2.41; III. 1.49; IV. 1; V. 0.83; R 3.1; R 1.9; Achse 3.45.

Fahrleistungen: Vmax (Werk) 215 km/h, V bei 1000/min im 5. Gang 40.5 km/h; 0–100 km/h 11 s; Leistungsgewicht 12.8 kg/kW (9.4 kg/PS); Verbrauch EU 9.9/18.9 L/100 km.
Aut.: Vmax 210 km/h, Verbrauch EU 10/19 L/100 km.

Moteur (constr.): quatre soupapes en V 45°; 2 arbres à cames en tête (chaîne); culasse en alliage léger; vilebrequin à 7 paliers; huile 7.5 L; injection électronique, Bosch HFM.
Batterie 74 Ah, alternateur 1680 W; refroidissement à eau, capac. 10 L.

Transmission:
Boîte à 5 vit.: I. 3.86; II. 2.18; III. 1.38; IV. 1; V. 0.8; AR 4.22; pont 3.89.
Boîte aut. à 5 vit.: I. 3.93; II. 2.41; III. 1.49; IV. 1; V. 0.83; AR 3.1; AR 1.9; pont 3.45.

Performances: Vmax (usine) 215 km/h, V à 1000/min en 5. vitesses 40.5 km/h; 0–100 km/h 11 s; rapp. poids/puiss. 12.8 kg/kW (9.4 kg/ch); consomm. EU 9.9/18.9 L/100 km.
Aut.: Vmax 210 km/h, consomm. EU 10/19 L/100 km.

S 420: 4.2 V8 32V – 279 PS
Benzineinspritzung

Wie 3.2 – 231 PS, ausgenommen:

Karosserie, Gewicht: Limousine; leer 1915 kg, max. zul. 2640 kg.
lang: leer 1925 kg, max. zul. 2650 kg.

Motor: (ECE), 8 Zyl. in V 90° (92×78.9 mm), 4196 cm³; Kompr. 11:1; 205 kW (279 PS) bei 5700/min, 48.9 kW/L (66.4 PS/L); 400 Nm (40.8 mkp) bei 3900/min; 95 ROZ.

Motorkonstruktion: 4 Ventile in V 37.7°; 2×2 obenl. Nockenwellen (Kette); Leichtmetall-Zylinderköpfe und -block; 5fach gelagerte Kurbelwelle; Öl 8 L; elektron. Einspritzung.
Batterie 100 Ah, Alternator 1680 W; Wasserkühlung, Inh. 15 L.

Kraftübertragung:
5-Stufen-Automat: I. 3.59; II. 2.19; III. 1.41; IV. 1; V. 0.83; R 1.93; R 3.16; Achse 2.82.

Fahrwerk: Vierrad-Scheibenbremse (v/h belüftet), Reifen 235/60 ZR 16.

Fahrleistungen: Vmax (Werk) 245 km/h, V bei 1000/min im 5. Gang 53.8 km/h; 0–100 km/h 8.3 s; Leistungsgewicht 9.3 kg/kW (6.9 kg/PS); Verbrauch EU 11.2/21.4 L/100 km.

S 420: 4.2 V8 32V – 279 ch
Injection d'essence

Comme 3.2 – 231 ch, sauf:

Carrosserie, poids: Berline; vide 1915 kg, tot. adm. 2640 kg.
longue: vide 1925 kg, tot. adm. 2650 kg.

Moteur: (ECE), 8 cyl. en V 90° (92×78.9 mm), 4196 cm³; compr. 11:1; 205 kW (279 ch) à 5700/min, 48.9 kW/L (66.4 ch/L); 400 Nm (40.8 mkp) à 3900/min; 95 (R).

Moteur (constr.): 4 soupapes en V 37.7°; 2×2 arbres à cames en tête (chaîne); culasses et bloc-cyl. en alliage léger; vilebrequin à 5 paliers; huile 8 L; injection électronique.
Batterie 100 Ah, alternateur 1680 W; refroidissement à eau, capac. 15 L.

Transmission:
Boîte aut. à 5 vit.: I. 3.59; II. 2.19; III. 1.41; IV. 1; V. 0.83; AR 1.93; AR 3.16; pont 2.82.

Train roulant: quatre freins à disques (AV/AR ventilés), pneus 235/60 ZR 16.

Performances: Vmax (usine) 245 km/h, V à 1000/min en 5. vit. 53.8 km/h; 0–100 km/h 8.3 s; rapp. poids/puissance 9.3 kg/kW (6.9 kg/ch); consommation EU 11.2/21.4 L/100 km.

Mercedes-Benz S Pullman

S 500: 5.0 V8 32V – 320 PS
Benzineinspritzung

Wie 3.2 – 231 PS, ausgenommen:

Karosserie, Gewicht: Limousine; leer 1925 kg, max. zul. 2650 kg.
lang: leer 1935 kg, max. zul. 2660 kg.

Motor: (ECE), 8 Zyl. in V 90° (96.5×85 mm), 4973 cm³; Kompr. 10:1; 235 kW (320 PS) bei 5600/min, 47.3 kW/L (64.2 PS/L); 470 Nm (47.9 mkp) bei 3900/min; 95 ROZ.

Motorkonstruktion: 4 Ventile in V 37.7°; 2×2 obenl. Nockenwellen (Kette); Leichtmetall-Zylinderköpfe und -block; 5fach gelagerte Kurbelwelle; Ölkühler; Öl 8 L; elektron. Einspritzung.
Batterie 100 Ah, Alternator 1680 W; Wasserkühlung, Inh. 15 L.

Kraftübertragung:
5-Stufen-Automat: I. 3.59; II. 2.19; III. 1.41; IV. 1; V. 0.83; R 1.93; R 3.16; Achse 2.65.

Fahrwerk: Vierrad-Scheibenbremse (v/h belüftet), Reifen 235/60 ZR 16.

Fahrleistungen: Vmax (Werk) 250 km/h, V bei 1000/min im 5. Gang 57.3 km/h; 0–100 km/h 7.3 s; Leistungsgew. 8.2 kg/kW (6 kg/PS); Verbrauch EU 11.5/22.1 L/100 km.

S 500: 5.0 V8 32V – 320 ch
Injection d'essence

Comme 3.2 – 231 ch, sauf:

Carrosserie, poids: Berline; vide 1925 kg, tot. adm. 2650 kg.
longue: vide 1935 kg, tot. adm. 2660 kg.

Moteur: (ECE), 8 cyl. en V 90° (96.5×85 mm), 4973 cm³; compr. 10:1; 235 kW (320 ch) à 5600/min, 47.3 kW/L (64.2 ch/L); 470 Nm (47.9 mkp) à 3900/min; 95 (R).

Moteur (constr.): 4 soupapes en V 37.7°; 2×2 arbres à cames en tête (chaîne); culasses et bloc-cyl. en alliage léger; vilebrequin à 5 paliers; radiat. d'huile; huile 8 L; injection électronique.
Batterie 100 Ah, alternateur 1680 W; refroidissement à eau, capac. 15 L.

Transmission:
Boîte aut. à 5 vit.: I. 3.59; II. 2.19; III. 1.41; IV. 1; V. 0.83; AR 1.93; AR 3.16; pont 2.65.

Train roulant: quatre freins à disques (AV/AR ventilés), pneus 235/60 ZR 16.

Performances: Vmax (usine) 250 km/h, V à 1000/min en 5. vit. 57.3 km/h; 0–100 km/h 7.3 s; rapp. poids/puiss. 8.2 kg/kW (6 kg/ch); consom. EU 11.5/22.1 L/100 km.

Mercedes-Benz S 600

S 600: 6.0 V12 48V – 394 PS
Benzineinspritzung

Wie 3.2 – 231 PS, ausgenommen:

Karosserie, Gewicht: Limousine; leer 2105 kg, max. zul. 2710 kg.
lang: leer 2115 kg, max. zul. 2720 kg.

Motor: (ECE), 12 Zyl. in V 60° (89×80.2 mm), 5987 cm³; Kompr. 10:1; 290 kW (394 PS) bei 5200/min, 48.4 kW/L (65.9 PS/L); 570 Nm (58.1 mkp) bei 3800/min; 95 ROZ.

Motorkonstruktion: 4 Ventile in V 50°; 2×2 obenl. Nockenwellen (Kette); Leichtmetall-Zylinderköpfe und -block; 7fach gelagerte Kurbelwelle; Ölkühler; Öl 10 L; elektron. Einspritzung.
Batterie 100 Ah, Alternator 1680 W; Wasserkühlung, Inh. 18 L.

Kraftübertragung: Fahrdynamik-Regelung ESP.
5-Stufen-Automat: I. 3.59; II. 2.19; III. 1.41; IV. 1; V. 0.83; R 1.93; R 3.16; Achse 2.65.

Fahrgestell: autom. Niveauregulierung.

Fahrwerk: Vierrad-Scheibenbremse (v/h belüftet), Reifen 235/60 ZR 16.

Fahrleistungen: Vmax (Werk) 250 km/h, V bei 1000/min im 5. Gang 57.3 km/h; 0–100 km/h 6.6 s; Leistungsgew. 7.3 kg/kW (5.3 kg/PS); Verbrauch EU 12.5/24.5 L/100 km.

S 600: 6.0 V12 48V – 394 ch
Injection d'essence

Comme 3.2 – 231 ch, sauf:

Carrosserie, poids: Berline; vide 2105 kg, tot. adm. 2710 kg.
longue: vide 2115 kg, tot. adm. 2720 kg.

Moteur: (ECE), 12 cyl. en V 60° (89×80.2 mm), 5987 cm³; compr. 10:1; 290 kW (394 ch) à 5200/min, 48.4 kW/L (65.9 ch/L); 570 Nm (58.1 mkp) à 3800/min; 95 (R).

Moteur (constr.): 4 soupapes en V 50°; 2×2 arbres à cames en tête (chaîne); culasses et bloc-cyl. en alliage léger; vilebrequin à 7 paliers; radiat. d'huile; huile 10 L; injection électronique.
Batterie 100 Ah, alternateur 1680 W; refroidissement à eau, capac. 18 L.

Transmission: contrôle de comportement dynam. ESP.
Boîte aut. à 5 vit.: I. 3.59; II. 2.19; III. 1.41; IV. 1; V. 0.83; AR 1.93; AR 3.16; pont 2.65.

Châssis: réglage automat. du niveau.

Train roulant: quatre freins à disques (AV/AR ventilés), pneus 235/60 ZR 16.

Performances: Vmax (usine) 250 km/h, V à 1000/min en 5. vit. 57.3 km/h; 0–100 km/h 6.6 s; rapp. poids/puiss. 7.3 kg/kW (5.3 kg/ch); consom. EU 12.5/24.5 L/100 km.

Mercedes-Benz

S 300 TD: 3.0 24V – 177 PS Turbodiesel

Wie 3.2 – 231 PS, ausgenommen:

Karosserie, Gewicht: Limousine; leer ab 1955 kg, max. zul. 2610 kg.

Motor: (ECE), 6 Zyl. in Linie (87×84 mm), 2996 cm³; Kompr. 22:1; 130 kW (177 PS) bei 4400/min, 43.4 kW/L (59 PS/L); 330 Nm (33.6 mkp) bei 1600/min; Dieselöl.

Motorkonstruktion: Vorkammer-Diesel; 4 Ventile in V; 2 obenl. Nockenwellen (Kette); Leichtmetall-Zylinderkopf; 7fach gelagerte Kurbelwelle; Öl 7 L; elektron. geregelte Einspritzpumpe, 1 Turbolader, Intercooler. Batt. 100 Ah, 1400 W; Wasserk., Inh. 8.7 L.

Kraftübertragung:
5-Stufen-Automat: I. 3.93; II. 2.41; III. 1.49; IV. 1; V. 0.83; R 3.1; R 1.9; Achse 3.27.

Fahrleistungen: Vmax (Werk) 206 km/h, V bei 1000/min im 5. Gang 46.4 km/h; 0–100 km/h 11.2 s; Leistungsgew. 15 kg/kW (11 kg/PS); Verbrauch EU 8.1/13.8 L/100 km.

S 300 TD: 3.0 24V – 177 ch Turbodiesel

Comme 3.2 – 231 ch, sauf:

Carrosserie, poids: Berline; vide dès 1955 kg, tot. adm. 2610 kg.

Moteur: (ECE), 6 cyl. en ligne (87×84 mm), 2996 cm³; Kompr. 22:1; 130 kW (177 ch) à 4400/min, 43.4 kW/L (59 ch/L); 330 Nm (33.6 mkp) à 1600/min; gazole.

Moteur (constr.): diesel à préchambre; 4 soupapes en V; 2 arbres à cames en tête (chaîne); culasse en alliage léger; vilebrequin à 7 paliers; huile 7 L; pompe à injection pilotée, 1 turbocompr., Intercooler. Batt. 100 Ah, 1400 W; réf. à eau, 8.7 L.

Transmission:
Boîte aut. à 5 vit.: I. 3.93; II. 2.41; III. 1.49; IV. 1; V. 0.83; AR 3.1; AR 1.9; pont 3.27.

Performances: Vmax (usine) 206 km/h, V à 1000/min en 5. vit. 46.4 km/h; 0–100 km/h 11.2 s; rapp. poids/puiss. 15 kg/kW (11 kg/ch); consomm. EU 8.1/13.8 L/100 km.

Mercedes-Benz CL

Coupé der Luxusklasse. Debüt (Serie 126) September 1981. Januar (Detroit) 1992: Neuauflage auf der neuen S-Klasse (Serie 140) mit 5.0-V8 oder 6.0-V12. Genf 1994: S 420. Seit Herbst 1995 ausschliesslich mit 5-Stufen-Automat.

Coupé luxueux. Débuts (série 126) septembre 1981. Janvier (Detroit) 1992: Nouvelle édition sur la nouvelle classe S (série 140) avec 5.0-V8 ou 6.0-V12. Genève 1994: S 420. Depuis automne 1995 exclusivement avec boîte à 5 rapports.

CL 420: 4.2 V8 32V – 279 PS Benzineinspritzung

Karosserie, Gewicht: Coupé, 2 Türen, 4 - 5 Sitze; leer ab 2005 kg, max. zul. 2600 kg.

Motor: (ECE), 8 Zyl. in V 90° (92×78.9 mm), 4196 cm³; Kompr. 11:1; 205 kW (279 PS) bei 5700/min, 48.9 kW/L (66.4 PS/L); 400 Nm (40.8 mkp) bei 3900/min; 95 ROZ.

Motorkonstruktion: 4 Ventile in V 37.7°; 2×2 obenl. Nockenwellen (Kette); Leichtmetall-Zylinderköpfe und -block; 5fach gelagerte Kurbelwelle; Öl 8 L; elektron. Einspr. Batterie 100 Ah, Alternator 1680 W; Wasserkühlung, Inh. 15 L.

Kraftübertragung: (auf Hinterräder), ASR.
5-Stufen-Automat: I. 3.59; II. 2.19; III. 1.41; IV. 1; V. 0.83; R 1.93; R 3.16; Achse 2.82.

Fahrgestell: Selbsttragende Karosserie mit vorderem Hilfsrahmen; vorn doppelte Dreieckquerlenker; hinten Raumlenkerachse (Quer- und Schräglenker, Spurstange); v/h Kurvenstab., Schraubenfedern, Teleskopdämpfer, v/h a.W. Niveauregulierung.

Fahrwerk: Vierrad-Scheibenbremse (v/h belüftet), Scheiben-⌀ v. 30 cm, h. 27.8 cm, ABS, Bosch; Fussfeststellbremse auf Hinterräder; Kugelumlauflenkung mit Servo; Treibstofftank 100 L; Reifen 255/45 ZR 18, Felgen 8.5 J.

CL 420: 4.2 V8 32V – 279 ch Injection d'essence

Carrosserie, poids: Coupé, 2 portes, 4 - 5 pl.; vide dès 2005 kg, tot. adm. 2600 kg.

Moteur: (ECE), 8 cyl. en V 90° (92×78.9 mm), 4196 cm³; Kompr. 11:1; 205 kW (279 ch) à 5700/min, 48.9 kW/L (66.4 ch/L); 400 Nm (40.8 mkp) à 3900/min; 95 (R).

Moteur (constr.): 4 soupapes en V 37.7°; 2×2 arbres à cames en tête (chaîne); culasses et bloc-cyl. en alliage léger; vilebrequin à 5 paliers; huile 8 L; inj. électronique. Batterie 100 Ah, alternateur 1680 W; refroidissement à eau, capac. 15 L.

Transmission: (sur roues AR), ASR.
Boîte aut. à 5 vit.: I. 3.59; II. 2.19; III. 1.41; IV. 1; V. 0.83; AR 1.93; AR 3.16; pont 2.82.

Châssis: carr. autoporteuse avec cadre auxiliaire AV; AV leviers triang. transv. doubles; AR essieu multibras (leviers transv. et obliques, barre de connex.); AV/AR barre anti-dévers, ressorts hélic, amortiss. télesc., AV/AR s.d. régl. du niveau.

Train roulant: quatre freins à disques (AV/AR ventilés), ⌀ disques AV 30 cm, AR 27.8 cm, ABS, Bosch; frein de station. à pied sur roues AR; direction à circuit de billes assistée, réservoir carb. 100 L; pneus 255/45 ZR 18, jantes 8.5 J.

Dimensionen: Radstand 295 cm, Spur 161/159 cm, Bodenfreih. 15 cm, Wendekreis 11.9 m, Kofferraum 505 dm³, Länge 507 cm, Breite 191 cm, Höhe 145 cm.

Fahrleistungen: Vmax (Werk) 245 km/h, V bei 1000/min im 5. Gang 53.7 km/h; 0–100 km/h 8.5 s; Leistungsgew. 9.8 kg/kW (7.2 kg/PS); Verbrauch EU 8.4/16.2 L/100 km.

CL 500: 5.0 V8 32V – 320 PS Benzineinspritzung

Wie 4.2 – 279 PS, ausgenommen:

Motor: (ECE), 8 Zyl. in V 90° (96.5×85 mm), 4973 cm³; Kompr. 10:1; 235 kW (320 PS) bei 5600/min, 47.3 kW/L (64.2 PS/L); 470 Nm (47.9 mkp) bei 3900/min; 95 ROZ.

Motorkonstruktion: 4 Ventile in V 37.7°; 2×2 obenl. Nockenwellen (Kette); Leichtmetall-Zylinderköpfe und -block; 5fach gelagerte Kurbelwelle; Ölkühler; Öl 8 L; elektron. Einspritzung. Batterie 100 Ah, Alternator 1680 W; Wasserkühlung, Inh. 15 L.

Kraftübertragung:
5-Stufen-Automat: I. 3.59; II. 2.19; III. 1.41; IV. 1; V. 0.83; R 1.93; R 3.16; Achse 2.65.

Fahrleistungen: Vmax (Werk) 250 km/h, V bei 1000/min im 5. Gang 57.2 km/h; 0–100 km/h 7.5 s; Leistungsgewicht 8.5 kg/kW (6.3 kg/PS); Verbrauch EU 8.7/17.6 L/100 km.

CL 600: 6.0 V12 48V – 394 PS Benzineinspritzung

Wie 4.2 – 279 PS, ausgenommen:

Karosserie, Gewicht: Coupé; leer ab 2165 kg, max. zul. 2720 kg.

Motor: (ECE), 12 Zyl. in V 60° (89×80.2 mm), 5987 cm³; Kompr. 10:1; 290 kW (394 PS) bei 5200/min, 48.4 kW/L (65.9 PS/L); 570 Nm (58.1 mkp) bei 3800/min; 95 ROZ.

Motorkonstruktion: 4 Ventile in V 50°; 2×2 obenl. Nockenwellen (Kette); Leichtmetall-Zylinderköpfe und -block; 7fach gelagerte Kurbelwelle; Ölkühler; Öl 10 L; elektron. Einspritzung. Batterie 100 Ah, Alternator 1680 W; Wasserkühlung, Inh. 18 L.

Kraftübertragung: (auf Hinterräder), ESR.
5-Stufen-Automat: I. 3.59; II. 2.19; III. 1.41; IV. 1; V. 0.83; R 1.93; R 3.16; Achse 2.65.

Fahrgestell: autom. Niveauregulierung.

Fahrleistungen: Vmax (Werk) 250 km/h, V bei 1000/min im 5. Gang 57.2 km/h; 0–100 km/h 6.6 s; Leistungsgew. 7.5 kg/kW (5.5 kg/PS); Verbrauch EU 10/20.6 L/100 km.

Dimensions: empattement 295 cm, voie 161/159 cm, garde au sol 15 cm, diam. de braq. 11.9 m, coffre 505 dm³, longueur 507 cm, largeur 191 cm, hauteur 145 cm.

Performances: Vmax (usine) 245 km/h, V à 1000/min en 5. vit. 53.7 km/h; 0–100 km/h 8.5 s; rapp. poids/puiss. 9.8 kg/kW (7.2 kg/ch); consomm. EU 8.4/16.2 L/100 km.

CL 500: 5.0 V8 32V – 320 ch Injection d'essence

Comme 4.2 – 279 ch, sauf:

Moteur: (ECE), 8 cyl. en V 90° (96.5×85 mm), 4973 cm³; compr. 10:1; 235 kW (320 ch) à 5600/min, 47.3 kW/L (64.2 ch/L); 470 Nm (47.9 mkp) à 3900/min; 95 (R).

Moteur (constr.): 4 soupapes en V 37.7°; 2×2 arbres à cames en tête (chaîne); culasses et bloc-cyl. en alliage léger; vilebrequin à 5 paliers; radiat. d'huile; huile 8 L; injection électronique. Batterie 100 Ah, alternateur 1680 W; refroidissement à eau, capac. 15 L.

Transmission:
Boîte aut. à 5 vit.: I. 3.59; II. 2.19; III. 1.41; IV. 1; V. 0.83; AR 1.93; AR 3.16; pont 2.65.

Performances: Vmax (usine) 250 km/h, V à 1000/min en 5. vitesses 57.2 km/h; 0–100 km/h 7.5 s; rapp. poids/puiss. 8.5 kg/kW (6.3 kg/ch); consommation EU 8.7/17.6 L/100 km.

CL 600: 6.0 V12 48V – 394 ch Injection d'essence

Comme 4.2 – 279 ch, sauf:

Carrosserie, poids: Coupé; vide dès 2165 kg, tot. adm. 2720 kg.

Moteur: (ECE), 12 cyl. en V 60° (89×80.2 mm), 5987 cm³; compr. 10:1; 290 kW (394 ch) à 5200/min, 48.4 kW/L (65.9 ch/L); 570 Nm (58.1 mkp) à 3800/min; 95 (R).

Moteur (constr.): 4 soupapes en V 50°; 2×2 arbres à cames en tête (chaîne); culasses et bloc-cyl. en alliage léger; vilebrequin à 7 paliers; radiat. d'huile; huile 10 L; injection électronique. Batterie 100 Ah, alternateur 1680 W; refroidissement à eau, capac. 18 L.

Transmission: (sur roues AR), ESR.
Boîte aut. à 5 vit.: I. 3.59; II. 2.19; III. 1.41; IV. 1; V. 0.83; AR 1.93; AR 3.16; pont 2.65.

Châssis: réglage automat. du niveau.

Performances: Vmax (usine) 250 km/h, V à 1000/min en 5. vit. 57.2 km/h; 0–100 km/h 6.6 s; rapp. poids/puiss. 7.5 kg/kW (5.5 kg/ch); consomm. EU 10/20.6 L/100 km.

Mercedes-Benz SL

Sportliche Fahrzeuge mit Sechszylinder-, V8- oder V12-Motoren. Hinten Raumlenkerachse, a.W. rundum Niveauregulierung; Cw 0,31 bis 0,33. Debüt Genf 1989, 600 SL Sommer 1992.

Voitures sportives avec moteur six cylindres, V8 ou V12. Suspension AR à bras multiples, s.d. AV et AR avec réglage du niveau; Cx 0,31 à 0,33. Lancement Genève 1989, 600 SL été 1992.

SL 280: 2.8 24V – 193 PS Benzineinspritzung

Karosserie, Gewicht: Roadster, Hardtop; 2 Türen, 2+2 Sitze; leer 1685 kg, max. zul. 2150 kg.

Motor: (ECE), 6 Zyl. in Linie (89.9×73.5 mm), 2799 cm³; Kompression 10:1; 142 kW (193 PS) bei 5500/min, 50.7 kW/L (69 PS/L); 270 Nm (27.5 mkp) bei 3750/min; 95 ROZ.

SL 280: 2.8 24V – 193 ch Injection d'essence

Carrosserie, poids: Roadster, hardtop; 2 portes, 2+2 places; vide dès 1685 kg, tot. adm. 2150 kg.

Moteur: (ECE), 6 cylindres en ligne (89.9×73.5 mm), 2799 cm³; compression 10:1; 142 kW (193 ch) à 5500/min, 50.7 kW/L (69 ch/L); 270 Nm (27.5 mkp) à 3750/min; 95 (R).

Mercedes-Benz CL

Mercedes-Benz

Mercedes-Benz SL

Motorkonstruktion: 4 Ventile in V 45°; 2 obenl. Nockenw. (Kette); Leichtmetall-Zylinderkopf; 7fach gelagerte Kurbelwelle; Öl 7.5 L; elektron. Einspritzung, Bosch HFM. Batterie 100 Ah, Alternator 1540 W; Wasserkühlung, Inh. 10 L.

Kraftübertragung: (auf Hinterräder), ASR. 5-Gang-Getriebe: I. 3.86; II. 2.18; III. 1.38; IV. 1; V. 0.8; R 4.22; Achse 3.89.
5-Stufen-Automat: I. 3.93; II. 2.41; III. 1.49; IV. 1; V. 0.83; R 3.1; R 1.9; Achse 3.67.

Fahrgestell: Selbsttragende Karosserie; vorn Dämpferbeine, Dreieckquerlenker; hinten Raumlenkerachse (Quer- und Schräglenker, Spurstange); v/h Kurvenstabilisator, Schraubenfedern, Teleskopdämpfer, v/h a.W. Niveauregulierung.

Fahrwerk: Vierrad-Scheibenbremse (vorn belüftet), Scheiben-∅ v. 30 cm, h. 27.8 cm, ABS, Bosch; Fussfeststellbremse auf Hinterräder; Kugelumlauflenkung mit Servo, Treibstofftank 80 L; Reifen 225/55 ZR 16, Felgen 8 J.

Dimensionen: Radstand 252 cm, Spur 154/152 cm, Bodenfreih. 15 cm, Wendekreis 10.8 m, Kofferraum 260 dm³, Länge 450 cm, Breite 181 cm, Höhe 129 cm.

Fahrleistungen: Vmax (Werk) 230 km/h, V bei 1000/min im 5. Gang 38.5 km/h; 0–100 km/h 10.2 s; Leistungsgew. 11.8 kg/kW (8.7 kg/PS); Verbrauch EU 8.9/17.3 L/100 km. *Aut.:* Vmax 225 km/h, 0–100 km/h 9.9 s; Verbrauch EU 9/17.6 L/100 km.

SL 320: 3.2 24V – 231 PS Benzineinspritzung

Wie 2.8 – 193 PS, ausgenommen:

Karosserie, Gewicht: Roadster, Hardtop; leer 1705 kg, max. zul. 2170 kg.

Motor: (ECE), 6 Zyl. in Linie (89.9×84 mm), 3199 cm³; Kompr. 10:1; 170 kW (231 PS) bei 5600/min, 53.1 kW/L (72.2 PS/L); 315 Nm (32.1 mkp) bei 3750/min; 95 ROZ.

Motorkonstruktion: 4 Ventile in V 50°; 2 obenl. Nockenwellen (Kette); Leichtmetall-Zylinderkopf; 7fach gelagerte Kurbelwelle; Ölkühler; Öl 7.5 L; elektron. Einspritzung, Bosch HFM. Batterie 100 Ah, Alternator 1540 W; Wasserkühlung, Inh. 11 L.

Moteur (constr.): 4 soupapes en V 45°; 2 arbres à cames en tête (chaîne); culasse en alliage léger; vilebrequin à 7 paliers; huile 7.5 L; injection électronique, Bosch HFM. Batterie 100 Ah, alternateur 1540 W; refroidissement à eau, capac. 10 L.

Transmission: (sur roues AR), ASR. Boîte à 5 vit.: I. 3.86; II. 2.18; III. 1.38; IV. 1; V. 0.8; AR 4.22; pont 3.89.
Boîte aut. à 5 vit.: I. 3.93; II. 2.41; III. 1.49; IV. 1; V. 0.83; AR 3.1; AR 1.9; pont 3.67.

Châssis: carrosserie autoporteuse; AV jambes élastiques, leviers triang. transv.; AR essieu multibras (leviers transv. et obliques, barre de connex.); AV/AR barre antidévers, ressorts hélic, amortiss. télesc., AV/AR s.d. réglage du niveau.

Train roulant: quatre freins à disques (AV ventilés), ∅ disques AV 30 cm, AR 27.8 cm, ABS, Bosch; frein de station. à pied sur roues AR; direction à circuit de billes assistée, réservoir carb. 80 L; pneus 225/55 ZR 16, jantes 8 J.

Dimensions: empattement 252 cm, voie 154/152 cm, garde au sol 15 cm, diam. de braq. 10.8 m, coffre 260 dm³, longueur 450 cm, largeur 181 cm, hauteur 129 cm.

Performances: Vmax (usine) 230 km/h, V à 1000/min en 5. vit. 38.5 km/h; 0–100 km/h 10.2 s; rapp. poids/puiss. 11.8 kg/kW (8.7 kg/ch); consomm. EU 8.9/17.3 L/100 km. *Aut.:* Vmax 225 km/h, 0–100 km/h 9.9 s; consomm. EU 9/17.6 L/100 km.

SL 320: 3.2 24V – 231 ch Injection d'essence

Comme 2.8 – 193 ch, sauf:

Carrosserie, poids: Roadster, hardtop; vide 1705 kg, tot. adm. 2170 kg.

Moteur: (ECE), 6 cyl. en ligne (89.9×84 mm), 3199 cm³; compr. 10:1; 170 kW (231 ch) à 5600/min, 53.1 kW/L (72.2 ch/L); 315 Nm (32.1 mkp) à 3750/min; 95 (R).

Moteur (constr.): 4 soupapes en V 50°; 2 arbres à cames en tête (chaîne); culasse en alliage léger; vilebrequin à 7 paliers; radiat. d'huile; huile 7.5 L; injection électronique, Bosch HFM. Batterie 100 Ah, alternateur 1540 W; refroidissement à eau, capac. 11 L.

Kraftübertragung: 5-Stufen-Automat: I. 3.93; II. 2.41; III. 1.49; IV. 1; V. 0.83; R 3.1; R 1.9; Achse 3.45.

Fahrleistungen: Vmax (Werk) 240 km/h, V bei 1000/min im 5. Gang 41.8 km/h; 0–100 km/h 8.4 s; Leistungsgew. 10 kg/kW (7.4 kg/PS); Verbrauch EU 9.2/18.2 L/100 km.

SL 500: 5.0 V8 32V – 320 PS Benzineinspritzung

Wie 2.8 – 193 PS, ausgenommen:

Karosserie, Gewicht: Roadster, Hardtop; leer 1725 kg, max. zul. 2190 kg.

Motor: (ECE), 8 Zyl. in V 90° (96.5×85 mm), 4973 cm³; Kompr. 10:1; 235 kW (320 PS) bei 5600/min, 47.3 kW/L (64.2 PS/L); 470 Nm (47.9 mkp) bei 3900/min; 95 ROZ.

Motorkonstruktion: 4 Ventile in V 37.7°; 2×2 obenl. Nockenwellen (Kette); Leichtmetall-Zylinderköpfe und -block; 5fach gelagerte Kurbelwelle; Ölkühler; Öl 8 L; elektron. Einspritzung. Batterie 100 Ah, Alternator 1680 W; Wasserkühlung, Inh. 15 L.

Mercedes-Benz SL USA

Kraftübertragung: 5-Stufen-Automat: I. 3.59; II. 2.19; III. 1.41; IV. 1; V. 0.83; R 1.93; R 3.16; Achse 2.65.

Fahrleistungen: Vmax (Werk) 250 km/h, V bei 1000/min im 5. Gang 54.4 km/h; 0–100 km/h 6.5 s; Leistungsgew. 7.3 kg/kW (5.4 kg/PS); Verbrauch EU 9.9/21.9 L/100 km.

60 AMG: 6.0 V8 32V – 381 PS Benzineinspritzung

Wie 2.8 – 193 PS, ausgenommen:

Karosserie, Gewicht: Roadster, Hardtop; leer ab 1855 kg, max. zul. 2230 kg.

Motor: (ECE), 8 Zyl. in V 90° (100×94.8 mm), 5956 cm³; Kompr. 10:1; 280 kW (381 PS) bei 5500/min, 47 kW/L (63.9 PS/L); 580 Nm (59.1 mkp) bei 3500/min; 95 ROZ.

Motorkonstruktion: 4 Ventile in V; 2×2 obenl. Nockenwellen (Kette); Leichtmetall-Zylinderköpfe und -block; 5fach gelagerte Kurbelwelle; Ölkühler; Öl 8 L; elektron. Einspritzung. Batterie 92 Ah, 1680 W; Wasserkühlung, Inh. 15 L.

Kraftübertragung: 5-Stufen-Automat: I. 3.59; II. 2.19; III. 1.41; IV. 1; V. 0.83; R 1.93; R 3.16; Achse 2.65.

Fahrwerk: Vierrad-Scheibenbremse (v/h belüftet), Reifen 245/45 ZR 18, h. 275/35 ZR 18, h. 10 J.

Fahrleistungen: Vmax (Werk) 250 km/h, V bei 1000/min im 5. Gang 54.1 km/h; 0–100 km/h 5.6 s; Leistungsgew. 6.6 kg/kW (4.9 kg/PS); Verbrauch EU 10.9/25.9 L/100 km.

Transmission: Boîte aut. à 5 vit.: I. 3.93; II. 2.41; III. 1.49; IV. 1; V. 0.83; AR 3.1; AR 1.9; pont 3.45.

Performances: Vmax (usine) 240 km/h, V à 1000/min en 5. vit. 41.8 km/h; 0–100 km/h 8.4 s; rapp. poids/puiss. 10 kg/kW (7.4 kg/ch); consomm. EU 9.2/18.2 L/100 km.

SL 500: 5.0 V8 32V – 320 ch Injection d'essence

Comme 2.8 – 193 ch, sauf:

Carrosserie, poids: Roadster, hardtop; vide 1725 kg, tot. adm. 2190 kg.

Moteur: (ECE), 8 cyl. en V 90° (96.5×85 mm), 4973 cm³; compr. 10:1; 235 kW (320 ch) à 5600/min, 47.3 kW/L (64.2 ch/L); 470 Nm (47.9 mkp) à 3900/min; 95 (R).

Moteur (constr.): 4 soupapes en V 37.7°; 2×2 arbres à cames en tête (chaîne); culasses et bloc-cyl. en alliage léger; vilebrequin à 5 paliers; radiat. d'huile; huile 8 L; injection électronique. Batterie 100 Ah, alternateur 1680 W; refroidissement à eau, capac. 15 L.

Transmission: Boîte aut. à 5 vit.: I. 3.59; II. 2.19; III. 1.41; IV. 1; V. 0.83; AR 1.93; AR 3.16; pont 2.65.

Performances: Vmax (usine) 250 km/h, V à 1000/min en 5. vit. 54.4 km/h; 0–100 km/h 6.5 s; rapp. poids/puiss. 7.3 kg/kW (5.4 kg/ch); consomm. EU 9.9/21.9 L/100 km.

60 AMG: 6.0 V8 32V – 381 ch Injection d'essence

Comme 2.8 – 193 ch, sauf:

Carrosserie, poids: Roadster, hardtop; vide dès 1855 kg, tot. adm. 2230 kg.

Moteur: (ECE), 8 cyl. en V 90° (100×94.8 mm), 5956 cm³; compr. 10:1; 280 kW (381 ch) à 5500/min, 47 kW/L (63.9 ch/L); 580 Nm (59.1 mkp) à 3500/min; 95 (R).

Moteur (constr.): 4 soupapes en V; 2×2 arbres à cames en tête (chaîne); culasses et bloc-cyl. en alliage léger; vilebrequin à 5 paliers; radiat. d'huile; huile 8 L; injection électronique. Batterie 92 Ah, 1680 W; refroidissement à eau, capac. 15 L.

Transmission: Boîte aut. à 5 vit.: I. 3.59; II. 2.19; III. 1.41; IV. 1; V. 0.83; AR 1.93; AR 3.16; pont 2.65.

Train roulant: quatre freins à disques (AV/AR ventilés), pneus 245/45 ZR 18, AR 275/35 ZR 18, AR 10 J.

Performances: Vmax (usine) 250 km/h, V à 1000/min en 5. vit. 54.1 km/h; 0–100 km/h 5.6 s; rapp. poids/puiss. 6.6 kg/kW (4.9 kg/ch); consomm. EU 10.9/25.9 L/100 km.

Mercedes-Benz SL

Mercedes-Benz • Mercedes-Benz/Puch

SL 600: 6.0 V12 48V – 394 PS Benzineinspritzung

Wie 2.8 – 193 PS, ausgenommen:

Karosserie, Gewicht: Roadster, Hardtop; leer 1905 kg, max. zul. 2320 kg.

Motor: (ECE), 12 Zyl. in V 60° (89×80.2 mm), 5987 cm^3; Kompression 10:1; 290 kW (394 PS) bei 5200/min, 48.4 kW/L (65.9 PS/L); 570 Nm (58.1 mkp) bei 3800/min; 95 ROZ.

Motorkonstruktion: 4 Ventile in V 50°; 2×2 obenl. Nockenwellen (Kette); Leichtmetall-Zylinderköpfe und -block; 7fach gelagerte Kurbelwelle; Ölkühler, Öl 10 L; elektron. Einspritzung.
Batterie 100 Ah, Alternator 1680 W; Wasserkühlung, Inh. 18 L.

Kraftübertragung: Fahrdyn.-Regelung.
5-Stufen-Automat: I. 3.59; II. 2.19; III. 1.41; IV. 1; V. 0.83; R 1.93; R 3.16; Achse 2.65.

Fahrgestell: elektron. Dämpferregulierung.

Fahrwerk: Vierrad-Scheibenbemse (v/h belüftet).

Fahrleistungen: Vmax (Werk) 250 km/h, V bei 1000/min im 5. Gang 54.4 km/h; 0–100 km/h 7 s; Leistungsgewicht 6.6 kg/kW (4.8 kg/PS); Verbrauch EU 10.9/23.9 L/100 km.

SL 600: 6.0 V12 48V – 394 ch Injection d'essence

Comme 2.8 – 193 ch, sauf:

Carrosserie, poids: Roadster, hardtop; vide 1905 kg, tot. adm. 2320 kg.

Moteur: (ECE), 12 cylindres en V 60° (89×80.2 mm), 5987 cm^3; compr. 10:1; 290 kW (394 ch) à 5200/min, 48.4 kW/L (65.9 ch/L); 570 Nm (58.1 mkp) à 3800/min; 95 (R).

Moteur (constr.): 4 soupapes en V 50°; 2×2 arbres à cames en tête (chaîne); culasses et bloc-cyl. en alliage léger; vilebrequin à 7 paliers; radiat. d'huile; huile 10 L; injection électronique.
Batterie 100 Ah, alternateur 1680 W; refroidissement à eau, capac. 18 L.

Transmission: contr. de comp. dyn. ESP.
Boîte aut. à 5 vit.: I. 3.59; II. 2.19; III. 1.41; IV. 1; V. 0.83; AR 1.93; AR 3.16; pont 2.65.

Châssis: amortiss. à réglage électron.

Train roulant: 4 freins à disques (AV/AR ventilés).

Performances: Vmax (usine) 250 km/h, V à 1000/min en 5. vit. 54.4 km/h; 0–100 km/h 7 s; rapp. poids/puiss. 6.6 kg/kW (4.8 kg/ch); consomm. EU 10.9/23.9 L/100 km.

Mercedes-Benz/Puch   D/A

Daimler-Benz AG, Stuttgart-Untertürkheim, Deutschland; Steyr-Daimler-Puch AG, Werke Graz, Postfach 823, A-8011 Graz, Österreich

Mercedes-Benz G/Puch G

Geländewagen mit zwei Radständen. Mechanische Teile von Daimler-Benz, Rahmen und Karosserie von Puch, Montage in Graz (A). In der Schweiz, in Österreich und in Osteuropa als Puch, übrige Länder als Mercedes-Benz. Debüt Februar 1979. 1991 Frankfurt: G 350 TD. Frankfurt 1993: G 320. Genf 1995: G 36 AMG. 1996: G 300 TD (3.5-Turbodiesel nebst anderen Motorisierungen nur noch für Kommunalfahrzeuge).

Voitures tout-terrain, deux empattements. Pièces mécaniques de Daimler-Benz, cadre et carrosserie de Puch, montage à Graz (A). En Suisse, Autriche et en Europe orientale vendu comme Puch, autres pays comme Mercedes-Benz. Début février 1979. Francfort 1993: G 320. Genève 1995: G 36 AMG. 1996: G 300 TD (Turbodiesel 3.5 litres et autres moteurs seulement pour véhicules utilaires).

3.2 24V – 211 PS Benzineinspritzung

Karosserie, Gewicht: Station Wagon, Blachenverdeck; 2/3 Türen, 5 Sitze; leer ab 2175 kg, max. zul. 2750 kg.
lang: 5 Türen, 5 - 7 Sitze; 2320 kg, max. zul. 3050 kg.

Motor: (ECE), 6 Zyl. in Linie (89.9×84 mm), 3199 cm^3; Kompression 9.2:1; 155 kW (211 PS) bei 5500/min, 48.4 kW/L (65.9 PS/L); 300 Nm (30.6 mkp) bei 3750/min; 95 ROZ.

Motorkonstruktion: 4 Ventile in V 45°; 2 obenl. Nockenwellen (Kette); Leichtmetall-Zylinderkopf; 7fach gelagerte Kurbelwelle; Öl 7.5 L; elektron. Einspritzung, Bosch HFM.
Batterie 74 Ah, Alternator 1260 W; Wasserkühlung, Inh. 8.5 L.

Kraftübertragung: (4WD permanent), Differentialsperre v/h und zentral, Reduktionsgetriebe: I. 0.87; II. 2.16.
4-Stufen-Automat: I. 3.87; II. 2.25; III. 1.44; IV. 1; R 5.59; Achse 4.86.

Fahrgestell: Kastenrahmen mit Traversen; v/h Starrachse, Längs- und Querlenker, Schraubenfedern; vorn Kurvenstabilisator, Teleskopdämpfer.

3.2 24V – 211 ch Injection d'essence

Carrosserie, poids: Station-wagon, capote; 2 portes, 5/3 places; vide dès 2175 kg, tot. adm. 2750 kg.
longue: 5 portes, 5 - 7 places; 2320 kg, tot. adm. 3050 kg.

Moteur: (ECE), 6 cylindres en ligne (89.9×84 mm), 3199 cm^3; compr. 9.2:1; 155 kW (211 ch) à 5500/min, 48.4 kW/L (65.9 PS/L); 300 Nm (30.6 mkp) à 3750/min; 95 (R).

Moteur (constr.): quatre soupapes en V 45°; 2 arbres à cames en tête (chaîne); culasse en alliage léger; vilebrequin à 7 paliers; huile 7.5 L; injection électronique, Bosch HFM.
Batterie 74 Ah, alternateur 1260 W; refroidissement à eau, capac. 8.5 L.

Transmission: (4WD permanent), autobloquant AV/AR et central, boîte de transfert: I. 0.87; II. 2.16.
Boîte autom. à 4 vit.: I. 3.87; II. 2.25; III. 1.44; IV. 1; AR 5.59; pont 4.86.

Châssis: Cadre à caisson avec traverses; AV/AR essieu rigide, bras longitud. et transv., ressorts hélicoïdaux; AV barre anti-dévers, amortiss. télesc.

Fahrwerk: Bremse, vorne Scheiben (belüftet), hinten Trommeln, Scheiben-∅ v. 30.3 cm, ABS, Handbremse auf Hinterräder; Kugelumlauflenkung mit Servo, Treibstofftank 96 L; Reifen 255/65 R 16, Felgen 7.5 J.

Dimensionen: Radstand 240 cm, Spur 148/148 cm, Bodenfreih. 22 cm, Wendekreis 11.3 m, Kofferraum 800/1750 dm^3, Länge 428 cm, Breite 176 cm, Höhe 194 cm.
lang: Radstand 285 cm, Wendekreis 13.3 m, Kofferraum 1400/2600 dm^3, Länge 468 cm.

Fahrleistungen: Vmax (Werk) 178 km/h, V bei 1000/min im 4. Gang 31.9 km/h; 0–100 km/h 12.1 s; Leistungsgew. 14 kg/kW (10.4 kg/PS); Verbrauch EU 14.7/19 L/100 km.

Train roulant: frein, AV à disques (ventilés), AR à tambours, ∅ disques AV 30.3 cm, ABS, frein à main sur roues AR; direction à circuit de billes assistée, réservoir carb. 96 L; pneus 255/65 R 16, jantes 7.5 J.

Dimensions: empattement 240 cm, voie 148/148 cm, garde au sol 22 cm, diam. de braq. 11.3 m, coffre 800/1750 dm^3, longueur 428 cm, largeur 176 cm, hauteur 194 cm.
longue: empattement 285 cm, diam. de braq. 13.3 m, coffre 1400/2600 dm^3, longueur 468 cm.

Performances: Vmax (usine) 178 km/h, V à 1000/min en 4. vit. 31.9 km/h; 0–100 km/h 12.1 s; rapp. poids/puiss. 14 kg/kW (10.4 kg/ch); consomm. EU 14.7/19 L/100 km.

Mercedes-Benz G/Puch G

3.6 24V – 258 PS Benzineinspritzung

Wie 3.2 – 211 PS, ausgenommen:

Motor: (ECE), 6 Zyl. in Linie (91×92.4 mm), 3606 cm^3; Kompr. 10.5:1; 190 kW (258 PS) bei 5750/min, 52.7 kW/L (71.6 PS/L); 380 Nm (38.7 mkp) bei 4000/min; 95 ROZ.
Einige Länder: 200 kW (272 PS), 390 Nm.

Motorkonstruktion: Bezeichnung AMG; 4 Ventile in V 45°; 2 obenl. Nockenwellen (Kette); Leichtmetall-Zylinderkopf; 7fach gelagerte Kurbelwelle; Öl 7.5 L; elektron. Einspritzung.
Batterie 74 Ah, Alternator 1260 W; Wasserkühlung, Inh. 8.5 L.

Kraftübertragung:
4-Stufen-Automat: I. 3.87; II. 2.25; III. 1.44; IV. 1; R 5.59; Achse 4.86.

Fahrleistungen: Vmax (Werk) 190 km/h, V bei 1000/min im 4. Gang 31.9 km/h; 0–100 km/h 9.7 s; Leistungsgew. 10.9 kg/kW (8 kg/PS); Verbrauch EU 14.4/18.2 L/100 km.

3.6 24V – 258 ch Injection d'essence

Comme 3.2 – 211 ch, sauf:

Moteur: (ECE), 6 cylindres en ligne (91×92.4 mm), 3606 cm^3; compr. 10.5:1; 190 kW (258 ch) à 5750/min, 52.7 kW/L (71.6 ch/L); 380 Nm (38.7 mkp) à 4000/min; 95 (R).
Quelques pays: 200 kW (272 ch), 390 Nm.

Moteur (constr.): désignation AMG; 4 soupapes en V 45°; 2 arbres à cames en tête (chaîne); culasse en alliage léger; vilebrequin à 7 paliers; huile 7.5 L; injection électronique.
Batterie 74 Ah, alternateur 1260 W; refroidissement à eau, capac. 8.5 L.

Transmission:
Boîte autom. à 4 vit.: I. 3.87; II. 2.25; III. 1.44; IV. 1; AR 5.59; pont 4.86.

Performances: Vmax (usine) 190 km/h, V à 1000/min en 4. vit. 31.9 km/h; 0–100 km/h 9.7 s; rapp. poids/puiss. 10.9 kg/kW (8 kg/ch); consomm. EU 14.4/18.2 L/100 km.

3.0 24V – 177 PS Turbodiesel

Wie 3.2 – 211 PS, ausgenommen:

Karosserie, Gewicht: Station Wagon, Blachenverdeck; leer ab 2220 kg.
lang: Station Wagon, leer ab 2350 kg.

Motor: (ECE), 6 Zyl. in Linie (87×84 mm), 2996 cm^3; Kompr. 22:1; 130 kW (177 PS) bei 4400/min, 43.4 kW/L (59 PS/L); 330 Nm (33.6 mkp) bei 1600/min; Dieselöl.

Motorkonstruktion: Vorkammer-Diesel; 4 Ventile in V; 2 obenl. Nockenwellen (Kette); Leichtmetall-Zylinderkopf; 7fach gelagerte Kurbelwelle; Öl 7 L; elektron. geregelte Einspritzpumpe, 1 Turbolader, Intercooler.
Batterie 100 Ah, Alternator 80 A; Wasserkühlung, Inh. 7.5 L.

3.0 24V – 177 ch Turbodiesel

Comme 3.2 – 211 ch, sauf:

Carrosserie, poids: Station-wagon, capote; vide dès 2220 kg.
longue: Station-wagon; vide dès 2350 kg.

Moteur: (ECE), 6 cyl. en ligne (87×84 mm), 2996 cm^3; compr. 22:1; 130 kW (177 ch) à 4400/min, 43.4 kW/L (59 ch/L); 330 Nm (33.6 mkp) à 1600/min; gazole.

Moteur (constr.): diesel à préchambre; 4 soupapes en V; 2 arbres à cames en tête (chaîne); culasse en alliage léger; vilebrequin à 7 paliers; huile 7 L; pompe à injection pilotée, 1 turbocompr., Intercooler.
Batterie 100 Ah, alternateur 80 A; refroidissement à eau, capac. 7.5 L.

Mercedes-Benz/Puch • Mercury

Mercedes-Benz G/Puch G

Kraftübertragung:
5-Stufen-Automat: I. 3.93; II. 2.41; III. 1.49; IV. 1; V. 0.83; R 3.1; Achse 4.86.

Fahrleistungen: Vmax (Werk) 161 km/h, V bei 1000/min im 5. Gang 38.5 km/h; 0–100 km/h 14.2 s; Leistungsgew. 17.1 kg/kW (12.5 kg/PS); Verb. EU 10.6/14.6 L/100 km.

Transmission:
Boîte autom. à 5 vit.: I. 3.93; II. 2.41; III. 1.49; IV. 1; V. 0.83; AR 3.1; pont 4.86.

Performances: Vmax (usine) 161 km/h, V à 1000/min en 5. vit. 38.5 km/h; 0–100 km/h 14.2 s; rapp. poids/puiss. 17.1 kg/kW (12.5 kg/ch); consomm. EU 10.6/14.6 L/100 km.

Kraftübertragung: (auf Vorderräder).
5-Gang-Getriebe: I. 3.31; II. 1.83; III. 1.23; IV. 0.91; V. 0.72; R 3.16; Achse 3.85.
4-Stufen-Automat: I. 2.8; II. 1.54; III. 1; IV. 0.7; R 2.33; Achse 3.55.

Fahrgestell: Selbsttragende Karosserie; vorn Federbeine und Dreieckquerlenker; hinten Federbeine, Längs- und Querlenker, Teleskopdämpfer; v/h Kurvenstabilisator.

Fahrwerk: Bremse, vorne Scheiben (belüftet), hinten Trommeln, Scheiben-⌀ v. 25.7 cm, h. 25.1 cm, a.W. ABS (mit Scheiben h.), Handbremse auf Hinterrad; Zahnstangenl., a.W. mit Servo, Treibstofftank 48 L; Reifen 185/65 R 14, Felgen 5.5 J.

Dimensionen: Radstand 250 cm, Spur 144/144 cm, Bodenfreih. 13 cm, Wendekreis 11.5 m, Kofferraum 360 dm^3, Länge 444 cm, Breite 170 cm, Höhe 135 cm.
Wagon: Kofferraum 865 dm^3, Länge 439 cm, Höhe 137 cm.

Fahrleistungen: Vmax (Red.) 185 km/h, V bei 1000/min im 5. Gang 39.4 km/h; Leistungsgew. 13.6 kg/kW (10.1 kg/PS); Verbrauch EPA 6.4/8.4 L/100 km.
Aut.: Verbrauch EPA 6.9/9.1 L/100 km.

Transmission: (sur roues AV).
Boîte à 5 vit.: I. 3.31; II. 1.83; III. 1.23; IV. 0.91; V. 0.72; AR 3.16; pont 3.85.
Boîte aut. à 4 vit.: I. 2.8; II. 1.54; III. 1; IV. 0.7; AR 2.33; pont 3.55.

Châssis: carr. autoporteuse; AV jambes élast. et leviers triang. transv.; AR jambes élast., bras longitud. et transv., amortiss. télescop.; AV/AR barre anti-dévers.

Train roulant: frein, AV à disques (ventilés), AR à tambours, ⌀ disques AV 25.7 cm, AR 25.1 cm, s.d. ABS (avec disque AR), frein à main sur roues AR; direction à crémaillère, s.d. avec servo, réservoir carb. 48 L; pneus 185/65 R 14, jantes 5.5 J.

Dimensions: empattement 250 cm, voie 144/144 cm, garde au sol 13 cm, diam. de braq. 11.5 m, coffre 360 dm^3, longueur 444 cm, largeur 170 cm, hauteur 135 cm.
Wagon: coffre 865 dm^3, longueur 439 cm, hauteur 137 cm.

Performances: Vmax (réd.) 185 km/h, V à 1000/min en 5. vit. 39.4 km/h; rapp. poids/puiss. 13.6 kg/kW (10.1 kg/ch); consomm. EPA 6.4/8.4 L/100 km.
Aut.: consomm. EPA 6.9/9.1 L/100 km.

Mercury — USA

Ford Motor Company, P.O. Box 2053, Dearborn, Michigan 48121, USA

Zwischen Ford und Lincoln stehendes Zweigunternehmen der Ford Motor Co.

Entreprise affiliée à la Ford Motor Company, se situant entre Ford et Lincoln.

Mercury Tracer

Modell auf Basis des Ford Escort, wird in Hermosillo, Sonora, Nordmexiko, für Mercury gebaut. Viertürige Limousine und fünftüriger Station Wagon, 1,9-Liter-Vierzylinder- und 1,8-Liter-16V-Motor.

Modèle sur base de la Ford Escort, est construit en Hermosillo, Sonora, Mexique du Nord, pour Mercury. Berline à 4 et station-wagon à 5 portes, moteur 1,9 litre quatre cylindres ou 1,8 litre 16S.

2.0 – 111 PS Benzineinspritzung

2.0 – 111 ch Injection d'essence

Karosserie, Gewicht: Limousine, 4 Türen, 4 Sitze; leer ab 1115 kg.
Station Wagon, 5 Türen, 4 Sitze; leer ab 1145 kg.

Motor: (SAE), 4 Zyl. in Linie (84.8×88 mm), 1988 cm^3; Kompr. 9.2:1; 82 kW (111 PS) bei 5000/min, 41.2 kW/L (56.1 PS/L); 170 Nm (17.3 mkp) bei 3750/min; 91 ROZ.

Motorkonstruktion: 1 obenl. Nockenwelle (Zahnriemen); Leichtmetall-Zylinderkopf; 5fach gelagerte Kurbelwelle; Öl 4.3 L; elektron. Einspritzung, Ford EEC-V.
Batterie 75 Ah, Alternator 130 A; Wasserkühlung, Inh. 6.6 L.

Carrosserie, poids: Berline, 4 portes, 4 places; vide dès 1115 kg.
Station-wagon, 5 portes, 4 places; vide dès 1145 kg.

Moteur: (SAE), 4 cyl. en ligne (84.8×88 mm), 1988 cm^3; compr. 9.2:1; 82 kW (111 ch) à 5000/min, 41.2 kW/L (56.1 ch/L); 170 Nm (17.3 mkp) à 3750/min; 91 (R).

Moteur (constr.): 1 arbre à cames en tête (courroie crantée); culasse en alliage léger; vilebrequin à 5 paliers; huile 4.3 L; injection électronique, Ford EEC-V.
Batterie 75 Ah, alternateur 130 A; refroidissement à eau, capac. 6.6 L.

Mercury Tracer

Mercury Mystique

Limousine mit Quermotor und Frontantrieb, 2.0/16V oder 2.5/24V-V6, verwandt mit dem Mondeo. Debüt Februar 1994.

Berline avec moteur transversal et traction AV, 2.0/16V ou 2.5/24V-V6, apparentée à la Mondeo. Lancement fév. 1994.

2.0 16V – 126 PS Benzineinspritzung

2.0 16V – 126 ch Injection d'essence

Karosserie, Gewicht: Limousine, 4 Türen, 5 Sitze; leer ab 1285 kg.

Motor: (SAE), 4 Zyl. in Linie (84.8×88 mm), 1988 cm^3; Kompr. 9.6:1; 93 kW (126 PS) bei 5500/min, 46.8 kW/L (63.6 PS/L); 177 Nm (18 mkp) bei 4000/min; 91 ROZ.

Motorkonstruktion: Bezeichnung 993; 4 Ventile in V 40°; 2 obenl. Nockenwellen (Zahnriemen); Leichtmetall-Zylinderkopf; 5fach gelagerte Kurbelwelle; Öl 4.25 L; elektron. Einspritzung, Ford EECIV.
Batterie 68 Ah, Alternator 130 A; Wasserkühlung, Inh. 6.6 L.

Kraftübertragung: (auf Vorderräder).
5-Gang-Getriebe: I. 3.42; II. 2.14; III. 1.45; IV. 1.03; V. 0.77; R 3.46; Achse 3.82.
4-Stufen-Automat: I. 2.89; II. 1.57; III. 1; IV. 0.7; R 2.31; Achse 3.92.

Fahrgestell: Selbsttragende Karosserie; vorn Federbeine und Dreieckquerlenker; hinten Federbeine, Längs- und Querlenker; v/h Kurvenstabilisator.

Fahrwerk: Bremse, v. Scheiben (belüftet), h. Trommeln, Scheiben-⌀ v. 26 cm, a.W. ABS, Bendix; Handbremse auf Hinterräder; Zahnstangenl. mit Servo, Treibstofftank 55 L; Reifen 185/70 R 14, Felgen 5.5 J.

Dimensionen: Radstand 271 cm, Spur 150/149 cm, Bodenfreih. 12 cm, Wendekreis 11.7 m, Kofferraum 395 dm^3, Länge 466 cm, Breite 176 cm, Höhe 138 cm.

Fahrleistungen: Vmax (Red.) 195 km/h, V bei 1000/min im 5. Gang 38 km/h; Leistungsgew. 13.8 kg/kW (10.2 kg/PS); Verbrauch EPA 6.9/9.8 L/100 km.
Aut.: Verbrauch EPA 7.4/10.2 L/100 km.

Carrosserie, poids: Berline, 4 portes, 5 places; vide dès 1285 kg.

Moteur: (SAE), 4 cyl. en ligne (84.8×88 mm), 1988 cm^3; compr. 9.6:1; 93 kW (126 ch) à 5500/min, 46.8 kW/L (63.6 ch/L); 177 Nm (18 mkp) à 4000/min; 91 (R).

Moteur (constr.): désignation 993; 4 soupapes en V 40°; 2 arbres à cames en tête (courroie crantée); culasse en alliage léger; vilebrequin à 5 paliers, huile 4.25 L; injection électronique, Ford EECIV.
Batterie 68 Ah, alternateur 130 A; refroidissement à eau, capac. 6.6 L.

Transmission: (sur roues AV).
Boîte à 5 vit.: I. 3.42; II. 2.14; III. 1.45; IV. 1.03; V. 0.77; AR 3.46; pont 3.82.
Boîte aut. à 4 vit.: I. 2.89; II. 1.57; III. 1; IV. 0.7; AR 2.31; pont 3.92.

Châssis: carrosserie autoporteuse; AV jambes élast. et leviers triang. transv.; AR jambes élast., bras longitud. et transv.; AV/AR barre anti-dévers.

Train roulant: frein, AV à disques (ventilés), AR à tambours, ⌀ disques AV 26 cm, ABS s. d., Bendix; frein à main sur roues AR; servodirection à crémaillère, réservoir carb. 55 L; pneus 185/70 R 14, jantes 5.5 J.

Dimensions: empattement 271 cm, voie 150/149 cm, garde au sol 12 cm, diam. de braq. 11.7 m, coffre 395 dm^3, longueur 466 cm, largeur 176 cm, hauteur 138 cm.

Performances: Vmax (réd.) 195 km/h, V à 1000/min en 5. vit. 38 km/h; rapp. poids/puiss. 13.8 kg/kW (10.2 kg/ch); consomm. EPA 6.9/9.8 L/100 km.
Aut.: consomm. EPA 7.4/10.2 L/100 km.

2.5 V6 24V – 173 PS Benzineinspritzung

2.5 V6 24V – 173 ch Injection d'essence

Wie 2.0 – 126 PS, ausgenommen:

Karosserie, Gewicht: Limousine; leer ab 1340 kg.

Comme 2.0 – 126 ch, sauf:

Carrosserie, poids: Berline; vide dès 1340 kg.

Mercury 377

Mercury Mystique

Motor: (SAE), 6 Zyl. in V 60° (82.4×79.5 mm), 2544 cm³; Kompr. 9.7:1; 127 kW (173 PS) bei 6250/min, 49,9 kW/L (67.9 PS/L); 224 Nm (22.8 mkp) bei 4250/min; 91 ROZ.

Motorkonstruktion: Bezeichnung 99L; 4 Ventile in V 50°; 2×2 obenl. Nockenwellen (Kette); Leichtmetall-Zylinderköpfe; 4fach gelagerte Kurbelwelle; Ölkühler; Öl 5.5 L; elektron. Einspritzung, Ford EECIV. Batterie 68 Ah, Alternator 130 A; Wasserkühlung, Inh. 7.5 L.

Kraftübertragung: (auf Vorderräder). 5-Gang-Getriebe: I. 3.42; II. 2.14; III. 1.45; IV. 1.03; V. 0.77; R 3.46; Achse 4.06. *Aut.:* 4-Stufen-Automat: I. 2.89; II. 1.57; III. 1; IV. 0.7; R 2.31; Achse 3.92.

Fahrwerk: Vierrad-Scheibenbremse (vorn belüftet), h. 25.1 cm, Reifen 205/60 R 15, 205/55 R 15, Felgen 6 J.

Fahrleistungen: Vmax (Red.) 225 km/h, V bei 1000/min in 5. Gang 35.5 km/h; 0–100 km/h 8.6 s; Leistungsgew. 10.5 kg/kW (7.8 kg/PS); Verbrauch EPA 7.6/11.2 L/100 km.

Moteur: (SAE), 6 cyl. en V 60° (82.4×79.5 mm), 2544 cm³; compr. 9.7:1; 127 kW (173 ch) à 6250/min, 49,9 kW/L (67.9 ch/L); 224 Nm (22.8 mkp) à 4250/min; 91 (R).

Moteur (constr.): désignation 99L; 4 soupapes en V 50°; 2×2 arbres à cames en tête (chaîne); culasses en alliage léger; vilebrequin à 4 paliers; radiat. d'huile; huile 5.5 L; injection électronique, Ford EECIV. Batterie 68 Ah, alternateur 130 A; refroidissement à eau, capac. 7.5 L.

Transmission: (sur roues AV). Boîte à 5 vit.: I. 3.42; II. 2.14; III. 1.45; IV. 1.03; V. 0.77; AR 3.46; pont 4.06. *Aut.:* boîte aut. à 4 vit.: I. 2.89; II. 1.57; III. 1; IV. 0.7; AR 2.31; pont 3.92.

Train roulant: quatre freins à disques (AV ventilés), AR 25.1 cm, pneus 205/60 R 15, 205/55 R 15, jantes 6 J.

Performances: Vmax (réd.) 225 km/h, V à 1000/min en 5. vit. 35.5 km/h; 0–100 km/h 8.6 s; rapp. poids/puiss. 10.5 kg/kW (7.8 kg/ch); consomm. EPA 7.6/11.2 L/100 km.

Mercury Sable

Mittelklassewagen mit Frontantrieb und neuem 3-Liter-V6-Quermotor, Limousine oder Station Wagon, aerodynamische Karosserie. Debüt als Prototyp Februar 1985. Für 1988 a.W. mit 3,8-Liter-V6-Motor. 1989 und Herbst 1991 mit Modifikationen an Karosserie und Interieur. 1990 a.W. mit ABS.

Voiture de la catégorie moyenne avec traction AV et nouveau moteur 3 litres V6 AV transversal, berline ou wagon. Lancement prototype février 1985. Pour 1988 s.d. avec moteur 3,8 litres V6. 1989 et automne 1991 avec modifications à la carrosserie et à l'intérieur. 1990 s.d. avec ABS.

3.0 V6 – 147 PS Benzineinspritzung

Karosserie, Gewicht: Limousine, 4 Türen, 5 Sitze; leer ab 1535 kg. *Wagon:* 5 Türen, 5 Sitze; leer ab 1605 kg.

Motor: (SAE), 6 Zyl. in V 60° (89×80 mm), 2986 cm³; Kompr. 9.2:1; 108 kW (147 PS) bei 5250/min, 36.2 kW/L (49.2 PS/L); 230 Nm (23.4 mkp) bei 3250/min; 91 ROZ.

Motorkonstruktion: zentrale Nockenwelle (Kette); 4fach gelagerte Kurbelwelle; Öl 4.3 L; elektron. Einspritzung, Ford. Batterie 58 Ah, Alternator 130 A; Wasserkühlung, Inh. 11 L.

3.0 V6 – 147 ch Injection d'essence

Carrosserie, poids: Berline, 4 portes, 5 places; vide dès 1535 kg. *Wagon:* 5 portes, 5 pl.; vide dès 1605 kg.

Moteur: (SAE), 6 cyl. en V 60° (89×80 mm), 2986 cm³; compr. 9.2:1; 108 kW (147 ch) à 5250/min, 36.2 kW/L (49.2 ch/L); 230 Nm (23.4 mkp) à 3250/min; 91 (R).

Moteur (constr.): arbre à cames central (chaîne); vilebrequin à 4 paliers; huile 4.3 L; injection électronique, Ford. Batterie 58 Ah, alternateur 130 A; refroidissement à eau, capac. 11 L.

Kraftübertragung: (auf Vorderräder). 4-Stufen-Automat: I. 2.77; II. 1.54; III. 1; IV. 0.69; R 2.26; Achse 3.77.

Fahrgestell: Selbsttragende Karosserie; vorn Federbeine, Querlenker, Zugstreben; hinten Längs- und Querlenker, Schraubenfedern, Teleskopdämpfer; v/h Kurvenstabilisator.

Fahrwerk: Bremse, vorne Scheiben (belüftet), hinten Trommeln oder Scheiben, Scheiben-⌀ v. 27.5 cm, h. 25.5 cm, a.W. ABS (mit Scheiben h.), Bosch; Handbremse auf Hinterräder; Zahnstangenlenkung mit Servo, Treibstofftank 61 L; a.W. 70 L; Reifen 205/65 R 15, Felgen 6 J.

Dimensionen: Radstand 276 cm, Spur 156/156 cm, Bodenfreih. 14 cm, Wendekreis 12 m, Kofferraum 455 dm³, Länge 507 cm, Breite 185 cm, Höhe 141 cm. *Wagon:* Kofferraum 2300 dm³, Länge 506 cm, Höhe 146 cm.

Fahrleistungen: Vmax (Red.) 190 km/h, V bei 1000/min im 4. Gang 45.5 km/h; Leistungsgew. 14.2 kg/kW (10.4 kg/PS); Verbrauch EPA 8.1/11.8 L/100 km.

Transmission: (sur roues AV). Boîte aut. à 4 vit.: I. 2.77; II. 1.54; III. 1; IV. 0.69; AR 2.26; pont 3.77.

Châssis: carrosserie autoporteuse; AV jambes élast., leviers transv., tirants; AR bras longitud. et transv., ressorts hélicoïdaux, amortiss. télesc.; AV/AR barre anti-dévers.

Train roulant: frein, AV à disques (ventilés), AR à tambours ou disques, ⌀ disques AV 27.5 cm, AR 25.5 cm, s.d. ABS (avec disque AR), Bosch; frein à main sur roues AR; servodirection à crémaillère, réservoir carb. 61 L; s.d. 70 L; pneus 205/65 R 15, jantes 6 J.

Dimensions: empattement 276 cm, voie 156/156 cm, garde au sol 14 cm, diam. de braq. 12 m, coffre 455 dm³, longueur 507 cm, largeur 185 cm, hauteur 141 cm. *Wagon:* coffre 2300 dm³, longueur 506 cm, hauteur 146 cm.

Performances: Vmax (réd.) 190 km/h, V à 1000/min en 4. vit. 45.5 km/h; rapp. poids/puiss. 14.2 kg/kW (10.4 kg/ch); consomm. EPA 8.1/11.8 L/100 km.

3.0 V6 24V – 203 PS Benzineinspritzung

Wie 3.0 – 147 PS, ausgenommen:

Karosserie, Gewicht: Limousine; leer ab 1545 kg. *Wagon:* leer ab 1610 kg.

Motor: (SAE), 6 Zyl. in V 60° (89×79.5 mm), 2967 cm³; Kompr. 10:1; 149 kW (203 PS) bei 5750/min, 50,2 kW/L (68.3 PS/L); 271 Nm (27.6 mkp) bei 4500/min; 91 ROZ.

Motorkonstruktion: 4 Ventile in V; 2×2 obenl. Nockenwellen (Kette); Leichtmetall-Zylinderköpfe und -block; 4fach gelagerte Kurbelwelle; Öl 5.2 L; elektron. Einspritzung, Ford. Batterie 72 Ah, Alternator 130 A; Wasserkühlung, Inh. 10 L.

Kraftübertragung: (auf Vorderräder). 4-Stufen-Automat: I. 2.77; II. 1.54; III. 1; IV. 0.69; R 2.26; Achse 3.77.

Fahrleistungen: Vmax (Red.) über 200 km/h, V bei 1000/min im 4. Gang 45.5 km/h; Leistungsgew. 10.4 kg/kW (7.6 kg/PS); Verbrauch EPA 8.1/11.8 L/100 km.

3.0 V6 24V – 203 ch Injection d'essence

Comme 3.0 – 147 ch, sauf:

Carrosserie, poids: Berline,; vide dès 1545 kg. *Wagon:* vide dès 1610 kg.

Moteur: (SAE), 6 cyl. en V 60° (89×79.5 mm), 2967 cm³; compr. 10:1; 149 kW (203 ch) à 5750/min, 50,2 kW/L (68.3 ch/L); 271 Nm (27.6 mkp) à 4500/min; 91 (R).

Moteur (constr.): 4 soupapes en V; 2×2 arbres à cames en tête (chaîne); culasses et bloc-cyl. en alliage léger; vilebrequin à 4 paliers; huile 5.2 L; injection électronique, Ford. Batterie 72 Ah, alternateur 130 A; refroidissement à eau, capac. 10 L.

Transmission: (sur roues AV). Boîte aut. à 4 vit.: I. 2.77; II. 1.54; III. 1; IV. 0.69; AR 2.26; pont 3.77.

Performances: Vmax (réd.) plus de 200 km/h, V à 1000/min en 4. vit. 45.5 km/h; rapp. poids/puiss. 10.4 kg/kW (7.6 kg/ch); consomm. EPA 8.1/11.8 L/100 km.

Mercury Cougar XR7

Sportlich luxuriöses Coupé. Herbst 1988: Neue Karosserie, 3,8-Liter-V6. 1991 wieder mit V8-Motor lieferbar; Parallelmodell zum Ford Thunderbird. 1994: Neues Interieur, 4.6 V8 ersetzt 4.9.

Coupé sportif et luxueux. Automne 1988: Nouvelle carrosserie, V6 3.8. 1991 de nouveau livrable avec V8; modèle parallèle de la Ford Thunderbird. 1994: Nouvel intérieur, 4.6 V8 remplace 4.9.

3.0 V6 – 147 PS Benzineinspritzung

Karosserie, Gewicht: Coupé, 2 Türen, 4 - 5 Sitze; leer ab 1605 kg.

3.0 V6 – 147 ch Injection d'essence

Carrosserie, poids: Coupé, 2 portes, 4 - 5 places; vide dès 1605 kg.

Mercury

Mercury Cougar

Motor: (SAE), 6 Zyl. in V 60° (89×80 mm), 2986 cm³; Kompr. 9.2:1; 108 kW (147 PS) bei 5250/min, 36.2 kW/L (49.2 PS/L); 230 Nm (23.4 mkp) bei 3250/min; 91 ROZ.

Motorkonstruktion: zentrale Nockenwelle (Kette); 4fach gelagerte Kurbelwelle; Öl 4.3 L; elektron. Einspritzung, Ford. Batterie 58 Ah, Alternator 130 A; Wasserkühlung, Inh. 11 L.

Kraftübertragung: (auf Hinterräder), a.W. Antriebsschlupfregelung.
4-Stufen-Automat: I. 2.84; II. 1.56; III. 1; IV. 0.7; R 2.32; Achse 3.27.

Fahrgestell: Selbsttragende Karosserie; vorn obere Dreieckquerlenker, unterer Querlenker, Zugstreben; hinten Dreieckquerl., oberer Querlenker, Schraubenfedern, Teleskopdämpfer; v/h Kurvenstab.

Fahrwerk: Vierrad-Scheibenbremse (vorn belüftet), Scheiben-∅ v. 27.4 cm, h. 25.7 cm, a.W. ABS, Teves; Fussfeststellbremse auf Hinterräder; Zahnstangenl. mit Servo, Treibstofftank 68 L; Reifen 205/70 R 15, 215/70 R 15, 215/60 R 16; Felgen 6 J, 7 J.

Dimensionen: Radstand 287 cm, Spur 156/153 cm, Bodenfreih. 14 cm, Wendekreis 12 m, Kofferraum 430 dm³, Länge 508 cm, Breite 185 cm, Höhe 133 cm.

Fahrleistungen: Vmax (Red.) 180 km/h, V bei 1000/min im 4. Gang 53.2 km/h; Leistungsgew. 14.9 kg/kW (10.9 kg/PS); Verbrauch EPA 9.1/12.4 L/100 km.

Motor: (SAE), 6 cyl. en V 60° (89×80 mm), 2986 cm³; compr. 9.2:1; 108 kW (147 ch) à 5250/min, 36.2 kW/L (49.2 ch/L); 230 Nm (23.4 mkp) à 3250/min; 91 (R).

Moteur (constr.): arbre à cames central (chaîne); vilebrequin à 4 paliers; huile 4.3 L; injection électronique, Ford. Batterie 58 Ah, alternateur 130 A; refroidissement à eau, capac. 11 L.

Transmission: (sur roues AR), s.d. dispositif antipatinage.
Boîte aut. à 4 vit.: I. 2.84; II. 1.56; III. 1; IV. 0.7; AR 2.32; pont 3.27.

Châssis: carrosserie autoporteuse; AV leviers triang. superieur, levier transvers. inférieur, tirants; AR leviers triang. transv., levier transv. sup., ressorts hélicoïdaux, amortiss. télesc.; AV/AR barre anti-dévers.

Train roulant: quatre freins à disques (AV ventilés), ∅ disques AV 27.4 cm, AR 25.7 cm, ABS s. d., Teves; frein de stationn. à pied sur roues AR; direction à crémaillère, réservoir carb. 68 L; pneus 205/70 R 15, 215/70 R 15, 215/60 R 16; jantes 6 J, 7 J.

Dimensions: empattement 287 cm, voie 156/153 cm, garde au sol 14 cm, diam. de braq. 12 m, coffre 430 dm³, longueur 508 cm, largeur 185 cm, hauteur 133 cm.

Performances: Vmax (réd.) 180 km/h, V à 1000/min en 4. vit. 53.2 km/h; rapp. poids/puiss. 14.9 kg/kW (10.9 kg/ch); consomm. EPA 9.1/12.4 L/100 km.

4.6 V6 – 208 PS Benzineinspritzung

Wie 3.0 – 147 PS, ausgenommen:

Karosserie, Gewicht: Coupé; leer ab 1665 kg.

Motor: (SAE), 8 Zyl. in V 90° (90.2×90 mm), 4601 cm³; Kompr. 9:1; 153 kW (208 PS) bei 4500/min, 33.3 kW/L (45.2 PS/L); 360 Nm (36.7 mkp) bei 3200/min; 91 ROZ.

Motorkonstruktion: Bezeichnung 99W; 2×1 obenl. Nockenwelle (Ketten); Leichtmetall-Zylinderköpfe; 5fach gelagerte Kurbelwelle; Öl 4.7 L; elektron. Einspritzung. Batterie 72 Ah, Alternator 130 A; Wasserkühlung, Inh. 13.2 L.

Kraftübertragung:
4-Stufen-Automat: I. 2.84; II. 1.56; III. 1; IV. 0.7; R 2.32; Achse 3.27.

Fahrwerk: Scheiben-∅ v. 29.2 cm, Reifen 225/60 R 16.

Fahrleistungen: Vmax (Red.) über 200 km/h, V bei 1000/min im 4. Gang 56.5 km/h; Leistungsgew. 10.9 kg/kW (8 kg/PS); Verbrauch EPA 9.4/13.8 L/100 km.

4.6 V6 – 208 ch Injection d'essence

Comme 3.0 – 147 ch, sauf:

Carrosserie, poids: Coupé; vide dès 1665 kg.

Moteur: (SAE), 8 cyl. en V 90° (90.2×90 mm), 4601 cm³; compr. 9:1; 153 kW (208 ch) à 4500/min, 33.3 kW/L (45.2 ch/L); 360 Nm (36.7 mkp) à 3200/min; 91 (R).

Moteur (constr.): désignation 99W; 2×1 arbre à cames en tête (chaînes); culasses en alliage léger; vilebrequin à 5 paliers; huile 4.7 L; injection électronique. Batterie 72 Ah, alternateur 130 A; refroidissement à eau, capac. 13.2 L.

Transmission:
Boîte aut. à 4 vit.: I. 2.84; II. 1.56; III. 1; IV. 0.7; AR 2.32; pont 3.27.

Train roulant: ∅ disques AV 29.2 cm, pneus 225/60 R 16.

Performances: Vmax (réd.) plus de 200 km/h, V à 1000/min en 4. vit. 56.5 km/h; rapp. poids/puiss. 10.9 kg/kW (8 kg/ch); consomm. EPA 9.4/13.8 L/100 km.

Mercury Grand Marquis

Grosse Limousine der amerikanischen Luxusklasse mit aerodynamisch geformter Karosserie und neuem 4,6-Liter-OHC-V8, a.W. ABS und Antriebsschlupfregelung. Debüt Dezember 1990.

Grande berline de la catégorie luxe américaine avec carrosserie aérodynamique et nouveau V8 4,6 litres (ACT), s.d. ABS et dispositif antipatinage. Lancement décembre 1990.

4.6 V8 – 193 PS Benzineinspritzung

Karosserie, Gewicht: Limousine, 4 Türen, 6 Sitze; leer ab 1720 kg.

Motor: (SAE), 8 Zyl. in V 90° (90.2×90 mm), 4601 cm³; Kompr. 9:1; 142 kW (193 PS) bei 4250/min, 30.9 kW/L (42 PS/L); 360 Nm (36.7 mkp) bei 3250/min; 91 ROZ. Mit Doppelauspuff: 157 kW (213 PS).

Motorkonstruktion: 2×1 obenl. Nockenwelle (Kette); Leichtmetall-Zylinderköpfe; 5fach gelagerte Kurbelwelle; Öl 4.7 L; elektron. Einspritzung, Ford EEC-V. Batterie 72 Ah, Alternator 130 A; Wasserkühlung, Inh. 13.2 L.

Kraftübertragung: (auf Hinterräder), a.W. Antriebsschlupfregelung.
4-Stufen-Automat: I. 2.84; II. 1.56; III. 1; IV. 0.7; R 2.32; Achse 3.27.

Fahrgestell: Kastenrahmen mit Traversen; vorn doppelte Dreieckquerlenker, hinten Starrachse, Längslenker, Schräglenker, Teleskopdämpfer; v/h Kurvenstabilisator, Schraubenfedern.

Fahrwerk: Vierrad-Scheibenbremse (vorn belüftet), Scheiben-∅ v. 28.7 cm, h. 28.2 cm, a.W. ABS, Teves; Fussfeststellbremse auf Hinterräder; Kugelumlauflenkung mit Servo, Treibstofftank 76 L; Reifen 215/70 R 15, 225/60 R 16; Felgen 6.5 J, 7 J.

4.6 V8 – 193 ch Injection d'essence

Carrosserie, poids: Berline, 4 portes, 6 places; vide dès 1720 kg.

Moteur: (SAE), 8 cyl. en V 90° (90.2×90 mm), 4601 cm³; compr. 9:1; 142 kW (193 ch) à 4250/min, 30.9 kW/L (42 ch/L); 360 Nm (36.7 mkp) à 3250/min; 91 (R). Avec double échapp.: 157 kW (213 ch).

Moteur (constr.): 2×1 arbre à cames en tête (chaîne); culasses en alliage léger; vilebrequin à 5 paliers; huile 4.7 L; injection électronique, Ford EEC-V. Batterie 72 Ah, alternateur 130 A; refroidissement à eau, capac. 13.2 L.

Transmission: (sur roues AR), s.d. dispositif antipatinage.
Boîte aut. à 4 vit.: I. 2.84; II. 1.56; III. 1; IV. 0.7; AR 2.32; pont 3.27.

Châssis: Cadre à caisson avec traverses; AV leviers triang. transv. doubles, AR essieu rigide, bras longitud., triangles obliques, amortiss. télescop.; AV/AR barre anti-dévers, ressorts hélic.

Train roulant: quatre freins à disques (AV ventilés), ∅ disques AV 28.7 cm, AR 28.2 cm, ABS s. d., Teves; frein de stationn. à pied sur roues AR; direction à circuit de billes assistée, réservoir carb. 76 L; pneus 215/70 R 15, 225/60 R 16; jantes 6.5 J, 7 J.

Mercury Grand Marquis

Dimensionen: Radstand 291 cm, Spur 160/161 cm, Bodenfreih. 15 cm, Wendekreis 13.1 m, Kofferraum 585 dm³, Länge 538 cm, Breite 198 cm, Höhe 144 cm.

Fahrleistungen: Vmax (Red.) 190 km/h, V bei 1000/min im 4. Gang 54.6 km/h; Leistungsgew. 12.1 kg/kW (8.9 kg/PS); Verbrauch EPA 9.4/13.8 L/100 km.

Dimensions: empattement 291 cm, voie 160/161 cm, garde au sol 15 cm, diam. de braq. 13.1 m, coffre 585 dm³, longueur 538 cm, largeur 198 cm, hauteur 144 cm.

Performances: Vmax (réd.) 190 km/h, V à 1000/min en 4. vit. 54.6 km/h; rapp. poids/puiss. 12.1 kg/kW (8.9 kg/ch); consomm. EPA 9.4/13.8 L/100 km.

Mercury Villager

Dreitüriger Minivan mit Heckklappe, auf Basis des Nissan Quest, 3-Liter-V6-Motor, Getriebeautomat. Debüt Sommer 1992.

Minivan à trois portes et hayon AR, basant sur la Nissan Quest, moteur 3 litres V6, boîte automatique. Lancement été 1992.

3.0 V6 – 154 PS Benzineinspritzung

Karosserie, Gewicht: Minivan, 4 Türen, 5+2 Sitze; leer ab 1710 kg.

Motor: (SAE), 6 Zyl. in V 60° (87×83 mm), 2960 cm³; Kompr. 9:1; 113 kW (154 PS) bei 4800/min, 38.2 kW/L (51.9 PS/L); 236 Nm (24.1 mkp) bei 4400/min; 91 ROZ.

Motorkonstruktion: Bezeichnung Nissan VG 30E; Ventile in V; 2×1 obenl. Nockenwelle (Zahnriemen); Leichtmetall-Zylinderköpfe; 4fach gelagerte Kurbelwelle; Öl 4 L; elektron. Einspritzung. Batterie 60 Ah, Alternator 110 A; Wasserkühlung, Inh. 13 L.

3.0 V6 – 154 ch Injection d'essence

Carrosserie, poids: Minivan, 4 portes, 5+2 places; vide dès 1710 kg.

Moteur: (SAE), 6 cyl. en V 60° (87×83 mm), 2960 cm³; compr. 9:1; 113 kW (154 ch) à 4800/min, 38.2 kW/L (51.9 ch/L); 236 Nm (24.1 mkp) à 4400/min; 91 (R).

Moteur (constr.): désignation Nissan VG 30E; soupapes en V; 2×1 arbre à cames en tête (courroie crantée); culasses en alliage léger; vilebrequin à 4 paliers; huile 4 L; injection électronique. Batterie 60 Ah, alternateur 110 A; refroidissement à eau, capac. 13 L.

Mercury • Metrocab

Mercury Villager

Kraftübertragung: (auf Vorderräder). 4-Stufen-Automat: I. 2.79; II. 1.54; III. 1; IV. 0.69; R 2.26; Achse 3.86.

Fahrgestell: Selbsttragende Karosserie; vorn Federbeine und Dreieckquerlenker, Kurvenstabilisator, Schraubenfedern; hinten Starrachse, Blattfedern; v/h Teleskopdämpfer.

Fahrwerk: Bremse, vorne Scheiben (belüftet), hinten Trommeln, Scheiben-∅ v. 27.7 cm, a.W. ABS, Feststellbremse auf Hinterräder; Zahnstangenlenkung mit Servo, Treibstofftank 76 L; Reifen 205/75 R 15, 215/70 R 15, Felgen 5.5 J, 6.5 J.

Dimensionen: Radstand 285 cm, Spur 161/161 cm, Bodenfreih. 15 cm, Wendekreis 12 m, Kofferraum 305/3570 dm³, Länge 483 cm, Breite 187 cm, Höhe 167 cm.

Fahrleistungen: Vmax (Werk) 169 km/h, V bei 1000/min im 4. Gang 46 km/h; 0–100 km/h 12 s; Leistungsgew. 15.1 kg/kW (11.2 kg/PS); Verbrauch EPA 10.2/13.8 L/100 km.

Transmission: (sur roues AV). Boîte aut. à 4 vit.: I. 2.79; II. 1.54; III. 1; IV. 0.69; AR 2.26; pont 3.86.

Châssis: carrosserie autoporteuse; AV jambes élast. et leviers triang. transv., barre anti-dévers, ressorts hélic.; AR essieu rigide, ressorts à lames; AV/AR amortiss. télescop.

Train roulant: frein, AV à disques (ventilés), AR à tambours, ∅ disques AV 27.7 cm, ABS s. d., frein de stationnement sur roues AR; servodirection à crémaillère, réservoir carb. 76 L; pneus 205/75 R 15, 215/70 R 15, jantes 5.5 J, 6.5 J.

Dimensions: empattement 285 cm, voie 161/161 cm, garde au sol 15 cm, diam. de braq. 12 m, coffre 305/3570 dm³, longueur 483 cm, largeur 187 cm, hauteur 167 cm.

Performances: Vmax (usine) 169 km/h, V à 1000/min en 4. vit. 46 km/h; 0–100 km/h 12 s; rapp. poids/puiss. 15.1 kg/kW (11.2 kg/ch); consomm. EPA 10.2/13.8 L/100 km.

Mercury Mountaineer

Geländewagen auf Basis des Ford Expedition. Debüt Januar 1996 Detroit.

Voiture tout-terrain sur base de la Ford Expedition. Lancement jan. 1996 Detroit.

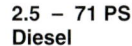

4.9 V8 – 213 PS Benzineinspritzung

4.9 V8 – 213 ch Injection d'essence

Karosserie, Gewicht: Station Wagon, 5 Türen, 5 Sitze; leer ab ca. 1780 kg.

Motor: (SAE), 8 Zyl. in V 90° (101.6×76.2 mm), 4942 cm³; Kompr. 8.8:1; 157 kW (213 PS) bei 4600/min, 31.8 kW/L (43.2 PS/L) 373 Nm (38 mkp) bei 3000/min; 91 ROZ.

Motorkonstruktion: zentrale Nockenwelle (Kette); 5fach gelagerte Kurbelwelle; Öl 4.7 L; elektron. Einspritzung, Ford EEC-V. Batterie 72 Ah, Alternator 130 A; Wasserkühlung, Inh. 13.8 L.

Carrosserie, poids: Station-wagon, 5 portes, 5 places; vide dès env. 1780 kg.

Moteur: (SAE), 8 cyl. en V 90° (101.6×76.2 mm), 4942 cm³; compr. 8.8:1; 157 kW (213 ch) à 4600/min, 31.8 kW/L (43.2 ch/L); 373 Nm (38 mkp) à 3000/min; 91 (R).

Moteur (constr.): arbre à cames central (chaîne); vilebrequin à 5 paliers; huile 4.7 L; injection électronique, Ford EEC-V. Batterie 72 Ah, alternateur 130 A; refroidissement à eau, capac. 13.8 L.

Kraftübertragung: (auf Hinterräder oder alle Räder), a.W. Differentialbremse hinten. 4-Stufen-Automat: I. 2.84; II. 1.56; III. 1; IV. 0.7; R 2.32; Achse 2.69.

Fahrgestell: Kastenrahmen mit Traversen; vorn doppelte Dreieckquerlenker, Torsionsfederstäbe, 2WD Schraubenfedern, Kurvenstabilisator; hinten Starrachse, Längslenker, Schräglenker, Panhardstab, Schraubenfedern, a.W. Luftfederung mit Niveauregulierung; v/h Kurvenstabilisator, Teleskopdämpfer.

Fahrwerk: Vierrad-Scheibenbremse (vorn belüftet), Scheiben-∅ v. 28.7 cm, h. 28.5 cm, ABS, Fussfeststellbremse auf Hinterräder; Zahnstangenl. mit Servo, Treibstofftank 79 L; Reifen 235/75 R 15, Felgen 7 J.

Dimensionen: Radstand 283 cm, Spur 149/149 cm, Bodenfreih. 17 cm, Wendekreis 12.3 m, Kofferraum 2310 dm³, Länge 479 cm, Breite 178 cm, Höhe 169 cm.

Fahrleistungen: Vmax (Red.) 180 km/h, V bei 1000/min im 4. Gang 62.2 km/h; Leistungsgew. 11.3 kg/kW (8.4 kg/PS); Verbrauch EPA 13.1/16.8 L/100 km.

Transmission: (sur roues AR ou toutes les roues), différentiel autobloquant AR s.d. Boîte aut. à 4 vit.: I. 2.84; II. 1.56; III. 1; IV. 0.7; AR 2.32; pont 2.69.

Châssis: Cadre à caisson avec traverses; AV leviers triang. transv. doubles, barres de torsion, 2WD ressorts hélic., barre anti-dévers; AR essieu rigide, bras longitud., triangles obliques, barre Panhard, ressorts hélic., s.d. ressorts à air avec réglage du niveau; AV/AR barre anti-dévers, amortiss. télesc.

Train roulant: quatre freins à disques (AV ventilés), ∅ disques AV 28.7 cm, AR 28.5 cm, ABS, frein de station. à pied sur roues AR; servodirection à crémaillère, réservoir carb. 79 L; pneus 235/75 R 15, jantes 7 J.

Dimensions: empattement 283 cm, voie 149/149 cm, garde au sol 17 cm, diam. de braq. 12.3 m, coffre 2310 dm³, longueur 479 cm, largeur 178 cm, hauteur 169 cm.

Performances: Vmax (réd.) 180 km/h, V à 1000/min en 4. vit. 62.2 km/h; rapp. poids/puiss. 11.3 kg/kW (8.4 kg/ch); consomm. EPA 13.1/16.8 L/100 km.

Metrocab — GB

Hooper Metrocab, Tamworth, Staffordshire, England

Bekannter englischer Karossier.

Carrossier anglais bien connu.

Metrocab Taxi

Robuste Limousine mit 6 Sitzen für Taxibetriebe. Kunststoff-Karosserie mit Stahlgerippe auf Kastenrahmen montiert. Antriebseinheit mit man. oder autom. Getriebe von Ford. Produktion seit 1991 bei Hooper.

Berline robuste avec 6 places pour entreprises de taxi. Carrosserie en matière synthétique fixée sur un cadre à caisson. Moteur et boîte manuelle ou autom. de Ford. Production depuis 1991 chez Hooper.

2.5 – 71 PS Diesel

2.5 – 71 ch Diesel

Metrocab

Karosserie, Gewicht: (DIN) Limousine, 4 Türen, 6 Sitze; leer 1830 kg, max. zul. 2220 kg.

Motor: (DIN), 4 Zyl. in Linie (93.7×90.5 mm), 2496 cm³; Kompr. 20.6:1; 52 kW (71 PS) bei 4000/min, 20.8 kW/L (28.3 PS/L); 146 Nm (14.9 mkp) bei 2500/min; Dieselöl.

Motorkonstruktion: Bezeichnung Ford FSE 425; direkt eingespritzter Diesel; seitl. Nockenwelle (Zahnriemen); Grauguss-Zylinderkopf und -block; 5fach gelagerte Kurbelwelle; Öl 7.5 L; Einspritzpumpe, CAV. Batterie 68 Ah, Alternator 70 A; Wasserkühlung, Inh. 10 L.

Kraftübertragung: (auf Hinterräder). 5-Gang-Getriebe: I. 3.9; II. 0.28; III. 1.38; IV. 1; V. 0.82; R 3.51; Achse 4.56. 4-Stufen-Automat: A4LD; I. 2.47; II. 1.47; III. 1; IV. 0.75; R 2.11; Achse 4.56.

Fahrgestell: Kastenrahmen mit Traversen; vorn Dreieckquerlenker, Schraubenfedern; hinten Starrachse, Halbelliptikfedern, Teleskopdämpfer.

Carrosserie, poids: (DIN) Berline, 4 portes, 6 places; vide 1830 kg, tot. adm. 2220 kg.

Moteur: (DIN), 4 cyl. en ligne (93.7×90.5 mm), 2496 cm³; compr. 20.6:1; 52 kW (71 ch) à 4000/min, 20.8 kW/L (28.3 ch/L); 146 Nm (14.9 mkp) à 2500/min; gazole.

Moteur (constr.): désignation Ford FSE 425; diesel à injection directe; arbre à cames latéral (courroie crantée); culasse et bloc-cyl. en fonte; vilebrequin à 5 paliers; huile 7.5 L; pompe à injection, CAV. Batterie 68 Ah, alternateur 70 A; refroidissement à eau, capac. 10 L.

Transmission: (sur roues AR). Boîte à 5 vit.: I. 3.9; II. 0.28; III. 1.38; IV. 1; V. 0.82; AR 3.51; pont 4.56. Boîte aut. à 4 vit.: A4LD; I. 2.47; II. 1.47; III. 1; IV. 0.75; AR 2.11; pont 4.56.

Châssis: Cadre à caisson avec traverses; AV leviers triang. transv., ressorts hélicoïdaux; AR essieu rigide, ressorts semi-ellipt., barre anti-dévers, amortiss. télesc.

Mercury Mountaineer

Metrocab • MG • Mini

Fahrwerk: Vierradtrommelbremse, Handbremse auf Hinterräder; Servolenkung, Treibstofftank 64 L; Reifen 175 R 16, Felgen 4.5 J.

Dimensionen: Radstand 290 cm, Spur 142/147 cm, Wendekreis 8.8 m, Länge 450.5 cm, Breite 176 cm, Höhe 175 cm.

Fahrleistungen: Vmax (Red.) 125 km/h, V bei 1000/min im 5. Gang 33.4 km/h; Leistungsgew. 34 kg/kW (24.9 kg/PS); Verbrauch (Red.) 8/10 L/100 km.

Train roulant: quatre freins à tambours, frein à main sur roues AR; direction assistée, réservoir carb. 64 L; pneus 175 R 16, jantes 4.5 J.

Dimensions: empattement 290 cm, voie 142/147 cm, diam. de braq. 8.8 m, longueur 450.5 cm, largeur 176 cm, hauteur 175 cm.

Performances: Vmax (réd.) 125 km/h, V à 1000/min en 5. vit. 33.4 km/h; rapp. poids/puiss. 34 kg/kW (24.9 kg/ch); consomm. (Red.) 8/10 L/100 km.

MG — GB

Rover Cars, Canley Road, Canley, Coventry CV5 6QX, England

Marke der früheren Nuffield-Organisation, die heute zur Rover-Gruppe gehört. Traditionsreiche Sportwagenmarke.

Marque de l'ancien org. Nuffield, appart. aujourd'hui à Rover. Marque spéc. dans la constr. de voitures de sport.

MGF

Mittelmotor-Sportwagen mit 1.8/16V-Vierzylindermotor (120 oder 150 PS) und 5-Gang-Getriebe. Debüt März 1995, Automobilsalon Genf.

Voiture de sport avec moteur central, quatre cyl., 1.8/16 soupapes (120 ou 150 ch) et boîte à 5 vit. Lancement mars 1995, salon de l'automobile Genève.

1.8 16V – 120 PS Benzineinspritzung

Karosserie, Gewicht: Cabriolet, 2 Türen, 2 Sitze; leer ab 1060 kg, max. zul. 1320 kg.

Motor: (ECE), 4 Zyl. in Linie (80×89.3 mm), 1795 cm^3; Kompr. 10.5:1; 88 kW (120 PS) bei 5500/min, 49 kW/L (66.6 PS/L); 166 Nm (16.9 mkp) bei 3000/min; 95 ROZ.

Motorkonstruktion: Bezeichnung K-Series; 4 Ventile in V; 2 obenl. Nockenwellen (Zahnriemen); Leichtmetall-Zylinderkopf und -block; 5fach gelagerte Kurbelwelle; Ölkühler; Öl 5 L; elektron. Einspritzung. Batterie 45 Ah, Alternator 60 A; Wasserkühlung, Inh. 6 L.

Kraftübertragung: (auf Hinterräder). 5-Gang-Getriebe: I. 3.17; II. 1.84; III. 1.31; IV. 1.03; V. 0.77; R 3.1; Achse 3.94.

Fahrgestell: Selbsttragende Karosserie mit vorderem und hinterem Hilfsrahmen; vorn oberer Querlenker, unterer Dreieckquerlenker; hinten untere und obere Querlenker, Schubstrebe, Spurstangen; v/h Hydragas-Verbundfederung.

Fahrwerk: Vierrad-Scheibenbremse (vorn belüftet), Scheiben-Ø v. 24 cm, h. 24 cm, a.W. ABS, Handbremse auf Hinterräder; Zahnstangenlenkung, a.W. mit Servo, Treibstofftank 50 L; Reifen v. 185/55 VR 15, h. 205/50 VR 15, Felgen 6 J.

Dimensionen: Radstand 237.5 cm, Spur 140/141 cm, Bodenfreih. 12 cm, Wendekreis 10.5 m, Kofferraum 210 dm^3, Länge 392 cm, Breite 163 cm, Höhe 126 cm.

1.8 16V – 120 ch Injection d'essence

Carrosserie, poids: Cabriolet, 2 portes, 2 pl.; vide dès 1060 kg, tot. adm. 1320 kg.

Moteur: (ECE), 4 cyl. en ligne (80×89.3 mm), 1795 cm^3; compr. 10.5:1; 88 kW (120 ch) à 5500/min, 49 kW/L (66.6 ch/L); 166 Nm (16.9 mkp) à 3000/min; 95 (R).

Moteur (constr.): désignation K-Series; 4 soupapes en V; 2 arbres à cames en tête (courroie crantée); culasse et bloc-cyl. en alliage léger; vilebrequin à 5 paliers; radiat. d'huile; huile 5 L; injection électronique. Batterie 45 Ah, alternateur 60 A; refroidissement à eau, capac. 6 L.

Transmission: (sur roues AR). Boîte à 5 vit.: I. 3.17; II. 1.84; III. 1.31; IV. 1.03; V. 0.77; AR 3.1; pont 3.94.

Châssis: carrosserie autoporteuse avec faux-châssis AV et AR; AV levier transv. sup., leviers triang. transv. inf.; AR leviers transversaux inf. et sup., barre de poussée, biellettes supplém.; AV/AR suspension Hydragas liée.

Train roulant: quatre freins à disques (AV ventilés), Ø disques AV 24 cm, AR 24 cm, ABS s. d., frein à main sur roues AR; direction à crémaillère, s.d. avec servo, réservoir carb. 50 L; pneus AV 185/55 VR 15, AR 205/50 VR 15, jantes 6 J.

Dimensions: empattement 237.5 cm, voie 140/141 cm, garde au sol 12 cm, diam. de braq. 10.5 m, coffre 210 dm^3, longueur 392 cm, largeur 163 cm, hauteur 126 cm.

MGF

Fahrleistungen: Vmax (Werk) 193 km/h, V bei 1000/min im 5. Gang 35.6 km/h; 0–100 km/h 9.2 s; 0–97 km/h 8.5 s; steh. km 31.3 s; Leistungsgew. 12 kg/kW (8.8 kg/PS); Verbrauch ECE 5.1/6.7/8.3 L/100 km.

Performances: Vmax (usine) 193 km/h, V à 1000/min en 5. vit. 35.6 km/h; 0–100 km/h 9.2 s; 0–97 km/h 8.5 s; km arrêté 31.3 s; rapp. poids/puiss. 12 kg/kW (8.8 kg/ch); consomm. ECE 5.1/6.7/8.3 L/100 km.

1.8 16V – 145 PS Benzineinspritzung

Wie 1.8 – 120 PS, ausgenommen:

Karosserie, Gewicht: Cabriolet; leer ab 1070 kg.

Motor: (ECE), 4 Zyl. in Linie (80×89.3 mm), 1795 cm^3; Kompr. 10.5:1; 107 kW (145 PS) bei 7000/min, 59.6 kW/L (81 PS/L); 174 Nm (17.7 mkp) bei 4500/min; 95 ROZ.

Motorkonstruktion: Bezeichnung K-Series mit variablen Steuerzeiten (VVC.); 4 Ventile in V; 2 obenl. Nockenwellen (Zahnriemen); Leichtmetall-Zylinderkopf und -block; 5fach gelagerte Kurbelwelle; Ölkühler; Öl 5 L; elektron. Einspritzung. Batterie 45 Ah, Alternator 60 A; Wasserkühlung, Inh. 6 L.

Kraftübertragung: (auf Hinterräder). 5-Gang-Getriebe: I. 3.17; II. 1.84; III. 1.31; IV. 1.03; V. 0.77; R 3.1; Achse 4.2.

Fahrleistungen: Vmax (Werk) 209 km/h, V bei 1000/min im 5. Gang 33.3 km/h; 0–100 km/h 7.7 s; 0–97 km/h 7 s; steh. km 29.2 s; Leistungsgew. 10 kg/kW (7.4 kg/PS); Verbrauch ECE 5.1/6.3/9.3 L/100 km.

1.8 16V – 145 ch Injection d'essence

Comme 1.8 – 120 ch, sauf:

Carrosserie, poids: Cabriolet; vide dès 1070 kg.

Moteur: (ECE), 4 cylindres en ligne (80×89.3 mm), 1795 cm^3; compression 10.5:1; 107 kW (145 ch) à 7000/min, 59.6 kW/L (81 ch/L); 174 Nm (17.7 mkp) à 4500/min; 95 (R).

Moteur (constr.): désignation K-Series avec variablen Steuerzeiten (VVC.); 4 soupapes en V; 2 arbres à cames en tête (courroie crantée); culasse et bloc-cyl. en alliage léger; vilebrequin à 5 paliers; radiat. d'huile; huile 5 L; injection électronique. Batterie 45 Ah, alternateur 60 A; refroidissement à eau, capac. 6 L.

Transmission: (sur roues AR). Boîte à 5 vit.: I. 3.17; II. 1.84; III. 1.31; IV. 1.03; V. 0.77; AR 3.1; pont 4.2.

Performances: Vmax (usine) 209 km/h, V à 1000/min en 5. vit. 33.3 km/h; 0–100 km/h 7.7 s; 0–97 km/h 7 s; km arrêté 29.2 s; rapp. poids/puiss. 10 kg/kW (7.4 kg/ch); consomm. ECE 5.1/6.3/9.3 L/100 km.

Mini — GB

Rover Group Ltd., Canley, Coventry, CV4 9DB, England

Marke der Rover Group Ltd.

Marque de la Rover Group Ltd.

Mini

Viersitziger, zweitüriger Kleinwagen mit Quermotor, Frontantrieb. Werksbezeichnung ADO 15. Debüt Sommer 1959. Für 1997 nur mit 1.3 63 PS, als Mini und Mini Cooper.

Petite voiture à quatre places et deux portes. Moteur transversal et traction AV. Désignation d'usine ADO 15. Pour 1997 seulement avec 1.3 63 ch comme Mini et Mini Cooper.

1.3 – 63 PS Benzineinspritzung

Karosserie, Gewicht: Limousine, 2 Türen, 4 Sitze; leer ab 695 kg.

Motor: (ECE), 4 Zyl. in Linie (70.6×81.33 mm), 1274 cm^3; Kompr. 10.5:1; 46 kW (63 PS) bei 5500/min, 36.1 kW/L (49.1 PS/L); 95 Nm (9.7 mkp) bei 3000/min; 95 ROZ.

Motorkonstruktion: Bezeichnung A-Plus; seitl. Nockenwelle (Kette); 3fach gelagerte Kurbelwelle; Öl 4.8 L; elektron. Einspr. Batterie 30 Ah, Alternator 34 A; Wasserkühlung, Inh. 3.6 L.

Kraftübertragung: (auf Vorderräder). 4-Gang-Getriebe: I. 3.65; II. 2.19; III. 1.43; IV. 1; R 3.67; Achse 3.11.

1.3 – 63 ch Injection d'essence

Carrosserie, poids: Berline, 2 portes, 4 places; vide dès 695 kg.

Moteur: (ECE), 4 cyl. en ligne (70.6×81.33 mm), 1274 cm^3; compr. 10.5:1; 46 kW (63 ch) à 5500/min, 36.1 kW/L (49.1 ch/L); 95 Nm (9.7 mkp) à 3000/min; 95 (R).

Moteur (constr.): désignation A-Plus; arbre à cames latéral (chaîne); vilebrequin à 3 paliers; huile 4.8 L; injection électronique. Batterie 30 Ah, alternateur 34 A; refroidissement à eau, capac. 3.6 L.

Transmission: (sur roues AV). Boîte à 4 vit.: I. 3.65; II. 2.19; III. 1.43; IV. 1; AR 3.67; pont 3.11.

Mini • Mitsubishi

Mini Cooper

Fahrgestell: Selbsttragende Karosserie mit vorderem und hinterem Hilfsrahmen; vorn Querlenker; hinten Längslenker; v/h Gummifederelemente, Teleskopdämpfer.

Fahrwerk: Bremse, vorne Scheiben, hinten Trommeln, Scheiben-Ø v. 21.3 cm, Handbremse auf Hinterräder; Zahnstangenlenkung, Treibstofftank 34 L; Reifen 145/70 R 12, Felgen 4.5 J; a.W. 175/50 R 13, 6 J.

Dimensionen: Radstand 204 cm, Spur 124/121 cm, Bodenfreih. 15 cm, Wendekreis 8.6 m, Kofferraum 120 dm³, Länge 305 cm, Breite 141 cm, Höhe 135 cm.

Fahrleistungen: Vmax (Werk) 145 km/h, V bei 1000/min im 4. Gang 30 km/h; 0–97 km/h 12.2 s; Leistungsgew. 15 kg/kW (11 kg/PS); Verbrauch EU 5.5/8.5 L/100 km.

Châssis: carrosserie autoporteuse avec faux-châssis AV et AR; AV leviers transv.; AR bras longitud.; AV/AR éléments en caoutchouc, amortiss. télescop.

Train roulant: frein, AV à disques, AR à tambours, Ø disques AV 21.3 cm, frein à main sur roues AR; direction à crémaillère, réservoir carb. 34 L; pneus 145/70 R 12, jantes 4.5 J, s.D 175/50 R 13, 6 J.

Dimensions: empattement 204 cm, voie 124/121 cm, garde au sol 15 cm, diam. de braq. 8.6 m, coffre 120 dm³, longueur 305 cm, largeur 141 cm, hauteur 135 cm.

Performances: Vmax (usine) 145 km/h, V à 1000/min en 4. vit. 30 km/h; 0–97 km/h 12.2 s; rapp. poids/puiss. 15 kg/kW (11 kg/ch); consomm. EU 5.5/8.5 L/100 km.

Motor: (JIS), 4 Zyl. in Linie (60×58.3 mm), 659 cm³; Kompr. 10:1; 40 kW (54 PS) bei 7000/min, 60.7 kW/L (82.5 PS/L); 60 Nm (6.1 mkp) bei 5000/min; 91 ROZ.
Oder 37 kW (50 PS) bei 7500/min; 56 Nm (5,7 mkp) bei 5500/min.
Mit 3-Zyl. (65×66 mm, 657 cm³); 29 kW (40 PS) bei 6000/min; 51 Nm (5,2 mkp) bei 4000/min.

Motorkonstruktion: Bezeichnung 4A 30; 4 Ventile in V; 1 obenl. Nockenwelle (Zahnriemen); Leichtmetall-Zylinderkopf; 5fach gelagerte Kurbelwelle; Öl 3 L; elektron. Einspritzung.
Batterie 24 Ah, Alternator 35 A; Wasserkühlung, Inh. 4.5 L.

Kraftübertragung: (auf Vorderräder oder alle Räder).
5-Gang-Getriebe: I. 3.54; II. 2.05; III. 1.39; IV. 0.97; V. 0.81; R 3.5; Achse 5.86; (4-Gang, Achse 5,2).
4WD: 5-Gang-Getriebe: I. 3.92; II. 2.35; III. 1.58; IV. 1.09; V. 0.89; R 3.91; Achse 5,92.
4-Stufen-Aut.: I. 2.85; II. 1.58; III. 1; IV. 0.69; R 2.18; Achse 5.82; Achse 4WD 6,04 oder 5,7; (3-Stufen-Aut., Achse 4,85 oder 4,54).

Fahrgestell: Selbsttragende Karosserie; vorn Federbeine und Dreieckquerlenker; hinten Torsionskurbelachse, Längslenker, Panhardstab, Schraubenfedern, Teleskopdämpfer, a.W. Kurvenstabilisator.

Fahrwerk: Vierrad-Scheibenbremse, einige Modelle hinten Trommeln, a.W. ABS, Handbremse auf Hinterräder; Zahnstangenlenkung, a.W. mit Servo, Treibstofftank 34 L; Reifen 145/65 R 13, 135 R 12, 145/70 R 12; Felgen 4 J, 4.5 J.

Moteur: (JIS), 4 cyl. en ligne (60×58.3 mm), 659 cm³; compr. 10:1; 40 kW (54 ch) à 7000/min, 60.7 kW/L (82.5 ch/L); 60 Nm (6.1 mkp) à 5000/min; 91 (R).
Ou 37 kW (50 ch) à 7500/min; 56 Nm (5,7 mkp) à 5500/min.
Avec 3 cyl. (65×66 mm, 657 cm³); 29 kW (40 ch) à 6000/min; 51 Nm (5,2 mkp) à 4000/min.

Moteur (constr.): désignation 4A 30; 4 soupapes en V; 1 arbre à cames en tête (courroie crantée); culasse en alliage léger; vilebrequin à 5 paliers; huile 3 L; injection électronique.
Batterie 24 Ah, alternateur 35 A; refroidissement à eau, capac. 4.5 L.

Transmission: (sur roues AV ou toutes les roues).
Boîte à 5 vit.: I. 3.54; II. 2.05; III. 1.39; IV. 0.97; V. 0.81; AR 3.5; pont 5.86; (4 vit. pont 5,2).
4WD: boîte à 5 vit.: I. 3.92; II. 2.35; III. 1.58; IV. 1.09; V. 0.89; AR 3.91; pont 5,92.
Boîte aut. à 4 vit.: I. 2.85; II. 1.58; III. 1; IV. 0.69; AR 2.18; pont 5.82; pont 4WD 6,04 ou 5,7; (automat. 3 vit., pont 4,85 ou 4,54).

Châssis: carrosserie autoporteuse; AV jambes élast. et leviers triang. transv.; AR essieu à manivelles à torsion, bras longitud., barre Panhard, ressorts hélicoïdaux, amortiss. télesc., s.d. barre anti-dévers.

Train roulant: quatre freins à disques, quelques modèles AR à tambours, ABS s. d., frein à main sur roues AR; direction à crémaillère, s.d. avec servo, réservoir carb. 34 L; pneus 145/65 R 13, 135 R 12, 145/70 R 12; jantes 4 J, 4.5 J.

Mitsubishi J

Mitsubishi Heavy Industries, Ltd., 10,2-chome Marunouchi, Chiyoda-ku, Tokyo, Japan

Personenwagenmarke, Erzeugnis eines Grossunternehmens der japanischen Schwerindustrie.

Marque de voitures fabriquées par une importante entreprise japonaise de l'industrie lourde.

Mitsubishi Minica

Microcar mit Quermotor und Frontantrieb, a.W. 4WD. Debüt Frühling 1984. Januar 1989: Neuauflage, 4WD permanent. Turbo mit 5 Ventilen pro Zyl. 1990: Grössere Motoren und 10 cm mehr Länge, Modell Toppo mit Hochdach. September 1993: Neuauflage mit 4 Zyl./16V.

Microcar avec moteur transv. et traction, s.d. 4WD. Lancement printemps 1984. Janv. 1989: Nouv. édition, 4WD permanent; turbo avec 5 soupapes par cyl. 1990: Moteurs aggrandis, longueur + 10 cm, Toppo avec toit rehaussé. Sept. 1993: Gamme renouvelée avec 16S.

0.7 16V – 54 PS Benzineinspritzung

0.7 16V – 54 ch Injection d'essence

Karosserie, Gewicht: Limousine, 3/5 Türen; 4 Sitze; leer ab 590 kg.
4WD: leer ab 690 kg.
Station Wagon, 3/4 Türen; 4 Sitze; leer ab 640 kg.

Carrosserie, poids: Berline, 3/5 portes; 4 places; vide dès 590 kg.
4WD: vide dès 690 kg.
Station-wagon, 3/4 portes; 4 places; vide dès 640 kg.

Mitsubishi Minica

Mitsubishi Minica Toppo

Dimensionen: Radstand 228 cm, Spur 121.5/121.5 cm, Bodenfreih. 15 cm, Wendekreis 9 m, Länge 329.5 cm, Breite 139.5 cm, Höhe 147 cm. Station Wagon Toppo: Höhe ca. 170 cm.

Fahrleistungen: Vmax (Red.) über 125 km/h, V bei 1000/min im 5. Gang 20 km/h; Leistungsgew. 14.7 kg/kW (10.7 kg/PS); Verbrauch (Red.) 4/7 L/100 km.

Dimensions: empattement 228 cm, voie 121.5/121.5 cm, garde au sol 15 cm, diam. de braq. 9 m, longueur 329.5 cm, largeur 139.5 cm, hauteur 147 cm. Station Wagon Toppo: hauteur env. 170 cm.

Performances: Vmax (réd.) plus de 125 km/h, V à 1000/min en 5. vit. 20 km/h; rapp. poids/puiss. 14.7 kg/kW (10.7 kg/ch); consomm. (Réd.) 4/7 L/100 km.

0.7 20V – 64 PS Benzineinspritzung/Turbo

0.7 20V – 64 ch Injection d'essence/turbo

Wie 0.7 – 54 PS, ausgenommen:

Comme 0.7 – 54 ch, sauf:

Karosserie, Gewicht: Limousine; leer ab 700 kg.
Wagon, leer ab 760 kg.

Carrosserie, poids: Berline; vide dès 700 kg.
Wagon, vide dès 760 kg.

Motor: (JIS), 4 Zyl. in Linie (60×58.3 mm), 659 cm³; Kompr. 8.5:1; 47 kW (64 PS) bei 7000/min, 71.3 kW/L (96.9 PS/L); 97 Nm (9.9 mkp) bei 3500/min; 91 ROZ.

Motorkonstruktion: Bezeichnung 4A 30 DOHC 20V; 5 Ventile in V; 2 obenl. Nockenwellen (Zahnriemen); Leichtmetall-Zylinderkopf; 5fach gelagerte Kurbelwelle; Ölkühler Öl 3 L; elektron. Einspritzung, 1 Turbolader, Intercooler.
Batterie 24 Ah, Alternator 35 A; Wasserkühlung, Inh. 4.5 L.

Moteur: (JIS), 4 cyl. en ligne (60×58.3 mm), 659 cm³; compr. 8.5:1; 47 kW (64 ch) à 7000/min, 71.3 kW/L (96.9 ch/L); 97 Nm (9.9 mkp) à 3500/min; 91 (R).

Moteur (constr.): désignation 4A 30 DOHC 20V; 5 soupapes en V; 2 arbres à cames en tête (courroie crantée); culasse en alliage léger; vilebrequin à 5 paliers; radiat. d'huile 3 L; injection électronique, 1 turbocompr., Intercooler.
Batterie 24 Ah, alternateur 35 A; refroidissement à eau, capac. 4.5 L.

Mitsubishi

Kraftübertragung:
5-Gang-Getr: I. 3.55; II. 2.06; III. 1.39; IV. 0.96; V. 0.78; R 3.5; Achse 5.14; 4WD 5.48.
4-Stufen-Automat: I. 2.85; II. 1.58; III. 1; IV. 0.69; R 2.18; Achse 4.94.

Fahrleistungen: Vmax (Red.) über 140 km/h, V bei 1000/min im 5. Gang 24.5 km/h; Leistungsgew. 14.9 kg/kW (10.9 kg/PS); Verbrauch (Red.) 4/9 L/100 km.

Transmission:
Boîte à 5 vit.: I. 3.55; II. 2.06; III. 1.39; IV. 0.96; V. 0.78; AR 3.5; pont 5.14; 4WD 5.48.
Boîte aut. à 4 vit.: I. 2.85; II. 1.58; III. 1; IV. 0.69; AR 2.18; pont 4.94.

Performances: Vmax (réd.) plus de 140 km/h, V à 1000/min en 5. vit. 24.5 km/h; rapp. poids/puiss. 14.9 kg/kW (10.9 kg/ch); consomm. (Red.) 4/9 L/100 km.

Mitsubishi Colt - Lancer - Mirage

Kompaktwagen mit Frontantrieb. Bezeichnung im Export: Colt und Lancer. Oktober 1987: neue Generation, 16V-Motor. 1989: Neue Motoren und 4WD-Varianten. Herbst 1991: Neuauflage, auch V6. Mai 1992: Wagon Libero. Jan. 1995: GSR Evo III mit 270 PS. Herbst 1995: Neuauflage.

Voiture compacte avec traction. Désign. en export: Colt et Lancer. Oct. 1987: Nouvelle génération, moteur 16V. 1989: Nouveaux moteurs, 4WD. Automne 1991: Gamme renouvelée, avec V6. Mai 1992: Wagon Libero. Janv. 1995: GSR Evo III (270 ch). Automne 1995: Nouvelle édition.

1.3 12V – 75 PS Benzineinspritzung

Karosserie, Gewicht: Limousine, 3/4 Türen, 5 Sitze; leer ab 920 kg.

Motor: (DIN), 4 Zyl. in Linie (71×82 mm), 1299 cm³; Kompr. 9.5:1; 55 kW (75 PS) bei 6000/min, 42.3 kW/L (57.5 PS/L); 108 Nm (11 mkp) bei 3000/min; 91 ROZ. JIS: 65 kW (88 PS).

Motorkonstruktion: Bezeichnung 4G 13; 3 Ventile in V; 1 obenl. Nockenwelle (Zahnriemen); Leichtmetall-Zylinderkopf; 5fach gelagerte Kurbelwelle; Öl 3 L; elektron. Einspritzung. Batterie 45 Ah, Alternator 50 A; Wasserkühlung, Inh. 5 L.

Kraftübertragung: (auf Vorderräder).
5-Gang-Getriebe: I. 3.58; II. 1.95; III. 1.34; IV. 0.98; V. 0.8; R 3.42; Achse 4.06; 3.71.
4-Stufen-Automat: I. 2.84; II. 1.53; III. 1; IV. 0.71; R 2.48; Achse 4.04.

Fahrgestell: Selbsttragende Karosserie; vorn Federbeine und Dreieckquerlenker, Kurvenstabilisator; hinten Längs- und Querlenker, Schraubenfedern und koaxiale Dämpfer, a.W. Kurvenstabilisator.

Fahrwerk: Bremse, vorne Scheiben (belüftet), hinten Trommeln, a.W. Scheiben hinten, Scheiben-∅ v. 23.4 cm, a.W. ABS, Handbremse auf Hinterr.; Zahnstangenl., a.W. mit Servo, Treibstofftank 50 L; Reifen 155 R 13, 175/70 R 13, Felgen 4.5 J, 5 J.

Dimensionen: Radstand 241.5 cm, Spur 145/146 cm, Bodenfreih. 12 cm, Wendekreis 10.2 m, Kofferraum 240/1070 dm³, Länge 387 cm, Breite 168 cm, Höhe 137 cm.
Mit 4 Türen: Radstand 250 cm, Wendekreis 10.6 m, Kofferraum 420 dm³, Länge 429 cm, Breite 169 cm, Höhe 139 cm.

Fahrleistungen: Vmax (Werk) 170 km/h, V bei 1000/min im 5. Gang 32.5 km/h; 0–100 km/h 12.5 s; Leistungsgew. 16.7 kg/kW (12.3 kg/PS); Verbrauch ECE 5.1/6.5/7.8 L/100 km.
Aut.: Vmax 160 km/h, 0–100 km/h 15.8 s; Verbrauch ECE 5.4/7.2/8.5 L/100 km.

1.3 12V – 75 ch Injection d'essence

Carrosserie, poids: Berline, 3/4 portes, 5 places; vide dès 920 kg.

Moteur: (DIN), 4 cyl. en ligne (71×82 mm), 1299 cm³; compr. 9.5:1; 55 kW (75 ch) à 6000/min, 42.3 kW/L (57.5 ch/L); 108 Nm (11 mkp) à 3000/min; 91 (R). JIS: 65 kW (88 ch).

Moteur (constr.): désignation 4G 13; 3 soupapes en V; 1 arbre à cames en tête (courroie crantée); culasse en alliage léger; vilebrequin à 5 paliers; huile 3 L; injection électronique. Batterie 45 Ah, alternateur 50 A; refroidissement à eau, capac. 5 L.

Transmission: (sur roues AV).
Boîte à 5 vit.: I. 3.58; II. 1.95; III. 1.34; IV. 0.98; V. 0.8; AR 3.42; pont 4.06; 3.71.
Boîte aut. à 4 vit.: I. 2.84; II. 1.53; III. 1; IV. 0.71; AR 2.48; pont 4.04.

Châssis: carrosserie autoporteuse; AV jambes élast. et leviers triang. transv., barre anti-dévers; AR bras longitud. et transv., ressorts hélicoïdaux et amortisseurs coaxiaux, s.d. barre anti-dévers.

Train roulant: frein, AV à disques (ventilés), AR à tambours, s.d. disques AR, ∅ disques AV 23.4 cm, ABS s.d., frein à main sur roues AR; direction à crémaillère, s.d. avec servo, réservoir carb. 50 L; pneus 155 R 13, 175/70 R 13, jantes 4.5 J, 5 J.

Dimensions: empattement 241.5 cm, voie 145/146 cm, garde au sol 12 cm, diam. de braq. 10.2 m, coffre 240/1070 dm³, longueur 387 cm, largeur 168 cm, hauteur 137 cm.
Avec 4 portes: empattement 250 cm, diam. de braq. 10.6 m, coffre 420 dm³, longueur 429 cm, largeur 169 cm, hauteur 139 cm.

Performances: Vmax (usine) 170 km/h, V à 1000/min en 5. vit. 32.5 km/h; 0–100 km/h 12.5 s; rapp. poids/puiss. 16.7 kg/kW (12.3 kg/ch); consomm. ECE 5.1/6.5/7.8 L/100 km.
Aut.: Vmax 160 km/h, 0–100 km/h 15.8 s; consomm. ECE 5.4/7.2/8.5 L/100 km.

Mitsubishi Lancer

1.5 16V – 110 PS Benzineinspritzung

Wie 1.3 – 75 PS, ausgenommen:

Karosserie, Gewicht: Limousine; leer ab 945 kg.
4WD: leer ab 1060 kg.

Motor: (JIS), 4 Zyl. in Linie (75.5×82 mm), 1468 cm³; Kompr. 9.5:1; 81 kW (110 PS) bei 6000/min, 55.2 kW/L (75 PS/L); 137 Nm (14 mkp) bei 3000/min; 91 ROZ.
1.5 OHC lean burn: Kompr. 9,4:1; 69 kW (94 PS) bei 6000/min, 122 Nm (12,4 mkp) bei 3000/min.

Motorkonstruktion: Bez. 4G 15; 4 Ventile in V; 2 obenl. Nockenwellen (Zahnriemen); Leichtmetall-Zylinderkopf; 5fach gelagerte Kurbelwelle; Öl 3 L; elektron. Einspritzung. Batterie 45 Ah, Alternator 50 A; Wasserkühlung, Inh. 5 L.

Kraftübertragung: (auf Vorderr./4WD).
5-Gang-Getriebe: I. 3.58; II. 1.95; III. 1.34; IV. 0.98; V. 0.8; R 3.42; Achse 3.72; 3.45.
4WD: 5-Gang-Getriebe: I. 3.58; II. 1.95; III. 1.38; IV. 1.03; V. 0.82; R 3.36; Achse 4.06.
4-Stufen-Automat: I. 2.84; II. 1.53; III. 1; IV. 0.71; R 2.48; Achse 4.04; 4.41.

Fahrwerk: Reifen 165 R 13, 185/65 HR 14.

Fahrleistungen: Vmax (Red.) über 180 km/h, 0–100 km/h 10.5 s; Leistungsgew. 11.7 kg/kW (8.6 kg/PS); Verbrauch (Red.) 7/10 L/100 km.

1.6 16V – 90 PS Benzineinspritzung

Wie 1.3 – 75 PS, ausgenommen:

Karosserie, Gewicht: Limousine; leer ab 975 kg, max. zul. 1480 kg.

Motor: (ECE), 4 Zyl. in Linie (81×77.5 mm), 1597 cm³; Kompr. 10:1; 66 kW (90 PS) bei 5500/min, 41.3 kW/L (56.2 PS/L); 137 Nm (14 mkp) bei 4000/min; 95 ROZ.
Auch 133 Nm (13,6 mkp) bei 4500/min.

Motorkonstruktion: Bez. 4G 92; 4 Ventile in V; 1 obenl. Nockenwelle (Zahnriemen); Leichtmetall-Zylinderkopf; 5fach gelagerte Kurbelwelle; Öl 3 L; elektron. Einspr. Batterie 45 Ah, Alternator 75 A; Wasserkühlung, Inh. 5 L.

Kraftübertragung:
5-Gang-Getriebe: I. 3.58; II. 1.95; III. 1.34; IV. 0.98; V. 0.8; R 3.42; Achse 3.71; 3.45.
4-Stufen-Automat: I. 2.84; II. 1.53; III. 1; IV. 0.71; R 2.48; Achse 4.01.

Fahrleistungen: Vmax (Werk) 185 km/h, V bei 1000/min im 5. Gang 35 km/h; 0–100 km/h 10.5 s; Leistungsg. 14.8 kg/kW (10.8 kg/PS); Verbr. ECE 5.3/6.7/8.6 L/100 km.
Mit 3.45-Achse: Vmax 180 km/h, 0–100 km/h 10,7 s; Verbr. ECE 4,7/6,7/8,6 L/100 km.
Aut.: Vmax 180 km/h, 0–100 km/h 12.3 s; Verbrauch ECE 5.8/7.5/9.1 L/100 km.

1.5 16V – 110 ch Injection d'essence

Comme 1.3 – 75 ch, sauf:

Carrosserie, poids: Berline; vide dès 945 kg.
4WD: vide dès 1060 kg.

Moteur: (JIS), 4 cyl. en ligne (75.5×82 mm), 1468 cm³; compr. 9.5:1; 81 kW (110 ch) à 6000/min, 55.2 kW/L (75 ch/L); 137 Nm (14 mkp) à 3000/min; 91 (R).
1.5 OHC lean burn: compr. 9,4:1; 69 kW (94 ch) à 6000/min, 122 Nm (12,4 mkp) à 3000/min.

Moteur (constr.): désign. 4G 15; 4 soupapes en V; 2 arbres à cames en tête (courroie crantée); culasse en alliage léger; vilebr. à 5 paliers; huile 3 L; inj. électronique. Batterie 45 Ah, alternateur 50 A; refroidissement à eau, capac. 5 L.

Transmission: (sur roues AV/4WD).
Boîte à 5 vit.: I. 3.58; II. 1.95; III. 1.34; IV. 0.98; V. 0.8; AR 3.42; pont 3.72; 3.45.
4WD: boîte à 5 vit.: I. 3.58; II. 1.95; III. 1.38; IV. 1.03; V. 0.82; AR 3.36; pont 4.06.
Boîte aut. à 4 vit.: I. 2.84; II. 1.53; III. 1; IV. 0.71; AR 2.48; pont 4.04; 4.41.

Train roulant: pn. 165 R 13, 185/65 HR 14.

Performances: Vmax (réd.) plus de 180 km/h, 0–100 km/h 10.5 s; rapp. poids/puiss. 11.7 kg/kW (8.6 kg/ch); consomm. (Red.) 7/10 L/100 km.

1.6 16V – 90 ch Injection d'essence

Comme 1.3 – 75 ch, sauf:

Carrosserie, poids: Berline; vide dès 975 kg, tot. adm. 1480 kg.

Moteur: (ECE), 4 cyl. en ligne (81×77.5 mm), 1597 cm³; compr. 10:1; 66 kW (90 ch) à 5500/min, 41.3 kW/L (56.2 ch/L); 137 Nm (14 mkp) à 4000/min; 95 (R).
Aussi 133 Nm (13,6 mkp) à 4500/min.

Moteur (constr.): désign. 4G 92; 4 soupapes en V; 1 arbre à cames en tête (courroie crantée); culasse en alliage léger; vilebrequin à 5 paliers; huile 3 L; inj. électronique. Batterie 45 Ah, alternateur 75 A; refroidissement à eau, capac. 5 L.

Transmission:
Boîte à 5 vit.: I. 3.58; II. 1.95; III. 1.34; IV. 0.98; V. 0.8; AR 3.42; pont 3.71; 3.45.
Boîte aut. à 4 vit.: I. 2.84; II. 1.53; III. 1; IV. 0.71; AR 2.48; pont 4.01.

Performances: Vmax (usine) 185 km/h, V à 1000/min en 5. vit. 35 km/h; 0–100 km/h 10.5 s; rapp. poids/puiss. 14.8 kg/kW (10.8 kg/ch); cons. ECE 5.3/6.7/8.6 L/100 km.
Avec pont 3,45: Vmax 180 km/h, 0-100 km/h 10,7 s; cons. ECE 4,7/6,7/8,6 L/100 km.
Aut.: Vmax 180 km/h, 0–100 km/h 12.3 s; consomm. ECE 5.8/7.5/9.1 L/100 km.

Mitsubishi Colt

Mitsubishi

1.6 16V – 175 PS
Benzineinspritzung

Wie 1.3 – 75 PS, ausgenommen:

Karosserie, Gewicht: Limousine; leer ab 1020 kg.

Motor: (JIS), 4 Zyl. in Linie (81×77.5 mm), 1597 cm³; Kompr. 11:1; 129 kW (175 PS) bei 7500/min, 80.8 kW/L (109.8 PS/L); 167 Nm (17 mkp) bei 7000/min; 95 ROZ.

Motorkonstruktion: Bezeichnung 4G 92; 4 Ventile in V 57°; 2 obenl. Nockenwellen (Zahnriemen); Leichtmetall-Zylinderkopf; 5fach gelagerte Kurbelwelle; Öl 3.8 L; elektron. Einspritzung.
Batterie 45 Ah, Alternator 50 A; Wasserkühlung, Inh. 6.5 L.

Kraftübertragung: .
5-Gang-Getriebe: I. 3.07; II. 1.95; III. 1.38; IV. 1.03; V. 0.77; R 3.36; Achse 4.63.
4-Stufen-Automat: I. 2.84; II. 1.53; III. 1; IV. 0.71; R 2.48; Achse 4.41.

Fahrwerk: Reifen 185/65 R 14, 195/55 VR 15, Felgen 5.5 J, 6 J.

Fahrleistungen: Vmax (Red.) über 210 km/h, 0–100 km/h 7.5 s; Leistungsgew. 7.9 kg/kW (5.8 kg/PS); Verbrauch (Red.) 8/14 L/100 km.

Mitsubishi Colt

1.8 V6 24V – 135 PS
Benzineinspritzung

Wie 1.3 – 75 PS, ausgenommen:

Karosserie, Gewicht: Limousine; leer ab 1120 kg.

Motor: (JIS), 6 Zyl. in V 60° (75×69 mm), 1829 cm³; Kompr. 9.5:1; 99 kW (135 PS) bei 6000/min, 54.1 kW/L (73.6 PS/L); 167 Nm (17 mkp) bei 4500/min; 95 ROZ.

Motorkonstruktion: Bezeichnung 6A 11
Batterie 45 Ah, Alternator 65 A; Wasserkühlung, Inh. 7 L.

Kraftübertragung: (auf Vorderräder).
4-Stufen-Automat: I. 2.84; II. 1.53; III. 1; IV. 0.71; R 2.48; Achse 4.04.

Fahrwerk: Reifen 185/65 HR 14.

Fahrleistungen: Vmax (Red.) 190 km/h, Leistungsgew. 11.3 kg/kW (8.3 kg/PS); Verbrauch (Red.) 8/12 L/100 km.

1.8 16V – 205 PS
Benzineinspritzung/Turbo

Wie 1.3 – 75 PS, ausgenommen:

Karosserie, Gewicht: Limousine; leer ab 1240 kg.

1.6 16V – 175 ch
Injection d'essence

Comme 1.3 – 75 ch, sauf:

Carrosserie, poids: Berline; vide dès 1020 kg.

Moteur: (JIS), 4 cyl. en ligne (81×77.5 mm), 1597 cm³; compr. 11:1; 129 kW (175 ch) à 7500/min, 80.8 kW/L (109.8 ch/L); 167 Nm (17 mkp) à 7000/min; 95 (R).

Moteur (constr.): désignation 4G 92; 4 soupapes en V 57°; 2 arbres à cames en tête (courroie crantée); culasse en alliage léger; vilebrequin à 5 paliers; huile 3.8 L; injection électronique.
Batterie 45 Ah, alternateur 50 A; refroidissement à eau, capac. 6.5 L.

Transmission: .
Boîte à 5 vit.: I. 3.07; II. 1.95; III. 1.38; IV. 1.03; V. 0.77; AR 3.36; pont 4.63.
Boîte aut. à 4 vit.: I. 2.84; II. 1.53; III. 1; IV. 0.71; AR 2.48; pont 4.41.

Train roulant: pneus 185/65 R 14, 195/55 VR 15, jantes 5.5 J, 6 J.

Performances: Vmax (réd.) plus de 210 km/h, 0–100 km/h 7.5 s; rapp. poids/puiss. 7.9 kg/kW (5.8 kg/ch); consomm. (Red.) 8/14 L/100 km.

1.8 V6 24V – 135 ch
Injection d'essence

Comme 1.3 – 75 ch, sauf:

Carrosserie, poids: Berline; vide dès 1120 kg.

Moteur: (JIS), 6 cyl. en V 60° (75×69 mm), 1829 cm³; compr. 9.5:1; 99 kW (135 ch) à 6000/min, 54.1 kW/L (73.6 ch/L); 167 Nm (17 mkp) à 4500/min; 95 (R).

Moteur (constr.): désignation 6A 11
Batterie 45 Ah, alternateur 65 A; refroidissement à eau, capac. 7 L.

Transmission: (sur roues AV).
Boîte aut. à 4 vit.: I. 2.84; II. 1.53; III. 1; IV. 0.71; AR 2.48; pont 4.04.

Train roulant: pneus 185/65 HR 14.

Performances: Vmax (réd.) 190 km/h, rapp. poids/puiss. 11.3 kg/kW (8.3 kg/ch); consomm. (Red.) 8/12 L/100 km.

1.8 16V – 205 ch
Injection d'essence/turbo

Comme 1.3 – 75 ch, sauf:

Carrosserie, poids: Berline; vide dès 1240 kg.

Motor: (JIS), 4 Zyl. in Linie (81×89 mm), 1834 cm³; Kompr. 9:1; 151 kW (205 PS) bei 6000/min, 82.3 kW/L (111.9 PS/L); 275 Nm (28 mkp) bei 3000/min; 95 ROZ.
GSR: 1997 cm³; 206 kW (280 PS) bei 6500/min; 353 Nm bei 3000/min.

Motorkonstruktion: Bezeichnung 4G 93 DOHC; 4 Ventile in V 57°; 2 obenl. Nockenwellen (Zahnriemen); Leichtmetall-Zylinderkopf; 5fach gelagerte Kurbelwelle; Ölkühler; Öl 4.9 L; elektron. Einspritzung, 1 Turbolader, Intercooler.
Batterie 65 Ah, Alternator 75 A; Wasserkühlung.

Kraftübertragung: (4WD permanent), zentrales Diff. mit Viskokupplung; Viskokupplung hinten; Drehmomentverteilung v/h 50/50 %.

5-Gang-Getriebe: I. 3.58; II. 2.11; III. 1.41; IV. 1.03; V. 0.76; R 3.42; Achse 4.11.
GSR: I. 2.79; II. 1.95; III. 1.41; IV. 1.03; V. 0.76; R 3.42; Achse 4.53; 4.88.
4-Stufen-Automat: I. 2.83; II. 1.49; III. 1; IV. 0.73; R 2.7; Achse 4.3.

Fahrgestell: GSR: hinten Raumlenkerachse.

Fahrwerk: Reifen 195/55 VR 15, 205/50 R 16; Felgen 5.5 J, 6 J.

Fahrleistungen: Vmax (Red.) über 220 km/h, 0–100 km/h 7 s; Leistungsgew. 8.2 kg/kW (6 kg/PS); Verbrauch (Red.) 8/16 L/100 km.

2.0 – 88 PS
Turbodiesel

Wie 1.3 – 75 PS, ausgenommen:

Karosserie, Gewicht: Limousine; leer ab 1080 kg.
4WD: leer ab 1190 kg.

Motor: (JIS), 4 Zyl. in Linie (82.7×93 mm), 1998 cm³; Kompr. 22.4:1; 65 kW (88 PS) bei 4500/min, 32.5 kW/L (44.2 PS/L); 177 Nm (18 mkp) bei 2500/min; Dieselöl.

Motorkonstruktion: Bezeichnung 4 D 68; Wirbelkammer-Diesel; 2 Ventile parallel; 1 obenl. Nockenwelle (Zahnriemen); Leichtmetall-Zylinderkopf; 5fach gelagerte Kurbelwelle; Öl 5.6 L; Einspritzpumpe, VE 4; 2 Turbolader.
Batterie 64 Ah, Alternator 65 A; Wasserkühlung, Inh. 6 L.

Kraftübertragung: .
5-Gang-Getriebe: I. 3.58; II. 1.95; III. 1.38; IV. 1.03; V. 0.77; R 3.36; Achse 3.72; 4WD 4.06.
4-Stufen-Automat: I. 2.84; II. 1.53; III. 1; IV. 0.71; R 2.48; Achse 4.04; 4WD 4.41.

Fahrwerk: Reifen 165 R 13, Felgen 5.5 J.

Fahrleistungen: Vmax (Red.) über 160 km/h, 0–100 km/h 14 s; Leistungsgew. 16.6 kg/kW (12.3 kg/PS); Verbrauch (Red.) 6/9 L/100 km.

Mitsubishi FTO

Zweitüriges Coupé mit 2+2 Sitzen, 1,8- oder 2-Liter-V6-Motor, Leistung von 125 bis 200 PS, Frontantrieb. Debüt Oktober 1994.

1.8 – 125 PS
Benzineinspritzung

Karosserie, Gewicht: Coupé, 2 Türen, 2+2 Sitze; leer ab 1100 kg.

Motor: (JIS), 4 Zyl. in Linie (81×89 mm), 1834 cm³; Kompr. 9.5:1; 92 kW (125 PS) bei 6000/min, 50.2 kW/L (68.2 PS/L); 162 Nm (16.5 mkp) bei 4500/min; 91 ROZ.

Moteur: (JIS), 4 cyl. en ligne (81×89 mm), 1834 cm³; compr. 9:1; 151 kW (205 ch) à 6000/min, 82.3 kW/L (111.9 ch/L); 275 Nm (28 mkp) à 3000/min; 95 (R).
GSR: 1997 cm³; 206 kW (280 ch) à 6500/min; 353 Nm à 3000/min.

Moteur (constr.): désignation 4G 93 DOHC; 4 soupapes en V 57°; 2 arbres à cames en tête (courroie crantée); culasse en alliage léger; vilebrequin à 5 paliers; radiat. d'huile; huile 4.9 L; injection électronique, 1 turbocompr., Intercooler.
Batterie 65 Ah, alternateur 75 A; refroidissement à eau.

Transmission: (4WD permanent), diff. central avec visco-coupleur; visco-coupleur AR; répartition du couple AV/AR 50/50 %.

Boîte à 5 vit.: I. 3.58; II. 2.11; III. 1.41; IV. 1.03; V. 0.76; AR 3.42; pont 4.11;
GSR: I. 2.79; II. 1.95; III. 1.41; IV. 1.03; V. 0.76; R 3.42; pont 4.53; 4.88.
Boîte aut. à 4 vit.: I. 2.83; II. 1.49; III. 1; IV. 0.73; AR 2.7; pont 4.3.

Châssis: GSR. AR essieu multibras.

Train roulant: pneus 195/55 VR 15, 205/50 R 16; jantes 5.5 J, 6 J.

Performances: Vmax (réd.) plus de 220 km/h, 0–100 km/h 7 s; rapp. poids/puiss. 8.2 kg/kW (6 kg/ch); consomm. (Red.) 8/16 L/100 km.

2.0 – 88 ch
Turbodiesel

Comme 1.3 – 75 ch, sauf:

Carrosserie, poids: Berline; vide dès 1080 kg.
4WD: vide dès 1190 kg.

Moteur: (JIS), 4 cyl. en ligne (82.7×93 mm), 1998 cm³; compr. 22.4:1; 65 kW (88 ch) à 4500/min, 32.5 kW/L (44.2 ch/L); 177 Nm (18 mkp) à 2500/min; gazole.

Moteur (constr.): désignation 4 D 68; diesel à chambre de turbulence; 2 soupapes parallèles; 1 arbre à cames en tête (courroie crantée); culasse en alliage léger; vilebrequin à 5 paliers; huile 5.6 L; pompe à injection, VE 4; 2 turbocompresseurs.
Batterie 64 Ah, alternateur 65 A; refroidissement à eau, capac. 6 L.

Transmission: .
Boîte à 5 vit.: I. 3.58; II. 1.95; III. 1.38; IV. 1.03; V. 0.77; AR 3.36; pont 3.72; 4WD 4.06.
Boîte aut. à 4 vit.: I. 2.84; II. 1.53; III. 1; IV. 0.71; AR 2.48; pont 4.04; 4WD 4.41.

Train roulant: pneus 165 R 13, j. 5.5 J.

Performances: Vmax (réd.) plus de 160 km/h, 0–100 km/h 14 s; rapp. poids/puiss. 16.6 kg/kW (12.3 kg/ch); consomm. (Red.) 6/9 L/100 km.

Mitsubishi FTO

Coupé 2 portes, 2+2 places, moteur 1,8 ou 2 litres V6, puissance de 125 à 200 ch, traction AV. Lancement octobre 1994.

1.8 – 125 ch
Injection d'essence

Carrosserie, poids: Coupé, 2 portes, 2+2 places; vide dès 1100 kg.

Moteur: (JIS), 4 cyl. en ligne (81×89 mm), 1834 cm³; compr. 9.5:1; 92 kW (125 ch) à 6000/min, 50.2 kW/L (68.2 ch/L); 162 Nm (16.5 mkp) à 4500/min; 91 (R).

Mitsubishi

Motorkonstruktion: Bez. 4G 93; 4 Ventile in V; 1 obenl. Nockenwelle (Zahnriemen); Leichtmetall-Zylinderkopf; 5fach gelagerte Kurbelwelle; Öl 3 L; elektron. Einspr. Batterie 45 Ah, Alternator 50 A; Wasserkühlung, Inh. 5 L.

Kraftübertragung: (auf Vorderräder). 5-Gang-Getriebe: I. 3.58; II. 1.95; III. 1.38; IV. 1.03; V. 0.82; R 3.36; Achse 4.31. 4-Stufen-Automat: I. 2.84; II. 1.53; III. 1; IV. 0.71; R 2.48; Achse 4.63.

Fahrgestell: Selbsttragende Karosserie; vorn Federbeine und Dreieckquerlenker, Kurvenstabilisator; hinten Längs- und Querlenker, Schraubenfedern und koaxiale Dämpfer, a.W. Kurvenstabilisator.

Fahrwerk: Vierrad-Scheibenbremse (vorn belüftet), a.W. ABS, Handbremse auf Hinterrädern; Zahnstangenlenkung, a.W. mit Servo, Treibstofftank 60 L; Reifen 185/70 R 14, Felgen 5 J.

Dimensionen: Radstand 250 cm, Spur 147.5/147 cm, Bodenfreih. 12 cm, Wendekreis 10.6 m, Länge 432 cm, Breite 173.5 cm, Höhe 130 cm.

Fahrleistungen: Vmax (Red.) 200 km/h, V bei 1000/min in 5. Gang 32.1 km/h; Leistungsgew. 12 kg/kW (8.8 kg/PS); Verbrauch (Red.) 6/11 L/100 km.

Moteur (constr.): désign. 4G 93; 4 soupapes en V; 1 arbre à cames en tête (courroie crantée); culasse en alliage léger; vilebrequin à 5 paliers; huile 3 L; inj. électronique. Batterie 45 Ah, alternateur 50 A; refroidissement à eau, capac. 5 L.

Transmission: (sur roues AV). Boîte à 5 vit.: I. 3.58; II. 1.95; III. 1.38; IV. 1.03; V. 0.82; AR 3.36; pont 4.31. Boîte aut. à 4 vit.: I. 2.84; II. 1.53; III. 1; IV. 0.71; AR 2.48; pont 4.63.

Châssis: carrosserie autoporteuse; AV jambes élast. et leviers triang. transv., barre anti-dévers; AR bras longitud. et transv., ressorts hélicoïdaux et amortisseurs coaxiaux, s.d. barre anti-dévers.

Train roulant: quatre freins à disques (AV ventilés), ABS s. d., frein à main sur roues AR; direction à crémaillère, s.d. avec servo, réservoir carb. 60 L; pneus 185/70 R 14, jantes 5 J.

Dimensions: empattement 250 cm, voie 147.5/147 cm, garde au sol 12 cm, diam. de braq. 10.6 m, longueur 432 cm, largeur 173.5 cm, hauteur 130 cm.

Performances: Vmax (réd.) 200 km/h, V à 1000/min en 5. vit. 32.1 km/h; rapp. poids/puiss. 12 kg/kW (8.8 kg/ch); consomm. (Red.) 6/11 L/100 km.

Mitsubishi FTO

2.0 V6 24V – 170 PS Benzineinspritzung

Wie 1.8 – 125 PS, ausgenommen:

Gewicht: leer ab 1150 kg.

Motor: (JIS), 6 Zyl. in V 60° (78.4×69 mm), 1999 cm³; Kompr. 10:1; 125 kW (170 PS) bei 7000/min, 62.5 kW/L (85 PS/L); 186 Nm (19 mkp) bei 4400/min; 91 ROZ.

Motorkonstruktion: Bezeichnung 6A 12; 4 Ventile in V 47.8°; 2×1 obenl. Nockenwelle (Zahnriemen); Leichtmetall-Zylinderköpfe; 4fach gelagerte Kurbelwelle; Öl 4.5 L; elektron. Einspritzung. Batterie 65 Ah, Alternator 65 A; Wasserkühlung, Inh. 7 L.

Kraftübertragung: 5-Gang-Getriebe: I. 3.58; II. 1.95; III. 1.38; IV. 1.03; V. 0.82; R 3.36; Achse 4.06; 4.31. 4-Stufen-Automat: I. 2.84; II. 1.53; III. 1; IV. 0.71; R 2.48; Achse 4.41.

Fahrwerk: Reifen 195/60 HR 15, Felgen 5.5 J.

Fahrleistungen: Vmax (Red.) 220 km/h, V bei 1000/min im 5. Gang 31.8 km/h; Leistungsgew. 9.2 kg/kW (6.7 kg/PS); Verbrauch (Red.) 8/13 L/100 km.

2.0 V6 24V – 200 PS Benzineinspritzung

Wie 1.8 – 125 PS, ausgenommen:

Gewicht: leer ab 1170 kg.

2.0 V6 24V – 170 ch Injection d'essence

Comme 1.8 – 125 ch, sauf:

Poids: vide dès 1150 kg.

Moteur: (JIS), 6 cyl. en V 60° (78.4×69 mm), 1999 cm³; compr. 10:1; 125 kW (170 ch) à 7000/min, 62.5 kW/L (85 ch/L); 186 Nm (19 mkp) à 4400/min; 91 (R).

Moteur (constr.): désignation 6A 12; 4 soupapes en V 47.8°; 2×1 arbre à cames en tête (courroie crantée); culasses en alliage léger; vilebrequin à 4 paliers; huile 4.5 L; injection électronique. Batterie 65 Ah, alternateur 65 A; refroidissement à eau, capac. 7 L.

Transmission: Boîte à 5 vit.: I. 3.58; II. 1.95; III. 1.38; IV. 1.03; V. 0.82; AR 3.36; pont 4.06; 4.31. Boîte aut. à 4 vit.: I. 2.84; II. 1.53; III. 1; IV. 0.71; AR 2.48; pont 4.41.

Train roulant: pneus 195/60 HR 15, jantes 5.5 J.

Performances: Vmax (réd.) 220 km/h, V à 1000/min en 5. vit. 31.8 km/h; rapp. poids/puiss. 9.2 kg/kW (6.7 kg/ch); consomm. (Red.) 8/13 L/100 km.

2.0 V6 24V – 200 ch Injection d'essence

Comme 1.8 – 125 ch, sauf:

Poids: vide dès 1170 kg.

Mitsubishi FTO

Motor: (JIS), 6 Zyl. in V 60° (78.4×69 mm), 1999 cm³; Kompr. 10:1; 147 kW (200 PS) bei 7500/min, 73.5 kW/L (100 PS/L); 200 Nm (20.4 mkp) bei 6000/min; 95 ROZ.

Motorkonstruktion: Bezeichnung 6A 12; 4 Ventile in V 47.8°; variable Steuerzeiten; 2×1 obenl. Nockenwelle (Zahnriemen); Leichtmetall-Zylinderköpfe; 4fach gelagerte Kurbelwelle; Öl 4.5 L; elektron. Einspr. Batterie 65 Ah, Alternator 65 A; Wasserkühlung, Inh. 7 L.

Kraftübertragung: a.W. Antriebsschlupfr. 5-Gang-Getriebe: I. 3.58; II. 1.95; III. 1.38; IV. 1.03; V. 0.82; R 3.36; Achse 4.31. 4-Stufen-Automat: I. 2.84; II. 1.53; III. 1; IV. 0.71; R 2.48; Achse 4.63.

Fahrwerk: Reifen 205/50 VR 16.

Fahrleistungen: Vmax (Red.) 230 km/h, V bei 1000/min im 5. Gang 31.8 km/h; Leistungsgew. 7.8 kg/kW (5.8 kg/PS); Verbrauch (Red.) 8/14 L/100 km.

Moteur: (JIS), 6 cyl. en V 60° (78.4×69 mm), 1999 cm³; compr. 10:1; 147 kW (200 ch) à 7500/min, 73.5 kW/L (100 ch/L); 200 Nm (20.4 mkp) à 6000/min; 95 (R).

Moteur (constr.): désignation 6A 12; 4 soupapes en V 47.8°; distribution variable; 2×1 arbre à cames en tête (courroie crantée); culasses en alliage léger; vilebrequin à 4 paliers; huile 4.5 L; inj. électronique. Batterie 65 Ah, alternateur 65 A; refroidissement à eau, capac. 7 L.

Transmission: s.d. dispositif antipatinage. Boîte à 5 vit.: I. 3.58; II. 1.95; III. 1.38; IV. 1.03; V. 0.82; AR 3.36; pont 4.31. Boîte aut. à 4 vit.: I. 2.84; II. 1.53; III. 1; IV. 0.71; AR 2.48; pont 4.63.

Train roulant: pneus 205/50 VR 16.

Performances: Vmax (réd.) 230 km/h, V à 1000/min en 5. vit. 31.8 km/h; rapp. poids/puiss. 7.8 kg/kW (5.8 kg/ch); consomm. (Red.) 8/14 L/100 km.

Mitsubishi Eclipse

Sportliches Coupé mit Front- oder permanentem 4WD. Wird bei Diamond-Star (USA) gebaut und auch von Chrysler verkauft (Eagle Talon). Dezember 1989: Japan-Ausführungen, 1991 Europa-Export. Für 1992 Facelift. Neuauflage im Frühjahr 1994. Facelift Herbst 1996.

Coupé sportif, traction AV ou intégrale. Est construit par Diamond-Star (USA) et vendu également par Chrysler (Eagle Talon). Décembre 1989: Versions japonaises, 1991 aussi exportation Europe. Pour 1992 facelift. Nouvelle édition en printemps 1994. Facelift automne 1996.

2.0 16V – 145 PS Benzineinspritzung

Karosserie, Gewicht: Coupé, 2 Türen, 2+2 Sitze; leer ab 1320 kg, max. zul. 1750 kg.
Spider, leer ab ca. 1380 kg.

Motor: (ECE), 4 Zyl. in Linie (85×88 mm), 1997 cm³; Kompr. 10:1; 107 kW (145 PS) bei 6000/min, 53.6 kW/L (72.8 PS/L); 177 Nm (18 mkp) bei 5000/min; 95 ROZ.
SAE: (87.5×83 mm), 1996 cm³, Kompr. 9.6:1; 104 kW (142 PS) bei 6000/min; 176 Nm bei 4800/min.

2.0 16V – 145 ch Injection d'essence

Carrosserie, poids: Coupé, 2 portes, 2+2 places; vide dès 1320 kg, tot. adm. 1750 kg.
Spider, vide dès env. 1380 kg.

Moteur: (ECE), 4 cyl. en ligne (85×88 mm), 1997 cm³; compr. 10:1; 107 kW (145 ch) à 6000/min, 53.6 kW/L (72.8 ch/L); 177 Nm (18 mkp) à 5000/min; 95 (R).
SAE: (87.5×83 mm), 1996 cm³, compr. 9.6:1; 104 kW (142 ch) à 6000/min; 176 Nm à 4800/min.

Mitsubishi Eclipse

Mitsubishi

Motorkonstruktion: Bezeichnung 4G63; 4 Ventile in V; 2 obenl. Nockenwellen (Zahnriemen); Leichtmetall-Zylinderkopf; 5fach gelagerte Kurbelwelle; Öl 4.3 L; elektron. Einspritzung.
Batterie 52 Ah, Alternator 90 A; Wasserkühlung, Inh. 7 L.

Kraftübertragung: (auf Vorderräder).
5-Gang-Getriebe: I. 2.85; II. 1.83; III. 1.22; IV. 0.89; V. 0.69; R 3.17; Achse 4.91, USA 3.94.
4-Stufen-Automat: I. 2.84; II. 1.57; III. 1; IV. 0.69; R 2.21; Achse 3.94.

Fahrgestell: Selbsttragende Karosserie; vorn Längs- und Querlenker, obere Dreieckquerlenker; hinten Längs- und Querlenker, obere Dreieckquerlenker, v/h Kurvenstab., Schraubenfedern, Teleskopdämpfer.

Moteur (constr.): désignation 4G63; 4 soupapes en V; 2 arbres à cames en tête (courroie crantée); culasse en alliage léger; vilebrequin à 5 paliers; huile 4.3 L; injection électronique.
Batterie 52 Ah, alternateur 90 A; refroidissement à eau, capac. 7 L.

Transmission: (sur roues AV).
Boîte à 5 vit.: I. 2.85; II. 1.83; III. 1.22; IV. 0.89; V. 0.69; AR 3.17; pont 4.91, USA 3.94.
Boîte aut. à 4 vit.: I. 2.84; II. 1.57; III. 1; IV. 0.69; AR 2.21; pont 3.94.

Châssis: carrosserie autoporteuse; AV bras longitud. et transv., leviers triang. superieur; AR bras longitud. et transv., leviers triang. superieur, AV/AR barre anti-dévers, ressorts hélic, amortiss. télesc.

Mitsubishi Eclipse

Fahrwerk: Vierrad-Scheibenbremse (vorn belüftet), ABS, Handbremse auf Hinterräder; Zahnstangenl. mit Servo, Treibstofftank 64 L; Reifen 205/60 R 15, Felgen 6 J, 6 J.

Dimensionen: Radstand 251 cm, Spur 151.5/151.5 cm, Bodenfreih. 14 cm, Wendekreis 11.6 m, Länge 437.5 cm, Breite 173.5 cm, Höhe 129 cm.

Fahrleistungen: Vmax (Werk) 220 km/h, V bei 1000/min im 5. Gang 33.8 km/h; 0–100 km/h 9.4 s; Leistungsgew. 12.3 kg/kW (9.1 kg/PS); Ver. (Werk) 5.8/7.6/11.1 L/100 km.

Train roulant: quatre freins à disques (AV ventilés), ABS, frein à main sur roues AR; servodirection à crémaillère, réservoir carb. 64 L; pneus 205/60 R 15, jantes 6 J, 6 J.

Dimensions: empattement 251 cm, voie 151.5/151.5 cm, garde au sol 14 cm, diam. de braq. 11.6 m, longueur 437.5 cm, largeur 173.5 cm, hauteur 129 cm.

Performances: Vmax (usine) 220 km/h, V à 1000/min en 5. vit. 33.8 km/h; 0–100 km/h 9.4 s; rapp. poids/puiss. 12.3 kg/kW (9.1 kg/ch); cons. (Werk) 5.8/7.6/11.1 L/100 km.

2.0 16V – 213 PS Benzineinspritzung/Turbo

Wie 2.0 – 145 PS, ausgenommen:

Karosserie, Gewicht: Coupé; leer ab 1315 kg.
4WD: leer ab 1420 kg.

Motor: (SAE), 4 Zyl. in Linie (85×88 mm), 1997 cm³; Kompr. 8.5:1; 157 kW (213 PS) bei 6000/min, 78.6 kW/L (106.9 PS/L); 290 Nm (29.6 mkp) bei 3000/min; 91 ROZ.
Automat: (SAE) 208 PS; 298 Nm.

Motorkonstruktion: Bezeichnung 4G 63; 4 Ventile in V 57°; 2 obenl. Nockenwellen (Zahnriemen); Leichtmetall-Zylinderkopf; 5fach gelagerte Kurbelwelle; Ölkühler, Öl 4 L; elektron. Einspritzung, 1 Turbolader, max. Ladedruck 1 bar, Intercooler.
Batterie 65 Ah, Alternator 75 A; Wasserkühlung, Inh. 7 L.

Kraftübertragung: (auf Vorderräder/4WD permanent), zentrales Diff. mit Viskokupplung; Drehmomentverteilung v/h 50/50 %.
5-Gang-Getriebe: I. 3.09; II. 1.83; III. 1.22; IV. 0.89; V. 0.74; R 3.17; Achse 4.15.
4WD: 5-Gang-Getriebe: I. 3.08; II. 1.68; III. 1.12; IV. 0.83; V. 0.65; R 3.17; Achse 4.93.
Spider: 5-Gang-Getriebe: I. 2.85; II. 1.83; III. 1.22; IV. 0.89; V. 0.69; R 3.17; Achse 4.91; USA 3.94.
4-Stufen-Automat: I. 2.55; II. 1.49; III. 1; IV. 0.69; R 2.18; Achse 4.38.

Fahrleistungen: Vmax (Red.) 220 km/h, V bei 1000/min im 5. Gang 36.4 km/h; Leistungsgew. 8.1 kg/kW (6 kg/PS) Verbrauch (Red.) 9/15 L/100 km.

2.0 16V – 213 ch Injection d'essence/turbo

Comme 2.0 – 145 ch, sauf:

Carrosserie, poids: Coupé; vide dès 1315 kg.
4WD: vide dès 1420 kg.

Moteur: (SAE), 4 cyl. en ligne (85×88 mm), 1997 cm³; compr. 8.5:1; 157 kW (213 ch) à 6000/min, 78.6 kW/L (106.9 ch/L); 290 Nm (29.6 mkp) à 3000/min; 91 (R).
Automate: (SAE) 208 ch; 298 Nm.

Moteur (constr.): désignation 4G 63; 4 soupapes en V 57°; 2 arbres à cames en tête (courroie crantée); culasse en alliage léger; vilebrequin à 5 paliers; radiat. d'huile, huile 4 L; injection électronique, 1 turbocompr., pression max. 1 bar, Intercooler.
Batterie 65 Ah, alternateur 75 A; refroidissement à eau, capac. 7 L.

Transmission: (sur roues AV/4WD permanent), diff. central avec visco-coupleur; répartition du couple AV/AR 50/50 %.
Boîte à 5 vit.: I. 3.09; II. 1.83; III. 1.22; IV. 0.89; V. 0.74; AR 3.17; pont 4.15.
4WD: boîte à 5 vit.: I. 3.08; II. 1.68; III. 1.12; IV. 0.83; V. 0.65; AR 3.17; pont 4.93.
Spider: boîte à 5 vit.: I. 2.85; II. 1.83; III. 1.22; IV. 0.89; V. 0.69; AR 3.17; pont 4.91.
Boîte aut. à 4 vit.: I. 2.55; II. 1.49; III. 1; IV. 0.69; AR 2.18; pont 4.38.

Performances: Vmax (réd.) 220 km/h V à 1000/min en 5. vit. 36.4 km/h; rapp. poids/puiss. 8.1 kg/kW (6 kg/ch); consomm. (Red.) 9/15 L/100 km.

Mitsubishi Carisma

Neues Modell. 5türige Limousine mit Frontantrieb, 1,6- oder 1,8-Liter-Motoren, Leistung von 90, 115 oder 140 PS, wird in Holland gebaut, Joint-venture mit Volvo. Debüt Januar 1995.

Nouveau modèle. Berline 5 portes à traction AV, moteurs 1,6 ou 1,8 2 litre, puissance de 90, 115 ou 140 ch, est construit en Hollande, joint-venture avec Volvo. Lancement janvier 1995.

1.6 16V – 90 PS Benzineinspritzung

Karosserie, Gewicht: Lim., 4/5 Türen, 5 Sitze; leer ab 1105 kg, max. zul. 1630 kg.

Motor: (ECE), 4 Zyl. in Linie (81×77.5 mm), 1597 cm³; Kompr. 10:1; 66 kW (90 PS) bei 5500/min, 41.3 kW/L (56.2 PS/L); 137 Nm (14 mkp) bei 4000/min; 95 ROZ.

Motorkonstruktion: Bez. 4G 92; 4 Ventile in V; 1 obenl. Nockenwelle (Zahnriemen); Leichtmetall-Zylinderkopf; 5fach gelagerte Kurbelwelle; Öl 3 L; elektron. Einspritzung.
Batterie 52 Ah, Alternator 70 A; Wasserkühlung, Inh. 5 L.

Kraftübertragung: (auf Vorderräder).
5-Gang-Getriebe: I. 3.36; II. 2.05; III. 1.32; IV. 0.97; V. 0.79; R 3.55; Achse 4.07.
4-Stufen-Automat: I. 2.84; II. 1.53; III. 1; IV. 0.71; R 2.48; Achse 4.04.

Fahrgestell: Selbsttragende Karosserie; vorn Federbeine und Dreieckquerlenker, Kurvenstabilisator; hinten Längs- und Querlenker, Schraubenfedern und koaxiale Dämpfer, a.W. Kurvenstabilisator.

Fahrwerk: Bremse, vorne Scheiben (belüftet), hinten Trommeln, Scheiben-Ø v. 23.6 cm, h. 20 cm, a.W. ABS (mit Scheiben h.), Handbremse auf Hinterräder; Zahnstangenlenkung mit Servo, Treibstofftank 60 L; Reifen 175/65 R 14, Felgen 5.5 J.

Dimensionen: Radstand 255 cm, Spur 145.5/147.5 cm, Bodenfreih. 15 cm, Wendekreis 11.2 m, Kofferraum 430 dm³, Länge 443.5 cm, Breite 169.5 cm, Höhe 140 cm.

Fahrleistungen: Vmax (Werk) 180 km/h, V bei 1000/min im 5. Gang 33.1 km/h; 0–100 km/h 12 s; Leistungsgew. 16.7 kg/kW (12.3 kg/PS); Verbr. ECE 5.2/6.7/8.5 L/100 km.
Aut.: 0–100 km/h 14.3 s; Verbrauch ECE 5.3/7/9.1 L/100 km.

1.6 16V – 90 ch Injection d'essence

Carrosserie, poids: Berline, 4/5 portes, 5 pl.; vide dès 1105 kg, tot. adm. 1630 kg.

Moteur: (ECE), 4 cyl. en ligne (81×77.5 mm), 1597 cm³; compr. 10:1; 66 kW (90 ch) à 5500/min, 41.3 kW/L (56.2 ch/L); 137 Nm (14 mkp) à 4000/min; 95 (R).

Moteur (constr.): désignation 4G 92; 4 soupapes en V; 1 arbre à cames en tête (courroie crantée); culasse en alliage léger; vilebr. à 5 paliers; huile 3 L; inj. électron.
Batterie 52 Ah, alternateur 70 A; refroidissement à eau, capac. 5 L.

Transmission: (sur roues AV).
Boîte à 5 vit.: I. 3.36; II. 2.05; III. 1.32; IV. 0.97; V. 0.79; AR 3.55; pont 4.07.
Boîte aut. à 4 vit.: I. 2.84; II. 1.53; III. 1; IV. 0.71; AR 2.48; pont 4.04.

Châssis: carrosserie autoporteuse; AV jambes élast. et leviers triang. transv., barre anti-dévers; AR bras longitud. et transv., ressorts hélicoïdaux et amortisseurs coaxiaux, s.d. barre anti-dévers.

Train roulant: frein, AV à disques (ventilés), AR à tambours, Ø disques AV 23.6 cm, AR 20 cm, s.d. ABS (avec disque AR), frein à main sur roues AR; servodirection à crémaillère, réservoir carb. 60 L; pneus 175/65 R 14, jantes 5.5 J.

Dimensions: empatt. 255 cm, voie 145.5/147.5 cm, garde au sol 15 cm, diam. de braq. 11.2 m, coffre 430 dm³, long. 443.5 cm, largeur 169.5 cm, hauteur 140 cm.

Performances: Vmax (usine) 180 km/h, V à 1000/min en 5. vit. 33.1 km/h; 0–100 km/h 12 s; rapp. poids/puiss. 16.7 kg/kW (12.3 kg/ch); cons. ECE 5.2/6.7/8.5 L/100 km.
Aut.: 0–100 km/h 14.3 s; consomm. ECE 5.3/7/9.1 L/100 km.

Mitsubishi Carisma

1.8 16V – 116 PS Benzineinspritzung

Wie 1.6 – 90 PS, ausgenommen:

Karosserie, Gewicht: Limousine; leer ab 1130 kg, max. zul. 1660 kg.

Motor: (ECE), 4 Zyl. in Linie (81×89 mm), 1834 cm³; Kompr. 10:1; 85 kW (116 PS) bei 5500/min, 46.3 kW/L (63 PS/L); 162 Nm (16.5 mkp) bei 4500/min; 95 ROZ.

Motorkonstruktion: Bez. 4G 93; 4 Ventile in V; 1 obenl. Nockenwelle (Zahnriemen); Leichtmetall-Zylinderkopf; 5fach gelagerte Kurbelwelle; Öl 3 L; elektron. Einspritzung.
Batterie 52 Ah, Alternator 70 A; Wasserkühlung, Inh. 5 L.

1.8 16V – 116 ch Injection d'essence

Comme 1.6 – 90 ch, sauf:

Carrosserie, poids: Berline; vide dès 1130 kg, tot. adm. 1660 kg.

Moteur: (ECE), 4 cyl. en ligne (81×89 mm), 1834 cm³; compr. 10:1; 85 kW (116 ch) à 5500/min, 46.3 kW/L (63 ch/L); 162 Nm (16.5 mkp) à 4500/min; 95 (R).

Moteur (constr.): désignation 4G 93; 4 soupapes en V; 1 arbre à cames en tête (courroie crantée); culasse en alliage léger; vilebrequin à 5 paliers; huile 3 L; inj. électronique.
Batterie 52 Ah, alternateur 70 A; refroidissement à eau, capac. 5 L.

Mitsubishi

Mitsubishi Carisma

Kraftübertragung:
5-Gang-Getriebe: I. 3.36; II. 2.05; III. 1.32; IV. 0.97; V. 0.79; R 3.55; Achse 4.07.
Aut.: 4-Stufen-Automat: I. 2.84; II. 1.53; III. 1; IV. 0.71; R 2.48; Achse 4.04.
Fahrwerk: Scheiben-Ø v. 25.7 cm, h. 22.3 cm, Reifen 185/65 HR 14.
Fahrleistungen: Vmax (Werk) 200 km/h, V bei 1000/min im 5. Gang 34 km/h; 0–100 km/h 10.2 s; Leistungsgew. 13.3 kg/kW (9.8 kg/PS); Verbr. ECE 5.4/6.7/8.7 L/100 km.
Aut.: Verbrauch ECE 5.7/7.1/9.7 L/100 km.

1.8 16V – 140 PS
Benzineinspritzung

Wie 1.6 – 90 PS, ausgenommen:
Karosserie, Gewicht: Limousine; leer ab 1175 kg, max. zul. 1685 kg.
Motor: (ECE), 4 Zyl. in Linie (81×89 mm), 1834 cm³; Kompr. 10.5:1; 103 kW (140 PS) bei 6500/min, 56.1 kW/L (76.3 PS/L); 167 Nm (17 mkp) bei 5000/min; 95 ROZ.
Motorkonstruktion: Bezeichnung 4G 93; 4 Ventile in V; 2 obenl. Nockenwellen (Zahnriemen); Leichtmetall-Zylinderkopf; 5fach gelagerte Kurbelwelle; Öl 3 L; elektron. Einspritzung.
Batterie 45 Ah, Alternator 50 A; Wasserkühlung, Inh. 5 L.
Kraftübertragung:
5-Gang-Getriebe: I. 3.36; II. 2.05; III. 1.32; IV. 0.97; V. 0.79; R 3.55; Achse 4.07.
Fahrwerk: Vierrad-Scheibenbremse, a.W. ABS, Reifen 195/60 VR 14.
Fahrleistungen: Vmax (Werk) 215 km/h, V bei 1000/min im 5. Gang 33.6 km/h; 0–100 km/h 9.2 s; Leistungsgew. 11.4 kg/kW (8.4 kg/PS); Verbrauch ECE 5.2/6.7/9 L/100 km.

1.9 – 90 PS
Turbodiesel

Wie 1.6 – 90 PS, ausgenommen:
Karosserie, Gewicht: Limousine; 1155 kg, max. zul. 1695 kg.
Motor: (ECE), 4 Zyl. in Linie (80×93 mm), 1870 cm³; Kompr. 20.5:1; 66 kW (90 PS) bei 4250/min, 35.3 kW/L (48 PS/L); 176 Nm (17.9 mkp) bei 2250/min; Dieselöl.
Motorkonstruktion: Bezeichnung F8QT; 2 Ventile parallel; 1 obenl. Nockenwelle (Zahnriemen); Leichtmetall-Zylinderkopf; 5fach gelagerte Kurbelwelle; Öl 5.5 L; elektron. geregelte Einspritzpumpe, 1 Turbolader, Garrett T2, Intercooler.
Batterie 68 Ah, Alternator 70 A; Wasserkühlung, Inh. 7.5 L.
Kraftübertragung: (auf Vorderräder).
5-Gang-Getriebe: I. 3.73; II. 2.05; III. 1.32; IV. 0.97; V. 0.76; R 3.55; Achse 3.44.
Fahrleistungen: Vmax (Werk) 180 km/h, V bei 1000/min im 5. Gang 41 km/h; 0–100 km/h 13.2 s; Verb. ECE 4.2/5.8/7 L/100 km.

Transmission:
Boîte à 5 vit.: I. 3.36; II. 2.05; III. 1.32; IV. 0.97; V. 0.79; AR 3.55; pont 4.07.
Aut.: boîte aut. à 4 vit.: I. 2.84; II. 1.53; III. 1; IV. 0.71; AR 2.48; pont 4.04.
Train roulant: Ø disques AV 25.7 cm, AR 22.3 cm, pneus 185/65 HR 14.
Performances: Vmax (usine) 200 km/h, V à 1000/min en 5. vit. 34 km/h; 0–100 km/h 10.2 s; rapp. poids/puiss. 13.3 kg/kW (9.8 kg/ch); cons. ECE 5.4/6.7/8.7 L/100 km.
Aut.: consomm. ECE 5.7/7.1/9.7 L/100 km.

1.8 16V – 140 ch
Injection d'essence

Comme 1.6 – 90 ch, sauf:
Carrosserie, poids: Berline; vide dès 1175 kg, tot. adm. 1685 kg.
Moteur: (ECE), 4 cyl. en ligne (81×89 mm), 1834 cm³; compr. 10.5:1; 103 kW (140 ch) à 6500/min, 56.1 kW/L (76.3 ch/L); 167 Nm (17 mkp) à 5000/min; 95 (R).
Moteur (constr.): désignation 4G 93; 4 soupapes en V; 2 arbres à cames en tête (courroie crantée); culasse en alliage léger; vilebrequin à 5 paliers; huile 3 L; injection électronique.
Batterie 45 Ah, alternateur 50 A; refroidissement à eau, capac. 5 L.
Transmission:
Boîte à 5 vit.: I. 3.36; II. 2.05; III. 1.32; IV. 0.97; V. 0.79; AR 3.55; pont 4.07.
Train roulant: quatre freins à disques, ABS s. d., pneus 195/60 VR 14.
Performances: Vmax (usine) 215 km/h, V à 1000/min en 5. vit. 33.6 km/h; 0–100 km/h 9.2 s; rapp. poids/puiss. 11.4 kg/kW (8.4 kg/ch); consomm. ECE 5.2/6.7/9 L/100 km.

1.9 – 90 ch
Turbodiesel

Comme 1.6 – 90 ch, sauf:
Carrosserie, poids: Berline; 1155 kg, tot. adm. 1695 kg.
Moteur: (ECE), 4 cyl. en ligne (80×93 mm), 1870 cm³; compr. 20.5:1; 66 kW (90 ch) à 4250/min, 35.3 kW/L (48 ch/L); 176 Nm (17.9 mkp) à 2250/min; gazole.
Moteur (constr.): désignation F8QT; 2 soup. en parallèle; 1 arbre à cames en tête (courroie crantée); culasse en alliage léger; vilebrequin à 5 paliers; huile 5.5 L; pompe à injection pilotée, 1 turbocompr., Garrett T2, Intercooler.
Batterie 68 Ah, alternateur 70 A; refroidissement à eau, capac. 7.5 L.
Transmission: (sur roues AV).
Boîte à 5 vit.: I. 3.73; II. 2.05; III. 1.32; IV. 0.97; V. 0.76; AR 3.55; pont 3.44.
Performances: Vmax (usine) 180 km/h, V à 1000/min en 5. vit. 41 km/h; 0–100 km/h 13.2 s; consomm. ECE 4.2/5.8/7 L/100 km.

Mitsubishi Galant - Eterna - Emeraude

Limousine der Mittelklasse mit Quermotor und Front- oder Allradantrieb. Mai 1992: Neuauflage mit Vier- und Sechszylindermotoren sowie Turbo-Diesel, neue Aufhängungen. Okt. 1992: Luxusmodell Emeraude. September 1996: Neuauflage mit Vierzylinder-Direkteinspritz-Benzinmotor (vorerst nur in Japan) und V6. Auch als Kombi. Japan auch 4WD.

Berline catégorie moyenne avec moteur transv., traction AV ou intégrale. Mai 1992: Nouvelle édition avec moteurs 4 ou 6 cyl. et turbodiesel, nouvelles suspensions. Oct. 1992: Emeraude. Sept. 1996: Nouvelle édition avec moteur à essence 4 cyl. avec injection directe (actuellement japon seul) et V6. Aussi comme break. Japon aussi comme 4WD.

1.8 16V – 150 PS
Benzineinspritzung direkt

Karosserie, Gewicht: Limousine, 4 Türen, 5 Sitze; leer ab 1240 kg, max. zul. 1850 kg. Wagon, 5 Türen, 5 Sitze; leer ab 1310 kg, max. zul. 1905 kg.
Motor: (JIS), 4 Zyl. in Linie (81×89 mm), 1834 cm³; Kompr. 12:1; 110 kW (150 PS) bei 6500/min, 60 kW/L (81.5 PS/L); 179 Nm (18.2 mkp) bei 5000/min; 95 ROZ.
Motorkonstruktion: Bezeichnung 4G93 (GDI); 4 Ventile in V; 2 obenl. Nockenwellen (Zahnriemen); Leichtmetall-Zylinderkopf; 5fach gelagerte Kurbelwelle; Öl 3.8 L; elektron. Hochdruckeinspritzung.
Batterie 50 Ah, Alternator 75 A; Wasserkühlung, Inh. 6 L.
Kraftübertragung: (auf Vorderräder).
5-Gang-Getr.: I. 3.58; II. 1.95; III. 1.38; IV. 1.03; V. 0.77/0.82; R 3.36; Achse 4.06/4.31.
4-Stufen-Automat: I. 2.84; II. 1.53; III. 1; IV. 0.71; R 2.48; Achse 4.63.
Fahrgestell: Selbsttragende Karosserie; vorn Längs- und Querlenker, obere Dreieckquerlenker; hinten Längslenker, doppelte Querlenker, obere Dreieckquerlenker, v/h Kurvenstabilisator, Schraubenfedern und Teleskopdämpfer.
Fahrwerk: Vierrad-Scheibenbremse (vorn belüftet), ABS, Handbremse auf Hinterräder; Zahnstangenlenkung mit Servo, Treibstofftank 64 L; Reifen 185/70 HR 14, 195/65 HR 14, Felgen 5.5 J, 6 J.
Dimensionen: Radstand 263.5 cm, Spur 151/150.5 cm, Bodenfreih. 14 cm, Wendekreis 11.4 m, Kofferraum 470 dm³, Länge 463 cm, Breite 174 cm, Höhe 142 cm.
Wagon: Bodenfreih. 15 cm, Wendekreis 10.8 m, Kofferr. 420/1400 dm³, Länge 468 cm, Höhe 145 cm; mit Dachreling: 150 cm.
Fahrleistungen: Vmax (Red.) 215 km/h, V bei 1000/min im 5. Gang 36.1 km/h; 0–100 km/h 9 s; Leistungsgew. 11.5 kg/kW (8.4 kg/PS); Verbrauch (Red.) 6/9 L/100 km.

1.8 16V – 150 ch
Injection d'essence directe

Carrosserie, poids: Berline, 4 portes, 5 pl.; vide dès 1240 kg, tot. adm. 1850 kg. Wagon, 5 portes, 5 places; vide dès 1310 kg, tot. adm. 1905 kg.
Moteur: (JIS), 4 cyl. en ligne (81×89 mm), 1834 cm³; compr. 12:1; 110 kW (150 ch) à 6500/min, 60 kW/L (81.5 ch/L); 179 Nm (18.2 mkp) à 5000/min; 95 (R).
Moteur (constr.): désignation 4G93 (GDI); 4 soupapes en V; 2 arbres à cames en tête (courroie crantée); culasse en alliage léger; vilebrequin en 5 paliers; huile 3.8 L; injection électronique à haute pression.
Batterie 50 Ah, alternateur 75 A; refroidissement à eau, capac. 6 L.
Transmission: (sur roues AV).
Boîte à 5 vit.: I. 3.58; II. 1.95; III. 1.38; IV. 1.03; V. 0.77/0.82; AR 3.36; pont 4.06/4.31.
Boîte aut. à 4 vit.: I. 2.84; II. 1.53; III. 1; IV. 0.71; AR 2.48; pont 4.63.
Châssis: carrosserie autoporteuse; AV bras longitud., leviers triang. superieur; AR bras longitud., leviers transv. doubles, leviers triang. superieur, AV/AR stabilisateur transv., ressorts hélic. et amortiss. télesc.
Train roulant: quatre freins à disques (AV ventilés), ABS, frein à main sur roues AR; servodirection à crémaillère, réservoir carb. 64 L; pneus 185/70 HR 14, 195/65 HR 14, jantes 5.5 J, 6 J.
Dimensions: empattement 263.5 cm, voie 151/150.5 cm, garde au sol 14 cm, diam. de braq. 11.4 m, coffre 470 dm³, longueur 463 cm, largeur 174 cm, hauteur 142 cm.
Wagon: garde au sol 15 cm, diam. de braq. 10.8 m, coffre 420/1400 dm³, longueur 468 cm, hauteur 145 cm; avec galerie: 150 cm.
Performances: Vmax (réd.) 215 km/h, V à 1000/min en 5. vit. 36.1 km/h; 0–100 km/h 9 s; rapp. poids/puiss. 11.5 kg/kW (8.4 kg/ch); consomm. (Réd.) 6/9 L/100 km.

Mitsubishi Galant

2.0 16V – 136 PS
Benzineinspritzung

Wie 1.8 – 150 PS, ausgenommen:
Karosserie, Gewicht: Limousine; leer ab 1260 kg, max. zul. 1850 kg. 4WD: leer ab 1420 kg

2.0 16V – 136 ch
Injection d'essence

Comme 1.8 – 150 ch, sauf:
Carrosserie, poids: Berline; vide dès 1260 kg, tot. adm. 1850 kg. 4WD: vide dès 1420 kg

Mitsubishi 387

Motor: (ECE), 4 Zyl. in Linie (85×88 mm), 1997 cm^3; Kompr. 10:1; 100 kW (136 PS) bei 6000/min, 50.1 kW/L (68.1 PS/L); 178 Nm (18.1 mkp) bei 4500/min; 95 ROZ. Einige Länder: 93 kW (126 PS); 170 Nm (17,3 mkp).

Motorkonstruktion: Bezeichnung 4G 63; 4 Ventile in V; 1 obenl. Nockenwelle (Zahnriemen); Leichtmetall-Zylinderkopf; 5fach gelagerte Kurbelwelle; Öl 3.8 L; elektron. Einspritzung.

Batterie 75 Ah, Alternator 85 A; Wasserkühlung, Inh. 6 L.

Kraftübertragung:
5-Gang-Getriebe: I. 3.58; II. 1.95; III. 1.38; IV. 1.03; V. 0.82; R 3.36; Achse 3.72.
4-Stufen-Automat: I. 2.84; II. 1.53; III. 1; IV. 0.71; R 2.48; Achse 4.04.

Fahrleistungen: Vmax (Werk) 210 km/h, V bei 1000/min im 5. Gang 39.4 km/h; 0–100 km/h 9.7 s; Leistungsgew. 12.6 kg/kW (9.3 kg/PS); Verbrauch EU 6.5/11.5 L/100 km.
4WD: Vmax 200 km/h.
Aut.: Vmax 200 km/h, Verbrauch EU 7/12.6 L/100 km.

2.0 V6 24V – 145 PS
Benzineinspritzung

Wie 1.8 – 150 PS, ausgenommen:

Gewicht: leer ab 1320 kg.

Motor: (JIS), 6 Zyl. in V 60° (78.4×69 mm), 1999 cm^3; Kompr. 9.5:1; 107 kW (145 PS) bei 6000/min, 53.5 kW/L (72.8 PS/L); 181 Nm (18.5 mkp) bei 4500/min; 95 ROZ.

Motorkonstruktion: Bezeichnung 6A 12; 4 Ventile in V 47.8°; 2×2 obenl. Nockenwellen (Zahnriemen); Leichtmetall-Zylinderköpfe; 4fach gelagerte Kurbelwelle; Öl 4.5 L; elektron. Einspritzung.

Batterie 65 Ah, Alternator 50 A; Wasserkühlung, Inh. 7 L.

Kraftübertragung: (auf Vorderräder/4WD permanent), zentrales Diff. mit Viskokupplung; Drehmomentverteilung v/h 50/50 %.
5-Gang-Getriebe: I. 3.58; II. 1.95; III. 1.38; IV. 1.03; V. 0.82; R 3.36; Achse 3.72, 4WD 4.31.
4-Stufen-Automat: I. 2.84; II. 1.53; III. 1; IV. 0.71; R 2.48; Achse 4.04.

Fahrleistungen: Vmax (Red.) über 200 km/h, V bei 1000/min im 5. Gang 36.6 km/h; 0–100 km/h ca. 10 s; Leistungsgew. 12.3 kg/kW (9.1 kg/PS); Verbrauch (Red.) 7/12 L/100 km.

Mitsubishi Galant Wagon

2.4 16V – 143 PS
Benzineinspritzung

Wie 1.8 – 150 PS, ausgenommen:

Gewicht: leer ab 1250 kg.

Motor: (SAE), 4 Zyl. in Linie (86.5×100 mm), 2351 cm^3; Kompr. 9.5:1; 105 kW (143 PS) bei 5500/min, 44.7 kW/L (60.7 PS/L); 201 Nm (20.5 mkp) bei 3500/min; 91 ROZ.

Moteur: (ECE), 4 cyl. en ligne (85×88 mm), 1997 cm^3; compr. 10:1; 100 kW (136 ch) à 6000/min, 50.1 kW/L (68.1 ch/L); 178 Nm (18.1 mkp) à 4500/min; 95 (R). Quelques pays: 93 kW (126 PS); 170 Nm (17,3 mkp).

Moteur (constr.): désignation 4G 63; 4 soupapes en V; 1 arbre à cames en tête (courroie crantée); culasse en alliage léger; vilebrequin à 5 paliers; huile 3.8 L; injection électronique.

Batterie 75 Ah, alternateur 85 A; refroidissement à eau, capac. 6 L.

Transmission:
Boîte à 5 vit.: I. 3.58; II. 1.95; III. 1.38; IV. 1.03; V. 0.82; AR 3.36; pont 3.72.
Boîte aut. à 4 vit.: I. 2.84; II. 1.53; III. 1; IV. 0.71; AR 2.48; pont 4.04.

Performances: Vmax (usine) 210 km/h, V à 1000/min en 5. vit. 39.4 km/h; 0–100 km/h 9.7 s; rapp. poids/puiss. 12.6 kg/kW (9.3 kg/ch); consomm. EU 6.5/11.5 L/100 km.
4WD: Vmax 200 km/h.
Aut.: Vmax 200 km/h, consomm. EU 7/12.6 L/100 km.

2.0 V6 24V – 145 ch
Injection d'essence

Comme 1.8 – 150 ch, sauf:

Poids: vide dès 1320 kg.

Moteur: (JIS), 6 cyl. en V 60° (78.4×69 mm), 1999 cm^3; compr. 9.5:1; 107 kW (145 ch) à 6000/min, 53.5 kW/L (72.8 ch/L); 181 Nm (18.5 mkp) à 4500/min; 95 (R).

Moteur (constr.): désignation 6A 12; 4 soupapes en V 47.8°; 2×2 arbres à cames en tête (courroie crantée); culasses en alliage léger; vilebrequin à 4 paliers; huile 4.5 L; injection électronique.

Batterie 65 Ah, alternateur 50 A; refroidissement à eau, capac. 7 L.

Transmission: (sur AV/4WD permanent), diff. central avec visco-coupleur; répartition du couple AV/AR 50/50 %.
Boîte à 5 vit.: I. 3.58; II. 1.95; III. 1.38; IV. 1.03; V. 0.82; AR 3.36; pont 3.72, 4WD 4.31.
Boîte aut. à 4 vit.: I. 2.84; II. 1.53; III. 1; IV. 0.71; AR 2.48; pont 4.04.

Performances: Vmax (réd.) plus de 200 km/h, V à 1000/min en 5. vit. 36.6 km/h; 0–100 km/h env. 10 s; rapp. poids/puiss. 12.3 kg/kW (9.1 kg/ch); consomm. (réd.) 7/12 L/100 km.

2.4 16V – 143 ch
Injection d'essence

Comme 1.8 – 150 ch, sauf:

Poids: vide dès 1250 kg.

Moteur: (SAE), 4 cyl. en ligne (86.5×100 mm), 2351 cm^3; compr. 9.5:1; 105 kW (143 ch) à 5500/min, 44.7 kW/L (60.7 ch/L); 201 Nm (20.5 mkp) à 3500/min; 91 (R).

Motorkonstruktion: Bezeichnung 4G 64; 4 Ventile in V; 1 obenl. Nockenwelle (Zahnriemen); Leichtmetall-Zylinderkopf; 5fach gelagerte Kurbelwelle; Öl 3.8 L; elektron. Einspritzung.

Batterie 52 Ah, Alternator 90 A; Wasserkühlung, Inh. 7 L.

Kraftübertragung:
5-Gang-Getriebe: I. 3.17; II. 1.83; III. 1.24; IV. 0.9; V. 0.73; R 3.17; Achse 4.32.
4-Stufen-Automat: I. 2.84; II. 1.53; III. 1; IV. 0.71; R 2.48; Achse 4.63.

Fahrleistungen: Vmax (Red.) 200 km/h, V bei 1000/min im 5. Gang 36 km/h; Leistungsgew. 10.5 kg/kW (7.7 kg/PS); Verbrauch (Red.) 8/14 L/100 km.

Mitsubishi Legnum

2.5 V6 24V – 163 PS
Benzineinspritzung

Wie 1.8 – 150 PS, ausgenommen:

Gewicht: leer ab 1290 kg.

Motor: (ECE), 6 Zyl. in V 60° (81×80.8 mm), 2498 cm^3; Kompr. 9.5:1; 120 kW (163 PS) bei 5750/min, 48 kW/L (65.3 PS/L); 223 Nm (22.7 mkp) bei 4500/min; 95 ROZ. JIS: Kompr. 9:1; 129 kW (175 PS) bei 5500/min, 230 Nm.

Motorkonstruktion: Bezeichnung 6A13; 4 Ventile in V 47.8°; 2×2 obenl. Nockenwellen (Zahnriemen); Leichtmetall-Zylinderköpfe; 4fach gelagerte Kurbelwelle; Öl 4.5 L; elektron. Einspritzung.

Batterie 75 Ah, Alternator 90 A; Wasserkühlung, Inh. 7 L.

Kraftübertragung: (auf Vorderräder/4WD permanent), zentrales Diff. mit Viskokupplung; Drehmomentverteilung v/h 50/50 %.
5-Gang-Getriebe: I. 3.58; II. 1.95; III. 1.38; IV. 1.03; V. 0.77; R 3.36; Achse 3.72.
4WD: 5-Gang-Getriebe: I. 3.58; II. 1.95; III. 1.38; IV. 1.03; V. 0.82; R 3.36; Achse 4.31.
4-Stufen-Automat: I. 2.84; II. 1.53; III. 1; IV. 0.71; R 2.48; Achse 3.77.

Fahrwerk: Reifen 195/60 R 15, 205/55 R 16.

Fahrleistungen: Vmax (Werk) 225 km/h, V bei 1000/min im 5. Gang 39.4 km/h; Leistungsgew. 10.8 kg/kW (7.9 kg/PS); Verbrauch EU 6.7/13 L/100 km.

2.5 V6 24V – 280 PS
Benzineinspritzung/Turbo

Wie 1.8 – 150 PS, ausgenommen:

Karosserie, Gewicht: Limousine/Wagon; leer ab 1480/1530 kg.

Motor: (JIS), 6 Zyl. in V 60° (81×80.8 mm), 2498 cm^3; Kompr. 8.5:1; 206 kW (280 PS) bei 5500/min, 82.4 kW/L (112.1 PS/L); 363 Nm (37 mkp) bei 4000/min; 95 ROZ. Automat: 191 kW (260 PS); 343 Nm.

Moteur (constr.): désignation 4G 64; 4 soupapes en V; 1 arbre à cames en tête (courroie crantée); culasse en alliage léger; vilebrequin à 5 paliers; huile 3.8 L; injection électronique.

Batterie 52 Ah, alternateur 90 A; refroidissement à eau, capac. 7 L.

Transmission:
Boîte à 5 vit.: I. 3.17; II. 1.83; III. 1.24; IV. 0.9; V. 0.73; AR 3.17; pont 4.32.
Boîte aut. à 4 vit.: I. 2.84; II. 1.53; III. 1; IV. 0.71; AR 2.48; pont 4.63.

Performances: Vmax (réd.) 200 km/h, V à 1000/min en 5. vit. 36 km/h; rapp. poids/puiss. 10.5 kg/kW (7.7 kg/ch); consomm. (Red.) 8/14 L/100 km.

2.5 V6 24V – 163 ch
Injection d'essence

Comme 1.8 – 150 ch, sauf:

Poids: vide dès 1290 kg.

Moteur: (ECE), 6 cyl. en V 60° (81×80.8 mm), 2498 cm^3; compr. 9.5:1; 120 kW (163 ch) à 5750/min, 48 kW/L (65.3 ch/L); 223 Nm (22.7 mkp) à 4500/min; 95 (R). JIS: Kompr. 9:1; 129 kW (175 ch) à 5500/min, 230 Nm.

Moteur (constr.): désignation 6A13; 4 soupapes en V 47.8°; 2×2 arbres à cames en tête (courroie crantée); culasses en alliage léger; vilebrequin à 4 paliers; injection électronique.

Batterie 75 Ah, alternateur 90 A; refroidissement à eau, capac. 7 L.

Transmission: (sur roues AV/4WD permanent), diff. central avec visco-coupleur; répartition du couple AV/AR 50/50 %.
Boîte à 5 vit.: I. 3.58; II. 1.95; III. 1.38; IV. 1.03; V. 0.77; AR 3.36; pont 3.72.
4WD: boîte à 5 vit.: I. 3.58; II. 1.95; III. 1.38; IV. 1.03; V. 0.82; AR 3.36; pont 4.31.
Boîte aut. à 4 vit.: I. 2.84; II. 1.53; III. 1; IV. 0.71; AR 2.48; pont 3.77.

Train roulant: pneus 195/60 R 15, 205/55 R 16.

Performances: Vmax (usine) 225 km/h, V à 1000/min en 5. vit. 39.4 km/h; rapp. poids/puiss. 10.8 kg/kW (7.9 kg/ch); consomm. EU 6.7/13 L/100 km.

2.5 V6 24V – 280 ch
Injection d'essence/turbo

Comme 1.8 – 150 ch, sauf:

Carrosserie, poids: Berline/Wagon; vide dès 1480/1530 kg.

Moteur: (JIS), 6 cyl. en V 60° (81×80.8 mm), 2498 cm^3; compr. 8.5:1; 206 kW (280 ch) à 5500/min, 82.4 kW/L (112.1 ch/L); 363 Nm (37 mkp) à 4000/min; 95 (R). boîte automat.: 191 kW (260 ch); 343 Nm.

Mitsubishi

Motorkonstruktion: Bez. 6A13; 4 Ventile in V 47.8°; 2×2 obenl. Nockenwellen (Zahnriemen); Leichtmetall-Zylinderköpfe; 4fach gelagerte Kurbelwelle; Ölkühler; Öl 4.5 L; elektron. Einspr., 2 Turbolader, 2 Interc. Batterie 75 Ah, Alternator 85 A; Wasserkühlung, Inh. 7 L.

Kraftübertragung: (4WD permanent), zentrales Diff. mit Viskokupplung; Drehmomentverteilung v/h 50/50 %.
5-Gang-Getriebe: I. 3.33; II. 2.11; III. 1.41; IV. 1.03; V. 0.76; R 3.42; Achse 4.11.
5-Stufen-Automat: I. 3.79; II. 2.06; III. 1.42; IV. 1; V. 0.73; R 3.87; Achse 3.68.

Fahrwerk: Reifen 205/55 R 16, Felgen 6.5 J, 7 J.

Fahrleistungen: Vmax (Red.) über 225 km/h, V bei 1000/min in 5. Gang 37 km/h; Leistungsgew. 7.2 kg/kW (5.3 kg/PS); Verbrauch (Red.) 9/15 L/100 km.

Moteur (constr.): désign. 6A13; 4 soupapes en V 47.8°; 2×2 arbres à cames en tête (courroie crantée); culasses en alliage léger; vilebrequin à 4 paliers; radiat. d'huile; huile 4.5 L; inj. électron., 2 turboc, 2 Interc. Batterie 75 Ah, alternateur 85 A; refroidissement à eau, capac. 7 L.

Transmission: (4WD permanent), diff. central avec visco-coupleur; répartition du couple AV/AR 50/50 %.
Boîte à 5 vit.: I. 3.33; II. 2.11; III. 1.41; IV. 1.03; V. 0.76; AR 3.42; pont 4.11.
Boîte aut. à 5 vit.: I. 3.79; II. 2.06; III. 1.42; IV. 1; V. 0.73; AR 3.87; pont 3.68.

Train roulant: pneus 205/55 R 16, jantes 6.5 J, 7 J.

Performances: Vmax (réd.) plus de 225 km/h, V à 1000/min en 5. vit. 37 km/h; rapp. poids/puiss. 7.2 kg/kW (5.3 kg/ch); consomm. (Red.) 9/15 L/100 km.

2.0 – 90 PS Turbodiesel

Wie 1.8 – 150 PS, ausgenommen:

Karosserie, Gewicht: Limousine/Wagon; leer ab 1300/1350 kg.

Motor: (ECE), 4 Zyl. in Linie (82.7×93 mm), 1998 cm³; Kompr. 22.4:1; 66 kW (90 PS) bei 4500/min, 33 kW/L (44.9 PS/L); 202 Nm (20.6 mkp) bei 2500/min; Dieselöl. JIS: 69 klW (94 PS); 196 Nm (20 mkp).

Motorkonstruktion: Bezeichnung 4D 68 Turbo; Wirbelkammer-Diesel; 2 Ventile parallel; 1 obenl. Nockenwelle (Zahnriemen); Leichtmetall-Zylinderkopf; 5fach gelagerte Kurbelwelle; Öl 5.6 L; Einspritzpumpe, Nippondenso, VE 4; 1 Turbolader, max. Ladedruck 0.7 bar, Intercooler. Batterie 95 Ah, Alternator 100 A; Wasserkühlung, Inh. 8 L.

Kraftübertragung:
5-Gang-Getriebe: I. 3.58; II. 1.95; III. 1.38; IV. 1.03; V. 0.73; R 3.36; Achse 3.72.

Fahrleistungen: Vmax (Werk) 180 km/h, V bei 1000/min im 5. Gang 41.3 km/h; Leistungsgew. 19.7 kg/kW (14.4 kg/PS); Verbrauch (Red.) 6/8 L/100 km.

2.0 – 90 ch Turbodiesel

Comme 1.8 – 150 ch, sauf:

Carrosserie, poids: Berline/Wagon; vide dès 1300/1350 kg.

Moteur: (ECE), 4 cyl. en ligne (82.7×93 mm), 1998 cm³; compr. 22.4:1; 66 kW (90 ch) à 4500/min, 33 kW/L (44.9 ch/L); 202 Nm (20.6 mkp) à 2500/min; gazole. JIS: 69 klW (94 ch); 196 Nm (20 mkp).

Moteur (constr.): désign. 4D 68 Turbo; diesel à chambre de turbulence; 2 soup. en parallèle; 1 arbre à cames en tête (courroie crantée); culasse en alliage léger; vilebrequin à 5 paliers; huile 5.6 L; pompe à injection, Nippondenso, VE 4; 1 turbocompr., pression max. 0.7 bar, Intercooler. Batterie 95 Ah, alternateur 100 A; refroidissement à eau, capac. 8 L.

Transmission:
Boîte à 5 vit.: I. 3.58; II. 1.95; III. 1.38; IV. 1.03; V. 0.73; AR 3.36; pont 3.72.

Performances: Vmax (usine) 180 km/h, V à 1000/min en 5. vit. 41.3 km/h; rapp. poids/puiss. 19.7 kg/kW (14.4 kg/ch); consomm. (Red.) 6/8 L/100 km.

Mitsubishi Diamante

Fahrzeug der gehobenen Mittelklasse mit V6-Motor, Vorder- oder Allradantrieb, für den Export aus australischer Prod. Debüt Prototyp Tokio Herbst 1989, Produktion seit Mai 1990. Sept. 1990: Sigma mit anderem Pavillon (Japan/Export). Herbst 1992: Kombi Sigma aus australischer Produktion. Neuauflage Jan. 1996.

Voiture de la classe moyenne supérieure avec V6 et traction AV ou 4 WD; pour l'exportation production australienne. Lancement Salon Tokyo 1989, production depuis mai 1990. Sept. 1990: Sigma avec pavillon différent (japon/export). Automne 1992: Break Sigma (Australie). Fin janvier 1996: Nouvelle édition.

2.5 V6 24V – 175 PS Benzineinspritzung

Karosserie, Gewicht: Limousine, 4 Türen, 5 Sitze; leer ab 1440 kg.

Motor: Lean Burn Engine (JIS), 6 Zyl. in V 60° (83.5×76 mm), 2497 cm³; Kompr. 9.5:1; 129 kW (175 PS) bei 5500/min, 51.7 kW/L (70.2 PS/L); 226 Nm (23 mkp) bei 4500/min; 91 ROZ..

Motorkonstruktion: Bezeichnung 6G 73; 4 Ventile in V; 2×1 obenl. Nockenwelle (Zahnriemen); Leichtmetall-Zylinderköpfe; 4fach gelagerte Kurbelwelle; Öl 4.3 L; elektron. Einspritzung, ECI-Multi. Batterie 48 Ah, Alternator 60 A; Wasserkühlung, Inh. 8 L.

Kraftübertragung: (auf Vorderräder), Antriebsschlupfregelung. zentrales Diff. mit Viskokupplung; Drehmomentvert. v/h 50/50 %. 4-Stufen-Aut.: Invecs-II; I. 2.84; II. 1.53; III. 1; IV. 0.71; R 2.48; Achse 4.02, 4WD 4.41.

2.5 V6 24V – 175 ch Injection d'essence

Carrosserie, poids: Berline, 4 portes, 5 places; vide dès 1440 kg.

Moteur: Lean Burn Engine (JIS), 6 cyl. en V 60° (83.5×76 mm), 2497 cm³; compr. 9.5:1; 129 kW (175 ch) à 5500/min, 51.7 kW/L (70.2 ch/L); 226 Nm (23 mkp) à 4500/min; 91 (R).

Moteur (constr.): désignation 6G 73; 4 soupapes en V; 2×1 arbre à cames en tête (courroie crantée); culasses en alliage léger; vilebrequin à 4 paliers; huile 4.3 L; injection électronique, ECI-Multi. Batterie 48 Ah, alternateur 60 A; refroidissement à eau, capac. 8 L.

Transmission: (sur roues AV), Dispositif antipatinage. diff. central avec visco-coupleur; répart. du couple AV/AR 50/50 %. Boîte à 4 vit.: Invecs-II; I. 2.84; II. 1.53; III. 1; IV. 0.71; AR 2.48; p. 4.02, 4WD 4.41.

Mitsubishi Diamante

Fahrgestell: Selbsttragende Karosserie; vorn Längs- und Querlenker, obere Dreieckquerlenker; hinten Längs- und Querlenker, obere Dreieckquerlenker, Schraubenfedern, Teleskopdämpfer; v/h Kurvenstab.

Fahrwerk: Vierrad-Scheibenbremse (v/h belüftet), ABS, Handbremse auf Hinterräder; Zahnstangenlenkung mit Servo, Treibstofftank 72 L; Reifen 205/65 HR 15, 215/60 HR 15, Felgen 6 J, 6.5 J.

Dimensionen: Radstand 272 cm, Spur 154.5/153.5 cm, Bodenfreih. 16 cm, Wendekreis 11.8 m, Länge 478.5 cm, Breite 178.5 cm, Höhe 144 cm.

Fahrleistungen: Vmax (Red.) 210 km/h, V bei 1000/min im 4. Gang 40.2 km/h; Leistungsgew. 9.7 kg/kW (7.1 kg/PS); Verbrauch (Red.) 9/14 L/100 km.

Châssis: carrosserie autoporteuse; AV bras longitud. et transv., leviers triang. superieur; AR bras longitud. et transv., leviers triang. superieur, ressorts hélicoïdaux, amortiss. télesc.; AV/AR barre anti-dévers.

Train roulant: quatre freins à disques (AV/AR ventilés), ABS, frein à main sur roues AR; servodirection à crémaillère, réservoir carb. 72 L; pneus 205/65 HR 15, 215/60 HR 15, jantes 6 J, 6.5 J.

Dimensions: empattement 272 cm, voie 154.5/153.5 cm, garde au sol 16 cm, diam. de braq. 11.8 m, longueur 478.5 cm, largeur 178.5 cm, hauteur 144 cm.

Performances: Vmax (réd.) 210 km/h, V à 1000/min en 4. vit. 40.2 km/h; rapp. poids/puiss. 9.7 kg/kW (7.1 kg/ch); consomm. (Red.) 9/14 L/100 km.

2.5 V6 24V – 200 PS Benzineinspritzung

Wie 2.5 – 175 PS, ausgenommen:

Motor: (JIS), 6 Zyl. in V 60° (83.5×76 mm), 2497 cm³; Kompr. 10:1; 147 kW (200 PS) bei 6000/min, 58.9 kW/L (80 PS/L); 240 Nm (24.5 mkp) bei 5000/min; 91 ROZ.

Motorkonstruktion: Bezeichnung 6G 73; 4 Ventile in V; 2×2 obenl. Nockenwellen (Zahnriemen); Leichtmetall-Zylinderköpfe; 4fach gelagerte Kurbelwelle; Öl 4.3 L; elektron. Einspritzung, ECI-Multi. Batterie 48 Ah, Batterie 60 A, Alternator 60 A; Wasserkühlung, Inh. 8 L.

Kraftübertragung:
4-Stufen-Automat: I. 2.84; II. 1.53; III. 1; IV. 0.71; R 2.48; Achse 4.63.

Fahrleistungen: Vmax (Red.) 210 km/h, V bei 1000/min im 4. Gang 36 km/h; Leistungsgew. 8.7 kg/kW (7.2 kg/PS); Verbrauch (Red.) 9/14 L/100 km.

2.5 V6 24V – 200 ch Injection d'essence

Comme 2.5 – 175 ch, sauf:

Moteur: (JIS), 6 cyl. en V 60° (83.5×76 mm), 2497 cm³; compr. 10:1; 147 kW (200 ch) à 6000/min, 58.9 kW/L (80 ch/L); 240 Nm (24.5 mkp) à 5000/min; 91 (R).

Moteur (constr.): désignation 6G 73; 4 soupapes en V; 2×2 arbres à cames en tête (courroie crantée); culasses en alliage léger; vilebrequin à 4 paliers; huile 4.3 L; injection électronique, ECI-Multi. Batterie 48 Ah, Batterie 60 A, alternateur 60 A; refroidissement à eau, capac. 8 L.

Transmission:
Boîte aut. à 4 vit.: I. 2.84; II. 1.53; III. 1; IV. 0.71; AR 2.48; pont 4.63.

Performances: Vmax (réd.) 210 km/h, V à 1000/min en 4. vit. 36 km/h; rapp. poids/puiss. 8.7 kg/kW (7.2 kg/ch); consomm. (Red.) 9/14 L/100 km.

Mitsubishi Diamante

3.0 V6 24V – 230 PS Benzineinspritzung

Wie 2.5 – 175 PS, ausgenommen:

Karosserie, Gewicht: Limousine; leer ab 1510 kg.

3.0 V6 24V – 230 ch Injection d'essence

Comme 2.5 – 175 ch, sauf:

Carrosserie, poids: Berline; vide dès 1510 kg.

Mitsubishi

Motor: (JIS), 6 Zyl. in V 60° (91.1×76 mm), 2972 cm³; Kompr. 10:1; 169 kW (230 PS) bei 6000/min, 56.9 kW/L (77.3 PS/L); 286 Nm (29.2 mkp) bei 2500/min; 91 ROZ. MIVEC: 199 kW (270 PS) bei 7000/min; 301 Nm (30,7 mkp) bei 4500/min. USA: 3497 cm³, 157 kW (213 PS); 313 Nm.

Motorkonstruktion: Bez. 6G 72 DOHC; 4 Ventile in V 49.75°; 2×2 obenl. Nockenwellen (Zahnriemen); Leichtmetall-Zylinderköpfe; 4fach gelagerte Kurbelwelle; Ölkühler; Öl 5 L; elektron. Einspr., ECI-Multi. Batterie 48 Ah, Alternator 60 A; Wasserkühlung, Inh. 8 L.

Kraftübertragung:
5-Stufen-Automat: Invecs-II; I. 3.79; II. 2.06; III. 1.42; IV. 1; V. 0.73; R 3.87; Achse 3.33.

Fahrleistungen: Vmax (Red.) 220 km/h, V bei 1000/min in 5. Gang 48.3 km/h; Leistungsgew. 7.6 kg/kW (5.6 kg/PS); Verbrauch (Red.) 9/15 L/100 km.

Moteur: (JIS), 6 cyl. en V 60° (91.1×76 mm), 2972 cm³; compr. 10:1; 169 kW (230 ch) à 6000/min, 56.9 kW/L (77.3 ch/L); 286 Nm (29.2 mkp) à 2500/min; 91 (R). MIVEC: 199 kW (270 PS) à 7000/min; 301 Nm (30,7 mkp) à 4500/min. USA: 3497 cm³, 157 kW (213 ch); 313 Nm.

Moteur (constr.): désign. 6G 72 DOHC; 4 soupapes en V 49.75°; 2×2 arbres à cames en tête (courroie crantée); culasses en alliage léger; vilebrequin à 4 paliers; radiat. d'huile; huile 4.5 L; inj. électron., ECI-Multi. Batterie 48 Ah, alternateur 60 A; refroidissement à eau, capac. 8 L.

Transmission:
Boîte aut. à 5 vit.: Invecs-II; I. 3.79; II. 2.06; III. 1.42; IV. 1; V. 0.73; AR 3.87; pont 3.33.

Performances: Vmax (réd.) 220 km/h, V à 1000/min en 5. vit. 48.3 km/h; rapp. poids/puiss. 7.6 kg/kW (5.6 kg/ch); consom. (Red.) 9/15 L/100 km.

Mitsubishi GTO - 3000 GT

Sportwagen mit 3.0 V6 24V, perm. Allradantrieb und Vierradlenkung. Als Saugmotor 225 PS, als Twin-Turbo 280 PS, im Export über 300 PS. Debüt (Prototyp) Salon Tokio 1989 (HSX), Produktion seit Herbst 1990. Parallelmodell Dodge Stealth. Turbo mit Getrag-6-Gang-Getriebe. 1995: auch als Spyder.

Voiture de sport avec 3.0 V6 24V, traction intégrale et quatre roues directrices. Version atmo. 225 ch, Twin-Turbo 280 ch, en exportation plus de 300 ch. Début prototype (HSX) Tokyo 1989, entrée en production automne 1990. Modèle parallèle Dodge Stealth. Turbo avec boîte à 6 vit. 1995: aussi comme Spyder.

3.0 V6 24V – 224 PS Benzineinspritzung
3.0 V6 24V – 224 ch Injection d'essence

Karosserie, Gewicht: Coupé, 3 Türen, 2+2 Sitze; leer ab 1475 kg. Cabriolet, 2 Türen, 2+2 Sitze; leer ab 1715 kg.

Motor: (JIS/SAE), 6 Zyl. in V 60° (91.1×76 mm), 2972 cm³; Kompr. 10:1; 165 kW (224 PS) bei 6000/min, 55.5 kW/L (75.5 PS/L); 275 Nm (28 mkp) bei 4500/min; 91 ROZ. Kalifornien: 163 kW (221 PS).

Motorkonstruktion: Bez. 6G 72; 4 Ventile in V 49.75°; 2×2 obenl. Nockenwellen (Zahnriemen); Leichtmetall-Zylinderköpfe; 4fach gelagerte Kurbelwelle; Ölkühler; Öl 4.5 L; elektron. Einspritzung, ECI-Multi. Batterie 65 Ah, Alternator 90/110 A; Wasserkühlung, Inh. 8.5 L.

Kraftübertragung: (4WD permanent), zentrales Diff. mit Viskokupplung; Drehmomentverteilung v/h 50/50 %.
5-Gang-Getriebe: I. 2.92; II. 1.68; III. 1.12; IV. 0.88; V. 0.67; R 3.17; Achse 4.93, 4.15.
4-Stufen-Automat: I. 2.55; II. 1.49; III. 1; IV. 0.69; R 2.18; Achse 4.38, 4.42, 3.96.

Fahrgestell: Selbsttragende Karosserie; vorn Federbeine und Dreieckquerlenker; hinten Querlenker, Schraubenfedern und koaxiale Dämpfer; v/h Kurvenstabilisator.

Fahrwerk: Vierrad-Scheibenbremse (vorn belüftet), Scheiben-Ø v. 29.4 cm, h. 28.2 cm, ABS, Handbr. auf Hinterräder; Zahnstangenl. mit Servo, Treibstofftank 75 L; Reifen 225/55 VR 16, Felgen 7.5 J, 8 J.

Carrosserie, poids: Coupé, 3 portes, 2+2 places; vide dès 1475 kg. Cabriolet, 2 portes, 2+2 places; vide dès 1715 kg.

Moteur: (JIS/SAE), 6 cyl. en V 60° (91.1×76 mm), 2972 cm³; compr. 10:1; 165 kW (224 ch) à 6000/min, 55.5 kW/L (75.5 ch/L); 275 Nm (28 mkp) à 4500/min; 91 (R). Californie: 163 kW (221 ch).

Moteur (constr.): désign. 6G 72; 4 soupapes en V 49.75°; 2×2 arbres à cames en tête (courroie crantée); culasses en alliage léger; vilebrequin à 4 paliers; radiat. d'huile; huile 4.5 L; inj. électronique, ECI-Multi. Batterie 65 Ah, alternateur 90/110 A; refroidissement à eau, capac. 8.5 L.

Transmission: (4WD permanent), diff. central avec visco-coupleur; répartition du couple AV/AR 50/50 %.
Boîte à 5 vit.: I. 2.92; II. 1.68; III. 1.12; IV. 0.88; V. 0.67; AR 3.17; pont 4.93, 4.15.
Boîte à 4 vit.: I. 2.55; II. 1.49; III. 1; IV. 0.69; AR 2.18; pont 4.38, 4.42, 3.96.

Châssis: carrosserie autoporteuse; AV jambes élast. et leviers triang. transv.; AR leviers transv., ressorts hélic. et amortisseurs coaxiaux; AV/AR barre anti-dévers.

Train roulant: quatre freins à disques (AV ventilés), Ø disques AV 29.4 cm, AR 28.2 cm, ABS, frein à main sur roues AR; servodirection à crémaillère, réservoir carb. 75 L; pneus 225/55 VR 16, jantes 7.5 J, 8 J.

Mitsubishi 3000 GT

Dimensionen: Radstand 247 cm, Spur 156/158 cm, Bodenfreih. 11 cm, Wendekreis 12.1 m, Kofferraum 160 dm³, Länge 457 cm, Breite 184 cm, Höhe 128 cm.

Fahrleistungen: Vmax (Red.) 230 km/h, V bei 1000/min in 5. Gang 35.8 km/h; Leistungsgew. 9.9 kg/kW (7.3 kg/PS); Verbrauch (Red.) 9/15 L/100 km.

3.0 V6 24V – 286 PS Benzineinspritzung/Turbo

Wie 3.0 – 224 PS, ausgenommen:

Karosserie, Gewicht: Coupé; leer ab 1710 kg.
Cabriolet; leer ab 1870 kg.

Motor: (DIN), 6 Zyl. in V 60° (91.1×76 mm), 2972 cm³; Kompr. 8:1; 210 kW (286 PS) bei 6000/min, 70.6 kW/L (96.1 PS/L); 407 Nm (41.5 mkp) bei 2500/min; 95 ROZ. SAE: 238 kW (324 PS); 428 Nm.

Motorkonstruktion: Bezeichnung 6G 72 Twin Turbo; 4 Ventile in V 49.75°; 2×2 obenl. Nockenwellen (Zahnriemen); Leichtmetall-Zylinderköpfe; 4fach gelagerte Kurbelwelle; Ölkühler; Öl 4.5 L; elektron. Einspritzung, ECI-Multi; 2 Turbolader, max. Ladedruck 0.68 bar, 2 Intercooler. Batterie 65 Ah, Alternator 90 A; Wasserkühlung, Inh. 8.5 L.

Kraftübertragung:
6-Gang-Getriebe: I. 3.27; II. 1.9; III. 1.24; IV. 0.92; V. 0.73; VI. 0.59; R 3.15; Achse 3.97.

Fahrwerk: Reifen 245/40 ZR 18, Felgen 8.5 J.

Fahrleistungen: Vmax (Werk) 250 km/h, V bei 1000/min in 6. Gang 52.1 km/h; 0–100 km/h 5.9 s; Leistungsgew. 7.2 kg/kW (5.3 kg/PS); Verbrauch ECE 8.5/10.7/14.2 L/100 km.

Dimensions: empattement 247 cm, voie 156/158 cm, garde au sol 11 cm, diam. de braq. 12.1 m, coffre 160 dm³, longueur 457 cm, largeur 184 cm, hauteur 128 cm.

Performances: Vmax (réd.) 230 km/h, V à 1000/min en 5. vit. 35.8 km/h; rapp. poids/puiss. 9.9 kg/kW (7.3 kg/ch); consomm. (Red.) 9/15 L/100 km.

3.0 V6 24V – 286 ch Injection d'essence/turbo

Comme 3.0 – 224 ch, sauf:

Carrosserie, poids: Coupé; vide dès 1710 kg.
Cabriolet; vide dès 1870 kg.

Moteur: (DIN), 6 cyl. en V 60° (91.1×76 mm), 2972 cm³; compr. 8:1; 210 kW (286 ch) à 6000/min, 70.6 kW/L (96.1 PS/L); 407 Nm (41.5 mkp) à 2500/min; 95 (R). SAE: 238 kW (324 ch); 428 Nm.

Moteur (constr.): désignation 6G 72 Twin Turbo; 4 soupapes en V 49.75°; 2×2 arbres à cames en tête (courroie crantée); culasses en alliage léger; vilebrequin à 4 paliers; radiat. d'huile; huile 4.5 L; injection électronique, ECI-Multi; 2 turbocompresseurs, pression max. 0.68 bar. Batterie 65 Ah, alternateur 90 A; refroidissement à eau, capac. 8.5 L.

Transmission:
Boîte à 6 vit.: I. 3.27; II. 1.9; III. 1.24; IV. 0.92; V. 0.73; VI. 0.59; AR 3.15; pont 3.97.

Train roulant: pneus 245/40 ZR 18, jantes 8.5 J.

Performances: Vmax (usine) 250 km/h, V à 1000/min en 6. vit. 52.1 km/h; 0–100 km/h 5.9 s; rapp. poids/puiss. 7.2 kg/kW (5.3 kg/ch); consomm. ECE 8.5/10.7/14.2 L/100 km.

Mitsubishi Debonair

Luxuslimousine mit V6-Motor, Getriebeautomat und Frontantrieb, kein Export. Debüt Juli 1986. Herbst 1992: Neuauflage mit 3.0 oder 3.5 24V.

Berline luxueuse avec V6, boîte automatique et traction AV, pas d'exportation. Lancement juillet 1986. Automne 1992: Nouvelle édition, 3.0 ou 3.5 24V.

3.0 V6 – 170 PS Benzineinspritzung
3.0 V6 – 170 ch Injection d'essence

Karosserie, Gewicht: Limousine, 4 Türen, 5 Sitze; leer ab 1590 kg.

Motor: (JIS), 6 Zyl. in V 60° (91.1×76 mm), 2972 cm³; Kompr. 10:1; 125 kW (170 PS) bei 5500/min, 42.1 kW/L (57.2 PS/L); 248 Nm (25.3 mkp) bei 3000/min; 91 ROZ. LPG: 110 kW (150 PS) bei 5000/min; 225 Nm bei 4000/min.

Motorkonstruktion: Bezeichnung 6G 72; 2 Ventile in V; 2×1 obenl. Nockenwelle (Zahnriemen); Leichtmetall-Zylinderkopf; 4fach gelagerte Kurbelwelle; Öl 4.3 L; elektron. Einspritzung, ECI-Multi. Batterie 60 Ah, Alternator 70 A; Wasserkühlung, Inh. 10 L.

Kraftübertragung: (auf Vorderräder).
4-Stufen-Automat: I. 2.55; II. 1.49; III. 1; IV. 0.69; R 2.18; Achse 4.38; LPG 3.96.

Fahrgestell: Selbsttragende Karosserie; vorn Federbeine und Dreieckquerlenker; hinten Schräglenker, untere und obere Querlenker, Schraubenfedern und koaxiale Dämpfer; v/h Kurvenstabilisator.

Fahrwerk: Vierrad-Scheibenbremse (vorn belüftet), ABS, Handbremse auf Hinterräder; Zahnstangenl. mit Servo, Treibstofftank 75 L; Reifen 205/65 HR 15, Felgen 6 J.

Carrosserie, poids: Berline, 4 portes, 5 places; vide dès 1590 kg.

Moteur: (JIS), 6 cyl. en V 60° (91.1×76 mm), 2972 cm³; compr. 10:1; 125 kW (170 ch) à 5500/min, 42.1 kW/L (57.2 ch/L); 248 Nm (25.3 mkp) à 3000/min; 91 (R). LPG: 110 kW (150 ch) à 5000/min; 225 Nm à 4000/min.

Moteur (constr.): désignation 6G 72; 2 soupapes en V; 2×1 arbre à cames en tête (courroie crantée); culasse en alliage léger; vilebrequin à 4 paliers; huile 4.3 L; injection électronique, ECI-Multi. Batterie 60 Ah, alternateur 70 A; refroidissement à eau, capac. 10 L.

Transmission: (sur roues AV).
Boîte aut. à 4 vit.: I. 2.55; II. 1.49; III. 1; IV. 0.69; AR 2.18; pont 4.38.

Châssis: carrosserie autoporteuse; AV jambes élast. et leviers triang. transv.; AR triangles obliques, leviers transversaux inf. et sup., ressorts hélicoïdaux et amortisseurs coaxiaux; AV/AR barre anti-dévers.

Train roulant: quatre freins à disques (AV ventilés), ABS, frein à main sur roues AR; servodirection à crémaillère, réservoir carb. 75 L; pneus 205/65 HR 15, jantes 6 J.

Mitsubishi

Mitsubishi Debonair

Dimensionen: Radstand 274.5 cm, Spur 154.5/155 cm, Bodenfreih. 16 cm, Wendekreis 11.2 m, Kofferraum 460 dm³, Länge 497.5 cm, Breite 181.5 cm, Höhe 144 cm.

Fahrleistungen: Vmax (Red.) 200 km/h, V bei 1000/min im 4. Gang 39.5 km/h; Leistungsgew. 12.7 kg/kW (9.4 kg/PS); Verbrauch (Red.) 9/16 L/100 km.

Dimensions: empatt. 274.5 cm, voie 154.5/155 cm, garde au sol 16 cm, diam. de braq. 11.2 m, coffre 460 dm³, long. 497.5 cm, larg. 181.5 cm, hauteur 144 cm.

Performances: Vmax (réd.) 200 km/h, V à 1000/min en 4. vit. 39.5 km/h; rapp. poids/ puiss. 12.7 kg/kW (9.4 kg/ch); consom. (Red.) 9/16 L/100 km.

3.5 V6 – 260 PS Benzineinspritzung

3.5 V6 – 260 ch Injection d'essence

Wie 3.0 – 170 PS, ausgenommen:

Karosserie, Gewicht: Limousine; leer ab 1690 kg.

Motor: (JIS), 6 Zyl. in V 60° (93×85.8 mm), 3497 cm³; Kompr. 10:1; 191 kW (260 PS) bei 6000/min, 54.6 kW/L (74.2 PS/L); 324 Nm (33 mkp) bei 4500/min; 91 ROZ.

Motorkonstruktion: Bezeichnung 6G 74; 4 Ventile in V; 2×2 obenl. Nockenwellen (Zahnriemen); Leichtmetall-Zylinderkopf; 4fach gelagerte Kurbelwelle; Öl 4.3 L; elektron. Einspritzung, ECI-Multi.
Batterie 60 Ah, Alternator 70 A; Wasserkühlung, Inh. 10 L.

Kraftübertragung:
4-Stufen-Automat: I. 2.55; II. 1.49; III. 1; IV. 0.69; R 2.18; Achse 4.38.

Fahrwerk: Vierrad-Scheibenbremse (v/h belüftet), Reifen 215/65 HR 15.

Fahrleistungen: Vmax (Red.) 210 km/h, V bei 1000/min im 4. Gang 39.5 km/h; Leistungsgew. 8.9 kg/kW (6.5 kg/PS); Verbrauch (Red.) 10/17 L/100 km.

Comme 3.0 – 170 ch, sauf:

Carrosserie, poids: Berline; vide dès 1690 kg.

Moteur: (JIS), 6 cyl. en V 60° (93×85.8 mm), 3497 cm³; compr. 10:1; 191 kW (260 ch) à 6000/min, 54.6 kW/L (74.2 ch/L); 324 Nm (33 mkp) à 4500/min; 91 (R).

Moteur (constr.): désignation 6G 74; 4 soupapes en V; 2×2 arbres à cames en tête (courroie crantée); culasse en alliage léger; vilebrequin à 4 paliers; huile 4.3 L; injection électronique, ECI-Multi.
Batterie 60 Ah, alternateur 70 A; refroidissement à eau, capac. 10 L.

Transmission:
Boîte aut. à 4 vit.: I. 2.55; II. 1.49; III. 1; IV. 0.69; AR 2.18; pont 4.38.

Train roulant: quatre freins à disques (AV/ AR ventilés), pneus 215/65 HR 15.

Performances: Vmax (réd.) 210 km/h, V à 1000/min en 4. vit. 39.5 km/h; rapp. poids/ puiss. 8.9 kg/kW (6.5 kg/ch); consom. (Red.) 10/17 L/100 km.

Mitsubishi Space Runner - Space Wagon

Grossraumlimousine mit Vierzylindermotor, Vorder- oder Allradantrieb. In Japan Bezeichnung Chariot, in USA Expo bzw. Eagle Summit Wagon. Debüt 1983. Mai 1991: Neuauflage. Auch als Space Runner (Japan RVR) mit kürzerem Radstand. Debüt für Europa: Frankfurt 1991. Für 1994: Modifikationen.

Berline grande capacité avec moteur quatre cyl., traction AV ou 4×4. Au Japon désign. Chariot, aux USA Expo resp. Eagle Summit Wagon. Début 1983. Mai 1991: Nouvelle génération. Space Runner (Japon RVR) avec empatt. raccourci. Lancement en Europe: Salon Francfort 1991. Pour 1994: Modifications.

1.8 16V – 120 PS Benzineinspritzung

1.8 16V – 120 ch Injection d'essence

Karosserie, Gewicht: Minivan; 4 Türen, 5 Sitze; leer ab 1185 kg/4WD 1280 kg, max. zul. 1720 kg/4WD 1800 kg.
Mit 5 Türen, 7 Sitzen; leer ab 1245 kg/4WD 1330 kg, max. zul. 1950 kg/4WD 2040 kg.

Motor: (JIS), 4 Zyl. in Linie (81×89 mm), 1834 cm³; Kompr. 9.5:1; 88 kW (120 PS) bei 6000/min, 48 kW/L (65.2 PS/L); 159 Nm (16.2 mkp) bei 4500/min; 91 ROZ.
SAE: Kompr. 9.5:1; 85 kW (116 PS) 157 Nm.

Carrosserie, poids: Minivan; 4 portes, 5 pl.; vide dès 1185 kg/4WD 1280 kg, tot. adm. 1720 kg/4WD 1800 kg.
Avec 5 portes, 7 pl.; vide dès 1245 kg/4WD 1330 kg, tot. adm. 1950 kg/4WD 2040 kg.

Moteur: (JIS), 4 cyl. en ligne (81×89 mm), 1834 cm³; compr. 9.5:1; 88 kW (120 ch) à 6000/min, 48 kW/L (65.2 ch/L); 159 Nm (16.2 mkp) à 4500/min; 91 (R).
SAE: compr. 9.5:1; 85 kW (116 ch) 157 Nm.

Motorkonstruktion: Bez. 4G 93; 4 Ventile in V; 1 obenl. Nockenwelle (Zahnriemen); Leichtmetall-Zylinderkopf; 5fach gelagerte Kurbelwelle; Öl 3.5 L; elektron. Einspr. Batterie 45 Ah, Alternator 50 A; Wasserkühlung, Inh. 6.5 L.

Kraftübertragung: (auf Vorderräder/4WD permanent), zentrales Diff. mit Viskokupplung; Drehmomentverteilung v/h 50/50 %.
5-Gang-Getriebe: I. 3.45; II. 1.95; III. 1.29; IV. 0.94; V. 0.76; R 3.08; Achse 4.6; 5.1.
4WD: 5-Gang-Getriebe: I. 3.08; II. 1.68; III. 1.12; IV. 0.83; V. 0.69; R 3.17; Achse 5.21.
4-Stufen-Automat: I. 2.85; II. 1.58; III. 1; IV. 0.69; R 2.18; Achse 4.35; 4.01.
4WD: 4-Stufen-Automat: I. 2.55; II. 1.49; III. 1; IV. 0.69; R 2.18; Achse 4.38.

Fahrgestell: Selbsttragende Karosserie; vorn Federbeine und Dreieckquerlenker; hinten Schräglenker, Schraubenfedern; v/h Kurvenstabilisator, Teleskopdämpfer.

Fahrwerk: Bremse, vorne Scheiben (belüftet), hinten Trommeln, Scheiben-Ø v. 25.6 cm, a.W. ABS (mit Scheiben h.), Handbremse auf Hinterräder; Zahnstangenlenkung mit Servo, Treibstofftank 55 L; Reifen 185/70 R 14, Felgen 5.5 J.

Dimensionen: Radst. 252 cm, Spur 146/ 146 cm, Bodenfreih. 12 cm, Wendekreis 11.5 m, Kofferraum 675/1630 dm³, Länge 429 cm, Breite 169.5 cm, Höhe 164 cm.
Mit 5 Türen: Radstand 272 cm, Wendekreis 11.8 m, Kofferraum 210/1715 dm³, Länge 451.5 cm, Höhe 158 cm.

Fahrleistungen: Vmax (Werk) 180 km/h, V bei 1000/min im 5. Gang 32.9 km/h; 0–100 km/h 10.5 s; Leistungsgew. 13.2 kg/kW (9.7 kg/PS); Verbr. ECE 6.5/8.7/10.2 L/100 km.
Aut.: Vmax 170 km/h, 0–100 km/h 12.3 s; Verbrauch ECE 6.7/9/11.5 L/100 km.
4WD: Vmax 170 km/h, 0–100 km/h 11.4 s; Verbrauch ECE 7.3/9.8/10.7 L/100 km.

Moteur (constr.): désign. 4G 93; 4 soupapes en V; 1 arbre à cames en tête (courroie crantée); culasse en alliage léger; vilebrequin à 5 paliers; huile 3.5 L; inj. électron. Batterie 45 Ah, alternateur 50 A; refroidissement à eau, capac. 6.5 L.

Transmission: (sur roues AV/4WD permanent), diff. central avec visco-coupleur; répartition du couple AV/AR 50/50 %.
Boîte à 5 vit.: I. 3.45; II. 1.95; III. 1.29; IV. 0.94; V. 0.76; AR 3.08; pont 4.6; 5.1.
4WD: boîte à 5 vit.: I. 3.08; II. 1.68; III. 1.12; IV. 0.83; V. 0.69; AR 3.17; pont 5.21.
Boîte aut. à 4 vit.: I. 2.85; II. 1.58; III. 1; IV. 0.69; AR 2.18; pont 4.35; 4.01.
4WD: boîte aut. à 4 vit.: I. 2.55; II. 1.49; III. 1; IV. 0.69; AR 2.18; pont 4.38.

Châssis: carrosserie autoporteuse; AV jambes élast. et leviers triang. transv.; AR triangles obliques, ressorts hélicoïdaux, AV/AR barre anti-dévers, amortiss. télesc.

Train roulant: frein, AV à disques (ventilés), AR à tambours, Ø disques AV 25.6 cm, s.d. ABS (avec disque AR), frein à main sur roues AR; servodirection à crémaillère, réservoir carb. 55 L; pneus 185/70 R 14, jantes 5.5 J.

Dimensions: empatt. 252 cm, voie 146/ 146 cm, garde au sol 12 cm, diam. de braq. 11.5 m, coffre 675/1630 dm³, longueur 429 cm, largeur 169.5 cm, hauteur 164 cm.
Avec 5 portes: empattement 272 cm, diam. de braq. 11.8 m, coffre 210/1715 dm³, longueur 451.5 cm, hauteur 158 cm.

Performances: Vmax (usine) 180 km/h, V à 1000/min en 5. vit. 32.9 km/h; 0–100 km/h 10.5 s; rapp. poids/puiss. 13.2 kg/kW (9.7 kg/ch); cons. ECE 6.5/8.7/10.2 L/100 km.
Aut.: Vmax 170 km/h, 0–100 km/h 12.3 s; consomm. ECE 6.7/9/11.5 L/100 km.
4WD: Vmax 170 km/h, 0–100 km/h 11.4 s; consomm. ECE 7.3/9.8/10.7 L/100 km.

Mitsubishi RVR

2.0 16V – 133 PS Benzineinspritzung

2.0 16V – 133 ch Injection d'essence

Wie 1.8 – 120 PS, ausgenommen:

Gewicht: leer ab 1210 kg.

Motor: (ECE), 4 Zyl. in Linie (85×88 mm), 1997 cm³; Kompr. 10:1; 98 kW (133 PS) bei 6000/min, 49.1 kW/L (66.7 PS/L); 176 Nm (17.9 mkp) bei 4750/min; 95 ROZ.
JIS: Kompr. 10.5:1; 118 kW (160 PS) bei 6500/min; 186 Nm 4750/min.
SAE: (86.5×100 mm), 2349 cm³; 101 kW (138 PS) bei 5500/min; 229 Nm bei 4250/ min. JIS: 107 kW (145 PS); 205 Nm.

Motorkonstruktion: Bez. 4G 63; 4 Ventile in V; 2 obenl. Nockenw. (Zahnr.); Leichtmetall-Zylinderkopf; 5fach gelagerte Kurbelw.; Ölkühler; Öl 4.7 L; elektron. Einspr. Batterie 45 Ah, Alternator 45 A; Wasserkühlung, Inh. 6.5 L.

Kraftübertragung:
5-Gang-Getriebe: I. 3.17; II. 1.83; III. 1.24; IV. 0.89; V. 0.73; R 3.17; Achse 4.59; 4.91.
4WD: 5-Gang-Getr.: I. 3.08; II. 1.68; III. 1.12; IV. 0.83; V. 0.67; R 3.17; A 5.21; 5.44.
4-Stufen-Automat: I. 2.55; II. 1.49; III. 1; IV. 0.69; R 2.18; Achse 4.38.

Comme 1.8 – 120 ch, sauf:

Poids: vide dès 1210 kg.

Moteur: (ECE), 4 cyl. en ligne (85×88 mm), 1997 cm³; compr. 10:1; 98 kW (133 ch) à 6000/min, 49.1 kW/L (66.7 ch/L); 176 Nm (17.9 mkp) à 4750/min; 95 (R).
JIS: compr. 10.5:1; 118 kW (160 ch) à 6500/min; 186 Nm à 4750/min.
SAE: (86.5×100 mm), 2349 cm³; 101 kW (138 PS) à 5500/min; 229 Nm à 4250/min. JIS: 107 kW (145 PS); 205 Nm.

Moteur (constr.): désign. 4G 63; 4 soupapes en V; 2 arbres à cames en tête (cou. cr.); cul. en alliage léger; vilebr. à 5 paliers; radiat. d'huile; huile 4.7 L; inj. électron. Batterie 45 Ah, alternateur 45 A; refroidissement à eau, capac. 6.5 L.

Transmission:
Boîte à 5 vit.: I. 3.17; II. 1.83; III. 1.24; IV. 0.89; V. 0.73; AR 3.17; pont 4.59; 4.91.
4WD: boîte à 5 vit.: I. 3.08; II. 1.68; III. 1.12; IV. 0.83; V. 0.67; AR 3.17; pont 5.21; 5.44.
Boîte aut. à 4 vit.: I. 2.55; II. 1.49; III. 1; IV. 0.69; AR 2.18; pont 4.38.

Mitsubishi

Fahrleistungen: Vmax (Werk) 185 km/h, V bei 1000/min im 5. Gang 32.9 km/h; 0–100 km/h 11.2 s; Leistungsgew. 11.7 kg/kW (8.6 kg/PS); Verbr. ECE 7.1/9.6/10.7 L/100 km.

Performances: Vmax (usine) 185 km/h, V à 1000/min en 5. vit. 32.9 km/h; 0–100 km/h 11.2 s; rapp. poids/puiss. 11.7 kg/kW (8.6 kg/ch); cons.. ECE 7.1/9.6/10.7 L/100 km.

2.0 16V – 230 PS Benzineinspritzung/Turbo	2.0 16V – 230 ch Injection d'essence/turbo

Wie 1.8 – 120 PS, ausgenommen:

Gewicht: leer ab 1420 kg.

Motor: (JIS), 4 Zyl. in Linie (85×88 mm), 1997 cm^3; Kompr. 8.5:1; 169 kW (230 PS) bei 6000/min, 84.6 kW/L (115 PS/L); 289 Nm (29.5 mkp) bei 2500/min; 91 ROZ. Automat: 162 kW (220 PS); 299 Nm.

Motorkonstruktion: Bezeichnung 4G 93; 4 Ventile in V 57°; 2 obenl. Nockenwellen (Zahnriemen); Leichtmetall-Zylinderkopf; 5fach gelagerte Kurbelwelle; Ölkühler; Öl 4.9 L; elektron. Einspritzung, 1 Turbolader, Intercooler. Batterie 45 Ah, Alternator 45 A; Wasserkühlung, Inh. 6.5 L.

Kraftübertragung: (4WD permanent), zentrales Diff. mit Viskokupplung; Drehmomentverteilung v/h 50/50 %.
5-Gang-Getriebe: I. 3.08; II. 1.68; III. 1.12; IV. 0.83; V. 0.67; R 3.17; Achse 4.85.
4-Stufen-Automat: I. 2.55; II. 1.49; III. 1; IV. 0.69; R 2.18; Achse 4.38.

Fahrwerk: Vierrad-Scheibenbremse (vorn belüftet), ABS, Reifen 205/65 HR 15, Felgen 6 J.

Fahrleistungen: Vmax (Red.) 220 km/h, V bei 1000/min im 5. Gang 36.7 km/h; Leistungsgew. 8.4 kg/kW (6.2 kg/PS); Verbrauch (Red.) 8/16 L/100 km.

Comme 1.8 – 120 ch, sauf:

Poids: vide dès 1420 kg.

Moteur: (JIS), 4 cyl. en ligne (85×88 mm), 1997 cm^3; compr. 8.5:1; 169 kW (230 ch) à 6000/min, 84.6 kW/L (115 ch/L); 289 Nm (29.5 mkp) à 2500/min; 91 (R). Automate: 162 kW (220 ch); 299 Nm.

Moteur (constr.): désignation 4G 93; 4 soupapes en V 57°; 2 arbres à cames en tête (courroie crantée); culasse en alliage léger; vilebrequin à 5 paliers; radiat. d'huile; huile 4.9 L; injection électronique, 1 turbocompr., Intercooler. Batterie 45 Ah, alternateur 45 A; refroidissement à eau, capac. 6.5 L.

Transmission: (4WD permanent), diff. central avec visco-coupleur; répartition du couple AV/AR 50/50 %.
Boîte à 5 vit.: I. 3.08; II. 1.68; III. 1.12; IV. 0.83; V. 0.67; AR 3.17; pont 4.85.
Boîte aut. à 4 vit.: I. 2.55; II. 1.49; III. 1; IV. 0.69; AR 2.18; pont 4.38.

Train roulant: quatre freins à disques (AV ventilés), ABS, pneus 205/65 HR 15, jantes 6 J.

Performances: Vmax (réd.) 220 km/h, V à 1000/min en 5. vit. 36.7 km/h; rapp. poids/puiss. 8.4 kg/kW (6.2 kg/ch); consomm. (Red.) 8/16 L/100 km.

Mitsubishi Space Runner

2.0 – 82 PS Turbodiesel	2.0 – 82 ch Turbodiesel

Wie 1.8 – 120 PS, ausgenommen:

Gewicht: leer ab 1330 kg.

Motor: (ECE), 4 Zyl. in Linie (82.7×93 mm), 1998 cm^3; Kompr. 22.4:1; 60 kW (82 PS) bei 4500/min, 30 kW/L (40.8 PS/L); 172 Nm (17.5 mkp) bei 2500/min; Dieselöl. JIS: 69 kW (94 PS); 196 Nm.
1.8: (80.6×88 mm), 1796 cm^3; 55 kW (75 PS) 152 Nm.

Motorkonstruktion: Bezeichnung 4D 68; Wirbelkammer-Diesel; 2 Ventile parallel; 1 obenl. Nockenwelle (Zahnriemen); Leichtmetall-Zylinderkopf; 5fach gelagerte Kurbelwelle; Ölkühler; Öl 4.3 L; Einspritzpumpe, 1 Turbolader, Mitsubishi. Batterie 65 Ah, Alternator 65 A; Wasserkühlung, Inh. 8 L.

Kraftübertragung: (auf Vorderräder).
5-Gang-Getriebe: I. 3.25; II. 1.83; III. 1.22; IV. 0.89; V. 0.65; R 3.17; Achse 4.9.
4-Stufen-Automat: I. 2.85; II. 1.58; III. 1; IV. 0.69; R 2.18; Achse 4.42.

Comme 1.8 – 120 ch, sauf:

Poids: vide dès 1330 kg.

Moteur: (ECE), 4 cyl. en ligne (82.7×93 mm), 1998 cm^3; compr. 22.4:1; 60 kW (82 ch) à 4500/min, 30 kW/L (40.8 ch/L); 172 Nm (17.5 mkp) à 2500/min; gazole. JIS: 69 kW (94 ch); 196 Nm.
1.8: (80.6×88 mm), 1796 cm^3; 55 kW (75 ch); 152 Nm.

Moteur (constr.): désign. 4D 68; diesel à chambre de turbulence; 2 soup. en parallèle; 1 arbre à cames en tête (courroie crantée); culasse en alliage léger; vilebr. à 5 paliers; radiat. d'huile; huile 4.3 L; pompe à inj., 1 turbocompr., Mitsubishi. Batterie 65 Ah, alternateur 65 A; refroidissement à eau, capac. 8 L.

Transmission: (sur roues AV).
Boîte à 5 vit.: I. 3.25; II. 1.83; III. 1.22; IV. 0.89; V. 0.65; AR 3.17; pont 4.9.
Boîte aut. à 4 vit.: I. 2.85; II. 1.58; III. 1; IV. 0.69; AR 2.18; pont 4.42.

Mitsubishi Space Wagon

Fahrleistungen: Vmax (Werk) 155 km/h, V bei 1000/min im 5. Gang 35.7 km/h; 0–100 km/h 17.8 s; Leistungsgew. 22.2 kg/kW (16.2 kg/PS); Ver. ECE 6.3/8.9/9 L/100 km. 1.8: Vmax 150 km/h; 0-100 km/h in 19.5 s.

Performances: Vmax (usine) 155 km/h, V à 1000/min en 5. vit. 35.7 km/h; 0–100 km/h 17.8 s; rapp. poids/puiss. 22.2 kg/kW (16.2 kg/ch); consomm. ECE 6.3/8.9/9 L/100 km. 1.8: Vmax 150 km/h; 0-100 km/h en 19.5 s.

Mitsubishi Space Gear

Minivan auf Basis des Pajero, einige Modelle mit Vierradantrieb, vorne Einzelradaufhängung, Benzin- oder Dieselmotoren. In Japan Bezeichnung Delica. Debüt Mai 1994.

Minivan sur base de la Pajero, aussi avec 4 roues motrices, AV suspension à roues indépendantes, moteurs essence ou diesel. Au Japon désignation Delica. Lancement mai 1994.

2.4 16V – 132 PS Benzineinspritzung	2.4 16V – 132 ch Injection d'essence

Karosserie, Gewicht: Minivan, 5 Türen, 8+1 Sitze; leer ab 1660 kg, max. zul. 2385 kg.
4 WD: leer ab 1735 kg, max. zul. 2580 kg.

Motor: (ECE), 4 Zyl. in Linie (86.5×100 mm), 2351 cm^3; Kompr. 9.5:1; 97 kW (132 PS) bei 5500/min, 41.3 kW/L (56.1 PS/L); 192 Nm (19.6 mkp) bei 2500/min; 95 ROZ. JIS: 107 kW (145 PS) bei 5500/min; 206 Nm bei 2750/min.

Motorkonstruktion: Bezeichnung 4G 64; 4 Ventile in V; 1 obenl. Nockenwelle (Zahnriemen); Leichtmetall-Zylinderkopf; 5fach gelagerte Kurbelwelle; Öl 3.8 L; elektron. Einspritzung. Batterie 52 Ah, Alternator 75 A; Wasserkühlung, Inh. 6 L.

Kraftübertragung: (auf Hinterräder/4WD), zentrales Diff. mit Viskokupplung; Reduktionsgetriebe: I. 1; II. 1.93.
5-Gang-Getriebe: I. 3.97; II. 2.14; III. 1.36; IV. 1; V. 0.86; R 3.58; Achse 4.64; 4.88.
4-Stufen-Automat: I. 2.83; II. 1.49; III. 1; IV. 0.73; R 2.7; Achse 4.64.

Fahrgestell: Kastenrahmen mit Traversen; vorn doppelte Querlenker, Torsionsstab; hinten Starrachse, Längslenker, Panhardstab, Schraubenfedern; v/h Kurvenstabilisator, Teleskopdämpfer.

Carrosserie, poids: Minivan, 5 portes, 8+1 places; vide dès 1660 kg, tot. adm. 2385 kg.
4 WD: vide dès 1735 kg, tot. adm. 2580 kg.

Moteur: (ECE), 4 cyl. en ligne (86.5×100 mm), 2351 cm^3; compr. 9.5:1; 97 kW (132 ch) à 5500/min, 41.3 kW/L (56.1 ch/L); 192 Nm (19.6 mkp) à 2500/min; 95 (R). JIS: 107 kW (145 ch) à 5500/min; 206 Nm à 2750/min.

Moteur (constr.): désignation 4G 64; 4 soupapes en V; 1 arbre à cames en tête (courroie crantée); culasse en alliage léger; vilebrequin à 5 paliers; huile 3.8 L; injection électronique. Batterie 52 Ah, alternateur 75 A; refroidissement à eau, capac. 6 L.

Transmission: (sur roues AR/4WD), diff. central avec visco-coupleur; boîte de transfert: I. 1; II. 1.93.
Boîte à 5 vit.: I. 3.97; II. 2.14; III. 1.36; IV. 1; V. 0.86; AR 3.58; pont 4.64; 4.88.
Boîte aut. à 4 vit.: I. 2.83; II. 1.49; III. 1; IV. 0.73; AR 2.7; pont 4.64.

Châssis: Cadre à caisson avec traverses; AV leviers transv. doubles, barre de torsion; AR essieu rigide, bras longitud., barre Panhard, ressorts hélicoïdaux; AV/AR barre anti-dévers, amortiss. télesc.

Mitsubishi Space Gear

Mitsubishi

Fahrwerk: Vierrad-Scheibenbremse (vorn belüftet), einige Modelle hinten Trommeln, a.W. ABS, Handbremse auf Hinterräder; Kugelumlauflenkung, a.W. mit Servo, Treibstofftank 66 L; Reifen 195 R 14, Felgen 6 J. *4 WD:* Treibstofftank 75 L; Reifen 215 R 15.

Dimensionen: Radstand 280 cm, Spur 144.5/142 cm, Bodenfreih. 19 cm, Wendekreis 11 m, Länge 459.5 cm, Breite 169.5 cm, Höhe 195 cm. Langversion: Radstand 300 cm, Länge 499.5/508.5 cm, Höhe 196-207 cm.

Fahrleistungen: Vmax (Werk) 165 km/h, V bei 1000/min im 5. Gang 30.3 km/h; Leistungsgew. 17.1 kg/kW (12.6 kg/PS); Verbrauch (Red.) 8/14 L/100 km. *4 WD:* Vmax 156 km/h.

2.0 16V – 116 PS Benzineinspritzung

Wie 2.4 – 132 PS, ausgenommen:

Karosserie, Gewicht: Minivan; leer ab 1560 kg, max. zul. 2440 kg.

Motor: (ECE), 4 Zyl. in Linie (85×88 mm), 1997 cm³; Kompr. 9.5:1; 85 kW (116 PS) bei 6000/min, 42.6 kW/L (57.9 PS/L); 162 Nm (16.5 mkp) bei 4000/min; 95 ROZ.

Motorkonstruktion: Bezeichnung 4G 63; 4 Ventile in V; 1 obenl. Nockenwelle (Zahnriemen); Leichtmetall-Zylinderkopf; 5fach gelagerte Kurbelwelle; Öl 3.8 L; elektron. Einspritzung.

Batterie 52 Ah, Alternator 75 A; Wasserkühlung, Inh. 6 L.

Kraftübertragung:
5-Gang-Getriebe: I. 3.97; II. 2.14; III. 1.36; IV. 1; V. 0.86; R 3.58; Achse 4.88.
4-Stufen-Automat: I. 2.83; II. 1.49; III. 1; IV. 0.73; R 2.7; Achse 4.88.

Fahrleistungen: Vmax (Werk) 164 km/h, V bei 1000/min im 5. Gang 29 km/h; Leistungsgew. 18.3 kg/kW (13.6 kg/PS); Verbrauch (Red.) 8/14 L/100 km. Aut.: Vmax 155 km/h.

3.0 V6 24V – 185 PS Benzineinspritzung

Wie 2.4 – 132 PS, ausgenommen:

Karosserie, Gewicht: Minivan; leer ab 2030 kg, max. zul. 2415 kg.

Motor: (JIS), 6 Zyl. in V 60° (91.1×76 mm), 2972 cm³; Kompr. 9:1; 136 kW (185 PS) bei 5500/min, 45.8 kW/L (62.2 PS/L); 265 Nm (27 mkp) bei 4500/min; 91 ROZ.

Motorkonstruktion: Bezeichnung 6G 72; 4 Ventile in V; 2×1 obenl. Nockenwelle (Zahnriemen); Leichtmetall-Zylinderköpfe; 4fach gelagerte Kurbelwelle; Öl 4.3 L; elektron. Einspritzung.

Batterie 52 Ah, Alternator 75 A; Wasserkühlung, Inh. 8 L.

Mitsubishi Space Gear

Train roulant: 4 freins à disques (AV ventilés), quelques modèles AR à tambours, ABS s. d., frein à main sur roues AR; direction à circuit de billes, s.d. assistée, réservoir carb. 66 L; pneus 195 R 14, jantes 6 J. *4 WD:* rés. carb. 75 L; pneus 215 R 15.

Dimensions: empattement 280 cm, voie 144.5/142 cm, garde au sol 19 cm, diam. de braq. 11 m, longueur 459.5 cm, largeur 169.5 cm, hauteur 195 cm. Version long: empattement 300 cm, longueur 499.5/508.5 cm, hauteur 196-207 cm.

Performances: Vmax (usine) 165 km/h, V à 1000/min en 5. vit. 30.3 km/h; rapp. poids/puiss. 17.1 kg/kW (12.6 kg/ch); consomm. (Red.) 8/14 L/100 km. *4 WD:* Vmax 156 km/h.

2.0 16V – 116 ch Injection d'essence

Comme 2.4 – 132 ch, sauf:

Carrosserie, poids: Minivan; vide dès 1560 kg, tot. adm. 2440 kg.

Moteur: (ECE), 4 cyl. en ligne (85×88 mm), 1997 cm³; compr. 9.5:1; 85 kW (116 ch) à 6000/min, 42.6 kW/L (57.9 ch/L); 162 Nm (16.5 mkp) à 4000/min; 95 (R).

Moteur (constr.): désignation 4G 63; 4 soupapes en V; 1 arbre à cames en tête (courroie crantée); culasse en alliage léger; vilebrequin à 5 paliers; huile 3.8 L; injection électronique.

Batterie 52 Ah, alternateur 75 A; refroidissement à eau, capac. 6 L.

Transmission:
Boîte à 5 vit.: I. 3.97; II. 2.14; III. 1.36; IV. 1; V. 0.86; AR 3.58; pont 4.88.
Boîte aut. à 4 vit.: I. 2.83; II. 1.49; III. 1; IV. 0.73; AR 2.7; pont 4.88.

Performances: Vmax (usine) 164 km/h, V à 1000/min en 5. vit. 29 km/h; rapp. poids/puiss. 18.3 kg/kW (13.6 kg/ch); consomm. (Red.) 8/14 L/100 km. Aut.: Vmax 155 km/h.

3.0 V6 24V – 185 ch Injection d'essence

Comme 2.4 – 132 ch, sauf:

Carrosserie, poids: Minivan; vide dès 2030 kg, tot. adm. 2415 kg.

Moteur: (JIS), 6 cyl. en V 60° (91.1×76 mm), 2972 cm³; compr. 9:1; 136 kW (185 ch) à 5500/min, 45.8 kW/L (62.2 ch/L); 265 Nm (27 mkp) à 4500/min; 91 (R).

Moteur (constr.): désignation 6G 72; 4 soupapes en V; 2×1 arbre à cames en tête (courroie crantée); culasses en alliage léger; vilebrequin à 4 paliers; huile 4.3 L; injection électronique.

Batterie 52 Ah, alternateur 75 A; refroidissement à eau, capac. 8 L.

Kraftübertragung:
4-Stufen-Automat: I. 2.8; II. 1.53; III. 1; IV. 0.75; R 2.39; Achse 4.22.
4 WD: 4-Stufen-Automat: I. 2.8; II. 1.53; III. 1; IV. 0.75; R 2.39; Achse 4.88.

Fahrwerk: Reifen 225 R 15, Felgen 7 J.

Fahrleistungen: Vmax (Red.) 170 km/h, V bei 1000/min im 4. Gang 42.1 km/h; Leistungsgew. 14.9 kg/kW (11 kg/PS); Verbrauch (Red.) 10/16/16 L/100 km.

2.5 – 99 PS Turbodiesel

Wie 2.4 – 132 PS, ausgenommen:

Karosserie, Gewicht: Minivan; leer ab 1650 kg, max. zul. 2250 kg.
4 WD: leer ab 1835 kg, max. zul. 2700 kg.

Motor: (ECE), 4 Zyl. in Linie (91.1×95 mm), 2477 cm³; Kompr. 21:1; 73 kW (99 PS) bei 4200/min, 29.5 kW/L (40.1 PS/L); 240 Nm (24.5 mkp) bei 2000/min; Dieselöl. JIS: 77 kW (105 PS).

Motorkonstruktion: Bezeichnung 4D 56T; Wirbelkammer-Diesel; 2 Ventile; 1 obenl. Nockenwelle (Zahnriemen); Leichtmetall-Zylinderkopf; 5fach gelagerte Kurbelwelle; Ölkühler; Öl 6.4 L; Einspritzpumpe, VE; 1 Turbolader, Mitsubishi, Intercooler.

Batterie 80 Ah, Alternator 90 A; Wasserkühlung, Inh. 8.6 L.

Kraftübertragung:
5-Gang-Getr.: I. 3.95; II. 2.24; III. 1.4; IV. 1; V. 0.76; R 3.55; Achse 4.22, 4WD 4.88.

Fahrwerk: Reifen 215 R 15, Felgen 7 J.

Fahrleistungen: Vmax (Werk) 149 km/h, V bei 1000/min im 5. Gang 41.3 km/h; Leistungsgew. 25.1 kg/kW (18.5 kg/PS); Verbrauch (Red.) 9/14 L/100 km. *4 WD:* Vmax 137 km/h.

2.8 – 125 PS Turbodiesel

Wie 2.4 – 132 PS, ausgenommen:

Karosserie, Gewicht: Minivan; leer ab 2020 kg, max. zul. 2460 kg.

Motor: (JIS), 4 Zyl. in Linie (95×100 mm), 2835 cm³; Kompr. 21:1; 92 kW (125 PS) bei 4000/min, 32.4 kW/L (44.1 PS/L); 294 Nm (30 mkp) bei 2000/min; Dieselöl.

Motorkonstruktion: Bezeichnung 4M 40; Wirbelkammer-Diesel; 2 Ventile; 1 obenl. Nockenwelle (Zahnriemen); Leichtmetall-Zylinderkopf; 5fach gelagerte Kurbelwelle; Öl 3.8 L; Einspritzpumpe, 1 Turbolader, Intercooler.

Batterie 95 Ah, Alternator 75 A; Wasserkühlung, Inh. 10 L.

Kraftübertragung:
5-Gang-Getriebe: I. 3.95; II. 2.24; III. 1.4; IV. 1; V. 0.76; R 3.55; Achse 4.88.
4-Stufen-Automat: I. 2.8; II. 1.53; III. 1; IV. 0.75; R 2.39; Achse 4.88.

Fahrwerk: Reifen 215 R 15, Felgen 7 J.

Fahrleistungen: Vmax (Red.) 150 km/h, V bei 1000/min im 5. Gang 35.8 km/h; Leistungsgew. 22 kg/kW (16.2 kg/PS); Verbrauch (Red.) 9/15 L/100 km.

Transmission:
Boîte aut. à 4 vit.: I. 2.8; II. 1.53; III. 1; IV. 0.75; AR 2.39; pont 4.22.
4 WD: boîte aut. à 4 vit.: I. 2.8; II. 1.53; III. 1; IV. 0.75; AR 2.39; pont 4.88.

Train roulant: pneus 225 R 15, jantes 7 J.

Performances: Vmax (réd.) 170 km/h, V à 1000/min en 4. vit. 42.1 km/h; rapp. poids/puiss. 14.9 kg/kW (11 kg/ch); consomm. (Red.) 10/16/16 L/100 km.

2.5 – 99 ch Turbodiesel

Comme 2.4 – 132 ch, sauf:

Carrosserie, poids: Minivan; vide dès 1650 kg, tot. adm. 2250 kg.
4 WD: vide dès 1835 kg, tot. adm. 2700 kg.

Moteur: (ECE), 4 cyl. en ligne (91.1×95 mm), 2477 cm³; compr. 21:1; 73 kW (99 ch) à 4200/min, 29.5 kW/L (40.1 ch/L); 240 Nm (24.5 mkp) à 2000/min; gazole. JIS: 77 kW (105 ch).

Moteur (constr.): désign. 4D 56T; diesel à chambre de turbulence; 2 soupapes; 1 arbre à cames en tête (courroie crantée); culasse en alliage léger; vilebr. à 5 paliers; radiat. d'huile; huile 6.4 L; pompe à injection, VE; 1 turbocompr., Mitsubishi, Intercooler.

Batterie 80 Ah, alternateur 90 A; refroidissement à eau, capac. 8.6 L.

Transmission:
Boîte à 5 vit.: I. 3.95; II. 2.24; III. 1.4; IV. 1; V. 0.76; AR 3.55; pont 4.22, 4WD 4.88.

Train roulant: pneus 215 R 15, jantes 7 J.

Performances: Vmax (usine) 149 km/h, V à 1000/min en 5. vit. 41.3 km/h; rapp. poids/puiss. 25.1 kg/kW (18.5 kg/ch); consomm. (Red.) 9/14 L/100 km. *4 WD:* Vmax 137 km/h.

2.8 – 125 ch Turbodiesel

Comme 2.4 – 132 ch, sauf:

Carrosserie, poids: Minivan,; vide dès 2020 kg, tot. adm. 2460 kg.

Moteur: (JIS), 4 cyl. en ligne (95×100 mm), 2835 cm³; compr. 21:1; 92 kW (125 ch) à 4000/min, 32.4 kW/L (44.1 ch/L); 294 Nm (30 mkp) à 2000/min; gazole.

Moteur (constr.): désignation 4M 40; diesel à chambre de turbulence; 2 soupapes; 1 arbre à cames en tête (courroie crantée); culasse en alliage léger; vilebrequin à 5 paliers; huile 3.8 L; pompe à injection, 1 turbocompr., Intercooler.

Batterie 95 Ah, alternateur 75 A; refroidissement à eau, capac. 10 L.

Transmission:
Boîte à 5 vit.: I. 3.95; II. 2.24; III. 1.4; IV. 1; V. 0.76; AR 3.55; pont 4.88.
Boîte aut. à 4 vit.: I. 2.8; II. 1.53; III. 1; IV. 0.75; AR 2.39; pont 4.88.

Train roulant: pneus 215 R 15, jantes 7 J.

Performances: Vmax (réd.) 150 km/h, V à 1000/min en 5. vit. 35.8 km/h; rapp. poids/puiss. 22 kg/kW (16.2 kg/ch); consomm. (Red.) 9/15 L/100 km.

Mitsubishi Jeep

Geländefahrzeug. Lieferbar in 3 verschiedenen Radständen und 3 Motorvarianten, davon 1 Diesel. Darf in Japan «Jeep» genannt werden.

Voiture tout-terrain. Livrable avec 3 empattements différents et 3 moteurs, dont 1 diesel. Peut être nommé au Japon «Jeep».

Mitsubishi

2.7 – 94 PS Turbodiesel

Karosserie, Gewicht: Station Wagon, 2 Türen, 4+2 Sitze; leer ab 1360 kg.

Motor: (JIS), 4 Zyl. in Linie (92×100 mm), 2659 cm³; Kompr. 17.5:1; 69 kW (94 PS) bei 3500/min, 25.9 kW/L (35.3 PS/L); 206 Nm (21 mkp) bei 2000/min; Dieselöl.

Motorkonstruktion: Bezeichnung 4 DR 6; Wirbelkammer-Diesel; seitl. Nockenwelle (Kette); 5fach gelagerte Kurbelwelle; Ölkühler; Öl 6 L; Einspritzpumpe, 1 Turbolader. Batterie 80 Ah, Alternator 48 A; Wasserkühlung, Inh. 10 L.

Kraftübertragung: (auf Hinterräder oder alle Räder), Reduktionsgetr.: I. 0.9; II. 2.31. 4-Gang-Getriebe: I. 3.3; II. 1.8; III. 1.35; IV. 1; R 2.31; Achse 4.78.

Fahrgestell: Kastenrahmen mit Traversen; v/h Starrachse, Halbelliptikfedern, Teleskopdämpfer.

Fahrwerk: Vierradtrommelbremse, Handbremse auf Kardanwelle; Kugelumlauflenkung, Treibstofftank 45 L; a.W. 60 L; Reifen 215 R 15.

2.7 – 94 ch Turbodiesel

Carrosserie, poids: Station-wagon, 2 portes, 4+2 places; vide dès 1360 kg.

Moteur: (JIS), 4 cyl. en ligne (92×100 mm), 2659 cm³; compr. 17.5:1; 69 kW (94 ch) à 3500/min, 25.9 kW/L (35.3 ch/L); 206 Nm (21 mkp) à 2000/min; gazole.

Moteur (constr.): désign. 4 DR 6; diesel à chambre de turbulence; arbre à cames latéral (chaîne); vilebr. à 5 paliers; radiat. d'huile; huile 6 L; pompe à inj., 1 turboc. Batterie 80 Ah, alternateur 48 A; refroidissement à eau, capac. 10 L.

Transmission: (sur roues AR ou toutes les roues), boîte de transfert: I. 0.9; II. 2.31. Boîte à 4 vit.: I. 3.3; II. 1.8; III. 1.35; IV. 1; AR 2.31; pont 4.78.

Châssis: Cadre à caisson avec traverses; AV/AR essieu rigide, ressorts semi-ellipt., amortiss. télescop.

Train roulant: quatre freins à tambours, frein à main sur arbre de transmis.; direction à circuit de billes, réservoir carb. 45 L; s.d. 60 L; pneus 215 R 15.

Mitsubishi Jeep

Dimensionen: Radstand 203 cm, Spur 130.5/130.5 cm, Bodenfreih. 21 cm, Wendekreis 11.6 m, Länge 346 cm, Breite 167 cm, Höhe 191 cm.

Fahrleistungen: Vmax (Red.) 120 km/h, V bei 1000/min im 4. Gang 30 km/h; Leistungsgew. 19.6 kg/kW (14.4 kg/PS); Verbrauch (Red.) 8/14 L/100 km.

Dimensions: empattement 203 cm, voie 130.5/130.5 cm, garde au sol 21 cm, diam. de braq. 11.6 m, longueur 346 cm, largeur 167 cm, hauteur 191 cm.

Performances: Vmax (réd.) 120 km/h, V à 1000/min en 4. vit. 30 km/h; rapp. poids/puiss. 19.6 kg/kW (14.4 kg/ch); consomm. (Réd.) 8/14 L/100 km.

Mitsubishi Pajero Mini - Jr.

Microcar mit Längsmotor und zuschaltbarem Allradantrieb, Reduktionsgetriebe, 659-cm³-Motor, Karosseriestyling wie Pajero. Debüt Dezember 1994.

Microcar avec moteur longitudinal et traction intégrale enclenchable, boîte de transfert, moteur 659 cm³, styling de la carr. à la Pajero. Lancement déc. 1994.

0.7 16V – 54 PS Benzineinspritzung

Karosserie, Gewicht: Station Wagon, 3 Türen, 2+2 Sitze; leer ab 850 kg.

Motor: (JIS), 4 Zyl. in Linie (60×58.3 mm), 659 cm³; Kompr. 10:1; 40 kW (54 PS) bei 7000/min, 60.7 kW/L (82.5 PS/L); 59 Nm (6 mkp) bei 5000/min; 91 ROZ.

Motorkonstruktion: Bezeichnung 4A 30; 4 Ventile in V; 1 obenl. Nockenwelle (Zahnriemen); Leichtmetall-Zylinderkopf; 5fach gelagerte Kurbelwelle; Öl 3 L; elektron. Einspritzung. Batterie 24 Ah, Alternator 35 A; Wasserkühlung, Inh. 4.5 L.

0.7 16V – 54 ch Injection d'essence

Carrosserie, poids: Station-wagon, 3 portes, 2+2 places; vide dès 850 kg.

Moteur: (JIS), 4 cyl. en ligne (60×58.3 mm), 659 cm³; compr. 10:1; 40 kW (54 ch) à 7000/min, 60.7 kW/L (82.5 ch/L); 59 Nm (6 mkp) à 5000/min; 91 (R).

Moteur (constr.): désignation 4A 30; 4 soupapes en V; 1 arbre à cames en tête (courroie crantée); culasse en alliage léger; vilebrequin à 5 paliers; huile 3 L; injection électronique. Batterie 24 Ah, alternateur 35 A; refroidissement à eau, capac. 4.5 L.

Mitsubishi Pajero Mini

Kraftübertragung: (auf Hinterräder oder alle Räder), zentrales Diff. mit Viskokupplung; Reduktionsgetriebe: I. 1.23; II. 2. 5-Gang-Getriebe: I. 3.88; II. 2.36; III. 1.53; IV. 1; V. 0.85; R 4.27; Achse 6.57. 3-Stufen-Automat: I. 2.73; II. 1.54; III. 1; R 2.22; Achse 6.14.

Fahrgestell: Kastenrahmen mit Traversen; vorn Federbeine, Querlenker, Schubstrebe; hinten Starrachse, Längslenker, Panhardstab, Schraubenfedern, Teleskopd.

Fahrwerk: Bremse, vorne Scheiben, hinten Tr., a.W. ABS, Handbremse auf Hinterräder; Zahnstangenl., a.W. mit Servo, Treibstofft. 35 L; Reifen 175 R 15, Felgen 5 J.

Dimensionen: Radstand 220 cm, Spur 119/120 cm, Bodenfreih. 19 cm, Wendekreis 9.6 m, Länge 329.5 cm, Breite 139.5 cm, Höhe 163 cm.

Fahrleistungen: Vmax (Red.) 115 km/h, V bei 1000/min im 5. Gang 17.6 km/h; Leistungsgew. 22.4 kg/kW (16.3 kg/PS); Verbrauch (Red.) 4/7 L/100 km.

Transmission: (sur roues AR ou toutes les roues), diff. central avec visco-coupleur; boîte de transfert: I. 1.23; II. 2. Boîte à 5 vit.: I. 3.88; II. 2.36; III. 1.53; IV. 1; V. 0.85; AR 4.27; pont 6.57. Boîte aut. à 3 vit.: I. 2.73; II. 1.54; III. 1; AR 2.22; pont 6.14.

Châssis: Cadre à caisson avec trav.; AV jambes élast., lev. transv., barre de poussée; AR essieu rigide, bras longitud., barre Panhard, ressorts hélic., amortiss. télesc.

Train roulant: frein, AV à disques, AR à tambours, ABS s. d., frein à main sur roues AR; dir. à crém., s.d. avec servo, réservoir carb. 35 L; pneus 175 R 15, jantes 5 J.

Dimensions: empattement 220 cm, voie 119/120 cm, garde au sol 19 cm, diam. de braq. 9.6 m, longueur 329.5 cm, largeur 139.5 cm, hauteur 163 cm.

Performances: Vmax (réd.) 115 km/h, V à 1000/min en 5. vit. 17.6 km/h; rapp. poids/puiss. 22.4 kg/kW (16.3 kg/ch); consomm. (Réd.) 4/7 L/100 km.

0.7 20V – 64 PS Benzineinspritzung/Turbo

Wie 0.7 – 54 PS, ausgenommen:

Karosserie, Gewicht: Station Wagon; leer ab 890 kg.

Motor: (JIS), 4 Zyl. in Linie (60×58.3 mm), 659 cm³; Kompr. 8.5:1; 47 kW (64 PS) bei 7000/min, 71.3 kW/L (96.9 PS/L); 97 Nm (9.9 mkp) bei 3500/min; 91 ROZ.

Motorkonstruktion: Bez. 4A 30 DOHC 20V; 5 Ventile in V; 2 obenl. Nockenwellen (Zahnriemen); Leichtmetall-Zylinderkopf; 5fach gelagerte Kurbelwelle; Ölkühler; Öl 3 L; elektron. Einspr., 1 Turbolader, Interc. Batterie 24 Ah, Alternator 35 A; Wasserkühlung, Inh. 4.5 L.

0.7 20V – 64 ch Injection d'essence/turbo

Comme 0.7 – 54 ch, sauf:

Carrosserie, poids: Station-wagon; vide dès 890 kg.

Moteur: (JIS), 4 cyl. en ligne (60×58.3 mm), 659 cm³; compr. 8.5:1; 47 kW (64 ch) à 7000/min, 71.3 kW/L (96.9 ch/L); 97 Nm (9.9 mkp) à 3500/min; 91 (R).

Moteur (constr.): désignation 4A 30 DOHC 20V; 5 soupapes en V; 2 arbres à cames en tête (courroie crantée); culasse en alliage léger; vilebrequin à 5 paliers; radiat. d'huile; huile 3 L; inj. él., 1 turbolader, Interc. Batterie 24 Ah, alternateur 35 A; refroidissement à eau, capac. 4.5 L.

Mitsubishi Pajero

Mitsubishi

Kraftübertragung:
5-Gang-Getriebe: I. 4.2; II. 2.45; III. 1.52; IV. 1; V. 0.83; R 3.78; Achse 6.14.
3-Stufen-Automat: I. 2.73; II. 1.54; III. 1; R 2.22; Achse 5.63.

Fahrleistungen: Vmax (Red.) 130 km/h, V bei 1000/min im 5. Gang 23.7 km/h; Leistungsgew. 18.9 kg/kW (13.9 kg/PS); Verbrauch (Red.) 4/9 L/100 km.

1.1 – 80 PS Benzineinspritzung

Wie 0.7 – 54 PS, ausgenommen:

Gewicht: leer ab 960 kg.

Motor: (JIS), 4 Zyl. in Linie (66×80 mm), 1095 cm³; Kompr. 9.5:1; 59 kW (80 PS) bei 6500/min, 53.9 kW/L (73.2 PS/L); 98 Nm (10 mkp) bei 4000/min; 91 ROZ.

Motorkonstruktion: 4 Ventile in V; 1 obenl. Nockenwelle (Zahnriemen); Leichtmetall-Zylinderkopf; 5fach gelagerte Kurbelwelle; Öl 3 L; elektron. Einspritzung.

Batterie 35 Ah, Alternator 50 A; Wasserkühlung, Inh. 4.5 L.

Kraftübertragung:
5-Gang-Getriebe: I. 4.2; II. 2.45; III. 1.52; IV. 1; V. 0.83; R 3.78; Achse 3.68.
3-Stufen-Automat: I. 2.73; II. 1.54; III. 1; R 2.22; Achse 3.33.

Fahrwerk: ABS, Reifen 205/70 R 15, 6 J.

Dimensionen: Spur 131/132 cm, Bodenfreih. 20 cm, Länge 350 cm, Breite 154.5 cm, Höhe 166 cm.

Fahrleistungen: Vmax (Red.) 135 km/h, V bei 1000/min im 5. Gang 39.6 km/h; Leistungsgew. 20 kg/kW (14.7 kg/PS); Verbrauch (Red.) 5/9 L/100 km.

Mitsubishi Pajero

Geländewagen mit Vierradantrieb, vorne Einzelradaufhängung, Benzin- oder Dieselmotor. Debüt Tokio 1981. In den USA Bezeichnung Montero. 1986: Turbodiesel mit 2,5 Litern Hubraum. 1988: Turbodiesel mit Intercooler, 3-Liter-V6-Benzinmotor. Januar 1991: Neuauflage mit modifizierter Karosserie und neuem Allradantrieb. 1994 auch mit 2.8 TD und 3.5 V6.

2.5 – 99 PS Turbodiesel

Karosserie, Gewicht: Station Wagon, Canvas Top; 3 Türen, 4+1 Sitze; leer ab 1550 kg, max. zul. 2300 kg.
Station Wagon, 5 Türen, 5 - 7 Sitze; leer ab 1720 kg, max. zul. 2650 kg.

Motor: (ECE), 4 Zyl. in Linie (91.1×95 mm), 2477 cm³; Kompr. 21:1; 73 kW (99 PS) bei 4200/min, 29.5 kW/L (40.1 PS/L); 240 Nm (24.5 mkp) bei 2000/min; Dieselöl. JIS: 77 kW (105 PS).
Ohne Intercooler: 62 kW (85 PS); 196 Nm.

Motorkonstruktion: Bezeichnung 4D 56T; Wirbelkammer-Diesel; 2 Ventile; 1 obenl. Nockenwelle (Zahnriemen); Leichtmetall-Zylinderkopf; 5fach gelagerte Kurbelwelle; Ölkühler; Öl 6.4 L; Einspritzpumpe, VE; 1 Turbolader, Mitsubishi, Intercooler.

Batterie 65 Ah, Alternator 90 A; Wasserkühlung, Inh. 8.6 L.

Kraftübertragung: (auf Hinterräder oder alle Räder), zentrales Diff. mit Viskokupplung; Drehmomentverteilung v/h 50/50 %; Reduktionsgetriebe: I. 1; II. 1.93.
5-Gang-Getriebe: I. 3.92; II. 2.26; III. 1.4; IV. 1; V. 0.83; R 3.93; Achse 4.63; 4.88.
4-Stufen-Automat: I. 2.83; II. 1.49; III. 1; IV. 0.73; R 2.7; Achse 4.63; 4.88.

Transmission:
Boîte à 5 vit.: I. 4.2; II. 2.45; III. 1.52; IV. 1; V. 0.83; AR 3.78; pont 6.14.
Boîte aut. à 3 vit.: I. 2.73; II. 1.54; III. 1; AR 2.22; pont 5.63.

Performances: Vmax (réd.) 130 km/h, V à 1000/min en 5. vit. 23.7 km/h; rapp. poids/puiss. 18.9 kg/kW (13.9 kg/ch); consomm. (Red.) 4/9 L/100 km.

1.1 – 80 ch Injection d'essence

Comme 0.7 – 54 ch, sauf:

Poids: vide dès 960 kg.

Moteur: (JIS), 4 cyl. en ligne (66×80 mm), 1095 cm³; compr. 9.5:1; 59 kW (80 ch) à 6500/min, 53.9 kW/L (73.2 ch/L); 98 Nm (10 mkp) à 4000/min; 91 (R).

Moteur (constr.): 4 soupapes en V; 1 arbre à cames en tête (courroie crantée); culasse en alliage léger; vilebrequin à 5 paliers; huile 3 L; injection électronique.

Batterie 35 Ah, alternateur 50 A; refroidissement à eau, capac. 4.5 L.

Transmission:
Boîte à 5 vit.: I. 4.2; II. 2.45; III. 1.52; IV. 1; V. 0.83; AR 3.78; pont 3.68.
Boîte aut. à 3 vit.: I. 2.73; II. 1.54; III. 1; AR 2.22; pont 3.33.

Train roulant: ABS, pn. 205/70 R 15, 6 J.

Dimensions: voie 131/132 cm, garde au sol 20 cm, longueur 350 cm, largeur 154.5 cm, hauteur 166 cm.

Performances: Vmax (réd.) 135 km/h, V à 1000/min en 5. vit. 39.6 km/h; rapp. poids/puiss. 20 kg/kW (14.7 kg/ch); consomm. (Red.) 5/9 L/100 km.

2.5 – 99 ch Turbodiesel

Carrosserie, poids: Station-wagon, Canvas Top; 3 portes, 4+1 places; vide dès 1550 kg, tot. adm. 2300 kg.
Station-wagon, 5 portes, 5 - 7 places; vide dès 1720 kg, tot. adm. 2650 kg.

Moteur: (ECE), 4 cyl. en ligne (91.1×95 mm), 2477 cm³; compr. 21:1; 73 kW (99 ch) à 4200/min, 29.5 kW/L (40.1 ch/L); 240 Nm (24.5 mkp) à 2000/min; gazole. JIS: 77 kW (105 ch).
Sans intercooler: 62 kW (85 ch); 196 Nm.

Moteur (constr.): désign. 4D 56T; diesel à chambre de turbulence; 2 soupapes; 1 arbre à cames en tête (courroie crantée); culasse en alliage léger; vilebrequin à 5 paliers; rad. d'huile; huile 6.4 L; pompe à injection, VE; 1 turbocompr., Mitsubishi, Intercooler.

Batterie 65 Ah, alternateur 90 A; refroidissement à eau, capac. 8.6 L.

Transmission: (sur roues AR ou toutes les roues), diff. central avec visco-coupleur; répartition du couple AV/AR 50/50 %; boîte de transfert: I. 1; II. 1.93.
Boîte à 5 vit.: I. 3.92; II. 2.26; III. 1.4; IV. 1; V. 0.83; AR 3.93; pont 4.63; 4.88.
Boîte aut. à 4 vit.: I. 2.83; II. 1.49; III. 1; IV. 0.73; AR 2.7; pont 4.63; 4.88.

Mitsubishi Pajero

Fahrgestell: Kastenrahmen mit Traversen; vorn doppelte Dreieckquerlenker, Torsionsstab; hinten Starrachse, Längslenker, Panhardstab, Schraubenfedern; v/h Kurvenstabilisator, Teleskopdämpfer.

Fahrwerk: Vierrad-Scheibenbremse (vorn belüftet), einige Modelle hinten Trommeln, a.W. ABS, Handbremse auf Hinterräder; Kugelumlauflenkung, a.W. mit Servo, Treibstofftank 75 L; Reifen 235/75 R 15, 215 R 15, 205 R 16; Felgen 6 J.

Dimensionen: Radstand 242 cm, Spur 142/143.5 cm, Bodenfreih. 21 cm, Wendekreis 11.3 m, Länge 398.5 cm, Breite 169.5 cm, Höhe 180 cm.

Mit 5 Türen: Radstand 272.5 cm, Wendekreis 12.5 m, Länge 456.5 cm, Höhe 185 cm.
Mit 7-Zoll-Rädern: Spur v./h. 146.5/145 cm, Länge 482 cm, Breite 177.5 cm.

Fahrleistungen: Vmax (Werk) 147 km/h, V bei 1000/min im 5. Gang 35.2 km/h; 0–100 km/h 16.2 s; Leistungsgew. 23.1 kg/kW (17 kg/PS); Verbrauch (Red.) 9/14 L/100 km.
Aut.: Vmax 140 km/h, 0–100 km/h 25.1 s; Verbrauch ECE 8.6/13/11.5 L/100 km.

2.4 – 111 PS Benzineinspritzung

Wie 2.5 – 99 PS, ausgenommen:

Karosserie, Gewicht: Station Wagon; leer ab 1500 kg, max. zul. 2270 kg.

Motor: (DIN), 4 Zyl. in Linie (86.5×100 mm), 2351 cm³; Kompr. 8.5:1; 82 kW (111 PS) bei 4800/min, 34.9 kW/L (47.4 PS/L); 184 Nm (18.8 mkp) bei 3500/min; 91 ROZ.
Einige Länder: (91.1x98 mm), 2555 cm³; Kompr. 8.2:1; 78 kW (106 PS) bei 5000/min, 30.5 kW/L (41.5 PS/L); 192 Nm bei 3000/min.
2.5 mit Kompr. 7,6:1; 72 kW (98 PS) bei 4500/min; 179 Nm (18,3 mkp) bei 3000/min.
USA: (SAE) Kompr. 9:1; 100 kW (136 PS) bei 5500/min, 201 Nm bei 2750/min; 4 Ventile.

Motorkonstruktion: Bezeichnung 4G 64; 3 Ventile in V; 1 obenl. Nockenwelle (Kette); Leichtmetall-Zylinderkopf; 5fach gelagerte Kurbelwelle; Öl 5 L; elektron. Einspritzung.

Batterie 55 Ah, Alternator 75 A; Wasserkühlung, Inh. 8 L.

Kraftübertragung:
5-Gang-Getriebe: I. 3.97; II. 2.14; III. 1.36; IV. 1; V. 0.86; R 3.58; Achse 4.88.

Fahrleistungen: Vmax (Werk) 150 km/h, V bei 1000/min im 5. Gang 32.5 km/h; Leistungsgew. 18.3 kg/kW (13.5 kg/PS); Verbrauch (Red.) 10/18 L/100 km.

Châssis: Cadre à caisson avec traverses; AV leviers triang. transv. doubles, barre de torsion; AR essieu rigide, bras longitud., barre Panhard, ressorts hélicoïdaux; AV/AR barre anti-dévers, amortiss. télesc.

Train roulant: quatre freins à disques (AV ventilés), quelques modèles AR à tambours, ABS s. d., frein à main sur roues AR; direction à circuit de billes, s.d. assistée, réservoir carb. 75 L; pneus 235/75 R 15, 215 R 15, 205 R 16; jantes 6 J.

Dimensions: empattement 242 cm, voie 142/143.5 cm, garde au sol 21 cm, diam. de braq. 11.3 m, longueur 398.5 cm, largeur 169.5 cm, hauteur 180 cm.

Avec 5 portes: empattement 272.5 cm, diam. de braq. 12.5 m, longueur 456.5 cm, hauteur 185 cm.
Avec roues 7-pouces: voie AV/AR 146,5/145 cm, long. 482 cm, largeur 177,5 cm.

Performances: Vmax (usine) 147 km/h, V à 1000/min en 5. vit. 35.2 km/h; 0–100 km/h 16.2 s; rapp. poids/puiss. 23.1 kg/kW (17 kg/ch); consomm. (Red.) 9/14 L/100 km.
Aut.: Vmax 140 km/h, 0–100 km/h 25.1 s; consomm. ECE 8.6/13/11.5 L/100 km.

2.4 – 111 ch Injection d'essence

Comme 2.5 – 99 ch, sauf:

Carrosserie, poids: Station-wagon; vide dès 1500 kg, tot. adm. 2270 kg.

Moteur: (DIN), 4 cyl. en ligne (86.5×100 mm), 2351 cm³; compr. 8.5:1; 82 kW (111 ch) à 4800/min, 34.9 kW/L (47.4 ch/L); 184 Nm (18.8 mkp) à 3500/min; 91 (R).
Quelques pays: (91.1x98 mm), 2555 cm³; compression 8.2:1; 78 kW (106 ch) à 5000/min, 30.5 kW/L (41.5 ch/L); 192 Nm à 3000/min.
2.5 avec compression 7,6:1; 72 kW (98 ch) à 4500/min; 179 Nm (18,3 mkp) à 3000/min.
USA: (SAE) compression 9:1; 100 kW (136 ch) à 5500/min, 201 Nm à 2750/min; 4 soupapes.

Moteur (constr.): désign. 4G 64; 3 soupapes en V; 1 arbre à cames en tête (chaîne); culasse en alliage léger; vilebrequin à 5 paliers; huile 5 L; injection électronique.

Batterie 55 Ah, alternateur 75 A; refroidissement à eau, capac. 8 L.

Transmission:
Boîte à 5 vit.: I. 3.97; II. 2.14; III. 1.36; IV. 1; V. 0.86; AR 3.58; pont 4.88.

Performances: Vmax (usine) 150 km/h, V à 1000/min en 5. vit. 32.5 km/h; rapp. poids/puiss. 18.3 kg/kW (13.5 kg/ch); consomm. (Red.) 10/18 L/100 km.

Mitsubishi 395

2.8 – 125 PS Turbodiesel

Wie 2.5 – 99 PS, ausgenommen:

Karosserie, Gewicht: Station Wagon; leer ab 1810 kg.

Motor: (JIS), 4 Zyl. in Linie (95×100 mm), 2835 cm³; Kompr. 21:1; 92 kW (125 PS) bei 4000/min, 32.4 kW/L (44.1 PS/L); 294 Nm (30 mkp) bei 2000/min; Dieselöl.

Motorkonstruktion: Bezeichnung 4M 40; Wirbelkammer-Diesel; 2 Ventile; 1 obenl. Nockenwelle (Zahnriemen); Leichtmetall-Zylinderkopf; 5fach gelagerte Kurbelwelle; Öl 3.8 L; Einspritzpumpe, 1 Turbolader, Intercooler. Batterie 95 Ah, Alternator 75 A; Wasserkühlung, Inh. 10 L.

Kraftübertragung: (4WD permanent), zentrales Diff. mit Viskokupplung; hintere Differentialbremse, Drehmomentverteilung v/h 50/50 %; Reduktionsgetriebe: I. 1; II. 1.9. 5-Gang-Getriebe: I. 3.95; II. 2.24; III. 1.4; IV. 1; V. 0.76; R 3.55; Achse 4.9; 4.64. 4-Stufen-Automat: I. 2.84; II. 1.53; III. 1; IV. 0.71; R 2.48; Achse 4.9.

Fahrleistungen: Vmax (Werk) 150 km/h, V bei 1000/min im 5. Gang 35.1 km/h; 0–100 km/h 16.1 s; Leistungsg. 19.7 kg/kW (14.5 kg/PS); Verb.. ECE 9.4/13.9/13.5 L/100 km.

3.0 V6 – 150 PS Benzineinspritzung

Wie 2.5 – 99 PS, ausgenommen:

Karosserie, Gewicht: Station Wagon; leer ab 1700 kg, max. zul. 2350 kg.

Motor: (DIN), 6 Zyl. in V 60° (91.1×76 mm), 2972 cm³; Kompr. 8.9:1; 110 kW (150 PS) bei 5000/min, 37 kW/L (50.3 PS/L); 236 Nm (24.1 mkp) bei 4000/min; 91 ROZ. JIS: 114 kW (155 PS). 24 V SAE: Kompr. 9:1, 132 kW (175 PS) bei 5250/min; 255 Nm bei 4000/min. Kalifornien: 125 kW (170 PS); 248 Nm.

Motorkonstruktion: Bezeichnung 6G 72; 2×1 obenl. Nockenwelle (Zahnriemen); Leichtmetall-Zylinderköpfe; 4fach gelagerte Kurbelwelle; Öl 4.3 L; elektron. Einspr. Batterie 52 Ah, Alternator 75 A; Wasserkühlung, Inh. 9.5 L.

Kraftübertragung: (4WD permanent), zentrales Diff. mit Viskokupplung; Drehmomentverteilung v/h 50/50 %; Reduktionsgetriebe: I. 1; II. 1.9. 5-Gang-Getriebe: I. 3.95; II. 2.24; III. 1.4; IV. 1; V. 0.83; R 3.93; Achse 4.9; 4.64. 4-Stufen-Automat: I. 2.8; II. 1.53; III. 1; IV. 0.75; R 2.39; Achse 4.9; 4.64.

Fahrwerk: Reifen 265/75 R 15, Felgen 7 J, 6 J.

Fahrleistungen: Vmax (Werk) 165 km/h, V bei 1000/min im 5. Gang 33.5 km/h; 0–100 km/h 12.5 s; Leistungsgew. 16.5 kg/kW (12.1 kg/PS); Verbrauch ECE 10.4/14.5/16.1 L/100 km.

Mitsubishi Pajero

2.8 – 125 ch Turbodiesel

Comme 2.5 – 99 ch, sauf:

Carrosserie, poids: Station-wagon; vide dès 1810 kg.

Moteur: (JIS), 4 cyl. en ligne (95×100 mm), 2835 cm³; compr. 21:1; 92 kW (125 ch) à 4000/min, 32.4 kW/L (44.1 ch/L); 294 Nm (30 mkp) à 2000/min; gazole.

Moteur (constr.): désignation 4M 40; diesel à chambre de turbulence; 2 soupapes; 1 arbre à cames en tête (courroie crantée); culasse en alliage léger; vilebrequin à 5 paliers; huile 3.8 L; pompe à injection, 1 turbocompr., Intercooler. Batterie 95 Ah, alternateur 75 A; refroidissement à eau, capac. 10 L.

Transmission: (4WD permanent), diff. central avec visco-coupleur; différentiel autobloquant AR, répartition du couple AV/AR 50/50 %; boîte de transfert: I. 1; II. 1.9. Boîte à 5 vit.: I. 3.95; II. 2.24; III. 1.4; IV. 1; V. 0.76; AR 3.55; pont 4.9; 4.64. Boîte aut. à 4 vit.: I. 2.84; II. 1.53; III. 1; IV. 0.71; AR 2.48; pont 4.9.

Performances: Vmax (usine) 150 km/h, V à 1000/min en 5. vit. 35.1 km/h; 0–100 km/h 16.1 s; rapp. poids/puiss. 19.7 kg/kW (14.5 kg/ch); cons. ECE 9.4/13.9/13.5 L/100 km.

3.0 V6 – 150 ch Injection d'essence

Comme 2.5 – 99 ch, sauf:

Carrosserie, poids: Station-wagon; vide dès 1700 kg, tot. adm. 2350 kg.

Moteur: (DIN), 6 cyl. en V 60° (91.1×76 mm), 2972 cm³; compr. 8.9:1; 110 kW (150 ch) à 5000/min, 37 kW/L (50.3 ch/L); 236 Nm (24.1 mkp) à 4000/min; 91 (R). JIS: 114 kW (155 ch). 24 V SAE: compr. 9:1, 132 kW (175 ch) à 5250/min; 255 Nm à 4000/min. Californie: 125 kW (170 ch); 248 Nm.

Moteur (constr.): désignation 6G 72; 2×1 arbre à cames en tête (courroie crantée); culasses en alliage léger; vilebrequin à 4 paliers; huile 4.3 L; injection électronique. Batterie 52 Ah, alternateur 75 A; refroidissement à eau, capac. 9.5 L.

Transmission: (4WD permanent), diff. central avec visco-coupleur; répartition du couple AV/AR 50/50 %; boîte de transfert: I. 1; II. 1.9. Boîte à 5 vit.: I. 3.95; II. 2.24; III. 1.4; IV. 1; V. 0.83; AR 3.93; pont 4.9; 4.64. Boîte aut. à 4 vit.: I. 2.8; II. 1.53; III. 1; IV. 0.75; AR 2.39; pont 4.9; 4.64.

Train roulant: pneus 265/75 R 15, jantes 7 J, 6 J.

Performances: Vmax (usine) 165 km/h, V à 1000/min en 5. vit. 33.5 km/h; 0–100 km/h 12.5 s; rapp. poids/puiss. 16.5 kg/kW (12.1 kg/ch); consomm. ECE 10.4/14.5/16.1 L/100 km.

Mitsubishi Pajero Wagon

3.5 V6 24V – 208 PS Benzineinspritzung

Wie 2.5 – 99 PS, ausgenommen:

Karosserie, Gewicht: Station Wagon; leer ab 1890 kg, max. zul. 2720 kg.

Motor: (DIN), 6 Zyl. in V 60° (93×85.8 mm), 3497 cm³; Kompr. 8.9:1; 153 kW (208 PS) bei 5000/min, 43.7 kW/L (59.5 PS/L); 300 Nm (30.6 mkp) bei 3000/min; 91 ROZ. JIS: 169 kW (230 PS); 324 Nm. SAE: 160 kW (218 PS); 309 Nm.

Motorkonstruktion: Bezeichnung 6G 74; 4 Ventile in V; 2×2 obenl. Nockenwellen (Zahnriemen); Leichtmetall-Zylinderköpfe; 4fach gelagerte Kurbelwelle; Öl 4.3 L; elektron. Einspritzung. Batterie 65 Ah, Alternator 75 A; Wasserkühlung, Inh. 9.5 L.

Kraftübertragung: (4WD permanent), zentrales Diff. mit Viskokupplung; Drehmomentverteilung v/h 50/50 %; Reduktionsgetriebe: I. 1; II. 1.93. 5-Gang-Getriebe: I. 3.95; II. 2.24; III. 1.4; IV. 1; V. 0.82; R 3.93; Achse 4.64. 4-Stufen-Automat: I. 2.8; II. 1.53; III. 1; IV. 0.76; R 2.7; Achse 4.64.

Fahrwerk: Reifen 265/75 R 15, Felgen 7 J, 6 J.

Fahrleistungen: Vmax (Werk) 185 km/h, V bei 1000/min im 5. Gang 36.1 km/h; 0–100 km/h 10.5 s; Leistungsgew. 13 kg/kW (9.5 kg/PS); Verbr. ECE 11/14.7/17.8 L/100 km. Aut.: Vmax 180 km/h, 0–100 km/h 12.5 s.

3.5 V6 24V – 208 ch Injection d'essence

Comme 2.5 – 99 ch, sauf:

Carrosserie, poids: Station-wagon; vide dès 1890 kg, tot. adm. 2720 kg.

Moteur: (DIN), 6 cyl. en V 60° (93×85.8 mm), 3497 cm³; compr. 8.9:1; 153 kW (208 ch) à 5000/min, 43.7 kW/L (59.5 ch/L); 300 Nm (30.6 mkp) à 3000/min; 91 (R). JIS: 169 kW (230 ch); 324 Nm. SAE: 160 kW (218 ch); 309 Nm.

Moteur (constr.): désignation 6G 74; 4 soupapes en V; 2×2 arbres à cames en tête (courroie crantée); culasses en alliage léger; vilebrequin à 4 paliers; huile 4.3 L; injection électronique. Batterie 65 Ah, alternateur 75 A; refroidissement à eau, capac. 9.5 L.

Transmission: (4WD permanent), diff. central avec visco-coupleur; répartition du couple AV/AR 50/50 %; boîte de transfert: I. 1; II. 1.93. Boîte à 5 vit.: I. 3.95; II. 2.24; III. 1.4; IV. 1; V. 0.82; AR 3.93; pont 4.64. Boîte aut. à 4 vit.: I. 2.8; II. 1.53; III. 1; IV. 0.76; AR 2.7; pont 4.64.

Train roulant: pneus 265/75 R 15, jantes 7 J, 6 J.

Performances: Vmax (usine) 185 km/h, V à 1000/min en 5. vit. 36.1 km/h; 0–100 km/h 10.5 s; rapp. poids/puiss. 13 kg/kW (9.5 kg/ch); cons. ECE 11/14.7/17.8 L/100 km. Aut.: Vmax 180 km/h, 0–100 km/h 12.5 s.

Mitsubishi Challenger - Montero

Neues Modell. Freizeitfahrzeug auf Basis des fünftürigen Pajero. In USA als Montero angeboten. Debüt Juli 1996.

Nouveau modèle. Voiture de loisirs sur base de la Pajero 5 portes. Aux USA comme Montero. Lancement juillet 1996.

3.0 V6 24V – 185 PS Benzineinspritzung

Karosserie, Gewicht: Station Wagon, 5 Türen, 5 Sitze; leer ab 1830 kg.

Motor: (JIS), 6 Zyl. in V 60° (91.1×76 mm), 2972 cm³; Kompr. 9:1; 136 kW (185 PS) bei 5500/min, 45.8 kW/L (62.2 PS/L); 265 Nm (27 mkp) bei 4500/min; 91 ROZ.

Motorkonstruktion: Bezeichnung 6G 72; 4 Ventile in V; 2×1 obenl. Nockenwelle (Zahnriemen); Leichtmetall-Zylinderköpfe; 4fach gelagerte Kurbelwelle; Öl 4.3 L; elektron. Einspritzung. Batterie 52 Ah, Alternator 75 A; Wasserkühlung, Inh. 8 L.

3.0 V6 24V – 185 ch Injection d'essence

Carrosserie, poids: Station-wagon, 5 portes, 5 places; vide dès 1830 kg.

Moteur: (JIS), 6 cyl. en V 60° (91.1×76 mm), 2972 cm³; compr. 9:1; 136 kW (185 ch) à 5500/min, 45.8 kW/L (62.2 ch/L); 265 Nm (27 mkp) à 4500/min; 91 (R).

Moteur (constr.): désignation 6G 72; 4 soupapes en V; 2×1 arbre à cames en tête (courroie crantée); culasses en alliage léger; vilebrequin à 4 paliers; huile 4.3 L; injection électronique. Batterie 52 Ah, alternateur 75 A; refroidissement à eau, capac. 8 L.

Mitsubishi • Morgan

Kraftübertragung: (4WD permanent), zentrales Diff. mit Viskokupplung; Drehmomentverteilung v/h 50/50 %; Reduktionsgetriebe: I. 1; II. 1.9.
4-Stufen-Automat: I. 2.8; II. 1.53; III. 1; IV. 0.75; R 2.39; Achse 4.64.

Fahrgestell: Kastenrahmen mit Traversen; vorn doppelte Dreieckquerlenker, Torsionsstab; hinten Starrachse, Panhardstab, Schraubenfedern; v/h Kurvenstabilisator, Teleskopdämpfer.

Fahrwerk: Vierrad-Scheibenbremse (vorn belüftet), a.W. ABS, Handbremse auf Hinterräder; Zahnstangenlenkung mit Servo, Treibstofftank 74 L; Reifen 265/70 R 15, Felgen 7 J.

Dimensionen: Radstand 272.5 cm, Spur 146.5/148 cm, Bodenfreih. 21 cm, Wendekreis 11.8 m, Länge 453 cm, Breite 177.5 cm, Höhe 173 cm.

Fahrleistungen: Vmax (Red.) 170 km/h, V bei 1000/min im 4. Gang 39.7 km/h; Leistungsgew. 13.5 kg/kW (9.9 kg/PS); Verbrauch (Red.) 10/16 L/100 km.

2.4 16V – 136 PS
Benzineinspritzung

Wie 3.0 – 185 PS, ausgenommen:

Karosserie, Gewicht: Station Wagon; leer ab 1560 kg, max. zul. 2270 kg.

Motor: (ECE), 4 Zyl. in Linie (86.5×100 mm), 2351 cm³; Kompr. 9:1; 100 kW (136 PS) bei 5500/min, 42.5 kW/L (57.8 PS/L); 201 Nm (20.5 mkp) bei 2750/min; 95 ROZ.

Motorkonstruktion: Bezeichnung 4G 64; 4 Ventile in V; 1 obenl. Nockenwelle (Zahnriemen); Leichtmetall-Zylinderkopf; 5fach gelagerte Kurbelwelle; Öl 3.8 L; elektron. Einspritzung.

Batterie 52 Ah, Alternator 75 A; Wasserkühlung, Inh. 8 L.

Kraftübertragung:
5-Gang-Getriebe: I. 3.92; II. 2.26; III. 1.4; IV. 1; V. 0.83; R 3.93; Achse 4.22; 4.64.
4-Stufen-Automat: I. 2.8; II. 1.53; III. 1; IV. 0.75; R 2.39; Achse 4.27; 4.64.

Fahrwerk: 225/75 R 15, 6 J.

Fahrleistungen: Vmax (Red.) 160 km/h, V bei 1000/min im 4. Gang 39.7 km/h; Leistungsgew. 13.5 kg/kW (9.9 kg/PS); Verbrauch (Red.) 10/14 L/100 km.

Mitsubishi Challenger

2.5 – 105 PS
Turbodiesel

Wie 3.0 – 185 PS, ausgenommen:

Karosserie, Gewicht: Station Wagon; leer ab 1840 kg.

Transmission: (4WD permanent), diff. central avec visco-coupleur; répartition du couple AV/AR 50/50 %; boîte de transfert: I. 1; II. 1.9.
Boîte aut. à 4 vit.: I. 2.8; II. 1.53; III. 1; IV. 0.75; AR 2.39; pont 4.64.

Châssis: Cadre à caisson avec traverses; AV leviers triang. transv. doubles, barre de torsion; AR essieu rigide, barre Panhard, ressorts hélic.; AV/AR barre anti-dévers, amortiss. télesc.

Train roulant: quatre freins à disques (AV ventilés), ABS s. d., frein à main sur roues AR; servodirection à crémaillère, réservoir carb. 74 L; pneus 265/70 R 15, jantes 7 J.

Dimensions: empattement 272.5 cm, voie 146.5/148 cm, garde au sol 21 cm, diam. de braq. 11.8 m, longueur 453 cm, largeur 177.5 cm, hauteur 173 cm.

Performances: Vmax (réd.) 170 km/h, V à 1000/min en 4. vit. 39.7 km/h; rapp. poids/puiss. 13.5 kg/kW (9.9 kg/ch); consomm. (Red.) 10/16 L/100 km.

2.4 16V – 136 ch
Injection d'essence

Comme 3.0 – 185 ch, sauf:

Carrosserie, poids: Station-wagon; vide dès 1560 kg, tot. adm. 2270 kg.

Moteur: (ECE), 4 cyl. en ligne (86.5×100 mm), 2351 cm³; compr. 9:1; 100 kW (136 ch) à 5500/min, 42.5 kW/L (57.8 ch/L); 201 Nm (20.5 mkp) à 2750/min; 95 (R).

Moteur (constr.): désignation 4G 64; 4 soupapes en V; 1 arbre à cames en tête (courroie crantée); culasse en alliage léger; vilebrequin à 5 paliers; huile 3.8 L; injection électronique.

Batterie 52 Ah, alternateur 75 A; refroidissement à eau, capac. 8 L.

Transmission:
Boîte à 5 vit.: I. 3.92; II. 2.26; III. 1.4; IV. 1; V. 0.83; AR 3.93; pont 4.22; 4.64.
Boîte aut. à 4 vit.: I. 2.8; II. 1.53; III. 1; IV. 0.75; AR 2.39; pont 4.27; 4.64.

Train roulant: 225/75 R 15, 6 J.

Performances: Vmax (réd.) 160 km/h, V à 1000/min en 4. vit. 39.7 km/h; rapp. poids/puiss. 13.5 kg/kW (9.9 kg/ch); consomm. (Red.) 10/14 L/100 km.

2.5 – 105 ch
Turbodiesel

Comme 3.0 – 185 ch, sauf:

Carrosserie, poids: Station-wagon; vide dès 1840 kg.

Motor: (JIS), 4 Zyl. in Linie (91.1×95 mm), 2477 cm³; Kompr. 21:1; 77 kW (105 PS) bei 4200/min, 31.1 kW/L (42.3 PS/L); 240 Nm (24.5 mkp) bei 2000/min; Dieselöl.

Motorkonstruktion: Bezeichnung 4D 56; Wirbelkammer-Diesel; 2 Ventile; 1 obenl. Nockenwelle (Zahnriemen); Leichtmetall-Zylinderkopf; 5fach gelagerte Kurbelwelle; Ölkühler; Öl 6.4 L; Einspritzpumpe, Bosch VE, 1 Turbolader, Mitsubishi, Intercooler.

Batterie 80 Ah, Alternator 90 A; Wasserkühlung, Inh. 8.6 L.

Kraftübertragung:
5-Gang-Getriebe: I. 3.92; II. 2.26; III. 1.4; IV. 1; V. 0.83; R 3.93; Achse 4.9; 4.64.
4-Stufen-Automat: I. 2.83; II. 1.49; III. 1; IV. 0.73; R 2.7; Achse 4.9.

Fahrleistungen: Vmax (Red.) 150 km/h, V bei 1000/min im 5. Gang 33.9 km/h; Leistungsgew. 23.9 kg/kW (17.5 kg/PS); Verbrauch (Red.) 9/14 L/100 km.

Mitsubishi Challenger

2.8 – 125 PS
Turbodiesel

Wie 3.0 – 185 PS, ausgenommen:

Karosserie, Gewicht: Station Wagon; leer ab 1810 kg.

Motor: (JIS), 4 Zyl. in Linie (95×100 mm), 2835 cm³; Kompr. 21:1; 92 kW (125 PS) bei 4000/min, 32.4 kW/L (44.1 PS/L); 294 Nm (30 mkp) bei 2000/min; Dieselöl.

Motorkonstruktion: Bezeichnung 4M 40; Wirbelkammer-Diesel; 2 Ventile; 1 obenl. Nockenwelle (Zahnriemen); Leichtmetall-Zylinderkopf; 5fach gelagerte Kurbelwelle; Öl 3.8 L; Einspritzpumpe, 1 Turbolader, Intercooler.

Batterie 95 Ah, Alternator 75 A; Wasserkühlung, Inh. 10 L.

Kraftübertragung:
5-Gang-Getriebe: I. 3.95; II. 2.24; III. 1.4; IV. 1; V. 0.76; R 3.55; Achse 4.9.
4-Stufen-Automat: I. 2.8; II. 1.53; III. 1; IV. 0.75; R 2.39; Achse 4.9.

Fahrleistungen: Vmax (Red.) 155 km/h, V bei 1000/min im 5. Gang 37.1 km/h; Leistungsgew. 19.7 kg/kW (14.5 kg/PS); Verbrauch (Red.) 9/15 L/100 km.

Moteur: (JIS), 4 cyl. en ligne (91.1×95 mm), 2477 cm³; compr. 21:1; 77 kW (105 ch) à 4200/min, 31.1 kW/L (42.3 ch/L); 240 Nm (24.5 mkp) à 2000/min; gazole.

Moteur (constr.): désign. 4D 56; diesel à chambre de turbulence; 2 soupapes; 1 arbre à cames en tête (courroie crantée); culasse en alliage léger; vilebr. à 5 paliers; radiat. d'huile; huile 6.4 L; pompe à inj., Bosch VE, 1 turboc., Mitsubishi, Interc.

Batterie 80 Ah, alternateur 90 A; refroidissement à eau, capac. 8.6 L.

Transmission:
Boîte à 5 vit.: I. 3.92; II. 2.26; III. 1.4; IV. 1; V. 0.83; AR 3.93; pont 4.9; 4.64.
Boîte aut. à 4 vit.: I. 2.83; II. 1.49; III. 1; IV. 0.73; AR 2.7; pont 4.9.

Performances: Vmax (réd.) 150 km/h, V à 1000/min en 5. vit. 33.9 km/h; rapp. poids/puiss. 23.9 kg/kW (17.5 kg/ch); consomm. (Red.) 9/14 L/100 km.

2.8 – 125 ch
Turbodiesel

Comme 3.0 – 185 ch, sauf:

Carrosserie, poids: Station-wagon; vide dès 1810 kg.

Moteur: (JIS), 4 cyl. en ligne (95×100 mm), 2835 cm³; compr. 21:1; 92 kW (125 ch) à 4000/min, 32.4 kW/L (44.1 ch/L); 294 Nm (30 mkp) à 2000/min; gazole.

Moteur (constr.): désignation 4M 40; diesel à chambre de turbulence; 2 soupapes; 1 arbre à cames en tête (courroie crantée); culasse en alliage léger; vilebrequin à 5 paliers; huile 3.8 L; pompe à injection, 1 turbocompr., Intercooler.

Batterie 95 Ah, alternateur 75 A; refroidissement à eau, capac. 10 L.

Transmission:
Boîte à 5 vit.: I. 3.95; II. 2.24; III. 1.4; IV. 1; V. 0.76; AR 3.55; pont 4.9.
Boîte aut. à 4 vit.: I. 2.8; II. 1.53; III. 1; IV. 0.75; AR 2.39; pont 4.9.

Performances: Vmax (réd.) 155 km/h, V à 1000/min en 5. vit. 37.1 km/h; rapp. poids/puiss. 19.7 kg/kW (14.5 kg/ch); consomm. (Red.) 9/15 L/100 km.

Morgan GB

Morgan Motor Company Ltd., Pickersleigh Road, Malvern Link, Worcestershire WR14 2LL, England

Kleines englisches Sportwagenwerk mit langer Tradition. Früher Pionier von Dreiradfahrzeugen.

Ancienne fabrique anglaise de voitures de sport, jadis pionnier des voitures à 3 roues.

Morgan 397

Morgan 4/4 1800

Roadster/Tourer mit Kastenrahmen, Holzaufbau und Leichtmetall/Stahl-Beplankung sowie vorderen Scheibenbremsen und 1,6-Liter-Ford-Motor. Winter 1981/82: Mit Ford-CVH-Motor. Für 1990 mit Einspritzung. Februar 1993: Mit Ford-Zetec-Motor.

Roadster/Tourer avec châssis à caisson, structure en bois, panneaux en alu ou acier, freins avant à disques et moteur Ford 1,6 litre. Hiver 1981/82: Avec moteur Ford CVH. Pour 1990 avec injection d'essence. Février 1993: Avec moteur Ford Zetec.

1.8 16V – 114 PS
Benzineinspritzung

1.8 16V – 114 ch
Injection d'essence

Karosserie, Gewicht: Roadster, 2 Türen, 2 Sitze; leer ab 870 kg.
Tourer: 2 Türen, 4 Sitze; leer ab 950 kg.

Carrosserie, poids: Roadster, 2 portes, 2 places; vide dès 870 kg.
Tourer: 2 portes, 4 places; vide dès 950 kg.

Motor: (ECE), 4 Zyl. in Linie (80.6×88 mm), 1796 cm^3; Kompr. 10:1; 84 kW (114 PS) bei 5750/min, 46.8 kW/L (63.6 PS/L); 160 Nm (16.3 mkp) bei 4500/min; 95 ROZ.

Moteur: (ECE), 4 cyl. en ligne (80.6×88 mm), 1796 cm^3; compr. 10:1; 84 kW (114 ch) à 5750/min, 46.8 kW/L (63.6 ch/L); 160 Nm (16.3 mkp) à 4500/min; 95 (R).

Motorkonstruktion: 4 Ventile in V; 2 obenl. Nockenwellen (Zahnriemen); 5fach gelagerte Kurbelwelle; Öl 4.25 L; elektron. Einspritzung, Ford EECIV.
Batterie 40 Ah, Alternator 45 A; Wasserkühlung, Inh. 7.3 L.

Moteur (constr.): 4 soupapes en V; 2 arbres à cames en tête (courroie crantée); vilebrequin à 5 paliers; huile 4.25 L; injection électronique, Ford EECIV.
Batterie 40 Ah, alternateur 45 A; refroidissement à eau, capac. 7.3 L.

Kraftübertragung: (auf Hinterräder).
5-Gang-Getriebe: I. 3.89; II. 2.08; III. 1.34; IV. 1; V. 0.82; R 3.51; Achse 4.1; 4.56.

Transmission: (sur roues AR).
Boîte à 5 vit.: I. 3.89; II. 2.08; III. 1.34; IV. 1; V. 0.82; AR 3.51; pont 4.1; 4.56.

Fahrgestell: Kastenrahmen mit Kreuzverstrebung; vorn senkrechte Führungsrohre, Schraubenfedern; hinten Starrachse, Halbelliptikfedern; v/h Teleskopdämpfer.

Châssis: Cadre à caisson avec traverses en X; AV à tube de guidage vertical, ressorts hélic.; AR essieu rigide, ressorts semi-ellipt.; AV/AR amortiss. télescop.

Fahrwerk: Bremse, vorne Scheiben, hinten Trommeln, Scheiben-Ø v. 27.9 cm, Handbremse auf Hinterr.; Lenkung mit Schnecke und Rolle, Treibstofftank 50 L; Reifen 165 R 15, 195/60 VR 15, Felgen 5/6 J.
Tourer: Treibstofftank 40 L.

Train roulant: frein, AV à disques, AR à tambours, Ø disques AV 27.9 cm, frein à main sur roues AR; direction à vis sans fin et galet, réservoir carb. 50 L; pneus 165 R 15, 195/60 VR 15, jantes 5/6 J.
Tourer: réservoir carb. 40 L.

Morgan 4/4

Dimensionen: Radstand 244 cm, Spur 122/124 cm, Bodenfreih. 15 cm, Wendekreis 10.3 m, Länge 389 cm, Breite 150 cm, Höhe 129 cm.
Spur mit 6J-Felgen: 128/131 cm.

Dimensions: empattement 244 cm, voie 122/124 cm, garde au sol 15 cm, diam. de braq. 10.3 m, longueur 389 cm, largeur 150 cm, hauteur 129 cm.
Voie avec jantes 6J: 128/131 cm.

Fahrleistungen: Vmax (Werk) 180 km/h, V bei 1000/min im 5. Gang 29.5 km/h; 0–97 km/h 8 s; Leistungsgew. 10.4 kg/kW (7.6 kg/PS); Verbrauch (Werk) 8/9 L/100 km.

Performances: Vmax (usine) 180 km/h, V à 1000/min en 5. vit. 29.5 km/h; 0–97 km/h 8 s; rapp. poids/puiss. 10.4 kg/kW (7.6 kg/ch); consomm. (Werk) 8/9 L/100 km.

Morgan plus 4

Leistungsfähigere Version, seit Frühjahr 1988 mit 2-Liter-Motor von Rover. Herbst 1992: T- statt M-Motor.

Version plus puissante, depuis printemps 1988 avec 2 litres de Rover. Automne 1992: Moteur T au lieu de M.

2.0 16V – 135 PS
Benzineinspritzung

2.0 16V – 135 ch
Injection d'essence

Karosserie, Gewicht: Roadster, 2 Türen, 2 Sitze; leer ab 920 kg.
Tourer: 2 Türen, 4 Sitze; leer ab 1000 kg.

Carrosserie, poids: Roadster, 2 portes, 2 places; vide dès 920 kg.
Tourer: 2 portes, 4 pl.; vide dès 1000 kg.

Morgan Plus 4

Motor: (ECE), 4 Zyl. in Linie (84.45×89 mm), 1994 cm^3; Kompr. 10.1:1; 99 kW (135 PS) bei 6000/min, 49.6 kW/L (67.5 PS/L); 184 Nm (18.8 mkp) bei 2500/min; 95 ROZ.

Moteur: (ECE), 4 cyl. en ligne (84.45×89 mm), 1994 cm^3; compr. 10.1:1; 99 kW (135 ch) à 6000/min, 49.6 kW/L (67.5 ch/L); 184 Nm (18.8 mkp) à 2500/min; 95 (R).

Motorkonstruktion: Bezeichnung Rover T16; 4 Ventile in V; 2 obenl. Nockenwellen (Zahnriemen); 5fach gelagerte Kurbelwelle; Öl 4.5 L; elektron. Einspritzung, Rover M1.3.
Batterie 55 Ah, Alternator 65 A; Wasserkühlung, Inh. 6 L.

Moteur (constr.): désignation Rover T16; 4 soupapes en V; 2 arbres à cames en tête (courroie crantée); vilebrequin à 5 paliers; huile 4.5 L; injection électronique, Rover M1.3.
Batterie 55 Ah, alternateur 65 A; refroidissement à eau, capac. 6 L.

Kraftübertragung: (auf Hinterräder).
5-Gang-Getriebe: I. 3.32; II. 2.09; III. 1.4; IV. 1; V. 0.79; R 3.43; Achse 3.73.

Transmission: (sur roues AR).
Boîte à 5 vit.: I. 3.32; II. 2.09; III. 1.4; IV. 1; V. 0.79; AR 3.43; pont 3.73.

Fahrgestell: Kastenrahmen mit Kreuzverstrebung; vorn senkrechte Führungsrohre, Schraubenfedern; hinten Starrachse, Halbelliptikfedern; v/h Teleskopdämpfer.

Châssis: Cadre à caisson avec traverses en X; AV à tube de guidage vertical, ressorts hélic.; AR essieu rigide, ressorts semi-ellipt.; AV/AR amortiss. télescop.

Fahrwerk: Bremse, vorne Scheiben, hinten Trommeln, Scheiben-Ø v. 27.9 cm, Handbremse auf Hinterr.; Lenkung mit Schnecke und Rolle, Treibstofftank 50 L; Reifen 195/60 VR 15, Felgen 6 J.
Tourer: Treibstofftank 40 L.

Train roulant: frein, AV à disques, AR à tambours, Ø disques AV 27.9 cm, frein à main sur roues AR; direction à vis sans fin et galet, réservoir carb. 50 L; pneus 195/60 VR 15, jantes 6 J.
Tourer: réservoir carb. 40 L.

Dimensionen: Radstand 249 cm, Spur 128/142 cm, Bodenfreih. 15 cm, Wendekreis 10.3 m, Länge 396 cm, Breite 163 cm, Höhe 129 cm.

Dimensions: empattement 249 cm, voie 128/142 cm, garde au sol 15 cm, diam. de braq. 10.3 m, longueur 396 cm, largeur 163 cm, hauteur 129 cm.

Fahrleistungen: Vmax (Werk) 195 km/h, V bei 1000/min im 5. Gang 38 km/h; 0–97 km/h 7.5 s; Leistungsgew. 9.3 kg/kW (6.8 kg/PS); Verbrauch (Werk) 8/11 L/100 km.

Performances: Vmax (usine) 195 km/h, V à 1000/min en 5. vit. 38 km/h; 0–97 km/h 7.5 s; rapp. poids/puiss. 9.3 kg/kW (6.8 kg/ch); consomm. (Werk) 8/11 L/100 km.

Morgan plus 8

V8-Version mit Rover-Motor. Debüt September 1968. Oktober 1976: Mehr Leistung, 5-Gang-Getriebe von Rover. Mai 1984 mit Benzineinspritzung und Zahnstangenlenkung. Für 1991 mit 3.9-V8 und Katalysator.

Version V8 avec moteur Rover. Lancement sept. 1968. Octobre 1976: Plus de puissance, boîte à 5 vitesses de Rover. Mai 1984: Avec injection d'essence et direction à crémaillère. Pour 1991 avec 3.9-V8 et catalyseur.

3.9 V8 – 190 PS
Benzineinspritzung

3.9 V8 – 190 ch
Injection d'essence

Karosserie, Gewicht: Roadster, 2 Türen, 2 Sitze; leer ab 940 kg, max. zul. 1200 kg.

Carrosserie, poids: Roadster, 2 portes, 2 places; vide dès 940 kg, tot. adm. 1200 kg.

Motor: (ECE), 8 Zyl. in V 90° (94×71.12 mm), 3948 cm^3; Komp. 9.35:1; 140 kW (190 PS) bei 4750/min, 35.5 kW/L (48.2 PS/L); 319 Nm (32.5 mkp) bei 2600/min; 95 ROZ.

Moteur: (ECE), 8 cyl. en V 90° (94×71.12 mm), 3948 cm^3; compr. 9.35:1; 140 kW (190 ch) à 4750/min, 35.5 kW/L (48.2 ch/L); 319 Nm (32.5 mkp) à 2600/min; 95 (R).

Motorkonstruktion: Bezeichnung Rover V8; zentrale Nockenwelle (Kette); Leichtmetall-Zylinderköpfe und -block; 5fach gelagerte Kurbelwelle; Öl 5.7 L; elektron. Einspritzung, Bosch LH-Jetronic.
Batterie 57 Ah, Alternator 55 A; Wasserkühlung, Inh. 11.1 L.

Moteur (constr.): désignation Rover V8; arbre à cames central (chaîne); culasses et bloc-cyl. en alliage léger; vilebrequin à 5 paliers; huile 5.7 L; injection électronique, Bosch LH-Jetronic.
Batterie 57 Ah, alternateur 55 A; refroidissement à eau, capac. 11.1 L.

Kraftübertragung: (auf Hinterräder), Differentialbremse.
5-Gang-Getriebe: I. 3.32; II. 2.09; III. 1.4; IV. 1; V. 0.79; R 3.43; Achse 3.45.

Transmission: (sur roues AR), différentiel autobloquant.
Boîte à 5 vit.: I. 3.32; II. 2.09; III. 1.4; IV. 1; V. 0.79; AR 3.43; pont 3.45.

Fahrgestell: Kastenrahmen mit Kreuzverstrebung; vorn senkrechte Führungsrohre, Schraubenfedern; hinten Starrachse, Halbelliptikfedern; v/h Teleskopdämpfer.

Châssis: Cadre à caisson avec traverses en X; AV à tube de guidage vertical, ressorts hélic.; AR essieu rigide, ressorts semi-ellipt.; AV/AR amortiss. télescop.

Morgan • Moskvich

Morgan Plus 8

Fahrwerk: Bremse, vorne Scheiben, hinten Trommeln, Scheiben-⌀ v. 27.9 cm, Handbremse auf Hinterräder; Zahnstangenlenkung, Treibstofftank 56 L; Reifen 205/60 VR 15, 205/55 VR 16, Felgen 6.5 J, 7 J.

Dimensionen: Radstand 249 cm, Spur 134.5/137.5 cm, Bodenfreih. 14 cm, Wendekreis 11.5 m, Kofferraum 140 dm³, Länge 399 cm, Breite 160 cm, Höhe 129 cm. Spur mit 7J-Felgen 135/145 cm, Breite 170 cm.

Fahrleistungen: Vmax (Werk) 200 km/h, V bei 1000/min im 5. Gang 41 km/h; 0–97 km/h 5.6 s; Leistungsgew. 6.7 kg/kW (4.9 kg/PS); Verbrauch (DIN) 11.8 L/100 km.

Train roulant: frein, AV à disques, AR à tambours, ⌀ disques AV 27.9 cm, frein à main sur roues AR; direction à crémaillère, réservoir carb. 56 L; pneus 205/60 VR 15, 205/55 VR 16, jantes 6.5 J, 7 J.

Dimensions: empattement 249 cm, voie 134.5/137.5 cm, garde au sol 14 cm, diam. de braq. 11.5 m, coffre 140 dm³, longueur 399 cm, largeur 160 cm, hauteur 129 cm. Voie avec jantes 7J 135/145 cm, largeur 170 cm.

Performances: Vmax (usine) 200 km/h, V à 1000/min en 5. vit. 41 km/h; 0–97 km/h 5.6 s; rapp. poids/puiss. 6.7 kg/kW (4.9 kg/ch); consomm. (DIN) 11.8 L/100 km.

Moskvich RUS

AZLK, Volgogradsky, pr. 42 109316, Moscow

Russische Automobilfabrik in Moskau. **Fabrique moscovite d'automobiles.**

Moskvich 2140

Mittelklassewagen mit 1479-cm³-OHC-Vierzylindermotor. 412/427 ursprüngliche Ausführungen; Ende 1974: Modernere Limousinen-Karosserie für 2140. Auslaufende Produktion. Technische Daten vgl. Katalog 1993.

Voiture de la catégorie moyenne avec moteur à quatre cylindres de 1479 cm³ (OHC). 412/427 modèles anciens; fin 1974: 2140 avec carrosserie plus moderne. En fin de production. Données voir catalogue 1993.

Moskvich 2141

Mittelklasse-Limousine mit Längsmotor, Frontantrieb und Heckklappe. Produktion seit Dez. 1986. Im Export auch als «Aleko 141» bekannt. Für 1991: Station Wagon.

Voiture de la catégorie moyenne avec moteur longit., traction avant et hayon AR. Production depuis déc. 1986. Pour l'export. comme «Aleko 141». Pour 1991: Station-wagon.

1.7 – 86 PS Vergaser / 1.7 – 86 ch Carburateur

Karosserie, Gewicht: (DIN), Limousine, 4/5 Türen; 5 Sitze; leer 1075 kg, max. zul. 1475 kg. Station Wagon, 5 Türen, 5 Sitze; leer ca. 1100 kg, max. zul. 1600 kg.

Carrosserie, poids: (DIN), Berline, 4/5 portes; 5 places; vide 1075 kg, tot. adm. 1475 kg. Station-wagon, 5 portes, 5 places; vide env. 1100 kg, tot. adm. 1600 kg.

Motor: (DIN), 4 Zyl. in Linie (85×75 mm), 1702 cm³; Kompr. 8.5:1; 63 kW (86 PS) bei 5400/min, 37 kW/L (50.3 PS/L); 131 Nm (13.4 mkp) bei 3200/min; 91 ROZ.

Moteur: (DIN), 4 cyl. en ligne (85×75 mm), 1702 cm³; compr. 8.5:1; 63 kW (86 ch) à 5400/min, 37 kW/L (50.3 ch/L); 131 Nm (13.4 mkp) à 3200/min; 91 (R).

Motorkonstruktion: Bezeichnung UZAM-3317; 2 Ventile in V 52°; 1 obenl. Nockenwelle (Kette); Leichtmetall-Zylinderkopf; 5fach gelagerte Kurbelwelle; Öl 4.5 L; 1 Fallstrom-Doppelvergaser. Batterie 55 Ah, Alternator 55 A; Wasserkühlung, Inh. 10 L.

Moteur (constr.): désignation UZAM-3317; 2 soupapes en V 52°; 1 arbre à cames en tête (chaîne); culasse en alliage léger; vilebrequin à 5 paliers; huile 4.5 L; 1carburateur inversé à double corps. Batterie 55 Ah, alternateur 55 A; refroidissement à eau, capac. 10 L.

Kraftübertragung: (auf Vorderräder). 5-Gang-Getriebe: I. 3.54; II. 2.05; III. 1.37; IV. 0.95; V. 0.73; R 3.36; Achse 4.22.

Transmission: (sur roues AV). Boîte à 5 vit.: I. 3.54; II. 2.05; III. 1.37; IV. 0.95; V. 0.73; AR 3.36; pont 4.22.

Fahrgestell: Selbsttragende Karosserie; vorn Federbeine, unterer Querlenker, Kurvenstabilisator; hinten Verbundlenkerachse, Längslenker, Panhardstab, Kurvenstabilisator; Schraubenfedern, Teleskopdämpfer.

Châssis: carrosserie autoporteuse; AV jambes élast., levier transvers. inférieur, barre anti-dévers; AR essieu semi-rigide, bras longitud., barre Panhard, barre anti-dévers; ressorts hélic., amortis. télesc.

Fahrwerk: Bremse, vorne Scheiben, hinten Trommeln, Handbremse auf Hinterräder; Zahnstangenlenkung, Treibstofftank 55 L; Reifen 165 R 14, Felgen 5 J.

Train roulant: frein, AV à disques, AR à tambours, frein à main sur roues AR; direction à crémaillère, réservoir carb. 55 L; pneus 165 R 14, jantes 5 J.

Dimensionen: Radstand 258 cm, Spur 144/142 cm, Bodenfreih. 16 cm, Wendekreis 11 m, Kofferraum 470/1270 dm³, Länge 435 cm, Breite 169 cm, Höhe 140 cm. **Wagon:** Kofferraum 1600 dm³.

Dimensions: empattement 258 cm, voie 144/142 cm, garde au sol 16 cm, diam. de braq. 11 m, coffre 470/1270 dm³, longueur 435 cm, largeur 169 cm, hauteur 140 cm. **Wagon:** coffre 1600 dm³.

Fahrleistungen: Vmax (Werk) 160 km/h, V bei 1000/min im 5. Gang 36.9 km/h; 0–100 km/h 14.9 s; Leistungsgew. 17.1 kg/kW (12.7 kg/PS); Verbrauch ECE 6.1/7.9/10.2 L/100 km.

Performances: Vmax (usine) 160 km/h, V à 1000/min en 5. vit. 36.9 km/h; 0–100 km/h 14.9 s; rapp. poids/puiss. 17.1 kg/kW (12.7 kg/ch); consomm. ECE 6.1/7.9/10.2 L/100 km.

1.8 – 80 PS Vergaser / 1.8 – 80 ch Carburateur

Wie 1.7 – 86 PS, ausgenommen: / Comme 1.7 – 86 ch, sauf:

Motor: (DIN), 4 Zyl. in Linie (85×80 mm), 1816 cm³; Kompr. 7.2:1; 59 kW (80 PS) bei 5300/min, 32.5 kW/L (44.2 PS/L); 133 Nm (13.6 mkp) bei 3400/min; 76 ROZ.

Moteur: (DIN), 4 cyl. en ligne (85×80 mm), 1816 cm³; compr. 7.2:1; 59 kW (80 ch) à 5300/min, 32.5 kW/L (44.2 ch/L); 133 Nm (13.6 mkp) à 3400/min; 76 (R).

Motorkonstruktion: Bezeichnung UZAM-3313; 2 Ventile in V 52°; 1 obenl. Nockenwelle (Kette); Leichtmetall-Zylinderkopf; 5fach gelagerte Kurbelwelle; Öl 4.5 L; 1 Fallstrom-Doppelvergaser. Batterie 55 Ah, Alternator 55 A; Wasserkühlung, Inh. 10 L.

Moteur (constr.): désignation UZAM-3313; 2 soupapes en V 52°; 1 arbre à cames en tête (chaîne); culasse en alliage léger; vilebrequin à 5 paliers; huile 4.5 L; 1carburateur inversé à double corps. Batterie 55 Ah, alternateur 55 A; refroidissement à eau, capac. 10 L.

Kraftübertragung: 5-Gang-Getriebe: I. 3.54; II. 2.05; III. 1.37; IV. 0.95; V. 0.73; R 3.36; Achse 4.22.

Transmission: Boîte à 5 vit.: I. 3.54; II. 2.05; III. 1.37; IV. 0.95; V. 0.73; AR 3.36; pont 4.22.

Fahrleistungen: Vmax (Red.) 155 km/h, V bei 1000/min im 5. Gang 36.9 km/h; Leistungsgew. 18.2 kg/kW (13.4 kg/PS); Verbrauch (Red.) 6/11 L/100 km.

Performances: Vmax (réd.) 155 km/h, V à 1000/min en 5. vit. 36.9 km/h; rapp. poids/puiss. 18.2 kg/kW (13.4 kg/ch); consomm. (Red.) 6/11 L/100 km.

2.0 – 113 PS Benzineinspritzung / 2.0 – 113 ch Injection d'essence

Wie 1.7 – 86 PS, ausgenommen: / Comme 1.7 – 86 ch, sauf:

Motor: (DIN), 4 Zyl. in Linie (83×93 mm), 2013 cm³; Kompr. 9.5:1; 83 kW (113 PS) bei 5250/min, 41.2 kW/L (56 PS/L); 168 Nm (17.1 mkp) bei 3500/min; 91 ROZ.

Moteur: (DIN), 4 cyl. en ligne (83×93 mm), 2013 cm³; compr. 9.5:1; 83 kW (113 ch) à 5250/min, 41.2 kW/L (56 ch/L); 168 Nm (17.1 mkp) à 3500/min; 91 (R).

Motorkonstruktion: Bezeichnung Renault F3R; Ventile in V; 1 obenl. Nockenwelle (Zahnriemen); Leichtmetall-Zylinderkopf und -block; 5fach gelagerte Kurbelwelle; Öl 6.5 L; elektron. Einspritzung, Bendix. Batterie 55 Ah, Alternator 55 A; Wasserkühlung, Inh. 10 L.

Moteur (constr.): désignation Renault F3R; soupapes en V; 1 arbre à cames en tête (courroie crantée); culasse et bloc-cyl. en alliage léger; vilebrequin à 5 paliers; huile 6.5 L; injection électronique, Bendix. Batterie 55 Ah, alternateur 55 A; refroidissement à eau, capac. 10 L.

Kraftübertragung: 5-Gang-Getriebe: I. 3.54; II. 2.05; III. 1.37; IV. 0.95; V. 0.73; R 3.36; Achse 4.22.

Transmission: Boîte à 5 vit.: I. 3.54; II. 2.05; III. 1.37; IV. 0.95; V. 0.73; AR 3.36; pont 4.22.

Fahrwerk: a.W. ABS, Zahnstangenlenkung, a.W. mit Servo, Reifen 175/70 R 14.

Train roulant: ABS s. d., direction à crém., s.d. avec servo, pneus 175/70 R 14.

Fahrleistungen: Vmax (Werk) 180 km/h, V bei 1000/min im 5. Gang 35.7 km/h; 0–100 km/h 11.5 s; Leistungsgew. 13 kg/kW (9.5 kg/PS); Verbrauch (Werk) 10 L/100 km.

Performances: Vmax (usine) 180 km/h, V à 1000/min en 5. vit. 35.7 km/h; 0–100 km/h 11.5 s; rapp. poids/puiss. 13 kg/kW (9.5 kg/ch); consomm. (Werk) 10 L/100 km.

Moskvich 2141

Moskvich • Nissan

1.8 – 60 PS Diesel

Wie 1.7 – 86 PS, ausgenommen:

Karosserie, Gewicht: (DIN), Limousine; leer ca. 1165 kg, max. zul. 1565 kg.

Motor: (DIN), 4 Zyl. in Linie (82.5×82 mm), 1753 cm³; Kompr. 21.5:1; 44 kW (60 PS) bei 4800/min, 25.1 kW/L (34.1 PS/L); 110 Nm (11.2 mkp) bei 2500/min; Dieselöl.

Motorkonstruktion: Bezeichnung Ford/KHD; Wirbelkammer-Diesel; (Zahnräder/Zahnriemen); 5fach gelagerte Kurbelwelle; Öl 4.5 L; Einspritzpumpe.
Batterie 55 Ah, Alternator 55 A; Wasserkühlung, Inh. 10 L.

Kraftübertragung:
5-Gang-Getriebe: I. 3.31; II. 2.05; III. 1.37; IV. 0.95; V. 0.73; R 3.36; Achse 4.1.

Fahrleistungen: Vmax (Red.) 140 km/h, V bei 1000/min im 5. Gang 38 km/h; 0–100 km/h 22 s; Leistungsgew. 26.5 kg/kW (19.4 kg/PS); Verb. ECE 4.9/6.9/6.7 L/100 km.

1.9 – 65 PS Diesel

Wie 1.7 – 86 PS, ausgenommen:

Karosserie, Gewicht: (DIN), Limousine; leer ca. 1170 kg, max. zul. 1570 kg.

Motor: (DIN), 4 Zyl. in Linie (82×89.5 mm), 1891 cm³; Kompr. 23:1; 48 kW (65 PS) bei 4200/min, 25.4 kW/L (34.5 PS/L); 117 Nm (11.9 mkp) bei 2100/min; Dieselöl.

Motorkonstruktion: Wirbelkammer-Diesel; 5fach gelagerte Kurbelwelle; Öl 4.5 L; Einspritzpumpe.
Batt. 55 Ah, Altern. 55 A; Wasserinh. 10 L.

Kraftübertragung:
5-Gang-Getriebe: I. 3.31; II. 2.05; III. 1.37; IV. 0.95; V. 0.73; R 3.36; Achse 3.9.

Fahrleistungen: Vmax (Red.) 150 km/h, V bei 1000/min im 5. Gang 42.2 km/h; 0–100 km/h 22 s; Leistungsgew. 24.3 kg/kW (18 kg/PS); Verbrauch (Red.) 6/8 L/100 km.

Nissan   J

Nissan Motors Co., Ltd., 17-1, Ginza 6-chome, Chuo-ku, Tokyo, Japan

Personenwagenmarke eines grossen japanischen Industriekonzerns. 1966 Zusammenschluss mit Prince Motors Ltd. Produziert auch in USA und Europa.

Nissan Micra - March

Kompaktwagen mit Quermotor und Frontantrieb, auch mit stufenloser CVT-Automatik lieferbar. Debüt Januar, Exportversion November 1992. Herbst 1995: Detailänderungen.

1.0 16V – 54 PS Benzineinspritzung

Karosserie, Gewicht: Lim., 3/5 Türen, 5 Sitze; leer ab 775 kg, max. zul. 1290 kg.

Motor: (ECE), 4 Zyl. in Linie (71×63 mm), 998 cm³; Kompr. 9.5:1; 40 kW (54 PS) bei 6000/min, 40.1 kW/L (54.5 PS/L); 79 Nm (8.1 mkp) bei 4000/min; 95 ROZ.

Motorkonstruktion: Bez. CG 10 DE; 4 Ventile in V; 2 obenl. Nockenw. (Kette) Leichtmetall-Zylinderk.und -block; 5fach gelagerte Kurbelwelle; Öl 3.5 L; elektron. Einspr.
Batterie 44 Ah, Alternator 65 A; Wasserkühlung, Inh. 4 L.

1.8 – 60 ch Diesel

Comme 1.7 – 86 ch, sauf:

Carrosserie, poids: (DIN), Berline; vide env. 1165 kg, tot. adm. 1565 kg.

Moteur: (DIN), 4 cyl. en ligne (82.5×82 mm), 1753 cm³; compr. 21.5:1; 44 kW (60 ch) à 4800/min, 25.1 kW/L (34.1 ch/L); 110 Nm (11.2 mkp) à 2500/min; gazole.

Moteur (constr.): désignation Ford/KHD; diesel à chambre de turbulence; (pignons/courroie crantée); vilebrequin à 5 paliers; huile 4.5 L; pompe à injection.
Batterie 55 Ah, alternateur 55 A; refroidissement à eau, capac. 10 L.

Transmission:
Boîte à 5 vit.: I. 3.31; II. 2.05; III. 1.37; IV. 0.95; V. 0.73; AR 3.36; pont 4.1.

Performances: Vmax (réd.) 140 km/h, V à 1000/min en 5. vit. 38 km/h; 0–100 km/h 22 s; rapp. poids/puiss. 26.5 kg/kW (19.4 kg/ch); cons. ECE 4.9/6.9/6.7 L/100 km.

1.9 – 65 ch Diesel

Comme 1.7 – 86 ch, sauf:

Carrosserie, poids: (DIN), Berline; vide env. 1170 kg, tot. adm. 1570 kg.

Moteur: (DIN), 4 cyl. en ligne (82×89.5 mm), 1891 cm³; compr. 23:1; 48 kW (65 ch) à 4200/min, 25.4 kW/L (34.5 ch/L); 117 Nm (11.9 mkp) à 2100/min; gazole.

Moteur (constr.): diesel à chambre de turbulence; vilebrequin à 5 paliers; huile 4.5 L; pompe à injection.
Batt. 55 Ah, altern. 55 A; . eau, capac. 10 L.

Transmission:
Boîte à 5 vit.: I. 3.31; II. 2.05; III. 1.37; IV. 0.95; V. 0.73; AR 3.36; pont 3.9.

Performances: Vmax (réd.) 150 km/h, V à 1000/min en 5. vit. 42.2 km/h; 0–100 km/h 22 s; rapp. poids/puiss. 24.3 kg/kW (18 kg/ch); consomm. (Red.) 6/8 L/100 km.

Marque de voitures particulières produites par un constructeur japonais. Fusion avec Prince Motors Ltd. en 1966. Produit aussi aux USA et en Europe.

Voiture compacte avec moteur transv. et traction, s.d. avec boîte aut. à variation continue CVT. Lancement janvier, éxport. novembre 1992. Automne 1995: modifications en détails.

1.0 16V – 54 ch Injection d'essence

Carrosserie, poids: Berline, 3/5 portes, 5 places; vide dès 775 kg, tot. adm. 1290 kg.

Moteur: (ECE), 4 cyl. en ligne (71×63 mm), 998 cm³; compr. 9.5:1; 40 kW (54 ch) à 6000/min, 40.1 kW/L (54.5 ch/L); 79 Nm (8.1 mkp) à 4000/min; 95 (R).

Moteur (constr.): désign. CG 10 DE; 4 soupapes en V; 2 arbres à cames en tête (chaîne); cul. et bloc-cyl. en alliage léger; vilebr. à 5 paliers; huile 3.5 L; inj. électron.
Batterie 44 Ah, alternateur 65 A; refroidissement à eau, capac. 4 L.

Nissan Micra

Kraftübertragung: (auf Vorderräder).
5-Gang-Getriebe: I. 3.41; II. 1.96; III. 1.32; IV. 1.03; V. 0.85; R 3.38; Achse 4.05; 3.6. Automat: stufenlos variabel von 2.5 bis 0.5; R 2.48; Achse 6.14.

Fahrgestell: Selbsttragende Karosserie; vorn Federbeine und Dreieckquerl.; hinten Starrachse, Längslenker; v/h Kurvenstabilisator, Schraubenfedern, Teleskopdämpfer.

Fahrwerk: Bremse, vorne Scheiben (belüftet), hinten Trommeln, a.W. ABS (mit Scheiben h.), Handbremse auf Hinterräder; Zahnstangenl., a.W. mit Servo, Treibstofftank 42 L; Reifen 155/70 R 13, Felgen 5 J.

Dimensionen: Radstand 236 cm, Spur 136/132.5 cm, Wendekreis 10.3 m, Kofferraum 205/960 dm³, Länge 370 cm, Breite 159 cm, Höhe 143 cm.

Fahrleistungen: Vmax (Werk) 150 km/h, V bei 1000/min im 5. Gang 29 km/h; 0–100 km/h 16.4 s; Leistungsg. 19.4 kg/kW (14.1 kg/PS); Verbr. ECE 4.8/6.7/6 L/100 km.
Aut.: Vmax 145 km/h, 0–100 km/h 19.7 s; Verbr. ECE 5.2/7.1/6.1 L/100 km.

1.3 16V – 75 PS Benzineinspritzung

Wie 1.0 – 54 PS, ausgenommen:

Gewicht: leer ab 810 kg.

Motor: (ECE), 4 Zyl. in Linie (71×80.5 mm), 1275 cm³; Kompr. 9.5:1; 55 kW (75 PS) bei 6000/min, 43.1 kW/L (58.6 PS/L); 103 Nm (10.5 mkp) bei 4000/min; 95 ROZ.

Motorkonstruktion: Bezeichnung CG 13 DE; 4 Ventile in V; 2 obenl. Nockenwellen (Kette); Leichtmetall-Zylinderkopf und -block; 5fach gelagerte Kurbelwelle; Öl 3.5 L; elektron. Einspritzung.
Batterie 44 Ah, Alternator 65 A; Wasserkühlung, Inh. 4 L.

Kraftübertragung:
5-Gang-Getriebe: I. 3.33; II. 1.96; III. 1.29; IV. 0.93; V. 0.76; R 3.42; Achse 3.9.
Automat: stufenlos variabel von 2.5 bis 0.5; R 2.48; Achse 5.25.

Fahrwerk: Reifen 175/60 R 13.

Fahrleistungen: Vmax (Werk) 175 km/h, V bei 1000/min im 5. Gang 34.2 km/h; 0–100 km/h 12 s; Leistungsgew. 14.7 kg/kW (10.8 kg/PS); Verbr. ECE 4.9/6.7/6.6 L/100 km.
Aut.: Vmax 165 km/h, 0–100 km/h 13.7 s; Verbr. ECE 5.2/6.8/6.9 L/100 km.

Transmission: (sur roues AV).
Boîte à 5 vit.: I. 3.41; II. 1.96; III. 1.32; IV. 1.03; V. 0.85; AR 3.38; pont 4.05; 3.6.
Boîte aut.: à variation continue de 2.5 et 0.5; AR 2.48; pont 6.14.

Châssis: carrosserie autoporteuse; AV jambes élast. et leviers triang. transv.; AR essieu rigide, bras longitud.; AV/AR barre anti-dévers, ressorts hélic, amortiss. télesc.

Train roulant: frein, AV à disques (ventilés), AR à tambours, s.d. ABS (avec disque AR), frein à main sur roues AR; direction à crémaillère, s.d. avec servo, réservoir carb. 42 L; pneus 155/70 R 13, jantes 5 J.

Dimensions: empattement 236 cm, voie 136/132.5 cm, diam. de braq. 10.3 m, coffre 205/960 dm³, longueur 370 cm, largeur 159 cm, hauteur 143 cm.

Performances: Vmax (usine) 150 km/h, V à 1000/min en 5. vit. 29 km/h; 0–100 km/h 16.4 s; rapp. poids/puiss. 19.4 kg/kW (14.1 kg/ch); consomm. ECE 4.8/6.7/6 L/100 km.
Aut.: Vmax 145 km/h, 0–100 km/h 19.7 s; consomm. ECE 5.2/7.1/6.1 L/100 km.

1.3 16V – 75 ch Injection d'essence

Comme 1.0 – 54 ch, sauf:

Poids: vide dès 810 kg.

Moteur: (ECE), 4 cyl. en ligne (71×80.5 mm), 1275 cm³; compr. 9.5:1; 55 kW (75 ch) à 6000/min, 43.1 kW/L (58.6 ch/L); 103 Nm (10.5 mkp) à 4000/min; 95 (R).

Moteur (constr.): désignation CG 13 DE; 4 soupapes en V; 2 arbres à cames en tête (chaîne); culasse et bloc-cyl. en alliage léger; vilebrequin à 5 paliers; huile 3.5 L; injection électronique.
Batterie 44 Ah, alternateur 65 A; refroidissement à eau, capac. 4 L.

Transmission:
Boîte à 5 vit.: I. 3.33; II. 1.96; III. 1.29; IV. 0.93; V. 0.76; AR 3.42; pont 3.9.
Boîte aut.: à variation continue de 2.5 et 0.5; AR 2.48; pont 5.25.

Train roulant: pneus 175/60 R 13.

Performances: Vmax (usine) 175 km/h, V à 1000/min en 5. vit. 34.2 km/h; 0–100 km/h 12 s; rapp. poids/puiss. 14.7 kg/kW (10.8 kg/ch); cons. ECE 4.9/6.7/6.6 L/100 km.
Aut.: Vmax 165 km/h, 0–100 km/h 13.7 s; cons. ECE 5.2/6.8/6.9 L/100 km.

Nissan Micra

Nissan

Nissan Almera

Modellreihe der unteren Mittelklasse mit 1.4- od. 1.6-Quermotor und Frontantrieb. Debüt IAA Frankfurt 1995.

Voitures de la catégorie moyenne infér., moteur transv. 1.4 ou 1.6 et traction AV. Lancement IAA Francfort 1995.

1.4 16V – 87 PS Benzineinspritzung

Karosserie, Gewicht: Limousine, 3/4/5 Türen; 5 Sitze; leer ab 1035 kg, max. zul. 1545 kg.

Motor: (ECE), 4 Zyl. in Linie (73.6×81.8 mm), 1392 cm³; Kompr. 9.5:1; 64 kW (87 PS) bei 6000/min, 46 kW/L (62.5 PS/L); 116 Nm (11.8 mkp) bei 4000/min; 95 ROZ. Einige Länder: 55 kW (75 PS).

Motorkonstruktion: 4 Ventile in V 26°; 2 obenl. Nockenwellen (Ketten); Leichtmetall-Zylinderkopf; 5fach gelagerte Kurbelwelle; Öl 3.5 L; elektron. Einspritzung. Batterie 55 Ah, Alternator 70 A; Wasserkühlung, Inh. 4 L.

Kraftübertragung: (auf Vorderräder). 5-Gang-Getriebe: I. 3.33; II. 1.96; III. 1.29; IV. 0.9; V. 0.73; R 3.42; Achse 4.17.

1.4 16V – 87 ch Injection d'essence

Carrosserie, poids: Berline, 3/4/5 portes; 5 places; vide dès 1035 kg, tot. adm. 1545 kg.

Moteur: (ECE), 4 cyl. en ligne (73.6×81.8 mm), 1392 cm³; compr. 9.5:1; 64 kW (87 ch) à 6000/min, 46 kW/L (62.5 ch/L); 116 Nm (11.8 mkp) à 4000/min; 95 (R). Quelques pays: 55 kW (75 ch).

Moteur (constr.): 4 soupapes en V 26°; 2 arbres à cames en tête (chaînes); culasse en alliage léger; vilebrequin à 5 paliers; huile 3.5 L; injection électronique. Batterie 55 Ah, alternateur 70 A; refroidissement à eau, capac. 4 L.

Transmission: (sur roues AV). Boîte à 5 vit.: I. 3.33; II. 1.96; III. 1.29; IV. 0.9; V. 0.73; AR 3.42; pont 4.17.

Nissan Almera

Fahrgestell: Selbsttragende Karosserie; vorn Federbeine und Dreieckquerlenker; hinten Torsionskurbelachse, Längslenker, Scott-Russel-Querlenker, Kurvenstabilisator; v/h Schraubenfedern, Teleskopd.

Fahrwerk: Bremse, vorne Scheiben (belüftet), hinten Trommeln, a.W. ABS (mit Scheiben h.), Handbremse auf Hinterräder; Zahnstangenlenkung mit Servo, Treibstofftank 50 L; Reifen 165/70 R 13, 175/70 R 13, 175/65 HR 14, Felgen 5 J, 6 J.

Dimensionen: Radstand 253.5 cm, Spur 147/143.5 cm, Bodenfreih. 14 cm, Wendekreis 10.4 m, Kofferraum 340 dm³, Länge 412 cm, Breite 169 cm, Höhe 139 cm. 4 Türen: Kofferr. 440 dm³, Länge 432 cm.

Fahrleistungen: Vmax (Werk) 172 km/h, V bei 1000/min im 5. Gang 34.5 km/h; 0–100 km/h 12.6 s; Leistungsgew. 16.2 kg/kW (11.9 kg/PS); Verbr. ECE 5.2/6.6/8 L/100 km.

Châssis: carr. autoporteuse; AV jambes élast. et leviers triang. transv.; AR essieu à manivelles à torsion, bras longitud., barre transversal Scott-Russel, barre anti-dévers; AV/AR ressorts hélic., amortiss. télesc.

Train roulant: frein, AV à disques (ventilés), AR à tambours, s.d. ABS (avec disque AR), frein à main sur roues AR; servodirection à crémaillère, réservoir carb. 50 L; pneus 165/70 R 13, 175/70 R 13, 175/65 HR 14, jantes 5 J, 6 J.

Dimensions: empattement 253.5 cm, voie 147/143.5 cm, garde au sol 14 cm, diam. de braq. 10.4 m, coffre 340 dm³, longueur 412 cm, largeur 169 cm, hauteur 139 cm. 4 portes: coffre 440 dm³, longueur 432 cm.

Performances: Vmax (usine) 172 km/h, V à 1000/min en 5. vit. 34.5 km/h; 0–100 km/h 12.6 s; rapp. poids/puiss. 16.2 kg/kW (11.9 kg/PS); consomm. ECE 5.2/6.6/8 L/100 km.

1.6 16V – 99 PS Benzineinspritzung

Wie 1.4 – 87 PS, ausgenommen:

Gewicht: leer ab 1065 kg, max. zul. 1595 kg.

Motor: (ECE), 4 Zyl. in Linie (76×88 mm), 1597 cm³; Kompr. 9.8:1; 73 kW (99 PS) bei 6000/min, 45.7 kW/L (62.1 PS/L); 136 Nm (13.9 mkp) bei 4000/min; 95 ROZ. Einige Länder: 66 kW (90 PS).

Kraftübertragung: 5-Gang-Getriebe: I. 3.06; II. 1.83; III. 1.29; IV. 0.98; V. 0.81; R 3.42; Achse 4.17. 4-Stufen-Automat: I. 2.86; II. 1.56; III. 1; IV. 0.7; R 2.3; Achse 4.07.

1.6 16V – 99 ch Injection d'essence

Comme 1.4 – 87 ch, sauf:

Poids: vide dès 1065 kg, tot. adm. 1595 kg.

Moteur: (ECE), 4 cyl. en ligne (76×88 mm), 1597 cm³; compr. 9.8:1; 73 kW (99 ch) à 6000/min, 45.7 kW/L (62.1 ch/L); 136 Nm (13.9 mkp) à 4000/min; 95 (R). Quelques pays: 66 kW (90 ch).

Transmission: Boîte à 5 vit.: I. 3.06; II. 1.83; III. 1.29; IV. 0.98; V. 0.81; AR 3.42; pont 4.17. Boîte aut. à 4 vit.: I. 2.86; II. 1.56; III. 1; IV. 0.7; AR 2.3; pont 4.07.

Nissan Almera

Fahrwerk: Reifen 175/65 R 14, 185/65 HR 14.

Fahrleistungen: Vmax (Werk) 180 km/h, V bei 1000/min im 5. Gang 31.2 km/h; 0–100 km/h 11 s; Leistungsgew. 14.6 kg/kW (10.6 kg/PS); Verbr. ECE 5.5/7.2/8.6 L/100 km. Aut.: Vmax (Werk) 168 km/h, 0–100 km/h 12.9 s; Verbr. ECE 5.7/7.4/9.5 L/100 km.

Train roulant: pneus 175/65 R 14, 185/65 HR 14.

Performances: Vmax (usine) 180 km/h, V à 1000/min en 5. vit. 31.2 km/h; 0–100 km/h 11 s; rapp. poids/puiss. 14.6 kg/kW (10.6 kg/ch); cons. ECE 5.5/7.2/8.6 L/100 km. Aut.: Vmax (usine) 168 km/h, 0–100 km/h 12.9 s; cons. ECE 5.7/7.4/9.5 L/100 km.

2.0 16V – 143 PS Benzineinspritzung

Wie 1.4 – 87 PS, ausgenommen:

Gewicht: leer ab 1155 kg, max. zul. 1620 kg.

Motor: (DIN), 4 Zyl. in Linie (86×86 mm), 1998 cm³; Kompr. 10:1; 105 kW (143 PS) bei 6400/min, 52.5 kW/L (71.4 PS/L); 178 Nm (18.1 mkp) bei 4800/min; 95 ROZ.

Motorkonstruktion: Bezeichnung SR 20DE; 4 Ventile in V 29°; 2 obenl. Nockenwellen (Ketten); Leichtmetall-Zylinderkopf und -block; 5fach gelagerte Kurbelwelle; Ölkühler; Öl 3.7 L; elektron. Einspritzung. Batterie 55 Ah, Alternator 80 A; Wasserkühlung, Inh. 7 L.

Kraftübertragung: 5-Gang-Getriebe: I. 3.06; II. 1.83; III. 1.29; IV. 0.98; V. 0.76; R 3.15; Achse 4.18.

Fahrwerk: Vierrad-Scheibenbremse (vorn belüftet), a.W. ABS, Reifen 195/55 VR 15, Felgen 6 J.

Fahrleistungen: Vmax 210 km/h, V bei 1000/min im 5. Gang 34.5 km/h; 0–100 km/h 8.2 s; Leistungsgew. 11 kg/kW (8.1 kg/PS); Verbrauch ECE 6.4/8/10.3 L/100 km.

2.0 16V – 143 ch Injection d'essence

Comme 1.4 – 87 ch, sauf:

Poids: vide dès 1155 kg, tot. adm. 1620 kg.

Moteur: (DIN), 4 cyl. en ligne (86×86 mm), 1998 cm³; compr. 10:1; 105 kW (143 ch) à 6400/min, 52.5 kW/L (71.4 ch/L); 178 Nm (18.1 mkp) à 4800/min; 95 (R).

Moteur (constr.): désignation SR 20DE; 4 soupapes en V 29°; 2 arbres à cames en tête (chaînes); culasse et bloc-cyl. en alliage lég.; vilebrequin à 5 paliers; radiat. d'huile; huile 3.7 L; injection électronique. Batterie 55 Ah, alternateur 80 A; refroidissement à eau, capac. 7 L.

Transmission: Boîte à 5 vit.: I. 3.06; II. 1.83; III. 1.29; IV. 0.98; V. 0.76; AR 3.15; pont 4.18.

Train roulant: quatre freins à disques (AV ventilés), ABS s. d., pneus 195/55 VR 15, jantes 6 J.

Performances: Vmax 210 km/h, V à 1000/min en 5. vit. 34.5 km/h; 0–100 km/h 8.2 s; rapp. poids/puiss. 11 kg/kW (8.1 kg/ch); consomm. ECE 6.4/8/10.3 L/100 km.

Nissan Almera GTi

2.0 – 75 PS Diesel

Wie 1.4 – 87 PS, ausgenommen:

Gewicht: leer ab 1140 kg, max. zul. 1630 kg.

Motor: (DIN), 4 Zyl. in Linie (84.5×88 mm), 1974 cm³; Kompr. 22.2:1; 55 kW (75 PS) bei 4800/min, 27.9 kW/L (37.9 PS/L); 132 Nm (13.5 mkp) bei 2800/min; Dieselöl.

2.0 – 75 ch Diesel

Comme 1.4 – 87 ch, sauf:

Poids: vide dès 1140 kg, tot. adm. 1630 kg.

Moteur: (DIN), 4 cyl. en ligne (84.5×88 mm), 1974 cm³; compr. 22.2:1; 55 kW (75 ch) à 4800/min, 27.9 kW/L (37.9 ch/L); 132 Nm (13.5 mkp) à 2800/min; gazole.

Nissan

Motorkonstruktion: Bezeichnung CD 20; Wirbelkammer-Diesel; 2 Ventile parallel; 1 obenl. Nockenwelle (Zahnriemen); Leichtmetall-Zylinderkopf; 5fach gelagerte Kurbelwelle; Öl 5.1 L; Einspritzpumpe, Bosch VE.
Batterie 95 Ah, Alternator 70 A; Wasserkühlung, Inh. 7 L.

Kraftübertragung:
5-Gang-Getriebe: I. 3.33; II. 1.96; III. 1.29; IV. 0.9; V. 0.76; R 3.42; Achse 3.65.

Fahrwerk: Reifen 185/65 HR 14, Felgen 5.5 J.

Fahrleistungen: Vmax (Werk) 156 km/h, V bei 1000/min im 5. Gang 39.6 km/h; 0–100 km/h 16.8 s; Leistungsgew. 20.7 kg/kW (15.2 kg/PS); Verbrauch ECE 4.7/6.2/6.9 L/100 km.

Moteur (constr.): désignation CD 20; diesel à chambre de turbulence; 2 soupapes parallèles; 1 arbre à cames en tête (courroie crantée); culasse en alliage léger; vilebrequin à 5 paliers; huile 5.1 L; pompe à injection, Bosch VE.
Batterie 95 Ah, alternateur 70 A; refroidissement à eau, capac. 7 L.

Transmission:
Boîte à 5 vit.: I. 3.33; II. 1.96; III. 1.29; IV. 0.9; V. 0.76; AR 3.42; pont 3.65.

Train roulant: pneus 185/65 HR 14, jantes 5.5 J.

Performances: Vmax (usine) 156 km/h, V à 1000/min en 5. vit. 39.6 km/h; 0–100 km/h 16.8 s; rapp. poids/puiss. 20.7 kg/kW (15.2 kg/ch); consomm. ECE 4.7/6.2/6.9 L/100 km.

Nissan Sunny - Lucino - Pulsar - Sentra

Limousine mit Benzinmotoren von 1,3 bis 1,8 Litern und einem 2-Liter-Dieselmotor. 1.5 und 2.0 D auch mit permanentem Allradantrieb erhältlich. Débuts: Januar 1994, Mai 1994 Coupé Lucino, Ende Januar 1995 Pulsar.

Berline avec moteurs à essence de 1,3 à 1,8 litre et 2.0 diesel. Versions 1.5 et 2.0 D aussi livrable avec traction intégrale permanente. Lancements: Janvier 1994, mai 1994 coupé Lucino, Pulsar fin janvier 1995.

1.3 16V – 86 PS Benzineinspritzung

Karosserie, Gewicht: Limousine, 3/4/5 Türen, 5 Sitze; leer ab 960 kg.
Coupé, 3 Türen, 5 Sitze; leer ab 970 kg.

Motor: (JIS), 4 Zyl. in Linie (71×81.8 mm), 1295 cm³; Kompr. 9.5:1; 63 kW (86 PS) bei 6000/min, 48.6 kW/L (66.1 PS/L); 109 Nm (11.1 mkp) bei 4400/min; 91 ROZ.

Motorkonstruktion: 4 Ventile in V 26°; 2 obenl. Nockenwellen (Zahnriemen); Leichtmetall-Zylinderkopf; 5fach gelagerte Kurbelwelle; Öl 3.5 L; elektron. Einspritzung.
Batterie 44 Ah, Alternator 50 A; Wasserkühlung, Inh. 5 L.

Kraftübertragung: (auf Vorderräder/4WD permanent), zentrales Diff. mit Viskokupplung; hintere Differentialbremse, Drehmomentverteilung v/h 50/50 %.
5-Gang-Getriebe: I. 3.33; II. 1.96; III. 1.29; IV. 0.93; V. 0.76; R 3.42; Achse 3.9.
4-Stufen-Automat: I. 2.86; II. 1.56; III. 1; IV. 0.7; R 2.3; Achse 3.83.

Fahrgestell: Selbsttragende Karosserie; vorn Federbeine und Dreieckquerlenker, hinten Torsionskurbelachse, Längslenker, Panhardstab; v/h Kurvenstabilisator, Schraubenfedern, Teleskopdämpfer.

Fahrwerk: Vierrad-Scheibenbremse (vorn belüftet), einige Modelle hinten Trommeln, a.W. ABS, Handbremse auf Hinterräder; Zahnstangenlenkung, a.W. mit Servo, Treibstofftank 50 L; Reifen 155 R 13, 195/55 VR 15, Felgen 5 J, 5.5 J.

Dimensionen: Radstand 253.5 cm, Spur 148/144.5 cm, Bodenfreih. 15 cm, Wendekreis 9.2 m, Kofferraum 405 dm³, Länge 425 cm, mit 3/5 Türen 412 cm, Breite 169 cm, Höhe 138 cm.

1.3 16V – 86 ch Injection d'essence

Carrosserie, poids: Berline, 3/4/5 portes, 5 places; vide dès 960 kg.
Coupé, 3 portes, 5 places; vide dès 970 kg.

Moteur: (JIS), 4 cyl. en ligne (71×81.8 mm), 1295 cm³; compr. 9.5:1; 63 kW (86 ch) à 6000/min, 48.6 kW/L (66.1 ch/L); 109 Nm (11.1 mkp) à 4400/min; 91 (R).

Moteur (constr.): 4 soupapes en V 26°; 2 arbres à cames en tête (courroie crantée); culasse en alliage léger; vilebrequin à 5 paliers; huile 3.5 L; injection électronique.
Batterie 44 Ah, alternateur 50 A; refroidissement à eau, capac. 5 L.

Transmission: (sur roues AV/4WD permanent), diff. central avec visco-coupleur; différentiel autobloquant AR, répartition du couple AV/AR 50/50 %.
Boîte à 5 vit.: I. 3.33; II. 1.96; III. 1.29; IV. 0.93; V. 0.76; AR 3.42; pont 3.9.
Boîte aut. à 4 vit.: I. 2.86; II. 1.56; III. 1; IV. 0.7; AR 2.3; pont 3.83.

Châssis: carrosserie autoporteuse; AV jambes élast. et leviers triang. transv.; AR essieu à manivelles à torsion, bras longitud., barre Panhard; AV/AR barre anti-dévers, ressorts hélic, amortiss. télesc.

Train roulant: quatre freins à disques (AV ventilés), quelques modèles AR à tambours, ABS s. d., frein à main sur roues AR; direction à crémaillère, a.W. avec servo, réservoir carb. 50 L; pneus 155 R 13, 195/55 VR 15, jantes 5 J, 5.5 J.

Dimensions: empattement 253.5 cm, voie 148/144.5 cm, garde au sol 15 cm, diam. de braq. 9.2 m, coffre 405 dm³, longueur 425 cm, avec 3/5 portes 412 cm, largeur 169 cm, hauteur 138 cm.

Nissan Lucino

Fahrleistungen: Vmax (Red.) 170 km/h, V bei 1000/min im 5. Gang 36.6 km/h; Leistungsgew. 15.2 kg/kW (11.3 kg/PS); Verbrauch (Red.) 5/11 L/100 km.

Performances: Vmax (réd.) 170 km/h, V à 1000/min en 5. vit. 36.6 km/h; rapp. poids/puiss. 15.2 kg/kW (11.3 kg/ch); consomm. (Red.) 5/11 L/100 km.

1.5 16V – 105 PS Benzineinspritzung

Wie 1.3 – 86 PS, ausgenommen:

Gewicht: leer ab 970 kg.

Motor: (JIS), 4 Zyl. in Linie (73.6×88 mm), 1498 cm³; Kompr. 9.9:1; 77 kW (105 PS) bei 6000/min, 51.4 kW/L (69.9 PS/L); 135 Nm (13.8 mkp) bei 4000/min; 91 ROZ.

Kraftübertragung:
5-Gang-Getriebe: I. 3.33; II. 1.96; III. 1.29; IV. 0.93; V. 0.76; R 3.42; Achse 3.79, 4.47.
4-Stufen-Automat: I. 2.86; II. 1.56; III. 1; IV. 0.7; R 2.3; Achse 4.07.

Fahrleistungen: Vmax (Red.) 180 km/h, V bei 1000/min im 5. Gang 35.7 km/h; Leistungsgew. 12.6 kg/kW (9.2 kg/PS); Verbrauch (Red.) 5/11 L/100 km.

1.5 16V – 105 ch Injection d'essence

Comme 1.3 – 86 ch, sauf:

Poids: vide dès 970 kg.

Moteur: (JIS), 4 cyl. en ligne (73.6×88 mm), 1498 cm³; compr. 9.9:1; 77 kW (105 ch) à 6000/min, 51.4 kW/L (69.9 ch/L); 135 Nm (13.8 mkp) à 4000/min; 91 (R).

Transmission:
Boîte à 5 vit.: I. 3.33; II. 1.96; III. 1.29; IV. 0.93; V. 0.76; AR 3.42; pont 3.79, 4.47.
Boîte aut. à 4 vit.: I. 2.86; II. 1.56; III. 1; IV. 0.7; AR 2.3; pont 4.07.

Performances: Vmax (réd.) 180 km/h, V à 1000/min en 5. vit. 35.7 km/h; rapp. poids/puiss. 12.6 kg/kW (9.2 kg/ch); consomm. (Red.) 5/11 L/100 km.

Nissan Sunny

1.6 16V – 120 PS Benzineinspritzung

Wie 1.3 – 86 PS, ausgenommen:

Gewicht: leer ab 1050 kg.

Motor: (JIS), 4 Zyl. in Linie (76×88 mm), 1597 cm³; Kompr. 9.9:1; 88 kW (120 PS) bei 6400/min, 55.1 kW/L (74.9 PS/L); 145 Nm (14.8 mkp) bei 4400/min; 91 ROZ.

Kraftübertragung: (auf Vorderräder).
5-Gang-Getriebe: I. 3.06; II. 1.83; III. 1.29; IV. 0.98; V. 0.81; R 3.15; Achse 4.17.
4-Stufen-Automat: I. 2.86; II. 1.56; III. 1; IV. 0.7; R 2.3; Achse 3.83.

Fahrwerk: Reifen 175/65 HR 14, 185/65 HR 14.

Fahrleistungen: Vmax (Red.) 180 km/h, V bei 1000/min im 5. Gang 33.6 km/h; Leistungsgew. 11.9 kg/kW (8.7 kg/PS); Verbrauch (Red.) 7/13 L/100 km.

1.6 16V – 120 ch Injection d'essence

Comme 1.3 – 86 ch, sauf:

Poids: vide dès 1050 kg.

Moteur: (JIS), 4 cyl. en ligne (76×88 mm), 1597 cm³; compr. 9.9:1; 88 kW (120 ch) à 6400/min, 55.1 kW/L (74.9 ch/L); 145 Nm (14.8 mkp) à 4400/min; 91 (R).

Transmission: (sur roues AV).
Boîte à 5 vit.: I. 3.06; II. 1.83; III. 1.29; IV. 0.98; V. 0.81; AR 3.15; pont 4.17.
Boîte aut. à 4 vit.: I. 2.86; II. 1.56; III. 1; IV. 0.7; AR 2.3; pont 3.83.

Train roulant: pneus 175/65 HR 14, 185/65 HR 14.

Performances: Vmax (réd.) 180 km/h, V à 1000/min en 5. vit. 33.6 km/h; rapp. poids/puiss. 11.9 kg/kW (8.7 kg/ch); consomm. (Red.) 7/13 L/100 km.

1.8 16V – 140 PS Benzineinspritzung

Wie 1.3 – 86 PS, ausgenommen:

Gewicht: leer ab 1090 kg.

Motor: (JIS), 4 Zyl. in Linie (82.5×86 mm), 1839 cm³; Kompr. 10:1; 103 kW (140 PS) bei 6400/min, 56 kW/L (76.1 PS/L); 167 Nm (17 mkp) bei 4800/min; 91 ROZ.

Kraftübertragung:
5-Gang-Getriebe: I. 3.06; II. 1.83; III. 1.29; IV. 0.98; V. 0.76; R 3.15; Achse 4.38.
4-Stufen-Automat: I. 2.86; II. 1.56; III. 1; IV. 0.7; R 2.3; Achse 3.83.

Fahrwerk: Reifen 175/65 HR 14, 185/65 HR 14.

Fahrleistungen: Vmax (Red.) 200 km/h, V bei 1000/min im 5. Gang 31.6 km/h; Leistungsgew. 10.6 kg/kW (7.8 kg/PS); Verbrauch (Red.) 7/13 L/100 km.

1.8 16V – 140 ch Injection d'essence

Comme 1.3 – 86 ch, sauf:

Poids: vide dès 1090 kg.

Moteur: (JIS), 4 cyl. en ligne (82.5×86 mm), 1839 cm³; compr. 10:1; 103 kW (140 ch) à 6400/min, 56 kW/L (76.1 ch/L); 167 Nm (17 mkp) à 4800/min; 91 (R).

Transmission:
Boîte à 5 vit.: I. 3.06; II. 1.83; III. 1.29; IV. 0.98; V. 0.76; AR 3.15; pont 4.38.
Boîte aut. à 4 vit.: I. 2.86; II. 1.56; III. 1; IV. 0.7; AR 2.3; pont 3.83.

Train roulant: pneus 175/65 HR 14, 185/65 HR 14.

Performances: Vmax (réd.) 200 km/h, V à 1000/min en 5. vit. 31.6 km/h; rapp. poids/puiss. 10.6 kg/kW (7.8 kg/ch); consomm. (Red.) 7/13 L/100 km.

Nissan

Nissan Sunny Wagon

Station Wagon auf Basis des bisherigen Sunny/Pulsar. Technische Daten siehe Katalog 1995.

Station-wagon sur base de la Sunny/Pulsar qui à été jusqu'à présent. Données voir catalogue 1995.

Nissan Sunny Wagon

Nissan Presea

Hardtop-Limousine der Mittelklasse mit Frontantrieb, für den japanischen Markt bestimmt; vom Sunny abgeleitet. Debüt Juni 1990. Januar 1995: Neuauflage.

Berline hardtop de la classe moyenne avec traction AV, pour le marché japonais; dérivée de la Sunny. Lancement juin 1990. Jan. 1995: Nouvelle édition.

1.5 16V – 105 PS Benzineinspritzung

Karosserie, Gewicht: Limousine, 4 Türen, 5 Sitze; leer ab 1020 kg.

Motor: (JIS), 4 Zyl. in Linie (73.6×88 mm), 1498 cm³; Kompr. 9.9:1; 77 kW (105 PS) bei 6000/min, 51.4 kW/L (69.9 PS/L); 135 Nm (13.8 mkp) bei 4000/min; 91 ROZ.

Motorkonstruktion: Bez. GA 15DE; 4 Ventile in V; 2 obenl. Nockenwellen (Ketten); Leichtmetall-Zylinderkopf; 5fach gelagerte Kurbelwelle; Öl 3 L; elektron. Einspr. Batterie 44 Ah, Alternator 50 A; Wasserkühlung, Inh. 4.5 L.

1.5 16V – 105 ch Injection d'essence

Carrosserie, poids: Berline, 4 portes, 5 places; vide dès 1020 kg.

Moteur: (JIS), 4 cyl. en ligne (73.6×88 mm), 1498 cm³; compr. 9.9:1; 77 kW (105 ch) à 6000/min, 51.4 kW/L (69.9 ch/L); 135 Nm (13.8 mkp) à 4000/min; 91 (R).

Moteur (constr.): désignation GA 15DE; 4 soupapes en V; 2 arbres à cames en tête (chaînes); culasse en alliage léger; vilebrequin à 5 paliers; huile 3 L; inj. électronique. Batterie 44 Ah, alternateur 50 A; refroidissement à eau, capac. 4.5 L.

Nissan Presea

Kraftübertragung: (auf Vorderräder). 5-Gang-Getriebe: I. 3.33; II. 1.96; III. 1.29; IV. 0.93; V. 0.76; R 3.42; Achse 4.06. 4-Stufen-Automat: I. 2.86; II. 1.56; III. 1; IV. 0.7; R 2.31; Achse 3.83.

Fahrgestell: Selbsttragende Karosserie; vorn Federbeine und Dreieckquerlenker; hinten Längs- und Querlenker; v/h Kurvenstab., Schraubenfedern, Teleskopdämpfer.

Fahrwerk: Bremse, vorne Scheiben (belüftet), hinten Trommeln, a.W. ABS (mit Scheiben h.), Handbremse auf Hinterräder; Zahnstangenlenkung, a.W. mit Servo, Treibstofftank 50 L; Reifen 165 R 13, 185/70 R 13, Felgen 5 J.

Dimensionen: Radstand 258 cm, Spur 148/144.5 cm, Bodenfreih. 14 cm, Wendekreis 10.4 m, Länge 448 cm, Breite 169.5 cm, Höhe 132 cm.

Fahrleistungen: Vmax (Red.) 185 km/h, V bei 1000/min im 5. Gang 35.2 km/h; Leistungsgew. 13.2 kg/kW (9.7 kg/PS); Verbrauch (Red.) 6/11 L/100 km.

Transmission: (sur roues AV). Boîte à 5 vit.: I. 3.33; II. 1.96; III. 1.29; IV. 0.93; V. 0.76; AR 3.42; pont 4.06. Boîte aut. à 4 vit.: I. 2.86; II. 1.56; III. 1; IV. 0.7; AR 2.31; pont 3.83.

Châssis: carrosserie autoporteuse; AV jambes élast. et leviers triang. transv.; AR bras longitud. et transv.; AV/AR barre antidévers, ressorts hélic. amortiss. télesc.

Train roulant: frein, AV à disques (ventilés), AR à tambours, s.d. ABS (avec disque AR), frein à main sur roues AR; direction à crémaillère, s.d. avec servo, réservoir carb. 50 L; pneus 165 R 13, 185/70 R 13, jantes 5 J.

Dimensions: empattement 258 cm, voie 148/144.5 cm, garde au sol 14 cm, diam. de braq. 10.4 m, longueur 448 cm, largeur 169.5 cm, hauteur 132 cm.

Performances: Vmax (réd.) 185 km/h, V à 1000/min en 5. vit. 35.2 km/h; rapp. poids/puiss. 13.2 kg/kW (9.7 kg/ch); consomm. (Réd.) 6/11 L/100 km.

1.8/2.0 16V – 125/145 PS Benzineinspritzung

Wie 1.5 – 105 PS, ausgenommen:

Gewicht: leer ab 1080 kg.

Motor: (JIS), 4 Zyl. in Linie (82.5×86 mm), 1839 cm³; Kompr. 10:1; 92 kW (125 PS) bei 6000/min, 50 kW/L (68 PS/L); 157 Nm (16 mkp) bei 4800/min; 91 ROZ.
2.0i: (86×86 mm), 1998 cm³; Kompr. 9.5:1; 107 kW (145 PS) bei 6400/min, 53.6 kW/L (72.6 PS/L); 179 Nm bei 4800/min.

Motorkonstruktion: Bezeichnung SR 18DE; 4 Ventile in V 29°; Leichtmetall-Zylinderkopf und -block. Wasserkühlung, Inh. 7 L.

Kraftübertragung: 5-Gang-Getriebe: I. 3.33; II. 1.96; III. 1.29; IV. 0.93; V. 0.73; R 3.15; Achse 3.89 2.0i: 5-Gang-Getriebe: I. 3.06; II. 1.83; III. 1.29; IV. 0.98; V. 0.76; R 3.15; Achse 4.18. 4-Stufen-Automat: I. 2.86; II. 1.56; III. 1; IV. 0.7; R 2.3; Achse 3.83.

Fahrwerk: Vierrad-Scheibenbremse, a.W. ABS, Zahnstangenlenkung mit Servo, Reifen 185/70 R 13.

Fahrleistungen: Vmax (Red.) 195 km/h, V bei 1000/min im 5. Gang 38 km/h; Leistungsgew. 11.7 kg/kW (8.6 kg/PS); Verbrauch (Red.) 7/13 L/100 km.

1.8/2.0 16V – 125145 ch Injection d'essence

Comme 1.5 – 105 ch, sauf:

Poids: vide dès 1080 kg.

Moteur: (JIS), 4 cyl. en ligne (82.5×86 mm), 1839 cm³; compr. 10:1; 92 kW (125 ch) à 6000/min, 50 kW/L (68 ch/L); 157 Nm (16 mkp) à 4800/min; 91 (R).
2.0i: (86×86 mm), 1998 cm³; compr. 9.5:1; 107 kW (145 ch) à 6400/min, 53.6 kW/L (72.6 ch/L); 179 Nm à 4800/min.

Moteur (constr.): désignation SR 18DE; 4 soupapes en V 29°; culasse et bloc-cyl. en alliage léger. Refroidissement à eau, capac. 7 L.

Transmission: Boîte à 5 vit.: I. 3.33; II. 1.96; III. 1.29; IV. 0.93; V. 0.73; AR 3.15; pont 3.89 2.0i: Boîte à 5 vit.: I. 3.06; II. 1.83; III. 1.29; IV. 0.98; V. 0.76; AR 3.15; pont 4.18. Boîte aut. à 4 vit.: I. 2.86; II. 1.56; III. 1; IV. 0.7; AR 2.3; pont 3.83.

Train roulant: quatre freins à disques, ABS s. d., servodirection à crémaillère, pneus 185/70 R 13.

Performances: Vmax (réd.) 195 km/h, V à 1000/min en 5. vit. 38 km/h; rapp. poids/puiss. 11.7 kg/kW (8.6 kg/ch); consomm. (Red.) 7/13 L/100 km.

Nissan Primera

Mittelklassemodell mit Frontantrieb, wird als Limousine in England gefertigt. Debüt Feb. 1990. In den USA als Infiniti G20. 1990: Station Wagon (Japan: Avenir). Sept. 1990: Debüt in Europa, auch Hatchback. Herbst 1990: 4WD. Sept. 1996 Neuauflage als Limousine 4 und 5 Türen. Station Wagon s. Katalog 1996.

Voiture de classe moyenne à traction AV est produite comme berline en GB. Lancement fév. 1990. Aux USA comme Infiniti G20. 1990: Station wagon (Japon: Avenir). Sept. 1990: Lancem. en Europe, aussi Hatchback. 1990: 4WD. Sept. 1996 nouvelle édition avec 4 ou 5 portes. Station Wagon voir catalogue 1996..

1.6 16V – 99 PS Benzineinspritzung

Karosserie, Gewicht: Lim., 4/5 Türen, 5 Sitze; leer ab 1165 kg, max. zul. 1670 kg.

Motor: (ECE), 4 Zyl. in Linie (76×88 mm), 1597 cm³; Kompr. 9.8:1; 73 kW (99 PS) bei 6000/min, 45.7 kW/L (62.1 PS/L); 136 Nm (13.9 mkp) bei 4000/min; 95 ROZ. In einigen Ländern: 66 kW (90 PS).

Motorkonstruktion: Bezeichnung GA 16DE; 4 Ventile in V 26°; 2 obenl. Nockenwellen (Ketten); Leichtmetall-Zylinderkopf; 5fach gelagerte Kurbelwelle; Öl 3.5 L; elektron. Einspritzung. Batterie 40/48 Ah, Alternator 70/80 A; Wasserkühlung, Inh. 7 L.

Kraftübertragung: (auf Vorderräder). 5-Gang-Getriebe: I. 3.33; II. 1.96; III. 1.29; IV. 0.98; V. 0.76; R 3.42; Achse 4.06.

1.6 16V – 99 ch Injection d'essence

Carrosserie, poids: Berline, 4/5 portes, 5 pl.; vide dès 1165 kg, tot. adm. 1670 kg.

Moteur: (ECE), 4 cyl. en ligne (76×88 mm), 1597 cm³; compr. 9.8:1; 73 kW (99 ch) à 6000/min, 45.7 kW/L (62.1 ch/L); 136 Nm (13.9 mkp) à 4000/min; 95 (R). Dans quelques pays: 66 kW (90 PS).

Moteur (constr.): désignation GA 16DE; 4 soupapes en V 26°; 2 arbres à cames en tête (chaînes); culasse en alliage léger; vilebrequin à 5 paliers; huile 3.5 L; injection électronique. Batterie 40/48 Ah, alternateur 70/80 A; refroidissement à eau, capac. 7 L.

Transmission: (sur roues AV). Boîte à 5 vit.: I. 3.33; II. 1.96; III. 1.29; IV. 0.98; V. 0.76; AR 3.42; pont 4.06.

Nissan Primera

Nissan 403

Fahrgestell: Selbsttragende Karosserie; vorn Dreieckquerlenker, oberer Querlenker; hinten Torsionskurbelachse, Längslenker, Scott-Russel-Querlenker; v/h Kurvenstabilisator, Schraubenfedern.

Fahrwerk: Bremse, vorne Scheiben (belüftet), hinten Trommeln, a.W. ABS, Handbremse auf Hinterräder; Zahnstangenl. mit Servo, Treibstofftank 60 L; Reifen 175/70 R 14, 185/65 HR 14, Felgen 5.5 J, 5.5 J.

Dimensionen: Radstand 260 cm, Spur 147/145 cm, Bodenfreih. 14 cm, Wendekreis 10.7 m, Kofferraum 490 dm^3, Länge 443 cm, Breite 171.5 cm, Höhe 141 cm. Mit 5 Türen: Kofferraum 505 dm^3.

Fahrleistungen: Vmax (Werk) 180 km/h, V bei 1000/min im 5. Gang 35.7 km/h; 0–100 km/h 12 s; Leistungsgew. 16 kg/kW (11.8 kg/PS); Verbrauch EU 5.6/9.3 L/100 km.

2.0 16V – 131 PS Benzineinspritzung

Wie 1.6 – 99 PS, ausgenommen:

Gewicht: leer ab 1205 kg, max. zul. 1740 kg.

Motor: (ECE), 4 Zyl. in Linie (86×86 mm), 1998 cm^3; Kompr. 9.5:1; 96 kW (131 PS) bei 5600/min, 48 kW/L (65.3 PS/L); 170 Nm (17.3 mkp) bei 4800/min; 95 ROZ. Einige Länder: 85 kW (115 PS); 169 Nm.

Motorkonstruktion: Bezeichnung SR 20DE; 4 Ventile in V 29°; 2 obenl. Nockenwellen (Ketten); Leichtmetall-Zylinderkopf und -block; 5fach gelagerte Kurbelwelle; Öl 3.7 L; elektron. Einspritzung.

Nissan Primera

Kraftübertragung:
5-Gang-Getriebe: I. 3.06; II. 1.83; III. 1.21; IV. 0.93; V. 0.73; R 3.15; Achse 4.18.
4-Stufen-Automat: I. 2.86; II. 1.56; III. 1; IV. 0.7; R 2.3; Achse 4.07.

Fahrwerk: Vierrad-Scheibenbremse (vorn belüftet), einige Modelle hinten Trommeln, Reifen 185/65 HR 14, 195/60 VR 15, 5.5 J.

Fahrleistungen: Vmax (Werk) 205 km/h, V bei 1000/min im 5. Gang 36.7 km/h; 0–100 km/h 9.6 s; Leistungsgew. 12.6 kg/kW (9.2 kg/PS); Verbrauch EU 6.3/10.7 L/100 km.
Aut.: Vmax 198 km/h, 0–100 km/h 11.2 s; Verbrauch EU 6.8/12.1 L/100 km.

2.0 16V – 150 PS Benzineinspritzung

Wie 1.6 – 99 PS, ausgenommen:

Gewicht: leer ab 1250 kg, max. zul. 1745 kg.

Motor: (ECE), 4 Zyl. in Linie (86×86 mm), 1998 cm^3; Kompr. 10:1; 110 kW (150 PS) bei 6100/min, 55 kW/L (74.8 PS/L); 181 Nm (18.5 mkp) bei 4800/min; 95 ROZ.

Motorkonstruktion: Bezeichnung SR 20DE; 4 Ventile in V 29°; 2 obenl. Nockenwellen (Ketten); Leichtmetall-Zylinderkopf und -block; 5fach gelagerte Kurbelwelle; Öl 3.7 L; elektron. Einspritzung, ECCS.

Châssis: carrosserie autoporteuse; AV leviers triang. transv., levier transv. sup.; AR essieu à manivelles à torsion, bras longitud., barre transversal Scott-Russel; AV/AR barre anti-dévers, ressorts hélic.

Train roulant: frein, AV à disques (ventilés), AR à tambours, ABS s. d., frein à main sur roues AR; servodirection à crémaillère, réservoir carb. 60 L; pneus 175/70 R 14, 185/65 HR 14, jantes 5.5 J, 5.5 J.

Dimensions: empattement 260 cm, voie 147/145 cm, garde au sol 14 cm, diam. de braq. 10.7 m, coffre 490 dm^3, longueur 443 cm, largeur 171.5 cm, hauteur 141 cm. Avec 5 portes: coffre 505 dm^3.

Performances: Vmax (usine) 180 km/h, V à 1000/min en 5. vit. 35.7 km/h; 0–100 km/h 12 s; rapp. poids/puiss. 16 kg/kW (11.8 kg/ch); consomm. EU 5.6/9.3 L/100 km.

2.0 16V – 131 ch Injection d'essence

Comme 1.6 – 99 ch, sauf:

Poids: vide dès 1205 kg, tot. adm. 1740 kg.

Moteur: (ECE), 4 cyl. en ligne (86×86 mm), 1998 cm^3; compr. 9.5:1; 96 kW (131 ch) à 5600/min, 48 kW/L (65.3 ch/L); 170 Nm (17.3 mkp) à 4800/min; 95 (R). Quelques pays: 85 kW (115 PS); 169 Nm.

Moteur (constr.): désignation SR 20DE; 4 soupapes en V 29°; 2 arbres à cames en tête (chaînes); culasse et bloc-cyl. en alliage léger; vilebrequin à 5 paliers; huile 3.7 L; injection électronique.

Transmission:
Boîte à 5 vit.: I. 3.06; II. 1.83; III. 1.21; IV. 0.93; V. 0.73; AR 3.15; pont 4.18.
Boîte aut. à 4 vit.: I. 2.86; II. 1.56; III. 1; IV. 0.7; AR 2.3; pont 4.07.

Train roulant: quatre freins à disques (AV vent.), quelques modèles AR à tambours, pneus 185/65 HR 14, 195/60 VR 15, 5.5 J.

Performances: Vmax (usine) 205 km/h, V à 1000/min en 5. vit. 36.7 km/h; 0–100 km/h 9.6 s; rapp. poids/puiss. 12.6 kg/kW (9.2 kg/ch); consomm. EU 6.3/10.7 L/100 km.
Aut.: Vmax 198 km/h, 0–100 km/h 11.2 s; consomm. EU 6.8/12.1 L/100 km.

2.0 16V – 150 ch Injection d'essence

Comme 1.6 – 99 ch, sauf:

Poids: vide dès 1250 kg, tot. adm. 1745 kg.

Moteur: (ECE), 4 cyl. en ligne (86×86 mm), 1998 cm^3; compr. 10:1; 110 kW (150 ch) à 6100/min, 55 kW/L (74.8 ch/L); 181 Nm (18.5 mkp) à 4800/min; 95 (R).

Moteur (constr.): désignation SR 20DE; 4 soupapes en V 29°; 2 arbres à cames en tête (chaînes); culasse et bloc-cyl. en alliage léger; vilebrequin à 5 paliers; huile 3.7 L; injection électronique, ECCS.

Nissan Primera GT

Kraftübertragung:
5-Gang-Getriebe: I. 3.06; II. 1.83; III. 1.21; IV. 0.93; V. 0.76; R 3.42; Achse 4.17.

Fahrwerk: Vierrad-Scheibenbremse (vorn belüftet), ABS, Reifen 195/60 R 15, Felgen 6 J.

Fahrleistungen: Vmax (Werk) 218 km/h, V bei 1000/min im 5. Gang 34.3 km/h; 0–100 km/h 8.6 s; Leistungsgew. 11.4 kg/kW (8.3 kg/PS); Verbrauch EU 6.4/10.9 L/100 km.

2.0 – 90 PS Turbodiesel

Wie 1.6 – 99 PS, ausgenommen:

Gewicht: leer ab 1260 kg, max. zul. 1735 kg.

Motor: (DIN), 4 Zyl. in Linie (84.5×88 mm), 1974 cm^3; Kompr. 22.2:1; 66 kW (90 PS) bei 4400/min, 33.4 kW/L (45.5 PS/L); 177 Nm (18 mkp) bei 2400/min; Dieselöl.

Motorkonstruktion: Bezeichnung CD 20 T; Wirbelkammer-Diesel; 2 Ventile parallel; 1 obenl. Nockenwelle (Zahnriemen); Leichtmetall-Zylinderkopf; 5fach gelagerte Kurbelwelle; Öl 5.1 L; Einspritzpumpe, 1 Turbolader.
Batterie 64 Ah, Alternator 90 A.

Kraftübertragung:
5-Gang-Getriebe: I. 3.06; II. 1.83; III. 1.21; IV. 0.93; V. 0.73; R 3.15; Achse 3.89, 4.07.

Fahrleistungen: Vmax (Werk) 174 km/h, V bei 1000/min im 5. Gang 38.4 km/h; 0–100 km/h 13.9 s; Leistungsgew. 19.1 kg/kW (14 kg/PS); Verbrauch EU 5.7/8.6 L/100 km.

Transmission:
Boîte à 5 vit.: I. 3.06; II. 1.83; III. 1.21; IV. 0.93; V. 0.76; AR 3.42; pont 4.17.

Train roulant: quatre freins à disques (AV ventilés), ABS, pneus 195/60 R 15, jantes 6 J.

Performances: Vmax (usine) 218 km/h, V à 1000/min en 5. vit. 34.3 km/h; 0–100 km/h 8.6 s; rapp. poids/puiss. 11.4 kg/kW (8.3 kg/ch); consomm. EU 6.4/10.9 L/100 km.

2.0 – 90 ch Turbodiesel

Comme 1.6 – 99 ch, sauf:

Poids: vide dès 1260 kg, tot. adm. 1735 kg.

Moteur: (DIN), 4 cyl. en ligne (84.5×88 mm), 1974 cm^3; compr. 22.2:1; 66 kW (90 ch) à 4400/min, 33.4 kW/L (45.5 ch/L); 177 Nm (18 mkp) à 2400/min; gazole.

Moteur (constr.): désignation CD 20 T; diesel à chambre de turbulence; 2 soupapes en parallèle; 1 arbre à cames en tête (courroie crantée); culasse en alliage léger; vilebrequin à 5 paliers; huile 5.1 L; pompe à injection, 1 turbocompr.
Batterie 64 Ah, alternateur 90 A.

Transmission:
Boîte à 5 vit.: I. 3.06; II. 1.83; III. 1.21; IV. 0.93; V. 0.73; AR 3.15; pont 3.89, 4.07.

Performances: Vmax (usine) 174 km/h, V à 1000/min en 5. vit. 38.4 km/h; 0–100 km/h 13.9 s; rapp. poids/puiss. 19.1 kg/kW (14 kg/ch); consomm. EU 5.7/8.6 L/100 km.

Nissan Primera Wagon

Station Wagon auf Basis des bisherigen Primera. Technische Daten siehe Katalog 1996.

Station-wagon sur base de la Primera qui a été jusqu'à présent. Données voir catalogue 1996.

Nissan Primera Wagon

Nissan

Nissan Bluebird

Mittelklassewagen mit Vierzylindermotor. Début August 1971, seit 1983 mit Frontantrieb. Für den einheimischen Markt und die USA bestimmt. Herbst 1991: Neue Generation. In den USA als Altima. Herbst/Winter 1995/96: Neuauflage. Daten siehe Katalog 1996.

Voiture de la catégorie moyenne avec moteur 4 cyl. Lancement 1971, depuis 1983 avec traction AV. Seulement pour le Japon et les USA. Automne 1991: nouvelle génération, aux USA comme Altima. Automne/hiver 1995/1996: nouvelle édition. Données voir catalogue 1996.

Nissan Bluebird Hardtop

Nissan Crew

4türige Limousine mit Hinterradantrieb, Starrachse h., 2-Liter-Vierzylindermotor, Fünfganggetriebe. Début Januar 1994.

Berline quatre portes avec traction AR et essieu rigide AR, 2 litres quatre cyl., boîte à cinq vit. Lancement janvier 1994.

2.0 – 131 PS Benzineinspritzung
2.0 – 131 ch Injection d'essence

Karosserie, Gewicht: Limousine, 4 Türen, 5 Sitze; leer ab 1240 kg.

Motor: (JIS), 6 Zyl. in Linie (78×69.7 mm), 1998 cm³; Kompr. 9.5:1; 96 kW (131 PS) bei 5600/min, 48 kW/L (65.3 PS/L); 172 Nm (17.5 mkp) bei 4400/min; 91 ROZ.

Motorkonstruktion: Bezeichnung RB 20E; Ventile in V; 1 obenl. Nockenwelle (Zahnriemen); Leichtmetall-Zylinderkopf; 7fach gelagerte Kurbelwelle; Öl 4.7 L; elektron. Einspritzung.
Batterie 45 Ah, Alternator 60 A; Wasserkühlung, Inh. 9 L.

Kraftübertragung: (auf Hinterräder), a. W. Differentialbremse.
5-Gang-Getriebe: I. 3.32; II. 1.9; III. 1.31; IV. 1; V. 0.84; R 3.38; Achse 4.08.
4-Stufen-Automat: I. 3.03; II. 1.62; III. 1; IV. 0.69; R 2.27; Achse 4.08.

Fahrgestell: Selbsttragende Karosserie; vorn Federbeine und Dreieckquerlenker, hinten Starrachse, Längs- und Querlenker, Panhardstab, Schraubenfedern, Teleskopdämpfer.

Fahrwerk: Bremse, vorne Scheiben (belüftet), hinten Trommeln, a.W. ABS (mit Scheiben h.), Handbremse auf Hinterräder; Zahnstangenl. mit Servo, Treibstofftank 72 L; Reifen 185/70 R 14, Felgen 5.5 J.

Carrosserie, poids: Berline, 4 portes, 5 places; vide dès 1240 kg.

Moteur: (JIS), 6 cyl. en ligne (78×69.7 mm), 1998 cm³; compr. 9.5:1; 96 kW (131 ch) à 5600/min, 48 kW/L (65.3 ch/L); 172 Nm (17.5 mkp) à 4400/min; 91 (R).

Moteur (constr.): désignation RB 20E; soupapes en V; 1 arbre à cames en tête (courroie crantée); culasse en alliage léger; vilebrequin à 7 paliers; huile 4.7 L; injection électronique.
Batterie 45 Ah, alternateur 60 A; refroidissement à eau, capac. 9 L.

Transmission: (sur roues AR), différentiel autobloquant s.d.
Boîte à 5 vit.: I. 3.32; II. 1.9; III. 1.31; IV. 1; V. 0.84; AR 3.38; pont 4.08.
Boîte aut. à 4 vit.: I. 3.03; II. 1.62; III. 1; IV. 0.69; AR 2.27; pont 4.08.

Châssis: carrosserie autoporteuse; AV jambes élast. et leviers triang. transv.; AR essieu rigide, bras longitud. et transv., barre Panhard, ressorts hélicoïdaux, amortiss. télesc.

Train roulant: frein, AV à disques (ventilés), AR à tambours, s.d. ABS (avec disque AR), frein à main sur roues AR; servodirection à crémaillère, réservoir carb. 72 L; pneus 185/70 R 14, jantes 5.5 J.

Nissan Crew

Dimensionen: Radstand 266.5 cm, Spur 146/140 cm, Bodenfreih. 17 cm, Wendekreis 10 m, Länge 459.5 cm, Breite 172 cm, Höhe 146 cm.

Fahrleistungen: Vmax (Red.) 195 km/h, V bei 1000/min in 5. Gang 33.4 km/h; Leistungsgew. 12.9 kg/kW (9.5 kg/PS); Verbrauch (Red.) 8/14 L/100 km.

Dimensions: empattement 266.5 cm, voie 146/140 cm, garde au sol 17 cm, diam. de braq. 10 m, longueur 459.5 cm, largeur 172 cm, hauteur 146 cm.

Performances: Vmax (réd.) 195 km/h, V à 1000/min en 5. vit. 33.4 km/h; rapp. poids/puiss. 12.9 kg/kW (9.5 kg/ch); consomm. (Réd.) 8/14 L/100 km.

Nissan Prairie - Joy

Grossraumkombi mit 5 bis 8 Sitzen, 2-Liter-Quermotor, Front- oder perm. 4WD. Début 1982. Herbst 1988: erneuert und 4 WD permanent. In Japan als Prairie Joy angeboten. Neuauflage Herbst 1995.

Break à grande capacité avec 5 à 8 places et moteur 2.0 transv., traction AV ou 4WD perm. Lancement 1982. 1988: Renouvellement et 4WD perm. Japon: Prairie Joy. Nouvelle édition automne 1995.

2.0 16V – 145 PS Benzineinspritzung
2.0 16V – 145 ch Injection d'essence

Karosserie, Gewicht: Minivan, 5 Türen, 5 - 8 Sitze; leer ab 1350 kg/4WD ab 1490 kg.

Motor: (JIS), 4 Zyl. in Linie (86×86 mm), 1998 cm³; Kompr. 10:1; 107 kW (145 PS) bei 6400/min, 53.6 kW/L (72.8 PS/L); 179 Nm (18.2 mkp) bei 4800/min; 95 ROZ.

Motorkonstruktion: Bezeichnung SR 20DE; 4 Ventile in V 29°; 2 obenl. Nockenwellen (Kette); Leichtmetall-Zylinderkopf und -block; 5fach gelagerte Kurbelwelle; Ölkühler; Öl 3.7 L; elektron. Einspritzung.
Batterie 60 Ah, Alternator 80 A; Wasserkühlung, Inh. 7 L.

Kraftübertragung: (auf Vorderräder/4WD permanent), zentrales Diff. mit Viskokupplung; hintere Differentialbremse, variable Drehmomentverteilung v/h.
4-Stufen-Automat: I. 2.86; II. 1.56; III. 1; IV. 0.7; R 2.31; Achse 4.07.
4WD: 4-Stufen-Automat: I. 2.79; II. 1.54; IV. 0.69; R 2.27; Achse 4.43.

Carrosserie, poids: Minivan, 5 portes, 5 - 8 pl.; vide dès 1350 kg/4WD dès 1490 kg.

Moteur: (JIS), 4 cyl. en ligne (86×86 mm), 1998 cm³; compr. 10:1; 107 kW (145 ch) à 6400/min, 53.6 kW/L (72.8 ch/L); 179 Nm (18.2 mkp) à 4800/min; 95 (R).

Moteur (constr.): désignation SR 20DE; 4 soupapes en V 29°; 2 arbres à cames en tête (chaîne); culasse et bloc-cyl. en alliage léger; vilebrequin à 5 paliers; radiat. d'huile; huile 3.7 L; injection électronique.
Batterie 60 Ah, alternateur 80 A; refroidissement à eau, capac. 7 L.

Transmission: (sur roues AV/4WD permanent), diff. central avec visco-coupleur; différentiel autobloquant AR, répartition du couple AV/AR variable.
Boîte aut. à 4 vit.: I. 2.86; II. 1.56; III. 1; IV. 0.7; R 2.31; pont 4.07.
4WD: boîte aut. à 4 vit.: I. 2.79; II. 1.54; IV. 0.69; AR 2.27; pont 4.43.

Nissan Prairie

Fahrgestell: Selbsttragende Karosserie; vorn Federbeine und Dreieckquerlenker, hinten Starrachse, Längslenker, Panhardstab; v/h Kurvenstabilisator, Schraubenfedern, Teleskopdämpfer.

Fahrwerk: Bremse, vorne Scheiben (belüftet), hinten Trommeln, a.W. ABS, Handbremse auf Hinterräder; Zahnstangenlenkung, a.W. mit Servo, Treibstofftank 60 L; Reifen 195/65 R 14, Felgen 5.5 J.

Dimensionen: Radstand 261 cm, Spur 146/146 cm, Bodenfreih. 15 cm, Wendekreis 11.2 m, Länge 454.5 cm, Breite 169 cm, Höhe 168 cm.

Fahrleistungen: Vmax (Red.) 160 km/h, V bei 1000/min im 4. Gang 38.9 km/h; Leistungsgew. 12.6 kg/kW (9.3 kg/PS); Verbrauch (Red.) 8/14/.

Châssis: carrosserie autoporteuse; AV jambes élast. et leviers triang. transv., AR essieu rigide, bras longitud., barre Panhard; AV/AR barre anti-dévers, ressorts hélic., amortiss. télesc.

Train roulant: frein, AV à disques (ventilés), AR à tambours, ABS s. d., frein à main sur roues AR; direction à crémaillère, s.d. avec servo, réservoir carb. 60 L; pneus 195/65 R 14, jantes 5.5 J.

Dimensions: empattement 261 cm, voie 146/146 cm, garde au sol 15 cm, diam. de braq. 11.2 m, longueur 454.5 cm, largeur 169 cm, hauteur 168 cm.

Performances: Vmax (réd.) 160 km/h, V à 1000/min en 4. vit. 38.9 km/h; rapp. poids/puiss. 12.6 kg/kW (9.3 kg/ch); consomm. (Réd.) 8/14/.

Nissan Vanette Serena

Grossraumkombiwagen, Vierzylindermotor hinter Vorderachse, Hinterradantrieb oder permanenter 4WD. Debüt Juni 1991 in Japan. Wird seit Ende 1992 auch in Spanien gebaut.

Break de grande capacité, moteur 4 cyl. monté derrière l'essieu AV, traction AR ou 4WD permanente. Lancement juin 1991 (Japon). Est construit aussi en Espagne dès fin 1992.

1.6 16V – 97 PS Benzineinspritzung
1.6 16V – 97 ch Injection d'essence

Karosserie, Gewicht: Minivan, 4 Türen, 7 - 8 Sitze; leer ab 1385 kg, max. zul. 2100 kg. Japan ab 1250 kg.

Carrosserie, poids: Minivan, 4 portes, 7 - 8 pl.; vide dès 1385 kg, tot. adm. 2100 kg. Japon dès 1250 kg.

Nissan 405

Nissan Serena

Motor: (ECE), 4 Zyl. in Linie (76×88 mm), 1597 cm³; Kompr. 9.8:1; 71 kW (97 PS) bei 5600/min, 44.4 kW/L (60.4 PS/L); 132 Nm (13.5 mkp) bei 3600/min; 95 ROZ.
JIS: 74 kW (100 PS); 127 Nm; Van: mit Vergaser 60 kW (82 PS).

Motorkonstruktion: Bezeichnung GA 16DE; 4 Ventile in V 26°; 2 obenl. Nockenwellen (Ketten); Leichtmetall-Zylinderkopf; 5fach gelagerte Kurbelwelle; Öl 3.5 L; elektron. Einspritzung.
Batterie 40 Ah, Alternator 45 A; Wasserkühlung, Inh. 9.7 L.

Kraftübertragung: (auf Hinterräder), a. W. Differentialbremse.
5-Gang-Getriebe: I. 3.99; II. 2.25; III. 1.42; IV. 1; V. 0.82; R 3.66; Achse 4.64; 4.36.
4-Stufen-Automat: I. 2.79; II. 1.55; III. 1; IV. 0.69; R 2.27; Achse 4.36.

Fahrgestell: Selbsttragende Karosserie; vorn Federbeine und Dreieckquerlenker, Kurvenstabilisator; hinten doppelte Dreieckquerlenker, Spurstangen, Querblattfeder; Teleskopdämpfer, a.W. Kurvenstab.

Fahrwerk: Bremse, vorne Scheiben (belüftet), hinten Trommeln, Handbremse auf Hinterräder; Zahnstangenlenkung mit Servo, Treibstofftank 60 L; Reifen 195/70 R 14, 175 R 14, Felgen 5.5 J, 5 J.

Dimensionen: Radstand 273.5 cm, Spur 146/145 cm, Bodenfreih. 16 cm, Wendekreis 10.8 m, Kofferraum 750/1400 dm³, Länge 431.5 cm, Breite 169.5 cm, Höhe 183 cm.

Fahrleistungen: Vmax (Werk) 150 km/h, V bei 1000/min im 5. Gang 30 km/h; 0–100 km/h 18.1 s; Leistungsgew. 19.5 kW (14.3 kg/PS); Verbrauch ECE 7.8/10.7/11.3 L/100 km.

2.0 16V – 126 PS Benzineinspritzung

Wie 1.6 – 97 PS, ausgenommen:

Gewicht: leer ab 1485 kg.

Motor: (ECE), 4 Zyl. in Linie (86×86 mm), 1998 cm³; Kompr. 9.5:1; 93 kW (126 PS) bei 6000/min, 46.5 kW/L (63.3 PS/L); 169 Nm (17.2 mkp) bei 4800/min; 95 ROZ.
JIS: 96 kW (130 PS); 172 Nm.

Motorkonstruktion: Bezeichnung SR 20DE; 4 Ventile in V 29°; 2 obenl. Nockenwellen (Ketten); Leichtmetall-Zylinderkopf und -block; 5fach gelagerte Kurbelwelle; Öl 3.9 L; elektron. Einspritzung.

Kraftübertragung: (auf Hinterräder/4WD permanent), zentrales Diff. mit Viskokupplung; hintere Differentialbremse, variable Drehmomentverteilung v/h.
5-Gang-Getr.: I. 3.59; II. 2.06; III. 1.36; IV. 1; V. 0.82; R 3.66; Achse 4.36, 4WD: 4.64.
4-Stufen-Automat: I. 2.79; II. 1.55; III. 1; IV. 0.69; R 2.27; Achse 4.36, 4WD 4.9.

Fahrwerk: a.W. ABS (mit Scheiben h.), 205/65 HR 14, 6 J.

Moteur: (ECE), 4 cyl. en ligne (76×88 mm), 1597 cm³; compr. 9.8:1; 71 kW (97 ch) à 5600/min, 44.4 kW/L (60.4 ch/L); 132 Nm (13.5 mkp) à 3600/min; 95 (R).
JIS: 74 kW (100 ch); 127 Nm; Van: avec carburateur 60 kW (82 PS).

Moteur (constr.): désignation GA 16DE; 4 soupapes en V 26°; 2 arbres à cames en tête (chaînes); culasse en alliage léger; vilebrequin à 5 paliers; huile 3.5 L; injection électronique.
Batterie 40 Ah, alternateur 45 A; refroidissement à eau, capac. 9.7 L.

Transmission: (sur roues AR), différentiel autobloquant s.d.
Boîte à 5 vit.: I. 3.99; II. 2.25; III. 1.42; IV. 1; V. 0.82; AR 3.66; pont 4.64; 4.36.
Boîte aut. à 4 vit.: I. 2.79; II. 1.55; III. 1; IV. 0.69; AR 2.27; pont 4.36.

Châssis: carrosserie autoporteuse; AV jambes élast. et leviers triang. transv., barre anti-dévers; AR leviers triang. doubles, biellettes supplém., lame transversal; amortiss. télescop., s.d. barre anti-dévers.

Train roulant: frein, AV à disques (ventilés), AR à tambours, frein à main sur roues AR; servodirection à crémaillère, réservoir carb. 60 L; pneus 195/70 R 14, 175 R 14, jantes 5.5 J, 5 J.

Dimensions: empattement 273.5 cm, voie 146/145 cm, garde au sol 16 cm, diam. de braq. 10.8 m, coffre 750/1400 dm³, longueur 431.5 cm, largeur 169.5 cm, hauteur 183 cm.

Performances: Vmax (usine) 150 km/h, V à 1000/min en 5. vit. 30 km/h; 0–100 km/h 18.1 s; rapp. poids/puiss. 19.5 kW (14.3 kg/PS); consomm. ECE 7.8/10.7/11.3 L/100 km.

2.0 16V – 126 ch Injection d'essence

Comme 1.6 – 97 ch, sauf:

Poids: vide dès 1485 kg.

Moteur: (ECE), 4 cyl. en ligne (86×86 mm), 1998 cm³; compr. 9.5:1; 93 kW (126 ch) à 6000/min, 46.5 kW/L (63.3 ch/L); 169 Nm (17.2 mkp) à 4800/min; 95 (R).
JIS: 96 kW (130 ch); 172 Nm.

Moteur (constr.): désignation SR 20DE; 4 soupapes en V 29°; 2 arbres à cames en tête (chaînes); culasse et bloc-cyl. en alliage léger; vilebrequin à 5 paliers; huile 3.9 L; injection électronique.

Transmission: (sur roues AR/4WD permanent), diff. central avec visco-coupleur; différentiel autobloquant AR, répartition du couple AV/AR variable.
Boîte à 5 vit.: I. 3.59; II. 2.06; III. 1.36; IV. 1; V. 0.82; AR 3.66; pont 4.36, 4WD: 4.64.
Boîte aut. à 4 vit.: I. 2.79; II. 1.55; III. 1; IV. 0.69; AR 2.27; pont 4.36, 4WD 4.9.

Train roulant: s.d. ABS (avec disque AR), 205/65 HR 14, 6 J.

Fahrleistungen: Vmax (Werk) 170 km/h, V bei 1000/min im 5. Gang 32.5 km/h; 0–100 km/h 12.2 s; Leistungsgew. 16 kg/kW (11.8 kg/PS); Verbrauch ECE 8.3/11.1/12.4 L/100 km.

2.3 – 75 PS Diesel

Wie 1.6 – 97 PS, ausgenommen:

Gewicht: leer ab 1485 kg.

Motor: (ECE), 4 Zyl. in Linie (87×96 mm), 2283 cm³; Kompr. 22.2:1; 55 kW (75 PS) bei 4300/min, 24.1 kW/L (32.7 PS/L); 145 Nm (14.8 mkp) bei 2300/min; Dieselöl.
JIS: (84.5x88 mm),1973 cm³; 67 kW (91 PS); 184 Nm bei 2400/min; Turbolader..

Motorkonstruktion: Wirbelkammer-Diesel; 2 Ventile parallel; 1 obenl. Nockenwelle (Zahnriemen); Leichtmetall-Zylinderkopf; 5fach gelagerte Kurbelwelle; Öl 5.2 L; Einspritzpumpe.
Batterie 60 Ah, Alternator 80 A; Wasserkühlung, Inh. 10 L.

Kraftübertragung: (auf Hinterräder/4WD permanent), zentrales Diff. mit Viskokupplung; hintere Differentialbremse, variable Drehmomentverteilung v/h.
5-Gang-Getriebe: I. 4.22; II. 2.46; III. 1.48; IV. 1; V. 0.82; R 3.66; Achse 4.36; 4.08.
4WD: 5-Gang-Getriebe: I. 3.99; II. 2.25; III. 1.42; IV. 1; V. 0.82; R 3.66; Achse 4.64.
4-Stufen-Automat: I. 3.03; II. 1.62; III. 1; IV. 0.69; R 2.27; 4.36.

Fahrgestell: Einige Modelle auch mit Starrachse hinten.

Fahrwerk: a.W. ABS (mit Scheiben h.), 205/65 HR 14.

Fahrleistungen: Vmax (Werk) 135 km/h, V bei 1000/min im 5. Gang 34.7 km/h; 0–100 km/h 26.5 s; Leistungsgew. 27 kg/kW (19.8 kg/PS); Verbr. ECE 6.9/10.8/9.6 L/100 km.

Performances: Vmax (usine) 170 km/h, V à 1000/min en 5. vit. 32.5 km/h; 0–100 km/h 12.2 s; rapp. poids/puiss. 16 kg/ch (11.8 kg/ch); consomm. ECE 8.3/11.1/12.4 L/100 km.

2.3 – 75 ch Diesel

Comme 1.6 – 97 ch, sauf:

Poids: vide dès 1485 kg.

Moteur: (ECE), 4 cyl. en ligne (87×96 mm), 2283 cm³; compr. 22.2:1; 55 kW (75 ch) à 4300/min, 24.1 kW/L (32.7 ch/L); 145 Nm (14.8 mkp) à 2300/min; gazole.
JIS: (84.5x88 mm),1973 cm³; 67 kW (91 PS); 184 Nm à 2400/min; Turbo..

Moteur (constr.): diesel à chambre de turbulence; 2 soup. en parallèle; 1 arbre à cames en tête (courroie crantée); culasse en alliage léger; vilebrequin à 5 paliers; huile 5.2 L; pompe à injection.
Batterie 60 Ah, alternateur 80 A; refroidissement à eau, capac. 10 L.

Transmission: (sur roues AR/4WD permanent), diff. central avec visco-coupleur; différentiel autobloquant AR, répartition du couple AV/AR variable.
Boîte à 5 vit.: I. 4.22; II. 2.46; III. 1.48; IV. 1; V. 0.82; AR 3.66; pont 4.36; 4.08.
4WD: boîte à 5 vit.: I. 3.99; II. 2.25; III. 1.42; IV. 1; V. 0.82; AR 3.66; pont 4.64.
Boîte aut. à 4 vit.: I. 3.03; II. 1.62; III. 1; IV. 0.69; AR 2.27; 4.36.

Châssis: Quelques modèles avec essieu rigide AR.

Train roulant: s.d. ABS (avec disque AR), 205/65 HR 14.

Performances: Vmax (usine) 135 km/h, V à 1000/min en 5. vit. 34.7 km/h; 0–100 km/h 26.5 s; rapp. poids/puiss. 27 kg/kW (19.8 kg/ch); cons. ECE 6.9/10.8/9.6 L/100 km.

Nissan Quest

Minivan mit drei Türen und Heckklappe, 3.0-V6. Getriebeautomat. Wird bei Ford Motor Company in Detroit zusammengebaut. Debüt Sommer 1992.

3.0 V6 – 154 PS Benzineinspritzung

Karosserie, Gewicht: Minivan, 4 Türen, 5 - 7 Sitze; leer ab 1760 kg.

Motor: (SAE), 6 Zyl. in V 60° (87×83 mm), 2960 cm³; Kompr. 9:1; 113 kW (154 PS) bei 4800/min, 38.2 kW/L (51.9 PS/L); 236 Nm (24.1 mkp) bei 4400/min; 91 ROZ.

Motorkonstruktion: Bez. Nissan VG 30E; Ventile in V; 2×1 obenl. Nockenwelle (Zahnriemen); Leichtmetall-Zylinderköpfe; 4fach gelagerte Kurbelw.; Öl 4 L; elektron. Einspr.
Batterie 75 Ah, Alternator 110 A; Wasserkühlung, Inh. 13 L.

Minivan à trois portes et hayon AR, moteur 3 litres V6, boîte automatique. Est assemblé chez Ford Motor Company à Detroit. Lancement été 1992.

3.0 V6 – 154 ch Injection d'essence

Carrosserie, poids: Minivan, 4 portes, 5 - 7 places; vide dès 1760 kg.

Moteur: (SAE), 6 cyl. en V 60° (87×83 mm), 2960 cm³; compr. 9:1; 113 kW (154 ch) à 4800/min, 38.2 kW/L (51.9 PS/L); 236 Nm (24.1 mkp) à 4400/min; 91 (R).

Moteur (constr.): désign. Nissan VG 30E; soupapes en V; 2×1 arbre à cames en tête (courroie cr.); culasses en alliage léger; vilebr. à 4 paliers; huile 4 L; inj. électron.
Batterie 75 Ah, alternateur 110 A; refroidissement à eau, capac. 13 L.

Nissan Quest

Nissan

Kraftübertragung: (auf Vorderräder). 4-Stufen-Automat: I. 2.79; II. 1.55; III. 1; IV. 0.69; R 2.27; Achse 3.86.

Fahrgestell: Selbsttragende Karosserie; vorn Federbeine und Dreieckquerlenker, Kurvenstabilisator, Schraubenfedern, Teleskopdämpfer; hinten Starrachse, Blattfedern; Teleskopdämpfer, a.W. Kurvenstab.

Fahrwerk: Bremse, vorne Scheiben (belüftet), hinten Trommeln, Scheiben-∅ v. 27.7 cm, a.W. ABS, Feststellbremse auf Hinterräder; Zahnstangenlenkung mit Servo, Treibstofftank 76 L; Reifen 205/75 R 15, 215/70 R 15, Felgen 5.5 J, 6.5 J.

Dimensionen: Radstand 285 cm, Spur 161/161 cm, Bodenfreih. 13 cm, Wendekreis 12.2 m, Kofferraum 400/3250 dm³, Länge 482.5 cm, Breite 187 cm, Höhe 167 cm.

Fahrleistungen: Vmax (Werk) 169 km/h, V bei 1000/min in 4. Gang 46 km/h; 0–100 km/h 12 s; Leistungsgew. 15.6 kg/kW (11.5 kg/PS); Verbrauch (Red.) 10/14 L/100 km.

Transmission: (sur roues AV). Boîte aut. à 4 vit.: I. 2.79; II. 1.55; III. 1; IV. 0.69; AR 2.27; pont 3.86.

Châssis: carrosserie autoporteuse; AV jambes élast. et leviers triang. transv., barre anti-dévers, ressorts hélic, amortiss. télesc.; AR essieu rigide, ressorts à lames; amortiss. télescop., s.d. barre anti-dévers.

Train roulant: frein, AV à disques (ventilés), AR à tambours, ∅ disques AV 27.7 cm, ABS s. d., frein de stationnement sur roues AR; servodirection à crémaillère, réservoir carb. 76 L; pneus 205/75 R 15, 215/70 R 15, jantes 5.5 J, 6.5 J.

Dimensions: empattement 285 cm, voie 161/161 cm, garde au sol 13 cm, diam. de braq. 12.2 m, coffre 400/3250 dm³, longueur 482.5 cm, largeur 187 cm, hauteur 167 cm.

Performances: Vmax (usine) 169 km/h, V à 1000/min en 4. vit. 46 km/h; 0–100 km/h 12 s; rapp. poids/puiss. 15.6 kg/kW (11.5 kg/ch); consomm. (Red.) 10/14 L/100 km.

Nissan Skyline

Limousine und Coupé mit Hinterradantrieb. Début 1957. August 1993: Neunte Auflage, reduzierte Modellpalette.

Berline et coupé avec roues arrière motrices. Lancement 1957. Août 1993: 9ème édition, gamme réduite.

2.0 – 131 PS Benzineinspritzung

Karosserie, Gewicht: Limousine, 4 Türen, 5 Sitze; leer ab 1280 kg.
Coupé, 2 Türen, 4 Sitze; leer ab 1270 kg.

Motor: (JIS), 6 Zyl. in Linie (78×69.7 mm), 1998 cm³; Kompr. 9.5:1; 96 kW (131 PS) bei 5600/min, 48 kW/L (65.3 PS/L); 172 Nm (17.5 mkp) bei 4400/min; 91 ROZ.

Motorkonstruktion: Bezeichnung RB 20E; Ventile in V; 1 obenl. Nockenwelle (Zahnriemen); Leichtmetall-Zylinderkopf; 7fach gelagerte Kurbelwelle; Öl 4.7 L; elektron. Einspritzung.
Batterie 45 Ah, Alternator 60 A; Wasserkühlung, Inh. 9 L.

Kraftübertragung: (auf Hinterräder), a. W. Differentialbremse.
5-Gang-Getriebe: I. 3.32; II. 1.9; III. 1.31; IV. 1; V. 0.84; R 3.38; Achse 4.08.
4-Stufen-Automat: I. 3.03; II. 1.62; III. 1; IV. 0.69; R 2.27; Achse 4.08.

Fahrgestell: Selbsttragende Karosserie; vorn Federbeine, Zugstreben, obere Dreieckquerlenker; hinten Dreieckquerlenker, oberer Querlenker, diagonale Druckstreben; v/h Kurvenstabilisator, Schraubenfedern, Teleskopdämpfer.

Fahrwerk: Vierrad-Scheibenbremse (vorn belüftet), a.W. ABS, Handbremse auf Hinterräder; Zahnstangenlenkung mit Servo, Treibstofftank 65 L; Reifen 185/70 R 14, 205/60 HR 15, Felgen 6 J.

Dimensionen: Radstand 272 cm, Spur 148/147 cm, Bodenfreih. 14 cm, Wendekreis 10.4 m, Länge 472 cm/Coupé 464 cm, Breite 172 cm, Höhe 134 cm.

Fahrleistungen: Vmax (Red.) über 190 km/h, V bei 1000/min im 5. Gang 33.4 km/h; Leistungsgew. 13.2 kg/kW (9.8 kg/PS); Verbrauch (Red.) 8/14 L/100 km.

2.0 – 131 ch Injection d'essence

Carrosserie, poids: Berline, 4 portes, 5 places; vide dès 1280 kg.
Coupé, 2 portes, 4 pl.; vide dès 1270 kg.

Moteur: (JIS), 6 cyl. en ligne (78×69.7 mm), 1998 cm³; compr. 9.5:1; 96 kW (131 ch) à 5600/min, 48 kW/L (65.3 ch/L); 172 Nm (17.5 mkp) à 4400/min; 91 (R).

Moteur (constr.): désignation RB 20E; soupapes en V; 1 arbre à cames en tête (courroie crantée); culasse en alliage léger; vilebrequin à 7 paliers; huile 4.7 L; injection électronique.
Batterie 45 Ah, alternateur 60 A; refroidissement à eau, capac. 9 L.

Transmission: (sur roues AR), différentiel autobloquant s.d.
Boîte à 5 vit.: I. 3.32; II. 1.9; III. 1.31; IV. 1; V. 0.84; AR 3.38; pont 4.08.
Boîte aut. à 4 vit.: I. 3.03; II. 1.62; III. 1; IV. 0.69; AR 2.27; pont 4.08.

Châssis: carrosserie autoporteuse; AV leviers transv., tirants, leviers triang. superieur; AR leviers triang. transv., levier transv. sup., barres de poussée obliques; AV/AR barre anti-dévers, ressorts hélic, amortiss. télesc.

Train roulant: quatre freins à disques (AV ventilés), ABS s. d., frein à main sur roues AR; servodirection à crémaillère, réservoir carb. 65 L; pneus 185/70 R 14, 205/60 HR 15, jantes 6 J.

Dimensions: empattement 272 cm, voie 148/147 cm, garde au sol 14 cm, diam. de braq. 10.4 m, longueur 472 cm/Coupé 464 cm, largeur 172 cm, hauteur 134 cm.

Performances: Vmax (réd.) plus de 190 km/h, V à 1000/min en 5. vit. 33.4 km/h; rapp. poids/puiss. 13.2 kg/kW (9.8 kg/ch); consomm. (Red.) 8/14 L/100 km.

2.5 24V – 190 PS Benzineinspritzung

Wie 2.0 – 131 PS, ausgenommen:

Karosserie, Gewicht: Limousine; leer ab 1340 kg, 4WD 1460 kg.
Coupé; leer ab 1320 kg, 4WD 1440 kg.

2.5 24V – 190 ch Injection d'essence

Comme 2.0 – 131 ch, sauf:

Carrosserie, poids: Berline; vide dès 1340 kg, 4WD 1460 kg.
Coupé; vide dès 1320 kg, 4WD 1440 kg.

Motor: (JIS), 6 Zyl. in Linie (86×71.7 mm), 2499 cm³; Kompr. 10:1; 140 kW (190 PS) bei 6400/min, 56 kW/L (76.2 PS/L); 230 Nm (23.4 mkp) bei 4800/min; 91 ROZ. Mit Spezialauspuff: 147 kW (200 PS).

Motorkonstruktion: Bezeichnung RB 25DE; 4 Ventile in V 46°; 2 obenl. Nockenwellen (Zahnriemen).

Kraftübertragung:
5-Gang-Getriebe: I. 3.32; II. 1.9; III. 1.31; IV. 1; V. 0.76; R 3.38; Achse 4.36.
4WD: 5-Gang-Getriebe: I. 3.58; II. 2.08; III. 1.36; IV. 1; V. 0.76; R 3.64; Achse 4.36.
4-Stufen-Automat: I. 2.79; II. 1.55; III. 1; IV. 0.69; R 2.27; Achse 4.36.

Fahrwerk: Vierrad-Scheibenbremse (v/h belüftet), Reifen 205/60 HR 15.

Fahrleistungen: Vmax (Red.) über 210 km/h, V bei 1000/min im 5. Gang 34.5 km/h; Leistungsgew. 8.9 kg/kW (6.6 kg/PS); Verbrauch (Red.) 9/15 L/100 km.

Moteur: (JIS), 6 cyl. en ligne (86×71.7 mm), 2499 cm³; compr. 10:1; 140 kW (190 ch) à 6400/min, 56 kW/L (76.2 ch/L); 230 Nm (23.4 mkp) à 4800/min; 91 (R). Avec échapp. spéc.: 147 kW (200 ch).

Moteur (constr.): désignation RB 25DE; 4 soupapes en V 46°; 2 arbres à cames en tête (courroie crantée).

Transmission:
Boîte à 5 vit.: I. 3.32; II. 1.9; III. 1.31; IV. 1; V. 0.76; AR 3.38; pont 4.36.
4WD: boîte à 5 vit.: I. 3.58; II. 2.08; III. 1.36; IV. 1; V. 0.76; AR 3.64; pont 4.36.
Boîte aut. à 4 vit.: I. 2.79; II. 1.55; III. 1; IV. 0.69; AR 2.27; pont 4.36.

Train roulant: quatre freins à disques (AV/AR ventilés), pneus 205/60 HR 15.

Performances: Vmax (réd.) plus de 210 km/h, V à 1000/min en 5. vit. 34.5 km/h; rapp. poids/puiss. 8.9 kg/kW (6.6 kg/ch); consomm. (Red.) 9/15 L/100 km.

Nissan Skyline

2.5 24V – 250 PS Benzineinspritzung/Turbo

Wie 2.0 – 131 PS, ausgenommen:

Karosserie, Gewicht: Limousine/Coupé; leer ab 1390/1370 kg.

Motor: (JIS), 6 Zyl. in Linie (86×71.7 mm), 2499 cm³; Kompr. 9:1; 184 kW (250 PS) bei 6400/min, 73.6 kW/L (100.1 PS/L); 294 Nm (30 mkp) bei 4800/min; 91 ROZ.
Automat: 180 kW (245 PS); 274 Nm (28 mkp).

Motorkonstruktion: Bezeichnung RB 25DET; 4 Ventile in V 46°; 2 obenl. Nockenwellen (Zahnriemen); Leichtmetall-Zylinderkopf; 7fach gelagerte Kurbelwelle; Öl 4.7 L; elektron. Einspritzung, 1 Turbolader, Intercooler.
Batterie 60 Ah, Alternator 80 A; Wasserkühlung, Inh. 11 L.

Kraftübertragung:
5-Gang-Getriebe: I. 3.21; II. 1.93; III. 1.3; IV. 1; V. 0.75; R 3.37; Achse 4.11.
4-Stufen-Automat: I. 2.79; II. 1.55; III. 1; IV. 0.69; R 2.27; Achse 4.36.

Fahrwerk: Vierrad-Scheibenbremse (v/h belüftet), Reifen 205/55 VR 16, 225/50 VR 16, Felgen 6.5 J, 7.5 J.

Fahrleistungen: Vmax (Red.) über 230 km/h, V bei 1000/min im 5. Gang 37.5 km/h; Leistungsgew. 7.4 kg/kW (5.4 kg/PS); Verbrauch (Red.) 9/16 L/100 km.

2.5 24V – 250 ch Injection d'essence/turbo

Comme 2.0 – 131 ch, sauf:

Carrosserie, poids: Berline/Coupé; vide dès 1390/1370 kg.

Moteur: (JIS), 6 cyl. en ligne (86×71.7 mm), 2499 cm³; compr. 9:1; 184 kW (250 ch) à 6400/min, 73.6 kW/L (100.1 ch/L); 294 Nm (30 mkp) à 4800/min; 91 (R).
Automat.: 180 kW (245 ch); 274 Nm (28 mkp).

Moteur (constr.): désignation RB 25DET; 4 soupapes en V 46°; 2 arbres à cames en tête (courroie crantée); culasse en alliage léger; vilebrequin à 7 paliers; huile 4.7 L; injection électronique, 1 turbocompr., Intercooler.
Batterie 60 Ah, alternateur 80 A; refroidissement à eau, capac. 11 L.

Transmission:
Boîte à 5 vit.: I. 3.21; II. 1.93; III. 1.3; IV. 1; V. 0.75; AR 3.37; pont 4.11.
Boîte aut. à 4 vit.: I. 2.79; II. 1.55; III. 1; IV. 0.69; AR 2.27; pont 4.36.

Train roulant: quatre freins à disques (AV/AR ventilés), pneus 205/55 VR 16, 225/50 VR 16, jantes 6.5 J, 7.5 J.

Performances: Vmax (réd.) plus de 230 km/h, V à 1000/min en 5. vit. 37.5 km/h; rapp. poids/puiss. 7.4 kg/kW (5.4 kg/ch); consomm. (Red.) 9/16 L/100 km.

2.6 24V – 280 PS Benzineinspritzung/Turbo

Wie 2.0 – 131 PS, ausgenommen:

Karosserie, Gewicht: Coupé; leer ab 1530 kg.

Motor: (JIS), 6 Zyl. in Linie (86×73.7 mm), 2569 cm³; Kompr. 8.5:1; 206 kW (280 PS) bei 6800/min, 80.2 kW/L (109 PS/L); 368 Nm (37.5 mkp) bei 4400/min; 91 ROZ.

2.6 24V – 280 ch Injection d'essence/turbo

Comme 2.0 – 131 ch, sauf:

Carrosserie, poids: Coupé; vide dès 1530 kg.

Moteur: (JIS), 6 cyl. en ligne (86×73.7 mm), 2569 cm³; compr. 8.5:1; 206 kW (280 ch) à 6800/min, 80.2 kW/L (109 ch/L); 368 Nm (37.5 mkp) à 4400/min; 91 (R).

Nissan 407

Nissan Skyline GT-R

Motorkonstruktion: Bezeichnung RB 26DETT; 4 Ventile in V 46°; 2 obenl. Nokkenwellen (Zahnriemen); 2 Turbolader, Intercooler.
Batterie 60 Ah, Alternator 80 A; Wasserkühlung, Inh. 11 L.

Kraftübertragung: (4WD permanent), zentrales Diff. mit Viskokupplung; hintere Differentialbremse, variable Drehmomentverteilung v/h.
5-Gang-Getriebe: I. 3.21; II. 1.93; III. 1.3; IV. 1; V. 0.75; R 3.37. Achse 4.11.

Fahrwerk: Vierrad-Scheibenbremse (v/h belüftet), Reifen 245/45 ZR 17, Felgen 9 J.

Dimensionen: Wendekreis 11.4 m, Länge 467.5 cm, Breite 178 cm, Höhe 136 cm.

Fahrleistungen: Vmax (Red.) über 250 km/h, V bei 1000/min in 5. Gang 37.5 km/h; Leistungsgew. 7.5 kg/kW (5.5 kg/PS); Verbrauch (Red.) 10/17 L/100 km.

Moteur (constr.): désignation RB 26DETT; 4 soupapes en V 46°; 2 arbres à cames en tête (courroie crantée); 2 turbocompresseurs, Intercooler.
Batterie 60 Ah, alternateur 80 A; refroidissement à eau, capac. 11 L.

Transmission: (4WD permanent), diff. central avec visco-coupleur; différentiel autobloquant AR, répartition du couple AV/AR variable.
Boîte à 5 vit.: I. 3.21; II. 1.93; III. 1.3; IV. 1; V. 0.75; AR 3.37; pont 4.11.

Train roulant: quatre freins à disques (AV/AR ventilés), pneus 245/45 ZR 17, jantes 9 J.

Dimensions: diam. de braq. 11.4 m, long. 467.5 cm, largeur 178 cm, hauteur 136 cm.

Performances: Vmax (réd.) plus de 250 km/h, V à 1000/min en 5. vit. 37.5 km/h; rapp. poids/puiss. 7.5 kg/kW (5.5 kg/ch); consomm. (Red.) 10/17 L/100 km.

Nissan Stagea

Neues Modell. Luxuriöser Station Wagon mit 2- oder 2.5-Liter-Sechszylindermotoren, Getriebeautomat, Hinterrad- oder Allradantrieb. Debüt Oktober 1996.

Nouveau modèle. Station-wagon luxueux avec moteurs 2 ou 2.5 litres 6 cylindres, boîte automatique, traction AR ou 4WD. Lancement octobre 1996.

2.0 – 131 PS Benzineinspritzung

Karosserie, Gewicht: Station Wagon, 5 Türen, 5 Sitze; leer ab 1430 kg.

Motor: (JIS), 6 Zyl. in Linie (78×69.7 mm), 1998 cm³; Kompr. 9.5:1; 96 kW (131 PS) bei 5600/min, 48 kW/L (65.6 PS/L); 172 Nm (17.5 mkp) bei 4400/min; 95 ROZ.

Motorkonstruktion: Bezeichnung RB20E; Ventile in V; 1 obenl. Nockenwelle (Zahnriemen); Leichtmetall-Zylinderkopf; 7fach gelagerte Kurbelwelle; Öl 4.7 L; elektron. Einspritzung.
Batterie 45 Ah, Alternator 60 A; Wasserkühlung, Inh. 9 L.

Kraftübertragung: (auf Hinterräder), a. W. Differentialbremse.
4-Stufen-Automat: I. 3.03; II. 1.62; III. 1; IV. 0.69; R 2.27; Achse 4.083.

2.0 – 131 ch Injection d'essence

Carrosserie, poids: Station-wagon, 5 portes, 5 places; vide dès 1430 kg.

Moteur: (JIS), 6 cyl. en ligne (78×69.7 mm), 1998 cm³; compr. 9.5:1; 96 kW (131 ch) à 5600/min, 48 kW/L (65.6 ch/L); 172 Nm (17.5 mkp) à 4400/min; 95 (R).

Moteur (constr.): désignation RB20E; soupapes en V; 1 arbre à cames en tête (courroie crantée); culasse en alliage léger; vilebrequin à 7 paliers; huile 4.7 L; injection électronique.
Batterie 45 Ah, alternateur 60 A; refroidissement à eau, capac. 9 L.

Transmission: (sur roues AR), différentiel autobloquant s.d.
Boîte aut. à 4 vit.: I. 3.03; II. 1.62; III. 1; IV. 0.69; AR 2.27; pont 4.083.

Fahrgestell: Selbsttragende Karosserie; vorn Querlenker, Zugstreben, obere Dreieckquerlenker; hinten Mehrlenkerachse mit Längs-, Quer- und Schräglenkern, v/h Kurvenstab., Schraubenfedern, Teleskopd.

Fahrwerk: Vierrad-Scheibenbremse (vorn belüftet), ABS, Handbremse auf Hinterräder; Zahnstangenl. mit Servo, Treibstofftank 68 L; Reifen 195/65 R 15, Felgen 6 J.

Dimensionen: Radstand 272 cm, Spur 146/151.5 cm, Bodenfreih. 15 cm, Wendekreis 10.2 m, Länge 480 cm, Breite 175.5 cm, Höhe 149 cm.

Fahrleistungen: Vmax (Red.) 190 km/h, V bei 1000/min im 4. Gang 41 km/h; Leistungsgew. 14.9 kg/kW (10.9 kg/PS); Verbrauch (Red.) 8/13 L/100 km.

Châssis: carrosserie autoporteuse; AV leviers transv., tirants, leviers triang. superieur; AR essieu à multiples bras (leviers longit., obliques et transv.), AV/AR barre anti-dévers, ressorts hélic, amortiss. télesc.

Train roulant: quatre freins à disques (AV ventilés), ABS, frein à main sur roues AR; servodirection à crémaillère, réservoir carb. 68 L; pneus 195/65 R 15, jantes 6 J.

Dimensions: empattement 272 cm, voie 146/151.5 cm, garde au sol 15 cm, diam. de braq. 10.2 m, longueur 480 cm, largeur 175.5 cm, hauteur 149 cm.

Performances: Vmax (réd.) 190 km/h, V à 1000/min en 4. vit. 41 km/h; rapp. poids/puiss. 14.9 kg/kW (10.9 kg/ch); consomm. (Red.) 8/13 L/100 km.

2.5 24V – 190 PS Benzineinspritzung

Wie 2.0 – 131 PS, ausgenommen:

Gewicht: leer ab 1470 kg.

Motor: (JIS), 6 Zyl. in Linie (86×71.7 mm), 2499 cm³; Kompr. 10:1; 140 kW (190 PS) bei 6400/min, 56 kW/L (76.2 PS/L); 230 Nm (23.4 mkp) bei 4800/min; 91 ROZ.

Motorkonstruktion: Bezeichnung RB 25DE; 4 Ventile in V 46°; 2 obenl. Nockenwellen (Zahnriemen).

Kraftübertragung: (auf Hinterräder/4WD permanent), zentrales Diff. mit Viskokupplung; hintere Differentialbremse, variable Drehmomentverteilung v/h.
4-Stufen-Automat: I. 2.79; II. 1.55; III. 1; IV. 0.69; R 2.27; Achse 4.08, 4WD 4.36.

Fahrwerk: Vierrad-Scheibenbremse (v/h belüftet), Reifen 205/60 HR 15.

Fahrleistungen: Vmax (Red.) 210 km/h, V bei 1000/min im 4. Gang 40.7 km/h; Leistungsgew. 10.6 kg/kW (7.7 kg/PS); Verbrauch (Red.) 9/15 L/100 km.

2.5 24V – 190 ch Injection d'essence

Comme 2.0 – 131 ch, sauf:

Poids: vide dès 1470 kg.

Moteur: (JIS), 6 cyl. en ligne (86×71.7 mm), 2499 cm³; compr. 10:1; 140 kW (190 ch) à 6400/min, 56 kW/L (76.2 ch/L); 230 Nm (23.4 mkp) à 4800/min; 91 (R).

Moteur (constr.): désignation RB 25DE; 4 soupapes en V 46°; 2 arbres à cames en tête (courroie crantée).

Transmission: (sur roues AR/4WD permanent), diff. central avec visco-coupleur; différentiel autobloquant AR, répartition du couple AV/AR variable.
Boîte aut. à 4 vit.: I. 2.79; II. 1.55; III. 1; IV. 0.69; AR 2.27; pont 4.08, 4WD 4.36.

Train roulant: quatre freins à disques (AV/AR ventilés), pneus 205/60 HR 15.

Performances: Vmax (réd.) 210 km/h, V à 1000/min en 4. vit. 40.7 km/h; rapp. poids/puiss. 10.6 kg/kW (7.7 kg/ch); consomm. (Red.) 9/15 L/100 km.

Nissan Stagea

2.5 24V – 235 PS Benzineinspritzung/Turbo

Wie 2.0 – 131 PS, ausgenommen:

Gewicht: leer ab 1620 kg.

Motor: (JIS), 6 Zyl. in Linie (86×71.7 mm), 2499 cm³; Kompr. 9:1; 173 kW (235 PS) bei 6400/min, 69.2 kW/L (94.1 PS/L); 272 Nm (27.7 mkp) bei 4800/min; 91 ROZ.

Motorkonstruktion: Bezeichnung RB 25DET; 4 Ventile in V 46°; 2 obenl. Nockenwellen (Zahnriemen); 1 Turbolader, Intercooler.
Wasserkühlung, Inh. 10 L.

Kraftübertragung: (4WD permanent), zentrales Diff. mit Viskokupplung; hintere Differentialbremse, variable Drehmomentverteilung v/h.
4-Stufen-Automat: I. 2.79; II. 1.55; III. 1; IV. 0.69; R 2.27; Achse 4.08.

2.5 24V – 235 ch Injection d'essence/turbo

Comme 2.0 – 131 ch, sauf:

Poids: vide dès 1620 kg.

Moteur: (JIS), 6 cyl. en ligne (86×71.7 mm), 2499 cm³; compr. 9:1; 173 kW (235 ch) à 6400/min, 69.2 kW/L (94.1 ch/L); 272 Nm (27.7 mkp) à 4800/min; 91 (R).

Moteur (constr.): désignation RB 25DET; 4 soupapes en V 46°; 2 arbres à cames en tête (courroie crantée); 1 turbocompr., Intercooler.
Refroidissement à eau, capac. 10 L.

Transmission: (4WD permanent), diff. central avec visco-coupleur; différentiel autobloquant AR, répartition du couple AV/AR variable.
Boîte aut. à 4 vit.: I. 2.79; II. 1.55; III. 1; IV. 0.69; AR 2.27; pont 4.08.

Nissan Stagea

Nissan

Fahrwerk: Vierrad-Scheibenbremse (v/h belüftet), Reifen 205/60 HR 15, 205/55 VR 15.

Fahrleistungen: Vmax (Red.) 225 km/h, V bei 1000/min im 4. Gang 40.7 km/h; Leistungsgew. 9.4 kg/kW (6.9 kg/PS); Verbrauch (Red.) 9/16 L/100 km.

Train roulant: quatre freins à disques (AV/AR ventilés), pneus 205/60 HR 15, 205/55 VR 15.

Performances: Vmax (réd.) 225 km/h, V à 1000/min en 4. vit. 40.7 km/h; rapp. poids/puiss. 9.4 kg/kW (6.9 kg/ch); consomm. (Red.) 9/16 L/100 km.

Nissan Laurel

Limousine der gehobenen Mittelklasse mit Hinterradantrieb. Débüt 1968. Dezember 1988: Modellreihe überarbeitet. Januar 1993: Laurel neu.

Berline de la classe moyenne supérieure avec propulsion. Lancement 1968. Décembre 1988: Gamme remaniée. Janvier 1993: Nouveau Laurel.

2.0 – 125/150 PS Benzineinspritzung

Karosserie, Gewicht: Limousine, 4 Türen, 5 Sitze; leer ab 1330 kg.

Motor: (JIS), 6 Zyl. in Linie (78×69.7 mm), 1998 cm³; Kompr. 9.5:1; 92 kW (125 PS) bei 5600/min, 46 kW/L (62.6 PS/L); 172 Nm (17.5 mkp) bei 4400/min; 91 ROZ. 2.0/24V: Kompr. 10.2:1; 110 kW (150 PS) bei 6400/min; 182 Nm (18,6 mkp) bei 5200/min.

Motorkonstruktion: Bez. RB 20E; Ventile in V; 1 obenl. Nockenwelle (Zahnriemen); Leichtmetall-Zylinderkopf; 7fach gelagerte Kurbelwelle; Öl 4.7 L; elektron. Einspr. Batterie 45 Ah, Alternator 50 A; Wasserkühlung, Inh. 7 L.

2.0 – 125/150 ch Injection d'essence

Carrosserie, poids: Berline, 4 portes, 5 places; vide dès 1330 kg.

Moteur: (JIS), 6 cyl. en ligne (78×69.7 mm), 1998 cm³; compr. 9.5:1; 92 kW (125 ch) à 5600/min, 46 kW/L (62.6 PS/L); 172 Nm (17.5 mkp) à 4400/min; 91 (R). 2.0/24V: compression 10.2:1; 110 kW (150 ch) à 6400/min; 182 Nm (18,6 mkp) à 5200/min.

Moteur (constr.): désign. RB 20E; soupapes en V; 1 arbre à cames en tête (courroie crantée); culasse en alliage léger; vilebrequin à 7 paliers; huile 4.7 L; inj. électron. Batterie 45 Ah, alternateur 50 A; refroidissement à eau, capac. 7 L.

Nissan Laurel

Kraftübertragung: (auf Hinterräder), a. W. Differentialbremse.
4-Stufen-Automat: I. 3.03; II. 1.62; III. 1; IV. 0.69; R 2.27; Achse 3.92.
5-Stufen-Automat: I. 3.86; II. 2.14; III. 1.38; IV. 1; V. 0.69; R 3.15; Achse 4.08.

Fahrgestell: Selbsttragende Karosserie; vorn Federbeine, Querlenker, Zugstreben; hinten Mehrlenkerachse mit Längs-, Quer- und Schräglenkern, v/h Kurvenstabilisator, Schraubenfedern, Teleskopdämpfer.

Fahrwerk: Vierrad-Scheibenbremse (vorn belüftet), a.W. ABS, Handbremse auf Hinterräder; Zahnstangenlenkung mit Servo, Treibstofftank 65 L; Reifen 185/70 HR 14, 195/65 HR 15, 205/60 HR 15; Felgen 6 J.

Dimensionen: Radstand 272 cm, Spur 146/147 cm, Bodenfreih. 14 cm, Wendekreis 11 m, Länge 471 cm, Breite 172 cm, Höhe 138 cm.

Fahrleistungen: Vmax (Red.) über 190 km/h, V bei 1000/min im 4. Gang 35.2 km/h; Leistungsgew. 14.5 kg/kW (10.6 kg/PS); Verbrauch (Red.) 8/12 L/100 km.

Transmission: (sur roues AR), différentiel autobloquant s.d.
Boîte aut. à 4 vit.: I. 3.03; II. 1.62; III. 1; IV. 0.69; AR 2.27; pont 3.92.
Boîte aut. à 5 vit.: I. 3.86; II. 2.14; III. 1.38; IV. 1; V. 0.69; AR 3.15; pont 4.08.

Châssis: carrosserie autoporteuse; AV jambes élast., leviers transv., tirants; AR essieu à multiples bras (leviers longit., obliques et transv.), AV/AR barre anti-dévers, ressorts hélic, amortiss. télesc.

Train roulant: quatre freins à disques (AV ventilés), ABS s. d., frein à main sur roues AR; servodirection à crémaillère, réservoir carb. 65 L; pneus 185/70 HR 14, 195/65 HR 15, 205/60 HR 15; jantes 6 J.

Dimensions: empattement 272 cm, voie 146/147 cm, garde au sol 14 cm, diam. de braq. 11 m, longueur 471 cm, largeur 172 cm, hauteur 138 cm.

Performances: Vmax (réd.) plus de 190 km/h, V à 1000/min en 4. vit. 35.2 km/h; rapp. poids/puiss. 14.5 kg/kW (10.6 kg/ch); consomm. (Red.) 8/12 L/100 km.

2.5 24V – 190/235 PS Benzineinspritzung

Wie 2.0 – 125 PS, ausgenommen:

Gewicht: leer ab 1420 kg.

Motor: (JIS), 6 Zyl. in Linie (86×71.7 mm), 2499 cm³; Kompr. 10:1; 140 kW (190 PS) bei 6400/min, 56 kW/L (76.2 PS/L); 230 Nm (23.4 mkp) bei 4800/min; 91 ROZ. Turbo/Interc.: K. 9:1; 173 kW (235 PS) bei 6400/min; 272 Nm (28 mkp) bei 4800/min.

2.5 24V – 190/235 ch Injection d'essence

Comme 2.0 – 125 ch, sauf:

Poids: vide dès 1420 kg.

Moteur: (JIS), 6 cyl. en ligne (86×71.7 mm), 2499 cm³; compr. 10:1; 140 kW (190 ch) à 6400/min, 56 kW/L (76.2 ch/L); 230 Nm (23.4 mkp) à 4800/min; 91 (R). Turbo/Interc.: compr. 9:1; 173 kW (235 ch) à 6400/min; 272 Nm (28 mkp) à 4800/min.

Motorkonstruktion: Bezeichnung RB 25DE; 4 Ventile in V 46°; 2 obenl. Nockenwellen (Zahnriemen). Alternator 60 A; Wasserkühlung, Inh. 9 L.

Kraftübertragung:
5-Stufen-Automat: I. 3.86; II. 2.14; III. 1.38; IV. 1; V. 0.69; R 3.15; Achse 3.54.
4-Stufen-Automat: I. 2.79; II. 1.55; III. 1; IV. 0.69; R 2.27; Achse 4.08.

Fahrleistungen: Vmax (Red.) über 210 km/h, V bei 1000/min im 5. Gang 47.3 km/h; Leistungsgew. 10.2 kg/kW (7.3 kg/PS); Verbrauch (Red.) 9/17 L/100 km.

Moteur (constr.): désignation RB 25DE; 4 soupapes en V 46°; 2 arbres à cames en tête (courroie crantée). Alternateur 60 A; refr. à eau, capac. 9 L.

Transmission:
Boîte aut. à 5 vit.: I. 3.86; II. 2.14; III. 1.38; IV. 1; V. 0.69; R 3.15; pont 3.54.
Boîte aut. à 4 vit.: I. 2.79; II. 1.55; III. 1; IV. 0.69; AR 2.27; pont 4.08.

Performances: Vmax (réd.) plus de 210 km/h, V à 1000/min en 5. vit. 47.3 km/h; rapp. poids/puiss. 10.2 kg/kW (7.3 kg/ch); consomm. (Red.) 9/17 L/100 km.

2.8 – 101 PS Diesel

Wie 2.0 – 125 PS, ausgenommen:

Gewicht: leer ab 1410 kg.

Motor: (JIS), 6 Zyl. in Linie (85×83 mm), 2826 cm³; Kompr. 22.4:1; 74 kW (101 PS) bei 4800/min, 26.2 kW/L (35.6 PS/L); 179 Nm (18.2 mkp) bei 2400/min; Dieselöl.

Motorkonstruktion: Bezeichnung RD 28; 2 Ventile parallel; Öl 5.4 L; Einspritzpumpe. Batt. 70 Ah, Altern. 60 A; Wasser 9 L.

Kraftübertragung:
5-Gang-Getriebe: I. 3.32; II. 1.9; III. 1.31; IV. 1; V. 0.84; R 3.38; Achse 3.92.
4-Stufen-Automat: I. 2.79; II. 1.55; III. 1; IV. 0.69; R 2.27; Achse 3.69.

Fahrleistungen: Vmax (Red.) 170 km/h, V bei 1000/min im 5. Gang 38.4 km/h; Leistungsgew. 19.1 kg/kW (14 kg/PS); Verbrauch (Red.) 7/11 L/100 km.

2.8 – 101 ch Diesel

Comme 2.0 – 125 ch, sauf:

Poids: vide dès 1410 kg.

Moteur: (JIS), 6 cyl. en ligne (85×83 mm), 2826 cm³; compr. 22.4:1; 74 kW (101 ch) à 4800/min, 26.2 kW/L (35.6 ch/L); 179 Nm (18.2 mkp) à 2400/min; gazole.

Moteur (constr.): désignation RD 28; 2 soup. en parallèle; huile 5.4 L; pompe à inj. Batt. 70 Ah, altern. 60 A; eau 9 L.

Transmission:
Boîte à 5 vit.: I. 3.32; II. 1.9; III. 1.31; IV. 1; V. 0.84; AR 3.38; pont 3.92.
Boîte aut. à 4 vit.: I. 2.79; II. 1.55; III. 1; IV. 0.69; AR 2.27; pont 3.69.

Performances: Vmax (réd.) 170 km/h, V à 1000/min en 5. vit. 38.4 km/h; rapp. poids/puiss. 19.1 kg/kW (14 kg/ch); consomm. (Red.) 7/11 L/100 km.

Nissan Maxima - Cefiro

Viertürige Limousine der Mittelklasse mit quer eingebautem V6- Motor (2, 2,5 oder 3 Liter Hubraum) und Frontantrieb. Bezeichnung in Japan: Cefiro. Débüt Cefiro August, Maxima Herbst 1994.

Berline 4 portes de la classe moyenne avec moteur V6 (2, 2,5 ou 3 litres) transversal et roues AV motrices. Désignation au Japon: Cefiro. Lancement Cefiro août, Maxima automne 1994.

2.0 V6 24V – 140 PS Benzineinspritzung

Karosserie, Gewicht: Limousine, 4 Türen, 5 Sitze; leer ab 1310 kg, max. zul. 2005 kg. Japan ab 1290 kg.

Motor: (ECE), 6 Zyl. in V 60° (76×73.3 mm), 1995 cm³; Kompr. 9.5:1; 103 kW (140 PS) bei 6400/min, 51.6 kW/L (70.2 PS/L); 177 Nm (18 mkp) bei 4400/min; 95 ROZ. JIS: 114 kW (155 PS); 186 Nm.

Motorkonstruktion: Bezeichnung VQ 20DE; 4 Ventile in V; 2×2 obenl. Nockenwellen (Zahnriemen); Leichtmetall-Zylinderköpfe und -block; 4fach gelagerte Kurbelwelle; Öl 3.9 L; elektron. Einspritzung. Batterie 60 Ah, Alternator 100 A; Wasserkühlung, Inh. 9 L.

Kraftübertragung: (auf Vorderräder).
5-Gang-Getriebe: I. 3.29; II. 1.85; III. 1.27; IV. 0.95; V. 0.8; R 3.43; Achse 4.47, 4.17.
4-Stufen-Automat: I. 2.79; II. 1.55; III. 1; IV. 0.69; R 2.27; Achse 4.43.

2.0 V6 24V – 140 ch Injection d'essence

Carrosserie, poids: Berline, 4 portes, 5 pl.; vide dès 1310 kg, tot. adm. 2005 kg. Japon dès 1290 kg.

Moteur: (ECE), 6 cyl. en V 60° (76×73.3 mm), 1995 cm³; compr. 9.5:1; 103 kW (140 ch) à 6400/min, 51.6 kW/L (70.2 ch/L); 177 Nm (18 mkp) à 4400/min; 95 (R). JIS: 114 kW (155 ch); 186 Nm.

Moteur (constr.): désignation VQ 20DE; 4 soupapes en V; 2×2 arbres à cames en tête (courroie crantée); culasses et bloc-cyl. en alliage léger; vilebrequin à 4 paliers; huile 3.9 L; injection électronique. Batterie 60 Ah, alternateur 100 A; refroidissement à eau, capac. 9 L.

Transmission: (sur roues AV).
Boîte à 5 vit.: I. 3.29; II. 1.85; III. 1.27; IV. 0.95; V. 0.8; AR 3.43; pont 4.47, 4.17.
Boîte aut. à 4 vit.: I. 2.79; II. 1.55; III. 1; IV. 0.69; AR 2.27; pont 4.43.

Nissan Maxima QX

Nissan

Fahrgestell: Selbsttragende Karosserie; vorn Federbeine und Dreieckquerlenker; hinten Torsionskurbelachse, Längslenker, Scott-Russel-Querlenker; v/h Kurvenstabilisator, Schraubenfedern, Teleskopdämpfer.

Fahrwerk: Vierrad-Scheibenbremse (vorn belüftet), ABS, Handbremse auf Hinterräder; Zahnstangenlenkung, Treibstofftank 70 L; Reifen 195/65 HR 15, 215/60 HR 15, Felgen 6 J, 6.5 J.

Dimensionen: Radstand 270 cm, Spur 152/150 cm, Bodenfreih. 14 cm, Wendekreis 11.6 m, Kofferraum 440 dm^3, Länge 477 cm, Breite 177 cm, Höhe 142 cm.

Fahrleistungen: Vmax (Werk) 201 km/h, V bei 1000/min im 5. Gang 32 km/h; 0–100 km/h 11.3 s; Leistungsgew. 13.1 kg/kW (9.6 kg/PS); Verbrauch ECE 7.2/9.4/10.9 L/100 km.
Aut.: Vmax 181 km/h, 0–100 km/h 14.1 s; Verbrauch ECE 9.2/12.1 L/100 km.

Châssis: carr. autoporteuse; AV jambes élast. et leviers triang. transv.; AR essieu à manivelles à torsion, bras longitud., barre transversal Scott-Russel; AV/AR barre anti-dévers, ressorts hélic, amortiss. télesc.

Train roulant: quatre freins à disques (AV ventilés), ABS, frein à main sur roues AR; direction à crémaillère, réservoir carb. 70 L; pneus 195/65 HR 15, 215/60 HR 15, jantes 6 J, 6.5 J.

Dimensions: empattement 270 cm, voie 152/150 cm, garde au sol 14 cm, diam. de braq. 11.6 m, coffre 440 dm^3, longueur 477 cm, largeur 177 cm, hauteur 142 cm.

Performances: Vmax (usine) 201 km/h, V à 1000/min en 5. vit. 32 km/h; 0–100 km/h 11.3 s; rapp. poids/puiss. 13.1 kg/kW (9.6 kg/ch); consomm. ECE 7.2/9.4/10.9 L/100 km.
Aut.: Vmax 181 km/h, 0–100 km/h 14.1 s; consomm. ECE 9.2/12.1 L/100 km.

Nissan Maxima QX

2.5 V6 24V – 190 PS Benzineinspritzung

Wie 2.0 – 140 PS, ausgenommen:

Gewicht: leer ab 1340 kg.

Motor: (JIS), 6 Zyl. in V 60° (85×73.3 mm), 2496 cm^3; Kompr. 10:1; 140 kW (190 PS) bei 6400/min, 56.1 kW/L (76.2 PS/L); 235 Nm (24 mkp) bei 4000/min; 91 ROZ.

Motorkonstruktion: Bez. VQ 25DE.

Kraftübertragung:
4-Stufen-Automat: I. 2.79; II. 1.55; III. 1; IV. 0.69; R 2.27; Achse 3.86.

Fahrwerk: Reifen 205/65 HR 15.

Fahrleistungen: Vmax (Red.) 210 km/h, V bei 1000/min im 4. Gang 44.5 km/h; Leistungsgew. 9.6 kg/kW (7.1 kg/PS); Verbrauch (Red.) 8/14 L/100 km.

2.5 V6 24V – 190 ch Injection d'essence

Comme 2.0 – 140 ch, sauf:

Poids: vide dès 1340 kg.

Moteur: (JIS), 6 cyl. en V 60° (85×73.3 mm), 2496 cm^3; compr. 10:1; 140 kW (190 ch) à 6400/min, 56.1 kW/L (76.2 PS/L); 235 Nm (24 mkp) à 4000/min; 91 (R).

Moteur (constr.): désignation VQ 25DE.

Transmission:
Boîte aut. à 4 vit.: I. 2.79; II. 1.55; III. 1; IV. 0.69; AR 2.27; pont 3.86.

Train roulant: pneus 205/65 HR 15.

Performances: Vmax (réd.) 210 km/h, V à 1000/min en 4. vit. 44.5 km/h; rapp. poids/puiss. 9.6 kg/kW (7.1 kg/ch); consomm. (Réd.) 8/14 L/100 km.

3.0 V6 24V – 193 PS Benzineinspritzung

Wie 2.0 – 140 PS, ausgenommen:

Gewicht: leer ab 1360 kg, max. zul. 2005 kg.

Motor: (ECE), 6 Zyl. in V 60° (93×73.3 mm), 2988 cm^3; Kompr. 10:1; 142 kW (193 PS) bei 6400/min, 47.5 kW/L (64.6 PS/L); 255 Nm (26 mkp) bei 4000/min; 95 ROZ.
JIS: 162 kW (220 PS); 280 Nm.

Motorkonstruktion: Bez. VQ 30DE.

Kraftübertragung: Differentialbremse.
5-Gang-Getriebe: I. 3.29; II. 1.85; III. 1.27; IV. 0.95; V. 0.8; R 3.43; Achse 3.82.
4-Stufen-Automat: I. 2.79; II. 1.55; III. 1; IV. 0.69; R 2.27; Achse 3.62.

Fahrwerk: Reifen 205/65 HR 15, 215/60 VR 15, Felgen 6.5 J.

3.0 V6 24V – 193 ch Injection d'essence

Comme 2.0 – 140 ch, sauf:

Poids: vide dès 1360 kg, tot. adm. 2005 kg.

Moteur: (ECE), 6 cyl. en V 60° (93×73.3 mm), 2988 cm^3; compr. 10:1; 142 kW (193 ch) à 6400/min, 47.5 kW/L (64.6 ch/L); 255 Nm (26 mkp) à 4000/min; 95 (R).
JIS: 162 kW (220 ch); 280 Nm.

Moteur (constr.): désignation VQ 30DE.

Transmission: différentiel autobloquant.
Boîte à 5 vit.: I. 3.29; II. 1.85; III. 1.27; IV. 0.95; V. 0.8; AR 3.43; pont 3.82.
Boîte aut. à 4 vit.: I. 2.79; II. 1.55; III. 1; IV. 0.69; AR 2.27; pont 3.62.

Train roulant: pneus 205/65 HR 15, 215/60 VR 15, jantes 6.5 J.

Fahrleistungen: Vmax (Werk) 230 km/h, V bei 1000/min im 5. Gang 39 km/h; 0–100 km/h 8.3 s; Leistungsgew. 9.6 kg/kW (7 kg/PS); Verbrauch ECE 7.4/9.4/12.1 L/100 km.
Aut.: Vmax 210 km/h, 0–100 km/h 9.6 s; Verbrauch ECE 7.1/9/12.6 L/100 km.

Performances: Vmax (usine) 230 km/h, V à 1000/min en 5. vit. 39 km/h; 0–100 km/h 8.3 s; rapp. poids/puiss. 9.6 kg/kW (7 kg/ch); consomm. ECE 7.4/9.4/12.1 L/100 km.
Aut.: Vmax 210 km/h, 0–100 km/h 9.6 s; consomm. ECE 7.1/9/12.6 L/100 km.

Nissan Cedric/Gloria/Leopard

Klassische Limousine. Juni 1987: Überarbeitete V6-Motoren, neue Karosserien. Juni 1991: Modifizierte Karosserien und Mechanik. Für 1992/93 Limousine Leopard J. Ferie, für US-Markt als Infiniti.

Berline classique. Juin 1987: Moteurs V6 modernisés, nouvelles carr. 1991: Carrosseries et mécanique modifiées. Pour 1992/93 berline Leopard J. Ferie, aussi comme Infiniti pour les USA.

2.0 V6 – 125 PS Benzineinspritzung

2.0 V6 – 125 ch Injection d'essence

Karosserie, Gewicht: Limousine, 4 Türen, 5 - 6 Sitze; leer ab 1360 kg.
Hardtop: 4 Türen, 5 Sitze; leer ab 1530 kg.
Leopard; 4 Türen, 5 Sitze; leer ab 1540 kg.
Station Wagon, 5 Türen, 7 Sitze; leer ab 1425 kg.

Motor: (JIS), 6 Zyl. in V 60° (78×69.7 mm), 1998 cm^3; Kompr. 9.5:1; 92 kW (125 PS) bei 6000/min, 46 kW/L (62.6 PS/L); 167 Nm (17 mkp) bei 3200/min; 91 ROZ.
Für Export (Vergaser, DIN): 4 Zyl. in Linie (84,5×88 mm), 1975 cn^3; Kompr. 8,5:1; 71 kW (96 PS) bei 5200/min; 156 Nm (15,8 mkp) bei 3600/min.

Motorkonstruktion: Bezeichnung VG 20E; 2 Ventile in V; 2×1 obenl. Nockenwelle (Zahnriemen); Leichtmetall-Zylinderköpfe; 4fach gelagerte Kurbelwelle, Öl 4.5 L; elektron. Einspritzung.

Batterie 45 Ah, Alternator 50 A; Wasserkühlung, Inh. 9 L.

Kraftübertragung: (auf Hinterräder), a. W. Differentialbremse.
5-Gang-Getriebe: I. 3.59; II. 2.06; III. 1.36; IV. 1; V. 0.82; R 3.66; Achse 4.63; 4.38.
4-Stufen-Automat: I. 2.79; II. 1.55; III. 1; IV. 0.69; R 2.27.

Fahrgestell: Selbsttragende Karosserie; vorn Federbeine, Querlenker, Zugstreben, Kurvenstabilisator; hinten Schräglenker, einige Modelle Mehrlenkerachse mit Längs-, Quer- und Schräglenkern, Kurvenstabilisator, Schraubenfedern, Teleskopdämpfer; a.W. Luftfederung mit Niveauregulierung.

Fahrwerk: Vierrad-Scheibenbremse (vorn belüftet), a.W. ABS, Handbremse auf Hinterräder mit Servo, Treibstofftank 72 L; a.W. 80 L; Reifen 185 R 14, 195/70 R 14, Felgen 5.5 J, 6 J.

Dimensionen: Radstand 273.5 cm, Spur 144/140 cm, Bodenfreih. 15 cm, Wendekreis 11.8 m, Länge 469 cm, Breite 169.5 cm, Höhe 142 cm.
Hardtop: Radstand 280 cm, Spur 150/149.5 cm, Bodenfreih. 14 cm, Länge 487 cm, Breite 176.5 cm, Höhe 143 cm.
Wagon: Radstand 273 cm, Spur 143/140 cm, Länge 474 cm, Breite 169 cm, Höhe 150 cm.

Fahrleistungen: Vmax (Red.) 180 km/h, V bei 1000/min im 5. Gang 31.4 km/h; Leistungsgew. 14.8 kg/kW (10.9 kg/PS); Verbrauch (Red.) 8/13 L/100 km.

Carrosserie, poids: Berline, 4 portes, 5 - 6 places; vide dès 1360 kg.
Hardtop: 4 portes, 5 pl.; vide dès 1530 kg.
Leopard: 4 portes, 5 pl.; vide dès 1540 kg.
Station-wagon, 5 portes, 7 places; vide dès 1425 kg.

Moteur: (JIS), 6 cyl. en V 60° (78×69.7 mm), 1998 cm^3; compr. 9.5:1; 92 kW (125 ch) à 6000/min, 46 kW/L (62.6 ch/L); 167 Nm (17 mkp) à 3200/min; 91 (R).
Pour l'export. (carburateur, DIN): 4 Zyl. in Linie (84,5×88 mm), 1975 cn^3; Kompr. 8,5:1; 71 kW (96 ch) à 5200/min; 156 Nm (15,8 mkp) à 3600/min.

Moteur (constr.): désignation VG 20E; 2 soupapes en V; 2×1 arbre à cames en tête (courroie crantée); culasses en alliage léger; vilebrequin à 4 paliers; huile 4.5 L; injection électronique.

Batterie 45 Ah, alternateur 50 A; refroidissement à eau, capac. 9 L.

Transmission: (sur roues AR), différentiel autobloquant s.d.
Boîte à 5 vit.: I. 3.59; II. 2.06; III. 1.36; IV. 1; V. 0.82; AR 3.66; pont 4.63; 4.38.
Boîte aut. à 4 vit.: I. 2.79; II. 1.55; III. 1; IV. 0.69; AR 2.27.

Châssis: carrosserie autoporteuse; AV jambes élast., leviers transv., tirants, barre anti-dévers; AR triangles obliques, quelques modèles à multiples bras (leviers longit., obliques et transv.), barre anti-dévers, ressorts hélic, amortiss. télesc.; s.d. susp. pneumat. avec régl. du niveau.

Train roulant: quatre freins à disques (AV ventilés), ABS s. d., frein à main sur roues AR; servodirection à crémaillère, réservoir carb. 72 L; s.d. 80 L; pneus 185 R 14, 195/70 R 14, jantes 5.5 J, 6 J.

Dimensions: empattement 273.5 cm, voie 144/140 cm, garde au sol 15 cm, diam. de braq. 11.8 m, longueur 469 cm, largeur 169.5 cm, hauteur 142 cm.
Hardtop: empattement 280 cm, voie 150/149.5 cm, garde au sol 14 cm, longueur 487 cm, largeur 176.5 cm, hauteur 143 cm.
Wagon: empattement 273 cm, voie 143/140 cm, longueur 474 cm, largeur 169 cm, hauteur 150 cm.

Performances: Vmax (réd.) 180 km/h, V à 1000/min en 5. vit. 31.4 km/h; rapp. poids/puiss. 14.8 kg/kW (10.9 kg/ch); consomm. (Réd.) 8/13 L/100 km.

Nissan Cedric

Nissan

Nissan Cedric Hardtop

3.0 V6 – 160 PS
Benzineinspritzung

Wie 2.0 – 125 PS, ausgenommen:

Karosserie, Gewicht: Limousine, leer ab 1480 kg.
Hardtop; leer ab 1530 kg.
Station Wagon, leer ab 1425 kg.

Motor: (JIS), 6 Zylinder in V 60° (87×83 mm), 2960 cm³; Kompression 9:1; 118 kW (160 PS) bei 5200/min, 39.9 kW/L (54.2 PS/L); 248 Nm (25.3 mkp) bei 3200/min; 91 ROZ.
Export (DIN): 106 kW (143 PS) oder 96 kW (130 PS).

Motorkonstruktion: Bezeichnung VG 30E. Wasserkühlung, Inh. 11 L.

Kraftübertragung:
5-Gang-Getriebe: I. 3.32; II. 1.9; III. 1.31; IV. 1; V. 0.84; R 3.38; Achse 3.89.
4-Stufen-Automat: I. 2.46; II. 1.46; III. 1; IV. 0.76; R 3.38; Achse 3.7; 4.1.
5-Stufen-Automat: I. 3.86; II. 2.14; III. 1.38; IV. 1; V. 0.69; R 3.15; Achse 3.15.

Fahrwerk: Reifen 195/70 R 14, 215/65 HR 15, 205/55 VR 16; Felgen 6/6.5 J.

Fahrleistungen: Vmax (Red.) über 190 km/h, V bei 1000/min im 5. Gang 46.1 km/h; Leistungsgew. 12.5 kg/kW (9.3 kg/PS); Verbrauch (Red.) 10/16 L/100 km.

3.0 V6 24V – 220 PS
Benzineinspritzung/Turbo

Wie 2.0 – 125 PS, ausgenommen:

Karosserie, Gewicht: Hardtop; leer ab 1530 kg.
Leopard; leer ab 1530 kg.

Motor: (JIS), 6 Zyl. in V 60° (93×73.3 mm), 2988 cm³; Kompr. 10:1; 162 kW (220 PS) bei 6400/min, 54.2 kW/L (73.7 PS/L); 280 Nm (28.5 mkp) bei 4400/min; 91 ROZ.
Turbo/Intercooler: Kompr. 9:1; 199 kW (270 PS) bei 6000/min; 370 Nm (37,5 mkp) bei 3600/min.

Motorkonstruktion: Bezeichnung VG 30DET/DE; 4 Ventile in V; 2×2 obenl. Nokkenwellen (Zahnriemen); Leichtmetall-Zylinderköpfe und -block.

Kraftübertragung:
4-Stufen-Automat: I. 2.57; II. 1.48; III. 1; IV. 0.69; R 2.3; Achse 3.69; 3.92.
Leopard 4-Stufen-Automat: I. 2.78; II. 1.54; III. 1; IV. 0.69; R 2.27; Achse 4.08; 3.92.

Fahrwerk: ABS, Reifen 205/65 HR 15, 215/55 VR 16, Felgen 6 J, 6.5 J.

Fahrleistungen: Vmax (Red.) über 220 km/h, V bei 1000/min im 4. Gang 46.3 km/h; Leistungsgew. 9.4 kg/kW (7 kg/PS); Verbrauch (Red.) 12/20 L/100 km.

3.0 V6 – 160 ch
Injection d'essence

Comme 2.0 – 125 ch, sauf:

Carrosserie, poids: Berline, vide dès 1480 kg.
Hardtop; vide dès 1530 kg.
Station-wagon, ; vide dès 1425 kg.

Moteur: (JIS), six cylindres en V 60° (87×83 mm), 2960 cm³; compression 9:1; 118 kW (160 ch) à 5200/min, 39.9 kW/L (54.2 ch/L); 248 Nm (25.3 mkp) à 3200/min; 91 (R).
Export (DIN): 106 kW (143 ch) ou 96 kW (130 ch).

Moteur (constr.): désignation VG 30E. Refroidissement à eau, capac. 11 L.

Transmission:
Boîte à 5 vit.: I. 3.32; II. 1.9; III. 1.31; IV. 1; V. 0.84; AR 3.38; pont 3.89.
Boîte aut. à 4 vit.: I. 2.46; II. 1.46; III. 1; IV. 0.76; AR 3.38; pont 3.7; 4.1.
Boîte aut. à 5 vit.: I. 3.86; II. 2.14; III. 1.38; IV. 1; V. 0.69; AR 3.15; pont 3.15.

Train roulant: pneus 195/70 R 14, 215/65 HR 15, 205/55 VR 16; jantes 6/6.5 J.

Performances: Vmax (réd.) plus de 190 km/h, V à 1000/min en 5. vit. 46.1 km/h; rapp. poids/puiss. 12.5 kg/kW (9.3 kg/ch); consomm. (Red.) 10/16 L/100 km.

3.0 V6 24V – 220 ch
Injection d'essence/turbo

Comme 2.0 – 125 ch, sauf:

Carrosserie, poids: Hardtop; vide dès 1530 kg.
Leopard; vide dès 1530 kg.

Moteur: (JIS), 6 cyl. en V 60° (93×73.3 mm), 2988 cm³; compr. 10:1; 162 kW (220 ch) à 6400/min, 54.2 kW/L (73.7 ch/L); 280 Nm (28.5 mkp) à 4400/min; 91 (R).
Turbo/Intercooler: compr. 9:1; 199 kW (270 ch) à 6000/min; 370 Nm (37,5 mkp) à 3600/min.

Moteur (constr.): désignation VG 30DET/DE; 4 soupapes en V; 2×2 arbres à cames en tête (courroie crantée); culasses et bloc-cyl. en alliage léger.

Transmission:
Boîte aut. à 4 vit.: I. 2.57; II. 1.48; III. 1; IV. 0.69; AR 2.3; pont 3.69; 3.92.
Leopard: Boîte aut. à 4 vit.: I. 2.78; II. 1.54; III. 1; IV. 0.69; AR 2.27; pont 4.08; 3.92.

Train roulant: ABS, pneus 205/65 HR 15, 215/55 VR 16; jantes 6 J, 6.5 J.

Performances: Vmax (réd.) plus de 220 km/h, V à 1000/min en 4. vit. 46.3 km/h; rapp. poids/puiss. 9.4 kg/kW (7 kg/ch); consomm. (Red.) 12/20 L/100 km.

4.1 V8 32V – 269 PS
Benzineinspritzung

Wie 2.0 – 125 PS, ausgenommen:

Karosserie, Gewicht: Leopard; leer ab 1650 kg.

Motor: (JIS), 8 Zyl. in V 90° (93×76 mm), 4130 cm³; Kompr. 10.5:1; 198 kW (269 PS) bei 6000/min, 47.9 kW/L (65.2 PS/L); 371 Nm (37.8 mkp) bei 4400/min; 91 ROZ.

Motorkonstruktion: Bez. VH 41DE; 4 Ventile in V; 2×2 obenl. Nockenwellen (Kette); Leichtmetall-Zylinderköpfe und -block; 5fach gelagerte Kurbelwelle; Öl 6.6 L.

Kraftübertragung: Antriebsschlupfreg.
4-Stufen-Automat: I. 2.57; II. 1.48; III. 1; IV. 0.69; R 2.3; Achse 3.69.

Fahrwerk: ABS, Reifen 215/60 HR 15, 215/55 VR 16, Felgen 6 J, 6.5 J.

Fahrleistungen: Vmax (Red.) über 230 km/h, V bei 1000/min im 4. Gang 46 km/h; Leistungsgew. 8.3 kg/kW (6.1 kg/PS); Verbrauch (Red.) 10/17 L/100 km.

2.8 – 101 PS
Diesel

Wie 2.0 – 125 PS, ausgenommen:

Karosserie, Gewicht: Limousine; leer ab 1430 kg.
Hardtop; leer ab 1560 kg.

Motor: (JIS), 6 Zyl. in Linie (85×83 mm), 2826 cm³; Kompr. 22.4:1; 74 kW (101 PS) bei 4800/min, 26.2 kW/L (35.6 PS/L); 179 Nm (18.2 mkp) bei 2400/min; Dieselöl.
Je nach Modell auch 69 kW (94 PS).
Exp. (4 Zyl. /OHV, DIN): (89x 92 mm), 2289 cm³; Kompr. 21,9:1; 51 kW (69 PS) bei 4300/min; 147 Nm (15 mkp) bei 2200/min.

Motorkonstruktion: Bez. RD 28; 2 Ventile parallel; 1 obenl. Nockenwelle (Zahnriemen); Grauguss-Zylinderkopf; 7fach gelagerte Kurbelwelle; Öl 5.4 L; Einspritzp. Batterie 70 Ah, Alternator 60 A.

Kraftübertragung:
5-Gang-Getriebe: I. 3.59; II. 2.06; III. 1.36; IV. 1; V. 0.82; R 3.66; Achse 4.08.
4-Stufen-Automat: I. 2.79; II. 1.55; III. 1; IV. 0.69; R 2.27; Achse 4.08.

Fahrleistungen: Vmax (Red.) über 160 km/h, V bei 1000/min im 5. Gang 35.5 km/h; Leistungsgew. 19.3 kg/kW (14.2 kg/PS); Verbrauch (Red.) 7/12 L/100 km.

4.1 V8 32V – 269 ch
Injection d'essence

Comme 2.0 – 125 ch, sauf:

Carrosserie, poids: Leopard; vide dès 1650 kg.

Moteur: (JIS), 8 cyl. en V 90° (93×76 mm), 4130 cm³; compr. 10.5:1; 198 kW (269 ch) à 6000/min, 47.9 kW/L (65.2 ch/L); 371 Nm (37.8 mkp) à 4400/min; 91 (R).

Moteur (constr.): désignation VH 41DE; 4 soupapes en V; 2×2 arbres à cames en tête (chaîne); culasses et bloc-cyl. en alliage léger; vilebrequin à 5 paliers; huile 6.6 L.

Transmission: dispositif antipatinage.
Boîte aut. à 4 vit.: I. 2.57; II. 1.48; III. 1; IV. 0.69; AR 2.3; pont 3.69.

Train roulant: ABS, pneus 215/60 HR 15, 215/55 VR 16, jantes 6 J, 6.5 J.

Performances: Vmax (réd.) plus de 230 km/h, V à 1000/min en 4. vit. 46 km/h; rapp. poids/puiss. 8.3 kg/kW (6.1 kg/ch); consomm. (Red.) 10/17 L/100 km.

2.8 – 101 ch
Diesel

Comme 2.0 – 125 ch, sauf:

Carrosserie, poids: Berline; vide dès 1430 kg.
Hardtop; vide dès 1560 kg.

Moteur: (JIS), 6 cyl. en ligne (85×83 mm), 2826 cm³; compr. 22.4:1; 74 kW (101 ch) à 4800/min, 26.2 kW/L (35.6 ch/L); 179 Nm (18.2 mkp) à 2400/min; gazole.
Selon modèle avec 69 kW (94 ch).
Export (4 Zyl. /OHV, DIN): (89x 92 mm), 2289 cm³; Kompr. 21,9:1; 51 kW (69 ch) bei 4300/min; 147 Nm (15 mkp) à 2200/min.

Moteur (constr.): désignation RD 28; 2 soup. en parallèle; 1 arbre à cames en tête (courroie crantée); culasse en fonte; vilebrequin à 7 paliers; huile 5.4 L; pompe à inj. Batterie 70 Ah, alternateur 60 A.

Transmission:
Boîte à 5 vit.: I. 3.59; II. 2.06; III. 1.36; IV. 1; V. 0.82; AR 3.66; pont 4.08.
Boîte aut. à 4 vit.: I. 2.79; II. 1.55; III. 1; IV. 0.69; AR 2.27; pont 4.08.

Performances: Vmax (réd.) plus de 160 km/h, V à 1000/min en 5. vit. 35.5 km/h; rapp. poids/puiss. 19.3 kg/kW (14.2 kg/ch); consomm. (Red.) 7/12 L/100 km.

Nissan Cima

Luxusversion des Cedric/Gloria. Sommer 1991: Neuauflage mit verkleinertem V8 aus dem President/Infiniti. Herbst 1992 auch als 4WD. September 1993 mit 3.0-V6-Turbo. Sommer 1996: Neuauflage, in den USA als Infiniti Q.

Version luxe de la Cedric/Gloria. Eté 1991: Nouvelle édition, av. V8 de cyl. réduit issue de la President/Infiniti. Automne 1992 aussi comme 4WD. Sept. 1993 aussi avec 3.0 V6 turbo. Eté 1996: nouvelle édition. aux USA comme Infiniti Q.

3.0 V6 24V – 269 PS
Benzineinspritzung/Turbo

Karosserie, Gewicht: Limousine, 4 Türen, 5 - 6 Sitze; leer ab 1620 kg.

Motor: (JIS), 6 Zyl. in V 60° (93×73.3 mm), 2988 cm³; Kompr. 9:1; 198 kW (269 PS) bei 6000/min, 66.3 kW/L (90.1 PS/L); 368 Nm (37.5 mkp) bei 3600/min; 95 ROZ.

Motorkonstruktion: Bezeichnung VQ30DET; 4 Ventile in V 46°; 2×2 obenl. Nockenwellen (Zahnriemen); Leichtmetall-Zylinderköpfe; 4fach gelagerte Kurbelwelle; Öl 4.4 L; elektron. Einspritzung, 1 Turbolader, Intercooler. Batterie 60 Ah, Alternator 70 A; Wasserkühlung, Inh. 10 L.

3.0 V6 24V – 269 ch
Injection d'essence/turbo

Carrosserie, poids: Berline, 4 portes, 5 - 6 places; vide dès 1620 kg.

Moteur: (JIS), 6 cyl. en V 60° (93×73.3 mm), 2988 cm³; compr. 9:1; 198 kW (269 ch) à 6000/min, 66.3 kW/L (90.1 ch/L); 368 Nm (37.5 mkp) à 3600/min; 95 (R).

Moteur (constr.): désignation VQ30DET; 4 soupapes en V 46°; 2×2 arbres à cames en tête (courroie crantée); culasses en alliage léger; vilebrequin à 4 paliers; huile 4.4 L; injection électronique, 1 turbocompr., Intercooler. Batterie 60 Ah, alternateur 70 A; refroidissement à eau, capac. 10 L.

Nissan 411

Nissan Cima

Kraftübertragung: (auf Hinterräder), a. W. Differentialbremse.
4-Stufen-Automat: I. 2.57; II. 1.48; III. 1; IV. 0.69; R 2.3; Achse 3.92.

Fahrgestell: Selbsttragende Karosserie mit vorderem und hinterem Hilfsrahmen; vorn Federbeine, Längslenker, Zugstreben; hinten Mehrlenkerachse mit Längs-, Quer- und Schräglenkern, Schraubenfedern; v/h Kurvenstab.; elektron. Dämpferregulierung.

Fahrwerk: Vierrad-Scheibenbremse (v/h belüftet), ABS, Handbremse auf Hinterräder; Zahnstangenl. mit Servo, Treibstofftank 80 L; Reifen 215/60 R 16, Felgen 6.5 J.

Dimensionen: Radstand 283 cm, Spur 154/154 cm, Bodenfreih. 16 cm, Wendekreis 12.5 m, Länge 497 cm, Breite 182 cm, Höhe 145 cm.

Fahrleistungen: Vmax (Red.) 230 km/h, V bei 1000/min im 4. Gang 47.2 km/h; Leistungsgew. 8.2 kg/kW (6 kg/PS); Verbrauch (Red.) 13/21 L/100 km.

4.1 V8 32V – 269 PS Benzineinspritzung

Wie 3.0 – 269 PS, ausgenommen:

Gewicht: leer ab 1710 kg.

Motor: (JIS), 8 Zyl. in V 90° (93×76 mm), 4130 cm³; Kompr. 10.5:1; 198 kW (269 PS) bei 6000/min, 47.9 kW/L (65.2 PS/L); 371 Nm (37.8 mkp) bei 4400/min; 91 ROZ.

Motorkonstruktion: Bezeichnung VH 41DE; 4 Ventile in V; 2×2 obenl. Nockenwellen (Kette); Leichtmetall-Zylinderköpfe und -block; 5fach gelagerte Kurbelwelle; Öl 6.6 L; elektron. Einspritzung.

Kraftübertragung:
4-Stufen-Automat: I. 2.57; II. 1.48; III. 1; IV. 0.69; R 2.3; Achse 3.69.

Fahrleistungen: Vmax (Red.) 230 km/h, V bei 1000/min im 4. Gang 50.1 km/h; Leistungsgew. 8.6 kg/kW (6.4 kg/PS); Verbrauch (Red.) 10/17 L/100 km.

Transmission: (sur roues AR), différentiel autobloquant s.d.
Boîte aut. à 4 vit.: I. 2.57; II. 1.48; III. 1; IV. 0.69; AR 2.3; pont 3.92.

Châssis: carrosserie autoporteuse avec faux-châssis AV et AR; AV jambes élast., bras longitud., tirants; AR essieu à multiples bras (leviers longit., obliques et transv.), ressorts hélicoïdaux; AV/AR barre anti-dévers; amortiss. à réglage électron.

Train roulant: quatre freins à disques (AV/AR ventilés), ABS, frein à main sur roues AR; servodirection à crémaillère, réservoir carb. 80 L; pneus 215/60 R 16, jantes 6.5 J.

Dimensions: empattement 283 cm, voie 154/154 cm, garde au sol 16 cm, diam. de braq. 12.5 m, longueur 497 cm, largeur 182 cm, hauteur 145 cm.

Performances: Vmax (réd.) 230 km/h, V à 1000/min en 4. vit. 47.2 km/h; rapp. poids/puiss. 8.2 kg/kW (6 kg/ch); consomm. (Red.) 13/21 L/100 km.

4.1 V8 32V – 269 ch Injection d'essence

Comme 3.0 – 269 ch, sauf:

Poids: vide dès 1710 kg.

Moteur: (JIS), 8 cyl. en V 90° (93×76 mm), 4130 cm³; compr. 10.5:1; 198 kW (269 ch) à 6000/min, 47.9 kW/L (65.2 ch/L); 371 Nm (37.8 mkp) à 4400/min; 91 (R).

Moteur (constr.): désignation VH 41DE; 4 soupapes en V; 2×2 arbres à cames en tête (chaîne); culasses et bloc-cyl. en alliage léger; vilebrequin à 5 paliers; huile 6.6 L; injection électronique.

Transmission:
Boîte aut. à 4 vit.: I. 2.57; II. 1.48; III. 1; IV. 0.69; AR 2.3; pont 3.69.

Performances: Vmax (réd.) 230 km/h, V à 1000/min en 4. vit. 50.1 km/h; rapp. poids/puiss. 8.6 kg/kW (6.4 kg/ch); consomm. (Red.) 10/17 L/100 km.

Nissan SX/Silvia

Sportliches Coupé mit Hinterradantrieb. Debüt (6. Auflage) Oktober 1993. Für 1997: Facelift in Japan.

Coupé sportif avec roues AR motrices. Lancement (6e édition) octobre 1993. Pour 1997: Facelift au Japon.

2.0 16V – 200 PS Benzineinspritzung/Turbo

Karosserie, Gewicht: Coupé, 2 Türen, 4 Sitze; leer ab 1260 kg, max. zul. 1780 kg. Japan leer ab 1220 kg.

Motor: (ECE), 4 Zyl. in Linie (86×86 mm), 1998 cm³; Kompr. 8.5:1; 147 kW (200 PS) bei 6400/min, 73.6 kW/L (100 PS/L); 265 Nm (27 mkp) bei 4800/min; 95 ROZ.
JIS: 162 kW (220 PS) b. 6000/min; 275 Nm.

Motorkonstruktion: Bezeichnung SR 20 DET; 4 Ventile in V 29°; 2 obenl. Nockenwellen (Kette); Leichtmetall-Zylinderkopf und -block; 5fach gelagerte Kurbelwelle; Ölkühler; Öl 3.7 L; elektron. Einspritzung, ECCS, 1 Turbolader, Intercooler.
Batterie 60 Ah, Alternator 90 A; Wasserkühlung, Inh. 8 L.

Kraftübertragung: (auf Hinterräder), a. W. Differentialbremse.
5-Gang-Getriebe: I. 3.32; II. 1.9; III. 1.31; IV. 1; V. 0.84; R 3.38; Achse 3.69; 4.08.
4-Stufen-Automat: I. 2.79; II. 1.55; III. 1; IV. 0.69; R 2.27; Achse 3.92.

Fahrgestell: Selbsttragende Karosserie; vorn Federbeine, Querlenker, Zugstreben; hinten Mehrlenkerachse mit Längs-, Quer- und Schräglenkern, Schraubenfedern und koaxiale Dämpfer; v/h Kurvenstabilisator.

Fahrwerk: Vierrad-Scheibenbremse (vorn belüftet), Scheiben-Ø v. 28 cm, h. 25.8 cm, a.W. ABS, Handbremse auf Hinterräder; Zahnstangenl. mit Servo, Treibstofftank 65 L; Reifen 205/55 VR 16, Felgen 6.5 J.

Dimensionen: Radstand 252.5 cm, Spur 148/147 cm, Bodenfreih. 13 cm, Wendekreis 10.4 m, Kofferraum 240 dm³, Länge 452 cm, Breite 173 cm, Höhe 130 cm.

Fahrleistungen: Vmax (Werk) 235 km/h, V bei 1000/min im 5. Gang 37 km/h; 0–100 km/h 7.5 s; Leistungsgew. 8.6 kg/kW (6.3 kg/PS); Verbr. ECE 6.9/8.8/10.6 L/100 km.
Aut.: Vmax 223 km/h, 0–100 km/h 8.3 s; Verbr. ECE 6.8/8.9/12.1 L/100 km.

2.0 16V – 160 PS Benzineinspritzung

Wie 2.0 – 200 PS, ausgenommen:

Gewicht: leer ab 1140 kg.

Motor: (JIS), 4 Zyl. in Linie (86×86 mm), 1998 cm³; Kompr. 10:1; 118 kW (160 PS) bei 6400/min, 59 kW/L (80.3 PS/L); 188 Nm (19.2 mkp) bei 4800/min; 91 ROZ.
2.4 (USA/SAE): (89×96 mm), 2389 cm³; Kompr. 9.5:1; 115 kW (157 PS) bei 5600/min; 217 Nm bei 4400/min.

Motorkonstruktion: Bez. SR 20DE.

Kraftübertragung:
5-Gang-Getriebe: I. 3.32; II. 1.9; III. 1.31; IV. 1; V. 0.84; R 3.38; Achse 4.08.
4-Stufen-Automat: I. 2.79; II. 1.55; III. 1; IV. 0.69; R 2.27; Achse 4.08.

Fahrwerk: Scheiben-Ø v. 24.9 cm, h. 25.7 cm, Reifen 185/70 R 14, 205/55 VR 16, Felgen 6 J, 6.5 J.

Fahrleistungen: Vmax (Red.) 210 km/h, V bei 1000/min im 5. Gang 33 km/h; Leistungsgew. 9.7 kg/kW (7.1 kg/PS); Verbrauch (Red.) 7/12 L/100 km.

2.0 16V – 200 ch Injection d'essence/turbo

Carrosserie, poids: Coupé, 2 portes, 4 pl.; vide dès 1260 kg, tot. adm. 1780 kg. Japon vide dès 1220 kg.

Moteur: (ECE), 4 cyl. en ligne (86×86 mm), 1998 cm³; compr. 8.5:1; 147 kW (200 ch) à 6400/min, 73.6 kW/L (100 ch/L); 265 Nm (27 mkp) à 4800/min; 95 (R). JIS: 162 kW (220 ch) à 6000/min; 275 Nm.

Moteur (constr.): désignation SR 20 DET; 4 soupapes en V 29°; 2 arbres à cames en tête (chaîne); culasse et bloc-cyl. en alliage léger; vilebrequin à 5 paliers; radiat. d'huile 3.7 L; injection électronique, ECCS, 1 turbocompr., Intercooler.
Batterie 60 Ah, alternateur 90 A; refroidissement à eau, capac. 8 L.

Transmission: (sur roues AR), différentiel autobloquant s.d.
Boîte à 5 vit.: I. 3.32; II. 1.9; III. 1.31; IV. 1; V. 0.84; AR 3.38; pont 3.69; 4.08.
Boîte aut. à 4 vit.: I. 2.79; II. 1.55; III. 1; IV. 0.69; AR 2.27; pont 3.92.

Châssis: carrosserie autoporteuse; AV jambes élast., leviers transv., tirants; AR essieu à multiples bras (leviers longit., obliques et transv.), ressorts hélic. et amortisseurs coaxiaux; AV/AR barre anti-dévers.

Train roulant: quatre freins à disques (AV ventilés), Ø disques AV 28 cm, AR 25.8 cm, ABS s. d., frein à main sur roues AR; servodirection à crémaillère, réservoir carb. 65 L; pneus 205/55 VR 16, jantes 6.5 J.

Dimensions: empattement 252.5 cm, voie 148/147 cm, garde au sol 13 cm, diam. de braq. 10.4 m, coffre 240 dm³, longueur 452 cm, largeur 173 cm, hauteur 130 cm.

Performances: Vmax (usine) 235 km/h, V à 1000/min en 5. vit. 37 km/h; 0–100 km/h 7.5 s; rapp. poids/puiss. 8.6 kg/kW (6.3 kg/ch); consomm. ECE 6.9/8.8/10.6 L/100 km.
Aut.: Vmax 223 km/h, 0–100 km/h 8.3 s; consomm. ECE 6.8/8.9/12.1 L/100 km.

2.0 16V – 160 ch Injection d'essence

Comme 2.0 – 200 ch, sauf:

Poids: vide dès 1140 kg.

Moteur: (JIS), 4 cyl. en ligne (86×86 mm), 1998 cm³; compr. 10:1; 118 kW (160 ch) à 6400/min, 59 kW/L (80.3 ch/L); 188 Nm (19.2 mkp) à 4800/min; 91 (R).
2.4 (USA/SAE): (89×96 mm), 2389 cm³; compr. 9.5:1; 115 kW (157 ch) à 5600/min; 217 Nm à 4400/min.

Moteur (constr.): désignation SR 20DE.

Transmission:
Boîte à 5 vit.: I. 3.32; II. 1.9; III. 1.31; IV. 1; V. 0.84; AR 3.38; pont 4.08.
Boîte aut. à 4 vit.: I. 2.79; II. 1.55; III. 1; IV. 0.69; AR 2.27; pont 4.08.

Train roulant: Ø disques AV 24.9 cm, AR 25.7 cm, pneus 185/70 R 14, 205/55 VR 16, jantes 6 J, 6.5 J.

Performances: Vmax (réd.) 210 km/h, V à 1000/min en 5. vit. 33 km/h; rapp. poids/puiss. 9.7 kg/kW (7.1 kg/ch); consomm. (Red.) 7/12 L/100 km.

Nissan SX

Nissan

Nissan 300 ZX

Sportwagen mit V6-Motor und Hinterradantrieb. Chicago Motor Show, Februar 1989: Modellreihe erneuert. EU-Export seit 1990. Herbst 1989: Twin-Turbo mit 283 PS. A.W. mit T-Roof. Detroit 1992: Auch als Cabriolet.

Voiture de sport avec V6, roues AR motrices. Chicago Motor Show, février 1989: Gamme renouvelée. Exportation (EU) en 1990. Automne 1989: Twin-Turbo avec 283 ch. S.d. avec T-Roof. Detroit 1992: Aussi cabriolet.

3.0 V6 24V – 230 PS Benzineinspritzung
3.0 V6 24V – 230 ch Injection d'essence

Karosserie, Gewicht: Coupé, 3 Türen, 2 Sitze; leer ab 1460 kg.
Coupé: 3 Türen, 2+2 Sitze; leer ab 1500 kg, USA 1550 kg.

Carrosserie, poids: Coupé, 3 portes, 2 places; vide dès 1460 kg.
Coupé: 3 portes, 2+2 places; vide dès 1500 kg, USA 1550 kg.

Motor: (JIS), 6 Zyl. in V 60° (87×83 mm), 2960 cm³; Kompr. 10.5:1; 169 kW (230 PS) bei 6400/min, 57.1 kW/L (77.6 PS/L); 273 Nm (27.8 mkp) bei 4800/min; 95 ROZ.

Moteur: (JIS), 6 cyl. en V 60° (87×83 mm), 2960 cm³; compr. 10.5:1; 169 kW (230 ch) à 6400/min, 57.1 kW/L (77.6 ch/L); 273 Nm (27.8 mkp) à 4800/min; 95 (R).

Motorkonstruktion: Bezeichnung VG 30DE; 4 Ventile in V 46°; variable Steuerzeiten; 2×2 obenl. Nockenwellen (Zahnriemen); Leichtmetall-Zylinderköpfe; 4fach gelagerte Kurbelwelle; Ölkühler; Öl 4.4 L; elektron. Einspritzung.
Batterie 60 Ah, Alternator 70 A; Wasserkühlung, Inh. 10 L.

Moteur (constr.): désignation VG 30DE; 4 soupapes en V 46°; distribution variable; 2×2 arbres à cames en tête (courroie crantée); culasses en alliage léger; vilebrequin à 4 paliers, radiat. d'huile; huile 4.4 L; injection électronique.
Batterie 60 Ah, alternateur 70 A; refroidissement à eau, capac. 10 L.

Nissan 300 ZX

Kraftübertragung: (auf Hinterräder), a. W. Differentialbremse.
5-Gang-Getriebe: I. 3.21; II. 1.93; III. 1.3; IV. 1; V. 0.75; R 3.37; Achse 4.08.
4-Stufen-Automat: I. 2.79; II. 1.55; III. 1; IV. 0.69; R 2.27; Achse 4.08.

Transmission: (sur roues AR), différentiel autobloquant s.d.
Boîte à 5 vit.: I. 3.21; II. 1.93; III. 1.3; IV. 1; V. 0.75; AR 3.37; pont 4.08.
Boîte aut. à 4 vit.: I. 2.79; II. 1.55; III. 1; IV. 0.69; AR 2.27; pont 4.08.

Fahrgestell: Selbsttragende Karosserie; vorn Schraubenfedern und koaxiale Dämpfer; untere und obere Querlenker, Zugstreben; hinten Dreieckquerlenker, oberer Querlenker; v/h Kurvenstabilisator.

Châssis: carrosserie autoporteuse; AV ressorts hélicoïdaux et amortisseurs coaxiaux; leviers transversaux inf. et sup., tirants; AR leviers triang. transv., levier transv. sup.; AV/AR barre anti-dévers.

Fahrwerk: Vierrad-Scheibenbremse (v/h belüftet), Scheiben-∅ v. 28 cm, h. 29.7 cm, ABS, Handbremse auf Hinterräder; Zahnstangenlenkung mit Servo, Treibstofftank 72 L; Reifen 225/50 VR 16, Felgen 7.5 J.

Train roulant: quatre freins à disques (AV/AR ventilés), ∅ disques AV 28 cm, AR 29.7 cm, ABS, frein à main sur roues AR; servodirection à crémaillère, réservoir carb. 72 L; pneus 225/50 VR 16, jantes 7.5 J.

Dimensionen: Radstand 245 cm, Spur 149.5/153.5 cm, Bodenfreih. 13 cm, Wendekreis 11.6 m, Kofferraum 325 dm³, Länge 431 cm, Breite 179 cm, Höhe 125 cm.
Coupé, 2+2 Sitze: Radstand 257 cm, Kofferraum 615 dm³, Länge 452.5 cm.

Dimensions: empattement 245 cm, voie 149.5/153.5 cm, garde au sol 13 cm, diam. de braq. 11.6 m, coffre 325 dm³, longueur 431 cm, largeur 179 cm, hauteur 125 cm.
Coupé, 2+2 places: empattement 257 cm, coffre 615 dm³, longueur 452.5 cm.

Fahrleistungen: Vmax (Werk) 235 km/h, V bei 1000/min im 5. Gang 37.7 km/h; 0–97 km/h 7 s; Leistungsgew. 8.5 kg/kW (6.3 kg/PS); Verbrauch (Red.) 9/15 L/100 km.

Performances: Vmax (usine) 235 km/h, V à 1000/min en 5. vit. 37.7 km/h; 0–97 km/h 7 s; rapp. poids/puiss. 8.5 kg/kW (6.3 kg/ch); consomm. (Red.) 9/15 L/100 km.

3.0 V6 24V – 280 PS Benzineinspritzung/Turbo
3.0 V6 24V – 280 ch Injection d'essence/turbo

Wie 3.0 – 230 PS, ausgenommen:
Gewicht: leer ab 1510 kg.

Comme 3.0 – 230 ch, sauf:
Poids: vide dès 1510 kg.

Motor: (JIS), 6 Zyl. in V 60° (87×83 mm), 2960 cm³; Kompr. 8.5:1; 206 kW (280 PS) bei 6400/min, 69.6 kW/L (94.6 PS/L); 388 Nm (39.6 mkp) bei 3600/min; 95 ROZ.

Moteur: (JIS), 6 cyl. en V 60° (87×83 mm), 2960 cm³; compr. 8.5:1; 206 kW (280 ch) à 6400/min, 69.6 kW/L (94.6 ch/L); 388 Nm (39.6 mkp) à 3600/min; 95 (R).

Motorkonstruktion: Bezeichnung VG 30 DETT; 2 Turbolader, Garrett T25, max. Ladedruck 0.63 bar, 2 Intercooler.

Moteur (constr.): désignation VG 30 DETT; 2 turbocompresseurs, Garrett T25, pression max. 0.63 bar.

Kraftübertragung:
5-Gang-Getriebe: I. 3.21; II. 1.93; III. 1.3; IV. 1; V. 0.75; R 3.37; Achse 3.69.
4-Stufen-Automat: I. 2.79; II. 1.55; III. 1; IV. 0.69; R 2.27; Achse 3.69.

Transmission:
Boîte à 5 vit.: I. 3.21; II. 1.93; III. 1.3; IV. 1; V. 0.75; AR 3.37; pont 3.69.
Boîte aut. à 4 vit.: I. 2.79; II. 1.55; III. 1; IV. 0.69; AR 2.27; pont 3.69.

Fahrwerk: Reifen v. 225/50 ZR 16, h. 245/45 ZR 16, Felgen v. 7.5, h. 8.5 J.

Train roulant: pneus AV 225/50 ZR 16, 245/45 ZR 16, jantes AV 7.5, AR 8.5 J.

Fahrleistungen: Vmax (Werk) 250 km/h, V bei 1000/min im 5. Gang 41.4 km/h; 0–100 km/h 6 s; steh. km 25.3 s; Leistungsgew. 8 kg/kW (5.9 kg/PS); Verbrauch ECE 8.3/10.5/14.5 L/100 km.

Performances: Vmax (usine) 250 km/h, V à 1000/min en 5. vit. 41.4 km/h; 0–100 km/h 6 s; km arrêté 25.3 s; rapp. poids/puiss. 8 kg/kW (5.9 kg/ch); consomm. ECE 8.3/10.5/14.5 L/100 km.

Nissan President

Repräsentationsfahrzeug mit V8-Motor. Debüt Tokio 1965. Oktober 1973: Modifikationen. Für 1990: Neuauflage auf der Basis des Infiniti Q45 mit verlängertem Radstand. April 1993: Fond-Airbag. Mai 1994: Änderungen an Karosserie und Interieur; JS mit 288 statt 303 cm Radstand.

Voiture de prestige avec moteur V8. Début Tokyo 1965. Octobre 1973: Modifications. Pour 1990: Nouvelle génération sur la base de la Q45 avec empattement rallongé. Avril 1993: Airbag AR. Mai 1994: Modifications à la carrosserie et à l'intérieur; JS avec empattement de 288 au lieu de 303 cm.

4.5 V8 32V – 269 PS Benzineinspritzung
4.5 V8 32V – 269 ch Injection d'essence

Karosserie, Gewicht: Limousine, 4 Türen, 5 Sitze; leer ab 1890 kg.
JS; 4 Türen, 5 Sitze; leer ab 1820 kg.
Royal; 4 Türen, 5 Sitze; leer ab 2100 kg.

Carrosserie, poids: Berline, 4 portes, 5 places; vide dès 1890 kg.
JS; 4 portes, 5 places; vide dès 1820 kg.
Royal; 4 portes, 5 places; vide dès 2100 kg.

Motor: (JIS), 8 Zyl. in V 90° (93×82.7 mm), 4494 cm³; Kompr. 10.2:1; 198 kW (269 PS) bei 5600/min, 44.1 kW/L (59.9 PS/L); 394 Nm (40.2 mkp) bei 4000/min; 95 ROZ.

Moteur: (JIS), 8 cyl. en V 90° (93×82.7 mm), 4494 cm³; compr. 10.2:1; 198 kW (269 ch) à 5600/min, 44.1 kW/L (59.9 ch/L); 394 Nm (40.2 mkp) à 4000/min; 95 (R).

Motorkonstruktion: Bezeichnung VH 45DE; 4 Ventile in V; 2×2 obenl. Nockenwellen (Kette); Leichtmetall-Zylinderköpfe und -block; 5fach gelagerte Kurbelwelle; Öl 6.6 L; elektron. Einspritzung, ECCS.
Batterie 65 Ah, Alternator 110 A; Wasserkühlung, Inh. 9.5 L.

Moteur (constr.): désignation VH 45DE; 4 soupapes en V; 2×2 arbres à cames en tête (chaîne); culasses et bloc-cyl. en alliage léger; vilebrequin à 5 paliers; huile 6.6 L; injection électronique, ECCS.
Batterie 65 Ah, alternateur 110 A; refroidissement à eau, capac. 9.5 L.

Kraftübertragung: (auf Hinterräder), Antriebsschlupfregelung.
4-Stufen-Automat: I. 2.78; II. 1.54; III. 1; IV. 0.69; R 2.27; Achse 3.36.

Transmission: (sur roues AR), Dispositif antipatinage.
Boîte aut. à 4 vit.: I. 2.78; II. 1.54; III. 1; IV. 0.69; AR 2.27; pont 3.36.

Fahrgestell: Selbsttragende Karosserie; vorn doppelte Querlenker; hinten Mehrlenkerachse mit Längs-, Quer- und Schräglenkern; v/h Kurvenstabilisator, Schraubenfedern, Teleskopdämpfer; autom. Niveauregulierung mit elektron. Dämpfersystem.

Châssis: carrosserie autoporteuse; AV leviers transv. doubles; AR essieu à multiples bras (leviers longit., obliques et transv.); AV/AR barre anti-dévers, ressorts hélic., amortiss. télesc.; réglage autom. de niveau avec système électron. d'amortissement.

Fahrwerk: Vierrad-Scheibenbremse (vorn belüftet), Scheiben-∅ v. 27.9 cm, h. 29.2 cm, ABS, Handbremse auf Hinterräder; Zahnstangenl. mit Servo, Treibstofftank 85 L; Reifen 215/65 R 15, Felgen 6.5 J.

Train roulant: quatre freins à disques (AV ventilés), ∅ disques AV 27.9 cm, AR 29.2 cm, ABS, frein à main sur roues AR; servodirection à crémaillère, réservoir carb. 85 L; pneus 215/65 R 15, jantes 6.5 J.

Dimensionen: Radstand 303 cm, Spur 157/157 cm, Wendekreis 12.8 m, Kofferraum 425 dm³, Länge 522.5 cm, Breite 183 cm, Höhe 143 cm.
JS: Radstand 288 cm, Wendekreis 12.2 m, Länge 507.5 cm.
Royal: Radstand 353 cm, Länge 572.5 cm.

Dimensions: empattement 303 cm, voie 157/157 cm, diam. de braq. 12.8 m, coffre 425 dm³, longueur 522.5 cm, largeur 183 cm, hauteur 143 cm.
JS: empattement 288 cm, diam. de braq. 12.2 m, longueur 507.5 cm.
Royal: empatt. 353 cm, longueur 572.5 cm.

Nissan President Royal Limousine

Nissan 413

Fahrleistungen: Vmax (Red.) 220 km/h, V bei 1000/min im 4. Gang 51.8 km/h; Leistungsgew. 9.2 kg/kW (6.7 kg/PS); Verbrauch (Red.) 12/20 L/100 km.

Performances: Vmax (réd.) 220 km/h, V à 1000/min en 4. vit. 51.8 km/h; rapp. poids/puiss. 9.2 kg/kW (6.7 kg/ch); consomm. (Red.) 12/20 L/100 km.

Nissan Rasheen

Fünftüriges Freizeitauto mit 1,5-Liter-Benzinmotor, permanentem 4WD, Fünfganggetriebe oder Automat. Debüt Winter 1994/95. Jan. 1997 auch 1.8.

Voiture de loisirs à cinq portes et moteur 1,5 litre à essence, boîte à cinq vitesses ou automatique. Lancement hiver 1994/95. Janvier 1997 aussi avec moteur 1.8.

1.5 16V – 105 PS Benzineinspritzung

1.5 16V – 105 ch Injection d'essence

Karosserie, Gewicht: Station Wagon, 5 Türen, 5 Sitze; leer ab 1160 kg.

Carrosserie, poids: Station-wagon, 5 portes, 5 places; vide dès 1160 kg.

Motor: (JIS), 4 Zyl. in Linie (73.6×88 mm), 1498 cm³; Kompr. 9.9:1; 77 kW (105 PS) bei 6000/min, 51.4 kW/L (69.9 PS/L); 135 Nm (13.8 mkp) bei 4000/min; 95 ROZ.

Moteur: (JIS), 4 cyl. en ligne (73.6×88 mm), 1498 cm³; compr. 9.9:1; 77 kW (105 ch) à 6000/min, 51.4 kW/L (69.9 ch/L); 135 Nm (13.8 mkp) à 4000/min; 95 (R).

Motorkonstruktion: Bez. GA 15 DE; 4 Ventile in V 26°; 2 obenl. Nockenw. (Zahnriemen); Leichtmetall-Zylinderkopf; 5fach gel. Kurbelw.; Öl 3.5 L; elektron. Einspr. Batterie 44 Ah, Alternator 50 A; Wasserkühlung, Inh. 5 L.

Moteur (constr.): désign. GA 15 DE; 4 soupapes en V 26°; 2 arbres en cames en tête (courroie crantée); culasse en alliage léger; vilebr. à 5 paliers; huile 3.5 L; inj. él. Batterie 44 Ah, alternateur 50 A; refroidissement à eau, capac. 5 L.

Nissan Rasheen

Kraftübertragung: (4WD).
5-Gang-Getriebe: I. 3.33; II. 1.96; III. 1.29; IV. 0.93; V. 0.76; R 3.42; Achse 4.47.
4-Stufen-Automat: I. 2.86; II. 1.56; III. 1; IV. 0.7; R 2.31; Achse 4.07.

Transmission: (4WD).
Boîte à 5 vit.: I. 3.33; II. 1.96; III. 1.29; IV. 0.93; V. 0.76; AR 3.42; pont 4.47.
Boîte aut. à 4 vit.: I. 2.86; II. 1.56; III. 1; IV. 0.7; AR 2.31; pont 4.07.

Fahrgestell: Selbsttragende Karosserie; vorn Federbeine und Dreieckquerlenker; hinten Federbeine, Längs- und Querlenker, Teleskopdämpfer; v/h Kurvenstabilisator.

Châssis: carr. autoporteuse; AV jambes élast. et leviers triang. transv.; AR jambes élast., bras longitud. et transv., amortiss. télescop.; AV/AR barre anti-dévers.

Fahrwerk: Bremse, vorne Scheiben (belüftet), hinten Trommeln, Handbr. auf Hinterr.; Zahnstangenl. mit Servo, Treibstofftank 50 L; Reifen 185/65 R 14, Felgen 5.5 J.

Train roulant: frein, AV à disques (ventilés), AR à tambours, frein à main sur roues AR; servodirection à crémaillère, réservoir carb. 50 L; pneus 185/65 R 14, jantes 5.5 J.

Dimensionen: Radstand 243 cm, Spur 144/141.5 cm, Bodenfreih. 17 cm, Wendekreis 10.4 m, Länge 398 cm, Breite 169.5 cm, Höhe 145 cm. Länge auch 411 oder 422 cm, Höhe 152 cm.

Dimensions: empattement 243 cm, voie 144/141.5 cm, garde au sol 17 cm, diam. de braq. 10.4 m, longueur 398 cm, largeur 169.5 cm, hauteur 145 cm. Longueur aussi 411 resp. 422 cm, hauteur 152 cm.

Fahrleistungen: Vmax (Werk) 150 km/h, V bei 1000/min im 5. Gang 32.1 km/h; Leistungsgew. 15.1 kg/kW (11 kg/PS); Verbrauch (Red.) 8/12 L/100 km.

Performances: Vmax (usine) 150 km/h, V à 1000/min en 5. vit. 32.1 km/h; rapp. poids/puiss. 15.1 kg/kW (11 kg/ch); consomm. (Red.) 8/12 L/100 km.

1.8 16V – 125 PS Benzineinspritzung

1.8 16V – 125 ch Injection d'essence

Wie 1.5 – 105 PS, ausgenommen:

Comme 1.5 – 105 ch, sauf:

Gewicht: leer ab 1290 kg.

Poids: vide dès 1290 kg.

Motor: (JIS), 4 Zyl. in Linie (82.5×86 mm), 1839 cm³; Kompr. 9.5:1; 92 kW (125 PS) bei 6000/min, 50 kW/L (68 PS/L); 157 Nm (16 mkp) bei 4800/min; 95 ROZ.

Moteur: (JIS), 4 cyl. en ligne (82.5×86 mm), 1839 cm³; compr. 9.5:1; 92 kW (125 ch) à 6000/min, 50 kW/L (68 ch/L); 157 Nm (16 mkp) à 4800/min; 95 (R).

Motorkonstruktion: Bezeichnung SR18DE; 4 Ventile in V 29°; 2 obenl. Nockenwellen (Ketten); Leichtmetall-Zylinderkopf und -block; Öl 3.7 L. Batterie 50 Ah, Alternator 65 A; Wasserkühlung, Inh. 7 L.

Moteur (constr.): désignation SR18DE; 4 soupapes en V 29°; 2 arbres en cames en tête (chaînes); culasse et bloc-cyl. en alliage léger; huile 3.7 L. Batterie 50 Ah, alternateur 65 A; refroidissement à eau, capac. 7 L.

Kraftübertragung:
4-Stufen-Automat: I. 2.86; II. 1.56; III. 1; IV. 0.7; R 2.31; Achse 4.07.

Transmission:
Boîte aut. à 4 vit.: I. 2.86; II. 1.56; III. 1; IV. 0.7; AR 2.31; pont 4.07.

Fahrwerk: Vierrad-Scheibenbremse (vorn belüftet), ABS, 195/55 VR 15, 6 J.

Train roulant: quatre freins à disques (AV ventilés), ABS, 195/55 VR 15, 6 J.

Fahrleistungen: Vmax (Red.) über 160 km/h, V bei 1000/min im 4. Gang 38.3 km/h; Leistungsgew. 14 kg/kW (10.3 kg/PS); Verbrauch (Red.) 8/13 L/100 km.

Performances: Vmax (réd.) plus de 160 km/h, V à 1000/min en 4. vit. 38.3 km/h; rapp. poids/puiss. 14 kg/kW (10.3 kg/ch); consomm. (Red.) 8/13 L/100 km.

Nissan Terrano II

Drei- oder fünftüriges Freizeitauto, entstanden aus einem Joint-venture mit Ford. 2,4-Liter-Benzin- oder 2,7-Liter-Dieselmotor, zuschaltbarer Allradantrieb, wird von Nissan in Barcelona gebaut. Debüt Winter 1992/93. Juli 1996: Überarbeitung und mehr Leistung für Turbodiesel.

Voiture de loisirs, 3/5 portes, résulte d'une collaboration avec Ford. Moteurs 2.4 à essence ou 2.7 diesel, traction par toutes roues enclenchable, est construit par Nissan près de Barcelone. Lancement hiver 1992/93. Juillet 1996: modification et puissance accrue pour Turbodiesel.

2.4 12V – 116 PS Benzineinspritzung

2.4 12V – 116 ch Injection d'essence

Karosserie, Gewicht: Station Wagon, 3 Türen, 5 Sitze; leer ab 1630 kg, max. zul. 2510 kg.
Wagon, 5 Türen, 5 Sitze; 1760 kg.

Carrosserie, poids: Station-wagon, 3 portes, 5 places; vide dès 1630 kg, tot. adm. 2510 kg.
Wagon, 5 portes, 5 places; 1760 kg.

Motor: (ECE), 4 Zyl. in Linie (89×96 mm), 2389 cm³; Kompr. 8.6:1; 85 kW (116 PS) bei 4800/min, 35.6 kW/L (48.4 PS/L); 191 Nm (19.5 mkp) bei 3200/min; 95 ROZ.
Mit 5 Türen: 87 kW (118 PS).

Moteur: (ECE), 4 cyl. en ligne (89×96 mm), 2389 cm³; compr. 8.6:1; 85 kW (116 ch) à 4800/min, 35.6 kW/L (48.4 ch/L); 191 Nm (19.5 mkp) à 3200/min; 95 (R).
Avec 5 portes: 87 kW (118 ch).

Motorkonstruktion: Bezeichnung KA 24E; 3 Ventile in V; 1 obenl. Nockenwelle (Kette); Leichtmetall-Zylinderkopf; 5fach gelagerte Kurbelwelle; Öl 5 L; elektron. Einspritzung. Batterie 60 Ah, Alternator 50 A; Wasserkühlung, Inh. 8 L.

Moteur (constr.): désignation KA 24E; 3 soupapes en V; 1 arbre à cames en tête (chaîne); culasse en alliage léger; vilebrequin à 5 paliers; huile 5 L; injection électronique. Batterie 60 Ah, alternateur 50 A; refroidissement à eau, capac. 8 L.

Kraftübertragung: (auf Hinterräder oder alle Räder), a.W. Differentialbremse hinten; Reduktionsgetriebe: I. 1; II. 2.02.
5-Gang-Getriebe: I. 3.59; II. 2.25; III. 1.42; IV. 1; V. 0.82; R 3.66; Achse 4.63.

Transmission: (sur roues AR ou toutes les roues), différentiel autobloquant AR s.d.; boîte de transfert: I. 1; II. 2.02.
Boîte à 5 vit.: I. 3.59; II. 2.25; III. 1.42; IV. 1; V. 0.82; AR 3.66; pont 4.63.

Fahrgestell: Kastenrahmen mit Traversen; vorn doppelte Dreieckquerlenker, Torsionsstab; hinten Starrachse, Längslenker, Panhardstab, Schraubenfedern; v/h Kurvenstabilisator, Teleskopdämpfer.

Châssis: Cadre à caisson avec traverses; AV leviers triang. transv. doubles, barre de torsion; AR essieu rigide, bras longitud., barre Panhard, ressorts hélicoïdaux; AV/AR barre anti-dévers, amortiss. télesc.

Fahrwerk: Bremse, vorne Scheiben (belüftet), hinten Trommeln, Handbremse auf Hinterräder; Kugelumlauflenkung mit Servo, Treibstofftank 72 L; Reifen 235/75 R 15, Felgen 7 J, 6 J.
Mit 5 Türen: Treibstofftank 80 L.

Train roulant: frein, AV à disques (ventilés), AR à tambours, frein à main sur roues AR; direction à circuit de billes assistée, réserv. carb. 72 L; pneus 235/75 R 15, jantes 7 J, 6 J.
Avec 5 portes: réservoir carb. 80 L.

Nissan Terrano

Nissan

Nissan Terrano

Dimensionen: Radstand 245 cm, Spur 145.5/143 cm, Bodenfreih. 21 cm, Wendekreis 10.8 m, Kofferraum 335/1650 dm³, Länge 418.5 cm, Breite 175.5 cm, Höhe 183 cm.
Mit 5 Türen: Radstand 265 cm, Wendekreis 11.4 m, Kofferraum 115/1900 dm³, Länge 466.5 cm, Höhe 185 cm.
Fahrleistungen: Vmax (Werk) 160 km/h, V bei 1000/min im 5. Gang 35.3 km/h; 0–100 km/h 13.7 s; Leistungsgew. 18.7 kg/kW (13.8 kg/PS); Verbrauch ECE 8.5/11.7/13.1 L/100 km.
Mit 5 Türen: 0–100 km/h 14.7 s; Verbrauch ECE 8.7/12.3/13.3 L/100 km.

Dimensions: empattement 245 cm, voie 145.5/143 cm, garde au sol 21 cm, diam. de braq. 10.8 m, coffre 335/1650 dm³, longueur 418.5 cm, largeur 175.5 cm, hauteur 183 cm.
Avec 5 portes: empattement 265 cm, diam. de braq. 11.4 m, coffre 115/1900 dm³, longueur 466.5 cm, hauteur 185 cm.
Performances: Vmax (usine) 160 km/h, V à 1000/min en 5. vit. 35.3 km/h; 0–100 km/h 13.7 s; rapp. poids/puiss. 18.7 kg/kW (13.8 kg/ch); consomm. ECE 8.5/11.7/13.1 L/100 km.
Avec 5 portes: 0–100 km/h 14.7 s; consomm. ECE 8.7/12.3/13.3 L/100 km.

2.7 – 125 PS Turbodiesel

Wie 2.4 – 116 PS, ausgenommen:

Karosserie, Gewicht: Station Wagon, 3 Türen; leer ab 1745 kg, max. zul. 2510 kg. Station Wagon, 5 Türen; leer ab 1875 kg, max. zul. 2580 kg.
Motor: (DIN), 4 Zyl. in Linie (96×92 mm), 2664 cm³; Kompr. 21.9:1; 92 kW (125 PS) bei 3600/min, 34.5 kW/L (47 PS/L); 278 Nm (28.3 mkp) bei 2000/min; Dieselöl.
Motorkonstruktion: Bez. TD 27T; Wirbelkammer-Diesel; 2 Ventile; seitl. Nockenwelle Graugress-Zylinderkopf; 5fach gelagerte Kurbelwelle; Öl 5 L; elektron. geregelte Einspritzpumpe, 1 Turbolader, Intercooler. Batterie 64 Ah, Alternator 60 A; Wasserkühlung, Inh. 9 L.
Kraftübertragung:
5-Gang-Getriebe: I. 3.58; II. 2.08; III. 1.36; IV. 1; V. 0.81; R 3.64; Achse 4.38.
Fahrleistungen: Vmax (Werk) 155 km/h, V bei 1000/min im 5. Gang 37.8 km/h; 0–100 km/h 15.7 s; Leistungsgew. 19 kg/kW (14 kg/PS); Verbr. ECE 7.9/12.1/10.2 L/100 km.
Mit 5 Türen: 0–100 km/h 16.7 s; Verbr. ECE 7.5/12.1/10.5 L/100 km.

2.7 – 125 ch Turbodiesel

Comme 2.4 – 116 ch, sauf:

Carrosserie, poids: Station-wagon, 3 portes; vide dès 1745 kg, tot. adm. 2510 kg. Station-wagon, 5 portes; vide dès 1875 kg, tot. adm. 2580 kg.
Moteur: (DIN), 4 cyl. en ligne (96×92 mm), 2664 cm³; compr. 21.9:1; 92 kW (125 ch) à 3600/min, 34.5 kW/L (47 ch/L); 278 Nm (28.3 mkp) à 2000/min; gazole.
Moteur (constr.): désignation TD 27T; diesel à chambre de turbulence; 2 soupapes; arbre à cames latéral culasse en fonte; vilebrequin à 5 paliers; huile 5 L; pompe à injection pilotée, 1 turbocompr., Intercooler. Batterie 64 Ah, alternateur 60 A; refroidissement à eau, capac. 9 L.
Transmission:
Boîte à 5 vit.: I. 3.58; II. 2.08; III. 1.36; IV. 1; V. 0.81; AR 3.64; pont 4.38.
Performances: Vmax (usine) 155 km/h, V à 1000/min en 5. vit. 37.8 km/h; 0–100 km/h 15.7 s; rapp. poids/puiss. 19 kg/kW (14 kg/ch); cons. ECE 7.9/12.1/10.2 L/100 km.
Avec 5 portes: 0–100 km/h 16.7 s; cons. ECE 7.5/12.1/10.5 L/100 km.

Nissan Terrano/Pathfinder

Vom Light-Duty-Nutzfahrzeug abgeleitetes geländegängiges Fahrzeug mit zuschaltbarem Allradantrieb und Reduktionsgetriebe. In den USA Bezeichnung «Pathfinder». Debüt August 1986. 1995: Neuauflage mit 3.3-Liter-Motor. 1977 auch mit 3.2 Turbodiesel, Ausführung Regulus mit grösseren Aussenabmessungen.

Voiture tout-terrain à caractère loisir, quatre roues motrices eclenchables, réduction. Issue du modèle utilitaire Light-Duty. Appellation aux USA «Pathfinder». Lancement août 1986. 1995: Nouvelle édition avec moteur 3.3 litres. 1997 aussi avec 3.2 turbodiesel, version Regulus avec dimensions extérieurs plus grandes.

2.7 – 131 PS Turbodiesel

Karosserie, Gewicht: Station Wagon, 5 Türen, 5 Sitze; leer ab 1830 kg.
Motor: (JIS), 4 Zyl. in Linie (96×92 mm), 2664 cm³; Kompr. 22.3:1; 96 kW (131 PS) bei 4000/min, 36 kW/L (49 PS/L); 279 Nm (28.4 mkp) bei 2000/min; Dieselöl.
Motorkonstruktion: Bez. TD 27 ETi; Wirbelkammer-Diesel; seitl. Nockenwelle Grauguss-Zylinderkopf; 5fach gelagerte Kurbelwelle; Öl 5 L; elektron. geregelte Einspritzpumpe, 1 Turbolader, Intercooler. Batterie 64 Ah, Alternator 100 A; Wasserkühlung, Inh. 9 L.
Kraftübertragung: (auf Hinterräder oder alle Räder), a.W. Differentialbremse hinten; Reduktionsgetriebe: I. 1; II. 2.6.
(4WD permanent), zentrales Diff. mit Viskokupplung; hintere Differentialbremse, variable Drehmomentverteilung v/h; Reduktionsgetriebe: I. 1; II. 2.02.
5-Gang-Getriebe: I. 3.58; II. 2.08; III. 1.36; IV. 1; V. 0.82; R 3.64; Achse 4.36; 4.64.
4-Stufen-Automat: I. 2.78; II. 1.54; III. 1; IV. 0.69; R 2.27; Achse 4.36; 4.64.
Fahrgestell: Selbsttragende Karosserie mit Hilfsrahmen; vorn Federbeine und Dreieckquerlenker, hinten Starrachse, Längslenker, Schräglenker, Panhardstab; v/h Kurvenstabilisator, Schraubenfedern, Teleskopdämpfer.
Fahrwerk: Bremse, vorne Scheiben (belüftet), hinten Trommeln, ABS, Handbremse auf Hinterräder; Zahnstangenlenkung mit Servo, Treibstofftank 80 L; Reifen 235/70 R 15, Felgen 6.5 J.
Dimensionen: Radstand 270 cm, Spur 148.5/148.5 cm, Bodenfreih. 21 cm, Wendekreis 11.2 m, Kofferraum 425/1550 dm³, Länge 453 cm, Breite 174.5 cm, Höhe 171 cm.
Fahrleistungen: Vmax (Red.) 155 km/h, 0–100 km/h 36.6 s; Leistungsgew. 18.5 kg/kW (13.7 kg/PS); Verbrauch (Red.) 10/14/.

2.7 – 131 ch Turbodiesel

Carrosserie, poids: Station-wagon, 5 portes, 5 places; vide dès 1830 kg.
Moteur: (JIS), 4 cyl. en ligne (96×92 mm), 2664 cm³; compr. 22.3:1; 96 kW (131 ch) à 4000/min, 36 kW/L (49 ch/L); 279 Nm (28.4 mkp) à 2000/min; gazole.
Moteur (constr.): désignation TD 27 ETi; diesel à chambre de turbulence; arbre à cames latéral culasse en fonte; vilebrequin à 5 paliers, huile 5 L; pompe à injection pilotée, 1 turbocompr., Intercooler. Batterie 64 Ah, alternateur 100 A; refroidissement à eau, capac. 9 L.
Transmission: (sur roues AR ou toutes les roues), différentiel autobloquant AR s.d.; boîte de transfert: I. 1; II. 2.6.
(4WD permanent), diff. central avec viscocoupleur; différentiel autobloquant AR, répartition du couple AV/AR variable; boîte de transfert: I. 1; II. 2.02.
Boîte à 5 vit.: I. 3.58; II. 2.08; III. 1.36; IV. 1; V. 0.82; AR 3.64; pont 4.36; 4.64.
Boîte aut. à 4 vit.: I. 2.78; II. 1.54; III. 1; IV. 0.69; AR 2.27; pont 4.36; 4.64.
Châssis: carrosserie autoporteuse avec faux-châssis; AV jambes élast. et leviers triang. transv., AR essieu rigide, bras longitud., triangles obliques, barre Panhard; AV/AR barre anti-dévers, ressorts hélic, amortiss. télesc.
Train roulant: frein, AV à disques (ventilés), AR à tambours, ABS, frein à main sur roues AR; servodirection à crémaillère, réservoir carb. 80 L; pneus 235/70 R 15, jantes 6.5 J.
Dimensions: empattement 270 cm, voie 148.5/148.5 cm, garde au sol 21 cm, diam. de braq. 11.2 m, coffre 425/1550 dm³, longueur 453 cm, largeur 174.5 cm, hauteur 171 cm.
Performances: Vmax (réd.) 155 km/h, 0–100 km/h 36.6 s; rapp. poids/puiss. 18.5 kg/kW (13.7 kg/ch); consomm. (Red.) 10/14/.

3.2 – 150 PS Turbodiesel

Wie 2.7 – 131 PS, ausgenommen:

Karosserie, Gewicht: Station Wagon; leer ab 1900 kg.
Motor: (JIS), 4 Zyl. in Linie (99.2×102 mm), 3153 cm³; Kompr. 22:1; 110 kW (150 PS) bei 3600/min, 34.9 kW/L (47.4 PS/L); 334 Nm (34 mkp) bei 2000/min; Dieselöl.
Motorkonstruktion: Bezeichnung QD32ETi; Wirbelkammer-Diesel; seitl. Nockenwelle (Kette); Leichtmetall-Zylinderkopf; 5fach gelagerte Kurbelwelle; Öl 5 L; elektron. geregelte Einspritzpumpe, 1 Turbolader, Intercooler. Batterie 100 Ah, Alternator 90 A; Wasserkühlung, Inh. 10 L.
Kraftübertragung:
4-Stufen-Automat: I. 2.79; II. 1.55; III. 1; IV. 0.69; R 2.27; Achse 4.08; 4.36.
Fahrwerk: Reifen 245/70 R 16, 265/70 R 15.
Fahrleistungen: Vmax (Red.) 160 km/h, V bei 1000/min in 4. Gang 45.9 km/h; Leistungsgew. 17.3 kg/kW (12.7 kg/PS); Verbrauch (Red.) 10/15 L/100 km.

3.2 – 150 ch Turbodiesel

Comme 2.7 – 131 ch, sauf:

Carrosserie, poids: Station-wagon; vide dès 1900 kg.
Moteur: (JIS), 4 cyl. en ligne (99.2×102 mm), 3153 cm³; compr. 22:1; 110 kW (150 ch) à 3600/min, 34.9 kW/L (47.4 ch/L); 334 Nm (34 mkp) à 2000/min; gazole.
Moteur (constr.): désignation QD32ETi; diesel à chambre de turbulence; arbre à cames latéral (chaîne); culasse en alliage léger; vilebrequin à 5 paliers; huile 5 L; pompe à injection pilotée, 1 turbocompr., Intercooler. Batterie 100 Ah, alternateur 90 A; refroidissement à eau, capac. 10 L.
Transmission:
Boîte aut. à 4 vit.: I. 2.79; II. 1.55; III. 1; IV. 0.69; AR 2.27; pont 4.08; 4.36.
Train roulant: pneus 245/70 R 16, 265/70 R 15.
Performances: Vmax (réd.) 160 km/h, V à 1000/min en 4. vit. 45.9 km/h; rapp. poids/puiss. 17.3 kg/kW (12.7 kg/ch); consomm. (Red.) 10/15 L/100 km.

Nissan Terrano

Nissan

3.3 – 170 PS Benzineinspritzung

Wie 2.7 – 131 PS, ausgenommen:

Karosserie, Gewicht: Station Wagon; leer ab 1780 kg.

Motor: (JIS), 6 Zyl. in V 60° (91.5×83 mm), 3275 cm^3; Kompr. 8.9:1; 125 kW (170 PS) bei 4800/min, 38.2 kW/L (51.9 PS/L); 266 Nm (27.1 mkp) bei 2800/min; 91 ROZ.

Motorkonstruktion: Bezeichnung VG 33 E.; Ventile in V; 2×1 obenl. Nockenwelle (Zahnriemen); Leichtmetall-Zylinderköpfe; 4fach gelagerte Kurbelwelle; Öl 3.4 L; elektron. Einspritzung.

Batterie 55 Ah, Alternator 90 A; Wasserkühlung, Inh. 9.2 L.

Kraftübertragung:
4-Stufen-Automat: I. 2.78; II. 1.54; III. 1; IV. 0.69; R 2.27; Achse 4.36; 4.64.

Fahrwerk: Reifen 265/75 R 15, 245/70 R 16, Felgen 7 J.

Dimensionen: Spur 150/150.5 cm, Breite 184 cm, Höhe 173 cm.

Fahrleistungen: Vmax (Werk) 177 km/h, V bei 1000/min im 4. Gang 45.9 km/h; 0–97 km/h 11.2 s; Leistungsgew. 14.2 kg/kW (10.5 kg/PS); Verbrauch (Red.) 12/18/.

3.3 – 170 ch Injection d'essence

Comme 2.7 – 131 ch, sauf:

Carrosserie, poids: Station-wagon; vide dès 1780 kg.

Moteur: (JIS), 6 cyl. en V 60° (91.5×83 mm), 3275 cm^3; compr. 8.9:1; 125 kW (170 ch) à 4800/min, 38.2 kW/L (51.9 ch/L); 266 Nm (27.1 mkp) à 2800/min; 91 (R).

Moteur (constr.): désignation VG 33 E.; soupapes en V; 2×1 arbre à cames en tête (courroie crantée); culasses en alliage léger; vilebrequin à 4 paliers; huile 3.4 L; injection électronique.

Batterie 55 Ah, alternateur 90 A; refroidissement à eau, capac. 9.2 L.

Transmission:
Boîte aut. à 4 vit.: I. 2.78; II. 1.54; III. 1; IV. 0.69; AR 2.27; pont 4.36; 4.64.

Train roulant: pneus 265/75 R 15, 245/70 R 16, jantes 7 J.

Dimensions: voie 150/150.5 cm, largeur 184 cm, hauteur 173 cm.

Performances: Vmax (usine) 177 km/h, V à 1000/min en 4. vit. 45.9 km/h; 0–97 km/h 11.2 s; rapp. poids/puiss. 14.2 kg/kW (10.5 kg/ch); consomm. (Red.) 12/18/.

Nissan Safari/Patrol GR

Geländegängiger Station Wagon mit 6 Zylindern, zuschaltbarem Vierradantrieb mit Reduktion, Starrachsen mit Schraubenfedern. Debüt Okt. 1987. Herbst 1988: Export mit 2.8 TD.

Station-wagon tout terrain avec 6 cyl., 4×4 et boîte de renvoi, essieux rigides, ressorts hélicoïdaux. Lancement oct. 1987. Automne 1988: L'exportation avec 2.8 TD.

4.2 – 145 PS Turbodiesel

Karosserie, Gewicht: Station Wagon, 3 Türen, 4 - 5 Sitze; leer ab 2060 kg, max. zul. 2335 kg.
Wagon, 5 Türen, 4 - 7 Sitze; leer ab 2180 kg, max. zul. 2675 kg.

Motor: (JIS), 6 Zyl. in Linie (96×96 mm), 4169 cm^3; Kompr. 22.8:1; 107 kW (145 PS) bei 4000/min, 25.7 kW/L (34.9 PS/L); 331 Nm (33.7 mkp) bei 2000/min; Dieselöl. Ohne Turbo: 92 kW (125 PS).

Motorkonstruktion: Bezeichnung TD 42T; Wirbelkammer-Diesel; seitl. Nockenwelle Leichtmetall-Zylinderkopf; 7fach gelagerte Kurbelwelle; Öl 5.7 L; Einspritzpumpe, 1 Turbolader.

Batterie 96 Ah, Alternator 50 A; Wasserkühlung, Inh. 10 L.

4.2 – 145 ch Turbodiesel

Carrosserie, poids: Station-wagon, 3 portes, 4 - 5 places; vide dès 2060 kg, tot. adm. 2335 kg.
Wagon, 5 portes, 4 - 7 places; vide dès 2180 kg, tot. adm. 2675 kg.

Moteur: (JIS), 6 cyl. en ligne (96×96 mm), 4169 cm^3; compr. 22.8:1; 107 kW (145 ch) à 4000/min, 25.7 kW/L (34.9 ch/L); 331 Nm (33.7 mkp) à 2000/min; gazole. Sans turbo: 92 kW (125 ch).

Moteur (constr.): désignation TD 42T; diesel à chambre de turbulence; arbre à cames latéral culasse en alliage léger; vilebrequin à 7 paliers; huile 5.7 L; pompe à injection, 1 turbocompr.

Batterie 96 Ah, alternateur 50 A; refroidissement à eau, capac. 10 L.

Nissan Patrol GR

Kraftübertragung: (auf Hinterräder oder alle Räder), Differentialbremse; hinteres Differential manuell sperrbar, Reduktionsgetriebe; I. 1; II. 2.02.
5-Gang-Getriebe: I. 4.26; II. 2.46; III. 1.42; IV. 1; V. 0.85; R 3.97; Achse 3.9; 4.11.
4-Stufen-Automat: I. 2.78; II. 1.54; III. 1; IV. 0.69; R 2.27; Achse 3.9; 4.11.

Fahrgestell: Chassis mit Längsholmen und Traversen; v/h Starrachse, Schraubenfedern; Längslenker, Panhardstab; vorn a.W. Kurvenstabilisator; hinten Kurvenstabilisator, Teleskopdämpfer.

Fahrwerk: Vierrad-Scheibenbremse (v/h belüftet), Handbremse auf Hinterr.; Kugelumlauf. mit Servo, Treibstofftank 95 L; Reifen 215 R 16, 265/70 R 16, Felgen 6 J, 8 J.

Dimensionen: Radstand 240 cm, Spur 153/153.5 cm, Bodenfreih. 20 cm, Wendekreis 13.4 m, Länge 427.5 cm, Breite 180 cm, Höhe 179 cm.
Mit 5 Türen: Radstand 297 cm, Spur 158/158.5 cm, Wendekreis 14.2 m, Länge 484.5 cm, Breite 193 cm.

Fahrleistungen: Vmax (Werk) über 145 km/h, V bei 1000/min im 5. Gang 41.4 km/h; Leistungsgew. 19.3 kg/kW (14.2 kg/PS); Verbrauch (Red.) 10/19 L/100 km.

Transmission: (sur roues AR ou toutes les roues), différentiel autobloquant; différentiel AR verrouillable méc., boîte de transfert: I. 1; II. 2.02.
Boîte à 5 vit.: I. 4.26; II. 2.46; III. 1.42; IV. 1; V. 0.85; AR 3.97; pont 3.9; 4.11.
Boîte aut. à 4 vit.: I. 2.78; II. 1.54; III. 1; IV. 0.69; AR 2.27; pont 3.9; 4.11.

Châssis: châssis à longerons et traverses; AV/AR essieu rigide, ressorts hélicoïdaux; bras longitud., barre Panhard; AV s.d. barre anti-dévers; AR barre anti-dévers, amortiss. télesc.

Train roulant: quatre freins à disques (AV/AR vent.), frein à main sur roues AR; dir. à circuit de billes ass., rés. carb. 95 L; pneus 215 R 16, 265/70 R 16, jantes 6 J, 8 J.

Dimensions: empattement 240 cm, voie 153/153.5 cm, garde au sol 20 cm, diam. de braq. 13.4 m, longueur 427.5 cm, largeur 180 cm, hauteur 179 cm.
Avec 5 portes: empattement 297 cm, voie 158/158.5 cm, diam. de braq. 14.2 m, longueur 484.5 cm, largeur 193 cm.

Performances: Vmax (usine) plus de 145 km/h, V à 1000/min en 5. vit. 41.4 km/h; rapp. poids/puiss. 19.3 kg/kW (14.2 kg/PS); consomm. (Red.) 10/19 L/100 km.

2.8 – 116 PS Turbodiesel

Wie 4.2 – 145 PS, ausgenommen:

Karosserie, Gewicht: Station Wagon; leer ab 1835 kg, max. zul. 2450 kg.

Motor: (DIN), 6 Zyl. in Linie (85×83 mm), 2826 cm^3; Kompr. 21.2:1; 85 kW (116 PS) bei 4400/min, 30.1 kW/L (40.9 PS/L); 235 Nm (24 mkp) bei 2400/min; Dieselöl.

Motorkonstruktion: Bezeichnung RD 28T; Vorkammer-Diesel; 1 obenl. Nockenwelle (Zahnriemen); Graugruss-Zylinderkopf; 7fach gelagerte Kurbelwelle; Öl 5.7 L; Einspritzpumpe, 1 Turbolader.

Batterie 80 Ah, Alternator 60 A.

Kraftübertragung:
5-Gang-Getriebe: I. 4.06; II. 2.36; III. 1.49; IV. 1; V. 0.86; R 4.25; Achse 4.63.
4-Stufen-Automat: I. 2.78; II. 1.54; III. 1; IV. 0.69; R 2.27; Achse 4.11.

Fahrleistungen: Vmax (Werk) über 145 km/h, V bei 1000/min im 5. Gang 34.6 km/h; Leistungsgew. 21.6 kg/kW (16 kg/PS); Verbrauch ECE 8.9/13.5/12.4 L/100 km.

2.8 – 116 ch Turbodiesel

Comme 4.2 – 145 ch, sauf:

Carrosserie, poids: Station-wagon; vide dès 1835 kg, tot. adm. 2450 kg.

Moteur: (DIN), 6 cyl. en ligne (85×83 mm), 2826 cm^3; compr. 21.2:1; 85 kW (116 ch) à 4400/min, 30.1 kW/L (40.9 ch/L); 235 Nm (24 mkp) à 2400/min; gazole.

Moteur (constr.): désignation RD 28T; diesel à préchambre; 1 arbre à cames en tête (courroie crantée); culasse en fonte; vilebrequin à 7 paliers; huile 5.7 L; pompe à injection, 1 turbocompr.

Batterie 80 Ah, alternateur 60 A.

Transmission:
Boîte à 5 vit.: I. 4.06; II. 2.36; III. 1.49; IV. 1; V. 0.86; AR 4.25; pont 4.63.
Boîte aut. à 4 vit.: I. 2.78; II. 1.54; III. 1; IV. 0.69; AR 2.27; pont 4.11.

Performances: Vmax (usine) plus de 145 km/h, V à 1000/min en 5. vit. 34.6 km/h; rapp. poids/puiss. 21.6 kg/kW (16 kg/ch); consomm. ECE 8.9/13.5/12.4 L/100 km.

4.2 – 175 PS Benzineinspritzung

Wie 4.2 – 145 PS, ausgenommen:

Karosserie, Gewicht: Station Wagon; leer ab 2170 kg, max. zul. 2800 kg.

Motor: (JIS), 6 Zyl. in Linie (96×96 mm), 4169 cm^3; Kompr. 8.5:1; 129 kW (175 PS) bei 4200/min, 30.9 kW/L (42.1 PS/L); 320 Nm (32.6 mkp) bei 3200/min; 91 ROZ. ECE: 118 kW (160 PS) bei 4000/min; 312 Nm bei 2800/min.
Autom.: 121 kW (165 PS); 314 Nm.

4.2 – 175 ch Injection d'essence

Comme 4.2 – 145 ch, sauf:

Carrosserie, poids: Station-wagon; vide dès 2170 kg, tot. adm. 2800 kg.

Moteur: (JIS), 6 cyl. en ligne (96×96 mm), 4169 cm^3; compr. 8.5:1; 129 kW (175 ch) à 4200/min, 30.9 kW/L (42.1 ch/L); 320 Nm (32.6 mkp) à 3200/min; 91 (R). ECE: 118 kW (160 ch) à 4000/min; 312 Nm bei 2800/min.
Autom.: 121 kW (165 ch); 314 Nm.

Nissan Patrol

Nissan • Oldsmobile

Motorkonstruktion: Bezeichnung TB 42E; seitl. Nockenwelle Leichtmetall-Zylinderkopf; 7fach gelagerte Kurbelwelle; Öl 5.7 L; elektron. Einspritzung, kein Turbolader.
Batterie 55 Ah, Alternator 50 A; Wasserkühlung, Inh. 10 L.

Kraftübertragung: (auf Hinterräder oder alle Räder), Differentialbremse; hinteres Differential manuell sperrbar, Reduktionsgetriebe: I. 1; II. 2.02.
5-Gang-Getriebe: I. 4.26; II. 2.46; III. 1.42; IV. 1; V. 0.85; R 3.97; Achse 4.1.
4-Stufen-Automat: I. 2.78; II. 1.54; III. 1; IV. 0.69; R 2.27; Achse 3.9.

Dimensionen: Radstand 297 cm, Spur 158/158.5 cm, Wendekreis 14.2 m, Länge 484.5 cm, Breite 193 cm.

Fahrleistungen: Vmax (Werk) 170 km/h, V bei 1000/min im 5. Gang 39 km/h; Leistungsgew. 16.2 kg/kW (11.9 kg/PS); Verbrauch (Red.) 12/20 L/100 km.
Aut.: Vmax 165 km/h.

Moteur (constr.): désignation TB 42E; arbre à cames latéral culasse en alliage léger; vilebrequin à 7 paliers; huile 5.7 L; injection électronique, pas de turbocompresseur.
Batterie 55 Ah, alternateur 50 A; refroidissement à eau, capac. 10 L.

Transmission: (sur roues AR ou toutes les roues), différentiel autobloquant; différentiel AR verrouillable méc., boîte de transfert: I. 1; II. 2.02.
Boîte à 5 vit.: I. 4.26; II. 2.46; III. 1.42; IV. 1; V. 0.85; AR 3.97; pont 4.1.
Boîte aut. à 4 vit.: I. 2.78; II. 1.54; III. 1; IV. 0.69; AR 2.27; pont 3.9.

Dimensions: empattement 297 cm, voie 158/158.5 cm, diam. de braq. 14.2 m, longueur 484.5 cm, largeur 193 cm.

Performances: Vmax (usine) 170 km/h, V à 1000/min en 5. vit. 39 km/h; rapp. poids/puiss. 16.2 kg/kW (11.9 kg/ch); consomm. (Red.) 12/20 L/100 km.
Aut.: Vmax 165 km/h.

Nissan Patrol

Ursprüngliche Version mit Blattfedern und 235 bzw. 297 cm Radstand. Wird auch in Spanien hergestellt. Daten vgl. Katalog 1993.

Version d'origine avec ressorts semi-elliptiques, empattement 235 resp. 297 cm. Fabrication aussi en espagne. Données voir catalogue 1993.

Oldsmobile — USA

Oldsmobile Division, General Motors, Lansing, Michigan 48 921, USA

Marke der General Motors Corporation. **Marque affiliée à la GM Corporation.**

Oldsmobile Achieva

Sportliche Fahrzeuge mit Frontantrieb, quer eingebauter 2,3-Liter-Vierzylinder- oder 3,1-Liter-V6-Motor, 5-Gang-Getriebe oder Automat. Neuauflage Herbst 1991. 1995 mit 2.3 DOHC als Basismotor. Für 1996: 2.4/16V.

Voitures sportives avec traction AV, moteurs 2,3 litres quatres cyl. ou 3.1 V6 transv., boîtes à 5 vitesses ou automatique. Nouvelle édition automne 1991. 1995 avec 2.3 DOHC comme moteur de base. Pour 1996: 2.4/16V.

| 2.4 16V – 152 PS Benzineinspritzung | 2.4 16V – 152 ch Injection d'essence |

Karosserie, Gewicht: (DIN), Limousine, 4 Türen, 5 Sitze; leer ab 1325 kg.
Coupé, 2 Türen, 5 Sitze; leer ab 1310 kg.

Motor: (SAE), 4 Zyl. in Linie (90×94 mm), 2392 cm³; Kompr. 9.5:1; 112 kW (152 PS) bei 5200/min, 46.8 kW/L (63.6 PS/L); 203 Nm (20.7 mkp) bei 4400/min; 91 ROZ.

Motorkonstruktion: Bezeichnung LD9; 4 Ventile in V; 2 obenl. Nockenwellen (Kette); Leichtmetall-Zylinderkopf; 5fach gelagerte Kurbelwelle; Öl 3.8 L; elektron. Einspritzung, AC-Rochester.
Batterie 52 Ah, Alternator 105 A; Wasserkühlung, Inh. 9.8 L.

Carrosserie, poids: (DIN), Berline, 4 portes, 5 places; vide dès 1325 kg.
Coupé, 2 portes, 5 pl.; vide dès 1310 kg.

Moteur: (SAE), 4 cyl. en ligne (90×94 mm), 2392 cm³; compr. 9.5:1; 112 kW (152 ch) à 5200/min, 46.8 kW/L (63.6 ch/L); 203 Nm (20.7 mkp) à 4400/min; 91 (R).

Moteur (constr.): désignation LD9; 4 soupapes en V; 2 arbres à cames en tête (chaîne); culasses en alliage léger; vilebrequin à 5 paliers; huile 3.8 L; injection électronique, AC-Rochester.
Batterie 52 Ah, alternateur 105 A; refroidissement à eau, capac. 9.8 L.

Oldsmobile Achieva

Oldsmobile Achieva S

Kraftübertragung: (auf Vorderräder).
5-Gang-Getriebe: I. 3.73; II. 2.18; III. 1.33; IV. 0.92; V. 0.74; R 3.58; Achse 3.94.
4-Stufen-Automat: THM; I. 2.92; II. 1.57; III. 1; IV. 0.7; R 2.39; Achse 3.42.

Fahrgestell: Selbsttragende Karosserie mit vorderem Hilfsrahmen; vorn Federbeine und Dreieckquerlenker; hinten Verbundlenkerachse, Längslenker; v/h Kurvenstabilisator, Schraubenfedern, Teleskopdämpfer.

Fahrwerk: Bremse, vorne Scheiben (belüftet), hinten Trommeln, Scheiben-⌀ v. 25.9 cm, ABS, Delco/Moraine; Feststellbremse auf Hinterräder; Zahnstangenlenkung mit Servo, Treibstofftank 57.5 L; Reifen 195/65 HR 15, Felgen 6 J.

Dimensionen: Radstand 263 cm, Spur 142/140 cm, Bodenfreih. 14 cm, Wendekreis 11.3 m, Kofferraum 395 dm³, Länge 477 cm, Breite 173 cm, Höhe 136 cm.

Fahrleistungen: Vmax (Red.) über 190 km/h, V bei 1000/min im 5. Gang 39.6 km/h; 0–100 km/h 10 s; Leistungsgewicht 11.8 kg/kW (8.7 kg/PS); Verbrauch EPA 7.1/10.2 L/100 km.
Aut.: Verbrauch EPA 7.4/10.7 L/100 km.

Transmission: (sur roues AV).
Boîte à 5 vit.: I. 3.73; II. 2.18; III. 1.33; IV. 0.92; V. 0.74; AR 3.58; pont 3.94.
Boîte autom. à 4 vit.: THM; I. 2.92; II. 1.57; III. 1; IV. 0.7; AR 2.39; pont 3.42.

Châssis: carrosserie autoporteuse avec cadre auxiliaire AV; AV jambes élast. et leviers triang. transv.; AR essieu semi-rigide, bras longitud.; AV/AR barre anti-dévers, ressorts hélic, amortiss. télesc.

Train roulant: frein, AV à disques (ventilés), AR à tambours, ⌀ disques AV 25.9 cm, ABS, Delco/Moraine; frein de stationnement sur roues AR; servodirection à crémaillère, réservoir carb. 57.5 L; pneus 195/65 HR 15, jantes 6 J.

Dimensions: empattement 263 cm, voie 142/140 cm, garde au sol 14 cm, diam. de braq. 11.3 m, coffre 395 dm³, longueur 477 cm, largeur 173 cm, hauteur 136 cm.

Performances: Vmax (réd.) plus de 190 km/h, vitesse à 1000/min en 5. vitesse 39.6 km/h; 0–100 km/h 10 s; rapport poids/puissance 11.8 kg/kW (8.7 kg/PS); consomm. EPA 7.1/10.2 L/100 km.
Aut.: consomm. EPA 7.4/10.7 L/100 km.

| 3.1 V6 – 156 PS Benzineinspritzung | 3.1 V6 – 156 ch Injection d'essence |

Wie 2.4 – 152 PS, ausgenommen:

Gewicht: leer ab 1350 kg.

Motor: (SAE), 6 Zyl. in V 60° (89×84 mm), 3135 cm³; Kompr. 9.6:1; 115 kW (156 PS) bei 5200/min, 36.7 kW/L (49.9 PS/L); 251 Nm (25.6 mkp) bei 4000/min; 91 ROZ.

Motorkonstruktion: Bezeichnung L82; 2 Ventile; zentrale Nockenwelle (Kette); Leichtmetall-Zylinderköpfe; 4fach gelagerte Kurbelwelle; Öl 3.8 L; elektron. Einspritzung, AC-Rochester.
Batterie 52 Ah, Alternator 105 A; Wasserkühlung, Inh. 12.4 L.

Kraftübertragung:
4-Stufen-Automat: THM; I. 2.92; II. 1.57; III. 1; IV. 0.7; R 2.39; Achse 2.93.

Fahrleistungen: Vmax (Red.) über 190 km/h, V bei 1000/min im 4. Gang 56.3 km/h; 0–100 km/h 10 s; Leistungsg. 11.7 kg/kW (8.7 kg/PS); Verbrauch EPA 8.1/11.8 L/100 km.

Comme 2.4 – 152 ch, sauf:

Poids: vide dès 1350 kg.

Moteur: (SAE), 6 cyl. en V 60° (89×84 mm), 3135 cm³; compr. 9.6:1; 115 kW (156 ch) à 5200/min, 36.7 kW/L (49.9 ch/L); 251 Nm (25.6 mkp) à 4000/min; 91 (R).

Moteur (constr.): désignation L82; 2 soupapes; arbre à cames central (chaîne); culasses en alliage léger; vilebrequin à 4 paliers; huile 3.8 L; injection électronique, AC-Rochester.
Batterie 52 Ah, alternateur 105 A; refroidissement à eau, capac. 12.4 L.

Transmission:
Boîte autom. à 4 vit.: THM; I. 2.92; II. 1.57; III. 1; IV. 0.7; AR 2.39; pont 2.93.

Performances: Vmax (réd.) plus de 190 km/h, V à 1000/min en 4. vit. 56.3 km/h; 0–100 km/h 10 s; rapp. poids/puiss. 11.7 kg/kW (8.7 kg/ch); consommation EPA 8.1/11.8 L/100 km.

Oldsmobile Cutlass

Neuflage des ehemaligen Ciera als Cutlass für 1997, Limousine mit quer eingebautem 3.1-V6.

Nouvelle édition de l'ancienne Ciera comme Cutlass pour 1997, berline avec moteur 3.1 V6 transversal.

| 3.1 V6 – 156 PS Benzineinspritzung | 3.1 V6 – 156 ch Injection d'essence |

Karosserie, Gewicht: (DIN), Limousine, 4 Türen, 6 Sitze; leer ab ca. 1400 kg.

Carrosserie, poids: (DIN), Berline, 4 portes, 6 places; vide dès env. 1400 kg.

Oldsmobile 417

Oldsmobile Cutlass

Motor: (SAE), 6 Zyl. in V 60° (89×84 mm), 3135 cm³; Kompr. 9.6:1; 115 kW (156 PS) bei 5200/min, 36.7 kW/L (49.9 PS/L); 251 Nm (25.6 mkp) bei 4000/min; 91 ROZ.

Motorkonstruktion: Bezeichnung L82; 2 Ventile; zentrale Nockenwelle (Kette); Leichtmetall-Zylinderköpfe; 4fach gelagerte Kurbelwelle; Öl 3.8 L; elektron. Einspritzung, AC-Rochester. Batterie 54 Ah, Alternator 105 A; Wasserkühlung, Inh. 12.4 L.

Kraftübertragung: (auf Vorderräder). 4-Stufen-Automat: THM; I. 2.96; II. 1.63; III. 1; IV. 0.68; R 2.39; Achse 3.05.

Fahrgestell: Selbsttragende Karosserie mit vorderem Hilfsrahmen; vorn Federbeine und Dreieckquerlenker; hinten Mehrlenkerachse; v/h Kurvenstabilisator, Schraubenfedern, Teleskopdämpfer.

Fahrwerk: Bremse, vorne Scheiben (belüftet), hinten Trommeln, Scheiben-Ø v. 27.8 cm, ABS, Delco; Feststellbremse auf Hinterräder; Zahnstangenlenkung mit Servo, Treibstofftank 57.5 L; Reifen 215/60 R 15, Felgen 6 J.

Dimensionen: Radstand 272 cm, Spur 150/150 cm, Bodenfreih. 14 cm, Wendekreis 11.5 m, Kofferraum 465 dm³, Länge 488 cm, Breite 176 cm, Höhe 145 cm.

Fahrleistungen: Vmax (Red.) 190 km/h, V bei 1000/min im 4. Gang 54.8 km/h; Leistungsgew. 12.2 kg/kW (9 kg/PS); Verbrauch EPA 8.1/11.8 L/100 km.

Moteur: (SAE), 6 cyl. en V 60° (89×84 mm), 3135 cm³; compr. 9.6:1; 115 kW (156 ch) à 5200/min, 36.7 kW/L (49.9 PS/L); 251 Nm (25.6 mkp) à 4000/min; 91 (R).

Moteur (constr.): désignation L82; 2 soupapes; arbre à cames central (chaîne); culasses en alliage léger; vilebrequin à 4 paliers; huile 3.8 L; injection électronique, AC-Rochester. Batterie 54 Ah, alternateur 105 A; refroidissement à eau, capac. 12.4 L.

Transmission: (sur roues AV). Boîte autom. à 4 vit.: THM; I. 2.96; II. 1.63; III. 1; IV. 0.68; AR 2.39; pont 3.05.

Châssis: carrosserie autoporteuse avec cadre auxiliaire AV; AV jambes élast. et leviers triang. transv.; AR essieu à multiples bras; AV/AR barre anti-dévers, ressorts hélic., amortiss. télesc.

Train roulant: frein, AV à disques (ventilés), AR à tambours, Ø disques AV 27.8 cm, ABS, Delco; frein de stationnement sur roues AR; servodirection à crémaillère, réservoir carb. 57.5 L; pneus 215/60 R 15, jantes 6 J.

Dimensions: empattement 272 cm, voie 150/150 cm, garde au sol 14 cm, diam. de braq. 11.5 m, coffre 465 dm³, longueur 488 cm, largeur 176 cm, hauteur 145 cm.

Performances: Vmax (réd.) 190 km/h, V à 1000/min en 4. vit. 54.8 km/h; rapp. poids/puiss. 12.2 kg/kW (9 kg/ch); consommation EPA 8.1/11.8 L/100 km.

Oldsmobile Cutlass Supreme

Coupé/Limousine, nun mit Frontantrieb und V6-Quermotor. Debüt Herbst 1987. 1989 auch mit 3,1-Liter-V6. 1990 auch als Limousine und Cabriolet, neue Motorenlinie. 1991 mit 3,4-Liter-V6-Hochleistungsmotor. 1993: 3,4-Liter nur noch mit Automat lieferbar. 1994 mit mehr Leistung. 1996: Produktion des Cabriolets eingestellt.

Coupé/cabriolet, maintenant avec traction AV et moteur V6 transv.. Lancement automne 1987. 1989 avec 3,1 litres V6. 1990 aussi comme berline et cabriolet. Nouvelle gamme de moteurs. 1991 3,4 litres V6 à hautes performances. 1993: 3.4 uniquement livrable avec boîte automat. 1994 puissance accrue. 1996: Production du cabriolet suspendue.

3.1 V6 – 162 PS Benzineinspritzung

Karosserie, Gewicht: (DIN), Lim. 4 Türen, 5 Sitze; leer ab 1535 kg, max. zul. 1490 kg. Coupé, 2 Türen, 5 Sitze; leer ab 1490 kg.

Motor: (SAE), 6 Zyl. in V 60° (89×84 mm), 3135 cm³; Kompr. 9.6:1; 119 kW (162 PS) bei 5200/min, 38 kW/L (51.6 PS/L); 251 Nm (25.6 mkp) bei 4000/min; 91 ROZ.

Motorkonstruktion: Bez. L82; zentrale Nockenwelle (Kette); Leichtmetall-Zylinderköpfe; 4fach gelagerte Kurbelwelle; Öl 3.8 L; elektron. Einspr., AC-Rochester. Batterie 54 Ah, Alternator 105 A; Wasserkühlung, Inh. 12.4 L.

Kraftübertragung: (auf Vorderräder). 4-Stufen-Automat: THM; I. 2.92; II. 1.57; III. 1; IV. 0.7; R 2.39; Achse 3.33.

3.1 V6 – 162 ch Injection d'essence

Carrosserie, poids: (DIN), Berl., 4 portes, 5 pl.; vide dès 1535 kg, tot. adm. 1490 kg. Coupé, 2 portes, 5 pl.; vide dès 1490 kg.

Moteur: (SAE), 6 cyl. en V 60° (89×84 mm), 3135 cm³; compr. 9.6:1; 119 kW (162 ch) à 5200/min, 38 kW/L (51.6 PS/L); 251 Nm (25.6 mkp) à 4000/min; 91 (R).

Moteur (constr.): désignation L82; arbre à cames central (chaîne); culasses en alliage léger; vilebrequin à 4 paliers; huile 3.8 L; injection électronique, AC-Rochester. Batterie 54 Ah, alternateur 105 A; refroidissement à eau, capac. 12.4 L.

Transmission: (sur roues AV). Boîte autom. à 4 vit.: THM; I. 2.92; II. 1.57; III. 1; IV. 0.7; AR 2.39; pont 3.33.

Fahrgestell: Selbsttragende Karosserie mit vorderem Hilfsrahmen; vorn Federbeine und Dreieckquerlenker; hinten Querlenker, Dämpferbeine, Querblattfeder; v/h Kurvenstabilisator, Teleskopdämpfer.

Fahrwerk: Vierrad-Scheibenbremse (vorn belüftet), Scheiben-Ø v. 28.4 cm, h. 25.6 cm, ABS, Delco/Moraine, Fussfeststellbremse auf Hinterräder; Zahnstangenlenkung mit Servo, Treibstofftank 64.5 L; Reifen 215/60 R 16, 225/60 R 16, Felgen 6.5 J.

Dimensionen: Radstand 273 cm, Spur 151/148 cm, Bodenfreih. 15 cm, Wendekreis 12.8 m, Kofferraum 440 dm³, Länge 492 cm, Breite 183 cm, Höhe 143 cm. Coupé: Länge 493 cm, Breite 182 cm, Höhe 139 cm.

Fahrleistungen: Vmax (Red.) 190 km/h, V bei 1000/min im 4. Gang 50.7 km/h; Leistungsgew. 12.9 kg/kW (9.5 kg/PS); Verbrauch EPA 8.1/11.8 L/100 km.

Châssis: carrosserie autoporteuse avec cadre auxiliaire AV; AV jambes élast. et leviers triang. transv.; AR leviers transv., jambes élastiques, lame transversal; AV/AR barre anti-dévers, amortiss. télesc.

Train roulant: quatre freins à disques (AV ventilés), Ø disques AV 28.4 cm, AR 25.6 cm, ABS, Delco/Moraine; frein de stationn. à pied sur roues AR; servodirection à crémaillère, réservoir carb. 64.5 L; pneus 215/60 R 16, 225/60 R 16, jantes 6.5 J.

Dimensions: empattement 273 cm, voie 151/148 cm, garde au sol 15 cm, diam. de braq. 12.8 m, coffre 440 dm³, longueur 492 cm, largeur 183 cm, hauteur 143 cm. Coupé: longueur 493 cm, largeur 182 cm, hauteur 139 cm.

Performances: Vmax (réd.) 190 km/h, V à 1000/min en 4. vit. 50.7 km/h; rapp. poids/puiss. 12.9 kg/kW (9.5 kg/ch); consommation EPA 8.1/11.8 L/100 km.

3.4 V6 24V – 218 PS Benzineinspritzung

Wie 3.1 – 162 PS, ausgenommen:

Gewicht: leer ab 1585 kg.

Motor: (SAE), 6 Zyl. in V 60° (92×84 mm), 3350 cm³; Kompr. 9.25:1; 160 kW (218 PS) bei 5200/min, 47.8 kW/L (64.9 PS/L); 298 Nm (30.4 mkp) bei 4000/min; 91 ROZ.

Motorkonstruktion: Bezeichnung LQ1; 4 Ventile in V 21.5°; 2×2 obenl. Nockenwellen (Zahnriemen/Kette); Leichtmetall-Zylinderköpfe; 4fach gelagerte Kurbelwelle; Öl 4.7 L; elektron. Einspr., AC-Rochester. Batterie 54 Ah, Alternator 105 A; Wasserkühlung, Inh. 12 L.

Kraftübertragung: 4-Stufen-Automat: THM; I. 2.92; II. 1.57; III. 1; IV. 0.7; R 2.39; Achse 3.43.

Fahrleistungen: Vmax (Red.) 205 km/h, V bei 1000/min im 4. Gang 49.2 km/h; 0–97 km/h 8 s; Leistungsgew. 9.9 kg/kW (7.3 kg/PS); Verbrauch (Red.) 10/16 L/100 km.

3.4 V6 24V – 218 ch Injection d'essence

Comme 3.1 – 162 ch, sauf:

Poids: vide dès 1585 kg.

Moteur: (SAE), 6 cyl. en V 60° (92×84 mm), 3350 cm³; compr. 9.25:1; 160 kW (218 ch) à 5200/min, 47.8 kW/L (64.9 kW/L); 298 Nm (30.4 mkp) à 4000/min; 91 (R).

Moteur (constr.): désignation LQ1; 4 soupapes en V 21.5°; 2×2 arbres à cames en tête (courroie crantée/chaine); culasses en alliage léger; vilebrequin à 4 paliers; huile 4.7 L; injection électronique, AC-Rochester. Batterie 54 Ah, alternateur 105 A; refroidissement à eau, capac. 12 L.

Transmission: Boîte autom. à 4 vit.: THM; I. 2.92; II. 1.57; III. 1; IV. 0.7; AR 2.39; pont 3.43.

Performances: Vmax (réd.) 205 km/h, V à 1000/min en 4. vit. 49.2 km/h; 0–97 km/h 8 s; rapp. poids/puiss. 9.9 kg/kW (7.3 kg/ch); consomm. (réd.) 10/16 L/100 km.

Oldsmobile Intrigue

Luxuriöse Limousine mit Quermotor (3.8-V6) und Frontantrieb sowie Getriebeautomat. Debüt Januar 1996 (Detroit).

Berline luxueuse avec moteur transv. (3.8-V6) et traction avant ainsi que automat. Lancement janvier 1996 (Detroit).

3.8 V6 – 199 PS Benzineinspritzung

Karosserie, Gewicht: (DIN), Limousine, 4 Türen, 5 Sitze; leer ab 1565 kg.

Motor: (SAE), 6 Zyl. in V 90° (96.52×86.36 mm), 3791 cm³; Kompression 9.4:1; 146 kW (199 PS) bei 5200/min, 38.5 kW/L (52.4 PS/L); 298 Nm (30.4 mkp) bei 4000/min; 91 ROZ.

Motorkonstruktion: Bez. L36; zentrale Nockenwelle (Kette); 4fach gelagerte Kurbelwelle; Öl 3.8 L; elektron. Einspr. Batterie 69 Ah, Alternator 124 A; Wasserkühlung, Inh. 11.8 L.

3.8 V6 – 199 ch Injection d'essence

Carrosserie, poids: (DIN), Berline, 4 portes, 5 places; vide dès 1565 kg.

Moteur: (SAE), 6 cyl. en V 90° (96.52×86.36 mm), 3791 cm³; compr. 9.4:1; 146 kW (199 ch) à 5200/min, 38.5 kW/L (52.4 ch/L); 298 Nm (30.4 mkp) à 4000/min; 91 (R).

Moteur (constr.): désignation L36; arbre à cames central (chaîne); vilebrequin à 4 paliers; huile 3.8 L; injection électronique. Batterie 69 Ah, alternateur 124 A; refroidissement à eau, capac. 11.8 L.

Oldsmobile

Oldsmobile Intrigue

Kraftübertragung: (auf Vorderräder). 4-Stufen-Automat: THM; I. 2.92; II. 1.57; III. 1; IV. 0.7; R 2.39; Achse 3.05.

Fahrgestell: Selbsttragende Karosserie mit vorderem Hilfsrahmen; vorn Federbeine und Dreieckquerlenker; hinten Mehrlenkerachse mit Längs-, Quer- und Schräglenkern; v/h Kurvenstabilisator, Schraubenfedern und Teleskopdämpfer.

Fahrwerk: Vierrad-Scheibenbremse (vorn belüftet), Scheiben-Ø v. 27.5 cm, h. 27.6 cm, ABS, Feststellbremse auf Hinterräder; Zahnstangenl. mit Servo, Treibstofftank 68 L; Reifen 225/60 R 16, Felgen 6.5 J.

Dimensionen: Radstand 277 cm, Spur 158/157 cm, Bodenfreih. 14 cm, Wendekreis 11.8 m, Kofferraum 460 dm³, Länge 497 cm, Breite 187 cm, Höhe 144 cm.

Fahrleistungen: Vmax (Red.) über 200 km/h, V bei 1000/min im 4. Gang 57.9 km/h; Leistungsgew. 10.7 kg/kW (7.9 kg/PS); Verbrauch EPA 8.1/12.4 L/100 km.

Transmission: (sur roues AV). Boîte autom. à 4 vit.: THM; I. 2.92; II. 1.57; III. 1; IV. 0.7; AR 2.39; pont 3.05.

Châssis: carrosserie autoporteuse avec cadre auxiliaire AV; AV jambes élast. et leviers triang. transv.; AR essieu à multiples bras (leviers longit., obliques et transv.); AV/AR stabilisateur transv., ressorts hélic. et amortiss. télesc.

Train roulant: quatre freins à disques (AV ventilés), Ø disques AV 27.5 cm, AR 27.6 cm, ABS, frein de stationnement sur roues AR; servodirection à crémaillère, réservoir carb. 68 L; pneus 225/60 R 16, jantes 6.5 J.

Dimensions: empattement 277 cm, voie 158/157 cm, garde au sol 14 cm, diam. de braq. 11.8 m, coffre 460 dm³, longueur 497 cm, largeur 187 cm, hauteur 144 cm.

Performances: Vmax (réd.) plus de 200 km/h, V à 1000/min en 4. vit. 57.9 km/h; rapp. poids/puiss. 10.7 kg/kW (7.9 kg/ch); consommation EPA 8.1/12.4 L/100 km.

Oldsmobile Eighty-Eight

Limousine mit Frontantrieb, quer eingebauter V6-Motor, Overdrive-Getriebeautomat. 1995 Basismotor mit mehr Leistung, a.W. mit Kompressor. 1996: Supercharger mit höherer Leistung.

Berline avec traction AV, moteur V6 AV transversal, boîte automat. avec overdrive. 1995 moteur de base avec puissance accrue, s.d. avec compresseur. Supercharger avec puissance accrue.

3.8 V6 – 208 PS Benzineinspritzung

3.8 V6 – 208 ch Injection d'essence

Karosserie, Gewicht: (DIN), Limousine, 4 Türen, 6 Sitze; leer ab 1570 kg.

Motor: (SAE), 6 Zyl. in V 90° (96.52×86.36 mm), 3791 cm³; Kompression 9.4:1; 153 kW (208 PS) bei 5200/min, 40.4 kW/L (54.9 PS/L); 312 Nm (31.8 mkp) bei 4000/min; 91 ROZ.

Motorkonstruktion: Bezeichnung L36; zentrale Nockenwelle (Kette); 4fach gelagerte Kurbelwelle; Öl 3.8 L; elektron. Einspritzung, Bosch.

Batterie 69 Ah, Alternator 124 A; Wasserkühlung, Inh. 11.8 L.

Carrosserie, poids: (DIN), Berline, 4 portes, 6 places; vide dès 1570 kg.

Moteur: (SAE), 6 cyl. en V 90° (96.52×86.36 mm), 3791 cm³; compr. 9.4:1; 153 kW (208 ch) à 5200/min, 40.4 kW/L (54.9 ch/L); 312 Nm (31.8 mkp) à 4000/min; 91 (R).

Moteur (constr.): désignation L36; arbre à cames central (chaîne); vilebrequin à 4 paliers; huile 3.8 L; injection électronique, Bosch.

Batterie 69 Ah, alternateur 124 A; refroidissement à eau, capac. 11.8 L.

Kraftübertragung: (auf Vorderräder), a.W. Antriebsschlupfregelung. 4-Stufen-Automat: THM; I. 2.92; II. 1.57; III. 1; IV. 0.7; R 2.13; Achse 2.84; 3.06.

Fahrgestell: Selbsttragende Karosserie mit vorderem Hilfsrahmen; vorn Federbeine und Dreieckquerlenker, hinten Dämpferbeine, Dreieckquerlenker, v/h Kurvenstabilisator, Schraubenfedern, Teleskopdämpfer, a.W. Niveauregulierung.

Fahrwerk: Bremse, vorne Scheiben (belüftet), hinten Trommeln, Scheiben-Ø v. 27.8 cm, ABS, ITT/Teves, Fussfeststellbremse auf Hinterräder; Zahnstangenlenkung mit Servo, Treibstofftank 68 L; Reifen 205/70 R 15, Felgen 6 J, 7 J.

Dimensionen: Radstand 281 cm, Spur 154/154 cm, Bodenfreih. 14 cm, Wendekreis 12.4 m, Kofferraum 510 dm³, Länge 509 cm, Breite 188 cm, Höhe 141 cm.

Fahrleistungen: Vmax (Red.) 200 km/h, V bei 1000/min im 4. Gang 61.3 km/h; Leistungsgew. 10.3 kg/kW (7.5 kg/PS); Verbrauch EPA 8.1/12.4 L/100 km.

Transmission: (sur roues AV), s.d. dispositif antipatinage. Boîte autom. à 4 vit.: THM; I. 2.92; II. 1.57; III. 1; IV. 0.7; AR 2.13; pont 2.84; 3.06.

Châssis: carrosserie autoporteuse avec cadre auxiliaire AV; AV jambes élast. et leviers triang. transv.; AR jambes élastiques, leviers triang. transv., AV/AR barre anti-dévers, ressorts hélic, amortiss. télesc., s.d. réglage du niveau.

Train roulant: frein, AV à disques (ventilés), AR à tambours, Ø disques AV 27.8 cm, ABS, ITT/Teves, frein de station. à pied sur roues AR; servodirection à crémaillère, réservoir carb. 68 L; pneus 205/70 R 15, jantes 6 J, 7 J.

Dimensions: empattement 281 cm, voie 154/154 cm, garde au sol 14 cm, diam. de braq. 12.4 m, coffre 510 dm³, longueur 509 cm, largeur 188 cm, hauteur 141 cm.

Performances: Vmax (réd.) 200 km/h, V à 1000/min en 4. vit. 61.3 km/h; rapp. poids/puiss. 10.3 kg/kW (7.5 kg/ch); consommation EPA 8.1/12.4 L/100 km.

Oldsmobile Eighty-Eight LSS

3.8 V6 – 243 PS Benzineinspritzung/Kompr.

3.8 V6 – 243 ch Injection d'essence/compr.

Wie 3.8 – 208 PS, ausgenommen:

Gewicht: leer ab 1590 kg.

Motor: (SAE), 6 Zyl. in V 90° (96.52×86.36 mm), 3791 cm³; Kompression 8.5:1; 179 kW (243 PS) bei 5200/min, 47.2 kW/L (64.2 PS/L); 380 Nm (38.7 mkp) bei 3200/min; 91 ROZ.

Motorkonstruktion: Bez. L67; zentrale Nockenwelle (Kette); 4fach gelagerte Kurbelwelle; Öl 3.8 L; elektron. Einspritzung, Bosch, 1 Kompressor, Roots (Eaton).

Batterie 69 Ah, Alternator 124 A; Wasserkühlung, Inh. 11.8 L.

Kraftübertragung: 4-Stufen-Automat: THM; I. 2.92; II. 1.57; III. 1; IV. 0.7; R 2.39; Achse 3.06; 2.93.

Fahrwerk: Reifen 225/60 R 16.

Fahrleistungen: Vmax (Red.) über 200 km/h, V bei 1000/min im 4. Gang 57.7 km/h; Leistungsgew. 8.9 kg/kW (6.5 kg/PS); Verbrauch EPA 8.7/13.8 L/100 km.

Comme 3.8 – 208 ch, sauf:

Poids: vide dès 1590 kg.

Moteur: (SAE), 6 cyl. en V 90° (96.52×86.36 mm), 3791 cm³; compr. 8.5:1; 179 kW (243 ch) à 5200/min, 47.2 kW/L (64.2 ch/L); 380 Nm (38.7 mkp) à 3200/min; 91 ROZ.

Moteur (constr.): désignation L67; arbre à cames central (chaîne); vilebrequin à 4 paliers; huile 3.8 L; injection électronique, Bosch, 1 compresseur, Roots (Eaton).

Batterie 69 Ah, alternateur 124 A; refroidissement à eau, capac. 11.8 L.

Transmission: Boîte autom. à 4 vit.: THM; I. 2.92; II. 1.57; III. 1; IV. 0.7; AR 2.39; pont 3.06; 2.93.

Train roulant: pneus 225/60 R 16.

Performances: Vmax (réd.) plus de 200 km/h, V à 1000/min en 4. vit. 57.7 km/h; rapp. poids/puiss. 8.9 kg/kW (6.5 kg/ch); consommation EPA 8.7/13.8 L/100 km.

Oldsmobile Regency

Luxuriöse Modellreihe mit Frontantrieb, V6-Quermotor und Getriebeautomat mit Overdrive. 1986 nur mit 3,8-Liter-Motor lieferbar. 1991 Neuauflage. 1992 auch mit Kompressor-Motor, für 1994 mit 228 statt 208 PS. 1995 mehr Leistung für Basismotor. 1996: Kein Kompressormotor mehr.

Gamme de modèles luxueuse avec traction AV, V6 transv., boîte automat. avec OD. 1986 uniquement livrable avec 3.8 V6. 1991 nouvelle édition. 1992 aussi avec moteur à compr., pour 1994 avec 228 au lieu de 208 PS. 1995 puissance accrue pour moteur de base. 1996: Plus de moteur à compresseur.

3.8 V6 – 208 PS Benzineinspritzung

3.8 V6 – 208 ch Injection d'essence

Karosserie, Gewicht: (DIN), Limousine, 4 Türen, 6 Sitze; leer ab 1730 kg.

Carrosserie, poids: (DIN), Berline, 4 portes, 6 places; vide dès 1730 kg.

Oldsmobile Eighty-Eight LS

Oldsmobile

Motor: (SAE), 6 Zylinder in V 90° (96.52×86.36 mm), 3791 cm³; Kompr. 9.4:1; 153 kW (208 PS) bei 5200/min, 40.4 kW/L (54.9 PS/L); 312 Nm (31.8 mkp) bei 4000/min; 91 ROZ.

Motorkonstruktion: Bezeichnung L36; zentrale Nockenwelle (Kette); 4fach gelagerte Kurbelwelle; Öl 3.8 L; elektron. Einspritzung, Bosch.
Batterie 69 Ah, Alternator 124 A; Wasserkühlung, Inh. 11.8 L.

Kraftübertragung: (auf Vorderräder), a.W. Antriebsschlupfregelung.
4-Stufen-Automat: I. 2.92; II. 1.57; III. 1; IV. 0.7; R 2.13; Achse 2.84.

Fahrgestell: Selbsttragende Karosserie mit vorderem Hilfsrahmen; vorn Federbeine und Dreieckquerlenker; hinten Dämpferbeine, Dreieckquerlenker, v/h Kurvenstabilisator, Schraubenfedern, Teleskopdämpfer, a.W. Niveauregulierung.

Fahrwerk: Bremse, vorne Scheiben (belüftet), hinten Trommeln, Scheiben-⌀ v. 27.8 cm, ABS, ITT/Teves; Fussfeststellbremse auf Hinterräder; Zahnstangenlenkung mit Servo, Treibstofftank 68 L; Reifen 205/70 R 15, Felgen 6 J.

Moteur: (SAE), 6 cyl. en V 90° (96.52×86.36 mm), 3791 cm³; compr. 9.4:1; 153 kW (208 ch) à 5200/min, 40.4 kW/L (54.9 ch/L); 312 Nm (31.8 mkp) à 4000/min; 91 (R).

Moteur (constr.): désignation L36; arbre à cames central (chaîne); vilebrequin à 4 paliers; huile 3.8 L; injection électronique, Bosch.
Batterie 69 Ah, alternateur 124 A; refroidissement à eau, capac. 11.8 L.

Transmission: (sur roues AV), s.d. dispositif antipatinage.
Boîte autom. à 4 vit.: I. 2.92; II. 1.57; III. 1; IV. 0.7; AR 2.13; pont 2.84.

Châssis: carrosserie autoporteuse avec cadre auxiliaire AV; AV jambes élast. et leviers triang. transv.; AR jambes élastiques, leviers triang. transv., AV/AR barre anti-dévers, ressorts hélic, amortiss. télesc., s.d. réglage du niveau.

Train roulant: frein, AV à disques (ventilés), AR à tambours, ⌀ disques AV 27.8 cm, ABS, ITT/Teves; frein de station. à pied sur roues AR; servodirection à crémaillère, réservoir carb. 68 L; pneus 205/70 R 15, jantes 6 J.

Oldsmobile Regency

Dimensionen: Radstand 281 cm, Spur 154/154 cm, Bodenfreih. 13 cm, Wendekreis 12.8 m, Kofferraum 510 dm³, Länge 509 cm, Breite 188 cm, Höhe 141 cm.

Fahrleistungen: Vmax (Red.) über 190 km/h, V bei 1000/min im 4. Gang 61.3 km/h; Leistungsgew. 11.3 kg/kW (8.3 kg/PS); Verbrauch EPA 8.1/12.4 L/100 km.

Dimensions: empattement 281 cm, voie 154/154 cm, garde au sol 13 cm, diam. de braq. 12.8 m, coffre 510 dm³, longueur 509 cm, largeur 188 cm, hauteur 141 cm.

Performances: Vmax (réd.) plus de 190 km/h, V à 1000/min en 4. vit. 61.3 km/h; rapp. poids/puiss. 11.3 kg/kW (8.3 kg/ch); consommation EPA 8.1/12.4 L/100 km.

Oldsmobile Aurora

Flaggschiff der Marke. Viertürige Limousine mit Frontantrieb, Northstar-V8-Motor mit 253 PS, Getriebeautomat. Debüt als Prototyp Detroit 1993, Produktion ab 1995.

Vaisseau de la marque. Berline quatre portes avec traction AV, moteur V8 «Northstar» avec 253 ch, boîte automatique. Lancement comme prototype Detroit 1993. Production dès 1995.

4.0 V8 32V – 253 PS Benzineinspritzung

4.0 V8 32V – 253 ch Injection d'essence

Karosserie, Gewicht: (DIN), Limousine, 4 Türen, 5 Sitze; leer ab 1795 kg.

Motor: (SAE), 8 Zyl. in V 90° (87×84 mm), 3995 cm³; Kompr. 10.3:1; 186 kW (253 PS) bei 5600/min, 46.6 kW/L (63.3 PS/L); 353 Nm (36 mkp) bei 4000/min; 91 ROZ.

Motorkonstruktion: Bez. L37 Northstar 32V; 4 Ventile in V 32°; 2×2 obenl. Nockenwellen (Ketten); Leichtmetall-Zylinderköpfe und -block; 5fach gelagerte Kurbelwelle; Öl 5.7 L; elektron. Einspritzung, Delphi.
Batterie 90 Ah, Alternator 140 A; Wasserkühlung, Inh. 12.5 L.

Kraftübertragung: (auf Vorderräder), Antriebsschlupfregelung.
4-Stufen-Automat: THM; I. 2.96; II. 1.63; III. 1; IV. 0.68; R 2.13; Achse 3.48; 3.71.

Carrosserie, poids: (DIN), Berline, 4 portes, 5 places; vide dès 1795 kg.

Moteur: (SAE), 8 cyl. en V 90° (87×84 mm), 3995 cm³; compr. 10.3:1; 186 kW (253 ch) à 5600/min, 46.6 kW/L (63.3 ch/L); 353 Nm (36 mkp) à 4000/min; 91 (R).

Moteur (constr.): désignation L37 Northstar 32V; 4 soupapes en V 32°; 2×2 arbres à cames en tête (chaînes); culasses et bloc-cyl. en alliage léger; vilebrequin à 5 paliers; huile 5.7 L; injection électronique, Delphi.
Batterie 90 Ah, alternateur 140 A; refroidissement à eau, capac. 12.5 L.

Transmission: (sur roues AV), Dispositif antipatinage.
Boîte autom. à 4 vit.: THM; I. 2.96; II. 1.63; III. 1; IV. 0.68; AR 2.13; pont 3.48; 3.71.

Oldsmobile Aurora

Fahrgestell: Selbsttragende Karosserie mit vorderem und hinterem Hilfsrahmen; vorn Federbeine und Dreieckquerlenker; hinten Schräglenker, Querlenker, v/h Kurvenstab., Schraubenfedern, Teleskopdämpfer; elektron. Dämpferregulierung.

Fahrwerk: Vierrad-Scheibenbremse (vorn belüftet), Scheiben-⌀ v. 27.5 cm, h. 27.8 cm, ABS, Bosch; Fussfeststellbremse auf Hinterräder; Zahnstangenlenkung mit Servo, Treibstofftank 75.5 L; Reifen 235/60 ZR 16, Felgen 7 J.

Dimensionen: Radstand 289 cm, Spur 159/159 cm, Bodenfreih. 14 cm, Wendekreis 12.9 m, Kofferraum 455 dm³, Länge 522 cm, Breite 189 cm, Höhe 141 cm.

Fahrleistungen: Vmax (Werk) 217 km/h, V bei 1000/min im 4. Gang 53 km/h; 0–97 km/h 8.2 s; Leistungsgew. 9.6 kg/kW (7.1 kg/PS); Verbrauch EPA 9.1/13.8 L/100 km.

Châssis: carrosserie autoporteuse avec faux-châssis AV et AR; AV jambes élast. et leviers triang. transv.; AR triangles obliques, leviers transv., AV/AR barre anti-dévers, ressorts hélic, amortiss. télesc.; amortiss. à réglage électron.

Train roulant: quatre freins à disques (AV ventilés), ⌀ disques AV 27.5 cm, AR 27.8 cm, ABS, Bosch; frein de station. à pied sur roues AR; servodirection à crémaillère, réservoir carb. 75.5 L; pneus 235/60 ZR 16, jantes 7 J.

Dimensions: empattement 289 cm, voie 159/159 cm, garde au sol 14 cm, diam. de braq. 12.9 m, coffre 455 dm³, longueur 522 cm, largeur 189 cm, hauteur 141 cm.

Performances: Vmax (usine) 217 km/h, V à 1000/min en 4. vit. 53 km/h; 0–97 km/h 8.2 s; rapp. poids/puiss. 9.6 kg/kW (7.1 kg/ch); consomm. EPA 9.1/13.8 L/100 km.

Oldsmobile Silhouette

Mehrzweckfahrzeug von General Motors, 4 oder 5 Türen, 7 Sitze; 3,1-Liter-V6, Frontantrieb, Getriebeautomat. Debüt Frühjahr/Sommer 1989. A.W. 1992 auch mit 3,8-Liter-V6. 1996: 3.4-V6. 1997 mit kurzem oder langem Radstand.

Voiture à usage multiple de General Motors, 4 ou 5 portes, 7 places; 3.1-V6, traction AV, boîte automatique. Lancement printemps/été 1989. 1992: s.d. 3.8-V6. 1996: 3.4-V6. 1997 avec empattement court ou long.

3.4 V6 – 182 PS Benzineinspritzung

3.4 V6 – 182 ch Injection d'essence

Karosserie, Gewicht: (DIN), Minivan, 4/5 Türen; 7 Sitze; leer ab 1690 kg.
Lang: 4/5 Türen; 7 Sitze; leer ab 1745 kg.

Motor: (SAE), 6 Zyl. in V 60° (92×84 mm), 3350 cm³; Kompr. 9.5:1; 134 kW (182 PS) bei 5200/min, 40 kW/L (54.4 PS/L); 279 Nm (28.4 mkp) bei 4000/min; 91 ROZ.

Motorkonstruktion: zentrale Nockenwelle (Kette); Leichtmetall-Zylinderkopf; 4fach gelagerte Kurbelwelle; Öl 3.8 L; elektron. Einspritzung, Delphi.
Batterie 78 Ah, Alternator 105/140 A; Wasserkühlung, Inh. 11.2 L.

Carrosserie, poids: (DIN), Minivan, 4/5 portes; 7 places; vide dès 1690 kg.
Long: 4/5 portes; 7 pl.; vide dès 1745 kg.

Moteur: (SAE), 6 cyl. en V 60° (92×84 mm), 3350 cm³; compr. 9.5:1; 134 kW (182 ch) à 5200/min, 40 kW/L (54.4 ch/L); 279 Nm (28.4 mkp) à 4000/min; 91 (R).

Moteur (constr.): arbre à cames central (chaîne); culasse en alliage léger; vilebrequin à 4 paliers; huile 3.8 L; injection électronique, Delphi.
Batterie 78 Ah, alternateur 105/140 A; refroidissement à eau, capac. 11.2 L.

Oldsmobile Silhouette

Oldsmobile • Opel

Kraftübertragung: (auf Vorderräder). 4-Stufen-Automat: THM; I. 2.92; II. 1.57; III. 1; IV. 0.7; R 2.39; Achse 3.29.

Fahrgestell: Selbsttragende Karosserie; vorn Federbeine und Dreieckquerlenker; hinten Torsionskurbelachse, Längslenker, v/h Kurvenstabilisator, Schraubenfedern, Teleskopdämpfer.

Fahrwerk: Bremse, vorne Scheiben (belüftet), hinten Trommeln, Scheiben-∅ v. 27.5 cm, ABS, Delphi; Fussfeststellbremse auf Hinterräder; Zahnstangenlenkung mit Servo, Treibstofftank 76 L; Reifen 205/70 R 15, 215/70 R 15, Felgen 6 J. **Lang:** Treibstofftank 95 L.

Dimensionen: Radstand 285 cm, Spur 156/161 cm, Bodenfreih. 14 cm, Wendekreis 12.3 m, Kofferraum 3585 dm³, Länge 476 cm, Breite 183 cm, Höhe 171 cm. **Lang:** Radstand 305 cm, Bodenfreih. 15 cm, Wendekreis 12.9 m, Kofferraum 4415 dm³, Länge 512 cm, Höhe 173 cm.

Fahrleistungen: Vmax (Red.) 180 km/h, V bei 1000/min im 4. Gang 53.1 km/h; 0–100 km/h ca. 11 s; Leistungsgew. 12.6 kg/kW (9.3 kg/PS); Verbrauch EPA 9.4/13.1 L/100 km.

Transmission: (sur roues AV). Boîte autom. à 4 vit.: THM; I. 2.92; II. 1.57; III. 1; IV. 0.7; AR 2.39; pont 3.29.

Châssis: carrosserie autoporteuse; AV jambes élast. et leviers triang. transv.; AR essieu à manivelles à torsion, bras longitud., AV/AR barre anti-dévers, ressorts hélic, amortiss. télesc.

Train roulant: frein, AV à disques (ventilés), AR à tambours, ∅ disques AV 27.5 cm, ABS, Delphi; frein de stationn. à pied sur roues AR; servodirection à crémaillère, réservoir carb. 76 L; pneus 205/70 R 15, 215/70 R 15, jantes 6 J. **Long:** réservoir carb. 95 L.

Dimensions: empattement 285 cm, voie 156/161 cm, garde au sol 14 cm, diam. de braq. 12.3 m, coffre 3585 dm³, longueur 476 cm, largeur 183 cm, hauteur 171 cm. **Long:** empatt. 305 cm, garde au sol 15 cm, diam. de braq. 12.9 m, coffre 4415 dm³, longueur 512 cm, hauteur 173 cm.

Performances: Vmax (réd.) 180 km/h, V à 1000/min en 4. vit. 53.1 km/h; 0–100 km/h env. 11 s; rapp. poids/puiss. 12.6 kg/kW (9.3 kg/ch); consommation EPA 9.4/13.1 L/100 km.

Oldsmobile Bravada

Geländegängiges Fahrzeug mit permanentem Allradantrieb sowie ABS, 4,3-Liter-V6-Motor und Getriebeautomat. Technisch mit Chevrolet Blazer S verwandt. Debüt 3. Januar 1990. Neuauflage Detroit, Januar 1995.

Voiture tout-terrain avec traction permanente intégrale et ABS, moteur 4,3 litres V6 et boîte automatique. Techniquement apparentée à la Chevrolet Blazer S. Lancement le 3 janvier 1990. Nouvelle édition Detroit, janvier 1995.

4.3 V6 – 193 PS
Benzineinspritzung

4.3 V6 – 193 ch
Injection d'essence

Karosserie, Gewicht: (DIN), Station Wagon, 5 Türen, 5 Sitze; leer ab 1825 kg.

Motor: (SAE), 6 Zylinder in V 90° (101.6×88.4 mm), 4300 cm³; Kompr. 9.1:1; 142 kW (193 PS) bei 4500/min, 33 kW/L (44.9 PS/L); 339 Nm (34.6 mkp) bei 2800/min; 91 ROZ.

Motorkonstruktion: Bez. L35; zentrale Nockenwelle (Kette); 4fach gelagerte Kurbelwelle; Öl 4.7 L; elektron. Einspritzung. Batterie 60 Ah, Alternator 100 A; Wasserkühlung, Inh. 11.5 L.

Kraftübertragung: (4WD permanent), zentrales Diff. mit Viskokupplung; hintere Differentialbremse, Drehmomentverteilung 35/65 %; Reduktionsgetriebe: I. 1; II. 2.72. 4-Stufen-Automat: THM; I. 3.06; II. 1.63; III. 1; IV. 0.7; R 2.29; Achse 3.73.

Fahrgestell: Kastenrahmen mit Traversen; vorn doppelte Dreieckquerlenker, Torsionsfederstäbe, hinten Starrachse, Halbelliptikfedern; v/h Kurvenstabilisator, Teleskopdämpfer.

Carrosserie, poids: (DIN), station-wagon, 5 portes, 5 places; vide dès 1825 kg.

Moteur: (SAE), 6 cyl. en V 90° (101.6×88.4 mm), 4300 cm³; compr. 9.1:1; 142 kW (193 ch) à 4500/min, 33 kW/L (44.9 ch/L); 339 Nm (34.6 mkp) à 2800/min; 91 (R).

Moteur (constr.): désignation L35; arbre à cames central (chaîne); vilebrequin à 4 paliers; huile 4.7 L; injection électronique. Batterie 60 Ah, alternator 100 A; refroidissement à eau, capac. 11.5 L.

Transmission: (4WD permanent), diff. central avec visco-coupleur; différentiel autobloquant AR, répartition du couple AV/AR 35/65 %; boîte de transfert: I. 1; II. 2.72. Boîte autom. à 4 vit.: THM; I. 3.06; II. 1.63; III. 1; IV. 0.7; AR 2.29; pont 3.73.

Châssis: Cadre à caisson avec traverses; AV leviers triang. transv. doubles, barres de torsion; AR essieu rigide, ressorts semi-ellipt.; AV/AR barre anti-dévers, amortiss. télesc.

Fahrwerk: Vierrad-Scheibenbremse (vorn belüftet), Scheiben-∅ v. 27.5 cm, h. 29.5 cm, ABS, Fussfeststellbremse auf Hinterräder; Kugelumlaufl. mit Servo, Treibstofftank 68 L; Reifen 235/70 R 15, Felgen 7 J.

Dimensionen: Radst. 272 cm, Spur 144/140 cm, Bodenfreih. 19 cm, Wendekreis 12.5 m, Kofferraum 1055/3000 dm³, Länge 460 cm, Breite 169 cm, Höhe 161 cm.

Fahrleistungen: Vmax (Red.) 180 km/h, V bei 1000/min im 4. Gang 49.5 km/h; 0–100 km/h 10 s; Leistungsgew. 13.3 kg/kW (9.5 kg/PS); Verbrauch EPA 11.2/14.7 L/100 km.

Train roulant: quatre freins à disques (AV ventilés), ∅ disques AV 27.5 cm, AR 29.5 cm, ABS, frein de stationn. à pied sur roues AR; dir. à circuit de billes assistée, réservoir carb. 68 L; pneus 235/70 R 15, jantes 7 J.

Dimensions: empatt. 272 cm, voie 144/140 cm, garde au sol 19 cm, diam. de braq. 12.5 m, coffre 1055/3000 dm³, longueur 460 cm, largeur 169 cm, hauteur 161 cm.

Performances: Vmax (réd.) 180 km/h, V à 1000/min en 4. vit. 49.5 km/h; 0–100 km/h 10 s; rapp. poids/puiss. 13.3 kg/kW (9.5 kg/ch); consomm. EPA 11.2/14.7 L/100 km.

Opel   D

Adam Opel AG, Rüsselsheim, Deutschland

Glied der General Motors. Amerikanisch-europäische Konzeption.

Filiale de la General Motors. Voitures de concept. américano-européenne.

Opel Corsa

Kleinwagen mit Frontantrieb, Heckklappe oder Stufenheck. Debüt September 1982. Frankfurt 1987: Auch mit 1,5-Liter-Diesel und 1,6-Liter-100-PS-Benzinmotor lieferbar. 1988 auch als Turbodiesel. 1990 mit neuem 1,4-Liter-Motor. Neuauflage Januar 1993.

Petite voiture avec traction AV, hayon AR ou version 3 volumes. Début septembre 1982. Avril Francfort 1987: aussi avec diesel 1.5 et 1.6 (100 ch) à essence. 1988 comme turbodiesel. 1990 avec nouveau moteur 1,4 litre. Nouvelle édition janvier 1993.

1.2 – 45 PS
Benzineinspritzung

1.2 – 45 ch
Injection d'essence

Karosserie, Gewicht: (DIN), Limousine 3/5 Türen; 5 Sitze; leer ab 855 kg, max. zul. 1330 kg.

Motor: (ECE), 4 Zyl. in Linie (72×73.4 mm), 1195 cm³; Kompr. 10:1; 33 kW (45 PS) bei 4600/min, 27.6 kW/L (37.5 PS/L); 88 Nm (9 mkp) bei 2800/min; 95 ROZ.

Motorkonstruktion: 1 obenl. Nockenwelle (Zahnriemen); Leichtmetall-Zylinderkopf; 5fach gelagerte Kurbelwelle; Öl 3.5 L; elektron. Zentraleinspritzung, Multec. Batterie 36 Ah, Alternator 55 A; Wasserkühlung, Inh. 5.9 L.

Kraftübertragung: (auf Vorderräder). 5-Gang-Getriebe: I. 3.73; II. 1.96; III. 1.3; IV. 0.95; V. 0.76; R 3.31; Achse 3.74.

Fahrgestell: Selbsttragende Karosserie; vorn Längs- und Querlenker, Federbeine; hinten Verbundlenkerachse, Längslenker; v/h Schraubenfedern, Teleskopdämpfer.

Fahrwerk: Bremse, vorne Scheiben, hinten Trommeln, Scheiben-∅ v. 23.6 cm, a.W. ABS, Handbremse auf Hinterräder; Zahnstangenlenkung, Treibstofftank 46 L; Reifen 165/70 R 13, Felgen 5 J.

Dimensionen: Radstand 244 cm, Spur 139/139 cm, Bodenfreih. 14 cm, Wendekreis 10.1 m, Kofferr. 260/1050 dm³, Länge 373 cm, Breite 161 cm, Höhe 142 cm.

Fahrleistungen: Vmax (Werk) 145 km/h, V bei 1000/min in 5. Gang 36.2 km/h; 0–100 km/h 20 s; steh. km 40 s; Leistungsgew. 25.9 kg/kW (19 kg/PS); Verbrauch ECE 4.6/6.5/7.2 L/100 km.

Carrosserie, poids: (DIN), berline 3/5 portes; 5 places; vide dès 855 kg, tot. adm. 1330 kg.

Moteur: (ECE), 4 cyl. en ligne (72×73.4 mm), 1195 cm³; compr. 10:1; 33 kW (45 ch) à 4600/min, 27.6 kW/L (37.5 ch/L); 88 Nm (9 mkp) à 2800/min; 95 (R).

Moteur (constr.): 1 arbre à cames en tête (courroie crantée); culasse en alliage léger; vilebrequin à 5 paliers; huile 3.5 L; injection monopoint électron., Multec. Batterie 36 Ah, alternateur 55 A; refroidissement à eau, capac. 5.9 L.

Transmission: (sur roues AV). Boîte à 5 vit.: I. 3.73; II. 1.96; III. 1.3; IV. 0.95; V. 0.76; AR 3.31; pont 3.74.

Châssis: carrosserie autoporteuse; AV bras longitud. et transv., jambes élast.; AR essieu semi-rigide, bras longitud.; AV/AR ressorts hélicoïdaux, amortiss. télesc.

Train roulant: frein, AV à disques, AR à tambours, ∅ disques AV 23.6 cm, ABS s. d., frein à main sur roues AR; direction à crémaillère, réservoir carb. 46 L; pneus 165/70 R 13, jantes 5 J.

Dimensions: empatt. 244 cm, voie 139/139 cm, garde au sol 14 cm, diam. de braq. 10.1 m, coffre 260/1050 dm³, longueur 373 cm, largeur 161 cm, hauteur 142 cm.

Performances: Vmax (usine) 145 km/h, V à 1000/min en 5. vit. 36.2 km/h; 0–100 km/h 20 s; km arrêté 40 s; rapp. poids/puiss. 25.9 kg/kW (19 kg/ch); consomm. ECE 4.6/6.5/7.2 L/100 km.

1.0 12V – 54 PS
Benzineinspritzung

1.0 12V – 54 ch
Injection d'essence

Wie 1.2 – 45 PS, ausgenommen:

Karosserie, Gewicht: Limousine; leer ab 855 kg, max. zul. 1350 kg.

Motor: (ECE), 3 Zyl. in Linie (72.5×78.6 mm), 973 cm³; Kompr. 10.1:1; 40 kW (54 PS) bei 5600/min, 41.1 kW/L (55.9 PS/L); 82 Nm (8.4 mkp) bei 2800/min; 95 ROZ.

Comme 1.2 – 45 ch, sauf:

Carrosserie, poids: berline; vide dès 855 kg, tot. adm. 1350 kg.

Moteur: (ECE), 3 cyl. en ligne (72.5×78.6 mm), 973 cm³; compr. 10.1:1; 40 kW (54 ch) à 5600/min, 41.1 kW/L (55.9 ch/L); 82 Nm (8.4 mkp) à 2800/min; 95 (R).

Oldsmobile Bravada

Opel

Motorkonstruktion: 4 Ventile in V; 2 obenl. Nockenwellen (Kette); Leichtmetall-Zylinderkopf; 4fach gelagerte Kurbelwelle; Öl 3 L; elektron. Einspritzung, Bosch Motronic. Batterie 36 Ah, Alternator 770 W; Wasserkühlung, Inh. 4.3 L.

Kraftübertragung:
5-Gang-Getriebe: I. 3.73; II. 1.96; III. 1.32; IV. 0.95; V. 0.76; R 3.31. Achse 3.74.

Fahrleistungen: Vmax (Werk) 150 km/h, V bei 1000/min im 5. Gang 30.9 km/h; steh. km 38.5 s; Leistungsgew. 23.3 kg/kW (17.2 kg/PS); Verbr. ECE 4.9/6.8/6.4 L/100 km.

1.4 – 60 PS Benzineinspritzung

Wie 1.2 – 45 PS, ausgenommen:

Karosserie, Gewicht: (DIN), Limousine; leer ab 875 kg.

Motor: (ECE), 4 Zyl. in Linie (77.6×73.4 mm), 1389 cm³; Kompr. 9.6:1; 44 kW (60 PS) bei 5400/min, 31.7 kW/L (43.1 PS/L); 106 Nm (10.8 mkp) bei 3000/min; 95 ROZ.

Motorkonstruktion: 1 obenl. Nockenwelle (Zahnriemen); Leichtmetall-Zylinderkopf; 5fach gelagerte Kurbelwelle; Öl 3.5 L; elektron. Zentraleinspritzung, Multec. Batt. 36 Ah, Altern. 55 A; Wasser 5.8 L.

Kraftübertragung:
5-Gang-Getriebe: I. 3.73; II. 1.96; III. 1.32; IV. 0.95; V. 0.76; R 3.31; Achse 4.18.
4-Stufen-Automat: I. 2.81; II. 1.48; III. 1; IV. 0.74; R 2.77; Achse 4.12.

Fahrleistungen: Vmax (Werk) 155 km/h, V bei 1000/min im 5. Gang 36.5 km/h; 0–100 km/h 15 s; steh. km 32.6 s; Leistungsgew. 19.9 kg/kW (14.6 kg/PS); Verbrauch ECE 5.1/7/8.4 L/100 km.
Aut.: Vmax 145 km/h, 0–100 km/h 19 s; steh. km 39.5 s; Verbrauch ECE 5.7/7.5/8.8 L/100 km.

1.4 16V – 90 PS Benzineinspritzung

Wie 1.2 – 45 PS, ausgenommen:

Karosserie, Gewicht: (DIN), Limousine; leer ab 895 kg, max. zul. 1375 kg.

Motor: (ECE), 4 Zyl. in Linie (77.6×73.4 mm), 1389 cm³; Kompr. 10.5:1; 66 kW (90 PS) bei 6000/min, 47.5 kW/L (64.6 PS/L); 125 Nm (12.7 mkp) bei 4000/min; 95 ROZ.

Motorkonstruktion: 4 Ventile in V 46°; 2 obenl. Nockenwellen (Zahnriemen); Leichtmetall-Zylinderkopf; 5fach gelagerte Kurbelwelle; Öl 3.5 L; elektron. Einspritzung, Multec. Batterie 44 Ah, Alternator 55 A; Wasserkühlung, Inh. 5.6 L.

Kraftübertragung:
5-Gang-Getriebe: I. 3.73; II. 2.14; III. 1.41; IV. 1.12; V. 0.89; R 3.31; Achse 3.74.
4-Stufen-Automat: I. 2.81; II. 1.48; III. 1; IV. 0.74; R 2.77; Achse 4.12.

Opel Corsa

Moteur (constr.): 4 soupapes en V; 2 arbres à cames en tête (chaîne); culasse en alliage léger; vilebrequin à 4 paliers; huile 3 L; injection électronique, Bosch Motronic. Batterie 36 Ah, alternateur 770 W; refroidissement à eau, capac. 4.3 L.

Transmission:
Boîte à 5 vit.: I. 3.73; II. 1.96; III. 1.32; IV. 0.95; V. 0.76; AR 3.31; pont 3.74.

Performances: Vmax (usine) 150 km/h, V à 1000/min en 5. vit. 30.9 km/h; km arrêté 38.5 s; rapp. poids/puiss. 23.3 kg/ch (17.2 kg/ch); cons. ECE 4.9/6.8/6.4 L/100 km.

1.4 – 60 ch Injection d'essence

Comme 1.2 – 45 ch, sauf:

Carrosserie, poids: (DIN), berline; vide dès 875 kg.

Moteur: (ECE), 4 cyl. en ligne (77.6×73.4 mm), 1389 cm³; compr. 9.6:1; 44 kW (60 ch) à 5400/min, 31.7 kW/L (43.1 PS/L); 106 Nm (10.8 mkp) à 3000/min; 95 (R).

Moteur (constr.): 1 arbre à cames en tête (courroie crantée); culasse en alliage léger; vilebrequin à 5 paliers; huile 3.5 L; injection monopoint électron., Multec. Batt. 36 Ah, altern. 55 A; eau, capac. 5.8 L.

Transmission:
Boîte à 5 vit.: I. 3.73; II. 1.96; III. 1.32; IV. 0.95; V. 0.76; AR 3.31; pont 4.18.
Boîte autom. à 4 vit.: I. 2.81; II. 1.48; III. 1; IV. 0.74; AR 2.77; pont 4.12.

Performances: Vmax (usine) 155 km/h, V à 1000/min en 5. vit. 36.5 km/h; 0–100 km/h 15 s; km arrêté 32.6 s; rapp. poids/puiss. 19.9 kg/kW (14.6 kg/ch); consomm. ECE 5.1/7/8.4 L/100 km.
Aut.: Vmax 145 km/h, 0–100 km/h 19 s; km arrêté 39.5 s; consomm. ECE 5.7/7.5/8.8 L/100 km.

1.4 16V – 90 ch Injection d'essence

Comme 1.2 – 45 ch, sauf:

Carrosserie, poids: (DIN), berline; vide dès 895 kg, tot. adm. 1375 kg.

Moteur: (ECE), 4 cyl. en ligne (77.6×73.4 mm), 1389 cm³; compr. 10.5:1; 66 kW (90 ch) à 6000/min, 47.5 kW/L (64.6 PS/L); 125 Nm (12.7 mkp) à 4000/min; 95 (R).

Moteur (constr.): 4 soupapes en V 46°; 2 arbres à cames en tête (courroie crantée); culasse en alliage léger; vilebrequin à 5 paliers; huile 3.5 L; injection électronique, Multec. Batterie 44 Ah, alternateur 55 A; refroidissement à eau, capac. 5.6 L.

Transmission:
Boîte à 5 vit.: I. 3.73; II. 2.14; III. 1.41; IV. 1.12; V. 0.89; AR 3.31; pont 3.74.
Boîte autom. à 4 vit.: I. 2.81; II. 1.48; III. 1; IV. 0.74; AR 2.77; pont 4.12.

Fahrwerk: Bremse, vorne Scheiben (belüftet), hinten Trommeln.

Fahrleistungen: Vmax (Werk) 180 km/h, V bei 1000/min im 5. Gang 30.9 km/h; 0–100 km/h 11 s; steh. km 32.5 s; Leistungsgew. 13.6 kg/kW (9.9 kg/PS); Verbrauch ECE 5.3/7.2/8.5 L/100 km.
Aut.: Vmax 172 km/h, 0–100 km/h 13.5 s; steh. km 34 s; Verbr. EC 5.5/7.3/9.7 L/100 km.

Opel Corsa Sport

1.6 16V – 106 PS Benzineinspritzung

Wie 1.2 – 45 PS, ausgenommen:

Karosserie, Gewicht: (DIN), Limousine; leer ab 960 kg, max. zul. 1400 kg.

Motor: (ECE), 4 Zyl. in Linie (79×81.5 mm), 1598 cm³; Kompr. 10.5:1; 78 kW (106 PS) bei 6000/min, 48.8 kW/L (66.3 PS/L); 148 Nm (15.1 mkp) bei 4000/min; 95 ROZ.

Motorkonstruktion: 4 Ventile in V 46°; 2 obenl. Nockenwellen (Zahnriemen); Leichtmetall-Zylinderkopf; 5fach gelagerte Kurbelwelle; Öl 3.5 L; elektron. Einspritzung, Multec. Batterie 44 Ah, Alternator 70 A; Wasserkühlung, Inh. 5.6 L.

Kraftübertragung:
5-Gang-Getriebe: I. 3.73; II. 2.14; III. 1.41; IV. 1.12; V. 0.89; R 3.31; Achse 3.74.

Fahrwerk: Bremse, vorne Scheiben (belüftet), hinten Trommeln, Scheiben-Ø v. 25.6 cm, Reifen 185/60 HR 14, Felgen 5.5 J.

Fahrleistungen: Vmax (Werk) 192 km/h, V bei 1000/min im 5. Gang 31.8 km/h; 0–100 km/h 10.5 s; steh. km 31 s; Leistungsgew. 12.3 kg/kW (9.1 kg/PS); Verbrauch ECE 5.5/7.2/8.7 L/100 km.

1.5 – 50 PS Diesel

Wie 1.2 – 45 PS, ausgenommen:

Karosserie, Gewicht: (DIN), Limousine; leer ab 910 kg, max. zul. 1390 kg.

Motor: (ECE), 4 Zyl. in Linie (76×82 mm), 1488 cm³; Kompr. 23:1; 37 kW (50 PS) bei 4800/min, 24.9 kW/L (33.8 PS/L); 90 Nm (9.2 mkp) bei 2400/min; Dieselöl.

Motorkonstruktion: Bezeichnung Isuzu 4EC1; Wirbelkammer-Diesel; 1 obenl. Nockenwelle (Zahnriemen); Leichtmetall-Zylinderkopf; 5fach gelagerte Kurbelwelle; Öl 3.75 L; Einspritzpumpe, Bosch VE. Batterie 60 Ah, Alternator 70 A; Wasserkühlung, Inh. 6 L.

Kraftübertragung:
5-Gang-Getriebe: I. 3.55; II. 1.96; III. 1.3; IV. 0.89; V. 0.71; R 3.31; Achse 3.94.

Fahrleistungen: Vmax (Werk) 150 km/h, V bei 1000/min im 5. Gang 37 km/h; 0–100 km/h 19.5 s; Leistungsgew. 24.6 kg/kW (18.2 kg/PS); Verbr. ECE 4/5.7/6 L/100 km.

Train roulant: frein, AV à disques (ventilés), AR à tambours.

Performances: Vmax (usine) 180 km/h, V à 1000/min en 5. vit. 30.9 km/h; 0–100 km/h 11 s; km arrêté 32.5 s; rapp. poids/puiss. 13.6 kg/kW (9.9 kg/ch); consomm. ECE 5.3/7.2/8.5 L/100 km.
Aut.: Vmax 172 km/h, 0–100 km/h 13.5 s; km arrêté 34 s; consomm. ECE 5.5/7.3/9.7 L/100 km.

1.6 16V – 106 ch Injection d'essence

Comme 1.2 – 45 ch, sauf:

Carrosserie, poids: (DIN), berline; vide dès 960 kg, tot. adm. 1400 kg.

Moteur: (ECE), 4 cyl. en ligne (79×81.5 mm), 1598 cm³; compr. 10.5:1; 78 kW (106 ch) à 6000/min, 48.8 kW/L (66.3 ch/L); 148 Nm (15.1 mkp) à 4000/min; 95 (R).

Moteur (constr.): 4 soupapes en V 46°; 2 arbres à cames en tête (courroie crantée); culasse en alliage léger; vilebrequin à 5 paliers; huile 3.5 L; injection électronique, Multec. Batterie 44 Ah, alternateur 70 A; refroidissement à eau, capac. 5.6 L.

Transmission:
Boîte à 5 vit.: I. 3.73; II. 2.14; III. 1.41; IV. 1.12; V. 0.89; AR 3.31; pont 3.74.

Train roulant: frein, AV à disques (ventilés), AR à tambours Ø 25.6 cm, pneus 185/60 HR 14, jantes 5.5 J.

Performances: Vmax (usine) 192 km/h, V à 1000/min en 5. vit. 31.8 km/h; 0–100 km/h 10.5 s; km arrêté 31 s; rapp. poids/puiss. 12.3 kg/kW (9.1 kg/ch); consomm. ECE 5.5/7.2/8.7 L/100 km.

1.5 – 50 ch Diesel

Comme 1.2 – 45 ch, sauf:

Carrosserie, poids: (DIN), berline; vide dès 910 kg, tot. adm. 1390 kg.

Moteur: (ECE), 4 cyl. en ligne (76×82 mm), 1488 cm³; compr. 23:1; 37 kW (50 ch) à 4800/min, 24.9 kW/L (33.8 ch/L); 90 Nm (9.2 mkp) à 2400/min; gazole.

Moteur (constr.): désignation Isuzu 4EC1; diesel à chambre de turbulence; 1 arbre à cames en tête (courroie crantée); culasse en alliage léger; vilebrequin à 5 paliers; huile 3.75 L; pompe à injection, Bosch VE. Batterie 60 Ah, alternateur 70 A; refroidissement à eau, capac. 6 L.

Transmission:
Boîte à 5 vit.: I. 3.55; II. 1.96; III. 1.3; IV. 0.89; V. 0.71; AR 3.31; pont 3.94.

Performances: Vmax (usine) 150 km/h, V à 1000/min en 5. vit. 37 km/h; 0–100 km/h 19.5 s; rapp. poids/puiss. 24.6 kg/kW (18.2 kg/ch); consomm. ECE 4/5.7/6 L/100 km.

Opel

Opel Corsa Swing

1.7 – 60 PS Diesel

Wie 1.2 – 45 PS, ausgenommen:

Karosserie, Gewicht: (DIN), Limousine; leer ab 910 kg, max. zul. 1390 kg.

Motor: (ECE), 4 Zyl. in Linie (79×86 mm), 1686 cm³; Kompr. 22:1; 44 kW (60 PS) bei 4400/min, 26.1 kW/L (35.5 PS/L); 112 Nm (11.4 mkp) bei 2650/min; Dieselöl.

Motorkonstruktion: Wirbelkammer-Diesel; 1 obenl. Nockenwelle (Zahnriemen); Leichtmetall-Zylinderkopf; Öl 3.75 L; Einspritzpumpe, Bosch. Batterie 60 Ah, Alternator 70 A; Wasserkühlung, Inh. 6 L.

Kraftübertragung: 5-Gang-Getriebe: I. 3.73; II. 1.96; III. 1.3; IV. 0.95; V. 0.76; R 3.31; Achse 3.55.

Fahrleistungen: Vmax (Werk) 155 km/h, V bei 1000/min im 5. Gang 38.3 km/h; 0–100 km/h 16.5 s; steh. km 38 s; Leistungsgew. 20.7 kg/kW (15.2 kg/PS); Verbrauch ECE 4.3/5.8/5.9 L/100 km.

1.5 – 67 PS Turbodiesel

Wie 1.2 – 45 PS, ausgenommen:

Karosserie, Gewicht: (DIN), Limousine; 5 Sitze; leer ab 935 kg, max. zul. 1405 kg.

Motor: (ECE), 4 Zyl. in Linie (76×82 mm), 1488 cm³; Kompr. 22:1; 49 kW (67 PS) bei 4600/min, 32.9 kW/L (44.8 PS/L); 132 Nm (13.5 mkp) bei 2600/min; Dieselöl.

Motorkonstruktion: Bezeichnung Isuzu 4EC1T; Wirbelkammer-Diesel; 1 obenl. Nockenwelle (Zahnriemen); Leichtmetall-Zylinderkopf; 5fach gelagerte Kurbelwelle; Öl 3.75 L; Einspritzpumpe, Bosch VE, 1 Turbolader. Batterie 60 Ah, Alternator 70 A; Wasserkühlung, Inh. 6.3 L.

Kraftübertragung: 5-Gang-Getriebe: I. 3.73; II. 1.96; III. 1.3; IV. 0.95; V. 0.76; R 3.31; Achse 3.74.

Fahrleistungen: Vmax (Werk) 165 km/h, V bei 1000/min im 5. Gang 36.2 km/h; 0–100 km/h 14 s; steh. km 36 s; Leistungsgew. 19.1 kg/kW (14 kg/PS); Verbrauch ECE 4.2/6/6.2 L/100 km.

Opel Tigra

2+2sitziges Coupé mit 1,4- oder 1,6-Liter-16V-Motor, wird in Spanien produziert. Debüt als Prototyp Frankfurt 1993.

1.7 – 60 ch Diesel

Comme 1.2 – 45 ch, sauf:

Carrosserie, poids: (DIN), berline; vide dès 910 kg, tot. adm. 1390 kg.

Moteur: (ECE), 4 cyl. en ligne (79×86 mm), 1686 cm³; compr. 22:1; 44 kW (60 ch) à 4400/min, 26.1 kW/L (35.5 ch/L); 112 Nm (11.4 mkp) à 2650/min; gazole.

Moteur (constr.): diesel à chambre de turbulence; 1 arbre à cames en tête (courroie crantée); culasse en alliage léger; huile 3.75 L; pompe à injection, Bosch. Batterie 60 Ah, alternateur 70 A; refroidissement à eau, capac. 6 L.

Transmission: Boîte à 5 vit.: I. 3.73; II. 1.96; III. 1.3; IV. 0.95; V. 0.76; AR 3.31; pont 3.55.

Performances: Vmax (usine) 155 km/h, V à 1000/min en 5. vit. 38.3 km/h; 0–100 km/h 16.5 s; km arrêté 38 s; rapp. poids/puiss. 20.7 kg/kW (15.2 kg/ch); consomm. ECE 4.3/5.8/5.9 L/100 km.

1.5 – 67 ch Turbodiesel

Comme 1.2 – 45 ch, sauf:

Carrosserie, poids: (DIN), berline; vide dès 935 kg, tot. adm. 1405 kg.

Moteur: (ECE), 4 cyl. en ligne (76×82 mm), 1488 cm³; compr. 22:1; 49 kW (67 ch) à 4600/min, 32.9 kW/L (44.8 ch/L); 132 Nm (13.5 mkp) à 2600/min; gazole.

Moteur (constr.): désignation Isuzu 4EC1T; diesel à chambre de turbulence; 1 arbre à cames en tête (courroie crantée); culasse en alliage léger; vilebrequin à 5 paliers; huile 3.75 L; pompe à injection, Bosch VE, 1 turbocompr. Batterie 60 Ah, alternateur 70 A; refroidissement à eau, capac. 6.3 L.

Transmission: Boîte à 5 vit.: I. 3.73; II. 1.96; III. 1.3; IV. 0.95; V. 0.76; AR 3.31; pont 3.74.

Performances: Vmax (usine) 165 km/h, V à 1000/min en 5. vit. 36.2 km/h; 0–100 km/h 14 s; km arrêté 36 s; rapp. poids/puiss. 19.1 kg/kW (14 kg/ch); consomm. ECE 4.2/6/6.2 L/100 km.

Opel Tigra

Coupé 2+2 places avec 1,4 ou 1,6 litre 16V, est produit en Espagne. Lancement comme prototype Francfort 1993.

1.4 16V – 90 PS Benzineinspritzung

Karosserie, Gewicht: (DIN) Coupé, 2 Türen, 2+2 Sitze; leer ab 980 kg, max. zul. 1330 kg.

Motor: (ECE), 4 Zyl. in Linie (77.6×73.4 mm), 1389 cm³; Kompr. 10.5:1; 66 kW (90 PS) bei 6000/min, 47.5 kW/L (64.6 PS/L); 125 Nm (12.7 mkp) bei 4000/min; 95 ROZ.

Motorkonstruktion: 4 Ventile in V 46°; 2 obenl. Nockenwellen (Zahnriemen); Leichtmetall-Zylinderkopf; 5fach gelagerte Kurbelwelle; Öl 3.5 L; elektron. Einspritzung, Multec. Batterie 44 Ah, Alternator 70 A; Wasserkühlung, Inh. 5.6 L.

Kraftübertragung: (auf Vorderräder). 5-Gang-Getriebe: I. 3.73; II. 2.14; III. 1.41; IV. 1.12; V. 0.89; R 3.31; Achse 3.74. 4-Stufen-Automat: I. 2.81; II. 1.48; III. 1; IV. 0.74; R 2.77; Achse 4.12.

Fahrgestell: Selbsttragende Karosserie; vorn Federbeine, Längs- und Querlenker; hinten Verbundlenkerachse, Längslenker; v/h Kurvenstabilisator, Schraubenfedern, Teleskopdämpfer.

Fahrwerk: Bremse, v. Scheiben (belüftet), h. Trommeln, Scheiben-∅ v. 25.6 cm, a.W. ABS, Handbremse auf Hinterräder; Zahnstangenlenkung mit Servo, Treibstofftank 46 L; Reifen 175/65 HR 14, Felgen 5.5 J.

Dimensionen: Radstand 243 cm, Spur 139/139 cm, Bodenfreih. 13 cm, Wendekreis 10.4 m, Kofferraum 215/425 dm³, Länge 392 cm, Breite 160 cm, Höhe 134 cm.

Fahrleistungen: Vmax (Werk) 190 km/h, V bei 1000/min im 5. Gang 32 km/h; 0–100 km/h 11.5 s; steh. km 33 s; Leistungsgew. 14.8 kg/kW (10.9 kg/PS); Verbrauch ECE 5/6.6/8.7 L/100 km.
Aut.: Vmax 182 km/h, 0–100 km/h 14 s; steh. km 34.5 s; Verbrauch ECE 5.1/6.5/9.7 L/100 km.

Opel Tigra

1.6 16V – 106 PS Benzineinspritzung

Wie 1.4 – 90 PS, ausgenommen:

Karosserie, Gewicht: (DIN), Coupé; leer ab 1000 kg, max. zul. 1350 kg.

Motor: (ECE), 4 Zyl. in Linie (79×81.5 mm), 1598 cm³; Kompr. 10.5:1; 78 kW (106 PS) bei 6000/min, 48.8 kW/L (66.3 PS/L); 148 Nm (15.1 mkp) bei 4000/min; 95 ROZ.

Motorkonstruktion: 4 Ventile in V 46°; 2 obenl. Nockenwellen (Zahnriemen); Leichtmetall-Zylinderkopf; 5fach gelagerte Kurbelwelle; Öl 3.5 L; elektron. Einspritzung, Multec. Batterie 44 Ah, Alternator 70 A; Wasserkühlung, Inh. 5.6 L.

1.4 16V – 90 ch Injection d'essence

Carrosserie, poids: (DIN), Coupé, 2 portes, 2+2 places; vide dès 980 kg, tot. adm. 1330 kg.

Moteur: (ECE), 4 cyl. en ligne (77.6×73.4 mm), 1389 cm³; compr. 10.5:1; 66 kW (90 ch) à 6000/min, 47.5 kW/L (64.6 ch/L); 125 Nm (12.7 mkp) à 4000/min; 95 (R).

Moteur (constr.): 4 soupapes en V 46°; 2 arbres à cames en tête (courroie crantée); culasse en alliage léger; vilebrequin à 5 paliers; huile 3.5 L; injection électronique, Multec. Batterie 44 Ah, alternateur 70 A; refroidissement à eau, capac. 5.6 L.

Transmission: (sur roues AV). Boîte à 5 vit.: I. 3.73; II. 2.14; III. 1.41; IV. 1.12; V. 0.89; AR 3.31; pont 3.74. Boîte autom. à 4 vit.: I. 2.81; II. 1.48; III. 1; IV. 0.74; AR 2.77; pont 4.12.

Châssis: carrosserie autoporteuse; AV jambes élast., bras longitud. et transv.; AR essieu semi-rigide, bras longitud.; AV/AR barre anti-dévers, ressorts hélic, amortiss. télesc.

Train roulant: frein, AV à disques (ventilés), AR à tambours, ∅ disques AV 25.6 cm, ABS s. d., frein à main sur roues AR; servodirection à crémaillère, réservoir carb. 46 L; pneus 175/65 HR 14, jantes 5.5 J.

Dimensions: empattement 243 cm, voie 139/139 cm, garde au sol 13 cm, diam. de braq. 10.4 m, coffre 215/425 dm³, longueur 392 cm, largeur 160 cm, hauteur 134 cm.

Performances: Vmax (usine) 190 km/h, V à 1000/min en 5. vit. 32 km/h; 0–100 km/h 11.5 s; km arrêté 33 s; rapp. poids/puiss. 14.8 kg/kW (10.9 kg/ch); consomm. ECE 5/6.6/8.7 L/100 km.
Aut.: Vmax 182 km/h, 0–100 km/h 14 s; km arrêté 34.5 s; consomm. ECE 5.1/6.5/9.7 L/100 km.

Opel Tigra

1.6 16V – 106 ch Injection d'essence

Comme 1.4 – 90 ch, sauf:

Carrosserie, poids: (DIN), Coupé; vide dès 1000 kg, tot. adm. 1350 kg.

Moteur: (ECE), 4 cyl. en ligne (79×81.5 mm), 1598 cm³; compr. 10.5:1; 78 kW (106 ch) à 6000/min, 48.8 kW/L (66.3 ch/L); 148 Nm (15.1 mkp) à 4000/min; 95 (R).

Moteur (constr.): 4 soupapes en V 46°; 2 arbres à cames en tête (courroie crantée); culasse en alliage léger; vilebrequin à 5 paliers; huile 3.5 L; injection électronique, Multec. Batterie 44 Ah, alternateur 70 A; refroidissement à eau, capac. 5.6 L.

Opel

Opel Tigra

Kraftübertragung:
5-Gang-Getriebe: I. 3.73; II. 2.14; III. 1.41; IV. 1.12; V. 0.89; R 3.31. Achse 3.74.

Fahrwerk: Reifen 185/55 R 15, Felgen 6 J.

Fahrleistungen: Vmax (Werk) 203 km/h, V bei 1000/min im 5. Gang 32.1 km/h; 0–100 km/h 10.5 s; steh. km 32.1 s; Leistungsgew. 13.8 kg/kW (10.1 kg/PS); Verbrauch ECE 5.1/6.6/8.7 L/100 km.

Transmission:
Boîte à 5 vit.: I. 3.73; II. 2.14; III. 1.41; IV. 1.12; V. 0.89; AR 3.31; pont 3.74.

Train roulant: pneus 185/55 R 15, jant. 6 J.

Performances: Vmax (usine) 203 km/h, V à 1000/min en 5. vit. 32.1 km/h; 0–100 km/h 10.5 s; km arrêté 32.1 s; rapp. poids/puiss. 13.8 kg/kW (10.1 kg/ch); consomm. ECE 5.1/6.6/8.7 L/100 km.

Opel Astra

Nachfolger des Kadett, wurde aus diesem weiterentwickelt, umfangreiches Motorenprogramm, vorerst als Heckklappenmodell und Caravan lieferbar, Stufenheckausführung ab Frühjahr 1992. Debüt Juli 1991. Für 1995 mit neuen Motoren.

Successeur de la Kadett, programme de moteurs volumineux, d'abord seulement livrable avec hayon AR et comme Caravan, le modèle à trois volumes dès printemps 1992. Lancement juillet 1991. Pour 1995 avec nouvelle gamme de moteurs.

1.4 – 60 PS Benzineinspritzung

Karosserie, Gewicht: (DIN), Limousine, 3/4/5 Türen; 5 Sitze; leer ab 980 kg, max. zul. 1550 kg.
Station Wagon, 5 Türen, 5 Sitze; leer ab 1045 kg, max. zul. 1560 kg.

Motor: (ECE), 4 Zyl. in Linie (77.6×73.4 mm), 1389 cm³; Kompr. 9.4:1; 44 kW (60 PS) bei 5200/min, 31.7 kW/L (43.1 PS/L); 103 Nm (10.5 mkp) bei 2800/min; 95 ROZ.

Motorkonstruktion: 1 obenl. Nockenwelle (Zahnriemen); Leichtmetall-Zylinderkopf; 5fach gelagerte Kurbelwelle; Öl 3.5 L; elektron. Zentraleinspritzung, Multec.
Batterie 36 Ah, Alternator 55 A; Wasserkühlung, Inh. 5.8 L.

Kraftübertragung: (auf Vorderräder).
5-Gang-Getriebe: I. 3.55; II. 1.96; III. 1.3; IV. 0.95; V. 0.76; R 3.31; Achse 4.18.

Fahrgestell: Selbsttragende Karosserie; vorn Federbein und Dreieckquerlenker; hinten Verbundlenkerachse, Längslenker; v/h Kurvenstabilisator, Schraubenfedern, Teleskopdämpfer.

Fahrwerk: Bremse, vorne Scheiben, hinten Trommeln, Scheiben-∅ v. 23.6 cm, a.W. ABS, Handbremse auf Hinterräder; Zahnstangenl., a.W. mit Servo, Treibstofftank 52 L; Reifen 175/70 R 13, Felgen 5.5 J.

Dimensionen: Radst. 252 cm, Spur 143/143 cm, Bodenfreih. 13 cm, Wendekreis 10.5 m, Kofferraum 360/1200 dm³, Länge 405 cm, Breite 170 cm, Höhe 141 cm.
4 Türen: Kofferraum 500/1200 dm³, Länge 424 cm.
Wagon: Kofferraum 500/1630 dm³, Länge 428 cm, Höhe 148 cm.

Fahrleistungen: Vmax (Werk) 160 km/h, V bei 1000/min im 5. Gang 33.2 km/h; 0–100 km/h 16.5 s; steh. km 37.5 s; Leistungsgew. 22.3 kg/kW (16.3 kg/PS); Verbrauch ECE 5.3/6.9/8.6 L/100 km.
Wagon: Vmax 155 km/h, 0–100 km/h 17.5 s; steh. km 38.5 s; Verbrauch ECE 5.7/7.4/8.6 L/100 km.

1.4 – 60 ch Injection d'essence

Carrosserie, poids: (DIN), Berline, 3/4/5 portes; 5 places; vide dès 980 kg, tot. adm. 1550 kg.
Station-wagon, 5 portes, 5 places; vide dès 1045 kg, tot. adm. 1560 kg.

Moteur: (ECE), 4 cyl. en ligne (77.6×73.4 mm), 1389 cm³; compr. 9.4:1; 44 kW (60 ch) à 5200/min, 31.7 kW/L (43.1 ch/L); 103 Nm (10.5 mkp) à 2800/min; 95 (R).

Moteur (constr.): 1 arbre à cames en tête (courroie crantée); culasse en alliage léger; vilebrequin à 5 paliers; huile 3.5 L; injection monopoint électron., Multec.
Batterie 36 Ah, alternateur 55 A; refroidissement à eau, capac. 5.8 L.

Transmission: (sur roues AV).
Boîte à 5 vit.: I. 3.55; II. 1.96; III. 1.3; IV. 0.95; V. 0.76; AR 3.31; pont 4.18.

Châssis: carrosserie autoporteuse; AV jambes élast. et leviers triang. transv.; AR essieu semi-rigide, bras longitud.; AV/AR barre anti-dévers, ressorts hélic, amortiss. télesc.

Train roulant: frein, AV à disques, AR à tambours, ∅ disques AV 23.6 cm, ABS s. d., frein à main sur roues AR; direction à crémaillère, s.d. avec servo, réservoir carb. 52 L; pneus 175/70 R 13, jantes 5.5 J.

Dimensions: empatt. 252 cm, voie 143/143 cm, garde au sol 13 cm, diam. de braq. 10.5 m, coffre 360/1200 dm³, longueur 405 cm, largeur 170 cm, hauteur 141 cm.
4 portes: coffre 500/1200 dm³, longueur 424 cm.
Wagon: coffre 500/1630 dm³, longueur 428 cm, hauteur 148 cm.

Performances: Vmax (usine) 160 km/h, V à 1000/min en 5. vit. 33.2 km/h; 0–100 km/h 16.5 s; km arrêté 37.5 s; rapp. poids/puiss. 22.3 kg/kW (16.3 kg/ch); consomm. ECE 5.3/6.9/8.6 L/100 km.
Wagon: Vmax 155 km/h, 0–100 km/h 17.5 s; km arrêté 38.5 s; consomm. ECE 5.7/7.4/8.6 L/100 km.

1.6 – 75 PS Benzineinspritzung

Wie 1.4 – 60 PS, ausgenommen:

Karosserie, Gewicht: (DIN), Limousine; leer ab 1000 kg, max. zul. 1510 kg.
Wagon: leer 1065 kg, max. zul. 1570 kg.

Motor: (ECE), 4 Zyl. in Linie (79×81.5 mm), 1598 cm³; Kompr. 9.6:1; 55 kW (75 PS) bei 5200/min, 34.4 kW/L (46.8 PS/L); 128 Nm (13 mkp) bei 2800/min; 95 ROZ.

Motorkonstruktion: 1 obenl. Nockenwelle (Zahnriemen); Leichtmetall-Zylinderkopf; 5fach gelagerte Kurbelwelle; Öl 3.5 L; elektron. Zentraleinspritzung, Multec.
Batterie 44 Ah, Alternator 980 W; Wasserkühlung, Inh. 6.1 L.

Kraftübertragung:
5-Gang-Getriebe: I. 3.55; II. 1.96; III. 1.3; IV. 0.95; V. 0.76; R 3.31; Achse 3.74.
4-Stufen-Automat: I. 2.81; II. 1.48; III. 1; IV. 0.74; R 2.77; Achse 4.12.

Fahrwerk: Bremse, vorne Scheiben (belüftet), hinten Trommeln.

Fahrleistungen: Vmax (Werk) 168 km/h, V bei 1000/min im 5. Gang 37.1 km/h; 0–100 km/h 14.5 s; steh. km 36 s; Leistungsgew. 18.2 kg/kW (13.3 kg/PS); Verbrauch ECE 4.9/6.5/8.4 L/100 km.
Aut.: Vmax 160 km/h, 0–100 km/h 16.5 s; steh. km 37 s; Verbrauch ECE 5.8/7.4/9.5 L/100 km.
Wagon: Vmax 163/155 km/h, 0–100 km/h 15/17 s.

1.6 – 75 ch Injection d'essence

Comme 1.4 – 60 ch, sauf:

Carrosserie, poids: (DIN), Berline; vide dès 1000 kg, tot. adm. 1510 kg.
Wagon: vide 1065 kg, tot. adm. 1570 kg.

Moteur: (ECE), 4 cyl. en ligne (79×81.5 mm), 1598 cm³; compr. 9.6:1; 55 kW (75 ch) à 5200/min, 34.4 kW/L (46.8 ch/L); 128 Nm (13 mkp) à 2800/min; 95 (R).

Moteur (constr.): 1 arbre à cames en tête (courroie crantée); culasse en alliage léger; vilebrequin à 5 paliers; huile 3.5 L; injection monopoint électron., Multec.
Batterie 44 Ah, alternateur 980 W; refroidissement à eau, capac. 6.1 L.

Transmission:
Boîte à 5 vit.: I. 3.55; II. 1.96; III. 1.3; IV. 0.95; V. 0.76; AR 3.31; pont 3.74.
Boîte autom. à 4 vit.: I. 2.81; II. 1.48; III. 1; IV. 0.74; AR 2.77; pont 4.12.

Train roulant: frein, AV à disques (ventilés), AR à tambours.

Performances: Vmax (usine) 168 km/h, V à 1000/min en 5. vit. 37.1 km/h; 0–100 km/h 14.5 s; km arrêté 36 s; rapp. poids/puiss. 18.2 kg/kW (13.3 kg/ch); consomm. ECE 4.9/6.5/8.4 L/100 km.
Aut.: Vmax 160 km/h, 0–100 km/h 16.5 s; km arrêté 37 s; consomm. ECE 5.8/7.4/9.5 L/100 km.
Wagon: Vmax 163/155 km/h, 0–100 km/h 15/17 s.

1.4 – 82 PS Benzineinspritzung

Wie 1.4 – 60 PS, ausgenommen:

Karosserie, Gewicht: (DIN), Limousine; leer ab 980 kg, max. zul. 1500 kg.

Motor: (ECE), 4 Zyl. in Linie (77.6×73.4 mm), 1389 cm³; Kompr. 9.8:1; 60 kW (82 PS) bei 5800/min, 43.2 kW/L (58.7 PS/L); 114 Nm (11.6 mkp) bei 3400/min; 95 ROZ.
Einige Länder: 55 kW (75 PS) oder 52 kW (71 PS).

Motorkonstruktion: 1 obenl. Nockenwelle (Zahnriemen); Leichtmetall-Zylinderkopf; 5fach gelagerte Kurbelwelle; Öl 3.5 L; elektron. Einspritzung, Multec.
Batterie 36 Ah, Alternator 55 A; Wasserkühlung, Inh. 5.8 L.

Kraftübertragung:
5-Gang-Getriebe: I. 3.55; II. 1.96; III. 1.3; IV. 0.95; V. 0.76; R 3.31; Achse 4.18.
4-Stufen-Automat: I. 2.81; II. 1.48; III. 1; IV. 0.74; R 2.77; Achse 4.12.

Fahrwerk: Bremse, vorne Scheiben (belüftet), hinten Trommeln, Reifen 175/65 R 14.

1.4 – 82 ch Injection d'essence

Comme 1.4 – 60 ch, sauf:

Carrosserie, poids: (DIN), Berline; vide dès 980 kg, tot. adm. 1500 kg.

Moteur: (ECE), 4 cyl. en ligne (77.6×73.4 mm), 1389 cm³; compr. 9.8:1; 60 kW (82 ch) à 5800/min, 43.2 kW/L (58.7 ch/L); 114 Nm (11.6 mkp) à 3400/min; 95 (R).
Quelques pays: 55 kW (75 ch) ou 52 kW (71 ch).

Moteur (constr.): 1 arbre à cames en tête (courroie crantée); culasse en alliage léger; vilebrequin à 5 paliers; huile 3.5 L; injection électronique, Multec.
Batterie 36 Ah, alternateur 55 A; refroidissement à eau, capac. 5.8 L.

Transmission:
Boîte à 5 vit.: I. 3.55; II. 1.96; III. 1.3; IV. 0.95; V. 0.76; AR 3.31; pont 4.18.
Boîte autom. à 4 vit.: I. 2.81; II. 1.48; III. 1; IV. 0.74; AR 2.77; pont 4.12.

Train roulant: frein, AV à disques (ventilés), AR à tambours, pneus 175/65 R 14.

Opel Astra Caravan

Opel

Fahrleistungen: Vmax (Werk) 175 km/h, V bei 1000/min im 5. Gang 33.6 km/h; 0–100 km/h 13 s; Leistungsgew. 16.3 kg/kW (11.9 kg/PS); Verbr. ECE 5.5/7.1/9.1 L/100 km.
Wagon: Vmax 165 km/h, 0–100 km/h 14.5 s; Verbrauch ECE 5.9/7.4/9.7 L/100 km.

1.4 16V – 90 PS Benzineinspritzung

Wie 1.4 – 60 PS, ausgenommen:

Karosserie, Gewicht: Limousine; leer ab 1025 kg, max. zul. 1530 kg.
Station Wagon; leer ab 1065 kg, max. zul. 1570 kg.

Motor: (ECE), 4 Zyl. in Linie (77.6×73.4 mm), 1389 cm³; Kompr. 10.5:1; 66 kW (90 PS) bei 6000/min, 47.5 kW/L (64.6 PS/L); 125 Nm (12.7 mkp) bei 4000/min; 95 ROZ.

Motorkonstruktion: 4 Ventile in V 46°; 2 obenl. Nockenwellen (Zahnriemen); Leichtmetall-Zylinderkopf; 5fach gelagerte Kurbelwelle; Öl 3.5 L; elektron. Einspritzung, Multec.
Batterie 44 Ah, Alternator 55 A; Wasserkühlung, Inh. 5.6 L.

Kraftübertragung:
5-Gang-Getriebe: I. 3.73; II. 1.96; III. 1.32; IV. 0.95; V. 0.76; R 3.31; Achse 4.18.
4-Stufen-Automat: I. 2.81; II. 1.48; III. 1; IV. 0.74; R 2.77; Achse 3.94.

Fahrwerk: Bremse, vorne Scheiben (belüftet), hinten Trommeln, Reifen 175/65 R 14.

Fahrleistungen: Vmax (Werk) 178 km/h, V bei 1000/min im 5. Gang 33.1 km/h; 0–100 km/h 13 s; steh. km 34.5 s; Leistungsgew. 15.5 kg/kW (11.4 kg/PS); Verbrauch ECE 5.2/6.8/8.8 L/100 km.
Aut.: Vmax 165 km/h, 0–100 km/h 15.5 s; steh. km 36.5 s; Verbr. ECE 5.4/7/9.5 L/100 km.
Wagon: Vmax 173 km/h, 0–100 km/h 13.5 s; steh. km 35 s.
Wagon Aut.: Vmax 160 km/h, 0–100 km/h 16 s; steh. km 37 s.

1.6 16V – 101 PS Benzineinspritzung

Wie 1.4 – 60 PS, ausgenommen:

Karosserie, Gewicht: (DIN), Limousine; leer ab 1045 kg, max. zul. 1565 kg.
Wagon: leer 1110 kg, max. zul. 1610 kg.

Motor: (ECE), 4 Zyl. in Linie (79×81.5 mm), 1598 cm³; Kompr. 10.5:1; 74 kW (101 PS) bei 6200/min, 46.3 kW/L (62.9 PS/L); 150 Nm (15.3 mkp) bei 3200/min; 95 ROZ.

Motorkonstruktion: 4 Ventile in V 46°; 2 obenl. Nockenwellen (Zahnriemen); Leichtmetall-Zylinderkopf; 5fach gelagerte Kurbelwelle; Öl 3.5 L; elektron. Einspritzung, Multec.
Batterie 44 Ah, Alternator 70 A; Wasserkühlung, Inh. 5.6 L.

Opel Astra

Performances: Vmax (usine) 175 km/h, V à 1000/min en 5. vit. 33.6 km/h; 0–100 km/h 13 s; rapp. poids/puiss. 16.3 kg/ch); cons. ECE 5.5/7.1/9.1 L/100 km.
Wagon: Vmax 165 km/h, 0–100 km/h 14.5 s; consomm. ECE 5.9/7.4/9.7 L/100 km.

1.4 16V – 90 ch Injection d'essence

Comme 1.4 – 60 ch, sauf:

Carrosserie, poids: Berline; vide dès 1025 kg, tot. adm. 1530 kg.
Station-wagon; vide dès 1065 kg, tot. adm. 1570 kg.

Moteur: (ECE), 4 cyl. en ligne (77.6×73.4 mm), 1389 cm³; compr. 10.5:1; 66 kW (90 ch) à 6000/min, 47.5 kW/L (64.6 ch/L); 125 Nm (12.7 mkp) à 4000/min; 95 (R).

Moteur (constr.): 4 soupapes en V 46°; 2 arbres à cames en tête (courroie crantée); culasse en alliage léger; vilebrequin à 5 paliers; huile 3.5 L; injection électronique, Multec.
Batterie 44 Ah, alternateur 55 A; refroidissement à eau, capac. 5.6 L.

Transmission:
Boîte à 5 vit.: I. 3.73; II. 1.96; III. 1.32; IV. 0.95; V. 0.76; AR 3.31; pont 4.18.
Boîte aut. à 4 vit.: I. 2.81; II. 1.48; III. 1; IV. 0.74; AR 2.77; pont 3.94.

Train roulant: frein, AV à disques (ventilés), AR à tambours, pneus 175/65 R 14.

Performances: Vmax (usine) 178 km/h, V à 1000/min en 5. vit. 33.1 km/h; 0–100 km/h 13 s; km arrêté 34.5 s; rapp. poids/puiss. 15.5 kg/kW (11.4 kg/ch); consomm. ECE 5.2/6.8/8.8 L/100 km.
Aut.: Vmax 165 km/h, 0–100 km/h 15.5 s; km arrêté 36.5 s; cons. ECE 5.4/7/9.5 L/100 km.
Wagon: Vmax 173 km/h, 0–100 km/h 13.5 s; km arrêté 35 s.
Wagon Aut.: Vmax 160 km/h, 0–100 km/h 16 s; km arrêté 37 s.

1.6 16V – 101 ch Injection d'essence

Comme 1.4 – 60 ch, sauf:

Carrosserie, poids: (DIN), Berline; vide dès 1045 kg, tot. adm. 1565 kg.
Wagon: vide 1110 kg, tot. adm. 1610 kg.

Moteur: (ECE), 4 cyl. en ligne (79×81.5 mm), 1598 cm³; compr. 10.5:1; 74 kW (101 ch) à 6200/min, 46.3 kW/L (62.9 ch/L); 150 Nm (15.3 mkp) à 3200/min; 95 (R).

Moteur (constr.): 4 soupapes en V 46°; 2 arbres à cames en tête (courroie crantée); culasse en alliage léger; vilebrequin à 5 paliers; huile 3.5 L; injection électronique, Multec.
Batterie 44 Ah, alternateur 70 A; refroidissement à eau, capac. 5.6 L.

Kraftübertragung:
5-Gang-Getriebe: I. 3.73; II. 2.14; III. 1.41; IV. 1.12; V. 0.89; R 3.31; Achse 3.55.
4-Stufen-Automat: I. 2.81; II. 1.48; III. 1; IV. 0.74; R 2.77; Achse 4.12.

Fahrwerk: Bremse, vorne Scheiben (belüftet), hinten Trommeln, Scheiben-⌀ v. 25.6 cm, Reifen 175/65 R 14.

Fahrleistungen: Vmax (Werk) 185 km/h, V bei 1000/min im 5. Gang 33.7 km/h; 0–100 km/h 11.5 s; steh. 32.5 s; Leistungsgew. 14.1 kg/kW (10.4 kg/PS); Verbrauch ECE 5.3/7/8.4 L/100 km.
Aut.: Vmax 173 km/h, 0–100 km/h 13.5 s; steh. km 35 s; Verbrauch ECE 5.8/7.6/9.8 L/100 km.
Wagon: Vmax 180 km/h, 0–100 km/h 12 s; steh. km 33 s; Verbrauch ECE 5.7/7.5/8.4 L/100 km.
Wagon Aut.: Vmax 168 km/h, 0–100 km/h 14 s; steh. km 35.5 s; Verbrauch ECE 6.2/8.1/9.8 L/100 km.

Opel Astra Sport

1.8 16V – 116 PS Benzineinspritzung

Wie 1.4 – 60 PS, ausgenommen:

Karosserie, Gewicht: (DIN), Limousine; leer ab 1110 kg, max. zul. 1595 kg.
Wagon: leer 1150 kg, max. zul. 1640 kg.

Motor: (ECE), 4 Zyl. in Linie (81.6×86 mm), 1799 cm³; Kompr. 10.8:1; 85 kW (116 PS) bei 5400/min, 47.2 kW/L (64.2 PS/L); 170 Nm (17.3 mkp) bei 3600/min; 95 ROZ.

Motorkonstruktion: 4 Ventile in V 46°; 2 obenl. Nockenwellen (Zahnriemen); Leichtmetall-Zylinderkopf; 5fach gelagerte Kurbelwelle; Öl 4 L; elektron. Einspritzung, Siemens-Simtec.
Batterie 44 Ah, Alternator 70 A; Wasserkühlung, Inh. 6.9 L.

Kraftübertragung:
5-Gang-Getriebe: I. 3.58; II. 2.14; III. 1.48; IV. 1.12; V. 0.89; R 3.33; Achse 3.74.
4-Stufen-Automat: I. 3.67; II. 2.1; III. 1.39; IV. 1; R 4.02; Achse 2.81.

Fahrwerk: Vierrad-Scheibenbremse (vorn belüftet), Scheiben-⌀ v. 25.6 cm, h. 26 cm, Reifen 175/65 R 14.

Fahrleistungen: Vmax (Werk) 200 km/h, V bei 1000/min im 5. Gang 32 km/h; 0–100 km/h 9.5 s; steh. km 31 s; Leistungsgew. 13.1 kg/kW (9.6 kg/PS); Verbrauch ECE 5.8/7.4/9.4 L/100 km.
Aut.: Vmax 193 km/h, 0–100 km/h 11.5 s; steh. km 32.5 s; Verbrauch ECE 5.7/7.2/9.8 L/100 km.
Wagon: Vmax 195 km/h, 0–100 km/h 10 s; steh. km 31.5 s; Verbrauch ECE 5.7/7.4/9.2 L/100 km.
Wagon Aut.: Vmax 188 km/h, 0–100 km/h 12 s; steh. km 33 s; Verbrauch ECE 5.9/7.5/10.1 L/100 km.

Transmission:
Boîte à 5 vit.: I. 3.73; II. 2.14; III. 1.41; IV. 1.12; V. 0.89; AR 3.31; pont 3.55.
Boîte autom. à 4 vit.: I. 2.81; II. 1.48; III. 1; IV. 0.74; AR 2.77; pont 4.12.

Train roulant: frein, AV à disques (ventilés), AR à tambours, ⌀ disques AV 25.6 cm, pneus 175/65 R 14.

Performances: Vmax (usine) 185 km/h, V à 1000/min en 5. vit. 33.7 km/h; 0–100 km/h 11.5 s; rapp. poids/puiss. 14.1 kg/kW (10.4 kg/ch); consomm. ECE 5.3/7/8.4 L/100 km.
Aut.: Vmax 173 km/h, 0–100 km/h 13.5 s; km arrêté 35 s; consomm. ECE 5.8/7.6/9.8 L/100 km.
Wagon: Vmax 180 km/h, 0–100 km/h 12 s; km arrêté 33 s; consomm. ECE 5.7/7.5/8.4 L/100 km.
Wagon Aut.: Vmax 168 km/h, 0–100 km/h 14 s; km arr. 35.5 s; consomm. ECE 6.2/8.1/9.8 L/100 km.

1.8 16V – 116 ch Injection d'essence

Comme 1.4 – 60 ch, sauf:

Carrosserie, poids: (DIN), Berline; vide dès 1110 kg, tot. adm. 1595 kg.
Wagon: vide 1150 kg, tot. adm. 1640 kg.

Moteur: (ECE), 4 cyl. en ligne (81.6×86 mm), 1799 cm³; compr. 10.8:1; 85 kW (116 ch) à 5400/min, 47.2 kW/L (64.2 ch/L); 170 Nm (17.3 mkp) à 3600/min; 95 (R).

Moteur (constr.): 4 soupapes en V 46°; 2 arbres à cames en tête (courroie crantée); culasse en alliage léger; vilebrequin à 5 paliers; huile 4 L; injection électronique, Siemens-Simtec.
Batterie 44 Ah, alternateur 70 A; refroidissement à eau, capac. 6.9 L.

Transmission:
Boîte à 5 vit.: I. 3.58; II. 2.14; III. 1.48; IV. 1.12; V. 0.89; AR 3.33; pont 3.74.
Boîte autom. à 4 vit.: I. 3.67; II. 2.1; III. 1.39; IV. 1; AR 4.02; pont 2.81.

Train roulant: quatre freins à disques (AV ventilés), ⌀ disques AV 25.6 cm, AR 26 cm, pneus 175/65 R 14.

Performances: Vmax (usine) 200 km/h, V à 1000/min en 5. vit. 32 km/h; 0–100 km/h 9.5 s; km arrêté 31 s; rapp. poids/puiss. 13.1 kg/kW (9.6 kg/ch); consomm. ECE 5.8/7.4/9.4 L/100 km.
Aut.: Vmax 193 km/h, 0–100 km/h 11.5 s; km arrêté 32.5 s; consomm. ECE 5.7/7.2/9.8 L/100 km.
Wagon: Vmax 195 km/h, 0–100 km/h 10 s; km arrêté 31.5 s; consomm. ECE 5.7/7.4/9.2 L/100 km.
Wagon Aut.: Vmax 188 km/h, 0–100 km/h 12 s; km arrêté 33 s; consomm. ECE 5.9/7.5/10.1 L/100 km.

Opel 425

2.0 16V – 136 PS
Benzineinspritzung

Wie 1.4 – 60 PS, ausgenommen:

Karosserie, Gewicht: (DIN), Limousine; leer ab 1110 kg, max. zul. 1615 kg. *Wagon:* leer 1230 kg, max. zul. 1680 kg.

Motor: (ECE), 4 Zyl. in Linie (86×86 mm), 1998 cm³; Kompr. 10.8:1; 100 kW (136 PS) bei 5600/min, 50 kW/L (68 PS/L); 188 Nm (19.2 mkp) bei 3200/min; 95 ROZ.

Motorkonstruktion: 4 Ventile in V 46°; 2 obenl. Nockenwellen (Zahnriemen); Leichtmetall-Zylinderkopf; 5fach gelagerte Kurbelwelle; Öl 4.5 L; elektron. Einspritzung, Siemens-Simtec. Batt. 44 Ah, Altern. 70 A; Wasser 7.2 L.

Kraftübertragung:
5-Gang-Getriebe: I. 3.58; II. 2.14; III. 1.48; IV. 1.12; V. 0.89; R 3.33. Achse 3.45.
4-Stufen-Automat: I. 2.81; II. 1.48; III. 1; IV. 0.74; R 2.77; Achse 2.81.

2.0 16V – 136 ch
Injection d'essence

Comme 1.4 – 60 ch, sauf:

Carrosserie, poids: (DIN), Berline; vide dès 1110 kg, tot. adm. 1615 kg. *Wagon:* vide 1230 kg, tot. adm. 1680 kg.

Moteur: (ECE), 4 cyl. en ligne (86×86 mm), 1998 cm³; compr. 10.8:1; 100 kW (136 ch) à 5600/min, 50 kW/L (68 ch/L); 188 Nm (19.2 mkp) à 3200/min; 95 (R).

Moteur (constr.): 4 soupapes en V 46°; 2 arbres à cames en tête (courroie crantée); culasse en alliage léger; vilebrequin à 5 paliers; huile 4.5 L; injection électronique, Siemens-Simtec. Batt. 44 Ah, altern. 70 A; eau, capac. 7.2 L.

Transmission:
Boîte à 5 vit.: I. 3.58; II. 2.14; III. 1.48; IV. 1.12; V. 0.89; AR 3.33; pont 3.45.
Boîte autom. à 4 vit.: I. 2.81; II. 1.48; III. 1; IV. 0.74; AR 2.77; pont 2.81.

Opel Astra

Opel Astra Sport

Fahrwerk: Vierrad-Scheibenbremse (vorn belüftet), Scheiben-⌀ v. 25.6 cm, h. 26 cm, Reifen 195/55 VR 15.

Fahrleistungen: Vmax (Werk) 207 km/h, V bei 1000/min im 5. Gang 35.4 km/h; 0–100 km/h 9 s; steh. km 30 s; Leistungsgew. 11.1 kg/kW (8.2 kg/PS); Verbrauch ECE 6/7.6/10.1 L/100 km. *Wagon:* Vmax 202 km/h, 0–100 km/h 9.5 s; steh. km 31 s; V. ECE 6/7.4/10.4 L/100 km. *Aut.:* Vmax 200/195 km/h, 0–100 km/h 11.5/12 s.

Train roulant: quatre freins à disques (AV ventilés), ⌀ disques AV 25.6 cm, AR 26 cm, pneus 195/55 VR 15.

Performances: Vmax (usine) 207 km/h, V à 1000/min en 5. vit. 35.4 km/h; 0–100 km/h 9 s; km arrêt 30 s; rapp. poids/puiss. 11.1 kg/kW (8.2 kg/ch); consomm. ECE 6/7.6/10.1 L/100 km. *Wagon:* Vmax 202 km/h, 0–100 km/h 9.5 s; km arr. 31 s; con. ECE 6/7.4/10.4 L/100 km. *Aut.:* Vmax 200/195 km/h, 0–100 km/h 11.5/12 s.

1.7 – 68 PS
Turbodiesel

Wie 1.4 – 60 PS, ausgenommen:

Karosserie, Gewicht: (DIN), Limousine; leer ab 1065 kg, max. zul. 1570 kg. *Wagon:* leer 1130 kg, max. zul. 1630 kg.

Motor: (ECE), 4 Zyl. in Linie (82.5×79.5 mm), 1700 cm³; Kompr. 22:1; 50 kW (68 PS) bei 4500/min, 29.4 kW/L (40 PS/L); 132 Nm (13.5 mkp) bei 2400/min; Dieselöl.

Motorkonstruktion: Wirbelkammer-Diesel; 1 obenl. Nockenwelle (Zahnriemen); Leichtmetall-Zylinderkopf; 5fach gelagerte Kurbelwelle; Öl 5 L; Einspritzpumpe, 1 Turbolader, Intercooler. Batt. 70 Ah, Altern. 70 A; Wasser 6.8 L.

Kraftübertragung:
5-Gang-Getriebe: I. 3.55; II. 1.96; III. 1.3; IV. 0.95; V. 0.76; R 3.31; Achse 3.55.

Fahrwerk: Bremse, vorne Scheiben (belüftet), hinten Trommeln.

Fahrleistungen: Vmax (Werk) 164 km/h, V bei 1000/min im 5. Gang 39.5 km/h; 0–100 km/h 16 s; steh. km 37 s; Leistungsgew. 21.3 kg/kW (15.7 kg/PS); Verbrauch ECE 4.5/6.2/7 L/100 km. *Wagon:* Vmax 160 km/h, 0–100 km/h 16.5 s; steh. km 37.5 s; Verbr. ECE 4.9/6.7/7 L/100 km.

1.7 – 68 ch
turbodiesel

Comme 1.4 – 60 ch, sauf:

Carrosserie, poids: (DIN), Berline; vide dès 1065 kg, tot. adm. 1570 kg. *Wagon:* vide 1130 kg, tot. adm. 1630 kg.

Moteur: (ECE), 4 cyl. en ligne (82.5×79.5 mm), 1700 cm³; compr. 22:1; 50 kW (68 ch) à 4500/min, 29.4 kW/L (40 ch/L); 132 Nm (13.5 mkp) à 2400/min; gazole.

Moteur (constr.): diesel à chambre de turbulence; 1 arbre à cames en tête (courroie crantée); culasse en alliage léger; vilebrequin à 5 paliers; huile 5 L; pompe à injection, 1 turbocompr., Intercooler. Batt. 70 Ah, altern. 70 A; eau, capac. 6.8 L.

Transmission:
Boîte à 5 vit.: I. 3.55; II. 1.96; III. 1.3; IV. 0.95; V. 0.76; AR 3.31; pont 3.55.

Train roulant: frein, AV à disques (ventilés), AR à tambours.

Performances: Vmax (usine) 164 km/h, V à 1000/min en 5. vit. 39.5 km/h; 0–100 km/h 16 s; km arrêté 37 s; rapp. poids/puiss. 21.3 kg/kW (15.7 kg/ch); consomm. ECE 4.5/6.2/7 L/100 km. *Wagon:* cons. Vmax 160 km/h, 0–100 km/h 16.5 s; steh. km 37.5 s; ECE 4.9/6.7/7 L/100 km.

1.7 – 82 PS
Turbodiesel

Wie 1.4 – 60 PS, ausgenommen:

Karosserie, Gewicht: (DIN), Limousine; 5 Sitze; leer ab 1095 kg, max. zul. 1600 kg. *Wagon:* leer 1160 kg, max. zul. 1660 kg.

Motor: (ECE), 4 Zyl. in Linie (79×86 mm), 1686 cm³; Kompr. 22:1; 60 kW (82 PS) bei 4400/min, 35.6 kW/L (48.4 PS/L); 168 Nm (17.1 mkp) bei 2400/min; Dieselöl.

Motorkonstruktion: Wirbelkammer-Diesel; 1 obenl. Nockenwelle (Zahnriemen); Leichtmetall-Zylinderkopf; 5fach gelagerte Kurbelwelle; Öl 4.5 L; Einspritzpumpe, Bosch, 1 Turbolader, Intercooler. Batterie 60 Ah, Alternator 70 A; Wasserkühlung, Inh. 6.8 L.

Kraftübertragung:
5-Gang-Getriebe: I. 3.58; II. 1.88; III. 1.23; IV. 0.92; V. 0.74; R 3.33; Achse 3.57.

Fahrwerk: Bremse, vorne Scheiben (belüftet), hinten Trommeln.

Fahrleistungen: Vmax (Werk) 173 km/h, V bei 1000/min im 5. Gang 39.9 km/h; 0–100 km/h 13.5 s; steh. km 36 s; Leistungsgew. 18.3 kg/kW (13.4 kg/PS); Verbrauch ECE 4.6/6.4/6.7 L/100 km. *Wagon:* Vmax 168 km/h, 0–100 km/h 14.5 s; steh. km 36.5 s; Verbrauch ECE 5/6.9/6.7 L/100 km.

1.7 – 82 ch
turbodiesel

Comme 1.4 – 60 ch, sauf:

Carrosserie, poids: (DIN), Berline; vide dès 1095 kg, tot. adm. 1600 kg. *Wagon:* vide 1160 kg, tot. adm. 1660 kg.

Moteur: (ECE), 4 cyl. en ligne (79×86 mm), 1686 cm³; compr. 22:1; 60 kW (82 ch) à 4400/min, 35.6 kW/L (48.4 ch/L); 168 Nm (17.1 mkp) à 2400/min; gazole.

Moteur (constr.): diesel à chambre de turbulence; 1 arbre à cames en tête (courroie crantée); culasse en alliage léger; vilebrequin à 5 paliers; huile 4.5 L; pompe à injection, Bosch, 1 turbocompr., Intercooler. Batterie 60 Ah, alternateur 70 A; refroidissement à eau, capac. 6.8 L.

Transmission:
Boîte à 5 vit.: I. 3.58; II. 1.88; III. 1.23; IV. 0.92; V. 0.74; AR 3.33; pont 3.57.

Train roulant: frein, AV à disques (ventilés), AR à tambours.

Performances: Vmax (usine) 173 km/h, V à 1000/min en 5. vit. 39.9 km/h; 0–100 km/h 13.5 s; km arrêté 36 s; rapp. poids/puiss. 18.3 kg/kW (13.4 kg/ch); consomm. ECE 4.6/6.4/6.7 L/100 km. *Wagon:* Vmax 168 km/h, 0–100 km/h 14.5 s; km arrêté 36.5 s; consomm. ECE 5/6.9/6.7 L/100 km.

Opel Astra Cabrio

Cabrio-Ausführung des Astra, wird bei Bertone hergestellt.

Version cabriolet de l'Astra, est fabriquée chez Bertone.

1.4 16V – 90 PS
Benzineinspritzung

Karosserie, Gewicht: (DIN), Cabriolet, 2 Türen, 4 Sitze; leer ab 1150 kg, max. zul. 1560 kg.

Motor: (ECE), 4 Zyl. in Linie (77.6×73.4 mm), 1389 cm³; Kompr. 10.5:1; 66 kW (90 PS) bei 6000/min, 47.5 kW/L (64.6 PS/L); 125 Nm (12.7 mkp) bei 4000/min; 95 ROZ.

Motorkonstruktion: 4 Ventile in V 46°; 2 obenl. Nockenwellen (Zahnriemen); Leichtmetall-Zylinderkopf; 5fach gelagerte Kurbelwelle; Öl 3.5 L; elektron. Einspritzung, Multec. Batterie 44 Ah, Alternator 55 A; Wasserkühlung, Inh. 5.6 L.

Kraftübertragung: (auf Vorderräder).
5-Gang-Getriebe: I. 3.73; II. 2.13; III. 1.41; IV. 1.12; V. 0.89; R 3.31; Achse 3.94.

Fahrgestell: Selbsttragende Karosserie; vorn Federbeine und Dreieckquerlenker, hinten Verbundlenkerachse; v/h Kurvenstabilisator, Schraubenfedern, Teleskopd.

Fahrwerk: Bremse, vorne Scheiben (belüftet), hinten Trommeln, Scheiben-⌀ 25.6 cm, ABS, Handbremse auf Hinterräder; Zahnstangenl. mit Servo, Treibstofftank 52 L; Reifen 185/60 HR 14, Felgen 5.5 J.

1.4 16V – 90 ch
Injection d'essence

Carrosserie, poids: (DIN), cabriolet, 2 portes, 4 places; vide dès 1150 kg, tot. adm. 1560 kg.

Moteur: (ECE), 4 cyl. en ligne (77.6×73.4 mm), 1389 cm³; compr. 10.5:1; 66 kW (90 ch) à 6000/min, 47.5 kW/L (64.6 ch/L); 125 Nm (12.7 mkp) à 4000/min; 95 (R).

Moteur (constr.): 4 soupapes en V 46°; 2 arbres à cames en tête (courroie crantée); culasse en alliage léger; vilebrequin à 5 paliers; huile 3.5 L; injection électronique, Multec. Batterie 44 Ah, alternateur 55 A; refroidissement à eau, capac. 5.6 L.

Transmission: (sur roues AV).
Boîte à 5 vit.: I. 3.73; II. 2.13; III. 1.41; IV. 1.12; V. 0.89; AR 3.31; pont 3.94.

Châssis: carrosserie autoporteuse; AV jambes élast. et leviers triang. transv., AR essieu semi-rigide; AV/AR barre anti-dév., ressorts hélic, amortiss. télesc.

Train roulant: frein, AV à disques (ventilés), AR à tambours, ⌀ disques AV 25.6 cm, ABS, frein à main sur roues AR; servodirection à crémaillère, réservoir carb. 52 L; pneus 185/60 HR 14, jantes 5.5 J.

Opel

Opel Astra Cabriolet

Dimensionen: Radst. 251 cm, Spur 142/142 cm, Bodenfreih. 13 cm, Wendekreis 10.5 m, Kofferraum 390/1100 dm³, Länge 424 cm, Breite 168 cm, Höhe 140 cm.

Fahrleistungen: Vmax (Werk) 178 km/h, V bei 1000/min im 5. Gang 30.1 km/h; 0–100 km/h 13.5 s; steh. km 35 s; Leistungsgew. 17.4 kg/kW (12.8 kg/PS); Verbrauch ECE 5.7/7.4/8.9 L/100 km.

Dimensions: empatt. 251 cm, voie 142/142 cm, garde au sol 13 cm, diam. de braq. 10.5 m, coffre 390/1100 dm³, longueur 424 cm, largeur 168 cm, hauteur 140 cm.

Performances: Vmax (usine) 178 km/h, V à 1000/min en 5. vit. 30.1 km/h; 0–100 km/h 13.5 s; km arrêté 35 s; rapp. poids/puiss. 17.4 kg/kW (12.8 kg/ch); consomm. ECE 5.7/7.4/8.9 L/100 km.

1.6 – 75 PS Benzineinspritzung

Wie 1.4 – 90 PS, ausgenommen:

Karosserie, Gewicht: (DIN) Cabriolet; leer ab 1140 kg, max. zul. 1560 kg.

Motor: (ECE), 4 Zyl. in Linie (79×81.5 mm), 1598 cm³; Kompr. 9.6:1; 55 kW (75 PS) bei 5200/min, 34.4 kW/L (46.8 PS/L); 128 Nm (13 mkp) bei 2800/min; 95 ROZ.

Motorkonstruktion: 1 obenl. Nockenwelle (Zahnriemen); Leichtmetall-Zylinderkopf; 5fach gelagerte Kurbelwelle; Öl 3.5 L; elektron. Zentraleinspritzung, Multec. Batterie 44 Ah, Alternator 980 W; Wasserkühlung, Inh. 6.1 L.

Kraftübertragung:
5-Gang-Getriebe: I. 3.73; II. 2.13; III. 1.41; IV. 1.12; V. 0.89; R 3.31; Achse 3.74.
4-Stufen-Automat: I. 2.81; II. 1.48; III. 1; IV. 0.74; R 2.77; Achse 4.12.

Fahrleistungen: Vmax (Werk) 168 km/h, V bei 1000/min im 5. Gang 31.8 km/h; 0–100 km/h 15 s; steh. km 36.5 s; Leistungsgew. 20.7 kg/kW (15.2 kg/PS); Verbrauch ECE 5.5/7.3/8.7 L/100 km.
Aut.: Vmax 160 km/h, 0–100 km/h 17 s; steh. km 37.5 s; Verbrauch ECE 6/7.7/9.5 L/100 km.

1.6 – 75 ch Injection d'essence

Comme 1.4 – 90 ch, sauf:

Carrosserie, poids: (DIN) cabriolet; vide dès 1140 kg, tot. adm. 1560 kg.

Moteur: (ECE), 4 cyl. en ligne (79×81.5 mm), 1598 cm³; compr. 9.6:1; 55 kW (75 ch) à 5200/min, 34.4 kW/L (46.8 ch/L); 128 Nm (13 mkp) à 2800/min; 95 (R).

Moteur (constr.): 1 arbre à cames en tête (courroie crantée); culasse en alliage léger; vilebrequin à 5 paliers; huile 3.5 L; injection monopoint électron., Multec. Batterie 44 Ah, alternateur 980 W; refroidissement à eau, capac. 6.1 L.

Transmission:
Boîte à 5 vit.: I. 3.73; II. 2.13; III. 1.41; IV. 1.12; V. 0.89; AR 3.31; pont 3.74.
Boîte autom. à 4 vit.: I. 2.81; II. 1.48; III. 1; IV. 0.74; AR 2.77; pont 4.12.

Performances: Vmax (usine) 168 km/h, V à 1000/min en 5. vit. 31.8 km/h; 0–100 km/h 15 s; km arrêté 36.5 s; rapp. poids/puiss. 20.7 kg/kW (15.2 kg/ch); consomm. ECE 5.5/7.3/8.7 L/100 km.
Aut.: Vmax 160 km/h, 0–100 km/h 17 s; km arrêté 37.5 s; consomm. ECE 6/7.7/9.5 L/100 km.

1.8 16V – 116 PS Benzineinspritzung

Wie 1.4 – 90 PS, ausgenommen:

Karosserie, Gewicht: (DIN) Cabriolet; leer ab 1240 kg, max. zul. 1650 kg.

Motor: (ECE), 4 Zyl. in Linie (81.6×86 mm), 1799 cm³; Kompr. 10.8:1; 85 kW (116 PS) bei 5400/min, 47.2 kW/L (64.2 PS/L); 170 Nm (17.3 mkp) bei 3600/min; 95 ROZ.

Motorkonstruktion: 4 Ventile in V 46°; 2 obenl. Nockenwellen (Zahnriemen); Leichtmetall-Zylinderkopf; 5fach gelagerte Kurbelwelle; Öl 4 L; elektron. Einspritzung, Siemens-Simtec. Batterie 44 Ah, Alternator 70 A; Wasserkühlung, Inh. 6.5 L.

Kraftübertragung:
5-Gang-Getriebe: I. 3.58; II. 1.88; III. 1.23; IV. 0.92; V. 0.74; R 3.33; Achse 3.74.

Fahrwerk: Vierrad-Scheibenbremse (vorn belüftet), Scheiben-Ø h. 26 cm.

Fahrleistungen: Vmax (Werk) 200 km/h, V bei 1000/min im 5. Gang 38 km/h; 0–100 km/h 10 s; steh. km 31.5 s; Leistungsgew. 14.6 kg/kW (10.7 kg/PS); Verbrauch ECE 5.5/7.2/9.4 L/100 km.

1.8 16V – 116 ch Injection d'essence

Comme 1.4 – 90 ch, sauf:

Carrosserie, poids: (DIN) cabriolet; vide dès 1240 kg, tot. adm. 1650 kg.

Moteur: (ECE), 4 cyl. en ligne (81.6×86 mm), 1799 cm³; compr. 10.8:1; 85 kW (116 ch) à 5400/min, 47.2 kW/L (64.2 ch/L); 170 Nm (17.3 mkp) à 3600/min; 95 (R).

Moteur (constr.): 4 soupapes en V 46°; 2 arbres à cames en tête (courroie crantée); culasse en alliage léger; vilebrequin à 5 paliers; huile 4 L; injection électronique, Siemens-Simtec. Batterie 44 Ah, alternateur 70 A; refroidissement à eau, capac. 6.5 L.

Transmission:
Boîte à 5 vit.: I. 3.58; II. 1.88; III. 1.23; IV. 0.92; V. 0.74; AR 3.33; pont 3.74.

Train roulant: quatre freins à disques (AV ventilés), Ø disques AR 26 cm.

Performances: Vmax (usine) 200 km/h, V à 1000/min en 5. vit. 38 km/h; 0–100 km/h 10 s; km arrêté 31.5 s; rapp. poids/puiss. 14.6 kg/kW (10.7 kg/ch); consomm. ECE 5.5/7.2/9.4 L/100 km.

Opel Vectra

Nachfolger des Ascona. Vier- oder fünftürige Limousine mit Frontantrieb, diverse Benzin- und Dieselmotoren. Debüt August 1988. Frankfurt 1989 Modell 2000 16V. 1993 mit Detailänderungen an Motoren, Getrieben und Struktur. Ab Mai 1993 auch mit 2.5 V6. Sommer 1995: Neuauflage. August 1996: Auch als Caravan.

Successeur de l'Ascona. Berline 4/5 portes, traction AV, divers moteurs à essence ou diesel. Lancement août 1988. Francfort 1989 modèle 2000 16V. Pour 1993 avec modifications de détails aux moteurs, boîte et structure. Dès mai 1993 aussi avec 2.5 V6. Eté 1995: nouvelle édition. Août 1996: aussi comme Caravan.

1.6 – 75 PS Benzineinspritzung

Karosserie, Gewicht: (DIN), Limousine, 4/5 Türen, 5 Sitze; leer ab 1170 kg, max. zul. 1700 kg.
Wagon: 5 Türen, 5 Sitze; 1185 kg, max. zul. 1715 kg.

Motor: (ECE), 4 Zyl. in Linie (79×81.5 mm), 1598 cm³; Kompr. 9.6:1; 55 kW (75 PS) bei 5200/min, 34.4 kW/L (46.8 PS/L); 128 Nm (13 mkp) bei 2600/min; 95 ROZ.

Motorkonstruktion: 1 obenl. Nockenwelle (Zahnriemen); Leichtmetall-Zylinderkopf; 5fach gelagerte Kurbelwelle; Öl 3.5 L; elektron. Zentraleinspritzung, Multec. Batterie 44 Ah, Alternator 980 W; Alternator 70 A; Wasserkühlung, Inh. 6.1 L.

Kraftübertragung: (auf Vorderräder).
5-Gang-Getriebe: I. 3.73; II. 1.96; III. 1.31; IV. 0.95; V. 0.76; R 3.31; Achse 3.94.

Fahrgestell: Selbsttragende Karosserie mit vorderem und hinterem Hilfsrahmen; vorn Federbeine und Dreieckquerlenker; hinten Längslenker, doppelte Querlenker; v/h Kurvenstabilisator, Schraubenfedern, Teleskopdämpfer.

Fahrwerk: Bremse, vorne Scheiben (belüftet), hinten Trommeln, Scheiben-Ø v. 25.6 cm, h. 27 cm, ABS, Handbremse auf Hinterräder; Zahnstangenlenkung mit Servo, Treibstofftank 60 L; Reifen 175/70 R 14, Felgen 5.5 J.

Dimensionen: Radstand 264 cm, Spur 148/147 cm, Bodenfreih. 14 cm, Wendekreis 11.3 m, Kofferraum 500/790 dm³, Länge 448 cm, Breite 171 cm, Höhe 143 cm.
5 Türen: Kofferraum 480/790 dm³.
Wagon: Kofferraum 460/1490 dm³, Länge 449 cm, Höhe 145 cm.

Fahrleistungen: Vmax (Werk) 175 km/h, V bei 1000/min im 5. Gang 36.8 km/h; 0–100 km/h 15.5 s; steh. km 36.5 s; Leistungsgew. 21.3 kg/kW (15.6 kg/PS); Verbrauch ECE 4.8/6.1/9 L/100 km.

1.6 – 75 ch Injection d'essence

Carrosserie, poids: (DIN), Berline, 4/5 portes, 5 places; vide dès 1170 kg, tot. adm. 1700 kg.
Wagon: 5 portes, 5 places; 1185 kg, tot. adm. 1715 kg.

Moteur: (ECE), 4 cyl. en ligne (79×81.5 mm), 1598 cm³; compr. 9.6:1; 55 kW (75 ch) à 5200/min, 34.4 kW/L (46.8 ch/L); 128 Nm (13 mkp) à 2600/min; 95 (R).

Moteur (constr.): 1 arbre à cames en tête (courroie crantée); culasse en alliage léger; vilebrequin à 5 paliers; huile 3.5 L; injection monopoint électron., Multec. Batterie 44 Ah, alternateur 980 W; alternateur 70 A; refroidiss. à eau, capac. 6.1 L.

Transmission: (sur roues AV).
Boîte à 5 vit.: I. 3.73; II. 1.96; III. 1.31; IV. 0.95; V. 0.76; AR 3.31; pont 3.94.

Châssis: carrosserie autoporteuse avec faux-châssis AV et AR; AV jambes élastiques et leviers triang. transv.; AR bras longitud., leviers transv. doubles; AV/AR barre anti-dévers, ressorts hélic, amortisseurs télesc.

Train roulant: frein, AV à disques (ventilés), AR à tambours, Ø disques AV 25.6 cm, AR 27 cm, ABS, frein à main sur roues AR; servodirection à crémaillère, réservoir carburant 60 L; pneus 175/70 R 14, jantes 5.5 J.

Dimensions: empattement 264 cm, voie 148/147 cm, garde au sol 14 cm, diam. de braq. 11.3 m, coffre 500/790 dm³, longueur 448 cm, largeur 171 cm, hauteur 143 cm.
5 portes: coffre 480/790 dm³.
Wagon: coffre 460/1490 dm³, longueur 449 cm, hauteur 145 cm.

Performances: Vmax (usine) 175 km/h, V à 1000/min en 5. vit. 36.8 km/h; 0–100 km/h 15.5 s; km arrêté 36.5 s; rapp. poids/puiss. 21.3 kg/kW (15.6 kg/ch); consomm. ECE 4.8/6.1/9 L/100 km.

Opel Vectra

Wir steigern Motorentechnik und Fahrgefühle.

Motoren für Strasse und Sport

Zeitgemässes Motorentuning: Sportlich, sparsam, effizient.

- Legales Opel-Motorentuning
- Motorrevisionen aller Art
- Moderne Bearbeitungsmaschinen
- Leistungsmessungen, Diagnosen
- Expertisen, Homologationen etc.
- Import, Vertrieb, Soforteinbau

Generalimporteur für **aiwe** Airbag

jetex · König · NARDI personal · GOTTI ACT · KW

DELTA-MOTOR AG

Seestrasse, Pf 69   CH-6205 Eich LU
(A2-Ausfahrt Sempach oder Sursee)
Tel. 041 - 462 51 51   Fax 462 51 50

Traduction française? C'est gratis?

Ihre Anzeige wird für Sie **kostenlos ins Französiche** übersetzt.

Kleininserate in der AUTOMOBIL REVUE/ revue automobile

Thema: Fahrzeugstyling

Irmscher GmbH
Bahnhofstrasse 79
D-73630 Remshalden
++49-71 51 / 97 12 11

Irmscher Suisse SA
Salzhausstrasse 21
CH-2501 Biel-Bienne
032/21 53 70

Ab Werk!

Opel Sondermodelle von Irmscher:

- Sportlich elegantes Outfit mit individuellen Aerodynamikteilen, hochwertigem Nachschalldämpfer und komfortabler Innenausstattung.
- Sportfahrwerk mit attraktiven Leichtmetallrädern für mehr Sicherheit bei höchstem Fahrkomfort.
- TÜV-geprüfte Qualität und volle Gewährleistung für alle Irmscher Sondermodelle.

Fordern Sie kostenlose Prospekte an für:
Corsa
Tigra
Astra
Vectra
Calibra
Omega
Frontera
Monterey

irmscher
AUTOMOBILBAU

Über 25 Jahre - Die Marke

428 Opel

1.6 16V – 101 PS
Benzineinspritzung

Wie 1.6 – 75 PS, ausgenommen:

Karosserie, Gewicht: (DIN), Limousine; leer ab 1215 kg, max. zul. 1735 kg.
Wagon: leer ab 1245 kg, max. zul. 1835 kg.

Motor: (ECE), 4 Zyl. in Linie (79×81.5 mm), 1598 cm³, Kompr. 10.5:1; 74 kW (101 PS) bei 6200/min, 46.3 kW/L (62.9 PS/L); 150 Nm (15.3 mkp) bei 3200/min; 95 ROZ.

Motorkonstruktion: 4 Ventile in V 46°; 2 obenl. Nockenwellen (Zahnriemen); Leichtmetall-Zylinderkopf; 5fach gelagerte Kurbelwelle; Öl 3.5 L; elektron. Einspr., Multec. Batterie 44 Ah, Alternator 70 A; Wasserkühlung, Inh. 5.6 L.

Kraftübertragung:
5-Gang-Getriebe: I. 3.73; II. 1.96; III. 1.31; IV. 0.95; V. 0.76; R 3.31; Achse 4.19.
4-Stufen-Automat: I. 2.81; II. 1.48; III. 1; IV. 0.74; R 2.77; Achse 4.12.

Fahrwerk: Vierrad-Scheibenbremse (vorn belüftet), Scheiben-⌀ h. 27 cm, Reifen 185/70 HR 14.

Fahrleistungen: Vmax (Werk) 188 km/h, V bei 1000/min im 5. Gang 35.4 km/h; 0–100 km/h 12.5 s; steh. km 33.5 s; Leistungsgew. 16.4 kg/kW (12 kg/PS); Verbrauch ECE 5.1/6.3/8.8 L/100 km.
Aut.: Vmax 178 km/h, 0–100 km/h 14.5 s; steh. km 35.5 s; Verbrauch ECE 5.5/7/10.4 L/100 km.
Wagon: Vmax 180 km/h, 0–100 km/h 13.5 s; steh. km 35 s; Verbrauch ECE 5.4/6.8/8.8 L/100 km.
Wagon Aut.: Vmax 170 km/h, 0–100 km/h 15.5 s; steh. km 37 s; Verbrauch ECE 5.8/7.5/10.4 L/100 km.

1.8 16V – 116 PS
Benzineinspritzung

Wie 1.6 – 75 PS, ausgenommen:

Karosserie, Gewicht: (DIN), Limousine; leer ab 1245 kg, max. zul. 1775 kg.
Wagon: leer 1285 kg, max. zul. 1875 kg.

Motor: (ECE), 4 Zyl. in Linie (81.6×86 mm), 1799 cm³, Kompr. 10.8:1; 85 kW (116 PS) bei 5400/min, 47.2 kW/L (64.2 PS/L); 170 Nm (17.3 mkp) bei 3600/min; 95 ROZ.

Motorkonstruktion: 4 Ventile in V 46°; 2 obenl. Nockenwellen (Zahnriemen); Leichtmetall-Zylinderkopf; 5fach gelagerte Kurbelwelle; Öl 4 L; elektron. Einspritzung, Siemens-Simtec. Batterie 44 Ah, Alternator 70 A; Wasserkühlung, Inh. 7.3 L.

Kraftübertragung:
5-Gang-Getriebe: I. 3.58; II. 1.88; III. 1.23; IV. 0.92; V. 0.74; R 3.33; Achse 3.94.
Sport: 5-Gang-Getriebe: I. 3.58; II. 2.14; III. 1.48; IV. 1.12; V. 0.89; R 3.33; Achse 3.74.
4-Stufen-Automat: I. 3.67; II. 2.1; III. 1.39; IV. 1; R 4.02; Achse 2.81.

Opel Vectra Caravan

1.6 16V – 101 ch
Injection d'essence

Comme 1.6 – 75 ch, sauf:

Carrosserie, poids: (DIN), Berline; vide dès 1215 kg, tot. adm. 1735 kg.
Wagon: vide dès 1245 kg, tot. adm. 1835 kg.

Moteur: (ECE), 4 cyl. en ligne (79×81.5 mm), 1598 cm³; compr. 10.5:1; 74 kW (101 ch) à 6200/min, 46.3 kW/L (62.9 ch/L); 150 Nm (15.3 mkp) à 3200/min; 95 (R).

Moteur (constr.): 4 soupapes en V 46°; 2 arbres à cames en tête (courroie crantée); culasse en alliage léger; vilebrequin à 5 paliers; huile 3.5 L; inj. électronique, Multec. Batterie 44 Ah, alternateur 70 A; refroidissement à eau, capac. 5.6 L.

Transmission:
Boîte à 5 vit.: I. 3.73; II. 1.96; III. 1.31; IV. 0.95; V. 0.76; AR 3.31; pont 4.19.
Boîte autom. à 4 vit.: I. 2.81; II. 1.48; III. 1; IV. 0.74; AR 2.77; pont 4.12.

Train roulant: quatre freins à disques (AV ventilés), ⌀ disques AR 27 cm, pneus 185/70 HR 14.

Performances: Vmax (usine) 188 km/h, V à 1000/min en 5. vit. 35.4 km/h; 0–100 km/h 12.5 s; km arrêté 33.5 s; rapp. poids/puiss. 16.4 kg/kW (12 kg/ch); consomm. ECE 5.1/6.3/8.8 L/100 km.
Aut.: Vmax 178 km/h, 0–100 km/h 14.5 s; km arrêté 35.5 s; consomm. ECE 5.5/7/10.4 L/100 km.
Wagon: Vmax 180 km/h, 0–100 km/h 13.5 s; km arr. 35 s; consomm. ECE 5.4/6.8/8.8 L/100 km.
Wagon Aut.: Vmax 170 km/h, 0–100 km/h 15.5 s; km arrêté 37 s; consomm. ECE 5.8/7.5/10.4 L/100 km.

1.8 16V – 116 ch
Injection d'essence

Comme 1.6 – 75 ch, sauf:

Carrosserie, poids: (DIN), Berline; vide dès 1245 kg, tot. adm. 1775 kg.
Wagon: vide 1285 kg, tot. adm. 1875 kg.

Moteur: (ECE), 4 cyl. en ligne (81.6×86 mm), 1799 cm³; compr. 10.8:1; 85 kW (116 ch) à 5400/min, 47.2 kW/L (64.2 ch/L); 170 Nm (17.3 mkp) à 3600/min; 95 (R).

Moteur (constr.): 4 soupapes en V 46°; 2 arbres à cames en tête (courroie crantée); culasse en alliage léger; vilebrequin à 5 paliers; huile 4 L; injection électronique, Siemens-Simtec. Batterie 44 Ah, alternateur 70 A; refroidissement à eau, capac. 7.3 L.

Transmission:
Boîte à 5 vit.: I. 3.58; II. 1.88; III. 1.23; IV. 0.92; V. 0.74; AR 3.33; pont 3.94.
Sport: boîte à 5 vit.: I. 3.58; II. 2.14; III. 1.48; IV. 1.12; V. 0.89; AR 3.33; pont 3.74.
Boîte autom. à 4 vit.: I. 3.67; II. 2.1; III. 1.39; IV. 1; AR 4.02; pont 2.81.

Opel Vectra Caravan

Fahrwerk: Vierrad-Scheibenbremse (vorn belüftet), Scheiben-⌀ h. 27 cm, Reifen 185/70 HR 14, 195/65 VR 15, 6 J.

Fahrleistungen: Vmax (Werk) 203 km/h, V bei 1000/min im 5. Gang 38.7 km/h; 0–100 km/h 11 s; steh. km 32 s; Leistungsgew. 14.6 kg/kW (10.7 kg/PS); Verbrauch ECE 5.4/6.7/9.2 L/100 km.
Aut.: Vmax 200 km/h, 0-100 km/h 12.5 s; steh. km 34 s; Verbrauch ECE 5.6/6.8/10.5 L/100 km.
Wagon: Vmax 195 km/h, 0–100 km/h 12 s; steh. km 33.5 s; Verbrauch ECE 5.7/7.2/9.2 L/100 km.
Wagon Aut.: Vmax 188 km/h, 0–100 km/h 13.5 s; steh. km 36 s; Verbrauch ECE 5.9/7.3/10.5 L/100 km.

2.0 16V – 136 PS
Benzineinspritzung

Wie 1.6 – 75 PS, ausgenommen:

Karosserie, Gewicht: (DIN), Limousine; leer ab 1285 kg, max. zul. 1815 kg.
Wagon: leer 1320 kg, max. zul. 1910 kg.

Motor: (ECE), 4 Zyl. in Linie (86×86 mm), 1998 cm³, Kompr. 10.8:1; 100 kW (136 PS) bei 5600/min, 50 kW/L (68 PS/L); 188 Nm (19.2 mkp) bei 3200/min; 95 ROZ.

Motorkonstruktion: 4 Ventile in V 46°; 2 obenl. Nockenwellen (Zahnriemen); Leichtmetall-Zylinderkopf; 5fach gelagerte Kurbelwelle; Öl 4 L; elektron. Einspritzung, Siemens-Simtec. Batterie 44 Ah, Alternator 70 A; Wasserkühlung, Inh. 7.2 L.

Kraftübertragung:
5-Gang-Getriebe: I. 3.58; II. 1.88; III. 1.23; IV. 0.92; V. 0.74; R 3.33; Achse 3.94.
Sport: 5-Gang-Getriebe: I. 3.58; II. 2.14; III. 1.48; IV. 1.12; V. 0.89; R 3.33; Achse 3.57.
4-Stufen-Automat: I. 3.67; II. 2.1; III. 1.39; IV. 1; R 4.02; Achse 2.81.

Fahrwerk: Vierrad-Scheibenbremse (vorn belüftet), Scheiben-⌀ v. 28.8 cm, h. 28.6 cm, Reifen 195/65 VR 15, Felgen 6 J.

Fahrleistungen: Vmax (Werk) 215 km/h, V bei 1000/min im 5. Gang 39.6 km/h; 0–100 km/h 10 s; steh. km 31 s; Leistungsgew. 12.9 kg/kW (9.4 kg/PS); Verbrauch ECE 5.8/7.1/10 L/100 km.
Aut.: Vmax 212 km/h, 0–100 km/h 11 s; steh. km 32 s; Verbrauch ECE 5.6/6.8/10.5 L/100 km.
Wagon: Vmax 207 km/h, 0–100 km/h 10.5 s; steh. km 32 s; Verbrauch ECE 6.1/7.6/10 L/100 km.
Wagon Aut.: Vmax 200 km/h, 0–100 km/h 11.5 s; steh. km 33 s; Verbrauch ECE 5.9/7.3/10.5 L/100 km.

2.5 V6 24V – 170 PS
Benzineinspritzung

Wie 1.6 – 75 PS, ausgenommen:

Karosserie, Gewicht: (DIN), Limousine; leer ab 1330 kg, max. zul. 1860 kg.
Wagon: leer 1370 kg, max. zul. 1960 kg.

Train roulant: quatre freins à disques (AV ventilés), ⌀ disques AR 27 cm, pneus 185/70 HR 14, 195/65 VR 15, 6 J.

Performances: Vmax (usine) 203 km/h, V à 1000/min en 5. vit. 38.7 km/h; 0–100 km/h 11 s; km arrêté 32 s; rapp. poids/puiss. 14.6 kg/kW (10.7 kg/ch); consomm. ECE 5.4/6.7/9.2 L/100 km.
Aut.: Vmax 200 km/h, 0-100 km/h 12.5 s; km arrête 34 s; consomm. ECE 5.6/6.8/10.5 L/100 km.
Wagon: Vmax 195 km/h, 0–100 km/h 12 s; km arrêté 33.5 s; consomm. ECE 5.7/7.2/9.2 L/100 km.
Wagon Aut.: Vmax 188 km/h, 0–100 km/h 13.5 s; km arrêté 36 s; consomm. ECE 5.9/7.3/10.5 L/100 km.

2.0 16V – 136 ch
Injection d'essence

Comme 1.6 – 75 ch, sauf:

Carrosserie, poids: (DIN), Berline; vide dès 1285 kg, tot. adm. 1815 kg.
Wagon: vide 1320 kg, tot. adm. 1910 kg.

Moteur: (ECE), 4 cyl. en ligne (86×86 mm), 1998 cm³; compr. 10.8:1; 100 kW (136 ch) à 5600/min, 50 kW/L (68 ch/L); 188 Nm (19.2 mkp) à 3200/min; 95 (R).

Moteur (constr.): 4 soupapes en V 46°; 2 arbres à cames en tête (courroie crantée); culasse en alliage léger; vilebrequin à 5 paliers; huile 4 L; injection électronique, Siemens-Simtec. Batterie 44 Ah, alternateur 70 A; refroidissement à eau, capac. 7.2 L.

Transmission:
Boîte à 5 vit.: I. 3.58; II. 1.88; III. 1.23; IV. 0.92; V. 0.74; AR 3.33; pont 3.94.
Sport: boîte à 5 vit.: I. 3.58; II. 2.14; III. 1.48; IV. 1.12; V. 0.89; AR 3.33; pont 3.57.
Boîte autom. à 4 vit.: I. 3.67; II. 2.1; III. 1.39; IV. 1; AR 4.02.

Train roulant: quatre freins à disques (AV ventilés), ⌀ disques AV 28.8 cm, AR 28.6 cm, pneus 195/65 VR 15, jantes 6 J.

Performances: Vmax (usine) 215 km/h, V à 1000/min en 5. vit. 39.6 km/h; 0–100 km/h 10 s; km arrêté 31 s; rapp. poids/puiss. 12.9 kg/kW (9.4 kg/ch); consomm. ECE 5.8/7.1/10 L/100 km.
Aut.: Vmax 212 km/h, 0–100 km/h 11 s; km arrêté 32 s; consomm. ECE 5.6/6.8/10.5 L/100 km.
Wagon: Vmax 207 km/h, 0–100 km/h 10.5 s; km arrêté 32 s; consomm. ECE 6.1/7.6/10 L/100 km.
Wagon Aut.: Vmax 200 km/h, 0–100 km/h 11.5 s; km arrêté 33 s; consomm. ECE 5.9/7.3/10.5 L/100 km.

2.5 V6 24V – 170 ch
Injection d'essence

Comme 1.6 – 75 ch, sauf:

Carrosserie, poids: (DIN), Berline; vide dès 1330 kg, tot. adm. 1860 kg.
Wagon: vide 1370 kg, tot. adm. 1960 kg.

Opel 429

Opel Vectra

Motor: (ECE), 6 Zyl. in V 54° (81.6×79.6 mm), 2498 cm³; Kompr. 10.8:1; 125 kW (170 PS) bei 5800/min, 50 kW/L (68 PS/L); 230 Nm (23.4 mkp) bei 3200/min; 95 ROZ.

Motorkonstruktion: 4 Ventile in V 39°; 2×2 obenl. Nockenwellen (Zahnriemen); Leichtmetall-Zylinderköpfe; 4fach gelagerte Kurbelwelle; Öl 5.5 L; elektron. Einspritzung, Bosch Motronic, M2.8.1.
Batterie 66 Ah, Alternator 100 A; Wasserkühlung, Inh. 7.7 L.

Kraftübertragung:
5-Gang-Getriebe: I. 3.38; II. 1.76; III. 1.12; IV. 0.89; V. 0.77; R 3.17; Achse 4.05.
4-Stufen-Automat: I. 3.67; II. 2.1; III. 1.39; IV. 1; R 4.02; Achse 2.81.

Fahrwerk: Vierrad-Scheibenbremse (vorn belüftet), Scheiben-⌀ v. 28.8 cm, h. 28.6 cm, Reifen 195/65 VR 15, Felgen 6 J.

Fahrleistungen: Vmax (Werk) 230 km/h, V bei 1000/min im 5. Gang 37 km/h; 0–100 km/h 8.5 s; steh. km 29.5 s; Leistungsgew. 10.6 kg/kW (7.8 kg/PS); Verbrauch ECE 6.8/8.3/11.3 L/100 km.
Aut.: Vmax 227 km/h, 0–100 km/h 9.5 s; steh. km 30.5 s; Verbrauch ECE 6.5/8/12.4 L/100 km.
Wagon: Vmax 222 km/h, 0–100 km/h 9 s; steh. km 30.5 s; Verbrauch ECE 7.1/8.8/11.6 L/100 km.
Wagon Aut.: Vmax 215 km/h, 0–100 km/h 10 s; steh. km 31.5 s; Verbrauch ECE 6.8/8.5/12.4 L/100 km.

2.0 16V – 82 PS Turbodiesel direkt

Wie 1.6 – 75 PS, ausgenommen:

Karosserie, Gewicht: (DIN), Limousine; leer ab 1320 kg, max. zul. 1855 kg.
Wagon: leer 1360 kg, max. zul. 1950 kg.

Motor: (ECE), 4 Zyl. in Linie (84×90 mm), 1995 cm³; Kompr. 18.5:1; 60 kW (82 PS) bei 4300/min, 30.1 kW/L (40.9 PS/L); 185 Nm (18.9 mkp) bei 1800/min; Dieselöl.

Motorkonstruktion: direkt eingespritzter Diesel; 4 Ventile parallel; 1 obenl. Nockenw. (Kette); Leichtmetall-Zylinderkopf; 5fach gelagerte Kurbelwelle; Öl 5.5 L; elektron. geregelte Einspritzpumpe, 1 Turbolader.
Batterie 70 Ah, Alternator 70 A; Wasserkühlung, Inh. 7.4 L.

Opel Vectra

Moteur: (ECE), 6 cyl. en V 54° (81.6×79.6 mm), 2498 cm³; compr. 10.8:1; 125 kW (170 ch) à 5800/min, 50 kW/L (68 ch/L); 230 Nm (23.4 mkp) à 3200/min; 95 (R).

Moteur (constr.): 4 soupapes en V 39°; 2×2 arbres à cames en tête (courroie crantée); culasses en alliage léger; vilebrequin à 4 paliers; huile 5.5 L; injection électronique, Bosch Motronic, M2.8.1.
Batterie 66 Ah, alternateur 100 A; refroidissement à eau, capac. 7.7 L.

Transmission:
Boîte à 5 vit.: I. 3.38; II. 1.76; III. 1.12; IV. 0.89; V. 0.77; AR 3.17; pont 4.05.
Boîte autom. à 4 vit.: I. 3.67; II. 2.1; III. 1.39; IV. 1; AR 4.02; pont 2.81.

Train roulant: quatre freins à disques (AV ventilés), ⌀ disques AV 28.8 cm, AR 28.6 cm, pneus 195/65 VR 15, jantes 6 J.

Performances: Vmax (usine) 230 km/h, V à 1000/min en 5. vit. 37 km/h; 0–100 km/h 8.5 s; km arrêté 29.5 s; rapp. poids/puiss. 10.6 kg/kW (7.8 kg/ch); consomm. ECE 6.8/8.3/11.3 L/100 km.
Aut.: Vmax 227 km/h, 0–100 km/h 9.5 s; km arrêté 30.5 s; consomm. ECE 6.5/8/12.4 L/100 km.
Wagon: Vmax 222 km/h, 0–100 km/h 9 s; km arrêté 30.5 s; consomm. ECE 7.1/8.8/11.6 L/100 km.
Wagon Aut.: Vmax 215 km/h, 0–100 km/h 10 s; km arrêté 31.5 s; consomm. ECE 6.8/8.5/12.4 L/100 km.

2.0 16V – 82 ch Turbodiesel direct

Comme 1.6 – 75 ch, sauf:

Carrosserie, poids: (DIN), Berline; vide dès 1320 kg, tot. adm. 1855 kg.
Wagon: vide 1360 kg, tot. adm. 1950 kg.

Moteur: (ECE), 4 cyl. en ligne (84×90 mm), 1995 cm³; compr. 18.5:1; 60 kW (82 ch) à 4300/min, 30.1 kW/L (40.9 ch/L); 185 Nm (18.9 mkp) à 1800/min; gazole.

Moteur (constr.): diesel à injection directe; 4 soup. en parallèle; 1 arbre à cames en tête (chaîne); culasse en alliage léger; vilebrequin à 5 paliers; huile 5.5 L; pompe à injection pilotée, 1 turbocompr.
Batterie 70 Ah, alternateur 70 A; refroidissement à eau, capac. 7.4 L.

Opel Vectra

Kraftübertragung: (auf Vorderräder).
5-Gang-Getriebe: I. 3.58; II. 1.87; III. 1.23; IV. 0.92; V. 0.71; R 3.33; Achse 3.57.

Fahrwerk: Bremse, v. Scheiben (belüftet), hinten Trommeln, Reifen 185/70 HR 14.

Fahrleistungen: Vmax (Werk) 178 km/h, V bei 1000/min in 5. Gang 44.5 km/h; 0–100 km/h 15.5 s; steh. km 36 s; Leistungsgew. 23.3 kg/kW (17 kg/PS); Verbrauch ECE 3.8/5/6 L/100 km.
Wagon: Vmax 170 km/h, 0–100 km/h 17 s; steh. km 37.5 s; Verbrauch ECE 4.2/5.6/6.2 L/100 km.

Opel Calibra

Zweitüriges Coupé mit Heckklappe auf der Basis des Opel Vectra. Zweilitermotoren mit 115, 136 und 150 PS sowie 2.5 V6 mit 170 PS, Frontantrieb oder permanentem Allradantrieb. Debüt Salon Frankfurt 1989.

2.0 16V – 136 PS Benzineinspritzung

Karosserie, Gewicht: (DIN), Coupé, 3 Türen, 4 Sitze; leer ab 1250 kg, max. zul. 1670 kg.

Motor: (ECE), 4 Zyl. in Linie (86×86 mm), 1998 cm³; Kompr. 10.8:1; 100 kW (136 PS) bei 5600/min, 50 kW/L (68 PS/L); 188 Nm (19.2 mkp) bei 3200/min; 95 ROZ.

Motorkonstruktion: Bezeichnung X20XEV; 4 Ventile in V 46°; 2 obenl. Nokkenw. (Zahnriemen); Leichtmetall-Zylinderkopf; 5fach gelagerte Kurbelwelle; Öl 4.5 L; elektron. Einspritzung, Siemens-Simtec.
Batterie 44 Ah, Alternator 70 A; Wasserkühlung, Inh. 7.2 L.

Opel Calibra

Kraftübertragung: (auf Vorderräder).
5-Gang-Getriebe: I. 3.58; II. 2.14; III. 1.48; IV. 1.12; V. 0.89; R 3.33; Achse 3.57.
4-Stufen-Automat: I. 3.67; II. 2.1; III. 1.39; IV. 1; R 4.02; Achse 2.81.

Fahrgestell: Selbsttragende Karosserie; vorn Federbeine und Dreieckquerlenker; hinten Schräglenker, Schraubenfedern; v/h Kurvenstabilisator, Teleskopdämpfer.

Fahrwerk: Vierrad-Scheibenbremse (vorn belüftet), Scheiben-⌀ v. 25.6 cm, h. 27 cm, ABS, Bosch; Handbremse auf Hinterräder; Zahnstangenlenkung mit Servo, Treibstofftank 63 L; Reifen 205/55 VR 15, Felgen 6 J.

Dimensionen: Radstand 260 cm, Spur 143/145 cm, Bodenfreih. 14 cm, Wendekreis 11.5 m, Kofferraum 300/980 dm³, Länge 449 cm, Breite 169 cm, Höhe 132 cm.

Fahrleistungen: Vmax (Werk) 215 km/h, V bei 1000/min in 5. Gang 34.9 km/h; 0–100 km/h 9.5 s; steh. km 31 s; Leistungsgew. 12.5 kg/kW (9.2 kg/PS); Verbrauch ECE 5.9/7.1/10.5 L/100 km.
Aut.: Vmax 215 km/h, 0–100 km/h 11 s; steh. km 32 s; Verbrauch ECE 5.7/7/10.9 L/100 km.

Transmission: (sur roues AV).
Boîte à 5 vit.: I. 3.58; II. 1.87; III. 1.23; IV. 0.92; V. 0.71; AR 3.33; pont 3.57.

Train roulant: frein, AV à disques (ventilés), AR à tambours, pneus 185/70 HR 14.

Performances: Vmax (usine) 178 km/h, V à 1000/min en 5. vit. 44.5 km/h; 0–100 km/h 15.5 s; km arrêté 36 s; rapp. poids/puiss. 23.3 kg/kW (17 kg/ch); consomm. ECE 3.8/5/6 L/100 km.
Wagon: Vmax 170 km/h, 0–100 km/h 17 s; km arrêté 37.5 s; consomm. ECE 4.2/5.6/6.2 L/100 km.

Opel Calibra

Coupé deux portes avec hayon AR, sur la base de l'Opel Vectra. Moteurs deux litres 115, 136 et 150 ch, ainsi qu'un 2.5 V6 avec 170 ch traction AV ou intégrale permanente. Présentation au salon de Francfort 1989.

2.0 16V – 136 ch Injection d'essence

Carrosserie, poids: (DIN), Coupé, 3 portes, 4 places; vide dès 1250 kg, tot. adm. 1670 kg.

Moteur: (ECE), 4 cyl. en ligne (86×86 mm), 1998 cm³; compr. 10.8:1; 100 kW (136 ch) à 5600/min, 50 kW/L (68 ch/L); 188 Nm (19.2 mkp) à 3200/min; 95 (R).

Moteur (constr.): désignation X20XEV; 4 soupapes en V 46°; 2 arbres à cames en tête (courroie crantée); culasse en alliage léger; vilebrequin à 5 paliers; huile 4.5 L; injection électronique, Siemens-Simtec.
Batterie 44 Ah, alternateur 70 A; refroidissement à eau, capac. 7.2 L.

Opel Calibra

Transmission: (sur roues AV).
Boîte à 5 vit.: I. 3.58; II. 2.14; III. 1.48; IV. 1.12; V. 0.89; AR 3.33; pont 3.57.
Boîte autom. à 4 vit.: I. 3.67; II. 2.1; III. 1.39; IV. 1; AR 4.02; pont 2.81.

Châssis: carrosserie autoporteuse; AV jambes élast. et leviers triang. transv.; AR triangles obliques, ressorts hélicoïdaux, AV/AR barre anti-dévers, amortis. télesc.

Train roulant: quatre freins à disques (AV ventilés), ⌀ disques AV 25.6 cm, AR 27 cm, ABS, Bosch; frein à main sur roues AR; servodirection à crémaillère, réservoir carb. 63 L; pneus 205/55 VR 15, jantes 6 J.

Dimensions: empattement 260 cm, voie 143/145 cm, garde au sol 14 cm, diam. de braq. 11.5 m, coffre 300/980 dm³, longueur 449 cm, largeur 169 cm, hauteur 132 cm.

Performances: Vmax (usine) 215 km/h, V à 1000/min en 5. vit. 34.9 km/h; 0–100 km/h 9.5 s; km arrêté 31 s; rapp. poids/puiss. 12.5 kg/kW (9.2 kg/ch); consomm. ECE 5.9/7.1/10.5 L/100 km.
Aut.: Vmax 215 km/h, 0–100 km/h 11 s; km arrêté 32 s; consomm. ECE 5.7/7/10.9 L/100 km.

Opel

Opel Calibra

2.5 V6 24V – 170 PS
Benzineinspritzung

Wie 2.0 – 136 PS, ausgenommen:

Karosserie, Gewicht: (DIN), Coupé; leer ab 1355 kg, max. zul. 1775 kg.

Motor: (ECE), 6 Zyl. in V 54° (81.6×79.6 mm), 2498 cm³; Kompr. 10.8:1; 125 kW (170 PS) bei 6000/min, 50 kW/L (68 PS/L); 227 Nm (23.1 mkp) bei 4200/min; 95 ROZ.

Motorkonstruktion: 4 Ventile in V 39°; 2×2 obenl. Nockenwellen (Zahnriemen); Leichtmetall-Zylinderköpfe; 4fach gelagerte Kurbelwelle; Öl 5 L; elektron. Einspritzung. Batterie 55 Ah, Alternator 100 A; Wasserkühlung, Inh. 9.7 L.

Kraftübertragung:
5-Gang-Getriebe: I. 3.38; II. 1.76; III. 1.12; IV. 0.89; V. 0.77; R 3.17; Achse 3.82.
4-Stufen-Automat: I. 3.67; II. 2.1; III. 1.39; IV. 1; R 4.02; Achse 2.81.

Fahrwerk: Scheiben-⌀ v. 28.8 cm, h. 27 cm, Reifen 205/55 VR 15, Felgen 6 J.

Fahrleistungen: Vmax (Werk) 237 km/h, V bei 1000/min im 5. Gang 37.8 km/h; 0–100 km/h 7.8 s; steh. km 28 s; Leistungsgew. 10.6 kg/kW (7.8 kg/PS); Verbrauch ECE 6.6/8.2/11.4 L/100 km.
Aut.: Vmax 234 km/h, 0–100 km/h 8.8 s; steh. km 30.5 s; Verbrauch ECE 6.6/8/11.6 L/100 km.

2.5 V6 24V – 170 ch
Injection d'essence

Comme 2.0 – 136 ch, sauf:

Carrosserie, poids: (DIN), Coupé; vide dès 1355 kg, tot. adm. 1775 kg.

Moteur: (ECE), 6 cyl. en V 54° (81.6×79.6 mm), 2498 cm³; compr. 10.8:1; 125 kW (170 ch) à 6000/min, 50 kW/L (68 ch/L); 227 Nm (23.1 mkp) à 4200/min; 95 (R).

Moteur (constr.): 4 soupapes en V 39°; 2×2 arbres à cames en tête (courroie crantée); culasses en alliage léger; vilebrequin à 4 paliers; huile 5 L; injection électronique. Batterie 55 Ah, alternateur 100 A; refroidissement à eau, capac. 9.7 L.

Transmission:
Boîte à 5 vit.: I. 3.38; II. 1.76; III. 1.12; IV. 0.89; V. 0.77; AR 3.17; pont 3.82.
Boîte autom. à 4 vit.: I. 3.67; II. 2.1; III. 1.39; IV. 1; AR 4.02; pont 2.81.

Train roulant: ⌀ disques AV 28.8 cm, AR 27 cm, pneus 205/55 VR 15, jantes 6 J.

Performances: Vmax (usine) 237 km/h, V à 1000/min en 5. vit. 37.8 km/h; 0–100 km/h 7.8 s; km arrêté 28 s; rapp. poids/puiss. 10.6 kg/kW (7.8 kg/ch); consomm. ECE 6.6/8.2/11.4 L/100 km.
Aut.: Vmax 234 km/h, 0–100 km/h 8.8 s; km arrêté 30.5 s; consomm. ECE 6.6/8/11.6 L/100 km.

Opel Omega

Mittelklassefahrzeug, als 4türige Limousine und als 5türiger Caravan lieferbar. Neue Motorenreihe mit 2.0/16V und 2.5- bzw. 3.0-V6 sowie 2.5 Turbo-D. Debüt Dez. 1993.

Voiture de la classe moyenne, livrable comme berline 4 portes et wagon 5 portes. Nouvelle gamme de moteurs avec 2.0/16V et 2.5 et 3.0 V6, 2.5 td. Lancement déc. 1993.

2.0 – 116 PS
Benzineinspritzung

Karosserie, Gewicht: (DIN), Lim., 4 Türen, 5 Sitze; leer ab 1430 kg, max. zul. 1975 kg.
Station Wagon, 5 Türen, 5 Sitze; 1480 kg, max. zul. 2100 kg.

Motor: (ECE), 4 Zyl. in Linie (86×86 mm), 1998 cm³; Kompr. 10:1; 85 kW (116 PS) bei 5200/min, 42.5 kW/L (57.8 PS/L); 172 Nm (17.5 mkp) bei 2800/min; 95 ROZ.

Motorkonstruktion: 1 obenl. Nockenwelle (Zahnriemen); Leichtmetall-Zylinderkopf; 5fach gelagerte Kurbelw.; Öl 4.5 L; elektron. Einspr., Bosch Motronic, M 1.5.4.
Batterie 60 Ah, Alternator 100 A; Wasserkühlung, Inh. 9 L.

Kraftübertragung: (auf Hinterräder), a. W. Differentialbremse.
5-Gang-Getriebe: I. 3.95; II. 2.19; III. 1.39; IV. 1; V. 0.85; R 3.53; Achse 3.9.
4-Stufen-Automat: I. 2.86; II. 1.62; III. 1; IV. 0.72; R 2; Achse 3.9.

2.0 – 116 ch
Injection d'essence

Carrosserie, poids: (DIN), Berl., 4 portes, 5 pl.; vide dès 1430 kg, tot. adm. 1975 kg.
Station-wagon, 5 portes, 5 places; 1480 kg, tot. adm. 2100 kg.

Moteur: (ECE), 4 cyl. en ligne (86×86 mm), 1998 cm³; compr. 10:1; 85 kW (116 ch) à 5200/min, 42.5 kW/L (57.8 ch/L); 172 Nm (17.5 mkp) à 2800/min; 95 (R).

Moteur (constr.): 1 arbre à cames en tête (courroie crantée); culasse en alliage léger; vilebrequin à 5 paliers; huile 4.5 L; injection électronique, Bosch Motronic, M 1.5.4.
Batterie 60 Ah, alternateur 100 A; refroidissement à eau, capac. 9 L.

Transmission: (sur roues AR), différentiel autobloquant s.d.
Boîte à 5 vit.: I. 3.95; II. 2.19; III. 1.39; IV. 1; V. 0.85; AR 3.53; pont 3.9.
Boîte autom. à 4 vit.: I. 2.86; II. 1.62; III. 1; IV. 0.72; AR 2; pont 3.9.

Fahrgestell: Selbsttragende Karosserie; vorn Federbeine und Dreieckquerl.; hinten Schräglenker, Querlenker; v/h Kurvenstabilisator, Schraubenfedern, Teleskopdämpfer, a.W. elektron. Dämpferregulierung.
Fahrwerk: Vierrad-Scheibenbremse (vorn belüftet), Scheiben-⌀ v. 28.6 cm, h. 28.6 cm, ABS, Handbremse auf Hinterräder; Kugelumlauflenkung mit Servo, Treibstofftank 75 L; Reifen 195/65 HR 15, 225/55 VR 16; Felgen 6.5 J.

Dimensionen: Radstand 273 cm, Spur 151/153 cm, Bodenfreih. 14 cm, Wendekreis 11 m, Kofferraum 530/830 dm³, Länge 479 cm, Breite 179 cm, Höhe 146 cm.
Wagon: Kofferraum 540/1800 dm³, Länge 482 cm, Höhe 151 cm.

Fahrleistungen: Vmax (Werk) 195 km/h, V bei 1000/min im 5. Gang 35.2 km/h; 0–100 km/h 13 s; steh. km 34 s; Leistungsgew. 16.8 kg/kW (12.3 kg/PS); Verbrauch ECE 6.6/8.3/11.8 L/100 km.
Aut.: Vmax 188 km/h, 0–100 km/h 14 s; steh. km 35.5 s; Verbrauch ECE 6.4/8.1/11.8 L/100 km.
Wagon: Vmax 187 km/h, 0–100 km/h 14 s; steh. km 35 s; Verbrauch ECE 6.9/8.8/11.8 L/100 km.
Wagon Aut.: Vmax 177 km/h, 0–100 km/h 15 s; steh. km 36.5 s; Verbrauch ECE 6.7/8.6/11.8 L/100 km.

2.0 16V – 136 PS
Benzineinspritzung

Wie 2.0 – 116 PS, ausgenommen:

Karosserie, Gewicht: (DIN), Limousine; leer ab 1445 kg, max. zul. 1975 kg.
Wagon: leer 1495 kg, max. zul. 2100 kg.

Motor: (ECE), 4 Zyl. in Linie (86×86 mm), 1998 cm³; Kompr. 10.8:1; 100 kW (136 PS) bei 5600/min, 50 kW/L (68 PS/L); 185 Nm (18.9 mkp) bei 4000/min; 95 ROZ.

Motorkonstruktion: Bezeichn. X20XEV; 4 Ventile in V 46°; 2 obenl. Nockenwellen (Zahnriemen); Leichtmetall-Zylinderkopf; 5fach gelagerte Kurbelwelle; Öl 4.5 L; elektron. Einspritzung, Siemens-Simtec.
Batterie 44 Ah, Alternator 70 A; Wasserkühlung, Inh. 8.8 L.

Kraftübertragung:
5-Gang-Getriebe: I. 3.95; II. 2.19; III. 1.39; IV. 1; V. 0.85; R 3.53; Achse 3.9.
4-Stufen-Automat: I. 2.86; II. 1.62; III. 1; IV. 0.72; R 2; Achse 3.9.

Fahrleistungen: Vmax (Werk) 210 km/h, V bei 1000/min im 5. Gang 35.2 km/h; 0–100 km/h 11 s; steh. km 32 s; Leistungsgew. 14.5 kg/kW (10.6 kg/PS); Verbrauch ECE 6.6/8/10.8 L/100 km.
Aut.: Vmax 195 km/h, 0–100 km/h 13 s; steh. km 34.5 s; Verbrauch ECE 6.4/7.8/11.3 L/100 km.
Wagon: Vmax 202 km/h, 0–100 km/h 11.5 s; steh. km 32.5 s; Verbrauch ECE 6.9/8.5/10.8 L/100 km.
Wagon Aut.: Vmax 187 km/h, 0–100 km/h 14 s; steh. km 35 s; Verbrauch ECE 6.7/8.3/11.3 L/100 km.

Châssis: carrosserie autoporteuse; AV jambes élast. et leviers triang. transv.; AR triangles obliques, leviers transv.; AV/AR barre anti-dévers, ressorts hélic, amortiss. télesc., s.d. amortiis. à réglage électron.
Train roulant: quatre freins à disques (AV ventilés), ⌀ disques AV 28.6 cm, AR 28.6 cm, ABS, frein à main sur roues AR; direction à circuit de billes assistée, réservoir carb. 75 L; pneus 195/65 HR 15, 225/55 VR 16; jantes 6.5 J.

Dimensions: empattement 273 cm, voie 151/153 cm, garde au sol 14 cm, diam. de braq. 11 m, coffre 530/830 dm³, longueur 479 cm, largeur 179 cm, hauteur 146 cm.
Wagon: coffre 540/1800 dm³, longueur 482 cm, hauteur 151 cm.

Performances: Vmax (usine) 195 km/h, V à 1000/min en 5. vit. 35.2 km/h; 0–100 km/h 13 s; km arrêté 34 s; rapp. poids/puiss. 16.8 kg/kW (12.3 kg/ch); consomm. ECE 6.6/8.3/11.8 L/100 km.
Aut.: Vmax 188 km/h, 0–100 km/h 14 s; km arrêté 35.5 s; consomm. ECE 6.4/8.1/11.8 L/100 km.
Wagon: Vmax 187 km/h, 0–100 km/h 14 s; km arrêté 35 s; consomm. ECE 6.9/8.8/11.8 L/100 km.
Wagon Aut.: Vmax 177 km/h, 0–100 km/h 15 s; km arrêté 36.5 s; consomm. ECE 6.7/8.6/11.8 L/100 km.

2.0 16V – 136 ch
Injection d'essence

Comme 2.0 – 116 ch, sauf:

Carrosserie, poids: (DIN), Berline; vide dès 1445 kg, tot. adm. 1975 kg.
Wagon: vide 1495 kg, tot. adm. 2100 kg.

Moteur: (ECE), 4 cyl. en ligne (86×86 mm), 1998 cm³; compr. 10.8:1; 100 kW (136 ch) à 5600/min, 50 kW/L (68 ch/L); 185 Nm (18.9 mkp) à 4000/min; 95 (R).

Moteur (constr.): désignation X20XEV; 4 soupapes en V 46°; 2 arbres à cames en tête (courroie crantée); culasse en alliage léger; vilebrequin à 5 paliers; huile 4.5 L; injection électronique, Siemens-Simtec.
Batterie 44 Ah, alternateur 70 A; refroidissement à eau, capac. 8.8 L.

Transmission:
Boîte à 5 vit.: I. 3.95; II. 2.19; III. 1.39; IV. 1; V. 0.85; AR 3.53; pont 3.9.
Boîte autom. à 4 vit.: I. 2.86; II. 1.62; III. 1; IV. 0.72; AR 2.

Performances: Vmax (usine) 210 km/h, V à 1000/min en 5. vit. 35.2 km/h; 0–100 km/h 11 s; km arrêté 32 s; rapp. poids/puiss. 14.5 kg/kW (10.6 kg/ch); consomm. ECE 6.6/8/10.8 L/100 km.
Aut.: Vmax 195 km/h, 0–100 km/h 13 s; km arrêté 34.5 s; consomm. ECE 6.4/7.8/11.3 L/100 km.
Wagon: Vmax 202 km/h, 0–100 km/h 11.5 s; km arrêté 32.5 s; consomm. ECE 6.9/8.5/10.8 L/100 km.
Wagon Aut.: Vmax 187 km/h, 0–100 km/h 14 s; km arrêté 35 s; consomm. ECE 6.7/8.3/11.3 L/100 km.

Opel Omega

Opel 431

Opel Omega Caravan

2.5 V6 24V – 170 PS Benzineinspritzung

Wie 2.0 – 116 PS, ausgenommen:

Karosserie, Gewicht: (DIN), Limousine; leer ab 1530 kg, max. zul. 2085 kg.
Wagon: leer 1580 kg, max. zul. 2215 kg.

Motor: (ECE), 6 Zyl. in V 54° (81.6×79.6 mm), 2498 cm³; Kompr. 10.8:1; 125 kW (170 PS) bei 6000/min, 50 kW/L (68 PS/L); 227 Nm (23.1 mkp) bei 3200/min; 95 ROZ.

Motorkonstruktion: 4 Ventile in V 39°; 2×2 obenl. Nockenwellen (Zahnriemen); Leichtmetall-Zylinderköpfe; 4fach gelagerte Kurbelwelle; Öl 5.5 L; elektron. Einspritzung, Bosch Motronic, M2.8.1.
Batterie 55 Ah, Alternator 100 A; Wasserkühlung, Inh. 9.7 L.

Kraftübertragung:
5-Gang-Getriebe: I. 3.95; II. 2.19; III. 1.39; IV. 1; V. 0.85; R 3.53; Achse 3.7.
4-Stufen-Automat: I. 2.4; II. 1.48; III. 1; IV. 0.72; R 2; Achse 3.9.

Fahrwerk: Scheiben-⌀ v. 29.6 cm, Reifen 205/65 VR 15, Felgen 6.5 J.

Fahrleistungen: Vmax (Werk) 223 km/h, V bei 1000/min im 5. Gang 37.9 km/h; 0–100 km/h 9.5 s; steh. km 30.5 s; Leistungsgew. 12.2 kg/kW (9 kg/PS); Verbrauch ECE 7/8.6/11.6 L/100 km.
Aut.: Vmax 218 km/h, 0–100 km/h 11.5 s; steh. km 32.5 s; Verbrauch ECE 6.9/8.5/12 L/100 km.
Wagon: Vmax 215 km/h, 0–100 km/h 10 s; steh. km 31.5 s; Verbrauch ECE 7.3/9.1/11.6 L/100 km.
Wagon Aut.: Vmax 210 km/h, 0–100 km/h 12 s; steh. km 33.5 s; Verbrauch ECE 7.2/9/12 L/100 km.

2.5 V6 24V – 170 ch Injection d'essence

Comme 2.0 – 116 ch, sauf:

Carrosserie, poids: (DIN), Berline; vide dès 1530 kg, tot. adm. 2085 kg.
Wagon: vide 1580 kg, tot. adm. 2215 kg.

Moteur: (ECE), 6 cyl. en V 54° (81.6×79.6 mm), 2498 cm³; compr. 10.8:1; 125 kW (170 ch) à 6000/min, 50 kW/L (68 ch/L); 227 Nm (23.1 mkp) à 3200/min; 95 (R).

Moteur (constr.): 4 soupapes en V 39°; 2×2 arbres à cames en tête (courroie crantée); culasses en alliage léger; vilebrequin à 4 paliers; huile 5.5 L; injection électronique, Bosch Motronic, M2.8.1.
Batterie 55 Ah, alternateur 100 A; refroidissement à eau, capac. 9.7 L.

Transmission:
Boîte à 5 vit.: I. 3.95; II. 2.19; III. 1.39; IV. 1; V. 0.85; AR 3.53; pont 3.7.
Boîte autom. à 4 vit.: I. 2.4; II. 1.48; III. 1; IV. 0.72; AR 2.

Train roulant: ⌀ disques AV 29.6 cm, pneus 205/65 VR 15, jantes 6.5 J.

Performances: Vmax (usine) 223 km/h, V à 1000/min en 5. vit. 37.9 km/h; 0–100 km/h 9.5 s; km arrêté 30.5 s; rapp. poids/puiss. 12.2 kg/kW (9 kg/ch); consomm. ECE 7/8.6/11.6 L/100 km.
Aut.: Vmax 218 km/h, 0–100 km/h 11.5 s; km arrêté 32.5 s; consomm. ECE 6.9/8.5/12 L/100 km.
Wagon: Vmax 215 km/h, 0–100 km/h 10 s; km arrêté 31.5 s; consomm. ECE 7.3/9.1/11.6 L/100 km.
Wagon Aut.: Vmax 210 km/h, 0–100 km/h 12 s; km arrêté 33.5 s; consomm. ECE 7.2/9/12 L/100 km.

Opel Omega MV6

3.0 V6 24V – 211 PS Benzineinspritzung

Wie 2.0 – 116 PS, ausgenommen:

Karosserie, Gewicht: (DIN), Limousine; leer ab 1625 kg, max. zul. 2145 kg.
Wagon: leer 1675 kg, max. zul. 2265 kg.

Motor: (ECE), 6 Zyl. in V 54° (86×85 mm), 2962 cm³; Kompr. 10.8:1; 155 kW (211 PS) bei 6200/min, 52.3 kW/L (71.1 PS/L); 270 Nm (27.5 mkp) bei 3600/min; 95 ROZ.

Motorkonstruktion: Bezeichnung X30XE; 4 Ventile in V 39°; 2×2 obenl. Nockenwellen (Zahnriemen); Leichtmetall-Zylinderköpfe; 4fach gelagerte Kurbelwelle; Öl 5.5 L; elektron. Einspritzung, Bosch Motronic, M2.8.1.
Batt. 55 Ah, Altern. 100 A; Wasser. 9.7 L.

Kraftübertragung:
5-Gang-Getriebe: I. 3.81; II. 2.11; III. 1.34; IV. 1; V. 0.81; R 3.4; Achse 3.7.
4-Stufen-Automat: I. 2.4; II. 1.48; III. 1; IV. 0.72; R 2; Achse 3.9.

Fahrwerk: Scheiben-⌀ v. 29.6 cm, Reifen 205/65 WR 15, Felgen 7 J.

Fahrleistungen: Vmax (Werk) 240 km/h, V bei 1000/min im 5. Gang 39.3 km/h; 0–100 km/h 8.8 s; steh. km 30 s; Leistungsgew. 10.5 kg/kW (7.7 kg/PS); Verbrauch ECE 7.2/8.8/12.8 L/100 km.
Aut.: Vmax 235 km/h, 0–100 km/h 9.8 s; steh. km 30.5 s; Verbrauch ECE 7.1/8.7/13.5 L/100 km.
Wagon: Vmax 232 km/h, 0–100 km/h 9.3 s; steh. km 30.5 s; Verbrauch ECE 7.5/9.3/13.1 L/100 km.
Wagon Aut.: Vmax 227 km/h, 0–100 km/h 10.3 s; steh. km 31 s; Verbrauch ECE 7.4/9.2/13.5 L/100 km.

3.0 V6 24V – 211 ch Injection d'essence

Comme 2.0 – 116 ch, sauf:

Carrosserie, poids: (DIN), Berline,; vide dès 1625 kg, tot. adm. 2145 kg.
Wagon: vide 1675 kg, tot. adm. 2265 kg.

Moteur: (ECE), 6 cyl. en V 54° (86×85 mm), 2962 cm³; compr. 10.8:1; 155 kW (211 ch) à 6200/min, 52.3 kW/L (71.1 PS/L); 270 Nm (27.5 mkp) à 3600/min; 95 (R).

Moteur (constr.): désign. X30XE; 4 soupapes en V 39°; 2×2 arbres à cames en tête (courroie crantée); culasses en alliage léger; vilebrequin à 4 paliers; huile 5.5 L; injection électron., Bosch Motronic, M2.8.1.
Batt. 55 Ah, altern. 100 A; eau 9.7 L.

Transmission:
Boîte à 5 vit.: I. 3.81; II. 2.11; III. 1.34; IV. 1; V. 0.81; AR 3.4; pont 3.7.
Boîte autom. à 4 vit.: I. 2.4; II. 1.48; III. 1; IV. 0.72; AR 2; pont 3.9.

Train roulant: ⌀ disques AV 29.6 cm, pneus 205/65 WR 15, jantes 7 J.

Performances: Vmax (usine) 240 km/h, V à 1000/min en 5. vit. 39.3 km/h; 0–100 km/h 8.8 s; km arrêté 30 s; rapp. poids/puiss. 10.5 kg/kW (7.7 kg/ch); consomm. ECE 7.2/8.8/12.8 L/100 km.
Aut.: Vmax 235 km/h, 0–100 km/h 9.8 s; km arrêté 30.5 s; consomm. ECE 7.1/8.7/13.5 L/100 km.
Wagon: Vmax 232 km/h, 0–100 km/h 9.3 s; km arrêté 30.5 s; consomm. ECE 7.5/9.3/13.1 L/100 km.
Wagon Aut.: Vmax 227 km/h, 0–100 km/h 10.3 s; km arrêté 31 s; consomm. ECE 7.4/9.2/13.5 L/100 km.

Opel Omega

2.5 – 131 PS Turbodiesel

Wie 2.0 – 116 PS, ausgenommen:

Karosserie, Gewicht: (DIN), Limousine; leer ab 1540 kg, max. zul. 2085 kg.
Wagon: leer 1590 kg, max. zul. 2215 kg.

Motor: (ECE), 6 Zyl. in Linie (80×82.8 mm), 2497 cm³; Kompr. 22.5:1; 96 kW (131 PS) bei 4500/min, 38.4 kW/L (52.3 PS/L); 250 Nm (25.5 mkp) bei 2200/min; Dieselöl.

Motorkonstruktion: Bezeichnung 25 TD; Wirbelkammer-Diesel; 2 Ventile parallel; 1 obenl. Nockenwelle (Kette); Leichtmetall-Zylinderkopf; 7fach gelagerte Kurbelwelle; Öl 6.5 L; Einspritzpumpe mit digitaler Elektronik, 1 Turbolader, Intercooler.
Batt. 85 Ah, Altern. 105 A; Wasser 10.2 L.

Kraftübertragung:
5-Gang-Getriebe: I. 3.81; II. 2.11; III. 1.34; IV. 1; V. 0.76; R 3.4; Achse 3.45.
4-Stufen-Automat: I. 2.86; II. 1.62; III. 1; IV. 0.72; R 2; Achse 3.45.

Fahrwerk: Scheiben-⌀ v. 29.6 cm, Reifen 205/65 VR 15.

Fahrleistungen: Vmax (Werk) 200 km/h, V bei 1000/min im 5. Gang 45.1 km/h; 0–100 km/h 12 s; steh. km 33.5 s; Leistungsgew. 16 kg/kW (11.8 kg/PS); Verbrauch ECE 5.4/7.3/9.6 L/100 km.
Aut.: Vmax 195 km/h, 0–100 km/h 12.5 s; steh. km 34 s; V. ECE 5.3/7.3/9.9 L/100 km.
Wagon: Vmax 195 km/h, 0–100 km/h 13 s; steh. km 34 s; Verbrauch ECE 5.7/7.7/9.6 L/100 km.
Wagon Aut.: Vmax 190 km/h, 0–100 km/h 13.5 s; steh. km 34.5 s; Verbrauch ECE 5.6/7.7/9.9 L/100 km.

2.5 – 131 ch Turbodiesel

Comme 2.0 – 116 ch, sauf:

Carrosserie, poids: (DIN), Berline; vide dès 1540 kg, tot. adm. 2085 kg.
Wagon: vide 1590 kg, tot. adm. 2215 kg.

Moteur: (ECE), 6 cyl. en ligne (80×82.8 mm), 2497 cm³; compr. 22.5:1; 96 kW (131 ch) à 4500/min, 38.4 kW/L (52.3 ch/L); 250 Nm (25.5 mkp) à 2200/min; gazole.

Moteur (constr.): désignation 25 TD; diesel à chambre de turbulence; 2 soup. en parallèle; 1 arbre à cames en tête (chaîne); culasse en alliage léger; vilebrequin à 7 paliers; huile 6.5 L; pompe à injection et gestion digitale, 1 turbocompr., Intercooler.
Batt. 85 Ah, altern. 105 A; eau 10.2 L.

Transmission:
Boîte à 5 vit.: I. 3.81; II. 2.11; III. 1.34; IV. 1; V. 0.76; AR 3.4; pont 3.45.
Boîte autom. à 4 vit.: I. 2.86; II. 1.62; III. 1; IV. 0.72; AR 2; pont 3.45.

Train roulant: ⌀ disques AV 29.6 cm, pneus 205/65 VR 15.

Performances: Vmax (usine) 200 km/h, V à 1000/min en 5. vit. 45.1 km/h; 0–100 km/h 12 s; km arrêté 33.5 s; rapp. poids/puiss. 16 kg/kW (11.8 kg/ch); consomm. ECE 5.4/7.3/9.6 L/100 km.
Aut.: Vmax 195 km/h, 0–100 km/h 12.5 s; km arr. 34 s; c. ECE 5.3/7.3/9.9 L/100 km.
Wagon: Vmax 195 km/h, 0–100 km/h 13 s; km arrêté 34 s; consomm. ECE 5.7/7.7/9.6 L/100 km.
Wagon Aut.: Vmax 190 km/h, 0–100 km/h 13.5 s; km arrêté 34.5 s; consomm. ECE 5.6/7.7/9.9 L/100 km.

Opel

Opel Sintra

Minivan in Zusammenarbeit mit GM entwickelt; Quermotor, Frontantrieb - made in USA. Debüt März 1996, Salon Genf.

Minivan, développé en coopération avec GM, moteur transv., traction AV - made in USA. Lancement mars 1996 (Genève).

2.2 16V – 141 PS Benzineinspritzung
2.2 16V – 141 ch Injection d'essence

Karosserie, Gewicht: (DIN), Minivan, 5 Türen, 5 - 8 Sitze; leer ab 1620 kg, max. zul. 2345 kg.

Carrosserie, poids: (DIN), Minivan, 5 portes, 5 - 8 places; vide dès 1620 kg, tot. adm. 2345 kg.

Motor: (DIN), 4 Zyl. in Linie (86×94.6 mm), 2198 cm^3; Kompr. 10.5:1; 104 kW (141 PS) bei 5400/min, 47.3 kW/L (64.3 PS/L); 202 Nm (20.6 mkp) bei 2600/min; 95 ROZ.

Moteur: (DIN), 4 cyl. en ligne (86×94.6 mm), 2198 cm^3; compr. 10.5:1; 104 kW (141 ch) à 5400/min, 47.3 kW/L (64.3 ch/L); 202 Nm (20.6 mkp) à 2600/min; 95 (R).

Motorkonstruktion: 4 Ventile in V; 2 obenl. Nockenwellen (Zahnriemen); Leichtmetall-Zylinderkopf; 5fach gelagerte Kurbelwelle; Öl 4.2 L; elektron. Einspritzung. Batterie 54 Ah, Alternator 1470 W; Wasserkühlung, Inh. 8.5 L.

Moteur (constr.): 4 soupapes en V; 2 arbres à cames en tête (courroie crantée); culasse en alliage léger; vilebrequin à 5 paliers; huile 4.2 L; injection électronique. Batterie 54 Ah, alternateur 1470 W; refroidissement à eau, capac. 8.5 L.

Kraftübertragung: (auf Vorderräder). 5-Gang-Getriebe: I. 3.67; II. 1.76; III. 1.18; IV. 0.98; V. 0.7; R 3.43; Achse 4.05.

Transmission: (sur roues AV). Boîte à 5 vit.: I. 3.67; II. 1.76; III. 1.18; IV. 0.98; V. 0.7; AR 3.43; pont 4.05.

Opel Sintra

Fahrgestell: Selbsttragende Karosserie; vorn Federbeine und Dreieckquerlenker, hinten Verbundlenkerachse, Längslenker; v/h Kurvenstabilisator, Schraubenfedern, Teleskopdämpfer.

Châssis: carrosserie autoporteuse; AV jambes élast. et leviers triang. transv., AR essieu semi-rigide, bras longitud.; AV/AR barre anti-dévers, ressorts hélic. amortiss. télesc.

Fahrwerk: Vierrad-Scheibenbremse (vorn belüftet), Scheiben-⌀ v. 27.8 cm, h. 27.8 cm, ABS, Handbremse auf Hinterräder; Zahnstangenlenkung mit Servo, Treibstofftank 70 L; Reifen 205/65 HR 15, Felgen 6 J.

Train roulant: quatre freins à disques (AV ventilés), ⌀ disques AV 27.8 cm, AR 27.8 cm, ABS, frein à main sur roues AR; servodirection à crémaillère, réservoir carb. 70 L; pneus 205/65 HR 15, jantes 6 J.

Dimensionen: Radstand 285 cm, Spur 156/161 cm, Bodenfreih. 16 cm, Wendekreis 11.4 m, Kofferraum 460/3765 dm^3, Länge 467 cm, Breite 183 cm, Höhe 176 cm.

Dimensions: empattement 285 cm, voie 156/161 cm, garde au sol 16 cm, diam. de braq. 11.4 m, coffre 460/3765 dm^3, longueur 467 cm, largeur 183 cm, hauteur 176 cm.

Fahrleistungen: Vmax (Werk) 189 km/h, V bei 1000/min im 5. Gang 41.8 km/h; 0–100 km/h 12.7 s; Leistungsgew. 15.6 kg/kW (11.5 kg/PS); Verbr. ECE 6.3/8.3/10.7 L/100 km.

Performances: Vmax (usine) 189 km/h, V à 1000/min en 5. vit. 41.8 km/h; 0–100 km/h 12.7 s; rapp. poids/puiss. 15.6 kg/kW (11.5kg/ch); cons. ECE 6.3/8.3/10.7 L/100 km.

3.0 V6 24V – 201 PS Benzineinspritzung
3.0 V6 24V – 201 ch Injection d'essence

Wie 2.2 – 141 PS, ausgenommen:

Comme 2.2 – 141 ch, sauf:

Karosserie, Gewicht: (DIN), Minivan; leer ab 1710 kg, max. zul. 2430 kg.

Carrosserie, poids: (DIN), Minivan; vide dès 1710 kg, tot. adm. 2430 kg.

Motor: (DIN), 6 Zyl. in V 54° (86×85 mm), 2962 cm^3; Kompr. 10.8:1; 148 kW (201 PS) bei 6000/min, 50 kW/L (67.9 PS/L); 260 Nm (26.5 mkp) bei 3600/min; 95 ROZ.

Moteur: (DIN), 6 cyl. en V 54° (86×85 mm), 2962 cm^3; compr. 10.8:1; 148 kW (201 ch) à 6000/min, 50 kW/L (67.9 ch/L); 260 Nm (26.5 mkp) à 3600/min; 95 (R).

Motorkonstruktion: 4 Ventile in V; 2×2 obenl. Nockenwellen (Zahnriemen); 4fach gelagerte Kurbelwelle; Öl 5.5 L; elektron. Einspritzung. Batterie 54 Ah, Alternator 1470 W; Wasserkühlung, Inh. 9.7 L.

Moteur (constr.): 4 soupapes en V; 2×2 arbres à cames en tête (courroie crantée); vilebrequin à 4 paliers; huile 5.5 L; injection électronique. Batterie 54 Ah, alternateur 1470 W; refroidissement à eau, capac. 9.7 L.

Opel Sintra

Kraftübertragung: (auf Vorderräder). 4-Stufen-Automat: I. 3.6; II. 2.06; III. 1.37; IV. 0.98; R 3.95; Achse 3.09.

Transmission: (sur roues AV). Boîte autom. à 4 vit.: I. 3.6; II. 2.06; III. 1.37; IV. 0.98; AR 3.95; pont 3.09.

Fahrleistungen: Vmax (Werk) 201 km/h, V bei 1000/min im 4. Gang 39.1 km/h; 0–100 km/h 10.8 s; Leistungsgew. 11.5 kg/kW (8.5 kg/PS); Verbr. ECE 8/10/13.6 L/100 km.

Performances: Vmax (usine) 201 km/h, V à 1000/min en 4. vit. 39.1 km/h; 0–100 km/h 10.8 s; rapp. poids/puiss. 11.5 kg/kW (8.5 kg/ch); consomm. ECE 8/10/13.6 L/100 km.

Opel Frontera

Geländegängiges Fahrzeug mit drei oder fünf Türen, zwei Benzinmotoren und einem Diesel von Opel, Karosserie, Fahrgestell und Getriebe von Isuzu. Debüt Genf 1991. Februar 1995: 2.2i und 2.8 TD anstelle der 2.4i und 2.3 TD. Juni 1996 2.5TDi anstelle des 2.8.

Tout-terrain avec trois ou cinq portes, deux moteurs à essence et un diesel de Opel, carrosserie, châssis et boîtes de vitesse de Isuzu. Lancement Genève 1991. Février 1995: 2.2i et 2.8 TD au lieu des 2.4i et 2.3 TD. Juin 1996: 2.5 TDi au lieu du 2.8.

2.0 – 116 PS Benzineinspritzung
2.0 – 116 ch Injection d'essence

Karosserie, Gewicht: (DIN), Station Wagon, 3/5 Türen, 5 Sitze; leer ab 1640 kg, max. zul. 2200 kg.

Carrosserie, poids: (DIN), station-wagon, 3/5 portes, 5 places; vide dès 1640 kg, tot. adm. 2200 kg.

Motor: (ECE), 4 Zyl. in Linie (86×86 mm), 1998 cm^3; Kompr. 10:1; 85 kW (116 PS) bei 5200/min, 42.5 kW/L (57.8 PS/L); 172 Nm (17.5 mkp) bei 2800/min; 95 ROZ.

Moteur: (ECE), 4 cyl. en ligne (86×86 mm), 1998 cm^3; compr. 10:1; 85 kW (116 ch) à 5200/min, 42.5 kW/L (57.8 ch/L); 172 Nm (17.5 mkp) à 2800/min; 95 (R).

Motorkonstruktion: 1 obenl. Nockenwelle (Zahnriemen); Leichtmetall-Zylinderkopf; 5fach gel. Kurbelwelle; Öl 4.5 L; elektron. Einspritzung, Bosch Motronic, M 1.5.4. Batterie 60 Ah, Alternator 100 A; Wasserkühlung, Inh. 8.3 L.

Moteur (constr.): 1 arbre à cames en tête (courroie crantée); culasse en alliage léger; vilebrequin à 5 paliers; huile 4.5 L; injection électronique, Bosch Motronic, M 1.5.4. Batterie 60 Ah, alternateur 100 A; refroidissement à eau, capac. 8.3 L.

Kraftübertragung: (auf Hinterräder oder alle Räder), a.W. Differentialbremse hinten; Reduktionsgetriebe: I. 1; II. 1.87. 5-Gang-Getriebe: I. 3.79; II. 2.17; III. 1.41; IV. 1; V. 0.86; R 3.72; Achse 5.13.

Transmission: (sur roues AR ou toutes les roues), différentiel autobloquant AR s.d.; boîte de transfert: I. 1; II. 1.87. Boîte à 5 vit.: I. 3.79; II. 2.17; III. 1.41; IV. 1; V. 0.86; AR 3.72; pont 5.13.

Fahrgestell: Chassis mit Längsholmen und Traversen; vorn doppelte Dreieckquerlenker, Torsionsfederstäbe, Kurvenstabilisator; hinten Starrachse, Längslenker, Panhardstab, Schraubenfedern, Teleskopd.

Châssis: châssis à longerons et traverses; AV leviers triang. transv. doubles, barre de torsion, barre anti-dévers; AR essieu rigide, bras longitud., barre Panhard, ressorts hélicoïdaux, amortiss. télesc.

Opel Frontera Sport

Opel 433

Fahrwerk: Vierrad-Scheibenbremse (v/h belüftet), Scheiben-⌀ v. 28 cm, h. 31.3 cm, a.W. ABS, Handbremse auf Hinterräder; Kugelumlauflenkung mit Servo, Treibstofftank 80 L; Reifen 235/70 R 16, 255/65 R 16, Felgen 6.5 J, 7 J.

Dimensionen: Radstand 233 cm, Spur 146/146 cm, Bodenfreih. 23 cm, Wendekreis 10.8 m, Kofferraum 300/1160 dm³, Länge 419 cm, Breite 178 cm, Höhe 169 cm.

Fahrleistungen: Vmax (Werk) 158 km/h, V bei 1000/min im 5. Gang 30.8 km/h; 0–100 km/h 15.6 s; steh. km 36.9 s; Leistungsgew. 19.3 kg/kW (14.1 kg/PS); Verbrauch ECE 7.6/10.9/12.7 L/100 km.

2.2 16V – 136 PS
Benzineinspritzung

Wie 2.0 – 116 PS, ausgenommen:

Karosserie, Gewicht: (DIN), Station Wagon; leer ab 1790 kg, max. zul. 2510 kg.

Motor: (ECE), 4 Zyl. in Linie (86×94.6 mm), 2198 cm³; Kompr. 10.5:1; 100 kW (136 PS) bei 5200/min, 45.5 kW/L (61.8 PS/L); 202 Nm (20.6 mkp) bei 2600/min; 95 ROZ.

Motorkonstruktion: 4 Ventile in V; 2 obenl. Nockenwellen (Zahnriemen); Leichtmetall-Zylinderkopf; 5fach gelagerte Kurbelwelle; Öl 4.5 L; elektron. Einspritzung, Bosch Motronic, M1 5.4. Batterie 60 Ah, Alternator 70/100 A; Wasserkühlung, Inh. 8.3 L.

Kraftübertragung: Reduktionsgetriebe: I. 1; II. 2.28.
5-Gang-Getriebe: I. 3.77; II. 2.25; III. 1.4; IV. 1; V. 0.81; R 3.87; Achse 4.88.

Train roulant: quatre freins à disques (AV/AR ventilés), ⌀ disques AV 28 cm, AR 31.3 cm, ABS s. d., frein à main sur roues AR; direction à circuit de billes assistée, réservoir carb. 80 L; pneus 235/70 R 16, 255/65 R 16, jantes 6.5 J, 7 J.

Dimensions: empattement 233 cm, voie 146/146 cm, garde au sol 23 cm, diam. de braq. 10.8 m, coffre 300/1160 dm³, longueur 419 cm, largeur 178 cm, hauteur 169 cm.

Performances: Vmax (usine) 158 km/h, V à 1000/min en 5. vit. 30.8 km/h; 0–100 km/h 15.6 s; km arrêté 36.9 s; rapp. poids/puiss. 19.3 kg/kW (14.1 kg/ch); consomm. ECE 7.6/10.9/12.7 L/100 km.

2.2 16V – 136 ch
Injection d'essence

Comme 2.0 – 116 ch, sauf:

Carrosserie, poids: (DIN), station-wagon; vide dès 1790 kg, tot. adm. 2510 kg.

Moteur: (ECE), 4 cylindres en ligne (86×94.6 mm), 2198 cm³; compr. 10.5:1; 100 kW (136 ch) à 5200/min, 45.5 kW/L (61.8 ch/L); 202 Nm (20.6 mkp) à 2600/min; 95 (R).

Moteur (constr.): 4 soupapes en V; 2 arbres à cames en tête (courroie crantée); culasse en alliage léger; vilebrequin à 5 paliers; huile 4.5 L; injection électronique, Bosch Motronic, M1 5.4. Batterie 60 Ah, alternateur 70/100 A; refroidissement à eau, capac. 8.3 L.

Transmission: boîte de transfert: I. 1; II. 2.28.
Boîte à 5 vit.: I. 3.77; II. 2.25; III. 1.4; IV. 1; V. 0.81; AR 3.87; pont 4.88.

Opel Frontera

Kraftübertragung: Reduktionsgetriebe: I. 1; II. 2.28.
5-Gang-Getriebe: I. 3.77; II. 2.25; III. 1.4; IV. 1; V. 0.81; R 3.87; Achse 4.3.

Fahrleistungen: Vmax (Werk) 155 km/h, V bei 1000/min im 5. Gang 38.7 km/h; 0–100 km/h 16 s; steh. km 37.1 s; Leistungsgew. 21.9 kg/kW (16.1 kg/PS); Verbrauch EU 8.6/12/11.2 L/100 km.
5 Türen: Vmax 151 km/h, 0–100 km/h 16.8 s; steh. km 37.8 s; Verbrauch EU 8.5/12.4/11.5 L/100 km.

Transmission: boîte de transfert: I. 1; II. 2.28.
Boîte à 5 vit.: I. 3.77; II. 2.25; III. 1.4; IV. 1; V. 0.81; AR 3.87; pont 4.3.

Performances: Vmax (usine) 155 km/h, V à 1000/min en 5. vit. 38.7 km/h; 0–100 km/h 16 s; km arrêté 37.1 s; rapp. poids/puiss. 21.9 kg/kW (16.1 kg/ch); consomm. EU 8.6/12/11.2 L/100 km.
5 portes: Vmax 151 km/h, 0–100 km/h 16.8 s; km arrêté 37.8 s; consomm. EU 8.5/12.4/11.5 L/100 km.

Opel Monterey

3- oder 5türiger Geländewagen auf Basis des Isuzu Trooper, mit 3.2-V6-24V-Benzinmotor oder 3.1 Turbodiesel, Fünfganggetriebe oder Automat. Debüt April 1992.

Voiture tout-terrain 3 ou 5 portes, basant sur la Isuzu Trooper, avec moteurs 3.2 V6 24V à essence ou 3.1 turbodiesel, boîte à 5 vitesses ou automatique. Lancement avril 1992.

3.2 V6 24V – 177 PS
Benzineinspritzung

Karosserie, Gewicht: (DIN), Station Wagon, 3 Türen, 5 Sitze; leer ab 1795 kg, max. zul. 2600 kg.
Wagon, 5 Türen, 5 Sitze; leer 1880 kg.

Motor: (ECE), 6 Zyl. in V 75° (93.4×77 mm), 3165 cm³; Kompr. 9.3:1; 130 kW (177 PS) bei 5200/min, 41.1 kW/L (55.8 PS/L); 260 Nm (26.5 mkp) bei 3750/min; 95 ROZ.

Motorkonstruktion: Bezeichnung 6VDI; 4 Ventile in V; 2×1 obenliegende Nockenwelle (Zahnriemen/Ketten); Leichtmetall-Zylinderköpfe und -block; 4fach gelagerte Kurbelwelle; Ölkühler; Öl 5.4 L; elektronische Einspritzung.
Batterie 52 Ah, Alternator 75 A; Wasserkühlung, Inh. 8.5 L.

Kraftübertragung: (auf Hinterräder oder alle Räder), a.W. Differentialbremse hinten; Reduktionsgetriebe: I. 1; II. 2.28.
5-Gang-Getriebe: I. 3.77; II. 2.25; III. 1.4; IV. 1; V. 0.81; R 3.87; Achse 4.3.
4-Stufen-Automat: I. 2.86; II. 1.62; III. 1; IV. 0.72; R 2; Achse 4.3.

3.2 V6 24V – 177 ch
Injection d'essence

Carrosserie, poids: (DIN), station-wagon, 3 portes, 5 places; vide dès 1795 kg, tot. adm. 2600 kg.
Wagon, 5 portes, 5 places; vide 1880 kg.

Moteur: (ECE), 6 cyl. en V 75° (93.4×77 mm), 3165 cm³; compr. 9.3:1; 130 kW (177 ch) à 5200/min, 41.1 kW/L (55.8 ch/L); 260 Nm (26.5 mkp) à 3750/min; 95 (R).

Moteur (constr.): désignation 6VDI; 4 soupapes en V; 2×1 arbre à cames en tête (courroie crantée/chaînes); culasses et bloc-cyl. en alliage léger; vilebrequin à 4 paliers; radiat. d'huile; huile 5.4 L; injection électronique.
Batterie 52 Ah, alternateur 75 A; refroidissement à eau, capac. 8.5 L.

Transmission: (sur roues AR ou toutes les roues), différentiel autobloquant AR s.d.; boîte de transfert: I. 1; II. 2.28.
Boîte à 5 vit.: I. 3.77; II. 2.25; III. 1.4; IV. 1; V. 0.81; AR 3.87; pont 4.3.
Boîte autom. à 4 vit.: I. 2.86; II. 1.62; III. 1; IV. 0.72; AR 2; pont 4.3.

Opel Frontera Sport

Dimensionen: Radst. 276 cm, Wendekreis 12.4 m, Kofferraum 540/1720 dm³, Länge 469 cm, Breite 176 cm, Höhe 175 cm.

Fahrleistungen: Vmax (Werk) 161 km/h, V bei 1000/min im 5. Gang 34.1 km/h; 0–100 km/h 13.6 s; steh. km 35.6 s; Leistungsgew. 18 kg/kW (13.3 kg/PS); Verbrauch ECE 7.4/10.5/12 L/100 km.

Dimensions: empatt. 276 cm, diam. de braq. 12.4 m, coffre 540/1720 dm³, long. 469 cm, largeur 176 cm, hauteur 175 cm.

Performances: Vmax (usine) 161 km/h, V à 1000/min en 5. vit. 34.1 km/h; 0–100 km/h 13.6 s; km arrêté 35.6 s; rapp. poids/puiss. 18 kg/kW (13.3 kg/ch); consomm. ECE 7.4/10.5/12 L/100 km.

2.5 – 116 PS
Turbodiesel

Wie 2.0 – 116 PS, ausgenommen:

Karosserie, Gewicht: (DIN), Station Wagon; leer ab 1685 kg, max. zul. 2510 kg.
5 Türen: leer 1845 kg, max. zul. 2600 kg.

Motor: (ECE), 4 Zyl. in Linie (92×94 mm), 2500 cm³; Kompr. 21:1; 85 kW (116 PS) bei 3600/min, 34 kW/L (46.2 PS/L); 260 Nm (26.5 mkp) bei 1800/min; Dieselöl.

Motorkonstruktion: Bezeichnung VM; Vorkammer-Diesel; 1 obenl. Nockenwelle (Zahnriemen); 5fach gelagerte Kurbelwelle; Öl 7.2 L; elektron. geregelte Einspritzpumpe, Bosch, DDE; 1 Turbolader.
Batterie 100 Ah, Alternator 100/120 A; Wasserkühlung, Inh. 10 L.

2.5 – 116 ch
Turbodiesel

Comme 2.0 – 116 ch, sauf:

Carrosserie, poids: (DIN), station-wagon, ; vide dès 1685 kg, tot. adm. 2510 kg.
5 portes: vide 1845 kg, tot. adm. 2600 kg.

Moteur: (ECE), 4 cyl. en ligne (92×94 mm), 2500 cm³; compr. 21:1; 85 kW (116 ch) à 3600/min, 34 kW/L (46.2 ch/L); 260 Nm (26.5 mkp) à 1800/min; gazole.

Moteur (constr.): désignation VM; diesel à préchambre; 1 arbre à cames en tête (courroie crantée); vilebrequin à 5 paliers; huile 7.2 L; pompe à injection pilotée, Bosch, DDE; 1 turbocompr.
Batterie 100 Ah, alternateur 100/120 A; refroidissement à eau, capac. 10 L.

Opel Monterey

Opel • Panoz • Paykan

Opel Monterey

Fahrgestell: Chassis mit Längsholmen und Traversen; vorn doppelte Dreieckquerlenker, Torsionsfederstäbe, Kurvenstabilisator; hinten Starrachse, Längslenker, Panhardstab, Kurvenstab., Teleskopdämpfer.

Fahrwerk: Vierrad-Scheibenbremse (v/h belüftet), Scheiben-⌀ v. 28 cm, h. 31.3 cm, ABS, Handbremse auf Hinterrädern, Kugelumlauflenkung mit Servo, Treibstofftank 85 L; Reifen 245/70 R 16, Felgen 7 J.
5 Türen: Reifen 215 R 16, 245/70 R 16, Felgen 6 J, 7 J.

Dimensionen: Radstand 233 cm, Spur 146/146 cm, Bodenfreih. 21 cm, Wendekreis 10.8 m, Kofferraum 1340/1935 dm³, Länge 431 cm, Breite 175 cm, Höhe 184 cm.
5 Türen: Radstand 276 cm, Wendekreis 12.4 m, Kofferraum 1465/2550 dm³, Länge 474 cm.

Fahrleistungen: Vmax (Werk) 170 km/h, V bei 1000/min im 5. Gang 39.3 km/h; 0–100 km/h 11.5 s; steh. km 33.5 s; Leistungsgew. 13.8 kg/kW (10.1 kg/PS); Verbrauch ECE 10.6/14.6/18.1 L/100 km.
Aut.: 0–100 km/h 10.7 s; steh. km 33.6 s; Verbrauch ECE 11.4/15.6/18.1 L/100 km.

Châssis: châssis à longerons et traverses; AV leviers triang. transv. doubles, barre de torsion, barre anti-dévers; AR essieu rigide, bras longitud., barre Panhard, barre anti-dévers, amortiss. télescop.

Train roulant: quatre freins à disques (AV/AR ventilés), ⌀ disques AV 28 cm, AR 31.3 cm, ABS, frein à main sur roues AR; direction à circuit de billes assistée, réservoir carb. 85 L; pneus 245/70 R 16, jantes 7 J.
5 portes: pneus 215 R 16, 245/70 R 16, jantes 6 J, 7 J.

Dimensions: empattement 233 cm, voie 146/146 cm, garde au sol 21 cm, diam. de braq. 10.8 m, coffre 1340/1935 dm³, longueur 431 cm, largeur 175 cm, hauteur 184 cm.
5 portes: empattement 276 cm, diam. de braq. 12.4 m, coffre 1465/2550 dm³, longueur 474 cm.

Performances: Vmax (usine) 170 km/h, V à 1000/min en 5. vit. 39.3 km/h; 0–100 km/h 11.5 s; km arrêté 33.5 s; rapp. poids/puiss. 13.8 kg/kW (10.1 kg/ch); consomm. ECE 10.6/14.6/18.1 L/100 km.
Aut.: 0–100 km/h 10.7 s; km arrêté 33.6 s; consomm. ECE 11.4/15.6/18.1 L/100 km.

3.1 – 114 PS Turbodiesel

Wie 3.2 – 177 PS, ausgenommen:

Karosserie, Gewicht: (DIN), Station Wagon; leer ab 1880 kg, max. zul. 2600 kg.
Wagon, 5 Türen: leer ab 1985 kg.

Motor: (ECE), 4 Zyl. in Linie (95.4×107 mm), 3059 cm³; Kompr. 20:1; 84 kW (114 PS) bei 3600/min, 27.5 kW/L (37.3 PS/L); 260 Nm (26.5 mkp) bei 2000/min; Dieselöl.

Motorkonstruktion: Bezeichnung C4JG 2; Wirbelkammer-Diesel; 2 Ventile parallel; 1 obenl. Nockenwelle (Zahnriemen); Grauguss-Zylinderkopf und -block; 5fach gelagerte Kurbelwelle; Öl 7 L; Einspritzpumpe, Bosch, 1 Turbolader, max. Ladedruck 0.8 bar, 2 Intercooler.
Batterie 104 Ah, Alternator 75 A; Wasserkühlung, Inh. 8.5 L.

Kraftübertragung: (auf Hinterräder oder alle Räder), a.W. Differentialbremse hinten; Reduktionsgetriebe: I. 1; II. 2.28.
5-Gang-Getriebe: I. 3.77; II. 2.25; III. 1.4; IV. 1; V. 0.81; R 3.87; Achse 4.56.

Fahrleistungen: Vmax (Werk) 150 km/h, V bei 1000/min im 5. Gang 37.1 km/h; 0–100 km/h 16.6 s; steh. km 37.7 s; Leistungsgew. 22.4 kg/kW (16.5 kg/PS); Verbrauch ECE 9.3/12.7/11.9 L/100 km.

3.1 – 114 ch Turbodiesel

Comme 3.2 – 177 ch, sauf:

Carrosserie, poids: (DIN), station-wagon; vide dès 1880 kg, tot. adm. 2600 kg.
Wagon, 5 portes: vide 1985 kg.

Moteur: (ECE), 4 cyl. en ligne (95.4×107 mm), 3059 cm³; compr. 20:1; 84 kW (114 ch) à 3600/min, 27.5 kW/L (37.3 ch/L); 260 Nm (26.5 mkp) à 2000/min; gazole.

Moteur (constr.): désignation C4JG 2; diesel à chambre de turbulence; 2 soupapes en parallèle; 1 arbre à cames en tête (courroie crantée); culasse et bloc-cyl. en fonte; vilebrequin à 5 paliers; huile 7 L; pompe à injection, Bosch, 1 turbocompr., pression max. 0.8 bar.
Batterie 104 Ah, alternateur 75 A; refroidissement à eau, capac. 8.5 L.

Transmission: (sur roues AR ou toutes les roues), différentiel autobloquant AR s.d.; boîte de transfert: I. 1; II. 2.28.
Boîte à 5 vit.: I. 3.77; II. 2.25; III. 1.4; IV. 1; V. 0.81; AR 3.87; pont 4.56.

Performances: Vmax (usine) 150 km/h, V à 1000/min en 5. vit. 37.1 km/h; 0–100 km/h 16.6 s; km arrêté 37.7 s; rapp. poids/puiss. 22.4 kg/kW (16.5 kg/ch); consomm. ECE 9.3/12.7/11.9 L/100 km.

Panoz — USA

Panoz Auto Development Company, P.O. Box 379, Braselton, Georgia 30517, USA

Kleines Autowerk in den USA, baut sportliche Autos in Kleinserien.

Petite usine aux USA, construit des voitures sportives en petites séries.

Panoz AIV Roadster

Neues Modell. Zweisitziger Roadster auf Basis des Ford Mustang, 4.9-Liter-V8 mit 309 PS, Fünfganggetriebe. Debüt Sommer 1996.

Nouveau modèle. Roadster 2 places sur base de la Ford Mustang, moteur 4.9 V8 avec 309 ch, boîte à 5vit. Lancement été 1996.

4.6 V8 32V – 309 PS Benzineinspritzung

4.6 V8 32V – 309 ch Injection d'essence

Karosserie, Gewicht: Roadster, 2 Türen, 2 Sitze; leer ab 1225 kg.

Motor: (SAE), 8 Zyl. in V 90° (90.2×90 mm), 4601 cm³; Kompr. 9.9:1; 227 kW (309 PS) bei 5800/min, 49.3 kW/L (67.1 PS/L); 407 Nm (41.5 mkp) bei 4800/min; 95 ROZ.

Motorkonstruktion: 4 Ventile in V; 2×2 obenl. Nockenwellen (Kette); Leichtmetall-Zylinderköpfe und -block; 5fach gelagerte Kurbelwelle; Öl 4.7 L.
Batterie 58 Ah, Alternator 130 A; Wasserkühlung, Inh. 13.2 L.

Kraftübertragung: (auf Hinterräder), Differentialbremse.
5-Gang-Getriebe: I. 3.37; II. 1.99; III. 1.33; IV. 1; V. 0.67; R 3.15; Achse 3.27.

Fahrgestell: Gitterrohrrahmen aus Stahl; vorn obere Dreieckquerlenker, Zugstreben, Querlenker; hinten Starrachse, Längslenker, Schräglenker; v/h Kurvenstabilisator, Schraubenfedern, Teleskopdämpfer.

Carrosserie, poids: Roadster, 2 portes, 2 places; vide dès 1225 kg.

Moteur: (SAE), 8 cyl. en V 90° (90.2×90 mm), 4601 cm³; compr. 9.9:1; 227 kW (309 ch) à 5800/min, 49.3 kW/L (67.1 ch/L); 407 Nm (41.5 mkp) à 4800/min; 95 (R).

Moteur (constr.): 4 soupapes en V; 2×2 arbres à cames en tête (chaîne); culasses et bloc-cyl. en alliage léger; vilebrequin à 5 paliers; huile 4.7 L.
Batterie 58 Ah, alternateur 130 A; refroidissement à eau, capac. 13.2 L.

Transmission: (sur roues AR), différentiel autobloquant.
Boîte à 5 vit.: I. 3.37; II. 1.99; III. 1.33; IV. 1; V. 0.67; AR 3.15; pont 3.27.

Châssis: cadre tubulaire en acier; AV leviers triang. superieur, tirants, leviers transv.; AR essieu rigide, bras longitud., triangles obliques; AV/AR barre anti-dévers, ressorts hélic, amortiss. télesc.

Panoz

Fahrwerk: Vierrad-Scheibenbremse (v/h belüftet), Scheiben-⌀ v. 33 cm, h. 25.4 cm, Fussfeststellbremse auf Hinterräder; Zahnstangenlenkung mit Servo, Treibstofftank 51 L; Reifen v. 245/40 ZR 18, h. 295/35 ZR 18, Felgen v. 8, h. 9 J.

Dimensionen: Radstand 265 cm, Spur 165/163 cm, Bodenfreih. 13 cm, Wendekreis 10.6 m, Kofferraum 140 dm³, Länge 394 cm, Breite 194 cm, Höhe 119 cm.

Fahrleistungen: Vmax (Werk) 210 km/h, V bei 1000/min im 5. Gang 55 km/h; 0–97 km/h 4,5 s; Leistungsgew. 5.4 kg/kW (4 kg/PS); Verbrauch EPA 8.4/11.8 L/100 km.

Train roulant: quatre freins à disques (AV/AR ventilés), ⌀ disques AV 33 cm, AR 25.4 cm, frein de stationn. à pied sur roues AR; servodirection à crémaillère, réservoir carb. 51 L; pneus AV 245/40 ZR 18, AR 295/35 ZR 18, jantes AV 8, AR 9 J.

Dimensions: empattement 265 cm, voie 165/163 cm, garde au sol 13 cm, diam. de braq. 10.6 m, coffre 140 dm³, longueur 394 cm, largeur 194 cm, hauteur 119 cm.

Performances: Vmax (usine) 210 km/h, V à 1000/min en 5. vit. 55 km/h; 0–97 km/h 4,5 s; rapp. poids/puiss. 5.4 kg/kW (4 kg/ch); consomm. EPA 8.4/11.8 L/100 km.

Paykan — IR

Iran Khodro Industrial Manufacturing Co., P.O. Box 14/1637, Teheran, Iran

Lizenzfabrikation von Fahrzeugen der PSA-Gruppe. Produktion des ehemaligen Hillman Hunter mit Peugeot-Motor ist wieder aufgenommen worden, ebenso die Montage des Peugeot 405.

Fabrication sous licence des voitures de la groupe PSA. La production de l'ancienne Hillman Hunter avec moteur Peugeot à été reprise, aussi le montage de la Peugeot 405.

Paykan

Ausführung des ehemaligen Chrysler/Hillman Hunter im Iran. Viertürige Limousine auch mit Peugeot-Vierzylindermotor.

Version iranienne de l'ancien modèle Chrysler/Hillman Hunter. Berline quatre portes, aussi avec moteur quatre cylindres Peugeot.

Paykan • Peugeot

1.6 – 65 PS
Vergaser

Karosserie, Gewicht: Limousine, 4 Türen, 4 Sitze; leer ab 915 kg, max. zul. 1380 kg.

Motor: (DIN), 4 Zyl. in Linie (87.4×66.7 mm), 1601 cm³; Kompr. 8.8:1; 48 kW (65 PS) bei 5000/min, 30 kW/L (40.8 PS/L); 121 Nm (12.3 mkp) bei 2800/min; 91 ROZ.

Motorkonstruktion: seitl. Nockenwelle (Kette); 5fach gelagerte Kurbelw.; Öl 4.2 L; 1 Horizontalvergaser, Zenith-Stromberg. Batterie 40 Ah, Alternator 34 A; Wasserkühlung, Inh. 7 L.

Kraftübertragung: (auf Hinterräder). 4-Gang-Getriebe: I. 3.35; II. 2.14; III. 1.39; IV. 1; R 3.57; Achse 3.89.

Paykan 1600

Fahrgestell: Selbsttr. Karosserie; vorn Querl., Zugstreben, Kurvenstab., Schraubenf.; hinten Starrachse, Halbelliptikf.

Fahrwerk: Bremse, vorne Scheiben, hinten Trommeln, Scheiben-⌀ v. 24.4 cm, Handbr. auf Hinterr.; Kugelumlaufl.; Treibstofftank 45 L; Reifen 155 R 13, Felgen 4.5 J.

Dimensionen: Radstand 250 cm, Spur 132/132 cm, Bodenfreih. 17 cm, Wendekreis 11.1 m, Kofferraum 510 dm³, Länge 427 cm, Breite 162 cm, Höhe 142 cm.

Fahrleistungen: Vmax (Werk) 140 km/h, V bei 1000/min im 4. Gang 27.2 km/h; Leistungsgew. 19.1 kg/kW (14.1 kg/PS); Verbrauch (Werk) 8/10 L/100 km.

1.8 – 73 PS
Vergaser

Wie 1.6 – 65 PS, ausgenommen:

Motor: (DIN), 4 Zyl. in Linie (84×81 mm), 1796 cm³; Kompr. 8.8:1; 54 kW (73 PS) bei 5250/min, 30.1 kW/L (40.9 PS/L); 135 Nm (13.8 mkp) bei 2750/min; 91 ROZ.

Motorkonstruktion: Bez. Peugeot XM7; seitl. Nockenwelle (Kette); Leichtmetall-Zylinderkopf; 5fach gelagerte Kurbelwelle; Öl 4.2 L; 1 Fallstrom-Doppelvergaser, Solex. Batterie 50 Ah, Alternator 34 A; Wasserkühlung, Inh. 7 L.

Kraftübertragung:
4-Gang-Getriebe: I. 3.35; II. 2.14; III. 1.39; IV. 1; R 3.57; Achse 3.89.

Fahrleistungen: Vmax (Werk) 155 km/h, Leistungsgew. 16.9 kg/kW (12.5 kg/PS); Verbrauch (Red.) 8/11 L/100 km.

Peugeot 405 Iran

Lizenzbau des Peugeot 405 mit 1580-cm³-Motor, 90 PS, Fünfganggetriebe, 177 km/h Höchstgeschwindigkeit. Weitere Angaben siehe Peugeot F.

1.6 – 65 ch
Carburateur

Carrosserie, poids: Berline, 4 portes, 4 places; vide dès 915 kg, tot. adm. 1380 kg.

Moteur: (DIN), 4 cyl. en ligne (87.4×66.7 mm), 1601 cm³; compr. 8.8:1; 48 kW (65 ch) à 5000/min, 30 kW/L (40.8 ch/L); 121 Nm (12.3 mkp) à 2800/min; 91 (R).

Moteur (constr.): arbre à cames latéral (chaîne); vilebrequin à 5 paliers; huile 4.2 L; 1 carburateur horiz., Zenith-Stromberg. Batterie 40 Ah, alternateur 34 A; refroidissement à eau, capac. 7 L.

Transmission: (sur roues AR).
Boîte à 4 vit.: I. 3.35; II. 2.14; III. 1.39; IV. 1; AR 3.57; pont 3.89.

Châssis: carr. autop.; AV leviers transv., tirants, barre anti-dévers, ressorts hélic.; AR essieu rigide, ressorts semi-ellipt.

Train roulant: frein, AV à disques, AR à tamb., ⌀ disques AV 24.4 cm, frein à main sur roues AR; dir. à circuit de billes, rés. carb. 45 L; pneus 155 R 13, jantes 4.5 J.

Dimensions: empattement 250 cm, voie 132/132 cm, garde au sol 17 cm, diam. de braq. 11.1 m, coffre 510 dm³, longueur 427 cm, largeur 162 cm, hauteur 142 cm.

Performances: Vmax (usine) 140 km/h, V à 1000/min en 4. vit. 27.2 km/h; rapp. poids/puiss. 19.1 kg/kW (14.1 kg/ch); consomm. (Werk) 8/10 L/100 km.

1.8 – 73 ch
Carburateur

Comme 1.6 – 65 ch, sauf:

Moteur: (DIN), 4 cyl. en ligne (84×81 mm), 1796 cm³; compr. 8.8:1; 54 kW (73 ch) à 5250/min, 30.1 kW/L (40.9 ch/L); 135 Nm (13.8 mkp) à 2750/min; 91 (R).

Moteur (constr.): désign. Peugeot XM7; arbre à cames latéral (chaîne); culasse en alliage léger; vilebr. à 5 paliers; huile 4.2 L; 1 carburateur inversé à double corps, Solex. Batterie 50 Ah, alternateur 34 A; refroidissement à eau, capac. 7 L.

Transmission:
Boîte à 4 vit.: I. 3.35; II. 2.14; III. 1.39; IV. 1; AR 3.57; pont 3.89.

Performances: Vmax (usine) 155 km/h, rapp. poids/puiss. 16.9 kg/kW (12.5 kg/ch); consomm. (Red.) 8/11 L/100 km.

Peugeot 405 Iran

Fabrication sous licence de Peugeot 405 avec moteur 1580 cm³, 90 ch, boîte à 5 vitesses, vitesse maxi 177 km/h. Autres données voir Peugeot F.

Peugeot   F

Automobiles Peugeot-Talbot, 75, av. de la Grande Armée, 75116 Paris, France

Eine der führenden französischen Automobilfirmen.

L'un des plus importants constructeur française d'automobiles.

Peugeot 106

Kleinwagen mit quer eingebautem Motor und Frontantrieb. Début August 1991. August 1992 auch mit fünf Türen und 1.4-Diesel. 1993 mit zusätzlichen Motoren: 1.3 98 PS und 1.6 88 PS. Herbst 94 1.5-Diesel; Sommer 95 3-Stufen-Automat. April 1996 Neuauflage.

Petite voiture avec moteur transversal et traction AV. Lancement août 1991. Août 1992 aussi avec 5 portes et diesel 1,4 l. 1993 avec moteurs additionnels: 1.3 98 ch et 1.6 88 ch. Automne 1994 diesel 1.5 l. Eté 95 boîte autom. à 3 rapports. Avril 1996 nouvelle édition.

1.1 – 60 PS
Benzineinspritzung

Karosserie, Gewicht: Lim., 3/5 Türen; 5 Sitze; leer ab 815 kg, max. zul. 1295 kg.

Motor: (ECE), 4 Zyl. in Linie (72×69 mm), 1124 cm³; Kompr. 9.7:1; 44 kW (60 PS) bei 6200/min, 39.1 kW/L (53.2 PS/L); 88 Nm (9 mkp) bei 3800/min; 95 ROZ.
Einige Länder: 4 Zyl. in Linie (70x62 mm), 954 cm³; Kompr. 9.4:1; 37 kW (50 PS) bei 6000/min, 38.8 kW/L (52.4 PS/L); 74 Nm (7.5 mkp) bei 3700/min.

Motorkonstruktion: Bezeichnung TU1 M; 2 Ventile in V 35°; 1 obenl. Nockenwelle (Zahnriemen); Leichtmetall-Zylinderkopf und -block; 5fach gelagerte Kurbelwelle; Öl 3.5 L; elektron. Zentraleinspritzung, Bosch, MA 3.1.
Batterie 200 A, Alternator 1000 W; Wasserkühlung, Inh. 6 L.

Kraftübertragung: (auf Vorderräder).
5-Gang-Getriebe: I. 3.42; II. 1.95; III. 1.36; IV. 1.05; V. 0.85; R 3.58; Achse 3.94.

Fahrgestell: Selbsttragende Karosserie; vorn Federbeine und Dreieckquerlenker; hinten Längsl., Torsionsstab, Teleskopd.

Fahrwerk: Bremse, vorne Scheiben, hinten Trommeln, Scheiben-⌀ v. 23.7 cm, a.W. ABS; Teves; Handbremse auf Hinterräder; Zahnstangenlenkung, Treibstofftank 45 L; Reifen 145/70 R 13, Felgen 5 J.

Dimensionen: Radstand 238.5 cm, Spur 138/131 cm, Bodenfreih. 13 cm, Wendekreis 11 m, Kofferraum 215/530 dm³, Länge 368 cm, Breite 159 cm, Höhe 138 cm.

Fahrleistungen: Vmax (Werk) 165 km/h, V bei 1000/min im 5. Gang 33 km/h; 0–100 15.4 s; steh. km 36.7 s; Leistungsgew. 18.5 kg/kW (13.6 kg/PS); Verbrauch ECE 4.9/6.5/7.4 L/100 km.
954 cm³: Vmax 150 km/h (Werk), Geschw. bei 1000/min im V. Gang 28.4 km/h, Beschl. 0 - 100 min 19 s; Leistungsgew. ab 20.5 kg/kW (15.2 kg/PS); Verbrauch ECE 5.1/6.5/6.9.

1.1 – 60 ch
Injection d'essence

Carrosserie, poids: Berline, 3/5 portes; 5 places; vide dès 815 kg, tot. adm. 1295 kg.

Moteur: (ECE), 4 cyl. en ligne (72×69 mm), 1124 cm³; compr. 9.7:1; 44 kW (60 ch) à 6200/min, 39.1 kW/L (53.2 ch/L); 88 Nm (9 mkp) à 3800/min; 95 (R).
Quelques pays: 4 Zyl. in Linie (70x62 mm), 954 cm³; compr. 9.4:1; 37 kW (50 ch) à 6000/min, 38.8 kW/L (52.4 ch/L); 74 Nm (7.5 mkp) à 3700/min.

Moteur (constr.): désignation TU1 M; 2 soupapes en V 35°; 1 arbre à cames en tête (courroie crantée); culasse et bloc-cyl. en alliage léger; vilebrequin à 5 paliers; huile 3.5 L; injection monopoint électron., Bosch, MA 3.1.
Batterie 200 A, alternateur 1000 W; refroidissement à eau, capac. 6 L.

Transmission: (sur roues AV).
Boîte à 5 vit.: I. 3.42; II. 1.95; III. 1.36; IV. 1.05; V. 0.85; AR 3.58; pont 3.94.

Châssis: carr. autoporteuse; AV jambes élast. et leviers triang. transv.; AR bras longitud., barre de torsion, amortiss. télescop.

Train roulant: frein, AV à disques, AR à tambours, ⌀ disques AV 23.7 cm, ABS s. d., Teves; frein à main sur roues AR; direction à crémaillère, réservoir carb. 45 L; pneus 145/70 R 13, jantes 5 J.

Dimensions: empattement 238.5 cm, voie 138/131 cm, garde au sol 13 cm, diam. de braq. 11 m, coffre 215/530 dm³, longueur 368 cm, largeur 159 cm, hauteur 138 cm.

Performances: Vmax (usine) 165 km/h, V à 1000/min en 5. vit. 33 km/h; 0–100 15.4 s; km arrêté 36.7 s; rapp. poids/puiss. 18.5 kg/kW (13.6 kg/ch); consomm. ECE 4.9/6.5/7.4 L/100 km.
954 cm³: Vmax 150 km/h (usine), vitesse à 1000/min en V. vit. 28.4 km/h, accélérat. 0 - 100 min 19 s; rapp. poids/puiss. dès 20.5 kg/kW (15.2 kg/ch); consomm. ECE 5.1/6.5/6.9.

Peugeot 106

Peugeot

1.4 – 75 PS
Benzineinspritzung

Wie 1.1 – 60 PS, ausgenommen:

Karosserie, Gewicht: Limousine; leer ab 815 kg, max. zul. 1315 kg.

Motor: (ECE), 4 Zyl. in Linie (75×77 mm), 1361 cm^3; Kompr. 10.2:1; 55 kW (75 PS) bei 5500/min, 40.4 kW/L (54.9 PS/L); 111 Nm (11.3 mkp) bei 3400/min; 95 ROZ.

Motorkonstruktion: Bezeichnung TU 3 JP; 2 Ventile in V 35°; 1 obenl. Nockenwelle (Zahnriemen); 5fach gelagerte Kurbelwelle; Öl 3.5 L; elektron. Einspritzung, Bosch. Batt. 200 A, Altern. 750 W; Wasser. 6 L.

Kraftübertragung:
5-Gang-Getriebe: I. 3.42; II. 1.8; III. 1.28; IV. 0.98; V. 0.77; R 3.58. Achse 3.77.

Fahrwerk: Scheiben-⌀ v. 24.7 cm, Zahnstangenl. mit Servo, Reifen 165/70 R 13.

Fahrleistungen: Vmax (Werk) 178 km/h, V bei 1000/min im 5. Gang 35.5 km/h; 0–100 km/h 13.2 s; steh. km 34.5 s; Leistungsgew. 14.8 kg/kW (10.9 kg/PS); Verbrauch ECE 5/6.6/7.8 L/100 km.

1.4 – 75 ch
Injection d'essence

Comme 1.1 – 60 ch, sauf:

Carrosserie, poids: Berline; vide dès 815 kg, tot. adm. 1315 kg.

Moteur: (ECE), 4 cyl. en ligne (75×77 mm), 1361 cm^3; compr. 10.2:1; 55 kW (75 ch) à 5500/min, 40.4 kW/L (54.9 ch/L); 111 Nm (11.3 mkp) à 3400/min; 95 (R).

Moteur (constr.): désignation TU 3 JP; 2 soupapes en V 35°; 1 arbre à cames en tête (courroie crantée); vilebrequin à 5 paliers; huile 3.5 L; injection électron., Bosch. Batt. 200 A, altern. 750 W; eau, capac. 6 L.

Transmission:
Boîte à 5 vit.: I. 3.42; II. 1.8; III. 1.28; IV. 0.98; V. 0.77; AR 3.58; pont 3.77.

Train roulant: ⌀ disques AV 24.7 cm, servodirection à crém., pneus 165/70 R 13.

Performances: Vmax (usine) 178 km/h, V à 1000/min en 5. vit. 35.5 km/h; 0–100 km/h 13.2 s; km arrêté 34.5 s; rapp. poids/puiss. 14.8 kg/kW (10.9 kg/ch); consomm. ECE 5/6.6/7.8 L/100 km.

Peugeot 106

1.6 – 88 PS
Benzineinspritzung

Wie 1.1 – 60 PS, ausgenommen:

Karosserie, Gewicht: Limousine; leer ab 895 kg, max. zul. 1405 kg.

Motor: (ECE), 4 Zyl. in Linie (78.5×82 mm), 1587 cm^3; Kompr. 9.6:1; 65 kW (88 PS) bei 5600/min, 40.9 kW/L (55.7 PS/L); 135 Nm (13.8 mkp) bei 3000/min; 95 ROZ.

Motorkonstruktion: Bezeichnung TU5 JP; 2 Ventile in V 35°; 1 obenl. Nockenwelle (Zahnriemen); Grauguss-Zylinderblock; 5fach gelagerte Kurbelwelle; Öl 3.5 L; elektron. Einspritzung, Bosch, MP 5.2. Batt. 250 A, Altern. 1100 W; Wasser. 6 L.

Kraftübertragung:
5-Gang-Getriebe: I. 3.42; II. 1.81; III. 1.28; IV. 0.98; V. 0.77; R 3.58. Achse 3.94.
3-Stufen-Automat: I. 2.07; II. 1.24; III. 0.83; R 1.66; Achse 3.29.

Fahrwerk: Scheiben-⌀ v. 24.7 cm, Zahnstangenl. mit Servo, Reifen 165/70 R 13.

Fahrleistungen: Vmax (Werk) 185 km/h, V bei 1000/min im 5. Gang 33.9 km/h; 0–100 km/h 12.2 s; steh. km 33.5 s; Leistungsgew. 13.8 kg/kW (10.2 kg/PS); Verbrauch ECE 5.2/6.7/8.2 L/100 km.
Aut.: Vmax 178 km/h, 0–100 km/h 13.5 s; steh. km 34.6 s; Verbrauch ECE 5.9/7.4/9.4 L/100 km.

1.6 – 88 ch
Injection d'essence

Comme 1.1 – 60 ch, sauf:

Carrosserie, poids: Berline; vide dès 895 kg, tot. adm. 1405 kg.

Moteur: (ECE), 4 cyl. en ligne (78.5×82 mm), 1587 cm^3; compr. 9.6:1; 65 kW (88 ch) à 5600/min, 40.9 kW/L (55.7 ch/L); 135 Nm (13.8 mkp) à 3000/min; 95 (R).

Moteur (constr.): désignation TU5 JP; 2 soupapes en V 35°; 1 arbre à cames en tête (courroie crantée); bloc-cyl. en fonte; vilebrequin à 5 paliers; huile 3.5 L; injection électronique, Bosch, MP 5.2. Batt. 250 A, altern. 1100 W; eau 6 L.

Transmission:
Boîte à 5 vit.: I. 3.42; II. 1.81; III. 1.28; IV. 0.98; V. 0.77; AR 3.58; pont 3.94.
Boîte aut. à 3 vit.: I. 2.07; II. 1.24; III. 0.83; AR 1.66; pont 3.29.

Train roulant: ⌀ disques AV 24.7 cm, servodirection à crém., pneus 165/70 R 13.

Performances: Vmax (usine) 185 km/h, V à 1000/min en 5. vit. 33.9 km/h; 0–100 km/h 12.2 s; km arrêté 33.5 s; rapp. poids/puiss. 13.8 kg/kW (10.2 kg/ch); consomm. ECE 5.2/6.7/8.2 L/100 km.
Aut.: Vmax 178 km/h, 0–100 km/h 13.5 s; km arrêté 34.6 s; consomm. ECE 5.9/7.4/9.4 L/100 km.

1.6 – 101 PS
Benzineinspritzung

Wie 1.1 – 60 PS, ausgenommen:

Karosserie, Gewicht: Limousine; leer ab 900 kg, max. zul. 1320 kg.

1.6 – 101 ch
Injection d'essence

Comme 1.1 – 60 ch, sauf:

Carrosserie, poids: Berline; vide dès 900 kg, tot. adm. 1320 kg.

Peugeot 106 Rally

Motor: (ECE), 4 Zyl. in Linie (78.5×82 mm), 1587 cm^3; Kompr. 10.2:1; 74 kW (101 PS) bei 6200/min, 46.6 kW/L (63.4 PS/L); 132 Nm (13.5 mkp) bei 3500/min; 95 ROZ.

Motorkonstruktion: Bezeichnung TU 5 J2; 1 obenl. Nockenwelle (Zahnriemen); Grauguss-Zylinderblock; 5fach gelagerte Kurbelwelle; Öl 3.5 L; elektron. Einspritzung, Magneti-Marelli, 08. Batterie 200 A, Alternator 1000 W; Wasserkühlung, Inh. 6 L.

Kraftübertragung:
5-Gang-Getriebe: I. 3.42; II. 1.95; III. 1.36; IV. 1.05; V. 0.85; R 3.58. Achse 4.06.

Fahrwerk: Vierrad-Scheibenbremse (vorn belüftet), Scheiben-⌀ v. 24.7 cm, h. 24.7 cm, Zahnstangenlenkung mit Servo, Reifen 175/60 HR 14, Felgen 6 J.

Fahrleistungen: Vmax (Werk) 195 km/h, V bei 1000/min im 5. Gang 30 km/h; 0–100 km/h 9.6 s; steh. km 31.2 s; Leistungsgew. 12.2 kg/kW (8.9 kg/PS); Verbrauch EU 6.6/11.7 L/100 km.

Moteur: (ECE), 4 cyl. en ligne (78.5×82 mm), 1587 cm^3; compr. 10.2:1; 74 kW (101 ch) à 6200/min, 46.6 kW/L (63.4 ch/L); 132 Nm (13.5 mkp) à 3500/min; 95 (R).

Moteur (constr.): désignation TU 5 J2; 1 arbre à cames en tête (courroie crantée); bloc-cyl. en fonte; vilebrequin à 5 paliers; huile 3.5 L; injection électronique, Magneti-Marelli, 08. Batterie 200 A, alternateur 1000 W; refroidissement à eau, capac. 6 L.

Transmission:
Boîte à 5 vit.: I. 3.42; II. 1.95; III. 1.36; IV. 1.05; V. 0.85; AR 3.58; pont 4.06.

Train roulant: quatre freins à disques (AV ventilés), ⌀ disques AV 24.7 cm, AR 24.7 cm, servodirection à crémaillère, pneus 175/60 HR 14, jantes 6 J.

Performances: Vmax (usine) 195 km/h, V à 1000/min en 5. vit. 30 km/h; 0–100 km/h 9.6 s; km arrêté 31.2 s; rapp. poids/puiss. 12.2 kg/kW (8.9 kg/ch); consomm. EU 6.6/11.7 L/100 km.

1.6 16V – 118 PS
Benzineinspritzung

Wie 1.1 – 60 PS, ausgenommen:

Karosserie, Gewicht: Limousine; leer ab 950 kg, max. zul. 1385 kg.

Motor: (ECE), 4 Zyl. in Linie (78.5×82 mm), 1587 cm^3; Kompr. 10.8:1; 87 kW (118 PS) bei 6600/min, 54.8 kW/L (74.5 PS/L); 145 Nm (14.8 mkp) bei 5200/min; 95 ROZ.

Motorkonstruktion: Bezeichnung TU 5 J4; 4 Ventile in V; 2 obenl. Nockenwellen (Zahnriemen); Grauguss-Zylinderblock; 5fach gelagerte Kurbelwelle; Öl 3.5 L; elektron. Einspritzung, Magneti-Marelli, 1 AP. Batterie 300 A, Alternator 1100 W; Wasserkühlung, Inh. 6 L.

Kraftübertragung:
5-Gang-Getriebe: I. 3.42; II. 1.95; III. 1.36; IV. 1.05; V. 0.85; R 3.58. Achse 3.94.

1.6 16V – 118 ch
Injection d'essence

Comme 1.1 – 60 ch, sauf:

Carrosserie, poids: Berline; vide dès 950 kg, tot. adm. 1385 kg.

Moteur: (ECE), 4 cyl. en ligne (78.5×82 mm), 1587 cm^3; compr. 10.8:1; 87 kW (118 ch) à 6600/min, 54.8 kW/L (74.5 ch/L); 145 Nm (14.8 mkp) à 5200/min; 95 (R).

Moteur (constr.): désignation TU 5 J4; 4 soupapes en V; 2 arbres à cames en tête (courroie crantée); bloc-cyl. en fonte; vilebrequin à 5 paliers; huile 3.5 L; injection électronique, Magneti-Marelli, 1 AP. Batterie 300 A, alternateur 1100 W; refroidissement à eau, capac. 6 L.

Transmission:
Boîte à 5 vit.: I. 3.42; II. 1.95; III. 1.36; IV. 1.05; V. 0.85; AR 3.58; pont 3.94.

Peugeot 106 GTi

Peugeot 437

Fahrwerk: Vierrad-Scheibenbremse (vorn belüftet), Scheiben-⌀ v. 24.7 cm, h. 24.7 cm, Zahnstangenlenkung mit Servo, Reifen 185/55 HR 14, Felgen 6 J.

Fahrleistungen: Vmax (Werk) 205 km/h, V bei 1000/min in 5. Gang 30.6 km/h; 0–100 km/h 8.7 s; steh. km 29.9 s; Leistungsgew. 10.9 kg/kW (8 kg/PS); Verbrauch EU 6.3/11.4 L/100 km.

Train roulant: quatre freins à disques (AV ventilés), ⌀ disques AV 24.7 cm, AR 24.7 cm, servodirection à crémaillère, pneus 185/55 HR 14, jantes 6 J.

Performances: Vmax (usine) 205 km/h, V à 1000/min en 5. vit. 30.6 km/h; 0–100 km/h 8.7 s; km arrêté 29.9 s; rapp. poids/puiss. 10.9 kg/kW (8 kg/ch); consom. EU 6.3/11.4 L/100 km.

1.5 – 57 PS Diesel

Wie 1.1 – 60 PS, ausgenommen:

Karosserie, Gewicht: Limousine; leer ab 875 kg, max. zul. 1375 kg.

Motor: (ECE), 4 Zyl. in Linie (77×82 mm), 1527 cm³; Kompr. 23:1; 42 kW (57 PS) bei 5000/min, 27.5 kW/L (37.4 PS/L); 95 Nm (9.7 mkp) bei 2250/min; Dieselöl.

Motorkonstruktion: Bezeichnung TUD5; 2 Ventile parallel; 1 obenl. Nockenwelle (Zahnriemen); Grauguss-Zylinderblock; 5fach gelagerte Kurbelwelle; Öl 4.75 L; Einspritzpumpe CAV Rotodiesel.
Batterie 300 A, Alternator 750 W; Wasserkühlung, Inh. 6 L.

Kraftübertragung:
5-Gang-Getriebe: I. 3.64; II. 1.95; III. 1.28; IV. 0.98; V. 0.77; R 3.58; Achse 3.77.

Fahrwerk: Scheiben-⌀ v. 24.7 cm, Zahnstangenlenkung mit Servo, Reifen 165/70 R 13, Felgen 5 J.

Fahrleistungen: Vmax (Werk) 158 km/h, V bei 1000/min in 5. Gang 35.4 km/h; 0–100 km/h 18.5 s; steh. km 38.9 s; Leistungsgew. 21.3 kg/kW (15.7 kg/PS); Verbrauch ECE 3.8/5.2/5.6 L/100 km.

1.5 – 57 ch Diesel

Comme 1.1 – 60 ch, sauf:

Carrosserie, poids: Berline; vide dès 875 kg, tot. adm. 1375 kg.

Moteur: (ECE), 4 cyl. en ligne (77×82 mm), 1527 cm³; compr. 23:1; 42 kW (57 ch) à 5000/min, 27.5 kW/L (37.4 ch/L); 95 Nm (9.7 mkp) à 2250/min; gazole.

Moteur (constr.): désignation TUD5; 2 soup. en parallèle; 1 arbre à cames en tête (courroie crantée); bloc-cyl. en fonte; vilebrequin à 5 paliers; huile 4.75 L; pompe à injection CAV Rotodiesel.
Batterie 300 A, alternateur 750 W; refroidissement à eau, capac. 6 L.

Transmission:
Boîte à 5 vit.: I. 3.64; II. 1.95; III. 1.28; IV. 0.98; V. 0.77; AR 3.58; pont 3.77.

Train roulant: ⌀ disques AV 24.7 cm, servodirection à crémaillère, pneus 165/70 R 13, jantes 5 J.

Performances: Vmax (usine) 158 km/h, V à 1000/min en 5. vit. 35.4 km/h; 0–100 km/h 18.5 s; km arrêté 38.9 s; rapp. poids/puiss. 21.3 kg/kW (15.7 kg/ch); consom. ECE 3.8/5.2/5.6 L/100 km.

Peugeot 205

Kompakte Limousine mit 5 Sitzen, Frontantrieb, 2/4türig mit Heckklappe. Debüt Januar 1983. Für 1997 reduziertes Motorenangebot. Produktion in Spanien konzentriert.

Berline compacte à 5 places, traction AV, 2/4 portes et hayon AR. Début janvier 1983. Pour 1997 gamme de moteurs réduit. Production concentrée sur l'espagne.

1.4 – 75 PS Benzineinspritzung

Karosserie, Gewicht: Limousine, 3/5 Türen; 5 Sitze; leer 830 kg, max. zul. 1255 kg.

Motor: (ECE), 4 Zyl. in Linie (75×77 mm), 1361 cm³; Kompr. 9.3:1; 55 kW (75 PS) bei 5800/min, 40.4 kW/L (54.9 PS/L); 111 Nm (11.3 mkp) bei 3400/min; 95 ROZ.

Motorkonstruktion: Bezeichnung TU 3 JP; 2 Ventile in V 35°; 1 obenl. Nockenwelle (Zahnriemen); Grauguss-Zylinderblock; 5fach gelagerte Kurbelwelle; Öl 3.5 L; elektron. Zentraleinspritzung, Bosch.
Batterie 200 A, Alternator 750 W; Wasserkühlung, Inh. 6 L.

1.4 – 75 ch Injection d'essence

Carrosserie, poids: Berline, 3/5 portes; 5 places; vide 830 kg, tot. adm. 1255 kg.

Moteur: (ECE), 4 cyl. en ligne (75×77 mm), 1361 cm³; compr. 9.3:1; 55 kW (75 ch) à 5800/min, 40.4 kW/L (54.9 ch/L); 111 Nm (11.3 mkp) à 3400/min; 95 (R).

Moteur (constr.): désignation TU 3 JP; 2 soupapes en V 35°; 1 arbre à cames en tête (courroie crantée); bloc-cyl. en fonte; vilebrequin à 5 paliers; huile 3.5 L; injection monopoint électron., Bosch.
Batterie 200 A, alternateur 750 W; refroidissement à eau, capac. 6 L.

Peugeot 205

Kraftübertragung: (auf Vorderräder).
5-Gang-Getriebe: I. 3.42; II. 1.95; III. 1.36; IV. 1.05; V. 0.85; R 3.58; Achse 3.76.

Fahrgestell: Selbsttragende Karosserie; vorn Querlenker, Federbeine; Kurvenstabilisator; hinten Längslenker, Torsionsstab, Teleskopdämpfer.

Fahrwerk: Bremse, vorne Scheiben, hinten Trommeln, Scheiben-⌀ v. 24.7 cm, Handbremse auf Hinterräder; Zahnstangenlenkung, Treibstofftank 50 L; Reifen 165/70 R 13, Felgen 5 J.

Dimensionen: Radstand 242 cm, Spur 135/130 cm, Bodenfreih. 12 cm, Wendekreis 10.3 m, Kofferraum 215/520 dm³, Länge 370.5 cm, Breite 156 cm, Höhe 137 cm.

Fahrleistungen: Vmax (Werk) 170 km/h, V bei 1000/min im 5. Gang 32.2 km/h; 0–100 km/h 11.6 s; steh. km 33.3 s; Leistungsgew. 15.1 kg/kW (11.1 kg/PS); Verbrauch ECE 5.2/6.9/7.9 L/100 km.

1.8 – 58 PS Diesel

Wie 1.4 – 75 PS, ausgenommen:

Karosserie, Gewicht: Limousine; leer 880 kg, max. zul. 1300 kg.

Motor: (ECE), 4 Zyl. in Linie (80×88 mm), 1769 cm³; Kompr. 23:1; 43 kW (58 PS) bei 4600/min, 24.3 kW/L (33 PS/L); 110 Nm (11.2 mkp) bei 2000/min; Dieselöl.

Motorkonstruktion: Bezeichnung 161 A; 2 Ventile parallel; 1 obenl. Nockenwelle (Zahnriemen); Grauguss-Zylinderblock; 5fach gelagerte Kurbelwelle; Öl 5 L; Einspritzpumpe.
Batterie 42 Ah, Alternator 55 A; Wasserkühlung, Inh. 8.3 L.

Kraftübertragung:
5-Gang-Getriebe: I. 3.46; II. 1.95; III. 1.28; IV. 0.97; V. 0.76; R 3.33; Achse 3.47.

Fahrleistungen: Vmax (Werk) 156 km/h, V bei 1000/min im 5. Gang 38.1 km/h; 0–100 km/h 15.1 s; steh. km 36.5 s; Leistungsgew. 20.5 kg/kW (14.9 kg/PS); Verbrauch ECE 3.9/5.2/5.4 L/100 km.

Transmission: (sur roues AV).
Boîte à 5 vit.: I. 3.42; II. 1.95; III. 1.36; IV. 1.05; V. 0.85; AR 3.58; pont 3.76.

Châssis: carrosserie autoporteuse; AV leviers transv., jambes élastiques; barre anti-dévers; AR bras longitud., barre de torsion, amortiss. télescop.

Train roulant: frein, AV à disques, AR à tambours, ⌀ disques AV 24.7 cm, frein à main sur roues AR; direction à crémaillère, réservoir carb. 50 L; pneus 165/70 R 13, jantes 5 J.

Dimensions: empattement 242 cm, voie 135/130 cm, garde au sol 12 cm, diam. de braq. 10.3 m, coffre 215/520 dm³, longueur 370.5 cm, largeur 156 cm, hauteur 137 cm.

Performances: Vmax (usine) 170 km/h, V à 1000/min en 5. vit. 32.2 km/h; 0–100 km/h 11.6 s; km arrêté 33.3 s; rapp. poids/puiss. 15.1 kg/kW (11.1 kg/ch); consom. ECE 5.2/6.9/7.9 L/100 km.

1.8 – 58 ch Diesel

Comme 1.4 – 75 ch, sauf:

Carrosserie, poids: Berline; vide 880 kg, tot. adm. 1300 kg.

Moteur: (ECE), 4 cyl. en ligne (80×88 mm), 1769 cm³; compr. 23:1; 43 kW (58 ch) à 4600/min, 24.3 kW/L (33 ch/L); 110 Nm (11.2 mkp) à 2000/min; gazole.

Moteur (constr.): désignation 161 A; 2 soup. en parallèle; 1 arbre à cames en tête (courroie crantée); bloc-cyl. en fonte; vilebrequin à 5 paliers; huile 5 L; pompe à injection.
Batterie 42 Ah, alternateur 55 A; refroidissement à eau, capac. 8.3 L.

Transmission:
Boîte à 5 vit.: I. 3.46; II. 1.95; III. 1.28; IV. 0.97; V. 0.76; AR 3.33; pont 3.47.

Performances: Vmax (usine) 156 km/h, V à 1000/min en 5. vit. 38.1 km/h; 0–100 km/h 15.1 s; km arrêté 36.5 s; rapp. poids/puiss. 20.5 kg/kW (14.9 kg/ch); consom. ECE 3.9/5.2/5.4 L/100 km.

Peugeot 306

Kompakte, 3/5türige Limousine der unteren Mittelklasse mit Quermotor und Frontantrieb, Debüt Januar 1993. Sommer 1993 auch Automat und 1,9-Liter-Diesel. Herbst 1993: XSi mit 121 PS sowie S16 mit 152 PS. Sommer/Herbst 1993: Cabriolet. 1995 auch 4türig. Juli 1996: GTI mit 6-Gang-Getriebe und 163 PS. Salon Genf 1997: Restyling und Break, z. T noch provisorische Angaben.

Berline compacte à 3 et 5 portes de la catégorie moyenne inférieur avec moteur transv. et traction AV. Lancement janvier 1993. Eté 1993 aussi avec boîte automat. et diesel 1.9. Automne 1993: XSi 121 et S16 152 ch. Eté/automne 1993: cabriolet. Pour 1995 aussi avec 4 portes. Juillet 1996: GTI avec boîte à 6 vitesses et 163 ch. Salon Genève 1997: restyling et break, données provisoires.

1.4 – 75 PS Benzineinspritzung

Karosserie, Gewicht: Lim. 3/4/5 Türen; 5 Sitze; leer 1020 kg, max. zul. 1530 kg.
Mit 4 Türen: 5 Sitze; leer ab 1040 kg, max. zul. 1565 kg.
Break: 5 Türen, 5 Sitze.

Motor: (ECE), 4 Zyl. in Linie (75×77 mm), 1361 cm³; Kompr. 9.3:1; 55 kW (75 PS) bei 5500/min, 40.4 kW/L (54.9 PS/L); 111 Nm (11.3 mkp) bei 3400/min; 95 ROZ.
Für einige Länder: (72×69 mm), 1124 cm³; Kompr. 9.4:1; 44 kW (60 PS) bei 6200/min, 39.2 kW/L (53.4 PS/L); 87 Nm (8.9 mkp) bei 3800/min.

Motorkonstruktion: Bezeichnung TU3 JP; 2 Ventile in V 35°; 1 obenl. Nockenwelle (Zahnriemen); Leichtmetall-Zylinderkopf und -block; 5fach gelagerte Kurbelwelle; Öl 3.5 L; elektron. Einspr., Magneti-Marelli.
Batt. 200 A, Altern. 750 W; Wasser. 5.8 L.

1.4 – 75 ch Injection d'essence

Carrosserie, poids: Berline, 3/4/5 portes; 5 places; vide 1020 kg, tot. adm. 1530 kg.
Mit 4 Türen: 5 places; vide dès 1040 kg, tot. adm. 1565 kg.
Break: 5 portes, 5 places.

Moteur: (ECE), 4 cyl. en ligne (75×77 mm), 1361 cm³; compr. 9.3:1; 55 kW (75 ch) à 5500/min, 40.4 kW/L (54.9 ch/L); 111 Nm (11.3 mkp) à 3400/min; 95 (R).
Pour quelques pays: (72×69 mm), 1124 cm³; compr. 9.4:1; 44 kW (60 ch) à 6200/min, 39.2 kW/L (53.4 ch/L); 87 Nm (8.9 mkp) à 3800/min.

Moteur (constr.): désignation TU3 JP; 2 soupapes en V 35°; 1 arbre à cames en tête (courroie crantée); culasse et bloc-cyl. en alliage léger; vilebrequin à 5 paliers; huile 3.5 L; inj. électronique, Magneti-Marelli.
Batt. 200 A, altern. 750 W; eau 5.8 L.

Peugeot

Peugeot 306 XR

Kraftübertragung: (auf Vorderräder).
5-Gang-Getriebe: I. 3.42; II. 1.81; III. 1.28; IV. 0.98; V. 0.77; R 3.58; Achse 4.06.

Fahrgestell: Selbsttragende Karosserie mit vorderem Hilfsrahmen; vorn Federbeine und Dreieckquerlenker; hinten Längslenker, Torsionsstab, Teleskopdämpfer.

Fahrwerk: Bremse, vorne Scheiben, hinten Trommeln, Scheiben-∅ v. 24.7 cm, a.W. ABS (mit Scheiben h.), Bosch; Handbremse auf Hinterräder; Zahnstangenlenkung mit Servo, Treibstofftank 60 L; Reifen 165/70 R 13, Felgen 5 J.
Break: Reifen 175/70 R 13.

Dimensionen: Radstand 258 cm, Spur 146/143 cm, Bodenfreih. 12 cm, Wendekreis 11 m, Kofferraum 270/600 dm³, Länge 403 cm, Breite 169 cm, Höhe 138 cm.
Mit 4 Türen: Kofferr. 460 dm³, Länge 426 cm.
Break: Kofferraum 442/1512 dm³, Länge 434.5 cm, Höhe 141 cm.

Fahrleistungen: Vmax (Werk) 165 km/h, V bei 1000/min im 5. Gang 33.2 km/h; 0–100 km/h 14.9 s; steh. km 36.2 s; Leistungsgew. 18.5 kg/kW (13.6 kg/PS); Verbrauch ECE 5/6.8/8.3 L/100 km.
4 Türen: Vmax 168 km/h.

Transmission: (sur roues AV).
Boîte à 5 vit.: I. 3.42; II. 1.81; III. 1.28; IV. 0.98; V. 0.77; AR 3.58; pont 4.06.

Châssis: carrosserie autoporteuse avec cadre auxiliaire AV; AV jambes élast. et leviers triang. transv.; AR bras longitud., barre de torsion, amortis. télescop.

Train roulant: frein, AV à disques, AR à tambours, ∅ disques AV 24.7 cm, s.d. ABS (avec disque AR), Bosch; frein à main sur roues AR; servodirection à crémaillère, réservoir carb. 60 L; pneus 165/70 R 13, jantes 5 J.
Break: pneus 175/70 R 13.

Dimensions: empattement 258 cm, voie 146/143 cm, garde au sol 12 cm, diam. de braq. 11 m, coffre 270/600 dm³, longueur 403 cm, largeur 169 cm, hauteur 138 cm.
Avec 4 portes: Coffre 460 dm³, longueur 426 cm.
Break: coffre 442/1512 dm³, longueur 434.5 cm, hauteur 141 cm.

Performances: Vmax (usine) 165 km/h, V à 1000/min en 5. vit. 33.2 km/h; 0–100 km/h 14.9 s; km arrêté 36.2 s; rapp. poids/puiss. 18.5 kg/kW (13.6 kg/ch); consomm. ECE 5/6.8/8.3 L/100 km.
4 portes: Vmax 168 km/h.

1.6 – 88 PS Benzineinspritzung

Wie 1.4 – 75 PS, ausgenommen:

Karosserie, Gewicht: Limousine; leer ab 1060 kg, max. zul. 1570 kg.
Mit 4 Türen: leer ab 1080 kg, max. zul. 1605 kg.
Cabrio: 2 Türen, 4 Sitze.

Motor: (ECE), 4 Zyl. in Linie (78.5×82 mm), 1587 cm³; Kompr. 9.6:1; 65 kW (88 PS) bei 5600/min, 40.9 kW/L (55.7 PS/L); 135 Nm (13.8 mkp) bei 3000/min; 95 ROZ.

Motorkonstruktion: Bezeichnung TU5 JP; 2 Ventile in V 35°; 1 obenl. Nockenwelle (Zahnriemen); Grauguss-Zylinderblock; 5fach gelagerte Kurbelwelle; Öl 3.5 L; elektron. Einspritzung, Bosch.
Batterie 200 A, Alternator 750 W; Wasserkühlung, Inh. 6 L.

1.6 – 88 ch Injection d'essence

Comme 1.4 – 75 ch, sauf:

Carrosserie, poids: Berline; vide dès 1060 kg, tot. adm. 1570 kg.
Avec 4 portes: vide dès 1080 kg, tot. adm. 1605 kg.
Cabrio: 2 portes, 4 places.

Moteur: (ECE), 4 cyl. en ligne (78.5×82 mm), 1587 cm³; compr. 9.6:1; 65 kW (88 ch) à 5600/min, 40.9 kW/L (55.7 ch/L); 135 Nm (13.8 mkp) à 3000/min; 95 (R).

Moteur (constr.): désignation TU5 JP; 2 soupapes en V 35°; 1 arbre à cames en tête (courroie crantée); bloc-cyl. en fonte; vilebrequin à 5 paliers; huile 3.5 L; injection électronique, Bosch.
Batterie 200 A, alternateur 750 W; refroidissement à eau, capac. 6 L.

Peugeot 306 Break

Kraftübertragung:
5-Gang-Getriebe: I. 3.42; II. 1.81; III. 1.28; IV. 0.98; V. 0.77; R 3.58; Achse 4.06.

Fahrwerk: Bremse, vorne Scheiben (belüftet), hinten Trommeln, Reifen 175/70 R 13, Felgen 5.5 J.

Fahrleistungen: Vmax (Werk) 178 km/h, V bei 1000/min im 5. Gang 33.9 km/h; 0–100 km/h 12.9 s; steh. km 34.3 s; Leistungsgew. 16.3 kg/kW (12 kg/PS); Verbrauch ECE 5.4/7.1/9 L/100 km.

1.8 – 101 PS Benzineinspritzung

Wie 1.4 – 75 PS, ausgenommen:

Karosserie, Gewicht: Limousine; leer ab 1120 kg, max. zul. 1645 kg.

Motor: (ECE), 4 Zyl. in Linie (83×81.4 mm), 1762 cm³; Kompr. 9.25:1; 74 kW (101 PS) bei 6000/min, 42 kW/L (57.1 PS/L); 153 Nm (15.6 mkp) bei 3000/min; 95 ROZ.

Motorkonstruktion: Bezeichnung XU7 JP; 2 Ventile in V 35°; 1 obenl. Nockenwelle (Zahnriemen); Leichtmetall-Zylinderkopf und -block; 5fach gelagerte Kurbelwelle; Öl 4.9 L; elektron. Einspr., Magneti-Marelli.
Batterie 250 A, Alternator 80 A; Wasserkühlung, Inh. 7.5 L.

Kraftübertragung:
4-Stufen-Automat: I. 2.51; II. 1.42; III. 1.04; IV. 0.77; R 2.94; Achse 3.82.

Fahrwerk: Bremse, vorne Scheiben (belüftet), hinten Trommeln, Reifen 185/65 R 14, Felgen 5.5 J.

Fahrleistungen: Vmax 175 km/h, 0–100 km/h 13.6 s; steh. km 35 s; Verbrauch ECE 6/7.6/10.6 L/100 km.
Break: Vmax 172 km/h.

Transmission:
Boîte à 5 vit.: I. 3.42; II. 1.81; III. 1.28; IV. 0.98; V. 0.77; AR 3.58; pont 4.06.

Train roulant: frein, AV à disques (ventilés), AR à tambours, pneus 175/70 R 13, jantes 5.5 J.

Performances: Vmax (usine) 178 km/h, V à 1000/min en 5. vit. 33.9 km/h; 0–100 km/h 12.9 s; km arrêté 34.3 s; rapp. poids/puiss. 16.3 kg/kW (12 kg/ch); consomm. ECE 5.4/7.1/9 L/100 km.

1.8 – 101 ch Injection d'essence

Comme 1.4 – 75 ch, sauf:

Carrosserie, poids: Berline; vide dès 1120 kg, tot. adm. 1645 kg.

Moteur: (ECE), 4 cyl. en ligne (83×81.4 mm), 1762 cm³; compr. 9.25:1; 74 kW (101 ch) à 6000/min, 42 kW/L (57.1 ch/L); 153 Nm (15.6 mkp) à 3000/min; 95 (R).

Moteur (constr.): désignation XU7 JP; 2 soupapes en V 35°; 1 arbre à cames en tête (courroie crantée); culasse et bloc-cyl. en alliage léger; vilebrequin à 5 paliers; huile 4.9 L; inj. électronique, Magneti-Marelli.
Batterie 250 A, alternateur 80 A; refroidissement à eau, capac. 7.5 L.

Transmission:
Boîte aut. à 4 vit.: I. 2.51; II. 1.42; III. 1.04; IV. 0.77; AR 2.94; pont 3.82.

Train roulant: frein, AV à disques (ventilés), AR à tambours, pneus 185/65 R 14, jantes 5.5 J.

Performances: Vmax 175 km/h, 0–100 km/h 13.6 s; km arrêté 35 s; consomm. ECE 6/7.6/10.6 L/100 km.
Break: Vmax 172 km/h.

Peugeot 306 Cabriolet

1.8 16V – 110 PS Benzineinspritzung

Wie 1.4 – 75 PS, ausgenommen:

Karosserie, Gewicht: Limousine; leer ab ca. 1120 kg.

Motor: (ECE), 4 Zyl. in Linie (83×81.4 mm), 1762 cm³; Kompr. 10.4:1; 81 kW (110 PS) bei 5500/min, 46 kW/L (62.5 PS/L); 155 Nm (15.8 mkp) bei 4250/min; 95 ROZ.

Motorkonstruktion: Bezeichnung XU7 JP4; 4 Ventile in V; 2 obenl. Nockenwellen (Zahnriemen); Leichtmetall-Zylinderkopf und -block; 5fach gelagerte Kurbelwelle; Öl 4.9 L; elektron. Einspr., Sagem, SL 96.
Batterie 250 A, Alternator 80 A; Wasserkühlung, Inh. 7 L.

Kraftübertragung:
5-Gang-Getriebe: I. 3.46; II. 1.87; III. 1.28; IV. 0.95; V. 0.74; R 3.33; Achse 3.79.

Fahrwerk: Reifen 185/65 R 14, Felgen 5.5 J.

Fahrleistungen: Vmax (Red.) 190 km/h, 0–100 km/h 11.5 s; Verbrauch (Red.) 6/8 L/100 km.
Mit 4 Türen: Vmax 193 km/h.

1.8 16V – 110 ch Injection d'essence

Comme 1.4 – 75 ch, sauf:

Carrosserie, poids: Berline; vide dès env. 1120 kg.

Moteur: (ECE), 4 cyl. en ligne (83×81.4 mm), 1762 cm³; compr. 10.4:1; 81 kW (110 ch) à 5500/min, 46 kW/L (62.5 ch/L); 155 Nm (15.8 mkp) à 4250/min; 95 (R).

Moteur (constr.): désignation XU7 JP4; 4 soupapes en V; 2 arbres à cames en tête (courroie crantée); culasse et bloc-cyl. en alliage léger; vilebrequin à 5 paliers; huile 4.9 L; injection électronique, Sagem, SL 96.
Batterie 250 A, alternateur 80 A; refroidissement à eau, capac. 7 L.

Transmission:
Boîte à 5 vit.: I. 3.46; II. 1.87; III. 1.28; IV. 0.95; V. 0.74; AR 3.33; pont 3.79.

Train roulant: pneus 185/65 R 14, jantes 5.5 J.

Performances: Vmax (réd.) 190 km/h, 0–100 km/h 11.5 s; consomm. (Réd.) 6/8 L/100 km.
Avec 4 portes: Vmax 193 km/h.

Peugeot 439

2.0 16V – 133 PS Benzineinspritzung

Wie 1.4 – 75 PS, ausgenommen:

Karosserie, Gewicht: Limousine; leer ab ca. 1120 kg.

Motor: (ECE), 4 Zyl. in Linie (86×86 mm), 1998 cm³; Kompr. 11:1; 98 kW (133 PS) bei 5500/min, 49 kW/L (66.7 PS/L); 180 Nm (18.3 mkp) bei 4200/min; 95 ROZ.

Motorkonstruktion: Bez. XU 10 J4R; 4 Ventile in V; 2 obenl. Nockenwellen (Zahnriemen); Leichtmetall-Zylinderkopf; 5fach gelagerte Kurbelwelle; Öl 5.4 L; elektron. Einspritzung, Bosch Motronic, MP 5.1.1. Batterie 300 A, Alternator 70 A; Wasserkühlung, Inh. 7.8 L.

Kraftübertragung:
3/5 T. und Break: 5-Gang-Getriebe: I. 3.46; II. 1.87; III. 1.36; IV. 1.05; V. 0.8; R. 3.33; Achse 3.95.
4 T. und Cabr.: 5-Gang-Getr.:I. 3.46; II. 1.87; III. 1.36; IV. 1.05; V. 0.8; R. 3.33; Achse 3.79.
4-Stufen-Automat: I. 2.51; II. 1.42; III. 1.04; IV. 0.77; R. 2.94; Achse 3.82.

Fahrwerk: Vierrad-Scheibenbremse (vorn belüftet), Scheiben-⌀ v. 26.6 cm, ABS, Bosch; Zahnstangenlenkung mit Servo, Reifen 195/55 VR 15, Felgen 6 J.

Fahrleistungen: Vmax (Red.) über 200 km/h, 0–100 km/h 9.5 s; Verbrauch (Red.) 6.5/9 L/100 km.

2.0 16V – 163 PS Benzineinspritzung

Wie 1.4 – 75 PS, ausgenommen:

Karosserie, Gewicht: Limousine, 3 Türen; leer ab 1160 kg, max. zul. 1670 kg.

Motor: (ECE), 4 Zyl. in Linie (86×86 mm), 1998 cm³; Kompr. 10.8:1; 120 kW (163 PS) bei 6500/min, 60 kW/L (81.6 PS/L); 193 Nm (19.7 mkp) bei 5500/min; 95 ROZ.

Motorkonstruktion: Bezeichnung XU 10J4 RS; 4 Ventile in V; 2 obenl. Nockenwellen (Zahnriemen); Leichtmetall-Zylinderkopf; 5fach gelagerte Kurbelwelle; Öl 5.4 L; elektron. Einspr., Magneti-Marelli, 1 AP.10. Batterie 300 A, Alternator 1000 W; Wasserkühlung, Inh. 7 L.

Kraftübertragung:
6-Gang-Getr.: I. 2.92; II. 1.87; III. 1.41; IV. 1.15; V. 0.95; VI. 0.8; R. 2.58; Achse 3.95.

Fahrwerk: Vierrad-Scheibenbremse (vorn belüftet), Scheiben-⌀ v. 28.3 cm, h. 24.7 cm, ABS, Bosch; Zahnstangenlenkung mit Servo, Reifen 195/55 VR 15, Felgen 6 J.

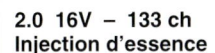

Peugeot 306 GTi

2.0 16V – 133 ch Injection d'essence

Comme 1.4 – 75 ch, sauf:

Carrosserie, poids: Berline; vide dès env. 1120 kg.

Moteur: (ECE), 4 cyl. en ligne (86×86 mm), 1998 cm³; compr. 11:1; 98 kW (133 ch) à 5500/min, 49 kW/L (66.7 ch/L); 180 Nm (18.3 mkp) à 4200/min; 95 (R).

Moteur (constr.): désignation XU 10 J4R; 4 soupapes en V; 2 arbres à cames en tête (courroie crantée); culasse en alliage léger; vilebrequin à 5 paliers; huile 5.4 L; injection électronique, Bosch Motronic, MP 5.1.1. Batterie 300 A, alternateur 70 A; refroidissement à eau, capac. 7.8 L.

Transmission:
3/5 p. et Break: Boîte à 5 vit.: I. 3.46; II. 1.87; III. 1.36; IV. 1.05; V. 0.8; AR 3.33; pont 3.95.
4 p. et Cabr.: Boîte à 5 vit.: I. 3.46; II. 1.87; III. 1.36; IV. 1.05; V. 0.8; AR 3.33; pont 3.79.
boîte aut. à 4 vit.: I. 2.51; II. 1.42; III. 1.04; IV. 0.77; AR 2.94; pont 3.82.

Train roulant: quatre freins à disques (AV ventilés), ⌀ disques AV 26.6 cm, ABS, Bosch; servodirection à crémaillère, pneus 195/55 VR 15, jantes 6 J.

Performances: Vmax (réd.) plus de 200 km/h, 0–100 km/h 9.5 s; consomm. (Red.) 6.5/9 L/100 km.

2.0 16V – 163 ch Injection d'essence

Comme 1.4 – 75 ch, sauf:

Carrosserie, poids: Berline, 3 portes; vide dès 1160 kg, tot. adm. 1670 kg.

Moteur: (ECE), 4 cyl. en ligne (86×86 mm), 1998 cm³; compr. 10.8:1; 120 kW (163 ch) à 6500/min, 60 kW/L (81.6 ch/L); 193 Nm (19.7 mkp) à 5500/min; 95 (R).

Moteur (constr.): désignation XU 10J4 RS; 4 soupapes en V; 2 arbres à cames en tête (courroie crantée); culasse en alliage léger; vilebrequin à 5 paliers; huile 5.4 L; injection électronique, Magneti-Marelli, 1 AP.10. Batterie 300 A, alternateur 1000 W; refroidissement à eau, capac. 7 L.

Transmission:
Boîte à 6 vit.: I. 2.92; II. 1.87; III. 1.41; IV. 1.15; V. 0.95; VI. 0.8; AR 2.58; pont 3.95.

Train roulant: quatre freins à disques (AV ventilés), ⌀ disques AV 28.3 cm, AR 24.7 cm, ABS, Bosch; servodirection à crémaillère, pneus 195/55 VR 15, jantes 6 J.

Dimensionen: Spur 146.5/144 cm, Wendekreis 12.1 m, Höhe 137 cm.

Fahrleistungen: Vmax (Werk) 220 km/h, V bei 1000/min im 6. Gang 34.5 km/h; 0–100 km/h 8.5 s; steh. km 29.5 s; Leistungsgew. 9.7 kg/kW (7.1 kg/PS); Verbrauch (Werk) 6.7/10.6 L/100 km.

Peugeot 306 ST

1.9 – 69 PS Diesel

Wie 1.4 – 75 PS, ausgenommen:

Karosserie, Gewicht: Limousine; leer ab 1080 kg, max. zul. 1590 kg.
Mit 4 Türen: leer ab 1100 kg, max. zul. 1625 kg.

Motor: (ECE), 4 Zyl. in Linie (83×88 mm), 1905 cm³; Kompr. 23:1; 51 kW (69 PS) bei 4600/min, 26.8 kW/L (36.4 PS/L); 120 Nm (12.2 mkp) bei 2000/min; Dieselöl.

Motorkonstruktion: Bezeichnung XUD 9A; Wirbelkammer-Diesel; 2 Ventile parallel; 1 obenl. Nockenwelle (Zahnriemen); Leichtmetall-Zylinderkopf; 5fach gelagerte Kurbelwelle; Öl 5 L; Einspritzpumpe. Batterie 50 Ah, Alternator 750 W; Wasserkühlung, Inh. 7.8 L.

Kraftübertragung:
5-Gang-Getriebe: I. 3.46; II. 1.85; III. 1.28; IV. 0.97; V. 0.76; R. 3.33; Achse 3.94.

Fahrwerk: Reifen 175/70 R 13, Felgen 5.5 J.

Fahrleistungen: Vmax (Werk) 165 km/h, V bei 1000/min im 5. Gang 35.4 km/h; 0–100 km/h 16.9 s; steh. km 37.7 s; Leistungsgew. 21.2 kg/kW (15.6 kg/PS); Verbrauch ECE 4.6/6.3/7 L/100 km.
Mit 4 Türen: Vmax 168 km/h.

1.9 – 90 PS Turbodiesel

Wie 1.4 – 75 PS, ausgenommen:

Karosserie, Gewicht: Limousine; leer ab 1120 kg, max. zul. 1630 kg.
Mit 4 Türen: leer ab 1140 kg, max. zul. 1625 kg.

Motor: (ECE), 4 Zyl. in Linie (83×88 mm), 1905 cm³; Kompr. 21.8:1; 66 kW (90 PS) bei 4000/min, 34.6 kW/L (47.1 PS/L); 196 Nm (20 mkp) bei 2250/min; Dieselöl.

Motorkonstruktion: Bezeichnung XUD 9 BTF; Wirbelkammer-Diesel; 2 Ventile parallel; 1 obenl. Nockenwelle (Zahnriemen); Leichtmetall-Zylinderkopf; 5fach gelagerte Kurbelwelle; Öl 5 L; Einspritzpumpe, Bosch, VP 20. Batterie 450 A, Alternator 950 W; Wasserkühlung, Inh. 9 L.

Kraftübertragung:
5-Gang-Getriebe: I. 3.46; II. 1.85; III. 1.15; IV. 0.83; V. 0.66; R. 3.33; Achse 3.94.

Fahrwerk: Bremse, vorne Scheiben (belüftet), hinten Trommeln, Zahnstangenl. mit Servo, Reifen 185/65 R 14, Felgen 5.5 J.

Dimensions: voie 146.5/144 cm, diam. de braq. 12.1 m, hauteur 137 cm.

Performances: Vmax (usine) 220 km/h, V à 1000/min en 6. vit. 34.5 km/h; 0–100 km/h 8.5 s; km arrêté 29.5 s; rapp. poids/puiss. 9.7 kg/kW (7.1 kg/ch); consomm. (Werk) 6.7/10.6 L/100 km.

1.9 – 69 ch Diesel

Comme 1.4 – 75 ch, sauf:

Carrosserie, poids: Berline; vide dès 1080 kg, tot. adm. 1590 kg.
Avec 4 portes: vide dès 1100 kg, tot. adm. 1625 kg.

Moteur: (ECE), 4 cyl. en ligne (83×88 mm), 1905 cm³; compr. 23:1; 51 kW (69 ch) à 4600/min, 26.8 kW/L (36.4 ch/L); 120 Nm (12.2 mkp) à 2000/min; gazole.

Moteur (constr.): désignation XUD 9A; diesel à chambre de turbulence; 2 soup. en parallèle; 1 arbre à cames en tête (courroie crantée); culasse en alliage léger; vilebrequin à 5 paliers; huile 5 L; pompe à inj. Batterie 50 Ah, alternateur 750 W; refroidissement à eau, capac. 7.8 L.

Transmission:
Boîte à 5 vit.: I. 3.46; II. 1.85; III. 1.28; IV. 0.97; V. 0.76; AR 3.33; pont 3.94.

Train roulant: pneus 175/70 R 13, jantes 5.5 J.

Performances: Vmax (usine) 165 km/h, V à 1000/min en 5. vit. 35.4 km/h; 0–100 km/h 16.9 s; km arrêté 37.7 s; rapp. poids/puiss. 21.2 kg/kW (15.6 kg/ch); consomm. ECE 4.6/6.3/7 L/100 km.
Avec 4 portes: Vmax 168 km/h.

1.9 – 90 ch Turbodiesel

Comme 1.4 – 75 ch, sauf:

Carrosserie, poids: Berline; vide dès 1120 kg, tot. adm. 1630 kg.
Avec 4 portes: vide dès 1140 kg, tot. adm. 1625 kg.

Moteur: (ECE), 4 cyl. en ligne (83×88 mm), 1905 cm³; compr. 21.8:1; 66 kW (90 ch) à 4000/min, 34.6 kW/L (47.1 ch/L); 196 Nm (20 mkp) à 2250/min; gazole.

Moteur (constr.): désignation XUD 9 BTF; diesel à chambre de turbulence; 2 soup. en parallèle; 1 arbre à cames en tête (courroie crantée); culasse en alliage léger; vilebrequin à 5 paliers; huile 5 L; pompe à injection, Bosch, VP 20. Batterie 450 A, alternateur 950 W; refroidissement à eau, capac. 9 L.

Transmission:
Boîte à 5 vit.: I. 3.46; II. 1.85; III. 1.15; IV. 0.83; V. 0.66; AR 3.33; pont 3.94.

Train roulant: frein, AV à disques (ventilés), AR à tambours, servodirection à crémaillère, pneus 185/65 R 14, jantes 5.5 J.

Peugeot

Fahrleistungen: Vmax (Werk) 180 km/h, V bei 1000/min im 5. Gang 40.7 km/h; 0–100 km/h 12.4 s; steh. km 34.2 s; Leistungsgew. 16.5 kg/kW (12.2 kg/PS); Verbrauch ECE 4.4/6.2/7.5 L/100 km.

Performances: Vmax (usine) 180 km/h, V à 1000/min en 5. vit. 40.7 km/h; 0–100 km/h 12.4 s; km arrêté 34.2 s; rapp. poids/puiss. 16.5 kg/kW (12.2 kg/ch); consomm. ECE 4.4/6.2/7.5 L/100 km.

Peugeot 405

Viertürige Stufenheck-Limousine der Mittelklasse, quer eingebaute Motoren. Debüt Mai 1987. November 1996: Produktion in Europa eingestellt.

Berline à quatre portes et trois volumes, moteurs AV transversaux. Lancement mai 1987. Novembre 1996: Production à cessé en Europe.

Fahrgestell: Selbsttragende Karosserie mit vorderem und hinterem Hilfsrahmen; vorn Federbeine und Dreieckquerlenker; hinten Mehrlenkerachse mit Längs-, Quer- und Schräglenkern, Schraubenfedern, Teleskopdämpfer; v/h Kurvenstabilisator.

Fahrwerk: Bremse, vorne Scheiben (belüftet), hinten Trommeln, Scheiben-⌀ v. 26 cm, ABS, Bosch; Handbremse auf Hinterräder; Zahnstangenl. mit Servo, Treibstofftank 70 L; Reifen 185/70 HR 14, Felgen 5.5 J.

Dimensionen: Radstand 270 cm, Spur 150/148 cm, Bodenfreih. 13 cm, Wendekreis 12 m, Kofferraum 430 dm³, Länge 456 cm, Breite 176.5 cm, Höhe 140 cm.
Break: Bodenfreih. 14 cm, Kofferraum 525/1740 dm³, Länge 472.5 cm, Höhe 150 cm.

Fahrleistungen: Vmax (Werk) 192 km/h, V bei 1000/min im 5. Gang 38.7 km/h; 0–100 km/h 12.5 s; steh. km 33.9 s; Leistungsgew. 15.7 kg/kW (11.6 kg/PS); Verbrauch EU 6.4/11.9 L/100 km.
Break: Vmax 185 km/h, 0–100 km/h 12.6 s; steh. km 34 s; Leistungsgew. 16.2 kg/kW (11.9 kg/PS); Verbrauch EU 6.9/12.1 L/100 km.

Châssis: carrosserie autoporteuse avec faux-châssis AV et AR; AV jambes élast. et leviers triang. transv.; AR essieu à multiples bras (leviers longit., obliques et transv.), ressorts hélicoïdaux, amortiss. télesc.; AV/AR barre anti-dévers.

Train roulant: frein, AV à disques (ventilés), AR à tambours, ⌀ disques AV 26 cm, ABS, Bosch; frein à main sur roues AR; servodirection à crémaillère, réservoir carb. 70 L; pneus 185/70 HR 14, jantes 5.5 J.

Dimensions: empattement 270 cm, voie 150/148 cm, garde au sol 13 cm, diam. de braq. 12 m, coffre 430 dm³, longueur 456 cm, largeur 176.5 cm, hauteur 140 cm.
Break: garde au sol 14 cm, coffre 525/1740 dm³, longueur 472.5 cm, hauteur 150 cm.

Performances: Vmax (usine) 192 km/h, V à 1000/min en 5. vit. 38.7 km/h; 0–100 km/h 12.5 s; km arrêté 33.9 s; rapp. poids/puiss. 15.7 kg/kW (11.6 kg/ch); consomm. EU 6.4/11.9 L/100 km.
Break: Vmax 185 km/h, 0–100 km/h 12.6 s; km arrêté 34 s; rapp. poids/puiss. 16.2 kg/kW (11.9 kg/ch); consomm. EU 6.9/12.1 L/100 km.

1.6 – 88 PS Benzineinspritzung
1.6 – 88 ch Injection d'essence

Wie 1.8 – 110 PS, ausgenommen:

Comme 1.8 – 110 ch, sauf:

Karosserie, Gewicht: Limousine; leer ab 1240 kg, max. zul. 1825 kg.

Carrosserie, poids: Berline; vide dès 1240 kg, tot. adm. 1825 kg.

Motor: (ECE), 4 Zyl. in Linie (83×73 mm), 1580 cm³; Kompr. 9.3:1; 65 kW (88 PS) bei 6000/min, 41.1 kW/L (55.9 PS/L); 130 Nm (13.3 mkp) bei 2600/min; 95 ROZ.

Moteur: (ECE), 4 cyl. en ligne (83×73 mm), 1580 cm³; compr. 9.3:1; 65 kW (88 ch) à 6000/min, 41.1 kW/L (55.9 ch/L); 130 Nm (13.3 mkp) à 2600/min; 95 (R).

Motorkonstruktion: Bezeichnung XU 5JP/L3; 2 Ventile parallel; 1 obenl. Nockenwelle (Zahnriemen); Leichtmetall-Zylinderkopf und -block; 5fach gelagerte Kurbelwelle; Öl 4.9 L; elektron. Einspritzung, Bosch, MP 5.1.1.
Batterie 250 A, Alternator 80 A; Wasserkühlung, Inh. 7 L.

Moteur (constr.): désignation XU 5JP/L3; 2 soup. en parallèle; 1 arbre à cames en tête (courroie crantée); culasse et bloc-cyl. en alliage léger; vilebrequin à 5 paliers; huile 4.9 L; injection électronique, Bosch, MP 5.1.1.
Batterie 250 A, alternateur 80 A; refroidissement à eau, capac. 7 L.

Peugeot 405

Peugeot 406

Nachfolger des 405. Viertürige Stufenheck-Limousine der Mittelklasse, vorne quer eingebaute Motoren, rundum Einzelradaufhängung mit Mehrlenker-Hinterachse. Debüt Sommer 1995. Juli 1996: neue Variante mit 2.0-Turbo. Herbst 1996: V-6, Automat und Break.

Successeur de la 405. Berline trois volumes à quatre portes, moteurs AV transversaux, suspensions à roues indép. AV et AR. Essieu AR multibras. Lancement été 1995. Juillet 1996: nouvelle variante avec 2.0 turbo. Automne 1996: moteur V6, boîte automatique et Break.

1.8 16V – 110 PS Benzineinspritzung
1.8 16V – 110 ch Injection d'essence

Karosserie, Gewicht: Limousine; leer ab 1275 kg, max. zul. 1875 kg.
Break: leer ab 1310 kg, max. zul. 1805 kg.

Carrosserie, poids: Berline; vide dès 1275 kg, tot. adm. 1875 kg.
Break: vide dès 1310 kg, tot. adm. 1805 kg.

Motor: (ECE), 4 Zyl. in Linie (83×81.4 mm), 1762 cm³; Kompr. 10.4:1; 81 kW (110 PS) bei 5500/min, 46 kW/L (62.5 PS/L); 155 Nm (15.8 mkp) bei 4250/min; 95 ROZ.

Moteur: (ECE), 4 cyl. en ligne (83×81.4 mm), 1762 cm³; compr. 10.4:1; 81 kW (110 ch) à 5500/min, 46 kW/L (62.5 ch/L); 155 Nm (15.8 mkp) à 4250/min; 95 (R).

Motorkonstruktion: Bezeichnung XU7 JP4; 4 Ventile in V; 2 obenl. Nockenwellen (Zahnriemen); Leichtmetall-Zylinderkopf und -block; 5fach gel. Kurbelwelle; Öl 4.9 L; elektron. Einspritzung, Sagem, SL 96.
Batterie 250 A, Alternator 80 A; Wasserkühlung, Inh. 7 L.

Moteur (constr.): désignation XU7 JP4; 4 soupapes en V; 2 arbres à cames en tête (courroie crantée); culasse et bloc-cyl. en alliage léger; vilebrequin à 5 paliers; huile 4.9 L; injection électronique, Sagem, SL 96.
Batterie 250 A, alternateur 80 A; refroidissement à eau, capac. 7 L.

Kraftübertragung: (auf Vorderräder).
5-Gang-Getriebe: I. 3.46; II. 1.87; III. 1.28; IV. 0.95; V. 0.74; R 3.33; Achse 3.95.
Break: 5-Gang-Getriebe: I. 3.46; II. 1.87; III. 1.36; IV. 1.05; V. 0.8; Achse 4.16.

Transmission: (sur roues AV).
Boîte à 5 vit.: I. 3.46; II. 1.87; III. 1.28; IV. 0.95; V. 0.74; AR 3.33; pont 3.95.
Break: boîte à 5 vit.: I. 3.46; II. 1.87; III. 1.36; IV. 1.05; V. 0.8; pont 4.16.

Peugeot 406 Break

Kraftübertragung:
5-Gang-Getriebe: I. 3.46; II. 1.87; III. 1.36; IV. 1.05; V. 0.8; R 3.33; Achse 4.65.

Transmission:
Boîte à 5 vit.: I. 3.46; II. 1.87; III. 1.36; IV. 1.05; V. 0.8; AR 3.33; pont 4.65.

Fahrleistungen: Vmax (Werk) 175 km/h, V bei 1000/min im 5. Gang 34.4 km/h; 0–100 km/h 15.3 s; steh. km 36.4 s; Leistungsgew. 19.1 kg/kW (14.1 kg/PS); Verbrauch EU 6.6/11.7 L/100 km.

Performances: Vmax (usine) 175 km/h, V à 1000/min en 5. vit. 34.4 km/h; 0–100 km/h 15.3 s; km arrêté 36.4 s; rapp. poids/puiss. 19.1 kg/kW (14.1 kg/ch); consomm. EU 6.6/11.7 L/100 km.

2.0 16V – 132 PS Benzineinspritzung
2.0 16V – 132 ch Injection d'essence

Wie 1.8 – 110 PS, ausgenommen:

Comme 1.8 – 110 ch, sauf:

Karosserie, Gewicht: Limousine; leer ab 1315 kg, max. zul. 1915 kg.
Break: leer ab 1378 kg, max. zul. 1932 kg.

Carrosserie, poids: Berline; vide dès 1315 kg, tot. adm. 1915 kg.
Break: vide dès 1378 kg, tot. adm. 1932 kg.

Motor: (ECE), 4 Zyl. in Linie (86×86 mm), 1998 cm³; Kompr. 11:1; 97 kW (132 PS) bei 5500/min, 48.5 kW/L (66 PS/L); 180 Nm (18.3 mkp) bei 4200/min; 95 ROZ.

Moteur: (ECE), 4 cyl. en ligne (86×86 mm), 1998 cm³; compr. 11:1; 97 kW (132 ch) à 5500/min, 48.5 kW/L (66 ch/L); 180 Nm (18.3 mkp) à 4200/min; 95 (R).

Peugeot 406

Kleine Liste der Dinge, die niemals verkleinert werden können: Neugier Liebe Leidenschaft Freude Sicherheit Harmonie Fantasie Grosszügigkeit und zehn bis zwölf Koffer.

MEHR RAUM FÜR DIE GROSSEN DINGE DES LEBENS

★ EURO RSCG

NEU. GROSS. SCHÖN. Der Peugeot 406 Break ist ein echtes Raumwunder. Mit elegant verpackten 1741 Litern Laderaum bietet er die grösste Bewegungsfreiheit seiner Klasse. Oder 7 Sitzplätze in der «Familiale»-Ausführung. Und 6 Motoren vom 1,8 bis zum 3,0 Liter mit 6 Zylindern, von 90 bis 194 PS, auf Wunsch mit Automatikgetriebe (je nach Modell). All das mit der wegweisenden Sicherheitsausstattung, die auch in der 406 Limousine für beruhigende Sicherheit sorgt. Peugeot 406 – der neue Break: ab Fr. 28 800.–.

DER NEUE BREAK 406 PEUGEOT
MIT SICHERHEIT MEHR VERGNÜGEN.

Peugeot

Motorkonstruktion: Bezeichnung XU 10 J4R; 4 Ventile in V; 2 obenl. Nockenwellen (Zahnriemen); Leichtmetall-Zylinderkopf; 5fach gelagerte Kurbelwelle; Öl 5.4 L; elektron. Einspritzung, Bosch, MP 5.1.1.
Batterie 300 A, Alternator 80 A; Wasserkühlung, Inh. 7.8 L.

Kraftübertragung:
5-Gang-Getriebe: I. 3.46; II. 1.87; III. 1.36; IV. 1.05; V. 0.8; R 3.33; Achse 4.16.
4-Stufen-Automat: ZF; I. 3.33; II. 1.95; III. 1.22; IV. 0.88; R 3.15; Achse 3.45.

Fahrwerk: Vierrad-Scheibenbremse (vorn belüftet), Scheiben-∅ v. 28.3 cm, h. 29 cm, Reifen 195/65 VR 15, Felgen 6 J.

Fahrleistungen: Vmax (Werk) 203 km/h, V bei 1000/min im 5. Gang 35 km/h; 0–100 km/h 11 s; steh. km 32.3 s; Leistungsgew. 13.6 kg/kW (10 kg/PS); Verbrauch ECE 6.1/7.7/11.3 L/100 km.
Aut.: Vmax 198 km/h, 0–100 km/h 14.1 s; steh. km 35.2 s; Verbrauch EU 7.9/15.9 L/100 km.
Break: Vmax 197 km/h, 0–100 km/h 11.2 s; steh. km 32.6 s; Verbrauch EU 7.3/13.2 L/100 km.
Break Aut.: Vmax 190 km/h, 0–100 km/h 15.4 s; steh. km 36 s; Verbrauch EU 8.1/16 L/100 km.

Moteur (constr.): désignation XU 10 J4R; 4 soupapes en V; 2 arbres à cames en tête (courroie crantée); culasse en alliage léger; vilebrequin à 5 paliers; huile 5.4 L; injection électronique, Bosch, MP 5.1.1.
Batterie 300 A, alternateur 80 A; refroidissement à eau, capac. 7.8 L.

Transmission:
Boîte à 5 vit.: I. 3.46; II. 1.87; III. 1.36; IV. 1.05; V. 0.8; AR 3.33; pont 4.16.
boîte aut. à 4 vit.: ZF; I. 3.33; II. 1.95; III. 1.22; IV. 0.88; AR 3.15; pont 3.45.

Train roulant: quatre freins à disques (AV ventilés), ∅ disques AV 28.3 cm, AR 29 cm, pneus 195/65 VR 15, jantes 6 J.

Performances: Vmax (usine) 203 km/h, V à 1000/min en 5. vit. 35 km/h; 0–100 km/h 11 s; km arrêté 32.3 s; rapp. poids/puiss. 13.6 kg/kW (10 kg/ch); consomm. ECE 6.1/7.7/11.3 L/100 km.
Aut.: Vmax 198 km/h, 0–100 km/h 14.1 s; km arrêté 35.2 s; consomm. EU 7.9/15.9 L/100 km.
Break: Vmax 197 km/h, 0–100 km/h 11.2 s; km arrêté 32.6 s; consomm. EU 7.3/13.2 L/100 km.
Break Aut.: Vmax 190 km/h, 0–100 km/h 15.4 s; km arrêté 36 s; consomm. EU 8.1/16 L/100 km.

Peugeot 406

Peugeot 405 SVT

2.0 – 147 PS
Benzineinspritzung/Turbo

Wie 1.8 – 110 PS, ausgenommen:

Karosserie, Gewicht: Limousine; 1335 kg, max. zul. 1865 kg.
Break: leer ab 1461 kg, max. zul. 1928 kg.

Motor: (ECE), 4 Zyl. in Linie (86×86 mm), 1998 cm³; Kompr. 8.5:1; 108 kW (147 PS) bei 5300/min, 54 kW/L (73.5 PS/L); 235 Nm (24 mkp) bei 2500/min; 95 ROZ.

Motorkonstruktion: Bezeichnung XU 10 J2 TE; 2 Ventile in V; 1 obenl. Nockenwelle (Zahnriemen); Leichtmetall-Zylinderkopf; 5fach gelagerte Kurbelwelle; Öl 5.4 L; elektron. Einspritzung, Bosch, MP 3.2; 1 Turbolader, Garrett T25, max. Ladedruck 0.6 bar, Intercooler.
Batterie 300 A, Alternator 80 A; Wasserkühlung, Inh. 7.8 L.

Kraftübertragung:
5-Gang-Getriebe: I. 3.25; II. 1.78; III. 1.19; IV. 0.88; V. 0.7; R 3.16; Achse 4.31.

Fahrwerk: Vierrad-Scheibenbremse (vorn belüftet), Scheiben-∅ v. 28.3 cm, h. 29 cm, Reifen 205/60 VR 15, Felgen 6.5 J.

Fahrleistungen: Vmax (Werk) 210 km/h, V bei 1000/min im 5. Gang 38 km/h; 0–100 km/h 10.3 s; steh. km 31.6 s; Leistungsgew. 12.4 kg/kW (9.1 kg/PS); Verbrauch EU 7.5/13.9 L/100 km.
Break: Vmax 204 km/h, 0–100 km/h 10.6 s; steh. km 31.9 s; Verbrauch EU 7.7/14.2 L/100km.

2.0 – 147 ch
Injection d'essence/turbo

Comme 1.8 – 110 ch, sauf:

Carrosserie, poids: Berline; 1335 kg, tot. adm. 1865 kg.
Break: vide dès 1461 kg, tot. adm. 1928 kg.

Moteur: (ECE), 4 cyl. en ligne (86×86 mm), 1998 cm³; compr. 8.5:1; 108 kW (147 ch) à 5300/min, 54 kW/L (73.5 ch/L); 235 Nm (24 mkp) à 2500/min; 95 (R).

Moteur (constr.): désignation XU 10 J2 TE; 2 soupapes en V; 1 arbre à cames en tête (courroie crantée); culasse en alliage léger; vilebrequin à 5 paliers; huile 5.4 L; injection électronique, Bosch, MP 3.2; 1 turbocompr., Garrett T25, pression max. 0.6 bar, Intercooler.
Batterie 300 A, alternateur 80 A; refroidissement à eau, capac. 7.8 L.

Transmission:
Boîte à 5 vit.: I. 3.25; II. 1.78; III. 1.19; IV. 0.88; V. 0.7; AR 3.16; pont 4.31.

Train roulant: quatre freins à disques (AV ventilés), ∅ disques AV 28.3 cm, AR 29 cm, pneus 205/60 VR 15, jantes 6.5 J.

Performances: Vmax (usine) 210 km/h, V à 1000/min en 5. vit. 38 km/h; 0–100 km/h 10.3 s; km arrêté 31.6 s; rapp. poids/puiss. 12.4 kg/kW (9.1 kg/ch); consomm. EU 7.5/13.9 L/100 km.
Break: Vmax 204 km/h, 0–100 km/h 10.6 s; km arrêté 31.9 s; consomm. EU 7.7/14.2 L/100 km.

2.9 V6 24V – 190 PS
Benzineinspritzung

Wie 1.8 – 110 PS, ausgenommen:

Karosserie, Gewicht: Limousine; leer ab 1455 kg, max. zul. 1925 kg.
Break: leer ab 1540 kg, max. zul. 1960 kg.

Motor: (ECE), 6 Zyl. in V 60° (87×82.6 mm), 2946 cm³; Kompr. 10.5:1; 140 kW (190 PS) bei 5500/min, 47.5 kW/L (64.6 PS/L); 267 Nm (27.2 mkp) bei 4000/min; 95 ROZ.

Motorkonstruktion: Bezeichnung ES9J4; 4 Ventile in V; 2×2 obenl. Nockenwellen (Zahnriemen); Leichtmetall-Zylinderköpfe und -block; 4fach gelagerte Kurbelwelle; Öl 5.5 L; elektron. Einspr., Bosch, MP 7.0.
Batterie 300 A, Alternator 80 A; Wasserkühlung, Inh. 7.8 L.

Kraftübertragung:
5-Gang-Getriebe: I. 3.25; II. 1.78; III. 1.19; IV. 0.88; V. 0.7; R 3.16; Achse 4.31.
4-Stufen-Automat: ZF; I. 3.33; II. 1.95; III. 1.22; IV. 0.88; R 3.15; Achse 3.45.

Fahrwerk: Vierrad-Scheibenbremse (vorn belüftet), Scheiben-∅ v. 28.3 cm, h. 29 cm, Reifen 205/60 VR 15, Felgen 6.5 J.

Fahrleistungen: Vmax (Werk) 232 km/h, V bei 1000/min im 5. Gang 38 km/h; 0–100 km/h 8.2 s; steh. km 29 s; Leistungsgew. 10.4 kg/kW (7.7 kg/PS); Verbrauch EU 8/15.9 L/100 km.
Break: Vmax 227 km/h, 0–100 km/h 8.5 s; steh. km 29.3 s; Verbrauch EU 8.2/16.1 L/100 km.

2.9 V6 24V – 190 ch
Injection d'essence

Comme 1.8 – 110 ch, sauf:

Carrosserie, poids: Berline; vide dès 1455 kg, tot. adm. 1925 kg.
Break: vide dès 1540 kg, tot. adm. 1960 kg.

Moteur: (ECE), 6 cyl. en V 60° (87×82.6 mm), 2946 cm³; compression 10.5:1; 140 kW (190 ch) à 5500/min, 47.5 kW/L (64.6 ch/L); 267 Nm (27.2 mkp) à 4000/min; 95 (R).

Moteur (constr.): désignation ES9J4; 4 soupapes en V; 2×2 arbres à cames en tête (courroie crantée); culasses et bloc-cyl. en alliage léger; vilebrequin à 4 paliers; huile 5.5 L; inj. électronique, Bosch, MP 7.0.
Batterie 300 A, alternateur 80 A; refroidissement à eau, capac. 7.8 L.

Transmission:
Boîte à 5 vit.: I. 3.25; II. 1.78; III. 1.19; IV. 0.88; V. 0.7; AR 3.16; pont 4.31.
Boîte aut. à 4 vit.: ZF; I. 3.33; II. 1.95; III. 1.22; IV. 0.88; AR 3.15; pont 3.45.

Train roulant: quatre freins à disques (AV ventilés), ∅ disques AV 28.3 cm, AR 29 cm, pneus 205/60 VR 15, jantes 6.5 J.

Performances: Vmax (usine) 232 km/h, V à 1000/min en 5. vit. 38 km/h; 0–100 km/h 8.2 s; km arrêté 29 s; rapp. poids/puiss. 10.4 kg/kW (7.7 kg/PS); consomm. EU 8/15.9 L/100 km.
Break: Vmax 227 km/h, 0–100 km/h 8.5 s; km arrêté 29.3 s; consomm. EU 8.2/16.1 L/100 km.

Peugeot 406 Break

1.9 – 90 PS
Turbodiesel

Wie 1.8 – 110 PS, ausgenommen:

Karosserie, Gewicht: Limousine; leer ab 1335 kg, max. zul. 1935 kg.
Break: leer ab 1389 kg, max. zul. 1887 kg.

Motor: (ECE), 4 Zyl. in Linie (83×88 mm), 1905 cm³; Kompr. 21.8:1; 66 kW (90 PS) bei 4000/min, 34.6 kW/L (47.1 PS/L); 196 Nm (20 mkp) bei 2250/min; Dieselöl.

1.9 – 90 ch
Turbodiesel

Comme 1.8 – 110 ch, sauf:

Carrosserie, poids: Berline; vide dès 1335 kg, tot. adm. 1935 kg.
Break: vide dès 1389 kg, tot. adm. 1887 kg.

Moteur: (ECE), 4 cyl. en ligne (83×88 mm), 1905 cm³; compr. 21.8:1; 66 kW (90 ch) à 4000/min, 34.6 kW/L (47.1 ch/L); 196 Nm (20 mkp) à 2250/min; gazole.

Peugeot 443

Peugeot 406

Motorkonstruktion: Bezeichnung XUD 9 BTF; Wirbelkammer-Diesel; 2 Ventile parallel; 1 obenl. Nockenwelle (Zahnriemen); Leichtmetall-Zylinderkopf; 5fach gelagerte Kurbelwelle; Öl 5 L; Einspritzpumpe, Bosch, VP 20

Batterie 450 A, Alternator 950 W; Wasserkühlung, Inh. 9 L.

Kraftübertragung:
5-Gang-Getriebe: I. 3.46; II. 1.87; III. 1.15; IV. 0.82; V. 0.66; R 3.33; Achse 4.43.

Fahrwerk: Scheiben-Ø v. 28.3 cm, Reifen 195/65 HR 15, Felgen 6 J.

Fahrleistungen: Vmax (Werk) 178 km/h, V bei 1000/min im 5. Gang 39.6 km/h; 0–100 km/h 14.3 s; steh. km 35.6 s; Leistungsgew. 19.6 kg/kW (14.5 kg/PS); Verbrauch ECE 5/6/7/8 L/100 km.
Break: Vmax 170 km/h, 0–100 km/h 14.8 s; steh. km 36 s; Verbrauch EU 5.7/9.5 L/100 km.

2.1 12V – 109 PS Turbodiesel

Wie 1.8 – 110 PS, ausgenommen:

Karosserie, Gewicht: Limousine; leer ab 1415 kg, max. zul. 2015 kg.
Break: leer ab 1485 kg, max. zul. 1949 kg.

Motor: (ECE), 4 Zyl. in Linie (85×92 mm), 2088 cm³; Kompr. 21.5:1; 80 kW (109 PS) bei 4300/min, 38.3 kW/L (52.1 PS/L); 250 Nm (25.5 mkp) bei 2000/min; Dieselöl.

Motorkonstruktion: Bezeichnung XU D11 BTE; Wirbelkammer-Diesel; 3 Ventile parallel; 1 obenl. Nockenwelle (Zahnriemen); Leichtmetall-Zylinderkopf; 5fach gelagerte Kurbelwelle; Öl 5 L; Einspritzpumpe, Lucas, DCU1; 1 Turbolader, Garrett, max. Ladedruck 0.9 bar, Intercooler.

Batterie 300 A, Alternator 950 W; Wasserkühlung, Inh. 10.5 L.

Kraftübertragung:
5-Gang-Getriebe: I. 3.25; II. 1.78; III. 1.12; IV. 0.8; V. 0.61; R 3.16; Achse 4.31.

Fahrwerk: Vierrad-Scheibenbremse (vorn belüftet), Scheiben-Ø v. 28.3 cm, h. 29 cm, Reifen 195/65 HR 15, Felgen 6 J.

Peugeot 406

Moteur (constr.): désignation XUD 9 BTF; diesel à chambre de turbulence; 2 soup. en parallèle; 1 arbre à cames en tête (courroie crantée); culasse en alliage léger; vilebrequin à 5 paliers; huile 5 L; pompe à injection, Bosch, VP 20

Batterie 450 A, alternateur 950 W; refroidissement à eau, capac. 9 L.

Transmission:
Boîte à 5 vit.: I. 3.46; II. 1.87; III. 1.15; IV. 0.82; V. 0.66; AR 3.33; pont 4.43.

Train roulant: Ø disques AV 28.3 cm, pneus 195/65 HR 15, jantes 6 J.

Performances: Vmax (usine) 178 km/h, V à 1000/min en 5. vit. 39.6 km/h; 0–100 km/h 14.3 s; km arrêté 35.6 s; rapp. poids/puiss. 19.6 kg/kW (14.5 kg/ch); consomm. ECE 5/6.7/8 L/100 km.
Break: Vmax 170 km/h, 0–100 km/h 14.8 s; km arrêté 36 s; consomm. EU 5.7/9.5 L/100 km.

2.1 12V – 109 ch Turbodiesel

Comme 1.8 – 110 ch, sauf:

Carrosserie, poids: Berline; vide dès 1415 kg, tot. adm. 2015 kg.
Break: vide dès 1485 kg, tot. adm. 1949 kg.

Moteur: (ECE), 4 cyl. en ligne (85×92 mm), 2088 cm³; compr. 21.5:1; 80 kW (109 ch) à 4300/min, 38.3 kW/L (52.1 ch/L); 250 Nm (25.5 mkp) à 2000/min; gazole.

Moteur (constr.): désignation XU D11 BTE; diesel à chambre de turbulence; 3 soup. en parallèle; 1 arbre à cames en tête (courroie crantée); culasse en alliage léger; vilebrequin à 5 paliers; huile 5 L; pompe à injection, Lucas, DCU1; 1 turbocompr., Garrett, pression max. 0.9 bar, Intercooler.

Batterie 300 A, alternateur 950 W; refroidissement à eau, capac. 10.5 L.

Transmission:
Boîte à 5 vit.: I. 3.25; II. 1.78; III. 1.12; IV. 0.8; V. 0.61; AR 3.16; pont 4.31.

Train roulant: quatre freins à disques (AV ventilés), Ø disques AV 28.3 cm, AR 29 cm, pneus 195/65 HR 15, jantes 6 J.

Fahrleistungen: Vmax (Werk) 190 km/h, V bei 1000/min im 5. Gang 43.9 km/h; 0–100 km/h 12.5 s; steh. km 34.3 s; Leistungsgew. 17.7 kg/kW (13 kg/PS); Verbrauch ECE 5/6.7/8 L/100 km.
Break: Vmax 183 km/h, 0–100 km/h 12.6 s; steh. km 34.4 s; Verbrauch EU 5.8/9.6 L/100 km.

Peugeot 406 Coupé

Neues Modell. Produktion bei Pininfarina, der auch für das Styling verantwortlich zeichnet. Motoren 2.0-132 PS oder 3.0/V6-190 PS. Debüt Herbst 1996, Salon Paris.

2.0 16V – 133 PS Benzineinspritzung

Karosserie, Gewicht: Coupé, 2 Türen, 4 Sitze; leer ab 1340 kg, max. zul. 1735 kg.

Motor: (ECE), 4 Zyl. in Linie (86×86 mm), 1998 cm³; Kompr. 11:1; 98 kW (133 PS) bei 5500/min, 49 kW/L (66.7 PS/L); 180 Nm (18.3 mkp) bei 4200/min; 95 ROZ.

Motorkonstruktion: Bezeichnung XU 10 J4R; 4 Ventile in V; 2 obenl. Nockenwellen (Zahnriemen); Leichtmetall-Zylinderkopf; 5fach gelagerte Kurbelwelle; Öl 5.4 L; elektron. Einspr., Bosch Motronic, MP 5.1.1.

Batterie 300 A, Alternator 70 A; Wasserkühlung, Inh. 7.8 L.

Kraftübertragung: (auf Vorderräder).
5-Gang-Getriebe: I. 3.44; II. 1.87; III. 1.36; IV. 1.05; V. 0.86; R 3.33; Achse 4.16.
4-Stufen-Automat: ZF; I. 3.33; II. 1.95; III. 1.22; IV. 0.88; R 3.15; Achse 3.45.

Peugeot 406 Coupé

Fahrgestell: Selbsttragende Karosserie mit vorderem und hinterem Hilfsrahmen; vorn Federbeine und Dreieckquerlenker; hinten Mehrlenkerachse mit Längs-, Quer- und Schräglenkern, v/h Kurvenstabilisator, Schraubenfedern, Teleskopdämpfer.

Fahrwerk: Vierrad-Scheibenbremse (vorn belüftet), Scheiben-Ø v. 28.3 cm, h. 29 cm, ABS, Bosch; Handbremse auf Hinterräder; Zahnstangenl. mit Servo, Treibstofftank 70 L; Reifen 205/60 R 15, Felgen 6.5 J.

Dimensionen: Radstand 270 cm, Spur 151/152.5 cm, Bodenfreih. 11 cm, Wendekreis 11.7 m, Kofferraum 390 dm³, Länge 462 cm, Breite 178 cm, Höhe 135 cm.

Fahrleistungen: Vmax (Werk) 205 km/h, V bei 1000/min im 5. Gang 32.2 km/h; 0–100 km/h 10.4 s; steh. km 31.8 s; Leistungsgew. 13.7 kg/kW (10 kg/PS); Verbrauch EU 7.2/13.1 L/100 km.
Aut.: Vmax 200 km/h, 0–100 km/h 14.1 s; steh. km 35.2 s; Verbrauch EU 7.9/15.9 L/100 km.

Performances: Vmax (usine) 190 km/h, V à 1000/min en 5. vit. 43.9 km/h; 0–100 km/h 12.5 s; km arrêté 34.3 s; rapp. poids/puiss. 17.7 kg/kW (13 kg/ch); consomm. ECE 5/6.7/8 L/100 km.
Break: Vmax 183 km/h, 0–100 km/h 12.6 s; km arr. 34.4 s; consomm. EU 5.8/9.6 L/100 km.

Nouveau modèle. Production chez Pininfarina, aussi responsable pour le styling. Moteurs 2.0-132 ch ou 3.0/V6-190 ch. Lancement automne 1996, salon Paris.

2.0 16V – 133 ch Injection d'essence

Carrosserie, poids: Coupé, 2 portes, 4 pl.; vide dès 1340 kg, tot. adm. 1735 kg.

Moteur: (ECE), 4 cyl. en ligne (86×86 mm), 1998 cm³; compr. 11:1; 98 kW (133 ch) à 5500/min, 49 kW/L (66.7 PS/L); 180 Nm (18.3 mkp) à 4200/min; 95 (R).

Moteur (constr.): désignation XU 10 J4R; 4 soupapes en V; 2 arbres à cames en tête (courroie crantée); culasse en alliage léger; vilebrequin à 5 paliers; huile 5.4 L; injection électronique, Bosch Motronic, MP 5.1.1.

Batterie 300 A, alternateur 70 A; refroidissement à eau, capac. 7.8 L.

Transmission: (sur roues AV).
Boîte à 5 vit.: I. 3.44; II. 1.87; III. 1.36; IV. 1.05; V. 0.86; AR 3.33; pont 4.16.
Boîte aut. à 4 vit.: ZF; I. 3.33; II. 1.95; III. 1.22; IV. 0.88; AR 3.15; pont 3.45.

Châssis: carrosserie autoporteuse avec faux-châssis AV et AR; AV jambes élast. et leviers triang. transv.; AR essieu à multiples bras (leviers longit., obliques et transv.), AV/AR barre anti-dévers, ressorts hélic, amortiss. télesc.

Train roulant: quatre freins à disques (AV ventilés), Ø disques AV 28.3 cm, AR 29 cm, ABS, Bosch; frein à main sur roues AR; servodirection à crémaillère, réservoir carb. 70 L; pneus 205/60 R 15, jantes 6.5 J.

Dimensions: empattement 270 cm, voie 151/152.5 cm, garde au sol 11 cm, diam. de braq. 11.7 m, coffre 390 dm³, longueur 462 cm, largeur 178 cm, hauteur 135 cm.

Performances: Vmax (usine) 205 km/h, V à 1000/min en 5. vit. 32.2 km/h; 0–100 km/h 10.4 s; km arrêté 31.8 s; rapp. poids/puiss. 13.7 kg/kW (10 kg/ch); consomm. EU 7.2/13.1 L/100 km.
Aut.: Vmax 200 km/h, 0–100 km/h 14.1 s; km arrêté 35.2 s; consomm. EU 7.9/15.9 L/100 km.

Peugeot

Peugeot 406 Coupé

2.9 V6 24V – 190 PS
Benzineinspritzung

Wie 2.0 – 133 PS, ausgenommen:

Karosserie, Gewicht: Coupé; leer ab 1460 kg, max. zul. 1830 kg.

Motor: (ECE), 6 Zyl. in V 60° (87×82.6 mm), 2946 cm³; Kompr. 10.5:1; 140 kW (190 PS) bei 5750/min, 47.5 kW/L (64.6 PS/L); 267 Nm (27.2 mkp) bei 4500/min; 95 ROZ.

Motorkonstruktion: Bezeichnung ES9J4; 4 Ventile in V; 2×2 obenl. Nockenwellen (Zahnriemen); Leichtmetall-Zylinderköpfe und -block; 4fach gelagerte Kurbelwelle; Öl 5.5 L; elektron. Einspr., Bosch, MP 7.0. Batterie 300 A, Alternator 90 A; Wasserkühlung, Inh. 7.8 L.

Kraftübertragung:
5-Gang-Getriebe: I. 3.08; II. 1.78; III. 1.19; IV. 0.9; V. 0.73; R 3.15. Achse 4.31.
4-Stufen-Automat: ZF; I. 3.33; II. 1.95; III. 1.22; IV. 0.88; R 3.15; Achse 3.45.

Fahrwerk: Scheiben-⌀ v. 30.5 cm, Reifen 215/55 R 16, Felgen 7 J.

Fahrleistungen: Vmax (Werk) 235 km/h, V bei 1000/min im 5. Gang 37.2 km/h; 0–100 km/h 7.9 s; steh. km 28.7 s; Leistungsgew. 10.4 kg/kW (7.7 kg/PS); Verbrauch EU 8/15.9 L/100 km.
Aut.: Vmax 226 km/h, 0–100 km/h 9.7 s; steh. km 30.9 s; Verbrauch EU 8.4/17.2 L/100 km.

2.9 V6 24V – 190 ch
Injection d'essence

Comme 2.0 – 133 ch, sauf:

Carrosserie, poids: Coupé; vide dès 1460 kg, tot. adm. 1830 kg.

Moteur: (ECE), 6 cyl. en V 60° (87×82.6 mm), 2946 cm³; compression 10.5:1; 140 kW (190 ch) à 5750/min, 47.5 kW/L (64.6 ch/L); 267 Nm (27.2 mkp) à 4500/min; 95 (R).

Moteur (constr.): désignation ES9J4; 4 soupapes en V; 2×2 arbres à cames en tête (courroie crantée); culasses et bloc-cyl. en alliage léger; vilebrequin à 4 paliers; huile 5.5 L; inj. électronique, Bosch, MP 7.0. Batterie 300 A, alternateur 90 A; refroidissement à eau, capac. 7.8 L.

Transmission:
Boîte à 5 vit.: I. 3.08; II. 1.78; III. 1.19; IV. 0.9; V. 0.73; AR 3.15; pont 4.31.
Boîte aut. à 4 vit.: ZF; I. 3.33; II. 1.95; III. 1.22; IV. 0.88; AR 3.15; pont 3.45.

Train roulant: ⌀ disques AV 30.5 cm, pneus 215/55 R 16, jantes 7 J.

Performances: Vmax (usine) 235 km/h, V à 1000/min en 5. vit. 37.2 km/h; 0–100 km/h 7.9 s; km arrêté 28.7 s; rapp. poids/puiss. 10.4 kg/kW (7.7 kg/ch); consomm. EU 8/15.9 L/100 km.
Aut.: Vmax 226 km/h, 0–100 km/h 9.7 s; km arrêté 30.9 s; consomm. EU 8.4/17.2 L/100 km.

Peugeot 605

Viertürige Limousine der gehobenen Mittelklasse mit Frontantrieb. 4-Zylinder- und V6-Benzinmotoren zwischen 2 und 3 Litern Hubraum sowie Diesel und Turbodiesel. Debüt Salon Frankfurt 1989. Für 1993 und 1995 geänderte Motorenreihe, Modifikationen an Karosserie und Interieur.

Berline quatre portes de la classe moyenne supérieure à roues AV motrices. Moteurs essence 4 cylindres et V6 d'une cylindrée entre 2 et 3 litres ainsi que diesel et turbodiesel. Lancement salon Francfort 1989. Pour 1993 et 1995 gamme de moteurs modifiée, améliorations à la carrosserie et à l'intérieur.

2.0 16V – 133 PS
Benzineinspritzung

Karosserie, Gewicht: Limousine, 4 Türen, 5 Sitze; leer ab 1415 kg, max. zul. 1900 kg.

Motor: (ECE), 4 Zyl. in Linie (86×86 mm), 1998 cm³; Kompr. 11:1; 98 kW (133 PS) bei 5500/min, 49 kW/L (66.7 PS/L); 180 Nm (18.3 mkp) bei 4200/min; 95 ROZ.

Motorkonstruktion: Bezeichnung XU 10 J4R; 4 Ventile in V; 2 obenl. Nockenwellen (Zahnriemen); Leichtmetall-Zylinderkopf; 5fach gelagerte Kurbelwelle; Öl 5.4 L; elektron. Einspr., Bosch Motronic, MP 5.1.1. Batterie 300 A, Alternator 70 A; Wasserkühlung, Inh. 7.8 L.

Kraftübertragung: (auf Vorderräder).
5-Gang-Getriebe: I. 3.46; II. 1.87; III. 1.28; IV. 0.95; V. 0.74; R 3.33; Achse 4.27.
4-Stufen-Automat: I. 2.53; II. 1.38; III. 0.98; IV. 0.73; R 2.83; Achse 4.28.

2.0 16V – 133 ch
Injection d'essence

Carrosserie, poids: Berline, 4 portes, 5 pl.; vide dès 1415 kg, tot. adm. 1900 kg.

Moteur: (ECE), 4 cyl. en ligne (86×86 mm), 1998 cm³; compr. 11:1; 98 kW (133 ch) à 5500/min, 49 kW/L (66.7 ch/L); 180 Nm (18.3 mkp) à 4200/min; 95 (R).

Moteur (constr.): désignation XU 10 J4R; 4 soupapes en V; 2 arbres à cames en tête (courroie crantée); culasse en alliage léger; vilebrequin à 5 paliers; huile 5.4 L; injection électronique, Bosch Motronic, MP 5.1.1. Batterie 300 A, alternateur 70 A; refroidissement à eau, capac. 7.8 L.

Transmission: (sur roues AV).
Boîte à 5 vit.: I. 3.46; II. 1.87; III. 1.28; IV. 0.95; V. 0.74; AR 3.33; pont 4.27.
Boîte aut. à 4 vit.: I. 2.53; II. 1.38; III. 0.98; IV. 0.73; R 2.83; pont 4.28.

Fahrgestell: Selbsttragende Karosserie mit vorderem und hinterem Hilfsrahmen; vorn Federbeine und Dreieckquerlenker, hinten doppelte Dreieckquerlenker, Querlenker, Schraubenfedern; v/h Kurvenstabilisator, Teleskopdämpfer.

Fahrwerk: Vierrad-Scheibenbremse (vorn belüftet), Scheiben-⌀ v. 28.3 cm, h. 29 cm, ABS, Bosch; Handbremse auf Hinterräder; Zahnstangenlenkung mit Servo, Treibstofftank 80 L; Reifen 195/65 HR 15, Felgen 6 J.

Dimensionen: Radstand 280 cm, Spur 152.5/153 cm, Bodenfreih. 10 cm, Wendekreis 12 m, Kofferraum 500 dm³, Länge 476.5 cm, Breite 180 cm, Höhe 141 cm.

Fahrleistungen: Vmax (Werk) 205 km/h, V bei 1000/min im 5. Gang 36.4 km/h; 0–100 km/h 10.9 s; steh. km 32.4 s; Leistungsgew. 14.4 kg/kW (10.6 kg/PS); Verbrauch ECE 6.5/8/11.6 L/100 km.
Vmax 203 km/h, 0–100 km/h 14.2 s; steh. km 35.4 s; Verbrauch ECE 6.6/8.4/12.6 L/100 km.

2.0 – 147 PS
Benzineinspritzung/Turbo

Wie 2.0 – 133 PS, ausgenommen:

Karosserie, Gewicht: Limousine; leer 1485 kg, max. zul. 1970 kg.

Motor: (ECE), 4 Zyl. in Linie (86×86 mm), 1998 cm³; Kompr. 8.5:1; 108 kW (147 PS) bei 5300/min, 54 kW/L (73.5 PS/L); 235 Nm (24 mkp) bei 2500/min; 95 ROZ.

Motorkonstruktion: Bezeichnung XU 10 J2 TE; 2 Ventile in V; 1 obenl. Nockenwelle (Zahnriemen); Leichtmetall-Zylinderkopf; 5fach gelagerte Kurbelwelle; Öl 5 L; elektron. Einspr., Bosch Motronic, MP 3.2; 1 Turbolader, Garrett T25, max. Ladedruck 0.7 bar, Intercooler. Batterie 300 A, Alternator 80 A; Wasserkühlung, Inh. 7.3 L.

Kraftübertragung:
5-Gang-Getriebe: I. 3.17; II. 1.82; III. 1.25; IV. 0.97; V. 0.77; R 3.15; Achse 4.06.
4-Stufen-Automat: I. 2.32; II. 1.26; III. 0.9; IV. 0.67; R 2.59; Achse 4.28.

Fahrwerk: Reifen 205/60 VR 15, Felgen 6.5 J.

Fahrleistungen: Vmax (Werk) 213 km/h, V bei 1000/min im 5. Gang 36.9 km/h; 0–100 km/h 10 s; steh. km 31.4 s; Leistungsgew. 13.6 kg/kW (10 kg/PS); Verbrauch ECE 7.1/8.9/12.7 L/100 km.
Vmax 207 km/h, 0–100 km/h 11.3 s; steh. km 32.7 s; Verbrauch ECE 7/8.8/14.2 L/100 km.

Châssis: carrosserie autoporteuse avec faux-châssis AV et AR; AV jambes élast. et leviers triang. transv.; AR leviers triang. transv. doubles, leviers transv., ressorts hélicoïdaux; AV/AR barre anti-dévers, amortiss. télesc.

Train roulant: quatre freins à disques (AV ventilés), ⌀ disques AV 28.3 cm, AR 29 cm, ABS, Bosch; frein à main sur roues AR; servodirection à crémaillère, réservoir carb. 80 L; pneus 195/65 HR 15, jantes 6 J.

Dimensions: empattement 280 cm, voie 152.5/153 cm, garde au sol 10 cm, diam. de braq. 12 m, coffre 500 dm³, longueur 476.5 cm, largeur 180 cm, hauteur 141 cm.

Performances: Vmax (usine) 205 km/h, V à 1000/min en 5. vit. 36.4 km/h; 0–100 km/h 10.9 s; rapp. poids/puiss. 14.4 kg/kW (10.6 kg/ch); consomm. ECE 6.5/8/11.6 L/100 km.
Vmax 203 km/h, 0–100 km/h 14.2 s; km arrêté 35.4 s; consomm. ECE 6.6/8.4/12.6 L/100 km.

2.0 – 147 ch
Injection d'essence/turbo

Comme 2.0 – 133 ch, sauf:

Carrosserie, poids: Berline; vide 1485 kg, tot. adm. 1970 kg.

Moteur: (ECE), 4 cyl. en ligne (86×86 mm), 1998 cm³; compr. 8.5:1; 108 kW (147 ch) à 5300/min, 54 kW/L (73.5 ch/L); 235 Nm (24 mkp) à 2500/min; 95 (R).

Moteur (constr.): désignation XU 10 J2 TE; 2 soupapes en V; 1 arbre à cames en tête (courroie crantée); culasse en alliage léger; vilebrequin à 5 paliers; huile 5 L; injection électronique, Bosch Motronic, MP 3.2; 1 turbocompr., Garrett T25, pression max. 0.7 bar, Intercooler. Batterie 300 A, alternateur 80 A; refroidissement à eau, capac. 7.3 L.

Transmission:
Boîte à 5 vit.: I. 3.17; II. 1.82; III. 1.25; IV. 0.97; V. 0.77; AR 3.15; pont 4.06.
Boîte aut. à 4 vit.: I. 2.32; II. 1.26; III. 0.9; IV. 0.67; AR 2.59; pont 4.28.

Train roulant: pneus 205/60 VR 15, jantes 6.5 J.

Performances: Vmax (usine) 213 km/h, V à 1000/min en 5. vit. 36.9 km/h; 0–100 km/h 10 s; km arrêté 31.4 s; rapp. poids/puiss. 13.6 kg/kW (10 kg/ch); consomm. ECE 7.1/8.9/12.7 L/100 km.
Vmax 207 km/h, 0–100 km/h 11.3 s; km arrêté 32.7 s; consomm. ECE 7/8.8/14.2 L/100 km.

Peugeot 605

3.0 V6 – 167 PS
Benzineinspritzung

Wie 2.0 – 133 PS, ausgenommen:

Karosserie, Gewicht: Limousine; leer 1570 kg, max. zul. 2030 kg.

Motor: (ECE), 6 Zyl. in V 90° (93×72.7 mm), 2963 cm³; Kompr. 9.5:1; 123 kW (167 PS) bei 5600/min, 41.5 kW/L (56.4 PS/L); 235 Nm (24 mkp) bei 4600/min; 95 ROZ.

3.0 V6 – 167 ch
Injection d'essence

Comme 2.0 – 133 ch, sauf:

Carrosserie, poids: Berline; vide 1570 kg, tot. adm. 2030 kg.

Moteur: (ECE), 6 cyl. en V 90° (93×72.7 mm), 2963 cm³; compr. 9.5:1; 123 kW (167 ch) à 5600/min, 41.5 kW/L (56.4 ch/L); 235 Nm (24 mkp) à 4600/min; 95 (R).

Peugeot 445

Motorkonstruktion: Bezeichnung ZPJ; 2 Ventile in V; 2×1 obenl. Nockenwelle (Kette); Leichtmetall-Zylinderköpfe und -block; 4fach gelagerte Kurbelwelle; Öl 6.5 L; elektron. Einspritzung, Bendix-Fenix. Batterie 400 A, Alternator 90 A; Wasserkühlung, Inh. 9.5 L.

Kraftübertragung: a.W. Antriebsschlupfregelung.
5-Gang-Getriebe: I. 3.17; II. 1.74; III. 1.18; IV. 0.88; V. 0.72; R 3.42; Achse 4.31.
4-Stufen-Automat: I. 2.32; II. 1.26; III. 0.9; IV. 0.67; R 2.59; Achse 4.28.

Fahrgestell: a.W. elektron. Dämpferreg.

Fahrwerk: Reifen 205/65 VR 15, Felgen 6.5 J.

Fahrleistungen: Vmax (Werk) 222 km/h, V bei 1000/min im 5. Gang 38.2 km/h; 0–100 km/h 9.7 s; steh. km 30.5 s; Leistungsgew. 12.8 kg/kW (9.4 kg/PS); Verbrauch ECE 7.8/9.6/14.9 L/100 km.
Vmax 217 km/h, 0–100 km/h 10.7 s; steh. km 32 s; Verbrauch ECE 8/10.1/16.9 L/100 km.

Moteur (constr.): désignation ZPJ; 2 soupapes en V; 2×1 arbre à cames en tête (chaîne); culasses et bloc-cyl. en alliage léger; vilebrequin à 4 paliers, huile 6.5 L; injection électronique, Bendix-Fenix. Batterie 400 A, alternateur 90 A; refroidissement à eau, capac. 9.5 L.

Transmission: s.d. dispositif antipatinage.
Boîte à 5 vit.: I. 3.17; II. 1.74; III. 1.18; IV. 0.88; V. 0.72; AR 3.42; pont 4.31.
Boîte aut. à 4 vit.: I. 2.32; II. 1.26; III. 0.9; IV. 0.67; AR 2.59; pont 4.28.

Châssis: s.d. amortiss. à réglage électron.

Train roulant: pneus 205/65 VR 15, jantes 6.5 J.

Performances: Vmax (usine) 222 km/h, V à 1000/min en 5. vit. 38.2 km/h; 0–100 km/h 9.7 s; km arrêté 30.5 s; rapp. poids/puiss. 12.8 kg/kW (9.4 kg/ch); consomm. ECE 7.8/9.6/14.9 L/100 km.
Vmax 217 km/h, 0–100 km/h 10.7 s; km arrêté 32 s; consomm. ECE 8/10.1/16.9 L/100 km.

Motorkonstruktion: Bezeichnung XU D11 BTE; Wirbelkammer-Diesel; 3 Ventile in V; 1 obenl. Nockenwelle (Zahnriemen); Leichtmetall-Zylinderkopf; 5fach gelagerte Kurbelwelle; Öl 6 L; Einspritzpumpe, 1 Turbolader, MHI, max. Ladedruck 0.8 bar, Intercooler. Batterie 450 A, Wasserkühlung, Inh. 10 L.

Kraftübertragung:
5-Gang-Getriebe: I. 3.42; II. 1.94; III. 1.25; IV. 0.88; V. 0.67; R 3.15; Achse 3.93.
4-Stufen-Automat: I. 2.53; II. 1.38; III. 0.98; IV. 0.73; V. 2.83; Achse 3.57.

Fahrwerk: Reifen 205/60 HR 15, Felgen 6.5 J.

Fahrleistungen: Vmax (Werk) 192 km/h, V bei 1000/min im 5. Gang 43.4 km/h; 0–100 km/h 13.1 s; steh. km 34.6 s; Leistungsgew. 18.4 kg/kW (13.5 kg/PS); Verbrauch ECE 4.9/6.5/7.9 L/100 km.
Vmax 188 km/h, 0–100 km/h 15.6 s; steh. km 36.5 s; Verbrauch ECE 5.4/7.1/9.7 L/100 km.

Moteur (constr.): désignation XU D11 BTE; diesel à chambre de turbulence; 3 soupapes en V; 1 arbre à cames en tête (courroie crantée); culasse en alliage léger; vilebrequin à 5 paliers, huile 6 L; pompe à injection, 1 turbocompr., MHI, pression max. 0.8 bar, Intercooler. Batterie 450 A, refroid. à eau, capac. 10 L.

Transmission:
Boîte à 5 vit.: I. 3.42; II. 1.94; III. 1.25; IV. 0.88; V. 0.67; AR 3.15; pont 3.93.
Boîte aut. à 4 vit.: I. 2.53; II. 1.38; III. 0.98; IV. 0.73; AR 2.83; pont 3.57.

Train roulant: pneus 205/60 HR 15, jantes 6.5 J.

Performances: Vmax (usine) 192 km/h, V à 1000/min en 5. vit. 43.4 km/h; 0–100 km/h 13.1 s; km arrêté 34.6 s; rapp. poids/puiss. 18.4 kg/kW (13.5 kg/ch); consomm. ECE 4.9/6.5/7.9 L/100 km.
Vmax 188 km/h, 0–100 km/h 15.6 s; km arrêté 36.5 s; consomm. ECE 5.4/7.1/9.7 L/100 km.

2.4 12V – 129 PS Turbodiesel

Wie 2.0 – 133 PS, ausgenommen:

Karosserie, Gewicht: Limousine; leer 1570 kg, max. zul. 2030 kg.

Motor: (ECE), 4 Zyl. in Linie (92×92 mm), 2446 cm³; Kompr. 22:1; 95 kW (129 PS) bei 4300/min, 38.8 kW/L (52.8 PS/L); 285 Nm (29.1 mkp) bei 2000/min; Dieselöl.

Motorkonstruktion: Bezeichnung DK5 ATE/L; Wirbelkammer-Diesel; 3 Ventile in V; 1 obenl. Nockenwelle (Zahnriemen); Leichtmetall-Zylinderkopf; 5fach gelagerte Kurbelwelle; Öl 8 L; Einspritzpumpe, 1 Turbolader, Garrett T2, max. Ladedruck 0.8 bar, Intercooler. Batterie 450 A, Alternator 120 A; Wasserkühlung, Inh. 13 L.

Kraftübertragung:
5-Gang-Getriebe: I. 3.42; II. 1.86; III. 1.18; IV. 0.86; V. 0.64; R 3.42; Achse 4.06.

Fahrwerk: Reifen 205/65 VR 15, Felgen 6.5 J.

Fahrleistungen: Vmax (Werk) 201 km/h, V bei 1000/min im 5. Gang 45.3 km/h; 0–100 km/h 12.1 s; steh. km 33.5 s; Leistungsgew. 15.5 kg/kW (11.4 kg/PS); Verbrauch ECE 5.1/6.8/9.2 L/100 km.

2.4 12V – 129 ch Turbodiesel

Comme 2.0 – 133 ch, sauf:

Carrosserie, poids: Berline; vide 1570 kg, tot. adm. 2030 kg.

Moteur: (ECE), 4 cyl. en ligne (92×92 mm), 2446 cm³; compr. 22:1; 95 kW (129 ch) à 4300/min, 38.8 kW/L (52.8 ch/L); 285 Nm (29.1 mkp) à 2000/min; gazole.

Moteur (constr.): désignation DK5 ATE/L; diesel à chambre de turbulence; 3 soupapes en V; 1 arbre à cames en tête (courroie crantée); culasse en alliage léger; vilebrequin à 5 paliers; huile 8 L; pompe à injection, 1 turbocompr., Garrett T2, pression max. 0.8 bar, Intercooler. Batterie 450 A, alternateur 120 A; refroidissement à eau, capac. 13 L.

Transmission:
Boîte à 5 vit.: I. 3.42; II. 1.86; III. 1.18; IV. 0.86; V. 0.64; AR 3.42; pont 4.06.

Train roulant: pneus 205/65 VR 15, jantes 6.5 J.

Performances: Vmax (usine) 201 km/h, V à 1000/min en 5. vit. 45.3 km/h; 0–100 km/h 12.1 s; km arrêté 33.5 s; rapp. poids/puiss. 15.5 kg/kW (11.4 kg/ch); consomm. ECE 5.1/6.8/9.2 L/100 km.

Peugeot 605 SV

3.0 24V – 200 PS Benzineinspritzung

Wie 2.0 – 133 PS, ausgenommen:

Karosserie, Gewicht: Limousine; leer 1650 kg, max. zul. 2050 kg.

Motor: (ECE), 6 Zyl. in V 90° (93×72.7 mm), 2963 cm³; Kompr. 9.5:1; 147 kW (200 PS) bei 6000/min, 49.6 kW/L (67.4 PS/L); 260 Nm (26.5 mkp) bei 3600/min; 95 ROZ.

Motorkonstruktion: Bezeichnung ZPJ 4; 4 Ventile in V; 2×1 obenl. Nockenwelle (Kette); Leichtmetall-Zylinderköpfe und -block; 4fach gelagerte Kurbelwelle; Ölkühler; Öl 6.5 L; elektron. Einspritzung, Bendix-Fenix. Batterie 400 A, Alternator 90 A; Wasserkühlung, Inh. 10 L.

Kraftübertragung: Antriebsschlupfreg.
5-Gang-Getriebe: I. 3.17; II. 1.74; III. 1.18; IV. 0.88; V. 0.72; R 3.42; Achse 4.31.

Fahrgestell: elektron. Dämpferregulierung.

Fahrwerk: Scheiben-Ø v. 29.5 cm, h. 28 cm, Reifen 225/55 ZR 16, Felgen 7.5 J.

Fahrleistungen: Vmax (Werk) 235 km/h, V bei 1000/min im 5. Gang 38.7 km/h; 0–100 km/h 8.6 s; steh. km 29.4 s; Leistungsgew. 11.2 kg/kW (8.2 kg/PS); Verbrauch ECE 8.2/10.2/15.9 L/100 km.

3.0 24V – 200 ch Injection d'essence

Comme 2.0 – 133 ch, sauf:

Carrosserie, poids: Berline; vide 1650 kg, tot. adm. 2050 kg.

Moteur: (ECE), 6 cyl. en V 90° (93×72.7 mm), 2963 cm³; compr. 9.5:1; 147 kW (200 ch) à 6000/min, 49.6 kW/L (67.4 ch/L); 260 Nm (26.5 mkp) à 3600/min; 95 (R).

Moteur (constr.): désignation ZPJ 4; 4 soupapes en V; 2×1 arbre à cames en tête (chaîne); culasses et bloc-cyl. en alliage léger; vilebrequin à 4 paliers; radiat. d'huile, huile 6.5 L; injection électr., Bendix-Fenix. Batterie 400 A, alternateur 90 A; refroidissement à eau, capac. 10 L.

Transmission: Dispositif antipatinage.
Boîte à 5 vit.: I. 3.17; II. 1.74; III. 1.18; IV. 0.88; V. 0.72; AR 3.42; pont 4.31.

Châssis: amortiss. à réglage électron.

Train roulant: Ø disques AV 29.5 cm, AR 28 cm, pneus 225/55 ZR 16, jantes 7.5 J.

Performances: Vmax (usine) 235 km/h, V à 1000/min en 5. vit. 38.7 km/h; 0–100 km/h 8.6 s; km arrêté 29.4 s; rapp. poids/puiss. 11.2 kg/kW (8.2 kg/ch); consomm. ECE 8.2/10.2/15.9 L/100 km.

2.1 12V – 109 PS Turbodiesel

Wie 2.0 – 133 PS, ausgenommen:

Karosserie, Gewicht: Limousine; leer 1470 kg, max. zul. 1970 kg.

Motor: (ECE), 4 Zyl. in Linie (85×92 mm), 2088 cm³; Kompr. 21.5:1; 80 kW (109 PS) bei 4300/min, 38.3 kW/L (52.1 PS/L); 235 Nm (24 mkp) bei 2000/min; Dieselöl.

2.1 12V – 109 ch Turbodiesel

Comme 2.0 – 133 ch, sauf:

Carrosserie, poids: Berline; vide 1470 kg, tot. adm. 1970 kg.

Moteur: (ECE), 4 cyl. en ligne (85×92 mm), 2088 cm³; compr. 21.5:1; 80 kW (109 ch) à 4300/min, 38.3 kW/L (52.1 ch/L); 235 Nm (24 mkp) à 2000/min; gazole.

Peugeot 806

Minivan, Gemeinschaftsprodukt von Peugeot/Citroën und Fiat/Lancia, mit Quermotor und Frontantrieb. Debüt Salon Genf Januar/März 1994. Frühjahr 1996: auch 2.1 Turbodiesel.

Minivan, produit commun de Peugeot/Citroën et Fiat/Lancia, avec moteur transversal et traction AV. Lancement salon Genève janvier/mars 1994. Printemps 1996: aussi turbodiesel 2.1 L.

2.0 – 121 PS Benzineinspritzung

Karosserie, Gewicht: Minivan, 5 Türen, 5–8 Sitze; leer ab 1510 kg, max. zul. 2300 kg.

Motor: (ECE), 4 Zyl. in Linie (86×86 mm), 1998 cm³; Kompr. 9.5:1; 89 kW (121 PS) bei 5750/min, 44.5 kW/L (60.5 PS/L); 170 Nm (17.3 mkp) bei 2650/min; 95 ROZ.

Motorkonstruktion: Bezeichnung XU10 J2C; 2 Ventile parallel; 1 obenl. Nockenwelle (Zahnriemen); Leichtmetall-Zylinderkopf; 5fach gelagerte Kurbelwelle; Öl 5 L; elektron. Einspritzung, Magneti-Marelli. Batterie 300 A, Alternator 90 A; Wasserkühlung, Inh. 8.5 L.

Kraftübertragung: (auf Vorderräder).
5-Gang-Getriebe: I. 3.46; II. 1.87; III. 1.28; IV. 0.95; V. 0.74; R 3.33; Achse 4.53.

2.0 – 121 ch Injection d'essence

Carrosserie, poids: Minivan, 5 portes, 5–8 pl.; vide dès 1510 kg, tot. adm. 2300 kg.

Moteur: (ECE), 4 cyl. en ligne (86×86 mm), 1998 cm³; compr. 9.5:1; 89 kW (121 ch) à 5750/min, 44.5 kW/L (60.5 ch/L); 170 Nm (17.3 mkp) à 2650/min; 95 (R).

Moteur (constr.): désignation XU10 J2C; 2 soup. en parallèle; 1 arbre à cames en tête (courroie crantée); culasse en alliage léger; vilebrequin à 5 paliers; huile 5 L; injection électronique, Magneti-Marelli. Batterie 300 A, alternateur 90 A; refroidissement à eau, capac. 8.5 L.

Transmission: (sur roues AV).
Boîte à 5 vit.: I. 3.46; II. 1.87; III. 1.28; IV. 0.95; V. 0.74; AR 3.33; pont 4.53.

Peugeot F • Peugeot RA • Pininfarina

Fahrgestell: Selbsttragende Karosserie; vorn Federbeine und Dreieckquerlenker; hinten Verbundlenkerachse, Längslenker, Panhardstab; v/h Kurvenstabilisator, Schraubenfedern, Teleskopdämpfer.

Fahrwerk: Bremse, vorne Scheiben (belüftet), hinten Trommeln, Scheiben-∅ v. 28.1 cm, h. 29.5 cm, a.W. ABS (mit Scheiben h.); Handbr. auf Hinterr.; Zahnstangenl. mit Servo, Treibstofftank 80 L; Reifen 195/65 R 15, 205/65 R 15, Felgen 6 J, 6.5 J.

Dimensionen: Radstand 282.5 cm, Spur 153.5/154 cm, Wendekreis 12.3 m, Kofferraum 340/3300 dm³, Länge 445.5 cm, Breite 183.5 cm, Höhe 171 cm.

Fahrleistungen: Vmax (Werk) 177 km/h, V bei 1000/min im 5. Gang 34.3 km/h; 0–100 km/h 13.1 s; steh. km 34.7 s; Leistungsgew. 17.8 kg/kW (13.1 kg/PS); Verbrauch ECE 7.2/9.4/11.8 L/100 km.

Châssis: carrosserie autoporteuse; AV jambes élast. et leviers triang. transv.; AR essieu semi-rigide, bras longitud., barre Panhard; AV/AR barre anti-dévers, ressorts hélic, amortiss. télesc.

Train roulant: frein, AV à disques (ventilés), AR à tambours, ∅ disques AV 28.1 cm, AR 29.5 cm, s.d. ABS (avec disque AR), frein à main sur roues AR; servodirection à crém., réservoir carb. 80 L; pneus 195/65 R 15, 205/65 R 15, jantes 6 J, 6.5 J.

Dimensions: empattement 282.5 cm, voie 153.5/154 cm, diam. de braq. 12.3 m, coffre 340/3300 dm³, longueur 445.5 cm, largeur 183.5 cm, hauteur 171 cm.

Performances: Vmax (usine) 177 km/h, V à 1000/min en 5. vit. 34.3 km/h; 0–100 km/h 13.1 s; km arrêté 34.7 s; rapp. poids/puiss. 17.8 kg/kW (13.1 kg/ch); consom. ECE 7.2/9.4/11.8 L/100 km.

2.0 – 147 PS Benzineinspritzung/Turbo

Wie 2.0 – 121 PS, ausgenommen:

Karosserie, Gewicht: Minivan; leer ab 1575 kg, max. zul. 2340 kg.

Motor: (ECE), 4 Zyl. in Linie (86×86 mm), 1998 cm³; Kompr. 8.5:1; 108 kW (147 PS) bei 5300/min, 54 kW/L (73.5 PS/L); 235 Nm (24 mkp) bei 2500/min; 95 ROZ.

Motorkonstruktion: Bez. XU 10 J2 TE; 2 Ventile in V; 1 obenl. Nockenwelle (Zahnriemen); Leichtmetall-Zylinderkopf; 5fach gelagerte Kurbelw.; Öl 5 L; elektron. Einspr., Bosch Motronic, MP 3.2; 1 Turbolader, Garrett T25, max. Ladedruck 0.7 bar, Interc. Batterie 400 A, Alternator 120 A; Wasserkühlung, Inh. 8.5 L.

Kraftübertragung: 5-Gang-Getriebe: I. 3.42; II. 1.82; III. 1.25; IV. 0.97; V. 0.77; R 3.15; Achse 4.21.

Fahrwerk: Vierrad-Scheibenbr. (vorn bel.), ABS, Reifen 205/65 HR 15, Felgen 6.5 J.

Fahrleistungen: Vmax (Werk) 195 km/h, V bei 1000/min im 5. Gang 36.5 km/h; 0–100 km/h 10.1 s; steh. km 31.9 s; Leistungsgew. 15.3 kg/kW (11.2 kg/PS); Verbrauch ECE 7.6/9.8/12.8 L/100 km.

2.0 – 147 ch Injection d'essence/turbo

Comme 2.0 – 121 ch, sauf:

Carrosserie, poids: Minivan; vide dès 1575 kg, tot. adm. 2340 kg.

Moteur: (ECE), 4 cyl. en ligne (86×86 mm), 1998 cm³; compr. 8.5:1; 108 kW (147 ch) à 5300/min, 54 kW/L (73.5 ch/L); 235 Nm (24 mkp) à 2500/min; 95 (R).

Moteur (constr.): désign. XU 10 J2 TE; 2 soupapes en V; 1 arbre à cames en tête (courroie crantée); culasse en alliage léger; vilebr. à 5 paliers, huile 5 L; inj. électron., Bosch Motronic, MP 3.2; 1 turbocompr., Garrett T25, pression max. 0.7 bar, Interc. Batterie 400 A, alternateur 120 A; refroidissement à eau, capac. 8.5 L.

Transmission: Boîte à 5 vit.: I. 3.42; II. 1.82; III. 1.25; IV. 0.97; V. 0.77; AR 3.15; pont 4.21.

Train roulant: 4 freins à disques (AV vent.), ABS, pneus 205/65 HR 15, jantes 6.5 J.

Performances: Vmax (usine) 195 km/h, V à 1000/min en 5. vit. 36.5 km/h; 0–100 km/h 10.1 s; km arrêté 31.9 s; rapp. poids/puiss. 15.3 kg/kW (11.2 kg/ch); consom. ECE 7.6/9.8/12.8 L/100 km.

Peugeot 806

1.9 – 90 PS Turbodiesel

Wie 2.0 – 121 PS, ausgenommen:

Karosserie, Gewicht: Minivan; leer ab 1565 kg, max. zul. 2360 kg.

Motor: (ECE), 4 Zyl. in Linie (83×88 mm), 1905 cm³; Kompr. 21.8:1; 66 kW (90 PS) bei 4000/min, 34.6 kW/L (47.1 PS/L); 196 Nm (20 mkp) bei 2250/min; Dieselöl.

Motorkonstruktion: Bez. XUD 9 BTF; Wirbelkammer-Diesel; 2 Ventile parallel; 1 obenl. Nockenwelle (Zahnriemen); Leichtmetall-Zylinderkopf; 5fach gelagerte Kurbelwelle; Öl 5 L; Einspritzp., Bosch, VP 20 Batterie 400 A, Alternator 950 W; Alternator 70 W; Wasserkühlung, Inh. 9 L.

1.9 – 90 ch Turbodiesel

Comme 2.0 – 121 ch, sauf:

Carrosserie, poids: Minivan; vide dès 1565 kg, tot. adm. 2360 kg.

Moteur: (ECE), 4 cyl. en ligne (83×88 mm), 1905 cm³; compr. 21.8:1; 66 kW (90 ch) à 4000/min, 34.6 kW/L (47.1 ch/L); 196 Nm (20 mkp) à 2250/min; gazole.

Moteur (constr.): désign. XUD 9 BTF; diesel à chambre de turb.; 2 soup. en parallèle; 1 arbre à cames en tête (courroie crantée); culasse en alliage léger; vilebr. à 5 paliers, huile 5 L; pompe à inj., Bosch, VP 20 Batterie 400 A, alternateur 950 W; alternateur 70 W; refroidiss. à eau, capac. 9 L.

Peugeot 806 td

Kraftübertragung: 5-Gang-Getriebe: I. 3.42; II. 1.94; III. 1.25; IV. 0.88; V. 0.67; R 3.15; Achse 4.54.

Fahrwerk: Reifen 205/65 HR 15.

Fahrleistungen: Vmax (Werk) 160 km/h, V bei 1000/min im 5. Gang 38.6 km/h; 0–100 km/h 16.8 s; steh. km 37.6 s; Leistungsgew. 24.1 kg/kW (17.8 kg/PS); Verbrauch ECE 6.1/8/8.9 L/100 km.

2.1 12V – 109 PS Turbodiesel

Wie 2.0 – 121 PS, ausgenommen:

Karosserie, Gewicht: Minivan; leer ab 1615 kg, max. zul. 2385 kg.

Motor: (ECE), 4 Zyl. in Linie (85×92 mm), 2088 cm³; Kompr. 21.5:1; 80 kW (109 PS) bei 4300/min, 38.3 kW/L (52.1 PS/L); 250 Nm (25.5 mkp) bei 2000/min; Dieselöl.

Motorkonstruktion: Bezeichnung XU D11 BTE; Wirbelkammer-Diesel; 3 Ventile in V; 1 obenl. Nockenwelle (Zahnriemen); Leichtmetall-Zylinderkopf; 5fach gelagerte Kurbelwelle; Öl 5 L; Einspritzpumpe, 1 Turbolader, Garrett T2, max. Ladedruck 0.8 bar, Intercooler. Batterie 400 A, Alternator 1000 W; Wasserkühlung, Inh. 10.5 L.

Kraftübertragung: 5-Gang-Getriebe: I. 3.42; II. 1.76; III. 1.12; IV. 0.8; V. 0.61; R 3.16; Achse 4.79.

Fahrwerk: Reifen 205/65 R 15.

Fahrleistungen: Vmax (Werk) 175 km/h, V bei 1000/min im 5. Gang 40.6 km/h; 0–100 km/h 14.1 s; steh. km 35.3 s; Leistungsgew. 20.2 kg/kW (14.8 kg/PS); Verbrauch EU 6/9.2 L/100 km.

Transmission: Boîte à 5 vit.: I. 3.42; II. 1.94; III. 1.25; IV. 0.88; V. 0.67; AR 3.15; pont 4.54.

Train roulant: pneus 205/65 HR 15.

Performances: Vmax (usine) 160 km/h, V à 1000/min en 5. vit. 38.6 km/h; 0–100 km/h 16.8 s; km arrêté 37.6 s; rapp. poids/puiss. 24.1 kg/kW (17.8 kg/ch); consom. ECE 6.1/8/8.9 L/100 km.

2.1 12V – 109 ch Turbodiesel

Comme 2.0 – 121 ch, sauf:

Carrosserie, poids: Minivan; vide dès 1615 kg, tot. adm. 2385 kg.

Moteur: (ECE), 4 cyl. en ligne (85×92 mm), 2088 cm³; compr. 21.5:1; 80 kW (109 ch) à 4300/min, 38.3 kW/L (52.1 ch/L); 250 Nm (25.5 mkp) à 2000/min; gazole.

Moteur (constr.): désignation XU D11 BTE; diesel à chambre de turbulence; 3 soupapes en V; 1 arbre à cames en tête (courroie crantée); culasse en alliage léger; vilebrequin à 5 paliers; huile 5 L; pompe à injection, 1 turbocompr., Garrett T2, pression max. 0.8 bar, Intercooler. Batterie 400 A, alternateur 1000 W; refroidissement à eau, capac. 10.5 L.

Transmission: Boîte à 5 vit.: I. 3.42; II. 1.76; III. 1.12; IV. 0.8; V. 0.61; AR 3.16; pont 4.79.

Train roulant: pneus 205/65 R 15.

Performances: Vmax (usine) 175 km/h, V à 1000/min en 5. vit. 40.6 km/h; 0–100 km/h 14.1 s; km arrêté 35.3 s; rapp. poids/puiss. 20.2 kg/kW (14.8 kg/ch); consom. EU 6/9.2 L/100 km.

Peugeot RA

Safrar-Peugeot, Bonpland 2349, Buenos Aires, Casilla de Correo No. 102, Sucursal 25

Argentinische Filiale von Peugeot Frankreich. Fiat Automoviles und Safrar-Peugeot fusionierten im Herbst 1981 zur Sevel Argentina SA. Produktion der Modelle 306, 405 und 504. Technische Daten siehe Peugeot F und Katalog 1996.

Filiale argentine de Peugeot. Fiat Automoviles et Safrar-Peugeot ont fusionné en automne 1981 et forment maintenant la Sevel Argentina SA. Production des modèles 306, 405 et 504. Donnés téchniques voir Peugeot F et cataloque 1996.

Pininfarina I

Pininfarina Studi e Ricerche S.p.A., Via Nazionale 30, 10020 Cambiano (TO), Italia

«Pininfarina Studi e Ricerche»: Projektierung von Transportmitteln und industrielles Design. «Industrie Pininfarina» baut komplette Fahrzeuge und Karosserien. Die Produktion umfasst: Ferrari 456 GT, Fiat Coupé (kompl. Fahrzeug), Peugeot 306 Cabrio und Coupé 406. Pro Tag werden im Einschichtbetrieb 100 bis 150 Fahrzeuge hergestellt, pro Jahr 29 000 Einheiten.

«Pininfarina Studi e Ricerche»: Projet de moyens de transport et design industriel. «Industrie Pininfarina»: Fabrication de voitures compl. et de carr. La production comprend: Ferrari 456 GT, Fiat Coupé (voiture compl.), Peugeot 306 Cabrio et Coupé 406. La production est de 100 à 150 unités par jour avec un total d'environ 29 000 unités par an sur une équipe de travail.

Pininfarina • Plymouth

Bentley Azure (Pininfarina)

Plymouth   USA

Chrysler-Plymouth Division, Chrysler Corporation, Detroit, Michigan 48231, USA

Produkt der Chrysler Corporation.   **Produit de la Chrysler Corporation.**

Plymouth Neon

Limousine und Coupé, Quermotor und Frontantrieb, ersetzt das Modell Sundance, Parallelmodell zum Dodge Neon, wird in EU als Chrysler verkauft. Debüt Herbst 1993 (IAA Frankfurt).

Berline et coupé, moteur transversal et traction AV, remplace le modèle Sundance, modèle parallèle à la Dodge Neon, est vendue en EU comme Chrysler. Lancement automne 1993 (IAA Francfort).

2.0 16V – 133 PS Benzineinspritzung

2.0 16V – 133 ch Injection d'essence

Karosserie, Gewicht: Limousine, 4 Türen, 5 Sitze; leer ab 1100 kg.
Coupé, 2 Türen, 5 Sitze; leer 1080 kg.
Motor: (SAE), 4 Zyl. in Linie (87.5×83 mm), 1996 cm³; Kompr. 9.8:1; 98 kW (133 PS) bei 6000/min, 49.1 kW/L (66.7 PS/L); 174 Nm (17.7 mkp) bei 5000/min; 87 ROZ.
Motorkonstruktion: 4 Ventile in V; 1 obenl. Nockenwelle (Zahnriemen); Leichtmetall-Zylinderkopf; 5fach gelagerte Kurbelwelle; Öl 3.8 L; elektron. Einspritzung.
Batterie 450 A, Alternator 83 A; Wasserkühlung, Inh. 6.5 L.
Kraftübertragung: (auf Vorderräder).
5-Gang-Getriebe: I. 3.54; II. 2.13; III. 1.36; IV. 1.03; V. 0.72; R 3.42; Achse 3.55; 3.94.
3-Stufen-Automat: I. 2.69; II. 1.55; III. 1; R 2.1; Achse 2.98.
Fahrgestell: Selbsttragende Karosserie; vorn Federbeine und untere Querlenker, Kurvenstabilisator; hinten Federbeine, Längs- und Querlenker; v/h Teleskopdämpfer, a.W. Kurvenstabilisator.
Fahrwerk: Bremse, vorne Scheiben (belüftet), hinten Trommeln, Scheiben-⌀ v. 25.6 cm, a.W. ABS (mit Scheiben h.), Handbremse auf Hinterräder; Zahnstangenlenkung mit Servo, Treibstofftank 47 L; Reifen 175/70 R 14, 185/65 R 14, 185/60 HR 14; Felgen 5.5 J, 6 J.

Carrosserie, poids: Berline, 4 portes, 5 places; vide dès 1100 kg.
Coupé, 2 portes, 5 places; vide 1080 kg.
Moteur: (SAE), 4 cyl. en ligne (87.5×83 mm), 1996 cm³; compr. 9.8:1; 98 kW (133 ch) à 6000/min, 49.1 kW/L (66.7 ch/L); 174 Nm (17.7 mkp) à 5000/min; 87 (R).
Moteur (constr.): 4 soupapes en V; 1 arbre à cames en tête (courroie crantée); culasse en alliage léger; vilebrequin à 5 paliers; huile 3.8 L; injection électronique.
Batterie 450 A, alternateur 83 A; refroidissement à eau, capac. 6.5 L.
Transmission: (sur roues AV).
Boîte à 5 vit.: I. 3.54; II. 2.13; III. 1.36; IV. 1.03; V. 0.72; AR 3.42; pont 3.55; 3.94.
Boîte aut. à 3 vit.: I. 2.69; II. 1.55; III. 1; AR 2.1; pont 2.98.
Châssis: carrosserie autoporteuse; AV jambes élatiques et levier transv. inf., barre anti-dévers; AR jambes élast., bras longitud. et transv.; AV/AR amortiss. télescop., s.d. barre anti-dévers.
Train roulant: frein, AV à disques (ventilés), AR à tambours, ⌀ disques AV 25.6 cm, s.d. ABS (avec disque AR), frein à main sur roues AR; servodirection à crémaillère, réservoir carb. 47 L; pneus 175/70 R 14, 185/65 R 14, 185/60 HR 14; jantes 5.5 J, 6 J.

Plymouth Neon Sedan

Dimensionen: Radstand 264 cm, Spur 146/146 cm, Bodenfreih. 15 cm, Wendekreis 10.8 m, Kofferraum 365 dm³, Länge 436 cm, Breite 172 cm, Höhe 137 cm.
Fahrleistungen: Vmax (Red.) über 180 km/h, V bei 1000/min im 5. Gang 43.1 km/h; Leistungsgew. 11.2 kg/kW (8.3 kg/PS); Verbrauch EPA 6.1/8.4 L/100 km.
Aut.: Verbrauch EPA 7.1/9.4 L/100 km.

Dimensions: empattement 264 cm, voie 146/146 cm, garde au sol 15 cm, diam. de braq. 10.8 m, coffre 365 dm³, longueur 436 cm, largeur 172 cm, hauteur 137 cm.
Performances: Vmax (réd.) plus de 180 km/h, V à 1000/min en 5. vit. 43.1 km/h; rapp. poids/puiss. 11.2 kg/kW (8.3 kg/ch); consomm. EPA 6.1/8.4 L/100 km.
Aut.: consomm. EPA 7.1/9.4 L/100 km.

2.0 16V – 152 PS Benzineinspritzung

2.0 16V – 152 ch Injection d'essence

Wie 2.0 – 133 PS, ausgenommen:

Comme 2.0 – 133 ch, sauf:

Karosserie, Gewicht: Limousine; leer ab 1115 kg.
Coupé; leer ab 1080 kg.
Motor: (SAE), 4 Zyl. in Linie (87.5×83 mm), 1996 cm³; Kompr. 9.6:1; 112 kW (152 PS) bei 6500/min, 56.1 kW/L (76.3 PS/L); 180 Nm (18.3 mkp) bei 5500/min; 87 ROZ.
Motorkonstruktion: 4 Ventile in V; 2 obenl. Nockenwellen (Zahnriemen); Leichtmetall-Zylinderkopf; 5fach gelagerte Kurbelwelle; Öl 3.8 L; elektron. Einspritzung.
Batterie 450 A, Alternator 83 A; Wasserkühlung, Inh. 6.8 L.

Carrosserie, poids: Berline; vide dès 1115 kg.
Coupé; vide dès 1080 kg.
Moteur: (SAE), 4 cyl. en ligne (87.5×83 mm), 1996 cm³; compr. 9.6:1; 112 kW (152 ch) à 6500/min, 56.1 kW/L (76.3 ch/L); 180 Nm (18.3 mkp) à 5500/min; 87 (R).
Moteur (constr.): 4 soupapes en V; 2 arbres à cames en tête (courroie crantée); culasse en alliage léger; vilebrequin à 5 paliers; huile 3.8 L; injection électronique.
Batterie 450 A, alternateur 83 A; refroidissement à eau, capac. 6.8 L.

Plymouth Neon Coupé

Kraftübertragung:
5-Gang-Getriebe: I. 3.54; II. 2.13; III. 1.36; IV. 1.03; V. 0.72; R 3.42; Achse 3.94.
3-Stufen-Automat: I. 2.69; II. 1.55; III. 1; R 2.1; Achse 3.19.
Fahrwerk: *Coupé:* Reifen 175/65 HR 14.
Fahrleistungen: Vmax (Red.) über 190 km/h, V bei 1000/min im 5. Gang 38.5 km/h; Leistungsgew. 10 kg/kW (7.3 kg/PS); Verbrauch EPA 6.2/8.4 L/100 km.
Aut.: Verbrauch EPA 7.1/9.4 L/100 km.

Transmission:
Boîte à 5 vit.: I. 3.54; II. 2.13; III. 1.36; IV. 1.03; V. 0.72; AR 3.42; pont 3.94.
Boîte aut. à 3 vit.: I. 2.69; II. 1.55; III. 1; AR 2.1; pont 3.19.
Train roulant: *Coupé:* pneus 175/65 HR 14.
Performances: Vmax (réd.) plus de 190 km/h, V à 1000/min en 5. vit. 38.5 km/h; rapp. poids/puiss. 10 kg/kW (7.3 kg/ch); consomm. EPA 6.2/8.4 L/100 km.
Aut.: consomm. EPA 7.1/9.4 L/100 km.

Plymouth Breeze

Nachfolger des Acclaim, mit Quermotor und Frontantrieb. Debüt als Prototyp Januar 1995 (Auto Show Detroit & Los Angeles).

Successeur de l'Acclaim avec moteur transversal et traction AV. Lancement janvier 1995 (Auto Show Detroit & Los Angeles).

2.0 16V – 133 PS Benzineinspritzung

2.0 16V – 133 ch Injection d'essence

Karosserie, Gewicht: Limousine, 4 Türen, 5 Sitze; leer ab 1325 kg.
Motor: (SAE), 4 Zyl. in Linie (87.5×83 mm), 1996 cm³; Kompr. 9.8:1; 98 kW (133 PS) bei 6000/min, 49.1 kW/L (66.7 PS/L); 174 Nm (17.7 mkp) bei 5000/min; 87 ROZ.
Motorkonstruktion: 4 Ventile in V; 1 obenl. Nockenwelle (Zahnriemen); Leichtmetall-Zylinderkopf; 5fach gelagerte Kurbelwelle; Öl 3.8 L; elektron. Einspritzung.
Batterie 510 A, Alternator 90 A; Wasserkühlung, Inh. 8 L.
Kraftübertragung: (auf Vorderräder).
5-Gang-Getriebe: I. 3.54; II. 2.13; III. 1.36; IV. 1.03; V. 0.72; R 3.42; Achse 3.94.
4-Stufen-Automat: I. 2.84; II. 1.57; III. 1; IV. 0.69; R 2.21; Achse 4.08.

Carrosserie, poids: Berline, 4 portes, 5 places; vide dès 1325 kg.
Moteur: (SAE), 4 cyl. en ligne (87.5×83 mm), 1996 cm³; compr. 9.8:1; 98 kW (133 ch) à 6000/min, 49.1 kW/L (66.7 ch/L); 174 Nm (17.7 mkp) à 5000/min; 87 (R).
Moteur (constr.): 4 soupapes en V; 1 arbre à cames en tête (courroie crantée); culasse en alliage léger; vilebrequin à 5 paliers; huile 3.8 L; injection électronique.
Batterie 510 A, alternateur 90 A; refroidissement à eau, capac. 8 L.
Transmission: (sur roues AV).
Boîte à 5 vit.: I. 3.54; II. 2.13; III. 1.36; IV. 1.03; V. 0.72; AR 3.42; pont 3.94.
Boîte aut. à 4 vit.: I. 2.84; II. 1.57; III. 1; IV. 0.69; AR 2.21; pont 4.08.

Plymouth

Plymouth Breeze

Fahrgestell: Selbsttragende Karosserie; vorn doppelte Querlenker, hinten Mehrlenkerachse, v/h Kurvenstabilisator, Schraubenfedern und Teleskopdämpfer.

Fahrwerk: Bremse, vorne Scheiben (belüftet), hinten Trommeln, Scheiben-∅ v. 25.8 cm, a.W. ABS, Feststellbremse auf Hinterräder; Zahnstangenlenkung mit Servo, Treibstofftank 61 L; Reifen 195/70 R 14, Felgen 6 J.

Dimensionen: Radstand 274 cm, Spur 153/153 cm, Bodenfreih. 15 cm, Wendekreis 11.3 m, Kofferraum 430 dm³, Länge 474 cm, Breite 182 cm, Höhe 136 cm.

Fahrleistungen: Vmax (Red.) über 180 km/h, V bei 1000/min im 5. Gang 40.6 km/h; Leistungsgew. 13.5 kg/kW (10 kg/PS); Verbrauch EPA 6.5/9.4 L/100 km.
Aut.: Verbrauch EPA 7.6/10.7 L/100 km.

Châssis: carrosserie autoporteuse; AV leviers transv. doubles, AR essieu à multiples bras, AV/AR stabilisateur transv., ressorts hélic. et amortiss. télesc.

Train roulant: frein, AV à disques (ventilés), AR à tambours, ∅ disques AV 25.8 cm, ABS s. d., frein de stationnement sur roues AR; servodirection à crémaillère, réservoir carb. 61 L; pneus 195/70 R 14, jantes 6 J.

Dimensions: empattement 274 cm, voie 153/153 cm, garde au sol 15 cm, diam. de braq. 11.3 m, coffre 430 dm³, longueur 474 cm, largeur 182 cm, hauteur 136 cm.

Performances: Vmax (réd.) plus de 180 km/h, V à 1000/min en 5. vit. 40.6 km/h; rapp. poids/puiss. 13.5 kg/kW (10 kg/ch); consomm. EPA 6.5/9.4 L/100 km.
Aut.: consomm. EPA 7.6/10.7 L/100 km.

Plymouth Prowler

Hotrod mit Hinterradantrieb, 3,5-L-24V-V6 und Vierstufenautomat (quer vor der Hinterachse). Debüt Prototyp Detroit Januar 1993. Serienmodell Detroit 1996.

Hotrod traction AR, moteur 3.5 24V V6 et boîte autom. 4 rapp. (trans. AV l'essieu AR). Lancement prototype Detroit janvier 1993, modèle de série Detroit 1996.

3.5 V6 24V – 218 PS Benzineinspritzung

3.5 V6 24V – 218 ch Injection d'essence

Karosserie, Gewicht: Hotrod; 2 Türen, 2 Sitze; leer ab ca. 1285 kg.

Motor: (SAE), 6 Zyl. in V 60° (96×81 mm), 3518 cm³; Kompr. 9.6:1; 160 kW (218 PS) bei 5850/min, 45.5 kW/L (61.8 PS/L); 300 Nm (30.6 mkp) bei 3100/min; 91 ROZ.

Motorkonstruktion: 4 Ventile in V; 2×1 obenl. Nockenwelle (Zahnriemen); Leichtmetall-Zylinderköpfe; 4fach gelagerte Kurbelwelle; Öl 4.8 L; elektron. Einspritzung. Batterie 66 Ah, Alternator 90 A; Wasserkühlung, Inh. 11.3 L.

Kraftübertragung: (auf Hinterräder). 4-Stufen-Automat: I. 2.84; II. 1.57; III. 1; IV. 0.69; R 2.21; Achse 3.89.

Carrosserie, poids: Hotrod; 2 portes, 2 places; vide dès env. 1285 kg.

Moteur: (SAE), 6 cyl. en V 60° (96×81 mm), 3518 cm³; compr. 9.6:1; 160 kW (218 ch) à 5850/min, 45.5 kW/L (61.8 ch/L); 300 Nm (30.6 mkp) à 3100/min; 91 (R).

Moteur (constr.): 4 soupapes en V; 2×1 arbre à cames en tête (courroie crantée); culasses en alliage léger; vilebrequin à 4 paliers; huile 4.8 L; injection électronique. Batterie 66 Ah, alternateur 90 A; refroidissement à eau, capac. 11.3 L.

Transmission: (sur roues AR). Boîte aut. à 4 vit.: I. 2.84; II. 1.57; III. 1; IV. 0.69; AR 2.21; pont 3.89.

Plymouth Prowler

Fahrgestell: Chassisstruktur aus Leichtmetall vorn Dreieckquerlenker, Pushrod; hinten Mehrlenkerachse mit Längs-, Quer- und Schräglenkern, vorne/hinten Kurvenstabilisator, Schraubenfedern und Teleskopdämpfer.

Fahrwerk: Vierrad-Scheibenbremse (v/h belüftet), Scheiben-∅ v. 28.2 cm, h. 33 cm, ABS, Feststellbremse auf Hinterräder; Zahnstangenlenkung mit Servo, Treibstofftank 45 L; a.W. 68 L; Reifen v. 225/45 ZR 17, h. 295/40 R 20, Felgen v. 7, h. 8 J.

Dimensionen: Radstand 287 cm, Spur 157/160 cm, Bodenfreih. 11 cm, Wendekreis 11.9 m, Länge 419 cm, Breite 193 cm, Höhe 130 cm.

Fahrleistungen: Vmax (Werk) 190 km/h, V bei 1000/min im 4. Gang 50.5 km/h; 0–97 km/h 7 s; Leistungsgew. 8 kg/kW (5.9 kg/PS); Verbrauch (Red.) 9/15 L/100 km.

Châssis: structure de chassis en alliage léger AV leviers triang. transv., Pushrod; AR essieu à multiples bras (leviers longit., obliques et transv.), AV/AR stabilisateur transv., ressorts hélicoïdaux et amortiss. télescopiques.

Train roulant: quatre freins à disques (AV/AR ventilés), ∅ disques AV 28.2 cm, AR 33 cm, ABS, frein de stationnement sur roues AR; servodirection à crémaillère, réservoir carb. 45 L; s.d. 68 L; pneus AV 225/45 ZR 17, AR 295/40 R 20, jantes AV 7, AR 8 J.

Dimensions: empattement 287 cm, voie 157/160 cm, garde au sol 11 cm, diam. de braq. 11.9 m, longueur 419 cm, largeur 193 cm, hauteur 130 cm.

Performances: Vmax (usine) 190 km/h, V à 1000/min en 4. vit. 50.5 km/h; 0–97 km/h 7 s; rapp. poids/puiss. 8 kg/kW (5.9 kg/ch); consomm. (Red.) 9/15 L/100 km.

Plymouth Voyager

Minivan mit Quermotor und Frontantrieb. Debüt Herbst 1983, Neuauflage Januar 1995.

Minivan avec moteur transv. et traction AV. Lancement automne 1983, nouvelle édition janvier 1995.

2.4 16V – 152 PS Benzineinspritzung

2.4 16V – 152 ch Injection d'essence

Karosserie, Gewicht: Minivan, 5 Türen, 7 Sitze; leer ab 1605 kg.
Grand: 5 Türen, 7 Sitze; leer ab ca. 1680 kg.

Motor: (SAE), 4 Zyl. in Linie (87.5×101 mm), 2429 cm³; Kompr. 9.4:1; 112 kW (152 PS) bei 5200/min, 46.1 kW/L (62.7 PS/L); 226 Nm (23 mkp) bei 4000/min; 87 ROZ.

Carrosserie, poids: Minivan, 5 portes, 7 places; vide dès 1605 kg.
Grand: 5 portes, 7 places; vide dès env. 1680 kg.

Moteur: (SAE), 4 cyl. en ligne (87.5×101 mm), 2429 cm³; compr. 9.4:1; 112 kW (152 ch) à 5200/min, 46.1 kW/L (62.7 ch/L); 226 Nm (23 mkp) à 4000/min; 87 (R).

Plymouth Voyager

Motorkonstruktion: 4 Ventile in V; 2 obenl. Nockenwellen (Zahnriemen); Leichtmetall-Zylinderkopf; 5fach gelagerte Kurbelwelle; Öl 3.8 L; elektron. Einspritzung. Batterie 600 A, Alternator 90 A; Wasserkühlung, Inhalt 10.6 L.

Kraftübertragung: (auf Vorderräder).
3-Stufen-Automat: I. 2.69; II. 1.55; III. 1; R 2.1; Achse 3.19.
4-Stufen-Automat: I. 2.84; II. 1.57; IV. 0.69; R 2.21; Achse 3.91.

Fahrgestell: Selbsttragende Karosserie vorn Federbeine und Dreieckquerlenker, Kurvenstabilisator; hinten Starrachse, Panhardstab, auf Wunsch Kurvenstabilisator, Blattfedern; v/h Teleskopdämpfer.

Fahrwerk: Bremse, vorne Scheiben (belüftet), hinten Trommeln, Scheiben-∅ v. 25.8 cm, a.W. ABS, Fussfeststellbremse auf Hinterräder; Zahnstangenl. mit Servo, Treibstofft. 75 L; Reifen 205/75 R 14, 215/65 R 15, 215/70 R 15, 215/65 R 16, Felgen 6 J, 6.5 J.

Moteur (constr.): 4 soupapes en V; 2 arbres à cames en tête (courroie crantée); culasse en alliage léger; vilebrequin à 5 paliers; huile 3.8 L; injection électronique. Batterie 600 A, alternateur 90 A; refroidissement à eau, capac. 10.6 L.

Transmission: (sur roues AV).
Boîte aut. à 3 vit.: I. 2.69; II. 1.55; III. 1; R 2.1; pont 3.19.
Boîte aut. à 4 vit.: I. 2.84; II. 1.57; IV. 0.69; AR 2.21; pont 3.91.

Châssis: carrosserie autoporteuse; AV jambes élast. et leviers triang. transv., barre anti-dévers; AR essieu rigide, barre Panhard, s.d. barre anti-dévers, ressorts à lames; AV/AR amortiss. télescop.

Train roulant: frein, AV à disques (ventilés), AR à tambours, ∅ disques AV 25.8 cm, ABS s. d., frein de station. à pied sur roues AR; servodirection à crémaillère, réservoir carb. 75 L; pneus 205/75 R 14, 215/65 R 15, 215/70 R 15, 215/65 R 16, jantes 6 J, 6.5 J.

Plymouth • Pontiac

Plymouth Grand Voyager

Dimensionen: Radstand 288 cm, Spur 160/163 cm, Bodenfreiheit 14 cm, Wendekreis 11.5 m, Kofferraum 450/4140 dm³, Länge 473 cm, Breite 192 cm, Höhe 174 cm.

Grand: Radstand 303 cm, Wendekreis 12 m, Kofferraum 670/4880 dm³, Länge 507 cm.

Fahrleistungen: Vmax (Red.) ca. 170 km/h, V bei 1000/min im 3. Gang 37.8 km/h; Leistungsgewicht 14.3 kg/kW (10.5 kg/PS); Verbrauch EPA 9.4/11.8 L/100 km.

3.0 V6 – 152 PS
Benzineinspritzung

Wie 2.4 – 152 PS, ausgenommen:

Gewicht: leer ab 1605 kg.
Grand: leer ab 1680 kg.

Motor: (SAE), 6 Zyl. in V 60° (91.1×76 mm), 2972 cm³; Kompression 8.9:1; 112 kW (152 PS) bei 5200/min, 37.7 kW/L (51.2 PS/L); 239 Nm (24.4 mkp) bei 4000/min; 87 ROZ.

Motorkonstruktion: 2 Ventile; 2×1 obenl. Nockenwelle (Zahnriemen); Leichtmetall-Zylinderköpfe; 4fach gelagerte Kurbelwelle; Öl 3.8 L; elektronische Einspritzung. Batterie 500 A, Alternator 90 A; Wasserkühlung, Inh. 10.6 L.

Kraftübertragung:
3-Stufen-Automat: I. 2.69; II. 1.55; III. 1; R 2.1; Achse 2.98.

Fahrwerk: Reifen 205/75 R 14, 215/65 R 15, 215/65 R 16; Felgen 6 J, 6.5 J.

Fahrleistungen: Vmax (Red.) ca. 170 km/h, V bei 1000/min im 3. Gang 40.5 km/h; Leistungsgew. 14.3 kg/kW (10.5 kg/PS); Verbrauch EPA 9.8/12.4 L/100 km.

3.3 V6 – 160 PS
Benzineinspritzung

Wie 2.4 – 152 PS, ausgenommen:

Gewicht: leer ab 1605 kg.
Grand: leer ab 1680 kg.

Motor: (SAE), 6 Zyl. in V 60° (93×81 mm), 3301 cm³; Kompr. 8.9:1; 118 kW (160 PS) bei 4850/min, 35.7 kW/L (48.6 PS/L); 275 Nm (28 mkp) bei 3250/min; 87 ROZ.

Motorkonstruktion: 2 Ventile; zentrale Nockenwelle (Kette); Leichtmetall-Zylinderköpfe; 4fach gelagerte Kurbelwelle; Öl 3.8 L; elektron. Einspritzung. Batterie 500 A, Alternator 90 A; Wasserkühlung, Inh. 12.5 L.

Kraftübertragung:
4-Stufen-Automat: I. 2.84; II. 1.57; III. 1; IV. 0.69; R 2.21; Achse 3.62.

Fahrwerk: Reifen 195/75 R 14, 215/65 R 15, 215/65 R 16; Felgen 6 J, 6.5 J.

Dimensions: empattement 288 cm, voie 160/163 cm, garde au sol 14 cm, diamètre de braq. 11.5 m, coffre 450/4140 dm³, longueur 473 cm, largeur 192 cm, hauteur 174 cm.

Grand: empattement 303 cm, diam. de braq. 12 m, coffre 670/4880 dm³, longueur 507 cm.

Performances: Vmâx (réd.) env. 170 km/h, V à 1000/min en 3. vit. 37.8 km/h; rapp. poids/puiss. 14.3 kg/kW (10.5 kg/ch); consomm. EPA 9.4/11.8 L/100 km.

3.0 V6 – 152 ch
Injection d'essence

Comme 2.4 – 152 ch, sauf:

Poids: vide dès 1605 kg.
Grand: vide dès 1680 kg.

Moteur: (SAE), 6 cylindres en V 60° (91.1×76 mm), 2972 cm³; compression 8.9:1; 112 kW (152 ch) à 5200/min, 37.7 kW/L (51.2 ch/L); 239 Nm (24.4 mkp) à 4000/min; 87 (R).

Moteur (constr.): 2 soupapes; 2×1 arbre à cames en tête (courroie crantée); culasses en alliage léger; vilebrequin à 4 paliers; huile 3.8 L; injection électronique. Batterie 500 A, alternateur 90 A; refroidissement à eau, capac. 10.6 L.

Transmission:
Boîte aut. à 3 vit.: I. 2.69; II. 1.55; III. 1; AR 2.1; pont 2.98.

Train roulant: pneus 205/75 R 14, 215/65 R 15, 215/65 R 16; jantes 6 J, 6.5 J.

Performances: Vmax (réd.) env. 170 km/h, V à 1000/min en 3. vit. 40.5 km/h; rapp. poids/puiss. 14.3 kg/kW (10.5 kg/ch); consomm. EPA 9.8/12.4 L/100 km.

3.3 V6 – 160 ch
Injection d'essence

Comme 2.4 – 152 ch, sauf:

Poids: vide dès 1605 kg.
Grand: vide dès 1680 kg.

Moteur: (SAE), 6 cyl. en V 60° (93×81 mm), 3301 cm³; compr. 8.9:1; 118 kW (160 ch) à 4850/min, 35.7 kW/L (48.6 ch/L); 275 Nm (28 mkp) à 3250/min; 87 (R).

Moteur (constr.): 2 soupapes; arbre à cames central (chaîne); culasses en alliage léger; vilebrequin à 4 paliers; huile 3.8 L; injection électronique. 500 A, alternateur 90 A; refroidissement à eau, capac. 12.5 L.

Transmission:
Boîte aut. à 4 vit.: I. 2.84; II. 1.57; III. 1; IV. 0.69; AR 2.21; pont 3.62.

Train roulant: pneus 195/75 R 14, 215/65 R 15, 215/65 R 16; jantes 6 J, 6.5 J.

Fahrleistungen: Vmax (Red.) über 170 km/h, V bei 1000/min in 4. Gang 48.3 km/h; Leistungsgew. 13.6 kg/kW (10 kg/PS); Verbr. EPA 9.8/13.1 L/100 km.

Performances: Vmax (réd.) plus de 170 km/h, V à 1000/min en 4. vit. 48.3 km/h; rapp. poids/puiss. 13.6 kg/kW (10 kg/ch); consomm. EPA 9.8/13.1 L/100 km.

Pontiac — USA

Pontiac Motor Division, General Motors Corporation, Pontiac, Michigan 48053, USA

Glied der General Motors Corporation; baut Fahrzeuge mit sportlichem Einschlag.

Marque affiliée à la General Motors; construit des voitures à caractères sportifs.

Pontiac Sunfire

Kompaktes Fahrzeug mit 4-Zylinder-Quermotor und Frontantrieb, 5-Gang-Getriebe oder Automat, Nachfolger des Sunbird. Debüt Herbst 1994. Für 1996 2.4 ersetzt 2.3.

Voiture compacte avec moteur transversal à 4 cyl. et traction avant, boîte à 5 vit. ou aut., successeur de la Sunbird. Débuts automne 1994. Pour 1996 2.4 remplace 2.3.

2.2 – 122 PS
Benzineinspritzung

Karosserie, Gewicht: Limousine, 4 Türen, 5 Sitze; leer ab 1210 kg.
Coupé/Cabriolet, 2 Türen, 5 Sitze; leer ab 1195/1300 kg.

Motor: (SAE), 4 Zyl. in Linie (89×88 mm), 2190 cm³; Kompr. 9:1; 90 kW (122 PS) bei 5200/min, 41.1 kW/L (55.9 PS/L); 176 Nm (17.9 mkp) bei 4000/min; 91 ROZ.

2.2 – 122 ch
Injection d'essence

Carrosserie, poids: Berline, 4 portes, 5 places; vide dès 1210 kg.
Coupé/Cabriolet, 2 portes, 5 places; vide dès 1195/1300 kg.

Moteur: (SAE), 4 cyl. en ligne (89×88 mm), 2190 cm³; compr. 9:1; 90 kW (122 ch) à 5200/min, 41.1 kW/L (55.9 ch/L); 176 Nm (17.9 mkp) à 4000/min; 91 (R).

Pontiac Sunfire SE Sedan

Motorkonstruktion: Bez. LN2; 1 obenl. Nockenwelle (Zahnriemen); Leichtmetall-Zylinderkopf; 5fach gelagerte Kurbelwelle; Öl 3.5 L; elektron. Einspritzung, Delphi. Batterie 54 Ah, Alternator 105 A; Wasserkühlung, Inh. 9.1 L.

Kraftübertragung: (auf Vorderräder).
5-Gang-Getriebe: I. 3.91; II. 2.18; III. 1.45; IV. 1.03; V. 0.74; R 3.58; Achse 3.58.
3-Stufen-Automat: I. 2.84; II. 1.6; III. 1; R 2.07; Achse 3.18.
4-Stufen-Automat: I. 2.96; II. 1.63; III. 1; IV. 0.68; R 2.13; Achse 3.63, 3.91.

Fahrgestell: Selbsttragende Karosserie mit vorderem Hilfsrahmen; vorn Federbeine und Dreieckquerlenker, hinten Längslenker; v/h Kurvenstabilisator, Schraubenfedern, Teleskopdämpfer.

Moteur (constr.): désignation LN2; 1 arbre à cames en tête (courroie crantée); culasse en alliage léger; vilebrequin à 5 paliers; huile 3.5 L; injection électronique, Delphi. Batterie 54 Ah, alternateur 105 A; refroidissement à eau, capac. 9.1 L.

Transmission: (sur roues AV).
Boîte à 5 vit.: I. 3.91; II. 2.18; III. 1.45; IV. 1.03; V. 0.74; AR 3.58; pont 3.58.
Boîte aut. à 3 vit.: I. 2.84; II. 1.6; III. 1; AR 2.07; pont 3.18.
Boîte aut. à 4 vit.: I. 2.96; II. 1.63; III. 1; IV. 0.68; AR 2.13; pont 3.63, 3.91.

Châssis: carrosserie autoporteuse avec cadre auxiliaire AV; AV jambes élast. et leviers triang. transv.; AR bras longitud.; AV/AR barre anti-dévers, ressorts hélic., amortiss. télesc.

Pontiac Sunfire Convertible

Pontiac

Fahrwerk: Bremse, vorne Scheiben (belüftet), hinten Trommeln, Scheiben-∅ v. 25.9 cm, ABS, Delphi; Feststellbremse auf Hinterräder; Zahnstangenlenkung mit Servo, Treibstofftank 57.5 L; Reifen 195/70 R 14, 195/65 R 15, 205/55 R 16; Felgen 6 J.

Dimensionen: Radstand 264 cm, Spur 146/144 cm, Bodenfreih. 15 cm, Wendekreis 10.9 m, Kofferraum 370 dm³, Länge 461 cm, Breite 173 cm, Höhe 139 cm.
Coupé: Kofferraum 350 dm³, Länge 462 cm, Breite 174 cm, Höhe 135 cm.
Cabrio: Kofferraum 280 dm³, Länge 462 cm, Breite 174 cm, Höhe 137 cm.

Fahrleistungen: Vmax (Red.) 175 km/h, V bei 1000/min im 5. Gang 43.3 km/h; Leistungsgew. 13.4 kg/kW (9.9 kg/PS); Verbrauch (Red.) 8/12 L/100 km.

Train roulant: frein, AV à disques (ventilés), AR à tambours, ∅ disques AV 25.9 cm, ABS, Delphi; frein de stationnement sur roues AR; servodirection à crémaillère, réservoir carb. 57.5 L; pneus 195/70 R 14, 195/65 R 15, 205/55 R 16; jantes 6 J.

Dimensions: empattement 264 cm, voie 146/144 cm, garde au sol 15 cm, diam. de braq. 10.9 m, coffre 370 dm³, longueur 461 cm, largeur 173 cm, hauteur 139 cm.
Coupé: coffre 350 dm³, longueur 462 cm, largeur 174 cm, hauteur 135 cm.
Cabrio: coffre 280 dm³, longueur 462 cm, largeur 174 cm, hauteur 137 cm.

Performances: Vmax (réd.) 175 km/h, V à 1000/min en 5. vit. 43.3 km/h; rapp. poids/puiss. 13.4 kg/kW (9.9 kg/ch); consomm. (Red.) 8/12 L/100 km.

Pontiac Sunfire GT

2.4 16V – 152 PS Benzineinspritzung

Wie 2.2 – 122 PS, ausgenommen:

Karosserie, Gewicht: Limousine, 4 Türen, 5 Sitze; leer ab 1270 kg.
Coupé/Cabriolet, 2 Türen, 5 Sitze; leer ab 1230/1360 kg.

Motor: (SAE), 4 Zyl. in Linie (90×94 mm), 2392 cm³; Kompr. 9.5:1; 112 kW (152 PS) bei 5200/min, 46.8 kW/L (63.6 PS/L); 203 Nm (20.7 mkp) bei 4400/min; 91 ROZ.

Motorkonstruktion: Bezeichnung LD9; 4 Ventile in V; 2 obenl. Nockenwellen (Kette); Leichtmetall-Zylinderkopf; 5fach gelagerte Kurbelwelle; Öl 3.8 L; elektron. Einspritzung, Delphi. Batterie 54 Ah, Alternator 105 A; Wasserkühlung, Inh. 9.2 L.

Kraftübertragung:
5-Gang-Getriebe: I. 3.73; II. 2.18; III. 1.33; IV. 0.92; V. 0.74; R 3.58; Achse 3.94.
4-Stufen-Automat: I. 2.96; II. 1.63; III. 1; IV. 0.68; R 2.13; Achse 3.91.

Fahrleistungen: Vmax (Red.) 190 km/h, V bei 1000/min im 5. Gang 39.3 km/h; Leistungsgew. 11.3 kg/kW (8.4 kg/PS); Verbrauch (Red.) 9/13 L/100 km.

2.4 16V – 152 ch Injection d'essence

Comme 2.2 – 122 ch, sauf:

Carrosserie, poids: Berline, 4 portes, 5 places; vide dès 1270 kg.
Coupé/Cabriolet, 2 portes, 5 pl.; vide dès 1230/1360 kg.

Moteur: (SAE), 4 cyl. en ligne (90×94 mm), 2392 cm³; compr. 9.5:1; 112 kW (152 ch) à 5200/min, 46.8 kW/L (63.6 ch/L); 203 Nm (20.7 mkp) à 4400/min; 91 (R).

Moteur (constr.): désignation LD9; 4 soupapes en V; 2 arbres à cames en tête (chaîne); culasse en alliage léger; vilebrequin à 5 paliers; huile 3.8 L; injection électronique, Delphi. Batterie 54 Ah, alternateur 105 A; refroidissement à eau, capac. 9.2 L.

Transmission:
Boîte à 5 vit.: I. 3.73; II. 2.18; III. 1.33; IV. 0.92; V. 0.74; AR 3.58; pont 3.94.
Boîte aut. à 4 vit.: I. 2.96; II. 1.63; III. 1; IV. 0.68; AR 2.13; pont 3.91.

Performances: Vmax (réd.) 190 km/h, V à 1000/min en 5. vit. 39.3 km/h; rapp. poids/puiss. 11.3 kg/kW (8.4 kg/ch); consomm. (Red.) 9/13 L/100 km.

Pontiac Grand Am

Kompaktes Coupé mit Frontantrieb, 4-Zylinder- oder V6-Quermotor, 5-Gang-Getriebe oder Automat. Debüt August 1984. Herbst 1991: Neuauflage mit 2,3-Liter-OHC, 2,3-Liter-DOHC oder 3.3-V6 sowie ABS. 1994: 3.1 V6 ersetzt 3.3. Für 1995 neue Motorenreihe. 1996 mit 2.4-Liter-Motor.

Coupé compact avec traction AV, moteur à 4 cylindres ou V6 transv., boîte à 5 vitesses ou automatique. Lancement août 1984. Automne 1991: Nouvelle édition avec 2,3 litres OHC, 2,3 litres DOHC ou 3.3 V6 ainsi que ABS. 1994: 3.1 V6 remplace 3.3. pour 1995 nouvelle gamme de moteurs. 1996 avec 2.4.

2.4 16V – 152 PS Benzineinspritzung

Karosserie, Gewicht: Limousine, 4 Türen, 5 Sitze; leer ab 1305 kg.
Coupé, 2 Türen, 5 Sitze; leer ab 1285 kg.

Motor: (SAE), 4 Zyl. in Linie (90×94 mm), 2392 cm³; Kompr. 9.5:1; 112 kW (152 PS) bei 5200/min, 46.8 kW/L (63.6 PS/L); 203 Nm (20.7 mkp) bei 4400/min; 91 ROZ.

2.4 16V – 152 ch Injection d'essence

Carrosserie, poids: Berline, 4 portes, 5 places; vide dès 1305 kg.
Coupé, 2 portes, 5 pl.; vide dès 1285 kg.

Moteur: (SAE), 4 cyl. en ligne (90×94 mm), 2392 cm³; compr. 9.5:1; 112 kW (152 ch) à 5200/min, 46.8 kW/L (63.6 ch/L); 203 Nm (20.7 mkp) à 4400/min; 91 (R).

Pontiac Grand Am Coupé

Motorkonstruktion: Bezeichnung LD9; 4 Ventile in V; 2 obenl. Nockenwellen (Kette); Leichtmetall-Zylinderkopf; 5fach gelagerte Kurbelwelle; Öl 3.8 L; elektron. Einspritzung, Delphi. Batterie 54 Ah, Alternator 105 A; Wasserkühlung, Inh. 9.2 L.

Kraftübertragung: (auf Vorderräder).
5-Gang-Getriebe: I. 3.73; II. 2.18; III. 1.33; IV. 0.92; V. 0.74; R 3.58; Achse 3.94.
4-Stufen-Automat: I. 2.92; II. 1.57; III. 1; IV. 0.71; R 2.39; Achse 3.42.

Fahrgestell: Selbsttragende Karosserie mit vorderem Hilfsrahmen; vorn Federbeine und Dreieckquerlenker, Kurvenstabilisator; hinten Verbundlenkerachse, Längslenker, Schraubenfedern, Teleskopdämpfer.

Fahrwerk: Bremse, vorne Scheiben (belüftet), hinten Trommeln, Scheiben-∅ v. 25.9 cm, ABS, Delphi; Feststellbremse auf Hinterräder; Zahnstangenlenkung mit Servo, Treibstofftank 57.5 L; Reifen 195/70 R 14, 195/65 R 15, 205/55 R 16; Felgen 6 J.

Dimensionen: Radstand 263 cm, Spur 142/144 cm, Bodenfreih. 14 cm, Wendekreis 11.3 m, Kofferraum 380 dm³, Länge 475 cm, Breite 174 cm, Höhe 136 cm.

Fahrleistungen: Vmax (Red.) 190 km/h, V bei 1000/min im 5. Gang 39.3 km/h; Leistungsgew. 11.6 kg/kW (8.6 kg/PS); Verbrauch (Red.) 7/13 L/100 km.

3.1 V6 – 158 PS Benzineinspritzung

Wie 2.4 – 152 PS, ausgenommen:

Karosserie, Gewicht: Limousine; leer ab 1355 kg.
Coupé; leer ab 1335 kg.

Motor: (SAE), 6 Zyl. in V 60° (89×84 mm), 3135 cm³; Kompr. 9.6:1; 116 kW (158 PS) bei 5200/min, 37 kW/L (50.3 PS/L); 250 Nm (25.5 mkp) bei 4000/min; 91 ROZ.

Motorkonstruktion: Bezeichnung L82; 2 Ventile; zentrale Nockenwelle (Kette); Leichtmetall-Zylinderköpfe; 4fach gelagerte Kurbelwelle; Öl 3.8 L; elektron. Einspritzung, AC-Rochester. Batterie 54 Ah, Alternator 105 A; Wasserkühlung, Inh. 12.4 L.

Kraftübertragung:
4-Stufen-Automat: I. 2.92; II. 1.57; III. 1; IV. 0.71; R 2.39; Achse 2.93.

Fahrleistungen: Vmax (Red.) 195 km/h, V bei 1000/min im 4. Gang 55.1 km/h; Leistungsgew. 11.7 kg/kW (8.6 kg/PS); Verbrauch (Red.) 9/15 L/100 km.

Moteur (constr.): désignation LD9; 4 soupapes en V; 2 arbres à cames en tête (chaîne); culasse en alliage léger; vilebrequin à 5 paliers; huile 3.8 L; injection électronique, Delphi. Batterie 54 Ah, alternateur 105 A; refroidissement à eau, capac. 9.2 L.

Transmission: (sur roues AV).
Boîte à 5 vit.: I. 3.73; II. 2.18; III. 1.33; IV. 0.92; V. 0.74; AR 3.58; pont 3.94.
Boîte aut. à 4 vit.: I. 2.92; II. 1.57; III. 1; IV. 0.71; AR 2.39; pont 3.42.

Châssis: carrosserie autoporteuse avec cadre auxiliaire AV; AV jambes élast. et leviers triang. transv., barre anti-dévers; AR essieu semi-rigide, bras longitud., ressorts hélicoïdaux, amortiss. télesc.

Train roulant: frein, AV à disques (ventilés), AR à tambours, ∅ disques AV 25.9 cm, ABS, Delphi; frein de stationnement sur roues AR; servodirection à crémaillère, réservoir carb. 57.5 L; pneus 195/70 R 14, 195/65 R 15, 205/55 R 16; jantes 6 J.

Dimensions: empattement 263 cm, voie 142/144 cm, garde au sol 14 cm, diam. de braq. 11.3 m, coffre 380 dm³, longueur 475 cm, largeur 174 cm, hauteur 136 cm.

Performances: Vmax (réd.) 190 km/h, V à 1000/min en 5. vit. 39.3 km/h; rapp. poids/puiss. 11.6 kg/kW (8.6 kg/ch); consomm. (Red.) 7/13 L/100 km.

3.1 V6 – 158 ch Injection d'essence

Comme 2.4 – 152 ch, sauf:

Carrosserie, poids: Berline; vide dès 1355 kg.
Coupé; vide dès 1335 kg.

Moteur: (SAE), 6 cyl. en V 60° (89×84 mm), 3135 cm³; compr. 9.6:1; 116 kW (158 ch) à 5200/min, 37 kW/L (50.3 ch/L); 250 Nm (25.5 mkp) à 4000/min; 91 (R).

Moteur (constr.): désignation L82; 2 soupapes; arbre à cames central (chaîne); culasses en alliage léger; vilebrequin à 4 paliers; huile 3.8 L; injection électronique, AC-Rochester. Batterie 54 Ah, alternateur 105 A; refroidissement à eau, capac. 12.4 L.

Transmission:
Boîte aut. à 4 vit.: I. 2.92; II. 1.57; III. 1; IV. 0.71; AR 2.39; pont 2.93.

Performances: Vmax (réd.) 195 km/h, V à 1000/min en 4. vit. 55.1 km/h; rapp. poids/puiss. 11.7 kg/kW (8.6 kg/ch); consomm. (Red.) 9/15 L/100 km.

Pontiac Grand Am GT

Pontiac 451

Pontiac Firebird

Viersitzer mit sportlicher Note und Heckklappe. Motoren mit 3,4 und 5,7 Liter Hubraum, manuelle und automatische Getriebe. Debüt Dezember 1992. 1994 auch als Cabriolet. 1995 auch mit 3.8 V6. 1996: 3.4 nicht mehr lieferbar.

Voiture à 4 places aux lignes sportives, hayon AR, moteurs de 3,4 et 5,7 litres, boîtes manuelles et automatiques. Début décembre 1992. 1994 aussi comme cabriolet. 1995 aussi avec 3.8 V6. 1996: 3.4 n'est plus livrable.

3.8 V6 – 203 PS
Benzineinspritzung

3.8 V6 – 203 ch
Injection d'essence

Karosserie, Gewicht: Coupé, 3 Türen, 4 Sitze; leer ab 1485 kg.
Cabriolet, 2 Türen, 4 Sitze; leer 1580 kg.

Motor: (SAE), 6 Zylinder in V 90° (96.52×86.36 mm), 3791 cm³; Kompr. 9.4:1; 149 kW (203 PS) bei 5200/min, 39.3 kW/L (53.5 PS/L); 305 Nm (31.1 mkp) bei 4000/min; 91 ROZ.
ECE: 144 kW (196 PS) bei 5100/min; 302 Nm (30.8 mkp) bei 4200/min.

Motorkonstruktion: Bezeichnung L36; zentrale Nockenwelle (Kette); 4fach gelagerte Kurbelwelle; Öl 3.8 L; elektron. Einspritzung, Delphi.
Batterie 54 Ah, Alternator 105 A; Wasserkühlung, Inh. 12.7 L.

Kraftübertragung: (auf Hinterräder).
5-Gang-Getriebe: I. 3.75; II. 2.19; III. 1.41; IV. 1; V. 0.72; R 3.53; Achse 3.23, 3.42.
4-Stufen-Automat: I. 3.06; II. 1.63; III. 1; IV. 0.7; R 2.29; Achse 3.42, 2.73.

Fahrgestell: Selbsttragende Karosserie; vorn doppelte Dreieckquerlenker; hinten Längslenker, Reaktionsstreben, Panhardstab; v/h Kurvenstabilisator, Schraubenfedern, Teleskopdämpfer.

Fahrwerk: Bremse, vorne Scheiben (belüftet), hinten Trommeln, Scheiben-⌀ v. 27.1 cm, ABS, Delphi; Handbremse auf Hinterräder; Zahnstangenlenkung mit Servo, Treibstofftank 58.5 L; Reifen 215/60 R 16, 235/55 R 16, Felgen 7.5 J, 8 J.

Dimensionen: Radstand 257 cm, Spur 154/154 cm, Bodenfreih. 11 cm, Wendekreis 12.6 m, Kofferraum 365/955 dm³, Länge 497 cm, Breite 189 cm, Höhe 132 cm.
Cabrio: Kofferraum 215 dm³, Länge 500 cm, Höhe 130 cm.

Fahrleistungen: Vmax (Red.) 200 km/h, V bei 1000/min in 5. Gang 50.6 km/h; Leistungsgew. 10 kg/kW (7.3 kg/PS); Verbrauch (Red.) 10/18 L/100 km.

Carrosserie, poids: Coupé, 3 portes, 4 places; vide dès 1485 kg.
Cabriolet, 2 portes, 4 places; vide 1580 kg.

Moteur: (SAE), 6 cyl. en V 90° (96.52×86.36 mm), 3791 cm³; compr. 9.4:1; 149 kW (203 ch) à 5200/min, 39.3 kW/L (53.5 ch/L); 305 Nm (31.1 mkp) à 4000/min; 91 (R).
ECE: 144 kW (196 ch) à 5100/min; 302 Nm (30.8 mkp) à 4200/min.

Moteur (constr.): désignation L36; arbre à cames central (chaîne); vilebrequin à 4 paliers; huile 3.8 L; injection électronique, Delphi.
Batterie 54 Ah, alternateur 105 A; refroidissement à eau, capac. 12.7 L.

Transmission: (sur roues AR).
Boîte à 5 vit.: I. 3.75; II. 2.19; III. 1.41; IV. 1; V. 0.72; R 3.53; pont 3.23, 3.42.
Boîte aut. à 4 vit.: I. 3.06; II. 1.63; III. 1; IV. 0.7; AR 2.29; pont 3.42, 2.73.

Châssis: carrosserie autoporteuse; AV leviers triang. transv. doubles; AR bras longitud., barres de réaction, barre Panhard; AV/AR barre anti-dévers, ressorts hélic., amortiss. télesc.

Train roulant: frein, AV à disques (ventilés), AR à tambours, ⌀ disques AV 27.1 cm, ABS, Delphi; frein à main sur roues AR; servodirection à crémaillère, réservoir carb. 58.5 L; pneus 215/60 R 16, 235/55 R 16, jantes 7.5 J, 8 J.

Dimensions: empattement 257 cm, voie 154/154 cm, garde au sol 11 cm, diam. de braq. 12.6 m, coffre 365/955 dm³, longueur 497 cm, largeur 189 cm, hauteur 132 cm.
Cabrio: coffre 215 dm³, longueur 500 cm, hauteur 130 cm.

Performances: Vmax (réd.) 200 km/h, V à 1000/min en 5. vit. 50.6 km/h; rapp. poids/puiss. 10 kg/kW (7.3 kg/ch); consomm. (Red.) 10/18 L/100 km.

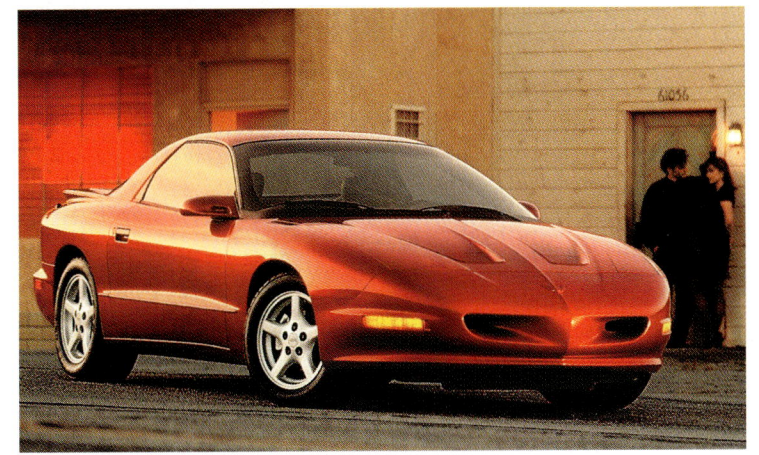

Pontiac Firebird Formula

5.7 V8 – 288 PS
Benzineinspritzung

5.7 V8 – 288 ch
Injection d'essence

Wie 3.8 – 203 PS, ausgenommen:

Karosserie, Gewicht: Coupé; leer ab 1560 kg.
Cabriolet; leer ab 1635 kg.

Comme 3.8 – 203 ch, sauf:

Carrosserie, poids: Coupé; vide dès 1560 kg.
Cabriolet; vide dès 1635 kg.

Motor: (SAE), 8 Zyl. in V 90° (101.6×88.4 mm), 5733 cm³; Kompr. 10.4:1; 212 kW (288 PS) bei 5000/min, 37 kW/L (50.3 PS/L); 440 Nm (44.9 mkp) bei 2400/min.
ECE: 201 kW (273 PS); 420 Nm (42.9 mkp).
Ram Air (SAE): 227 kW (309 PS) bei 5400/min; 454 Nm (46.3 mkp) bei 3200/min.

Motorkonstruktion: Bez. LT1; zentrale Nockenwelle (Kette); Leichtmetall-Zylinderköpfe; 5fach gelagerte Kurbelwelle; Öl 4.7 L; elektron. Einspr., AC-Rochester.
Batterie 54 Ah, Alternator 140 A; Wasserkühlung, Inh. 14.3 L.

Moteur: (SAE), 8 cyl. en V 90° (101.6×88.4 mm), 5733 cm³; compr. 10.4:1; 212 kW (288 ch) à 5000/min, 37 kW/L (50.3 ch/L); 440 Nm (44.9 mkp) à 2400/min.
ECE: 201 kW (273 ch); 420 Nm (42.9 mkp).
Ram Air (SAE): 227 kW (309 ch) à 5400/min; 454 Nm (46.3 mkp) à 3200/min.

Moteur (constr.): désignation LT1; arbre à cames central (chaîne); culasses en alliage léger; vilebrequin à 5 paliers; huile 4.7 L; injection électronique, AC-Rochester.
Batterie 54 Ah, alternateur 140 A; refroidissement à eau, capac. 14.3 L.

Pontiac Firebird Convertible

Kraftübertragung:
6-Gang-Getriebe: I. 2.66; II. 1.78; III. 1.3; IV. 1; V. 0.74; VI. 0.5; R 2.9; Achse 3.42.
4-Stufen-Automat: I. 3.06; II. 1.63; III. 1; IV. 0.7; R 2.29; Achse 2.73, 3.08, 3.23.

Fahrwerk: Vierrad-Scheibenbremse (v/h belüftet), h. 28.9 cm, Reifen 235/55 R 16, 245/50 ZR 16, 275/40 ZR 17; Felgen 8/9 J.

Fahrleistungen: Vmax (Red.) 250 km/h, V bei 1000/min im 6. Gang 70.9 km/h; 0–100 km/h 6 s; Leistungsgew. 7.4 kg/kW (5.4 kg/PS); Verbrauch (Red.) 10/20 L/100 km.

Transmission:
Boîte à 6 vit.: I. 2.66; II. 1.78; III. 1.3; IV. 1; V. 0.74; VI. 0.5; AR 2.9; pont 3.42.
Boîte aut. à 4 vit.: I. 3.06; II. 1.63; III. 1; IV. 0.7; AR 2.29; pont 2.73, 3.08, 3.23.

Train roulant: 4 freins à disques (AV/AR ventilés), AR 28.9 cm, pneus 235/55 R 16, 245/50 ZR 16, 275/40 ZR 17; jantes 8/9 J.

Performances: Vmax (réd.) 250 km/h, V à 1000/min en 6. vit. 70.9 km/h; 0–100 km/h 6 s; rapp. poids/puiss. 7.4 kg/kW (5.4 kg/ch); consomm. (Red.) 10/20 L/100 km.

Pontiac Grand Prix

Limousine und Coupé mit Frontantrieb und Quermotor (V6). Debüt Herbst 1997. Detroit 1996: Neuauflage.

Berline et Coupé avec traction AV et moteur transv. (V6). Lancement automne 1987. Detroit 1996: nouvelle édition.

3.1 V6 – 162 PS
Benzineinspritzung

3.1 V6 – 162 ch
Injection d'essence

Karosserie, Gewicht: Limousine/Coupé, 2/4 Türen, 5/6 Sitze; leer ca. 1470 kg.

Motor: (SAE), 6 Zyl. in V 60° (89×84 mm), 3135 cm³; Kompr. 9.6:1; 119 kW (162 PS) bei 5200/min, 38 kW/L (51.6 PS/L); 251 Nm (25.6 mkp) bei 4000/min; 91 ROZ.

Motorkonstruktion: Bez. L82; 2 Ventile; zentrale Nockenw. (Kette); Leichtmetall-Zylinderköpfe; 4fach gelagerte Kurbelwelle; Öl 3.8 L; elektron. Einspr., AC-Rochester.
Batt. 54 Ah, Altern. 105 A; Wasser 12.4 L.

Kraftübertragung: (auf Vorderräder).
4-Stufen-Automat: I. 2.92; II. 1.57; III. 1; IV. 0.71; R 2.39; Achse 3.29.

Fahrgestell: Selbsttragende Karosserie mit vorderem Hilfsrahmen; vorn Federbeine und Dreieckquerlenker, Schraubenfedern; hinten Federbeine, doppelte Querlenker, Längslenker; v/h Kurvenstabilisator.

Fahrwerk: Vierrad-Scheibenbremse (vorn belüftet), Scheiben-⌀ v. 27.7 cm, h. 27.7 cm, ABS, Delco/Moraine; Fussfeststellbremse auf Hinterräder; Zahnstangenl. mit Servo, Treibstofftank 68 L; Reifen 205/70 R 15, 225/60 R 16, Felgen 6 J, 6.5 J.

Dimensionen: Radstand 280.5 cm, Spur 156.5/155 cm, Bodenfreih. 15 cm, Wendekreis 11.8 m, Kofferraum 455 dm³, Länge 499 cm, Breite 184.5 cm, Höhe 139 cm.

Fahrleistungen: Vmax (Red.) 195 km/h, V bei 1000/min im 4. Gang 52.4 km/h; Leistungsgew. 12.3 kg/kW (9.1 kg/PS); Verbrauch (Red.) 10/16 L/100 km.

Carrosserie, poids: Berline/Coupé, 2/4 portes, 5/6 places; vide env. 1470 kg.

Moteur: (SAE), 6 cyl. en V 60° (89×84 mm), 3135 cm³; compr. 9.6:1; 119 kW (162 ch) à 5200/min, 38 kW/L (51.6 ch/L); 251 Nm (25.6 mkp) à 4000/min; 91 (R).

Moteur (constr.): désign. L82; 2 soupapes, arbre à cames central (chaîne); culasses en alliage léger; vilebrequin à 4 paliers; huile 3.8 L; inj. électronique, AC-Rochester.
Batt. 54 Ah, altern. 105 A; eau 12.4 L.

Transmission: (sur roues AV).
Boîte aut. à 4 vit.: I. 2.92; II. 1.57; III. 1; IV. 0.71; AR 2.39; pont 3.29.

Châssis: carrosserie autoporteuse avec cadre auxiliaire AV; AV jambes élast. et leviers triang. transv., ressorts hélic.; AR jambes élast., leviers transv. doubles, bras longitud.; AV/AR barre anti-dévers.

Train roulant: quatre freins à disques (AV ventilés), ⌀ disques AV 27.7 cm, AR 27.7 cm, ABS, Delco/Moraine; frein de station. à pied sur roues AR; servodirection à crémaillère, réservoir carb. 68 L; pneus 205/70 R 15, 225/60 R 16, jantes 6 J, 6.5 J.

Dimensions: empattement 280.5 cm, voie 156.5/155 cm, garde au sol 15 cm, diam. de braq. 11.8 m, coffre 455 dm³, longueur 499 cm, largeur 184.5 cm, hauteur 139 cm.

Performances: Vmax (réd.) 195 km/h, V à 1000/min en 4. vit. 52.4 km/h; rapp. poids/puiss. 12.3 kg/kW (9.1 kg/ch); consomm. (Red.) 10/16 L/100 km.

Pontiac

Pontiac Grand Prix GT

3.8 V6 – 197 PS Benzineinspritzung

Wie 3.1 – 162 PS, ausgenommen:

Gewicht: leer ab ca. 1500 kg.

Motor: (SAE), 6 Zyl. in V 90° (96.52×86.36 mm), 3791 cm³; Kompr. 9.4:1; 145 kW (197 PS) bei 5200/min, 38.2 kW/L (52 PS/L); 298 Nm (30.4 mkp) bei 4000/min; 91 ROZ.

Motorkonstruktion: zentrale Nockenwelle (Kette); Grauguss-Zylinderköpfe; 4fach gelagerte Kurbelw.; Öl 4.7 L; elektron. Einspr. Batterie 54 Ah, Alternator 105 A; Wasserkühlung, Inh. 11.6 L.

Kraftübertragung:
4-Stufen-Automat: I. 2.92; II. 1.57; III. 1; IV. 0.71; R 2.39; Achse 3.29.

Fahrwerk: Reifen 225/60 R 16, 6.5 J.

Fahrleistungen: Vmax (Red.) 200 km/h, V bei 1000/min im 4. Gang 52.4 km/h; Leistungsgew. 10.3 kg/kW (7.6 kg/PS); Verbrauch (Red.) 10/18 L/100 km.

3.8 V6 – 243 PS Benzineinspritzung/Kompr.

Wie 3.1 – 162 PS, ausgenommen:

Gewicht: leer ab ca. 1540 kg.

Motor: (SAE), 6 Zyl. in V 90° (96.52×86.36 mm), 3791 cm³; Kompression 8.5:1; 179 kW (243 PS) bei 5200/min, 47.2 kW/L (64.2 PS/L); 380 Nm (38.7 mkp) bei 3200/min; 91 ROZ.

Motorkonstruktion: zentrale Nockenwelle (Kette); Grauguss-Zylinderköpfe; 4fach gelagerte Kurbelwelle; Öl 4.7 L; elektron. Einspritzung, 1 Kompressor. Batterie 54 Ah, Alternator 105 A; Wasserkühlung.

Kraftübertragung: Antriebsschlupfreg. 4-Stufen-Automat: I. 2.92; II. 1.57; III. 1; IV. 0.71; R 2.39; Achse 2.93.

Pontiac PP97

3.8 V6 – 197 ch Injection d'essence

Comme 3.1 – 162 ch, sauf:

Poids: vide dès env. 1500 kg.

Moteur: (SAE), 6 cyl. en V 90° (96.52×86.36 mm), 3791 cm³; c. 9.4:1; 145 kW (197 ch) à 5200/min, 38.2 kW/L (52 ch/L); 298 Nm (30.4 mkp) à 4000/min; 91 (R).

Moteur (constr.): arbre à cames central (chaîne); culasses en fonte; vilebrequin à 4 paliers; huile 4.7 L; injection électronique. Batterie 54 Ah, alternateur 105 A; refroidissement à eau, capac. 11.6 L.

Transmission:
Boîte aut. à 4 vit.: I. 2.92; II. 1.57; III. 1; IV. 0.71; AR 2.39; pont 3.29.

Train roulant: pneus 225/60 R 16, 6.5 J.

Performances: Vmax (réd.) 200 km/h, V à 1000/min en 4. vit. 52.4 km/h; rapp. poids/puiss. 10.3 kg/kW (7.6 kg/ch); consomm. (Red.) 10/18 L/100 km.

3.8 V6 – 243 ch Injection d'essence/compr.

Comme 3.1 – 162 ch, sauf:

Poids: vide dès env. 1540 kg.

Moteur: (SAE), 6 cyl. en V 90° (96.52×86.36 mm), 3791 cm³; compr. 8.5:1; 179 kW (243 ch) à 5200/min, 47.2 kW/L (64.2 ch/L); 380 Nm (38.7 mkp) à 3200/min; 91 (R).

Moteur (constr.): arbre à cames central (chaîne); culasses en fonte; vilebrequin à 4 paliers; huile 4.7 L; injection électronique, 1 compresseur. Batterie 54 Ah, alternateur 105 A; refroidissement à eau.

Transmission: Dispositif antipatinage. Boîte aut. à 4 vit.: I. 2.92; II. 1.57; III. 1; IV. 0.71; AR 2.39; pont 2.93.

Fahrwerk: Reifen 225/60 ZR 16, Felgen 7 J.

Fahrleistungen: Vmax (Red.) 225 km/h, V bei 1000/min in 4. Gang 60.5 km/h; 0–100 km/h 8.5 s; Leistungsgew. 8.6 kg/kW (6.3 kg/PS); Verbrauch (Red.) 10/18 L/100 km.

Pontiac Bonneville

Luxusbetonte Reihe mit Frontantrieb, 3,8-Liter-V6-Quermotor und Getriebeautomat mit Overdrive. Debüt Herbst 1986. Für 1989 mit stärkerem Motor. 1992: Detailänderungen an Karosserie und Interieur. SSEi: Neuauflage Februar 1991 mit Kompressormotor. Supercharger 1994 mit mehr Leistung. 1995 Basismotor mit mehr Leistung.

3.8 V6 – 208 PS Benzineinspritzung

Karosserie, Gewicht: Limousine, 4 Türen, 6 Sitze; leer ab 1575 kg.

Motor: (SAE), 6 Zylinder in V 90° (96.52×86.36 mm), 3791 cm³; Kompr. 9.4:1; 153 kW (208 PS) bei 5200/min, 40.4 kW/L (54.9 PS/L); 312 Nm (31.8 mkp) bei 4000/min; 91 ROZ.

Motorkonstruktion: Bezeichnung L36; zentrale Nockenwelle (Kette); 4fach gelagerte Kurbelwelle; Öl 3.8 L; elektron. Einspritzung, Delphi. Batterie 54 Ah, Alternator 105 A; Wasserkühlung, Inh. 12.7 L.

Pontiac Bonneville

Kraftübertragung: (auf Vorderräder). 4-Stufen-Automat: I. 2.92; II. 1.57; III. 1; IV. 0.71; R 2.39; Achse 2.84; 3.06.

Fahrgestell: Selbsttragende Karosserie mit vorderem Hilfsrahmen; vorn Federbeine und Dreieckquerlenker; hinten Dämpferbeine, Dreieckquerlenker, Schraubenfedern, Teleskopdämpfer; v/h Kurvenstabilisator.

Fahrwerk: Bremse, vorne Scheiben (belüftet), hinten Trommeln, Scheiben-⌀ v. 27.5 cm, ABS, ITT/Teves; Fussfeststellbremse auf Hinterräder; Zahnstangenlenkung mit Servo, Treibstofftank 68 L; Reifen 215/65 R 15, 225/60 R 16, Felgen 6 J, 7 J.

Dimensionen: Radstand 281.5 cm, Spur 153.5/153.5 cm, Bodenfreih. 14 cm, Wendekreis 13 m, Kofferraum 505 dm³, Länge 512.5 cm, Breite 189 cm, Höhe 141 cm.

Fahrleistungen: Vmax (Red.) 200 km/h, V bei 1000/min im 4. Gang 59.9 km/h; Leistungsgew. 10.3 kg/kW (7.6 kg/PS); Verbrauch (Red.) 10/16 L/100 km.

3.8 V6 – 243 PS Benzineinspritzung/Kompr.

Wie 3.8 – 208 PS, ausgenommen:

Karosserie, Gewicht: Limousine; leer ab 1595 kg.

Train roulant: pneus 225/60 ZR 16, jantes 7 J.

Performances: Vmax (réd.) 225 km/h, V à 1000/min en 4. vit. 60.5 km/h; 0–100 km/h 8.5 s; rapp. poids/puiss. 8.6 kg/kW (6.3 kg/ch); consomm. (Red.) 10/18 L/100 km.

Pontiac Bonneville

Gamme luxueuse avec traction avant, moteur V6 transversal (3,8 litres) et boîte aut. avec OD. Lancement automne 1986. Pour 1989 avec moteur plus fort. 1992: Modifications à la carrosserie et à l'intérieur. SSEi: Nouvelle édition févr. 1991 avec compr. Supercharger 1994 avec puissance accrue. 1995: Moteur de base avec puissance accrue.

3.8 V6 – 208 ch Injection d'essence

Carrosserie, poids: Berline, 4 portes, 6 places; vide dès 1575 kg.

Moteur: (SAE), 6 cyl. en V 90° (96.52×86.36 mm), 3791 cm³; compr. 9.4:1; 153 kW (208 PS) à 5200/min, 40.4 kW/L (54.9 ch/L); 312 Nm (31.8 mkp) à 4000/min; 91 (R).

Moteur (constr.): désignation L36; arbre à cames central (chaîne); vilebrequin à 4 paliers; huile 3.8 L; injection électronique, Delphi. Batterie 54 Ah, alternateur 105 A; refroidissement à eau, capac. 12.7 L.

Transmission: (sur roues AV). Boîte aut. à 4 vit.: I. 2.92; II. 1.57; III. 1; IV. 0.71; AR 2.39; pont 2.84; 3.06.

Châssis: carrosserie autoporteuse avec cadre auxiliaire AV; AV jambes élast. et leviers triang. transv.; AR jambes élastiques, leviers triang. transv., ressorts hélicoïdaux, amortiss. télesc.; AV/AR barre anti-dévers.

Train roulant: frein, AV à disques (ventilés), AR à tambours, ⌀ disques AV 27.5 cm, ABS, ITT/Teves; frein de station. à pied sur roues AR; servodirection à crémaillère, réservoir carb. 68 L; pneus 215/65 R 15, 225/60 R 16, jantes 6 J, 7 J.

Dimensions: empattement 281.5 cm, voie 153.5/153.5 cm, garde au sol 14 cm, diam. de braq. 13 m, coffre 505 dm³, longueur 512.5 cm, largeur 189 cm, hauteur 141 cm.

Performances: Vmax (réd.) 200 km/h, V à 1000/min en 4. vit. 59.9 km/h; rapp. poids/puiss. 10.3 kg/kW (7.6 kg/ch); consomm. (Red.) 10/16 L/100 km.

3.8 V6 – 243 ch Injection d'essence/compr.

Comme 3.8 – 208 ch, sauf:

Carrosserie, poids: Berline; vide dès 1595 kg.

Pontiac • Porsche 453

Motor: (SAE), 6 Zyl. in V 90° (96.52×86.36 mm), 3791 cm³; Kompression 8.5:1; 179 kW (243 PS) bei 5200/min, 47.2 kW/L (64.2 PS/L); 380 Nm (38.7 mkp) bei 3200/min; 91 ROZ.

Motorkonstruktion: zentrale Nockenwelle (Kette); Grauguss-Zylinderköpfe; 4fach gelagerte Kurbelwelle; Öl 4.7 L; elektron. Einspritzung, 1 Kompressor.
Batterie 54 Ah, Alternator 105 A; Wasserkühlung.

Kraftübertragung:
4-Stufen-Automat: I. 2.92; II. 1.57; III. 1; IV. 0.71; R 2.39; Achse 2.93.

Fahrleistungen: Vmax (Red.) 225 km/h, V bei 1000/min im 4. Gang 58.1 km/h; 0–100 km/h 9 s; Leistungsgew. 8.9 kg/kW (6.6 kg/PS); Verbrauch (Red.) 10/18 L/100 km.

Moteur: (SAE), 6 cyl. en V 90° (96.52×86.36 mm), 3791 cm³; compr. 8.5:1; 179 kW (243 ch) à 5200/min, 47.2 kW/L (64.2 ch/L); 380 Nm (38.7 mkp) à 3200/min; 91 ROZ.

Moteur (constr.): arbre à cames central (chaîne); culasses en fonte; vilebrequin à 4 paliers; huile 4.7 L; injection électronique, 1 compresseur.
Batterie 54 Ah, alternateur 105 A; refroidissement à eau.

Transmission:
Boîte aut. à 4 vit.: I. 2.92; II. 1.57; III. 1; IV. 0.71; AR 2.39; pont 2.93.

Performances: Vmax (réd.) 225 km/h, V à 1000/min en 4. vit. 58.1 km/h; 0–100 km/h 9 s; rapp. poids/puiss. 8.9 kg/kW (6.6 kg/ch); consomm. (Red.) 10/18 L/100 km.

Pontiac Trans Sport

Mehrzweckfahrzeug von General Motors mit 3 Seitentüren und Heckklappe; 5 bis 7 Sitze. 3.1- bzw. 3.8-V6-Motor, Frontantrieb, Getriebeautomat. Début Frühling/Sommer 1989. Für 1996 nur noch mit 3.4 V6. 1997: Neuauflage mit kurzem und langem Radstand.

Voiture à usage multiple de GM avec 3 portes latérales et hayon AR, 5 à 7 places. moteurs 3.1- resp. 3.8-V6, traction AV, boîte automat. Lancement printemps/été 1989. Pour 1996 seulement avec 3.4 V6. 1997: Nouvelle édition avec empattement court et long.

3.4 V6 – 182 PS
Benzineinspritzung

3.4 V6 – 182 ch
Injection d'essence

Karosserie, Gewicht: Minivan, 4/5 Türen; 7 Sitze; leer ab 1680 kg.
Lang: 4/5 Türen; 7 Sitze; 1740 kg.

Carrosserie, poids: Minivan, 4/5 portes; 7 places; vide dès 1680 kg.
Long: 4/5 portes; 7 places; 1740 kg.

Motor: (SAE), 6 Zyl. in V 60° (92×84 mm), 3350 cm³; Kompr. 9.5:1; 134 kW (182 PS) bei 5200/min, 40 kW/L (54.4 PS/L); 279 Nm (28.4 mkp) bei 4000/min; 91 ROZ.

Moteur: (SAE), 6 cyl. en V 60° (92×84 mm), 3350 cm³; compr. 9.5:1; 134 kW (182 ch) à 5200/min, 40 kW/L (54.4 ch/L); 279 Nm (28.4 mkp) à 4000/min; 91 (R).

Pontiac Trans Sport

Motorkonstruktion: zentrale Nockenwelle (Kette); Leichtmetall-Zylinderkopf; 4fach gelagerte Kurbelwelle; Öl 3.8 L; elektron. Einspritzung, Delphi.
Batterie 78 Ah, Alternator 105 A; Alternator 140/Wasserkühlung, Inh. 11.2 L.

Kraftübertragung: (auf Vorderräder).
4-Stufen-Automat: I. 2.92; II. 1.57; III. 1; IV. 0.71; R 2.39; Achse 3.29.

Fahrgestell: Selbsttragende Karosserie; vorn Federbeine und Dreieckquerlenker; hinten Torsionskurbelachse, Längslenker, v/h Kurvenstabilisator, Schraubenfedern, Teleskopdämpfer.

Fahrwerk: Bremse, vorne Scheiben (belüftet), hinten Trommeln, Scheiben-Ø v. 27.8 cm, ABS, Delphi; Fussfeststellbr. auf Hinterr.; Zahnstangen, mit Servo, Treibstofftank 76 L; Reifen 205/70 R 15, Felgen 6 J.
Lang: Treibstofftank 95 L.

Dimensionen: Radstand 284.5 cm, Spur 156/161 cm, Bodenfreih. 14 cm, Wendekreis 12.3 m, Kofferraum 3580 dm³, Länge 475 cm, Breite 183 cm, Höhe 171 cm.
Lang: Radstand 304.5 cm, Bodenfreih. 15 cm, Wendekreis 12.9 m, Kofferraum 4415 dm³, Länge 510 cm, Höhe 173 cm.

Moteur (constr.): arbre à cames central (chaîne); culasse en alliage léger; vilebrequin à 4 paliers; huile 3.8 L; injection électronique, Delphi.
Batterie 78 Ah, alternateur 105 A; alternateur 140/refroidis. à eau, capac. 11.2 L.

Transmission: (sur roues AV).
Boîte aut. à 4 vit.: I. 2.92; II. 1.57; III. 1; IV. 0.71; AR 2.39; pont 3.29.

Châssis: carrosserie autoporteuse; AV jambes élast. et leviers triang. transv.; AR essieu à manivelles à torsion, bras longitud., AV/AR barre anti-dévers, ressorts hélic, amortiss. télesc.

Train roulant: frein, AV à disques (ventilés), AR à tambours, Ø disques AV 27.8 cm, ABS, Delphi; frein de stationn. à pied carb. 76 L; pneus 205/70 R 15, jantes 6 J.
Long: réservoir carb. 95 L.

Dimensions: empattement 284.5 cm, voie 156/161 cm, garde au sol 14 cm, diam. de braq. 12.3 m, coffre 3580 dm³, longueur 475 cm, largeur 183 cm, hauteur 171 cm.
Long: empattement 304.5 cm, garde au sol 15 cm, diam. de braq. 12.9 m, coffre 4415 dm³, longueur 510 cm, hauteur 173 cm.

Fahrleistungen: Vmax (Red.) 180 km/h, 0–100 km/h ca. 11 s; V bei 1000/min im 4. Gang 53.1 km/h; Leistungsgew. 12.5 kg/kW (9.2 kg/PS); Verbr. (Red.) 10/16 L/100 km.

Performances: Vmax (réd.) 180 km/h, 0–100 km/h env. 11 s; V à 1000/min en 4. vit. 53.1 km/h; rapp. poids/puiss. 12.5 kg/kW (9.2 kg/ch); cons. (Red.) 10/16 L/100 km.

Porsche D

Dr. Ing. h.c. F. Porsche KG, Porschestrasse 42, 70435 Stuttgart-Zuffenhausen, Deutschland

Traditionsreiche Sportwagenmarke. Ihre Entwicklungsabteilung in Weissach ist auch für andere Marken tätig.

Usine de voitures de sport connue. Son centre de recherche à Weissach travaille aussi pour d'autres marques.

Porsche Boxster

Neues Modell. Mittelmotorsportwagen mit 2.5-Liter-Boxermotor, 5-Gang-Getriebe oder Tiptronic. Produktion ab Oktober 1996.

Nouveau modèle. Voiture de sport avec moteur boxer 2.5 litres central, boîte à 5 vitesses ou Tiptronic. Production dès octobre 1996.

2.5 Boxer 24V – 204 PS
Benzineinspritzung

2.5 Boxer 24V – 204 ch
Injection d'essence

Karosserie, Gewicht: (DIN), Cabriolet, a.W. mit Hardtop; 2 Türen, 2 Sitze; leer 1250 kg, max. zul. 1560 kg.
Aut.: leer ab 1300 kg.

Carrosserie, poids: (DIN), cabriolet, s.d. avec Hardtop; 2 portes, 2 places; vide 1250 kg, tot. adm. 1560 kg.
Aut.: vide dès 1300 kg.

Motor: (ECE), 6 Zyl. Boxer (85.5×72 mm), 2480 cm³; Kompr. 11:1; 150 kW (204 PS) bei 6000/min, 60.5 kW/L (82.2 PS/L); 245 Nm (25 mkp) bei 4500/min; 98 ROZ.

Motorkonstruktion: 4 Ventile in V; 2×2 obenl. Nockenwellen (Ketten); Leichtmetall-Zylinderköpfe und -block; 7fach gelagerte Kurbelwelle; Ölkühler; Öl 11 L; elektron. Einspritzung, Bosch Motronic, M5.2.2.
Batterie 75 Ah, Batterie 60/70 Ah, Alternator 115 A; Wasserkühlung.

Kraftübertragung: (auf Hinterräder), a.W. Antriebsschlupfregelung; hintere Differentialbremse.
5-Gang-Getriebe: I. 3.5; II. 2.12; III. 1.43; IV. 1.03; V. 0.79; R 3.21; Achse 3.89.
5-Stufen-Aut.: ZF Tiptronic, I. 3.67; II. 2; III. 1.41; IV. 1; V. 0.74; R 2.09; Achse 4.21.

Fahrgestell: Selbsttragende Karosserie mit Hilfsrahmen; vorn Federbeine, Längs- und Querlenker; hinten Federbeine, Längs- und Querlenker, Spurstangen; v/h Kurvenstabilisator, Schraubenfedern, Teleskopdämpfer.

Fahrwerk: Vierrad-Scheibenbremse (v/h belüftet), Scheiben-Ø v. 29.8 cm, h. 29.2 cm, ABS, Handbremse auf Hinterräder; Zahnstangenlenkung mit Servo, Treibstofftank 58 L; Reifen v. 205/55 ZR 16, h. 225/50 ZR 16, Felgen v. 6, h. 7 J.

Moteur: (ECE), 6 cyl. boxer (85.5×72 mm), 2480 cm³; compr. 11:1; 150 kW (204 ch) à 6000/min, 60.5 kW/L (82.2 ch/L); 245 Nm (25 mkp) à 4500/min; 98 (R).

Moteur (constr.): 4 soupapes en V; 2×2 arbres à cames en tête (chaînes); culasses et bloc-cyl. en alliage léger; vilebrequin à 7 paliers; radiat. d'huile; huile 11 L; injection électronique, Bosch Motronic, M5.2.2.
Batterie 75 Ah, Batterie 60/70 Ah, alternateur 115 A; refroidissement à eau.

Transmission: (sur roues AR), s.d. dispositif antipatinage; différentiel autobloquant AR.
Boîte à 5 vit.: I. 3.5; II. 2.12; III. 1.43; IV. 1.03; V. 0.79; AR 3.21; pont 3.89.
Boîte aut. à 5 vit.: ZF Tiptronic, I. 3.67; II. 2; III. 1.41; IV. 1; V. 0.74; AR 2.09; pont 4.21.

Châssis: carrosserie autoporteuse avec faux-châssis; AV jambes élast., bras longitud. et transv.; AR jambes élast., bras longitud. et transv., biellettes suppl.; AV/AR barre anti-dévers, ressorts hélic, amortiss. télesc.

Train roulant: quatre freins à disques (AV/AR ventilés), Ø disques AV 29.8 cm, AR 29.2 cm, ABS, frein à main sur roues AR; servodirection à crémaillère, réservoir carb. 58 L; pneus AV 205/55 ZR 16, AR 225/50 ZR 16, jantes AV 6, AR 7 J.

Porsche Boxster

Porsche

Porsche Boxster

Dimensionen: Radstand 241.5 cm, Spur 147/153 cm, Wendekreis 10.9 m, Kofferraum 260 dm³, Länge 432 cm, Breite 178 cm, Höhe 129 cm.

Fahrleistungen: Vmax (Werk) 240 km/h, V bei 1000/min im 5. Gang 37.7 km/h; 0–100 km/h 6.9 s; Leistungsgew. 8.3 kg/kW (6.1 kg/PS); Verbrauch ECE 6.3/8.1/12.2 L/100 km.
Aut.: Vmax 235 km/h, 0–100 km/h 7.6 s; Verbrauch ECE 6.7/8.4/13 L/100 km.

Dimensions: empattement 241.5 cm, voie 147/153 cm, diam. de braq. 10.9 m, coffre 260 dm³, longueur 432 cm, largeur 178 cm, hauteur 129 cm.

Performances: Vmax (usine) 240 km/h, V à 1000/min en 5. vit. 37.7 km/h; 0–100 km/h 6.9 s; rapp. poids/puiss. 8.3 kg/kW (6.1 kg/ch); consomm. ECE 6.3/8.1/12.2 L/100 km.
Aut.: Vmax 235 km/h, 0–100 km/h 7.6 s; consomm. ECE 6.7/8.4/13 L/100 km.

Porsche 911 Carrera

Bekannter Sportwagen. Debüt 1963 als 901. Für 1994 mit mehr Leistung, neuer Hinterachse mit Mehrlenkertechnik, 6-Gang-Getriebe oder Tiptronic, neues Design. Cabriolet Januar 1994, August 1994: Carrera 4.

Voiture sportive bien connue. Lancement comme 901 en 1963. 1994: Puissance accrue, nouvelle susp. AR à bras multiples, boîte à 6 vit. ou Tiptronic, nouveau design. Cabriolet janvier 1994; août 1994: Carrera 4.

3.6 Boxer – 286 PS Benzineinspritzung

Karosserie, Gewicht: (DIN), Coupé/Cabriolet/Targa, 2 Türen, 2+2 Sitze; leer ab 1370 kg, max. zul. 1710 kg.
Carrera 4: 2 Türen, 2+2 Sitze; leer ab 1420 kg, max. zul. 1760 kg.

Motor: (ECE), 6 Zyl. Boxer (100×76.4 mm), 3600 cm³; Kompr. 11.3:1; 210 kW (286 PS) bei 6100/min, 58.3 kW/L (79.3 PS/L); 340 Nm (34.7 mkp) bei 5250/min; 98 ROZ.

Motorkonstruktion: 2 Ventile in V; 2×1 obenl. Nockenwelle (Kette); Leichtmetall-Zylinderköpfe und -block; 8fach gelagerte Kurbelwelle; Ölkühler; Öl 11.5 L; Trockensumpfschmierung; elektron. Einspritzung, Bosch Motronic DME.
Batterie 75 Ah, Alternator 115 A; Luftkühlung.

Kraftübertragung: (auf Hinterräder), a.W. Antriebsschlupfregelung; hintere Differentialbremse.
Carrera 4/4S: (4WD permanent), zentrales Diff. mit Viskokupplung; variable Drehmomentverteilung v/h.
6-Gang-Getr.: I. 3.82; II. 2.15; III. 1.56; IV. 1.24; V. 1.03; VI. 0.82; R 2.86; Achse 3.44; USA/CH/A: I. 3.82; II. 2.05; III. 1.41; IV. 1.12; V. 0.92; VI. 0.78; R 2.86.
4-Stufen-Aut.: ZF Tiptronic; I. 2.48; II. 1.48; III. 1; IV. 0.73; R 2.09; Achse 3.67; 3.56.

3.6 Boxer – 286 ch Injection d'essence

Carrosserie, poids: (DIN), Coupé/Cabriolet/Targa, 2 portes, 2+2 places; vide dès 1370 kg, tot. adm. 1710 kg.
Carrera 4: 2 portes, 2+2 places; vide dès 1420 kg, tot. adm. 1760 kg.

Moteur: (ECE), 6 cylindres boxer (100×76.4 mm), 3600 cm³; compr. 11.3:1; 210 kW (286 ch) à 6100/min, 58.3 kW/L (79.3 ch/L); 340 Nm (34.7 mkp) à 5250/min; 98 (R).

Moteur (constr.): 2 soupapes en V; 2×1 arbre à cames en tête (chaîne); culasses et bloc-cyl. en alliage léger; vilebrequin à 8 paliers; radiat. d'huile; huile 11.5 L; lubrification par carter sec; injection électronique, Bosch Motronic DME.
Batterie 75 Ah, alternateur 115 A; refroidiss. à air.

Transmission: (sur roues AR), s.d. dispositif antipatinage; différentiel autobloquant AR.
Carrera 4/4S: (4WD permanent), diff. central avec visco-coupleur; répartition du couple AV/AR variable.
Boîte à 6 vit.: I. 3.82; II. 2.15; III. 1.56; IV. 1.24; V. 1.03; VI. 0.82; AR 2.86; pont 3.44.
USA/CH/A: I. 3.82; II. 2.05; III. 1.41; IV. 1.12; V. 0.92; VI. 0.78; AR 2.86.
Boîte aut. à 4 vit.: ZF Tiptronic; I. 2.48; II. 1.48; III. 1; IV. 0.73; AR 2.09; p. 3.67; 3.56.

Porsche 911 Carrera S

Fahrgestell: Selbsttragende Karosserie mit hinterem Hilfsrahmen; vorn Federbeine und Dreieckquerlenker; hinten Mehrlenkerachse mit Längs-, Quer- und Schräglenkern, Spurstangen; v/h Kurvenstabilisator, Schraubenfedern, Teleskopdämpfer.

Fahrwerk: Vierrad-Scheibenbremse (v/h belüftet), Scheiben-∅ v. 30.4 cm, h. 29.9 cm, ABS, Bosch; Handbremse auf Hinterräder; Zahnstangenlenkung mit Servo, Treibstofftank 72 L; Reifen v. 205/55 ZR 16, h. 245/45 ZR 16, Felgen v. 7, h. 9 J.
Carrera 4S: Reifen v. 225/40 ZR 18, h. 285/35 ZR 18, Felgen v. 8, h. 10 J.

Dimensionen: Radstand 227 cm, Spur 140.5/144.5 cm, Bodenfreih. 12 cm, Wendekreis 12 m, Kofferraum 125 dm³, Länge 424.5 cm, Breite 173.5 cm, Höhe 130 cm.
Carrera 4S: Spur 141/150.5 cm, Breite 179.5 cm, Höhe 129 cm.

Châssis: carrosserie autoporteuse avec cadre auxiliaire AR; AV jambes élast. et leviers triang. transv.; AR essieu à multiples bras (leviers longit., obliques et transv.), biellettes supplem.; AV/AR barre anti-dévers, ressorts hélic, amortiss. télesc.

Train roulant: quatre freins à disques (AV/AR ventilés), ∅ disques AV 30.4 cm, AR 29.9 cm, ABS, Bosch; frein à main sur roues AR; servodirection à crémaillère, réservoir carb. 72 L; pneus AV 205/55 ZR 16, AR 245/45 ZR 16, jantes AV 7, AR 9 J.
Carrera 4S: pneus AV 225/40 ZR 18, AR 285/35 ZR 18, jantes AV 8, AR 10 J.

Dimensions: empatt. 227 cm, voie 140.5/144.5 cm, garde au sol 12 cm, diam. de braq. 12 m, coffre 125 dm³, longueur 424.5 cm, largeur 173.5 cm, hauteur 130 cm.
Carrera 4S: voie 141/150.5 cm, largeur 179.5 cm, hauteur 129 cm.

Porsche Carrera Cabriolet

Fahrleistungen: Vmax (Werk) 275 km/h, V bei 1000/min im 6. Gang 41.5 km/h; 0–100 km/h 5.4 s; steh. km 24.6 s; Leistungsgew. 6.5 kg/kW (4.8 kg/PS); Verbrauch ECE 7.6/9.3/16.3 L/100 km.
Carrera 4: Vmax 270 km/h, 0–100 km/h 5.5 s; steh. km 25.3 s; Verbrauch ECE 7.8/16.9 L/100 km.
Carrera 4S: 0–100 km/h 5.3 s; steh. km 25 s; Verbrauch ECE 8/9.6/16.9 L/100 km.

3.7 Boxer – 300 PS Benzineinspritzung

Wie 3.6 – 286 PS, ausgenommen:

Karosserie, Gewicht: (DIN), Coupé 911 RS; leer 1270 kg, max. zul. 1550 kg.

Motor: (ECE), 6 Zyl. Boxer (102×76.4 mm), 3746 cm³; Kompr. 11.3:1; 221 kW (300 PS) bei 6500/min, 59 kW/L (80.2 PS/L); 355 Nm (36.2 mkp) bei 5400/min; 98 ROZ.

Motorkonstruktion: Ventile in V; 2×1 obenl. Nockenwelle (Kette); Leichtmetall-Zylinderköpfe und -block; 8fach gelagerte Kurbelwelle; Ölkühler; Öl 11.5 L; Trockensumpfschmierung; elektron. Einspritzung, Bosch LH-Jetronic.
Batterie 36 Ah, Alternator 115 A; Luftkühlung.

Kraftübertragung: (auf Hinterräder), Antriebsschlupfr.; hintere Differentialbremse.
6-Gang-Getr.: I. 3.82; II. 2.15; III. 1.56; IV. 1.24; V. 1.03; VI. 0.82; R 2.86; Achse 3.44.

Fahrwerk: Reifen v. 225/40 ZR 18, h. 265/35 ZR 18, Felgen v. 8, h. 10 J.

Dimensionen: Radstand 228.5 cm, Spur 141/145 cm, Höhe 127 cm.

Fahrleistungen: Vmax (Werk) 277 km/h, V bei 1000/min im 6. Gang 41.5 km/h; 0–100 km/h 5 s; Leistungsgew. 5.7 kg/kW (4.2 kg/PS); Verbrauch ECE 7.6/9.5/20.1 L/100 km.

Performances: Vmax (usine) 275 km/h, V à 1000/min en 6. vit. 41.5 km/h; 0–100 km/h 5.4 s; km arrêté 24.6 s; rapp. poids/puiss. 6.5 kg/kW (4.8 kg/ch); consomm. ECE 7.6/9.3/16.3 L/100 km.
Carrera 4: Vmax 270 km/h, 0–100 km/h 5.5 s; km arrêté 25.3 s; consomm. ECE 7.8/16.9 L/100 km.
Carrera 4S: 0–100 km/h 5.3 s; km arrêté 25 s; consomm. ECE 8/9.6/16.9 L/100 km.

3.7 Boxer – 300 ch Injection d'essence

Comme 3.6 – 286 ch, sauf:

Carrosserie, poids: (DIN), Coupé 911 RS; vide 1270 kg, tot. adm. 1550 kg.

Moteur: (ECE), 6 cylindres boxer (102×76.4 mm), 3746 cm³; compr. 11.3:1; 221 kW (300 ch) à 6500/min, 59 kW/L (80.2 ch/L); 355 Nm (36.2 mkp) à 5400/min; 98 (R).

Moteur (constr.): soupapes en V; 2×1 arbre à cames en tête (chaîne); culasses et bloc-cyl. en alliage léger; vilebrequin à 8 paliers; radiat. d'huile; huile 11.5 L; lubrification par carter sec; injection électronique, Bosch LH-Jetronic.
Batterie 36 Ah, alternateur 115 A; refroidiss. à air.

Transmission: (sur roues AR), Dispositif antipatinage; différentiel autobloquant AR.
Boîte à 6 vit.: I. 3.82; II. 2.15; III. 1.56; IV. 1.24; V. 1.03; VI. 0.82; AR 2.86; pont 3.44.

Train roulant: pneus AV 225/40 ZR 18, AR 265/35 ZR 18, jantes AV 8, AR 10 J.

Dimensions: empattement 228.5 cm, voie 141/145 cm, hauteur 127 cm.

Performances: Vmax (usine) 277 km/h, V à 1000/min en 6. vit. 41.5 km/h; 0–100 km/h 5 s; rapp. poids/puiss. 5.7 kg/kW (4.2 kg/ch); consomm. ECE 7.6/9.5/20.1 L/100 km.

Porsche 911 Turbo

Turboversion des bekannten Sportwagens; 6-Gang-Getriebe und permanenter Allradantrieb. Debüt Frühjahr 1995.

Version turbo de la voiture sportive bien connue; boîte à 6 vit. et traction intégrale. Lancement printemps 1995.

Porsche • Premier

3.6 Boxer – 408 PS
Benzineinspritzung/Turbo

Karosserie, Gewicht: (DIN) Coupé, 2 Türen, 2+2 Sitze; leer ab 1500 kg, max. zul. 1840 kg.
GT2: leer ab 1290 kg.

Motor: (ECE), 6 Zyl. Boxer (100×76.4 mm), 3600 cm³; Kompr. 8:1; 300 kW (408 PS) bei 5750/min, 83.3 kW/L (113.3 PS/L); 540 Nm (55 mkp) bei 4500/min; 98 ROZ.
GT2: 316 kW (430 PS) 87.8 kW/L (119.3 PS/L).

Motorkonstruktion: 2 Ventile in V; 2×1 obenl. Nockenwelle (Kette); Leichtmetall-Zylinderköpfe und -block; 8fach gelagerte Kurbelwelle; Ölkühler; Trockensumpfschmierung; elektron. Einspr., Bosch Motronic DME, 2 Turbolader, Intercooler. Batterie 75 Ah, GT2 36 Ah, Alternator 115 A; Luftkühlung.

Kraftübertragung: (4WD permanent), zentrales Diff. mit Viskokupplung; hintere Differentialbremse, variable Drehmomentverteilung v/h.
GT2: (auf Hinterräder), Antriebsschlupfr. 6-Gang-Getr.: I. 3.82; II. 2.15; III. 1.56; IV. 1.21; V. 0.97; VI. 0.75; R 2.86; Achse 3.44.

Fahrgestell: Selbsttragende Karosserie mit hinterem Hilfsrahmen; vorn Federbeine und Dreieckquerlenker; hinten Mehrlenkerachse mit Längs-, Quer- und Schräglenkern, Spurstangen; v/h Kurvenstabilisator, Schraubenfedern, Teleskopdämpfer.

Fahrwerk: Vierrad-Scheibenbremse (v/h belüftet), Scheiben-⌀ v. 30.4 cm, h. 29.9 cm, ABS, Bosch; Handbremse auf Hinterräder; Zahnstangenlenkung mit Servo, Treibstofftank 73.5 L; Reifen v. 225/40 ZR 18, h. 265/35 ZR 18, Felgen v. 8, h. 10 J.
GT2: Scheiben-⌀ v. 32.2 cm, h. 32.2 cm, Treibstofftank 92 L; Reifen v. 235/40 ZR 18, h. 285/35 ZR 18, Felgen v. 9, h. 11 J.

Porsche 911 Turbo

Dimensionen: Radstand 227 cm, Spur 141/150 cm, Bodenfreih. 9 cm, Wendekreis 11.7 m, Kofferraum 125 dm³, Länge 424.5 cm, Breite 179.5 cm, Höhe 129 cm.
GT2: 154 cm, Kofferraum 100 dm³, Breite 185 cm, Höhe 127 cm.

Fahrleistungen: Vmax (Werk) 290 km/h, V bei 1000/min im 6. Gang 46 km/h; 0–100 km/h 4.5 s; steh. km 23 s; Leistungsgew. 5 kg/kW (3.7 kg/PS); Verbrauch ECE 8.2/10.3/21 L/100 km.
GT2: Vmax 295 km/h, 0–100 km/h 4.4 s; Verbrauch EU 10.8/23.3/15.4 L/100 km.

Porsche 911 GT 1

Neues Modell. Hochleistungssportwagen, aus dem Rennsportwagen abgeleitete Version für die Strasse; Kleinserie. Débüt Januar 1997. Unvollständige Daten.

3.6 Boxer – 408 ch
Injection d'essence/turbo

Carrosserie, poids: (DIN) Coupé, 2 portes, 2+2 places; vide dès 1500 kg, tot. adm. 1840 kg.
GT2: vide dès 1290 kg.

Moteur: (ECE), 6 cyl. boxer (100×76.4 mm), 3600 cm³; compr. 8:1; 300 kW (408 ch) à 5750/min, 83.3 kW/L (113.3 ch/L); 540 Nm (55 mkp) à 4500/min; 98 (R).
GT2: 316 kW (430 ch) 87.8 kW/L (119.3 ch/L).

Moteur (constr.): 2 soupapes en V; 2×1 arbre à cames en tête (chaîne); culasses et bloc-cyl. en alliage léger; vilebrequin à 8 paliers; radiat. d'huile; huile 11.5 L; lubrification par carter sec; injection électronique, Bosch Motronic DME, turbocompresseurs. Batterie 75 Ah, GT2 36 Ah, alternateur 115 A; refroidiss. à air.

Transmission: (4WD permanent), diff. central avec visco-coupleur; différentiel autobloquant AR, répartition du couple AV/AR variable.
GT2: (sur roues AR), Dispositif antipat. Boîte à 6 vit.: I. 3.82; II. 2.15; III. 1.56; IV. 1.21; V. 0.97; VI. 0.75; AR 2.86; pont 3.44.

Châssis: carrosserie autoporteuse avec cadre auxiliaire AR; AV jambes élast. et leviers triang. transv.; AR essieu à multiples bras (leviers longit., obliques et transv.), biellettes supplem.; AV/AR barre anti-dévers, ressorts hélic, amortiss. télesc.

Train roulant: quatre freins à disques (AV/AR ventilés), ⌀ disques AV 30.4 cm, AR 29.9 cm, ABS, Bosch; frein à main sur roues AR; servodir. à crémaillère, réservoir carb. 73.5 L; pneus AV 225/40 ZR 18, AR 265/35 ZR 18, jantes AV 8, AR 10 J.
GT2: ⌀ disques AV 32.2 cm, AR 32.2 cm, réservoir carb. 92 L; pneus AV 235/40 ZR 18, AR 285/35 ZR 18, jantes AV 9, AR 11 J.

Dimensions: empatt. 227 cm, voie 141/150 cm, garde au sol 9 cm, diam. de braq. 11.7 m, coffre 125 dm³, longueur 424.5 cm, largeur 179.5 cm, hauteur 129 cm.
GT2: 154 cm, coffre 100 dm³, largeur 185 cm, hauteur 127 cm.

Performances: Vmax (usine) 290 km/h, V à 1000/min en 6. vit. 46 km/h; 0–100 km/h 4.5 s; km arrêté 23 s; rapp. poids/puiss. 5 kg/kW (3.7 kg/ch); consomm. ECE 8.2/10.3/21 L/100 km.
GT2: Vmax 295 km/h, 0–100 km/h 4.4 s; consomm. EU 10.8/23.3/15.4 L/100 km.

Nouveau modèle. Voiture sportif à hautes performances, voiture pour la route, dérivée de la voiture de course, petite série. Lancement janvier 1997. Données incomplètes.

3.2 Boxer 24V – 544 PS
Benzineinspritzung/Turbo

Karosserie, Gewicht: (DIN) Coupé, 2 Türen, 2 Sitze; leer ca. 1075 kg.

Motor: (ECE), 6 Zyl. Boxer (95×74.4 mm), 3164 cm³; Kompr. 9.5:1; 400 kW (544 PS) bei 7000/min, 126.4 kW/L (171.9 PS/L); 600 Nm (61.2 mkp) bei 4250/min; 98 ROZ.
Rennversion: 440 kW (598 PS) bei 7200/min; 650 Nm bei 5500/min.

Motorkonstruktion: Mittelmotor; 4 Ventile in V; 2×2 obenl. Nockenwellen (Ketten); Leichtmetall-Zylinderköpfe und -block; 7fach gelagerte Kurbelwelle; Ölkühler; Trockensumpfschmierung; Öl 12 L; elektron. Einspritzung, Bosch Motronic M 5.2; 2 Turbolader, KKK K27.2, Intercooler. Batterie 55 Ah, Wasserkühlung.

Porsche 911 GT1

Kraftübertragung: (auf Hinterräder), Differentialbremse 40/65%.
6-Gang-Getr.: I. 3.82; II. 2.15; III. 1.56; IV. 1.21; V. 0.97; VI. 0.75; R 2.86; Achse 3.44.

Fahrgestell: Selbsttragende Karosserie mit Hilfsrahmen; vorn doppelte Querlenker; hinten doppelte Querlenker, Pushrod; v/h Kurvenstabilisator.

Fahrwerk: Vierrad-Scheibenbremse (v/h belüftet), Scheiben-⌀ v. 38 cm, h. 38 cm, ABS, Bosch; Handbremse auf Hinterräder; Zahnstangenlenkung mit Servo, Treibstofftank 73 L; Reifen v. 295/35 ZR 18, h. 335/30 ZR 18, Felgen v. 11, h. 13 J.

Dimensionen: Kofferraum 150 dm³, Länge 471 cm, Breite 195 cm, Höhe 117 cm.

Fahrleistungen: Vmax (Werk) 310 km/h, V bei 1000/min im 6. Gang 47.1 km/h; 0–100 km/h 3.7 s; Leistungsgew. 2.7 kg/kW (2 kg/PS); Verbrauch (Red.) 12/30 L/100 km.

3.2 Boxer 24V – 544 ch
Injection d'essence/turbo

Carrosserie, poids: (DIN) Coupé, 2 portes, 2 places; vide env. 1075 kg.

Moteur: (ECE), 6 cyl. boxer (95×74.4 mm), 3164 cm³; compr. 9.5:1; 400 kW (544 ch) à 7000/min, 126.4 kW/L (171.9 ch/L); 600 Nm (61.2 mkp) à 4250/min; 98 (R).
Version de course: 440 kW (598 ch) à 7200/min; 650 Nm à 5500/min.

Moteur (constr.): moteur central; 4 soupapes en V; 2×2 arbres à cames en tête (chaînes); culasses et bloc-cyl. en alliage léger; vilebrequin à 7 paliers; radiat. d'huile; graissage à carter sec; huile 12 L; injection électronique, Bosch Motronic M 5.2; 2 turbocompresseurs, KKK K27.2, Intercooler. Batterie 55 Ah, refroidissement à eau.

Transmission: (sur roues AR), différentiel autobloquant 40/65%.
Boîte à 6 vit.: I. 3.82; II. 2.15; III. 1.56; IV. 1.21; V. 0.97; VI. 0.75; AR 2.86; pont 3.44.

Châssis: carrosserie autoporteuse avec faux-châssis; AV leviers transv. doubles; AR leviers transv. doubles, pushrod; AV/AR barre anti-dévers.

Train roulant: quatre freins à disques (AV/AR ventilés), ⌀ disques AV 38 cm, AR 38 cm, ABS, Bosch; frein à main sur roues AR; servodirection à crémaillère, réservoir carb. 73 L; pneus AV 295/35 ZR 18, AR 335/30 ZR 18, jantes AV 11, AR 13 J.

Dimensions: coffre 150 dm³, longueur 471 cm, largeur 195 cm, hauteur 117 cm.

Performances: Vmax (usine) 310 km/h, V à 1000/min en 6. vit. 47.1 km/h; 0–100 km/h 3.7 s; rapp. poids/puiss. 2.7 kg/kW (2 kg/ch); consomm. (Red.) 12/30 L/100 km.

Premier   IND

The Premier Automobiles Limited, L.B. Shastri Marg, Kurla, Bombay 400 070, India

Indische Firma. Herstellerin von Mittelklassewagen auf der Basis des ehemaligen Fiat 1100 und 124 für den eigenen Markt.

Entreprise indienne fabriquant des voitures de catégorie moyenne à la base de l'ancienne Fiat 1100 et 124 pour le marché intérieur.

Premier Padmini

Mittelklassewagen mit 1,1-Liter-Motor und 4-Gang-Getriebe. Verschiedene Ausstattungsvarianten. Frühling 1990: Version 137 D für Taxibetrieb.

Voiture de classe moyenne avec moteur 1,1 litre et boîte à 4 vit. Plusieurs variantes d'aménagement. Printemps 1990: 137 D pour entreprises de taxi.

1.1 – 42 PS
Vergaser

Karosserie, Gewicht: (DIN) Limousine, 4 Türen, 4 Sitze; leer 895 kg, max. zul. 1270 kg.

1.1 – 42 ch
Carburateur

Carrosserie, poids: (DIN) Berline, 4 portes, 4 places; vide 895 kg, tot. adm. 1270 kg.

Premier • Proton

Motor: (DIN), 4 Zyl. in Linie (68×75 mm), 1090 cm³; Kompr. 7.8:1; 31 kW (42 PS) bei 4800/min, 28.4 kW/L (38.7 PS/L); 71 Nm (7.2 mkp) bei 3000/min; 87 ROZ.

Motorkonstruktion: seitl. Nockenwelle (Kette); Leichtmetall-Zylinderkopf; 3fach gelagerte Kurbelwelle; Öl 3.9 L; 1 Fallstromvergaser, Solex. Batterie 45 Ah, Alternator 264 W; Wasserkühlung, Inh. 4.5 L.

Kraftübertragung: (auf Hinterräder). 4-Gang-Getriebe: I. 3.86; II. 2.38; III. 1.57; IV. 1; R 3.86; Achse 4.3.

Fahrgestell: Selbsttragende Karosserie; vorn Dreiecklenker, Schraubenfedern; hinten Starrachse, Halbelliptikfedern; v/h Kurvenstabilisator, Teleskopdämpfer.

Fahrwerk: Vierradtrommelbremse, Handbremse auf Hinterräder; Lenkung mit Schnecke und Rolle, Treibstofftank 38 L; Reifen 5.20-14, Felgen 3.5 J.

Dimensionen: Radstand 234 cm, Spur 123/121.5 cm, Bodenfreih. 13 cm, Wendekreis 10.9 m, Kofferraum 310 dm³, Länge 393 cm, Breite 146 cm, Höhe 147 cm.

Fahrleistungen: Vmax (Werk) 125 km/h, V bei 1000/min im 4. Gang 26 km/h; Leistungsgew. 28.9 kg/kW (21.3 kg/PS); Verbrauch (Red.) 7/10 L/100 km.

1.4 – 41 PS Diesel

Wie 1.1 – 42 PS, ausgenommen:

Gewicht: leer 965 kg, max. zul. 1340 kg.

Motor: (DIN), 4 Zyl. in Linie (78×71.5 mm), 1367 cm³; Kompr. 21:1; 30 kW (41 PS) bei 4500/min, 21.9 kW/L (29.8 PS/L); 68 Nm (6.9 mkp) bei 2800/min; Dieselöl.

Motorkonstruktion: Vorkammer-Diesel; seitl. Nockenwelle (Kette); 5fach gelagerte Kurbelwelle; Öl 4 L; Einspritzpumpe. Batterie 45 Ah, Alternator 264 W; Wasserkühlung, Inh. 4.5 L.

Premier Padmini

Kraftübertragung: 4-Gang-Getriebe: I. 3.86; II. 2.38; III. 1.57; IV. 1; R 3.86; Achse 4.3.

Fahrleistungen: Vmax (Werk) 119 km/h, V bei 1000/min im 4. Gang 26 km/h; Leistungsgew. 32.2 kg/kW (23.5 kg/PS); Verbrauch (Red.) 6/9 L/100 km.

Premier 118 NE

Karosserie und Fahrgestell des ehemaligen Fiat 124, Motor und Getriebe von Nissan. Debüt Herbst 1985.

1.2 – 52 PS Vergaser

Karosserie, Gewicht: (DIN), Limousine, 4 Türen, 5 Sitze; leer ab 900 kg, max. zul. 1300 kg.

Moteur: (DIN), 4 cyl. en ligne (68×75 mm), 1090 cm³; compr. 7.8:1; 31 kW (42 ch) à 4800/min, 28.4 kW/L (38.7 ch/L); 71 Nm (7.2 mkp) à 3000/min; 87 (R).

Moteur (constr.): arbre à cames latéral (chaîne); culasse en alliage léger; vilebrequin à 3 paliers; huile 3.9 L; 1carburateur inversé, Solex. Batterie 45 Ah, alternateur 264 W; refroidissement à eau, capac. 4.5 L.

Transmission: (sur roues AR). Boîte à 4 vit.: I. 3.86; II. 2.38; III. 1.57; IV. 1; AR 3.86; pont 4.3.

Châssis: carrosserie autoporteuse; AV levier triangulaire, ressorts hélicoïdaux; AR essieu rigide, ressorts semi-ellipt.; AV/AR barre anti-dévers, amortiss. télesc.

Train roulant: quatre freins à tambours, frein à main sur roues AR; direction à vis sans fin et galet, réservoir carb. 38 L; pneus 5.20-14, jantes 3.5 J.

Dimensions: empattement 234 cm, voie 123/121.5 cm, garde au sol 13 cm, diam. de braq. 10.9 m, coffre 310 dm³, longueur 393 cm, largeur 146 cm, hauteur 147 cm.

Performances: Vmax (usine) 125 km/h, V à 1000/min en 4. vit. 26 km/h; rapp. poids/puiss. 28.9 kg/kW (21.3 kg/ch); consomm. (Red.) 7/10 L/100 km.

1.4 – 41 ch Diesel

Comme 1.1 – 42 ch, sauf:

Poids: vide 965 kg, tot. adm. 1340 kg.

Moteur: (DIN), 4 cyl. en ligne (78×71.5 mm), 1367 cm³; compr. 21:1; 30 kW (41 ch) à 4500/min, 21.9 kW/L (29.8 ch/L); 68 Nm (6.9 mkp) à 2800/min; gazole.

Moteur (constr.): diesel à préchambre; arbre à cames latéral (chaîne); vilebrequin à 5 paliers; huile 4 L; pompe à injection. Batterie 45 Ah, alternateur 264 W; refroidissement à eau, capac. 4.5 L.

Transmission: Boîte à 4 vit.: I. 3.86; II. 2.38; III. 1.57; IV. 1; AR 3.86; pont 4.3.

Performances: Vmax (usine) 119 km/h, V à 1000/min en 4. vit. 26 km/h; rapp. poids/puiss. 32.2 kg/kW (23.5 kg/ch); consomm. (Red.) 6/9 L/100 km.

Premier 118 NE

Carrosserie et châssis de l'ancienne Fiat 124, moteur et boîte de vitesse de Nissan. Lancement automne 1985.

1.2 – 52 ch Carburateur

Carrosserie, poids: (DIN), Berline, 4 portes, 5 places; vide dès 900 kg, tot. adm. 1300 kg.

Motor: (DIN), 4 Zyl. in Linie (73×70 mm), 1172 cm³; Kompr. 9:1; 38 kW (52 PS) bei 5600/min, 32.4 kW/L (44.1 PS/L); 79 Nm (8.1 mkp) bei 4000/min; 87 ROZ.

Motorkonstruktion: Bezeichnung Nissan 118 NE; seitl. Nockenwelle (Kette); Leichtmetall-Zylinderkopf; 5fach gelagerte Kurbelwelle; Öl 3.2 L; 1 Fallstrom-Doppelvergaser, Hitachi. Batterie 45 Ah, Alternator 36 A; Wasserkühlung, Inh. 6.4 L.

Kraftübertragung: (auf Hinterräder). 4-Gang-Getriebe: I. 3.77; II. 2.17; III. 1.4; IV. 1; R 3.64; Achse 3.9.

Premier 118 NE

Fahrgestell: Selbsttragende Karosserie; vorn Dreiecklenker, Schraubenfedern; hinten Starrachse, Längslenker, Reaktionsstreben, Panhardstab, Schraubenfedern; v/h Kurvenstabilisator, Teleskopdämpfer.

Dimensionen: Radstand 242 cm, Spur 133/130 cm, Bodenfreih. 15 cm, Wendekreis 10.7 m, Kofferraum 385 dm³, Länge 405 cm, Breite 161 cm, Höhe 143 cm.

Fahrleistungen: Vmax (Werk) 135 km/h, V bei 1000/min im 4. Gang 27.8 km/h; Leistungsgew. 23.7 kg/kW (17.3 kg/PS); Verbrauch (Red.) 7/10 L/100 km.

1.4 – 41 PS Diesel

Wie 1.2 – 52 PS, ausgenommen:

Motor: (DIN), 4 Zyl. in Linie (78×71.5 mm), 1367 cm³; Kompr. 21:1; 30 kW (41 PS) bei 4500/min, 21.9 kW/L (29.8 PS/L); 68 Nm (6.9 mkp) bei 2800/min; Dieselöl.

Motorkonstruktion: Vorkammer-Diesel; seitl. Nockenwelle (Kette); 5fach gelagerte Kurbelwelle; Öl 4 L; Einspritzpumpe. Batterie 45 Ah, Alternator 264 W; Wasserkühlung, Inh. 4.5 L.

Kraftübertragung: 4-Gang-Getriebe: I. 3.77; II. 2.17; III. 1.4; IV. 1; R 3.64; Achse 3.9.

Fahrleistungen: Vmax (Red.) 115 km/h, V bei 1000/min im 4. Gang 27.8 km/h; Leistungsgew. 30 kg/kW (21.9 kg/PS); Verbrauch (Red.) 6/9 L/100 km.

Proton — MAL

Perusahaan Otomobil Nasional Sdn Bhd, Hicom Industrial Estate, Batu Tiga, Shah Alam, Selangor, Malaysia

Autowerk in Malaysia, stellt Fahrzeuge von Mitsubishi in Lizenz her.

Proton Persona

Limousine auf Basis des Mitsubishi Colt; 1.3-, 1.5- oder 1.6-Motor, mechanisches und automatisches Getriebe.

Moteur: (DIN), 4 cyl. en ligne (73×70 mm), 1172 cm³; compr. 9:1; 38 kW (52 ch) à 5600/min, 32.4 kW/L (44.1 ch/L); 79 Nm (8.1 mkp) à 4000/min; 87 (R).

Moteur (constr.): désignation Nissan 118 NE; arbre à cames latéral (chaîne); culasse en alliage léger; vilebrequin à 5 paliers; huile 3.2 L; 1carburateur inv. à double corps, Hitachi. Batterie 45 Ah, alternateur 36 A; refroidissement à eau, capac. 6.4 L.

Transmission: (sur roues AR). Boîte à 4 vit.: I. 3.77; II. 2.17; III. 1.4; IV. 1; AR 3.64; pont 3.9.

Châssis: carrosserie autoporteuse; AV levier triangulaire, ressorts hélicoïdaux; AR essieu rigide, bras longitud., barres de réaction, barre Panhard, ressorts hélic.; AV/AR barre anti-dévers, amortiss. télesc.

Dimensions: empattement 242 cm, voie 133/130 cm, garde au sol 15 cm, diam. de braq. 10.7 m, coffre 385 dm³, longueur 405 cm, largeur 161 cm, hauteur 143 cm.

Performances: Vmax (usine) 135 km/h, V à 1000/min en 4. vit. 27.8 km/h; rapp. poids/puiss. 23.7 kg/kW (17.3 kg/ch); consomm. (Red.) 7/10 L/100 km.

1.4 – 41 ch Diesel

Comme 1.2 – 52 ch, sauf:

Moteur: (DIN), 4 cyl. en ligne (78×71.5 mm), 1367 cm³; compr. 21:1; 30 kW (41 ch) à 4500/min, 21.9 kW/L (29.8 ch/L); 68 Nm (6.9 mkp) à 2800/min; gazole.

Moteur (constr.): diesel à préchambre; arbre à cames latéral (chaîne); vilebrequin à 5 paliers; huile 4 L; pompe à injection. Batterie 45 Ah, alternateur 264 W; refroidissement à eau, capac. 4.5 L.

Transmission: Boîte à 4 vit.: I. 3.77; II. 2.17; III. 1.4; IV. 1; AR 3.64; pont 3.9.

Performances: Vmax (réd.) 115 km/h, V à 1000/min en 4. vit. 27.8 km/h; rapp. poids/puiss. 30 kg/kW (21.9 kg/ch); consomm. (Red.) 6/9 L/100 km.

Usine malaïsienne, construit sous licence des voitures de Mitsubishi.

Berline sur base de la Mitsubishi Colt; moteur 1,3, 1,5 ou 1,6 litre, boîte mécanique ou automatique.

Proton 457

1.3 12V – 75 PS
Benzineinspritzung

Karosserie, Gewicht: Limousine, 3 Türen, 5 Sitze; leer ab 930 kg, max. zul. 1410 kg. Sedan, 4 Türen; 5 Sitze; leer ab 970 kg, max. zul. 1425 kg. Coupé, 2 Türen, 5 Sitze; leer ab 990 kg, max. zul. 1445 kg.

Motor: (DIN), 4 Zyl. in Linie (71×82 mm), 1299 cm³; Kompr. 9.5:1; 55 kW (75 PS) bei 6000/min, 42.3 kW/L (57.5 PS/L); 108 Nm (11 mkp) bei 3000/min. Auch 62 kW (84 PS).

Motorkonstruktion: Bezeichnung Mitsubishi G13B; 3 Ventile in V; 1 obenl. Nockenwelle (Zahnriemen); Leichtmetall-Zylinderkopf; 5fach gelagerte Kurbelwelle; Öl 4 L; elektron. Einspritzung. Batterie 50 Ah, Alternator 65 A; Wasserkühlung, Inh. 7.3 L.

Kraftübertragung: (auf Vorderräder). 5-Gang-Getriebe: I. 3.36; II. 1.95; III. 1.29; IV. 0.94; V. 0.77; R 3.08; Achse 4.3.

Fahrgestell: Selbsttragende Karosserie; vorn Federbeine und Dreieckquerlenker, Kurvenstabilisator; hinten Längslenker, untere und obere Querlenker, je nach Modell Verbundlenkerachse, Schraubenfedern und koaxiale Dämpfer, a.W. Kurvenstabilisator.

Proton Persona Compact

Fahrwerk: Bremse, vorne Scheiben, hinten Trommeln, Scheiben-⌀ v. 23.4 cm, Handbremse auf Hinterräder; Zahnstangenlenkung, a.W. mit Servo, Treibstofftank 50 L; Reifen 155 R 13, 175/70 R 13, 175/70 R 14; Felgen 5 J.

Dimensionen: Radstand 244 cm, Spur 145/146 cm, Bodenfreih. 12 cm, Wendekreis 10.8 m, Kofferraum 370 dm³, Länge 399 cm, Breite 170 cm, Höhe 136 cm. *Sedan:* Radstand 250 cm, Kofferraum 410 dm³, Länge 436 cm, Breite 169 cm, Höhe 138 cm. *Coupé:* Radstand 250 cm, Kofferraum 385/950 dm³, Länge 427 cm, Breite 169 cm, Höhe 138 cm.

Fahrleistungen: Vmax (Werk) 165 km/h, V bei 1000/min im 5. Gang 32 km/h; 0–97 km/h 13.6 s; Leistungsgew. 16.9 kg/kW (12.4 kg/PS); Verbrauch EU 6.6/10.5 L/100 km.

1.5 12V – 87 PS
Benzineinspritzung

Wie 1.3 – 75 PS, ausgenommen:

Gewicht: leer ab 940 kg.

Motor: (DIN), 4 Zyl. in Linie (75.5×82 mm), 1468 cm³; Kompr. 9.2:1; 64 kW (87 PS) bei 6000/min, 43.6 kW/L (59.3 PS/L); 124 Nm (12.6 mkp) bei 3000/min. ECE: 66 kW (90 PS).

Motorkonstruktion: Bezeichnung Mitsubishi G15B; 3 Ventile in V; 1 obenl. Nockenwelle (Zahnriemen); Leichtmetall-Zylinderkopf; 5fach gelagerte Kurbelwelle; Öl 4 L; elektron. Einspritzung. Batterie 50 Ah, Alternator 65 A; Wasserkühlung, Inh. 7.3 L.

1.3 12V – 75 ch
Injection d'essence

Carrosserie, poids: Berline, 3 portes, 5 places; vide dès 930 kg, tot. adm. 1410 kg. Sedan, 4 portes; 5 places; vide dès 970 kg, tot. adm. 1425 kg. Coupé, 2 portes, 5 places; vide dès 990 kg, tot. adm. 1445 kg.

Moteur: (DIN), 4 cyl. en ligne (71×82 mm), 1299 cm³; compr. 9.5:1; 55 kW (75 ch) à 6000/min, 42.3 kW/L (57.5 ch/L); 108 Nm (11 mkp) à 3000/min. Aussi 62 kW (84 ch).

Moteur (constr.): désignation Mitsubishi G13B; 3 soupapes en V; 1 arbre à cames en tête (courroie crantée); culasse en alliage léger; vilebrequin à 5 paliers; huile 4 L; injection électronique. Batterie 50 Ah, alternateur 65 A; refroidissement à eau, capac. 7.3 L.

Transmission: (sur roues AV). Boîte à 5 vit.: I. 3.36; II. 1.95; III. 1.29; IV. 0.94; V. 0.77; AR 3.08; pont 4.3.

Châssis: carrosserie autoporteuse; AV jambes élast. et leviers triang. transv., barre anti-dévers; AR bras longitud., leviers transversaux inf. et sup., selon modèles essieu semi-rigide, ressorts hélicoïdaux et amortiss. coaxiaux, s.d. barre anti-dévers.

Train roulant: frein, AV à disques, AR à tambours, ⌀ disques AV 23.4 cm, frein à main sur roues AR; direction à crémaillère, s.d. avec servo, réservoir carb. 50 L; pneus 155 R 13, 175/70 R 13, 175/70 R 14; jantes 5 J.

Dimensions: empattement 244 cm, voie 145/146 cm, garde au sol 12 cm, diam. de braq. 10.8 m, coffre 370 dm³, longueur 399 cm, largeur 170 cm, hauteur 136 cm. *Sedan:* empattement 250 cm, coffre 410 dm³, longueur 436 cm, largeur 169 cm, hauteur 138 cm. *Coupé:* Empattement 250 cm, coffre 385/950 dm³, longueur 427 cm, largeur 169 cm, hauteur 138 cm.

Performances: Vmax (usine) 165 km/h, V à 1000/min en 5. vit. 32 km/h; 0–97 km/h 13.6 s; rapp. poids/puiss. 16.9 kg/kW (12.4 kg/ch); consomm. EU 6.6/10.5 L/100 km.

1.5 12V – 87 ch
Injection d'essence

Comme 1.3 – 75 ch, sauf:

Poids: vide dès 940 kg.

Moteur: (DIN), 4 cyl. en ligne (75.5×82 mm), 1468 cm³; compr. 9.2:1; 64 kW (87 ch) à 6000/min, 43.6 kW/L (59.3 ch/L); 124 Nm (12.6 mkp) à 3000/min. ECE: 66 kW (90 ch).

Moteur (constr.): désignation Mitsubishi G15B; 3 soupapes en V; 1 arbre à cames en tête (courroie crantée); culasse en alliage léger; vilebrequin à 5 paliers; huile 4 L; injection électronique. Batterie 50 Ah, alternateur 65 A; refroidissement à eau, capac. 7.3 L.

Proton Persona Coupé

Kraftübertragung:
5-Gang-Getriebe: I. 3.36; II. 1.95; III. 1.29; IV. 0.94; V. 0.77; R 3.08; Achse 4.3.
4-Stufen-Automat: I. 2.85; II. 1.58; III. 1; IV. 0.69; R 2.18; Achse 4.3.

Fahrwerk: Bremse, vorne Scheiben (belüftet), hinten Trommeln.

Fahrleistungen: Vmax (Werk) 174 km/h, V bei 1000/min im 5. Gang 34.7 km/h; 0–100 km/h 12.1 s; Leistungsgew. 14.2 kg/kW (10.4 kg/PS); Verbr. EU 5.5/11.3 L/100 km. *Aut.:* 0–100 km/h 14.6 s; Verbr. EU 7.6/11.1 L/100 km.

1.6 – 95 PS
Benzineinspritzung

Wie 1.3 – 75 PS, ausgenommen:

Gewicht: leer ab 1000 kg.

Motor: (DIN), 4 Zyl. in Linie (81×77.5 mm), 1597 cm³; Kompr. 10:1; 70 kW (95 PS) bei 6000/min, 43.8 kW/L (59.6 PS/L); 135 Nm (13.8 mkp) bei 5000/min; 95 ROZ.

Motorkonstruktion: Bezeichnung Mitsubishi 4G92; 2 Ventile in V; 1 obenl. Nockenwelle (Zahnriemen); Leichtmetall-Zylinderkopf; 5fach gelagerte Kurbelwelle; Öl 3.5 L; elektron. Einspritzung. Batterie 60 Ah, Alternator 65 A; Wasserkühlung, Inh. 6.5 L.

Kraftübertragung:
5-Gang-Getriebe: I. 3.08; II. 1.95; III. 1.29; IV. 0.94; V. 0.76; R 3.08; Achse 4.3.
4-Stufen-Automat: I. 2.85; II. 1.58; III. 1; IV. 0.69; R 2.18; Achse 4.3.

Fahrwerk: Bremse, vorne Scheiben (belüftet), hinten Trommeln, Reifen 185/60 R 14.

Fahrleistungen: Vmax (Werk) 181 km/h, V bei 1000/min im 5. Gang 35.4 km/h; 0–97 km/h 11.3 s; Leistungsgew. 14.3 kg/kW (10.5 kg/PS); Verbr. EU 6.9/11.1 L/100 km. *Aut.:* Verbr. EU 7.1/12 L/100 km.

Transmission:
Boîte à 5 vit.: I. 3.36; II. 1.95; III. 1.29; IV. 0.94; V. 0.77; AR 3.08; pont 4.3.
Boîte aut. à 4 vit.: I. 2.85; II. 1.58; III. 1; IV. 0.69; AR 2.18; pont 4.3.

Train roulant: frein, AV à disques (ventilés), AR à tambours.

Performances: Vmax (usine) 174 km/h, V à 1000/min en 5. vit. 34.7 km/h; 0–100 km/h 12.1 s; rapp. poids/puiss. 14.2 kg/kW (10.4 kg/ch); consomm. EU 5.5/11.3 L/100 km. *Aut.:* 0–100 km/h 14.6 s; consomm. EU 7.6/11.1 L/100 km.

1.6 – 95 ch
Injection d'essence

Comme 1.3 – 75 ch, sauf:

Poids: vide dès 1000 kg.

Moteur: (DIN), 4 cyl. en ligne (81×77.5 mm), 1597 cm³; compr. 10:1; 70 kW (95 ch) à 6000/min, 43.8 kW/L (59.6 ch/L); 135 Nm (13.8 mkp) à 5000/min; 95 (R).

Moteur (constr.): désignation Mitsubishi 4G92; 2 soupapes en V; 1 arbre à cames en tête (courroie crantée); culasse en alliage léger; vilebrequin à 5 paliers; huile 3.5 L; injection électronique. Batterie 60 Ah, alternateur 65 A; refroidissement à eau, capac. 6.5 L.

Transmission:
Boîte à 5 vit.: I. 3.08; II. 1.95; III. 1.29; IV. 0.94; V. 0.76; AR 3.08; pont 4.3.
Boîte aut. à 4 vit.: I. 2.85; II. 1.58; III. 1; IV. 0.69; AR 2.18; pont 4.3.

Train roulant: frein, AV à disques (ventilés), AR à tambours, pneus 185/60 R 14.

Performances: Vmax (usine) 181 km/h, V à 1000/min en 5. vit. 35.4 km/h; 0–97 km/h 11.3 s; rapp. poids/puiss. 14.3 kg/kW (10.5 kg/ch); consomm. EU 6.9/11.1 L/100 km. *Aut.:* consomm. EU 7.1/12 L/100 km.

Proton Persona Sedan

Proton • Puch • Range Rover • Reliant

1.8 16V – 116 PS
Benzineinspritzung

Wie 1.3 – 75 PS, ausgenommen:

Gewicht: leer ab 1065 kg.

Motor: (DIN), 4 Zyl. in Linie (81×89 mm), 1834 cm³; Kompr. 10:1; 85 kW (116 PS) bei 6000/min, 46.3 kW/L (63 PS/L); 160 Nm (16.3 mkp) bei 3000/min. ECE: 83 kW (113 PS).

Motorkonstruktion: 4 Ventile in V; 1 obenl. Nockenwelle (Zahnriemen); Leichtmetall-Zylinderkopf; 5fach gelagerte Kurbelwelle; Öl 3.8 L; elektron. Einspritzung. Batterie 60 Ah, Alternator 65 A; Wasserkühlung, Inh. 6.5 L.

Kraftübertragung: 5-Gang-Getriebe: I. 3.36; II. 1.95; III. 1.29; IV. 0.94; V. 0.78; R 3.08; Achse 4.02. 4-Stufen-Automat: I. 2.85; II. 1.58; III. 1; IV. 0.69; R 2.18; Achse 4.01.

Fahrwerk: Bremse, vorne Scheiben (belüftet), hinten Trommeln, Reifen 185/60 R 14.

Fahrleistungen: Vmax (Werk) 192 km/h, V bei 1000/min im 5. Gang 34 km/h; 0–100 km/h 10.4 s; Leistungsgew. 12.5 kg/kW (9.3 kg/PS); Verbrauch EU 7/11.8 L/100 km. *Aut.:* Verbrauch EU 7.4/12.3 L/100 km.

1.8 16V – 116 ch
Injection d'essence

Comme 1.3 – 75 ch, sauf:

Poids: vide dès 1065 kg.

Moteur: (DIN), 4 cyl. en ligne (81×89 mm), 1834 cm³; compr. 10:1; 85 kW (116 ch) à 6000/min, 46.3 kW/L (63 ch/L); 160 Nm (16.3 mkp) à 3000/min. ECE: 83 kW (113 ch).

Moteur (constr.): 4 soupapes en V; 1 arbre à cames en tête (courroie crantée); culasse en alliage léger; vilebrequin à 5 paliers; huile 3.8 L; injection électronique. Batterie 60 Ah, alternateur 65 A; refroidissement à eau, capac. 6.5 L.

Transmission: Boîte à 5 vit.: I. 3.36; II. 1.95; III. 1.29; IV. 0.94; V. 0.78; AR 3.08; pont 4.02. Boîte aut. à 4 vit.: I. 2.85; II. 1.58; III. 1; IV. 0.69; AR 2.18; pont 4.01.

Train roulant: frein, AV à disques (ventilés), AR à tambours, pneus 185/60 R 14.

Performances: Vmax (usine) 192 km/h, V à 1000/min en 5. vit. 34 km/h; 0–100 km/h 10.4 s; rapp. poids/puiss. 12.5 kg/kW (9.3 kg/ch); consom. EU 7/11.8 L/100 km. *Aut.:* consom. EU 7.4/12.3 L/100 km.

2.0 – 65 PS
Diesel

Wie 1.3 – 75 PS, ausgenommen:

Gewicht: leer ab 1125 kg.

Motor: (DIN), 4 Zyl. in Linie (82.7×93 mm), 1998 cm³; Kompr. 22.4:1; 48 kW (65 PS) bei 4500/min, 24 kW/L (32.7 PS/L); 123 Nm (12.5 mkp) bei 3000/min; Dieselöl.

Motorkonstruktion: Wirbelkammer-Diesel; 2 Ventile parallel; 1 obenl. Nockenwelle (Zahnriemen); Leichtmetall-Zylinderkopf; 5fach gelagerte Kurbelwelle; Öl 5.5 L; Einspritzpumpe, elektron. Einspritzung. Batterie 60 Ah, Alternator 65 A; Wasserkühlung, Inh. 6.5 L.

Kraftübertragung: 5-Gang-Getriebe: I. 3.36; II. 1.95; III. 1.29; IV. 0.94; V. 0.76; R 3.08; Achse 3.36.

Fahrwerk: Bremse, vorne Scheiben (belüftet), hinten Trommeln, Reifen 185/60 R 14.

Fahrleistungen: Vmax (Red.) 160 km/h, V bei 1000/min im 5. Gang 32.5 km/h; 0–97 km/h 18.5 s; Leistungsgew. 23.4 kg/kW (17.3 kg/PS); Verbr. EU 5.8/9.4 L/100 km.

2.0 – 65 ch
Diesel

Comme 1.3 – 75 ch, sauf:

Poids: vide dès 1125 kg.

Moteur: (DIN), 4 cyl. en ligne (82.7×93 mm), 1998 cm³; compr. 22.4:1; 48 kW (65 ch) à 4500/min, 24 kW/L (32.7 ch/L); 123 Nm (12.5 mkp) à 3000/min; gazole.

Moteur (constr.): diesel à chambre de turbulence; 2 soup. en parallèle; 1 arbre à cames en tête (courroie crantée); culasse en alliage léger; vilebrequin à 5 paliers; huile 5.5 L; pompe à inj. électronique. Batterie 60 Ah, alternateur 65 A; refroidissement à eau, capac. 6.5 L.

Transmission: Boîte à 5 vit.: I. 3.36; II. 1.95; III. 1.29; IV. 0.94; V. 0.76; AR 3.08; pont 3.36.

Train roulant: frein, AV à disques (ventilés), AR à tambours, pneus 185/60 R 14.

Performances: Vmax (réd.) 160 km/h, V à 1000/min en 5. vit. 32.5 km/h; 0–97 km/h 18.5 s; rapp. poids/puiss. 23.4 kg/kW (17.3 kg/ch); consom. EU 5.8/9.4 L/100 km.

Proton Perdana

Neues Modell. Mittelklasse-Limousine mit 2.0/16V-Vierzylindermotor, 5-Gang-Getriebe oder Vierstufen-Automatik. 138 PS bei 6000/min, 176 Nm bei 4750/min. Höchstgeschwindigkeit 205 km/h, 0–100 km/h in weniger als 10 s. Debüt Januar/Feburar 1996, Prototyp Brüssel 1996.

Nouveau modèle. Berline de la classe moyenne avec moteur à 4 cyl. 2.0/16V, boîte à 5 vit. ou automatique (4 rapp.). 138 ch à 6000/min, 176 Nm à 4750/min. Vitesse maxi 205 km/h, 0-100 km en moins de 10 s. Lancement janvier/février 1996, prototype Bruxelles 1996

Proton Perdana

Puch — A

Mercedes-Benz/Puch G

Technische Daten siehe unter Mercedes-Benz/Puch.

Données techniques voir sôus Mercedes-Benz/Puch.

Range Rover — GB

Range Rover

Technische Daten siehe unter Land Rover.

Données techniques voir sôus Land Rover.

Reliant — GB

Englischer Hersteller von Personen- und Dreiradfahrzeugen. Anfang 1969 Zusammenschluss mit Bond.

Constructeur anglais de voitures et de voiturettes à trois roues. Fusion avec Bond dès début 1969.

Reliant Scimitar Sabre

Offener Sportzweisitzer (Entwurf Michelotti). Debüt Herbst 1984. Genf 1986: 1,8 (Nissan). 1990: Neues Styling. Oktober 1993: Neuer 1.4/16V-Motor (Rover). Birmingham 1994: Auch mit 2.0/16V-Motor (Rover) lieferbar. Auslaufende Produktion. Daten siehe Katalog 1996.

Roadster 2 places (carrosserie de Michelotti). Lancement automne 1984. Genève 1986: 1.8 (Nissan). 1990: Nouveau styling. Octobre 1993: 1.4/16V (Rover). Birmingham 1994: Aussi livrable moteur 2.0/16V (Rover). Enfin de production. Données voir catalogue 1996.

Reliant Scimitar Sabre

WO EIN G IST, IST AUCH EIN WEG.

Über den Dingen stehen. Aus der Masse herausragen. Nach Höherem streben und es auch erreichen. Off-road und on-road gleichermassen souverän und sicher unterwegs sein. Erleben Sie Autofahren in einer anderen Dimension – erleben Sie den neuen PUCH G.

Der neue PUCH G 300 TD:
3-Liter-6-Zylinder-24-Ventil-Turbodiesel von Mercedes Benz, 177 PS, max. Drehmoment 330 Nm, 5-Gang-Automatik, Fahrer- und Beifahrer-Airbag, CH-Servicepaket.

Lust auf eine Probefahrt?
Der neue PUCH G freut sich, Ihre Bekanntschaft zu machen.
Steyr-Daimler-Puch (Schweiz) AG, Bernstr. 119, 3613 Steffisburg
Tel. 033 439 55 66
Fax 033 439 55 56

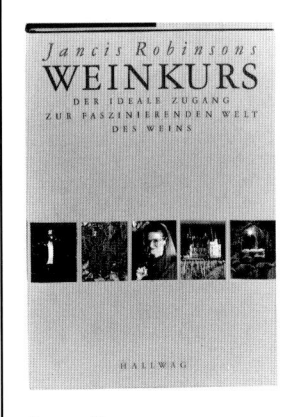

PUCH G

Hallwag
In allen Buchhandlungen.

JANCIS ROBINSONS
WEINKURS
Der ideale Zugang zur faszinierenden Welt des Weins
320 Seiten, 135 Farbfotos, zahlreiche geographische Skizzen, Tabellen, Schemata und Weinetiketten, Linson.
Fr. 54.-

Jancis Robinsons Weinkurs bietet eine großartige Einführung in das gesamte Gebiet des Weins, verfaßt in einer fachkundigen, aber doch leichtverständlichen, unterhaltsamen Sprache.
Mit diesem Buch werden Leserinnen und Leser ihre Kenntnisse systematisch erweitern und aus dem Glas Wein, das sie gerade in der Hand halten, mehr und tieferen Genuß schöpfen.

Gérard Père et Fils
HAVANNA
Die Königin der Zigarren
144 Seiten, 70 überwiegend doppelseitige Farbfotos von Matthieu Prier, Linson, in Schmuckschuber.
Fr. 78.-

Die Zigarre kehrt in ihrem alten Glanz zurück als Inbegriff der Feinschmeckerkultur. Der Name Gérard Père et Fils hat bei der neuen Havanna-Generation einen ganz besonderen Klang und verbürgt Tradition und höchste Qualität. Neben genauen Degustationsbeschreibungen erfährt der Leser und Feinschmecker auch, welches die beste Gelegenheit, die ideale Tageszeit für jede Sorte ist.
Alle Zigarren sind in natürlicher Größe und Farbe abgebildet.

Remington Norman
CÔTE D'OR
Die großen Weingüter im Herzen Burgunds
Vorwort von Michael Broadbent
288 Seiten, zahlreiche Farbabbildungen, 24 Weinlagenkarten, Linson.
Fr. 78.-

Eine Liebeserklärung an die faszinierendste Weinregion Frankreichs und ihre Menschen. Ein echtes Grand Cru der Weinliteratur.

Dr. Nicolai Worm
TÄGLICH WEIN
Gesünder leben mit Wein und mediterraner Ernährung
216 Seiten, 23 Farbabbildungen, Paperback mit Klappen.
Fr. 37.-

Eine kompetente und geistreich geschriebene Untersuchung der Ingredienzen des Weins und der heilsamen Wirkungen von Eß- und Trinkformen, wie sie in vielen Ländern am Mittelmeer gepflegt werden.

Renault

Régie Nationale des Usines Renault, Billancourt (Seine), France F

Grösster französischer Automobilproduzent.

Le plus important producteur français d'automobiles.

Renault Twingo

Dreitüriger Kleinwagen mit vier Sitzen und 1,2-Liter-Motor, 5-Gang-Getriebe und Frontantrieb. Debüt Paris 1992, Produktion ab Anfang 1993. September 1994: Auch mit Kupplungsautomat. 1996: 1.1/58 PS und Getriebeautomat.

Petite voiture à trois portes et quatre places, moteur 1,2 litre, boîte à 5 vitesses, traction AV. Lancement Paris 1992, production dès 1993. Septembre 1994: Aussi avec embrayage automatique. 1996: 1.1/58 PS et boîte automatique.

1.2 – 54 PS Benzineinspritzung / 1.2 – 54 ch Injection d'essence

Karosserie, Gewicht: Limousine, 3 Türen, 4 Sitze; leer ab 790 kg, max. zul. 1190 kg.

Carrosserie, poids: Berline, 3 portes, 4 places; vide dès 790 kg, tot. adm. 1190 kg.

Motor: (ECE), 4 Zyl. in Linie (74×72 mm), 1239 cm³; Kompr. 9.2:1; 40 kW (54 PS) bei 5300/min, 32.3 kW/L (43.9 PS/L); 90 Nm (9.2 mkp) bei 2800/min; 95 ROZ.

Moteur: (ECE), 4 cyl. en ligne (74×72 mm), 1239 cm³; compr. 9.2:1; 40 kW (54 ch) à 5300/min, 32.3 kW/L (43.9 ch/L); 90 Nm (9.2 mkp) à 2800/min; 95 (R).

Motorkonstruktion: 2 Ventile in V; seitl. Nockenwelle (Kette); Leichtmetall-Zylinderkopf; 5fach gelagerte Kurbelwelle; Öl 4 L; elektron. Zentraleinspr., Magneti-Marelli. Batterie 40 Ah, Alternator 60 A; Wasserkühlung, Inh. 6.7 L.

Moteur (constr.): 2 soupapes en V; arbre à cames latéral (chaîne); culasse en alliage léger; vilebrequin à 5 paliers; huile 4 L; inj. monopoint électron., Magneti-Marelli. Batterie 40 Ah, alternateur 60 A; refroidissement à eau, capac. 6.7 L.

Kraftübertragung: (auf Vorderräder). 5-Gang-Getriebe: I. 3.73; II. 2.05; III. 1.32; IV. 0.97; V. 0.79; R 3.55; Achse 3.73.

Transmission: (sur roues AV). Boîte à 5 vit.: I. 3.73; II. 2.05; III. 1.32; IV. 0.97; V. 0.79; AR 3.55; pont 3.73.

Renault Twingo

Fahrgestell: Selbsttragende Karosserie; vorn Federbeine und Dreieckquerlenker; hinten Verbundlenkerachse, Schraubenfedern, Teleskopdämpfer.

Châssis: carrosserie autoporteuse; AV jambes élast. et leviers triang. transv.; AR essieu semi-rigide, ressorts hélicoïdaux, amortiss. télesc.

Fahrwerk: Bremse, vorne Scheiben, hinten Trommeln, Scheiben-Ø v. 23.8 cm, Handbremse auf Hinterräder; Zahnstangenlenkung, a.W. mit Servo, Treibstofftank 40 L; Reifen 145/70 R 13, Felgen 4.5 J.

Train roulant: frein, AV à disques, AR à tambours, Ø disques AV 23.8 cm, frein à main sur roues AR; direction à crémaillère, s.d. avec servo, réservoir carb. 40 L; pneus 145/70 R 13, jantes 4.5 J.

Dimensionen: Radst. 235 cm, Spur 141.5/137.5 cm, Bodenfreih. 12 cm, Wendekreis 10 m, Kofferraum 170/1095 dm³, Länge 343 cm, Breite 163 cm, Höhe 142 cm.

Dimensions: empatt. 234.5 cm, voie 141.5/137.5 cm, garde au sol 12 cm, diam. de braq. 10 m, coffre 170/1095 dm³, long. 343.5 cm, largeur 163 cm, hauteur 142 cm.

Fahrleistungen: Vmax (Werk) 150 km/h, V bei 1000/min im 5. Gang 35.1 km/h; 0–100 km/h 14 s; steh. km 35.9 s; Leistungsgew. 19.7 kg/kW (14.4 kg/PS); Verbrauch ECE 5.1/7/7.4 L/100 km.

Performances: Vmax (usine) 150 km/h, V à 1000/min en 5. vit. 35.1 km/h; 0–100 km/h 14 s; km arrêté 35.9 s; rapp. poids/puiss. 19.7 kg/kW (14.4 kg/ch); consomm. ECE 5.1/7/7.4 L/100 km.

1.1 – 58 PS Benzineinspritzung / 1.1 – 58 ch Injection d'essence

Wie 1.2 – 54 PS, ausgenommen:

Comme 1.2 – 54 ch, sauf:

Karosserie, Gewicht: Limousine; leer ab 815 kg, max. zul. 1190 kg.

Carrosserie, poids: Berline, vide dès 815 kg, tot. adm. 1190 kg.

Motor: (ECE), 4 Zyl. in Linie (69×76.8 mm), 1149 cm³; Kompr. 9.6:1; 43 kW (58 PS) bei 5250/min, 37.4 kW/L (50.9 PS/L); 93 Nm (9.5 mkp) bei 2500/min; 95 ROZ.

Moteur: (ECE), 4 cyl. en ligne (69×76.8 mm), 1149 cm³; compr. 9.6:1; 43 kW (58 ch) à 5250/min, 37.4 kW/L (50.9 ch/L); 93 Nm (9.5 mkp) à 2500/min; 95 (R).

Motorkonstruktion: 1 obenl. Nockenwelle (Zahnriemen); Leichtmetall-Zylinderkopf; 5fach gelagerte Kurbelwelle; Öl 4 L; elektron. Einspritzung. Batterie 40 Ah, Alternator 60 A; Wasserkühlung, Inh. 6.7 L.

Moteur (constr.): 1 arbre à cames en tête (courroie crantée); culasse en alliage léger; vilebrequin à 5 paliers; huile 4 L; injection électronique. Batterie 40 Ah, alternateur 60 A; refroidissement à eau, capac. 6.7 L.

Kraftübertragung: 5-Gang-Getriebe: I. 3.37; II. 1.86; III. 1.32; IV. 0.97; V. 0.76; R 3.55; Achse 3.73. 3-Stufen-Automat: I. 2.5; II. 1.5; III. 1; R 2; Achse 3.87.

Transmission: Boîte à 5 vit.: I. 3.37; II. 1.86; III. 1.32; IV. 0.97; V. 0.76; AR 3.55; pont 3.73. Boîte aut. à 3 vit.: I. 2.5; II. 1.5; III. 1; AR 2; pont 3.87.

Fahrwerk: Aut.: Zahnstangenlenkung mit Servo, Reifen 155/70 R 13.

Train roulant: Aut.: servodirection à crémaillère, pneus 155/70 R 13.

Fahrleistungen: Vmax (Werk) 150 km/h, V bei 1000/min im 5. Gang 35.1 km/h; 0–100 km/h 13.4 s; steh. km 35.5 s; Leistungsgew. 18.3 kg/kW (13.6 kg/PS); Verbrauch EU 7.5/5.1 L/100 km. Aut.: 0–100 km/h 16.4 s; steh. km 37.8 s; Verbrauch EU 8.9/6 L/100 km.

Performances: Vmax (usine) 150 km/h, V à 1000/min en 5. vit. 35.1 km/h; 0–100 km/h 13.4 s; km arrêté 35.5 s; rapp. poids/puiss. 18.3 kg/kW (13.6 kg/ch); consomm. EU 7.5/5.1 L/100 km. Aut.: 0–100 km/h 16.4 s; km arrêté 37.8 s; consomm. EU 8.9/6 L/100 km.

Renault Clio

Kompaktwagen mit quer eingebauten Benzin- und Dieselmotoren; Vorderradantrieb. Debüt Mai 1990. Januar 1991: 1,8-Liter-Motoren mit 2 oder 4 Ventilen pro Zyl. Für 1993 RSi mit 110 PS. Mai 1993: Ausführung «Williams» mit 2.0/16V, 150 PS. Genf 1994: Restyling. 1996: Motor 1.1/60 PS. 1997: Reduziertes Motorenangebot.

Voiture compacte avec Moteurs transv. à essence et diesel; traction avant. Lancement mai 1990. Janvier 1991: Moteurs 1,8 litre avec 2 ou 4 soupapes par cylindre. Pour 1993 RSi avec 110 ch. Mai 1993: Version «Williams» avec 2.0/16V, 150 ch. Genève 1994: Restyling. 1996: moteur 1.1/60 ch. 1997: gamme moteurs réduit.

1.2 – 58 PS Benzineinspritzung / 1.2 – 58 ch Injection d'essence

Karosserie, Gewicht: Limousine, 3/5 Türen; 5 Sitze; leer 855 kg, max. zul. 1420 kg.

Carrosserie, poids: Berline, 3/5 portes; 5 places; vide 855 kg, tot. adm. 1420 kg.

Motor: (ECE), 4 Zyl. in Linie (75.8×64.9 mm), 1171 cm³; Kompr. 9.5:1; 43 kW (58 PS) bei 6000/min, 36.7 kW/L (49.9 PS/L); 88 Nm (9 mkp) bei 3500/min; 95 ROZ.

Moteur: (ECE), 4 cyl. en ligne (75.8×64.9 mm), 1171 cm³; compr. 9.5:1; 43 kW (58 ch) à 6000/min, 36.7 kW/L (49.9 ch/L); 88 Nm (9 mkp) à 3500/min; 95 (R).

Motorkonstruktion: 2 Ventile in V; 1 obenl. Nockenwelle (Zahnriemen); Leichtmetall-Zylinderkopf; 5fach gelagerte Kurbelwelle; Öl 4 L; elektron. Zentraleinspritzung, Bendix-Siemens. Batterie 40 Ah, Alternator 60 A; Wasserkühlung, Inh. 6.7 L.

Moteur (constr.): 2 soupapes en V; 1 arbre à cames en tête (courroie crantée); culasse en alliage léger; vilebrequin à 5 paliers; huile 4 L; injection monopoint électron., Bendix-Siemens. Batterie 40 Ah, alternateur 60 A; refroidissement à eau, capac. 6.7 L.

Kraftübertragung: (auf Vorderräder). 5-Gang-Getriebe: I. 3.73; II. 2.05; III. 1.32; IV. 0.97; V. 0.79; R 3.55; Achse 3.56.

Transmission: (sur roues AV). Boîte à 5 vit.: I. 3.73; II. 2.05; III. 1.32; IV. 0.97; V. 0.79; AR 3.55; pont 3.56.

Fahrgestell: Selbsttragende Karosserie; vorn Federbeine und Dreieckquerlenker; hinten Längslenker, Torsionsstab; v/h Kurvenstabilisator, Teleskopdämpfer.

Châssis: carrosserie autoporteuse; AV jambes élast. et leviers triang. transv.; AR bras longitud., barre de torsion; AV/AR barre anti-dévers, amortiss. télesc.

Fahrwerk: Bremse, vorne Scheiben, hinten Trommeln, Scheiben-Ø v. 23.8 cm, Handbremse auf Hinterräder; Zahnstangenlenkung, Treibstofftank 43 L; Reifen 155/70 R 13, Felgen 5 J.

Train roulant: frein, AV à disques, AR à tambours, Ø disques AV 23.8 cm, frein à main sur roues AR; direction à crémaillère, réservoir carb. 43 L; pneus 155/70 R 13, jantes 5 J.

Dimensionen: Radstand 247 cm, Spur 136/133.5 cm, Bodenfreih. 12 cm, Wendekreis 10.6 m, Kofferraum 265/1055 dm³, Länge 371 cm, Breite 163 cm, Höhe 140 cm.

Dimensions: empattement 247 cm, voie 136/133.5 cm, garde au sol 12 cm, diam. de braq. 10.6 m, coffre 265/1055 dm³, longueur 371 cm, largeur 163 cm, hauteur 140 cm.

Fahrleistungen: Vmax (Werk) 155 km/h, V bei 1000/min im 5. Gang 32.6 km/h; 0–100 km/h 15 s; steh. km 36 s; Leistungsgew. 19.9 kg/kW (14.7 kg/PS); Verbrauch ECE 4.8/6.4/7.3 L/100 km.

Performances: Vmax (usine) 155 km/h, V à 1000/min en 5. vit. 32.6 km/h; 0–100 km/h 15 s; km arrêté 36 s; rapp. poids/puiss. 19.9 kg/kW (14.7 kg/ch); consomm. ECE 4.8/6.4/7.3 L/100 km.

1.1 – 58 PS Benzineinspritzung / 1.1 – 58 ch Injection d'essence

Wie 1.2 – 58 PS, ausgenommen:

Comme 1.2 – 58 ch, sauf:

Karosserie, Gewicht: Limousine; leer ab 855 kg, max. zul. 1400 kg.

Carrosserie, poids: Berline; vide dès 855 kg, tot. adm. 1400 kg.

Renault 461

Renault Clio

Motor: (ECE), 4 Zyl. in Linie (69×76.8 mm), 1149 cm^3; Kompr. 9.6:1; 43 kW (58 PS) bei 5250/min, 37.4 kW/L (50.9 PS/L); 93 Nm (9.5 mkp) bei 2500/min; 95 ROZ.

Motorkonstruktion: 1 obenl. Nockenwelle (Zahnriemen); Leichtmetall-Zylinderkopf; 5fach gelagerte Kurbelwelle; Öl 4 L; elektron. Einspritzung.
Batterie 40 Ah, Alternator 60 A; Wasserkühlung, Inh. 6.7 L.

Kraftübertragung:
5-Gang-Getriebe: I. 3.73; II. 2.05; III. 1.32; IV. 0.97; V. 0.79; R 3.55; Achse 3.56.

Fahrleistungen: Vmax (Werk) 160 km/h, V bei 1000/min im 5. Gang 32.6 km/h; 0–100 km/h 13.5 s; steh. km 35.5 s; Leistungsgew. 19.9 kg/kW (14.7 kg/PS); Verbrauch EU 8.1/5.2 L/100 km.

Moteur: (ECE), 4 cyl. en ligne (69×76.8 mm), 1149 cm^3; compr. 9.6:1; 43 kW (58 ch) à 5250/min, 37.4 kW/L (50.9 ch/L); 93 Nm (9.5 mkp) à 2500/min; 95 (R).

Moteur (constr.): 1 arbre à cames en tête (courroie crantée); culasse en alliage léger; vilebrequin à 5 paliers; huile 4 L; injection électronique.
Batterie 40 Ah, alternateur 60 A; refroidissement à eau, capac. 6.7 L.

Transmission:
Boîte à 5 vit.: I. 3.73; II. 2.05; III. 1.32; IV. 0.97; V. 0.79; AR 3.55; pont 3.56.

Performances: Vmax (usine) 160 km/h, V à 1000/min en 5. vit. 32.6 km/h; 0–100 km/h 13.5 s; km arrêté 35.5 s; rapp. poids/puiss. 19.9 kg/kW (14.7 kg/ch); consomm. EU 8.1/5.2 L/100 km.

1.4 – 75 PS Benzineinspritzung

Wie 1.2 – 58 PS, ausgenommen:

Karosserie, Gewicht: Limousine; leer 885 kg, max. zul. 1425 kg.

Motor: (ECE), 4 Zyl. in Linie (75.8×77 mm), 1390 cm^3; Kompr. 9.5:1; 55 kW (75 PS) bei 6000/min, 39.6 kW/L (53.8 PS/L); 107 Nm (10.9 mkp) bei 4000/min; 95 ROZ. Für einige Länder: 43 kW (60 PS), Vergaser.

Motorkonstruktion: 2 Ventile in V; 1 obenl. Nockenwelle (Zahnriemen); Leichtmetall-Zylinderkopf; 5fach gelagerte Kurbelwelle; Öl 4 L; elektron. Zentraleinspritzung, Bendix-Siemens.
Batterie 40 Ah, Alternator 60 A; Wasserkühlung, Inh. 6.7 L.

1.4 – 75 ch Injection d'essence

Comme 1.2 – 58 ch, sauf:

Carrosserie, poids: Berline; vide 885 kg, tot. adm. 1425 kg.

Moteur: (ECE), 4 cyl. en ligne (75.8×77 mm), 1390 cm^3; compr. 9.5:1; 55 kW (75 ch) à 6000/min, 39.6 kW/L (53.8 ch/L); 107 Nm (10.9 mkp) à 4000/min; 95 (R). Pour quelques pays: 43 kW (60 ch), carburateur.

Moteur (constr.): 2 soupapes en V; 1 arbre à cames en tête (courroie crantée); culasse en alliage léger; vilebrequin à 5 paliers; huile 4 L; injection monopoint électron., Bendix-Siemens.
Batterie 40 Ah, alternateur 60 A; refroidissement à eau, capac. 6.7 L.

Renault Clio

Kraftübertragung:
5-Gang-Getriebe: I. 3.73; II. 2.05; III. 1.39; IV. 1.03; V. 0.82; R 3.55; Achse 3.56.
3-Stufen-Automat: I. 2.5; II. 1.5; III. 1; R 2; Achse 3.56.

Fahrwerk: a.W. ABS (mit Scheiben h.), Zahnstangenlenkung mit Servo, Reifen 165/65 R 13, Felgen 5 J.

Fahrleistungen: Vmax (Werk) 175 km/h, V bei 1000/min im 5. Gang 31.5 km/h; 0–100 km/h 11.2 s; steh. km 33 s; Leistungsgew. 14.4 kg/kW (10.6 kg/PS); Verbrauch ECE 5.2/6.9/8.3 L/100 km.
Aut.: Vmax 167 km/h, 0–100 km/h 16 s; steh. km 36.5 s; Verbrauch ECE 5.5/7/8 L/100 km.

Transmission:
Boîte à 5 vit.: I. 3.73; II. 2.05; III. 1.39; IV. 1.03; V. 0.82; AR 3.55; pont 3.56.
Boîte aut. à 3 vit.: I. 2.5; II. 1.5; III. 1; AR 2; pont 3.56.

Train roulant: s.d. ABS (avec disque AR), servodirection à crémaillère, pneus 165/65 R 13, jantes 5 J.

Performances: Vmax (usine) 175 km/h, V à 1000/min en 5. vit. 31.5 km/h; 0–100 km/h 11.2 s; km arrêté 33 s; rapp. poids/puiss. 14.4 kg/kW (10.6 kg/ch); consomm. ECE 5.2/6.9/8.3 L/100 km.
Aut.: Vmax 167 km/h, 0–100 km/h 16 s; km arrêté 36.5 s; consomm. ECE 5.5/7/8 L/100 km.

1.8 – 90 PS Benzineinspritzung

Wie 1.2 – 58 PS, ausgenommen:

Karosserie, Gewicht: Limousine; leer 955 kg, max. zul. 1460 kg.

Motor: (ECE), 4 Zyl. in Linie (82.7×83 mm), 1783 cm^3; Kompr. 9.8:1; 66 kW (90 PS) bei 5000/min, 37 kW/L (50.3 PS/L); 148 Nm (15.1 mkp) bei 3500/min; 95 ROZ.

1.8 – 90 ch Injection d'essence

Comme 1.2 – 58 ch, sauf:

Carrosserie, poids: Berline; vide 955 kg, tot. adm. 1460 kg.

Moteur: (ECE), 4 cyl. en ligne (82.7×83 mm), 1783 cm^3; compr. 9.8:1; 66 kW (90 ch) à 5000/min, 37 kW/L (50.3 ch/L); 148 Nm (15.1 mkp) à 3500/min; 95 (R).

Renault Clio

Motorkonstruktion: 2 Ventile parallel; 1 obenl. Nockenwelle (Zahnriemen); Leichtmetall-Zylinderkopf; 5fach gelagerte Kurbelwelle; Öl 4.25 L; elektron. Einspritzung.
Batterie 40 Ah, Alternator 70 A; Wasserkühlung, Inh. 6.6 L.

Kraftübertragung:
5-Gang-Getriebe: I. 3.09; II. 1.86; III. 1.32; IV. 0.97; V. 0.79; R 3.55; Achse 3.87.
4-Stufen-Automat: I. 2.71; II. 1.55; III. 1; IV. 0.68; R 2; Achse 3.42.

Fahrwerk: Bremse, vorne Scheiben (belüftet), hinten Trommeln, a.W. ABS (mit Scheiben h.), Zahnstangenlenkung mit Servo, Reifen 165/60 R 14, Felgen 5.5 J.

Fahrleistungen: Vmax (Werk) 185 km/h, V bei 1000/min im 5. Gang 35.4 km/h; 0–100 km/h 9.9 s; steh. km 31.5 s; Leistungsgew. 13.4 kg/kW (9.5 kg/PS); Verbrauch ECE 5.9/7.6/10.5 L/100 km.
Vmax 180 km/h, 0–100 km/h 10.9 s; steh. km 32.5 s; Verbrauch ECE 6.2/10.8 L/100 km.

Moteur (constr.): 2 soup. en parallèle; 1 arbre à cames en tête (courroie crantée); culasse en alliage léger; vilebrequin à 5 paliers; huile 4.25 L; injection électronique.
Batterie 40 Ah, alternateur 70 A; refroidissement à eau, capac. 6.6 L.

Transmission:
Boîte à 5 vit.: I. 3.09; II. 1.86; III. 1.32; IV. 0.97; V. 0.79; AR 3.55; pont 3.87.
Boîte aut. à 4 vit.: I. 2.71; II. 1.55; III. 1; IV. 0.68; AR 2; pont 3.42.

Train roulant: frein, AV à disques (ventilés), AR à tambours, s.d. ABS (avec disque AR), servodirection à crémaillère, pneus 165/60 R 14, jantes 5.5 J.

Performances: Vmax (usine) 185 km/h, V à 1000/min en 5. vit. 35.4 km/h; 0–100 km/h 9.9 s; km arrêté 31.5 s; rapp. poids/puiss. 13.4 kg/kW (9.5 kg/ch); consomm. ECE 5.9/7.6/10.5 L/100 km.
Vmax 180 km/h, 0–100 km/h 10.9 s; km arrêté 32.5 s; consomm. ECE 6.2/10.8 L/100 km.

1.8 – 109 PS Benzineinspritzung

Wie 1.2 – 58 PS, ausgenommen:

Karosserie, Gewicht: Limousine; leer 960 kg, max. zul. 1460 kg.

1.8 – 109 ch Injection d'essence

Comme 1.2 – 58 ch, sauf:

Carrosserie, poids: Berline; vide 960 kg, tot. adm. 1460 kg.

Renault

Motor: (ECE), 4 Zyl. in Linie (82.7×83 mm), 1783 cm³; Kompr. 9.8:1; 80 kW (109 PS) bei 5500/min, 44.9 kW/L (61.1 PS/L); 150 Nm (15.3 mkp) bei 2750/min; 95 ROZ.

Motorkonstruktion: 2 Ventile parallel; 1 obenl. Nockenwelle (Zahnriemen); Leichtmetall-Zylinderkopf; 5fach gelagerte Kurbelwelle; Öl 4.25 L; elektron. Einspritzung. Batterie 50 Ah, Alternator 70 A; Wasserkühlung, Inh. 6.6 L.

Kraftübertragung:
5-Gang-Getriebe: I. 3.09; II. 1.86; III. 1.32; IV. 0.97; V. 0.76; R 3.55; Achse 4.06.

Fahrwerk: Vierrad-Scheibenbremse (vorn belüftet), h. 23.8 cm, a.W. ABS, Zahnstangenlenkung mit Servo, Treibstofftank 50 L; Reifen 175/60 R 14, Felgen 6 J.

Dimensionen: Spur h.135 cm.

Fahrleistungen: Vmax (Werk) 195 km/h, V bei 1000/min im 5. Gang 33.7 km/h; 0–100 km/h 8.9 s; steh. km 30.6 s; Leistungsgew. 12 kg/kW (8.8 kg/PS); Verbrauch ECE 6.2/7.9/10.3 L/100 km.

1.9 – 64 PS Diesel

Wie 1.2 – 58 PS, ausgenommen:

Karosserie, Gewicht: Limousine; leer 945 kg, max. zul. 1470 kg.

Motor: (ECE), 4 Zyl. in Linie (80×93 mm), 1870 cm³; Kompr. 21.5:1; 47 kW (64 PS) bei 4500/min, 25.1 kW/L (34.2 PS/L); 118 Nm (12 mkp) bei 2250/min; Dieselöl.

Motorkonstruktion: Vorkammer-Diesel; 2 Ventile parallel; 1 obenl. Nockenwelle (Zahnriemen); Leichtmetall-Zylinderkopf; 5fach gelagerte Kurbelwelle; Ölkühler; Öl 5 L; Einspritzpumpe, Bosch PVE. Batterie 70 Ah, Alternator 70 A; Wasserkühlung, Inh. 7.4 L.

Kraftübertragung:
5-Gang-Getriebe: I. 3.73; II. 2.05; III. 1.32; IV. 0.97; V. 0.79; R 3.55; Achse 3.29.

Fahrwerk: a.W. ABS (mit Scheiben h.), Reifen 165/65 R 13, Felgen 5 J.

Fahrleistungen: Vmax (Werk) 161 km/h, V bei 1000/min im 5. Gang 37.8 km/h; 0–100 km/h 14.8 s; steh. km 36 s; Leistungsgew. 18.8 kg/kW (13.9 kg/PS); Verbrauch ECE 4.1/5.7/6.6 L/100 km.

Renault Sport Spider

Neues Modell. Zweisitziger Spider mit zentralem Motor des Clio Williams. Aluminiumchassis. Debüt als Prototyp Genf 1995.

2.0 16V – 150 PS Benzineinspritzung

Karosserie, Gewicht: Spider, 2 Türen, 2 Sitze; leer ab 930 kg, max. zul. 1130 kg.

Motor: (ECE), 4 Zyl. in Linie (82.7×93 mm), 1998 cm³; Kompr. 9.8:1; 110 kW (150 PS) bei 6000/min, 55.1 kW/L (75.1 PS/L); 186 Nm (19 mkp) bei 4500/min.
Rennversion: 129 kW (175 PS) bei 7200/min; 206 Nm (21 mkp) bei 5400/min.

Motorkonstruktion: 4 Ventile in V; 2 obenl. Nockenwellen (Zahnriemen); Leichtmetall-Zylinderkopf und -block; 5fach gelagerte Kurbelwelle; Ölkühler; Öl 4 L; elektron. Einspritzung, Bendix-Siemens. Batterie 50 Ah, Alternator 70 A; Wasserkühlung, Inh. 5.5 L.

Kraftübertragung: (auf Hinterräder).
5-Gang-Getriebe: I. 3.36; II. 1.86; III. 1.39; IV. 1.09; V. 0.89; R 3.55; Achse 4.06.

Moteur: (ECE), 4 cyl. en ligne (82.7×83 mm), 1783 cm³; compr. 9.8:1; 80 kW (109 ch) à 5500/min, 44.9 kW/L (61.1 ch/L); 150 Nm (15.3 mkp) à 2750/min; 95 (R).

Moteur (constr.): 2 soup. en parallèle; 1 arbre à cames en tête (courroie crantée); culasse en alliage léger; vilebrequin à 5 paliers; huile 4.25 L; injection électronique. Batterie 50 Ah, alternateur 70 A; refroidissement à eau, capac. 6.6 L.

Transmission:
Boîte à 5 vit.: I. 3.09; II. 1.86; III. 1.32; IV. 0.97; V. 0.76; AR 3.55; pont 4.06.

Train roulant: quatre freins à disques (AV ventilés), AR 23.8 cm, ABS s. d., servodirection à crémaillère, réservoir carb. 50 L; pneus 175/60 R 14, jantes 6 J.

Dimensions: voie AR 135 cm.

Performances: Vmax (usine) 195 km/h, V à 1000/min en 5. vit. 33.7 km/h; 0–100 km/h 8.9 s; km arrêté 30.6 s; rapp. poids/puiss. 12 kg/kW (8.8 kg/ch); consom. ECE 6.2/7.9/10.3 L/100 km.

1.9 – 64 ch Diesel

Comme 1.2 – 58 ch, sauf:

Carrosserie, poids: Berline; vide 945 kg, tot. adm. 1470 kg.

Moteur: (ECE), 4 cyl. en ligne (80×93 mm), 1870 cm³; compr. 21.5:1; 47 kW (64 ch) à 4500/min, 25.1 kW/L (34.2 ch/L); 118 Nm (12 mkp) à 2250/min; gazole.

Moteur (constr.): diesel à préchambre; 2 soup. en parallèle; 1 arbre à cames en tête (courroie crantée); culasse en alliage léger; vilebrequin à 5 paliers; radiat. d'huile; huile 5 L; pompe à injection, Bosch PVE. Batterie 70 Ah, alternateur 70 A; refroidissement à eau, capac. 7.4 L.

Transmission:
Boîte à 5 vit.: I. 3.73; II. 2.05; III. 1.32; IV. 0.97; V. 0.79; AR 3.55; pont 3.29.

Train roulant: s.d. ABS (avec disque AR), pneus 165/65 R 13, jantes 5 J.

Performances: Vmax (usine) 161 km/h, V à 1000/min en 5. vit. 37.8 km/h; 0–100 km/h 14.8 s; km arrêté 36 s; rapp. poids/puiss. 18.8 kg/kW (13.9 kg/ch); consom. ECE 4.1/5.7/6.6 L/100 km.

Renault Sport Spider

Nouveau modèle. Spider deux places avec moteur central de la Clio Williams; chassis en alliage léger. Lancement du prototype Genève 1995.

2.0 16V – 150 ch Injection d'essence

Carrosserie, poids: Spider, 2 portes, 2 places; vide dès 930 kg, tot. adm. 1130 kg.

Moteur: (ECE), 4 cyl. en ligne (82.7×93 mm), 1998 cm³; compr. 9.8:1; 110 kW (150 ch) à 6000/min, 55.1 kW/L (75.1 ch/L); 186 Nm (19 mkp) à 4500/min.
Version de course: 129 kW (175 ch) à 7200/min; 206 Nm (21 mkp) à 5400/min.

Moteur (constr.): 4 soupapes en V; 2 arbres à cames en tête (courroie crantée); culasse et bloc-cyl. en alliage léger; vilebrequin à 5 paliers; radiat. d'huile; huile 4 L; injection électronique, Bendix-Siemens. Batterie 50 Ah, alternateur 70 A; refroidissement à eau, capac. 5.5 L.

Transmission: (sur roues AR).
Boîte à 5 vit.: I. 3.36; II. 1.86; III. 1.39; IV. 1.09; V. 0.89; AR 3.55; pont 4.06.

Renault Sport Spider

Fahrgestell: Tragende Aluminiumstruktur. Vorne und hinten Einzelradaufhängung; vorn doppelte Dreieckquerlenker, horizontale Feder/Dämpfer-Einheiten; hinten Dreiecklenker, Spurstangen, horizontale Feder/Dämpfer-Einheiten; v/h Kurvenstab.

Fahrwerk: Vierrad-Scheibenbremse (vorn belüftet), Scheiben-⌀ v. 30 cm, h. 30 cm, Handbremse auf Hinterräder; Zahnstangenlenkung, Treibstofftank 50 L; Reifen v. 205/50 VR 16, h. 225/50 VR 16, Felgen v. 6.5, h. 7 J.

Dimensionen: Radstand 234 cm, Spur 153.5/154 cm, Wendekreis 9.8 m, Kofferraum 78 dm³, Länge 379.5 cm, Breite 183 cm, Höhe 125 cm.

Fahrleistungen: Vmax (Werk) 215 km/h, V bei 1000/min im 5. Gang 31.8 km/h; 0–100 km/h 6.9 s; steh. km 27.4 s; Leistungsgew. 7.2 kg/kW (5.3 kg/PS); Verbrauch EU 9.7/7.4 L/100 km.

Renault Mégane

Nachfolger des 19. Mittelklasselimousine mit Frontantrieb, vier oder fünf Türen, diverse Benzin- und Dieselmotoren von 65 bis 150 PS; Fünfganggetriebe oder Automat. Debüt September 1995.

1.4 – 75 PS Benzineinspritzung

Karosserie, Gewicht: Limousine, 5 Türen, 5 Sitze; leer ab 1015 kg, max. zul. 1580 kg.
Sedan, 4 Türen, 5 Sitze; leer ab 1035 kg, max. zul. 1600 kg.

Motor: (ECE), 4 Zyl. in Linie (75.8×77 mm), 1390 cm³; Kompr. 9.5:1; 55 kW (75 PS) bei 6000/min, 39.6 kW/L (53.8 PS/L); 107 Nm (10.9 mkp) bei 4000/min; 95 ROZ.
oder: 51 kW (69 PS), 105 Nm.

Motorkonstruktion: Bezeichnung E; Ventile in V; 1 obenl. Nockenwelle (Zahnriemen); Leichtmetall-Zylinderkopf; 5fach gelagerte Kurbelwelle; Öl 4 L; elektron. Zentraleinspritzung.
Batterie 40 Ah, Alternator 60 A; Wasserkühlung, Inh. 5.8 L.

Kraftübertragung: (auf Vorderräder).
5-Gang-Getriebe: I. 3.73; II. 2.05; III. 1.32; IV. 0.97; V. 0.79; R 3.55; Achse 4.07.

Fahrgestell: Selbsttragende Karosserie mit vorderem Hilfsrahmen; vorn Federbeine und Dreieckquerlenker; hinten Längslenker, Torsionsstab; v/h Kurvenstabilisator.

Fahrwerk: Bremse, vorne Scheiben, hinten Trommeln, Scheiben-⌀ v. 23.8 cm, a.W. ABS, Handbremse auf Hinterräder; Zahnstangenlenkung mit Servo, Treibstofftank 60 L; Reifen 175/70 R 13, Felgen 5.5 J.

Dimensionen: Radstand 258 cm, Spur 145/143 cm, Bodenfreih. 12 cm, Wendekreis 11.4 m, Kofferraum 350/1310 dm³, Länge 413 cm, Breite 170 cm, Höhe 142 cm.
4 T.: Kofferraum 510 dm³, Länge 440 cm.

Châssis: Structure porteuse en aluminium. AV et AR susp. à roues indép.; AV leviers triang. transv. doubles, unités ressort/amortisseur horizontale; AR levier triangulaire, biellettes supplém., unités ressort/amortisseur horizontale; AV/AR barres anti-dévers.

Train roulant: quatre freins à disques (AV ventilés), ⌀ disques AV 30 cm, AR 30 cm, frein à main sur roues AR; direction à crémaillère, réservoir carb. 50 L; pneus AV 205/50 VR 16, AR 225/50 VR 16, jantes AV 6.5, AR 7 J.

Dimensions: empattement 234 cm, voie 153.5/154 cm, diam. de braq. 9.8 m, coffre 78 dm³, longueur 379.5 cm, largeur 183 cm, hauteur 125 cm.

Performances: Vmax (usine) 215 km/h, V à 1000/min en 5. vit. 31.8 km/h; 0–100 km/h 6.9 s; km arrêté 27.4 s; rapp. poids/puiss. 7.2 kg/kW (5.3 kg/ch); consom. EU 9.7/7.4 L/100 km.

Renault Mégane

Successeur de la 19. Berline de la catégorie moyenne avec traction AV, quatre ou cinq portes, moteurs à essence ou diesel de 65 à 150 ch; boîte à cinq vitesses ou autom. Lancement sept. 1995.

1.4 – 75 ch Injection d'essence

Carrosserie, poids: Berline, 5 portes, 5 pl.; vide dès 1015 kg, tot. adm. 1580 kg.
Sedan, 4 portes, 5 places; vide dès 1035 kg, tot. adm. 1600 kg.

Moteur: (ECE), 4 cyl. en ligne (75.8×77 mm), 1390 cm³; compr. 9.5:1; 55 kW (75 ch) à 6000/min, 39.6 kW/L (53.8 PS/L); 107 Nm (10.9 mkp) à 4000/min; 95 (R).
ou: 51 kW (69 ch), 105 Nm.

Moteur (constr.): désignation E; soupapes en V; 1 arbre à cames en tête (courroie crantée); culasse en alliage léger; vilebrequin à 5 paliers; huile 4 L; injection monopoint électron.
Batterie 40 Ah, alternateur 60 A; refroidissement à eau, capac. 5.8 L.

Transmission: (sur roues AV).
Boîte à 5 vit.: I. 3.73; II. 2.05; III. 1.32; IV. 0.97; V. 0.79; AR 3.55; pont 4.07.

Châssis: carrosserie autoporteuse avec cadre auxiliaire AV; AV jambes élast. et leviers triang. transv.; AR bras longitud., barre de torsion; AV/AR barre anti-dévers.

Train roulant: freins, AV à disques, AR à tambours, ⌀ disques AV 23.8 cm, ABS s. d., frein à main sur roues AR; servodirection à crémaillère, réservoir carb. 60 L; pneus 175/70 R 13, jantes 5.5 J.

Dimensions: empattement 258 cm, voie 145/143 cm, garde au sol 12 cm, diam. de braq. 11.4 m, coffre 350/1310 dm³, longueur 413 cm, largeur 170 cm, hauteur 142 cm.
4 p., coffre 510 dm³, longueur 440 cm.

Renault

Fahrleistungen: Vmax (Werk) 170 km/h, V bei 1000/min im 5. Gang 32.6 km/h; 0–100 km/h 14.3 s; steh. km 35.9 s; Leistungsgew. 18.4 kg/kW (13.5 kg/PS); Verbrauch ECE 5.4/7.4/8.3 L/100 km.

1.6 – 75 PS Benzineinspritzung

Wie 1.4 – 75 PS, ausgenommen:

Karosserie, Gewicht: Limousine, 5 Türen; leer ab 1055 kg, max. zul. 1625 kg. Sedan, 4 Türen; leer ab 1075 kg, max. zul. 1645 kg.

Motor: (ECE) 4 Zyl. in Linie (79.5×80.5 mm), 1598 cm³; Kompr. 9:1; 55 kW (75 PS) bei 5000/min, 34.4 kW/L (46.8 PS/L); 130 Nm (13.3 mkp) bei 3400/min; 95 ROZ.

Motorkonstruktion: Bezeichnung K; 2 Ventile in V; 1 obenl. Nockenwelle (Zahnriemen); Leichtmetall-Zylinderkopf; 5fach gelagerte Kurbelwelle; Öl 4 L; elektron. Zentraleinspritzung. Batterie 40 Ah, Alternator 60 A; Wasserkühlung, Inh. 5.8 L.

Kraftübertragung: 5-Gang-Getriebe: I. 3.73; II. 2.05; III. 1.32; IV. 0.97; V. 0.79; R 3.55; Achse 3.87.

Fahrleistungen: Vmax (Werk) 175 km/h, V bei 1000/min im 5. Gang 34.6 km/h; 0–100 km/h 12.9 s; steh. km 34.5 s; Leistungsgew. 18.4 kg/kW (13.3 kg/PS); Verbrauch ECE 5.2/6.9/8.1 L/100 km.

Renault Mégane

1.6 – 90 PS Benzineinspritzung

Wie 1.4 – 75 PS, ausgenommen:

Karosserie, Gewicht: Limousine, 5 Türen; leer ab 1055 kg, max. zul. 1625 kg. Sedan, 4 Türen; leer ab 1075 kg, max. zul. 1645 kg.

Motor: (ECE) 4 Zyl. in Linie (79.5×80.5 mm), 1598 cm³; Kompr. 9.5:1; 66 kW (90 PS) bei 5000/min, 41.3 kW/L (56.1 PS/L); 137 Nm (14 mkp) bei 4000/min; 95 ROZ.

Motorkonstruktion: Bezeichnung K; 1 obenl. Nockenwelle (Zahnriemen); Leichtmetall-Zylinderkopf; 5fach gelagerte Kurbelwelle; Öl 4 L; elektron. Einspritzung. Batterie 40 Ah, Alternator 60 A; Wasserkühlung, Inh. 5.8 L.

Kraftübertragung: 5-Gang-Getriebe: I. 3.73; II. 2.05; III. 1.32; IV. 0.97; V. 0.79; R 3.55; Achse 3.87.
4-Stufen-Automat: I. 2.71; II. 1.55; III. 1; IV. 0.68; R 2.21; Achse 3.65.

Fahrwerk: Zahnstangenlenkung mit Servo, Reifen 175/70 R 13, Felgen 5.5 J. 4 T.: Reifen 175/65 R 14.

Performances: Vmax (usine) 170 km/h, V à 1000/min en 5. vit. 32.6 km/h; 0–100 km/h 14.3 s; km arrêté 35.9 s; rapp. poids/puiss. 18.4 kg/kW (13.5 kg/ch); consomm. ECE 5.4/7.4/8.3 L/100 km.

1.6 – 75 ch Injection d'essence

Comme 1.4 – 75 ch, sauf:

Carrosserie, poids: Berline, 5 portes; vide dès 1055 kg, tot. adm. 1625 kg. Sedan, 4 portes; vide dès 1075 kg, tot. adm. 1645 kg.

Moteur: (ECE) 4 cyl. en ligne (79.5×80.5 mm), 1598 cm³; compr. 9:1; 55 kW (75 ch) à 5000/min, 34.4 kW/L (46.8 ch/L); 130 Nm (13.3 mkp) à 3400/min; 95 (R).

Moteur (constr.): désignation K; 2 soupapes en V; 1 arbre à cames en tête (courroie crantée); culasse en alliage léger; vilebrequin à 5 paliers; huile 4 L; injection monopoint électron. Batterie 40 Ah, alternateur 60 A; refroidissement à eau, capac. 5.8 L.

Transmission: Boîte à 5 vit.: I. 3.73; II. 2.05; III. 1.32; IV. 0.97; V. 0.79; AR 3.55; pont 3.87.

Performances: Vmax (usine) 175 km/h, V à 1000/min en 5. vit. 34.6 km/h; 0–100 km/h 12.9 s; km arrêté 34.5 s; rapp. poids/puiss. 18.4 kg/kW (13.3 kg/ch); consomm. ECE 5.2/6.9/8.1 L/100 km.

1.6 – 90 ch Injection d'essence

Comme 1.4 – 75 ch, sauf:

Carrosserie, poids: Berline, 5 portes; vide dès 1055 kg, tot. adm. 1625 kg. Sedan, 4 portes; vide dès 1075 kg, tot. adm. 1645 kg.

Moteur: (ECE) 4 cyl. en ligne (79.5×80.5 mm), 1598 cm³; compr. 9.5:1; 66 kW (90 ch) à 5000/min, 41.3 kW/L (56.1 ch/L); 137 Nm (14 mkp) à 4000/min; 95 (R).

Moteur (constr.): désignation K; 1 arbre à cames en tête (courroie crantée); culasse en alliage léger; vilebrequin à 5 paliers; huile 4 L; injection électronique.
Batterie 40 Ah, alternateur 60 A; refroidissement à eau, capac. 5.8 L.

Transmission: Boîte à 5 vit.: I. 3.73; II. 2.05; III. 1.32; IV. 0.97; V. 0.79; AR 3.55; pont 3.87.
Boîte aut. à 4 vit.: I. 2.71; II. 1.55; III. 1; IV. 0.68; AR 2.21; pont 3.65.

Train roulant: servodirection à crémaillère, pneus 175/70 R 13, jantes 5.5 J. 4 T.: Pneus 175/65 R 14.

Fahrleistungen: Vmax (Werk) 184 km/h, V bei 1000/min im 5. Gang 34.3 km/h; 0–100 km/h 11.5 s; steh. km 33.4 s; Leistungsgew. 16 kg/kW (11.7 kg/PS); Verbrauch ECE 5.2/6.9/8.2 L/100 km.
Aut.: 0–100 km/h 13.7 s; steh. km 35.1 s; Verbrauch ECE 5.5/7.1/9.4 L/100 km.

Renault Mégane Classic

2.0 – 114 PS Benzineinspritzung

Wie 1.4 – 75 PS, ausgenommen:

Karosserie, Gewicht: Limousine, 5 Türen; leer ab 1085 kg, max. zul. 1655 kg. Sedan, 4 Türen; leer ab 1105 kg, max. zul. 1675 kg.

Motor: (ECE) 4 Zyl. in Linie (82.7×93 mm), 1998 cm³; Kompr. 9.7:1; 84 kW (114 PS) bei 5400/min, 42 kW/L (57.2 PS/L); 168 Nm (17.1 mkp) bei 4250/min; 95 ROZ.

Motorkonstruktion: Bezeichnung F3R; 2 Ventile in V; 1 obenl. Nockenwelle (Zahnriemen); Leichtmetall-Zylinderkopf und -block; 5fach gelagerte Kurbelwelle; Öl 6.5 L; elektron. Einspritzung, Bendix. Batterie 50 Ah, Alternator 60 A; Wasserkühlung, Inh. 7.1 L.

Kraftübertragung: 5-Gang-Getriebe: I. 3.09; II. 1.86; III. 1.32; IV. 0.97; V. 0.74; R 3.55; Achse 4.06.
4-Stufen-Automat: I. 2.71; II. 1.55; III. 1; IV. 0.68; R 2.11; Achse 3.82.

Fahrwerk: Bremse, vorne Scheiben (belüftet), hinten Trommeln, Scheiben-⌀ v. 25.9 cm, Zahnstangenlenkung mit Servo, Reifen 175/65 R 14, Felgen 5.5 J.

Fahrleistungen: Vmax (Werk) 197 km/h, V bei 1000/min im 5. Gang 35.2 km/h; 0–100 km/h 9.7 s; steh. km 30.9 s; Leistungsgew. 12.8 kg/kW (9.4 kg/PS); Verbrauch ECE 6.4/8.2/10.3 L/100 km.
Aut.: Vmax 191 km/h, Verbrauch ECE 6.4/8.2/11.3 L/100 km.

Renault Mégane

2.0 16V – 150 PS Benzineinspritzung

Wie 1.4 – 75 PS, ausgenommen:

Karosserie, Gewicht: Limousine, 5 Türen; leer ab 1150 kg, max. zul. 1690 kg.

Motor: (ECE) 4 Zyl. in Linie (82.7×93 mm), 1998 cm³; Kompr. 9.8:1; 110 kW (150 PS) bei 6000/min, 55 kW/L (74.8 PS/L); 185 Nm (18.9 mkp) bei 4500/min; 95 ROZ.

Performances: Vmax (usine) 184 km/h, V à 1000/min en 5. vit. 34.3 km/h; 0–100 km/h 11.5 s; km arrêté 33.4 s; rapp. poids/puiss. 16 kg/kW (11.7 kg/ch); consomm. ECE 5.2/6.9/8.2 L/100 km.
Aut.: 0–100 km/h 13.7 s; km arrêté 35.1 s; consomm. ECE 5.5/7.1/9.4 L/100 km.

2.0 – 114 ch Injection d'essence

Comme 1.4 – 75 ch, sauf:

Carrosserie, poids: Berline, 5 portes; vide dès 1085 kg, tot. adm. 1655 kg. Sedan, 4 portes; vide dès 1105 kg, tot. adm. 1675 kg.

Moteur: (ECE) 4 cyl. en ligne (82.7×93 mm), 1998 cm³; compr. 9.7:1; 84 kW (114 ch) à 5400/min, 42 kW/L (57.2 ch/L); 168 Nm (17.1 mkp) à 4250/min; 95 (R).

Moteur (constr.): désignation F3R; 2 soupapes en V; 1 arbre à cames en tête (courroie crantée); culasse et bloc-cyl. en alliage léger; vilebrequin à 5 paliers; huile 6.5 L; injection électronique, Bendix. Batterie 50 Ah, alternateur 60 A; refroidissement à eau, capac. 7.1 L.

Transmission: Boîte à 5 vit.: I. 3.09; II. 1.86; III. 1.32; IV. 0.97; V. 0.74; AR 3.55; pont 4.06.
Boîte aut. à 4 vit.: I. 2.71; II. 1.55; III. 1; IV. 0.68; AR 2.11; pont 3.82.

Train roulant: frein, AV à disques (ventilés), AR à tambours, ⌀ disques AV 25.9 cm, servodirection à crémaillère, pneus 175/65 R 14, jantes 5.5 J.

Performances: Vmax (usine) 197 km/h, V à 1000/min en 5. vit. 35.2 km/h; 0–100 km/h 9.7 s; km arrêté 30.9 s; rapp. poids/puiss. 12.8 kg/kW (9.4 kg/ch); consomm. ECE 6.4/8.2/10.3 L/100 km.
Aut.: Vmax 191 km/h, consomm. ECE 6.4/8.2/11.3 L/100 km.

2.0 16V – 150 ch Injection d'essence

Comme 1.4 – 75 ch, sauf:

Carrosserie, poids: Berline, 5 portes; vide dès 1150 kg, tot. adm. 1690 kg.

Moteur: (ECE) 4 cyl. en ligne (82.7×93 mm), 1998 cm³; compr. 9.8:1; 110 kW (150 ch) à 6000/min, 55 kW/L (74.8 ch/L); 185 Nm (18.9 mkp) à 4500/min; 95 (R).

Renault

Motorkonstruktion: 4 Ventile in V; 2 obenl. Nockenwellen (Zahnriemen); Leichtmetall-Zylinderkopf und -block; 5fach gelagerte Kurbelwelle; Ölkühler; Öl 4 L; elektron. Einspritzung, Bendix-Siemens.
Batterie 50 Ah, Alternator 70 A; Wasserkühlung, Inh. 7.3 L.

Kraftübertragung:
5-Gang-Getriebe: I. 3.36; II. 1.86; III. 1.32; IV. 1.03; V. 0.82; R 3.55. Achse 4.06.

Fahrwerk: Vierrad-Scheibenbremse (vorn belüftet), Scheiben-Ø v. 26.2 cm, h. 23.8 cm, ABS, Zahnstangenlenkung, Reifen 195/50 R 15, Felgen 6.5 J.

Dimensionen: Spur 143/140 cm, Breite 172 cm.

Fahrleistungen: Vmax (Werk) 210 km/h, V bei 1000/min im 5. Gang 33 km/h; 0–100 km/h 8.8 s; Leistungsgew. 10.6 kg/kW (7.7 kg/PS); Verbrauch EU 12.6/7.4 L/100 km.

Moteur (constr.): 4 soupapes en V; 2 arbres à cames en tête (courroie crantée); culasse et bloc-cyl. en alliage léger; vilebrequin à 5 paliers; radiat. d'huile; huile 4 L; injection électronique, Bendix-Siemens.
Batterie 50 Ah, alternateur 70 A; refroidissement à eau, capac. 7.3 L.

Transmission:
Boîte à 5 vit.: I. 3.36; II. 1.86; III. 1.32; IV. 1.03; V. 0.82; AR 3.55; pont 4.06.

Train roulant: quatre freins à disques (AV ventilés), Ø disques AV 26.2 cm, AR 23.8 cm, ABS, direction à crémaillère, pneus 195/50 R 15, jantes 6.5 J.

Dimensions: voie 143/140 cm, largeur 172 cm.

Performances: Vmax (usine) 210 km/h, V à 1000/min en 5. vit. 33 km/h; 0–100 km/h 8.8 s; rapp. poids/puiss. 10.6 kg/kW (7.7 kg/ch); consomm. EU 12.6/7.4 L/100 km.

Motorkonstruktion: Bezeichnung F8Q; 2 Ventile parallel; 1 obenl. Nockenwelle (Zahnriemen); Leichtmetall-Zylinderkopf; 5fach gelagerte Kurbelwelle; Öl 5.5 L; Einspritzpumpe, Bosch PVE, 1 Turbolader, Garrett T2.
Batterie 70 Ah, Alternator 70 A; Wasserkühlung, Inh. 7.4 L.

Kraftübertragung:
5-Gang-Getriebe: I. 3.73; II. 2.05; III. 1.32; IV. 1.03; V. 0.75; R 3.55; Achse 3.29.
4-Stufen-Automat: I. 2.71; II. 1.55; III. 1; IV. 0.68; R 2.11; Achse 3.99.

Fahrwerk: Bremse, vorne Scheiben (belüftet), hinten Trommeln, Scheiben-Ø v. 25.9 cm, Zahnstangenlenkung mit Servo, Reifen 175/65 R 14, Felgen 5.5 J.

Fahrleistungen: Vmax (Werk) 180 km/h, V bei 1000/min im 5. Gang 42.4 km/h; 0–100 km/h 12.3 s; steh. km 33.8 s; Leistungsgew. 16.1 kg/kW (11.9 kg/PS); Verbrauch ECE 4.6/6.3/7 L/100 km.

Moteur (constr.): désignation F8Q; 2 soup. en parallèle; 1 arbre à cames en tête (courroie crantée); culasse en alliage léger; vilebrequin à 5 paliers; huile 5.5 L; pompe à injection, Bosch PVE, 1 turbocompr., Garrett T2.
Batterie 70 Ah, alternateur 70 A; refroidissement à eau, capac. 7.4 L.

Transmission:
Boîte à 5 vit.: I. 3.73; II. 2.05; III. 1.32; IV. 1.03; V. 0.75; AR 3.55; pont 3.29.
Boîte aut. à 4 vit.: I. 2.71; II. 1.55; III. 1; IV. 0.68; AR 2.11; pont 3.99.

Train roulant: frein, AV à disques (ventilés), AR à tambours, Ø disques AV 25.9 cm, servodirection à crémaillère, pneus 175/65 R 14, jantes 5.5 J.

Performances: Vmax (usine) 180 km/h, V à 1000/min en 5. vit. 42.4 km/h; 0–100 km/h 12.3 s; km arrêté 33.8 s; rapp. poids/puiss. 16.1 kg/kW (11.9 kg/ch); consomm. ECE 4.6/6.3/7 L/100 km.

Renault Mégane

1.9 – 64 PS Diesel

Wie 1.4 – 75 PS, ausgenommen:

Karosserie, Gewicht: Limousine, 5 Türen; leer ab 1110 kg, max. zul. 1670 kg.
Sedan, 4 Türen; leer ab 1130 kg, max. zul. 1690 kg.

Motor: (ECE), 4 Zyl. in Linie (80×93 mm), 1870 cm³; Kompr. 21.5:1; 47 kW (64 PS) bei 4500/min, 25.1 kW/L (34.2 PS/L); 118 Nm (12 mkp) bei 2250/min; Dieselöl.

Motorkonstruktion: Vorkammer-Diesel; 2 Ventile parallel; 1 obenl. Nockenwelle (Zahnriemen); Leichtmetall-Zylinderkopf; 5fach gelagerte Kurbelwelle; Ölkühler; Öl 5 L; Einspritzpumpe, Bosch PVE.
Batterie 70 Ah, Alternator 70 A; Wasserkühlung, Inh. 7.4 L.

Kraftübertragung:
5-Gang-Getriebe: I. 3.73; II. 2.05; III. 1.32; IV. 0.97; V. 0.76; R 3.55; Achse 3.56.

Fahrwerk: Zahnstangenlenkung mit Servo, Reifen 175/70 R 13, Felgen 5.5 J.

Fahrleistungen: Vmax (Werk) 160 km/h, V bei 1000/min im 5. Gang 35.6 km/h; 0–100 km/h 16.5 s; steh. km 37.5 s; Leistungsgew. 23.1 kg/kW (17.1 kg/PS); Verbrauch ECE 4.7/6.5/7.2 L/100 km.

1.9 – 64 ch Diesel

Comme 1.4 – 75 ch, sauf:

Carrosserie, poids: Berline, 5 portes; vide dès 1110 kg, tot. adm. 1670 kg.
Sedan, 4 portes; vide dès 1130 kg, tot. adm. 1690 kg.

Moteur: (ECE), 4 cyl. en ligne (80×93 mm), 1870 cm³; compr. 21.5:1; 47 kW (64 ch) à 4500/min, 25.1 kW/L (34.2 PS/L); 118 Nm (12 mkp) à 2250/min; gazole.

Moteur (constr.): diesel à préchambre; 2 soup. en parallèle; 1 arbre à cames en tête (courroie crantée); culasse en alliage léger; vilebrequin à 5 paliers; radiat. d'huile; huile 5 L; pompe à injection, Bosch PVE.
Batterie 70 Ah, alternateur 70 A; refroidissement à eau, capac. 7.4 L.

Transmission:
Boîte à 5 vit.: I. 3.73; II. 2.05; III. 1.32; IV. 0.97; V. 0.76; AR 3.55; pont 3.56.

Train roulant: servodirection à crémaillère, pneus 175/70 R 13, jantes 5.5 J.

Performances: Vmax (usine) 160 km/h, V à 1000/min en 5. vit. 35.6 km/h; 0–100 km/h 16.5 s; km arrêté 37.5 s; rapp. poids/puiss. 23.1 kg/kW (17.1 kg/ch); consomm. ECE 4.7/6.5/7.2 L/100 km.

1.9 – 95 PS Turbodiesel

Wie 1.4 – 75 PS, ausgenommen:

Karosserie, Gewicht: Limousine, 5 Türen; leer ab 1130 kg, max. zul. 1705 kg.
Sedan, 4 Türen; leer ab 1150 kg, max. zul. 1725 kg.

Motor: (ECE), 4 Zyl. in Linie (80×93 mm), 1870 cm³; Kompr. 20.5:1; 70 kW (95 PS) bei 4250/min, 37.4 kW/L (50.9 PS/L); 176 Nm (17.9 mkp) bei 2000/min; Dieselöl.

1.9 – 95 ch Turbodiesel

Comme 1.4 – 75 ch, sauf:

Carrosserie, poids: Berline, 5 portes; vide dès 1130 kg, tot. adm. 1705 kg.
Sedan, 4 portes; vide dès 1150 kg, tot. adm. 1725 kg.

Moteur: (ECE), 4 cyl. en ligne (80×93 mm), 1870 cm³; compr. 20.5:1; 70 kW (95 ch) à 4250/min, 37.4 kW/L (50.9 ch/L); 176 Nm (17.9 mkp) à 2000/min; gazole.

Renault Mégane Scénic

Minivan auf der Basis des Mégane mit eigenständiger Karosserieform. Variable Innenraumgestaltung. Benzin- und Dieselmotoren von 1.4 bis 2.0 L und 75 bis 114 PS. Debüt September 1996.

Minivan sur la base de la Mégane avec carosserie individuelle. Intérieur à amenagement variable. Moteurs à essence et diesel de 1.4 à 2.0 l et de 75 à 114 ch. Lancement Sept. 1996.

1.4 – 75 PS Benzineinspritzung

Karosserie, Gewicht: Minivan, 5 Türen, 5 Sitze; leer ab 1215 kg, max. zul. 1850 kg.

Motor: (ECE), 4 Zyl. in Linie (75.8×77 mm), 1390 cm³; Kompr. 9.5:1; 55 kW (75 PS) bei 6000/min, 39.6 kW/L (53.8 PS/L); 107 Nm (10.9 mkp) bei 4000/min; 95 ROZ.

Motorkonstruktion: Bezeichnung E; Ventile in V; 1 obenl. Nockenwelle (Zahnriemen); Leichtmetall-Zylinderkopf; 5fach gelagerte Kurbelwelle; Öl 4 L; elektron. Zentraleinspritzung.
Batterie 40 Ah, Alternator 70 A; Wasserkühlung, Inh. 5.8 L.

Kraftübertragung: (auf Vorderräder).
5-Gang-Getriebe: I. 3.72; II. 2.05; III. 1.39; IV. 1.03; V. 0.82; R 3.55; Achse 4.5.

Fahrgestell: Selbsttragende Karosserie mit vorderem Hilfsrahmen; vorn Federbeine und Dreieckquerlenker, hinten Längslenker, Torsionsstab, v/h Kurvenstabilisator.

Fahrwerk: Bremse, vorne Scheiben (belüftet), hinten Trommeln, Scheiben-Ø v. 25.9 cm, a.W. ABS, Handbremse auf Hinterräder; Zahnstangenlenkung mit Servo, Treibstofftank 60 L; Reifen 175/70 R 14, Felgen 5.5 J.

Dimensionen: Radstand 258 cm, Spur 145/147 cm, Bodenfreih. 12 cm, Wendekreis 11.4 m, Kofferraum 220/960 dm³, Länge 413 cm, Breite 172 cm, Höhe 160 cm.

1.4 – 75 ch Injection d'essence

Carrosserie, poids: Minivan, 5 portes, 5 pl.; vide dès 1215 kg, tot. adm. 1850 kg.

Moteur: (ECE), 4 cyl. en ligne (75.8×77 mm), 1390 cm³; compr. 9.5:1; 55 kW (75 ch) à 6000/min, 39.6 kW/L (53.8 ch/L); 107 Nm (10.9 mkp) à 4000/min; 95 (R).

Moteur (constr.): désignation E; soupapes en V; 1 arbre à cames en tête (courroie crantée); culasse en alliage léger; vilebrequin à 5 paliers; huile 4 L; injection monopoint électron.
Batterie 40 Ah, alternateur 70 A; refroidissement à eau, capac. 5.8 L.

Transmission: (sur roues AV).
Boîte à 5 vit.: I. 3.72; II. 2.05; III. 1.39; IV. 1.03; V. 0.82; AR 3.55; pont 4.5.

Châssis: carrosserie autoporteuse avec cadre auxiliaire AV; AV jambes élast. et leviers triang. transv., AR bras longitud., barre de torsion, AV/AR barre anti-dévers.

Train roulant: frein, AV à disques (ventilés), AR à tambours, Ø disques AV 25.9 cm, ABS s. d., frein à main sur roues AR; servodirection à crémaillère, réservoir carb. 60 L; pneus 175/70 R 14, jantes 5.5 J.

Dimensions: empattement 258 cm, voie 145/147 cm, garde au sol 12 cm, diam. de braq. 11.4 m, coffre 220/960 dm³, longueur 413 cm, largeur 172 cm, hauteur 160 cm.

Renault Mégane Scénic

DIE VII GEBOTE DER RENAULT TOP CLASS.

I.
Du sollst das Modell Deiner Wünsche zur Probe fahren dürfen, wann immer Dir der Sinn danach steht. Ausser am siebenten Tage, da sollst Du ruh'n.

II.
Du sollst nicht stehlen müssen, sondern jederzeit ein massgeschneidertes Finanzierungsangebot von uns begehren können, und das zu Deinem Vorteil.

III.
Du sollst jederzeit von uns verlangen können, dass wir Zeugnis über Dein Fahrzeug ablegen und Dich mit einem verlockenden Eintauschangebot in Versuchung führen.

IV.
Du sollst Deinen neuen Renault termingerecht und in gepflegter Umgebung in Empfang nehmen können.

V.
Du sollst Dir kein falsches Bild von unseren Service-Leistungen machen; denn sie sind einzigartig und erstklassig.

VI.
Du sollst jederzeit Deines nächsten Renault-Händlers Ersatzfahrzeug begehren, wenn Dein Gefährt zum Service oder zur Reparatur in der Werkstätte stehet.

VII.
Du sollst verlangen können, dass wir Dich, wenn Dein Renault dereinst seine letzte Reise angetreten hat, von der zentnerschweren Last erlösen und ihn wiederverwerten oder umweltgerecht entsorgen.

RENAULT
AUTOS ZUM LEBEN

Renault

Fahrleistungen: Vmax (Werk) 160 km/h, V bei 1000/min im 5. Gang 30.1 km/h; 0–100 km/h 16.2 s; steh. km 37.3 s; Leistungsgew. 22.1 kg/kW (16.2 kg/PS); Verbrauch EU 10.9/6.6 L/100 km.

Performances: Vmax (usine) 160 km/h, V à 1000/min en 5. vit. 30.1 km/h; 0–100 km/h 16.2 s; km arrêté 37.3 s; rapp. poids/puiss. 22.1 kg/kW (16.2 kg/ch); consomm. EU 10.9/6.6 L/100 km.

1.6 – 75 PS Benzineinspritzung

Wie 1.4 – 75 PS, ausgenommen:

Karosserie, Gewicht: Minivan; leer ab 1220 kg, max. zul. 1860 kg.

Motor: (ECE), 4 Zyl. in Linie (79.5×80.5 mm), 1598 cm³; Kompr. 9:1; 55 kW (75 PS) bei 5000/min, 34.4 kW/L (46.8 PS/L); 130 Nm (13.3 mkp) bei 3400/min; 95 ROZ.

Motorkonstruktion: Bezeichnung K; 2 Ventile in V; 1 obenl. Nockenwelle (Zahnriemen); Leichtmetall-Zylinderkopf; 5fach gelagerte Kurbelwelle; Öl 4 L; elektron. Zentraleinspritzung.
Batterie 40 Ah, Alternator 70 A; Wasserkühlung, Inh. 5.8 L.

Kraftübertragung:
5-Gang-Getriebe: I. 3.36; II. 1.86; III. 1.32; IV. 0.97; V. 0.79; R 3.55; Achse 4.21.

Fahrwerk: Reifen 175/70 R 14, Felgen 5.5 J.

Fahrleistungen: Vmax (Werk) 162 km/h, 0–100 km/h 14.7 s; steh. km 36.7 s; Verbrauch EU 10.9/6.6 L/100 km.

1.6 – 75 ch Injection d'essence

Comme 1.4 – 75 ch, sauf:

Carrosserie, poids: Minivan; vide dès 1220 kg, tot. adm. 1860 kg.

Moteur: (ECE), 4 cyl. en ligne (79.5×80.5 mm), 1598 cm³; compr. 9:1; 55 kW (75 ch) à 5000/min, 34.4 kW/L (46.8 ch/L); 130 Nm (13.3 mkp) à 3400/min; 95 (R).

Moteur (constr.): désignation K; 2 soupapes en V; 1 arbre à cames en tête (courroie crantée); culasse en alliage léger; vilebrequin à 5 paliers; huile 4 L; injection monopoint électron.
Batterie 40 Ah, alternateur 70 A; refroidissement à eau, capac. 5.8 L.

Transmission:
Boîte à 5 vit.: I. 3.36; II. 1.86; III. 1.32; IV. 0.97; V. 0.79; AR 3.55; pont 4.21.

Train roulant: pneus 175/70 R 14, jantes 5.5 J.

Performances: Vmax (usine) 162 km/h, 0–100 km/h 14.7 s; km arrêté 36.7 s; consomm. EU 10.9/6.6 L/100km.

Renault Mégane Scénic

1.6 – 90 PS Benzineinspritzung

Wie 1.4 – 75 PS, ausgenommen:

Karosserie, Gewicht: Minivan; leer ab 1220 kg, max. zul. 1870 kg.
Aut.: leer ab 1255 kg, max. zul. 1895 kg.

Motor: (ECE), 4 Zyl. in Linie (79.5×80.5 mm), 1598 cm³; Kompr. 9.5:1; 66 kW (90 PS) bei 5000/min, 41.3 kW/L (56.1 PS/L); 137 Nm (14 mkp) bei 4000/min; 95 ROZ.

Motorkonstruktion: Bezeichnung K; 1 obenl. Nockenwelle (Zahnriemen); Leichtmetall-Zylinderkopf; 5fach gelagerte Kurbelwelle; Öl 4 L; elektron. Einspritzung.
Batterie 40 Ah, Alternator 70 A; Wasserkühlung, Inh. 5.8 L.

Kraftübertragung:
5-Gang-Getriebe: I. 3.36; II. 1.86; III. 1.32; IV. 0.97; V. 0.79; R 3.55; Achse 4.21.
4-Stufen-Automat: I. 2.71; II. 1.55; III. 1; IV. 0.68; R 2.11; Achse 4.39.

Fahrwerk: Reifen 175/70 R 14, Felgen 5.5 J.

Fahrleistungen: Vmax (Werk) 170 km/h, bei 1000/min im 5. Gang 33.1 km/h; 0–100 km/h 13.7 s; steh. km 35.5 s; Leistungsgew. 18.5 kg/kW (13.6 kg/PS); Verbrauch EU 11/6.6 L/100 km.
Aut.: Vmax 165 km/h, V bei 1000/min in 4. Gang 36.5 km/h; 0–100 km/h 16 s; steh. km 36.8 s; Verbrauch EU 12.6/7.1 L/100 km.

1.6 – 90 ch Injection d'essence

Comme 1.4 – 75 ch, sauf:

Carrosserie, poids: Minivan; vide dès 1220 kg, tot. adm. 1870 kg.
Aut.: vide dès 1255 kg, tot. adm. 1895 kg.

Moteur: (ECE), 4 cyl. en ligne (79.5×80.5 mm), 1598 cm³; compr. 9.5:1; 66 kW (90 ch) à 5000/min, 41.3 kW/L (56.1 ch/L); 137 Nm (14 mkp) à 4000/min; 95 (R).

Moteur (constr.): désignation K; 1 arbre à cames en tête (courroie crantée); culasse en alliage léger; vilebrequin à 5 paliers; huile 4 L; injection électronique.
Batterie 40 Ah, alternateur 70 A; refroidissement à eau, capac. 5.8 L.

Transmission:
Boîte à 5 vit.: I. 3.36; II. 1.86; III. 1.32; IV. 0.97; V. 0.79; AR 3.55; pont 4.21.
Boîte aut. à 4 vit.: I. 2.71; II. 1.55; III. 1; IV. 0.68; AR 2.11; pont 4.39.

Train roulant: pneus 175/70 R 14, jantes 5.5 J.

Performances: Vmax (usine) 170 km/h, V à 1000/min en 5. vit. 33.1 km/h; 0–100 km/h 13.7 s; km arrêté 35.5 s; rapp. poids/puiss. 18.5 kg/kW (13.6 kg/ch); consomm. EU 11/6.6 L/100 km.
Aut.: Vmax 165 km/h, V à 1000/min en 4. vit. 36.5 km/h; 0–100 km/h 16 s; km arrêté 36.8 s; consomm. EU 12.6/7.1 L/100 km.

2.0 – 114 PS Benzineinspritzung

Wie 1.4 – 75 PS, ausgenommen:

Karosserie, Gewicht: Minivan; leer ab 1270 kg, max. zul. 1900 kg.
Aut.: leer ab 1300 kg, max. zul. 1920 kg.

Motor: (ECE), 4 Zyl. in Linie (82.7×93 mm), 1998 cm³; Kompr. 9.7:1; 84 kW (114 PS) bei 5400/min, 42 kW/L (57.2 PS/L); 168 Nm (17.1 mkp) bei 4250/min; 95 ROZ.

Motorkonstruktion: Bezeichnung F3R; 2 Ventile in V; 1 obenl. Nockenwelle (Zahnriemen); Leichtmetall-Zylinderkopf und -block; 5fach gelagerte Kurbelwelle; Öl 6.5 L; elektron. Einspritzung, Bendix.
Batterie 50 Ah, Alternator 70 A; Wasserkühlung, Inh. 7.1 L.

Kraftübertragung:
5-Gang-Getriebe: I. 3.37; II. 205; III. 1.36; IV. 1.1; V. 0.82; R 3.55; Achse 4.06.
4-Stufen-Automat: I. 2.71; II. 1.55; III. 1; IV. 0.68; R 2.11; Achse 4.2.

Fahrwerk: Scheiben-∅ v. 26.2 cm, Reifen 185/70 R 14, Felgen 6 J.

Fahrleistungen: Vmax (Werk) 185 km/h, V bei 1000/min im 5. Gang 34.1 km/h; 0–100 km/h 11.1 s; steh. km 32.9 s; Leistungsgew. 15.1 kg/kW (11.1 kg/PS); Verbrauch EU 12.3/7.5 L/100 km.
Aut.: Vmax 180 km/h, 0–100 km/h 12.5 s; steh. km 34.1 s; Verbrauch EU 14.1/7.9 L/100 km.

1.9 – 94 PS Turbodiesel

Wie 1.4 – 75 PS, ausgenommen:

Karosserie, Gewicht: Minivan; leer ab 1300 kg, max. zul. 1940 kg.

Motor: (ECE), 4 Zyl. in Linie (80×93 mm), 1870 cm³; Kompr. 20.5:1; 69 kW (94 PS) bei 4250/min, 36.9 kW/L (50.2 PS/L); 176 Nm (17.9 mkp) bei 2000/min; Dieselöl.

Motorkonstruktion: Bezeichnung F8Q; 2 Ventile parallel; 1 obenl. Nockenwelle (Zahnriemen); Leichtmetall-Zylinderkopf; 5fach gelagerte Kurbelwelle; Öl 5.5 L; Einspritzpumpe, Bosch PVE, 1 Turbolader, Garrett T2.
Batterie 70 Ah, Alternator 70 A; Wasserkühlung, Inh. 7.4 L.

Kraftübertragung:
5-Gang-Getriebe: I. 3.73; II. 2.05; III. 1.32; IV. 0.97; V. 0.74; R 3.55; Achse 3.73.

Fahrwerk: Scheiben-∅ v. 26.2 cm, Reifen 185/70 R 14, Felgen 6 J.

Fahrleistungen: Vmax (Werk) 174 km/h, V bei 1000/min im 5. Gang 31.4 km/h; 0–100 km/h 12.9 s; 0–97 km/h 34.8 s; steh. km 34.8 s; Leistungsgew. 18.8 kg/kW (13.8 kg/PS); Verbrauch EU 9.1/5.7 L/100 km.

2.0 – 114 ch Injection d'essence

Comme 1.4 – 75 ch, sauf:

Carrosserie, poids: Minivan; vide dès 1270 kg, tot. adm. 1900 kg.
Aut.: vide dès 1300 kg, tot. adm. 1920 kg.

Moteur: (ECE), 4 cyl. en ligne (82.7×93 mm), 1998 cm³; compr. 9.7:1; 84 kW (114 ch) à 5400/min, 42 kW/L (57.2 ch/L); 168 Nm (17.1 mkp) à 4250/min; 95 (R).

Moteur (constr.): désignation F3R; 2 soupapes en V; 1 arbre à cames en tête (courroie crantée); culasse et bloc-cyl. en alliage léger; vilebrequin à 5 paliers; huile 6.5 L; injection électronique, Bendix.
Batterie 50 Ah, alternateur 70 A; refroidissement à eau, capac. 7.1 L.

Transmission:
Boîte à 5 vit.: I. 3.37; II. 205; III. 1.36; IV. 1.1; V. 0.82; AR 3.55; pont 4.06.
boîte aut. à 4 vit.: I. 2.71; II. 1.55; III. 1; IV. 0.68; AR 2.11; pont 4.2.

Train roulant: ∅ disques AV 26.2 cm, pneus 185/70 R 14, jantes 6 J.

Performances: Vmax (usine) 185 km/h, V à 1000/min en 5. vit. 34.1 km/h; 0–100 km/h 11.1 s; km arrêté 32.9 s; rapp. poids/puiss. 15.1 kg/kW (11.1 kg/ch); consomm. EU 12.3/7.5 L/100 km.
Aut.: Vmax 180 km/h, 0–100 km/h 12.5 s; km arrêté 34.1 s; consomm. EU14.1/7.9 L/100 km.

1.9 – 94 ch Turbodiesel

Comme 1.4 – 75 ch, sauf:

Carrosserie, poids: Minivan; vide dès 1300 kg, tot. adm. 1940 kg.

Moteur: (ECE), 4 cyl. en ligne (80×93 mm), 1870 cm³; compr. 20.5:1; 69 kW (94 ch) à 4250/min, 36.9 kW/L (50.2 ch/L); 176 Nm (17.9 mkp) à 2000/min; gazole.

Moteur (constr.): désignation F8Q; 2 soup. en parallèle; 1 arbre à cames en tête (courroie crantée); culasse en alliage léger; vilebrequin à 5 paliers; huile 5.5 L; pompe en injection, Bosch PVE, 1 turbocompr., Garrett T2.
Batterie 70 Ah, alternateur 70 A; refroidissement à eau, capac. 7.4 L.

Transmission:
Boîte à 5 vit.: I. 3.73; II. 2.05; III. 1.32; IV. 0.97; V. 0.74; AR 3.55; pont 3.73.

Train roulant: ∅ disques AV 26.2 cm, pneus 185/70 R 14, jantes 6 J.

Performances: Vmax (usine) 174 km/h, V à 1000/min en 5. vit. 31.4 km/h; 0–100 km/h 12.9 s; 0–97 km/h 34.8 s; km arrêté 34.8 s; rapp. poids/puiss. 18.8 kg/kW (13.8 kg/ch); consomm. EU 9.1/5.7 L/100 km.

Renault Mégane Coupé/Cabriolet

Coupé- und Cabriolet-Ausführung des Mégane. Benzinmotoren 1.6- und 2.0 L; 90 bis 150 PS. Debüt Coupé September 1995, Cabriolet Oktober 1996 (Salon Paris). Cabrio noch unvollständige Daten.

Versions coupé et cabriolet de la Mégane. Moteurs à essence 1.6 et 2.0; 90 à 150 ch. Présentation Coupé septembre 1995; Cabriolet octobre 1996 (Salon Paris). Cabriolet: données incomplet.

1.6 – 90 PS Benzineinspritzung

Karosserie, Gewicht: Coupé, 2 Türen, 5 Sitze; leer ab 1010 kg, max. zul. 1495 kg.

Cabriolet, 2 Türen, 4 Sitze; leer ab 1030 kg, max. zul. 1585 kg.

1.6 – 90 ch Injection d'essence

Carrosserie, poids: Coupé, 2 portes, 5 pl.; vide dès 1010 kg, tot. adm. 1495 kg.

Cabriolet, 2 portes, 4 places; vide dès 1030 kg, tot. adm. 1585 kg.

Renault

Renault Mégane

Motor: (ECE), 4 Zyl. in Linie (79.5×80.5 mm), 1598 cm³; Kompr. 9.5:1; 66 kW (90 PS) bei 5000/min, 41.3 kW/L (56.1 PS/L); 137 Nm (14 mkp) bei 4000/min; 95 ROZ.

Motorkonstruktion: Bezeichnung K; 1 obenl. Nockenwelle (Zahnriemen); Leichtmetall-Zylinderkopf; 5fach gelagerte Kurbelwelle; Öl 4 L; elektron. Einspritzung. Batterie 40 Ah, Alternator 60 A; Wasserkühlung, Inh. 5.8 L.

Kraftübertragung: (auf Vorderräder). 5-Gang-Getriebe: I. 3.73; II. 2.05; III. 1.32; IV. 0.97; V. 0.79; R 3.55; Achse 3.87. 4-Stufen-Automat: I. 2.71; II. 1.55; III. 1; IV. 0.68; R 2.21; Achse 4.11.

Fahrgestell: Selbsttragende Karosserie mit vorderem Hilfsrahmen; vorn Federbeine und Dreieckquerlenker, hinten Längslenker, Torsionsstab, v/h Kurvenstabilisator.

Fahrwerk: Bremse, vorne Scheiben (belüftet), hinten Trommeln, Scheiben-⌀ v. 25.9 cm, a.W. ABS, Handbremse auf Hinterräder; Zahnstangenl. mit Servo, Treibstofftank 60 L; Reifen 175/70 R 13, Cabrio 175/65 R 14, Felgen 5.5 J.

Dimensionen: Radstand 247 cm, Spur 145/143 cm, Bodenfreih. 12 cm, Wendekreis 11.2 m, Kofferraum 290 dm³, Länge 393 cm, Breite 170 cm, Höhe 137 cm. Cabrio: Kofferraum 280/560 dm³, Länge 403 cm.

Fahrleistungen: Vmax (Werk) 187 km/h, V bei 1000/min im 5. Gang 34.3 km/h; 0–100 km/h 11.3 s; steh. km 32.9 s; Leistungsgew. 15.3 kg/kW (11.2 kg/PS); Verbrauch ECE 5.1/6.6/8.5 L/100 km.
Aut.: Vmax 173 km/h, 0–100 km/h 13.5 s; steh. km 34.6 s; Verbrauch ECE 5.4/6.8/7.2 L/100 km.
Cabrio: 0–100 km/h 11.5 s; Verbrauch EU 9.8/5.9 L/100 km.

Moteur: (ECE), 4 cyl. en ligne (79.5×80.5 mm), 1598 cm³; compr. 9.5:1; 66 kW (90 ch) à 5000/min, 41.3 kW/L (56.1 ch/L); 137 Nm (14 mkp) à 4000/min; 95 (R).

Moteur (constr.): désignation K; 1 arbre à cames en tête (courroie crantée); culasse en alliage léger; vilebrequin à 5 paliers; huile 4 L; injection électronique. Batterie 40 Ah, alternateur 60 A; refroidissement à eau, capac. 5.8 L.

Transmission: (sur roues AV). Boîte à 5 vit.: I. 3.73; II. 2.05; III. 1.32; IV. 0.97; V. 0.79; AR 3.55; pont 3.87. boîte aut. à 4 vit.: I. 2.71; II. 1.55; III. 1; IV. 0.68; AR 2.21; pont 4.11.

Châssis: carrosserie autoporteuse avec cadre auxiliaire AV; AV jambes élast. et leviers triang. transv., AR bras longitud., barre de torsion, AV/AR barre anti-dévers.

Train roulant: frein, AV à disques (ventilés), AR à tambours, ⌀ disques AV 25.9 cm, ABS s. d., frein à main sur roues AR; servodirection à crémaillère, réservoir carb. 60 L; pneus 175/70 R 13, Cabrio 175/65 R 14, jantes 5.5 J.

Dimensions: empattement 247 cm, voie 145/143 cm, garde au sol 12 cm, diam. de braq. 11.2 m, coffre 290 dm³, llongueur 393 cm, largeur 170 cm, hauteur 137 cm. Cabrio: coffre 280/560 dm³, longueur 403 cm.

Performances: Vmax (usine) 187 km/h, V à 1000/min en 5. vit. 34.3 km/h; 0–100 km/h 11.3 s; km arrêté 32.9 s; rapp. poids/puiss. 15.3 kg/kW (11.2 kg/ch); consomm. ECE 5.1/6.6/8.5 L/100 km.
Aut.: Vmax 173 km/h, 0–100 km/h 13.5 s; km arrêté 34.6 s; consomm. ECE 5.4/6.8/7.2 L/100 km.
Cabrio: 0–100 km/h 11.5 s; consomm. EU 9.8/5.9 L/100 km.

Motorkonstruktion: Bezeichnung F3R; 2 Ventile in V; 1 obenl. Nockenwelle (Zahnriemen); Leichtmetall-Zylinderkopf und -block; 5fach gelagerte Kurbelwelle; Öl 6.5 L; elektron. Einspritzung, Bendix. Batterie 50 Ah, Alternator 60 A; Wasserkühlung, Inh. 7.1 L.

Kraftübertragung: 5-Gang-Getriebe: I. 3.09; II. 1.86; III. 1.32; IV. 0.97; V. 0.74; R 3.55; Achse 4.06. 4-Stufen-Automat: I. 2.71; II. 1.55; III. 1; IV. 0.68; R 2.11; Achse 3.82.

Fahrwerk: Reifen 175/65 R 14.

Fahrleistungen: Vmax (Werk) 200 km/h, V bei 1000/min im 5. Gang 35.2 km/h; 0–100 km/h 9.5 s; steh. km 30.8 s; Leistungsgew. 12.4 kg/kW (9.2 kg/PS); Verbrauch ECE 6.3/7.9/10.3 L/100 km.
Aut.: Vmax 195 km/h, 0–100 km/h 10.7 s; steh. km 32.2 s.

Moteur (constr.): désignation F3R; 2 soupapes en V; 1 arbre à cames en tête (courroie crantée); culasse et bloc-cyl. en alliage léger; vilebrequin à 5 paliers; huile 6.5 L; injection électronique, Bendix. Batterie 50 Ah, alternateur 60 A; refroidissement à eau, capac. 7.1 L.

Transmission: Boîte à 5 vit.: I. 3.09; II. 1.86; III. 1.32; IV. 0.97; V. 0.74; AR 3.55; pont 4.06. Boîte aut. à 4 vit.: I. 2.71; II. 1.55; III. 1; IV. 0.68; AR 2.11; pont 3.82.

Train roulant: pneus 175/65 R 14.

Performances: Vmax (usine) 200 km/h, V à 1000/min en 5. vit. 35.2 km/h; 0–100 km/h 9.5 s; km arrêté 30.8 s; rapp. poids/puiss. 12.4 kg/kW (9.2 kg/ch); consomm. ECE 6.3/7.9/10.3 L/100 km.
Aut.: Vmax 195 km/h, 0–100 km/h 10.7 s; km arrêté 32.2 s.

Renault Mégane Cabriolet

2.0 16V – 150 PS Benzineinspritzung

Wie 1.6 – 90 PS, ausgenommen:

Karosserie, Gewicht: Coupé; leer ab 1095 kg, max. zul. 1575 kg. Cabriolet; leer ab 1110 kg, max. zul. 1655 kg.

Motor: (ECE), 4 Zyl. in Linie (82.7×93 mm), 1998 cm³; Kompr. 9.8:1; 110 kW (150 PS) bei 6000/min, 55 kW/L (74.8 PS/L); 185 Nm (18.9 mkp) bei 4500/min; 95 ROZ.

Motorkonstruktion: 4 Ventile in V; 2 obenl. Nockenwellen (Zahnriemen); Leichtmetall-Zylinderkopf und -block; 5fach gelagerte Kurbelwelle; Ölkühler; Öl 4 L; elektron. Einspritzung, Bendix-Siemens. Batterie 50 Ah, Alternator 70 A; Wasserkühlung, Inh. 7.3 L.

Kraftübertragung: 5-Gang-Getriebe: I. 3.36; II. 1.86; III. 1.32; IV. 1.03; V. 0.82; R 3.55; Achse 4.06.

Fahrwerk: Vierrad-Scheibenbremse (vorn belüftet), Scheiben-⌀ v. 26.2 cm, h. 23.8 cm, ABS, Reifen 195/50 VR 16, Felgen 6.5 J.

Dimensionen: Spur 143/140 cm.

Fahrleistungen: Vmax (Werk) 215 km/h, V bei 1000/min im 5. Gang 32.7 km/h; 0–100 km/h 8.6 s; steh. km 29.2 s; Leistungsgew. 10.1 kg/kW (7.3 kg/PS); Verbrauch ECE 6.4/8.1/10.5 L/100 km.
Cabr.: 0–100 km/h 8.7 s; Verbrauch EU 12.7/7.3 L/100 km.

2.0 16V – 150 ch Injection d'essence

Comme 1.6 – 90 ch, sauf:

Carrosserie, poids: Coupé; vide dès 1095 kg, tot. adm. 1575 kg. Cabriolet; vide dès 1110 kg, tot. adm. 1655 kg.

Moteur: (ECE), 4 cyl. en ligne (82.7×93 mm), 1998 cm³; compr. 9.8:1; 110 kW (150 ch) à 6000/min, 55 kW/L (74.8 ch/L); 185 Nm (18.9 mkp) à 4500/min; 95 (R).

Moteur (constr.): 4 soupapes en V; 2 arbres à cames en tête (courroie crantée); culasse et bloc-cyl. en alliage léger; vilebrequin à 5 paliers; radiat. d'huile; huile 4 L; injection électronique, Bendix-Siemens. Batterie 50 Ah, alternateur 70 A; refroidissement à eau, capac. 7.3 L.

Transmission: Boîte à 5 vit.: I. 3.36; II. 1.86; III. 1.32; IV. 1.03; V. 0.82; AR 3.55; pont 4.06.

Train roulant: quatre freins à disques (AV ventilés), ⌀ disques AV 26.2 cm, AR 23.8 cm, ABS, pneus 195/50 VR 16, jantes 6.5 J.

Dimensions: voie 143/140 cm.

Performances: Vmax (usine) 215 km/h, V à 1000/min en 5. vit. 32.7 km/h; 0–100 km/h 8.6 s; km arrêté 29.2 s; rapp. poids/puiss. 10.1 kg/kW (7.3 kg/ch); consomm. ECE 6.4/8.1/10.5 L/100 km.
Cabr.: 0–100 km/h 8.7 s; consomm. EU 12.7/7.3 L/100 km.

Renault Mégane

2.0 – 114 PS Benzineinspritzung

Wie 1.6 – 90 PS, ausgenommen:

Karosserie, Gewicht: Coupé; leer ab 1045 kg, max. zul. 1540 kg.

Motor: (ECE), 4 Zyl. in Linie (82.7×93 mm), 1998 cm³; Kompr. 9.7:1; 84 kW (114 PS) bei 5400/min, 42 kW/L (57.2 PS/L); 168 Nm (17.1 mkp) bei 4250/min; 95 ROZ.

2.0 – 114 ch Injection d'essence

Comme 1.6 – 90 ch, sauf:

Carrosserie, poids: Coupé; vide dès 1045 kg, tot. adm. 1540 kg.

Moteur: (ECE), 4 cyl. en ligne (82.7×93 mm), 1998 cm³; compr. 9.7:1; 84 kW (114 ch) à 5400/min, 42 kW/L (57.2 ch/L); 168 Nm (17.1 mkp) à 4250/min; 95 (R).

Renault Laguna

Mittelklasse-Limousine mit Quermotor, Frontantrieb und Heckklappe. Debüt Dezember 1993. Sommer 1995: Break Nevada und neuer 2-Liter-16V-Motor mit 139 PS. Frühjahr 1997 neuer V6/190 PS; unvollständige Daten.

Berline de la classe moyenne avec moteur transv., traction avant et hayon arrière. Lancement décembre 1993. Eté 1995: Break Nevada et moteur 16V de 2 litres et 139 ch. Printemps 1997 nouveau moteur V6/190 ch; données incomplet.

Renault

1.8 – 94 PS Benzineinspritzung

Karosserie, Gewicht: Limousine, 5 Türen, 5 Sitze; leer 1225 kg, max. zul. 1765 kg. *Break:* 5 Türen, 5 Sitze; leer ab 1290 kg, max. zul. 1910 kg.

Motor: (ECE), 4 Zyl. in Linie (82.7×83 mm), 1783 cm^3; Kompr. 9.7:1; 69 kW (94 PS) bei 5250/min, 38.7 kW/L (52.6 PS/L); 148 Nm (15.1 mkp) bei 3000/min; 95 ROZ.

Motorkonstruktion: 2 Ventile parallel; 1 obenl. Nockenwelle (Zahnriemen); Leichtmetall-Zylinderkopf; 5fach gelagerte Kurbelwelle; Öl 4.25 L; elektron. Einspritzung. Batterie 40 Ah, Altern. 70 A; Wasser. 6.6 L.

Kraftübertragung: (auf Vorderräder). 5-Gang-Getr.: I. 3.73; II. 2.05; III. 1.32; IV. 0.97; V. 0.79; R 3.55; A. 3.87, Break 3.73.

Fahrgestell: Selbsttragende Karosserie; vorn Federbeine und Dreieckquerlenker; hinten Längslenker, Torsionsstab, Teleskopdämpfer; v/h Kurvenstabilisator.

Fahrwerk: Bremse, vorne Scheiben (belüftet), hinten Trommeln, Scheiben-⌀ v. 26.2 cm, H. 26.5 cm, a.W. ABS (mit Scheiben h.), Bosch; Handbremse auf Hinterräder; Zahnstangenl. mit Servo, Treibstofftank 66 L; Reifen 185/65 R 14, Felgen 5.5 J.

Dimensionen: Radstand 267 cm, Spur 148/147 cm, Bodenfreih. 12 cm, Wendekreis 11.5 m, Kofferr. 450/1335 dm^3, Länge 451 cm, Breite 175 cm, Höhe 143 cm. *Break:* Kofferraum 520/1780 dm^3, Länge 462 cm, Höhe 145 cm.

Fahrleistungen: Vmax (Werk) 180 km/h, V bei 1000/min im 5. Gang 34.2 km/h; 0–100 km/h 13.5 s; steh. km 34.6 s; Leistungsgew. 17.5 kg/kW (12.9 kg/PS); Verbrauch EU 12/7.7/6.9 L/100 km. *Break:* Vmax 175 km/h, 0–100 km/h 13.7 s; steh. km 35 s; Verbrauch EU 12.2/7.1 L/100 km.

1.8 – 94 ch Injection d'essence

Carrosserie, poids: Berline, 5 portes, 5 places; vide 1225 kg, tot. adm. 1765 kg. *Break:* 5 portes, 5 places; vide dès 1290 kg, tot. adm. 1910 kg.

Moteur: (ECE), 4 cyl. en ligne (82.7×83 mm), 1783 cm^3; compr. 9.7:1; 69 kW (94 ch) à 5250/min, 38.7 kW/L (52.6 ch/L); 148 Nm (15.1 mkp) à 3000/min; 95 (R).

Moteur (constr.): 2 soup. en parallèle; 1 arbre à cames en tête (courroie crantée); culasse en alliage léger; vilebrequin à 5 paliers; huile 4.25 L; injection électronique. Batterie 40 Ah, altern. 70 A; eau 6.6 L.

Transmission: (sur roues AV). Boîte à 5 vit.: I. 3.73; II. 2.05; III. 1.32; IV. 0.97; V. 0.79; AR 3.55; p. 3.87, Break 3.73.

Châssis: carrosserie autoporteuse; AV jambes élast. et leviers triang. transv.; AR bras longitud., barre de torsion, amortiss. télescop.; AV/AR barre anti-dévers.

Train roulant: frein, AV à disques (ventilés), AR à tambours, ⌀ disques AV 26.2 cm, AR 26.5 cm, s.d. ABS (avec disques AR), Bosch; frein à main sur roues AR; servodirection à crémaillère, réservoir carb. 66 L; pneus 185/65 R 14, jantes 5.5 J.

Dimensions: empattement 267 cm, voie 148/147 cm, garde au sol 12 cm, diam. de braq. 11.5 m, coffre 450/1335 dm^3, long. 451 cm, largeur 175 cm, haut. 143 cm. *Break:* coffre 520/1780 dm^3, longueur 462 cm, hauteur 145 cm.

Performances: Vmax (usine) 180 km/h, V à 1000/min en 5. vit. 34.2 km/h; 0–100 km/h 13.5 s; km arrêté 34.6 s; rapp. poids/puiss. 17.5 kg/kW (12.9 kg/ch); consomm. EU 12/7.7/6.9 L/100 km. *Break:* Vmax 175 km/h, 0–100 km/h 13.7 s; km arrêté 35 s; consomm. EU 12.2/7.1 L/100 km.

Renault Laguna

Fahrwerk: *Break:* Reifen 195/65 R 14, Felgen 6 J.

Fahrleistungen: Vmax (Werk) 200 km/h, V bei 1000/min im 5. Gang 35.5 km/h; 0–100 km/h 10.6 s; steh. km 31.9 s; Leistungsgew. 14.7 kg/kW (10.8 kg/PS); Verbrauch ECE 6.2/7.9/10.7 L/100 km. *Break:* Vmax 190 km/h, 0–100 km/h 11.4 s; steh. km 32.7 s. *Aut.:* Vmax 190 km/h, 0–100 km/h 11.6 s; steh. km 32.9 s; Verbrauch EU 6.3/11.5 L/100 km.

Train roulant: *Break:* pneus 195/65 R 14, jantes 6 J.

Performances: Vmax (usine) 200 km/h, V à 1000/min en 5. vit. 35.5 km/h; 0–100 km/h 10.6 s; km arrêté 31.9 s; rapp. poids/puiss. 14.7 kg/kW (10.8 kg/ch); consomm. ECE 6.2/7.9/10.7 L/100 km. *Break:* Vmax 190 km/h, 0–100 km/h 11.4 s; km arrêté 32.7 s. *Aut.:* Vmax 190 km/h, 0–100 km/h 11.6 s; km arrêté 32.9 s; consomm. EU 6.3/11.5 L/100 km.

1.9 16V – 139 PS Benzineinspritzung

Wie 1.8 – 94 PS, ausgenommen:

Karosserie, Gewicht: Limousine; leer ab 1285 kg, max. zul. 1890 kg. *Break:* leer ab 1355 kg, max. zul. 2075 kg.

Motor: (ECE), 4 Zyl. in Linie (83×90 mm), 1948 cm^3; Kompr. 10.5:1; 102 kW (139 PS) bei 6000/min, 52.4 kW/L (71.2 PS/L); 182 Nm (18.6 mkp) bei 4500/min; 95 ROZ.

Motorkonstruktion: Bezeichnung N7Q; 4 Ventile in V 58°; 2 obenl. Nockenwellen (Zahnriemen); Leichtmetall-Zylinderkopf und -block; 5fach gelagerte Kurbelwelle; Öl 5 L; elektron. Einspritzung, Bosch LH-Jetronic, 3.2. Batterie 60 Ah, Alternator 80 A; Wasserkühlung, Inh. 7.2 L.

Kraftübertragung: 5-Gang-Getriebe: I. 3.37; II. 1.86; III. 1.39; IV. 1.01; V. 0.89; R 3.55; Achse 4.06. *Break:* 5-Gang-Getriebe: I. 3.73; II. 2.05; III. 1.32; IV. 0.97; V. 0.79; R 3.55; Achse 4.06.

Fahrwerk: Vierrad-Scheibenbremse (vorn belüftet), Scheiben-⌀ v. 28 cm, ABS, Reifen 195/60 R 15, Felgen 6.5 J.

Fahrleistungen: Vmax (Werk) 205 km/h, V bei 1000/min im 5. Gang 31 km/h; 0–100 km/h 9.8 s; steh. km 30.7 s; Leistungsgew. 13.7 kg/kW (10 kg/PS); Verbrauch ECE 6.7/8.4/10.5 L/100 km. *Break:* Vmax 198 km/h, 0–100 km/h 9.9 s; steh. km 31 s; Verbrauch ECE 6.9/8.9/10.7 L/100 km.

1.9 16V – 139 ch Injection d'essence

Comme 1.8 – 94 ch, sauf:

Carrosserie, poids: Berline; vide dès 1285 kg, tot. adm. 1890 kg. *Break:* vide dès 1355 kg, tot. adm. 2075 kg.

Moteur: (ECE), 4 cyl. en ligne (83×90 mm), 1948 cm^3; compr. 10.5:1; 102 kW (139 ch) à 6000/min, 52.4 kW/L (71.2 ch/L); 182 Nm (18.6 mkp) à 4500/min; 95 (R).

Moteur (constr.): désignation N7Q; 4 soupapes en V 58°; 2 arbres à cames en tête (courroie crantée); culasse et bloc-cyl. en alliage léger; vilebrequin à 5 paliers; huile 5 L; injection électronique, Bosch LH-Jetronic, 3.2. Batterie 60 Ah, alternateur 80 A; refroidissement à eau, capac. 7.2 L.

Transmission: Boîte à 5 vit.: I. 3.37; II. 1.86; III. 1.39; IV. 1.01; V. 0.89; AR 3.55; pont 4.06. *Break:* boîte à 5 vit.: I. 3.73; II. 2.05; III. 1.32; IV. 0.97; V. 0.79; AR 3.55; pont 4.06.

Train roulant: quatre freins à disques (AV ventilés), ⌀ disques AV 28 cm, ABS, pneus 195/60 R 15, jantes 6.5 J.

Performances: Vmax (usine) 205 km/h, V à 1000/min en 5. vit. 31 km/h; 0–100 km/h 9.8 s; km arrêté 30.7 s; rapp. poids/puiss. 13.7 kg/kW (10 kg/ch); consomm. ECE 6.7/8.4/10.5 L/100 km. *Break:* Vmax 198 km/h, 0–100 km/h 9.9 s; km arrêté 31 s; consomm. ECE 6.9/8.9/10.7 L/100 km.

Renault Laguna

2.0 – 114 PS Benzineinspritzung

Wie 1.8 – 94 PS, ausgenommen:

Karosserie, Gewicht: Limousine; leer 1245 kg, max. zul. 1800 kg. *Break:* leer ab 1315 kg, max. zul. 2060 kg.

Motor: (ECE), 4 Zyl. in Linie (82.7×93 mm), 1998 cm^3; Kompr. 9.8:1; 84 kW (114 PS) bei 5400/min, 42 kW/L (57.2 PS/L); 168 Nm (17.1 mkp) bei 4250/min; 95 ROZ.

Motorkonstruktion: Bezeichnung F3R; 2 Ventile in V; 1 obenl. Nockenwelle (Zahnriemen); Leichtmetall-Zylinderkopf und -block; 5fach gelagerte Kurbelwelle; Öl 6.5 L; elektron. Einspritzung, Bendix. Batterie 50 Ah, Alternator 60 A; Wasserkühlung, Inh. 7.1 L.

Kraftübertragung: 5-Gang-Getriebe: I. 3.73; II. 2.05; III. 1.32; IV. 0.97; V. 0.79; R 3.64; Achse 3.87. 4-Stufen-Automat: I. 2.71; II. 1.55; III. 1; IV. 0.68; R 2.11; Achse 3.42.

2.0 – 114 ch Injection d'essence

Comme 1.8 – 94 ch, sauf:

Carrosserie, poids: Berline; vide 1245 kg, tot. adm. 1800 kg. *Break:* vide dès 1315 kg, tot. adm. 2060 kg.

Moteur: (ECE), 4 cyl. en ligne (82.7×93 mm), 1998 cm^3; compr. 9.8:1; 84 kW (114 ch) à 5400/min, 42 kW/L (57.2 ch/L); 168 Nm (17.1 mkp) à 4250/min; 95 (R).

Moteur (constr.): désignation F3R; 2 soupapes en V; 1 arbre à cames en tête (courroie crantée); culasse et bloc-cyl. en alliage léger; vilebrequin à 5 paliers; huile 6.5 L; injection électronique, Bendix. Batterie 50 Ah, alternateur 60 A; refroidissement à eau, capac. 7.1 L.

Transmission: Boîte à 5 vit.: I. 3.73; II. 2.05; III. 1.32; IV. 0.97; V. 0.79; AR 3.64; pont 3.87. Boîte aut. à 4 vit.: I. 2.71; II. 1.55; III. 1; IV. 0.68; AR 2.11; pont 3.42.

Renault Laguna

WILLIAMS RENAULT ELF
FORMULA ONE WORLD CHAMPION 1996

ELF WORLD CHAMPION - 69 - 71 - 73 - 92 - 93 - 94 - 95 - 96

elf

« *Tout Elf est pour vous* »

Elf Oil (Switzerland) SA, World Trade Center bis
Route de l'Aéroport · 1215 Genève 15 Aéroport
Tél. (022) 788 82 59-31 · Fax (022) 788 81 77

Renault

Renault Laguna

3.0 V6 – 167 PS Benzineinspritzung

Wie 1.8 – 94 PS, ausgenommen:

Karosserie, Gewicht: Limousine; leer ab 1375 kg, max. zul. 1965 kg.
Break: leer ab 1450 kg, max. zul. 1975 kg.

Motor: (ECE), 6 Zyl. in V 90° (93×72.7 mm), 2963 cm³; Kompr. 9.6:1; 123 kW (167 PS) bei 5500/min, 41.5 kW/L (56.4 PS/L); 235 Nm (24 mkp) bei 4500/min; 95 ROZ.

Motorkonstruktion: Bezeichnung Z7X; 2×1 obenl. Nockenwelle (Kette); Leichtmetall-Zylinderköpfe und -block; 4fach gelagerte Kurbelwelle; Öl 6.5 L; elektron. Einspritzung.
Batterie 60 Ah, Alternator 80 A; Wasserkühlung, Inh. 10 L.

Kraftübertragung:
5-Gang-Getriebe: I. 3.91; II. 2.21; III. 1.48; IV. 1.1; V. 0.9; R 3.64; Achse 3.44.
4-Stufen-Automat: I. 2.71; II. 1.55; III. 1; IV. 0.68; R 2.11; Achse 3.48.

Fahrwerk: Vierrad-Scheibenbremse (vorn belüftet), Scheiben-⌀ v. 28 cm, ABS, Reifen 205/60 VR 15, Felgen 6.5 J.

Fahrleistungen: Vmax (Werk) 220 km/h, V bei 1000/min im 5. Gang 37.3 km/h; 0–100 km/h 8.6 s; steh. km 29.3 s; Leistungsgew. 11 kg/kW (8.1 kg/PS); Verbrauch ECE 8/9.9/15.3 L/100 km.
Break: Vmax 210 km/h; 0–100 km/h 10 s; Verbrauch ECE 8.2/10.6/17.1 L/100 km.
Aut.: Vmax 212 km/h, 0–100 km/h 9.2 s; steh. km 30.2 s; Verbrauch ECE 10/17.1 L/100 km.

2.9 V6 24V – 190 PS Benzineinspritzung

Wie 1.8 – 94 PS, ausgenommen:

Karosserie, Gewicht: Limousine; leer ab 1375 kg, max. zul. 1965 kg.

Motor: (ECE), 6 Zyl. in V 60° (87×82.6 mm), 2946 cm³; Kompr. 10.5:1; 140 kW (190 PS) bei 5500/min, 47.5 kW/L (64.6 PS/L); 267 Nm (27.2 mkp) bei 4000/min; 95 ROZ.

Motorkonstruktion: Bezeichnung B 56; 4 Ventile in V; 2×2 obenl. Nockenwellen (Zahnriemen); Leichtmetall-Zylinderköpfe und -block; 4fach gelagerte Kurbelwelle; Öl 5.5 L; elektron. Einspr., Bosch, MP 7.0.
Batterie 300 A, Alternator 1200 W; Wasserkühlung, Inh. 7.8 L.

Kraftübertragung:
5-Gang-Getriebe: I. 3.91; II. 2.21; III. 1.48; IV. 1.1; V. 0.89; R 3.64; Achse 3.44.

Fahrwerk: Vierrad-Scheibenbremse (vorn belüftet), Scheiben-⌀ v. 28 cm, ABS, Reifen 205/60 VR 15, Felgen 6.5 J.

Fahrleistungen: Vmax (Red.) 235 km/h, V bei 1000/min im 5. Gang 37.5 km/h; 0–100 km/h 8 s; Leistungsgew. 9.8 kg/kW (7.2 kg/PS).

3.0 V6 – 167 ch Injection d'essence

Comme 1.8 – 94 ch, sauf:

Carrosserie, poids: Berline; vide dès 1375 kg, tot. adm. 1965 kg.
Break: vide dès 1450 kg, tot. adm. 1975 kg.

Moteur: (ECE), 6 cyl. en V 90° (93×72.7 mm), 2963 cm³; compr. 9.6:1; 123 kW (167 ch) à 5500/min, 41.5 kW/L (56.4 ch/L); 235 Nm (24 mkp) à 4500/min; 95 (R).

Moteur (constr.): désignation Z7X; 2×1 arbre à cames en tête (chaîne); culasses et bloc-cyl. en alliage léger; vilebrequin à 4 paliers; huile 6.5 L; injection électronique.
Batterie 60 Ah, alternateur 80 A; refroidissement à eau, capac. 10 L.

Transmission:
Boîte à 5 vit.: I. 3.91; II. 2.21; III. 1.48; IV. 1.1; V. 0.9; AR 3.64; pont 3.44.
boîte aut. à 4 vit.: I. 2.71; II. 1.55; III. 1; IV. 0.68; AR 2.11; pont 3.48.

Train roulant: quatre freins à disques (AV ventilés), ⌀ disques v. 28 cm, ABS, pneus 205/60 VR 15, jantes 6.5 J.

Performances: Vmax (usine) 220 km/h, V à 1000/min en 5. vit. 37.3 km/h; 0–100 km/h 8.6 s; km arrêté 29.3 s; rapp. poids/puiss. 11 kg/kW (8.1 kg/ch); consomm. ECE 8/9.9/15.3 L/100 km.
Break: Vmax 210 km/h; 0–100 km/h 10 s; consomm. ECE 8.2/10.6/17.1 L/100 km.
Aut.: Vmax 212 km/h, 0–100 km/h 9.2 s; km arrêté 30.2 s; consomm. ECE 10/17.1 L/100 km.

2.9 V6 24V – 190 ch Injection d'essence

Comme 1.8 – 94 ch, sauf:

Carrosserie, poids: Berline; vide dès 1375 kg, tot. adm. 1965 kg.

Moteur: (ECE), 6 cyl. en V 60° (87×82.6 mm), 2946 cm³; compression 10.5:1; 140 kW (190 ch) à 5500/min, 47.5 kW/L (64.6 ch/L); 267 Nm (27.2 mkp) à 4000/min; 95 (R).

Moteur (constr.): désignation B 56; 4 soupapes en V; 2×2 arbres à cames en tête (courroie crantée); culasses et bloc-cyl. en alliage léger; vilebrequin à 4 paliers; huile 5.5 L; inj. électronique, Bosch, MP 7.0.
Batterie 300 A, alternateur 1200 W; refroidissement à eau, capac. 7.8 L.

Transmission:
Boîte à 5 vit.: I. 3.91; II. 2.21; III. 1.48; IV. 1.1; V. 0.89; AR 3.64; pont 3.44.

Train roulant: quatre freins à disques (AV ventilés), ⌀ disques v. 28 cm, ABS, pneus 205/60 VR 15, jantes 6.5 J.

Performances: Vmax (réd.) 235 km/h, V à 1000/min en 5. vit. 37.5 km/h; 0–100 km/h 8 s; rapp. poids/puiss. 9.8 kg/kW (7.2 kg/ch).

2.2 12V – 83 PS Diesel

Wie 1.8 – 94 PS, ausgenommen:

Karosserie, Gewicht: Limousine; leer ab 1335 kg, max. zul. 1925 kg.
Break: leer ab 1410 kg, max. zul. 2105 kg.

Motor: (ECE), 4 Zyl. in Linie (87×92 mm), 2188 cm³; Kompr. 23:1; 61 kW (83 PS) bei 4500/min, 27.9 kW/L (37.9 PS/L); 142 Nm (14.5 mkp) bei 2250/min; Dieselöl.

Motorkonstruktion: Bezeichnung G8T; Vorkammer-Diesel; 3 Ventile parallel; 1 obenl. Nockenwelle (Zahnriemen); Leichtmetall-Zylinderkopf; 5fach gelagerte Kurbelwelle; Öl 6 L; Einspritzpumpe.
Batterie 65 Ah, Alternator 80 A; Wasserkühlung, Inh. 7.2 L.

Kraftübertragung:
5-Gang-Getriebe: I. 3.73; II. 2.05; III. 1.32; IV. 0.97; V. 0.79; R 3.64; Achse 3.73.

Break: Reifen 195/65 R 15, Felgen 6.5 J.

Fahrleistungen: Vmax (Red.) 175 km/h, V bei 1000/min im 5. Gang 38.6 km/h; 0–100 km/h 15.3 s; steh. km 36.5 s; Leistungsgew. 21.4 kg/kW (15.7 kg/PS); Verbrauch ECE 4.9/6.7/8.2 L/100 km.
Break: Vmax 170 km/h, 0–100 km/h 16 s; steh. km 37.1 s; Verbrauch ECE 5.1/7/8.3 L/100 km.

2.2 12V – 113 PS Turbodiesel

Wie 1.8 – 94 PS, ausgenommen:

Karosserie, Gewicht: Limousine; leer ab 1405 kg, max. zul. 1990 kg.
Break, leer ab 1475 kg, max. zul. 2200 kg.

Motor: (ECE), 4 Zyl. in Linie (87×92 mm), 2188 cm³; Kompr. 22:1; 83 kW (113 PS) bei 4300/min, 37.9 kW/L (51.6 PS/L); 234 Nm (23.9 mkp) bei 2000/min; Dieselöl.

Motorkonstruktion: Bezeichnung G8T 760; 3 Ventile parallel; 1 obenl. Nockenwelle (Zahnriemen); Leichtmetall-Zylinderkopf; 5fach gelagerte Kurbelwelle; Ölkühler; Öl 6 L; Einspritzpumpe, 1 Turbolader, Intercooler.
Batterie 65 Ah, Alternator 80 A; Wasserkühlung, Inh. 7.2 L.

Kraftübertragung:
5-Gang-Getriebe: I. 3.91; II. 2.21; III. 1.39; IV. 0.98; V. 0.76; R 3.64; Achse 3.74.

Fahrwerk: Vierrad-Scheibenbremse (vorn belüftet), Scheiben-⌀ v. 28 cm, a.W. ABS, Reifen 195/65 R 15, Felgen 6.5 J.

Fahrleistungen: Vmax (Werk) 195 km/h, V bei 1000/min im 5. Gang 43.2 km/h; 0–100 km/h 11.8 s; steh. km 33.4 s; Leistungsgew. 16.9 kg/kW (12.4 kg/PS); Verbrauch EU 9.8/5.7 L/100 km.
Break: Vmax 185 km/h, 0–100 km/h 12.6 s; steh. km 34.2 s; Verbrauch EU 9.9/5.9 L/100 km.

2.2 12V – 83 ch Diesel

Comme 1.8 – 94 ch, sauf:

Carrosserie, poids: Berline; vide dès 1335 kg, tot. adm. 1925 kg.
Break: vide dès 1410 kg, tot. adm. 2105 kg.

Moteur: (ECE), 4 cyl. en ligne (87×92 mm), 2188 cm³; compr. 23:1; 61 kW (83 ch) à 4500/min, 27.9 kW/L (37.9 ch/L); 142 Nm (14.5 mkp) à 2250/min; gazole.

Moteur (constr.): désignation G8T; diesel à préchambre; 3 soup. en parallèle; 1 arbre à cames en tête (courroie crantée); culasse en alliage léger; vilebrequin à 5 paliers; huile 6 L; pompe à injection.
Batterie 65 Ah, alternateur 80 A; refroidissement à eau, capac. 7.2 L.

Transmission:
Boîte à 5 vit.: I. 3.73; II. 2.05; III. 1.32; IV. 0.97; V. 0.79; AR 3.64; pont 3.73.

Break: pneus 195/65 R 15, jantes 6.5 J.

Performances: Vmax (réd.) 175 km/h, V à 1000/min en 5. vit. 38.6 km/h; 0–100 km/h 15.3 s; km arrêté 36.5 s; rapp. poids/puiss. 21.4 kg/kW (15.7 kg/ch); consomm. ECE 4.9/6.7/8.2 L/100 km.
Break: Vmax 170 km/h, 0–100 km/h 16 s; km arrêté 37.1 s; consomm. ECE 5.1/7/8.3 L/100 km.

2.2 12V – 113 ch Turbodiesel

Comme 1.8 – 94 ch, sauf:

Carrosserie, poids: Berline; vide dès 1405 kg, tot. adm. 1990 kg.
Break, vide dès 1475 kg, tot. adm. 2200 kg.

Moteur: (ECE), 4 cyl. en ligne (87×92 mm), 2188 cm³; compr. 22:1; 83 kW (113 ch) à 4300/min, 37.9 kW/L (51.6 ch/L); 234 Nm (23.9 mkp) à 2000/min; gazole.

Moteur (constr.): désignation G8T 760; 3 soup. en parallèle; 1 arbre à cames en tête (courroie crantée); culasse en alliage léger; vilebrequin à 5 paliers; radiat. d'huile; huile 6 L; pompe à injection, 1 turbocompr., Intercooler.
Batterie 65 Ah, alternateur 80 A; refroidissement à eau, capac. 7.2 L.

Transmission:
Boîte à 5 vit.: I. 3.91; II. 2.21; III. 1.39; IV. 0.98; V. 0.76; AR 3.64; pont 3.74.

Train roulant: quatre freins à disques (AV ventilés), ⌀ disques AV 28 cm, ABS s. d., pneus 195/65 R 15, jantes 6.5 J.

Performances: Vmax (usine) 195 km/h, V à 1000/min en 5. vit. 43.2 km/h; 0–100 km/h 11.8 s; km arrêté 33.4 s; rapp. poids/puiss. 16.9 kg/kW (12.4 kg/ch); consomm. EU 9.8/5.7 L/100 km.
Break: Vmax 185 km/h, 0–100 km/h 12.6 s; km arrêté 34.2 s; consomm. EU 9.9/5.9 L/100 km.

Renault Laguna

Renault

Renault Safrane

Geräumige Limousine mit Frontantrieb und Heckklappe, Vierzylinder- und V6-Motoren, Diesel und Turbodiesel. Debüt Salon Genf 1992. November 1993: Hochleistungsversion Biturbo mit 268 PS und Allradantrieb. September 1996: Restyling und neue Motoren.

Berline spacieuse à traction avant ou integrale, hayon arrière, moteurs quatre cylindres et V6, aussi diesel et turbodiesel. Lancement mars 1992. Novembre 1993: Version Biturbo avec 268 ch et traction intégrale. Septembre 1996: restyling et nouveaux moteurs.

1.9 16V – 136 PS Benzineinspritzung

Karosserie, Gewicht: Limousine, 5 Türen, 5 Sitze; leer ab 1450 kg, max. zul. 2025 kg. *Aut.:* leer ab 1490 kg, max. zul. 2065 kg.

Motor: (ECE), 4 Zyl. in Linie (83×90 mm), 1948 cm³; Kompr. 10.5:1; 100 kW (136 PS) bei 6000/min, 51.3 kW/L (69.8 PS/L); 182 Nm (18.6 mkp) bei 4500/min; 95 ROZ.

Motorkonstruktion: Bezeichnung N7Q; 4 Ventile in V; 2 obenl. Nockenwellen (Zahnriemen); Leichtmetall-Zylinderkopf und -block; 5fach gelagerte Kurbelwelle; Öl 6.5 L; elektron. Einspritzung.
Batterie 60 Ah, Alternator 80 A; Wasserkühlung, Inh. 5 L.

Kraftübertragung: (auf Vorderräder).
5-Gang-Getriebe: I. 3.07; II. 1.77; III. 1.19; IV. 0.87; V. 0.7; R 3.5; Achse 4.73.
4-Stufen-Automat: I. 3.67; II. 2.09; III. 1.39; IV. 1; R 3.5; Achse 3.15.

1.9 16V – 136 ch Injection d'essence

Carrosserie, poids: Berline, 5 portes, 5 pl.; vide dès 1450 kg, tot. adm. 2025 kg. *Aut.:* vide dès 1490 kg, tot. adm. 2065 kg.

Moteur: (ECE), 4 cyl. en ligne (83×90 mm), 1948 cm³; compr. 10.5:1; 100 kW (136 ch) à 6000/min, 51.3 kW/L (69.8 ch/L); 182 Nm (18.6 mkp) à 4500/min; 95 (R).

Moteur (constr.): désignation N7Q; 4 soupapes en V; 2 arbres à cames en tête (courroie crantée); culasse et bloc-cyl. en alliage léger; vilebrequin à 5 paliers; huile 6.5 L; injection électronique.
Batterie 60 Ah, alternateur 80 A; refroidissement à eau, capac. 5 L.

Transmission: (sur roues AV).
Boîte à 5 vit.: I. 3.07; II. 1.77; III. 1.19; IV. 0.87; V. 0.7; AR 3.5; pont 4.73.
Boîte aut. à 4 vit.: I. 3.67; II. 2.09; III. 1.39; IV. 1; AR 3.5; pont 3.15.

Fahrgestell: Selbsttragende Karosserie; vorn Federbeine und Dreieckquerlenker; hinten Querlenker, Schubstrebe, Schraubenfedern und koaxiale Dämpfer; v/h Kurvenstabilisator; v/h a.W. elektron. Dämpferregulierung.

Fahrwerk: Vierrad-Scheibenbremse (vorn belüftet), Scheiben-Ø v. 26.2 cm, h. 26.5 cm, ABS, Bosch; Handbremse auf Hinterräder; Zahnstangenl. mit Servo, Treibstofftank 80 L; Reifen 195/65 R 15, Felgen 6.5 J.

Dimensionen: Radst. 277 cm, Spur 153/149 cm, Bodenfreih. 12 cm, Wendekreis 11.4 m, Kofferraum 455/1360 dm³, Länge 477 cm, Breite 182 cm, Höhe 144 cm.

Fahrleistungen: Vmax (Werk) 207 km/h, V bei 1000/min im 5. Gang 34.9 km/h; 0–100 km/h 10.5 s; steh. km 31.9 s; Leistungsgew. 14.5 kg/kW (10.7 PS/kg); Verbrauch EU 12.7/7.1 L/100 km.
Aut.: Vmax 200 km/h, 0–100 km/h 12.6 s; steh. km 33.9 s; Verbrauch EU 13.8/7.5 L/100 km.

Châssis: carrosserie autoporteuse; AV jambes élast. et leviers triang. transv.; AR leviers transv., barre de poussée, ressorts hélicoïdaux et amortisseurs coaxiaux; AV/AR barre anti-dévers; AV/AR s.d. amortiis. à réglage électron.

Train roulant: quatre freins à disques (AV ventilés), Ø disques AV 26.2 et 26.5 cm, ABS, Bosch; frein à main sur roues AR; servodirection à crémaillère, réservoir carb. 80 L; pneus 195/65 R 15, jantes 6.5 J.

Dimensions: empatt. 277 cm, voie 153/149 cm, garde au sol 12 cm, diam. de braq. 11.4 m, coffre 455/1360 dm³, longueur 477 cm, largeur 182 cm, hauteur 144 cm.

Performances: Vmax (usine) 207 km/h, V à 1000/min en 5. vit. 34.9 km/h; 0–100 km/h 10.5 s; km arrêté 31.9 s; rapp. poids/puiss. 14.5 kg/kW (10.7 kg/ch); consomm. EU 12.7/7.1 L/100 km.
Aut.: Vmax 200 km/h, 0–100 km/h 12.6 s; km arrêté 33.9 s; consomm. EU13.8/7.5 L/100 km.

2.4 20V – 165 PS Benzineinspritzung

Wie 1.9 – 136 PS, ausgenommen:

Karosserie, Gewicht: Limousine; leer ab 1495 kg, max. zul. 2080 kg.

Motor: (ECE), 5 Zyl. in Linie (83×90 mm), 2435 cm³; Kompr. 10.5:1; 121 kW (165 PS) bei 6000/min, 49.7 kW/L (67.5 PS/L); 211 Nm (21.5 mkp) bei 4600/min; 95 ROZ.

2.4 20V – 165 ch Injection d'essence

Comme 1.9 – 136 ch, sauf:

Carrosserie, poids: Berline; vide dès 1495 kg, tot. adm. 2080 kg.

Moteur: (ECE), 5 cyl. en ligne (83×90 mm), 2435 cm³; compr. 10.5:1; 121 kW (165 ch) à 6000/min, 49.7 kW/L (67.5 ch/L); 211 Nm (21.5 mkp) à 4600/min; 95 (R).

Motorkonstruktion: Bezeichnung N7U; 4 Ventile in V 58°; Ventile in V; 2 obenl. Nockenwellen (Zahnriemen); Leichtmetall-Zylinderkopf und -block; 6fach gelagerte Kurbelwelle; Öl 7 L; elektron. Einspritzung, Bosch Motronic.

Kraftübertragung:
5-Gang-Getriebe: I. 3.07; II. 1.77; III. 1.19; IV. 0.87; V. 0.7; R 3.64; Achse 4.73.
4-Stufen-Automat: I. 3.67; II. 2.09; III. 1.39; IV. 1; R 3.5; Achse 3.04.

Fahrwerk: Scheiben-Ø v. 28 cm, h. 26.5 cm, Reifen 195/65 R 15.
Aut.: Scheiben-Ø h. 28 cm.

Fahrleistungen: Vmax (Werk) 220 km/h, V bei 1000/min im 5. Gang 34.9 km/h; 0–100 km/h 9.1 s; steh. km 30.2 s; Leistungsgew. 12.4 kg/kW (9.1 kg/PS); Verbrauch EU 14.8/7.6 L/100 km.
Aut.: Vmax 215 km/h, 0–100 km/h 10.2 s; steh. km 31.3 s; Verbrauch EU 15.3/8.2 L/100 km.

Moteur (constr.): désignation N7U; 4 soupapes en V 58°; soupapes en V; 2 arbres à cames en tête (courroie crantée); culasse et bloc-cyl. en alliage léger; vilebrequin à 6 paliers; huile 7 L; injection électronique, Bosch Motronic.

Transmission:
Boîte à 5 vit.: I. 3.07; II. 1.77; III. 1.19; IV. 0.87; V. 0.7; AR 3.64; pont 4.73.
Boîte aut. à 4 vit.: I. 3.67; II. 2.09; III. 1.39; IV. 1; AR 3.5; pont 3.04.

Train roulant: Ø disques AV 28 cm, AR 26.5 cm, pneus 195/65 R 15.
Aut.: Ø disques AR 28 cm.

Performances: Vmax (usine) 220 km/h, V à 1000/min en 5. vit. 34.9 km/h; 0–100 km/h 9.1 s; km arrêté 30.2 s; rapp. poids/puiss. 12.4 kg/kW (9.1 kg/ch); consomm. EU 14.8/7.6 L/100 km.
Aut.: Vmax 215 km/h, 0–100 km/h 10.2 s; km arrêté 31.3 s; consomm. EU 15.3/8.2 L/100 km.

3.0 V6 – 167 PS Benzineinspritzung

Wie 1.9 – 136 PS, ausgenommen:

Karosserie, Gewicht: Limousine; leer ab 1600 kg, max. zul. 2145 kg.

Motor: (ECE), 6 Zyl. in V 90° (93×72.7 mm), 2963 cm³; Kompr. 9.6:1; 123 kW (167 PS) bei 5500/min, 41.5 kW/L (56.4 PS/L); 235 Nm (24 mkp) bei 4500/min; 95 ROZ.

Motorkonstruktion: Bez. Z7X; 2×1 obenl. Nockenwelle (Kette); Leichtmetall-Zylinderköpfe und -block; 4fach gelagerte Kurbelwelle; Öl 6.5 L; elektron. Einspritzung.
Batterie 60 Ah, Alternator 80 A; Wasserkühlung, Inh. 10 L.

Kraftübertragung:
4-Stufen-Automat: I. 2.71; II. 1.55; III. 1; IV. 0.68; R 2.11; Achse 4.08.

Fahrwerk: Vierrad-Scheibenbremse (vorn belüftet), Scheiben-Ø v. 28 cm, h. 26.5 cm, ABS, Zahnstangenlenkung mit Servo, Reifen 205/55 R 16, Felgen 7 J.

Fahrleistungen: Vmax (Werk) 210 km/h, V bei 1000/min im 4. Gang 41.6 km/h; 0–100 km/h 10.2 s; steh. km 31 s; Leistungsgew. 13 kg/kW (9.6 kg/PS); Verbrauch EU 20.8/9.4 L/100 km.

3.0 V6 – 167 ch Injection d'essence

Comme 1.9 – 136 ch, sauf:

Carrosserie, poids: Berline; vide dès 1600 kg, tot. adm. 2145 kg.

Moteur: (ECE), 6 cyl. en V 90° (93×72.7 mm), 2963 cm³; compr. 9.6:1; 123 kW (167 ch) à 5500/min, 41.5 kW/L (56.4 ch/L); 235 Nm (24 mkp) à 4500/min; 95 (R).

Moteur (constr.): désignation Z7X; 2×1 arbre à cames en tête (chaîne); culasses et bloc-cyl. en alliage léger; vilebrequin à 4 paliers; huile 6.5 L; injection électronique.
Batterie 60 Ah, alternateur 80 A; refroidissement à eau, capac. 10 L.

Transmission:
Boîte aut. à 4 vit.: I. 2.71; II. 1.55; III. 1; IV. 0.68; AR 2.11; pont 4.08.

Train roulant: quatre freins à disques (AV ventilés), Ø disques AV 28 cm, AR 26.5 cm, ABS, servodirection à crémaillère, pneus 205/55 R 16, jantes 7 J.

Performances: Vmax (usine) 210 km/h, V à 1000/min en 4. vit. 41.6 km/h; 0–100 km/h 10.2 s; km arrêté 31 s; rapp. poids/puiss. 13 kg/kW (9.6 kg/ch); consomm. EU 20.8/9.4 L/100 km.

Renault

2.2 12V – 113 PS Turbodiesel

Wie 1.9 – 136 PS, ausgenommen:

Karosserie, Gewicht: Limousine; leer ab 1575 kg, max. zul. 2145 kg.

Motor: (ECE), 4 Zyl. in Linie (87×92 mm), 2188 cm³; Kompr. 22:1; 83 kW (113 PS) bei 4300/min, 37.9 kW/L (51.6 PS/L); 234 Nm (23.9 mkp) bei 2000/min; Dieselöl.

Motorkonstruktion: Bezeichnung G8T 760; Vorkammer-Diesel; 3 Ventile parallel; 1 obenl. Nockenwelle (Zahnriemen); Leichtmetall-Zylinderkopf; 5fach gelagerte Kurbelwelle; Ölkühler; Öl 6 L; Einspritzpumpe, 1 Turbolader, Intercooler.

Batterie 65 Ah, Alternator 80 A; Wasserkühlung, Inh. 7.2 L.

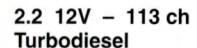

2.2 12V – 113 ch Turbodiesel

Comme 1.9 – 136 ch, sauf:

Carrosserie, poids: Berline; vide dès 1575 kg, tot. adm. 2145 kg.

Moteur: (ECE), 4 cyl. en ligne (87×92 mm), 2188 cm³; compr. 22:1; 83 kW (113 ch) à 4300/min, 37.9 kW/L (51.6 ch/L); 234 Nm (23.9 mkp) à 2000/min; gazole.

Moteur (constr.): désignation G8T 760; diesel à préchambre; 3 soup. en parallèle; 1 arbre à cames en tête (courroie crantée); culasse en alliage léger; vilebrequin à 5 paliers; radiat. d'huile; huile 6 L; pompe à injection, 1 turbocompr., Intercooler.

Batterie 65 Ah, alternateur 80 A; refroidissement à eau, capac. 7.2 L.

Renault Safrane

Kraftübertragung:
5-Gang-Getriebe: I. 3.91; II. 2.21; III. 1.39; IV. 0.98; V. 0.78; R 4.2; Achse 3.43.

Fahrwerk: Reifen 195/65 R 15.

Fahrleistungen: Vmax (Werk) 192 km/h, V bei 1000/min im 5. Gang 43.2 km/h; 0–100 km/h 13.2 s; steh. km 34.5 s; Leistungsgew. 19 kg/kW (13.9 kg/PS); Verbrauch EU 10/5.8 L/100 km.

Transmission:
Boîte à 5 vit.: I. 3.91; II. 2.21; III. 1.39; IV. 0.98; V. 0.78; AR 4.2; pont 3.43.

Train roulant: pneus 195/65 R 15.

Performances: Vmax (usine) 192 km/h, V à 1000/min en 5. vit. 43.2 km/h; 0–100 km/h 13.2 s; km arrêté 34.5 s; rapp. poids/puiss. 19 kg/kW (13.9 kg/ch); consomm. EU 10/5.8 L/100 km.

Renault Espace

Grossraumlimousine mit Frontantrieb, Quermotoren. Debüt 1984. 2.0 Vierzylinder, 3.0 V6 und 2.2 TD; grösser als der Vorgänger. Neuauflage Nov. 1996.

Berline à grande capacité à traction AV. Lancement 1984. Moteurs 2.0 4 cylindres, 3.0 V6 et 2.2TD; plus grand que l'ancien modèle. Nouv. édition nov. 1996.

2.0 – 114 PS Benzineinspritzung

Karosserie, Gewicht: Minivan, 5 Türen, 5 - 7 Sitze; leer ab 1490 kg, max. zul. 2250 kg.
Aut.: leer ab 1520 kg, max. zul. 2300 kg.

Motor: (ECE), 4 Zyl. in Linie (82.7×93 mm), 1998 cm³; Kompr. 9.8:1; 84 kW (114 PS) bei 5400/min, 42 kW/L (57.2 PS/L); 168 Nm (17.1 mkp) bei 3500/min; 95 ROZ.

Motorkonstruktion: Bezeichnung F3R; 2 Ventile in V; 1 obenl. Nockenwelle (Zahnriemen); Leichtmetall-Zylinderkopf und -block; 5fach gelagerte Kurbelwelle; Öl 5.5 L; elektron. Einspritzung, Bendix.

Batterie 50 Ah, Alternator 60 A; Wasserkühlung, Inh. 5.5 L.

Kraftübertragung: (auf Vorderräder).
5-Gang-Getriebe: I. 3.91; II. 2.21; III. 1.39; IV. 0.98; V. 0.76; R 3.64; Achse 3.42.
4-Stufen-Automat: I. 2.71; II. 1.55; III. 1; IV. 0.68; R 3.78; Achse 4.11.

Fahrgestell: Selbsttragende Karosserie; vorn Federbeine und Dreieckquerlenker, Kurvenstabilisator; hinten Starrachse, Längslenker, Panhardstab, Kurvenstabilisator, Teleskopdämpfer; a.W. hinten Luftfederung mit Niveauregulierung.

2.0 – 114 ch Injection d'essence

Carrosserie, poids: Minivan, 5 portes, 5 - 7 pl.; vide dès 1490 kg, tot. adm. 2250 kg.
Aut.: vide dès 1520 kg, tot. adm. 2300 kg.

Moteur: (ECE), 4 cyl. en ligne (82.7×93 mm), 1998 cm³; compr. 9.8:1; 84 kW (114 ch) à 5400/min, 42 kW/L (57.2 ch/L); 168 Nm (17.1 mkp) à 3500/min; 95 (R).

Moteur (constr.): désignation F3R; 2 soupapes en V; 1 arbre à cames en tête (courroie crantée); culasse et bloc-cyl. en alliage léger; vilebrequin à 5 paliers; huile 5.5 L; injection électronique, Bendix.

Batterie 50 Ah, alternateur 60 A; refroidissement à eau, capac. 5.5 L.

Transmission: (sur roues AV).
Boîte à 5 vit.: I. 3.91; II. 2.21; III. 1.39; IV. 0.98; V. 0.76; AR 3.64; pont 3.42.
boîte aut. à 4 vit.: I. 2.71; II. 1.55; III. 1; IV. 0.68; AR 3.78; pont 4.11.

Châssis: carrosserie autoporteuse; AV jambes élast. et leviers triang. transv., barre anti-dévers; AR essieu rigide, bras longitud., barre Panhard, barre anti-dévers, amortis. télesc.; s.d. AR susp. pneumat. avec réglage du niveau.

Renault Espace

Fahrwerk: Bremse, vorne Scheiben (belüftet), hinten Trommeln, Scheiben-⌀ v. 28 cm, a.W. ABS, Handbremse auf Hinterräder; Zahnstangenl. mit Servo, Treibstofftank 78 L; Reifen 195/65 R 15, Felgen 6.5 J.

Dimensionen: Radstand 270 cm, Spur 153.5/154 cm, Bodenfreih. 11 cm, Wendekreis 11.4 m, Kofferraum 275/2850 dm³, Länge 452 cm, Breite 181 cm, Höhe 169 cm. mit Galerie: 177 cm.

Fahrleistungen: Vmax (Werk) 175 km/h, V bei 1000/min im 5. Gang 35.9 km/h; 0–100 km/h 13.7 s; steh. km 34.9 s; Leistungsgew. 17.9 kg/kW (13.2 kg/PS); Verbrauch EU 12.8/7.9 L/100 km.
Aut.: Vmax 170 km/h, 0–100 km/h 15 s; steh. km 35.9 s; Verbrauch EU 15/8.2 L/100 km.

Train roulant: frein, AV à disques (ventilés), AR à tambours, ⌀ disques AV 28 cm, ABS s. d., frein à main sur roues AR; servodirection à crémaillère, réservoir carb. 78 L; pneus 195/65 R 15, jantes 6.5 J.

Dimensions: empattement 270 cm, voie 153.5/154 cm, garde au sol 11 cm, diam. de braq. 11.4 m, coffre 275/2850 dm³, longueur 452 cm, largeur 181 cm, hauteur 169 cm. avec galerie: 177 cm.

Performances: Vmax (usine) 175 km/h, V à 1000/min en 5. vit. 35.9 km/h; 0–100 km/h 13.7 s; km arrêté 34.9 s; rapp. poids/puiss. 17.9 kg/kW (13.2 kg/ch); consomm. EU 12.8/7.9 L/100 km.
Aut.: Vmax 170 km/h, 0–100 km/h 15 s; km arrêté 35.9 s; consomm. EU 15/8.2 L/100 km.

3.0 V6 – 167 PS Benzineinspritzung

Wie 2.0 – 114 PS, ausgenommen:

Karosserie, Gewicht: Minivan; leer ab 1650 kg, max. zul. 2400 kg.

Motor: (ECE), 6 Zyl. in V 90° (93×72.7 mm), 2963 cm³; Kompr. 9.6:1; 123 kW (167 PS) bei 5500/min, 41.5 kW/L (56.4 PS/L); 235 Nm (24 mkp) bei 4500/min; 95 ROZ.

Motorkonstruktion: Bez. Z7X; 2×1 obenl. Nockenwelle (Kette); Leichtmetall-Zylinderköpfe und -block; 4fach gelagerte Kurbelwelle; Öl 6.5 L; elektron. Einspritzung.

Batterie 60 Ah, Alternator 80 A; Wasserkühlung, Inh. 10 L.

Kraftübertragung:
4-Stufen-Automat: I. 2.71; II. 1.55; III. 1; IV. 0.68; R 2.11; Achse 3.47.

Fahrwerk: Vierrad-Scheibenbremse (vorn belüftet), h. 26.5 cm, ABS, Reifen 205/65 R 15.

Fahrleistungen: Vmax (Werk) 195 km/h, V bei 1000/min im 4. Gang 42.7 km/h; 0–100 km/h 11 s; steh. km 32.7 s; Leistungsgew. 13.4 kg/kW (9.9 kg/PS); Verbrauch EU 21/9.6 L/100 km.

3.0 V6 – 167 ch Injection d'essence

Comme 2.0 – 114 PS, sauf:

Carrosserie, poids: Minivan; vide dès 1650 kg, tot. adm. 2400 kg.

Moteur: (ECE), 6 cyl. en V 90° (93×72.7 mm), 2963 cm³; compr. 9.6:1; 123 kW (167 ch) à 5500/min, 41.5 kW/L (56.4 ch/L); 235 Nm (24 mkp) à 4500/min; 95 (R).

Moteur (constr.): désignation Z7X; 2×1 arbre à cames en tête (chaîne); culasses et bloc-cyl. en alliage léger; vilebrequin à 4 paliers; huile 6.5 L; injection électronique.

Batterie 60 Ah, alternateur 80 A; refroidissement à eau, capac. 10 L.

Transmission:
Boîte aut. à 4 vit.: I. 2.71; II. 1.55; III. 1; IV. 0.68; AR 2.11; pont 3.47.

Train roulant: quatre freins à disques (AV ventilés), AR 26.5 cm, ABS, pneus 205/65 R 15.

Performances: Vmax (usine) 195 km/h, V à 1000/min en 4. vit. 42.7 km/h; 0–100 km/h 11 s; km arrêté 32.7 s; rapp. poids/puiss. 13.4 kg/kW (9.9 kg/ch); consomm. EU 21/9.6 L/100 km.

Renault Espace

Renault F • Renault RA • Rinspeed

2.2 12V – 113 PS Turbodiesel

Wie 2.0 – 114 PS, ausgenommen:

Karosserie, Gewicht: Minivan; leer ab 1630 kg, max. zul. 2510 kg.

Motor: (ECE), 4 Zyl. in Linie (87×92 mm), 2188 cm³; Kompr. 22:1; 83 kW (113 PS) bei 4500/min, 37.9 kW/L (51.6 PS/L); 234 Nm (23.9 mkp) bei 2000/min; Dieselöl.

Motorkonstruktion: Bezeichnung G8T 760; 3 Ventile parallel; 1 obenl. Nockenwelle (Zahnriemen); Leichtmetall-Zylinderkopf; 5fach gelagerte Kurbelwelle; Öl 6 L; Einspritzpumpe, 1 Turbolader, Intercooler. Batterie 65 Ah, Alternator 80 A; Wasserkühlung, Inh. 7.2 L.

Kraftübertragung:
5-Gang-Getriebe: I. 3.91; II. 2.21; III. 1.39; IV. 0.98; V. 0.76; R 3.64; Achse 3.81.

Fahrwerk: Treibstofftank 76 L; Reifen 205/65 R 15.

Fahrleistungen: Vmax (Werk) 175 km/h, V bei 1000/min im 5. Gang 41.1 km/h; 0–100 km/h 14.5 s; steh. km 35.8 s; Leistungsgew. 19.6 kg/kW (14.4 kg/PS); Verbrauch EU 10.6/6.5 L/100 km.

2.2 12V – 113 ch Turbodiesel

Comme 2.0 – 114 ch, sauf:

Carrosserie, poids: Minivan; vide dès 1630 kg, tot. adm. 2510 kg.

Moteur: (ECE), 4 cyl. en ligne (87×92 mm), 2188 cm³; compr. 22:1; 83 kW (113 ch) à 4500/min, 37.9 kW/L (51.6 ch/L); 234 Nm (23.9 mkp) à 2000/min; gazole.

Moteur (constr.): désignation G8T 760; 3 soup. en parallèle; 1 arbre à cames en tête (courroie crantée); culasse en alliage léger; vilebrequin à 5 paliers; radiat. d'huile; huile 6 L; pompe à injection, 1 turbocompr., Intercooler. Batterie 65 Ah, alternateur 80 A; refroidissement à eau, capac. 7.2 L.

Transmission:
Boîte à 5 vit.: I. 3.91; II. 2.21; III. 1.39; IV. 0.98; V. 0.76; AR 3.64; pont 3.81.

Train roulant: réservoir carb. 76 L; pneus 205/65 R 15.

Performances: Vmax (usine) 175 km/h, V à 1000/min en 5. vit. 41.1 km/h; 0–100 km/h 14.5 s; km arrêté 35.8 s; rapp. poids/puiss. 19.6 kg/kW (14.4 kg/ch); consomm. EU 10.6/6.5 L/100 km.

Renault RA

Renault Argentina S.A., Sarmiento 1230, 1401 Buenos Aires, Argentina

Erste selbständige argentinische Fahrzeugfabrik. 1956 eigene Modellserie unter Verwendung von Teilen anderer Firmen. Gehört seit 1967 zur Régie Renault. Die Produktion umfasst die früheren Renault-Modelle 9, 11, 12, 18, 19 und 21 (Daten siehe Katalog 1993).

Première fabrique autonome d'automobiles d'Argentine, produisant dès 1956 des modèles avec éléments de différentes marques. Appartient depuis 1967 à la Régie Renault. La production contient les Modèles anciennes 9, 11, 12, 18, 19 et 21 (Données voir catalogue 1993).

Rinspeed CH

Rinspeed AG, Strubenacher 2-4, Postfach, 8126 Zumikon, Schweiz

Schweizer Firma, spezialisiert auf Tuning und Veredelung von Fahrzeugen.

Usine suisse, spécialisée pour tuning de moteurs et de carrosserie de voitures.

Rinspeed Roadster

Zweisitziger Roadster auf Basis des Ford Mustang, 4,9-Liter-V8 mit 218 PS, mit Kompressor 305 PS. Debüt Genf 1995.

Roadster 2 places sur base de la Ford Mustang, moteur 4,9 litres V8 avec 218 ch, avec compresseur 305 ch. Lancement Genève 1995.

4.9 V8 – 218 PS Benzineinspritzung

Karosserie, Gewicht: Roadster, (Leichtmetall-Karosserie); 2 Türen, 2 Sitze; leer ab 1050 kg, max. zul. 1295 kg.

Motor: (DIN), 8 Zyl. in V 90° (101.6×76.2 mm), 4942 cm³; Kompr. 9.1:1; 160 kW (218 PS) bei 4200/min, 32.4 kW/L (44 PS/L); 387 Nm (39.5 mkp) bei 3400/min; 95 ROZ.

Motorkonstruktion: Bezeichnung Ford 99E; zentrale Nockenwelle (Kette); Leichtmetall-Zylinderköpfe; 5fach gelagerte Kurbelwelle; Öl 4.7 L; elektron. Einspritzung. Batterie 58 Ah, Alternator 130 A; Wasserkühlung, Inh. 13.2 L.

Kraftübertragung: (auf Hinterrädern), Differentialbremse.
5-Gang-Getriebe: I. 3.35; II. 1.99; III. 1.33; IV. 1; V. 0.68; R 3.15; Achse 2.73.

4.9 V8 – 218 ch Injection d'essence

Carrosserie, poids: Roadster, (carrosserie en alliage léger); 2 portes, 2 places; vide dès 1050 kg, tot. adm. 1295 kg.

Moteur: (DIN), 8 cyl. en V 90° (101.6×76.2 mm), 4942 cm³; compr. 9.1:1; 160 kW (218 ch) à 4200/min, 32.4 kW/L (44 ch/L); 387 Nm (39.5 mkp) à 3400/min; 95 (R).

Moteur (constr.): désignation Ford 99E; arbre à cames central (chaîne); culasses en alliage léger; vilebrequin à 5 paliers; huile 4.7 L; injection électronique. Batterie 58 Ah, alternateur 130 A; refroidissement à eau, capac. 13.2 L.

Transmission: (sur roues AR), différentiel autobloquant.
Boîte à 5 vit.: I. 3.35; II. 1.99; III. 1.33; IV. 1; V. 0.68; AR 3.15; pont 2.73.

Rinspeed Roadster

Fahrgestell: Gitterrohrrahmen aus Stahl; v. Querlenker, Zugstreben, obere Dreieckquerlenker; h. Starrachse, Längslenker, schräge Längsl.; v/h Kurvenstabilisator, Schraubenfedern und Teleskopdämpfer.

Fahrwerk: Vierrad-Scheibenbremse (vorn belüftet), Scheiben-⌀ v. 27.6 cm, h. 27.6 cm, a.W. ABS, Bosch; Handbremse auf Hinterräder; Zahnstangenlenkung mit Servo, Treibstofftank 61 L; Reifen 225/45 ZR 17, 245/40 ZR 17, Felgen 8 J.

Dimensionen: Radstand 252 cm, Spur 168/167 cm, Bodenfreih. 12 cm, Wendekreis 13.6 m, Kofferraum 120 dm³, Länge 381 cm, Breite 194.5 cm, Höhe 118 cm.

Fahrleistungen: Vmax (Werk) 224 km/h, V bei 1000/min im 5. Gang 62.5 km/h; 0–100 km/h 5.1 s; Leistungsgew. 6.6 kg/kW (4.9 kg/PS); Verbrauch (Red.) 9/15 L/100 km.

Châssis: cadre tubulaire en acier; AV leviers transv., tirants, leviers triang. superieur; AR essieu rigide, bras longitud., bras obliques longit.; AV/AR stabilisateur transv., ressorts hélic. et amortiss. télesc.

Train roulant: quatre freins à disques (AV ventilés), ⌀ disques AV 27.6 cm, AR 27.6 cm, ABS s. d., Bosch; frein à main sur roues AR; servodirection à crémaillère, réservoir carb. 61 L; pneus 225/45 ZR 17, 245/40 ZR 17, jantes 8 J.

Dimensions: empattement 252 cm, voie 168/167 cm, garde au sol 12 cm, diam. de braq. 13.6 m, coffre 120 dm³, longueur 381 cm, largeur 194.5 cm, hauteur 118 cm.

Performances: Vmax (usine) 224 km/h, V à 1000/min en 5. vit. 62.5 km/h; 0–100 km/h 5.1 s; rapp. poids/puiss. 6.6 kg/kW (4.9 kg/ch); consomm. (réd.) 9/15 L/100 km.

4.9 V8 – 305 PS Benzineinspritzung

Wie 4.9 – 218 PS, ausgenommen:

Motor: (DIN), 8 Zyl. in V 90° (101.6×76.2 mm), 4942 cm³; Kompr. 9.1:1; 224 kW (305 PS) bei 4200/min, 45.3 kW/L (61.6 PS/L); 542 Nm (55.3 mkp) bei 3400/min; 98 ROZ.

Motorkonstruktion: Bezeichnung Ford 99E; zentrale Nockenwelle (Kette); Leichtmetall-Zylinderköpfe; 5fach gelagerte Kurbelwelle; Öl 4.7 L; elektron. Einspritzung, 1 Kompressor, max. Ladedruck 0.35 bar. Batterie 58 Ah, Alternator 130 A; Wasserkühlung, Inh. 13 L.

Kraftübertragung:
5-Gang-Getriebe: I. 3.35; II. 1.99; III. 1.33; IV. 1; V. 0.68; R 3.15; Achse 3.08.

Fahrwerk: Scheiben-⌀ v. 33 cm, Reifen 225/40 ZR 18, 295/35 ZR 18, Felgen 8.5 J.

Fahrleistungen: Vmax (Werk) 265 km/h, V bei 1000/min im 5. Gang 55.5 km/h; 0–100 km/h 4.4 s; Leistungsgew. 4.7 kg/kW (3.4 kg/PS); Verbrauch (Red.) 10/17 L/100 km.

4.9 V8 – 305 ch Injection d'essence

Comme 4.9 – 218 ch, sauf:

Moteur: (DIN), 8 cyl. en V 90° (101.6×76.2 mm), 4942 cm³; compr. 9.1:1; 224 kW (305 ch) à 4200/min, 45.3 kW/L (61.6 ch/L); 542 Nm (55.3 mkp) à 3400/min; 98 (R).

Moteur (constr.): désignation Ford 99E; arbre à cames central (chaîne); culasses en alliage léger; vilebrequin à 5 paliers; huile 4.7 L; injection électronique, 1 compresseur, pression max. 0.35 bar. Batterie 58 Ah, alternateur 130 A; refroidissement à eau, capac. 13 L.

Transmission:
Boîte à 5 vit.: I. 3.35; II. 1.99; III. 1.33; IV. 1; V. 0.68; AR 3.15; pont 3.08.

Train roulant: ⌀ disques AV 33 cm, pneus 225/40 ZR 18, 295/35 ZR 18, jantes 8.5 J.

Performances: Vmax (usine) 265 km/h, V à 1000/min en 5. vit. 55.5 km/h; 0–100 km/h 4.4 s; rapp. poids/puiss. 4.7 kg/kW (3.4 kg/ch); consomm. (réd.) 10/17 L/100 km.

Rinspeed Mono Ego

Neues Modell. Einsitziges Fahrzeug mit Ford-V8-Motor und 5-Ganggetriebe. Debüt März 1997 (Genf). Unvollständige Daten.

Nouveau modèle. Voiture monoplace et moteur V8 de Ford, boîte à 5 vit.. Lancement mars 1997 (Genève). Données incomplètes.

4.6 V8 32V – 409 PS Benzineinspritzung/Kompr.

Karosserie, Gewicht: Coupé, 1 Sitz; leer ab 1000 kg.

Motor: (ECE), 8 Zyl. in V 90° (90.2×90 mm), 4601 cm³; Kompr. 9:1; 301 kW (409 PS) bei 4250/min, 65.4 kW/L (88.9 PS/L); 500 Nm (51 mkp) bei 4000/min; 95 ROZ.

Motorkonstruktion: Bez. Ford Cobra 4.6; 4 Ventile in V; 2×2 obenl. Nockenwellen (Kette); Leichtmetall-Zylinderköpfe; 5fach gelagerte Kurbelwelle; Öl 4.7 L; elektron. Einspritzung, Ford EEC-V, 1 Kompressor. Batterie 58 Ah, Alternator 80 A; Wasserkühlung, Inh. 13.2 L.

4.6 V8 32V – 409 ch Injection d'essence/compr.

Carrosserie, poids: Coupé, 1 place; vide dès 1000 kg.

Moteur: (ECE), 8 cyl. en V 90° (90.2×90 mm), 4601 cm³; compr. 9:1; 301 kW (409 ch) à 4250/min, 65.4 kW/L (88.9 ch/L); 500 Nm (51 mkp) à 4000/min; 95 (R).

Moteur (constr.): désignation Ford Cobra 4.6; 4 soupapes en V; 2×2 arbres à cames en tête (chaîne); culasses en alliage léger; vilebrequin à 5 paliers; huile 4.7 L; injection électronique, Ford EEC-V, 1 compresseur. Batterie 58 Ah, alternateur 80 A; refroidissement à eau, capac. 13.2 L.

Rinspeed • Rolls-Royce

Rinspeed Mono Ego

Kraftübertragung: (auf Hinterräder), Differentialbremse.
5-Gang-Getriebe: I. 3.35; II. 1.99; III. 1.33; IV. 1; V. 0.68; R 3.15; Achse 2.73.

Fahrgestell: Chassis mit Längsholmen und Traversen; vorn Dreieckquerlenker; hinten doppelte Querlenker, untere Längs- und Querlenker, v/h Kurvenstabilisator, Schraubenfedern, Teleskopdämpfer.

Fahrwerk: Vierrad-Scheibenbremse (vorn belüftet), Scheiben-⌀ v. 27.5 cm, h. 26.5 cm, Feststellbremse auf Hinterräder; Zahnstangenlenkung mit Servo, Treibstofftank 42 L; Reifen v. 245/65 ZR 16, h. 275/70 ZR 16, Felgen v. 7.5, h. 8 J.

Dimensionen: Radstand 269 cm, Spur 152/154 cm, Länge 462 cm, Breite 181 cm, Höhe 117 cm.

Fahrleistungen: Vmax (Red.) 258 km/h, 0–100 km/h 4.8 s; Leistungsgew. 3.3 kg/kW (2.4 kg/PS); Verbrauch (Red.) 10/20 L/100 km.

Transmission: (sur roues AR), différentiel autobloquant.
Boîte à 5 vit.: I. 3.35; II. 1.99; III. 1.33; IV. 1; V. 0.68; AR 3.15; pont 2.73.

Châssis: châssis à longerons et traverses; AV leviers triang. transv.; AR leviers transv. doubles, leviers transvers.; AV/AR barre anti-dévers, ressorts hélic, amortiss. télesc.

Train roulant: quatre freins à disques (AV ventilés), ⌀ disques AV 27.5 cm, AR 26.5 cm, frein de stationnement sur roues AR; servodirection à crémaillère, réservoir carb. 42 L; pneus AV 245/65 ZR 16, AR 275/70 ZR 16, jantes AV 7.5, AR 8 J.

Dimensions: empattement 269 cm, voie 152/154 cm, longueur 462 cm, largeur 181 cm, hauteur 117 cm.

Performances: Vmax (réd.) 258 km/h, 0–100 km/h 4.8 s; rapp. poids/puiss. 3.3 kg/kW (2.4 kg/ch); consomm. (réd.) 10/20 L/100 km.

Rinspeed Yello Talbo

Neu-Interpretation des Talbot Lago 150 SS «Figoni & Falaschi» von 1938 mit Kunststoffkarosserie und Ford-V8-Motor. Produktion in North Palm Beach, Florida/USA (TLC Carrossiers INc.). Debüt als Rinspeed Yello Talbo März 1996 Genf. Auf Bestellung lieferbar. Daten siehe Katalog 1996.

Interprétation de la Talbot Lago 150 SS «Fogoni & Falaschi» de 1938 avec carrosserie synth. et moteur V8 de Ford. Prod. chez TLC Carrossiers Inc., North Palm Beach, Florida/USA. Lancement comme Rinspeed Yello Talbo mars 1996 Genève. Livrable sur commande. Données voir catalogue 1996.

Rinspeed Yello Talbo

Rolls-Royce GB

Rolls-Royce Motors Limited, Crewe, Cheshire, CW1 3PL, England

Berühmtes englisches Automobil- und Motorenwerk.

Célèbre fabrique anglaise d'automobiles et de moteurs.

Rolls-Royce Silver Dawn

Wagen der Spitzenklasse mit 6.75-Leichtmetall-V8. Debüt Paris 1980. Herbst 1986: Einspritzung, ABS. Sept. 1989: «Automatic Ride Control». Winter 1991/92: 4-Stufen-Automat. Sommer 1996: Silver Dawn neu mit langem Radstand, Silver Spirit auf Bestellung mit kurzem Radstand lieferbar.

Voiture d'élite avec V8 6.75 en alliage léger. Lancement Paris 1980. Automne 1986: Injection, ABS. Sept. 1989: «Automatic Ride Control». Hiver 1991/92: Boîte aut. à 4 vit. Eté 1996: Silver Dawn avec empattement long, Silver Spirit (seulement sur commande) avec empattement court.

6.8 V8 – 247 PS
Benzineinspritzung

Karosserie, Gewicht: Limousine, 4 Türen, 5 Sitze; leer 2470 kg, max. zul. 2970 kg. A.W. Silver Spirit (swb); leer ab 2430 kg, max. zul. 2930 kg.

Motor: keine offiziellen Angaben über Leistung und Drehmoment (Schätzungen Red.) (ECE), 8 Zyl. in V 90° (104.14×99.06 mm), 6750 cm³; Kompr. 8:1; 182 kW (247 PS) bei 4000/min, 27 kW/L (36.7 PS/L); 535 Nm (54.5 mkp) bei 2200/min; 95 ROZ.

Motorkonstruktion: Bezeichnung L410 MN 1T; zentrale Nockenwelle (Zahnräder); Leichtmetall-Zylinderköpfe und -block; 5fach gelagerte Kurbelwelle; Ölkühler; Öl 9.9 L; elektron. Einspr., Bosch Motronic. Batterie 71 Ah, Alternator 120 A; Wasserkühlung, Inh. 18 L.

6.8 V8 – 247 ch
Injection d'essence

Carrosserie, poids: Berline, 4 portes, 5 places; vide 2470 kg, tot. adm. 2970 kg. S.d. Silver Spirit (swb); lvide dès 2430 kg, tot. adm. 2930 kg.

Moteur: pas d'indications officielles de puissance ni du couple (estimations réd.) (ECE), 8 cyl. en V 90° (104.14×99.06 mm), 6750 cm³; compr. 8:1; 182 kW (247 ch) à 4000/min, 27 kW/L (36.7 ch/L); 535 Nm (54.5 mkp) à 2200/min; 95 (R).

Moteur (constr.): désignation L410 MN 1T; arbre à cames central (pignons); culasses et bloc-cyl. en alliage léger; vilebrequin à 5 paliers; radiat. d'huile; huile 9.9 L; injection électronique, Bosch Motronic. Batterie 71 Ah, alternateur 120 A; refroidissement à eau, capac. 18 L.

Rolls Royce Silver Dawn

Kraftübertragung: (auf Hinterräder), a. W. Differentialbremse.
4-Stufen-Automat: GM Turbo-Hydra-Matic; I. 2.48; II. 1.48; III. 1; IV. 0.75; R 2.08; Achse 2.69.

Fahrgestell: Selbsttragende Karosserie mit vorderem und hinterem Hilfsrahmen; vorn doppelte Dreieckquerlenker; hinten Schräglenker; v/h Kurvenstabilisator, Schraubenfedern, autom. Niveauregulierung mit elektron. Dämpfersystem.

Fahrwerk: Vierrad-Scheibenbremse (vorn belüftet), Scheiben-⌀ v. 34 cm, h. 34 cm, ABS, Bosch; Fussfeststellbremse auf Hinterräder; Zahnstangenlenkung mit Servo, Treibstofftank 108 L; Reifen 235/65 VR 16, Felgen 7 J.

Dimensionen: Radstand 316 cm, Spur 155/155 cm, Bodenfreih. 14 cm, Wendekreis 13.1 m, Kofferraum 410 dm³, Länge 539.5 cm, Breite 191.5 cm, Höhe 149 cm. Silver Spirit (swb): Radstand 306 cm, Länge 529,5 cm.

Fahrleistungen: Vmax (Werk) 214 km/h, V bei 1000/min im 4. Gang 64 km/h; 0–100 km/h 9.8 s; 0–97 km/h 9.5 s; Leistungsgew. 13.6 kg/kW (10 kg/PS); Verbrauch EU 12.3/25.4 L/100 km.

Transmission: (sur roues AR), différentiel autobloquant s.d.
Boîte aut. à 4 vit.: GM Turbo-Hydra-Matic; I. 2.48; II. 1.48; III. 1; IV. 0.75; AR 2.08; pont 2.69.

Châssis: carrosserie autoporteuse avec faux-châssis AV et AR; AV leviers triang. transv. doubles; AR triangles obliques; AV/AR barre anti-dévers, ressorts hélic.; réglage autom. de niveau avec système électron. d'amortissement.

Train roulant: quatre freins à disques (AV ventilés), ⌀ disques AV 34 cm, AR 34 cm, ABS, Bosch; frein de stationn. à pied sur roues AR; servodirection à crémaillère, réservoir carb. 108 L; pneus 235/65 VR 16, jantes 7 J.

Dimensions: empattement 316 cm, voie 155/155 cm, garde au sol 14 cm, diam. de braq. 13.1 m, coffre 410 dm³, longueur 539.5 cm, largeur 191.5 cm, hauteur 149 cm. Silver Spirit (swb): Empattement 306 cm, longueur 529,5 cm.

Performances: Vmax (usine) 214 km/h, V à 1000/min en 4. vit. 64 km/h; 0–100 km/h 9.8 s; 0–97 km/h 9.5 s; rapp. poids/puiss. 13.6 kg/kW (10 kg/ch); consomm. EU 12.3/25.4 L/100 km.

Rolls-Royce Silver Spur

Limousine mit längerem Radstand. Nachfolger des Silver Wraith II. Debüt Paris 1980. September 1989: «Automatic Ride Control». Sommer 1996: Light-Turbo mit über 300 PS.

Berline avec empattement allongée. Successeur de la Silver Wraith II. Lancement Paris 1980. Sept. 1989: «Automatic Ride Control». Eté 1996: Light-Turbo avec plus de 300 ch.

6.8 V8 – 305 PS
Benzineinspritzung/Turbo

Karosserie, Gewicht: Limousine, 4 Türen, 5 Sitze; leer ab 2470 kg, max. zul. 2970 kg.

Motor: keine offiziellen Angaben über Leistung und Drehmoment (Schätzungen Red.) (ECE), 8 Zyl. in V 90° (104.14×99.06 mm), 6750 cm³; Kompr. 8:1; 224 kW (305 PS) bei 4000/min, 33.2 kW/L (45.1 PS/L); 600 Nm (61.2 mkp) bei 2000/min; 95 ROZ.

6.8 V8 – 305 ch
Injection d'essence/turbo

Carrosserie, poids: Berline, 4 portes, 5 pl.; vide dès 2470 kg, tot. adm. 2970 kg.

Moteur: pas d'indications officielles de puissance ni du couple (estimations réd.) (ECE), 8 cyl. en V 90° (104.14×99.06 mm), 6750 cm³; compr. 8:1; 224 kW (305 ch) à 4000/min, 33.2 kW/L (45.1 ch/L); 600 Nm (61.2 mkp) à 2000/min; 95 (R).

Und wieder sind wir einen Schritt ....voraus

17

Erstmals in der Schweiz:
Autorecycling nach ISO 9002!

sda. Premiere im Schweizer Automobil-Recycling: Die in Bützberg/BE und Birsfelden/BL domizilierte Zimmermann AG hat als erstes Unternehmen der Branche das Qualitätsmanagement-System nach ISO 9002 erfolgreich eingeführt.

Der Familienbetrieb befasst sich seit bald 50 Jahren mit der fachgerechten Entsorgung von Alt- und Unfallfahrzeugen und betreibt gesamtschweizerisch einen umfangreichen Handel mit geprüften Austauschteilen. Innert nur gerade 12 Monaten konnte das komplexe Qualitätsmanagement-System im Unternehmen verankert werden. Die Zertifizierung nach ISO 9002 ist ein recht ungewöhnlicher Schritt in einer Branche, die noch vor ein paar Jahren mehr oder weniger liebevoll mit dem Begriff "Autofriedhof" assoziiert wurde. Das Beispiel der Zimmermann AG zeigt aber, dass heute in der Autoentsorgung ein anderer Wind weht. Die gesetzlichen Auflagen sind ganz klar definiert und immer mehr Automobilhersteller gehen dazu über, mit sorgfältig ausgewählten Recycling-betrieben Verträge zur Fahrzeugentsorgung abzuschliessen. Die Zimmermann AG gehört zu den führenden Autoverwertern in der Schweiz. Sie ist VASSO-Mitglied (Vereinigung Schweizer Autoverwerter) und arbeitet als offizielle Entsorgungsstelle eng mit Automobilherstellern wie z.B. VW-Gruppe, BMW, Fiat, Renault, Rover Group, zusammen.

QS-GEPRÜFT ISO 9002 · 90 TAGE GARANTIE

ZIMMERMANN — RECYCLING IN DAS JAHR 2000!

Rolls-Royce • Rover

Motorkonstruktion: Bezeichnung L4101T; zentrale Nockenwelle (Zahnräder); Leichtmetall-Zylinderköpfe und -block; 5fach gelagerte Kurbelwelle; Ölkühler; Öl 9.9 L; elektron. Einspritzung, Bosch Motronic, 1 Turbolader, Garrett AiResearch, max. Ladedruck 0.56 bar, Intercooler. Batterie 68 Ah, Alternator 124 A; Wasserkühlung, Inh. 18 L.

Kraftübertragung: (auf Hinterräder), Differentialbremse; Antriebsschlupfregelung. 4-Stufen-Automat: GM Turbo-Hydra-Matic; I. 2.48; II. 1.48; III. 1; IV. 0.75; R 2.08; Achse 2.69.

Fahrgestell: Selbsttragende Karosserie mit vorderem und hinterem Hilfsrahmen; vorn doppelte Dreieckquerlenker; hinten Schräglenker; v/h Kurvenstabilisator, Schraubenfedern; autom. Niveauregulierung mit elektron. Dämpfersystem.

Fahrwerk: Vierrad-Scheibenbremse (vorn belüftet), Scheiben-⌀ v. 34 cm, h. 34 cm, ABS, Bosch; Fussfeststellbremse auf Hinterräder; Zahnstangenlenkung mit Servo, Treibstofftank 108 L; Reifen 235/65 VR 16, Felgen 7 J.

Moteur (constr.): désignation L4101T; arbre à cames central (pignons); culasses et bloc-cyl. en alliage léger; vilebrequin à 5 paliers; radiat. d'huile; huile 9.9 L; injection électronique, Bosch Motronic, 1 turbocompr., Garrett AiResearch, pression max. 0.56 bar, Intercooler. Batterie 68 Ah, alternateur 124 A; refroidissement à eau, capac. 18 L.

Transmission: (sur roues AR), différentiel autobloquant; dispositif antipatinage. Boîte aut. à 4 vit.: GM Turbo-Hydra-Matic; I. 2.48; II. 1.48; III. 1; IV. 0.75; AR 2.08; pont 2.69.

Châssis: carrosserie autoporteuse avec faux-châssis AV et AR; AV leviers triang. transv. doubles; AR triangles obliques; AV/AR barre anti-dévers, ressorts hélic.; réglage autom. de niveau avec système électron. d'amortissement.

Train roulant: quatre freins à disques (AV ventilés), ⌀ disques AV 34 cm, AR 34 cm, ABS, Bosch; frein de stationn. à pied sur roues AR; servodirection à crémaillère, réservoir carb. 108 L; pneus 235/65 VR 16, jantes 7 J.

Rolls Royce Park Ward

Fahrgestell: Selbsttragende Karosserie mit vorderem und hinterem Hilfsrahmen; vorn doppelte Dreieckquerlenker; hinten Schräglenker; v/h Kurvenstabilisator, Schraubenfedern; autom. Niveauregulierung mit elektron. Dämpfersystem.

Fahrwerk: Vierrad-Scheibenbremse (vorn belüftet), Scheiben-⌀ v. 34 cm, h. 34 cm, ABS, Bosch; Fussfeststellbremse auf Hinterräder; Zahnstangenlenkung mit Servo, Treibstofftank 108 L; Reifen 235/65 VR 16, Felgen 7 J.

Dimensionen: Radstand 377 cm, Spur 155/155 cm, Bodenfreih. 16 cm, Wendekreis 14.4 m, Kofferraum 410 dm^3, Länge 600.5 cm, Breite 191.5 cm, Höhe 154 cm.

Fahrleistungen: Vmax (Red.) über 210 km/h, V bei 1000/min im 4. Gang 64 km/h; 0–100 km/h 9.5 s; Leistungsgew. 12.4 kg/kW (9.1 kg/PS); Verbr. EU 13/27 L/100 km.

Châssis: carrosserie autoporteuse avec faux-châssis AV et AR; AV leviers triang. transv. doubles; AR triangles obliques; AV/AR barre anti-dévers, ressorts hélic.; réglage autom. de niveau avec système électron. d'amortissement.

Train roulant: quatre freins à disques (AV ventilés), ⌀ disques AV 34 cm, AR 34 cm, ABS, Bosch; frein de stationn. à pied sur roues AR; servodirection à crémaillère, réservoir carb. 108 L; pneus 235/65 VR 16, jantes 7 J.

Dimensions: empatt. 377 cm, voie 155/155 cm, garde au sol 16 cm, diam. de braq. 14.4 m, coffre 410 dm^3, longueur 600.5 cm, largeur 191.5 cm, hauteur 154 cm.

Performances: Vmax (réd.) plus de 210 km/h, V à 1000/min en 4. vit. 64 km/h; 0–100 km/h 9.5 s; rapp. poids/puiss. 12.4 kg/kW (9.1 kg/ch); cons. EU 13/27 L/100 km.

Rolls Royce Silver Spur

Dimensionen: Radstand 316 cm, Spur 155/155 cm, Bodenfreih. 14 cm, Wendekreis 13.1 m, Kofferraum 410 dm^3, Länge 539.5 cm, Breite 191.5 cm, Höhe 149 cm.

Fahrleistungen: Vmax (Werk) 225 km/h, V bei 1000/min im 4. Gang 64 km/h; 0–100 km/h 8.1 s; 0–97 km/h 7.9 s; Leistungsgew. 11 kg/kW (8.1 kg/PS); Verbrauch EU 12.9/25.1 L/100 km.

Dimensions: empatt. 316 cm, voie 155/155 cm, garde au sol 14 cm, diam. de braq. 13.1 m, coffre 410 dm^3, longueur 539.5 cm, largeur 191.5 cm, hauteur 149 cm.

Performances: Vmax (usine) 225 km/h, V à 1000/min en 4. vit. 64 km/h; 0–100 km/h 8.1 s; 0–97 km/h 7.9 s; rapp. poids/puiss. 11 kg/kW (8.1 kg/ch); consomm. EU 12.9/25.1 L/100 km.

Rolls-Royce Limousine

Repräsentations-Limousine mit Separation. Getrennte regulierbare Klimaanlage für Vorder- und Hinterabteil. Debüt IAA Frankfurt, September 1991. Sommer 1996: Light-Turbo mit über 300 PS.

Berline longue de grand prestige avec séparation et climatisation séparée avant et arrière. Lancement IAA Francfort, septembre 1991. Eté 1996: Light-Turbo avec plus de 300 ch.

6.8 V8 – 305 PS
Benzineinspritzung/Turbo

6.8 V8 – 305 ch
Injection d'essence/turbo

Karosserie, Gewicht: Limousine, 4 Türen, 6 - 7 Sitze; leer ab 2770 kg, max. zul. 3370 kg.

Motor: keine offiziellen Angaben über Leistung und Drehmoment (Schätzungen Red.) (ECE), 8 Zyl. in V 90° (104.14×99.06 mm), 6750 cm^3; Kompr. 8:1; 224 kW (305 PS) bei 4000/min, 33.2 kW/L (45.1 PS/L); 600 Nm (61.2 mkp) bei 2000/min; 95 ROZ.

Motorkonstruktion: Bezeichnung L4101T; zentrale Nockenwelle (Zahnräder); Leichtmetall-Zylinderköpfe und -block; 5fach gelagerte Kurbelwelle; Ölkühler; Öl 9.9 L; elektron. Einspritzung, Bosch Motronic, 1 Turbolader, Garrett AiResearch, max. Ladedruck 0.56 bar, Intercooler. Batterie 68 Ah, Alternator 124 A; Wasserkühlung, Inh. 18 L.

Kraftübertragung: (auf Hinterräder), Differentialbremse; Antriebsschlupfregelung. 4-Stufen-Automat: GM Turbo-Hydra-Matic; I. 2.48; II. 1.48; III. 1; IV. 0.75; R 2.08; Achse 2.69.

Carrosserie, poids: Berline, 4 portes, 6 - 7 places; vide dès 2770 kg, tot. adm. 3370 kg.

Moteur: pas d'indications officielles de puissance ni du couple (estimations réd.) (ECE), 8 cyl. en V 90° (104.14×99.06 mm), 6750 cm^3; compr. 8:1; 224 kW (305 ch) à 4000/min, 33.2 kW/L (45.1 ch/L); 600 Nm (61.2 mkp) à 2000/min; 95 (R).

Moteur (constr.): désignation L4101T; arbre à cames central (pignons); culasses et bloc-cyl. en alliage léger; vilebrequin à 5 paliers; radiat. d'huile; huile 9.9 L; injection électronique, Bosch Motronic, 1 turbocompr., Garrett AiResearch, pression max. 0.56 bar, Intercooler. Batterie 68 Ah, alternateur 124 A; refroidissement à eau, capac. 18 L.

Transmission: (sur roues AR), différentiel autobloquant; dispositif antipatinage. Boîte aut. à 4 vit.: GM Turbo-Hydra-Matic; I. 2.48; II. 1.48; III. 1; IV. 0.75; AR 2.08; pont 2.69.

Rover   GB

Austin Rover Group Ltd., Canley, Coventry, CV4 9DB, England

Hersteller von Qualitätspersonenwagen und Geländefahrzeugen. Konstrukteur der ersten Gasturbinenautomobils. Seit 1967 zur Leyland-Gruppe gehörend. August 1988: Reprivatisiert und von British Aerospace übernommen. Nach mehrjähriger Zusammenarbeit mit Honda Anfangs 1994 von BMW übernommen.

Production de voitures de qualité et de véhicules tout-terrain. Constructeur de la première automobile à turbine à gaz. Affilié depuis 1967 au groupe Leyland. Août 1988: Reprivatisée et acheté par British Aerospace. Après une collaboration avec Honda pendant plusieurs années acheté 1994 par BMW.

Mini

Viersitziger, zweitüriger Kleinwagen mit quergestelltem Motor, Frontantrieb. Werksbezeichnung ADO 15. Debüt Sommer 1959. 1993: Nur noch 1.3. Daten siehe Mini.

Petite voiture à quatre places et deux portes. Moteur transversal et traction AV. Désignation d'usine ADO 15. Début été 1959. 1993: Uniquement 1.3. Données voir Mini.

Mini

Rover 100

Limousine der unteren Mittelklasse mit Frontantrieb und Heckklappe. Debüt (Austin Metro) Oktober 1980. Mai 1990: Neuauflage als Rover Metro/100 K-Series-Motor, 5-Gang-Getriebe. Für 1993 auch 1.4-PSA-Diesel, CVT-Getriebe und Cabriolet. Dezember 1994: Restyling, 1.5 D anstelle von 1.4 D.

Berline de la catégorie moyenne inférieure avec traction AV et hayon AR. Lancement (Austin Metro) octobre 1980. Mai 1990: Nouvelle édition comme Rover Metro/100 avec moteur K-series, boîte CVT et cabriolet. Décembre 1994: Restyling, 1.5 D au lieu de 1.4 D.

Rover

1.1 – 60 PS
Benzineinspritzung

Karosserie, Gewicht: Lim., 3/5 Türen; 5 Sitze; leer ab 815 kg, max. zul. 1290 kg.

Motor: (ECE), 4 Zyl. in Linie (75×63 mm), 1113 cm^3; Kompr. 9.75:1; 44 kW (60 PS) bei 5700/min, 39.5 kW/L (53.7 PS/L); 90 Nm (9.2 mkp) bei 3900/min; 95 ROZ.

Motorkonstruktion: Bezeichnung K8; 1 obenl. Nockenwelle (Zahnriemen); Leichtmetall-Zylinderkopf und -block; 5fach gelagerte Kurbelwelle; Öl 4.8 L; elektron. Zentraleinspritzung. Batterie 35 Ah, Alternator 55 A; Wasserkühlung, Inh. 5 L.

Kraftübertragung: (auf Vorderräder). 5-Gang-Getriebe: I. 3.42; II. 1.95; III. 1.33; IV. 1.05; V. 0.85; R 3.58; Achse 3.56.

Fahrgestell: Selbsttragende Karosserie mit vorderem und hinterem Hilfsrahmen; vorn Dreieckquerlenker; hinten Längslenker; v/h Hydragas-Verbundfederung.

Fahrwerk: Bremse, vorne Scheiben, hinten Trommeln, Scheiben-∅ v. 24 cm, Handbremse auf Hinterräder; Zahnstangenlenkung, Treibstofftank 35.5 L; Reifen 155/65 R 13, Felgen 4.5 J.

Dimensionen: Radstand 227 cm, Spur 135/130 cm, Bodenfreih. 12 cm, Wendekreis 9.9 m, Kofferraum 230/960 dm^3, Länge 357 cm, Breite 156 cm, Höhe 138 cm.

Fahrleistungen: Vmax (Werk) 154 km/h, V bei 1000/min im 5. Gang 32 km/h; 0–100 km/h 14.8 s; 0–97 km/h 13.7 s; Leistungsgew. 18.5 kg/kW (13.6 kg/PS); Verbrauch EU 4.9/8.3 L/100 km.

1.1 – 60 ch
Injection d'essence

Carrosserie, poids: Berline, 3/5 portes; 5 places; vide dès 815 kg, tot. adm. 1290 kg.

Moteur: (ECE), 4 cyl. en ligne (75×63 mm), 1113 cm^3; compr. 9.75:1; 44 kW (60 ch) à 5700/min, 39.5 kW/L (53.7 ch/L); 90 Nm (9.2 mkp) à 3900/min; 95 (R).

Moteur (constr.): désignation K8; 1 arbre à cames en tête (courroie crantée); culasse et bloc-cyl. en alliage léger; vilebrequin à 5 paliers; huile 4.8 L; injection monopoint électron. Batterie 35 Ah, alternateur 55 A; refroidissement à eau, capac. 5 L.

Transmission: (sur roues AV). Boîte à 5 vit.: I. 3.42; II. 1.95; III. 1.33; IV. 1.05; V. 0.85; AR 3.58; pont 3.56.

Châssis: carrosserie autoporteuse avec faux-châssis AV et AR; AV leviers triang. transv.; AR bras longitud.; AV/AR suspension Hydragas liée.

Train roulant: frein, AV à disques, AR à tambours, ∅ disques AV 24 cm, frein à main sur roues AR; direction à crémaillère, réservoir carb. 35.5 L; pneus 155/65 R 13, jantes 4.5 J.

Dimensions: empattement 227 cm, voie 135/130 cm, garde au sol 12 cm, diam. de braq. 9.9 m, coffre 230/960 dm^3, longueur 357 cm, largeur 156 cm, hauteur 138 cm.

Performances: Vmax (usine) 154 km/h, V à 1000/min en 5. vit. 32 km/h; 0–100 km/h 14.8 s; 0–97 km/h 13.7 s; rapp. poids/puiss. 18.5 kg/kW (13.6 kg/ch); consomm. EU 4.9/8.3 L/100 km.

Fahrleistungen: Vmax (Werk) 166 km/h, V bei 1000/min im 5. Gang 32 km/h; 0–100 km/h 11.5 s; 0–97 km/h 10.7 s; Leistungsgew. 15.3 kg/kW (11.2 kg/PS); Verbrauch EU 5/8.5 L/100 km.
Aut.: Vmax 161 km/h, 0–100 km/h 11.9 s; 0–97 km/h 11.1 s; Verbrauch EU 5.4/9.9 L/100 km.

Performances: Vmax (usine) 166 km/h, V à 1000/min en 5. vit. 32 km/h; 0–100 km/h 11.5 s; 0–97 km/h 10.7 s; rapp. poids/puiss. 15.3 kg/kW (11.2 kg/ch); consomm. EU 5/8.5 L/100 km.
Aut.: Vmax 161 km/h, 0–100 km/h 11.9 s; 0–97 km/h 11.1 s; consomm. EU 5.4/9.9 L/100 km.

Rover 100

1.5 – 57 PS
Diesel

Wie 1.1 – 60 PS, ausgenommen:

Gewicht: leer 840 kg, max. zul. 1310 kg.

Motor: (ECE), 4 Zyl. in Linie (77×82 mm), 1527 cm^3; Kompr. 22.1:1; 42 kW (57 PS) bei 5000/min, 27.5 kW/L (37.3 PS/L); 95 Nm (9.7 mkp) bei 2250/min; Dieselöl.

Motorkonstruktion: Bezeichnung PSA/TUD5; Wirbelkammer-Diesel; 1 obenl. Nockenwelle (Zahnriemen); Grauguss-Zylinderblock; 5fach gelagerte Kurbelwelle; Öl 4.8 L; Einspritzpumpe CAV Rotodiesel. Batterie 45 Ah, Alternator 65 A; Wasserkühlung, Inh. 5 L.

Kraftübertragung:
5-Gang-Getriebe: I. 3.42; II. 1.95; III. 1.33; IV. 1.05; V. 0.85; R 3.58; Achse 3.56.

Fahrleistungen: Vmax (Werk) 154 km/h, V bei 1000/min im 5. Gang 32 km/h; 0–97 km/h 15.3 s; Leistungsgew. 20 kg/kW (14.7 kg/PS); Verbrauch EU 4.3/6.3 L/100 km.

1.5 – 57 ch
Diesel

Comme 1.1 – 60 ch, sauf:

Poids: vide 840 kg, tot. adm. 1310 kg.

Moteur: (ECE), 4 cyl. en ligne (77×82 mm), 1527 cm^3; compr. 22.1:1; 42 kW (57 ch) à 5000/min, 27.5 kW/L (37.3 ch/L); 95 Nm (9.7 mkp) à 2250/min; gazole.

Moteur (constr.): désignation PSA/TUD5; diesel à chambre de turbulence; 1 arbre à cames en tête (courroie crantée); bloc-cyl. en fonte; vilebrequin à 5 paliers; huile 4.8 L; pompe à injection CAV Rotodiesel. Batterie 45 Ah, alternateur 65 A; refroidissement à eau, capac. 5 L.

Transmission:
Boîte à 5 vit.: I. 3.42; II. 1.95; III. 1.33; IV. 1.05; V. 0.85; AR 3.58; pont 3.56.

Performances: Vmax (usine) 154 km/h, V à 1000/min en 5. vit. 32 km/h; 0–97 km/h 15.3 s; rapp. poids/puiss. 20 kg/kW (14.7 kg/ch); consomm. EU 4.3/6.3 L/100 km.

Rover 200

Kompaktwagen mit Quermotor, Frontantrieb und Heckklappe. Debüt Oktober 1995, London Motor Show.

Berline compacte avec moteur transv., traction et hayon arrière. Lancement october 1995, London Motor Show.

Rover 114 GTa

1.4 – 75 PS
Benzineinspritzung

Wie 1.1 – 60 PS, ausgenommen:

Gewicht: leer 840 kg, max. zul. 1310 kg.

Motor: (ECE), 4 Zyl. in Linie (75×79 mm), 1396 cm^3; Kompr. 9.75:1; 55 kW (75 PS) bei 5500/min, 39.4 kW/L (53.5 PS/L); 117 Nm (11.9 mkp) bei 4000/min; 95 ROZ.

Motorkonstruktion: 1 obenl. Nockenwelle (Zahnriemen); Leichtmetall-Zylinderkopf und -block; 5fach gelagerte Kurbelwelle; Öl 4.8 L; elektron. Zentraleinspritzung. Batterie 35 Ah, Alternator 55 A; Wasserkühlung, Inh. 5 L.

Kraftübertragung:
5-Gang-Getriebe: I. 3.42; II. 1.95; III. 1.33; IV. 1.05; V. 0.85; R 3.58; Achse 3.56; 3.77.
Automat: stufenlos variabel von 2.47 bis 0.46; R 3.5; Achse 4.05.

1.4 – 75 ch
Injection d'essence

Comme 1.1 – 60 ch, sauf:

Poids: vide 840 kg, tot. adm. 1310 kg.

Moteur: (ECE), 4 cyl. en ligne (75×79 mm), 1396 cm^3; compr. 9.75:1; 55 kW (75 ch) à 5500/min, 39.4 kW/L (53.5 ch/L); 117 Nm (11.9 mkp) à 4000/min; 95 (R).

Moteur (constr.): 1 arbre à cames en tête (courroie crantée); culasse et bloc-cyl. en alliage léger; vilebrequin à 5 paliers; huile 4.8 L; injection monopoint électron. Batterie 35 Ah, alternateur 55 A; refroidissement à eau, capac. 5 L.

Transmission:
Boîte à 5 vit.: I. 3.42; II. 1.95; III. 1.33; IV. 1.05; V. 0.85; AR 3.58; pont 3.56; 3.77.
Boîte aut.: à variation continue de 2.47 et 0.46; AR 3.5; pont 4.05.

1.4 – 75 PS
Benzineinspritzung

Karosserie, Gewicht: Lim., 3/5 Türen; 5 Sitze; leer ab 985 kg, max. zul. 1460 kg.

Motor: (ECE), 4 Zyl. in Linie (75×79 mm), 1396 cm^3; Kompr. 9.75:1; 55 kW (75 PS) bei 5500/min, 39.4 kW/L (53.5 PS/L); 117 Nm (11.9 mkp) bei 2500/min; 95 ROZ.

Motorkonstruktion: 1 obenl. Nockenwelle (Zahnriemen); Leichtmetall-Zylinderkopf und -block; 5fach gelagerte Kurbelwelle; Öl 4.5 L; elektron. Einspritzung. Batterie 45 Ah, 65 Ah, Alternator 55 A; 75 A; Wasserkühlung, Inh. 5.5 L.

Kraftübertragung: (auf Vorderräder).
5-Gang-Getriebe: I. 3.42; II. 1.95; III. 1.33; IV. 1.05; V. 0.85; R 3.58; Achse 3.94.

Fahrgestell: Selbsttragende Karosserie; vorn Federbeine und Dreieckquerlenker, Kurvenstabilisator; hinten Verbundlenkerachse, je nach Modell Kurvenstabilisator; v/h Schraubenfedern, Teleskopdämpfer.

1.4 – 75 ch
Injection d'essence

Carrosserie, poids: Berline, 3/5 portes; 5 places; vide dès 985 kg, tot. adm. 1460 kg.

Moteur: (ECE), 4 cyl. en ligne (75×79 mm), 1396 cm^3; compr. 9.75:1; 55 kW (75 ch) à 5500/min, 39.4 kW/L (53.5 ch/L); 117 Nm (11.9 mkp) à 2500/min; 95 (R).

Moteur (constr.): 1 arbre à cames en tête (courroie crantée); culasse et bloc-cyl. en alliage léger; vilebrequin à 5 paliers; huile 4.5 L; injection électronique. Batterie 45 Ah, 65 Ah, alternateur 55 A; 75 A; refroidissement à eau, capac. 5.5 L.

Transmission: (sur roues AV).
Boîte à 5 vit.: I. 3.42; II. 1.95; III. 1.33; IV. 1.05; V. 0.85; AR 3.58; pont 3.94.

Châssis: carrosserie autoporteuse; AV jambes élast. et leviers triang. transv., barre anti-dévers; AR essieu semi-rigide, selon modèles barre anti-dévers; AV/AR ressorts hélicoïdaux, amortiss. télesc.

Rover

Rover 200

Fahrwerk: Bremse, vorne Scheiben, hinten Trommeln, Scheiben-∅ v. 26.2 cm, h. 23.9 cm, a.W. ABS (mit Scheiben h.), Handbremse auf Hinterräder; Zahnstangenlenkung mit Servo, Treibstofftank 50 L; Reifen 175/65 R 14, Felgen 5 J.

Dimensionen: Radst. 250 cm, Spur 147/147 cm, Bodenfreih. 12 cm, Wendekreis 10.2 m, Kofferraum 300/1090 dm³, Länge 397 cm, Breite 169 cm, Höhe 142 cm.

Fahrleistungen: Vmax (Werk) 166 km/h, V bei 1000/min im 5. Gang 31.4 km/h; 0–100 km/h 13.3 s; 0–97 km/h 12.5 s; steh. km 38.4 s; Leistungsgew. 17.9 kg/kW (13.1 kg/PS); Verbrauch ECE 5/6.4/7.8 L/100 km.

Train roulant: frein, AV à disques, AR à tambours, ∅ disques AV 26.2 cm, AR 23.9 cm, s.d. ABS (avec disque AR), frein à main sur roues AR; servodirection à crémaillère, réservoir carb. 50 L; pneus 175/65 R 14, jantes 5 J.

Dimensions: empatt. 250 cm, voie 147/147 cm, garde au sol 12 cm, diam. de braq. 10.2 m, coffre 300/1090 dm³, longueur 397 cm, largeur 169 cm, hauteur 142 cm.

Performances: Vmax (usine) 166 km/h, V à 1000/min en 5. vit. 31.4 km/h; 0–100 km/h 13.3 s; 0–97 km/h 12.5 s; km arrêté 38.4 s; rapp. poids/puiss. 17.9 kg/kW (13.1 kg/ch); consomm. ECE 5/6.4/7.8 L/100 km.

1.4 16V – 103 PS
Benzineinspritzung

Wie 1.4 – 75 PS, ausgenommen:

Gewicht: leer ab 1000 kg, max. zul. 1480 kg.

Motor: (ECE), 4 Zyl. in Linie (75×79 mm), 1396 cm³; Kompr. 10.5:1; 76 kW (103 PS) bei 6000/min, 54.4 kW/L (74 PS/L); 127 Nm (12.9 mkp) bei 3000/min; 95 ROZ.

Motorkonstruktion: 4 Ventile in V 45°; 2 obenl. Nockenwellen (Zahnriemen); Leichtmetall-Zylinderkopf und -block; 5fach gelagerte Kurbelwelle; Öl 4.5 L; elektron. Einspritzung, Bosch. Batterie 45 Ah, Alternator 65 A; Wasserkühlung, Inh. 5.5 L.

Kraftübertragung:
5-Gang-Getriebe: I. 3.42; II. 1.95; III. 1.33; IV. 1.05; V. 0.85; R 3.58; Achse 3.94.

Fahrwerk: Reifen 185/60 HR 14, 185/55 VR 15; 6 J.

Fahrleistungen: Vmax (Werk) 185 km/h, V bei 1000/min im 5. Gang 31.4 km/h; 0–100 km/h 10.7 s; 0–97 km/h 10.2 s; steh. km 36.4 s; Leistungsgew. 13.4 kg/kW (9.9 kg/PS); Verbrauch ECE 5.1/6.5/8.2 L/100 km.

1.4 16V – 103 ch
Injection d'essence

Comme 1.4 – 75 ch, sauf:

Poids: vide dès 1000 kg, tot. adm. 1480 kg.

Moteur: (ECE), 4 cyl. en ligne (75×79 mm), 1396 cm³; compr. 10.5:1; 76 kW (103 ch) à 6000/min, 54.4 kW/L (74 ch/L); 127 Nm (12.9 mkp) à 3000/min; 95 (R).

Moteur (constr.): 4 soupapes en V 45°; 2 arbres à cames en tête (courroie crantée); culasse et bloc-cyl. en alliage léger; vilebrequin à 5 paliers; huile 4.5 L; injection électronique, Bosch. Batterie 45 Ah, alternateur 65 A; refroidissement à eau, capac. 5.5 L.

Transmission:
Boîte à 5 vit.: I. 3.42; II. 1.95; III. 1.33; IV. 1.05; V. 0.85; AR 3.58; pont 3.94.

Train roulant: pneus 185/60 HR 14, 185/55 VR 15; 6 J.

Performances: Vmax (usine) 185 km/h, V à 1000/min en 5. vit. 31.4 km/h; 0–100 km/h 10.7 s; 0–97 km/h 10.2 s; km arrêté 36.4 s; rapp. poids/puiss. 13.4 kg/kW (9.9 kg/ch); consomm. ECE 5.1/6.5/8.2 L/100 km.

Rover 200

1.6 16V – 111 PS
Benzineinspritzung

Wie 1.4 – 75 PS, ausgenommen:

Gewicht: leer ab 1025 kg, max. zul. 1510 kg.

Motor: (ECE), 4 Zyl. in Linie (80×79 mm), 1588 cm³; Kompr. 10.5:1; 82 kW (111 PS) bei 6000/min, 51.6 kW/L (70.2 PS/L); 145 Nm (14.8 mkp) bei 3000/min; 95 ROZ.

Motorkonstruktion: 4 Ventile in V 45°; 2 obenl. Nockenwellen (Zahnriemen); Leichtmetall-Zylinderkopf und -block; 5fach gelagerte Kurbelwelle; Öl 4.8 L; elektron. Einspritzung. Batterie 45 Ah, Alternator 65 A; Wasserkühlung, Inh. 5 L.

Kraftübertragung:
5-Gang-Getriebe: I. 3.42; II. 1.95; III. 1.33; IV. 1.05; V. 0.85; R 3.58; Achse 3.94.
Automat: stufenlos variabel von 3.5 bis 0.63; R 3.86; Achse 4.06.

Fahrwerk: Reifen 185/60 HR 14, 185/55 VR 15; 6 J.

Fahrleistungen: Vmax (Werk) 190 km/h, V bei 1000/min im 5. Gang 32 km/h; 0–100 km/h 9.9 s; 0–97 km/h 9.3 s; Leistungsgew. 12.5 kg/kW (9.2 kg/PS); Verbrauch ECE 5.2/6.5/8.6 L/100 km.
Aut.: Vmax 185 km/h, 0–100 km/h 10.4 s; 0–97 km/h 9.8 s; Verbrauch ECE 6.7/10 L/100 km.

1.6 16V – 111 ch
Injection d'essence

Comme 1.4 – 75 ch, sauf:

Poids: vide dès 1025 kg, tot. adm. 1510 kg.

Moteur: (ECE), 4 cyl. en ligne (80×79 mm), 1588 cm³; compr. 10.5:1; 82 kW (111 ch) à 6000/min, 51.6 kW/L (70.2 ch/L); 145 Nm (14.8 mkp) à 3000/min; 95 (R).

Moteur (constr.): 4 soupapes en V 45°; 2 arbres à cames en tête (courroie crantée); culasse et bloc-cyl. en alliage léger; vilebrequin à 5 paliers; huile 4.8 L; injection électronique. Batterie 45 Ah, alternateur 65 A; refroidissement à eau, capac. 5 L.

Transmission:
Boîte à 5 vit.: I. 3.42; II. 1.95; III. 1.33; IV. 1.05; V. 0.85; AR 3.58; pont 3.94.
Boîte aut.: à variation continue de 3.5 à 0.63; AR 3.86; pont 4.06.

Train roulant: pneus 185/60 HR 14, 185/55 VR 15; 6 J.

Performances: Vmax (usine) 190 km/h, V à 1000/min en 5. vit. 32 km/h; 0–100 km/h 9.9 s; 0–97 km/h 9.3 s; rapp. poids/puiss. 12.5 kg/kW (9.2 kg/ch); consomm. ECE 5.2/6.5/8.6 L/100 km.
Aut.: Vmax 185 km/h, 0–100 km/h 10.4 s; 0–97 km/h 9.8 s; consomm. ECE 6.7/10 L/100 km.

Rover 200

1.8 16V – 145 PS
Benzineinspritzung

Wie 1.4 – 75 PS, ausgenommen:

Karosserie, Gewicht: Limousine, 3 Türen; leer ab 1060 kg, max. zul. 1520 kg.

Motor: (ECE), 4 Zyl. in Lin. (80×89.3 mm), 1795 cm³; Kompr. 10.5:1; 107 kW (145 PS) bei 6750/min, 59.6 kW/L (81 PS/L); 170 Nm (17.3 mkp) bei 4000/min; 95 ROZ.

Motorkonstruktion: Bezeichnung VVC; 4 Ventile in V 45°; 2 obenl. Nockenwellen (Zahnriemen); Leichtmetall-Zylinderkopf und -block; 5fach gelagerte Kurbelwelle; Öl 4.8 L; elektron. Einspritzung. Batterie 45 Ah, Alternator 65 A; Wasserkühlung, Inh. 5 L.

Kraftübertragung:
5-Gang-Getriebe: I. 3.17; II. 1.84; III. 1.31; IV. 1.03; V. 0.77; R 3.58; Achse 4.2.

Fahrwerk: Vierrad-Scheibenbremse (vorn belüftet), ABS, Reifen 185/55 R 15.

Fahrleistungen: Vmax (Werk) 205 km/h, V bei 1000/min im 5. Gang 33 km/h; 0–100 km/h 8 s; 0–97 km/h 7.5 s; Leistungsgew. 9.9 kg/kW (7.3 kg/PS); Verbrauch ECE 5.2/6.5/9.4 L/100 km.

1.8 16V – 145 ch
Injection d'essence

Comme 1.4 – 75 ch, sauf:

Carrosserie, poids: Berline, 3 portes; vide dès 1060 kg, tot. adm. 1520 kg.

Moteur: (ECE), 4 cyl. en ligne (80×89.3 mm), 1795 cm³; compr. 10.5:1; 107 kW (145 ch) à 6750/min, 59.6 kW/L (81 ch/L); 170 Nm (17.3 mkp) à 4000/min; 95 (R).

Moteur (constr.): désignation VVC; 4 soupapes en V 45°; 2 arbres à cames en tête (courroie crantée); culasse et bloc-cyl. en alliage léger; vilebrequin à 5 paliers; huile 4.8 L; injection électronique. Batterie 45 Ah, alternateur 65 A; refroidissement à eau, capac. 5 L.

Transmission:
Boîte à 5 vit.: I. 3.17; II. 1.84; III. 1.31; IV. 1.03; V. 0.77; AR 3.58; pont 4.2.

Train roulant: quatre freins à disques (AV ventilés), ABS, pneus 185/55 R 15.

Performances: Vmax (usine) 205 km/h, V à 1000/min en 5. vit. 33 km/h; 0–100 km/h 8 s; 0–97 km/h 7.5 s; rapp. poids/puiss. 9.9 kg/kW (7.3 kg/ch); consomm. ECE 5.2/6.5/9.4 L/100 km.

Rover 479

2.0 – 105 PS Turbodiesel direkt

Wie 1.4 – 75 PS, ausgenommen:

Gewicht: leer ab 1105 kg.

Motor: (ECE), 4 Zyl. in Linie (84.5×88.9 mm), 1994 cm³; Kompr. 19.5:1; 77 kW (105 PS) bei 4200/min, 38.6 kW/L (52.5 PS/L); 210 Nm (21.4 mkp) bei 2000/min; Dieselöl. Ohne Intercooler: 63 kW (86 PS) bei 4500/min; 170 Nm (17,3 mkp) bei 2000/min.

Motorkonstruktion: Direkteingespritzter Diesel; 2 Ventile in V; 1 obenl. Nockenwelle (Zahnriemen); Grauguss-Zylinderblock; 5fach gelagerte Kurbelwelle, Öl 4.9 L; Einspritzpumpe, 1 Turbolader, max. Ladedruck 1 bar, Intercooler.

Batterie 65 Ah, Alternator 65 A; Wasserkühlung, Inh. 8.4 L.

Kraftübertragung:

5-Gang-Getriebe: I. 3.42; II. 1.95; III. 1.33; IV. 1.05; V. 0.85; R 3.58; Achse 3.94.

Fahrleistungen: Vmax (Werk) 185 km/h, 0–97 km/h 9.8 s; Leistungsgew. 14.4 kg/kW (10.5 kg/PS); Verbrauch ECE 3.9/5.6/6 L/100 km.
Ohne Intercooler: Vmax 169 km/h; 0-97 km/h 12, 0-100 km/h 12,9 s; Verbrauch ECE 4/5,6/6 L/100 km.

2.0 – 105 ch Turbodiesel direct

Comme 1.4 – 75 ch, sauf:

Poids: vide dès 1105 kg.

Moteur: (ECE), 4 cyl. en ligne (84.5×88.9 mm), 1994 cm³; compr. 19.5:1; 77 kW (105 ch) à 4200/min, 38.6 kW/L (52.5 ch/L); 210 Nm (21.4 mkp) à 2000/min; gazole. Sans intercooler: 63 kW (86 ch) à 4500/min; 170 Nm (17,3 mkp) à 2000/min.

Moteur (constr.): Diesel à injection directe; 2 soupapes en V; 1 arbre à cames en tête (courroie crantée); bloc-cyl. en fonte; vilebrequin à 5 paliers; huile 4.9 L; pompe à injection, 1 turbocompr., pression max. 1 bar, Intercooler.

Batterie 65 Ah, alternateur 65 A; refroidissement à eau, capac. 8.4 L.

Transmission:

Boîte à 5 vit.: I. 3.42; II. 1.95; III. 1.33; IV. 1.05; V. 0.85; AR 3.58; pont 3.94.

Performances: Vmax (usine) 185 km/h, 0–97 km/h 9.8 s; rapp. poids/puiss. 14.4 kg/kW (10.5 kg/ch); consomm. ECE 3.9/5.6/6 L/100 km.
Sans Intercooler: Vmax 169 km/h; 0-97 km/h 12, 0-100 km/h 12,9 s; consomm. ECE 4/5,6/6 L/100 km.

Rover 400

Mittelklassewagen mit Quermotor und Frontantrieb, Limousine vier- oder fünftürig. Debüt Mai 1995.

Voiture de la catégorie moyenne avec moter transv. et traction, berline 4 ou 5 portes. Lancement mai 1995.

1.4 16V – 103 PS Benzineinspritzung

Karosserie, Gewicht: Lim., 4/5 Türen; 5 Sitze; leer ab 1120 kg, max. zul. 1550 kg.

Motor: (ECE), 4 Zyl. in Linie (75×79 mm), 1396 cm³; Kompr. 9.5:1; 76 kW (103 PS) bei 6000/min, 54.4 kW/L (74 PS/L); 127 Nm (12.9 mkp) bei 5000/min; 95 ROZ.

Motorkonstruktion: 4 Ventile in V 45°; 2 obenl. Nockenwellen (Zahnriemen); Leichtmetall-Zylinderkopf und -block; 5fach gelagerte Kurbelwelle; Öl 4.8 L; elektron. Einspritzung, Bosch.

Batterie 45 Ah, Alternator 55 A; Wasserkühlung, Inh. 5 L.

Kraftübertragung: (auf Vorderräder).

5-Gang-Getriebe: I. 3.42; II. 1.95; III. 1.33; IV. 1.05; V. 0.85; R 3.58; Achse 3.94.

Fahrgestell: Selbsttragende Karosserie; vorn Querlenker, Zugstreben, obere Dreieckquerlenker, Kurvenstabilisator; hinten Längslenker, untere und obere Querlenker, Zusatzlenker; Schraubenfedern, Teleskopdämpfer.

1.4 16V – 103 ch Injection d'essence

Carrosserie, poids: Berline, 4/5 portes; 5 pl.; vide dès 1120 kg, tot. adm. 1550 kg.

Moteur: (ECE), 4 cyl. en ligne (75×79 mm), 1396 cm³; compr. 9.5:1; 76 kW (103 ch) à 6000/min, 54.4 kW/L (74 ch/L); 127 Nm (12.9 mkp) à 5000/min; 95 (R).

Moteur (constr.): 4 soupapes en V 45°; 2 arbres à cames en tête (courroie crantée); culasse et bloc-cyl. en alliage léger; vilebrequin à 5 paliers; huile 4.8 L; injection électronique, Bosch.

Batterie 45 Ah, alternateur 55 A; refroidissement à eau, capac. 5 L.

Transmission: (sur roues AV).

Boîte à 5 vit.: I. 3.42; II. 1.95; III. 1.33; IV. 1.05; V. 0.85; AR 3.58; pont 3.94.

Châssis: carrosserie autoporteuse; AV leviers transv., tirants, leviers triang. superieur, barre anti-dévers; AR bras longitud., leviers transversaux inf. et sup., leviers auxiliaires; ressorts hélicoïdaux, amortis. télesc.

Rover 400

Fahrwerk: Bremse, vorne Scheiben, hinten Trommeln, a.W. Scheiben hinten, Scheiben-Ø v. 26.2 cm, h. 23.9 cm, a.W. ABS (mit Scheiben h.), Handbremse auf Hinterräder; Zahnstangenlenkung mit Servo, Treibstofftank 55 L; Reifen 175/65 R 14, 185/55 VR 15, Felgen 5 J, 5.5 J.

Dimensionen: Radstand 262 cm, Spur 148/147 cm, Bodenfreih. 15 cm, Wendekreis 10.5 m, Kofferraum 470/810 dm³, Länge 449 cm, Breite 170 cm, Höhe 139 cm. Limousine mit Heckklappe: Kofferraum 370-720 dm³; Länge 432 cm.

Fahrleistungen: Vmax (Werk) 185 km/h, V bei 1000/min im 5. Gang 32 km/h; 0–100 km/h 11.8 s; 0–97 km/h 11 s; Leistungsgew. 14.7 kg/kW (10.8 kg/PS); Verbrauch ECE 5.1/6.5/8.9 L/100 km.

Train roulant: frein, AV à disques, AR à tambours, s.d. disques AR, Ø disques AV 26.2 cm, AR 23.9 cm, s.d. ABS (avec disque AR), frein à main sur roues AR; servodirection à crémaillère, réservoir carb. 55 L; pneus 175/65 R 14, 185/55 VR 15, jantes 5 J, 5.5 J.

Dimensions: empattement 262 cm, voie 148/147 cm, garde au sol 15 cm, diam. de braq. 10.5 m, coffre 470/810 dm³, longueur 449 cm, largeur 170 cm, hauteur 139 cm. Berline avec hayon AR: Volume du coffre 370-720 dm³; longueur 432 cm.

Performances: Vmax (usine) 185 km/h, V à 1000/min en 5. vit. 32 km/h; 0–100 km/h 11.8 s; 0–97 km/h 11 s; rapp. poids/puiss. 14.7 kg/kW (10.8 kg/ch); consomm. ECE 5.1/6.5/8.9 L/100 km.

Rover 400

1.6 16V – 111 PS Benzineinspritzung

Wie 1.4 – 103 PS, ausgenommen:

Gewicht: leer ab 1125 kg, max. zul. 1550 kg.

Motor: (ECE), 4 Zyl. in Linie (80×79 mm), 1588 cm³; Kompr. 10.5:1; 82 kW (111 PS) bei 6000/min, 51.6 kW/L (70.2 PS/L); 145 Nm (14.8 mkp) bei 3000/min; 95 ROZ. Aut. mit 1.6-OHC: (75×90 mm), 1590 cm³; Kompr. 9,1:1; 83 kW (113 PS) bei 6200/min; 140 Nm (14,3 mkp) bei 5100/min.

Motorkonstruktion: 4 Ventile in V 45°; 2 obenl. Nockenwellen (Zahnriemen); Leichtmetall-Zylinderkopf und -block; 5fach gelagerte Kurbelwelle; Öl 4.8 L; elektron. Einspritzung.

Batterie 45 Ah, Alternator 65 A; Wasserkühlung, Inh. 5 L.

Kraftübertragung:

5-Gang-Getriebe: I. 3.42; II. 1.95; III. 1.33; IV. 1.05; V. 0.85; R 3.58; Achse 3.94.

4-Stufen-Automat: I. 2.7; II. 1.56; III. 1.03; IV. 0.78; R 1.95; Achse 4.21.

Fahrwerk: Reifen 185/60 HR 14, 185/55 VR 15, 5.5 J.

Fahrleistungen: Vmax (Werk) 190 km/h, 0–100 km/h 10.8 s; 0–97 km/h 10 s; Leistungsgew. 13.7 kg/kW (10.1 kg/PS); Verbrauch ECE 5.1/6.5/9.4 L/100 km.
Aut.: 0–100 km/h 12.7 s; 0–97 km/h 12 s; Verbrauch ECE 6.5/8.1/10.1 L/100 km.

1.6 16V – 111 ch Injection d'essence

Comme 1.4 – 103 ch, sauf:

Poids: vide dès 1125 kg, tot. adm. 1550 kg.

Moteur: (ECE), 4 cyl. en ligne (80×79 mm), 1588 cm³; compr. 10.5:1; 82 kW (111 ch) à 6000/min, 51.6 kW/L (70.2 ch/L); 145 Nm (14.8 mkp) à 3000/min; 95 (R). Automat. avec 1.6-OHC: (75×90 mm), 1590 cm³; compr. 9,1:1; 83 kW (113 ch) à 6200/min; 140 Nm (14,3 mkp) à 5100/min.

Moteur (constr.): 4 soupapes en V 45°; 2 arbres à cames en tête (courroie crantée); culasse et bloc-cyl. en alliage léger; vilebrequin à 5 paliers; huile 4.8 L; injection électronique.

Batterie 45 Ah, alternateur 65 A; refroidissement à eau, capac. 5 L.

Transmission:

Boîte à 5 vit.: I. 3.42; II. 1.95; III. 1.33; IV. 1.05; V. 0.85; AR 3.58; pont 3.94.

Boîte aut. à 4 vit.: I. 2.7; II. 1.56; III. 1.03; IV. 0.78; AR 1.95; pont 4.21.

Train roulant: pneus 185/60 HR 14, 185/55 VR 15, 5.5 J.

Performances: Vmax (usine) 190 km/h, 0–100 km/h 10.8 s; 0–97 km/h 10 s; rapp. poids/puiss. 13.7 kg/kW (10.1 kg/ch); consomm. ECE 5.1/6.5/9.4 L/100 km.
Aut.: 0–100 km/h 12.7 s; 0–97 km/h 12 s; consomm. ECE 6.5/8.1/10.1 L/100 km.

2.0 16V – 136 PS Benzineinspritzung

Wie 1.4 – 103 PS, ausgenommen:

Gewicht: leer ab 1265 kg.

Motor: (ECE), 4 Zyl. in Linie (84.45×89 mm), 1994 cm³; Kompr. 10:1; 100 kW (136 PS) bei 6000/min, 50.1 kW/L (68.2 PS/L); 185 Nm (18.9 mkp) bei 2500/min; 95 ROZ.

2.0 16V – 136 ch Injection d'essence

Comme 1.4 – 103 ch, sauf:

Poids: vide dès 1265 kg.

Moteur: (ECE), 4 cyl. en ligne (84.45×89 mm), 1994 cm³; compr. 10:1; 100 kW (136 ch) à 6000/min, 50.1 kW/L (68.2 ch/L); 185 Nm (18.9 mkp) à 2500/min; 95 (R).

Rover

Motorkonstruktion: 4 Ventile in V; 2 obenl. Nockenwellen (Zahnriemen); Leichtmetall-Zylinderkopf; 5fach gelagerte Kurbelwelle; Öl 5.8 L; elektron. Einspritzung. Batterie 45 Ah, Alternator 65 A; Wasserkühlung, Inh. 6 L.

Kraftübertragung:
5-Gang-Getriebe: I. 2.92; II. 1.75; III. 1.22; IV. 0.94; V. 0.77; R 3; Achse 4.2.

Fahrwerk: Reifen 195/55 VR 15, Felgen 6 J.

Fahrleistungen: Vmax (Werk) 199 km/h, V bei 1000/min im 5. Gang 33 km/h; 0–97 km/h 9 s; Leistungsgew. 12.6 kg/kW (9.3 kg/PS); Verbrauch EU 6/13.1 L/100 km.

2.0 – 105/86 PS Turbodiesel direkt

Wie 1.4 – 103 PS, ausgenommen:

Gewicht: leer ab 1220 kg.

Motor: (ECE), 4 Zyl. in Linie (84.5×88.9 mm), 1994 cm³, Kompr. 19.5:1; 77 kW (105 PS) bei 4200/min, 38.6 kW/L (52.5 PS/L); 210 Nm (21.4 mkp) bei 2000/min; Dieselöl. Ohne Intercooler: 63 kW (86 PS) bei 4500/min; 170 Nm (17,3 mkp) bei 2000/min.

Motorkonstruktion: Direkteingespr. Diesel; 2 Ventile in V; 1 obenl. Nockenwelle (Zahn.); Gussguss-Zylinderblock; 5fach gelagerte Kurbelwelle; Öl 4.9 L; Einspritzp., 1 Turbolader, max. Ladedruck 1 bar, Interc. Batterie 65 Ah, Alternator 65 A; Wasserkühlung, Inh. 8.4 L.

Kraftübertragung:
5-Gang-Getriebe: I. 3.42; II. 1.95; III. 1.33; IV. 1.05; V. 0.85; R 3.58; Achse 3.94.

Fahrleistungen: Vmax (Werk) 185 km/h, 0–100 km/h 11 s; Leistungsgew. 15.8 kg/kW (11.6 kg/PS); Verbrauch ECE 3.9/5.4/6 L/100 km.
Ohne Intercooler (86 PS): Vmax 170 km/h; 0-100 km/h 14 s; 4/5.5/5.6 L/100 km.

Rover Cabriolet

Cabriolet auf Basis des früheren 200/400. Debüt März 1992 (Genf).

1.6 16V – 111 PS Benzineinspritzung

Karosserie, Gewicht: Cabriolet, 2 Türen, 5 Sitze; leer ab 1100 kg, max. zul. 1485 kg.

Motor: (ECE), 4 Zyl. in Linie (80×79 mm), 1588 cm³, Kompr. 10.5:1; 82 kW (111 PS) bei 6000/min, 51.6 kW/L (70.2 PS/L); 145 Nm (14.8 mkp) bei 3000/min; 95 ROZ.

Motorkonstruktion: 4 Ventile in V 45°; 2 obenl. Nockenwellen (Zahn.); Leichtmetall-Zylinderkopf und -block; 5fach gelagerte Kurbelwelle; Öl 4.8 L; elektron. Einspr. Batterie 45 Ah, Alternator 65 A; Wasserkühlung, Inh. 5 L.

Kraftübertragung: (auf Vorderräder).
5-Gang-Getriebe: I. 3.42; II. 1.95; III. 1.33; IV. 1.05; V. 0.85; R 3.58; Achse 3.94.
Automat: stufenlos variabel von 3.5 bis 0.63; R 3.86; Achse 4.06.

Fahrgestell: Selbsttragende Karosserie; vorn Federbeine, Längs- und Querlenker, Kurvenstabilisator; hinten Längslenker, Zusatzlenker, untere und obere Querlenker, Kurvenstabilisator; v/h Schraubenfedern, Teleskopdämpfer.

Fahrwerk: Vierrad-Scheibenbremse (vorn belüftet), a.W. Scheiben hinten, a.W. ABS (mit Scheiben h.), Handbremse auf Hinterräder; Zahnstangenlenkung mit Servo, Treibstofftank 55 L; Reifen 175/65 HR 14, 185/55 VR 15, Felgen 6 J.

Moteur (constr.): 4 soupapes en V; 2 arbres à cames en tête (courroie crantée); culasse en alliage léger; vilebrequin à 5 paliers; huile 5.8 L; injection électronique. Batterie 45 Ah, alternateur 65 A; refroidissement à eau, capac. 6 L.

Transmission:
Boîte à 5 vit.: I. 2.92; II. 1.75; III. 1.22; IV. 0.94; V. 0.77; AR 3; pont 4.2.

Train roulant: pneus 195/55 VR 15, jantes 6 J.

Performances: Vmax (usine) 199 km/h, V à 1000/min en 5. vit. 33 km/h; 0–97 km/h 9 s; rapp. poids/puiss. 12.6 kg/kW (9.3 kg/ch); consomm. EU 6/13.1 L/100 km.

2.0 – 105/86 ch Turbodiesel direct

Comme 1.4 – 103 ch, sauf:

Poids: vide dès 1220 kg.

Moteur: (ECE), 4 cyl. en ligne (84.5×88.9 mm), 1994 cm³; compr. 19.5:1; 77 kW (105 ch) à 4200/min, 38.6 kW/L (52.5 ch/L); 210 Nm (21.4 mkp) à 2000/min; gazole. Sans intercooler: 63 kW (86 ch) à 4500/min; 170 Nm (17,3 mkp) à 2000/min.

Moteur (constr.): Diesel à inj. directe; 2 soupapes en V; 1 arbre à cames en tête (courroie crantée); bloc-cyl. en fonte; vilebr. à 5 paliers; huile 4.9 L; pompe à inj., 1 turbocompr., pression max. 1 bar, Interc. Batterie 65 Ah, alternateur 65 A; refroidissement à eau, capac. 8.4 L.

Transmission:
Boîte à 5 vit.: I. 3.42; II. 1.95; III. 1.33; IV. 1.05; V. 0.85; AR 3.58; pont 3.94.

Performances: Vmax (usine) 185 km/h, 0–100 km/h 11 s; rapp. poids/puiss. 15.8 kg/kW (11.6 kg/ch); consomm. ECE 3.9/5.4/6 L/100 km.
Sans intercooler (86 ch): Vmax 170 km/h; 0-100 km/h 14 s; 4/5.5/5.6 L/100 km.

Rover Cabriolet

Cabriolet, basant sur l'ancienne 200/400. Lancement mars 1992 (Genève).

1.6 16V – 111 ch Injection d'essence

Carrosserie, poids: Cabriolet, 2 portes, 5 pl.; vide dès 1100 kg, tot. adm. 1485 kg.

Moteur: (ECE), 4 cyl. en ligne (80×79 mm), 1588 cm³; compr. 10.5:1; 82 kW (111 ch) à 6000/min, 51.6 kW/L (70.2 ch/L); 145 Nm (14.8 mkp) à 3000/min; 95 (R).

Moteur (constr.): 4 soupapes en V 45°; 2 arbres à cames en tête (courroie crantée); culasse et bloc-cyl. en alliage léger; vilebr. à 5 paliers; huile 4.8 L; inj. électronique. Batterie 45 Ah, alternateur 65 A; refroidissement à eau, capac. 5 L.

Transmission: (sur roues AV).
Boîte à 5 vit.: I. 3.42; II. 1.95; III. 1.33; IV. 1.05; V. 0.85; AR 3.58; pont 3.94.
Boîte aut.: à variation continue de 3.5 et 0.63; AR 3.86; pont 4.06.

Châssis: carrosserie autoporteuse; AV jambes élast., bras longitud. et transv., barre anti-dévers; AR bras longitud., leviers auxiliaires, leviers transversaux inf. et sup.; AV/AR ressorts hélicoïdaux, amortiss. télesc.

Train roulant: quatre freins à disques (AV ventilés), s.d. disques AR, s.d. ABS (avec disque AR), frein à main sur roues AR; servodirection à crémaillère, réservoir carb. 55 L; pneus 175/65 HR 14, 185/55 VR 15, jantes 6 J.

Rover Cabriolet

Dimensionen: Radstand 255 cm, Spur 148/147 cm, Bodenfreih. 15 cm, Wendekreis 10.2 m, Kofferraum 300/610 dm³, Länge 422 cm, Breite 168 cm, Höhe 139 cm.

Fahrleistungen: Vmax (Werk) 185 km/h, V bei 1000/min im 5. Gang 31.8 km/h; 0–97 km/h 9.7 s; Leistungsgew. 13.4 kg/kW (9.9 kg/PS); Verbrauch EU 5.8/10 L/100 km.
Aut.: Vmax 180 km/h, 0–97 km/h 10.2 s; Verbrauch EU 6.2/11.4 L/100 km.

Rover Coupé

Coupé auf Basis der bisherigen 200-Serie. Debüt Herbst 1992.

1.6 16V – 111 PS Benzineinspritzung

Karosserie, Gewicht: Coupé, 2 Türen, 5 Sitze; leer ab 1080 kg.

Motor: (ECE), 4 Zyl. in Linie (80×79 mm), 1588 cm³; Kompr. 10.5:1; 82 kW (111 PS) bei 6000/min, 51.6 kW/L (70.2 PS/L); 145 Nm (14.8 mkp) bei 3000/min; 95 ROZ.

Motorkonstruktion: 4 Ventile in V 45°; 2 obenl. Nockenwellen (Zahnriemen); Leichtmetall-Zylinderkopf und -block; 5fach gelagerte Kurbelwelle; Öl 4.8 L; elektron. Einspritzung. Batterie 45 Ah, Alternator 65 A; Wasserkühlung, Inh. 5 L.

Kraftübertragung: (auf Vorderräder).
5-Gang-Getriebe: I. 3.42; II. 1.95; III. 1.33; IV. 1.05; V. 0.85; R 3.58; Achse 3.94.
Automat: stufenlos variabel von 3.5 bis 0.63; R 3.86; Achse 4.06.

Fahrgestell: Selbsttragende Karosserie; vorn Federbeine, Längs- und Querlenker, Kurvenstabilisator; hinten Längslenker, Zusatzlenker, untere und obere Querlenker, Kurvenstabilisator; v/h Schraubenfedern, Teleskopdämpfer.

Fahrwerk: Vierrad-Scheibenbremse (vorn belüftet), Scheiben-Ø v. 26.2 cm, h. 23.9 cm, a.W. ABS, Bosch; Handbremse auf Hinterräder; Zahnstangenlenkung mit Servo, Treibstofftank 55 L; Reifen 185/55 R 15, Felgen 6 J.

Dimensions: empattement 255 cm, voie 148/147 cm, garde au sol 15 cm, diam. de braq. 10.2 m, coffre 300/610 dm³, longueur 422 cm, largeur 168 cm, hauteur 139 cm.

Performances: Vmax (usine) 185 km/h, V à 1000/min en 5. vit. 31.8 km/h; 0–97 km/h 9.7 s; rapp. poids/puiss. 13.4 kg/kW (9.9 kg/ch); consomm. EU 5.8/10 L/100 km.
Aut.: Vmax 180 km/h, 0–97 km/h 10.2 s; consomm. EU 6.2/11.4 L/100 km.

Rover Coupé

Coupé sur base de l'ancienne série 200. Lancement automne 1992.

1.6 16V – 111 ch Injection d'essence

Carrosserie, poids: Coupé, 2 portes, 5 places; vide dès 1080 kg.

Moteur: (ECE), 4 cyl. en ligne (80×79 mm), 1588 cm³; compr. 10.5:1; 82 kW (111 ch) à 6000/min, 51.6 kW/L (70.2 ch/L); 145 Nm (14.8 mkp) à 3000/min; 95 (R).

Moteur (constr.): 4 soupapes en V 45°; 2 arbres à cames en tête (courroie crantée); culasse et bloc-cyl. en alliage léger; vilebrequin à 5 paliers; huile 4.8 L; injection électronique. Batterie 45 Ah, alternateur 65 A; refroidissement à eau, capac. 5 L.

Transmission: (sur roues AV).
Boîte à 5 vit.: I. 3.42; II. 1.95; III. 1.33; IV. 1.05; V. 0.85; AR 3.58; pont 3.94.
Boîte aut.: à variation continue de 3.5 et 0.63; AR 3.86; pont 4.06.

Châssis: carrosserie autoporteuse; AV jambes élast., bras longitud. et transv., barre anti-dévers; AR bras longitud., leviers auxiliaires, leviers transversaux inf. et sup.; AV/AR ressorts hélicoïdaux, amortiss. télesc.

Train roulant: quatre freins à disques (AV ventilés), Ø disques AV 26.2 cm, AR 23.9 cm, ABS s. d., Bosch; frein à main sur roues AR; servodirection à crémaillère, réservoir carb. 55 L; pneus 185/55 R 15, jantes 6 J.

Rover Coupé

Der Weg ist das Ziel.

Kostbares Interieur in Leder und Walnussholz, langlebige Materialien wie Stahlblech und Aluminium, zuverlässige Motorisierung und weit vorausschauendes Design: So souverän zielt ein Range Rover über die Konventionen eines Off-Roaders hinaus.

RANGE ROVER

Range Rover 4.0.
V8, 190 PS, ABS,
2 Airbags, u.v.m.
Fr. 68'640.–

Range Rover 4.0 SE.
V8, 190 PS, ABS, Automat,
2 Airbags, Leder u.v.m.
Fr. 81'440.–

Range Rover 4.6 HSE.
V8, 225 PS, ABS, Automat,
2 Airbags, Leder u.v.m.
Fr. 93'800.–

Range Rover 2.5 DT/DSE.
2,5 Liter-Turbo-Diesel, 136 PS,
ABS, 2 Airbags u.v.m.
ab Fr. 68'640.–

Alle Preise inkl. 6,5% MWST. Import: STREAG AG, 5745 Safenwil, Tel. 062/788 88 66. http://www.LandRover.ch. Land Rover-Leasing: MultiLease AG, Tel. 01/495 2 495.

Rover

Dimensionen: Radstand 255 cm, Spur 148/147 cm, Bodenfreih. 15 cm, Wendekreis 10.2 m, Kofferraum 300/610 dm³, Länge 427 cm, Breite 168 cm, Höhe 137 cm.

Fahrleistungen: Vmax (Werk) 195 km/h, V bei 1000/min im 5. Gang 32 km/h; 0–97 km/h 9.5 s; Leistungsgew. 13.7 kg/kW (9.7 kg/PS); Verbrauch EU 5.8/10 L/100 km. Vmax 190 km/h, 0–97 km/h 10 s; Verbrauch EU 6.2/11.4 L/100 km.

Dimensions: empattement 255 cm, voie 148/147 cm, garde au sol 15 cm, diam. de braq. 10.2 m, coffre 300/610 dm³, longueur 427 cm, largeur 168 cm, hauteur 137 cm.

Performances: Vmax (usine) 195 km/h, V à 1000/min en 5. vit. 32 km/h; 0–97 km/h 9.5 s; rapp. poids/puiss. 13.7 kg/kW (9.7 kg/ch); consomm. EU 5.8/10 L/100 km. Vmax 190 km/h, 0–97 km/h 10 s; consomm. EU 6.2/11.4 L/100 km.

1.8 16V – 145 PS Benzineinspritzung

Wie 1.6 – 111 PS, ausgenommen:

Gewicht: leer ab 1090 kg.

Motor: (ECE), 4 Zyl. in Lin. (80×89.3 mm), 1795 cm³; Kompr. 10.5:1; 107 kW (145 PS) bei 6750/min, 59.6 kW/L (81 PS/L); 174 Nm (17.7 mkp) bei 4000/min; 95 ROZ.

Motorkonstruktion: Bezeichnung VVC; 4 Ventile in V 45°; 2 obenl. Nockenwellen (Zahnriemen); Leichtmetall-Zylinderkopf und -block; 5fach gelagerte Kurbelwelle; Öl 4.8 L; elektron. Einspritzung.

Batterie 45 Ah, Alternator 65 A; Wasserkühlung, Inh. 5 L.

Kraftübertragung:
5-Gang-Getriebe: I. 3.17; II. 1.84; III. 1.31; IV. 1.03; V. 0.77; R 3.1; Achse 4.2.

Fahrleistungen: Vmax (Werk) 211 km/h, V bei 1000/min im 5. Gang 33 km/h; 0–97 km/h 7.8 s; Leistungsgew. 10.2 kg/kW (7.5 kg/PS); Verbrauch EU 6.3/11.2 L/100 km.

1.8 16V – 145 ch Injection d'essence

Comme 1.6 – 111 ch, sauf:

Poids: vide dès 1090 kg.

Moteur: (ECE), 4 cyl. en ligne (80×89.3 mm), 1795 cm³; compression 10.5:1; 107 kW (145 ch) à 6750/min, 59.6 kW/L (81 ch/L); 174 Nm (17.7 mkp) à 4000/min; 95 (R).

Moteur (constr.): désignation VVC; 4 soupapes en V 45°; 2 arbres à cames en tête (courroie crantée); culasse et bloc-cyl. en alliage léger; vilebrequin à 5 paliers; huile 4.8 L; injection électronique.

Batterie 45 Ah, alternateur 65 A; refroidissement à eau, capac. 5 L.

Transmission:
Boîte à 5 vit.: I. 3.17; II. 1.84; III. 1.31; IV. 1.03; V. 0.77; AR 3.1; pont 4.2.

Performances: Vmax (usine) 211 km/h, V à 1000/min en 5. vit. 33 km/h; 0–97 km/h 7.8 s; rapp. poids/puiss. 10.2 kg/kW (7.5 kg/ch); consomm. EU 6.3/11.2 L/100 km.

Rover Tourer

Station Wagon aus der bisherigen 400-Serie. Debüt Frühling 1994 (Genf).

Station Wagon de l'ancienne série 400. Lancement printemps 1994 (Genève).

1.6 16V – 111 PS Benzineinspritzung

Karosserie, Gewicht: Station Wagon, 5 Türen, 5 Sitze; leer ab 1100 kg.

Motor: (ECE), 4 Zyl. in Linie (80×79 mm), 1588 cm³; Kompr. 10.5:1; 82 kW (111 PS) bei 6000/min, 51.6 kW/L (70.2 PS/L); 145 Nm (14.8 mkp) bei 3000/min; 95 ROZ.

Motorkonstruktion: 4 Ventile in V 45°; 2 obenl. Nockenwellen (Zahnriemen); Leichtmetall-Zylinderkopf und -block; 5fach gelagerte Kurbelwelle; Öl 4.8 L; elektron. Einspritzung.

Batterie 45 Ah, Alternator 65 A; Wasserkühlung, Inh. 5 L.

Kraftübertragung: (auf Vorderräder).
5-Gang-Getriebe: I. 3.42; II. 1.95; III. 1.33; IV. 1.05; V. 0.85; R 3.58; Achse 3.94.
Automat: stufenlos variabel von 3.5 bis 0.63; R 3.86; Achse 4.06.

Fahrgestell: Selbsttragende Karosserie; vorn Federbeine, Längs- und Querlenker, Kurvenstabilisator; hinten Längslenker, Zusatzlenker, untere und obere Querlenker, Kurvenstabilisator; v/h Schraubenfedern, Teleskopdämpfer.

1.6 16V – 111 ch Injection d'essence

Carrosserie, poids: Station-wagon, 5 portes, 5 places; vide dès 1100 kg.

Moteur: (ECE), 4 cyl. en ligne (80×79 mm), 1588 cm³; compr. 10.5:1; 82 kW (111 ch) à 6000/min, 51.6 kW/L (70.2 ch/L); 145 Nm (14.8 mkp) à 3000/min; 95 (R).

Moteur (constr.): 4 soupapes en V 45°; 2 arbres à cames en tête (courroie crantée); culasse et bloc-cyl. en alliage léger; vilebrequin à 5 paliers; huile 4.8 L; injection électronique.

Batterie 45 Ah, alternateur 65 A; refroidissement à eau, capac. 5 L.

Transmission: (sur roues AV).
Boîte à 5 vit.: I. 3.42; II. 1.95; III. 1.33; IV. 1.05; V. 0.85; AR 3.58; pont 3.94.
Boîte aut.: à variation continue de 3.5 et 0.63; AR 3.86; pont 4.06.

Châssis: carrosserie autoporteuse; AV jambes élast., bras longitud. et transv., barre anti-dévers; AR bras longitud., leviers auxiliaires, leviers transversaux inf. et sup., barre anti-dévers; AV/AR ressorts hélicoïdaux, amortis. télesc.

Rover 400 Tourer

Fahrwerk: Vierrad-Scheibenbremse (vorn belüftet), Scheiben-⌀ v. 26.2 cm, h. 23.9 cm, a.W. ABS, Bosch; Handbremse auf Hinterräder; Zahnstangenlenkung mit Servo, Treibstofftank 55 L; Reifen 175/65 HR 14, Felgen 5.5 J.

Dimensionen: Radst. 255 cm, Spur 148/147 cm, Bodenfreih. 15 cm, Wendekreis 10.2 m, Kofferraum 430/1410 dm³, Länge 437 cm, Breite 168 cm, Höhe 140 cm.

Fahrleistungen: Vmax (Werk) 185 km/h, V bei 1000/min im 5. Gang 31 km/h; 0–97 km/h 9.7 s; Leistungsgew. 13.4 kg/kW (9.9 kg/PS); Verbrauch EU 5.8/10 L/100 km.
Aut.: Vmax 180 km/h, 0–97 km/h 10.2 s; Verbrauch EU 6.2/11.4 L/100 km.

Train roulant: quatre freins à disques (AV ventilés), ⌀ disques AV 26.2 cm, AR 23.9 cm, ABS s. d., Bosch; frein à main sur roues AR; servodirection à crémaillère, réservoir carb. 55 L; pneus 175/65 HR 14, jantes 5.5 J.

Dimensions: empatt. 255 cm, voie 148/147 cm, garde au sol 15 cm, diam. de braq. 10.2 m, coffre 430/1410 dm³, longueur 437 cm, largeur 168 cm, hauteur 140 cm.

Performances: Vmax (usine) 185 km/h, V à 1000/min en 5. vit. 31 km/h; 0–97 km/h 9.7 s; rapp. poids/puiss. 13.4 kg/kW (9.9 kg/ch); consomm. EU 5.8/10 L/100 km.
Aut.: Vmax 180 km/h, 0–97 km/h 10.2 s; consomm. EU 6.2/11.4 L/100 km.

Rover 600

Viertürige Limousine mit 2- oder 2,3-Liter-Vierzylindermotor, Leistung von 115 bis 158 PS, technisch mit dem Honda Accord verwandt. Debüt April 1993.

Berline quatre portes avec moteur 4 cyl. de 2 ou 2,3 litres, puissance de 115 à 158 ch, techniquement apparentée à la Honda Accord. Lancement avril 1993.

2.0/1.8 16V – 116 PS Benzineinspritzung

Karosserie, Gewicht: Limousine, 4 Türen, 5 Sitze; leer ab 1255 kg.

Motor: (ECE), 4 Zyl. in Linie (85×88 mm), 1997 cm³; Kompr. 9:1; 85 kW (116 PS) bei 5300/min, 42.6 kW/L (57.9 PS/L); 172 Nm (17.5 mkp) bei 4200/min; 95 ROZ.
Div. Länder 618i: (85×81,5 mm), 1850 cm³; Kompr. 8,9:1; 85 kW (115 PS) bei 5500/min; 158 Nm (16,1 mkp) bei 4200/min.

Motorkonstruktion: Bezeichnung F20A; 4 Ventile in V; 1 obenl. Nockenwelle (Zahnriemen); Leichtmetall-Zylinderkopf und -block; 5fach gelagerte Kurbelwelle; Öl 4.9 L; elektron. Einspritzung.

Batterie 47 Ah, Alternator 50 A; Wasserkühlung, Inh. 7 L.

2.0/1.8 16V – 116 ch Injection d'essence

Carrosserie, poids: Berline, 4 portes, 5 places; vide dès 1255 kg.

Moteur: (ECE), 4 cyl. en ligne (85×88 mm), 1997 cm³; compr. 9:1; 85 kW (116 ch) à 5300/min, 42.6 kW/L (57.9 ch/L); 172 Nm (17.5 mkp) à 4200/min; 95 (R).
Quelques pays 618i: (85×81,5 mm), 1850 cm³; compr. 8,9:1; 85 kW (115 ch) à 5500/min; 158 Nm (16,1 mkp) à 4200/min.

Moteur (constr.): désignation F20A; 4 soupapes en V; 1 arbre à cames en tête (courroie crantée); culasse et bloc-cyl. en alliage léger; vilebrequin à 5 paliers; huile 4.9 L; injection électronique.

Batterie 47 Ah, alternateur 50 A; refroidissement à eau, capac. 7 L.

Rover 618

Kraftübertragung: (auf Vorderräder).
5-Gang-Getriebe: I. 3.31; II. 1.81; III. 1.19; IV. 0.9; V. 0.74; R 3; Achse 4.27.

Fahrgestell: Selbsttragende Karosserie; vorn Querlenker, Zugstreben, obere Dreieckquerlenker; hinten doppelte Querlenker, oberer Querlenker, Schubstrebe; v/h Kurvenstabilisator, Schraubenfedern, Teleskopdämpfer.

Fahrwerk: Vierrad-Scheibenbremse (vorn belüftet), Scheiben-⌀ v. 28.2 cm, h. 26 cm, a.W. ABS, Bosch; Handbremse auf Hinterräder; Zahnstangenlenkung mit Servo, Treibstofftank 65 L; Reifen 185/70 HR 14, 185/65 HR 15, 205/50 ZR 16; Felgen 5 J, 6 J.

Dimensionen: Radstand 272 cm, Spur 148/148 cm, Bodenfreih. 16 cm, Wendekreis 11.8 m, Kofferraum 450 dm³, Länge 465 cm, Breite 172 cm, Höhe 138 cm.

Transmission: (sur roues AV).
Boîte à 5 vit.: I. 3.31; II. 1.81; III. 1.19; IV. 0.9; V. 0.74; AR 3; pont 4.27.

Châssis: carrosserie autoporteuse; AV leviers transv., tirants, leviers triang. superieur; AR leviers transv. doubles, levier transv. sup., barre de poussée; AV/AR barre anti-dévers, ressorts hélic, amortiss. télesc.

Train roulant: quatre freins à disques (AV ventilés), ⌀ disques AV 28.2 cm, AR 26 cm, ABS s. d., frein à main sur roues AR; servodirection à crémaillère, réservoir carb. 65 L; pneus 185/70 HR 14, 185/65 HR 15, 205/50 ZR 16; jantes 5 J, 6 J.

Dimensions: empattement 272 cm, voie 148/148 cm, garde au sol 16 cm, diam. de braq. 11.8 m, coffre 450 dm³, longueur 465 cm, largeur 172 cm, hauteur 138 cm.

Rover 483

Fahrleistungen: Vmax (Werk) 198 km/h, V bei 1000/min im 5. Gang 36 km/h; 0–100 km/h 10.8 s; 0–97 km/h 10.1 s; Leistungsgew. 14.8 kg/kW (10.9 kg/PS) Verbrauch ECE 6.5/8/10.2 L/100 km.
618i: Vmax 195 km/h; 0-100 km/h 11,3 s; Verbrauch ECE 6,9/8,1/10,5 L/100 km.

2.0 16V – 131 PS Benzineinspritzung

Wie 2.0 – 116 PS, ausgenommen:

Gewicht: leer ab 1275 kg.

Motor: (ECE), 4 Zyl. in Linie (85×88 mm), 1997 cm³; Kompr. 9.5:1; 96 kW (131 PS) bei 5400/min, 48.1 kW/L (65.3 PS/L); 178 Nm (18.1 mkp) bei 4800/min; 95 ROZ.

Motorkonstruktion: Bezeichnung F20A4; 4 Ventile in V; 1 obenl. Nockenwelle (Zahnriemen); Leichtmetall-Zylinderkopf und -block; 5fach gelagerte Kurbelwelle; Öl 4.9 L; elektron. Einspritzung.
Batterie 47 Ah, Alternator 50 A; Wasserkühlung, Inh. 7 L.

Kraftübertragung:
5-Gang-Getriebe: I. 3.31; II. 1.81; III. 1.23; IV. 0.93; V. 0.76; R 3; Achse 4.27.
4-Stufen-Automat: I. 2.71; II. 1.37; III. 1.03; IV. 0.73; R 2.05; Achse 4.29.

Fahrwerk: Reifen 185/70 HR 14, 185/65 HR 15, 205/50 ZR 16, Felgen 5 J, 6 J.

Fahrleistungen: Vmax (Werk) 201 km/h, V bei 1000/min im 5. Gang 35 km/h; 0–100 km/h 10.2 s; 0–97 km/h 9.5 s; Leistungsgew. 13.3 kg/kW (9.7 kg/PS) Verbrauch ECE 6.9/8.3/11.1 L/100 km.
Aut.: 0–100 km/h 12 s; 0–97 km/h 11.2 s; Verbrauch ECE 7.1/8.5/11.9 L/100 km.

2.3 16V – 158 PS Benzineinspritzung

Wie 2.0 – 116 PS, ausgenommen:

Gewicht: leer ab 1310 kg.

Motor: (ECE), 4 Zyl. in Linie (87×95 mm), 2259 cm³; Kompr. 9.8:1; 116 kW (158 PS) bei 5800/min, 51.3 kW/L (69.8 PS/L); 206 Nm (21 mkp) bei 4500/min; 95 ROZ.

Motorkonstruktion: Bezeichnung H23A2; 4 Ventile in V; 2 obenl. Nockenwellen (Zahnriemen); Leichtmetall-Zylinderkopf und -block; 5fach gelagerte Kurbelwelle; Ölkühler; Öl 4.9 L; elektron. Einspritzung.
Batterie 65 Ah, Alternator 80 A; Wasserkühlung, Inh. 7 L.

Kraftübertragung:
5-Gang-Getriebe: I. 3.31; II. 1.81; III. 1.27; IV. 0.97; V. 0.76; R 3; Achse 4.27.
4-Stufen-Automat: I. 2.71; II. 1.37; III. 1.03; IV. 0.73; R 2.05; Achse 4.29.

Fahrwerk: Reifen 195/60 VR 15, 205/50 ZR 16, Felgen 6 J.

Rover 620

Performances: Vmax (usine) 198 km/h, V à 1000/min en 5. vit. 36 km/h; 0–100 km/h 10.8 s; 0–97 km/h 10.1 s; rapp. poids/puiss. 14,8 kg/kW (10.9 kg/ch); consomm. ECE 6.5/8/10.2 L/100 km.
618i: Vmax 195 km/h; 0-100 km/h 11,3 s; consomm. ECE 6,9/8,1/10,5 L/100 km.

2.0 16V – 131 ch Injection d'essence

Comme 2.0 – 116 ch, sauf:

Poids: vide dès 1275 kg.

Moteur: (ECE), 4 cyl. en ligne (85×88 mm), 1997 cm³; compr. 9.5:1; 96 kW (131 ch) à 5400/min, 48.1 kW/L (65.3 ch/L); 178 Nm (18.1 mkp) à 4800/min; 95 (R).

Moteur (constr.): désignation F20A4; 4 soupapes en V; 1 arbre à cames en tête (courroie crantée); culasse et bloc-cyl. en alliage léger; vilebrequin à 5 paliers; huile 4.9 L; injection électronique.
Batterie 47 Ah, alternateur 50 A; refroidissement à eau, capac. 7 L.

Transmission:
Boîte à 5 vit.: I. 3.31; II. 1.81; III. 1.23; IV. 0.93; V. 0.76; AR 3; pont 4.27.
Boîte aut. à 4 vit.: I. 2.71; II. 1.37; III. 1.03; IV. 0.73; AR 2.05; pont 4.29.

Train roulant: pneus 185/70 HR 14, 185/65 HR 15, 205/50 ZR 16; jantes 5 J, 6 J.

Performances: Vmax (usine) 201 km/h, V à 1000/min en 5. vit. 35 km/h; 0–100 km/h 10.2 s; 0–97 km/h 9.5 s; rapp. poids/puiss. 13.3 kg/kW (9.7 kg/ch); consomm. ECE 6.9/8.3/11.1 L/100 km.
Aut.: 0–100 km/h 12 s; 0–97 km/h 11.2 s; consomm. ECE 7.1/8.5/11.9 L/100 km.

2.3 16V – 158 ch Injection d'essence

Comme 2.0 – 116 ch, sauf:

Poids: vide dès 1310 kg.

Moteur: (ECE), 4 cyl. en ligne (87×95 mm), 2259 cm³; compr. 9.8:1; 116 kW (158 ch) à 5800/min, 51.3 kW/L (69.8 ch/L); 206 Nm (21 mkp) à 4500/min; 95 (R).

Moteur (constr.): désignation H23A2; 4 soupapes en V; 2 arbres à cames en tête (courroie crantée); culasse et bloc-cyl. en alliage léger; vilebrequin à 5 paliers; radiat. d'huile; huile 4.9 L; injection électronique.
Batterie 65 Ah, alternateur 80 A; refroidissement à eau, capac. 7 L.

Transmission:
Boîte à 5 vit.: I. 3.31; II. 1.81; III. 1.27; IV. 0.97; V. 0.76; AR 3; pont 4.27.
Boîte aut. à 4 vit.: I. 2.71; II. 1.37; III. 1.03; IV. 0.73; AR 2.05; pont 4.29.

Train roulant: pneus 195/60 VR 15, 205/50 ZR 16, jantes 6 J.

Fahrleistungen: Vmax (Werk) 216 km/h, V bei 1000/min im 5. Gang 34.7 km/h; 0–100 km/h 8.6 s; 0–97 km/h 8.2 s; Leistungsgew. 11.3 kg/kW (8.3 kg/PS) Verbrauch ECE 6.9/8.6/11.1 L/100 km.
Aut.: 0–100 km/h 10.2 s; 0–97 km/h 9.5 s; Verbrauch ECE 7.1/8.7/12 L/100 km.

2.0 16V – 200 PS Benzineinspritzung/Turbo

Wie 2.0 – 116 PS, ausgenommen:

Gewicht: leer 1330 kg.

Motor: (ECE), 4 Zyl. in Linie (84.45×89 mm), 1994 cm³; Kompr. 8.5:1; 147 kW (200 PS) bei 6000/min, 73.7 kW/L (100.2 PS/L); 240 Nm (24.5 mkp) bei 2100/min; 95 ROZ.

Motorkonstruktion: Bezeichnung T16 Turbo; 4 Ventile in V; 2 obenl. Nockenwellen (Zahnriemen); Leichtmetall-Zylinderkopf; 5fach gelagerte Kurbelwelle; Ölkühler; Öl 5.8 L; elektron. Einspritzung, 1 Turbolader, Intercooler.
Batterie 45 Ah, Alternator 65 A; Wasserkühlung, Inh. 6 L.

Rover 620ti

Kraftübertragung: Torsen-Differential.
5-Gang-Getriebe: I. 3.16; II. 1.84; III. 1.3; IV. 1.03; V. 0.76; R 3; Achse 3.94.

Fahrwerk: Reifen 205/50 ZR 16, Felgen 6 J.

Fahrleistungen: Vmax (Werk) 230 km/h, V bei 1000/min im 5. Gang 37.5 km/h; 0–100 km/h 7.5 s; 0–97 km/h 7 s; Leistungsgew. 9 kg/kW (6.7 kg/PS) Verbrauch ECE 6.1/7.9/11.4 L/100 km.

2.0 – 105 PS Turbodiesel direkt

Wie 2.0 – 116 PS, ausgenommen:

Gewicht: leer ca. 1310 kg.

Motor: (ECE), 4 Zyl. in Linie (84.5×88.9 mm), 1994 cm³; Kompr. 19.5:1; 77 kW (105 PS) bei 4200/min, 38.6 kW/L (52.5 PS/L); 210 Nm (21.4 mkp) bei 2000/min; Dieselöl.

Motorkonstruktion: Direkteingespritzter Diesel; 2 Ventile in V; 1 obenl. Nockenwelle (Zahnriemen); Graugruss-Zylinderblock; 5fach gelagerte Kurbelwelle; Öl 4.9 L; Einspritzpumpe, Bosch, 1 Turbolader, max. Ladedruck 1 bar, Intercooler.
Batterie 95 Ah, Alternator 80 A; Wasserkühlung, Inh. 8.4 L.

Kraftübertragung:
5-Gang-Getriebe: I. 3.31; II. 1.81; III. 1.19; IV. 0.9; V. 0.74; R 3; Achse 3.5.

Fahrwerk: Reifen 185/65 HR 15, 205/50 ZR 16, Felgen 6 J.

Fahrleistungen: Vmax (Werk) 185 km/h, V bei 1000/min im 5. Gang 44 km/h; 0–100 km/h 11.6 s; 0–97 km/h 10.8 s; Leistungsgew. 17 kg/kW (12.5 kg/PS) Verbrauch ECE 4/5.5/5.8 L/100 km.

Performances: Vmax (usine) 216 km/h, V à 1000/min en 5. vit. 34.7 km/h; 0–100 km/h 8.6 s; 0–97 km/h 8.2 s; rapp. poids/puiss. 11.3 kg/kW (8.3 kg/ch); consomm. ECE 6.9/8.6/11.1 L/100 km.
Aut.: 0–100 km/h 10.2 s; 0–97 km/h 9.5 s; consomm. ECE 7.1/8.7/12 L/100 km.

2.0 16V – 200 ch Injection d'essence/turbo

Comme 2.0 – 116 ch, sauf:

Poids: vide 1330 kg.

Moteur: (ECE), 4 cyl. en ligne (84.45×89 mm), 1994 cm³; compr. 8.5:1; 147 kW (200 ch) à 6000/min, 73.7 kW/L (100.2 ch/L); 240 Nm (24.5 mkp) à 2100/min; 95 (R).

Moteur (constr.): désignation T16 Turbo; 4 soupapes en V; 2 arbres à cames en tête (courroie crantée); culasse en alliage léger; vilebrequin à 5 paliers; radiat. d'huile; huile 5.8 L; injection électronique, 1 turbocompr., Intercooler.
Batterie 45 Ah, alternateur 65 A; refroidissement à eau, capac. 6 L.

Transmission: différentiel Torsen.
Boîte à 5 vit.: I. 3.16; II. 1.84; III. 1.3; IV. 1.03; V. 0.76; AR 3; pont 3.94.

Train roulant: pneus 205/50 ZR 16, jantes 6 J.

Performances: Vmax (usine) 230 km/h, V à 1000/min en 5. vit. 37.5 km/h; 0–100 km/h 7.5 s; 0–97 km/h 7 s; rapp. poids/puiss. 9 kg/kW (6.7 kg/ch); consomm. ECE 6.1/7.9/11.4 L/100 km.

2.0 – 105 ch Turbodiesel direct

Comme 2.0 – 116 ch, sauf:

Poids: vide env. 1310 kg.

Moteur: (ECE), 4 cyl. en ligne (84.5×88.9 mm), 1994 cm³; compr. 19.5:1; 77 kW (105 ch) à 4200/min, 38.6 kW/L (52.5 ch/L); 210 Nm (21.4 mkp) à 2000/min; gazole.

Moteur (constr.): Diesel à injection directe; 2 soupapes en V; 1 arbre à cames en tête (courroie crantée); bloc-cyl. en fonte; vilebrequin à 5 paliers; huile 4.9 L; pompe à injection, Bosch, 1 turbocompr., pression max. 1 bar, Intercooler.
Batterie 95 Ah, alternateur 80 A; refroidissement à eau, capac. 8.4 L.

Transmission:
Boîte à 5 vit.: I. 3.31; II. 1.81; III. 1.19; IV. 0.9; V. 0.74; AR 3; pont 3.5.

Train roulant: pneus 185/65 HR 15, 205/50 ZR 16, jantes 6 J.

Performances: Vmax (usine) 185 km/h, V à 1000/min en 5. vit. 44 km/h; 0–100 km/h 11.6 s; 0–97 km/h 10.8 s; rapp. poids/puiss. 17 kg/kW (12.5 kg/ch); consomm. ECE 4/5.5/5.8 L/100 km.

Rover 800

Limousine der gehobenen Mittelklasse; Frontantrieb, quer eingebauter 2-Liter-Vierzylinder- oder V6-Motor. In Zusammenarbeit mit Honda entstanden. Debüt Juli 1986. Februar 1988: 2.7-V6. Mai 1988: Fastback. Für 1992: Karosserieänderungen, neues Motorenprogramm. Genf 1992: Als Coupé. Januar 1996: 2.5-KV6.

Berline de la classe moyenne supérieure; traction avant, moteur transv. 2 litres quatre cyl. ou V6 2.5. Résulte de la collaboration avec Honda Motor. Lancement juillet 1986. Février 1988: 2.7-V6. Mai 1988: Version Fastback. 1992: modifications à la carrosserie, nouvelle gamme de moteurs. Genève 1992: Comme Coupé. Janvier 1996: 2.5-KV6.

2.0 16V – 136 PS Benzineinspritzung

Karosserie, Gewicht: Limousine, 4/5 Türen; 5 Sitze; leer ab 1330 kg, max. zul. 1910 kg.
Coupé, 2 Türen, 5 Sitze; leer ab 1350 kg.
Motor: (ECE), 4 Zyl. in Linie (84.45×89 mm), 1994 cm³; Kompr. 10:1; 100 kW (136 PS) bei 6000/min, 50.1 kW/L (68.2 PS/L); 185 Nm (18.9 mkp) bei 2500/min; 95 ROZ.
Aut.: 176 Nm (17.9 mkp) bei 4500/min.
Motorkonstruktion: Bez. T16; 4 Ventile in V; 2 obenl. Nockenwellen (Zahnriemen); Leichtmetall-Zylinderkopf; 5fach gelagerte Kurbelwelle; Öl 5.8 L; elektron. Einspr. Batterie 45 Ah, Alternator 85 A; Wasserkühlung, Inh. 6 L.
Kraftübertragung: (auf Vorderräder).
5-Gang-Getriebe: I. 3.25; II. 1.9; III. 1.31; IV. 1.03; V. 0.77; R 3; Achse 4.2.
4-Stufen-Automat: I. 2.41; II. 1.37; III. 1; IV. 0.74; R 2.83; Achse 4.23.
Fahrgestell: Selbsttragende Karosserie; vorn untere und obere Querlenker, Längslenker; hinten Dämpferbeine, Längs- und Querlenker; v/h Kurvenstabilisator, Schraubenfedern, Teleskopdämpfer.
Fahrwerk: Vierrad-Scheibenbremse (vorn belüftet), Scheiben-⌀ v. 26.2 cm, h. 26 cm, a.W. ABS, Bosch; Handbremse auf Hinterrädern; Zahnstangenl. mit Servo, Treibstofftank 68 L; Reifen 195/65 VR 15, Felgen 6 J.
Dimensionen: Radstand 277 cm, Spur 149/145 cm, Bodenfreih. 14 cm, Wendekreis 12 m, Kofferraum 530 dm³, Länge 488 cm, Breite 173 cm, Höhe 139 cm.
Fahrleistungen: Vmax (Werk) 201 km/h, V bei 1000/min im 5. Gang 36 km/h; 0–100 km/h 10.2 s; 0–97 km/h 9.6 s; Leistungsgew. 13.3 kg/kW (9.8 kg/PS); Verbrauch ECE 5.9/7.3/11.5 L/100 km.
Aut.: Vmax 195 km/h, 0–100 km/h 12.4 s; 0–97 km/h 11.7 s; Verbrauch ECE 6.3/7.5/13.4 L/100 km.

2.0 16V – 136 ch Injection d'essence

Carrosserie, poids: Berline, 4/5 portes; 5 places; vide dès 1330 kg, tot. adm. 1910 kg.
Coupé, 2 portes, 5 pl.; vide dès 1350 kg.
Moteur: (ECE), 4 cyl. en ligne (84.45×89 mm), 1994 cm³; compr. 10:1; 100 kW (136 ch) à 6000/min, 50.1 kW/L (68.2 ch/L); 185 Nm (18.9 mkp) à 2500/min; 95 (R).
Aut.: 176 Nm (17.9 mkp) à 4500/min.
Moteur (constr.): désig. T16; 4 soupapes en V; 2 arbres à cames en tête (courroie crantée); culasse en alliage léger; vilebrequin à 5 paliers, huile 5.8 L; inj. électron. Batterie 45 Ah, alternateur 85 A; refroidissement à eau, capac. 6 L.
Transmission: (sur roues AV).
Boîte à 5 vit.: I. 3.25; II. 1.9; III. 1.31; IV. 1.03; V. 0.77; AR 3; pont 4.2.
Boîte aut. à 4 vit.: I. 2.41; II. 1.37; III. 1; IV. 0.74; AR 2.83; pont 4.23.
Châssis: carrosserie autoporteuse; AV leviers transversaux inf. et sup., bras longitud.; AR jambes élastiques, bras longitud. et transv.; AV/AR barre anti-dévers, ressorts hélic., amortiss. télesc.
Train roulant: quatre freins à disques (AV ventilés), ⌀ disques AV 26.2 cm, AR 26 cm, ABS s. d., Bosch; frein à main sur roues AR; servodirection à crémaillère, réservoir carb. 68 L; pneus 195/65 VR 15, jantes 6 J.
Dimensions: empattement 277 cm, voie 149/145 cm, garde au sol 14 cm, diam. de braq. 12 m, coffre 530 dm³, longueur 488 cm, largeur 173 cm, hauteur 139 cm.
Performances: Vmax (usine) 201 km/h, V à 1000/min en 5. vit. 36 km/h; 0–100 km/h 10.2 s; 0–97 km/h 9.6 s; rapp. poids/puiss. 13.3 kg/kW (9.8 kg/ch); consom. ECE 5.9/7.3/11.5 L/100 km.
Aut.: Vmax 195 km/h, 0–100 km/h 12.4 s; 0–97 km/h 11.7 s; consom. ECE 6.3/7.5/13.4 L/100 km.

Rover 800

2.0 16V – 200 PS Benzineinspritzung/Turbo

Wie 2.0 – 136 PS, ausgenommen:

Karosserie, Gewicht: Limousine; leer ab 1395 kg, max. zul. 1910 kg.
Coupé leer ab 1375 kg.
Motor: (ECE), 4 Zyl. in Linie (84.45×89 mm), 1994 cm³; Kompr. 8.5:1; 147 kW (200 PS) bei 6000/min, 73.7 kW/L (100.2 PS/L); 240 Nm (24.5 mkp) bei 2100/min; 95 ROZ.

2.0 16V – 200 ch Injection d'essence/turbo

Comme 2.0 – 136 ch, sauf:

Carrosserie, poids: Berline; vide dès 1395 kg, tot. adm. 1910 kg.
Coupé vide dès 1375 kg.
Moteur: (ECE), 4 cyl. en ligne (84.45×89 mm), 1994 cm³; compr. 8.5:1; 147 kW (200 ch) à 6000/min, 73.7 kW/L (100.2 ch/L); 240 Nm (24.5 mkp) à 2100/min; 95 (R).

Motorkonstruktion: Bezeichnung T16 Turbo; 4 Ventile in V; 2 obenl. Nockenwellen (Zahnriemen); Leichtmetall-Zylinderkopf; 5fach gelagerte Kurbelwelle; Öl 5.8 L; elektron. Einspritzung, 1 Turbolader, Intercooler.
Batterie 54 Ah, Alternator 85 A; Wasserkühlung, Inh. 6 L.
Kraftübertragung:
5-Gang-Getriebe: I. 3.17; II. 1.84; III. 1.31; IV. 1.03; V. 0.71; R 3; Achse 4.2.
Fahrwerk: Scheiben-⌀ v. 28.5 cm, Reifen 205/55 VR 16, 215/45 ZR 17.
Fahrleistungen: Vmax (Werk) 220 km/h, V bei 1000/min im 5. Gang 38 km/h; 0–100 km/h 8.6 s; 0–97 km/h 8 s; Leistungsgew. 9.4 kg/kW (6.9 kg/PS); Verbrauch ECE 5.9/7.4/11 L/100 km.

Moteur (constr.): désignation T16 Turbo; 4 soupapes en V; 2 arbres à cames en tête (courroie crantée); culasse en alliage léger; vilebrequin à 5 paliers, radiat. d'huile 5.8 L; injection électronique, 1 turbocompr., Intercooler.
Batterie 54 Ah, alternateur 85 A; refroidissement à eau, capac. 6 L.
Transmission:
Boîte à 5 vit.: I. 3.17; II. 1.84; III. 1.31; IV. 1.03; V. 0.71; AR 3; pont 4.2.
Train roulant: ⌀ disques AV 28.5 cm, pneus 205/55 VR 16, 215/45 ZR 17.
Performances: Vmax (usine) 220 km/h, V à 1000/min en 5. vit. 38 km/h; 0–100 km/h 8.6 s; 0–97 km/h 8 s; rapp. poids/puiss. 9.4 kg/kW (6.9 kg/ch); consom. ECE 5.9/7.4/11 L/100 km.

Rover 800 Coupé

2.5 V6 24V – 175 PS Benzineinspritzung

Wie 2.0 – 136 PS, ausgenommen:

Karosserie, Gewicht: Limousine; leer ab 1380 kg, max. zul. 1970 kg.
Coupé: leer ab 1390 kg.
Motor: (ECE), 6 Zyl. in V 90° (80×82.8 mm), 2497 cm³; Kompr. 10.5:1; 129 kW (175 PS) bei 6500/min, 51.7 kW/L (70.2 PS/L); 240 Nm (24.5 mkp) bei 4000/min.
Motorkonstruktion: Bezeichnung KV6; 4 Ventile in V; 2×2 obenl. Nockenwellen (Zahnriemen); Leichtmetall-Zylinderköpfe und -block; 4fach gelagerte Kurbelwelle; Ölkühler; Öl 5.5 L; elektron. Einspritzung.
Batterie 54 Ah, Alternator 80 A; Wasserkühlung, Inh. 8 L.
Kraftübertragung:
5-Gang-Getriebe: I. 3.17; II. 1.84; III. 1.31; IV. 1.03; V. 0.77; R 3; Achse 3.94.
4-Stufen-Automat: I. 2.79; II. 1.55; III. 1; IV. 0.69; R 2.7; Achse 3.47.
Fahrwerk: Scheiben-⌀ v. 28.5 cm, 205/55 ZR 16.
Fahrleistungen: Vmax (Werk) 217 km/h, V bei 1000/min im 5. Gang 38 km/h; 0–100 km/h 8.7 s; 0–97 km/h 8.2 s; steh. km 30 s; Leistungsgew. 10.7 kg/kW (7.9 kg/PS); Verbrauch ECE 6.2/7.6/11.5 L/100 km.
Aut.: Vmax 210 km/h, 0–97 km/h 9.5 s; steh. km 31.3 s; Verbrauch ECE 6/12.4 L/100 km.

2.5 V6 24V – 175 ch Injection d'essence

Comme 2.0 – 136 ch, sauf:

Carrosserie, poids: Berline; vide dès 1380 kg, tot. adm. 1970 kg.
Coupé; vide dès 1390 kg.
Moteur: (ECE), 6 cyl. en V 90° (80×82.8 mm), 2497 cm³; compr. 10.5:1; 129 kW (175 ch) à 6500/min, 51.7 kW/L (70.2 ch/L); 240 Nm (24.5 mkp) à 4000/min.
Moteur (constr.): désignation KV6; 4 soupapes en V; 2×2 arbres à cames en tête (courroie crantée); culasses et bloc-cyl. en alliage léger; vilebrequin à 4 paliers; radiat. d'huile 5.5 L; injection électronique.
Batterie 54 Ah, alternateur 80 A; refroidissement à eau, capac. 8 L.
Transmission:
Boîte à 5 vit.: I. 3.17; II. 1.84; III. 1.31; IV. 1.03; V. 0.77; AR 3; pont 3.94.
Boîte aut. à 4 vit.: I. 2.79; II. 1.55; III. 1; IV. 0.69; AR 2.7; pont 3.47.
Train roulant: ⌀ disques AV 28.5 cm, 205/55 ZR 16.
Performances: Vmax (usine) 217 km/h, V à 1000/min en 5. vit. 38 km/h; 0–100 km/h 8.7 s; 0–97 km/h 8.2 s; km arrêté 30 s; rapp. poids/puiss. 10.7 kg/kW (7.9 kg/ch); consom. ECE 6.2/7.6/11.5 L/100 km.
Aut.: Vmax 210 km/h, 0–97 km/h 9.5 s; km arrêté 31.3 s; consom. ECE 6/12.4 L/100 km.

2.5 – 121 PS Turbodiesel

Wie 2.0 – 136 PS, ausgenommen:

Gewicht: leer ab 1430 kg, max. zul. 1970 kg.
Motor: (ECE), 4 Zyl. in Linie (92×94 mm), 2500 cm³; Kompr. 22.1:1; 89 kW (121 PS) bei 4200/min, 35.6 kW/L (48.4 PS/L); 268 Nm (27.3 mkp) bei 1900/min; Dieselöl.
Motorkonstruktion: 2 Ventile parallel; seitl. Nockenwelle (Zahnräder); Leichtmetall-Zylinderkopf; 5fach gelagerte Kurbelwelle; Öl 6.4 L; Einspritzpumpe, Bosch, 1 Turbolader, KKK K26, max. Ladedruck 0.87 bar.
Batterie 75 Ah, Alternator 65 A; Wasserkühlung, Inh. 9 L.

2.5 – 121 ch Turbodiesel

Comme 2.0 – 136 ch, sauf:

Poids: vide dès 1430 kg, tot. adm. 1970 kg.
Moteur: (ECE), 4 cyl. en ligne (92×94 mm), 2500 cm³; compr. 22.1:1; 89 kW (121 ch) à 4200/min, 35.6 kW/L (48.4 ch/L); 268 Nm (27.3 mkp) à 1900/min; gazole.
Moteur (constr.): 2 soup. en parallèle; arbre à cames latéral (pignons); culasse en alliage léger; vilebrequin à 5 paliers; huile 6.4 L; pompe à injection, Bosch, 1 turbocompr., KKK K26, pression max. 0.87 bar.
Batterie 75 Ah, Alternator 65 A; refroidissement à eau, capac. 9 L.

Rover • Saab

Kraftübertragung:
5-Gang-Getriebe: I. 3.31; II. 1.9; III. 1.28; IV. 0.94; V. 0.71; R 3.14; Achse 3.5.

Fahrwerk: Reifen 205/55 ZR 16.

Fahrleistungen: Vmax (Werk) 190 km/h, V bei 1000/min im 5. Gang 46.7 km/h; 0–100 km/h 11.3 s; 0–97 km/h 10.5 s; Leistungsgew. 16.1 kg/kW (11.8 kg/PS); Verbrauch ECE 4.9/6.4/7.9 L/100 km.

Transmission:
Boîte à 5 vit.: I. 3.31; II. 1.9; III. 1.28; IV. 0.94; V. 0.71; AR 3.14; pont 3.5.

Train roulant: pneus 205/55 ZR 16.

Performances: Vmax (usine) 190 km/h, V à 1000/min en 5. vit. 46.7 km/h; 0–100 km/h 11.3 s; 0–97 km/h 10.5 s; rapp. poids/puiss. 16.1 kg/kW (11.8 kg/ch); consomm. ECE 4.9/6.4/7.9 L/100 km.

Saab

Saab Automobile AB, Head Offices, Trollhättan, Sweden

Schwedische Automobilfirma, im gemeinsamen Besitz von Investor Schweden und General Motors.

Fabrique suédoise d'automobiles, appartient en commun à Investor Suède et General Motors.

Saab 900

Neuauflage der 900-Serie mit Vierzylinder- oder V6-Motoren, 5-Gang-Getriebe, a.W. mit Kupplungsautomat oder Vierstufen-Automatik. Debüt Juli 1993, Coupé und Cabriolet Winter 1993/94.

Nouvelle édition avec moteurs à quatre cyl. ou V6, boîte à 5 vit., s.d. avec embrayage automatique ou boîte automatique. Lancement juillet 1993, coupé et cabriolet hiver 1993/94.

2.0 16V – 131 PS Benzineinspritzung

Karosserie, Gewicht: Limousine, 3/5 Türen; 5 Sitze; leer ab 1295 kg, max. zul. 1860 kg.
Cabriolet, 2 Türen, 4 - 5 Sitze; leer ab 1320 kg.

Motor: (ECE), 4 Zyl. in Linie (90×78 mm), 1985 cm^3; Kompr. 10.1:1; 96 kW (131 PS) bei 6100/min, 48.4 kW/L (65.7 PS/L); 177 Nm (18 mkp) bei 4300/min; 95 ROZ.

Motorkonstruktion: 4 Ventile in V; 2 obenl. Nockenwellen (Ketten); Leichtmetall-Zylinderkopf; 5fach gelagerte Kurbelwelle; Öl 4 L; elektron. Einspritzung, Bosch Motronic. Batterie 60 Ah, Alternator 70 A; Wasserkühlung, Inh. 10 L.

Kraftübertragung: (auf Vorderräder).
5-Gang-Getriebe: I. 3.38; II. 1.76; III. 1.12; IV. 0.89; V. 0.7; R 3.17; Achse 4.45.
4-Stufen-Automat: I. 3.88; II. 2.12; III. 1.36; IV. 1; R 4.85; Achse 4.05.

Fahrgestell: Selbsttragende Karosserie; vorn Federbeine und Dreieckquerl.; hinten Verbundlenkerachse, Schraubenfedern, Teleskopdämpfer; v/h Kurvenstabilisator.

Fahrwerk: Vierrad-Scheibenbremse (vorn belüftet), Scheiben-Ø v. 27.8 cm, h. 25.6 cm, ABS, Handbremse auf Hinterräder; Zahnstangenlenkung mit Servo, Treibstofftank 68 L; Reifen 185/65 HR 15, Felgen 6 J.

Dimensionen: Radst. 260 cm, Spur 145/144 cm, Bodenfreih. 14 cm, Wendekreis 11.1 m, Kofferraum 495/1315 dm^3, Länge 464 cm, Breite 171 cm, Höhe 144 cm.
Cabrio: Kofferraum 295/380 dm^3.

2.0 16V – 131 ch Injection d'essence

Carrosserie, poids: Berline, 3/5 portes; 5 places; vide dès 1295 kg, tot. adm. 1860 kg.
Cabriolet, 2 portes, 4 - 5 places; vide dès 1320 kg.

Moteur: (ECE), 4 cyl. en ligne (90×78 mm), 1985 cm^3; compr. 10.1:1; 96 kW (131 ch) à 6100/min, 48.4 kW/L (65.7 ch/L); 177 Nm (18 mkp) à 4300/min; 95 (R).

Moteur (constr.): 4 soupapes en V; 2 arbres à cames en tête (chaînes); culasse en alliage léger; vilebrequin à 5 paliers; huile 4 L; injection électronique, Bosch Motronic. Batterie 60 Ah, alternateur 70 A; refroidissement à eau, capac. 10 L.

Transmission: (sur roues AV).
Boîte à 5 vit.: I. 3.38; II. 1.76; III. 1.12; IV. 0.89; V. 0.7; AR 3.17; pont 4.45.
Boîte aut. à 4 vit.: I. 3.88; II. 2.12; III. 1.36; IV. 1; AR 4.85; pont 4.05.

Châssis: carrosserie autoporteuse; AV jambes élast. et leviers triang. transv.; AR essieu semi-rigide, ressorts hélicoïdaux, amortiss. télesc.; AV/AR barre anti-dévers.

Train roulant: quatre freins à disques (AV ventilés), Ø disques AV 27.8 cm, AR 25.6 cm, ABS, frein à main sur roues AR; servodirection à crémaillère, réservoir carb. 68 L; pneus 185/65 HR 15, jantes 6 J.

Dimensions: empatt. 260 cm, voie 145/144 cm, garde au sol 14 cm, diam. de braq. 11.1 m, coffre 495/1315 dm^3, longueur 464 cm, largeur 171 cm, hauteur 144 cm.
Cabrio: coffre 295/380 dm^3.

Saab 900 Coupé

Saab 900 SE

2.3 16V – 150 PS Benzineinspritzung

Wie 2.0 – 131 PS, ausgenommen:

Gewicht: leer ab 1320 kg, max. zul. 1880 kg.

Motor: (ECE), 4 Zyl. in Linie (90×90 mm), 2290 cm^3; Kompr. 10.5:1; 110 kW (150 PS) bei 5700/min, 48 kW/L (65.3 PS/L); 210 Nm (21.4 mkp) bei 4300/min; 95 ROZ.

Motorkonstruktion: 4 Ventile in V; 2 obenl. Nockenwellen (Ketten); 5fach gelagerte Kurbelwelle; Öl 4 L; elektron. Einspritzung. Batterie 60 Ah, Alternator 70 A; Wasserkühlung, Inh. 10 L.

Kraftübertragung:
5-Gang-Getriebe: I. 3.38; II. 1.76; III. 1.12; IV. 0.89; V. 0.7; R 3.17; Achse 4.95.
4-Stufen-Automat: I. 3.67; II. 2.1; III. 1.37; IV. 1; R 4.85; Achse 2.86.

Fahrwerk: Reifen 195/60 VR 15.

Fahrleistungen: Vmax (Werk) 210 km/h, V bei 1000/min im 5. Gang 40 km/h; 0–100 km/h 10 s; Leistungsgew. 11.7 kg/kW (8.6 kg/PS); Verbrauch EU 7.4/13.8 L/100 km.
Aut.: Vmax 205 km/h, Verbrauch EU 7.8/14.9 L/100 km.

2.3 16V – 150 ch Injection d'essence

Comme 2.0 – 131 ch, sauf:

Poids: vide dès 1320 kg, tot. adm. 1880 kg.

Moteur: (ECE), 4 cyl. en ligne (90×90 mm), 2290 cm^3; compr. 10.5:1; 110 kW (150 ch) à 5700/min, 48 kW/L (65.3 ch/L); 210 Nm (21.4 mkp) à 4300/min; 95 (R).

Moteur (constr.): 4 soupapes en V; 2 arbres à cames en tête (chaînes); vilebrequin à 5 paliers; huile 4 L; injection électronique. Batterie 60 Ah, alternateur 70 A; refroidissement à eau, capac. 10 L.

Transmission:
Boîte à 5 vit.: I. 3.38; II. 1.76; III. 1.12; IV. 0.89; V. 0.7; AR 3.17; pont 4.95.
Boîte aut. à 4 vit.: I. 3.67; II. 2.1; III. 1.37; IV. 1; AR 4.85; pont 2.86.

Train roulant: pneus 195/60 VR 15.

Performances: Vmax (usine) 210 km/h, V à 1000/min en 5. vit. 40 km/h; 0–100 km/h 10 s; rapp. poids/puiss. 11.7 kg/kW (8.6 kg/ch); consomm. EU 7.4/13.8 L/100 km.
Aut.: Vmax 205 km/h, consomm. EU 7.8/14.9 L/100 km.

2.5 V6 24V – 170 PS Benzineinspritzung

Wie 2.0 – 131 PS, ausgenommen:

Gewicht: leer ab 1350 kg, max. zul. 1770 kg.

Motor: (ECE), 6 Zyl. (81.6×79.6 mm), 2498 cm^3; Kompr. 10.8:1; 125 kW (170 PS) bei 5900/min, 50 kW/L (68 PS/L); 227 Nm (23.1 mkp) bei 4200/min; 95 ROZ.

Motorkonstruktion: 4 Ventile in V 39°; 2×2 obenl. Nockenwellen (Zahnriemen); Leichtmetall-Zylinderköpfe; 4fach gelagerte Kurbelwelle; Ölkühler; Öl 4.5 L; elektron. Einspritzung, Bosch Motronic. Batterie 60 Ah, Alternator 120 A; Wasserkühlung, Inh. 7.5 L.

Kraftübertragung:
5-Gang-Getriebe: I. 3.38; II. 1.76; III. 1.12; IV. 0.89; V. 0.7; R 3.17; Achse 4.95.
4-Stufen-Automat: I. 3.67; II. 2.1; III. 1.37; IV. 1; R 4.85; Achse 2.86.

Fahrwerk: Reifen 195/60 VR 15.
Cabrio: Reifen 205/50 ZR 16, Felgen 6.5 J.

Fahrleistungen: Vmax (Werk) 225 km/h, V bei 1000/min im 5. Gang 32.8 km/h; 0–100 km/h 8.6 s; Leistungsgew. 10.8 kg/kW (7.9 kg/PS); Verbrauch EU 7.6/13.7 L/100 km.
Aut.: 0–100 km/h 9.2 s; Verbrauch EU 8/15.7 L/100 km.

2.5 V6 24V – 170 ch Injection d'essence

Comme 2.0 – 131 ch, sauf:

Poids: vide dès 1350 kg, tot. adm. 1770 kg.

Moteur: (ECE), 6 cyl. (81.6×79.6 mm), 2498 cm^3; compr. 10.8:1; 125 kW (170 ch) à 5900/min, 50 kW/L (68 ch/L); 227 Nm (23.1 mkp) à 4200/min; 95 (R).

Moteur (constr.): 4 soupapes en V 39°; 2×2 arbres à cames en tête (courroie crantée); culasses en alliage léger; vilebrequin à 4 paliers; radiat. d'huile; huile 4.5 L; injection électronique, Bosch Motronic. Batterie 60 Ah, alternateur 120 A; refroidissement à eau, capac. 7.5 L.

Transmission:
Boîte à 5 vit.: I. 3.38; II. 1.76; III. 1.12; IV. 0.89; V. 0.7; AR 3.17; pont 4.95.
Boîte aut. à 4 vit.: I. 3.67; II. 2.1; III. 1.37; IV. 1; AR 4.85; pont 2.86.

Train roulant: pneus 195/60 VR 15.
Cabrio: pneus 205/50 ZR 16, jantes 6.5 J.

Performances: Vmax (usine) 225 km/h, V à 1000/min en 5. vit. 32.8 km/h; 0–100 km/h 8.6 s; rapp. poids/puiss. 10.8 kg/kW (7.9 kg/ch); consomm. EU 7.6/13.7 L/100 km.
Aut.: 0–100 km/h 9.2 s; consomm. EU 8/15.7 L/100 km.

Saab

Saab 900 Convertible

Fahrgestell: Selbsttragende Karosserie mit vorderem Hilfsrahmen; vorn Federbeine, Querlenker; hinten Starrachse, Längslenker, Panhardstab, Schraubenfedern, Teleskopdämpfer; v/h Kurvenstabilisator.

Fahrwerk: Vierrad-Scheibenbremse (vorn belüftet), Scheiben-⌀ v. 27.8 cm, h. 25.6 cm, ABS, Handbremse auf Hinterräder; Zahnstangenlenkung mit Servo, Treibstofftank 66 L; Reifen 195/65 VR 15, Felgen 6 J.

Dimensionen: Radstand 267 cm, Spur 152/149 cm, Bodenfreih. 15 cm, Wendekreis 10.9 m, Kofferraum 555 dm³, Länge 479 cm, Breite 176 cm, Höhe 142 cm.
5 Türen: Kofferraum 490/1400 dm³, Länge 476 cm, Breite 178 cm.

Fahrleistungen: Vmax (Werk) 200 km/h, V bei 1000/min im 5. Gang 36.8 km/h; 0–100 km/h 11.5 s; Leistungsgew. 14.2 kg/kW (10.5 kg/PS); Verbrauch EU 8.5/8.3/14.8 L/100 km.

Châssis: carrosserie autoporteuse avec cadre auxiliaire AV; AV jambes élast., leviers transv.; AR essieu rigide, bras longitud., barre Panhard, ressorts hélicoïdaux, amortiss. télesc.; AV/AR barre anti-dévers.

Train roulant: quatre freins à disques (AV ventilés), ⌀ disques AV 27.8 cm, AR 25.6 cm, ABS, frein à main sur roues AR; servo-direction à crémaillère, réservoir carb. 66 L; pneus 195/65 VR 15, jantes 6 J.

Dimensions: empattement 267 cm, voie 152/149 cm, garde au sol 15 cm, diam. de braq. 10.9 m, coffre 555 dm³, longueur 479 cm, largeur 176 cm, hauteur 142 cm.
5 portes: coffre 490/1400 dm³, longueur 476 cm, largeur 178 cm.

Performances: Vmax (usine) 200 km/h, V à 1000/min en 5. vit. 36.8 km/h; 0–100 km/h 11.5 s; rapp. poids/puiss. 14.2 kg/kW (10.5 kg/ch); consomm. EU 8.5/8.3/14.8 L/100 km.

2.0 16V – 185 PS Benzineinspritzung/Turbo

Wie 2.0 – 131 PS, ausgenommen:

Gewicht: leer ab 1380 kg, max. zul. 1770 kg.

Motor: (ECE), 4 Zyl. in Linie (90×78 mm), 1985 cm³; Kompr. 9.2:1; 136 kW (185 PS) bei 5500/min, 68.5 kW/L (93.1 PS/L); 263 Nm (26.8 mkp) bei 2100/min; 95 ROZ. Automat: 136 kW (185 PS) bei 5750/min; 230 Nm bei 2000/min.

Motorkonstruktion: 4 Ventile in V; 2 obenl. Nockenwellen (Ketten); Leichtmetall-Zylinderkopf; 5fach gelagerte Kurbelwelle; Ölkühler; Öl 4.5 L; elektron. Einspritzung, Saab Trionic; 1 Turbolader, max. Ladedruck 0.79 bar, Intercooler. Batterie 60 Ah, Alternator 70 A; Wasserkühlung, Inh. 10 L.

Kraftübertragung:
5-Gang-Getriebe: I. 3.38; II. 1.76; III. 1.12; IV. 0.89; V. 0.7; R 3.17; Achse 3.82.
4-Stufen-Automat: I. 3.88; II. 2.12; III. 1.36; IV. 1; R 4.85; Achse 2.86.

Fahrwerk: Reifen 205/50 ZR 16, Felgen 6.5 J.

Fahrleistungen: Vmax (Werk) 230 km/h, V bei 1000/min im 5. Gang 37.5 km/h; 0–100 km/h 8.5 s; Leistungsgew. 10 kg/kW (7.4 kg/PS); Verbrauch EU 7.6/15.1 L/100 km. *Aut.:* Verbrauch EU 8.2/16.7 L/100 km.

2.0 16V – 185 ch Injection d'essence/turbo

Comme 2.0 – 131 ch, sauf:

Poids: vide dès 1380 kg, tot. adm. 1770 kg.

Moteur: (ECE), 4 cyl. en ligne (90×78 mm), 1985 cm³; compr. 9.2:1; 136 kW (185 ch) à 5500/min, 68.5 kW/L (93.1 ch/L); 263 Nm (26.8 mkp) à 2100/min; 95 (R). Boîte automat.: 136 kW (185 ch) à 5750/min; 230 Nm à 2000/min.

Moteur (constr.): 4 soupapes en V; 2 arbres à cames en tête (chaînes); culasse en alliage léger; vilebrequin à 5 paliers; radiat. d'huile; huile 4.5 L; injection électronique, Saab Trionic; 1 turbocompr., pression max. 0.79 bar, Intercooler. Batterie 60 Ah, alternateur 70 A; refroidissement à eau, capac. 10 L.

Transmission:
Boîte à 5 vit.: I. 3.38; II. 1.76; III. 1.12; IV. 0.89; V. 0.7; AR 3.17; pont 3.82.
Boîte aut. à 4 vit.: I. 3.88; II. 2.12; III. 1.36; IV. 1; AR 4.85; pont 2.86.

Train roulant: pneus 205/50 ZR 16, jantes 6.5 J.

Performances: Vmax (usine) 230 km/h, V à 1000/min en 5. vit. 37.5 km/h; 0–100 km/h 8.5 s; rapp. poids/puiss. 10 kg/kW (7.4 kg/PS); consomm. EU 7.6/15.1 L/100 km. *Aut.:* consomm. EU 8.2/16.7 L/100 km.

Saab 9000

Luxuslimousine mit 2-Liter-16-Ventil-Turbo-Quermotor und Frontantrieb, aerodynamische Karosserie mit Heckklappe. Debüt Mai 1984. Modelljahr 1986: Version 9000i ohne Turbolader. 1987 auch mit Automat. Januar 1988 CD mit vier Türen. 1991: 2.3 auch als Turbo. 1992: Hatch modifiziert (CS). Paris 1992: 9000 Aero mit 225 PS. 1994 mit 3.0 V6.

Berline luxueuse avec moteur transversal (2 litres, Turbo, 16 soupapes) et traction avant, carrosserie aérodynamique avec hayon arrière. Lancement mai 1984. Gamme 1986: 9000i sans turbo. 1987 avec boîte auto. Janvier 1988 4 portes CD. 1991: 2.3 aussi avec turbo. Pour 1992: Hatch modifié (CS). Paris 1992: 9000 Aero avec 225 ch. 1994 avec 3.0 V6.

2.0 16V – 131 PS Benzineinspritzung

Karosserie, Gewicht: Limousine, 4/5 Türen, 5 Sitze; leer ab 1345/1360 kg, max. zul. 1900/1920 kg.

Motor: (ECE), 4 Zyl. in Linie (90×78 mm), 1985 cm³; Kompr. 10.1:1; 96 kW (131 PS) bei 6100/min, 48.4 kW/L (65.7 PS/L); 177 Nm (18 mkp) bei 4300/min; 95 ROZ.

Motorkonstruktion: 4 Ventile in V; 2 obenl. Nockenwellen (Ketten); Leichtmetall-Zylinderkopf; 5fach gelagerte Kurbelwelle; Öl 4 L; elektron. Einspritzung, Saab Trionic. Batterie 60 Ah, Alternator 70 A; Wasserkühlung, Inh. 10 L.

Kraftübertragung: (auf Vorderräder).
5-Gang-Getriebe: I. 3.38; II. 1.76; III. 1.12; IV. 0.89; V. 0.7; R 3.17; Achse 4.45.
4-Stufen-Automat: I. 2.53; II. 1.38; III. 0.98; IV. 0.73; R 2.83; Achse 4.28.

2.0 16V – 131 ch Injection d'essence

Carrosserie, poids: Berline, 4/5 portes, 5 places; vide dès 1345/1360 kg, tot. adm. 1900/1920 kg.

Moteur: (ECE), 4 cyl. en ligne (90×78 mm), 1985 cm³; compr. 10.1:1; 96 kW (131 ch) à 6100/min, 48.4 kW/L (65.7 ch/L); 177 Nm (18 mkp) à 4300/min; 95 (R).

Moteur (constr.): 4 soupapes en V; 2 arbres à cames en tête (chaînes); culasse en alliage léger; vilebrequin à 5 paliers; huile 4 L; injection électronique, Saab Trionic. Batterie 60 Ah, alternateur 70 A; refroidissement à eau, capac. 10 L.

Transmission: (sur roues AV).
Boîte à 5 vit.: I. 3.38; II. 1.76; III. 1.12; IV. 0.89; V. 0.7; AR 3.17; pont 4.45.
Boîte aut. à 4 vit.: I. 2.53; II. 1.38; III. 0.98; IV. 0.73; AR 2.83; pont 4.28.

Saab 9000 CS

2.0 16V – 150 PS Benzineinspritzung/Turbo

Wie 2.0 – 131 PS, ausgenommen:

Motor: (ECE), 4 Zyl. in Linie (90×78 mm), 1985 cm³; Kompr. 8.8:1; 110 kW (150 PS) bei 5500/min, 55.4 kW/L (75.3 PS/L); 215 Nm (21.9 mkp) bei 2500/min; 95 ROZ.

Motorkonstruktion: 4 Ventile in V; 2 obenl. Nockenwellen (Kette); Leichtmetall-Zylinderkopf; 5fach gelagerte Kurbelwelle; Ölkühler; Öl 4 L; elektron. Einspritzung, Saab Trionic; 1 Turbolader, max. Ladedruck 0.4 bar, Intercooler. Batterie 60 Ah, Alternator 90 A; Wasserkühlung, Inh. 9 L.

Kraftübertragung:
5-Gang-Getriebe: I. 3.38; II. 1.76; III. 1.12; IV. 0.89; V. 0.7; R 3.17; Achse 4.89.
4-Stufen-Automat: I. 2.53; II. 1.38; III. 0.98; IV. 0.73; R 2.83; Achse 3.5, 4.28.

Fahrleistungen: Vmax (Werk) 210 km/h, V bei 1000/min im 5. Gang 42.1 km/h; 0–100 km/h 9.5 s; Leistungsgew. 12.4 kg/kW (9.1 kg/PS); Verbrauch EU 7.8/13.6 L/100 km. *Aut.:* Verbrauch EU 7.9/6.8 L/100 km.

2.0 16V – 150 ch Injection d'essence/turbo

Comme 2.0 – 131 ch, sauf:

Moteur: (ECE), 4 cyl. en ligne (90×78 mm), 1985 cm³; compr. 8.8:1; 110 kW (150 ch) à 5500/min, 55.4 kW/L (75.3 ch/L); 215 Nm (21.9 mkp) à 2500/min; 95 (R).

Moteur (constr.): 4 soupapes en V; 2 arbres à cames en tête (chaîne); culasse en alliage léger; vilebrequin à 5 paliers; radiat. d'huile; huile 4 L; injection électronique, Saab Trionic; 1 turbocompr., pression max. 0.4 bar, Intercooler. Batterie 60 Ah, alternateur 90 A; refroidissement à eau, capac. 9 L.

Transmission:
Boîte à 5 vit.: I. 3.38; II. 1.76; III. 1.12; IV. 0.89; V. 0.7; AR 3.17; pont 4.89.
Boîte aut. à 4 vit.: I. 2.53; II. 1.38; III. 0.98; IV. 0.73; AR 2.83; pont 3.5, 4.28.

Performances: Vmax (usine) 210 km/h, V à 1000/min en 5. vit. 42.1 km/h; 0–100 km/h 9.5 s; rapp. poids/puiss. 12.4 kg/kW (9.1 kg/ch); consomm. EU 7.8/13.6 L/100 km. *Aut.:* consomm. EU 7.9/6.8 L/100 km.

Saab 9000 CS

Hallwag

Automobilgeschichte

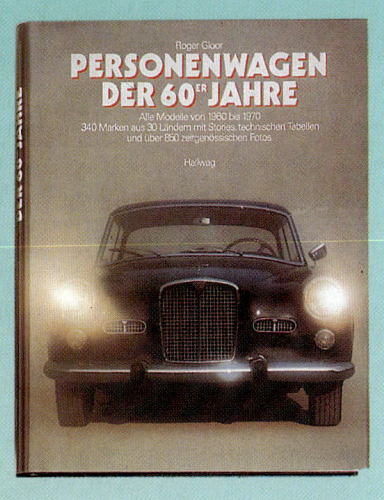

Ferdinand Hediger
Hans-Heinrich von Fersen
Michael Sedgwick
**Klassische Wagen
1919-1939**
78 Hersteller aus 10 Ländern
400 Seiten, 1047 schwarzweiße
Fotos, Linson, 22,5 x 29 cm,
in Schuber.
DM/sFr. 118.-

Eine dichte, kenntnisreiche und
hintergründige Darstellung rund
um technische Konstruktionen,
Fahrleistungen, berühmte
Kunden und Schicksale von
Markengründern und
Konstrukteuren.
Es werden 78 Marken aus
10 Ländern vorgestellt,
begleitet von in dieser
Ausführlichkeit einmaligen
Tabellen mit den wichtigsten
technischen Daten.

*«Ein einzigartiges Nachschlage-
werk für jene Zeitgenossen, die
in zehn oder zwanzig Jahren
die Reihe der Studien und deren
Innovationen mit dem
tatsächlichen "Straßenbild"
vergleichen.»*
Stuttgarter Zeitung über
«Zukunfts-Autos der 80er Jahre»

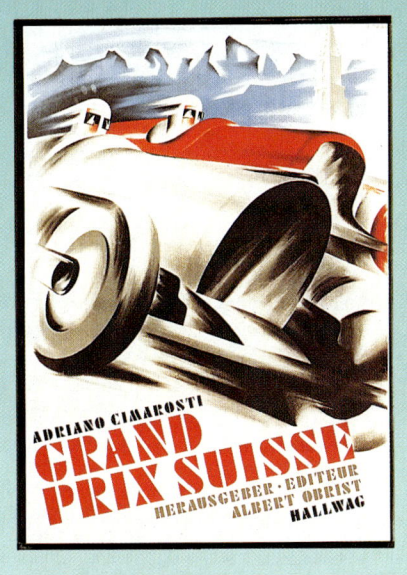

Adriano Cimarosti
Grand Prix Suisse
Herausgeber: Albert Obrist
624 Seiten, 28 zum Teil ganzseitige
farbige, 507 schwarzweiße Abbil-
dungen (Duplex-Verfahren), Leinen,
24,5 x 34,5 cm, in Leinenschuber.
DM 350.-/sFr. 298.-

Der großen Zeit der Schweizer
Rundstrecken hat Adriano
Cimarosti ein monumentales Werk
gewidmet, in welchem alle internationalen
Rundrennen zwischen 1923 und 1954
wie auch die vom Automobil Club
der Schweiz im burgundischen Dijon
ausgetragenen Formel-1-Grand Prix
ausführlich behandelt werden.
Der aufwendige - deutsch und fran-
zösisch verfaßte - Bildband läßt eine
vielbesungene und von vielen Motor-
sportliebhabern schmerzlich vermißte
Epoche internationaler helvetischer
Großveranstaltungen neu aufleben.

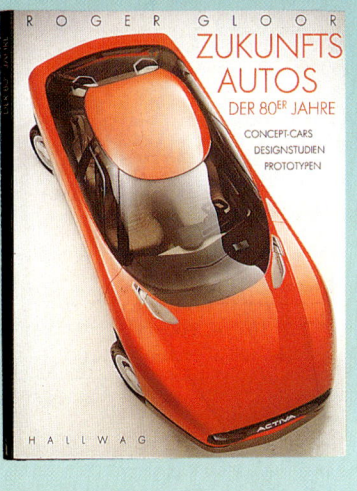

Roger Gloor
**Zukunfts-Autos
der 80er Jahre**
*400 Concept-Cars, Designstudien
und Forschungsprototypen aus
Europa, den USA und Japan*
496 Seiten, 366 schwarzweiße
und 414 farbige Abbildungen,
Linson, 22,5 x 29 cm,
in Schuber.
DM/sFr. 158.-

Dieses Werk gewährt Einblick in
eine vielversprechende Zukunft,
die im Umgang mit dem Auto
noch mehr Sicherheit und Komfort,
noch erweiterte Einsatzmöglich-
keiten und weiterhin Fahrvergnü-
gen und sinnvollen Transport
verheißt.
Für die Fachwelt wie für den
Kenner ist dieses Buch ein einzig-
artiges Nachschlagewerk; für den
Laien eröffnet es neue automobile
Horizonte.

Roger Gloor
Nachkriegswagen
*Personenautos 1945 bis 1960
Alle Modelle von 400 Marken
aus 30 Ländern*
6. Auflage, 398 Seiten,
1040 schwarzweiße Abbildungen,
Linson, 22,5 x 29 cm,
in Schuber.
DM/sFr. 118.-

Roger Gloor
**Personenwagen
der 60er Jahre**
*Alle Modelle von 1960 bis 1970
340 Marken aus 30 Ländern*
3. Auflage, 408 Seiten,
915 schwarzweiße Abbildungen,
Linson, 22,5 x 29 cm,
in Schuber.
DM/sFr. 118.-

Roger Gloor, profunder
Kenner der jüngeren Automobil-
geschichte, vermittelt in seinen
Büchern «Nachkriegswagen» und
«Personenwagen der 60er Jahre»
einen kompletten Überblick
über die während dieser Zeit-
spanne weltweit hergestellten
Marken und Modelle.
Zeitgenössische Aufnahmen
wecken Erinnerungen und lassen
uns über ausgefallene Kreationen
und modische Eigenwilligkeiten
schmunzeln.

In jeder Buchhandlung erhältlich.

Siehe Bestellkarte Seite 187

Saab

2.3 16V – 170 PS Benzineinspritzung/Turbo

Wie 2.0 – 131 PS, ausgenommen:

Motor: (ECE), 4 Zyl. in Linie (90×90 mm), 2290 cm³; Kompr. 9.25:1; 125 kW (170 PS) bei 5700/min, 54.6 kW/L (74.2 PS/L); 260 Nm (26.5 mkp) bei 3200/min; 95 ROZ.

Motorkonstruktion: 4 Ventile in V; 2 obenl. Nockenwellen (Kette); 5fach gelagerte Kurbelwelle; Ölkühler; Öl 4 L; elektron. Einspritzung, Bosch, 1 Turbolader, max. Ladedruck 0.4 bar. Batterie 60 Ah, Alternator 90 A; Wasserkühlung, Inh. 9 L.

Kraftübertragung:
5-Gang-Getriebe: I. 3.38; II. 1.76; III. 1.12; IV. 0.89; V. 0.7; R 3.17; Achse 3.61.
4-Stufen-Automat: I. 2.58; II. 1.41; III. 1; IV. 0.74; R 2.83; Achse 4.28.

Fahrleistungen Vmax (Werk) 220 km/h, V bei 1000/min im 5. Gang 42.1 km/h; 0–100 km/h 8.5 s; Leistungsgew. 10.9 kg/kW (8 kg/PS); Verbrauch EU 7.3/13.5 L/100 km.
Aut.: 0–100 km/h 9.5 s; Verbrauch EU 8/17 L/100 km.

2.3 16V – 170 ch Injection d'essence/turbo

Comme 2.0 – 131 ch, sauf:

Moteur: (ECE), 4 cyl. en ligne (90×90 mm), 2290 cm³; compr. 9.25:1; 125 kW (170 ch) à 5700/min, 54.6 kW/L (74.2 ch/L); 260 Nm (26.5 mkp) à 3200/min; 95 (R).

Moteur (constr.): 4 soupapes en V; 2 arbres à cames en tête (chaîne); vilebrequin à 5 paliers; radiat. d'huile; huile 4 L; injection électronique, Bosch, 1 turbocompr., pression max. 0.4 bar. Batterie 60 Ah, alternateur 90 A; refroidissement à eau, capac. 9 L.

Transmission:
Boîte à 5 vit.: I. 3.38; II. 1.76; III. 1.12; IV. 0.89; V. 0.7; AR 3.17; pont 3.61.
Boîte aut. à 4 vit.: I. 2.58; II. 1.41; III. 1; IV. 0.74; AR 2.83; pont 4.28.

Performances: Vmax (usine) 220 km/h, V à 1000/min en 5. vit. 42.1 km/h; 0–100 km/h 8.5 s; rapp. poids/puiss. 10.9 kg/kW (8 kg/ch); consomm. EU 7.3/13.5 L/100 km.
Aut.: 0–100 km/h 9.5 s; consomm. EU 8/17 L/100 km.

Saab 9000 CD

2.3 16V – 200 PS Benzineinspritzung/Turbo

Wie 2.0 – 131 PS, ausgenommen:

Motor: (ECE), 4 Zyl. in Linie (90×90 mm), 2290 cm³; Kompr. 9.25:1; 147 kW (200 PS) bei 5500/min, 64.2 kW/L (87.3 PS/L); 323 Nm (32.9 mkp) bei 1800/min; 95 ROZ. Automat: 294 Nm bei 1800/min.

Motorkonstruktion: 4 Ventile in V; 2 obenl. Nockenwellen (Kette); Leichtmetall-Zylinderkopf; 5fach gelagerte Kurbelwelle; Ölkühler; Öl 4 L; elektron. Einspritzung, Saab Trionic; 1 Turbolader, max. Ladedruck 1 bar, Intercooler. Batterie 60 Ah, Alternator 90 A; Wasserkühlung, Inh. 9 L.

Kraftübertragung:
5-Gang-Getriebe: I. 3.38; II. 1.76; III. 1.12; IV. 0.89; V. 0.7; R 3.17; Achse 3.61.
4-Stufen-Automat: I. 2.58; II. 1.41; III. 1; IV. 0.74; R 2.59; Achse 4.28.

Fahrwerk: Reifen 205/60 VR 15.

Fahrleistungen: Vmax (Werk) 235 km/h, V bei 1000/min im 5. Gang 45.4 km/h; 0–100 km/h 7.5 s; Leistungsgew. 9.2 kg/kW (6.8 kg/PS); Verbrauch EU 7.3/13.9 L/100 km.
Aut.: 0–100 km/h 8.5 s; Verbrauch EU 8.2/17.6 L/100 km.

2.3 16V – 200 ch Injection d'essence/turbo

Comme 2.0 – 131 ch, sauf:

Moteur: (ECE), 4 cyl. en ligne (90×90 mm), 2290 cm³; compr. 9.25:1; 147 kW (200 ch) à 5500/min, 64.2 kW/L (87.3 ch/L); 323 Nm (32.9 mkp) à 1800/min; 95 (R). Boîte autom.: 294 Nm à 1800/min.

Moteur (constr.): 4 soupapes en V; 2 arbres à cames en tête (chaîne); culasse en alliage léger; vilebrequin à 5 paliers; radiat. d'huile; huile 4 L; injection électronique, Saab Trionic; 1 turbocompr., pression max. 1 bar, Intercooler. Batterie 60 Ah, alternateur 90 A; refroidissement à eau, capac. 9 L.

Transmission:
Boîte à 5 vit.: I. 3.38; II. 1.76; III. 1.12; IV. 0.89; V. 0.7; AR 3.17; pont 3.61.
Boîte aut. à 4 vit.: I. 2.58; II. 1.41; III. 1; IV. 0.74; AR 2.59; pont 4.28.

Train roulant: pneus 205/60 VR 15.

Performances: Vmax (usine) 235 km/h, V à 1000/min en 5. vit. 45.4 km/h; 0–100 km/h 7.5 s; rapp. poids/puiss. 9.2 kg/kW (6.8 kg/ch); consomm. EU 7.3/13.9 L/100 km.
Aut.: 0–100 km/h 8.5 s; consomm. EU 8.2/17.6 L/100 km.

2.3 16V – 224 PS Benzineinspritzung/Turbo

Wie 2.0 – 131 PS, ausgenommen:

Gewicht: leer ca. 1375 kg, max. zul. 1960 kg.

2.3 16V – 224 ch Injection d'essence/turbo

Comme 2.0 – 131 ch, sauf:

Poids: vide env. 1375 kg, tot. adm. 1960 kg.

Motor: (ECE), 4 Zyl. in Linie (90×90 mm), 2290 cm³; Kompression 9.25:1; 165 kW (224 PS) bei 5500/min, 72 kW/L (97.9 PS/L); 342 Nm (34.9 mkp) bei 1800/min; 98 ROZ.

Motorkonstruktion: 4 Ventile in V; 2 obenl. Nockenwellen (Kette); Leichtmetall-Zylinderkopf; 5fach gelagerte Kurbelwelle; Ölkühler; Öl 4 L; elektron. Einspritzung, Saab Trionic; 1 Turbolader, max. Ladedruck 1.08 bar, Intercooler. Batterie 60 Ah, Alternator 90 A; Wasserkühlung, Inh. 9 L.

Kraftübertragung:
5-Gang-Getriebe: I. 3.38; II. 1.76; III. 1.12; IV. 0.89; V. 0.7; R 3.17; Achse 3.61.

Fahrwerk: Reifen 205/55 ZR 16, Felgen 6.5 J.

Fahrleistungen: Vmax (Werk) 240 km/h, V bei 1000/min im 5. Gang 45.4 km/h; 0–100 km/h 6.9 s; Leistungsgewicht 8.3 kg/kW (6.1 kg/PS); Verbrauch EU 7.4/14.3 L/100 km.

Moteur: (ECE), 4 cylindres en ligne (90×90 mm), 2290 cm³; compression 9.25:1; 165 kW (224 ch) à 5500/min, 72 kW/L (97.9 ch/L); 342 Nm (34.9 mkp) à 1800/min; 98 (R).

Moteur (constr.): 4 soupapes en V; 2 arbres à cames en tête (chaîne); culasse en alliage léger; vilebrequin à 5 paliers; radiat. d'huile; huile 4 L; injection électronique, Saab Trionic; 1 turbocompr., pression max. 1.08 bar, Intercooler. Batterie 60 Ah, alternateur 90 A; refroidissement à eau, capac. 9 L.

Transmission:
Boîte à 5 vit.: I. 3.38; II. 1.76; III. 1.12; IV. 0.89; V. 0.7; AR 3.17; pont 3.61.

Train roulant: pneus 205/55 ZR 16, jantes 6.5 J.

Performances: Vmax (usine) 240 km/h, V à 1000/min en 5. vit. 45.4 km/h; 0–100 km/h 6.9 s; rapport poids/puiss. 8.3 kg/kW (6.1 kg/ch); consommation EU 7.4/14.3 L/100 km.

3.0 V6 24V – 211 PS Benzineinspritzung

Wie 2.0 – 131 PS, ausgenommen:

Gewicht: leer ab 1460 kg, max. zul. 1950 kg.

Motor: (ECE), 6 Zyl. (86×85 mm), 2962 cm³; Kompr. 10.8:1; 155 kW (211 PS) bei 6200/min, 52.3 kW/L (71.1 PS/L); 270 Nm (27.5 mkp) bei 3300/min; 95 ROZ.

Motorkonstruktion: 4 Ventile in V 39°; 2×2 obenliegende Nockenwellen (Zahnriemen); Leichtmetall-Zylinderköpfe; vierfach gelagerte Kurbelwelle; Ölkühler; Öl 5.5 L; elektronische Einspritzung, Bosch Motronic DME. Batterie 60 Ah, Alternator 120 A; Wasserkühlung, Inh. 9.7 L.

Kraftübertragung: Antriebsschlupfreg.
5-Gang-Getriebe: I. 3.81; II. 2.11; III. 1.34; IV. 1; V. 0.81; R 3.4; Achse 3.7.
4-Stufen-Automat: I. 2.4; II. 1.48; III. 1; IV. 0.72; R 2; Achse 3.57.

Fahrleistungen: Vmax (Werk) 230 km/h, V bei 1000/min im 5. Gang 39.3 km/h; 0–100 km/h 8 s; Leistungsgewicht 9.4 kg/kW (6.9 kg/PS); Verbrauch EU 8.3/14.8 L/100 km.
Aut.: Vmax 225 km/h, 0–100 km/h 9.5 s; Verbrauch EU 7.8/17.1 L/100 km.

3.0 V6 24V – 211 ch Injection d'essence

Comme 2.0 – 131 ch, sauf:

Poids: vide dès 1460 kg, tot. adm. 1950 kg.

Moteur: (ECE), 6 cyl. (86×85 mm), 2962 cm³; compr. 10.8:1; 155 kW (211 ch) à 6200/min, 52.3 kW/L (71.1 ch/L); 270 Nm (27.5 mkp) à 3300/min; 95 (R).

Moteur (constr.): 4 soupapes en V 39°; 2×2 arbres à cames en tête (courroie crantée); culasses en alliage léger; vilebrequin à quatre paliers; radiateur d'huile; huile 5.5 L; injection électronique, Bosch Motronic DME. Batterie 60 Ah, alternateur 120 A; refroidissement à eau, capac. 9.7 L.

Transmission: Dispositif antipatinage.
Boîte à 5 vit.: I. 3.81; II. 2.11; III. 1.34; IV. 1; V. 0.81; AR 3.4; pont 3.7.
Boîte aut. à 4 vit.: I. 2.4; II. 1.48; III. 1; IV. 0.72; AR 2; pont 3.57.

Performances: Vmax (usine) 230 km/h, V à 1000/min en 5. vit. 39.3 km/h; 0–100 km/h 8 s; rapp. poids/puiss. 9.4 kg/kW (6.9 kg/ch); consomm. EU 8.3/14.8 L/100 km.
Aut.: Vmax 225 km/h, 0–100 km/h 9.5 s; consomm. EU 7.8/17.1 L/100 km.

Saab 9-5

Neues Modell. Wird als Topmodell oberhalb des 9000 positioniert. Neue Generation von Ecopower-Turbomotoren, wovon ein „asymmetrischer" V6. Frontantrieb. Debüt Juni 1997.

Nouveau modèle. Positionée au dessus de la modèle 9000. Nouvelle génération de moteurs Ecopower, dont un V6 asymetrique. Traction AV. Lancement juin 1997.

Saab 9-5

Saturn — USA

Saturn Corporation, 1400 Stephenson Highway, Troy, Michigan 48007 7025, USA

1985 erstmals vorgestellte Tochtergesellschaft von General Motors.

Société affiliée à la General Motors, présentée la première fois en 1985.

Saturn

Fahrzeug der unteren Mittelklasse, als Limousine oder Coupé erhältlich, 1.9 tmit zwei oder vier Ventilen pro Zylinder. Debüt Oktober 1990. Herbst 1992: Station Wagon für den Jahrgang 1993. 1995 mehr Leistung für 1.9.1996 mit Detailländerungen an Karosserien und Interieurs.

Voiture de la catégorie moyenne inférieure, livrable comme berline ou coupé, Moteur 1.9 avec 2 ou 4 soupapes par cyl. Lancement oct. 1990. Automne 1992: Station-wagon pour 1993. 1995 puissance accrue pour 1.9. 1996 avec modifications aux carrosseries et intérieurs.

1.9 – 101 PS Benzineinspritzung
1.9 – 101 ch Injection d'essence

Karosserie, Gewicht: Limousine, 4 Türen, 5 Sitze; leer ab 1055 kg.
Coupé, 2 Türen, 5 Sitze; leer ab 1045 kg.
Wagon, 5 Türen, 5 - 6 Sitze; leer 1085 kg.

Motor: (SAE), 4 Zyl. in Linie (82×90 mm), 1901 cm³; Kompr. 9.3:1; 74 kW (101 PS) bei 5000/min, 38.9 kW/L (52.9 PS/L); 155 Nm (15.8 mkp) bei 2400/min; 91 ROZ.

Motorkonstruktion: 1 obenl. Nockenwelle (Kette); 5fach gelagerte Kurbelwelle; Öl 3.8 L; elektron. Einspritzung.
Batt. 54 Ah, Altern. 74 A; Wasser 6.7 L.

Kraftübertragung: (auf Vorderräder).
5-Gang-Getriebe: I. 3.25; II. 1.81; III. 1.17; IV. 0.81; V. 0.61; R 3.58; Achse 4.06.
4-Stufen-Automat: I. 2.53; II. 1.27; III. 0.81; IV. 0.6; R 2.07; Achse 4.06.

Fahrgestell: Selbsttragendes Karosserieskelett aus Stahl; vorn Federbeine, Querlenker, Kurvenstabilisator; hinten Längs- und Querlenker, Teleskopdämpfer.

Fahrwerk: Bremse, vorne Scheiben (belüftet), hinten Trommeln, Scheiben-∅ v. 25 cm, a.W. ABS, Handbr. auf Hinterr.; Zahnstangenl., a.W. mit Servo, Treibstofftank 48 L; Reifen 175/70 R 14, Felgen 5.5 J.

Carrosserie, poids: Berline, 4 portes, 5 places; vide dès 1055 kg.
Coupé, 2 portes, 5 pl.; vide dès 1045 kg.
Wagon, 5 portes, 5 - 6 pl.; vide 1085 kg.

Moteur: (SAE), 4 cyl. en ligne (82×90 mm), 1901 cm³; compr. 9.3:1; 74 kW (101 ch) à 5000/min, 38.9 kW/L (52.9 ch/L); 155 Nm (15.8 mkp) à 2400/min; 91 (R).

Moteur (constr.): 1 arbre à cames en tête (chaîne); vilebrequin à 5 paliers; huile 3.8 L; injection électronique.
Batt. 54 Ah, altern. 74 A; eau 6.7 L.

Transmission: (sur roues AV).
Boîte à 5 vit.: I. 3.25; II. 1.81; III. 1.17; IV. 0.81; V. 0.61; AR 3.58; pont 4.06.
Boîte aut. à 4 vit.: I. 2.53; II. 1.27; III. 0.81; IV. 0.6; AR 2.07; pont 4.06.

Châssis: structure autoporteuse en acier; AV jambes élast., leviers transv., barre antidévers; AR bras longitud. et transv., amortiss. télescop.

Train roulant: frein, AV à disques (ventilés), AR à tambours, ∅ disques AV 25 cm, ABS s. d., frein à main sur roues AR; direction à crémaillère, s.d. avec servo, réservoir carb. 48 L; pneus 175/70 R 14, jantes 5.5 J.

Saturn SC

Dimensionen: Radstand 260 cm, Spur 144/142 cm, Bodenfreih. 14 cm, Wendekreis 11.3 m, Kofferraum 340 dm³, Länge 449 cm, Breite 169.5 cm, Höhe 138 cm.
Coupé: Kofferraum 320 dm³, Länge 457 cm, Breite 171 cm, Höhe 132 cm.
Wagon: Kofferraum 705/1650 dm³.

Fahrleistungen: Vmax (Red.) 150 km/h, V bei 1000/min im 5. Gang 44.5 km/h; 0–97 km/h 10.5 s; Leistungsgew. 14 kg/kW (10.2 kg/PS); Verbrauch EPA 5.9/8.4 L/100 km. *Aut.:* 0–97 km/h 11.5 s; Verbrauch EPA 6.4/8.7 L/100 km.

Dimensions: empattement 260 cm, voie 144/142 cm, garde au sol 14 cm, diam. de braq. 11.3 m, coffre 340 dm³, longueur 449 cm, largeur 169.5 cm, hauteur 138 cm.
Coupé: coffre 320 dm³, longueur 457 cm, largeur 171 cm, hauteur 132 cm.
Wagon: coffre 705/1650 dm³.

Performances: Vmax (réd.) 150 km/h, V à 1000/min en 5. vit. 44.5 km/h; 0–97 km/h 10.5 s; rapp. poids/puiss. 14 kg/kW (10.2 kg/ch); consomm. EPA 5.9/8.4 L/100 km. *Aut.:* 0–97 km/h 11.5 s; consomm. EPA 6.4/8.7 L/100 km.

1.9 16V – 126 PS Benzineinspritzung
1.9 16V – 126 ch Injection d'essence

Wie 1.9 – 101 PS, ausgenommen:

Karosserie, Gewicht: Limousine/Coupé/Wagon, leer ab 1085/1080/1115 kg.

Motor: (SAE), 4 Zyl. in Linie (82×90 mm), 1901 cm³; Kompr. 9.5:1; 93 kW (126 PS) bei 5600/min, 48.9 kW/L (66.5 PS/L); 165 Nm (16.8 mkp) bei 4800/min; 91 ROZ.

Comme 1.9 – 101 ch, sauf:

Carrosserie, poids: Berline/Coupé/Wagon; vide dès 1085/1080/1115 kg.

Moteur: (SAE), 4 cyl. en ligne (82×90 mm), 1901 cm³; compr. 9.5:1; 93 kW (126 ch) à 5600/min, 48.9 kW/L (66.5 ch/L); 165 Nm (16.8 mkp) à 4800/min; 91 (R).

Saturn SW2

Motorkonstruktion: 4 Ventile in V; 2 obenl. Nockenw. (Kette); 5fach gelagerte Kurbelw.; Öl 4 L; elektron. Einspr., AC-Rochester.
Batt. 54 Ah, Altern. 74 A; Wasser 6.7 L.

Kraftübertragung:
5-Gang-Getriebe: I. 3.25; II. 2.06; III. 1.42; IV. 1.03; V. 0.73; R 3.58; Achse 4.06.
4-Stufen-Automat: I. 2.53; II. 1.56; III. 1.03; IV. 0.7; R 2.07; Achse 4.06.

Moteur (constr.): 4 soupapes en V; 2 arbres à cames en tête (chaîne); vilebr. à 5 pal.; huile 4 L; inj. électron, AC-Rochester.
Batt. 54 Ah, altern. 74 A; eau, capac. 6.7 L.

Transmission:
Boîte à 5 vit.: I. 3.25; II. 2.06; III. 1.42; IV. 1.03; V. 0.73; AR 3.58; pont 4.06.
Boîte aut. à 4 vit.: I. 2.53; II. 1.56; III. 1.03; IV. 0.7; AR 2.07; pont 4.06.

Saturn SC

Fahrwerk: Reifen 185/65 R 15.

Fahrleistungen: Vmax (Werk) 160 km/h, V bei 1000/min im 5. Gang 45.9 km/h; 0–97 km/h 9 s; Leistungsgew. 11.7 kg/kW (8.6 kg/PS); Verbr. EPA 6.4/8.7/8.7 L/100 km. *Aut.:* 0–97 km/h 9.6 s; Verbr. EPA 6.9/9.8 L/100 km.

Train roulant: pneus 185/65 HR 15.

Performances: Vmax (usine) 160 km/h, V à 1000/min en 5. vit. 45.9 km/h; 0–97 km/h 9 s; rapp. poids/puiss. 11.7 kg/kW (8.6 kg/ch); consomm. EPA 6.4/8.7/8.7 L/100 km. *Aut.:* 0–97 km/h 9.6 s; consomm. EPA 6.9/9.8 L/100 km.

Sbarro — CH

ACA Atelier de construction automobile, Franco Sbarro, CH-1422 Les Tuileries-de-Grandson, Suisse

Produziert einzelstückweise Individualfahrzeuge der Luxusklasse nach Plänen, die mit dem Kunden abgesprochen werden. Basismodelle: Derzeit Luxusgeländewagen Windhound (auf der vom Käufer wählbaren Grundlage amerikanischer oder europäischer Geländewagen); Sonderausführungen der Mercedes-Benz-S-Klasse (teilweise mit turbobestückten V8-Motoren); Keilcoupé Challenge (Basis Porsche 911 Cabriolet, auf Wunsch auch andere mechanische Grundlagen und eigenes Chassis). Gegenwärtig ebenfalls lieferbar: Astro, Robur, Osmos, Chrono, Helios sowie Repliken von Mercedes 540 K und 300 SL. Daten von Fall zu Fall unterschiedlich.

Produit pièce par pièce des véhicules de luxe individualisés, selon des plans qui tiennent compte des désirs du client. Modèles de base actuels: Voiture tout-terrain de luxe Windhound (basé sur un véhicule tout-terrain américain ou européen, au choix du client); exécutions spéciales de berlines et de coupés Mercedes-Benz classe S (certains équipés de moteurs suralimentés); coupé cunéiforme Challenge (basé sur le cabriolet Porsche 911 Carrera, autres mécaniques et châssis propre sur demande). Actuellement aussi livrable: Astro, Robur, Osmos, Chrono, Helios ainsi que des répliques de Mercedes 540 K et 300 SL. Données variants de cas en cas.

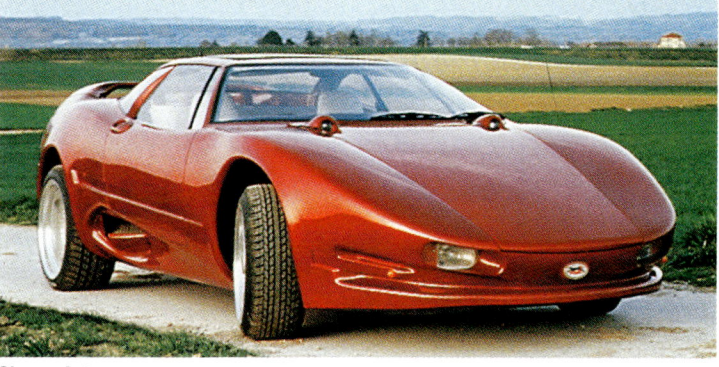

Sbarro Astro

Seat

Seat   E

Seat SA, Zona Franca, Calle 2, Numero 1, 08004 Barcelona, España

Spanisches Automobilwerk. Hersteller von Seat- und VW-Modellen für den eigenen Markt und den Export.

Usine espagnole fabriquant des modèles Seat et VW pour les marchés intérieur et extérieur.

Seat Arosa

Neues Modell. Kleinwagen mit drei Türen und Vorderradantrieb auf Basis des VW Polo. Vorerst mit 1.0- (50 PS) und 1.4 -Triebwerk (60 PS). Produktion ab Mai 1997 in Wolfsburg.

Nouveau modèle. Petite voiture avec trois portes sur la base de la VW Polo. Actuellement avec des moteurs 1.0 (50 PS) et 1.4 (60 PS). Production dès mai 1997 à Wolfsburg.

1.0 – 50 PS Benzineinspritzung

1.0 – 50 ch Injection d'essence

Karosserie, Gewicht: Limousine, 3 Türen, 4 Sitze; leer ab 940 kg, max. zul. 1265 kg.

Motor: (ECE), 4 Zyl. in Linie (67.1×70.6 mm), 999 cm^3; Kompr. 10.5:1; 37 kW (50 PS) bei 5000/min, 37 kW/L (50.3 PS/L); 86 Nm (8.8 mkp) bei 3000/min; 95 ROZ.

Motorkonstruktion: 2 Ventile parallel; 1 obenl. Nockenwelle (Zahnriemen); Leichtmetall-Zylinderkopf und -block; 5fach gelagerte Kurbelwelle; Öl 3.5 L; elektron. Einspritzung.

Batterie 36 Ah, Alternator 70 A; Wasserkühlung, Inh. 6 L.

Carrosserie, poids: Berline, 3 portes, 4 places; vide dès 940 kg, tot. adm. 1265 kg.

Moteur: (ECE), 4 cyl. en ligne (67.1×70.6 mm), 999 cm^3; compr. 10.5:1; 37 kW (50 ch) à 5000/min, 37 kW/L (50.3 ch/L); 86 Nm (8.8 mkp) à 3000/min; 95 (R).

Moteur (constr.): 2 soup. en parallèle; 1 arbre à cames en tête (courroie crantée); culasse et bloc-cyl. en alliage léger; vilebrequin à 5 paliers; huile 3.5 L; injection électronique.

Batterie 36 Ah, alternateur 70 A; refroidissement à eau, capac. 6 L.

Seat Arosa

Kraftübertragung: (auf Vorderräder). 5-Gang-Getriebe: I. 3.46; II. 2.09; III. 1.45; IV. 1.1; V. 0.89; R 3.39; Achse 4.06.

Fahrgestell: Selbsttragende Karosserie; vorn Federbeine und Dreieckquerlenker, Kurvenstabilisator; hinten Verbundlenkerachse, Schraubenfedern; v/h Teleskopdämpfer.

Fahrwerk: Bremse, vorne Scheiben, hinten Trommeln, a.W. ABS, Feststellbremse auf Hinterräder; Zahnstangenlenkung, a.W. mit Servo, Treibstofftank 35 L; Reifen 155/ 70 R 13, 175/65 R 13, 185/55 HR 14; Felgen 4.5 J, 5.5 JFelgen v. 6.

Dimensionen: Radstand 232 cm, Spur 136.5/140 cm, Bodenfreih. 11 cm, Wendekreis 9.5 m, Kofferraum 170 dm^3, Länge 354 cm, Breite 164 cm, Höhe 146 cm.

Fahrleistungen: Vmax (Werk) 151 km/h, V bei 1000/min im 5. Gang 27.6 km/h; 0–100 km/h 17.4 s; Leistungsgew. 25.4 kg/kW (18.8 kg/PS); Verbr. EU 5/7.8 L/100 km.

Transmission: (sur roues AV). Boîte à 5 vit.: I. 3.46; II. 2.09; III. 1.45; IV. 1.1; V. 0.89; AR 3.39; pont 4.06.

Châssis: carrosserie autoporteuse; AV jambes élast. et leviers triang. transv., barre anti-dévers; AR essieu semi-rigide, ressorts hélicoïdaux; AV/AR amortiss. télescop.

Train roulant: frein, AV à disques, AR à tambours, ABS s. d., frein de stationnement sur roues AR; direction à crémaillère, s.d. avec servo, réservoir carb. 35 L; pneus 155/ 70 R 13, 175/65 R 13, 185/55 HR 14; jantes 4.5 J, 5.5 Jjantes AV 6.

Dimensions: empattement 232 cm, voie 136.5/140 cm, garde au sol 11 cm, diam. de braq. 9.5 m, coffre 170 dm^3, longueur 354 cm, largeur 164 cm, hauteur 146 cm.

Performances: Vmax (usine) 151 km/h, V à 1000/min en 5. vit. 27.6 km/h; 0–100 km/h 17.4 s; rapp. poids/puiss. 25.4 kg/kW (18.8 kg/PS); consomm. EU 5/7.8 L/100 km.

1.4 – 60 PS Benzineinspritzung

1.4 – 60 ch Injection d'essence

Wie 1.0 – 50 PS, ausgenommen:

Gewicht: leer 970 kg, max. zul. 1325 kg.

Comme 1.0 – 50 ch, sauf:

Poids: vide dès 970 kg, tot. adm. 1325 kg.

Motor: (ECE), 4 Zyl. in Linie (76.5×75.6 mm), 1390 cm^3; Kompr. 10.2:1; 44 kW (60 PS) bei 4700/min, 31.7 kW/L (43.2 PS/L); 116 Nm (11.8 mkp) bei 3000/min; 95 ROZ.

Motorkonstruktion: 2 Ventile parallel; 1 obenl. Nockenwelle (Zahnriemen); Leichtmetall-Zylinderkopf; 5fach gelagerte Kurbelwelle; Öl 3.5 L; elektron. Einspritzung. Batterie 36/44 Ah, Alternator 70 A; Wasserkühlung, Inh. 6.3 L.

Kraftübertragung: 5-Gang-Getriebe: I. 3.46; II. 1.95; III. 1.25; IV. 0.93; V. 0.74; R 3.38; Achse 3.88. 4-Stufen-Automat: I. 2.88; II. 1.51; III. 1; IV. 0.73; R 2.66; Achse 4.38.

Fahrleistungen: Vmax (Werk) 160 km/h, V bei 1000/min in 5. Gang 40.7 km/h; 0–100 km/h 14.1 s; Leistungsgew. 22 kg/kW (16.1 kg/PS); Verbrauch EU 5.3/8.7 L/100 km. *Aut.:* Vmax 155 km/h, 0–100 km/h 16.2 s; Verbrauch (Red.) 6/8 L/100 km.

Moteur: (ECE), 4 cyl. en ligne (76.5×75.6 mm), 1390 cm^3; compr. 10.2:1; 44 kW (60 ch) à 4700/min, 31.7 kW/L (43.2 ch/L); 116 Nm (11.8 mkp) à 3000/min; 95 (R).

Moteur (constr.): 2 soup. en parallèle; 1 arbre à cames en tête (courroie crantée); culasse en alliage léger; vilebrequin à 5 paliers; huile 3.5 L; injection électronique. Batterie 36/44 Ah, alternateur 70 A; refroidissement à eau, capac. 6.3 L.

Transmission: Boîte à 5 vit.: I. 3.46; II. 1.95; III. 1.25; IV. 0.93; V. 0.74; AR 3.38; pont 3.88. Boîte aut. à 4 vit.: I. 2.88; II. 1.51; III. 1; IV. 0.73; AR 2.66; pont 4.38.

Performances: Vmax (usine) 160 km/h, V à 1000/min en 5. vit. 40.7 km/h; 0–100 km/h 14.1 s; rapp. poids/puiss. 22 kg/kW (16.1 kg/ch); consomm. EU 5.3/8.7 L/100 km. *Aut.:* Vmax 155 km/h, 0–100 km/h 16.2 s; consomm. (Red.) 6/8 L/100 km.

Seat Marbella

Kleinwagen mit zwei Türen und Heckklappe, technisch mit Fiat Panda verwandt. Debüt 1982/83.

Petite voiture avec deux portes et hayon arrière, parenté à la Fiat Panda. Lancements 1982/83.

0.9 – 41 PS Benzineinspritzung

0.9 – 41 ch Injection d'essence

Karosserie, Gewicht: Limousine, 3 Türen, 5 Sitze; leer 720 kg, max. zul. 1150 kg.

Motor: (ECE), 4 Zyl. in Linie (65×68 mm), 903 cm^3; Kompr. 8.8:1; 30 kW (41 PS) bei 5800/min, 33.2 kW/L (45.1 PS/L); 60 Nm (6.1 mkp) bei 2800/min; 91 ROZ.

Motorkonstruktion: seitl. Nockenwelle (Kette); 3fach gelagerte Kurbelwelle; Öl 3.9 L; 1 elektron. geregelter Vergaser. Wasserkühlung.

Kraftübertragung: (auf Vorderräder). 5-Gang-Getriebe: I. 3.5; II. 1.95; III. 1.32; IV. 0.97; V. 0.76; R 3.72; Achse 4.5.

Fahrgestell: Selbsttragende Karosserie; vorn Federbeine, Längs- und Querlenker; hinten Starrachse, Halbelliptikfedern, Teleskopdämpfer.

Fahrwerk: Bremse, vorne Scheiben, hinten Trommeln, Scheiben-⌀ v. 22.7 cm, Handbremse auf Hinterräder; Zahnstangenlenkung, Treibstofftank 35 L; Reifen 135 R 13, 145 R 13, 145/70 R 13; Felgen 4 J, 4.5 J.

Dimensionen: Radst. 216 cm, Spur 125.5/ 125 cm, Bodenfreih. 13 cm, Wendekreis 10.2 m, Kofferraum 270/1090 dm^3, Länge 347.5 cm, Breite 150 cm, Höhe 144 cm.

Fahrleistungen: Vmax (Werk) 135 km/h, V bei 1000/min im 5. Gang 28 km/h; 0–100 km/h 19.2 s; steh. km 34.7 s; Leistungsgew. 22.7 kg/kW (16.6 kg/PS); Verbrauch ECE 5.1/6.8/8 L/100 km.

Carrosserie, poids: Berline, 3 portes, 5 places; vide 720 kg, tot. adm. 1150 kg.

Moteur: (ECE), 4 cyl. en ligne (65×68 mm), 903 cm^3; compr. 8.8:1; 30 kW (41 ch) à 5800/min, 33.2 kW/L (45.1 ch/L); 60 Nm (6.1 mkp) à 2800/min; 91 (R).

Moteur (constr.): arbre à cames latéral (chaîne); vilebrequin à 3 paliers; huile 3.9 L; 1carburateur pilotée. Refroidissement à eau.

Transmission: (sur roues AV). Boîte à 5 vit.: I. 3.5; II. 1.95; III. 1.32; IV. 0.97; V. 0.76; AR 3.72; pont 4.5.

Châssis: carrosserie autoporteuse; AV jambes élast., bras longitud. et transv.; AR essieu rigide, ressorts semi-ellipt., amortiss. télescop.

Train roulant: frein, AV à disques, AR à tambours, ⌀ disques AV 22.7 cm, frein à main sur roues AR; direction à crémaillère, réservoir carb. 35 L; pneus 135 R 13, 145 R 13, 145/70 R 13; jantes 4 J, 4.5 J.

Dimensions: empatt. 216 cm, voie 125.5/ 125 cm, garde au sol 13 cm, diam. de braq. 10.2 m, coffre 270/1090 dm^3, longueur 347.5 cm, largeur 150 cm, hauteur 144 cm.

Performances: Vmax (usine) 135 km/h, V à 1000/min en 5. vit. 28 km/h; 0–100 km/h 19.2 s; km arrêté 34.7 s; rapp. poids/puiss. 22.7 kg/kW (16.6 kg/ch); consomm. ECE 5.1/6.8/8 L/100 km.

Seat Marbella

Seat

Seat Ibiza

Kompakte Limousine der unteren Mittelklasse mit Quermotor, Frontantrieb und Heckklappe; 3 oder 5 Türen; Motoren von 1000 bis 2000 cm³. Debüt Sommer 1984. Restyling Salon Barcelona Mai 1993.

Berline compacte de la catégorie moyenne inférieur avec moteur transv., traction AV et hayon. 3 ou 5 portes; moteurs 1000-2000 cm³. Lancement été 1984. Renouvellement Salon de Barcelone mai 1993.

1.0 – 50 PS Benzineinspritzung

Karosserie, Gewicht: Lim., 3/5 Türen; 5 Sitze; leer ab 910 kg, max. zul. 1370 kg.

Motor: (ECE), 4 Zyl. in Linie (67.1×70.6 mm), 999 cm³; Kompr. 10.5:1; 37 kW (50 PS) bei 5200/min, 37 kW/L (50.3 PS/L); 86 Nm (8.8 mkp) bei 3200/min; 95 ROZ.

Motorkonstruktion: 2 Ventile parallel; 1 obenl. Nockenwelle (Zahnriemen); Leichtmetall-Zylinderkopf und -block; 5fach gelagerte Kurbelwelle; Öl 3.5 L; elektron. Einspritzung. Batterie 36 Ah, Alternator 70 A; Wasserkühlung, Inh. 6 L.

Kraftübertragung: (auf Vorderräder). 5-Gang-Getriebe: I. 3.46; II. 2.1; III. 1.45; IV. 1.1; V. 0.85; R 3.39; Achse 4.27.

Fahrgestell: Selbsttragende Karosserie; vorn Federbeine und Dreieckquerlenker, hinten Verbundlenkerachse, Schraubenfedern; v/h Teleskopdämpfer.

Fahrwerk: Bremse, vorne Scheiben, hinten Trommeln, Handbremse auf Hinterräder; Zahnstangenlenkung, a.W. mit Servo, Treibstofftank 47 L; Reifen 155 R 13, 175/70 R 13, Felgen 5 J, 5.5 J.

Dimensionen: Radstand 244 cm, Spur 143/139.5 cm, Bodenfreih. 15 cm, Wendekreis 10.4 m, Kofferraum 270/800 dm³, Länge 385.5 cm, Breite 164 cm, Höhe 142 cm.

Fahrleistungen: Vmax (Werk) 145 km/h, V bei 1000/min im 5. Gang 29.2 km/h; 0–100 km/h 19.4 s; steh. km 39.8 s; Leistungsgew. 24.6 kg/kW (18.2 kg/PS); Verbrauch EU 5/7.8 L/100 km.

1.0 – 50 ch Injection d'essence

Carrosserie, poids: Berline, 3/5 portes; 5 places; vide dès 910 kg, tot. adm. 1370 kg.

Moteur: (ECE), 4 cyl. en ligne (67.1×70.6 mm), 999 cm³; compr. 10.5:1; 37 kW (50 ch) à 5200/min, 37 kW/L (50.3 ch/L); 86 Nm (8.8 mkp) à 3200/min; 95 (R).

Moteur (constr.): 2 soup. en parallèle; 1 arbre à cames en tête (courroie crantée); culasse et bloc-cyl. en alliage léger; vilebrequin à 5 paliers; huile 3.5 L; injection électronique. Batterie 36 Ah, alternateur 70 A; refroidissement à eau, capac. 6 L.

Transmission: (sur roues AV). Boîte à 5 vit.: I. 3.46; II. 2.1; III. 1.45; IV. 1.1; V. 0.85; AR 3.39; pont 4.27.

Châssis: carrosserie autoporteuse; AV jambes élast. et leviers triang. transv., AR essieu semi-rigide, ressorts hélicoïdaux; AV/AR amortiss. telescop.

Train roulant: frein, AV à disques, AR à tambours, frein à main sur roues AR; direction à crémaillère, s.d. avec servo, réservoir carb. 47 L; pneus 155 R 13, 175/70 R 13, jantes 5 J, 5.5 J.

Dimensions: empatt. 244 cm, voie 143/139.5 cm, garde au sol 15 cm, diam. de braq. 10.4 m, coffre 270/800 dm³, longueur 385.5 cm, largeur 164 cm, hauteur 142 cm.

Performances: Vmax (usine) 145 km/h, V à 1000/min en 5. vit. 29.2 km/h; 0–100 km/h 19.4 s; km arrêté 39.8 s; rapp. poids/puiss. 24.6 kg/kW (18.2 kg/ch); consomm. EU 5/7.8 L/100 km.

Seat Ibiza

1.4 – 60 PS Benzineinspritzung

Wie 1.0 – 50 PS, ausgenommen:

Gewicht: leer 920 kg, max. zul. 1380 kg.

Motor: (ECE), 4 Zyl. in Linie (76.5×75.6 mm), 1390 cm³; Kompr. 10.2:1; 44 kW (60 PS) bei 4700/min, 31.7 kW/L (43.2 PS/L); 116 Nm (11.8 mkp) bei 2800/min; 95 ROZ.

Motorkonstruktion: 2 Ventile parallel; 1 obenl. Nockenwelle (Zahnriemen); Leichtmetall-Zylinderkopf; 5fach gelagerte Kurbelwelle; Öl 3.5 L; elektron. Einspritzung. Batterie 36 Ah, Alternator 70 A; Wasserkühlung, Inh. 6.3 L.

Kraftübertragung: 5-Gang-Getriebe: I. 3.46; II. 2.1; III. 1.45; IV. 1.1; V. 0.85; R 3.39; Achse 3.88.

1.4 – 60 ch Injection d'essence

Comme 1.0 – 50 ch, sauf:

Poids: vide 920 kg, tot. adm. 1380 kg.

Moteur: (ECE), 4 cyl. en ligne (76.5×75.6 mm), 1390 cm³; compr. 10.2:1; 44 kW (60 ch) à 4700/min, 31.7 kW/L (43.2 ch/L); 116 Nm (11.8 mkp) à 2800/min; 95 (R).

Moteur (constr.): 2 soup. en parallèle; 1 arbre à cames en tête (courroie crantée); culasse en alliage léger; vilebrequin à 5 paliers; huile 3.5 L; injection électronique. Batterie 36 Ah, alternateur 70 A; refroidissement à eau, capac. 6.3 L.

Transmission: Boîte à 5 vit.: I. 3.46; II. 2.1; III. 1.45; IV. 1.1; V. 0.85; AR 3.39; pont 3.88.

Seat Ibiza

Fahrwerk: a.W. ABS, 185/60 R 14.

Fahrleistungen: Vmax (Werk) 157 km/h, V bei 1000/min im 5. Gang 32.1 km/h; 0–100 km/h 15 s; steh. km 36.1 s; Leistungsgew. 20.9 kg/kW (15.3 kg/PS); Verbrauch EU 5.3/8.7 L/100 km.

Train roulant: ABS s. d., 185/60 R 14.

Performances: Vmax (usine) 157 km/h, V à 1000/min en 5. vit. 32.1 km/h; 0–100 km/h 15 s; km arrêté 36.1 s; rapp. poids/puiss. 20.9 kg/kW (15.3 kg/ch); consomm. EU 5.3/8.7 L/100 km.

1.6 – 75 PS Benzineinspritzung

Wie 1.0 – 50 PS, ausgenommen:

Gewicht: leer 980 kg, max. zul. 1445 kg.

Motor: (ECE), 4 Zyl. in Linie (76.5×86.9 mm), 1598 cm³; Kompr. 9.5:1; 55 kW (75 PS) bei 5200/min, 34.4 kW/L (46.8 PS/L); 125 Nm (12.7 mkp) bei 3400/min; 95 ROZ.

Motorkonstruktion: 2 Ventile parallel; 1 obenl. Nockenwelle (Zahnriemen); Leichtmetall-Zylinderkopf; 5fach gelagerte Kurbelwelle; Öl 3.5 L; elektron. Einspritzung. Batterie 36 Ah, Alternator 70 A; Wasserkühlung, Inh. 6.3 L.

Kraftübertragung: 5-Gang-Getriebe: I. 3.46; II. 1.94; III. 1.37; IV. 1.03; V. 0.85; R 3.17; Achse 3.67.

Fahrgestell: vorn Kurvenstabilisator.

Fahrwerk: Reifen 185/60 R 14, Felgen 6 J.

Fahrleistungen: Vmax (Werk) 169 km/h, V bei 1000/min im 5. Gang 33.9 km/h; 0–100 km/h 12.9 s; steh. km 35 s; Leistungsgew. 17.9 kg/kW (13.1 kg/PS); Verbrauch EU 5.9/10.6 L/100 km.

1.6 – 75 ch Injection d'essence

Comme 1.0 – 50 ch, sauf:

Poids: vide 980 kg, tot. adm. 1445 kg.

Moteur: (ECE), 4 cyl. en ligne (76.5×86.9 mm), 1598 cm³; compr. 9.5:1; 55 kW (75 ch) à 5200/min, 34.4 kW/L (46.8 ch/L); 125 Nm (12.7 mkp) à 3400/min; 95 (R).

Moteur (constr.): 2 soup. en parallèle; 1 arbre à cames en tête (courroie crantée); culasse en alliage léger; vilebrequin à 5 paliers; huile 3.5 L; injection électronique. Batterie 36 Ah, alternateur 70 A; refroidissement à eau, capac. 6.3 L.

Transmission: Boîte à 5 vit.: I. 3.46; II. 1.94; III. 1.37; IV. 1.03; V. 0.85; AR 3.17; pont 3.67.

Châssis: AV barre anti-dévers.

Train roulant: pneus 185/60 R 14, jant. 6 J.

Performances: Vmax (usine) 169 km/h, V à 1000/min en 5. vit. 33.9 km/h; 0–100 km/h 12.9 s; km arrêté 35 s; rapp. poids/puiss. 17.9 kg/kW (13.1 kg/ch); consomm. EU 5.9/10.6 L/100 km.

1.8 – 90 PS Benzineinspritzung

Wie 1.0 – 50 PS, ausgenommen:

Gewicht: leer ab 1040 kg, max. zul. 1500 kg.

Motor: (ECE), 4 Zyl. in Linie (81×86.4 mm), 1781 cm³; Kompr. 10:1; 66 kW (90 PS) bei 5500/min, 37 kW/L (50.4 PS/L); 145 Nm (14.8 mkp) bei 2900/min; 95 ROZ.

Motorkonstruktion: 2 Ventile parallel; 1 obenl. Nockenwelle (Zahnriemen); Leichtmetall-Zylinderkopf; 5fach gelagerte Kurbelwelle; Öl 4 L; elektron. Einspritzung. Batterie 54 Ah, Alternator 70 A; Wasserkühlung, Inh. 6.3 L.

Kraftübertragung: 5-Gang-Getriebe: I. 3.45; II. 1.94; III. 1.37; IV. 1.03; V. 0.85; R 3.17; Achse 3.67. 4-Stufen-Automat: I. 2.71; II. 1.44; III. 1; IV. 0.74; R 2.88; Achse 4.53.

Fahrgestell: vorn Kurvenstabilisator.

Fahrwerk: a.W. ABS, Zahnstangenl. mit Servo, Reifen 185/60 R 14, Felgen 6 J.

Fahrleistungen: Vmax (Werk) 188 km/h, V bei 1000/min im 5. Gang 33 km/h; 0–100 km/h 11.4 s; steh. km 32.9 s; Leistungsgew. 15.8 kg/kW (11.6 kg/PS); Verbrauch ECE 5.7/7.4/9.7 L/100 km. *Aut.:* Vmax 173 km/h, 0–100 km/h 14 s; st. km 35.1 s; Verb. ECE 6.8/13.3 L/100 km.

1.8 – 90 ch Injection d'essence

Comme 1.0 – 50 ch, sauf:

Poids: vide dès 1040 kg, tot. adm. 1500 kg.

Moteur: (ECE), 4 cyl. en ligne (81×86.4 mm), 1781 cm³; compr. 10:1; 66 kW (90 ch) à 5500/min, 37 kW/L (50.4 ch/L); 145 Nm (14.8 mkp) à 2900/min; 95 (R).

Moteur (constr.): 2 soup. en parallèle; 1 arbre à cames en tête (courroie crantée); culasse en alliage léger; vilebrequin à 5 paliers; huile 4 L; injection électronique. Batterie 54 Ah, alternateur 70 A; refroidissement à eau, capac. 6.3 L.

Transmission: Boîte à 5 vit.: I. 3.45; II. 1.94; III. 1.37; IV. 1.03; V. 0.85; AR 3.17; pont 3.67. Boîte aut. à 4 vit.: I. 2.71; II. 1.44; III. 1; IV. 0.74; AR 2.88; pont 4.53.

Châssis: AV barre anti-dévers.

Train roulant: ABS s. d., servodirection à crémaillère, pneus 185/60 R 14, jantes 6 J.

Performances: Vmax (usine) 188 km/h, V à 1000/min en 5. vit. 33 km/h; 0–100 km/h 11.4 s; km arrêté 32.9 s; rapp. poids/puiss. 15.8 kg/kW (11.6 kg/ch); consomm. ECE 5.7/7.4/9.7 L/100 km. *Aut.:* Vmax 173 km/h, 0–100 km/h 14 s; km arr. 35.1 s; cons. ECE 6.8/13.3 L/100 km.

Seat

1.4 16V – 101 PS
Benzineinspritzung

Wie 1.0 – 50 PS, ausgenommen:

Gewicht: leer 985 kg, max. zul. 1445 kg.

Motor: (ECE), 4 Zyl. in Linie (76.5×75.6 mm), 1390 cm³; Kompr. 10.5:1; 74 kW (101 PS) bei 6000/min, 53.2 kW/L (72.4 PS/L); 128 Nm (13 mkp) bei 4400/min; 95 ROZ.

Motorkonstruktion: 4 Ventile in V; 2 obenl. Nockenwelle (Zahnriemen); Leichtmetall-Zylinderkopf; 5fach gelagerte Kurbelwelle; Öl 3.5 L; elektron. Einspritzung.
Batterie 44 Ah, Alternator 70 A; Wasserkühlung, Inh. 6 L.

Kraftübertragung:
5-Gang-Getriebe: I. 3.46; II. 2.1; III. 1.45; IV. 1.1; V. 0.85; R 3.39; Achse 3.88.

Fahrwerk: a.W. ABS, Reifen 185/60 R 14, Felgen 6 J.

Fahrleistungen: Vmax (Werk) 188 km/h, V bei 1000/min in 5. Gang 32 km/h; 0–100 km/h 11 s; steh. km 32.7 s; Leistungsgew. 13.3 kg/kW (9.8 kg/PS); Verbrauch EU 5.6/9.7 L/100 km.

1.6 – 101 PS
Benzineinspritzung

Wie 1.0 – 50 PS, ausgenommen:

Gewicht: leer ab 1005 kg, max. zul. 1465 kg.

Motor: (ECE), 4 Zyl. in Linie (81×77.4 mm), 1595 cm³; Kompr. 10.3:1; 74 kW (101 PS) bei 5800/min, 46.4 kW/L (63.1 PS/L); 140 Nm (14.3 mkp) bei 3500/min; 95 ROZ.

Motorkonstruktion: 2 Ventile in V; 1 obenl. Nockenwelle (Zahnriemen); Leichtmetall-Zylinderkopf; 5fach gelagerte Kurbelwelle; Öl 3.5 L; elektron. Einspritzung.
Batterie 44 Ah, Alternator 70 A; Wasserkühlung, Inh. 6.5 L.

Kraftübertragung:
5-Gang-Getriebe: I. 3.46; II. 1.94; III. 1.37; IV. 1.03; V. 0.85; R 3.17; Achse 3.94.

Fahrgestell: vorn Kurvenstabilisator.

Fahrwerk: Bremse, vorne Scheiben (belüftet), hinten Trommeln, ABS, Zahnstangenlenkung mit Servo, Reifen 185/55 R 15, 185/55 R 15, Felgen 6 J.

Fahrleistungen: Vmax (Werk) 188 km/h, V bei 1000/min im 5. Gang 31.5 km/h; 0–100 km/h 10.4 s; steh. km 32.2 s; Leistungsgew. 13.6 kg/kW (10 kg/PS); Verbrauch EU 6/10.9 L/100 km.

2.0 – 116 PS
Benzineinspritzung

Wie 1.0 – 50 PS, ausgenommen:

Gewicht: leer ab 1045 kg, max. zul. 1505 kg.

Motor: (ECE), 4 Zyl. in Linie (82.5×92.8 mm), 1984 cm³; Kompr. 10:1; 85 kW (116 PS) bei 5400/min, 42.8 kW/L (58.2 PS/L); 166 Nm (16.9 mkp) bei 3200/min; 95 ROZ.

Motorkonstruktion: 2 Ventile parallel; 1 obenl. Nockenwelle (Zahnriemen); Leichtmetall-Zylinderkopf; 5fach gelagerte Kurbelwelle; Ölkühler; Öl 4 L; elektron. Einspritzung.
Batterie 54 Ah, Alternator 70 A; Wasserkühlung, Inh. 6.3 L.

Kraftübertragung:
5-Gang-Getriebe: I. 3.46; II. 1.94; III. 1.29; IV. 0.97; V. 0.81; R 3.17; Achse 3.67.

Fahrgestell: vorn Kurvenstabilisator.

1.4 16V – 101 ch
Injection d'essence

Comme 1.0 – 50 ch, sauf:

Poids: vide dès 985 kg, tot. adm. 1445 kg.

Moteur: (ECE), 4 cyl. en ligne (76.5×75.6 mm), 1390 cm³; compr. 10.5:1; 74 kW (101 ch) à 6000/min, 53.2 kW/L (72.4 ch/L); 128 Nm (13 mkp) à 4400/min; 95 (R).

Moteur (constr.): 4 soupapes en V; 2 arbres à cames en tête (courroie crantée); culasse en alliage léger; vilebrequin à 5 paliers; huile 3.5 L; injection électronique.
Batterie 44 Ah, alternateur 70 A; refroidissement à eau, capac. 6 L.

Transmission:
Boîte à 5 vit.: I. 3.46; II. 2.1; III. 1.45; IV. 1.1; V. 0.85; AR 3.39; pont 3.88.

Train roulant: ABS s. d., pneus 185/60 R 14, jantes 6 J.

Performances: Vmax (usine) 188 km/h, V à 1000/min en 5. vit. 32 km/h; 0–100 km/h 11 s; km arrêté 32.7 s; rapp. poids/puiss. 13.3 kg/kW (9.8 kg/ch); consomm. EU 5.6/9.7 L/100 km.

1.6 – 101 ch
Injection d'essence

Comme 1.0 – 50 ch, sauf:

Poids: vide dès 1005 kg, tot. adm. 1465 kg.

Moteur: (ECE), 4 cyl. en ligne (81×77.4 mm), 1595 cm³; compr. 10.3:1; 74 kW (101 ch) à 5800/min, 46.4 kW/L (63.1 ch/L); 140 Nm (14.3 mkp) à 3500/min; 95 (R).

Moteur (constr.): 2 soupapes en V; 1 arbre à cames en tête (courroie crantée); culasse en alliage léger; vilebrequin à 5 paliers; huile 3.5 L; injection électronique.
Batterie 44 Ah, alternateur 70 A; refroidissement à eau, capac. 6.5 L.

Transmission:
Boîte à 5 vit.: I. 3.46; II. 1.94; III. 1.37; IV. 1.03; V. 0.85; AR 3.17; pont 3.94.

Châssis: AV barre anti-dévers.

Train roulant: frein, AV à disques (ventilés), AR à tambours, ABS, servodirection à crémaillère, pneus 185/55 R 15, 185/55 R 15, jantes 6 J.

Performances: Vmax (usine) 188 km/h, V à 1000/min en 5. vit. 31.5 km/h; 0–100 km/h 10.4 s; km arrêté 32.2 s; rapp. poids/puiss. 13.6 kg/kW (10 kg/ch); consomm. EU 6/10.9 L/100 km.

2.0 – 116 ch
Injection d'essence

Comme 1.0 – 50 ch, sauf:

Poids: vide dès 1045 kg, tot. adm. 1505 kg.

Moteur: (ECE), 4 cyl. en ligne (82.5×92.8 mm), 1984 cm³; compr. 10:1; 85 kW (116 ch) à 5400/min, 42.8 kW/L (58.2 ch/L); 166 Nm (16.9 mkp) à 3200/min; 95 (R).

Moteur (constr.): 2 soup. en parallèle; 1 arbre à cames en tête (courroie crantée); culasse en alliage léger; vilebrequin à 5 paliers; radiat. d'huile; huile 4 L; injection électronique.
Batterie 54 Ah, alternateur 70 A; refroidissement à eau, capac. 6.3 L.

Transmission:
Boîte à 5 vit.: I. 3.46; II. 1.94; III. 1.29; IV. 0.97; V. 0.81; AR 3.17; pont 3.67.

Châssis: AV barre anti-dévers.

Fahrwerk: Vierrad-Scheibenbremse (vorn belüftet), a.W. ABS, Zahnstangenlenkung mit Servo, Reifen 185/55 R 15, Felgen 6 J.

Fahrleistungen: Vmax (Werk) 198 km/h, V bei 1000/min im 5. Gang 36.3 km/h; 0–100 km/h 9.7 s; steh. km 31.4 s; Leistungsgew. 12.3 kg/kW (9 kg/PS); Verbrauch EU 6.1/11 L/100 km.

2.0 16V – 150 PS
Benzineinspritzung

Wie 1.0 – 50 PS, ausgenommen:

Karosserie, Gewicht: Limousine, 3 Türen; leer ab 1100 kg, max. zul. 1560 kg.

Motor: (ECE), 4 Zyl. in Lin. (82.5×92.8 mm), 1984 cm³; Komp. 10.5:1; 110 kW (150 PS) bei 6000/min, 55.4 kW/L (75.4 PS/L); 180 Nm (18.3 mkp) bei 4600/min; 95 ROZ.

Motorkonstruktion: 4 Ventile in V 25°; 2 obenl. Nockenwellen (Zahnriemen); Leichtmetall-Zylinderkopf; 5fach gelagerte Kurbelwelle; Ölkühler; Öl 4 L; elektron. Einspritzung, Digifant.
Batterie 54 Ah, Alternator 70 A; Wasserkühlung, Inh. 6.3 L.

Seat Ibiza GTi

Kraftübertragung: elektronische Differentialsperre EDS.
5-Gang-Getriebe: I. 3.3; II. 1.94; III. 1.31; IV. 1.03; V. 0.84; R 3.06; Achse 3.68.

Fahrgestell: vorn Kurvenstabilisator.

Fahrwerk: Vierrad-Scheibenbremse (vorn belüftet), ABS, Zahnstangenlenkung mit Servo, Reifen 195/45 R 16, Felgen 6 J.

Dimensionen: Wendekreis 10.9 m.

Fahrleistungen: Vmax (Werk) 216 km/h, V bei 1000/min im 5. Gang 34.5 km/h; 0–100 km/h 8.3 s; steh. km 29.8 s; Leistungsgew. 10 kg/kW (7.3 kg/PS); Verbrauch EU 6.4/11.9 L/100 km.

1.9 – 64 PS
Diesel

Wie 1.0 – 50 PS, ausgenommen:

Gewicht: leer 995 kg, max. zul. 1455 kg.

Motor: (ECE), 4 Zyl. in Linie (79.5×95.5 mm), 1896 cm³; Kompr. 22.5:1; 47 kW (64 PS) bei 4400/min, 24.8 kW/L (33.7 PS/L); 124 Nm (12.6 mkp) bei 2000/min; Dieselöl.

Motorkonstruktion: Wirbelkammer-Diesel; 2 Ventile parallel; 1 obenl. Nockenwelle (Zahnriemen); Leichtmetall-Zylinderkopf; 5fach gelagerte Kurbelwelle; Öl 4 L; Einspritzpumpe.
Batterie 64 Ah, Alternator 70 A; Wasserkühlung, Inh. 7 L.

Kraftübertragung:
5-Gang-Getriebe: I. 3.46; II. 1.94; III. 1.29; IV. 0.91; V. 0.75; R 3.17; Achse 3.67.

Fahrgestell: vorn Kurvenstabilisator.

Train roulant: quatre freins à disques (AV ventilés), ABS s. d., servodirection à crémaillère, pneus 185/55 R 15, jantes 6 J.

Performances: Vmax (usine) 198 km/h, V à 1000/min en 5. vit. 36.3 km/h; 0–100 km/h 9.7 s; km arrêté 31.4 s; rapp. poids/puiss. 12.3 kg/kW (9 kg/ch); consomm. EU 6.1/11 L/100 km.

2.0 16V – 150 ch
Injection d'essence

Comme 1.0 – 50 ch, sauf:

Carrosserie, poids: Berline, 3 portes; vide dès 1100 kg, tot. adm. 1560 kg.

Moteur: (ECE), 4 cyl. en ligne (82.5×92.8 mm), 1984 cm³; compr. 10.5:1; 110 kW (150 ch) à 6000/min, 55.4 kW/L (75.4 ch/L); 180 Nm (18.3 mkp) à 4600/min; 95 (R).

Moteur (constr.): 4 soupapes en V 25°; 2 arbres à cames en tête (courroie crantée); culasse en alliage léger; vilebrequin à 5 paliers; radiat. d'huile; huile 4 L; injection électronique, Digifant.
Batterie 54 Ah, alternateur 70 A; refroidissement à eau, capac. 6.3 L.

Transmission: différentiel à bloq. électr. EDS.
Boîte à 5 vit.: I. 3.3; II. 1.94; III. 1.31; IV. 1.03; V. 0.84; AR 3.06; pont 3.68.

Châssis: AV barre anti-dévers.

Train roulant: quatre freins à disques (AV ventilés), ABS, servodirection à crémaillère, pneus 195/45 R 16, jantes 6 J.

Dimensions: diam. de braq. 10.9 m.

Performances: Vmax (usine) 216 km/h, V à 1000/min en 5. vit. 34.5 km/h; 0–100 km/h 8.3 s; km arrêté 29.8 s; rapp. poids/puiss. 10 kg/kW (7.3 kg/ch); consomm. EU 6.4/11.9 L/100 km.

1.9 – 64 ch
Diesel

Comme 1.0 – 50 ch, sauf:

Poids: vide dès 995 kg, tot. adm. 1455 kg.

Moteur: (ECE), 4 cyl. en ligne (79.5×95.5 mm), 1896 cm³; compr. 22.5:1; 47 kW (64 ch) à 4400/min, 24.8 kW/L (33.7 ch/L); 124 Nm (12.6 mkp) à 2000/min; gazole.

Moteur (constr.): diesel à chambre de turbulence; 2 soup. en parallèle; 1 arbre à cames en tête (courroie crantée); culasse en alliage léger; vilebrequin à 5 paliers; huile 4 L; pompe à injection.
Batterie 64 Ah, alternateur 70 A; refroidissement à eau, capac. 7 L.

Transmission:
Boîte à 5 vit.: I. 3.46; II. 1.94; III. 1.29; IV. 0.91; V. 0.75; AR 3.17; pont 3.67.

Châssis: AV barre anti-dévers.

Seat

Seat Ibiza Cupra

Fahrwerk: a.W. ABS, Zahnstangenlenkung mit Servo.

Fahrleistungen: Vmax (Werk) 158 km/h, V bei 1000/min im 5. Gang 38.7 km/h; 0–100 km/h 16.3 s; steh. km 37.6 s; Leistungsgew. 21.2 kg/kW (15.5 kg/PS); Verbrauch EU 4.6/7.9 L/100 km.

1.9 – 64 PS Direkteingespritzter Diesel

Wie 1.0 – 50 PS, ausgenommen:

Gewicht: leer 1030 kg, max. zul. 1520 kg.

Motor: (ECE), 4 Zyl. in Linie (79.5×95.5 mm), 1896 cm³; Kompr. 19.5:1; 47 kW (64 PS) bei 4200/min, 24.8 kW/L (33.7 PS/L); 128 Nm (13 mkp) bei 2800/min; Dieselöl.

Motorkonstruktion: 2 Ventile parallel; 1 obenl. Nockenwelle (Zahnriemen); Leichtmetall-Zylinderkopf; 5fach gelagerte Kurbelwelle; Öl 4 L; Einspritzpumpe. Batterie 61 Ah, Alternator 70 A; Wasserkühlung, Inh. 6.3 L.

Kraftübertragung: 5-Gang-Getriebe: I. 3.46; II. 1.94; III. 1.29; IV. 0.91; V. 0.75; R 3.3; Achse 3.67.

Fahrgestell: vorn Kurvenstabilisator.

Fahrwerk: a.W. ABS, Zahnstangenlenkung mit Servo.

Fahrleistungen: Vmax (Werk) 158 km/h, V bei 1000/min im 5. Gang 38.7 km/h; 0–100 km/h 16.2 s; steh. km 37.2 s; Leistungsgew. 21.9 kg/kW (16.1 kg/PS); Verbrauch EU 4/6.8 L/100 km.

1.9 – 75 PS Turbodiesel

Wie 1.0 – 50 PS, ausgenommen:

Gewicht: leer ab 1040 kg, max. zul. 1500 kg.

Motor: (ECE), 4 Zyl. in Linie (79.5×95.5 mm), 1896 cm³; Kompr. 23:1; 55 kW (75 PS) bei 4200/min, 29 kW/L (39.4 PS/L); 150 Nm (15.3 mkp) bei 2400/min; Dieselöl.

Motorkonstruktion: Wirbelkammer-Diesel; 2 Ventile parallel; 1 obenl. Nockenwelle (Zahnriemen); Leichtmetall-Zylinderkopf; 5fach gelagerte Kurbelwelle; Öl 3.5 L; Einspritzpumpe, 1 Turbolader, max. Ladedruck 0.7 bar. Batterie 64 Ah, Alternator 70 A; Wasserkühlung, Inh. 7 L.

Kraftübertragung: 5-Gang-Getriebe: I. 3.46; II. 1.94; III. 1.29; IV. 0.91; V. 0.75; R 3.17; Achse 3.67.

Fahrgestell: vorn Kurvenstabilisator.

Fahrwerk: a.W. ABS, Zahnstangenlenkung mit Servo, Reifen 185/60 R 14, 185/55 R 15, Felgen 6 J.

Fahrleistungen: Vmax (Werk) 168 km/h, V bei 1000/min im 5. Gang 38.7 km/h; 0–100 km/h 13.3 s; steh. km 35 s; Leistungsgew. 18.9 kg/kW (13.9 kg/PS); Verbrauch EU 4.8/7.9 L/100 km.

Train roulant: ABS s. d., servodirection à crémaillère.

Performances: Vmax (usine) 158 km/h, V à 1000/min en 5. vit. 38.7 km/h; 0–100 km/h 16.3 s; km arrêté 37.6 s; rapp. poids/puiss. 21.2 kg/kW (15.5 kg/ch); consomm. EU 4.6/7.9 L/100 km.

1.9 – 64 ch Diesel à injection directe

Comme 1.0 – 50 ch, sauf:

Poids: vide 1030 kg, tot. adm. 1520 kg.

Moteur: (ECE), 4 cyl. en ligne (79.5×95.5 mm), 1896 cm³; compr. 19.5:1; 47 kW (64 ch) à 4200/min, 24.8 kW/L (33.7 ch/L); 128 Nm (13 mkp) à 2800/min; gazole.

Moteur (constr.): 2 soup. en parallèle; 1 arbre à cames en tête (courroie crantée); culasse en alliage léger; vilebrequin à 5 paliers; huile 4 L; pompe à injection. Batterie 61 Ah, alternateur 70 A; refroidissement à eau, capac. 6.3 L.

Transmission: Boîte à 5 vit.: I. 3.46; II. 1.94; III. 1.29; IV. 0.91; V. 0.75; AR 3.3; pont 3.67.

Châssis: AV barre anti-dévers.

Train roulant: ABS s. d., servodirection à crémaillère.

Performances: Vmax (usine) 158 km/h, V à 1000/min en 5. vit. 38.7 km/h; 0–100 km/h 16.2 s; km arrêté 37.2 s; rapp. poids/puiss. 21.9 kg/kW (16.1 kg/ch); consomm. EU 4/6.8 L/100 km.

1.9 – 75 ch Turbodiesel

Comme 1.0 – 50 ch, sauf:

Poids: vide dès 1040 kg, tot. adm. 1500 kg.

Moteur: (ECE), 4 cyl. en ligne (79.5×95.5 mm), 1896 cm³; compr. 23:1; 55 kW (75 ch) à 4200/min, 29 kW/L (39.4 ch/L); 150 Nm (15.3 mkp) à 2400/min; gazole.

Moteur (constr.): diesel à chambre de turbulence; 2 soup. en parallèle; 1 arbre à cames en tête (courroie crantée); culasse en alliage léger; vilebrequin à 5 paliers, huile 3.5 L; pompe à injection, 1 turbocompr., pression max. 0.7 bar. Batterie 64 Ah, alternateur 70 A; refroidissement à eau, capac. 7 L.

Transmission: Boîte à 5 vit.: I. 3.46; II. 1.94; III. 1.29; IV. 0.91; V. 0.75; AR 3.17; pont 3.67.

Châssis: AV barre anti-dévers.

Train roulant: ABS s. d., servodirection à crémaillère, pneus 185/60 R 14, 185/55 R 15, jantes 6 J.

Performances: Vmax (usine) 168 km/h, V à 1000/min en 5. vit. 38.7 km/h; 0–100 km/h 13.3 s; km arrêté 35 s; rapp. poids/puiss. 18.9 kg/kW (13.9 kg/ch); consomm. EU 4.8/7.9 L/100 km.

1.9 – 90 PS Turbodiesel direkt

Wie 1.0 – 50 PS, ausgenommen:

Gewicht: leer ab 1050 kg, max. zul. 1510 kg.

Motor: (ECE), 4 Zyl. in Linie (79.5×95.5 mm), 1896 cm³; Kompr. 19.5:1; 66 kW (90 PS) bei 4000/min, 34.8 kW/L (47.3 PS/L); 202 Nm (20.6 mkp) bei 1900/min; Dieselöl.

Motorkonstruktion: direkt eingespritzter Diesel; 2 Ventile parallel; 1 obenl. Nockenwelle (Zahnriemen); Leichtmetall-Zylinderkopf; 5fach gelagerte Kurbelwelle; Ölkühler; Öl 4.5 L; elektron. geregelte Einspritzpumpe, 1 Turbolader, Intercooler. Batterie 61 Ah, Alternator 70 A; Wasserkühlung, Inh. 6.3 L.

Kraftübertragung: 5-Gang-Getriebe: I. 3.3; II. 1.94; III. 1.31; IV. 0.92; V. 0.72; R 3.06; Achse 3.16.

Fahrgestell: vorn Kurvenstabilisator.

Fahrwerk: a.W. ABS, Zahnstangenlenkung mit Servo, Reifen 185/60 R 14, 185/55 R 15, Felgen 6 J.

Fahrleistungen: Vmax (Werk) 180 km/h, V bei 1000/min im 5. Gang 46.6 km/h; 0–100 km/h 12 s; steh. km 34.3 s; Leistungsgew. 15.9 kg/kW (11.7 kg/PS); Verbrauch EU 4/6.9 L/100 km.

1.9 – 110 PS Turbodiesel direkt

Wie 1.0 – 50 PS, ausgenommen:

Gewicht: leer ab 1050 kg, max. zul. 1510 kg.

Motor: (ECE), 4 Zyl. in Linie (79.5×95.5 mm), 1896 cm³; Kompr. 19.5:1; 81 kW (110 PS) bei 4150/min, 42.7 kW/L (58.1 PS/L); 235 Nm (24 mkp) bei 1900/min; Dieselöl.

Motorkonstruktion: 2 Ventile parallel; 1 obenl. Nockenwelle (Zahnriemen); Leichtmetall-Zylinderkopf; 5fach gelagerte Kurbelwelle; Öl 3.5 L; elektron. geregelte Einspritzp., Bosch VE, Turbolader mit elektron. geregelter Turbinengeometrie, Intercooler. Batterie 61 Ah, Alternator 90 A; Wasserkühlung, Inh. 6.5 L.

Kraftübertragung: 5-Gang-Getriebe: I. 3.78; II. 2.06; III. 1.35; IV. 0.97; V. 0.74; R 3.17; Achse 3.16.

Fahrleistungen: Vmax (Red.) 195 km/h, V bei 1000/min im 5. Gang 45 km/h; 0–100 km/h 10.8 s; Leistungsgew. 13 kg/kW (9.5 kg/PS); Verbrauch (Red.) 4/7 L/100 km.

Seat Cordoba

Viertürige Limousine auf Basis des Ibiza. Debüt Winter 1993. Januar 1996: auch mit 2 Türen.

1.4 – 60 PS Benzineinspritzung

Karosserie, Gewicht: Limousine, 4 Türen, 5 Sitze; leer ab 975 kg, max. zul. 1435 kg.

Motor: (ECE), 4 Zyl. in Linie (76.5×75.6 mm), 1390 cm³; Kompr. 10.2:1; 44 kW (60 PS) bei 4700/min, 31.7 kW/L (43.2 PS/L); 116 Nm (11.8 mkp) bei 2800/min; 95 ROZ.

Motorkonstruktion: 2 Ventile parallel; 1 obenl. Nockenwelle (Zahnriemen); Leichtmetall-Zylinderkopf; 5fach gelagerte Kurbelwelle; Öl 3.5 L; elektron. Einspritzung. Batterie 36 Ah, Alternator 70 A; Wasserkühlung, Inh. 6.3 L.

1.9 – 90 ch Turbodiesel direct

Comme 1.0 – 50 ch, sauf:

Poids: vide dès 1050 kg, tot. adm. 1510 kg.

Moteur: (ECE), 4 cyl. en ligne (79.5×95.5 mm), 1896 cm³; compr. 19.5:1; 66 kW (90 ch) à 4000/min, 34.8 kW/L (47.3 ch/L); 202 Nm (20.6 mkp) à 1900/min; gazole.

Moteur (constr.): diesel à injection directe; 2 soup. en parallèle; 1 arbre à cames en tête (courroie crantée); culasse en alliage léger; vilebrequin à 5 paliers; radiat. d'huile; huile 4.5 L; pompe à injection pilotée, 1 turbocompr., Intercooler. Batterie 61 Ah, alternateur 70 A; refroidissement à eau, capac. 6.3 L.

Transmission: Boîte à 5 vit.: I. 3.3; II. 1.94; III. 1.31; IV. 0.92; V. 0.72; AR 3.06; pont 3.16.

Châssis: AV barre anti-dévers.

Train roulant: ABS s. d., servodirection à crémaillère, pneus 185/60 R 14, 185/55 R 15, jantes 6 J.

Performances: Vmax (usine) 180 km/h, V à 1000/min en 5. vit. 46.6 km/h; 0–100 km/h 12 s; km arrêté 34.3 s; rapp. poids/puiss. 15.9 kg/kW (11.7 kg/ch); consomm. EU 4/6.9 L/100 km.

1.9 – 110 ch Turbodiesel direct

Comme 1.0 – 50 ch, sauf:

Poids: vide dès 1050 kg, tot. adm. 1510 kg.

Moteur: (ECE), 4 cyl. en ligne (79.5×95.5 mm), 1896 cm³; compr. 19.5:1; 81 kW (110 ch) à 4150/min, 42.7 kW/L (58.1 ch/L); 235 Nm (24 mkp) à 1900/min; gazole.

Moteur (constr.): 2 soup. en parallèle; 1 arbre à cames en tête (courroie crantée); culasse en alliage léger; vilebrequin à 5 paliers; huile 3.5 L; pompe à injection pilotée, Bosch VE, turbocompr. à réglage électronique de la turbine, Intercooler. Batterie 61 Ah, alternateur 90 A; refroidissement à eau, capac. 6.5 L.

Transmission: Boîte à 5 vit.: I. 3.78; II. 2.06; III. 1.35; IV. 0.97; V. 0.74; AR 3.17; pont 3.16.

Performances: Vmax (réd.) 195 km/h, V à 1000/min en 5. vit. 45 km/h; 0–100 km/h 10.8 s; rapp. poids/puiss. 13 kg/kW (9.5 kg/ch); consomm. (Red.) 4/7 L/100 km.

Seat Cordoba

Berline quatre portes, basant sur l'Ibiza. Lancement hiver 1993. Janvier 1996: aussi avec 2 portes.

1.4 – 60 ch Injection d'essence

Carrosserie, poids: Berline, 4 portes, 5 places; vide dès 975 kg, tot. adm. 1435 kg.

Moteur: (ECE), 4 cyl. en ligne (76.5×75.6 mm), 1390 cm³; compr. 10.2:1; 44 kW (60 ch) à 4700/min, 31.7 kW/L (43.2 ch/L); 116 Nm (11.8 mkp) à 2800/min; 95 (R).

Moteur (constr.): 2 soup. en parallèle; 1 arbre à cames en tête (courroie crantée); culasse en alliage léger; vilebrequin à 5 paliers; huile 3.5 L; injection électronique. Batterie 36 Ah, alternateur 70 A; refroidissement à eau, capac. 6.3 L.

Seat

Seat Cordoba

Kraftübertragung: (auf Vorderräder). 5-Gang-Getriebe: I. 3.46; II. 2.1; III. 1.45; IV. 1.1; V. 0.85; R 3.39; Achse 3.88.

Fahrgestell: Selbsttragende Karosserie; vorn Federbeine und Dreieckquerlenker, Kurvenstab.; hinten Verbundlenkerachse, Schraubenfedern; v/h Teleskopdämpfer.

Fahrwerk: Bremse, vorne Scheiben, hinten Trommeln, a.W. ABS, Handbremse auf Hinterräder; Zahnstangenlenkung, a.W. mit Servo, Treibstofftank 47 L; Reifen 175/70 R 13, Felgen 5.5 J.

Dimensionen: Radstand 244 cm, Spur 143/139.5 cm, Bodenfreih. 13 cm, Wendekreis 10.4 m, Kofferraum 455/760 dm^3, Länge 414 cm, Breite 164 cm, Höhe 142 cm.

Fahrleistungen: Vmax (Werk) 157 km/h, V bei 1000/min im 5. Gang 32.2 km/h; 0–100 km/h 15.6 s; steh. km 36.5 s; Leistungsgew. 22.2 kg/kW (16.3 kg/PS); Verbrauch EU 5.3/8.8 L/100 km.

1.6 – 75 PS Benzineinspritzung

Wie 1.4 – 60 PS, ausgenommen:

Gewicht: leer ab 1025 kg, max. zul. 1485 kg.

Motor: (ECE), 4 Zyl. in Linie (76.5×86.9 mm), 1598 cm^3; Kompr. 9.5:1; 55 kW (75 PS) bei 5200/min, 34.4 kW/L (46.8 PS/L); 125 Nm (12.7 mkp) bei 3400/min; 95 ROZ.

Motorkonstruktion: 2 Ventile parallel; 1 obenl. Nockenwelle (Zahnriemen); Leichtmetall-Zylinderkopf; 5fach gelagerte Kurbelwelle; Öl 3.5 L; elektron. Einspritzung. Batterie 36 Ah, Alternator 70 A; Wasserkühlung, Inh. 6.3 L.

Kraftübertragung: 5-Gang-Getriebe: I. 3.46; II. 1.94; III. 1.37; IV. 1.03; V. 0.85; R 3.17; Achse 3.67.

Fahrwerk: Zahnstangenlenkung mit Servo.

Fahrleistungen: Vmax (Werk) 169 km/h, V bei 1000/min im 5. Gang 34 km/h; 0–100 km/h 13.4 s; steh. km 35.5 s; Leistungsgew. 18.6 kg/kW (13.7 kg/PS); Verbrauch EU 5.9/10.6 L/100 km.

1.8 – 90 PS Benzineinspritzung

Wie 1.4 – 60 PS, ausgenommen:

Gewicht: leer ab 1090 kg, max. zul. 1550 kg.

Motor: (ECE), 4 Zyl. in Linie (81×86.4 mm), 1781 cm^3; Kompr. 10:1; 66 kW (90 PS) bei 5500/min, 37 kW/L (50.4 PS/L); 145 Nm (14.8 mkp) bei 2900/min; 95 ROZ.

Motorkonstruktion: 2 Ventile parallel; 1 obenl. Nockenwelle (Zahnriemen); Leichtmetall-Zylinderkopf; 5fach gelagerte Kurbelwelle; Öl 4 L; elektron. Einspritzung. Batterie 45 Ah, Alternator 70 A; Wasserkühlung, Inh. 6.3 L.

Transmission: (sur roues AV). Boîte à 5 vit.: I. 3.46; II. 2.1; III. 1.45; IV. 1.1; V. 0.85; AR 3.39; pont 3.88.

Châssis: carr. autoporteuse; AV jambes élast. et leviers triang. transv., barre antidévers; AR essieu semi-rigide, ressorts hélicoïdaux; AV/AR amortis. télescop.

Train roulant: frein, AV à disques, AR à tambours, ABS s. d., frein à main sur roues AR; direction à crémaillère, s.d. avec servo, réservoir carb. 47 L; pneus 175/70 R 13, jantes 5.5 J.

Dimensions: empatt. 244 cm, voie 143/139.5 cm, garde au sol 13 cm, diam. de braq. 10.4 m, coffre 455/760 dm^3, longueur 414 cm, largeur 164 cm, hauteur 142 cm.

Performances: Vmax (usine) 157 km/h, V à 1000/min en 5. vit. 32.2 km/h; 0–100 km/h 15.6 s; km arrêté 36.5 s; rapp. poids/puiss. 22.2 kg/kW (16.3 kg/ch); consomm. EU 5.3/8.8 L/100 km.

1.6 – 75 ch Injection d'essence

Comme 1.4 – 60 ch, sauf:

Poids: vide dès 1025 kg, tot. adm. 1485 kg.

Moteur: (ECE), 4 cyl. en ligne (76.5×86.9 mm), 1598 cm^3; compr. 9.5:1; 55 kW (75 ch) à 5200/min, 34.4 kW/L (46.8 ch/L); 125 Nm (12.7 mkp) à 3400/min; 95 (R).

Moteur (constr.): 2 soup. en parallèle; 1 arbre à cames en tête (courroie crantée); culasse en alliage léger; vilebrequin à 5 paliers; huile 3.5 L; injection électronique. Batterie 36 Ah, alternateur 70 A; refroidissement à eau, capac. 6.3 L.

Transmission: Boîte à 5 vit.: I. 3.46; II. 1.94; III. 1.37; IV. 1.03; V. 0.85; AR 3.17; pont 3.67.

Train roulant: servodirection à crémaillère.

Performances: Vmax (usine) 169 km/h, V à 1000/min en 5. vit. 34 km/h; 0–100 km/h 13.4 s; km arrêté 35.5 s; rapp. poids/puiss. 18.6 kg/kW (13.7 kg/ch); consomm. EU 5.9/10.6 L/100 km.

1.8 – 90 ch Injection d'essence

Comme 1.4 – 60 ch, sauf:

Poids: vide dès 1090 kg, tot. adm. 1550 kg.

Moteur: (ECE), 4 cyl. en ligne (81×86.4 mm), 1781 cm^3; compr. 10:1; 66 kW (90 ch) à 5500/min, 37 kW/L (50.4 ch/L); 145 Nm (14.8 mkp) à 2900/min; 95 (R).

Moteur (constr.): 2 soup. en parallèle; 1 arbre à cames en tête (courroie crantée); culasse en alliage léger; vilebrequin à 5 paliers; huile 4 L; injection électronique. Batterie 45 Ah, alternateur 70 A; refroidissement à eau, capac. 6.3 L.

Kraftübertragung: 5-Gang-Getriebe: I. 3.45; II. 1.94; III. 1.45; IV. 1.13; V. 0.85; R 3.17; Achse 3.67. 4-Stufen-Automat: I. 2.71; II. 1.44; III. 1; IV. 0.74; R 2.88; Achse 4.53.

Fahrwerk: Zahnstangenlenkung mit Servo, Reifen 185/60 R 14, Felgen 6 J.

Fahrleistungen: Vmax (Werk) 178 km/h, V bei 1000/min im 5. Gang 33.8 km/h; 0–100 km/h 11.7 s; steh. km 33.4 s; Leistungsgew. 16.5 kg/kW (12.1 kg/PS); Verbrauch ECE 5.7/6.7/9.7 L/100 km. *Aut.:* Vmax 173 km/h, 0–100 km/h 14.2 s; steh. km 35.6 s; Verbrauch ECE 6.8/13.3 L/100 km.

1.4 16V – 101 PS Benzineinspritzung

Wie 1.4 – 60 PS, ausgenommen:

Gewicht: leer ab 1025 kg, max. zul. 1485 kg.

Motor: (ECE), 4 Zyl. in Linie (76.5×75.6 mm), 1390 cm^3; Kompr. 10.5:1; 74 kW (101 PS) bei 6000/min, 53.2 kW/L (72.4 PS/L); 128 Nm (13 mkp) bei 4400/min; 95 ROZ.

Motorkonstruktion: 4 Ventile in V; 2 obenl. Nockenwellen (Zahnriemen); Leichtmetall-Zylinderkopf; 5fach gelagerte Kurbelwelle; Öl 3.5 L; elektron. Einspritzung. Batterie 44 Ah, Alternator 70 A; Wasserkühlung, Inh. 6 L.

Kraftübertragung: 5-Gang-Getriebe: I. 3.46; II. 2.1; III. 1.45; IV. 1.1; V. 0.85; R 3.39; Achse 3.88.

Fahrwerk: Reifen 185/60 R 14, Felgen 6 J.

Fahrleistungen: Vmax (Werk) 188 km/h, V bei 1000/min im 5. Gang 32.2 km/h; 0–100 km/h 11.4 s; steh. km 32.9 s; Leistungsgew. 13.9 kg/kW (10.1 kg/PS); Verbrauch EU 5.7/9.9 L/100 km.

1.6 – 101 PS Benzineinspritzung

Wie 1.4 – 60 PS, ausgenommen:

Karosserie, Gewicht: Limousine, 2/4 Türen; leer ab 1050 kg, max. zul. 1510 kg.

Motor: (ECE), 4 Zyl. in Linie (81×77.4 mm), 1595 cm^3; Kompr. 10.3:1; 74 kW (101 PS) bei 5800/min, 46.4 kW/L (63.1 PS/L); 140 Nm (14.3 mkp) bei 3500/min; 95 ROZ.

Motorkonstruktion: 2 Ventile in V; 1 obenl. Nockenwelle (Zahnriemen); Leichtmetall-Zylinderkopf; 5fach gelagerte Kurbelwelle; Öl 3.5 L; elektron. Einspritzung. Batterie 44 Ah, Alternator 70 A; Wasserkühlung, Inh. 6.5 L.

Kraftübertragung: 5-Gang-Getriebe: I. 3.46; II. 1.94; III. 1.37; IV. 1.03; V. 0.85; R 3.17; Achse 3.94.

Transmission: Boîte à 5 vit.: I. 3.45; II. 1.94; III. 1.45; IV. 1.13; V. 0.85; AR 3.17; pont 3.67. Boîte aut. à 4 vit.: I. 2.71; II. 1.44; III. 1; IV. 0.74; AR 2.88; pont 4.53.

Train roulant: servodirection à crémaillère, pneus 185/60 R 14, jantes 6 J.

Performances: Vmax (usine) 178 km/h, V à 1000/min en 5. vit. 33.8 km/h; 0–100 km/h 11.7 s; km arrêté 33.4 s; rapp. poids/puiss. 16.5 kg/kW (12.1 kg/ch); consomm. ECE 5.7/6.7/9.7 L/100 km. *Aut.:* Vmax 173 km/h, 0–100 km/h 14.2 s; km arrêté 35.6 s; consomm. ECE 6.8/13.3 L/100 km.

1.4 16V – 101 ch Injection d'essence

Comme 1.4 – 60 ch, sauf:

Poids: vide dès 1025 kg, tot. adm. 1485 kg.

Moteur: (ECE), 4 cyl. en ligne (76.5×75.6 mm), 1390 cm^3; compr. 10.5:1; 74 kW (101 ch) à 6000/min, 53.2 kW/L (72.4 ch/L); 128 Nm (13 mkp) à 4400/min; 95 (R).

Moteur (constr.): 4 soupapes en V; 2 arbres à cames en tête (courroie crantée); culasse en alliage léger; vilebrequin à 5 paliers; huile 3.5 L; injection électronique. Batterie 44 Ah, alternateur 70 A; refroidissement à eau, capac. 6 L.

Transmission: Boîte à 5 vit.: I. 3.46; II. 2.1; III. 1.45; IV. 1.1; V. 0.85; AR 3.39; pont 3.88.

Train roulant: pneus 185/60 R 14, jant. 6 J.

Performances: Vmax (usine) 188 km/h, V à 1000/min en 5. vit. 32.2 km/h; 0–100 km/h 11.4 s; km arrêté 32.9 s; rapp. poids/puiss. 13.9 kg/kW (10.1 kg/ch); consomm. EU 5.7/9.9 L/100 km.

1.6 – 101 ch Injection d'essence

Comme 1.4 – 60 ch, sauf:

Carrosserie, poids: Berline, 2/4 portes; vide dès 1050 kg, tot. adm. 1510 kg.

Moteur: (ECE), 4 cyl. en ligne (81×77.4 mm), 1595 cm^3; compr. 10.3:1; 74 kW (101 ch) à 5800/min, 46.4 kW/L (63.1 ch/L); 140 Nm (14.3 mkp) à 3500/min; 95 (R).

Moteur (constr.): 2 soupapes en V; 1 arbre à cames en tête (courroie crantée); culasse en alliage léger; vilebrequin à 5 paliers; huile 3.5 L; injection électronique. Batterie 44 Ah, alternateur 70 A; refroidissement à eau, capac. 6.5 L.

Transmission: Boîte à 5 vit.: I. 3.46; II. 1.94; III. 1.37; IV. 1.03; V. 0.85; AR 3.17; pont 3.94.

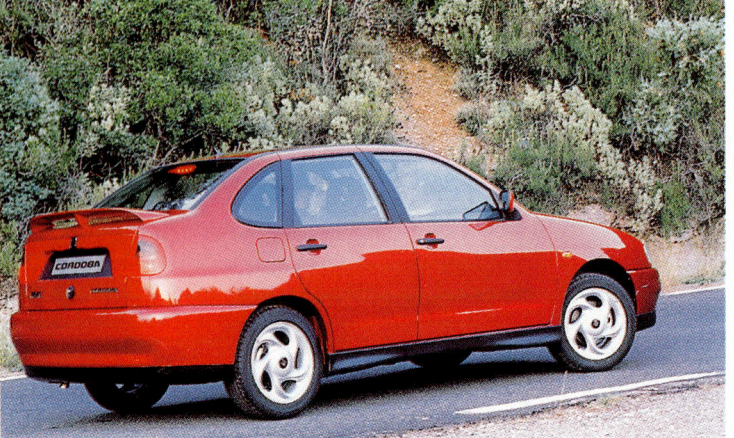

Seat Cordoba

SEAT IBIZA

RALLYE-WELTMEISTER 1996

CHAMPIONNE DU MONDE DES RALLYES 1996

Das erste Mal dabei und schon FIA 2 Liter Rallye-Weltmeister! So lautet die Traumbilanz des SEAT IBIZA Kit Car. Der Titel ist das Resultat von perfektem Teamwork und modernster Technologie, getestet unter härtesten Bedingungen. Technologie, von der auch Tausende von SEAT GTI 16 V-Fahrerinnen und Fahrern in der Schweiz profitieren.

Dès sa première participation, la SEAT IBIZA kit-car a remporté le Championnat du Monde des Rallyes FIA, en catégorie 2 litres! Ce brillant bilan couronne un parfait travail d'équipe joint à une mécanique des plus moderne, éprouvée dans des conditions extrêmes. C'est de cette même technique que profitent, aussi en Suisse, des milliers de conductrices et de conducteurs de SEAT IBIZA GTI 16V.

Spancar Automobile AG, Importeur von SEAT,
5116 Schinznach-Bad.

SEAT

Spancar Automobiles SA, Importateur de SEAT,
5116 Schinznach-Bad.

Seat

Fahrwerk: Bremse, vorne Scheiben (belüftet), hinten Trommeln, Zahnstangenlenkung mit Servo, Reifen 185/60 R 14, 185/55 R 15, Felgen 6 J.

Fahrleistungen: Vmax (Werk) 186 km/h, V bei 1000/min im 5. Gang 31.5 km/h; 0–100 km/h 10.8 s; steh. km 32.2 s; Leistungsgew. 14.2 kg/kW (10.4 kg/PS); Verbrauch EU 6/10.9 L/100 km.

2.0 – 116 PS Benzineinspritzung

Wie 1.4 – 60 PS, ausgenommen:

Karosserie, Gewicht: Limousine, 4 Türen; leer ab 1080 kg, max. zul. 1550 kg.
Limousine, 2 Türen; leer ab 1060 kg, max. zul. 1520 kg.

Motor: (ECE), 4 Zyl. in Linie (82.5×92.8 mm), 1984 cm³; Kompr. 10:1; 85 kW (116 PS) bei 5400/min, 42.8 kW/L (58.2 PS/L); 166 Nm (16.9 mkp) bei 3200/min; 95 ROZ.

Motorkonstruktion: 2 Ventile parallel; 1 obenl. Nockenwelle (Zahnriemen); Leichtmetall-Zylinderkopf; 5fach gelagerte Kurbelwelle; Ölkühler; Öl 4 L; elektron. Einspritzung.
Batterie 54 Ah, Alternator 70 A; Wasserkühlung, Inh. 7 L.

Kraftübertragung:
5-Gang-Getriebe: I. 3.46; II. 1.94; III. 1.29; IV. 0.97; V. 0.81; R 3.17. Achse 3.67.

Fahrgestell: hinten Kurvenstabilisator.

Seat Cordoba SX

Fahrwerk: Vierrad-Scheibenbremse (vorn belüftet), Zahnstangenlenkung mit Servo, Reifen 185/55 R 15, Felgen 6 J.

Fahrleistungen: Vmax (Werk) 198 km/h, V bei 1000/min im 5. Gang 36.3 km/h; 0–100 km/h 10.1 s; steh. km 31.9 s; Leistungsgew. 12.7 kg/kW (9.3 kg/PS); Verbrauch EU 6.1/11 L/100 km.

2.0 16V – 150 PS Benzineinspritzung

Wie 1.4 – 60 PS, ausgenommen:

Karosserie, Gewicht: Limousine, 4 Türen; leer ab 1145 kg, max. zul. 1605 kg.
Limousine, 2 Türen; leer ab 1120 kg, max. zul. 1580 kg.

Motor: (ECE), 4 Zyl. in Lin. (82.5×92.8 mm), 1984 cm³; Komp. 10.5:1; 110 kW (150 PS) bei 6000/min, 55.4 kW/L (75.4 PS/L); 180 Nm (18.3 mkp) bei 4600/min; 95 ROZ.

Motorkonstruktion: 4 Ventile in V 25°; 2 obenl. Nockenwellen (Zahnriemen); Leichtmetall-Zylinderkopf; 5fach gelagerte Kurbelwelle; Ölkühler; Öl 4 L; elektron. Einspritzung, Digifant.
Batterie 60 Ah, Alternator 70 A; Wasserkühlung, Inh. 6.3 L.

Kraftübertragung: elektronische Differentialsperre EDS.
5-Gang-Getriebe: I. 3.3; II. 1.94; III. 1.31; IV. 1.03; V. 0.84; R 3.06; Achse 3.68.

Train roulant: frein, AV à disques (ventilés), AR à tambours, servodirection à crémaillère, pneus 185/60 R 14, 185/55 R 15, jantes 6 J.

Performances: Vmax (usine) 186 km/h, V à 1000/min en 5. vit. 31.5 km/h; 0–100 km/h 10.8 s; km arrêté 32.2 s; rapp. poids/puiss. 14.2 kg/kW (10.4 kg/ch); consomm. EU 6/10.9 L/100 km.

2.0 – 116 ch Injection d'essence

Comme 1.4 – 60 ch, sauf:

Carrosserie, poids: Berline, 4 portes; vide dès 1080 kg, tot. adm. 1550 kg.
Berline, 2 portes,; vide dès 1060 kg, tot. adm. 1520 kg.

Moteur: (ECE), 4 cyl. en ligne (82.5×92.8 mm), 1984 cm³; compr. 10:1; 85 kW (116 ch) à 5400/min, 42.8 kW/L (58.2 ch/L); 166 Nm (16.9 mkp) à 3200/min; 95 (R).

Moteur (constr.): 2 soup. en parallèle; 1 arbre à cames en tête (courroie crantée); culasse en alliage léger; vilebrequin à 5 paliers; radiat. d'huile; huile 4 L; injection électronique.
Batterie 54 Ah, alternateur 70 A; refroidissement à eau, capac. 7 L.

Transmission:
Boîte à 5 vit.: I. 3.46; II. 1.94; III. 1.29; IV. 0.97; V. 0.81; AR 3.17; pont 3.67.

Châssis: AR barre anti-dévers.

Train roulant: quatre freins à disques (AV ventilés), servodirection à crémaillère, pneus 185/55 R 15, jantes 6 J.

Performances: Vmax (usine) 198 km/h, V à 1000/min en 5. vit. 36.3 km/h; 0–100 km/h 10.1 s; km arrêté 31.9 s; rapp. poids/puiss. 12.7 kg/kW (9.3 kg/ch); consomm. EU 6.1/11 L/100 km.

2.0 16V – 150 ch Injection d'essence

Comme 1.4 – 60 ch, sauf:

Carrosserie, poids: Berline, 4 portes; vide dès 1145 kg, tot. adm. 1605 kg.
Berline, 2 portes; vide dès 1120 kg, tot. adm. 1580 kg.

Moteur: (ECE), 4 cyl. en ligne (82.5×92.8 mm), 1984 cm³; compr. 10.5:1; 110 kW (150 ch) à 6000/min, 55.4 kW/L (75.4 ch/L); 180 Nm (18.3 mkp) à 4600/min; 95 (R).

Moteur (constr.): 4 soupapes en V 25°; 2 arbres à cames en tête (courroie crantée); culasse en alliage léger; vilebrequin à 5 paliers; radiat. d'huile; huile 4 L; injection électronique, Digifant.
Batterie 60 Ah, alternateur 70 A; refroidissement à eau, capac. 6.3 L.

Transmission: différentiel à bloq. électr. EDS.
Boîte à 5 vit.: I. 3.3; II. 1.94; III. 1.31; IV. 1.03; V. 0.84; AR 3.06; pont 3.68.

Seat Cordoba GTi

Fahrgestell: hinten Kurvenstabilisator.

Fahrwerk: Vierrad-Scheibenbremse (vorn belüftet), ABS, Zahnstangenlenkung mit Servo, Reifen 195/45 R 16, Felgen 6 J.

Fahrleistungen: Vmax (Werk) 216 km/h, V bei 1000/min im 5. Gang 34.5 km/h; 0–100 km/h 8.5 s; steh. km 30 s; Leistungsgew. 10.4 kg/kW (7.6 kg/PS); Verbrauch EU 6.4/11.9 L/100 km.

1.9 – 64 PS Diesel

Wie 1.4 – 60 PS, ausgenommen:

Gewicht: leer ab 1050 kg, max. zul. 1510 kg.

Motor: (ECE), 4 Zyl. in Linie (79.5×95.5 mm), 1896 cm³; Kompr. 22.5:1; 47 kW (64 PS) bei 4400/min, 24.8 kW/L (33.7 PS/L); 124 Nm (12.6 mkp) bei 2000/min; Dieselöl.

Motorkonstruktion: Wirbelkammer-Diesel; 2 Ventile parallel; 1 obenl. Nockenwelle (Zahnriemen); Leichtmetall-Zylinderkopf; 5fach gelagerte Kurbelwelle; Öl 4 L; Einspritzpumpe.
Batterie 64 Ah, Alternator 70 A; Wasserkühlung, Inh. 6.3 L.

Kraftübertragung:
5-Gang-Getriebe: I. 3.46; II. 1.94; III. 1.29; IV. 0.91; V. 0.75; R 3.17; Achse 3.67.

Fahrwerk: Zahnstangenlenkung mit Servo.

Fahrleistungen: Vmax (Werk) 156 km/h, V bei 1000/min im 5. Gang 38.7 km/h; 0–100 km/h 16.9 s; steh. km 38 s; Leistungsgew. 22.3 kg/kW (16.4 kg/PS); Verbrauch EU 4.6/7.9 L/100 km.

1.9 – 64 PS Direkteingespritzter Diesel

Wie 1.4 – 60 PS, ausgenommen:

Gewicht: leer 1050 kg, max. zul. 1510 kg.

Motor: (ECE), 4 Zyl. in Linie (79.5×95.5 mm), 1896 cm³; Kompr. 19.5:1; 47 kW (64 PS) bei 4200/min, 24.8 kW/L (33.7 PS/L); 128 Nm (13 mkp) bei 2800/min; Dieselöl.

Motorkonstruktion: 2 Ventile parallel; 1 obenl. Nockenwelle (Zahnriemen); Leichtmetall-Zylinderkopf; 5fach gelagerte Kurbelwelle; Öl 4 L; Einspritzpumpe.
Batterie 61 Ah, Alternator 70 A; Wasserkühlung, Inh. 6.3 L.

Kraftübertragung:
5-Gang-Getriebe: I. 3.46; II. 1.94; III. 1.29; IV. 0.91; V. 0.75; R 3.3; Achse 3.67.

Fahrwerk: Zahnstangenlenkung mit Servo.

Fahrleistungen: Vmax (Werk) 158 km/h, V bei 1000/min im 5. Gang 38.7 km/h; 0–100 km/h 16.9 s; steh. km 37.9 s; Leistungsgew. 22.3 kg/kW (16.4 kg/PS); Verbrauch EU 4/6.8 L/100 km.

Châssis: AR barre anti-dévers.

Train roulant: quatre freins à disques (AV ventilés), ABS, servodirection à crémaillère, pneus 195/45 R 16, jantes 6 J.

Performances: Vmax (usine) 216 km/h, V à 1000/min en 5. vit. 34.5 km/h; 0–100 km/h 8.5 s; km arrêté 30 s; rapp. poids/puiss. 10.4 kg/kW (7.6 kg/ch); consomm. EU 6.4/11.9 L/100 km.

1.9 – 64 ch Diesel

Comme 1.4 – 60 ch, sauf:

Poids: vide dès 1050 kg, tot. adm. 1510 kg.

Moteur: (ECE), 4 cyl. en ligne (79.5×95.5 mm), 1896 cm³; compr. 22.5:1; 47 kW (64 ch) à 4400/min, 24.8 kW/L (33.7 ch/L); 124 Nm (12.6 mkp) à 2000/min; gazole.

Moteur (constr.): diesel à chambre de turbulence; 2 soup. en parallèle; 1 arbre à cames en tête (courroie crantée); culasse en alliage léger; vilebrequin à 5 paliers; huile 4 L; pompe à injection.
Batterie 64 Ah, alternateur 70 A; refroidissement à eau, capac. 6.3 L.

Transmission:
Boîte à 5 vit.: I. 3.46; II. 1.94; III. 1.29; IV. 0.91; V. 0.75; AR 3.17; pont 3.67.

Train roulant: servodirection à crémaillère.

Performances: Vmax (usine) 156 km/h, V à 1000/min en 5. vit. 38.7 km/h; 0–100 km/h 16.9 s; km arrêté 38 s; rapp. poids/puiss. 22.3 kg/kW (16.4 kg/ch); consomm. EU 4.6/7.9 L/100 km.

1.9 – 64 ch Diesel à injection directe

Comme 1.4 – 60 ch, sauf:

Poids: vide dès 1050 kg, tot. adm. 1510 kg.

Moteur: (ECE), 4 cyl. en ligne (79.5×95.5 mm), 1896 cm³; compr. 19.5:1; 47 kW (64 ch) à 4200/min, 24.8 kW/L (33.7 ch/L); 128 Nm (13 mkp) à 2800/min; gazole.

Moteur (constr.): 2 soup. en parallèle; 1 arbre à cames en tête (courroie crantée); culasse en alliage léger; vilebrequin à 5 paliers; huile 4 L; pompe à injection.
Batterie 61 Ah, alternateur 70 A; refroidissement à eau, capac. 6.3 L.

Transmission:
Boîte à 5 vit.: I. 3.46; II. 1.94; III. 1.29; IV. 0.91; V. 0.75; AR 3.3; pont 3.67.

Train roulant: servodirection à crémaillère.

Performances: Vmax (usine) 158 km/h, V à 1000/min en 5. vit. 38.7 km/h; 0–100 km/h 16.9 s; km arrêté 37.9 s; rapp. poids/puiss. 22.3 kg/kW (16.4 kg/ch); consomm. EU 4/6.8 L/100 km.

Seat

1.9 – 75 PS Turbodiesel

Wie 1.4 – 60 PS, ausgenommen:

Gewicht: leer ab 1085 kg, max. zul. 1545 kg.

Motor: (ECE), 4 Zyl. in Linie (79.5×95.5 mm), 1896 cm³; Kompr. 22.5:1; 55 kW (75 PS) bei 4400/min, 29 kW/L (39.4 PS/L); 149 Nm (15.2 mkp) bei 2500/min; Dieselöl.

Motorkonstruktion: Wirbelkammer-Diesel; 2 Ventile parallel; 1 obenl. Nockenwelle (Zahnriemen); Leichtmetall-Zylinderkopf; 5fach gelagerte Kurbelwelle; Öl 4.5 L; Einspritzpumpe, 1 Turbolader, max. Ladedruck 0.7 bar. Batterie 64 Ah, Alternator 70 A; Wasserkühlung, Inh. 6.3 L.

Kraftübertragung:
5-Gang-Getriebe: I. 3.46; II. 1.94; III. 1.29; IV. 0.91; V. 0.75; R 3.17; Achse 3.67.

Fahrwerk: Zahnstangenlenkung mit Servo, Reifen 185/60 R 14, 185/55 R 15, Felgen 6 J.

Fahrleistungen: Vmax (Werk) 168 km/h, V bei 1000/min im 5. Gang 38.7 km/h; 0–100 km/h 15 s; steh. km 35.6 s; Leistungsgew. 19.7 kg/kW (14.5 kg/PS); Verbrauch EU 4.8/7.9 L/100 km.

1.9 – 90 PS Turbodiesel direkt

Wie 1.4 – 60 PS, ausgenommen:

Karosserie, Gewicht: Limousine, 4 Türen; leer ab 1095 kg, max. zul. 1555 kg. Limousine, 2 Türen; leer ab 1080 kg, max. zul. 1540 kg.

Motor: (ECE), 4 Zyl. in Linie (79.5×95.5 mm), 1896 cm³; Kompr. 19.5:1; 66 kW (90 PS) bei 4000/min, 34.8 kW/L (47.3 PS/L); 202 Nm (20.6 mkp) bei 1900/min; Dieselöl.

Motorkonstruktion: direkt eingespritzter Diesel; 2 Ventile parallel; 1 obenl. Nockenwelle (Zahnriemen); Leichtmetall-Zylinderkopf; 5fach gelagerte Kurbelwelle; Ölkühler; Öl 4.5 L; elektron. geregelte Einspritzpumpe, 1 Turbolader, Intercooler. Batterie 61 Ah, Alternator 70 A; Wasserkühlung, Inh. 6.3 L.

Kraftübertragung:
5-Gang-Getriebe: I. 3.3; II. 1.94; III. 1.31; IV. 0.92; V. 0.72; R 3.06; Achse 3.16.

Fahrwerk: Zahnstangenlenkung mit Servo, Reifen 185/60 R 14, 185/55 R 15, Felgen 6 J.

Fahrleistungen: Vmax (Werk) 180 km/h, V bei 1000/min im 5. Gang 46.6 km/h; 0–100 km/h 12.5 s; steh. km 34.6 s; Leistungsgew. 16.6 kg/kW (12.2 kg/PS); Verbrauch EU 4.1/6.4 L/100 km.

Seat Toledo

Mittelklasse-Limousine mit vier Türen und Heckklappe, Quermotor. Diverse Benzin- und Dieselmotoren von VW/Audi; Aufhängung von VW. Debüt März 1991.

1.6 – 75 PS Benzineinspritzung

Karosserie, Gewicht: Limousine, 5 Türen, 5 Sitze; leer ab 1070 kg, max. zul. 1570 kg.

Motor: (ECE), 4 Zyl. in Linie (81×77.4 mm), 1595 cm³; Kompr. 9:1; 55 kW (75 PS) bei 5500/min, 34.5 kW/L (46.9 PS/L); 125 Nm (12.7 mkp) bei 2700/min; 91 ROZ.

1.9 – 75 ch Turbodiesel

Comme 1.4 – 60 ch, sauf:

Poids: vide dès 1085 kg, tot. adm. 1545 kg.

Moteur: (ECE), 4 cyl. en ligne (79.5×95.5 mm), 1896 cm³; compr. 22.5:1; 55 kW (75 ch) à 4400/min, 29 kW/L (39.4 ch/L); 149 Nm (15.2 mkp) à 2500/min; gazole.

Moteur (constr.): diesel à chambre de turbulence; 2 soup. en parallèle; 1 arbre à cames en tête (courroie crantée); culasse en alliage léger; vilebrequin à 5 paliers; huile 4.5 L; pompe à injection, 1 turbocompr., pression max. 0.7 bar. Batterie 64 Ah, alternateur 70 A; refroidissement à eau, capac. 6.3 L.

Transmission:
Boîte à 5 vit.: I. 3.46; II. 1.94; III. 1.29; IV. 0.91; V. 0.75; AR 3.17; pont 3.67.

Train roulant: servodirection à crémaillère, pneus 185/60 R 14, 185/55 R 15, jantes 6 J.

Performances: Vmax (usine) 168 km/h, V à 1000/min en 5. vit. 38.7 km/h; 0–100 km/h 15 s; km arrêté 35.6 s; rapp. poids/puiss. 19.7 kg/kW (14.5 kg/ch); consomm. EU 4.8/7.9 L/100 km.

1.9 – 90 ch Turbodiesel direct

Comme 1.4 – 60 ch, sauf:

Carrosserie, poids: Berline, 4 portes; vide dès 1095 kg, tot. adm. 1555 kg. Berline, 2 portes; vide dès 1080 kg, tot. adm. 1540 kg.

Moteur: (ECE), 4 cyl. en ligne (79.5×95.5 mm), 1896 cm³; compr. 19.5:1; 66 kW (90 ch) à 4000/min, 34.8 kW/L (47.3 ch/L); 202 Nm (20.6 mkp) à 1900/min; gazole.

Moteur (constr.): diesel à injection directe; 2 soup. en parallèle; 1 arbre à cames en tête (courroie crantée); culasse en alliage léger; vilebrequin à 5 paliers; radiat. d'huile; huile 4.5 L; pompe à injection pilotée, 1 turbocompr., Intercooler. Batterie 61 Ah, alternateur 70 A; refroidissement à eau, capac. 6.3 L.

Transmission:
Boîte à 5 vit.: I. 3.3; II. 1.94; III. 1.31; IV. 0.92; V. 0.72; AR 3.06; pont 3.16.

Train roulant: servodirection à crémaillère, pneus 185/60 R 14, 185/55 R 15, jantes 6 J.

Performances: Vmax (usine) 180 km/h, V à 1000/min en 5. vit. 46.6 km/h; 0–100 km/h 12.5 s; km arrêté 34.6 s; rapp. poids/puiss. 16.6 kg/kW (12.2 kg/ch); consomm. EU 4.1/6.4 L/100 km.

Seat Toledo

Voiture de catégorie moyenne avec quatre portes et hayon AR, moteurs transversaux AV. Différents moteurs de VW/Audi; suspension de VW. Lancement mars 1991.

1.6 – 75 ch Injection d'essence

Carrosserie, poids: Berline, 5 portes, 5 pl.; vide dès 1070 kg, tot. adm. 1570 kg.

Moteur: (ECE), 4 cyl. en ligne (81×77.4 mm), 1595 cm³; compr. 9:1; 55 kW (75 ch) à 5500/min, 34.5 kW/L (46.9 ch/L); 125 Nm (12.7 mkp) à 2700/min; 91 (R).

Motorkonstruktion: 2 Ventile parallel; 1 obenl. Nockenwelle (Zahnriemen); Leichtmetall-Zylinderkopf; 5fach gelagerte Kurbelwelle; Öl 3.5 L; elektron. Einspritzung. Batterie 44 Ah, Alternator 70 A; Wasserkühlung, Inh. 6.3 L.

Kraftübertragung: (auf Vorderräder).
5-Gang-Getriebe: I. 3.46; II. 1.94; III. 1.37; IV. 1.03; V. 0.85; R 3.17; Achse 3.67.

Fahrgestell: Selbsttragende Karosserie; vorn Federbeine und Dreieckquerlenker, Kurvenstab.; hinten Verbundlenkerachse, Schraubenfedern; v/h Teleskopdämpfer.

Fahrwerk: Bremse, vorne Scheiben, hinten Trommeln, a.W. ABS, Handbremse auf Hinterräder; Zahnstangenlenkung mit Servo, Treibstofftank 55 L; Reifen 175/70 R 13, 175/60 R 14, Felgen 5.5 J, 6 J.

Dimensionen: Radst. 247 cm, Spur 143/142 cm, Bodenfreih. 12 cm, Wendekreis 10.5 m, Kofferraum 500/1360 dm³, Länge 432 cm, Breite 166 cm, Höhe 142 cm.

Fahrleistungen: Vmax (Werk) 170 km/h, V bei 1000/min im 5. Gang 33.9 km/h; 0–100 km/h 13.3 s; steh. km 36.5 s; Leistungsgew. 19.5 kg/kW (14.3 kg/PS); Verbrauch EU 6/10.7 L/100 km.

Seat Toledo

1.8 – 90 PS Benzineinspritzung

Wie 1.6 – 75 PS, ausgenommen:

Gewicht: leer 1065 kg, max. zul. 1550 kg.

Motor: (ECE), 4 Zyl. in Linie (81×86.4 mm), 1781 cm³; Kompr. 10:1; 66 kW (90 PS) bei 5500/min, 37 kW/L (50.4 PS/L); 145 Nm (14.8 mkp) bei 2700/min; 91 ROZ.

Motorkonstruktion: 2 Ventile parallel; 1 obenl. Nockenwelle (Zahnriemen); Leichtmetall-Zylinderkopf; 5fach gelagerte Kurbelwelle; Öl 4 L; elektron. Einspritzung. Batterie 54 Ah, Alternator 70 A; Wasserkühlung, Inh. 7 L.

Kraftübertragung:
5-Gang-Getriebe: I. 3.45; II. 1.94; III. 1.37; IV. 1.03; V. 0.85; R 3.17; Achse 3.67.

Fahrleistungen: Vmax (Werk) 182 km/h, V bei 1000/min im 5. Gang 34.1 km/h; 0–100 km/h 12 s; steh. km 33.9 s; Leistungsgew. 20.5 kg/kW (15.1 kg/PS); Verbrauch ECE 5.6/7.5/8.7 L/100 km.

1.6 – 101 PS Benzineinspritzung

Wie 1.6 – 75 PS, ausgenommen:

Gewicht: leer 1080 kg, max. zul. 1580 kg.

Motor: (ECE), 4 Zyl. in Linie (81×77.4 mm), 1595 cm³; Kompr. 10.3:1; 74 kW (101 PS) bei 5800/min, 46.4 kW/L (63.1 PS/L); 140 Nm (14.3 mkp) bei 3500/min; 95 ROZ.

Motorkonstruktion: 2 Ventile in V; 1 obenl. Nockenwelle (Zahnriemen); Leichtmetall-Zylinderkopf; 5fach gelagerte Kurbelwelle; Öl 3.5 L; elektron. Einspritzung. Batterie 44 Ah, Alternator 70 A; Wasserkühlung, Inh. 6.5 L.

Moteur (constr.): 2 soup. en parallèle; 1 arbre à cames en tête (courroie crantée); culasse en alliage léger; vilebrequin à 5 paliers; huile 3.5 L; injection électronique. Batterie 44 Ah, alternateur 70 A; refroidissement à eau, capac. 6.3 L.

Transmission: (sur roues AV).
Boîte à 5 vit.: I. 3.46; II. 1.94; III. 1.37; IV. 1.03; V. 0.85; AR 3.17; pont 3.67.

Châssis: carr. autoporteuse; AV jambes élast. et leviers triang. transv., barre anti-dévers; AR essieu semi-rigide, ressorts hélicoïdaux; AV/AR amortiss. télescop.

Train roulant: frein, AV à disques, AR à tambours, ABS s. d., frein à main sur roues AR; servodirection à crémaillère, réservoir carb. 55 L; pneus 175/70 R 13, 175/60 R 14, jantes 5.5 J, 6 J.

Dimensions: empatt. 247 cm, voie 143/142 cm, garde au sol 12 cm, diam. de braq. 10.5 m, coffre 500/1360 dm³, longueur 432 cm, largeur 166 cm, hauteur 142 cm.

Performances: Vmax (usine) 170 km/h, V à 1000/min en 5. vit. 33.9 km/h; 0–100 km/h 13.3 s; km arrêté 36.5 s; rapp. poids/puiss. 19.5 kg/kW (14.3 kg/ch); consomm. EU 6/10.7 L/100 km.

1.8 – 90 ch Injection d'essence

Comme 1.6 – 75 ch, sauf:

Poids: vide 1065 kg, tot. adm. 1550 kg.

Moteur: (ECE), 4 cyl. en ligne (81×86.4 mm), 1781 cm³; compr. 10:1; 66 kW (90 ch) à 5500/min, 37 kW/L (50.4 ch/L); 145 Nm (14.8 mkp) à 2700/min; 91 (R).

Moteur (constr.): 2 soup. en parallèle; 1 arbre à cames en tête (courroie crantée); culasse en alliage léger; vilebrequin à 5 paliers; huile 4 L; injection électronique. Batterie 54 Ah, alternateur 70 A; refroidissement à eau, capac. 7 L.

Transmission:
Boîte à 5 vit.: I. 3.45; II. 1.94; III. 1.37; IV. 1.03; V. 0.85; AR 3.17; pont 3.67.

Performances: Vmax (usine) 182 km/h, V à 1000/min en 5. vit. 34.1 km/h; 0–100 km/h 12 s; km arrêté 33.9 s; rapp. poids/puiss. 20.5 kg/kW (15.1 kg/ch); consomm. ECE 5.6/7.5/8.7 L/100 km.

1.6 – 101 ch Injection d'essence

Comme 1.6 – 75 ch, sauf:

Poids: vide 1080 kg, tot. adm. 1580 kg.

Moteur: (ECE), 4 cyl. en ligne (81×77.4 mm), 1595 cm³; compr. 10.3:1; 74 kW (101 ch) à 5800/min, 46.4 kW/L (63.1 ch/L); 140 Nm (14.3 mkp) à 3500/min; 95 (R).

Moteur (constr.): 2 soupapes en V; 1 arbre à cames en tête (courroie crantée); culasse en alliage léger; vilebrequin à 5 paliers; huile 3.5 L; injection électronique. Batterie 44 Ah, alternateur 70 A; refroidissement à eau, capac. 6.5 L.

Seat

Kraftübertragung:
5-Gang-Getriebe: I. 3.46; II. 1.94; III. 1.44; IV. 1.13; V. 0.89; R 3.17; Achse 3.67.

Fahrwerk: Reifen 195/50 R 15.

Fahrleistungen: Vmax (Werk) 188 km/h, V bei 1000/min im 5. Gang 32.3 km/h; 0–100 km/h 11.3 s; steh. km 33.4 s; Leistungsgew. 14.6 kg/kW (10.7 kg/PS); Verbrauch EU 6.1/10.8 L/100 km.

2.0 – 116 PS Benzineinspritzung

Wie 1.6 – 75 PS, ausgenommen:

Gewicht: leer ab 1125 kg, max. zul. 1625 kg.

Motor: (ECE), 4 Zyl. in Linie (82.5×92.8 mm), 1984 cm³; Kompr. 10:1; 85 kW (116 PS) bei 5400/min, 42.8 kW/L (58.2 PS/L); 166 Nm (16.9 mkp) bei 2600/min; 95 ROZ.

Motorkonstruktion: 2 Ventile parallel; 1 obenl. Nockenwelle (Zahnriemen); Leichtmetall-Zylinderkopf; 5fach gelagerte Kurbelwelle; Ölkühler; Öl 4 L; elektron. Einspritzung. Batterie 44 Ah, Alternator 70 A; Wasserkühlung, Inh. 6.3 L.

Kraftübertragung:
5-Gang-Getriebe: I. 3.46; II. 1.94; III. 1.29; IV. 0.97; V. 0.81; R 3.17; Achse 3.67.
4-Stufen-Automat: I. 2.71; II. 1.44; III. 1; IV. 0.74; R 2.88; Achse 4.22.

Seat Toledo

Fahrgestell: hinten Kurvenstabilisator.

Fahrwerk: Vierrad-Scheibenbremse (vorn belüftet), Reifen 185/60 R 14, 195/50 R 15.

Fahrleistungen: Vmax (Werk) 198 km/h, V bei 1000/min im 5. Gang 35.8 km/h; 0–100 km/h 10.6 s; steh. km 32.2 s; Leistungsgew. 13.2 kg/kW (9.7 kg/PS); Verbrauch EU 6.3/11.2 L/100 km.
Aut.: Vmax 193 km/h; 0–100 km/h 12 s; steh. km 32.5 s; Verbrauch EU 6.8/12.1 L/100 km.

2.0 16V – 150 PS Benzineinspritzung

Wie 1.6 – 75 PS, ausgenommen:

Gewicht: leer ab 1185 kg, max. zul. 1685 kg.

Motor: (ECE), 4 Zyl. in Linie (82.5×92.8 mm), 1984 cm³; Kompr. 10.5:1; 110 kW (150 PS) bei 6000/min, 55.4 kW/L (75.4 PS/L); 180 Nm (18.3 mkp) bei 4600/min; 95 ROZ.

Motorkonstruktion: 4 Ventile in V 25°; 2 obenl. Nockenwellen (Zahnriemen); Leichtmetall-Zylinderkopf; 5fach gelagerte Kurbelwelle; Ölkühler; Öl 4 L; elektron. Einspritzung, Digifant. Batterie 44 Ah, Alternator 70 A; Wasserkühlung, Inh. 6.3 L.

Kraftübertragung:
5-Gang-Getriebe: I. 3.3; II. 1.94; III. 1.31; IV. 1.03; V. 0.84; R 3.06; Achse 3.68.

Fahrgestell: hinten Kurvenstabilisator.

Transmission:
Boîte à 5 vit.: I. 3.46; II. 1.94; III. 1.44; IV. 1.13; V. 0.89; AR 3.17; pont 3.67.

Train roulant: pneus 195/50 R 15.

Performances: Vmax (usine) 188 km/h, V à 1000/min en 5. vit. 32.3 km/h; 0–100 km/h 11.3 s; km arrêté 33.4 s; rapp. poids/puiss. 14.6 kg/kW (10.7 kg/ch); consomm. EU 6.1/10.8 L/100 km.

2.0 – 116 ch Injection d'essence

Comme 1.6 – 75 ch, sauf:

Poids: vide dès 1125 kg, tot. adm. 1625 kg.

Moteur: (ECE), 4 cyl. en ligne (82.5×92.8 mm), 1984 cm³; compr. 10:1; 85 kW (116 ch) à 5400/min, 42.8 kW/L (58.2 ch/L); 166 Nm (16.9 mkp) à 2600/min; 95 (R).

Moteur (constr.): 2 soup. en parallèle; 1 arbre à cames en tête (courroie crantée); culasse en alliage léger; vilebrequin à 5 paliers; radiat. d'huile; huile 4 L; injection électronique. Batterie 44 Ah, alternateur 70 A; refroidissement à eau, capac. 6.3 L.

Transmission:
Boîte à 5 vit.: I. 3.46; II. 1.94; III. 1.29; IV. 0.97; V. 0.81; AR 3.17; pont 3.67.
Boîte aut. à 4 vit.: I. 2.71; II. 1.44; III. 1; IV. 0.74; AR 2.88; pont 4.22.

Châssis: AR barre anti-dévers.

Train roulant: quatre freins à disques (AV ventilés), pneus 185/60 R 14, 195/50 R 15.

Performances: Vmax (usine) 198 km/h, V à 1000/min en 5. vit. 35.8 km/h; 0–100 km/h 10.6 s; km arrêté 32.2 s; rapp. poids/puiss. 13.2 kg/kW (9.7 kg/ch); consomm. EU 6.3/11.2 L/100 km.
Aut.: Vmax 193 km/h; 0–100 km/h 12 s; km arrêté 32.5 s; consomm. EU 6.8/12.1 L/100 km.

2.0 16V – 150 ch Injection d'essence

Comme 1.6 – 75 ch, sauf:

Poids: vide dès 1185 kg, tot. adm. 1685 kg.

Moteur: (ECE), 4 cyl. en ligne (82.5×92.8 mm), 1984 cm³; compr. 10.5:1; 110 kW (150 ch) à 6000/min, 55.4 kW/L (75.4 ch/L); 180 Nm (18.3 mkp) à 4600/min; 95 (R).

Moteur (constr.): 4 soupapes en V 25°; 2 arbres à cames en tête (courroie crantée); culasse en alliage léger; vilebrequin à 5 paliers; radiat. d'huile; huile 4 L; injection électronique, Digifant. Batterie 44 Ah, alternateur 70 A; refroidissement à eau, capac. 6.3 L.

Transmission:
Boîte à 5 vit.: I. 3.3; II. 1.94; III. 1.31; IV. 1.03; V. 0.84; AR 3.06; pont 3.68.

Châssis: AR barre anti-dévers.

Seat Toledo 16V

Fahrwerk: Vierrad-Scheibenbremse (vorn belüftet), Reifen 195/50 R 15.

Dimensionen: Spur 144/143 cm.

Fahrleistungen: Vmax (Werk) 218 km/h, V bei 1000/min im 5. Gang 34.2 km/h; 0–100 km/h 8.9 s; steh. km 30.3 s; Leistungsgew. 10.8 kg/kW (7.9 kg/PS); Verbrauch EU 6.5/11.9 L/100 km.

1.9 – 64 PS Diesel

Wie 1.6 – 75 PS, ausgenommen:

Gewicht: leer ab 1095 kg, max. zul. 1595 kg.

Motor: (ECE), 4 Zyl. in Linie (79.5×95.5 mm), 1896 cm³; Kompr. 23:1; 47 kW (64 PS) bei 4400/min, 24.8 kW/L (33.7 PS/L); 124 Nm (12.6 mkp) bei 2000/min; Dieselöl.

Motorkonstruktion: Wirbelkammer-Diesel; 2 Ventile parallel; 1 obenl. Nockenwelle (Zahnriemen); Leichtmetall-Zylinderkopf; 5fach gelagerte Kurbelwelle; Öl 4 L; Einspritzpumpe. Batterie 61 Ah, Alternator 70 A; Wasserkühlung, Inh. 6.3 L.

Kraftübertragung:
5-Gang-Getriebe: I. 3.46; II. 1.94; III. 1.29; IV. 0.91; V. 0.75; R 3.17; Achse 3.67.

Fahrwerk: Reifen 185/60 R 14.

Fahrleistungen: Vmax (Werk) 158 km/h, V bei 1000/min im 5. Gang 38.7 km/h; 0–100 km/h 17.9 s; steh. km 38.6 s; Leistungsgew. 23.3 kg/kW (17.1 kg/PS); Verbrauch EU 4.8/8 L/100 km.

1.9 – 75 PS Turbodiesel

Wie 1.6 – 75 PS, ausgenommen:

Gewicht: leer 1100 kg, max. zul. 1580 kg.

Motor: (ECE), 4 Zyl. in Linie (79.5×95.5 mm), 1896 cm³; Kompr. 22.5:1; 55 kW (75 PS) bei 4200/min, 29 kW/L (39.4 PS/L); 150 Nm (15.3 mkp) bei 2500/min; Dieselöl.

Motorkonstruktion: Wirbelkammer-Diesel; 2 Ventile parallel; 1 obenl. Nockenwelle (Zahnriemen); Leichtmetall-Zylinderkopf; 5fach gelagerte Kurbelwelle; Öl 4.5 L; Einspritzpumpe, Bosch VE, 1 Turbolader, max. Ladedruck 0.7 bar, Intercooler. Batterie 64 Ah, Alternator 70 A; Wasserkühlung, Inh. 6.3 L.

Kraftübertragung:
5-Gang-Getriebe: I. 3.46; II. 1.94; III. 1.29; IV. 0.91; V. 0.75; R 3.17; Achse 3.67.

Fahrwerk: Zahnstangenlenkung mit Servo, Reifen 185/60 R 14.

Fahrleistungen: Vmax (Werk) 171 km/h, V bei 1000/min im 5. Gang 43.2 km/h; 0–100 km/h 14.9 s; steh. km 36.1 s; Leistungsgew. 20 kg/kW (14.7 kg/PS); Verbrauch ECE 4.8/6.8/7.6 L/100 km.

Train roulant: quatre freins à disques (AV ventilés), pneus 195/50 R 15.

Dimensions: voie 144/143 cm.

Performances: Vmax (usine) 218 km/h, V à 1000/min en 5. vit. 34.2 km/h; 0–100 km/h 8.9 s; km arrêté 30.3 s; rapp. poids/puiss. 10.8 kg/kW (7.9 kg/ch); consomm. EU 6.5/11.9 L/100 km.

1.9 – 64 ch Diesel

Comme 1.6 – 75 ch, sauf:

Poids: vide dès 1095 kg, tot. adm. 1595 kg.

Moteur: (ECE), 4 cyl. en ligne (79.5×95.5 mm), 1896 cm³; compr. 23:1; 47 kW (64 ch) à 4400/min, 24.8 kW/L (33.7 ch/L); 124 Nm (12.6 mkp) à 2000/min; gazole.

Moteur (constr.): diesel à chambre de turbulence; 2 soup. en parallèle; 1 arbre à cames en tête (courroie crantée); culasse en alliage léger; vilebrequin à 5 paliers; huile 4 L; pompe à injection. Batterie 61 Ah, alternateur 70 A; refroidissement à eau, capac. 6.3 L.

Transmission:
Boîte à 5 vit.: I. 3.46; II. 1.94; III. 1.29; IV. 0.91; V. 0.75; AR 3.17; pont 3.67.

Train roulant: pneus 185/60 R 14.

Performances: Vmax (usine) 158 km/h, V à 1000/min en 5. vit. 38.7 km/h; 0–100 km/h 17.9 s; km arrêté 38.6 s; rapp. poids/puiss. 23.3 kg/kW (17.1 kg/ch); consomm. EU 4.8/8 L/100 km.

1.9 – 75 ch Turbodiesel

Comme 1.6 – 75 ch, sauf:

Poids: vide 1100 kg, tot. adm. 1580 kg.

Moteur: (ECE), 4 cyl. en ligne (79.5×95.5 mm), 1896 cm³; compr. 22.5:1; 55 kW (75 ch) à 4200/min, 29 kW/L (39.4 ch/L); 150 Nm (15.3 mkp) à 2500/min; gazole.

Moteur (constr.): diesel à chambre de turbulence; 2 soup. en parallèle; 1 arbre à cames en tête (courroie crantée); culasse en alliage léger; vilebrequin à 5 paliers; huile 4.5 L; pompe à injection, Bosch VE, 1 turbocompr., pression max. 0.7 bar, Interc. Batterie 64 Ah, alternateur 70 A; refroidissement à eau, capac. 6.3 L.

Transmission:
Boîte à 5 vit.: I. 3.46; II. 1.94; III. 1.29; IV. 0.91; V. 0.75; AR 3.17; pont 3.67.

Train roulant: servodirection à crémaillère, pneus 185/60 R 14.

Performances: Vmax (usine) 171 km/h, V à 1000/min en 5. vit. 43.2 km/h; 0–100 km/h 14.9 s; km arrêté 36.1 s; rapp. poids/puiss. 20 kg/kW (14.7 kg/ch); consomm. ECE 4.8/6.8/7.6 L/100 km.

Seat 499

1.9 – 90 PS Turbodiesel direkt

Wie 1.6 – 75 PS, ausgenommen:

Gewicht: leer 1150 kg, max. zul. 1650 kg.

Motor: (ECE), 4 Zyl. in Linie (79.5×95.5 mm), 1896 cm^3; Kompr. 19.5:1; 66 kW (90 PS) bei 4000/min, 34.8 kW/L (47.3 PS/L); 202 Nm (20.6 mkp) bei 1900/min; Dieselöl.

Motorkonstruktion: direkt eingespritzter Diesel; 2 Ventile parallel; 1 obenl. Nockenwelle (Zahnriemen); Leichtmetall-Zylinderkopf; 5fach gelagerte Kurbelwelle; Ölkühler; Öl 4.5 L; elektron. geregelte Einspritzpumpe, 1 Turbolader, Intercooler. Batterie 61 Ah, Alternator 90 A; Wasserkühlung, Inh. 6.3 L.

Kraftübertragung:
5-Gang-Getriebe: I. 3.3; II. 1.94; III. 1.31; IV. 0.92; V. 0.72; R 3.06; Achse 3.16.

Fahrwerk: Bremse, vorne Scheiben (belüftet), hinten Trommeln, Reifen 185/60 R 14.

Fahrleistungen: Vmax (Werk) 180 km/h, V bei 1000/min im 5. Gang 46.6 km/h; 0–100 km/h 13.1 s; steh. km 35.1 s; Leistungsgew. 17.4 kg/kW (12.8 kg/PS); Verbrauch EU 4.3/6.5 L/100 km.

1.9 – 110 PS Turbodiesel direkt

Wie 1.6 – 75 PS, ausgenommen:

Gewicht: leer 1170 kg, max. zul. 1670 kg.

Motor: (ECE), 4 Zyl. in Linie (79.5×95.5 mm), 1896 cm^3; Kompr. 19.5:1; 81 kW (110 PS) bei 4150/min, 42.7 kW/L (58.1 PS/L); 235 Nm (24 mkp) bei 1900/min; Dieselöl.

Motorkonstruktion: 2 Ventile parallel; 1 obenl. Nockenwelle (Zahnriemen); Leichtmetall-Zylinderkopf; 5fach gelagerte Kurbelwelle; Öl 3.5 L; elektron. geregelte Einspritzp., Bosch VE, Turbolader mit elektron. geregelter Turbinengeometrie, Intercooler. Batterie 61 Ah, Batterie 330 A, Alternator 90 A; Wasserkühlung, Inh. 6.5 L.

Kraftübertragung:
5-Gang-Getriebe: I. 3.78; II. 2.06; III. 1.35; IV. 0.97; V. 0.74; R 3.6; Achse 3.16.

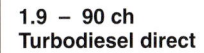

Seat Toledo TDi

Fahrwerk: Vierrad-Scheibenbremse (vorn belüftet), Reifen 195/50 R 15.

Fahrleistungen: Vmax (Werk) 193 km/h, V bei 1000/min im 5. Gang 44.9 km/h; 0–100 km/h 11.2 s; steh. km 33.1 s; Leistungsgew. 14.4 kg/kW (10.6 kg/PS); Verbrauch EU 4.1/6.6 L/100 km.

Seat Alhambra

Minivan mit 5 Türen und 5 bis 7 Sitzen, Frontantrieb, Motoren 2.0 und 1.9 TDi, Fünfganggetriebe oder Automat. Entstanden in Zusammenarbeit mit VW und Ford EU. Debüt IAA Frankfurt 1995. Produktion ab 1996.

1.9 – 90 ch Turbodiesel direct

Comme 1.6 – 75 ch, sauf:

Poids: vide 1150 kg, tot. adm. 1650 kg.

Moteur: (ECE), 4 cyl. en ligne (79.5×95.5 mm), 1896 cm^3; compr. 19.5:1; 66 kW (90 ch) à 4000/min, 34.8 kW/L (47.3 ch/L); 202 Nm (20.6 mkp) à 1900/min; gazole.

Moteur (constr.): diesel à injection directe; 2 soup. en parallèle; 1 arbre à cames en tête (courroie crantée); culasse en alliage léger; vilebrequin à 5 paliers; radiat. d'huile; huile 4.5 L; pompe à injection pilotée, 1 turbocompr., Intercooler. Batterie 61 Ah, alternateur 90 A; refroidissement à eau, capac. 6.3 L.

Transmission:
Boîte à 5 vit.: I. 3.3; II. 1.94; III. 1.31; IV. 0.92; V. 0.72; AR 3.06; pont 3.16.

Train roulant: frein, AV à disques (ventilés), AR à tambours, pneus 185/60 R 14.

Performances: Vmax (usine) 180 km/h, V à 1000/min en 5. vit. 46.6 km/h; 0–100 km/h 13.1 s; km arrêté 35.1 s; rapp. poids/puiss. 17.4 kg/kW (12.8 kg/ch); consomm. EU 4.3/6.5 L/100 km.

1.9 – 110 ch Turbodiesel direct

Comme 1.6 – 75 ch, sauf:

Poids: vide 1170 kg, tot. adm. 1670 kg.

Moteur: (ECE), 4 cyl. en ligne (79.5×95.5 mm), 1896 cm^3; compr. 19.5:1; 81 kW (110 ch) à 4150/min, 42.7 kW/L (58.1 ch/L); 235 Nm (24 mkp) à 1900/min; gazole.

Moteur (constr.): 2 soup. en parallèle; 1 arbre à cames en tête (courroie crantée); culasse en alliage léger; vilebrequin à 5 paliers; huile 3.5 L; pompe à injection pilotée, Bosch VE, turbocompr. à réglage électronique de la turbine, Intercooler. Batterie 61 Ah, Batterie 330 A, alternateur 90 A; refroidissement à eau, capac. 6.5 L.

Transmission:
Boîte à 5 vit.: I. 3.78; II. 2.06; III. 1.35; IV. 0.97; V. 0.74; AR 3.6; pont 3.16.

Train roulant: quatre freins à disques (AV ventilés), pneus 195/50 R 15.

Performances: Vmax (usine) 193 km/h, V à 1000/min en 5. vit. 44.9 km/h; 0–100 km/h 11.2 s; km arrêté 33.1 s; rapp. poids/puiss. 14.4 kg/kW (10.6 kg/ch); consomm. EU 4.1/6.6 L/100 km.

Seat Alhambra

Minivan avec 5 portes et 5 à 7 places, traction AV, moteurs 2.0 et 1.9 TDi, boîte à 5 vitesses ou automatique. Construit en collaboration avec VW et Ford EU. Lancement IAA Francfort 1995. Production dès 1996.

Seat Alhambra

2.0 – 116 PS Benzineinspritzung

Karosserie, Gewicht: Minivan, 5 Türen, 5 - 7 Sitze; leer ab 1640 kg, max. zul. 2450 kg.

Motor: (ECE), 4 Zyl. in Linie (82.5×92.8 mm), 1984 cm^3; Kompr. 10:1; 85 kW (116 PS) bei 5000/min, 42.8 kW/L (58.2 PS/L); 170 Nm (17.3 mkp) bei 2400/min; 95 ROZ.

Motorkonstruktion: 2 Ventile parallel; 1 obenl. Nockenwelle (Zahnriemen); Leichtmetall-Zylinderkopf; 5fach gelagerte Kurbelwelle; Ölkühler; Öl 4 L; elektron. Einspritzung. Batterie 61 Ah, Alternator 90 A; Wasserkühlung, Inh. 8.9 L.

Kraftübertragung: (auf Vorderräder).
5-Gang-Getriebe: I. 3.58; II. 2.05; III. 1.34; IV. 0.97; V. 0.8; R 3.46; Achse 3.24.
4-Stufen-Automat: I. 2.71; II. 1.44; III. 1; IV. 0.74; R 2.88; Achse 4.91.

Fahrgestell: Selbsttragende Karosserie mit hinterem Hilfsrahmen; vorn Federbeine und Dreieckquerlenker, hinten Verbundlenkerachse, Schraubenfedern; v/h Teleskopdämpfer, a.W. Kurvenstabilisator.

Fahrwerk: Vierrad-Scheibenbremse (vorn belüftet), a.W. ABS, Handbremse auf Hinterräder, Zahnstangenlenkung mit Servo, Treibstofftank 85 L; Reifen 195/65 R 15, 215/60 HR 15, Felgen 6 J, 7 J.

Dimensionen: Radst. 283.5 cm, Spur 150/150 cm, Bodenfreih. 15 cm, Wendekreis 11.7 m, Kofferraum 255/1600 dm^3, Länge 462 cm, Breite 181 cm, Höhe 176 cm.

Fahrleistungen: Vmax (Werk) 177 km/h, V bei 1000/min im 5. Gang 33.6 km/h; 0–100 km/h 15.4 s; steh. km 41.5 s; Leistungsgew. 19.3 kg/kW (14.1 kg/PS); Verbrauch EU 7.7/13.4 L/100 km.
Aut.: Vmax 172 km/h, 0–100 km/h 17.2 s; steh. km 42.2 s; Verbrauch EU 8.5/16.1 L/100 km.

1.9 – 90 PS Turbodiesel direkt

Wie 2.0 – 116 PS, ausgenommen:

Gewicht: leer ab 1711 kg, max. zul. 2400 kg.

Motor: (ECE), 4 Zyl. in Linie (79.5×95.5 mm), Kompr. 19.5:1; 66 kW (90 PS) bei 4000/min, 34.8 kW/L (47.3 PS/L); 202 Nm (20.6 mkp) bei 1900/min; Dieselöl.

Motorkonstruktion: direkt eingespritzter Diesel; 2 Ventile parallel; 1 obenl. Nockenwelle (Zahnriemen); Leichtmetall-Zylinderkopf; 5fach gelagerte Kurbelwelle; Ölkühler; Öl 4.5 L; elektron. geregelte Einspritzpumpe, 1 Turbolader, Intercooler. Batterie 61 Ah, Alternator 90 A; Wasserkühlung, Inh. 8.6 L.

2.0 – 116 ch Injection d'essence

Carrosserie, poids: Minivan, 5 portes, 5 - 7 places; vide dès 1640 kg, tot. adm. 2450 kg.

Moteur: (ECE), 4 cyl. en ligne (82.5×92.8 mm), 1984 cm^3; compr. 10:1; 85 kW (116 ch) à 5000/min, 42.8 kW/L (58.2 ch/L); 170 Nm (17.3 mkp) à 2400/min; 95 (R).

Moteur (constr.): 2 soup. en parallèle; 1 arbre à cames en tête (courroie crantée); culasse en alliage léger; vilebrequin à 5 paliers; radiat. d'huile; huile 4 L; injection électronique. Batterie 61 Ah, alternateur 90 A; refroidissement à eau, capac. 8.9 L.

Transmission: (sur roues AV).
Boîte à 5 vit.: I. 3.58; II. 2.05; III. 1.34; IV. 0.97; V. 0.8; AR 3.46; pont 3.24.
Boîte aut. à 4 vit.: I. 2.71; II. 1.44; III. 1; IV. 0.74; AR 2.88; pont 4.91.

Châssis: carrosserie autoporteuse avec cadre auxiliaire AR; AV jambes élast. et leviers triang. transv., AR essieu semi-rigide, ressorts hélicoïdaux; AV/AR amortiss. télescop., s.d. barre anti-dévers.

Train roulant: quatre freins à disques (AV ventilés), ABS s. d., frein à main sur roues AR; servodirection à crémaillère, réservoir carb. 85 L; pneus 195/65 R 15, 215/60 HR 15, jantes 6 J, 7 J.

Dimensions: empatt. 283.5 cm, voie 150/150 cm, garde au sol 15 cm, diam. de braq. 11.7 m, coffre 255/1600 dm^3, longueur 462 cm, largeur 181 cm, hauteur 176 cm.

Performances: Vmax (usine) 177 km/h, V à 1000/min en 5. vit. 33.6 km/h; 0–100 km/h 15.4 s; km arrêté 41.5 s; rapp. poids/puiss. 19.3 kg/kW (14.1 kg/PS); consomm. EU 7.7/13.4 L/100 km.
Aut.: Vmax 172 km/h, 0–100 km/h 17.2 s; km arrêté 42.2 s; consomm. EU 8.5/16.1 L/100 km.

1.9 – 90 ch Turbodiesel direct

Comme 2.0 – 116 ch, sauf:

Poids: vide dès 1711 kg, tot. adm. 2400 kg.

Moteur: (ECE), 4 cyl. en ligne (79.5×95.5 mm), 1896 cm^3; compr. 19.5:1; 66 kW (90 ch) à 4000/min, 34.8 kW/L (47.3 ch/L); 202 Nm (20.6 mkp) à 1900/min; gazole.

Moteur (constr.): diesel à injection directe; 2 soup. en parallèle; 1 arbre à cames en tête (courroie crantée); culasse en alliage léger; vilebrequin à 5 paliers; radiat. d'huile; huile 4.5 L; pompe à injection pilotée, 1 turbocompr., Intercooler. Batterie 61 Ah, alternateur 90 A;

Seat • Shelby • Shiguli • Skoda

Seat Alhambra

Kraftübertragung:
5-Gang-Getriebe: I. 3.58; II. 2.05; III. 1.34; IV. 0.92; V. 0.67; R 3.46; Achse 4.24.

Fahrleistungen: Vmax (Werk) 160 km/h, V bei 1000/min im 5. Gang 40.2 km/h; 0–100 km/h 19.3 s; steh. km 49.8 s; Leistungsgew. 25.9 kg/kW (19 kg/PS); Verbrauch EU 5.3/ 8.5 L/100 km.

Transmission:
Boîte à 5 vit.: I. 3.58; II. 2.05; III. 1.34; IV. 0.92; V. 0.67; AR 3.46; pont 4.24.

Performances: Vmax (usine) 160 km/h, V à 1000/min en 5. vit. 40.2 km/h; 0–100 km/h 19.3 s; km arrêté 49.8 s; rapp. poids/puiss. 25.9 kg/kW (19 kg/ch); consomm. EU 5.3/ 8.5 L/100 km.

Shelby — USA

Shelby American Inc., 501 S. Rancho Dr. Suite H-53, Las Vegas, NV 89106, USA

Kleineres Werk des legendären Caroll Shelby, baut Hochleistungsfahrzeuge für die Strasse.

Petite usine de la légende Caroll Shelby, construit des voitures à hautes performances pour la route.

Shelby Series 1

Zweitüriger Roadster mit GM-Northstar-V8 und 6-Gang-Getriebe. Unvollständige Daten.

Roadster deux portes avec V8 Northstar de GM, boîte à 6 vitesses. Données incomplètes.

4.0 V8 32V – 253 PS
Benzineinspritzung

4.0 V8 32V – 253 ch
Injection d'essence

Karosserie, Gewicht: Roadster, 2 Türen, 2 Sitze; leer ab 1045 kg.

Carrosserie, poids: Roadster, 2 portes, 2 places; vide dès 1045 kg.

Motor: (SAE), 8 Zyl. in V 90° (87×84 mm), 3995 cm^3; Kompr. 10.3:1; 186 kW (253 PS) bei 5600/min, 46.6 kW/L (63.3 PS/L); 353 Nm (36 mkp) bei 4000/min; 91 ROZ. High-Output-Version in Vorbereitung.

Motorkonstruktion: Bezeichnung L37. Northstar 32V; 4 Ventile in V 32°; 2×2 obenl. Nockenw (Ketten); Leichtmetall-Zylinderköpfe und -block; 5fach gelagerte Kurbelwelle; Öl 5.7 L; elektron. Einspritzung. Batterie 90 Ah, Alternator 140 A; Wasserkühlung, Inh. 12.5 L.

Moteur: (SAE), 8 cyl. en V 90° (87×84 mm), 3995 cm^3; compr. 10.3:1; 186 kW (253 ch) à 5600/min, 46.6 kW/L (63.3 ch/L); 353 Nm (36 mkp) à 4000/min; 91 (R). Version High Output en préparation.

Moteur (constr.): désignation L37. Northstar 32V; 4 soupapes en V 32°; 2×2 arbres à cames en tête (chaînes); culasses et bloc-cyl. en alliage léger; vilebrequin à 5 paliers; huile 5.7 L; injection électronique. Batterie 90 Ah, alternateur 140 A; refroidissement à eau, capac. 12.5 L.

Kraftübertragung: (auf Hinterräder). 6-Gang-Getriebe (Richmond).

Transmission: (sur roues AR). Boîte à 6 vit. (Richmond).

Shelby Series 1

Fahrgestell: Semi-Monocoque (Gitterrohrrahmen mit Carbon-Fiber-Verstärkung und -Karosserie); v/h Einzelradaufhängung, Dreieckquerlenker, Kurvenstabilisator, Schraubenfedern, Teleskopdämpfer.

Fahrwerk: Vierrad-Scheibenbremse, Zahnstangenlenkung.

Dimensionen: Radstand 241 cm.

Fahrleistungen: Vmax (Werk) 274 km/h, 0–97 km/h 5 s; Leistungsgew. 5.6 kg/kW (4.1 kg/PS); Verbr. (Red.) 11/19 L/100 km.

Châssis: semi-monocoque (châssis tubulaire avec renforcement et carrosserie en fibre de carbone); AV/AR suspension à roues indép., leviers triang. barre anti-dévers, ressorts hélic., amortiss. télesc.

Train roulant: quatre freins à disques, direction à crémaillère.

Dimensions: empattement 241 cm.

Performances: Vmax (usine) 274 km/h, 0–97 km/h 5 s; rapp. poids/puiss. 5.6 kg/kW (4.1 kg/ch); cons. (réd.) 11/19 L/100 km.

Shiguli — CEI

Technische Daten siehe Lada.

Données techniques voir Lada.

Shiguli/Lada Niva

Skoda — CZ

AZNP (Skoda), Trida Rudé armády 294, PSC 293 60 Mladá Boleslav, Ceská Republika

Automobilhersteller in der Tschechischen Republik, heute zu Volkswagen gehörend.

Constructeur d'automobiles à la Republique tchèque, appartient aujourd'hui à Volkswagen.

Skoda Felicia

Viertürige Limousine mit Heckklappe, Quermotor und Frontantrieb. Design von Bertone. Vorstellung September 1987, Produktion ab Sommer 1988. 1989 auch mit 1.1-Motor. Birmingham 1990: Wagon Forman. Brüssel 1994: Höhere Leistung (70 PS). Oktober 1994: Mit modifizierter Karosserie als Felicia.

Berline quatre portes avec hayon AR, moteur transv. et traction AV. Design Bertone. Présentation sept. 1987, production à partir de l'été 1988. 1989 aussi avec moteur 1.1. Birmingham 1990: Wagon Forman. Bruxelles 1994: Puissance accrue (70 ch). Oct. 1994: avec carrosserie modifiée comme Felicia.

1.3 – 54 PS
Benzineinspritzung

1.3 – 54 ch
Injection d'essence

Karosserie, Gewicht: Limousine, 4 Türen, 5 Sitze; leer 935 kg, max. zul. 1420 kg. Gewicht leer Türkei 908 kg.
Station Wagon, 5 Türen, 5 Sitze; leer ab 975 kg, max. zul. 1410 kg
Gewicht leer Türkei 948 kg.

Carrosserie, poids: Berline, 4 portes, 5 places; vide 935 kg, tot. adm. 1420 kg. Poids à vide Turquie 908 kg.
Station-wagon, 5 portes, 5 places; vide dès 975 kg, tot. adm. 1410 kg
Poids à vide Turquie 948 kg.

Motor: (ECE), 4 Zyl. in Linie (75.5×72 mm), 1289 cm^3; Kompr. 8.8:1; 40 kW (54 PS) bei 5000/min, 31 kW/L (42.2 PS/L); 94 Nm (9.6 mkp) bei 3250/min; 91 ROZ. Einige Länder, mit Vergaser: 43 kW (58 PS).

Moteur: (ECE), 4 cyl. en ligne (75.5×72 mm), 1289 cm^3; compr. 8.8:1; 40 kW (54 ch) à 5000/min, 31 kW/L (42.2 ch/L); 94 Nm (9.6 mkp) à 3250/min; 91 (R). Quelques pays, avec carburateur: 43 kW (58 ch).

Motorkonstruktion: seitl. Nockenwelle (Kette); Leichtmetall-Zylinderkopf; 3fach gelagerte Kurbelwelle; Öl 4 L; elektron. Zentraleinspritzung, Bosch Mono-Motronic. Batterie 44 Ah, Alternator 55 A; Wasserkühlung, Inh. 6 L.

Moteur (constr.): arbre à cames latéral (chaîne); culasse en alliage léger; vilebrequin à 3 paliers; huile 4 L; injection monopoint électron., Bosch Mono-Motronic. Batterie 44 Ah, alternateur 55 A; refroidissement à eau, capac. 6 L.

Kraftübertragung: (auf Vorderräder).
5-Gang-Getriebe: I. 3.31; II. 1.91; III. 1.27; IV. 0.93; V. 0.72; R 2.92; Achse 4.16.

Transmission: (sur roues AV).
Boîte à 5 vit.: I. 3.31; II. 1.91; III. 1.27; IV. 0.93; V. 0.72; AR 2.92; pont 4.16.

Skoda

Skoda Felicia

Fahrgestell: Selbsttragende Karosserie; vorn Federbeine und Dreieckquerlenker; hinten Verbundlenkerachse, Längslenker, Kurvenstab., Schraubenfedern, Teleskopdämpfer.

Fahrwerk: Bremse, vorne Scheiben, hinten Trommeln, Scheiben-∅ v. 23.6 cm, Handbremse auf Hinterräder; Zahnstangenlenkung, Treibstofftank 42 L; Reifen 165/70 R 13, Felgen 4.5 J, 5.5 J.

Dimensionen: Radst. 245 cm, Spur 141/137 cm, Bodenfreih. 11 cm, Wendekreis 11.3 m, Kofferraum 270/965 dm³, Länge 385.5 cm, Breite 163.5 cm, Höhe 142 cm.
Wagon: Spur 141/142 cm, Kofferr. 445/1365 dm³, Länge 420.5 cm.

Fahrleistungen: Vmax (Werk) 145 km/h, V bei 1000/min im 5. Gang 34.5 km/h; 0–100 km/h 17 s; Leistungsgewicht 23.4 kg/kW (17.3 kg/PS); Verbrauch ECE 5.7/7.7/8 L/100 km.
Wagon: Vmax 140 km/h, 0–100 km/h 19 s; Verbrauch ECE 7.6/8.1 L/100 km.

Châssis: carrosserie autoporteuse; AV jambes élast. et leviers triang. transv.; AR essieu semi-rigide, bras longitud., barre anti-dévers, ressorts hélic, amortiss. télescopiques.

Train roulant: frein, AV à disques, AR à tambours, ∅ disques AV 23.6 cm, frein à main sur roues AR; direction à crémaillère, réservoir carb. 42 L; pneus 165/70 R 13, jantes 4.5 J, 5.5 J.

Dimensions: empatt. 245 cm, voie 141/137 cm, garde au sol 11 cm, diam. de braq. 11.3 m, coffre 270/965 dm³, longueur 385.5 cm, largeur 163.5 cm, hauteur 142 cm.
Wagon: voie 141/142 cm, coffre 445/1365 dm³, longueur 420.5 cm.

Performances: Vmax (usine) 145 km/h, V à 1000/min en 5. vit. 34.5 km/h; 0–100 km/h 17 s; rapp. poids/puiss. 23.4 kg/kW (17.3 kg/ch); consommation ECE 5.7/7.7/8 L/100 km.
Wagon: Vmax 140 km/h, 0–100 km/h 19 s; consomm. ECE 7.6/8.1 L/100 km.

1.3 – 68 PS Benzineinspritzung

Wie 1.3 – 54 PS, ausgenommen:

Motor: (ECE), 4 Zyl. in Linie (75.5×72 mm), 1289 cm³; Kompr. 9.7:1; 50 kW (68 PS) bei 5000/min, 38.8 kW/L (52.7 PS/L); 106 Nm (10.8 mkp) bei 2600/min; 95 ROZ.

Motorkonstruktion: seitl. Nockenwelle (Kette); Leichtmetall-Zylinderkopf; 3fach gelagerte Kurbelwelle; Öl 4 L; elektron. Einspritzung, Bosch.
Batterie 44 Ah, Alternator 55 A; Wasserkühlung, Inh. 6 L.

Kraftübertragung:
5-Gang-Getriebe: I. 3.31; II. 1.91; III. 1.27; IV. 0.93; V. 0.72; R 2.92; Achse 4.16.

Fahrleistungen: Vmax (Werk) 162 km/h, V bei 1000/min im 5. Gang 34.7 km/h; 0–100 km/h 13.5 s; Leistungsgewicht 18.7 kg/kW (13.7 kg/PS); Verbr. EU 5.9/9.8 L/100 km.
Wagon: Vmax 155 km/h.

1.3 – 68 ch Injection d'essence

Comme 1.3 – 54 ch, sauf:

Moteur: (ECE), 4 cyl. en ligne (75.5×72 mm), 1289 cm³; compr. 9.7:1; 50 kW (68 ch) à 5000/min, 38.8 kW/L (52.7 ch/L); 106 Nm (10.8 mkp) à 2600/min; 95 (R).

Moteur (constr.): arbre à cames latéral (chaîne); culasse en alliage léger; vilebrequin à 3 paliers; huile 4 L; injection électronique, Bosch.
Batterie 44 Ah, alternateur 55 A; refroidissement à eau, capac. 6 L.

Transmission:
Boîte à 5 vit.: I. 3.31; II. 1.91; III. 1.27; IV. 0.93; V. 0.72; AR 2.92; pont 4.16.

Performances: Vmax (usine) 162 km/h, V à 1000/min en 5. vit. 34.7 km/h; 0–100 km/h 13.5 s; rapp. poids/puiss. 18.7 kg/kW (13.7 kg/ch); consomm. EU 5.9/9.8 L/100 km.
Wagon: Vmax 155 km/h.

Skoda Felicia Combi

1.1 – 52 PS Vergaser

Wie 1.3 – 54 PS, ausgenommen:

Gewicht: leer ab 835 kg.

Motor: (DIN), 4 Zyl. in Linie (75.7×63.5 mm), 1143 cm³; Kompr. 8.8:1; 38 kW (52 PS) bei 5200/min, 33.2 kW/L (45.2 PS/L); 80 Nm (8.2 mkp) bei 4000/min; 90 ROZ.

Motorkonstruktion: seitl. Nockenwelle (Kette); Leichtmetall-Zylinderkopf; 3fach gelagerte Kurbelwelle; Öl 4 L; 1 Zweifachvergaser.
Batt. 44 Ah, Altern. 55 A; Wasser 6 L.

Kraftübertragung:
5-Gang-Getriebe: I. 3.31; II. 1.91; III. 1.27; IV. 0.93; V. 0.72; R 2.92; Achse 4.16.

Fahrwerk: Reifen 145 R 13.

Fahrleistungen: Vmax (Werk) 140 km/h, V bei 1000/min im 5. Gang 34.6 km/h; 0–100 km/h 17 s; Leistungsgew. 22 kg/kW (16.1 kg/PS); Verbrauch ECE 5.8/7.6/8 L/100 km.

1.1 – 52 ch Carburateur

Comme 1.3 – 54 ch, sauf:

Poids: vide dès 835 kg.

Moteur: (DIN), 4 cyl. en ligne (75.7×63.5 mm), 1143 cm³; compr. 8.8:1; 38 kW (52 ch) à 5200/min, 33.2 kW/L (45.2 ch/L); 80 Nm (8.2 mkp) à 4000/min; 90 (R).

Moteur (constr.): arbre à cames latéral (chaîne); culasse en alliage léger; vilebrequin à 3 paliers; huile 4 L; 1 carburateur à double corps.
Batt. 44 Ah, altern. 55 A; eau 6 L.

Transmission:
Boîte à 5 vit.: I. 3.31; II. 1.91; III. 1.27; IV. 0.93; V. 0.72; AR 2.92; pont 4.16.

Train roulant: pneus 145 R 13.

Performances: Vmax (usine) 140 km/h, V à 1000/min en 5. vit. 34.6 km/h; 0–100 km/h 17 s; rapp. poids/puiss. 22 kg/kW (16.1 kg/ch); consom. ECE 5.8/7.6/8 L/100 km.

Skoda Felicia Combi

1.6 – 75 PS Benzineinspritzung

Wie 1.3 – 54 PS, ausgenommen:

Karosserie, Gewicht: Limousine; leer ab 965 kg, max. zul. 1450 kg.
Gewicht leer Türkei 948 kg.
Wagon; leer ab 1005 kg, max. zul. 1490 kg.

Motor: (ECE), 4 Zyl. in Linie (76.5×86.9 mm), 1598 cm³; Kompr. 9.8:1; 55 kW (75 PS) bei 4500/min, 34.4 kW/L (46.8 PS/L); 135 Nm (13.8 mkp) bei 3500/min; 95 ROZ.

Motorkonstruktion: 1 obenl. Nockenwelle (Kette); Leichtmetall-Zylinderkopf; 5fach gelagerte Kurbelwelle; Öl 4 L; elektron. Einspritzung, Magneti-Marelli.
Batt. 44 Ah, Altern. 70 A; Wasser 6 L.

Kraftübertragung:
5-Gang-Getriebe: I. 3.31; II. 1.91; III. 1.27; IV. 0.98; V. 0.73; R 2.93; Achse 3.83.

Fahrleistungen: Vmax (Werk) 160 km/h, V bei 1000/min im 5. Gang 34.4 km/h; 0–100 km/h 12 s; Leistungsgew. 17.5 kg/kW (12.9 kg/PS); Verbr. ECE 5.9/7.5/8.9 L/100 km.
Wagon: 0–100 km/h 14 s.

1.6 – 75 ch Injection d'essence

Comme 1.3 – 54 ch, sauf:

Carrosserie, poids: Berline; vide dès 965 kg, tot. adm. 1450 kg.
Poids à vide Turquie 948 kg.
Wagon; vide 1005 kg, tot. adm. 1490 kg.

Moteur: (ECE), 4 cyl. en ligne (76.5×86.9 mm), 1598 cm³; compr. 9.8:1; 55 kW (75 ch) à 4500/min, 34.4 kW/L (46.8 ch/L); 135 Nm (13.8 mkp) à 3500/min; 95 (R).

Moteur (constr.): 1 arbre à cames en tête (chaîne); culasse en alliage léger; vilebrequin à 5 paliers; huile 4 L; injection électronique, Magneti-Marelli.
Batt. 44 Ah, altern. 70 A; eau 6 L.

Transmission:
Boîte à 5 vit.: I. 3.31; II. 1.91; III. 1.27; IV. 0.98; V. 0.73; AR 2.93; pont 3.83.

Performances: Vmax (usine) 160 km/h, V à 1000/min en 5. vit. 34.4 km/h; 0–100 km/h 12 s; rapp. poids/puiss. 17.5 kg/kW (12.9 kg/ch); cons. ECE 5.9/7.5/8.9 L/100 km.
Wagon: 0–100 km/h 14 s.

1.9 – 64 PS Diesel

Wie 1.3 – 54 PS, ausgenommen:

Karosserie, Gewicht: Limousine; leer ab 995 kg, max. zul. 1455 kg.
Wagon; leer 1035 kg, max. zul. 1495 kg.

1.9 – 64 ch Diesel

Comme 1.3 – 54 ch, sauf:

Carrosserie, poids: Berline; vide dès 995 kg, tot. adm. 1455 kg.
Wagon; vide 1035 kg, tot. adm. 1495 kg.

Skoda

Motor: (ECE), 4 Zyl. in Linie (79.5×95.5 mm), 1896 cm³; Kompr. 22.5:1; 47 kW (64 PS) bei 4300/min, 24.8 kW/L (33.7 PS/L); 124 Nm (12.6 mkp) bei 2500/min; Dieselöl.

Motorkonstruktion: Wirbelkammer-Diesel; 1 obenl. Nockenwelle (Kette); Leichtmetall-Zylinderkopf; 5fach gelagerte Kurbelwelle; Öl 4 L; Einspritzpumpe, Bosch VE. Batterie 61 Ah, Alternator 70 A; Wasserkühlung, Inh. 6.3 L.

Kraftübertragung:
5-Gang-Getriebe: I. 3.31; II. 1.91; III. 1.27; IV. 0.93; V. 0.72; R 2.92; Achse 3.35.

Fahrleistungen: Vmax (Werk) 150 km/h, V bei 1000/min im 5. Gang 42.7 km/h; 0–100 km/h 16 s; Leistungsgew. 21.2 kg/kW (15.5 kg/PS); Verbrauch ECE 4.3/6.1/6.3 L/100 km.
Wagon: 0–100 km/h 18 s; Verbrauch ECE 5.9/6.5 L/100 km.

Moteur: (ECE), 4 cyl. en ligne (79.5×95.5 mm), 1896 cm³; compr. 22.5:1; 47 kW (64 ch) à 4300/min, 24.8 kW/L (33.7 PS/L); 124 Nm (12.6 mkp) à 2500/min; gazole.

Moteur (constr.): diesel à chambre de turbulence; 1 arbre à cames en tête (chaîne); culasse en alliage léger; vilebrequin à 5 paliers; huile 4 L; pompe à inj., Bosch VE. Batterie 61 Ah, alternateur 70 A; refroidissement à eau, capac. 6.3 L.

Transmission:
Boîte à 5 vit.: I. 3.31; II. 1.91; III. 1.27; IV. 0.93; V. 0.72; AR 2.92; pont 3.35.

Performances: Vmax (usine) 150 km/h, V à 1000/min en 5. vit. 42.7 km/h; 0–100 km/h 16 s; rapp. poids/puiss. 21.2 kg/kW (15.5 kg/ch); consomm. ECE 4.3/6.1/6.3 L/100 km.
Wagon: 0–100 km/h 18 s; consomm. ECE 5.9/6.5 L/100 km.

Skoda Octavia

Neues Modell. Mittelklasselimousine mit Heckklappe, Motoren mit 1,6 oder 1,8 Liter Hubraum sowie 1,9-Liter Diesel, 5-Gang oder automatisches Getriebe. Debüt September 1996.

Nouveau modèle. Berline de la catégorie moyenne avec hayon AR, moteurs 1,6/1,8 litre ou 1,9 litre diesel, boîte à 5 vitesses ou automatique. Lancement septembre 1996.

1.6 – 75 PS Benzineinspritzung

Karosserie, Gewicht: Limousine, 5 Türen, 5 Sitze; leer ab 1160 kg, max. zul. 1670 kg.

Motor: (ECE), 4 Zyl. in Linie (76.5×86.9 mm), 1598 cm³; Kompr. 9.8:1; 55 kW (75 PS) bei 4500/min, 34.4 kW/L (46.8 PS/L); 135 Nm (13.8 mkp) bei 3500/min; 95 ROZ.

Motorkonstruktion: 1 obenl. Nockenwelle (Kette); Leichtmetall-Zylinderkopf; 5fach gelagerte Kurbelwelle; Öl 4.5 L; elektron. Einspritzung, Magneti-Marelli. Batterie 44 Ah, Alternator 70 A; Wasserkühlung, Inh. 5 L.

Kraftübertragung: (auf Vorderräder).
5-Gang-Getriebe: I. 3.45; II. 1.94; III. 1.37; IV. 1.03; V. 0.85; R 3.17; Achse 4.25.

Fahrgestell: Selbsttragende Karosserie; vorn Federbeine und Dreieckquerlenker; hinten Verbundlenkerachse, Längslenker; v/h Kurvenstabilisator, Schraubenfedern, Teleskopdämpfer.

Fahrwerk: Bremse, vorne Scheiben (belüftet), hinten Trommeln, Handbremse auf Hinterr.; Zahnstangenl. mit Servo, Treibstofft. 55 L; Reifen 175 R 14, Felgen 6 J.

Dimensionen: Radst. 251 cm, Spur 151.5/149 cm, Bodenfreih. 14 cm, Wendekreis 10.8 m, Kofferraum 530/1330 dm³, Länge 451 cm, Breite 173 cm, Höhe 143 cm.

Fahrleistungen: Vmax (Werk) 170 km/h, V bei 1000/min im 5. Gang 32.2 km/h; 0–100 km/h 14.6 s; Leistungsgew. 21.1 kg/kW (15.5 kg/PS); Verbrauch ECE 5.2/7.1/9.5 L/100 km.

1.6 – 75 ch Injection d'essence

Carrosserie, poids: Berline, 5 portes, 5 pl.; vide dès 1160 kg, tot. adm. 1670 kg.

Moteur: (ECE), 4 cyl. en ligne (76.5×86.9 mm), 1598 cm³; compr. 9.8:1; 55 kW (75 ch) à 4500/min, 34.4 kW/L (46.8 PS/L); 135 Nm (13.8 mkp) à 3500/min; 95 (R).

Moteur (constr.): 1 arbre à cames en tête (chaîne); culasse en alliage léger; vilebrequin à 5 paliers; huile 4.5 L; injection électronique, Magneti-Marelli. Batterie 44 Ah, alternateur 70 A; refroidissement à eau, capac. 5 L.

Transmission: (sur roues AV).
Boîte à 5 vit.: I. 3.45; II. 1.94; III. 1.37; IV. 1.03; V. 0.85; AR 3.17; pont 4.25.

Châssis: carrosserie autoporteuse; AV jambes élast. et leviers triang. transv.; AR essieu semi-rigide, bras longitud.; AV/AR barre anti-dévers, ressorts hélic, amortiss. télesc.

Train roulant: frein, AV à disques (ventilés), AR à tambours, frein à main sur roues AR; servodirection à crémaillère, réservoir carb. 55 L; pneus 175 R 14, jantes 6 J.

Dimensions: empatt. 251 cm, voie 151.5/149 cm, garde au sol 14 cm, diam. de braq. 10.8 m, coffre 530/1330 dm³, longueur 451 cm, largeur 173 cm, hauteur 143 cm.

Performances: Vmax (usine) 170 km/h, V à 1000/min en 5. vit. 32.2 km/h; 0–100 km/h 14.6 s; rapp. poids/puiss. 21.1 kg/kW (15.5 kg/ch); consomm. ECE 5.2/7.1/9.5 L/100 km.

1.6 – 101 PS Benzineinspritzung

Wie 1.6 – 75 PS, ausgenommen:

Gewicht: leer 1190 kg, max. zul. 1700 kg.

Motor: (ECE), 4 Zyl. in Linie (81×77.4 mm), 1595 cm³; Kompr. 10.3:1; 74 kW (101 PS) bei 5800/min, 46.4 kW/L (63.1 PS/L); 145 Nm (14.8 mkp) bei 3800/min; 95 ROZ.

Motorkonstruktion: 1 obenl. Nockenwelle (Zahnriemen); Leichtmetall-Zylinderkopf; 5fach gelagerte Kurbelwelle; Öl 4.5 L; elektron. Einspritzung, Simos. Batterie 44/60 Ah, Alternator 70 A; Wasserkühlung, Inh. 5 L.

Kraftübertragung:
5-Gang-Getriebe: I. 3.45; II. 1.94; III. 1.37; IV. 1.03; V. 0.85; R 3.17; Achse 4.25.
4-Stufen-Automat: I. 2.71; II. 1.44; III. 1; IV. 0.74; R 2.88; Achse 5.21.

Fahrwerk: Reifen 195/65 R 15.

Fahrleistungen: Vmax (Werk) 187 km/h, V bei 1000/min im 5. Gang 32 km/h; 0–100 km/h 12.4 s; Leistungsg. 16.1 kg/kW (11.8 kg/PS); Verb. ECE 5.5/7.4/9.2 L/100 km.
Aut.: Vmax 182 km/h, 0–100 km/h 13.8 s; Verbrauch ECE 6.5/8.2/10.8 L/100 km.

1.6 – 101 ch Injection d'essence

Comme 1.6 – 75 ch, sauf:

Poids: vide 1190 kg, tot. adm. 1700 kg.

Moteur: (ECE), 4 cyl. en ligne (81×77.4 mm), 1595 cm³; compr. 10.3:1; 74 kW (101 ch) à 5800/min, 46.4 kW/L (63.1 ch/L); 145 Nm (14.8 mkp) à 3800/min; 95 (R).

Moteur (constr.): 1 arbre à cames en tête (courroie crantée); culasse en alliage léger; vilebrequin à 5 paliers; huile 4.5 L; injection électronique, Simos. Batterie 44/60 Ah, alternateur 70 A; refroidissement à eau, capac. 5 L.

Transmission:
Boîte à 5 vit.: I. 3.45; II. 1.94; III. 1.37; IV. 1.03; V. 0.85; AR 3.17; pont 4.25.
Boîte aut. à 4 vit.: I. 2.71; II. 1.44; III. 1; IV. 0.74; AR 2.88; pont 5.21.

Train roulant: pneus 195/65 R 15.

Performances: Vmax (usine) 187 km/h, V à 1000/min en 5. vit. 32 km/h; 0–100 km/h 12.4 s; rapp. poids/puiss. 16.1 kg/kW (11.8 kg/ch); cons. ECE 5.5/7.4/9.2 L/100 km.
Aut.: Vmax 182 km/h, 0–100 km/h 13.8 s; consomm. ECE 6.5/8.2/10.8 L/100 km.

1.8 20V – 125 PS Benzineinspritzung

Wie 1.6 – 75 PS, ausgenommen:

Gewicht: leer ab 1265 kg, max. zul. 1775 kg.

Motor: (ECE), 4 Zyl. in Linie (81×86.4 mm), 1781 cm³; Kompr. 10.3:1; 92 kW (125 PS) bei 6000/min, 51.6 kW/L (70.2 PS/L); 173 Nm (17.6 mkp) bei 4100/min; 95 ROZ.

Motorkonstruktion: 5 Ventile in V; 2 obenl. Nockenwellen (Zahnriemen); 5fach gelagerte Kurbelwelle; Öl 4.5 L; elektron. Einspritzung, Bosch Motronic. Batterie 44/60 Ah, Alternator 70 A; Wasserkühlung, Inh. 5 L.

Kraftübertragung:
5-Gang-Getriebe: I. 3.3; II. 1.94; III. 1.31; IV. 1.03; V. 0.84; R 3.06; Achse 4.24.
4-Stufen-Automat: I. 2.71; II. 1.44; III. 1; IV. 0.74; R 2.88; Achse 4.88.

Fahrwerk: Vierrad-Scheibenbremse (vorn belüftet), ABS, Reifen 195/65 VR 15.

Fahrleistungen: Vmax (Werk) 201 km/h, V bei 1000/min im 5. Gang 32.4 km/h; 0–100 km/h 10.9 s; Leistungsg. 13.7 kg/kW (10.1 kg/PS); Verbr. ECE 6.1/7.8/9.6 L/100 km.
Aut.: Vmax 196 km/h, Verbrauch ECE 6.8/7.2/10.9 L/100 km.

1.8 20V – 125 ch Injection d'essence

Comme 1.6 – 75 ch, sauf:

Poids: vide dès 1265 kg, tot. adm. 1775 kg.

Moteur: (ECE), 4 cyl. en ligne (81×86.4 mm), 1781 cm³; compr. 10.3:1; 92 kW (125 ch) à 6000/min, 51.6 kW/L (70.2 ch/L); 173 Nm (17.6 mkp) à 4100/min; 95 (R).

Moteur (constr.): 5 soupapes en V; 2 arbres à cames en tête (courroie crantée); vilebrequin à 5 paliers; huile 4.5 L; injection électronique, Bosch Motronic. Batterie 44/60 Ah, alternateur 70 A; refroidissement à eau, capac. 5 L.

Transmission:
Boîte à 5 vit.: I. 3.3; II. 1.94; III. 1.31; IV. 1.03; V. 0.84; AR 3.06; pont 4.24.
Boîte aut. à 4 vit.: I. 2.71; II. 1.44; III. 1; IV. 0.74; AR 2.88; pont 4.88.

Train roulant: quatre freins à disques (AV ventilés), ABS, pneus 195/65 VR 15.

Performances: Vmax (usine) 201 km/h, V à 1000/min en 5. vit. 32.4 km/h; 0–100 km/h 10.9 s; rapp. poids/puiss. 13.7 kg/kW (10.1 kg/ch); cons. ECE 6.1/7.8/9.6 L/100 km.
Aut.: Vmax 196 km/h, consomm. ECE 6.8/7.2/10.9 L/100 km.

1.9 – 68 PS Diesel

Wie 1.6 – 75 PS, ausgenommen:

Gewicht: leer ca. 1270 kg.

1.9 – 68 ch Diesel

Comme 1.6 – 75 ch, sauf:

Poids: vide env. 1270 kg.

Skoda Octavia

Skoda • Spectre • SsangYong

Skoda Octavia

Motor: (ECE), 4 Zyl. in Linie (79.5×95.5 mm), 1896 cm³; Kompr. 22.5:1; 50 kW (68 PS) bei 4000/min, 26.4 kW/L (35.8 PS/L); 130 Nm (13.3 mkp) bei 1800/min; Dieselöl.

Motorkonstruktion: Wirbelkammer-Diesel; 1 obenl. Nockenwelle (Zahnriemen); Leichtmetall-Zylinderkopf; 5fach gelagerte Kurbelwelle; Öl 4 L; Einspritzpumpe, Bosch VE.

Batterie 61 Ah, Alternator 70 A; Wasserkühlung, Inh. 6.3 L.

Kraftübertragung:
5-Gang-Getriebe: I. 3.45; II. 1.94; III. 1.29; IV. 0.91; V. 0.75; R 3.17; Achse 3.67.

Fahrleistungen: Vmax (Red.) 155 km/h, V bei 1000/min im 5. Gang 42.3 km/h; Leistungsgew. 25.4 kg/kW (18.7 kg/PS); Verbrauch (Red.) 5/8 L/100 km.

Moteur: (ECE), 4 cyl. en ligne (79.5×95.5 mm), 1896 cm³; compr. 22.5:1; 50 kW (68 ch) à 4000/min, 26.4 kW/L (35.8 ch/L); 130 Nm (13.3 mkp) à 1800/min; gazole.

Moteur (constr.): diesel à chambre de turbulence; 1 arbre à cames en tête (courroie crantée); culasse en alliage léger; vilebrequin à 5 paliers; huile 4 L; pompe à injection, Bosch VE.

Batterie 61 Ah, alternateur 70 A; refroidissement à eau, capac. 6.3 L.

Transmission:
Boîte à 5 vit.: I. 3.45; II. 1.94; III. 1.29; IV. 0.91; V. 0.75; AR 3.17; pont 3.67.

Performances: Vmax (réd.) 155 km/h, V à 1000/min en 5. vit. 42.3 km/h; rapp. poids/puiss. 25.4 kg/kW (18.7 kg/ch); consomm. (réd.) 5/8 L/100 km.

1.9 – 90 PS
Direkteingespritzter Diesel

Wie 1.6 – 75 PS, ausgenommen:

Gewicht: leer ab 1285 kg, max. zul. 1795 kg.

Motor: (ECE), 4 Zyl. in Linie (79.5×95.5 mm), 1896 cm³; Kompr. 19.5:1; 66 kW (90 PS) bei 4000/min, 34.8 kW/L (47.3 PS/L); 210 Nm (21.4 mkp) bei 1900/min; Dieselöl.

Motorkonstruktion: direkt eingespr. Diesel; 1 obenl. Nockenwelle (Zahnriemen); 5fach gel. Kurbelwelle; Öl 4.5 L; elektron. geregelte Einspritzp., 1 Turbolader, Interc.

Batterie 80 Ah, Alternator 120 A; Wasserkühlung, Inh. 5 L.

Kraftübertragung:
5-Gang-Getriebe: I. 3.3; II. 1.94; III. 1.31; IV. 0.92; V. 0.72; R 3.06; Achse 3.65.

Fahrwerk: Vierrad-Scheibenbremse (vorn belüftet), Reifen 195/65 R 15.

Fahrleistungen: Vmax (Red.) 178 km/h, V bei 1000/min im 5. Gang 43.9 km/h; 0–100 km/h 13.9 s; Leistungsgew. 19.5 kg/kW (14.3 kg/PS); Verbrauch ECE 3.8/5.6/5.8 L/100 km.

1.9 – 90 ch
Diesel à injection directe

Comme 1.6 – 75 ch, sauf:

Poids: vide dès 1285 kg, tot. adm. 1795 kg.

Moteur: (ECE), 4 cyl. en ligne (79.5×95.5 mm), 1896 cm³; compr. 19.5:1; 66 kW (90 ch) à 4000/min, 34.8 kW/L (47.3 ch/L); 210 Nm (21.4 mkp) à 1900/min; gazole.

Moteur (constr.): diesel à injection directe; 1 arbre à cames en tête (courroie crantée); vilebrequin à 5 paliers; huile 4.5 L; pompe à injection pilotée, 1 turbocompr., Intercooler.

Batterie 80 Ah, alternateur 120 A; refroidissement à eau, capac. 5 L.

Transmission:
Boîte à 5 vit.: I. 3.3; II. 1.94; III. 1.31; IV. 0.92; V. 0.72; AR 3.06; pont 3.65.

Train roulant: quatre freins à disques (AV ventilés), pneus 195/65 R 15.

Performances: Vmax (réd.) 178 km/h, V à 1000/min en 5. vit. 43.9 km/h; 0–100 km/h 13.9 s; rapp. poids/puiss. 19.5 kg/kW (14.3 kg/ch); consomm. ECE 3.8/5.6/5.8 L/100 km.

Spectre   GB

Spectre Supersports LTD., Spectre House, Creekmoor, Poople, Dorset BH17 7DB, England

Spectre R42

Supersportwagen mit längs eingebautem Mittelmotor (4.6-V8/32V von Ford). Debüt Sommer 1995.

Voiture de sport avec moteur central longit. (4.6-V8/32 V de Ford). Lancement été 1995.

4.6 V8 32V – 355 PS
Benzineinspritzung

Karosserie, Gewicht: Coupé, 2 Türen, 2 Sitze; leer ab 1250 kg.

Motor: (DIN), 8 Zyl. in V 90° (90.2×90 mm), 4601 cm³; Kompr. 10:1; 261 kW (355 PS) bei 6000/min, 56.7 kW/L (77.1 PS/L); 430 Nm (43.8 mkp) bei 5000/min; 98 ROZ.

Motorkonstruktion: Bezeichnung Ford 4.6-V8/32V; Mittelmotor längs; 4 Ventile in V; 2×2 obenl. Nockenwellen (Ketten); Leichtmetall-Zylinderköpfe und -block; 5fach gelagerte Kurbelwelle; Öl 5.7 L; elektron. Einspritzung, Ford EECIV.

Batterie 58 Ah, Alternator 90 A; Wasserkühlung, Inh. 15 L.

Kraftübertragung: (auf Hinterräder).
5-Gang-Getriebe.

Fahrgestell: Plattformrahmen mit Leichtmetallkarosserie; v/h doppelte Dreieckquerlenker, Kurvenstabilisator, Schraubenfedern, Teleskopdämpfer.

4.6 V8 32V – 355 ch
Injection d'essence

Carrosserie, poids: Coupé, 2 portes, 2 places; vide dès 1250 kg.

Moteur: (DIN), 8 cyl. en V 90° (90.2×90 mm), 4601 cm³; compr. 10:1; 261 kW (355 ch) à 6000/min, 56.7 kW/L (77.1 ch/L); 430 Nm (43.8 mkp) à 5000/min; 98 (R).

Moteur (constr.): désignation Ford 4.6-V8/32V; moteur central longit.; 4 soupapes en V; 2×2 arbres à cames en tête (chaînes); culasses et bloc-cyl. en alliage léger; vilebrequin à 5 paliers; huile 5.7 L; injection électronique, Ford EECIV.

Batterie 58 Ah, alternateur 90 A; refroidissement à eau, capac. 15 L.

Transmission: (sur roues AR).
Boîte à 5 vit.

Châssis: Cadre à plate-forme avec carrosserie en alliage léger; AV/AR leviers triang. transv. doubles, barre anti-dévers, ressorts hélic, amortiss. télesc.

Spectre R42

Fahrwerk: Vierrad-Scheibenbremse (v/h belüftet), Handbremse auf Hinterräder; Zahnstangenlenkung mit Servo, Treibstofftank 68 L; Reifen v. 235/45 ZR 17, h. 335/35 ZR 17, Felgen v. 8.5, h. 11 J.

Dimensionen: Radstand 241 cm, Spur 160/155 cm, Bodenfreih. 12 cm, Wendekreis 11 m, Länge 419 cm, Breite 186 cm, Höhe 109 cm.

Fahrleistungen: Vmax (Werk) über 285 km/h, 0–97 km/h 4 s; Leistungsgew. 4.8 kg/kW (3.5 kg/PS); Verbrauch (Red.) 13/25 L/100 km.

Train roulant: quatre freins à disques (AV/AR ventilés), frein à main sur roues AR; servodirection à crémaillère, réservoir carb. 68 L; pneus AV 235/45 ZR 17, AR 335/35 ZR 17, jantes AV 8.5, AR 11 J.

Dimensions: empattement 241 cm, voie 160/155 cm, garde au sol 12 cm, diam. de braq. 11 m, longueur 419 cm, largeur 186 cm, hauteur 109 cm.

Performances: Vmax (usine) plus de 285 km/h, 0–97 km/h 4 s; rapp. poids/puiss. 4.8 kg/kW (3.5 kg/ch); consomm. (réd.) 13/25 L/100 km.

SsangYong   ROK

SsangYong Motor Company Ltd., 24-1 2-ga, Jeo-dong, Jung-gu, Seoul 100-621, Corea

Koreanischer Grosskonzern, baut seit 1986 auch Personenwagen.

Grand trust de la Corée, construit depuis 1986 des voitures particulières.

SsangYong Korando K4

Viersitziges Geländefahrzeug mit 2.2 Diesel, Zwei- oder Vierradantrieb, v/h Starrachse, Geländereduktion.

Voiture tout-terrain avec moteur 2,2 litres diesel, traction AR ou intégrale, AV et AR essieu rigide, boîte de transfert.

2.2 – 68 PS
Diesel

Karosserie, Gewicht: Station Wagon, 3 Türen, 4 Sitze; leer ab 1590 kg, max. zul. 2050 kg.

Motor: (DIN), 4 Zyl. in Linie (88×92 mm), 2238 cm³; Kompr. 21:1; 50 kW (68 PS) bei 4000/min, 22.3 kW/L (30.4 PS/L); 143 Nm (14.6 mkp) bei 2000/min; Dieselöl.

2.2 – 68 ch
Diesel

Carrosserie, poids: Station-wagon, 3 portes, 4 places; vide dès 1590 kg, tot. adm. 2050 kg.

Moteur: (DIN), 4 cyl. en ligne (88×92 mm), 2238 cm³; compr. 21:1; 50 kW (68 ch) à 4000/min, 22.3 kW/L (30.4 ch/L); 143 Nm (14.6 mkp) à 2000/min; gazole.

SsangYong

SsangYong Korando K4

Motorkonstruktion: Bezeichnung Daewoo DC 23; Wirbelkammer-Diesel; seitl. Nockenwelle (Kette); 5fach gelagerte Kurbelwelle; Öl 5 L; Einspritzpumpe. Batt. 90 Ah, Altern. 60 A; Wasser. 11 L.

Kraftübertragung: (auf Hinterräder oder alle Räder), Reduktionsgetr.: I. 1; II. 1.87. 5-Gang-Getriebe: I. 4.12; II. 2.79; III. 1.5; IV. 1; V. 0.86; R 3.72; Achse 4.18.

Fahrgestell: Kastenrahmen mit Traversen; v/h Torsionsfederstäbe; Starrachse, Blattfedern, Teleskopdämpfer.

Fahrwerk: Bremse, vorne Scheiben (belüftet), hinten Trommeln, Feststellbremse auf Hinterräder; Servolenkung, Treibstofftank 50 L; a.W. 70 L; Reifen 215/75 R 15, 235/75 R 15, Felgen 7 J.

Dimensionen: Radstand 239 cm, Spur 131/127 cm, Bodenfreih. 20 cm, Wendekreis 10.8 m, Länge 386 oder 397 cm, Breite 170 cm, Höhe 185 cm.

Fahrleistungen: Vmax (Red.) 125 km/h, V bei 1000/min im 5. Gang 35.8 km/h; Leistungsgew. 31.8 kg/kW (23.4 kg/PS); Verbrauch (Red.) 10/14 L/100 km.

Moteur (constr.): désignation Daewoo DC 23; diesel à chambre de turbulence; arbre à cames latéral (chaîne); vilebrequin à 5 paliers; huile 5 L; pompe à injection. Batt. 90 Ah, altern. 60 A; eau, capac. 11 L.

Transmission: (sur roues AR ou toutes les roues), boîte de transfert: I. 1; II. 1.87. Boîte à 5 vit.: I. 4.12; II. 2.79; III. 1.5; IV. 1; V. 0.86; AR 3.72; pont 4.18.

Châssis: Cadre à caisson avec traverses; AV/AR barres de torsion; essieu rigide, ressort à lames, amortiss. télesc.

Train roulant: frein, AV à disques (ventilés), AR à tambours, frein de stationnement sur roues AR; direction assistée, réservoir carb. 50 L; s.d. 70 L; pneus 215/75 R 15, 235/75 R 15, jantes 7 J.

Dimensions: empattement 239 cm, voie 131/127 cm, garde au sol 20 cm, diam. de braq. 10.8 m, longueur 386 ou 397 cm, largeur 170 cm, hauteur 185 cm.

Performances: Vmax (réd.) 125 km/h, V à 1000/min en 5. vit. 35.8 km/h; rapp. poids/puiss. 31.8 kg/kW (23.4 kg/ch); consomm. (réd.) 10/14 L/100 km.

SsangYong Korando Family

Geländefahrzeug auf Basis des ehemaligen Isuzu Trooper, 2,2- oder 2,5-Liter-Dieselmotor.

Voiture tout-terrain sur base de l'ancienne Isuzu Trooper, moteurs 2,2 ou 2,5 litres diesel.

2.2 – 68 PS Diesel

Karosserie, Gewicht: Station Wagon, 5 Türen, 5+2 Sitze; leer ab 1615 kg, max. zul. 2140 kg.

Motor: (DIN), 4 Zyl. in Linie (88×92 mm), 2238 cm³; Kompr. 21:1; 50 kW (68 PS) bei 4000/min, 22.3 kW/L (30.4 PS/L); 143 Nm (14.6 mkp) bei 2000/min; Dieselöl.

Motorkonstruktion: Bezeichnung Daewoo DC 23; Wirbelkammer-Diesel; seitl. Nockenwelle (Kette); 5fach gelagerte Kurbelwelle; Öl 5 L; Einspritzpumpe. Batt. 90 Ah, Altern. 60 A; Wasser 11 L.

2.2 – 68 ch Diesel

Carrosserie, poids: Station-wagon, 5 portes, 5+2 places; vide dès 1615 kg, tot. adm. 2140 kg.

Moteur: (DIN), 4 cyl. en ligne (88×92 mm), 2238 cm³; compr. 21:1; 50 kW (68 ch) à 4000/min, 22.3 kW/L (30.4 ch/L); 143 Nm (14.6 mkp) à 2000/min; gazole.

Moteur (constr.): désignation Daewoo DC 23; diesel à chambre de turbulence; arbre à cames latéral (chaîne); vilebrequin à 5 paliers; huile 5 L; pompe à injection. Batt. 90 Ah, altern. 60 A; eau, capac. 11 L.

SsangYong Korando Family

Kraftübertragung: (auf Hinterräder oder alle Räder), Reduktionsgetr.: I. 1; II. 1.87. 5-Gang-Getriebe: I. 4.12; II. 2.79; III. 1.5; IV. 1; V. 0.86; R 3.72; Achse 4.18.

Fahrgestell: Chassis mit Längsholmen und Traversen; vorn doppelte Dreieckquerl., Torsionsfederstäbe; Kurvenstabilisator h. Starrachse, Blattfedern, Teleskopdämpfer.

Fahrwerk: Bremse, vorne Scheiben (belüftet), hinten Trommeln, Scheiben-⌀ v. 25.7 cm, Handbremse auf Hinterräder; Kugelumlauflenkung mit Servo, Treibstofftank 75 L; Reifen 215/75 R 15, 235/75 R 15, Felgen 7 J.

Dimensionen: Radstand 264 cm, Spur 134/127 cm, Bodenfreih. 20 cm, Wendekreis 11 m, Länge 449 cm, Breite 169 cm, Höhe 177 cm. Breite je nach Reifen auch 177 cm.

Fahrleistungen: Vmax (Werk) 141 km/h, V bei 1000/min im 5. Gang 35.8 km/h; Leistungsgew. 32.3 kg/kW (23.7 kg/PS); Verbrauch ECE 6.8/12.3/12.8 L/100 km.

2.5 – 79 PS Diesel

Wie 2.2 – 68 PS, ausgenommen:

Gewicht: leer ab 1650 kg.

Motor: (DIN), 4 Zyl. in Linie (94×90 mm), 2498 cm³; Kompr. 23:1; 58 kW (79 PS) bei 4500/min, 23.2 kW/L (31.6 PS/L); 148 Nm (15.1 mkp) bei 2200/min; Dieselöl.

Motorkonstruktion: Bezeichnung Peugeot XD; Wirbelkammer-Diesel; seitl. Nockenwelle (Kette); 5fach gelagerte Kurbelwelle; Öl 5 L; Einspritzpumpe. Batterie 90 Ah, Alternator 60 A; Wasserkühlung, Inh. 11 L.

Kraftübertragung: 5-Gang-Getriebe: I. 4.12; II. 2.79; III. 1.5; IV. 1; V. 0.86; R 3.72; Achse 4.18.

Fahrleistungen: Vmax (Werk) 141 km/h, V bei 1000/min im 5. Gang 35.8 km/h; Leistungsgew. 28.4 kg/kW (20.9 kg/PS); Verbrauch ECE 8.5/12.5/12.9 L/100 km.

SsangYong KJ – MJ (Musso)

Geländewagen auf Basis des Family mit Mercedes-Benz-Motoren. KJ 3türig mit kurzem, MJ 5türig (Musso) mit langem Radstand.

Voiture tout-terrain sur base de la Family, moteur de Mercedes-Benz. KJ 3 portes avec empattement court et MJ 5 portes (Musso) avec empattement long.

3.2 24V – 220 PS Benzineinspritzung

Karosserie, Gewicht: Station Wagon, 3 Türen, 5 Sitze; leer ab 1800 kg, max. zul. 2450 kg.

Station Wagon MJ, 5 Türen, 5 Sitze; leer ab 1935 kg.

Motor: (ECE), 6 Zyl. in Linie (89.9×84 mm), 3199 cm³; Kompr. 10:1; 162 kW (220 PS) bei 5500/min, 50.6 kW/L (68.8 PS/L); 310 Nm (31.6 mkp) bei 3750/min; 95 ROZ.

Motorkonstruktion: Bezeichnung MB M 104.981; 4 Ventile in V 45°; 2 obenl. Nockenwellen (Kette); Leichtmetall-Zylinderkopf; 7fach gelagerte Kurbelwelle; Öl 7.5 L; elektron. Einspritzung, Bosch HFM. Batterie 62 Ah, Alternator 1260 W; Wasserkühlung, Inh. 8.5 L.

Kraftübertragung: (auf Hinterräder oder alle Räder), Reduktionsgetr.: I. 1; II. 1.87. MJ: (4WD permanent), Reduktionsgetr.: I. 0.87; II. 2.16.

5-Gang-Getriebe: I. 3.97; II. 2.34; III. 1.46; IV. 1; V. 0.85; R 3.7; Achse 3.73.

4-Stufen-Automat: Daimler-Benz; I. 3.87; II. 2.25; III. 1.44; IV. 1; R 5.59; Achse 3.73.

Transmission: (sur roues AR ou toutes les roues), boîte de transfert: I. 1; II. 1.87. Boîte à 5 vit.: I. 4.12; II. 2.79; III. 1.5; IV. 1; V. 0.86; AR 3.72; pont 4.18.

Châssis: châssis à longerons et traverses; AV leviers triang. transv. doubles, barres de torsion; barre anti-dévers; AR essieu rigide, ressort à lames, amortiss. télesc.

Train roulant: frein, AV à disques (ventilés), AR à tambours, ⌀ disques AV 25.7 cm, frein à main sur roues AR; dir. à circuit de billes assistée, réservoir carb. 75 L; pneus 215/75 R 15, 235/75 R 15, jantes 7 J.

Dimensions: empattement 264 cm, voie 134/127 cm, garde au sol 20 cm, diam. de braq. 11 m, longueur 449 cm, largeur 169 cm, hauteur 177 cm. Largeur aussi 177 cm (selon pneus).

Performances: Vmax (usine) 141 km/h, V à 1000/min en 5. vit. 35.8 km/h; rapp. poids/puiss. 32.3 kg/kW (23.7 kg/ch); consomm. ECE 6.8/12.3/12.8 L/100 km.

2.5 – 79 ch Diesel

Comme 2.2 – 68 ch, sauf:

Poids: vide dès 1650 kg.

Moteur: (DIN), 4 cyl. en ligne (94×90 mm), 2498 cm³; compr. 23:1; 58 kW (79 ch) à 4500/min, 23.2 kW/L (31.6 ch/L); 148 Nm (15.1 mkp) à 2200/min; gazole.

Moteur (constr.): désignation Peugeot XD; diesel à chambre de turbulence; arbre à cames latéral (chaîne); vilebrequin à 5 paliers; huile 5 L; pompe à injection. Batterie 90 Ah, alternateur 60 A; refroidissement à eau, capac. 11 L.

Transmission: Boîte à 5 vit.: I. 4.12; II. 2.79; III. 1.5; IV. 1; V. 0.86; AR 3.72; pont 4.18.

Performances: Vmax (usine) 141 km/h, V à 1000/min en 5. vit. 35.8 km/h; rapp. poids/puiss. 28.4 kW/kg (20.9 kg/ch); consomm. ECE 8.5/12.5/12.9 L/100 km.

3.2 24V – 220 ch Injection d'essence

Carrosserie, poids: Station-wagon, 3 portes, 5 places; vide dès 1800 kg, tot. adm. 2450 kg.

Station-wagon MJ, 5 portes, 5 places; vide dès 1935 kg.

Moteur: (ECE), 6 cyl. en ligne (89.9×84 mm), 3199 cm³; compr. 10:1; 162 kW (220 ch) à 5500/min, 50.6 kW/L (68.8 ch/L); 310 Nm (31.6 mkp) à 3750/min; 95 (R).

Moteur (constr.): désignation MB M 104.981; 4 soupapes en V 45°; 2 arbres à cames en tête (chaîne); culasse en alliage léger; vilebrequin à 7 paliers; huile 7.5 L; injection électronique, Bosch HFM. Batterie 62 Ah, alternateur 1260 W; refroidissement à eau, capac. 8.5 L.

Transmission: (sur roues AR ou toutes les roues), boîte de transfert: I. 1; II. 1.87. MJ: (4WD permanent), boîte de transfert: I. 0.87; II. 2.16.

Boîte à 5 vit.: I. 3.97; II. 2.34; III. 1.46; IV. 1; V. 0.85; AR 3.7; pont 3.73.

Boîte aut. à 4 vit.: Daimler-Benz; I. 3.87; II. 2.25; III. 1.44; IV. 1; AR 5.59; pont 3.73.

SsangYong 505

SsangYong KJ

Fahrgestell: Chassis mit Längsholmen und Traversen; vorn doppelte Dreieckquerlenker, Torsionsfederstäbe; Kurvenstabilisator; hinten Starrachse, Längslenker, Reaktionsstreben, Panhardstab, Schraubenfedern; v/h Teleskopdämpfer.

Fahrwerk: Vierrad-Scheibenbremse (vorn belüftet), Scheiben-⌀ v. 25.7 cm, h. 26.4 cm, a.W. ABS, Handbremse auf Hinterräder; Zahnstangenl. mit Servo, Treibstofftank 75 L; Reifen 255/70 R 15, Felgen 7 J.

Dimensionen: Radstand 248 cm, Spur 151/152 cm, Bodenfreih. 19 cm, Wendekreis 11.6 m, Länge 425 cm, Breite 186 cm, Höhe 184 cm.
MJ: Radstand 263 cm, Spur 149/150 cm, Bodenfreih. 20 cm, Wendekreis 11.4 m, Kofferraum 1920 dm^3, Länge 464 cm, Breite 185 cm, Höhe 173 cm.

Fahrleistungen: Vmax (Werk) 210 km/h, V bei 1000/min im 5. Gang 42.4 km/h; 0–100 km/h 12 s; Leistungsgew. 11.1 kg/kW (8.2 kg/PS); Verbrauch EU 11.8/17.9 L/100 km.
Aut.: Vmax 193 km/h; Verbrauch (Red.) 14/20 L/100 km.

Châssis: châssis à longerons et traverses; AV leviers triang. transv. doubles, barres de torsion; barre anti-dévers; AR essieu rigide, bras longitud., barres de réaction, barre Panhard, ressorts hélicoïdaux; AV/AR amortiss. télescop.

Train roulant: quatre freins à disques (AV ventilés), ⌀ disques AV 25.7 cm, AR 26.4 cm, ABS s. d., frein à main sur roues AR; servodirection à crémaillère, réservoir carb. 75 L; pneus 255/70 R 15, jantes 7 J.

Dimensions: empattement 248 cm, voie 151/152 cm, garde au sol 19 cm, diam. de braq. 11.6 m, longueur 425 cm, largeur 186 cm, hauteur 184 cm.
MJ: empattement 263 cm, voie 149/150 cm, garde au sol 20 cm, diam. de braq. 11.4 m, coffre 1920 dm^3, longueur 464 cm, largeur 185 cm, hauteur 173 cm.

Performances: Vmax (usine) 210 km/h, V à 1000/min en 5. vit. 42.4 km/h; 0–100 km/h 12 s; rapp. poids/puiss. 11.1 kg/kW (8.2 kg/ch); consomm. EU 11.8/17.9 L/100 km.
Aut.: Vmax 193 km/h; consomm. (red.) 14/20 L/100 km.

2.3 16V – 150 PS Benzineinspritzung

Wie 3.2 – 220 PS, ausgenommen:

Karosserie, Gewicht: Station Wagon, 3/5 Türen; leer ab 1755/1890 kg.

Motor: (ECE), 4 Zyl. in Linie (90.9×88.4 mm), 2295 cm^3; Kompr. 8.8:1; 110 kW (150 PS) bei 5000/min, 47.9 kW/L (65.2 PS/L); 220 Nm (22.4 mkp) bei 3750/min; 95 ROZ.
Auch 118 kW (160 PS).
Oder 1998 cm^3; 110 kW (150 PS).

Motorkonstruktion: Bezeichnung MB M 111 E23; 4 Ventile in V 45°; 2 obenl. Nockenwellen (Kette); Leichtmetall-Zylinderkopf; 5fach gelagerte Kurbelwelle; Öl 7.5 L; elektron. Einspritzung, Bosch HFM.
Batterie 62 Ah, Alternator 1260 W; Wasserkühlung, Inh. 8.5 L.

2.3 16V – 150 ch Injection d'essence

Comme 3.2 – 220 ch, sauf:

Carrosserie, poids: Station-wagon, 3/5 portes; vide dès 1755/1890 kg.

Moteur: (ECE), 4 cyl. en ligne (90.9×88.4 mm), 2295 cm^3; compr. 8.8:1; 110 kW (150 ch) à 5000/min, 47.9 kW/L (65.2 ch/L); 220 Nm (22.4 mkp) à 3750/min; 95 (R).
Aussi: 118 kW (160 ch).
Ou 1998 cm^3; 110 kW (150 ch).

Moteur (constr.): désignation MB M 111 E23; 4 soupapes en V 45°; 2 arbres à cames en tête (chaîne); culasse en alliage léger; vilebrequin à 5 paliers; huile 7.5 L; injection électronique, Bosch HFM.
Batterie 62 Ah, alternateur 1260 W; refroidissement à eau, capac. 8.5 L.

Ssang Yong Musso

Kraftübertragung:
5-Gang-Getriebe: I. 3.97; II. 2.34; III. 1.46; IV. 1; V. 0.85; R 3.7; Achse 4.11.
4-Stufen-Automat: Daimler-Benz; I. 3.87; II. 2.25; III. 1.44; IV. 1; R 5.59; Achse 4.11.

Fahrwerk: Reifen 215/75 R 15, 235/75 R 15; Felgen 6 J, 7 J.

Fahrleistungen: Vmax (Red.) 165 km/h, V bei 1000/min im 5. Gang 33.1 km/h; Leistungsgew. 16 kg/kW (11.7 kg/PS); Verbrauch (Red.) 12/18 L/100 km.

Transmission:
Boîte à 5 vit.: I. 3.97; II. 2.34; III. 1.46; IV. 1; V. 0.85; AR 3.7; pont 4.11.
Boîte aut. à 4 vit.: Daimler-Benz; I. 3.87; II. 2.25; III. 1.44; IV. 1; AR 5.59; pont 4.11.

Train roulant: pneus 215/75 R 15, 235/75 R 15, jantes 6 J, 7 J.

Performances: Vmax (réd.) 165 km/h, V à 1000/min en 5. vit. 33.1 km/h; rapp. poids/puiss. 16 kg/kW (11.7 kg/ch); consomm. (réd.) 12/18 L/100 km.

2.3 – 77 PS Diesel

Wie 3.2 – 220 PS, ausgenommen:

Karosserie, Gewicht: Station Wagon, 3/5 Türen; leer ab 1750/1885 kg.

Motor: (ECE), 4 Zyl. in Linie (89×92.4 mm), 2299 cm^3; Kompr. 22:1; 57 kW (77 PS) bei 3800/min, 24.8 kW/L (33.7 PS/L); 144 Nm (14.7 mkp) bei 2300/min; Dieselöl.
Auch: 59 kW (80 PS).

Motorkonstruktion: Bezeichnung OM 601 D23; Vorkammer-Diesel; 2 Ventile; 1 obenl. Nockenwelle (Kette); 5fach gelagerte Kurbelwelle; Öl 6 L; Einspritzpumpe.
Batterie 74 Ah, Alternator 1260 W; Wasserkühlung, Inh. 8.5 L.

2.3 – 77 ch Diesel

Comme 3.2 – 220 ch, sauf:

Carrosserie, poids: Station-wagon, 3/5 portes; vide dès 1750/1885 kg.

Moteur: (ECE), 4 cyl. en ligne (89×92.4 mm), 2299 cm^3; compr. 22:1; 57 kW (77 ch) à 3800/min, 24.8 kW/L (33.7 ch/L); 144 Nm (14.7 mkp) à 2300/min; gazole.
Aussi: 59 kW (80 ch).

Moteur (constr.): désignation OM 601 D23; diesel à préchambre; 2 soupapes; 1 arbre à cames en tête (chaîne); vilebrequin à 5 paliers; huile 6 L; pompe à injection.
Batterie 74 Ah, alternateur 1260 W; refroidissement à eau, capac. 8.5 L.

Ssang Yong KJ

Kraftübertragung:
5-Gang-Getriebe: I. 3.97; II. 2.34; III. 1.46; IV. 1; V. 0.85; R 3.7; Achse 4.55.
4-Stufen-Automat: Daimler-Benz; I. 3.87; II. 2.25; III. 1.44; IV. 1; R 5.59; Achse 4.39.

Fahrwerk: Reifen 215/75 R 15, 235/75 R 15, Felgen 6 J, 7 J.

Fahrleistungen: Vmax (Werk) 130 km/h, V bei 1000/min im 5. Gang 33.3 km/h; 0–100 km/h 25 s; Leistungsgew. 30.8 kg/kW (22.8 kg/PS); Verbrauch EU 7.9/12.1 L/100 km.

Transmission:
Boîte à 5 vit.: I. 3.97; II. 2.34; III. 1.46; IV. 1; V. 0.85; AR 3.7; pont 4.55.
Boîte aut. à 4 vit.: Daimler-Benz; I. 3.87; II. 2.25; III. 1.44; IV. 1; AR 5.59; pont 4.39.

Train roulant: pneus 215/75 R 15, 235/75 R 15, jantes 6 J, 7 J.

Performances: Vmax (usine) 130 km/h, V à 1000/min en 5. vit. 33.3 km/h; 0–100 km/h 25 s; rapp. poids/puiss. 30.8 kg/kW (22.8 kg/ch); consomm. EU 7.9/12.1 L/100 km.

2.9 – 101 PS Diesel

Wie 3.2 – 220 PS, ausgenommen:

Karosserie, Gewicht: Station Wagon, 3/5 Türen; leer ab 1780/1905 kg.

Motor: (DIN), 5 Zyl. in Linie (89×92.4 mm), 2874 cm^3; Kompr. 22:1; 74 kW (101 PS) bei 4000/min, 25.7 kW/L (35 PS/L); 190 Nm (19.4 mkp) bei 2500/min; Dieselöl.
Auch: 70 kW (95 PS).

Motorkonstruktion: Bezeichnung MB OM 601 29D; Vorkammer-Diesel; 2 Ventile; 1 obenl. Nockenwelle (Kette); Grauguss-Zylinderkopf; 6fach gelagerte Kurbelwelle; Ölkühler; Öl 7.5 L; Einspritzpumpe, Bosch.
Batterie 88 Ah, Alternator 1260 W; Wasserkühlung, Inh. 10.7 L.

2.9 – 101 ch Diesel

Comme 3.2 – 220 ch, sauf:

Carrosserie, poids: Station-wagon, 3/5 portes; vide dès 1780/1905 kg.

Moteur: (DIN), 5 cyl. en ligne (89×92.4 mm), 2874 cm^3; compr. 22:1; 74 kW (101 ch) à 4000/min, 25.7 kW/L (35 ch/L); 190 Nm (19.4 mkp) à 2500/min; gazole.
Aussi: 70 kW (95 ch).

Moteur (constr.): désignation MB OM 601 29D; diesel à préchambre; 2 soupapes; 1 arbre à cames en tête (chaîne); culasse en fonte; vilebrequin à 6 paliers; radiat. d'huile; huile 7.5 L; pompe à injection, Bosch.
Batterie 88 Ah, alternateur 1260 W; refroidissement à eau, capac. 10.7 L.

SsangYong • Subaru

SsangYong Musso

Kraftübertragung:
5-Gang-Getriebe: I. 3.97; II. 2.34; III. 1.46; IV. 1; V. 0.85; R 3.7; Achse 3.73.
4-Stufen-Automat: Daimler-Benz; I. 3.87; II. 2.25; III. 1.44; IV. 1; R 5.59; Achse 3.73.
Fahrwerk: Reifen 235/75 R 15, 215/75 R 15, Felgen 6 J, 7 J.
Fahrleistungen: Vmax (Werk) 146 km/h, V bei 1000/min im 5. Gang 40.6 km/h; 0–100 km/h 19.7 s; Leistungsgew. 24 kg/kW (17.6 kg/PS); Verbrauch EU 8.4/12.5 L/100 km.
Aut.: Vmax 140 km/h, 0–100 km/h 23.3 s; Verbrauch EU 8.6/12.9 L/100 km.

Transmission:
Boîte à 5 vit.: I. 3.97; II. 2.34; III. 1.46; IV. 1; V. 0.85; AR 3.7; pont 3.73.
Boîte aut. à 4 vit.: Daimler-Benz; I. 3.87; II. 2.25; III. 1.44; IV. 1; AR 5.59; pont 3.73.
Train roulant: pneus 235/75 R 15, 215/75 R 15, jantes 6 J, 7 J.
Performances: Vmax (usine) 146 km/h, V à 1000/min en 5. vit. 40.6 km/h; 0–100 km/h 19.7 s; rapp. poids/puiss. 24 kg/kW (17.6 kg/ch); consomm. EU 8.4/12.5 L/100 km.
Aut.: Vmax 140 km/h, 0–100 km/h 23.3 s; consomm. EU 8.6/12.9 L/100 km.

Kraftübertragung: (auf Vorderräder/4WD).
5-Gang-Getriebe: I. 4.08; II. 2.44; III. 1.56; IV. 1.1; V. 0.86; R 3.83; Achse 4.88.
4WD: 5-Gang-Getriebe: I. 3.92; II. 2.32; III. 1.52; IV. 1.06; V. 0.83; R 3.67; Achse 5.29.
ECVT: stufenlos variabel von 2.5 bis 0.5; R 2.48; Achse 5.29.
Fahrgestell: Selbsttragende Karosserie; vorn Federbeine; Querlenker, Zugstreben; hinten Längs- und Querlenker, v/h Schraubenfedern, Teleskopdämpfer.
Fahrwerk: Bremse, vorne Scheiben, hinten Trommeln, Scheiben-Ø v. 20 cm, Handbremse auf Hinterräder; Zahnstangenlenkung, a.W. mit Servo, Treibstofftank 32 L; Reifen 145/70 R 12, 135 R 12, Felgen 4 J.
Dimensionen: Radstand 231 cm, Spur 122/120 cm, Bodenfreih. 15 cm, Wendekreis 9.8 m, Kofferraum 105/835 dm³, Länge 330 cm, Breite 140 cm, Höhe 138 cm.
Fahrleistungen: Vmax (Werk) 138 km/h, V bei 1000/min im 5. Gang 21.5 km/h; 0–100 km/h 16 s; Leistungsgew. 20.3 kg/kW (14.8 kg/PS); Verbrauch EU 5.2/8 L/100 km.
4WD: Vmax 130 km/h, 0–100 km/h 21.2 s; Verbrauch EU 5.6/7 L/100 km.
Aut.: Vmax 133 km/h, 0–100 km/h 18 s.

Transmission: (sur roues AV/4WD).
Boîte à 5 vit.: I. 4.08; II. 2.44; III. 1.56; IV. 1.1; V. 0.86; AR 3.83; pont 4.88.
4WD: boîte à 5 vit.: I. 3.92; II. 2.32; III. 1.52; IV. 1.06; V. 0.83; AR 3.67; pont 5.29.
ECVT: à variation continue de 2.5 et 0.5; AR 2.48; pont 5.29.
Châssis: carrosserie autoporteuse; AV jambes élastiques; leviers transv., tirants; AR bras longitud. et transv., AV/AR ressorts hélicoïdaux, amortiss. télesc.
Train roulant: frein, AV à disques, AR à tambours, Ø disques AV 20 cm, frein à main sur roues AR; direction à crémaillère, s.d. avec servo, réservoir carb. 32 L; pneus 145/70 R 12, 135 R 12, jantes 4 J.
Dimensions: empattement 231 cm, voie 122/120 cm, garde au sol 15 cm, diam. de braq. 9.8 m, coffre 105/835 dm³, longueur 330 cm, largeur 140 cm, hauteur 138 cm.
Performances: Vmax (usine) 138 km/h, V à 1000/min en 5. vit. 21.5 km/h; 0–100 km/h 16 s; rapp. poids/puiss. 20.3 kg/kW (14.8 kg/ch); consomm. EU 5.2/8 L/100 km.
4WD: Vmax 130 km/h, 0–100 km/h 21.2 s; consomm. EU 5.6/7 L/100 km.
Aut.: Vmax 133 km/h, 0–100 km/h 18 s.

Subaru J

Fuji Heavy Industries Ltd., Subaru Bldg., Tsunohazu, Shinjuku-ku, Tokyo, Japan

Personenwagen einer japanischen Firma der Schwerindustrie.

Département automobile d'une entreprise de l'industrie lourde japonaise.

Subaru Vivio

Kompaktes Fahrzeug mit drei oder fünf Türen, 658-cm³-Motor mit und ohne Aufladung, 5-Gang-Getriebe oder ECVT, Front- oder Allradantrieb. Debüt März 1992. Für 1994 als Coupé T-Top.

Voiture compacte avec 3/5 portes, moteur 658 cm³ avec ou sans compr., boîte à 5 vit. ou ECVT, s.d. traction sur roues AV ou toutes roues. Lancement mars 1992. Pour 1994 comme coupé T-Top.

0.7 – 44 PS Benzineinspritzung

0.7 – 44 ch Injection d'essence

Karosserie, Gewicht: Limousine, 3/5 Türen, 4 Sitze; leer ab 650/670 kg, max. zul. 1110 kg.
4 WD leer ab 710 kg.
Coupé, T-Top; 2 T., 2+2 Sitze; leer 640 kg.
Motor: (DIN), 4 Zyl. in Linie (56×66.8 mm), 658 cm³; Kompr. 10:1; 32 kW (44 PS) bei 6400/min, 48.6 kW/L (66.1 PS/L); 53 Nm (5.4 mkp) bei 3600/min; 95 ROZ.
JIS: 38 kW (52 PS) bei 7200/min; 54 Nm bei 5600/min.
ECVT: 35 kW (48 PS) bei 6400/min; 55 Nm bei 4000/min.
Motorkonstruktion: Bezeichnung EN 07 E; Ventile in V; 1 obenl. Nockenwelle (Zahnriemen); Leichtmetall-Zylinderkopf; 5fach gelagerte Kurbelwelle; Öl 2.7 L; elektron. Einspritzung, MPI (D-Jetronic).
Batt. 28 Ah, Altern. 45 A; Wasser 3.1 L.

Carrosserie, poids: Berline, 3/5 portes, 4 places; vide dès 650/670 kg, tot. adm. 1110 kg.
4 WD vide dès 710 kg.
Coupé, 2 portes, 2+2 places; vide 640 kg.
Moteur: (DIN), 4 cyl. en ligne (56×66.8 mm), 658 cm³; compr. 10:1; 32 kW (44 ch) à 6400/min, 48.6 kW/L (66.1 ch/L); 53 Nm (5.4 mkp) à 3600/min; 95 (R).
JIS: 38 kW (52 ch) à 7200/min; 54 Nm à 5600/min.
ECVT: 35 kW (48 ch) à 6400/min; 55 Nm à 4000/min.
Moteur (constr.): désignation EN 07 E; soupapes en V; 1 arbre à cames en tête (courroie crantée); culasse en alliage léger; vilebrequin à 5 paliers; huile 2.7 L; injection électronique, MPI (D-Jetronic).
Batt. 28 Ah, altern. 45 A; eau, capac. 3.1 L.

Subaru Vivio

Subaru Vivio Bistro

0.7 – 64 PS Benzineinspritzung/Kompr.

0.7 – 64 ch Injection d'essence/compr.

Wie 0.7 – 44 PS, ausgenommen:

Karosserie, Gewicht: Limousine, 3 Türen, 4 Sitze; leer ab 700 kg.
4 WD leer ab 750 kg.
Motor: (JIS), 4 Zyl. in Linie (56×66.8 mm), 658 cm³; Kompr. 9:1; 47 kW (64 PS) bei 7200/min, 71.4 kW/L (97 PS/L); 88 Nm (9 mkp) bei 4000/min; 95 ROZ.
ECVT: Kompr. 8.5:1; 47 kW (64 PS) bei 6400/min; 84 Nm bei 4400/min.
Motorkonstruktion: Bezeichnung EN 07 X/Z Super Charger; 4 Ventile in V; 1 obenl. Nockenwelle (Zahnriemen); Leichtmetall-Zylinderkopf; 5fach gelagerte Kurbelwelle; Ölkühler; Öl 2.7 L; elektron. Einspritzung, MPI (D-Jetronic); 1 Kompressor, Interc.
Batterie 28 Ah, Alternator 45 A; Wasserkühlung, Inh. 3.1 L.
Kraftübertragung: (auf Vorderräder/4WD permanent), zentrale Viskokupplung.
5-Gang-Getriebe: I. 3.31; II. 2.05; III. 1.32; IV. 0.97; V. 0.74; R 3.46; Achse 5.29; ECVT wie 44 PS.
Fahrgestell: v/h Kurvenstabilisator.
Fahrwerk: Bremse, vorne Scheiben (belüftet), hinten Trommeln, Reifen 155/65 R 13, Felgen 4.5 J.
Fahrleistungen: Vmax (Red.) über 140 km/h, V bei 1000/min im 5. Gang 25.7 km/h; Leistungsgew. 14.9 kg/kW (10.9 kg/PS); Verbrauch (Red.) 5/9 L/100 km.

Comme 0.7 – 44 ch, sauf:

Carrosserie, poids: Berline, 3 portes, 4 places; vide dès 700 kg.
4 WD vide dès 750 kg.
Moteur: (JIS), 4 cyl. en ligne (56×66.8 mm), 658 cm³; compr. 9:1; 47 kW (64 ch) à 7200/min, 71.4 kW/L (97 ch/L); 88 Nm (9 mkp) à 4000/min; 95 (R).
ECVT: compr. 8.5:1; 47 kW (64 ch) à 6400/min; 84 Nm à 4400/min.
Moteur (constr.): désignation EN 07 X/Z Super Charger; 4 soupapes en V; 1 arbre à cames en tête (courroie crantée); culasse en alliage léger; vilebrequin à 5 paliers; radiat. d'huile; huile 2.7 L; injection électronique, MPI (D-Jetronic); 1 compr., Interc.
Batterie 28 Ah, alternateur 45 A; refroidissement à eau, capac. 3.1 L.
Transmission: (sur roues AV/4WD permanent), visco-coupleur central.
Boîte à 5 vit.: I. 3.31; II. 2.05; III. 1.32; IV. 0.97; V. 0.74; AR 3.46; pont 5.29; ECVT comme 44 ch.
Châssis: AV/AR barre anti-dévers.
Train roulant: frein, AV à disques (ventilés), AR à tambours, pneus 155/65 R 13, jantes 4.5 J.
Performances: Vmax (réd.) plus de 140 km/h, V à 1000/min en 5. vit. 25.7 km/h; rapp. poids/puiss. 14.9 kg/kW (10.9 kg/ch); consomm. (réd.) 5/9 L/100 km.

Subaru

Subaru Justy

Nachfolger des japanischen Justy mit Dreizylindermotor. Kompakte Limousine mit 1.3-L-4-Zylinder-Motor und permanentem Allradantrieb. Entspricht dem Suzuki Swift und wird in Ungarn montiert. Debüt IAA Frankfurt 1995.

Successeur de la Justy japonaise à moteur 3 cylindres. Berline compacte à traction integrale permanente et moteur 1.3-4-cylindres. Correspond à la Suzuki Swift et est produite en Hongrie. Lancement IAA Francfort 1995.

1.3 – 68 PS Benzineinspritzung

Karosserie, Gewicht: Limousine, 3 Türen, 5 Sitze; leer ab 845 kg, max. zul. 1340 kg. Limousine, 5 Türen, 5 Sitze; leer ab 910 kg, max. zul. 1380 kg.
Motor: (ECE), 4 Zyl. in Linie (74×75.5 mm), 1299 cm³; Kompr. 9.5:1; 50 kW (68 PS) bei 6000/min, 38.5 kW/L (52.3 PS/L); 99 Nm (10.1 mkp) bei 3500/min; 91 ROZ.
Motorkonstruktion: Bezeichnung G 13 B; 2 Ventile in V; 1 obenl. Nockenwelle (Zahnriemen); Leichtmetall-Zylinderkopf und -block; 5fach gelagerte Kurbelwelle; Öl 3.3 L; elektron. Zentraleinspritzung.
Batterie 45 Ah, Alternator 50 A; Wasserkühlung, Inh. 4.7 L.

1.3 – 68 ch Injection d'essence

Carrosserie, poids: Berline, 3 portes, 5 places; vide dès 845 kg, tot. adm. 1340 kg. Limousine, 5 portes, 5 places; vide dès 910 kg, tot. adm. 1380 kg.
Moteur: (ECE), 4 cyl. en ligne (74×75.5 mm), 1299 cm³; compr. 9.5:1; 50 kW (68 ch) à 6000/min, 38.5 kW/L (52.3 ch/L); 99 Nm (10.1 mkp) à 3500/min; 91 (R).
Moteur (constr.): désignation G 13 B; 2 soupapes en V; 1 arbre à cames en tête (courroie crantée); culasse et bloc-cyl. en alliage léger; vilebrequin à 5 paliers; huile 3.3 L; injection monopoint électron.
Batterie 45 Ah, alternateur 50 A; refroidissement à eau, capac. 4.7 L.

Subaru Justy

Kraftübertragung: (4WD permanent), zentrale Viskokupplung.
5-Gang-Getriebe: I. 3.55; II. 1.9; III. 1.31; IV. 0.97; V. 0.82; R 3.25; Achse 4.24.
Fahrgestell: Selbsttragende Karosserie; vorn Federbeine und Dreieckquerlenker, Kurvenstabilisator; hinten Schräglenker, Querlenker; v/h Schraubenfedern, Teleskopdämpfer.
Fahrwerk: Bremse, vorne Scheiben (belüftet), hinten Trommeln, Scheiben-∅ v. 21.3 cm, Handbremse auf Hinterräder; Zahnstangenlenkung, Treibstofftank 37 L; Reifen 165/70 R 13, Felgen 4.5 J.
Dimensionen: Radstand 226.5 cm, Spur 136.5/134 cm, Bodenfreih. 16 cm, Wendekreis 9.2 m, Kofferraum 135/350 dm³, Länge 374.5 cm, Breite 159 cm, Höhe 135 cm.
5 Türen: Radstand 236.5 cm, Bodenfreih. 17 cm, Wendekreis 9.6 m, Kofferraum 145/360 dm³, Länge 384.5 cm, Höhe 138 cm.
Fahrleistungen: Vmax (Werk) 155 km/h, V bei 1000/min im 5. Gang 29.6 km/h; 0–100 km/h 13.6 s; Leistungsgew. 16.9 kg/kW (12.4 kg/PS); Verbr. EU 6/8.6 L/100 km.

Transmission: (4WD permanent), viscocoupleur central.
Boîte à 5 vit.: I. 3.55; II. 1.9; III. 1.31; IV. 0.97; V. 0.82; AR 3.25; pont 4.24.
Châssis: carrosserie autoporteuse; AV jambes élast. et leviers triang. transv., barre anti-dévers; AR triangles obliques, leviers transv.; AV/AR ressorts hélicoïdaux, amortiss. télesc.
Train roulant: frein, AV à disques (ventilés), AR à tambours, ∅ disques AV 21.3 cm, frein à main sur roues AR; direction à crémaillère, réservoir carb. 37 L; pneus 165/70 R 13, jantes 4.5 J.
Dimensions: empatt. 226.5 cm, voie 136.5/134 cm, garde au sol 16 cm, diam. de braq. 9.2 m, coffre 135/350 dm³, long. 374.5 cm, larg. 159 cm, haut. 135 cm.
5 portes: empatt. 236.5 cm, garde au sol 17 cm, diam. de braq. 9.6 m, coffre 145/360 dm³, longueur 384.5 cm, hauteur 138 cm.
Performances: Vmax (usine) 155 km/h, V à 1000/min en 5. vit. 29.6 km/h; 0–100 km/h 13.6 s; rapp. poids/puiss. 16.9 kg/kW (12.4 kg/ch); consomm. EU 6/8.6 L/100 km.

Subaru Impreza

Auf verkürzter Legacy-Plattform aufbauendes Mittelklassemodell mit Vierzylinder-Boxermotor, Front- oder Allradantrieb. Debüt Oktober 1992. Winter 1993/94: Auch als Coupé. Herbst 1995: Neu 2.0-l-Motor.

Voiture de catégorie moyenne, basant sur un châssis raccourci de la Legacy, moteur à cyl. horizontaux opposés, traction AV ou intégrale. Lancement octobre 1992. Hiver 1993/94: coupé. Automne 1995: moteur 2.0 L.

1.6 16V Boxer – 90 PS Benzineinspritzung

Karosserie, Gewicht: Limousine, 4 Türen, 5 Sitze; leer ab 1005 kg, max. zul. 1680 kg. 4 WD leer ab 1115 kg.
Station Wagon, 5 Türen, 5 Sitze; leer ab 1040 kg, max. zul. 1690 kg. 4 WD leer ab 1160 kg.
Coupé, 2 Türen, 5 Sitze; leer ab ca. 1050 kg.
Motor: (DIN), 4 Zyl. Boxer (87.9×65.8 mm), 1597 cm³; Kompr. 9.7:1; 66 kW (90 PS) bei 5600/min, 41.3 kW/L (56.2 PS/L); 137 Nm (14 mkp) bei 4000/min; 95 ROZ.
1.5: (85×65.8 mm), 1493 cm³; 71 kW (97 PS); 130 Nm.
Motorkonstruktion: Bezeichnung EJ 16; 4 Ventile in V 30°; 2×1 obenl. Nockenwelle (Zahnriemen); Leichtmetall-Zylinderköpfe und -block; 5fach gelagerte Kurbelwelle; Öl 4.5 L; elektron. Einspritzung.
Batterie 48/52 Ah, Alternator 75 A; Wasserkühlung, Inh. 6 L.
Kraftübertragung: (auf Vorderräder/4WD permanent), zentrales Diff. mit Viskokupplung; a.W. Dual Range: I. 1; II. 1.59.
5-Gang-Getriebe: I. 3.55; II. 2.11; III. 1.45; IV. 1.09; V. 0.83; R 3.42; Achse 3.9.
4-Stufen-Automat: I. 2.79; II. 1.55; III. 1; IV. 0.69; R 2.27; Achse 4.44.
Fahrgestell: Selbsttragende Karosserie; vorn Federbeine und Dreieckquerlenker; hinten Federbeine, Längs- und Querlenker; v/h Kurvenstabilisator, Schraubenfedern, Teleskopdämpfer.
Fahrwerk: Bremse, vorne Scheiben (belüftet), hinten Trommeln, a.W. ABS (mit Scheiben h.), Handbremse auf Hinterräder; Zahnstangenlenkung mit Servo, Treibstofftank 50 L; Reifen 175/70 R 14, 185/70 HR 14, Felgen 5.5 J.
Dimensionen: Radstand 252 cm, Spur 146/146 cm, Bodenfreih. 15 cm, Wendekreis 11 m, Kofferraum 365 dm³, Länge 435 cm, Breite 169 cm, Höhe 141 cm.
Wagon: Kofferraum 365/1280 dm³, Höhe 145 cm.
Fahrleistungen: Vmax (Werk) 178 km/h, V bei 1000/min im 5. Gang 34.5 km/h; 0–100 km/h 11.7 s; Leistungsgew. 15.2 kg/kW (11.2 kg/PS); Verbr. EU 6.9/11.2 L/100 km.
Wagon: Vmax 173 km/h, 0–100 km/h 12.1 s.
Aut.: Vmax 172 km/h, 0–100 km/h 14.1 s; Verbr. EU 7.8/12.5 L/100 km.

1.6 16V Boxer – 90 ch Injection d'essence

Carrosserie, poids: Berline, 4 portes, 5 pl.; vide dès 1005 kg, tot. adm. 1680 kg. 4 WD vide dès 1115 kg.
Station-wagon, 5 portes, 5 pl.; vide dès 1040 kg, tot. adm. 1690 kg. 4 WD vide dès 1160 kg.
Coupé, 2 portes, 5 places; vide dès env. 1050 kg.
Moteur: (DIN), 4 cyl. boxer (87.9×65.8 mm), 1597 cm³; compr. 9.7:1; 66 kW (90 ch) à 5600/min, 41.3 kW/L (56.2 ch/L); 128 Nm (14 mkp) à 4000/min; 95 (R).
1.5: (85×65.8 mm), 1493 cm³; 71 kW (97 ch); 130 Nm.
Moteur (constr.): désignation EJ 16; 4 soupapes en V 30°; 2×1 arbre à cames en tête (courroie crantée); culasses et bloc-cyl. en alliage léger; vilebrequin à 5 paliers; huile 4.5 L; injection électronique.
Batterie 48/52 Ah, alternator 75 A; refroidissement à eau, capac. 6 L.
Transmission: (sur roues AV/4WD permanent), diff. central avec visco-coupleur; s.d. Dual Range: I. 1; II. 1.59.
Boîte à 5 vit.: I. 3.55; II. 2.11; III. 1.45; IV. 1.09; V. 0.83; AR 3.42; pont 3.9.
Boîte aut. à 4 vit.: I. 2.79; II. 1.55; III. 1; IV. 0.69; AR 2.27; pont 4.44.
Châssis: carrosserie autoporteuse; AV jambes élast. et leviers triang. transv.; AR jambes élast., bras longitud. et transv.; AV/AR barre anti-dévers, ressorts hélic., amortiss. télesc.
Train roulant: frein, AV à disques (ventilés), AR à tambours, s.d. ABS (avec disque AR), frein à main sur roues AR; servodirection à crémaillère, réservoir carb. 50 L; pneus 175/70 R 14, 185/70 HR 14, jantes 5.5 J.
Dimensions: empattement 252 cm, voie 146/146 cm, garde au sol 15 cm, diam. de braq. 11 m, coffre 365 dm³, longueur 435 cm, largeur 169 cm, hauteur 141 cm.
Wagon: coffre 365/1280 dm³, hauteur 145 cm.
Performances: Vmax (usine) 178 km/h, V à 1000/min en 5. vit. 34.5 km/h; 0–100 km/h 11.7 s; rapp. poids/puiss. 15.2 kg/kW (11.2 kg/ch); consomm. EU 6.9/11.2 L/100 km.
Wagon: Vmax 173 km/h, 0–100 km/h 12.1 s.
Aut.: Vmax 172 km/h, 0–100 km/h 14.1 s; consomm. EU 7.8/12.5 L/100 km.

Subaru Impreza

2.0 16V Boxer – 116 PS Benzineinspritzung

Wie 1.6 – 90 PS, ausgenommen:

Karosserie, Gewicht: Limousine; leer ab 1140 kg, max. zul. 1680 kg.
Station Wagon; leer ab 1170 kg, max. zul. 1720 kg.

2.0 16V Boxer – 116 ch Injection d'essence

Comme 1.6 – 90 ch, sauf:

Carrosserie, poids: Berline; vide dès 1140 kg, tot. adm. 1680 kg.
Station-wagon; vide dès 1170 kg, tot. adm. 1720 kg.

Subaru

Motor: (DIN), 4 Zyl. Boxer (92×75 mm), 1994 cm³; Kompr. 9.5:1; 85 kW (116 PS) bei 5600/min, 42.6 kW/L (57.9 PS/L); 172 Nm (17.5 mkp) bei 4000/min; 91 ROZ. SAE: (96.9x75 mm), 2212 cm³; 102 kW (139 PS), 196 Nm.

Motorkonstruktion: Bezeichnung EJ 20; 4 Ventile in V 30°; 2×1 obenl. Nockenwelle (Zahnriemen); Leichtmetall-Zylinderköpfe und -block; 5fach gelagerte Kurbelwelle; Öl 4.5 L; elektron. Einspritzung. Batterie 48 Ah, Alternator 75 A; Wasserkühlung, Inh. 6 L.

Kraftübertragung: (4WD permanent), zentrales Diff. mit Viskokupplung; a.W. Viskokupplung hinten, Drehmomentverteilung v/h 50/50 %; a.W. Dual Range: I. 1; II. 1.2. *Aut.:* elektron. geregelte Kupplung; variable Drehmomentverteilung v/h; a.W. Dual Range: I. 1; II. 1.2.

5-Gang-Getriebe: I. 3.55; II. 2.11; III. 1.45; IV. 1.09; V. 0.87; R 3.42; Achse 3.9.

4-Stufen-Automat: I. 2.79; II. 1.55; III. 1; IV. 0.69; R 2.27; Achse 4.11.

Fahrleistungen: Vmax (Werk) 190 km/h, V bei 1000/min im 5. Gang 33.2 km/h; 0–100 km/h 9.7 s; Leistungsgew. 13.4 kg/kW (9.8 kg/PS); Verbrauch EU 7.6/12.2 L/100 km. *Aut.:* Vmax 180 km/h, 0–100 km/h 11.1 s; Verbrauch EU 7.8/13 L/100 km.

2.0 16V Boxer – 211 PS Benzineinspritzung/Turbo

Wie 1.6 – 90 PS, ausgenommen:

Karosserie, Gewicht: Limousine; leer ab 1200 kg, max. zul. 1750 kg. Station Wagon; leer ab 1270 kg, max. zul. 1800 kg.

Motor: (DIN), 4 Zyl. Boxer (92×75 mm), 1994 cm³; Kompr. 8:1; 155 kW (211 PS) bei 5600/min, 77.7 kW/L (105.7 PS/L); 290 Nm (29.6 mkp) bei 4000/min; 95 ROZ. JIS: Kompr. 8.5:1; 162 kW (220 PS); 280 Nm. WRX: 177 kW (240 PS); 304 Nm. STi: 184 kW (250 PS); 309 Nm.

Motorkonstruktion: Bezeichnung EJ 20 T; 4 Ventile in V 30°; 2×2 obenl. Nockenwellen (Zahnriemen); Leichtmetall-Zylinderköpfe und -block; 5fach gelagerte Kurbelwelle; Ölkühler 4.5 L; elektron. Einspritzung, 1 Turbolader, Intercooler. Batterie 48 Ah, Alternator 70 A; Wasserkühlung, Inh. 6 L.

Kraftübertragung: (4WD permanent), zentrales Diff. mit Viskokupplung; a.W. Viskokupplung hinten, Drehmomentverteilung v/h 50/50 %.

5-Gang-Getriebe: I. 3.55; II. 1.95; III. 1.37; IV. 0.97; V. 0.74; R 3.42; Achse 3.55. RA-Sportgetriebe: I. 3.45; II. 2.33; III. 1.75; IV. 1.35; V. 0.97; R 3.42; Achse 3.9.

4-Stufen-Automat: I. 2.79; II. 1.55; III. 1; IV. 0.69; R 2.27; Achse 4.11, 4.44.

Moteur: (DIN), 4 cyl. boxer (92×75 mm), 1994 cm³; compr. 9.5:1; 85 kW (116 ch) à 5600/min, 42.6 kW/L (57.9 ch/L); 172 Nm (17.5 mkp) à 4000/min; 91 (R). SAE: (96.9x75 mm), 2212 cm³; 102 kW (139 ch); 196 Nm.

Moteur (constr.): désignation EJ 20; 4 soupapes en V 30°; 2×1 arbre à cames en tête (courroie crantée); culasses et bloc-cyl. en alliage léger; vilebrequin à 5 paliers; huile 4.5 L; injection électronique. Batterie 48 Ah, alternateur 75 A; refroidissement à eau, capac. 6 L.

Transmission: (4WD permanent), diff. central avec visco-coupleur; s.d. visco-coupleur AR, répartition du couple AV/AR 50/50 %; a.W. Dual Range: I. 1; II. 1.2. *Aut.:* embrayage à pilotage électron.; répartition du couple AV/AR variable; s.d. Dual Range: I. 1; II. 1.2.

Boîte à 5 vit.: I. 3.55; II. 2.11; III. 1.45; IV. 1.09; V. 0.87; AR 3.42; pont 3.9.

Boîte aut. à 4 vit.: I. 2.79; II. 1.55; III. 1; IV. 0.69; AR 2.27; pont 4.11.

Performances: Vmax (usine) 190 km/h, V à 1000/min en 5. vit. 33.2 km/h; 0–100 km/h 9.7 s; rapp. poids/puiss. 13.4 kg/kW (9.8 kg/ch); consomm. EU 7.6/12.2 L/100 km. *Aut.:* Vmax 180 km/h, 0–100 km/h 11.1 s; consomm. EU 7.8/13 L/100 km.

2.0 16V Boxer – 211 ch Injection d'essence/turbo

Comme 1.6 – 90 ch, sauf:

Carrosserie, poids: Berline; vide dès 1200 kg, tot. adm. 1750 kg. Station-wagon; vide dès 1270 kg, tot. adm. 1800 kg.

Moteur: (DIN), 4 cyl. boxer (92×75 mm), 1994 cm³; compr. 8:1; 155 kW (211 ch) à 5600/min, 77.7 kW/L (105.7 ch/L); 290 Nm (29.6 mkp) à 4000/min; 95 (R). JIS: compr. 8.5:1; 162 kW (220 ch); 280 Nm. WRX: 177 kW (240 ch); 304 Nm. STi: 184 kW (250 ch); 309 Nm.

Moteur (constr.): désignation EJ 20 T; 4 soupapes en V 30°; 2×2 arbres à cames en tête (courroie crantée); culasses et bloc-cyl. en alliage léger; vilebrequin à 5 paliers; radiat. d'huile; huile 4.5 L; injection électronique, 1 turbocompr., Intercooler. Batterie 48 Ah, alternateur 70 A; refroidissement à eau, capac. 6 L.

Transmission: (4WD permanent), diff. central avec visco-coupleur; s.d. visco-coupleur AR, répartition du couple AV/AR 50/50 %.

Boîte à 5 vit.: I. 3.55; II. 1.95; III. 1.37; IV. 0.97; V. 0.74; AR 3.42; pont 3.55. Boîte sport RA : I. 3.45; II. 2.33; III. 1.75; IV. 1.35; V. 0.97; R 3.42; pont 3.9.

Boîte aut. à 4 vit.: I. 2.79; II. 1.55; III. 1; IV. 0.69; AR 2.27; pont 4.11, 4.44.

Subaru Impreza Turbo

Subaru Impreza Coupé

Fahrwerk: Vierrad-Scheibenbremse (v/h belüftet), ABS, Treibstofftank 60 L; Reifen 205/55 HR 15, Felgen 6 J.

Fahrleistungen: Vmax (Werk) 231 km/h, V bei 1000/min im 5. Gang 38.5 km/h; 0–100 km/h 6.4 s; Leistungsgew. 7.6 kg/kW (5.6 kg/PS); Verbrauch EU 8.1/13.8 L/100 km. *Wagon:* Vmax 228 km/h, 0–100 km/h 6.5 s.

2.0 Boxer 16V – 280 PS Benzineinspritzung/Turbo

Wie 1.6 – 90 PS, ausgenommen:

Karosserie, Gewicht: Limousine; leer ab 1250 kg. Coupé; leer ab 1240 kg. Station Wagon; leer ab 1300 kg.

Motor: (JIS), 4 Zyl. Boxer (92×75 mm), 1994 cm³; Kompr. 8:1; 206 kW (280 PS) bei 6500/min, 103.3 kW/L (140.4 PS/L); 338 Nm (34.5 mkp) bei 5000/min; 95 ROZ. Mit Automat: Kompr. 9:1; 191 kW (260 PS); 319 Nm.

Motorkonstruktion: Bezeichnung EJ 20; 4 Ventile in V 52°; 2×2 obenl. Nockenwellen (Zahnriemen); Leichtmetall-Zylinderköpfe und -block; 5fach gelagerte Kurbelwelle; Öl 4.5 L; elektron. Einspritzung, 2 Turbolader, Intercooler. Batterie 48 Ah, Alternator 70 A; Wasserkühlung, Inh. 6 L.

Kraftübertragung: (4WD permanent), zentrales Planetendiff. mit Viskokupplung; a.W. Antriebsschlupfregelung, Drehmomentverteilung v/h 35/65 %.

5-Gang-Getriebe: I. 3.08; II. 2.06; III. 1.55; IV. 1.15; V. 0.83; R 3.42; Achse 4.44.

Fahrwerk: Vierrad-Scheibenbremse (vorn belüftet), a.W. ABS, Reifen 205/50 R 16, Felgen 6 J.

Fahrleistungen: Vmax (Red.) 220 km/h, V bei 1000/min im 5. Gang 30.4 km/h; Leistungsgew. 6.1 kg/kW (4.5 kg/PS); Verbrauch (Red.) 10/17 L/100 km.

Train roulant: quatre freins à disques (AV/AR ventilés), ABS, réservoir carb. 60 L; pneus 205/55 HR 15, jantes 6 J.

Performances: Vmax (usine) 231 km/h, V à 1000/min en 5. vit. 38.5 km/h; 0–100 km/h 6.4 s; rapp. poids/puiss. 7.6 kg/kW (5.6 kg/ch); consomm. EU 8.1/13.8 L/100 km. *Wagon:* Vmax 228 km/h, 0–100 km/h 6.5 s.

2.0 Boxer 16V – 280 ch Injection d'essence/turbo

Comme 1.6 – 90 ch, sauf:

Carrosserie, poids: Berline; vide dès 1250 kg. Coupé; vide dès 1240 kg. Station-wagon; vide dès 1300 kg.

Moteur: (JIS), 4 cyl. boxer (92×75 mm), 1994 cm³; compr. 8:1; 206 kW (280 ch) bei 6500/min, 103.3 kW/L (140.4 ch/L); 338 Nm (34.5 mkp) à 5000/min; 95 (R). Avec boîte aut.: compr. 9:1; 191 kW (260 ch); 319 Nm.

Moteur (constr.): désignation EJ 20; 4 soupapes en V 52°; 2×2 arbres à cames en tête (courroie crantée); culasses et bloc-cyl. en alliage léger; vilebrequin à 5 paliers; huile 4.5 L; injection électronique, 2 turbocompresseurs, Intercooler. Batterie 48 Ah, alternateur 70 A; refroidissement à eau, capac. 6 L.

Transmission: (4WD permanent), diff. planétaire central avec visco-coupleur; visco-coupleur AR; s.d. dispositif antipatinage, répartition du couple AV/AR 35/65 %.

Boîte à 5 vit.: I. 3.08; II. 2.06; III. 1.55; IV. 1.15; V. 0.83; AR 3.42; pont 4.44.

Train roulant: quatre freins à disques (AV ventilés), ABS s. d., pneus 205/50 R 16, jantes 6 J.

Performances: Vmax (réd.) 220 km/h, V à 1000/min en 5. vit. 30.4 km/h; rapp. poids/puiss. 6.1 kg/kW (4.5 kg/ch); consomm. (Red.) 10/17 L/100 km.

Subaru Legacy

Limousine und Station Wagon der Mittelklasse. Frontantrieb oder permanenter Allradantrieb. Vierzylinder-Boxermotor mit vier Ventilen pro Zylinder. Debüt Januar 1989. Herbst 1990: 2.2-Turbo für USA. Herbst 1991: 2.0 ersetzt 1.8 in Europa, 2.0-DOHC-Turbo mit 200 PS. Herbst 1993: Restyling.

Berline et break de la classe moyenne. Traction AV ou toutes roues motrices. Moteur à 4 cyl. opposés avec 4 soupapes par cyl. Lancement janvier 1989. Automne 1990: 2.2 turbo pour les USA. Automne 1991: 2.0 remplace 1.9 en Europe, 2.0 DOHC Turbo avec 200 ch. Automne 1993: Restyling.

2.0 16V Boxer – 116 PS Benzineinspritzung

Karosserie, Gewicht: Limousine, 4 Türen, 5 Sitze; leer ab 1225 kg, max. zul. 1815 kg. Station Wagon, 5 Türen, 5 Sitze; leer ab 1250 kg, max. zul. 1870 kg.

2.0 16V Boxer – 116 ch Injection d'essence

Carrosserie, poids: Berline, 4 portes, 5 pl.; vide dès 1225 kg, tot. adm. 1815 kg. Station-wagon, 5 portes, 5 places; vide dès 1250 kg, tot. adm. 1870 kg.

Subaru 509

Motor: (DIN), 4 Zyl. Boxer (92×75 mm), 1994 cm³; Kompr. 9.7:1; 85 kW (116 PS) bei 5600/min, 42.6 kW/L (57.9 PS/L); 170 Nm (17.3 mkp) bei 4000/min; 91 ROZ. JIS: 99 kW (135 PS).

Motorkonstruktion: Bezeichnung EJ 20; 4 Ventile in V 30°; 2×1 obenl. Nockenwelle (Zahnriemen); Leichtmetall-Zylinderköpfe und -block; 5fach gelagerte Kurbelwelle; Öl 4.5 L; elektron. Einspritzung.
Batterie 48 Ah, Alternator 70 A; Wasserkühlung, Inh. 6 L.

Kraftübertragung: (auf Vorderräder/4WD permanent), zentrales Diff. mit Viskokupplung; a.W. Viskokupplung hinten, Drehmomentverteilung v/h 50/50 %; a.W. Dual Range: I. 1; II. 1.2.
5-Gang-Getriebe: I. 3.55; II. 2.11; III. 1.45; IV. 1.09; V. 0.87; R 3.42; Achse 3.9.
4-Stufen-Automat: I. 2.79; II. 1.55; III. 1; IV. 0.69; R 2.27; Achse 4.44.

Fahrgestell: Selbsttragende Karosserie; vorn Federbeine und Dreieckquerlenker, hinten Federbeine, Längs- und Querlenker, v/h Kurvenstabilisator, Schraubenfedern, Teleskopdämpfer.

Fahrwerk: Bremse, vorne Scheiben (belüftet), hinten Trommeln, a.W. ABS (mit Scheiben h.), Handbremse auf Hinterräder; Zahnstangenlenkung mit Servo, Treibstofftank 60 L; Reifen 195/60 R 15, Felgen 6 J.

Dimensionen: Radstand 263 cm, Spur 146/145.5 cm, Bodenfreih. 16 cm, Wendekreis 11.1 m, Kofferraum 450 dm³, Länge 460 cm, Breite 170 cm, Höhe 141 cm.
Wagon: Kofferraum 490/1710 dm³, Länge 467 cm, Höhe 149 cm.

Fahrleistungen: Vmax (Werk) 191 km/h, V bei 1000/min im 5. Gang 33.2 km/h; 0–100 km/h 10.1 s; Leistungsgew. 14.4 kg/kW (10.6 kg/PS); Verbr. EU 8.1/13 L/100 km.
Aut.: Vmax 187 km/h, 0–100 km/h 12 s; Verbr. EU 7.8/12.2 L/100 km.
Wagon: Vmax 185 km/h, 0–100 km/h 10.5 s; Verbr. EU 7.8/12.2 L/100 km.

Moteur: (DIN), 4 cyl. boxer (92×75 mm), 1994 cm³; compr. 9.7:1; 85 kW (116 ch) à 5600/min, 42.6 kW/L (57.9 ch/L); 170 Nm (17.3 mkp) à 4000/min; 91 (R). JIS: 99 kW (135 ch).

Moteur (constr.): désignation EJ 20; 4 soupapes en V 30°; 2×1 arbre à cames en tête (courroie crantée); culasses et bloc-cyl. en alliage léger; vilebrequin à 5 paliers; huile 4.5 L; injection électronique.
Batterie 48 Ah, alternateur 70 A; refroidissement à eau, capac. 6 L.

Transmission: (sur roues AV/4WD permanent), diff. central avec visco-coupleur; s.d. visco-coupleur AR, répartition du couple AV/AR 50/50 %; s.d. Dual Range: I. 1; II. 1.2.
Boîte à 5 vit.: I. 3.55; II. 2.11; III. 1.45; IV. 1.09; V. 0.87; R 3.42; pont 3.9.
Boîte aut. à 4 vit.: I. 2.79; II. 1.55; III. 1; IV. 0.69; AR 2.27; pont 4.44.

Châssis: carrosserie autoporteuse; AV jambes élast. et leviers triang. transv.; AR jambes élast., bras longitud. et transv., AV/AR barre anti-dévers, ressorts hélic, amortiss. télesc.

Train roulant: frein, AV à disques (ventilés), AR à tambours, s.d. ABS (avec disque AR), frein à main sur roues AR; servodirection à crémaillère, réservoir carb. 60 L; pneus 195/60 R 15, jantes 6 J.

Dimensions: empattement 263 cm, voie 146/145.5 cm, garde au sol 16 cm, diam. de braq. 11.1 m, coffre 450 dm³, longueur 460 cm, largeur 170 cm, hauteur 141 cm.
Wagon: coffre 490/1710 dm³, longueur 467 cm, hauteur 149 cm.

Performances: Vmax (usine) 191 km/h, V à 1000/min en 5. vit. 33.2 km/h; 0–100 km/h 10.1 s; rapp. poids/puiss. 14.4 kg/kW (10.6 kg/ch); consomm. EU 8.1/13 L/100 km.
Aut.: Vmax 187 km/h, 0–100 km/h 12 s; consomm. EU 7.8/12.2 L/100 km.
Wagon: Vmax 185 km/h, 0–100 km/h 10.5 s; consomm. EU 7.8/12.2 L/100 km.

Subaru Legacy Station Wagon

Kraftübertragung: (4WD permanent), zentrales Diff. mit Viskokupplung; Drehmomentverteilung v/h 50/50 %; a.W. Dual Range: I. 1; II. 1.2.
Aut.: elektron. geregelte Kupplung; variable Drehmomentverteilung v/h.
5-Gang-Getriebe: I. 3.55; II. 2.11; III. 1.45; IV. 1.09; V. 0.87; R 3.42; Achse 3.7.
4-Stufen-Automat: I. 2.79; II. 1.55; III. 1; IV. 0.69; R 2.27; Achse 4.11.

Fahrwerk: Vierrad-Scheibenbremse (vorn belüftet), ABS, Reifen 185/70 R 14.

Fahrleistungen: Vmax (Werk) 196 km/h, V bei 1000/min im 5. Gang 33.6 km/h; 0–100 km/h 9.5 s; Leistungsgew. 13 kg/kW (9.6 kg/PS); Verbrauch EU 7.6/12.4 L/100 km.
Wagon: Vmax 190 km/h, 0–100 km/h 10 s.
Wagon Aut.: Vmax 182 km/h, 0–100 km/h 12.1 s; Verbr. ECE 7.1/8.9/12.3 L/100 km.

Transmission: (4WD permanent), diff. central avec visco-coupleur; répartition du couple AV/AR 50/50 %; s.d. Dual Range: I. 1; II. 1.2.
Aut.: embrayage à pilotage électron.; répartition du couple AV/AR variable.
Boîte à 5 vit.: I. 3.55; II. 2.11; III. 1.45; IV. 1.09; V. 0.87; AR 3.42; pont 3.7.
Boîte aut. à 4 vit.: I. 2.79; II. 1.55; III. 1; IV. 0.69; AR 2.27; pont 4.11.

Train roulant: quatre freins à disques (AV ventilés), ABS, pneus 185/70 R 14.

Performances: Vmax (usine) 196 km/h, V à 1000/min en 5. vit. 33.6 km/h; 0–100 km/h 9.5 s; rapp. poids/puiss. 13 kg/kW (9.6 kg/ch); consomm. EU 7.6/12.4 L/100 km.
Wagon: Vmax 190 km/h, 0–100 km/h 10 s.
Wagon Aut.: Vmax 182 km/h, 0–100 km/h 12.1 s; cons. ECE 7.1/8.9/12.3 L/100 km.

Subaru Legacy

2.2 Boxer 16V – 128 PS Benzineinspritzung

Wie 2.0 – 116 PS, ausgenommen:

Karosserie, Gewicht: Limousine; leer ab 1225 kg, max. zul. 1795 kg.
2 WD leer ab 1165 kg.
Station Wagon; leer ab 1400 kg, max. zul. 1880 kg.

Motor: (DIN), 4 Zyl. Boxer (96.9×75 mm), 2212 cm³; Kompr. 9.5:1; 96 kW (131 PS) bei 5600/min, 43.4 kW/L (59.2 PS/L); 193 Nm (19.7 mkp) bei 4000/min; 95 ROZ.

Motorkonstruktion: 4 Ventile in V 30°; 2×1 obenl. Nockenwelle (Zahnriemen); Leichtmetall-Zylinderköpfe und -block; 5fach gelagerte Kurbelwelle; Öl 4.5 L; elektron. Einspritzung.
Batterie 48 Ah, Alternator 70 A; Wasserkühlung, Inh. 6 L.

2.2 Boxer 16V – 128 ch Injection d'essence

Comme 2.0 – 116 ch, sauf:

Carrosserie, poids: Berline; vide dès 1225 kg, tot. adm. 1795 kg.
2 WD vide dès 1165 kg.
Station-wagon; vide dès 1400 kg, tot. adm. 1880 kg.

Moteur: (DIN), 4 cyl. boxer (96.9×75 mm), 2212 cm³; compr. 9.5:1; 96 kW (131 ch) à 5600/min, 43.4 kW/L (59.2 ch/L); 193 Nm (19.7 mkp) à 4000/min; 95 (R).

Moteur (constr.): 4 soupapes en V 30°; 2×1 arbre à cames en tête (courroie crantée); culasses et bloc-cyl. en alliage léger; vilebrequin à 5 paliers; huile 4.5 L; injection électronique.
Batterie 48 Ah, alternateur 70 A; refroidissement à eau, capac. 6 L.

2.0 16V Boxer – 150 PS Benzineinspritzung

Wie 2.0 – 116 PS, ausgenommen:

Karosserie, Gewicht: Limousine, Station Wagon; leer ab 1170 kg.

Motor: (JIS), 4 Zyl. Boxer (92×75 mm), 1994 cm³; Kompr. 9.7:1; 110 kW (150 PS) bei 6400/min, 55.2 kW/L (75 PS/L); 182 Nm (18.6 mkp) bei 4800/min; 91 ROZ. JIS: 114 kW (155 PS).

Motorkonstruktion: Bezeichnung EJ 20; 4 Ventile in V 52°; 2×2 obenl. Nockenwellen (Zahnriemen); Leichtmetall-Zylinderköpfe und -block; 5fach gelagerte Kurbelwelle; Öl 4.5 L; elektron. Einspritzung.
Batterie 48 Ah, Alternator 70 A; Wasserkühlung, Inh. 6 L.

Kraftübertragung: (auf Vorderräder/4WD permanent), zentrales Diff. mit Viskokupplung; Drehmomentverteilung v/h 50/50 %; a.W. Dual Range: I. 1; II. 1.2.
5-Gang-Getr.: I. 3.55; II. 2.11; III. 1.45; IV. 1.09; V. 0.87; R 3.42; Achse 3.7; 4 WD 3.9.
4-Stufen-Automat: I. 2.79; II. 1.55; III. 1; IV. 0.69; R 2.27; Achse 4.11; 4 WD 4.44.

Fahrgestell: Wagon a.W. mit elektropneumat. Feder/Dämpfer-Einheiten (Niveauregulierung und Höhenverst.).

Fahrwerk: Vierrad-Scheibenbremse (vorn belüftet), a.W. ABS, Reifen 185/65 HR 14, 195/60 HR 15.

Fahrleistungen: Vmax (Red.) über 200 km/h, V bei 1000/min im 5. Gang 34.4 km/h; Leistungsgew. 10.6 kg/kW (7.8 kg/PS); Verbrauch (Red.) 8/13 L/100 km.

2.0 16V Boxer – 150 ch Injection d'essence

Comme 2.0 – 116 ch, sauf:

Carrosserie, poids: Berline, Station-wagon; vide dès 1170 kg.

Moteur: (JIS), 4 cyl. boxer (92×75 mm), 1994 cm³; compr. 9.7:1; 110 kW (150 ch) à 6400/min, 55.2 kW/L (75 ch/L); 182 Nm (18.6 mkp) à 4800/min; 91 (R). JIS: 114 kW (155 ch).

Moteur (constr.): désignation EJ 20; 4 soupapes en V 52°; 2×2 arbres à cames en tête (courroie crantée); culasses et bloc-cyl. en alliage léger; vilebrequin à 5 paliers; huile 4.5 L; injection électronique.
Batterie 48 Ah, alternateur 70 A; refroidissement à eau, capac. 6 L.

Transmission: (sur roues AV/4WD permanent), diff. central avec visco-coupleur; répartition du couple AV/AR 50/50 %; s.d. Dual Range: I. 1; II. 1.2.
Boîte à 5 vit.: I. 3.55; II. 2.11; III. 1.45; IV. 1.09; V. 0.87; AR 3.42; pont 3.7; 4 WD 3.9.
Boîte aut. à 4 vit.: I. 2.79; II. 1.55; III. 1; IV. 0.69; AR 2.27; pont 4.11.

Châssis: Wagon s. d. avec unités ressort/amortiss. électropneumat. (réglage de l'assiette et de la hauteur).

Train roulant: quatre freins à disques (AV ventilés), ABS s. d., pneus 185/65 HR 14, 195/60 HR 15.

Performances: Vmax (réd.) plus de 200 km/h, V à 1000/min en 5. vit. 34.4 km/h; rapp. poids/puiss. 10.6 kg/kW (7.8 kg/ch); consomm. (Réd.) 8/13 L/100 km.

2.0 Boxer 16V – 280 PS Benzineinspritzung/Turbo

Wie 2.0 – 116 PS, ausgenommen:

Karosserie, Gewicht: Limousine; leer ab 1380 kg.

2.0 Boxer 16V – 280 ch Injection d'essence/turbo

Comme 2.0 – 116 ch, sauf:

Carrosserie, poids: Berline; vide dès 1380 kg.

Subaru • Suzuki

Motor: (JIS), 4 Zyl. Boxer (92×75 mm), 1994 cm³; Kompr. 8:1; 206 kW (280 PS) bei 6500/min, 103.3 kW/L (140.4 PS/L); 338 Nm (34.5 mkp) bei 5000/min; 95 ROZ. Mit Automat: Kompr. 9:1; 191 kW (260 PS) 319 Nm.

Motorkonstruktion: Bezeichnung EJ 20; 4 Ventile in V 52°; 2×2 obenl. Nockenwellen (Zahnriemen); Leichtmetall-Zylinderköpfe und -block; 5fach gelagerte Kurbelwelle; Öl 4.5 L; elektron. Einspritzung, 2 Turbolader, Intercooler.

Batterie 48 Ah, Alternator 70 A; Wasserkühlung, Inh. 6 L.

Kraftübertragung: (4WD permanent), zentrales Diff. mit Viskokupplung; a.W. Viskokupplung hinten, Drehmomentverteilung v/h 50/50 %.

5-Gang-Getriebe: I. 3.17; II. 1.19; III. 1.3; IV. 0.97; V. 0.74; R 4.44; Achse 3.91, 4.11.
4-Stufen-Automat: I. 2.79; II. 1.55; III. 1; IV. 0.69; R 2.27; Achse 4.44.

Fahrwerk: ABS, Vierrad-Scheibenbremse (v/h belüftet), ABS, Reifen 205/70 R 15.

Fahrleistungen: Vmax (Red.) 250 km/h, V bei 1000/min in 5. Gang 40.7 km/h; 0–100 km/h 6.8 s; Leistungsgew. 6.7 kg/kW (4.9 kg/PS); Verbrauch (Red.) 10/18 L/100 km.

Moteur: (JIS), 4 cyl. boxer (92×75 mm), 1994 cm³; compr. 8:1; 206 kW (280 ch) à 6500/min, 103.3 kW/L (140.4 ch/L); 338 Nm (34.5 mkp) à 5000/min; 95 (R). Avec boîte aut.: compr. 9:1; 191 kW (260 ch); 319 Nm.

Moteur (constr.): désignation EJ 20; 4 soupapes en V 52°; 2×2 arbres à cames en tête (courroie crantée); culasses et bloc-cyl. en alliage léger; vilebrequin à 5 paliers; huile 4.5 L; injection électronique, 2 turbocompresseurs, Intercooler.

Batterie 48 Ah, alternateur 70 A; refroidissement à eau, capac. 6 L.

Transmission: (4WD permanent), diff. central avec visco-coupleur; s.d. visco-coupleur AR, répartition du couple AV/AR 50/50 %.

Boîte à 5 vit.: I. 3.17; II. 1.19; III. 1.3; IV. 0.97; V. 0.74; AR 4.44 pont 3.91, 4.11.
Boîte aut. à 4 vit.: I. 2.79; II. 1.55; III. 1; IV. 0.69; AR 2.27; pont 4.44.

Train roulant: ABS, quatre freins à disques (AV/AR ventilés), ABS, pneus 205/70 R 15.

Performances: Vmax (réd.) 250 km/h, V à 1000/min en 5. vit. 40.7 km/h; 0–100 km/h 6.8 s; rapp. poids/puiss. 6.7 kg/kW (4.9 kg/ch); consomm. (Red.) 10/18 L/100 km.

Subaru Forester

Neues Modell. SUV (Sport Utility Van) mit permanentem Vierradantrieb und 2.5-Liter-Boxer mit ca. 170 PS. Radstand zwischen Impreza (252 cm) und Legacy (263 cm). Wird in Japan gebaut, Produktionsbeginn Ende Sommer 1997.

Nouveau modèle. SUV (Sport Utility Van) avec traction intégrale permanente et moteur 2.5 Boxer avec env. 170 ch. Empattement entre Impreza (252 cm) et Legacy (263 cm). Est construit au Japon, production dès fin d'été 1997.

Subaru Forester

2.5 Boxer 16V – 150 PS
Benzineinspritzung

Wie 2.0 – 116 PS, ausgenommen:

Karosserie, Gewicht: Limousine; leer ab 1315 kg, max. zul. 1875 kg.
Station Wagon; leer ab ca. 1400 kg, max. zul. 1945 kg.

Motor: (DIN), 4 Zyl. Boxer (99.5×79 mm), 2457 cm³; Kompr. 9.7:1; 110 kW (150 PS) bei 5600/min, 44.8 kW/L (60.9 PS/L); 221 Nm (22.5 mkp) bei 4000/min; 95 ROZ. SAE: 121 kW (175 PS).

Motorkonstruktion: Bezeichnung EJ 25; 4 Ventile in V 52°; 2×2 obenl. Nockenwellen (Zahnriemen); Leichtmetall-Zylinderköpfe und -block; 5fach gelagerte Kurbelwelle; Ölkühler; Öl 4.5 L; elektron. Einspritzung.

Batterie 52 Ah, Alternator 85 A; Wasserkühlung, Inh. 7.2 L.

Kraftübertragung: (4WD permanent), elektron. geregelte Kupplung; a.W. Viskokupplung hinten, variable Drehmomentverteilung v/h.

4-Stufen-Automat: I. 2.79; II. 1.55; III. 1; IV. 0.69; R 2.27; Achse 4.11; Outback 4.44.

Fahrwerk: ABS, Vierrad-Scheibenbremse (v/h belüftet), ABS, Reifen 205/70 R 15.

2.5 Boxer 16V – 150 ch
Injection d'essence

Comme 2.0 – 116 ch, sauf:

Carrosserie, poids: Berline; vide dès 1315 kg, tot. adm. 1875 kg.
Station-wagon; vide dès env. 1400 kg, tot. adm. 1945 kg.

Moteur: (DIN), 4 cyl. boxer (99.5×79 mm), 2457 cm³; compr. 9.7:1; 110 kW (150 ch) à 5600/min, 44.8 kW/L (60.9 ch/L); 221 Nm (22.5 mkp) à 4000/min; 95 (R). SAE: 121 kW (175 ch).

Moteur (constr.): désign. EJ 25; 4 soupapes en V 52°; 2×2 arbres à cames en tête (courroie crantée); culasses et bloc-cyl. en alliage léger; vilebrequin à 5 paliers; radiat. d'huile 4.5 L; injection électronique.

Batterie 52 Ah, alternateur 85 A; refroidissement à eau, capac. 7.2 L.

Transmission: (4WD permanent), embrayage à pilotage électron.; s.d. visco-coupleur AR, répartition du couple AV/AR variable.

Boîte aut. à 4 vit.: I. 2.79; II. 1.55; III. 1; IV. 0.69; AR 2.27; pont 4.11; Outback 4.44.

Train roulant: ABS, quatre freins à disques (AV/AR ventilés), ABS, pneus 205/70 R 15.

Subaru Legacy Outback

Dimensionen: Outback: Länge 472 cm, Breite 172 cm, Höhe 156 cm.

Fahrleistungen: Vmax (Werk) 205 km/h, V bei 1000/min in 4. Gang 40.7 km/h; 0–100 km/h 9.7 s; Leistungsgew. 12 kg/kW (8.8 kg/PS); Verbrauch EU 8.1/13.9 L/100 km.
Wagon: Vmax 200 km/h, 0–100 km/h 10 s.

Dimensions: Outback: Longueur 472 cm, largeur 172 cm, hauteur 156 cm.

Performances: Vmax (usine) 205 km/h, V à 1000/min en 4. vit. 40.7 km/h; 0–100 km/h 9.7 s; rapp. poids/puiss. 12 kg/kW (8.8 kg/ch); consomm. EU 8.1/13.9 L/100 km.
Wagon: Vmax 200 km/h, 0–100 km/h 10 s.

Suzuki   J

Suzuki Motor Co. Ltd., Hamamatsu-Nishi, P.O. Box 1, 432-91 Hamamatsu, Japan

Japanisches Automobil- und Motorradwerk.

Fabrique japonaise de voitures et motocyclettes.

Suzuki Alto - Cervo

Kleinwagen mit Front- oder Allradantrieb. Debüt Juni 1982. Frühjahr 1990: Vergrösserte Motoren, Wagenlänge +10 cm. Sommer 1990: Cervo mit neuer Karosserie (Dreitürer), neuer Vierzylinder mit Aufladung. Tokio 1993: Wagon R. Genf 1994: Neue Exportversion (993 cm³) von Maruti/Indien.

Petite voiture à traction AV ou 4×4. Lancement juin 1982. Printemps 1990: Moteurs plus grands, longueur +10 cm. Eté 1990: Cervo avec nouvelle carrosserie (hatchback 3 portes), nouveau quatre cyl. suralimentée. Tokio 1993: Wagon R. Genève 1994: Nouvelle version d'export. (993 cm³) de Maruti/Inde.

0.7 12V – 52 PS
Benzineinspritzung

Karosserie, Gewicht: Limousine, 3 Türen, 4 Sitze; leer ab 590 kg.
4 WD leer ab 640 kg.
Lim., 5 Türen, 4 Sitze; leer ab 600 kg.
4 WD leer ab 660 kg.
Wagon R; 4 Türen, 4 Sitze; leer ab 730 kg.
4 WD leer ab 800 kg.

Motor: (JIS), 3 Zyl. in Linie (65×66 mm), 657 cm³; Kompr. 10.5:1; 38 kW (52 PS) bei 7000/min, 57.8 kW/L (78.6 PS/L); 56 Nm (5.7 mkp) bei 4500/min; 95 ROZ.
oder: 40 kW (55 PS) bei 7500/min; 60 Nm bei 4500/min.
Mit Vergaser (2 Ventile pro Zyl.): Kompr. 9.7:1; 29/31 kW (40/42 PS) bei 6000/min; 54 Nm bei 3500/min.

Motorkonstruktion: Bezeichnung F6A; 4 Ventile in V; 1 obenl. Nockenwelle (Zahnriemen); Leichtmetall-Zylinderkopf; 4fach gelagerte Kurbelwelle; Öl 3 L; elektron. Einspritzung.

Batterie 26 Ah, Alternator 300 W; Wasserkühlung, Inh. 4 L.

Kraftübertragung: (auf Vorderräder/4WD permanent), zentrale Viskokupplung.

5-Gang-Getriebe: I. 3.38; II. 2.06; III. 1.28; IV. 0.89; V. 0.77; R 3.27; Achse 5.32, 5.94.
4 WD: 5-Gang-Getriebe: I. 3.82; II. 2.21; III. 1.42; IV. 0.97; V. 0.82; R 3.58; Achse 5.7.
3-Stufen-Aut.: I. 2.66; II. 1.53; III. 1; R 2.13; Achse 4.55; 4 WD 5.08; Wagon R 5.35.

0.7 12V – 52 ch
Injection d'essence

Carrosserie, poids: Berline, 3 portes, 4 places; vide dès 590 kg.
4 WD vide dès 640 kg.
Berline, 5 portes, 4 pl.; vide dès 600 kg.
4 WD vide dès 660 kg.
Wagon R, 4 portes, 4 pl.; vide dès 730 kg.
4 WD vide dès 800 kg.

Moteur: (JIS), 3 cyl. en ligne (65×66 mm), 657 cm³; compr. 10.5:1; 38 kW (52 ch) à 7000/min, 57.8 kW/L (78.6 ch/L); 56 Nm (5.7 mkp) à 4500/min; 95 (R).
ou: 40 kW (55 ch) à 7500/min; 60 Nm à 4500/min.
Avec carburateur (2 soupapes par cyl.): compr. 9.7:1; 29/31 kW (40/42 ch) à 6000/min; 54 Nm à 3500/min.

Moteur (constr.): désignation F6A; 4 soupapes en V; 1 arbre à cames en tête (courroie crantée); culasse en alliage léger; vilebrequin à 4 paliers; huile 3 L; injection électronique.

Batterie 26 Ah, alternateur 300 W; refroidissement à eau, capac. 4 L.

Transmission: (sur roues AV/4WD permanent), visco-coupleur central.

Boîte à 5 vit.: I. 3.38; II. 2.06; III. 1.28; IV. 0.89; V. 0.77; AR 3.27; pont 5.32, 5.94.
4 WD: boîte à 5 vit.: I. 3.82; II. 2.21; III. 1.42; IV. 0.97; V. 0.82; AR 3.58; pont 5.7.
boîte aut. à 3 vit.: I. 2.66; II. 1.53; III. 1; AR 2.13; pont 4.55; 4 WD 5.08; Wagon R 5.35.

Suzuki

Fahrgestell: Selbsttragende Karosserie; vorn Federbeine, Querlenker, Kurvenstabilisator; hinten Torsionskurbelachse, Panhardstab, v/h Schraubenfedern, Teleskopdämpfer.
4 WD: hinten Starrachse, Längslenker.

Fahrwerk: Bremse, vorne Scheiben, hinten Trommeln, Handbremse auf Hinterräder; Zahnstangenlenkung, Treibstofftank 30 L; Reifen 155/70 R 12, 135 R 12, 155/65 R 13; Felgen 4.5 J.

Dimensionen: Radstand 233.5 cm, Spur 122/121 cm, Bodenfreih. 15 cm, Wendekreis 9.3 m, Länge 329.5 cm, Breite 139.5 cm, Höhe 139 cm.
4 WD: Spur 121.5/120 cm.
Wagon R: Höhe 164 cm.

Fahrleistungen: Vmax (Red.) 125 km/h, V bei 1000/min im 5. Gang 23 km/h; Leistungsgew. 15.5 kg/kW (11.3 kg/PS); Verbrauch (Red.) 4/8 L/100 km.

0.7 16V – 64 PS Benzineinspritzung/Turbo

Wie 0.7 – 52 PS, ausgenommen:

Karosserie, Gewicht: Limousine; leer ab 650 kg.
4 WD leer ab 670 kg.

Motor: Motor für Cervo (JIS), 4 Zyl. in Linie (65×49.6 mm), 658 cm³; Kompr. 8.3:1; 47 kW (64 PS) bei 7000/min, 71.4 kW/L (97 PS/L); 82 Nm (8.4 mkp) bei 3500/min; 91 ROZ.
Alto: 3-Zyl. OHC/6V (65×66 mm), 657 cm³; Kompr. 8.1:1; 47 kW (64 PS) bei 6000/min; 98 Nm bei 4000/min.
oder: 3-Zyl.-DOHC/12 V (68×60.4 mm), 658 cm³; Kompr. 8.4:1; 47 kW (64 PS) bei 6500/min; 103 Nm bei 3500/min.

Motorkonstruktion: Bezeichnung (Cervo); 4 Ventile in V; 2 obenl. Nockenwellen (Zahnriemen); Leichtmetall-Zylinderkopf; 5fach gelagerte Kurbelwelle; Ölkühler; Öl 3 L; elektron. Einspritzung, 1 Turbolader, max. Ladedruck 0.9 bar, Intercooler.
Batterie 26 Ah, Alternator 300 W; Wasserkühlung, Inh. 4 L.

Kraftübertragung:
5-Gang-Getriebe: I. 4.3; II. 2.59; III. 1.61; IV. 1.09; V. 0.97; R 4; Achse 4.7.
5-Gang-Getriebe: I. 3.82; II. 2.28; III. 1.52; IV. 1.03; V. 0.84; R 3.58; Achse 4.7; 4 WD 4.7 oder 5.7.
3-Stufen-Automat: I. 2.73; II. 1.54; III. 1; R 2.22; Achse 4.2.

Fahrwerk: Vierrad-Scheibenbremse (vorn belüftet), Zahnstangenlenkung mit Servo, Reifen 155/65 R 13.

Fahrleistungen: Vmax (Red.) 150 km/h, V bei 1000/min im 5. Gang 21.1 km/h; Leistungsgew. 13.8 kg/kW (10.1 kg/PS); Verbrauch (Red.) 5/9 L/100 km.

Suzuki Wagon R

Châssis: carrosserie autoporteuse; AV jambes élast., leviers transv., barre anti-dévers; AR essieu à manivelles à torsion, barre Panhard, AV/AR ressorts hélicoïdaux, amortiss. télesc.
4 WD: essieu rigide AR, bras longitud.

Train roulant: frein, AV à disques, AR à tambours, frein à main sur roues AR; direction à crémaillère, réservoir carb. 30 L; pneus 155/70 R 12, 135 R 12, 155/65 R 13; jantes 4.5 J.

Dimensions: empattement 233.5 cm, voie 122/121 cm, garde au sol 15 cm, diam. de braq. 9.3 m, longueur 329.5 cm, largeur 139.5 cm, hauteur 139 cm.
4 WD: voie 121.5/120 cm.
Wagon R: hauteur 164 cm.

Performances: Vmax (réd.) 125 km/h, V à 1000/min en 5. vit. 23 km/h; rapp. poids/puiss. 15.5 kg/kW (11.3 kg/ch); consomm. (réd.) 4/8 L/100 km.

0.7 16V – 64 ch Injection d'essence/turbo

Comme 0.7 – 52 ch, sauf:

Carrosserie, poids: Berline; vide dès 650 kg.
4 WD vide dès 670 kg.

Moteur: moteur pour Cervo (JIS), 4 cyl. en ligne (65×49.6 mm), 658 cm³; compr. 8.3:1; 47 kW (64 ch) à 7000/min, 71.4 kW/L (97 ch/L); 82 Nm (8.4 mkp) à 3500/min; 91 (R).
Alto: 3-Zyl. OHC/6V (65×66 mm), 657 cm³; compr. 8.1:1; 47 kW (64 ch) à 6000/min; 98 Nm à 4000/min.
ou: 3-Zyl.-DOHC/12 V (68×60.4 mm), 658 cm³; compr. 8.4:1; 47 kW (64 ch) à 6500/min; 103 Nm à 3500/min.

Moteur (constr.): désignation (Cervo); 4 soupapes en V; 2 arbres à cames en tête (courroie crantée); culasse en alliage léger; vilebrequin à 5 paliers; radiat. d'huile, huile 3 L; injection électronique, 1 turbocompr., pression max. 0.9 bar, Intercooler.
Batterie 26 Ah, alternateur 300 W; refroidissement à eau, capac. 4 L.

Transmission:
Boîte à 5 vit.: I. 4.3; II. 2.59; III. 1.61; IV. 1.09; V. 0.97; AR 4; pont 4.7.
Boîte à 5 vit.: I. 3.82; II. 2.28; III. 1.52; IV. 1.03; V. 0.84; AR 3.58; pont 4.7; 4 WD 4.7 ou 5.7.
Boîte aut. à 3 vit.: I. 2.73; II. 1.54; III. 1; AR 2.22; pont 4.2.

Train roulant: quatre freins à disques (AV ventilés), servodirection à crémaillère, pneus 155/65 R 13.

Performances: Vmax (réd.) 150 km/h, V à 1000/min en 5. vit. 21.1 km/h; rapp. poids/puiss. 13.8 kg/kW (10.1 kg/ch); consomm. (réd.) 5/9 L/100 km.

Suzuki Alto

1.0 – 54 PS Benzineinspritzung

Wie 0.7 – 52 PS, ausgenommen:

Karosserie, Gewicht: Limousine; leer ab 730 kg, max. zul. 1160 kg.

Motor: (ECE), 4 Zyl. in Linie (72×61 mm), 993 cm³; Kompr. 9.4:1; 40 kW (54 PS) bei 5500/min, 40.3 kW/L (54.7 PS/L); 77 Nm (7.8 mkp) bei 4500/min; 95 ROZ.
oder 39 kW (53 PS).

Motorkonstruktion: 2 Ventile; 1 obenl. Nockenwelle (Zahnriemen); Leichtmetall-Zylinderkopf; 5fach gelagerte Kurbelwelle; Öl 3 L; elektron. Einspritzung.
Batterie 26 Ah, Alternator 300 W; Wasserkühlung, Inh. 4 L.

Kraftübertragung: (auf Vorderräder).
5-Gang-Getriebe: I. 3.42; II. 1.89; III. 1.28; IV. 0.91; V. 0.76; R 3.27; Achse 3.95.
3-Stufen-Automat: I. 2.81; II. 1.55; III. 1; R 2.29; Achse 3.87.

Fahrwerk: Bremse, vorne Scheiben (belüftet), hinten Trommeln, Treibstofftank 35 L; Reifen 145/70 R 13.

Dimensionen: Spur 133.5/130.5 cm, Wendekreis 9.8 m, Länge 349.5 cm, Breite 149.5 cm, Höhe 140 cm.

Fahrleistungen: Vmax (Werk) 150 km/h, V bei 1000/min im 5. Gang 33 km/h; 0–100 km/h 15.5 s; Leistungsgew. 18.2 kg/kW (13.5 kg/PS); Verbr. EU 4.8/7.3 L/100 km.
Aut.: Vmax 140 km/h, Verbrauch EU 6.1/9 L/100 km.

Suzuki Wagon R Wide

Neues Modell. Kleinwagen mit Front- oder Allradantrieb auf Basis des des Alto – Cervo, aber leicht grösser.

1.0 16V – 69 PS Benzineinspritzung

Karosserie, Gewicht: Limousine, 5 Türen, 4 Sitze; leer ab 810 kg.
4WD: leer ab 840 kg.

Motor: (SAE), 4 Zyl. in Linie (68×68.6 mm), 997 cm³; Kompr. 10:1; 51 kW (69 PS) bei 7000/min, 51.1 kW/L (69.5 PS/L); 88 Nm (9 mkp) bei 3500/min; 95 ROZ.

Motorkonstruktion: Bezeichnung K10A; 4 Ventile in V; 2 obenl. Nockenwellen (Zahnriemen); Leichtmetall-Zylinderkopf; 5fach gelagerte Kurbelwelle; Öl 3 L; elektron. Einspritzung.
Batterie 26 Ah, Alternator 300 W; Wasserkühlung, Inh. 5 L.

1.0 – 54 ch Injection d'essence

Comme 0.7 – 52 ch, sauf:

Carrosserie, poids: Berline; vide dès 730 kg, tot. adm. 1160 kg.

Moteur: (ECE), 4 cyl. en ligne (72×61 mm), 993 cm³; compr. 9.4:1; 40 kW (54 ch) à 5500/min, 40.3 kW/L (54.7 ch/L); 77 Nm (7.8 mkp) à 4500/min; 95 (R).
ou 39 kW (53 ch).

Moteur (constr.): 2 soupapes; 1 arbre à cames en tête (courroie crantée); culasse en alliage léger; vilebrequin à 5 paliers; huile 3 L; injection électronique.
Batterie 26 Ah, alternateur 300 W; refroidissement à eau, capac. 4 L.

Transmission: (sur roues AV).
Boîte à 5 vit.: I. 3.42; II. 1.89; III. 1.28; IV. 0.91; V. 0.76; AR 3.27; pont 3.95.
boîte aut. à 3 vit.: I. 2.81; II. 1.55; III. 1; AR 2.29; pont 3.87.

Train roulant: frein, AV à disques (ventilés), AR à tambours, réservoir carb. 35 L; pneus 145/70 R 13.

Dimensions: voie 133.5/130.5 cm, diam. de braq. 9.8 m, longueur 349.5 cm, largeur 149.5 cm, hauteur 140 cm.

Performances: Vmax (usine) 150 km/h, V à 1000/min en 5. vit. 33 km/h; 0–100 km/h 15.5 s; rapp. poids/puiss. 18.2 kg/kW (13.5 kg/ch); consomm. EU 4.8/7.3 L/100 km.
Aut.: Vmax 140 km/h, consomm. EU 6.1/9 L/100 km.

Suzuki Wagon R Wide

Nouveau modèle. Petite voiture avec traction AV ou intégrale sur base de la Alto – Cervo, mais un peu plus grand.

1.0 16V – 69 ch Injection d'essence

Carrosserie, poids: Berline, 5 portes, 4 places; vide dès 810 kg.
4WD: vide dès 840 kg.

Moteur: (SAE), 4 cyl. en ligne (68×68.6 mm), 997 cm³; compr. 10:1; 51 kW (69 ch) à 7000/min, 51.1 kW/L (69.5 ch/L); 88 Nm (9 mkp) à 3500/min; 95 (R).

Moteur (constr.): désignation K10A; 4 soupapes en V; 2 arbres à cames en tête (courroie crantée); culasse en alliage léger; vilebrequin à 5 paliers; huile 3 L; injection électronique.
Batterie 26 Ah, alternateur 300 W; refroidissement à eau, capac. 5 L.

Suzuki

Suzuki Wagon R Wide

Kraftübertragung: (auf Vorderräder/4WD permanent), zentrale Viskokupplung.
5-Gang-Getriebe: I. 3.42; II. 1.89; III. 1.28; IV. 0.91; V. 0.76; R 3.27. Achse 4.39.
4WD: 5-Gang-Getriebe: I. 3.42; II. 1.89; III. 1.28; IV. 0.97; V. 0.76; R 3.82; Achse 4.71.
4-Stufen-Automat: I. 2.96; II. 1.52; III. 1; IV. 0.74; R 2.81; Achse 3.9.

Fahrgestell: Selbsttragende Karosserie; vorn Federbeine, Querlenker, Kurvenstabilisator; hinten Torsionskurbelachse, Panhardstab; v/h Schraubenfedern, Teleskopdämpfer.

Fahrwerk: Vierrad-Scheibenbremse (vorn belüftet), Handbremse auf Hinterräder; Zahnstangenlenkung mit Servo, Treibstofftank 42 L; Reifen 155/65 R 13, 165/65 R 13, Felgen 5 J.

Dimensionen: Radstand 234 cm, Spur 136/136 cm, Bodenfreih. 15 cm, Wendekreis 9.2 m, Länge 340 cm, Breite 158 cm, Höhe 167 cm.

Fahrleistungen: Vmax (Red.) 150 km/h, V bei 1000/min im 5. Gang 29.2 km/h; Leistungsgew. 15.9 kg/kW (11.7 kg/PS); Verbrauch (Red.) 5/9 L/100 km.

Transmission: (sur roues AV/4WD permanent), visco-coupleur central.
Boîte à 5 vit.: I. 3.42; II. 1.89; III. 1.28; IV. 0.91; V. 0.76; AR 3.27; pont 4.39.
4WD: boîte à 5 vit.: I. 3.42; II. 1.89; III. 1.28; IV. 0.97; V. 0.76; AR 3.82; pont 4.71.
Boîte aut. à 4 vit.: I. 2.96; II. 1.52; III. 1; IV. 0.74; AR 2.81; pont 3.9.

Châssis: carrosserie autoporteuse; AV jambes élast., leviers transv., barre anti-dévers; AR essieu à manivelles à torsion, barre Panhard; AV/AR ressorts hélicoïdaux, amortiss. télesc.

Train roulant: quatre freins à disques (AV ventilés), frein à main sur roues AR; servodirection à crémaillère, réservoir carb. 42 L; pneus 155/65 R 13, 165/65 R 13, jantes 5 J.

Dimensions: empattement 234 cm, voie 136/136 cm, garde au sol 15 cm, diam. de braq. 9.2 m, longueur 340 cm, largeur 158 cm, hauteur 167 cm.

Performances: Vmax (réd.) 150 km/h, V à 1000/min en 5. vit. 29.2 km/h; rapp. poids/puiss. 15.9 kg/kW (11.7 kg/ch); consomm. (réd.) 5/9 L/100 km.

1.0 16V – 101 PS Benzineinspritzung/Turbo

Wie 1.0 – 69 PS, ausgenommen:

Gewicht: leer ab 810 kg.

Motor: (SAE), 4 Zyl. in Linie (68×68.6 mm), 997 cm³; Kompr. 8.4:1; 74 kW (101 PS) bei 6500/min, 74.2 kW/L (100.9 PS/L); 118 Nm (12 mkp) bei 4000/min; 98 ROZ.

Motorkonstruktion: Bezeichnung K10A; 4 Ventile in V; 2 obenl. Nockenwellen (Zahnriemen); Leichtmetall-Zylinderkopf; 5fach gelagerte Kurbelwelle; Öl 3 L; elektron. Einspritzung, 1 Turbolader, Intercooler.

Batterie 26 Ah, Alternator 300 W; Wasserkühlung, Inh. 5 L.

Kraftübertragung:
5-Gang-Getriebe: I. 3.42; II. 1.89; III. 1.28; IV. 0.91; V. 0.76; R 3.27. Achse 4.39.
4WD: 5-Gang-Getriebe: I. 3.42; II. 1.89; III. 1.28; IV. 0.97; V. 0.76; R 3.82; Achse 3.36.
4-Stufen-Automat: I. 2.96; II. 1.52; III. 1; IV. 0.74; R 2.81.

Fahrleistungen: Vmax (Red.) 175 km/h, Leistungsgew. 10.9 kg/kW (8 kg/PS); Verbrauch (Red.) 5/10 L/100 km.

1.0 16V – 101 ch Injection d'essence/turbo

Comme 1.0 – 69 ch, sauf:

Poids: vide dès 810 kg.

Moteur: (SAE), 4 cyl. en ligne (68×68.6 mm), 997 cm³; compr. 8.4:1; 74 kW (101 ch) à 6500/min, 74.2 kW/L (100.9 ch/L); 118 Nm (12 mkp) à 4000/min; 98 (R).

Moteur (constr.): désignation K10A; 4 soupapes en V; 2 arbres à cames en tête (courroie crantée); culasse en alliage léger; vilebrequin à 5 paliers; huile 3 L; injection électronique, 1 turbocompr., Intercooler.

Batterie 26 Ah, alternateur 300 W; refroidissement à eau, capac. 5 L.

Transmission:
Boîte à 5 vit.: I. 3.42; II. 1.89; III. 1.28; IV. 0.91; V. 0.76; AR 3.27; pont 4.39.
4WD: boîte à 5 vit.: I. 3.42; II. 1.89; III. 1.28; IV. 0.97; V. 0.76; AR 3.82; pont 3.36.
Boîte aut. à 4 vit.: I. 2.96; II. 1.52; III. 1; IV. 0.74; AR 2.81.

Performances: Vmax (réd.) 175 km/h, rapp. poids/puiss. 10.9 kg/kW (8 kg/ch); consomm. (réd.) 5/10 L/100 km.

Suzuki Cappuccino

Sportcabrio der Microcar-Klasse. Selbsttragende Karosserie, längs eingebauter 660-cm³-Dreizylinder, Hinterantrieb. Debüt Prototyp Salon Tokio 1989, Serienauto Herbst 1991.

Cabrio de sport de la classe microcar. Carrosserie autoporteuse, moteur AV longitudinal 660 cm³, roues AR motrices. Début prototype salon Tokio 1989, voiture de série automne 1991.

0.7 12V – 64 PS Benzineinspritzung/Turbo

Karosserie, Gewicht: Cabriolet, 2 Türen, 2 Sitze; leer ab 700 kg.

Motor: (JIS), 3 Zyl. in Linie (68×60.4 mm), 658 cm³; Kompr. 8.4:1; 47 kW (64 PS) bei 6500/min, 71.4 kW/L (97 PS/L); 103 Nm (10.5 mkp) bei 3500/min; 91 ROZ.

Motorkonstruktion: 4 Ventile in V; 2 obenl. Nockenwellen (Zahnriemen); Leichtmetall-Zylinderkopf; 4fach gelagerte Kurbelwelle; Ölkühler; Öl 3 L; elektron. Einspritzung, 1 Turbolader, max. Ladedruck 0.9 bar, Intercooler.

Batterie 26 Ah, Alternator 300 W; Wasserkühlung, Inh. 5 L.

Kraftübertragung: (auf Hinterräder), a. W. Differentialbremse.
5-Gang-Getriebe: I. 3.48; II. 2.02; III. 1.35; IV. 1; V. 0.79; R 3.26; Achse 5.13.

Fahrgestell: Selbsttragende Karosserie; vorn doppelte Dreieckquerlenker, hinten Dreieckquerlenker, Längs- und Querlenker; v/h Schraubenfedern und koaxiale Dämpfer; Kurvenstabilisator.

Fahrwerk: Vierrad-Scheibenbremse (vorn belüftet), a.W. ABS, Handbremse auf Hinterräder; Zahnstangenlenkung, Treibstofftank 30 L; Reifen 165/65 R 14, Felgen 5 J.

0.7 12V – 64 ch Injection d'essence/turbo

Carrosserie, poids: Cabriolet, 2 portes, 2 places; vide dès 700 kg.

Moteur: (JIS), 3 cyl. en ligne (68×60.4 mm), 658 cm³; compr. 8.4:1; 47 kW (64 ch) à 6500/min, 71.4 kW/L (97 ch/L); 103 Nm (10.5 mkp) à 3500/min; 91 (R).

Moteur (constr.): 4 soupapes en V; 2 arbres à cames en tête (courroie crantée); culasse en alliage léger; vilebrequin à 4 paliers; radiat. d'huile; huile 3 L; injection électronique, 1 turbocompresseur, pression max. 0.9 bar, Intercooler.

Batterie 26 Ah, alternateur 300 W; refroidissement à eau, capac. 5 L.

Transmission: (sur roues AR), différentiel autobloquant s.d.
Boîte à 5 vit.: I. 3.48; II. 2.02; III. 1.35; IV. 1; V. 0.79; AR 3.26; pont 5.13.

Châssis: carrosserie autoporteuse; AV leviers triang. transv. doubles; AR leviers triang. transv., bras longitud. et transv.; AV/AR ressorts hélicoïdaux et amortisseurs coaxiaux; barre anti-dévers.

Train roulant: quatre freins à disques (AV ventilés), ABS s. d., frein à main sur roues AR; direction à crémaillère, réservoir carb. 30 L; pneus 165/65 R 14, jantes 5 J.

Suzuki Cappuccino

Dimensionen: Radstand 206 cm, Spur 121/121 cm, Bodenfreih. 13 cm, Wendekreis 9.6 m, Länge 329.5 cm, Breite 139.5 cm, Höhe 118 cm.

Fahrleistungen: Vmax (Red.) 140 km/h, V bei 1000/min im 5. Gang 25 km/h; Leistungsgew. 14.9 kg/kW (10.9 kg/PS); Verbrauch (Red.) 5/9 L/100 km.

Dimensions: empattement 206 cm, voie 121/121 cm, garde au sol 13 cm, diam. de braq. 9.6 m, longueur 329.5 cm, largeur 139.5 cm, hauteur 118 cm.

Performances: Vmax (réd.) 140 km/h, V à 1000/min en 5. vit. 25 km/h; rapp. poids/puiss. 14.9 kg/kW (10.9 kg/ch); consomm. (réd.) 5/9 L/100 km.

Suzuki Cultus - Swift

Kompakte Limousine mit Frontantrieb. Debüt Herbst 1983. 1984: auch mit 1.3-Vierzylinder. Sommer 1986: 16V Motor. In den USA von Chevrolet als Geo Metro vertrieben. Sommer 1989: 4türige Limousine, mit 1,6-Liter, Allradantrieb. 1991: Facelifting. Herbst 1996: Facelifting, für Europa aus ungarischer Produktion.

Berline compacte à traction AV. Lancement automne 1983. 1984: aussi 1.3 avec 4 cylindres. Eté 1986: Moteur 16 soupapes. Vendue aux USA par Chevrolet comme Geo Metro. Eté 1989: quatre portes, 1,6 litre, traction intégrale. 1991: Facelifting. Automne 1996: Facelifting, pour l'Europe production hongroise.

1.0 – 53 PS Benzineinspritzung

Karosserie, Gewicht: Limousine, 3/5 Türen, 5 Sitze; leer ab 730/750 kg, max. zul. 1250/1280 kg.

Motor: (ECE), 3 Zyl. in Linie (74×77 mm), 993 cm³; Kompr. 9.5:1; 39 kW (53 PS) bei 5700/min, 39.3 kW/L (53.4 PS/L); 76 Nm (7.7 mkp) bei 3300/min; 91 ROZ.
SAE: 41 kW (56 PS); 78 Nm.
JIS (Vergaser): 43 kW (58 PS).

1.0 – 53 ch Injection d'essence

Carrosserie, poids: Berline, 3/5 portes, 5 places; vide dès 730/750 kg, tot. adm. 1250/1280 kg.

Moteur: (ECE), 3 cyl. en ligne (74×77 mm), 993 cm³; compr. 9.5:1; 39 kW (53 ch) à 5700/min, 39.3 kW/L (53.4 ch/L); 76 Nm (7.7 mkp) à 3300/min; 91 (R).
SAE: 41 kW (56 ch); 78 Nm.
JIS (carburateur): 43 kW (58 ch).

Suzuki

Suzuki Swift

Motorkonstruktion: Bez. G10; 1 obenl. Nockenwelle (Zahnriemen); Leichtmetall-Zylinderkopf und -block; 4fach gelagerte Kurbelw.; Öl 3.4 L; elektron. Zentraleinspr.. Batterie 34 Ah, Alternator 45 A; Wasserkühlung, Inh. 4 L.

Kraftübertragung: (auf Vorderräder). 5-Gang-Getriebe: I. 3.42; II. 1.89; III. 1.28; IV. 0.91; V. 0.76; R 3.27; Achse 4.11; 4.39. 3-Stufen-Automat: I. 2.81; II. 1.55; III. 1; R 2.29; Achse 3.95.

Fahrgestell: Selbsttragende Karosserie; vorn Federbeine und Dreieckquerlenker, Kurvenstab.; hinten Schräglenker, Querlenker, v/h Schraubenfedern, Teleskopd.

Fahrwerk: Bremse, vorne Scheiben (belüftet), hinten Trommeln, Scheiben-$\varnothing$ v. 21.3 cm, Handbremse auf Hinterräder; Zahnstangenlenkung, Treibstofftank 40 L; Reifen 155/70 R 13, Felgen 4.5 J.

Dimensionen: Radstand 226.5 cm, Spur 136.5/134 cm, Bodenfreih. 16 cm, Wendekreis 9.6 m, Länge 374.5 cm, Breite 159 cm, Höhe 135 cm.
5 Türen: Radst. 236.5 cm, Länge 384.5 cm.

Fahrleistungen: Vmax (Werk) 145 km/h, V bei 1000/min im 5. Gang 32.4 km/h; Leistungsgew. 17.8 kg/kW (13 kg/PS); Verbrauch EU 4.7/6.9 L/100 km.
Aut.: Vmax 140 km/h, Verbrauch ECE 5.2/7.3/7.1 L/100 km.

1.3 – 68 PS Benzineinspritzung

Wie 1.0 – 53 PS, ausgenommen:

Karosserie, Gewicht: Limousine; leer ab 755 kg, max. zul. 1290 kg.

Motor: (ECE), 4 Zyl. in Linie (74×75.5 mm), 1299 cm³; Kompr. 9.5:1; 50 kW (68 PS) bei 6000/min, 38.5 kW/L (52.3 PS/L); 99 Nm (10.1 mkp) bei 3500/min; 95 ROZ. SAE: 52 kW (71 PS); 101 Nm. JIS/Vergaser: 60 kW (82 PS).

Motorkonstruktion: Bezeichnung G13B; 2 Ventile in V; 1 obenl. Nockenwelle (Zahnriemen); Leichtmetall-Zylinderkopf und -block; 5fach gelagerte Kurbelwelle; Öl 3.4 L; elektron. Zentraleinspritzung. Batterie 34 Ah, Alternator 45 A; Wasserkühlung, Inh. 4.7 L.

Kraftübertragung: 5-Gang-Getriebe: I. 3.42; II. 1.89; III. 1.28; IV. 0.91; V. 0.76; R 3.27; Achse 3.52; 3.95. 3-Stufen-Automat: I. 2.81; II. 1.55; III. 1; R 2.29; Achse 3.87.

Fahrwerk: Zahnstangenlenkung, a.W. mit Servo, Reifen 165/70 R 13.

Fahrleistungen: Vmax (Werk) 165 km/h, V bei 1000/min im 5. Gang 37.8 km/h; Leistungsgew. 13.7 kg/kW (10.1 kg/PS); Verbrauch EU 4.8/7.8 L/100 km.
Aut.: Vmax 155 km/h, Verbrauch EU 6.2/9.4 L/100 km.

Moteur (constr.): désign. G10; 1 arbre à cames en tête (courroie crantée); culasse et bloc-cyl. en alliage léger; vilebrequin à 4 paliers; huile 3.4 L; inj. monopoint électron. Batterie 34 Ah, alternateur 45 A; refroidissement à eau, capac. 4 L.

Transmission: (sur roues AV). Boîte à 5 vit.: I. 3.42; II. 1.89; III. 1.28; IV. 0.91; V. 0.76; AR 3.27; pont 4.11; 4.39. Boîte aut. à 3 vit.: I. 2.81; II. 1.55; III. 1; AR 2.29; pont 3.95.

Châssis: carr. autop.; AV jambes élast. et leviers triang. transv., barre anti-dévers; AR triangles obliques, leviers transv., AV/AR ressorts hélic., amortiss. télesc.

Train roulant: frein, AV à disques (ventilés), AR à tambours, $\varnothing$ disques AV 21.3 cm, frein à main sur roues AR; direction à crémaillère, réservoir carb. 40 L; pneus 155/70 R 13, jantes 4.5 J.

Dimensions: empattement 226.5 cm, voie 136.5/134 cm, garde au sol 16 cm, diam. de braq. 9.6 m, longueur 374.5 cm, largeur 159 cm, hauteur 135 cm.
5 portes: Empatt. 236.5 cm, long. 384.5 cm.

Performances: Vmax (usine) 145 km/h, V à 1000/min en 5. vit. 32.4 km/h; rapp. poids/puiss. 17.8 kg/kW (13 kg/ch); consomm. EU 4.7/6.9 L/100 km.
Aut.: Vmax 140 km/h, consomm. ECE 5.2/7.3/7.1 L/100 km.

1.3 – 68 ch Injection d'essence

Comme 1.0 – 53 ch, sauf:

Carrosserie, poids: Berline,; vide dès 755 kg, tot. adm. 1290 kg.

Moteur: (ECE), 4 cyl. en ligne (74×75.5 mm), 1299 cm³; compr. 9.5:1; 50 kW (68 ch) à 6000/min, 38.5 kW/L (52.3 ch/L); 99 Nm (10.1 mkp) à 3500/min; 95 (R). SAE: 52 kW (71 ch); 101 Nm. JIS/carburateur: 60 kW (82 ch).

Moteur (constr.): désignation G13B; 2 soupapes en V; 1 arbre à cames en tête (courroie crantée); culasse et bloc-cyl. en alliage léger; vilebrequin à 5 paliers; huile 3.4 L; injection monopoint électron. Batterie 34 Ah, alternateur 45 A; refroidissement à eau, capac. 4.7 L.

Transmission: Boîte à 5 vit.: I. 3.42; II. 1.89; III. 1.28; IV. 0.91; V. 0.76; AR 3.27; pont 3.52; 3.95. Boîte aut. à 3 vit.: I. 2.81; II. 1.55; III. 1; AR 2.29; pont 3.87.

Train roulant: direction à crémaillère, s.d. avec servo, pneus 165/70 R 13.

Performances: Vmax (usine) 165 km/h, V à 1000/min en 5. vit. 37.8 km/h; rapp. poids/puiss. 13.7 kg/kW (10.1 kg/PS); consomm. EU 4.8/7.8 L/100 km.
Aut.: Vmax 155 km/h, consomm. EU 6.2/9.4 L/100 km.

Suzuki Baleno - Cultus - Esteem

Neues Modell. Drei- oder viertürige, kompakte Limousine mit Frontantrieb. Bezeichnung in Europa Baleno, in den USA Esteem und in Japan Cultus Crescent. 1,3- oder 1,6-Liter-Motoren mit vier Ventilen pro Zylinder; auch als 4WD lieferbar. Debüt Winter 1994/95. Frühjahr 1996: auch 1.8-L-Motor und Wagon.

Nouveau modèle. Berline compacte avec trois ou 4 portes, à traction AV. Désign. en Europe Baleno, aux Etats-Unis Esteem et au Japon Cultus Crescent. Moteurs 1,3 ou 1,6 litre avec 4 soupapes par cyl.; livrable aussi comme 4WD. Lancement hiver 1994/95. Printemps 1996: aussi avec moteur 1.8 l et Wagon.

1.3 16V – 86 PS Benzineinspritzung

Karosserie, Gewicht: Limousine, 3 Türen, 5 Sitze; leer ab 870 kg, max. zul. 1340 kg. Limousine, 4 Türen, 5 Sitze; leer ab 920 kg, max. zul. 1355 kg.

Motor: (ECE), 4 Zyl. in Linie (74×75.5 mm), 1299 cm³; Kompr. 9.5:1; 63 kW (86 PS) bei 6000/min, 48.5 kW/L (65.9 PS/L); 103 Nm (10.5 mkp) bei 3000/min; 95 ROZ. JIS: 106 Nm.

Motorkonstruktion: Bezeichnung G13B; 4 Ventile in V 35°; 1 obenl. Nockenwelle (Zahnriemen); Leichtmetall-Zylinderkopf und -block; 5fach gelagerte Kurbelwelle; Öl 3.4 L; elektron. Einspritzung. Batterie 36 Ah, Alternator 45 A; Wasserkühlung, Inh. 4.7 L.

Kraftübertragung: (auf Vorderräder). 4-Gang-Getriebe: I. 3.42; II. 1.89; III. 1.28; IV. 0.91; R 3.27; Achse 4.11. 3-Stufen-Automat: I. 2.81; II. 1.55; III. 1; R 2.29; Achse 3.87.

Fahrgestell: Selbsttragende Karosserie mit Hilfsrahmen; vorn Federbeine und Dreieckquerlenker, Kurvenstabilisator; hinten Längs- und Querlenker, Federbeine.

Fahrwerk: Bremse, vorne Scheiben (belüftet), hinten Trommeln, Scheiben-$\varnothing$ v. 21.3 cm, a.W. ABS, Handbremse auf Hinterräder; Zahnstangenlenkung, Treibstofftank 51 L; Reifen 175/70 R 13, Felgen 5 J.

Dimensionen: Radstand 238 cm, Spur 144/143.5 cm, Bodenfreih. 16 cm, Wendekreis 10 m, Kofferraum 210/495 dm³, Länge 387 cm, Breite 169 cm, Höhe 139 cm.
4 Türen: Radstand 248 cm, Wendekreis 9.8 m, Kofferraum 380 dm³, Länge 419.5 cm, Höhe 139 cm.

Fahrleistungen: Vmax (Werk) 170 km/h, V bei 1000/min im 4. Gang 33.7 km/h; Leistungsgew. 14.1 kg/kW (10.5 kg/PS); Verbrauch EU 5.5/8.5 L/100 km.
Aut.: Vmax 160 km/h, Verbrauch EU 6.4/8.3/8.6 L/100 km.

Suzuki Baleno

1.6 16V – 101 PS Benzineinspritzung

Wie 1.3 – 86 PS, ausgenommen:

Karosserie, Gewicht: Limousine, 3 Türen; leer ab 890 kg, max. zul. 1380 kg. Limousine, 4 Türen; leer ab 950 kg, max. zul. 1405 kg. Station Wagon, 5 Türen, 5 Sitze; leer ab 990 kg, max. zul. 1560 kg.

1.3 16V – 86 ch Injection d'essence

Carrosserie, poids: Berline, 3 portes, 5 places; vide dès 870 kg, tot. adm. 1340 kg. Berline, 4 portes, 5 places; vide dès 920 kg, tot. adm. 1355 kg.

Moteur: (ECE), 4 cyl. en ligne (74×75.5 mm), 1299 cm³; compr. 9.5:1; 63 kW (86 ch) à 6000/min, 48.5 kW/L (65.9 ch/L); 103 Nm (10.5 mkp) à 3000/min; 95 (R). JIS: 106 Nm.

Moteur (constr.): désignation G13B; 4 soupapes en V 35°; 1 arbre à cames en tête (courroie crantée); culasse et bloc-cyl. en alliage léger; vilebrequin à 5 paliers; huile 3.4 L; injection électronique. Batterie 36 Ah, alternateur 45 A; refroidissement à eau, capac. 4.7 L.

Transmission: (sur roues AV). Boîte à 4 vit.: I. 3.42; II. 1.89; III. 1.28; IV. 0.91; AR 3.27; pont 4.11. Boîte aut. à 3 vit.: I. 2.81; II. 1.55; III. 1; AR 2.29; pont 3.87.

Châssis: carrosserie autoporteuse avec faux-châssis; AV jambes élast. et leviers triang. transv., barre anti-dévers; AR bras longitud. et transv., jambes élastiques.

Train roulant: frein, AV à disques (ventilés), AR à tambours, $\varnothing$ disques AV 21.3 cm, ABS s.d., frein à main sur roues AR; direction à crémaillère, réservoir carb. 51 L; pneus 175/70 R 13, jantes 5 J.

Dimensions: empattement 238 cm, voie 144/143.5 cm, garde au sol 16 cm, diam. de braq. 10 m, coffre 210/495 dm³, long. 387 cm, largeur 169 cm, haut. 139 cm.
4 portes: Empattement 248 cm, diam. de braq. 9.8 m, coffre 380 dm³, longueur 419.5 cm, hauteur 139 cm.

Performances: Vmax (usine) 170 km/h, V à 1000/min en 4. vit. 33.7 km/h; rapp. poids/puiss. 14.1 kg/kW (10.5 kg/ch); consomm. EU 5.5/8.5 L/100 km.
Aut.: Vmax 160 km/h, consomm. EU 6.4/8.3/8.6 L/100 km.

1.6 16V – 101 ch Injection d'essence

Comme 1.3 – 86 ch, sauf:

Carrosserie, poids: Berline, 3 portes; vide dès 890 kg, tot. adm. 1380 kg. Berline, 4 portes; vide dès 950 kg, tot. adm. 1405 kg. Station-wagon, 5 portes, 5 places; vide dès 990 kg, tot. adm. 1560 kg.

Suzuki

Suzuki Baleno Wagon

Motor: (ECE), 4 Zyl. in Linie (75×90 mm), 1590 cm³; Kompr. 9.5:1; 74 kW (101 PS) bei 6000/min, 46.5 kW/L (63.3 PS/L); 127 Nm (12.9 mkp) bei 3000/min; 95 ROZ.

Motorkonstruktion: Bezeichnung G16B; 4 Ventile in V 35°; 1 obenl. Nockenwelle (Zahnriemen); Leichtmetall-Zylinderkopf und -block; 5fach gelagerte Kurbelwelle; Öl 4 L; elektron. Einspritzung. Batterie 36 Ah, Alternator 50 A; Wasserkühlung, Inh. 5.3 L.

Kraftübertragung: (auf Vorderräder/4WD permanent), zentrale Viskokupplung.
5-Gang-Getriebe: I. 3.42; II. 1.89; III. 1.28; IV. 0.91; V. 0.76; R 3.27; Achse 3.79, 3.95.
4 WD: 5-Gang-Getriebe: I. 3.55; II. 1.9; III. 1.31; IV. 0.97; V. 0.82; R 3.25; 3.94.
4-Stufen-Automat: I. 2.81; II. 1.48; III. 1; IV. 0.73; R 2.77; Achse 3.84.

Fahrwerk: Bremse, vorne Scheiben (belüftet), hinten Trommeln.

Fahrleistungen: Vmax (Werk) 175 km/h, V bei 1000/min im 5. Gang 36.6 km/h; Leistungsgew. 12.4 kg/kW (9.1 kg/PS); Verbrauch EU 5.8/8.6 L/100 km.
Aut.: Vmax 165 km/h, Verbrauch EU 6/8.4/9.7 L/100 km.

1.8 16V – 121 PS Benzineinspritzung

Wie 1.3 – 86 PS, ausgenommen:

Karosserie, Gewicht: Limousine, 3 Türen; leer ab 935 kg, max. zul. 1440 kg.
Limousine, 4 Türen; leer ab 990 kg, max. zul. 1475 kg.
Station Wagon; leer ab 1035 kg, max. zul. 1590 kg.

Motor: (ECE), 4 Zyl. in Linie (84×83 mm), 1840 cm³; Kompr. 9.8:1; 89 kW (121 PS) bei 6200/min, 48.4 kW/L (65.7 PS/L); 152 Nm (15.5 mkp) bei 3400/min; 95 ROZ.

Motorkonstruktion: 4 Ventile in V 25°; 2 obenl. Nockenw. (Ketten); Leichtmetall-Zylinderkopf und -block; 5fach gelagerte Kurbelwelle; Öl 4.5 L; elektron. Einspritzung. Batterie 45 Ah, Alternator 55 A; Wasserkühlung, Inh. 6.5 L.

Suzuki Baleno GT

Moteur: (ECE), 4 cyl. en ligne (75×90 mm), 1590 cm³; compr. 9.5:1; 74 kW (101 ch) à 6000/min, 46.5 kW/L (63.3 ch/L); 127 Nm (12.9 mkp) à 3000/min; 95 (R).

Moteur (constr.): désignation G16B; 4 soupapes en V 35°; 1 arbre à cames en tête (courroie crantée); culasse et bloc-cyl. en alliage léger; vilebrequin à 5 paliers; huile 4 L; injection électronique. Batterie 36 Ah, alternateur 50 A; refroidissement à eau, capac. 5.3 L.

Transmission: (sur roues AV/4WD permanent), visco-coupleur central.
Boîte à 5 vit.: I. 3.42; II. 1.89; III. 1.28; IV. 0.91; V. 0.76; AR 3.27; pont 3.79, 3.95.
4 WD: Boîte à 5 vit.: I. 3.55; II. 1.9; III. 1.31; IV. 0.97; V. 0.82; AR 3.25; 3.94.
Boîte aut. à 4 vit.: I. 2.81; II. 1.48; III. 1; IV. 0.73; AR 2.77; pont 3.84.

Train roulant: frein, AV à disques (ventilés), AR à tambours.

Performances: Vmax (usine) 175 km/h, V à 1000/min en 5. vit. 36.6 km/h; rapp. poids/puiss. 12.4 kg/kW (9.1 kg/ch); consomm. EU 5.8/8.6 L/100 km.
Aut.: Vmax 165 km/h, consomm. EU 6/8.4/9.7 L/100 km.

1.8 16V – 121 ch Injection d'essence

Comme 1.3 – 86 ch, sauf:

Carrosserie, poids: Berline, 3 portes; vide dès 935 kg, tot. adm. 1440 kg.
Berline, 4 portes; vide dès 990 kg, tot. adm. 1475 kg.
Station-wagon; vide dès 1035 kg, tot. adm. 1590 kg.

Moteur: (ECE), 4 cyl. en ligne (84×83 mm), 1840 cm³; compr. 9.8:1; 89 kW (121 ch) à 6200/min, 48.4 kW/L (65.7 ch/L); 152 Nm (15.5 mkp) à 3400/min; 95 (R).

Moteur (constr.): 4 soupapes en V 25°; 2 arbres à cames en tête (chaînes); culasse et bloc-cyl. en alliage léger; vilebrequin à 5 paliers; huile 4.5 L; injection électronique. Batterie 45 Ah, alternateur 55 A; refroidissement à eau, capac. 6.5 L.

Kraftübertragung:
5-Gang-Getriebe: I. 3.55; II. 1.9; III. 1.31; IV. 0.97; V. 0.82; R 3.25; Achse 3.72.
4-Stufen-Automat: I. 2.81; II. 1.48; III. 1; IV. 0.73; R 2.77; Achse 3.85.

Fahrwerk: Vierrad-Scheibenbremse (vorn belüftet), ABS, Zahnstangenlenkung mit Servo, Reifen 185/60 R 14, Felgen 5.5 J.

Fahrleistungen: Vmax (Werk) 190 km/h, V bei 1000/min im 5. Gang 34.9 km/h; Leistungsgew. 11.6 kg/kW (8.6 kg/PS); Verbrauch EU 6.1/10.2 L/100 km.
Aut.: Vmax 173 km/h, Verbrauch EU 7.1/12.7 L/100 km.

Suzuki Jimny - Samurai

Geländegängiges Fahrzeug mit Benzinmotoren und Vierradantrieb. Im Export auch Bezeichnung Samurai. Frühling 1990: Für Japan jetzt Turbomotor mit 657 cm³; ab Herbst 1992 58 statt 55 PS, a.W. Getriebeautomat.

0.7 – 58 PS Benzineinspritzung/Turbo

Karosserie, Gewicht: Station Wagon; 2/3 Türen, 4 Sitze; leer ab 830 kg.

Motor: (JIS), 3 Zyl. in Linie (65×66 mm), 657 cm³; Kompr. 8.1:1; 43 kW (58 PS) bei 5500/min, 65.4 kW/L (88.9 PS/L); 86 Nm (8.8 mkp) bei 3500/min; 91 ROZ.

Motorkonstruktion: Bezeichnung F6A; Ventile in V; 1 obenl. Nockenwelle (Zahnriemen); Leichtmetall-Zylinderkopf; 4fach gelagerte Kurbelwelle; Öl 3 L; elektron. Einspritzung, 1 Turbolader, Intercooler. Batterie 42 Ah, Alternator 30 A; Wasserkühlung, Inh. 4 L.

Suzuki Jimny

Kraftübertragung: (auf Hinterräder oder alle Räder), Reduktionsgetr.: I. 1; II. 1.82.
5-Gang-Getriebe: I. 4.06; II. 2.36; III. 1.47; IV. 1; V. 0.83; R 3.8; Achse 5.13.
3-Stufen-Automat: I. 2.73; II. 1.54; III. 1; R 2.22; Achse 4.09.

Fahrgestell: Kastenrahmen mit Traversen; v/h Starrachse, Blattfedern, Teleskopdämpfer.

Fahrwerk: Bremse, vorne Scheiben, hinten Trommeln, Handbremse auf Hinterräder; Kugelumlauflenkung, Treibstofftank 40 L; Reifen 175 R 16, 195 R 15, Felgen 5.5 J.

Dimensionen: Radstand 203 cm, Spur 119/120 cm, Bodenfreih. 21 cm, Wendekreis 10.3 m, Länge 329.5 cm, Breite 139.5 cm, Höhe 168 cm.

Fahrleistungen: Vmax (Red.) 120 km/h, V bei 1000/min im 5. Gang 18.6 km/h; Leistungsgew. 19.3 kg/kW (14.3 kg/PS); Verbrauch (Red.) 5/10 L/100 km.

Transmission:
Boîte à 5 vit.: I. 3.55; II. 1.9; III. 1.31; IV. 0.97; V. 0.82; AR 3.25; pont 3.72.
Boîte aut. à 4 vit.: I. 2.81; II. 1.48; III. 1; IV. 0.73; AR 2.77; pont 3.85.

Train roulant: quatre freins à disques (AV ventilés), ABS, servodirection à crémaillère, pneus 185/60 R 14, jantes 5.5 J.

Performances: Vmax (usine) 190 km/h, V à 1000/min en 5. vit. 34.9 km/h; rapp. poids/puiss. 11.6 kg/kW (8.6 kg/ch); consomm. EU 6.1/10.2 L/100 km.
Aut.: Vmax 173 km/h, consomm. EU 7.1/12.7 L/100 km.

Suzuki Jimny - Samurai

Voitures tout-terrain avec moteurs essence et 4 roues motrices. En exportation aussi désignation Samurai. Printemps 1990: Pour le Japon moteur turbo de 657 cm³; dès automne 1992 58 au lieu de 55 ch, s.d. boîte automat.

0.7 – 58 ch Injection d'essence/turbo

Carrosserie, poids: Station-wagon; 2/3 portes, 4 places; vide dès 830 kg.

Moteur: (JIS), 3 cyl. en ligne (65×66 mm), 657 cm³; compr. 8.1:1; 43 kW (58 ch) à 5500/min, 65.4 kW/L (88.9 ch/L); 86 Nm (8.8 mkp) à 3500/min; 91 (R).

Moteur (constr.): désignation F6A; soupapes en V; 1 arbre à cames en tête (courroie crantée); culasse en alliage léger; vilebrequin à 4 paliers; huile 3 L; injection électronique, 1 turbocompr., Intercooler. Batterie 42 Ah, alternateur 30 A; refroidissement à eau, capac. 4 L.

Transmission: (sur roues AR ou toutes les roues), boîte de transfert: I. 1; II. 1.82.
Boîte à 5 vit.: I. 4.06; II. 2.36; III. 1.47; IV. 1; V. 0.83; AR 3.8; pont 5.13.
Boîte aut. à 3 vit.: I. 2.73; II. 1.54; III. 1; AR 2.22; pont 4.09.

Châssis: Cadre à caisson avec traverses; AV/AR essieu rigide, ressorts à lames, amortiss. télescop.

Train roulant: frein, AV à disques, AR à tambours, frein à main sur roues AR; direction à circuit de billes, réservoir carb. 40 L; pneus 175 R 16, 195 R 15, jantes 5.5 J.

Dimensions: empattement 203 cm, voie 119/120 cm, garde au sol 21 cm, diam. de braq. 10.3 m, longueur 329.5 cm, largeur 139.5 cm, hauteur 168 cm.

Performances: Vmax (réd.) 120 km/h, V à 1000/min en 5. vit. 18.6 km/h; rapp. poids/puiss. 19.3 kg/kW (14.3 kg/ch); consomm. (réd.) 5/10 L/100 km.

Suzuki 515

1.3 – 69 PS Benzineinspritzung

Wie 0.7 – 58 PS, ausgenommen:

Gewicht: leer ab 890 kg; Lang ab 970 kg.

Motor: (DIN), 4 Zyl. in Linie (74×75.5 mm), 1299 cm³; Kompr. 9.5:1; 51 kW (69 PS) bei 6000/min, 39.2 kW/L (53.4 PS/L); 103 Nm (10.5 mkp) bei 3500/min; 95 ROZ.
auch mit 1325 cm³ (74x77 mm), 44/47 kW (60/64 PS).
oder 970 cm³: (65.5×72 mm); 33 kW (45 PS) bei 5500/min; 74 Nm bei 3300/min.

Motorkonstruktion: Bezeichnung G13B; Ventile in V; 1 obenl. Nockenwelle (Zahnriemen); Leichtmetall-Zylinderkopf; 5fach gelagerte Kurbelwelle; Öl 3.5 L; elektron. Zentraleinspritzung.
Batterie 30 Ah, Alternator 35 A; Wasserkühlung, Inh. 5 L.

Kraftübertragung: (auf Hinterr. oder alle Räder), Reduktionsgetr.: I. 1.41; II. 2.27.
5-Gang-Getriebe: I. 3.65; II. 1.95; III. 1.42; IV. 1; V. 0.8; R 3.47; Achse 3.73; 3.91.

1.3 – 69 ch Injection d'essence

Comme 0.7 – 58 ch, sauf:

Poids: vide dès 890 kg; Long dès 970 kg.

Moteur: (DIN), 4 cyl. en ligne (74×75.5 mm), 1299 cm³; compr. 9.5:1; 51 kW (69 ch) à 6000/min, 39.2 kW/L (53.4 ch/L); 103 Nm (10.5 mkp) à 3500/min; 95 (R).
aussi avec 1325 cm³ (74x77 mm), 44/47 kW (60/64 ch).
ou 970 cm³: (65.5×72 mm); 33 kW (45 ch) à 5500/min; 74 Nm à 3300/min.

Moteur (constr.): désignation G13B; soupapes en V; 1 arbre à cames en tête (courroie crantée); culasse en alliage léger; vilebrequin à 5 paliers, huile 3.5 L; injection monopoint électron.
Batterie 30 Ah, alternateur 35 A; refroidissement à eau, capac. 5 L.

Transmission: (sur roues AR ou toutes les roues), boîte de transfert: I. 1.41; II. 2.27.
Boîte à 5 vit.: I. 3.65; II. 1.95; III. 1.42; IV. 1; V. 0.8; AR 3.47; pont 3.73; 3.91.

Suzuki SJ Samurai

Fahrwerk: Reifen 205/70 R 15.

Dimensionen: Lang: Radstand 237.5 cm, Wendekreis 13.2 m, Länge 401 cm.

Fahrleistungen: Vmax (Werk) 130 km/h, V bei 1000/min im 5. Gang 39.5 km/h; Leistungsgew. 18.9 kg/kW (13.9 kg/PS); Verbrauch ECE 7.9/9.2/12 L/100 km.

Train roul.: pneus 205/70 R 15.

Dimensions: long: empattement 237.5 cm, diam. de braq. 13.2 m, longueur 401 cm.

Performances: Vmax (usine) 130 km/h, V à 1000/min en 5. vit. 39.5 km/h; rapp. poids/puiss. 18.9 kg/kW (13.9 kg/ch); consomm. ECE 7.9/9.2/12 L/100 km.

Suzuki X-90

Spass- und Freizeitfahrzeug für Strasse und Gelände auf der Basis des Vitara. T-Roof-Hardtop, 2 Sitze. 1.6-96-PS-Motor. 5-Gang-Getriebe oder Automat, zuschaltbarer Vorderradantrieb und Geländereduktion. Debüt IAA Frankfurt 1995.

Voiture de loisirs et multiusage pour route et terrain sur la base du Vitara. T-Roof-Hardtop, 2 places. Moteur 1.6-96-ch. Boîte à 5 vit. ou automatique; traction sur roues avant enclenchable et réduction. Lancement IAA Francfort 1995.

1.6 16V – 97 PS Benzineinspritzung

Karosserie, Gewicht: Targa, 2 Türen, 2 Sitze; leer ab 1100 kg, max. zul. 1360 kg.

Motor: (ECE/SAE), 4 Zyl. in Linie (75×90 mm), 1590 cm³; Kompr. 9.5:1; 71 kW (97 PS) bei 5600/min, 44.7 kW/L (60.7 PS/L); 132 Nm (13.5 mkp) bei 4000/min; 95 ROZ.

Motorkonstruktion: Bezeichnung G16B; 4 Ventile in V; 1 obenl. Nockenwelle (Zahnriemen); Leichtmetall-Zylinderkopf und -block; 5fach gelagerte Kurbelwelle; Öl 4.2 L; elektron. Einspritzung.
Batterie 48 Ah, Alternator 70 A; Wasserkühlung, Inh. 5.3 L.

1.6 16V – 97 ch Injection d'essence

Carrosserie, poids: Targa, 2 portes, 2 places; vide dès 1100 kg, tot. adm. 1360 kg.

Moteur: (ECE/SAE), 4 cyl. en ligne (75×90 mm), 1590 cm³; compr. 9.5:1; 71 kW (97 ch) à 5600/min, 44.7 kW/L (60.7 ch/L); 132 Nm (13.5 mkp) à 4000/min; 95 (R).

Moteur (constr.): désignation G16B; 4 soupapes en V; 1 arbre à cames en tête (courroie crantée); culasse et bloc-cyl. en alliage léger; vilebrequin à 5 paliers, huile 4.2 L; injection électronique.
Batterie 48 Ah, alternateur 70 A; refroidissement à eau, capac. 5.3 L.

Suzuki X90

Kraftübertragung: (auf Hinterräder oder alle Räder), Reduktionsgetr.: I. 1; II. 1.82.
5-Gang-Getriebe: I. 3.65; II. 1.95; III. 1.38; IV. 1; V. 0.8; R 3.67; Achse 4.3.
4-Stufen-Automat: I. 2.83; II. 1.49; III. 1; IV. 0.73; R 2.7; Achse 4.63.

Fahrgestell: Kastenrahmen mit Traversen; vorn Dämpferbeine, Dreieckquerlenker, Kurvenstabilisator; hinten Starrachse, Längslenker, Reaktionsdreieck; v/h Schraubenfedern, Teleskopdämpfer.

Fahrwerk: Bremse, vorne Scheiben, hinten Trommeln, ABS, Handbremse auf Hinterräder; Kugelumlauflenkung mit Servo, Treibstofftank 42 L; Reifen 195/65 R 15, Felgen 5.5 J; 6J.

Dimensionen: Radstand 220 cm, Spur 142.5/143 cm, Bodenfreih. 17 cm, Wendekreis 9.8 m, Länge 371 cm, Breite 169.5 cm, Höhe 156 cm.

Fahrleistungen: Vmax (Werk) 150 km/h, V bei 1000/min im 5. Gang 33.8 km/h; Leistungsgew. 15.6 kg/kW (11.5 kg/PS); Verbrauch ECE 6.9/10.9/9 L/100 km.
Aut.: Vmax 140 km/h, Verbrauch ECE 9.9/10.7 L/100 km.

Transmission: (sur roues AR ou toutes les roues), boîte de transfert: I. 1; II. 1.82.
Boîte à 5 vit.: I. 3.65; II. 1.95; III. 1.38; IV. 1; V. 0.8; AR 3.67; pont 4.3.
Boîte aut. à 4 vit.: I. 2.83; II. 1.49; III. 1; IV. 0.73; AR 2.7; pont 4.63.

Châssis: Cadre à caisson avec traverses; AV jambes élastiques, leviers triang. transv., barre anti-dévers; AR essieu rigide, bras longitud., triangle de réaction; AV/AR ressorts hélicoïdaux, amortiss. télesc.

Train roulant: frein, AV à disques, AR à tambours, ABS, frein à main sur roues AR; direction à circuit de billes assistée, réservoir carb. 42 L; pneus 195/65 R 15, jantes 5.5 J; 6 J.

Dimensions: empattement 220 cm, voie 142.5/143 cm, garde au sol 17 cm, diam. de braq. 9.8 m, longueur 371 cm, largeur 169.5 cm, hauteur 156 cm.

Performances: Vmax (usine) 150 km/h, V à 1000/min en 5. vit. 33.8 km/h; rapp. poids/puiss. 15.6 kg/kW (11.5 kg/ch); consomm. ECE 6.9/10.9/9 L/100 km.
Aut.: Vmax 140 km/h, consomm. ECE 9.9/10.7 L/100 km.

Suzuki Escudo - Vitara

Kompakter Geländewagen mit Vierradantrieb und Reduktionsgetriebe, 1,6-Liter-Vierzylindermotor. Debüt Sommer 1988. Bezeichnung in Europa Vitara, USA Geo Tracker. Sommer 1990: 16V neu, Vierstufenautomat, Hardtop und fünftürig. Februar 1991: Wagon 5türig 16V auch für Europa. Dezember 1994: 2.0 V6 und 2.0 Turbodiesel.

Voiture tout-terrain compacte, toutes roues motrices, boîte de renvoi, moteur 1,6 litre. Lancement été 1988. Désignation en Europe Vitara, USA Geo Tracker. Eté 1990: moteur 16V, boîte aut. à quatre rapp., Hardtop cinq portes. Février 1991: Wagon 16V 5 portes aussi pour l'Europe. Décembre 1994: 2.0 V6 et 2.0 turbodiesel.

1.6 16V – 97 PS Benzineinspritzung

Karosserie, Gewicht: Cabrio-Limousine, 2 Türen, 4 Sitze; leer ab 1115 kg, max. zul. 1500 kg.
Export leer ab 1130/1500 kg.
Station Wagon, 3 Türen, 4 Sitze; leer ab 1130 kg.

Motor: (ECE/SAE), 4 Zyl. in Linie (75×90 mm), 1590 cm³; Kompr. 9.5:1; 71 kW (97 PS) bei 5600/min, 44.7 kW/L (60.7 PS/L); 132 Nm (13.5 mkp) bei 4000/min; 95 ROZ.
JIS: 73 kW (100 PS); 137 Nm.
Zentraleinspr. und 2 Ventile pro Zyl. (ECE): Kompr. 8.9:1; 59 kW (80 PS) bei 5400/min; 127 Nm bei 3000/min.
USA auch mit 1.8/16V-DOHC: 88 kW (120 PS) bei 6500/min; 149 Nm bei 4500/min.

Motorkonstruktion: Bezeichnung G16B; 4 Ventile in V; 1 obenl. Nockenwelle (Zahnriemen); 5fach gelagerte Kurbelwelle; Öl 4.2 L; elektron. Einspritzung.
Batterie 36 Ah, Alternator 50 A; Wasserkühlung, Inh. 5.3 L.

1.6 16V – 97 ch Injection d'essence

Carrosserie, poids: Berline cabriolet, 2 portes, 4 places; vide dès 1115 kg, tot. adm. 1500 kg.
Export vide dès 1130/1500 kg.
Station-wagon, 3 portes, 4 pl.; vide dès 1130 kg.

Moteur: (ECE/SAE), 4 cyl. en ligne (75×90 mm), 1590 cm³; compr. 9.5:1; 71 kW (97 ch) à 5600/min, 44.7 kW/L (60.7 ch/L); 132 Nm (13.5 mkp) à 4000/min; 95 (R).
JIS: 73 kW (100 ch); 137 Nm.
Inject. centrale et 2 soup. par cyl. (ECE): compr. 8.9:1; 59 kW (80 ch) à 5400/min; 127 Nm à 3000/min.
USA aussi avec 1.8/16V-DOHC: 88 kW (120 ch) à 6500/min; 149 Nm à 4500/min.

Moteur (constr.): désignation G16B; 4 soupapes en V; 1 arbre à cames en tête (courroie crantée); vilebrequin à 5 paliers, huile 4.2 L; injection électronique.
Batterie 36 Ah, alternateur 50 A; refroidissement à eau, capac. 5.3 L.

Suzuki

Suzuki Vitara

Kraftübertragung: (auf Hinterräder oder alle Räder), Reduktionsgetr.: I. 1; II. 1.82.
5-Gang-Getriebe: I. 3.65; II. 1.95; III. 1.38; IV. 1; V. 0.8; R 3.67; Achse 5.13.
4-Stufen-Automat: I. 2.83; II. 1.49; III. 1; IV. 0.73; R 2.7; Achse 5.13.

Fahrgestell: Kastenrahmen mit Traversen; vorn Dreieckquerlenker, Dämpferbeine, Kurvenstabilisator; hinten Starrachse, Längslenker, Reaktionsdreieck; v/h Schraubenfedern, Teleskopdämpfer.

Fahrwerk: Bremse, vorne Scheiben (belüftet), hinten Trommeln, Scheiben-∅ v. 29 cm, a.W. ABS hinten, Handbremse auf Hinterrädern; Kugelumlauflenkung, a.W. mit Servo, Treibstofftank 51/70 L; Reifen 195 R 15, Felgen 5.5 J.

Dimensionen: Radstand 220 cm, Spur 139.5/140 cm, Bodenfreih. 20 cm, Wendekreis 10.5 m, Länge 362 cm, Breite 163 cm, Höhe 167 cm.

Fahrleistungen: Vmax (Werk) 150 km/h, V bei 1000/min im 5. Gang 29 km/h; Leistungsgew. 15.4 kg/kW (11.4 kg/PS); Verbrauch ECE 7.4/11.1/10 L/100 km.
Aut.: Vmax 140 km/h, Verbrauch ECE 7.7/11.2/10.7 L/100 km.

2.0 16V – 132 PS
Benzineinspritzung

Wie 1.6 – 97 PS, ausgenommen:

Gewicht: leer ab 1170 kg, max. zul. 1700 kg.

Motor: (ECE), 4 Zyl. in Linie (84×90 mm), 1995 cm³; Kompr. 9.7:1; 97 kW (132 PS) bei 6100/min, 48.6 kW/L (66.1 PS/L); 166 Nm (16.9 mkp) bei 3000/min; 95 ROZ. JIS: 103 kW (140 PS); 186 Nm (19 mkp).

Motorkonstruktion: 4 Ventile in V 25°; 2 obenl. Nockenwellen (Ketten); Leichtmetall-Zylinderkopf und -block; 5fach gelagerte Kurbelwelle; Öl 4.5 L; elektron. Einsp..
Batterie 45 Ah, Alternator 70 A; Wasserkühlung, Inh. 6.5 L.

Kraftübertragung:
5-Gang-Getriebe: I. 3.65; II. 1.95; III. 1.38; IV. 1; V. 0.8; R 3.67; Achse 4.63; 5.13; 4.88.
4-Stufen-Automat: I. 2.45; II. 1.45; III. 1; IV. 0.69; R 2.21; Achse 4.88; 5.13.

Fahrwerk: Bremse, vorne Scheiben (belüftet), hinten Trommeln, Kugelumlauflenkung mit Servo, Treibstofftank 51/70 L; Reifen 215/65 R 16, Felgen 6.5 J.

Dimensionen: Spur 145.5/145 cm, Wendekreis 11.2 m, Länge 374.5 cm, Breite 169.5 cm, Höhe 166 cm.

Fahrleistungen: Vmax 160 km/h, Verbrauch EU 8.3/12.1 L/100 km.
Aut.: Verbrauch EU 8.8/14 L/100 km.

Transmission: (sur roues AR ou toutes les roues), boîte de transfert: I. 1; II. 1.82.
Boîte à 5 vit.: I. 3.65; II. 1.95; III. 1.38; IV. 1; V. 0.8; AR 3.67; pont 5.13.
Boîte aut. à 4 vit.: I. 2.83; II. 1.49; III. 1; IV. 0.73; AR 2.7; pont 5.13.

Châssis: Cadre à caisson avec traverses; AV leviers triang. transv., jambes élastiques, barre anti-dévers; AR essieu rigide, bras longitud., triangle de réaction; AV/AR ressorts hélicoïdaux, amortiss. télesc.

Train roulant: frein, AV à disques (ventilés), AR à tambours, ∅ disques AV 29 cm, s.d. AR ABS, frein à main sur roues AR; direction à circuit de billes assistée, réservoir carb. 51/70 L; pneus 195 R 15, jantes 5.5 J.

Dimensions: empattement 220 cm, voie 139.5/140 cm, garde au sol 20 cm, diam. de braq. 10.5 m, longueur 362 cm, largeur 163 cm, hauteur 167 cm.

Performances: Vmax (usine) 150 km/h, V à 1000/min en 5. vit. 29 km/h; rapp. poids/puiss. 15.4 kg/kW (11.4 kg/ch); consomm. ECE 7.4/11.1/10 L/100 km.
Aut.: Vmax 140 km/h, consomm. ECE 7.7/11.2/10.7 L/100 km.

2.0 16V – 132 ch
Injection d'essence

Comme 1.6 – 97 ch, sauf:

Poids: vide dès 1170 kg, tot. adm. 1700 kg.

Moteur: (ECE), 4 cyl. en ligne (84×90 mm), 1995 cm³; compr. 9.7:1; 97 kW (132 ch) à 6100/min, 48.6 kW/L (66.1 ch/L); 166 Nm (16.9 mkp) à 3000/min; 95 (R). JIS: 103 kW (140 ch); 186 Nm (19 mkp).

Moteur (constr.): 4 soupapes en V 25°; 2 arbres à cames en tête (chaînes); culasse et bloc-cyl. en alliage léger; vilebrequin à 5 paliers; huile 4.5 L; injection électronique.
Batterie 45 Ah, alternateur 70 A; refroidissement à eau, capac. 6.5 L.

Transmission:
Boîte à 5 vit.: I. 3.65; II. 1.95; III. 1.38; IV. 1; V. 0.8; AR 3.67; pont 4.63; 5.13; 4.88.
boîte aut. à 4 vit.: I. 2.45; II. 1.45; III. 1; IV. 0.69; AR 2.21; pont 4.88; 5.13.

Train roulant: frein, AV à disques (ventilés), AR à tambours, direction à circuit de billes assistée, réservoir carb. 51/70 L; pneus 215/65 R 16, jantes 6.5 J.

Dimensions: voie 145.5/145 cm, diam. de braq. 11.2 m, longueur 374.5 cm, largeur 169.5 cm, hauteur 166 cm.

Performances: Vmax 160 km/h, consomm. EU 8.3/12.1 L/100 km.
Aut.: consomm. EU 8.8/14 L/100 km.

2.0 V6 24V – 136 PS
Benzineinspritzung

Wie 1.6 – 97 PS, ausgenommen:

Karosserie, Gewicht: Station Wagon; leer ab 1300 kg, max. zul. 1875 kg.

Motor: (ECE), 6 Zyl. in V 60° (78×69.7 mm), 1998 cm³; Kompr. 9.5:1; 100 kW (136 PS) bei 6500/min, 50 kW/L (68 PS/L); 172 Nm (17.5 mkp) bei 4000/min; 95 ROZ. JIS: 103 kW (140 PS); 177 Nm.

Motorkonstruktion: Bezeichnung H20A; 4 Ventile in V; 2×2 obenl. Nockenwellen (Ketten); Leichtmetall-Zylinderköpfe und -block; 4fach gelagerte Kurbelwelle; Ölkühler; Öl 4.9 L; elektron. Einspritzung.
Batterie 36 Ah, Alternator 50 A; Wasserkühlung, Inh. 7.5 L.

Kraftübertragung:
5-Gang-Getriebe: I. 3.65; II. 1.95; III. 1.38; IV. 1; V. 0.8; R 3.67; Achse 4.63.
4-Stufen-Automat: I. 2.83; II. 1.49; III. 1; IV. 0.73; R 2.7; Achse 4.88.

Fahrwerk: a.W. ABS, Kugelumlauflenkung mit Servo, Treibstofftank 70 L; Reifen 215/65 R 16, Felgen 6.5 J.

Dimensionen: Radstand 248 cm, Spur 145.5/145 cm, Wendekreis 11.5 m, Länge 412.5 cm, Breite 169.5 cm, Höhe 170 cm.

Fahrleistungen: Vmax (Werk) 160 km/h, V bei 1000/min im 5. Gang 33 km/h; 0–100 km/h 12.5 s; Leistungsgew. 13 kg/kW (9.6 kg/PS); Verbrauch EU 8.7/12.4 L/100 km.
Aut.: 0–100 km/h 14 s; Verbrauch EU 9.1/14.2 L/100 km.

1.9 – 68 PS
Diesel

Wie 1.6 – 97 PS, ausgenommen:

Karosserie, Gewicht: Station Wagon; leer ab 1305 kg, max. zul. 1650 kg.

Motor: (ECE), 4 Zyl. in Linie (83×88 mm), 1905 cm³; Kompr. 23:1; 50 kW (68 PS) bei 4600/min, 26.2 kW/L (35.7 PS/L); 120 Nm (12.2 mkp) bei 2000/min; Dieselöl.

Motorkonstruktion: Bezeichnung XUD 9A; Wirbelkammer-Diesel; 1 obenl. Nockenwelle (Zahnriemen); Leichtmetall-Zylinderkopf; 5fach gelagerte Kurbelwelle; Öl 5 L; Einspritzpumpe.
Batterie 80 Ah, Alternator 75 A; Wasserkühlung, Inh. 7 L.

Kraftübertragung:
5-Gang-Getriebe: I. 3.65; II. 1.95; III. 1.38; IV. 1; V. 0.8; R 4.63; Achse 5.13.

Dimensionen: Spur 139.5/140 cm, Wendekreis 10.5 m, Länge 364 cm, Höhe 168 cm.

Fahrleistungen: Vmax (Red.) 135 km/h, Leistungsgew. 26.1 kg/kW (19.2 kg/PS); Verbrauch (Red.) 6/9/.

2.0 V6 24V – 136 ch
Injection d'essence

Comme 1.6 – 97 ch, sauf:

Carrosserie, poids: Station-wagon; vide dès 1300 kg, tot. adm. 1875 kg.

Moteur: (ECE), 6 cyl. en V 60° (78×69.7 mm), 1998 cm³; compr. 9.5:1; 100 kW (136 ch) à 6500/min, 50 kW/L (68 ch/L); 172 Nm (17.5 mkp) à 4000/min; 95 (R). JIS: 103 kW (140 ch); 177 Nm.

Moteur (constr.): désignation H20A; 4 soupapes en V; 2×2 arbres à cames en tête (chaînes); culasses et bloc-cyl. en alliage léger; vilebrequin à 4 paliers; radiat. d'huile; huile 4.9 L; injection électronique.
Batterie 36 Ah, alternateur 50 A; refroidissement à eau, capac. 7.5 L.

Transmission:
Boîte à 5 vit.: I. 3.65; II. 1.95; III. 1.38; IV. 1; V. 0.8; AR 3.67; pont 4.63.
Boîte aut. à 4 vit.: I. 2.83; II. 1.49; III. 1; IV. 0.73; AR 2.7; pont 4.88.

Train roulant: ABS s. d., direction à circuit de billes assistée, réservoir carb. 70 L; pneus 215/65 R 16, jantes 6.5 J.

Dimensions: empattement 248 cm, voie 145.5/145 cm, diam. de braq. 11.5 m, long. 412.5 cm, largeur 169.5 cm, haut. 170 cm.

Performances: Vmax (usine) 160 km/h, V à 1000/min en 5. vit. 33 km/h; 0–100 km/h 12.5 s; rapp. poids/puiss. 13 kg/kW (9.6 kg/ch); consomm. EU 8.7/12.4 L/100 km.
Aut.: 0–100 km/h 14 s; consomm. EU 9.1/14.2 L/100 km.

1.9 – 68 ch
Diesel

Comme 1.6 – 97 ch, sauf:

Carrosserie, poids: Station-wagon; vide dès 1305 kg, tot. adm. 1650 kg.

Moteur: (ECE), 4 cyl. en ligne (83×88 mm), 1905 cm³; compr. 23:1; 50 kW (68 ch) à 4600/min, 26.2 kW/L (35.7 ch/L); 120 Nm (12.2 mkp) à 2000/min; gazole.

Moteur (constr.): désignation XUD 9A; diesel à chambre de turbulence; 1 arbre à cames en tête (courroie crantée); culasse en alliage léger; vilebrequin à 5 paliers; huile 5 L; pompe à injection.
Batterie 80 Ah, alternateur 75 A; refroidissement à eau, capac. 7 L.

Transmission:
Boîte à 5 vit.: I. 3.65; II. 1.95; III. 1.38; IV. 1; V. 0.8; AR 4.63; pont 5.13.

Dimensions: voie 139.5/140 cm, diam. de braq. 10.5 m, longueur 364 cm, hauteur 168 cm.

Performances: Vmax (réd.) 135 km/h, rapp. poids/puiss. 26.1 kg/kW (19.2 kg/ch); consomm. (réd.) 6/9/.

Suzuki Vitara Cariolet

LADA NIVA 4x4

LADA Niva 1.7i
Fr. 18 880.–
LADA Niva 1.9i Diesel
Fr. 22 220.–
30er + 40er-Versionen auf Anfrage
Versions 30 + 40 km/h
sur demande

LADA (Suisse) S.A.
Generalimporteur
Galtern

1712 Tafers FR
Telefon 026 494 22 14
Telefax 026 494 22 41

LADA SAMARA BALTIC

LADA Samara Baltic 1.5i
ab/dès Fr. 13 990.–
LADA Samara 1.5i 45 km/h
ab/dès 16 Jahren/ans
ab/dès Fr. 15 590.–
Alle Preise inkl. MwSt.
Tous les prix TVA 6,5% inclus

DIE LADA-VERTRETUNG IN IHRER NÄHE:
AG: Staffelbach: E. Mumenthaler AG, 062 721 22 69, **BL: Sissach:** Hediger Automobile AG, 061 971 29 10, **BE: Boltigen:** Krebser Landmaschinen AG, 033 733 60 39, **Frutigen:** Garage Balmer, 033 671 20 26, **Grindelwald:** Garage P. Bernet, 033 853 45 39, **Mamishaus:** F. Loretan AG, 031 731 02 36, **Oberwil:** Garage Siegenthaler, 033 783 20 10, **Seeberg:** Meister AG, 062 968 11 86, **Zollbrück:** F. Ramseier AG, 034 496 78 16, **Zollikofen:** Simtec Automobile, 031 911 71 72, **JU: Reconvilier:** Fischer SA, 031 911 71 72, **FR: Ueberstorf:** F. Roux AG, 031 741 05 86, **Tafers:** Spring & Schafer AG, 026 494 22 74, **Vaulruz:** Garage des Colombettes, 026 912 76 60, **GR: Mollis:** Auto Müller AG, 055 612 33 00, **NE: Couvet:** Garage Ciminello, 032 863 34 78, **La-Chaux-de-Fonds:** Garage des Sports, 032 968 25 74, **GE: Monthey:** Barbey Automobile, 024 471 96 90, **LU: Habschwanden:** Garage Röösli, 041 480 15 72, **Littau:** Stalder M. AG, 041 250 46 66, **Obernau:** W. Rüegsegger, 041 320 39 34, **Schongau:** Lindenberg-Garage AG, 041 917 14 39, **Büron:** Garage Müller, 041 933 26 40, **OW: Kerns:** Bucher AG, 041 660 18 41, **Wilen-Sarnen:** Garage Von Rotz, 041 660 70 03, **SZ: Altendorf:** Garage Oetiker, 055 442 36 26, **Steinen:** Garage von Rickenbach, 041 832 11 58, **SO: Dornach:** Garage Sträuli, 061 701 97 11, **SG: Altstätten:** Garage Buschor, 071 755 39 66, **St. Gallen:** Garage Wüest, 071 277 91 41, **TG: Bürglen:** Garage Baumann, 071 633 11 88 **TI: Gordola:** Garage Piffero S.A., 091 745 26 46, **VS: Lax:** Wirthner AG, 027 971 23 39, **Susten:** Walther AG, 027 473 14 60, **ZU: Bassersdorf:** Garage Brändle, 01 836 79 84

Hallwag
Bücher für Kenner und Genießer

Jancis Robinson
DAS OXFORD WEINLEXIKON
2 Bände, 1332 Seiten,
32 Farbtafeln, 250 schwarz-
weiße Abbildungen,
35 Karten, zahlreiche
Tabellen und Zeichnungen,
Ganzleinenbände,
Format 19,3x25,5 cm, in
stabilem Schmuckschuber.
Fr. 268.-

Das umfassendste enzyklopädische Werk zum Thema Wein, verfaßt von einer weltweit anerkannten Weinexpertin und einem hochkarätigen Team von Fachleuten aus Wissenschaft und Praxis. Dieses Handbuch gehört in die Bibliothek jedes Weinliebhabers.
Das Oxford Weinlexikon versammelt Beiträge von 80 namhaften Autoren. Die Vielfalt der behandelten Aspekte des Weins ist verblüffend und für Fachleute wie Laien gleichermaßen faszinierend.
3000 Stichwörter von A bis Z und viele Querverweise sorgen für höchste Benutzerfreundlichkeit und rasches Auffinden der gewünschten Information. Wo immer Sie dieses Lexikon aufschlagen, Sie finden wonach Sie suchen (und noch viel mehr).

Hugh Johnson
DER NEUE WEINATLAS
Länder - Lagen - Qualitäten - Trauben - Traditionen - Produzenten - Etiketten
28. Aufl., 1996
320 Seiten, Lagenkarten,
grafische Darstellungen,
Etiketten, Zeichnungen, durchgehend farbig illustriert, Leinen,
Format 23,5x30 cm, in Schuber.
Fr. 124.-

Hugh Johnson ist ein Glücksfall für alle, die am Wein interessiert sind, sei es als Winzer, als Händler oder einfach als Genießer. Der Weinliebhaber hat ein «Lehrbuch» vor sich, das er immer wieder mit Vergnügen und Gewinn konsultieren wird, einen Führer durch Weinbau und Weinherstellung, der erschöpfend darüber Auskunft gibt, wo und wie die vielen verschiedenen Weine in aller Welt angebaut, gekeltert, gelagert und getrunken werden.

«Wenn es ihn nicht schon seit über zwanzig Jahren gäbe, man müßte ihn schleunigst erfinden.» Vinum

Suzuki • Tata

Suzuki Vitara Wagon V6

2.5 V6 24V– 160 PS
Benzineinspritzung

Wie 1.6 – 97 PS, ausgenommen:

Karosserie, Gewicht: Station Wagon; leer ab 1350 kg.

Motor: (ECE), 6 Zyl. in V 60° (84×75 mm), 2495 cm³; Kompr. 9.5:1; 118 kW (160 PS) bei 6500/min, 47.3 kW/L (64.1 PS/L); 221 Nm (22.5 mkp) bei 3500/min.

Motorkonstruktion: 4 Ventile in V; 2×2 obenl. Nockenwellen (Ketten); Leichtmetall-Zylinderköpfe und -block; 4fach gelagerte Kurbelwelle; Ölkühler; Öl 4.9 L; elektron. Einspritzung.

Batterie 36 Ah, Alternator 50 A; Wasserkühlung, Inh. 7.5 L.

Kraftübertragung:
4-Stufen-Automat: I. 2.45; II. 1.45; III. 1; IV. 0.69; R 2.12; Achse 4.88.

Fahrwerk: Kugelumlauflenkung mit Servo, Treibstofftank 70 L; Reifen 215/65 R 16, Felgen 6.5 J.

Dimensionen: Radstand 248 cm, Spur 145.5/145 cm, Wendekreis 11.5 m, Länge 410 cm, Breite 169.5 cm, Höhe 172 cm.

Fahrleistungen: Vmax (Red.) 160 km/h, V bei 1000/min im 4. Gang 37 km/h; Leistungsgew. 11.4 kg/kW (8.4 kg/PS); Verbrauch (Red.) 9/14 L/100 km.

2.0 – 87/71 PS
Turbodiesel

Wie 1.6 – 97 PS, ausgenommen:

Karosserie, Gewicht: Station Wagon; leer ab 1360 kg, max. zul. 1945 kg.

Motor: (ECE), 4 Zyl. in Linie (86×86 mm), 1998 cm³; Kompr. 20.9:1; 64 kW (87 PS) bei 4000/min, 32 kW/L (43.5 PS/L); 216 Nm (22 mkp) bei 2000/min; Dieselöl. JIS: 68 kW (92 PS); 226 Nm (23 mkp). Ohne Intercooler: (ECE) 52 kW (71 PS); 168 Nm (17.1 mkp).

Motorkonstruktion: Bezeichnung RF; Wirbelkammer-Diesel; 2 Ventile1 obenl. Nockenwelle (Zahnriemen); Leichtmetall-Zylinderkopf; 5fach gelagerte Kurbelwelle; Öl 6 L; Einspritzpumpe, 1 Turbolader, Intercooler.
Batterie 80 Ah, Alternator 75 A; Wasserkühlung.

Kraftübertragung:
5-Gang-Getriebe: I. 3.7; II. 2.02; III. 1.37; IV. 1; V. 0.8; R 4.47; Achse 4.3, 4.63.
4-Stufen-Automat: I. 2.83; II. 1.49; III. 1; IV. 0.73; R 2.7; Achse 4.3, 4.63.

Fahrwerk: Kugelumlauflenkung mit Servo, Treibstofftank 70 L; Reifen 215/65 R 16, Felgen 6.5 J.

Dimensionen: Radstand 248 cm, Spur 145.5/145 cm, Wendekreis 11.5 m, Länge 412.5 cm, Breite 169.5 cm, Höhe 170 cm.

Fahrleistungen: Vmax (Werk) 150 km/h, V bei 1000/min im 5. Gang 36.3 km/h; Leistungsgew. 21.3 kg/kW (15.6 kg/PS); Verbrauch EU 6.9/9.4 L/100 km.
71 PS: Vmax 130 km/h; Verbrauch ECE 7.3/11.9/8.7 L/100 km.
Aut.: Vmax 140 km/h, Verbrauch EU 6.9/10.5 L/100 km.

2.5 V6 24V– 160 ch
Injection d'essence

Comme 1.6 – 97 ch, sauf:

Carrosserie, poids: Station-wagon; vide dès 1350 kg.

Moteur: (ECE), 6 Zyl. en V 60° (84×75 mm), 2495 cm³; compr. 9.5:1; 118 kW (160 ch) à 6500/min, 47.3 kW/L (64.1 PS/L); 221 Nm (22.5 mkp) à 3500/min.

Moteur (constr.): 4 soupapes en V; 2×2 arbres à cames en tête (chaînes); culasses et bloc-cyl. en alliage léger; vilebrequin à 4 paliers; radiat. d'huile; huile 4.9 L; injection électronique.

Batterie 36 Ah, alternateur 50 A; refroidissement à eau, capac. 7.5 L.

Transmission:
Boîte aut. à 4 vit.: I. 2.45; II. 1.45; III. 1; IV. 0.69; AR 2.12; pont 4.88.

Train roulant: direction à circuit de billes assistée, réservoir carb. 70 L; pneus 215/65 R 16, jantes 6.5 J.

Dimensions: empattement 248 cm, voie 145.5/145 cm, diam. de braq. 11.5 m, long. 410 cm, largeur 169.5 cm, haut. 172 cm.

Performances: Vmax (réd.) 160 km/h, V à 1000/min en 4. vit. 37 km/h; rapp. poids/puiss. 11.4 kg/kW (8.4 kg/ch); consomm. (réd.) 9/14 L/100 km.

2.0 – 87/71 ch
Turbodiesel

Comme 1.6 – 97 ch, sauf:

Carrosserie, poids: Station-wagon; vide dès 1360 kg, tot. adm. 1945 kg.

Moteur: (ECE), 4 cyl. en ligne (86×86 mm), 1998 cm³; compr. 20.9:1; 64 kW (87 ch) à 4000/min, 32 kW/L (43.5 ch/L); 216 Nm (22 mkp) à 2000/min; gazole. JIS: 68 kW (92 PS); 226 Nm (23 mkp). Ohne Intercooler: (ECE) 52 kW (71 PS); 168 Nm (17.1 mkp).

Moteur (constr.): désignation RF; diesel à chambre de turbulence; 2 soupapes1 arbre à cames en tête (courroie crantée); culasse en alliage léger; vilebrequin à 5 paliers; huile 6 L; pompe à injection, 1 turbocompr., Intercooler.
Batterie 80 Ah, alternateur 75 A; refroidissement à eau.

Transmission:
Boîte à 5 vit.: I. 3.7; II. 2.02; III. 1.37; IV. 1; V. 0.8; AR 4.47; pont 4.3, 4.63.
boîte aut. à 4 vit.: I. 2.83; II. 1.49; III. 1; IV. 0.73; AR 2.7; pont 4.3, 4.63.

Train roulant: direction à circuit de billes assistée, réservoir carb. 70 L; pneus 215/65 R 16, jantes 6.5 J.

Dimensions: empattement 248 cm, voie 145.5/145 cm, diam. de braq. 11.5 m, long. 412.5 cm, largeur 169.5 cm, haut. 170 cm.

Performances: Vmax (usine) 150 km/h, V à 1000/min en 5. vit. 36.3 km/h; rapp. poids/puiss. 21.3 kg/kW (15.6 kg/ch); consomm. EU 6.9/9.4 L/100 km.
71 PS: Vmax 130 km/h; consomm. ECE 7.3/11.9/8.7 L/100 km.
Aut.: Vmax 140 km/h, consomm. EU 6.9/10.5 L/100 km.

Tata   IND

Tata, Motor Vehicle Imports, 3120 Park Square, Birmingham Business Park, Birmingham B37 7YN, England

Indisches Automobilwerk..   **Usine d'automobile indienne.**

Tata Gurkha

Grosser Station Wagon mit Peugeot-Motor.   **Grand Station-wagon avec moteur Peugeot.**

1.9 – 63 PS
Diesel

Karosserie, Gewicht: Station Wagon, 2 Türen, 5 Sitze; leer ca. 1465 kg, max. zul. 2175 kg.

Motor: (DIN), 4 Zyl. in Linie (88×80 mm), 1946 cm³; Kompr. 22.5:1; 46 kW (63 PS) bei 4500/min, 23.6 kW/L (32.1 PS/L); 115 Nm (11.7 mkp) bei 2000/min; Dieselöl.

Motorkonstruktion: Bezeichnung XD4.88; seitl. Nockenwelle (Zahnräder); 5fach gelagerte Kurbelwelle; Öl 3.8 L; Einspritzpumpe, Bosch.
Batterie 70 Ah, Alternator 65 A; Wasserkühlung, Inh. 10 L.

Kraftübertragung: (auf Hinterräder).
5-Gang-Getriebe: I. 3.86; II. 2.18; III. 1.37; IV. 1; V. 0.8; R 3.13; Achse 5.44.

Fahrgestell: Selbsttragende Karosserie; vorn doppelte Querlenker, Schraubenfedern, Kurvenstabilisator; hinten Starrachse, Längs- und Querlenker, Schraubenfedern.

Fahrwerk: Bremse, vorne Scheiben, hinten Trommeln, Scheiben-∅ v. 26 cm, Handbremse auf Hinterräder; Kugelumlauflenkung mit Servo, Treibstofftank 50 L; Reifen 215/75 R 15, Felgen 6 J.

Dimensionen: Radstand 240 cm, Spur 146/145 cm, Bodenfreih. 16 cm, Wendekreis 10.8 m, Länge 440 cm, Breite 171 cm, Höhe 170 cm.

Fahrleistungen: Vmax (Red.) 110 km/h, V bei 1000/min im 5. Gang 29.6 km/h; Leistungsgew. 35.8 kg/kW (23.3 kg/PS); Verbrauch (Red.) 8/13 L/100 km.

1.9 – 63 ch
Diesel

Carrosserie, poids: Station-wagon, 2 portes, 5 places; vide env. 1465 kg, tot. adm. 2175 kg.

Moteur: (DIN), 4 cyl. en ligne (88×80 mm), 1946 cm³; compr. 22.5:1; 46 kW (63 ch) à 4500/min, 23.6 kW/L (32.1 ch/L); 115 Nm (11.7 mkp) à 2000/min; gazole.

Moteur (constr.): désignation XD4.88; arbre à cames latéral (pignons); vilebrequin à 5 paliers; huile 3.8 L; pompe à injection, Bosch.
Batterie 70 Ah, alternateur 65 A; refroidissement à eau, capac. 10 L.

Transmission: (sur roues AR).
Boîte à 5 vit.: I. 3.86; II. 2.18; III. 1.37; IV. 1; V. 0.8; AR 3.13; pont 5.44.

Châssis: carrosserie autoporteuse; AV leviers transv. doubles, ressorts hélic., barre anti-dévers; AR essieu rigide, bras longitud. et transv., ressorts hélic.

Train roulant: frein, AV à disques, AR à tambours, ∅ disques AV 26 cm, frein à main sur roues AR; direction à circuit de billes assistée, réservoir carb. 50 L; pneus 215/75 R 15, jantes 6 J.

Dimensions: empattement 240 cm, voie 146/145 cm, garde au sol 16 cm, diam. de braq. 10.8 m, longueur 440 cm, largeur 171 cm, hauteur 170 cm.

Performances: Vmax (réd.) 110 km/h, V à 1000/min en 5. vit. 29.6 km/h; rapp. poids/puiss. 35.8 kg/kW (23.3 kg/ch); consomm. (réd.) 8/13 L/100 km.

Tata

Tata • Tatra • Tofas • de Tomaso

**1.9 – 92 PS
Turbodiesel**

Wie 1.9 – 63 PS, ausgenommen:

Motor: (DIN), 4 Zyl. in Linie (88×80 mm), 1946 cm³; Kompr. 21:1; 68 kW (92 PS) bei 4300/min, 34.9 kW/L (47.5 PS/L); 192 Nm (19.6 mkp) bei 2500/min; Dieselöl.

Motorkonstruktion: seitl. Nockenwelle (Zahnräder); 5fach gelagerte Kurbelwelle; Öl 3.8 L; Einspritzpumpe, Bosch, 1 Turbolader, Intercooler.
Batterie 65 Ah, Alternator 70 A; Wasserkühlung, Inh. 10 L.

Kraftübertragung:
5-Gang-Getriebe: I. 3.86; II. 2.18; III. 1.37; IV. 1; V. 0.8; R 3.13; Achse 5.44.

Fahrleistungen: Vmax (Werk) 125 km/h, V bei 1000/min im 5. Gang 29.6 km/h; Leistungsgew. 21.5 kg/kW (15.9 kg/PS); Verbrauch (Red.) 9/15 L/100 km.

**1.9 – 92 ch
Turbodiesel**

Comme 1.9 – 63 ch, sauf:

Moteur: (DIN), 4 cyl. en ligne (88×80 mm), 1946 cm³; compr. 21:1; 68 kW (92 ch) à 4300/min, 34.9 kW/L (47.5 ch/L); 192 Nm (19.6 mkp) à 2500/min; gazole.

Moteur (constr.): arbre à cames latéral (pignons); vilebrequin à 5 paliers; huile 3.8 L; pompe à injection, Bosch, 1 turbocompr., Intercooler.
Batterie 65 Ah, alternateur 70 A; refroidissement à eau, capac. 10 L.

Transmission:
Boîte à 5 vit.: I. 3.86; II. 2.18; III. 1.37; IV. 1; V. 0.8; AR 3.13; pont 5.44.

Performances: Vmax (usine) 125 km/h, V à 1000/min en 5. vit. 29.6 km/h; rapp. poids/puiss. 21.5 kg/kW (15.9 kg/ch); consom. (réd.) 9/15 L/100 km.

Tatra — CZ

Tatra Kombinat, 742 21 Kopřivnice, Ceská Republika

Altrenommiertes Automobilwerk der Tschechischen Republik.

Fabrique d'automobiles d'ancienne renommée de la République tchèque.

Tatra 700

Reisewagen mit luftgekühltem V8-Motor über der Hinterachse. IAA Frankfurt, September 1993: Auch mit Benzineinspritzung. April 1996: Modifikationen an Karosserie und Interieur, neue Bezeichnung.

Routière avec moteur V8 à refroidiss. à air, au-dessus de l'essieu AR. IAA Francfort, septembre 1993: Aussi avec injection. Avril 1996: Modifications à la carrosserie et à l'intérieur, nouvelle désignation.

**3.5 V8 – 200 PS
Benzineinspritzung**

Karosserie, Gewicht: Limousine, 4 Türen, 5 Sitze; leer 1810 kg, max. zul. 2260 kg. Limousine mit kurzem Radstand (swb): leer 1700 kg, max. zul. 2160 kg.

Motor: (DIN), 8 Zyl. in V 90° (85×77 mm), 3495 cm³; Kompr. 9.3:1; 147 kW (200 PS) bei 5750/min, 42.1 kW/L (57.2 PS/L); 300 Nm (30.6 mkp) bei 4000/min; 95 ROZ.
Vergaser: 124 kW (168 PS) bei 5200/min; 270 Nm (27,5 mkp) bei 3300/min.

Motorkonstruktion: 2 Ventile in V 52°; 2×2 obenl. Nockenwellen (Zahnriemen); Leichtmetall-Zylinderköpfe; 5fach gelagerte Kurbelwelle; Ölkühler; Öl 9.5 L; elektron. Einspritzung.
Batterie 75 Ah, Alternator 55 A; Luftkühlung.

Kraftübertragung: (auf Hinterräder).
5-Gang-Getriebe: I. 3.39; II. 1.89; III. 1.17; IV. 0.86; V. 0.7; R 3.24; Achse 3.15.

Fahrgestell: Selbsttragende Karosserie; vorn Federbeine, unterer Querlenker, Zugstreben, Kurvenstabilisator; hinten Schräglenker, Schraubenfedern, Teleskopdämpfer.

**3.5 V8 – 200 ch
Injection d'essence**

Carrosserie, poids: Berline, 4 portes, 5 places; vide 1810 kg, tot. adm. 2260 kg. Berline avec empattement court: à vide 1700 kg, tot. admiss. 2160 kg.

Moteur: (DIN), 8 cyl. en V 90° (85×77 mm), 3495 cm³; compr. 9.3:1; 147 kW (200 ch) à 5750/min, 42.1 kW/L (57.2 ch/L); 300 Nm (30.6 mkp) à 4000/min; 95 (R).
Avec carb.: 124 kW (168 ch) à 5200/min; 270 Nm (27,5 mkp) à 3300/min.

Moteur (constr.): 2 soupapes en V 52°; 2×2 arbres à cames en tête (courroie crantée); culasses en alliage léger; vilebrequin à 5 paliers; radiat. d'huile; huile 9.5 L; injection électronique.
Batterie 75 Ah, alternateur 55 A; refroidiss. à air.

Transmission: (sur roues AR).
Boîte à 5 vit.: I. 3.39; II. 1.89; III. 1.17; IV. 0.86; V. 0.7; AR 3.24; pont 3.15.

Châssis: carrosserie autoporteuse; AV jambes élast., levier transvers. inférieur, tirants, barre anti-dévers; AR triangles obliques, ressorts hélic., amortiss. télesc.

Tatra 700

Fahrwerk: Vierrad-Scheibenbremse, Scheiben-∅ v. 28 cm, h. 26.8 cm, Handbremse auf Hinterräder; Zahnstangenlenkung, Treibstofftank 72 L; Reifen v. 205/55 VR 16, h. 225/50 VR 16, Felgen 7.5 J.

Dimensionen: Radstand 313 cm, Spur 153/153 cm, Bodenfreih. 16 cm, Wendekreis 12.5 m, Kofferraum 430 dm³, Länge 513 cm, Breite 180 cm, Höhe ca. 150 cm. swb: Radstand 298 cm, Länge ca. 500 cm.

Fahrleistungen: Vmax (Werk) 230 km/h, V bei 1000/min im 5. Gang 44 km/h; 0–100 km/h 10.8 s; Leistungsgew. 12.3 kg/kW (9.1 kg/PS); Verbrauch ECE 10.3/12.5/14.9 L/100 km.
Vergaser: Vmax 190 km/h; 0-100 km/h 11.4 s; Verbrauch (ECE) 10/12.1/15.3 L/100 km.

Train roulant: quatre freins à disques, ∅ disques AV 28 cm, AR 26.8 cm, frein à main sur roues AR; direction à crémaillère, réservoir carb. 72 L; pneus AV 205/55 VR 16, AR 225/50 VR 16, jantes 7.5 J.

Dimensions: empattement 313 cm, voie 153/153 cm, garde au sol 16 cm, diam. de braq. 12.5 m, coffre 430 dm³, longueur 513 cm, largeur 180 cm, hauteur 150 cm. swb: empatt. 298 cm, long. env. 500 cm.

Performances: Vmax (usine) 230 km/h, V à 1000/min en 5. vit. 44 km/h; 0–100 km/h 10.8 s; rapp. poids/puiss. 12.3 kg/kW (9.1 kg/ch); consomm. ECE 10.3/12.5/14.9 L/100 km.
Carb.: Vmax 190 km/h; 0-100 km/h 11.4 s; consomm. (ECE) 10/12.1/15.3 L/100 km.

Tofas — TR

Tofas Oto Ticaret A.S., Tofas Han, Kat 1-2-3, Büyükdere Caddesi 145, Zincirlikuyu, 80622 Istanbul, Turkey

Türkisches Automobilwerk, stellt in Italien nicht mehr gebaute Fiat-Modelle unter Lizenz her. Daten siehe Katalog 1996.

Usine d'automobile turque, produit sous licence des modèles, anciennement de Fiat. Données voir catalogue 1996.

Tofas Tempra

de Tomaso — I

de Tomaso Modena S.p.A. Automobili, Viale Virgilio 9, I-41100 Modena, Italia

Italienisches Werk, bekannt im Bau von leistungsfähigen Fahrzeugen.

Usine italienne spécialisée dans des voitures de haute performances.

de Tomaso Guara

Zweisitziger Mittelmotor-Sportwagen mit BMW-4.0-V8-Motor und 6-Gang-Getriebe. Debüt als Prototyp Genf 1993.

Voiture de sport à deux places, moteur central (BMW V8 4.0) et boîte à 6 vitesses. Lancement prototype Genève 1993.

**4.0 V8 32V – 283 PS
Benzineinspritzung**

Karosserie, Gewicht: Coupé, 2 Türen, 2 Sitze; leer ab 1200 kg.

Motor: (DIN), 8 Zyl. in V 90° (89×80 mm), 3982 cm³; Kompr. 10:1; 208 kW (283 PS) bei 5500/min, 52.2 kW/L (71 PS/L); 402 Nm (41 mkp) bei 4500/min; 95 ROZ.

Motorkonstruktion: Bezeichnung BMW 4.0 V8 32V; 4 Ventile in V; 2×2 obenl. Nockenwellen (Kette); Leichtmetall-Zylinderköpfe und -block; 5fach gelagerte Kurbelwelle; Öl 7 L; elektron. Einspritzung.
Wasserkühlung, Inh. 12 L.

Kraftübertragung: (auf Hinterräder), Differentialbremse.
6-Gang-Getriebe: I. 4.25; II. 2.53; III. 1.68; IV. 1.24; V. 1; VI. 0.83; R 3.89; Achse 2.93.

Fahrgestell: Längsträgerchassis aus Leichtmetall und Verbundwerkstoff; rundum Einzelradaufhängung mit doppelten Dreieckquerlenkern, push-rod vorn und pull-rod hinten, v/h Kurvenstabilisator, Schrauben- und koaxiale Dämpfer.

**4.0 V8 32V – 283 ch
Injection d'essence**

Carrosserie, poids: Coupé, 2 portes, 2 places; vide dès 1200 kg.

Moteur: (DIN), 8 cyl. en V 90° (89×80 mm), 3982 cm³; compr. 10:1; 208 kW (283 ch) à 5500/min, 52.2 kW/L (71 ch/L); 402 Nm (41 mkp) à 4500/min; 95 (R).

Moteur (constr.): désignation BMW 4.0 V8 32V; 4 soupapes en V; 2×2 arbres à cames en tête (chaîne); culasses et bloc-cyl. en alliage léger; vilebrequin à 5 paliers; huile 7 L; injection électronique.
Refroidissement à eau, capac. 12 L.

Transmission: (sur roues AR), différentiel autobloquant.
Boîte à 6 vit.: I. 4.25; II. 2.53; III. 1.68; IV. 1.24; V. 1; VI. 0.83; AR 3.89; pont 2.93.

Châssis: monopoutre longit. en alliage léger et matériaux composites; suspension indép. AV et AR avec leviers triang transv. doubles, push-rod AV et pull-rod AR, AV/AR barre anti-dévers, ressorts hélicoïdaux et amortisseurs coaxiaux.

de Tomaso • Toyota

De Tomaso Guara

Fahrwerk: Vierrad-Scheibenbremse (v/h belüftet), Scheiben-∅ v. 33.2 cm, h. 31.4 cm, Handbremse auf Hinterräder; Zahnstangenlenkung, Treibstofftank 80 L; Reifen v. 245/40 ZR 18, h. 285/35 ZR 18, Felgen v. 8.5, h. 10.5 J.

Dimensionen: Radstand 261 cm, Spur 163/166 cm, Länge 419 cm, Breite 203 cm, Höhe 120 cm.

Fahrleistungen: Vmax (Red.) über 260 km/h, V bei 1000/min im 6. Gang 49.1 km/h; 0–100 km/h 6 s; Leistungsgew. 5.8 kg/kW (4.2 kg/PS); Verbrauch (Red.) 10/20 L/100 km.

Train roulant: quatre freins à disques (AV/AR ventilés), ∅ disques AV 33.2 cm, AR 31.4 cm, frein à main sur roues AR; direction à crémaillère, réservoir carb. 80 L; pneus AV 245/40 ZR 18, AR 285/35 ZR 18, jantes AV 8.5, AR 10.5 J.

Dimensions: empattement 261 cm, voie 163/166 cm, longueur 419 cm, largeur 203 cm, hauteur 120 cm.

Performances: Vmax (réd.) plus de 260 km/h, V à 1000/min en 6. vit. 49.1 km/h; 0–100 km/h 6 s; rapp. poids/puiss. 5.8 kg/kW (4.2 kg/ch); consomm. (réd.) 10/20 L/100 km.

de Tomaso Bigua

Neues Modell. Zweisitziges Cabriolet mit Frontmotor und Hinterradantrieb, 4,6-Liter-V8-Motor von Ford USA, Fünfganggetriebe. Debüt Salon Genf 1996.

Nouveau modèle. Cabriolet 2 places avec moteur AV et traction AR, moteur V8 4,6 litres de Ford USA, boîte à 5 vitesses. Lancement salon Genève 1996.

4.6 V8 32V – 305 PS Benzineinspritzung

4.6 V8 32V – 305 ch Injection d'essence

Karosserie, Gewicht: Cabriolet, 2 Türen, 2 Sitze; leer ab 1400 kg.

Motor: (SAE), 8 Zyl. in V 90° (90.2×90 mm), 4601 cm³; Komp. 9.85:1; 224 kW (305 PS) bei 6500/min, 48.7 kW/L (66.2 PS/L); 406 Nm (41.4 mkp) bei 4800/min; 95 ROZ.

Motorkonstruktion: 4 Ventile in V; 2×2 obenl. Nockenwellen (Kette); Leichtmetall-Zylinderköpfe; 5fach gelagerte Kurbelwelle; Öl 4.7 L; elektron. Einspr., Ford EEC-V. Batterie 58 Ah, Alternator 130 A; Wasserkühlung, Inh. 13.2 L.

Kraftübertragung: (auf Hinterräder), Differentialbremse.

5-Gang-Getriebe: I. 3.37; II. 1.99; III. 1.33; IV. 1; V. 0.67; R 3.22; Achse 3.27.

Fahrgestell: Zentralrahmenchassis; v/h doppelte Dreieckquerlenker, Kurvenstabilisator, Teleskopdämpfer.

Fahrwerk: Vierrad-Scheibenbremse (v/h belüftet), Scheiben-∅ v. 32.4 cm, h. 31 cm, a.W. ABS, Handbremse auf Hinterräder; Zahnstangenlenkung mit Servo, Treibstofftank 80 L; Reifen v. 235/45 ZR 17, h. 255/40 ZR 17, Felgen v. 8, h. 9 J.

Carrosserie, poids: Cabriolet, 2 portes, 2 places; vide dès 1400 kg.

Moteur: (SAE), 8 cyl. en V 90° (90.2×90 mm), 4601 cm³; compr. 9.85:1; 224 kW (305 ch) à 6500/min, 48.7 kW/L (66.2 ch/L); 406 Nm (41.4 mkp) à 4800/min; 95 (R).

Moteur (constr.): 4 soupapes en V; 2×2 arbres à cames en tête (chaîne); culasses en alliage léger; vilebrequin à 5 paliers; huile 4.7 L; inj. électronique, Ford EEC-V. Batterie 58 Ah, alternateur 130 A; refroidissement à eau, capac. 13.2 L.

Transmission: (sur roues AR), différentiel autobloquant.

Boîte à 5 vit.: I. 3.37; II. 1.99; III. 1.33; IV. 1; V. 0.67; AR 3.22; pont 3.27.

Châssis: châssis à poutre centrale; AV/AR leviers triang. transv. doubles, barre anti-dévers, amortis. télesc.

Train roulant: quatre freins à disques (AV/AR ventilés), ∅ disques AV 32.4 cm, AR 31 cm, ABS s. d., frein à main sur roues AR; servodirection à crémaillère, réservoir carb. 80 L; pneus AV 235/45 ZR 17, AR 255/40 ZR 17, jantes AV 8, AR 9 J.

Dimensionen: Radstand 267 cm, Spur 159/158 cm, Wendekreis 11 m, Länge 419 cm, Breite 190 cm, Höhe 128 cm.

Fahrleistungen: Vmax (Red.) 240 km/h, V bei 1000/min im 5. Gang 53.8 km/h; Leistungsgew. 6.3 kg/kW (4.6 kg/PS); Verbrauch (Red.) 10/20 L/100 km.

Dimensions: empattement 267 cm, voie 159/158 cm, diam. de braq. 11 m, longueur 419 cm, largeur 190 cm, hauteur 128 cm.

Performances: Vmax (réd.) 240 km/h, V à 1000/min en 5. vit. 53.8 km/h; rapp. poids/puiss. 6.3 kg/kW (4.6 kg/ch); consomm. (réd.) 10/20 L/100 km.

De Tomaso Bigua

Toyota J

Toyota Motor Co., Ltd., Toyota-shi, Aichi-ken, Japan

1937 als Zweig einer japanischen Spinnerei- und Webstuhlfabrik gegründete Automobilfabrik.

Fabrique d'automobiles issue en 1937 d'une usine japonaise de métiers à tisser.

Toyota Starlet

Kompakte Heckklappen-Limousine mit Quermotor und Frontantrieb. Debüt Oktober 1984. Dezember 1989 und 1995: Neuauflage Serien Reflet und Glanza), Vierventiltechnik.

Berline compacte avec hayon AR, moteur transv. et traction AV. Lancement oct. 1984. Décembre 1989 et 1995: Renouvellement (gamme Reflet et Glanza), quatre soupapes par cyl..

1.3 16V – 75 PS Benzineinspritzung

1.3 16V – 75 ch Injection d'essence

Karosserie, Gewicht: Limousine, 3/5 Türen; 5 Sitze; leer ab ca. 810 kg.

Motor: (ECE), 4 Zyl. in Linie (74×77.4 mm), 1332 cm³; Kompr. 9.6:1; 55 kW (75 PS) bei 5400/min, 41.3 kW/L (56.1 PS/L); 115 Nm (11.7 mkp) bei 4100/min; 95 ROZ. JIS: 62 kW (85 PS); 118 Nm (12 mkp). 4WD: 60 kW (82 PS); 116 Nm (11.8 mkp).

Motorkonstruktion: Bezeichnung 4E-FE; 4 Ventile in V 24°; 2 obenl. Nockenwellen (Zahnräder/Zahnriemen); Leichtmetall-Zylinderkopf; 5fach gelagerte Kurbelwelle; Öl 3.2 L; elektron. Einspritzung, EFI-D. Batterie 40 Ah, Alternator 70 A; Wasserkühlung, Inh. 5 L.

Carrosserie, poids: Berline, 3/5 portes; 5 places; vide dès env. 810 kg.

Moteur: (ECE), 4 cyl. en ligne (74×77.4 mm), 1332 cm³; compr. 9.6:1; 55 kW (75 ch) à 5400/min, 41.3 kW/L (56.1 ch/L); 115 Nm (11.7 mkp) à 4100/min; 95 (R). JIS: 62 kW (85 ch); 118 Nm (12 mkp). 4WD: 60 kW (82 ch); 116 Nm (11.8 mkp).

Moteur (constr.): désignation 4E-FE; 4 soupapes en V 24°; 2 arbres à cames en tête (pignons/courroie crantée); culasse en alliage léger; vilebrequin à 5 paliers; huile 3.2 L; injection électronique, EFI-D. Batterie 40 Ah, alternateur 70 A; refroidissement à eau, capac. 5 L.

Toyota Starlet

Kraftübertragung: (auf Vorderräder oder alle Räder), zentrale Viskokupplung.

5-Gang-Getriebe: I. 3.55; II. 1.9; III. 1.31; IV. 1.03; V. 0.86; R 3.25; Achse 3.72; 4.06. Japan: IV. 0.97; V. 0.82; Achse 3,72, 4WD 4,06.

4-Gang-Getriebe: IV. 0.97; Achse 3.42.

3-Stufen-Automat: I. 2.81; II. 1.55; III. 1; R 2.3; Achse 3.52; 3.23.

4-Stufen-Automat: I. 3.64; II. 2; III. 1.3; IV. 0.89; R 2.98; Achse 2.96.

4-Stufen-Automat: I. 4.01; II. 2.21; III. 1.43; IV. 0.98; R 3.27; 4WD 2.82.

Fahrgestell: Selbsttragende Karosserie; vorn Federbeine und Dreieckquerlenker; hinten Torsionskurbelachse, Längslenker, Panhardstab; einige Modelle Starrachse, Längslenker, Panhardstab; Längsfedern und koaxiale Dämpfer; je nach Modell Kurvenstabilisatoren.

Transmission: (sur roues AV ou toutes les roues), visco-coupleur central.

Boîte à 5 vit.: I. 3.55; II. 1.9; III. 1.31; IV. 1.03; V. 0.86; AR 3.25; pont 3.72; 4.06. Japon: IV. 0.97; V. 0.82; pont 3.72, 4WD 4.06.

Boîte à 4 vit.: IV. 0.97; pont 3.42.

Boîte aut. à 3 vit.: I. 2.81; II. 1.55; III. 1; AR 2.3; pont 3.52; 3.23.

Boîte aut. à 4 vit.: I. 3.64; II. 2; III. 1.3; IV. 0.89; AR 2.98; pont 2.96.

Boîte aut. à 4 vit.: I. 4.01; II. 2.21; III. 1.43; IV. 0.98; AR 3.27; 4WD 2.82.

Châssis: carrosserie autoporteuse; AV jambes élast. et leviers triang. transv.; AR essieu à manivelles à torsion, bras longitud., barre Panhard; quelques modèles essieu rigide, bras longitud., barre Panhard; ressorts hélicoïdaux et amort. coaxiaux; selon modèles barres anti-dévers.

Toyota

Fahrwerk: Bremse, vorne Scheiben (belüftet), hinten Trommeln, a.W. Scheiben hinten, a.W. ABS, Handbremse auf Hinterräder; Zahnstangenlenkung, a.W. mit Servo, Treibstofftank 45 L; Reifen 145 R 13, 155 R 13, 165/70 R 13; Felgen 4 J, 5 J.

Dimensionen: Radstand 230 cm, Spur 140/140.5 cm, Bodenfreih. 14 cm, Wendekreis 10 m, Kofferraum 225/490 dm³, Länge 374 cm, Breite 162.5 cm, Höhe 140 cm.

Fahrleistungen: Vmax (Werk) 170 km/h, V bei 1000/min im 5. Gang 32 km/h; 0–100 km/h 11.2 s; Leistungsgew. 14.7 kg/kW (10.8 kg/PS); Verbr. EU 5.6/8.8 L/100 km.
Aut.: Vmax 165 km/h, 0–100 km/h 17.4 s; Verbr. EU 6.5/9.9 L/100 km.

1.3 16V – 135 PS Benzineinspritzung/Turbo

Wie 1.3 – 75 PS, ausgenommen:

Gewicht: leer ab ca. 920 kg.

Motor: (JIS), 4 Zyl. in Linie (74×77.4 mm), 1332 cm³; Kompr. 8.2:1; 99 kW (135 PS) bei 6400/min, 74.3 kW/L (101 PS/L); 157 Nm (16 mkp) bei 4800/min; 91 ROZ. Low-Turbo: 85 kW (115 PS); 142 Nm (14,5 mkp).

Motorkonstruktion: Bezeichnung 4E-FTE; 1 Turbolader, Intercooler.

Kraftübertragung: 5-Gang-Getriebe: I. 3.17; II. 1.9; III. 1.39; IV. 1.03; V. 0.82; R 3.25; Achse 3.72.
4-Stufen-Automat: I. 3.64; II. 2; III. 1.3; IV. 0.89; R 2.98; Achse 2.82.

Fahrwerk: Vierrad-Scheibenbremse (vorn belüftet), Reifen 165/70 R 13, 185/55 HR 14, Felgen 5 J, 5.5 J.

Fahrleistungen: Vmax (Red.) über 190 km/h, V bei 1000/min im 5. Gang 34 km/h; Leistungsgew. 9.3 kg/kW (6.8 kg/PS); Verbrauch (Red.) 6/12 L/100 km.

1.5 – 54 PS Diesel

Wie 1.3 – 75 PS, ausgenommen:

Gewicht: leer ab ca. 860 kg.

Motor: (DIN/JIS), 4 Zyl. in Linie (74×84.5 mm), 1454 cm³; Kompr. 22:1; 40 kW (54 PS) bei 5200/min, 27.5 kW/L (37.4 PS/L); 91 Nm (9.3 mkp) bei 3000/min; Dieselöl.

Motorkonstruktion: Bezeichnung 1N; Wirbelkammer-Diesel; 2 Ventile; 1 obenl. Nockenwelle; Öl 3.8 L; Einspritzpumpe, Bosch. Batterie 60 Ah, Alternator 55 A; Wasserkühlung, Inh. 5.7 L.

Kraftübertragung:
5-Gang-Getriebe: I. 3.55; II. 1.9; III. 1.31; IV. 0.97; V. 0.73; R 3.25; Achse 3.94; 3.72.
4-Stufen-Automat: I. 4.01; II. 2.21; III. 1.43; IV. 0.98; R 3.27; Achse 2.96.

Fahrleistungen: Vmax (Werk) 155 km/h, 0–100 km/h 14.5 s; Leistungsgew. 21.5 kg/kW (15.9 kg/PS); Verbrauch ECE 3.9/5.7/4.7 L/100 km.

Toyota Tercel - Corsa - Corolla II

Fahrzeug der unteren Mittelklasse mit Frontantrieb. Hatchback und Sedan. Debüt Mai 1986. September 1990: Neuauflage, 16V-Motoren, 4WD. 1993 und Herbst 1994: Facelifting.

1.3 16V – 88 PS Benzineinspritzung

Karosserie, Gewicht: Limousine, 2/3/4 Türen; 5 Sitze; leer ab 820 kg.

Train roulant: frein, AV à disques (ventilés), AR à tambours, s.d. disques AR, ABS s.d., frein à main sur roues AR; direction à crémaillère, s.d. avec servo, réservoir carb. 45 L; pneus 145 R 13, 155 R 13, 165/70 R 13; jantes 4 J, 5 J.

Dimensions: empatt. 230 cm, voie 140/140.5 cm, garde au sol 14 cm, diam. de braq. 10 m, coffre 225/490 dm³, longueur 374 cm, larg. 162.5 cm, haut. 140 cm.

Performances: Vmax (usine) 170 km/h, V à 1000/min en 5. vit. 32 km/h; 0–100 km/h 11.2 s; rapp. poids/puiss. 14.7 kg/kW (10.8 kg/ch); consomm. EU 5.6/8.8 L/100 km.
Aut.: Vmax 165 km/h, 0–100 km/h 17.4 s; consomm. EU 6.5/9.9 L/100 km.

1.3 16V – 135 ch Injection d'essence/turbo

Comme 1.3 – 75 ch, sauf:

Poids: vide dès env. 920 kg.

Moteur: (JIS), 4 cyl. en ligne (74×77.4 mm), 1332 cm³; compr. 8.2:1; 99 kW (135 ch) à 6400/min, 74.3 kW/L (101 ch/L); 157 Nm (16 mkp) à 4800/min; 91 (R). Low-Turbo: 85 kW (115 ch); 142 Nm (14,5 mkp).

Moteur (constr.): désignation 4E-FTE; 1 turbocompr., Intercooler.

Transmission: boîte à 5 vit.: I. 3.17; II. 1.9; III. 1.39; IV. 1.03; V. 0.82; AR 3.25; pont 3.72.
Boîte aut. à 4 vit.: I. 3.64; II. 2; III. 1.3; IV. 0.89; AR 2.98; pont 2.82.

Train roulant: quatre freins à disques (AV ventilés), pneus 165/70 R 13, 185/55 HR 14, jantes 5 J, 5.5 J.

Performances: Vmax (réd.) plus de 190 km/h, V à 1000/min en 5. vit. 34 km/h; rapp. poids/puiss. 9.3 kg/kW (6.8 kg/ch); consomm. (réd.) 6/12 L/100 km.

1.5 – 54 ch Diesel

Comme 1.3 – 75 ch, sauf:

Poids: vide dès env. 860 kg.

Moteur: (DIN/JIS), 4 cyl. en ligne (74×84.5 mm), 1454 cm³; compr. 22:1; 40 kW (54 ch) à 5200/min, 27.5 kW/L (37.4 ch/L); 91 Nm (9.3 mkp) à 3000/min; gazole.

Moteur (constr.): désig. 1N; diesel à cham. de turb.; 2 soupapes; 1 arbre à cames en tête; huile 3.8 L; pompe à inj., Bosch. Batterie 60 Ah, alternateur 55 A; refroidissement à eau, capac. 5.7 L.

Transmission:
Boîte à 5 vit.: I. 3.55; II. 1.9; III. 1.31; IV. 0.97; V. 0.73; AR 3.25; pont 3.94; 3.72.
Boîte aut. à 4 vit.: I. 4.01; II. 2.21; III. 1.43; IV. 0.98; AR 3.27; pont 2.96.

Performances: Vmax (usine) 155 km/h, 0–100 km/h 14.5 s; rapp. poids/puiss. 21.5 kg/kW (15.9 kg/ch); consomm. ECE 3.9/5.7/4.7 L/100 km.

Toyota Tercel - Corsa - Corolla II

Voiture de la classe moyenne infér., traction AV. Hatchback et Sedan. Lancement mai 1986. Septembre 1990: Renouvellement, moteurs 16V, 4×4. 1993 et automne 1994: Facelifting.

1.3 16V – 88 ch Injection d'essence

Carrosserie, poids: Berline, 2/3/4 portes; 5 places; vide dès 820 kg.

Motor: (ECE), 4 Zyl. in Linie (74×77.4 mm), 1332 cm³; Kompr. 10:1; 65 kW (88 PS) bei 5400/min, 48.8 kW/L (66.3 PS/L); 116 Nm (11.8 mkp) bei 4600/min; 95 ROZ. Kompr. 9.6:1; 55 kW (75 PS) 41.3 kW/L (56.1 PS/L); 115 Nm (11.7 mkp) bei 4100/min.

Motorkonstruktion: Bezeichnung 4E-FE; 4 Ventile in V 24°; 2 obenl. Nockenwellen (Zahnräder/Zahnriemen); Leichtmetall-Zylinderkopf; 5fach gelagerte Kurbelwelle; Öl 3.2 L; elektron. Einspritzung, EFI-D. Batterie 40 Ah, Alternator 70 A; Wasserkühlung, Inh. 5 L.

Kraftübertragung: (auf Vorderräder).
4-Gang-Getriebe: I. 3.55; II. 1.9; III. 1.31; IV. 0.97; R 3.25; Achse 3.53.
3-Stufen-Automat: I. 2.81; II. 1.55; III. 1; R 2.3; Achse 3.53.

Fahrgestell: Selbsttragende Karosserie; vorn Federbeine und Dreieckquerlenker; hinten Torsionskurbelachse, Längslenker, Panhardstab, Schraubenfedern, Teleskopdämpfer; v/h Kurvenstabilisator.

Fahrwerk: Bremse, vorne Scheiben, hinten Trommeln, a.W. ABS, Handbremse auf Hinterräder; Zahnstangenlenkung, a.W. mit Servo, Treibstofftank 45 L; Reifen 155 R 13, 155/70 R 13, Felgen 4.5 J.

Dimensionen: Radstand 238 cm, Spur 140/139.5 cm, Bodenfreih. 15 cm, Wendekreis 10 m, Länge 412 cm, Breite 166 cm, Höhe 138 cm.
Hatchback: Länge 391.5 cm.

Fahrleistungen: Vmax (Red.) 170 km/h, V bei 1000/min im 4. Gang 30.9 km/h; Leistungsgew. 12.6 kg/kW (9.3 kg/PS); Verbrauch (Red.) 5/9 L/100 km.

Toyota Tercel

1.5 16V – 94 PS Benzineinspritzung

Wie 1.3 – 88 PS, ausgenommen:

Gewicht: leer ab 870 kg.

Motor: (JIS/SAE), 4 Zyl. in Linie (74×87 mm), 1497 cm³; Kompr. 9.8:1; 69 kW (94 PS) bei 5400/min, 46.1 kW/L (62.6 PS/L); 132 Nm (13.5 mkp) bei 4400/min; 95 ROZ. 4WD (JIS): 67 kW (91 PS); 129 Nm (13.1 mkp).

Motorkonstruktion: Bezeichnung 5E-FE.

Kraftübertragung: (auf Vorderräder oder alle Räder), zentrale Viskokupplung.
5-Gang-Getriebe: I. 3.45; II. 1.9; III. 1.31; IV. 0.97; V. 0.82; R 3.25; Achse 3.53; 3.72.
Für USA auch noch 4-Gang-Getriebe (wie 1.3); Achse 3.53.
4-Stufen-Automat: I. 3.64; II. 2; III. 1.3; IV. 0.89; R 2.98; Achse 2.96; 2.82.
Für USA auch noch 3-Stufen-Automat (wie 1.3); Achse 3.72.
4WD: 4-Stufen-Automat: I. 4.01; II. 2.21; III. 1.43; IV. 0.98; R 3.27; Achse 2.82.

Fahrgestell: Verbundlenkerachse, je nach Modell Starrachse, Längslenker, Panhardstab, Teleskopdämpfer.

Moteur: (ECE), 4 cyl. en ligne (74×77.4 mm), 1332 cm³; compr. 10:1; 65 kW (88 ch) à 5400/min, 48.8 kW/L (66.3 ch/L); 116 Nm (11.8 mkp) à 4600/min; 95 (R). Compression 9.6:1; 55 kW (75 ch), 41.3 kW/L (56.1 ch/L); 115 Nm (11.7 mkp) à 4100/min.

Moteur (constr.): désignation 4E-FE; 4 soupapes en V 24°; 2 arbres à cames en tête (pignons/courroie crantée); culasse en alliage léger; vilebrequin à 5 paliers; huile 3.2 L; injection électronique, EFI-D. Batterie 40 Ah, alternateur 70 A; refroidissement à eau, capac. 5 L.

Transmission: (sur roues AV).
Boîte à 4 vit.: I. 3.55; II. 1.9; III. 1.31; IV. 0.97; AR 3.25; pont 3.53.
Boîte aut. à 3 vit.: I. 2.81; II. 1.55; III. 1; AR 2.3; pont 3.53.

Châssis: carrosserie autoporteuse; AV jambes élast. et leviers triang. transv.; AR essieu à manivelles à torsion, bras longitud., barre Panhard, ressorts hélicoïdaux, amortiss. télesc.; AV/AR barre anti-dévers.

Train roulant: frein, AV à disques, AR à tambours, ABS s.d., frein à main sur roues AR; direction à crémaillère, s.d. avec servo, réservoir carb. 45 L; pneus 155 R 13, 155/70 R 13, jantes 4.5 J.

Dimensions: empattement 238 cm, voie 140/139.5 cm, garde au sol 15 cm, diam. de braq. 10 m, longueur 412 cm, largeur 166 cm, hauteur 138 cm.
Hatchback: Longueur 391.5 cm.

Performances: Vmax (réd.) 170 km/h, V à 1000/min en 4. vit. 30.9 km/h; rapp. poids/puiss. 12.6 kg/kW (9.3 kg/ch); consomm. (réd.) 5/9 L/100 km.

1.5 16V – 94 ch Injection d'essence

Comme 1.3 – 88 ch, sauf:

Poids: vide dès 870 kg.

Moteur: (JIS/SAE), 4 cyl. en ligne (74×87 mm), 1497 cm³; compr. 9.8:1; 69 kW (94 ch) à 5400/min, 46.1 kW/L (62.6 ch/L); 132 Nm (13.5 mkp) à 4400/min; 95 (R). 4WD (JIS): 67 kW (91 ch); 129 Nm (13.1 mkp).

Moteur (constr.): désignation 5E-FE.

Transmission: (sur roues AV ou toutes les roues), visco-coupleur central.
Boîte à 5 vit.: I. 3.45; II. 1.9; III. 1.31; IV. 0.97; V. 0.82; AR 3.25; pont 3.53; 3.72.
Pour les USA aussi avec boîte à 4 vit. (comme 1.3); pont 3.53.
Boîte aut. à 4 vit.: I. 3.64; II. 2; III. 1.3; IV. 0.89; AR 2.98; pont 2.96; 2.82.
Pour les USA aussi avec automat. 3 vit. (comme 1.3); pont 3.72.
4WD: boîte aut. à 4 vit.: I. 4.01; II. 2.21; III. 1.43; IV. 0.98; AR 3.27; pont 2.82.

Châssis: essieu semi-rigide, selon modèles essieu rigide, bras longitud., barre Panhard, amortiss. télescop.

Toyota 522

Fahrwerk: 175/70 R 13, 175/65 HR 14; 5 J.

Fahrleistungen: Vmax (Red.) 180 km/h, V bei 1000/min im 5. Gang 36.4 km/h; Leistungsgew. 12.5 kg/kW (9.1 kg/PS); Verbrauch (Red.) 7/10 L/100 km.

1.5 – 67 PS Turbodiesel

Wie 1.3 – 88 PS, ausgenommen:

Gewicht: leer ab ca. 880 kg.

Motor: (JIS), 4 Zyl. in Linie (74×84.5 mm), 1454 cm³; Kompr. 22:1; 49 kW (67 PS) bei 4200/min, 33.7 kW/L (45.8 PS/L); 137 Nm (14 mkp) bei 2600/min; Dieselöl.

Motorkonstruktion: Bezeichnung 1N-T; Wirbelkammer-Diesel; 2 Ventile; 1 obenl. Nockenwelle; Öl 4 L; 1 Turbolader.

Kraftübertragung: (auf Vorderräder).
5-Gang-Getriebe: I. 3.55; II. 1.9; III. 1.31; IV. 0.97; V. 0.73; R 3.25; Achse 3.53; 3.94.
4-Stufen-Automat: I. 3.64; II. 2; III. 1.3; IV. 0.89; R 2.98; Achse 2.66.

Fahrleistungen: Vmax (Red.) 150 km/h, V bei 1000/min im 5. Gang 41 km/h; Leistungsgew. 18 kg/kW (13.1 kg/PS); Verbrauch (Red.) 4/9 L/100 km.

Toyota Soluna

Neues Modell. Limousine auf Basis des Tercel/Corsa/Corolla II mit 1.5/16V-Motor (95 PS). Wird in Thailand hergestellt. Daten wie Tercel (Radstand 238 cm, Länge 418 cm). Debüt Dezember 1996.

Toyota Soluna

Toyota Paseo - Cynos

2+2sitziges Coupé mit Frontantrieb aus der Stylingabteilung in Kalifornien, auf dem Tercel basierend. Vorläufig für Japan (Cynos) und die USA (Paseo). Debüt Januar 1991. Januar 1996: Restyling und Einführung als Paseo in Europa.

1.5 16V – 90 PS Benzineinspritzung

Karosserie, Gewicht: Coupé/Cabriolet, 2 Türen, 2+2 Sitze; leer ab 920 kg, max. zul. 1385 kg.

Toyota Paseo

Train rou.: 175/70 R 13, 175/65 HR 14; 5 J.

Performances: Vmax (réd.) 180 km/h, V à 1000/min en 5. vit. 36.4 km/h; rapp. poids/puiss. 12.5 kg/kW (9.1 kg/ch); consomm. (réd.) 7/10 L/100 km.

1.5 – 67 ch Turbodiesel

Comme 1.3 – 88 ch, sauf:

Poids: vide dès env. 880 kg.

Moteur: (JIS), 4 cyl. en ligne (74×84.5 mm), 1454 cm³; compr. 22:1; 49 kW (67 ch) à 4200/min, 33.7 kW/L (45.8 ch/L); 137 Nm (14 mkp) à 2600/min; gazole.

Moteur (constr.): désign. 1N-T; diesel à chambre de turbul.; 2 soupapes; 1 arbre à cames en tête; huile 4 L; 1 turbocompr.

Transmission: (sur roues AV).
Boîte à 5 vit.: I. 3.55; II. 1.9; III. 1.31; IV. 0.97; V. 0.73; AR 3.25; pont 3.53; 3.94.
Boîte aut. à 4 vit.: I. 3.64; II. 2; III. 1.3; IV. 0.89; AR 2.98; pont 2.66.

Performances: Vmax (réd.) 150 km/h, V à 1000/min en 5. vit. 41 km/h; rapp. poids/puiss. 18 kg/kW (13.1 kg/ch); consomm. (réd.) 4/9 L/100 km.

Nouveau modèle. Berline basant sur la Tercel/Corsa/Corolla II avec moteur 1.5/16V (95 ch). Production en Thaïlande. Données comme Tercel (empatt. 238 cm, long. 418 cm). Lancement déc. 1996.

Coupé 2+2 places avec traction AV conçu par le départ. de style en Californie, basé sur la Tercel. Destiné au Japon (Cynos) et aux USA (Paseo). Lancement janvier 1991. Janvier 1996: Restyling et lancement comme Paseo pour l'Europe.

1.5 16V – 90 ch Injection d'essence

Carrosserie, poids: Coupé/Cabriolet, 2 portes, 2+2 places; vide dès 920 kg, tot. adm. 1385 kg.

Toyota Paseo Convertible

Motor: (ECE), 4 Zyl. in Linie (74×87 mm), 1497 cm³; Kompr. 9.4:1; 66 kW (90 PS) bei 5400/min, 44.1 kW/L (59.9 PS/L); 130 Nm (13.3 mkp) bei 4400/min; 95 ROZ.
JIS: 9.8:1; 81 kW (110 PS) bei 6400/min; 136 Nm bei 4000/min.
oder: (74x77.4 mm), 1331 cm³; Kompr. 10:1; 65 kW (88 PS) bei 6500/min; 116 Nm bei 4600/min.
SAE: 70 kW (94 PS); 136 Nm.
Aut.: (JIS), Kompr. 9.8:1; 85 kW (116 PS) bei 6600/min, 56.8 kW/L (77.2 PS/L); 135 Nm (13.8 mkp) bei 4000/min.

Motorkonstruktion: Bezeichnung 5E-FHE; 4 Ventile in V 24°; 2 obenl. Nockenwellen (Zahnräder/Zahnriemen); Leichtmetall-Zylinderkopf; 5fach gelagerte Kurbelwelle; Öl 3.2 L; elektron. Einspr., EFI-D. Batterie 50 Ah, Alternator 720 W; Wasserkühlung, Inh. 4.9 L.

Kraftübertragung: (auf Vorderräder).
5-Gang-Getriebe: I. 3.55; II. 1.9; III. 1.31; IV. 0.97; V. 0.82; R 3.25; Achse 3.94.
4-Stufen-Automat: I. 4.01; II. 2.21; III. 1.43; IV. 0.98; R 3.27.

Fahrgestell: Selbsttragende Karosserie; vorn Federbeine und Dreieckquerlenker, Kurvenstabilisator; hinten Verbundlenkerachse, Panhardstab, Federbeine; v/h Schraubenfedern und koaxiale Dämpfer.
Aut.: Federbeine und Dreieckquerlenker; Teleskopdämpfer; Kurvenstabilisator; a.W. elektron. Dämpferregulierung.

Fahrwerk: Bremse, vorne Scheiben (belüftet), hinten Trommeln, Scheiben-⌀ v. 24.4 cm, a.W. ABS, Handbremse auf Hinterräder; Zahnstangenl. mit Servo, Treibstofftank 45 L; Reifen 185/60 R 14, Felgen 5.5 J.

Dimensionen: Radst. 238 cm, Spur 140.5/139.5 cm, Bodenfreih. 14 cm, Wendekreis 10.2 m, Kofferraum 250/815 dm³, Länge 416 cm, Breite 166 cm, Höhe 129 cm.
Aut.: Kofferraum 220/Länge 414.5 cm, Breite 164.5 cm.

Fahrleistungen: Vmax (Werk) 185 km/h, V bei 1000/min im 5. Gang 21.9 km/h; 0–100 km/h 10.9 s; Leistungsg. 13.9 kg/kW (10.2 kg/PS); Verbr. EU 5.6/9.1/10 L/100 km.

Toyota Corolla - Sprinter

Populärer Vertreter der Mittelklasse. Juni 1991: Neuauflage mit vergrösserten Abmessungen. Mai 1992: Luxussedan Corolla Ceres und Sprinter Marino, Corolla FX mit Heckklappe.

1.3 16V – 75 PS Benzineinspritzung

Karosserie, Gewicht: Limousine, 3/5 Türen; 5 Sitze; leer 945 kg, max. zul. 1560 kg.
Limousine, 4 Türen, 5 Sitze; leer ab 965 kg.
Station Wagon, 5 Türen, 5 Sitze; leer ab 1005 kg, max. zul. 1565 kg.
Coupé, 2 Türen, 5 Sitze; leer ab 980 kg.

Moteur: (ECE), 4 cyl. en ligne (74×87 mm), 1497 cm³; compr. 9.4:1; 66 kW (90 ch) à 5400/min, 44.1 kW/L (59.9 ch/L); 130 Nm (13.3 mkp) à 4400/min; 95 (R).
JIS: 9.8:1; 81 kW (110 ch) à 6400/min; 136 Nm à 4000/min.
ou: (74x77.4 mm), 1331 cm³; compr. 10:1; 65 kW (88 ch) à 6500/min; 116 Nm à 4600/min.
SAE: 70 kW (94 ch); 136 Nm.
Aut.: (JIS), compr. 9.8:1; 85 kW (116 ch) à 6600/min, 56.8 kW/L (77.2 ch/L); 135 Nm (13.8 mkp) à 4000/min.

Moteur (constr.): désignation 5E-FHE; 4 soupapes en V 24°; 2 arbres à cames en tête (pignons/courroie crantée); culasse en alliage léger; vilebrequin à 5 paliers; huile 3.2 L; injection électronique, EFI-D. Batterie 50 Ah, alternateur 720 W; refroidissement à eau, capac. 4.9 L.

Transmission: (sur roues AV).
Boîte à 5 vit.: I. 3.55; II. 1.9; III. 1.31; IV. 0.97; V. 0.82; AR 3.25; pont 3.94.
Boîte aut. à 4 vit.: I. 4.01; II. 2.21; III. 1.43; IV. 0.98; AR 3.27.

Châssis: carrosserie autoporteuse; AV jambes élast. et leviers triang. transv., barre anti-dévers; AR essieu semi-rigide, barre Panhard, jambes élast.; AV/AR ressorts hélicoïdaux et amortisseurs coaxiaux.
Aut.: jambes élast. et leviers triang. transv.; amortiss. télescop.; barre anti-dévers; s.d. amortiis. à réglage électron.

Train roulant: frein, AV à disques (ventilés), AR à tambours, ⌀ disques AV 24.4 cm, ABS, frein à main sur roues AR; servodirection à crémaillère, réservoir carb. 45 L; pneus 185/60 R 14, jantes 5.5 J.

Dimensions: empatt. 238 cm, voie 140.5/139.5 cm, garde au sol 14 cm, diam. de braq. 10.2 m, coffre 250/815 dm³, longueur 416 cm, largeur 166 cm, hauteur 129 cm.
Aut.: coffre 220/longueur 414.5 cm, largeur 164.5 cm.

Performances: Vmax (usine) 185 km/h, V à 1000/min en 5. vit. 21.9 km/h; 0–100 km/h 10.9 s; rapp. poids/puiss. 13.9 kg/kW (10.2 kg/ch); consomm. EU 5.6/9.1/10 L/100 km.

Représentant populaire de la classe moyenne. Juin 1991: Nouvelle génération, dimensions accrues. Mai 1992: Sedan de luxe Corolla Ceres et Sprinter Marino, Corolla FX avec hayon AR.

1.3 16V – 75 ch Injection d'essence

Carrosserie, poids: Berline, 3/5 portes; 5 places; vide 945 kg, tot. adm. 1560 kg.
Berline, 4 portes, 5 places; vide dès 965 kg.
Station-wagon, 5 portes, 5 places; vide dès 1005 kg, tot. adm. 1565 kg.
Coupé, 2 portes, 5 places; vide dès 980 kg.

Toyota 523

Toyota Corolla Compact

Motor: (ECE), 4 Zyl. in Linie (74×77.4 mm), 1332 cm³; Kompr. 9.6:1; 55 kW (75 PS) bei 5400/min, 41.3 kW/L (56.1 PS/L); 115 Nm (11.7 mkp) bei 4100/min; 95 ROZ. JIS: 1331 cm³, 65 kW (88 PS) oder 1498 cm³ (78.7×77 mm), 77 kW (105 PS); 135 Nm.

Motorkonstruktion: Bezeichnung 4E-FE; 4 Ventile in V 24°; 2 obenl. Nockenwellen (Zahnräder/Zahnriemen); Leichtmetall-Zylinderkopf; 5fach gelagerte Kurbelwelle; Öl 3.2 L; elektron. Einspritzung, EFI-D. Batterie 40 Ah, Alternator 70 A; Wasserkühlung, Inh. 5 L.

Kraftübertragung: (auf Vorderräder).
5-Gang-Getriebe: I. 3.55; II. 1.9; III. 1.31; IV. 0.97; V. 0.82; R 3.25; Achse 4.06; 3.94.
3-Stufen-Automat: I. 2.81; II. 1.55; III. 1; R 2.3; Achse 2.33.
4-Stufen-Automat: I. 2.81; II. 1.55; III. 1; IV. 0.69; R 2.3, Achse 3.77.

Fahrgestell: Selbsttragende Karosserie mit vorderem und hinterem Hilfsrahmen; vorn Federbeine, Dreieckquerlenker; hinten Längs- und Querlenker; v/h Kurvenstabilisator, Schraubenfedern, Teleskopdämpfer.

Fahrwerk: Bremse, vorne Scheiben (belüftet), hinten Trommeln, a.W. ABS, Handbremse auf Hinterräder; Zahnstangenlenkung mit Servo, Treibstofftank 50 L; Reifen 165/70 R 14, Felgen 5.5 J.

Dimensionen: Radst. 246.5 cm, Spur 146/145 cm, Bodenfreih. 15 cm, Wendekreis 10.4 m, Kofferraum 310/750 dm³, Länge 409.5 cm, Breite 168.5 cm, Höhe 138 cm.
4 Türen: Kofferraum 420 dm³, Länge 427 cm, Höhe 145 cm.
Wagon: Kofferraum 395/715 dm³, Länge 426 cm, Höhe 143 cm.
Coupé: Länge 427.5 cm, Breite 169.5 cm, Höhe 131 cm.

Fahrleistungen: Vmax (Werk) 170 km/h, V bei 1000/min im 5. Gang 33.5 km/h; 0–100 km/h 12.8 s; Leistungsg. 17.6 kg/kW (12.9 kg/PS); Verbr. ECE 5.3/7/7.7 L/100 km.
Aut.: Vmax 160 km/h, 0–100 km/h 16.5 s; Verbr. ECE 5.8/7.8/8 L/100 km.

Toyota Sprinter Carib

Moteur: (ECE), 4 cyl. en ligne (74×77.4 mm), 1332 cm³; compr. 9.6:1; 55 kW (75 ch) à 5400/min, 41.3 kW/L (56.1 ch/L); 115 Nm (11.7 mkp) à 4100/min; 95 (R). JIS: 1331 cm³, 65 kW (88 ch) ou 1498 cm³ (78.7×77 mm), 77 kW (105 PS); 135 Nm.

Moteur (constr.): désignation 4E-FE; 4 soupapes en V 24°; 2 arbres à cames en tête (pignons/courroie crantée); culasse en alliage léger; vilebrequin à 5 paliers; huile 3.2 L; injection électronique, EFI-D. Batterie 40 Ah, alternateur 70 A; refroidissement à eau, capac. 5 L.

Transmission: (sur roues AV).
Boîte à 5 vit.: I. 3.55; II. 1.9; III. 1.31; IV. 0.97; V. 0.82; AR 3.25; pont 4.06; 3.94.
Boîte aut. à 3 vit.: I. 2.81; II. 1.55; III. 1; AR 2.3; pont 2.33.
Boîte aut. à 4 vit.: I. 2.81; II. 1.55; III. 1; IV. 0.69; AR 2.3, pont 3.77.

Châssis: carrosserie autoporteuse avec faux-châssis AV et AR; AV jambes élast., leviers triang. transv.; AR bras longitud. et transv.; AV/AR barre anti-dévers, ressorts hélic, amortiss. télesc.

Train roulant: frein, AV à disques (ventilés), AR à tambours, ABS s. d., frein à main sur roues AR; servodirection à crémaillère, réservoir carb. 50 L; pneus 165/70 R 14, jantes 5.5 J.

Dimensions: empatt. 246.5 cm, voie 146/145 cm, garde au sol 15 cm, diam. de braq. 10.4 m, coffre 310/750 dm³, longueur 409.5 cm, largeur 168.5 cm, hauteur 138 cm.
4 portes: coffre 420 dm³, longueur 427 cm, hauteur 145 cm.
Wagon: coffre 395/715 dm³, longueur 426 cm, hauteur 143 cm.
Coupé: longueur 427.5 cm, largeur 169.5 cm, hauteur 131 cm.

Performances: Vmax (usine) 170 km/h, V à 1000/min en 5. vit. 33.5 km/h; 0–100 km/h 12.8 s; rapp. poids/puiss. 17.6 kg/kW (12.9 kg/ch); consomm. ECE 5.3/7/7.7 L/100 km.
Aut.: Vmax 160 km/h, 0–100 km/h 16.5 s; 5.8/7.8/8 L/100 km.

1.6 16V – 114 PS Benzineinspritzung

Wie 1.3 – 75 PS, ausgenommen:

Gewicht: leer ab 1015 kg, max. zul. 1595 kg.

Motor: (ECE), 4 Zyl. in Linie (81×77 mm), 1587 cm³; Kompr. 9.5:1; 84 kW (114 PS) bei 6000/min, 52.9 kW/L (71.9 PS/L); 145 Nm (14.8 mkp) bei 4800/min; 95 ROZ. SAE: 79 kW (107 PS).
JIS: (78.7×77 mm), 1498 cm³; Kompr. 9.8:1; 74 kW (100 PS) bei 5600/min; 137 Nm bei 4400/min.
1.8i (81×85,5 mm), 1761 cm³; Kompr. 9,5:1; 81 kW (110 PS) bei 5800/min; 150 Nm bei 2600/min.

Motorkonstruktion: Bezeichnung 4A-FE; Öl 3.9 L. Wasserkühlung, Inh. 5.3 L.

Kraftübertragung: (auf Vorderräder).
4 WD: (4WD permanent), zentrales Diff. mit Viskokupplung.
5-Gang-Getriebe: I. 3.17; II. 1.9; III. 1.31; IV. 0.97; V. 0.82; R 3.25; Achse 4.06.
4 WD: 5-Gang-Getriebe: I. 3.54; II. 2.05; III. 1.33; IV. 0.97; V. 0.82; R 3.58; Achse 4.24.
4-Stufen-Automat: I. 3.64; II. 2; III. 1.3; IV. 0.89; R 2.82.

Toyota Corolla Compact

Fahrwerk: 185/65 HR 14.

Dimensionen: *4 WD:* Höhe 140 cm.

Fahrleistungen: Vmax (Werk) 195 km/h, V bei 1000/min im 5. Gang 33.5 km/h; 0–100 km/h 10 s; Leistungsgew. 12 kg/kW (8.9 kg/PS); Verbrauch ECE 5.7/7.4/8.9 L/100 km.
Aut.: Vmax 180 km/h, 0–100 km/h 12 s; Verbrauch ECE 5.5/9.5 L/100 km.

1.6 20V – 165 PS Benzineinspritzung

Wie 1.3 – 75 PS, ausgenommen:

Gewicht: leer ab 1100 kg.

Motor: (JIS), 4 Zyl. in Linie (81×77 mm), 1587 cm³; Kompr. 11:1; 121 kW (165 PS) bei 7800/min, 76.2 kW/L (103.7 PS/L); 162 Nm (16.5 mkp) bei 5600/min; 98 ROZ.

Motorkonstruktion: Bezeichnung 4A-GE; 5 Ventile in V; Ölkühler; Öl 3.7 L. Batterie 60 Ah, Alternator 60 A; Wasserkühlung, Inh. 6 L.

Kraftübertragung:
5-Gang-Getriebe: I. 3.17; II. 1.9; III. 1.31; IV. 0.97; V. 0.82; R 3.25; Achse 4.31.
4-Stufen-Automat: I. 3.64; II. 2; III. 1.3; IV. 0.89; R 2.96.

Fahrgestell: Zusatzlenker hinten.

Fahrwerk: ABS, Reifen 185/60 R 14, 195/55 VR 15, Felgen 6 J.

Fahrleistungen: Vmax (Red.) 210 km/h, V bei 1000/min in 5. Gang 30.2 km/h; Leistungsgew. 9.1 kg/kW (6.7 kg/PS); Verbrauch (Red.) 8/14 L/100 km.

1.6 16V – 114 ch Injection d'essence

Comme 1.3 – 75 ch, sauf:

Poids: vide dès 1015 kg, tot. adm. 1595 kg.

Moteur: (ECE), 4 cyl. en ligne (81×77 mm), 1587 cm³; compr. 9.5:1; 84 kW (114 ch) à 6000/min, 52.9 kW/L (71.9 ch/L); 145 Nm (14.8 mkp) à 4800/min; 95 (R). SAE: 79 kW (107 ch).
JIS: (78.7×77 mm), 1498 cm³; compr. 9.8:1; 74 kW (100 ch) à 5600/min; 137 Nm à 4400/min.
1.8i (81×85,5 mm), 1761 cm³; Kompr. 9,5:1; 81 kW (110 PS) bei 5800/min; 150 Nm bei 2600/min.

Moteur (constr.): désignation 4A-FE; huile 3.9 L. Refroidissement à eau, capac. 5.3 L.

Transmission: (sur roues AV).
4 WD: (4WD permanent), diff. central avec visco-coupleur.
Boîte à 5 vit.: I. 3.17; II. 1.9; III. 1.31; IV. 0.97; V. 0.82; AR 3.25; pont 4.06.
4 WD: boîte à 5 vit.: I. 3.54; II. 2.05; III. 1.33; IV. 0.97; V. 0.82; AR 3.58; pont 4.24.
Boîte aut. à 4 vit.: I. 3.64; II. 2; III. 1.3; IV. 0.89; AR 2.82.

Train roulant: 185/65 HR 14.

Dimensions: *4 WD:* hauteur 140 cm.

Performances: Vmax (usine) 195 km/h, V à 1000/min en 5. vit. 33.5 km/h; 0–100 km/h 10 s; rapp. poids/puiss. 12 kg/kW (8.9 kg/ch); consomm. ECE 5.7/7.4/8.9 L/100 km.
Aut.: Vmax 180 km/h, 0–100 km/h 12 s; consomm. ECE 5.5/9.5 L/100 km.

1.6 20V – 165 ch Injection d'essence

Comme 1.3 – 75 ch, sauf:

Poids: vide dès 1100 kg.

Moteur: (JIS), 4 cyl. en ligne (81×77 mm), 1587 cm³; compr. 11:1; 121 kW (165 ch) à 7800/min, 76.2 kW/L (103.7 ch/L); 162 Nm (16.5 mkp) à 5600/min; 98 (R).

Moteur (constr.): désignation 4A-GE; 5 soupapes en V; radiat. d'huile; huile 3.7 L. Batterie 60 Ah, alternateur 60 A; refroidissement à eau, capac. 6 L.

Transmission:
Boîte à 5 vit.: I. 3.17; II. 1.9; III. 1.31; IV. 0.97; V. 0.82; AR 3.25; pont 4.31.
Boîte aut. à 4 vit.: I. 3.64; II. 2; III. 1.3; IV. 0.89; AR 2.96.

Châssis: leviers auxiliaires AR.

Train roulant: ABS, pneus 185/60 R 14, 195/55 VR 15, jantes 6 J.

Performances: Vmax (réd.) 210 km/h, V à 1000/min en 5. vit. 30.2 km/h; rapp. poids/puiss. 9.1 kg/kW (6.7 kg/ch); consomm. (réd.) 8/14 L/100 km.

Toyota

Toyota Corolla Levin

1.6 16V – 170 PS
Benzineinspritzung/Kompr.

Wie 1.3 – 75 PS, ausgenommen:

Gewicht: Coupé, leer ab 1150 kg.

Motor: (JIS), 4 Zyl. in Linie (81×77 mm), 1587 cm³; Kompr. 8.9:1; 125 kW (170 PS) bei 6400/min, 78.7 kW/L (107.1 PS/L); 206 Nm (21 mkp) bei 4400/min; 95 ROZ.

Motorkonstruktion: Bezeichnung 4A-GZE; 4 Ventile in V 50°; Ölkühler; Öl 3.7 L; 1 Kompressor, Roots, Intercooler. Batterie 60 Ah, Alternator 60 A; Wasserkühlung, Inh. 6 L.

Kraftübertragung:
5-Gang-Getriebe: I. 3.21; II. 2.05; III. 1.33; IV. 0.97; V. 0.82; R 3.58; Achse 3.94.

Fahrleistungen: Vmax (Red.) 220 km/h, V bei 1000/min im 5. Gang 33.7 km/h; Leistungsgew. 9.2 kg/kW (6.8 kg/PS); Verbrauch (Red.) 8/15 L/100 km.

2.0 – 72 PS
Diesel

Wie 1.3 – 75 PS, ausgenommen:

Karosserie, Gewicht: Limousine, leer ab 1060 kg, max. zul. 1615 kg.
Station Wagon, leer ab 1080 kg, max. zul. 1635 kg.

Motor: (ECE), 4 Zyl. in Linie (86×85 mm), 1975 cm³; Kompr. 23:1; 53 kW (72 PS) bei 4600/min, 26.8 kW/L (36.5 PS/L); 131 Nm (13.4 mkp) bei 2500/min; Dieselöl.

Motorkonstruktion: Bezeichnung 2C-III; Wirbelkammer-Diesel; 2 Ventile1 obenl. Nockenwelle (Zahnriemen); Öl 5.3 L; Einspritzpumpe.
Batterie 64 Ah, Alternator 80 A; Wasserkühlung, Inh. 7.3 L.

Toyota Corolla Sedan

Kraftübertragung:
5-Gang-Getriebe: I. 3.54; II. 2.04; III. 1.32; IV. 0.95; V. 0.73; R 3.15; Achse 3.74.

Fahrleistungen: Vmax (Werk) 165 km/h, V bei 1000/min im 5. Gang 40 km/h; 0–100 km/h 14.1 s; Leistungsgew. 19.6 kg/kW (14.4 kg/PS); Verbrauch ECE 4.2/5.9/6.7 L/100 km.

1.6 16V – 170 ch
Injection d'essence/compr.

Comme 1.3 – 75 ch, sauf:

Poids: Coupé, vide dès 1150 kg.

Moteur: (JIS), 4 cyl. en ligne (81×77 mm), 1587 cm³; compr. 8.9:1; 125 kW (170 ch) à 6400/min, 78.7 kW/L (107.1 ch/L); 206 Nm (21 mkp) à 4400/min; 95 (R).

Moteur (constr.): désignation 4A-GZE; 4 soupapes en V 50°; radiat. d'huile; huile 3.7 L; 1 compresseur, Roots, Intercooler. Batterie 60 Ah, alternateur 60 A; refroidissement à eau, capac. 6 L.

Transmission:
Boîte à 5 vit.: I. 3.21; II. 2.05; III. 1.33; IV. 0.97; V. 0.82; AR 3.58; pont 3.94.

Performances: Vmax (réd.) 220 km/h, V à 1000/min en 5. vit. 33.7 km/h; rapp. poids/puiss. 9.2 kg/kW (6.8 kg/ch); consomm. (réd.) 8/15 L/100 km.

2.0 – 72 ch
Diesel

Comme 1.3 – 75 ch, sauf:

Carrosserie, poids: Berline, vide dès 1060 kg, tot. adm. 1615 kg.
Station-wagon, vide dès 1080 kg, tot. adm. 1635 kg.

Moteur: (ECE), 4 cyl. en ligne (86×85 mm), 1975 cm³; compr. 23:1; 53 kW (72 ch) à 4600/min, 26.8 kW/L (36.5 ch/L); 131 Nm (13.4 mkp) à 2500/min; gazole.

Moteur (constr.): désignation 2C-III; diesel à chambre de turbulence; 2 soupapes1 arbre à cames en tête (courroie crantée); huile 5.3 L; pompe à injection.
Batterie 64 Ah, alternateur 80 A; refroidissement à eau, capac. 7.3 L.

Transmission:
Boîte à 5 vit.: I. 3.54; II. 2.04; III. 1.32; IV. 0.95; V. 0.73; AR 3.15; pont 3.74.

Performances: Vmax (usine) 165 km/h, V à 1000/min en 5. vit. 40 km/h; 0–100 km/h 14.1 s; rapp. poids/puiss. 19.6 kg/kW (14.4 kg/ch); consomm. ECE 4.2/5.9/6.7 L/100 km.

Toyota Corolla Spacio

Minivan auf der Basis des Corolla mit 1.6-16V/110-PS-Motor und Getriebeautomat. Debüt Januar 1997, vorläufig kein Export. Provisorische Daten.

Minivan sur la base de la Corolla avec moteur 1.6-16V et 110 ch, boîte automat.. Lancement janvier 1997, actuellem. pas d'exportation. Données provisoires.

1.6 16V – 110 PS
Benzineinspritzung

Karosserie, Gewicht: Minivan, 5 Türen, 4 - 6 Sitze; leer ab ca. 1180 kg.

Motor: (JIS), 4 Zyl. in Linie (81×77 mm), 1587 cm³; Kompr. 9.5:1; 81 kW (110 PS) bei 5800/min, 51 kW/L (69.4 PS/L); 149 Nm (15.2 mkp) bei 4600/min; 95 ROZ.

Motorkonstruktion: Bezeichnung 4A-FE; 4 Ventile in V; 2 obenl. Nockenwellen (Zahnräder/Zahnriemen); Leichtmetall-Zylinderkopf; 5fach gelagerte Kurbelwelle; Öl 3.9 L; elektron. Einspritzung.
Batterie 40 Ah, Alternator 70 A; Wasserkühlung, Inh. 5 L.

Kraftübertragung: (auf Vorderräder).
4-Stufen-Automat: I. 4.01; II. 2.21; III. 1.43; IV. 0.98; R 3.27; Achse 2.96.

1.6 16V – 110 ch
Injection d'essence

Carrosserie, poids: Minivan, 5 portes, 4 - 6 places; vide dès env. 1180 kg.

Moteur: (JIS), 4 cyl. en ligne (81×77 mm), 1587 cm³; compr. 9.5:1; 81 kW (110 ch) à 5800/min, 51 kW/L (69.4 ch/L); 149 Nm (15.2 mkp) à 4600/min; 95 (R).

Moteur (constr.): désignation 4A-FE; 4 soupapes en V; 2 arbres à cames en tête (pignons/courroie crantée); culasse en alliage léger; vilebrequin à 5 paliers; huile 3.9 L; injection électronique.
Batterie 40 Ah, alternateur 70 A; refroidissement à eau, capac. 5 L.

Transmission: (sur roues AV).
Boîte aut. à 4 vit.: I. 4.01; II. 2.21; III. 1.43; IV. 0.98; AR 3.27; pont 2.96.

Toyota Corolla Spacio

Fahrgestell: Selbsttragende Karosserie mit Hilfsrahmen; vorn Federbeine und Dreieckquerlenker, hinten Längs- und Querlenker, Federbeine, v/h Kurvenstabilisator, Schraubenfedern, Teleskopdämpfer.

Fahrwerk: Bremse, vorne Scheiben (belüftet), hinten Trommeln, a.W. ABS, Handbremse auf Hinterräder; Zahnstangenlenkung mit Servo, Treibstofftank 50 L.

Dimensionen: Radstand 247 cm, Spur 146/145 cm, Bodenfreih. 15 cm, Länge 414 cm, Breite 169 cm, Höhe 162 cm.

Fahrleistungen: Vmax (Red.) 170 km/h, 0–100 km/h 12.5 s; Verbrauch (Red.) 7/10 L/100 km.

Châssis: carrosserie autoporteuse avec faux-châssis ; AV jambes élast. et leviers triang. transv., AR bras longitud. et transv., jambes élast., AV/AR barre anti-dévers, ressorts hélic, amortiss. télesc.

Train roulant: frein, AV à disques (ventilés), AR à tambours, ABS s. d., frein à main sur roues AR; servodirection à crémaillère, réservoir carb. 50 L.

Dimensions: empattement 247 cm, voie 146/145 cm, garde au sol 15 cm, longueur 414 cm, largeur 169 cm, hauteur 162 cm.

Performances: Vmax (réd.) 170 km/h, 0–100 km/h 12.5 s; consomm. (réd.) 7/10 L/100 km.

Toyota Celica - Curren

Coupé und Cabriolet mit Quermotor und Frontantrieb, a.W. mit Vierradlenkung. Debüt Oktober 1993, Tokio Motor Show. Januar 1994: Curren neu, zweitüriges Coupé mit konventioneller Front.

Coupé et cabriolet avec moteur transv. et traction avant, s.d. quatre roues directr. Lancement octobre 1993, Tokio Motor Show. Janvier 1994: Curren, coupé deux portes avec partie AV convent.

1.8 16V – 116 PS
Benzineinspritzung

Karosserie, Gewicht: Coupé, 2 Türen, 4 Sitze; leer ab 1110 kg, max. zul. 1510 kg.

Motor: (ECE), 4 Zyl. in Linie (81×85.5 mm), 1762 cm³; Kompr. 9.5:1; 85 kW (116 PS) bei 5800/min, 48.2 kW/L (65.6 PS/L); 154 Nm (15.7 mkp) bei 4400/min; 95 ROZ.
JIS: (82.5×86 mm), 1838 cm³; 92 kW (125 PS) bei 6000/min; 162 Nm bei 4600/min.
SAE: 78 kW (106 PS) bei 5200/min; 159 Nm bei 2800/min.

1.8 16V – 116 ch
Injection d'essence

Carrosserie, poids: Coupé, 2 portes, 4 pl.; vide dès 1110 kg, tot. adm. 1510 kg.

Moteur: (ECE), 4 cyl. en ligne (81×85.5 mm), 1762 cm³; compr. 9.5:1; 85 kW (116 ch) à 5800/min, 48.2 kW/L (65.6 ch/L); 154 Nm (15.7 mkp) à 4400/min; 95 (R).
JIS: (82.5×86 mm), 1838 cm³; 92 kW (125 PS) à 6000/min; 162 Nm à 4600/min.
SAE: 78 kW (106 ch) à 5200/min; 159 Nm à 2800/min.

Toyota 525

Toyota Celica

Motorkonstruktion: Bezeichnung 4S-FE; 4 Ventile in V 22.3°; 2 obenl. Nockenwellen (Zahnriemen); Leichtmetall-Zylinderkopf; 5fach gelagerte Kurbelwelle; Öl 4.2 L; elektron. Einspritzung, TTC (Bosch L-Jetronic). Batterie 40 Ah, Alternator 70 A; Wasserkühlung, Inh. 6.1 L.

Kraftübertragung: (auf Vorderräder). 5-Gang-Getriebe: I. 3.17; II. 1.9; III. 1.31; IV. 0.97; V. 0.82; R 3.25; Achse 4.06.

Fahrgestell: Selbsttragende Karosserie mit vorderem und hinterem Hilfsrahmen; v/h Einzelradaufhängung; vorn Federbeine und Dreieckquerlenker; hinten Längs- und Querlenker; v/h Kurvenstabilisator, Schraubenfedern und Teleskopdämpfer.

Fahrwerk: Vierrad-Scheibenbremse (vorn belüftet), ABS, Handbremse auf Hinterräder; Zahnstangenlenkung mit Servo, Treibstofftank 60 L; Reifen 195/65 HR 14, 205/55 VR 15, Felgen 6 J, 7 J.

Dimensionen: Radstand 254 cm, Spur 151/149 cm, Bodenfreih. 14 cm, Wendekreis 11.2 m, Kofferraum 285 dm³, Länge 442 cm, Breite 175 cm, Höhe 131 cm.

Fahrleistungen: Vmax (Werk) 200 km/h, V bei 1000/min im 5. Gang 33.5 km/h; 0–100 km/h 10.2 s; Leistungsgew. 13.4 kg/kW (9.8 kg/PS); Verbrauch ECE 5.8/7.4/9.1 L/100 km.

Moteur (constr.): désignation 4S-FE; 4 soupapes en V 22.3°; 2 arbres à cames en tête (courroie crantée); culasse en alliage léger; vilebrequin à 5 paliers; huile 4.2 L; injection électron., TTC (Bosch L-Jetronic). Batterie 40 Ah, alternateur 70 A; refroidissement à eau, capac. 6.1 L.

Transmission: (sur roues AV). Boîte à 5 vit.: I. 3.17; II. 1.9; III. 1.31; IV. 0.97; V. 0.82; AR 3.25; pont 4.06.

Châssis: carrosserie autoporteuse avec faux-châssis AV et AR; AV/AR suspension à roues indép.; AV jambes élast. et leviers triang. transv.; AR bras longitud. et transv.; AV/AR stabilisateur transv., ressorts hélic. et amortiss. télesc.

Train roulant: quatre freins à disques (AV ventilés), ABS, frein à main sur roues AR; servodirection à crémaillère, réservoir carb. 60 L; pneus 195/65 HR 14, 205/55 VR 15, jantes 6 J, 7 J.

Dimensions: empattement 254 cm, voie 151/149 cm, garde au sol 14 cm, diam. de braq. 11.2 m, coffre 285 dm³, longueur 442 cm, largeur 175 cm, hauteur 131 cm.

Performances: Vmax (usine) 200 km/h, V à 1000/min en 5. vit. 33.5 km/h; 0–100 km/h 10.2 s; rapp. poids/puiss. 13.4 kg/kW (9.8 kg/ch); consomm. ECE 5.8/7.4/9.1 L/100 km.

2.0 16V – 175 PS Benzineinspritzung

Wie 1.8 – 116 PS, ausgenommen:

Karosserie, Gewicht: Coupé, 2 Türen, 4 Sitze; leer ab 1210 kg, max. zul. 1610 kg. Cabriolet, 2 Türen, 2 Sitze; leer ab ca. 1350 kg.

Motor: (ECE), 4 Zyl. in Linie (86×86 mm), 1998 cm³; Kompr. 10.3:1; 129 kW (175 PS) bei 7000/min, 64.5 kW/L (87.8 PS/L); 186 Nm (19 mkp) bei 4800/min; 95 ROZ. JIS, auch: Kompr. 9.5:1; 103 kW (140 PS) bei 6000/min; 186 Nm à 4400/min. SAE: (87×91 mm), 2164 cm³; Kompr. 9.5:1; 97 kW (132 PS) bei 5400/min; 197 Nm bei 4400/min.

Motorkonstruktion: Bezeichnung 3S-GE; 4 Ventile in V 50°; Ölkühler; Öl 4.3 L. Batterie 48 Ah, Alternator 70 A; Wasserkühlung, Inh. 7 L.

Kraftübertragung: 5-Gang-Getriebe: I. 3.29; II. 1.96; III. 1.32; IV. 1.03; V. 0.82; R 3.15; Achse 3.94. 4-Stufen-Automat: I. 4.01; II. 2.21; III. 1.43; IV. 0.98; R 3.27; Achse 3.95.

2.0 16V – 175 ch Injection d'essence

Comme 1.8 – 116 ch, sauf:

Carrosserie, poids: Coupé, 2 portes, 4 pl.; vide dès 1210 kg, tot. adm. 1610 kg. Cabriolet, 2 portes, 2 places; vide dès env. 1350 kg.

Moteur: (ECE), 4 cyl. en ligne (86×86 mm), 1998 cm³; compr. 10.3:1; 129 kW (175 ch) à 7000/min, 64.5 kW/L (87.8 ch/L); 186 Nm (19 mkp) à 4800/min; 95 (R). JIS, aussi: compr. 9.5:1; 103 kW (140 ch) à 6000/min; 186 Nm à 4400/min. SAE: (87×91 mm), 2164 cm³; compr. 9.5:1; 97 kW (132 ch) à 5400/min; 197 Nm à 4400/min.

Moteur (constr.): désign. 3S-GE; 4 soupapes en V 50°; radiat. d'huile; huile 4.3 L. Batterie 48 Ah, alternateur 70 A; refroidissement à eau, capac. 7 L.

Transmission: Boîte à 5 vit.: I. 3.29; II. 1.96; III. 1.32; IV. 1.03; V. 0.82; AR 3.15; pont 3.94. Boîte aut. à 4 vit.: I. 4.01; II. 2.21; III. 1.43; IV. 0.98; AR 3.27; pont 3.95.

Toyota Celica Cabriolet

Fahrgestell: Zusatzlenker hinten.
Fahrwerk: a.W. ABS, Reifen 205/55 VR 15, Felgen 7 J.

Dimensionen: Radstand 254 cm, Spur 151/Wendekreis 11.8 m, Kofferraum 285 dm³, Länge 442 cm, Höhe 131 cm.

Fahrleistungen: Vmax (Werk) 220 km/h, V bei 1000/min im 5. Gang 34 km/h; 0–100 km/h 10.2 s; Leistungsgew. 9.5 kg/kW (7 kg/PS); Verbr. ECE 6.2/8.2/10.1 L/100 km.

Châssis: leviers auxiliaires AR.
Train roulant: ABS s. d., pneus 205/55 VR 15, jantes 7 J.

Dimensions: empattement 254 cm, voie 151/diam. de braq. 11.8 m, coffre 285 dm³, longueur 442 cm, hauteur 131 cm.

Performances: Vmax (usine) 220 km/h, V à 1000/min en 5. vit. 34 km/h; 0–100 km/h 10.2 s; rapp. poids/puiss. 9.5 kg/kW (7 kg/ch); consomm. ECE 6.2/8.2/10.1 L/100 km.

2.0 16V – 242 PS Benzineinspritzung/Turbo

Wie 1.8 – 116 PS, ausgenommen:

Karosserie, Gewicht: Coupé, leer ab 1380 kg, max. zul. 1785 kg.

Motor: (ECE), 4 Zyl. in Linie (86×86 mm), 1998 cm³; Kompr. 8.5:1; 178 kW (242 PS) bei 6000/min, 89.1 kW/L (121.1 PS/L); 304 Nm (31 mkp) bei 4000/min; 95 ROZ. JIS: 188 kW (255 PS).

Motorkonstruktion: Bezeichnung 3S-GTE; 4 Ventile in V 50°; 2 obenl. Nockenwellen (Zahnräder/Zahnriemen); Ölkühler; Öl 5.2 L; elektron. Einspritzung, Bosch L-Jetronic, 1 Turbolader, max. Ladedruck 0.75 bar, Intercooler. Batterie 48 Ah, Alternator 80 A; Wasserkühlung, Inh. 7 L.

2.0 16V – 242 ch Injection d'essence/turbo

Comme 1.8 – 116 ch, sauf:

Carrosserie, poids: Coupé, vide dès 1380 kg, tot. adm. 1785 kg.

Moteur: (ECE), 4 cyl. en ligne (86×86 mm), 1998 cm³; compr. 8.5:1; 178 kW (242 ch) à 6000/min, 89.1 kW/L (121.1 ch/L); 304 Nm (31 mkp) à 4000/min; 95 (R). JIS: 188 kW (255 ch).

Moteur (constr.): désignation 3S-GTE; 4 soupapes en V 50°; 2 arbres à cames en tête (pignons/courroie crantée), radiat. d'huile; huile 5.2 L; injection électronique, Bosch L-Jetronic, 1 turbocompr., pression max. 0.75 bar, Intercooler. Batterie 48 Ah, alternateur 80 A; refroidissement à eau, capac. 7 L.

Toyota Celica Turbo 4WD

Kraftübertragung: (4WD permanent), zentrales Diff. mit Viskokupplung; hinten Torsen-Differential, Drehmomentverteilung v/h 50/50 %.
5-Gang-Getriebe: I. 3.38; II. 1.91; III. 1.26; IV. 0.92; V. 0.73; R 3.55; Achse 4.29.

Fahrwerk: ABS, Treibstofftank 68 L; Reifen 215/50 ZR 16, Felgen 7.5 J.

Dimensionen: Radstand 254 cm, Spur 151/149 cm, Wendekreis 12 m, Kofferraum 285 dm³, Länge 442 cm, Breite 175 cm, Höhe 131 cm.

Fahrleistungen: Vmax (Werk) 240 km/h, V bei 1000/min im 5. Gang 38 km/h; 0–100 km/h 6.1 s; Leistungsgew. 7.8 kg/kW (5.7 kg/PS); Verbr. ECE 7.5/9.4/11.6 L/100 km.

Transmission: (4WD permanent), diff. central avec visco-coupleur; différentiel torsen AR, répartition du couple AV/AR 50/50 %.
Boîte à 5 vit.: I. 3.38; II. 1.91; III. 1.26; IV. 0.92; V. 0.73; AR 3.55; pont 4.29.

Train roulant: ABS, réservoir carb. 68 L; pneus 215/50 ZR 16, jantes 7.5 J.

Dimensions: empattement 254 cm, voie 151/149 cm, diam. de braq. 12 m, coffre 285 dm³, longueur 442 cm, largeur 175 cm, hauteur 131 cm.

Performances: Vmax (usine) 240 km/h, V à 1000/min en 5. vit. 38 km/h; 0–100 km/h 6.1 s; rapp. poids/puiss. 7.8 kg/kW (5.7 kg/ch); consomm. ECE 7.5/9.4/11.6 L/100 km.

Toyota Carina ED - Corona EXiV

Hardtop-Limousinen auf Celica-Basis. Debüt: Herbst 1993, Salon Tokio; 1995 auch 4WD.

Berlines Hardtop basants sur la Celica. Lancement: Automne 1993, Salon Tokio; 1995 aussi comme 4WD.

1.8 16V – 125 PS Benzineinspritzung

Karosserie, Gewicht: Limousine, 4 Türen, 5 Sitze; leer ab 1120 kg.

Motor: (JIS), 4 Zyl. in Linie (82.5×86 mm), 1839 cm³; Kompr. 9.5:1; 92 kW (125 PS) bei 6000/min, 50 kW/L (68 PS/L); 162 Nm (16.5 mkp) bei 4600/min; 95 ROZ.

1.8 16V – 125 ch Injection d'essence

Carrosserie, poids: Berline, 4 portes, 5 places; vide dès 1120 kg.

Moteur: (JIS), 4 cyl. en ligne (82.5×86 mm), 1839 cm³; compr. 9.5:1; 92 kW (125 ch) à 6000/min, 50 kW/L (68 ch/L); 162 Nm (16.5 mkp) à 4600/min; 95 (R).

Toyota

Motorkonstruktion: Bezeichnung 4S-FE; 4 Ventile in V 22°; 2 obenl. Nockenwellen (Zahnräder/Zahnriemen); Leichtmetall-Zylinderkopf; 5fach gelagerte Kurbelwelle; Öl 3.9 L; elektron. Einspritzung.
Batterie 40 Ah, Alternator 40 A; Wasserkühlung, Inh. 5.4 L.

Kraftübertragung: (auf Vorderräder).
5-Gang-Getriebe: I. 3.54; II. 2.04; III. 1.32; IV. 0.95; V. 0.73; R 3.15; Achse 3.74.

Fahrgestell: Selbsttragende Karosserie mit vorderem und hinterem Hilfsrahmen; v/h Einzelradaufhängung; vorn Federbeine und Dreieckquerlenker; hinten Längs- und Querlenker; v/h Kurvenstabilisator, Schraubenfedern und Teleskopdämpfer.

Fahrwerk: Vierrad-Scheibenbremse (vorn belüftet), a.W. ABS, Handbremse auf Hinterräder; Zahnstangenlenkung mit Servo, Treibstofftank 60 L; Reifen 185/70 R 14, 195/65 R 15, 205/55 R 15; Felgen 6 J, 7 J.

Dimensionen: Radstand 253.5 cm, Spur 151/149 cm, Bodenfreih. 14 cm, Wendekreis 10.4 m, Länge 450 cm, Breite 174 cm, Höhe 132 cm.

Fahrleistungen: Vmax (Red.) 190 km/h, V bei 1000/min im 5. Gang 41.3 km/h; Leistungsgew. 12.2 kg/kW (9 kg/PS); Verbrauch (Red.) 7/12 L/100 km.

Moteur (constr.): désignation 4S-FE; 4 soupapes en V 22°; 2 arbres à cames en tête (pignons/courroie crantée); culasse en alliage léger; vilebrequin à 5 paliers; huile 3.9 L; injection électronique.
Batterie 40 Ah, alternateur 40 A; refroidissement à eau, capac. 5.4 L.

Transmission: (sur roues AV).
Boîte à 5 vit.: I. 3.54; II. 2.04; III. 1.32; IV. 0.95; V. 0.73; AR 3.15; pont 3.74.

Châssis: carrosserie autoporteuse avec faux-châssis AV et AR; AV/AR suspension à roues indép., jambes élast. et leviers triang. transv.; AR bras longitud. et transv.; AV/AR stabilisateur transv., ressorts hélic. et amortiss. télesc.

Train roulant: quatre freins à disques (AV ventilés), ABS s. d., frein à main sur roues AR; servodirection à crémaillère, réservoir carb. 60 L; pneus 185/70 R 14, 195/65 R 15, 205/55 R 15; jantes 6 J, 7 J.

Dimensions: empattement 253.5 cm, voie 151/149 cm, garde au sol 14 cm, diam. de braq. 10.4 m, longueur 450 cm, largeur 174 cm, hauteur 132 cm.

Performances: Vmax (réd.) 190 km/h, V à 1000/min en 5. vit. 41.3 km/h; rapp. poids/puiss. 12.2 kg/kW (9 kg/ch); consomm. (réd.) 7/12 L/100 km.

Toyota Carina

Motor: Lean-burn (ECE/JIS), 4 Zyl. in Linie (81×77 mm), 1587 cm³; Kompr. 9.5:1; 73 kW (99 PS) bei 5800/min, 46 kW/L (62.5 PS/L); 130 Nm (13.3 mkp) bei 4800/min; 95 ROZ.
Ohne lean-burn: 85 kW (116 PS); 145 Nm (14,8 mkp).
für Japan: (JIS) Kompr. 11:1; 121 kW (165 PS) bei 7800/min; 162 Nm bei 5600/min; 5 Ventile pro Zyl.
auch (JIS) 1498 cm³, 78x77 mm, Kompr. 9.8:1; 74 kW (100 PS) bei 5600/min; 137 Nm bei 4400/min.

Motorkonstruktion: Bezeichnung 4A-FE; 4 Ventile in V 22°; 2 obenl. Nockenwellen (Zahnräder/Zahnriemen); Leichtmetall-Zylinderkopf; 5fach gelagerte Kurbelwelle; Öl 3.9 L; elektron. Einspritzung.
Batterie 40 Ah, Alternator 40 A; Wasserkühlung, Inh. 5.4 L.

Kraftübertragung: (auf Vorderräder).
(4WD permanent), zentrale Viskokupplung.
5-Gang-Getriebe: I. 3.17; II. 1.9; III. 1.31; IV. 0.97; V. 0.82; R 3.25; Achse 3.72.
Wagon: 5-Gang-Getriebe: Achse 4.06.
4-Stufen-Automat: I. 3.64; II. 2; III. 1.3; IV. 0.89; R 2.98; Achse 3.94.

Fahrgestell: Selbsttragende Karosserie; vorn Federbeine und Dreieckquerlenker; hinten doppelte Querlenker, Längslenker, Federbeine; v/h Kurvenstabilisator.
Wagon: einige Modelle Starrachse, Blattfedern.

Fahrwerk: Bremse, vorne Scheiben (belüftet), hinten Trommeln, a.W. ABS (mit Scheiben h.), Handbremse auf Hinterräder; Zahnstangenlenkung, a.W. mit Servo, Treibstofftank 60 L; Reifen 185/65 R 14, 175/70 R 14, 185/70 R 14; Felgen 6 J.
Wagon: Reifen 165 R 13, Felgen 4.5 J.

Dimensionen: Radstand 258 cm, Spur 146.5/145 cm, Bodenfreih. 15 cm, Wendekreis 11.2 m, Länge 453 cm, Breite 169.5 cm, Höhe 141 cm. Länge Carina (J) 445 cm.
Wagon: Länge 455 cm, Höhe 142 cm.

Fahrleistungen: Vmax (Werk) 185 km/h bei 1000/min im 5. Gang 33 km/h; 0–100 km/h 11.9 s; Leistungsgew. 12.8 kg/kW (9.4 kg/PS); Verbrauch ECE 5/6.6/8 L/100 km.

Moteur: lean-burn (ECE/JIS), 4 cyl. en ligne (81×77 mm), 1587 cm³; compr. 9.5:1; 73 kW (99 ch) à 5800/min, 46 kW/L (62.5 ch/L); 130 Nm (13.3 mkp) à 4800/min; 95 (R).
Sans lean-burn: 85 kW (116 ch); 145 Nm (14,8 mkp).
pour le japon: (JIS) compr. 11:1; 121 kW (165 ch) à 7800/min; 162 Nm à 5600/min; 5 soupapes par cyl.
aussi (JIS) 1498 cm³, 78x77 mm, compr. 9.8:1; 74 kW (100 ch) à 5600/min; 137 Nm à 4400/min.

Moteur (constr.): désignation 4A-FE; 4 soupapes en V 22°; 2 arbres à cames en tête (pignons/courroie crantée); culasse en alliage léger; vilebrequin à 5 paliers; huile 3.9 L; injection électronique.
Batterie 40 Ah, alternateur 40 A; refroidissement à eau, capac. 5.4 L.

Transmission: (sur roues AV).
(4WD permanent), visco-coupleur central.
Boîte à 5 vit.: I. 3.17; II. 1.9; III. 1.31; IV. 0.97; V. 0.82; AR 3.25; pont 3.72.
Wagon: boîte à 5 vit.: pont 4.06.
Boîte aut. à 4 vit.: I. 3.64; II. 2; III. 1.3; IV. 0.89; AR 2.98; pont 3.94.

Châssis: carrosserie autoporteuse; AV jambes élast. et leviers triang. transv.; AR leviers transv. doubles, bras longitud., jambes élast.; AV/AR barre anti-dévers.
Wagon: quelques modèles essieu rigide, ressorts à lames.

Train roulant: frein, AV à disques (ventilés), AR à tambours, s.d. ABS (avec disque AR), frein à main sur roues AR; direction à crémaillère, s.d. avec servo, réservoir carb. 60 L; pneus 185/65 R 14, 175/70 R 14, 185/70 R 14; jantes 6 J.
Wagon: pneus 165 R 13, jantes 4.5 J.

Dimensions: empattement 258 cm, voie 146.5/145 cm, garde au sol 15 cm, diam. de braq. 11.2 m, longueur 453 cm, largeur 169.5 cm, hauteur 141 cm. Longueur Carina (J) 445 cm.
Wagon: longueur 455 cm, hauteur 142 cm.

Performances: Vmax (usine) 185 km/h à 1000/min en 5. vit. 33 km/h; 0–100 km/h 11.9 s; rapp. poids/puiss. 12.8 kg/ch (9.4 kg/ch); consomm. ECE 5/6.6/8 L/100 km.

Toyota Corona EXiV

2.0 16V – 140 PS Benzineinspritzung
2.0 16V – 140 ch Injection d'essence

Motor: (JIS), 4 Zyl. in Linie (86×86 mm), 1998 cm³; Kompr. 9.5:1; 103 kW (140 PS) bei 6000/min, 51.5 kW/L (70.1 PS/L); 186 Nm (19 mkp) bei 4400/min; 95 ROZ.
oder: Kompr. 10.3:1; 132 kW (180 PS) bei 7000/min; 191 Nm bei 4800/min.
Aut.: 125 kW (170 PS).
4WD: 129/121 kW (175/165 PS).

Motorkonstruktion: Bezeichnung 3S-FE; a.W. Ölkühler; Öl 4.1 L; elektron. Einspritzung, TTC (Bosch L-Jetronic).

Kraftübertragung:
5-Gang-Getr.: I. 3.29; II. 2.04; III. 1.32; IV. 1.03; V. 0.82; R 3.15; A. 3.94; 4 WD: 4.56.
4-Stufen-Automat: I. 2.8; II. 1.55; III. 1; IV. 0.71; R 2.3; Achse 3.73; 4 WD: 4.04.

Fahrleistungen: Vmax (Red.) 195 km/h; Verbr. (Red.) 7/12 L/100 km.

Moteur: (JIS), 4 cyl. en ligne (86×86 mm), 1998 cm³; compr. 9.5:1; 103 kW (140 ch) à 6000/min, 51.5 kW/L (70.1 ch/L); 186 Nm (19 mkp) à 4400/min; 95 (R).
ou: compr. 10.3:1; 132 kW (180 ch) à 7000/min; 191 Nm à 4800/min.
Aut.: 125 kW (170 ch).
4WD: 129/121 kW (175/165 ch).

Moteur (constr.): désignation 3S-FE; s.d. radiat. d'huile; huile 4.1 L; injection électronique, TTC (Bosch L-Jetronic).

Transmission:
Boîte à 5 vit.: I. 3.29; II. 2.04; III. 1.32; IV. 1.03; V. 0.82; AR 3.15; p. 3.94; 4 WD: 4.56.
Boîte aut. à 4 vit.: I. 2.8; II. 1.55; III. 1; IV. 0.71; AR 2.3; pont 3.73.

Performances: Vmax (réd.) 195 km/h; consomm. /réd.) 7/12 L/100 km.

Toyota Carina - Corona

Zehnte Auflage des Corona/Carina seit 1957. Debüt Februar 1992, Carina (J) August 1992 und Station Wagon (J: Caldina) November 1992. Seit Genf 1992 mit Lean-burn-Motoren.

Dixième édition de la Corona/Carina depuis 1957. Lancement février 1992, Carina (J) août 1992 et station-wagon (J: Caldina) novembre 1992. Depuis Genève 1995 avec moteurs lean-burn.

1.6 16V – 99 PS Benzineinspritzung
1.6 16V – 99 ch Injection d'essence

Karosserie, Gewicht: Limousine 4/5 Türen; 5 Sitze; leer ab 1060 kg, max. zul. 1650 kg.
Wagon, 5 Türen, 5 Sitze; leer 1160 kg.

Carrosserie, poids: Berline 4/5 portes; 5 places; vide dès 1060 kg, tot. adm. 1650 kg.
Wagon, 5 portes, 5 pl.; vide 1160 kg.

Toyota Carina Sportswagon

Toyota

1.8 16V – 107 PS Benzineinspritzung

Wie 1.6 – 99 PS, ausgenommen:

Gewicht: leer ab 1040 kg.

Motor: Lean-burn (ECE), 4 Zyl. in Linie (81×85.5 mm), 1762 cm³; Kompr. 9.5:1; 79 kW (107 PS) bei 5600/min, 44.8 kW/L (60.9 PS/L); 150 Nm (15.3 mkp) bei 2800/min; 95 ROZ.
JIS: 85 kW (115 PS) bei 5400/min; 155 Nm bei 2800/min.

Motorkonstruktion: Bezeichnung 4S-FE.

Kraftübertragung:
5-Gang-Getriebe: I. 3.54; II. 2.04; III. 1.32; IV. 0.95; V. 0.73; R 3.25; Achse 3.72; 4.06.
4-Stufen-Automat: I. 3.64; II. 2; III. 1.3; IV. 0.89; R 2.98; Achse 2.96.

Fahrleistungen: Vmax (Werk) 190 km/h, V bei 1000/min im 5. Gang 37.1 km/h; 0–100 km/h 11.2 s; Leistungsgew. 11.3 kg/kW (8.3 kg/PS); Verbrauch ECE 4.9/6.5/8.1 L/100 km.

1.8 16V – 107 ch Injection d'essence

Comme 1.6 – 99 ch, sauf:

Poids: vide dès 1040 kg.

Moteur: lean-burn (ECE), 4 cyl. en ligne (81×85.5 mm), 1762 cm³; compr. 9.5:1; 79 kW (107 ch) à 5600/min, 44.8 kW/L (60.9 ch/L); 150 Nm (15.3 mkp) à 2800/min; 95 (R).
JIS: 85 kW (115 ch) à 5400/min; 155 Nm à 2800/min.

Moteur (constr.): désignation 4S-FE.

Transmission:
Boîte à 5 vit.: I. 3.54; II. 2.04; III. 1.32; IV. 0.95; V. 0.73; AR 3.25; pont 3.72; 4.06.
Boîte aut. à 4 vit.: I. 3.64; II. 2; III. 1.3; IV. 0.89; AR 2.98; pont 2.96.

Performances: Vmax (usine) 190 km/h, V à 1000/min en 5. vit. 37.1 km/h; 0–100 km/h 11.2 s; rapp. poids/puiss. 11.3 kg/kW (8.3 kg/ch); consomm. ECE 4.9/6.5/8.1 L/100 km.

2.0 16V – 126 PS Benzineinspritzung

Wie 1.6 – 99 PS, ausgenommen:

Gewicht: leer ab 1100 kg.
Station Wagon, leer ab 1230 kg.

Motor: (ECE), 4 Zyl. in Linie (86×86 mm), 1998 cm³; Kompr. 9.5:1; 93 kW (126 PS) bei 5600/min, 46.5 kW/L (63.3 PS/L); 178 Nm (18.1 mkp) bei 4400/min; 95 ROZ.
JIS: 99 kW (135 PS) bei 5600/min; 181 Nm.

Motorkonstruktion: Bezeichnung 3S-FE. Wasserkühlung, Inh. 6.5 L.

Kraftübertragung:
5-Gang-Getriebe: I. 3.29; II. 1.96; III. 1.32; IV. 1.03; V. 0.82; R 3.15; Achse 3.74.
4WD: 5-Gang-Getriebe: I. 3.54; II. 2.05; III. 1.33; IV. 0.97; V. 0.82; R 3.58; Achse 3.94.
4-Stufen-Automat: I. 3.64; II. 2.01; III. 1.23; IV. 0.82; R 2.98; Achse 3.75.

Fahrleistungen: Vmax (Werk) 205 km/h, V bei 1000/min im 5. Gang 36 km/h; 0–100 km/h 9 s; Leistungsgew. 11.2 kg/kW (8.3 kg/PS); Verbrauch ECE 5.9/7.5/9.6 L/100 km.
Aut.: Vmax 200 km/h, 0–100 km/h 10.7 s; Verbrauch ECE 6.2/7.7/9.9 L/100 km.

2.0 16V – 126 ch Injection d'essence

Comme 1.6 – 99 ch, sauf:

Poids: vide dès 1100 kg.
Station-wagon, vide dès 1230 kg.

Moteur: (ECE), 4 cyl. en ligne (86×86 mm), 1998 cm³; compr. 9.5:1; 93 kW (126 ch) à 5600/min, 46.5 kW/L (63.3 ch/L); 178 Nm (18.1 mkp) à 4400/min; 95 (R).
JIS: 99 kW (135 ch) à 5600/min; 181 Nm.

Moteur (constr.): désignation 3S-FE. Refroidissement à eau, capac. 6.5 L.

Transmission:
Boîte à 5 vit.: I. 3.29; II. 1.96; III. 1.32; IV. 1.03; V. 0.82; AR 3.15; pont 3.74.
4WD: boîte à 5 vit.: I. 3.54; II. 2.05; III. 1.33; IV. 0.97; V. 0.82; AR 3.58; pont 3.94.
Boîte à 4 vit.: I. 3.64; II. 2.01; III. 1.23; IV. 0.82; AR 2.98; pont 3.75.

Performances: Vmax (usine) 205 km/h, V à 1000/min en 5. vit. 36 km/h; 0–100 km/h 9 s; rapp. poids/puiss. 11.2 kg/kW (8.3 kg/ch); consomm. ECE 5.9/7.5/9.6 L/100 km.
Aut.: Vmax 200 km/h, 0–100 km/h 10.7 s; consomm. ECE 6.2/7.7/9.9 L/100 km.

2.0 16V – 175 PS Benzineinspritzung

Wie 1.8 – 116 PS, ausgenommen:

Motor: (ECE), 4 Zyl. in Linie (86×86 mm), 1998 cm³; Kompr. 10.3:1; 129 kW (175 PS) bei 7000/min, 64.5 kW/L (87.8 PS/L); 186 Nm (19 mkp) bei 4800/min; 95 ROZ.

Motorkonstruktion: Bezeichnung 3S-GE; 4 Ventile in V 50°; Ölkühler; Öl 4.3 L. Batterie 48 Ah, Alternator 70 A; Wasserkühlung, Inh. 7 L.

Kraftübertragung:
5-Gang-Getriebe: I. 3.29; II. 1.96; III. 1.32; IV. 1.03; V. 0.82; R 3.15; Achse 3.15.
4-Stufen-Automat: I. 4.01; II. 2.21; III. 1.43; IV. 0.98; R 3.27; Achse 3.84.

Fahrwerk: Vierradscheibenbremse (v/h belüftet); ABS, Reifen 205/55 VR 15, Felgen 7 J.

Fahrleistungen: Vmax (Werk) 225 km/h, V bei 1000/min im 5. Gang 34.8 km/h; 0–100 km/h 8.4 s; Leistungsgew. 9.5 kg/kW (7 kg/PS); Verbr. ECE 5.8/7.4/10.2 L/100 km.

2.0 16V – 175 ch Injection d'essence

Comme 1.8 – 116 ch, sauf:

Moteur: (ECE), 4 cyl. en ligne (86×86 mm), 1998 cm³; compr. 10.3:1; 129 kW (175 ch) à 7000/min, 64.5 kW/L (87.8 ch/L); 186 Nm (19 mkp) à 4800/min; 95 (R).

Moteur (constr.): désign. 3S-GE; 4 soupapes en V 50°; radiat. d'huile 4.3 L. Batterie 48 Ah, alternateur 70 A; refroidissement à eau, capac. 7 L.

Transmission:
Boîte à 5 vit.: I. 3.29; II. 1.96; III. 1.32; IV. 1.03; V. 0.82; AR 3.15; pont 3.15.
Boîte aut. à 4 vit.: I. 4.01; II. 2.21; III. 1.43; IV. 0.98; AR 3.27; pont 3.84.

Train roulant: quatre freins à disques (AV/AR ventilés), ABS, pneus 205/55 VR 15, jantes 7 J.

Performances: Vmax (usine) 225 km/h, V à 1000/min en 5. vit. 34.8 km/h; 0–100 km/h 8.4 s; rapp. poids/puiss. 9.5 kg/kW (7 kg/ch); consomm. ECE 5.8/7.4/10.2 L/100 km.

Toyota Carina Cadina

2.0 – 88 PS Turbodiesel

Wie 1.6 – 99 PS, ausgenommen:

Motor: (ECE), 4 Zyl. in Linie (86×85 mm), 1975 cm³; Kompr. 23:1; 65 kW (88 PS) bei 4000/min, 32.9 kW/L (44.7 PS/L); 177 Nm (18 mkp) bei 2200/min; Dieselöl.
Auch: 53 kW (72 PS)..

Motorkonstruktion: Bezeichnung 2C-III; Wirbelkammer-Diesel; 2 Ventile1 obenl. Nockenwelle (Zahnriemen); Öl 5.3 L; Einspritzpumpe, 1 Turbolader.
Batterie 64 Ah, Alternator 55 A; Wasserkühlung, Inh. 7.3 L.

Kraftübertragung:
5-Gang-Getriebe: I. 3.54; II. 1.96; III. 1.25; IV. 0.95; V. 0.73; R 3.15; Achse 3.74.
4WD: 5-Gang-Getriebe: I. 3.54; II. 2.05; III. 1.33; IV. 0.97; V. 0.78; R 3.58; Achse 4.24.
4-Stufen-Automat: I. 3.64; II. 2; III. 1.3; IV. 0.89; R 2.98; Achse 3.84.

Fahrleistungen: Vmax (Werk) 175/165 km/h, V bei 1000/min im 5. Gang 38 km/h; 0–100 km/h 12.3/16.4 s; Leistungsgew. 21.4 kg/kW (15.8 kg/PS); Verbr. ECE 4.4/6/7 L/100 km.

2.0 – 88 ch Turbodiesel

Comme 1.6 – 99 ch, sauf:

Moteur: (ECE), 4 cyl. en ligne (86×85 mm), 1975 cm³; compr. 23:1; 65 kW (88 ch) à 4000/min, 32.9 kW/L (44.7 ch/L); 177 Nm (18 mkp) à 2200/min; gazole.
Aussi: 53 kW (72 ch).

Moteur (constr.): désignation 2C-III; diesel à chambre de turbulence; 2 soupapes1 arbre à cames en tête (courroie crantée); huile 5.3 L; pompe à injection, 1 turbocompr.
Batterie 64 Ah, alternateur 55 A; refroidissement à eau, capac. 7.3 L.

Transmission:
Boîte à 5 vit.: I. 3.54; II. 1.96; III. 1.25; IV. 0.95; V. 0.73; AR 3.15; pont 3.74.
4WD: boîte à 5 vit.: I. 3.54; II. 2.05; III. 1.33; IV. 0.97; V. 0.78; AR 3.58; pont 4.24.
Boîte aut. à 4 vit.: I. 3.64; II. 2; III. 1.3; IV. 0.89; AR 2.98; pont 3.84.

Performances: Vmax (usine) 175/165 km/h, V à 1000/min en 5. vit. 38 km/h; 0–100 km/h 12.3/16.4 s; rapp. poids/puiss. 21.4 kg/kW (15.8 kg/ch); consomm. ECE 4.4/6/7 L/100 km.

Toyota Picnic - Ipsum

Neues Modell. Minivan mit 3 Sitzreihen, 2-Liter-Vierzylindermotor, Vorderrradantrieb. Début in Japan Mai 1996 als Ipsum. Exportversion Picnic September 1996.

Nouveau modèle. Minivan avec avec 3 rangées de sièges, moteur 2 litres 4 cylindres, traction AV. Lancement au Japon mai 1996 comme Ipsum. Version d'exportation Picnic en septembre 1996.

2.0 16V – 128 PS Benzineinspritzung

Karosserie, Gewicht: Minivan, 5 Türen, 6 Sitze; leer ab 1335 kg, max. zul. 2010 kg.

Motor: (ECE), 4 Zyl. in Linie (86×86 mm), 1998 cm³; Kompr. 9.5:1; 94 kW (128 PS) bei 5400/min, 47 kW/L (64 PS/L); 178 Nm (18.1 mkp) bei 4400/min; 95 ROZ.
JIS: 99 kW (135 PS) bei 6000/min; 181 Nm bei 4400/min.

Motorkonstruktion: Bezeichnung 3S-FE; 4 Ventile in V 22°; 2 obenl. Nockenwellen (Zahnräder/Zahnriemen); Leichtmetall-Zylinderkopf; 5fach gelagerte Kurbelwelle; Öl 4.4 L; elektron. Einspritzung.
Batterie 60 Ah, Alternator 80 A; Wasserkühlung, Inh. 6.7 L.

Kraftübertragung: (auf Vorderräder).
5-Gang-Getriebe: I. 3.54; II. 2.04; III. 1.32; IV. 1.03; V. 0.82; R 3.15; Achse 3.94.
4-Stufen-Automat: I. 3.64; II. 2; III. 1.3; IV. 0.89; R 2.98; Achse 3.18.
Für Japan auch 4 WD (permanent, zentrales Diff. mit Viskokuppl.; hinten Torsen-Diff.): 4-Stufen-Automat: I. 2.81; II. 1.55; III. 1; IV. 0.73; R 2.3; Achse 4.04.

Fahrgestell: Selbsttragende Karosserie; vorn Federbeine und Dreieckquerlenker; hinten Verbundlenkerachse, Längslenker; v/h Kurvenstabilisator, Längsfedern; Teleskopdämpfer.

2.0 16V – 128 ch Injection d'essence

Carrosserie, poids: Minivan, 5 portes, 6 pl.; vide dès 1335 kg, tot. adm. 2010 kg.

Moteur: (ECE), 4 cyl. en ligne (86×86 mm), 1998 cm³; compr. 9.5:1; 94 kW (128 ch) à 5400/min, 47 kW/L (64 ch/L); 178 Nm (18.1 mkp) à 4400/min; 95 (R).
JIS: 99 kW (135 ch) à 6000/min; 181 Nm à 4400/min.

Moteur (constr.): désignation 3S-FE; 4 soupapes en V 22°; 2 arbres à cames en tête (pignons/courroie crantée); culasse en alliage léger; vilebrequin à 5 paliers; huile 4.4 L; injection électronique.
Batterie 60 Ah, alternateur 80 A; refroidissement à eau, capac. 6.7 L.

Transmission: (sur roues AV).
Boîte à 5 vit.: I. 3.54; II. 2.04; III. 1.32; IV. 1.03; V. 0.82; AR 3.15; pont 3.94.
Boîte aut. à 4 vit.: I. 3.64; II. 2; III. 1.3; IV. 0.89; AR 2.98; pont 3.18.
Pour le Japon aussi 4 WD (permanente, diff. centrale avec viscocoupl.; AR diff. torsen): boîte autom. à 4 vit.: I. 2.81; II. 1.55; III. 1; IV. 0.73; R 2.3; pont 4.04.

Châssis: carrosserie autoporteuse; AV jambes élast. et leviers triang. transv.; AR essieu semi-rigide, bras longitud.; AV/AR barre anti-dévers, ressorts hélic, amortiss. télesc.

Toyota

Toyota Picnic

Fahrwerk: Bremse, vorne Scheiben (belüftet), hinten Trommeln, Scheiben-⌀ v. 25.5 cm, ABS, Handbremse auf Hinterräder; Zahnstangenlenkung mit Servo, Treibstofftank 60 L; Reifen 195/65 R 14, Felgen 6 J.

Dimensionen: Radstand 273.5 cm, Spur 147/145 cm, Bodenfreih. 15 cm, Wendekreis 11 m, Kofferraum 180/1840 dm³, Länge 453 cm, Breite 169.5 cm, Höhe 162 cm.

Fahrleistungen: Vmax (Werk) 180 km/h, V bei 1000/min im 5. Gang 34.3 km/h; 0–100 km/h 10.8 s; Leistungsgew. 14.2 kg/kW (10.4 kg/PS); Verbr. EU 7.4/12.3 L/100 km.
Aut.: Vmax 175 km/h, 0–100 km/h 11.7 s; 7.8/13 L/100 km.

Train roulant: frein, AV à disques (ventilés), AR à tambours, ⌀ disques AV 25.5 cm, ABS, frein à main sur roues AR; servodirection à crémaillère, réservoir carb. 60 L; pneus 195/65 R 14, jantes 6 J.

Dimensions: empattement 273.5 cm, voie 147/145 cm, garde au sol 15 cm, diam. de braq. 11 m, coffre 180/1840 dm³, longueur 453 cm, largeur 169.5 cm, hauteur 162 cm.

Performances: Vmax (usine) 180 km/h, V à 1000/min en 5. vit. 34.3 km/h; 0–100 km/h 10.8 s; rapp. poids/puiss. 14.2 kg/kW (10.4 kg/ch); consomm. EU 7.4/12.3 L/100 km.
Aut.: Vmax 175 km/h, 0–100 km/h 11.7 s; 7.8/13 L/100 km.

Toyota MR2

Sportcoupé mit Quermotor vor der Hinterachse. Debüt Juni 1984. August 1986: 1.6 DOHC mit Kompressor. Tokio 1989: Neuauflage (2-Liter). Dezember 1991: Grössere Räder und Fahrwerksmodifikationen.

Coupé sportif, moteur transv. devant l'essieu AR. Lancement juin 1984. Août 1986: 1.6 DOHC avec compresseur. Tokyo 1989: Nouvelle génération (2 litres). Décembre 1991: Roues plus grandes et suspension modifiée.

2.0 16V – 175 PS Benzineinspritzung
2.0 16V – 175 ch Injection d'essence

Karosserie, Gewicht: Coupé, 2 Türen, 2 Sitze; leer ab 1210 kg, max. zul. 1570 kg.

Motor: (ECE), 4 Zyl. in Linie (86×86 mm), 1998 cm³; Kompr. 10:1; 129 kW (175 PS) bei 7000/min, 64.5 kW/L (87.8 PS/L); 186 Nm (19 mkp) bei 4800/min; 95 ROZ. JIS: 132 kW (180 PS); 191 Nm.
Aut.: 125 kW (170 PS); 186 Nm.

Motorkonstruktion: Bezeichnung 3S-GE; 4 Ventile in V 50°; 2 obenl. Nockenwellen (Zahnriemen); Leichtmetall-Zylinderkopf; 5fach gelagerte Kurbelwelle; Ölkühler; Öl 4.3 L; elektron. Einspritzung, L-Jetronic (Liz. Bosch).

Batterie 60 Ah, Alternator 70 A; Wasserkühlung, Inh. 7 L.

Kraftübertragung: (auf Hinterräder), Differentialbremse.
5-Gang-Getriebe: I. 3.29; II. 1.96; III. 1.32; IV. 1.03; V. 0.82; R 3.15; Achse 3.94; 4.18.
4-Stufen-Automat: I. 3.64; II. 2; III. 1.3; IV. 0.82; R 2.98; Achse 2.89.

Carrosserie, poids: Coupé, 2 portes, 2 pl.; vide dès 1210 kg, tot. adm. 1570 kg.

Moteur: (ECE), 4 cyl. en ligne (86×86 mm), 1998 cm³; compr. 10:1; 129 kW (175 ch) à 7000/min, 64.5 kW/L (87.8 ch/L); 186 Nm (19 mkp) à 4800/min; 95 (R). JIS: 132 kW (180 ch); 191 Nm.
Aut.: 125 kW (170 ch); 186 Nm.

Moteur (constr.): désignation 3S-GE; 4 soupapes en V 50°; 2 arbres à cames en tête (courroie crantée); culasse en alliage léger; vilebrequin à 5 paliers; radiat. d'huile; huile 4.3 L; injection électronique, L-Jetronic (Liz. Bosch).

Batterie 60 Ah, alternateur 70 A; refroidissement à eau, capac. 7 L.

Transmission: (sur roues AR), différentiel autobloquant.
Boîte à 5 vit.: I. 3.29; II. 1.96; III. 1.32; IV. 1.03; V. 0.82; AR 3.15; pont 3.94; 4.18.
Boîte aut. à 4 vit.: I. 3.64; II. 2; III. 1.3; IV. 0.82; AR 2.98; pont 2.89.

Fahrgestell: Selbsttragende Karosserie; v/h Einzelradaufhängung; vorn Federbeine, Querlenker, Zugstreben; hinten Längs- und Querlenker, Federbeine; v/h Kurvenstabilisator, Teleskopdämpfer.

Fahrwerk: Vierrad-Scheibenbremse (v/h belüftet), ABS, Handbremse auf Hinterräder; Zahnstangenlenkung mit Servo, Treibstofftank 54 L; Reifen v. 195/55 VR 15, h. 225/50 VR 15, Felgen v. 6, h. 7 J.

Dimensionen: Radstand 240 cm, Spur 147/145 cm, Bodenfreih. 13 cm, Wendekreis 10.6 m, Kofferraum 220 dm³, Länge 418 cm, Breite 169.5 cm, Höhe 124 cm.

Fahrleistungen: Vmax (Werk) 225 km/h, V bei 1000/min im 5. Gang 31.8 km/h; 0–100 km/h 7.5 s; Leistungsgew. 9.4 kg/kW (6.9 kg/PS); Verbr. ECE 6.2/7.8/10.3 L/100 km.

2.2 16V – 137 PS Benzineinspritzung

Wie 2.0 – 175 PS, ausgenommen:

Gewicht: leer ab 1145 kg, USA 1180 kg.

Motor: (SAE), 4 Zyl. in Linie (87×91 mm), 2164 cm³; Kompr. 9.5:1; 101 kW (137 PS) bei 5400/min, 46.7 kW/L (63.4 PS/L); 190 Nm (19.4 mkp) bei 4400/min; 91 ROZ. Kalifornien: 97 kW (132 PS).
Für einige Länder: (86×86 mm), 1998 cm³; Kompr. 9.8:1; 89 kW (121 PS) bei 5600/min; 176 Nm bei 4400/min.

Motorkonstruktion: Bezeichnung 5S-FE; 4 Ventile in V 22.3°; 2 obenl. Nockenwellen (Zahnräder/Zahnriemen); Öl 4.1 L.

Kraftübertragung:
5-Gang-Getriebe: I. 3.29; II. 1.96; III. 1.32; IV. 1.03; V. 0.82; R 3.15; Achse 3.94; USA 4.18, Aut. 3.93.

Fahrleistungen: Vmax (Red.) 200 km/h, V bei 1000/min im 5. Gang 34.5 km/h; 0–100 km/h 9.5 s; Leistungsgew. 12.9 kg/kW (9.5 kg/PS); Verbrauch (Red.) 7/12 L/100 km.

2.0 16V – 245 PS Benzineinspritzung/Turbo

Wie 2.0 – 175 PS, ausgenommen:

Gewicht: leer ab 1260 kg.

Motor: (JIS), 4 Zyl. in Linie (86×86 mm), 1998 cm³; Kompr. 8.5:1; 180 kW (245 PS) bei 6000/min, 90.1 kW/L (122.5 PS/L); 304 Nm (31 mkp) bei 4000/min; 95 ROZ.

Motorkonstruktion: Bezeichnung 3S-GTE; 1 Turbolader, max. Ladedruck 0.75 bar, Intercooler.

Kraftübertragung: (auf Hinterräder), a.W. Antriebsschlupfregelung.
5-Gang-Getriebe: I. 3.23; II. 1.91; III. 1.26; IV. 0.92; V. 0.73; R 3.55; Achse 4.29.

Fahrleistungen: Vmax (Red.) 240 km/h, V bei 1000/min im 5. Gang 34.8 km/h; Leistungsgew. 7 kg/kW (5.1 kg/PS); Verbrauch (Red.) 9/18 L/100 km.

Châssis: carrosserie autoporteuse; AV/AR suspension à roues indép.; AV jambes élast., leviers transv., tirants; AR bras longitud. et transv., jambes élastiques; AV/AR barre anti-dévers, amortiss. télesc.

Train roulant: quatre freins à disques (AV/AR ventilés), ABS, frein à main sur roues AR; servodirection à crémaillère, réservoir carb. 54 L; pneus AV 195/55 VR 15, AR 225/50 VR 15, jantes AV 6, AR 7 J.

Dimensions: empattement 240 cm, voie 147/145 cm, garde au sol 13 cm, diam. de braq. 10.6 m, coffre 220 dm³, longueur 418 cm, largeur 169.5 cm, hauteur 124 cm.

Performances: Vmax (usine) 225 km/h, V à 1000/min en 5. vit. 31.8 km/h; 0–100 km/h 7.5 s; rapp. poids/puiss. 9.4 kg/kW (6.9 kg/ch); consomm. ECE 6.2/7.8/10.3 L/100 km.

2.2 16V – 137 ch Injection d'essence

Comme 2.0 – 175 ch, sauf:

Poids: vide dès 1145 kg, USA 1180 kg.

Moteur: (SAE), 4 cyl. en ligne (87×91 mm), 2164 cm³; compr. 9.5:1; 101 kW (137 ch) à 5400/min, 46.7 kW/L (63.4 ch/L); 190 Nm (19.4 mkp) à 4400/min; 91 (R). Californie: 97 kW (132 ch).
Pour quelques pays: (86×86 mm), 1998 cm³; compr. 9.8:1; 89 kW (121 ch) à 5600/min; 176 Nm à 4400/min.

Moteur (constr.): désignation 5S-FE; 4 soupapes en V 22.3°; 2 arbres à cames en tête (pignons/courroie crantée); huile 4.1 L.

Transmission:
Boîte à 5 vit.: I. 3.29; II. 1.96; III. 1.32; IV. 1.03; V. 0.82; AR 3.15; pont 3.94; USA 4.18, aut. 3.93.

Performances: Vmax (réd.) 200 km/h, V à 1000/min en 5. vit. 34.5 km/h; 0–100 km/h 9.5 s; rapp. poids/puiss. 12.9 kg/kW (9.5 kg/ch); consomm. (réd.) 7/12 L/100 km.

2.0 16V – 245 ch Injection d'essence/turbo

Comme 2.0 – 175 ch, sauf:

Poids: vide dès 1260 kg.

Moteur: (JIS), 4 cyl. en ligne (86×86 mm), 1998 cm³; compr. 8.5:1; 180 kW (245 ch) à 6000/min, 90.1 kW/L (122.5 ch/L); 304 Nm (31 mkp) à 4000/min; 95 (R).

Moteur (constr.): désignation 3S-GTE; 1 turbocompr., pression max. 0.75 bar, Intercooler.

Transmission: (sur roues AR), s.d. dispositif antipatinage.
Boîte à 5 vit.: I. 3.23; II. 1.91; III. 1.26; IV. 0.92; V. 0.73; AR 3.55; pont 4.29.

Performances: Vmax (réd.) 240 km/h, V à 1000/min en 5. vit. 34.8 km/h; rapp. poids/puiss. 7 kg/kW (5.1 kg/ch); consomm. (réd.) 9/18 L/100 km.

Toyota Vista - Camry J

Bekannter Mittelklassewagen in Japan; 1,8- und 2-Liter-Benzinmotoren sowie 2.2-Turbodiesel, auch als 4WD. Debüt Juli 1994. Mai 1996: Restyling.

Voiture de classe moyenne bien connue au Japon; 1,8 et 2 litres à essence et 2.2 turbodiesel, aussi comme 4WD. Lancement juillet 1994. Mai 1996: Restyling.

1.8 16V – 125 PS Benzineinspritzung
1.8 16V – 125 ch Injection d'essence

Karosserie, Gewicht: Sedan und Hardtop; 4 Türen, 5 Sitze; leer ab 1160 kg.

Carrosserie, poids: Sedan et Hardtop; 4 portes, 5 places; vide dès 1160 kg.

Toyota MR2

Toyota

Motor: (JIS), 4 Zyl. in Linie (82.5×86 mm), 1839 cm³; Kompr. 9.5:1; 92 kW (125 PS) bei 6000/min, 50 kW/L (68 PS/L); 162 Nm (16.5 mkp) bei 4600/min; 95 ROZ.

Motorkonstruktion: Bezeichnung 4S-FE; 4 Ventile in V 22°; 2 obenl. Nockenwellen (Zahnräder/Zahnriemen); Leichtmetall-Zylinderkopf; 5fach gelagerte Kurbelwelle; Öl 4.6 L; elektron. Einspritzung, L-Jetronic (Liz. Bosch). Batterie 55 Ah, Alternator 55 A; Wasserkühlung, Inh. 6.5 L.

Kraftübertragung: (auf Vorderräder). 5-Gang-Getriebe: I. 3.54; II. 2.04; III. 1.32; IV. 0.95; V. 0.73; R 3.15; Achse 3.74. 4-Stufen-Automat: I. 2.8; II. 1.55; III. 1; IV. 0.71; R 2.3; Achse 3.95.

Fahrgestell: Selbsttragende Karosserie; v/h Einzelradaufhängung; vorn Federbeine und untere Querlenker, Kurvenstabilisator; hinten Federbeine, Längs- und Querlenker, a.W. Kurvenstabilisator; Schraubenfedern, Teleskopdämpfer.

Fahrwerk: Vierrad-Scheibenbremse (vorn belüftet), ABS, Handbremse auf Hinterräder; Zahnstangenlenkung mit Servo, Treibstofftank 60 L; Reifen 185/70 R 14, 195/60 R 15, Felgen 5.5 J.

Dimensionen: Radstand 265 cm, Spur 148/145 cm, Bodenfreih. 15 cm, Wendekreis 10.8 m, Länge 462.5 cm, Breite 169.5 cm, Höhe 140 cm. Hardtop: Länge 465 cm.

Fahrleistungen: Vmax (Red.) 190 km/h, V bei 1000/min im 5. Gang 41.6 km/h; Leistungsgew. 12.6 kg/kW (9.3 kg/PS); Verbrauch (Red.) 7/11 L/100 km.

Moteur: (JIS), 4 cyl. en ligne (82.5×86 mm), 1839 cm³; compr. 9.5:1; 92 kW (125 ch) à 6000/min, 50 kW/L (68 ch/L); 162 Nm (16.5 mkp) à 4600/min; 95 (R).

Moteur (constr.): désignation 4S-FE; 4 soupapes en V 22°; 2 arbres à cames en tête (pignons/courroie crantée); culasse en alliage léger; vilebrequin à 5 paliers; huile 4.6 L; injection électronique, L-Jetronic (Liz. Bosch). Batterie 55 Ah, alternateur 55 A; refroidissement à eau, capac. 6.5 L.

Transmission: (sur roues AV). Boîte à 5 vit.: I. 3.54; II. 2.04; III. 1.32; IV. 0.95; V. 0.73; AR 3.15; pont 3.74. Boîte aut. à 4 vit.: I. 2.8; II. 1.55; III. 1; IV. 0.71; AR 2.3; pont 3.95.

Châssis: carrosserie autoporteuse; AV/AR suspension à roues indép.; AV jambes élatiques et levier transv. inf., barre anti-dévers; AR jambes élast., bras longitud. et transv., s.d. barre anti-dévers; ressorts hélicoïdaux, amortiss. télesc.

Train roulant: quatre freins à disques (AV ventilés), ABS, frein à main sur roues AR; servodirection à crémaillère, réservoir carb. 60 L; pneus 185/70 R 14, 195/60 R 15, jantes 5.5 J.

Dimensions: empattement 265 cm, voie 148/145 cm, garde au sol 15 cm, diam. de braq. 10.8 m, longueur 462.5 cm, largeur 169.5 cm, hauteur 140 cm. Hardtop: longueur 465 cm.

Performances: Vmax (réd.) 190 km/h, V à 1000/min en 5. vit. 41.6 km/h; rapp. poids/puiss. 12.6 kg/kW (9.3 kg/ch); consomm. (réd.) 7/11 L/100 km.

Toyota Camry J

2.2 – 91 PS Turbodiesel

Wie 1.8 – 125 PS, ausgenommen:

Gewicht: leer ab 1210 kg, 4WD 1290 kg.

Motor: (JIS), 4 Zyl. in Linie (86×94 mm), 2184 cm³; Kompr. 22.6:1; 67 kW (91 PS) bei 4000/min, 30.7 kW/L (41.7 PS/L); 192 Nm (19.6 mkp) bei 2200/min; Dieselöl. 4WD: 65 kW (88 PS).

Motorkonstruktion: Bezeichnung 3C-T; Wirbelkammer-Diesel; 2 Ventile parallel; 1 obenl. Nockenwelle (Zahnriemen); Leichtmetall-Zylinderkopf; 5fach gelagerte Kurbelwelle; Ölkühler; Öl 4.6 L; Einspritzpumpe, Liz. Bosch, 1 Turbolader, Intercooler. Batterie 80 Ah, Alternator 60 A; Wasserkühlung, Inh. 8.5 L.

Kraftübertragung: (auf Vorderräder). 5-Gang-Getriebe: I. 3.54; II. 1.96; III. 1.25; IV. 0.95; V. 0.73; R 3.15; Achse 3.74. Automat wie 1.8, Achse 3.53; 4WD IV. 0.73, Achse 4.04.

Fahrleistungen: Vmax (Red.) 175 km/h, V bei 1000/min im 5. Gang 41.6 km/h; Leistungsgew. 18.1 kg/kW (13.3 kg/PS); Verbrauch (Red.) 5/9 L/100 km.

2.2 – 91 ch Turbodiesel

Comme 1.8 – 125 ch, sauf:

Poids: vide dès 1210 kg, 4WD 1290 kg.

Moteur: (JIS), 4 cyl. en ligne (86×94 mm), 2184 cm³; compr. 22.6:1; 67 kW (91 ch) à 4000/min, 30.7 kW/L (41.7 ch/L); 192 Nm (19.6 mkp) à 2200/min; gazole. 4WD: 65 kW (88 ch).

Moteur (constr.): désignation 3C-T; diesel à chambre de turbulence; 2 soup. en parallèle; 1 arbre à cames en tête (courroie crantée); culasse en alliage léger; vilebrequin à 5 paliers; radiat. d'huile; huile 4.6 L; pompe à inj., Liz. Bosch, 1 turbocompr., Interc. Batterie 80 Ah, alternateur 60 A; refroidissement à eau, capac. 8.5 L.

Transmission: (sur roues AV). Boîte à 5 vit.: I. 3.54; II. 1.96; III. 1.25; IV. 0.95; V. 0.73; AR 3.15; pont 3.74. Boîte aut. comme 1.8, pont 3.54; 4WD IV. 0.73, pont 4.04.

Performances: Vmax (réd.) 175 km/h, V à 1000/min en 5. vit. 41.6 km/h; rapp. poids/puiss. 18.1 kg/kW (13.3 kg/ch); consomm. (réd.) 5/9 L/100 km.

Toyota Camry '97

Neuauflage für Europa mit 2.2-Vierzylinder und 3.0-V6. Debüt Oktober 1996.

Nouvelle édition pour l'Europe avec 2.2 quatre cyl. et 3.0 V6. Lancem. oct. 1996.

Toyota Vista

2.0 16V – 140 PS Benzineinspritzung

Wie 1.8 – 125 PS, ausgenommen:

Gewicht: leer 1210 kg, 4 WD: ab 1300 kg.

Motor: (JIS), 4 Zyl. in Linie (86×86 mm), 1998 cm³; Kompr. 9.5:1; 103 kW (140 PS) bei 6000/min, 51.5 kW/L (70.1 PS/L); 186 Nm (19 mkp) bei 4400/min; 95 ROZ. 4 WD: 99 kW (135 PS); 181 Nm (18.5 mkp).

Motorkonstruktion: Bezeichnung 3S-FE; Ölkühler. Alternator 70 A.

Kraftübertragung: (auf Vorderräder). (4WD permanent), zentrales Diff. mit Viskokupplung; Drehmomentverteilung v/h 50/50 %. 5-Gang-Getriebe: I. 3.54; II. 2.05; III. 1.33; IV. 0.97; V. 0.78; R 3.58; Achse 4.24. 4-Stufen-Automat: I. 2.8; II. 1.55; III. 1; IV. 0.71; R 2.3; Achse 3.73; 4 WD: IV. 0.73; Achse 4.04.

Fahrleistungen: Vmax (Red.) 200 km/h, V bei 1000/min im 5. Gang 34.1 km/h; Leistungsgew. 11.7 kg/kW (8.6 kg/PS); Verbrauch (Red.) 7/12 L/100 km.

2.0 16V – 140 ch Injection d'essence

Comme 1.8 – 125 ch, sauf:

Poids: vide 1210 kg, 4 WD: dès 1300 kg.

Moteur: (JIS), 4 cyl. en ligne (86×86 mm), 1998 cm³; compr. 9.5:1; 103 kW (140 ch) à 6000/min, 51.5 kW/L (70.1 ch/L); 186 Nm (19 mkp) à 4400/min; 95 (R). 4 WD: 99 kW (135 ch) et 181 Nm (18.5 mkp).

Moteur (constr.): désignation 3S-FE; radiat. d'huile. Alternateur 70 A.

Transmission: (sur roues AV). (4WD permanent), diff. central avec viscocoupleur; répartition du couple AV/AR 50/50 %. Boîte à 5 vit.: I. 3.54; II. 2.05; III. 1.33; IV. 0.97; V. 0.78; AR 3.58; pont 4.24. Boîte aut. à 4 vit.: I. 2.8; II. 1.55; III. 1; IV. 0.71; AR 2.3; pont 3.73; 4 WD: IV. 0.73; pont 4.04.

Performances: Vmax (réd.) 200 km/h, V à 1000/min en 5. vit. 34.1 km/h; rapp. poids/puiss. 11.7 kg/kW (8.6 kg/ch); consomm. (réd.) 7/12 L/100 km.

2.2 – 131 PS Benzineinspritzung

Karosserie, Gewicht: Limousine, 4 Türen, 5 Sitze; leer ab 1385 kg, max. zul. 1860 kg.

Motor: (ECE), 4 Zyl. in Linie (87×91 mm), 2164 cm³; Kompr. 9.8:1; 96 kW (131 PS) bei 5200/min, 44.4 kW/L (60.3 PS/L); 196 Nm (20 mkp) bei 4200/min; 95 ROZ.

Motorkonstruktion: Bezeichnung 5S-FE; 4 Ventile in V 22.3°; 2 obenl. Nockenwellen (Zahnräder/Zahnriemen); Leichtmetall-Zylinderkopf; 5fach gelagerte Kurbelwelle; Öl 4.1 L; elektron. Einspritzung. Batterie 65 Ah, Alternator 840 W; Wasserkühlung, Inh. 7.4 L.

2.2 – 131 ch Injection d'essence

Carrosserie, poids: Berline, 4 portes, 5 pl.; vide dès 1385 kg, tot. adm. 1860 kg.

Moteur: (ECE), 4 cyl. en ligne (87×91 mm), 2164 cm³; compr. 9.8:1; 96 kW (131 ch) à 5200/min, 44.4 kW/L (60.3 ch/L); 196 Nm (20 mkp) à 4200/min; 95 (R).

Moteur (constr.): désignation 5S-FE; 4 soupapes en V 22.3°; 2 arbres à cames en tête (pignons/courroie crantée); culasse en alliage léger; vilebrequin à 5 paliers; huile 4.1 L; injection électronique. Batterie 65 Ah, alternateur 840 W; refroidissement à eau, capac. 7.4 L.

Toyota Camry '97

Toyota

Kraftübertragung: (auf Vorderräder).
5-Gang-Getriebe: I. 3.29; II. 2.04; III. 1.32; IV. 1.03; V. 0.82; R 3.15; Achse 3.94.
4-Stufen-Automat: I. 2.81; II. 1.55; III. 1; IV. 0.71; R 2.3; Achse 3.94; 4.18.
Fahrgestell: Selbsttragende Karosserie mit Hilfsrahmen; vorn Federbeine und Dreieckquerl.; hinten Federbeine und untere Querlenker, Zugstreben; v/h Kurvenstabilisator, Schraubenfedern, Teleskopdämpfer.
Fahrwerk: Vierrad-Scheibenbremse (vorn belüftet), Scheiben-Ø v. 27.5 cm, h. 26.9 cm, ABS, Handbremse auf Hinterräder; Zahnstangenlenkung mit Servo, Treibstofftank 70 L; Reifen 205/65 R 15, Felgen 6 J.
Dimensionen: Radstand 267 cm, Spur 154.5/152 cm, Bodenfreih. 15 cm, Wendekreis 11 m, Kofferraum 520 dm³, Länge 476.5 cm, Breite 178.5 cm, Höhe 143 cm.
Fahrleistungen: Vmax (Werk) 200 km/h, V bei 1000/min im 5. Gang 36.7 km/h; 0–100 km/h 10.4 s; Leistungsg. 14.4 kg/kW (10.6 kg/PS); Verbr. ECE 6.3/8.3/10.4 L/100 km.
Aut.: Vmax 195 km/h, 0–100 km/h 11.7 s; 6/7.8/11.4 L/100 km.

Transmission: (sur roues AV).
Boîte à 5 vit.: I. 3.29; II. 2.04; III. 1.32; IV. 1.03; V. 0.82; AR 3.15; pont 3.94.
Boîte aut. à 4 vit.: I. 2.81; II. 1.55; III. 1; IV. 0.71; AR 2.3; pont 3.94; 4.18.
Châssis: carrosserie autoporteuse avec faux-châssis; AV jambes élast. et leviers triang. transv.; AR jambes élatiques et levier transv. inf., tirants; AV/AR barre anti-dévers, ressorts hélic, amortiss. télesc.
Train roulant: quatre freins à disques (AV ventilés), Ø disques AV 27.5 cm, AR 26.9 cm, ABS, frein à main sur roues AR; servo-direction à crémaillère, réservoir carb. 70 L; pneus 205/65 R 15, jantes 6 J.
Dimensions: empattement 267 cm, voie 154.5/152 cm, garde au sol 15 cm, diam. de braq. 11 m, coffre 520 dm³, longueur 476.5 cm, largeur 178.5 cm, haut. 143 cm.
Performances: Vmax (usine) 200 km/h, V à 1000/min en 5. vit. 36.7 km/h; 0–100 km/h 10.4 s; rapp. poids/puiss. 14.4 kg/kW (10.6 kg/ch); cons. ECE 6.3/8.3/10.4 L/100 km.
Aut.: Vmax 195 km/h, 0–100 km/h 11.7 s; 6/7.8/11.4 L/100 km.

Toyota Camry ,97

3.0 24V – 190 PS Benzineinspritzung

Wie 2.2 – 131 PS, ausgenommen:

Gewicht: leer ab 1445 kg, max. zul. 1915 kg.
Motor: (SAE), 6 Zyl. in V 60° (87.5×83 mm), 2995 cm³; Kompr. 10.5:1; 140 kW (190 PS) bei 5200/min, 46.7 kW/L (63.5 PS/L); 276 Nm (28.1 mkp) bei 4400/min; 91 ROZ.
Motorkonstruktion: 4 Ventile in V 22.3°; 2×2 obenl. Nockenwellen (Zahnräder/Zahnriemen); Leichtmetall-Zylinderköpfe; 4fach gel. Kurbelwelle; Ölkühler; Öl 5.1 L; elektron. Einspr., Nippondenso (Liz. Bosch).
Batterie 55 Ah, Alternator 80 A; Wasserkühlung, Inh. 8.5 L.
Kraftübertragung: (auf Vorderräder).
4-Stufen-Automat: I. 2.81; II. 1.55; III. 1; IV. 0.74; R 2.3; Achse 3.93; 3.72.
Fahrleistungen: Vmax (Werk) 220 km/h, V bei 1000/min in 4. Gang 40.7 km/h; 0–100 km/h 9 s; Leistungsgew. 10.3 kg/kW (7.6 kg/PS); Verbr. 6.9/8.9/12.9 L/100 km.

3.0 24V – 190 ch Injection d'essence

Comme 2.2 – 131 ch, sauf:

Poids: vide dès 1445 kg, tot. adm. 1915 kg.
Moteur: (SAE), 6 cylindres en V 60° (87.5×83 mm), 2995 cm³; compr. 10.5:1; 140 kW (190 ch) à 5200/min, 46.7 kW/L (63.5 ch/L); 276 Nm (28.1 mkp) à 4400/min; 91 (R).
Moteur (constr.): 4 soupapes en V 22.3°; 2×2 arbres à cames en tête (pignons/courroie crantée); culasses en alliage léger; vilebr. à 4 paliers; radiat. d'huile; huile 5.1 L; inj. électron., Nippondenso (Liz. Bosch).
Batterie 55 Ah, alternateur 80 A; refroidissement à eau, capac. 8.5 L.
Transmission: (sur roues AV).
Boîte aut. à 4 vit.: I. 2.81; II. 1.55; III. 1; IV. 0.74; AR 2.3; pont 3.93; 3.72.
Performances: Vmax (usine) 220 km/h, V à 1000/min en 4. vit. 40.7 km/h; 0–100 km/h 9 s; rapp. poids/puiss. 10.3 kg/kW (7.6 kg/ch); consomm. ECE 6.9/8.9/12.9 L/100 km.

Toyota Camry Gracia - Windom - Avalon

Luxusversionen des Camry, ausschliesslich mit Getriebeautomat. Debüt: Avalon (USA) Winter 1993/94, Windom (Neuauflage) August 1996 und Camry Gracia Sedan/Wagon Dez. 1996.

Versions de Luxe de la Camry avec boîte automatique seulement. Lancements: Avalon (USA) hiver 1993/94, Windom (nouv. édition) août 1996 et Camry Gracia Sedan/Wagon décembre 1996.

2.5 V6 24V – 200 PS Benzineinspritzung

Karosserie, Gewicht: Limousine, 4 Türen, 5 Sitze; leer ab 1470 kg.
Station Wagon (Camry Gracia) 5 Türen, 5 Sitze; leer ab 1520 kg.

2.5 V6 24V – 200 ch Injection d'essence

Carrosserie, poids: Berline, 4 portes, 5 places; vide dès 1470 kg.
Station Wagon (Camry Gracia) 5 portes, 5 places; à vide dès 1520 kg.

Toyota Windom

Motor: (JIS), 6 Zyl. in V 60° (87.5×69.2 mm), 2497 cm³; Kompr. 10.8:1; 147 kW (200 PS) bei 6000/min, 58.9 kW/L (80 PS/L); 245 Nm (25 mkp) bei 4600/min; 95 ROZ.
Motorkonstruktion: Bezeichnung 2MZ-FE; 4 Ventile in V 22.3°; 2×2 obenl. Nockenwellen (Zahnräder/Zahnriemen); Leichtmetall-Zylinderkopf; 4fach gelagerte Kurbelwelle; Ölkühler; Öl 5 L; elektron. Einspritzung.
Batterie 55 Ah, Alternator 80 A; Wasserkühlung, Inh. 8.5 L.
Kraftübertragung: (auf Vorderräder), a.W. Antriebsschlupfregelung.
4-Stufen-Automat: I. 2.81; II. 1.55; III. 1; IV. 0.74; R 2.3; Achse 4.05.
Fahrgestell: Selbsttragende Karosserie mit Hilfsrahmen; vorn Federbeine und Dreieckquerl., hinten Federbeine und untere Querlenker, Zugstreben; v/h Kurvenstabilisator, Schraubenfedern, Teleskopdämpfer.
Fahrwerk: Vierrad-Scheibenbremse (vorn belüftet), Scheiben-Ø v. 27.5 cm, h. 26.9 cm, ABS, Handbremse auf Hinterräder; Zahnstangenlenkung mit Servo, Treibstofftank 70 L; Reifen 205/65 R 15, Felgen 6 J.
Dimensionen: Radstand 267 cm, Spur 154.5/152 cm, Bodenfreih. 15 cm, Wendekreis 11 m, Kofferraum 520 dm³, Länge 484.5 cm, Breite 179 cm, Höhe 140 cm. Gracia: Länge 476, Wagon 478 cm, Höhe 142, Wagon 147 cm.
Fahrleistungen: Vmax (Red.) über 210 km/h, V bei 1000/min in 4. Gang 39.8 km/h; Leistungsgew. 10 kg/kW (7.4 kg/PS); Verbrauch (Red.) 8/13 L/100 km.

Moteur: (JIS), 6 cylindres en V 60° (87.5×69.2 mm), 2497 cm³; compr. 10.8:1; 147 kW (200 ch) à 6000/min, 58.9 kW/L (80 ch/L); 245 Nm (25 mkp) à 4600/min; 95 (R).
Moteur (constr.): désignation 2MZ-FE; 4 soupapes en V 22.3°; 2×2 arbres à cames en tête (pignons/courroie crantée); culasse en alliage léger; vilebrequin à 4 paliers; radiat. d'huile; huile 5 L; injection électronique.
Batterie 55 Ah, alternateur 80 A; refroidissement à eau, capac. 8.5 L.
Transmission: (sur roues AV), s.d. dispositif antipatinage.
Boîte aut. à 4 vit.: I. 2.81; II. 1.55; III. 1; IV. 0.74; AR 2.3; pont 4.05.
Châssis: carrosserie autoporteuse avec faux-châssis; AV jambes élast. et leviers triang. transv., AR jambes élatiques et levier transv. inf., tirants; AV/AR barre anti-dévers, ressorts hélic, amortiss. télesc.
Train roulant: quatre freins à disques (AV ventilés), Ø disques AV 27.5 cm, AR 26.9 cm, ABS, frein à main sur roues AR; servo-direction à crémaillère, réservoir carb. 70 L; pneus 205/65 R 15, jantes 6 J.
Dimensions: empattement 267 cm, voie 154.5/152 cm, garde au sol 15 cm, diam. de braq. 11 m, coffre 520 dm³, longueur 484.5 cm, largeur 179 cm, hauteur 140 cm. Gracia: Longueur 476, Wagon 478 cm, hauteur 142, Wagon 147 cm.
Performances: Vmax (réd.) plus de 210 km/h, V à 1000/min en 4. vit. 39.8 km/h; rapp. poids/puiss. 10 kg/kW (7.4 kg/PS); consomm. (réd.) 8/13 L/100 km.

Toyota Camry Gracia Wagon

2.2 16V – 140 PS Benzineinspritzung

Wie 2.5 – 200 PS, ausgenommen:

Gewicht: leer ab 1390 kg, Wagon 1470 kg.
Motor: (JIS), 4 Zyl. in Linie (87×91 mm), 2164 cm³; Kompr. 9.5:1; 103 kW (140 PS) bei 5600/min, 47.6 kW/L (64.7 PS/L); 191 Nm (19.5 mkp) bei 4400/min; 91 ROZ.

2.2 16V – 140 ch Injection d'essence

Comme 2.5 – 200 ch, sauf:

Poids: vide dès 1390 kg, Wagon 1470 kg.
Moteur: (JIS), 4 cyl. en ligne (87×91 mm), 2164 cm³; compr. 9.5:1; 103 kW (140 ch) à 5600/min, 47.6 kW/L (64.7 ch/L); 191 Nm (19.5 mkp) à 4400/min; 91 (R).

Toyota 531

Motorkonstruktion: Bezeichnung 5S-FE; 4 Ventile in V 22.3°; 2 obenl. Nockenwellen (Zahnräder/Zahnriemen); Leichtmetall-Zylinderkopf; 5fach gelagerte Kurbelwelle; Öl 4.1 L; elektron. Einspritzung.

Kraftübertragung:
4-Stufen-Automat: I. 2.8; II. 1.55; III. 1; IV. 0.71; R 2.3; Achse 3.95.

Fahrleistungen: Vmax (Red.) über 190 km/h, 0–100 km/h 12 s; Leistungsgew. 13.5 kg/kW (9.9 kg/PS); Verbrauch (Red.) 8/13 L/100 km.

Moteur (constr.): désignation 5S-FE; 4 soupapes en V 22.3°; 2 arbres à cames en tête (pignons/courroie crantée); culasse en alliage léger; vilebrequin à 5 paliers; huile 4.1 L; injection électronique.

Transmission:
Boîte aut. à 4 vit.: I. 2.8; II. 1.55; III. 1; IV. 0.71; AR 2.3; pont 3.95.

Performances: Vmax (réd.) plus de 190 km/h, 0–100 km/h 12 s; rapp. poids/puiss. 13.5 kg/kW (9.9 kg/ch); consomm. (réd.) 8/13 L/100 km.

Toyota Avalon (USA)

3.0 V6 24V – 209 PS Benzineinspritzung

Wie 2.5 – 200 PS, ausgenommen:

Gewicht: 5 Sitze; leer ab 1480 kg.

Motor: (JIS), 6 Zyl. in V 60° (87.5×83 mm), 2995 cm^3; Kompr. 10.5:1; 154 kW (209 PS) bei 5400/min, 51.4 kW/L (69.9 PS/L); 289 Nm (29.5 mkp) bei 4400/min; 91 ROZ. Avalon (SAE): 143 kW (195 PS) bei 5200/min; 284 Nm (29 mkp) bei 4400/min.

Motorkonstruktion: Bezeichnung 1MZ-FE; 4 Ventile in V 22.3°; 2×2 obenl. Nockenwellen (Zahnräder/Zahnriemen); Leichtmetall-Zylinderköpfe; 4fach gelagerte Kurbelwelle; Ölkühler; Öl 5.1 L; elektron. Einspritzung, Bosch L-Jetronic.
Batterie 55 Ah, Alternator 80 A; Wasserkühlung, Inh. 8.5 L.

Kraftübertragung: (auf Vorderräder), Antriebsschlupfregelung.
4-Stufen-Automat: I. 2.81; II. 1.55; III. 1; IV. 0.74; R 2.3; Achse 3.72; 3.62.

Dimensionen: Avalon: Radstand 272 cm. Länge 483 cm, Breite 179 cm, Höhe 142 cm.

Fahrleistungen: Vmax (Red.) über 210 km/h, V bei 1000/min im 4. Gang 43.3 km/h; 0–100 km/h 8.5 s; Leistungsgew. 9.6 kg/kW (7.1 kg/PS); Verbrauch (Red.) 8/14 L/100 km.

3.0 V6 24V – 209 ch Injection d'essence

Comme 2.5 – 200 ch, sauf:

Poids: vide dès 1480 kg.

Moteur: (JIS), 6 cyl. en V 60° (87.5×83 mm), 2995 cm^3; compr. 10.5:1; 154 kW (209 ch) à 5400/min, 51.4 kW/L (69.9 ch/L); 289 Nm (29.5 mkp) à 4400/min; 91 (R). Avalon (SAE): 143 kW (195 ch) à 5200/min; 284 Nm (29 mkp) à 4400/min.

Moteur (constr.): désignation 1MZ-FE; 4 soupapes en V 22.3°; 2×2 arbres à cames en tête (pignons/courroie crantée); culasses en alliage léger; vilebrequin à 4 paliers; radiat. d'huile; huile 5.1 L; injection électronique, Bosch L-Jetronic.
Batterie 55 Ah, alternateur 80 A; refroidissement à eau, capac. 8.5 L.

Transmission: (sur roues AV), Dispositif antipatinage.
Boîte aut. à 4 vit.: I. 2.81; II. 1.55; III. 1; IV. 0.74; AR 2.3; pont 3.72; 3.62.

Dimensions: Avalon: Empattement 272 cm. Longueur 483 cm, largeur 179 cm, hauteur 142 cm.

Performances: Vmax (réd.) plus de 210 km/h, V à 1000/min en 4. vit. 43.3 km/h; 0–100 km/h 8.5 s; rapp. poids/puiss. 9.6 kg/kW (7.1 kg/ch); consomm. (réd.) 8/14 L/100 km.

Toyota Sienna

Minivan auf der Basis des Camry (Avalon) aus US-Produktion. 3.0/V6 mit 195 PS, Vorderradantrieb. Debüt Detroit Jan. 1997, Produktionsbeginn Ende 1997.

Minivan sur la base de la Camry (Avalon) de la Production US. Moteur 3.0/V6 avec 195 ch et traction AV. Lancement Detroit janv. 1997. Production à partir fin 1997.

Toyota Sienna

Toyota Mark II - Chaser - Cresta

Mittelklassewagen. Debüt Januar 1977. Chaser: luxuriöseres Parallelmodell. August 1988: Neuauflage. Sommer 1990: Neuer 2.5. September 1996: Neuauflage.

Voiture de la cat. moyenne. Débuts janv. 1977. Chaser: mod. plus luxueux. Août 1988: Nouvelle édition. Eté 1990: Nouveau 2.5. Sept. 1996: Nouvelle édition.

2.0 24V – 140 PS Benzineinspritzung

Karosserie, Gewicht: Limousine, 4 Türen, 5 Sitze; leer ab 1320 kg.

Motor: (JIS), 6 Zyl. in Linie (75×75 mm), 1988 cm^3; Kompr. 9.6:1; 103 kW (140 PS) bei 5600/min, 51.8 kW/L (70.4 PS/L); 181 Nm (18.5 mkp) bei 4400/min; 95 ROZ.

Motorkonstruktion: Bezeichnung 1G-FE; 4 Ventile in V 22.3°; 2 obenl. Nockenwellen (Zahnräder/Zahnriemen); Leichtmetall-Zylinderkopf; 7fach gelagerte Kurbelwelle; Öl 4.3 L; elektron. Einspritzung, L-Jetronic Liz. Bosch.
Batterie 35 Ah, Alternator 40 A; Wasserkühlung, Inh. 6.5 L.

Kraftübertragung: (auf Hinterräder), Differentialbremse.
5-Gang-Getriebe: I. 3.29; II. 1.89; III. 1.28; IV. 1; V. 0.86; R 3.77; Achse 3.91.
4-Stufen-Automat: I. 2.45; II. 1.45; III. 1; IV. 0.69; R 2.22; Achse 4.3.

2.0 24V – 140 ch Injection d'essence

Carrosserie, poids: Berline, 4 portes, 5 places; vide dès 1320 kg.

Moteur: (JIS), 6 cyl. en ligne (75×75 mm), 1988 cm^3; compr. 9.6:1; 103 kW (140 ch) à 5600/min, 51.8 kW/L (70.4 ch/L); 181 Nm (18.5 mkp) à 4400/min; 95 (R).

Moteur (constr.): désignation 1G-FE; 4 soupapes en V 22.3°; 2 arbres à cames en tête (pignons/courroie crantée); culasse en alliage léger; vilebrequin à 7 paliers; huile 4.3 L; injection électronique, L-Jetronic Liz. Bosch.
Batterie 35 Ah, alternateur 40 A; refroidissement à eau, capac. 6.5 L.

Transmission: (sur roues AR), différentiel autobloquant.
Boîte à 5 vit.: I. 3.29; II. 1.89; III. 1.28; IV. 1; V. 0.86; AR 3.77; pont 3.91.
Boîte aut. à 4 vit.: I. 2.45; II. 1.45; III. 1; IV. 0.69; AR 2.22; pont 4.3.

Toyota Chaser

Fahrgestell: Selbsttragende Karosserie; vorn Dreieckquerlenker, Querlenker, Zugstreben; hinten Dreieckquerl., Längslenker, doppelte Querlenker; v/h Kurvenstabilisator, Schraubenfedern, Teleskopdämpfer.

Fahrwerk: Vierrad-Scheibenbremse (vorn belüftet), ABS, Handbremse auf Hinterräder; Zahnstangenlenkung mit Servo, Treibstofftank 70 L; Reifen 195/65 HR 15, 205/60 R 15, Felgen 6 J.

Dimensionen: Radstand 273 cm, Spur 148.5/149.5 cm, Bodenfreih. 15 cm, Wendekreis 10.7 m, Länge 476 cm, Breite 176 cm, Höhe 140 cm.
Länge: Chaser 472, Cresta 475 cm.

Fahrleistungen: Vmax (Red.) 190 km/h, V bei 1000/min im 5. Gang 33.6 km/h; Leistungsgew. 12.8 kg/kW (9.4 kg/PS); Verbrauch (Red.) 8/14 L/100 km.

Châssis: carrosserie autoporteuse; AV leviers triang. transv., leviers transv., tirants; AR leviers triang. transv., bras longitud., leviers transv. doubles; AV/AR barre anti-dévers, ressorts hélic, amortiss. télesc.

Train roulant: quatre freins à disques (AV ventilés), ABS, frein à main sur roues AR; servodirection à crémaillère, réservoir carb. 70 L; pneus 195/65 HR 15, 205/60 R 15, jantes 6 J.

Dimensions: empattement 273 cm, voie 148.5/149.5 cm, garde au sol 15 cm, diam. de braq. 10.7 m, longueur 476 cm, largeur 176 cm, hauteur 140 cm.
Longueur: Chaser 472, Cresta 475 cm.

Performances: Vmax (réd.) 190 km/h, V à 1000/min en 5. vit. 33.6 km/h; rapp. poids/puiss. 12.8 kg/kW (9.4 kg/ch); consomm. (réd.) 8/14 L/100 km.

2.5 24V – 280/200 PS Benzineinspritzung/Turbo

Wie 2.0 – 140 PS, ausgenommen:

Gewicht: leer ab 1400 kg, 4WD 1470 kg.

Motor: (JIS), 6 Zyl. in Linie (86×71.5 mm), 2492 cm^3; Kompr. 9:1; 206 kW (280 PS) bei 6200/min, 82.6 kW/L (112.4 PS/L); 378 Nm (38.5 mkp) bei 2400/min; 95 ROZ.
Ohne Turbo: Kompr. 10.5:1; 147 kW (200 PS) bei 6000/min, 255 Nm (26 mkp) bei 4000/min.

2.5 24V – 280/200 ch Injection d'essence/turbo

Comme 2.0 – 140 ch, sauf:

Poids: vide dès 1400 kg, 4WD 1470 kg.

Moteur: (JIS), 6 cyl. en ligne (86×71.5 mm), 2492 cm^3; compr. 9:1; 206 kW (280 ch) à 6200/min, 82.6 kW/L (112.4 ch/L); 378 Nm (38.5 mkp) à 2400/min; 95 (R).
Sans turbo: compr. 10.5:1; 147 kW (200 ch) à 6000/min, 255 Nm (26 mkp) à 4000/min.

Toyota

Toyota Cresta

Motorkonstruktion: Bezeichnung 1JZ-GTE; 4 Ventile in V 45°; 2 obenl. Nockenwellen (Zahnriemen); Leichtmetall-Zylinderkopf; 7fach gelagerte Kurbelwelle; Ölkühler; Öl 4.3 L; elektron. Einspritzung, L-Jetronic Liz. Bosch; 2 Turbolader, Intercooler.

Kraftübertragung: (auf Hinterräder), Differentialbremse.
(4WD permanent), zentrales Diff. mit Viskokupplung; Drehmomentverteilung v/h 50/50 %.
5-Gang-Getriebe: I. 3.25; II. 1.96; III. 1.31; IV. 1; V. 0.75; R 3.18; Achse 3.73.
4-Stufen-Automat: I. 2.8; II. 1.53; III. 1; IV. 0.71; R 2.39; Achse 4.3; 4.1.
4-Stufen-Automat: I. 2.53; II. 1.53; III. 1; IV. 0.71; R 1.88; Achse 3.91.

Fahrwerk: 205/55 VR 16; Reifen v. 205/55 VR 16, h. 225/50 VR 16, a.W. Felgen v. 6.5, h. 7.5 J.

Fahrleistungen: Vmax (Red.) über 230 km/h, V bei 1000/min im 4. Gang 41.4 km/h; Leistungsgew. 7 kg/kW (5.2 kg/PS); Verbrauch (Red.) 12/20 L/100 km.
Ohne Turbo: Vmax ca. 210 bis 220 km/h.

3.0 24V – 220 PS Benzineinspritzung

Wie 2.0 – 140 PS, ausgenommen:

Gewicht: leer ab 1460 kg.

Motor: (JIS), 6 Zyl. in Linie (86×86 mm), 2997 cm³; Kompr. 10.5:1; 162 kW (220 PS) bei 5600/min, 54 kW/L (73.5 PS/L); 294 Nm (30 mkp) bei 4000/min; 95 ROZ.

Motorkonstruktion: Bezeichnung 2JZ-GE; 4 Ventile in V 45°; 2 obenl. Nockenwellen (Zahnräder); Leichtmetall-Zylinderkopf; 7fach gelagerte Kurbelwelle; Öl 5.1 L; elektron. Einspritzung, L-Jetronic Liz. Bosch.

Kraftübertragung: (auf Hinterräder), Differentialbremse.
4-Stufen-Automat: I. 2.8; II. 1.53; III. 1; IV. 0.71; R 2.39; Achse 3.91.

Fahrleistungen: Vmax (Red.) über 210 km/h, V bei 1000/min im 4. Gang 39.6 km/h; Leistungsgew. 9 kg/kW (6.6 kg/PS); Verbrauch (Red.) 10/15 L/100 km.

2.4 – 97 PS Turbodiesel

Wie 2.0 – 140 PS, ausgenommen:

Gewicht: leer ab 1400 kg.

Motor: (JIS), 4 Zyl. in Linie (92×92 mm), 2446 cm³; Kompr. 21:1; 71 kW (97 PS) bei 3800/min, 29 kW/L (39.5 PS/L); 221 Nm (22.5 mkp) bei 2400/min; Dieselöl.

Motorkonstruktion: Bezeichnung 2L-TE; 2 Ventile parallel; 1 obenl. Nockenwelle (Zahnriemen); Grauguss-Zylinderkopf; 5fach gelagerte Kurbelwelle; Ölkühler; Öl 5.8 L; Einspritzpumpe, Denso.

Moteur (constr.): désign. 1JZ-GTE; 4 soupapes en V 45°; 2 arbres à cames en tête (courroie crantée); culasse en alliage léger; vilebrequin à 7 paliers; radiat. d'huile; huile 4.3 L; injection électronique, L-Jetronic Liz. Bosch; 2 turbocompresseurs, Intercooler.

Transmission: (sur roues AR), différentiel autobloquant.
(4WD permanent), diff. central avec viscocoupleur; répartition du couple AV/AR 50/50 %.
Boîte à 5 vit.: I. 3.25; II. 1.96; III. 1.31; IV. 1; V. 0.75; AR 3.18; pont 3.73.
Boîte aut. à 4 vit.: I. 2.8; II. 1.53; III. 1; IV. 0.71; AR 2.39; pont 4.3; 4.1.
Boîte aut. à 4 vit.: I. 2.53; II. 1.53; III. 1; IV. 0.71; AR 1.88; pont 3.91.

Train roulant: 205/55 VR 16; pneus AV 205/55 VR 16, AR 225/50 VR 16, s.d. jantes AV 6.5, AR 7.5 J.

Performances: Vmax (réd.) plus de 230 km/h, V à 1000/min en 4. vit. 41.4 km/h; rapp. poids/puiss. 7 kg/kW (5.2 kg/ch); consomm. (réd.) 12/20 L/100 km.
Sans turbo: Vmax env. 210 à 220 km/h.

3.0 24V – 220 ch Injection d'essence

Comme 2.0 – 140 ch, sauf:

Poids: vide dès 1460 kg.

Moteur: (JIS), 6 cyl. en ligne (86×86 mm), 2997 cm³; compr. 10.5:1; 162 kW (220 ch) à 5600/min, 54 kW/L (73.5 ch/L); 294 Nm (30 mkp) à 4000/min; 95 (R).

Moteur (constr.): désignation 2JZ-GE; 4 soupapes en V 45°; 2 arbres à cames en tête (courroie crantée); culasse en alliage léger; vilebrequin à 7 paliers; huile 5.1 L; injection électronique, L-Jetronic Liz. Bosch.

Transmission: (sur roues AR), différentiel autobloquant.
Boîte aut. à 4 vit.: I. 2.8; II. 1.53; III. 1; IV. 0.71; AR 2.39; pont 3.91.

Performances: Vmax (réd.) plus de 210 km/h, V à 1000/min en 4. vit. 39.6 km/h; rapp. poids/puiss. 9 kg/kW (6.6 kg/ch); consomm. (réd.) 10/15 L/100 km.

2.4 – 97 ch Turbodiesel

Comme 2.0 – 140 ch, sauf:

Poids: vide dès 1400 kg.

Moteur: (JIS), 4 cyl. en ligne (92×92 mm), 2446 cm³; compr. 21:1; 71 kW (97 ch) à 3800/min, 29 kW/L (39.5 ch/L); 221 Nm (22.5 mkp) à 2400/min; gazole.

Moteur (constr.): désignation 2L-TE; 2 soupapes en parallèle; 1 arbre à cames en tête (courroie crantée); culasse en fonte; vilebrequin à 5 paliers; radiat. d'huile; huile 5.8 L; pompe à injection, Denso.

Kraftübertragung: (auf Hinterräder), Differentialbremse.
5-Gang-Getriebe: I. 3.57; II. 2.06; III. 1.38; IV. 1; V. 0.85; R 4.09; Achse 3.73.
4-Stufen-Automat: I. 2.45; II. 1.45; III. 1; IV. 0.69; R 2.22; Achse 3.73.

Fahrwerk: Reifen auch 185/70 R 14, Felgen 5.5 J, 6 J.

Fahrleistungen: Vmax (Red.) 165 km/h, V bei 1000/min im 5. Gang 35.6 km/h; Leistungsgew. 19.3 kg/kW (14.1 kg/PS); Verbrauch (Red.) 6/9 L/100 km.

Toyota Crown

Geräumiger Wagen mit Hinterradantrieb und Kastenrahmen. Tokio 1983: Neue Modelle. Herbst 1987: Reihe erneuert. August 1989: Facelift und 4.0 V8 aus dem Lexus. Herbst 1991: Facelift, z.T. modernisierte Mechanik, V8 für Crown Majesta. Herbst 1995: Neuauflage verschiedener Varianten.

2.0 24V – 135 PS Benzineinspritzung

Karosserie, Gewicht: Limousine, 4 Türen, 5 - 6 Sitze; leer ab 1360 kg.
Taxi mit Vierzylindermotor ab 1270 kg.
Hardtop-Limousine, 1400 kg.
Station Wagon, 5 Türen, 5 - 8 Sitze.

Motor: (JIS), 6 Zyl. in Linie (75×75 mm), 1988 cm³; Kompr. 9.6:1; 99 kW (135 PS) bei 5600/min, 49.8 kW/L (67.7 PS/L); 177 Nm (18 mkp) bei 4400/min; 91 ROZ.
Wagon/Van auch 96 kW (130 PS).
Für Taxi (Gasbetrieb): Kompr. 10:1; 81 kW (110 PS) bei 5600/min; 152 Nm (15,5 mkp) bei 2400/min.
A.W. 2.0-4-Zyl.: (86×86 mm), 1998 cm³; Kompr. 10,5:1; 58 kW (79 PS) bei 4400/min; 160 Nm (16,3 mkp) bei 2400/min.

Motorkonstruktion: Bezeichnung 1G-FE; 4 Ventile in V 22.3°; 2 obenl. Nockenwellen (Zahnräder/Zahnriemen) Leichtmetall-Zylinderkopf; 7fach gelagerte Kurbelwelle; Öl 4.3 L; elektron. Einspritzung, L-Jetronic Liz. Bosch.
Batterie 60 Ah, Alternator 70 A; Wasserkühlung, Inh. 6.5 L.

Kraftübertragung: (auf Hinterräder). Differentialbremse.
5-Gang-Getriebe: I. 3.29; II. 1.89; III. 1.28; IV. 1; V. 0.86; R 3.77; Achse 4.3; 3.91.
4-Stufen-Automat: I. 2.45; II. 1.45; III. 1; IV. 0.69; R 2.22; Achse 4.56; 4.1.

Fahrgestell: Kastenrahmen mit Traversen oder selbsttragende Karosserie; vorn Dreieckquerlenker, Querlenker, Zugstreben; hinten Starrachse, Längslenker, Panhardstab; je nach Modell Mehrlenkerachse mit Längs-, Quer- und Schräglenkern; v/h Kurvenstabilisator, Schraubenfedern, Teleskopdämpfer; a.W. Luftfederung mit Niveauregulierung.

Transmission: (sur roues AR), différentiel autobloquant.
Boîte à 5 vit.: I. 3.57; II. 2.06; III. 1.38; IV. 1; V. 0.85; AR 4.09; pont 3.73.
Boîte aut. à 4 vit.: I. 2.45; II. 1.45; III. 1; IV. 0.69; AR 2.22; pont 3.73.

Train roulant: pneus aussi 185/70 R 14, jantes 5.5 J, 6 J.

Performances: Vmax (réd.) 165 km/h, V à 1000/min en 5. vit. 35.6 km/h; rapp. poids/puiss. 19.3 kg/kW (14.1 kg/ch); consomm. (réd.) 6/9 L/100 km.

Toyota Crown

Voiture spacieuse à roues AR motrices et châssis. Tokyo 1983: Nouvelle édition. Automne 1987: Gamme renouv. Août 1989: Facelift et 4.0 V8 de la Lexus. Automne 1991: Facelift, mécanique modernisée, V8 pour Crown Majesta. Automne 1995: Gamme partiellement renouvelée.

2.0 24V – 135 ch Injection d'essence

Carrosserie, poids: Berline, 4 portes, 5 - 6 places; vide dès 1360 kg.
Taxi avec moteur 4 cyl. dès 1270 kg.
Berline hardtop, 1400 kg.
Station-wagon, 5 portes, 5 - 8 places.

Moteur: (JIS), 6 cyl. en ligne (75×75 mm), 1988 cm³; compr. 9.6:1; 99 kW (135 ch) à 5600/min, 49.8 kW/L (67.7 ch/L); 177 Nm (18 mkp) à 4400/min; 91 (R).
Wagon/Van aussi 96 kW (130 ch).
Pour Taxi (fonct à gas): compr. 10:1; 81 kW (110 ch) à 5600/min; 152 Nm (15,5 mkp) à 2400/min.
S.d. 2.0 4 cylindr.: (86×86 mm), 1998 cm³; compr. 10,5:1; 58 kW (79 ch) à 4400/mn; 160 Nm (16,3 mkp) à 2400/mn.

Moteur (constr.): désignation 1G-FE; 4 soupapes en V 22.3°; 2 arbres à cames en tête (pignons/courroie crantée); culasse en alliage léger; vilebrequin à 7 paliers; huile 4.3 L; injection électronique, L-Jetronic Liz. Bosch.
Batterie 60 Ah, alternateur 70 A; refroidissement à eau, capac. 6.5 L.

Transmission: (sur roues AR).
Différentiel autobloquant.
Boîte à 5 vit.: I. 3.29; II. 1.89; III. 1.28; IV. 1; V. 0.86; AR 3.77; pont 4.3; 3.91.
Boîte aut. à 4 vit.: I. 2.45; II. 1.45; III. 1; IV. 0.69; AR 2.22; pont 4.56; 4.1.

Châssis: Cadre à caisson avec traverses ou carrosserie autoporteuse; AV leviers triang. transv., leviers transv., tirants; AR essieu rigide, bras longitud., barre Panhard; selon modèles essieu à multiples bras (leviers longit., obliques et transv.); AV/AR barre anti-dévers, ressorts hélic, amortiss. télesc.; s.d. susp. pneumat. avec réglage du niveau.

Toyota Crown Comfort

Toyota 533

Fahrwerk: Bremse, vorne Scheiben (belüftet), hinten Trommeln, einige Modelle vorne Trommeln, a.W. ABS (mit Scheiben h.), Handbremse auf Hinterräder; Kugelumlauflenkung mit Servo, Treibstofftank 72 L; Reifen 185/70 R 14, 175 R 14, 195/65 HR 15; Felgen 5.5 J, 6 J.

Dimensionen: Radstand 278 cm, Spur 145.5/140 cm, Bodenfreih. 16 cm, Wendekreis 12 m, Länge 469.5 cm, Breite 169.5 cm, Höhe 152 cm.
Taxi-swb: Radst. 268 cm, Länge 459 cm.
Hardtop: Spur 148.5/149.5 cm, Bodenfreih. 15 cm, Wendekreis 11 m, Länge 482 cm, Breite 176 cm, Höhe 143 cm.
Sedan: Länge 484 cm, Breite 171 cm, Höhe 145 cm.
Wagon: Länge 486 cm, Breite 172.5 cm, Höhe 155 cm.

Fahrleistungen: Vmax (Red.) 180 km/h, Leistungsgew. 13.7 kg/kW (10.1 kg/PS); Verbrauch (Red.) 9/13 L/100 km.

Train roulant: frein, AV à disques (ventilés), AR à tambours, quelques modèles AV à tambours, s.d. ABS (avec disque AR), frein à main sur roues AR; direction à circuit de billes assistée, réservoir carb. 72 L; pneus 185/70 R 14, 175 R 14, 195/65 HR 15; jantes 5.5 J, 6 J.

Dimensions: empattement 278 cm, voie 145.5/140 cm, garde au sol 16 cm, diam. de braq. 12 m, longueur 469.5 cm, largeur 169.5 cm, hauteur 152 cm.
Taxi-swb: empatt. 268 cm, long. 459 cm.
Hardtop: voie 148.5/149.5 cm, garde au sol 15 cm, diam. de braq. 11 m, longueur 482 cm, largeur 176 cm, hauteur 143 cm.
Sedan: Longueur 484 cm, largeur 171 cm, hauteur 145 cm.
Wagon: Longueur 486 cm, largeur 172.5 cm, hauteur 155 cm.

Performances: Vmax (réd.) 180 km/h, rapp. poids/puiss. 13.7 kg/kW (10.1 kg/ch); consomm. (réd.) 9/13 L/100 km.

2.5 24V – 179/220 PS Benzineinspritzung

Wie 2.0 – 135 PS, ausgenommen:

Gewicht: leer ab 1420 kg, 3.0 ab 1470 kg.

Motor: (JIS), 6 Zyl. in Linie (86×71.5 mm), 2492 cm³; Kompr. 10:1; 132 kW (179 PS) bei 6000/min, 53 kW/L (72 PS/L); 235 Nm (24 mkp) bei 4800/min; 95 ROZ.
3.0: (86×86 mm), 2997 cm³; Kompr. 10,5:1; 162 kW (220 PS) bei 5600/min; 294 Nm (30 mkp) bei 4000/min.

Motorkonstruktion: Bezeichnung 1JZ-GE; 4 Ventile in V 45°.
Alternator 60 A, Wasser 8 L

2.5 24V – 179/220 ch Injection d'essence

Comme 2.0 – 135 ch, sauf:

Poids: vide dès 1420 kg, 3.0 dès 1470 kg.

Moteur: (JIS), 6 cyl. en ligne (86×71.5 mm), 2492 cm³; compr. 10:1; 132 kW (179 ch) à 6000/min, 53 kW/L (72 ch/L); 235 Nm (24 mkp) à 4800/min; 95 (R).
3.0: (86×86 mm), 2997 cm³; compr. 10,5:1; 162 kW (220 ch) à 5600/min; 294 Nm (30 mkp) à 4000/min.

Moteur (constr.): désignation 1JZ-GE; 4 soupapes en V 45°.
Alternateur 60 A, eau 8 L.

Toyota Crown Hardtop

Kraftübertragung:
4-Stufen-Automat: I. 2.8; II. 1.53; III. 1; IV. 0.71; R 2.39; Achse 4.1; 4.34.
5-Stufen-Automat: I. 2.8; II. 1.98; III. 1.53; IV. 1; V. 0.71; R 2.39; Achse 4.1; 3.91.

Fahrwerk: Reifen 195/65 HR 15, 205/65 HR 15, 215/60 HR 15; Felgen 6 J, 6.5 J.

Fahrleistungen: Vmax (Red.) über 200 km/h, Leistungsgew. 10.8 kg/kW (7.9 kg/PS); Verbrauch (Red.) 8/13 L/100 km.

Transmission:
Boîte aut. à 4 vit.: I. 2.8; II. 1.53; III. 1; IV. 0.71; AR 2.39; pont 4.1; 4.3.
Boîte aut. à 5 vit.: I. 2.8; II. 1.98; III. 1.53; IV. 1; V. 0.71; AR 2.39; pont 4.1; 3.91.

Train roulant: pneus 195/65 HR 15, 205/65 HR 15, 215/60 HR 15; jantes 6 J, 6.5 J.

Performances: Vmax (réd.) plus de 200 km/h, rapp. poids/puiss. 10.8 kg/kW (7.9 kg/ch); consomm. (réd.) 8/13 L/100 km.

2.4 – 97 PS Turbodiesel

Wie 2.0 – 135 PS, ausgenommen:

Gewicht: leer ab 1370 kg.

Motor: (JIS), 4 Zyl. in Linie (92×92 mm), 2446 cm³; Kompr. 21:1; 71 kW (97 PS) bei 3800/min, 29 kW/L (39.5 PS/L); 221 Nm (22.5 mkp) bei 2400/min; Dieselöl.
Ohne T.: Komp. 22,3:1; 62 kW (85 PS) b. 4200/min; 165 Nm (16,8 mkp) b. 2400/min.

Motorkonstruktion: Bezeichnung 2L-TE; 2 Ventile parallel; 1 obenl. Nockenwelle (Zahnriemen); Grauguss-Zylinderkopf; 5fach gelagerte Kurbelwelle; Ölkühler; Öl 5.8 L; Einspritzpumpe, 1 Turbolader.
Alternator 70 A; Wasserkühlung, Inh. 9 L.

2.4 – 97 ch Turbodiesel

Comme 2.0 – 135 ch, sauf:

Poids: vide dès 1370 kg.

Moteur: (JIS), 4 cyl. en ligne (92×92 mm), 2446 cm³; compr. 21:1; 71 kW (97 ch) à 3800/min, 29 kW/L (39.5 ch/L); 221 Nm (22.5 mkp) à 2400/min; gazole.
Sans turbo: compr. 22,3:1; 62 kW (85 ch) à 4200/min; 165 Nm (16,8 mkp) à 2400/min.

Moteur (constr.): désignation 2L-TE; 2 soup. en parallèle; 1 arbre à cames en tête (courroie crantée); culasse en fonte; vilebrequin à 5 paliers; radiat. d'huile; huile 5.8 L; pompe à inj., 1 turbocompr.
Alternat. 70 A; refrodiss. à eau, capac. 9 L.

Toyota Crown Wagon

Kraftübertragung:
5-Gang-Getriebe: I. 3.57; II. 2.06; III. 1.38; IV. 1; V. 0.85; R 4.09; Achse 4.1; 4.3.

4-Stufen-Automat: I. 2.53; II. 1.53; III. 1; IV. 0.71; R 1.88; Achse 4.1; 4.3.

Fahrleistungen: Vmax (Red.) über 165 km/h, Leistungsgew. 19.3 kg/kW (14.1 kg/PS); Verbrauch (Red.) 6/11 L/100 km.

Transmission:
Boîte à 5 vit.: I. 3.57; II. 2.06; III. 1.38; IV. 1; V. 0.85; AR 4.09; pont 4.1; 4.3.

Boîte aut. à 4 vit.: I. 2.53; II. 1.53; III. 1; IV. 0.71; AR 1.88; pont 4.1; 4.3.

Performances: Vmax (réd.) plus de 165 km/h, rapp. poids/puiss. 19.3 kg/kW (14.1 kg/ch); consomm. (réd.) 6/11 L/100 km.

Toyota Crown Majesta - Aristo

Luxuslimousine der Crown-Reihe, aber mit selbsttragender Karosserie. Aristo-Styling von Giugiaro. Debüt Oktober 1991. Vorerst kein Export. Oktober 1992: Allradantrieb.

Berline de luxe de la série Crown, mais avec carrosserie autoporteuse. Aristo dessinée par Giugiaro. Lancement octobre 1991. Pas d'exportation pour le moment. Octobre 1992: 4WD.

3.0 24V – 220/280 PS Benzineinspritzung

Karosserie, Gewicht: Limousine, Crown; 4 Türen, 5 Sitze; leer ab 1580 kg.
Aristo; 4 Türen, 5 Sitze; leer ab ca. 1590 kg, Turbo 1680 kg.

Motor: (JIS), 6 Zyl. in Linie (86×86 mm), 2997 cm³; Kompr. 10.5:1; 162 kW (220 PS) bei 5600/min, 54.1 kW/L (73.5 PS/L); 294 Nm (30 mkp) bei 4000/min; 95 ROZ.
Oder: Kompr. 10:1; 169 kW (230 PS) bei 6000/min, 56.4 kW/L (76.7 PS/L); 284 Nm (29 mkp) bei 4800/min.
Mit 2 Turbos/Intercooler: Kompr. 8,5:1; 206 kW (280 PS) bei 5600/min; 432 Nm (44 mkp) bei 3600/min.

Motorkonstruktion: Bezeichnung 2JZ-GE; 4 Ventile in V 45°; 2 obenl. Nockenwellen (Zahnriemen); Leichtmetall-Zylinderkopf; 7fach gelagerte Kurbelwelle; Ölkühler; Öl 5 L; elektron. Einspritzung.
Batterie 60 Ah, Alternator 80 A; Wasserkühlung, Inh. 9 L.

Kraftübertragung: (auf Hinterräder), Torsen-Diff.; a.W. Antriebsschlupfregelung.
4-Stufen-Automat: I. 2.8; II. 1.53; III. 1; IV. 0.71; R 2.39; Achse 4.08; 3.77.

Fahrgestell: Selbsttragende Karosserie mit vorderem und hinterem Hilfsrahmen; vorn Dreieckquerlenker; hinten Dreieckquerlenker, doppelte Querlenker, Schubstrebe; v/h Kurvenstabilisator; je nach Modell Schraubenfedern, Teleskopdämpfer, oder elektron. geregelte Luftfederung mit Niveauregulierung.

3.0 24V – 220/280 ch Injection d'essence

Carrosserie, poids: Berline, Crown; 4 portes, 5 places; vide dès 1580 kg.
Aristo; 4 portes, 5 places; vide dès env. 1590 kg.

Moteur: (JIS), 6 cyl. en ligne (86×86 mm), 2997 cm³; compr. 10.5:1; 162 kW (220 ch) à 5600/min, 54.1 kW/L (73.5 ch/L); 294 Nm (30 mkp) à 4000/min; 95 (R).
Ou: compr. 10:1; 169 kW (230 ch) à 6000/min, 56.4 kW/L (76.7 ch/L); 284 Nm (29 mkp) à 4800/min.
Avec 2 turbos/intercooler: compr. 8,5:1; 206 kW (280 ch) à 5600/min; 432 Nm (44 mkp) à 3600/min.

Moteur (constr.): désignation 2JZ-GE; 4 soupapes en V 45°; 2 arbres à cames en tête (courroie crantée); culasse en alliage léger; vilebrequin à 7 paliers; radiat. d'huile; huile 5 L; injection électronique.
Batterie 60 Ah, alternateur 80 A; refroidissement à eau, capac. 9 L.

Transmission: (sur roues AR), différentiel Torsen; s.d. dispositif antipatinage.
Boîte aut. à 4 vit.: I. 2.8; II. 1.53; III. 1; IV. 0.71; AR 2.39; pont 4.08; 3.77.

Châssis: carrosserie autoporteuse avec faux-châssis AV et AR; AV leviers triang. transv.; AR leviers triang. transv., leviers transv. doubles, barre de poussée; AV/AR barre anti-dévers; selon modèles ressorts hélicoïdaux, amortiss. télesc., ou susp. pneumatique avec réglage électron. du niveau.

Toyota Crown Majesta

Toyota

Fahrwerk: Vierrad-Scheibenbremse (v/h belüftet), ABS, Handbremse auf Hinterrader; Zahnstangenlenkung mit Servo, Treibstofftank 80 L; Reifen 215/65 R 15, 215/60 R 16, Reifen v. 225/55 VR 16, h. 245/50 ZR 16, Felgen 6.5 J, 7.5 J, v. 7.5, h. 8.5 J.

Dimensionen: Radstand 278 cm, Spur 153.5/151.5 cm, Bodenfreih. 14 cm, Wendekreis 12 m, Länge 490 cm, Breite 179.5 cm, Höhe 143 cm.
Aristo: Länge 486.5 cm.

Fahrleistungen: Vmax (Red.) über 220 km/h, V bei 1000/min im 4. Gang 42 km/h; Leistungsgew. 9.8 kg/kW (7.2 kg/PS); Verbrauch (Red.) 9/16 L/100 km.
USA (223 PS): Vmax 231 km/h, 0-97 km/h 8,5 s.

Train roulant: quatre freins à disques (AV/AR ventilés), ABS, frein à main sur roues AR; servodirection à crémaillère, réservoir carb. 80 L; pneus 215/65 R 15, 215/60 R 16, pneus AV 225/55 VR 16, AR 245/50 ZR 16, jantes 6.5 J, 7.5 J, AV 7.5, AR 8.5 J.

Dimensions: empattement 278 cm, voie 153.5/151.5 cm, garde au sol 14 cm, diam. de braq. 12 m, longueur 490 cm, largeur 179.5 cm, hauteur 143 cm.
Aristo: Longueur 486.5 cm.

Performances: Vmax (réd.) plus de 220 km/h, V à 1000/min en 4. vit. 42 km/h; rapp. poids/puiss. 9.8 kg/kW (7.2 kg/ch); consomm. (réd.) 9/16 L/100 km.
USA (223 ch): Vmax 231 km/h, 0-97 km/h 8,5 s.

4.0 V8 32V – 265 PS Benzineinspritzung

Wie 3.0 – 220 PS, ausgenommen:

Gewicht: leer ab 1580 kg, 4WD 1750 kg.

Motor: (JIS), 8 Zyl. in V 90° (87.5×82.5 mm), 3969 cm³; Kompr. 10.4:1; 195 kW (265 PS) bei 5400/min, 49.1 kW/L (66.8 PS/L); 363 Nm (37 mkp) bei 4600/min; 95 ROZ.

Motorkonstruktion: Bezeichnung 1UZ-FE; 4 Ventile in V 22°; 2×2 obenl. Nockenwellen (Zahnräder/Zahnriemen); Leichtmetall-Zylinderköpfe und -block; 5fach gelagerte Kurbelwelle; Öl 5 L; elektron. Einspritzung.

Kraftübertragung: (auf Hinter. oder 4WD).
4-Stufen-Automat: I. 2.53; II. 1.53; III. 1; IV. 0.71; R 1.88; Achse 3.92; 4WD 4,08.

Fahrleistungen: Vmax (Red.) über 230 km/h, V bei 1000/min im 4. Gang 44.5 km/h; Leistungsgew. 8.1 kg/kW (6 kg/PS); Verbrauch (Red.) 10/18 L/100 km.

4.0 V8 32V – 265 ch Injection d'essence

Comme 3.0 – 220 ch, sauf:

Poids: vide dès 1580 kg, 4WD 1750 kg.

Moteur: (JIS), 8 cylindres en V 90° (87.5×82.5 mm), 3969 cm³; compr. 10.4:1; 195 kW (265 ch) à 5400/min, 49.1 kW/L (66.8 ch/L); 363 Nm (37 mkp) à 4600/min; 95 (R).

Moteur (constr.): désignation 1UZ-FE; 4 soupapes en V 22°; 2×2 arbres à cames en tête (pignons/courroie crantée); culasses et bloc-cyl. en alliage léger; vilebrequin à 5 paliers; huile 5 L; injection électronique.

Transmission: (sur roues AR ou 4WD).
Boîte aut. à 4 vit.: I. 2.53; II. 1.53; III. 1; IV. 0.71; AR 1.88; pont 3.92.

Performances: Vmax (réd.) plus de 230 km/h, V à 1000/min en 4. vit. 44.5 km/h; rapp. poids/puiss. 8.1 kg/kW (6 kg/ch); consomm. (réd.) 10/18 L/100 km.

Toyota Soarer

Viersitziges Coupé mit sportlich-luxuriösem Charakter und Hinterradantrieb. Debüt Februar 1981. Mai 1991: Neuauflage, 2.5-Doppelturbo, V8 aus dem Celsior/Lexus LS 400. Wird in den USA als Lexus SC verkauft. Sommer 1996: Moderates Facelifting.

Coupé 4 places de caractère sportif luxueux et roues AR motrices. Lancement février 1981. Mai 1991: Nouvelle génération, 2.5 avec 2 turbocompr. ou V8 de la Celsior/Lexus LS 400. Est vendue aux USA comme Lexus SC. Eté 1996: facelifting.

3.0 24V – 224 PS Benzineinspritzung

Karosserie, Gewicht: Coupé, 2 Türen, 4 Sitze; leer ab 1550 kg.

Motor: (JIS), 6 Zyl. in Linie (86×86 mm), 2997 cm³; Kompr. 10:1; 165 kW (224 PS) bei 6000/min, 55 kW/L (74.8 PS/L); 284 Nm (29 mkp) bei 4800/min; 95 ROZ.

Motorkonstruktion: Bezeichnung 2JZ-GE; 4 Ventile in V 45°; 2 obenl. Nockenwellen (Zahnriemen); Leichtmetall-Zylinderkopf; 7fach gelagerte Kurbelwelle; Ölkühler; elektron. Einspritzung.
Batterie 60 Ah, Alternator 60 A; Wasserkühlung, Inh. 8 L.

3.0 24V – 224 ch Injection d'essence

Carrosserie, poids: Coupé, 2 portes, 4 places; vide dès 1550 kg.

Moteur: (JIS), 6 cyl. en ligne (86×86 mm), 2997 cm³; compr. 10:1; 165 kW (224 ch) à 6000/min, 55 kW/L (74.8 ch/L); 284 Nm (29 mkp) à 4800/min; 95 (R).

Moteur (constr.): désignation 2JZ-GE; 4 soupapes en V 45°; 2 arbres à cames en tête (courroie crantée); culasse en alliage léger; vilebrequin à 7 paliers; radiat. d'huile; injection électronique.
Batterie 60 Ah, alternateur 60 A; refroidissement à eau, capac. 8 L.

Kraftübertragung: (auf Hinterräder), Differentialbremse.
4-Stufen-Automat: I. 2.8; II. 1.53; III. 1; IV. 0.71; R 2.39; Achse 4.08.

Fahrgestell: Selbsttragende Karosserie; v/h Dreieckquerlenker, Schraubenfedern und koaxiale Dämpfer; Kurvenstabilisator; hinten zusätzlich Querlenker; a.W. elektron. Dämpferregulierung.

Fahrwerk: Vierrad-Scheibenbremse (v/h belüftet), Scheiben-Ø v. 27.4 cm, h. 28.9 cm, ABS, Handbremse auf Hinterräder; Zahnstangenlenkung mit Servo, Treibstofftank 78 L; Reifen 215/60 VR 15, 225/60 VR 15, Felgen 6.5 J, 7 J.

Dimensionen: Radstand 269 cm, Spur 152/153 cm, Bodenfreih. 14 cm, Wendekreis 11.8 m, Kofferraum 265 dm³, Länge 490 cm, Breite 181 cm, Höhe 134 cm.

Fahrleistungen: Vmax (Red.) 210 km/h, V bei 1000/min im 4. Gang 40.4 km/h; Leistungsgew. 9.4 kg/kW (6.9 kg/PS); Verbrauch (Red.) 10/20 L/100 km.

Transmission: (sur roues AR), différentiel autobloquant.
Boîte aut. à 4 vit.: I. 2.8; II. 1.53; III. 1; IV. 0.71; AR 2.39; pont 4.08.

Châssis: carrosserie autoporteuse; AV/AR leviers triang. transv., ressorts hélicoïdaux et amortisseurs coaxiaux; barre anti-dévers; AR supplément. leviers transv.; s.d. amortiis. à réglage électron.

Train roulant: quatre freins à disques (AV/AR ventilés), Ø disques AV 27.4 cm, AR 28.9 cm, ABS, frein à main sur roues AR; servodirection à crémaillère, réservoir carb. 78 L; pneus 215/60 VR 15, 225/60 VR 15, jantes 6.5 J, 7 J.

Dimensions: empattement 269 cm, voie 152/153 cm, garde au sol 14 cm, diam. de braq. 11.8 m, coffre 265 dm³, longueur 490 cm, largeur 181 cm, hauteur 134 cm.

Performances: Vmax (réd.) 210 km/h, V à 1000/min en 4. vit. 40.4 km/h; rapp. poids/puiss. 9.4 kg/kW (6.9 kg/ch); consomm. (réd.) 10/20 L/100 km.

2.5 24V – 280 PS Benzineinspritzung/Turbo

Wie 3.0 – 224 PS, ausgenommen:

Gewicht: leer ab 1560 kg.

Motor: (JIS), 6 Zyl. in Linie (86×71.5 mm), 2492 cm³; Kompr. 8.5:1; 206 kW (280 PS) bei 6200/min, 82.6 kW/L (112.4 PS/L); 363 Nm (37 mkp) bei 4800/min; 95 ROZ.

Motorkonstruktion: Bezeichnung 1JZ-GTE; 2 Turbolader, Intercooler.

Kraftübertragung:
5-Gang-Getriebe: I. 3.25; II. 1.96; III. 1.31; IV. 1; V. 0.75; R 3.18; Achse 4.08.
4-Stufen-Automat: I. 2.8; II. 1.53; III. 1; IV. 0.71; R 2.39; Achse 3.92.

Fahrleistungen: Vmax (Red.) über 220 km/h, V bei 1000/min im 5. Gang 38.8 km/h; Leistungsgew. 7.6 kg/kW (5.6 kg/PS); Verbrauch ECE 10/20 L/100 km.

2.5 24V – 280 ch Injection d'essence/turbo

Comme 3.0 – 224 ch, sauf:

Poids: vide dès 1560 kg.

Moteur: (JIS), 6 cyl. en ligne (86×71.5 mm), 2492 cm³; compr. 8.5:1; 206 kW (280 ch) à 6200/min, 82.6 kW/L (112.4 ch/L); 363 Nm (37 mkp) à 4800/min; 95 (R).

Moteur (constr.): désignation 1JZ-GTE; 2 turbocompresseurs, Intercooler.

Transmission:
Boîte à 5 vit.: I. 3.25; II. 1.96; III. 1.31; IV. 1; V. 0.75; AR 3.18; pont 4.08.
Boîte aut. à 4 vit.: I. 2.8; II. 1.53; III. 1; IV. 0.71; AR 2.39; pont 3.92.

Performances: Vmax (réd.) plus de 220 km/h, V à 1000/min en 5. vit. 38.8 km/h; rapp. poids/puiss. 7.6 kg/kW (5.6 kg/ch); consomm. ECE 10/20 L/100 km.

4.0 V8 32V – 265 PS Benzineinspritzung

Wie 3.0 – 224 PS, ausgenommen:

Gewicht: leer ab 1650 kg.

Motor: (JIS), 8 Zyl. in V 90° (87.5×82.5 mm), 3969 cm³; Kompr. 10.4:1; 195 kW (265 PS) bei 5400/min, 49.1 kW/L (66.8 PS/L); 363 Nm (37 mkp) bei 4600/min; 95 ROZ.

Motorkonstruktion: Bezeichnung 1UZ-FE; 2×2 obenl. Nockenwellen (Zahnräder/Zahnriemen); Leichtmetall-Zylinderköpfe und -block; 5fach gelagerte Kurbelwelle; Öl 5 L; elektron. Einspritzung.
Alternator 80 A; Wasserkühlung, Inh. 9 L.

Kraftübertragung:
4-Stufen-Automat: I. 2.53; II. 1.53; III. 1; IV. 0.71; R 1.88; Achse 3.92.

Fahrleistungen: Vmax (Red.) 230 km/h, V bei 1000/min im 4. Gang 42 km/h; Leistungsgew. 8.5 kg/kW (6.2 kg/PS); Verbrauch (Red.) 10/20 L/100 km.

4.0 V8 32V – 265 ch Injection d'essence

Comme 3.0 – 224 ch, sauf:

Poids: vide dès 1650 kg.

Moteur: (JIS), 8 cylindres en V 90° (87.5×82.5 mm), 3969 cm³; compr. 10.4:1; 195 kW (265 ch) à 5400/min, 49.1 kW/L (66.8 PS/L); 363 Nm (37 mkp) à 4600/min; 95 (R).

Moteur (constr.): désignation 1UZ-FE; 2×2 arbres à cames en tête (pignons/courroie crantée); culasses et bloc-cyl. en alliage léger; vilebrequin à 5 paliers; huile 5 L; injection électronique.
Alternateur 80 A; eau 9 L.

Transmission:
Boîte aut. à 4 vit.: I. 2.53; II. 1.53; III. 1; IV. 0.71; AR 1.88; pont 3.92.

Performances: Vmax (réd.) 230 km/h, V à 1000/min en 4. vit. 42 km/h; rapp. poids/puiss. 8.5 kg/kW (6.2 kg/ch); consomm. (réd.) 10/20 L/100 km.

Toyota Supra

Coupé mit 3.0-Sechszylinder, als Sauger oder mit Doppelturbo. Debüt Mai 1993.

Coupé avec 3.0-6 cyl., aspiré ou avec deux turbos. Lancement mai 1993.

3.0 24V – 224 PS Benzineinspritzung

Karosserie, Gewicht: Coupé, 3 Türen, 4 Sitze; leer ab 1410 kg.

3.0 24V – 224 ch Injection d'essence

Carrosserie, poids: Coupé, 3 portes, 4 places; vide dès 1410 kg.

Toyota Soarer

Toyota

Toyota Supra Turbo

Motor: (JIS), 6 Zyl. in Linie (86×86 mm), 2997 cm^3; Kompr. 10:1; 165 kW (224 PS) bei 6000/min, 55 kW/L (74.8 PS/L); 284 Nm (29 mkp) bei 4800/min; 95 ROZ.

Motorkonstruktion: Bezeichnung 2JZ-GE; 4 Ventile in V 45°; 2 obenl. Nockenwellen (Zahnriemen); Leichtmetall-Zylinderkopf; 7fach gelagerte Kurbelwelle; Ölkühler; elektron. Einspritzung.

Batterie 60 Ah, Alternator 60 A; Wasserkühlung, Inh. 8 L.

Kraftübertragung: (auf Hinterräder). Differentialbremse.
5-Gang-Getriebe: I. 3.29; II. 1.89; III. 1.28; IV. 1; V. 0.86; R 3.77; Achse 4.08.
6-Gang-Getriebe: I. 3.83; II. 2.36; III. 1.69; IV. 1.31; V. 1; VI. 0.79; R 3.28; Achse 3.27.
4-Stufen-Automat: I. 2.8; II. 1.53; III. 1; IV. 0.71; R 2.39; Achse 4.08.

Fahrgestell: Selbsttragende Karosserie; v/h doppelte Dreieckquerlenker, Schraubenfedern und koaxiale Dämpfer; Kurvenstabilisator; hinten zusätzlich Querlenker; a.W. elektron. Dämpferregulierung.

Fahrwerk: Vierrad-Scheibenbremse (v/h belüftet), ABS, Handbremse auf Hinterräder; Zahnstangenlenkung mit Servo, Treibstofftank 70 L; Reifen 225/50 ZR 16, 245/50 ZR 16, Felgen 8 J, 9 J.

Dimensionen: Radstand 255 cm, Spur 152/152.5 cm, Bodenfreih. 14 cm, Wendekreis 10.8 m, Kofferraum 185/315 dm^3, Länge 452 cm, Breite 181 cm, Höhe 127 cm.

Fahrleistungen: Vmax (Red.) 230 km/h, V bei 1000/min im 5. Gang 36.4 km/h; Leistungsgew. 8.6 kg/kW (6.3 kg/PS); Verbrauch (Red.) 9/18 L/100 km.

Moteur: (JIS), 6 cyl. en ligne (86×86 mm), 2997 cm^3; compr. 10:1; 165 kW (224 ch) à 6000/min, 55 kW/L (74.8 ch/L); 284 Nm (29 mkp) à 4800/min; 95 (R).

Moteur (constr.): désignation 2JZ-GE; 4 soupapes en V 45°; 2 arbres a cames en tête (courroie crantée); culasse en alliage léger; vilebrequin à 7 paliers; radiat. d'huile; injection électronique.

Batterie 60 Ah, alternateur 60 A; refroidissement à eau, capac. 8 L.

Transmission: (sur roues AR). Différentiel autobloquant.
Boîte à 5 vit.: I. 3.29; II. 1.89; III. 1.28; IV. 1; V. 0.86; AR 3.77; pont 4.08.
Boîte à 6 vit.: I. 3.83; II. 2.36; III. 1.69; IV. 1.31; V. 1; VI. 0.79; AR 3.28; pont 3.27.
Boîte aut. à 4 vit.: I. 2.8; II. 1.53; III. 1; IV. 0.71; AR 2.39; pont 4.08.

Châssis: carrosserie autoporteuse; AV/AR leviers triang. transv. doubles, ressorts hélicoïdaux et amortisseurs coaxiaux; barre anti-dévers; AR supplément. leviers transv.; s.d. amortiis. à réglage électron.

Train roulant: quatre freins à disques (AV/AR ventilés), ABS, frein à main sur roues AR; servodirection à crémaillère, réservoir carb. 70 L; pneus 225/50 ZR 16, 245/50 ZR 16, jantes 8 J, 9 J.

Dimensions: empattement 255 cm, voie 152/152.5 cm, garde au sol 14 cm, diam. de braq. 10.8 m, coffre 185/315 dm^3, longueur 452 cm, larg. 181 cm, haut. 127 cm.

Performances: Vmax (réd.) 230 km/h, V à 1000/min en 5. vit. 36.4 km/h; rapp. poids/puiss. 8.6 kg/kW (6.3 kg/ch); consomm. (réd.) 9/18 L/100 km.

3.0 24V – 330 PS
Benzineinspritzung/Turbo

Wie 3.0 – 224 PS, ausgenommen:

Gewicht: leer ab 1490 kg.

Motor: (ECE), 6 Zyl. in Linie (86×86 mm), 2997 cm^3; Kompr. 8.5:1; 243 kW (330 PS) bei 5600/min, 81.1 kW/L (110.2 PS/L); 441 Nm (45 mkp) bei 4800/min; 95 ROZ.

Motorkonstruktion: Bezeichnung 2JZ-GTE; Öl 4.5 L; 2 Turbolader, Intercooler.

Kraftübertragung:
5-Gang-Getriebe: I. 3.29; II. 1.89; III. 1.28; IV. 1; V. 0.86; R 3.77; Achse 4.08.
6-Gang-Getriebe: I. 3.83; II. 2.36; III. 1.69; IV. 1.31; V. 1; VI. 0.79; R 3.28; Achse 3.27.
4-Stufen-Automat: I. 2.8; II. 1.53; III. 1; IV. 0.71; R 2.39; Achse 3.54.

Fahrwerk: Reifen 245/40 ZR 17, 255/40 ZR 17.

Fahrleistungen: Vmax (Werk) 250 km/h, V bei 1000/min im 5. Gang 36.9 km/h; 0–100 km/h 5.1 s; Leistungsgew. 6.1 kg/kW (4.5 kg/PS); Verbrauch ECE 7.8/10.3/15.1 L/100 km.

3.0 24V – 330 ch
Injection d'essence/turbo

Comme 3.0 – 224 ch, sauf:

Poids: vide dès 1490 kg.

Moteur: (ECE), 6 cyl. en ligne (86×86 mm), 2997 cm^3; compr. 8.5:1; 243 kW (330 ch) à 5600/min, 81.1 kW/L (110.2 ch/L); 441 Nm (45 mkp) à 4800/min; 95 (R).

Moteur (constr.): désignation 2JZ-GTE; huile 4.5 L; 2 turbocompr., Intercooler.

Transmission:
Boîte à 5 vit.: I. 3.29; II. 1.89; III. 1.28; IV. 1; V. 0.86; AR 3.77; pont 4.08.
Boîte à 6 vit.: I. 3.83; II. 2.36; III. 1.69; IV. 1.31; V. 1; VI. 0.79; AR 3.28; pont 3.27.
Boîte aut. à 4 vit.: I. 2.8; II. 1.53; III. 1; IV. 0.71; AR 2.39; pont 3.54.

Train roulant: pneus 245/40 ZR 17, 255/40 ZR 17.

Performances: Vmax (usine) 250 km/h, V à 1000/min en 5. vit. 36.9 km/h; 0–100 km/h 5.1 s; rapp. poids/puiss. 6.1 kg/kW (4.5 kg/ch); consomm. ECE 7.8/10.3/15.1 L/100 km.

Toyota Celsior

Luxuslimousine mit V8-Motor, 4 Ventile pro Zylinder, 260 PS, Vierstufenautomat und Hinterradantrieb; für die USA entwickelt, 1990 aber auch in Europa und Japan verkauft. Daten siehe Lexus.

Berline de luxe avec V8, 4 soupapes par cylindre, 260 ch, boîte automat. et roues AR motrices; développée pour les USA, mais vendue dès 1990 en Europe et au Japon. Données voir Lexus.

Toyota Century

Luxuriöses 5/6sitziges Fahrzeug mit vorderer Luftfederung und V8-Motor. Für 1983: Grösserer Motor.

Voiture luxueuse à 5/6 places avec suspension AV à air et moteur V8. Pour 1983: Moteur plus grand.

4.0 – 165 PS
Benzineinspritzung

Karosserie, Gewicht: Limousine, 4 Türen, 5 Sitze; leer ab 1800 kg.

Motor: (JIS), 8 Zyl. in V 90° (87×84 mm), 3995 cm^3; Kompr. 8.6:1; 121 kW (165 PS) bei 4400/min, 30.3 kW/L (41.2 PS/L); 289 Nm (29.5 mkp) bei 3600/min; 91 ROZ.

Motorkonstruktion: Bezeichnung 5V-EU; zentrale Nockenwelle (Zahnräder); Leichtmetall-Zylinderköpfe und -block; 5fach gelagerte Kurbelwelle; Öl 5 L; elektron. Einspritzung.

Batterie 60 Ah, Alternator 960 W; Wasserkühlung, Inh. 13.4 L.

Kraftübertragung: (auf Hinterräder).
4-Stufen-Automat: I. 2.8; II. 1.53; III. 1; IV. 0.71; R 2.39.

Fahrgestell: Selbsttragende Karosserie; vorn Federbeine und Dreieckquerlenker; hinten Starrachse, Längslenker, Schraubenfedern; v/h Kurvenstabilisator.

4.0 – 165 ch
Injection d'essence

Carrosserie, poids: Berline, 4 portes, 5 places; vide dès 1800 kg.

Moteur: (JIS), 8 cyl. en V 90° (87×84 mm), 3995 cm^3; compr. 8.6:1; 121 kW (165 ch) à 4400/min, 30.3 kW/L (41.2 ch/L); 289 Nm (29.5 mkp) à 3600/min; 91 (R).

Moteur (constr.): désignation 5V-EU; arbre à cames central (pignons); culasses et bloc-cyl. en alliage léger; vilebrequin à 5 paliers; huile 5 L; injection électronique.

Batterie 60 Ah, alternateur 960 W; refroidissement à eau, capac. 13.4 L.

Transmission: (sur roues AR).
Boîte aut. à 4 vit.: I. 2.8; II. 1.53; III. 1; IV. 0.71; AR 2.39.

Châssis: carrosserie autoporteuse; AV jambes élast. et leviers triang. transv.; AR essieu rigide, bras longitud., ressorts hélicoïdaux; AV/AR barre anti-dévers.

Toyota Century

Fahrwerk: Vierrad-Scheibenbremse (v/h belüftet), a.W. ABS, Handbremse auf Hinterräder; Kugelumlauflenkung mit Servo, Treibstofftank 95 L; Reifen 205/70 R 14, Felgen 6 J.

Dimensionen: Radstand 286 cm, Spur 155/155.5 cm, Bodenfreih. 16 cm, Wendekreis 13 m, Länge 512 cm, Breite 189 cm, Höhe 143 cm.

Fahrleistungen: Vmax (Red.) 180 km/h, V bei 1000/min im 4. Gang 40 km/h; Leistungsgew. 14.9 kg/kW (10.9 kg/PS); Verbrauch (Red.) 14/20 L/100 km.

Train roulant: quatre freins à disques (AV/AR ventilés), ABS s. d., frein à main sur roues AR; direction à circuit de billes assistée, réservoir carb. 95 L; pneus 205/70 R 14, jantes 6 J.

Dimensions: empattement 286 cm, voie 155/155.5 cm, garde au sol 16 cm, diam. de braq. 13 m, longueur 512 cm, largeur 189 cm, hauteur 143 cm.

Performances: Vmax (réd.) 180 km/h, V à 1000/min en 4. vit. 40 km/h; rapp. poids/puiss. 14.9 kg/kW (10.9 kg/ch); consomm. (réd.) 14/20 L/100 km.

Toyota Classic

Neues Modell. Nachbau des Toyota AA von 1936. Viertürige Limousine mit 2-Liter-Motor und Getriebeautomatik. Debüt Juni 1996. Provisorische Daten.

Nouveau modèle. Réplique de la Toyota AA de 1936. Berline quatre portes avec moteur 2 litres et boîte aut. Lancement juin 1996. Données provisoires.

2.0 – 97 PS
Benzineinspritzung

Karosserie, Gewicht: Limousine, 4 Türen, 5 Sitze; leer 1480 kg, max. zul. 1755 kg.

Motor: (JIS), 4 Zyl. in Linie (86×86 mm), 1998 cm^3; Kompr. 8.8:1; 71 kW (97 PS) bei 4800/min, 35.5 kW/L (48.3 PS/L); 160 Nm (16.3 mkp) bei 3800/min; 91 ROZ.

2.0 – 97 ch
Injection d'essence

Carrosserie, poids: Berline, 4 portes, 5 places; vide 1480 kg, tot. adm. 1755 kg.

Moteur: (JIS), 4 cyl. en ligne (86×86 mm), 1998 cm^3; compr. 8.8:1; 71 kW (97 ch) à 4800/min, 35.5 kW/L (48.3 ch/L); 160 Nm (16.3 mkp) à 3800/min; 91 (R).

Toyota

Motorkonstruktion: Bezeichnung 3Y-E; 1 obenl. Nockenwelle (Zahnriemen); Leichtmetall-Zylinderkopf; 5fach gelagerte Kurbelwelle; Öl 4.2 L; elektron. Einspritzung.
Batterie 40 Ah, Alternator 70 A; Wasserkühlung, Inh. 6.5 L.

Kraftübertragung: (auf Hinterräder), Differentialbremse.
4-Stufen-Automat: I. 2.83; II. 1.49; III. 1; IV. 0.69; R 2.7; Achse 4.56.

Fahrgestell: Chassis mit Längsholmen und Traversen; vorn doppelte Dreieckquerlenker, Schraubenfedern, Teleskopdämpfer; hinten Starrachse, Kurvenstabilisator, Blattfedern, Teleskopdämpfer.

Fahrwerk: Bremse, vorne Scheiben (belüftet), hinten Trommeln, Handbremse auf Hinterräder; Zahnstangenlenkung mit Servo, Treibstofftank 52 L; Reifen 205/75 R 14, 185 R 14, Felgen 6 J.

Moteur (constr.): désignation 3Y-E; 1 arbre à cames en tête (courroie crantée); culasse en alliage léger; vilebrequin à 5 paliers; huile 4.2 L; injection électronique.
Batterie 40 Ah, alternateur 70 A; refroidissement à eau, capac. 6.5 L.

Transmission: (sur roues AR), différentiel autobloquant.
Boîte aut. à 4 vit.: I. 2.83; II. 1.49; III. 1; IV. 0.69; AR 2.7; pont 4.56.

Châssis: châssis à longerons et traverses; AV leviers triang. transv. doubles, ressorts hélicoïdaux, amortiss. télesc.; AR essieu rigide, barre anti-dévers, ressort à lames, amortiss. télesc.

Train roulant: frein, AV à disques (ventilés), AR à tambours, frein à main sur roues AR; servodirection à crémaillère, réservoir carb. 52 L; pneus 205/75 R 14, 185 R 14, jantes 6 J.

Toyota Classic

Dimensionen: Radstand 285 cm, Spur 137.5/139 cm, Bodenfreih. 19 cm, Wendekreis 11.4 m, Länge 488.5 cm, Breite 173.5 cm, Höhe 165 cm.

Fahrleistungen: Vmax (Red.) 160 km/h, V bei 1000/min im 4. Gang 38.4 km/h; Leistungsgew. 20.9 kg/kW (15.3 kg/PS); Verbrauch (Red.) 7/12 L/100 km.

Dimensions: empattement 285 cm, voie 137.5/139 cm, garde au sol 19 cm, diam. de braq. 11.4 m, longueur 488.5 cm, largeur 173.5 cm, hauteur 165 cm.

Performances: Vmax (réd.) 160 km/h, V à 1000/min en 4. vit. 38.4 km/h; rapp. poids/puiss. 20.9 kg/kW (15.3 kg/ch); consomm. (réd.) 7/12 L/100 km.

Toyota Rav-4

Freizeitauto mit permanentem Allradantrieb, 2-Liter-16V-Motor, 5-Gang-Getriebe oder Automat. Débüt Salon Genf 1994. Genf 1995: Auch 5türig. Herbst 1996: auch mit stärkerem Motor.

Voiture de loisirs avec traction intégrale permanente, moteur 2.0 16V, boîte à 5 vit. ou aut. Lancement salon Genève 1994. Genève 1995: 5 portes. Automne 1996: aussi avec moteur plus puissant.

2.0 16V – 129 PS Benzineinspritzung

2.0 16V – 129 ch Injection d'essence

Karosserie, Gewicht: Station Wagon, 3 Türen, 4 Sitze; leer ab 1150 kg, max. zul. 1565 kg.
5 Türen, 5 Sitze; 1220 kg.

Motor: (ECE), 4 Zyl. in Linie (86×86 mm), 1998 cm³; Kompr. 9.8:1; 95 kW (129 PS) bei 5600/min; 47.5 kW/L (64.6 PS/L); 175 Nm (17.8 mkp) bei 4600/min; 95 ROZ.
JIS: 99 kW (135 PS).
SAE: 88 kW (120 PS).

Motorkonstruktion: Bezeichnung 3S-FE; 4 Ventile in V 22°; 2 obenl. Nockenwellen (Zahnräder/Zahnriemen). Leichtmetall-Zylinderkopf; 5fach gelagerte Kurbelwelle; Öl 3.9 L; elektron. Einspritzung.
Batterie 40 Ah, Alternator 40 A; Wasserkühlung, Inh. 5.4 L.

Kraftübertragung: (4WD permanent), zentrales Diff. mit Viskokupplung; hinten Torsen-Differential.
5-Gang-Getriebe: I. 3.83; II. 1.91; III. 1.26; IV. 0.92; V. 0.78; R 3.58; Achse 4.93.
4-Stufen-Automat: I. 2.8; II. 1.55; III. 1; IV. 0.71; R 2.3; Achse 4.4.

Carrosserie, poids: Station-wagon, 3 portes, 4 places; vide dès 1150 kg, tot. adm. 1565 kg.
5 portes, 5 places; 1220 kg.

Moteur: (ECE), 4 cyl. en ligne (86×86 mm), 1998 cm³; compr. 9.8:1; 95 kW (129 ch) à 5600/min; 47.5 kW/L (64.6 ch/L); 175 Nm (17.8 mkp) à 4600/min; 95 (R).
JIS: 99 kW (135 ch).
SAE: 88 kW (120 ch).

Moteur (constr.): désignation 3S-FE; 4 soupapes en V 22°; 2 arbres à cames en tête (pignons/courroie crantée); culasse en alliage léger; vilebrequin à 5 paliers; huile 3.9 L; injection électronique.
Batterie 40 Ah, alternateur 40 A; refroidissement à eau, capac. 5.4 L.

Transmission: (4WD permanent), diff. central avec visco-coupleur; différentiel torsen AR.
Boîte à 5 vit.: I. 3.83; II. 1.91; III. 1.26; IV. 0.92; V. 0.78; AR 3.58; pont 4.93.
Boîte aut. à 4 vit.: I. 2.8; II. 1.55; III. 1; IV. 0.71; AR 2.3; pont 4.4.

Fahrgestell: Selbsttragende Karosserie; vorn Federbeine und Dreieckquerlenker; hinten Längs- und Querlenker; v/h Kurvenstabilisator.

Fahrwerk: Bremse, vorne Scheiben (belüftet), hinten Trommeln, Scheiben-∅ v. 30 cm, a.W. ABS, Handbremse auf Hinterräder; Zahnstangenlenkung, a.W. mit Servo, Treibstofftank 58 L; Reifen 215/70 R 16, Felgen 6 J.

Dimensionen: Radstand 220 cm, Spur 146/146.5 cm, Bodenfreih. 20 cm, Wendekreis 10.6 m, Kofferraum 175/520 dm³, Länge 370.5 cm, Breite 169 cm, Höhe 165 cm.

5 Türen: Radstand 241 cm, Wendekreis 10.8 m, Kofferraum 410 dm³, Länge 411.5 cm.

Fahrleistungen: Vmax (Werk) 170 km/h, V bei 1000/min in 5. Gang 31.4 km/h; 0–100 km/h 10.1 s; Leistungsgew. 12.1 kg/kW (8.9 kg/PS); Verbrauch ECE 7.1/9.7/10.4 L/100 km.
Aut.: Vmax 166 km/h, 0–100 km/h 11.1 s; 10.5 L/100 km.

Châssis: carrosserie autoporteuse; AV jambes élast. et leviers triang. transv.; AR bras longitud. et transv.; AV/AR barre anti-dévers.

Train roulant: frein, AV à disques (ventilés), AR à tambours, ∅ disques AV 30 cm, ABS s. d., frein à main sur roues AR; direction à crémaillère, s.d. avec servo, réservoir carb. 58 L; pneus 215/70 R 16, jantes 6 J.

Dimensions: empattement 220 cm, voie 146/146.5 cm, garde au sol 20 cm, diam. de braq. 10.6 m, coffre 175/520 dm³, longueur 370.5 cm, largeur 169 cm, hauteur 165 cm.

6 portes: Empattement 241 cm, diam. de braq. 10.8 m, coffre 410 dm³, longueur 411.5 cm.

Performances: Vmax (usine) 170 km/h, V à 1000/min en 5. vit. 31.4 km/h; 0–100 km/h 10.1 s; rapp. poids/puiss. 12.1 kg/kW (8.9 kg/ch); consomm. ECE 7.1/9.7/10.4 L/100 km.
Aut.: Vmax 166 km/h, 0–100 km/h 11.1 s; 10.5 L/100 km.

2.0 16V – 165 PS Benzineinspritzung

2.0 16V – 165 ch Injection d'essence

Wie 2.0 – 129 PS, ausgenommen:

Gewicht: leer ab 1220 kg.

Motor: (JIS), 4 Zyl. (86×86 mm), 1998 cm³; Kompr. 10.3:1; 121 kW (165 PS) bei 6600/min; 60.5 kW/L (82.3 PS/L); 191 Nm (19.5 mkp) bei 4800/min; 95 ROZ.

Motorkonstruktion: Bezeichnung 3S-GE; 4 Ventile in V 50°; 2 obenl. Nockenwellen (Zahnriemen).
Batterie 48 Ah, Alternator 70 A; Wasserkühlung, Inh. 6 L.

Kraftübertragung:
5-Gang-Getriebe: I. 3.83; II. 1.91; III. 1.26; IV. 0.92; V. 0.78; R 3.58; Achse 4.93.
4-Stufen-Automat: I. 2.81; II. 1.55; III. 1; IV. 0.73; R 2.3; Achse 4.04.

Comme 2.0 – 129 ch, sauf:

Poids: vide dès 1220 kg.

Moteur: (JIS), 4 cyl. (86×86 mm), 1998 cm³; compr. 10.3:1; 121 kW (165 ch) à 6600/min; 60.5 kW/L (82.3 ch/L); 191 Nm (19.5 mkp) à 4800/min; 95 (R).

Moteur (constr.): désignation 3S-GE; 4 soupapes en V 50°; 2 arbres à cames en tête (courroie crantée).
Batterie 48 Ah, alternateur 70 A; refroidissement à eau, capac. 6 L.

Transmission:
Boîte à 5 vit.: I. 3.83; II. 1.91; III. 1.26; IV. 0.92; V. 0.78; AR 3.58; pont 4.93.
Boîte aut. à 4 vit.: I. 2.81; II. 1.55; III. 1; IV. 0.73; AR 2.3; pont 4.04.

Toyota Rav-4

Toyota

Fahrwerk: Reifen 235/60 VR 16, Felgen 6.5 J.

Dimensionen: Spur 148/149 cm, Bodenfreih. 18 cm, Breite 176 cm, Höhe 163 cm.

Fahrleistungen: Vmax (Red.) 180 km/h, V bei 1000/min im 5. Gang 32.8 km/h; Leistungsgew. 10.1 kg/kW (7.4 kg/PS); Verbrauch (Red.) 8/12 L/100 km.

Train roulant: pneus 235/60 VR 16, jantes 6.5 J.

Dimensions: voie 148/149 cm, garde au sol 18 cm, largeur 176 cm, hauteur 163 cm.

Performances: Vmax (réd.) 180 km/h, V à 1000/min en 5. vit. 32.8 km/h; rapp. poids/puiss. 10.1 kg/kW (7.4 kg/ch); consomm. (réd.) 8/12 L/100 km.

Toyota Land Cruiser 80

Geländefahrzeug mit Allradantrieb. Hubraumstarke Benzin- und Dieselmotoren. Auch Versionen mit permanentem Vierradantrieb. Debüt Oktober 1989. Herbst 1992 4,5-Liter 24V Motor, Facelift.

Voiture tout-terrain avec quatre roues motrices. Moteurs essence et diesel de forte cylindrée. Aussi versions à traction intégrale permanente. Lancement oct. '89. Automne 1992 4.5/24V, Facelift.

4.5 24V – 215 PS Benzineinspritzung

4.5 24V – 215 ch Injection d'essence

Karosserie, Gewicht: Station Wagon, 5 Türen, 5 - 8 Sitze; leer ab 2260 kg, max. zul. 2690 kg.

Motor: (ECE/SAE/JIS), 6 Zyl. in Linie (100×95 mm), 4477 cm³; Kompr. 9:1; 158 kW (215 PS) bei 4600/min, 35.3 kW/L (48 PS/L); 373 Nm (38 mkp) bei 3200/min; 95 ROZ.
Einige Länder: 152 kW (205 PS); 360 Nm.

Motorkonstruktion: Bezeichnung 1FZ-FE; 4 Ventile in V; 2 obenl. Nockenwellen (Kette); 7fach gelagerte Kurbelwelle; Ölkühler; Öl 8 L; elektron. Einspritzung.
Batterie 60 Ah, Alternator 60 A; Wasserkühlung, Inh. 18.5 L.

Kraftübertragung: (4WD permanent), zentrales Diff. mit Viskoskupplung; zentrales Differential, manuell sperrbar, Drehmomentverteilung v/h 50/50 %; Reduktionsgetriebe: I. 1; II. 2.49.
4-Stufen-Automat: I. 2.95; II. 1.53; III. 1; IV. 0.72; R 2.68; Achse 4.1.

Fahrgestell: Kastenrahmen mit Traversen; v/h Starrachse, Schraubenfedern; Längslenker, Panhardstab, hinten Teleskopdämpfer, a.W. Kurvenstabilisator.

Fahrwerk: Vierrad-Scheibenbremse (v/h belüftet), Scheiben-⌀ v. 31.1 cm, h. 33.5 cm, a.W. ABS, Handbremse auf Hinterräder; Kugelumlauflenkung mit Servo, Treibstofftank 95 L; Reifen 215 R 16, 265/75 R 15, Felgen 6 J, 7 J.

Dimensionen: Radstand 285 cm, Spur 159.5/160 cm, Bodenfreih. 22 cm, Wendekreis 12.8 m, Kofferraum 830/1370 dm³, Länge 482 cm, Breite 183 cm, Höhe 185 cm.

Fahrleistungen: Vmax (Werk) 175 km/h, V bei 1000/min im 4. Gang 44.9 km/h; 0–100 km/h 11.4 s; Leistungsgew. 14.3 kg/kW (10.5 kg/PS); Verbrauch ECE 9.9/13.8/18.4 L/100 km.

Carrosserie, poids: Station-wagon, 5 portes, 5 - 8 places; vide dès 2260 kg, tot. adm. 2690 kg.

Moteur: (ECE/SAE/JIS), 6 cylindres en ligne (100×95 mm), 4477 cm³; compression 9:1; 158 kW (215 ch) à 4600/min, 35.3 kW/L (48 ch/L); 373 Nm (38 mkp) à 3200/min; 95 ROZ.
Quelques pays: 152 kW (205 ch); 360 Nm.

Moteur (constr.): désignation 1FZ-FE; 4 soupapes en V; 2 arbres à cames en tête (chaîne); vilebrequin à 7 paliers; radiat. d'huile; huile 8 L; injection électronique.
Batterie 60 Ah, alternateur 60 A; refroidissement à eau, capac. 18.5 L.

Transmission: (4WD permanent), diff. central avec visco-coupleur; verouillage manuel, répartition du couple AV/AR 50/50 %; boîte de transfert: I. 1; II. 2.49.
Boîte aut. à 4 vit.: I. 2.95; II. 1.53; III. 1; IV. 0.72; AR 2.68; pont 4.1.

Châssis: Cadre à caisson avec traverses; AV/AR essieu rigide, ressorts hélicoïdaux; bras longitud., barre Panhard, AR amortiss. télescop., s.d. barre anti-dévers.

Train roulant: quatre freins à disques (AV/AR ventilés), ⌀ disques AV 31.1 cm, AR 33.5 cm, ABS s. d., frein à main sur roues AR; direction à circuit de billes assistée, réservoir carb. 95 L; pneus 215 R 16, 265/75 R 15, jantes 6 J, 7 J.

Dimensions: empattement 285 cm, voie 159.5/160 cm, garde au sol 22 cm, diam. de braq. 12.8 m, coffre 830/1370 dm³, longueur 482 cm, largeur 183 cm, hauteur 185 cm.

Performances: Vmax (usine) 175 km/h, V à 1000/min en 4. vit. 44.9 km/h; 0–100 km/h 11.4 s; rapp. poids/puiss. 14.3 kg/kW (10.5 kg/ch); consomm. ECE 9.9/13.8/18.4 L/100 km.

Toyota Land Cruiser 80

4.2 – 167 PS Turbodiesel

4.2 – 167 ch Turbodiesel

Wie 4.5 – 215 PS, ausgenommen:

Gewicht: leer ab 2090 kg, max. zul. 2550 kg.

Motor: (ECE), 6 Zyl. in Linie (94×100 mm), 4164 cm³; Kompr. 18.6:1; 123 kW (167 PS) bei 3600/min, 29.5 kW/L (40.2 PS/L); 360 Nm (36.7 mkp) bei 1800/min; Dieselöl.
Einige Länder: 125 KW (170 PS).
Ohne Turbo: 99 kW (135 PS); 280 Nm.

Motorkonstruktion: Bezeichnung 1HD-T; direkt eingespritzter Diesel; 2 Ventile parallel; 1 obenl. Nockenwelle (Zahnriemen); 7fach gelagerte Kurbelwelle; Ölkühler; Öl 9.3 L; Einspritzpumpe, 1 Turbolader.
Batterie 96 Ah, Alternator 60 A; Wasserkühlung, Inh. 11.8 L.

Kraftübertragung: (4WD permanent), zentrales Differential, manuell sperrbar, Drehmomentverteilung v/h 50/50 %; Reduktionsgetriebe: I. 1; II. 2.49.
5-Gang-Getriebe: I. 4.08; II. 2.29; III. 1.49; IV. 1; V. 0.88; R 4.31; Achse 4.1; 3.73.
4-Stufen-Automat: I. 2.95; II. 1.53; III. 1; IV. 0.72; R 2.68; Achse 4.1.

Fahrleistungen: Vmax (Werk) 170 km/h, V bei 1000/min im 5. Gang 42.6 km/h; 0–100 km/h 12.7 s; Leistungsgew. 17 kg/kW (12.5 kg/PS); Verbrauch ECE 9.1/13.5/11 L/100 km.

Comme 4.5 – 215 ch, sauf:

Poids: vide dès 2090 kg, tot. adm. 2550 kg.

Moteur: (ECE), 6 cyl. en ligne (94×100 mm), 4164 cm³; compr. 18.6:1; 123 kW (167 ch) à 3600/min, 29.5 kW/L (40.2 ch/L); 360 Nm (36.7 mkp) à 1800/min; gazole.
Quelques pays: 125 KW (170 ch).
Sans turbo: 99 kW (135 ch); 280 Nm.

Moteur (constr.): désignation 1HD-T; diesel à injection directe; 2 soupapes en parallèle; 1 arbre à cames en tête (courroie crantée); vilebrequin à 7 paliers; radiat. d'huile; huile 9.3 L; pompe à inj., 1 turbocompr.
Batterie 96 Ah, alternateur 60 A; refroidissement à eau, capac. 11.8 L.

Transmission: (4WD permanent), différentiel central, verouillage manuel, répartition du couple AV/AR 50/50 %; boîte de transfert: I. 1; II. 2.49.
Boîte à 5 vit.: I. 4.08; II. 2.29; III. 1.49; IV. 1; V. 0.88; AR 4.31; pont 4.1; 3.73.
Boîte aut. à 4 vit.: I. 2.95; II. 1.53; III. 1; IV. 0.72; AR 2.68; pont 4.1.

Performances: Vmax (usine) 170 km/h, V à 1000/min en 5. vit. 42.6 km/h; 0–100 km/h 12.7 s; rapp. poids/puiss. 17 kg/kW (12.5 kg/ch); consomm. ECE 9.1/13.5/11 L/100 km.

Toyota Land Cruiser J9 - Prado

Neuauflage. Geänderte Motorenreihe, Detailänderungen an Karosserien. Debüt Oktober 1996.

Nouvelle édition. Nouvelle gamme de moteurs, modifications aux carrosseries. Lancement octobre 1996.

2.7 16V – 152 PS Benzineinspritzung

2.7 16V – 152 ch Injection d'essence

Karosserie, Gewicht: Station Wagon, 3 Türen, 5 Sitze; leer ab 1680 kg, max. zul. 2510 kg.
5 Türen, 5 - 8 Sitze; 1750 kg, max. zul. 2680 kg.

Motor: (ECE), 4 Zyl. in Linie (95×95 mm), 2694 cm³; Kompr. 9.5:1; 112 kW (152 PS) bei 4800/min, 41.6 kW/L (56.5 PS/L); 240 Nm (24.5 mkp) bei 4000/min; 91 ROZ.
Für einige Länder mit Vergaser: (SAE) 97 kW (131 PS), 217 Nm.

Motorkonstruktion: Bezeichnung 3RZ-FE; 4 Ventile in V 19°; 2 obenl. Nockenwellen (Zahnriemen/Kette); Leichtmetall-Zylinderkopf; 5fach gelagerte Kurbelwelle; Öl 4.5 L; elektron. Einspritzung.
Batterie 48 Ah, Alternator 840 W; Alternator 70 A; Wasserkühlung, Inh. 9 L.

Carrosserie, poids: Station-wagon, 3 portes, 5 places; vide dès 1680 kg, tot. adm. 2510 kg.
5 portes, 5 - 8 places; 1750 kg, tot. adm. 2680 kg.

Moteur: (ECE), 4 cyl. en ligne (95×95 mm), 2694 cm³; compr. 9.5:1; 112 kW (152 ch) à 4800/min, 41.6 kW/L (56.5 ch/L); 240 Nm (24.5 mkp) à 4000/min; 91 (R).
Pour quelques pays avec carburateur: (SAE) 97 kW (131 ch), 217 Nm.

Moteur (constr.): désignation 3RZ-FE; 4 soupapes en V 19°; 2 arbres à cames en tête (pignons/chaine); culasse en alliage léger; vilebrequin à 5 paliers; huile 4.5 L; injection électronique.
Batterie 48 Ah, alternateur 840 W; alternateur 70 A; refroidiss. eau, capac. 9 L.

Toyota

Kraftübertragung: (auf Hinterräder oder alle Räder), 5-Gang-Getriebe, a.W. Differentialbremse hinten; Reduktionsgetriebe: I. 1; II. 2.57.
(4WD permanent), 4-Stufen-Automat, zentrales Differential mit Sperre.
5-Gang-Getriebe: I. 3.95; II. 2.14; III. 1.38; IV. 1; V. 0.85; R 4.09; Achse 4.3; 4.56.
4-Stufen-Automat: I. 2.8; II. 1.53; III. 1; IV. 0.75; R 2.39; Achse 4.3; 4.56.

Fahrgestell: Kastenrahmen mit Traversen; vorn doppelte Dreieckquerlenker, hinten Starrachse, Längslenker, Panhardstab, v/h Kurvenstabilisator, Schraubenfedern und Teleskopdämpfer.

Fahrwerk: Bremse, vorne Scheiben (belüftet), hinten Trommeln, a.W. Scheiben hinten, Scheiben-⌀ v. 31.9 cm, h. 31.2 cm, a.W. ABS, Handbremse auf Hinterräder; Zahnstangenlenkung mit Servo, Treibstofftank 90 L; Reifen 215/80 r 16, 265/70 R 16, Felgen 6 J, 7 J.

Dimensionen: Radstand 237 cm, Spur 147.5/148 cm, Bodenfreih. 23 cm, Wendekreis 11 m, Kofferraum 450/840 dm³, Länge 429 cm, Breite 173 cm, Höhe 186 cm.
5 Türen: Radstand 267.5 cm, Wendekreis 12.2 m, Kofferraum 740/1150 dm³, Länge 473 cm.

Fahrleistungen: Vmax (Red.) 165 km/h, V bei 1000/min im 5. Gang 37.8 km/h; Leistungsgew. 15 kg/kW (11 kg/PS); Verbrauch (Red.) 10/18 L/100 km.

3.4 V6 24V – 178 PS Benzineinspritzung

Wie 2.7 – 152 PS, ausgenommen:

Gewicht: leer ab 1680 kg, max. zul. 2510 kg.

Motor: (ECE), 6 Zyl. in V 60° (93.5×82 mm), 3378 cm³; Kompr. 9.6:1; 131 kW (178 PS) bei 4600/min, 38.8 kW/L (52.7 PS/L); 303 Nm (30.9 mkp) bei 3600/min; 95 ROZ. SAE/JIS: 132/136 kW (180/185 PS).

Motorkonstruktion: Bezeichnung 5VZ-FE; 4 Ventile in V 22.5°; 2×2 obenl. Nockenwellen (Zahnräder/Zahnriemen); Leichtmetall-Zylinderköpfe; 4fach gelagerte Kurbelwelle; Ölkühler; Öl 5.9 L; elektron. Einspritzung.

Kraftübertragung: (4WD permanent), 5-Gang-Getriebe, Differentialbremse hinten; zentrales Differential mit Sperre, Reduktionsgetriebe: I. 1; II. 2.57.
5-Gang-Getriebe: I. 3.83; II. 2.06; III. 1.44; IV. 1; V. 0.84; R 4.22; Achse 4.1; 4.3.
4-Stufen-Automat: I. 2.8; II. 1.53; III. 1; IV. 0.75; R 2.39; Achse 4.1; 4.3.

Fahrwerk: Vierrad-Scheibenbremse (v/h belüftet).

Transmission: (sur roues AR ou toutes les roues), boîte à 5 vit., différentiel autobloquant AR s.d.; boîte de transfert: I. 1; II. 2.57.
(4WD permanent), boîte automat. à 4 vit., différentiel central avec verouillage.
Boîte à 5 vit.: I. 3.95; II. 2.14; III. 1.38; IV. 1; V. 0.85; AR 4.09; pont 4.3; 4.56.
Boîte aut. à 4 vit.: I. 2.8; II. 1.53; III. 1; IV. 0.75; AR 2.39; pont 4.3; 4.56.

Châssis: Cadre à caisson avec traverses; AV leviers triang. transv. doubles, AR essieu rigide, bras longitud., barre Panhard, AV/AR stabilisateur transv., ressorts hélic. et amortiss. télesc.

Train roulant: frein, AV à disques (ventilés), AR à tambours, s.d. disques AR, ⌀ disques AV 31.9 cm, AR 31.2 cm, ABS s. d., frein à main sur roues AR; servodirection à crémaillère, réservoir carb. 90 L; pneus 215/80 r 16, 265/70 R 16, jantes 6 J, 7 J.

Dimensions: empattement 237 cm, voie 147.5/148 cm, garde au sol 23 cm, diam. de braq. 11 m, coffre 450/840 dm³, longueur 429 cm, larg. 173 cm, haut. 186 cm.
5 portes: empattement 267.5 cm, diam. de braq. 12.2 m, coffre 740/1150 dm³, longueur 473 cm.

Performances: Vmax (réd.) 165 km/h, V à 1000/min en 5. vit. 37.8 km/h; rapp. poids/puiss. 15 kg/kW (11 kg/ch); consomm. (réd.) 10/18 L/100 km.

3.4 V6 24V – 178 ch Injection d'essence

Comme 2.7 – 152 ch, sauf:

Poids: vide dès 1680 kg, tot. adm. 2510 kg.

Moteur: (ECE), 6 cyl. en V 60° (93.5×82 mm), 3378 cm³; compr. 9.6:1; 131 kW (178 ch) à 4600/min, 38.8 kW/L (52.7 ch/L); 303 Nm (30.9 mkp) à 3600/min; 95 (R). SAE/JIS: 132/136 kW (180/185 ch).

Moteur (constr.): désignation 5VZ-FE; 4 soupapes en V 22.5°; 2×2 arbres à cames en tête (pignons/courroie crantée); culasses en alliage léger; vilebrequin à 4 paliers; radiat. d'huile, huile 5.9 L; injection électronique.

Transmission: (4WD permanent), boîte à 5 vit., frein de différentiel AR; différentiel central avec verouillage, boîte de transfert: I. 1; II. 2.57.
Boîte à 5 vit.: I. 3.83; II. 2.06; III. 1.44; IV. 1; V. 0.84; AR 4.22; pont 4.1; 4.3.
Boîte aut. à 4 vit.: I. 2.8; II. 1.53; III. 1; IV. 0.75; AR 2.39; pont 4.1; 4.3.

Train roulant: quatre freins à disques (AV/AR ventilés).

Toyota Land Cruiser

Toyota Land Cruiser

Fahrleistungen: Vmax (Werk) 180 km/h, V bei 1000/min im 5. Gang 40.1 km/h; 0–100 km/h 10.4 s; Leistungsgew. 12.8 kg/kW (9.4 kg/PS); 11.1/17.6 L/100 km.
Aut.: V bei 1000/min im 4. Gang 44.9 km/h; 0–100 km/h 10.9 s; Verbrauch EU 11.4/18.6 L/100 km.

3.0 – 125 PS Turbodiesel

Wie 2.7 – 152 PS, ausgenommen:

Gewicht: leer ab 1680 kg, max. zul. 2510 kg.

Motor: (ECE), 4 Zyl. in Linie (96×103 mm), 2982 cm³; Kompr. 21.2:1; 92 kW (125 PS) bei 3600/min, 30.8 kW/L (41.9 PS/L); 295 Nm (30.1 mkp) bei 2400/min; Dieselöl. SAE/JIS: 88 kW (120 PS), 290 Nm.
Oder: 103 kW (140 PS); 334 Nm (34 mkp).

Motorkonstruktion: Bezeichnung 1KZ-TE; Wirbelkammer-Diesel; 2 Ventile parallel; 1 obenl. Nockenw. (Zahnräder/Zahnriemen); Leichtmetall-Zylinderkopf; 5fach gelagerte Kurbelwelle; Ölkühler; Öl 7 L; elektron. geregelte Einspritzpumpe, 1 Turbolader.

Kraftübertragung: (4WD permanent), 5-Gang-Getriebe, Differentialbremse hinten; zentrales Differential mit Sperre, Reduktionsgetriebe: I. 1; II. 2.57.
5-Gang-Getriebe: I. 3.83; II. 2.06; III. 1.44; IV. 1; V. 0.84; R 4.22; Achse 4.1; 4.3.
Aut.: 4-Stufen-Automat: I. 2.8; II. 1.53; III. 1; IV. 0.75; R 2.39; Achse 4.1; 4.3.

Fahrwerk: Vierrad-Scheibenbremse (v/h belüftet).

Fahrleistungen: Vmax (Werk) 160 km/h, V bei 1000/min im 5. Gang 40.1 km/h; 0–100 km/h 14 s; Leistungsgew. 17.7 kg/kW (13.4 kg/PS); Verbrauch EU 9.6/13.2 L/100 km.
Aut.: V bei 1000/min im 4. Gang 44.9 km/h; 10.4/14.5 L/100 km.

Performances: Vmax (usine) 180 km/h, V à 1000/min en 5. vit. 40.1 km/h; 0–100 km/h 10.4 s; rapp. poids/puiss. 12.8 kg/kW (9.4 kg/ch); 11.1/17.6 L/100 km.
Aut.: V à 1000/min en 4. vit. 44.9 km/h; 0–100 km/h 10.9 s; consomm. EU 11.4/18.6 L/100 km.

3.0 – 125 ch Turbodiesel

Comme 2.7 – 152 ch, sauf:

Poids: vide dès 1680 kg, tot. adm. 2510 kg.

Moteur: (ECE), 4 cyl. en ligne (96×103 mm), 2982 cm³; compr. 21.2:1; 92 kW (125 ch) à 3600/min, 30.8 kW/L (41.9 ch/L); 295 Nm (30.1 mkp) à 2400/min; gazole. SAE/JIS: 88 kW (120 ch), 290 Nm.
Ou: 103 kW (140 ch); 334 Nm (34 mkp).

Moteur (constr.): désignation 1KZ-TE; diesel à chambre de turbulence; 2 soupapes en parallèle; 1 arbre à cames en tête (pignons/courroie crantée); culasse en alliage léger; vilebr. à 5 paliers; radiat. d'huile 7 L; pompe à inj. pilotée, 1 turbocompr.

Transmission: (4WD permanent), boîte à 5 vit., frein de différentiel AR; différentiel central avec verouillage, boîte de transfert: I. 1; II. 2.57.
Boîte à 5 vit.: I. 3.83; II. 2.06; III. 1.44; IV. 1; V. 0.84; AR 4.22; pont 4.1; 4.3.
Aut.: boîte aut. à 4 vit.: I. 2.8; II. 1.53; III. 1; IV. 0.75; AR 2.39; pont 4.1; 4.3.

Train roulant: quatre freins à disques (AV/AR ventilés).

Performances: Vmax (usine) 160 km/h, V à 1000/min en 5. vit. 40.1 km/h; 0–100 km/h 14 s; rapp. poids/puiss. 17.7 kg/kW (13.4 kg/ch); consomm. EU 9.6/13.2 L/100 km.
Aut.: V à 1000/min en 4. vit. 44.9 km/h; 10.4/14.5 L/100 km.

Toyota 4-Runner - Surf

Vom Light-Duty-Nutzfahrzeug Hi-Lux abgeleitetes Freizeitmobil mit zuschaltbarem Allradantrieb und Geländereduktion. In Japan Bezeichnung Hilux Surf, auch andere Motoren (Diesel). Debüt 1987. Mai 1989: Restyling. Neuauflage Dezember 1995.

Voiture loisir à toutes roues motrices enclenchables et réduction tout terrain; dérivée de l'utilitaire Hi-Lux. Au Japon désignation Hilux Surf, aussi autres moteurs (diesel). Lancement 1987. Mai 1989: Restyling. Nouvelle édition décembre 1995.

2.7 16V – 152 PS Benzineinspritzung

Karosserie, Gewicht: Station Wagon, 3/5 Türen, 5 Sitze; leer ab 1620 kg.

Motor: (ECE), 4 Zyl. in Linie (95×95 mm), 2694 cm³; Kompr. 9.5:1; 112 kW (152 PS) bei 4800/min, 41.6 kW/L (56.5 PS/L); 240 Nm (24.5 mkp) bei 4000/min; 91 ROZ.
Für einige Länder mit Vergaser: (SAE) 97 kW (131 PS), 217 Nm.

2.7 16V – 152 ch Injection d'essence

Carrosserie, poids: Station-wagon, 3/5 portes, 5 places; vide dès 1620 kg.

Moteur: (ECE), 4 cyl. en ligne (95×95 mm), 2694 cm³; compr. 9.5:1; 112 kW (152 ch) à 4800/min, 41.6 kW/L (56.5 ch/L); 240 Nm (24.5 mkp) à 4000/min; 91 (R).
Pour quelques pays avec carburateur: (SAE) 97 kW (131 ch), 217 Nm.

Toyota

Toyota 4-Runner

Motorkonstruktion: Bezeichnung 3RZ-FE; 4 Ventile in V 19°; 2 obenl. Nockenwellen (Zahnräder/Kette); Leichtmetall-Zylinderkopf; 5fach gelagerte Kurbelwelle; Öl 4.5 L; elektron. Einspritzung.
Batterie 60 Ah, Alternator 80 A; Wasserkühlung, Inh. 9 L.

Kraftübertragung: (auf Hinterräder oder alle Räder), Differentialbremse hinten; Reduktionsgetriebe: I. 1; II. 2.57, Aut. II. 1.96.
5-Gang-Getriebe: I. 3.95; II. 2.14; III. 1.38; IV. 1; V. 0.81; R 4.09; Achse 4.1.
4-Stufen-Automat: I. 2.8; II. 1.53; III. 1; IV. 0.71; R 2.39.

Fahrgestell: Kastenrahmen mit Traversen; vorn doppelte Dreieckquerlenker, Kurvenstabilisator; hinten Starrachse, Längslenker, Kurvenstabilisator, Panhardstab; v/h Schraubenfedern, Teleskopdämpfer.

Fahrwerk: Bremse, vorne Scheiben (belüftet), hinten Trommeln, a.W. ABS, Handbremse auf Hinterräder; Zahnstangenlenkung mit Servo, Treibstofftank 70 L; Reifen 225/75 R 15, 265/70 R 16, Felgen 7 J, 7 J.

Dimensionen: Radst. 267.5 cm, Spur 150.5/149.5 cm, Bodenfreih. 24 cm, Wendekreis 11.4 m, Kofferr. 1200/2100 dm³, Länge 454 cm, Breite 180 cm, Höhe 177 cm. Schmalversion: Spur 144.5/143.5 cm, Breite 169 cm.
5 Türen: Länge 485 cm, Höhe 181 cm.

Fahrleistungen: Vmax (Red.) 165 km/h, V bei 1000/min im 5. Gang 40.4 km/h; Leistungsgew. 14.7 kg/kW (10.8 kg/PS); Verbrauch (Red.) 10/18/.

3.4 V6 24V – 185 PS
Benzineinspritzung

Wie 2.7 – 152 PS, ausgenommen:

Gewicht: leer ab 1740 kg.

Motor: (JIS/SAE), 6 Zyl. in V 60° (93.5×82 mm), 3378 cm³; Kompr. 9.6:1; 136 kW (185 PS) bei 4800/min, 40.3 kW/L (54.7 PS/L); 294 Nm (30 mkp) bei 3600/min; 91 ROZ.

Motorkonstruktion: Bez. 5VZ-FE; 4 Ventile in V; 2×2 obenl. Nockenw. (Zahnräder/Zahnr.); Leichtmetall-Zylinderköpfe; 4fach gel. Kurbelw.; Öl 4.9 L; elektron. Einspr. Wasserkühlung, Inh. 11 L.

Kraftübertragung: (auf Hinterräder oder alle Räder), Reduktionsgetr.: I. 1; II. 1.96.
5-Gang-Getriebe: I. 3.83; II. 2.06; III. 1.44; IV. 1; V. 0.84; R 4.22; Achse 3.91.
4-Stufen-Automat: I. 2.8; II. 1.53; III. 1; IV. 0.71; R 2.39; Achse 4.1; 3.91.

Fahrleistungen: Vmax (Red.) 175 km/h, Leistungsgew. 12.8 kg/kW (9.4 kg/PS); Verbrauch (Red.) 12/20/.

3.0 – 125 PS
Turbodiesel

Wie 2.7 – 152 PS, ausgenommen:

Gewicht: leer ab 1730 kg.

Moteur (constr.): désignation 3RZ-FE; 4 soupapes en V 19°; 2 arbres à cames en tête (pignons/chaine); culasse en alliage léger; vilebrequin à 5 paliers; huile 4.5 L; injection électronique.
Batterie 60 Ah, alternateur 80 A; refroidissement à eau, capac. 9 L.

Transmission: (sur roues AR ou toutes les roues), frein de différentiel AR; boîte de transfert: I. 1; II. 2.57, Aut. II. 1.96.
Boîte à 5 vit.: I. 3.95; II. 2.14; III. 1.38; IV. 1; V. 0.81; AR 4.09; pont 4.1.
Boîte aut. à 4 vit.: I. 2.8; II. 1.53; III. 1; IV. 0.71; AR 2.39.

Châssis: Cadre à caisson avec traverses; AV leviers triang. transv. doubles, barre anti-dévers; AR essieu rigide, bras longitud., barre anti-dévers, barre Panhard; AV/AR ressorts hélicoïdaux, amortiss. télesc.

Train roulant: frein, AV à disques (ventilés), AR à tambours, ABS s. d., frein à main sur roues AR; servodirection à crémaillère, réservoir carb. 70 L; pneus 225/75 R 15, 265/70 R 16, jantes 7 J, 7 J.

Dimensions: empatt. 267.5 cm, voie 150.5/149.5 cm, garde au sol 24 cm, diam. de braq. 11.4 m, coffre 1200/2100 dm³, longueur 454 cm, largeur 180 cm, hauteur 177 cm. Version étroite: voie 144.5/143.5 cm, largeur 169 cm.
5 portes: long. 485 cm, hauteur 181 cm.

Performances: Vmax (réd.) 165 km/h, V à 1000/min en 5. vit. 40.4 km/h; rapp. poids/puiss. 14.7 kg/kW (10.8 kg/ch); consomm. (réd.) 10/18/.

3.4 V6 24V – 185 ch
Injection d'essence

Comme 2.7 – 152 ch, sauf:

Poids: vide dès 1740 kg.

Moteur: (JIS/SAE), 6 cyl. en V 60° (93.5×82 mm), 3378 cm³; compr. 9.6:1; 136 kW (185 ch) à 4800/min, 40.3 kW/L (54.7 ch/L); 294 Nm (30 mkp) à 3600/min; 91 (R).

Moteur (constr.): désign. 5VZ-FE; 4 soupapes en V; 2×2 arbres à cames en tête (pignons/cour. cr.); culasses en alliage léger; vilebr. à 4 paliers; huile 4.9 L; inj. él. Refroidissement à eau, capac. 11 L.

Transmission: (sur roues AR ou toutes les roues), boîte de transfert: I. 1; II. 1.96.
Boîte à 5 vit.: I. 3.83; II. 2.06; III. 1.44; IV. 1; V. 0.84; AR 4.22; pont 3.91.
Boîte aut. à 4 vit.: I. 2.8; II. 1.53; III. 1; IV. 0.71; AR 2.39; pont 4.1; 3.91.

Performances: Vmax (réd.) 175 km/h, rapp. poids/puiss. 12.8 kg/kW (9.4 kg/ch); consomm. (réd.) 12/20/.

3.0 – 125 ch
Turbodiesel

Comme 2.7 – 152 ch, sauf:

Poids: vide dès 1730 kg.

Wir steigern Fahrgefühle.

Zubehör vom Feinsten ...

Vielseitig und ganz schön sportlich:

Auf aktuelles Design und individuelle Fertigung nach Mass verzichten Sie bei uns ebensowenig, wie auf eine Top-Beratung.

ACT
GOTTI

Generalimporteur:

DELTA-MOTOR AG

Seestrasse, Postfach 69
CH-6205 Eich LU
(A2-Ausfahrt Sempach/Sursee)
Tel. 041 - 462 51 51
Fax 041 - 462 51 50

Die AUTOMOBIL REVUE revue automobile hat den grössten aktuellen CH-Automarkt.

Jede Woche über 2'500 Occasionen aller Preisklassen.

Kleininserate in der AR/ra

Toyota J • Toyota BR

Motor: (ECE), 4 Zyl. in Linie (96×103 mm), 2982 cm³; Kompr. 21.2:1; 92 kW (125 PS) bei 3600/min, 30.8 kW/L (41.9 PS/L); 295 Nm (30.1 mkp) bei 2400/min; Dieselöl.
JIS: 96 kW (130 PS); 289 Nm.
JIS: 103 kW (140 PS); 334 Nm (34 mkp).

Motorkonstruktion: Bezeichnung 1KZ-TE; Wirbelkammer-Diesel; zwei Ventile parallel; 1 obenliegende Nockenwelle (Zahnräder/Zahnriemen); Ölkühler; Öl 6.8 L; elektronisch geregelte Einspritzpumpe, 1 Turbolader.

Batterie 128 Ah, Alternator 45 A; Wasserkühlung, Inh. 11.5 L.

Kraftübertragung: (auf Hinterräder oder alle Räder), Reduktionsgetr.: I. 1; II. 2.57.

5-Gang-Getriebe: I. 3.93; II. 2.33; III. 1.45; IV. 1; V. 0.85; R 4.74; Achse 4.56.

4-Stufen-Automat: I. 2.8; II. 1.53; III. 1; IV. 0.71; R 2.39; Achse 4.1; 3.91.

Fahrleistungen: Vmax (Red.) 150 km/h, V bei 1000/min im 5. Gang 34.1 km/h; Leistungsgew. 19 kg/kW (14 kg/PS); Verbrauch (Red.) 10/15/.

Moteur: (ECE), 4 cyl. en ligne (96×103 mm), 2982 cm³; compr. 21.2:1; 92 kW (125 ch) à 3600/min, 30.8 kW/L (41.9 ch/L); 295 Nm (30.1 mkp) à 2400/min; gazole.
JIS: 96 kW (130 ch); 289 Nm.
JIS: 103 kW (140 ch); 334 Nm (34 mkp).

Moteur (constr.): désignation 1KZ-TE; diesel à chambre de turbulence; 2 soup. en parallèle; 1 arbre à cames en tête (pignons/courroie crantée); radiat. d'huile; huile 6.8 L; pompe à injection pilotée, 1 turbocompr.

Batterie 128 Ah, alternateur 45 A; refroidissement à eau, capac. 11.5 L.

Transmission: (sur roues AR ou toutes les roues), boîte de transfert: I. 1; II. 2.57.

Boîte à 5 vit.: I. 3.93; II. 2.33; III. 1.45; IV. 1; V. 0.85; AR 4.74; pont 4.56.

Boîte aut. à 4 vit.: I. 2.8; II. 1.53; III. 1; IV. 0.71; AR 2.39; pont 4.1; 3.91.

Performances: Vmax (réd.) 150 km/h, V à 1000/min en 5. vit. 34.1 km/h; rapp. poids/puiss. 19 kg/kW (14 kg/ch); consomm. (réd.) 10/15/.

Toyota Previa - Estima

Grossraumkombi mit liegend hinter der Vorderachse angeordnetem 2,4-16V-Motor. Hinterradantrieb oder permanenter Allradantrieb. Bezeichnung in Japan Estima, im Export Previa. Début Prototyp Tokio 1989, Serienproduktion Frühling 1990. Januar 1992: Schmalversion, 2,2-Liter Diesel.

Familiale à grande capacité avec moteur 2.4 16V couché derrière l'essieu AV. Roues AR motrices ou traction intégrale. Désignation au Japon Estima, en export. Previa. Début prototype Tokyo 1989, production en série dès printemps 1990. Janvier 1992: Version étroite, diesel 2,2 litres.

2.4 16V – 132 PS Benzineinspritzung
2.4 16V – 132 ch Injection d'essence

Karosserie, Gewicht: Minivan, 4 Türen, 7+1 Sitze; leer ab 1670 kg, max. zul. 2450 kg.
Schmalversion 1700 - 1780 kg.
4WD: 4 Türen, 7+1 Sitze; 1720 kg.

Motor: (DIN), 4 Zyl. in Linie (95×86 mm), 2438 cm³; Kompr. 9.3:1; 97 kW (132 PS) bei 5000/min, 39.8 kW/L (54.1 PS/L); 204 Nm (20.8 mkp) bei 4000/min; 95 ROZ.
SAE: 103 kW (140 PS); 209 Nm.
Mit Kompressor (JIS): Kompr. 8.9:1; 118 kW (160 PS) bei 5000/min; 258 Nm bei 3600/min.

Motorkonstruktion: Bezeichnung 2TZ-FE; 4 Ventile in V 19.5°; 2 obenl. Nockenwellen (Ketten); Leichtmetall-Zylinderkopf; 5fach gelagerte Kurbelwelle; Öl 5.8 L; elektronische Einspritzung, L-Jetronic Liz. Bosch.

Batterie 65 Ah, Alternator 80 A; Wasserkühlung, Inh. 11.6 L.

Kraftübertragung: (auf Hinterräder), Differentialbremse.

(4WD permanent), zentrales Diff. mit Viskokupplung; Drehmomentverteilung v/h 50/50 %.

5-Gang-Getriebe: I. 3.35; II. 2.02; III. 1.37; IV. 1; V. 0.85; R 4.47; Achse 4.1; 3.91 oder I. 3.7; V. 0.8.

4WD: 5-Gang-Getr. I. 3.7; Achse 3.91; 4.3.

4-Stufen-Automat: I. 2.45; II. 1.45; III. 1; IV. 0.73; R 2.21; Achse 4.3.

Fahrgestell: Basismodelle auch mit Starrachse hinten mit Zug- und Schubstreben, Trommelbremse hinten. Selbsttragende Karosserie; vorn Federbeine und Dreieckquerlenker, Kurvenstabilisator; hinten Querlenker, Schräglenker, v/h Schraubenfedern, Teleskopdämpfer.

Fahrwerk: Vierrad-Scheibenbremse (v/h belüftet), Scheiben-Ø v. 25.5 cm, h. 29.1 cm, a.W. ABS, Handbremse auf Hinterräder; Zahnstangenlenkung mit Servo, Treibstofftank 75 L; Reifen 215/65 R 15, 185 R 14, Felgen 6 J.

Carrosserie, poids: Minivan, 4 portes, 7+1 places; vide dès 1670 kg, tot. adm. 2450 kg.
Version étroite 1700 - 1780 kg.
4WD: 4 portes, 7+1 places; 1720 kg.

Moteur: (DIN), 4 cyl. en ligne (95×86 mm), 2438 cm³; compr. 9.3:1; 97 kW (132 ch) à 5000/min, 39.8 kW/L (54.1 ch/L); 204 Nm (20.8 mkp) à 4000/min; 95 (R).
SAE: 103 kW (140 ch); 209 Nm.
Avec compresseur (JIS): compr. 8.9:1; 118 kW (160 ch) à 5000/min; 258 Nm à 3600/min.

Moteur (constr.): désignation 2TZ-FE; quatre soupapes en V 19.5°; deux arbres à cames en tête (chaînes); culasse en alliage léger; vilebrequin à cinq paliers; huile 5.8 L; injection électronique, L-Jetronic Liz. Bosch.

Batterie 65 Ah, alternateur 80 A; refroidissement à eau, capac. 11.6 L.

Transmission: (sur roues AR), différentiel autobloquant.

(4WD permanent), diff. central avec viscocoupleur; répartition du couple AV/AR 50/50 %.

Boîte à 5 vit.: I. 3.35; II. 2.02; III. 1.37; IV. 1; V. 0.85; AR 4.47; pont 4.1; 3.91 ou I. 3.7; V. 0.8.

4WD: Boîte à 5 vit.: I. 3.7; pont 3.91; 4.3.

Boîte aut. à 4 vit.: I. 2.45; II. 1.45; III. 1; IV. 0.73; AR 2.21; pont 4.3.

Châssis: Version de base avec essieu rigide (doubles bras longit. et barre panhard) et freins à tambours AR. Carrosserie autoporteuse; AV jambes élast. et leviers triang. transv., barre anti-dévers; AR leviers transv., triangles obliques, AV/AR ressorts hélicoïdaux, amortis. télesc.

Train roulant: quatre freins à disques (AV/AR ventilés), Ø disques AV 25.5 cm, AR 29.1 cm, ABS s. d., frein à main sur roues AR; servodirection à crémaillère, réservoir carb. 75 L; pneus 215/65 R 15, 185 R 14, jantes 6 J.

Toyota Previa

Dimensionen: Radstand 286 cm, Spur 156/155 cm, Bodenfreih. 15 cm, Wendekreis 12.2 m, Kofferraum 670/1780 dm³, Länge 476.5 cm, Breite 180 cm, Höhe 181 cm.
Schmalversion: Spur 145/144 cm, Länge 469 cm, Breite 169 cm.
Japan: Länge 475 cm, Höhe 178 cm.

Fahrleistungen: Vmax (Werk) 175 km/h, V bei 1000/min im 5. Gang 34.5 km/h; 0–100 km/h 11.5 s; Leistungsgew. 17.2 kg/kW (12.7 kg/PS); Verbrauch ECE 8.6/11.7/12.8 L/100 km.
Aut.: Vmax 170 km/h, 0–100 km/h 13.4 s; 8.8/11.8/14.2 L/100 km.
4WD: 0–100 km/h 13.3 s.

Dimensions: empattement 286 cm, voie 156/155 cm, garde au sol 15 cm, diam. de braq. 12.2 m, coffre 670/1780 dm³, longueur 476.5 cm, largeur 180 cm, hauteur 181 cm.
Version étroite: Voie 145/144 cm, longueur 469 cm, largeur 169 cm.
Japan: Longueur 475 cm, hauteur 178 cm.

Performances: Vmax (usine) 175 km/h, V à 1000/min en 5. vit. 34.5 km/h; 0–100 km/h 11.5 s; rapp. poids/puiss. 17.2 kg/kW (12.7 kg/ch); consomm. ECE 8.6/11.7/12.8 L/100 km.
Aut.: Vmax 170 km/h, 0–100 km/h 13.4 s; 8.8/11.8/14.2 L/100 km.
4WD: 0–100 km/h 13.3 s.

2.2 – 101 PS Turbodiesel
2.2 – 101 ch Turbodiesel

Wie 2.4 – 132 PS, ausgenommen:

Gewicht: leer ab 1670 kg.

Motor: (JIS), 4 Zyl. in Linie (86×94 mm), 2184 cm³; Kompr. 22:1; 74 kW (101 PS) bei 4200/min, 33.9 kW/L (46.1 PS/L); 216 Nm (22 mkp) bei 2600/min; Dieselöl.

Motorkonstruktion: Bezeichnung 3C-T; Wirbelkammer-Diesel; 2 Ventile parallel; 1 obenl. Nockenwelle (Zahnriemen); Leichtmetall-Zylinderkopf; 5fach gelagerte Kurbelwelle; Ölkühler; Öl 4.6 L; Einspritzpumpe, 1 Turbolader, Intercooler.

Batterie 80 Ah, Alternator 60 A; Wasserkühlung, Inh. 8.5 L.

Kraftübertragung:

5-Gang-Getriebe: I. 3.95; II. 2.14; III. 1.38; IV. 1; V. 0.85; R 4.09; Achse 4.1; 4 WD 4.3.

4-Stufen-Automat: I. 2.83; II. 1.49; III. 1; IV. 0.73; R 2.7; Achse 4.3.

Fahrwerk: Reifen 215/65 R 15, 185 R 14.

Dimensionen: Länge 475 cm, Höhe 178 cm.

Fahrleistungen: Vmax (Red.) 160 km/h, V bei 1000/min im 5. Gang 34.1 km/h; Leistungsgew. 21.1 kg/kW (15.6 kg/PS); Verbrauch (Red.) 6/11 L/100 km.

Comme 2.4 – 132 ch, sauf:

Poids: vide dès 1670 kg.

Moteur: (JIS), 4 cyl. en ligne (86×94 mm), 2184 cm³; compr. 22:1; 74 kW (101 ch) à 4200/min, 33.9 kW/L (46.1 ch/L); 216 Nm (22 mkp) à 2600/min; gazole.

Moteur (constr.): désign. 3C-T; diesel à chambre de turbul.; 2 soup. en parallèle; 1 arbre à cames en tête (courroie crantée); culasse en alliage léger; vilebrequin à 5 paliers; radiat. d'huile; huile 4.6 L; pompe à inj., 1 turbocompr., Intercooler.

Batterie 80 Ah, alternateur 60 A; refroidissement à eau, capac. 8.5 L.

Transmission:

Boîte à 5 vit.: I. 3.95; II. 2.14; III. 1.38; IV. 1; V. 0.85; AR 4.09; pont 4.1.

Boîte aut. à 4 vit.: I. 2.83; II. 1.49; III. 1; IV. 0.73; AR 2.7; pont 4.3.

Train roulant: pneus 215/65 R 15, 185 R 14.

Dimensions: longueur 475 cm, hauteur 178 cm.

Performances: Vmax (réd.) 160 km/h, V à 1000/min en 5. vit. 34.1 km/h; rapp. poids/puiss. 21.1 kg/kW (15.6 kg/ch); consomm. (réd.) 6/11 L/100 km.

Toyota BR

Toyota do Brasil S/A, Ind. E. Com., Estrada de Piraporinha, I.III, 09891-900 São Bernardo do Campo, Brasil

Brasilianisches Zweigwerk von Toyota.

Filiale brésilienne de la Toyota Motor Co.

Toyota Bandeirante

Geländegängiger Station Wagon mit Vierradantrieb und Mercedes-Benz-Dieselmotor. Mehrere Karosserieausführungen. 1994 mit Toyota-Dieselmotor.

Station-wagon tout-terrain à 4 roues motrices, moteur diesel Mercedes-Benz. Plusieurs exécutions de la carrosserie. 1994 avec moteur diesel de Toyota.

Toyota BR • TVR

3.7 – 102 PS Diesel

Karosserie, Gewicht: (DIN), Station Wagon, 3 Türen, 5 Sitze; leer 1760 kg, max. zul. 2180 kg.

Motor: (DIN), 4 Zyl. in Linie (102×112 mm), 3661 cm^3; Kompr. 18:1; 75 kW (102 PS) bei 3400/min, 20.5 kW/L (27.9 PS/L); 250 Nm (25.5 mkp) bei 1200/min; Dieselöl.

Motorkonstruktion: Bezeichnung 14B; direkt eingespritzter Diesel; seitl. Nockenwelle (Kette); 5fach gelagerte Kurbelwelle; Öl 7 L; Einspritzpumpe.

Batterie 75 Ah, Alternator 35 A; Wasserkühlung, Inh. 14.5 L.

Kraftübertragung: (auf Hinterr. oder alle Räder), Reduktionsgetriebe: I. 1; II. 1.99. 5-Gang-Getriebe: I. 4.93; II. 2.64; III. 1.52; IV. 1; V. 0.86; R 4.93; Achse 3.7.

Fahrgestell: Kastenrahmen mit Traversen; v/h Starrachse, Halbelliptikfedern, Teleskopdämpfer.

Fahrwerk: Vierradtrommelbremse, Handbremse auf Hinterräder; Kugelumlauflenkung, Treibstofftank 63 L; Reifen 6.50-16, Felgen 5.5 J.

3.7 – 102 ch diesel

Carrosserie, poids: (DIN), station-wagon, 3 portes, 5 places; vide 1760 kg, tot. adm. 2180 kg.

Moteur: (DIN), 4 cyl. en ligne (102×112 mm), 3661 cm^3; compr. 18:1; 75 kW (102 ch) à 3400/min, 20.5 kW/L (27.9 ch/L); 250 Nm (25.5 mkp) à 1200/min; gazole.

Moteur (constr.): désignation 14B; diesel à injection directe; arbre à cames latéral (chaîne); vilebrequin à 5 paliers; huile 7 L; pompe à injection.

Batterie 75 Ah, alternateur 35 A; refroidissement à eau, capac. 14.5 L.

Transmission: (sur roues AR ou toutes les roues), boîte de transfert: I. 1; II. 1.99. Boîte à 5 vit.: I. 4.93; II. 2.64; III. 1.52; IV. 1; V. 0.86; AR 4.93; pont 3.7.

Châssis: Cadre à caisson avec traverses; AV/AR essieu rigide, ressorts semi-ellipt., amortiss. télescop.

Train roulant: quatre freins à tambours, frein à main sur roues AR; direction à circuit de billes, réservoir carb. 63 L; pneus 6.50-16, jantes 5.5 J.

Toyota Bandeirante

Dimensionen: Radstand 228.5 cm, Spur 141.5/140 cm, Bodenfreih. 21 cm, Wendekreis 10.6 m, Länge 383.5 cm, Breite 166.5 cm, Höhe 192 cm.

Fahrleistungen: Vmax (Werk) 125 km/h, Leistungsgew. 23.5 kg/kW (17.2 kg/PS); Verbrauch (DIN) 9/10 L/100 km.

Dimensions: empattement 228.5 cm, voie 141.5/140 cm, garde au sol 21 cm, diam. de braq. 10.6 m, longueur 383.5 cm, largeur 166.5 cm, hauteur 192 cm.

Performances: Vmax (usine) 125 km/h, rapp. poids/puiss. 23.5 kg/kW (17.2 kg/ch); consom. (DIN) 9/10 L/100 km.

TVR GB

TVR Engineering Limited, Bristol Avenue, Blackpool, FY2 0JF England

Englischer Hersteller von Sportwagen mit Kunststoffkarosserien und mechanischen Elementen von Ford und Rover.

Fabrique anglaise de voitures de sport avec carrosseries en matière synthétique et mécanique Ford et Rover.

TVR Chimaera

Roadster mit Kunststoffkarosserie und Rover-V8-Motor. Debüt Birmingham 1992.

Roadster avec carosserie en matière synth. et V8 de Rover. Lancement Birmingham 1992.

3.9 V8 – 241 PS Benzineinspritzung

Karosserie, Gewicht: Cabriolet, 2 Türen, 2 Sitze; leer ab ca. 1060 kg.

Motor: (DIN), 8 Zyl. in V 90° (94×71.1 mm), 3947 cm^3; Kompr. 9.8:1; 177 kW (241 PS) bei 6250/min, 44.8 kW/L (61 PS/L); 366 Nm (37.3 mkp) bei 4000/min; 95 ROZ.

3.9 V8 – 241 ch Injection d'essence

Carrosserie, poids: Cabriolet, 2 portes, 2 places; vide dès env. 1060 kg.

Moteur: (DIN), 8 cyl. en V 90° (94×71.1 mm), 3947 cm^3; compr. 9.8:1; 177 kW (241 ch) à 6250/min, 44.8 kW/L (61 ch/L); 366 Nm (37.3 mkp) à 4000/min; 95 (R).

TVR Chimaera

Motorkonstruktion: Bezeichnung Rover V8; zentrale Nockenwelle (Kette); Leichtmetall-Zylinderköpfe und -block; 5fach gelagerte Kurbelwelle; Öl 5.5 L; elektron. Einspritzung, Lucas.

Batterie 60 Ah, Alternator 55 A; Wasserkühlung, Inh. 11 L.

Kraftübertragung: (auf Hinterräder), Differentialbremse.

5-Gang-Getriebe: I. 2.95; II. 1.94; III. 1.34; IV. 1; V. 0.73; R 2.76; Achse 3.31.

Fahrgestell: Stahlrohrrahmen; vorn doppelte Dreieckquerlenker; hinten doppelte Dreieckquerlenker; v/h Schraubenfedern, Teleskopdämpfer, Kurvenstabilisator.

Fahrwerk: Vierrad-Scheibenbremse (vorn belüftet), Scheiben-∅ v. 24 cm, h. 25 cm, Handbremse auf Hinterräder; Zahnstangenlenkung, a.W. mit Servo, Treibstofftank 57 L; Reifen v. 205/60 ZR 15, h. 225/55 ZR 16, Felgen v. 7, h. 7.5 J.

Dimensionen: Radstand 228 cm, Spur 146/146 cm, Bodenfreih. 13 cm, Länge 401.5 cm, Breite 186.5 cm, Höhe 122 cm.

Fahrleistungen: Vmax (Werk) 245 km/h, V bei 1000/min im 5. Gang 49 km/h; 0–100 km/h 5.3 s; 0–97 km/h 4.8 s; Leistungsgew. 6 kg/kW (4.4 kg/PS); Verbrauch (Red.) 10/17 L/100 km.

Moteur (constr.): désignation Rover V8; arbre à cames central (chaîne); culasses et bloc-cyl. en alliage léger; vilebrequin à 5 paliers; huile 5.5 L; injection électronique, Lucas.

Batterie 60 Ah, alternateur 55 A; refroidissement à eau, capac. 11 L.

Transmission: (sur roues AR), différentiel autobloquant.

Boîte à 5 vit.: I. 2.95; II. 1.94; III. 1.34; IV. 1; V. 0.73; AR 2.76; pont 3.31.

Châssis: cadre tubulaire; AV leviers triang. transv. doubles; AR leviers triang. transv. doubles; AV/AR ressorts hélicoïdaux, amortiss. télesc.; barre anti-dévers.

Train roulant: quatre freins à disques (AV ventilés), ∅ disques AV 24 cm, AR 25 cm, frein à main sur roues AR; direction à crémaillère, s.d. avec servo, réservoir carb. 57 L; pneus AV 205/60 ZR 15, AR 225/55 ZR 16, jantes AV 7, AR 7.5 J.

Dimensions: empatt. 228 cm, voie 146/146 cm, garde au sol 13 cm, long. 401.5 cm, largeur 186.5 cm, hauteur 122 cm.

Performances: Vmax (usine) 245 km/h, V à 1000/min en 5. vit. 49 km/h; 0–100 km/h 5.3 s; 0–97 km/h 4.8 s; rapp. poids/puiss. 6 kg/kW (4.4 kg/ch); consom. (réd.) 10/17 L/100 km.

3.9 V8 – 275 PS Benzineinspritzung

Wie 3.9 – 241 PS, ausgenommen:

Motor: (DIN), 8 Zyl. in V 90° (94×71.1 mm), 3947 cm^3; Kompr. 9.8:1; 202 kW (275 PS) bei 6250/min, 51.2 kW/L (69.6 PS/L); 414 Nm (42.2 mkp) bei 4000/min; 95 ROZ.

Fahrleistungen: Vmax (Werk) 254 km/h, V bei 1000/min im 5. Gang 49 km/h; 0–100 km/h 5 s; 0–97 km/h 4.6 s; Leistungsgew. 5.3 kg/kW (3.9 kg/PS); Verbrauch (Red.) 10/18 L/100 km.

3.9 V8 – 275 ch Injection d'essence

Comme 3.9 – 241 ch, sauf:

Moteur: (DIN), 8 cyl. en V 90° (94×71.1 mm), 3947 cm^3; compr. 9.8:1; 202 kW (275 ch) à 6250/min, 51.2 kW/L (69.6 ch/L); 414 Nm (42.2 mkp) à 4000/min; 95 (R).

Performances: Vmax (usine) 254 km/h, V à 1000/min en 5. vit. 49 km/h; 0–100 km/h 5 s; 0–97 km/h 4.6 s; rapp. poids/puiss. 5.3 kg/kW (3.9 kg/ch); consom. (réd.) 10/18 L/100 km.

5.0 V8 – 340 PS Benzineinspritzung

Wie 3.9 – 241 PS, ausgenommen:

Motor: (DIN), 8 Zyl. in V 90° (94×90 mm), 4997 cm^3; Kompr. 10:1; 250 kW (340 PS) bei 6000/min, 50 kW/L (68 PS/L); 475 Nm (48.4 mkp) bei 4000/min; 95 ROZ.

Fahrleistungen: Vmax (Werk) 269 km/h, V bei 1000/min im 5. Gang 48.7 km/h; 0–100 km/h 4.4 s; 0–97 km/h 4.1 s; Leistungsgew. 4.2 kg/kW (3.1 kg/PS); Verbrauch (Red.) 12/19 L/100 km.

5.0 V8 – 340 ch Injection d'essence

Comme 3.9 – 241 ch, sauf:

Moteur: (DIN), 8 cyl. en V 90° (94×90 mm), 4997 cm^3; compr. 10:1; 250 kW (340 ch) à 6000/min, 50 kW/L (68 ch/L); 475 Nm (48.4 mkp) à 4000/min; 95 (R).

Performances: Vmax (usine) 269 km/h, V à 1000/min en 5. vit. 48.7 km/h; 0–100 km/h 4.4 s; 0–97 km/h 4.1 s; rapp. poids/puiss. 4.2 kg/kW (3.1 kg/ch); consom. (réd.) 12/19 L/100 km.

TVR Griffith 500

Hochleistungsfahrzeug mit 5-Liter-V8. Debüt Birmingham 1990.

Voiture à hautes perf. avec moteur 5.0-V8. Lancement Birmingham 1990.

TVR

TVR Griffith 500

5.0 V8 – 340 PS
Benzineinspritzung

Karosserie, Gewicht: Cabriolet, 2 Türen, 2 Sitze; leer ab ca. 1060 kg.

Motor: (DIN), 8 Zyl. in V 90° (94×90 mm), 4997 cm³; Kompr. 10:1; 250 kW (340 PS) bei 6000/min, 50 kW/L (68 PS/L); 475 Nm (48.4 mkp) bei 4000/min; 95 ROZ.

Motorkonstruktion: zentrale Nockenwelle (Kette); Leichtmetall-Zylinderköpfe und -block; 5fach gelagerte Kurbelwelle; Öl 5.5 L; elektron. Einspritzung, Lucas. Batterie 60 Ah, Alternator 55 A; Wasserkühlung, Inh. 11 L.

Kraftübertragung: (auf Hinterräder), Differentialbremse. 5-Gang-Getriebe: I. 2.95; II. 1.94; III. 1.34; IV. 1; V. 0.73; R 2.76; Achse 3.31.

Fahrgestell: Stahlrohrrahmen; vorn doppelte Dreieckquerlenker, Kurvenstabilisator; hinten doppelte Dreieckquerlenker, Kurvenstabilisator; v/h Schraubenfedern, Teleskopdämpfer.

Fahrwerk: Vierrad-Scheibenbremse (v/h belüftet), Scheiben-⌀ v. 26 cm, h. 27.3 cm, Handbremse auf Hinterräder; Zahnstangenlenkung, a.W. mit Servo, Treibstofftank 57 L; Reifen v. 205/55 R 15, h. 235/50 ZR 16, Felgen v. 7, h. 7.5 J.

Dimensionen: Radstand 228 cm, Spur 146/147 cm, Bodenfreih. 14 cm, Länge 389 cm, Breite 194.5 cm, Höhe 121 cm.

Fahrleistungen: Vmax (Werk) 269 km/h, V bei 1000/min in 5. Gang 48.7 km/h; 0–100 km/h 4.4 s; 0–97 km/h 4.1 s; Leistungsgew. 4.2 kg/kW (3.1 kg/PS); Verbrauch (Red.) 12/19 L/100 km.

5.0 V8 – 340 ch
Injection d'essence

Carrosserie, poids: Cabriolet, 2 portes, 2 places; vide dès env. 1060 kg.

Moteur: (DIN), 8 cyl. en V 90° (94×90 mm), 4997 cm³; compr. 10:1; 250 kW (340 ch) à 6000/min, 50 kW/L (68 ch/L); 475 Nm (48.4 mkp) à 4000/min; 95 (R).

Moteur (constr.): arbre à cames central (chaîne); culasses et bloc-cyl. en alliage léger; vilebrequin à 5 paliers; huile 5.5 L; injection électronique, Lucas. Batterie 60 Ah, alternateur 55 A; refroidissement à eau, capac. 11 L.

Transmission: (sur roues AR), différentiel autobloquant. Boîte à 5 vit.: I. 2.95; II. 1.94; III. 1.34; IV. 1; V. 0.73; AR 2.76; pont 3.31.

Châssis: cadre tubulaire; AV leviers triang. transv. doubles, barre anti-dévers; AR leviers triang. transv. doubles, barre anti-dévers; AV/AR ressorts hélicoïdaux, amortiss. télesc.

Train roulant: quatre freins à disques (AV/AR ventilés), ⌀ disques AV 26 cm, AR 27.3 cm, frein à main sur roues AR; direction à crémaillère, s.d. avec servo, réservoir carb. 57 L; pneus AV 205/55 R 15, AR 235/50 ZR 16, jantes AV 7, AR 7.5 J.

Dimensions: empattement 228 cm, voie 146/147 cm, garde au sol 14 cm, longueur 389 cm, largeur 194.5 cm, hauteur 121 cm.

Performances: Vmax (usine) 269 km/h, V à 1000/min en 5. vit. 48.7 km/h; 0–100 km/h 4.4 s; 0–97 km/h 4.1 s; rapp. poids/puiss. 4.2 kg/kW (3.1 kg/ch); consomm. (réd.) 12/19 L/100 km.

TVR Griffith Speed Six

Neues Modell in Vorbereitung. Griffith mit neuem Sechszylindermotor (AJP6) von 3,5 oder 4 Liter Hubraum, 330 bis 380 PS und 380 bis 450 Nm. Debüt (Prototyp) Birmingham, Herbst 1996.

Nouveau modèle en préparation. Griffith avec nouveau six cylindres de 3,5 ou 4 litres, puissance de 330 à 380 ch et 380 à 450 Nm. Lancement comme prototype (Birmingham), automne 1996.

TVR Griffith 500

TVR Cerbera

2+2sitziges Sportcoupé mit Kunststoffkarosserie und neuem 4.2- V8-Leichtmetallmotor (AJP8) mit 75° Gabelwinkel. Debüt Birmingham 1994. Herbst 1996: GT mit 440 PS.

Coupé sportif avec carrosserie en matière synth. 2+2 places et nouveau V8 4.2 avec une bifurcation de 75°. Lancement Birmingham 1994. Automne 1996: GT avec 440 ch.

4.2 V8 – 349 PS
Benzineinspritzung

4.2 V8 – 349 ch
Injection d'essence

Karosserie, Gewicht: Coupé, 2 Türen, 2+2 Sitze; leer ab ca. 1100 kg.

Carrosserie, poids: Coupé, 2 portes, 2+2 places; vide dès env. 1100 kg.

TVR Cerbera

Motor: (DIN), 8 Zyl. in V 75° (88×86 mm), 4185 cm³; Kompr. 9.5:1; 257 kW (349 PS) bei 6500/min, 61.4 kW/L (83.5 PS/L); 435 Nm (44.3 mkp) bei 4500/min; 98 ROZ. 4.5 GT: V8 (91×86 mm), 4475 cm³; 324 kW (440 PS) bei 6800/min; 515 Nm (52,5 mkp) bei 5000/min.

Motorkonstruktion: Bezeichnung AJP8; 2×1 obenl. Nockenwelle (Kette); Leichtmetall-Zylinderköpfe und -block; 5fach gelagerte Kurbelwelle; Trockensumpfschmierung; elektron. Einspritzung. Wasserkühlung.

Kraftübertragung: (auf Hinterräder), Differentialbremse. 5-Gang-Getriebe: I. 2.95; II. 1.94; III. 1.34; IV. 1; V. 0.73; R 2.76; Achse 3.45.

Moteur: (DIN), 8 cyl. en V 75° (88×86 mm), 4185 cm³; compr. 9.5:1; 257 kW (349 ch) à 6500/min, 61.4 kW/L (83.5 ch/L); 435 Nm (44.3 mkp) à 4500/min; 98 (R). 4.5 GT: V8 (91×86 mm), 4475 cm³; 324 kW (440 ch) à 6800/min; 515 Nm (52,5 mkp) à 5000/min.

Moteur (constr.): désignation AJP8; 2× arbre à cames en tête (chaîne); culasses et bloc-cyl. en alliage léger; vilebrequin à 5 paliers; lubrification par carter sec; injection électronique. Refroidissement à eau.

Transmission: (sur roues AR), différentiel autobloquant. Boîte à 5 vit.: I. 2.95; II. 1.94; III. 1.34; IV. 1; V. 0.73; AR 2.76; pont 3.45.

TVR Cerbera

Fahrgestell: Stahlrohrrahmen; vorn doppelte Dreieckquerlenker, Kurvenstabilisator; hinten doppelte Dreieckquerlenker, Kurvenstabilisator; v/h Schraubenfedern, Teleskopdämpfer.

Fahrwerk: Vierrad-Scheibenbremse (v/h belüftet), Scheiben-⌀ v. 29.4 cm, h. 29.4 cm, Handbremse auf Hinterräder; Zahnstangenlenkung, a.W. mit Servo, Treibstofftank 65 L; Reifen v. 225/45 ZR 16, h. 235/50 ZR 16, Felgen 7.5 J.

Dimensionen: Radstand 256.5 cm, Spur 146.5/147 cm, Bodenfreih. 13 cm, Länge 428 cm, Breite 186.5 cm, Höhe 122 cm.

Fahrleistungen: Vmax (Werk) 257 km/h, V bei 1000/min im 5. Gang 46.7 km/h; 0–100 km/h 4.7 s; 0–97 km/h 4.2 s; Leistungsgew. 4.4 kg/kW (3.2 kg/PS); Verbrauch (Red.) 12/20 L/100 km. 4.5 GT: Vmax (Red.) über 270 km/h, 0-97/100 km/h ca. 4 s.

Châssis: cadre tubulaire; AV leviers triang. transv. doubles, barre anti-dévers; AR leviers triang. transv. doubles, barre anti-dévers; AV/AR ressorts hélicoïdaux, amortiss. télesc.

Train roulant: quatre freins à disques (AV/AR ventilés), ⌀ disques AV 29.4 cm, AR 29.4 cm, frein à main sur roues AR; direction à crémaillère, s.d. avec servo, réservoir carb. 65 L; pneus AV 225/45 ZR 16, AR 235/50 ZR 16, jantes 7.5 J.

Dimensions: empatt. 256.5 cm, voie 146.5/147 cm, garde au sol 13 cm, long. 428 cm, largeur 186.5 cm, hauteur 122 cm.

Performances: Vmax (usine) 257 km/h, V à 1000/min en 5. vit. 46.7 km/h; 0–100 km/h 4.7 s; 0–97 km/h 4.2 s; rapp. poids/puiss. 4.4 kg/kW (3.2 kg/ch); consomm. (réd.) 12/20 L/100 km. 4.5 GT: Vmax (réd.) plus de 270 km/h, 0-97/100 km/h env. 4 s.

TVR • UAZ

TVR Project 12/7

Neues Modell. Supersportbolide mit neuem 7-Liter-V12 von über 660 PS Leistung und über 800 Nm, 6-Gang-Getriebe und 18-Zoll-Rädern. Debüt Prototyp Brimingham, Herbst 1996.

Nouveau modèle. Voiture supersport avec nouveau 7.0-V12, puissance plus de 660 ch et plus de 800 Nm, boîte à 6 vit. et roues à 18 pouces. Lancement prototype, Birmingham, automne 1996.

TVR Project 12/7

UAZ — RUS

UAZ, v/o Autoexport. 14, Volkhonka St., 119902, Moscow

Werk in Oualinovsk, stellt Gelände- und Nutzfahrzeuge her.

Usine à Oualinovsk, production de voitures tout-terrain et utilitaires.

UAZ 3151

Robustes Geländefahrzeug mit Vierradantrieb und 2,4-Liter-Motor.

Voiture robuste tout-terrain, quatre roues motrices et moteur 2,4 litres.

2.4 – 92 PS Vergaser

Karosserie, Gewicht: (DIN), Station Wagon, Blachenverdeck; 4 Türen, 7 Sitze; leer ab 1590 kg, max. zul. 2350 kg. Station Wagon, 5 Türen, 7 Sitze; leer ab 1590 kg, max. zul. 2350 kg.. Langversion 3153; 5 Türen, 5 - 9 Sitze; leer ab 1800 kg, max. zul. 2600 kg.

Motor: (DIN), 4 Zyl. in Linie (92×92 mm), 2446 cm³; Kompr. 7.2:1; 68 kW (92 PS) bei 4000/min, 27.8 kW/L (37.8 PS/L); 172 Nm (17.5 mkp) bei 2500/min; 76 ROZ.

Motorkonstruktion: Bezeichnung UMZ-4178.10; seitl. Nockenwelle (Zahnräder); Leichtmetall-Zylinderkopf und -block; 5fach gelagerte Kurbelwelle; Öl 5.8 L; 1 Fallstrom-Doppelvergaser, K-126 B. Batterie 60 Ah, Alternator 40 A; Wasserkühlung, Inh. 13 L.

Kraftübertragung: (auf Hinterräder oder alle Räder), zentrales Differential, Reduktionsgetriebe: I. 1; II. 1.94. 4-Gang-Getriebe: I. 4.04; II. 2.6; III. 1.55; IV. 1; R 4.2; Achse 4.38.

Fahrgestell: Kastenrahmen mit Traversen; vorn Starrachse, Längslenker, Panhardstab, Schraubenfedern; hinten Starrachse, Halbelliptikfedern; v/h Teleskopdämpfer.

Fahrwerk: Vierradtrommelbremse, mit Servo, Feststellbremse auf Vorderräder; Lenkung mit Schnecke und Rolle, Treibstofftank 76 L; Reifen 215/90 R 15, Felgen 6 J.

Dimensionen: Radstand 276 cm, Spur 144/144 cm, Bodenfreih. 22 cm, Wendekreis 11.4 m, Länge 403 cm, Breite 181 cm, Höhe 202 cm.

Langversion: Wendekreis 13.2 m, Länge 451 cm, Breite 179 cm.

2.4 – 92 ch Carburateur

Carrosserie, poids: (DIN), station-wagon, capote; 4 portes, 7 places; vide dès 1590 kg, tot. adm. 2350 kg. Station-wagon, 5 portes, 7 places; vide dès 1590 kg, tot. adm. 2350 kg. Version longue 3153; 5 portes, 5 - 9 places; vide dès 1800 kg, tot. adm. 2600 kg.

Moteur: (DIN), 4 cyl. en ligne (92×92 mm), 2446 cm³; compr. 7.2:1; 68 kW (92 ch) à 4000/min, 27.8 kW/L (37.8 ch/L); 172 Nm (17.5 mkp) à 2500/min; 76 (R).

Moteur (constr.): désignation UMZ-4178.10; arbre à cames latéral (pignons); culasse et bloc-cyl. en alliage léger; vilebrequin à 5 paliers; huile 5.8 L; 1 carburateur inversé à double corps. Batterie 60 Ah, alternateur 40 A; refroidissement à eau, capac. 13 L.

Transmission: (sur roues AR ou toutes les roues), différentiel central, boîte de transfert: I. 1; II. 1.94. Boîte à 4 vit.: I. 4.04; II. 2.6; III. 1.55; IV. 1; AR 4.2; pont 4.38.

Châssis: Cadre à caisson avec traverses; AV essieu rigide, bras longit., barre Panhard, ress. hélic.; AR essieu rigide, ressorts semi-ellipt.; AV/AR amortiss. télescop.

Train roulant: quatre freins à tambours, avec servo, frein de stationn. sur roues AV; direction à vis sans fin et galet, réservoir carb. 76 L; pneus 215/90 R 15, jantes 6 J.

Dimensions: empattement 276 cm, voie 144/144 cm, garde au sol 22 cm, diam. de braq. 11.4 m, longueur 403 cm, largeur 181 cm, hauteur 202 cm.

Version longue: Diam. de braq. 13.2 m, longueur 451 cm, largeur 179 cm.

Fahrleistungen: Vmax (Werk) 115 km/h, V bei 1000/min im 4. Gang 25.9 km/h; 0–100 km/h 30 s; Leistungsgew. 23.5 kg/kW (16.3 kg/PS); Verbrauch ECE 16.2/17.9/17.9 L/100 km.

Performances: Vmax (usine) 115 km/h, V à 1000/min en 4. vit. 25.9 km/h; 0–100 km/h 30 s; rapp. poids/puiss. 23.5 kg/kW (16.3 kg/ch); consomm. ECE 16.2/17.9/17.9 L/100 km.

2.9 – 107 PS Vergaser

Wie 2.4 – 92 PS, ausgenommen:

Karosserie, Gewicht: (DIN), Station Wagon, 5 Türen; leer ab 1590 kg, max. zul. 2350 kg. Langversion 3153; leer ab 1800 kg, max. zul. 2600 kg.

Motor: (DIN), 4 Zyl. in Linie (100×92 mm), 2890 cm³; Kompr. 8.2:1; 79 kW (107 PS) bei 4000/min, 27.3 kW/L (37.2 PS/L); 211 Nm (21.5 mkp) bei 2200/min; 91 ROZ.

Motorkonstruktion: Bezeichnung UMZ-421.10; 5fach gelagerte Kurbelwelle; Öl 5.8 L; 1 Fallstrom-Doppelvergaser.

Batterie 60 Ah, Alternator 40 A; Wasserkühlung, Inh. 13 L.

Kraftübertragung:

4-Gang-Getriebe: I. 4.04; II. 2.6; III. 1.55; IV. 1; R 4.2; Achse 4.38.

Fahrleistungen: Vmax (Werk) 120 km/h, V bei 1000/min im 4. Gang 25.9 km/h; Leistungsgew. 20.1 kg/kW (14.9 kg/PS); Verbrauch (Werk) 13.8 L/100 km.

2.9 – 107 ch Carburateur

Comme 2.4 – 92 ch, sauf:

Carrosserie, poids: (DIN), station-wagon, 5 portes; vide dès 1590 kg, tot. adm. 2350 kg. Version longue 3153; vide dès 1800 kg, tot. adm. 2600 kg.

Moteur: (DIN), 4 cyl. en ligne (100×92 mm), 2890 cm³; compr. 8.2:1; 79 kW (107 ch) à 4000/min, 27.3 kW/L (37.2 ch/L); 211 Nm (21.5 mkp) à 2200/min; 91 (R).

Moteur (constr.): désignation UMZ-421.10; vilebrequin à 5 paliers; huile 5.8 L; 1carburateur inversé à double corps. Batterie 60 Ah, alternateur 40 A; refroidissement à eau, capac. 13 L.

Transmission: Boîte à 4 vit.: I. 4.04; II. 2.6; III. 1.55; IV. 1; AR 4.2; pont 4.38.

Performances: Vmax (usine) 120 km/h, V à 1000/min en 4. vit. 25.9 km/h; rapp. poids/puiss. 20.1 kg/kW (14.9 kg/ch); consomm. (Werk) 13.8 L/100 km.

2.1 – 83 PS Diesel

Wie 2.4 – 92 PS, ausgenommen:

Karosserie, Gewicht: (DIN), Station Wagon, 5 Türen; leer ab 1610 kg, max. zul. 2370 kg.

Motor: (DIN), 4 Zyl. in Linie (86×92 mm), 2138 cm³; Kompr. 22.5:1; 61 kW (83 PS) bei 4600/min, 28.5 kW/L (38.8 PS/L); 145 Nm (14.8 mkp) bei 2000/min; Dieselöl.

Motorkonstruktion: Bezeichnung Peugeot XU D11A; 3 Ventile parallel; 1 obenl. Nockenwelle (Zahnriemen); Leichtmetall-Zylinderkopf; 5fach gelagerte Kurbelwelle; Öl 6 L; Einspritzpumpe, CAV. Batterie 88 Ah, Alternator 55 A; Wasserkühlung, Inh. 12 L.

Kraftübertragung:

4-Gang-Getriebe: I. 4.04; II. 2.6; III. 1.55; IV. 1; R 4.2; Achse 4.38.

Fahrwerk: Lenkung mit Servo, Reifen 235/75 R 15.

Fahrleistungen: Vmax (Werk) 130 km/h, V bei 1000/min im 4. Gang 25.9 km/h; Leistungsgew. 26.4 kg/kW (19.4 kg/PS); Verbrauch (Werk) 11 L/100 km.

2.1 – 83 ch diesel

Comme 2.4 – 92 ch, sauf:

Carrosserie, poids: (DIN), station-wagon, 5 portes; vide dès 1610 kg, tot. adm. 2370 kg.

Moteur: (DIN), 4 cyl. en ligne (86×92 mm), 2138 cm³; compr. 22.5:1; 61 kW (83 ch) à 4600/min, 28.5 kW/L (38.8 ch/L); 145 Nm (14.8 mkp) à 2000/min; gazole.

Moteur (constr.): désignation Peugeot XU D11A; 3 soup. en parallèle; 1 arbre à cames en tête (courroie crantée); culasse en alliage léger; vilebrequin à 5 paliers; huile 6 L; pompe à injection, CAV. Batterie 88 Ah, alternateur 55 A; refroidissement à eau, capac. 12 L.

Transmission: Boîte à 4 vit.: I. 4.04; II. 2.6; III. 1.55; IV. 1; AR 4.2; pont 4.38.

Train roulant: direction assistée, pneus 235/75 R 15.

Performances: Vmax (usine) 130 km/h, V à 1000/min en 4. vit. 25.9 km/h; rapp. poids/puiss. 26.4 kg/kW (19.4 kg/ch); consomm. (Werk) 11 L/100 km.

UAZ 31512

UAZ • Umm

2.4 – 97 PS Turbodiesel

Wie 2.4 – 92 PS, ausgenommen:

Karosserie, Gewicht: (DIN), Station Wagon, 5 Türen; leer ab 1610 kg, max. zul. 2370 kg.

Motor: (DIN), 4 Zyl. in Linie (92×90 mm), 2393 cm³; Kompr. 22.6:1; 71 kW (97 PS) bei 4200/min, 29.7 kW/L (40.3 PS/L); 216 Nm (22 mkp) bei 2300/min; Dieselöl. Kompr. 7.2:1; 72 kW (98 PS); 189 Nm.

Motorkonstruktion: Bezeichnung VM-HP 492 HT; Leichtmetall-Zylinderkopf; Grauguss-Zylinderblock; 5fach gel. Kurbelwelle; Öl 6.6 L; Einspritzpumpe, Bosch, 1 Turbolader, KKK K16, max. Ladedruck 0.9 bar. Batterie 83 Ah, Alternator 55 A; Wasserkühlung, Inh. 12 L.

Kraftübertragung:
4-Gang-Getriebe: I. 4.04; II. 2.6; III. 1.55; IV. 1; R 4.2; Achse 4.38.

Fahrwerk: Lenkung mit Servo, Reifen 235/75 R 15.

Fahrleistungen: Vmax (Werk) 138 km/h, V bei 1000/min im 4. Gang 25.9 km/h; Leistungsgew. 22.7 kg/kW (16.6 kg/PS); Verbrauch (Werk) 12.1 L/100 km.

2.4 – 97 ch turbodiesel

Comme 2.4 – 92 ch, sauf:

Carrosserie, poids: (DIN), station-wagon, 5 portes; vide dès 1610 kg, tot. adm. 2370 kg.

Moteur: (DIN), 4 cyl. en ligne (92×90 mm), 2393 cm³; compr. 22.6:1; 71 kW (97 PS) à 4200/min, 29.7 kW/L (40.3 ch/L); 216 Nm (22 mkp) à 2300/min; gazole. Compr. 7.2:1; 72 kW (98 ch); 189 Nm.

Moteur (constr.): désignation VM-HP 492 HT; culasse en alliage léger; bloc-cyl. en fonte; vilebrequin à 5 paliers; huile 6.6 L; pompe à injection, Bosch, 1 turbocompr. KKK K16, pression max. 0.9 bar. Batterie 83 Ah, alternateur 55 A; refroidissement à eau, capac. 12 L.

Transmission:
Boîte à 4 vit.: I. 4.04; II. 2.6; III. 1.55; IV. 1; AR 4.2; pont 4.38.

Train roulant: direction assistée, pneus 235/75 R 15.

Performances: Vmax (usine) 138 km/h, V à 1000/min en 4. vit. 25.9 km/h; rapp. poids/puiss. 22.7 kg/kW (16.6 kg/ch); consomm. (Werk) 12.1 L/100 km.

UAZ 3160

Prototyp eines Geländewagens auf Basis des 3151. Provisorische Daten.

Prototype d'une voiture tout-terrain basant sur la 3151. Données provisoires.

2.9 – 107 PS Vergaser

Karosserie, Gewicht: (DIN), Station Wagon, 5 Türen, 7 Sitze; leer 1850 kg, max. zul. 2430 kg.

Motor: (DIN), 4 Zyl. in Linie (100×92 mm), 2890 cm³; Kompr. 8.2:1; 79 kW (107 PS) bei 4000/min, 27.3 kW/L (37.2 PS/L); 211 Nm (21.5 mkp) bei 2200/min; 91 ROZ. Auch 88 kW (120 PS).

Motorkonstruktion: Bezeichnung UMZ-421.10; 5fach gelagerte Kurbelwelle; Öl 5.8 L; 1 Fallstrom-Doppelvergaser. Batterie 60 Ah, Alternator 40 A; Wasserkühlung, Inh. 13 L.

Kraftübertragung: (auf Hinterräder oder alle Räder), zentrales Differential, Reduktionsgetriebe: I. 1; II. 1.94.
5-Gang-Getr.: I. 4.04; II. 2.6; III. 1.55; IV. 1; V. 0.82; R 4.2; Achse 4.63; 4.38 oder 4.1.

Fahrgestell: Kastenrahmen mit Traversen; v/h Starrachse, Schraubenfedern, Längs- und Querlenker; hinten Halbelliptikfedern, Teleskopdämpfer.

Fahrwerk: Bremse, v. Scheiben (belüftet), h. Trommeln, Feststellbr. auf Vorderr. Lenkung mit Schnecke und Rolle, Treibstofftank 90 L; Reifen 215 R 16, Felgen 6 J.

2.9 – 107 ch Carburateur

Carrosserie, poids: (DIN), station-wagon, 5 portes, 7 places; vide 1850 kg, tot. adm. 2430 kg.

Moteur: (DIN), 4 cyl. en ligne (100×92 mm), 2890 cm³; compr. 8.2:1; 79 kW (107 ch) à 4000/min, 27.3 kW/L (37.2 ch/L); 211 Nm (21.5 mkp) à 2200/min; 91 (R). Aussi 88 kW (120 ch).

Moteur (constr.): désignation UMZ-421.10; vilebrequin à 5 paliers; huile 5.8 L; 1carburateur inversé à double corps. Batterie 60 Ah, alternateur 40 A; refroidissement à eau, capac. 13 L.

Transmission: (sur roues AR ou toutes les roues), différentiel central, boîte de transfert: I. 1; II. 1.94.
Boîte à 5 vit: I. 4.04; II. 2.6; III. 1.55; IV. 1; V. 0.82; AR 4.2; pont 4.63; 4.38 ou 4.1

Châssis: Cadre à caisson avec traverses; AV/AR essieu rigide, ressorts hélic., bras longitud. et transv.; AR ressorts semi-ellipt., amortis. télescop.

Train roulant: frein, AV à disques (ventilés), AR à tambours, frein de stationnement sur roues AV; dir. à vis sans fin et galet, rés. carb. 90 L; pneus 215 R 16, jantes 6 J.

UAZ 3160

Dimensionen: Radstand 240 cm, Spur 144.5/144.5 cm, Bodenfreih. 22 cm, Wendekreis 11.4 m, Länge 420 cm, Breite 182 cm, Höhe 195 cm.

Fahrleistungen: Vmax (Werk) 145 km/h, V bei 100/min im 5. Gang 36.3 km/h; Leistungsgew. 22.3 kg/kW (16.5 kg/PS); Verbrauch ECE 13.5/25.5/15.4 L/100 km.

2.4 – 103 PS Benzineinspritzung

Wie 2.9 – 107 PS, ausgenommen:

Motor: (DIN), 4 Zyl. in Linie (92×92 mm), 2446 cm³; Kompr. 8:1; 76 kW (103 PS) bei 4000/min, 31.1 kW/L (42.2 PS/L); 191 Nm (19.5 mkp) bei 3200/min; 76 ROZ.

Motorkonstruktion: Bezeichnung UMZ-4178.10; seitl. Nockenwelle (Zahnräder); Leichtmetall-Zylinderkopf und -block; 5fach gelagerte Kurbelwelle; Öl 5.8 L; 1 Fallstrom-Doppelvergaser, elektron. Zentraleinspritzung, Bosch, K-126 B. Batterie 60 Ah, Alternator 40 A; Wasserkühlung, Inh. 13 L.

Kraftübertragung:
5-Gang-Getriebe: I. 4.04; II. 2.6; III. 1.55; IV. 1; V. 0.82; R 4.2; Achse 4.38.

Fahrleistungen: Vmax (Werk) 135 km/h, Leistungsgew. 24.1 kg/kW (17.8 kg/PS); Verbrauch ECE 12.7/23.4/14.3 L/100 km.

2.4 – 97 PS Turbodiesel

Wie 2.9 – 107 PS, ausgenommen:

Motor: (DIN), 4 Zyl. in Linie (92×90 mm), 2393 cm³; Kompr. 22.6:1; 71 kW (97 PS) bei 4200/min, 29.7 kW/L (40.3 PS/L); 216 Nm (22 mkp) bei 2300/min; Dieselöl.

Motorkonstruktion: Bez. VM-HP 492 HT; Leichtmetall-Zylinderkopf; Grauguss-Zylinderblock; 5fach Kurbelwelle; Öl 6.6 L; Einspritzpumpe, Bosch, 1 Turbolader, KKK K16, max. Ladedruck 0.9 bar. Batterie 83 Ah, Alternator 55 A; Wasserkühlung, Inh. 12 L.

Kraftübertragung:
5-Gang-Getriebe: I. 4.04; II. 2.6; III. 1.55; IV. 1; V. 0.82; R 4.2; Achse 4.38.

Fahrleistungen: Vmax (Werk) 145 km/h, Leistungsgew. 25.8 kg/kW (18.9 kg/PS); Verbrauch ECE 10.7/14.9/12.8 L/100 km.

Dimensions: empattement 240 cm, voie 144.5/144.5 cm, garde au sol 22 cm, diam. de braq. 11.4 m, longueur 420 cm, largeur 182 cm, hauteur 195 cm.

Performances: Vmax (usine) 145 km/h, V à 1000/min en 5. vit. 36.3 km/h; rapp. poids/puiss. 22.3 kg/kW (16.5 kg/ch); consomm. ECE 13.5/25.5/15.4 L/100 km.

2.4 – 103 ch Injection d'essence

Comme 2.9 – 107 ch, sauf:

Moteur: (DIN), 4 cyl. en ligne (92×92 mm), 2446 cm³; compr. 8:1; 76 kW (103 ch) à 4000/min, 31.1 kW/L (42.2 ch/L); 191 Nm (19.5 mkp) à 3200/min; 76 (R).

Moteur (constr.): désignation UMZ-4178.10; arbre à cames latéral (pignons); culasse et bloc-cyl. en alliage léger; vilebrequin à 5 paliers; huile 5.8 L; 1carburateur inversé à double corps, injection monopoint électron., Bosch, K-126 B. Batterie 60 Ah, alternateur 40 A; refroidissement à eau, capac. 13 L.

Transmission:
Boîte à 5 vit.: I. 4.04; II. 2.6; III. 1.55; IV. 1; V. 0.82; AR 4.2; pont 4.38.

Performances: Vmax (usine) 135 km/h, rapp. poids/puiss. 24.1 kg/kW (17.8 kg/ch); consomm. ECE 12.7/23.4/14.3 L/100 km.

2.4 – 97 ch turbodiesel

Comme 2.9 – 107 ch, sauf:

Moteur: (DIN), 4 cyl. en ligne (92×90 mm), 2393 cm³; compr. 22.6:1; 71 kW (97 ch) à 4200/min, 29.7 kW/L (40.3 ch/L); 216 Nm (22 mkp) à 2300/min; gazole.

Moteur (constr.): désignation VM-HP 492 HT; culasse en alliage léger; bloc-cyl. en fonte; vilebrequin à 5 paliers; huile 6.6 L; pompe à injection, Bosch, 1 turbocompr. KKK K16, pression max. 0.9 bar. Batterie 83 Ah, alternateur 55 A; refroidissement à eau, capac. 12 L.

Transmission:
Boîte à 5 vit.: I. 4.04; II. 2.6; III. 1.55; IV. 1; V. 0.82; AR 4.2; pont 4.38.

Performances: Vmax (usine) 145 km/h, rapp. poids/puiss. 25.8 kg/kW (18.9 kg/ch); consomm. ECE 10.7/14.9/12.8 L/100 km.

Umm   P

Umm, União Metalo-Mecânica, Lda, R. das Flores, 71,2.°, 1200-Lisboa, Portugal

Portugiesische Firma, in der Metallverarbeitung tätig.

Usine métallurgique en Portugal.

Umm Alter/Alvor

Geländegängiger Wagen mit Vierradantrieb, 2,3- oder 2,5-Liter-Indénor-Diesel-Motor od. 2-Liter-Benzinmotor von Peugeot; Paris 1986: Turbodiesel erhältlich. Seit 1991 auch mit längerem Radstand.

Voiture tout-terrain avec 4 roues otrices, moteurs 2,3 ou 2,5 litres diesel Indénor ou moteur 2 litres à essence; Paris 1986: Aussi en vente avec turbodiesel. Depuis 1991 aussi avec empattement alongé.

2.0 – 87 PS Vergaser

Karosserie, Gewicht: (DIN), Wagon, mit Blachenverdeck oder Hardtop; 3 Türen, 6 Sitze; leer ab ca. 1610 kg, max. zul. 2720 kg.

2.0 – 87 ch Carburateur

Carrosserie, poids: (DIN), Wagon, avec capote en toile ou hardtop; 3 portes, 6 places; vide dès env. 1610 kg, tot. adm. 2720 kg.

Umm · Vauxhall

Motor: (DIN), 4 Zyl. in Linie (88×81 mm), 1971 cm³; Kompr. 8:1; 64 kW (87 PS) bei 5000/min, 32.5 kW/L (44.1 PS/L); 162 Nm (16.5 mkp) bei 2500/min; 91 ROZ.

Motorkonstruktion: 1 obenl. Nockenwelle (Zahnriemen); Leichtmetall-Zylinderkopf und -block; 5fach gelagerte Kurbelwelle; Öl 5 L; 1 Vergaser.

Batterie 63 Ah, Alternator 500 W; Wasserkühlung, Inh. 6.3 L.

Kraftübertragung: (auf Hinterräder oder alle Räder), Differentialbremse hinten; Reduktionsgetriebe: I. 0.97; II. 2.09.

5-Gang-Getriebe: I. 3.86; II. 2.18; III. 1.44; IV. 1; V. 0.85; R 3.59; Achse 5.38; 5.86.

Moteur: (DIN), 4 cyl. en ligne (88×81 mm), 1971 cm³; compr. 8:1; 64 kW (87 ch) à 5000/min, 32.5 kW/L (44.1 ch/L); 162 Nm (16.5 mkp) à 2500/min; 91 (R).

Moteur (constr.): 1 arbre à cames en tête (courroie crantée); culasse et bloc-cyl. en alliage léger; vilebrequin à 5 paliers; huile 5 L; 1 carburateur.

Batterie 63 Ah, alternateur 500 W; refroidissement à eau, capac. 6.3 L.

Transmission: (sur roues AR ou toutes les roues), frein de différentiel AR; boîte de transfert: I. 0.97; II. 2.09.

Boîte à 5 vit.: I. 3.86; II. 2.18; III. 1.44; IV. 1; V. 0.85; AR 3.59; pont 5.38; 5.86.

Umm Alter

Fahrgestell: Kastenrahmen mit Traversen; v/h Starrachse, Blattfedern, Teleskopdämpfer.

Fahrwerk: Bremse, vorne Scheiben (belüftet), hinten Trommeln, Handbremse auf Hinterräder; Lenkung mit Schnecke und Rolle, Treibstofftank 60 L; Reifen 205 R 16, Felgen 5.5 J.

Dimensionen: Radstand 256 cm, Spur 134/134 cm, Bodenfreih. 23 cm, Wendekreis 10.5 m, Länge 414 cm, Breite 169 cm, Höhe 195 cm.
lwb: Radstand 308 cm, Spur 136,5/136,5 cm; Wendekreis 13 m. Länge 485,5 cm.

Fahrleistungen: Vmax (Werk) 120 km/h, V bei 1000/min im 5. Gang 25.6 km/h; Leistungsgew. 25.2 kg/kW (18.5 kg/PS); Verbrauch (Werk) 10/12 L/100 km.

Châssis: Cadre à caisson avec traverses; AV/AR essieu rigide, ressort à lames, amortiss. télesc.

Train roulant: frein, AV à disques (ventilés), AR à tambours, frein à main sur roues AR; direction à vis sans fin et galet, réservoir carb. 60 L; pneus 205 R 16, jantes 5.5 J.

Dimensions: empattement 256 cm, voie 134/134 cm, garde au sol 23 cm, diam. de braq. 10.5 m, longueur 414 cm, largeur 169 cm, hauteur 195 cm.
lwb: empatt. 308 cm, voie 136,5/136,5 cm; diam. de braq. 13 m. Longueur 485,5 cm.

Performances: Vmax (usine) 120 km/h, V à 1000/min en 5. vit. 25.6 km/h; rapp. poids/puiss. 25.2 kg/kW (18.5 kg/ch); consomm. (Werk) 10/12 L/100 km.

2.3 – 67 PS Diesel

Wie 2.0 – 87 PS, ausgenommen:

Motor: (DIN), 4 Zyl. in Linie (94×83 mm), 2304 cm³; Kompr. 22.2:1; 49 kW (67 PS) bei 4500/min, 21.3 kW/L (28.9 PS/L); 134 Nm (13.7 mkp) bei 2000/min; Dieselöl.

Motorkonstruktion: Bezeichnung Indénor/Peugeot; Wirbelkammer-Diesel; seitl. Nockenwelle (Kette); Leichtmetall-Zylinderkopf; 5fach gelagerte Kurbelwelle; Öl 5 L; Einspritzpumpe, Bosch VE.

Batterie 63 Ah, Alternator 750 W; Wasserkühlung, Inh. 10 L.

Kraftübertragung:
4-Gang-Getriebe: I. 3.86; II. 2.18; III. 1.45; IV. 1; R 3.59; Achse 5.38; 5.86.

Dimensionen: Radstand 256 cm, Spur 134/134 cm, Bodenfreih. 23 cm, Wendekreis 10.5 m, Länge 414 cm, Breite 169 cm, Höhe 195 cm.
lwb: Radstand 308 cm, Spur 136,5/136,5 cm; Wendekreis 13 m. Länge 485,5 cm.

Fahrleistungen: Vmax (Red.) über 100 km/h, Leistungsgew. 32.8 kg/kW (24 kg/PS); Verbrauch (Red.) 10/14 L/100 km.

2.3 – 67 ch diesel

Comme 2.0 – 87 ch, sauf:

Moteur: (DIN), 4 cyl. en ligne (94×83 mm), 2304 cm³; compr. 22.2:1; 49 kW (67 ch) à 4500/min, 21.3 kW/L (28.9 ch/L); 134 Nm (13.7 mkp) à 2000/min; gazole.

Moteur (constr.): désignation Indénor/Peugeot; diesel à chambre de turbulence; arbre à cames latéral (chaîne); culasse en alliage léger; vilebrequin à 5 paliers; huile 5 L; pompe à injection, Bosch VE.

Batterie 63 Ah, alternateur 750 W; refroidissement à eau, capac. 10 L.

Transmission:
Boîte à 4 vit.: I. 3.86; II. 2.18; III. 1.45; IV. 1; AR 3.59; pont 5.38; 5.86.

Dimensions: empattement 256 cm, voie 134/134 cm, garde au sol 23 cm, diam. de braq. 10.5 m, longueur 414 cm, largeur 169 cm, hauteur 195 cm.
lwb: empatt. 308 cm, voie 136,5/136,5 cm; diam. de braq. 13 m. Longueur 485,5 cm.

Performances: Vmax (réd.) plus de 100 km/h, rapp. poids/puiss. 32.8 kg/kW (24 kg/ch); consomm. (Red.) 10/14 L/100 km.

2.5 – 76 PS Diesel

Wie 2.0 – 87 PS, ausgenommen:

Motor: (DIN), 4 Zyl. in Linie (94×90 mm), 2498 cm³; Kompr. 22.2:1; 56 kW (76 PS) bei 4500/min, 22.4 kW/L (30.5 PS/L); 148 Nm (15.1 mkp) bei 2500/min; Dieselöl.

Motorkonstruktion: Bezeichnung Indénor/Peugeot; Wirbelkammer-Diesel; seitl. Nockenwelle (Kette); Leichtmetall-Zylinderkopf; 5fach gelagerte Kurbelwelle; Öl 5 L; Einspritzpumpe, Bosch VE.

Batterie 95 Ah, Alternator 750 W; Wasserkühlung, Inh. 10 L.

Kraftübertragung:
5-Gang-Getriebe: I. 3.86; II. 2.18; III. 1.44; IV. 1; V. 0.85; R 3.59; Achse 5.38; 5.86.

Fahrleistungen: Vmax (Red.) über 110 km/h, Leistungsgew. 28.8 kg/kW (21.2 kg/PS); Verbrauch (Red.) 10/14 L/100 km.

2.5 – 76 ch diesel

Comme 2.0 – 87 ch, sauf:

Moteur: (DIN), 4 cyl. en ligne (94×90 mm), 2498 cm³; compr. 22.2:1; 56 kW (76 ch) à 4500/min, 22.4 kW/L (30.5 ch/L); 148 Nm (15.1 mkp) à 2500/min; gazole.

Moteur (constr.): désignation Indénor/Peugeot; diesel à chambre de turbulence; arbre à cames latéral (chaîne); culasse en alliage léger; vilebrequin à 5 paliers; huile 5 L; pompe à injection, Bosch VE.

Batterie 95 Ah, alternateur 750 W; refroidissement à eau, capac. 10 L.

Transmission:
Boîte à 5 vit.: I. 3.86; II. 2.18; III. 1.44; IV. 1; V. 0.85; AR 3.59; pont 5.38; 5.86.

Performances: Vmax (réd.) plus de 110 km/h, rapp. poids/puiss. 28.8 kg/kW (21.2 kg/ch); consomm. (Red.) 10/14 L/100 km.

2.5 – 110 PS Turbodiesel

Wie 2.0 – 87 PS, ausgenommen:

Motor: (DIN), 4 Zyl. in Linie (94×90 mm), 2498 cm³; Kompr. 21:1; 81 kW (110 PS) bei 4150/min, 32.4 kW/L (44.1 PS/L); 239 Nm (24.4 mkp) bei 2500/min; Dieselöl.

Motorkonstruktion: Bezeichnung XD 3T; Wirbelkammer-Diesel; seitl. Nockenwelle (Kette); 5fach gelagerte Kurbelwelle; Öl 5 L; Einspritzpumpe, Bosch VE, 1 Turbolader, Garrett AiResearch, max. Ladedruck 0.8 bar, Intercooler.

Batterie 95 Ah, Alternator 1000 W; Wasserkühlung, Inh. 10 L.

Kraftübertragung:
5-Gang-Getriebe: I. 3.86; II. 2.18; III. 1.44; IV. 1; V. 0.85; R 3.59; Achse 4.88; 5.38.

Fahrleistungen: Vmax (Werk) 140 km/h, V bei 1000/min im 5. Gang 32.9 km/h; Leistungsgew. 19.9 kg/kW (14.2 kg/PS); Verbrauch (Red.) 10/15 L/100 km.

2.5 – 110 ch turbodiesel

Comme 2.0 – 87 ch, sauf:

Moteur: (DIN), 4 cyl. en ligne (94×90 mm), 2498 cm³; compr. 21:1; 81 kW (110 ch) à 4150/min, 32.4 kW/L (44.1 ch/L); 239 Nm (24.4 mkp) à 2500/min; gazole.

Moteur (constr.): désignation XD 3T; diesel à chambre de turbulence; arbre à cames latéral (chaîne); vilebrequin à 5 paliers; huile 5 L; pompe à injection, Bosch VE, 1 turbocompr., Garrett AiResearch, pression max. 0.8 bar, Intercooler.

Batterie 95 Ah, alternateur 1000 W; refroidissement à eau, capac. 10 L.

Transmission:
Boîte à 5 vit.: I. 3.86; II. 2.18; III. 1.44; IV. 1; V. 0.85; AR 3.59; pont 4.88; 5.38.

Performances: Vmax (usine) 140 km/h, V à 1000/min en 5. vit. 32.9 km/h; rapp. poids/puiss. 19.9 kg/kW (14.2 kg/ch); consomm. (Red.) 10/15 L/100 km.

Vauxhall — GB

Vauxhall Motors Limited, Griffin House, Osorne Road, Luton, LU1 3YT, England

Glied der General Motors. Einer der grossen Automobilhersteller Grossbritanniens. Modellprogramm weitgehend identisch mit demjenigen von Opel: Corsa, Tigra, Astra, Vectra, Calibra, Omega, Frontera und Monterey. Daten siehe Opel.

Marque affiliée à la General Motors. L'une des grandes fabriques en Grande-Bretagne. Gamme de modèles plus ou moins identique à celle d'Opel: Corsa, Tigra, Astra, Vectra, Calibra, Omega, Frontera et Monterey. Données voir Opel.

Vauxhall Sintra

Vector • Venturi

Vector USA

Vector, Aeromotive Corporation, 400 N. Marine Avenue, Wilmington CA 90744, USA

Amerikanisches Werk, 1978 als Vector Car Company gegründet, baut mit modernster Technologie den Supersportwagen Vector. 1995: Von Kalifornien nach Florida umgezogen, nun in die indonesische Finanzgruppe (wie Lamborghini) integriert. Detroit, Januar 1996: Modifiziertes Modell M12 mit Lamborghini-V12-Motor (5.7/48V, 492 PS); 0-100 km/h in 4,5 s, Höchstgeschwindigkeit 305 km/h.

Usine américaine, fondée 1978 comme Vector Car Company, construit avec la technologie la plus moderne voiture supersport Vector. 1995: déménagé de la Californie à Florida et intégré dans le groupe de finances indonésienne (comme Lamborghini). Detroit janvier 1996: modèle modifié M12 avec moteur V12 Lamborghini (5.7/48V, 492 ch); 0-100 km/h en 4,5 secondes; vitesse maximale 305 km/h.

Vextor M12

Venturi F

Venturi, Port Launay, F-44 220 Nantes-Coueron, France

1985 gegründetes, französisches Werk, stellt hochwertige Fahrzeuge mit sportlichen Fahrleistungen her. Ab 1991 neues Werk in Nantes.

Manufacture française fondée en 1985, produit des voitures de grande qualité et à hautes performances. Nouvelle usine dès 1991 à Nantes.

Venturi Atlantique 300 - 400 GT

Zweitüriges Coupé mit zwei Sitzen, 2,5-Liter-PRV-Turbomotor, 5-Gang-Getriebe, Prototyp ausgestellt am Salon Paris 1984. Debüt Paris 1986. Cabriolet Paris 1988. Mai 1989: Mehr Hubraum und Leistung. Genf 1990: 2,85-Liter mit Katalysator. Genf 1994: 3.0-V6.

Coupé deux portes, deux places, moteur PRV turbo 2,5 litres, boîte à 5 vitesses, prototype lancé à Paris 1984. Lancement Paris 1986. Cabriolet Paris 1988. Mai 1989: Cylindrée et puissance accrue. Genève 1990: 2,85 litres avec catalyseur. Genève 1994: V6 3.0.

3.0 V6 – 281 PS Benzineinspritzung/Turbo

Karosserie, Gewicht: Coupé, 2 Türen, 2 Sitze; leer 1250 kg.

Motor: (DIN), 6 Zyl. in V 90° (93×73 mm), 2975 cm³; Kompr. 7.3:1; 207 kW (281 PS) bei 5300/min, 69.6 kW/L (94.6 PS/L); 420 Nm (42.8 mkp) bei 2500/min; 95 ROZ.

Motorkonstruktion: 2×1 obenl. Nockenwelle (Kette); Leichtmetall-Zylinderköpfe und -block; 4fach gelagerte Kurbelwelle; Öl 10.5 L; elektron. Einspritzung, Siemens DME, 1 Turbolader, Garrett T3, max. Ladedruck 0.95 bar, Intercooler.

Batterie 60 Ah, Alternator 105 A; Wasserkühlung, Inh. 20 L.

Kraftübertragung: (auf Hinterräder). 5-Gang-Getriebe: I. 3.36; II. 2.06; III. 1.38; IV. 0.96; V. 0.76; R 3.55; Achse 3.44.

3.0 V6 – 281 ch Injection d'essence/turbo

Carrosserie, poids: Coupé, 2 portes, 2 places; vide 1250 kg.

Moteur: (DIN), 6 cyl. en V 90° (93×73 mm), 2975 cm³; compr. 7.3:1; 207 kW (281 ch) à 5300/min, 69.6 kW/L (94.6 ch/L); 420 Nm (42.8 mkp) à 2500/min; 95 (R).

Moteur (constr.): 2×1 arbre à cames en tête (chaîne); culasses et bloc-cyl. en alliage léger; vilebrequin à 4 paliers; huile 10.5 L; injection électronique, Siemens DME, 1 turbocompr., Garrett T3, pression max. 0.95 bar, Intercooler.

Batterie 60 Ah, alternateur 105 A; refroidissement à eau, capac. 20 L.

Transmission: (sur roues AR). Boîte à 5 vit.: I. 3.36; II. 2.06; III. 1.38; IV. 0.96; V. 0.76; AR 3.55; pont 3.44.

Venturi Atlantique

Fahrgestell: Stahlstruktur mit vorderen und hinteren Kastenträgern; vorn doppelte Dreieckquerlenker; hinten doppelte Querlenker, Längslenker, Schubstrebe; v/h Kurvenstab., Schraubenfedern, Teleskopdämpfer.

Fahrwerk: Vierrad-Scheibenbremse (v/h belüftet), Scheiben-Ø v. 31.5 cm, h. 31.5 cm, a.W. ABS, Wabco; Handbremse auf Hinterräder; Zahnstangenlenkung mit Servo, Treibstofftank 90 L; Reifen v. 205/50 ZR 17, h. 255/40 ZR 17, Felgen v. 7.5, h. 9 J.

Dimensionen: Radstand 250 cm, Spur 150/159 cm, Bodenfreih. 14 cm, Länge 424 cm, Breite 184 cm, Höhe 118 cm.

Fahrleistungen: Vmax (Werk) 280 km/h, V bei 1000/min im 5. Gang 45 km/h; steh. km 23.5 s; Leistungsgew. 6 kg/kW (4.4 kg/PS); Verbrauch ECE 9.5/13.1/19 L/100 km.

Châssis: châssis-poutre avec caisson en tôle d'acier AV/AR; AV leviers triang. transv. doubles; AR leviers transv. doubles, bras longitud., barre de poussée; AV/AR barre anti-dévers, ressorts hélic, amortiss. télesc.

Train roulant: quatre freins à disques (AV/AR ventilés), Ø disques AV 31.5 cm, AR 31.5 cm, ABS s. d., Wabco; frein à main sur roues AR; servodirection à crémaillère, réservoir carb. 90 L; pneus AV 205/50 ZR 17, AR 255/40 ZR 17, jantes AV 7.5, AR 9 J.

Dimensions: empattement 250 cm, voie 150/159 cm, garde au sol 12 cm, longueur 424 cm, largeur 184 cm, hauteur 118 cm.

Performances: Vmax (usine) 280 km/h, V à 1000/min en 5. vit. 45 km/h; km arrêté 23.5 s; rapp. poids/puiss. 6 kg/kW (4.4 kg/ch); consomm. ECE 9.5/13.1/19 L/100 km.

3.0 V6 24V – 408 PS Benzineinspritzung/Turbo

Wie 3.0 – 281 PS, ausgenommen:

Gewicht: leer ab 1150 kg.

Motor: (DIN), 6 Zyl. in V 90° (93×73 mm), 2975 cm³; Kompr. 8.3:1; 300 kW (408 PS) bei 6000/min, 100.8 kW/L (137.1 PS/L); 540 Nm (55 mkp) bei 4100/min; 98 ROZ.

Motorkonstruktion: 4 Ventile in V; 2×1 obenl. Nockenwelle (Kette); Leichtmetall-Zylinderköpfe und -block; 4fach gelagerte Kurbelwelle; Öl 10.5 L; elektron. Einspr., Siemens DME, 2 Turbolader, Garrett T25, max. Ladedruck 0.95 bar, 2 Intercooler. Batterie 60 Ah, Alternator 90 A; Wasserkühlung, Inh. 20 L.

3.0 V6 24V – 408 ch Injection d'essence/turbo

Comme 3.0 – 281 ch, sauf:

Poids: vide dès 1150 kg.

Moteur: (DIN), 6 cyl. en V 90° (93×73 mm), 2975 cm³; compr. 8.3:1; 300 kW (408 ch) à 6000/min, 100.8 kW/L (137.1 ch/L); 540 Nm (55 mkp) à 4100/min; 98 (R).

Moteur (constr.): 4 soupapes en V; 2×1 arbre à cames en tête (chaîne); culasses et bloc-cyl. en alliage léger; vilebrequin à 4 paliers; huile 10.5 L; injection électronique, Siemens DME, 2 turbocompresseurs, Garrett T25, pression max. 0.95 bar. Batterie 60 Ah, alternateur 90 A; refroidissement à eau, capac. 20 L.

Venturi 400 GT

Kraftübertragung: 5-Gang-Getriebe: I. 3.36; II. 2.06; III. 1.38; IV. 0.96; V. 0.76; R 3.55; Achse 3.44.

Fahrwerk: Scheiben-Ø v. 31.2 cm, h. 31.2 cm, Reifen v. 235/40 ZR 18, h. 295/35 ZR 18, Felgen v. 8, h. 10.5 J.

Dimensionen: Spur 161/171.5 cm, Bodenfreih. 12 cm, Länge 414 cm, Breite 199 cm, Höhe 117 cm.

Fahrleistungen: Vmax (Werk) 290 km/h, V bei 1000/min im 5. Gang 46.5 km/h; steh. km 22 s; Leistungsgew. 3.8 kg/kW (2.8 kg/PS); Verbrauch ECE 9.5/12/20.5 L/100 km. Rennausführung Vmax 330 km/h.

Transmission: Boîte à 5 vit.: I. 3.36; II. 2.06; III. 1.38; IV. 0.96; V. 0.76; AR 3.55; pont 3.44.

Train roulant: Ø disques AV 31.2 cm, AR 31.2 cm, pneus AV 235/40 ZR 18, AR 295/35 ZR 18, jantes AV 8, AR 10.5 J.

Dimensions: voie 161/171.5 cm, garde au sol 12 cm, longueur 414 cm, largeur 199 cm, hauteur 117 cm.

Performances: Vmax (usine) 290 km/h, V à 1000/min en 5. vit. 46.5 km/h; km arrêté 22 s; rapp. poids/puiss. 3.8 kg/kW (2.8 kg/ch); consomm. ECE 9.5/12/20.5 L/100 km. Version de course: Vmax 330 km/h.

Volga   RUS

AG GAZ-Gorkowskij awtomobilnyi zawod, Lenina Pr., Nizhny Novgorod, 603004, Russia

Automobilwerk in Nizhny Novgorod (GAZ).

Usine d'automobiles à Nizhny Novgorod (GAZ).

Volga 3110

Mittelklassewagen mit Fünfganggetriebe, Nachfolger des 3102, Motoren: 2.3-16V oder Rover 2.0 16V. Debüt Salon Moskau August 1996.

Voiture de cat. moyenne avec 5 vit., successeur de la 3102, moteurs: 23-16V ou Rover 2.0 16V. Lancement salon Moscou août 1996.

2.0 16V – 140 PS Benzineinspritzung
2.0 16V – 140 ch Injection d'essence

Karosserie, Gewicht: (DIN), Limousine, 4 Türen, 5 Sitze; leer ab 1490 kg, max. zul. 1890 kg.

Motor: (ECE), 4 Zyl. in Linie (84.5×89 mm), 1996 cm^3; Kompr. 10:1; 103 kW (140 PS) bei 6000/min, 51.6 kW/L (70.1 PS/L); 180 Nm (18.3 mkp) bei 4500/min; 91 ROZ.

Motorkonstruktion: Bezeichnung Rover T16 MPI; 4 Ventile in V; 2 obenl. Nockenwellen (Zahnriemen); Leichtmetall-Zylinderkopf; 5fach gelagerte Kurbelwelle; Öl 5.8 L; elektron. Einspritzung, Lucas. Batterie 60 Ah, Alternator 900 W; Wasserkühlung, Inh. 12 L.

Carrosserie, poids: (DIN), Berline, 4 portes, 5 places; vide dès 1490 kg, tot. adm. 1890 kg.

Moteur: (ECE), 4 cyl. en ligne (84.5×89 mm), 1996 cm^3; compr. 10:1; 103 kW (140 ch) à 6000/min, 51.6 kW/L (70.1 kW/L); 180 Nm (18.3 mkp) à 4500/min; 91 (R).

Moteur (constr.): désignation Rover T16 MPI; 4 soupapes en V; 2 arbres à cames en tête (courroie crantée); culasse en alliage léger; vilebrequin à 5 paliers; huile 5.8 L; injection électronique, Lucas. Batterie 60 Ah, alternateur 900 W; refroidissement à eau, capac. 12 L.

Volga 3110

Kraftübertragung: (auf Hinterräder). 5-Gang-Getriebe: I. 3.32; II. 2.14; III. 1.4; IV. 1; V. 0.75; R 3.43; Achse 3.9.

Fahrgestell: Selbsttragende Karosserie; vorn Dreieckquerlenker, Schraubenfedern, Teleskopdämpfer; Kurvenstabilisator; hinten Starrachse, Halbelliptikfedern.

Fahrwerk: Bremse, vorne Scheiben, hinten Trommeln, einige Modelle vorne Trommeln, Handbremse mit Servo, Treibstofftank 55 L; Reifen 195/65 R 15, Felgen 6.5 J.

Dimensionen: Radstand 280 cm, Spur 151/145 cm, Bodenfreih. 15 cm, Wendekreis 11.6 m, Kofferraum 500 dm^3, Länge 496 cm, Breite 182 cm, Höhe 148 cm.

Fahrleistungen: Vmax (Werk) 180 km/h, V bei 1000/min im 5. Gang 39.5 km/h; Leistungsgew. 14.5 kg/kW (10.6 kg/PS); Verbrauch (Werk) 9.5 L/100 km.

Transmission: (sur roues AR). Boîte à 5 vit.: I. 3.32; II. 2.14; III. 1.4; IV. 1; V. 0.75; AR 3.43; pont 3.9.

Châssis: carrosserie autoporteuse; AV leviers triang. transv., ressorts hélicoïdaux, amortiss. télesc.; barre anti-dévers; AR essieu rigide, ressorts semi-ellipt.

Train roulant: frein, AV à disques, AR à tambours, quelques modèles AV à tambours, frein à main sur roues AR; direction à circuit de billes assistée, réservoir carb. 55 L; pneus 195/65 R 15, jantes 6.5 J.

Dimensions: empattement 280 cm, voie 151/145 cm, garde au sol 15 cm, diam. de braq. 11.6 m, coffre 500 dm^3, longueur 496 cm, largeur 182 cm, hauteur 148 cm.

Performances: Vmax (usine) 180 km/h, V à 1000/min en 5. vit. 39.5 km/h; rapp. poids/puiss. 14.5 kg/kW (10.6 kg/ch); consomm. (Werk) 9.5 L/100 km.

2.3 16V – 150 PS Benzineinspritzung
2.3 16V – 150 ch Injection d'essence

Wie 2.0 – 140 PS, ausgenommen:

Gewicht: leer ab 1500 kg, max. zul. 1900 kg.

Motor: (ECE), 4 Zyl. in Linie (92×86 mm), 2287 cm^3; Kompr. 9.5:1; 110 kW (150 PS) bei 5200/min, 48.1 kW/L (65.4 PS/L); 211 Nm (21.5 mkp) bei 4000/min; 91 ROZ.

Comme 2.0 – 140 ch, sauf:

Poids: vide dès 1500 kg, tot. adm. 1900 kg.

Moteur: (ECE), 4 cyl. en ligne (92×86 mm), 2287 cm^3; compr. 9.5:1; 110 kW (150 ch) à 5200/min, 48.1 kW/L (65.4 ch/L); 211 Nm (21.5 mkp) à 4000/min; 91 (R).

Motorkonstruktion: Bezeichnung ZMZ-4062.10; 4 Ventile in V; 2 obenl. Nockenwellen (Kette); Leichtmetall-Zylinderkopf; 5fach gelagerte Kurbelwelle; Öl 6 L; elektron. Zentraleinspritzung, Bosch. Batterie 60 Ah, Alternator 900 W; Wasserkühlung, Inh. 12 L.

Kraftübertragung:
5-Gang-Getriebe: I. 4.05; II. 2.34; III. 1.4; IV. 1; V. 0.85; R 3.5; Achse 3.9.

Fahrleistungen: Vmax (Werk) 175 km/h, V bei 1000/min im 5. Gang 34.8 km/h; 0–100 km/h 13.3 s; Leistungsgew. 13.6 kg/kW (10 kg/PS); Verbrauch (Werk) 11.7 L/100 km.

Moteur (constr.): désignation ZMZ-4062.10; 4 soupapes en V; 2 arbres à cames en tête (chaîne); culasse en alliage léger; vilebrequin à 5 paliers, huile 6 L; injection monopoint électron., Bosch. Batterie 60 Ah, alternateur 900 W; refroidissement à eau, capac. 12 L.

Transmission:
Boîte à 5 vit.: I. 4.05; II. 2.34; III. 1.4; IV. 1; V. 0.85; AR 3.5; pont 3.9.

Performances: Vmax (usine) 175 km/h, V à 1000/min en 5. vit. 34.8 km/h; 0–100 km/h 13.3 s; rapp. poids/puiss. 13.6 kg/kW (10 kg/ch); consomm. (Werk) 11.7 L/100 km.

Volga 3105

Prototyp einer Luxuslimousine mit V8-Motor, permanentem Allradantrieb, ABS, Klimaanlage. Gegenwärtig Pilotproduktion. Provisorische Daten.

Prototype d'une berline luxueuse avec V8, traction sur toutes roues permanente, ABS, climatisation. Actuellement production pilote. Données provisoires.

3.4 V8 – 170 PS Benzineinspritzung
3.4 V8 – 170 ch Injection d'essence

Karosserie, Gewicht: (DIN), Limousine, 4 Türen, 5 Sitze; leer 1800 kg, max. zul. 2300 kg.

Motor: (DIN), 8 Zyl. in V 90° (82×80 mm), 3380 cm^3; Kompr. 9:1; 125 kW (170 PS) bei 5400/min, 37 kW/L (50.3 PS/L); 265 Nm (27 mkp) bei 4000/min; 93 ROZ.

Motorkonstruktion: Bez. GAZ-3105; zentrale Nockenwelle (Kette); Leichtmetall-Zylinderköpfe; 5fach gelagerte Kurbelwelle; Öl 6 L; elektron. Einspritzung, Lucas. Batterie 55 Ah, Alternator 900 W; Wasserkühlung, Inh. 12 L.

Kraftübertragung: (4WD permanent), zentrales Differential, manuell sperrbar.
5-Gang-Getriebe: I. 3.6; II. 2.2; III. 1.46; IV. 0.96; V. 0.76; R 3.58; Achse 3.9.
4-Stufen-Automat: I. 3.5; II. 2.26; III. 1.45; IV. 1; R 3.54; Achse 3.9.

Fahrgestell: Selbsttragende Karosserie; vorn Federbeine und Dreieckquerlenker, Kurvenstabilisator; hinten Federbeine, Längs- und Querlenker, Kurvenstabilisator; vorne/hinten Schraubenfedern, Teleskopdämpfer.

Fahrwerk: Vierrad-Scheibenbremse (vorn belüftet), Scheiben-⌀ v. 28 cm, h. 26 cm, ABS, Bosch; Handbremse auf Hinterrädern, Zahnstangenlenkung mit Servo, Treibstofftank 78 L; Reifen 205/60 R 15, 215/60 R 16, Felgen 5.5 J.

Dimensionen: Radstand 287 cm, Spur 151.5/151.5 cm, Bodenfreiheit 16 cm, Wendekreis 11.4 m, Kofferraum 500 dm^3, Länge 505 cm, Breite 180 cm, Höhe 143 cm.

Fahrleistungen: Vmax (Werk) 200 km/h, 0–100 km/h 11 s; Leistungsgew. 14.4 kg/kW (10.6 kg/PS); Verbrauch ECE 8.7/11.2/17.5 L/100 km.

Carrosserie, poids: (DIN), Berline, 4 portes, 5 places; vide 1800 kg, tot. adm. 2300 kg.

Moteur: (DIN), 8 cyl. en V 90° (82×80 mm), 3380 cm^3; compr. 9:1; 125 kW (170 ch) à 5400/min, 37 kW/L (50.3 ch/L); 265 Nm (27 mkp) à 4000/min; 93 (R).

Moteur (constr.): désignation GAZ-3105; arbre à cames central (chaîne); culasses en alliage léger; vilebrequin à 5 paliers, huile 6 L; injection électronique, Lucas. Batterie 55 Ah, alternateur 900 W; refroidissement à eau, capac. 12 L.

Transmission: (4WD permanent), différentiel central, verouillage manuel.
Boîte à 5 vit.: I. 3.6; II. 2.2; III. 1.46; IV. 0.96; V. 0.76; AR 3.58; pont 3.9.
Boîte autom. à 4 vit.: I. 3.5; II. 2.26; III. 1.45; IV. 1; AR 3.54; pont 3.9.

Châssis: carrosserie autoporteuse; AV jambes élast. et leviers triang. transv., barre anti-dévers; AR jambes élast., bras longitud. et transv., barre anti-dévers; AV/AR ressorts hélicoïdaux, amortiss. télescopiques.

Train roulant: quatre freins à disques (AV ventilés), ⌀ disques AV 28 cm AR 26 cm, ABS, Bosch; frein à main sur roues AR; servodirection à crémaillère, réservoir carb. 78 L; pneus 205/60 R 15, 215/60 R 16, jantes 5.5 J.

Dimensions: empattement 287 cm, voie 151.5/151.5 cm, garde au sol 16 cm, diam. de braq. 11.4 m, coffre 500 dm^3, longueur 505 cm, largeur 180 cm, hauteur 143 cm.

Performances: Vmax (usine) 200 km/h, 0–100 km/h 11 s; rapp. poids/puiss. 14.4 kg/kW (10.6 kg/ch); consomm. ECE 8.7/11.2/17.5 L/100 km.

Volga 3105

Volga · Volkswagen

2.3 16V – 150 PS
Benzineinspritzung

Wie 3.4 – 170 PS, ausgenommen:

Gewicht: leer ab 1650 kg, max. zul. 2150 kg.

Motor: (ECE), 4 Zyl. in Linie (92×86 mm), 2287 cm³; Kompr. 9.5:1; 110 kW (150 PS) bei 5200/min, 48.1 kW/L (65.4 PS/L); 211 Nm (21.5 mkp) bei 4000/min; 91 ROZ.

Motorkonstruktion: Bezeichnung ZMZ-4062.10; 4 Ventile in V; 2 obenl. Nockenwellen (Kette); Leichtmetall-Zylinderkopf; 5fach gelagerte Kurbelwelle; Öl 6 L; elektron. Zentraleinspritzung, Bosch. Batterie 60 Ah, Alternator 900 W; Wasserkühlung, Inh. 12 L.

Fahrleistungen: Vmax (Werk) 190 km/h, 0–100 km/h 12 s; Leistungsgew. 15 kg/kW (11 kg/PS); Verbrauch ECE 7.8/9.9/15 L/100 km.

2.3 16V – 150 ch
Injection d'essence

Comme 3.4 – 170 ch, sauf:

Poids: vide dès 1650 kg, tot. adm. 2150 kg.

Moteur: (ECE), 4 cyl. en ligne (92×86 mm), 2287 cm³; compr. 9.5:1; 110 kW (150 ch) à 5200/min, 48.1 kW/L (65.4 ch/L); 211 Nm (21.5 mkp) à 4000/min; 91 (R).

Moteur (constr.): désignation ZMZ-4062.10; 4 soupapes en V; 2 arbres à cames en tête (chaîne); culasse en alliage léger; vilebrequin à 5 paliers; huile 6 L; injection monopoint électron., Bosch. Batterie 60 Ah, alternator 900 W; refroidissement à eau, capac. 12 L.

Performances: Vmax (usine) 190 km/h, 0–100 km/h 12 s; rapp. poids/puiss. 15 kg/kW (11 kg/ch); consomm. ECE 7.8/9.9/15 L/100 km.

Volkswagen — D

Volkswagen AG, Wolfsburg, Deutschland

An der Spitze der deutschen Automobilproduktion stehendes Werk.

Le plus important producteur allemand d'automobiles.

Volkswagen Polo

Kompaktes Fahrzeug mit quergestelltem Vierzylindermotor, Frontantrieb und Heckträe. Debüt Polo und Derby Frankfurt 1981. 1990: Restyling. August 1994: Neuauflage mit 1-, 1,3- und 1,6-Liter-Motoren. März 1996 (Genf): 1.4/16V mit 101 PS. Oktober 1996: 1.0-L-Leichtmetallmotor mit 50 PS, Saugdiesel mit Direkteinspritzung 64 PS.

Voiture compacte avec moteur quatre cylindres AV transversal, traction AV et hayon AR. Lancements Polo et Derby Francfort 1981. 1990: restyling. Août 1994: Nouvelle édition avec moteurs 1, 1,3 et 1,6 litre. Mars 1996: 1.4/16V avec 101 ch. Oct. 1996: moteur en alu 1.0 litre avec 50 ch, diesel atmosph. à inject. directe et 64 ch.

1.0 – 50 PS
Benzineinspritzung

Karosserie, Gewicht: Limousine, 3/5 Türen; 5 Sitze; leer ab 880 kg, max. zul. 1375 kg.

Motor: (ECE), 4 Zyl. in Linie (67.1×70.6 mm), 999 cm³; Kompr. 10.5:1; 37 kW (50 PS) bei 5000/min, 37 kW/L (50.3 PS/L); 86 Nm (8.8 mkp) bei 3000/min; 95 ROZ.

Motorkonstruktion: 1 obenl. Nockenwelle (Zahnriemen); Leichtmetall-Zylinderkopf und -block; 5fach gelagerte Kurbelwelle; Öl 3.5 L; elektron. Einspritzung. Batterie 36 Ah, Alternator 70 A; Wasserkühlung, Inh. 5.5 L.

Kraftübertragung: (auf Vorderräder). 5-Gang-Getriebe: I. 3.45; II. 2.1; III. 1.45; IV. 1.1; V. 0.89; R 3.39; Achse 3.33.

1.0 – 50 ch
Injection d'essence

Carrosserie, poids: Berline, 3/5 portes; 5 places; vide dès 880 kg, tot. adm. 1375 kg.

Moteur: (ECE), 4 cyl. en ligne (67.1×70.6 mm), 999 cm³; compr. 10.5:1; 37 kW (50 ch) à 5000/min, 37 kW/L (50.3 ch/L); 86 Nm (8.8 mkp) à 3000/min; 95 (R).

Moteur (constr.): 1 arbre à cames en tête (courroie crantée); culasse et bloc-cyl. en alliage léger; vilebrequin à 5 paliers; huile 3.5 L; injection électronique. Batterie 36 Ah, alternateur 70 A; refroidissement à eau, capac. 5.5 L.

Transmission: (sur roues AV). Boîte à 5 vit.: I. 3.45; II. 2.1; III. 1.45; IV. 1.1; V. 0.89; AR 3.39; pont 3.33.

Volkswagen Polo

Fahrgestell: Selbsttragende Karosserie; vorn Federbeine und Dreieckquerlenker, Kurvenstabilisator; hinten Verbundlenkerachse, Längslenker, v/h Schraubenfedern, Teleskopdämpfer.

Fahrwerk: Bremse, vorne Scheiben (belüftet), hinten Trommeln, Scheiben-∅ v. 23.9 cm, ABS, Handbremse auf Hinterräder; Zahnstangenlenkung, a.W. mit Servo, Treibstofftank 45 L; Reifen 155/70 R 13, Felgen 4.5 J.

Dimensionen: Radstand 240 cm, Spur 135/138 cm (1.0: 137/140 cm), Bodenfreih. 11 cm, Wendekreis 10.1 m, Kofferr. 245/975 dm³, Länge 371.5 cm, Breite 165.5 cm, Höhe 142 cm.

Fahrleistungen: Vmax (Werk) 151 km/h, V bei 1000/min im 5. Gang 32.6 km/h; 0–100 km/h 18.5 s; Leistungsgew. 23.8 kg/kW (17.6 kg/PS); Verbr. EU 4.9/7.7 L/100 km.

Châssis: carrosserie autoporteuse; AV jambes élast. et leviers triang. transv., barre anti-dévers; AR essieu semi-rigide, bras longitud., AV/AR ressorts hélicoïdaux, amortiss. télesc.

Train roulant: frein, AV à disques (ventilés), AR à tambours, ∅ disques AV 23.9 cm, ABS, frein à main sur roues AR; direction à crémaillère, s.d. avec servo, réservoir carb. 45 L; pneus 155/70 R 13, jantes 4.5 J.

Dimensions: empattement 240 cm, voie 135/138 cm (1.0: 137/140 cm), garde au sol 11 cm, diam. de braq. 10.1 m, coffre 245/975 dm³, longueur 371.5 cm, largeur 165.5 cm, haut. 142 cm.

Performances: Vmax (usine) 151 km/h, V à 1000/min en 5. vit. 32.6 km/h; 0–100 km/h 18.5 s; rapp. poids/puiss. 23.8 kg/kW (17.6 kg/ch); consomm. EU 4.9/7.7 L/100 km.

1.4 – 60 PS
Benzineinspritzung

Wie 1.0 – 50 PS, ausgenommen:

Gewicht: leer ab 910 kg, max. zul. 1400 kg.
Aut.: leer ab 945 kg, max. zul. 1435 kg.

Motor: (ECE), 4 Zyl. in Linie (76.5×75.6 mm), 1390 cm³; Kompr. 10.2:1; 44 kW (60 PS) bei 4700/min, 31.7 kW/L (43.2 PS/L); 116 Nm (11.8 mkp) bei 2800/min; 95 ROZ.

Motorkonstruktion: 1 obenl. Nockenwelle (Zahnriemen); Leichtmetall-Zylinderkopf; 5fach gelagerte Kurbelwelle; Öl 3.5 L; elektron. Einspritzung, Digifant. Batterie 36 Ah, Alternator 70 A; Wasserkühlung, Inh. 5.5 L.

Kraftübertragung: (auf Vorderräder). 5-Gang-Getriebe: I. 3.45; II. 1.95; III. 1.25; IV. 0.93; V. 0.74; R 3.38; Achse 3.88.
Aut.: 4-Stufen-Automat: I. 2.88; II. 1.51; III. 1; IV. 0.73; R 2.66; Achse 4.38.

Fahrwerk: Bremse, vorne Scheiben (belüftet), hinten Trommeln, a.W. ABS, Reifen 175/65 R 13, Felgen 5.5 J.

Fahrleistungen: Vmax (Werk) 160 km/h, V bei 1000/min im 5. Gang 35.5 km/h; 0–100 km/h 14.9 s; Leistungsgew. 22 kg/kW (16 kg/PS); Verbrauch EU 5.1/8.9 L/100 km.
Aut.: Vmax 155 km/h, 0–100 km/h 17 s; 6.3/11 L/100 km.

1.4 – 60 ch
Injection d'essence

Comme 1.0 – 50 ch, sauf:

Poids: vide dès 910 kg, tot. adm. 1400 kg.
Aut.: vide dès 945 kg, tot. adm. 1435 kg.

Moteur: (ECE), 4 cyl. en ligne (76.5×75.6 mm), 1390 cm³; compr. 10.2:1; 44 kW (60 ch) à 4700/min, 31.7 kW/L (43.2 ch/L); 116 Nm (11.8 mkp) à 2800/min; 95 (R).

Moteur (constr.): 1 arbre à cames en tête (courroie crantée); culasse en alliage léger; vilebrequin à 5 paliers; huile 3.5 L; injection électronique, Digifant. Batterie 36 Ah, alternateur 70 A; refroidissement à eau, capac. 5.5 L.

Transmission: (sur roues AV). Boîte à 5 vit.: I. 3.45; II. 1.95; III. 1.25; IV. 0.93; V. 0.74; AR 3.38; pont 3.88.
Aut.: boîte aut. à 4 vit.: I. 2.88; II. 1.51; III. 1; IV. 0.73; AR 2.66; pont 4.38.

Train roulant: frein, AV à disques (ventilés), AR à tambours, ABS s. d., pneus 175/65 R 13, jantes 5.5 J.

Performances: Vmax (usine) 160 km/h, V à 1000/min en 5. vit. 35.5 km/h; 0–100 km/h 14.9 s; rapp. poids/puiss. 22 kg/kW (16 kg/ch); consomm. EU 5.1/8.9 L/100 km.
Aut.: Vmax 155 km/h, 0–100 km/h 17 s; 6.3/11 L/100 km.

1.6 – 75 PS
Benzineinspritzung

Wie 1.0 – 50 PS, ausgenommen:

Gewicht: leer ab 915 kg, max. zul. 1400 kg.

Motor: (ECE), 4 Zyl. in Linie (76.5×86.9 mm), 1598 cm³; Kompr. 9.8:1; 55 kW (75 PS) bei 4800/min, 34.4 kW/L (46.8 PS/L); 135 Nm (13.8 mkp) bei 2800/min; 95 ROZ.

1.6 – 75 ch
Injection d'essence

Comme 1.0 – 50 ch, sauf:

Poids: vide dès 915 kg, tot. adm. 1400 kg.

Moteur: (ECE), 4 cyl. en ligne (76.5×86.9 mm), 1598 cm³; compr. 9.8:1; 55 kW (75 ch) à 4800/min, 34.4 kW/L (46.8 ch/L); 135 Nm (13.8 mkp) à 2800/min; 95 (R).

Volkswagen

Motorkonstruktion: 1 obenl. Nockenwelle (Zahnriemen); Leichtmetall-Zylinderkopf; 5fach gelagerte Kurbelwelle; Öl 3.5 L; elektron. Einspritzung.
Batterie 44 Ah, Alternator 70 A; Wasserkühlung, Inh. 6 L.

Kraftübertragung: (auf Vorderräder).
5-Gang-Getriebe: I. 3.45; II. 2.1; III. 1.45; IV. 1.1; V. 0.89; R 3.39; Achse 3.33.
4-Stufen-Automat: I. 2.88; II. 1.51; III. 1; IV. 0.73; R 2.66; Achse 4.16.

Fahrwerk: Bremse, vorne Scheiben (belüftet), hinten Trommeln, a.W. ABS, Reifen 175/65 R 13, Felgen 5.5 J.

Fahrleistungen: Vmax (Werk) 172 km/h, V bei 1000/min im 5. Gang 34.4 km/h; 0–100 km/h 12.2 s; Leistungsgew. 16.6 kg/kW (12.2 kg/PS); Verbr. EU 5.5/9.9 L/100 km.
Aut.: Vmax 167 km/h, 0–100 km/h 14.5 s; 6.8/11.8 L/100 km.

Moteur (constr.): 1 arbre à cames en tête (courroie crantée); culasse en alliage léger; vilebrequin à 5 paliers; huile 3.5 L; injection électronique.
Batterie 44 Ah, alternateur 70 A; refroidissement à eau, capac. 6 L.

Transmission: (sur roues AV).
Boîte à 5 vit.: I. 3.45; II. 2.1; III. 1.45; IV. 1.1; V. 0.89; AR 3.39; pont 3.33.
boîte aut. à 4 vit.: I. 2.88; II. 1.51; III. 1; IV. 0.73; AR 2.66; pont 4.16.

Train roulant: frein, AV à disques (ventilés), AR à tambours, ABS s. d., pneus 175/65 R 13, jantes 5.5 J.

Performances: Vmax (usine) 172 km/h, V à 1000/min en 5. vit. 34.4 km/h; 0–100 km/h 12.2 s; rapp. poids/puiss. 16.6 kg/kW (12.2 kg/ch); consomm. EU 5.5/9.9 L/100 km.
Aut.: Vmax 167 km/h, 0–100 km/h 14.5 s; 6.8/11.8 L/100 km.

Volkswagen Polo 16V

1.4 16V – 101 PS
Benzineinspritzung

Wie 1.0 – 50 PS, ausgenommen:

Gewicht: leer ab 950 kg, max. zul. 1450 kg.

Motor: (ECE), 4 Zyl. in Linie (76.5×75.6 mm), 1390 cm³; Kompr. 10.5:1; 74 kW (101 PS) bei 6000/min, 53.2 kW/L (72.4 PS/L); 128 Nm (13 mkp) bei 4400/min; 98 ROZ.

Motorkonstruktion: 4 Ventile in V; 2 obenl. Nockenwellen (Zahnriemen); Leichtmetall-Zylinderkopf; Öl 3.5 L; elektron. Einspritzung.
Batterie 44 Ah, Alternator 70 A; Wasserkühlung, Inh. 5.5 L.

Kraftübertragung: (auf Vorderräder).
5-Gang-Getriebe: I. 3.45; II. 2.1; III. 1.45; IV. 1.1; V. 0.89; R 3.39; Achse 3.88.

Fahrwerk: Bremse, vorne Scheiben (belüftet), hinten Trommeln, ABS, Zahnstangenlenkung mit Servo, Reifen 185/55 HR 14, Felgen 6 J.

Fahrleistungen: Vmax (Werk) 188 km/h, V bei 1000/min im 5. Gang 29.7 km/h; 0–100 km/h 10.5 s; Leistungsgew. 12.8 kg/kW (9.4 kg/PS); Verbrauch EU 5.4/9.6 L/100 km.

1.4 16V – 101 ch
Injection d'essence

Comme 1.0 – 50 ch, sauf:

Poids: ; vide dès 950 kg, tot. adm. 1450 kg.

Moteur: (ECE), 4 cyl. en ligne (76.5×75.6 mm), 1390 cm³; compr. 10.5:1; 74 kW (101 ch) à 6000/min, 53.2 kW/L (72.4 ch/L); 128 Nm (13 mkp) à 4400/min; 98 (R).

Moteur (constr.): 4 soupapes en V; 2 arbres à cames en tête (courroie crantée); culasse en alliage léger; huile 3.5 L; injection électronique.
Batterie 44 Ah, alternateur 70 A; refroidissement à eau, capac. 5.5 L.

Transmission: (sur roues AV).
Boîte à 5 vit.: I. 3.45; II. 2.1; III. 1.45; IV. 1.1; V. 0.89; AR 3.39; pont 3.88.

Train roulant: frein, AV à disques (ventilés), AR à tambours, ABS, servodirection à crémaillère, pneus 185/55 HR 14, jantes 6 J.

Performances: Vmax (usine) 188 km/h, V à 1000/min en 5. vit. 29.7 km/h; 0–100 km/h 10.5 s; rapp. poids/puiss. 12.8 kg/kW (9.4 kg/ch); consomm. EU 5.4/9.6 L/100 km.

1.9 – 64 PS
Diesel

Wie 1.0 – 50 PS, ausgenommen:

Gewicht: leer ab 960 kg, max. zul. 1435 kg.

Motor: (ECE), 4 Zyl. in Linie (79.5×95.5 mm), 1896 cm³; Kompr. 19.5:1; 47 kW (64 PS) bei 4400/min, 24.8 kW/L (33.7 PS/L); 125 Nm (12.7 mkp) bei 2000/min; Dieselöl.

Motorkonstruktion: Wirbelkammer-Diesel; 1 obenl. Nockenwelle (Zahnriemen); Leichtmetall-Zylinderkopf; 5fach gelagerte Kurbelwelle; Öl 5 L; Einspritzpumpe, Bosch VE.
Batterie 61 Ah, Alternator 70 A; Wasserkühlung, Inh. 5.5 L.

1.9 – 64 ch
Diesel

Comme 1.0 – 50 ch, sauf:

Poids: vide dès 960 kg, tot. adm. 1435 kg.

Moteur: (ECE), 4 cyl. en ligne (79.5×95.5 mm), 1896 cm³; compr. 19.5:1; 47 kW (64 ch) à 4400/min, 24.8 kW/L (33.7 ch/L); 125 Nm (12.7 mkp) à 2000/min; gazole.

Moteur (constr.): diesel à chambre de turbulence; 1 arbre à cames en tête (courroie crantée); culasse en alliage léger; vilebrequin à 5 paliers; huile 5 L; pompe à injection, Bosch VE.
Batterie 61 Ah, alternateur 70 A; refroidissement à eau, capac. 5.5 L.

Kraftübertragung: (auf Vorderräder).
5-Gang-Getriebe: I. 3.45; II. 1.95; III. 1.18; IV. 0.85; V. 0.71; R 3.38; Achse 3.59.

Fahrwerk: Bremse, vorne Scheiben (belüftet), hinten Trommeln, a.W. ABS, Zahnstangenlenkung mit Servo, Reifen 175/65 R 13, Felgen 5.5 J.

Fahrleistungen: Vmax (Werk) 160 km/h, V bei 1000/min im 5. Gang 38.2 km/h; 0–100 km/h 15.8 s; Leistungsgew. 20.4 kg/kW (15 kg/PS); Verbrauch EU 4.4/7.7 L/100 km.

1.9 – 64 PS
Direkteingespritzter Diesel

Wie 1.0 – 50 PS, ausgenommen:

Gewicht: leer ab 960 kg, max. zul. 1435 kg.

Motor: (ECE), 4 Zyl. in Linie (79.5×95.5 mm), 1896 cm³; Kompr. 19.5:1; 47 kW (64 PS) bei 4200/min, 24.8 kW/L (33.7 PS/L); 124 Nm (12.6 mkp) bei 2200/min; Dieselöl.

Motorkonstruktion: direkt eingespritzter Diesel; 1 obenl. Nockenwelle (Zahnriemen); Leichtmetall-Zylinderkopf; 5fach gelagerte Kurbelwelle; Öl 5 L; elektron. geregelte Einspritzpumpe, Bosch EDC.
Batterie 61 Ah, Alternator 70 A; Wasserkühlung, Inh. 5.5 L.

Kraftübertragung: (auf Vorderräder).
5-Gang-Getriebe: I. 3.45; II. 1.95; III. 1.18; IV. 0.85; V. 0.71; R 3.39; Achse 3.58.

Fahrwerk: Bremse, vorne Scheiben (belüftet), hinten Trommeln, a.W. ABS, Zahnstangenlenkung mit Servo, Reifen 175/65 R 13, Felgen 5.5 J.

Fahrleistungen: Vmax (Werk) 160 km/h, V bei 1000/min im 5. Gang 38.2 km/h; 0–100 km/h 15.8 s; Leistungsgew. 20.4 kg/kW (15 kg/PS); Verbrauch EU 3.8/6.2 L/100 km.

Transmission: (sur roues AV).
Boîte à 5 vit.: I. 3.45; II. 1.95; III. 1.18; IV. 0.85; V. 0.71; AR 3.38; pont 3.59.

Train roulant: frein, AV à disques (ventilés), AR à tambours, ABS s. d., servodirection à crémaillère, pneus 175/65 R 13, jantes 5.5 J.

Performances: Vmax (usine) 160 km/h, V à 1000/min en 5. vit. 38.2 km/h; 0–100 km/h 15.8 s; rapp. poids/puiss. 20.4 kg/kW (15 kg/ch); consomm. EU 4.4/7.7 L/100 km.

1.9 – 64 ch
Diesel à injection directe

Comme 1.0 – 50 ch, sauf:

Poids: vide dès 960 kg, tot. adm. 1435 kg.

Moteur: (ECE), 4 cyl. en ligne (79.5×95.5 mm), 1896 cm³; compr. 19.5:1; 47 kW (64 ch) à 4200/min, 24.8 kW/L (33.7 ch/L); 124 Nm (12.6 mkp) à 2200/min; gazole.

Moteur (constr.): diesel à injection directe; 1 arbre à cames en tête (courroie crantée); culasse en alliage léger; vilebrequin à 5 paliers; huile 5 L; pompe à injection pilotée, Bosch EDC.
Batterie 61 Ah, alternateur 70 A; refroidissement à eau, capac. 5.5 L.

Transmission: (sur roues AV).
Boîte à 5 vit.: I. 3.45; II. 1.95; III. 1.18; IV. 0.85; V. 0.71; AR 3.39; pont 3.58.

Train roulant: frein, AV à disques (ventilés), AR à tambours, ABS s. d., servodirection à crémaillère, pneus 175/65 R 13, jantes 5.5 J.

Performances: Vmax (usine) 160 km/h, V à 1000/min en 5. vit. 38.2 km/h; 0–100 km/h 15.8 s; rapp. poids/puiss. 20.4 kg/kW (15 kg/ch); consomm. EU 3.8/6.2 L/100 km.

Volkswagen Polo Classic

Ausführung des Polo mit Stufenheck, 1,4- und 1,9-Liter-Benzinmotoren sowie 1.9 Diesel. Debüt November 1995. Herbst 1996: Benzinmotoren 1.6 L mit 75 bzw. 100 PS sowie Saugdiesel mit Direkteinspritzung und 64 PS.

Version de la Polo à trois volumes, moteurs 1,4 et 1,6 litres à essence et 1.9 Diesel. Lancement novembre 1995. Automne 1996: Moteurs 1.6 L essence avec 75 resp. 100 ch et diesel atm. à inject. directe et 64 ch.

1.4 – 60 PS
Benzineinspritzung

Karosserie, Gewicht: Limousine, 4 Türen, 5 Sitze; leer ab 945 kg, max. zul. 1420 kg.

Motor: (ECE), 4 Zyl. in Linie (76.5×75.6 mm), 1390 cm³; Kompr. 10.2:1; 44 kW (60 PS) bei 4700/min, 31.7 kW/L (43.2 PS/L); 116 Nm (11.8 mkp) bei 2800/min; 95 ROZ.

Motorkonstruktion: 1 obenl. Nockenwelle (Zahnriemen); Leichtmetall-Zylinderkopf; 5fach gelagerte Kurbelwelle; Öl 3.4 L; elektron. Einspritzung, Digifant.
Batterie 44 Ah, Alternator 70 A; Wasserkühlung, Inh. 5.5 L.

1.4 – 60 ch
Injection d'essence

Carrosserie, poids: Berline, 4 portes, 5 places; vide dès 945 kg, tot. adm. 1420 kg.

Moteur: (ECE), 4 cyl. en ligne (76.5×75.6 mm), 1390 cm³; compr. 10.2:1; 44 kW (60 ch) à 4700/min, 31.7 kW/L (43.2 ch/L); 116 Nm (11.8 mkp) à 2800/min; 95 (R).

Moteur (constr.): 1 arbre à cames en tête (courroie crantée); culasse en alliage léger; vilebrequin à 5 paliers; huile 3.4 L; injection électronique, Digifant.
Batterie 44 Ah, alternateur 70 A; refroidissement à eau, capac. 5.5 L.

Volkswagen Polo Classic

Volkswagen

Kraftübertragung: (auf Vorderräder). 5-Gang-Getriebe: I. 3.45; II. 2.1; III. 1.45; IV. 1.1; V. 0.85; R 3.39; Achse 3.88.

Fahrgestell: Selbsttragende Karosserie; vorn Federbeine und Dreieckquerlenker; hinten Verbundlenkerachse, Längslenker, Schraubenfedern, Teleskopdämpfer.

Fahrwerk: Bremse, vorne Scheiben (belüftet), hinten Trommeln, Scheiben-Ø v. 23.9 cm, ABS, Handbremse auf Hinterräder; Zahnstangenl., a.W. mit Servo, Treibstofftank 45 L; Reifen 185/60 R 14, Felgen 6 J.

Dimensionen: Radstand 244 cm, Spur 143/139 cm, Bodenfreih. 11 cm, Wendekreis 10.9 m, Kofferraum 455/760 dm³, Länge 414 cm, Breite 164 cm, Höhe 141 cm.

Fahrleistungen: Vmax (Werk) 157 km/h, V bei 1000/min im 5. Gang 36.1 km/h; 0–100 km/h 15.6 s; Leistungsgew. 21.5 kg/kW (15.7 kg/PS); Verbr. EU 5.4/8.9 L/100 km.

Transmission: (sur roues AV). Boîte à 5 vit.: I. 3.45; II. 2.1; III. 1.45; IV. 1.1; V. 0.85; AR 3.39; pont 3.88.

Châssis: carrosserie autoporteuse; AV jambes élast. et leviers triang. transv.; AR essieu semi-rigide, bras longitud., ressorts hélicoïdaux, amortiss. télesc.

Train roulant: frein, AV à disques (ventilés), AR à tambours, Ø disques AV 23.9 cm, ABS, frein à main sur roues AR; direction à crémaillère, s.d. avec servo, réservoir carb. 45 L; pneus 185/60 R 14, jantes 6 J.

Dimensions: empattement 244 cm, voie 143/139 cm, garde au sol 11 cm, diam. de braq. 10.9 m, coffre 455/760 dm³, longueur 414 cm, largeur 164 cm, hauteur 141 cm.

Performances: Vmax (usine) 157 km/h, V à 1000/min en 5. vit. 36.1 km/h; 0–100 km/h 15.6 s; rapp. poids/puiss. 21.5 kg/kW (15.7 kg/ch); consomm. EU 5.4/8.9 L/100 km.

Volkswagen Polo Classic

1.6 – 75 PS Benzineinspritzung

Wie 1.4 – 60 PS, ausgenommen:

Gewicht: leer ab 955 kg, max. zul. 1430 kg.

Motor: (ECE), 4 Zyl. in Linie (76.5×86.9 mm), 1598 cm³; Kompr. 9:1; 55 kW (75 PS) bei 5500/min, 34.4 kW/L (46.8 PS/L); 125 Nm (12.7 mkp) bei 2800/min; 91 ROZ.

Motorkonstruktion: 1 obenl. Nockenwelle (Zahnriemen); Leichtmetall-Zylinderkopf; 5fach gelagerte Kurbelwelle; Öl 3.8 L; elektron. Zentraleinspritzung, Bosch Mono-Motronic.

Batterie 44 Ah, Alternator 70 A; Wasserkühlung, Inh. 5.5 L.

Kraftübertragung: (auf Vorderräder). 5-Gang-Getriebe: I. 3.45; II. 1.94; III. 1.37; IV. 1.03; V. 0.85; R 3.17; Achse 3.67.

Fahrleistungen: Vmax (Werk) 170 km/h, V bei 1000/min im 5. Gang 33.6 km/h; 0–100 km/h 13.4 s; Leistungsgew. 17.4 kg/kW (12.7 kg/PS); Verbr. EU 5.9/10.6 L/100 km.

1.6 – 75 ch Injection d'essence

Comme 1.4 – 60 ch, sauf:

Poids: vide dès 955 kg, tot. adm. 1430 kg.

Moteur: (ECE), 4 cyl. en ligne (76.5×86.9 mm), 1598 cm³; compr. 9:1; 55 kW (75 ch) à 5500/min, 34.4 kW/L (46.8 ch/L); 125 Nm (12.7 mkp) à 2800/min; 91 (R).

Moteur (constr.): 1 arbre à cames en tête (courroie crantée); culasse en alliage léger; vilebrequin à 5 paliers; huile 3.8 L; injection monopoint électron., Bosch Mono-Motronic.

Batterie 44 Ah, alternateur 70 A; refroidissement à eau, capac. 5.5 L.

Transmission: (sur roues AV). Boîte à 5 vit.: I. 3.45; II. 1.94; III. 1.37; IV. 1.03; V. 0.85; AR 3.17; pont 3.67.

Performances: Vmax (usine) 170 km/h, V à 1000/min en 5. vit. 33.6 km/h; 0–100 km/h 13.4 s; rapp. poids/puiss. 17.4 kg/kW (12.7 kg/ch); consomm. EU 5.9/10.6 L/100 km.

1.6 – 101 PS Benzineinspritzung

Wie 1.4 – 60 PS, ausgenommen:

Gewicht: leer ab 1005 kg, max. zul. 1480 kg.

Motor: (ECE), 4 Zyl. in Linie (81×77.4 mm), 1595 cm³; Kompr. 10.5:1; 74 kW (101 PS) bei 5800/min, 46.4 kW/L (63.1 PS/L); 140 Nm (14.3 mkp) bei 3500/min; 95 ROZ.

Motorkonstruktion: 1 obenl. Nockenwelle (Zahnriemen); Leichtmetall-Zylinderkopf und -block; 5fach gelagerte Kurbelwelle; Öl 3.6 L; elektron. Einspritzung.

Batterie 44 Ah, Batterie 280 A, Alternator 70 A; Wasserkühlung, Inh. 5.5 L.

1.6 – 101 ch Injection d'essence

Comme 1.4 – 60 ch, sauf:

Poids: vide dès 1005 kg, tot. adm. 1480 kg.

Moteur: (ECE), 4 cyl. en ligne (81×77.4 mm), 1595 cm³; compr. 10.5:1; 74 kW (101 ch) à 5800/min, 46.4 kW/L (63.1 ch/L); 140 Nm (14.3 mkp) à 3500/min; 95 (R).

Moteur (constr.): 1 arbre à cames en tête (courroie crantée); culasse et bloc-cyl. en alliage léger; vilebrequin à 5 paliers; huile 3.6 L; injection électronique.

Batterie 44 Ah, Batterie 280 A, alternateur 70 A; refroidissement à eau, capac. 5.5 L.

Kraftübertragung: (auf Vorderräder). 5-Gang-Getriebe: I. 3.45; II. 1.94; III. 1.37; IV. 1.03; V. 0.85; R 3.17; Achse 3.94.

Fahrwerk: Bremse, vorne Scheiben (belüftet), hinten Trommeln, Zahnstangenlenkung mit Servo.

Fahrleistungen: Vmax (Werk) 186 km/h, V bei 1000/min im 5. Gang 31.6 km/h; 0–100 km/h 10.7 s; Leistungsgew. 13.6 kg/kW (10 kg/PS); Verbrauch EU 6/10.9 L/100 km.

1.9 – 64 PS Diesel

Wie 1.4 – 60 PS, ausgenommen:

Gewicht: leer ab 1025 kg, max. zul. 1500 kg.

Motor: (ECE), 4 Zyl. in Linie (79.5×95.5 mm), 1896 cm³; Kompr. 22.5:1; 47 kW (64 PS) bei 4400/min, 24.8 kW/L (33.7 PS/L); 124 Nm (12.6 mkp) bei 2000/min; Dieselöl.

Motorkonstruktion: Wirbelkammer-Diesel; 1 obenl. Nockenwelle (Zahnriemen); Leichtmetall-Zylinderkopf; 5fach gelagerte Kurbelwelle; Öl 4.5 L; Einspritzpumpe, Bosch VE.

Batterie 61 Ah, Alternator 70 A; Wasserkühlung, Inh. 6.5 L.

Kraftübertragung: (auf Vorderräder). 5-Gang-Getriebe: I. 3.45; II. 1.94; III. 1.29; IV. 0.91; V. 0.75; R 3.17; Achse 3.67.

Fahrwerk: Zahnstangenlenkung mit Servo.

Fahrleistungen: Vmax (Werk) 158 km/h, V bei 1000/min im 5. Gang 38.5 km/h; 0–100 km/h 16.7 s; Leistungsgew. 21.8 kg/kW (16 kg/PS); Verbrauch EU 4.1/6.4 L/100 km.

Transmission: (sur roues AV). Boîte à 5 vit.: I. 3.45; II. 1.94; III. 1.37; IV. 1.03; V. 0.85; AR 3.17; pont 3.94.

Train roulant: frein, AV à disques (ventilés), AR à tambours, servodirection à crémaillère.

Performances: Vmax (usine) 186 km/h, V à 1000/min en 5. vit. 31.6 km/h; 0–100 km/h 10.7 s; rapp. poids/puiss. 13.6 kg/kW (10 kg/ch); consomm. EU 6/10.9 L/100 km.

1.9 – 64 ch Diesel

Comme 1.4 – 60 ch, sauf:

Poids: vide dès 1025 kg, tot. adm. 1500 kg.

Moteur: (ECE), 4 cyl. en ligne (79.5×95.5 mm), 1896 cm³; compr. 22.5:1; 47 kW (64 ch) à 4400/min, 24.8 kW/L (33.7 ch/L); 124 Nm (12.6 mkp) à 2000/min; gazole.

Moteur (constr.): diesel à chambre de turbulence; 1 arbre à cames en tête (courroie crantée); culasse en alliage léger; vilebrequin à 5 paliers; huile 4.5 L; pompe à injection, Bosch VE.

Batterie 61 Ah, alternateur 70 A; refroidissement à eau, capac. 6.5 L.

Transmission: (sur roues AV). Boîte à 5 vit.: I. 3.45; II. 1.94; III. 1.29; IV. 0.91; V. 0.75; AR 3.17; pont 3.67.

Train roulant: servodirection à crémaillère.

Performances: Vmax (usine) 158 km/h, V à 1000/min en 5. vit. 38.5 km/h; 0–100 km/h 16.7 s; rapp. poids/puiss. 21.8 kg/kW (16 kg/ch); consomm. EU 4.1/6.4 L/100 km.

Volkswagen Golf

Kompakte, geräumige Limousine mit Quermotor und Heckklappe. Debüt Golf I Sommer 1974, Golf II August 1983, Golf III, auch mit 2.8 VR6, August 1991. Für 1993 GTI 16V mit 150 PS. Juni 1993: Turbodiesel mit Direkteinspritzung. Herbst 1993: Golf Variant. Dezember 1994: Golf und Golf Variant als syncro. Sommer 1996: 1.6/100 PS-Leichtmetallmotor.

Berline compacte et spacieuse avec moteur transversal et hayon AR. Lancement Golf I été 1974, Golf II août 1983, Golf III, aussi avec 2.8 VR6, août 1991. Pour 1993 GTI 16V avec 150 ch. Juin 1993: Turbodiesel avec injection directe. Automne 1993: Golf Variant. Déc. 1994: Golf et Golf Variant comme syncro. Eté 1996: Moteur en all. leg. 1.6/100ch.

1.4 – 60 PS Benzineinspritzung

Karosserie, Gewicht: Limous., 3/5 Türen; 5 Sitze; leer 1000 kg, max. zul. 1505 kg. Station Wagon, Variant; 5 Türen, 5 Sitze; 1085 kg, max. zul. 1560 kg.

Motor: (ECE), 4 Zyl. in Linie (76.5×75.6 mm), 1390 cm³; Kompr. 10.2:1; 44 kW (60 PS) bei 4700/min, 31.7 kW/L (43.2 PS/L); 116 Nm (11.8 mkp) bei 2800/min; 95 ROZ.

Motorkonstruktion: 1 obenl. Nockenwelle (Zahnriemen); Leichtmetall-Zylinderkopf; 5fach gelagerte Kurbelwelle; Öl 3.5 L; elektron. Einspritzung, Digifant.

Batterie 44 Ah, Alternator 70 A; Wasserkühlung, Inh. 6.3 L.

1.4 – 60 ch Injection d'essence

Carrosserie, poids: Berline, 3/5 portes; 5 places; vide 1000 kg, tot. adm. 1505 kg. Station-wagon, 5 portes, 5 places; 1085 kg, tot. adm. 1560 kg.

Moteur: (ECE), 4 cyl. en ligne (76.5×75.6 mm), 1390 cm³; compr. 10.2:1; 44 kW (60 ch) à 4700/min, 31.7 kW/L (43.2 ch/L); 116 Nm (11.8 mkp) à 2800/min; 95 (R).

Moteur (constr.): 1 arbre à cames en tête (courroie crantée); culasse en alliage léger; vilebrequin à 5 paliers; huile 3.5 L; injection électronique, Digifant.

Batterie 44 Ah, alternateur 70 A; refroidissement à eau, capac. 6.3 L.

Volkswagen Golf

NEU AM START

BLUE dynamic
INNOVATIVE BATTERIE-TECHNIK

BLUE dynamic – Spitzentechnologie im blauen Design

Mit der BLUE dynamic von Varta gibt es jetzt eine Batterie, die anspruchsvolle Technik mit einem ansprechenden, funktionellen Äusseren verbindet. Dabei setzen eine hochentwickelte Technologie und die sprichwörtliche Varta-Qualität neue Massstäbe in der Herstellung dieser Batterie. Die BLUE dynamic erfüllt bereits heute die Ansprüche der Autofahrer von morgen – mit durchdachter Technik und überzeugenden Vorteilen.

Gute Gründe für die BLUE dynamic

6 Richtige

- ▶ Einbaufertig und startbereit
- ▶ Hohe Startkraft durch strahlenförmige Gittergeometrie
- ▶ Lange Lebensdauer durch Taschenseparatoren
- ▶ Wartungsfrei mit abschraubbaren Stopfen
- ▶ Sicher gegen Zündung von aussen durch neuen Sicherheitsblockdeckel
- ▶ Bequemer Transport, Ein- und Ausbau durch integrierte Griffe

VARTA
DIE BATTERIE-EXPERTEN

VARTA Autobatterie AG
Höhenstrasse 625
4622 Egerkingen
Tel. 062 388 80 20
Fax 062 388 80 25

Volkswagen

Kraftübertragung: (auf Vorderräder).
5-Gang-Getriebe: I. 3.45; II. 1.94; III. 1.29; IV. 0.97; V. 0.8; R 3.17; Achse 3.94.

Fahrgestell: Selbsttragende Karosserie; vorn Federbeine und Dreieckquerlenker; hinten Verbundlenkerachse, Längslenker, v/h Kurvenstabilisator, Schraubenfedern, Teleskopdämpfer.

Fahrwerk: Bremse, vorne Scheiben (belüftet), hinten Trommeln, Scheiben-∅ v. 23.9 cm, ABS, Handbremse auf Hinterräder; Zahnstangenl. mit Servo, Treibstofftank 55 L; Reifen 175/70 R 13, Felgen 5.5 J.

Dimensionen: Radstand 247.5 cm, Spur 148/146 cm, Bodenfreih. 13 cm, Wendekreis 10.7 m, Kofferr. 320/1150 dm³, Länge 402 cm, Breite 169.5 cm, Höhe 143 cm.
Variant: Kofferraum 465/1425 dm³, Länge 434 cm, Mit Dachgalerie: Höhe 147 cm.

Fahrleistungen: Vmax (Werk) 157 km/h, V bei 1000/min im 5. Gang 33.4 km/h; 0–100 km/h 15.9 s; Leistungsgew. 22.7 kg/kW (16.7 kg/PS); Verbr. EU 5.5/9 L/100 km.
Variant: Vmax 154 km/h, 0–100 km/h 16.9 s; 5.7/.

1.6 – 75 PS Benzineinspritzung

Wie 1.4 – 60 PS, ausgenommen:

Gewichte: leer 1015 kg, max. zul. 1525 kg.

Motor: (ECE), 4 Zyl. in Linie (76.5×86.9 mm), 1598 cm³; Kompr. 9.8:1; 55 kW (75 PS) bei 4800/min, 34.4 kW/L (46.8 PS/L); 125 Nm (12.7 mkp) bei 2800/min; 95 ROZ. für Getriebeautomat (81×86.4 mm) 1781 cm³; 55 kW (75 PS) bei 5000/min; 140 Nm bei 2500/min. Zentraleinspritzung.

Motorkonstruktion: 1 obenl. Nockenwelle (Zahnriemen); Leichtmetall-Zylinderkopf; 5fach gelagerte Kurbelwelle; Öl 4 L; elektron. Einspritzung, Digifant.
Batterie 44 Ah, Alternator 70 A; Wasserkühlung, Inh. 6.3 L.

Kraftübertragung: (auf Vorderräder).
5-Gang-Getriebe: I. 3.45; II. 1.94; III. 1.29; IV. 0.91; V. 0.75; R 3.17; Achse 3.94.
Aut.: 4-Stufen-Automat: I. 2.71; II. 1.44; III. 1; IV. 0.74; R 2.88; Achse 4.53.

Fahrleistungen: Vmax (Werk) 168 km/h, V bei 1000/min im 5. Gang 35.6 km/h; 0–100 km/h 13.8 s; Leistungsgew. 18.4 kg/kW (13.5 kg/PS); Verbr. EU 5.7/9.9 L/100 km.

1.6 – 101 PS Benzineinspritzung

Wie 1.4 – 60 PS, ausgenommen:

Gewicht: leer ab 1035 kg, max. zul. 1550 kg.
Station Wagon Variant, leer ab 1115 kg, max. zul. 1625 kg.

Motor: (ECE), 4 Zyl. in Linie (81×77.4 mm), 1595 cm³; Kompr. 10.5:1; 74 kW (101 PS) bei 5800/min, 46.4 kW/L (63.1 PS/L); 140 Nm (14.3 mkp) bei 3500/min; 95 ROZ.

Motorkonstruktion: 1 obenl. Nockenwelle (Zahnriemen); Leichtmetall-Zylinderkopf und -block; 5fach gelagerte Kurbelwelle; Öl 4 L; elektron. Einspritzung.
Batterie 44 Ah, Alternator 70 A; Wasserkühlung, Inh. 6.3 L.

Kraftübertragung: (auf Vorderräder).
5-Gang-Getriebe: I. 3.45; II. 1.94; III. 1.37; IV. 1.03; V. 0.85; R 2.88; Achse 3.94.
4-Stufen-Automat: I. 2.71; II. 1.44; III. 1; IV. 0.74; R 2.88; Achse 4.53.

Fahrwerk: Reifen 185/60 HR 14, Felgen 6 J.
Variant: Reifen 195/60 VR 14.

Transmission: (sur roues AV).
Boîte à 5 vit.: I. 3.45; II. 1.94; III. 1.29; IV. 0.97; V. 0.8; AR 3.17; pont 3.94.

Châssis: carrosserie autoporteuse; AV jambes élast. et leviers triang. transv.; AR essieu semi-rigide, bras longitud., AV/AR barre anti-dévers, ressorts hélic, amortiss. télesc.

Train roulant: frein, AV à disques (ventilés), AR à tambours, ∅ disques AV 23.9 cm, ABS, frein à main sur roues AR; servo-direction à crémaillère, réservoir carb. 55 L; pneus 175/70 R 13, jantes 5.5 J.

Dimensions: empattement 247.5 cm, voie 148/146 cm, garde au sol 13 cm, diam. de braq. 10.7 m, coffre 320/1150 dm³, longueur 402 cm, larg. 169.5 cm, haut. 143 cm.
Variant: coffre 465/1425 dm³, longueur 434 cm, Avec galerie: hauteur 147 cm.

Performances: Vmax (usine) 157 km/h, V à 1000/min en 5. vit. 33.4 km/h; 0–100 km/h 15.9 s; rapp. poids/puiss. 22.7 kg/kW (16.7 kg/ch); consomm. EU 5.5/9 L/100 km.
Variant: Vmax 154 km/h, 0–100 km/h 16.9 s; 5.7/.

1.6 – 75 ch Injection d'essence

Comme 1.4 – 60 ch, sauf:

Poids: vide 1015 kg, tot. adm. 1525 kg.

Moteur: (ECE), 4 cyl. en ligne (76.5×86.9 mm), 1598 cm³; compr. 9.8:1; 55 kW (75 ch) à 4800/min, 34.4 kW/L (46.8 ch/L); 125 Nm (12.7 mkp) à 2800/min; 95 (R).
pour boîte automat.: (81×86.4 mm) 1781 cm³; 55 kW (75 ch) à 5000/min; 140 Nm à 2500/min. Injection monopoint.

Moteur (constr.): 1 arbre à cames en tête (courroie crantée); culasse en alliage léger; vilebrequin à 5 paliers; huile 4 L; injection électronique, Digifant.
Batterie 44 Ah, alternateur 70 A; refroidissement à eau, capac. 6.3 L.

Transmission: (sur roues AV).
Boîte à 5 vit.: I. 3.45; II. 1.94; III. 1.29; IV. 0.91; V. 0.75; AR 3.17; pont 3.94.
Aut.: boîte aut. à 4 vit.: I. 2.71; II. 1.44; III. 1; IV. 0.74; AR 2.88; pont 4.53.

Performances: Vmax (usine) 168 km/h, V à 1000/min en 5. vit. 35.6 km/h; 0–100 km/h 13.8 s; rapp. poids/puiss. 18.4 kg/kW (13.5 kg/ch); consomm. EU 5.7/9.9 L/100 km.

1.6 – 101 ch Injection d'essence

Comme 1.4 – 60 ch, sauf:

Poids: vide dès 1035 kg, tot. adm. 1550 kg.
Station-wagon Variant; vide dès 1115 kg, tot. adm. 1625 kg.

Moteur: (ECE), 4 cyl. en ligne (81×77.4 mm), 1595 cm³; compr. 10.5:1; 74 kW (101 ch) à 5800/min, 46.4 kW/L (63.1 ch/L); 140 Nm (14.3 mkp) à 3500/min; 95 (R).

Moteur (constr.): 1 arbre à cames en tête (courroie crantée); culasse et bloc-cyl. en alliage léger; vilebrequin à 5 paliers; huile 4 L; injection électronique.
Batterie 44 Ah, alternateur 70 A; refroidissement à eau, capac. 6.3 L.

Transmission: (sur roues AV).
Boîte à 5 vit.: I. 3.45; II. 1.94; III. 1.37; IV. 1.03; V. 0.85; AR 2.88; pont 3.94.
boîte aut. à 4 vit.: I. 2.71; II. 1.44; III. 1; IV. 0.74; AR 2.88; pont 4.53.

Train roulant: pneus 185/60 HR 14, jantes 6 J.
Variant: pneus 195/60 VR 14.

Fahrleistungen: Vmax (Werk) 188 km/h, V bei 1000/min im 5. Gang 31.6 km/h; 0–100 km/h 11.2 s; Leistungsgew. 14 kg/kW (10.4 kg/PS); Verbrauch EU 6.1/10.9 L/100 km.
Aut.: Vmax 185 km/h, 0–100 km/h 13.1 s; 6.7/13.2 L/100 km.
Variant: Vmax 185 km/h, 0–100 km/h 11.9 s; 6.5/11.1 L/100 km.
Variant Aut.: Vmax 182 km/h, 0–100 km/h 13.8 s; 6.7/13.2 L/100 km.

1.8 – 75 PS Benzineinspritzung

Wie 1.4 – 60 PS, ausgenommen:

Gewicht:; leer ab 1015 kg, max. zul. 1525 kg.

Motor: (ECE), 4 Zyl. in Linie (81×86.4 mm), 1781 cm³; Kompr. 9:1; 55 kW (75 PS) bei 5000/min, 30.9 kW/L (42 PS/L); 140 Nm (14.3 mkp) bei 2500/min; 91 ROZ.

Motorkonstruktion: 1 obenl. Nockenwelle (Zahnriemen); Leichtmetall-Zylinderkopf; 5fach gelagerte Kurbelwelle; Öl 4.5 L; elektron. Zentraleinspr., Bosch Mono-Motronic.
Batterie 44 Ah, Alternator 70 A; Wasserkühlung, Inh. 6.3 L.

Kraftübertragung: (auf Vorderräder).
4-Stufen-Automat: I. 2.71; II. 1.44; III. 1; IV. 0.74; R 2.88; Achse 4.43.

Fahrleistungen: Vmax (Werk) 164 km/h, 0–100 km/h 17.6 s; Verbrauch EU 7.2/13.5 L/100 km.

1.8 – 90 PS Benzineinspritzung

Wie 1.4 – 60 PS, ausgenommen:

Gewicht: leer 1035 kg, max. zul. 1540 kg.
Syncro: Limousine, 3/5 Türen; 5 Sitze; leer ab 1195 kg, max. zul. 1700 kg.
Variant: leer ab 1115 kg, max. zul. 1615 kg.

Variant syncro: 5 Türen, 5 Sitze; leer ab 1275 kg, max. zul. 1775 kg.

Motor: (ECE), 4 Zyl. in Linie (81×86.4 mm), 1781 cm³; Kompr. 10:1; 66 kW (90 PS) bei 5500/min, 37 kW/L (50.4 PS/L); 145 Nm (14.8 mkp) bei 2500/min; 95 ROZ.

Motorkonstruktion: 1 obenl. Nockenwelle (Zahnriemen); Leichtmetall-Zylinderkopf; 5fach gelagerte Kurbelwelle; Öl 4 L; elektron. Zentraleinspr., Bosch Mono-Motronic.
Batterie 44 Ah, Alternator 70 A; Wasserkühlung, Inh. 6.3 L.

Kraftübertragung: (auf Vorderräder), elektronische Differentialsperre EDS.
syncro: (4WD permanent), zentrale Viskokupplung.
5-Gang-Getriebe: I. 3.45; II. 1.94; III. 1.37; IV. 1.03; V. 0.85; R 3.17; Achse 3.67.
syncro: 5-Gang-Getriebe: I. 3.78; II. 2.12; III. 1.36; IV. 0.97; V. 0.77; R 3.6; Achse 4.24.
4-Stufen-Automat: I. 2.71; II. 1.44; III. 1; IV. 0.74; R 2.88; Achse 4.43.

Performances: Vmax (usine) 188 km/h, V à 1000/min en 5. vit. 31.6 km/h; 0–100 km/h 11.2 s; rapp. poids/puiss. 14 kg/kW (10.4 kg/ch); consomm. EU 6.1/10.9 L/100 km.
Aut.: Vmax 185 km/h, 0–100 km/h 13.1 s; 6.7/13.2 L/100 km.
Variant: Vmax 185 km/h, 0–100 km/h 11.9 s; 6.5/11.1 L/100 km.
Variant Aut.: Vmax 182 km/h, 0–100 km/h 13.8 s; 6.7/13.2 L/100 km.

1.8 – 75 ch Injection d'essence

Comme 1.4 – 60 ch, sauf:

Poids: vide dès 1015 kg, tot. adm. 1525 kg.

Moteur: (ECE), 4 cyl. en ligne (81×86.4 mm), 1781 cm³; compr. 9:1; 55 kW (75 ch) à 5000/min, 30.9 kW/L (42 ch/L); 140 Nm (14.3 mkp) à 2500/min; 91 (R).

Moteur (constr.): 1 arbre à cames en tête (courroie crantée); culasse en alliage léger; vilebrequin à 5 paliers; huile 4.5 L; injection monop. électron., Bosch Mono-Motronic.
Batterie 44 Ah, alternateur 70 A; refroidissement à eau, capac. 6.3 L.

Transmission: (sur roues AV).
boîte aut. à 4 vit.: I. 2.71; II. 1.44; III. 1; IV. 0.74; AR 2.88; pont 4.43.

Performances: Vmax (usine) 164 km/h, 0–100 km/h 17.6 s; consomm. EU 7.2/13.5 L/100 km.

Volkswagen Golf Variant

1.8 – 90 ch Injection d'essence

Comme 1.4 – 60 ch, sauf:

Poids: vide 1035 kg, tot. adm. 1540 kg.
Syncro: Berline, 3/5 portes; 5 places; vide dès 1195 kg, tot. adm. 1700 kg.
Variant:; vide dès 1115 kg, tot. adm. 1615 kg.

Variant syncro: 5 portes, 5 places; vide dès 1275 kg, tot. adm. 1775 kg.

Moteur: (ECE), 4 cyl. en ligne (81×86.4 mm), 1781 cm³; compr. 10:1; 66 kW (90 ch) à 5500/min, 37 kW/L (50.4 ch/L); 145 Nm (14.8 mkp) à 2500/min; 95 ROZ.

Moteur (constr.): 1 arbre à cames en tête (courroie crantée); culasse en alliage léger; vilebrequin à 5 paliers; huile 4 L; injection monop. électron., Bosch Mono-Motronic.
Batterie 44 Ah, alternateur 70 A; refroidissement à eau, capac. 6.3 L.

Transmission: (sur roues AV), différentiel à bloq. électr. EDS.
syncro: (4WD permanent), visco-coupleur central.
Boîte à 5 vit.: I. 3.45; II. 1.94; III. 1.37; IV. 1.03; V. 0.85; AR 3.17; pont 3.67.
syncro: boîte à 5 vit.: I. 3.78; II. 2.12; III. 1.36; IV. 0.97; V. 0.77; AR 3.6; pont 4.24.
Boîte aut. à 4 vit.: I. 2.71; II. 1.44; III. 1; IV. 0.74; AR 2.88; pont 4.43.

Volkswagen

Fahrgestell: *syncro:* Hinten Schräglenker und Kurvenstabilisator.

Fahrwerk: Reifen 185/60 R 14, Felgen 6 J. *syncro:* Treibstofftank 65 L. *Variant syncro:* Treibstofftank 60 L; Reifen 195/60 VR 14.

Dimensionen: *syncro:* Spur 146/144 cm.

Fahrleistungen: Vmax (Werk) 178 km/h, V bei 1000/min im 5. Gang 38.6 km/h; 0–100 km/h 12.1 s; Leistungsgew. 15.7 kg/kW (11.5 kg/PS); Verbr. EU 6.2/11.1 L/100 km.
Aut.: Vmax 175 km/h, 0–100 km/h 14.7 s; 6.8/13.3 L/100 km.
syncro: Vmax 175 km/h, 0–100 km/h 13.3 s; 6.7/12.6 L/100 km.
Variant: Vmax 175 km/h, 0–100 km/h 12.8 s; 6.3/11.3 L/100 km.
Variant Aut.: Vmax 172 km/h, 0–100 km/h 15.4 s; 7.1/13.7 L/100 km.
Variant syncro: Vmax 172 km/h, 0–100 km/h 14 s; Leistungsgew. 19.3 kg/kW (14.2 kg/PS); 7.1/12.8 L/100 km.

2.0 – 116 PS Benzineinspritzung

Wie 1.4 – 60 PS, ausgenommen:

Gewicht: leer 1110 kg, max. zul. 1610 kg. USA ab 1150 kg.
Station Wagon, ; leer ab 1170 kg, max. zul. 1670 kg.

Motor: (ECE), 4 Zyl. in Linie (82.5×92.8 mm), 1984 cm³; Kompr. 10:1; 85 kW (116 PS) bei 5400/min, 42.8 kW/L (58.2 PS/L); 166 Nm (16.9 mkp) bei 2600/min; 95 ROZ.

Motorkonstruktion: 1 obenl. Nockenwelle (Zahnriemen); Leichtmetall-Zylinderkopf; 5fach gelagerte Kurbelwelle; Ölkühler; Öl 4 L; elektron. Einspritzung, Simos. Batterie 44 Ah, Alternator 70 A; Wasserkühlung, Inh. 6.3 L.

Kraftübertragung: (auf Vorderräder).
syncro: (4WD permanent), elektronische Differentialsperre EDS.
5-Gang-Getriebe: I. 3.45; II. 1.94; III. 1.29; IV. 0.97; V. 0.81; R 3.17; Achse 3.67;
syncro: 5-Gang-Getriebe: I. 3.78; II. 2.12; III. 1.36; IV. 0.97; V. 0.77; R 3.6; Achse 4.24.
4-Stufen-Automat: I. 2.71; II. 1.44; III. 1; IV. 0.74; R 2.88; Achse 4.13.

Fahrgestell: *syncro:* Hinten Schräglenker und Kurvenstabilisator.

Fahrwerk: Vierrad-Scheibenbremse (vorn belüftet), Scheiben-∅ v. 25.6 cm, h. 22.6 cm, ABS, Reifen 185/60 R 14, Felgen 6 J.

Fahrleistungen: Vmax (Werk) 196 km/h, V bei 1000/min im 5. Gang 35.6 km/h; 0–100 km/h 10.4 s; Leistungsgew. 13.1 kg/kW (9.6 kg/PS); Verbrauch EU 6.3/11.2 L/100 km.
Variant: Vmax 193 km/h, 0–100 km/h 10.8 s; 11.3 L/100 km.
Aut.: Vmax 190 km/h, 0–100 km/h 12.3 s; 7/13.7 L/100 km.
syncro: Vmax 190 km/h, 0–100 km/h 11.6 s; Leistungsgew. 19.5 kg/kW (14.3 kg/PS); 7.2/12.9 L/100 km.

Châssis: *syncro:* AR bras obliques et barre antidévers.

Train roulant: pneus 185/60 R 14, jant. 6 J. *syncro:* réservoir carb. 65 L. *Varian syncro:* réservoir carb. 60 L; pneus 195/60 VR 14.

Dimensions: *syncro:* voie 146/144 cm.

Performances: Vmax (usine) 178 km/h, V à 1000/min en 5. vit. 38.6 km/h; 0–100 km/h 12.1 s; rapp. poids/puiss. 15.7 kg/kW (11.5 kg/ch); consomm. EU 6.2/11.1 L/100 km.
Aut.: Vmax 175 km/h, 0–100 km/h 14.7 s; 6.8/13.3 L/100 km.
Syncro: Vmax 175 km/h, 0–100 km/h 13.3 s; 6.7/12.6 L/100 km.
Variant: Vmax 175 km/h, 0–100 km/h 12.8 s; 6.3/11.3 L/100 km.
Variant Aut.: Vmax 172 km/h, 0–100 km/h 15.4 s; 7.1/13.7 L/100 km.
Variant syncro: Vmax 172 km/h, 0–100 km/h 14 s; rapp. poids/puiss. 19.3 kg/kW (14.2 kg/ch); 7.1/12.8 L/100 km.

2.0 – 116 ch Injection d'essence

Comme 1.4 – 60 ch, sauf:

Poids: vide 1110 kg, tot. adm. 1610 kg. USA, dès 1150 kg.
Station-wagon, vide dès 1170 kg, tot. adm. 1670 kg.

Moteur: (ECE), 4 cyl. en ligne (82.5×92.8 mm), 1984 cm³; compr. 10:1; 85 kW (116 ch) à 5400/min, 42.8 kW/L (58.2 ch/L); 166 Nm (16.9 mkp) à 2600/min; 95 (R).

Moteur (constr.): 1 arbre à cames en tête (courroie crantée); culasse en alliage léger; vilebrequin à 5 paliers; radiat. d'huile; huile 4 L; injection électronique, Simos. Batterie 44 Ah, alternateur 70 A; refroidissement à eau, capac. 6.3 L.

Transmission: (sur roues AV).
Syncro: (4WD permanent), différentiel à bloq. électr. EDS.
Boîte à 5 vit.: I. 3.45; II. 1.94; III. 1.29; IV. 0.97; V. 0.81; AR 3.17; pont 3.67;
Syncro: boîte à 5 vit.: I. 3.78; II. 2.12; III. 1.36; IV. 0.97; V. 0.77; AR 3.6; pont 4.24.
boîte aut. à 4 vit.: I. 2.71; II. 1.44; III. 1; IV. 0.74; AR 2.88; pont 4.13.

Châssis: *syncro:* AR bras obliques et barre antidévers.

Train roulant: quatre freins à disques (AV ventilés), ∅ disques AV 25.6 cm, AR 22.6 cm, ABS, pneus 185/60 R 14, jantes 6 J.

Performances: Vmax (usine) 196 km/h, V à 1000/min en 5. vit. 35.6 km/h; 0–100 km/h 10.4 s; rapp. poids/puiss. 13.1 kg/kW (9.6 kg/ch); consomm. EU 6.3/11.2 L/100 km.
Variant: Vmax 193 km/h, 0–100 km/h 10.8 s; 11.3 L/100 km.
Aut.: Vmax 190 km/h, 0–100 km/h 12.3 s; 7/13.7 L/100 km.
Syncro: Vmax 190 km/h, 0–100 km/h 11.6 s; rapp. poids/puiss. 19.5 kg/kW (14.3 kg/ch); 7.2/12.9 L/100 km.

Volkswagen Golf GTI

2.0 16V – 150 PS Benzineinspritzung

Wie 1.4 – 60 PS, ausgenommen:

Gewicht: leer 1165 kg, max. zul. 1665 kg.

Motor: (ECE), 4 Zyl. in L. (82.5×92.8 mm), 1984 cm³; Kompr. 10.5:1; 110 kW (150 PS) bei 6000/min, 55.4 kW/L (75.4 PS/L); 180 Nm (18.3 mkp) bei 4800/min; 95 ROZ.

Motorkonstruktion: 4 Ventile in V 25°; 2 obenl. Nockenwellen (Zahnriemen); Leichtmetall-Zylinderkopf; 5fach gelagerte Kurbelwelle; Ölkühler; Öl 4 L; elektron. Einspritzung, Digifant. Batterie 44 Ah, Alternator 70 A; Wasserkühlung, Inh. 6.3 L.

Kraftübertragung: (auf Vorderräder).
5-Gang-Getriebe: I. 3.3; II. 1.94; III. 1.31; IV. 1.03; V. 0.84; R 3.06; Achse 3.68.

Fahrwerk: Vierrad-Scheibenbremse (vorn belüftet), Scheiben-∅ v. 28.5 cm, h. 22.6 cm, ABS, Reifen 205/50 VR 15, Felgen 6.5 J.

Dimensionen: Spur 145/143.5 cm, Höhe 141 cm.

Fahrleistungen: Vmax (Werk) 215 km/h, V bei 1000/min im 5. Gang 34.6 km/h; 0–100 km/h 8.7 s; Leistungsgew. 10.6 kg/kW (7.8 kg/PS); Verbrauch EU 6.5/11.9 L/100 km.

2.8 V6 – 174 PS Benzineinspritzung

Wie 1.4 – 60 PS, ausgenommen:

Gewicht: leer 1210 kg, max. zul. 1690 kg. USA ab 1275 kg.

Motor: (ECE), 6 Zyl. VR (15°) (81×90.3 mm), 2792 cm³; Kompr. 10:1; 128 kW (174 PS) bei 5800/min, 45.8 kW/L (62.3 PS/L); 235 Nm (24 mkp) bei 4200/min; 95 ROZ.

Motorkonstruktion: Versetzter Reihen-Sechszylinder; 2 obenl. Nockenwellen (Kette); Leichtmetall-Zylinderkopf; 7fach gelagerte Kurbelwelle; Öl 6 L; elektron. Einspritzung, Bosch Motronic, 2.7/2.9. Batterie 60 Ah, Alternator 70 A; Wasserkühlung, Inh. 8.2 L.

Kraftübertragung: (auf Vorderräder), elektronische Differentialsperre EDS.
5-Gang-Getriebe: I. 3.3; II. 1.94; III. 1.31; IV. 1.03; V. 0.84; R 3.06; Achse 3.39;
USA: I. 3.78; II. 2.12; III. 1.46; IV. 1.03; V. 0.84; R 3.8; Achse 3.39.
4-Stufen-Automat: I. 2.71; II. 1.44; III. 1; IV. 0.74; R 2.88; Achse 3.62.

Fahrwerk: Vierrad-Scheibenbremse (vorn belüftet), Scheiben-∅ v. 28.5 cm, h. 22.6 cm, ABS, Treibstofftank 65 L; Reifen 205/50 VR 15, Felgen 6.5 J.

Dimensionen: Spur 145/143 cm.

2.0 16V – 150 ch Injection d'essence

Comme 1.4 – 60 ch, sauf:

Poids: vide 1165 kg, tot. adm. 1665 kg.

Moteur: (ECE), 4 cyl. en ligne (82.5×92.8 mm), 1984 cm³; compr. 10.5:1; 110 kW (150 ch) à 6000/min, 55.4 kW/L (75.4 ch/L); 180 Nm (18.3 mkp) à 4800/min; 95 (R).

Moteur (constr.): 4 soupapes en V 25°; 2 arbres à cames en tête en alliage léger; vilebrequin à 5 paliers; radiat. d'huile; huile 4 L; injection électronique, Digifant. Batterie 44 Ah, alternateur 70 A; refroidissement à eau, capac. 6.3 L.

Transmission: (sur roues AV).
Boîte à 5 vit.: I. 3.3; II. 1.94; III. 1.31; IV. 1.03; V. 0.84; AR 3.06; pont 3.68.

Train roulant: quatre freins à disques (AV ventilés), ∅ disques AV 28.5 cm, AR 22.6 cm, ABS, pneus 205/50 VR 15, jantes 6.5 J.

Dimensions: voie 145/143.5 cm, hauteur 141 cm.

Performances: Vmax (usine) 215 km/h, V à 1000/min en 5. vit. 34.6 km/h; 0–100 km/h 8.7 s; rapp. poids/puiss. 10.6 kg/kW (7.8 kg/ch); consomm. EU 6.5/11.9 L/100 km.

Volkswagen Golf VR6

2.8 V6 – 174 ch Injection d'essence

Comme 1.4 – 60 ch, sauf:

Poids: vide 1210 kg, tot. adm. 1690 kg. USA dès 1275 kg.

Moteur: (ECE), 6 cyl. VR (15°) (81×90.3 mm), 2792 cm³; compr. 10:1; 128 kW (174 ch) à 5800/min, 45.8 kW/L (62.3 ch/L); 235 Nm (24 mkp) à 4200/min; 95 (R).

Moteur (constr.): 6 cylindres en quinconce; 2 arbres à cames en tête (chaîne); culasse en alliage léger; vilebrequin à 7 paliers; huile 6 L; injection électronique, Bosch Motronic, 2.7/2.9. Batterie 60 Ah, alternateur 70 A; refroidissement à eau, capac. 8.2 L.

Transmission: (sur roues AV), différentiel à bloq. électr. EDS.
Boîte à 5 vit.: I. 3.3; II. 1.94; III. 1.31; IV. 1.03; V. 0.84; AR 3.06; pont 3.39.
USA: I. 3.78; II. 2.12; III. 1.46; IV. 1.03; V. 0.84; AR 3.8; pont 3.39.
boîte aut. à 4 vit.: I. 2.71; II. 1.44; III. 1; IV. 0.74; AR 2.88; pont 3.62.

Train roulant: quatre freins à disques (AV ventilés), ∅ disques AV 28.5 cm, AR 22.6 cm, ABS, réservoir carb. 65 L; pneus 205/50 VR 15, jantes 6.5 J.

Dimensions: voie 145/143 cm.

Volkswagen

Fahrleistungen: Vmax (Werk) 224 km/h, V bei 1000/min im 5. Gang 37.7 km/h; 0–100 km/h 7.8 s; Leistungsgew. 9.4 kg/kW (6.9 kg/PS); Verbrauch EU 7.9/15 L/100 km.
Aut.: Vmax 220 km/h, 0–100 km/h 9 s; 8.5/17 L/100 km.

2.9 V6 – 190 PS
Benzineinspritzung

Wie 1.4 – 60 PS, ausgenommen:

Gewicht: 5 Sitze; leer 1305 kg, max. zul. 1800 kg.
Station Wagon; leer ab 1380 kg, max. zul. 1860 kg.

Motor: (ECE), 6 Zyl. VR (15°) (82×90.3 mm), 2861 cm³, Kompr. 10:1; 140 kW (190 PS) bei 5800/min, 48.9 kW/L (66.5 PS/L); 245 Nm (25 mkp) bei 4200/min; 98 ROZ.

Motorkonstruktion: Versetzter Reihen-Sechszylinder; 2 obenl. Nockenwellen (Kette); Leichtmetall-Zylinderkopf; 7fach gelagerte Kurbelwelle; Öl 6 L; elektron. Einspritzung, Bosch Motronic, 2.7.
Batterie 60 Ah, Alternator 70 A; Wasserkühlung, Inh. 8.2 L.

Kraftübertragung: (4WD permanent), elektronische Differentialsperre EDS.
5-Gang-Getriebe: I. 3.63; II. 2.07; III. 1.47; IV. 1.04; V. 0.84; R 3.37; Achse 3.39.

Fahrgestell: Schräglenker hinten

Fahrwerk: Vierrad-Scheibenbremse (vorn belüftet), Scheiben-⌀ v. 28.5 cm, h. 22.6 cm, ABS, Treibstofftank 65 L; Reifen 205/50 VR 15, Felgen 6.5 J.

Dimensionen: Spur 145/143 cm.

Fahrleistungen: Vmax (Werk) 224 km/h, V bei 1000/min im 5. Gang 37.7 km/h; 0–100 km/h 7.5 s; Leistungsgew. 9.5 kg/kW (7 kg/PS); Verbrauch EU 8.2/16.1 L/100 km.
Variant: Vmax 222 km/h, 0–100 km/h 8.1 s.

1.9 – 64 PS
Diesel

Wie 1.4 – 60 PS, ausgenommen:

Gewicht: 5 Sitze; leer 1085 kg, max. zul. 1595 kg.
Variant: leer ab 1160 kg, max. zul. 1660 kg.

Motor: (ECE), 4 Zyl. in Linie (79.5×95.5 mm), 1896 cm³, Kompr. 22.5:1; 47 kW (64 PS) bei 4400/min, 24.8 kW/L (33.7 PS/L); 124 Nm (12.6 mkp) bei 2000/min; Dieselöl.

Motorkonstruktion: Wirbelkammer-Diesel; 1 obenl. Nockenwelle (Zahnriemen); Leichtmetall-Zylinderkopf; 5fach gelagerte Kurbelwelle; Öl 4.5 L; Einspritzpumpe, Bosch VE.
Batterie 61 Ah, Alternator 70 A; Wasserkühlung, Inh. 6.3 L.

Kraftübertragung: (auf Vorderräder).
5-Gang-Getriebe: I. 3.45; II. 1.94; III. 1.29; IV. 0.91; V. 0.75; R 3.17; Achse 3.67.

Volkswagen Golf Variant GL

Performances: Vmax (usine) 224 km/h, V à 1000/min en 5. vit. 37.7 km/h; 0–100 km/h 7.8 s; rapp. poids/puiss. 9.4 kg/kW (6.9 kg/ch); consomm. EU 7.9/15 L/100 km.
Aut.: Vmax 220 km/h, 0–100 km/h 9 s; 8.5/17 L/100 km.

2.9 V6 – 190 ch
Injection d'essence

Comme 1.4 – 60 ch, sauf:

Poids: vide 1305 kg, tot. adm. 1800 kg.
Station-wagon, vide dès 1380 kg, tot. adm. 1860 kg.

Moteur: (ECE), 6 cyl. VR (15°) (82×90.3 mm), 2861 cm³; compr. 10:1; 140 kW (190 ch) à 5800/min, 48.9 kW/L (66.5 ch/L); 245 Nm (25 mkp) à 4200/min; 98 (R).

Moteur (constr.): 6 cylindres en quinconce; 2 arbres à cames en tête (chaîne); culasse en alliage léger; vilebrequin à 7 paliers; huile 6 L; injection électronique, Bosch Motronic 2.7.
Batterie 60 Ah, alternateur 70 A; refroidissement à eau, capac. 8.2 L.

Transmission: (4WD permanent), différentiel à bloq. électr. EDS.
Boîte à 5 vit.: I. 3.63; II. 2.07; III. 1.47; IV. 1.04; V. 0.84; AR 3.37; pont 3.39.

Châssis: triangles obliques AR.

Train roulant: quatre freins à disques (AV ventilés), ⌀ disques AV 28.5 cm, AR 22.6 cm, ABS, réservoir carb. 65 L; pneus 205/50 VR 15, jantes 6.5 J.

Dimensions: voie 145/143 cm.

Performances: Vmax (usine) 224 km/h, V à 1000/min en 5. vit. 37.7 km/h; 0–100 km/h 7.5 s; rapp. poids/puiss. 9.5 kg/kW (7 kg/PS); consomm. EU 8.2/16.1 L/100 km.
Variant: Vmax 222 km/h, 0–100 km/h 8.1 s.

1.9 – 64 ch
Diesel

Comme 1.4 – 60 ch, sauf:

Poids: vide 1085 kg, tot. adm. 1595 kg.
Variant; vide dès 1160 kg, tot. adm. 1660 kg.

Moteur: (ECE), 4 cyl. en ligne (79.5×95.5 mm), 1896 cm³; compr. 22.5:1; 47 kW (64 ch) à 4400/min, 24.8 kW/L (33.7 ch/L); 124 Nm (12.6 mkp) à 2000/min; gazole.

Moteur (constr.): diesel à chambre de turbulence; 1 arbre à cames en tête (courroie crantée); culasse en alliage léger; vilebrequin à 5 paliers; huile 4.5 L; pompe à injection, Bosch VE.
Batterie 61 Ah, alternateur 70 A; refroidissement à eau, capac. 6.3 L.

Transmission: (sur roues AV).
Boîte à 5 vit.: I. 3.45; II. 1.94; III. 1.29; IV. 0.91; V. 0.75; AR 3.17; pont 3.67.

Fahrwerk: *Variant:* Treibstofftank 60 L; Reifen 185/60 R 14, Felgen 6 J.

Fahrleistungen: Vmax (Werk) 156 km/h, V bei 1000/min im 5. Gang 38.2 km/h; 0–100 km/h 17.6 s; Leistungsgew. 23.1 kg/kW (16.9 kg/PS); Verbr. EU 4.7/7.9 L/100 km.
Variant: Vmax 154 km/h, 0–100 km/h 18.6 s; 4.9/8.1 L/100 km.

1.9 – 64 PS
Direkteingespritzter Diesel

Wie 1.4 – 60 PS, ausgenommen:

Gewicht: leer ab 1085 kg, max. zul. 1595 kg.
Variant: leer ab 1160 kg, max. zul. 1660 kg.

Motor: (ECE), 4 Zyl. in Linie (79.5×95.5 mm), 1896 cm³; Kompr. 19.5:1; 47 kW (64 PS) bei 4200/min, 24.8 kW/L (33.7 PS/L); 124 Nm (12.6 mkp) bei 2200/min; Dieselöl.

Motorkonstruktion: direkt eingespritzter Diesel; 1 obenl. Nockenwelle (Zahnriemen); Leichtmetall-Zylinderkopf; 5fach gelagerte Kurbelwelle; Öl 4.5 L; elektron. geregelte Einspritzpumpe, Bosch EDC.
Batterie 61 Ah, Alternator 70 A; Wasserkühlung, Inh. 6.3 L.

Kraftübertragung: (auf Vorderräder).
5-Gang-Getriebe: I. 3.45; II. 1.94; III. 1.29; IV. 0.91; V. 0.75; R 3.17; Achse 3.67. auch 4-Gang-Getriebe: I. 3.45; II. 1.75; III. 1.06; IV. 0.75; R 3.17; Achse 3.67.

Fahrwerk: *Variant:* Treibstofftank 60 L; Reifen 185/60 R 14, Felgen 6 J.

Fahrleistungen: Vmax (Werk) 156 km/h, V bei 1000/min im 5. Gang 38.2 km/h; 0–100 km/h 17.6 s; Leistungsgew. 23.1 kg/kW (16.9 kg/PS); Verbr. EU 4.1/6.8 L/100 km.
Variant: Vmax 154 km/h, 0–100 km/h 18.6 s; 4.3/6.9 L/100 km.

1.9 – 75 PS
Turbodiesel

Wie 1.4 – 60 PS, ausgenommen:

Gewicht: leer 1095 kg, max. zul. 1605 kg.
Station Wagon, ; leer ab 1160 kg, max. zul. 1660 kg.

Motor: (ECE), 4 Zyl. in Linie (79.5×95.5 mm), 1896 cm³; Kompr. 22.5:1; 55 kW (75 PS) bei 4200/min, 29 kW/L (39.4 PS/L); 150 Nm (15.3 mkp) bei 2200/min; Dieselöl.

Motorkonstruktion: Wirbelkammer-Diesel; 1 obenl. Nockenwelle (Zahnriemen); Leichtmetall-Zylinderkopf; 5fach gelagerte Kurbelwelle; Öl 4.5 L; Einspritzpumpe, Bosch VE, 1 Turbolader, max. Ladedruck 0.7 bar.
Batterie 61 Ah, Alternator 70 A; Wasserkühlung, Inh. 6.3 L.

Kraftübertragung: (auf Vorderräder).
5-Gang-Getriebe: I. 3.45; II. 1.94; III. 1.29; IV. 0.91; V. 0.75; R 3.17; Achse 3.67.

Fahrwerk: Treibstofftank 60 L; Reifen 185/60 R 14, Felgen 6 J.

Fahrleistungen: Vmax (Werk) 165 km/h, V bei 1000/min im 5. Gang 38.2 km/h; 0–100 km/h 15.1 s; Leistungsgew. 19.9 kg/kW (14.6 kg/PS); Verbr. EU 5/8.1 L/100 km.
Variant: Vmax 163 km/h, 5.1/8.2 L/100 km.

1.9 – 90 PS
Turbodiesel direkt

Wie 1.4 – 60 PS, ausgenommen:

Gewicht: leer 1120 kg, max. zul. 1630 kg.
Station Wagon, leer ab 1195 kg, max. zul. 1695 kg.
syncro: Station Wagon, leer ab 1275 kg, max. zul. 1775 kg.

Train roulant: *Variant:* réservoir carb. 60 L; pneus 185/60 R 14, jantes 6 J.

Performances: Vmax (usine) 156 km/h, V à 1000/min en 5. vit. 38.2 km/h; 0–100 km/h 17.6 s; rapp. poids/puiss. 23.1 kg/kW (16.9 kg/ch); consomm. EU 4.7/7.9 L/100 km.
Variant: Vmax 154 km/h, 0–100 km/h 18.6 s; 4.9/8.1 L/100 km.

1.9 – 64 ch
Diesel à injection directe

Comme 1.4 – 60 ch, sauf:

Poids: vide dès 1085 kg, tot. adm. 1595 kg.
Variant; vide dès 1160 kg, tot. adm. 1660 kg.

Moteur: (ECE), 4 cyl. en ligne (79.5×95.5 mm), 1896 cm³; compr. 19.5:1; 47 kW (64 ch) à 4200/min, 24.8 kW/L (33.7 ch/L); 124 Nm (12.6 mkp) à 2200/min; gazole.

Moteur (constr.): diesel à injection directe; 1 arbre à cames en tête (courroie crantée); culasse en alliage léger; vilebrequin à 5 paliers; huile 4.5 L; pompe à injection pilotée, Bosch EDC.
Batterie 61 Ah, alternateur 70 A; refroidissement à eau, capac. 6.3 L.

Transmission: (sur roues AV).
Boîte à 5 vit.: I. 3.45; II. 1.94; III. 1.29; IV. 0.91; V. 0.75; AR 3.17; pont 3.67. aussi boîte à 4 vit.: I. 3.45; II. 1.75; III. 1.06; IV. 0.75; AR 3.17; pont 3.67.

Train roulant: *Variant:* réservoir carb. 60 L; pneus 185/60 R 14, jantes 6 J.

Performances: Vmax (usine) 156 km/h, V à 1000/min en 5. vit. 38.2 km/h; 0–100 km/h 17.6 s; rapp. poids/puiss. 23.1 kg/kW (16.9 kg/ch); consomm. EU 4.1/6.8 L/100 km.
Variant: Vmax 154 km/h, 0–100 km/h 18.6 s; 4.3/6.9 L/100 km.

1.9 – 75 ch
Turbodiesel

Comme 1.4 – 60 ch, sauf:

Poids: vide 1095 kg, tot. adm. 1605 kg.
Station-wagon, vide dès 1160 kg, tot. adm. 1660 kg.

Moteur: (ECE), 4 cyl. en ligne (79.5×95.5 mm), 1896 cm³; compr. 22.5:1; 55 kW (75 ch) à 4200/min, 29 kW/L (39.4 ch/L); 150 Nm (15.3 mkp) à 2200/min; gazole.

Moteur (constr.): diesel à chambre de turbul.; 1 arbre à c. en tête (courroie crantée); culasse en alliage léger; vilebrequin à 5 paliers; huile 4.5 L; pompe à injection, Bosch VE, 1 turbocompr., pression max. 0.7 bar.
Batterie 61 Ah, alternateur 70 A; refroidissement à eau, capac. 6.3 L.

Transmission: (sur roues AV).
Boîte à 5 vit.: I. 3.45; II. 1.94; III. 1.29; IV. 0.91; V. 0.75; AR 3.17; pont 3.67.

Train roulant: réservoir carb. 60 L; pneus 185/60 R 14, jantes 6 J.

Performances: Vmax (usine) 165 km/h, V à 1000/min en 5. vit. 38.2 km/h; 0–100 km/h 15.1 s; rapp. poids/puiss. 19.9 kg/kW (14.6 kg/ch); consomm. EU 5/8.1 L/100 km.
Variant: Vmax 163 km/h, 5.1/8.2 L/100 km.

1.9 – 90 ch
Turbodiesel direct

Comme 1.4 – 60 ch, sauf:

Poids: vide 1120 kg, tot. adm. 1630 kg.
Station-wagon, vide dès 1195 kg, tot. adm. 1695 kg.
Syncro: Station-wagon,; vide dès 1275 kg, tot. adm. 1775 kg.

Volkswagen

Motor: (ECE), 4 Zyl. in Linie (79.5×95.5 mm), 1896 cm³; Kompr. 19.5:1; 66 kW (90 PS) bei 4000/min, 34.8 kW/L (47.3 PS/L); 202 Nm (20.6 mkp) bei 1900/min; Dieselöl.

Motorkonstruktion: Direkteingespr. Diesel; 1 obenl. Nockenwelle. (Zahnriemen); Leichtmetall-Zylinderkopf; 5fach gel. Kurbelwelle; Öl 4.5 L; elektron. ger. Einspritzpumpe, Bosch VE, 1 Turbolad., Intercooler. Batterie 61 Ah, Alternator 70 A; Wasserkühlung, Inh. 6.3 L.

Kraftübertragung: (auf Vorderräder). *syncro:* (4WD permanent).
5-Gang-Getriebe: I. 3.3; II. 1.94; III. 1.31; IV. 0.92; V. 0.72; R 3.06; Achse 3.16.
Syncro: 5-Gang-Getr.: I. 3.78; II. 2.12; III. 1.36; IV. 0.97; V. 0.76; R 3.06; Achse 3.39.
4-Stufen-Automat: I. 2.71; II. 1.44; III. 1; IV. 0.74; R 2.88; Achse 3.2.

Fahrgestell: *syncro:* Schräglenker hinten.

Fahrwerk: Reifen 185/60 R 14, Felgen 6 J. *syncro:* Treibstofftank 60 L; Reifen 195/60 VR 14.

Dimensionen: Spur 146/143 cm.

Fahrleistungen: Vmax (Werk) 178 km/h, V bei 1000/min im 5. Gang 46.5 km/h; 0–100 km/h 12.8 s; Leistungsgew. 17 kg/kW (12.4 kg/PS); Verbrauch EU 4.2/6.4 L/100 km.
Aut.: Vmax 175 km/h, 0–100 km/h 14.8 s; 5.3/9.4 L/100 km.
syncro: Vmax 172 km/h, 0–100 km/h 14.6 s; 4.8/7.5 L/100 km.

Moteur: (ECE), 4 cyl. en ligne (79.5×95.5 mm), 1896 cm³; compr. 19.5:1; 66 kW (90 ch) à 4000/min, 34.8 kW/L (47.3 ch/L); 202 Nm (20.6 mkp) à 1900/min; gazole.

Moteur (constr.): Diesel à injection directe; 1 arbre à cames en tête (courroie crantée); culasse en alliage léger; vilebrequin à 5 paliers; huile 4.5 L; pompe à injection pilotée, Bosch VE, 1 turbocompr., Intercooler. Batterie 61 Ah, alternateur 70 A; refroidissement à eau, capac. 6.3 L.

Transmission: (sur roues AV). *Syncro:* (4WD permanent).
Boîte à 5 vit.: I. 3.3; II. 1.94; III. 1.31; IV. 0.92; V. 0.72; AR 3.06; pont 3.16.
Syncro: Boîte à 5 vit.: I. 3.78; II. 2.12; III. 1.36; IV. 0.97; V. 0.76; AR 3.06; pont 3.39.
boîte aut. à 4 vit.: I. 2.71; II. 1.44; III. 1; IV. 0.74; AR 2.88; pont 3.2.

Châssis: *syncro:* triangles obliques AR.

Train roulant: pneus 185/60 R 14, jant. 6 J. *Syncro:* réservoir carb. 60 L; pneus 195/60 VR 14.

Dimensions: voie 146/143 cm.

Performances: Vmax (usine) 178 km/h, V à 1000/min en 5. vit. 46.5 km/h; 0–100 km/h 12.8 s; rapp. poids/puiss. 17 kg/kW (12.4 kg/ch); consomm. EU 4.2/6.4 L/100 km.
Aut.: Vmax 175 km/h, 0–100 km/h 14.8 s; 5.3/9.4 L/100 km.
Syncro: Vmax 172 km/h, 0–100 km/h 14.6 s; 4.8/7.5 L/100 km.

Volkswagen Golf GL

1.9 – 110 PS Turbodiesel direkt

Wie 1.4 – 60 PS, ausgenommen:

Gewicht: leer ab 1120 kg, max. zul. 1630 kg.
Station Wagon; leer ab 1195 kg, max. zul. 1695 kg.

Motor: (ECE), 4 Zyl. in Linie (79.5×95.5 mm), 1896 cm³; Kompr. 19.5:1; 81 kW (110 PS) bei 4150/min, 42.7 kW/L (58.1 PS/L); 235 Nm (24 mkp) bei 1900/min; Dieselöl.

Motorkonstruktion: direkt eingespritzter Diesel; 1 obenl. Nockenwelle (Zahnriemen); Leichtmetall-Zylinderkopf; 5fach gelagerte Kurbelwelle; Öl 4.5 L; elektron. ger. Einspritzpumpe, 1 Turbolader, Intercooler. Batterie 61 Ah, Alternator 70 A; Wasserkühlung, Inh. 5 L.

Kraftübertragung: (auf Vorderräder).
5-Gang-Getriebe: I. 3.78; II. 2.06; III. 1.35; IV. 0.97; V. 0.74; R 3.17; Achse 3.16.
4-Stufen-Automat: I. 2.71; II. 1.44; III. 1; IV. 0.74; R 2.88; Achse 3.2.

Fahrwerk: Treibstofftank 55 L; Reifen 185/60 R 14, Felgen 6 J.

Dimensionen: Spur 146/143 cm.

1.9 – 110 ch Turbodiesel direct

Comme 1.4 – 60 ch, sauf:

Poids: vide dès 1120 kg, tot. adm. 1630 kg.
Station-wagon, vide dès 1195 kg, tot. adm. 1695 kg.

Moteur: (ECE), 4 cyl. en ligne (79.5×95.5 mm), 1896 cm³; compr. 19.5:1; 81 kW (110 ch) à 4150/min, 42.7 kW/L (58.1 ch/L); 235 Nm (24 mkp) à 1900/min; gazole.

Moteur (constr.): diesel à injection directe; 1 arbre à cames en tête (courroie crantée); culasse en alliage léger; vilebrequin à 5 paliers; huile 4.5 L; pompe à injection pilotée, 1 turbocompr., Intercooler. Batterie 61 Ah, alternateur 70 A; refroidissement à eau, capac. 5 L.

Transmission: (sur roues AV).
Boîte à 5 vit.: I. 3.78; II. 2.06; III. 1.35; IV. 0.97; V. 0.74; AR 3.17; pont 3.16.
boîte aut. à 4 vit.: I. 2.71; II. 1.44; III. 1; IV. 0.74; AR 2.88; pont 3.2.

Train roulant: réservoir carb. 55 L; pneus 185/60 R 14, jantes 6 J.

Dimensions: voie 146/143 cm.

Fahrleistungen: Vmax (Werk) 193 km/h, V bei 1000/min im 5. Gang 45.3 km/h; 0–100 km/h 10.8 s; Leistungsgew. 13.8 kg/kW (10.2 kg/PS); Verbr. EU 4.1/6.8 L/100 km.
Wagon: Vmax 190 km/h, 0–100 km/h 11.4 s; Leistungsgew. 14.8 kg/kW (10.9 kg/PS); 4.2/6.6 L/100 km.
Aut.: Vmax 187 km/h, 0–100 km/h 13.1 s; 5.1/9.2 L/100 km.

Volkswagen Golf Cabrio

Cabriolet-Ausführung des Golf. Debüt (Golf I) Genf 1979, Golf III August 1993.

1.8 – 75 PS Benzineinspritzung

Karosserie, Gewicht: Cabriolet, 2 Türen, 4 Sitze; leer 1155 kg, max. zul. 1580 kg.

Motor: (ECE), 4 Zyl. in Linie (81×86.4 mm), 1781 cm³; Kompr. 9:1; 55 kW (75 PS) bei 5000/min, 30.9 kW/L (42 PS/L); 140 Nm (14.3 mkp) bei 2500/min; 91 ROZ.

Motorkonstruktion: 1 obenl. Nockenwelle (Zahnriemen); Leichtmetall-Zylinderkopf; 5fach gelagerte Kurbelwelle; Öl 4 L; elektron. Zentraleinspr., Bosch Mono-Motronic. Batterie 44 Ah, Alternator 70 A; Wasserkühlung, Inh. 6.3 L.

Kraftübertragung: (auf Vorderräder).
5-Gang-Getriebe: I. 3.45; II. 1.94; III. 1.29; IV. 0.91; V. 0.75; R 3.17; Achse 3.67.

Fahrgestell: Selbsttragende Karosserie; vorn Federbeine und Dreieckquerlenker, hinten Verbundlenkerachse, Längslenker, Schraubenfedern, Teleskopdämpfer.

Fahrwerk: Bremse, vorne Scheiben (belüftet), hinten Trommeln, Scheiben-⌀ v. 23.9 cm, ABS, ATE; Handbremse auf Hinterräder; Zahnstangenl. mit Servo, Treibstofftank 55 L; Reifen 185/60 HR 14, Felgen 6 J.

Dimensionen: Radstand 247.5 cm, Spur 146/143 cm, Bodenfreih. 13 cm, Wendekreis 10.7 m, Kofferraum 270/450 dm³, Länge 402 cm, Breite 169.5 cm, Höhe 141 cm.

Fahrleistungen: Vmax (Werk) 160 km/h, V bei 1000/min im 5. Gang 39 km/h; 0–100 km/h 15.5 s; Leistungsgew. 21 kg/kW (15.4 kg/PS); Verbrauch EU 6.1/11 L/100 km.

1.8 – 90 PS Benzineinspritzung

Wie 1.8 – 75 PS, ausgenommen:

Gewicht: leer 1185 kg, max. zul. 1580 kg.

Motor: (ECE), 4 Zyl. in Linie (81×86.4 mm), 1781 cm³; Kompr. 10:1; 66 kW (90 PS) bei 5500/min, 37 kW/L (50.4 PS/L); 145 Nm (14.8 mkp) bei 2500/min; 95 ROZ.

Motorkonstruktion: 1 obenl. Nockenwelle (Zahnriemen); Leichtmetall-Zylinderkopf; 5fach gelagerte Kurbelwelle; Öl 4 L; elektron. Zentraleinspr., Bosch Mono-Motronic. Batterie 44 Ah, Alternator 70 A; Wasserkühlung, Inh. 6.3 L.
Aut.: Batterie 60 Ah.

Kraftübertragung: (auf Vorderräder).
5-Gang-Getriebe: I. 3.45; II. 1.94; III. 1.37; IV. 1.03; V. 0.85; R 3.17; Achse 3.67.
4-Stufen-Automat: I. 2.71; II. 1.44; III. 1; IV. 0.74; R 2.88; Achse 4.43.

Fahrwerk: Bremse, vorne Scheiben (belüftet), hinten Trommeln.

Fahrleistungen: Vmax (Werk) 172 km/h, V bei 1000/min im 5. Gang 38.5 km/h; 0–100 km/h 13.1 s; Leistungsgew. 18 kg/kW (13.2 kg/PS); Verbrauch EU 6.4/11.3 L/100 km.
Aut.: Vmax 168 km/h, 0–100 km/h 15 s; 7.3/13.8 L/100 km.

Performances: Vmax (usine) 193 km/h, V à 1000/min en 5. vit. 45.3 km/h; 0–100 km/h 10.8 s; rapp. poids/puiss. 13.8 kg/kW (10.2 kg/ch); consomm. EU 4.1/6.8 L/100 km.
Wagon: Vmax 190 km/h, 0–100 km/h 11.4 s; rapp. poids/puiss. 14.8 kg/kW (10.9 kg/ch); 4.2/6.6 L/100 km.
Aut.: Vmax 187 km/h, 0–100 km/h 13.1 s; 5.1/9.2 L/100 km.

Volkswagen Golf Cabrio

Cabriolet de la Golf. Lancement (Golf I) Genève 1979, Golf III août 1993.

1.8 – 75 ch Injection d'essence

Carrosserie, poids: Cabriolet, 2 portes, 4 places; vide 1155 kg, tot. adm. 1580 kg.

Moteur: (ECE), 4 cyl. en ligne (81×86.4 mm), 1781 cm³; compr. 9:1; 55 kW (75 ch) à 5000/min, 30.9 kW/L (42 ch/L); 140 Nm (14.3 mkp) à 2500/min; 91 (R).

Moteur (constr.): 1 arbre à cames en tête (courroie crantée); culasse en alliage léger; vilebrequin à 5 paliers; huile 4 L; injection monop. électron., Bosch Mono-Motronic. Batterie 44 Ah, alternateur 70 A; refroidissement à eau, capac. 6.3 L.

Transmission: (sur roues AV).
Boîte à 5 vit.: I. 3.45; II. 1.94; III. 1.29; IV. 0.91; V. 0.75; AR 3.17; pont 3.67.

Châssis: carrosserie autoporteuse; AV jambes élast. et leviers triang. transv.; AR essieu semi-rigide, bras longitud., ressorts hélicoïdaux, amortiss. télesc.

Train roulant: frein, AV à disques (ventilés), AR à tambours, ⌀ disques AV 23.9 cm, ABS, ATE; frein à main sur roues AR; servodirection à crémaillère, réservoir carb. 55 L; pneus 185/60 HR 14, jantes 6 J.

Dimensions: empattement 247.5 cm, voie 146/143 cm, garde au sol 13 cm, diam. de braq. 10.7 m, coffre 270/450 dm³, longueur 402 cm, largeur 169.5 cm, hauteur 141 cm.

Performances: Vmax (usine) 160 km/h, V à 1000/min en 5. vit. 39 km/h; 0–100 km/h 15.5 s; rapp. poids/puiss. 21 kg/kW (15.4 kg/ch); consomm. EU 6.1/11 L/100 km.

1.8 – 90 ch Injection d'essence

Comme 1.8 – 75 ch, sauf:

Poids: vide 1185 kg, tot. adm. 1580 kg.

Moteur: (ECE), 4 cyl. en ligne (81×86.4 mm), 1781 cm³; compr. 10:1; 66 kW (90 ch) à 5500/min, 37 kW/L (50.4 ch/L); 145 Nm (14.8 mkp) à 2500/min; 95 (R).

Moteur (constr.): 1 arbre à cames en tête (courroie crantée); culasse en alliage léger; vilebrequin à 5 paliers; huile 4 L; injection monop. électron., Bosch Mono-Motronic. Batterie 44 Ah, alternateur 70 A; refroidissement à eau, capac. 6.3 L.
Aut.: Batterie 60 Ah.

Transmission: (sur roues AV).
Boîte à 5 vit.: I. 3.45; II. 1.94; III. 1.37; IV. 1.03; V. 0.85; AR 3.17; pont 3.67.
boîte aut. à 4 vit.: I. 2.71; II. 1.44; III. 1; IV. 0.74; AR 2.88; pont 4.43.

Train roulant: frein, AV à disques (ventilés), AR à tambours.

Performances: Vmax (usine) 172 km/h, V à 1000/min en 5. vit. 38.5 km/h; 0–100 km/h 13.1 s; rapp. poids/puiss. 18 kg/kW (13.2 kg/ch); consomm. EU 6.4/11.3 L/100 km.
Aut.: Vmax 168 km/h, 0–100 km/h 15 s; 7.3/13.8 L/100 km.

Volkswagen

Volkswagen Golf Cabrio

1.6 – 101 PS
Benzineinspritzung

Wie 1.8 – 75 PS, ausgenommen:

Gewicht: leer ab 1185 kg, max. zul. 1580 kg.

Motor: (ECE), 4 Zyl. in Linie (81×77.4 mm), 1595 cm^3; Kompr. 10.5:1; 74 kW (101 PS) bei 5800/min, 46.4 kW/L (63.1 PS/L); 140 Nm (14.3 mkp) bei 3500/min; 95 ROZ.

Motorkonstruktion: 1 obenl. Nockenwelle (Zahnriemen); Leichtmetall-Zylinderkopf und -block; 5fach gelagerte Kurbelwelle; Öl 4 L; elektron. Einspritzung. Batterie 44 Ah, Alternator 70 A; Wasserkühlung, Inh. 6.3 L.

Kraftübertragung: (auf Vorderräder).
5-Gang-Getriebe: I. 3.45; II. 1.94; III. 1.37; IV. 1.03; V. 0.85; R 2.88; Achse 3.94.
4-Stufen-Automat: I. 2.71; II. 1.44; III. 1; IV. 0.74; R 2.88; Achse 4.53.

Fahrleistungen: Vmax (Werk) 182 km/h, V bei 1000/min im 5. Gang 31.6 km/h; 0–100 km/h 11.9 s; Leistungsgew. 16 kg/kW (11.9 kg/PS); Verbrauch EU 6.5/11.1 L/100 km.
Aut.: Vmax 179 km/h, 0–100 km/h 13.8 s; 7/13.4 L/100 km.

2.0 – 116 PS
Benzineinspritzung

Wie 1.8 – 75 PS, ausgenommen:

Gewicht: leer 1205 kg, max. zul. 1620 kg. USA: ab 1225 kg.

Motor: (ECE), 4 Zyl. in Linie (82.5×92.8 mm), 1984 cm^3; Kompr. 10:1; 85 kW (116 PS) bei 5400/min, 42.8 kW/L (58.2 PS/L); 166 Nm (16.9 mkp) bei 2600/min; 95 ROZ.

Motorkonstruktion: 1 obenl. Nockenwelle (Zahnriemen); Leichtmetall-Zylinderkopf; 5fach gelagerte Kurbelwelle; Ölkühler; Öl 4 L; elektron. Einspritzung, Simos. Batterie 44 Ah, Alternator 70 A; Wasserkühlung, Inh. 6.3 L.
Aut.: Batterie 60 Ah.

Kraftübertragung: (auf Vorderräder), a. W. Differentialbremse.
5-Gang-Getriebe: I. 3.45; II. 1.94; III. 1.29; IV. 0.97; V. 0.81; R 3.17; Achse 3.67.
4-Stufen-Automat: I. 2.71; II. 1.44; III. 1; IV. 0.74; R 2.88; Achse 4.22; ; USA 4.14.

Fahrwerk: Vierrad-Scheibenbremse (vorn belüftet), Scheiben-∅ 25.6 cm.

Fahrleistungen: Vmax (Werk) 190 km/h, V bei 1000/min im 5. Gang 36.1 km/h; 0–100 km/h 10.7 s; Leistungsgew. 14.2 kg/kW (10.5 kg/PS); Verbr. EU 6.4/11.3 L/100 km.
Aut.: Vmax 186 km/h, 0–100 km/h 12.3 s; 7.1/13.7 L/100 km.

1.9 – 90 PS
Turbodiesel direkt

Wie 1.8 – 75 PS, ausgenommen:

Gewicht: leer 1225 kg, max. zul. 1640 kg.

Motor: (ECE), 4 Zyl. in Linie (79.5×95.5 mm), 1896 cm^3; Kompr. 19.5:1; 66 kW (90 PS) bei 4000/min, 34.8 kW/L (47.3 PS/L); 202 Nm (20.6 mkp) bei 1900/min; Dieselöl.

Motorkonstruktion: Direkteingespritzter Diesel; 1 obenl. Nockenwelle (Zahnriemen); Leichtmetall-Zylinderkopf; 5fach gel. Kurbelwelle; Öl 4.5 L; elektron. ger. Einspritzp., Bosch EDC, 1 Turbol., Intercooler. Batterie 61 Ah, Alternator 120 A; Wasserkühlung, Inh. 6.3 L.

Kraftübertragung: (auf Vorderräder).
5-Gang-Getriebe: I. 3.78; II. 2.12; III. 1.36; IV. 0.97; V. 0.76; R 3.06; Achse 3.16.

Fahrleistungen: Vmax (Werk) 172 km/h, V bei 1000/min im 5. Gang 46.5 km/h; 0–100 km/h 13.3 s; Leistungsgew. 18.6 kg/kW (13.6 kg/PS); Verbr. EU 4.4/6.8 L/100 km.

1.9 – 110 PS
Turbodiesel direkt

Wie 1.8 – 75 PS, ausgenommen:

Gewicht: leer ab 1225 kg, max. zul. 1640 kg.

Motor: (ECE), 4 Zyl. in Linie (79.5×95.5 mm), 1896 cm^3; Kompr. 19.5:1; 81 kW (110 PS) bei 4150/min, 42.7 kW/L (58.1 PS/L); 235 Nm (24 mkp) bei 1900/min; Dieselöl.

Motorkonstruktion: direkt eingespritzter Diesel; 1 obenl. Nockenwelle (Zahnriemen); 5fach gelagerte Kurbelwelle; Öl 4.5 L; elektron. ger. Einspritzpumpe, 1 Turbolader, Intercooler. Batterie 61 Ah, Alternator 120 A; Wasserkühlung, Inh. 6.3 L.

Kraftübertragung: (auf Vorderräder).
5-Gang-Getriebe: I. 3.78; II. 2.06; III. 1.35; IV. 0.97; V. 0.74; R 3.6; Achse 3.16.

Fahrleistungen: Vmax (Werk) 187 km/h, V bei 1000/min im 5. Gang 45.2 km/h; 0–100 km/h 11.3 s; Leistungsgew. 15.1 kg/kW (11.1 kg/PS); Verbr. EU 4.4/6.9 L/100 km.

Volkswagen Golf Cabrio

Volkswagen Vento

Nachfolger des Jetta, Stufenhecklimousine mit fünf Benzin- und neu fünf Dieselmotoren. Debüt Brüssel 1992. Juni 1993: Turbodiesel mit Direkteinspritzung. Herbst 1996: Neue Motorenpalette ab 1.8 L wie Golf.

1.8 – 75 PS
Benzineinspritzung

Karosserie, Gewicht: Limousine, 4 Türen, 5 Sitze, leer 1105 kg, max. zul. 1590 kg.

Motor: (ECE), 4 Zyl. in Linie (81×86.4 mm), 1781 cm^3; Kompr. 9:1; 55 kW (75 PS) bei 5000/min, 30.9 kW/L (42 PS/L); 140 Nm (14.3 mkp) bei 2500/min; 91 ROZ.

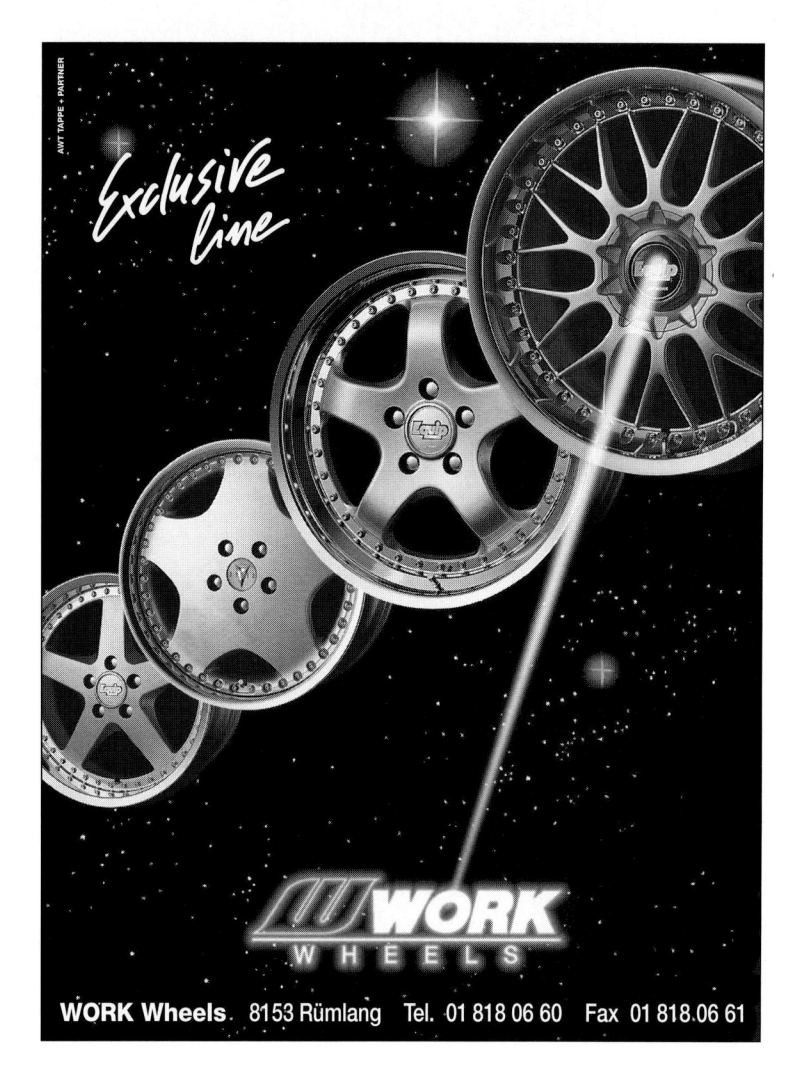

PROCAR *Wheels*

Standard line

Procar SA   8153 Rümlang   Tel. 01 818 06 60   Fax 01 818 06 61

Exclusive line

WORK WHEELS

WORK Wheels.   8153 Rümlang   Tel. 01 818 06 60   Fax 01 818 06 61

revue automobile

Une fois par semaine paraît à Berne (Suisse) la **revue automobile**

Une source inépuisable de renseignements de première main

Hallwag

FASZINATION PFERD

Lída Jahn-Mícek · Beatrice Michel
So leben die Pferde

Lída Jahn-Mícek
Beatrice Michel
So leben die Pferde
144 Seiten,
107 Farbfotos,
Linson.
DM/sFr. 58.-

Im Buchhandel erhältlich.

HALLWAG

Lída Jahn-Mícek, eine leidenschaftliche Pferdefotografin, hat ihre schönsten Bilder aus verschiedenen Gegenden Europas zu einer faszinierenden Verhaltenskunde zusammengestellt. Die Verhaltensforscherin Dr. Beatrice Michel verfaßte den Text. Ein Buch, das Pferdefreunde und Pferdekenner gleichermaßen zu begeistern vermag.

Volkswagen

Motorkonstruktion: 1 obenl. Nockenwelle (Zahnriemen); Leichtmetall-Zylinderkopf; 5fach gelagerte Kurbelwelle; Öl 4 L; elektron. Zentraleinspr., Bosch Mono-Motronic. Batterie 44 Ah, Alternator 70 A; Wasserkühlung, Inh. 6.3 L.

Kraftübertragung: (auf Vorderräder). 5-Gang-Getriebe: I. 3.45; II. 1.94; III. 1.29; IV. 0.91; V. 0.74; R 3.17; Achse 3.67. 4-Stufen-Automat: I. 2.71; II. 1.44; III. 1; IV. 0.74; R 2.88; Achse 4.43.

Fahrgestell: Selbsttragende Karosserie; vorn Federbeine und Dreieckquerlenker, hinten Verbundlenkerachse, Längslenker, hinten Kurvenstabilisator, Schraubenfedern, Teleskopdämpfer.

Fahrwerk: Bremse, vorne Scheiben (belüftet), hinten Trommeln, Scheiben-⌀ v. 23.9 cm, ABS, Handbremse auf Hinterräder; Zahnstangenlenkung mit Servo, Treibstofftank 55 L; Reifen 185/60 HR 14, Felgen 6 J.

Dimensionen: Radstand 247.5 cm, Spur 146.5/145 cm, Bodenfreih. 13 cm, Wendekreis 10.7 m, Kofferraum 550/835 dm³, Länge 438 cm, Breite 169.5 cm, Höhe 143 cm.

Fahrleistungen: Vmax (Werk) 168 km/h, V bei 1000/min im 5. Gang 38.5 km/h; 0–100 km/h 14.6 s; Leistungsgew. 20.1 kg/kW (14.7 kg/PS); Verbr. EU 5.8/10.8 L/100 km. *Aut.:* Vmax 164 km/h, 0–100 km/h 18.2 s; 7.2/13.5 L/100 km.

1.8 – 90 PS Benzineinspritzung

Wie 1.8 – 75 PS, ausgenommen:

Gewicht: leer ab 1105 kg, max. zul. 1590 kg.

Motor: (ECE), 4 Zyl. in Linie (81×86.4 mm), 1781 cm³; Kompr. 10:1; 66 kW (90 PS) bei 5500/min, 37 kW/L (50.4 PS/L); 145 Nm (14.8 mkp) bei 2500/min; 95 ROZ.

Motorkonstruktion: 1 obenl. Nockenwelle (Zahnriemen); Leichtmetall-Zylinderkopf; 5fach gelagerte Kurbelwelle; Öl 4 L; elektron. Zentraleinspr., Bosch Mono-Motronic. Batterie 44 Ah, Alternator 70 A; Wasserkühlung, Inh. 6.3 L.

Kraftübertragung: (auf Vorderräder). 5-Gang-Getriebe: I. 3.45; II. 1.94; III. 1.37; IV. 1.03; V. 0.85; R 3.17; Achse 3.67. 4-Stufen-Automat: I. 2.71; II. 1.44; III. 1; IV. 0.74; R 2.88; Achse 4.43.

Fahrwerk: Bremse, vorne Scheiben (belüftet), hinten Trommeln, Scheiben-⌀ v. 25.6 cm, h. 22.6 cm.

Fahrleistungen: Vmax (Werk) 178 km/h, V bei 1000/min im 5. Gang 38.6 km/h; 0–100 km/h 12.7 s; Leistungsgew. 16.7 kg/kW (12.3 kg/PS); Verbrauch EU 6.2/11.1 L/100 km. *Aut.:* Vmax 175 km/h, 0–100 km/h 15.3 s; 6.8/13.3 L/100 km.

Moteur (constr.): 1 arbre à cames en tête (courroie crantée); culasse en alliage léger; vilebrequin à 5 paliers; huile 4 L; injection monop. électron., Bosch Mono-Motronic. Batterie 44 Ah, alternateur 70 A; refroidissement à eau, capac. 6.3 L.

Transmission: (sur roues AV). Boîte à 5 vit.: I. 3.45; II. 1.94; III. 1.29; IV. 0.91; V. 0.74; AR 3.17; pont 3.67. boîte aut. à 4 vit.: I. 2.71; II. 1.44; III. 1; IV. 0.74; AR 2.88; pont 4.43.

Châssis: carrosserie autoporteuse; AV jambes élast. et leviers triang. transv.; AR essieu semi-rigide, bras longitud., AR barre anti-dévers, ressorts hélic, amortiss. télesc.

Train roulant: frein, AV à disques (ventilés), AR à tambours, ⌀ disques AV 23.9 cm, ABS, frein à main sur roues AR; servo-direction à crémaillère, réservoir carb. 55 L; pneus 185/60 HR 14, jantes 6 J.

Dimensions: empattement 247.5 cm, voie 146.5/145 cm, garde au sol 13 cm, diam. de braq. 10.7 m, coffre 550/835 dm³, long. 438 cm, larg. 169.5 cm, haut. 143 cm.

Performances: Vmax (usine) 168 km/h, V à 1000/min en 5. vit. 38.5 km/h; 0–100 km/h 14.6 s; rapp. poids/puiss. 20.1 kg/kW (14.7 kg/ch); consomm. EU 5.8/10.8 L/100 km. *Aut.:* Vmax 164 km/h, 0–100 km/h 18.2 s; 7.2/13.5 L/100 km.

1.8 – 90 ch Injection d'essence

Comme 1.8 – 75 ch, sauf:

Poids: vide dès 1105 kg, tot. adm. 1590 kg.

Moteur: (ECE), 4 cyl. en ligne (81×86.4 mm), 1781 cm³; compr. 10:1; 66 kW (90 ch) à 5500/min, 37 kW/L (50.4 PS/L); 145 Nm (14.8 mkp) à 2500/min; 95 (R).

Moteur (constr.): 1 arbre à cames en tête (courroie crantée); culasse en alliage léger; vilebrequin à 5 paliers; huile 4 L; injection monop. électron., Bosch Mono-Motronic. Batterie 44 Ah, alternateur 70 A; refroidissement à eau, capac. 6.3 L.

Transmission: (sur roues AV). Boîte à 5 vit.: I. 3.45; II. 1.94; III. 1.37; IV. 1.03; V. 0.85; AR 3.17; pont 3.67. boîte aut. à 4 vit.: I. 2.71; II. 1.44; III. 1; IV. 0.74; AR 2.88; pont 4.43.

Train roulant: frein, AV à disques (ventilés), AR à tambours, ⌀ disques AV 25.6 cm, AR 22.6 cm.

Performances: Vmax (usine) 178 km/h, V à 1000/min en 5. vit. 38.6 km/h; 0–100 km/h 12.7 s; rapp. poids/puiss. 16.7 kg/kW (12.3 kg/ch); consomm. EU 6.2/11.1 L/100 km. *Aut.:* Vmax 175 km/h, 0–100 km/h 15.3 s; 6.8/13.3 L/100 km.

Volkswagen Vento

Volkswagen Vento

1.6 – 101 PS Benzineinspritzung

Wie 1.8 – 75 PS, ausgenommen:

Gewicht: leer ab 1105 kg, max. zul. 1610 kg.

Motor: (ECE), 4 Zyl. in Linie (81×77.4 mm), 1595 cm³; Kompr. 10.5:1; 74 kW (101 PS) bei 5800/min, 46.4 kW/L (63.1 PS/L); 140 Nm (14.3 mkp) bei 3500/min; 95 ROZ.

Motorkonstruktion: 1 obenl. Nockenwelle (Zahnriemen); Leichtmetall-Zylinderkopf und -block; 5fach gelagerte Kurbelwelle; Öl 4 L; elektron. Einspritzung. Batterie 44 Ah, Alternator 70 A; Wasserkühlung, Inh. 6.3 L.

Kraftübertragung: (auf Vorderräder). 5-Gang-Getriebe: I. 3.45; II. 1.94; III. 1.37; IV. 1.03; V. 0.85; R 2.88; Achse 3.94. 4-Stufen-Automat: I. 2.71; II. 1.44; III. 1; IV. 0.74; R 2.88; Achse 4.53.

Dimensionen: Spur 145/143 cm.

Fahrleistungen: Vmax (Werk) 188 km/h, V bei 1000/min im 5. Gang 31.6 km/h; 0–100 km/h 11.7 s; Leistungsgew. 14.9 kg/kW (10.9 kg/PS); Verbr. EU 6.1/10.9 L/100 km. *Aut.:* Vmax 185 km/h, 0–100 km/h 13.6 s; 6.7/13.2 L/100 km.

2.0 – 116 PS Benzineinspritzung

Wie 1.8 – 75 PS, ausgenommen:

Gewicht: leer 1160 kg, max. zul. 1630 kg. USA 1200 kg.

Motor: (ECE), 4 Zyl. in Linie (82.5×92.8 mm), 1984 cm³; Kompr. 10:1; 85 kW (116 PS) bei 5400/min, 42.8 kW/L (58.2 PS/L); 166 Nm (16.9 mkp) bei 2600/min; 95 ROZ.

Motorkonstruktion: 1 obenl. Nockenwelle (Zahnriemen); Leichtmetall-Zylinderkopf; 5fach gelagerte Kurbelwelle; Ölkühler; Öl 4 L; elektron. Einspritzung, Simos. Batterie 44 Ah, Alternator 70 A; Wasserkühlung, Inh. 6.3 L.

Kraftübertragung: (auf Vorderräder). 5-Gang-Getriebe: I. 3.45; II. 1.94; III. 1.29; IV. 0.97; V. 0.81; R 3.17; Achse 3.67. 4-Stufen-Automat: I. 2.71; II. 1.44; III. 1; IV. 0.74; R 2.88; Achse 4.13.

Fahrwerk: Vierrad-Scheibenbr. (vorn belüftet), Scheiben-⌀ v. 25.6 cm, h. 22.6 cm.

Fahrleistungen: Vmax (Werk) 198 km/h, V bei 1000/min im 5. Gang 35.6 km/h; 0–100 km/h 10.6 s; Leistungsgew. 13.6 kg/kW (10.1 kg/PS); Verbr. EU 6.3/11.2 L/100 km. *Aut.:* Vmax 193 km/h, 0–100 km/h 12.2 s; 6.8/13.4 L/100 km.

1.6 – 101 ch Injection d'essence

Comme 1.8 – 75 ch, sauf:

Poids: vide dès 1105 kg, tot. adm. 1610 kg.

Moteur: (ECE), 4 cyl. en ligne (81×77.4 mm), 1595 cm³; compr. 10.5:1; 74 kW (101 ch) à 5800/min, 46.4 kW/L (63.1 ch/L); 140 Nm (14.3 mkp) à 3500/min; 95 (R).

Moteur (constr.): 1 arbre à cames en tête (courroie crantée); culasse et bloc-cyl. en alliage léger; vilebrequin à 5 paliers; huile 4 L; injection électronique. Batterie 44 Ah, alternateur 70 A; refroidissement à eau, capac. 6.3 L.

Transmission: (sur roues AV). Boîte à 5 vit.: I. 3.45; II. 1.94; III. 1.37; IV. 1.03; V. 0.85; AR 2.88; pont 3.94. boîte aut. à 4 vit.: I. 2.71; II. 1.44; III. 1; IV. 0.74; AR 2.88; pont 4.53.

Dimensions: voie 145/143 cm.

Performances: Vmax (usine) 188 km/h, V à 1000/min en 5. vit. 31.6 km/h; 0–100 km/h 11.7 s; rapp. poids/puiss. 14.9 kg/kW (10.9 kg/ch); consomm. EU 6.1/10.9 L/100 km. *Aut.:* Vmax 185 km/h, 0–100 km/h 13.6 s; 6.7/13.2 L/100 km.

2.0 – 116 ch Injection d'essence

Comme 1.8 – 75 ch, sauf:

Poids: vide 1160 kg, tot. adm. 1630 kg. USA 1200 kg.

Moteur: (ECE), 4 cyl. en ligne (82.5×92.8 mm), 1984 cm³; compr. 10:1; 85 kW (116 ch) à 5400/min, 42.8 kW/L (58.2 ch/L); 166 Nm (16.9 mkp) à 2600/min; 95 (R).

Moteur (constr.): 1 arbre à cames en tête (courroie crantée); culasse en alliage léger; vilebrequin à 5 paliers; radiat. d'huile; huile 4 L; injection électronique, Simos. Batterie 44 Ah, alternateur 70 A; refroidissement à eau, capac. 6.3 L.

Transmission: (sur roues AV). Boîte à 5 vit.: I. 3.45; II. 1.94; III. 1.29; IV. 0.97; V. 0.81; AR 3.17; pont 3.67. boîte aut. à 4 vit.: I. 2.71; II. 1.44; III. 1; IV. 0.74; AR 2.88; pont 4.13.

Train roulant: quatre fr. à disques (AV ventilés), ⌀ disques AV 25.6 cm, AR 22.6 cm.

Performances: Vmax (usine) 198 km/h, V à 1000/min en 5. vit. 35.6 km/h; 0–100 km/h 10.6 s; rapp. poids/puiss. 13.6 kg/kW (10.1 kg/ch); consomm. EU 6.3/11.2 L/100 km. *Aut.:* Vmax 193 km/h, 0–100 km/h 12.2 s; 6.8/13.4 L/100 km.

Volkswagen

Volkswagen Vento GT

2.8 VR6 – 174 PS
Benzineinspritzung

Wie 1.8 – 75 PS, ausgenommen:

Gewicht: leer 1265 kg, max. zul. 1725 kg. USA 1320 kg.

Motor: (ECE), 6 Zyl. VR (15°) (81×90.3 mm), 2792 cm³; Kompr. 10:1; 128 kW (174 PS) bei 5800/min, 45.8 kW/L (62.3 PS/L); 235 Nm (24 mkp) bei 4200/min; 95 ROZ.

Motorkonstruktion: Versetzter Reihen-Sechszylinder; 2 obenl. Nockenwellen (Kette); Leichtmetall-Zylinderkopf; 7fach gelagerte Kurbelwelle; Öl 6 L; elektron. Einspritzung, Bosch Motronic, 2.7/2.9. Batterie 60 Ah, Alternator 70 A; Wasserkühlung, Inh. 8.2 L.

Kraftübertragung: (auf Vorderräder), elektronische Differentialsperre EDS. 5-Gang-Getriebe: I. 3.3; II. 1.94; III. 1.31; IV. 1.03; V. 0.84; R 3.06; Achse 3.39. 4-Stufen-Automat: I. 2.71; II. 1.44; III. 1; IV. 0.74; R 2.88; Achse 3.62.

Fahrwerk: Vierrad-Scheibenbremse (vorn belüftet), Scheiben-Ø v. 28.5 cm, h. 22.6 cm, Reifen 205/50 VR 15, Felgen 6.5 J.

Dimensionen: Spur 145/143 cm.

Fahrleistungen: Vmax (Werk) 224 km/h, V bei 1000/min im 5. Gang 37.7 km/h; 0–100 km/h 8 s; Leistungsgew. 9.9 kg/kW (7.3 kg/PS); Verbrauch EU 7.9/15 L/100 km. *Aut.:* Vmax 220 km/h, 0–100 km/h 9.3 s; 8.5/17 L/100 km.

1.9 – 64 PS
Diesel

Wie 1.8 – 75 PS, ausgenommen:

Gewicht: leer 1150 kg, max. zul. 1630 kg.

Motor: (ECE), 4 Zyl. in Linie (79.5×95.5 mm), 1896 cm³; Kompr. 22.5:1; 47 kW (64 PS) bei 4400/min, 24.8 kW/L (33.7 PS/L); 124 Nm (12.6 mkp) bei 2000/min; Dieselöl.

Motorkonstruktion: Wirbelkammer-Diesel; 1 obenl. Nockenwelle (Zahnriemen); Leichtmetall-Zylinderkopf; 5fach gelagerte Kurbelwelle; Öl 4 L; Einspritzp., Bosch VE. Batterie 61 Ah, Alternator 70 A; Wasserkühlung, Inh. 6.3 L.

Kraftübertragung: (auf Vorderräder). 5-Gang-Getriebe: I. 3.45; II. 1.94; III. 1.29; IV. 0.91; V. 0.75; R 3.17; Achse 3.67.

Fahrleistungen: Vmax (Werk) 156 km/h, V bei 1000/min im 5. Gang 38.6 km/h; 0–100 km/h 18.3 s; Leistungsgew. 24.5 kg/kW (18 kg/PS); Verbrauch EU 4.7/7.9 L/100 km.

1.9 – 64 PS
Direkteingespritzter Diesel

Wie 1.8 – 75 PS, ausgenommen:

Gewicht: leer ab 1150 kg, max. zul. 1630 kg.

Motor: (ECE), 4 Zyl. in Linie (79.5×95.5 mm), 1896 cm³; Kompr. 19.5:1; 47 kW (64 PS) bei 4200/min, 24.8 kW/L (33.7 PS/L); 124 Nm (12.6 mkp) bei 2200/min; Dieselöl.

Motorkonstruktion: direkt eingespritzter Diesel; 1 obenl. Nockenwelle (Zahnriemen); Leichtmetall-Zylinderkopf; 5fach gelagerte Kurbelwelle; Öl 4.5 L; elektron. geregelte Einspritzpumpe, Bosch EDC. Batterie 61 Ah, Alternator 70 A; Wasserkühlung, Inh. 6.3 L.

Kraftübertragung: (auf Vorderräder). 5-Gang-Getriebe: I. 3.45; II. 1.94; III. 1.29; IV. 0.91; V. 0.75; R 3.17; Achse 3.67.

Fahrleistungen: Vmax (Werk) 156 km/h, V bei 1000/min im 5. Gang 38.6 km/h; 0–100 km/h 18.3 s; Leistungsgew. 24.5 kg/kW (18 kg/PS); Verbrauch EU 4.1/6.8 L/100 km.

1.9 – 75 PS
Turbodiesel

Wie 1.8 – 75 PS, ausgenommen:

Gewicht: , leer 1160 kg, max. zul. 1640 kg.

Motor: (ECE), 4 Zyl. in Linie (79.5×95.5 mm), 1896 cm³; Kompr. 22.5:1; 55 kW (75 PS) bei 4200/min, 29 kW/L (39.4 PS/L); 150 Nm (15.3 mkp) bei 2200/min; Dieselöl.

Motorkonstruktion: Wirbelkammer-Diesel; 1 obenl. Nockenwelle (Zahnriemen); Leichtmetall-Zylinderkopf; 5fach gelagerte Kurbelwelle; Öl 4.5 L; Einspritzpumpe, Bosch VE, 1 Turbolader, max. Ladedruck 0.7 bar. Batterie 61 Ah, Alternator 70 A; Wasserkühlung, Inh. 6.3 L.

Kraftübertragung: (auf Vorderräder). 5-Gang-Getriebe: I. 3.45; II. 1.94; III. 1.29; IV. 0.91; V. 0.75; R 3.17; Achse 3.67.

Fahrleistungen: Vmax (Werk) 165 km/h, V bei 1000/min im 5. Gang 38.6 km/h; 0–100 km/h 15.7 s; Leistungsgew. 21.1 kg/kW (15.5 kg/PS); Verbr. EU 5/8.1 L/100 km.

1.9 – 90 PS
Turbodiesel direkt

Wie 1.8 – 75 PS, ausgenommen:

Gewicht: leer 1205 kg, max. zul. 1685 kg.

Motor: (ECE), 4 Zyl. in Linie (79.5×95.5 mm), 1896 cm³; Kompr. 19.5:1; 66 kW (90 PS) bei 4000/min, 34.8 kW/L (47.3 PS/L); 202 Nm (20.6 mkp) bei 1900/min; Dieselöl.

Motorkonstruktion: Direkteingespr. Diesel; 1 obenl. Nockenwelle (Zahnriemen); Leichtmetall-Zylinderkopf; 5fach gelag. Kurbelw.; Öl 4.5 L; elektron. ger. Einspritzp., Bosch EDC, 1 Turbolader, Intercooler. Batterie 61 Ah, Alternator 70 A; Wasserkühlung, Inh. 6.3 L.

Kraftübertragung: (auf Vorderräder). 5-Gang-Getriebe: I. 3.3; II. 1.94; III. 1.31; IV. 0.92; V. 0.72; R 3.06; Achse 3.16. 4-Stufen-Automat: I. 2.71; II. 1.44; III. 1; IV. 0.74; R 2.88; Achse 3.2.

Fahrleistungen: Vmax (Werk) 178 km/h, V bei 1000/min im 5. Gang 46.5 km/h; 0–100 km/h 13.2 s; Leistungsgew. 18.3 kg/kW (13.4 kg/PS); Verbr. EU 4.2/6.4 L/100 km. *Aut.:* Vmax 175 km/h, 0–100 km/h 15.3 s.

1.9 – 110 PS
Turbodiesel direkt

Wie 1.8 – 75 PS, ausgenommen:

Gewicht: leer ab 1205 kg, max. zul. 1685 kg.

Motor: (ECE), 4 Zyl. in Linie (79.5×95.5 mm), 1896 cm³; Kompr. 19.5:1; 81 kW (110 PS) bei 4150/min, 42.7 kW/L (58.1 PS/L); 235 Nm (24 mkp) bei 1900/min; Dieselöl.

2.8 VR6 – 174 ch
Injection d'essence

Comme 1.8 – 75 ch, sauf:

Poids: vide 1265 kg, tot. adm. 1725 kg. USA 1320 kg.

Moteur: (ECE), 6 cyl. VR (15°) (81×90.3 mm), 2792 cm³; compr. 10:1; 128 kW (174 ch) à 5800/min, 45.8 kW/L (62.3 ch/L); 235 Nm (24 mkp) à 4200/min; 95 (R).

Moteur (constr.): 6 cylindres en quinconce; 2 arbres à cames en tête (chaîne); culasse en alliage léger; vilebrequin à 7 paliers; huile 6 L; injection électronique, Bosch Motronic, 2.7/2.9. Batterie 60 Ah, alternateur 70 A; refroidissement à eau, capac. 8.2 L.

Transmission: (sur roues AV), différentiel à bloq. électr. EDS. Boîte à 5 vit.: I. 3.3; II. 1.94; III. 1.31; IV. 1.03; V. 0.84; R 3.06; pont 3.39. boîte aut. à 4 vit : I. 2.71; II. 1.44; III. 1; IV. 0.74; AR 2.88; pont 3.62.

Train roulant: quatre freins à disques (AV ventilés), Ø disques AV 28.5 cm, AR 22.6 cm, pneus 205/50 VR 15, jantes 6.5 J.

Dimensions: voie 145/143 cm.

Performances: Vmax (usine) 224 km/h, V à 1000/min en 5. vit. 37.7 km/h; 0–100 km/h 8 s; rapp. poids/puiss. 9.9 kg/kW (7.3 kg/ch); consomm. EU 7.9/15 L/100 km. *Aut.:* Vmax 220 km/h, 0–100 km/h 9.3 s; 8.5/17 L/100 km.

1.9 – 64 ch
Diesel

Comme 1.8 – 75 ch, sauf:

Poids: vide 1150 kg, tot. adm. 1630 kg.

Moteur: (ECE), 4 cyl. en ligne (79.5×95.5 mm), 1896 cm³; compr. 22.5:1; 47 kW (64 ch) à 4400/min, 24.8 kW/L (33.7 ch/L); 124 Nm (12.6 mkp) à 2000/min; gazole.

Moteur (constr.): diesel à chambre de turbulence; 1 arbre à cames en tête (courroie crantée); culasse en all. léger; vilebrequin à 5 paliers; huile 4 L; pompe à inj., Bosch VE. Batterie 61 Ah, alternateur 70 A; refroidissement à eau, capac. 6.3 L.

Transmission: (sur roues AV). Boîte à 5 vit.: I. 3.45; II. 1.94; III. 1.29; IV. 0.91; V. 0.75; AR 3.17; pont 3.67.

Performances: Vmax (usine) 156 km/h, V à 1000/min en 5. vit. 38.6 km/h; 0–100 km/h 18.3 s; rapp. poids/puiss. 24.5 kg/kW (18 kg/ch); consomm. EU 4.7/7.9 L/100 km.

1.9 – 64 ch
Diesel à injection directe

Comme 1.8 – 75 ch, sauf:

Poids: vide dès 1150 kg, tot. adm. 1630 kg.

Moteur: (ECE), 4 cyl. en ligne (79.5×95.5 mm), 1896 cm³; compr. 19.5:1; 47 kW (64 ch) à 4200/min, 24.8 kW/L (33.7 ch/L); 124 Nm (12.6 mkp) à 2200/min; gazole.

Moteur (constr.): diesel à injection directe; 1 arbre à cames en tête (courroie crantée); culasse en alliage léger; vilebrequin à 5 paliers; huile 4.5 L; pompe à injection pilotée, Bosch EDC. Batterie 61 Ah, alternateur 70 A; refroidissement à eau, capac. 6.3 L.

Transmission: (sur roues AV). Boîte à 5 vit.: I. 3.45; II. 1.94; III. 1.29; IV. 0.91; V. 0.75; AR 3.17; pont 3.67.

Performances: Vmax (usine) 156 km/h, V à 1000/min en 5. vit. 38.6 km/h; 0–100 km/h 18.3 s; rapp. poids/puiss. 24.5 kg/kW (18 kg/ch); consomm. EU 4.1/6.8 L/100 km.

1.9 – 75 ch
Turbodiesel

Comme 1.8 – 75 ch, sauf:

Poids: vide 1160 kg, tot. adm. 1640 kg.

Moteur: (ECE), 4 cyl. en ligne (79.5×95.5 mm), 1896 cm³; compr. 22.5:1; 55 kW (75 ch) à 4200/min, 29 kW/L (39.4 ch/L); 150 Nm (15.3 mkp) à 2200/min; gazole.

Moteur (constr.): diesel à chambre de turbulence; 1 arbre à cames en tête (courroie crantée); culasse en alliage léger; vilebrequin à 5 pal.; huile 4.5 L; pompe à inj., Bosch VE, 1 turbocompr., max. 0.7 bar. Batterie 61 Ah, alternateur 70 A; refroidissement à eau, capac. 6.3 L.

Transmission: (sur roues AV). Boîte à 5 vit.: I. 3.45; II. 1.94; III. 1.29; IV. 0.91; V. 0.75; AR 3.17; pont 3.67.

Performances: Vmax (usine) 165 km/h, V à 1000/min en 5. vit. 38.6 km/h; 0–100 km/h 15.7 s; rapp. poids/puiss. 21.1 kg/kW (15.5 kg/ch); consomm. EU 5/8.1 L/100 km.

1.9 – 90 ch
Turbodiesel direct

Comme 1.8 – 75 ch, sauf:

Poids: vide 1205 kg, tot. adm. 1685 kg.

Moteur: (ECE), 4 cyl. en ligne (79.5×95.5 mm), 1896 cm³; compr. 19.5:1; 66 kW (90 ch) à 4000/min, 34.8 kW/L (47.3 ch/L); 202 Nm (20.6 mkp) à 1900/min; gazole.

Moteur (constr.): Diesel à injection directe; 1 arbre à cames en tête (courroie crantée); culasse en alliage léger; vilebrequin à 5 paliers; huile 4.5 L; pompe à injection pilotée, Bosch EDC, 1 turbocompr., Intercooler. Batterie 61 Ah, alternateur 70 A; refroidissement à eau, capac. 6.3 L.

Transmission: (sur roues AV). Boîte à 5 vit.: I. 3.3; II. 1.94; III. 1.31; IV. 0.92; V. 0.72; AR 3.06; pont 3.16. boîte aut. à 4 vit.: I. 2.71; II. 1.44; III. 1; IV. 0.74; AR 2.88; pont 3.2.

Performances: Vmax (usine) 178 km/h, V à 1000/min en 5. vit. 46.5 km/h; 0–100 km/h 13.2 s; rapp. poids/puiss. 18.3 kg/kW (13.4 kg/ch); consomm. EU 4.2/6.4 L/100 km. *Aut.:* Vmax 175 km/h, 0–100 km/h 15.3 s.

1.9 – 110 ch
Turbodiesel direct

Comme 1.8 – 75 ch, sauf:

Poids: vide dès 1205 kg, tot. adm. 1685 kg.

Moteur: (ECE), 4 cyl. en ligne (79.5×95.5 mm), 1896 cm³; compr. 19.5:1; 81 kW (110 ch) à 4150/min, 42.7 kW/L (58.1 ch/L); 235 Nm (24 mkp) à 1900/min; gazole.

Volkswagen

Motorkonstruktion: direkt eingespritzter Diesel; 1 obenl. Nockenwelle (Zahnriemen); Leichtmetall-Zylinderkopf; 5fach gelagerte Kurbelwelle; Öl 4.5 L; elektron. ger. Einspritzpumpe, 1 Turbolader, Intercooler. Batterie 61 Ah, Batterie 360 A, Alternator 70 A; Wasserkühlung, Inh. 6.3 L.

Kraftübertragung: (auf Vorderräder). 5-Gang-Getriebe: I. 3.78; II. 2.08; III. 1.35; IV. 0.97; V. 0.74; R 3.17; Achse 3.16. 4-Stufen-Automat: I. 2.71; II. 1.44; III. 1; IV. 0.74; R 2.88; Achse 3.27.

Fahrleistungen: Vmax (Werk) 193 km/h, V bei 1000/min im 5. Gang 34.5 km/h; 0–100 km/h 11.2 s; Leistungsgew. 14.9 kg/kW (11 kg/PS); Verbrauch EU 4.1/6.6 L/100 km. *Aut.:* Vmax 190 km/h, 0–100 km/h 12.9 s; 4.9/9 L/100 km.

Moteur (constr.): diesel à injection directe; 1 arbre à cames en tête (courroie crantée); culasse en alliage léger; vilebrequin à 5 paliers; huile 4.5 L; pompe à injection pilotée, 1 turbocompr., Intercooler. Batterie 61 Ah, Batterie 360 A, alternateur 70 A; refroidissement à eau, capac. 6.3 L.

Transmission: (sur roues AV). Boîte à 5 vit.: I. 3.78; II. 2.08; III. 1.35; IV. 0.97; V. 0.74; AR 3.17; pont 3.16. boîte aut. à 4 vit.: I. 2.71; II. 1.44; III. 1; IV. 0.74; AR 2.88; pont 3.27.

Performances: Vmax (usine) 193 km/h, V à 1000/min en 5. vit. 34.5 km/h; 0–100 km/h 11.2 s; rapp. poids/puiss. 14.9 kg/kW (11 kg/ch); consomm. EU 4.1/6.6 L/100 km. *Aut.:* Vmax 190 km/h, 0–100 km/h 12.9 s; 4.9/9 L/100 km.

Volkswagen Passat

Mittelklassewagen mit Frontantrieb. Debüt Genf 1988. Frankfurt 1989 syncro mit G-Lader. Genf 1991: VR6-Motor. April 1991: 1,9-Liter-Diesel mit Katalysator. '93/94: Restyling. August 1996: Neuauflage mit neuer Vorderachse, neue Motorenreihe.

Voiture de la catégorie moyenne. Lancement Genève 1988. Francfort 1989 syncro avec compr. «G». Genève 1991: Moteur VR6. Avril 1991: 1.9 d avec cat. '93/94: Restyling. Août 1996: nouvelle édition avec nouveau essieu AV, nouvelle gamme de moteurs.

1.6 – 101 PS Benzineinspritzung

Karosserie, Gewicht: Limousine, 4 Türen, 5 Sitze; leer ab 1200 kg, max. zul. 1750 kg. Station Wagon: 5 Türen, 5 Sitze; leer ab ca.1250 kg.

Motor: (ECE), 4 Zyl. in Linie (81×77.4 mm), 1595 cm³; Kompr. 10.3:1; 74 kW (101 PS) bei 5300/min, 46.4 kW/L (63.1 PS/L); 140 Nm (14.3 mkp) bei 3800/min; 95 ROZ.

Motorkonstruktion: 1 obenl. Nockenwelle (Zahnriemen); Leichtmetall-Zylinderkopf und -block; 5fach gelagerte Kurbelwelle; Öl 3.3 L; elektron. Einspritzung. Batterie 60 Ah, Batterie 280 A, Alternator 70 A; Wasserkühlung, Inh. 6.5 L.

Kraftübertragung: (auf Vorderräder). 5-Gang-Getriebe: I. 3.5; II. 2.12; III. 1.3; IV. 0.94; V. 0.79; R 3.44; Achse 4.56. 4-Stufen-Automat: I. 2.47; II. 1.55; III. 1; IV. 0.68; R 2.11; Achse 5.15.

1.6 – 101 ch Injection d'essence

Carrosserie, poids: Berline, 4 portes, 5 pl.; vide dès 1200 kg, tot. adm. 1750 kg. Station Wagon: 5 portes, 5 places; vide dès env. 1250 kg.

Moteur: (ECE), 4 cyl. en ligne (81×77.4 mm), 1595 cm³; compr. 10.3:1; 74 kW (101 ch) à 5300/min, 46.4 kW/L (63.1 ch/L); 140 Nm (14.3 mkp) à 3800/min; 95 (R).

Moteur (constr.): 1 arbre à cames en tête (courroie crantée); culasse et bloc-cyl. en alliage léger; vilebrequin à 5 paliers; huile 3.3 L; injection électronique. Batterie 60 Ah, Batterie 280 A, alternateur 70 A; refroidissement à eau, capac. 6.5 L.

Transmission: (sur roues AV). Boîte à 5 vit.: I. 3.5; II. 2.12; III. 1.3; IV. 0.94; V. 0.79; AR 3.44; pont 4.56. Boîte aut. à 4 vit.: I. 2.47; II. 1.55; III. 1; IV. 0.68; AR 2.11; pont 5.15.

Volkswagen Passat

Fahrgestell: Selbsttragende Karosserie; vorn Vierlenkerachse, Federbeine; hinten Verbundlenkerachse, Längslenker, v/h Kurvenstabilisator, Schraubenfedern, Teleskopdämpfer.

Fahrwerk: Vierrad-Scheibenbremse (vorn belüftet), ABS, Handbremse auf Hinterräder; Zahnstangenl. mit Servo, Treibstofftank 62 L; Reifen 195/65 R 15, Felgen 6 J.

Dimensionen: Radstand 270.5 cm, Spur 150/150 cm, Wendekreis 11.4 m, Kofferraum 475/745 dm³, Länge 467.5 cm, Breite 174 cm, Höhe 146 cm.

Châssis: carrosserie autoporteuse; AV essieu à quatre leviers, jambes élastiques; AR essieu semi-rigide, bras longitud., AV/AR barre anti-dévers, ressorts hélic., amortiss. télesc.

Train roulant: quatre freins à disques (AV ventilés), ABS, frein à main sur roues AR; servodirection à crémaillère, réservoir carb. 62 L; pneus 195/65 R 15, jantes 6 J.

Dimensions: empattement 270.5 cm, voie 150/150 cm, diam. de braq. 11.4 m, coffre 475/745 dm³, longueur 467.5 cm, largeur 174 cm, hauteur 146 cm.

Volkswagen Passat Variant

1.8 20V – 125 PS Benzineinspritzung

Wie 1.6 – 101 PS, ausgenommen:

Gewicht: leer ab 1275 kg, max. zul. 1825 kg.

Motor: (ECE), 4 Zyl. in Linie (81×86.4 mm), 1781 cm³; Kompr. 10.3:1; 92 kW (125 PS) bei 5800/min, 51.6 kW/L (70.2 PS/L); 168 Nm (17.1 mkp) bei 3500/min; 95 ROZ.

Motorkonstruktion: 5 Ventile in V; 2 obenl. Nockenwellen (Zahnriemen); Leichtmetall-Zylinderkopf; 5fach gelagerte Kurbelwelle; Öl 3.9 L; elektron. Einspritzung. Batterie 60 Ah, Batterie 280 A, Alternator 70 A; Wasserkühlung, Inh. 6.5 L.

Kraftübertragung: (auf Vorderräder). 5-Gang-Getriebe: I. 3.78; II. 2.18; III. 1.43; IV. 1.03; V. 0.84; R 3.44; Achse 4.11. 4-Stufen-Automat: I. 2.71; II. 1.55; III. 1; IV. 0.68; R 2.11; Achse 5.15.

Fahrleistungen: Vmax (Werk) 206 km/h, V bei 1000/min im 5. Gang 33.4 km/h; 0–100 km/h 10.9 s; Leistungsgew. 13.9 kg/kW (10.2 kg/PS); Verbr. EU 6.5/12.2 L/100 km. *Aut.:* Vmax 201 km/h, 0–100 km/h 12.7 s; 6.9/12.4 L/100 km.

1.8 20V – 125 ch Injection d'essence

Comme 1.6 – 101 ch, sauf:

Poids: vide dès 1275 kg, tot. adm. 1825 kg.

Moteur: (ECE), 4 cyl. en ligne (81×86.4 mm), 1781 cm³; compr. 10.3:1; 92 kW (125 ch) à 5800/min, 51.6 kW/L (70.2 ch/L); 168 Nm (17.1 mkp) à 3500/min; 95 (R).

Moteur (constr.): 5 soupapes en V; 2 arbres à cames en tête (courroie crantée); culasse en alliage léger; vilebrequin à 5 paliers; huile 3.9 L; injection électronique. Batterie 60 Ah, Batterie 280 A, alternateur 70 A; refroidissement à eau, capac. 6.5 L.

Transmission: (sur roues AV). Boîte à 5 vit.: I. 3.78; II. 2.18; III. 1.43; IV. 1.03; V. 0.84; AR 3.44; pont 4.11. boîte aut. à 4 vit.: I. 2.71; II. 1.55; III. 1; IV. 0.68; AR 2.11; pont 5.15.

Performances: Vmax (usine) 206 km/h, V à 1000/min en 5. vit. 33.4 km/h; 0–100 km/h 10.9 s; rapp. poids/puiss. 13.9 kg/kW (10.2 kg/ch); consomm. EU 6.5/12.2 L/100 km. *Aut.:* Vmax 201 km/h, 0–100 km/h 12.7 s; 6.9/12.4 L/100 km.

1.8 20V – 150 PS Benzineinspritzung/Turbo

Wie 1.6 – 101 PS, ausgenommen:

Gewicht: leer ab 1280 kg, max. zul. 1830 kg.

Motor: (ECE), 4 Zyl. in Linie (81×86.4 mm), 1781 cm³; Kompr. 9.5:1; 110 kW (150 PS) bei 5700/min, 61.7 kW/L (84 PS/L); 210 Nm (21.4 mkp) bei 1750/min; 95 ROZ.

Motorkonstruktion: 5 Ventile in V; 2 obenl. Nockenwellen (Zahnriemen); Leichtmetall-Zylinderkopf; 5fach gelagerte Kurbelwelle; Öl 3.9 L; elektron. Einspritzung, 1 Turbolader, Intercooler. Batterie 220 A, Alternator 90 A; Wasserkühlung, Inh. 6.5 L.

Kraftübertragung: (auf Vorderräder). 5-Gang-Getriebe: I. 3.5; II. 2.12; III. 1.3; IV. 1.03; V. 0.84; R 3.44; Achse 3.7. 5-Stufen-Automat: I. 3.66; II. 1.99; III. 1.4; IV. 1; V. 0.74; R 4.09; Achse 3.09.

Fahrleistungen: Vmax (Werk) 223 km/h, V bei 1000/min im 5. Gang 37.2 km/h; 0–100 km/h 8.7 s; Leistungsgew. 11.6 kg/kW (8.5 kg/PS); Verbrauch EU 6.3/10.7 L/100 km. *Aut.:* Vmax 217 km/h, 0–100 km/h 10.1 s; 6.9/12.9 L/100 km.

1.8 20V – 150 ch Injection d'essence/turbo

Comme 1.6 – 101 ch, sauf:

Poids: vide dès 1280 kg, tot. adm. 1830 kg.

Moteur: (ECE), 4 cyl. en ligne (81×86.4 mm), 1781 cm³; compr. 9.5:1; 110 kW (150 ch) à 5700/min, 61.7 kW/L (84 ch/L); 210 Nm (21.4 mkp) à 1750/min; 95 (R).

Moteur (constr.): 5 soupapes en V; 2 arbres à cames en tête (courroie crantée); culasse en alliage léger; vilebrequin à 5 paliers; huile 3.9 L; injection électronique, 1 turbocompr., Intercooler. Batterie 220 A, alternateur 90 A; refroidissement à eau, capac. 6.5 L.

Transmission: (sur roues AV). Boîte à 5 vit.: I. 3.5; II. 2.12; III. 1.3; IV. 1.03; V. 0.84; AR 3.44; pont 3.7. boîte aut. à 5 vit.: I. 3.66; II. 1.99; III. 1.4; IV. 1; V. 0.74; AR 4.09; pont 3.09.

Performances: Vmax (usine) 223 km/h, V à 1000/min en 5. vit. 37.2 km/h; 0–100 km/h 8.7 s; rapp. poids/puiss. 11.6 kg/kW (8.5 kg/ch); consomm. EU 6.3/10.7 L/100 km. *Aut.:* Vmax 217 km/h, 0–100 km/h 10.1 s; 6.9/12.9 L/100 km.

GAMAPARTS

Qualitäts Auto-Zubehör
Des accessoires automobiles de qualité

4053 Basel: ASAG Dreispitz, **3000 Bern 22:** AMAG Bern, **2500 Biel/Bienne:** AMAG Biel, **9470 Buchs/SG:** Garage Kuhn AG, **2301 La Chaux-de-Fonds:** J.-F. Stich, Sporting-Garage, **7007 Chur:** Eric Senn's Erben, Garage, **4657 Dulliken:** AMAG Zentralersatzteillager, Vertrieb West, **8500 Frauenfeld:** AMAG Zentralersatzeillager, Vertrieb Nord, **1701 Fribourg:** Garage Gendre SA, **1211 Genève:** AMAG Genève, **9435 Heerbrugg:** Hans Eggenberger AG, **8280 Kreuzlingen:** AMAG Kreuzlingen, **1007 Lausanne:** AMAG Lausanne, **6900 Lugano:** Ricambi Scairolo SA, **6000 Luzern:** AMAG Ebikon, **2000 Neuchâtel:** Automobiles Senn, **8200 Schaffhausen:** AMAG Zentralersatzteillager, Vertrieb Nord, **5116 Schinznach-Bad:** AMAG Zentralersatzteillager, Vertrieb West, **3960 Sierre:** A. Antille, Garage Olympic SA, **4500 Solothurn:** AMAG Solothurn, **9001 St. Gallen:** City-Garage AG, **7500 St. Moritz:** Auto-Mathis AG, **3604 Thun:** Stadion-Garage AG, **5430 Wettingen:** AMAG Zentralersatzteillager, Vertrieb West, **8400 Winterthur:** AMAG Zentralersatzteillager, Vertrieb Nord, **8000 Zürich:** AMAG Zentralersatzteillager, Vertrieb Nord, 8107 Buchs/ZH, **8051 Zürich:** AMAG Zürich, Überlandstrasse 166

AMAG Import, Zentralersatzteillager, 8107 Buchs/ZH

Volkswagen

2.3 VR5 – 150 PS
Benzineinspritzung

Wie 1.6 – 101 PS, ausgenommen:

Gewicht: leer ab 1335 kg, max. zul. 1885 kg.

Motor: (ECE), 5 Zyl. VR (15°) (81×90.3 mm), 2327 cm³; Kompr. 10:1; 110 kW (150 PS) bei 6000/min, 47.3 kW/L (64.3 PS/L); 205 Nm (20.9 mkp) bei 3200/min; 95 ROZ.

Motorkonstruktion: versetzter Reihenfünfzylinder; 2 obenl. Nockenwellen (Kette); Leichtmetall-Zylinderkopf; 6fach gelagerte Kurbelwelle; Öl 4 L; elektron. Einspritzung. Batterie 280 A, Alternator 90 A; Wasserkühlung, Inh. 6.5 L.

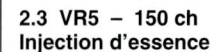

Volkswagen Passat

Kraftübertragung: (auf Vorderräder).
5-Gang-Getriebe: I. 3.5; II. 1.94; III. 1.23; IV. 0.84; V. 0.68; R 3.44; Achse 3.7.
5-Stufen-Automat: I. 3.66; II. 1.99; III. 1.4; IV. 1; V. 0.74; R 4.09; Achse 3.29.

Fahrleistungen: Vmax (Werk) 220 km/h, V bei 1000/min im 5. Gang 45.9 km/h; 0–100 km/h 9.1 s; Leistungsgew. 12.1 kg/kW (8.9 kg/PS); Verbrauch EU 7.3/13.5 L/100 km. *Aut.:* Vmax 214 km/h, 0–100 km/h 10.7 s.

2.8 V6 30V – 193 PS
Benzineinspritzung

Wie 1.6 – 101 PS, ausgenommen:

Gewicht: leer ab 1450 kg, max. zul. 2000 kg.

Motor: (ECE), 6 Zyl. in V 90° (82.5×86.4 mm), 2771 cm³; Kompr.10.6:1; 142 kW (193 PS) bei 6000/min, 51.2 kW/L (69.7 PS/L); 280 Nm (28.5 mkp) bei 3200/min; 98 ROZ.

Motorkonstruktion: 5 Ventile in V; 2×2 obenl. Nockenwellen (Zahnriemen); Leichtmetall-Zylinderköpfe; 4fach gelagerte Kurbelwelle; Öl 5 L; elektron. Einspr.. Batterie 320 A, Alternator 90 A; Wasserkühlung, Inh. 6.5 L.

Volkswagen Passat

2.3 VR5 – 150 ch
Injection d'essence

Comme 1.6 – 101 ch, sauf:

Poids: vide dès 1335 kg, tot. adm. 1885 kg.

Moteur: (ECE), 5 cyl. VR (15°) (81×90.3 mm), 2327 cm³; compr. 10:1; 110 kW (150 ch) à 6000/min, 47.3 kW/L (64.3 ch/L); 205 Nm (20.9 mkp) à 3200/min; 95 (R).

Moteur (constr.): 2 arbres à cames en tête (chaîne); culasse en alliage léger; vilebrequin à 6 paliers; huile 4 L; injection électronique. Batterie 280 A, alternateur 90 A; refroidissement à eau, capac. 6.5 L.

Transmission: (sur roues AV).
Boîte à 5 vit.: I. 3.5; II. 1.94; III. 1.23; IV. 0.84; V. 0.68; AR 3.44; pont 3.7.
boîte aut. à 5 vit.: I. 3.66; II. 1.99; III. 1.4; IV. 1; V. 0.74; AR 4.09; pont 3.29.

Performances: Vmax (usine) 220 km/h, V à 1000/min en 5. vit. 45.9 km/h; 0–100 km/h 9.1 s; rapp. poids/puiss. 12.1 kg/kW (8.9 kg/ch); consomm. EU 7.3/13.5 L/100 km. *Aut.:* Vmax 214 km/h, 0–100 km/h 10.7 s.

2.8 V6 30V – 193 ch
Injection d'essence

Comme 1.6 – 101 ch, sauf:

Poids: vide dès 1450 kg, tot. adm. 2000 kg.

Moteur: (ECE), 6 cyl. en V 90° (82.5×86.4 mm), 2771 cm³; compr. 10.6:1; 142 kW (193 ch) à 6000/min, 51.2 kW/L (69.7 ch/L); 280 Nm (28.5 mkp) à 3200/min; 98 (R).

Moteur (constr.): 5 soupapes en V; 2×2 arbres à cames en tête (courroie crantée); culasses en alliage léger; vilebrequin à 4 pal.; huile 5 L; injection électron.. Batterie 320 A, alternateur 90 A; refroidissement à eau, capac. 6.5 L.

Kraftübertragung: (4WD permanent), elektronische Differentialsperre EDS.
5-Gang-Getriebe: I. 3.5; II. 1.94; III. 1.3; IV. 0.94; V. 0.79; R 3.44; Achse 3.89.
5-Stufen-Automat: I. 3.68; II. 1.41; IV. 1; V. 0.74; R 4.09; Achse 3.1.

Fahrgestell: Doppelquerlenker-Achse h..

Fahrwerk: Reifen 205/60 HR 15.

Fahrleistungen: Vmax (Werk) 238 km/h, V bei 1000/min in 5. Gang 37.3 km/h; 0–100 km/h 7.6 s; Leistungsgew. 10.2 kg/kW (7.5 kg/PS); Verbrauch EU 8/14.9 L/100 km.

1.9 – 90 PS
Turbodiesel direkt

Wie 1.6 – 101 PS, ausgenommen:

Gewicht: leer ab 1295 kg, max. zul. 1845 kg.

Motor: (ECE), 4 Zyl. in Linie (79.5×95.5 mm), 1896 cm³; Kompr. 19.5:1; 66 kW (90 PS) bei 4000/min, 34.8 kW/L (47.3 PS/L); 202 Nm (20.6 mkp) bei 1900/min; Dieselöl.

Motorkonstruktion: Direkteingespr. Diesel; 1 obenl. Nockenwelle (Zahnriemen); Leichtmetall-Zylinderkopf; 5fach gel. Kurbelwelle; Öl 3.5 L; elektron. ger. Einspritz., Bosch VE, 1 Turbolader, Intercooler. Batterie 61 Ah, Alternator 120 A; Wasserkühlung, Inh. 6.3 L.

Kraftübertragung: (auf Vorderräder).
5-Gang-Getriebe: I. 3.5; II. 1.94; III. 1.23; IV. 0.84; V. 0.68; R 3.44; Achse 3.89.
4-Stufen-Automat: I. 2.71; II. 1.44; III. 1; IV. 0.74; R 2.88; Achse 3.89.

Fahrleistungen: Vmax (Werk) 184 km/h, V bei 1000/min in 5. Gang 43.7 km/h; 0–100 km/h 13.9 s; Leistungsgew. 21.6 kg/kW (14.4 kg/PS); Verbr. EU 4.3/7.1 L/100 km. *Aut.:* Vmax 177 km/h, 0–100 km/h 15.3 s; 5.2/9 L/100 km.

1.9 – 110 PS
Turbodiesel direkt

Wie 1.6 – 101 PS, ausgenommen:

Gewicht: leer ab 1300 kg, max. zul. 1850 kg.

Motor: (ECE), 4 Zyl. in Linie (79.5×95.5 mm), 1896 cm³; Kompr. 19.5:1; 81 kW (110 PS) bei 4150/min, 42.7 kW/L (58.1 PS/L); 235 Nm (24 mkp) bei 1900/min; Dieselöl.

Motorkonstruktion: direkt eingespritzter Diesel; 1 obenl. Nockenwelle (Zahnriemen); Leichtmetall-Zylinderkopf; 5fach gelagerte Kurbelwelle; Öl 3.5 L; elektron. geregelte Einspritzp., 1 Turbo, Intercooler. Batterie 360 A, Alternator 70 A; Wasserkühlung, Inh. 6.5 L.

Kraftübertragung: (auf Vorderräder).
5-Gang-Getriebe: I. 3.5; II. 1.94; III. 1.23; IV. 0.84; V. 0.68; R 3.44; Achse 3.7.

Fahrleistungen: Vmax (Werk) 196 km/h, V bei 1000/min im 5. Gang 45.9 km/h; 0–100 km/h 11.7 s; Leistungsgew. 16 kg/kW (11.8 kg/PS); Verbrauch EU 4.3/7.1 L/100 km.

Transmission: (4WD permanent), différentiel à bloq. électr. EDS.
Boîte à 5 vit.: I. 3.5; II. 1.94; III. 1.3; IV. 0.94; V. 0.79; AR 3.44; pont 3.89.
boîte aut. à 5 vit.: I. 3.68; II. 2; III. 1.41; IV. 1; V. 0.74; AR 4.09; pont 3.1.

Châssis: ess. à leviers transv. doubles AR.

Train roulant: pneus 205/60 HR 15.

Performances: Vmax (usine) 238 km/h, V à 1000/min en 5. vit. 37.3 km/h; 0–100 km/h 7.6 s; rapp. poids/puiss. 10.2 kg/kW (7.5 kg/ch); consomm. EU 8/14.9 L/100 km.

1.9 – 90 ch
Turbodiesel direct

Comme 1.6 – 101 ch, sauf:

Poids: vide dès 1295 kg, tot. adm. 1845 kg.

Moteur: (ECE), 4 cyl. en ligne (79.5×95.5 mm), 1896 cm³; compr. 19.5:1; 66 kW (90 ch) à 4000/min, 34.8 kW/L (47.3 ch/L); 202 Nm (20.6 mkp) à 1900/min; gazole.

Moteur (constr.): Diesel à injection directe; 1 arbre à cames en tête (courroie crantée); culasse en alliage léger; vilebrequin à 5 paliers; huile 3.5 L; pompe à injection pilotée, Bosch VE, 1 turbocompr., Intercooler. Batterie 61 Ah, alternateur 120 A; refroidissement à eau, capac. 6.3 L.

Transmission: (sur roues AV).
Boîte à 5 vit.: I. 3.5; II. 1.94; III. 1.23; IV. 0.84; V. 0.68; AR 3.44; pont 3.89.
boîte aut. à 4 vit.: I. 2.71; II. 1.44; III. 1; IV. 0.74; AR 2.88; pont 3.89.

Performances: Vmax (usine) 184 km/h, V à 1000/min en 5. vit. 43.7 km/h; 0–100 km/h 13.9 s; rapp. poids/puiss. 21.6 kg/kW (14.4 kg/ch); consomm. EU 4.3/7.1 L/100 km. *Aut.:* Vmax 177 km/h, 0–100 km/h 15.3 s; 5.2/9 L/100 km.

Volkswagen Passat

1.9 – 110 ch
Turbodiesel direct

Comme 1.6 – 101 ch, sauf:

Poids: vide dès 1300 kg, tot. adm. 1850 kg.

Moteur: (ECE), 4 cyl. en ligne (79.5×95.5 mm), 1896 cm³; compr. 19.5:1; 81 kW (110 ch) à 4150/min, 42.7 kW/L (58.1 ch/L); 235 Nm (24 mkp) à 1900/min; gazole.

Moteur (constr.): diesel à injection directe; 1 arbre à cames en tête (courroie crantée); culasse en alliage léger; vilebrequin à 5 paliers; huile 3.5 L; pompe à injection pilotée, 1 turbocompr., Intercooler. Batterie 360 A, alternateur 70 A; refroidissement à eau, capac. 6.5 L.

Transmission: (sur roues AV).
Boîte à 5 vit.: I. 3.5; II. 1.94; III. 1.23; IV. 0.84; V. 0.68; AR 3.44; pont 3.7.

Performances: Vmax (usine) 196 km/h, V à 1000/min en 5. vit. 45.9 km/h; 0–100 km/h 11.7 s; rapp. poids/puiss. 16 kg/kW (11.8 kg/ch); consomm. EU 4.3/7.1 L/100 km.

Volkswagen

Volkswagen Sharan

Neues Modell. Minivan in Cooperation mit Ford EU, 5türig, 5 bis 7 Sitze, Frontantrieb, Motoren 2.0, 2.8 V6 oder 1.9 TDI, Fünfganggetriebe oder Automat. Debüt Februar 1995. Herbst 1996: 2.8 V6 Syncro 4WD mit Automat.

Nouveau modèle. Minivan en collaboration avec Ford EU; 5 portes, 5 à 8 places, traction AV, moteurs 2.0, 2.8 V8 ou 1.9 TDI, boîte à 5 vitesses ou automatique. Lancement février 1995. Automne 1996: 2.8 V6 Syncro 4WD avec boîte autom.

2.0 – 116 PS Benzineinspritzung

Karosserie, Gewicht: Minivan, 5 Türen, 5 - 7 Sitze; leer 1640 kg, max. zul. 2350 kg.

Motor: (ECE), 4 Zyl. in Linie (82.5×92.8 mm), 1984 cm³, Kompr. 10.4:1; 85 kW (116 PS) bei 5000/min, 42.8 kW/L (58.2 PS/L); 170 Nm (17.3 mkp) bei 2400/min; 95 ROZ. *Aut.:* bei 5400/min, 166 Nm (16.9 mkp) bei 3200/min.

Motorkonstruktion: 1 obenl. Nockenwelle (Zahnriemen); Leichtmetall-Zylinderkopf; 5fach gelagerte Kurbelwelle; Ölkühler; Öl 4.5 L; elektron. Einspritzung, Simos. Batterie 44 Ah, Alternator 90 A; Wasserkühlung, Inh. 8.9 L.

Kraftübertragung: (auf Vorderräder). 5-Gang-Getriebe: I. 3.58; II. 2.05; III. 1.35; IV. 0.97; V. 0.81; R 3.46; Achse 4.24. 4-Stufen-Automat: I. 2.71; II. 1.44; III. 1; IV. 0.74; R 2.88; Achse 4.24.

Fahrgestell: Selbsttragende Karosserie mit hinterem Hilfsrahmen; vorn Federbeine und Dreieckquerlenker; hinten Schräglenker; v/h Kurvenstabilisator, Schraubenfedern, Teleskopdämpfer.

Fahrwerk: Vierrad-Scheibenbremse (vorn belüftet), Scheiben-Ø v. 28 cm, h. 28 cm, a.W. ABS, Handbremse auf Hinterräder; Zahnstangenlenkung mit Servo, Treibstofftank 75 L; Reifen 195/65 R 15, Felgen 6 J.

Dimensionen: Radstand 283.5 cm, Spur 151/150 cm, Bodenfreih. 15 cm, Wendekreis 11.7 m, Kofferraum 255/2610 dm³, Länge 462 cm, Breite 181 cm, Höhe 173 cm. ; mit Dachgalerie 176 cm.

Fahrleistungen: Vmax (Werk) 177 km/h, V bei 1000/min im 5. Gang 31 km/h; 0–100 km/h 15.4 s; Leistungsgew. 19.3 kg/kW (14.1 kg/PS); Verbr. EU 7.7/13.9 L/100 km. *Aut.:* Vmax 172 km/h, 0–100 km/h 17.2 s; 8.5/16.1 L/100 km.

2.0 – 116 ch Injection d'essence

Carrosserie, poids: Minivan, 5 portes, 5 - 7 places; vide 1640 kg, tot. adm. 2350 kg.

Moteur: (ECE), 4 cyl. en ligne (82.5×92.8 mm), 1984 cm³; compr. 10.4:1; 85 kW (116 ch) à 5000/min, 42.8 kW/L (58.2 ch/L); 170 Nm (17.3 mkp) à 2400/min; 95 (R). *Aut.:* à 5400/min, 166 Nm (16.9 mkp) à 3200/min.

Moteur (constr.): 1 arbre à cames en tête (courroie crantée); culasse en alliage léger; vilebrequin à 5 paliers; radiat. d'huile; huile 4.5 L; injection électronique, Simos. Batterie 44 Ah, alternateur 90 A; refroidissement à eau, capac. 8.9 L.

Transmission: (sur roues AV). Boîte à 5 vit.: I. 3.58; II. 2.05; III. 1.35; IV. 0.97; V. 0.81; AR 3.46; pont 4.24. boîte aut. à 4 vit.: I. 2.71; II. 1.44; III. 1; IV. 0.74; AR 2.88; pont 4.24.

Châssis: carrosserie autoporteuse avec cadre auxiliaire AR; AV jambes élast. et leviers triang. transv.; AR triangles obliques; AV/AR barre anti-dévers, ressorts hélic, amortiss. télesc.

Train roulant: quatre freins à disques (AV ventilés), Ø disques AV 28 cm, AR 28 cm, ABS s. d., frein à main sur roues AR; servodirection à crémaillère, réservoir carb. 75 L; pneus 195/65 R 15, jantes 6 J.

Dimensions: empattement 283.5 cm, voie 151/150 cm, garde au sol 15 cm, diam. de braq. 11.7 m, coffre 255/2610 dm³, longueur 462 cm, largeur 181 cm, hauteur 173 cm. ; avec galerie 176 cm.

Performances: Vmax (usine) 177 km/h, V à 1000/min en 5. vit. 31 km/h; 0–100 km/h 15.4 s; rapp. poids/puiss. 19.3 kg/kW (14.1 kg/ch); consomm. EU 7.7/13.9 L/100 km. *Aut.:* Vmax 172 km/h, 0–100 km/h 17.2 s; 8.5/16.1 L/100 km.

Volkswagen Sharan

2.8 VR6 – 174 PS Benzineinspritzung

Wie 2.0 – 116 PS, ausgenommen:

Gewicht: leer 1760 kg, max. zul. 2430 kg. *Syncro Aut.:* Minivan, 5 Türen, 5 - 7 Sitze; leer ab 1810 kg, max. zul. 2500 kg.

Motor: (ECE), 6 Zyl. VR (15°) (81×90.3 mm), 2792 cm³; Kompr. 10:1; 128 kW (174 PS) bei 5800/min, 45.8 kW/L (62.3 PS/L); 235 Nm (24 mkp) bei 4200/min; 95 ROZ. mit Benzin 98 ROZ: max. Drehmoment 240 Nm.

2.8 VR6 – 174 ch Injection d'essence

Comme 2.0 – 116 ch, sauf:

Poids: vide 1760 kg, tot. adm. 2430 kg. *Syncro Aut.:* Minivan, 5 portes, 5 - 7 places; vide dès 1810 kg, tot. adm. 2500 kg.

Moteur: (ECE), 6 cyl. VR (15°) (81×90.3 mm), 2792 cm³; compr. 10:1; 128 kW (174 ch) à 5800/min, 45.8 kW/L (62.3 ch/L); 235 Nm (24 mkp) à 4200/min; 95 (R). avec de l'essence 98 (R): couple max. 240 Nm.

Motorkonstruktion: Versetzter Reihen-Sechszylinder; 2 obenl. Nockenwellen (Kette); Leichtmetall-Zylinderkopf; 7fach gelagerte Kurbelwelle; Öl 5.7 L; elektron. Einspritzung, Bosch Motronic, 2.7/2.9. Batterie 60 Ah, Alternator 120 A; Wasserkühlung, Inh. 10.8 L.

Kraftübertragung: (auf Vorderräder), elektronische Differentialsperre EDS. *Syncro Aut.:* (4WD permanent), elektronische Differentialsperre EDS. 5-Gang-Getriebe: I. 3.58; II. 2.05; III. 1.35; IV. 0.97; V. 0.81; R 3.46; Achse 4.06. 4-Stufen-Automat: I. 2.71; II. 1.44; III. 1; IV. 0.74; R 2.88; Achse 3.94.

Fahrwerk: ABS, Reifen 205/60 R 15.

Fahrleistungen: Vmax (Werk) 199 km/h, V bei 1000/min im 5. Gang 35.3 km/h; 0–100 km/h 11.8 s; Leistungsgew. 13.8 kg/kW (10.1 kg/PS); Verbr. EU 8.8/16.5 L/100 km. *Aut.:* Vmax 195 km/h, 0–100 km/h 13.2 s; 9.7/17.6 L/100 km. *Syncro Aut.:* Vmax 193 km/h, 0–100 km/h 13.8 s; Leistungsgew. 14.1 kg/kW (10.4 kg/PS); 10.6/18.5 L/100 km.

Moteur (constr.): 6 cylindres en quinconce; 2 arbres à cames en tête (chaîne); culasse en alliage léger; vilebrequin à 7 paliers; huile 5.7 L; injection électronique, Bosch Motronic, 2.7/2.9. Batterie 60 Ah, alternateur 120 A; refroidissement à eau, capac. 10.8 L.

Transmission: (sur roues AV), différentiel à bloq. électr. EDS. *Syncro Aut.:* (4WD permanent), différentiel à bloq. électr. EDS. Boîte à 5 vit.: I. 3.58; II. 2.05; III. 1.35; IV. 0.97; V. 0.81; AR 3.46; pont 4.06. boîte aut. à 4 vit.: I. 2.71; II. 1.44; III. 1; IV. 0.74; AR 2.88; pont 3.94.

Train roulant: ABS, pneus 205/60 R 15.

Performances: Vmax (usine) 199 km/h, V à 1000/min en 5. vit. 35.3 km/h; 0–100 km/h 11.8 s; rapp. poids/puiss. 13.8 kg/kW (10.1 kg/ch); consomm. EU 8.8/16.5 L/100 km. *Aut.:* Vmax 195 km/h, 0–100 km/h 13.2 s; 9.7/17.6 L/100 km. *Syncro Aut.:* Vmax 193 km/h, 0–100 km/h 13.8 s; rapp. poids/puiss. 14.1 kg/kW (10.4 kg/ch); 10.6/18.5 L/100 km.

Volkswagen Sharan

1.9 – 90 PS Turbodiesel direkt

Wie 2.0 – 116 PS, ausgenommen:

Gewicht: leer 1700 kg, max. zul. 2350 kg.

Motor: (ECE), 4 Zyl. in Linie (79.5×95.5 mm), 1896 cm³; Kompr. 19.5:1; 66 kW (90 PS) bei 4000/min, 34.8 kW/L (47.3 PS/L); 202 Nm (20.6 mkp) bei 1900/min; Dieselöl.

Motorkonstruktion: Direkteingespritzter Diesel; 1 obenl. Nockenwelle (Zahnriemen); Leichtmetall-Zylinderkopf; 5fach gelagerte Kurbelwelle; Öl 4.5 L; elektron. ger. Einspritzp., Bosch VE, 1 Turbo, Intercooler. Batterie 61 Ah, Alternator 90 A; Wasserkühlung, Inh. 6.3 L.

Kraftübertragung: (auf Vorderräder). 5-Gang-Getriebe: I. 3.58; II. 2.05; III. 1.35; IV. 0.92; V. 0.67; R 3.46; Achse 4.24.

Fahrleistungen: Vmax (Werk) 160 km/h, V bei 1000/min im 5. Gang 40.7 km/h; 0–100 km/h 19.3 s; Leistungsgew. 25.8 kg/kW (18.9 kg/PS); Verbr. EU 5.3/8.5 L/100 km.

1.9 – 90 ch Turbodiesel direct

Comme 2.0 – 116 ch, sauf:

Poids: vide 1700 kg, tot. adm. 2350 kg.

Moteur: (ECE), 4 cyl. en ligne (79.5×95.5 mm), 1896 cm³; compr. 19.5:1; 66 kW (90 ch) à 4000/min, 34.8 kW/L (47.3 ch/L); 202 Nm (20.6 mkp) à 1900/min; gazole.

Moteur (constr.): Diesel à injection directe; 1 arbre à cames en tête (courroie crantée); culasse en alliage léger; vilebrequin à 5 paliers; huile 4.5 L; pompe à injection pilotée, Bosch VE, 1 turbocompr., Intercooler. Batterie 61 Ah, alternateur 90 A; refroidissement à eau, capac. 6.3 L.

Transmission: (sur roues AV). Boîte à 5 vit.: I. 3.58; II. 2.05; III. 1.35; IV. 0.92; V. 0.67; AR 3.46; pont 4.24.

Performances: Vmax (usine) 160 km/h, V à 1000/min en 5. vit. 40.7 km/h; 0–100 km/h 19.3 s; rapp. poids/puiss. 25.8 kg/kW (18.9 kg/ch); consomm. EU 5.3/8.5 L/100 km.

1.9 – 110 PS Turbodiesel direkt

Wie 2.0 – 116 PS, ausgenommen:

Gewicht: leer ab 1700 kg, max. zul. 2350 kg.

Motor: (ECE), 4 Zyl. in Linie (79.5×95.5 mm), 1896 cm³; Kompr. 19.5:1; 81 kW (110 PS) bei 4150/min, 42.7 kW/L (58.1 PS/L); 235 Nm (24 mkp) bei 1900/min; Dieselöl.

Motorkonstruktion: direkt eingespritzter Diesel; 1 obenl. Nockenwelle (Zahnriemen); Leichtmetall-Zylinderkopf; 5fach gelagerte Kurbelwelle; Öl 4.5 L; elektron. geregelte Einspritzp., 1 Turbo, Intercooler. Batterie 61 Ah, Batterie 360 A, Alternator 90 A; Wasserkühlung, Inh. 6.3 L.

1.9 – 110 ch Turbodiesel direct

Comme 2.0 – 116 ch, sauf:

Poids: vide dès 1700 kg, tot. adm. 2350 kg.

Moteur: (ECE), 4 cyl. en ligne (79.5×95.5 mm), 1896 cm³; compr. 19.5:1; 81 kW (110 ch) à 4150/min, 42.7 kW/L (58.1 ch/L); 235 Nm (24 mkp) à 1900/min; gazole.

Moteur (constr.): diesel à injection directe; 1 arbre à cames en tête (courroie crantée); culasse en alliage léger; vilebrequin à 5 paliers; huile 4.5 L; pompe à injection pilotée, 1 turbocompr., Intercooler. Batterie 61 Ah, Batterie 360 A, alternateur 90 A; refroidissement à eau, capac. 6.3 L.

Volkswagen D • Volkswagen BR

Kraftübertragung: (auf Vorderräder). 5-Gang-Getriebe: I. 3.58; II. 2.05; III. 1.35; IV. 0.92; V. 0.67; R 3.46; Achse 4.36. 4-Stufen-Automat: I. 2.71; II. 1.44; III. 1; IV. 0.74; R 2.88; Achse 3.68.

Fahrwerk: Treibstofftank 70 L.

Fahrleistungen: Vmax (Werk) 172 km/h, V bei 1000/min im 5. Gang 39.5 km/h; 0–100 km/h 16.4 s; Leistungsgew. 21 kg/kW (15.5 kg/PS); Verbrauch EU 5.2/8.5 L/100 km.
Aut.: Vmax 169 km/h, 0–100 km/h 19.1 s; 6.3/10.3 L/100 km.

Transmission: (sur roues AV). Boîte à 5 vit.: I. 3.58; II. 2.05; III. 1.35; IV. 0.92; V. 0.67; AR 3.46; pont 4.36. boîte aut. à 4 vit.: I. 2.71; II. 1.44; III. 1; IV. 0.74; AR 2.88; pont 3.68.

Train roulant: réservoir carb. 70 L.

Performances: Vmax (usine) 172 km/h, V à 1000/min en 5. vit. 39.5 km/h; 0–100 km/h 16.4 s; rapp. poids/puiss. 21 kg/kW (15.5 kg/cv); consomm. EU 5.2/8.5 L/100 km.
Aut.: Vmax 169 km/h, 0–100 km/h 19.1 s; 6.3/10.3 L/100 km.

Volkswagen BR

Volkswagen do Brasil S. A., Via Anchieta, Km 23,5 09823-990 Sao Bernado do Campo, SP, Brasil

Brasilianische Niederlassung der Volkswagenwerke. Herbst 1987 mit Ford Brasil unter Holding «Autolatina» zusammengeschlossen. Technische Zusammenarbeit. Januar 1991: Fabrikation durch «Autolatina Brasil S.A.». Januar 1995 Auflösung der Autolatina.

Filiale brésilienne du groupe Volkswagen. Automne 1987 fusion avec Ford Brasil sous la holding de «Autolatina» Coopération technique. Janvier 1991: fabrication par la nouvelle usine «Autolatina Brasil S.A.». Janvier 1995 annulation de la Autolatina.

Volkswagen Gol — Parati

Limousine und Station Wagon mit Frontantrieb. Debüt Limousine Juni 1981, Wagon Parati Mai 1982. Januar 1989 Gol GTi mit Einspritzung, seit 1992 mit Katalysatoren.

Berline et station-wagon avec traction AV. Lancements berline juin 1981, wagon Parati mai 1982. Janvier 1989 Gol GTi avec injection, depuis 1992 avec catalysateurs.

1.6 – 88 PS Benzineinspritzung

Karosserie, Gewicht: Limousine, 3/5 Türen; 5 Sitze; leer ab 870 kg, max. zul. 1300 kg.
Wagon: Station Wagon, 3/5 Türen; 5 Sitze; 945 kg, max. zul. 1345 kg.

Motor: (DIN), 4 Zyl. in Linie (81×77.4 mm), 1595 cm^3; Kompr. 10:1; 65 kW (88 PS) bei 5500/min, 40.7 kW/L (55.4 PS/L); 130 Nm (13.3 mkp) bei 3250/min; 92 ROZ.

Motorkonstruktion: 1 obenl. Nockenwelle (Zahnriemen); Leichtmetall-Zylinderkopf; 5fach gelagerte Kurbelwelle; Öl 3.5 L; elektron. Zentraleinspritzung, EECIV FIC. Batterie 36 Ah, Alternator 45 A; Wasserkühlung, Inh. 4.4 L.

1.6 – 88 ch Injection d'essence

Carrosserie, poids: Berline, 3/5 portes; 5 places; vide dès 870 kg, tot. adm. 1300 kg.
Wagon: Station-wagon, 3/5 portes; 5 places; 945 kg, tot. adm. 1345 kg.

Moteur: (DIN), 4 cyl. en ligne (81×77.4 mm), 1595 cm^3; compr. 10:1; 65 kW (88 ch) à 5500/min, 40.7 kW/L (55.4 ch/L); 130 Nm (13.3 mkp) à 3250/min; 92 (R).

Moteur (constr.): 1 arbre à cames en tête (courroie crantée); culasse en alliage léger; vilebrequin à 5 paliers, huile 3.5 L; injection monopoint électron., EECIV FIC. Batterie 36 Ah, alternateur 45 A; refroidissement à eau, capac. 4.4 L.

Volkswagen Gol

Kraftübertragung: (auf Vorderräder). 5-Gang-Getriebe: I. 3.45; II. 1.94; III. 1.29; IV. 0.91; V. 0.75; R 3.17; Achse 4.11; 3.67.

Fahrgestell: Selbsttragende Karosserie; vorn Federbeine und Dreieckquerlenker; hinten Verbundlenkerachse, Längslenker, Schraubenfedern, Teleskopdämpfer.

Fahrwerk: Bremse, vorne Scheiben, hinten Trommeln, Scheiben-Ø v. 23.9 cm, Fussfeststellbremse auf Hinterräder; Zahnstangenlenkung; Treibstofftank 47 L; Reifen 175/70 R 13, Felgen 5 J.

Transmission: (sur roues AV). Boîte à 5 vit.: I. 3.45; II. 1.94; III. 1.29; IV. 0.91; V. 0.75; AR 3.17; pont 4.11; 3.67.

Châssis: carrosserie autoporteuse; AV jambes élast. et leviers triang. transv.; AR essieu semi-rigide, bras longitud., ressorts hélicoïdaux, amortiss. télesc.

Train roulant: frein, AV à disques, AR à tambours, Ø disques AV 23.9 cm, frein de stationn. à pied sur roues AR; direction à crémaillère, réservoir carb. 47 L; pneus 175/70 R 13, jantes 5 J.

Dimensionen: Radstand 247 cm, Spur 139/139 cm, Bodenfreih. 13 cm, Wendekreis 9.7 m, Kofferraum 295/995 dm^3, Länge 381 cm, Breite 164 cm, Höhe 141 cm.
Wagon: Radstand 236 cm, Spur 135/137 cm, Kofferraum 435/1295 dm^3, Länge 408 cm, Höhe 138 cm.

Fahrleistungen: Vmax (Werk) 175 km/h, V bei 1000/min im 5. Gang 29.6 km/h; 0–100 km/h 11.9 s; Leistungsgew. 13.4 kg/kW (9.9 kg/PS); Verbrauch (Werk) 5.8/8.3/.

Dimensions: empattement 247 cm, voie 139/139 cm, garde au sol 13 cm, diam. de braq. 9.7 m, coffre 295/995 dm^3, longueur 381 cm, largeur 164 cm, hauteur 141 cm.
Wagon: empattement 236 cm, voie 135/137 cm, coffre 435/1295 dm^3, longueur 408 cm, hauteur 138 cm.

Performances: Vmax (usine) 175 km/h, V à 1000/min en 5. vit. 29.6 km/h; 0–100 km/h 11.9 s; rapp. poids/puiss. 13.4 kg/kW (9.9 kg/ch); consomm. (usine) 5.8/8.3/.

1.0 – 54 PS Benzineinspritzung

Wie 1.6 – 88 PS, ausgenommen:

Karosserie, Gewicht: Limousine, leer ab 895 kg, max. zul. 1455 kg.

Motor: (DIN), 4 Zyl. in Linie (70.3×64.2 mm), 997 cm^3; Kompr. 10.5:1; 40 kW (54 PS) bei 5000/min, 40.1 kW/L (54.5 PS/L); 84 Nm (8.6 mkp) bei 3000/min; 92 ROZ.

Kraftübertragung:
5-Gang-Getriebe: I. 3.9; II. 2.12; III. 1.29; IV. 0.97; V. 0.83; R 3.17; Achse 4.78.

Fahrwerk: Reifen 155 R 13.

Fahrleistungen: Vmax (Werk) 146 km/h, V bei 1000/min im 5. Gang 26.7 km/h; 0–100 km/h 18.4 s; Leistungsgew. 22.4 kg/kW (16.6 kg/PS); Verbrauch (Werk) 6.6/7.8 L/100 km.

1.0 – 54 ch Injection d'essence

Comme 1.6 – 88 ch, sauf:

Carrosserie, poids: Berline, vide dès 895 kg, tot. adm. 1455 kg.

Moteur: (DIN), 4 cyl. en ligne (70.3×64.2 mm), 997 cm^3; compr. 10.5:1; 40 kW (54 ch) à 5000/min, 40.1 kW/L (54.5 ch/L); 84 Nm (8.6 mkp) à 3000/min; 92 (R).

Transmission:
Boîte à 5 vit.: I. 3.9; II. 2.12; III. 1.29; IV. 0.97; V. 0.83; AR 3.17; pont 4.78.

Train roulant: pneus 155 R 13.

Performances: Vmax (usine) 146 km/h, V à 1000/min en 5. vit. 26.7 km/h; 0–100 km/h 18.4 s; rapp. poids/puiss. 22.4 kg/kW (16.6 kg/ch); consomm. (usine) 6.6/7.8 L/100 km.

Volkswagen Parati

1.8 – 98 PS Benzineinspritzung

Wie 1.6 – 88 PS, ausgenommen:

Gewicht: leer ab 910 kg, max. zul. 1455 kg.

Motor: (DIN), 4 Zyl. in Linie (81×86.4 mm), 1781 cm^3; Kompr. 10:1; 72 kW (98 PS) bei 5500/min, 40.4 kW/L (55 PS/L); 147 Nm (15 mkp) bei 3000/min; 92 ROZ.
Mit Alkohol: 75 kW (102 PS).

Kraftübertragung: Achse 3.67.

Fahrleistungen: Vmax (Werk) 182 km/h, V bei 1000/min im 5. Gang 32 km/h; 0–100 km/h 10.5 s; Leistungsgew. 12.6 kg/kW (9.3 kg/PS); Verbr. (Werk) 10.3/10.9 L/100 km.

1.8 – 98 ch Injection d'essence

Comme 1.6 – 88 ch, sauf:

Ppoids: vide dès 910 kg, tot. adm. 1455 kg.

Moteur: (DIN), 4 cyl. en ligne (81×86.4 mm), 1781 cm^3; compr. 10:1; 72 kW (98 ch) à 5500/min, 40.4 kW/L (55 ch/L); 147 Nm (15 mkp) à 3000/min; 92 (R).
Avec alcool: 75 kW (102 ch).

Transmission: pont 3.67.

Performances: Vmax (usine) 182 km/h, V à 1000/min en 5. vit. 32 km/h; 0–100 km/h 10.5 s; rapp. poids/puiss. 12.6 kg/kW (9.3 kg/PS); cons. (usine) 10.3/10.9 L/100 km.

2.0 – 109 PS Benzineinspritzung

Wie 1.6 – 88 PS, ausgenommen:

Gewicht: leer ab 1070 kg, max. zul. 1460 kg.

Motor: (DIN), 4 Zyl. in Linie (82.5×92.8 mm), 1984 cm^3; Kompr. 10:1; 80 kW (109 PS) bei 5250/min, 40.3 kW/L (54.8 PS/L); 170 Nm (17.3 mkp) bei 3500/min; 92 ROZ.
Mit Alkohol: 85 kW (116 PS).

2.0 – 109 ch Injection d'essence

Comme 1.6 – 88 ch, sauf:

Poids: vide dès 1070 kg, tot. adm. 1460 kg.

Moteur: (DIN), 4 cyl. en ligne (82.5×92.8 mm), 1984 cm^3; compr. 10:1; 80 kW (109 ch) à 5250/min, 40.3 kW/L (54.8 ch/L); 170 Nm (17.3 mkp) à 3500/min; 92 (R).
Avec alcool: 85 kW (116 ch).

Volkswagen BR • Volkswagen MEX

Volkswagen Gol Station Wagon

Motorkonstruktion: elektron. Einspritzung, Bosch Motronic.

Fahrwerk: Reifen 185/60 HR 14.

Fahrleistungen: Vmax (Werk) 189 km/h, V bei 1000/min im 5. Gang 32 km/h; 0–100 km/h 9.4 s; Leistungsgew. 13.4 kg/kW (9.8 kg/PS); Verbrauch (Werk) 6.7/10 L/100 km.

2.0 16V – 145 PS Benzineinspritzung

Wie 1.6 – 88 PS, ausgenommen:

Gewicht: leer ab 1120 kg, max. zul. 1490 kg.

Motor: (DIN), 4 Zyl. in Linie (82.5×92.8 mm), 1984 cm³; Kompr. 10:1; 107 kW (145 PS) bei 6250/min, 53.9 kW/L (73.3 PS/L); 175 Nm (17.8 mkp) bei 4500/min; 92 ROZ.

Motorkonstruktion: 4 Ventile in V; 2 obenl. Nockenwellen (Zahnriemen); Leichtmetall-Zylinderkopf; 5fach gelagerte Kurbelwelle; Öl 4 L; elektron. Einspritzung, Simos. Batterie 44 Ah, Alternator 60 A; Wasserkühlung, Inh. 5 L.

Kraftübertragung: (auf Vorderräder). 5-Gang-Getriebe: I. 3.5; II. 2.12; III. 1.43; IV. 1.03; V. 0.84; R 3.44; Achse 3.89.

Fahrwerk: Reifen 195/50 R 15, Felgen 6 J.

Fahrleistungen: Vmax (Werk) 206 km/h, V bei 1000/min im 5. Gang 32.3 km/h; 0–100 km/h 8.5 s; Leistungsgew. 10.5 kg/kW (7.6 kg/PS); Verbrauch (Werk) 6.5/10.2 l.

Volkswagen Santana — Quantum

Brasilianische Ausführung des Passat. Debüt Juni 1984. April 1991: Neue Karosserie, zweitürige Limousine, Dezember 1991 auch viertürig, 1992 Wagon 5türig. Ab 1992 mit Katalysator.

1.8 – 101 PS Benzineinspritzung

Karosserie, Gewicht: Limousine, 2/4 Türen; 5 Sitze; leer ab 1070 kg, max. zul. 1520 kg.
Wagon: Station Wagon, 5 Türen, 5 Sitze.

Motor: (DIN), 4 Zyl. in Linie (81×86.4 mm), 1781 cm³; Kompr. 8.5:1; 74 kW (101 PS) bei 5500/min, 41.5 kW/L (56.5 PS/L); 144 Nm (14.7 mkp) bei 3500/min; 92 ROZ. Mit Alkohol: 71 kW (97 PS).

Motorkonstruktion: 1 obenl. Nockenwelle (Zahnriemen); Leichtmetall-Zylinderkopf; 5fach gelagerte Kurbelwelle; Öl 3.5 L; elektron. Zentraleinspritzung. Batterie 27 Ah, Alternator 45 A; Wasserkühlung, Inh. 5.4 L.

Kraftübertragung: (auf Vorderräder). 5-Gang-Getriebe: I. 3.45; II. 1.94; III. 1.29; IV. 0.97; V. 0.81; R 3.17; Achse 3.67.

Fahrgestell: Selbsttragende Karosserie; vorn Federbeine und Dreieckquerlenker; hinten Verbundlenkerachse, Längslenker, Schraubenfedern, Teleskopdämpfer.

Fahrwerk: Bremse, vorne Scheiben, hinten Trommeln, Scheiben-Ø v. 24 cm, Handbremse auf Hinterräder; Zahnstangenlenkung mit Servo, Treibstofftank 72 L; Reifen 185/65 R 14, Felgen 6 J.

Dimensionen: Radstand 255 cm, Spur 142/142 cm, Bodenfreih. 15 cm, Wendekreis 9.6 m, Kofferraum 415 dm³, Länge 457 cm, Breite 170 cm, Höhe 140 cm.
Wagon: Kofferraum 465/1500 dm³.

Fahrleistungen: Vmax (Werk) 174 km/h, V bei 1000/min im 5. Gang 32.9 km/h; 0–100 km/h 12.1 s; Leistungsgew. 14.5 kg/kW (10.6 kg/PS); Verbr. (Werk) 7/8.8 L/100 km.

Moteur (constr.): injection électronique, Bosch Motronic.

Train roulant: pneus 185/60 HR 14.

Performances: Vmax (usine) 189 km/h, V à 1000/min en 5. vit. 32 km/h; 0–100 km/h 9.4 s; rapp. poids/puiss. 13.4 kg/kW (9.8 kg/ch); consomm. (usine) 6.7/10 L/100 km.

2.0 16V – 145 ch Injection d'essence

Comme 1.6 – 88 ch, sauf:

Poids: vide dès 1120 kg, tot. adm. 1490 kg.

Moteur: (DIN), 4 cyl. en ligne (82.5×92.8 mm), 1984 cm³; compr. 10:1; 107 kW (145 ch) à 6250/min, 53.9 kW/L (73.3 ch/L); 175 Nm (17.8 mkp) à 4500/min; 92 (R).

Moteur (constr.): 4 soupapes en V; 2 arbres à cames en tête (courroie crantée); culasse en alliage léger; vilebrequin à 5 paliers; huile 4 L; injection électron., Simos. Batterie 44 Ah, alternateur 60 A; refroidissement à eau, capac. 5 L.

Transmission: (sur roues AV). Boîte à 5 vit.: I. 3.5; II. 2.12; III. 1.43; IV. 1.03; V. 0.84; AR 3.44; pont 3.89.

Train roulant: pneus 195/50 R 15, 6 J.

Performances: Vmax (usine) 206 km/h, V à 1000/min en 5. vit. 32.3 km/h; 0–100 km/h 8.5 s; rapp. poids/puiss. 10.5 kg/kW (7.6 kg/ch); consomm. (usine) 6.5/10.2 l.

1.8 – 101 ch Injection d'essence

Carrosserie, poids: Berline, 2/4 portes; 5 places; vide dès 1070 kg, tot. adm. 1520 kg.
Wagon: Station-wagon, 5 portes, 5 places.

Moteur: (DIN), 4 cyl. en ligne (81×86.4 mm), 1781 cm³; compr. 8.5:1; 74 kW (101 ch) à 5500/min, 41.5 kW/L (56.5 ch/L); 144 Nm (14.7 mkp) à 3500/min; 92 (R). Avec alcoool: 71 kW (97 ch).

Moteur (constr.): 1 arbre à cames en tête (courroie crantée); culasse en alliage léger; vilebrequin à 5 paliers; injection monopoint électron. Batterie 27 Ah, alternateur 45 A; refroidissement à eau, capac. 5.4 L.

Transmission: (sur roues AV). Boîte à 5 vit.: I. 3.45; II. 1.94; III. 1.29; IV. 0.97; V. 0.81; AR 3.17; pont 3.67.

Châssis: carrosserie autoporteuse; AV jambes élast. et leviers triang. transv.; AR essieu semi-rigide, bras longitud., ressorts hélicoïdaux, amortiss. télesc.

Train roulant: frein, AV à disques, AR à tambours, Ø disques AV 24 cm, frein à main sur roues AR; servodirection à crémaillère, réservoir carb. 72 L; pneus 185/65 R 14, jantes 6 J.

Dimensions: empattement 255 cm, voie 142/142 cm, garde au sol 15 cm, diam. de braq. 9.6 m, coffre 415 dm³, longueur 457 cm, largeur 170 cm, hauteur 140 cm.
Wagon: coffre 465/1500 dm³.

Performances: Vmax (usine) 174 km/h, V à 1000/min en 5. vit. 32.9 km/h; 0–100 km/h 12.1 s; rapp. poids/puiss. 14.5 kg/kW (10.6 kg/ch); consomm. (usine) 7/8.8 L/100 km.

Volkswagen Santana

2.0 – 111 PS Benzineinspritzung

Wie 1.8 – 101 PS, ausgenommen:

Gewicht: leer ab 1085 kg, max. zul. 1650 kg.

Motor: (DIN), 4 Zyl. in Linie (82.5×92.8 mm), 1984 cm³; Kompr. 10:1; 82 kW (111 PS) bei 5500/min, 41.3 kW/L (56.2 PS/L); 173 Nm (17.6 mkp) bei 3000/min; 92 ROZ. Mit Alkohol: 87 kW (118 PS).

Motorkonstruktion: elektron. Einspr.

Kraftübertragung: Achse 3.89.

Fahrleistungen: Vmax (Werk) 181 km/h, V bei 1000/min im 5. Gang 35 km/h; 0–100 km/h 12.5 s; Leistungsgew. 13.2 kg/kW (9.8 kg/PS); Verbr. (Werk) 6.2/10.3 L/100 km.

2.0 – 111 ch Injection d'essence

Comme 1.8 – 101 ch, sauf:

Poids: vide dès 1085 kg, tot. adm. 1650 kg.

Moteur: (DIN), 4 cyl. en ligne (82.5×92.8 mm), 1984 cm³; compr. 10:1; 82 kW (111 ch) à 5500/min, 41.3 kW/L (56.2 ch/L); 173 Nm (17.6 mkp) à 3000/min; 92 (R). Avec alcool: 87 kW (118 ch).

Moteur (constr.): injection électronique.

Transmission: pont 3.89.

Performances: Vmax (usine) 181 km/h, V à 1000/min en 5. vit. 35 km/h; 0–100 km/h 12.5 s; rapp. poids/puiss. 13.2 kg/kW (9.8 kg/ch); cons. (usine) 6.2/10.3 L/100 km.

Volkswagen   MEX

Volkswagen de Mexico, SA de C.V., Puebla/Pue., Mexico

Mexikanische Zweigniederlassung der Volkswagenwerke, baut den Käfer und die Modelle Golf/Jetta.

Filiale mexicaine de Volkswagen, construit la coccinelle et les modèles Golf/Jetta

Volkswagen 1.6i

Bekanntes, sehr verbreitetes Grossserienfahrzeug mit luftgekühltem Heckmotor. Januar '78: Produktion in Europa eingestellt. 1993: Einspritzung und Kat.

Voiture de grande série très répandue. Moteur arrière à refroidissement à air. Janvier 1978: production suspendue en Europe. 1993 avec inj. et catalyseur.

Volkswagen MEX • Volkswagen RA • Volkswagen VRC

1.6 Boxer – 44 PS
Benzineinspritzung

Karosserie, Gewicht: Limousine, 2 Türen, 5 Sitze; leer 820 kg, max. zul. 1200 kg.

Motor: (DIN) 4 Zyl. Boxer (85.5×69 mm), 1585 cm^3; Kompr. 6.6:1; 32 kW (44 PS) bei 4000/min, 20.2 kW/L (27.4 PS/L); 100 Nm (10.2 mkp) bei 2200/min; 87 ROZ.

Motorkonstruktion: zentrale Nockenwelle (Zahnräder); Leichtmetall-Zylinderköpfe; 4fach gelagerte Kurbelwelle; Ölkühler; Öl 2.5 L; elektron. Zentraleinspritzung, Digifant. Batterie 36 Ah, Alternator 30 A; Luftkühlung.

Kraftübertragung: (auf Hinterräder), a. W. Differentialbremse.
4-Gang-Getriebe: I. 3.8; II. 2.06; III. 1.32; IV. 0.89; R 3.78; Achse 4.38.

Fahrgestell: Zentralrohrrahmen, hinten gegabelt mit Plattform als Aufbauboden; vorn Doppelkurbellenker mit querliegenden Drehstabfedern, hinten Pendelachse, Längslenker, querliegende Drehfederstäbe und diagonal über der Achse liegende Ausgleichsfeder; vorn Kurvenstabilisator, Teleskopdämpfer.

Fahrwerk: Vierradtrommelbremse, Handbremse auf Hinterräder; Lenkung mit Schnecke und Rolle, Treibstofftank 40 L; Reifen 155 R 15.

Volkswagen 1.6i

Dimensionen: Radstand 240 cm, Spur 132/136 cm, Bodenfreih. 15 cm, Wendekreis 11 m, Kofferraum 130 dm^3, Länge 406 cm, Breite 155 cm, Höhe 150 cm.

Fahrleistungen: Vmax (Werk) 124 km/h, V bei 1000/min im 4. Gang 29.6 km/h; 0–100 km/h 27.2 s; steh. km 40 s; Leistungsgew. 25.6 kg/kW (18.6 kg/PS); Verbrauch (Red.) 7/9 L/100 km.

1.6 Boxer – 44 ch
Injection d'essence

Carrosserie, poids: Berline, 2 portes, 5 places; vide 820 kg, tot. adm. 1200 kg.

Moteur: (DIN) 4 cyl. boxer (85.5×69 mm), 1585 cm^3; compr. 6.6:1; 32 kW (44 ch) à 4000/min, 20.2 kW/L (27.4 ch/L); 100 Nm (10.2 mkp) à 2200/min; 87 (R).

Moteur (constr.): arbre à cames central (pignons); culasses en alliage léger; vilebrequin à 4 paliers; radiat. d'huile; huile 2.5 L; injection monopoint électron., Digifant. Batterie 36 Ah, alternateur 30 A; refroidiss. à air.

Transmission: (sur roues AR), différentiel autobloquant s.d.
Boîte à 4 vit.: I. 3.8; II. 2.06; III. 1.32; IV. 0.89; AR 3.78; pont 4.38.

Châssis: Châssis à poutre central en fourche à l'AR combinée avec la plateforme; susp. AV à bras de manivelles doubles superposés et barres de torsion transv.; AR avec essieu brisé oscillant, jambes de poussée longit. et ress. compensat. diagonal au-dessus de l'essieu; AV barre anti-dévers, amortiss. télesc.

Train roulant: frein à tambours sur quatre roues, frein à main sur roues AR; direction à vis sans fin et galet, réservoir carb. 40 L; pneus 155 R 15.

Dimensions: empattement 240 cm, voie 132/136 cm, garde au sol 15 cm, diam. de braq. 11 m, coffre 130 dm^3, longueur 406 cm, largeur 155 cm, hauteur 150 cm.

Performances: Vmax (usine) 124 km/h, V à 1000/min en 4. vit. 29.6 km/h; 0–100 km/h 27.2 s; km arrêté 40 s; rapp. poids/puiss. 25.6 kg/kW (18.6 kg/ch); consomm. (réd.) 7/9 L/100 km.

Volkswagen   RA

Argentinisches Zweigwerk der Chrysler Corporation. 1980 von VW übernommen.

Filiale argentine de la Chrysler Corporation. Entrepris par Volkswagen en 1980.

Volkswagen Polo Classic

Neues Modell. Argentinische Version des viertürigen Polo.

Nouveau modèle. Version argentine de la Polo Classic.

1.6 – 88 PS
Benzineinspritzung

Karosserie, Gewicht: Limousine, 4 Türen, 5 Sitze; leer ab 1100 kg, max. zul. 1500 kg.

1.6 – 88 ch
Injection d'essence

Carrosserie, poids: Berline, 4 portes, 5 pl.; vide dès 1100 kg, tot. adm. 1500 kg.

Volkswagen Polo Classic

Motor: (DIN) 4 Zyl. in Linie (81×77.4 mm), 1595 cm^3; Kompr. 10:1; 65 kW (88 PS) bei 5500/min, 40.7 kW/L (55.4 PS/L); 129 Nm (13.2 mkp) bei 3000/min; 92 ROZ. Auch mit 1781 cm^3 73 kW (99 PS) oder 1896 cm^3 Diesel mit 47 kW (64 PS).

Motorkonstruktion: 1 obenl. Nockenwelle (Zahnriemen); Leichtmetall-Zylinderkopf; 5fach gelagerte Kurbelwelle; Öl 3.5 L; elektron. Einspritzung, Magneti-Marelli. Batterie 44 Ah, Alternator 70 A; Wasserkühlung, Inh. 6 L.

Kraftübertragung: (auf Vorderräder).
5-Gang-Getriebe: I. 3.78; II. 2.12; III. 1.46; IV. 1.03; V. 0.84; R 3.6; Achse 3.68.

Fahrgestell: Selbsttragende Karosserie; vorn Federbeine und Dreieckquerlenker, Kurvenstabilisator, hinten Verbundlenkerachse, Längslenker; v/h Kurvenstabilisator, Teleskopdämpfer.

Fahrwerk: Bremse, vorne Scheiben, hinten Trommeln, Scheiben-Ø v. 23.9 cm, Handbremse auf Hinterräder; Zahnstangenlenkung mit Servo, Treibstofftank 45 L; Reifen 175 R 13, 185 R 14, Felgen 5.5 J, 6 J.

Dimensionen: Radstand 244 cm, Spur 143/139 cm, Bodenfreih. 14 cm, Wendekreis 10.1 m, Kofferraum 455 dm^3, Länge 416 cm, Breite 161 cm, Höhe 141 cm.

Fahrleistungen: Vmax (Werk) 176 km/h, V bei 1000/min im 5. Gang 36 km/h; 0–100 km/h 12.3 s; Leistungsgew. 16.9 kg/kW (12.5 kg/PS); Verbrauch (Werk) 8.4/11.9 L/100 km.

Moteur: (DIN) 4 cyl. en ligne (81×77.4 mm), 1595 cm^3; compr. 10:1; 65 kW (88 ch) à 5500/min, 40.7 kW/L (55.4 ch/L); 129 Nm (13.2 mkp) à 3000/min; 92 (R). Aussi avec 1781 cm^3 73 kW (99 ch) ou 1896 cm^3 diesel avec 47 kW (64 ch).

Moteur (constr.): 1 arbre à cames en tête (courroie crantée); culasse en alliage léger; vilebrequin à 5 paliers; huile 3.5 L; injection électronique, Magneti-Marelli. Batterie 44 Ah, alternateur 70 A; refroidissement à eau, capac. 6 L.

Transmission: (sur roues AV).
Boîte à 5 vit.: I. 3.78; II. 2.12; III. 1.46; IV. 1.03; V. 0.84; AR 3.6; pont 3.68.

Châssis: carrosserie autoporteuse; AV jambes élast. et leviers triang. transv., barre anti-dévers; AR essieu semi-rigide, bras longitud.; AV/AR barre anti-dévers, amortiss. télesc.

Train roulant: frein, AV à disques, AR à tambours, Ø disques AV 23.9 cm, frein à main sur roues AR; servodirection à crémaillère, réservoir carb. 45 L; pneus 175 R 13, 185 R 14, jantes 5.5 J, 6 J.

Dimensions: empattement 244 cm, voie 143/139 cm, garde au sol 14 cm, diam. de braq. 10.1 m, coffre 455 dm^3, longueur 416 cm, largeur 161 cm, hauteur 141 cm.

Performances: Vmax (usine) 176 km/h, V à 1000/min en 5. vit. 36 km/h; 0–100 km/h 12.3 s; rapp. poids/puiss. 16.9 kg/kW (12.5 kg/ch); consomm. (usine) 8.4/11.9 L/100 km.

Volkswagen   VRC

SVW Automotive Company Ltd., Shanghai, China

Bekanntes chinesisches Autowerk, produziert unter anderem den ehemaligen Volkswagen Santana.

Usine d'automobiles chinoise bien connue, produit entre autres l'ancienne Santana de Volkswagen.

Volkswagen Santana

Lizenzproduktion des ehemaligen Volkswagen aus Deutschland, viertürige Limousine, Frontantrieb, 1,8-Liter-Motor. Produktion seit 1985. Sommer 1995, Salon Shanghai: Santana 2000 mit längerem Radstand und Benzineinspritzung.

Production sous licence de l'ancienne Volkswagen Santana de l'Allemagne, berline à quatre portes, traction AV, moteur 1,8 litre. Production dès 1985. Eté 1995, salon Shangai: Santana 2000 avec empattement allongé et injection.

1.8 – 86 PS
Vergaser

Karosserie, Gewicht: Limousine, 4 Türen, 5 Sitze; leer ab 1030 kg, max. zul. 1460 kg. Station Wagon, 5 Türen, 5 Sitze; leer ab ca. 1060 kg.

1.8 – 86 ch
Carburateur

Carrosserie, poids: Berline, 4 portes, 5 pl.; vide dès 1030 kg, tot. adm. 1460 kg. Station-wagon, 5 portes, 5 places; vide dès env. 1060 kg.

Volkswagen VRC • Volvo

Motor: (ECE), 4 Zyl. in Linie (81×86.4 mm), 1781 cm³; Kompr. 8.5:1; 63 kW (86 PS) bei 5200/min, 35.4 kW/L (48.1 PS/L); 138 Nm (14.1 mkp) bei 3500/min; 91 ROZ. Oder: 66 kW (90 PS); 145 Nm (14,8 mkp).

Motorkonstruktion: 1 obenl. Nockenwelle (Zahnriemen); Leichtmetall-Zylinderkopf; 5fach gelagerte Kurbelwelle; Öl 3.5 L; 1 Fallstromvergaser, Keihin.

Batterie 54 Ah, Alternator 55 A; Wasserkühlung, Inh. 6.6 L.

Kraftübertragung: (auf Vorderräder).
4-Gang-Getriebe: I. 3.46; II. 1.94; III. 1.29; IV. 0.91; R 3.17; Achse 4.11.

Fahrgestell: Selbsttragende Karosserie mit vorderem Hilfsrahmen; vorn Federbeine und Dreieckquerlenker, Kurvenstabilisator, Schraubenfedern, hinten Starrachse, Längslenker, Schraubenfedern, Teleskopdämpfer.

Fahrwerk: Bremse, vorne Scheiben, hinten Trommeln, Scheiben-Ø v. 23.9 cm, Handbremse auf Hinterräder; Zahnstangenlenkung mit Servo, Treibstofftank 75 L; Reifen 185/70 R 13, Felgen 5.5 J.

Dimensionen: Radstand 255 cm, Spur 141.5/142 cm, Bodenfreih. 14 cm, Wendekreis 10.3 m, Kofferraum 535 dm³, Länge 454.5 cm, Breite 169 cm, Höhe 142 cm.

Fahrleistungen: Vmax (Werk) 161 km/h, V bei 1000/min im 4. Gang 29.1 km/h; 0–100 km/h 13.7 s; Leistungsgew. 16.3 kg/kW (12 kg/PS); Verbrauch ECE 7.9/10.2/12.8 L/100 km.

1.8 – 98 PS Benzineinspritzung

Wie 1.8 – 86 PS, ausgenommen:

Karosserie, Gewicht: Limousine, lwb; leer ab 1120 kg, max. zul. 1540 kg.

Motor: (ECE), 4 Zyl. in Linie (81×86.4 mm), 1781 cm³; Kompr. 9:1; 72 kW (98 PS) bei 5400/min, 40.4 kW/L (55 PS/L); 150 Nm (15.3 mkp) bei 3100/min; 91 ROZ.

Motorkonstruktion: elektron. Einspritzung.

Fahrwerk: Reifen 195/60 VR 14, 6 J.

Dimensionen: Radstand 265.5 cm, Wendekreis 11 m, Kofferraum 530 dm³, Länge 468 cm, Breite 170 cm.

Fahrleistungen: Vmax (Werk) über 172 km/h, V bei 1000/min im 5. Gang 33 km/h; 0–100 km/h 14.8 s; Leistungsgew. 15.6 kg/kW (11.4 kg/PS); Verbrauch (Red.) 7/14 L/100 km.

Moteur: (ECE), 4 cyl. en ligne (81×86.4 mm), 1781 cm³; compr. 8.5:1; 63 kW (86 ch) à 5200/min, 35.4 kW/L (48.1 ch/L); 138 Nm (14.1 mkp) à 3500/min; 91 (R). Ou: 66 kW (90 ch); 145 Nm (14,8 mkp).

Moteur (constr.): 1 arbre à cames en tête (courroie crantée); culasse en alliage léger; vilebrequin à 5 paliers; huile 3.5 L; 1carburateur inversé, Keihin.

Batterie 54 Ah, alternateur 55 A; refroidissement à eau, capac. 6.6 L.

Transmission: (sur roues AV).
Boîte à 4 vit.: I. 3.46; II. 1.94; III. 1.29; IV. 0.91; AR 3.17; pont 4.11.

Châssis: carrosserie autoporteuse avec cadre auxiliaire AV; AV jambes élast. et leviers triang. transv., barre anti-dévers, ressorts hélic.; AR essieu rigide, bras longitud., ressorts hélicoïdaux, amortiss. télesc.

Train roulant: frein, AV à disques, AR à tambours, Ø disques AV 23.9 cm, frein à main sur roues AR; servodirection à crémaillère, réservoir carb. 75 L; pneus 185/70 R 13, jantes 5.5 J.

Dimensions: empattement 255 cm, voie 141.5/142 cm, garde au sol 14 cm, diam. de braq. 10.3 m, coffre 535 dm³, longueur 454.5 cm, largeur 169 cm, hauteur 142 cm.

Performances: Vmax (usine) 161 km/h, V à 1000/min en 4. vit. 29.1 km/h; 0–100 km/h 13.7 s; rapp. poids/puiss. 16.3 kg/kW (12 kg/ch); consomm. ECE 7.9/10.2/12.8 L/100 km.

1.8 – 98 ch Injection d'essence

Comme 1.8 – 86 ch, sauf:

Carrosserie, poids: Berline, lwb; vide dès 1120 kg, tot. adm. 1540 kg.

Moteur: (ECE), 4 cyl. en ligne (81×86.4 mm), 1781 cm³; compr. 9:1; 72 kW (98 ch) à 5400/min, 40.4 kW/L (55 ch/L); 150 Nm (15.3 mkp) à 3100/min; 91 (R).

Moteur (constr.): injection électronique.

Train roulant: pneus 195/60 VR 14, 6 J.

Dimensions: empattement 265.5 cm, diam. de braq. 11 m, coffre 530 dm³, longueur 468 cm, largeur 170 cm.

Performances: Vmax (usine) plus de 172 km/h, V à 1000/min en 5. vit. 33 km/h; 0–100 km/h 14.8 s; rapp. poids/puiss. 15.6 kg/kW (11.4 kg/ch); consomm. (réd.) 7/14 L/100 km.

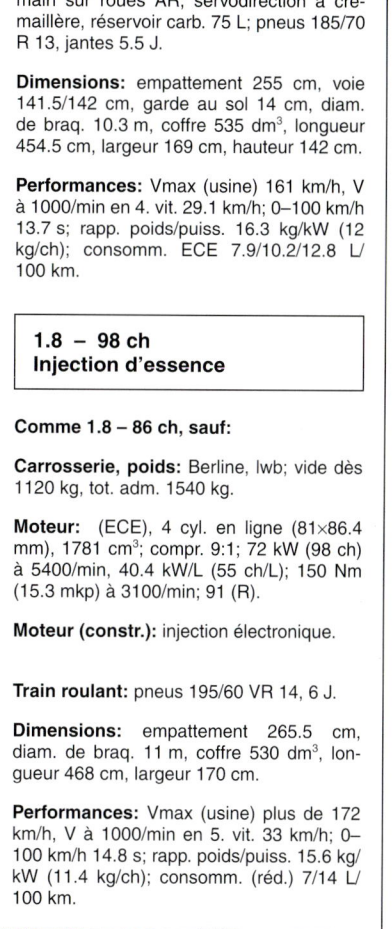

Volkswagen Santana

Volvo S

Volvo Car Corporation, S-405 08 Göteborg, Sweden

Bedeutender schwedischer Industriekonzern, Hersteller von Motorfahrzeugen und anderen Produkten. Produktion des S40/V40 in den Niederlanden.

Importante entreprise industrielle suédoise. Production de véhicules à moteur et autres produits. Production des S40/V40 aux Pays-Bas.

Volvo S40/V40

Viertürige Limousine (S40) und fünftüriger Kombi (V40) der Mittelklasse mit Frontantrieb. 1.8- oder 2-Liter-Benzinmotoren sowie 1.9-l-Diesel. Entwicklung und Produktion als Joint Venture mit Mitsubishi. Début IAA September 1995; Bologna, Dezember 1995 Wagon.

Berline 4 portes (S40) et Station Wagon 5 portes (V40) avec traction AV. Moteurs 1.8- et 2 litres, ainsi qu'un diesel 1.9 L. Développement et construction en Joint Venture avec Mitsubishi. Lancement IAA Francfort septembre 1995; Bologna, décembre 1995 Station Wagon.

1.6 16V – 105 PS Benzineinspritzung

Karosserie, Gewicht: Limousine, 4 Türen, 5 Sitze; leer ab 1200 kg, max. zul. 1700 kg. Station Wagon, 5 Türen, 5 Sitze; 1225 kg, max. zul. 1720 kg.

Motor: (ECE), 4 Zyl. in Linie (81×77 mm), 1587 cm³; Kompr. 10.5:1; 77 kW (105 PS) bei 5500/min, 48.5 kW/L (65.9 PS/L); 143 Nm (14.6 mkp) bei 4200/min; 95 ROZ.

Motorkonstruktion: 4 Ventile in V; 2 obenl. Nockenwellen (Zahnriemen); Leichtmetall-Zylinderkopf und -block; 5fach gelagerte Kurbelwelle; Öl 4 L; elektron. Einspritzung, Siemens.

Batterie 62 Ah, Alternator 80 A; Wasserkühlung, Inh. 5 L.

Volvo S40

Kraftübertragung: (auf Vorderräder).
5-Gang-Getriebe: I. 3.86; II. 2.05; III. 1.32; IV. 0.97; V. 0.8; R 3.55; Achse 4.07.
4-Stufen-Automat: I. 3.74; II. 2.14; III. 1.42; IV. 1.02; R 4.09; Achse 3.1.

Fahrgestell: Selbsttragende Karosserie; vorn Federbeine und Dreieckquerlenker, hinten Längs- und Querlenker, Zusatzlenker; v/h Kurvenstabilisator, Schraubenfedern, Teleskopdämpfer.

Fahrwerk: Vierrad-Scheibenbremse (vorn belüftet), ABS, Handbremse auf Hinterräder; Zahnstangenl. mit Servo, Treibstofftank 60 L; Reifen 195/55 VR 15, Felgen 6 J.

Dimensionen: Radstand 255 cm, Spur 145/147 cm, Bodenfreih. 15 cm, Wendekreis 10.6 m, Kofferraum 415 dm³, Länge 448 cm, Breite 172 cm, Höhe 139 cm. Wagon: Kofferraum 415/1420 dm³.

Fahrleistungen: Vmax (Werk) 185 km/h, V bei 1000/min im 5. Gang 33.5 km/h; 0–100 km/h 12.7 s; Leistungsg. 15.6 kg/kW (11.4 kg/PS); Verbr. ECE 6.6/8.5/11.8 L/100 km.

1.8 16V – 116 PS Benzineinspritzung

Wie 1.6 – 105 PS, ausgenommen:

Karosserie, Gewicht: Limousine, 4 Türen, 5 Sitze; leer ab 1200 kg, max. zul. 1700 kg. Station Wagon, 5 Türen, 5 Sitze; leer ab 1225 kg, max. zul. 1720 kg.

Carrosserie, poids: Berline, 4 portes, 5 pl.; vide dès 1200 kg, tot. adm. 1700 kg. Station-wagon, 5 portes, 5 places; 1225 kg, tot. adm. 1720 kg.

Moteur: (ECE), 4 cyl. en ligne (81×77 mm), 1587 cm³; compr. 10.5:1; 77 kW (105 ch) à 5500/min, 48.5 kW/L (65.9 ch/L); 143 Nm (14.6 mkp) à 4200/min; 95 (R).

Moteur (constr.): 4 soupapes en V; 2 arbres à cames en tête (courroie crantée); culasse et bloc-cyl. en alliage léger; vilebrequin à 5 paliers; huile 4 L; injection électronique, Siemens.

Batterie 62 Ah, alternateur 80 A; refroidissement à eau, capac. 5 L.

Transmission: (sur roues AV).
Boîte à 5 vit.: I. 3.86; II. 2.05; III. 1.32; IV. 0.97; V. 0.8; AR 3.55; pont 4.07.
Boîte aut. à 4 vit.: I. 3.74; II. 2.14; III. 1.42; IV. 1.02; AR 4.09; pont 3.1.

Châssis: carrosserie autoporteuse; AV jambes élast. et leviers triang. transv., bras longitud. et transv., leviers auxiliaires; AV/AR barre anti-dévers, ressorts hélic., amortiss. télesc.

Train roulant: quatre freins à disques (AV ventilés), ABS, frein à main sur roues AR; servodirection à crémaillère, réservoir carb. 60 L; pneus 195/55 VR 15, jantes 6 J.

Dimensions: empattement 255 cm, voie 145/147 cm, garde au sol 15 cm, diam. de braq. 10.6 m, coffre 415 dm³, longueur 448 cm, largeur 172 cm, hauteur 139 cm. Wagon: coffre 415/1420 dm³.

Performances: Vmax (usine) 185 km/h, V à 1000/min en 5. vit. 33.5 km/h; 0–100 km/h 12.7 s; rapp. poids/puiss. 15.6 kg/kW (11.4 kg/ch); cons ECE 6.6/8.5/11.8 L/100 km.

1.8 16V – 116 ch Injection d'essence

Comme 1.6 – 105 ch, sauf:

Carrosserie, poids: Berline, 4 portes, 5 pl; vide dès 1200 kg, tot. adm. 1700 kg. Station-wagon, 5 portes, 5 places; vide dès 1225 kg, tot. adm. 1720 kg.

Volvo

Motor: (ECE), 4 Zyl. in Linie (83×80 mm), 1731 cm³; Kompr. 10.5:1; 85 kW (116 PS) bei 5500/min, 49.1 kW/L (66.7 PS/L); 165 Nm (16.8 mkp) bei 4100/min; 95 ROZ.

Motorkonstruktion: 4 Ventile in V; 2 obenl. Nockenwellen (Zahnriemen); Leichtmetall-Zylinderkopf und -block; 5fach gelagerte Kurbelwelle; Öl 4 L; elektron. Einspritzung, Siemens.
Batterie 62 Ah, Alternator 80 A; Wasserkühlung, Inh. 5 L.

Kraftübertragung: (auf Vorderräder).
5-Gang-Getriebe: I. 3.36; II. 2.05; III. 1.32; IV. 0.97; V. 0.76; R 3.55; Achse 3.87.
Aut.: 4-Stufen-Automat: I. 3.74; II. 2.14; III. 1.42; IV. 1.02; R 4.09.

Fahrleistungen: Vmax (Werk) 195 km/h, V bei 1000/min im 5. Gang 37.2 km/h; 0–100 km/h 10.5 s; Leistungsgew. 14.1 kg/kW (10.4 kg/PS); Verbrauch ECE 5.9/7.8/10.3 L/100 km.
Aut.: Vmax 190 km/h, 0–100 km/h 12 s.

Moteur: (ECE), 4 cyl. en ligne (83×80 mm), 1731 cm³; compr. 10.5:1; 85 kW (116 ch) à 5500/min, 49.1 kW/L (66.7 ch/L); 165 Nm (16.8 mkp) à 4100/min; 95 R.

Moteur (constr.): 4 soupapes en V; 2 arbres à cames en tête (courroie crantée); culasse et bloc-cyl. en alliage léger; vilebrequin à 5 paliers; huile 4 L; injection électronique, Siemens.
Batterie 62 Ah, alternateur 80 A; refroidissement à eau, capac. 5 L.

Transmission: (sur roues AV).
Boîte à 5 vit.: I. 3.36; II. 2.05; III. 1.32; IV. 0.97; V. 0.76; AR 3.55; pont 3.87.
Aut.: boîte aut. à 4 vit.: I. 3.74; II. 2.14; III. 1.42; IV. 1.02; AR 4.09.

Performances: Vmax (usine) 195 km/h, V à 1000/min en 5. vit. 37.2 km/h; 0–100 km/h 10.5 s; rapp. poids/puiss. 14.1 kg/kW (10.4 kg/ch); consomm. ECE 5.9/7.8/10.3 L/100 km.
Aut.: Vmax 190 km/h, 0–100 km/h 12 s.

Fahrwerk: Reifen 195/55 R 15, Felgen 6 J.

Fahrleistungen: Vmax (Werk) 210 km/h, V bei 1000/min im 5. Gang 35.4 km/h; 0–100 km/h 9.3 s; Leistungsgew. 11.9 kg/kW (8.8 kg/PS); Verbr. ECE 6.2/8.2/10.7 L/100 km.
Aut.: Vmax 205 km/h.

Train roulant: pneus 195/55 R 15, jant. 6 J.

Performances: Vmax (usine) 210 km/h, V à 1000/min en 5. vit. 35.4 km/h; 0–100 km/h 9.3 s; rapp. poids/puiss. 11.9 kg/kW (8.8 kg/ch); consomm. ECE 6.2/8.2/10.7 L/100 km.
Aut.: Vmax 205 km/h.

1.9 – 90 PS Turbodiesel

Wie 1.6 – 105 PS, ausgenommen:

Karosserie, Gewicht: Limousine, leer ab 1225 kg, max. zul. 1720 kg.
Wagon: leer ab 1250 kg, max. zul. 1740 kg.

Motor: (ECE), 4 Zyl. in Linie (80×93 mm), 1870 cm³; Kompr. 20.5:1; 66 kW (90 PS) bei 4250/min, 35.3 kW/L (48 PS/L); 176 Nm (17.9 mkp) bei 2250/min; Dieselöl.

Motorkonstruktion: Bezeichnung D4192T; Vorkammer-Diesel; 1 obenl. Nockenwelle (Zahnriemen); Leichtmetall-Zylinderkopf; 5fach gelagerte Kurbelwelle; Ölkühler; Öl 5.5 L; Einspritzpumpe, DCP; 1 Turbolader.
Batterie 72 Ah, Alternator 80 A; Wasserkühlung, Inh. 7.4 L.

Kraftübertragung: (auf Vorderräder).
5-Gang-Getriebe: I. 3.73; II. 2.05; III. 1.32; IV. 0.97; V. 0.76; R 3.55; Achse 3.44.

Fahrwerk: Reifen 185/55 HR 14.

Fahrleistungen: Vmax (Werk) 180 km/h, V bei 1000/min im 5. Gang 42 km/h; 0–100 km/h 12.6 s; Leistungsgew. 14.4 kg/kW (10.6 kg/PS).

1.9 – 90 ch Turbodiesel

Comme 1.6 – 105 ch, sauf:

Carrosserie, poids: Berline, vide dès 1225 kg, tot. adm. 1720 kg.
Wagon: v. dès 1250 kg, tot. adm. 1740 kg.

Moteur: (ECE), 4 cyl. en ligne (80×93 mm), 1870 cm³; compr. 20.5:1; 66 kW (90 ch) à 4250/min, 35.3 kW/L (48 ch/L); 176 Nm (17.9 mkp) à 2250/min; gazole.

Moteur (constr.): désign. D4192T; diesel à préchambre; 1 arbre à cames en tête (courroie crantée); culasse en alliage léger; vilebrequin à 5 paliers; radiat. d'huile; huile 5.5 L; pompe à inj., DCP; 1 turbocompr.
Batterie 72 Ah, alternateur 80 A; refroidissement à eau, capac. 7.4 L.

Transmission: (sur roues AV).
Boîte à 5 vit.: I. 3.73; II. 2.05; III. 1.32; IV. 0.97; V. 0.76; AR 3.55; pont 3.44.

Train roulant: pneus 185/55 HR 14.

Performances: Vmax (usine) 180 km/h, V à 1000/min en 5. vit. 42 km/h; 0–100 km/h 12.6 s; rapp. poids/puiss. 14.4 kg/kW (10.6 kg/ch).

Volvo V40

2.0 16V – 140 PS Benzineinspritzung

Wie 1.6 – 105 PS, ausgenommen:

Karosserie, Gewicht: Limousine, leer ab 1210 kg, max. zul. 1720 kg.
Wagon: leer ab 1230 kg, max. zul. 1740 kg.

Motor: (ECE), 4 Zyl. in Linie (83×90 mm), 1948 cm³; Kompr. 10.5:1; 103 kW (140 PS) bei 6100/min, 52.9 kW/L (71.9 PS/L); 183 Nm (18.7 mkp) bei 4500/min; 95 ROZ.

Motorkonstruktion: Bezeichnung B4204S; 4 Ventile in V; 2 obenl. Nockenwellen (Zahnriemen); Leichtmetall-Zylinderkopf und -block; 5fach gelagerte Kurbelwelle; Öl 4 L; elektron. Einspritzung, Siemens-Fenix, 5.1.
Batterie 62 Ah, Alternator 80 A; Wasserkühlung, Inh. 5 L.

Kraftübertragung: (auf Vorderräder).
5-Gang-Getriebe: I. 3.36; II. 1.86; III. 1.32; IV. 0.97; V. 0.76; R 3.55; Achse 4.07.
4-Stufen-Automat: I. 3.74; II. 2.14; III. 1.42; IV. 1.02; R 4.09; Achse 3.09.

2.0 16V – 140 ch Injection d'essence

Comme 1.6 – 105 ch, sauf:

Carrosserie, poids: Berline, vide dès 1210 kg, tot. adm. 1720 kg.
Wagon: v. dès 1230 kg, tot. adm. 1740 kg.

Moteur: (ECE), 4 cyl. en ligne (83×90 mm), 1948 cm³; compr. 10.5:1; 103 kW (140 ch) à 6100/min, 52.9 kW/L (71.9 ch/L); 183 Nm (18.7 mkp) à 4500/min; 95 R.

Moteur (constr.): désignation B4204S; 4 soupapes en V; 2 arbres à cames en tête (courroie crantée); culasse et bloc-cyl. en alliage léger; vilebrequin à 5 paliers; huile 4 L; injection électronique, Siemens-Fenix, 5.1.
Batterie 62 Ah, alternateur 80 A; refroidissement à eau, capac. 5 L.

Transmission: (sur roues AV).
Boîte à 5 vit.: I. 3.36; II. 1.86; III. 1.32; IV. 0.97; V. 0.76; AR 3.55; pont 4.07.
Boîte aut. à 4 vit.: I. 3.74; II. 2.14; III. 1.42; IV. 1.02; AR 4.09; pont 3.09.

Volvo S70/V70

Limousine/Station-Wagon mit Frontantrieb oder 4WD und quer eingebautem Fünfzylindermotor. Nachfolger des 850. Debüt Dezember 1996.

Berline/Station-wagon avec traction AV ou integrale (4WD) et moteur transversal 5 cylindres. Successeur de la 850. Lancement decembre 1996.

2.0 – 126 PS Benzineinspritzung

Karosserie, Gewicht: Limousine, 4 Türen, 5 Sitze; leer ab 1430 kg, max. zul. 1890 kg.
Station Wagon, 5 Türen, 5 Sitze; leer ab ca. 1470 kg, max. zul. 1970 kg.

Motor: (ECE), 5 Zyl. in Linie (81×77 mm), 1984 cm³; Kompr. 10:1; 93 kW (126 PS) bei 6250/min, 46.9 kW/L (63.7 PS/L); 170 Nm (17.3 mkp) bei 4800/min; 95 ROZ.

Motorkonstruktion: Bezeichn. B5202S; 2 Ventile in V; 2 obenl. Nockenwellen (Zahnriemen); Leichtmetall-Zylinderkopf und -block; 6fach gelagerte Kurbelwelle; Öl 5.3 L; elektron. Einspritzung.
Batterie 520 A, Alternator 100 A; Wasserkühlung, Inh. 7.2 L.

Kraftübertragung: (auf Vorderräder).
5-Gang-Getriebe: I. 3.07; II. 1.77; III. 1.19; IV. 0.87; V. 0.7; R 2.99; Achse 4.45.
4-Stufen-Automat: I. 3.61; II. 2.06; III. 1.37; IV. 0.98; R 3.95; Achse 3.1.

Fahrgestell: Selbsttragende Karosserie mit vorderem Hilfsrahmen; vorn Federbeine und Dreieckquerlenker; hinten Mehrlenkerachse mit Längs-, Quer- und Schräglenkern, Schraubenfedern, Teleskopdämpfer; v/h Kurvenstabilisator.

Fahrwerk: Vierrad-Scheibenbremse (vorn belüftet), mit Servo, Scheiben-Ø v. 28 cm, h. 29.5 cm, ABS, Handbremse auf Hinterrad; Zahnstangenlenkung mit Servo, Treibstofftank 70 L; Reifen 185/65 R 15, 195/60 R 15, 205/55 R 15; Felgen 6 J, 6.5 J.

2.0 – 126 ch Injection d'essence

Carrosserie, poids: Berline, 4 portes, 5 pl.; vide dès 1430 kg, tot. adm. 1890 kg.
Station-wagon, 5 portes, 5 places; vide dès env. 1470 kg, tot. adm. 1970 kg.

Moteur: (ECE), 5 cyl. en ligne (81×77 mm), 1984 cm³; compr. 10:1; 93 kW (126 ch) à 6250/min, 46.9 kW/L (63.7 ch/L); 170 Nm (17.3 mkp) à 4800/min; 95 R.

Moteur (constr.): désignation B5202S; 2 soupapes en V; 2 arbres à cames en tête (courroie crantée); culasse et bloc-cyl. en alliage léger; vilebrequin à 6 paliers; huile 5.3 L; injection électronique.
Batterie 520 A, alternateur 100 A; refroidissement à eau, capac. 7.2 L.

Transmission: (sur roues AV).
Boîte à 5 vit.: I. 3.07; II. 1.77; III. 1.19; IV. 0.87; V. 0.7; AR 2.99; pont 4.45.
Boîte aut. à 4 vit.: I. 3.61; II. 2.06; III. 1.37; IV. 0.98; AR 3.95; pont 3.1.

Châssis: carrosserie autoporteuse avec cadre auxiliaire AV; AV jambes élast. et leviers triang. transv.; AR essieu à multiples bras (leviers longit., obliques et transv.), ressorts hélicoïdaux, amortis. télesc.; AV/AR barre anti-dévers.

Train roulant: quatre freins à disques (AV ventilés), avec servo, Ø disques AV 28 cm, AR 29.5 cm, frein à main sur roues AR; servodirection à crémaillère, réservoir carb. 70 L; pneus 185/65 R 15, 195/60 R 15, 205/55 R 15; jantes 6 J, 6.5 J.

Volvo S40

Volvo

Volvo V70

Dimensionen: Radstand 266 cm, Spur 152/147 cm, Bodenfreih. 14 cm, Wendekreis 10.2 m, Kofferraum 470/940 dm^3, Länge 472 cm, Breite 176 cm, Höhe 140 cm.
Station Wagon: Kofferraum 420/1580 dm^3, Höhe 143 cm.

Fahrleistungen: Vmax (Werk) 195 km/h, V bei 1000/min im 5. Gang 36.1 km/h; 0–100 km/h 11.7 s; Leistungsgew. 15.4 kg/kW (11.4 kg/PS); Verbr. EU 8.1/13.4 L/100 km.
Station Wagon: 0–100 km/h 11.9 s.
Aut.: Vmax 190 km/h, 0–100 km/h 12.5 s; 8.2/13.5 L/100 km.

Dimensions: empattement 266 cm, voie 152/147 cm, garde au sol 14 cm, diam. de braq. 10.2 m, coffre 470/940 dm^3, longueur 472 cm, largeur 176 cm, hauteur 140 cm.
Station Wagon: coffre 420/1580 dm^3, hauteur 143 cm.

Performances: Vmax (usine) 195 km/h, V à 1000/min en 5. vit. 36.1 km/h; 0–100 km/h 11.7 s; rapp. poids/puiss. 15.4 kg/kW (11.4 kg/ch); consomm. EU 8.1/13.4 L/100 km.
Station Wagon: 0–100 km/h 11.9 s.
Aut.: Vmax 190 km/h, 0–100 km/h 12.5 s; 8.2/13.5 L/100 km.

2.4 – 144 PS Benzineinspritzung

2.4 – 144 ch Injection d'essence

Wie 2.0 – 126 PS, ausgenommen:

Motor: (ECE), 5 Zyl. in Linie (83×90 mm), 2435 cm^3; Kompr. 10:1; 106 kW (144 PS) bei 5400/min, 43.5 kW/L (59.2 PS/L); 206 Nm (21 mkp) bei 3600/min; 95 ROZ.

Motorkonstruktion: Bezeichnung B5252S; 2 Ventile; 2 obenl. Nockenwellen (Zahnriemen); Leichtmetall-Zylinderkopf und -block; 6fach gelagerte Kurbelwelle; Öl 5.3 L; elektron. Einspritzung.
Batterie 520 A, Alternator 100 A; Wasserkühlung, Inh. 7.2 L.

Kraftübertragung: (auf Vorderräder).
5-Gang-Getriebe: I. 3.07; II. 1.77; III. 1.19; IV. 0.87; V. 0.7; R 2.99; Achse 4.
4-Stufen-Automat: I. 3.61; II. 2.06; III. 1.37; IV. 0.98; R 3.95; Achse 2.76.

Fahrleistungen: Vmax (Werk) 205 km/h, V bei 1000/min im 5. Gang 40.2 km/h; 0–100 km/h 10.2 s; Leistungsgew. 13.5 kg/kW (9.9 kg/PS); Verbrauch EU 8/13.4 L/100 km.
Aut.: 0–100 km/h 10.6 s.
Station Wagon: 0–100 km/h 10.4 s.
Aut.: 0–100 km/h 10.8 s.

Comme 2.0 – 126 ch, sauf:

Moteur: (ECE), 5 cyl. en ligne (83×90 mm), 2435 cm^3; compr. 10:1; 106 kW (144 ch) à 5400/min, 43.5 kW/L (59.2 ch/L); 206 Nm (21 mkp) à 3600/min; 95 (R).

Moteur (constr.): désignation B5252S; 2 soupapes; 2 arbres à cames en tête (courroie crantée); culasse et bloc-cyl. en alliage léger; vilebrequin à 6 paliers; huile 5.3 L; injection électronique.
Batterie 520 A, alternateur 100 A; refroidissement à eau, capac. 7.2 L.

Transmission: (sur roues AV).
Boîte à 5 vit.: I. 3.07; II. 1.77; III. 1.19; IV. 0.87; V. 0.7; AR 2.99; pont 4.
Boîte aut. à 4 vit.: I. 3.61; II. 2.06; III. 1.37; IV. 0.98; AR 3.95; pont 2.76.

Performances: Vmax (usine) 205 km/h, V à 1000/min en 5. vit. 40.2 km/h; 0–100 km/h 10.2 s; rapp. poids/puiss. 13.5 kg/kW (9.9 kg/ch); consomm. EU 8/13.4 L/100 km.
Aut.: 0–100 km/h 10.6 s.
Station Wagon: 0–100 km/h 10.4 s.
Aut.: 0–100 km/h 10.8 s.

Volvo S70

2.4 20V – 170 PS Benzineinspritzung

2.4 20V – 170 ch Injection d'essence

Wie 2.0 – 126 PS, ausgenommen:

Motor: (ECE), 5 Zyl. in Linie (83×90 mm), 2435 cm^3; Kompr. 10.3:1; 125 kW (170 PS) bei 6100/min, 51.3 kW/L (69.8 PS/L); 220 Nm (22.4 mkp) bei 4700/min; 95 ROZ.

Comme 2.0 – 126 ch, sauf:

Moteur: (ECE), 5 cyl. en ligne (83×90 mm), 2435 cm^3; compr. 10.3:1; 125 kW (170 ch) à 6100/min, 51.3 kW/L (69.8 ch/L); 220 Nm (22.4 mkp) à 4700/min; 95 (R).

Motorkonstruktion: Bezeichnung B5254S; 4 Ventile in V 58°; 2 obenl. Nockenwellen (Zahnriemen); Leichtmetall-Zylinderkopf und -block; 6fach gelagerte Kurbelwelle; Öl 5.3 L; elektron. Einspritzung, Bosch LH-Jetronic.
Batterie 520 A, Alternator 100 A; Wasserkühlung, Inh. 7.2 L.

Kraftübertragung: (auf Vorderräder).
5-Gang-Getriebe: I. 3.07; II. 1.77; III. 1.19; IV. 0.87; V. 0.7; R 2.99; Achse 4.
4-Stufen-Automat: I. 3.61; II. 2.06; III. 1.37; IV. 0.98; R 3.95; Achse 2.76.

Fahrleistungen: Vmax (Werk) 210 km/h, V bei 1000/min im 5. Gang 40.2 km/h; 0–100 km/h 8.9 s; Leistungsgew. 11.4 kg/kW (8.4 kg/PS); Verbrauch EU 7.8/15 L/100 km.
Aut.: Vmax 200 km/h, 0–100 km/h 10 s.
Station Wagon: 0–100 km/h 9.2 s.
Aut.: Vmax 200 km/h, 0–100 km/h 10.2 s.

Moteur (constr.): désignation B5254S; 4 soupapes en V 58°; 2 arbres à cames en tête (courroie crantée); culasse et bloc-cyl. en alliage léger; vilebrequin à 6 paliers; huile 5.3 L; injection électronique, Bosch LH-Jetronic.
Batterie 520 A, alternateur 100 A; refroidissement à eau, capac. 7.2 L.

Transmission: (sur roues AV).
Boîte à 5 vit.: I. 3.07; II. 1.77; III. 1.19; IV. 0.87; V. 0.7; AR 2.99; pont 4.
Boîte aut. à 4 vit.: I. 3.61; II. 2.06; III. 1.37; IV. 0.98; AR 3.95; pont 2.76.

Performances: Vmax (usine) 210 km/h, V à 1000/min en 5. vit. 40.2 km/h; 0–100 km/h 8.9 s; rapp. poids/puiss. 11.4 kg/kW (8.4 kg/ch); consomm. EU 7.8/15 L/100 km.
Aut.: Vmax 200 km/h, 0–100 km/h 10 s.
Station Wagon: 0–100 km/h 9.2 s.
Aut.: Vmax 200 km/h, 0–100 km/h 10.2 s.

Volvo S70

2.0 20V – 179 PS Benzineinspritzung/Turbo

2.0 20V – 179 ch Injection d'essence/turbo

Wie 2.0 – 126 PS, ausgenommen:

Motor: (ECE), 5 Zyl. in Linie (81×77 mm), 1984 cm^3; Kompr. 8.4:1; 132 kW (179 PS) bei 5700/min, 66.5 kW/L (90.4 PS/L); 220 Nm (22.4 mkp) bei 2100/min; 95 ROZ.

Motorkonstruktion: Bezeichn. B5204T2; 4 Ventile in V; 2 obenl. Nockenwellen (Zahnriemen); Leichtmetall-Zylinderkopf und -block; 6fach gelagerte Kurbelwelle; Öl 5.3 L; elektron. Einspritzung, 1 Turbolader.
Batterie 520 A, Alternator 100 A; Wasserkühlung, Inh. 7.2 L.

Kraftübertragung: (auf Vorderräder).
5-Gang-Getriebe: I. 3.38; II. 1.9; III. 1.19; IV. 0.87; V. 0.65; R 3.3; Achse 4.25.
4-Stufen-Automat: I. 3.61; II. 2.06; III. 1.37; IV. 0.98; R 3.95; Achse 2.74.

Fahrwerk: Reifen 205/55 R 15, 205/50 R 16, 205/45 ZR 17.

Fahrleistungen: Vmax (Werk) 215 km/h, V bei 1000/min im 5. Gang 40.2 km/h; 0–100 km/h 9.3 s; Leistungsgew. 10.8 kg/kW (8 kg/PS); Verbrauch EU 8.3/16.3 L/100 km.
Aut.: Vmax 205 km/h, 0–100 km/h 10 s; 8.6/16.9 L/100 km.
Station Wagon: 0–100 km/h 9.5 s.
Aut.: Vmax 205 km/h, 0–100 km/h 10.2 s.

Comme 2.0 – 126 ch, sauf:

Moteur: (ECE), 5 cyl. en ligne (81×77 mm), 1984 cm^3; compr. 8.4:1; 132 kW (179 ch) à 5700/min, 66.5 kW/L (90.4 ch/L); 220 Nm (22.4 mkp) à 2100/min; 95 (R).

Moteur (constr.): désignation B5204T2; 4 soupapes en V; 2 arbres à cames en tête (courroie crantée); culasse et bloc-cyl. en alliage léger; vilebrequin à 6 paliers; huile 5.3 L; injection électronique, 1 turbocompr.
Batterie 520 A, alternateur 100 A; refroidissement à eau, capac. 7.2 L.

Transmission: (sur roues AV).
Boîte à 5 vit.: I. 3.38; II. 1.9; III. 1.19; IV. 0.87; V. 0.65; AR 3.3; pont 4.25.
Boîte aut. à 4 vit.: I. 3.61; II. 2.06; III. 1.37; IV. 0.98; AR 3.95; pont 2.74.

Train roulant: pneus 205/55 R 15, 205/50 R 16, 205/45 ZR 17.

Performances: Vmax (usine) 215 km/h, V à 1000/min en 5. vit. 40.2 km/h; 0–100 km/h 9.3 s; rapp. poids/puiss. 10.8 kg/kW (8 kg/ch); consomm. EU 8.3/16.3 L/100 km.
Aut.: Vmax 205 km/h, 0–100 km/h 10 s; 8.6/16.9 L/100 km.
Station Wagon: 0–100 km/h 9.5 s.
Aut.: Vmax 205 km/h, 0–100 km/h 10.2 s.

2.4 20V – 193 PS Benzineinspritzung/Turbo

2.4 20V – 193 ch Injection d'essence/turbo

Wie 2.0 – 126 PS, ausgenommen:

Karosserie, Gewicht: Limousine, leer ab ca. 1460 kg, max. zul. 1910 kg.

Station Wagon, 5 Türen, 5 Sitze; leer ab ca. 1500 kg, max. zul. 2000 kg.

AWD: Station Wagon, leer ab ca. 1660 kg, max. zul. 2160 kg.

Comme 2.0 – 126 ch, sauf:

Carrosserie, poids: Berline, vide dès env. 1460 kg, tot. adm. 1910 kg.

Station-wagon, 5 portes, 5 places; vide dès env. 1500 kg, tot. adm. 2000 kg.

AWD: Station-wagon, vide dès env. 1660 kg, tot. adm. 2160 kg.

Volvo

Volvo V70

Motor: (ECE), 5 Zyl. in Linie (83×90 mm), 2435 cm^3; Kompr. 9:1; 142 kW (193 PS) bei 5100/min, 58.3 kW/L (79.3 PS/L); 270 Nm (27.5 mkp) bei 1800/min; 95 ROZ.

Motorkonstruktion: 4 Ventile in V; 2 obenl. Nockenwellen (Zahnriemen); Leichtmetall-Zylinderkopf und -block; 6fach gelagerte Kurbelwelle; Öl 6.2 L; elektron. Einspritzung, 1 Turbolader.
Batterie 520 A, Alternator 100 A; Wasserkühlung, Inh. 7.2 L.

Kraftübertragung: (auf Vorderräder).
AWD: (4WD permanent), Differentialbremse hinten; variable Drehmomentverteilung v/h.
5-Gang-Getriebe: I. 3.07; II. 1.77; III. 1.19; IV. 0.87; V. 0.7; R 2.99; Achse 4; 4.45.
AWD: 5-Gang-Getriebe: I. 3.38; II. 1.9; III. 1.19; IV. 0.87; V. 0.7; R 3.3; Achse 4.
4-Stufen-Automat: I. 3.61; II. 2.06; III. 1.37; IV. 0.98; R 3.95; Achse 2.56.

Fahrgestell: *AWD:* h. Niveauregulierung.

Fahrwerk: Reifen 205/55 R 15, 205/50 R 16, 205/45 ZR 17.

Dimensionen: *AWD:* Radstand 265 cm, Spur 152/149 cm, Wendekreis 11.3 m, Höhe 145 cm.

Fahrleistungen: Vmax (Werk) 225 km/h, V bei 1000/min im 5. Gang 39.6 km/h; 0–100 km/h 8 s; Leistungsgew. 10.3 kg/kW (7.5 kg/PS); Verbrauch EU 8.2/15.5 L/100 km.
Aut.: Vmax 220 km/h, 0–100 km/h 7.8 s.
Station Wagon: Vmax 220 km/h, 0–100 km/h 8.4 s.
Aut.: Vmax 220 km/h, 0–100 km/h 8.4 s; 8.4/16.3 L/100 km.

Moteur: (ECE), 5 cyl. en ligne (83×90 mm), 2435 cm^3; compr. 9:1; 142 kW (193 ch) à 5100/min, 58.3 kW/L (79.3 ch/L); 270 Nm (27.5 mkp) à 1800/min; 95 (R).

Moteur (constr.): 4 soupapes en V; 2 arbres à cames en tête (courroie crantée); culasse et bloc-cyl. en alliage léger; vilebrequin à 6 paliers; huile 6.2 L; injection électronique, 1 turbocompr.
Batterie 520 A, alternateur 100 A; refroidissement à eau, capac. 7.2 L.

Transmission: (sur roues AV).
AWD: (4WD permanent), frein de différentiel AR; répartition du couple AV/AR variable.
Boîte à 5 vit.: I. 3.07; II. 1.77; III. 1.19; IV. 0.87; V. 0.7; AR 2.99; pont 4; 4.45.
AWD: boîte à 5 vit.: I. 3.38; II. 1.9; III. 1.19; IV. 0.87; V. 0.7; AR 3.3; pont 4.
Boîte aut. à 4 vit.: I. 3.61; II. 2.06; III. 1.37; IV. 0.98; AR 3.95; pont 2.56.

Châssis: *AWD:* réglage du niveau AR.

Train roulant: pneus 205/55 R 15, 205/50 R 16, 205/45 ZR 17.

Dimensions: *AWD:* empattement 265 cm, voie 152/149 cm, diam. de braq. 11.3 m, hauteur 145 cm.

Performances: Vmax (usine) 225 km/h, V à 1000/min en 5. vit. 39.6 km/h; 0–100 km/h 8 s; rapp. poids/puiss. 10.3 kg/kW (7.5 kg/ch); consomm. EU 8.2/15.5 L/100 km.
Aut.: Vmax 220 km/h, 0–100 km/h 7.8 s.
Station Wagon: Vmax 220 km/h, 0–100 km/h 8.4 s.
Aut.: Vmax 220 km/h, 0–100 km/h 8.4 s; 8.4/16.3 L/100 km.

2.0 20V – 226 PS Benzineinspritzung/Turbo

Wie 2.0 – 126 PS, ausgenommen:

Karosserie, Gewicht: Limousine, leer ab ca. 1460 kg, max. zul. 1910 kg.
Station Wagon, 5 Türen, 5 Sitze; leer ab ca. 1500 kg, max. zul. 2000 kg.
AWD: Station Wagon, leer ab ca. 1660 kg, max. zul. 2160 kg.

Motor: (ECE), 5 Zyl. in Linie (81×77 mm), 1984 cm^3; Kompr. 8.4:1; 166 kW (226 PS) bei 5700/min, 83.6 kW/L (113.7 PS/L); 310 Nm (31.6 mkp) bei 2700/min; 98 ROZ.

Motorkonstruktion: Bezeichn. B5204T3; 4 Ventile in V; 2 obenl. Nockenwellen (Zahnriemen); Leichtmetall-Zylinderkopf und -block; 6fach gelagerte Kurbelwelle; Öl 5.3 L; elektron. Einspritzung, 1 Turbolader, Intercooler.
Batterie 520 A, Alternator 100 A; Wasserkühlung, Inh. 7.2 L.

2.0 20V – 226 ch Injection d'essence/turbo

Comme 2.0 – 126 ch, sauf:

Carrosserie, poids: Berline, vide dès env. 1460 kg, tot. adm. 1910 kg.
Station-wagon, 5 portes, 5 places; vide dès env. 1500 kg, tot. adm. 2000 kg.
AWD: Station-wagon, 5 vide dès env. 1660 kg, tot. adm. 2160 kg.

Moteur: (ECE), 5 cyl. en ligne (81×77 mm), 1984 cm^3; compr. 8.4:1; 166 kW (226 ch) à 5700/min, 83.6 kW/L (113.7 ch/L); 310 Nm (31.6 mkp) à 2700/min; 98 (R).

Moteur (constr.): désignation B5204T3; 4 soupapes en V; 2 arbres à cames en tête (courroie crantée); culasse et bloc-cyl. en alliage léger; vilebrequin à 6 paliers; huile 5.3 L; injection électronique, 1 turbocompr, Intercooler.
Batterie 520 A, alternateur 100 A; refroidissement à eau, capac. 7.2 L.

Kraftübertragung: (auf Vorderräder).
AWD: (4WD permanent), Differentialbremse hinten; variable Drehmomentverteilung v/h.
5-Gang-Getriebe: I. 3.38; II. 1.9; III. 1.19; IV. 0.87; V. 0.65; R 3.3; Achse 4.25.
4-Stufen-Automat: I. 3.61; II. 2.06; III. 1.37; IV. 0.98; R 3.95; Achse 2.56; 2.74.

Fahrwerk: Reifen 205/55 R 15, 205/50 R 16, 205/45 ZR 17.

Dimensionen: *AWD:* Radstand 265 cm, Spur 152/149 cm, Wendekreis 11.3 m, Höhe 145 cm.

Fahrleistungen: Vmax (Werk) 240 km/h, V bei 1000/min im 5. Gang 40.2 km/h; 0–100 km/h 7.7 s; Leistungsgew. 8.8 kg/kW (6.5 kg/PS); Verbrauch EU 8.2/16.2 L/100 km.
Aut.: Vmax 230 km/h, 0–100 km/h 7.8 s; 8.5/16.8 L/100 km.
Station Wagon: 0–100 km/h 7.8 s.
AWD: Vmax 235 km/h, 0–100 km/h 8.3 s; 8.5/16.8 L/100 km.

Transmission: (sur roues AV).
AWD: (4WD permanent), frein de différentiel AR; répartition du couple AV/AR variable.
Boîte à 5 vit.: I. 3.38; II. 1.9; III. 1.19; IV. 0.87; V. 0.65; AR 3.3; pont 4.25.
Boîte aut. à 4 vit.: I. 3.61; II. 2.06; III. 1.37; IV. 0.98; AR 3.95; pont 2.56; 2.74.

Train roulant: pneus 205/55 R 15, 205/50 R 16, 205/45 ZR 17.

Dimensions: *AWD:* empattement 265 cm, voie 152/149 cm, diam. de braq. 11.3 m, hauteur 145 cm.

Performances: Vmax (usine) 240 km/h, V à 1000/min en 5. vit. 40.2 km/h; 0–100 km/h 7.7 s; rapp. poids/puiss. 8.8 kg/kW (6.5 kg/PS); consomm. EU 8.2/16.2 L/100 km.
Aut.: Vmax 230 km/h, 0–100 km/h 7.8 s; 8.5/16.8 L/100 km.
Station Wagon: 0–100 km/h 7.8 s.
AWD: Vmax 235 km/h, 0–100 km/h 8.3 s; 8.5/16.8 L/100 km.

2.3 20V – 239 PS Benzineinspritzung/Turbo

Wie 2.0 – 126 PS, ausgenommen:

Karosserie, Gewicht: Limousine, leer ab ca. 1460 kg, max. zul. 1910 kg.
Station Wagon: leer ab ca. 1500 kg, max. zul. 2000 kg.

Motor: (ECE), 5 Zyl. in Linie (81×90 mm), 2319 cm^3; Kompr. 8.5:1; 176 kW (239 PS) bei 5100/min, 75.9 kW/L (103.2 PS/L); 330 Nm (33.6 mkp) bei 2700/min; 95 ROZ.

Motorkonstruktion: Bezeichn. B5234T3; 4 Ventile in V; 2 obenl. Nockenwellen (Zahnriemen); Leichtmetall-Zylinderkopf und -block; 6fach gelagerte Kurbelwelle; Öl 6.2 L; elektron. Einspritzung, 1 Turbolader, Intercooler.
Batterie 520 A, Alternator 100 A; Wasserkühlung, Inh. 7.2 L.

Kraftübertragung: (auf Vorderräder).
5-Gang-Getriebe: I. 3.07; II. 1.77; III. 1.19; IV. 0.87; V. 0.7; R 2.99; Achse 4.
4-Stufen-Automat: I. 3.61; II. 2.06; III. 1.37; IV. 0.98; R 3.95; Achse 2.56; 2.74.

Fahrwerk: Reifen 205/55 R 15, 205/50 R 16, 205/45 ZR 17.

Fahrleistungen: Vmax (Werk) 245 km/h, V bei 1000/min im 5. Gang 39.6 km/h; 0–100 km/h 7 s; Leistungsgew. 8.3 kg/kW (6.1 kg/PS); Verbrauch EU 8.2/16.2 L/100 km.
Aut.: Vmax 235 km/h, 0–100 km/h 7.3 s; 8.5/16.8 L/100 km.
Station Wagon: 0–100 km/h 7.1 s.
Aut.: Vmax 235 km/h, 0–100 km/h 7.4 s.

2.3 20V – 239 ch Injection d'essence/turbo

Comme 2.0 – 126 ch, sauf:

Carrosserie, poids: Berline, vide dès env. 1460 kg, tot. adm. 1910 kg.
Station Wagon: vide dès env. 1500 kg, tot. adm. 2000 kg.

Moteur: (ECE), 5 cyl. en ligne (81×90 mm), 2319 cm^3; compr. 8.5:1; 176 kW (239 ch) à 5100/min, 75.9 kW/L (103.2 ch/L); 330 Nm (33.6 mkp) à 2700/min; 95 (R).

Moteur (constr.): désignation B5234T3; 4 soupapes en V; 2 arbres à cames en tête (courroie crantée); culasse et bloc-cyl. en alliage léger; vilebrequin à 6 paliers; huile 6.2 L; injection électronique, 1 turbocompr, Intercooler.
Batterie 520 A, alternateur 100 A; refroidissement à eau, capac. 7.2 L.

Transmission: (sur roues AV).
Boîte à 5 vit.: I. 3.07; II. 1.77; III. 1.19; IV. 0.87; V. 0.7; AR 2.99; pont 4.
Boîte aut. à 4 vit.: I. 3.61; II. 2.06; III. 1.37; IV. 0.98; AR 3.95; pont 2.56; 2.74.

Train roulant: pneus 205/55 R 15, 205/50 R 16, 205/45 ZR 17.

Performances: Vmax (usine) 245 km/h, V à 1000/min en 5. vit. 39.6 km/h; 0–100 km/h 7 s; rapp. poids/puiss. 8.3 kg/kW (6.1 kg/ch); consomm. EU 8.2/16.2 L/100 km.
Aut.: Vmax 235 km/h, 0–100 km/h 7.3 s; 8.5/16.8 L/100 km.
Station Wagon: 0–100 km/h 7.1 s.
Aut.: Vmax 235 km/h, 0–100 km/h 7.4 s.

Volvo S70

2.5 – 140 PS Turbodiesel direkt

Wie 2.0 – 126 PS, ausgenommen:

Karosserie, Gewicht: Limousine, leer ab 1510 kg, max. zul. 1960 kg.
Station Wagon: leer ab ca. 1540 kg, max. zul. 2000 kg.

2.5 – 140 ch Turbodiesel direct

Comme 2.0 – 126 ch, sauf:

Carrosserie, poids: Berline, vide dès 1510 kg, tot. adm. 1960 kg.
Station Wagon: vide dès env. 1540 kg, tot. adm. 2000 kg.

Volvo

Motor: (ECE), 5 Zyl. in Linie (81×95.5 mm), 2461 cm³; Kompr. 20.5:1; 103 kW (140 PS) bei 4000/min, 41.9 kW/L (56.9 PS/L); 290 Nm (29.6 mkp) bei 1900/min; Dieselöl.

Motorkonstruktion: Bezeichnung D5252T; direkt eingespritzter Diesel; 2 Ventile; 1 obenl. Nockenwelle (Zahnriemen); Leichtmetall-Zylinderkopf; 6fach gelagerte Kurbelwelle; Öl 6.6 L; elektron. geregelte Einspritzpumpe, 1 Turbolader; Intercooler. Batterie 600 A, Alternator 120 A; Wasserkühlung, Inh. 6.5 L.

Kraftübertragung: (auf Vorderräder).
5-Gang-Getriebe: I. 3.38; II. 1.9; III. 1.19; IV. 0.87; V. 0.65; R 3.3; Achse 3.57.

4-Stufen-Automat: I. 3.61; II. 2.06; III. 1.37; IV. 0.98; R 3.95; Achse 2.56; 2.74.

Fahrleistungen: Vmax (Werk) 200 km/h, V bei 1000/min im 5. Gang 48.5 km/h; 0–100 km/h 9 s; Leistungsgew. 14.7 kg/kW (10.8 kg/PS); Verbrauch EU 5.2/9 L/100 km.
Aut.: 0–100 km/h 10.7 s; 6/11.2 L/100 km.
Station Wagon: 0–100 km/h 10.2 s.
Aut.: 0–100 km/h 11 s.

Moteur: (ECE), 5 cyl. en ligne (81×95.5 mm), 2461 cm³; compr. 20.5:1; 103 kW (140 ch) à 4000/min, 41.9 kW/L (56.9 ch/L); 290 Nm (29.6 mkp) à 1900/min; gazole.

Moteur (constr.): désignation D5252T; diesel à injection directe; 2 soupapes; 1 arbre à cames en tête (courroie crantée); culasse en alliage léger; vilebrequin à 6 paliers; huile 6.6 L; pompe à injection pilotée, 1 turbocompr.; Intercooler. Batterie 600 A, alternateur 120 A; refroidissement à eau, capac. 6.5 L.

Transmission: (sur roues AV).
Boîte à 5 vit.: I. 3.38; II. 1.9; III. 1.19; IV. 0.87; V. 0.65; AR 3.3; pont 3.57.

Boîte aut. à 4 vit.: I. 3.61; II. 2.06; III. 1.37; IV. 0.98; AR 3.95; pont 2.56; 2.74.

Performances: Vmax (usine) 200 km/h, V à 1000/min im 5. vit. 48.5 km/h; 0–100 km/h 9 s; rapp. poids/puiss. 14.7 kg/kW (10.8 kg/ch); consomm. EU 5.2/9 L/100 km.
Aut.: 0–100 km/h 10.7 s; 6/11.2 L/100 km.
Station Wagon: 0–100 km/h 10.2 s.
Aut.: 0–100 km/h 11 s.

Volvo Polar

Limousine und Station Wagon mit Hinterradantrieb. Für 1997 neue Bezeichnung: Polar.

Berline et station-wagon avec propulsion. Nouvelle désignation pour 1997: Polar.

2.3 – 135 PS Benzineinspritzung

Karosserie, Gewicht: Limousine, 4 Türen, 5 Sitze; leer 1370 kg, max. zul. 1865 kg.

Station Wagon, 5 Türen, 5+2 Sitze; leer ab 1395 kg, max. zul. 1950 kg.

Motor: (ECE), 4 Zyl. in Linie (96×80 mm), 2316 cm³; Kompr. 8.7:1; 99 kW (135 PS) bei 4900/min, 42.7 kW/L (58.1 PS/L); 230 Nm (23.4 mkp) bei 2300/min; 95 ROZ.

Motorkonstruktion: Bezeichnung B230FK; 1 obenl. Nockenwelle (Zahnriemen); Leichtmetall-Zylinderkopf; 5fach gelagerte Kurbelwelle; Öl 3.8 L; elektron. Einspritzung, Bosch LH-Jetronic.
Batterie 520 A, Alternator 80 A; Wasserkühlung, Inh. 8.5 L.

Kraftübertragung: (auf Hinterräder).
5-Gang-Getriebe: I. 3.91; II. 2.2; III. 1.37; IV. 1; V. 0.83; R 3; Achse 3.73.

4-Stufen-Automat: I. 2.45; II. 1.45; III. 1; IV. 0.69; R 2.21; Achse 4.1.

Fahrgestell: Selbsttragende Karosserie; vorn Federbeine und Dreieckquerlenker; hinten Starrachse, Längslenker, Panhardstab, Zusatzlenker; v/h Schraubenfedern, Teleskopdämpfer; Kurvenstabilisator.

Fahrwerk: Vierrad-Scheibenbremse (vorn belüftet), a.W. ABS, Bosch; Handbremse auf Hinterräder; Zahnstangenlenkung mit Servo, Treibstofftank 75 L; Reifen 185/65 HR 15, Felgen 5.5 J.

Dimensionen: Radstand 277 cm, Spur 147/146 cm, Bodenfreih. 10 cm, Wendekreis 9.9 m, Kofferraum 500 dm³, Länge 487 cm, Breite 175 cm, Höhe 141 cm.
Wagon: Kofferraum 990/2125 dm³, Länge 484 cm, Höhe 143 cm.

Fahrleistungen: Vmax (Werk) 190 km/h, V bei 1000/min im 5. Gang 36.7 km/h; 0–100 km/h 10.5 s; Leistungsgew. 13.8 kg/kW (10.2 kg/PS); Verbrauch ECE 6.7/9.2/11.3 L/100 km.
Aut.: Vmax 179 km/h, 0–100 km/h 11.7 s; 7.1/9.6/12.4 L/100 km.

2.3 – 135 ch Injection d'essence

Carrosserie, poids: Berline, 4 portes, 5 places; vide 1370 kg, tot. adm. 1865 kg.

Station-wagon, 5 portes, 5+2 places; vide dès 1395 kg, tot. adm. 1950 kg.

Moteur: (ECE), 4 cyl. en ligne (96×80 mm), 2316 cm³; compr. 8.7:1; 99 kW (135 ch) à 4900/min, 42.7 kW/L (58.1 ch/L); 230 Nm (23.4 mkp) à 2300/min; 95 (R).

Moteur (constr.): désignation B230FK; 1 arbre à cames en tête (courroie crantée); culasse en alliage léger; vilebrequin à 5 paliers; huile 3.8 L; injection électronique, Bosch LH-Jetronic.
Batterie 520 A, alternateur 80 A; refroidissement à eau, capac. 8.5 L.

Transmission: (sur roues AR).
Boîte à 5 vit.: I. 3.91; II. 2.2; III. 1.37; IV. 1; V. 0.83; AR 3; pont 3.73.

Boîte aut. à 4 vit.: I. 2.45; II. 1.45; III. 1; IV. 0.69; AR 2.21; pont 4.1.

Châssis: carrosserie autoporteuse; AV jambes élast. et leviers triang. transv.; AR essieu rigide, bras longitud., barre Panhard, leviers auxiliaires; AV/AR ressorts hélicoïdaux, amortiss. télesc.; barre anti-dévers.

Train roulant: quatre freins à disques (AV ventilés), ABS s. d., Bosch; frein à main sur roues AR; servodirection à crémaillère, réservoir carb. 75 L; pneus 185/65 HR 15, jantes 5.5 J.

Dimensions: empattement 277 cm, voie 147/146 cm, garde au sol 10 cm, diam. de braq. 9.9 m, coffre 500 dm³, longueur 487 cm, largeur 175 cm, hauteur 141 cm.
Wagon: coffre 990/2125 dm³, longueur 484 cm, hauteur 143 cm.

Performances: Vmax (usine) 190 km/h, V à 1000/min im 5. vit. 36.7 km/h; 0–100 km/h 10.5 s; rapp. poids/puiss. 13.8 kg/kW (10.2 kg/ch); consomm. ECE 6.7/9.2/11.3 L/100 km.
Aut.: Vmax 179 km/h, 0–100 km/h 11.7 s; 7.1/9.6/12.4 L/100 km.

Volvo Polar

2.0 – 155 PS Benzineinspritzung/Turbo

Wie 2.3 – 135 PS, ausgenommen:

Karosserie, Gewicht: Limousine, leer ab 1400 kg, max. zul. 1905 kg.
Station Wagon, leer ab 1435 kg, max. zul. 1950 kg.

Motor: (ECE), 4 Zyl. in Linie (88.9×80 mm), 1986 cm³; Kompr. 8.5:1; 114 kW (155 PS) bei 5600/min, 57.4 kW/L (78 PS/L); 230 Nm (23.4 mkp) bei 3600/min; 95 ROZ.

Motorkonstruktion: Bezeichnung B200FT; 1 obenl. Nockenwelle (Zahnriemen); Leichtmetall-Zylinderkopf; 5fach gelagerte Kurbelwelle; Öl 3.8 L; elektron. Einspritzung, Bosch Motronic DME, 1 Turbolader, Garrett T3, max. Ladedruck 0.53 bar, Intercooler. Batterie 520 A, Alternator 80 A; Wasserkühlung, Inh. 8.5 L.

Kraftübertragung: (auf Hinterräder).
5-Gang-Getriebe: I. 3.54; II. 2.05; III. 1.38; IV. 1; V. 0.81; R 3.45; Achse 3.73.

4-Stufen-Automat: I. 2.45; II. 1.45; III. 1; IV. 0.69; R 2.21; Achse 3.73.

Fahrwerk: Reifen 195/60 VR 15, 205/55 VR 16, Felgen 6 J, 6.5 J.

Fahrleistungen: Vmax (Werk) 197 km/h, V bei 1000/min im 5. Gang 37.2 km/h; 0–100 km/h 9 s; Leistungsgew. 12.3 kg/kW (9 kg/PS); Verbrauch ECE 7/9.5/11.6 L/100 km.

2.3 – 165 PS Benzineinspritzung/Turbo

Wie 2.3 – 135 PS, ausgenommen:

Karosserie, Gewicht: Limousine, leer ab 1400 kg, max. zul. 1905 kg.
Station Wagon, leer ab 1435 kg, max. zul. 1950 kg.

Motor: (ECE), 4 Zyl. in Linie (96×80 mm), 2316 cm³; Kompr. 8.7:1; 121 kW (165 PS) bei 4800/min, 52.2 kW/L (71 PS/L); 264 Nm (26.9 mkp) bei 3450/min; 95 ROZ.

Motorkonstruktion: 1 obenl. Nockenwelle (Zahnriemen); 5fach gelagerte Kurbelwelle; Öl 3.8 L; elektron. Einspritzung, Bosch Motronic DME, 1 Turbolader, max. Ladedruck 0.53 bar, Intercooler. Batterie 520 A, Alternator 80 A; Wasserkühlung, Inh. 8.5 L.

Kraftübertragung: (auf Hinterräder).
5-Gang-Getriebe: I. 3.54; II. 2.05; III. 1.38; IV. 1; V. 0.81; R 3.45; Achse 3.54.

4-Stufen-Automat: I. 2.45; II. 1.45; III. 1; IV. 0.69; R 2.21; Achse 4.1.

Fahrleistungen: Vmax (Red.) 200 km/h, V bei 1000/min im 5. Gang 38.2 km/h; Leistungsgew. 11.6 kg/kW (8.5 kg/PS); Verbrauch EU 8.4/14.1 L/100 km.
Aut.: 9.1/15 L/100 km.

2.0 – 155 ch Injection d'essence/turbo

Comme 2.3 – 135 ch, sauf:

Carrosserie, poids: Berline, vide dès 1400 kg, tot. adm. 1905 kg.
Station-wagon, vide dès 1435 kg, tot. adm. 1950 kg.

Moteur: (ECE), 4 cyl. en ligne (88.9×80 mm), 1986 cm³; compr. 8.5:1; 114 kW (155 ch) à 5600/min, 57.4 kW/L (78 ch/L); 230 Nm (23.4 mkp) à 3600/min; 95 (R).

Moteur (constr.): désignation B200FT; 1 arbre à cames en tête (courroie crantée); culasse en alliage léger; vilebrequin à 5 paliers; huile 3.8 L; injection électronique, Bosch Motronic DME, 1 turbocompr., Garrett T3, pression max. 0.53 bar, Intercooler. Batterie 520 A, alternateur 80 A; refroidissement à eau, capac. 8.5 L.

Transmission: (sur roues AR).
Boîte à 5 vit.: I. 3.54; II. 2.05; III. 1.38; IV. 1; V. 0.81; AR 3.45; pont 3.73.

Boîte aut. à 4 vit.: I. 2.45; II. 1.45; III. 1; IV. 0.69; AR 2.21; pont 3.73.

Train roulant: pneus 195/60 VR 15, 205/55 VR 16, jantes 6 J, 6.5 J.

Performances: Vmax (usine) 197 km/h, V à 1000/min im 5. vit. 37.2 km/h; 0–100 km/h 9 s; rapp. poids/puiss. 12.3 kg/kW (9 kg/ch); consomm. ECE 7/9.5/11.6 L/100 km.

2.3 – 165 ch Injection d'essence/turbo

Comme 2.3 – 135 ch, sauf:

Carrosserie, poids: Berline, vide dès 1400 kg, tot. adm. 1905 kg.
Station-wagon, vide dès 1435 kg, tot. adm. 1950 kg.

Moteur: (ECE), 4 cyl. en ligne (96×80 mm), 2316 cm³; compr. 8.7:1; 121 kW (165 ch) à 4800/min, 52.2 kW/L (71 ch/L); 264 Nm (26.9 mkp) à 3450/min; 95 (R).

Moteur (constr.): 1 arbre à cames en tête (courroie crantée); vilebrequin à 5 paliers; huile 3.8 L; injection électronique, Bosch Motronic DME, 1 turbocompr., pression max. 0.53 bar, Intercooler. Batterie 520 A, alternateur 80 A; refroidissement à eau, capac. 8.5 L.

Transmission: (sur roues AR).
Boîte à 5 vit.: I. 3.54; II. 2.05; III. 1.38; IV. 1; V. 0.81; AR 3.45; pont 3.54.

Boîte aut. à 4 vit.: I. 2.45; II. 1.45; III. 1; IV. 0.69; AR 2.21; pont 4.1.

Performances: Vmax (réd.) 200 km/h, V à 1000/min im 5. vit. 38.2 km/h; rapp. poids/puiss. 11.6 kg/kW (8.5 kg/ch); consomm. EU 8.4/14.1 L/100 km.
Aut.: 9.1/15 L/100 km.

Volvo

Volvo S90/V90

Luxusmodell auf Basis des 760 mit neuem 2,9-Liter-Reihensechszylinder (2 obenliegende Nockenwellen, total 24 Ventile). Debüt August 1990. Sommer 1994: Neuer Basismotor. 1995: mit 2,5-Liter-Sechszylinder. Ab November 1996: 960 Limousine neu S90, 960 Wagon neu V90. Für 1997: 2.9/184 PS ersetzt 2.5.

Modèle luxueux sur base de la 760 avec nouveau moteur à six cyl de 2,9 litres (2 arbres à cames en tête, tot. 24 soupapes). Lancement août 1990. Eté 1994: Nouveau moteur de base. 1995 avec 2,5 six cyl. Dès novembre 1996: berline 960 nouveau S90, wagon 960 nouveau V90. Pour 1997: 2.9/184 ch remplace la 2.5.

2.9 24V – 184 PS Benzineinspritzung

Karosserie, Gewicht: Limousine, 4 Türen, 5 Sitze; leer 1600 kg, max. zul. 2010 kg. Station Wagon, 5 Türen, 5+2 Sitze; leer ab ca. 1550 kg, max. zul. 2015 kg.

Motor: (ECE), 6 Zyl. in Linie (83×90 mm), 2922 cm³; Kompr. 10.7:1; 135 kW (184 PS) bei 5200/min, 46.2 kW/L (62.8 PS/L); 277 Nm (28.2 mkp) bei 4350/min; 95 ROZ.

2.9 24V – 184 ch Injection d'essence

Carrosserie, poids: Berline, 4 portes, 5 places; vide 1600 kg, tot. adm. 2010 kg. Station-wagon, 5 portes, 5+2 places; vide dès env. 1550 kg, tot. adm. 2015 kg.

Moteur: (ECE), 6 cyl. en ligne (83×90 mm), 2922 cm³; compr. 10.7:1; 135 kW (184 ch) à 5200/min, 46.2 kW/L (62.8 ch/L); 277 Nm (28.2 mkp) à 4350/min; 95 (R).

Volvo S90

Motorkonstruktion: Bezeichnung B6304S2; 4 Ventile in V 58°; 2 obenl. Nokkenwellen (Zahnriemen); Leichtmetall-Zylinderkopf und -block; 7fach gelagerte Kurbelwelle; Öl 5.5 L; elektron. Einspritzung, Bosch Motronic, M1.8. Batterie 660 A, Alternator 120 A; Wasserkühlung, Inh. 10.7 L.

Kraftübertragung: (auf Hinterräder). 5-Gang-Getriebe: I. 3.54; II. 2.05; III. 1.38; IV. 1; V. 0.81; R 3.54; Achse 3.91. 4-Stufen-Automat: Aisin-Warner; I. 2.8; II. 1.53; III. 1; IV. 0.75; R 2.39; Achse 3.73.

Fahrgestell: Selbsttragende Karosserie mit vorderem und hinterem Hilfsrahmen; v/h Einzelradaufhängung, vorn Federbeine und Dreieckquerlenker; hinten Mehrlenkerachse mit Längs-, Quer- und Schräglenkern; v/h Kurvenstabilisator, Schraubenfedern, Teleskopdämpfer.

Fahrwerk: Vierrad-Scheibenbremse (vorn belüftet), Scheiben-Ø v. 28 cm, h. 26.5 cm, ABS, Bosch; Handbremse auf Hinterräder; Zahnstangenlenkung mit Servo, Treibstofftank 80 L; a.W. 75 L; Reifen 195/65 VR 15, 205/55 VR 16, Felgen 6 J, 6.5 J.

Moteur (constr.): désignation B6304S2; 4 soupapes en V 58°; 2 arbres à cames en tête (courroie crantée); culasse et bloc-cyl. en alliage léger; vilebrequin à 7 paliers; huile 5.5 L; injection électronique, Bosch Motronic, M1.8. Batterie 660 A, alternateur 120 A; refroidissement à eau, capac. 10.7 L.

Transmission: (sur roues AR). Boîte à 5 vit.: I. 3.54; II. 2.05; III. 1.38; IV. 1; V. 0.81; AR 3.54; pont 3.91. Boîte aut. à 4 vit.: Aisin-Warner; I. 2.8; II. 1.53; III. 1; IV. 0.75; AR 2.39; pont 3.73.

Châssis: carrosserie autoporteuse avec faux-châssis AV et AR; AV/AR suspension à roues indép., AV jambes élast. et leviers triang. transv.; AR essieu à multiples bras (leviers longit., obliques et transv.); AV/AR barre anti-dévers, ressorts hélic, amortiss. télesc.

Train roulant: quatre freins à disques (AV ventilés), Ø disques AV 28 cm, AR 26.5 cm, ABS, Bosch; frein à main sur roues AR; servodirection à crémaillère, réservoir carb. 80 L; s.d. 75 L; pneus 195/65 VR 15, 205/55 VR 16, jantes 6 J, 6.5 J.

Volvo V90

Dimensionen: Radstand 277 cm, Spur 150/152 cm, Bodenfreih. 10 cm, Wendekreis 9.7 m, Kofferraum 490 dm³, Länge 487 cm, Breite 175 cm, Höhe 141 cm. *Wagon:* Kofferraum 1050/2130 dm³, Länge 486 cm, Höhe 145 cm.

Fahrleistungen: Vmax (Werk) 210 km/h, V bei 1000/min in 5. Gang 35.2 km/h; 0–100 km/h 9.7 s; Leistungsgew. 11.1 kg/kW (8.2 kg/PS); Verbrauch (Red.) 9/13 L/100 km.

Dimensions: empattement 277 cm, voie 150/152 cm, garde au sol 10 cm, diam. de braq. 9.7 m, coffre 490 dm³, longueur 487 cm, largeur 175 cm, hauteur 141 cm. *Wagon:* coffre 1050/2130 dm³, longueur 486 cm, hauteur 145 cm.

Performances: Vmax (usine) 210 km/h, V à 1000/min en 5. vit. 35.2 km/h; 0–100 km/h 9.7 s; rapp. poids/puiss. 11.1 kg/kW (8.2 kg/ch); consomm. (réd.) 9/13 L/100 km.

2.9 24V – 204 PS Benzineinspritzung

Wie 2.9 – 184 PS, ausgenommen:

Motor: (ECE), 6 Zyl. in Linie (83×90 mm), 2922 cm³; Kompr. 10.7:1; 150 kW (204 PS) bei 6000/min, 51.3 kW/L (69.8 PS/L); 267 Nm (27.2 mkp) bei 4300/min; 95 ROZ.

Motorkonstruktion: Bez. B6304G; 4 Ventile in V 58°; 2 obenl. Nockenw. (Zahnriemen); Leichtmetall-Zylinderkopf und -block; 7fach gelagerte Kurbelw.; Öl 5.5 L; elektron. Einspritzung, Bosch Motronic. Batterie 600 A, Alternator 120 A; Wasserkühlung, Inh. 10.7 L.

Kraftübertragung: (auf Hinterräder). 4-Stufen-Automat: Aisin-Warner; I. 2.8; II. 1.53; III. 1; IV. 0.75; R 2.39; Achse 3.73.

Dimensionen: Limousine lang: Radstand 292 cm, Wendekreis 10 m, Länge 502 cm.

Fahrleistungen: Vmax (Werk) 210 km/h, V bei 1000/min in 4. Gang 35.2 km/h; 0–100 km/h 9.1 s; Leistungsgew. 10.3 kg/kW (7.6 kg/PS); Verbrauch ECE 8.2/10.2/14.5 L/100 km.
Limousine lang: Vmax 200 km/h, 0-100 km/h 9.7 s.

2.9 24V – 204 ch Injection d'essence

Comme 2.9 – 184 ch, sauf:

Moteur: (ECE), 6 cyl. en ligne (83×90 mm), 2922 cm³; compr. 10.7:1; 150 kW (204 ch) à 6000/min, 51.3 kW/L (69.8 ch/L); 267 Nm (27.2 mkp) à 4300/min; 95 (R).

Moteur (constr.): désign. B6304G; 4 soupapes en V 58°; 2 arbres à cames en tête (courroie crantée); culasse et bloc-cyl. en alliage léger; vilebrequin à 7 paliers; huile 5.5 L; injection électron., Bosch Motronic. Batterie 600 A, alternateur 120 A; refroidissement à eau, capac. 10.7 L.

Transmission: (sur roues AR). Boîte aut. à 4 vit.: Aisin-Warner; I. 2.8; II. 1.53; III. 1; IV. 0.75; AR 2.39; pont 3.73.

Dimensions: Berline longue: Empatt. 292 cm, diam. de braquage 10m, long. 502 cm.

Performances: Vmax (usine) 210 km/h, V à 1000/min en 4. vit. 35.2 km/h; 0–100 km/h 9.1 s; rapp. poids/puiss. 10.3 kg/kW (7.6 kg/ch); consomm. ECE 8.2/10.2/14.5 L/100 km.
Berline longue: Vmax 200 km/h, 0-100 km/h 9.7 s.

Volvo C70

Coupé/Cabriolet auf Basis des S70/V70 mit Frontantrieb und quer eingebautem Fünfzylindermotor. Debüt Herbst 1996.

Coupé/cabriolet basant sur la S70/V70 avec traction avant et moteur transversal cinq cylindres. Début automne 1996.

2.4 20V – 193 PS Benzineinspritzung/Turbo

Karosserie, Gewicht: Coupé, 2 Türen, 4 Sitze; leer ab ca. 1450 kg.
Cabriolet, 2 Türen, 4 Sitze; 1570 kg.

Motor: (ECE), 5 Zyl. in Linie (83×90 mm), 2435 cm³; Kompr. 9:1; 142 kW (193 PS) bei 5100/min, 58.3 kW/L (79.3 PS/L); 270 Nm (27.5 mkp) bei 1800/min; 95 ROZ.
Einige Länder mit 2.0/20V Turbo: (81x77 mm), 1984 cm³; Kompr. 8.4:1; 132 kW (180 PS) bei 5700/min; 220 Nm (22,4 mkp) bei 2100/min.

Motorkonstruktion: Bezeichnung B5254T; 4 Ventile in V; 2 obenl. Nockenwellen (Zahnriemen); Leichtmetall-Zylinderkopf und -block; 6fach gelagerte Kurbelwelle; Öl 6.2 L; elektron. Einspritzung, 1 Turbolader. Batterie 520 A, Alternator 100 A; Wasserkühlung, Inh. 7 L.

Kraftübertragung: (auf Vorderräder), Antriebsschlupfregelung.
5-Gang-Getriebe: I. 3.07; II. 1.77; III. 1.19; IV. 0.87; V. 0.7; R 2.99; Achse 4; 4.25.
4-Stufen-Automat: I. 3.61; II. 2.06; III. 1.37; IV. 0.98; R 3.95; Achse 2.54; 2.76.

Fahrgestell: Selbsttragende Karosserie mit vorderem Hilfsrahmen; vorn Federbeine und Dreieckquerlenker, hinten Verbundlenkerachse, Längs- und Querlenker; v/h Schraubenfedern, Teleskopdämpfer; v/h Kurvenstabilisatoren.

Fahrwerk: Vierrad-Scheibenbremse (vorn belüftet), Scheiben-Ø v. 28 cm, h. 29.5 cm, ABS, Bosch; Handbremse auf Hinterräder; Zahnstangenlenkung mit Servo, Treibstofftank 73 L; Reifen 225/50 ZR 17, Felgen 7 J.

2.4 20V – 193 ch Injection d'essence/turbo

Carrosserie, poids: Coupé, 2 portes, 4 places; vide dès env. 1450 kg.
Cabriolet, 2 portes, 4 places; 1570 kg.

Moteur: (ECE), 5 cyl. en ligne (83×90 mm), 2435 cm³; compr. 9:1; 142 kW (193 ch) à 5100/min, 58.3 kW/L (79.3 ch/L); 270 Nm (27.5 mkp) à 1800/min; 95 (R).
Quelques pays avec 2.0/20V Turbo: (81x77 mm), 1984 cm³; compr. 8.4:1; 132 kW (180 ch) à 5700/min; 220 Nm (22,4 mkp) à 2100/min.

Moteur (constr.): désignation B5254T; 4 soupapes en V; 2 arbres à cames en tête (courroie crantée); culasse et bloc-cyl. en alliage léger; vilebrequin à 6 paliers; huile 6.2 L; injection électronique, 1 turbocompr. Batterie 520 A, alternateur 100 A; refroidissement à eau, capac. 7 L.

Transmission: (sur roues AV), Dispositif antipatinage.
Boîte à 5 vit.: I. 3.07; II. 1.77; III. 1.19; IV. 0.87; V. 0.7; AR 2.99; pont 4; 4.25.
Boîte aut. à 4 vit.: I. 3.61; II. 2.06; III. 1.37; IV. 0.98; AR 3.95; pont 2.54; 2.76.

Châssis: carrosserie autoporteuse avec cadre auxiliaire AV; AV jambes élast. et leviers triang. transv., AR essieu semi-rigide, bras longitud. et transv.; AV/AR ressorts hélicoïdaux, amortiss. télesc.; AV/AR barres anti-dévers.

Train roulant: quatre freins à disques (AV ventilés), Ø disques AV 28 cm, AR 29.5 cm, ABS, Bosch; frein à main sur roues AR; servodirection à crémaillère, réservoir carb. 73 L; pneus 225/50 ZR 17, jantes 7 J.

Volvo • Westfield • Wiesmann

Volvo C70 Convertible

Dimensionen: Radstand 266 cm, Spur 152/152 cm, Bodenfreih. 11 cm, Wendekreis 10.2 m, Kofferraum 405 dm^3, Länge 472 cm, Breite 182 cm, Höhe 141 cm.

Cabrio: Kofferraum 260 dm^3.

Fahrleistungen: Vmax (Red.) 220 km/h, 0–100 km/h 8 s; Verbrauch (Red.) 8/15 L/100 km.

Dimensions: empattement 266 cm, voie 152/152 cm, garde au sol 11 cm, diam. de braq. 10.2 m, coffre 405 dm^3, longueur 472 cm, largeur 182 cm, hauteur 141 cm.

Cabrio: coffre 260 dm^3.

Performances: Vmax (réd.) 220 km/h, 0–100 km/h 8 s; consomm. (réd.) 8/15 L/100 km.

2.3 20V – 239 PS
Benzineinspritzung/Turbo

2.3 20V – 239 ch
Injection d'essence/turbo

Wie 2.4 – 193 PS, ausgenommen:

Karosserie, Gewicht: Coupé, leer ab ca. 1500 kg.

Cabriolet, leer ab ca. 1620 kg.

Motor: (ECE), 5 Zyl. in Linie (81×90 mm), 2319 cm^3; Kompr. 8.5:1; 176 kW (239 PS) bei 5100/min, 75.9 kW/L (103.2 PS/L); 330 Nm (33.6 mkp) bei 2700/min; 95 ROZ. Einige Länder mit 2.0/20V Turbo: (81x77 mm), 1984 cm^3; Kompr. 8,4:1; 166 kW (226 PS) bei 5700/min; 310 Nm (31,6 mkp) bei 2700/min.

Motorkonstruktion: Bezeichn. B5234T3; 4 Ventile in V; 2 obenl. Nockenwellen (Zahnriemen); Leichtmetall-Zylinderkopf und -block; 6fach gelagerte Kurbelwelle; Öl 6.2 L; elektron. Einspritzung, 1 Turbolader, Intercooler.

Batterie 520 A, Alternator 100 A; Wasserkühlung, Inh. 7.2 L.

Kraftübertragung: (auf Vorderräder).

5-Gang-Getriebe: I. 3.07; II. 1.77; III. 1.19; IV. 0.87; V. 0.7; R 2.99; Achse 4.

4-Stufen-Automat: I. 3.61; II. 2.06; III. 1.37; IV. 0.98; R 3.95; Achse 2.54.

Fahrleistungen: Vmax (Werk) 235 km/h, 0–100 km/h 7.5 s; Verbrauch (Red.) 8/16 L/100 km.

Comme 2.4 – 193 ch, sauf:

Carrosserie, poids: Coupé, vide dès env. 1500 kg.

Cabriolet, vide dès env. 1620 kg.

Moteur: (ECE), 5 cyl. en ligne (81×90 mm), 2319 cm^3; compr. 8.5:1; 176 kW (239 ch) à 5100/min, 75.9 kW/L (103.2 ch/L); 330 Nm (33.6 mkp) à 2700/min; 95 (R). Quelques pays avec 2.0/20V Turbo: (81x77 mm), 1984 cm^3; compr. 8,4:1; 166 kW (226 ch) à 5700/min; 310 Nm (31,6 mkp) à 2700/min.

Moteur (constr.): désignation B5234T3; 4 soupapes en V; 2 arbres à cames en tête (courroie crantée); culasse et bloc-cyl. en alliage léger; vilebrequin à 6 paliers; huile 6.2 L; injection électronique, 1 turbocompr., Intercooler.

Batterie 520 A, alternateur 100 A; refroidissement à eau, capac. 7.2 L.

Transmission: (sur roues AV).

Boîte à 5 vit.: I. 3.07; II. 1.77; III. 1.19; IV. 0.87; V. 0.7; AR 2.99; pont 4.

Boîte aut. à 4 vit.: I. 3.61; II. 2.06; III. 1.37; IV. 0.98; AR 3.95; pont 2.54.

Performances: Vmax (usine) 235 km/h, 0–100 km/h 7.5 s; consomm. (réd.) 8/16 L/100 km.

Volvo C70 Coupé

Westfield — GB

Westfield Sports Cars Ltd., Unit 1, Gibbons Industrial Park, Dudley Road, Kingswinford, West Midlands, DY6 8XF, England

Kleines englisches Werk, baut den früherern Lotus Seven weiter.

Petite usine anglaise, continue la production de l'ancienne Lotus Seven.

Westfield 130

Nachbau des Lotus Seven.

Réplique de la Lotus Seven.

1.8 16V – 132 PS
Benzineinspritzung

1.8 16V – 132 ch
Injection d'essence

Karosserie, Gewicht: Roadster, 2 Türen, 2 Sitze; ca. 600 kg.

Motor: (ECE), 4 Zyl. in Linie (80.6×88 mm), 1796 cm^3; Kompr. 10:1; 97 kW (132 PS) bei 6250/min, 54 kW/L (73.4 PS/L); 162 Nm (16.5 mkp) bei 4250/min; 95 ROZ. Auch mit Rover 3.95-V8, 151 kW (205 PS).

Motorkonstruktion: Bezeichnung Ford Zetec; 4 Ventile in V 40°; 2 obenl. Nockenwellen (Zahnriemen); Leichtmetall-Zylinderkopf; 5fach gelagerte Kurbelwelle; Öl 4.25 L; elektron. Einspritzung.

Batterie 43 Ah, Alternator 70 A; Wasserkühlung, Inh. 7 L.

Carrosserie, poids: Roadster, 2 portes, 2 places; env. 600 kg.

Moteur: (ECE), 4 cyl. en ligne (80.6×88 mm), 1796 cm^3; compr. 10:1; 97 kW (132 ch) à 6250/min, 54 kW/L (73.4 ch/L); 162 Nm (16.5 mkp) à 4250/min; 95 (R). Avec Rover 3.95 V8, 151 kW (205 ch).

Moteur (constr.): désignation Ford Zetec; 4 soupapes en V 40°; 2 arbres à cames en tête (courroie crantée); culasse en alliage léger; vilebrequin à 5 paliers; huile 4.25 L; injection électronique.

Batterie 43 Ah, alternateur 70 A; refroidissement à eau, capac. 7 L.

Westfield 130

Kraftübertragung: (auf Hinterräder). Achse 3.9; 5-Gang-Getriebe Ford.

Fahrwerk: Vierrad-Scheibenbremse, Handbremse auf Hinterräder; Zahnstangenlenkung, Treibstofftank 29/50 L; Reifen 195/60 VR 14, Felgen 7 J.

Fahrleistungen: Vmax (Werk) 206 km/h, V bei 1000/min im 6. Gang 34.9 km/h; 0–97 km/h 5.6 s.

Transmission: (sur roues AR). Pont 3.9; Boîte à 5 vit. Ford.

Train roulant: quatre freins à disques, frein à main sur roues AR; direction à crémaillère, réservoir carb. 29/50 L; pneus 195/60 VR 14, jantes 7 J.

Performances: Vmax (usine) 206 km/h, V à 1000/min en 6. vit. 34.9 km/h; 0–97 km/h 5.6 s.

Wiesmann — D

Wiesmann Auto Sport GmbH & Co., Postfach 1343, D-48234 Dülmen, Deutschland

Kleines Werk in Norddeutschland, das den Wiesmann Roadster in einer Kleinserie herstellt.

Peteite usine d'automobile en Allemagne du nord, construit en petite série la Wiesmann Roadster.

Wiesmann Roadster

Roadster mit BMW-Motoren.

Roadster avec moteurs BMW.

2.8 24V – 193 PS
Benzineinspritzung

2.8 24V – 193 ch
Injection d'essence

Karosserie, Gewicht: Roadster, 2 Türen, 2 Sitze; leer ab 995 kg.

Carrosserie, poids: Roadster, 2 portes, 2 places; vide dès 995 kg.

Wiesmann • Zastava Yugo

Motor: (DIN), 6 Zyl. in Linie (84×84 mm), 2793 cm^3; Kompr. 10.2:1; 142 kW (193 PS) bei 5300/min, 50.8 kW/L (69.1 PS/L); 280 Nm (28.5 mkp) bei 3950/min; 98 ROZ.

Motorkonstruktion: 4 Ventile in V 39.5°; 2 obenl. Nockenwellen (Kette); Leichtmetall-Zylinderkopf und -block; 7fach gelagerte Kurbelwelle; Öl 6.5 L; elektron. Einspritzung, Bosch Motronic.

Batterie 70 Ah, Alternator 80 A; Wasserkühlung, Inh. 10.5 L.

Kraftübertragung: (auf Hinterräder).
5-Gang-Getriebe: I. 4.2; II. 2.49; III. 1.66; IV. 1.24; V. 1; R 3.89. Achse 2.93.

Fahrgestell: Gitterrohrrahmen aus Aluminium; vorn Federbeine, Querlenker, Kurvenstabilisator; hinten Zentrallenkerachse, Kurvenstabilisator, Schraubenfedern.

Fahrwerk: Vierrad-Scheibenbremse (vorn belüftet), Scheiben-⌀ v. 28.5 cm, h. 27.5 cm, Zahnstangenlenkung, a.W. mit Servo, Treibstofftank 60 L; Reifen 215/50 ZR 17, Felgen 8 J.

Dimensionen: Radstand 245 cm, Spur 145/152 cm, Bodenfreih. 11 cm, Wendekreis 9.8 m, Länge 386 cm, Breite 175 cm, Höhe 116 cm.

Fahrleistungen: Vmax (Werk) 225 km/h, V bei 1000/min im 5. Gang 40.6 km/h; 0–100 km/h 6 s; Leistungsgew. 7 kg/kW (5.2 kg/PS); Verbrauch (Werk) 9.2 L/100 km.

Moteur: (DIN), 6 cyl. en ligne (84×84 mm), 2793 cm^3; compr. 10.2:1; 142 kW (193 ch) à 5300/min, 50.8 kW/L (69.1 ch/L); 280 Nm (28.5 mkp) à 3950/min; 98 (R).

Moteur (constr.): 4 soupapes en V 39.5°; 2 arbres à cames en tête (chaîne); culasse et bloc-cyl. en alliage léger; vilebrequin à 7 paliers; huile 6.5 L; injection électronique, Bosch Motronic.

Batterie 70 Ah, alternateur 80 A; refroidissement à eau, capac. 10.5 L.

Transmission: (sur roues AR).
Boîte à 5 vit.: I. 4.2; II. 2.49; III. 1.66; IV. 1.24; V. 1; AR 3.89; pont 2.93.

Châssis: cadre tubulaire en alliage lèger; AV jambes élast., leviers transv., barre anti-dévers; AR essieu à bras central, barre anti-dévers, ressorts hélic.

Train roulant: quatre freins à disques (AV ventilés), ⌀ disques AV 28.5 cm, AR 27.5 cm, direction à crémaillère, s.d. avec servo, réservoir carb. 60 L; pneus 215/50 ZR 17, jantes 8 J.

Dimensions: empattement 245 cm, voie 145/152 cm, garde au sol 11 cm, diam. de braq. 9.8 m, longueur 386 cm, largeur 175 cm, hauteur 116 cm.

Performances: Vmax (usine) 225 km/h, V à 1000/min en 5. vit. 40.6 km/h; 0–100 km/h 6 s; rapp. poids/puiss. 7 kg/kW (5.2 kg/ch); consomm. (usine) 9.2 L/100 km.

Wiesmann

3.2 24V – 321 PS Benzineinspritzung

Wie 2.8 – 193 PS, ausgenommen:

Gewicht: ab 1050 kg.

Motor: (DIN), 6 Zyl. in Linie (86.4×91 mm), 3201 cm^3; Kompr. 11.3:1; 236 kW (321 PS) bei 7400/min, 73.7 kW/L (100.2 PS/L); 350 Nm (35.7 mkp) bei 3250/min; 98 ROZ.

Kraftübertragung:
6-Gang-Getr.: I. 4.23; II. 2.51; III. 1.67; IV. 1.23; V. 1; VI. 0.83; R 3.75. Achse 3.23.

Fahrwerk: Scheiben-⌀ v. 31.5 cm.

Fahrleistungen: Vmax (Werk) 255 km/h, V bei 1000/min im 6. Gang 44.4 km/h; 0–100 km/h 4.9 s; Leistungsgew. 4.4 kg/kW (3.3 kg/PS); Verbrauch (Werk) 11 L/100 km.

3.2 24V – 321 ch Injection d'essence

Comme 2.8 – 193 ch, sauf:

Poids: dès 1050 kg.

Moteur: (DIN), 6 cyl. en ligne (86.4×91 mm), 3201 cm^3; compr. 11.3:1; 236 kW (321 ch) à 7400/min, 73.7 kW/L (100.2 ch/L); 350 Nm (35.7 mkp) à 3250/min; 98 (R).

Transmission:
Boîte à 6 vit.: 4.23; II. 2.51; III. 1.67; IV. 1.23; V. 1; VI. 0.83; AR 3.75; pont 3.23.

Train roulant: ⌀ disques AV 31.5 cm.

Performances: Vmax (usine) 255 km/h, V à 1000/min en 6. vit. 44.4 km/h; 0–100 km/h 4.9 s; rapp. poids/puiss. 4.4 kg/kW (3.3 kg/ch); consomm. (usine) 11 L/100 km.

Zastava Yugo — YU

Zavodi Crvena Zastava, Spanskih Boraca 4, 3400 Kragujevac, Yugoslavia

Ehemalige jugoslawische Waffen- und Werkzeugmaschinenfabrik, baut Fiat-Modelle in Lizenz.

Ancienne usine yougoslave d'armes et de machines-outils; construit sous licence des modèles Fiat.

Zastava Yugo Koral

Kleinwagen mit Quermotor und Frontantrieb. Debüt April 1980., Cabriolet Frühjahr 1989.

Petite voiture avec moteur transv. et traction. Lancement avril 1989, cabriolet printemps 1989.

Yugo Koral

0.9 – 45 PS Vergaser

Karosserie, Gewicht: Limousine, 3 Türen, 4 - 5 Sitze; leer ab 750 kg.

Motor: (DIN), 4 Zyl. in Linie (65×68 mm), 903 cm^3; Kompr. 9:1; 33 kW (45 PS) bei 6000/min, 36.5 kW/L (49.7 PS/L); 63 Nm (6.4 mkp) bei 3300/min.

Motorkonstruktion: seitl. Nockenwelle (Kette); Leichtmetall-Zylinderkopf; 3fach gelagerte Kurbelwelle; Öl 3.7 L; 1 Vergaser, IPM 32 MGV 33.

Batterie 34 Ah, Alternator 45 A; Wasserkühlung, Inh. 5 L.

Kraftübertragung: (auf Vorderräder).
4-Gang-Getriebe: I. 4.09; II. 2.24; III. 1.42; IV. 1.04; R 3.71. Achse 4.08.

Fahrgestell: Selbsttragende Karosserie; vorn Federbeine, Querlenker, Kurvenstabilisator; hinten Dämpferbeine, Dreieckquerlenker, Querblattfeder; v/h Teleskopdämpfer.

Fahrwerk: Bremse, vorne Scheiben, hinten Trommeln, Scheiben-⌀ v. 22.7 cm, Handbremse auf Hinterräder; Zahnstangenlenkung, Treibstofftank 32 L; Reifen 135 R 13, 145 R 13, 155/70 R 13; Felgen 4 J, 4.5 J.

Dimensionen: Radstand 215 cm, Spur 131/131 cm, Wendekreis 9.5 m, Kofferraum 170/450 dm^3, Länge 349 cm, Breite 154 cm, Höhe 134 cm.

Fahrleistungen: Vmax (Werk) 135 km/h, 0–100 km/h 20.1 s; steh. km 40.7 s; Leistungsgew. 22.7 kg/kW (16.7 kg/PS); Verbrauch ECE 5.9/7.9/8.4 L/100 km.

0.9 – 45 ch Carburateur

Carrosserie, poids: Berline, 3 portes, 4 - 5 places; vide dès 750 kg.

Moteur: (DIN), 4 cyl. en ligne (65×68 mm), 903 cm^3; compr. 9:1; 33 kW (45 ch) à 6000/min, 36.5 kW/L (49.7 ch/L); 63 Nm (6.4 mkp) à 3300/min.

Moteur (constr.): arbre à cames latéral (chaîne); culasse en alliage léger; vilebrequin à 3 paliers; huile 3.7 L; 1 carburateur, IPM 32 MGV 33.

Batterie 34 Ah, alternateur 45 A; refroidissement à eau, capac. 5 L.

Transmission: (sur roues AV).
Boîte à 4 vit.: I. 4.09; II. 2.24; III. 1.42; IV. 1.04; AR 3.71; pont 4.08.

Châssis: carrosserie autoporteuse; AV jambes élast., leviers transv., barre anti-dévers; AR jambes élastiques, leviers triang. transv., lame transversal; AV/AR amortiss. télescop.

Train roulant: frein, AV à disques, AR à tambours, ⌀ disques AV 22.7 cm, frein à main sur roues AR; direction à crémaillère, réservoir carb. 32 L; pneus 135 R 13, 145 R 13, 155/70 R 13; jantes 4 J, 4.5 J.

Dimensions: empattement 215 cm, voie 131/131 cm, diam. de braq. 9.5 m, coffre 170/450 dm^3, longueur 349 cm, largeur 154 cm, hauteur 134 cm.

Performances: Vmax (usine) 135 km/h, 0–100 km/h 20.1 s; km arrêté 40.7 s; rapp. poids/puiss. 22.7 kg/kW (16.7 kg/ch); consomm. ECE 5.9/7.9/8.4 L/100 km.

1.1 – 54 PS Vergaser

Wie 0.9 – 45 PS, ausgenommen:

Gewicht: leer ab 790 kg.

Motor: (DIN), 4 Zyl. in Linie (80×55.5 mm), 1116 cm^3; Kompr. 9.2:1; 40 kW (54 PS) bei 6000/min, 35.8 kW/L (48.7 PS/L); 78 Nm (8 mkp) bei 3000/min.
Mit Doppelvergaser: 45 kW (61 PS) bei 5800/min; 80 Nm (8,2 mkp) bei 3600/min.

Motorkonstruktion: 1 obenl. Nockenwelle (Zahnriemen); Leichtmetall-Zylinderkopf; 5fach gelagerte Kurbelwelle; Öl 4.3 L; 1 Vergaser,

Wasserkühlung, Inh. 6.5 L.

Kraftübertragung:
5-Gang-Getriebe: I. 4.09; II. 2.24; III. 1.47; IV. 1.04; V. 0.86; R 3.71. Achse 3.76.

Fahrleistungen: Vmax (Werk) 145 km/h, 0–100 km/h 16.7 s; steh. km 37.2 s; Leistungsgew. 17.6 kg/kW (13 kg/PS); Verbrauch ECE 5.9/7.6/8.9 L/100 km.
61 PS: Vmax 150 km/h; 0-100 km/h 15,5 s.

1.1 – 54 ch Carburateur

Comme 0.9 – 45 ch, sauf:

Poids: vide dès 790 kg.

Moteur: (DIN), 4 cyl. en ligne (80×55.5 mm), 1116 cm^3; compr. 9.2:1; 40 kW (54 ch) à 6000/min, 35.8 kW/L (48.7 ch/L); 78 Nm (8 mkp) à 3000/min.
Avec carb. à double corps: 45 kW (61 ch) à 5800/min; 80 Nm (8,2 mkp) à 3600/min.

Moteur (constr.): 1 arbre à cames en tête (courroie crantée); culasse en alliage léger; vilebrequin à 5 paliers; huile 4.3 L; 1 carburateur,

Refroidissement à eau, capac. 6.5 L.

Transmission:
Boîte à 5 vit.: I. 4.09; II. 2.24; III. 1.47; IV. 1.04; V. 0.86; AR 3.71; pont 3.76.

Performances: Vmax (usine) 145 km/h, 0–100 km/h 16.7 s; km arrêté 37.2 s; rapp. poids/puiss. 17.6 kg/kW (13 kg/ch); consomm. ECE 5.9/7.6/8.9 L/100 km.
61 ch: Vmax 150 km/h; 0-100 km/h 15,5 s.

Zastava Yugo

1.3 – 65 PS Vergaser	**1.3 – 65 ch** Carburateur

Wie 0.9 – 45 PS, ausgenommen:

Karosserie, Gewicht: Limousine, leer ab 840 kg.
Cabriolet, 2+2 Sitze; leer ca. 900 kg.

Motor: (DIN), 4 Zyl. in Linie (86.4×55.5 mm), 1302 cm³; Kompr. 9.2:1; 48 kW (65 PS) bei 6000/min, 36.9 kW/L (50.1 PS/L); 98 Nm (10 mkp) bei 3000/min.
Mit Einspritzung: 50 kW (68 PS).

Motorkonstruktion: 1 obenl. Nockenwelle (Zahnriemen); Leichtmetall-Zylinderkopf; 5fach gelagerte Kurbelwelle; Öl 4.3 L; 1 Zweifachvergaser, 3.1.
Wasserkühlung, Inh. 6.5 L.

Kraftübertragung: (auf Vorderräder).
5-Gang-Getriebe: I. 4.09; II. 2.24; III. 1.47; IV. 1.04; V. 0.86; R 3.71; Achse 3.76.

Fahrleistungen: Vmax (Werk) 155 km/h, 0–100 km/h 14.5 s; steh. km 32 s; Leistungsgew. 17 kg/kW (12.5 kg/PS); Verbrauch (Red.) 6/9 L/100 km.
68 PS: Vmax 160 km/h; 0-100 km/h 13,6 s.

Comme 0.9 – 45 ch, sauf:

Carrosserie, poids: Berline, vide dès 840 kg.
Cabriolet, 2+2 places; vide env. 900 kg.

Moteur: (DIN), 4 cyl. en ligne (86.4×55.5 mm), 1302 cm³; compr. 9.2:1; 48 kW (65 ch) à 6000/min, 36.9 kW/L (50.1 ch/L); 98 Nm (10 mkp) à 3000/min.
Avec injection: 50 kW (68 ch).

Moteur (constr.): 1 arbre à cames en tête (courroie crantée); culasse en alliage léger; vilebrequin à 5 paliers; huile 4.3 L; 1 carburateur à double corps, 3.1.
Refroidissement à eau, capac. 6.5 L.

Transmission: (sur roues AV).
Boîte à 5 vit.: I. 4.09; II. 2.24; III. 1.47; IV. 1.04; V. 0.86; AR 3.71; pont 3.76.

Performances: Vmax (usine) 155 km/h, 0–100 km/h 14.5 s; km arrêté 32 s; rapp. poids/puiss. 17 kg/kW (12.5 kg/ch); consomm. (réd.) 6/9 L/100 km.
68 ch: Vmax 160 km/h; 0-100 km/h 13,6 s.

Zastava Yugo 128

Einstiger Fiat 128 mit Heckklappe. Frühjahr 1984: Lieferbar als viertürige Limousine.

Version de la Fiat 128 avec hayon AR. Printemps 1984: Aussi comme berline quatre portes.

1.1 – 54 PS Vergaser	**1.1 – 54 ch** Carburateur

Karosserie, Gewicht: Limousine, 4/5 Türen; 5 Sitze; leer ab 830 kg.

Motor: (DIN), 4 Zyl. in Linie (80×55.5 mm), 1116 cm³; Kompr. 9.2:1; 40 kW (54 PS) bei 6000/min, 35.8 kW/L (48.7 PS/L); 78 Nm (8 mkp) bei 3000/min.
1300: (86,4×55,5 mm), 1299 cm³; 48 kW (65 PS); 98 Nm (10 mkp).

Motorkonstruktion: 1 obenl. Nockenwelle (Zahnriemen); Leichtmetall-Zylinderkopf; 5fach gelagerte Kurbelwelle; Öl 4.3 L; 1 Vergaser,
Batterie 34 Ah, Alternator 45 A; Wasserkühlung, Inh. 6.5 L.

Kraftübertragung: (auf Vorderräder).
5-Gang-Getriebe: I. 4.09; II. 2.24; III. 1.47; IV. 1.04; V. 0.86; R 3.71; Achse 3.76; 4.08.

Fahrgestell: Selbsttragende Karosserie; vorn Federbeine, Querlenker, Kurvenstabilisator; hinten Dämpferbeine, Dreieckquerlenker, Querblattfeder; v/h Teleskopdämpfer.

Fahrwerk: Bremse, vorne Scheiben, hinten Trommeln, Scheiben-Ø v. 22.7 cm, Handbremse auf Hinterräder; Zahnstangenlenkung, Treibstofftank 36 L; Reifen 145 R 13, 155/70 R 13, Felgen 4.5 J, 5 J.

Carrosserie, poids: Berline, 4/5 portes; 5 places; vide dès 830 kg.

Moteur: (DIN), 4 cyl. en ligne (80×55.5 mm), 1116 cm³; compr. 9.2:1; 40 kW (54 ch) à 6000/min, 35.8 kW/L (48.7 ch/L); 78 Nm (8 mkp) à 3000/min.
1300: (86,4×55,5 mm), 1299 cm³; 48 kW (65 ch); 98 Nm (10 mkp).

Moteur (constr.): 1 arbre à cames en tête (courroie crantée); culasse en alliage léger; vilebrequin à 5 paliers; huile 4.3 L; 1 carburateur,
Batterie 34 Ah, alternateur 45 A; refroidissement à eau, capac. 6.5 L.

Transmission: (sur roues AV).
Boîte à 5 vit.: I. 4.09; II. 2.24; III. 1.47; IV. 1.04; V. 0.86; AR 3.71; pont 3.76; 4.08.

Châssis: carrosserie autoporteuse; AV jambes élast., leviers transv., barre anti-dévers; AR jambes élastiques, leviers triang. transv., lame transversal; AV/AR amortiss. télescop.

Train roulant: frein, AV à disques, AR à tambours, Ø disques AV 22.7 cm, frein à main sur roues AR; direction à crémaillère, réservoir carb. 36 L; pneus 145 R 13, 155/70 R 13, jantes 4.5 J, 5 J.

Yugo 128/Skala

Dimensionen: Radstand 245 cm, Spur 131/131.5 cm, Wendekreis 10.3 m, Kofferraum 325/1010 dm³, Länge 384 cm, Breite 159 cm, Höhe 135 cm.

Fahrleistungen: Vmax (Werk) 135 km/h, 0–100 km/h 16.2 s; steh. km 37.9 s; Leistungsgew. 20.8 kg/kW (15.4 kg/PS); Verbrauch ECE 6.6/8.8/9.7 L/100 km.
1300: Vmax 140 km/h; 0-100 km/h 14,2 s; steh. km 36,6 s.

Dimensions: empattement 245 cm, voie 131/131.5 cm, diam. de braq. 10.3 m, coffre 325/1010 dm³, longueur 384 cm, largeur 159 cm, hauteur 135 cm.

Performances: Vmax (usine) 135 km/h, 0–100 km/h 16.2 s; km arrêté 37.9 s; rapp. poids/puiss. 20.8 kg/kW (15.4 kg/ch); consomm. ECE 6.6/8.8/9.7 L/100 km.
1300: Vmax 140 km/h; 0-100 km/h 14,2 s; le km 36,6 s.

Zastava Yugo Florida

Mittelklassemodell, Entwurf Giugiaro/Italdesign. Debüt Salon Belgrad 1987, Produktion seit Herbst 1988.

Berline de la classe moyenne (Giugiaro/Italdesign). Lancement Salon Belgrad 1987, production depuis automne 1988.

1.1 – 60 PS Vergaser	**1.1 – 60 ch** Carburateur

Karosserie, Gewicht: Limousine, 5 Türen, 5 Sitze; leer ab 910 kg.

Motor: (DIN), 4 Zyl. in Linie (80×55.5 mm), 1116 cm³; Kompr. 9.2:1; 44 kW (60 PS) bei 6200/min, 39.4 kW/L (53.6 PS/L); 79 Nm (8.1 mkp) bei 4000/min.

Motorkonstruktion: 1 obenl. Nockenwelle (Zahnriemen); Leichtmetall-Zylinderkopf; 5fach gelagerte Kurbelwelle; Öl 4.3 L; 1 Vergaser,
Batterie 34 Ah, Alternator 45 A; Wasserkühlung, Inh. 6.5 L.

Kraftübertragung: (auf Vorderräder).
5-Gang-Getriebe: I. 4.09; II. 2.24; III. 1.47; IV. 1.04; V. 0.86; R 3.71; Achse 3.76.

Carrosserie, poids: Berline, 5 portes, 5 places; vide dès 910 kg.

Moteur: (DIN), 4 cyl. en ligne (80×55.5 mm), 1116 cm³; compr. 9.2:1; 44 kW (60 ch) à 6200/min, 39.4 kW/L (53.6 ch/L); 79 Nm (8.1 mkp) à 4000/min.

Moteur (constr.): 1 arbre à cames en tête (courroie crantée); culasse en alliage léger; vilebrequin à 5 paliers; huile 4.3 L; 1 carburateur,
Batterie 34 Ah, alternateur 45 A; refroidissement à eau, capac. 6.5 L.

Transmission: (sur roues AV).
Boîte à 5 vit.: I. 4.09; II. 2.24; III. 1.47; IV. 1.04; V. 0.86; AR 3.71; pont 3.76.

Yugo Florida

Fahrgestell: Selbsttragende Karosserie; vorn Federbeine und Dreieckquerlenker, Kurvenstabilisator; hinten Verbundlenkerachse, Längslenker, Torsionsfederstäbe; v/h Teleskopdämpfer.

Fahrwerk: Bremse, vorne Scheiben, hinten Trommeln, Scheiben-Ø v. 24 cm, Handbremse auf Hinterräder; Zahnstangenlenkung, Treibstofftank 48 L; Reifen 165/70 R 13, Felgen 4.5 J.

Dimensionen: Radstand 250 cm, Spur 140/139.5 cm, Wendekreis 10.5 m, Kofferraum 410/1180 dm³, Länge 393 cm, Breite 166 cm, Höhe 141 cm.

Fahrleistungen: Vmax (Werk) 150 km/h, 0–100 km/h 16.5 s; steh. km 40 s; Verbrauch (Werk) 5.2/6.8/8 L/100 km.

Châssis: carrosserie autoporteuse; AV jambes élast. et leviers triang. transv., barre anti-dévers; AR essieu semi-rigide, bras longitud., barres de torsion; AV/AR amortiss. télescop.

Train roulant: frein, AV à disques, AR à tambours, Ø disques AV 24 cm, frein à main sur roues AR; direction à crémaillère, réservoir carb. 48 L; pneus 165/70 R 13, jantes 4.5 J.

Dimensions: empattement 250 cm, voie 140/139.5 cm, diam. de braq. 10.5 m, coffre 410/1180 dm³, longueur 393 cm, largeur 166 cm, hauteur 141 cm.

Performances: Vmax (usine) 150 km/h, 0–100 km/h 16.5 s; km arrêté 40 s; consomm. (usine) 5.2/6.8/8 L/100 km.

1.3 – 68 PS Benzineinspritzung	**1.3 – 68 ch** Injection d'essence

Wie 1.1 – 60 PS, ausgenommen:

Gewicht: Limousine, leer ab 950 kg.

Comme 1.1 – 60 ch, sauf:

Poids: Berline, vide dès 950 kg.

Zastava Yugo • Zaz • Zil

Motor: (DIN), 4 Zyl. in Linie (86.4×55.5 mm), 1302 cm³; Kompr. 9.2:1; 50 kW (68 PS) bei 5500/min, 38.4 kW/L (52.2 PS/L); 100 Nm (10.2 mkp) bei 3700/min.
A.W. 1400: (80,5×67,4 mm), 1372 cm³; 52 kW (71 PS) bei 6000/min; 106 Nm (10,8 mkp) bei 3000/min.

Motorkonstruktion: elektron. Einspritzung, Bosch Motronic, 3.1.

Fahrleistungen: Vmax (Werk) 155 km/h, 0–100 km/h 15 s; steh. km 38 s; Leistungsgew. 19 kg/kW (14 kg/PS); Verbrauch (Red.) 6/9 L/100 km.
1400: Vmax 155 km/h, 0-100 km/h 15 s, steh. km 36 s.

Moteur: (DIN), 4 cyl. en ligne (86.4×55.5 mm), 1302 cm³; compr. 9.2:1; 50 kW (68 ch) à 5500/min, 38.4 kW/L (52.2 ch/L); 100 Nm (10.2 mkp) à 3700/min.
S.d. 1400: (80,5×67,4 mm), 1372 cm³; 52 kW (71 ch) à 6000/min; 106 Nm (10,8 mkp) à 3000/min.

Moteur (constr.): injection électronique, Bosch Motronic, 3.1.

Performances: Vmax (usine) 155 km/h, 0–100 km/h 15 s; km arrêté 38 s; rapp. poids/puiss. 19 kg/kW (14 kg/ch); consomm. (réd.) 6/9 L/100 km.
1400: Vmax 155 km/h, 0-100 km/h 15 s, le km 36 s.

Zaz — RUS

Zaz, v/o Autoexport, 14, Volkhonka St., 119902, Moscow

Automobilwerk mit Sitz in der ukrainischen Stadt Saporoshje am Dnjepr.

Fabrique d'automobiles ayant son siège en Ukraine, à Saporoshje sur le Dnjepr.

Zaz Tavrija

Kompaktlimousine der unteren Mittelklasse mit Quermotor, Frontantrieb und Heckklappe. Ersetzt das Modell mit Heckmotor. Präsentation Prototyp 1102 mit drei Türen Herbst 1987. Für 1991 auch mit fünf Türen als 1105.

Berline compacte de la catégorie moyenne inférieure, traction AV, moteur transv. et hayon AR. Remplace le modèle à traction AR. Présentation du prototype 1102 avec trois portes automne 1987. Pour 1991 aussi cinq portes (1105).

1.1 – 50 PS Vergaser / 1.1 – 50 ch Carburateur

Karosserie, Gewicht: Limousine/Station Wagon 3/4/5 Türen; 5 Sitze; leer ab ca. 710 kg.

Carrosserie, poids: Berline/station-wagon 3/4/5 portes; 5 places; vide dès env. 710 kg.

Motor: (DIN), 4 Zyl. in Linie (72×67 mm), 1091 cm³; Kompr. 9.5:1; 37 kW (50 PS) bei 5300/min, 33.9 kW/L (46.1 PS/L); 76 Nm (7.7 mkp) bei 2800/min; 93 ROZ.
Mit Zentraleinspritzung (Siemens): 39 kW (53 PS) bei 5600/min; 77 Nm (7,8 mkp) bei 2800/min.

Moteur: (DIN), 4 cyl. en ligne (72×67 mm), 1091 cm³; compr. 9.5:1; 37 kW (50 ch) à 5300/min, 33.9 kW/L (46.1 ch/L); 76 Nm (7.7 mkp) à 2800/min; 93 (R).
Avec injection centrale (Siemens): 39 kW (53 ch) à 5600/min; 77 Nm (7,8 mkp) à 2800/min.

Motorkonstruktion: Bezeichnung MEMZ-245; 1 obenl. Nockenwelle (Zahnriemen); Leichtmetall-Zylinderkopf; 5fach gelagerte Kurbelwelle; Öl 3.5 L; 1 Fallstrom-Doppelvergaser, Solex.
Batterie 44 Ah, Alternator 45 A; Wasserkühlung, Inh. 6 L.

Moteur (constr.): désignation MEMZ-245; 1 arbre à cames en tête (courroie crantée); culasse en alliage léger; vilebrequin à 5 paliers; huile 3.5 L; 1carburateur inversé à double corps, Solex.
Batterie 44 Ah, alternateur 45 A; refroidissement à eau, capac. 6 L.

Kraftübertragung: (auf Vorderräder).
5-Gang-Getriebe: I. 3.45; II. 2.06; III. 1.33; IV. 0.97; V. 0.83; Achse 3.59; 3.88; V.Gang auch 0,73.

Transmission: (sur roues AV).
Boîte à 5 vit.: I. 3.45; II. 2.06; III. 1.33; IV. 0.97; V. 0.83; pont 3.59; 3.88; V. vit. aussi 0,73.

Fahrgestell: Selbsttragende Karosserie; vorn Einzelradaufhängung, Federbeine, unterer Querlenker, Kurvenstabilisator; hinten Verbundlenkerachse, v/h Schraubenfedern, Teleskopdämpfer.

Châssis: carrosserie autoporteuse; AV suspension à roues indép., jambes élast., levier transvers. inférieur, barre anti-dévers; AR essieu semi-rigide, AV/AR ressorts hélicoïdaux, amortiss. télesc.

Fahrwerk: Bremse, vorne Scheiben, hinten Trommeln, Scheiben-⌀ v. 23.5 cm, Handbremse auf Hinterräder; Zahnstangenlenkung, Treibstofftank 39 L; Reifen 155/70 R 13, Felgen 4 J, 4.5 J.

Train roulant: frein, AV à disques, AR à tambours, ⌀ disques AV 23.5 cm, frein à main sur roues AR; direction à crémaillère, réservoir carb. 39 L; pneus 155/70 R 13, jantes 4 J, 4.5 J.

Dimensionen: Radstand 232 cm, Spur 131.5/129 cm, Bodenfreih. 16 cm, Wendekreis 11 m, Kofferraum 215 dm³, Länge 371 cm, Breite 155.5 cm, Höhe 141 cm. Länge auch 382,5 cm, Breite 156,5 cm, Höhe 146 cm, Kofferraum 270/740 dm³.

Dimensions: empattement 232 cm, voie 131.5/129 cm, garde au sol 16 cm, diam. de braq. 11 m, coffre 215 dm³, longueur 371 cm, largeur 155.5 cm, haut. 141 cm. Long. aussi 382,5 cm, largeur 156,5 cm, haut. 146 cm, vol. du coffre 270/740 dm³.

Fahrleistungen: Vmax (Werk) 145 km/h, V bei 1000/min im 5. Gang 29.5 km/h; 0–100 km/h 17 s; Leistungsgew. 18.9 kg/kW (13.9 kg/PS); Verbr. ECE 4.6/6.6/6.8 L/100 km.

Performances: Vmax (usine) 145 km/h, V à 1000/min en 5. vit. 29.5 km/h; 0–100 km/h 17 s; rapp. poids/puiss. 18.9 kg/kW (13.9 kg/ch); cons. ECE 4.6/6.6/6.8 L/100 km.

Zaz Tavrija

1.3 – 60 PS Vergaser / 1.3 – 60 ch Carburateur

Wie 1.1 – 50 PS, ausgenommen:

Comme 1.1 – 50 ch, sauf:

Motor: (ECE), 4 Zyl. in Linie (72×77 mm), 1254 cm³; Kompr. 9.5:1; 44 kW (60 PS) bei 5000/min, 35.1 kW/L (47.7 PS/L); 94 Nm (9.6 mkp) bei 3500/min; 93 ROZ.

Moteur: (ECE), 4 cyl. en ligne (72×77 mm), 1254 cm³; compr. 9.5:1; 44 kW (60 ch) à 5000/min, 35.1 kW/L (47.7 ch/L); 94 Nm (9.6 mkp) à 3500/min; 93 (R).

Motorkonstruktion: Bez. MEMZ-310.

Moteur (constr.): désignation MEMZ-310.

Fahrleistungen: Vmax (Werk) 153 km/h, 0–100 km/h 17 s; Leistungsgew. 14.9 kg/kW (11 kg/PS); Verbrauch ECE 4.9/5.4/7.5 L/100 km.

Performances: Vmax (usine) 153 km/h, 0–100 km/h 17 s; rapp. poids/puiss. 14.9 kg/kW (11 kg/ch); consomm. ECE 4.9/5.4/7.5 L/100 km.

1.3 – 65 PS Vergaser / 1.3 – 65 ch Carburateur

Wie 1.1 – 50 PS, ausgenommen:

Comme 1.1 – 50 ch, sauf:

Karosserie, Gewicht: .

Carrosserie, poids: .

Motor: (ECE), 4 Zyl. in Linie (76×71 mm), 1288 cm³; Kompr. 9.9:1; 48 kW (65 PS) bei 5600/min, 37.3 kW/L (50.6 PS/L); 98 Nm (10 mkp) bei 3500/min; 93 ROZ.
Oder: 45 kW (61 PS); 92 Nm (9,4 mkp).

Moteur: (ECE), 4 cyl. en ligne (76×71 mm), 1288 cm³; compr. 9.9:1; 48 kW (65 ch) à 5600/min, 37.3 kW/L (50.6 ch/L); 98 Nm (10 mkp) à 3500/min; 93 (R).
Ou: 45 kW (61 PS); 92 Nm (9,4 mkp).

Motorkonstruktion: Bezeichnung VAZ-2108; 1 Fallstrom-Doppelvergaser, Solex.

Moteur (constr.): désignation VAZ-2108; 1 carburateur inversé à double corps, Solex.

Kraftübertragung:
5-Gang-Getriebe: I. 3.04; II. 1.95; III. 1.36; IV. 0.94; V. 0.73; R 3.9; Achse 3.9.

Transmission:
Boîte à 5 vit.: I. 3.04; II. 1.95; III. 1.36; IV. 0.94; V. 0.73; AR 3.9; pont 3.9.

Fahrleistungen: Vmax (Red.) 150 km/h, V bei 1000/min in 5. Gang 35.2 km/h; 0–100 km/h 14.5 s; Leistungsg. 14.8 kg/kW (10.9 kg/PS); Verbr. ECE 5.4/8/7.9 L/100 km.

Performances: Vmax (réd.) 150 km/h, V 1000/min en 5. vit. 35.2 km/h; 0–100 km/h 14.5 s; rapp. poids/puiss. 14.8 kg/kW (10.9 kg/ch); consomm. ECE 5.4/8/7.9 L/100 km.

Zil — RUS

AMO Zil-Zawod imeni, I.A. Lichatschowa, WTF «Zil-Export», 23, Awtozaowdskaja Str., Moskau 109280, Russia

Automobilwerk in Moskau, baut seit 1936 Luxuslimousinen für Repräsentationszwecke. 1995 und 1996 nur noch je 1 Exemplar gebaut. Daten vergleiche Katalog 1996.

Usine d'automobiles à Moscou, construit dès 1936 des voitures d'apparat. 1995 et 1996 uniquement un seul exemplaire à été produit. Données voir catalogue 1995.

Zil 41047

(Teilweise provisorische Zahlen)
(Chiffres partiellement provisoires)

Nordamerika / Amérique du Nord

USA	6 842 312
CDN	1 860 877
MEX	781 305
Total	**9 484 494**

Westeuropa / Europe de l'Ouest

D	4 230 408
F	2 270 731
E	2 003 830
GB	1 542 736
I	1 392 348
B	807 158
S	369 514
P	152 227
NL	146 977
A	53 519
FIN	10 800
EU/UE	**12 980 248**

Osteuropa / Europe de l'Est

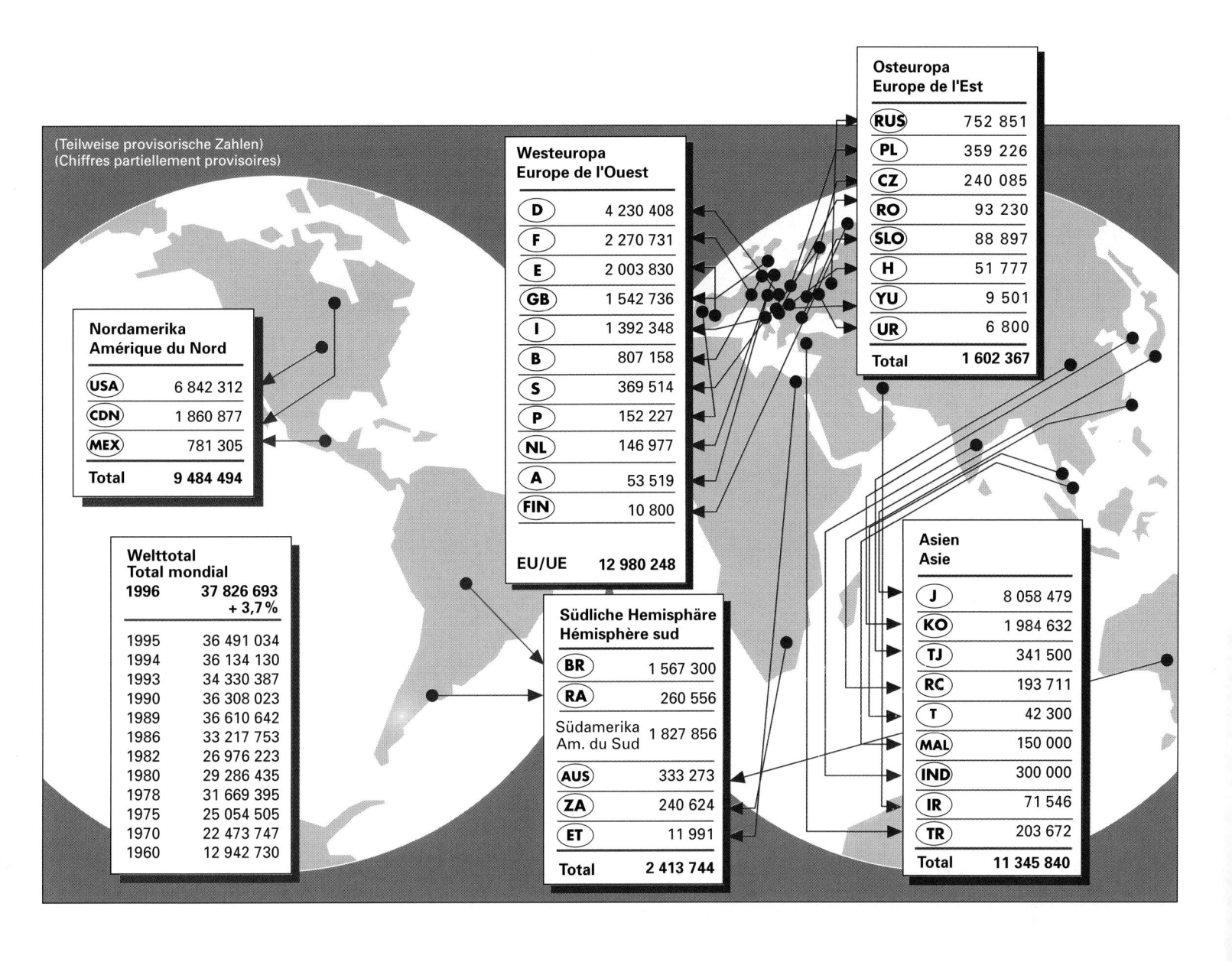

RUS	752 851
PL	359 226
CZ	240 085
RO	93 230
SLO	88 897
H	51 777
YU	9 501
UR	6 800
Total	**1 602 367**

Südliche Hemisphäre / Hémisphère sud

BR	1 567 300
RA	260 556
Südamerika / Am. du Sud	1 827 856
AUS	333 273
ZA	240 624
ET	11 991
Total	**2 413 744**

Asien / Asie

J	8 058 479
KO	1 984 632
TJ	341 500
RC	193 711
T	42 300
MAL	150 000
IND	300 000
IR	71 546
TR	203 672
Total	**11 345 840**

Welttotal / Total mondial

1996	37 826 693 +3,7%
1995	36 491 034
1994	36 134 130
1993	34 330 387
1990	36 308 023
1989	36 610 642
1986	33 217 753
1982	26 976 223
1980	29 286 435
1978	31 669 395
1975	25 054 505
1970	22 473 747
1960	12 942 730

Personenwagen-Weltproduktion 1996:

Rekord von 1989 gebrochen

Gemäss unseren Erhebungen wurden 1996 weltweit 37,8 Mio Personen- und Kombiwagen* hergestellt. Das waren 3,7% mehr als im Vorjahr und 3,3% mehr als im bisherigen Rekordjahr 1989. Seit jenem Spitzenjahr, das noch den Wirtschaftsboom symbolisierte, hatten die internationalen Automärkte eine Stabilisierung und teilweise Einbussen erlitten.
Überdurchschnittliche Produktionszunahmen gab es im vergangenen Jahr in der EU (+4,1%, getragen von Deutschland, Frankreich, England, Holland und Portugal) sowie in Osteuropa (+7,6%). Erstmals seit 1972

*) **Ohne SUV!**: Da sie sowohl in Nordamerika wie in Japan und weiteren Ländern nicht zu den Personenwagen gezählt werden, sind die Geländekombi bzw. SUV (Sport Utility Vehicles) in dieser Statistik ebensowenig enthalten wie die Kleinbusse und andere Nutzfahrzeuge. Mitgerechnet sind hingegen die Grossraumkombi (Minivans).

La production mondiale de voitures particulières en 1996

Le record de 1989 est battu

Les résultats de nos sondages sont là: en 1996, 37,8 millions de voitures de tourisme et breaks* auront été fabriqués dans le monde entier, soit 3,7% de plus que l'année précédente, l'ancien record, qui remonte à 1989, étant battu de 3,3%. Depuis cette année exceptionnelle, qui avait été le symbole du boom économique, les marchés internationaux de l'automobile avaient stagné, voire régressé.
L'an dernier, l'UE a enregistré une augmentation exponentielle de la production (+4,1%, hausse essentiellement due à l'Allemagne, à la France, à l'An-

*) **Sans les SUV!**: Aussi bien aux Etats-Unis et au Japon que dans d'autres pays, ceux-ci ne sont pas comptabilisés parmi les voitures de tourisme; les SUV (Sport Utility Vehicles), les tout terrain, ne figurent pas dans cette statistique, pas davantage que les minibus et autres utilitaires. Par contre, les monospaces (minivans) sont comptés dans nos chiffres.

revue automobile — AUTOMOBIL REVUE

Pas de demi-mesure!
Informer. Divertir. En professionnels.
Du neuf toutes les semaines.

Ce qui fait courir les lecteurs de la «revue automobile» et de l'«Automobil Revue» à part les CV de voitures:

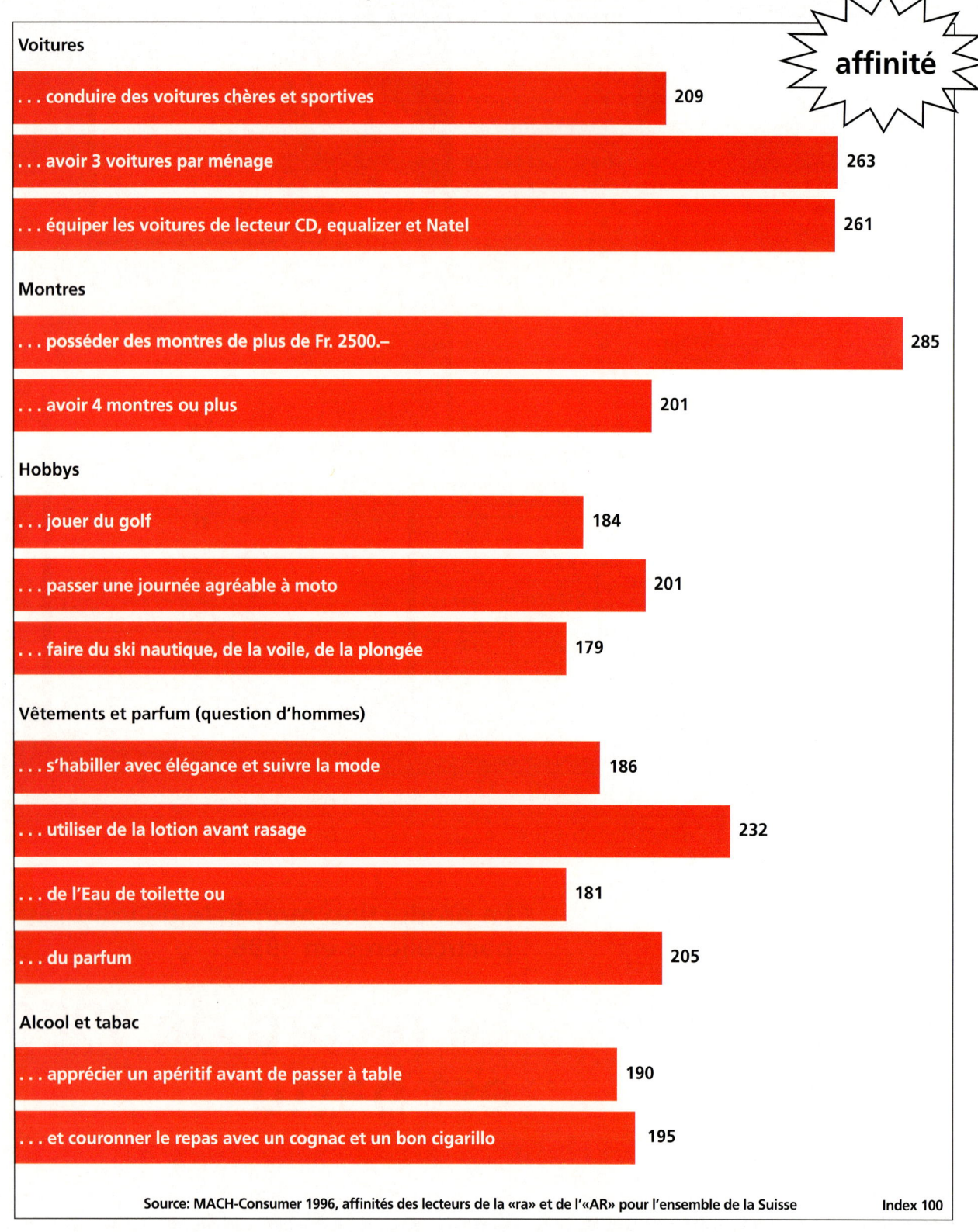

affinité

Voitures
- . . . conduire des voitures chères et sportives — 209
- . . . avoir 3 voitures par ménage — 263
- . . . équiper les voitures de lecteur CD, equalizer et Natel — 261

Montres
- . . . posséder des montres de plus de Fr. 2500.– — 285
- . . . avoir 4 montres ou plus — 201

Hobbys
- . . . jouer du golf — 184
- . . . passer une journée agréable à moto — 201
- . . . faire du ski nautique, de la voile, de la plongée — 179

Vêtements et parfum (question d'hommes)
- . . . s'habiller avec élégance et suivre la mode — 186
- . . . utiliser de la lotion avant rasage — 232
- . . . de l'Eau de toilette ou — 181
- . . . du parfum — 205

Alcool et tabac
- . . . apprécier un apéritif avant de passer à table — 190
- . . . et couronner le repas avec un cognac et un bon cigarillo — 195

Source: MACH-Consumer 1996, affinités des lecteurs de la «ra» et de l'«AR» pour l'ensemble de la Suisse   Index 100

D'autres chiffres MACH-Consumer et MACH-Basic sont à votre disposition.
Demandez le service d'annonces «ra»/«AR». Ils sont à votre disposition.

Hallwag SA, Service d'annonces «revue automobile»/«Automobil Revue»,
Nordring 4, case postale, CH-3001 Berne, téléphone ++41 31 332 31 31, fax ++41 31 333 44 59

1995 (definitiv)

Westeuropa / Europe de l'Ouest

D	4 034 286		B	820 739
F	2 075 840		S	388 207
E	2 009 712		NL	98 502
I	1 509 125		P	75 416
GB	1 405 771		A	39 913
			FIN	8 600
Total EU/UE				**12 466 111**

Osteuropa / Europe de l'Est

RUS	717 836
PL	329 415
CZ	190 406
SLO	87 164
RO	62 028
UR	57 850
H	37 003
YU	8 057
Total	**1 489 759**

Asien / Asie

J	7 804 465
KO	1 885 703
TJ	241 374
RC	203 213
MAL	148 600
IND	255 669
IR	48 948
TR	227 679
Total	**10 815 651**

Südliche Erdteile / Continents du sud

BR	1 358 677
RA	221 946
Südamerika / Am. du Sud	1 580 623
AUS	290 025
ZA	229 519
ET	10 011
Total	**2 110 178**

Nordamerika / Amérique du Nord

USA	6 997 626
CDN	1 918 378
MEX	693 331
Total	**9 609 335**

Welt-Total / Total mondial definitiv 1995: 36 491 034

---

war der Personenwagenausstoss Grossbritanniens grösser als jener Italiens. Doch inzwischen ist längst Spanien zu Europas Nr. 3 geworden. Nach Jahren, die von einem Produktionstransfer gekennzeichnet waren, hat sich Japans «Heimproduktion» auf gut 8 Mio erholt (1990 waren es noch 10,2 Mio gewesen). Leichte Rückgänge gegenüber dem Vorjahr wurden hingegen in den USA und Kanada verzeichnet.

Nach wie vor im Aufstieg befinden sich vor allem die asiatischen Produktionsländer. Thailand konnte erstmals aufgeführt werden, nachdem nun auch dort Pw mit über 50 % einheimischen Teilen gebaut werden. Doch das grosse neue Autoland der nächsten Jahre vergleterre, à la Hollande et au Portugal), ce qui a également été le cas de l'Europe de l'Est, avec +7,6 %. Pour la première fois depuis 1972, la Grande-Bretagne a fabriqué plus de voitures que l'Italie. Mais c'est l'Espagne qui est, entre-temps, devenue le No 3 européen. Après des années caractérisées par les transferts de production, la «production domestique» du Japon s'est stabilisée à – largement – 8 millions d'exemplaires (mais elle était encore de 10,2 millions en 1990). On enregistre en revanche une légère baisse par rapport à l'an dernier aux Etats-Unis et au Canada.

Les pays constructeurs asiatiques, notamment, poursuivent leur essor. La Thaïlande figure

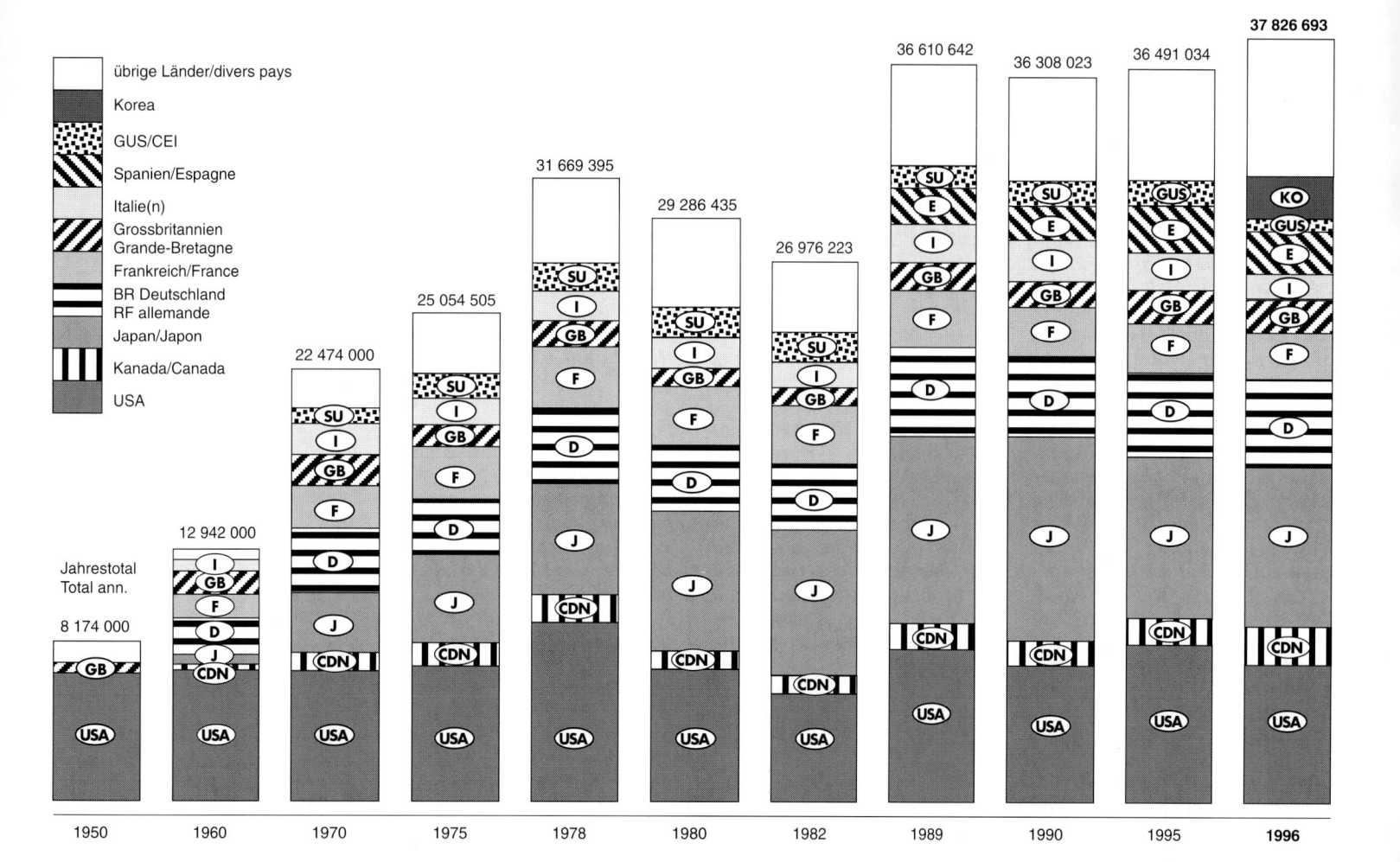

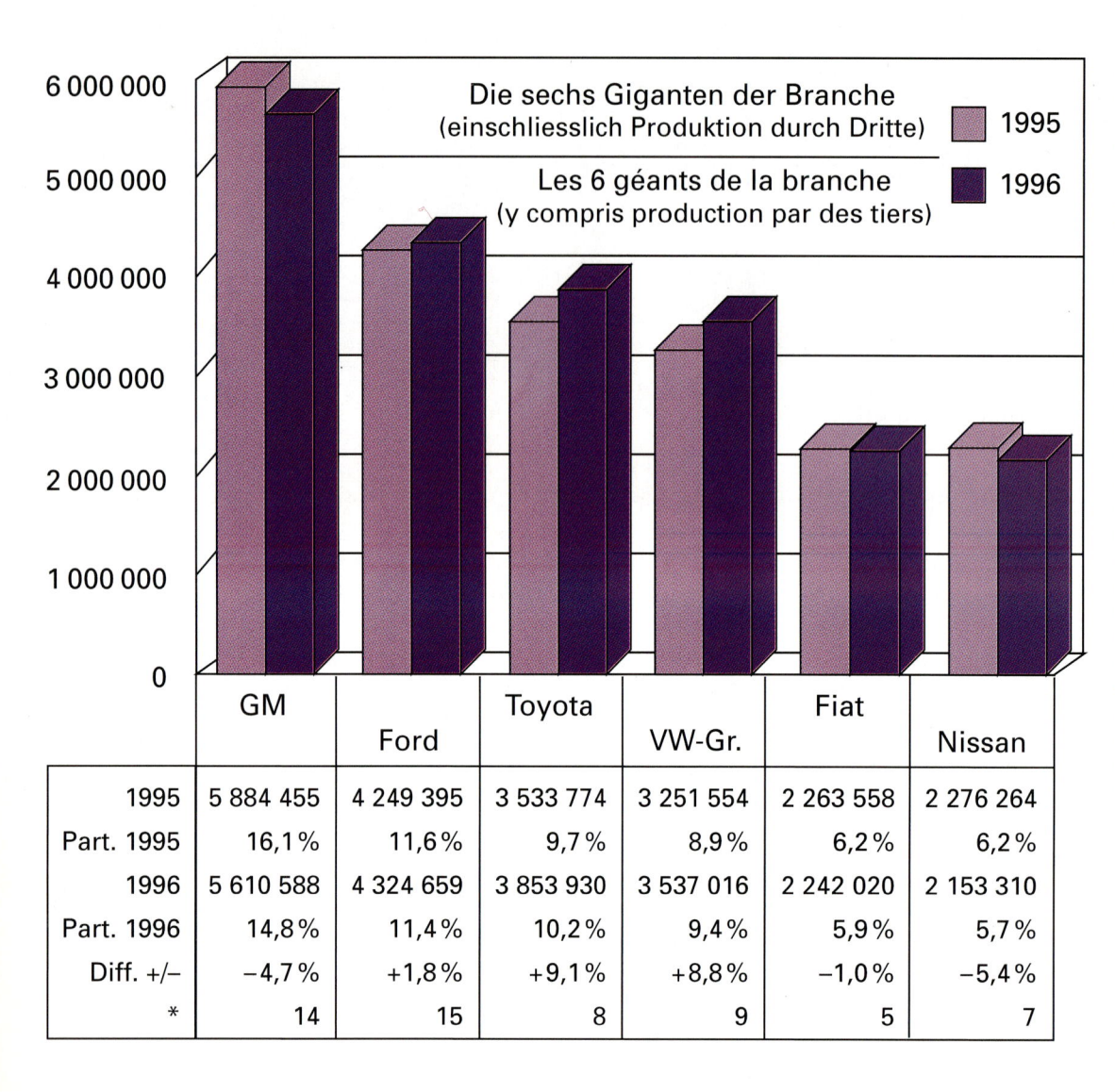

Die sechs Giganten der Branche
(einschliesslich Produktion durch Dritte)

Les 6 géants de la branche
(y compris production par des tiers)

	GM	Ford	Toyota	VW-Gr.	Fiat	Nissan
1995	5 884 455	4 249 395	3 533 774	3 251 554	2 263 558	2 276 264
Part. 1995	16,1%	11,6%	9,7%	8,9%	6,2%	6,2%
1996	5 610 588	4 324 659	3 853 930	3 537 016	2 242 020	2 153 310
Part. 1996	14,8%	11,4%	10,2%	9,4%	5,9%	5,7%
Diff. +/−	−4,7%	+1,8%	+9,1%	+8,8%	−1,0%	−5,4%
*	14	15	8	9	5	7

* Anzahl Produktionsländer (ohne/sans Montage) Nombre de pays producteurs

---

spricht Indien zu werden, denn dort hat inzwischen die Montage verschiedener westlicher und asiatischer Marken eingesetzt, wobei das Ziel eines möglichst hohen «local content» (Wertschöpfung) verfolgt wird. Weiterhin blieb die Europäische Union mit einem Anteil von 34,3% an der Pw-Weltproduktion führender Autohersteller (1995: 34,2%). Der asiatische Raum hat jedoch aufgeholt (30,0% gegenüber 29,6% im Jahr zuvor). Der Anteil der Nafta-Staaten (USA, Kanada, Mexiko) ist dagegen weiter gesunken, nämlich von 26,3 auf 25,1%. In der südlichen Hemisphäre wurden erst 6,4% aller Pw gebaut (1995: 5,8%).

Die ersten vier der «sechs Giganten der Autobranche» (s. Grafik) haben 1996 ihre Rangfolge unverändert gehalten. General Motors führt deutlich vor Ford, Toyota und der VW-Gruppe, auch wenn dieser Vorsprung im vergangenen Jahr – vor allem wegen der Streiks in Nordamerika – etwas geschmolzen ist. Fiat hat Nissan wieder knapp zu überholen vermocht. Der zweitgrösste japanische Hersteller musste einen Rückgang um 5,4% hinnehmen. Honda, die weltweite Nr. 7, ist anderseits nahe an Nissan herangerückt. Eingerechnet wurden die im Auftrag durch (oder gemeinsam mit) Partnerfirmen hergestellten Modelle, nicht jedoch die in der Regel unter anderen Bezeichnungen gebauten Lizenzfahrzeuge.

Roger Gloor

---

nué de régresser, à savoir de 26,3 à 25,1%. Dans l'hémisphère austral, on ne construit que 6,4% des voitures (1995: 5,8%).

Pour le classement par marque, les quatre premiers des «six géants de l'automobile» (cf. diagramme) ont conservé leur place au classement pour 1996. General Motors est largement en tête devant Ford, Toyota et le groupe VW, bien que son avance ait légèrement diminué l'an dernier, en particulier en raison des grèves qui ont sévi en Amérique du Nord. Fiat a de nouveau réussi à doubler Nissan, mais d'une petite longueur de capot. Le second constructeur japonais a enregistré un recul de 5,4%. Honda, le No 7 mondial, quant à lui, se rapproche dangereusement de Nissan. Sont pris en compte ici les modèles fabriqués sur commande par (ou conjointement avec) des firmes partenaires, mais non ceux qui, en règle générale, sont construits sous licence et arborent une autre dénomination.

Roger Gloor

pour la première fois dans les statistiques dès lors, là aussi, que sont construites des voitures comportant plus de 50% de pièces de production locale. Nonobstant, c'est l'Inde qui promet de devenir le nouveau grand de l'automobile au cours des prochaines années. En effet, différentes marques occidentales et asiatiques y entretiennent désormais des chaînes de montage, mais l'objectif est toujours un «local content» (création de valeur) aussi élevé que possible.

Avec une proportion de 34,3% de la production mondiale de voitures, l'Union européenne reste le numéro un mondial (1995: 34,2%). Mais l'Asie comble lentement son retard (30% par rapport à 29,6%, un an plus tôt). Le taux des pays de la Nafta (Etats-Unis, Canada, Mexique), par contre, a conti-

Personenwagenproduktion nach Marken
Production de voitures par marques

Copyright «Automobil Revue», Bern

	1995 definit.	1996 provis.
Deutschland/Allemagne		
Volkswagen	1 225 393	1 245 000
Audi	447 683	492 000
Total VAG	1 673 076	1 737 000
Opel/Vauxhall	678 100	714 800
Cadillac	0	11 200
Total GM	678 100	726 000
Mercedes-Benz	581 950	626 590
BMW	563 000	570 000
Ford	517 963	547 491
Porsche	20 021	23 153
Irmscher VM	65	56
Wiesmann	11	18
Diverse	100	100
Total D	**4 034 286**	**4 230 408**
Frankreich/France		
Peugeot	834 466	823 100
Citroën	429 245	524 628
Total PSA	1 263 711	1 347 728
Renault	791 672	904 821
Fiat	15 803	14 188
Lancia	3 900	3 394
Total Fiat Auto	19 703	17 582
Mega	600	500
Venturi	54	0
Diverse	100	100
Total F	**2 075 840**	**2 270 731**
Spanien/Espagne		
Seat	251 928	303 000
VW	323 295	315 000
Total Seat/VW	575 223	618 000
Opel/Vauxhall (GM)	433 200	436 400
Renault	360 998	346 306
Ford	312 231	296 928
Peugeot	107 947	111 600
Citroën	200 938	179 897
Total PSA	308 885	291 497
Nissan	19 175	14 699
Total E	**2 009 712**	**2 003 830**
Grossbritannien/Grande-Bretagne		
Rover	350 634	344 860
Mini	20 378	15 638
MG	3 257	16 096
Honda	2 199	0
Total Rover Gr. (BMW)	376 468	376 594
Ford	274 333	318 250
Vauxhall/Opel (GM)	231 969	265 300
Nissan	215 462	231 788
Toyota	88 449	110 000
Honda	91 000	105 900
Peugeot	79 345	85 800
Jaguar (Ford)	39 727	39 001
Carbodies (Taxis)	2 179	2 613
Rolls-Royce	607	509
Bentley	949	1 235
Total RR	1 556	1 744
TVR	1 000	1 350
Lotus	835	751
Metrocab	565	800
Aston Martin (Ford)	723	654
Caterham	564	601
Morgan	500	450
Westfield	360	350
Marcos	52	105
Quantum	98	100
McLaren	27	20
Spectre	0	20
Ultima	20	20
Lister	8	15
AC	31	10
Diverse	500	500
Total GB	**1 405 771**	**1 542 736**
Italien/Italie		
Fiat	1 188 000	1 127 282
Alfa Romeo	156 900	113 785
Lancia	103 400	146 905
Autobianchi	56 400	0
Ferrari	3 158	3 350
Maserati	980	750
Total Fiat Auto	1 508 838	1 392 072
Lamborghini	220	213
De Tomaso	11	13
Bugatti	6	0
Diverse	50	50
Total I	**1 509 125**	**1 392 348**
Belgien/Belgique		
Ford	388 509	368 211
Opel/Vauxhall (GM)	303 800	295 600
Renault	128 426	143 342
Gillet	4	5
Total B	**820 739**	**807 158**
Schweden/Suède		
Volvo	290 900	274 100
Saab (GM)	97 307	95 407
Jösse	0	7
Total S	**388 207**	**369 514**
Portugal		
Ford	21 493	53 042
VW	19 708	56 000
Seat	0	10 000
Total Auto Europa	41 201	119 042
Renault	20 997	18 997
Citroën	13 218	14 188
Total P	**75 416**	**152 227**
Niederlande/Pays-Bas		
Volvo	79 555	101 698
Mitsubishi	18 899	45 219
Total NedCar	98 454	146 917
Donkervoort	48	60
Total NL	**98 502**	**146 977**
Österreich/Autriche (A)		
Chrysler (Eurostar)	**39 913**	**53 519**
Finnland/Finlande (SF)		
Opel/Vauxhall (GM)	**8 600**	**10 800**
Russland/Russie		
Lada	539 718	607 070
Wolga/GAZ	118 673	124 171
Kamaz/Oka	8 477	8 919
Ish	9 420	5 761
SeAZ/Oka	2 000	4 000
Moskwitsch/Aleko	39 547	2 929
Zil	1	1
Total RUS	**717 836**	**752 851**
Polen/Pologne		
Fiat	258 200	294 666
Daewoo-FSO	71 215	64 560
Total PL	**329 415**	**359 226**
Tschechien/République tchèque		
Škoda (VW)	190 358	240 016
Tatra	48	69
Total CZ	**190 406**	**240 085**
Rumänien/Roumanie		
Dacia	59 516	71 030
Daewoo	2 512	22 200
Total RO	**62 028**	**93 230**
Slowenien/Slovénie (SLO)		
Renault	**87 164**	**88 897**
Ungarn/Hongrie		
Suzuki	34 803	42 762
Subaru	2 200	9 015
Total H	**37 003**	**51 777**
Jugoslawien/Yugoslavie (YU)		
Zastava	**8 057**	**9 501**
Ukraine (UR)		
Saporoshez ZAZ	**57 850**	**6 800**
Japan/Japon		
Toyota	2 661 435	2 908 339
Nissan	1 508 922	1 409 127
Honda	872 865	1 002 364
Mitsubishi	908 874	782 588
Mazda	626 934	622 541
Ford	17 558	16 905
Total Mazda	644 492	639 446
Suzuki	602 670	615 998
Subaru	296 446	316 514
Daihatsu	256 750	340 583
Isuzu	51 911	43 420
Diverse	100	100
Total J	**7 804 465**	**8 058 479**
Südkorea/Corée du Sud		
Hyundai	1 024 973	1 075 000
Kia	343 101	412 369
Ford	71 740	37 541
Timor	0	17 000
Total Kia	414 841	466 910
Daewoo	445 889	442 722
Total KO	**1 885 703**	**1 984 632**
China/Chine		
Shanghai-VW	160 074	227 000
Daihatsu (Tianjin)	65 800	96 000
Suzuki (Chongqing)	5 500	8 500
Diverse	10 000	10 000
Total TJ	**241 374**	**341 500**
Taiwan		
Ford	78 884	66 843
Nissan (Yulon)	53 653	60 010
Toyota	54 111	55 000
Volkswagen	6 651	9 000
Subaru (Ta Ching)	1 514	1 858
Opel (GM)	8 400	1 000
Total RC	**203 213**	**193 711**
Thailand/Thaïlande (T)		
Honda	0	42 300
Malaysia (MAL)		
Proton	**148 600**	**150 000**
Indien/Inde		
Maruti (Suzuki)	215 568	250 000
Hindustan	28 283	30 000
PAL Premier	7 375	10 000
DCM Daewoo	4 443	10 000
Total IND	**255 669**	**300 000**
Iran (IR)		
Paykan	**48 948**	**71 546**
Türkei/Turquie		
Tofas (Fiat-Mod.)	120 868	96 861
Renault	69 290	66 960
Toyota	21 378	20 000
Opel (GM)	7 600	10 200
Otosan (Ford-Mod.)	8 543	9 651
Total TR	**227 679**	**203 672**
Ägypten/Egypt (ET)		
Nasr (Fiat-Mod.)	**10 011**	**11 991**
Südafrika/Afrique du Sud		
Volkswagen	61 660	59 000
Audi	2 614	6 000
Total VAG	64 274	65 000
Toyota	47 566	48 745
Ford	12 000	22 605
Opel (GM)	23 736	19 900
Mazda	25 073	19 404
BMW	20 000	16 000
Mercedes-Benz	12 960	14 730
Hyundai	0	12 200
Nissan	9 935	11 980
Honda	13 975	10 060
Total ZA	**229 519**	**240 624**
USA/Etats-Unis		
Saturn	302 094	313 806
Chevrolet	736 790	643 947
Pontiac	609 929	563 278
Oldsmobile	407 239	311 834
Buick	393 879	339 042
Cadillac	186 113	163 015
GMC	89 714	77 402
Opel	0	4 486
Total General Motors	2 725 758	2 416 810
Ford	1 078 605	1 159 658
Mercury	301 482	274 625
Lincoln	157 584	144 972
Total Ford Motor Co.	1 537 671	1 579 315
Plymouth	182 836	241 144
Dodge	366 931	403 960
Chrysler	168 986	151 032
Total Chrysler Corp.	718 753	796 136
Honda	552 995	634 374
Toyota	381 445	385 657
Nissan	333 234	277 869
Nissan (Ford)	58 035	55 090
Total Nissan	391 269	332 959
Geo (GM)	94 280	65 452
Toyota (Nummi)	135 112	158 849
Total Nummi	229 392	224 301
Mitsubishi	218 161	192 961
Mazda	98 492	95 725
Ford	50 440	33 716
Total Autoalliance	148 932	129 441
Subaru	80 660	98 747
BMW	12 000	51 000
Excalibar Cobra	72	84
Excalibur	18	27
Diverse	500	500
Total USA	**6 997 626**	**6 842 312**
Kanada/Canada		
Plymouth	118 452	148 184
Eagle	20 991	11 526
Dodge	323 760	329 021
Chrysler	69 245	92 552
Total Chrysler Corp.	532 448	581 283
Chevrolet	472 063	380 639
Pontiac	49 053	31 779
Buick	100 903	82 271
Total General Motors	622 019	494 689
Ford	352 370	350 081
Mercury	98 664	112 599
Total Ford MC	451 034	462 680
Honda	106 133	144 482
Toyota	90 134	97 340
Suzuki	28 610	4 286
Geo (GM)	88 000	76 117
Total Cami	116 610	80 403
Total CND	**1 918 378**	**1 860 877**
Mexiko/Mexique		
Ford	145 000	118 000
Mercury	62 015	50 545
Total Ford MC	207 015	168 545
Volkswagen	188 545	231 000
Chrysler	80 131	144 362
Chevrolet	136 381	135 399
Pontiac	0	1 748
Oldsmobile	2 483	5 222
Buick	824	1 088
Total General Motors	139 688	143 457
Nissan	77 848	92 747
Honda	104	1 194
Total MEX	**693 331**	**781 305**
Brasilien/Brésil		
Volkswagen	484 561	504 000
Fiat	396 517	477 700
Chevrolet (GM)	330 015	445 450
Ford	147 384	140 000
Diverse	200	150
Total BR	**1 358 677**	**1 567 300**
Argentinien/Argentine		
Ford	17 578	60 900
Fiat	80 300	60 000
Renault	59 379	59 956
VW	49 158	67 000
Peugeot	15 431	12 600
Diverse	100	100
Total RA	**221 946**	**260 556**
Australien/Australie		
Ford	103 112	112 032
Holden (GM)	91 983	108 006
Toyota	54 144	70 000
Mitsubishi	40 786	43 235
Total AUS	**290 025**	**333 273**
Welttotal/Total mondial	**36 491 034**	**37 826 693**

Der weltweite Pw-Bestand

Gemäss jüngsten verfügbaren Zahlen stehen weltweit 477,3 Mio Personen- und Kombiwagen in Verkehr. Basis hierzu liefert das Jahrbuch «Tatsachen und Zahlen» des VDA (Verband der Automobilindustrie). Weil jedoch die Erhebungsgrundlagen offenbar teilweise geändert wurden (was für einzelne Länder einen Bestandesrückgang bedeutet), lässt sich kein direkter Vergleich mit den Vorjahresbeständen ziehen. Immerhin bedeutet der Bestand 1995/96 gegenüber jenem von 1990/91 (Tabelle 1) eine Zunahme um just 10 %.

Der Pw-Bestand in Europa hat erstmals die 200-Mio-Grenze überschritten. Gegenüber 1990/91 entspricht dies einer Erhöhung um knapp 13 %. Wegen des Nachholbedarfs in Osteuropa, der während der vergangenen Jahre in verschiedenen Ländern zu einem Boom geführt hat, ist der europäische Anteil am weltweiten Pw-Gesamtbestand auf 42 % gestiegen. 22,5 % entfallen auf Asien und die südliche Hemisphäre. Dort aber liegt das grosse Zukunftspotential!

Die Länder mit den höchsten Pw-Beständen (Tabelle 2) sind weiterhin die USA vor Japan und Deutschland. Hinsichtlich Motorisierungsdichte (Personenwagen je 1000 Einwohner, Tabelle 3) führen die USA vor Italien, Deutschland und Kanada.

R. Gloor

L'effectif mondial des voitures

Selon les derniers chiffres disponibles, il y a actuellement dans le monde 477,3 millions de voitures et de breaks en circulation. Ce chiffre est fourni par l'annuaire «Tatsachen und Zahlen» du VDA (Association de l'industrie automobile allemande). Il apparaît cependant que certains pays ont modifié en partie leur mode de comptage (avec pour effet un chiffre moins élevé), si bien qu'il n'est pas possible d'établir de comparaisons directes avec l'année dernière. Mais, tout de même, la différence entre l'effectif de 1995–96 et celui de 1990–91 (tableau 1) indique une augmentation d'exactement 10 %.

L'effectif des voitures en Europe a dépassé pour la première fois la barre des 200 millions. Par rapport à 1990–91, cela représente une augmentation de presque 13 %. Le besoin de combler le retard en Europe de l'Est a entraîné, ces dernières années, une forte expansion dans divers pays et fait augmenter à 42 % la part de l'Europe à l'effectif mondial. L'Asie et l'hémisphère sud comptent pour 22,5 %. Mais c'est dans ces régions que se trouve le plus fort potentiel de motorisation.

Les pays qui comptent le plus grand nombre de voitures (tableau 2) sont toujours les Etats-Unis, devant le Japon et l'Allemagne. Pour ce qui est de la densité de la motorisation (nombre de voitures pour 1000 habitants, tableau 3), les USA sont en tête devant l'Italie, l'Allemagne et le Canada.

R. Gloor

Tabelle 1/Tableau 1

Personenwagen-Weltbestand	Effectif mondial des voitures	1990/91 in Mio par mio	Anteil part. %	1995/96 in Mio par mio	Anteil part. %
Total EU	Union européenne	–	–	160,5	33,6
Westeuropa	Europe occidentale	149,2	34,4	–	–
Osteuropa	Europe orientale	28,7	6,6	–	–
übriges Europa	Autres pays européens	–	–	40,4	8,5
Europa total	Europe	177,9	41	200,9	42,1
Nordamerika	Amérique du Nord	162,8	37,5	168,8	35,4
Süd- und Zentralamerika	Amérique du Sud et centrale	20,0	4,6	19,6	4,1
Asien	Asie	54,5	12,6	69,7	14,6
Afrika	Afrique	9,1	2,1	8,5	1,8
Australien/Ozeanien	Australie/Océanie	9,5	2,2	9,8	2,0
Welttotal	**Total mondial**	**433,8**	**100,0**	**477,3**	**100,0**

Tabelle 3/Tableau 3

Personenwagen auf 1000 Einwohner	Voitures par 1000 habitants							
Anfang	Début	1970	1975	1980	1985	1990	1995	1996
USA	Etats-Unis	426	493	–	550	573	562	–
BR Deutschland	RFA	218	280	369	415	486	491	496
Neuseeland	Nouv.-Zélande	299	359	412	453	–	444	–
Kanada	Canada	306	371	430	427	450	460	–
Australien	Australie	294	353	389	–	–	444	–
Schweiz	Suisse	221	278	353	391	424	444	446
Italien	Italie	167	255	309	369	422	522	–
Schweden	Suède	275	324	346	369	421	411	413
Frankreich	France	232	289	345	381	410	431	432
Norwegen	Norvège	182	223	292	345	382	383	388
Österreich	Autriche	151	217	–	327	381	435	450
Grossbritannien (inkl. Nordirland)	Royaume-Uni	207	252	268	308	376	409	417
Finnland	Finlande	–	201	244	302	385	366	369
Belgien/Luxemburg	Belgique/Lux.	190	256	315	–	364	419	426
Niederlande	Pays-Bas	173	219	299	331	362	383	362
Dänemark	Danemark	207	249	278	282	311	311	325
Spanien	Espagne	61	121	189	–	276	351	359
Japan	Japon	68	145	196	226	265	342	–
DDR	RDA	–	100	–	189	237	–	–
Republik Irland	Rép. d'Irlande	–	165	217	168	212	–	278
Griechenland	Grèce	–	–	–	113	150	199	–
Portugal	Portugal	42	86	110	113	137	–	261
Polen	Pologne	–	–	–	93	128	176	–
Sowjetunion/GUS	URSS/CEI	–	–	–	42	46	93	–
Türkei	Turquie	–	–	–	–	32	50	–

Tabelle 2/Tableau 2

Personenwagenbestände nach Ländern	Voitures en circulation par pays				
Anfang	Début	1980	1990	1995	1996
BR Deutschland	RFA	22 613 500	30 152 400	39 918 000	40 499 442
Italien	Italie	17 600 000	26 378 000	29 850 000	–
Frankreich	France	18 440 000	23 010 000	24 900 000	25 100 000
Grossbritannien (inkl. Nordirland)	Royaume-Uni	14 963 000	22 273 600	23 832 000	24 306 781
Spanien	Espagne	7 057 700	11 467 700	13 734 000	14 212 259
Niederlande	Pays-Bas	4 515 000	5 371 400	5 880 000	5 633 000
Belgien	Belgique	3 158 700	3 697 400	4 175 000	4 265 987
Schweden	Suède	2 868 300	3 578 000	3 594 000	3 630 760
Österreich	Autriche	–	2 920 900	3 480 000	3 593 588
Schweiz	Suisse	2 246 750	2 917 000	3 165 000	3 229 169
Portugal	Portugal	1 096 800	1 474 200	–	2 560 000
Finnland	Finlande	1 161 900	1 909 200	1 860 000	1 888 072
Griechenland	Grèce	–	1 599 300	2 075 605	–
Norwegen	Norvège	1 189 800	1 612 700	1 654 000	1 684 664
Dänemark	Danemark	1 423 400	1 597 300	1 617 000	1 684 766
Republik Irland	Rép. d'Irlande	734 400	773 400	–	990 384
Luxemburg	Luxembourg	157 000	183 400	–	224 894
Island	Islande	75 700	–	116 243	–
USA	Etats-Unis	–	144 375 000	147 171 000	–
Kanada	Canada	10 300 000	12 399 000	–	–
Japan	Japon	22 667 300	32 621 000	42 679 000	–
Australien	Australie	5 712 500	–	–	–
Neuseeland	Nouvelle-Zélande	1 277 100	1 587 000	–	–
Brasilien	Brésil	8 149 300	9 527 000	12 399 000	–
Argentinien	Argentine	2 950 000	4 186 400	2 196 100	–
Mexiko	Mexique	3 696 000	5 410 000	8 175 400	–
Südafrika	Afrique du Sud	2 330 900	–	3 680 000	–
UdSSR/GUS	URSS/CEI	(1985) 8 254 700	13 227 000	13 638 600	–
Polen	Pologne	2 117 100	4 846 000	6 771 000	–
DDR	RDA	2 392 300	3 898 900	–	–
Südkorea	Corée du Sud	–	–	–	4 334 000
Türkei	Turquie	–	–	–	3 058 500